PERPÉTUITÉ DE LA FOI
DE L'ÉGLISE CATHOLIQUE
SUR L'EUCHARISTIE,

PAR

NICOLE, ARNAULD, RENAUDOT, LE P. PARIS, ETC.;

SUR LA CONFESSION,

PAR DENIS DE SAINTE-MARTHE;

SUR

l'Eglise romaine, la Règle de foi, la Primauté du Pape et des Evêques,
la Confession sacramentelle, le défaut de pouvoir dans les ministres protestants,
le renouvellement des hérésies anciennes par les Protestants,
le sacrifice de la Messe, l'Eucharistie, la Communion sous une seule espèce,
l'invocation des Saints, le purgatoire, la justification,

C'EST-A-DIRE,

Sur les principaux points qui divisent les Catholiques d'avec les Protestants,

PAR SCHEFFMACHER

PUBLIÉE PAR M. L'ABBÉ M****,
Éditeur des *Cours complets d'Écriture-Sainte et de Théologie.*

TOME PREMIER.

PARIS,
CHEZ L'ÉDITEUR,
RUE D'AMBOISE, HORS LA BARRIÈRE D'ENFER.
—
1841.

PERPÉTUITÉ DE LA FOI
DE L'ÉGLISE CATHOLIQUE
SUR L'EUCHARISTIE,

PAR

NICOLE, ARNAULD, RENAUDOT, LE P. PARIS, ETC.;

SUR LA CONFESSION,

PAR DENIS DE SAINTE-MARTHE;

SUR

l'Eglise romaine, la Règle de foi, la Primauté du Pape et des Evêques,
la Confession sacramentelle, le défaut de pouvoir dans les ministres protestants,
le renouvellement des hérésies anciennes par les Protestants,
le sacrifice de la Messe, l'Eucharistie, la Communion sous une seule espèce,
l'invocation des Saints, le purgatoire, la justification,

C'EST-A-DIRE,

Sur les principaux points qui divisent les Catholiques d'avec les Protestants,

PAR SCHEFFMACHER;

PUBLIÉE PAR M. L'ABBÉ M****,
ÉDITEUR DES *Cours complets d'Écriture-Sainte et de Théologie.*

TOME PREMIER.

PARIS,
CHEZ L'ÉDITEUR,
RUE D'AMBOISE, HORS LA BARRIÈRE D'ENFER.

1841.

Au moment où nous mettions sous presse le premier volume de cet ouvrage incomparable, nous avons aperçu, au *verso* du grand titre, un petit *Avis* conçu en ces termes : *Pour bien sentir la force de cet ouvrage, il est indispensable de lire le livre qu'on y cite souvent, sous le nom de* Traité de la Perpétuité. *C'est un petit volume in-12, dont les éditions ont été fort multipliées, et qui se trouve dans la Collection des OEuvres d'Antoine Arnauld, docteur de Sorbonne, tom. 12. Il est bon aussi de parcourir la Réponse générale à M. Claude, qui est dans le même tome. Et si l'on est curieux de connaître l'histoire de cette grande controverse entre MM. de Port-Royal et les calvinistes, on peut s'en instruire très-amplement dans la* Préface historique et critique *du même tome 12 des OEuvres du grand Arnauld.* Nous avouons qu'à la lecture de ces lignes nous avons éprouvé tout à la fois un double sentiment de plaisir et de peine. D'un côté, la haute importance de matières dont nous ne soupçonnions pas l'existence, et le désir de publier un ouvrage bien complet; de l'autre, la crainte d'allonger une publication déjà longue, et de rendre nos charges d'impression tout-à-fait disprotionnées avec le prix de vente, nous tenaient en suspens sur le parti que nous devions prendre. Cependant, après avoir tout balancé, le désir de surprendre agréablement nos honorables souscripteurs, et la satisfaction de donner une édition infiniment supérieure à toutes autres, l'ont emporté sur nos intérêts matériels, et nous ont décidés à un grand sacrifice. Ainsi donc, nos promesses en fait d'étendue de nos volumes seront de beaucoup dépassées; et nos prix, déjà volontairement baissés par nous des trois septièmes sur ceux primitivement annoncés, resteront en cet état de réduction auquel personne n'avait droit de s'attendre, même sans le surcroît de matières qui fait l'objet de cet avis. C'est aux *ateliers catholiques* créés par nous que nous devons de pouvoir ainsi donner presque le double des matières promises, et diminuer de moitié la somme d'argent demandée par nos *prospectus*. Ces ateliers sont un levier puissant qui nous permettra de soulever les plus grandes masses (1).

Pour passer à un point plus important, nous dirons : bien que la *Perpétuité de la foi* soit un des ouvrages les plus savants, les plus solides et les plus orthodoxes dont s'enorgueillisse le Catholicisme, et bien que ses auteurs brillent au premier rang parmi les controversistes les plus serrés et les plus érudits, nous n'avons pas voulu faire nous-mêmes leur biographie, de peur que la vue de leur effrayante érudition, nous faisant oublier leurs travers, ne nous entraînât trop loin dans la louange. Nous avons donc emprunté leur histoire à une Biographie connue; la raison qui nous a mus à agir ainsi, est que deux de ces écrivains si célèbres, par un aveuglement inexplicable, n'ont pas su se garantir de consacrer la moitié de leurs forces à une secte qui, tout hérétique qu'elle est, a eu seule la constante prétention de se dire catholique-romaine.

C'est cette affiliation qui explique, sans les justifier, certaines réflexions que le lecteur sera peut-être étonné de trouver dans le préambule de cet ouvrage monumental. En parlant ainsi, nous avons surtout en vue quelques phrases contre une société de qui, pour tout éloge, nous nous contenterons de dire qu'elle a fait autant de bien à l'Église que le jansénisme lui a fait de mal. Mais, fidèles à notre méthode si généralement goûtée de reproduire les auteurs dans leur intégralité, même avec leurs taches, nous n'avons voulu rien retrancher, jugeant cet avis suffisant pour que le lecteur se tienne sur ses gardes. Du reste, la *Perpétuité* étant peut-être l'ouvrage de controverse que les protestants de toutes sortes aimeraient le mieux voir anéanti, nous regardons comme un devoir de le reproduire en un temps où le protestantisme semble remuer ciel et terre pour arrêter sa décadence et sa chute.

(1) La *Perpétuité* avait été d'abord annoncée en 7 volumes du prix de 6 francs chacun; puis la création de nos *ateliers catholiques* nous ayant permis de multiplier les lettres de chaque ligne, les lignes de chaque page, et les pages de chaque tome, nous avons tout fait entrer en 4 volumes, et nous avons réduit le prix de l'ouvrage à 24 francs, tout en y insérant la *Petite Perpétuité, la Réponse à M. Claude*, et la *Préface* dont mention au commencement de cet *Avis*. De plus, nous avons été assez heureux pour pouvoir ajouter à la fin du 4ᵉ vol. la *Perpétuité de la foi sur la Confession auriculaire*, par Denis de Sainte-Marthe, et les treize *Lettres* de Scheffmacher sur les principaux points qui divisent les catholiques d'avec les protestants; c'est-à-dire, que les additions valent seules les 24 fr. qui sont le prix actuel de la *Perpétuité*, et que le prix premier de 42 fr. a entièrement disparu. Nous ne dirons rien ici de ces deux derniers auteurs, parce qu'on verra leur biographie dans notre 4ᵉ volume; nous ferons seulement remarquer que leur réunion à Nicole, Arnauld et Renaudot fait de notre publication comme un tout complet de controverse. Puissent ces additions, gratuites de notre part, propager davantage l'œuvre, et par-là opérer une plus grande somme de bien! C'est le seul motif et le seul but de l'Éditeur.

Imprimerie de Migne, barrière d'Enfer, à Paris.

VIE DE NICOLE.

NICOLE (Pierre) naquit à Chartres en 1625. Son père, sous les yeux duquel il avait fait ses humanités, l'envoya à Paris pour faire son cours de philosophie et de théologie. Ce fut pendant son cours qu'il connut les cénobites de Port-Royal. Ils trouvèrent en lui l'esprit et la docilité. Nicole donna une partie de son temps à l'instruction de la jeunesse qu'on élevait dans cette solitude. Après ses trois années de théologie, il se préparait à entrer en licence; mais plusieurs de ses sentiments n'étant pas ceux de la faculté de Paris, il se contenta du baccalauréat, qu'il reçut en 1649. Alors ses engagements avec Port-Royal devinrent plus suivis; il fréquenta cette maison, et travailla malheureusement avec Arnauld à plusieurs écrits pour la défense de la doctrine de Jansénius. Il se rendit avec lui à Châtillon, près de Paris, et y consacra ses grands talents à écrire contre les calvinistes et les casuistes relâchés. Au commencement de 1676, sollicité d'entrer dans les ordres sacrés, il consulta Pavillon, évêque d'Aleth; après un examen de trois semaines, la conclusion fut qu'il resterait simple tonsuré. Une *Lettre* qu'il écrivit en 1677, pour les évêques de Saint-Pons et d'Arras, au pape Innocent XI, attira sur lui un orage qui l'obligea à quitter la capitale. A la mort de la duchesse de Longueville, ardente protectrice des nouvelles doctrines alors en vogue, il se retira aux Pays-Bas. Il revint à Paris en 1683, et entra, à la fin de ses jours, dans deux querelles célèbres, celle des études monastiques et celle du *Quiétisme*. Il défendit les sentiments de Mabillon dans la première, et ceux de Bossuet dans la seconde. Il mourut à Paris en 1695, âgé de 70 ans.

Les nombreux ouvrages sortis de la plume de Nicole sont: *Essais de morale*, en 14 vol. in-12, Paris, 1704, parmi lesquels on trouve 3 vol. de *Lettres*; et en 25 vol. in-12, Paris, 1741 et 1744. Il règne dans cet ouvrage un ordre qui plaît, et une solidité de réflexions qui convainc; son traité des *Moyens de conserver la paix dans la société* mérite d'être distingué. « Mais cette paix, dit Voltaire, est peut-être aussi difficile à établir que celle de l'abbé de Saint-Pierre. » Les *Essais de morale* (première édition), renferment: les différents *Traités de morale*, 6 vol.; *Réflexions morales sur les Épîtres et Évangiles de l'année*, en 5 vol. in-12. L'édition de 25 vol. comprend en outre: *Instructions théologiques sur les Sacrements*, 2 vol.; sur le *Symbole*, 2 vol.; sur le *Pater*, 1 vol.; sur le *Décalogue*, 2 vol.; *Traité de la prière*, 2 vol.; *Lettres diverses*, 3 vol.; *Vie de Nicole*, par Goui, 1 vol.; *Esprit de Nicole*, par Cerveau, 1 vol.; en tout 25 vol. in-12 ou in-18. Les autres ouvrages de Nicole sont: *Traité de la foi humaine*, composé avec Arnauld, 1664, in-4°, Lyon, 1693, in-12; plein de vues vraies et solides; *La Perpétuité de la foi de l'Église catholique touchant l'Eucharistie*, Paris, 1670, 1672 et 1674, 3 vol. in-4°. Les tomes suivants, publiés en 1711 et 1713, sont de l'abbé Renaudot et autres auteurs dont nous parlerons. *Les Préjugés légitimes*, contre les calvinistes; *Traité de l'unité de l'Église*, contre le ministre Jurieu; *Les Prétendus réformés convaincus de schisme*, et quelques ouvrages de controverse, tous infiniment estimables par la profondeur et la solidité; les *Lettres imaginaires et visionnaires*, 2 vol. in-12, 1667, contre Desmarets de Saint-Sorlin; un très-grand nombre d'ouvrages pour la défense de Jansénius et d'Arnauld; plusieurs *écrits* contre la morale des casuistes relâchés; quelques-uns sur la *grâce générale*. Il y en a une édition de 1715, en 2 vol. in-12, avec une préface de l'éditeur. On y voit que Nicole n'adopte pas entièrement le système de Jansénius, et qu'il s'en éloigne dans bien des points; Arnauld lui-même rejetait la doctrine fondamentale de Jansénius. Un choix d'*Épigrammes* latines, intitulé: *Epigrammatum delectus*, 1659, in-12; *Traduction latine* des *Lettres provinciales*, avec des notes publiées sous le nom de *Wendrock*. La première édition parut en 1658; la quatrième, qui est beaucoup plus ample, est de l'année 1665. Pascal revit cette version. « Quant aux qualités littéraires, dit l'abbé Bérault, c'est une des meilleures productions de Port-Royal. » Quant à la charité et à la vérité, elles y sont trop souvent blessées, et l'ouvrage est dangereux à lire; de plus, il est défendu par l'*Index* et par les statuts de plusieurs diocèses. Au fond, malgré ses erreurs, l'on ne peut s'empêcher de regarder Nicole comme l'un des moralistes les plus profonds, et des controversistes les plus érudits et les plus vigoureux qui aient existé.

VIE D'ARNAULD.

ARNAULD (Antoine), le 20° des enfants d'Antoine Arnauld et de Catherine Marion, né en 1612, fit ses humanités et sa philosophie aux collèges de Calvi et de Lisieux; il prit ensuite des leçons de théologie sous Lescot, qui dictait le traité de la grâce. Dans son *Acte de tentative*, soutenu en 1635, il étala dans sa thèse des sentiments assez opposés à ceux qu'on lui avait dictés, et les défendit avec un peu trop de vivacité. Il prit le bonnet de docteur de Sorbonne en 1641; et, en prêtant le serment ordinaire dans l'église de Notre-Dame sur l'autel des martyrs, il jura de défendre la vérité jusqu'à l'effusion de son sang, promesse que font depuis tous les docteurs. Deux ans après, il publia, avec l'approbation de quelques évêques et de vingt-quatre docteurs de Sorbonne, son livre *De la fréquente communion*. Ce traité fut vivement attaqué par ceux contre lesquels il paraissait être écrit ; mais il fut défendu encore plus vivement. Les disputes sur la grâce lui donnèrent bientôt occasion de déployer son éloquence sur une autre matière. Un prêtre de Saint-Sulpice ayant refusé l'absolution à M. le duc de Liancourt, qui était personnellement signalé dans la défense du livre de Jansénius, Arnauld écrivit deux lettres à cette occasion. On en tira deux propositions qui furent censurées par la Sorbonne en 1656. La première qu'on appelait de droit, était ainsi conçue : « Les Pères nous « montrent un juste en la personne de saint Pierre, à qui la grâce, sans laquelle on ne peut rien, a manqué dans « une occasion où l'on ne saurait dire qu'il n'ait point péché. » La seconde qu'on appelait de fait : « L'on peut « douter que les cinq propositions condamnées par Innocent X et par Alexandre VII, comme étant de Jansé-« nius, évêque d'Ypres, soient dans le livre de cet auteur. » Arnauld, n'ayant pas voulu souscrire à la censure, fut exclu de la faculté. Quelque temps auparavant, il avait pris le parti de la retraite ; il s'y ensevelit plus profondément depuis cette disgrâce, et n'en sortit qu'à la prétendue paix de Clément IX, en 1678. Il fut présenté au nonce, à Louis XIV, et à toute la cour. On l'accueillit comme le méritaient ses talents et le désir qu'il faisait paraître de jouir du repos que donne la soumission à l'Église. Il travailla dès lors à tourner contre les calvinistes les armes dont il s'était servi contre la Sorbonne. Ces temps heureux produisirent la *Perpétuité de la foi*, le *Renversement de la morale de J.-C. par les calvinistes*, et plusieurs autres ouvrages de controverse qui le firent redouter des protestants. Il semblait que la tranquillité fût revenue pour toujours ; mais Arnauld, devenu suspect par les visites nombreuses qu'il recevait, et cru dangereux par Louis XIV, se retira dans les Pays-Bas, en 1679, loin de l'orage qui le menaçait. Son *Apologie du clergé de France et des catholiques d'Angleterre, contre le ministre Jurieu*, fruit de sa retraite, souleva la bile du prophète protestant. Cet écrivain lança un libelle intitulé l'*Esprit de M. Arnauld*, dans lequel il maltraitait étrangement ce docteur, qui refusa d'y répondre, mais qui n'y fut pas moins sensible. Une nouvelle querelle l'occupa bientôt. Le Père Mallebranche, qui avait embrassé des sentiments différents sur la grâce, les développa dans un traité, et les fit parvenir à Arnauld. Ce docteur, sans répondre à Mallebranche, voulut arrêter l'impression de son livre. N'ayant pu en venir à bout, il ne pensa plus qu'à en faire la réfutation ; il commença en 1683. Il y eut plusieurs écrits de part et d'autre, assaisonnés d'expressions piquantes et de reproches très-vifs. Arnauld n'attaquait pas le *Traité de la nature et de la grâce*, mais l'opinion que l'on voit tout en Dieu, exposée dans la *Recherche de la vérité*. Il intitula son ouvrage : *Des vraies et des fausses idées*. Il prenait ce chemin, qui n'é- tait pas le plus court, pour apprendre, disait-il, à Mallebranche à se défier de ses plus chères spéculations métaphysiques, et le préparer par-là à se laisser plus aisément désabuser sur la grâce. Mallebranche se plaignit de ce qu'une matière dont il n'était nullement question avait été choisie, parce qu'elle était la plus métaphysique, et par conséquent la plus susceptible de ridicule devant presque tout le monde. Arnauld en vint à des accusations, savoir, que son adversaire met une étendue matérielle en Dieu, et veut artificieusement insinuer des dogmes qui corrompent la pureté de la religion. On sent que le génie d'Arnauld était tout-à-fait guerrier, et celui de Mallebranche fort pacifique. Les *Réflexions philosophiques et théologiques sur le Traité de la nature et de la grâce*, publiées par Arnauld en 1685, le rendirent vainqueur dans l'esprit de ses partisans ; mais Mallebranche le fut aussi aux yeux de ses disciples. Cette dispute dura jusqu'à la mort d'Arnauld, arrivée à Bruxelles en 1694 (1). Mallebranche lui avait déclaré « qu'il était las de donner au monde un spectacle, et de remplir le *Journal des savants* de leurs pauvretés réciproques. » Les partisans des nouveautés alors en discussion perdirent le plus habile défenseur qu'ils aient eu. Son cœur fut apporté à Port-Royal, puis transféré à Palaiseau. Santeuil et Boileau lui firent chacun une épitaphe, l'un en latin, et l'autre en français. Personne n'était né avec un esprit plus philosophique, dit un écrivain célèbre ; et nous croyons pouvoir ajouter, avec un esprit plus théologique : mais il est malheureux qu'il n'ait pas toujours consacré à la défense de la vérité un génie fait pour éclairer les hommes. Il vécut jusqu'à 82 ans dans une retraite ignorée, sans fortune, lui dont le neveu avait été ministre d'état, lui qui aurait pu être cardinal.

On a sous le nom d'Arnauld environ 140 vol. en différents formats, dont un grand nombre est l'ouvrage de

(1) Quoique l'on convienne assez généralement qu'il est mort à Bruxelles, il y a des disputes sur le lieu de sa sépulture. Un historien du temps, en parlant de son cœur transporté à Port-Royal, dit : « Quelque dévotion « qu'on ait pour le cœur, ce n'est pas la petite relique ; le corps est la grande : mais tout le monde ne sait pas « où il repose. On en tient le lieu fort secret, sans doute pour empêcher la multitude de pèlerinages qui s'y « seraient faits, et dont les suites auraient été à craindre. » Le convulsionnaire auteur du *Dictionnaire janséniste*, en 6 tomes, le dit enterré dans l'église paroissiale de Sainte-Catherine, à Bruxelles, *au bas d'une chapelle, près du chœur* ; et, par une contradiction singulière, il lui applique ces paroles du Texte sacré au sujet de la sépulture de Moïse : *Et non cognovit homo sepulcrum ejus usque in præsentem diem.* (Voyez des réflexions fort sensées sur ce sujet dans le *Dict. hist.* de Ladvocat, préface de l'édition de 1764, p. 25.) Des personnes bien instruites assurent qu'Arnauld est enterré sous le maître-autel de l'église des Oratoriens de Lacken, près de Bruxelles. Quelques-uns prétendent que le cadavre de Quesnel y est aussi.

ses disciples, qui ont voulu leur assurer la vogue par l'autorité d'un grand nom. On peut les diviser en cinq classes : La première composée des livres de belles-lettres et de philosophie : *Grammaire générale et raisonnée*, avec M. Lancelot, publiée de nouveau en 1756, sous ce titre : *Grammaire générale et raisonnée, contenant les fondements de l'art de parler*, etc., par MM. de Port-Royal, nouvelle édition, augmentée des notes de M. Duclos, de l'Académie française, et d'un supplément par M. l'abbé Froment, in-12; *Éléments de géométrie*; la *Logique*, ou l'*Art de penser*, avec Nicole, livre fort méthodique, propre à faire saisir les règles d'une bonne logique; *Réflexions sur l'éloquence des prédicateurs*, à Paris, en 1695, adressées à Dubois, membre de l'Académie, qui, dans la préface d'un traité traduit de saint Augustin, avait annoncé que les prédicateurs doivent renoncer à l'éloquence. On peut voir l'occasion et le jugement de cet ouvrage dans la *Bibliothèque française* de l'abbé Goujet; *Objections sur les méditations de Descartes*; le *Traité des vraies et des fausses idées*, à Cologne, en 1683. La 2ᵉ classe, des ouvrages sur les matières de la grâce, dont on trouve une liste fort longue dans le *Dictionnaire* de Moréri. Le principal est celui dont nous avons parlé plus haut, sous le titre de *Réflexions philosophiques et théologiques*. La plupart des autres ne roulent que sur des disputes particulières, si l'on en excepte la traduction des livres de S. Augustin, de la *Correction* et de la *Grâce*, etc. La 3ᵉ, des livres de controverse contre les calvinistes : *La Perpétuité de la foi*, ouvrage auquel il avait eu beaucoup de part, et qu'il publia sous son nom, comme Nicole son coopérateur l'avait désiré. Clément IX, à qui il fut dédié, Clément X et Innocent XI lui firent écrire des lettres de remerciment. Plusieurs écrivains ont assuré que cet ouvrage est entièrement de Nicole, ce qui n'est pas, et qu'il ne fut attribué à Arnauld, ainsi que plusieurs autres, que pour rehausser la célébrité et l'autorité du chef du parti; place qu'il paraissait être particulièrement propre à remplir, étant frère de l'évêque d'Angers, d'Arnauld d'Andilly, de la mère Angélique, et cousin du duc de Liancourt. On ne l'appelait que le *grand Arnauld*. Le *Renversement de la morale de J.-C. par les calvinistes*, en 1672, in-4°; l'*Impiété de la morale des calvinistes* en 1675; l'*Apologie pour les Catholiques*; *Les calvinistes convaincus de dogmes impies sur la morale*; *Le prince d'Orange, nouvel Absalon, nouvel Hérode, nouveau Cromwel*. L'auteur du *Siècle de Louis XIV* prétend que ce livre n'est pas d'Arnauld, parce que le style du titre ressemble à celui du Père Garasse; il ne connaissait sans doute pas l'abondance des termes que M. Arnauld trouvait sous sa main, quand son zèle s'enflammait. Cet ouvrage a toujours passé pour être de lui; on dit même que Louis XIV ordonna qu'on le fît imprimer, et qu'on en envoya des exemplaires dans toutes les cours de l'Europe. La 4ᵉ, des écrits contre les jésuites, parmi lesquels on distingue la *Morale pratique des jésuites*, en 8 vol. qui sont presque tous d'Arnauld, à l'exception du premier, et d'une partie du second. On peut mettre dans cette 4ᵉ classe tous les écrits contre la Morale relâchée, dont il était un des plus ardents ennemis. La 5ᵉ, des écrits sur l'Écriture sainte : *Histoire et concorde évangélique*, en latin, 1653; *La traduction du Missel en langue vulgaire, autorisée par l'Écriture sainte et par les Pères*, faite avec de Voisin. *Défense du nouveau Testament de Mons contre les sermons de Maimbourg*, avec Nicole; et quelques autres écrits sur la même matière, etc. On a imprimé après sa mort neuf volumes de lettres, qui peuvent servir à ceux qui voudront écrire sa vie. On trouve dans le troisième volume de ses lettres une réponse aux reproches qu'on lui avait faits, de se servir de termes injurieux contre ses adversaires; elle a pour titre *Dissertation selon la méthode des géomètres, pour la justification de ceux qui, en de certaines rencontres, emploient en écrivant des termes que le monde estime durs*. Il veut y prouver par l'Écriture et par les Pères, qu'il est permis de combattre ses adversaires avec des traits vifs, forts et piquants.

VIE DE RENAUDOT.

RENAUDOT (Eusèbe), petit-fils de Théophraste Renaudot, médecin, naquit à Paris, en 1646. Après avoir fait ses humanités au collège des jésuites, et sa philosophie au collège d'Harcourt, il entra chez les Pères de l'Oratoire, et n'y demeura que peu de mois. Il continua cependant de porter l'habit ecclésiastique; mais il ne songea point à entrer dans les ordres. Il se consacra d'abord aux langues orientales, et il en étudia ensuite plusieurs autres. Son dessein était de faire servir ses connaissances à puiser dans les sources primitives les vérités de la religion. Le grand Colbert avait conçu le dessein de rétablir en France les impressions en langues orientales. Il s'adressa à l'abbé Renaudot, comme à l'homme le plus capable de seconder ses vues; mais la mort de ce ministre fit abandonner ce projet. Le cardinal de Noailles mena l'abbé Renaudot avec lui à Rome en 1700, et le fit entrer dans le conclave. Son mérite lui attira les distinctions les plus flatteuses. Le pape Clément XI l'honora de plusieurs audiences particulières, et lui conféra le prieuré de Frossay en Bretagne. Il l'engagea à rester encore sept à huit mois à Rome, après le départ du cardinal, pour jouir plus long-temps de son entretien. Le grand-duc de Florence, auprès de qui il passa un mois, le logea dans son palais, le combla de présents, et lui donna des felouques pour le ramener à Marseille. Ce fut à son retour en France qu'il publia la plupart des ouvrages qui ont illustré sa plume. Il mourut en 1720 à 74 ans, après avoir légué sa nombreuse bibliothèque aux bénédictins de Saint-Germain-des-Prés. L'abbé Renaudot avait un esprit net, un jugement solide, une mémoire prodigieuse. Homme de cabinet et homme du monde tout ensemble, il se livrait à l'étude par goût, et se prêtait à la société par politesse. Attentif à garder les bienséances, ami fidèle et généreux, libéral envers les pauvres, insensible à tout autre plaisir qu'à celui de converser avec les savants, il fut le modèle de l'honnête homme et du chrétien. Quelque lié qu'il fût avec quelques personnes du parti janséniste, il ne sut pas les imiter dans les intrigues et les mouvements de parti, et ne fit pas de manifeste contre les décrets du saint Siége. Ses principaux ouvrages sont : deux vol. in-4°, en 1711 et 1713, pour servir de continuation au livre de *la Perpétuité de la Foi : Historia patriarcharum Alexandrinorum, Jacobitarum*, etc., Paris, 1713, in-4°; un *Recueil d'anciennes liturgies orientales*, 2 vol. in-4°, Paris, 1716, avec des dissertations très-savantes ; deux anciennes *Relations des Indes et de la Chine*, avec des observations, Paris, 1718, in-8°. Cet ouvrage, traduit de l'arabe, renferme les voyages de deux Mahométans du IX° siècle ; *Défense de la Perpétuité de la foi*, in-8°, contre le livre d'Aymon ; plusieurs *Dissertations* dans les Mémoires de l'académie des Inscriptions ; *Défense de son Histoire des patriarches d'Alexandrie*, in-12 ; une *Traduction* latine de la *Vie de S. Athanase*, écrite en arabe : elle a été insérée dans l'édition des *Œuvres* de ce père par dom de Montfaucon, etc. ; plusieurs ouvrages manuscrits. Renaudot fut reçu à l'académie française en 1689 ; deux ans après il remplaça Quinault à celle des Inscriptions, et fut nommé en 1700 associé de celle de la Crusca.

AVIS AU LECTEUR.

C'est chose étrange de voir combien les ouvrages s'éloignent souvent dans la suite du premier dessein qui les a fait entreprendre. Le traité de *La Perpétuité de la foi de l'Église, touchant l'Eucharistie*, n'est dans son origine que la préface d'un livre, ayant été fait pour être mis à la tête de l'office du Saint-Sacrement. On ne le fit pas néanmoins, parce que l'on jugea plus à propos de ne mêler rien qui sentît la contestation dans un livre qui était uniquement destiné à nourrir la piété des fidèles. Ainsi ce traité demeura supprimé durant plus de deux ans, et ce ne fut que par rencontre qu'on en donna depuis deux ou trois copies. Un ministre calviniste en ayant recouvré une, y fit une réponse fort ingénieuse, et où il ne manquait rien que la vérité et la solidité, qui ne se peut pas suppléer par l'adresse de l'esprit. Aussi ceux de son parti la relevèrent d'une manière extraordinaire, et ils la multiplièrent tellement par les copies qu'ils en répandirent partout, et dans Paris et dans les provinces, qu'elle n'est guère moins publique que si elle avait été imprimée. C'est ce qui donna la pensée de la réfuter ; mais on ne put l'exécuter que longtemps après, et encore n'avait-on dessein que de faire voir cette réfutation manuscrite à quelques personnes qui avaient vu l'écrit du ministre. Mais on fut obligé bientôt de prendre la résolution de rendre tout cet ouvrage public, parce qu'on apprit qu'un libraire avait déjà à demi imprimé le premier traité avec une infinité de fautes, et que l'on ne trouva point d'autre voie pour l'empêcher que de le faire imprimer soi-même. Or en le publiant il était nécessaire de publier aussi la réfutation de la réponse du ministre, afin que l'on vît que c'était en vain qu'on avait tâché d'affaiblir et d'obscurcir les preuves de ce traité. Voilà l'histoire de ce petit livre, que quelques personnes judicieuses ont cru pouvoir être utile à ceux qui chercheront sincèrement la vérité : c'est tout ce que l'on peut espérer des livres ; le reste dépend de la grâce, à qui il appartient de guérir le cœur, qui est la plus grande source des illusions et des erreurs de l'esprit.

TRAITÉ SUR L'EUCHARISTIE,

OU L'ON FAIT VOIR LA PERPÉTUITÉ DE LA FOI DE L'ÉGLISE CATHOLIQUE TOUCHANT CE MYSTÈRE, EN MONTRANT QU'IL NE S'Y EST FAIT AUCUNE INNOVATION DEPUIS LES APOTRES.

SECTION PREMIÈRE.
Que cette innovation est absolument impossible.

Le plus ordinaire et le plus puissant moyen pour ramener les calvinistes à la foi de l'Église catholique est de leur représenter le consentement de tous les siècles, et la déposition fidèle de tous les Pères pour les dogmes qu'ils contestent aux catholiques. Cette preuve est si convaincante, que quelque effort que les ministres fassent pour l'affaiblir, en répondant en général qu'il ne faut s'attacher qu'à la parole de Dieu, elle ne laisserait pas d'emporter l'esprit de tous ceux de leur parti, s'ils n'avaient travaillé à l'obscurcir, en contestant à l'Église ce consentement de tous les siècles, dont elle autorise sa créance. Ce serait en vain, par exemple, que Blondel, dans la préface du livre qu'il a intitulé : *Éclaircissement sur l'Eucharistie*, protesterait que la créance de l'Église ancienne touchant ce mystère n'est qu'une question de fait, à laquelle des esprits raisonnables ne doivent pas permettre qu'on les arrête, parce qu'elle ne leur importe pas, n'y ayant que celle du droit qui oblige leur conscience, et que l'on a tort de s'informer de ce qui a été cru devant sa naissance, parce qu'une opinion véritable doit toujours être crue, encore que personne ne l'ait défendue depuis les apôtres ; et qu'une opinion fausse, quand elle aurait été suivie dès le commencement sans interruption et par la plupart, n'en serait pas plus recevable.

Il y a peu de personnes assez déraisonnables pour pouvoir soutenir les conséquences horribles de la prétention de ce ministre. Car, si le consentement de toute l'Église depuis les apôtres n'était pas une preuve certaine de la vérité, et s'il se pouvait faire qu'elle eût toujours cru la présence réelle de Jésus-Christ dans l'Eucharistie, et que néanmoins cette créance fût fausse, il s'ensuit qu'il est possible que l'Église ait toujours été engagée dans une erreur criminelle et dans un culte idolâtre ; puisque si Jésus-Christ n'y était pas vraiment présent, nous serions de vrais idolâtres, comme les ministres nous le reprochent si souvent.

Ainsi tous les martyrs n'auraient rendu témoignage qu'à l'idolâtrie ; les Pères n'auraient été que des docteurs d'idolâtrie ; toute l'Église n'aurait été qu'une assemblée d'idolâtres, qui n'auraient ruiné l'idolâtrie païenne que pour en substituer une autre : l'adoration du pain au lieu de l'adoration de l'or, de l'argent, du bois et des pierres. Ce qui ne détruit pas seulement un article de la foi, mais toute la foi ; et non seulement la foi, mais l'auteur même et le consommateur de la foi, comme parle S. Paul, c'est-à-dire, Jésus-Christ ; puisque, si l'Église avait été toujours dans l'erreur et dans la pratique d'un culte idolâtre, elle aurait été toujours, par conséquent, dans la haine et l'aversion de Dieu. Et ainsi Jésus-Christ, qui n'a pas formé d'autre Église que celle-là, ne serait point le médiateur promis qui devait former un peuple saint et une cité sainte, à laquelle toutes les nations devaient accourir.

Certes il faudrait avoir une indifférence et une insensibilité plus qu'humaine pour oser mettre son salut en un si étrange danger, que l'on ne pourrait avoir aucune espérance d'y parvenir, qu'au cas que tant de martyrs, tant de saints, tant de Pères, et généralement tous ceux qui ont vécu dans l'ancienne Église, en fussent privés pour avoir été engagés dans une superstition criminelle. L'excès de cet aveuglement est trop grand pour y pouvoir subsister ; et ainsi, malgré tous les efforts des ministres, ceux qui leur sont le plus attachés demeureront facilement d'accord que si l'on a toujours cru dans l'ancienne Église la présence réelle de Jésus-Christ dans l'Eucharistie, c'est une folie de refuser de la croire maintenant.

C'est ce qui a obligé les ministres d'entrer dans cette question de fait, qu'ils font semblant de juger de nulle importance, et d'employer toute l'adresse de leur esprit pour se mettre à couvert de cette antiquité qui leur est suspecte, demeurant ainsi d'accord, en quelque manière, que la créance universelle de l'ancienne Église, touchant l'Eucharistie, est inséparable de la vérité.

En supposant donc ce principe pour constant, on peut dire avec assurance que, quelques chicaneries dont les ministres se servent pour éluder certains passages des Pères, il y en a néanmoins plus qu'il ne faut de clairs et d'indubitables pour persuader un esprit raisonnable et qui cherche sincèrement la vérité, que la doctrine de la présence réelle a toujours été l'unique doctrine de toute l'Église.

Mais, parce qu'il arrive souvent que l'on ne comprend pas assez la force des preuves, à cause que l'on ne les regarde pas dans l'ordre naturel qui fait qu'elles s'entr'aident et se fortifient mutuellement, il me semble qu'il ne sera pas inutile de marquer dans ce discours, par où l'on peut conduire un esprit qui ne serait pas entièrement opiniâtre, jusqu'à lui faire avouer par l'évidence de la vérité, que la créance de l'Église romaine, touchant ce mystère, est la même que celle de toute l'antiquité.

La question étant touchant la créance de l'Église ancienne, il n'y a rien de plus raisonnable que de choisir un point fixe dont on ne dispute point, afin de passer ensuite à ce qui est en contestation. Or, quoique les calvinistes aient étendu le plus loin qu'ils ont pu leurs prétentions, et que quelques-uns aient voulu soutenir que jusqu'au II° concile de Nicée, toute l'Église était dans leur sentiment, les autres jusqu'au temps de Paschase, c'est-à-dire jusqu'au IX° siècle, les autres même plus avant, néanmoins personne ne peut nier que du temps de Bérenger toute l'Église ne se soit déclarée contre la créance des calvinistes, en condamnant Bérenger par un grand nombre de conciles de France et d'Italie. Bérenger même abjura plusieurs fois son hérésie, et mourut dans la foi catholique, comme le témoigne Guillaume de Malmesbury, bénédictin, quoique Blondel, par une surprise peu excusable, ait écrit qu'il mourut dans la résolution de maintenir son sentiment. Ainsi nous voyons en 1053, qui est le temps du premier concile tenu à Rome par le pape Léon IX contre Bérenger, l'Église unie dans la foi que nous tenons ; et c'est par ce consentement général de toute l'Église que ceux qui l'ont défendue contre Bérenger le pressent et le convainquent.

Adelman, qui avait été élevé avec Bérenger sous la discipline de S. Eulbert, évêque de Chartres, ayant appris en Allemagne les nouvelles de son erreur, dès l'année 1035, selon le cardinal Baronius, témoigne, dans la lettre pleine de tendresse et de charité qu'il en écrivit à Bérenger même, que son sentiment était regardé comme si manifestement hérétique, qu'avant même qu'il eût été condamné par les conciles, Bérenger était estimé séparé de l'unité de l'Église catholique. *Il s'est répandu un bruit*, lui dit-il, *que vous vous êtes séparé de l'unité de l'Église, et que vous avez une doctrine contraire à la foi catholique sur le corps et le sang du Seigneur, qui est immolé tous les jours dans toute la terre sur le saint autel.* Hugues, évêque de Langres, l'un des premiers qui a écrit contre Bérenger, lui reproche que sa doctrine scandalisait toute l'Église, *universalem Ecclesiam scandalizas*. Un évêque de Liége, consulté par Henri I, roi de France, sur la conduite qu'il devait tenir pour étouffer l'hérésie de Bérenger, lui répondit que cette hérésie était si claire qu'il n'était pas besoin de tenir de concile pour la condamner. Durand, abbé de Troarn, traite les sectateurs de Bérenger d'hommes *vils et infâmes*, qui, n'étant recommandables ni par leur piété, ni par leur science, s'opposaient aux Pères et aux docteurs de l'Église, et combattaient *ce que l'Église catholique enseignait par tout le monde : Quod catholica per orbem universum prædicat Ecclesia.* Lanfranc, dès le commencement de son livre, reproche à Bérenger qu'étant plein d'arrogance, il avançait une doctrine contraire au sentiment de toute la terre : *Superbiæ fastu plenus contra orbem sentire cœpisti* ; et qu'il avait fait un écrit contre la vérité catholique, et contre l'opinion de toutes les églises : *Contra catholicam veritatem, et contra omnium ecclesiarum opinionem scriptum postea condidisti.* Il prouve dans le chap. 4 que la doctrine de Bérenger était condamnée généralement par tous les fidèles tant ecclésiastiques que séculiers, et qu'elle n'était soutenue que par un petit nombre de schismatiques, *paucissimos schismaticos.* Et, après avoir expliqué au chap. 18 la doctrine catholique en ces termes : *Nous croyons que les substances terrestres du pain et du vin, étant divinement sanctifiées sur la table du Seigneur par le ministère des prêtres, sont changées par l'opération ineffable, incompréhensible et miraculeuse de la toute-puissance de Dieu, en l'essence du corps du Seigneur ; n'y ayant que les espèces du pain et du vin qui demeurent avec les qualités naturelles, de peur que la vue d'une chair crue et toute sanglante, ne nous causât de l'horreur. Le corps du Seigneur ne laisse pas de demeurer dans le ciel à la droite de Dieu son Père, d'y être tout entier, tout incorruptible, tout inviolable, tout inaltérable et tout immortel,* il ajoute : *Voilà la foi que l'Église, qui, étant répandue par tout le monde, est appelée catholique, a tenue dans tous les siècles, et tient encore à présent.* Il répète la même chose, comme étant évidente et non contestée, au chapitre 8, au 17, au 19, au 21, et il le fait avec tant de confiance au chapitre 22, qu'il presse Bérenger de s'informer du sentiment de tous les chrétiens du monde dans l'Orient et dans l'Occident. *Interrogez*, dit-il, *tous ceux qui ont quelque connaissance de la langue latine et des livres latins. Interrogez les Grecs, les Arméniens, et généralement tous les chrétiens, de quelque nation qu'ils soient, et ils vous répondront tous qu'ils tiennent cette foi dont nous faisons profession.* Et c'est pourquoi il conclut que, si la doctrine de Bérenger était véritable, il faudrait que l'Église fût périe : *Si ce que vous croyez, et que vous soutenez,* dit-il, *touchant le corps de Jésus-Christ est vrai, ce que l'Église enseigne par toutes les nations du monde est faux. Car tous ceux qui se disent chrétiens et qui portent avec joie ce glorieux nom se glorifient de recevoir dans ce Sacrement la vraie chair et le vrai sang que Jésus-Christ a pris de la Vierge. Or si la foi de l'Église universelle est fausse, il faut que l'Église soit périe, ou qu'elle n'ait jamais été.*

Il était si clair que toute l'Église était dans un sentiment opposé à Bérenger, que ne le pouvant désavouer, il était contraint de prétendre nettement que l'Église était périe du reste du monde, et n'était demeurée que dans le petit nombre de ceux qui le suivaient. *Contre tant de témoignages clairs du Seigneur et du S.-Esprit touchant l'Église, vous objectez,* dit Lanfranc, *et ceux qui étant trompés par vous s'efforcent de tromper les autres, l'objectent avec vous, qu'après que l'Évangile a été prêché dans toutes les nations, que le monde a cru que l'Église s'est formée, qu'elle s'est accrue, qu'elle a fructifié, elle était tombée ensuite dans l'erreur par l'ignorance de ceux qui n'entendent pas les mystères ; qu'elle était périe, et n'était demeurée que dans ceux qui vous suivent.* Voilà ce que l'évidence de la vérité obligeait Bérenger de reconnaître.

Guitmond, évêque d'Averse, et disciple de Lanfranc, mais qui a écrit presqu'au même temps que lui contre Bérenger et ses sectateurs, fait voir comme lui que tout le corps de l'Église était contraire aux bérengariens. Il leur reproche dans son troisième livre qu'ils n'avaient pas pour eux une seule ville, ni même une seule bourgade : *Neque enim eis vel una civitatula, vel etiam una villula concessit.* Il dit qu'aucun homme de bien ni aucun homme sage n'avait embrassé ce parti ; qu'il n'était suivi que par des gens de vie scandaleuse. Et il ne leur oppose pas seulement les conciles qui les ont condamnés, mais le consentement général de toute la terre. *Si quis qualitatem, vel flagitiosam vitam eorum, per quos utcumque pullulavit ; si quis nullum sinceræ vitæ hominem, nullum penitus sapientem fautorem ejus attendat ; si auctoris ejus perjuria ; si demùm non solùm concilia supradicta, sed etiam totum orbem terrarum contradicentem penset, tacente nostrâ disputatione, quid magis tenendum sit, satis ut arbitror judicabit.* Enfin il témoigne que l'opinion de Bérenger était regardée comme nouvelle, et comme n'ayant jamais été dans l'Église avant lui. *Il est très-clair,* dit-il, *qu'avant que Bérenger eût avancé ces folies, personne ne s'en était avisé.* « *Notissimum est, hoc tempore priusquàm Berengarius insanisset, hujusmodi vesanias nunquàm fuisse.* » Ce qu'il n'applique pas seulement à l'opinion contraire à la présence réelle, mais aussi à la doctrine de l'impanation, qui est celle des luthériens, et qui était soutenue en ce temps par quelques-uns du parti de Bérenger, et par Bérenger même en un certain temps. *Que Jésus-Christ*, dit-il, *soit enfermé dans le pain et dans le vin, c'est une chose que la raison ne demande point, que les prophètes n'ont point prédite, que Jésus-Christ ne nous a point apprise, que les apôtres n'ont point prêchée, et que le monde n'a point crue, excepté un très-petit nombre d'hérétiques :* « Impanari vel invinari Christum, nulla, sicut ostendimus, expetit ratio, nec prophetæ prædixerunt, nec Christus ostendit, nec apostoli prædicaverunt, nec mundus, exceptis his paucissimis hæreticis, credidit. »

Aussi tous les livres des Grecs schismatiques que nous avons depuis ce temps-là témoignent clairement qu'ils étaient dans la même foi que l'Église romaine touchant l'Eucharistie. Et c'est pourquoi on ne trouvera pas qu'ils lui aient jamais reproché qu'elle eût condamné injustement Bérenger, ni qu'elle fût dans aucune erreur sur cette matière, comme les écrivains de l'Église n'ont aussi jamais reproché aux Grecs qu'ils fussent dans l'erreur de Bérenger ; et dans les diverses réunions qui se sont faites de ces deux églises, il n'y a jamais eu la moindre contestation touchant la foi de l'Eucharistie, parce qu'elles étaient parfaitement unies dans la créance de ce mystère.

Mais il faut encore remarquer que le mystère de l'Eucharistie n'est pas du nombre de ceux qui ne sont connus distinctement que de peu de personnes, plus instruites dans la science de l'Église. Car, pour ne parler que de la présence réelle, comme tous les fidèles participaient à l'Eucharistie, ils devaient par conséquent savoir si ce qu'ils prenaient était le corps de Jésus-Christ, ou ne l'était pas, n'y ayant point de milieu ; et partant, hormis le petit nombre de ceux qui suivaient l'erreur de Bérenger, tout le reste des chrétiens répandus en toute la terre était dans la foi que l'Église romaine tient à présent, évêques, ecclésiastiques, religieux, laïques ; et devant Bérenger cette créance était universellement reçue dans l'Église sans aucune contradiction. De plus, les calvinistes ne sauraient encore nier que les catholiques qui étaient alors si unis dans la créance de la présence réelle, ne regardassent cette doctrine comme l'unique et perpétuelle doctrine de l'Église catholique, et qu'ils ne crussent l'avoir reçue de leurs pères, comme leurs pères l'avaient reçue de ceux qui les avaient précédés. C'est pourquoi Lanfranc, dans les paroles que nous en avons rapportées, dit que la foi dont il faisait profession était celle que l'Église avait tenue dans tous les temps.

Jusqu'ici il n'y a point encore de contestation, mais elle commence à naître lorsque l'on remonte un peu plus haut ; et les calvinistes commencent, je ne sais comment, à dire qu'un siècle avant Bérenger toute l'Église était dans leur sentiment, et qu'elle croyait que Jésus-Christ n'était véritablement présent que dans le ciel, et ne pouvait être dans l'Eucharistie qu'en figure, ou par quelque impression de sa vertu.

Les catholiques prétendent au contraire que la foi qu'ils tenaient alors, et qui était universellement répandue dans toute l'Église, et même dans les communions schismatiques, qui en étaient séparées depuis cinq ou six cents ans, avait toujours été l'unique créance de l'Église universelle depuis les apôtres. Mais le seul établissement de la question suffit presque pour la décider, ce que les calvinistes prétendent étant si contraire au sens commun, que je ne puis croire que ces personnes qui ne parlent que de la raison, et qui l'opposent continuellement pour s'exempter de se soumettre à l'Église, aient assez envisagé toutes les absurdités où ils s'engagent par cette prétention.

Si l'Église ancienne avait été calviniste, et si elle avait cru que Jésus-Christ fût réellement absent des symboles, elle ne pourrait être venue dans l'état où nous l'avons vue au temps de Bérenger, qu'en changeant universellement de créance ; et ce changement ne se peut concevoir qu'en deux manières, qui sont toutes deux également impossibles. L'une serait de s'imaginer qu'il se fût fait tout d'un coup, en sorte que tous les chrétiens après avoir cru jusqu'alors que Jésus-Christ n'était pas présent dans l'Eucharistie, eussent commencé tous ensemble de croire qu'il y était, et que s'étant endormis calvinistes, ils se fussent réveillés catholiques, sans savoir comment, et avec un entier oubli de ce qu'ils avaient été. Ce qui est si ridicule que je ne m'arrête pas à le réfuter. L'autre, que ce changement se soit fait insensiblement ; que quelques-uns aient introduit l'opinion de la présence réelle ; que d'abord ils aient eu peu de sectateurs ; mais qu'ensuite cette opinion se soit glissée insensiblement partout.

Dans cette supposition il faut nécessairement qu'il y ait eu d'abord un temps, savoir dans la naissance de cette opinion, où elle n'était suivie que d'un très-petit nombre de personnes ; qu'il y en ait eu un autre où ce nombre était déjà beaucoup augmenté, et où il égalait celui de ceux qui ne croyaient pas la présence réelle de Jésus-Christ dans l'Eucharistie ; un autre où ce sentiment s'était rendu maître de la multitude, quoiqu'avec opposition d'un grand nombre d'autres qui demeuraient encore dans la doctrine ancienne ; et enfin un autre où il régnait paisiblement et sans opposition, qui est l'état où les calvinistes sont obligés d'avouer qu'il était lorsque Bérenger commença d'exciter des disputes sur cette matière.

Il est impossible que si la doctrine des catholiques était une innovation de l'ancienne foi, qui se fût faite insensiblement, elle n'eût passé par ces degrés ; et cependant chacun de ces degrés comprend des absurdités insupportables.

Car, pour commencer par le premier, si la doctrine de la présence réelle avait été introduite par un seul homme ou par un petit nombre de personnes, comment serait-il possible que le nom en fût inconnu, et qu'on eût pu publier une nouveauté aussi surprenante que celle-là sans que personne s'en fût étonné, ou se fût mis en devoir de s'y opposer? Est-il possible que les prêtres, les curés et les évêques ne se fussent point aperçus de cette idolâtrie naissante ; ou que l'ayant aperçue, ils n'eussent fait aucun effort pour la réprimer et pour détourner les peuples de cette erreur ? Car, comme nous avons remarqué auparavant, n'y ayant aucun milieu entre la présence réelle et corporelle de Jésus-Christ dans l'Eucharistie, et l'absence réelle et corporelle du même Jésus-Christ de l'Eucharistie, tous les chrétiens qui y participaient avaient une créance distincte de l'un ou de l'autre. Comment se peut-on donc imaginer qu'étant persuadés que Jésus-Christ était réellement absent de l'Eucharistie, ils aient soumis toutes les lumières de leur raison, sans aucune contradiction, aux paroles d'un homme, qui serait venu publier, contre le sentiment de toute la terre, que Jésus-Christ, que l'on croyait réellement absent des symboles, y était véritablement et substantiellement présent? Parce que la foi des autres mystères, et la nouvelle d'un Dieu fait homme pour sauver les hommes, avait à vaincre l'opposition des sens et de la raison, et toutes les préoccupations dont les esprits étaient prévenus ; elle a d'abord fait un éclat prodigieux ; elle a soulevé tout le monde contre ceux qui la prêchaient, et elle n'a pu s'établir que par une infinité de prédications, de disputes, de livres, de miracles, et par l'effusion du sang d'un nombre innombrable de martyrs. Et on nous voudra faire croire que cette nouvelle si étonnante de Jésus-Christ corporellement présent en une infinité de lieux, manié par les mains des prêtres, entrant dans la bouche de tous les fidèles qui le reçoivent, trouvant toute l'Église dans une opinion contraire, et n'étant accompagnée ni de miracles, ni de martyrs, ni de livres, ni de disputes, ait néanmoins été reçue dans toute la terre sans contradiction, sans opposition, sans étonnement et tellement sans bruit, que l'auteur et le temps de cette innovation soient demeurés entièrement inconnus ?

Mais comment ceux qui quittaient l'ancienne créance de l'Église pour embrasser cette nouveauté ne se sont-ils point aperçus de ce changement? Comment n'ont-ils point écrit et témoigné que jusqu'alors ils avaient été dans l'erreur et dans l'impiété, en croyant que Jésus-Christ n'était pas dans les symboles eucharistiques après la consécration ? Comment n'ont-ils point accusé ceux qui les avaient instruits de les avoir malheureusement trompés ? Comment ne se sont-ils point écriés avec le Prophète-Roi, que les discours des impies les avaient surmontés : *Verba iniquorum prævaluerunt super nos ?* Et avec le prophète Jérémie que leurs pères avaient honoré le mensonge et la vanité qui ne leur avait servi de rien : *Verè mendacium coluerunt patres nostri ; vanitatem quæ eis non profuit ?* Cependant on ne trouve rien de tout cela. Car je mets en fait que depuis les apôtres jusqu'à Bérenger, où la créance de la présence réelle était universellement reçue dans l'Église, on ne trouvera aucune preuve que quelqu'un, en publiant que Jésus-Christ était réellement présent dans l'Eucharistie, ait cru proposer une opinion différente de la créance commune de l'Église de son temps ou de l'Église ancienne.

On ne trouvera point que jamais personne ait été déféré publiquement aux évêques et aux conciles, pour avoir publié de vive voix ou par écrit que Jésus-Christ était réellement dans la bouche de ceux qui recevaient l'Eucharistie. On ne trouvera point qu'aucun père, qu'aucun évêque, qu'aucun concile se soit mis en peine de s'opposer à cette créance, en témoignant qu'il y en avait parmi le peuple qui se trompaient grossièrement et dangereusement, en croyant que Jésus-Christ était présent sur la terre, au lieu qu'il n'était véritablement que dans le ciel. On ne trouvera point qu'aucun auteur ecclésiastique, ni aucun prédicateur se soit jamais plaint qu'il s'introduisait en son temps une idolâtrie pernicieuse et damnable, en ce que plusieurs adoraient Jésus-Christ comme réellement présent sous les espèces du pain et du vin. Et pour ne parler point des autres circonstances qui sont nécessairement liées avec la créance de l'Église romaine, quoique la pratique de porter le Viatique aux mourants, et de réserver pour cela quelque partie des espèces, ait été ordonnée par plusieurs conciles, et qu'elle détruise entièrement l'opinion des religionnaires ; on ne trouvera point que jamais personne se soit scandalisé de ces ordonnances, ni que personne les ait accusées d'enfermer et de fomenter quelque erreur.

On dira peut-être que ces raisons font bien voir que la créance de la présence réelle ne s'est point introduite par la contestation et les disputes, ni par des personnes qui, ayant changé elles-mêmes de sentiment, aient prétendu innover et changer la créance de l'Église ; mais que cela ne prouve pas qu'elle n'ait pu s'introduire d'une manière encore plus insensible, qui est que les pasteurs de l'Église, étant eux-mêmes dans la créance que le corps de Jésus-Christ n'était qu'en figure dans l'Eucharistie, aient néanmoins annoncé cette vérité en des termes si ambigus, que les simples aient pris leurs paroles en un sens contraire à la vérité et à leur intention, et soient entrés dans l'opinion de la présence réelle, comme si c'eût été celle de leurs pasteurs.

Mais encore qu'une équivoque de cette sorte eût pu engager dans l'erreur un petit nombre de personnes simples, c'est le comble de l'absurdité de vouloir faire croire qu'elle ait pu tromper tous les chrétiens de la terre. Car peut-on s'imaginer sans extravagance que les paroles des pasteurs étant mal entendues par un grand nombre de personnes en toutes les parties du monde, aucun de ces pasteurs ne se soit aperçu de cette illusion si grossière, et ne les ait détrompées de la fausse impression qu'elles avaient prise de ces paroles ? Peut-on s'imaginer que tous les pasteurs fussent si aveugles et si imprudents que de se servir de mots qui fussent d'eux-mêmes capables d'engager les peuples dans l'erreur, sans expliquer jamais ces équivoques si dangereuses? Que si ces paroles n'étaient pas d'elles mêmes sujettes à un mauvais sens, et n'étaient mal expliquées que par un petit nombre de personnes grossières, comment les fidèles plus éclairés, et qui conversaient tous les jours avec les simples, ne découvraient-ils point par quelques-unes de leurs actions et de leurs paroles l'erreur criminelle où ils étaient engagés? Ce qui devait nécessairement produire un éclaircissement, et ne pouvait manquer, étant venu à la connaissance des pasteurs, de les obliger de déclarer publiquement que l'on avait abusé de leurs paroles, et qu'on les avait prises dans un sens très-faux et très-éloigné de la vérité et de leur intention.

Mais pourquoi ces équivoques n'auraient-elles commencé à tromper le monde que vers les IX° et X° siècles, comme prétendent les ministres, puisqu'on ne s'est point servi d'autres paroles dans la célébration des mystères, et dans la prédication de la parole de Dieu, pour exprimer ce mystère, que de celles dont on se servait auparavant? Et que peut-on s'imaginer de plus ridicule que de dire que les mêmes paroles aient été entendues universellement d'une manière dans un certain temps, et universellement d'une autre manière dans un autre temps, sans que personne se soit aperçu de cette mésintelligence?

Les ministres ne sont pas obligés seulement de faire voir comment cette opinion a pu se glisser insensiblement dans les peuples de toute la terre, ce que nous avons néanmoins montré être entièrement impossible; mais il faut qu'ils supposent aussi qu'elle s'est répandue dans tous les pasteurs du monde et dans tous les monastères; et qu'ils ont tous été trompés par ces équivoques, les prenant en un sens contraire au sentiment de ceux qui les instruisaient, sans qu'aucun se soit jamais aperçu de cette illusion générale, puisqu'il suffisait qu'un seul s'en aperçût pour détromper généralement tous les autres.

Mais si l'on considère la créance de la présence réelle dans l'accroissement chimérique par où il faut qu'elle ait nécessairement passé, selon la pensée des calvinistes, pour venir à ce point d'autorité où nous la trouvons dans le XI° siècle, l'extravagance de cette supposition nous paraîtra encore plus insupportable. Car il faudrait par nécessité, comme nous l'avons déjà dit, qu'il y eût eu un temps où la foi de la présence réelle, qu'ils supposent n'être pas celle de l'ancienne Église, était tellement mêlée dans l'Église avec celle de l'absence réelle, qu'ils soutiennent être l'ancienne et la véritable, qu'il y avait la moitié des évêques, des prêtres et du peuple, qui tenaient l'une, et une autre moitié qui tenaient l'autre.

Et l'on ne peut pas supposer que cette division d'esprit et de créance fût seulement en diverses provinces, en sorte qu'une province tînt une chose, et l'autre une autre; mais il faut nécessairement admettre, dans la supposition des calvinistes, que dans les mêmes provinces, les mêmes villes, les mêmes Églises, les mêmes monastères, les mêmes familles, tous les fidèles étaient divisés sur l'Eucharistie; et que les uns croyaient que Jésus-Christ y était réellement présent, et les autres qu'il en était réellement absent. De plus, il faut supposer que cette division n'était pas seulement dans l'Église romaine, mais aussi dans l'église grecque, dans l'église arménienne, dans l'église égyptienne, et dans toutes les autres sociétés schismatiques. Car, puisqu'elles se sont trouvées unies de sentiment avec l'Église romaine dans la créance de la présence réelle, si l'on suppose qu'elles aient été autrefois dans un autre sentiment, il faut nécessairement qu'elles en aient changé, ce qui ne se peut faire sans avoir passé par cette division.

Si l'on joint ces suppositions avec la vérité de fait que les calvinistes ne peuvent contester, que jusqu'à Berenger il n'y a eu aucune rupture de communion, ni aucune division apparente sur le point de la présence réelle, il en résulte la plus effroyable absurdité qui soit capable de tomber dans l'esprit des hommes. Car il faut nécessairement ou que cette division horrible et générale de sentiment sur le point capital du culte de la religion chrétienne soit demeurée inconnue à tous ceux qui étaient ainsi divisés; ou qu'étant connue, elle ait été négligée par les pasteurs, et ne les ait pas portés à en faire le moindre bruit, et à y apporter le moindre remède. Et cependant l'un et l'autre est tellement contraire à toutes les lumières du sens commun, qu'il me semble qu'il est impossible que personne le puisse croire, en prenant la peine de le considérer avec soin. Car, pour examiner le premier point, qui est que cette division soit demeurée inconnue, est-il possible qu'un homme raisonnable se puisse persuader qu'il y ait eu un certain temps dans l'Église où les frères étaient opposés aux frères, les femmes aux maris, les religieux aux religieux, les prêtres aux prêtres, les évêques aux évêques, non dans un seul pays, mais dans toutes les provinces du monde; non sur quelque point de pure spéculation, dont peu de personnes sont instruites, mais sur un point dont ils avaient tous une créance distincte, sur le principal et le plus ordinaire objet de leur piété; sans que jamais personne se soit aperçu de cette division si sensible; sans que jamais personne ait reconnu que son père, sa mère, son mari, sa femme, son frère, sa sœur, son ami, son évêque était d'un autre sentiment que lui? Est-il possible que l'on s'imagine que ce mélange d'opinions si opposées ait pu demeurer inconnu, non seulement un jour, mais plusieurs années, et pendant l'espace de tout un siècle? Eh quoi! cette diversité de sentiments ne se devait-elle pas découvrir par mille actions extérieures qui en naissent nécessairement, puisque ceux qui croient Jésus-Christ réellement présent ne pouvaient manquer d'agir autrement que ceux qui le croient réellement absent, comme il paraît par la diversité des respects que les catholiques rendent à l'Eucharistie, et les calvinistes à la Cène? Ne se devait-elle pas découvrir par ceux qui changeaient de sentiment, et qui par leur changement même devaient reconnaître que ceux qui n'avaient pas changé comme eux n'étaient pas dans le même sentiment qu'eux ?

Ne se devait-elle pas reconnaître par les différentes instructions des pasteurs ? Et peut-on s'imaginer sans folie que la moitié des prêtres et des évêques étant dans la créance de la présence réelle, et la moitié dans celle de l'absence réelle, les uns et les autres parlassent tous un même langage, et ne découvrissent jamais si clairement leurs sentiments, que ceux qui étaient d'une opinion contraire en pussent être choqués, et reconnaître que celui qui parlait était dans un autre sentiment qu'eux ?

Mais si l'on suppose que cette diversité de sentiments ne fût pas inconnue aux pasteurs ni aux laïques, il est encore bien plus contraire à la raison et à toutes les connaissances que l'on peut tirer de l'expérience, que cette division si étrange n'ait excité aucun bruit, aucune dispute ; qu'elle n'ait fait aucun éclat, et que des évêques, des prêtres, des religieux divisés de sentiments dans un point si important, et qui devaient se regarder les uns les autres comme des idolâtres ou des impies, aient pu demeurer unis de communion et dans une parfaite intelligence.

On voit dans l'histoire de tous les siècles de l'Église que la moindre question qui ait divisé les fidèles a toujours excité de très-grands troubles. Et l'on voit en particulier dans les conciles des IX° et X° siècles, où les ministres nous veulent faire croire que ce changement s'est fait, les évêques occupés à pacifier de petits différends, à décider des questions peu considérables, à régler des points peu importants de la discipline ecclésiastique et monastique. Comment pourrait-on donc croire que, sachant qu'ils étaient tous divisés entre eux sur un point si essentiel et si nécessaire à la religion, ils n'aient pas cru que ce fût une matière digne de leurs soins de remédier à cette division ?

Certes pour s'imaginer que toute l'Église ait pu vivre dans une profonde paix, pendant que tous les fidèles étaient partagés entre eux par une si grande diversité de créance, il faut aussi s'imaginer que les hommes de ce temps-là étaient d'une autre espèce que ceux de ce siècle, et qu'ils n'étaient pas sujets aux mêmes mouvements et aux mêmes passions. Car tout ce qu'on peut tirer de lumière de la connaissance des hommes que nous voyons, nous porte à juger qu'il est absolument impossible que des évêques, des prêtres, des religieux et même des laïques, qui passaient dans l'esprit les uns des autres pour des impies ou des idolâtres, pussent s'empêcher de soutenir chacun leur opinion par des livres et par des disputes, de tâcher de retirer de l'erreur ceux qu'ils y croyaient engagés, de les accuser devant les tribunaux ecclésiastiques, ou de les condamner s'ils en avaient l'autorité, ce qui ne se pouvait faire sans bruit, sans éclat et sans rupture de communion.

Il faudrait pour être demeuré dans cette léthargie et cet assoupissement parmi une telle désunion, que les hommes de ces siècles n'eussent eu ni charité pour le prochain, ni zèle pour Dieu, ni attache pour leurs propres opinions ; c'est-à-dire, qu'ils n'eussent pas été hommes, tous ces mouvements portant naturellement à tâcher d'imprimer dans les autres les sentiments dont on est persuadé, et que l'on regarde comme véritables, et à combattre avec force les opinions qui y sont contraires.

Je ne sais ce qui serait capable de toucher ceux qui ne seront pas frappés par de si grossières absurdités. Mais pour les aider néanmoins à les concevoir plus clairement, je les supplie d'envisager ce qui s'est passé dans le dernier siècle, lorsque Luther, Zuingle et Calvin entreprirent de changer la créance qu'ils avaient trouvée dans l'Église sur l'Eucharistie.

Il est sans doute que si l'on compare la doctrine que ces hérétiques voulaient introduire avec celle qu'ils voulaient ôter, on jugera qu'il est infiniment plus aisé de tomber insensiblement dans la créance de Luther et de Calvin, en quittant celle de l'Église, que de passer de l'opinion de ces hérétiques à la foi de l'Église catholique, parce que les sens favorisent leur doctrine, et sont contraires à la nôtre. Et néanmoins quels tumultes ne produisit point d'abord le luthéranisme en Allemagne, et le calvinisme en France et aux Pays-Bas ? Toute l'Europe ne fut-elle pas incontinent pleine de divisions, de disputes et de querelles ? Tous les théologiens de divers partis n'employèrent-ils pas aussitôt tout ce qu'ils avaient d'esprit et de science pour soutenir leur sentiment, et combattre celui de leurs adversaires ? Que vit-on partout que pratiques, qu'assemblées secrètes, qu'animosités furieuses, qui furent incontinent suivies de ruptures ouvertes de communion, d'excommunications, de conciles, de guerres et de désolations ?

Voilà les effets funestes, mais naturels, que devait produire cette division de sentiments sur ce point si important. Comment se pourra-t-on donc persuader que la même division soit arrivée en un autre temps, et qu'elle ait produit un changement plus grand, plus universel et plus difficile, non seulement sans aucun trouble, mais sans que personne même s'en soit aperçu ?

SECTION SECONDE.
Réfutation de l'histoire fabuleuse de cette prétendue innovation.

Mais l'impossibilité de ce changement paraîtra encore plus manifeste si l'on considère l'absurdité où sont tombés les nouveaux ministres, qui, ayant senti la force de cette raison, ont tâché de l'éluder, en faisant une histoire toute fabuleuse de cette innovation prétendue. Blondel en a dressé le premier plan dans son Éclaircissement sur l'Eucharistie, mais d'une manière si extravagante, qu'il fait naître l'opinion de la transsubstantiation longtemps après Bérenger, en sorte que selon lui il faudrait dire que même Lanfranc, Guitmond et Alger ne l'auraient pas enseignée. Aussi Aubertin ayant bien vu qu'il n'y avait pas de moyen de soutenir une folie si visible, a cru devoir réformer ce plan. Et voici à quoi se réduit ce que ce ministre, qui a consumé malheureusement sa vie à chercher dans les écrits des anciens de quoi obscurcir la vérité, a trouvé de plus plausible pour rendre vraisemblable le prodigieux renversement de l'ancienne foi qu'il est obligé d'admettre, afin de ne passer pas lui-même pour novateur.

Il représente donc premièrement toute la terre unie dans ce sentiment, que l'Eucharistie n'était le corps de Jésus-Christ qu'en signe et en figure, ou bien en vertu et en efficace, jusqu'à l'an 600 de Notre-Seigneur. Il avoue ensuite que la créance de la présence réelle n'a pu s'établir tout d'un coup. *Il ne faut pas penser*, dit-il, *que ces abus de la transsubstantiation et de la présence réelle*, c'est ainsi qu'il appelle la foi catholique touchant l'Eucharistie, *aient pu naître tout d'un coup comme des potirons;* « *Non putandum est eos de transsubstantiatione et reali præsentiâ abusus, in instanti fungorum instar prodiisse.* » Ce changement (ajoute-t-il) s'est fait peu à peu, et il n'est arrivé à l'état où il est maintenant que par divers détours : *Mutatio paulatim facta est, et tandem per anfractus eò provecta.* Après cette confession sincère, il bâtit des degrés imaginaires par lesquels il fait passer cette créance, et place le premier vers l'an 635, en s'efforçant de persuader qu'Anastase Sinaïte, célèbre religieux du Mont-Sinaï, en a jeté les premiers fondements dans un traité qu'il a fait contre certains hérétiques nommés Gayans, où il dit que ce que nous recevons dans l'Eucharistie n'est pas l'antitype, mais le corps de Jésus-Christ. Sur cela il charge d'injures ce savant religieux, et l'accuse d'avoir innové la doctrine et le langage de l'Église : la doctrine pour avoir enseigné, non la présence réelle, car il ne veut pas en demeurer d'accord; mais l'union hypostatique de la divinité avec le pain, par le moyen de laquelle le pain était fait le corps de Jésus-Christ, et le vin son sang, parce qu'étant unis à sa personne, ils étaient par conséquent unis à son corps et à son sang; le langage, parce, dit-il, qu'on avait toujours accordé jusqu'alors dans l'Église que le pain et le vin étaient antitypes du corps et du sang de Jésus-Christ.

Mais comme cette opinion qu'Aubertin attribue à cet auteur n'a point d'autre fondement que sa fantaisie, Blondel, par un autre tour d'imagination, prétend, au contraire, qu'il n'a innové que le langage de l'Église, et qu'il n'a point altéré sa doctrine dans le fond; tant il est aisé de se contredire dans ces conjectures arbitraires, dans lesquelles on a seulement pour but de s'éloigner de la créance des catholiques, et non pas de trouver la vérité.

Aubertin prétend ensuite que ces deux innovations furent embrassées par Germain, patriarche de Constantinople, en l'an 720; par Jean de Damas, en l'an 740, et ensuite par les évêques du IIe concile de Nicée en l'an 787; par Nicéphore, patriarche de Constantinople, l'an 806; que le même langage passa d'Orient en Occident, et y fut reçu comme il paraît par les livres que Charlemagne fit faire au concile de Francfort l'an 794, où ce roi et ces évêques décident que l'Eucharistie *n'est pas l'image du corps de Jésus-Christ, mais son propre corps;* en sorte que, selon cette histoire d'Aubertin, il faudrait conclure que la créance de l'impanation du Verbe, c'est-à-dire, de l'assomption du pain en unité de personne, se répandit universellement en moins d'un siècle dans l'Orient et dans l'Occident.

Qui n'admirera en cette rencontre combien la préoccupation obscurcit le jugement des hommes, en voyant ce critique persuadé d'une fable si pleine de contradiction et d'absurdités? Il est difficile de les remarquer toutes, et je me contenterai de quelques-unes. Premièrement, quelle apparence y a-t-il qu'Anastase, qui ne pouvait ignorer la foi de l'Église de son temps, produise en passant et sans dessein une opinion qui y aurait été formellement opposée, et la produise sans témoigner qu'il avance quelque chose de contraire à l'opinion commune, mais plutôt comme une chose constante et indubitable, qu'il n'est pas besoin de prouver? Ainsi ce que dit cet auteur, *que l'Eucharistie n'est pas antitype,* c'est-à-dire, signe du corps de Jésus-Christ, ne montre pas qu'il ait changé la créance de l'Église, mais montre seulement que c'était une chose constante au VIIIe siècle que l'Eucharistie n'était pas une simple image du corps de Jésus-Christ, mais le corps même de Jésus-Christ. Secondement, n'est-il pas absolument ridicule de supposer, comme ce ministre fait, que l'Orient, qui était plein des livres de S. Basile, des deux SS. Grégoires, de S. Chrysostôme, qui faisaient la principale et presque l'unique étude des Grecs, ait abandonné la créance et le langage de tous ces Pères, et la foi dans laquelle il avait été instruit, pour régler son langage et sa créance sur un passage écarté d'un livre d'un religieux du Mont-Sinaï? Mais combien est-il encore plus hors d'apparence, de faire passer ce changement dans l'Occident, et de le faire recevoir tout d'un coup par les évêques assemblés à Francfort; puisqu'il n'y en avait aucun dans cette assemblée qui entendit le grec, et que l'ignorance de cette langue leur fit commettre plusieurs erreurs de fait, en interprétant mal le sentiment des Pères du IIe concile de Nicée, et en confondant le concile des iconoclastes avec ce concile catholique; parce qu'ils n'avaient point d'autre lumière de ce qui s'était passé en Orient, qu'une version latine pleine de fautes? Et par conséquent, quand Charlemagne définit dans ce livre souscrit par tous les évêques, *que Jésus-Christ ne nous a point conféré une image, mais le sacrement de son corps; que l'Eucharistie ne doit pas être appelée image, mais vérité; non ombre, mais corps; non figure des choses futures, mais ce qui était représenté par les figures;* quand il remarque, *que Jésus-Christ n'a pas dit de ce qu'il donna à ses apôtres : C'est l'image de mon corps, mais : C'est mon corps qui sera livré pour vous, c'est mon sang qui sera répandu pour plusieurs;* quand il dit *que ce qui se passa dans l'institution de l'Eucharis-*

tie, *se passa non en figure, mais en vérité*, ce n'est pas une preuve qu'il ait tiré ce langage des Grecs, qu'il eût été bien aise de contredire, et dont il n'avait jamais lu les livres ; mais c'est une preuve indubitable que l'église latine et l'église grecque étaient parfaitement d'accord sur le point de l'Eucharistie. Troisièmement, ou ce livre et ce passage d'Anastase sont demeurés peu connus, et par conséquent n'ont pas été capables de produire un si grand changement ; ou, si l'on suppose qu'ils étaient célèbres et entre les mains de tout le monde, comment s'est-il pu faire qu'en proposant, comme le ministre le prétend, une opinion contraire au sentiment de toute l'Église, personne ne s'en soit plaint, personne n'ait accusé d'erreur cet auteur, personne n'ait écrit contre lui, ni contre aucun de ceux qui ont embrassé son sentiment.

Car il faut remarquer ici que l'opinion de l'impanation du Verbe qu'Aubertin attribue à Anastase Sinaïte et à S. Jean de Damas, quoique fort différente de l'opinion des catholiques, est néanmoins très-opposée à celle des calvinistes, puisque par le moyen de cette union personnelle de la divinité avec le pain et le vin, le pain devient vraiment adorable comme l'humanité de Jésus-Christ, ce corps de Jésus-Christ est pris par la bouche, entre dans les méchants, demeure hors l'usage, qui sont tous points directement contraires à la doctrine des calvinistes. De plus, cette union hypostatique du pain avec la divinité serait toute miraculeuse et toute incompréhensible, et elle n'enfermerait pas moins de difficultés que la créance de la présence réelle. Quelle apparence donc qu'une opinion, si différente du sentiment où ils prétendent que l'Église était alors, ait été néanmoins embrassée par tout l'Orient instruit dans une autre foi, sans qu'il paraisse aucune trace de ce changement, et sans que ceux mêmes qui avaient changé de créance s'en soient aperçus ?

Mais comment les Nestoriens, dont l'Orient était plein, et qui niaient l'union personnelle du Verbe avec la nature humaine de Jésus-Christ, pouvaient-ils admettre cette union de la divinité avec le pain ? Et s'ils ne l'admettaient pas, comment n'ont-ils point reproché cette doctrine aux catholiques, et ne les ont-ils point obligés par leur reproche de la justifier et de la défendre ? Comment les iconoclastes que les ministres prétendent tirer à leur parti touchant l'Eucharistie, parce qu'ils ont appelé l'Eucharistie image du corps de Jésus-Christ, quoiqu'ils reconnaissent au même lieu qu'elle est le corps même de Jésus-Christ, ne reprochaient-ils point aux défenseurs des images, qui étaient selon Aubertin de l'opinion d'Anastase Sinaïte, qu'ils introduisaient non seulement un culte superstitieux envers les images, mais une véritable idolâtrie, en enseignant que le pain était uni au Verbe, et devait être ainsi véritablement adoré ? Et comment ces personnes, qui excitaient tant de bruit sur un point beaucoup moins important, qui est le culte des images, n'en faisaient-elles aucun sur le sujet de l'Eucharistie, si elles eussent été sur ce point capital dans une créance tout à fait opposée à celle de ceux qui défendaient la vénération des images ?

Toutes ces absurdités font voir clairement qu'il est absolument faux qu'il se soit fait en ce temps-là aucune innovation de doctrine sur le sujet de l'Eucharistie. Mais il n'est pas moins faux encore que la créance de ce siècle, témoignée par Anastase, par S. Jean de Damas, par Germain, patriarche de Constantinople, par le II° concile de Nicée, par Charlemagne et par le concile de Francfort, fût que le pain était uni personnellement au Verbe, et non pas changé au corps naturel de Jésus-Christ, cette supposition n'ayant aucun fondement dans les écrits de ce temps-là, et n'étant qu'une chicanerie que ce ministre a trouvée pour n'être pas obligé d'avouer que la créance de la présence réelle était universellement reçue dans l'Église aux VII° et VIII° siècles.

Premièrement, non seulement leurs paroles ne donnent point lieu à cette explication, mais elles y sont formellement contraires. Anastase Sinaïte dit *que nous n'appelons point la communion antitype du corps de Jésus-Christ, ou simple pain ; mais que nous y recevons le vrai corps et le vrai sang de Jésus-Christ incarné dans Marie, mère de Dieu*. Germain, patriarche de Constantinople, dit *que le S.-Esprit change les dons proposés au précieux corps de Notre-Seigneur Jésus-Christ, et ce qui est dans le calice au précieux sang du grand Dieu, qui a été répandu pour donner le salut et la vie au monde ;* paroles qui, exprimant parfaitement la foi de la présence réelle, excluent formellement cette prétendue union de la divinité avec le pain et le vin. Car, par le moyen de cette union, le pain et le vin pourraient bien devenir le pain et le vin de Jésus-Christ, mais non pas la chair et le sang de Jésus-Christ ; parce que le pain, subsistant dans l'être de pain, ne serait pas chair quand il serait uni au Verbe qui est revêtu de notre chair. Secondement, ces auteurs déclarent que ce qui est dans le calice est le sang de Jésus-Christ versé pour le salut du monde, et ils déclarent de plus que ce n'est pas en figure, mais en vérité ; ce qui ne se peut entendre que du sang naturel de Jésus-Christ, du vin uni au sang ne pouvant être ce sang répandu pour le salut du monde que métaphoriquement. Troisièmement, S. Jean de Damas exclut encore plus formellement cette union chimérique. Car il déclare que le corps de Jésus-Christ vraiment uni à la divinité qui est en l'Eucharistie, *est le même que celui qui est né de la Vierge, non que ce corps qu'il a pris du sein de la Vierge descende maintenant du ciel, mais parce que le pain et le vin y sont changés au corps et au sang de Dieu ;* et il ajoute plus bas, *que ce corps auquel ce pain est changé d'une manière admirable par l'invocation et l'avénement du S.-Esprit, n'est pas un corps différent de celui de Jésus-Christ, mais un seul et un même corps*. Quatrièmement, il est sans aucune apparence que toute l'église grecque soit entrée sans s'en apercevoir dans une erreur qui est clairement condamnée par les livres des Pères des siècles précédents ; car S. Ignace dit que *l'Eucharistie est la chair du Sauveur, laquelle a souffert pour nos péchés.* S. Chrysostôme écrit en une infinité de lieux, que *ce qui est dans le calice est le sang qui a coulé du côté du Sauveur percé sur la croix; qu'il n'y a en tous les lieux de l'Église qu'un seul Jésus-Christ, qui est tout entier en un lieu aussi bien que dans un autre, n'ayant partout qu'un seul corps; que celui qui est à la droite de Dieu est entre les mains des prêtres : et que nous voyons le même corps que les mages ont adoré.* Comment se pourrait-il donc faire que tout l'Orient, par un aveuglement général, en lisant les ouvrages des Pères, fût entré dans un sentiment si opposé à celui qu'ils y enseignent? Car on ne peut pas répondre que ces expressions étaient prises par ceux des VII° et VIII° siècles dans un sens métaphorique, et que, lorsqu'ils y lisaient que le pain était changé au corps de Jésus-Christ, ils entendaient qu'il était changé en la figure du corps de Jésus-Christ; puisque cette explication est formellement condamnée par les auteurs à qui Aubertin attribue l'opinion de l'impanation du Verbe. Cinquièmement, il n'y a point d'auteur à qui l'on puisse attribuer ce sentiment avec moins de vraisemblance qu'à Anastase Sinaïte. Car la principale raison qui pourrait y porter ceux qui règlent leur créance plutôt selon la raison que selon la foi, est la difficulté de concevoir qu'un corps soit en plusieurs lieux. Or cette difficulté est nulle à l'égard d'Anastase, puisqu'il enseigne formellement, comme Aubertin le reconnaît, qu'un corps peut être par miracle en plusieurs lieux.

Ainsi toute cette innovation de doctrine est une pure chimère, et il n'est pas seulement clair que l'Église des VII° et VIII° siècles était dans une créance différente de celle des calvinistes; mais il est clair aussi qu'elle était dans celle de la présence réelle, et qu'elle y était non par aucun changement qui fût arrivé, mais parce qu'elle avait reçu cette foi, aussi bien que celle des autres mystères, de ceux qui vivaient dans le VI° siècle, dans lequel les calvinistes demeurent d'accord que la doctrine de l'Église était exempte de corruption.

Que si Anastase Sinaïte, S. Jean de Damas, les évêques du concile de Nicée, et ceux de Francfort, ont fait difficulté d'appeler les espèces ou symboles du nom d'antitypes après la consécration, quoique quelques Pères les aient ainsi appelées, il n'est pas difficile de comprendre que cela s'est fait, non seulement sans changement de créance, mais en quelque façon sans changement de langage. Car il faut distinguer dans les mots d'image, de figure et d'antitypes, comme dans plusieurs autres semblables, deux sortes de significations; l'une naturelle et originelle, l'autre populaire et ordinaire. La signification naturelle de ces mots ne marque autre chose qu'une simple représentation; et comme une chose invisible, quoique présente, peut être représentée par quelque chose de visible, de corporel et d'extérieur, il ne s'ensuit nullement qu'une chose n'est pas présente parce qu'elle est représentée par quelque image visible. Ainsi nous disons ordinairement que le visage ou les yeux sont les images de l'âme; et cependant ceux qui le disent croient en même temps que l'âme est présente dans les yeux et dans le visage. Les langues de feu étaient la figure du S.-Esprit, qui y était présent. L'ablution extérieure est la figure de l'intérieur dans le baptême, et cependant elles sont jointes et unies ensemble. Il faut renoncer au sens commun pour s'amuser à contester sur ce point, et pour soutenir opiniâtrement, comme font quelques calvinistes, que ces mots enferment toujours et par leur nature l'absence de la chose représentée. Mais il est vrai néanmoins que, comme ordinairement les choses figurées ne sont pas jointes aux figures, et que l'on ne représente guère par des images que des choses absentes, il s'est fait un autre usage populaire de ces mots, dans lequel être figure et contenir la vérité figurée sont deux choses opposées en quelque manière. Et c'est dans ce second sens que les Pères ont dit souvent que la figure ne contenait et n'était pas la vérité.

Ces deux sortes de significations subsistent toutes deux dans le langage des hommes, et, formant une contrariété apparente dans les mots, s'allient sans peine dans le sens. Car, selon ces deux diverses significations, il est vrai de dire que l'Eucharistie est figure, image, antitype du corps de Jésus-Christ, et qu'elle n'est pas figure, image, antitype du corps de Jésus-Christ. Elle n'est pas figure, image, antitype, selon la signification populaire de ce mot, qui exclut la vérité, mais elle est figure et antitype, selon la signification naturelle de ce mot, qui compatit avec la vérité, et qui ne marque autre chose sinon qu'elle représente le corps de Jésus-Christ, quoiqu'elle l'enferme et le contienne en même temps. Et de là il est arrivé que les Pères, prenant quelquefois ces mots dans leur signification naturelle, n'ont pas fait difficulté d'admettre que l'Eucharistie est image et figure. Mais parce qu'elle contient réellement Jésus-Christ, ils l'appellent aussi vérité, et l'opposent aux figures et aux images de l'ancienne loi, en prenant alors le mot d'image dans sa signification populaire. *Ce sang,* dit S. Chrysostôme, hom. 45 sur S. Jean, *étant en figure, expiait les péchés; que si, étant en figure, il a eu tant de force et tant de vertu, si la mort a tant redouté l'ombre de ce sang divin, combien en redoutera-t-elle davantage la vérité même?* Et parce que cette signification populaire du mot de figure, qui exclut la vérité, est la plus commune dans le langage des hommes, et que d'ailleurs la principale partie de l'Eucharistie n'est pas celle qui est extérieure et visible, selon laquelle elle est figure, mais l'intérieure et l'invisible, qui est le corps de Jésus-Christ, il est arrivé que lorsque l'Église n'a plus été obligée de cacher ce mystère aux païens, ce qui avait quelquefois porté les Pères à se servir plus souvent des mots de figure et d'image lorsqu'ils en parlaient devant les païens et les Juifs, on ne s'est plus guère servi des mots d'antitypes et de figures, et l'on a plutôt exprimé ce mystère par la partie principale, qui est la vérité du corps de Jésus-Christ. Ainsi, du temps du II concile de Nicée, il était rare que l'on appelât les espèces consacrées du mot d'antitypes, quoique ce nom leur eût été donné quelquefois par des Pères plus anciens.

L'Église étant dans cet état, les iconoclastes assemblés en leur conciliabule de Constantinople pour condamner les images, crurent qu'ils pourraient tirer de ce qu'il y a de figuratif dans l'Eucharistie une preuve pour détruire les images de Notre-Seigneur en prétendant que Jésus-Christ n'avait voulu que son corps fût représenté que par les espèces eucharistiques, et ils exprimèrent ce mauvais raisonnement en des termes très-durs appelant trois ou quatre fois l'Eucharistie image et représentation dans un même lieu.

Or, quoiqu'on ne puisse pas dire que les iconoclastes aient erré dans la foi de l'Eucharistie, puisque celui même qui les réfute et qui rejette leur expression dans le II° concile de Nicée, les décharge de ce soupçon, témoignant qu'après avoir ainsi mal parlé, ils reconnaissaient ensuite la vérité, il est vrai néanmoins que leurs termes étaient d'eux-mêmes choquants, et qu'ils ont été justement repris dans le II° concile de Nicée, parce que les mots d'image et de figure, appliqués trois ou quatre fois à l'Eucharistie dans une même période, se devaient prendre plus raisonnablement dans leur signification populaire qui exclut la vérité, que dans celle qui ne l'exclut pas. Et en effet, quoique les catholiques reconnaissent tous que l'Eucharistie est vérité et figure, ils ne laisseraient pas de condamner d'imprudence un théologien qui appellerait souvent l'Eucharistie image, sans exclure très-formellement le mauvais sens que ce mot pourrait avoir.

Voilà à quoi se réduit ce premier degré d'innovation, qui ne peut que servir de preuve que la doctrine de l'Église romaine était dans les VII° et VIII° siècles celle de toute l'Église.

Le second degré n'est pas moins fabuleux, et voici de quelle manière Aubertin tâche de s'en démêler. Il lui était facile avec les mêmes chicaneries par lesquelles il élude les passages des anciens Pères, d'éluder aussi ceux des auteurs du IX° siècle, et de les rendre tous calvinistes. Car, pourvu qu'un écrivain ait appelé l'Eucharistie le sacrement du corps de Jésus-Christ, ou qu'il ait parlé du pain et du vin qui servent de matière à l'Eucharistie, il ne lui en faut pas davantage pour conclure qu'il s'est déclaré contre la présence réelle et contre la transsubstantiation. Mais comme il ne pouvait désavouer que la doctrine de la présence réelle était universellement reçue dans l'Église avant la publication des erreurs de Bérenger, voyant bien qu'il était ridicule qu'une opinion se trouvât établie partout tout d'un coup sans qu'on en pût marquer le commencement, il a jugé plus à propos de la faire naître au IX° siècle, afin que, comme il y a eu peu d'écrivains dans le X°, il pût supposer que c'était durant ce siècle qu'elle s'était accrue et répandue par toute la terre. Dans ce dessein il a choisi Paschase Ratbert pour l'en faire auteur, et de peur que les catholiques n'en tirent avantage, il le charge d'injures. Il dit que c'est *un esprit embarrassé, qui se contredit, en sorte qu'on ne peut savoir ce qu'il a voulu dire, ni de quel sentiment il a été.* Et néanmoins il prétend ensuite, je ne sais comment, qu'il est l'auteur de la doctrine de la présence réelle. Mais de peur qu'on ne lui objectât que, si cette doctrine eût été nouvelle, elle n'eût pas manqué d'être combattue, il tâche de trouver des auteurs qui s'y soient opposés, et il prétend que plusieurs grands hommes, comme Raban, Amalarius, Héribald, Valfridus, Flore, Loup, abbé de Ferrière, Frudegarde, Ratramne, Jean Erigène, Prudence, évêque de Troyes, Christian Drutmar, ont été adversaires de Paschase, ou du moins dans un sentiment différent du sien.

Ainsi il conduit son histoire jusqu'au X° siècle, et quand il y est arrivé, croyant que dans les ténèbres de ce siècle on ne pourra trouver de lumière pour le convaincre, il déclare en l'air que c'est depuis la fin du IX° siècle jusqu'au commencement du onzième, que l'opinion de la présence réelle a occupé tous les esprits de toute la terre, *en sorte que ceux du onzième siècle l'ayant sucée avec le lait, la firent passer pour véritable.* « *Hinc contigit,* dit-il, *ut in sequenti, quamvis litteratiores facti, hâc tamen opinione unâ cum lacte imbuti, illam tanquàm veram confidenter obtruserint.* »

Voilà la fable que ce ministre débite, qui se trouve déjà détruite par avance, par ce que nous avons dit touchant la première innovation prétendue, puisque, si la foi de la présence réelle était reçue sans contradiction par toute l'Église au VII° et au VIII° siècles, il est ridicule de la vouloir faire naître dans le IX°. Mais il ne sera pas néanmoins inutile de remarquer en particulier les absurdités de ce degré.

On ne peut nier, comme nous avons déjà remarqué, que, le mystère de l'Eucharistie étant la principale partie du culte de la religion chrétienne, tous les chrétiens, et même les plus simples, y participant souvent, ne crussent par une foi distincte ou que Jésus-Christ y était réellement présent, ou qu'il en était réellement absent.

Or, quoique, comme nous dirons plus bas, il y ait eu en ce siècle quelque contestation entre un petit nombre de savants touchant quelques points qui regardent l'Eucharistie, on ne peut dire néanmoins que ces contestations aient passé jusque dans le peuple, ni que le corps de l'Église ait été partagé en ce temps-là en deux créances, en sorte qu'il y en ait eu une partie qui crût le corps naturel de Jésus-Christ réellement présent dans l'Eucharistie, et une autre qui le crût réellement absent.

Je n'examine pas à présent laquelle de ces deux créances était la maîtresse de l'esprit des peuples; mais je dis seulement qu'il n'y en avait qu'une des deux, ou celle de la présence réelle, ou celle de l'absence réelle; et qu'on ne peut pas s'imaginer qu'elles aient toutes deux subsisté en même temps, et formé deux partis considérables dans ce siècle. Car, n'y ayant point de siècle où il y ait eu plus de conciles, et surtout en France, ni une plus grande quantité de savants hommes, comment pourrait-on croire que si le corps de l'Église de France ou de l'Église universelle avait été divisé, par ces deux opinions diamétralement opposées, sur le plus important et le plus commun de nos mystères, on n'en eût point parlé en aucun de ces conciles, et l'on n'eût pas fait le moindre effort pour remédier à une si étrange division?

Il est bien possible qu'une erreur avancée dans un livre peu connu, n'étant suivie que de peu de personnes, et ne faisant pas d'éclat, soit négligée par l'Église; mais qu'une erreur capitale, comme serait la créance de la présence réelle si elle était fausse, soit soufferte dans l'Église, et que des évêques qui n'eussent pu ignorer la division de leurs peuples, n'en eussent pas seulement parlé en plus de 80 conciles, c'est une chose qui choque entièrement le sens commun. Car on ne peut pas dire que ces évêques aient cru cette division peu importante, et qu'ils l'aient jugée compatible avec l'unité de la communion; puisque de la diversité de ces deux créances il s'ensuit ou que les uns eussent été des idolâtres, des superstitieux et des novateurs; ou que les autres eussent été des impies et des hérétiques; et qu'il n'y a point de division moins compatible avec la communion de l'Église que celle qui désunit les fidèles dans le lien même de la communion, qui est l'Eucharistie, et qui change tout le culte extérieur de la religion.

Je ne m'arrête pas à réfuter davantage l'absurdité de ce mélange, parce qu'il semble que les ministres avouent qu'il était impossible dans ce siècle si éclairé, et c'est par cette raison qu'Aubertin, laissant à Paschase un petit nombre de sectateurs, tâche de tirer à soi les principaux écrivains de ce temps-là.

Étant donc constant que le général de l'Église était dans une de ces deux créances, il est question seulement de savoir si c'était dans celle de la présence réelle, ou dans celle de l'absence réelle; et c'est ce qu'il est bien aisé de décider par plusieurs raisons convaincantes.

Quelque animosité que les calvinistes témoignent contre Paschase, ils ne peuvent néanmoins nier que ce n'ait été un homme très-célèbre dans son temps pour sa sainteté et pour sa doctrine, et durant sa vie et après sa mort. Cependant cet auteur, enseignant la vérité de la présence réelle, en 818, dans le livre qu'il a fait du Corps et du Sang du Seigneur, et depuis dans l'Épître à Frudegarde, et dans ses Commentaires sur S. Matthieu, la propose partout comme la créance unique et universelle de l'Église de son temps.

Il témoigne de plus qu'encore que quelques personnes eussent erré en secret sur ce point par ignorance, nul n'avait jamais néanmoins osé s'élever publiquement contre une vérité si reconnue de tout le monde. *Quamvis*, dit-il, *ex hoc quidam de ignorantiâ errent, nemo tamen est adhuc in aperto, qui hoc ita esse contradicat, quod totus orbis credit et confitetur.* Il dit au même lieu que quiconque voudrait choquer cette vérité, s'opposerait à toute l'Église, et commettrait un très-grand crime, en ne croyant pas ce que la vérité même nous apprend, et ce que croient les chrétiens par tout le monde. *Videat qui contra hoc venire voluerit, quid agat contra ipsum Dominum, et contra omnem Christi Ecclesiam. Nefarium ergo scelus est, orare cum omnibus, et non credere quod veritas ipsa testatur, et ubique omnes universaliter verum esse fatentur.*

Or, si la doctrine de la présence réelle, que Paschase soutient dans cette Épître à Frudegarde, et dans tous ses autres livres, n'eût pas été la créance commune de l'Église, et si c'eût été la première fois qu'elle eût été produite au monde, ne faudrait-il pas qu'il eût eu entièrement perdu l'esprit, pour oser dire, comme il fait d'une opinion dont on n'aurait jamais ouï parler, et dont il serait le premier inventeur, qu'il n'y en avait point d'autre dans l'Église que celle-là? Cette extravagance n'est pas humaine, et si l'on en peut soupçonner des auteurs célèbres, il n'y a point de vérité de fait qu'on ne puisse détruire par ce moyen, puisque l'on ne peut plus rien établir contre des personnes qui se donnent la liberté de supposer que ceux qu'on allègue contre eux ont entièrement perdu l'esprit.

Il ne faut pas seulement supposer que Paschase ait été dans cette folie pendant quelque temps, mais durant toute sa vie, qui a été assez longue, puisqu'il a écrit la même chose en divers temps, au commencement de sa jeunesse, et dans sa vieillesse. Or, comment est-il possible qu'un homme puisse demeurer pendant 40 ans si grossièrement abusé, que de se persuader que tout le monde crût avec lui ce qu'il aurait cru tout seul contre l'opinion de tout le monde? Et comment tant de savants hommes ses amis, tant de religieux de son ordre, tant d'évêques avec lesquels il se trouvait dans les conciles, ne l'ont-ils point désabusé d'une imagination qui aurait été si ridicule en soi et si préjudiciable pour son salut?

Il faut supposer, pour soutenir la prétention de ce ministre, que cette folie de croire que la foi de la présence réelle était la commune doctrine de l'Église, s'était communiquée à bien d'autres personnes de ce temps-là. Elle s'était, par exemple, communiquée à Frudegarde, à qui Paschase a écrit sur le sujet de l'Eucharistie : car ce jeune homme lui témoignait dans sa lettre que la doctrine de la présence réelle avait été sa première créance; mais que depuis il avait été ému à en douter par quelque passage de S. Augustin, dont il demandait l'éclaircissement à Paschase : *Dicis te sic antea credidisse; sed profiteris quòd in libro de Doctrinâ christianâ beati Augustini legisti quòd typica sit locutio. Quòd si figurata locutio est, et schema potiùs quàm veritas, nescio, inquis, qualiter illud sumere debeam.* Il ne dit pas que ce soit le consentement de l'Église de son temps qui le fasse douter de l'opinion de Paschase, mais un passage de S. Augustin qu'il n'entendait pas, et qu'il ne pouvait accorder avec la foi qu'il avait apprise dans le sein de l'Église catholique.

Cette même folie s'était aussi communiquée à Hincmar, qui, parlant, non de Prudence, évêque de

Troyes, comme Aubertin le suppose, mais de quelques autres qu'il ne nomme point, dit *qu'il se trouve des personnes qui, étant amoureuses de la nouveauté des paroles, et pour s'acquérir une vaine réputation, avancent des propositions contre la foi catholique; savoir que le sacrement de l'autel n'est pas le vrai corps et le vrai sang du Seigneur, mais seulement la mémoire de son vrai corps et de son sang.*

Enfin, pour omettre un grand nombre d'auteurs dont Aubertin rapporte lui-même les passages, et qu'il essaie vainement d'éluder, il faut qu'il prétende généralement que la foi de la présence réelle était toujours jointe à la folie, et à l'oubli de toutes choses, puisque dans le grand nombre de ceux qui l'ont enseignée en ce siècle et en tous les autres, on n'en saurait produire aucun qui n'ait cru que cette doctrine était celle de toute l'Église de son temps et de toute l'antiquité.

Les ministres ne sont pas mieux fondés dans les adversaires qu'ils opposent à Paschase, et que Blondel et Aubertin font monter jusques à douze, savoir : *Amalarius, Raban, Héribald, Bertram, Jean-l'Écossais, Frudegarde, Flore, diacre, le concile de Cressy assemblé en 838, Loup, abbé de Ferrières, Prudence, Walfridus, Christian Drutmar.* Mais de ce nombre il en faut premièrement retrancher tout d'un coup Walfridus, Flore, Loup, abbé de Ferrières, Christian Drutmar, dans les écrits desquels on ne trouve pas la moindre ombre de contrariété avec Paschase; mais on trouve au contraire plusieurs preuves pour la vérité de la créance de l'Église catholique, comme quand Walfridus écrit que, *puisque le Fils de Dieu nous assure que sa chair est vraiment viande, et son sang vraiment breuvage, il faut tellement entendre que les mystères de notre rédemption, c'est-à-dire, l'Eucharistie, sont véritablement le corps et le sang du Seigneur, que nous croyions en même temps qu'ils sont les gages de l'union parfaite que nous avons déjà en espérance avec notre chef, et que nous aurons quelque jour actuellement.* Et quand Flore enseigne, dans son Explication de la messe, *que l'oblation, quoique prise des simples fruits de la terre, est faite pour les fidèles, ou aux fidèles, le corps et le sang du Fils unique de Dieu, par la vertu ineffable de la bénédiction divine :* « Quamvis « de simplicibus terræ frugibus sumpta, divinæ benedi-« ctionis ineffabili potentiâ, *efficitur fidelibus corpus et* « *sanguis Christi.* » Il en faut aussi retrancher Prudence, parce qu'il n'en est accusé que sur un mot d'Hincmar que les ministres lui appliquent sans apparence et sans raison. Pour les autres il ne paraît point qu'aucun d'eux ait combattu Paschase en le nommant, ce qui fait bien voir qu'ils ne l'ont pas considéré comme auteur d'une opinion nouvelle et inouie dans l'Église, puisqu'ils n'auraient pas craint de nommer une personne de cette sorte, et qu'ils l'auraient même déféré aux juges ecclésiastiques.

Mais pour les examiner plus en détail, je commencerai par Amalarius, sans m'arrêter à discuter de quel pays il était, ni quelle charge il a exercée dans l'Église. Je dirai seulement que s'il n'avait rien écrit de l'Eucharistie que ce qui s'en trouve dans les livres des offices ecclésiastiques, il n'y aurait pas eu lieu de lui reprocher une erreur, ni de le faire adversaire de Paschase. Mais parce que l'église de Lyon, dans le livre des trois Épîtres, l'accuse d'avoir voulu empoisonner la France par des livres pleins d'erreurs et d'opinions fantastiques, et déclare que ces livres mériteraient d'être brûlés; et qu'un manuscrit de Flore, écrit expressément contre cet Amalarius, lui reproche d'avoir avancé des erreurs contre l'Eucharistie, qui avaient été condamnées en 838 par un synode d'évêques tenu à Cressy, et enfin parce que l'Épitome manuscrit de Guillaume de Malmesbury le joint à Héribalde et à Raban, et les accuse tous trois de l'hérésie des stercoranistes, il semble qu'il n'y ait pas lieu de nier qu'il n'ait soutenu quelque erreur touchant l'Eucharistie; mais cette erreur étant demeurée assez inconnue, a donné lieu aux calvinistes, et même à plusieurs théologiens catholiques, d'en parler fort diversement.

Usserius, protestant anglais, afin d'en tirer quelque avantage pour son parti, suppose qu'Amalarius était dans la doctrine des catholiques; et ainsi il veut que ce soit la doctrine de la présence réelle qui ait été condamnée dans cet auteur par le synode de Cressy, et par Flore, diacre de Lyon. Aubertin a jugé, au contraire, qu'il lui était plus avantageux d'attribuer à Amalarius l'opinion des calvinistes, afin d'en trouver quelque sectateur dans le IXe siècle. Mais pour n'être pas obligé d'avouer par une suite de cette supposition que la doctrine de Calvin ait été condamnée dans le IXe siècle par un synode d'évêques et par l'église de Lyon, il ne parle point du tout du synode de Cressy, et attribue ce que l'église de Lyon dit d'Amalarius à une jalousie, comme s'il était croyable qu'une des plus saintes et des plus savantes Églises de France se fût laissée tellement emporter à la passion, que d'accuser un écrivain d'erreur et d'hérésie, parce qu'il aurait proposé une doctrine reçue de toute l'Église de son temps.

Plusieurs écrivains catholiques, et entre autres M. le président Mauguin, soutiennent, au contraire, par des raisons très-fortes, qu'Amalarius a véritablement erré sur l'Eucharistie, mais d'une erreur toute contraire à celle des calvinistes, qui est celle des stercoranistes, qui enseignaient tellement que le corps de Jésus-Christ était mangé des fidèles, qu'ils le réduisaient à la condition des viandes communes qui sont digérées par l'estomac. Mais Blondel se laissant surprendre par le désir qu'il avait de faire adversaires à Paschase, est tombé sur ce sujet dans une des plus visibles contradictions où un auteur puisse tomber. Car, trouvant d'un côté de l'avantage dans l'opinion d'Ussérius, qui rend calviniste tout le synode de Cressy qui a condamné Amalarius, il en prend cette partie, et suppose avec lui que le concile de Cressy était dans la doctrine des calvinistes, et contraire à Paschase. Mais trouvant d'ailleurs, dans l'Épitome manuscrit du livre des divins Offices de

Guillaume de Malmesbury, qu'Amalarius, Raban et Héribald avaient écrit contre Paschase, sans considérer que cette supposition était contraire à celle d'Ussérius, il fait encore d'Amalarius un adversaire de Paschase; de sorte que par une contradiction manifeste, il feint que le concile qui a condamné Amalarius, et Amalarius condamné par le concile, étaient dans le même sentiment, et qu'ils étaient également contraires à la doctrine de Paschase sur le sujet de l'Eucharistie.

Mais, laissant à part cette pensée qui se détruit d'elle-même, on peut dire touchant les autres que celle d'Ussérius, qui feint que l'erreur d'Amalarius consistait en ce qu'il était dans la doctrine des catholiques, est entièrement fausse et insoutenable, non seulement parce que cette supposition est sans aucun fondement, mais aussi parce que l'Épitome de Guillaume de Malmesbury joint Amalarius à Héribald et à Raban, qui ont été adversaires de Paschase.

Il me serait aisé de montrer que la pensée d'Aubertin, qui prétend qu'Amalarius, Héribald et Raban étaient dans l'opinion des sacramentaires, est infiniment moins probable que celle de M. le président Mauguin, qui soutient, après l'auteur anonyme que le père Celot a fait imprimer depuis peu, et après Guillaume de Malmesbury et Thomas Valdensis, que ces trois auteurs ont été dans l'erreur des stercoranistes, tout opposée à celle des sacramentaires. Il me suffit de dire que de ces deux opinions il s'ensuit également que la doctrine de Paschase était celle de l'Église de son temps. Car, si on peut dire avec vérité qu'Amalarius était dans une erreur également opposée à celle des sacramentaires et à la doctrine des catholiques, les ministres ne pourront tirer aucun avantage ni de son erreur ni de sa condamnation; et ils ne pourront affaiblir par le témoignage d'Amalarius celui que Paschase rend à la doctrine de la présence réelle, comme à celle qui était reçue universellement de toute l'Église de son temps. Que si l'on suppose au contraire qu'il ait été dans l'opinion des calvinistes, il faudra aussi qu'ils confessent que cette opinion a été condamnée dans le IX° siècle par un concile d'évêques, et celle des catholiques confirmée.

Ce que j'ai dit d'Amalarius se peut aussi dire d'Héribald et de Raban qui ont été du même sentiment que lui, selon le manuscrit produit par les ministres; et ainsi, s'ils ont été dans l'erreur des sacramentaires avec Amalarius, ils ont été condamnés en la personne d'Amalarius; et, s'ils ont été stercoranistes, comme il est infiniment plus vraisemblable, ils ne peuvent servir de rien aux ministres, pour montrer que Paschase ait été contredit sur le point de l'Eucharistie par de grands hommes de son temps.

Il ne reste plus de ces adversaires prétendus de Paschase que Ratramne et Jean-l'Écossais. Le livre du premier est tellement embarrassé, qu'il est difficile de reconnaître son sentiment. Et c'est pourquoi, comme plusieurs calvinistes ont tâché de le tirer à leur parti, aussi il y a eu des calvinistes qui ont avoué sincèrement qu'il favorisait la transsubstantiation. Il y a eu de même des catholiques qui l'ont abandonné, et d'autres qui l'ont défendu, non seulement dans ce temps, mais dans les siècles passés. Car Tritème, de la foi duquel on ne peut douter après les louanges qu'il donne à Lanfranc et à Guittemond, témoigne faire beaucoup de cas de Ratramne; et Béranger même, qui se servait du livre de Jean-l'Écossais, n'a jamais allégué Ratramne pour soi; et certes s'il se trouve dans cet auteur quelques expressions dures, il y en aussi d'autres si claires et si formelles pour la présence réelle, que je ne vois pas quel avantage les ministres en peuvent tirer.

Mais, quoi qu'il en soit, quand il serait vrai que ce religieux, en voulant trop subtiliser sur l'Eucharistie, serait tombé dans quelque erreur, qu'est-ce que les calvinistes en pourraient conclure, sinon que comme l'on trouve dans quelques anciens auteurs des semences de l'hérésie arienne, de même il s'est trouvé un ou deux auteurs qui, s'éloignant de la créance ordinaire de l'Église, ont eu quelques pensées, et ont usé de quelques expressions semblables à celles des sacramentaires?

Que s'ils demandent pourquoi, si le livre de Ratramne eût été contraire à la créance de son temps, il n'aurait pas été condamné de son temps, il est facile de répondre premièrement que, cette contrariété n'étant pas apparente, on jugeait plutôt de sa foi par sa communion avec l'Église qui était visible, que par ses paroles qui étaient obscures et embarrassées. Secondement, qu'on ne doit nullement s'étonner que les erreurs d'un écrivain n'aient pas été condamnées par l'Église, parce qu'elle juge souvent plus à propos de les laisser étouffer sans bruit, que de les rendre célèbres en les condamnant. Ainsi, comme on ne voit pas que ce livre de Ratramne ait eu aucune suite, l'Église n'a pas eu sujet de s'en mettre en peine, quand même il aurait été absolument mauvais; mais on ne peut pas dire la même chose de ceux de Paschase, puisque, par le propre aveu des ministres, toute l'Église s'étant trouvée dans le XI° siècle en son sentiment, il faudrait nécessairement que, s'il eût introduit une opinion nouvelle, elle eût fait un étrange éclat, et qu'elle eût commencé à diviser l'Église par un grand nombre de partisans.

On peut dire la même chose de Jean-l'Écossais, que l'Église de Lyon représente partout comme un brouillon, un ignorant et un homme rempli d'erreurs, que si celles qu'il a produites sur l'Eucharistie, et qui firent brûler son livre au concile de Verseil en 1053, selon Durand, abbé de Troarn en Normandie, n'ont pas été condamnées de son temps, c'est qu'elles n'y ont point eu de partisans ni de sectateurs.

Ainsi tous ces adversaires que les ministres opposent à Paschase, leur étant entièrement inutiles, comme Amalarius, Héribald, etc., ou entièrement méprisables, comme Jean Scot, on ne peut douter avec la moindre raison que le témoignage que rend

Paschase que .a foi de la présence réelle était celle de toute l'Église de son temps, ne soit certain et indubitable.

Mais le dernier degré de ce prétendu changement est le comble de l'absurdité. Car pour expliquer comment l'opinion de la présence réelle s'est pu tellement accroître qu'elle se soit trouvée dans le XI° siècle universellement répandue dans toute l'Église, Aubertin se contente de nous dire en l'air que ce changement s'est fait dans les ténèbres du X° siècle. *Il n'est pas étonnant*, dit-il, *que, dans un siècle si ténébreux, l'opinion erronée de Paschase s'étant accrue dans le sein de l'ignorance et de la superstition, elle se soit trouvée si fortement établie dans le XI° siècle.* Et moi je dis qu'il est bien étonnant que des personnes d'esprit osent avancer des suppositions si contraires au sens commun.

Pour le faire voir clairement, il faut remarquer que ce ministre, ayant eu besoin, pour placer ce changement, d'un temps où il y eût peu d'écrivains qui le pussent convaincre d'imposture par des pièces écrites, a été obligé de supposer que le corps de l'Église était encore de l'opinion des sacramentaires jusqu'à la fin du IX° siècle, parce que, pendant tout ce siècle, il y a eu un si grand nombre de savants hommes, qu'il est impossible que s'il fût arrivé quelque changement dans la foi de l'Église de leur temps, ils n'en eussent pas averti la postérité. Aubertin est encore obligé de reconnaître que non seulement au temps où Bérenger fut condamné, savoir en 1053, mais même dès le commencement du XI° siècle, l'opinion des sacramentaires était tellement bannie de l'Église, que c'était un crime qui méritait la déposition, d'avancer une proposition qui en approchât. Car il remarque lui-même, après un auteur qui a écrit la vie du roi Robert, que Luthéric, archevêque de Sens, ayant avancé quelques propositions dangereuses contre la vérité de ce mystère, Robert lui envoya des lettres pleines de menaces, par lesquelles il lui déclarait qu'il le ferait déposer. Et l'on peut voir dans le Recueil de plusieurs anciens auteurs que le père don Luc d'Achery a donné au public, que sous le même roi Robert il se tint un concile à Orléans, dans lequel on condamna deux prêtres, pour avoir nié, entre autres choses, *que le pain se changeât au corps de Jésus-Christ dans l'Eucharistie*. Enfin, il avoue encore que tous ceux qui se trouvèrent en le XI° siècle dans la foi de la présence réelle, n'y étaient point entrés en changeant de sentiment, mais avaient sucé cette opinion avec le lait : *Hâc opinione*, dit-il, *unâ cum lacte imbuti, illam tanquàm veram confidenter obtruserunt.*

Je ne m'arrêterai pas à montrer ici en particulier combien il est impossible que la créance de la présence réelle se soit établie sans bruit et sans éclat, et qu'il est encore moins possible que l'Église ait subsisté dans un mélange effroyable de sacramentaires et de catholiques étant dans une même communion, dans la même Église, dans les mêmes monastères et dans les mêmes familles. Je dirai seulement qu'en accordant aux ministres toutes ces choses si absurdes et si incroyables, il en reste néanmoins encore que l'on ne peut accorder sans renoncer à tout ce que nous avons de raison.

Supposons donc, comme le veut Aubertin, que la doctrine de Paschase, dont le livre ne sortit peut-être pas de France pendant tout ce siècle, se soit répandue en moins de cent ans, non seulement dans toute l'Église latine, mais aussi dans tout l'Orient, et dans toutes les communions schismatiques qui n'avaient ni union ni commerce avec l'Église latine, qui ne lisaient aucun des livres de l'Occident, et qui n'en entendaient pas même la langue. Supposons que, tout le monde ait embrassé généralement cette créance, et que tous les évêques, les religieux, les laïques, ayant été instruits dans la créance distincte de l'absence réelle de Jésus-Christ en l'Eucharistie, aient abandonné sans résistance et sans combat la foi de leurs pères, pour suivre une opinion nouvellement introduite par un religieux de France. Mais comment supposerons-nous qu'il ne soit resté aucune trace de ce changement, et que la mémoire s'en soit tellement abolie, que dans le XI° siècle qui le suit immédiatement après, personne n'en eût jamais ouï parler? Ceux qui vivaient dans le XI° siècle n'avaient-ils pas vu quantité de personnes du X°? La vie de plusieurs n'était-elle pas tellement partagée, qu'en ayant passé une partie dans le X° siècle, et une autre partie dans le XI°, ils pouvaient dire des nouvelles de tous les deux? Et le roi Robert, qui fit condamner au feu ces deux prêtres dont nous avons parlé, n'avait-il pas vécu lui-même 29 ans dans le XI° siècle, n'étant mort que l'an 1032, et ayant vécu 61 ans. Ces personnes, qui avaient vécu dans les X° et XI° siècles, n'avaient-elles pas vu plusieurs personnes du IX°, et ne vivaient-elles pas au moins avec une infinité de personnes qui les avaient vues? Comment est-il donc possible qu'étant témoins ou vivant avec les témoins oculaires d'un changement universel de créance dans toute l'Église, ils n'en eussent dit aucunes nouvelles à ceux qui les auraient suivis, et qu'ils auraient instruits dans la foi? Comment se pourrait-on imaginer que cent millions d'hommes soient convenus ensemble de céler à la postérité un événement si prodigieux et si important, qu'aucun père ne l'ait dit à ses enfants, aucun maître à ses disciples; qu'aucun monastère n'en ait gardé de mémoire; et que tout le XI° siècle se soit tellement confirmé dans la créance de la présence réelle, qu'on y ait traité, dès le commencement, d'hérétiques et de novateurs, ceux qui l'ont voulu attaquer, et que, tous ceux qui l'ont défendue aient publié hautement que l'on n'avait jamais tenu d'autre foi dans l'Église, quoique dans ce temps même, savoir en 1035, auquel l'hérésie de Bérenger commença de paraître, il y eût peut-être cent mille personnes de 70 ans dans toute l'étendue du christianisme, lesquelles ayant vécu 35 ans dans le X° siècle, avaient vu une infinité de personnes dont la vie occupait tout ce siècle, et qui, n'ayant été instruites que par des personnes nées et instruites dans le IX° siècle, n'eussent pu ignorer par conséquent que l'on y avait tenu une créance différente de celle que l'on tenait alors par tout le monde, s'il était vrai, comme les ministres le supposent, que jusqu'à la fin du IX° siècle, tout le corps de l'Église eût été dans l'opinion des sacramentaires?

Je ne m'arrêterai pas davantage à réfuter cette rêverie; il y a des choses si claires qu'elles n'ont besoin que d'être clairement représentées. Je crois que toutes les personnes non passionnées jugeront que non seulement cette dernière preuve, mais toutes celles dont je me suis servi dans ce discours sont de ce nombre; et qu'elles seront persuadées en même temps qu'il n'y a rien de moins raisonnable que le procédé de ceux qui, pour suivre leur raison, se sont éloignés de la communion de l'Église et de la foi catholique, puisqu'ils ne l'ont pu faire qu'en s'obligeant de croire tant de choses si contraires à la lumière de la raison.

RÉFUTATION
DE LA RÉPONSE D'UN MINISTRE AU PRÉCÉDENT TRAITÉ,
DIVISÉE EN TROIS PARTIES.

Première partie,

CONTENANT UNE RÉPONSE GÉNÉRALE AUX DIFFICULTÉS CONTRE L'EUCHARISTIE, RAMASSÉES PAR CE MINISTRE AU MILIEU DE SON ÉCRIT.

Le traité de la Perpétuité de la foi de l'Église catholique touchant l'Eucharistie, étant tout renfermé dans ce point particulier, que le changement que les ministres prétendent être arrivé dans la créance de ce mystère est chimérique et impossible, celui qui a entrepris de le réfuter n'a pas cru se devoir resserrer dans des bornes si étroites, et il a jugé au contraire qu'il aurait plus d'avantage de se mettre au large, en embrassant une plus grande diversité de matières. C'est dans ce dessein qu'au milieu de sa réponse il fait un abrégé des principaux passages et des principales difficultés qu'Aubertin propose contre la créance de l'Église catholique, espérant, d'une part que cet amas de difficultés serait capable d'éblouir les yeux des simples, et que, de l'autre, il étoufferait en quelque sorte la dispute particulière touchant ce changement prétendu, en obligeant ceux qui entreprendraient de répondre à son écrit de s'engager dans une infinité d'autres matières qui n'ont rien de commun avec le dessein de ce traité. Certainement il réussirait dans cette dernière fin qu'il a eue de confondre et d'embarrasser cette dispute, si l'on était obligé de l'imiter et de le suivre dans ce procédé. Car il n'y a rien de plus facile que d'amasser en quatre ou cinq pages sur le sujet de l'Eucharistie, ou sur quelque autre mystère que ce soit, un nombre de difficultés et d'objections que l'on ne puisse bien résoudre qu'en traitant à fond toute la matière. Mais il est facile aussi de lui faire voir que cette voie qu'il prend n'est pas une voie qui puisse conduire à la vérité; mais que c'est au contraire une voie d'égarement et d'illusion, et qu'ainsi il est plus raisonnable de l'en retirer lui-même que de s'y engager après lui. Car peut-on choisir pour moyen de trouver et d'éclaircir la vérité un moyen propre à combattre et à obscurcir toute vérité? Or quel est le mystère que l'on ne puisse attaquer en la manière qu'il attaque celui de l'Eucharistie dans son écrit? Y en a-t-il aucun contre lequel on ne puisse proposer un aussi grand nombre de difficultés qu'il en propose contre ce point de la créance de l'Église catholique? Les sociniens ne feront-ils pas de même sans peine de petits amas de passages difficiles ou de raisons qui ont quelque chose de surprenant contre la Trinité, l'Incarnation, la Rédemption de Jésus-Christ, le péché originel, la grâce, et l'éternité des supplices de l'enfer? En vérité ils ne cèdent point en subtilité aux calvinistes, et les mystères qu'ils combattent ne souffrent pas de moindres difficultés que ceux que les calvinistes attaquent. Mais on a raison de dire aux uns et aux autres que ce procédé n'est pas raisonnable, parce qu'il est contraire aux premières lumières et aux fondements mêmes de la religion chrétienne. Si cette religion disait aux hommes qu'elle leur propose une foi exempte de toutes sortes de difficultés, que l'on ne peut rien alléguer contre ses mystères qui ait quelque sorte d'apparence, et que les preuves sur lesquelles elle établit les vérités qu'elle enseigne sont si claires qu'elles forcent l'incrédulité et la résistance de toutes sortes d'esprits, quelque préoccupés qu'ils soient, on aurait raison de prétendre détruire ses dogmes, en amassant ainsi des difficultés vraisemblables contre ce qu'elle nous voudrait faire croire. Mais elle est bien éloignée de leur tenir ce langage. Non seulement elle ne leur dit pas que les vérités qu'elle enseigne ne peuvent être combattues par aucunes raisons apparentes, mais elle leur dit qu'il est nécessaire qu'elles le soient, et que c'est une suite infaillible du dessein que Dieu a eu en se découvrant aux hommes par la véritable religion. Car il est impossible qu'on fasse réflexion sur la conduite que Dieu a tenue dans l'Ancien et dans le Nouveau-Testament, et sur la manière dont il a voulu parler aux hommes par les prophètes qui ont annoncé son Fils; par son Fils même qui est venu dans la plénitude des temps accomplir les prophéties; et par les apôtres qui nous ont annoncé ce qu'ils avaient appris de ce Fils unique; il est impossible, dis-je, qu'on fasse réflexion sur toutes ces choses, qu'on n'y reconnaisse clairement que Dieu n'a point voulu que les vérités de la foi fussent proposées aux hommes avec tant d'évidence qu'il n'y restât un grand nombre de nuages propres à aveugler les esprits superbes, à servir de pièges aux esprits impurs, et à humilier sous ces ténèbres salutaires ceux mêmes qui le cherchent sincèrement.

N'était-il pas facile à Dieu de faire marquer si clairement par les prophètes ce Rédempteur attendu par tout un peuple, qu'il fût impossible de le méconnaître ? Pourquoi ne leur a-t-il pas fait écrire le jour et l'heure de sa naissance et toute la suite de ses actions en des termes si précis et si intelligibles, qu'on ne pût pas s'y tromper ? Pourquoi a-t-il voulu que le règne de son fils, tout intérieur et tout invisible, fût caché sous le voile de la promesse d'un règne extérieur et visible ; que ces ennemis spirituels qu'il devait assujétir fussent représentés par des ennemis temporels, et que les promesses des biens du ciel qu'il devait donner fussent couvertes sous celles des biens de la terre qu'il n'a point donnés ? Pourquoi a-t-il voulu que la plupart des prophéties pussent recevoir un double sens, et s'appliquer littéralement ou à David, ou à Salomon, ou à quelque autre personne différente du Messie ? Pourquoi la Trinité, l'immortalité de l'âme, la béatitude éternelle, sont-elles si cachées, et, pour le dire ainsi, si ensevelies dans les livres de l'Ancien-Testament, qui sont reçus dans le canon des Juifs ? Pourquoi Jésus-Christ, ayant présentes toutes les hérésies qui devaient arriver dans son Église, ne les a-t-il pas étouffées par avance par des décisions formelles ? Pourquoi n'a-t-il pas évité tant d'expressions dont il prévoyait que les hérétiques devaient abuser ? Pourquoi n'a-t-il pas fait connaître sa divinité en des termes si clairs et si précis, qu'il fût impossible de les éluder ? Pourquoi ne s'est-il fait voir après sa résurrection qu'à un petit nombre de témoins, *non omni populo, sed testibus prœordinatis à Deo* ? Pourquoi les apôtres ont-ils si peu recueilli de ses divines paroles et de ses actions, qui étaient suffisantes de remplir une infinité de livres, comme saint Jean nous en assure ? Pourquoi a-t-il permis cette contrariété apparente entre ses évangélistes ? Pourquoi les apôtres ont-ils parlé si obscurément de plusieurs points ? Pourquoi n'ont-ils pas prévenu, par des décisions précises, tant de questions importantes sur lesquelles ils devaient assez prévoir qu'il s'exciterait des troubles après leur mort ? Que ne nous laissaient-ils un symbole de notre foi aussi clair sur la Trinité et sur l'Incarnation, qu'est celui que l'on appelle de saint Athanase ? Que de millions d'hommes auraient été retenus dans le sein de l'Église, si Dieu eût voulu décider les articles de la foi aussi clairement par l'Écriture qu'ils l'ont été depuis par les conciles !

Toutes ces choses étaient très-faciles à Dieu. Il a pu prévenir tous ces maux et étouffer tous nos doutes ; mais il ne l'a pas voulu, parce que la hauteur infinie de ses pensées est bien éloignée de la bassesse des nôtres. Il eût peut-être agi de la sorte s'il n'eût voulu exercer que sa bonté sur ses élus ; mais il a voulu en même temps exercer sa sévérité sur les méchants. S'il veut découvrir aux uns ses mystères par miséricorde, il veut les cacher aux autres par justice. Et comme sa justice ne fait pas moins partie de sa providence que sa miséricorde, on peut dire que les ténèbres qui couvrent les mystères sont autant dans l'ordre de Dieu que les lumières qui les découvrent, et qu'ainsi l'on a dû voir partout des marques de ce double dessein de Dieu de se couvrir aux uns, et de se faire connaître aux autres.

Cette nuée, qui sépara les enfants d'Israël des Égyptiens qui les poursuivaient, n'aurait pas été propre pour la fin à laquelle Dieu la destinait, si elle eût été toute lumineuse. Il fallait qu'elle fût aussi en partie ténébreuse (1), pour obscurcir le camp des Égyptiens, au même temps qu'elle éclairait celui des Israélites. Ainsi les vérités de la foi, dont elle était la figure, ne seraient pas assez proportionnées aux conseils de Dieu sur les hommes et à l'état où il veut qu'ils soient dans cette vie pour humilier leur esprit, si l'on y voyait une lumière toute pure, sans mélange de ténèbres et d'obscurités. Il faut reconnaître, dit Origène, que l'esprit de Dieu qui a parlé par les prophètes, et la parole de Jésus-Christ qui était dans les apôtres, ont eu pour but de cacher et de ne découvrir pas clairement la doctrine de la vérité. Et cette obscurité, dit S. Basile, dont l'Écriture couvre l'intelligence de ses dogmes, est une espèce de silence que Dieu a voulu encore garder lors même qu'il nous parle par son Écriture. Tant s'en faut donc qu'on doive s'étonner que l'on puisse former des difficultés considérables contre les vérités que l'Église nous propose, qu'on doit supposer au contraire qu'il est nécessaire que l'on en puisse former. De sorte qu'au lieu d'être des marques de fausseté qui nous obligent de rejeter ces vérités, on peut dire, au contraire, qu'elles sont une partie des marques qui nous doivent porter à les reconnaître.

C'est pourquoi l'examen des matières de la foi ne doit pas s'arrêter aux seules difficultés qui y paraissent contraires, ni prétendre même les éclaircir toutes. C'est une voie trop longue, trop pénible, et souvent même impossible ; mais elle doit consister uniquement à reconnaître ce qui doit passer pour difficulté, et ce qui doit passer pour lumière. L'unique différence qui se rencontre entre ceux qui suivent l'erreur et ceux qui défendent la foi, consistant en ce que les uns et les autres étant frappés par les mêmes raisons tant apparentes que véritables, les uns forment leur créance sur les raisons véritables, et considèrent celles qui y sont contraires comme des difficultés ; et les autres, au contraire, forment leur créance sur les difficultés et sur les ténèbres des mystères, et transforment les lumières solides en difficultés et en objections.

Ainsi on n'a presque besoin que d'un changement pour trouver dans le livre d'Aubertin un excellent

---

(1) Tenebrosa et illuminans noctem.

livre. Car il ne faudrait que mettre en preuve ce qu'il met en objection, et en objection ce qu'il met en preuve; et cela suffirait pour le rendre aussi conforme à la vérité qu'il y est maintenant contraire, et aussi bon qu'il est maintenant mauvais.

Il est donc visible que quand on se contente simplement de produire quelques difficultés apparentes contre un dogme contesté, ce n'est encore rien avancer, si l'on ne prouve de plus qu'on ne les doit pas mettre au rang des difficultés, mais qu'on les doit prendre pour les lumières sur lesquelles on doive régler sa foi. Or c'est ce que l'on ne peut bien faire qu'en les comparant avec les preuves qui établissent ce dogme, puisque c'est par cette comparaison que l'on doit juger ordinairement ce que l'on doit prendre pour raison et ce que l'on doit prendre pour difficulté.

C'est ce que l'auteur de cette réponse devait entreprendre, s'il voulait traiter cette matière de bonne foi. En s'engageant dans cette voie, il fallait y entrer tout de bon et satisfaire aux choses auxquelles elle oblige. Il devait proposer ses raisons, ses passages, ses difficultés dans leur juste étendue, et non pas dans ces abrégés confus et captieux; et faisant voir ensuite toutes les preuves des catholiques, montrer, s'il pouvait, que les siennes ont quelque avantage au-dessus des leurs. Mais la raison lui devait faire connaître que c'est se moquer du monde de vouloir persuader par un petit recueil de difficultés entassées dans un traité particulier, où l'on n'en fait aucune comparaison avec les preuves contraires; puisque ce serait être sans jugement que de former son jugement et d'établir sa créance sur un fondement si faible et si peu solide.

L'Église catholique ne craint point cette comparaison générale de ses preuves avec celles de ses adversaires : elle croit, au contraire, qu'elle lui est plus avantageuse que les discussions particulières, qui sont d'une part moins décisives, et de l'autre plus capables de chicanerie. Mais il faut que cette comparaison se fasse d'une manière sincère, et que l'on expose aux yeux des hommes les raisons sur lesquelles elle se fonde, et les objections qu'on lui fait; les autorités qu'elle emploie, et celles qu'on lui oppose, et que l'on ne lui fasse pas cette injustice que de faire envisager seulement les difficultés de ses mystères, sans permettre qu'on en envisage les lumières.

Pourvu qu'on y agisse de cette sorte, elle se tient assurée de demeurer victorieuse de l'erreur. Car comment serait-il possible qu'un homme de bon sens n'aimât mieux former sa créance sur un nombre infini de passages, qui contiennent nettement et littéralement ce qu'elle enseigne de l'Eucharistie, que sur une douzaine de passages obscurs, qui sont produits par les calvinistes, et qu'ils multiplient en les rebattant sans cesse, ou en les joignant à d'autres qui n'ont aucune difficulté, et qui ne contiennent que les expressions ordinaires qui sont en la bouche des catholiques?

Comment n'aurait-il pas plus d'égard, dans un mystère dont la créance a toujours été populaire, aux passages produits par les catholiques, qui sont tirés pour la plupart des instructions que les Pères en donnent aux peuples pour leur enseigner ce qu'ils en doivent croire, et qu'ils en donnent à ceux mêmes qui n'en avaient aucune connaissance, comme aux nouveaux baptisés, devant lesquels ils étaient sans doute obligés de parler plus précisément et plus nettement, qu'à ceux que les calvinistes produisent, qui sont tirés ordinairement de lieux écartés, où les Pères ne parlent pas à dessein de l'Eucharistie, et où ils en parlent à des personnes savantes, qui pouvaient suppléer par leur intelligence au défaut de l'expression. Car il est clair que c'est sur la première sorte de passages que la foi des peuples s'est réglée, et qu'ils ont cru que les instructions de S. Ambroise, de S. Grégoire-de-Nysse, de S. Cyrille de Jérusalem, de S. Gaudence, de S. Chrysostôme, de S. Eucher, leur ont imprimé naturellement dans l'esprit. Et il est clair, au contraire, que les passages tirés des livres de Tertullien contre Marcion, de l'Épître de S. Augustin à Boniface, des livres contre Adimante, des Dialogues de Théodoret, des livres de Facundus et de Gélase, n'ont en rien contribué à former cette créance des peuples, puisqu'ils leur ont été inconnus. Ainsi, en entendant retentir continuellement à leurs oreilles que *l'Eucharistie était le corps de Jésus-Christ; qu'il ne fallait pas consulter ses yeux, mais sa foi; qu'après la consécration ce que nous voyons* N'ÉTAIT PLUS PAIN, *quoiqu'il parût pain; qu'il était* CHANGÉ ET TRANSMUÉ AU CORPS ET AU SANG DE JÉSUS-CHRIST; *que ce changement se faisait par l'efficace de la parole qui avait créé le ciel et la terre; que le corps de Jésus-Christ était présent sur l'autel, comme il l'avait été dans la crèche; que les anges y étaient présents pour l'y adorer*, ils n'ont pu s'empêcher de recevoir en leur esprit l'idée que ces paroles y forment sans force et sans violence.

Combien toutes les difficultés des calvinistes paraîtront-elles peu de chose à une personne qui envisagera comme il faut toutes ces autorités, s'il considère de plus que la foi de l'Église romaine touchant ce mystère est la même que celle de toutes les églises schismatiques séparées d'elle depuis plusieurs siècles, ce consentement de toutes ces églises avec l'Église romaine étant si notoire sur le point de l'Eucharistie, que Brérevod, célèbre professeur d'Angleterre, qui a écrit de l'état de toutes les religions du monde, ne le conteste que sur le sujet des Arméniens, et encore avec peu de fondement, comme on le fera voir en un autre lieu? s'il considère l'impossibilité de ce changement chimérique que les calvinistes supposent sans preuve et sans apparence être arrivé dans la créance de l'Eucharistie, sans que personne s'en soit jamais aperçu; s'il considère que Bérenger même, après plusieurs changements auxquels ses passions et ses intérêts le portèrent durant sa vie, lorsqu'étant prêt de mourir il fut obligé de faire un dernier choix dans lequel il ne pouvait plus regarder que la sûreté de sa conscience, voulut mourir dans la foi des catholiques, ce qui ressemble bien mieux à un hérétique converti qu'à un apôtre perverti, étant bien étrange qu'un homme que Dieu aurait suscité extraordinairement pour renouveler l'ancienne foi fût tombé et mort dans l'apostasie, non par crainte, mais par délibération et par choix; s'il considère que l'on voit entre les défenseurs de la doctrine de l'Église romaine tous ceux qui ont été éminents en piété dans le monde, et dont la sainteté a été confirmée par une infinité de miracles, tous ceux qui ont honoré le christianisme par une vie conforme aux conseils du Fils de Dieu, comme ces troupes innombrables de religieux et de religieuses de divers ordres, que l'on ne peut nier avoir mené, dans la ferveur de de leur première institution, une vie tout angélique ; enfin que l'on y voit tout ce que l'on peut prendre avec quelque apparence pour l'Église de Jésus-Christ et pour cet héritage éternel avec lequel il a promis de demeurer jusqu'à la consommation des siècles, au lieu que l'on ne voit entre ceux qui la combattent que des hommes remplis d'erreurs et combattus par des saints, que des troupes de vagabonds et de schismatiques, que des gens sans mission et sans aveu, que des furieux et des fanatiques, que des moines apostats, des corrupteurs de religieuses, des docteurs de chair et de sang, des prédicateurs armés, et qui ont bien plus excité les peuples aux séditions et aux révoltes qu'à l'obéissance, aux souffrances et au martyre; enfin, s'il considère que quelque effort que fassent les calvinistes pour faire passer leur doctrine par les pétrobusiens, les henriciens, les vaudois, les albigeois, les hussites, les taborites, et autres gens qui composent leur pitoyable tradition, ils demeurent courts en plusieurs endroits, et sont obligés de reconnaître que leur église s'est souvent entièrement éclipsée et dérobée à la vue des hommes : c'est-à-dire, qu'ils sont obligés de prétendre que cette cité sainte que Jésus-Christ a établie sur la montagne, afin d'être exposée à la vue de tous les peuples, s'est enfoncée quelquefois en des abîmes inconnus, et est disparue de dessus la terre.

Certes il faudrait être bien ennemi de son salut pour n'aimer pas mieux être avec S. Bernard, S. Malachie, S. Louis, sainte Élisabeth de Hongrie, sainte Thérèse, qu'avec les henriciens et les vaudois ? Il faudrait être bien téméraire pour démentir si ouvertement toutes les promesses du Fils de Dieu, en s'imaginant que son épouse, à qui il a promis de donner toutes les nations de la terre, ait été réduite à ce prodigieux anéantissement, et qu'elle se soit cachée dans ces retraites ténébreuses, dans lesquelles les calvinistes sont contraints de la chercher. Enfin il faudrait être bien opiniâtre pour ne pas soumettre son esprit à des lumières si vives et à une autorité si puissante.

Que l'auteur de cette réponse propose, à la bonne heure, ses difficultés et ses conjectures à ceux qui auront considéré toutes ces preuves de la religion catholique dans leur entière majesté ; ils témoigneraient qu'ils ont bien peu de sens, s'ils étaient capables d'en être touchés, et s'ils les considéraient autrement que comme de légères ombres qui doivent être jointes dans l'ordre de Dieu avec la clarté de nos mystères. La première conclusion, au contraire, que la raison leur fera tirer, est que soit qu'ils voient, soit qu'ils ne voient pas le moyen de résoudre ces difficultés, ils doivent demeurer inviolablement attachés à cette foi, qui est confirmée par tant de preuves et environnée de tant de lumières. Et, étant ainsi établis sur ce principe immobile, ou ils ne se mettront pas en peine d'en chercher l'éclaircissement comme ne leur étant pas nécessaire, ou ils le chercheront avec indifférence et comme une chose d'où leur foi ne dépend point. Que s'ils entreprennent cette recherche dans cet esprit, ils verront bientôt disparaître la plupart, de ces difficultés dont l'auteur de la réponse prétend les épouvanter. Car ils ne s'étonneront pas que les Pères qui nous avertissent si souvent *que le pain et le vin sont faits le corps et le sang de Jésus-Christ par la consécration; qu'ils sont crus ce qu'ils ont été faits, et qu'ils sont ce qu'ils sont crus, et que le Créateur de la nature qui produit le pain de la terre, fait de rechef du pain son propre corps, parce qu'il le peut, et l'a promis;* ils ne s'étonneront pas, dis-je, de ce qu'ils ne laissent pas de donner aux symboles le nom de pain et de vin, puisque, les noms suivant ordinairement l'apparence extérieure et sensible, la nature du langage humain nous porte à ne les pas changer, lorsque ces apparences ne sont pas changées. Ils ne s'étonneront pas que l'Eucharistie étant composée de deux parties, l'une extérieure et sensible, l'autre intérieure et intelligible, les Pères se servent souvent d'expressions qui ne lui conviennent que selon ce qu'elle a d'extérieur, comme on dit une infinité de choses des hommes qui ne leur conviennent que selon leurs vêtements. Ils ne s'étonneront pas que l'Eucharistie étant essentiellement vérité et figure, image et réalité, ces Pères la considèrent selon l'une et l'autre de ces qualités qui lui conviennent véritablement. Ils ne s'étonneront point que les Pères nous disent quelquefois, que manger le corps de Jésus-Christ, c'est participer à ses souffrances, puisque l'on trouve ces mêmes paroles dans S. Bernard, que les calvinistes doivent regarder non seulement comme un ennemi de leur doctrine, mais comme leur persécuteur en la personne de Henri et de ses sectateurs, qu'il poursuivit après les avoir convaincus par des miracles. *Qu'est-ce*, dit-il, *que manger sa chair et boire son sang, sinon communiquer à ses souffrances et imiter la vie qu'il a menée dans son corps mortel ?* « *Quid est manducare ejus carnem et bibere ejus sangui-*
« *nem, nisi communicare passionibus ejus, et eam con-*
« *versationem imitari quam gessit in carne ?* » Ces explications morales ne détruisant point l'intelligence naturelle et littérale, ils ne s'étonneront point que nos corps recevant les mêmes impressions de l'Eucharistie que du pain matériel et terrestre, parce que

Dieu a voulu que le changement qui s'y fait fût tout invisible, on ne laisse pas quelquefois dans le langage d'en parler selon l'apparence, sans avoir égard à ce changement, et de dire aussi qu'elle nourrit et fortifie les corps; parce qu'en effet les corps qui reçoivent l'Eucharistie sont nourris et fortifiés de quelque manière que cela se fasse. Ils ne s'étonneront point que les bons et les méchants reçoivent réellement le corps de Jésus-Christ; mais avec cette différence infinie, que les bons reçoivent en même temps l'impression de sa chair divine dans leur cœur qui les nourrit et les fortifie, au lieu que les méchants n'en reçoivent aucune force, ni aucune nourriture spirituelle. Les Pères qui nous disent si souvent que les méchants reçoivent et mangent le corps de Jésus-Christ, et que le corps de Jésus-Christ est aussi pour les méchants, nous disent aussi quelquefois qu'ils ne le mangent pas, parce que leur âme ne s'en nourrit pas, et n'en reçoit aucune vertu ni aucune force, suivant un autre sens du mot manger, que S. Augustin même, dont les calvinistes tirent ces passages, nous explique: *Manducare refici est*, manger c'est se nourrir.

Ils ne seront pas plus touchés des conjectures que cet auteur tire de ce que les païens ne se sont point servis de l'Eucharistie pour répondre aux objections que les chrétiens leur faisaient sur leurs fausses divinités, ou de ce que les Pères n'ont point parlé de plusieurs merveilles qu'elle enferme. Car qui ne sait en général combien sont faibles ces sortes de vraisemblances, et qu'il y a une infinité de choses qui ont pu être dites par les païens ou par les Pères, qui ne sont pas venues jusqu'à nous? On découvre tous les jours, par la lecture des livres qui se trouvent de nouveau, que plusieurs choses que l'on s'imagine n'avoir jamais été dites, étaient ordinaires dans les discours des hommes. Qui ne s'étonnerait, par exemple, voyant les écrits des Pères et les canons des conciles, que l'on n'y fasse aucune mention de certains péchés fort ordinaires à la jeunesse? Est-ce qu'on n'en parlait point de leur temps, et qu'on n'y faisait point de réflexion? Nullement. Il n'y a qu'à lire les pénitentiels Grecs que le père Morin a fait imprimer, et qui sont fort anciens, et pour voir qu'ils ont toujours été ordinaires, et que l'on y a toujours fait grande attention, quoiqu'il n'en soit presque point parlé dans les écrits des anciens Pères.

Les livres ne contiennent que la moindre partie des discours et des pensées des hommes, et ne contiennent pas même toujours les plus ordinaires de leurs pensées et de leurs discours. C'est le hasard ou les rencontres particulières qui les déterminent à conserver à la postérité quelques-unes de leurs pensées, et ils en laissent périr une infinité d'autres qui leur étaient encore plus ordinaires et souvent plus importantes.

Il ne faut pas s'imaginer que le monde païen ait été détruit par la religion de Jésus-Christ sans beaucoup de résistance. Il s'est fait de part et d'autre une infinité de discours. Il a fallu livrer une infinité de combats pour détruire une erreur si ancienne, fortifiée par toute la puissance et la science du monde. Cependant que nous en reste-t-il? Et combien ce que l'on en voit dans Celse et dans les écrits de Julien l'Apostat, et dans quelques apologistes de la religion chrétienne, est-il peu de chose?

Peut-être n'ont-ils point parlé de l'Eucharistie, et l'on ne s'en devrait pas étonner, puisque c'est le mystère que l'Église leur a caché avec le plus de soin. Mais peut-être aussi en ont-ils parlé. Et en effet on voit que Maxime de Madaure fait cette demande à S. Augustin: *Quel est ce Dieu que vous autres chrétiens vous vous attribuez comme vous étant particulier, et lequel vous dites que vous voyez présent dans des lieux secrets?* « Et in locis abditis præsentem vos videre com-« ponitis? » Ces paroles, qui se rapportent visiblement à l'Eucharistie, font voir d'une part que les païens savaient peu de chose du fond de ce mystère, et de l'autre qu'il y avait un bruit répandu parmi eux, que les chrétiens adoraient un Dieu comme présent et visible dans leurs églises. On a fait peut-être une infinité de semblables questions aux Pères, auxquelles ils ont répondu sans que ni les questions ni les réponses soient venues jusqu'à nous.

Mais l'Eucharistie, dit-on, leur aurait fourni beaucoup de moyens pour repousser les objections que les chrétiens faisaient contre leurs dieux de bois et de pierres? Qui sait s'ils ne s'en sont point servis, et qui s'étonnera s'ils ne l'ont point fait? car combien y a-t-il d'autres points de notre foi qui leur pouvaient servir de même à répondre avec quelque sorte d'apparence aux objections des chrétiens, sans que l'on voie qu'ils en aient fait aucun usage? Que ne pouvaient-ils point dire sur ce que l'Église enseigne du péché originel, et de cette inconcevable transmission d'un crime qui est une action spirituelle et involontaire, à tous les enfants de celui qui l'a commis, quoiqu'ils n'aient pu avoir aucune part à son action, et de cette effroyable condamnation de toute la nature humaine par la faute d'un seul homme? Si les pélagiens ont représenté cette doctrine comme l'excès de la cruauté, les païens ne le pouvaient-ils pas faire aussi bien qu'eux, et s'en servir pour rejeter sur les chrétiens les reproches de cruauté et d'injustice qu'ils faisaient aux divinités du paganisme? Ne pouvaient-ils pas excuser toutes les faiblesses de leurs dieux, les blessures qu'Homère leur attribue, la servitude d'Apollon chez Admète, et un grand nombre d'autres fables, par le mystère de l'Incarnation, qui nous fait adorer un Dieu naissant d'une vierge, conversant avec les hommes, sujet aux misères de la nature et mourant sur la croix? Pourquoi ne proposaient-ils pas de même contre les chrétiens toutes les objections que les sociniens forment aujourd'hui sur la rédemption des hommes par la mort d'un Dieu, et sur l'éternité des peines? et n'en pouvaient-ils pas tirer beaucoup d'avantages pour justifier les sacrifices d'hommes qu'on reprochait à leurs dieux, et, pour décrier la religion chrétienne, comme étant infiniment plus cruelle que la leur?

On ne voit point qu'ils aient rien fait de toutes ces choses qui leur auraient été si avantageuses; mais ce qu'il y a de plus surprenant, c'est qu'il ne paraît pas qu'ils aient employé, pour se défendre et pour attaquer le christianisme, aucune raison tirée du mystère de la Trinité. Car s'il y a quelque point dans notre foi qui accable et révolte la raison, c'est sans doute la créance de ce mystère. S'il y a des difficultés *qui sautent aux yeux*, pour user des termes de l'auteur de la réponse, ce sont celles qu'il fournit, que trois personnes réellement distinctes n'aient qu'une même et unique essence, et que cette essence étant la même chose en chaque personne que les relations qui les distinguent, elle puisse se communiquer sans que les relations qui distinguent les personnes se communiquent. Si la raison humaine s'écoute elle-même, elle ne trouvera en soi qu'un soulèvement général contre ces vérités inconcevables. Si elle prétend se servir de ses lumières pour les pénétrer, elles ne lui fourniront que des armes pour les combattre. Il faut pour les croire qu'elle s'aveugle elle-même, qu'elle fasse taire tous ses raisonnements et toutes ses vues, pour s'abaisser et s'anéantir sous le poids de l'autorité divine. Quelle résistance ne devait donc point trouver la créance de ce mystère dans les esprits des hommes qui n'avaient point ce principe de soumission, et qui prenaient leur raison pour la règle de vérité? Ne semble-t-il pas que les païens ne devaient avoir autre chose en la bouche, qu'ils pouvaient couvrir par ce seul mystère toutes les absurdités de leur religion; qu'ils devaient employer partout les impossibilités que la raison y trouve, pour détourner les hommes de la créance d'une religion qui en fait le premier article de sa foi? Et enfin ne semble-t-il pas que les Pères devaient être plus retenus à traiter la religion des païens de ridicule, et à combattre la pluralité de leurs dieux, dans la crainte qu'ils ne leur fissent les réponses dont ce mystère leur donne occasion? En effet, c'est par où les sociniens commencent d'attaquer la religion chrétienne; et c'est par là qu'ils attirent les hommes à eux.

Tout cela paraît très-vraisemblable, et cependant il est très-vrai que cela n'est point. On ne voit point que les païens aient combattu par là le christianisme, ni qu'ils aient envisagé les difficultés étonnantes de ce mystère. On trouve bien un petit mot en passant dans un dialogue attribué à Lucien, où il est dit que les chrétiens croient que trois choses ne font qu'un. L'on voit dans S. Athanase que les païens et les Juifs reprochaient aux chrétiens la pluralité des dieux, et dans Tertullien que c'était l'idée que les simples et les ignorants prenaient de la foi des catholiques, s'imaginant qu'ils admettaient plusieurs dieux, parce qu'ils donnaient à trois personnes le nom de Dieu: *Duos et tres jam jactitant à nobis prædicari*; ce qui marque seulement que le mystère de la Trinité n'é- tait point absolument inconnu. Mais on ne trouve point qu'ils aient approfondi et développé les extrêmes difficultés que ce mystère renferme, comme il leur était facile de le faire, et comme les sociniens le font à présent, ni qu'ils aient reproché en détail aux chrétiens les impossibilités apparentes, et *qui sautent aux yeux*, que cet article de notre foi leur pouvait fournir. Et de là on doit conclure qu'il y a bien des choses vraisemblables qui ne sont point, et que l'on doit faire peu de fondement sur ces sortes de vraisemblances.

Mais ce qui paraît plus étrange, c'est que, quoiqu'il n'y ait point de mystères dont les Pères aient été plus obligés de parler, que de celui de la Trinité, puisqu'il n'y en a point qui ait été attaqué par tant d'hérésies, il est pourtant assez rare qu'ils s'arrêtent à en faire remarquer les incompréhensibilités. Et l'on peut dire qu'ils nous avertissent en plus de lieux de celles de l'Eucharistie que de celles de la Trinité, et que les comparaisons dont ils se servent pour expliquer l'unité de la nature divine dans les trois personnes sont beaucoup plus étranges que celles par lesquelles ils expliquent l'Eucharistie. Saint Ambroise dit, en parlant de l'Eucharistie, *qu'il ne faut pas chercher l'ordre de la nature dans le corps de Jésus-Christ, puisque Jésus-Christ même est né d'une vierge, contre l'ordre de la nature*. Il se sert des plus grands miracles de Dieu, comme est la création du monde, pour prouver celui de l'Eucharistie. *La parole de Jésus-Christ*, dit-il, *qui a pu créer de rien ce qui n'était pas, ne pourra-t-elle pas changer les choses qui sont, en ce qu'elles n'étaient pas auparavant?* Il représente la contrariété de ce que la foi nous fait croire de ce mystère, avec ce que les sens nous en rapportent: *Je crois autre chose, me direz-vous. Comment m'assurerez-vous que je reçois le corps de Jésus-Christ*. Saint Cyrille de Jérusalem fortifie de même notre foi contre nos sens. Et S. Grégoire-de-Nysse exprime en particulier la plus grande des difficultés de l'Eucharistie. *Il faut*, dit-il, *considérer comment il se peut faire que cet unique corps, qui est toujours divisé à tant de milliers de fidèles dans toute la terre, soit tout entier en chacun d'eux par la partie qu'ils en reçoivent, et demeure néanmoins tout entier en soi*. Et S. Eucher de même: *Le corps*, dit-il, *qui est dispensé par le prêtre, est aussi bien tout entier dans la moindre partie comme dans le tout, et quand l'Église des fidèles le reçoit, il est aussi bien tout entier en chacun d'eux, comme il est entier en tous*. S. Chrysostôme envisage les difficultés de la présence réelle, lorsqu'il s'écrie: *O miracle! ô bonté de Dieu! Celui qui est assis dans le ciel avec son Père est touché dans le même moment par les mains de tous, et se donne à ceux qui le veulent recevoir*. Et il nous apprend à désavouer et nos pensées et nos yeux au sujet de ce mystère: *Croyons*, dit-il, *à ce que Dieu nous dit, quoiqu'il nous paraisse contraire à nos pensées et à nos yeux: « Credamus ubique Deo, etiamsi quod dicit videatur contrarium cogitationibus et oculis nostris*. S. Jean de Damas reconnaît que ce mystère surpasse l'intelligence de tous les hommes, et que l'on n'en doit appuyer la foi que sur la vérité et la toute-puissance de la parole divine : *Spiritus sanctus supervenit, eaque efficit quæ orationis facultatem ac mentis intelligentiam excedunt. Nec quidquam amplius nobis perspectum atque exploratum est, quàm quòd verbum Dei verum sit, et efficax, atque omnipotens.*

Voilà comment les Pères parlent quelquefois de l'Eucharistie. Et il est vrai qu'ils parlent aussi quelquefois en général des difficultés incompréhensibles de la Trinité, comme S. Grégoire de Nysse le fait dans sa Catéchèse, c. 3, et S. Basile dans sa lettre 43, et les autres Pères de même en quelques endroits qui ne sont pas trop fréquents. Mais quand ils expliquent en particulier en quoi consiste l'unité de la nature divine, quoiqu'il paraisse très-clairement par plusieurs lieux qu'ils admettent une unité individuelle, comme la foi le demande, ils se servent néanmoins en d'autres de comparaisons qui ne marquent d'elles-mêmes qu'une unité spécifique, et qui ne comprennent rien d'étonnant et d'incompréhensible, sans nous avertir que très-rarement de l'étrange disproportion de ces comparaisons qu'ils emploient. On voit, par exemple, dans tous les Pères grecs et latins cette comparaison qui leur sert d'argument contre les ariens : Que le Fils de Dieu est consubstantiel à son Père dans la même nature divine, comme les enfants des hommes sont consubstantiels à leurs pères dans la nature humaine; et que si les hommes et les animaux mêmes engendrent bien des enfants qui sont de même nature qu'eux, Dieu peut bien engendrer un Fils qui ait la même nature que lui. Ils disent que les trois personnes divines sont de même nature, comme plusieurs hommes sont de même nature, comme trois pièces d'or sont de même nature d'or : *Qu'est-ce que c'est*, dit S. Augustin, *que d'être de même substance ? C'est*, dit-il, *que si le Père est or, le Fils est or, le S.-Esprit est or*. Le même saint Augustin nous avertit en quelques lieux assez rares de la disproportion de ces comparaisons, qui consiste en ce que plusieurs hommes ne sont pas le même homme, et plusieurs pièces d'or ne sont pas la même pièce d'or, au lieu que les personnes divines sont le même Dieu. Mais il ne le fait pas en plusieurs autres; et il y a des Pères grecs qui, au lieu de les éclaircir, en augmentent infiniment la difficulté, car l'on trouve dans leurs écrits ces expressions si étranges : *Neque enim Petrum, Paulum et Barnabam tres οὐσίας, id est, substantias dicimus, sed unam. Et unam dicentes substantiam, cujus est Pater, et Filius, et Spiritus sanctus, consequenter dicimus unum Deum. Et igitur Petrus, et Paulus, et Barnabas secundùm id quod est homo, unus homo, et secundùm hoc ipsum quod est homo, plures esse nequeunt; dicuntur autem multi homines abusione quâdam, et non propriè.* C'est ainsi que parle S. Grégoire-de-Nysse. L'on peut voir les mêmes expressions en quelques endroits de S. Cyrille d'Alexandrie, et on en trouve même de plus dures dans le martyr Maxime. Il n'y a rien de même de plus fréquent parmi les Pères que de prouver l'unité des trois personnes par l'union des premiers fidèles, dont l'Écriture dit qu'ils n'avaient qu'un même cœur et une même âme. *Celui*, dit S. Augustin, *qui a donné à plusieurs cœurs des fidèles de n'être qu'un cœur conservera à plus forte raison dans lui-même cette unité, en sorte que chacune des trois personnes soit Dieu, et que toutes trois ensemble soient Dieu, mais qu'elles ne soient pas trois Dieux, mais un seul Dieu*. Et saint Ambroise compare cette unité à l'union des fidèles entre eux, à celle d'un mari avec sa femme, et à celle de plusieurs hommes dans la nature humaine.

Il est certain que ces comparaisons sont étrangement éloignées de nous faire concevoir ce qu'il y a de plus incompréhensible dans le mystère de la Trinité, qui est l'unité individuelle de la nature divine, et que chacun sent en les lisant un désir secret que les Pères se fussent expliqués un peu davantage. Cependant ils ne le font pas; ils nous proposent simplement ces comparaisons, sans en appréhender les conséquences et sans en marquer la disproportion, parce qu'ils étaient tous occupés du dessein qu'ils avaient d'établir contre les ariens l'égalité des trois personnes, qui était niée par ces hérétiques.

On doit conclure de ces exemples en général, et d'un grand nombre d'autres qu'on pourrait apporter, qu'on ne doit pas avoir grand égard à ces sortes d'arguments que l'on tire du silence des Pères, et de ce qu'ils ne disent pas toujours tout ce que nous jugerions selon notre sens qu'ils devraient dire, Dieu, qui tenait leurs paroles dans sa main, les ayant fait souvent parler selon ses desseins, et non pas selon les nôtres.

Mais si l'on prend ensuite la peine d'examiner ce qui peut avoir été la cause de ce silence et des païens et des Pères sur les difficultés de plusieurs de nos mystères, on trouvera qu'il n'y a peut-être pas tant de raison de s'en étonner que l'on s'imagine. Car, premièrement, à l'égard des uns et des autres, on doit considérer que la dispute d'entre les païens et les chrétiens était bien différente de celle qui est entre les diverses sectes d'une même religion, qui conviennent de la plupart des principes : c'était une dispute non d'opinion à opinion, mais d'un corps de religion contre un autre corps de religion. Ce n'était pas un combat d'homme à homme, où chacun est obligé d'attaquer et de se défendre, mais d'armée à armée, où la plupart demeurent sans rien faire; c'est-à-dire que dans ces disputes il y avait une infinité de points qui demeuraient étouffés, et dont on ne parlait point du tout, les païens se contentant d'attaquer la religion chrétienne en gros, et tâchant d'en ébranler les fondements en faisant passer pour fables tout ce qui est contenu dans l'Écriture, et traitant les prophètes et Jésus-Christ même d'imposteurs; et les chrétiens, au contraire, se contentant de se justifier dans les points dans lesquels ils étaient attaqués, et de repousser les calomnies qu'on leur imposait. Secondement on doit considérer que le combat entre la religion chrétienne et la religion païenne n'a pas tant été un combat de raison contre raison que de la violence et de la force contre la vérité, parce que toute la force était d'un côté, et toute la vérité de l'autre ; et il est arrivé de là que l'erreur, se trouvant puissante, ne s'est guère mise en peine d'emprunter le secours de la raison. Elle a voulu dominer par les moyens qu'elle trouvait dans ses mains, c'est-à-dire par la force et la violence, et tyranniser, non convaincre les esprits. Les païens avaient un tel mépris de tous les chrétiens, qu'ils s'informaient peu du fond de leur religion. Ils n'en connaissaient que le dehors, comme leur manière de vivre, leur mépris de la mort, leur aversion pour les idoles, la profession qu'ils faisaient de suivre la doctrine de Jésus-Christ, l'autorité qu'ils donnaient à l'Écriture sainte ; mais ils ne passaient guère plus avant. Et c'est pourquoi Tertullien leur reproche avec raison que c'était la seule chose où la curiosité était éteinte : *Hic solum curiositas humana torpescit*. Ainsi, il ne se faut pas étonner qu'ils n'aient pas tiré de nos mystères tous les avantages qu'ils en eussent pu tirer s'ils en eussent été plus instruits, et qu'ils n'aient pas prévenu toutes les objections que des hérétiques plus subtils qu'eux ont faites depuis.

Il ne faut pas s'imaginer aussi que la religion chrétienne se soit établie en prouvant en particulier tous les articles de la foi qu'elle propose. Ceux qui l'ont plantée se sont acquis créance par leurs miracles et par la sainteté de leur vie. Ils ont prouvé Jésus-Christ par les prophéties, et ensuite ils ont fait recevoir sa religion tout entière avec tous les dogmes qui la composent, non par voie de discussion, mais par voie d'autorité, sans s'arrêter à l'explication particulière de chacun de ses articles.

On doit considérer de plus que, comme les preuves dont les apôtres et les Pères se servaient pour détruire le paganisme ou les hérésies étaient soutenues de l'esprit de Dieu qui parlait en eux, et qui faisait une impression secrète sur les cœurs de ceux que Dieu voulait toucher par leurs paroles, ils se sont mis plus en peine que ces preuves fussent solides et véritables en soi, que non pas qu'elles ne pussent être repoussées par des réparties apparentes. S. Paul parlant aux Athéniens leur dit que le Dieu qui a fait le monde et qui est le Seigneur du ciel et de la terre n'habite point dans des temples formés par les mains des hommes. Craignait-il que ces philosophes ne lui répartissent qu'il est pourtant dit dans les Écritures qu'il autorisait, que le Dieu que les Juifs cherchaient viendrait en son temple : *Veniet ad templum suum Dominator, quem vos quæritis ?* ou qu'ils lui répondissent qu'il n'était pas plus indigne de Dieu d'habiter dans un temple que d'être enfermé dans le sein d'une femme, d'être couché dans une crèche, de loger dans de pauvres maisons, comme il l'enseignait lui-même de Jésus-Christ, dont il prêchait la divinité, en même temps qu'il lui attribuait toutes ces choses ?

Tous les Pères reprochent aux ariens qu'ils admettaient plusieurs dieux, parce que, séparant la nature du Fils de celle du Père, ils ne laissaient pas de lui donner le nom de Dieu, et de lui déférer l'adoration qui n'est due qu'à Dieu. Eussent-ils dû abandonner cette preuve parce que les ariens la tournaient contre eux-mêmes, et qu'ils soutenaient que c'étaient les catholiques qui admettaient plusieurs dieux en communicant l'essence de Dieu à trois personnes distinctes, et égales entre elles ? S. Athanase témoigne qu'ils se servaient de cette raison, comme Paul de Samosate s'en servait aussi, et on l'avait employée dans la conférence des évêques catholiques avec les ariens, sous le roi Gondebaud, rapportée dans le 5ᵉ tome du Spicileg. Cette raison était solide dans la bouche des Pères, et elle était apparente dans celle des ariens. Mais la crainte d'une répartie apparente ne leur a pas fait quitter un avantage réel et solide.

Il en est de même de tous ces reproches que les apologistes de la religion chrétienne font aux dieux du paganisme, que ce sont des dieux qui se peuvent enfermer sous la clé, qui peuvent être dérobés par des larrons, qui peuvent être menés en captivité ou en triomphe, qui sont plus grands en une plus grande statue qu'en une petite, qui sont privés de vie et d'action, qui sont exposés aux injures des animaux. Car tous ces reproches sont justes contre ces fausses divinités et contre la théologie populaire des païens qui croyaient ou que les statues étaient véritablement des dieux, ou qu'au moins leurs dieux y habitaient et y étaient entièrement renfermés, et qu'ainsi tout ce qui arrivait à ces statues arrivait en quelque sorte aux dieux qu'elles contenaient, qui changeaient de place, et étaient resserrés dans un lieu particulier, non seulement selon ce corps auquel ils étaient joints, mais selon la divinité même qui y était renfermée. Car les païens ne supposaient point qu'elle fût immense, infinie, incapable de changement, comme la foi nous l'enseigne de la véritable Divinité. Il est certain néanmoins qu'ils pouvaient trouver dans le mystère de l'Incarnation de quoi repousser ces reproches avec quelque sorte d'apparence, puisqu'il s'ensuit de ce mystère qu'un Dieu a été enfermé dans un lieu particulier et dans des lieux aussi peu dignes de lui que ceux où l'on pouvait enfermer les dieux de pierre et de bois ; que ce Dieu a été sujet aux injures des éléments, des bêtes, et principalement des hommes ; qu'il pouvait être pris, resserré, emprisonné, et qu'il l'a été en effet ; et l'on ne peut rien dire de ces dieux de pierres et de bois dont les chrétiens se moquaient, que les païens ne pussent dire avec quelque couleur de ce Dieu que les chrétiens adoraient et dont ils prêchaient l'adoration à toute la terre. Il est sans doute qu'ils pouvaient faire ces reparties, et il n'était pas besoin qu'ils les empruntassent du mystère de l'Eucharistie, qu'ils connaissaient peu, et qu'on leur cachait autant qu'on pouvait, puisque celui de l'Incarnation qu'on leur annonçait, et qu'ils ne pouvaient ignorer, leur donnait occasion de les faire avec tout autant de force et de vraisemblance.

Mais quelque apparence qu'il y eût eu dans ces réponses, elles n'eussent été nullement solides. Car, quoiqu'il s'ensuive du mystère de l'Incarnation qu'un Dieu a été uni à un corps, qu'il a changé de place, qu'il a pu être emprisonné, et qu'il l'a été en effet, tout cela ne se peut dire de ce Dieu que selon la nature humaine qu'il a prise, la divinité de Jésus-Christ étant toujours demeurée immuable, impassible, remplissant et contenant tous les lieux ; au lieu que la force du reproche que les chrétiens faisaient aux païens consistait principalement en ce qu'ils supposaient que toutes ces choses arrivaient à leurs dieux selon la divinité même. Si ce Dieu des chrétiens s'étant fait homme a souffert toutes les misères des hommes, il les a souffertes par puissance et par volonté, et purement selon la nature humaine qu'il avait prise. Mais les indignités que souffraient ces divinités du paganisme étaient des suites de leur impuissance. Les païens ne supposaient point que ces souffrances fussent volontaires, ni que ces dieux eussent un pouvoir absolu de les empêcher. Ils croyaient au contraire qu'ils étaient liés par les destins, et qu'ils ne pouvaient pas faire tout ce qu'ils voulaient. Ils croyaient qu'ils en étaient réellement touchés, émus, affligés ; et ainsi à l'égard de ces divinités païennes, c'était de véritables outrages, qui ne s'arrêtaient point à ces statues, mais passaient jusqu'à la divinité même, qu'ils croyaient sujette à toutes les passions des hommes. Ainsi ces reparties eussent été en effet vaines et frivoles, soit que les païens les eussent tirées du mystère de l'Incarnation, soit qu'ils les eussent prises de celui de l'Eucharistie, qui n'en est qu'une suite ; et il n'est nullement étrange que les Pères n'y aient eu aucun égard, et qu'ils n'aient pas laissé d'employer contre les païens toutes ces raisons que nous avons dites, puisqu'elles étaient fortes et invincibles dans leur bouche, et qu'elles n'eussent eu qu'une apparence fausse et trompeuse dans la bouche des païens.

Enfin il faut considérer que l'esprit général des Pères et des chrétiens des premiers siècles a été d'honorer les vérités de la foi par une soumission intérieure, sans prétendre en pénétrer la profondeur, ni en développer les difficultés, qu'autant qu'ils y étaient forcés par les objections des hérétiques. *Dieu ne nous appelle point à la vie bienheureuse*, disait S. Hilaire, *par des questions difficiles ; il ne veut point que nous nous travaillions par des discours étudiés ; l'éternité s'acquiert par une foi facile et exempte de difficultés.* « *Nec per difficiles nos Deus ad beatam vitam quæstiones vocat, nec multiplici eloquentis facundiæ genere sollicitat ; in absoluto nobis et facili est æternitas.* » Et S. Basile témoigne que les Pères ont conservé les mystères de la foi *dans un silence tranquille et exempt de curiosité.* Cette humilité les a fait arrêter à la substance même de nos mystères, sans presque en regarder les suites et les conséquences, quoique nécessaires et indubitables ; et les a portés à n'employer autant qu'ils pouvaient pour les exprimer que les paroles mêmes qu'ils trouvaient dans les Écritures saintes. *Non relictus est hominum eloquiis, de Dei rebus alius quàm Dei sermo*, dit encore S. Hilaire. Et c'est pourquoi ils étaient très-retenus à parler de ces conséquences, quoique la raison les en tirât d'elle-même. *Etiam quæ pro religione dicimus, cum grandi metu et disciplinâ dicere debemus.*

On a toujours cru dans l'Église le péché originel, et cet article de notre foi produit des difficultés impénétrables à la raison de tous les hommes, qu'un péché qui est une action de la volonté puisse passer d'une âme à une âme ; que le corps qui n'est qu'une matière puisse corrompre l'âme qui est un esprit ; que Dieu puisse justement former une âme dans un corps qui la corrompt au même instant qu'elle y est reçue ; que Dieu puisse justement imputer un péché inévitable et involontaire. Toutes ces difficultés *sautent aux yeux*, et frappent d'abord l'esprit. Cependant l'Église passe quatre cents ans sans qu'aucune ait été ni objectée par les païens et les hérétiques, ni éclaircie par les Pères ; et lorsque les pélagiens s'élevèrent, elles parurent toutes nouvelles ; de sorte que S. Augustin en les réfutant trouva bien plusieurs passages des Pères pour établir le péché originel, mais il n'en trouva point où il paraisse que ces difficultés si naturelles aient été seulement considérées par aucun des Pères.

On a toujours cru dans l'Église un seul Dieu et trois personnes, et l'on a déféré le nom et l'adoration de Dieu à chacune de ces trois personnes. Il s'en suit de là des difficultés qui effraient l'esprit de ceux qui les considèrent. Cependant trois cents ans se passent sans que l'on y fasse grande attention, et sans que les païens en tirent aucun avantage considérable contre la religion chrétienne.

Mais ce qui est plus étrange, comme nous avons déjà dit, est que, quoique les ariens niassent également et l'unité individuelle de la nature divine dans les trois personnes, et l'égalité de ces trois personnes dans cette nature, et quoique ce qui heurte le plus rudement la raison soit l'unité individuelle d'une nature en trois personnes distinctes, et non l'égalité de ces trois personnes en cette nature, néanmoins ils ont peu fait de réflexion sur cette effroyable difficulté, et ils en ont tiré très-peu d'avantage contre les catholiques. Et les Pères de leur côté en suivant les ariens dans cette dispute ne préviennent point ces difficultés, et ne paraissent pas même les apercevoir. Ils supposent très-clairement l'unité individuelle de la nature divine, et la marquent assez souvent en termes formels ; mais ils n'éclaircissent et ne marquent point distinctement les incompréhensibilités qu'elle enferme, et qui sont présentement les objections ordinaires des sociniens.

Il en est arrivé de même sur le sujet de l'Incarnation. Ce n'est que la nécessité des hérésies qui a obligé les Pères de considérer plusieurs conséquences de ce mystère qui y sont réellement enfermées, et encore ne trouve-t-on pas dans leurs écrits un grand nombre de questions, que la subtilité des scolastiques a depuis fait naître. De sorte qu'on ne doit pas trouver étrange qu'ils aient usé de la même conduite à l'égard du mystère de l'Eucharistie, et que, n'ayant point été attaqué dans les premiers siècles, ils soient demeurés dans la substance même du mystère, sans en considérer les conséquences. Ils ont adoré Jésus-Christ comme réellement présent sur les autels. Ils ont cru que le pain et le vin étaient changés en son corps et en son sang. Il s'ensuit de là qu'un corps est en plusieurs lieux, qu'il est réduit en un petit espace, que des accidents subsistent séparés de leur substance. Il est vrai que tout cela s'ensuit, comme il s'ensuit de la Trinité que la divinité du Père n'étant point en lui distincte de sa paternité qui le rend Père, et étant une même chose avec elle, se communique néanmoins au Fils sans elle, et devient une même chose avec la relation qui le rend Fils, sans se multiplier, et sans perdre son unité. Mais les Pères ne s'amusaient pas à regarder ces difficultés, ou à les expliquer au peuple, parce qu'ils avaient plus pour but l'édification de la piété que la satisfaction de la curiosité, et qu'abaissant profondément leur esprit sous les vérités que Dieu nous a révélées, ils ne se donnaient pas la liberté de lever les yeux pour en considérer toutes les suites et les conséquences.

En effet cette conduite est tellement conforme à l'instinct de la religion, que présentement même, dans l'Église catholique, que les calvinistes ne soupçonneront pas de ne pas croire la transsubstantiation, non seulement le peuple, mais généralement toutes les personnes de piété ne font guère d'attention à toutes ces suites philosophiques. On y adore Jésus-Christ présent; on croit qu'après la consécration la substance du pain et du vin sont ôtées pour faire place à son corps et à son sang; mais on en demeure là, et on ne trouvera guère que dans les discours et dans les livres de piété on passe plus avant. Ce n'est que dans les écoles que l'on parle de ces conséquences, qui, quoique nécessaires, ne font pas l'objet ordinaire de la dévotion des fidèles. De sorte que, comme ce serait une très-mauvaise raison de conclure, par exemple, que S. Bernard n'avait point *l'âme remplie de la transsubstantiation*, parce qu'il ne parle point de ces conséquences, c'en est encore une plus mauvaise de tirer cette même conclusion du silence des anciens Pères, qui n'étant pas nés comme S. Bernard après l'hérésie de Bérenger, mais écrivant sans aucune vue d'une hérésie qui n'était pas encore formée, avaient plus de sujet de n'expliquer aux peuples que ce qui était capable de nourrir leur piété.

C'est ce que l'on peut dire en particulier touchant le silence des anciens Pères, des païens et des hérétiques mêmes, sur les difficultés de plusieurs de nos mystères. Mais ce serait considérer toutes ces choses trop bassement, de ne rechercher que dans les hommes la cause de tous ces effets qui nous surprennent, ce qu'il a plu à Dieu de nous faire connaître de sa conduite, et du double dessein qu'il a d'exercer sa miséricorde envers les uns, et sa justice envers les autres, nous obligeant de remonter plus haut; et de reconnaître que, comme il a voulu cacher les vérités de la foi dans l'Écriture au même temps qu'il les y découvrait suffisamment à l'Église, il a voulu aussi qu'elles fussent quelquefois obscurcies dans la tradition même, pour y être méconnues par les esprits superbes, au même temps que les fidèles les y reconnaissent très-clairement. Il est le maître des paroles et des écrits des hommes, tant bons que méchants; et il ne leur permet pas de dire en tout temps, en tout lieu, en toute occasion, tout ce que nous jugerions qu'ils devraient dire. Il est au pouvoir des hommes de pécher, dit S. Augustin, mais il n'est pas en leur pouvoir de faire tel ou tel péché. C'est Dieu qui règle ceux qu'il doit permettre, et ceux qu'il doit empêcher, en ordonnant les ténèbres, et se servant pour l'exécution de ses desseins du silence et des paroles de ses ennemis et de ses amis.

Ainsi il empêche une hérésie de naître en un temps, et il permet que l'on jette les semences qui la font naître en un autre. Il tend des pièges à l'orgueil des hommes, et prépare des moyens pour en garantir ceux qu'il veut sauver. Il permet que les Pères se taisent de certaines choses, qu'ils se servent dans leurs écrits de certaines expressions dont l'apparence porte à l'erreur, et il leur fait insérer en même temps dans leurs écrits des preuves suffisantes pour soutenir la vérité contre cette erreur. Il répand des ténèbres et des lumières aussi bien dans la tradition que dans l'Écriture. L'un et l'autre est un effet de sa Providence : *Sicut tenebræ ejus, ita et lumen ejus*. Peut-être que si les païens eussent été aussi subtils à former des difficultés contre la Trinité, la rédemption de Jésus-Christ, la grâce, le péché originel et l'Eucharistie, que les sociniens et les sacramentaires le sont à présent, ils auraient retardé le progrès de l'Évangile. Dieu donc a voulu épargner à son Église naissante cette sorte de tentation. Il a arrêté pour un temps ce débordement de la raison humaine contre la foi; et pour ne faire combattre sa religion que contre la puissance et l'orgueil du monde, il lui a donné des ennemis faibles en raisons, et qui n'étaient armés que de violence.

Peut-être aussi que s'il eût permis que l'on eût proposé aux Apôtres et aux premiers Pères toutes les difficultés qu'on a formées depuis contre ces mêmes mystères, il les auraient tellement éclaircies, et ils en auraient établi la vérité par des décisions si formelles, que personne n'eût osé les contredire, et qu'ainsi l'on n'aurait jamais ouï parler ni d'ariens, ni de nestoriens, ni d'eutichiens, ni de sacramentaires. Mais comme il était dans l'ordre de sa Providence que toutes ces hérésies s'élevassent, afin que son Église fût éprouvée, et que la paille fût emportée par ce vent de mort, il a permis aussi que ces mystères fussent couverts de quelques nuages dans l'Écriture et dans la tradition même, et qu'il y eût dans l'une et dans l'autre, soit par les paroles, soit par le silence, des pièges pour les nestoriens, des pièges pour les ariens, des pièges pour les sacramentaires, et pour tous ceux généralement qui n'ont pas assez d'humilité pour se soumettre à l'autorité de son Église.

Que ceux donc qui demandent avec tant d'empressement pourquoi les Pères ne nous ont pas expliqué exactement toutes les merveilles de l'Eucharistie, appréhendent qu'ils n'en soient eux-mêmes la première et la véritable cause; que ces ténèbres dont ils se plaignent ne leur aient été préparées par la justice de Dieu; et que, comme on peut répondre avec raison à ceux qui s'étonnent pourquoi il est parlé quelquefois si obscurément dans l'Écriture, et même dans les premiers Pères, de l'égalité du Fils de Dieu avec son Père, pourquoi S. Cyrille s'est servi de cette expression : *Una natura Verbi incarnata*, que c'est parce que Dieu voulait permettre que son Église fut attaquée par l'hérésie des ariens, et par celle des eutychiens, auxquels ces paroles obscures ont servi de pierre d'achoppement; qu'ils appréhendent, dis-je, qu'on ne leur puisse dire de même que les païens n'ont point parlé de l'Eucharistie, que les Pères ne nous en ont pas expliqué en détail toutes les merveilles, qu'ils en ont parlé quelquefois en des termes obscurs, parce que Dieu voulait punir les hommes par l'hérésie des sacramentaires, dont la présomption méritait que Dieu ne leur ôtât pas ces occasions d'illusion et d'égarement.

Enfin, pour réduire l'auteur de la réponse aux termes précis de la dispute dont il s'agit, et l'empêcher de s'en écarter, on n'a qu'à lui dire que s'il n'y avait point d'obscurités il n'y aurait point d'hérésies. Or il faut qu'il y en ait, selon saint Paul : *Oportet hæreses esse*. S'il n'y avait point de lumières et de preuves de la vérité, il n'y aurait point d'Église. Et il est encore plus nécessaire qu'il y en ait une, et qu'elle subsiste jusqu'à la fin des siècles, selon la parole de Jésus-Christ. Il est donc nécessaire qu'il y ait des difficultés et des preuves tout ensemble. Mais le devoir des hommes consiste dans le choix. C'est par où Dieu les tente et les éprouve. Les sacramentaires en font un, et les catholiques un autre. C'est le sujet de leur différend, dans lequel les catholiques ont déjà cet avantage non contesté, qu'ils font le choix que toute l'Église a fait du temps de Bérenger, et celui que tout ce qui a pu porter le titre d'Église de Jésus-Christ a fait depuis; celui que S. Bernard, S. Malachie, S. Louis, et une infinité d'autres saints ont fait, au lieu que les sacramentaires font le choix des henriciens et des vaudois.

On a voulu prouver dans le petit écrit de la Perpétuité de la foi de l'Église touchant l'Eucharistie, auquel cet auteur tâche de répondre, que ce choix de toute l'Église du temps de Bérenger et depuis Bérenger, était décisif de ce différend, parce qu'il montrait clairement que c'était aussi celui de toute l'Église ancienne, étant impossible qu'il se soit fait aucun changement de créance touchant l'Eucharistie. C'était l'unique but de ce traité, et ce que l'auteur de la réponse avait uniquement à réfuter. Il s'est servi pour cela de deux voies : l'une indirecte, qui est de proposer des difficultés contre l'Eucharistie, et c'est celle dont on vient de faire voir l'illusion; l'autre plus directe, en apportant quelques moyens vraisemblables, par lesquels il prétend que ce changement s'est pu faire, et en cela il vient au point de la question. On ne peut nier qu'il n'y ait quelque chose d'ingénieux dans ces conjectures. Mais j'espère de faire voir par une discussion exacte que si elles ont quelque chose capable de divertir ceux qui se plaisent dans ces sortes de subtilités, elles n'ont rien qui puisse satisfaire ceux qui recherchent la vérité. C'est le sujet de ma seconde partie.

Seconde partie.

CHAPITRE PREMIER.

Considération fondamentale de l'auteur de la réponse, que l'on n'a point eu dans l'antiquité une créance distincte de la présence ni de l'absence réelle.

Il est aisé de reconnaître, en examinant les remarques par lesquelles l'auteur de la réponse s'efforce de rendre vraisemblable ce changement prétendu, que les calvinistes veulent faire croire être arrivé sur le sujet de l'Eucharistie, que celle dont il a fait la cinquième considération est le fondement de toutes les autres, et qu'elles s'évanouissent d'elles-mêmes si l'on fait voir la fausseté de celle-là. Ainsi, comme il n'a pas suivi le véritable ordre, nous ne sommes pas obligés de le suivre dans ce désordre. Et c'est avec raison que nous commencerons l'examen de ces considérations par celle qui est tellement la principale, que les autres n'en sont que des suites. Cette considération est que *l'erreur et la vérité ont également deux degrés : l'un de connaissance confuse, et l'autre de connaissance distincte; et qu'à peine peut-on remarquer quelque différence entre elles, pendant qu'elles sont en ce premier degré de connaissance confuse, à moins qu'on ne vienne à l'autre qu'on appelle de connaissance distincte, les idées en étant si semblables, qu'on ne les peut discerner que très-difficilement*. Or, dit-il, avant qu'une erreur ait fait du bruit et se soit fait remarquer par le combat, la plus grande partie de l'Église, le peuple et une bonne partie des pasteurs se contentent de tenir la vérité dans ce degré indistinct dont je viens de parler. Et ainsi il est aisé à une erreur nouvelle de s'insinuer et de s'établir dans les esprits, sous le titre d'éclaircissement donné à la vérité ancienne; le passage de l'idée confuse de la vérité à l'erreur étant aisé, sous le prétexte de donner du jour, de la distinction et de la perfection à nos premières connaissances. Pour appliquer cette observation générale à la matière de l'Eucharistie, il dit qu'*avant que la transsubstantiation s'établît, chacun croyait que Jésus-Christ était présent au sacrement, et que son corps et son* sang y son. *vraiment reçus par les fidèles qui communiaient, et que le sacrement est le signe et le mémorial de la mort de Jésus-Christ et de sa passion ; que c'était-là la foi de toute la terre ; mais qu'il ne se trompera pas en disant qu'il y en avait peu qui portassent leur méditation assez avant pour marquer au juste la différence des deux opinions qui séparent aujourd'hui les réformés des romains ; qu'il y en avait même qui ne savaient la vérité qu'en gros; qu'ainsi quand l'erreur est venue là dessus, et que bâtissant mal sur un bon fondement, elle a déclaré qu'il faut entendre que Jésus-Christ est présent dans l'Eucharistie substantiellement et localement ; que son corps et son sang y sont reçus de la bouche de notre corps, ç'a été sans doute une nouveauté bien extraordinaire, et dont on n'avait point encore ouï parler ; mais qu'il n'est pas étrange que beaucoup de monde y ait été trompé, et qu'ils aient pris cela non pour une nouveauté, mais pour un éclaircissement de la foi commune.* Sur ce principe, il reprend l'auteur de l'écrit d'avoir supposé que *tous les fidèles aient toujours eu une connaissance distincte, ou de la présence substantielle, ou de l'absence substantielle ;* et il suppose au contraire, que *le commun des chrétiens n'avait qu'une créance confuse de ce mystère; qu'ils croyaient Jésus-Christ présent ; mais qu'ils ne distinguaient pas si c'était seulement en signe, en vertu ou en substance ; qu'ils n'avaient aucune pensée positive de la présence réelle ; mais qu'ils n'avaient pas aussi une idée positive de l'absence réelle, mais une négation de l'une et de l'autre ; que l'Église est demeurée dans cette ignorance jusqu'au temps de Bérenger, dans lequel même la plus grande partie des chrétiens,* dit-il, *ne savait ce que c'était, et la plus grande partie des pasteurs ne le savait guère bien.*

On ne doit pas nier qu'il n'y ait de l'adresse dans ce discours, et que l'auteur n'y fasse, pour soutenir la cause qu'il défend et pour affaiblir celle qu'il combat, tout ce que peut faire un homme d'esprit. Mais parce que l'esprit et l'adresse ne peuvent pas changer la nature des choses, ni rendre solide ce qui ne l'est pas, il n'est pas bien difficile de dissiper tout ce petit artifice. Car on y peut remarquer une des manières des plus ordinaires dont les hommes s'égarent dans leurs discours, qui est qu'ils s'attachent à une considération générale, qui, étant regardée en elle-même, a quelque sorte de vérité ; et qu'ensuite après s'en être remplis avec plaisir, comme d'une production ingénieuse de leur esprit, ils en font une fausse application à des espèces particulières, qu'ils ne considèrent que confusément, sans faire réflexion sur les circonstances qui les empêchent de pouvoir être comprises sous cette maxime commune. Et ainsi l'on fait couler doucement la fausseté de l'application que l'on n'examine point, sous la vraisemblance du principe dans lequel la fausseté ne paraît point. C'est proprement l'adresse de cet auteur. Il nous fait considérer qu'il y a deux degrés de connaissance : l'une confuse, l'autre distincte ; et que la vérité ne se distingue pas bien de l'erreur, quand elle demeure dans le degré de connaissance confuse. Il étale, il étend cette maxime générale ; il la fait regarder en cette généralité dans laquelle on ne peut pas encore dire qu'elle soit fausse, et ensuite il en conclut brusquement que c'est ce qui est arrivé sur le sujet de l'Eucharistie, sans considérer aucune des circonstances qui lui eussent pu faire voir l'absurdité de cette application.

Il n'y a donc, pour rendre cet artifice inutile, qu'à lui faire remarquer ce qu'il a voulu dissimuler ou à soi-même ou aux autres, et à représenter distinctement ce qui est enfermé dans cette supposition, par laquelle il a prétendu s'échapper.

CHAPITRE II.

Réfutation de cette considération, où l'on fait voir qu'il est impossible de supposer que les fidèles des premiers siècles n'aient eu qu'une créance confuse du mystère de l'Eucharistie.

Il s'agit de savoir si les fidèles ont pu demeurer mille ans dans l'Église en voyant tous les jours ce que l'on appelait le corps de Jésus-Christ, en assistant tous les jours au sacrifice que l'on nommait le sacrifice du corps et du sang de Jésus-Christ, en recevant souvent en leur bouche ce qu'on leur disait être le corps de Jésus-Christ, *Corpus Christi;* s'ils ont pu, dis-je, demeurer en cet état, sans former une pensée distincte et déterminée, si ce qu'ils voyaient était ou n'était pas réellement le vrai corps de Jésus-Christ. L'auteur de la réponse le prétend, parce que cette prétention lui est utile pour son dessein, et il l'avance sans preuve, parce qu'il lui était impossible d'en trouver.

Mais il serait juste qu'en des matières de cette importance on eût plus de soin de consulter la lumière de sa raison que l'avantage de sa cause. Et sans doute si cet auteur avait pris la peine de le faire, il n'aurait pas manqué de reconnaître combien cette prétention est peu raisonnable. Car 1° il aurait trouvé que son esprit, comme celui de tous les autres, est formé de telle sorte qu'en songeant à un corps, il est impossible qu'il ne l'applique à quelque lieu, et qu'on le conçoit toujours au lieu où il nous est exprimé, à moins qu'on ne sache qu'il n'y est pas. C'est notre manière de concevoir, et une suite de notre nature. Nos différends ne l'ont pas fait naître, et ils ne sont pas capables de la changer. Or les fidèles, en assistant au sacrifice, en entendant dire que ce qu'on leur donnait était le corps de Jésus-Christ, et répondant *amen,* c'est-à-dire, *en vérité,* ont songé à Jésus-Christ ; ils l'ont donc appliqué à quelque lieu. Les paroles qui les y ont fait songer, le leur ont représenté comme présent dans la terre. Il faut donc par nécessité ou qu'ils les aient suivies, ou qu'ils les aient démenties, en les prenant en un autre sens. S'ils ont conçu Jésus-Christ présent sur l'autel et dans leurs bouches, ils ont donc eu une créance distincte de la présence réelle. Que si, au contraire, quoique les paroles l'exprimassent comme présent sur la terre, ils ne l'ont regardé présent que dans le ciel, il faut qu'ils aient en une créance très-distincte de l'absence réelle, puisqu'elle leur faisait corriger le sens auquel les paroles les portaient. Et ainsi il est impossible qu'ils soient demeurés, à l'égard de ce mystère, dans ce degré de confusion et d'indistinction, dans lequel l'esprit humain ne peut subsister.

2° La suspension d'esprit entre le oui et le non de deux opinions contradictoires ne peut venir que de deux causes, dont ni l'une ni l'autre ne peut avoir lieu en ce qui regarde l'Eucharistie. La première est une irrésolution véritable, qui naît de la diversité des raisons entre lesquelles l'esprit a peine à prendre parti. Dans cette sorte de suspension, on envisage distinctement les deux opinions opposées; mais comme on les voit appuyées sur des raisons également fortes, on ne sait à quoi se déterminer. Il est visible qu'on ne peut dire que ce soit en cette manière que l'ancienne Église soit demeurée dans une créance confuse sur le sujet de l'Eucharistie. Car cette matière étant d'une extrême importance, et y ayant une étrange différence entre le corps de Jésus-Christ présent réellement, ou présent significativement, il n'est pas possible que les chrétiens aient pu subsister dans ce doute sans en chercher l'éclaircissement, et sans se déterminer ensuite, sur les instructions qu'on leur aurait données, à l'une ou à l'autre de ces deux opinions; ce qui aurait changé cette connaissance confuse et indéterminée en une connaissance distincte et déterminée. Il ne reste donc plus que la seconde cause de cette suspension, qui est le défaut d'application aux différences particulières qui distinguent les opinions opposées, l'esprit se contentant quelquefois de concevoir les choses dans une certaine généralité qui les unit, sans descendre au particulier qui les distingue. C'est proprement en cette manière que l'auteur de la réponse voudrait faire croire que la créance de l'Eucharistie est demeurée confuse dans les premiers siècles de l'Église, et c'est néanmoins ce qu'on ne peut dire avec la moindre apparence. Car les mots par lesquels on a exprimé ce mystère, soit en célébrant le sacrifice, soit en distribuant la communion aux peuples, soit en les instruisant de ce qu'ils en devaient croire, signifient si précisément et si naturellement une présence réelle, et appliquent tellement l'esprit à la considérer, qu'il est impossible qu'en ayant mis l'idée une infinité de fois devant les yeux de tous les chrétiens, ils ne les aient obligés d'en former quelques jugements ou pour la rejeter, ou pour l'admettre. Lorsqu'un homme ne s'est jamais présenté à notre porte, nous pouvons bien n'avoir formé aucune résolution de l'exclure ou de le recevoir dans notre maison; mais s'il s'y est présenté une infinité de fois, s'il a heurté, s'il a pressé pour y être reçu, il est impossible que nous ne nous soyons déclarés à son égard, ou en le recevant comme ami, ou en le rejetant comme ennemi ou comme importun. La présence réelle a heurté une infinité de fois, pour le dire ainsi à la porte de l'esprit de tous les fidèles; elle a fait effort pour y entrer à la faveur des expressions qui la signifient naturellement; elle s'est fait voir; elle s'est présentée pour être reçue, et l'on nous voudra faire croire que tous les peuples, et la plupart des pasteurs soient demeurés dans cette stupidité que de ne porter aucun jugement sur une chose qui a été perpétuellement exposée à leurs yeux; et qu'entendant dire en mille manières que l'Eucharistie était le corps de Jésus-Christ, ils aient pu s'empêcher de former l'une de ces deux pensées précises et distinctes : Ce l'est, ou ce ne l'est pas!

3° Cette considération deviendra encore plus sensible par la troisième, qui est que la coutume que les hommes ont de ne concevoir les choses qu'en les revêtant de certains sons, fait que sitôt que le son frappe l'oreille, l'idée qui est ordinairement jointe à ce son se présente incontinent à l'esprit; et cette idée ne manque jamais d'être reçue, à moins que les opinions dont l'esprit est prévenu, ou les autres circonstances qui accompagnent cette idée, n'obligent de la bannir pour y en substituer une autre. Quand on entend le mot de bras ou celui de main, on conçoit incontinent des bras et des mains ordinaires; mais quand on les attribue à Dieu, la connaissance distincte que les chrétiens ont que Dieu est incorporel fait qu'ils éloignent cette idée pour en mettre une autre en sa place, qui est celle de puissance et de force. Mais s'ils n'avaient point cette connaissance distincte, l'idée corporelle de bras et de main y serait reçue, comme elle a été reçue par les anthropomorphites. Quand on entend le mot de lumière, l'image de la lumière corporelle se présente incontinent et fait effort pour entrer dans notre esprit; mais quand Jésus-Christ dit de lui-même qu'il est la lumière du monde, et que nous lisons dans S. Jean qu'il y a une lumière véritable qui éclaire tous les hommes, la connaissance que nous avons que Dieu n'est point un corps nous fait chasser cette image corporelle, pour y substituer l'idée d'une lumière spirituelle, qui éclaire non les corps, mais les esprits; au lieu que les manichéens n'ayant pas cette créance distincte de la spiritualité de la nature de Dieu, n'ont pu éloigner de leur esprit l'image d'une lumière corporelle, et sont tombés par là dans cette erreur que Dieu était une lumière immense et infinie. On doit concevoir par le mot de Dieu, un Dieu véritable, et c'est l'idée qui se présente d'abord à l'esprit en entendant prononcer ce mot; mais quand on entend en même temps que c'est Moïse qui est appelé le Dieu de Pharaon, que c'est des hommes qu'il est dit : *Ego dixi : Dii estis, et filii Excelsi omnes*, et des faux dieux que S. Paul entend parler quand il dit *qu'il y a plusieurs dieux, et plusieurs seigneurs*, on exclut cette idée qui se présente, et l'esprit en fournit de lui-même une autre qu'il voit bien qu'on a voulu marquer en ces endroits; mais il ne la fournit que par la connaissance distincte qu'il a que les hommes ni les faux dieux ne sont des dieux véritables. Et ainsi un païen qui n'a pas cette connaissance pourrait penser simplement que S. Paul a cru qu'il y avait plusieurs dieux. Il faut donc conclure que l'idée naturelle des mots se présente d'abord à l'esprit, et qu'elle y est toujours reçue, à moins qu'elle ne soit bannie par une créance contraire. Or, à moins qu'on ne veuille renoncer absolument à la sincérité et à la bonne foi, et désavouer par une opiniâtreté sans raison les choses les plus claires et les plus sensibles, il est impossible qu'on ne reconnaisse que les expressions ordinaires dont les Pères se sont servis dans les instructions qu'ils ont données au peuple de ce mystère, et dans la célébration du sacrifice, enferment l'idée d'une présence réelle et substantielle dans leur sens naturel et littéral, et qu'elles ne peuvent en avoir une autre qu'en les prenant en un sens métaphorique. Car je demande à l'auteur de la réponse ce que signifient naturellement ces mots : *Ceci est mon corps;* ce que signifient ceux dont on se servait en communiant les fidèles : *Corpus Christi,* à quoi ils répondaient que ce l'était en vérité, en disant *Amen;* et s'il n'est pas vrai que ces paroles prises simplement, signifient que c'était véritablement le corps même de Jésus-Christ? Il faudrait faire un volume au lieu d'un petit écrit, si l'on voulait transcrire tous les lieux des Pères qui, étant pris littéralement et simplement, signifient une présence réelle et substantielle, et une véritable transsubstantiation. Il suffit pour notre dessein d'en rapporter ici quelques-uns. Peut-on nier, par exemple, qu'on ne soit frappé de l'idée de la présence réelle par ces paroles de S. Ignace dans sa lettre à ceux de Smyrne, où, en parlant de certains hérétiques, il dit *qu'ils ne recevaient pas l'Eucharistie et les oblations, parce qu'ils ne confessent pas que l'Eucharistie soit la chair de Notre-Seigneur, qui a souffert pour nos péchés, et que le Père a ressuscité par sa bonté?* Par ces paroles de S. Justin dans sa seconde Apologie : *Nous ne recevons pas ces choses, comme si ce n'était qu'un pain ordinaire et un breuvage commun; mais comme nous savons que Jésus-Christ notre Sauveur qui a été fait homme par le Verbe de Dieu, s'est revêtu de chair, et de sang pour notre salut, de même nous savons aussi que cette viande et ce breuvage, qui par le changement qu'ils reçoivent dans nos corps nourrissent notre chair et notre sang, ayant été consacrés et faits Eucharistie par les prières que ce même Verbe de Dieu nous a enseignées,* SONT LA CHAIR ET LE SANG DE CE MÊME JÉSUS-CHRIST *qui a été fait homme pour l'amour de nous. Car les apôtres dans les écrits qu'ils nous ont laissés, qu'on nomme Évangiles, disent que Jésus-Christ leur ordonna d'en user comme il avait fait.* Par ces paroles que Gélase de Cisique rapporte comme étant du grand concile de Nicée : *Ne soyons pas bassement attentifs au pain et au calice qui sont exposés à nos yeux; mais élevant notre esprit, concevons par la foi que l'Agneau de Dieu qui efface les péchés du monde est présent sur cette table sacrée, et qu'il est immolé par les prêtres sans effusion de sang, et prenant véritablement son précieux corps et son précieux sang, croyons que ce sont les gages de notre résurrection.* Par ces paroles de S. Cyrille de Jérusalem : *Jésus-Christ ayant dit du pain :* «*Ceci est mon corps,*» qui en osera douter désormais? *Et lui même ayant dit :* «*Ceci est mon sang,*» *qui oserait en entrer en doute, en disant que ce n'est pas son sang? Il a autrefois changé l'eau en vin, en Cana de Galilée, par sa seule volonté; pourquoi ne méritera-t-il pas d'être cru quand il change le vin en son sang?* Par ces paroles de S. Grégoire-de-Nysse : *La même vertu qui faisait que dans le corps de Jésus-Christ le pain qu'il mangeait était changé en la nature de son corps divin, fait aussi la même chose dans l'Eucharistie. Car comme la puissance du Verbe changeait cette substance dans son saint corps, qui se nourrissait et s'entretenait de pain, et qui est ainsi pain en quelque manière, de même ici le pain est sanctifié, comme dit l'Apôtre, par la parole de Dieu et l'oraison, ne devenant pas le corps du Verbe par le moyen du manger et du boire, mais étant changé tout d'un coup au corps du Verbe par le Verbe, selon ce qui a été dit par le Verbe même :* «*Ceci est mon corps.*» Par ces paroles de S. Ambroise dans le traité qu'il a fait pour l'Instruction des nouveaux baptisés, ch. 9 : *Vous me direz peut-être : Je vois autre chose, comment est-ce que vous m'assurez que je reçois le corps de Jésus-Christ? C'est donc ce qui nous reste à prouver. Mais combien puis-je produire d'exemples pour montrer que ce n'est pas ce que la nature a formé, mais ce que la bénédiction a consacré, et que la bénédiction a plus de force que la nature?* Ensuite ayant rapporté plusieurs miracles de l'Ancien-Testament, il conclut : *La parole de Jésus-Christ qui a pu faire de rien tout ce qui est, ne pourra-t-elle pas changer ce qui est en ce qui n'était pas auparavant?* Par ces paroles de S. Gaudence, évêque de Bresse : *Le Créateur et le maître de la nature, qui produit du pain de la terre, fait ensuite son propre corps de ce pain, parce qu'il le peut et l'a promis; et celui qui de l'eau a fait du vin, fait aussi du vin son sang?* Par ces paroles d'Optat, évêque de Milevis, dans lesquelles il représente les sacrilèges des donatistes contre la sainte Eucharistie : *Qu'est-ce que l'autel, dit-il, sinon le siége du corps et du sang de Jésus-Christ? Quelle offense aviez-vous donc reçue de Jésus-Christ, dont le corps et le sang habitaient sur cet autel en certain temps, pour lui faire cette injure?* Et plus bas : *Cependant on a redoublé ce crime détestable, et vous avez encore rompu les calices qui avaient coutume de porter le sang de Jésus-Christ.*

S. Chrysostôme est si plein d'expressions qui marquent naturellement une présence réelle, qu'Aubertin est obligé de reconnaître qu'elles sont en grand nombre et spécieuses, *multa et speciosa.* Et en effet, qu'y a t-il de plus spécieux que ce qu'il dit dans l'homélie 83 sur S. Matthieu? *Combien y en a-t-il qui disent maintenant : Je voudrais bien avoir vu sa forme, sa figure, ses vêtements? Eh bien! vous le voyez, vous le touchez, vous le mangez; vous étiez contents de voir seulement ses vêtements, et il se donne lui-même à voir, à toucher, à manger, et à prendre au-dedans de vous.*

S. Isidore de Damiette dit que *le S.-Esprit fait que le pain commun proposé sur la table, devient le propre corps que Jésus-Christ a pris dans son Incarnation.*

Saint-Augustin dit qu'*il a plu au Saint-Esprit*, *en l'honneur de ce grand sacrement*, *que le corps de Jésus-Christ entrât dans la bouche des chrétiens avant toutes les autres viandes*, et ailleurs il dit de l'Eucharistie que *c'est le corps et le sang du Seigneur*, *même pour ceux qui*, *le mangeant indignement*, *mangent et boivent leur jugement*. Saint Cyrille, patriarche d'Alexandrie, dans l'explication du onzième de ses anathématismes, approuvés au concile d'Éphèse, parle de cette sorte : *Nous célébrons le saint*, *vivifiant et non sanglant sacrifice dans les églises*, *croyant que le corps qui est devant nous n'est pas le corps d'un homme commun et semblable à nous*, *et le sang de même; mais nous le recevons comme ayant été fait le propre corps et le propre sang du Verbe qui vivifie toutes choses*. Et Théodotus, évêque d'Ancyre, dans une homélie qu'il fit dans ce concile : *Il n'est plus couché dans une crèche*, dit-il, *mais il est exposé à nos yeux sur cette table salutaire. Cette crèche est la mère de cette table ; il a été mis dans cette crèche*, *afin qu'il fût mangé sur cette table*. Hésichius, lib. 6 sur le Lévitique, dit que *c'est manger le sacrifice par ignorance*, *que de ne savoir pas que c'est véritablement le corps et le sang de Jésus-Christ*. S. Eucher, ou plutôt saint Césaire, ou un autre auteur ancien (ce qui est peu important, puisqu'en ce qui regarde une vérité populaire comme celle-là, tout témoin est également bon), parle de cette sorte dans l'homélie 5 sur la Pâque : *Éloignez de vous tous les doutes que l'infidélité suggère*, *puisque celui même qui est auteur du présent est le témoin de cette vérité. Car le prêtre invisible change par une puissance secrète les créatures visibles en la substance de son corps et de son sang*, *en disant* : « *Prenez et mangez*, *ceci est mon corps*.... » *Ainsi*, *comme la volonté du Seigneur a formé tout d'un coup du néant la hauteur des cieux*, *la profondeur de la mer et l'étendue de la terre*, *la vertu du Verbe*, *par une égale puissance*, *commandant ce qui se doit faire dans ce sacrement spirituel*, *l'effet s'ensuit*. S. Grégoire Pape dit qu'*on marque du sang de l'Agneau les deux côtés de la porte*, *lorsque*, *le recevant avec la bouche du corps*, *on le reçoit aussi avec la bouche du cœur*.

Ces paroles des saints Pères présentent sans doute assez nettement l'idée d'une présence réelle, aussi bien que celles-ci de Germain, patriarche de Constantinople, dans sa Théorie des mystères : *Le S.-Esprit étant présent invisiblement par le bon plaisir du Père et la volonté du Fils*, *fait cette divine opération ; et par la main du prêtre il consacre*, *change et fait les dons proposés*, *le corps et le sang de Jésus-Christ*. Ce que dit S. Jean de Damas est encore plus précis : *Le pain et le vin ne sont point figures du corps et du sang de Jésus-Christ*, *à Dieu ne plaise ! mais c'est le corps même déifié de Jésus-Christ*, *Notre-Seigneur ne nous ayant pas dit* : *Ceci est la figure de mon corps* : *mais ceci est mon corps*, *et n'ayant pas dit de même* : *Ceci est la figure de mon sang*, *mais ceci est mon sang*. Ce qui est répété presque en propres termes dans les livres de Charlemagne ou du concile de Francfort, dans Euthymius sur S. Matthieu, et dans Théophylacte sur S. Matthieu, S. Marc et S. Jean.

L'auteur de la réponse ne saurait nier qu'il ne se trouve dans les Pères une infinité de passages semblables à ceux que j'ai rapportés, et que ce ne soit là la manière ordinaire dont on a parlé dans l'Église de l'Eucharistie. Je n'ai pas besoin d'examiner si l'on ne pourrait point détourner ces expressions à quelque sens métaphorique, ni de réfuter toutes les subtilités par lesquelles Aubertin tâche de le faire dans son livre. Cela n'est pas nécessaire pour notre dispute présente, et si quelque calviniste entreprenait avec soin d'y répondre, et de prouver qu'ils se peuvent ou doivent expliquer métaphoriquement, il ferait voir qu'il n'entendrait pas seulement l'état de la question. Car il ne s'agit pas de savoir si ces passages se peuvent prendre en un sens métaphorique, mais il s'agit de savoir s'il n'est pas vrai que la première idée que ces passages offrent à l'esprit est celle d'une présence réelle, et telle que les catholiques la croient. Et c'est ce qu'on ne peut nier sans renoncer au sens commun. Qu'on dise tant qu'on voudra que les fidèles ont rejeté cette idée grossière : qu'au lieu du vrai corps de Jésus-Christ, ils ont entendu la figure du corps de Jésus-Christ, un corps typique, un corps symbolique, ou la vertu du corps de Jésus-Christ, ou quelque autre chimère de cette sorte; qu'on prétende si l'on veut que des fidèles simples et ignorants à qui l'on parlait en ces termes, les ont entendus par rapport à un passage de Tertullien, ou à deux ou trois lieux écartés de S. Augustin, de Théodoret et de Facundus, ce qui est seulement ridicule à dire, quoique l'auteur n'ait pas fait difficulté de le faire dans son écrit; il me suffit qu'on avoue que l'idée de la présence réelle a frappé tous les chrétiens à la faveur de ces expressions qui la signifient naturellement et simplement ; qu'elle s'est présentée à leurs yeux, et qu'elle s'est efforcée de s'introduire dans leur esprit.

Car je n'ai ensuite qu'à demander s'ils ont admis ou s'ils n'ont pas admis cette idée lorsqu'elle se présentait ; s'ils en ont reçu l'impression simple et naturelle, ou s'ils l'ont détruite en y en substituant une autre. Si l'on avoue qu'ils l'ont reçue, on m'accorde tout ce que je prétends, qui est que l'on a toujours cru distinctement dans l'Église la présence réelle et substantielle. Et si l'on dit qu'ils l'ont rejetée, ils en auraient donc jugé; ils se seraient donc déclarés contre cette créance ; ils auraient donc cru positivement et distinctement l'absence réelle. Et ainsi, quelque supposition que l'on fasse, cette prétendue confusion de créance sur le sujet de l'Eucharistie ne peut subsister.

4° Mais je dis de plus qu'il est clair par cela même que toute l'Église ancienne a eu une créance distincte de la présence réelle. Car pourquoi les fidèles auraient-ils rejeté le sens naturel de ces paroles des Pères, puisque les ministres avouent qu'ils n'avaient pas une créance positive de l'absence réelle, et qu'il n'y a que cette créance positive, expresse et distincte qui puisse empêcher que des paroles si précises ne portent l'esprit à la créance de la présence réelle ?

Ainsi la supposition de cette créance confuse se détruit elle-même, et elle établit la vérité qu'elle combat. Car, si les fidèles n'ont point eu une créance distincte de l'absence réelle de Jésus-Christ dans l'Eucharistie, il s'ensuit nécessairement qu'ils ont cru distinctement la présence réelle, parce qu'il s'ensuit qu'ils ont pris les paroles des Pères et celles de l'Église dans leur sens littéral et naturel, qui n'était point formellement contraire à leur sentiment ; qu'ils n'ont point résisté à l'impression qu'elles ont dû faire dans leur esprit, et qu'ainsi, comme elles proposent l'idée d'une présence réelle, ils ont reçu dans leur esprit cette idée distincte qu'ils n'avaient aucune occasion de rejeter.

5° Je le répète donc encore une fois, parce qu'il est important de bien faire entendre cette raison qui décide notre différend : ou ces expressions des Pères qui forment si clairement l'idée d'une présence réelle ont été reçues par les fidèles sans explication, et dans le sens simple des paroles, ou elles ont été expliquées dans un sens métaphorique et éloigné de la signification naturelle des paroles. Que l'auteur de la réponse choisisse celle qu'il voudra de ces deux suppositions, elles détruiront également cette créance confuse. Car s'il est vrai, par exemple, comme le prétend Aubertin, que lorsque saint Cyrille de Jérusalem disait aux nouveaux baptisés : *Croyez très-certainement que ce pain apparent n'est point pain, quoique le goût vous le rapporte, mais le corps de Jésus-Christ*, il voulait dire que ce pain n'est plus un pain commun, mais un pain sanctifié, et que c'était le corps de Jésus-Christ en figure, et non en vérité, ce qui serait une étrange manière de s'exprimer ; il est clair que si les fidèles l'avaient entendu dans ce sens et avec cette explication, ils auraient eu une idée très-distincte de l'absence réelle ; et ainsi ils ne seraient point demeurés dans ce degré de confusion. Que si l'on suppose, au contraire, qu'ils n'ont point ajouté cette étrange glose aux paroles de ce père, il est encore plus visible qu'ils ont eu une créance distincte de la présence réelle, puisqu'à moins que d'en corrompre le sens naturel par des explications très-violentes, il est impossible qu'elles imprimassent une autre idée dans leur esprit.

Mais il ne faut point d'autres paroles que celles qui ont toujours été dans la bouche des fidèles, *que l'Eucharistie est le corps de Jésus-Christ*, pour montrer qu'ils ont eu nécessairement une idée distincte ou de la présence ou de l'absence réelle. Car ou ils auraient donné à ces paroles les mêmes explications métaphoriques que les ministres y donnent, en entendant que l'Eucharistie est le corps de Jésus-Christ en figure, en représentation, en opération, et non en vérité, ou ils n'y ont point ajouté ces restrictions. S'ils les y avaient ajoutées, ils auraient cru l'absence réelle comme les ministres la croient, et s'ils ne les y ont pas ajou-

tées, ils ont cru la présence réelle, puisque c'est le sens naturel et simple de ces paroles, lorsqu'on les entend sans restriction et sans métaphore.

Quand on dit qu'un métal est de l'or, on dit que c'est substantiellement et réellement de l'or. Quand on dit d'une pierre précieuse que c'est un diamant, on dit qu'elle est substantiellement et réellement un diamant. Ainsi être le corps de Jésus-Christ, et être substantiellement et réellement le corps de Jésus-Christ, ne sont point deux idées différentes, mais une même et simple idée ; de sorte que c'est la même chose de dire que les fidèles ont toujours cru que l'Eucharistie était le corps de Jésus-Christ sans autre explication, que de reconnaître qu'ils ont toujours cru qu'elle était réellement et substantiellement le corps de Jésus-Christ.

Ainsi en quelqu'état qu'on suppose ces fidèles, il est impossible de l'allier avec cette créance confuse que l'auteur de la réponse veut établir, et même, comme je l'ai déjà remarqué, de cela seul qu'on avoue qu'ils n'ont pas eu une créance très-positive de l'absence réelle, on en doit conclure invinciblement qu'ils ont eu une créance très-distincte de la présence réelle. Car il faut croire très-fermement que Jésus-Christ n'est pas dans l'Eucharistie, pour n'être pas emporté quand on entend continuellement retentir à ses oreilles que ce qu'on reçoit en communiant est le corps de Jésus-Christ. Il n'y a que cette persuasion qui puisse résister à une impression si continuelle et si violente, et qui puisse produire ces explications métaphoriques qu'on y apporte. Et même on peut dire qu'une simple persuasion ne suffit pas pour cela, et que jamais Aubertin n'aurait trouvé toutes ces solutions par lesquelles il tâche d'éluder les passages des Pères, s'il avait été simple calviniste. Il n'y a qu'un engagement de passion et d'intérêt, et un long raffinement d'un esprit agité et qui se tourne en tous sens pour se défaire des raisons et des autorités qui le pressent, qui soit capable de produire ces subtilités si recherchées.

CHAPITRE III.

Qu'il est impossible que les fidèles aient entendu en un sens métaphorique ces expressions des Pères, qui marquent une présence réelle.

Pour détruire la prétention de l'auteur de la réponse, que les fidèles n'avaient autrefois qu'une créance confuse du mystère de l'Eucharistie, il suffit de montrer, comme on a fait, qu'il fallait par nécessité qu'ils crussent distinctement ou la présence réelle, ou l'absence réelle, et qu'il est impossible qu'ils soient demeurés dans cette suspension d'esprit de ne former aucun jugement, si ce qu'ils appelaient tous corps de Jésus-Christ, était ou n'était pas réellement le vrai corps de Jésus-Christ.

Ce que nous avons ajouté, que de cela seul que les ministres avouent qu'ils n'avaient pas une idée distincte de l'absence réelle, il s'ensuit qu'ils en avaient une distincte de la présence réelle, est une preuve surabondante, et qui n'est pas absolument nécessaire pour le sujet de ce traité. Mais comme elle est avantageuse pour l'établissement de la vérité, je crois qu'il ne sera pas inutile d'y en joindre une autre de même nature, en faisant voir encore plus particulièrement qu'il n'était pas possible aux fidèles de prendre en un sens métaphorique les expressions ordinaires avec lesquelles les pasteurs les instruisaient du mystère de l'Eucharistie, et que les ministres ne le peuvent supposer, sans supposer en même temps qu'il s'est fait durant plus de mille ans dans l'Église un prodige continuel, qui est que les pasteurs y ont parlé durant tout ce temps d'une manière toute contraire à leurs pensées, et que les peuples les ont entendus d'une manière toute contraire à leurs paroles; en sorte qu'il faudrait dire qu'il y avait dans les pasteurs un aveuglement surnaturel, pour ne pas s'apercevoir des occasions d'erreur qu'ils donnaient au peuple par l'extravagance de leurs métaphores, et dans les fidèles une lumière surnaturelle pour n'être pas abusés par des expressions si trompeuses et si contraires au sens commun.

Cette preuve se doit tirer des règles de l'intelligence du langage humain, et des moyens que les hommes ont pour distinguer les expressions figurées des expressions simples et naturelles. Et sans doute qu'il serait nécessaire de la traiter avec plus d'étendue, si l'on avait dessein de la mettre à couvert de toute sorte de chicanerie. Mais parce que ce n'est pas le lieu de le faire ici, où elle n'est pas absolument nécessaire, et que ce serait une trop longue digression, je me contenterai de la proposer en abrégé, et d'une manière capable d'aider et de satisfaire les personnes de bonne foi qui cherchent sincèrement la vérité, quoiqu'elle ne soit pas peut-être suffisante pour convaincre les personnes opiniâtres et prévenues. Il est certain que tout le différend que les catholiques ont avec les sacramentaires se réduit à ce point, s'il faut prendre les expressions ordinaires de l'Écriture et des Pères dans le sens qui s'offre d'abord à l'esprit, c'est-à-dire dans le sens simple et naturel, ou s'il les faut prendre dans un sens éloigné et métaphorique. Les catholiques prétendent le premier, et les sacramentaires le second. Les catholiques disent que quand les Pères nous assurent que le pain par la consécration est changé et est fait le corps de Jésus-Christ, ils entendent qu'il est réellement et véritablement changé au corps même de Jésus-Christ. Les sacramentaires disent au contraire que les Pères n'ont voulu signifier autre chose sinon que le pain est changé figurativement et non pas réellement. C'est en quoi consiste la contestation importante, dont la décision dépend uniquement des moyens et des règles que les hommes ont pour distinguer les expressions simples des expressions métaphoriques. Ces règles et ces moyens sont assez difficiles à reconnaître et à fixer. Mais il faut néanmoins demeurer d'accord qu'il y en a. Autrement on ne ruinerait pas seulement la foi d'un mystère particulier, mais on ruinerait généralement la foi de tous les mystères, puisqu'il n'y en a aucun dont on ne puisse détruire toutes les preuves, en donnant un sens métaphorique aux expressions de l'Écriture et des Pères qui les contiennent. S'il est dit, par exemple, dans l'Écriture, que Jésus-Christ est Dieu, les ariens et les sociniens répondront qu'il est Dieu métaphoriquement; qu'il est Dieu par grâce et non par nature; qu'il est Dieu, mais soumis à un autre Dieu plus grand que lui. S'il est parlé du Saint-Esprit comme d'une personne, ils diront que c'est une prosopopée. S'il est dit que Jésus-Christ est né d'une vierge, on dira que cela est vrai métaphoriquement, parce qu'il a passé par Marie comme par un canal très-pur, ainsi que quelques eutychiens l'ont enseigné. S'il est dit qu'il a souffert et qu'il est mort, on dira avec les manichéens et les mahométans qu'il a souffert et qu'il est mort en apparence et métaphoriquement, parce qu'il a paru extérieurement souffrir. S'il est dit qu'il a racheté les hommes par son sang, on dira avec les sociniens que cela ne signifie pas que le sang de Jésus-Christ ait été offert comme le prix de leur rédemption, mais que cette expression ne marque autre chose sinon que Jésus-Christ étant mort pour confirmer la vérité qu'il a annoncée aux hommes l'on doit attribuer à sa mort la délivrance des hommes que Dieu reçoit en sa grâce, lorsqu'ils se rendent aux vérités que Jésus-Christ leur a apprises, et qu'il suivent les règles qu'il leur a données. Enfin toute la religion et toutes les preuves que l'on tire de l'Écriture et des Pères pour l'établir, sont appuyées sur ce principe, que les hommes peuvent distinguer les expressions simples des expressions figurées; et si on leur avait ôté ce moyen, toute voie de discerner la vérité de l'erreur leur serait ôtée. Il n'y a donc qu'à considérer quelles sont ces règles, et par quelles voies nous faisons ce discernement si important; et pourvu qu'on y agisse de bonne foi, je crois qu'il n'est pas possible qu'on ne demeure convaincu que les fidèles ne pouvaient en aucune sorte prendre les expressions ordinaires des Pères touchant l'Eucharistie en un sens métaphorique, et qu'ils ont dû par nécessité les prendre dans le sens naturel que les paroles leur offraient. Voici quelques-unes de ces règles.

1° Quand une même chose se peut aussi facilement exprimer naturellement que métaphoriquement, les expressions naturelles et simples sont pour l'ordinaire infiniment plus fréquentes que celles qui sont métaphoriques; d'où il arrive que les expressions simples formant l'idée distincte de la vérité, servent à y réduire les métaphoriques. Je dis *quand elle se peut aussi facilement exprimer;* car il y a des choses qui sont tellement au-dessus de l'esprit humain, qu'on ne les peut guère faire entendre qu'en se servant de métaphores prises de choses plus basses et plus proportionnées à l'intelligence humaine. La raison de cela est que les hommes se portent ordinairement, quand rien ne les en empêche, à ce qui est plus conforme à la vérité et à la nature. Or les expressions métaphoriques sont en quelque sorte contraires à la nature, parce qu'elles sont fausses étant prises à la rigueur ; et ainsi elles ne peuvent être si ordinaires, et si elles l'étaient, elles deviendraient trompeuses et inintelligibles.

Il n'y a, par exemple, aucune difficulté à entendre ce que dit S. Gaudence (1) en parlant de l'eau du baptême que les Apôtres donnèrent à ceux qu'ils convertirent par leurs premières prédications : *Le Seigneur Jésus*, dit-il, *convertit en vin cette eau par une puissance invisible, en sorte que ceux qui étaient baptisés faisaient connaître par le don des langues qu'ils recevaient tout d'un coup le goût du Saint-Esprit qu'ils avaient reçu.* Car cette métaphore est si rare dans cette application, et il est si commun au contraire qu'on parle du baptême donné par les apôtres sans en user, qu'il n'y a personne qui ne reconnaisse facilement par l'idée claire et distincte qu'il a formée sur les expressions ordinaires, que cette expression extraordinaire de S. Gaudence est figurée et métaphorique.

Mais si on avait ordinairement parlé du baptême que les apôtres donnaient en ces termes dont S. Gaudence se sert, et si les Pères nous avaient toujours dit que Jésus-Christ y avait changé l'eau en vin par sa puissance invisible, il n'y a personne qui ne dût prendre alors cette expression pour une expression simple, et qui ne dût croire que Jésus-Christ changea effectivement l'eau en vin dans le baptême des premiers chrétiens, aussi bien qu'aux noces de Cana en Galilée. De même s'il n'y avait qu'un ou deux passages de l'antiquité où l'on vit ces expressions, que ce qu'on reçoit dans l'Eucharistie est le corps de Jésus-Christ ; que le pain est fait le corps de Jésus-Christ ; qu'il est changé, converti, transélémenté au corps de Jésus-Christ ; et qu'en tous les autres lieux où il est parlé de l'Eucharistie il fût dit clairement que le pain n'est point changé réellement au corps de Jésus-Christ ; qu'il n'est point fait le corps de Jésus-Christ ; qu'il en devient seulement l'image et le signe, la multitude de ces expressions simples, formant une idée distincte de l'absence réelle, pourrait servir à expliquer ces autres passages rares, et rendrait ces métaphores intelligibles. Mais c'est justement tout le contraire. Ces passages, tels qu'ils soient, par lesquels les calvinistes prétendent éclaircir et déterminer ceux qui marquent une présence réelle, sont rares, cachés, obscurs, inconnus et nullement populaires;

(1) Ce que dit S. Gaudence en cet endroit n'est pas proprement une métaphore, mais une explication allégorique du miracle de Cana ; voici le passage entier : *Ergo postquàm beatissimi apostoli fidelium ministrorum functi officio repleverunt hydrias credentium populorum aquâ venerandi baptismatis, et Dominus Jesus invisibili virtute hanc aquam convertit in vinum, ita ut baptizati ab illis confestim divinum Spiritûs in se operantis saporem repentinâ linguarum gratiâ testarentur.* Par où il est clair que quand il dit que Dieu convertit l'eau en vin dans le baptême conféré par les apôtres, cela veut dire qu'il accomplit ce qui avait été figuré par la conversion de l'eau en vin qu'il fit aux noces de Cana en Galilée.

et ceux qui portent à la créance de la présence réelle sont fréquents, ordinaires, et ils ont toujours été dans la bouche des pasteurs et des fidèles. Il n'était donc pas possible qu'ils les prissent pour métaphoriques.

2° La métaphore enfermant quelque sorte de fausseté, il est contre la nature d'y continuer longtemps, et les rhétoriciens remarquent même que, quand on le fait, ce n'est plus un ornement, mais un défaut, qu'ils appellent énigme, parce qu'il rend le discours obscur et difficile à entendre.

Qu'on examine par cette règle les expressions des Pères qui marquent d'elles-mêmes une présence réelle, et l'on verra qu'il n'était pas possible aux fidèles de les prendre pour des métaphores. Car après s'en être servis, ils n'en sortent point, ils y persistent jusqu'au bout ; ils enchérissent souvent par les secondes sur les premières. Enfin il faudrait que pour parler de ce mystère, comme ils ont fait, ils eussent eu un dessein formel de tromper ceux à qui ils parlaient. Je n'en rapporterai qu'un exemple parmi la foule de ceux qui se présentent, dont ceux qui sont instruits dans ces matières savent assez que l'on peut faire un juste volume. Il est tiré de l'homélie 24 de S. Chrysostôme sur la 1re aux Corinthiens, et je laisse à toutes les personnes de bon sens à juger s'il y eut jamais rien, je ne dis pas de plus énigmatique, mais de plus insensé, que le discours de ce saint, en prenant ces expressions pour des métaphores, comme les ministres les prennent : *Ces paroles de l'Apôtre*, dit-il : Le calice de bénédiction que nous bénissons, n'est-il pas la communion du corps de Jésus-Christ ? *ne doivent pas imprimer moins de terreur que de foi dans les esprits. Car elles nous enseignent que ce qui est dans le calice est le même sang qui a coulé du côté du Sauveur percé sur la croix.* Le voilà entré dans la métaphore selon les ministres, et dans une étrange métaphore. Car sans doute pour marquer simplement que du vin est la figure du sang de Jésus-Christ, il serait assez surprenant de dire que ce qui est dans le calice est le même sang qui a coulé du côté du Sauveur. Mais voyons de quelle sorte il y continue. Jésus-Christ, dit ce saint un peu après, *ne s'est pas contenté de livrer son corps pour nous à la mort, mais parce que la première chair qui avait été formée de la terre, avait été privée de la vie, et assujétie à la mort par le péché, il a formé, pour le dire ainsi, une autre substance et comme un levain, savoir sa chair, qui, quoique d'une même nature que la nôtre, était néanmoins exempte de péché, et pleine de vie ; il l'a donnée à tous, afin que tous en fussent nourris, et que, se dépouillant de cette ancienne chair, ils pussent être renouvelés par cette chair nouvelle. Il faut remarquer que l'Apôtre, parlant des Juifs, ne dit pas qu'ils sont participants de Dieu, mais seulement qu'ils sont participants de l'autel, parce que ce qui s'offrait autrefois sur l'ancien autel devait être consumé par le feu. Il n'en est pas de même du corps de Jésus-Christ. Et en quoi consiste cette différence ? En ce qu'il se fait une communication de ce même corps à tous les fidèles, et qu'ainsi nous ne sommes pas participants de l'autel, mais du corps même de Jésus-Christ.* La métaphore commence à être un peu longue, et je m'assure qu'il n'y a point de calviniste qui n'en soit importuné. Mais S. Chrysostôme n'a pas envie d'en sortir sitôt. Il établit sur cette vérité l'instruction importante qu'il donne aux fidèles de ne s'approcher de ce terrible et redoutable sacrifice, comme il l'appelle, qu'avec un esprit de paix et une ardente charité, afin d'être dignes d'aller au-devant de Jésus-Christ dans les airs, quand il descendra du ciel à la fin des siècles. Puis reprenant sa prétendue métaphore : *S'il est vrai, dit-il, qu'il n'y a personne assez téméraire pour recevoir avec incivilité et indifférence un roi qui le viendrait visiter ; mais que dis-je, recevoir un roi, qui veuille toucher ses habits avec trop de familiarité, et avec trop peu de respect, quand même il serait dans un désert, et qu'il n'aurait personne à sa suite ; si, dis-je, personne n'est assez hardi pour toucher seulement l'habit d'un homme, comment serons-nous assez téméraires pour recevoir en nous avec déshonneur et avec injure le corps de Dieu même, qui est infiniment élevé au-dessus de tous les rois ; ce corps qui est si pur, et en qui il ne peut y avoir la moindre tache ; qui a été uni et qui habite avec la Divinité ; par lequel nous recevons l'être et la vie, et par lequel les portes d'enfer ont été brisées, et les voûtes des cieux ouvertes ?* En vérité c'est trop de métaphores, et les calvinistes auraient beaucoup de raison de dire à S. Chrysostôme, s'il avait été dans leur opinion, que sa comparaison n'est pas bien juste. Car encore qu'on touche avec moins de respect les habits d'un roi, que sa personne, on les respecte néanmoins autant et souvent davantage que son image. Mais nonobstant ces belles raisons, il ne laisse pas de continuer : *Ne soyons donc pas, je vous prie, dit-il, homicides de nous-mêmes ; mais approchons-nous de ce divin corps avec beaucoup de crainte, et avec une extrême pureté, et, en le considérant lorsqu'on vous le présente, dites en vous-mêmes : C'est ce corps qui fait que je ne suis plus de la terre ; que je ne suis plus captif ; que je suis libre. C'est ce corps qui me fait espérer que j'entrerai un jour dans le ciel, et que je jouirai de tous les biens qui s'y rencontrent ; que j'obtiendrai la vie éternelle ; que je serai élevé à l'état des anges, et que je serai reçu en la compagnie de Jésus-Christ. La mort n'a pu détruire ce corps par les clous dont il a été percé, ni par les coups dont il a été meurtri. Le soleil voyant ce corps attaché à une croix, en a détourné ses rayons.* Vit-on jamais une métaphore si longue? Mais que les calvinistes ne s'ennuient pas ; il y persiste encore, et il ajoute : *Ce corps en souffrant la mort a fait déchirer le voile du temple, fendre les pierres et trembler la terre. Voilà ce même corps qui a été ensanglanté, et qui, ayant été frappé d'une lance, a versé deux fontaines salutaires à toute la terre, l'une de sang et l'autre d'eau.... Et c'est ce corps que Jésus-Christ nous a donné et à tenir et à manger, par un excès prodigieux de son amour. Approchons-nous du corps de Jésus-Christ avec beaucoup de ferveur et avec une ardente charité, et n'attirons pas sur nous la sévérité de ses châtiments. Car il est sans doute que nous serons* *punis avec d'autant plus de rigueur que nous aurons reçu plus de bienfaits. Autrefois les mages ont témoigné de la révérence pour ce divin corps, lors même qu'il était couché sur une crèche et dans une étable. Ces hommes infidèles et barbares ayant quitté leur maison et leur pays, firent un grand voyage pour l'aller trouver, et étant arrivés où il était, ils l'adorèrent avec une crainte respectueuse et une profonde révérence. Imitons au moins ces barbares, nous qui sommes citoyens du ciel. Ils trouvèrent Jésus-Christ dans une cabane et dans une étable, et sans y voir rien de pareil à ce que vous voyez maintenant, ils s'en approchèrent avec beaucoup de respect et d'humilité. Quant à vous, ce n'est plus sur une crèche que vous le voyez, c'est sur un autel ; ce n'est plus entre les bras d'une femme, c'est entre les mains du prêtre et sous les ailes du S.-Esprit, qui couvre les oblations sacrées avec une multitude infinie d'esprits bienheureux qui l'environnent.* Y eut-il jamais d'énigme pareil à celui-là, si l'on explique ces paroles au sens des calvinistes ? Mais cependant nous ne sommes pas encore au bout de ces prétendues métaphores. En voici une bien terrible dans les paroles suivantes : *Vous ne voyez pas seulement ce même corps que virent les mages, mais vous en connaissez la vertu. Excitons-nous donc, soyons saisis de frayeur, et témoignons encore plus de révérence pour le corps de Jésus-Christ, que les mages n'en firent paraître..... Si nous sortons de ce monde après la participation de ce sacrement, nous entrerons avec une grande confiance dans le sanctuaire du ciel, comme étant revêtus d'armes d'or qui nous rendent invulnérables à nos ennemis. Mais pourquoi parler des choses à venir, puisque même dès cette vie ce mystère fait que la terre nous devient un ciel ? Ouvrez donc les portes du ciel, ou plutôt du ciel des cieux, et vous verrez véritablement ce que je dis. Je vous montrerai ici-bas ce qu'il y a là-haut de plus précieux et de plus vénérable. Car de même que dans les palais des rois de la terre ce qu'il y a de plus magnifique ne sont pas les murailles ni les lambris tout couverts d'or, mais la personne et le corps du roi assis sur son trône ; ainsi ce qu'il y a de plus précieux dans le ciel est le corps même du Roi du ciel, et c'est ce corps qu'il vous est permis de voir dans la terre. Je vous y montre, non pas des anges ni des archanges, non pas les cieux, ni les cieux des cieux, mais le Seigneur et le Roi même des cieux et des anges. Considérez que vous voyez dans la terre ce qu'il y a de plus excellent et de plus adorable dans le ciel, et que non seulement vous le voyez, mais que vous le touchez, vous le mangez, vous l'emportez en votre maison.*

Certainement un homme qui, pour faire entendre simplement que le pain est le signe sacré du corps de Jésus-Christ, continuerait dans une métaphore de cette sorte, ne serait pas le plus éloquent homme de son siècle, comme était S. Chrysostôme, mais le plus impertinent discoureur qui fut jamais.

Et ce n'est pas de S. Chrysostôme seul qu'on serait obligé de porter ce jugement, mais de tous les Pères en général, puisqu'ils parlent tous de la même sorte, quand ils parlent de l'Eucharistie.

3° Les métaphores ne se prouvent point parce que ne subsistant pas pour elles-mêmes dans le discours, et tenant la place des termes simples, elles sont fausses en leur sens propre, et ne sont vraies que dans un autre sens éloigné ; ainsi on n'a garde de les prouver dans ce sens qu'elles présentent d'abord, parce qu'il est faux.

Or, les Pères prouvent fort souvent les expressions qui renferment la présence réelle ; et après nous avoir dit, par exemple, que le pain après la consécration est le corps de Jésus-Christ, ils s'efforcent de nous le faire croire par l'exemple des autres merveilles que Dieu a faites, de la création du monde, des miracles de l'Ancien et du Nouveau-Testament, du changement de l'eau en vin à Cana de Galilée, et principalement par les paroles mêmes de Jésus-Christ qui nous en assurent.

4° Les métaphores ne sont jamais un sujet de doute et d'étonnement quand on les entend, parce qu'on sait qu'il ne les faut pas prendre selon la lettre. S'il est dit que Benjamin était un loup ravissant ; que Jésus-Christ était un lion de la tribu de Juda ; que les vaches étaient des années ; que le sang des victimes était l'alliance, quand on entend ces expressions dans leur sens véritable, on ne s'en étonne pas ; on ne regarde pas cela comme une chose difficile à croire ; on ne demande pas comment il se peut faire que Benjamin fût un loup, que Jésus-Christ fût un lion, que des vaches soient des années, que du sang des bêtes soit une alliance. Or, il est ordinaire aux Pères de témoigner qu'il y a lieu de s'étonner que le pain soit le corps de Jésus-Christ. Ils forment ces questions : Comment se peut-il faire que ce que je vois soit le corps de Jésus-Christ? *Aliud video*, dit S. Ambroise, *quomodò tu mihi asseris quòd corpus Christi accipiam?* Ils tâchent de fortifier les fidèles contre ces doutes, en leur disant qu'il faut plus s'arrêter à la parole de Dieu qu'à ce que les sens leur rapportent.

5° On ne se sert pas de métaphores en toutes sortes de discours. Les métaphores extraordinaires ne conviennent point aux discours simples, historiques, dogmatiques. Ce sont des élancements de l'âme qui ne naissent d'ordinaire que de la chaleur de l'esprit. Or, les Pères se servent partout de paroles qui marquent la présence réelle, dans les explications les plus littérales de l'Écriture et dans des homélies les plus familières. Elles étaient ordinaires dans le langage le plus commun et le plus éloigné des ornements de l'éloquence. Qu'y a-t-il de plus simple et de moins figuré que les discours de S. Justin et de S. Grégoire-de-Nysse, que nous avons rapportés? Cependant il faut que les ministres prétendent qu'ils sont pleins de métaphores plus que poétiques.

6° Il est ridicule de se servir de métaphores devant des personnes qui, selon toutes sortes d'apparence, ne les pourraient entendre, et on est obligé au moins en ces cas de les expliquer. Or, les Pères se servent des expressions qui marquent la présence réelle dans des écrits adressés à des païens, comme S. Justin, et dans des discours faits devant de nouveau-baptisés qui n'avaient encore aucune teinture de ce mystère, comme S. Ambroise, S. Grégoire-de-Nysse, S. Cyrille-de-Jérusalem, et S. Gaudence. Les païens, qui ne savaient rien dans notre religion, et les baptisés, à qui l'on donnait les premières instructions de l'Eucharistie, ne pouvaient pas entendre ces expressions autrement que dans le sens naturel. Cependant les Pères ne les expliquent point, et jamais ils n'y continuent davantage. Ils ne voulaient donc pas qu'on les prît pour des métaphores.

7° Il y a des métaphores plus dures les unes que les autres, et ce sont celles qui sont moins autorisées par l'usage et par le langage ordinaire, et plus elles sont dures et sans exemple, plus elles sont inintelligibles dans le sens métaphorique, et faciles à être prises dans le sens littéral et naturel. Or, si les expressions dont les Pères se sont servis en parlant de l'Eucharistie étaient métaphoriques, il faudrait dire que ce sont les plus dures métaphores dont les hommes se soient jamais servis ; de sorte qu'il était impossible que les simples les entendissent dans ce sens.

Pour comprendre mieux la dureté de ces métaphores, il faut remarquer que lorsqu'il y a un rapport naturel et une ressemblance naturelle entre deux termes, il n'est pas étrange que l'on substitue l'un pour l'autre. Par exemple, parce qu'un homme en colère est semblable à une bête, on dira assez naturellement que la colère change les hommes en bêtes ; parce que les âmes séparées du corps sont fort semblables aux anges, on dira fort bien que l'homme après sa mort deviendra un ange ou sera changé en ange. Mais lorsqu'entre deux termes il n'y a qu'un rapport d'institution et d'établissement, on ne substitue point ainsi les termes les uns pour les autres dans le langage ordinaire. On ne dit point, par exemple, que du lierre soit changé en vin, parce qu'il devient signe de vin par l'établissement des hommes. On ne dit point que l'olivier est fait et changé en paix, parce qu'il est fait signe de paix en ceux qui le portent pour cet effet. On ne dit point communément que l'agneau pascal ni la manne aient été changés et transélémentés au corps de Jésus-Christ, parce que le rapport d'institution qu'ils ont avec le corps de Jésus-Christ ne suffit point pour justifier la dureté de ces métaphores. Aubertin en cite un exemple de Bertram ; mais en n'en citant qu'un, il fait voir que cette expression est bien extraordinaire, et que la nature n'y porte guère, outre qu'il est facile de montrer que Bertram a parlé d'une manière si peu naturelle, qu'il n'est pas bon à servir d'exemple pour autoriser des expressions.

L'eau dont on lave les baptisés, le chrême dont on les confirme, sont la figure du S.-Esprit, de la charité et de la grâce. Le S.-Esprit, selon le langage des Pères, y imprime une vertu secrète pour agir sur les âmes, et pour y produire la justification et la grâce ; néanmoins ni la relation de signe à la chose signifiée, ni l'impression de cette vertu dans l'eau et dans le chrême, ne porte point les Pères à dire que l'eau ou le chrême soient fait le S.-Esprit; qu'avant la consécration c'est de l'eau ou du chrême, mais qu'après la consécration c'est le S.-Esprit; que l'eau et le chrême sont changés, transéléments et convertis au S.-Esprit; au lieu que toutes ces expressions leur sont ordinaires sur le sujet de l'Eucharistie, et qu'elles composent le langage commun dont on s'est servi pour en parler.

8° Pour mieux faire voir combien il y a peu d'apparence ou que les Pères se soient portés à se servir de métaphores si dures et si obscures, ou que les peuples les aient pu entendre en un sens métaphorique, il est important de remarquer qu'il y a deux sortes de langages : l'un que l'on peut appeler un langage de contrainte, et l'autre un langage naturel. J'appelle langage naturel celui auquel on se porte par le seul désir de se faire entendre; et langage de contrainte celui que l'on choisit, non pas simplement pour s'exprimer, mais pour allier avec ses sentiments des expressions reçues et autorisées par d'autres. Par exemple, quand l'Écriture et les Pères appellent Jésus-Christ du nom de Dieu, de Seigneur, de principe, de fin; qu'ils lui attribuent la puissance et la majesté divine, la création et la conservation de toutes choses; qu'ils lui donnent le nom de Verbe, de caractère de la substance de son Père; qu'ils lui défèrent l'adoration, la rémission des péchés, la béatification des hommes, ils ne le font que dans le seul dessein d'exprimer ce qu'il en faut croire. Mais quand on voit les sociniens se servir des mêmes termes pour marquer la créance qu'ils en ont, quoiqu'ils ne soient guère propres à l'exprimer, on ne doit pas beaucoup s'en étonner, puisque c'est par contrainte qu'ils s'en servent. Ils voient ces termes autorisés dans l'Écriture et dans les premiers Pères, et il leur est important de ne paraître pas opposés à l'Écriture ni aux premiers Pères. Ainsi ils aiment mieux donner un sens violent aux mots, et parler un langage forcé, qu'ils corrompent et qu'ils expliquent ensuite à leur mode, que de faire reconnaître par la différence de leur langage la contrariété de leurs opinions avec les sentiments des premiers chrétiens, et les vérités de l'Écriture. De même quand les calvinistes se servent quelquefois pour exprimer leur créance touchant l'Eucharistie des mêmes termes dont les Pères se sont servis, et qu'ils accordent que le pain et le vin sont changés au corps et au sang de Jésus-Christ; qu'ils sont faits le corps et le sang de Jésus-Christ; qu'on mange véritablement le corps de Jésus-Christ, et plusieurs autres expressions qui marquent naturellement et simplement la créance des catholiques, il n'y a pas lieu d'en être surpris, ni même de les accuser sur cela de folie. Ils y sont contraints. On voit le motif qui les y porte. Ils ne veulent pas paraître contraires à toute l'antiquité. Il leur est important qu'on croie que le langage des Pères se peut accorder avec leurs opinions, et c'est pourquoi ils en usent quelquefois. Ils font des chapitres qui portent pour titres que le pain et le vin sont faits le corps et le sang de Jésus-Christ, et qu'ils sont changés et transférés au corps et au sang de Jésus-Christ. Ils emploient les expressions les plus fortes, et les corrompent ensuite par des interprétations et des gloses violentes.

Tout cela n'est pas si étrange. Les métaphores dures et extraordinaires ne sont pas si surprenantes, quand on voit que c'est par force qu'on s'y porte. La nécessité les excuse, et les rend intelligibles.

Mais les Pères n'ont point eu cette sorte d'excuses ou de raisons. Ils n'ont eu aucune obligation ni aucun engagement à se servir de ces expressions. Ils n'avaient point d'adversaires en tête dont ils craignissent les reproches. Ils n'avaient point cette vue d'allier les expressions anciennes avec leurs opinions présentes. Ils suivaient simplement la nature, et ils n'avaient point d'autre but que de choisir les termes les plus propres à exprimer leurs pensées, et à former dans l'esprit de leurs lecteurs l'idée véritable qu'ils devaient avoir de l'Eucharistie. Et c'est en suivant ainsi la nature qu'ils nous ont dit que l'Eucharistie était le vrai corps de Jésus-Christ, qu'il n'en fallait point douter, et que le pain et le vin après la consécration étaient changés en son corps et en son sang.

Qu'on juge maintenant s'il y a de l'apparence qu'ils se fussent servis de ces expressions, et de tant d'autres aussi fortes et aussi précises, s'ils ne nous eussent voulu dire autre chose sinon que le pain devenait la figure sacrée du corps de Jésus-Christ, et qu'il changeait de signification et d'usage? Y a-t-il quelque chose dans notre raison et dans la coutume du langage humain qui nous puisse porter à des termes si éloignés de ce qu'on veut faire entendre? Et ne devrait-on pas condamner d'extravagance et de folie ceux qui, pour exprimer des pensées si communes et des sentiments si faciles à faire concevoir aux plus simples, choisiraient des manières de parler si extraordinaires et si trompeuses?

On prie l'auteur de la réponse de nous dire de bonne foi et avec cette sincérité qu'il recommande aux autres en plusieurs lieux de son écrit, s'il croit qu'un Brésilien ou un Chinois fût bien instruit dans la créance réformée par un homme qui se contenterait de le catéchiser en ces termes : *Notre-Seigneur, dans la nuit où il fut livré à ses ennemis, ayant pris du pain et rendu grâces à Dieu son Père, il le rompit et le donna à ses disciples, en leur disant : Prenez, mangez, ceci est mon corps. Ensuite il prit le calice, et rendant grâces leur dit : Ceci est mon sang. Puis donc qu'en parlant du pain il a déclaré que c'est son corps, qui osera jamais révoquer en doute cette vérité? Et puisqu'en parlant du vin il a assuré si positivement que c'est son sang, qui jamais en pourra douter, et osera dire qu'il n'est pas vrai que ce soit son sang? Jésus-Christ étant autrefois en Cana de Galilée, il y changea de l'eau en vin par sa seule volonté; et nous estimerons qu'il n'est pas assez digne pour nous faire croire sur sa parole qu'il ait changé du vin en son sang! Si,* ayant été invité à des noces humaines et terrestres, il fit ce miracle sans que personne s'y attendît, ne devons-nous pas reconnaître encore plutôt qu'il a donné aux enfants de l'Époux céleste son corps à manger et son sang à boire, afin que nous le recevions comme étant indubitablement son corps et son sang ? Car sous l'espèce du pain il nous donne son corps, et sous l'espèce du vin il nous donne son sang, afin qu'étant faits participants de ce corps et de ce sang, nous devenions un même corps et un même sang avec lui. Car par ce moyen nous devenons, pour le dire ainsi, des porte-christs dans nos corps, lorsque nous recevons dans notre bouche et dans notre estomac son corps et son sang. C'est pourquoi je vous conjure, mes frères, de ne les plus considérer comme un pain commun et un vin commun, puisqu'ils sont le corps et le sang de Jésus-Christ. Car encore que les sens vous rapportent que ce n'est que du pain et du vin, la foi vous doit confirmer dans la vérité que je vous dis. Gardez-vous bien d'en juger par votre goût ; mais que la foi vous fasse croire avec une entière certitude que vous avez été rendus dignes de participer au corps et au sang de Jésus-Christ. Qu'il nous dise sincèrement quel jugement il ferait de ce catéchiste, ou plutôt quel jugement en ferait une compagnie de simples calvinistes qui, étant très-bien instruits des articles de leur créance, ne seraient pas néanmoins assez habiles pour reconnaître que ces paroles sont celles de S. Cyrille de Jérusalem ? Peut-on douter qu'ils ne prissent ce prédicateur pour un catholique très-zélé, qui voudrait instruire ces infidèles dans la foi de l'Église romaine ? Que si on les assurait néanmoins que cet homme fût calviniste, et qu'il n'a voulu dire autre chose par tout ce discours, sinon que le pain et le vin étaient les figures sacrées du corps et du sang de Jésus-Christ, et qu'en les prenant on s'unissait par la foi à Jésus-Christ qui est dans le ciel, en vérité il faudrait qu'ils fussent bien modérés pour s'empêcher de répondre que ce prédicateur est donc un mal habile homme de s'exprimer en sorte qu'il fait justement comprendre tout le contraire de ce qu'il pense, et jette les hommes dans l'erreur, au lieu de les instruire de la vérité ?

Cependant ce prédicateur que tous les simples calvinistes prendraient sans doute ou pour un catholique très-zélé, ou pour le plus impertinent des hommes, est, comme nous avons dit, S. Cyrille, patriarche de Jérusalem, et ces expressions qu'ils jugeraient ou catholiques ou extravagantes, sont les propres paroles de ce saint, et non seulement de ce saint, mais de tous les Pères. C'est le langage commun de toute l'antiquité. C'est la manière dont on enseignait aux plus simples ce qu'ils devaient croire de l'Eucharistie. On ne leur a point parlé d'une autre sorte, et ils ne parlaient point eux-mêmes d'une autre manière quand ils en parlaient : de sorte qu'il faut conclure nécessairement ou que tous les Pères et tous les fidèles de l'ancienne Église ont été catholiques dans leurs sentiments, ou qu'ils ont été extravagants dans leurs expressions, et parce qu'on ne peut dire en aucune sorte qu'ils aient parlé d'une manière extravagante, il faut conclure nécessairement qu'ils n'ont point eu d'autre créance que celle des catholiques.

9° Car c'est encore une des règles dont les hommes se servent, sans même qu'ils y pensent, pour reconnaître les expressions simples des métaphoriques, qu'on ne doit point prendre pour métaphores celles qui nous obligeraient à conclure que celui qui s'en sert a parlé d'une manière déraisonnable et contraire au bon sens.

Cette règle n'est pas entièrement certaine lorsqu'il s'agit de quelques passages d'un auteur particulier, parce qu'il n'y a point d'auteur si exact et si circonspect qui ne parle quelquefois d'une manière moins exacte, et que l'on peut dire fausse et trompeuse. Mais elle est entièrement certaine et indubitable quand il s'agit du langage de plusieurs personnes, et même de toute l'Église en divers siècles, et elle est tellement vraie qu'on ne la pourrait nier sans ébranler toute la religion. Car s'il était permis de supposer que toute l'Église se pût accorder à se servir d'un langage faux, trompeur et contraire à la nature et à la raison, il est visible qu'il serait absolument impossible de prouver rien par l'autorité de la tradition, puisqu'il n'y a rien qui ne se puisse détourner à quelque sens ridicule, et que ces sens ridicules deviendraient probables par cette supposition. Ainsi c'est un principe de religion aussi bien que de sens commun qu'un grand nombre d'écrivains ne s'accordent jamais à parler d'une même chose d'une manière contraire au bon sens, et qui porte à des sentiments éloignés de leur pensée. Et ce principe n'est qu'une suite de ce que les hommes sont raisonnables, n'étant pas humainement possible que plusieurs hommes raisonnables parlent ordinairement et fréquemment d'une manière déraisonnable.

Mais parce que la raison des hommes est bornée, et qu'elle est sujette à s'éblouir, et à souffrir des obscurcissements passagers, on doit établir un autre principe, qui est une suite naturelle de l'infirmité humaine, savoir qu'il échappe aux auteurs les plus exacts quelques expressions moins exactes, et qui, pouvant d'elles-mêmes porter à l'erreur, ont besoin d'être redressées par la foule des expressions plus exactes ou du même auteur ou des autres.

Le premier de ces principes sert à prouver invinciblement toutes les vérités de la religion chrétienne, et principalement le mystère de l'Eucharistie, n'y ayant rien de moins raisonnable que les expressions ordinaires des Pères sur ce mystère, si on ne les explique dans le sens des catholiques. Et le second sert à répondre à quelques lieux difficiles qui se trouvent dans les Pères sur le sujet de l'Eucharistie et sur les autres articles de la foi. Sans le premier on ne peut prouver nulle vérité, comme nous l'avons montré, et sans le second on ne peut défendre nulle vérité, n'y en ayant aucune que l'on ne puisse combattre par quelques paroles obscures des anciens Pères.

Je sais bien qu'une des principales choses que le ministre Aubertin a tâché de faire dans son livre, est de montrer qu'il n'est point ridicule de donner aux passages des anciens Pères qui semblent marquer une présence réelle, le sens métaphorique que les calvinistes y donnent, et que dans ce dessein il a ramassé avec un très-grand soin toutes les expressions métaphoriques des anciens Pères qu'il a crues semblables à celles qu'il a dessein d'expliquer, afin de montrer en les comparant avec des paroles semblables, et qui sont certainement métaphoriques, qu'il n'y a pas d'inconvénient de les prendre aussi dans un sens métaphorique. S'il s'agit, par exemple, de quelque passage d'un Père où il soit dit que le pain est changé au corps de Jésus-Christ, il en proposera plusieurs autres où il est dit que les hommes sont changés en bêtes par l'avarice ; que la grâce du baptême nous change en une nature divine ; que les hommes seront changés en anges par la mort ; que dans le baptême que les apôtres donnèrent aux premiers chrétiens, Jésus-Christ changea l'eau en vin, et il croit par la comparaison de ces expressions avoir rendu inutiles celles dont les catholiques se servent, et avoir pleinement montré qu'elles se peuvent aussi bien expliquer en un sens métaphorique que celles avec lesquelles il les compare.

Mais, outre que dans tous ces exemples il n'en propose aucun où il soit dit qu'un signe d'institution et d'établissement est changé en la chose signifiée pour marquer simplement qu'il en est rendu signe, ce qui est proprement l'espèce dont il s'agit, puisqu'ils veulent faire croire que quand les Pères disent si souvent que le pain est changé au corps de Jésus-Christ, cela veut dire qu'il devient signe sacré du corps de Jésus-Christ, il ne faut de plus qu'un peu de sens commun pour reconnaître l'étrange disproportion de toutes ces expressions qu'il propose. Car les expressions des Pères sur l'Eucharistie sont telles qu'elles ne peuvent être prises dans un sens métaphorique selon toutes les règles par lesquelles les hommes distinguent les métaphores des termes simples, comme nous l'avons fait voir ; au lieu que les exemples qu'Aubertin propose ne contiennent que des expressions qui doivent être prises pour métaphoriques selon toutes ces mêmes règles. Car ce sont des métaphores rares, et qui étaient facilement réduites au sens naturel par l'idée distincte que tous les hommes avaient formée de la vérité sur les expressions simples qui étaient infiniment plus fréquentes ; ce sont des métaphores non continuées ; des métaphores expliquées ; des métaphores non prouvées ; des métaphores intelligibles à tous ceux à qui on en parlait ; des métaphores auxquelles ils étaient portés par l'usage commun du langage humain ; et enfin des métaphores qui n'ont rien d'extraordinaire, de déraisonnable et de surprenant. Il serait aisé de le faire voir en détail, en examinant toutes ces expressions sur les règles que nous avons apportées pour le discernement des métaphores ; mais, parce que cet examen est facile d'une part, et que de l'autre il nous engagerait à trop de discours, il suffit de remarquer ici une preuve convaincante, et qui ne peut être désavouée de personne, de l'énorme différence qui est entre ces expressions que ce ministre nous représente comme semblables : c'est que les expressions dont les catholiques se servent pour la présence réelle ont tellement l'apparence d'expressions simples et naturelles, qu'elles ont été prises ainsi par toute l'Église, selon les ministres mêmes, depuis cinq cents ans ; au lieu que celles qu'ils proposent comme pareilles à celles-là n'ont jamais été expliquées par qui que ce soit autrement que dans un sens métaphorique, n'y ayant personne, par exemple, qui se soit imaginé que les hommes sont réellement convertis en bêtes par l'avarice, quoique S. Chrysologue l'ait dit ; ni que le baptême change véritablement les hommes en Dieu, quoiqu'un autre Père ait parlé de cette sorte ; ni que les eaux dont les premiers chrétiens furent baptisés aient été converties en vin, comme il est dit dans le passage de S. Gaudence. De sorte qu'il faut qu'ils disent que les unes ont trompé toute la terre, et que les autres n'ont jamais trompé personne ; ce qui est la marque la plus sensible de la plus grande différence qu'on se puisse imaginer.

CHAPITRE IV.
Examen des autres conjectures de l'auteur de la réponse.

La réfutation que nous avons faite de la principale des considérations de l'auteur de la réponse nous donnera moyen de traiter les autres avec plus de briéveté, étant visible qu'elles ne peuvent subsister, s'il est vrai, comme nous l'avons prouvé, qu'il est impossible de s'imaginer que les fidèles de l'ancienne Église n'eussent pas une créance très-distincte de la présence réelle ou de l'absence réelle. Il propose la première en ces termes. *Il ne s'agit point*, dit-il, *de la cassation d'une vérité qu'on a cessé de croire, mais de l'introduction d'une erreur qu'on ne croyait pas auparavant ; non de l'extinction de la foi, mais d'une augmentation vicieuse qui a été faite à la foi. La vérité qu'on croit est que l'Eucharistie est un sacrement, c'est-à-dire, un signe sacré du corps mort et du sang répandu de Jésus-Christ. Cette vérité a toujours été crue et l'est encore aujourd'hui dans l'Église romaine, mais l'erreur nouvelle est que ce signe du corps de Jésus-Christ est le corps même de Jésus-Christ substantiellement.* L'auteur prétend conclure de là que la créance de la présence réelle s'est introduite par voie d'addition, et qu'ainsi elle s'est pu introduire insensiblement. Mais tout ce discours se détruit de soi-même, puisque, comme nous l'avons fait voir, les fidèles avaient nécessairement une créance distincte de la présence réelle ou de l'absence réelle. S'ils ont toujours cru la présence réelle, il ne s'est introduit rien de nouveau, puisque l'on a toujours cru ce que l'on croit à présent ; et si l'on avait cru l'absence réelle, la créance contraire n'aurait pu s'introduire que par la cassation d'une vérité qu'on croyait. Il eût fallu bannir formellement cette créance distincte de l'absence de Jésus-Christ, pour y substituer celle de la présence réelle. Il eût fallu cesser de croire ce que l'on croyait, et commencer à croire ce qu'on ne croyait pas. On croyait que Jésus-

Christ était absent de la terre, et l'on eût commencé à croire qu'il n'était pas absent de la terre. On croyait qu'il n'était que dans le ciel, et il eût fallu croire qu'il était faux qu'il ne fût que dans le ciel. On croyait que ce qu'on recevait dans la communion n'était pas le corps même de Jésus-Christ, et l'on eût commencé à croire que c'était le corps même de Jésus-Christ. Ainsi, pour me servir des termes mêmes de cet auteur, il eût fallu, pour recevoir cette nouvelle créance, *condamner ses premières pensées et ses premières actions, ce qui est en quelque façon renoncer à soi-même*, et il eût fallu joindre à ce renoncement à soi-même la condamnation de toute la terre, que l'on eût accusée nécessairement d'impiété, parce qu'elle ne reconnaissait pas et n'adorait pas Jésus-Christ où il est, et c'est ce que l'auteur avoue ne se pouvoir faire qu'avec éclat, avec violence et avec des convulsions qui ne peuvent être insensibles.

Mais il est important de remarquer, ce que cet auteur paraît n'avoir pas assez compris, qu'il y a une extrême différence entre explication de la foi et confirmation de la foi. J'appelle explication de la foi, quand on la fait passer d'une idée confuse à une idée nette et développée. Et dans ces sortes d'éclaircissements, quoique ce soit dans le fond la même chose, néanmoins les idées par lesquelles on la connaît sont différentes, l'une étant confuse et obscure, l'autre claire et démêlée. J'appelle confirmation de la foi, quand, sans y ajouter aucun éclaircissement, on confirme seulement plus positivement ce que l'on a toujours cru. Il est faux que l'on ait rien ajouté dans l'Église romaine à la foi de l'Eucharistie, quant à la substance, par manière d'explication. On a toujours cru que Jésus-Christ y était présent, et que l'Eucharistie était le corps de Jésus-Christ, et ces mots forment la même idée dans notre esprit que ceux dont on se sert à présent. Être présent, être présent réellement, être présent substantiellement, sont absolument la même chose, parce qu'une présence métaphorique n'est pas une présence, mais plutôt une absence véritable. Et ainsi elle n'est nullement comprise dans l'idée simple que ce mot imprime dans l'esprit ; de sorte que quand on ne doit concevoir qu'une présence métaphorique, il faut bannir l'idée simple de présence, pour y substituer celle de signe ou d'opération, ou quelque autre qui enferme plutôt l'idée d'absence que celle de présence.

La seule différence qu'il y a donc entre ces expressions de l'ancienne Église : L'Eucharistie est le corps de Jésus-Christ ; et celle de l'Église romaine : L'Eucharistie est réellement et substantiellement le corps de Jésus-Christ, n'est pas que les unes soient plus expliquées que les autres, mais c'est simplement que ces dernières sont plus affirmées que les premières. Car quand on dit que le corps de Jésus-Christ est réellement et substantiellement dans l'Eucharistie, on y ajoute une réflexion de l'esprit qui affirme plus fortement la vérité de ce que l'on dit. Et c'est comme si l'on disait : Il est vrai que Jésus-Christ est dans "Eucharistie. Car comme ces mots, *il est vrai*, ne changent rien dans l'idée de la proposition à laquelle on les joint, mais marquent seulement que l'esprit en envisage plus expressément la vérité, de même ceux de présence réelle, de présence substantielle, ne font qu'affirmer davantage ce qui est et qui a toujours été enfermé dans l'idée simple et naturelle de présence.

Ainsi toutes ces additions et ces explications prétendues que l'auteur suppose que l'on a faites à la foi, sont des chimères sans fondement, qu'il avance sans preuve et sans raison, et que nous avons détruites par des raisons et des preuves très-certaines. Voyons s'il sera plus heureux dans sa seconde considération : *Il faut remarquer*, dit-il, *qu'avant qu'une erreur ait fait du bruit dans le monde, il n'y a personne qui songe encore formellement à la rejeter. Et la raison en est que les erreurs possibles étant infinies, s'il fallait que notre pensée les rejetât actuellement avant même qu'elles eussent paru, l'esprit de l'homme serait assurément absorbé. Et de là vient que quand une erreur commence à naître et à se pousser, elle trouve les hommes qui dorment à son égard ; de sorte qu'il n'est pas malaisé ou qu'elle entre dans l'Église sans qu'on la voie, ou que si on la voit on la laisse passer sans dire mot. Ainsi s'est introduite l'erreur de la transsubstantiation et de la présence locale, doucement et peu à peu, parce qu'on n'en connaissait ni le fond ni la force. Personne ne la craignait, parce que personne n'en avait encore senti les funestes effets*. Tout ce lieu commun n'a rien de solide quand il s'agit d'une opinion formellement opposée à une créance distincte et positive répandue dans toute l'Église, et non seulement dans tous les pasteurs, mais dans les plus simples de tous les fidèles. Car on peut dire qu'à l'égard de ces erreurs les hommes ne dorment point et ne peuvent dormir, parce que l'opinion distincte qu'ils ont de la vérité les tient dans une vigilance continuelle contre les erreurs qui y sont formellement opposées. Or nous avons fait voir qu'il faut que les fidèles aient eu une créance distincte de la présence ou de l'absence réelle, et par conséquent ils ont toujours été dans un état de vigilance contre l'une ou l'autre de ces deux opinions.

Il a paru dans le onzième siècle que la créance distincte où toute l'Église était de la présence réelle, comme Aubertin même est forcé de l'avouer, ne l'a point tenue endormie contre l'introduction de l'absence réelle que Bérenger voulait faire. On a vu incontinent que tous les pasteurs se sont alarmés, et qu'ils ont condamné cette erreur naissante par divers conciles. La créance positive et distincte de l'absence réelle n'aurait pas produit un moindre éclat contre ceux qui auraient voulu introduire une présence réelle, si l'Église ne l'eût pas toujours crue. Et elle aurait, au contraire, causé un plus grand soulèvement, l'esprit humain se révoltant bien plus puissamment contre la créance des catholiques qui le combat, que contre celle des sacramentaires qui le flatte. — Il ne s'est encore trouvé personne qui ait osé avancer cette opinion ridicule, que toutes les croix que l'on fait présentement comme des images de celle de Jésus-Christ, et à qui l'on donne simplement le nom de croix, soient réellement et substantiellement changées en la vraie croix de Jésus-Christ. On chante tous les ans dans les églises, le vendredi saint : *Ecce lignum crucis,* « voilà le bois de la croix, » quoique ce soit souvent une croix d'argent ou d'autre matière qui est entre les mains du prêtre, et néanmoins cette expression n'a jamais persuadé à personne que ces croix auxquelles on applique ces paroles soient réellement la croix où Jésus-Christ a été effectivement attaché. L'auteur de la réponse croit-il que s'il prenait fantaisie à quelqu'un d'avancer cette extravagance, et de soutenir que par la vertu de ces paroles : *Ecce lignum crucis,* ces croix d'argent ou d'autre matière sont changées dans la croix même de Jésus-Christ ; croit-il, dis-je, que cette folie trouvât l'Église endormie, et qu'elle pût se répandre parmi les fidèles, sans que personne s'en aperçût? Et ne doit-il pas au contraire reconnaître que l'idée très-distincte que tous les catholiques ont que ces croix que l'on fait ne sont pas la vraie croix, mais qu'elles en sont seulement l'image, leur ferait tout d'un coup reconnaître, rejeter et détester cette erreur nouvelle qu'on voudrait semer? Qu'il juge par cet exemple combien il était impossible que si tous les fidèles de l'ancienne Église eussent regardé l'Eucharistie comme nous regardons les croix de nos églises, c'est-à-dire, comme une image sacrée du corps de Jésus-Christ, et non comme le corps de Jésus-Christ, ils eussent reçu ns contradiction, sans résistance et sans bruit la nouvelle opinion de ceux qui leur auraient voulu persuader que ce qu'ils avaient cru jusqu'alors n'être que l'image du corps et du sang de Jésus-Christ, était dans la vérité le corps et le sang de Jésus-Christ.

En un mot, l'Église n'est jamais endormie à l'égard de ceux qui choquent directement ses vérités capitales, dont les fidèles ont une créance distincte, et ce sommeil dont parle l'auteur ne peut se concevoir tout au plus qu'au regard de certaines conséquences de sa doctrine, qui ne sont connues que d'un petit nombre de théologiens habiles, et qui peuvent ainsi être attaquées avec moins d'éclat. Mais il est absolument impossible de toucher aux vérités populaires, sans soulever le peuple, et causer des scandales et des tumultes. L'Eucharistie ayant toujours été de ce genre, et étant, pour le dire ainsi, le mystère de tous le plus populaire, puisque nul des fidèles n'a pu l'ignorer, c'est aussi celui dans lequel il est moins possible qu'il soit arrivé un changement insensible de créance.

Mais comme l'auteur nous promet un grand éclaircissement dans sa troisième conjecture, il est important de l'examiner.

CHAPITRE V.
Examen de ce que dit l'auteur de la réponse sur le sujet de l'adoration.

Une troisième remarque, dit-il, *donnera du jour à ce que nous venons de dire : c'est que l'erreur dont il s'agit ayant deux parties, l'une éclatante et populaire, l'autre sourde et moins exposée à la connaissance publique ; l'une ouvertement mauvaise et pernicieuse à la religion, l'autre qui semble assez innocente, et qui ne découvre pas formellement son venin ; le changement a commencé par cette dernière, et a fini par la première. J'appelle partie éclatante et pernicieuse l'adoration de l'hostie, la pompe des processions, la fête qu'on célèbre à son honneur. Et j'appelle la partie sourde le dogme de la transsubstantiation ou de la présence locale. J'avoue que si on eût commencé par l'introduction du culte, le changement eût été plus surprenant et plus sensible, mais on a fait marcher la doctrine devant sans toucher aux conséquences.* La pompe des cérémonies que l'Église pratique envers l'Eucharistie ne pouvant avoir rien de pernicieux et de mauvais qu'en ce qu'elles enferment l'adoration, ce n'est pas une innovation si l'adoration n'est pas nouvelle. Aussi l'auteur de la réponse joint-il l'adoration avec ces cérémonies, et il prétend généralement que la doctrine de la présence réelle s'est établie dans l'Église avant la pratique de l'adoration de l'Eucharistie.

C'est en quoi consiste cette remarque qu'il n'accompagne d'aucunes preuves, comme si nous étions obligés de l'en croire sur sa parole, principalement dans une chose si contraire au sens commun. Car l'adoration de l'Eucharistie est une suite si naturelle de la foi de la présence réelle, qu'il est incroyable de soi-même qu'il se soit trouvé des personnes assez folles pour pouvoir séparer deux choses que la piété et la raison unissent si étroitement. On ne peut croire que Jésus-Christ soit en quelque lieu, sans penser à lui, et cette pensée produit nécessairement dans ceux qui ont quelque sentiment de religion un abaissement de l'âme qui s'humilie et s'anéantit en sa présence ce qui est une véritable adoration.

Il faut donc, pour ajuster son histoire fabuleuse, que l'auteur suppose aussi que ceux qui avaient découvert que Jésus-Christ était présent dans l'Eucharistie, se faisaient une violence continuelle pour retenir les mouvements de crainte et de respect que cette créance devait produire, et qu'ils se forçaient à le regarder fièrement, en se donnant bien de garde à l'honorer par quelque action d'humilité soit extérieure soit intérieure.

En vérité, il faut être bien préoccupé pour trouver de la vraisemblance dans une supposition si hors d'apparence! Aussi les principaux d'entre les prétendus réformés ont reconnu de bonne foi jusqu'ici que l'adoration ne se peut séparer de la foi de la présence réelle. *Jésus-Christ est adorable,* dit Calvin, *en quelque lieu qu'il soit. Qu'y a-t-il donc de plus déraisonnable que de croire que Jésus-Christ est dans le pain, et de ne l'y pas adorer? J'ai toujours raisonné de la sorte,* dit-il en un autre endroit : *Si Jésus-Christ est sous le pain, on l'y doit adorer.* Bèze et plusieurs autres ministres ont parlé de la même sorte. Puis donc que ces deux actions sont inséparables de leur nature, et que l'une produit l'autre, quelle apparence y a t il dans ce que cet auteur dit, que la présence réelle s'est établie avant l'adoration de l'Eucharistie ? Il nous devait donc dire le temps de cet établissement, et je ne vois pas bien où il le pourra placer pour favoriser son opinion, puis qu'Alger en parle de cette sorte, lib. 2, c. 3, quelque temps après la naissance de l'hérésie de Bérenger : *Si l'on ne croyait que la vérité et l'utilité de ce sacrement est beaucoup plus grande qu'elle ne paraît aux sens, la dévotion de tant de personnes qui y assistent, qui y servent, qui* L'ADORENT, *serait vaine et inutile.* Et à la fin de ce même chapitre : Nous adorons ce sacrement *comme une chose divine ; nous lui parlons, nous le prions comme vivant et animé, en lui disant : Agneau de Dieu, qui ôtez les péchés du monde, ayez pitié de nous ; parce que sans nous arrêter à ce que nous voyons, nous croyons que Jésus-Christ y est véritablement, quoiqu'il ne s'y voie pas.* Cet auteur, qui était presque contemporain de Bérenger, étant mort en 1130, et ayant ainsi passé une partie de sa vie dans le onzième siècle, ne parle point de cette coutume comme étant nouvelle dans l'Église. Et il est clair qu'il la suppose ancienne, puisqu'il s'en sert pour prouver la vérité de la présence de Jésus-Christ dans l'Eucharistie. Ce qu'il ne ferait pas raisonnablement si c'eût été une cérémonie nouvellement établie. Mais quelque temps avant Alger, et à la naissance même de l'hérésie de Bérenger, Durand, abbé de Toarn, parle clairement de l'adoration dans la 3ᵉ partie de son traité *du Corps et du Sang de Christ. L'escabeau de la divinité,* dit-il, *est la sainte humanité du Rédempteur, à qui il faut rendre le culte d'une humble adoration, à cause de son unité inséparable avec la Divinité, principalement lorsqu'elle supplée à la communion éternelle que nous aurons avec Dieu. Car c'est pour cela que ce sacrement a été institué.* Par-là nous remontons facilement jusqu'au temps où les calvinistes placent ridiculement la naissance de la présence réelle ; mais ils ne l'y trouveront pas séparée de l'adoration. Car, quoiqu'il soit resté peu d'écrivains de ce siècle, il se trouve que ceux qui en restent rendent un témoignage suffisant à l'adoration de l'Eucharistie.

Il est rapporté dans l'extrait grec de la vie du bienheureux Luc, anachorète, qu'ayant été consulter l'archevêque de Corinthe, pour savoir ce qu'il ferait afin de recevoir les vénérables et divins mystères, cet archevêque lui répondit que si par quelque nécessité inévitable on ne pouvait avoir un prêtre dans leur montagne, il fallait mettre sur la table sacrée le vase où sont les mystères présanctifiés, *puis étendant un petit linge, vous y mettrez,* dit-il, *les particules sacrées, et faisant brûler de l'encens, vous chanterez des psaumes qui conviennent à ce mystère, et qui le figurent, ou bien le cantique appelé trisagion avec le Symbole de la foi ; puis* L'ADORANT, *en fléchissant trois fois les genoux, et joignant les mains, vous prendrez avec la bouche* LE SACRÉ CORPS DE JÉSUS-CHRIST NOTRE DIEU. C'est l'avis que lui donne cet archevêque qui était soumis à l'Église romaine, et il ne faut pas s'imaginer qu'il lui prescrivit rien en cela que ce qui se pratiquait dans l'Église de son temps.

On lit de même dans la vie d'une sainte nommée Théoctiste, écrite par un ambassadeur de l'empereur Léon au Xᵉ siècle, que cette sainte, ayant vécu 35 ans dans un désert de l'île de Paros, pria un homme qui venait chasser dans cette île, et qui l'avait rencontrée, de lui apporter l'année suivante la sainte Eucharistie ; ce qu'ayant fait, lorsqu'il eut trouvé cette sainte, et qu'il eut tiré de son sein la boîte *où était la chair du Seigneur, la sainte se jeta incontinent à terre, et reçut le don divin avec gémissement et en arrosant la terre de ses larmes. Elle dit : Seigneur, vous laissez maintenant en paix votre servante, puisque mes yeux ont vu le Sauveur que vous nous avez donné ;* pratiquant ainsi en même temps et l'adoration extérieure par le prosternement de son corps, et l'intérieure, en reconnaissant avec amour que ses yeux avaient vu son Sauveur, c'est-à-dire Jésus-Christ.

Aussi la Liturgie de Jean-le-Silencieux, qui a passé pour être de S. Chrysostôme, et dont on se servait en l'église de Constantinople, marque expressément la pratique de l'adoration, par cette oraison du prêtre, prise de la Liturgie de S. Basile, par laquelle il adore Jésus-Christ présent dans le ciel et dans la terre : *Seigneur Jésus, regardez-nous de votre sainte demeure et du trône de votre gloire ; et venez pour nous sanctifier, vous qui dans les cieux êtes assis avec votre Père, et qui êtes ici présent avec nous d'une manière invisible ; daignez par votre main puissante nous donner votre corps pur et sans tache, et votre précieux sang, et par nous à tout le peuple.* Il y est dit ensuite que le prêtre adore, et le diacre pareillement du lieu où il est, en disant trois fois secrètement : *Seigneur, ayez pitié de moi qui suis un pécheur,* et que tout le peuple de même adore avec dévotion. Et pour montrer que cette adoration se rapporte au corps de Jésus-Christ présent sur l'autel, il ne faut que voir ce qui suit dans la même Liturgie, lorsque le prêtre et le diacre communient. *Le prêtre prend le saint pain, et baissant la tête devant la sainte table, il prie en cette manière : Je confesse que vous êtes le Christ, le Fils du Dieu vivant, qui êtes venu au monde pour sauver les pécheurs, dont je suis le premier, etc. Seigneur, je ne suis point digne que vous entriez dans la maison souillée de mon âme ; mais comme vous avez daigné reposer en la crèche, en l'étable des animaux, et dans la maison de Simon-le-Lépreux, daignez aussi entrer dans mon âme pleine de passions déraisonnables, comme dans une crèche, en place de boue et de mort, tout couvert de la lèpre du péché.* On pratiquait la même chose à la communion du calice, et il y est marqué expressément que le diacre adorait, disant : *Je viens au Roi immortel :* « Ecce venio ad immortalem Regem. »

Voilà donc l'adoration établie dans l'église grecque, non seulement par la dévotion de quelques particuliers, ou par une loi sans exécution, mais par une loi jointe à une pratique commune et inviolable, et faisant partie du culte réglé qu'on rendait à Jésus-

Christ, selon l'ordre de la Liturgie. On n'y voit pas seulement l'adoration extérieure marquée par les cérémonies d'inclination de tête et d'encensement, mais l'adoration intérieure par laquelle on s'adresse à Jésus-Christ dans ce sacrement. On le reconnaît et on le confesse comme Dieu; on parle à lui comme y étant présent, selon la remarque d'Alger, parce qu'il y est véritablement. Et c'est pourquoi on ne saurait assez s'étonner que l'auteur de la réponse avance hardiment et comme une chose incontestable que la pratique de l'adoration n'a jamais été et n'est point encore établie dans l'église grecque. En vérité, ce n'est pas une chose supportable d'avancer ainsi des faussetés dont on peut être convaincu par vingt millions de témoins, et en un mot par autant de personnes qu'il y en a qui font profession de la religion grecque. Car les Grecs sont si éloignés de ne pas adorer le sacrement, qu'ils ont été même obligés de se justifier sur ce point, parce qu'il semblait qu'ils portaient les choses trop avant, en n'adorant pas seulement les dons après la consécration, mais semblant même les adorer avant la consécration. C'est ce que l'on peut voir dans le livre de Gabriel, archevêque de Philadelphie, intitulé : *Apologie contre ceux qui disent que les enfants orthodoxes de l'église orientale font mal et illégitimement d'honorer et adorer les saints dons, lorsque l'hymne chérubique se chante.* Cet archevêque y distingue trois états des dons proposés : le premier, quand ils sont purement dans leur état naturel, dans lequel, dit-il, ils ne sont *ni vénérés, ni adorés*. Le second est quand ils sont présentés à la table sacrée, et qu'ils sont bénis par le prêtre ; *et alors*, dit-il, *ce n'est plus du pain et du vin tels qu'auparavant, mais ils deviennent sacrés, précieux et divins, et matière nécessaire et destinée pour être faite* PROPREMENT LE CORPS ET LE SANG DE JÉSUS-CHRIST. *Et pour cette cause ils sont adorés raisonnablement, et honorés justement, conservant néanmoins leur substance et leurs accidents. Mais pour la troisième dignité, ils la reçoivent par la transsubstantiation, quand ils quittent leur propre substance d'aliment, et sont* TRANSSUBSTANTIÉS AU CORPS ET AU SANG DE JÉSUS-CHRIST; *et pour cette raison ils ne sont pas alors seulement adorés, mais adorés de latrie, et crus de tous les chrétiens orthodoxes être proprement* LE CORPS ET LE SANG DE JÉSUS-CHRIST *notre Dieu.*

Cabasilas, qui a écrit sur la Liturgie grecque vers le temps du concile de Florence, fait aussi mention de cette double vénération, et marque expressément que, quoique l'on se prosternât dans la première, on n'y devait pas néanmoins adorer les dons comme le corps de Jésus-Christ, et que si quelques-uns le faisaient, ce ne pouvait être que par erreur. *Si quelques-uns*, dit-il, *de ceux qui, lorsque le prêtre entre avec les dons, se prosternent par terre, adorent les dons qui sont portés comme le corps et le sang de Jésus-Christ, et parlent à eux, ils sont trompés, ne sachant pas que les dons ne sont pas sanctifiés dès l'entrée, ignorant la différence de ce sacrifice-là et d'une autre sorte de sacrifice qui se fait en certains jours. Car dans celui-ci les dons ne sont pas consacrés dès l'entrée même, au lieu que dans cet autre ils sont consacrés et parfaits, et* FAITS LE CORPS ET LE SANG DE JÉSUS-CHRIST. Aussi, quoiqu'il y ait tous les jours des Grecs dans les lieux de la communion romaine, et qu'ils aient même une église dans Venise, et qu'ainsi ils soient très-bien informés de la foi et des cérémonies de l'église latine, il ne leur est jamais venu dans l'esprit de l'accuser de nouveauté ou d'erreur sur ce point ; et l'on a vu même toute l'église grecque se réunir à Florence avec l'Église romaine, après que l'on eut terminé les différends sur la procession du S.-Esprit, et quelques autres qui regardaient la matière du sacrement de l'Eucharistie et les paroles de la consécration, sans que jamais ni la créance de la transsubstantiation, qui ne pouvait être inconnue aux Grecs, ni le culte de l'Eucharistie, dont ils étaient témoins, leur ait donné lieu d'entrer en contestation avec les évêques de la communion du Pape. Et ce qui est remarquable, cette réunion se conclut peu de temps après la fête du Saint-Sacrement, qui ne manqua pas sans doute d'être célébrée à Florence avec les cérémonies ordinaires de l'Église romaine. Et ainsi les Grecs embrassèrent la communion romaine après avoir été spectateurs de cette pompe si odieuse aux réformés.

Pour les autres communions schismatiques séparées de l'Église romaine, dans lesquelles l'auteur assure que l'adoration de l'Eucharistie n'est pas établie, il n'y a qu'à en lire les Liturgies pour reconnaître qu'il le dit témérairement. Une partie des paroles que nous avons rapportées ci-dessus est prise mot à mot de la Liturgie de S. Basile, qui s'observe particulièrement dans le patriarchat d'Antioche. Et quant à celle des Abyssins, on y lit expressément ces paroles : *Le prêtre élevant le sacrement dit à haute voix : Seigneur Jésus, ayez pitié de moi. Les peuples réitèrent la même parole, et le prêtre dit : Prions; vous tous qui êtes pénitents, humiliez vos têtes ; levez-vous pour adorer; paix à vous tous ; le peuple répond : Et avec ton esprit. Le prêtre dit : Ceci est le corps saint, vénérable et vivant de notre Sauveur et Seigneur Jésus-Christ.*

Ainsi la prétention de l'auteur que l'on a cru quelque temps la présence réelle sans adorer Jésus-Christ dans l'Eucharistie, est un songe établi sur un autre songe. Car c'en est un de dire qu'on a commencé de croire la présence réelle, puisqu'on l'a toujours crue, et c'en est un autre qu'on l'ait pu croire sans adorer en même temps Jésus-Christ, et que l'on ait séparé deux choses si nécessairement liées. La seule différence de ces deux songes est que le dernier est encore plus hors d'apparence. Car il faut remarquer que sur le sujet de l'adoration de l'Eucharistie les ministres n'ont pas un seul passage qu'ils puissent raisonnablement opposer. Et tout ce qui leur reste est de se défendre comme ils peuvent par des solutions forcées de ceux qu'on leur oppose. On leur fait voir qu'Origène dit : *Quand vous mangez le corps du Seigneur, alors le Seigneur entre dans votre maison ; ainsi en vous humiliant, imitez le* centenier, et dites-lui : *Seigneur, je ne suis pas digne que vous entriez dans ma maison. Car lorsqu'il y entre indignement, il entre pour le jugement de celui qui le reçoit.* Que S. Ambroise dit *que la chair de Jésus-Christ est encore aujourd'hui adorée dans ses mystères.* Que S. Augustin dit (in Psal. 98) : *Que nul ne mange la chair de Jésus-Christ, qu'il ne l'ait premièrement adorée.* Que S. Chrysostôme, homélie 24 (in 1 ad Corinth.), se sert de l'exemple des mages qui ont adoré Jésus-Christ dans la crèche, pour porter les fidèles à l'adorer sur l'autel. Que Théodoret écrit en son deuxième dialogue que *les symboles mystiques sont conçus être les choses qu'ils ont été faits, et sont crus et adorés comme étant ce qu'ils sont crus être.*

Le moyen dont les ministres se servent pour éluder ces passages et les autres semblables est de supposer en l'air qu'ils ont bien prouvé que les Pères ne croyaient pas que le corps de Jésus-Christ fût présent réellement dans l'Eucharistie, et sur ce fondement ils rapportent quelques-uns de ces passages à l'adoration de Jésus-Christ dans le ciel, et les autres à la révérence que l'on rendait aux symboles comme signes du corps de Jésus-Christ, laquelle, disent-ils, se peut exprimer par le mot d'adoration, et en grec par celui de προσκυνεῖν. Ce n'est pas ici le lieu de faire voir combien ces solutions sont peu solides, mais elles suffisent pour montrer qu'il n'y eut jamais rien de moins raisonnable que la prétention de l'auteur de la réponse. Car puisque les ministres ne se tirent de ces passages qu'en supposant que les Pères ne croyaient pas Jésus-Christ présent dans l'Eucharistie, et qu'ainsi ils ne le pouvaient adorer comme présent, il est clair que cette solution ne subsiste plus en détruisant cette supposition. Or l'auteur de la réponse la détruit lui-même dans ceux qu'il dit avoir commencé de croire la présence réelle. Que lui reste-t-il donc à dire? Ces personnes adoraient la chair de Jésus-Christ dans les mystères, suivant la doctrine de S. Ambroise ; ils adoraient cette chair en la prenant, selon S. Augustin ; ils adoraient les symboles comme étant le corps de Jésus-Christ, selon Théodoret, et ils expliquaient ces passages dans le sens de la présence réelle, comme font les catholiques. Par quelle étrange bizarrerie d'esprit eussent-ils donc pu s'empêcher en adorant Jésus-Christ et en le croyant présent, de ne l'adorer pas comme présent? Et puisqu'ils révéraient les symboles, comme les ministres accordent qu'on a toujours fait dans l'Église, auraient-ils pu se retenir de porter leur respect jusqu'à Jésus-Christ, qu'ils croyaient être caché sous les symboles? Quand les folies ne sont pas humaines comme celle-là, la raison ne veut pas qu'on en soupçonne les hommes. Ainsi l'auteur de la réponse aurait mieux fait de se tenir dans les termes des anciens ministres, et de reconnaître comme ils font que l'adoration est inséparable de la foi de la présence réelle, et que c'en est une suite nécessaire. De sorte qu'au lieu de conclure que la présence réelle s'est pu introduire insensiblement en se répandant sans la pratique de l'adoration, il devait conclure, au contraire, que n'ayant pu s'introduire dans l'Église sans la pratique de l'adoration, il est impossible qu'elle ait pu se glisser insensiblement, parce que la pratique de l'adoration l'aurait découverte dès sa naissance. Car si l'on avait commencé dans le X° siècle à croire Jésus-Christ présent dans l'Eucharistie, on aurait commencé aussi de l'adorer comme présent, et de condamner d'impiété ceux qui ne l'adoraient pas ; de même que ceux qui ne le croyaient pas présent, auraient dû, par une suite nécessaire, refuser de l'adorer, et condamner d'impiété ceux qui l'adoraient. Il est impossible qu'une division si horrible de sentiments soit demeurée cachée, comme nous l'avons montré dans le premier traité ; et il est impossible qu'étant découverte, elle n'ait produit partout d'étranges soulèvements, comme nous l'avons déjà montré.

CHAPITRE VI.

Examen de la quatrième considération.

Il est bon encore de considérer, dit cet auteur, *que d'un côté cette erreur est de telle nature qu'elle se cache facilement, et qu'elle peut imposer aux yeux des hommes par des expressions apparemment orthodoxes, comme quand on dit que Jésus-Christ est présent au sacrement spirituellement; qu'il nous y est donné comme viande de l'âme ; que ce mystère doit être connu par la foi*, etc., *expressions qui semblent bonnes, et qui par leurs fausses couleurs empêchent une âme pieuse de s'effaroucher ; et d'autre côté quand cette erreur se découvre pleinement, il lui est aisé de cacher sa nouveauté en détournant à son sens les expressions anciennes de la vérité. Car les termes dont cette dernière se sert sont ordinairement d'une telle force, qu'il n'est pas difficile d'en abuser ; comme quand on dit que c'est le corps et le sang du Sauveur : que Jésus-Christ est présent au sacrement : que le pain et le vin sont changés par la parole ineffable de Dieu : expressions bonnes et saintes, mais qu'il n'est pas malaisé de détourner en un mauvais sens.*

Ce discours qui paraît subtil quand on le considère confusément, n'est pas seulement intelligible quand on l'examine de près.

On ne sait si l'auteur y veut dire que l'erreur de la présence réelle s'est pu cacher sous certaines expressions moyennes et équivoques, qui, étant prises dans un bon sens par ceux qui les entendaient, les empêchaient de comprendre que ceux qui s'en servaient les entendaient dans un mauvais sens. Mais si cela est, nous voilà donc revenus à ces équivoques qui durent mille ans sans être découvertes, dont on croit avoir tellement fait voir l'absurdité par le premier écrit, qu'il serait assez étrange que cet auteur voulût persister en une prétention si insoutenable.

Ce que nous avons établi dans cette seconde partie ne la ruine pas moins. Car puisque tous les fidèles ont toujours eu une créance distincte de la présence, ou de l'absence réelle, si l'absence réelle était la foi ancienne de l'Eglise, et que celle de la présence réelle en fût une innovation, il serait impossible que ceux qui se seraient imaginés d'avoir découvert cette étonnante nouveauté de Jésus-Christ présent réellement sur tous les autels du monde, et adorable par conséquent en tous ces lieux, ne se fussent aperçus qu'ils n'avaient pas toujours été dans ce sentiment, et qu'ils n'eussent jugé par là que les autres qui n'avaient pas encore découvert ce secret, étaient encore engagés dans l'impiété et dans l'erreur. Ils auraient donc tâché de les détromper, et au lieu de se servir d'expressions équivoques, ils auraient choisi les plus précises, pour leur faire connaître leur erreur. Que si l'on veut que par une lâche timidité ils n'aient eu autre dessein que de se cacher aux autres, et qu'ils aient affecté dans cette vue de se servir d'expressions équivoques, qui étaient prises par le peuple dans le sens de l'absence réelle, comment veut-on que par ce moyen ils aient réduit toute la terre à leur erreur?

En un mot, ou ces paroles équivoques étaient expliquées dans le sens de l'absence réelle, et ainsi elles étaient sans effet, et ne pouvaient établir la créance de la présence réelle : ou elles étaient expliquées dans le sens de la présence réelle; et si ce sens eût été contraire à la foi distincte de tous les peuples de la terre, il était absolument impossible qu'il ne produisît partout des disputes et des divisions, qui ne pouvaient pas demeurer cachées.

Mais si cette remarque est inutile à l'auteur de la réponse, elle est avantageuse pour confirmer la vérité qu'il combat par l'aveu qu'il y fait de deux choses importantes. La première est, que les expressions dont les calvinistes abusent, que Jésus-Christ est présent au sacrement spirituellement, et qu'il nous y est donné comme viande de l'âme, ne marquent point si précisément leur sentiment, que des personnes qui croiraient le contraire ne s'en pussent aussi servir pour exprimer une opinion toute opposée. D'où il s'ensuit que lorsqu'ils les trouvent dans les Pères, ils n'ont pas droit d'en conclure qu'ils n'aient pas cru que Jésus-Christ fût réellement présent dans l'Eucharistie; puisque ces expressions sont communes à ceux qui le croient, et à ceux qui ne le croient pas, et qu'ainsi il faut nécessairement s'assurer du sentiment des Pères par d'autres passages plus clairs et moins équivoques. Le second aveu que l'auteur fait en cet endroit est que les expressions dont on a toujours usé dans l'Église sont telles, qu'il est très-facile de s'en servir pour établir la présence réelle; ce qui est avouer assez clairement qu'elles y portent d'elles-mêmes, et qu'elles en impriment naturellement l'idée. Sur quoi cet auteur nous permettra de lui demander pourquoi il ne se serait trouvé personne durant neuf siècles en qui elles aient produit cet effet, et qui ait donné sujet aux pasteurs de lui faire voir qu'il se trompait. Car il est certain que les ministres n'ont pu encore trouver d'exemples d'une personne qui ait été reprise par les Pères pour croire que Jésus-Christ fût réellement présent sous les espèces du pain et du vin. De sorte qu'il faut ou que ç'ait été la foi commune de l'Église, comme nous le prétendons; ou que par un miracle inconcevable tous les Chrétiens du monde étant poussés continuellement à croire que Jésus-Christ est réellement dans l'Eucharistie par ces expressions qui le marquent, aucun n'ait succombé néanmoins à une tentation si trompeuse et si forte, qu'elle a emporté tout d'un coup toute la terre. Il serait beaucoup moins étrange que personne n'eût été tenté de croire que le corps de Jésus-Christ ne fût pas dans l'Eucharistie, supposé que toute l'Église crût le contraire. Et néanmoins parce que ce mystère a ses difficultés aussi bien que tous les autres, les catholiques font voir que les difficultés de l'Eucharistie ont produit l'effet naturel qu'elles devaient produire, qui est d'ébranler la foi de quelques personnes, et de les jeter dans l'infidélité et dans le doute. Les Capharnaïtes s'en scandalisèrent les premiers, et abandonnèrent Jésus-Christ.

Saint Ignace témoigne que quelques-uns des premiers hérétiques ne voulaient pas confesser que l'Eucharistie fût la chair de Jésus-Christ qu'il a offerte pour nous. On trouve dans Hésichius, qu'il faut consumer par le feu de la charité tous les doutes qui s'élèvent dans l'esprit contre ce mystère. On trouve dans les vies des Pères, qu'un solitaire étant tombé par ignorance dans cette erreur de croire que le pain que nous recevons dans la sainte communion n'est pas le corps naturel de Jésus-Christ, mais qu'il n'en est que la figure, deux autres solitaires anciens lui dirent qu'il se gardât bien d'être dans ce sentiment, et qu'il suivît celui de l'Église catholique, dans laquelle tous les fidèles croyaient que le pain est le corps de Jésus-Christ et le vin son sang, non selon la figure, mais selon la vérité; et qu'ensuite ils l'en convainquirent par un miracle qu'ils obtinrent de Dieu par leurs prières. On trouve dans la vie de S. Grégoire, écrite par Jean Diacre, qu'une femme, qui était tombée dans une semblable erreur, fut convertie de même par un miracle que S. Grégoire fit en présence de tout le peuple. Cet auteur rapporte cette histoire comme l'ayant tirée des livres qui se lisaient dans les églises d'Angleterre. Et cette circonstance dont Aubertin se sert pour la rejeter, la doit rendre plus considérable, puisque les églises d'Angleterre ayant été fondées par ceux que S. Grégoire même y avait envoyés, il y a de l'apparence que ce qu'on lisait de sa vie avait été composé par ces premiers apôtres, qui devaient être assez bien instruits des actions de S. Grégoire-le-Grand, et qui étaient certainement des personnes très-sincères.

Quoi qu'il en soit, si ces sortes d'histoires ne sont pas des preuves convaincantes de la vérité de ces miracles, il ne suffit pas néanmoins pour les rejeter de répondre en l'air qu'elles peuvent être fausses. Il y a divers degrés de preuves, et celles qui ne sont pas dans la dernière certitude ne doivent pas être méprisées comme si elles étaient certainement fausses ; et de plus elles sont des preuves certaines de la foi de celui qui les rapporte, et de celle du siècle où il les rapporte. Car il est sans apparence, par exemple, que Jean Diacre eût rapporté cette histoire, s'il eût cru, comme cette femme, que le pain n'était pas le corps même de Jésus-Christ, et si on l'eût cru de même dans son siècle. Et il est encore sans apparence que l'on eût inséré cette histoire dans les livres qui se lisaient dans les églises d'Angleterre, si elle eût été contraire à la foi de ces églises.

Il est donc permis d'employer ces sortes d'histoires selon le degré de certitude qu'elles ont, c'est-à-dire comme des témoignages clairs et certains de la foi de l'auteur et du siècle de l'auteur, et comme des témoignages probables de la vérité historique de la chose rapportée ; et c'est en cette manière que l'on s'en sert ici.

Celle de S. Grégoire doit être d'autant plus considérable que Guitmond témoigne que la vie de S. Grégoire, d'où elle est tirée, avait été approuvée par plusieurs papes, et n'avait jamais été contredite de personne : *Quam attestante*, dit-il, l. 3, *Româ editam, tot sanctissimi doctissimique Romani pontifices, nullo dissonante, hactenùs probaverunt, eorumque auctoritatem secutæ tot Ecclesiæ, cuncto populo christiano consonante, nunc usque susceperunt.* De sorte que c'est avec raison que cet auteur fait cette réflexion sur cette histoire et sur les autres semblables qu'il rapporte : *Si tant de saints et de savants papes*, dit-il, *tant d'abbés éminents en doctrine et en piété, tant de religieux, tant d'ecclésiastiques, et enfin si tout le peuple de Dieu croyait que ces histoires étaient contraires à la vraie foi, pourquoi ne les a-t-on point condamnées? pourquoi ne les a-t-on point détruites et anéanties? pourquoi n'a-t-on point défendu de les lire? pourquoi les a-t-on louées, les a-t-on chéries ? et pourquoi les a-t-on fait passer jusques à nous, comme étant propres à nous édifier et à nous instruire?* Ainsi l'on a droit d'en conclure, comme fait Lanfranc, qu'elles suffisent pour prouver que tous les fidèles qui nous ont précédés ont été dans la même foi que nous sommes : *Hoc tamen probare sufficiunt, quòd hanc fidem quam nunc habemus, omnes fideles qui nos præcesserunt, à priscis temporibus habuerunt.*

On trouve aussi dans la lettre que Paschase a écrite à Frudegard que ce jeune homme avait été troublé par quelques passages de S. Augustin, et qu'il était entré en quelque doute de ce qu'il avait cru jusqu'alors avec toute l'Église de son siècle. On trouve dans S. Fulbert que plusieurs étaient tentés d'incrédulité touchant le mystère de l'Eucharistie. On trouve dans les auteurs qui ont écrit contre Bérenger que ce sont ces passages difficiles de S. Augustin qui avaient précipité Bérenger dans son erreur. On trouve dans la Vie de S. Malachie, écrite par S. Bernard, qu'un clerc d'Hibernie, étant tombé dans cette erreur que d'oser dire qu'il n'y avait dans l'Eucharistie que le sacrement et non la chose du sacrement , c'est-à-dire la sanctification et non la vérité du corps de Jésus-Christ, en fut repris, et puis excommunié par S. Malachie ; et qu'il fut ensuite puni visiblement de Dieu par une maladie dont il mourut, après avoir néanmoins abjuré son erreur.

Ainsi il est visible que les difficultés de l'Eucharistie n'ont pas été sans effet, quoiqu'elles fussent comme étouffées par la foi constante, uniforme et distincte que tous les fidèles avaient de la vérité de l'Eucharistie.

Mais les ministres ne peuvent dire de même des passages des Pères, et des autres choses qui portent à la créance de la présence réelle. Car, comme ils ne trouvent personne qui en ait été repris, il faut qu'ils disent que personne n'a été mérité de l'être ; c'est-à-dire que personne n'a été tenté durant huit cents ans de croire la présence réelle par ces paroles qui ont ensuite engagé toute la terre dans cette opinion. De sorte que la nécessité de soutenir leurs sentiments les oblige de défendre également ces deux suppositions si opposées, et que les expressions des Pères ont persuadé tout d'un coup à tout le monde l'opinion de la présence réelle dans le Xe siècle, et qu'ils n'en avaient jamais fait naître aucun doute dans l'esprit de personne au moins jusqu'au IXe siècle, puisque ces doutes auraient attiré nécessairement une déclaration formelle des Pères contre cette opinion ; et c'est ce qu'ils ne trouvent nulle part. Si l'auteur de la réponse ne trouve point d'absurdités dans ces suppositions, j'espère qu'il y aura peu de personnes qui soient de son sentiment.

CHAPITRE VII.

Que l'auteur de la réponse ne propose aucun exemple de changement insensible qui ait quelque rapport avec celui qu'il prétend être arrivé sur le sujet de l'Eucharistie.

Je n'ai plus, pour finir cette seconde partie, qu'à dire un mot de quelques exemples que l'auteur rapporte de changements insensibles, qui nous obligeraient à de longues discussions, s'il fallait réfuter toutes les erreurs qu'il y mêle. Mais parce que tous ces exemples ont ce défaut commun qu'ils n'ont rien de semblable avec celui dont il s'agit, il suffit de les rejeter tous par cette raison commune. Si l'on avait avancé généralement qu'il ne peut arriver dans l'Église aucun changement imperceptible, non pas même dans les pratiques cérémoniales, ou dans les opinions spéculatives et nullement populaires, tout exemple contraire détruirait cette maxime. Mais on s'est bien donné de garde de la proposer dans cette généralité. On l'a restreinte et limitée aux mystères capitaux et connus par tous les fidèles d'une foi distincte, et qui oblige ceux qui ont des sentiments contraires sur ces points à s'entreregarder les uns les autres comme des impies et des sacriléges.

L'on dit, par exemple, que tous les chrétiens croyant de foi distincte que Jésus-Christ est Dieu, il est impossible qu'il s'établisse insensiblement dans l'Église une erreur contraire à cette foi, et que la plupart des chrétiens viennent à croire formellement que Jésus-Christ n'est pas Dieu, sans que l'on sache comment cette opinion se soit introduite. On dit que tous les fidèles sachant qu'Adam a été le premier homme, il était impossible que l'opinion contraire se répandît dans l'Église, sans faire de bruit, et sans y être aperçue. On dit qu'il est impossible que, tous les fidèles croyant présentement très-distinctement et très-universellement que le baptême est nécessaire au salut, la coutume du baptême vienne à s'abolir insensiblement dans la plus grande partie de l'Église. Et enfin l'on dit que le mystère de l'Eucharistie ayant toujours été le plus populaire de tous, et tous les fidèles ayant été obligés d'en avoir une créance plus distincte que d'aucun autre, parce qu'elle était continuellement renouvelée par la célébration des mystères et par la sainte communion, il est impossible qu'on ait inspiré insensiblement et universellement à tous les peuples de l'Église une erreur directement opposée à cette foi qu'ils avaient. D'où il s'ensuit que si l'on a cru la présence réelle au commencement de l'Église, l'absence réelle n'a pu s'introduire insensiblement, et sans causer des divisions et des troubles; et si l'on a cru l'absence réelle, la présence réelle ne pouvait de même s'introduire sans tumulte et sans contestation. Nous voyons la première de ces suppositions accomplie du temps de Bérenger, et toute l'Église soulevée pour exterminer l'opinion de l'absence réelle, lorsqu'elle commença de paraître. Elle a produit ce qu'elle devait naturellement produire, et elle a excité les troubles et les divisions qu'elle devait exciter.

Mais comme l'autre n'en a jamais fait, et qu'elle s'est trouvée paisible et dominante dans l'Église, sans que personne se soit jamais aperçu de sa naissance ni de son accroissement, nous en avons conclu avec raison qu'elle n'avait point d'autre origine que celle de l'Église même, et que de ce qu'elle n'a jamais causé de bruit, c'est qu'elle a été toujours constamment et universellement embrassée par tous les fidèles.

Voilà ce que l'on a dit, et les bornes auxquelles on s'est renfermé; et c'est ce qu'on ne peut détruire par des exemples qui n'ont rien de semblable à celui-là. Car il est très-possible, par exemple, qu'une pratique qui a toujours été licite en certains cas devienne ensuite plus commune, et même générale dans l'Église, comme celle de la communion sous une espèce. Il ne faut point pour cela changer de créance, ces deux pratiques subsistant avec la foi qu'on a toujours eue que Jésus-Christ est tout entier sous chaque espèce.

Les rois ont de tout temps pris quelque part aux élections des évêques en certaines occasions. Ce fut Théodose qui choisit Nectaire. Et nos rois de la première et seconde race ont souvent pratiqué la même chose, quoique les élections aient été souvent rétablies. Le changement qui s'y est fait, n'est ni insensible, ni admirable : on en sait le commencement et les progrès; la cause en est toute évidente. Il n'y a donc rien de plus mal à propos que ces exemples.

L'élévation de l'Hostie n'est qu'une cérémonie; mais il est faux qu'elle soit nouvelle : l'auteur l'avance sans preuve, et nous donne la liberté de le lui nier sans preuve.

Les vérités de la grâce n'ont jamais été populaires dans toutes les conséquences qu'on en tire dans la Théologie; et il est faux qu'elles ne le soient pas encore dans les points principaux et essentiels. Il n'y a point de catholique qui ne prie pour sa conversion, et pour celle des autres; et qui ne confesse par ses prières que c'est Dieu qui convertit et change le cœur. Il n'y en a point qui ne lui rende grâces de ses bonnes œuvres, et qui n'avoue par là qu'il en est le premier et le principal auteur. Enfin l'instinct et la lumière commune de la piété portent tous les gens de bien à reconnaître Dieu comme auteur de tout le bien, et à ne s'attribuer que le mal et le péché. Cela suffit pour faire voir la différence de ces exemples que l'auteur de la réponse rapporte de ce changement universel de créance, qu'il prétend être arrivé sur le sujet de l'Eucharistie. Il ne reste plus qu'à examiner quelques points particuliers qui regardent l'histoire de ce changement imaginaire, et qui, faisant la IIIe partie de l'écrit de l'auteur, feront aussi le sujet de la IIIe partie de cette réfutation.

Troisième partie.

CHAPITRE PREMIER.

Divers exemples des mauvais raisonnements de l'auteur de la réponse en cette troisième partie.

L'auteur de la réponse tâchant de soutenir en la IIIe partie de son écrit l'histoire fabuleuse qu'Aubertin a dressée de ce changement prétendu dans la créance de l'Eucharistie, il ne fait presque autre chose que répéter ce que l'on a déjà ruiné dans le premier écrit, sans y rien ajouter qui rende le récit qu'il en fait plus vraisemblable. Ainsi l'on peut dire avec vérité que si toute cette réponse n'a rien de solide dans le fond, elle est néanmoins beaucoup plus faible et moins colorée dans cette partie que dans les deux autres. Car il faut avouer qu'il y avait quelque chose d'assez ingénieux dans ces considérations générales, que nous avons réfutées, et même que cet amas de difficultés sur l'Eucharistie qu'il propose ensuite, était capable de faire quelque impression sur les esprits faibles.

Mais on ne voit dans cette troisième partie que l'esprit ordinaire de ceux de son parti, que l'on peut proprement appeler un esprit de dispute, et qui consiste à soutenir toujours son opinion à quelque prix

(Quatre.)

que ce soit ; à ne se rendre jamais à la vérité, lors même qu'on la voit ; à employer toutes sortes de preuves sans discernement ; à ne consulter jamais le bon sens, et enfin à avancer témérairement des choses très-fausses, et à désavouer hardiment les plus certaines. Je ne désire pas qu'on m'en croie sur ma parole, et j'espère en donner des preuves assez claires pour en convaincre l'auteur même de cette réponse, pourvu qu'il veuille rentrer dans cet esprit de sincérité, qu'il semblait nous promettre dans le commencement de son écrit. Et c'est pourquoi, afin de l'y obliger davantage, et de lui faire mieux comprendre ce que c'est que ce mauvais caractère, je lui rapporterai d'abord quelques exemples de raisonnements peu justes et peu sincères, que l'on trouve dans cette troisième partie.

Ier EXEMPLE.

Pour montrer que Bertram est un auteur embarrassé, et qui n'est pas si clairement favorable aux calvinistes, que des catholiques ne le puissent expliquer en un bon sens, et conforme à la doctrine de l'Église, on s'est servi de l'autorité de Tritème, qui le loue comme un écrivain orthodoxe ; ce qu'il n'aurait jamais fait, s'il était visiblement contraire à la créance de l'Église Romaine, dans laquelle on ne peut douter que Tritème n'ait été, après les louanges qu'il donne à Lanfranc et à Guitmond.

Cet argument était assez vraisemblable ; aussi l'auteur de la réponse n'a pas voulu le dissimuler. Il tâche donc de s'en tirer par cette pointe : *L'abbé Tritème, dit-il, a donné des louanges à Bertram, je le crois bien ; mais c'est qu'il est en effet louable, et cela ne fait qu'accroître son autorité.* Sans doute que l'auteur aurait bien de la peine à donner un sens raisonnable à ces paroles. Un discours de l'Eucharistie n'est louable en effet selon lui que lorsqu'il combat clairement la doctrine de la présence réelle : ainsi quand il dit que Tritème a loué Bertram, parce qu'il était en effet louable, cela veut dire dans son sens, que Tritème a loué Bertram parce qu'il combattait clairement la présence réelle. Or Tritème était catholique, il ne le désavoue pas, et ne répond rien à ce qu'on a dit pour le prouver. Il veut donc que Tritème catholique, et croyant la présence réelle, ait loué Bertram parce qu'il combattait la présence réelle. C'est le sens de cette pointe développée. Que l'auteur juge lui-même, si ce n'est pas chicaner que de raisonner de cette sorte.

IIe EXEMPLE.

On a remarqué en passant dans le traité que cet auteur a voulu réfuter, que Blondel était tombé dans une surprise assez plaisante, par le désir de faire des adversaires à Paschase, qui est de joindre ensemble deux suppositions contraires. Car ayant vu d'un côté qu'Usserius supposant qu'Amalarius était catholique, fait le synode de Cressy calviniste, comme ayant condamné Amalarius, et le rend ainsi adversaire de Paschase, il prend cette partie de cette supposition, et prétend que le synode de Cressy était contraire à Paschase, et conforme à la doctrine des calvinistes. Mais trouvant de l'autre dans l'Épitome manuscrit du livre des divins Offices, qu'Amalarius, Raban et Héribald avaient écrits contre Paschase, sans considérer que cette supposition était contraire à celle d'Usserius, il fait encore d'Amalarius un adversaire de Paschase, de sorte qu'il feint que le concile qui a condamné Amalarius, et Amalarius condamné par le concile, étaient dans le même sentiment, et également contraires à la doctrine de Paschase.

Cette contradiction est d'une part toute visible, et de l'autre elle n'est ni décisive de notre différent, ni fort injurieuse à Blondel. Il n'y a personne qui ne soit sujet à ces sortes de surprises, et il y a bien plus de bassesses à les défendre quand on en est averti, qu'il n'y a de faute à y tomber : néanmoins l'auteur de la réponse n'a pu souffrir cette petite égratignure. Il s'en pique, et prétend y répondre. Je consens qu'il le fasse, pourvu qu'il nous dise quelque chose de raisonnable ; mais véritablement ce n'est pas une chose supportable que de répondre comme il fait. Il dit que la critique de l'auteur du traité contre Blondel est tout à fait injuste, et indigne d'un homme de lettres. Il ne suffit pas de le dire, il le faut prouver. Il ajoute que Blondel ne fait que dire en passant qu'il n'excepte pas le synode de Cressy du nombre de ceux qui ont contredit Paschase. Je n'ai jamais ouï dire qu'il soit permis de dire des sottises en passant. Enfin il dit, que dans ces sortes de choses inconnues, et qu'on ne voit qu'au travers d'un voile, chacun a la liberté de ses conjectures, et surtout des gens d'une littérature consommée. Mon Dieu, y a-t-il tant de mal à reconnaître une légère surprise, que pour l'éviter on ne craigne point de dire de telles absurdités ? Il est permis de faire des conjectures raisonnables sur les choses cachées ; mais il n'est pas permis d'en faire de déraisonnables et de contradictoires : la littérature consommée doit aider à éviter les contradictions ; mais elle ne donne pas le privilége de se contredire.

L'auteur conclut en disant qu'on a violé le droit des gens en faisant ce reproche à Blondel. Mais on lui peut répondre qu'il viole toutes les règles de la raison, qui sont encore plus naturelles que celles du droit des gens, en répondant de la sorte. Blondel n'a aucune qualité qui doive empêcher de remarquer ses surprises : on ne lui dérobe pas les louanges qu'on lui peut donner véritablement : on ne dira jamais que ce n'ait pas été un homme de grande lecture et de grande mémoire ; mais si on prétendait le faire passer pour un génie fort élevé, pour un homme fort judicieux, pour un esprit fort net et fort juste, on ferait une autre sorte d'injustice, à laquelle toutes les personnes intelligentes ne consentiront jamais.

IIIe EXEMPLE.

Il est de la justesse de l'esprit de ne traiter pas de mépris et comme indignes de réponse des raisons considérables. Et l'on s'assure que toutes les person nes d'esprit mettront en ce rang les réflexions que l'on a faites sur les livres de Paschase.

Après avoir prouvé en passant, que l'Église était au IXe siècle dans l'une de ces deux créances distinctes, que le corps de Jésus-Christ était présent réellement dans l'Eucharistie, ou qu'il en était réellement absent, et qu'il n'y avait qu'une de ces deux opinions qui fût maîtresse de la foi des peuples, pour montrer que c'était celle de la présence réelle, on dit que Paschase, qui était un homme sincère, en proposant la doctrine de la présence réelle, la propose toujours comme l'unique créance de l'Église de son siècle; et qu'il témoigne qu'encore que quelques personnes eussent erré en secret sur ce point par ignorance, nul n'avait jamais néanmoins osé s'élever en public contre une vérité si reconnue de tout le monde : *Quamvis*, dit-il, *ex hoc quidam de ignorantiâ errent, nemo tamen est adhuc in aperto, qui hoc ita esse contradicat, quod totus orbis credit et confitetur.*

A quoi il ajoute, que quiconque voudrait choquer cette vérité s'opposerait à toute l'Église : *Videat qui contra hoc venire voluerit, quid agat contra ipsum Dominum, et contra omnem Christi Ecclesiam. Nefarium ergo scelus est orare cum omnibus, et non credere quod Veritas ipsa testatur, et ubique omnes universaliter verum esse fatentur.*

Et de là on a tiré cette conséquence, que si la doctrine de la présence réelle, que Paschase soutient dans cette lettre à Frudegarde et dans tous ses autres livres, n'eût pas été la créance commune de l'Église, et que c'eût été la première fois qu'elle eût été produite au monde, il eût fallu que Paschase eût entièrement perdu l'esprit pour parler de cette sorte d'une opinion dont il eût été l'inventeur; et non seulement qu'il l'eût perdu pour un moment, mais durant toute sa vie, puisqu'il a écrit la même chose en divers temps, au commencement de sa jeunesse, et dans sa vieillesse. Or comment est-il possible qu'un homme puisse demeurer durant quarante ans si grossièrement abusé, que de se persuader que tout le monde croit avec lui ce qu'il aurait cru tout seul contre l'opinion de tout le monde? Et comment tant de savants hommes ses amis, tant de religieux de son ordre, tant d'évêques avec qui il se trouvait dans les conciles, ne l'auraient-ils pas désabusé d'une imagination si ridicule en soi, et si préjudiciable à son salut?

Voilà ce que l'on a dit, à quoi l'auteur se contente de répondre, *qu'il ne fait point d'état de ce qu'on dit que Paschase proteste que son opinion est celle de toute l'Église : que cette petite subtilité lui semble plus plaisante que raisonnable, comme si tous les hérétiques n'avaient pas accoutumé de débiter leurs erreurs sous le nom de la foi catholique.* Mais il devait prendre garde qu'en témoignant de faire peu d'état d'une raison qui est certainement considérable, il ne donnât lieu de ne faire pas beaucoup d'état de son jugement en cet endroit, ces manières méprisantes retombant sur ceux qui s'en servent mal à propos, parce qu'elles sont des preuves de peu de discernement. On lui soutient donc que cette raison n'est point méprisable, parce qu'elle est entièrement dans le bon sens; et que sa réplique au contraire est digne de mépris, parce qu'elle est fausse et déraisonnable. Il n'est point vrai que ce soit la coutume des hérétiques de débiter leurs erreurs comme la foi universelle de tous les fidèles de leur temps : Les pélagiens, dans une lettre que S. Augustin réfute, reconnaissaient que la doctrine du péché originel était reçue dans tout l'occident, *toto penitùs occidente non minùs stultum quàm impium dogma esse susceptum.* Julien reproche à S. Augustin qu'il se servait contre lui du témoignage des artisans. Bérenger appelait l'opinion de la présence réelle, l'opinion ou la folie du peuple, *sententiam sive vecordiam vulgi.* Zuingle fut long-temps à n'oser découvrir ses sentiments, de crainte de choquer toute l'Église, qu'il voyait tout entière dans un sentiment contraire. Jamais Luther ne s'est imaginé que ses opinions fussent suivies par toute la terre, et qu'il n'y eût personne qui les contredît. Les catholiques mêmes ne diraient jamais à présent qu'il n'y a personne au monde qui nie la présence réelle, parce qu'ils savent qu'il y a des sacramentaires. Ces sortes de discours ne seraient pas de simples faussetés, mais des folies dont un homme sage n'est pas capable.

Il est donc contre toute sorte d'apparence, que si l'Église avait été universellement au IXe siècle dans la foi distincte de l'absence réelle, et que l'opinion de la présence réelle n'eût pas encore été produite au monde, un homme célèbre comme Paschase eût pu tomber dans une illusion si étrange, que de s'imaginer sérieusement durant quarante ans qu'une opinion qui n'avait jamais paru au monde avant lui, et qui n'était suivie de personne, fût la créance commune et universelle de toute la terre.

CHAPITRE II.
Suite des exemples des mauvais raisonnements de l'auteur de la réponse.

Comme le bon sens ne permet pas qu'on traite de mépris les raisons qui ne sont pas méprisables, il veut aussi qu'on n'emploie pas sans choix toutes sortes d'autorités et de preuves, et qu'on ne fasse pas valoir comme convaincantes celles qui n'ont pas la moindre apparence, ni la moindre force. Cependant c'est le procédé ordinaire de l'auteur de la réponse dans cette troisième partie, et en voici quelques preuves:

On avait dit, par exemple, que des adversaires prétendus que Blondel et Aubertin opposent à Paschase, il en fallait d'abord retrancher Valfridus Strabo, Flore, Loup, abbé de Ferrière, et Christian Drutmar, parce qu'on ne voyait rien dans leurs écrits qui donnât lieu à ce jugement. L'auteur n'est pas content de ce retranchement, et prétend s'y opposer. *Et moi*, dit-il, *je rétablis premièrement Valfridus Strabo. Et pourquoi? Est-ce qu'il parle mal en quelque endroit de Paschase, et qu'il entreprend de le réfuter? Non, c'est*, dit-il, *qu'il écrit que dans la Cène que Jésus-Christ célébra avec ses disciples, avant qu'il fût livré après la solen-*

nité de l'ancienne pâque, il donna à ses disciples le sacrement de son corps et de son sang en la substance du pain et du vin, et leur enseigna de les célébrer en commémoration de sa passion. Certes il ne se pouvait rien trouver de plus propre que ces espèces pour signifier l'union du chef avec les membres. Car comme le pain est de plusieurs grains, et est réduit en un seul corps par le ciment de l'eau, et comme le vin est épreint de plusieurs grappes ; de même le corps de Jésus-Christ se fait de l'union de la multitude des saints. Par cette manière de raisonner, il ne sera pas difficile à l'auteur de trouver bien des adversaires à Paschase, et de lui en opposer autant qu'il y a de catholiques au monde. Car il n'y en a point qui fit difficulté de dire que Jésus-Christ donna à ses disciples le sacrement de son corps et de son sang, en la substance, ou dans la matière du pain et du vin, c'est-à-dire, qu'il choisit le pain et le vin pour en faire la matière de son sacrement.

Hincmar, qui condamne d'erreur ceux qui disent *que les sacrements de l'autel ne sont pas le vrai corps et le vrai sang du Seigneur, mais seulement la mémoire de son corps* ; et qui assure *que le sacrifice du corps et du sang du Seigneur étant fait de pain et de vin mêlé d'eau, et consacré par la voix et par les paroles de Jésus-Christ, est fait le vrai et le propre corps, et le vrai et propre sang de Notre-Seigneur Jésus-Christ*, ne laisse pas de dire avec S. Augustin, *que pour marquer l'union des fidèles, Jésus-Christ nous a donné son corps et son sang en des choses qui de plusieurs sont réduites en un, le pain étant fait de plusieurs grains de blé, et le vin de plusieurs grains de raisin*. Léon IX après avoir condamné Bérenger en deux conciles, écrivant l'an 1053 contre Michel Cerularius, appelle simplement le sacrement de l'Eucharistie la commémoration de la passion de Jésus-Christ : *Tu charissime nobis Antistes Constantinopolitane, tuque Leo Acridane, dicimini Apostolicam et Latinam Ecclesiam nec auditam, nec convictam palàm damnâsse, pro eo maximè quòd de azymis audeat commemorationem Dominicæ passionis celebrare*. Le même Léon IX dit en une autre lettre en parlant des Grecs : *Violenter adstruere conantur fermentatum panem fuisse, quo Dominus Apostolis suis corporis sui mysterium in Cœnâ commendâvit*. Que ne diraient point les ministres s'ils trouvaient ces paroles dans un autre auteur que dans le condamnateur de Bérenger ? Et Eugène IV, que l'on ne soupçonnera pas de n'avoir pas cru la transsubstantiation, et qui l'enseigne si formellement dans l'Instruction aux Arméniens, ne laisse pas de dire dans cette même instruction après Alexandre V, *que l'on n'offre dans l'oblation qui se fait en la messe que du pain et du vin mêlé d'eau, parce que cela convient pour signifier l'effet de ce Sacrement, qui est l'union du peuple avec Jésus-Christ*.

Que l'auteur apprenne donc que ce n'est là que le langage ordinaire de tous les catholiques, auquel la nature et l'usage les conduit, parce que le pain et le vin sont la matière du sacrement, que c'est du pain et du vin que le sacrement est fait, et que lors même que le pain et le vin sont réellement changés au corps et au sang de Jésus-Christ, il reste encore l'apparence de pain et de vin, et ainsi les espèces en peuvent retenir le nom. Mais comme ces expressions si naturelles ne les empêchent pas de croire le changement véritable du pain et du vin au corps et au sang de Jésus-Christ, elles ne sont pas aussi des preuves que Valfridus ne l'ait pas cru ; et en effet il en parle dans le même livre en des termes si précis que nous avons rapportés dans le premier traité : *Puisque le Fils de Dieu nous assure que sa chair est vraiment viande, et son sang vraiment breuvage, il faut entendre que ces mystères de notre rédemption, c'est-à-dire, l'Eucharistie, sont véritablement le corps et le sang du Seigneur, et croire en même temps qu'ils sont des gages de l'union parfaite que nous avons déjà en espérance avec notre chef, et que nous aurons quelque jour actuellement avec lui*.

Mais voyons si l'auteur sera plus heureux sur le sujet de Flore.

Secondement, dit-il, *je remets Flore pour les mêmes raisons qui l'ont fait casser. L'oblation*, dit il, *quoique prise des simples fruits de la terre, est faite non pas pour les fidèles, comme tourne l'auteur, mais aux fidèles, le corps et le sang du Fils unique de Dieu, par la vertu ineffable de la bénédiction divine. Car qui ne voit que ces mots, aux fidèles, sont ruineux à la transsubstantiation*. Il serait bon de parler un peu moins fièrement quand on n'a que des choses si faibles à dire. Tout le monde sait que les catéchumènes n'étaient pas admis à la participation de l'Eucharistie, et que c'était pour cette raison qu'on divisait la messe en plusieurs parties, dont la première s'appelait la messe des Catéchumènes. Qui peut donc trouver étrange que Flore dise que le pain est fait aux fidèles, ou pour les fidèles (car cela est fort indifférent) le corps et le sang de Jésus-Christ ; puisqu'il n'y avait que les fidèles qui y participassent, et qu'il n'était donné qu'aux fidèles ? Qu'y a-t-il en cela de ruineux à la transsubstantiation ? et qu'y a-t-il au contraire dans ces paroles qui n'établisse la transsubstantiation ? puisque le pain ne peut être fait le corps de Jésus-Christ qu'en cessant d'être pain, ce qu'on appelle Transsubstantiation, et que cette vertu ineffable de la bénédiction divine, à laquelle Flore rapporte cet effet, marque une opération réelle et véritable, et non un simple changement de signification et de figure, pour lequel il n'est besoin d'aucune vertu, et beaucoup moins d'une vertu ineffable.

Pour Loup, abbé de Ferrière, l'auteur ne rapporte rien autre chose pour le rendre adversaire de Paschase, sinon qu'il a loué Héribald, d'où il conclut qu'il ne doit pas être banni de la société des autres. Mais il devait se souvenir qu'Aubertin dont il tire cette preuve, remarque lui-même un peu auparavant que Hincmar a loué aussi Héribald après sa mort ; et cependant il traite Hincmar de novateur, et reconnaît qu'il enseigne la doctrine de la présence réelle, et qu'il condamne dans Jean Érigène l'opinion de ceux qui disent que les sacrements de l'autel ne sont pas le vrai corps et le vrai sang du Seigneur, mais seulement la mémoire du corps et du sang, comme une nouveauté contraire à la foi de l'Église catholique, ainsi que nous avons vu ci-dessus.

Qu'il comprenne donc par cet exemple ce que le bon sens lui devait avoir suggéré, que l'on ne doit pas conclure que ceux qui ont donné des louanges aux personnes, aient approuvé tous les sentiments et tous les écrits de ceux à qui ils ont donné ces louages; parce qu'il se peut faire qu'ils ne les aient pas connus, ou qu'ils n'y aient pas fait attention. C'est ce que le pape Pélage II remarque touchant les louanges qui ont été données à Origène par plusieurs Pères, et ce que l'on peut répondre aux éloges que Théodore de Mopsueste a reçus des plus grands hommes de son temps.

Il n'en est pas de même quand un auteur approuve en particulier quelque écrit d'un autre. Car cette approbation donne lieu de croire qu'il en approuve les sentiments, à moins qu'il ne paraisse par d'autres preuves qu'il l'ait expliqué en un bon sens, comme il paraît que Tritème a pris l'écrit de Bertram en un sens catholique par les louanges qu'il donne aux livres de Lanfranc et de Guitmond, qui sont formellement et clairement opposés au mauvais sens que l'on pourrait prendre dans Bertram.

L'auteur rétablit ensuite Christian Drutmar sur un passage qu'il en rapporte en ces termes : *Le Seigneur a donné à ses disciples le sacrement de son corps et de son sang, pour la rémission des péchés et pour l'entretien de la charité.* Cela ne contient encore rien de favorable pour lui, et tous les catholiques parlent de la sorte. Il ajoute : *Afin que conservant le souvenir de cette action, ils fissent toujours en figure ce qu'il devait accomplir pour eux.* Tout le monde sait que l'Eucharistie est la figure et la représentation de la passion : ainsi cela est vrai à la lettre dans le sentiment des catholiques; mais néanmoins la traduction n'est pas juste, car il y a dans le latin : *Ut memores illius facti semper hoc in figurâ facerent, quæ pro eis erat acturus non obliviscerentur.* Ce qui est visiblement corrompu et défectueux. Et c'est pourquoi l'auteur en a éclipsé ces paroles, *non obliviscerentur*, qui ne paraissent pas dans sa traduction : de sorte qu'il est bien étrange qu'il prétende tirer avantage d'un lieu corrompu, et qui, tout corrompu qu'il est, ne dit rien qui le favorise.

Il rapporte ensuite ces paroles qui n'ont point de liaison avec ce qui précède : *Ceci est mon corps, c'est-à-dire, en ce Sacrement.* En quoi il témoigne très peu de sincérité; car il ne peut pas ignorer que Sixte de Sienne, le cardinal du Perron après lui, et plusieurs autres, n'aient accusé les protestants d'avoir corrompu cet endroit de Drutmar, l'exemplaire manuscrit qui s'en trouve dans la bibliothèque des cordeliers de Lyon portant expressément ces paroles : *Hoc est corpus meum, hoc est in Sacramento verè subsistens.* Je sais qu'Aubertin tâche de rejeter ce soupçon, en disant que peut-être Sixte de Sienne a menti. Mais lorsqu'un homme cite un manuscrit qu'il est permis à tout le monde de consulter, c'est se rendre ridicule que de prétendre le réfuter, en disant en l'air qu'il a peut-être menti. Il ajoute qu'un imprimeur catholique avait fait imprimer Drutmar en la même sorte avant qu'il eût été publié par Sécérius luthérien. Cela peut servir à justifier le luthérien de falsification et d'imposture, mais on ne montre pas par là que le lieu en soi ne soit pas corrompu, étant bien plus facile à des copistes de retrancher que d'ajouter, et n'y ayant guère d'apparence qu'on se soit amusé à ajouter des mots dans un auteur aussi peu célèbre que Drutmar.

Quoi qu'il en soit, ce n'est pas agir sincèrement que de rapporter un passage de cette sorte, sur lequel il y a tant de contestation, sans avertir qu'il est contesté. Et d'ailleurs l'auteur n'en saurait tirer aucun avantage, quand Drutmar l'aurait écrit en la manière qu'il le rapporte, étant certain que le corps de Jésus-Christ n'est pas découvert et visible dans l'Eucharistie, mais qu'il y est en sacrement, c'est-à-dire, couvert du voile et du signe du sacrement.

Ce que l'auteur ajoute de Drutmar ne contient que les raisons pourquoi Jésus-Christ a choisi le pain et le vin pour en faire la matière de l'Eucharistie, qui sont le rapport qu'ils ont avec les effets de ce Sacrement : ce qui est si commun dans tous les livres des catholiques, que c'est se moquer du monde de s'en servir pour montrer qu'un auteur n'est pas de leur sentiment.

C'est à quoi se réduisent toutes les preuves que l'auteur apporte pour remettre ces quatre auteurs au nombre des adversaires de Paschase ; et je pense qu'il demeurera convaincu qu'il n'y eut jamais rien de moins solide. Mais il est néanmoins encore plus inexcusable en ce que pour grossir le nombre des adversaires de Paschase, il dit froidement qu'on doit y joindre encore Frudegarde et Remi d'Auxerre.

Ce n'est pas qu'il n'emprunte encore cela d'Aubertin, aussi bien que tout le reste ; mais une personne judicieuse devait avoir reconnu que ce que dit Aubertin sur le sujet de l'un et de l'autre est si peu raisonnable, qu'il n'était pas de la prudence de donner lieu de l'examiner. Car pour Frudegarde, il n'a point d'autre raison de le compter entre les adversaires de Paschase, sinon qu'il se trouve qu'il avait consulté Paschase sur un passage de S. Augustin, qui avait fait naître dans son esprit quelque doute touchant ce mystère : *Dicis te antea credidisse,* dit Paschase à Frudegarde ; *sed profiteris quòd in libro de Doctrinâ christianâ beati Augustini legisti quòd typica sit locutio : quòd si figurata locutio est, et schema potiùs quàm veritas, nescio, inquis, qualiter illud sumere debeam.* Voilà tout le fondement d'Aubertin. Un jeune homme écrit à Paschase comme à son maître ; il lui demande lumière sur une difficulté qui le troublait ; il lui témoigne qu'il a toujours cru la présence réelle, ce qui marque que c'était la doctrine commune de l'Église de son temps, et celle que l'on apprenait aux enfants ; il lui déclare qu'il a été ému, non par l'instruction de ses pasteurs, ni par des personnes qui enseignassent publiquement une doctrine contraire à celle de la présence réelle, mais par un passage de S. Augustin ; il en demande l'éclaircissement à Paschase, comme à un des plus savants hommes de son temps ; il lui propose cette difficulté, non par manière de dispute, et comme soutenant une opinion contraire à la sienne, mais pour recevoir ses instructions et se soumettre à ses lumières ; et enfin il ne conclut pas de ce passage de S. Augustin qui le troublait qu'il voulût changer de créance, mais seulement qu'il ne savait en quel sens prendre ce passage de S. Augustin, ni comment l'accorder avec la doctrine de l'Église de son temps, *nescio qualiter illud sumere debeam*. Et de là Aubertin conclut que Frudegarde contredit directement Paschase, et qu'il le faut ajouter au nombre de ses adversaires ; de sorte que, selon cette manière de raisonner, il faudra dire que les professeurs en théologie ont autant d'adversaires qu'ils ont d'écoliers, parce qu'il n'y en a point qui ne leur demande instruction sur quelques difficultés. En vérité, je suis fâché que l'auteur ait suivi ces bassesses d'Aubertin : le commencement de son écrit semblait promettre quelque chose de plus raisonnable et de plus judicieux.

Y eut-il aussi jamais rien de plus étrange, que de nous dier, comme fait l'auteur après Aubertin, qu'il faut compter Remi d'Auxerre entre les adversaires de Paschase, c'est-à-dire entre les ennemis de la présence réelle ? lui qui parle ainsi dans les passages mêmes qu'Aubertin en cite de l'exposition qu'il a faite du canon : *Ce sacrement est mangé et bu tous les jours dans la vérité, et néanmoins il demeure vivant et sans corruption ; parce que c'est un mystère dans lequel on voit une chose, et on en comprend une autre. Ce qui se voit a l'apparence de corps, ce qui se conçoit produit un fruit spirituel. Mais puisqu'un mystère est ce qui signifie une autre chose, s'il est vrai que c'est le corps de Jésus-Christ dans la vérité, pourquoi l'appelle-t-on mystère ? C'est qu'après la consécration il paraît une autre chose ; car il paraît du pain et du vin ; mais c'est dans la vérité le corps et le sang de Jésus-Christ. Car Dieu s'accommodant à notre infirmité, voyant que nous n'avons pas accoutumé de manger la chair crue et de boire du sang, a voulu que les dons demeurassent dans leur première forme, quoiqu'ils soient dans la vérité le corps et le sang de Jésus-Christ*. Et dans le commentaire de la première Épître aux Corinthiens, sur ces paroles : *Le pain que nous rompons à l'autel, n'est-ce pas la participation du corps du Seigneur ? Le pain*, dit-il, *est premièrement consacré et béni par les prêtres et par le S.-Esprit, et ensuite il est rompu. Et quoiqu'alors il paraisse pain, néanmoins c'est dans la vérité le corps de Jésus-Christ ; et quiconque mange de ce pain, mange le corps de Jésus-Christ ; parce que nous ne sommes tous qu'un même pain de Jésus-Christ, et un même corps, nous qui mangeons ce pain selon la parole de l'Apôtre. La chair que le Verbe a prise dans le ventre de la Vierge en l'unité de sa personne, et le pain qui est consacré dans l'Église, ne sont qu'un même corps de Jésus-Christ. Car comme cette chair est le corps de Christ, de même ce pain passe au corps de Christ ; et ce ne sont pas deux corps, mais un même corps*. Ce qu'il exprime encore plus fortement dans l'exposition du canon. *Comme la divinité du Verbe est une, quoiqu'elle remplisse tout le monde ; de même quoique ce corps soit consacré en plusieurs lieux, et en une infinité de jours différents, ce ne sont pas néanmoins plusieurs corps de Christ, ni plusieurs sangs ; mais un même corps, et un même sang que celui qu'il a pris dans le ventre de la Vierge, et qu'il a donné à ses apôtres... C'est pourquoi il faut remarquer que, soit qu'on en prenne plus, soit qu'on en prenne moins, tous reçoivent également le corps de Jésus-Christ tout entier*, OMNES *tamen corpus Christi integerrimè sumunt*.

Tout le fondement d'Aubertin pour détruire la clarté de ces passages est que cet auteur use de ces termes en expliquant la manière dont le pain est fait le corps de Jésus-Christ : *Divinitas enim replet illud, quod et conjungit : et facit ut sicut ipsa una est, ita conjungatur corpori Christi, et unum ejus corpus sit in veritate*. D'où il conclut que cet auteur ne veut pas que le pain devienne le corps de Jésus-Christ par changement, mais seulement par l'habitation de la divinité.

Mais 1° c'est attribuer sans fondement à un auteur judicieux une imagination ridicule. Car l'habitation de la divinité dans le pain, quand même elle serait hypostatique, peut bien rendre la matière du sacrement le pain et le vin de Dieu ; mais elle ne peut le rendre le corps et le sang de Jésus-Christ que par un véritable changement, comme l'habitation de la divinité dans le corps de Jésus-Christ, ne le rend pas l'âme de Jésus-Christ, et ne fait pas que cette proposition soit véritable : Le corps de Jésus-Christ est l'âme de Jésus-Christ.

II° Remi nous assure que par la consécration le pain est tellement fait le corps de Jésus-Christ, que ce ne sont pas deux corps, mais un même corps. Or cette union de la divinité avec le pain ne peut faire cet effet. Car comme l'union de la divinité avec chacun des bras du corps de Jésus-Christ, ou avec chacun des pieds de Jésus-Christ, ne faisait pas que ces deux bras ne fussent qu'un bras, et ces deux pieds ne fussent qu'un pied ; de même l'union de la divinité avec deux corps différents ne ferait pas que ces deux corps ne fussent qu'un corps.

III° Elle ne suffirait pas même pour faire que le pain fut réellement uni au corps de Jésus-Christ. Car l'union de la divinité avec le corps et l'âme de Jésus-Christ dans les trois jours du sépulcre, ne faisait pas que l'âme fût unie au corps durant ces trois jours.

IV° Au lieu que Remi assure qu'il n'y a point plusieurs corps de Jésus-Christ, ni plusieurs calices. *Licet multis locis, et innumerabilibus diebus illud corpus consecretur, non sunt tamen multa corpora Christi, neque multi calices* ; il s'ensuivrait de cette union chimérique que Dieu aurait autant de corps, qu'il serait uni à de pains différents, puisque chaque pain demeurerait en sa propre nature.

V° Au lieu qu'il dit que tous les chrétiens prennent le corps de Jésus-Christ tout entier, quelque petite que soit la partie de l'Eucharistie qu'ils reçoivent. *Sive plus sive minùs qui inde percipiat, omnes æqualiter corpus Christi integerrimè sumunt;* il s'ensuivrait au contraire que nul ne prendrait le corps de Jésus-Christ tout entier, et qu'on en prendrait davantage plus on prendrait de la matière du sacrement. Car comme chaque partie du corps naturel de Jésus-Christ n'est pas tout son corps, y ayant encore d'autres parties qui sont animées par son âme, et unies à sa divinité, ainsi chaque pain uni à la divinité ne serait pas tout le corps de Dieu, qui comprendrait en ce cas, outre le corps naturel de Jésus-Christ, l'assemblage de tous ces pains différents auxquels la divinité serait unie, comme le corps naturel comprend l'assemblage de tous les membres auxquels l'âme est unie ; de sorte que qui prendrait plus de pain consacré, prendrait une plus grande partie du corps de Jésus-Christ.

Cette union de la divinité avec le pain n'est donc digne que de l'imagination d'Aubertin, qui aime mieux dire au hasard tout ce qui lui vient en l'esprit que de reconnaître qu'aucun ancien auteur enseigne la présence réelle. Et certainement ces paroles de Remi sur lesquelles il se fonde ne le portaient point à une pensée si peu vraisemblable. Car cet auteur dit bien que la divinité remplit ce pain, et qu'elle le joint au corps de Jésus-Christ ; mais il ne dit pas qu'elle l'y joigne en le laissant subsister en la nature de pain. Il marque au contraire que c'est en le changeant et en faisant qu'il ne soit plus pain, mais le corps véritable et naturel de Jésus-Christ. *Iste panis*, dit-il, *transit in corpus Christi. Videtur quidem panis et vinum, sed in veritate corpus est Christi.* La divinité remplit donc le pain, selon cet auteur ; mais elle le remplit d'une manière efficace ; elle le change en le remplissant ; elle le fait passer à la nature du corps de Jésus-Christ ; elle fait qu'il ne cesse d'être pain, quoiqu'il le paraisse ; elle le rend corps de Jésus-Christ dans la vérité. C'est ainsi qu'elle l'unit au corps, en faisant qu'il n'y ait plus de pain, quoique l'apparence en demeure, et que ce qui est conçu sous cette apparence, soit véritablement le corps même de Jésus-Christ. *Videtur quidem panis et vinum, sed in veritate corpus Christi est et sanguis..... Facit ut pristinâ remaneant formâ illa duo munera, etsi in veritate corpus Christi et sanguis sunt.*

CHAPITRE III.

Examen de ce que dit l'auteur de la réponse sur le sujet de Jean Scot.

Enfin pour un dernier exemple du peu de justesse des raisonnements de l'auteur en cette III° partie, il nous permettra de rapporter encore ce qu'il dit de Jean Scot, appelé Érigène, dont il parle ainsi : *L'auteur du traité dit que Jean Érigène était un brouillon, un ignorant, un homme rempli d'erreurs, dont le livre fut brûlé dans un concile tenu près de deux cents ans après lui.... Mais nous pouvons savoir en quelle estime il fut durant sa vie, et après sa mort par beaucoup de choses : premièrement l'honneur qu'il eut d'être précepteur de Charles-le-Chauve marque qu'il était en réputation d'homme savant. Secondement il écrivit de l'Eucharistie, par le commandement de Charles, aussi bien que Bertram. De plus la réputation de son savoir le fit appeler par Alfride, roi d'Angleterre. Enfin tous les historiens lui rendent témoignage d'avoir été personnage de grand esprit et de grande éloquence, docteur consommé en toute littérature, prêtre et moine très saint, abbé d'un monastère de fondation royale. Ils disent même que l'on vit une lumière miraculeuse sur le lieu où il avait été tué. Ce qui obligea les moines de le transporter dans la grande église, et de lui faire un honorable tombeau auprès de l'autel avec cette épitaphe :* CI GIT JEAN, *le saint philosophe, qui en sa vie fut enrichi d'une merveilleuse doctrine, et qui enfin eut l'honneur de monter par le martyre au royaume de Christ. Voilà ce brouillon, cet ignorant, et cet homme rempli d'erreurs.* Il semble en entendant ce discours que ce soit l'auteur du traité qui ait donné ces épithètes à ce Jean Scot. Mais on sera bien étonné quand on prendra la peine de le lire, et que l'on verra que ce n'est pas lui qui les lui donne, mais la plus savante Église de France qui était alors celle de Lyon, laquelle il cite expressément, et qui parle ainsi d'Amalarius et de Jean Scot : *Multùm moleste et dolenter accipimus, ut ecclesiastici et prudentes viri Amalarium de fidei ratione consulerent, qui verbis et libris, suis mendaciis, et erroribus, et phantasticis atque hæreticis disputationibus plenis, omnes penè apud Franciam Ecclesias, et nonnullas etiam aliarum regionum, quantum in se fuit, infecit atque corrupit; ut non tam ipse de fide interrogari, quàm omnia scripta ejus saltem post mortem debuerint igne consumi. Et quod majoris est ignominiæ atque opprobrii, Scotum illum ad scribendum compellerent, qui sicut ex ejus scriptis verissimè comperimus, nec ipsa verba Scripturarum adhuc habet cognita, et ita quibusdam phantasticis adinventionibus et erroribus plenus est, ut non solùm de fidei veritate nullatenùs sit consulendus, sed etiam cum ipsis omni irrisione dignis scriptis suis, nisi corrigere et emendare festinet, vel sicut demens sit miserandus, vel sicut hæreticus sit anathematizandus.*

Florus, savant diacre de la même église, ne le traite pas plus favorablement, et il l'appelle dès le commencement de son écrit un causeur et un étourdi : *Venerunt ad nos cujusdam vaniloqui et garruli hominis scripta.* Et il le convainc dans tout son ouvrage d'ignorance et d'erreurs, aussi bien que Prudence, évêque de Troyes, qui a réfuté au long ses dix-neuf chapitres que le concile de Valence condamna en ces termes : *Sed et alia novemdecim syllogismis ineptissimè conclusa, et licèt jactetur, nullâ seculari litteraturâ nitentia ; in quibus commentum diaboli potius quam argumentum aliquod fidei deprehenditur, à pio auditu fidelium penitùs explodimus... Ineptas autem quæstiunculas, et aniles penè fabulas, Scotorumque pultes, puritati fidei nauseam inferentes quæ periculosissimis et gravissimis temporibus, ad cumulum laborum nostrorum, usque ad scissionem charitatis miserabiliter et lacrymabiliter succreverunt, ne mentes christianæ inde corrumpantur, et excidant à simplicitate fidei quæ est in Christo Jesu, penitùs respuimus, et ut fraterna charitas, cavendo à talibus, auditum castiget, Christi amore monemus.* On voit la même censure dans le concile de Langres, c. 4. Enfin le pape Nicolas I, en parlant de la traduction qu'il avait faite des livres de S. Denis, déclare expressément que ce Scot était un homme suspect d'erreurs.

Voilà ce qu'on avait en vue en parlant de Jean Scot comme on a fait. Et la sincérité obligeait l'auteur de la réponse de ne le pas dissimuler. Cela devait suffire pour lui faire juger à lui-même combien on doit avoir peu d'égard à l'estime que Charles-le-Chauve et un roi d'Angleterre ont pu faire de Jean Érigène, et aux louanges que quelques historiens lui ont données. Car si elles étaient suffisantes pour le justifier des erreurs qu'on lui impute touchant l'Eucharistie, elles le justifieraient aussi de celles qu'on lui impute touchant la grâce. Que si l'auteur reconnaît sans doute que c'est avec grande raison que l'Église de Lyon, le concile de Valence, et celui de Langres ont condamné ses erreurs touchant la grâce, qu'il reconnaisse aussi par cet exemple que les rois peuvent estimer, et que les historiens peuvent louer des hommes remplis d'erreurs.

Qui ne sait que la plupart du monde, et principalement les grands ne jugent des hommes que par l'extérieur et par le dehors? et que, pourvu qu'une personne ait quelque facilité de parler; qu'elle fasse paraître une science mêlée, comme était celle de Jean Érigène, qui avait beaucoup voyagé, qui savait diverses langues, et qui était philosophe, qualité rare en ce temps-là, elle ne manque jamais d'attirer l'estime de plusieurs personnes? Mais ce n'est pas sur cette réputation populaire qu'il faut fonder le jugement qu'on doit porter de la doctrine d'un auteur. Et un homme judicieux s'arrêtera toujours beaucoup davantage au témoignage d'une savante Église et de deux conciles composés des plus grands évêques de ce siècle, qu'à l'estime de quelques grands, à la crédulité de quelques religieux et au rapport de quelques historiens d'Angleterre, qui ne connaissent pas ce Scot, comme on le connaissait en France.

Enfin c'est en vain que l'on prétend que nous devons nous en rapporter à des historiens étrangers, puisque nous en pouvons juger par nous-mêmes, et par la lecture des livres que nous avons encore de lui. Or il n'y a personne qui ne soit obligé de reconnaître en les lisant que c'était un homme qui suivait plus ses raisonnements, que la lumière de la tradition de l'Église, et qui, faisant profession d'expliquer la théologie par la philosophie, était aussi mauvais philosophe qu'ignorant théologien ; de sorte que c'est avec raison que le concile de Langres lui ôte l'une et l'autre de ces qualités.

Il n'en faut point d'autre preuve que le commencement et la fin de son livre, et je crois qu'il est bon de les rapporter ici, afin que tout le monde puisse juger du caractère de cet esprit, et de la justice des louanges que les ministres lui donnent.

Le premier chapitre de son livre porte ce titre : *Quadruvio regularum totius philosophiæ, quatuor omnem quæstionem solvi.* C'est-à-dire que toute question se doit résoudre par le quaternaire des quatre règles de la philosophie.

Il le commence par l'établissement de ce principe, que la philosophie et la religion sont la même chose, et que la philosophie ayant quatre parties, la divisive, la définitive, la démonstrative, la résolutive, dont il rapporte les mots grecs et les définitions, c'est par là qu'il entreprend de trouver la vérité du mystère de la prédestination. On peut juger de ce que l'on devait attendre de ce ridicule commencement, et l'on n'y est pas trompé. Ce ne sont qu'arguments en forme, que dilemmes, que syllogismes conjonctifs, qui ne sont ordinairement que de fausses subtilités, ou de véritables erreurs. Enfin il conclut son ouvrage par une spéculation qui contient tout le XIX° chapitre, et qui mérite bien d'être sue.

Cet homme était si plein de la philosophie d'Aristote et de la doctrine des quatre éléments, que pour la consacrer en quelque sorte, il en a voulu bâtir l'enfer et le paradis. Il dit donc que les démons avant leur péché étant dans l'élément du feu, ils en avaient été chassés à cause de leur péché, et qu'on leur avait fait un corps d'air malgré qu'ils en eussent, afin qu'ils y souffrissent le supplice de leur orgueil. Qu'ainsi l'élément du feu est le lieu des bienheureux, soit anges, soit hommes ; et que l'air qui est proche du feu sera celui des diables et des damnés. Que les élus en ressuscitant auront des corps de feu, afin de vivre dans le feu, et que les damnés auront des corps d'air afin de pouvoir être tourmentés par le feu qui est au-dessus d'eux. Que la joie de ces natures qui seront en l'élément du feu consiste en ce que cet élément domine et presse ce qui est au dessous, et le veut attirer à soi ; au lieu que le supplice de ceux qui seront au-dessous sera d'être dominés, pressés, et brûlés par l'élément supérieur. Que néanmoins les corps et des damnés et des élus seront éclatants pour l'ornement de l'univers, *ita videlicet quòd idem ille ignis omnibus corporibus fiat gloria, quod damnandis animabus extrinsecùs cumulabitur pœna.*

Voilà ce grand personnage et cet homme consommé en toute sorte de littérature, comme l'appelle l'auteur de la réponse. Voilà quel était le caractère de ce précurseur des sacramentaires. Que l'on juge après cela s'ils ont beaucoup de sujet de s'en glorifier, et s'il y eut jamais un homme plus propre pour attaquer le mystère de la foi, comme l'appelle l'Église, que celui qui, faisant profession de ne s'appuyer que sur la philosophie humaine, faisait un si mauvais usage de sa raison.

CHAPITRE IV.
Examen de ce que l'auteur dit touchant le conciliabule des iconoclastes et le second concile de Nicée.

Ces exemples que je viens de rapporter ne sont que pour donner une idée générale du peu de justesse de l'auteur dans les raisonnnements et dans les preuves qu'il emploie en cette III.e partie. Mais pour le satisfaire pleinement, il est nécessaire d'examiner en particulier les points principaux qu'il entreprend de traiter, et dans lesquels il s'imagine avoir réfuté l'écrit de l'Eucharistie, qui fait le sujet de ce différend. On les peut réduire à quatre, dont le premier consiste en ce qu'il dit touchant le conciliabule des iconoclastes et le concile de Nicée en Bithynie ; le 2.e en ce qu'il dit du livre de Ratramnus ou Bertram ; le 3.e en ce qu'il avance touchant le X.e siècle ; et le 4.e en ce qu'il dit touchant l'opinion des Grecs modernes et des autres communions séparées de l'Église depuis un long temps.

Je commence par le concile de Constantinople contre les images, et celui de Nicée en Bithynie pour les images, en laissant ce qui regarde Anastase Sinaïte et saint Jean Damascène, dont l'auteur parle auparavant, parce qu'il n'a pas seulement songé à répondre à ce qu'on en avait dit dans le premier traité, et qu'il s'est contenté de répéter ce que l'on croyait y avoir suffisamment réfuté. Mais pour le concile de Constantinople et le second de Nicée, il prétend en tirer de grands avantages. Il relève extraordinairement le premier, et il condamne très-aigrement le second. Il dit de celui de Constantinople, que c'était *trois cent trente-huit évêques, c'est-à-dire, la plus pure et la plus éclatante partie de l'Église, et un plus grand nombre qu'il n'y en eut au concile de Nicée ; qu'il s'explique si clairement en faveur de la doctrine de Calvin, que Calvin même n'y pourrait rien dire de plus formel ; que c'est par hasard et par rencontre qu'ils parlent de l'Eucharistie*, circonstance que l'auteur trouve fort considérable. Et quant au II.e concile de Nicée, il soutient *qu'on ne le peut excuser d'imprudence, d'aveuglement et de passion*. Mais ce qu'il y a de remarquable est que, quoiqu'il donne toutes les louanges qu'il peut à ce conciliabule de Constantinople, en dissimulant tous les justes reproches qu'on peut lui faire contre, comme qu'il n'y avait aucun des patriarches qui y assistât, et qu'il était visiblement dominé par un empereur passionné et violent ; et quoiqu'il cache tout ce qu'on peut dire à l'avantage du II.e concile de Nicée, où tous les patriarches assistaient, où le Pape présidait par ses légats, et qui se tenait sous l'autorité d'un empereur équitable et modéré ; il demeure néanmoins d'accord que bien que les expressions de ces deux conciles sur l'Eucharistie soient différentes, ils étaient dans les mêmes sentiments en ce qui regarde le fond, comme il paraît en ce que le concile de Nicée, reprenant les expressions des iconoclastes, leur rend néanmoins témoignage qu'après avoir mal parlé, ils revenaient dans la suite à la vérité. Et en effet, il est entièrement hors d'apparence que dans l'espace de trente ans qui se sont passés entre ces deux conciles, toute l'Église d'Orient eût changé de foi sur la matière de l'Eucharistie, sans que personne se fût aperçu de ce changement, ni que l'on eût vu naître aucune contestation sur ce point, en même temps que l'on excitait tant de trouble sur la dispute des images, qui était infiniment plus légère.

Il faut donc supposer comme un principe constant, que ces deux conciles n'ont eu qu'une même doctrine dans le fond sur le sujet de l'Eucharistie, c'est-à-dire, ou qu'ils ont cru tous deux la présence réelle, ou qu'ils ont cru tous deux l'absence réelle. Il s'agit seulement de savoir laquelle des deux créances on leur doit attribuer à tous deux également. Les calvinistes tirent à eux le concile des iconoclastes, et par ce concile ils prétendent expliquer celui de Nicée. Les catholiques soutiennent au contraire que le II.e concile de Nicée est clairement pour eux, et que l'on s'en doit servir pour expliquer celui des iconoclastes. C'est le sujet de ce différend, dans lequel je ne vois pas qu'un homme de bon sens puisse raisonnablement hésiter touchant le parti auquel la vérité l'oblige de se ranger. C'est ce qui paraîtra par les considérations suivantes.

1° Le concile des iconoclastes ne parle de l'Eucharistie que par rencontre et pour un autre dessein ; c'est-à-dire, qu'il n'a pas eu pour but de dire tout ce que l'on doit croire de l'Eucharistie, mais d'en tirer seulement un argument contre les images. Et quand on ne parle des mystères qu'en cette manière, chacun sait que l'on n'est obligé d'en dire que ce qui sert au sujet que l'on traite. Or l'Eucharistie ayant deux qualités selon la doctrine des catholiques : l'une qu'elle est l'image de Jésus-Christ selon sa partie extérieure et sensible et moins principale ; l'autre qu'elle est Jésus-Christ même dans sa partie principale, mais invisible ; il est certain qu'il n'y avait que la première qualité d'image qui favorisât, non en vérité, mais en apparence, la prétention des iconoclastes, et qui leur donnât sujet de dire comme ils faisaient, *que Jésus-Christ n'avait point choisi d'autre image sous le ciel que celle du pain et du vin pour exprimer son incarnation, d'où* ils concluaient que toutes les autres étaient illicites. Il n'y aurait donc pas sujet de s'étonner quand ils n'auraient point parlé de la seconde, qui est d'être véritablement le corps même de Jésus-Christ, puisqu'elle ne servait de rien à leur dessein. Cependant ils n'ont pas laissé de le faire, et ils nous disent expressément dans ce lieu même que les calvinistes citent, *que Jésus-Christ avait voulu que le pain de l'Eucharistie, étant la véritable image de sa chair naturelle, fût fait son divin corps par l'avènement du Saint-Esprit*. Il n'en est pas de même de cet écrit contre les iconoclastes qui fut lu dans la 6.e session du II.e concile de Nicée ; on y reprend une expression défectueuse touchant l'Eucharistie, on la condamne dans un mauvais sens. On était donc obligé de parler précisément et exactement. Car jamais on ne s'éloigne davantage des métaphores, que lorsqu'on condamne les autres de s'être servis de termes impropres et peu exacts. Et c'est dans cet esprit de simplicité éloigné de figures et de métaphores qu'il est dit dans cet écrit, *que les dons sont appelés types avant que d'être sanctifiés : mais qu'après la consécration ils sont appelés, ils sont en effet, et sont crus proprement le corps et le sang de Jésus-Christ :*

qu'ainsi ces ennemis des images avaient apporté pour les détruire l'exemple d'une image qui n'était point image, mais corps et sang. Il n'est pas question si le diacre Épiphane et les évêques de ce II° concile de Nicée, devant qui il parlait, avaient raison en ce qu'ils prétendaient que les dons n'avaient jamais été appelés types ou antitypes qu'avant la consécration ; c'est une question de fait, dans laquelle ils ont pu se tromper d'une erreur fort innocente, puisqu'elle était fondée sur le sens populaire du mot *image* qui exclut la vérité : ce qui leur faisait faire ce raisonnement : *Si imago corporis est, non potest esse hoc divinum corpus.* Mais il s'agit de ce qu'ils ont cru de l'Eucharistie. Or il faut renoncer à la raison pour douter qu'ils n'aient cru ce qu'ils nous disent si expressément, *que l'Eucharistie n'est pas l'image de Jésus-Christ, mais son propre corps* : ce que l'on ne peut prendre en aucune sorte, qu'au sens que les catholiques le prennent.

2° Car il faut remarquer que le langage des hommes souffre bien que l'on détruise et que l'on nie l'expression figurée, pour affirmer l'expression simple ; mais que c'est une extravagance sans exemple de nier l'expression simple pour affirmer l'expression figurée. Par exemple, d'autant que la pierre du désert n'était Jésus-Christ que par métaphore et par signification, et que toutes ces autres expressions sont aussi métaphoriques, les sept vaches sont les sept années, le sang est l'alliance, l'agneau paschal était Jésus-Christ ; on peut bien dire, la pierre n'était pas Jésus-Christ, mais elle en était l'image ; les vaches n'étaient pas des années, mais elles signifiaient des années ; le sang n'était pas l'alliance proprement, mais il était la marque de l'alliance ; l'agneau paschal n'était pas Jésus-Christ immolé, mais il en était la figure. Mais il n'est jamais venu dans l'esprit de personne de s'exprimer de la sorte : La pierre ne signifiait pas Jésus-Christ, mais elle était Jésus-Christ ; les vaches ne signifiaient pas des années, mais elles étaient des années ; le sang n'était pas une marque d'alliance, mais c'était l'alliance même ; l'agneau paschal n'était pas la figure de Jésus-Christ immolé sur la croix, mais c'était Jésus-Christ même immolé sur la croix. Il n'y a donc point d'apparence que celui qui composa ce traité ait cru d'une part, que le pain et le vin ne fussent que la figure et la représentation du corps de Jésus-Christ, et non le corps même de Jésus-Christ ; et que de l'autre, pour signifier cette créance, il ait dit que le pain et le vin n'étaient pas l'image de Jésus-Christ, mais qu'ils étaient proprement le corps et le sang de Jésus-Christ. Pour parler de cette sorte, il faudrait avoir entièrement perdu le sens.

3° Il n'y a rien dans le discours des iconoclastes qui ne soit vrai à la lettre selon l'opinion des catholiques ; et tout ce qu'on y peut blâmer, est qu'il est susceptible d'un mauvais sens selon l'intelligence populaire du mot *image*, lequel néanmoins ces évêques témoignent qu'ils n'ont point eu. Ils appellent l'Eucharistie image, et cela est vrai dans le sens naturel de ce mot, puisque, comme dit Paschase, ce mystère est vérité, et ne laisse pas d'être figure. Ils disent que Dieu a choisi une image principale, savoir la substance du pain, et qu'il a commandé de l'offrir. Cela est encore vrai, tant parce qu'on offre les dons avant qu'on les consacre, que parce que lors même qu'ils sont consacrés, ils retiennent avec raison le nom de la chose dont ils conservent la figure et la ressemblance. Le premier auteur qui s'est servi du mot de transsubstantiation, savoir Etienne, évêque d'Autun, dans le passage même où il s'en sert, ne laisse pas d'appeler l'Eucharistie oblation de pain et de vin : *Oblatio,* dit-il, *panis et vini transsubstantiatur in corpus et sanguinem Christi.* Il est donc certain que ce n'est en rien favoriser les sacramentaires, que de dire simplement, comme font ces évêques, que Jésus-Christ a commandé qu'on offrit le pain et le vin, image de sa chair ; et qu'il reste à savoir s'ils n'ont point cru que cette substance du pain et du vin, cette image de la chair naturelle, fût changée en son corps et en son sang. C'est en quoi consiste la question, et ces évêques la décident, en reconnaissant, comme ils font plus bas, *que Dieu a voulu que le pain de l'Eucharistie, étant l'image de sa chair naturelle, devint le corps, étant sanctifié par l'avénement du S.-Esprit.* Et ceux même qui les combattent avouent qu'ils l'ont décidée en cette manière, et qu'ils ont reconnu que le pain était le corps même de Jésus-Christ. Ainsi le sens que les catholiques donnent à ce concile des iconoclastes est conforme à leurs propres paroles. Et il est de plus appuyé du témoignage de celui même qui les a combattus dans le II° concile de Nicée.

4° Mais outre que le sens que les calvinistes sont obligés de donner aux paroles du II° concile de Nicée, n'est tiré que de leur fantaisie, il est de plus si contraire au sens commun, qu'il est étrange qu'il ait pu venir dans l'esprit d'aucun homme raisonnable. L'écrit lu dans la 6° action de ce concile nous assure *que le pain n'est pas l'image du corps de Jésus-Christ, mais qu'il est appelé, qu'il est en effet, et qu'il est cru proprement le corps même de Jésus-Christ, et que c'est à tort qu'on l'appelle image, puisque c'est la chair et le sang de Jésus-Christ.* Cela veut dire, dit l'auteur de la réponse, que ce n'est pas une image vide, puisque l'âme en le prenant s'unit à Jésus-Christ comme à son objet, et Jésus-Christ s'unit à l'âme en agissant sur elle. Mais en quelle langue a-t-il trouvé que ces mots, *ce n'est pas une image,* signifient ce n'est pas une image vide ? Où a-t-il trouvé que ceux-ci, *que le pain est appelé, est en effet, et est cru le corps de Jésus-Christ,* signifient que l'on pense à Jésus-Christ en prenant le pain, et que Jésus-Christ agit sur ceux qui le prennent ? Est-ce en cette manière que l'on exprime cette pensée ? Cependant ces messieurs les prétendus réformés trouvent ces explications fort raisonnables, et l'on ne s'en doit pas étonner. Ils se les redisent perpétuellement à eux-mêmes, et à force de les rebattre ils deviennent incapables d'en reconnaître l'absurdité. C'est l'ordinaire de l'esprit humain de perdre ainsi par l'accoutumance le discernement du vrai et du faux. Ils ont toujours dans l'esprit ces solutions, de corps symbolique, corps typique, présence de vertu, présence de signification, présence d'objet. Ils se les rendent familières, et s'imaginent ensuite qu'elles ont pu être aussi familières aux Pères qu'à eux. Mais ils devraient considérer que les Pères n'étaient pas dans la même condition qu'eux. Ils n'étaient point attachés à ces termes. Ils n'avaient point dessein d'allier les expressions anciennes avec leurs opinions présentes. Ils ne songeaient qu'à se faire entendre. Or il est absolument contre le sens commun qu'un homme, pour faire entendre cette pensée, que l'Eucharistie n'est pas une image de Jésus-Christ inutile et sans effet, mais que ceux qui la prennent en songeant à Jésus-Christ s'unissent à lui comme à leur objet, et que Jésus-Christ s'unit aussi à eux en agissant sur leurs âmes, choisisse ces termes : *Le pain consacré n'est pas l'image du corps de Jésus-Christ, mais il est appelé, il est en effet, et il est cru proprement son corps.*

5° Que si les paroles de cet écrit lu dans la 6° action du II° concile de Nicée sont absolument ridicules dans le sens que les calvinistes y donnent, les raisonnements de ce même écrit ne le sont pas moins.

On y réfute les iconoclastes qui avaient appelé l'Eucharistie image par cet argument. L'image n'est pas la chose même dont elle est image. Or le pain consacré est le corps même de Jésus-Christ. Donc il n'en est pas l'image : *Si imago corporis est, non potest esse hoc divinum corpus.* Nicéphore, patriarche de Constantinople, écrivant quelque temps après contre les iconoclastes, emprunte du II° concile de Nicée ce même raisonnement : *Quomodò,* dit-il, *idem dicitur corpus Christi, et imago Christi? quod enim est alicujus imago, hoc corpus ejus esse non potest.* Sur quoi il faut remarquer que les calvinistes emploient contre les catholiques le même principe que les évêques de Nicée et Nicéphore employoient contre les iconoclastes; mais qu'en y joignant de différentes mineures, ils en tirent des conclusions toutes différentes. Les évêques du concile de Nicée forment cet argument : L'image n'est pas la chose même dont elle est image; or l'Eucharistie est le corps même de Jésus-Christ; donc elle n'en est pas l'image. Et les calvinistes forment celui-ci : L'image n'est pas la chose même dont elle est image; or l'Eucharistie est l'image du corps de Jésus-Christ, donc elle n'est pas le corps même de Jésus-Christ. Les calvinistes prétendent que les évêques du concile de Nicée se trompaient dans leur raisonnement, et nous prétendons qu'ils se trompent dans le leur. Mais c'est une équité que l'on doit garder en accusant les hommes d'erreur, que de ne leur imputer que des erreurs humaines, et qui sont voilées de quelque sorte d'apparence, et de ne leur en pas imputer qui soient entièrement folles et extravagantes. Cette équité est fondée sur ce principe très-véritable et très-nécessaire pour l'intelligence du langage humain, que les hommes sont capables de s'éblouir, et de se surprendre par une fausse apparence, parce qu'ils sont hommes; mais qu'ils ne sont pas capables de se tromper sans apparence et sans raison, et d'approuver des choses notoirement fausses, parce qu'ils ne sont pas fous. Nous pratiquons cette équité envers les calvinistes. Nous leur disons qu'ils se trompent, mais qu'ils se trompent en hommes. Le principe dont ils se servent, que l'image n'est pas la chose même dont elle est image, est faux dans le sens naturel du mot *image* qui ne signifie que représentation. Car une chose se peut représenter soi-même dans un autre état, comme le visage est l'image de l'âme; la colombe, et les langues de feu représentaient le S.-Esprit, et le contenaient. Mais il est vrai dans le sens populaire de ce mot. Car on n'appelle pas ordinairement image ce qui est la chose même, et l'on conclut populairement : C'est son image, donc ce n'est pas lui même. Voilà l'apparence qui les trompe. Mais les calvinistes ne traitent pas de même le concile II° de Nicée, et tous les auteurs qui se sont servis du même raisonnement, en les expliquant comme ils font. Ils leur imputent une erreur, mais une erreur qui n'est pas humaine, et qui est entièrement insensée. Et pour le faire voir, examinons un peu le raisonnement des évêques de Nicée, selon le sens des calvinistes. Leur principe est : *L'image n'est pas la chose même dont elle est image.* Et ce principe ne saurait entrer dans la tête de qui que ce soit, à moins qu'on l'explique au moins en ce sens : *L'image n'est pas réellement la chose même dont elle est image.* Car il est ridicule en celui-ci : *L'image n'est pas figurativement, ou virtuellement la chose dont elle est image*; puisqu'il est au contraire de la nature de l'image d'être figurativement la chose dont elle est image, et qu'il est clair qu'il ne répugne point à la nature de l'image, de contenir la vertu de la chose, comme il ne répugne point à l'eau du baptême de contenir la vertu du S.-Esprit. Elle en est au contraire plus véritablement image.

Il faut donc au moins qu'on suppose que ces évêques ont pris ce principe au premier sens, et qu'ils ont voulu dire que l'image *n'est pas réellement la chose dont elle est image.* Voilà leur majeure; et leur mineure est : *Le pain consacré est le corps de Jésus-Christ,* dont ils tirent cette conclusion : Qu'*il n'est donc pas l'image du corps de Jésus-Christ,* comme les iconoclastes l'appelaient. Qu'on explique maintenant cette mineure au sens des calvinistes : Le pain consacré est le corps de Jésus-Christ figurativement et virtuellement, et l'on verra qu'on en fera le plus impertinent raisonnement qui ait jamais été fait. Car le raisonnement entier et développé consistera dans ces trois propositions : *L'image n'est pas réellement le corps même dont elle est image; or le pain consacré est figurativement et virtuellement le corps de Jésus-Christ; donc il n'est pas image de Jésus-Christ.*

Il est donc certain qu'on ne peut expliquer raisonnablement l'argument de ces évêques qu'en l'entendant au sens des catholiques, et en substituant dans la mineure le même terme qui est clairement sous-entendu dans la majeure, en cette manière : *L'image n'est pas* réellement le corps même dont elle est image; or le pain consacré est réellement le corps de Jésus-Christ; donc il n'est pas l'image du corps de Jésus-Christ. Cet argument pris en cette manière ne laisse pas d'être défectueux, parce que la majeure n'est pas véritable absolument et en tous sens; mais il est apparent, et c'est une erreur humaine que de s'y laisser surprendre. Au lieu qu'étant expliqué au sens des calvinistes, il est entièrement extravagant. Ainsi, comme toutes les preuves que l'on tire de l'autorité des hommes ne sont appuyées que sur ce principe, qu'ils ne sont pas fous, comme nous l'avons dit ailleurs, il ne leur a pas été permis d'expliquer les paroles d'un écrit lu avec approbation dans un concile en une manière selon laquelle il faudrait l'accuser, non d'erreur, mais de folie.

Mais cette expression, que le pain consacré n'est pas l'image du corps de Jésus-Christ, ne justifie pas seulement que l'auteur de cette réfutation du concile des iconoclastes, qui fut lue dans la sixième session du IIe concile de Nicée, était dans la foi de la présence réelle; elle ne montre pas aussi seulement que tous les Pères de ce concile devant qui on la lisait étaient dans la même foi; mais elle fait voir que c'était la créance commune et universelle de toute l'Église de ce temps-là, tant en Orient qu'en Occident. Car il faut remarquer qu'ils n'étaient pas inventeurs de cette expression; elle se trouve expressément dans Anastase Sinaïte, dans S. Jean de Damas, et dans le concile de Francfort, qui ne l'avait pas empruntée des Grecs. Et de là on doit conclure nécessairement que ce n'était point une chose ordinaire dans l'Église d'appeler le pain de l'Eucharistie image et figure de Jésus-Christ, puisque cette expression scandalisa tout un concile, et qu'elle fut combattue en Orient et en Occident. Or il est contre toute sorte d'apparence qu'une expression très-commune dans l'Église eût scandalisé de cette sorte tous les évêques du monde.

Il se peut bien faire que les iconoclastes, la trouvant autorisée par quelques anciens Pères, s'en soient servis parce qu'elle était favorable à leur dessein. Il se peut faire aussi que les évêques du IIe concile de Nicée et ceux de Francfort, en ne faisant pas attention aux passages des Pères qui l'autorisent, l'aient reprise à cause du mauvais sens qu'elle présente d'abord. Mais il ne se peut faire en aucune sorte qu'ils eussent repris cette expression, si elle eût été commune dans le langage ordinaire dont on parlait alors dans l'Église, parce que ce langage ne leur pouvait être inconnu. Or de cela seul que ce n'était pas la coutume des fidèles de ce temps-là de considérer le pain et le vin comme les figures du corps et du sang de Jésus-Christ, il s'ensuit qu'ils ont cru la présence réelle, puisqu'ils ne pouvaient pas détourner toutes les expressions qui la signifient naturellement à ces sens métaphoriques d'images et de figures de Jésus-Christ.

On leur disait sans cesse que l'Eucharistie était le corps de Jésus-Christ; on ne leur disait point qu'elle en fût l'image et la figure, puisqu'ils ne pouvaient souffrir ces expressions en ce siècle. Ils ne pouvaient donc comprendre autre chose, sinon qu'elle était véritablement et réellement le corps même de Jésus-Christ, étant impossible qu'ils aient pu résister à l'impression si puissante de tant de termes qui forment l'idée d'une présence réelle, sans cette solution, qui est presque l'unique qu'Aubertin et les autres ministres apportent pour s'en défendre.

On ne peut donc nier raisonnablement que toute l'Église ne fût, au temps de ce concile, dans la foi de la présence réelle, et qu'ainsi, comme les ministres avouent qu'il ne s'était point encore fait de changement dans la substance de la foi, on ne doive conclure que cette même doctrine de la présence réelle est celle de toute l'antiquité.

Au reste, encore qu'il soit vrai que cette expression, que le pain consacré est l'image du corps de Jésus-Christ, se trouve autorisée par quelques anciens Pères, on ne doit pas néanmoins trouver étrange qu'elle se soit abolie, parce que l'usage n'en a jamais été fréquent, et qu'il est très-facile et très-naturel que le peuple, étant maître du langage, ait banni une façon de parler qui formait un faux sens selon le sens populaire, qui est celui qui se présente d'abord.

CHAPITRE V.
Où l'on fait voir que l'auteur de la réponse ne peut tirer aucun avantage du livre de Bertram.

Comme les ministres ne trouvent pas souvent des livres anciens qui leur soient favorables même en apparence, s'il s'en rencontre quelqu'un dans ce grand nombre qui nous sont restés qui semble dire quelque chose à leur avantage, ils le font valoir d'une manière si extraordinaire, qu'il paraît bien qu'ils ne sont pas accoutumés à être favorisés par les auteurs ecclésiastiques.

Nous avons vu de quelle sorte ils ont voulu faire de Jean Érigène, qui dans la vérité était un des impertinents hommes de son siècle, un homme admirable, et consommé en toute sorte de littérature. Mais voici un autre auteur du même siècle qu'ils relèvent encore beaucoup davantage, parce que son livre, s'étant conservé, leur donne moyen de s'en servir avec quelque sorte d'apparence.

C'est un nommé Ratramne ou Bertram, car peut-être que ces deux noms ne sont que le même; et en effet l'auteur anonyme défenseur de Paschase attribue à Ratramne l'ouvrage qui paraît maintenant sous le nom de Bertram, comme, au contraire, Sigebert et Trithème appellent Bertram celui que Hincmar, dans le prologue du livre *de Formâ deitatis*, et Frodoard, historien célèbre (l. 3, c. 15), nomment Ratramne : d'où il paraît que l'on se servait indifféremment de l'un et de l'autre nom pour marquer une même personne. Ce Ratramne donc composa un livre du corps et du sang de Jésus-Christ par le commandement de Charles-le-Chauve, qui se plaisait ainsi à consulter les hommes savants, et souvent autant pour appuyer l'erreur que la vérité. Car ce fut lui en partie qui engagea Jean Érigène à écrire de la prédestination, comme il le témoigne dans le premier chapitre de son livre.

Mais comme les princes ont bien d'autres affaires que de s'amuser à disputer des matières de théologie, quoique cet ouvrage ait été entrepris par son ordre, il ne paraît pas qu'il ait eu de suite, ni qu'il ait même été publié durant son règne ni longtemps depuis. C'est ce que reconnaît un professeur calviniste de Leiden, qui l'a fait imprimer avec un petit commentaire. « Il « est croyable, dit-il, que le livre de Bertram ne fut pas « publié ; parce qu'autrement Lanfranc n'aurait pas « manqué d'en parler ; n'étant ni stupide ni insensible, « il n'aurait pas manqué de sentir vivement la pointe « des arguments que ce livre nous fournit. Je crois « qu'il y a deux raisons qui ont fait que ce livre est « demeuré caché : la modestie de l'auteur, et la timi-« dité de l'empereur. Car, encore que les pontifes « romains n'aient commencé qu'au III⁰ siècle d'après « celui-là à persécuter cette opinion avec le fer et le « feu, il y a lieu néanmoins de soupçonner qu'ils étaient « déjà, dès ce siècle, dans un autre sentiment (c'est-« à-dire, dans l'opinion des catholiques). C'est pour-« quoi, comme quelques-uns écrivent que Charles « avait acheté sa consécration des papes, il n'est pas « étrange qu'il ne les ait pas voulu irriter contre lui « par la publication de cet écrit : *Bertrami verò scriptum* « *editum non fuisse credibile est, de quo alioquin Lan-* « *francus non fuisset taciturus, cùm ejus aculeos homo* « *non stupidus non potuisset non sentire. Rationem cur* « *editum non fuerit, duplicem puto : modestiam scilicet* « *auctoris, et imperatoris pusillanimitatem. Nam tametsi* « *ferro et flammâ pontifices romani hanc sententiam ,* « *non nisi tertio post Caroli Calvi obitum seculo, perse-* « *qui cœperint, tamen suspicio est* ALTERIUS SENTENTIÆ « EOS FUISSE PATRONOS ET DEFENSORES ; *à quibus cùm* « *emisse Carolum suam consecrationem scribant non-* « *nulli, quid mirere si hoc edito scripto eos in se provo-* « *care noluit ?* » Voilà comment parlent les calvinistes mêmes, quand ils parlent de bonne foi. Ils ne s'amusent pas à contester que l'Église ne fût alors dans la créance de la présence réelle, parce que c'est une chose trop claire. Ils avouent que le livre de Bertram fut vu de peu de personnes. Ainsi, reconnaissant qu'il est demeuré caché, ils nous délivrent de la peine de rechercher les raisons pour lesquelles on n'a pas obligé l'auteur de s'expliquer davantage. En effet, il est entièrement sans apparence que Bérenger n'eût pas cité ce livre pour lui, et n'en eût pas fait un des principaux appuis de son erreur, s'il avait été dans son siècle entre les mains des hommes de lettres, lui qui se servait d'un grand nombre d'autorités beaucoup moins spécieuses, et qui tirait avantage du livre de Jean Scot sur la même matière, et faisait même valoir cette circonstance, qu'il avait été écrit par l'ordre de Charles-le-Chauve.

Ce silence de Bérenger et de ceux qui l'ont combattu touchant Bertram, et une oraison de S. Grégoire qu'Ascelin, écrivant contre Bérenger, marque avoir été employée par Jean Scot, et qui se trouve dans le livre de Bertram, ont fait croire à M. de Marca, archevêque de Toulouse, que le livre de Jean Scot, et celui de Bertram n'étaient que le même livre, et que le véritable auteur en était ce Jean Scot, soit qu'il se fût voulu cacher sous le nom de Bertram, soit que l'on eût donné par erreur à ce livre le nom de Ratramne ou Bertram, parce qu'il était constant que Ratramne avait reçu ordre d'écrire sur la même matière : de sorte que son livre ne se trouvant point, on avait pu facilement donner son nom à celui de Jean Scot publié sans nom d'auteur. Et en effet il est assez étrange qu'il ne se trouve point d'auteur qui ait connu tous les deux ensemble. Le défenseur anonyme de Paschase fait mention de Bertram, mais il ne parle point de Scot ; et Bérenger et Lanfranc parlent de Scot, mais ils ne parlent point de Bertram ; et quand le livre de Bertram a recommencé de paraître, celui de Scot ne s'est plus trouvé.

Ce n'est pas ici le lieu d'examiner cette conjecture. Mais ce qui paraît certain est que si ce livre de Bertram est différent de celui de Scot, il est demeuré comme enseveli durant un long temps ; et ainsi il n'est nullement étrange qu'il n'ait excité aucun trouble dans son siècle. Cela suffit pour détruire tous les avantages que les ministres en pourraient tirer. Car il n'y aurait pas sujet de s'étonner que dans un mystère qui choque si fort la raison humaine, il se fût trouvé dans un siècle, un théologien qui, tâchant de l'y rendre plus conforme, s'éloignât de la créance commune de l'Église par de vaines spéculations. C'est un effet tout naturel des difficultés que Dieu a voulu joindre à ce mystère, et de l'inclination que l'esprit humain a d'accommoder toutes choses à la faiblesse de ses lumières. Mais si l'on examine de près la doctrine et les expressions de ce livre, on trouvera qu'il n'est pas si avantageux aux calvinistes qu'ils se l'imaginent, et que ce n'est pas sans raison que les centuriateurs en ont eu une pensée toute contraire.

Car on peut considérer cet auteur en deux manières, ou comme témoin de la doctrine de son siècle sur l'Eucharistie, ou comme raisonnant de lui-même sur cette doctrine. Il est témoin de la doctrine de son siècle par le rapport qu'il fait des expressions dont on se servait communément pour exprimer la foi touchant ce mystère ; et il raisonne sur cette doctrine, lorsqu'il explique ces expressions selon ses pensées et ses spéculations.

Si on le considère en la première manière, tant s'en faut qu'il soit contraire à la doctrine catholique, qu'il peut au contraire beaucoup servir à établir cette vérité, que le commun des fidèles de ce siècle était dans la créance de la présence réelle. Car c'est en suivant le langage de l'Église de son temps qu'il dit : *Je ne crois pas qu'aucun des fidèles doute que ce pain n'ait été fait le corps de Jésus Christ ; et que le calice ne contienne son sang* : « *Non enim putamus, ullum fide-* « *lium dubitare, panem illum fuisse Christi corpus effe-* « *ctum, quod discipulis donans dixit :* « *Hoc est corpus* « *quod pro vobis datur ;* » *sed neque calicem dubitare* « *sanguinem Christi continere.* » C'est en suivant le langage de l'Église de son temps, qu'il reconnaît que le pain et le vin sont changés au corps et au sang de Jésus-Christ par une opération invisible du S.-Esprit : *Panis qui offertur, ex frugibus terræ cùm sit assumptus, in Christi corpus dùm sanctificatur transponitur; sicut et vinum cùm ex vite defluxerit, divini tamen significatione mysterii efficitur sanguis, non quidem visibiliter, sed sicut ait præsens doctor, operante invisibiliter Spiritu sancto. Unde et sanguis et corpus Christi dicuntur, quia non quòd exterius videntur, sed quòd interiùs divino Spiritu operante facta sunt, accipiuntur; et quia longè aliud per potentiam invisibilem existunt, quàm visibiliter appareant.* C'est en suivant ce même langage qu'il conclut : *Ex his omnibus quæ sunt hactenùs dicta, monstratum est quòd corpus et sanguis Christi, quæ fidelium ore in Ecclesiâ percipiuntur, figura sunt secundùm speciem visibilem ; alverò secundùm invisibilem substantium, corpus et sanguis verè Christi existunt.* C'est-à-dire : *Nous avons montré par tout ce que nous avons dit jusqu'ici que le corps et le sang de Jésus-Christ qui sont reçus dans la bouche des fidèles sont figures selon l'espèce visible ; mais que selon la substance invisible ils sont véritablement le corps et le sang de Jésus-Christ.*

Enfin il témoigne que le principe constant de tous les fidèles était, que *l'Eucharistie était le corps de Jésus-Christ, et que le pain et le vin consacrés n'étaient plus ce qu'ils étaient auparavant.* « *Corpus enim,* dit-il *, sanguinemque Christi fideliter confitentur,* ET CUM HOC FACIUNT, NON HOC JAM ESSE QUOD PRIUS FUERE PROCUL DUBIO PROTESTANTUR. *Si hoc profiteri noluerint, compellentur negare corpus esse sanguinemque Christi, quod nefas est non solùm dicere, verùm etiam cogitare.* » C'est-à-dire : *S'ils ne disaient cela, ils seraient obligés de nier que ce fût le corps et le sang de Jésus-Christ, ce que l'on ne peut dire ni même penser sans crime.*

Voilà ce que l'on croyait en ce siècle. C'était un crime horrible que de nier que l'Eucharistie fût le corps de Jésus-Christ ; l'on y faisait profession de croire que le pain et le vin consacrés étaient véritablement le corps et le sang de Jésus-Christ, *corpus et sanguis Christi verè existunt ;* que cela se faisait par une opération invisible du S.-Esprit, *operante invisibiliter Spiritu sancto.* C'était la manière dont on en parlait, et l'on doit juger par ces expressions populaires de l'idée qu'elles devaient naturellement imprimer dans l'esprit du peuple. Bertram y ajoute ses raisonnements. Il explique ces paroles à sa fantaisie. Il les détourne si l'on veut à des sens métaphoriques. Mais le peuple n'a point formé sa créance sur ces raisonnements et sur ces explications qu'il n'a jamais entendues, et qui certainement n'ont jamais été populaires, mais sur les expressions mêmes qui ont toujours retenti à ses oreilles.

Si l'on demande donc ce qu'il croyait, il faut dire selon Bertram même *qu'il croyait que le pain et le vin après la consécration étaient le corps et le sang de Jésus-Christ, et que ce changement se faisait par une opération invisible du S.-Esprit.* Voilà la foi de l'Église. Bertram, en qualité de théologien, a pu raisonner comme il a voulu sur cette foi ; mais il n'a pas été capable de faire passer ses raisonnements dans le peuple par un livre qui n'a peut-être jamais été vu que de trois ou quatre personnes de son siècle. Ainsi, étant considéré comme témoin de la créance de son siècle, on doit reconnaître qu'il dépose clairement pour la présence réelle ; puisqu'il fait voir qu'on exprimait ce mystère en des termes qui ne pouvaient former une autre idée dans l'esprit du peuple.

Après cela il est assez inutile de rechercher avec soin quel a été son véritable sentiment. Dans les mystères populaires, et qui doivent être connus de tous les fidèles d'une foi distincte, la foi du peuple est la véritable foi. Le corps de l'Église ne peut errer, mais il est très-possible qu'un particulier s'égare. Il est impossible de concevoir que l'Église du IXe siècle ait abandonné la foi de l'ancienne Église ; mais on conçoit très-facilement qu'un théologien se soit évaporé en des raisonnements frivoles, et qu'il se soit ainsi écarté de la doctrine de l'Église, principalement lorsqu'il le fait en conservant tous les termes ordinaires qui contiennent cette foi, et en les détournant seulement en des sens éloignés des sentiments communs des fidèles. L'esprit humain se plaît en ces sortes de subtilités, et il n'y a point de mystère sur lequel il n'en ait voulu faire l'épreuve.

C'est donc une discussion entièrement indifférente pour le fond de nos disputes que d'examiner de quel sentiment a été Bertram. S'il a erré, il a erré tout seul, et en errant même il a rendu témoignage à la doctrine de l'Église par les termes dont il a été obligé de se servir, n'osant pas s'écarter d'un langage si autorisé dans l'Église ; τῆς συνηθείας τὸ ἰσχυρὸν δυσωπούμενος, comme S. Basile dit d'Origène sur le sujet du Saint-Esprit. C'est pourquoi je laisse maintenant cet examen, parce qu'il n'est pas utile dans une dispute de cette importance d'amuser l'esprit à ces sortes de contestations. Mais si le principal différend était décidé, il ne me serait pas difficile de montrer à l'auteur que l'on peut soutenir pour le moins avec autant d'apparence que Bertram était dans la créance commune de l'Église catholique, que les ministres soutiennent qu'il y était contraire : que la manière dont ils sont obligés d'expliquer ces expressions pour les rendre calvinistes est pour le moins aussi forcée que celle dont les catholiques se servent pour y donner un bon sens et conforme à leur doctrine ; et que le plus grand avantage qu'ils puissent prétendre touchant cet auteur est qu'on le tire à part comme un écrivain embarrassé, et qui ne peut être utile ni aux uns ni aux autres. Voilà ce que l'on peut leur faire voir quand ils le voudront. Mais comme c'est une dispute de pure curiosité, et qui n'est nullement importante pour la décision de nos différends, il y aurait de l'imprudence de la mêler dans un traité où l'on évite à dessein ces discussions de critique, pour ne s'attacher qu'aux choses qui peuvent contribuer à faire prendre parti dans une contestation qui est telle, que le paradis et l'enfer feront la différence de ceux qui auront fait un bon ou mauvais choix. Ce n'est pas ici, comme dit Guitmond, l. 3, *une dispute où l'avantage et le désavantage soient de peu de conséquence. On ne combat pas pour la victoire comme dans les écoles, ou pour quelque bien temporel, comme dans les jugements. Mais c'est une dispute qui a Dieu pour juge, et où il s'agit de la vie éternelle et du royaume du ciel; parce que la mort éternelle sera la peine de ceux qui auront soutenu la fausseté, et la vie éternelle sera la couronne des défenseurs de la vérité :* « *Falsam enim partem sempiterna mors devorat, veram autem vita æterna coronat.* »

CHAPITRE VI.
Où l'on montre que les reproches que les ministres font contre le X° siècle sont injustes, par l'examen de l'état de l'Église en Allemagne et dans le septentrion durant ce siècle.

C'est une chose si hors d'apparence en elle-même qu'il se soit fait au X° siècle un changement insensible et universel dans la créance de l'Eucharistie, qu'on aurait sujet de mépriser les reproches vagues dont l'auteur de la réponse charge ce siècle, qu'il représente en l'air comme rempli de ténèbres, d'ignorance et de superstition, pour rendre par là croyable cette innovation prétendue que les ministres y placent sans preuve et sans fondement, parce qu'ils ne la peuvent placer en un autre temps.

Il suffirait de lui représenter que le siècle de Bérenger étant si peu éloigné du IX° siècle, qu'il ne faut qu'une génération pour les joindre, ceux qui ont instruit les fidèles du temps de Bérenger ayant pu être instruits par ceux qui avaient vécu une partie de leur vie dans le IX° siècle, c'est la plus grande de toutes les extravagances que de se persuader que la mémoire d'un aussi étrange évènement que le serait un changement universel de créance sur le point le plus connu de la religion chrétienne, ait pu dans si peu de temps s'abolir de l'esprit de tous les hommes.

On se pourrait encore contenter de lui dire que ce changement ne se peut placer dans les premières cinquante années de ce siècle, puisqu'il est incroyable que les fidèles de toute la terre, ayant été instruits dans la créance distincte de l'absence réelle, aient embrassé une opinion toute contraire en condamnant leurs premiers sentiments, sans que ce changement ait fait aucun bruit, et encore moins dans les dernières cinquante années, puisque plusieurs ayant passé une partie de leur vie dans le X° et dans le XI°, il y aurait eu encore du temps de Bérenger une infinité de témoins de ce changement; de sorte que bien loin que l'on eût pu lui reprocher, comme on a fait, la nouveauté de son opinion, il n'aurait jamais manqué au contraire de prouver la nouveauté de celle de la présence réelle par une infinité de témoins. Car il faut remarquer qu'il commença selon Baronius de publier son hérésie en l'an 1053, et en ce temps-là il y avait apparemment encore dans l'Église plus de cent mille personnes de 50, de 60, de 70 et de 80 ans, dont les uns avaient par conséquent vécu 15 ans, les autres 25, les autres 35, et les autres 45 ans dans le X° siècle. Et toutes ces personnes pouvaient rendre témoignage de ce qui s'était fait durant les cinquante dernières années de ce siècle, ou pour l'avoir vu eux-mêmes, ou pour avoir vu des personnes qui avaient vécu pendant tout ce siècle. Enfin on aurait pu repousser en peu de paroles tous ces reproches qu'il fait contre le X° siècle, en les tournant contre lui-même, et en lui montrant que quand ils seraient véritables, il en devait tirer une conséquence toute contraire à celle qu'il tire. Car au lieu qu'il conclut de ce qu'il y a eu peu d'écrivains dans le X° siècle, qu'il s'y est pu faire un changement insensible dans la créance de l'Eucharistie, il aurait raisonné plus justement s'il avait conclu, qu'il ne s'est pu faire dans ce siècle aucun changement considérable dans la foi, parce qu'il y a eu peu d'écrivains.

Les hommes sont toujours hommes dans tous les siècles; ils ne souffrent point qu'on leur arrache leurs opinions sans faire quelque résistance, principalement en une matière importante. Cette résistance produit les disputes, et les disputes produisent les écrits. Ainsi quand on ne voit point d'écrits, il faut conclure qu'il n'y a point eu de disputes et point de combat; et par conséquent que la doctrine de l'Église n'a point été attaquée. Au lieu donc qu'il prouve par l'ignorance de ce siècle que l'opinion de la présence réelle a pu y naître et s'y répandre sans bruit, on a raison de prouver par l'ignorance même dont il accuse ce siècle, qu'il n'est pas possible qu'il y soit arrivé un changement si considérable dans la créance d'un mystère si important et si connu. Car s'il se fût excité quelque dispute sur ce sujet, ceux qui auraient proposé cette opinion auraient tâché de l'autoriser par les passages des Pères qui la favorisent; les autres l'auraient combattue par les passages qui y paraissent contraires; et cet éclaircissement aurait bientôt dissipé l'ignorance, qui ne peut subsister avec ces sortes de contestations. Aussi c'est un des desseins que Dieu a eus en permettant les hérésies, de retirer les fidèles de l'ignorance, où une trop longue paix les engage insensiblement. C'est ce qui a fait dire à S. Augustin que l'on n'a jamais bien traité de la Trinité avant que les ariens attaquassent ce mystère; et que chaque hérésie, en faisant naître des questions nouvelles et particulières, a servi à établir et à éclaircir davantage la foi de l'Église par la nécessité qu'elle apportait de traiter ces questions.

Que cet auteur ne nous dise donc plus que le X° siècle est un siècle de ténèbres et d'assoupissement, pour en conclure qu'on y a pu changer la foi de l'Église; puisque nous avons droit d'en conclure au contraire que l'on n'a point entrepris de la changer, parce que cette entreprise aurait troublé ce sommeil de l'Église, et dissipé les ténèbres de ce siècle. C'est ce qu'on pourrait dire à l'auteur de la réponse, quand même on demeurerait d'accord de la vérité de ces reproches. Mais parce qu'ils lui sont communs avec la plupart des ministres, et qu'il se trouve même des catholiques qui le favorisent en ce point, quoique par des raisons bien différentes, on croit que, pour leur ôter ce prétexte une fois pour toutes, il est nécessaire d'en détruire les fondements, en faisant voir qu'ils ne sont ni raisonnables ni justes. Aussi ne naissent-ils pas de la vue de la vérité, mais ou de passion et d'intérêt, ou de quelques considérations particulières. Les ministres, voulant placer en ce siècle le progrès de l'opinion de la présence réelle, ont jugé qu'il leur était avantageux de le décrier, afin qu'on crût les hommes de ce temps-là capables d'une aussi grande stupidité que serait celle d'avoir souffert l'établissement d'une opinion si étrange sans s'en émouvoir.

Le cardinal Baronius, qui entraîne toujours avec soi un grand nombre d'auteurs qui le suivent, s'est porté à déclamer contre ce siècle par un mouvement à la vérité très-louable, mais qui a néanmoins servi à l'engager dans quelque excès. Il y a trouvé l'Église particulière de Rome dans un effroyable désordre, ayant été gouvernée durant ce siècle par plusieurs papes monstrueux, comme il les appelle lui-même. L'image affreuse de ce dérèglement a frappé ce cardinal, et, l'ayant entièrement occupé, l'a empêché de faire assez de réflexion sur les grâces et les bénédictions que Dieu a répandues en ce même siècle sur un grand nombre d'autres Églises plus abondamment qu'en aucun autre, comme pour soutenir par la vigueur des membres la maladie de la tête; au lieu que dans d'autres temps il guérit souvent, par la santé de la tête, les maladies des autres parties du corps. Mais comme le zèle de ce cardinal peut l'avoir porté trop avant en cette occasion, il est nécessaire d'en revenir à la vérité, et de juger, sur ce que les historiens nous apprennent de ce siècle, de la justice de ces reproches. Or si on examine les choses de cette sorte sans préoccupation et sans passion, on trouvera bien à la vérité des désordres dans ce siècle, comme il y en a toujours eu dans tous les autres; on y trouvera beaucoup d'ignorance en plusieurs prélats, de même que dans les siècles précédents, et dans ceux qui ont suivi. Mais en comparant ce que l'on y voit de bien et de mal avec ce qu'on voit de bien et de mal dans les autres siècles, il est impossible qu'on n'en conclue que c'est un des plus heureux siècles de l'Église, qui, n'ayant que des désordres communs, a des avantages très-singuliers.

C'en est un bien considérable et bien important pour la pureté de la foi qu'il n'y a point de siècle où il y ait eu tant de princes, rois et empereurs religieux, et même saints, dans toutes les provinces du christianisme : ce qui contribue plus que toutes choses à maintenir la vraie foi, et la solide piété, non seulement dans les peuples, mais aussi dans les prélats. Et c'est qu'il est nécessaire de considérer un peu en particulier. L'empire d'Orient était gouverné au commencement de ce siècle par Léon-le-Philosophe, le plus savant de tous les empereurs grecs, dont le cardinal Baronius, qui ne lui est pas d'ailleurs trop favorable, a été contraint de relever le zèle et la piété. Et certainement on ne peut rien ajouter au soin qu'il avait d'y porter les peuples, qui allait jusqu'à leur adresser des lettres circulaires pleines d'instructions chrétiennes, et telles que des évêques zélés en pourraient écrire aux fidèles de leurs diocèses. Quelques vices qu'on reproche aux empereurs qui l'ont suivi, ils ne sont point extraordinaires, et l'on voit par le règlement même de leur vie qu'ils devaient être très-instruits du sentiment des Pères sur tous les mystères; puisque Luitprand témoigne, dans la relation qu'il a faite de son ambassade à Constantinople, que l'on lisait les homélies des Pères à la table de l'empereur Nicéphore, qu'il décrit d'ailleurs comme très-déréglé; ce qui marque que c'était la coutume ordinaire de ces empereurs, qui les devait par nécessité rendre très-savants dans la doctrine des Pères.

Mais comme il s'agit particulièrement de l'Occident, ce qui mérite d'y être plus considéré en ce temps-là est sans doute l'Allemagne, puisqu'elle y a commencé d'être le siége fixe de l'Empire, qui comprenait encore alors une partie de l'Italie. Or si l'on considère l'état de l'Allemagne en ce siècle, et même celui de tout le septentrion, on peut dire avec vérité que jamais Dieu n'y versa tant de bénédictions et tant de grâces. Les princes qui la gouvernèrent durant ce siècle ont été non seulement les plus grands et les plus pieux qu'elle ait jamais eus, mais il serait difficile de trouver en aucun autre état un si grand nombre de princes sages, religieux, et vaillants, qui se soient succédé les uns aux autres.

Conrad, qui fut élu roi de Germanie en l'an 912, en la place d'Othon, duc de Saxe, qui le refusa, ayant laissé après sept ans de règne le royaume à Henri, fils d'Othon, par un exemple rare de fidélité, l'Allemagne fut gouvernée de suite, premièrement par Henri Ier, depuis l'an 919 jusqu'en l'an 936; puis par Othon-le-Grand, fils de Henri, jusqu'en l'an 973; ensuite par Othon II, qui ne régna que dix ans, et laissa l'empire à Othon III, en qui finit la famille des Othon, l'an 1002, auquel il mourut. Après lui on élut Henri, duc de Bavière, que sa piété extraordinaire a fait mettre au nombre des saints. Il gouverna l'Empire jusqu'en l'an 1024, et eut pour successeur Conrad, lequel étant mort l'an 1039 laissa l'empire à son fils Henri III, qui le posséda jusqu'en l'an 1056.

Ainsi voilà tout le Xe siècle et une partie du XIe jusqu'à la condamnation de l'hérésie de Bérenger, occupés par cette suite de princes. Je ne prétends pas justifier toutes leurs actions particulières. Je sais qu'on leur a reproché quelques défauts, et principalement à Othon II et à Conrad. Mais je dis qu'à tout prendre il y a peu d'empereurs qui les aient égalés en piété, et que bien loin d'avoir été indifférents pour la religion, jamais princes ne s'y intéressèrent davantage. Que ne peut-on point dire à l'avantage du grand Othon qui remplit une grande partie du Xe siècle? Je ne parle point de ses victoires, jamais prince n'en gagna plus. Je ne considère que sa piété. Il n'y en a point de plus grande à un prince que d'être un sage dispensateur des charges et des biens de l'Église qui sont en sa disposition. Othon y était si religieux, qu'il eût mieux aimé perdre son royaume, que de donner des biens de l'Église à des personnes qui en étaient indignes, et il en donna une preuve illustre dans une occasion signalée. Il était l'an 939 en Alsace environné d'une puissante armée de ses ennemis ; plusieurs de ses soldats l'abandonnaient tous les jours, de sorte qu'un comte qui avait avec lui des troupes considérables, crut qu'il devait se servir de cette conjoncture pour obtenir d'Othon une certaine abbaye très-riche. Il la fit donc demander ; mais Othon lui répondit en présence de tout le monde qu'il voyait bien que sa demande était une menace dans l'état où étaient ses affaires ; mais qu'il était écrit qu'il valait mieux obéir à Dieu qu'aux hommes, et qu'il ne fallait pas donner les choses saintes aux chiens, et qu'il croirait le faire s'il donnait à des gens séculiers des biens qui sont destinés pour ceux qui servent Dieu : que non seulement il ne lui donnerait jamais cette abbaye ; mais qu'il ne lui donnerait jamais rien, pour lui avoir fait une si injuste demande ; qu'il pouvait donc s'en aller s'il voulait, et prendre parti avec ses ennemis. Le comte fut couvert de confusion, et demanda pardon de sa faute ; et Dieu récompensa cette généreuse action d'Othon par une victoire signalée qu'il obtint sur les rebelles. Quoique la déposition qu'il fit faire de Jean XII par un concile tenu à Rome ait quelque chose d'extraordinaire, il est certain néanmoins qu'il y fit paraître beaucoup de modération. Leur différend même ne vint que de l'amour qu'Othon avait pour la discipline de l'Église. *La même raison*, dit Luitprand, *qui fait que le diable hait son Créateur, fait aussi que le pape Jean XII hait le très-saint empereur Othon. L'empereur est plein d'affection et de sentiment pour tout ce qui regarde Dieu; il observe ses règles ; il ne songe qu'à la réforme de l'Église et de l'État; il protège l'un et l'autre par ses armes ; il les orne par ses mœurs ; il les corrige par ses lois. Mais le pape Jean s'oppose à tout cela, et c'est pourquoi ils ne peuvent s'accorder ensemble.* Cependant dans cette division d'esprits, Othon souffrit longtemps ce pape monstrueux. Il tâcha de le ramener par la douceur, et lorsqu'il permit que l'on le jugeât dans un concile d'évêques, ce ne fut qu'après l'avoir averti plusieurs fois avec toute sorte de respect de venir se justifier dans le concile des crimes abominables qu'on lui imputait. Il fut durant toute sa vie le protecteur de l'Église, et l'ami particulier de tous les saints prélats de son siècle, et entre autres de S. Udalric, évêque d'Augsbourg, par les prières duquel il obtint cette victoire mémorable contre les Hongrois en l'an 1055. Enfin ses actions ont été telles, qu'il a mérité cet éloge de l'évêque Ditmar, historien très-sincère, qu'il est le plus grand prince qui ait été depuis Charlemagne.

Non seulement les princes de ce temps-là n'étaient ni impies ni libertins, mais ils étaient véritablement chrétiens, et ils pratiquaient jusqu'aux plus pénibles exercices de la piété dont ils auraient pu se dispenser. Il ne faut que voir pour cela ce que Witikind rapporte de la mort d'Othon. *Trois jours avant la Pentecôte*, dit cet historien, *l'empereur se leva dès le point du jour, selon sa coutume, pour assister à matines et à laudes, ensuite ayant pris un peu de repos, il assista encore à la messe, et distribua de l'argent aux pauvres de sa propre main, comme il avait coutume de faire. Il prit quelque nourriture, et puis il se reposa jusqu'à dîner, ne se sentant encore de rien : puis il assista à vêpres, et après Magnificat il commença de se trouver mal. Les princes qui étaient près de lui, s'en étant aperçus, le firent asseoir, et comme il s'était évanoui, ils le firent revenir à lui. Il demanda aussitôt qu'on lui donnât le sacrement du corps et du sang de Jésus-Christ; et l'ayant reçu, il rendit son esprit à Dieu sans gémissement, et avec une extrême tranquillité, dans la pratique de ces exercices de piété.* Voilà le dernier jour de la vie d'Othon, et le modèle ordinaire de sa vie, puisqu'il ne fit ce jour-là que ce qu'il faisait tous les autres jours.

Mais il paraît encore plus de piété chrétienne dans Othon III, et plus d'amour pour l'Église et pour les saints de l'Église. Pierre de Damien écrit de lui dans la vie de S. Romuald que, n'ayant pas été assez fidèle envers un certain Crescent, il s'en confessa à S. Romuald, et s'en alla ensuite nu-pieds depuis Rome jusqu'au Mont-Gargan pour en faire pénitence ; qu'il passa tout le carême avec peu de suite dans le monastère de S. Apollinaire, s'exerçant au jeûne et à la psalmodie, portant un cilice sur sa chair nue, qu'il couvrait de sa pourpre impériale, et ne couchant que sur un pauvre matelas fait de joncs que l'on parait d'une riche couverture par dehors. On peut voir ce qui est rapporté de ses exercices de piété dans la vie de S. Burchard, évêque de Worme, qui est encore plus étonnant.

La piété, la chasteté, le zèle pour l'Église de Henri, duc de Bavière, et depuis roi de Germanie et empereur, ont été si extraordinaires, qu'il en a été mis au catalogue des saints, étant le seul des empereurs qui ait mérité cet honneur par le commun consentement de l'Église. Il ne fit autre chose durant sa vie que protéger l'Église, bâtir des monastères, ériger des archevêchés, chasser les mauvais abbés, et réformer l'Église autant qu'il pouvait. Il y exhorte les évêques avec des paroles très-fortes dans le synode tenu à Dortmond l'an 1005. L'année d'après il fit assembler un synode à Francfort, et y étant entré lui-même, il se prosterna d'abord à terre devant les évêques, et leur parla ensuite en ces termes qui témoignent un fond admirable de piété. *Ayant en vue*, dit-il, *la récompense future, j'ai choisi Jésus-Christ pour héritier, parce que je n'ai aucune espérance d'avoir des enfants. Il y a longtemps que j'ai offert en sacrifice au Père éternel, dans le secret de mon cœur, et moi-même et tout ce que je possède et que je posséderai jamais, ne lui pouvant offrir autre chose.* Ces sentiments et ces paroles ne pouvaient naître que d'un cœur brûlant de l'amour de Dieu, qui le faisait renoncer à l'usage du mariage, et le portait à ne conserver l'empire que pour y faire régner Jésus-Christ.

Henri III, fils de Conrad, qui commença de régner peu de temps après que Bérenger commença de publier son hérésie, et qui la vit condamnée, était aussi un prince très-religieux. Il pardonna, dans un concile tenu à Constance, à tous ses ennemis, et il ordonna que chacun ferait de même dans toute l'étendue de son empire à l'égard de ceux dont il croirait avoir été offensé. Ce qui établit une paix et une tranquillité admirable dans l'Allemagne. Il renvoya les comédiens sans récompense. Il purifia l'entrée des charges ecclésiastiques, en faisant exactement punir la simonie, dont il était extraordinairement ennemi ; et il en parla avec tant de zèle, qu'il ne ne craignit pas d'en accuser son propre père, en parlant de lui en ces termes : *Mon père*, dit-il, *pour l'âme duquel je suis dans une très-grande peine, n'a que trop exercé durant sa vie cette damnable avarice.* Il pressa les évêques par des paroles très-fortes de se corriger de ce vice, et il fit cette protestation publique, que comme il avait reçu gratuitement de Dieu la couronne impériale, il donnerait aussi gratuitement tout ce qui concernerait la religion, et qu'il voulait que les évêques fissent de même.

Ce bonheur d'avoir des princes saints et religieux ne fut pas particulier à l'Allemagne en ce siècle, les autres provinces du septentrion reçurent la même grâce de Dieu avec d'autant plus d'avantage, que les rois n'y conservèrent pas seulement la religion, mais qu'ils l'y établirent et l'y plantèrent en quelque façon, n'ayant été convertis qu'en ce temps-là, et ayant contribué ensuite de tout leur pouvoir à la conversion de leurs peuples.

Car ce fut en ce siècle que Dieu donna au Danemarck le saint roi Harald, qui ayant été premièrement converti par S. Unny, archevêque de Hambourg, et puis confirmé dans la foi par un miracle, remplit tout le septentrion de prédicateurs de l'Évangile, et d'églises bâties en l'honneur de Dieu. Il fut enfin chassé et blessé pour la cause de Jésus-Christ par son propre fils, ce qui l'a fait honorer comme martyr. La Norwège honore de la même sorte le roi Olaph, qui fut tué l'an 1028, par les magiciens qu'il tâchait d'exterminer dans son royaume, et fit après sa mort un grand nombre de miracles. L'historien Adam, chanoine de Brême, loue encore beaucoup le zèle et la piété d'un autre Olaph, roi de Suède, qui vivait en ce même temps. Mais il n'y a rien de comparable dans les histoires des princes chrétiens à celle d'Étienne, roi de Hongrie, que l'on peut appeler avec raison le véritable apôtre de ce grand royaume. Son père Geisa s'étant fait chrétien eut révélation de Dieu qu'il aurait un fils saint, qui détruirait le paganisme dans son royaume ; sa mère le fit nommer Étienne, selon la révélation qu'elle en avait eu de S. Étienne qui lui était apparu. Il fut baptisé par S. Adalbert, qui travaillait alors à la conversion des peuples de ce royaume, et ayant succédé à son père l'an 997, il ne fit autre chose durant tout le reste de sa vie que d'y établir l'Eglise, ériger des évêchés, bâtir des monastères et des églises, non seulement dans son royaume, mais à Rome, à Constantinople et en Jérusalem ; réformer la vie des ecclésiastiques et des religieux ; élever aux charges ceux qu'il connaissait éminents en sainteté. Enfin les historiens de Pologne donnent de grands éloges à la piété de Boleslas, qui commença d'y régner la dernière année de ce siècle, et mourut l'an 1025, et ils le représentent comme un prince également vaillant et religieux.

Ce ne fut pas seulement les princes qui se rendirent en ce siècle recommandables par leur piété ; les reines et les impératrices partagèrent avec eux la gloire de la sainteté, et ne servirent pas peu sans doute à l'inspirer à toute leur cour et à toutes les femmes de leur temps. Sainte Maltide, femme de Henri I", roi de Germanie, et mère de l'empereur Othon I, était une princesse d'une piété éminente, et ce que Witikind rapporte de ses vertus, est tout à fait admirable. *Qui pourrait exprimer*, dit cet historien, *la vigilance de cette princesse pour le service de Dieu ? Sa cellule resonnait toute nuit du chant des hymnes, et des psaumes. Et comme elle était proche de l'église après avoir pris un peu de repos, elle ne manquait jamais de sortir toutes les nuits, de se lever pour aller à l'église, où elle passait tout le reste de la nuit en veilles et en oraisons, n'en sortant qu'après qu'on avait célébré la messe. Ensuite elle visitait les malades de son voisinage ; elle leur fournissait les choses nécessaires ; elle donnait l'aumône aux pauvres ; elle recevait les hôtes qui se présentaient avec toute sorte de bons traitements, n'en laissant jamais aller aucun sans lui parler, et sans lui donner les choses nécessaires. Elle instruisait elle-même ses domestiques et ses serviteurs dans les ouvrages et dans les lettres. Ainsi, ayant passé sa vie dans ces saints exercices, étant chargée d'années et pleine d'honneurs, de bonnes œuvres et d'aumônes ; ayant distribué toutes ses richesses royales aux serviteurs et aux servantes de Dieu, elle mourut le 13 mars de l'an 975, et fut mise après sa mort au nombre des saintes.* Ædite, femme de l'empereur Othon I", fut célèbre en sainteté durant sa vie, et en miracles après sa mort, selon Ditmar. S. Odilon a écrit la vie d'Adelais, seconde femme de ce même empereur, comme d'une sainte canonisée. Théophanie, femme de l'empereur Othon II, étant demeurée veuve par sa mort, passa tout le reste de sa vie dans les exercices de piété, implorant les prières des saints de l'Église pour l'âme de son mari ; et elle instruisit de telle sorte deux de ses filles, qu'elle les porta à renoncer au monde et au mariage, et à se consacrer à Dieu dans la retraite d'un monastère. L'illustre sainte Cunégonde, femme de l'empereur Henri II, ayant vécu avec lui dans une perpétuelle virginité qu'elle prouva même par un miracle, passa les quinze dernières années de sa vie dans une compagnie de vierges, parmi lesquelles elle se consacra à Dieu en renonçant à toutes les grandeurs du monde, afin de consommer sa sainteté par les exercices de la vie religieuse. Les historiens relèvent aussi la piété de Gunilde, femme du roi Harald, et de Judith, femme de Boleslas, roi de Pologne, et sa compagne dans ses actions de piété.

J'ai rapporté au X° siècle tous ces princes et ces princesses, parce qu'en effet ils y ont passé une partie de leur vie, et que d'ailleurs les ministres décrient également tout le temps qui s'est passé depuis le commencement du X° siècle jusqu'au temps de Bérenger.

Il est facile de juger par tout ce que nous venons de dire que comme un des principaux soins des princes chrétiens est de pourvoir les églises de bons prélats, l'Allemagne et les autres provinces du septentrion, n'ayant jamais eu de princes plus religieux, ne doivent jamais aussi avoir eu de plus grands évêques. Et c'est en effet ce qui se trouve véritable.

L'église de Hambourg, métropolitaine du Danemark et de tout le pays appelé Sclavia, qui comprenait toute la haute Allemagne jusqu'à la Pologne, fut presque toujours gouvernée durant ce siècle par des saints. S. Hoger, archevêque de cette ville, étant mort en l'an 919, et son successeur Réginard n'ayant duré que deux ans, on élut à cet archevêché le grand S. Unny, qui fut l'apôtre du Danemark, de la Norwège et de plusieurs autres provinces du septentrion. Il mourut l'an 936, et eut pour successeur Adaldague, savant et vertueux prélat, qui gouverna l'église de Hambourg pendant 53 ans, et remplit ainsi presque tout le reste de ce siècle. Son successeur Libence est appelé par l'historien Adam *vir litteratissimus, et omni morum probitate decoratus*. Il relève sa chasteté, son humilité, son éloignement de la cour, et son exactitude dans la discipline. Le pontificat de Libence ayant duré jusqu'en l'an 1013, on élut Unvan en sa place. Et il se rendit aussi très-recommandable par le soin qu'il eut de la discipline et de la réforme des ecclésiastiques, par sa générosité contre les entreprises des princes, et par sa libéralité envers les peuples nouvellement convertis. Enfin cet archevêché fut gouverné quelque temps après par le célèbre Adalbert, qui fut non seulement un grand évêque, mais un sage ministre d'état sous l'empereur Henri III, lequel ne faisait rien sans son conseil. Cet archevêque s'employa avec un grand zèle et un grand fruit à la conversion des peuples du septentrion. On peut avoir ce que l'historien Adam, chanoine de Brême, témoin oculaire de toutes ces choses, a écrit de ses vertus.

Les autres églises d'Allemagne tirèrent les mêmes avantages de la piété de ces empereurs. Brunon frère d'Othon, archevêque de Cologne, et Vuillelme, fils du même Othon, archevêque de Mayence, étaient de grands et vertueux prélats. Francon, et Burchard, évêques de Worms; Godescalus, évêque d Frisingen; Ditmar, évêque de Merseburg, qui a écrit l'histoire de ces temps-là d'une manière si sincère, furent célèbres en piété. Henri I°°, ayant fondé l'évêché de Vallet-Flève dans le pays de Lunebourg, y établit pour évêque un nommé Marc, dont la sainteté a été attestée par des miracles. S. Adalbert, évêque de Magdebourg; Héribert et Annon, archevêques de Cologne; Vuolphang, évêque de Ratisbonne, qui avait élevé Henri II; Tagmon, évêque de Magdebourg, Beruvard, évêque de Hildesheim, et Gothard, son successeur; Harduit, évêque de Saltzbourg, ont été révérés après leur mort comme des saints, et ont vécu dans ce siècle ou dans le commencement de l'autre. Mais le célèbre S. Udalric l'occupe presque tout entier, et il est d'autant plus considérable qu'il était né et avait vécu assez longtemps dans le IX° siècle, et que ceux qui l'ont vu et qu'il a instruits ont pu voir la naissance de l'hérésie de Bérenger. Car il fut élu évêque d'Augsbourg l'an 924, étant déjà assez âgé, puisque 15 ans auparavant il appréhendait que l'on ne l'élût à la place d'Adalbéro. Et il ne mourut que l'an 972, de sorte que ceux de la ville d'Augsbourg qui avaient 75 et 80 ans en 1035, lorsque l'hérésie de Bérenger commença de paraître, avaient vécu les uns 12, et les autres 17 ans avec S. Udalric, et tous les autres avaient été instruits par ses disciples. Ce saint fut en une vénération particulière à l'empereur Othon-le-Grand, et généralement à toute l'Allemagne; de sorte qu'il n'y en a point qui soit un témoin plus irréprochable de la foi de l'Église de ce siècle. On peut faire la même réflexion sur le grand S. Adalbert, archevêque de Prague; car s'il s'éloigne un peu plus du IX° siècle, n'ayant été élu archevêque de Prague qu'en 980, ce qui n'empêche pas qu'il n'ait vu un très-grand nombre de personnes qui avaient passé une partie de leur vie dans le IX° siècle, il s'approche aussi davantage du temps de Bérenger, n'étant mort qu'en 997; de sorte qu'au temps de la publication de l'hérésie de Bérenger, il y avait encore une infinité de personnes à Prague, à Rome, en Hongrie, en Prusse, en Lithuanie, qui l'avaient vu, et qui avaient été instruits par lui dans la foi.

Ce saint est si admirable en toutes les parties de sa vie, qu'il mérite bien que nous nous y arrêtions un peu. Il quitta son archevêché à cause de l'extrême déréglement du peuple de Bohême, qui était encore tout barbare et abandonné aux vices. C'est un des cas où l'Église permet aux évêques de se séparer de leurs églises. Il alla de là à Rome et au Mont-Cassin; et ensuite il revint à Rome, où il se fit religieux au monastère de S.-Boniface. La ferveur de sa piété dans cette retraite remplit toute la maison d'édification. *Il s'employait*, dit l'auteur de sa vie, *aux offices du monastère avec d'autant plus de joie qu'ils étaient plus vils, afin d'arriver par là à la ressemblance de Dieu. Il s'exerçait soigneusement à tout ce qui était bas et humble. Il s'oubliait soi-même, s'étant rendu petit en la présence de ses frères. Il balayait la cuisine, faisait sa semaine, lavait les écuelles, servait aux frères qui apprêtaient à manger. Il tirait de l'eau du puits de ses propres mains. Il servait la congrégation au matin, à midi, et au soir, ayant reçu cette obéissance de l'abbé. Il ne souffrit jamais qu'aucune pensée occupât son âme,* sans la découvrir. Il faisait connaître à son directeur toutes les suggestions de l'ennemi. Il faisait des interrogations très-subtiles touchant l'Écriture-Sainte, en s'informant avec soin de la nature des vices et des vertus; et souvent son abbé lui répondait des choses qu'il ne savait pas auparavant, comme il l'avouait lui-même, pour montrer que c'était une grâce qui lui était donnée en considération de l'humilité de son disciple. Après avoir passé cinq ans dans cette heureuse retraite, il fut rappelé en Bohême, et il y retourna par l'ordre du Pape. Mais y ayant trouvé les mêmes dérégiements, et ayant perdu l'espérance d'y faire du fruit, il alla porter la foi dans la Hongrie, et y établit le christianisme, ayant même baptisé le fils du roi Geïsa, qui fut le célèbre saint Étienne, roi de Hongrie, à qui ce royaume doit l'entier établissement de la foi chrétienne, et la destruction de l'idolâtrie. Saint Adalbert revint de là à Rome dans son monastère de S.-Boniface, où il y avait alors huit abbés célèbres en sainteté, quatre grecs et quatre latins. Il passa avec eux cinq autres années en profitant de leurs instructions et de leurs exemples. Et il en fut encore arraché par les instances de l'archevêque de Mayence, qui obligea le pape Grégoire V de le renvoyer, à condition néanmoins que si son peuple ne se rendait pas plus obéissant, il irait porter l'Évangile aux nations barbares. Mais Boleslas, roi de Bohême, lui en ayant défendu l'entrée, il s'en alla en Prusse, et de là en Lithuanie, où, ayant beaucoup souffert pour la foi, il reçut enfin la couronne du martyre, ayant été percé de sept lances. Il fut honoré de Dieu d'un si grand nombre de miracles, qu'il convertit beaucoup plus de personnes après sa mort, qu'il n'en avait converti durant sa vie. Et son corps fut transporté dans la ville de Guesne, où l'empereur Othon III alla exprès en pélerinage, ayant même voulu entrer nu-pieds dans la ville et dans l'église de ce saint martyr.

Ce fut l'exemple de S. Adalbert qui excita S. Boniface à aller chercher aussi le martyre au même pays où S. Adalbert l'avait trouvé. Ce saint, qui étoit parent de l'empereur Othon III, et en grande faveur auprès de lui, se fit religieux sous saint Romuald, où il pratiqua de prodigieuses austérités. Ce fut là qu'ayant appris le martyre de S. Adalbert, il fut enflammé du désir de suivre son exemple. Il n'y a rien de plus étonnant que ce que Pierre de Damien rapporte de la manière dont il alla à Rome recevoir la consécration archiépiscopale, et de ce qu'il fit dans son voyage de Rome en Prusse, où il allait prêcher l'Évangile. *Ce saint homme*, dit Pierre de Damien, *alla toujours à pied avec tous ceux de sa suite durant le voyage qu'il fit à Rome, devançant toujours les autres de beaucoup, et chantant continuellement des psaumes. Il marcha toujours nu-pieds, mangeant une fois le jour du pain et de l'eau à cause du travail du chemin, et y ajoutant seulement les jours de fête quelques herbes et quelques racines, toute sorte de graisse, de beurre, d'huile lui étant inconnue. Après sa consécration il ne laissa pas d'observer exactement l'ordre monastique dans la récitation de l'office.* Or, quoique dans le voyage qu'il fit de Rome de-là les monts, il prit un cheval à cause de la dignité d'archevêque; néanmoins il se tenait à cheval les jambes nues, et il souffrit souvent un froid si excessif aux pieds dans ces pays froids, qu'on ne pouvait les séparer du fer sur lequel il s'appuyait qu'avec de l'eau chaude. Étant arrivé parmi les barbares, il commença de leur prêcher l'Évangile avec tant de ferveur que tout le monde voyait assez qu'il brûlait du désir du martyre. Mais eux appréhendant qu'il n'arrivât après la mort de ce nouvel apôtre la même chose qui était arrivée après le martyre de S. Adalbert, dont les miracles convertirent une infinité de Sclaves, ils s'abstinrent longtemps par une malice artificieuse de mettre les mains sur ce bienheureux martyr, et ils refusèrent de lui donner la mort, quoiqu'il la souhaitât avec passion. Ainsi ce ne fut que l'an 1008 qu'il souffrit le martyre, ayant été tué par l'ordre du frère du roi des Russes, qu'il avait converti.

Ce fut aussi cette même année que S. Brunon, Allemand, compagnon de l'historien Ditmar, qui témoigne que dès sa jeunesse il avait reçu de Dieu des grâces très-particulières, prêchant l'Évangile au même peuple de Russie, y reçut la couronne du martyre.

Voilà quelle était dans ce siècle et sous ces empereurs l'église d'Allemagne. C'était une église qui n'était pas seulement féconde en saints et en grands évêques, mais aussi en apôtres et en martyrs, qui renouvelèrent l'image des premiers siècles de l'Église, et servirent par leur zèle à vérifier la promesse que Dieu a faite à son Fils de lui donner toutes les nations de la terre : *Dabo tibi gentes hæreditatem tuam, et possessionem tuam terminos terræ.* Car c'est une chose admirable que l'accroissement que reçut l'Église durant ce siècle par la conversion des peuples du septentrion, à qui de grands saints d'Allemagne annoncèrent l'Évangile.

Saint Unny, archevêque de Hambourg, convertit les Danois, les Norwégiens, et tout le haut du septentrion. S. Adalbert, archevêque de Magdebourg, travailla avec grand fruit à la conversion d'une partie des Sclaves. S. Adalbert, archevêque de Prague, convertit les Hongrois et une partie des Prussiens et des Lithuaniens. S. Boniface et S. Brunon prêchèrent l'Évangile aux Russes. S. Étienne, roi de Hongrie, convertit les Transylvains ; et comme la Hongrie avait été convertie par les Allemands, et qu'il avait été baptisé lui-même par S. Adalbert, on doit encore compter la conversion de cette province entre les fruits des grâces que Dieu versa dans ce siècle sur l'Allemagne. Il est marqué dans l'histoire de la vie de Henri Ier, roi de Germanie, qu'il convertit les rois des Normands, des Abrodites, et Cwsus, roi de Danemarck. Enfin c'est par une suite de ce regard favorable de Dieu sur le septentrion durant ce siècle que les Normands mêmes qui s'étaient emparés de cette province des Gaules qui porte leur nom, embrassèrent la foi chrétienne par les soins de Hervé, archevêque de Reims, savant et vertueux prélat, leur duc Rollon, si célèbre pour sa piété et pour sa justice, qui se fit baptiser en ce temps, ayant réduit avec lui tous ses sujets à embrasser la religion chrétienne.

Tout cela suffit, ce me semble, pour montrer qu'à l'égard de l'Allemagne et du septentrion, il n'y a point eu de plus heureux siècle que le dixième, et qu'ainsi l'on a grand tort de le décrier comme le plus malheureux de tous. Car cet avantage de la conversion de la moitié de l'Europe est si considérable, et tellement au-dessus de tous les autres par lesquels on a accoutumé de relever les siècles, que c'est ne savoir pas estimer les choses leur juste prix, que de préférer au X° siècle quelques autres siècles de l'Église, qui, étant stériles en conversion de peuples et en saints, ont été plus abondants en écrivains et en personnes savantes dans les sciences profanes.

La conversion de tous ces peuples est d'autant plus considérable qu'elle ne s'est point faite à l'occasion d'un trafic mercenaire, mais par un pur zèle du salut des âmes, et par des hommes apostoliques qui brûlaient du même zèle qui a enflammé les premiers Saints de l'Église, et qui les imitaient aussi bien dans la sainteté de leur vie, que dans leurs travaux pour la conversion des peuples.

Je n'ai pas rapporté toutes ces particularités de l'état où était l'Allemagne et le septentrion durant ce temps, pour détruire seulement en général les reproches vagues que les ministres font en l'air contre ce siècle, mais pour montrer aussi en particulier qu'il n'est pas possible que la foi s'y soit altérée sur le sujet de l'Eucharistie. Je ferai voir en examinant l'état de la France, que les prélats n'étaient point en ce temps dans l'ignorance où l'on nous les représente. Et certainement comme le zèle pour la véritable foi est inséparable de l'ardeur de la charité, il est absolument impossible que tous ces saints évêques qui ont fleuri en Allemagne durant ce siècle n'aient pas eu beaucoup de soin de s'instruire eux-mêmes, et d'instruire les autres dans la doctrine de l'Église.

Il suffit de remarquer ici que le mystère de l'Eucharistie étant tel, comme nous l'avons montré, qu'il fallait par nécessité qu'il fût connu de foi distincte par les plus simples d'entre les fidèles, ce n'est point proprement un article où l'ignorance ait pu jamais avoir lieu. L'ignorance regarde les points de théologie et de discipline, qui sont plus cachés, et qui ont besoin d'étude; mais elle ne peut jamais regarder les points dont tout le monde devait être instruit, et qui faisaient la matière ordinaire des catéchismes. Ainsi l'introduction d'une erreur sur cette matière n'a jamais pu être favorisée par l'ignorance, parce que ce n'est pas une matière qui en soit capable. Elle pourrait bien avoir été favorisée par l'indifférence, s'il se trouvait que c'eût été un siècle de libertinage et de d'impiété, où personne ne se mît en peine de la religion et de son salut. Mais outre que jamais cette indifférence pour la religion ne peut aller jusqu'à cet excès, que de souffrir sans résistance que l'on établisse dans l'Église une opinion directement opposée à la créance commune, et selon laquelle il aurait été nécessaire de condamner toute l'Église précédente, et de se condamner soi-même d'aveuglement, d'erreur et d'impiété; il est certain de plus, par ce que nous avons dit, que jamais siècle ne fut plus opposé que celui-là à l'indifférence et au libertinage. L'impiété ne peut subsister lorsqu'elle n'est pas honorée, et elle ne le peut être quand les rois sont eux-mêmes pieux, et qu'ils témoignent par toutes leurs actions d'honorer la piété et les personnes pieuses. Et c'est ce que l'on voit en tous les princes de ce siècle. Othon 1er honora particulièrement S. Udalric; Othon III se conduisait par les conseils de Francon, évêque de Cologne, et de S. Romuald, et il eut une dévotion merveilleuse pour S. Adalbert, archevêque de Prague; Henri II honora tous les saints de son temps, et particulièrement S. Romuald et S. Héribert, archevêque de Cologne; Henri III chérit particulièrement S. Gualbert; et enfin ce zèle ardent que l'on avait alors pour la conversion des peuples, et l'austérité de la pénitence que l'on y pratiquait, sont des preuves visibles d'une disposition toute opposée au libertinage.

Il est donc certain que si l'on eût avancé en ce siècle la moindre erreur contre la doctrine de l'Église, tous ces saints évêques se seraient élevés avec vigueur pour la réprimer, et qu'ils auraient été puissamment secondés par ces empereurs si zélés pour la religion et pour l'Église. Il s'en suit de là que tous ces grands évêques n'ayant pu ignorer l'introduction d'une nouvelle hérésie, s'il s'en fût introduit quelqu'une de leur siècle, et n'ayant manqué ni de zèle, ni de force pour s'y opposer; et ayant néanmoins passé leur vie dans la paix, sans témoigner qu'ils eussent d'autres ennemis à combattre que l'infidélité des peuples qui n'avaient pas encore reçu la foi, ou les désordres de ceux qui n'en observaient pas les règles; c'est une preuve sensible qu'il ne s'est fait en leur siècle aucun changement dans la créance de l'Eucharistie.

Que si l'on demande maintenant quelle était la foi de ces saints, c'est une question bien facile à résoudre par l'état où l'hérésie de Bérenger trouva l'église d'Allemagne lorsqu'elle parut en 1035, selon le cardinal Baronius. Car Adelman, depuis évêque de Bresse, qui avait étudié avec Bérenger sous S. Fulbert, et qui lui écrivit d'Allemagne peu de temps après que le bruit de son erreur se fut répandu, lui marque expressément que sa doctrine scandalisait toute l'Allemagne. *Que le Seigneur, dit-il, vous détourne de ces voies, ô mon très-saint frère ; qu'il dresse vos pas dans la voie de ses commandements, et qu'il fasse voir que ce sont des imposteurs qui noircissent votre réputation d'une tache si honteuse, en publiant partout et remplissant les oreilles non seulement des Italiens, mais aussi des Allemands parmi lesquels il y a longtemps que je voyage, de ce bruit si étrange que vous vous êtes séparé de l'unité de la sainte Église notre mère, et que vous avez des sentiments du corps et du sang de Jésus-Christ contraires à la foi catholique.* L'opinion de Bérenger parut donc contraire à la foi catholique dans l'Allemagne, c'est-à-dire, à ceux qui avaient été instruits par tous les saints que nous avons marqués ci-dessus. Ainsi il n'y a pas lieu de douter que la foi de la présence réelle ne fût celle de ces saints, qui n'en avaient point d'autre que celle qu'ils avaient eux-mêmes apprise dans le IX° siècle, ou des disciples du IX° siècle. Aussi toutes ces nouvelles églises de Hongrie, de Pologne, de Transylvanie, de Prusse, de Danemark, de Norwége, de Suède et de la haute Allemagne fondées par S. Adalbert, archevêque de Prague, par S. Étienne, roi de Hongrie, par S. Boniface, S. Brunon, S. Unny, S. Adalbert, archevêque de Magdebourg, se trouvèrent au temps de Bérenger dans la créance de la présence réelle, et demeurèrent fortement attachés à l'unité de l'Église. Elles avaient donc été instruites dans cette foi par ces saints, comme ces saints y avaient été instruits par ceux du IX° siècle. S. Adalbert, archevêque de Prague, mérite une réflexion particulière sur ce sujet. On ne peut douter de sa créance sur le point de l'Eucharistie; puisque l'on voit que toute l'église de Hongrie qu'il avait fondée se trouva dans l'opinion de la présence réelle au temps de la publication de l'hérésie de Bérenger, et demeura dans l'union de l'Église romaine qui la condamna. Cependant personne ne devait être mieux instruit que S. Adalbert du sentiment de l'Église universelle sur cette matière, puisqu'il avait voyagé par toute l'Italie, et qu'il avait vécu dix ans dans un monastère composé de religieux grecs et latins de divers pays, parmi lesquels il pouvait par conséquent apprendre parfaitement les sentiments de l'église grecque et de l'église latine.

Ainsi la foi de la présence réelle qui se trouva établie dans toutes les églises du septentrion au temps de Bérenger, prouve invinciblement que c'était celle des saints qui ont établi ces églises, comme la foi des premiers siècles et des églises apostoliques prouve la foi des apôtres selon S. Augustin. Et la foi de ces saints du X° siècle prouve que c'était aussi celle du IX° siècle; puisqu'ils avaient été instruits par des personnes qui y avaient passé une partie de leur vie. Et enfin elle se prouve par elle-même, puisque leur sainteté, leurs œuvres et leurs miracles condamnent d'impiété tous ceux qui auraient la hardiesse de les accuser d'hérésie, et qui les voudraient faire passer pour des prédicateurs de l'erreur, au lieu de les honorer comme des apôtres de la vérité.

CHAPITRE VII.

Considérations sur l'état de l'église d'Angleterre, de France, d'Espagne et d'Italie durant le dixième siècle, qui font voir que les reproches qu'on fait contre ce siècle sont mal fondés à l'égard de ces églises.

L'Allemagne et les autres provinces septentrionales faisant une si grande partie de l'Église d'occident, c'est avoir prouvé absolument que le X° siècle a été très-heureux à l'Église, que d'avoir montré qu'il a été si extraordinairement heureux à tant de provinces qui s'y sont jointes, les désordres que l'on peut remarquer dans les autres, ne pouvant égaler l'avantage de la conversion de tant de peuples. Il est bon néanmoins de faire une revue générale sur les autres provinces chrétiennes, pour voir si on a eu sujet de les charger de tant de reproches.

Celle qui se présente la première est l'église d'Angleterre. Et en considérant l'état où on la trouve dans ce siècle, on reconnaîtra d'abord qu'il a été aussi bien pour l'Angleterre que pour l'Allemagne un siècle de bénédiction et de grâces. L'Angleterre a même cela de particulier, qu'elle n'a pas été seulement gouvernée durant ce temps par des princes religieux; mais que de plus il se trouve que le premier ministre de ces rois était un saint miraculeux en toutes manières, dont Dieu s'est voulu servir pour réformer l'église d'Angleterre, et régler même l'état politique de ce royaume. C'est l'illustre S. Dunstan, qui remplit presque tout ce siècle. Il fut fait ministre d'état l'an 940 par le roi Edmond, sous lequel il réglait tous les différends, et entretenait l'union parmi tout le monde, ayant rempli le roi et tous les princes de tant de vénération pour lui, que personne ne s'opposait à ses avis. Il fut néanmoins une fois éloigné de la cour par la malice de quelques envieux, mais il y fut rétabli peu de jours après, et remis dans la même autorité.

L'amour de la retraite l'ayant porté à quitter le monde pour se faire religieux, le roi Edmond le fit abbé d'un monastère auquel il fit de grands biens en sa considération, et il continua de se servir de son conseil non seulement dans les affaires temporelles, mais encore dans celles de l'Église, le prenant pour son directeur et pour l'évêque de son âme. Elrède, frère d'Edmond, étant venu au royaume après lui, continua pour Dunstan la même confiance qu'avait eue son frère. Mais Eduin, fils d'Edmond, qui fut reconnu roi après la mort d'Elrède, ayant été repris sévèrement par S. Dunstan d'un désordre criminel, le bannit et pilla son monastère. Son exil néanmoins ne fut pas long. Car une grande partie de l'Angleterre s'étant soulevée contre Eduin, à cause de sa vie débordée, et de l'exil de S. Dunstan, Edgar, frère d'Eduin, qui avait été choisi roi en sa place, le rappela aussitôt, et ne se contenta pas de le rétablir dans son monastère, mais il le fit de plus évêque de Winchester. On dit qu'Odon, qui fut archevêque de Cantorbéri sous les règnes d'Edmond, d'Elrède, d'Eduin, jusqu'au commencement d'Edgar, en consacrant S. Dunstan, changea le titre de l'église de Winchester en celui de Cantorbéri, prévoyant par un esprit prophétique que c'était à cette Église que S. Dunstan était destiné. Et il y fut en effet élevé deux ans après.

Dieu permit que le roi Edgar tombât dans une faute considérable, afin de l'en faire relever par S. Dunstan, et l'animer plus vivement à la réformation de l'église d'Angleterre. Ayant vu par hasard une jeune demoiselle que l'on nourrissait dans un monastère, et qui en portait l'habit, il en devint amoureux, et, l'ayant fait sortir, il en abusa. Cette action étant venue aux oreilles de S. Dunstan, le toucha sensiblement. Il s'en alla incontinent trouver le roi, qui vint au-devant de lui, et lui voulut prendre la main à son ordinaire pour le mener à son trône; mais S. Dunstan la retira avec un visage troublé, et ne souffrit pas que le roi la touchât. Le roi étant étonné de ce procédé, et croyant que son crime était demeuré secret, lui demanda pourquoi il ne voulait pas lui donner la main. *Quoi, sire*, lui répondit S. Dunstan, *vous avez commis un adultère en renonçant à toute pudeur, vous avez violé une vierge sans regarder l'outrage que vous faisiez à Dieu, et sans avoir aucun respect pour le signe de chasteté qu'elle portait sur sa tête, et vous me demandez encore pourquoi je ne laisse pas toucher à vos mains impures cette main qui immole le fils de la Vierge à son Père éternel? Lavez auparavant vos mains par la pénitence des souillures qu'elles ont contractées, et ensuite, afin de vous réconcilier avec Dieu, honorez et embrassez la main de son Pontife.* Le roi étant étonné de ces paroles, se jeta à terre, et, embrassant les pieds du saint évêque, il confessa qu'il avait péché avec des paroles qu'il entrecoupait de ses soupirs. Alors Dunstan voyant dans ce roi un si grand exemple d'humilité en fut ravi. Il le releva incontinent, et lui ayant dit en particulier ce qu'il jugeait nécessaire pour le salut de son âme, il lui ordonna une pénitence de sept ans. Ainsi Edgar ayant obtenu l'absolution du saint évêque, s'appliqua avec grand soin à accomplir la pénitence qui lui avait été ordonnée, et y ajouta plusieurs œuvres de piété pour apaiser Dieu par le conseil et le mouvement de ce père de son âme.

Les vices des princes n'ont jamais été rares dans tous les siècles; mais la pénitence des princes est la chose du monde la plus rare. Et c'est pourquoi c'est une gloire pour le X° siècle de nous en donner un exemple signalé en la personne de ce roi d'Angleterre, qui n'égale pas seulement, mais qui surpasse de beaucoup celui de la pénitence que fit le grand Théodose après le meurtre commis à Thessalonique; puisque le crime d'Edgar, qui ne vint que d'une passion passagère, était beaucoup moindre que celui de Théodose, et que sa pénitence fut beaucoup plus longue.

Je ne puis m'empêcher de rapporter, sur le sujet de la pénitence du roi Edgar, deux autres exemples célèbres de pénitence que l'on trouve dans l'histoire de ce siècle, qui doivent servir beaucoup à le relever dans l'esprit de ceux qui savent que la pénitence est la porte par où l'on entre au royaume qui a été annoncé par ces paroles : *Pœnitentiam agite, appropinquavit enim regnum cœlorum.*

Raignerus, duc de Lorraine, ayant usurpé injustement quelques biens qui appartenaient à l'Église, et étant touché de l'esprit de pénitence, en fit une restitution publique, par un acte authentique le plus humble qui ait jamais été fait. Il commence par ces paroles : *Moi persécuteur du Seigneur et de l'Église son épouse, qui ne mérite pas d'être appelé duc, mais brigand;* et finit par cette signature : *Raignerus, duc de Lorraine, brigand.* Pierre Urséole, duc de Vénise, ayant été élevé à cette principauté par la conspiration du peuple qui avait tué Vital, son prédécesseur, et ayant eu quelque part à cette méchante entreprise, se crut obligé de renoncer à une dignité qu'il avait acquise par un si mauvais moyen. Il se déroba donc secrètement de Vénise, et étant venu en France, il y passa le reste de sa vie dans la solitude d'un monastère.

Voilà les mouvements que l'esprit de Dieu inspire quand il agit fortement dans les âmes. C'est cela qui mérite justement l'admiration des hommes, et qui doit faire dire avec S. Paul : *Ubi sapiens, ubi scriba, ubi inquisitor hujus seculi?* Où sont ces sages, ces savants, ces curieux, par lesquels on a accoutumé de relever la gloire des siècles? Car qu'est-ce que sont tous les ouvrages des hommes en comparaison de ces œuvres de Dieu, et de ces changements qui ne peuvent être attribués qu'à sa main toute puissante?

Mais, pour revenir au roi Edgar, il pratiqua exactement ce que dit S. Augustin, que les rois pour plaire à Dieu doivent faire ce qui ne peut être fait que par les rois. Il entreprit la réforme de l'église d'Angleterre, et l'exécuta avec un zèle qu'on ne saurait assez admirer.

Il y avait alors dans l'Angleterre plusieurs monastères ruinés, ce qui devait être l'effet du dérèglement d'un autre siècle autant que de celui-ci. Mais le rétablissement de ces monastères fut l'effet de la pénitence du roi Edgar. Et il en parle lui-même de cette sorte, dans une donation qu'il fit de certaines terres à un monastère : *Au temps des rois mes prédécesseurs, les monastères, tant de religieux que de religieuses, étaient presque entièrement détruits et négligés. Ce que voyant, j'ai fait vœu à la gloire de Dieu, et pour le salut de mon âme, de les rétablir, et de multiplier le nombre des servantes de Dieu. Et dans l'exécution de ce vœu, j'ai déjà rétabli quarante-sept monastères, qui sont maintenant pourvus de religieux et de religieuses. Que si Dieu me donne la vie, j'espère étendre cette libéralité que j'ai vouée à Dieu jusqu'au nombre de cinquante qui est un nombre de rémission.* Où trouve-t-on des exemples d'une magnificence aussi judicieuse et aussi digne d'un grand prince que celle-là? Mais il y a peu de choses comparables dans l'histoire de l'Église avec la sainte entreprise que ce roi fit avec S. Dunstan, et quelques autres saints évêques d'Angleterre, de réformer la vie de tous les ecclésiastiques d'Angleterre, et de chasser tous ceux qui ne voudraient pas embrasser la vie régulière et religieuse. Avant que de leur donner l'ordre de ce dessein, il leur en fit l'ouverture en ces termes qui sont rapportés dans les conciles d'Angleterre : *Puisque Dieu a fait éclater sur nous sa miséricorde avec tant de magnificence, il est juste, ô très-révérends pères, que nous tâchions de répondre par nos œuvres à la multitude de ses bienfaits. Car ce n'est point par notre épée que nous possédons cette terre. Ce n'est point notre bras qui nous a sauvés, c'est sa droite, c'est son bras saint, parce qu'il lui a plu de nous être favorable. Il est donc juste que comme il* nous a assujéti toutes choses, nous assujétissions aussi à lui et nous et nos âmes, et que nous nous efforcions de faire en sorte que ceux qu'il a soumis à notre pouvoir se soumettent à l'observation de ses lois. C'est un devoir qui me regarde en particulier de traiter les laïques avec une entière équité ; de juger les différends qui arrivent entre les particuliers selon les règles d'une exacte justice ; de punir les sacriléges ; de réprimer les séditieux ; de délivrer le pauvre de la main de ceux qui sont plus puissants, et les nécessiteux de ceux qui les oppriment, et qui leur ravissent leurs biens : mais il est aussi de mon devoir d'avoir soin des ministres de l'Église, des troupes de moines, des compagnies de vierges ; de pourvoir à leurs nécessités, et à les faire vivre en paix et en repos... Il est aussi nécessaire que nous examinions les mœurs de toutes ces personnes, si elles vivent chastement (1); si elles se conduisent dans l'honnêteté à l'egard de ceux de dehors; si elles s'acquittent soigneusement de l'office divin ; si elles sont assidues à instruire le peuple ; si elles sont sobres dans leur manger, modestes dans leurs habits, discrètes dans leurs jugements. Permettez-moi de vous dire, mes révérends pères, que si vous aviez eu autant de soin que vous le deviez de toutes ces choses, on ne nous rapporterait pas tant de choses abominables de la vie des ecclésiastiques. Il représente ensuite d'une manière forte et pathétique les désordres des ecclésiastiques ; puis, s'adressant aux évêques : *Animez-vous de zèle*, leur dit-il, *prêtres du Seigneur*, *animez-vous de zèle, pour les voies du Seigneur et pour la justice de notre Dieu. Il est temps de s'élever contre ceux qui ont dissipé la loi de Dieu. Vous avez le glaive de Pierre dans les mains, et moi j'ai celui de Constantin. Joignons-nous ensemble. Unissons ces deux glaives pour chasser les lépreux hors du camp de Dieu, pour purifier le sanctuaire du Seigneur ; afin qu'il n'y ait au service du temple que de véritables enfants de Lévi, qui dit à son père et à sa mère qu'il ne les connaissait pas, et à ses frères qu'ils lui étaient inconnus. Faites par vos soins que nous ne nous repentions point d'avoir fait ce que nous avons fait ; d'avoir donné ce que nous avons donné, comme nous ferions sans doute si nous voyions que notre libéralité n'est pas employée au service de Dieu, mais qu'elle ne sert qu'à entretenir le luxe des ecclésiastiques vicieux, qui en abusent avec une licence impunie.*

Que vos cœurs soient touchés par les reliques des saints, dont ils se moquent avec insolence; par les saints autels, qu'ils profanent indignement. Qu'ils soient touchés par la piété des rois qui nous ont précédé, de la libéralité desquels le déréglement des ecclésiastiques fait un si mauvais usage. Mon bisaïeul Édouard (2) donna,

(1) Au lieu de ces paroles : *De quorum omnium moribus nos spectat examen*, que l'on a traduites, il faut peut-être lire : *De quorum omnium moribus ad vos spectat examen*.
(2) Il y a quelque faute dans les noms des rois marqués en ce passage; en voici le véritable ordre : Æthevulphus, trisaïeul; Ætestanus, bisaïeul ; Eduardus Senor, aïeul; Actelstanus, premier fils d'Édouard; Edmundus, son deuxième fils; Elrède, son troisième fils ; Eduinus, premier fils d'Edmudus; Edgar, son second fils.

comme vous savez, aux monastères et aux églises la dîme de toutes ses terres. Et Alurède, mon trisaïeul, pour enrichir l'Église, n'épargna ni ses trésors, ni son patrimoine, ni ses revenus. Vous n'ignorez pas aussi combien mon aïeul le vieil Édouard a fait de dons aux églises, et vous devez vous ressouvenir de tous les présents dont mon père et mon frère ont enrichi les autels de Jésus-Christ. O Dunstan ! le père des pères, contemplez, je vous prie, les yeux de mon père arrêtés sur vous du haut du ciel, et de ce séjour de gloire où il est. Écoutez les plaintes qu'il fait retentir à vos oreilles avec un sentiment plein de piété : Vous m'avez donné, ô père Dunstan ! un conseil salutaire de bâtir des monastères, d'édifier des églises ; vous m'avez assisté dans ce dessein, et vous avez coopéré avec moi dans toutes ces actions de piété ; je vous ai choisi pour mon pasteur, pour mon père, pour l'évêque de mon âme, pour le directeur de ma conscience. Quand est-ce que je ne vous ai pas obéi ? quels trésors ai-je préférés à vos conseils ? quelles terres n'ai-je point méprisées quand vous me l'avez ordonné ? Lorsque vous avez jugé qu'il fallait donner quelque chose aux pauvres, vous m'y avez toujours trouvé disposé ; lorsque vous avez cru qu'il fallait faire du bien aux églises, je n'ai pas différé de le faire ; lorsque vous vous plaigniez qu'il manquait quelque chose aux religieux et aux ecclésiastiques, j'y ai incontinent suppléé. Vous me disiez que c'était une aumône éternelle que celle qui est faite aux monastères et aux églises pour l'entretien des serviteurs et des servantes de Dieu, et pour être distribuée aux pauvres s'il en reste quelque chose, et qu'il n'y avait point de charité plus fructueuse que celle-là. O l'aumône précieuse ! ô le digne prix de mon âme ! ô le salutaire remède de mes péchés, qui est employé au luxe des courtisanes que les ecclésiastiques entretiennent !

Voilà, mon père, le fruit de mes aumônes et l'effet de vos promesses ; que répondrez-vous à cette plainte ? Je le sais et j'en suis persuadé, lorsque vous voyiez le voleur, vous ne couriez pas avec lui, et vous n'avez point voulu avoir de part avec les adultères : vous les avez priés, vous les avez conjurés de changer de vie, vous les avez confondus. Ils ont méprisé vos paroles, il en faut venir à la punition, et la puissance royale ne vous manquera pas en cela. Vous avez avec vous le vénérable père Ételwode, évêque de Wintchester ; vous avez le révérend Oswalde, évêque de Worcester. Je vous charge de cette affaire, et de donner ordre que ceux qui mènent une vie scandaleuse soient chassés des églises, et que l'on substitue en leur place des personnes qui mènent une vie régulière.

Ce ne furent point de vaines menaces, la chose fut exécutée selon le dessein de ce roi. On assembla un concile général de toute l'Angleterre, où elle fut ordonnée juridiquement ; et ensuite les ecclésiastiques déréglés furent chassés, et ne furent point rétablis, quelques efforts qu'ils fissent pour rentrer. L'on fit depuis plusieurs règlements salutaires sous le nom du roi Edgar. Ainsi l'église d'Angleterre fut heureusement réformée par les soins de ces saints évêques et par le zèle admirable de ce roi ; et bien loin qu'elle se soit déréglée durant ce siècle, l'on y corrigea les déréglements de plusieurs siècles. Cette réforme ne servit pas seulement aux mœurs, mais aussi à la doctrine, puisque l'on sait que l'ignorance accompagne toujours le désordre. Et de plus, il est remarqué expressément dans la Vie de S. Oswald, que l'on établit en chaque église un religieux savant pour instruire les autres dans les lettres.

Le zèle de S. Dunstan n'était pas seulement ardent, mais il était ferme et éclairé, comme on le peut voir par la manière généreuse avec laquelle il résista à l'ordre du pape, qu'on avait surpris. Il avait excommunié un seigneur qui avait contracté un mariage incestueux, et ce seigneur trompa premièrement le roi, qui s'employa auprès de S. Dunstan afin qu'il le rétablît ; mais S. Dunstan ayant refusé de le faire, il eut recours au pape, duquel il obtint un bref qui ordonnait à S. Dunstan de le reconcilier. S. Dunstan ayant reçu cet ordre du pape, répondit qu'il obéirait volontiers au commandement du pape, pourvu que cet homme eût un véritable repentir de sa faute ; mais qu'il ne souffrirait point qu'il demeurât dans son péché, et qu'étant exempt de la discipline de l'Église il insultât aux prélats et se rejouit de son crime. *A Dieu ne plaise*, ajouta-t-il, *que pour la considération de quelque homme que ce soit, ou pour me mettre à couvert moi-même, je néglige la loi que Jésus-Christ a voulu qu'on gardât dans son Église?* Ainsi ce seigneur, voyant que S. Dunstan était inexorable, fut obligé de venir se présenter humblement dans le concile, nu-pieds et en habit de pénitent, et d'y demander pardon de sa faute, en renonçant à ce mariage incestueux.

Nous avons vu dans le discours du roi Edgar, qu'il joint à S. Dunstan, pour l'exécution de la réformation de l'Église, Ételwode, évêque de Wintchester, et Oswalde, évêque de Worcester. C'étaient deux grands personnages et deux grands saints : le premier mourut l'an 984 avant S. Dunstan, qui lui prédit sa mort prochaine, aussi bien qu'à l'évêque de Rochester, dans une visite que ces deux évêques lui rendirent ; et l'autre ne mourut qu'après lui, savoir l'an 992. Quant à S. Dunstan il survécut au roi Edgar. Il appuya le droit du jeune prince Édouard, son fils aîné, contre les prétentions d'Ælfrite, seconde femme d'Edgar, qui voulait faire passer le royaume à son fils Ételfrède. Mais Édouard ayant été assassiné par la malice de cette femme, et ayant fait plusieurs miracles après sa mort, Dunstan fut contraint de sacrer roi Ételfrède, et en le sacrant il fit une prophétie étonnante des malheurs qui devaient arriver à l'Angleterre et à la maison de ce jeune roi, à cause du crime par lequel il était entré dans le royaume. Il soutint dans un concile la justice de la réformation qu'il avait faite en Angleterre en chassant les ecclésiastiques déréglés, contre ces mêmes ecclésiastiques qui voulaient rentrer dans leurs églises. Et Osbern ou Osbert, chantre de l'église de Cantorbéri, qui a écrit sa vie, rapporte que le roi même et plusieurs des prélats se laissant fléchir : le seul Dunstan demeura immobile ; et comme tout le monde attendait sa réponse, l'image du Crucifix qui était dans le lieu de l'assemblée prononça ces paroles, qui furent entendues de tout le monde : *Il n'en sera rien, il n'en sera rien : vous avez bien jugé, et vous feriez mal de changer votre jugement.* « Judicâstis benè, mutaretis non benè. » Quoique ce miracle paraisse assez extraordinaire et qu'on puisse en croire ce qu'on voudra, on doit considérer néanmoins qu'il est rapporté par un auteur contemporain, et qu'il est difficile de supposer un fait de cette nature, dont il devait y avoir tant de témoins.

Enfin ces mêmes ecclésiastiques, poursuivant encore avec opiniâtreté leur rétablissement, le différend fut terminé d'une manière bien étrange ; car Mathieu de Werminster rapporte, que s'étant tenu un synode à Calne dans une chambre haute, et Dunstan étant violemment attaqué par plusieurs en faveur des ecclésiastiques chassés, le plancher creva et écrasa ou blessa tous ses adversaires, le seul Dunstan étant demeuré sur une poutre sans aucun mal.

Enfin, l'année 988, Dunstan, chargé d'années et de mérites, passa à une meilleure vie, laissant l'Angleterre dans la triste attente de ses prophéties, qui ne furent que trop véritables.

Ce saint suffit seul pour relever la gloire de l'Église d'Angleterre durant ce siècle ; puisqu'il le comprend tout entier, ou par lui-même, ou par ceux qui ont été liés avec lui. Il fut ordonné prêtre par S. Elphègue, qui rendit témoignage, en l'ordonnant, de sa sainteté future. Ce fut S. Odon, archevêque de Cantorbéri, qui le consacra évêque de Worcester, changeant, comme nous avons dit, le titre de cette église en celui de l'église de Cantorbéri. Il consacra lui-même S. Elphègue en la place de S. Ételwode pour l'évêché de Wintchester. Ce S. Elphègue fut depuis transféré au siége de Cantorbéri, et il souffrit le martyre l'an 1012 par la cruauté des Danois. Il fut ministre de trois rois, Edmon, Elrède et Edgar, et il vit tout ce qui arriva dans l'Angleterre durant son siècle, et même après sa mort, par le don de prophétie qu'il avait reçu de Dieu. Je crois que tant de choses singulières suffisent pour montrer que l'église d'Angleterre n'a pas été plus malheureuse dans ce siècle que dans les autres ; et il n'est pas nécessaire d'y ajouter, pour le relever, que la reine Asuite, mère du roi Édouard, aïeul d'Edgar, et Édite, fille d'Edgar et sœur du jeune prince Édouard, furent célèbres en sainteté.

Mais puisque nous examinons particulièrement l'état de l'Église de ce siècle par rapport à la doctrine et à la foi, il est bon de remarquer que Guillaume de Malmesbury témoigne que S. Odon, archevêque de Cantorbéri, convertit plusieurs personnes qui doutaient de la vérité de l'Eucharistie, en leur faisant voir le pain consacré changé en chair. Aubertin conclut de là qu'il y avait donc plusieurs personnes qui en doutaient. Mais j'en conclus que quelque foi que l'on ajoute à ce miracle, il est certain que S. Odon n'en doutait point, et que le commun de l'Église n'en doutait point aussi. J'en conclus encore que S. Dunstan, lequel Odon nomma, par révélation divine, à l'archevêché de Cantorbéri, n'en doutait point aussi, n'étant point croyable qu'il eût rendu un témoignage si avantageux à un homme qui aurait été dans une opinion différente de la sienne sur le sujet de l'Eucharistie. J'en conclus que S. Elphège, que S. Dunstan choisit aussi, par une révélation particulière, pour être évêque de Wintchester, et qui fut depuis archevêque de Cantorbéri, était dans le même sentiment que S. Dunstan ; puisque Dieu ne communique ordinairement ses lumières prophétiques qu'à des saints, et ne fait élire ainsi que des saints et des pasteurs orthodoxes. Nous voilà donc arrivés par ces trois témoins à 23 ans près de la publication de l'hérésie de Bérenger.

Mais il n'est pas besoin d'argument dans une chose si claire. Toute l'Angleterre suivit le parti de l'Église romaine contre Bérenger, et se trouva dans la créance de la présence réelle, lorsque son hérésie commença d'éclater dans le monde. Elle y avait donc été instruite par les évêques du X° siècle, et particulièrement par S. Dunstan, qui avait été le père des évêques et de l'église d'Angleterre durant la plus grande partie de ce siècle. Ce saint avait été instruit par ceux du IX° siècle. Il est sans apparence qu'il ait changé lui-même de sentiment, ni qu'il ait souffert que l'église d'Angleterre en changeât de son temps. Il n'a pu ignorer l'introduction d'une nouvelle opinion : il a eu assez de zèle et d'autorité pour l'empêcher. Cependant il n'est fait aucune mention dans sa Vie, écrite assez exactement, qu'il ait eu le moindre soupçon qu'il s'introduisît de son temps aucun sentiment contraire à la doctrine de l'Église. Elle n'a donc reçu durant ce siècle aucun changement ni aucune altération dans l'Angleterre ; et par conséquent, comme la créance de la présence réelle se trouva établie dans toute cette île au temps de Bérenger, et fut défendue par le célèbre Lanfranc, archevêque de Cantorbéri, il est indubitable que cette église était dans la même créance au X° siècle, et qu'elle y était sans innovation et sans changement, n'ayant fait que conserver la foi dans laquelle elle avait été instruite par ceux du IX° siècle.

Après l'Angleterre, il est juste de faire réflexion sur l'église de France, qui nous fournit aussi un saint roi, qui est Robert, lequel a passé dans ce siècle 50 années de sa vie, étant mort l'an 1031, âgé de 67 ans. Nous avons déjà remarqué que ce roi, qui est appelé par Glaber *doctissimus et christianissimus*, fit brûler à Orléans, l'an 1017, *des hérétiques qui enseignaient, entre autres erreurs, que le pain consacré n'était point véritablement changé au corps et au sang de Jésus-Christ*. C'était donc déjà une opinion reconnue pour hérétique du temps de ce prince si religieux, et qui avait été instruit par des personnes qui avaient passé toute leur vie dans le X° siècle, et étaient disciples de ceux du IX°. Glaber remarque aussi que ce roi, comme un très-sage serviteur de Dieu, fut toujours l'amateur des humbles et l'ennemi des superbes ; et que lorsque quelque siége épiscopal venait à vaquer dans son royaume, il avait un extrême soin qu'on y établît un pasteur qui en fût digne, de quelque basse naissance qu'il pût être, plutôt que d'y élever des personnes nobles, qui ne se relevaient que par la pompe séculière. Il est donc croyable qu'ayant régné assez longtemps, il remplit toute la France de bons prélats, et qu'ainsi l'église de France ne pouvait être fort déréglée durant son règne ; ce qui rend la condamnation de Bérenger plus authentique, puisque son erreur a été rejetée par ces saints prélats que le roi Robert avait établis dans l'Église. Mais de peur qu'on ne dise que ces bons évêques n'appartiennent pas au X° siècle, quoiqu'ils y aient été élevés, l'on peut montrer par des preuves positives, et qui ne doivent point être suspectes aux ministres, que les prélats de France n'étaient point au X° siècle dans cette ignorance monstrueuse dont les ministres les accusent.

L'an 992 on célébra un concile à Reims pour juger de la cause d'Arnulphe, qui y fut déposé. Il n'y a qu'à voir les actes de ce concile pour reconnaître que ces évêques étaient très-habiles dans la discipline de l'Église et dans la science de l'antiquité. Ils soutiennent formellement que le pape ne peut rien contre les canons. Ils défendent le droit qu'ont les synodes de déposer les évêques sans appel, lorsque ces évêques s'en sont rapportés au jugement du synode, suivant cette maxime : *Ab electis judicibus appellare non licet*. M. de Marca, qui examine en particulier tout ce qui fut agité dans ce concile, fait voir que l'on n'y fit rien que de très-légitime et de très-conforme à la discipline de l'Église, et que les évêques qui y assistaient en étaient très-instruits.

Aussi Arnulphe, évêque d'Orléans, représentant dans ce synode les désordres horribles de l'église particulière de Rome, que Baronius reconnaît et déplore en tant de lieux, fait voir que cette corruption ne s'était point répandue dans toute l'Église, et qu'il y avait durant ce siècle une infinité de saints et savants prélats dans l'étendue du christianisme : *Certè in Belgio et Germaniâ, quæ vicinæ nobis sunt, summos sacerdotes Dei in religione admodùm præstantes inveniri, in hoc sacro conventu testes quidam sunt*.

Cette connaissance des droits des évêques n'est pas une petite marque de la science des prélats, et l'on trouve encore dans ce siècle un exemple remarquable. Foulque, comte d'Anjou, ayant fait bâtir une église magnifique, ne put obtenir de l'archevêque de Tours qu'il la dédiât, cet archevêque lui ayant répondu que lorsqu'il aurait satisfait au dommage qu'il avait fait à l'Église, il serait en état de faire à Dieu des offrandes de son propre bien. Ce refus obligea ce comte d'aller à Rome, où, par le moyen de l'argent qu'il donna aux officiers de la cour de Rome, il obtint du pape qu'il y envoyât une personne pour la consacrer sans la participation de l'archevêque. L'ordre en fut donné à Pierre, cardinal, qui se mit en devoir de l'exécuter. *Les prélats de France,* dit Glaber, *ayant appris cet ordre du pape, furent tous persuadés que cette présomption sacrilége était un effet d'une aveugle avarice. Ils détestèrent tous cet attentat, estimant que c'était une chose tout à fait indigne, que celui qui gouvernait le Siége apostolique violât le premier l'ordre établi par les Apôtres et par les canons; la coutume de l'Église, fondée sur une infinité d'autorités de l'antiquité, défendant aux évêques de faire aucun acte de juridiction dans le diocèse d'un autre, si l'évêque qui y réside ne le permet.* Glaber ajoute que ce cardinal ayant passé outre, nonobstant cette opposition générale des évêques à la dédicace de cette église, elle tomba le jour même qu'on la consacra, et que personne ne douta que ce ne fût une punition visible de Dieu contre cette entreprise illégitime. *Encore,* dit Glaber, *que le pontife romain soit le plus révéré de tous les évêques à cause de la dignité du Siége apostolique, il ne lui est pas néanmoins permis de violer ce qui est prescrit par les canons; car, comme chaque évêque d'une église orthodoxe est l'époux de cette église et représente le Sauveur du monde, il n'est jamais permis à un évêque d'entreprendre sur le diocèse d'un autre avec insolence.* Voilà quels étaient en ce temps-là les sentiments de l'église de France sur ce point si délicat, dans lequel ils eussent été facilement emportés par les prétentions des papes, s'ils ne se fussent soutenus par la science de l'antiquité.

Il paraît aussi par ce récit de Glaber et par le concile de Reims, que les désordres de la cour de Rome étaient détestés en ce temps-là dans l'église de France et qu'ainsi elle n'y participait pas, et ne les imitait pas. Aussi il est rapporté dans la vie d'Abbo, abbé de S. Benoît-sur-Loire, qu'étant allé à Rome pour y obtenir la confirmation de quelques priviléges de sa maison, et y ayant trouvé le pape Jean XV autre qu'il ne devait être, possédé de l'avarice; mettant toutes choses en vente, il l'eut en exécration et qu'ayant visité les églises des saints pour y faire ses prières, il s'en revint en son monastère : *Quem execratus, perlustratis orationis gratiâ sanctorum locis, ad sua rediit.* Mais pour montrer que les désordres n'ont jamais été tels dans l'église de France, qu'il ne s'y soit trouvé plusieurs grands évêques, qui s'y opposaient de toute leur force, et qui faisaient tout ce qu'ils pouvaient pour en arrêter le cours, il ne faut que lire le concile de Trosly tenu l'an 909, c'est-à-dire, presqu'au commencement du X° siècle, par Hervé, archevêque de Reims et ses suffragants. On y voit premièrement par les plaintes que les évêques font contre les désordres, qu'à la vérité il y en avait beaucoup; mais on y voit en même temps que ces désordres n'étaient pas nés dans le X° siècle, et qu'ils y étaient passés du IX° et des siècles précédents, et que ce fut au contraire dans le X° que l'on s'efforça d'y remédier sérieusement. On y voit en second lieu, que ces désordres n'empêchaient pas qu'il n'y eût en France plusieurs évêques remplis de l'esprit et de la science ecclésiastique, très instruits dans les conciles et dans la doctrine des Pères, et qui ne cédaient en rien à ceux qui ont réformé l'Église de France sous Charlemagne et sous Louis-le-Débonnaire. Ils y font paraître partout un amour ardent pour la discipline, un zèle épiscopal pour le salut des âmes, et une extrême douleur des maux de l'Église. Enfin ils y témoignent beaucoup de vigilance pour la pureté de la foi, en exhortant les évêques à consulter les livres des Pères et les divines Écritures, pour convaincre l'erreur de Photius contre le S.-Esprit, que le pape leur avait écrit avoir beaucoup de sectateurs en Orient. *Sanè*, disent-ils, *quia innotuit nobis sancta Sedes Apostolica, adhuc errores blasphemtasque cujusdam vigere Photii in partibus orientis in Spiritum sanctum, quòd non à Filio, nisi à Patre tantùm procedat blasphemantes, hortamur vestram fraternitatem unà mecum, ut secundùm admonitionem Domini Romanæ Sedis, singuli nostrûm perspectis catholicorum Patrum sententiis, de divinæ Scripturæ pharetris, acutas proferamus sagittas potentis, ad confodiendam belluam monstri renascentis, et ad conterendum caput nequissimi serpentis.* Est-il croyable que s'il se fût élevé en ce temps-là même une nouvelle erreur parmi les fidèles, ces évêques instruits dans le IX° siècle ne s'en fussent pas aperçus, et qu'ils eussent été chercher des erreurs des Grecs, qui n'étaient point répandues en France, pour les condamner, et pour se préparer à les réfuter plutôt que d'empêcher l'introduction d'une superstition damnable, comme le serait sans doute l'opinion de la présence réelle, si ce n'avait pas toujours été la foi de l'Église, et si ce n'eût pas été celle de ces saints évêques ? Les plaintes que ces évêques font au chapitre 3 du déréglement des monastères, nous donne lieu de remarquer ici qu'on ne peut pas en accuser le X° siècle; puisque l'on voit que ces évêques le représentent aussi grand qu'il peut être dès le commencement de ce siècle. Mais c'est avec raison qu'on peut alléguer pour le relever, la réformation qui se fit dans ce siècle, d'un très-grand nombre de monastères, et principalement en France, par des saints que Dieu suscita extraordinairement pour conserver dans l'Église l'esprit de pénitence et de sainteté.

Saint Gérard, né de la famille des ducs de Lorraine, s'étant d'abord rangé à la vie solitaire, s'employa ensuite très-utilement à la réforme des monastères, et il en réduisit jusqu'à dix-huit à une observance régulière, lesquels il gouverna pendant sa vie. Adalbéro, évêque de Metz, frère du duc Frédéric, travailla avec un zèle très-ardent à la réforme des monastères de son diocèse, en commençant par celui de Gorzie; et il remit, dit Sigebert, dans le *bon chemin ceux qui faisaient profession de la vie monastique. Tous ceux qui voulaient renoncer au siècle pour se soumettre au doux joug de Jésus-Christ, apprenaient dans la sainte retraite de ce monastère, combien ils devaient être doux et humbles de cœur à l'exemple de leur maître. Ceux qui quittaient la profession des armes pour s'enrôler dans cette* milice spirituelle, venaient y faire leur apprentissage. Ceux d'entre les ecclésiastiques qui voulaient monter à un plus haut degré d'humilité, méritaient d'y voir, non pas en songe, comme Jacob, mais en vérité, *une échelle qui touchait jusqu'aux cieux, par où les anges du Seigneur montaient et descendaient.* Ainsi la ferveur de la dévotion de cette maison répandant ses flammes de toutes parts, toute la noblesse, les magistrats, et généralement toutes sortes de personnes, sans distinction ni de condition ni d'âge, y accouraient, et personne ne croyait avoir appris les premiers commencements de la vie religieuse, s'il n'avait passé dans le monastère de Gorzie.

Mais cette réforme n'est pas néanmoins considérable en comparaison de celle qui se fit en ce siècle par le moyen des saints abbés de Cluny, qui travaillèrent avec une bénédiction particulière à rétablir la discipline monastique dans plusieurs maisons de l'ordre de S. Benoît, non seulement en France mais aussi en Italie. Le premier abbé de cette illustre maison fut S. Bernon, et il la fonda en partie des biens d'une comtesse son aïeule, et en partie par la libéralité de Guillaume, comte d'Auvergne et duc d'Aquitaine. La manière dont ce prince fit donation à ce monastère de divers biens, et du lieu même de Cluny, est si pleine de piété, qu'elle mérite d'être rapportée, pour montrer que les maximes de l'Évangile étaient tout autrement vivantes en ce temps-là dans l'esprit même des grands du monde, qu'elles ne le sont à présent. *La providence de Dieu, dit ce duc, a pourvu au salut des riches, en leur donnant moyen de mériter des récompenses éternelles par le bon usage des choses temporelles qu'ils possèdent. C'est ce que l'Écriture nous fait voir en nous assurant que les richesses de l'homme sont la rédemption de son âme. Ce que considérant avec grand soin, moi, Guillaume, par la bonté de Dieu, comte et duc, et désirant donner ordre à mon salut pendant que je le puis, j'ai jugé qu'il était juste et même nécessaire d'employer pour le salut de mon âme quelque partie des biens temporels que je possède, de peur que je ne sois repris au jour du jugement d'avoir consumé tout mon bien pour le soin de mon corps; et je ne crois pas pouvoir mieux exécuter ce dessein, qu'en me faisant amis les pauvres du Seigneur, selon le commandement du Seigneur, et en nourrissant de mon bien des personnes qui mènent une vie régulière dans un monastère, afin que l'aumône que je désire faire à Dieu, ne dure pas pour un temps seulement, mais qu'elle soit en quelque sorte perpétuelle. C'est ce que je prétends faire dans cette foi et dans cette espérance, qu'encore que je n'aie pas assez de force pour mépriser toutes les choses du monde, je ne laisserai pas de participer à la récompense des justes, en recevant dans ma maison des personnes qui ont méprisé le monde.* S. Bernon étant mort l'an 912, le grand S. Odon fut élu pour son successeur, et il est considéré par S. Bernard comme le premier abbé de cette maison, à cause de l'éclat extraordinaire de sa sainteté. Il fut honoré par les rois et par les papes; il fut obligé de faire divers voyages à Rome pour le service du Saint-Siége, et mourut l'an 942, après avoir réformé plusieurs monastères.

Il eut pour successeur Ademar, dont S. Odilon relève la simplicité religieuse et l'innocence chrétienne; et Ademar, S. Mayeul, qui fut particulièrement honoré par Hugues-Capet, et servit beaucoup à étendre la réformation en divers monastères de France. Ce saint abbé étant mort l'an 993, S. Odilon fut élu en sa place par le commun consentement de toute la congrégation, et la gouverna l'espace de 56 ans, selon Pierre de Damien : ainsi il vit la naissance et le progrès de l'hérésie de Bérenger. Il suffit de dire qu'il fut révéré des papes, des empereurs, des rois et de tous les grands hommes de son temps.

Je rapporte toute cette suite de saints abbés de Cluny, parce qu'elle est extrêmement considérable pour faire connaître l'extravagance de cette innovation prétendue, que les ministres nous veulent figurer être arrivée dans ce siècle. Ils ont tous vécu non seulement sous la même règle, mais dans une même maison. Ils sont disciples les uns des autres. S. Odilon a été élevé et instruit par S. Mayeul, S. Mayeul par Ademar et par S. Odon, et S. Odon par S. Bernon. Odilon a vu Bérenger. Il a vu le bruit de son hérésie, et ni ce saint, ni aucun monastère de son ordre n'en a été empesté; ainsi sa foi ne peut pas être douteuse.

Je demande s'il est croyable que S. Odilon eût une autre créance que celle qu'avait S. Mayeul, si S. Mayeul en avait une autre que S. Odon, et si S. Odon en avait une autre que S. Bernon, et que l'Église du IXe siècle, dans lequel ils ont tous deux été instruits, et où ils ont passé une partie de leur vie.

Cependant, puisque toute la congrégation de Cluny se trouve dans la créance catholique dans le XIe siècle, si l'on supposait qu'il se fût fait quelque innovation dans l'Église sur le fait de l'Eucharistie, il faudrait dire qu'il s'en est fait aussi une dans cette congrégation particulière, et que ces premiers religieux de cet ordre ayant été instruits dans la créance de l'absence réelle, les autres eussent abandonné leur sentiment sur un des points les plus importants de la religion chrétienne. Mais c'est ce que l'on ne peut dire sans folie, puisque les derniers ont révéré les premiers, non seulement comme leurs pères, mais comme des saints; et qu'ils ont fait ce qu'ils ont pu pour les faire révérer à toute l'Église, au lieu qu'ils eussent été obligés de les regarder comme des personnes qui auraient vécu dans l'illusion. Outre que, comme nous avons souvent remarqué, ils n'auraient pu perdre la mémoire de ce changement, qui serait arrivé ou dans leurs personnes mêmes, ou dans celles de ceux qui les avaient précédés de peu de temps; et ainsi ils auraient servi de témoins à Bérenger, et ils lui auraient donné lieu d'accuser de nouveauté l'opinion commune de l'Église de son temps.

Que s'il est impossible de concevoir ce changement dans une seule congrégation de l'Église, que l'on juge combien il est ridicule de l'admettre dans toute l'Église !

Nous ne nous arrêterons pas beaucoup à considérer l'état de l'Espagne, parce que cette église a gémi durant tout ce siècle dans sa plus grande partie sous la tyrannie des Sarrasins, et que les rois catholiques qui restaient ont été occupés dans des guerres continuelles contre eux, ce qui leur donnait moins de moyen de s'appliquer à la réformation de l'Église. Néanmoins on ne peut reprocher à cette Église aucuns désordres plus grands dans ce siècle que dans les autres, et on a lieu de la relever par plusieurs martyrs qui ont souffert généreusement pour la foi de Jésus-Christ; par plusieurs saints évêques, comme Gennadius, évêque de Zamory; Attilan, évêque d'Asturie, et Rudesinde, évêque de Compostelle; par plusieurs princes religieux et vaillants, qui ont généreusement défendu avec peu de forces et leur royaume et la religion chrétienne contre la puissance des Arabes qui était beaucoup plus grande.

Alphonse-le-Grand, si célèbre dans les histoires d'Espagne, et qui a laissé à la postérité cet exemple si rare de modestie d'avoir mieux aimé céder le royaume à son fils qui s'était révolté contre lui, et lui servir ensuite de capitaine, que d'exposer son état à une guerre civile qui l'eût ruiné, occupe les premières années de ce siècle jusqu'en l'an 912 auquel il mourut. Ordonius, son second fils, qui lui succéda peu de temps après, est loué pour sa piété, et il est dit de lui qu'il changea son palais en église. Les historiens d'Espagne attribuent la grande victoire du roi Ramire sur les Sarrasins à son zèle pour la religion, et certainement on ne peut rien voir de plus chrétien que sa mort. Il voulut se dépouiller de son royaume avant que de mourir, et prévenir, par ce renoncement volontaire, l'état où la nécessité de la nature l'allait réduire. On voit divers exemples de piété dans les autres rois. Le roi Vérémond rétablit dès le commencement de son règne l'observation des canons et des décrets des papes. Et quoiqu'il l'ait depuis déshonoré par quelques violences, il répara le scandale qu'il avait causé par une pénitence si publique qu'elle est même marquée dans son épitaphe en ces termes : *Vérémond, fils d'Ordonius, offrit à Dieu à la fin de sa vie une digne pénitence, et mourut en paix.* Enfin on ne voit rien dans l'histoire de cette église qui ait pu y favoriser l'introduction imperceptible d'une nouvelle hérésie contraire à la créance ancienne.

Il ne reste plus que l'Italie à examiner, et il faut avouer qu'une partie des reproches que Baronius fait en général contre ce siècle est véritable de l'église particulière de Rome, et qu'il n'y a rien de plus horrible que la vie de plusieurs papes de ce temps-là. Mais si cette corruption donne lieu de gémir pour cette église, elle ne donne pas lieu d'en conclure qu'elle ait pu favoriser l'introduction d'une erreur, ce déréglement n'ayant point été si grand, qu'il n'y eût encore assez de personnes en Italie même capables de soutenir la foi, et qui n'eussent jamais souffert l'établissement d'une nouvelle hérésie sans s'y opposer.

Nous avons déjà remarqué que le monastère de S. Boniface à Rome, où saint Adelbert se retira, était très-réglé, et qu'il y avait en même temps huit saints abbés, quatre Grecs et quatre Latins. Croit-on que ces saints n'eussent point de zèle pour la foi de l'Église, ou qu'ils ne la connussent pas?

Aligerne, 27° abbé du Mont-Cassin, mourut en l'an 988, après avoir gouverné ce monastère, le premier de l'ordre, l'espace de 30 ans. D'où il s'ensuit qu'il avait vécu presque tout ce siècle. Il est extraordinairement loué pour ses vertus par tous ceux qui parlent de lui, et particulièrement par l'auteur de la vie de S. Nil.

La vertu de cet abbé est une preuve suffisante de celle de son monastère, qu'il n'aurait pas laissé dans le déréglement; et ceux qui savent qu'en ce temps-là les monastères étaient des académies de la science ecclésiastique, aussi bien que de la vertu chrétienne, et que presque tous les écrits de ces siècles ont été faits par des religieux, ne douteront point qu'il n'y eût sous la discipline d'Aligerne beaucoup de religieux zélés pour la foi, et capables de la défendre, si elle eût été attaquée.

L'illustre S. Nil, Grec d'origine, mais né dans la Calabre, remplit aussi une grande partie de ce siècle. Et il peut servir de témoin du parfait consentement de l'église grecque avec l'église latine sur le sujet de l'Eucharistie, puisqu'ayant puisé sa doctrine dans les livres des pères grecs, et dans les instructions ordinaires de l'église grecque, il a toujours vécu dans l'église latine, ayant été lié d'amitié particulière avec les religieux du Mont-Cassin, qui lui donnèrent même un monastère pour y habiter. Ce saint vint plusieurs fois à Rome, et il fut révéré par Othon III, auquel il donna sa bénédiction. Y a-t-il de l'apparence que sa foi fût différente de celle de l'église latine, avec laquelle il était si uni, et qu'il manquât ou de lumière pour découvrir les altérations qui s'y fussent glissées, ou de zèle pour s'y opposer.

Il y avait aussi en ce temps en divers lieux de l'Italie plusieurs évêques célèbres en piété, et qui ont même été canonisés après leur mort, comme le témoigne Pierre de Damien dans sa lettre 17 : *Nostrâ quippe ætate*, dit-il, *beati viri, Romualdus Camerinensis, Amicus Rumibonensis, Guido Pompesiarus, Firmanus Firmensis, et quamplures alii, sanctæ conversationis studio floruerunt, super quorum videlicet veneranda cadavera, ex sacerdotalis concilii auctoritate, sacra sunt altaria erecta, ubi nimirùm divina mysteria miraculis exigentibus offeruntur.* Et il fait ensuite mention du bienheureux Arduin, prêtre qui était en ce temps-là célèbre par ses miracles. Mais Dieu a particulièrement voulu relever en ce siècle l'église d'Italie par le grand S. Romuald, qui y a renouvelé et surpassé même en quelque sorte par ses prodigieuses austérités la vie des premiers ermites de la Thébaïde. Ce saint se fit religieux l'an 971, et ensuite il embrassa la vie érémitique, qu'il rétablit dans l'Occident. On ne peut rien ajouter à l'austérité de la vie qu'il établit dans son ordre, et qu'il pratiqua lui-même. *Ils marchaient tous nu-pieds*, dit Pierre de Damien, *étant tout pâles et défigurés, se contentant de la plus extrême pauvreté. Quelques-uns s'enfermaient dans leurs cellules, étant aussi morts au monde que s'ils eussent été déjà dans les sépulcres. Tout le monde ignorait là l'usage du vin, même dans les plus grandes maladies. Mais pourquoi parlé-je des religieux, puisque ceux mêmes qui les servaient, et ceux qui gardaient leurs troupeaux, observaient le jeûne et le silence, prenaient la discipline, et demandaient pénitence pour les moindres paroles oiseuses. O siècle d'or de Romuald, qui n'éprouvait pas à la vérité les tourments des persécuteurs, mais qui n'était pas privé d'un martyre volontaire! O siècle vraiment heureux, qui nourrissait sur les montagnes et parmi les bêtes tant de citoyens de la céleste Jérusalem!* Peut-on s'imaginer que ces religieux tout brûlants de charité ne fussent pas dans la vraie foi touchant le mystère de la charité? Étaient-ils indifférents aux maux de l'Église, et s'ils eussent su que l'on y semait une hérésie, ne fussent-ils pas aussi bien sortis de leurs retraites pour s'y opposer, qu'ils en sortirent pour aller prêcher l'Évangile aux nations infidèles? Car ce fut dans l'école de S. Romuald que S. Boniface et ses compagnons conçurent le dessein d'aller prêcher la foi aux barbares pour y trouver le martyre. Et le même désir ayant enflammé le cœur de S. Romuald, il sortit lui-même de son monastère dans le même dessein, et il alla bien avant dans la Hongrie, quoique Dieu, qui l'avait destiné à autre chose, ne lui en ait pas accordé l'accomplissement. Tous ses disciples se trouvèrent dans l'Église romaine, lorsque l'hérésie de Bérenger commença de paraître; et ainsi l'on ne peut douter que ce n'ait été la foi de leur maître S. Romuald, et de tous les saints qui ont vécu avec lui, dont les miracles et la sainteté prouvent assez qu'ils suivaient la vérité.

On pourrait beaucoup plus étendre toutes ces remarques particulières sur l'état des églises de l'Occident durant le X° siècle, et y en ajouter beaucoup d'autres semblables. Mais celles-ci suffisent pour montrer que toutes les déclamations que l'on a accoutumé de faire contre ce siècle sont très-mal fondées, et qu'il n'y a rien de plus ridicule que l'imagination des ministres, qui ont pris sujet de ces reproches vagues que l'on a formés contre ce siècle, d'y placer sans raison et sans apparence leur prétendue innovation dans la créance de l'Eucharistie.

Je sais que comme l'on a ramassé dans cet écrit ce que l'on trouve dans les historiens à l'avantage de ce siècle, il serait aisé à l'auteur de la réponse de ramasser aussi ce que l'on a dit au désavantage de ce même siècle, étant certain que l'on trouve du bien et du mal en tous les temps de l'Église. Mais ce ramas qu'il ferait ne conclurait rien du tout contre celui que nous avons fait, et ne lui pourrait servir de rien pour autoriser sa prétention. Car, afin qu'elle eût quelque vraisemblance, il faudrait qu'il fît voir dans ce siècle un assoupissement universel; et c'est ce qu'il ne fera jamais par ces dénombrements de désordres particuliers; au lieu que pour montrer que sa prétention est entièrement hors d'apparence, il suffit de faire voir qu'il y avait dans toutes les provinces chrétiennes plusieurs saints prélats et plusieurs personnes zélées, qui veillaient à la conservation de la foi, et qui n'eussent jamais souffert l'établissement d'une nouvelle hérésie, sans s'y opposer de toutes leurs forces : et c'est ce que nous avons plus que suffisamment prouvé.

Pour favoriser cette innovation insensible, il faut que toute l'Église y ait contribué. Pour la découvrir et pour l'empêcher il ne fallait qu'un seul homme qui eût excité tous les autres.

Ce serait aussi en vain qu'il exagérerait en l'air l'ignorance de ce siècle, dont il n'a aucune preuve réelle; puisque, comme nous avons remarqué, l'ignorance ne peut avoir lieu dans le point dont il s'agit. Il faudrait donc qu'il eût recours à l'indifférence, au libertinage et au mépris de la religion, et qu'il en accusât ce siècle. Mais c'est ce qu'il ne saurait faire avec la moindre couleur, étant clair, par ce que nous avons dit, qu'il n'y a guère eu de siècle plus opposé au libertinage et à l'indifférence pour la religion que celui-là : de sorte qu'en quelque manière qu'on considère la prétention des ministres touchant ce changement universel de créance sur le sujet de l'Eucharistie, dont ils accusent ce siècle, elle doit passer au jugement des personnes raisonnables pour la plus extravagante chimère qui soit jamais tombée dans l'esprit des hommes.

CHAPITRE VIII.

Que toutes les sectes séparées de l'Église romaine sont d'accord avec elle sur le sujet de la transsubstantiation, et principalement les Grecs.

L'écrit que l'auteur de la réponse entreprend de réfuter, s'arrêtant au temps de Bérenger, pour remonter ensuite jusqu'aux premiers siècles, il n'est pas nécessaire pour le défendre d'examiner ce que l'auteur avance touchant les Pétrobusiens, Vaudois, Albigeois, Wiclefistes, Hussites, et les autres qui ont suivi Bérenger. La société de toutes ces personnes ne lui peut être que honteuse, quand il serait vrai qu'elles auraient été dans les sentiments des calvinistes, quoiqu'il fût facile de prouver des Hussites que l'on leur fait tort de leur imputer cette erreur; qu'il soit fort douteux si on la doit imputer aux Albigeois, et qu'il soit certain que l'Église n'a pu résider dans toutes ces sectes qui se sont retranchées elles-mêmes de l'unité de l'Église, et qui étaient infectées de plusieurs autres erreurs. Mais on ne se peut pas dispenser de dire quelque chose de la hardiesse avec laquelle l'auteur soutient sur la fin de son écrit, *que la transsubstantiation et l'adoration du sacrement sont deux choses inconnues à toute la terre, à la réserve de l'Église romaine; et que ni les Grecs, ni les Arméniens,* ni les *Russes*, ni les *Jacobites*, ni les *Éthiopiens*, ni en général aucun chrétien, hormis ceux qui se soumettent au Pape, ne croient rien de ces deux articles. Car en vérité ce n'est pas une chose supportable d'avancer des faussetés évidentes avec cette confiance, et sans en apporter aucune preuve; et l'on ne peut guère s'éloigner davantage de la bonne foi. Cet auteur ne peut ignorer que ce qu'on a dit touchant les Grecs et les autres communions séparées ne soit l'opinion commune non seulement des catholiques, mais aussi des Grecs, et même des protestants et des calvinistes qui agissent sincèrement.

Qu'on demande à tous les Grecs qui sont au monde s'ils sont en différend avec l'Église romaine sur le sujet de l'Eucharistie, ils vous répondront que non. Que l'on demande à tous ceux de la communion du Pape s'ils sont en différend avec les Grecs touchant ce mystère, ils répondront aussi que non. Ils se trouvent ensemble en une infinité de lieux, et particulièrement à Venise, et l'on n'a jamais vu qu'il se soit excité entre eux aucune dispute sur ce point. Peu de temps après que Léon IX eut condamné l'hérésie de Bérenger, Michel Cérularius, patriarche de Constantinople, écrivit tout ce qu'il put contre l'Église latine. Il était impossible qu'il ignorât une chose aussi célèbre que la condamnation de cette hérésie, puisqu'il y avait encore à l'entour de Rome et dans Rome même plusieurs églises des Grecs; qu'il y avait dans Constantinople plusieurs églises des Latins, et que l'empereur de Constantinople possédait encore en ce temps-là une partie de l'Italie qui obéissait au patriarche de Constantinople. Cependant cet ennemi si passionné de l'Église occidentale ne s'est jamais avisé de lui reprocher qu'elle errât dans la foi de ce mystère, quoiqu'il la déchire outrageusement sur le sujet des azymes. On voit aussi dans le concile de Florence que l'empereur et les évêques grecs se réunissent avec le Pape et l'Église latine, après être convenus sur tous les différends qui les divisaient les uns des autres, et avoir agité en particulier la question qui regarde les paroles de la consécration; et l'on voit point que la doctrine de la transsubstantiation qui ne leur pouvait être inconnue, ni la pratique de l'adoration dont ils étaient témoins tous les jours, ait jamais été alléguée par aucun évêque grec comme une matière de différend et de dispute. Aussi ce consentement de l'église grecque avec l'église latine est si notoire et si évident que les protestants de bonne foi ne s'amusent pas à le contester.

Guillaume Forbésius, évêque d'Édimbourg, l'un des plus savants protestants anglais, et qui avait beaucoup voyagé par toute l'Europe, dans le livre qu'il a fait sous le titre de Considérations modestes et pacifiques sur les controverses, parle de cette sorte touchant le sentiment des Grecs modernes sur la transsubstantiation : *Cette même opinion de la transsubstantiation a été reçue il y a longtemps par un grand nombre de personnes*, A QUAMPLURIMIS, *quoique non par tous.* (C'est une exception que l'on ne doit pas trouver étrange dans un protestant, et qui ne regarde que les temps plus éloignés.) *Et elle est encore défendue non seulement dans l'église latine, mais aussi dans la grecque, comme il paraît par les nouveaux Grecs, pour ne pas parler des anciens; par le Trésor orthodoxe de Nicétas, par la Panoplie d'Euthymius, par Nicolas, évêque de Methone, par Samonas, évêque de Gaze, par Nicolas Cabasilas, par Marc d'Éphèse et Bessarion, qui confessent tous très-ouvertement la transsubstantiation dans leurs ouvrages.* Aussi dans le concile de Florence il ne fut pas question si le pain était changé substantiellement au corps de Jésus-Christ, quoique Kemnitius et plusieurs protestants l'assurent; mais par quelles paroles ce changement ineffable s'opérait, et si c'était seulement par les paroles du Seigneur, ou s'il y fallait joindre les prières du prêtre et de l'Église. Jérémie, patriarche de Constantinople, dans la Censure de la Confession d'Augsbourg, chap. 10 : « *On rapporte sur ce point*, dit-il, *plusieurs choses de vous que nous ne pouvons approuver en aucune sorte.* » *La doctrine de la sainte Église est donc que dans la cène sacrée, après la consécration et bénédiction, le pain est changé et passé au corps même de Jésus-Christ, et le vin en son sang, par la vertu du S.-Esprit. Et un peu après : Ce n'est pas que lorsque Jésus-Christ donnait la communion à ses disciples il leur donnât la chair qu'il portait, ou le sang qu'il avait en son corps. Et ce n'est pas aussi que, dans l'administration des divins mystères, le corps de Jésus-Christ, qui a été transféré au ciel, en descende, car ce serait un blasphème que de le dire : mais c'est que la matière du sacrement est changée et transformée par la grâce du S.-Esprit, et par l'invocation de celui qui opère et consomme ce sacrement, au vrai corps du Seigneur. Cela se fit dans la cène que Jésus-Christ fit à ses disciples, et cela se fait dans la nôtre. Et ensuite le propre et véritable corps de Jésus-Christ est contenu sous les espèces du pain levé.* Il prouve la même chose par la réponse des Grecs aux questions du cardinal de Guise, imprimée à Bâle, l'an 1571; et il dit qu'il y a peu d'années que, *conférant avec un évêque grec qui était assez habile, il soutenait la transsubstantiation très-clairement, et la prouvait par S. Chrysostôme : « Transsubstantiationem clarissimè confitebatur, et ex Chrysostomo tueri conabatur.* » Il cite ensuite le témoignage de Gaspar Pucerus, historien et médecin célèbre; de Sandius, anglais, dans son Miroir de l'Europe, p. 233, où il dit nettement *que les Grecs sont d'accord avec les Romains sur la transsubstantiation, sur le sacrifice et sur tout le corps de la messe*; de Poterus, et de Petrus Arcadius. *Et c'est pourquoi je ne puis assez m'étonner*, dit-il, *que Thomas Morton, évêque, au 3ᵉ livre qu'il a fait du sacrement de l'Eucharistie, nie que le patriarche Jérémie ait cru la transsubstantiation, et que pour le prouver il allègue ces paroles tirées des actes des Théologiens de Witemberg avec le patriarche Jérémie :* « *Non enim hîc nominis tantum communicatio est, sed rei identitas; etenim verè corpus et sanguis Christi mysteria sunt, non quòd hæc in corpus humanum transmutentur, sed nos in illa mu-*

« *lioribus prævalentibus.* » Car Jérémie ne nie pas, dit Forbésius, *dans ce passage la transmutation du pain au corps de Jésus-Christ, mais la transmutation du corps et du sang de Jésus-Christ au corps humain*, suivant ce que dit S. Augustin : « *Non tu te mutabis in me, sed ego mutabor in te.* »

Brérevod, professeur de Londres, qui a fait un livre de la Diversité des religions, et qui remarque avec soin toutes les choses, en quoi il prétend qu'elles s'éloignent de la doctrine ou des pratiques de l'église romaine, n'ose pas dire néanmoins que l'église grecque soit en rien différente de l'église latine sur le sujet de la transsubstantiation. Il ne le prétend point aussi ni des Assyriens ou Melchites, ni des Nestoriens, ni des Jacobites ou Eutychiens, ni des Cophtes ou Égyptiens, ni des Abyssins ; mais seulement des Arméniens, encore ne se fonde-t-il que sur un passage de Guy-le-Carme, qui est le seul qui leur attribue cette erreur, formellement contraire à leur liturgie. Mais cet auteur devait avoir jugé que l'autorité de Guy-le-Carme ne doit pas être si considérable en cette matière, que celle de Ricardus Armacenus, qui a répondu aux questions des Arméniens, et de S. Thomas-d'Aquin qui a écrit contre leurs erreurs ; ni l'un ni l'autre ne faisant aucune mention de celle-là, non plus que les relations de ceux qui ont voyagé parmi eux, et mêmes celles des luthériens, comme Oléarius ; ou des calvinistes, comme les Hollandais, qui n'auraient pas manqué de remarquer cette différence de la créance des Arméniens de celle de l'Église romaine sur ce point, s'ils l'avaient pu faire avec vérité.

Ainsi il doit passer pour constant que toutes les communions schismatiques d'Orient sont d'accord avec l'Église romaine sur le point de la transsubstantiation. Et c'est ce qu'Oléarius témoigne formellement dans son voyage de Moscovie à l'égard des Moscovites en ces termes : *Ils croient*, dit-il, *la transsubstantiation, c'est-à-dire, que le pain et le vin sont véritablement changés au corps et au sang de Jésus-Christ.* On ne trouvera pas néanmoins ces dernières paroles, *c'est-à-dire, que le pain et le vin*, etc., dans la traduction française, parcequ'il a plu au traducteur calviniste de les retrancher, s'étant contenté de mettre les premières : *Ils croient la transsubstantiation*, mais elles se trouvent dans l'original allemand.

Ainsi l'auteur de la réponse n'est pas excusable de s'opiniâtrer à soutenir, comme il fait, que les Grecs et les autres communions schismatiques ne sont pas d'accord avec l'Église romaine sur le sujet de l'Eucharistie. Et cette hardiesse à nier les choses les plus évidentes, et les vérités de fait les plus constantes, doit faire connaître à tout le monde, combien il est difficile d'allier la sincérité et la bonne foi, avec la passion de soutenir à quelque prix que ce soit le parti où l'on se trouve engagé. Il est étrange que ces passions se mêlent dans des disputes, où ceux qui contestent ont tant d'intérêt de trouver la vérité ; puisqu'il n'y va de rien moins que d'une éternité de malheurs pour ceux qui ne la trouveront point. Mais l'expérience ne fait que trop voir qu'il n'y en a point où elles se mêlent davantage, ces raisons prises de l'autre monde faisant peu d'impression sur l'esprit des hommes, et celles des intérêts temporels, et des engagements où l'on est entré, étant d'ordinaire plus fortes et plus puissantes dans les matières de religion que dans aucune autre.

PRÉFACE
HISTORIQUE ET CRITIQUE
SUR LES DEUX OUVRAGES DE LA PERPÉTUITÉ DE LA FOI DE L'ÉGLISE CATHOLIQUE TOUCHANT L'EUCHARISTIE.

I. *De la* (petite) *Perpétuité de la foi de l'Église catholique, touchant l'Eucharistie.*

L'*Avis au lecteur*, qui est à la tête de la petite *Perpétuité*, et la *Préface* de la grande, nous apprennent l'origine et l'occasion de cet ouvrage. Nous avons déjà vu dans l'*Avis au lecteur* qu'il avait été composé pour servir de préface à l'*office du S.-Sacrement*. L'auteur ayant changé de dessein, l'écrit fut supprimé pendant près de deux ans. Ce ne fut que par rencontre qu'on en donna depuis deux ou trois copies à des personnes à qui la lecture en pouvait être utile. Une de ces copies étant tombée entre les mains du ministre Claude, il y fit une réponse, que ses partisans relevèrent extraordinairement, et dont ils multiplièrent les copies presque autant qu'on aurait pu faire par l'impression. On regarda dès-lors la réplique comme nécessaire. On ne la fit néanmoins que longtemps après, et on n'avait même d'abord d'autre dessein que de la communiquer en manuscrit à ceux qu'on savait avoir lu la réponse du ministre. Mais on fut obligé bientôt après de changer d'avis, pour prévenir un libraire qui avait déjà imprimé la *Perpétuité*, etc., en grande partie, avec une infinité de fautes. On crut dès-lors ne devoir point hésiter d'en donner au public une édition exacte, et d'y joindre la réfutation de la réponse que le ministre y avait opposée. Ce projet fut exécuté au mois de juillet 1664 ; l'un et l'autre écrit fut imprimé chez Charles Savreux, en un volume in-12, avec l'approbation de deux docteurs de Sorbonne, et le privilége ordinaire. Un auteur du temps (1) nous apprend néanmoins *qu'on n'aurait jamais obtenu ce privilége*, par un effet du crédit des adversaires de MM. de Port-Royal, sans une troisième approbation, d'un homme qui n'était nullement suspect de les favoriser. C'était M. Grandin, docteur et ancien professeur de Sorbonne; le chancelier Séguier n'ayant voulu faire expédier le privilége que sur un billet de ce docteur, qui certifiait avoir lu l'ouvrage, et n'y avoir rien trouvé qui en empêchât l'impression.

Il y a peu d'écrits qui aient été reçus du public avec autant d'applaudissement que la petite Perpétuité. Les éditions en furent multipliées en peu de temps. La cinquième est de l'an 1672. M. Claude lui-même ne put s'empêcher de reconnaître, dans la réponse qu'il y fit (2), que l'accueil fait à cet ouvrage était si grand, *qu'il aurait été difficile d'y rien ajouter; qu'il était écrit d'une manière belle, nette, élégante; et que, s'il ne s'agissait que de la subtilité de l'esprit, et des grâces du langage, on ne pouvait nier, sans injustice, que ce livre n'eût quelque chose de surprenant.*

Dans l'une des deux approbations de cet ouvrage, aussi bien que dans le privilége, l'auteur est appelé Barthélemi; mais personne n'ignore qu'il fut composé par M. Nicole, de concert avec M. Arnauld. L'auteur de la Vie du premier l'atteste positivement, et n'est contredit par personne. M. Arnauld paraît lui-même convenir, dans la préface du premier volume de la grande *Perpétuité de la foi*, et dans plusieurs endroits du corps de l'ouvrage, qu'il n'avait pas eu la même part à la petite Perpétuité qu'à la grande. Aussi n'y parle-t-il de l'auteur de la première qu'en tierce personne; au lieu qu'il y parle presque toujours de l'auteur de la seconde en première personne. M. Nicole, de son côté, n'hésite pas à s'attribuer ce qu'il appelle *le petit volume de la Perpétuité* (3), parce qu'il est constant qu'il l'a écrit.

Quant à la *réfutation de la réponse du ministre Claude à la* (petite) *Perpétuité*, renfermée dans le même volume, M. du Fossé l'attribue à M. Arnauld (4).

Nous ne relèverons pas ici l'excellence de cet ouvrage et les fruits qu'il a produits; nous aurons occasion d'y revenir, en parlant de la grande Perpétuité. On peut voir les éloges qu'en ont faits dans le temps les journaux publics; l'analyse que M. Dupin en a donnée dans sa Bibliothèque (tome 18), et ce qu'en dit l'auteur de la Vie de M. Nicole (première partie, chapitre 9). Il suffira de rapporter ici quelques anecdotes peu connues ou éparses en divers écrits. On en trouve plusieurs dans les lettres réciproques de M. de Neercassel, archevêque d'Utrecht, et de M. l'abbé de Pontchâteau. Cet illustre abbé, dont la liaison intime avec MM. Arnauld et Nicole est assez connue, entretenait aussi une correspondance particulière avec M. de Neercassel, depuis le voyage

(1) Éclaircissement sur un passage de S. Augustin, etc., § 7.
(2) Préface de la seconde édition, page 1.
(3) Apologie de M. Nicole, page 59.
(4) Mémoires sur MM. de Port-Royal, page 323.

P. DE LA F. 1.

qu'il avait fait en Hollande, peu après 1660. A peine le livre de la (petite) *Perpétuité* avait-il paru, que M. de Pontchâteau s'empressa de l'envoyer à ce prélat. L'estime qu'il en avait conçue lui faisait désirer ardemment de savoir ce qu'il pensait de cet ouvrage. Il était également curieux d'apprendre l'impression qu'il aurait faite sur les protestants Hollandais. La lettre qu'il lui écrivit à ce sujet est du 19 décembre 1664. M. de Neercassel lui répondit le 21 mars de l'année suivante; et, pour preuve du cas qu'il faisait de *la Perpétuité*, il lui marqua qu'il la faisait traduire en hollandais.

Ce prélat alla plus loin. L'estime qu'il avait pour les auteurs de *la Perpétuité* l'engagea à témoigner à M. de Pontchâteau le regret qu'il avait que ces messieurs ne pussent point se livrer totalement aux matières de controverse. Cette ouverture donna lieu à plusieurs lettres, où l'on examina si ces messieurs ne devraient pas préférer d'écrire sur ces matières, plutôt que sur le fait de Jansénius, et sur la signature du Formulaire. M. de Neercassel était pour l'affirmative. Il voyait de ses yeux le scandale que causaient aux protestants ces misérables disputes, et les avantages qui résulteraient pour l'Église que MM. de P.-R. employassent leur plume contre les hérétiques. M. de Pontchâteau convenait avec ce prélat de ce dernier objet; mais il était plus à portée que lui de voir les obstacles qui empêchaient ses amis de se livrer à ce genre de travail. Ces obstacles venaient principalement de la nécessité où ils se trouvaient de défendre l'Église contre ses ennemis domestiques. Il lui avait fait, le 6 février précédent, une vive peinture des maux causés par ces ennemis dans le sein de l'Église, et surtout dans celle de France. Il comparait cette dernière à un vaisseau qui faisait eau de toutes parts, et qu'il était indispensable de radouber, avant de songer à combattre les ennemis extérieurs. M. de Neercassel ayant insisté, M. de Pontchâteau lui répliqua, le 22 mai et le 16 juillet de la même année, *que les ennemis intérieurs et domestiques étaient actuellement plus à craindre que les ennemis extérieurs; que d'ailleurs les premiers avaient décrié d'une manière si étrange les auteurs de la Perpétuité*, que leurs travaux contre les hérétiques seraient exposés à une contradiction qui les rendraient inutiles. Ces inconvénients, poursuivait-il, seraient encore plus grands, s'il était question, comme le proposait M. de Neercassel, de traiter les autres points de controverse, tels, par exemple, que le culte des saints, des reliques, des images, etc. Il faudrait, dit-il, pour traiter ces matières avec succès, s'écarter de la méthode de plusieurs controversistes, et ne point, comme eux, prendre *pour règle de notre croyance les superstitions et les abus; mais décider ces différends par l'Écriture, les Pères et la tradition, comme on l'avait fait dans le livre de la Perpétuité.* Ce qui donnerait lieu à des chicanes, et à de nouvelles calomnies, auxquelles il ne paraissait pas prudent de s'exposer.

M. de Neercassel sentait la force et la justesse de

(Six.)

ces observations; mais sa situation personnelle, au milieu de sectes séparées de l'Église, et la nécessité pressante de repousser leurs attaques, le faisait souvent revenir à son objet. Il le fit dans sa lettre du 30 décembre 1665, en insistant sur les fruits merveilleux que le petit livre de *la Perpétuité* avait déjà produits, et en particulier sur la conversion d'une femme de condition, parente de M. Arnauld, qui s'était réfugiée dans les Provinces-Unies, regardant cet exemple comme devant faire une impression particulière sur ce docteur. Voici cette lettre en son entier, dans la langue qu'elle a été écrite :

« Liber de fidei Perpetuitate, non minùs hìc quàm
« in Galliâ ferax est conversionum. Dedi illud nobili
« feminæ, Lutetiâ oriundæ (quæ etiam Arnaldinæ
« gentis affinis, vel sanguine juncta est) legendum
« et dijudicandum ; et eo lecto hæresim detestata, se-
« seque ad catholicæ fidei professionem communio-
« nemque disponit ; quam tamen profiteri non poterit,
« nisi renuntiet omnibus quæ possidet, sitque parata
« maritum, virum opulentum, commodaque omnia et
« quoscumque honores quibus est in conjugio frui-
« tur, prorsùs relinquere. Hanc catechumenam ve-
« stræ pietati velim commendatam. Quod liber de Per-
« petuitate fidei inchoaverat in illâ (feminâ) perfecit
« postrema epistola quæ agit de hæresi imaginariâ,
« et luculentâ, non minùs tamen invictâ ratione, de-
« monstrat solius catholicæ Ecclesiæ auctoritati esse
« credendum. Dùm adverto quanto cum fructu ami-
« corum vestrorum libri legantur ab hæreticis, vide-
« tur mihi à divino Spiritu ipsis insinuari ut conver-
« tantur ad gentes apostatrices, easque suis lucu-
« brationibus ad gremium revocent Ecclesiæ à quâ
« extorres languent circa quæstiones et pugnas ver-
« borum. Spero quòd auctor libri de Perpetuitate fidei
« se suo vindicabit calamo, quo tot sibi peperit victo-
« rias, quot hæresi eripuit animas. Ne ergo lampadem
« alteri tradat, è cujus manu magis forsan gloriæ fu-
« mum quàm veritatis lumen diffundat. Si quid meæ
« apud amicos vestros (quos prosequor magno cum
« affectu, et quos summâ cum veneratione suspicio)
« preces valerent, ipsos supplicarem ut suo calamo
« depingerent Ecclesiæ majestatem infallibilis aucto-
« ritatis arce munitam, ostenderentque quibus è radi-
« cibus ista ejus auctoritas nata adoleverit et vigeat
« adulta. Certus sum quòd isto labore Ecclesiæ gra-
« tiam et hæreseos conversionem mererentur et obti-
« nerent. Orabo illum in cujus manu cor et cogitatio-
« nes nostras, istis viris ut ea inspiret è quibus ego
« tantos prævideo fructus, ut qui hactenùs iverint et
« fleverint mittentes semina sua, venientes adventuri
« sint cum exultatione portantes plurimos animarum
« manipulos. Illi ipsi, quos invidia per calumnias Ge-
« nevensibus finxit fœderatos, forsan sunt quos elegit
« Dominus suus ut scriptis Genevam vincant, Eccle-
« siæ subjiciant et subjectam reddant veritatis amore
« felicem. Hæc mea profectò de ipsis opinio, hoc vo-
« tum, hoc desiderium. »

M. de Neercassel ne fut pas le seul qui sollicita M. Arnauld d'écrire contre les protestants. M. de Berthier, évêque de Montauban, le fit avec des instances particulières, dans une lettre à M. Arnauld, évêque d'Angers, frère du docteur, du 23 septembre 1666, qu'il lui envoya par deux ecclésiastiques du diocèse de ce dernier. *Je les ai priés de vous dire*, dit M. de Montauban, *qu'il serait bien nécessaire à la religion que la même plume qui a si solidement écrit de la Perpétuité de la foi de l'Eucharistie dans tous les siècles répondit au livre fait contre cet ouvrage par un ministre de cette ville, qui s'appelle Claude. Car, encore que, devant les bons connaisseurs, il n'ait rien dit sur le fond de la matière, ni de considérable ni de nouveau, ceux de son parti en font du bruit comme d'une composition admirable; ce qui m'obligea à une réfutation que j'en fis la dernière octave du S. Sacrement, que je prêchai, à cet effet, toute entière dans mon église cathédrale.* La modestie de M. de Montauban l'engageait à ajouter qu'il n'avait ni les qualités ni l'exercice d'un auteur pour entreprendre d'écrire pour le public ce qu'il avait enseigné à son auditoire. La nécessité aurait pu néanmoins le déterminer à le faire, s'il n'avait cru, dit-il, *que le savant auteur que le ministre avait attaqué continuerait à défendre l'Église, et vaincrait une seconde fois son adversaire, d'une manière infiniment plus forte et plus autorisée que tout ce qu'un autre aurait pu faire. Si, comme toute la France le croit*, continue M. de Montauban, *cette savante plume est de votre docte et éloquente famille, excitez-la à nous donner son prompt et efficace secours. Je vous en prie au nom de tous les catholiques de ces provinces, et j'ose, de la part de Dieu, vous en promettre la récompense.*

La suite de la même lettre contient des traits particuliers sur la personne de M. Claude, que nous ne croyons pas devoir supprimer.

Je ne dois pas vous taire, poursuit M. de Montauban, *ce que je sais avec évidence, que le ministre Claude, étant ici, lorsqu'il composait son ouvrage, y faisait aussi des cabales qui m'engagèrent à demander au roi de le chasser de cette ville, comme il l'avait été de celle de Nîmes pour les mêmes raisons; et qu'il envoyait tous les ordinaires les feuilles de son livre à un financier huguenot, qui a nom Asseri, lequel les rendait à M. Conrat le secrétaire, et au ministre Daillé, qui les corrigeait, et les renvoyait à l'auteur avec tant d'effaçures et de corrections, qu'ils sont plus dignes de ce nom que du sien. Et en effet, cet homme n'avait chez lui, durant sa composition, que les ouvrages de Duplessis Mornai, d'Aubertin, et de Blondel. J'ai souvent conféré avec lui, et j'ai trouvé qu'il ne connaissait que ces trois docteurs* (1). *Sa vie a été d'ailleurs un libertinage perpétuel, ou une intrigue factieuse sans interruption ; grand buveur, grand*

(1) M. l'abbé Renaudot rend témoignage au même fait. Il (M. Claude) *a pris d'Aubertin*, dit-il (dans sa *Perpétuité*), *tout ce que ce laborieux ministre avait ramassé, pour expliquer en un sens métaphorique les expressions les plus littérales et les plus claires des anciens auteurs grecs.* Il ajoute *que M. Claude n'avait qu'une très-médiocre érudition, et que, pour ce qui regardait les Grecs, il n'en avait aucune.* Il le prouve au long. Ibid.

fumeur, grand socinien, et dont la jeunesse, qu'il a passée dans cette ville, où il a fait ses études, a été diffamée de beaucoup de tours de filou et d'escroc ; desquels on a fait plusieurs contes, qui montrent la dépravation de ses mœurs. Je n'ai, après vous avoir informé de ces choses, qu'à vous supplier, monseigneur, de me faire la grâce de répondre à cette lettre.

L'écrit du ministre Claude, dont parle M. de Montauban, avait pour titre : *Réponse aux deux traités intitulés : La Perpétuité de la foi de l'Église catholique touchant l'Eucharistie*, etc.

Cette réponse avait paru imprimée in-4° et in-12, sur la fin de l'an 1665 ; et il s'en fit sept éditions en trois ans de temps (1). Le débit en fut expressément favorisé par les Jésuites. M. Arnauld atteste ce fait dans un de ses écrits, comme le tenant de *personnes de qualité de la religion prétendue réformée* (2). Il ajoute que la réponse de M. Claude fut distribuée durant quelque temps chez un ami des Jésuites, libraire de M. Péréfixe archevêque de Paris ; et qu'on l'y vendait *comme un livre fait contre les jansénistes*. Ce libraire, quoique catholique, ne cessa de le débiter, au moins publiquement, que lorsqu'on lui en eut fait des reproches dans un écrit public. Depuis ce temps-là même on laissa indifféremment l'ouvrage de M. Claude entre les mains de plusieurs personnes peu instruites, ou mal affermies dans la foi, afin de décrier dans leur esprit les auteurs de *la Perpétuité* au hasard de les exposer à la séduction. Ils firent ensuite saisir et supprimer l'ouvrage, de peur, disaient-ils, que, si on continuait à le débiter, les jansénistes (car c'est ainsi qu'ils qualifiaient les auteurs de la Perpétuité) n'en prissent occasion de le réfuter, et de remporter une nouvelle victoire sur le ministre, qui ne pouvait qu'augmenter leur gloire. *Cependant, comme il ne convenait pas que le livre demeurât sans réponse, on en chargea un abbé de cour, dont les hérétiques se moquaient, et qu'ils ne craignaient guère* (3).

Les Jésuites portèrent encore plus loin les effets de leur jalousie contre les auteurs de *la Perpétuité*. Le P. Annat lui-même, confesseur de Louis XIV, ne craignit pas de dire à un calviniste, en l'embrassant avec de grandes démonstrations de joie : *Vous avez bien frotté les jansénistes* (dans la réponse de M. Claude) ; *je suis marri qu'ils soient unis avec nous sur ce point ; mais si vous vouliez revenir avec nous sur cet article, nous les accablerions sur les autres* (1).

M. Arnauld rapporte des faits encore plus extraordinaires sur ce sujet, dans sa lettre au cardinal Cibo du mois de septembre 1677. Après y avoir rappelé divers exemples des calomnies des Jésuites contre lui : « Je ne sais néanmoins, ajoute-t-il, si votre al-
« tesse émin. ne trouvera point que l'animosité de
« mes ennemis a encore plus éclaté dans la manière
« dont ils m'ont traité, quand nous avons commencé à
« écrire, un de mes amis (M. Nicole) et moi, contre
« l'hérésie calvinienne. Car il a paru qu'elle était tel-
« lement la passion dominante de leur cœur, qu'elle a
« étouffé tous les sentiments d'amour et de zèle qu'ils
« devaient avoir pour l'Église. On sait que le ministre
« Claude ayant répondu au premier livre de *la Perpé-
« tuité*, qui a été l'ouverture de cette longue dispute,
« d'une manière assez spécieuse, mais qu'on a fait
« voir depuis n'avoir qu'une fausse lueur, sans aucune
« solidité, ils ne purent s'empêcher de témoigner de la
« joie de l'avantage qu'ils croyaient qu'il avait sur
« moi ; qu'ils contribuèrent à le faire venir à Paris ;
« qu'ils levèrent par leur crédit l'obstacle que les ma-
« gistrats avaient mis au débit de son livre ; qu'il se
« vendit publiquement par un libraire catholique de
« leurs amis, comme un livre fait contre les jansénis-
« tes ; que la réputation qu'il eut d'abord vint princi-
« palement de l'estime qu'ils en faisaient en l'élevant
« beaucoup au-dessus de ce qu'on avait écrit contre
« eux ; et que ce ministre s'est vanté qu'ils lui avaient
« donné des mémoires contre moi, et que c'est ce
« qui l'avait porté à me traiter d'homme suspect dans
« mon parti même, et désavoué par mon église. »

Longtemps après, un protestant s'étant avisé de dire que les Jésuites étaient venus au secours de MM. de Port-Royal contre le ministre Claude, M. Arnauld lui répliqua que l'on savait très-bien que ces Pères avaient plus de liaison avec ce ministre qu'avec l'auteur de *la Perpétuité*, et qu'un homme de la prétendue réforme, distingué par sa naissance, avait dit dans le temps à un catholique de ses amis : « qu'il ne
« pouvait pardonner à M. Claude d'avoir pris des Mé-
« moires des Jésuites contre MM. de P.-R. (2) » Le P. Quesnel rapporte le même fait dans sa lettre au P. de la Chaise, de l'an 1704 (p. 42) : « Le ministre
« Claude, dit-il, s'est loué, en France et en Hollande,
« des bons offices que vous lui aviez rendus, aussi
« bien que d'autres Jésuites, qui lui ont offert des
« mémoires pour écrire contre M. Arnauld. Ce doc-

---

(1) La septième édition parut en 1668, *revue et augmentée*. Elle se vendait à *Charenton par Antoine Cellier, demeurant à Paris, rue de la Harpe*. M. Claude y rend compte dans la préface, de la première réponse qu'il avait faite à la petite *Perpétuité de la foi*, qui lui avait été communiquée en manuscrit, sous ce titre : *Traité contenant une manière facile de convaincre les hérétiques, en montrant qu'il ne s'est fait aucune innovation dans la créance de l'Église sur le sujet de l'Eucharistie.* Il avoue que cet ouvrage et la réfutation de la réponse qu'il avait faite, avait reçu un *si grand applaudissement, qu'il serait difficile*, dit-il, *d'y rien ajouter. Les épines de l'école n'y paraissent que rarement, et les raisonnements y semblent d'abord assez naturels. Les choses ordinaires y ont un air de nouveauté qui les rend agréables, et les arguments communs qu'on a ouï dire mille fois, y sont rehaussés de je ne sais quelle forme, par la beauté de l'expression, qui fait qu'on les considère tout autrement. Enfin, si la solidité et la sincérité s'y trouvaient, ce serait une production digne de celui qui l'a mise au jour.*
(2) Réponse aux remarques du père Annat, contre le Nouveau-Testament de Mons.
(3) Lettres de M. de Pontchâteau à M. de Neercassel, des 9 et 18 novembre 1665.

(1) Lettre de M. de Pontchâteau à M. de Neercassel du 22 janvier 1666.
(2) *Apologie pour les Catholiques*, etc., seconde partie, chapitre 7, quatrième fausseté.

« teur l'a attesté de la manière la plus précise dans
« une de ses Lettres (1). »

M. Claude témoigna sa reconnaissance aux Jésuites, peu de temps après la publication de sa réponse à la petite *Perpétuité de la foi*. Le fameux P. Nouet s'étant mis sur les rangs vers le même temps (2), pour ne pas laisser à MM. de P.-R. la gloire d'avoir seuls combattu les calvinistes, M. Claude fut obligé de lui répondre. Mais il le fit en flattant l'orgueil jésuitique par l'endroit le plus sensible. Il releva dans sa préface le prétendu crédit des Jésuites dans leur communion, beaucoup au dessus de celui de MM. de P.-R. relativement même à la controverse sur l'Eucharistie. « Je suis obligé, dit-il, de considérer dé-
« sormais le P. Nouet, comme le véritable défenseur
« de l'Église romaine ; je veux dire comme celui
« qu'elle a autorisé pour le soutien de sa cause, sur
« le sujet de l'Eucharistie, et entre les mains de qui
« elle a confié un de ses plus notables intérêts, sans
« vouloir permettre aux écrivains de P.-R. de rentrer
« en lice pour sa querelle (ni en qualité de volontai-
« res, ni en qualité de troupes auxiliaires), quelques
« protestations qu'ils aient faites d'agir fidèlement,
« et de n'avoir aucun commerce avec les ennemis de
« la créance romaine. »

Le ministre Claude avait, indépendamment du motif de la reconnaissance, un intérêt évident de flatter ainsi les Jésuites, et de mettre à l'écart ses plus redoutables adversaires (3). C'était le moyen le plus court de s'assurer la victoire. Mais sa témérité fut bientôt confondue par cette multitude d'approbations que les évêques et les docteurs les plus célèbres s'empressèrent de donner au premier volume de la grande *Perpétuité de la foi*, et par la réfutation expresse qui s'y trouve de la prétention absurde de M. Claude. On peut voir, dans ce même premier vol. (l. 11, ch. 11).

(1) M. Claude, dit M. Arnauld, confirma ces faits au lit de mort, en déclarant qu'il avait bien de l'obligation aux Jésuites pour les services qu'ils lui avaient rendus, *en considération de ce qu'il avait écrit contre M. Arnauld*. Voyez le tome 2 des Lettres de ce docteur, pages 766 et 767.

(2) Cet écrit du père Nouet avait pour titre : *La présence de J.-C. dans le S. Sacrement, pour servir de réponse au ministre qui a écrit contre la Perpétuité de la foi* ; 1667.

(3) M. Claude revint à la charge dans la préface de sa réponse au premier volume de la grande *Perpétuité de la foi*. Il y compare la méthode du père Maimbourg et du père Nouet avec celle de l'auteur de la *Perpétuité* ; et donne la préférence à celle du père Nouet, *comme à la moins injuste et la moins oblique* ; et ensuite à celle du père Maimbourg, qui, quoiqu'*injuste*, est néanmoins, dit-il, *beaucoup plus adroite, et mieux concertée que celle de M. Arnauld*. Il avait oublié en s'exprimant ainsi, qu'en parlant de la méthode de ce dernier, dans sa seconde réponse à *la Perpétuité*, il en avait donné une tout autre idée. *Il faut avouer de bonne foi*, disait-il, *qu'on ne saurait prendre un tour plus adroit sur la matière de l'Eucharistie, que celui que l'auteur de cet écrit* (la petite *Perpétuité*) *a pris ; et si la vérité lui manque..., au moins n'est-il pas possible de donner ni plus de force à ses raisonnements, ni plus de jour à ses vraisemblances, ni plus de couleur qu'il a fait à une mauvaise cause*.

la manière modeste, mais en même temps péremptoire, dont M. Arnauld se défendit sur cet article.

Les Jésuites néanmoins n'ont pas rougi de se servir depuis, plus d'une fois, de ces fades louanges du ministre Claude, pour déprimer les ouvrages de controverse de MM. de P.-R., et pour se donner comme *les principaux adversaires des luthériens et des calvinistes*. Mais ils ont été les seuls à le penser. Le public en a jugé tout autrement. Qui est-ce qui connaît aujourd'hui les ouvrages du P. Nouet contre le ministre Claude, et qui est-ce qui ne connaît pas les ouvrages de P.-R. contre ce ministre et contre ses ayant-cause ? Un auteur moderne a relevé l'impudence jésuitique sur ce sujet, avec autant d'équité que d'énergie. « Oui,
« dit-il, les Jésuites ont été les principaux adversaires
« des protestants, si l'on veut parler de la guerre
« qu'ils leur ont faite, par les *incendies*, les *séditions*,
« les *artifices* et les *cabales* qu'ils ont employées pour
« animer les princes contre ces novateurs. Mais on ne
« peut pas dire, ajoute-t-il, qu'ils aient été leurs premiers et leurs principaux adversaires, s'il s'agit des
« combats qui leur ont été livrés par les écrits, qui
« est la seule manière légitime dont les écrivains catholiques puissent combattre les hérétiques. Cette
« gloire n'est due, poursuit-il, qu'aux dominicains,
« aux franciscains, et surtout à M. Arnauld, à M. Nicole, et aux autres savants français, docteurs de
« Sorbonne (1). »

Quelques auteurs méprisables, très-dignes de seconder les Jésuites, s'ils en sont distingués, se joignirent à ces Pères, pour décrier le livre de la *Perpétuité de la foi*. On cite à ce sujet un libelle intitulé : *Échantillon de l'infidélité janséniste* ; et le livre de Jacques Vernant contre la censure de Sorbonne, qui a pour titre : *L'ancienne doctrine de la Faculté de Paris*. Ces auteurs ne craignirent pas de qualifier le livre de la *Perpétuité*, *d'ouvrage dangereux*, et l'auteur de *schismatique* ; et cela sous prétexte qu'il ne se montrait pas assez favorable aux prétentions ultramontaines.

De pareilles accusations ne méritaient point de réponse. Les auteurs de *la Perpétuité* n'en firent aucune. Mais un théologien, caché sous le nom de Barnabé, les releva comme par occasion. Ce fut dans une brochure in-12 de 70 pag., publiée en 1667. Son but principal est d'y éclaircir un passage du ch. 16 du livre de S. Augustin de la Prédestination des saints, dont l'auteur de *la Perpétuité* était accusé de n'avoir pas pris le sens. Avant de l'entreprendre, il parle ainsi de l'accusation d'ultramontanisme : *Mon dessein n'est pas*, dit-il, *de défendre l'auteur de la Perpétuité de la foi, contre le reproche qu'on lui fait d'y avoir avancé quelques propositions qui sont extrêmement opposées aux sentiments des flatteurs de la cour de Rome. Cette accusation est si avantageuse à un théologien français, que nous en pouvons dire ce que les chrétiens disaient de la foi en J.-C. dans les premiers siècles de*

(1) *Observations sur les Réflexions morales et théologiques du père Sanfelix* (jésuite) *contre l'Histoire de Naples de Giannone*, par l'abbé Garotalo.

l'*Église* : Accusatio votum est, et pœna felicitas. *Je croirais lui faire tort*, ajoute-t-il, *et aux approbateurs de son livre, si je ne reconnaissais qu'ils sont extrêmement éloignés de ces flatteries.*

L'auteur de l'*Éclaircissement* ne trouve pas plus raisonnable le reproche fait aux auteurs de *la Perpétuité* dans l'*Échantillon*, etc., *d'avoir mal exprimé la pensée de S. Augustin* (dans le passage du livre de la Prédestination des saints) *pour établir une hérésie insoutenable. S'il n'y avait eu*, dit-il, *que de ces sortes de gens qui eussent trouvé à redire à ce livre, je me garderais bien de rien entreprendre pour sa défense. Ce n'est pas être raisonnable que de vouloir faire entendre raison à ceux qui ne la veulent pas entendre* (la passion qui les anime les en rendant incapables); *ils ne sauraient s'imaginer que ce qui est l'objet de leur aversion puisse rien produire qui soit digne de leur estime.* C'est pour des critiques d'un autre caractère qu'il prit la plume. Il suppose que *des hommes de quelque mérite* avaient été frappés de la même difficulté que l'auteur de l'*Échantillon ;* mais *de bonne foi et sans passion*. Et c'est pour ceux-là, dit-il, qu'il l'examine dans les mêmes dispositions. Il conclut cet examen en disant, *qu'il était impossible* à l'auteur de *la Perpétuité de mieux exprimer la pensée de S. Augustin*, non seulement, *selon les règles de la grammaire*, mais encore selon celles *de la plus exacte théologie*.

Quoique M. Baillet, dans ses *Auteurs déguisés*, conjecture que M. Arnauld s'est quelquefois caché sous le nom de *Barnabé* (1) que l'auteur de l'*Éclaircissement* avait pris, nous ne voyons aucun fondement de lui attribuer cet ouvrage.

Nous ne devons pas dissimuler une autre calomnie, avancée par M. Claude contre l'auteur de *la Perpétuité*. Elle était si atroce, que M. Arnauld ne craignit pas de dire *qu'elle serait désavouée par tout ce qu'il y avait d'honnête homme dans sa communion.* C'est celle par laquelle l'auteur de *la Perpétuité* était accusé de n'avoir point écrit par persuasion, mais *par politique, pour se mettre en grâce avec Rome et regagner le cœur des peuples*. M. Arnauld réfuta cette imputation avec toute la force qu'elle méritait, dans le chapitre 9 du livre XI du tome 1 de *la Perpétuité*. Il y revient au chapitre 11 du même livre, qu'il termine par ces paroles : « On n'a pas besoin, Dieu merci, de raisons
« pour se défendre de ce soupçon injurieux, et je
« n'écris ceci que pour demander justice à MM. de la
« religion prétendue réformée, de la malignité de
« leur écrivain. Ils ne doivent pas souffrir, s'ils ont
« quelque sentiment d'équité, qu'on viole si ouverte-
« ment les plus communes règles de la justice et de
« l'honnêteté civile. Il ne lui a point été permis de
« dire qu'il y a du *mystère* et de la *politique* dans notre
« conduite, ni d'avancer que le *monde a parlé d'eux
« et de nous*. Deux ou trois écrivains emportés, et qui
« ont été couverts de confusion (2), ne sont point le

(1) *Auteurs déguisés*, au tome 6 des *Jugements des savants*, pag. 507.
(2) M. Claude cite le père Meynier, dans le libelle

« monde, et ne donnent droit à personne de renouve-
« ler une calomnie si détestable. »

M. l'abbé Renaudot ayant eu occasion de parler de la même calomnie, ne la réfuta pas avec moins de force. Il observa en particulier que la réponse de M. Arnauld (que nous venons d'indiquer) *à une calomnie aussi noire et aussi indigne* était telle, *que jamais M. Claude n'y a pu répliquer rien de raisonnable, et que jamais personne ne le fera.*

M. Claude fut en effet confondu par la réponse de M. Arnauld. Il n'eut pas néanmoins le courage d'avouer pleinement son tort. Il prétendit qu'on avait pris ses paroles trop au criminel ; avouant toutefois que MM. de P. R. s'étaient assez déclarés contre les calvinistes, *pour ne laisser plus lieu désormais de les soupçonner de collusion* (1). M. Arnauld lui donna acte de cette espèce de rétractation dans sa *Réponse générale*, etc. (Livre II, chapitre 1).

Le ministre Jurieu, infiniment plus injuste et plus passionné que son confrère, revint à la charge quelques années après, dans sa *Politique du clergé de France*, et dans l'infâme libelle intitulé : *L'Esprit de M. Arnauld*. Mais il le fit avec une telle déraison, que ce docteur n'eut autre chose à faire, pour lui fermer la bouche, que de rapporter ce qu'il avait déjà répondu sur ce sujet, dans le premier volume de la *Perpétuité de la foi*, et dans sa *Réponse générale* (2).

Les protestants avaient emprunté cette calomnie des Jésuites. Dès le temps de la publication du livre de *la fréquente Communion*, ils avaient fabriqué une lettre d'un prétendu ministre calviniste à M. Arnauld, qui supposait une intelligence secrète entre le ministre et ce docteur, pour ruiner le mystère de l'Eucharistie. La faussaire fut confondu de la manière la plus honteuse ; mais tous les Jésuites qui avaient des principes de morale pour canoniser, ou pour excuser la calomnie lorsqu'elle leur était utile, ne cessèrent point de renouveler celle dont il s'agit, quelque extravagante qu'elle fût. Le père Brisacier le fit en 1651, dans son *Jansénisme confondu*, etc., condamné par M. l'archevêque de Paris le 29 décembre de cette même année, *comme injurieux, calomnieux, et contenant plusieurs mensonges et impostures*, contre les religieuses de Port-Royal et contre leurs directeurs. Le père Bernard Meynier alla encore plus loin que son confrère, dans le libelle intitulé : *Le Port-Royal et Genève d'intelligence contre le saint Sacrement de l'autel*. M. Pascal, dans sa seizième provinciale, et M. Arnauld dans sa seconde lettre à un duc et pair, relevèrent l'impudence de ce Jésuite de la manière qu'il convenait. Cela n'empêcha pas le père Annat, qui avait insinué la même calomnie dans la première édition de

intitulé : *Le Port-Royal d'intelligence avec Genève*, le père Maimbourg dans sa réponse à la Requête de Port-Royal de 1668, et une lettre imprimée *contre le discours* (de M. Arnauld) *contenant plusieurs réflexions sur la philosophie de Descartes*.
(1) Préface de la troisième Réponse de M. Claude.
(2) Apologie pour les catholiques, tome 2, chapitre 6.

sa *Réponse à quelques demandes*, etc., de la confirmer dans la deuxième édition, avec une effronterie et une mauvaise foi sans exemple. Il y accusa M. Arnauld de n'avoir pas *seulement touché la difficulté, d'avoir biaisé, d'avoir dit autre chose que ce qu'il fallait dire, et d'avoir par-là augmenté le soupçon.* Le P. Maimbourg la renouvela avec encore plus de fureur, en 1667, dans ses Sermons contre le Nouveau-Testament de Mons. Un auteur, qui n'est pas suspect de partialité pour MM. de Port-Royal, après avoir rapporté en détail ces calomnies du P. Maimbourg, ne put s'empêcher d'ajouter cette réflexion : « L'événement a fait voir qu'il « (le P. Maimbourg) avait le plus grand tort du monde; « puisque, dans l'accommodement de ces démêlés « (deux ans après) on a reconnu que le Port-Royal « était catholique, et déchargé de toute note d'héré-« sie : ce qui, ajoutait-il, devrait couvrir de honte « tout le parti des Jésuites, et réduire le P. Maim-« bourg nommément à n'oser plus se montrer. Car « on ne saurait concevoir de plus grande mortifica-« tion, pour un homme qui doit se piquer de conscience « et de prudence, que de voir reconnaître publique-« ment pour orthodoxes des personnes, ou des livres « qu'il a mille fois décriés comme hérétiques, qu'il a « assuré en chaire, avec des serments exécrables, « être hérétiques, et pour la lecture desquels, il a dé-« claré les gens excommuniés, et en état de dam-« nation (1). »

M. l'évêque de Tulle, dans son approbation du tome 1 de *la Perpétuité de la foi*, publié au commencement de 1669, peu de temps après la conclusion de la paix de Clément IX, après avoir relevé la témérité de M. Claude, qui avait traité M. Arnauld d'auteur *désavoué par son église*, ne put s'empêcher de gémir d'une injustice encore plus déplorable : *C'est*, dit-il, *que même des théologiens catholiques aient entrepris de diffamer l'auteur de la Perpétuité, en supposant qu'il est séparé de l'Église, dans le sein de laquelle il a toujours vécu.*

M. Mallet, l'écho des Jésuites, n'en renouvela pas moins ces anciennes calomnies dans ses écrits contre le Nouveau-Testament de Mons. On peut voir (2) les réflexions que fit M. Arnauld à ce sujet, dans la nouvelle Défense du Nouveau-Testament de Mons. Un autre écrivain, collègue de M. Mallet, et livré comme lui aux Jésuites, ressuscita (3) la même imposture peu de temps après, dans l'*Examen de quelques passages du premier livre* (de la nouvelle Défense, etc.). *Je ne voudrais point être garant*, dit cet auteur, *que celui qui a composé la Perpétuité n'ait eu l'intention de s'acquérir du crédit, pour insinuer ensuite, et plus facilement, ses erreurs; ce livre ayant été fait principalement à*

(1) Critique générale de l'Histoire du Calvinisme du père Maimbourg, par Bayle, tome 1, pag. 63 et 64 de la seconde édition.
(2) Tome 7 de la Collection, page 405 et suiv., 440 et suiv., et chapitre 8, *in fine.*
(3) Le père Baizé, bibliothécaire de S.-Charles à Paris, attribuait cet écrit à M. Godde, grand-vicaire de Rouen, comme ayant prêté sa plume aux Jésuites.

dessein de ruiner l'autorité du Saint Siége, d'inspirer le dernier mépris de l'Église romaine, et de jeter des semences de rébellion contre les légitimes pasteurs. (M. Bossuet en jugea bien différemment, puisqu'il déclara, dans son approbation de la *Perpétuité*, que ce qui l'avait *le plus touché dans tout l'ouvrage*, c'est que l'auteur *y avait répandu et appuyé partout les saintes et inébranlables maximes qui attachent les enfants de Dieu à l'autorité sacrée de l'Église.*) Le P. de la Chaize n'a pas eu honte d'adopter ces calomnies, en son propre nom, dans sa lettre à Santeuil, du 18 décembre 1695. Il y reproche à ce poëte d'avoir qualifié de défenseur de la vérité (*Defensor veri*), dans son épigramme en l'honneur de M. Arnauld, *un homme*, dit-il, *dont l'Église a blâmé et condamné la doctrine de fausseté et d'hérésie, dont le livre de la Perpétuité n'est pas tout-à-fait exempt* (1).

Enfin nous avons vu de nos jours les Jésuites chercher à donner du crédit à ces vieilles impostures, en les faisant adopter par des évêques qui leur étaient servilement livrés. M. de Belsunce, évêque de Marseille, leur ancien confrère, est le premier qui se soit chargé de cette ignominie, dans son instruction pastorale, datée du jeudi saint 1727, contre le livre du P. le Courayer, sur les ordinations anglaises. M. Colbert, évêque de Montpellier, en fut si révolté qu'il dénonça ce prélat au roi, sur ce sujet, dans sa lettre du 29 août de la même année, en demandant à ce monarque *la permission de poursuivre en justice réglée ces horribles calomnies* (2). M. de Belsunce fut imité par M. de Saint-Albin, archevêque de Cambrai, et par M. de Beauvilliers de Saint-Agnan, évêque de Beauvais, dans leurs Mandements contre le même P. le Courayer, du 15 septembre et du 8 décembre de la même année. Mais tout le monde sait l'intérêt qu'avaient ces prélats de distraire le public de leur conduite personnelle par de pareils écarts.

On publia à ce sujet, au mois de janvier suivant, un mémoire de vingt-trois pages in-4°, intitulé : *La calomnie portée au dernier excès*, etc. L'auteur y réunit cette suite d'exemples frappants de l'opiniâtreté des Jésuites, à renouveler contre M. Arnauld, la calomnie en question, quoiqu'absurde par elle-même, et cent fois réfutée. Il y relève en particulier la preuve singulière qu'en avait alléguée M. de Marseille. *Si le ministre Jurieu*, disait ce prélat, *avait accusé un de leurs principaux chefs* (M. Arnauld) *de n'avoir pas cru la réalité, ils s'étaient contentés de garder sur cela un silence qui peut être regardé comme un aveu*, etc.

Quand M. Arnauld n'aurait pas répondu au ministre Jurieu, sur une calomnie aussi grossière et si notoirement démentie par les faits, quelle déraison de prendre son silence pour un aveu ! C'est le cas où l'on peut dire au contraire avec un grand poëte :

La vertu s'avilit à se justifier.

Mais combien plus l'accusation de M. de Belsunce

(1) Histoire du différend de Santeuil avec les Jésuites, page 12.
(2) Œuvres de Colbert, etc., tome 2, page 383.

était-elle injuste, s'il était notoire, comme l'auteur de l'ouvrage cité l'observe, que M. Arnauld, après avoir plusieurs fois confondu les Jésuites sur cette calomnie, l'avait expressément désavouée, en répondant à Jurieu, dans son *Apologie pour les catholiques*, etc. (chap. 5 et 6)?

Nous demandons grâce à nos lecteurs sur cette longue suite de calomnies de la part des Jésuites et de leurs partisans, contre le livre et l'auteur de la *Perpétuité de la Foi*. Nous avons réuni ce qu'ils ont dit contre la petite et contre la grande *Perpétuité*, afin de n'y plus revenir. C'est un exemple que nous avons cru nécessaire de mettre sous leurs yeux, une fois pour toutes, afin de prouver que l'acharnement des adversaires de M. Arnauld était tel, que rien n'était capable de les arrêter. S'il y avait en effet quelque production de ce docteur, qui dût être à l'abri de leurs calomnies, c'était assurément celle de la *Perpétuité de la foi*. La nature de cet ouvrage, le succès qu'il avait eu, les éloges dont il avait été comblé par tant de papes, de cardinaux, d'évêques, et de personnages illustres de tous les états, l'avaient mis sous la protection de l'Église universelle, et on ne pouvait l'attaquer, sans attaquer, pour ainsi dire, toute l'Église qui y avait applaudi. Quand on a opposé à leurs calomnies contre la personne de M. Arnauld ces augustes témoignages, ils ont prétendu qu'ils ne tombaient que sur le livre de *la Perpétuité de la foi*; et ensuite, par une contradiction manifeste, ils ont attaqué ce même livre, comme n'étant point exempt d'hérésie.

§ 2. *De la* (grande) *Perpétuité de la foi catholique touchant l'Eucharistie, défendue contre le livre du sieur Claude, ministre de Charenton.*

Cet ouvrage, le plus considérable et le plus étendu de tous ceux qui ont paru sur cette matière, forme trois gros volumes in-quarto. Le premier fut publié en 1669. L'auteur rend compte dans la préface de l'occasion et des motifs qui l'engagèrent à l'entreprendre. La réponse que M. Claude avait opposée à *la petite Perpétuité* avait fait, dit-il, un si grand éclat, que plusieurs personnes regardaient comme important d'y répliquer au plus tôt. Il avoue néanmoins avec simplicité qu'il ne fut pas d'abord de cet avis. *Je n'y trouvai rien du tout*, dit-il, *de nouveau, ni d'extraordinaire pour les choses. Je n'y vis que les passages et les raisons communes d'Aubertin, entassés assez confusément et avec peu d'ordre et peu de lumière..... Et cette netteté d'expression, cette vivacité d'imagination, qui a attiré le plus d'applaudissement à cet ouvrage, est ce qui m'en a le moins plu.* L'auteur persévéra longtemps dans cette pensée; il lui semblait que ce que le ministre Claude avait ajouté aux écrits de ses confrères, ne consistant qu'en déclamations en l'air, il n'y avait nulle raison de lui répondre; et que, s'il était à souhaiter qu'on réfutât les autres ministres, comme Aubertin et Daillé, il n'était pas plus engagé à ce travail que théologiens catholiques, qui, disait-il, avaient même plus de loisir et de secours que lui pour l'entreprendre. Il fut ainsi plus d'un an sans avoir aucun dessein formé de répondre à M. Claude; et il avoue que, quand il l'aurait voulu, d'autres engagements plus pressés lui en auraient entièrement ôté le moyen. *Cependant*, ajoute-t-il, *j'apprenais tous les jours que les calvinistes tiraient beaucoup d'avantage de ce silence; et que certains intérêts secrets faisaient que le livre de M. Claude avait plus de cours qu'il n'en aurait eu s'il avait paru dans une autre conjoncture.*

Les *intérêts secrets*, dont on parle ici, étaient ceux des Jésuites; et les conjonctures particulières étaient celles de la plus grande vivacité de la dispute sur le Formulaire. Les Jésuites, comme nous l'avons déjà dit, se crurent intéressés dans cette circonstance à favoriser le débit du livre du ministre Claude, parce qu'ils le croyaient propre à décrier les auteurs et le livre de *la Perpétuité*, et que leur esprit de jalousie les rendait ennemis mortels de tout ce qui sortait de Port-Royal.

Ces raisons, et les nouvelles sollicitations de plusieurs évêques et de beaucoup d'autres personnes de grande considération, déterminèrent enfin l'auteur de *la Perpétuité* à répliquer au ministre. Ce ne fut néanmoins qu'au commencement de 1667 qu'il se mit tout de bon à ce travail.

Le premier et presque l'unique embarras qu'il éprouva fut le choix, dit-il, de l'ordre qu'il y observerait. Le plus facile eût été sans doute de suivre M. Claude pas à pas, d'insérer tout son traité dans la réponse, et de le réfuter à mesure. Mais il trouva tant d'inconvénients à cette méthode, qu'il se crut obligé d'y renoncer. Il réduit celle qu'il y substitua à ces deux règles principales : 1° *A ne pas mêler ensemble les choses qui doivent être traitées séparément, et qui appartiennent à différentes méthodes;* 2° *à proposer tout ce que l'on traite dans un enchaînement qui contribue à éclaircir la vérité que l'on veut prouver.*

L'auteur a observé exactement ces deux règles, dans les trois volumes de *la Perpétuité;* soit pour la défense et le développement de la *méthode de prescription*, qui fait l'objet du premier volume; soit pour l'usage et l'application de la *méthode de discussion*, qu'il adopte dans les deux volumes suivants. Il rend raison, dans les préfaces particulières de ces trois volumes, des motifs qui l'ont engagé à prendre ce parti, et en fait voir les avantages; mais il ajoute que ceux qui auraient des raisons particulières de suivre un autre ordre dans la lecture de cet ouvrage pourront aisément se satisfaire, en lisant le second et le troisième volume avant le premier, ou le troisième avant les deux autres. Il rend pareillement raison, dans la préface et dans le corps du premier volume, des motifs qui l'ont déterminé à insister d'une manière particulière sur la méthode ou l'argument de prescription. Outre l'obligation où il se trouvait de défendre *la petite Perpétuité de la foi*, dont cet argument faisait le principal objet, il en fait envisager les avantages particuliers, dans le genre de controverse dont il était question ; mais c'est avec la plus grande modestie. *Non seulement*, dit-il, *on ne prétend point préférer cette méthode à celles des autres* (controversistes) ; *mais on ne prétend pas même qu'elle soit nouvelle*. On la trouve *bien marquée*, ajoute-t-il, non seulement dans Tertullien, mais encore dans quelques nouveaux auteurs, comme Balthazar Lidius, et Bellarmin, Jésuites. *Tout ce que je prétends*, poursuit-il, *est d'avoir étendu et mis en son jour un argument très-naturel, et assez commun; mais qui, étant mêlé avec la foule des autres preuves, et n'étant pas accompagné de tout ce qui est nécessaire pour le mettre à couvert des réparties des hérétiques, perdait beaucoup de sa force, et ne se faisait presque pas remarquer.*

Cette méthode, que l'auteur de *la Perpétuité* ne fait envisager ici ni comme nouvelle, ni comme préférable à la méthode commune des controversistes, a été néanmoins si bien présentée, et si avantageusement développée dans son premier volume, qu'on l'a regardée universellement depuis comme la plus propre à terminer ces sortes de questions, et comme un modèle à suivre, dont on lui était redevable. Il est lui-même forcé d'avouer, dans la même préface, *que c'est le point qui a été le moins traité par ceux qui se sont mêlés dans cette contestation*, que le père Nouet l'a *réservée à l'auteur de la Perpétuité, comme une querelle particulière, à laquelle il ne prenait point de part ; et enfin, que c'est le point qui se peut le moins suppléer par la lecture des autres auteurs catholiques, parce qu'ils en ont peu parlé.*

Il n'y en a point en effet qui aient fait sentir comme lui, les avantages de la méthode de prescription, et sa nécessité même pour les simples, incapables de discussion. On ne peut rien ajouter à tout ce qu'il dit à ce sujet dans le chapitre 3 du Ier livre, pour fixer la différence des deux méthodes ; ni à la justesse de l'application qu'il en fait dans le IXe et le Xe livre du même volume.

On sait que la méthode de prescription consiste à prouver qu'un dogme populaire, tel que celui de la présence réelle, a été cru par l'Église dans tous les temps, par cela seul qu'on prouve qu'il en a été cru universellement dans un temps particulier. La force de cette preuve est tirée de l'impossibilité du changement insensible de croyance, sans dispute et sans contradiction, tel que le supposent les calvinistes, dans quelque époque qu'ils entreprennent de le placer.

L'auteur de la *Perpétuité*, pour mettre cet argument dans tout son jour, l'a d'abord appliqué au temps de Bérenger, dans le XIe siècle, comme à celui où il était plus aisé de prouver, par l'aveu même des calvinistes, le fait de la réunion de toute l'Église dans la croyance de la présence réelle et de la transsubstantiation. Il a en même temps réuni aux preuves du fait de la croyance de l'Église catholique, depuis le XIe siècle, celles de l'union dans la même croyance, de toutes les églises schismatiques d'Orient. Les preuves de ce dernier fait sont toutes nouvelles, et n'avaient été produites dans aucun autre ouvrage de controverse : on les trouve dans le XIIe livre du premier volume de *la Perpétuité* ; dans le VIIIe du 3e volume, et dans la *Réponse générale* au ministre Claude.

Comme la méthode de prescription, si heureusement employée dans cet ouvrage, n'est appuyée que sur l'autorité de l'Église, considérée comme société purement humaine, elle a cet avantage, qu'en établissant les dogmes particuliers de la présence réelle et de la transsubstantiation, dont il était uniquement question dans la dispute avec le ministre Claude, elle peut s'appliquer à plusieurs autres articles de la controverse avec les Calvinistes.

Nous devons néanmoins observer que l'autorité infaillible de l'Église, qui fait le fondement de l'argument de prescription, est considérée sous deux rapports par l'auteur de *la Perpétuité*. Sous le premier c'est une infaillibilité *de grâce et de privilége*, qui a été donnée à l'Église par une faveur toute gratuite de Dieu, et qui s'étend à tous les dogmes révélés ; sous le second, c'est une *infaillibilité humaine et naturelle*, relative aux seules vérités populaires, et fondée, non sur un *privilége surnaturel*, mais sur la nature de toutes les sociétés humaines, et sur les circonstances particulières qui rendent l'erreur impossible. On peut voir le développement de ces deux sortes d'infaillibilité dans le chapitre 7 du Liv. 1er du Ier tome de *la Perpétuité* (1).

Lorsque l'argument de prescription est fondé sur la première espèce d'infaillibilité, il ne peut être opposé aux calvinistes qui la méconnaissent : il n'est d'usage qu'à l'égard des catholiques. Mais il a tant d'avantages, il est même si nécessaire, surtout pour les simples, que le défaut de ce moyen, dans la société des calvinistes, est un des préjugés légitimes qui prouvent qu'elle n'est point la vraie Église de Jésus-Christ.

Mais le même argument de prescription, fondé sur l'infaillibilité humaine et naturelle, est également applicable aux catholiques et aux calvinistes. Ceux-ci ne peuvent méconnaître ce genre d'infaillibilité, puisqu'il est commun à toutes les sociétés, qu'il en est un des principaux fondements, et que les particuliers mêmes y participent à leur manière, lorsque leur témoignage est accompagné de toutes les circonstances qui le rendent croyable, et qui obligent d'y ajouter foi.

Les trois volumes de *la Perpétuité* ont paru sous le nom de M. Arnauld. Il a dédié le premier en son propre nom, au pape Clément IX. Ses approbateurs le lui attribuent nommément, aussi bien que ses adversaires ; et il en a toujours pris la défense comme de son propre ouvrage. Il est néanmoins certain, et il en fait lui-même l'aveu en une infinité d'endroits,

(1) On peut voir aussi dans les *Principes de la foi* de M. Duguet, tome 2, chapitre 3, le développement de cette double infaillibilité, quoique appliquée à une autre matière.

qu'il n'en fut pas seul chargé (1). L'auteur de la Vie de M. Nicole n'hésite pas à le lui attribuer. M. Nicole s'en dit lui-même l'auteur d'une manière assez précise dans plusieurs de ses lettres, et surtout dans la LXXXV*; il s'attribue encore plus ouvertement, au moins le premier volume, dans son Apologie. *Je consentis*, dit-il, page 40, *d'être chargé de ce travail* (de répondre au livre du ministre Claude) ; *je m'y occupai tout entier, M. Arnauld ajoutant ses vues et son discernement à tout ce que je faisais.* Il ajoute que *c'est ainsi que fut fait le premier volume de la Perpétuité, dont la composition, la revue et l'impression, m'occupèrent*, dit-il, *deux ans entiers.* Il s'explique moins clairement à l'égard des *deux derniers volumes;* et semble dire, qu'il ne logea avec M. Arnauld pour y travailler *qu'autant de temps qu'il fut occupé à leur correction.*

Cet aveu, et ce que l'on sait d'ailleurs, suffit pour prouver, que si le livre de *la Perpétuité* a été composé par M. Nicole, ce n'est que de concert avec M. Arnauld ; que ce docteur en a conçu le premier plan ; qu'il en a donné l'esquisse et le germe dans la préface de l'Office du Saint-Sacrement ; que M. Nicole n'y a travaillé que dans la vue que son travail serait adopté par M. Arnauld, que ce dernier l'a dirigé dans sa composition ; qu'il lui a communiqué ses vues tant pour le fonds que pour la forme, et qu'enfin, il en a composé plusieurs morceaux, où l'on reconnaît sensiblement le caractère de sa plume.

M. du Fossé, qui était logé dans le voisinage de la maison où MM. Arnauld et Nicole ont travaillé ensemble à une bonne partie de cet ouvrage, et qui les voyait souvent, en fait envisager M. Arnauld comme le principal Auteur, et se borne à dire que M. Nicole *le secondait puissamment* (2).

Quoi qu'il en soit du plus ou moins de part que peut avoir eue M. Arnauld à la composition du livre de *la Perpétuité*, l'adoption qu'en a faite ce docteur, est cause qu'on le lui a universellement attribué, et qu'on l'en a rendu responsable. Ce fut à Châtillon-sur-Seine, village près de Paris, dans la maison de M. Yaret, grand-vicaire de Sens, que l'ouvrage fut commencé. Il fut continué chez M. le Roy, dans son abbaye de Haute-Fontaine, où M. Arnauld et M. Nicole se retirèrent après l'emprisonnement de M. de Sacy. Ils vinrent ensuite demeurer ensemble à Paris, dans la rue des Postes, pour continuer ce travail ; et il fut fini à l'Hôtel de Longueville, où ils étaient logés l'un et l'autre, sous la protection de l'auguste princesse de ce nom.

Il y a une portion du livre de *la Perpétuité* qui est le fait particulier du zèle de M. Arnauld. C'est celle qui comprend les attestations et les témoignages des églises orientales. L'auteur de la Vie de M. Nicole ne le dissimule pas. « Afin d'accélérer le

(1) Il déclare dans l'Épitre dédicatoire qu'il était le *fruit de son travail et de celui de ses amis.*
(2) Mémoires sur Port-Royal, pag. 323.

« travail, dit-il (1), M. Arnauld se chargea de les ras-
« sembler. Il engagea d'abord M. François Picquet,
« ci-devant consul de France et de Hollande à Alep,
« alors prêtre, et depuis évêque de Césarople, et enfin
« de Babylone, de faire venir des attestations de tous
« les patriarches d'Orient. M. Picquet était alors à
« Lyon. Il avait déjà écrit, en 1667, une lettre pour
« rendre témoignage à la foi de ces églises. Dès qu'il
« eut appris que l'on travaillait à une matière si im-
« portante, il s'employa volontiers à rendre le ser-
« vice que l'on désirait de lui, et ses soins ne furent
« pas inutiles. On trouve deux de ses lettres, et les
« attestations qu'il a fournies, dans le premier vo-
« lume du grand ouvrage dont nous parlons. »

Ces attestations furent multipliées dans la suite par les soins de M. de Nointel, *homme savant qui aimait l'Église, et parent* de M. Arnauld (2). Il fut envoyé à Constantinople en 1670, en qualité d'ambassadeur de France ; et ce fut encore à la prière de M. Arnauld (3), appuyé bientôt après par M. de Pomponne, son neveu, secrétaire d'état au département des affaires étrangères, qu'il procura ce grand nombre d'attestations qu'on trouve dans le dernier volume de la *Perpétuité*.

M. l'abbé de Pontchâteau contribua de son côté à procurer des attestations sur la foi des Russes et des Arméniens que le commerce attirait à Amsterdam (4). Ces derniers y avaient pour lors un évêque. Nous avons sur ce sujet plusieurs lettres de cet illustre abbé à M. de Neercassel, de l'année 1666. Celui-ci s'employa avec zèle pour cette bonne œuvre, et il le fit avec succès, comme on le voit par ses réponses, et en particulier par celle du 7 avril 1666 (5). Il y annonce l'attestation de l'évêque arménien, dans sa propre langue. Ce prélat procura pareillement un témoignage de la foi des Moscovites, mais moins authentique (6). M. l'abbé de Pontchâteau pria M. de

(1) Seconde partie, chapitre 12.
(2) Mémoires sur Port-Royal, page 326.
(3) Histoire de Port-Royal en 6 volumes, tome 6, page 46 ; Lettres de M. Arnauld à M. de Nointel du premier janvier, 2 février, 4 mai et 15 juillet 1677.
(4) M. Arnauld désigne M. l'abbé de Pontchâteau, sous le titre d'une *personne de condition*, tome premier de *la Perpétuité*, livre 5, chapitre 7, et liv. 12, page 79.
(5) Voici les expressions de ce prélat : « Simul ac
« per negotia mihi licuit Amstelodamum me contuli,
« ut ex Armeniis qui ibi negotiandi causâ frequentes
« sunt, quid ipsi de Eucharistiâ sentiant, sedulò per-
« quirerem. E catholico istius gentis episcopo, quem
« adivi et quocum prolixum miscui sermonem, co-
« gnovi ipsos omnes Ecclesiæ catholicæ de Eucharistiâ
« tenere doctrinam. Aiebat mihi bonus iste episcopus,
« non esse christianum qui veram realemque Christi
« in Eucharistiâ præsentiam diffiteretur ; hunc esse
« sensum eorum omnium qui in Armeniâ christiano
« nomine recensentur. Hoc testimonium litteris ex-
« pressisset, suâque subsignatione munisset, nisi ego
« Armenos characteres vobis credidissem esse ignotos.
« Si tamen illud desideratis, promptè mittam.
(6) « Moscovitæ nulli hisce in locis. Mercator Hol-
« landus, vir admodùm probus, qui triginta annos in
« Moscoviâ diversatus est, mihi sanctè asseruit Mos-
« covitarum fidem, quoad præsentiam corporis Domini

Neercassel, dans sa réponse, de lui envoyer le témoignage de l'évêque arménien dans sa propre langue; mais avec une traduction en latin, ou en quelqu'autre langue commune, dont la fidélité serait attestée par quelqu'un expert dans les deux langues. M. de Pontchâteau fut satisfait. L'attestation de l'évêque arménien se trouve dans le premier volume de *la Perpétuité*. Cet abbé en remercia M. de Neercassel le 22 octobre de la même année, et lui envoya en même temps une liste de questions nouvelles, sur lesquelles il le priait de lui procurer la réponse de l'évêque arménien. M. de Neercassel ayant été absent d'Amsterdam durant plusieurs mois, ne put envoyer cette réponse que le 13 avril 1667 (1). On l'a insérée dans le premier volume de *la Perpétuité*, à la suite de l'attestation dont nous venons de parler.

Quelque zèle et quelque activité que les auteurs de *la Perpétuité* missent dans leur travail, la situation violente où ils se trouvaient, l'obligation de changer souvent de demeure, occasionnée par les tracasseries et par la persécution que leur suscitaient leurs adversaires, et les divers ouvrages qu'ils étaient obligés de publier pour leur propre défense, les empêchèrent de le finir aussitôt qu'ils l'auraient désiré (2). Le premier volume de *la Perpétuité* ne put paraître qu'au commencement de 1669; il fut comme le fruit et le signal de la paix que Clément IX venait de donner à l'Église. M. de Gondrin, archevêque de Sens, en présentant M. Arnauld au nonce Bargellini, après la conclusion de cette paix, quelques mois avant la publication de cet ouvrage, lui représenta *qu'il fallait qu'il le dédiât à S. S. comme une marque de sa reconnaissance, et de sa profonde soumission pour le S.-Siége.* M. Arnauld ne manqua pas de suivre ce conseil, et d'observer dans son Épître dédicatoire l'heureuse circonstance de la paix dont il rend ses très-humbles actions de grâces au souverain pontife, en lui témoi-

« nostræ esse conformem. Ea sunt quæ de fide Arme-
« norum et Moscovitarum addiscere potui. De Coph-
« tarum opinione nihil percepi, quia nullus hic, qui
« hominum illorum sensus sit perscrutatus. »
(1) Relation de la paix de Clément IX, tome 2, page 306 et 307.
(2) Les délais de la publication de la grande *Perpétuité de la Foi* donnèrent lieu à celle d'un petit ouvrage qui parut en 1669, *avec approbation et privilége*. Il était intitulé : *Lettre d'un ecclésiastique à un de ses amis, touchant le livre qui a pour titre : Réponse à la Perpétuité de la foi sur l'Eucharistie*. C'est un in-12 de 189 pages, qui fut achevé d'être imprimé le 15 janvier. MM. Banneret et Petitpied, qui l'avaient approuvé le 3 août 1668, en faisaient un grand éloge; ils l'attribuaient à M. de B., prêtre, lequel ne signait que par ces lettres initiales : P. D. B.
L'Auteur de cette lettre laisse à l'écart, dit-il, les querelles particulières de M. Claude contre l'auteur de la *Perpétuité*, et contre ses raisonnements, pour combattre uniquement avec solidité ce qu'il dit sur la controverse générale, à laquelle tous les catholiques doivent prendre part; c'est-à-dire, contre la vérité de la présence réelle (de Jésus-Christ) dans l'Eucharistie; peut-être voulut-il venir au secours de l'auteur de *la Perpétuité*, auquel on avait d'abord refusé le privilége pour son ouvrage.

gnant le désir où il était d'en profiter, pour travailler à des ouvrages encore plus importants. Il expose en même temps les motifs qui l'avaient engagé à dédier au S.-Père celui de *la Perpétuité*. *Pouvait-on*, dit-il, (1) *combattre les ennemis de l'Église sous des auspices plus heureux que ceux du chef de toute l'Église? Ne sait-on pas que tout le fruit que peuvent faire, par leurs travaux et par leurs écrits, les théologiens particuliers, pour la conversion des hérétiques, doit être attribué aux suprêmes pasteurs de l'Église; puisque c'est sous leurs auspices, et en particulier sous celui du souverain pontife, que toute l'Église combat, et qu'aucun particulier ne peut prendre la défense de sa doctrine, qu'au nom, sous l'autorité, et par la puissance de l'Église et de ses pasteurs, et principalement du prince des pasteurs?*

M. Arnauld, en parlant ainsi, sans craindre d'être jamais désavoué, confondait de nouveau la témérité du ministre Claude, qui l'avait représenté comme un particulier dont l'Église n'agréait point les travaux, même volontaires. Ce ministre fut également confondu par les fruits que produisit cet ouvrage, et par les applaudissements universels qu'il reçut. La lecture du premier volume, qui n'était même que manuscrit, acheva la conversion du maréchal de Turenne (2). Elle opéra le même effet sur le prince de Tarente, sur les maréchaux de Lorge et de Duras, et sur plusieurs autres personnes de la religion prétendue réformée, distinguées par leur naissance et par leurs qualités. On compte même plusieurs ministres des plus considérés dans leur parti, que cet ouvrage fit rentrer dans l'Église (3).

Les approbations qui accompagnaient le livre de *la Perpétuité* suffisaient seules pour justifier le ton d'assurance avec lequel M. Arnauld présentait son ouvrage au nom et sous les auspices de toute l'Église. Les 27 archevêques ou évêques, et les 24 docteurs qui l'avaient approuvé, formaient une espèce de concile national; c'était ce qu'il y avait de plus recommandable pour la science et la piété dans le clergé du premier et du second ordre de l'église de France. Leur suffrage n'était pas, comme l'est ordinairement celui des censeurs à gages, un suffrage de formalité, qu'on exige pour s'assurer que l'ouvrage ne contient rien qui puisse en empêcher la publication. C'était une approbation positive, fondée sur un examen approfondi, et un hommage volontaire, qui n'avait d'autre motif que l'amour de la vérité et de la justice.

M. de Gondrin, archevêque de Sens, un des plus

(1) *Nec enim auspicatiùs adversùs Ecclesiæ adversarios poterat, quàm sub totius Ecclesiæ capite et duce pugnari.*
(2) M. de Turenne avait déjà lu en manuscrit *l'Exposition de la foi*, par M. Bossuet, qui avait commencé sa conversion. Il fit son abjuration le 23 octobre 1668.
(3) Voyez le détail de ces conversions dans la Vie de M. Nicole, chapitre 12, dans les Mémoires de M. du Fossé, page 325, etc.; dans l'Histoire abrégée de la Vie de M. Arnauld, page 122; dans *le Père Bouhours convaincu*, etc., page 106, etc.

anciens évêques du royaume, des plus accrédités, et qui avait témoigné dans tous les temps, le plus de zèle pour l'Église, était à la tête de ces approbateurs. On sait que le premier dessein de M. Arnauld était de lui dédier son ouvrage ; et le prélat devait l'adopter pour l'usage particulier de son diocèse, comme on le voit dans son approbation. Les circonstances firent juger qu'il serait plus utile de le dédier au souverain pontife, et de le présenter en son nom à toute l'Église. M. de Gondrin ne voulut pas néanmoins que son diocèse perdît l'avantage particulier qui lui avait été destiné. Il en fit faire à cet effet une seconde édition, la même année 1669, à Sens, chez Louis Prussurot, son imprimeur.

Cet archevêque ne se borna pas, dans son approbation, à faire l'éloge de l'ouvrage. Il y joignit celui de ses auteurs, en témoignant l'*estime particulière qu'il avait toujours faite de leur piété, de leur érudition*, et de leur amour pour la vérité et pour l'Église, qu'ils avaient toujours fait, dit-il, *leur plus grande gloire de suivre et de défendre*.

On trouve des éloges à peu près semblables de la personne et des ouvrages de M. Arnauld, dans les autres approbations. M. le Tellier, coadjuteur de Rheims, relève le *moyen tout-à-fait indigne d'un honnête homme*, par lequel le ministre Claude s'était efforcé de rendre ce docteur *suspect parmi les catholiques, pour lui ôter la créance que son mérite et sa profonde érudition lui avaient acquise*.

MM. les évêques d'Alet, d'Agde et de Vence joignent dans leur approbation, le livre de *la fréquente Communion* à celui de *la Perpétuité de la Foi* ; observant que ce dernier *achèvera de dissiper tous les nuages dont quelques personnes préoccupées ou malicieuses avaient tâché jusqu'alors de noircir* l'auteur.

M. l'évêque de Tulle prend occasion de ce grand nombre d'approbations « *évêques et de docteurs* pour témoigner son *étonnement* de la *témérité* du ministre Claude, et plus encore celle de quelques *théologiens catholiques*, d'avoir voulu faire passer M. Arnauld *pour suspect*, et *désavoué par l'Église romaine*.

MM. les évêques de la Rochelle et de S.-Pons sont si satisfaits de l'ouvrage, qu'ils font des vœux pour que ce *puissant génie emploie les talents avantageux qu'il a reçus de Dieu pour éclaircir avec la même netteté et la même force d'esprit les autres points contestés par les hérétiques*.

Nous nous sommes contentés de rapporter ici ce que nous avons observé de particulier dans ces approbations. Quant aux éloges communs du livre et de son auteur, renfermés dans les autres approbations, nous renvoyons à ces pièces mêmes.

Nous avons entre les mains l'original d'une lettre de M. Berthier, évêque de Montauban, à M. Arnauld, évêque d'Angers, du 3 décembre 1668, au sujet du premier volume de *la Perpétuité*, qui nous a paru assez intéressante pour la joindre ici à la suite des approbations épiscopales.

Après l'avoir remercié de la part obligeante qu'il avait prise à un accident qui lui était arrivé, il poursuit ainsi : « J'étais actuellement occupé à lire les
« cahiers de la réplique au ministre Claude, lors-
« que cet accident m'arriva, dont ma principale peine
« a été l'empêchement qu'il m'a causé d'avancer ma
« lecture ; mais aussi m'a-t-elle consolé durant mon
« infirmité. J'achève celle des dernières parties de
« l'ouvrage, après laquelle je donnerai avec joie, pour
« le fruit de ce travail, et avec respect pour l'estime
« de l'auteur, l'approbation qu'on m'a fait l'honneur
« de désirer de moi (1). J'espère que, bien loin que
« cette œuvre soit contredite par des catholiques,
« comme fut celle de *la fréquente Communion*, elle
« servira à appuyer, par les vérités qu'elle ensei-
« gne, combien il faut de préparation pour rece-
« voir le divin et l'adorable Sauveur, dont l'existence
« est si bien prouvée dans l'Eucharistie.

« L'on nous dit que le roi témoigne du désir pour
« l'impression de ce docte et éloquent ouvrage ; et
« que la conversion de M. de Turenne, qu'il a ache-
« vée, est le fondement de ce désir. Si la chose est
« constante, il faut que nous concourions tous à la
« publication d'une cause si sainte, et que nous de-
« mandions à Dieu qu'il continue de donner les mê-
« mes grâces au reste des errants.

« Cependant, monseigneur, vous voudrez bien que
« je vous témoigne ma joie de vous voir délivré des
« affaires qu'on vous faisait, ou du moins qu'on vous
« voulait faire (2). La Providence qui nous gouverne
« mènera sans doute à votre avantage tout ce qui s'est
« passé ; et M. Arnauld votre frère pourra agir de
« toute sa force contre les ennemis déclarés de l'É-
« glise. Je vous conjure de lui faire connaître combien
« je suis touché de sa liberté, et de quelle manière
« je lui souhaite que ses grands talents et sa profonde
« doctrine aident à la conversion des hérétiques, et
« au retour des séparés. »

Nous n'ajouterons à ces illustres témoignages que celui de M. de Neercassel, archevêque d'Utrecht. Son jugement sur le livre de *la Perpétuité de la foi* est d'un poids d'autant plus grand que ce prélat était plus éclairé, et surtout plus instruit des matières de controverse dont la situation de son Église l'obligeait d'être perpétuellement occupé. On trouve ce jugement dans sa lettre à M. Arnauld du 3 avril 1669, que le lecteur sera bien aise de trouver ici : « Gaudium quo
« me perfundit veritas eo in libro fulgens, quem con-
« tra Claudium elaborâsti, et fructus uberrimus quem
« tota Ecclesia, ac speciatim grex mihi creditus ex
« illo colligent, me urgent ut hasce litteras meæ gra-
« titudinis et devinctæ voluntatis obsides, tuæ mittam
« amplitudini... Hactenùs quidem non caruit Ecclesia
« strenuis doctisque defensoribus ; verùm uti stella
« à stellâ differt in claritate (liceat hoc mihi sine tuæ

(1) Ce prélat donna en effet son approbation, datée du 25 décembre 1668.
(2) La paix de Clément IX arrêta le procès dont on menaçait M. l'évêque d'Angers et trois autres de ses collègues pour l'affaire du Formulaire.

« modestiæ dicere offensâ), ita quodam veritatis splen-
« dore atque virtute eos præcellis, qui de veritate
« corporis Christi in sacramento altaris, contra mo-
« dernas hæreses scripsêre. Sive adversarium inva-
« das, sive ejus sustineas impetum, semper eum vin-
« cis, semper ejus arma vitrea eloquentiæ vanitate
« fulgentia, adamantino veritatis splendore confringis.
« Et quæ tua scribendi prærogativa singularis, ita
« difficillima, altissimaque fidei mysteria, plebeis
« attemperas ingeniis, ut illorum majestati nihil de-
« trahas, verùm eorum venerationi plurimùm confe-
« ras... Cùm itaque hæc ingenii dos tibi sit pecu-
« liaris, audi pios fidelium vagitus, et vide stupentia
« hæreticorum vulnera, ut nos benignè audiens, et
« illos misericorditer aspiciens, utrisque consulas,
« utrisque scribere pergas. »

Les approbations des 24 docteurs en théologie, qui furent données à cet ouvrage, ne sont pas moins honorables que celles des 27 évêques. On remarque celle du doyen de la faculté de théologie de Paris; de cinq des plus savants curés de la même ville; de M. Bossuet, alors doyen de la cathédrale de Metz, et puis successivement évêque de Condom et de Meaux; de M. le Camus, aumônier ordinaire du roi, depuis évêque de Grenoble et cardinal; de plusieurs grands-vicaires de divers diocèses, et enfin de tout ce que la faculté de théologie de Paris possédait alors de plus distingué. Les uns regardent ce premier *fruit de la paix de l'Église* comme un gage des fruits plus abondants qu'il y avait lieu d'en espérer ; les autres observent, que *le mérite de l'auteur étant connu de tout le monde, cet ouvrage n'avait besoin d'autre éloge que de son nom.* M. Chassebras, curé et archiprêtre de la Madeleine, ancien grand-vicaire du diocèse de Paris, admire *les fruits merveilleux* que cette *église principale avait déjà reçus de cet ouvrage, et l'obligation qu'elle avait à son auteur d'avoir quitté sa solitude éclatante déjà du bruit de sa renommée, et toute glorieuse de ses victoires* (contre les ennemis internes de l'Église), *afin de se ranger dans le nombre de ses combattans qui défendent les vérités catholiques* (contre ses ennemis du dehors). Le célèbre docteur Queras représente le livre de *la Perpétuité comme une des plus rares et des plus riches productions du siècle.* Un autre docteur ajoute que l'auteur de *la Perpétuité a surpassé tous les écrivains de son temps.* M. Petitpied, après avoir observé que *les ouvrages de controverse ne doivent pas être donnés au public sans que l'Église catholique avoue et autorise ceux qui les composent*, fait envisager *les approbations des prélats et des docteurs* en faveur du livre de *la Perpétuité* comme une preuve de cet aveu. Le docteur Boileau, grand admirateur de S. Augustin, remarque *qu'il n'est pas difficile de reconnaître que ce grand docteur a été le modèle que s'est particulièrement proposé l'auteur du livre de* la Perpétuité, *et qu'il fallait être un parfait disciple de ce grand maître pour l'entreprendre et pour y réussir.* M. Bossuet, après avoir admiré *l'érudition*, *la clarté, la force des preuves portées jusqu'à l'évidence de la démonstration,* ajoute que *ce qui l'a .e plus touché* est .e respect et l'attachement pour *l'autorité sacrée de l'Église,* que l'auteur inspire dans tout son ouvrage.

Le deuxième volume de *la Perpétuité* ne vit le jour qu'au commencement de 1672. Clément IX étant mort, M. Arnauld ne put le lui dédier. Et comme il n'aimait point à se faire de fête auprès des grands, à moins que la Providence ne l'y engageât, et qu'il n'avait pas les mêmes raisons pour le dédier au nouveau pape Clément X, il ne lui vint pas même en pensée de le lui faire présenter.

Il se contenta de l'envoyer au cardinal Altieri, son neveu, et à trois autres cardinaux (François) Barberin, Rospigliosi, neveu de Clément IX, et Bona, auxquels il avait envoyé le premier volume. M. Lescot, prêtre de l'Église de Paris, porteur de ces présents, rendit compte à M. Arnauld du bon accueil que ces éminences avaient fait à ses livres et au porteur. Mais cette lettre s'est perdue. Il lui en écrivit une seconde le 7 décembre 1672, où il rappelle l'objet de la première, et y ajoute un détail intéressant de tout ce qui lui avait été dit en sa faveur dans deux audiences qu'il avait eues du pape Clément X, et de l'accueil extraordinaire qu'il avait reçu à sa considération des cardinaux et des prélats romains les plus accrédités. Le cardinal Rospigliosi lui témoigna en particulier le cas infini que faisait Clément IX, son oncle, *de la profonde doctrine et de l'éloquence* de M. Arnauld, *nommant sa plume une plume d'or, et sa personne le Chrysostôme de notre siècle.* Le cardinal Altieri ne pouvait tarir, dit-il, sur les éloges de M. Arnauld et de ses livres. Il s'en faisait lire un chapitre tous les jours, et il témoigna *plus de vingt fois* à M. Lescot *combien l'Église était redevable* à ce docteur pour ses savants écrits ; concluant toujours par ces paroles : *Cet homme ne devrait jamais mourir.* Dans la seconde audience qu'il eut du pape, le 29 novembre 1672, Clément X lui parla de *M. Arnauld et de ses ouvrages avec beaucoup d'estime,* et \ entretenait du second volume de *la Perpétuité,* dont le cardinal Altieri, son neveu, lui avait rendu compte. M. Lescot lui représenta que *M. Arnauld n'avait osé les lui faire présenter, sachant que S. S. était très-occupée des affaires les plus importantes de l'Église.* Le pape répondit que *cela ne le devait pas empêcher de les lui envoyer ; qu'il prenait plaisir à les entendre lire.*

M. Arnauld regardant ce souhait de S. S. comme un ordre, lui adressa ceux de ses ouvrages qui avaient paru, tant avant que depuis son pontificat, avec une lettre des plus respectueuses. Il fit passer le tout par le canal du cardinal Altieri, à qui il écrivit pareillement pour lui rendre compte des motifs de sa démarche, et le supplier de la faire agréer à S. S. ; ce que le pape et le cardinal neveu ne manquèrent pas de lui faire savoir qu'ils avaient fait.

Le second volume de *la Perpétuité* contient *les preuves de la doctrine de l'Église, tirées de l'Écriture et des Pères des six premiers siècles, avec la réfutation* des défaites par lesquelles les ministres se sont efforcés de les éluder.

Il est précédé d'une préface où l'on fait voir que ce n'est point reconnaître l'insuffisance de la méthode de prescription qu'on a suivie dans le premier volume, que d'en suivre une autre dans le second ; car, poursuit-il, quoique l'on puisse dire de la première méthode considérée en elle-même, qu'elle est capable de conduire les hommes jusqu'à la connaissance certaine de la vérité, et qu'elle est même plus proportionnée au commun des esprits simples et dociles, on ne peut pas néanmoins en conclure, en faisant attention aux différentes dispositions des esprits, qu'elle produise cet effet sur tous, et qu'il n'y ait point de méthode plus proportionnée à certains caractères opiniâtres et singuliers. Ainsi, comme les avantages de la méthode de prescription n'excluent point ceux de la méthode de discussion, ni même sa nécessité pour certaines personnes, cette nécessité ne prouve pas non plus l'insuffisance ni l'incertitude de la première méthode en elle-même. Elles sont toutes les deux, ajoute-t-il, parfaites en leur genre, parce qu'elles fournissent une preuve directe et certaine de la vérité ; et elles sont toutes les deux imparfaites, parce qu'elles peuvent être inefficaces par les dispositions mauvaises ou imparfaites de ceux que l'erreur a prévenus. Et comme on est redevable à tous les esprits des moyens propres à les conduire au vrai, on peut, et on doit même quelquefois passer successivement d'une méthode à l'autre, selon que les circonstances l'exigent, sans que cette conduite prouve en aucune manière l'insuffisance de l'une ou de l'autre méthode en elle-même.

L'auteur de la Perpétuité, avant d'entrer dans l'argument de discussion, emploie les premiers chapitres de ce second volume au développement de certaines réflexions générales, qui jettent un grand jour sur cette controverse. Il fait voir dans le premier chapitre, que la voie que les calvinistes ont prise, dès le commencement de leur réforme, de rejeter, par l'examen des seuls écrits sacrés, sans aucun égard à la doctrine des Pères et de la tradition, le dogme de la présence réelle, et plusieurs autres vérités catholiques, quelque succès qu'elle ait eu, était inséparable d'un jugement injuste, téméraire, précipité et présomptueux ; et que toute société, fondée et formée sur un pareil jugement, ne peut être l'Église de Jésus-Christ. Il décrit dans les chapitres suivants, les trois différents états par où a passé l'opinion zwinglienne sur l'Eucharistie : savoir, l'état de sincérité, l'état de politique, et l'état de contradiction, ou de mélange des expressions luthériennes et zwingliennes ; et conclut de cette variation et de cette contradiction, que leur société ne peut être la véritable Épouse de Jésus-Christ (1). C'est après ces préliminaires, qui présentent en quelque sorte un nouvel argument de prescription, ou de fin de non recevoir, que l'auteur entre dans la discussion des textes de l'Écriture et des Pères concernant l'Eucharistie.

(1) M. Bossuet a depuis développé cette réflexion dans l'*Histoire des Variations*, etc.

Cette discussion préliminaire rentre, en quelque sorte, dans le plan du livre des *Préjugés légitimes*, que M. Nicole avait publié sur la fin de l'année précédente 1671, et que l'auteur du livre de la *Perpétuité* cite au commencement du premier chapitre de ce second volume.

Nous devons observer ici que, par un privilège particulier, Louis XIV dispensa M. Arnauld de la formalité de faire approuver ce second volume, et ceux qui le suivirent par les censeurs ordinaires, et qu'il n'eut dans la suite que des évêques pour examiner et approuver ses ouvrages. M. de Gondrin, archevêque de Sens ; M. Bossuet, alors évêque de Condom ; M. le Camus, évêque de Grenoble ; et M. de Laval, évêque de la Rochelle, approuvèrent le second volume. Le troisième ne le fut que par M. de Gondrin et M. Bossuet.

Ce troisième volume fut publié au commencement de 1674. Il contient la réponse aux passages difficiles des Pères, objectés par les calvinistes. On trouve dans le huitième livre la confirmation de l'union des églises orientales avec l'Église romaine, sur la foi de l'Eucharistie. Nous n'avons point de preuve que M. Arnauld l'ait envoyé en présent au pape Clément X et au cardinal neveu, sa maxime étant *de ne se produire de lui-même que le moins qu'il pouvait*, comme il en fait l'aveu dans sa lettre au cardinal Altieri, du premier février 1673. Il crut néanmoins devoir offrir ce troisième volume avec les précédents au pape Innocent XI, lorsqu'il succéda à Clément X, deux ans après, aussi bien qu'au cardinal Cibo, son secrétaire d'état. La réputation extraordinaire de piété de ce nouveau pontife ; le choix qu'il avait fait *d'un des plus habiles et des plus pieux cardinaux du sacré collège pour l'aider à porter le poids de la charge pastorale*, et les heureuses espérances qu'on concevait de ce pontificat, firent passer M. Arnauld par dessus sa réserve ordinaire. On voit ces différents motifs dans ses lettres de congratulation, du mois d'octobre 1676, au cardinal d'Estrées (qui avait beaucoup contribué à cette élection), au pape Innocent XI lui-même, et au cardinal Cibo. Après avoir promis au S.-Père tout ce qu'on avait à attendre de son zèle *pour remédier aux abus qui défiguraient la face de l'Église*, il lui représente les dommages particuliers qu'elle souffrait de l'hérésie calvinienne ; les efforts qu'il avait faits avec un de ses anciens amis pour en arrêter les progrès par ses écrits, autant qu'il était en lui, et la bénédiction que le Seigneur y avait accordée par la conversion de plusieurs hérétiques. Mais, ajouta-t-il, que de *fruits plus abondants n'y a-t-il pas lieu d'en espérer, si votre Sainteté daigne y donner sa bénédiction pontificale! C'est pourquoi*, dit-il, *ayant présenté autrefois les premiers volumes à vos deux prédécesseurs, qui n'ont eu la bonté de me faire savoir combien ils leur avaient été agréables, j'ai cru devoir présenter à votre Sainteté l'ouvrage entier concernant cette matière, qui comprend plusieurs volumes, en les soumettant avec toute la soumission possible, à son jugement et à sa censure.*

Le cardinal Cibo fut chargé par le pape de témoigner à M. Arnauld combien sa lettre et son présent lui avaient été agréables. *Sa Sainteté*, dit-il, *lira vos ouvrages contre l'hérésie de Calvin avec d'autant plus de plaisir, qu'elle a déjà appris que tout le monde les lit avec avidité, comme étant composés avec autant d'exactitude et d'érudition que d'esprit et d'éloquence.* Il lui témoigne en même temps sa reconnaissance particulière et le désir qu'il a de lui donner des preuves du cas infini qu'il fait *de ses éminentes vertus, de sa piété et de son érudition.* Cette lettre du cardinal Cibo fut imprimée dans le temps, en latin et en français ; et quoique les ennemis de M. Arnauld aient cherché à lui faire un crime de cette publication, le cardinal répondit à la lettre que M. Arnauld lui écrivit pour s'en justifier, qu'il en était *pleinement satisfait*, et qu'il devait mépriser ces sortes de discours, tant qu'il serait assuré *de la bienveillance de sa Sainteté.*

Le même ouvrage fut envoyé à plusieurs autres cardinaux, et aux personnages les plus distingués de la cour de Rome. Mais comme les exemplaires en avaient été adressés au cardinal d'Estrées, pour lors ministre de France auprès du Saint-Siège, et que cette éminence se trouva absente de Rome lorsqu'ils y arrivèrent, ils ne furent rendus que longtemps après. M. l'abbé de Pontchâteau, qui était alors à Rome, et dom d'Urban, procureur-général des bénédictins en cette cour (mort depuis assistant du général), furent chargés de les présenter, et d'en faire les remerciements. Ce dernier rendit compte à M. Arnauld de sa commission, dans une lettre du mois de septembre 1676, dans laquelle il lui assure, que , *malgré ses ennemis*, il était à Rome *en la vénération et l'estime de tout le monde.* Monseigneur Favoriti, secrétaire du chiffre, et l'homme de confiance d'Innocent XI, à qui M. Arnauld avait fait tenir huit volumes de ses ouvrages, voulut lui écrire directement, pour l'en remercier, comme d'un présent *du plus grand prix.* Le cardinal Barberin en fit autant le 18 janvier 1678. On trouve dans sa lettre les plus grands éloges de M. Arnauld et de ses ouvrages. Le cardinal Ottoboni, depuis pape sous le nom d'Alexandre VIII, qui avait aussi reçu le troisième volume de *la Perpétuité* de la main de dom d'Urban, témoigna désirer d'avoir aussi les deux premiers. Ils lui furent envoyés aussitôt. Ce cardinal fut si sensible à cette attention, que, quoiqu'il eût chargé dom d'Urban d'en remercier M. Arnauld, et qu'il n'eût point reçu de lettre de ce docteur, il voulut lui donner par lui-même des preuves de sa reconnaissance. Sa lettre est du 13 décembre 1679. M. Arnauld était alors en Flandres, où il s'était retiré pour se mettre à l'abri de la mauvaise volonté de ses ennemis. Le cardinal qui en était informé lui marqua la part qu'il prenait à ses disgrâces, et la confiance qu'il avait que *sa vertu, sa piété, son zèle pour l'Église et pour le Saint-Siège* les lui feraient supporter avec courage. Le père d'Urban écrivit lui-même à M. Arnauld le 29 du même mois de décembre, en lui envoyant la lettre du cardinal Ottoboni, et lui marqua qu'il pouvait compter sur la sincérité des sentiments et des offres de service de cette éminence.

Il est à propos de parler ici de quelques écrits publiés dans le temps pour la défense du livre de *la Perpétuité de la foi.*

Le père de Pâris, chanoine régulier de Sainte-Geneviève, donna en 1672 et 1674 deux volumes in-12 intitulés : *La créance de l'église grecque touchant la transsubstantiation, défendue contre la réponse du ministre Claude au livre de M. Arnauld.* Ce docteur y renvoie, dans la préface du troisième volume de la *Perpétuité*, comme à un supplément en quelque sorte nécessaire à son ouvrage. Le père de Pâris y traite, dit-il, la matière dont il s'agit, *avec toute la sagacité, la netteté et la sincérité que l'on pouvait souhaiter.* Il avait divisé son ouvrage en deux parties, et avait placé à la fin de la première la *réfutation de la réponse d'un ministre de Charenton* (M. Allix) *à la dissertation qui est au commencement du douzième livre du premier tome de la Perpétuité, sur le sujet des emplois, du martyre et des écrits de Jean Scot, ou Erigène.* La seconde partie ne fut imprimée que sur la fin de 1674, après la publication des deux derniers volumes de *la Perpétuité.* Le savant génovéfain prouvait dans ces deux parties la foi de l'église grecque depuis le VI° siècle jusqu'à présent. Il promettait une troisième partie *sur la créance de l'église grecque depuis la fin du VI° siècle* (en remontant) *jusqu'au temps des apôtres,* au cas que M. Claude répondît aux deux derniers volumes de *la Perpétuité.* Mais ce ministre ne l'ayant point fait, cette troisième partie n'a jamais paru.

En 1673, après la publication du second volume de *la Perpétuité*, M. le Noir, théologal de Séez, publia les *Avantages incontestables de l'Église sur les calvinistes, dans la dispute de M. Arnauld et du ministre Claude.* Si l'on veut évaluer le mérite de cet écrivain, on peut voir son histoire, ses bonnes qualités et ses défauts dans les lettres 97 et 429 de M. Arnauld.

Il parut vers le même temps un autre écrit ayant pour titre : *Défense de la foi de l'Église touchant l'Eucharistie,* contre celui d'un ministre nommé de Lortie, qui avait attaqué les deux premiers livres du second tome de *la Perpétuité.* M. Arnauld nous y renvoie dans un ouvrage de l'an 1680 (1). Il n'en désigne l'auteur qu'en l'appelant *un savant docteur.* Mais il ajoute qu'il avait *ruiné toutes les chicaneries des calvinistes, sur les manières dont s'expriment les changements de substance.*

§ 3. De l'écrit intitulé : *Réponse générale au livre de M. Claude.*

L'ouvrage de M. Claude, dont il est ici question, était celui qu'il avait opposé au premier volume de la grande *Perpétuité de la foi* (2). C'était le troisième

(1) Nouvelle Défense du Nouveau-Testament de Mons, liv. VI, chapitre 3, page 419 du tome 7 de la Collection.
(2) Il avait pour titre : *Réponse au livre de M. Arnauld, intitulé la Perpétuité de la foi,* etc., et formait trois volumes in-12, ou un volume in-4°. Il se vendait

que ce ministre avait publié dans cette dispute, et ce fut le dernier. Comme le second volume de la *Perpétuité* était fini lorsque le livre de M. Claude parut, et que ce second volume se trouvait déjà entre les mains des évêques approbateurs, on se contenta d'y faire quelques additions relatives à la nouvelle production du ministre. M. Arnauld ne jugea pas à propos d'interrompre et d'embarrasser la suite des matières importantes traitées dans ce second volume, pour s'amuser à répondre aux nouvelles chicanes de M. Claude. Il était d'ailleurs occupé à mettre la dernière main au grand ouvrage du *Renversement de la morale de Jésus-Christ par les erreurs des calvinistes*. Il se réserva de réfuter amplement l'écrit du ministre dans un ouvrage particulier. C'est ce qu'il fit dans sa *Réponse générale*, etc.; elle parut sur la fin de 1671 ou au commencement de 1672, avec le second volume de *la Perpétuité* et *le Renversement de la morale*, etc. MM. les évêques de Condom (Bossuet) et de Grenoble (le Camus) approuvèrent ces trois ouvrages par un même acte, en y marquant que c'était *par ordre exprès* du roi. Le *Renversement de la morale*, etc., fut encore approuvé par huit autres évêques.

La *Réponse générale*, etc., de cette première édition, formait un volume in-12. Nous n'hésitons pas à la mettre au rang des écrits de M. Arnauld; et il nous y autorise par la manière dont il s'y exprime en plusieurs endroits (1). L'auteur de la Vie de M. Nicole (deuxième partie, page 25) et M. Dupin (2) se contentent de dire que M. Arnauld y eut beaucoup de part, et font entendre que M. Nicole en était le principal auteur. Ce qu'il y a de certain, c'est que M. Claude, dans le livre réfuté, attaque partout M. Arnauld nommément, comme auteur de *la Perpétuité*, et que l'auteur de la *Réponse générale* ne le désavoue jamais, et lui répond toujours comme défendant son propre ouvrage. Aussi fut-il présenté au nom de M. Arnauld avec les premiers volumes de *la Perpétuité de la foi*, au pape Clément X et à plusieurs cardinaux. M. Lescot, qui fut chargé de ces présents, certifie, comme nous l'avons déjà vu, la manière distinguée dont il fut reçu à cette occasion par Clément X, par le cardinal Altieri, son neveu, par les deux cardinaux (François et Charles) Barberin, par les cardinaux Bona et Rospigliosi. Ce dernier se distingua dans cette occasion. Dans l'audience que Clément X accorda à M. Lescot, après lui avoir témoigné la grande estime qu'il faisait de M. Arnauld et de ses écrits, il lui dit qu'il se faisait lire actuellement la *Réponse générale*, et il lui demanda à ce sujet *quel homme c'était que M. Claude, et qu'il fallait qu'il fût bien opiniâtre pour ne se pas rendre à la force des raisons et des réponses de M. Arnauld*. On peut voir, dans l'*Avertissement* qui est à la tête de cette *Réponse générale*, l'analyse de l'ouvrage; on y fait voir aussi que l'argument du livre de *la Perpétuité*, dans les bornes auxquelles on l'avait enfermé, subsistait dans son entier par les seuls raisonnements que M. Claude n'avait pas attaqués, et par les faits qu'il avait positivement avoués, ou qu'il n'avait osé contester.

§ 4. *Des diverses éditions des ouvrages de M. Arnauld sur l'Eucharistie.*

Le livre de la *Tradition de l'Église sur l'Eucharistie*, avec la *Table historique et chronologique*, qui forment le premier écrit de M. Arnauld sur cette matière; la petite *Perpétuité de la foi*, avec la *Réfutation de la réponse de M. Claude* qui y fut réunie; et enfin la *Réponse générale au nouveau livre de M. Claude*, ne furent d'abord imprimés qu'in-8° ou in-12 séparément. Mais ils le furent ensuite in-4°, dans une troisième édition de *la* grande *Perpétuité*, qui fut faite en Hollande en 1704. Comme le premier tome de ce grand ouvrage contient le développement et la défense de l'argument invincible dirigé contre les calvinistes dans *la* petite *Perpétuité*, on y inséra celle-ci, avec la *Réfutation de la Réponse*, etc., et c'est là au moins la septième édition de ce petit livre. La *Réponse générale* et la *Tradition de l'Église*, avec la *Table chronologique*, qui avait déjà été imprimée deux fois, se trouvent dans le quatrième volume, auquel on joignit encore l'écrit du père de Pâris, dont nous avons parlé ci-dessus.

On sait que M. l'abbé Renaudot a fait imprimer, en 1711 et 1713, deux nouveaux volumes in-4°, sous le titre de : *Suite de la Perpétuité de la Foi*, qu'on n'en sépare pas communément.

On avait commencé d'imprimer à Rome, sur la fin du pontificat de Clément XIV, une traduction latine de l'ouvrage de *la Perpétuité*, dont il avait accepté la dédicace. Nous ignorons où en est cette entreprise, qui ne pouvait que faire honneur à ce grand Pape, et à ceux qui la dirigeaient.

§ 5. *Des principaux écrits publiés pour et contre le livre de la Perpétuité de la foi.*

La *Réponse générale* au livre que M. Claude avait opposé au premier volume de *la* grande *Perpétuité de la foi*, et les second et troisième volumes du même ouvrage, fermèrent la bouche à ce ministre, et sont demeurés absolument sans réponse de sa part (1). Il jugea prudemment, qu'il desservirait la cause qu'il prétendait soutenir, en s'exposant de nouveau à de si fortes répliques.

Quelques-uns de ses partisans ont osé néanmoins avancer, que *M. Claude avait écrit le dernier dans* cette dispute, et *que ses livres étaient demeurés sans ré-*

à Quevilly par Jean Lucas, demeurant à Rouen, rue S. Lô, 1670.
(1) Réponse générale, livre 2, chapitre 1, page 329, 560, etc.
(2) Histoire du dix-septième siècle, tome 4, page 741.

(1) On ne donnera point sans doute le titre de *Réponse au sermon que* M. Claude prêcha à Charenton en 1682, quoique ses partisans aient voulu le faire passer pour *un excellent abrégé* de ses livres de controverse *contre MM. de Port-Royal touchant l'Eucharistie*. Il suffit de le lire pour n'y trouver qu'une vaine déclamation, et cinq ou six pages seulement pour relever ce que M. Arnauld avait dit touchant l'intelligence des paroles de Jésus-Christ dans l'institution de

ponse (1). Un membre distingué de l'académie des Inscriptions et Belles-Lettres de Paris, qui n'était pas suffisamment instruit de l'histoire de cette controverse, a pareillement avancé que le livre de *la Perpétuité de la foi n'était pas demeuré sans réplique; que le ministre Claude y avait opposé des attestations toutes contraires* à celles que M. Arnauld avait produites, pour prouver la conformité de la croyance de l'Église romaine avec celle des églises orientales; *que les disgrâces et la mort de ce docteur l'avaient empêché d'y répondre; que le silence des catholiques avait donné, pour quelque temps, un air spécieux aux frivoles raisonnements des calvinistes*; et que ce fut l'abbé Renaudot qui leur enleva ce faux triomphe, les premières années de ce siècle (2).

M. l'abbé Renaudot avait désavoué d'avance son panégyriste, dans le quatrième volume de *la Perpétuité de la foi*. Il y atteste, dans la préface, que « la « dispute sur la perpétuité de la foi, touchant l'Eu- « charistie, pouvait être regardée comme finie, par le « troisième volume, et par la *Réponse générale* qui « l'avait précédé; parce que M. Claude, qui avait sur- « vécu plusieurs années, n'y avait fait aucune réponse; « et que personne de sa communion n'avait entrepris « de la défendre, particulièrement sur ce qui regar- « dait les témoignages des Grecs et de tous les chré- « tiens orientaux. » Il répète le même fait, et le prouve dans le chapitre premier du second livre du même volume, où il établit *l'état de la dispute touchant la perpétuité de la foi sur l'Eucharistie, depuis que M. Claude avait cessé d'écrire. Les preuves*, dit-il, *répandues dans les trois volumes, et dans la Réponse générale*, etc., touchant la conformité de la croyance des Grecs, anciens et modernes, avec la foi de l'Église romaine...., *ont satisfait pleinement à tout ce que le ministre Claude avait demandé. Il n'a fait*, ajoute-t-il, *aucune réponse au troisième volume; et ainsi nous sommes en droit de dire que les preuves qui y sont contenues sont demeurées sans réplique.*

M. Renaudot examine ensuite, si l'on peut dire que les partisans de M. Claude aient répondu pour lui? « On dira, sans doute, dit-il, que M. Frédéric Span- « heim, fameux professeur en Hollande, a soutenu la « cause de M. Claude, dans son livre qu'il a intitulé : « STRICTURÆ, contre l'*Exposition de la foi* de feu « M. l'évêque de Meaux, et qu'il a fait voir la fai- « blesse du traité de *la Perpétuité*, et celle des attes- « tations venues du Levant. Il est vrai, ajoute-t-il, « que, si les louanges outrées d'un auteur, un rap- « port très-infidèle des principes de ceux qui le ré- « futent, et une vaine ostentation de capacité, avec « toutes les marques possibles de mépris pour ses ad-

l'Eucharistie. Voyez le *Recueil de divers Traités sur l'Eucharistie*, à *Amsterdam*, 1713, préface, page 6.
(1) Voyez l'écrit intitulé : *De la foi de l'Église catholique touchant l'Eucharistie*, 1684. L'auteur, dans son *Avis à MM. de la Religion prétendue réformée*, cite sur ce fait mademoiselle de la Suze.
(2) Éloge de M. l'abbé Renaudot, prononcé en 1721, par M. de Bose, secrétaire de l'académie des Inscriptions, etc., tome 5 des *Mémoires* de cette académie.

« versaires, peuvent passer pour des raisons, ces « *Stricturæ* sont un ouvrage sans réplique. Mais.... « nous pouvons assurer, que, si on cherche dans tout « ce livre une seule preuve, on ne la trouvera pas..... « Ceux qui pourraient avoir été frappés par le livre « de M. Spanheim, n'ont qu'à lire ce qui a été ré- « pondu dans l'*Apologie des catholiques* (tome 2, « chap. 7 et 8), et ils seront satisfaits. »

M. Renaudot observe ensuite le cercle vicieux des calvinistes sur ce sujet. « Pour toute réponse, dit-il, « aux arguments pressants de *la Perpétuité*, M. Span- « heim renvoie aux théologiens de sa communion, « qui les ont réfutés, à ce qu'il prétend; et ceux qui « ont écrit depuis renvoient à M. Spanheim, sans « plus de fondement. »

Il en est de même de M. Thomas Smith, prêtre de l'église anglicane, un des premiers qui s'est mis ensuite sur les rangs. Dans les trois ouvrages qu'il a faits sur ce sujet, *il n'y a pas*, dit M. Renaudot, *la moindre autorité, pour appuyer* le jugement qu'il porte sur la foi des Grecs. *Il n'allègue aucune raison; il ne cite pas un seul auteur grec;* il ne rapporte *aucune pièce ni aucun témoignage*. Cependant les protestants ne cessent d'opposer aux catholiques la prétendue *autorité incontestable de ce témoin oculaire*, depuis même qu'il a été réfuté par plusieurs catholiques (1), et que des protestants célèbres se sont même éloignés de son avis (2).

C'est encore avec moins de fondement qu'on regarderait comme une réponse au livre de *la Perpétuité* un écrit anonyme publié à Amsterdam en 1688 (3).

Outre que, selon le titre, l'anonyme ne prétend attaquer que le premier volume, l'auteur des *Nouvelles de la république des lettres*, parlant de cet ouvrage, le traite de *Réponse surannée*. Il ajoute, qu'il ne savait *si le public verrait avec plaisir renouveler cette dispute.* Au surplus, le nouvel écrivain, en cachant son nom, dit-il, *abandonnait son livre à quiconque voudrait l'adopter. Mais*, poursuit-il, *il y a peu d'apparence que personne s'empresse à se l'attribuer.* Il joignit en effet à une présomption peu commune, une passion de calomnier, que toute personne équitable ne pouvait que désapprouver.

Le sieur Jean Aymon, prêtre apostat, tenta en vain,

(1) Quoique M. Smith eût été suffisamment réfuté d'avance, par les pièces rapportées dans *la Perpétuité*, il le fut depuis dans la préface des *Opuscules de Gennadius*, et de quelques autres Grecs, publiés en 1709, par M. Renaudot.
(2) M. Renaudot cite la préface de M. Normannus, dans l'édition de la *Confession orthodoxe des Orientaux*, qu'il a fait faire à Leipsick, en 1694. Simon Richard cite aussi Guillaume Forbesius qui, dit-il, avoue ingénument que les nouveaux Grecs cités par M. Arnauld, pensent comme les Latins sur la transsubstantiation. *Notes sur les écrits de Gabriel de Philadelphie*, publiés en 1686, page 107.
(3) Il avait pour titre : *Les Trophées de Port-Royal renversés;* ou *Défense de la foi des six premiers siècles*, etc., *contre les sophismes de M. Arnauld, contenus dans le premier tome de la discussion*, etc., *divisés en quatre livres* 312 pages in-12.

vingt ans après, de venir au secours de la nouvelle secte qu'il avait embrassée. Il publia à la Haye, en 1708, un assez gros ouvrage in-4°, intitulé : *Monuments authentiques de la religion des Grecs, et de la fausseté de plusieurs confessions de foi des chrétiens orientaux, produites dans la Perpétuité de la foi*. Mais tout le corps de l'ouvrage démentait ce titre pompeux.

« L'auteur, dit l'abbé Renaudot, dans la préface
« de la réfutation qu'il prit la peine d'en faire, est un
« homme qui à peine sait lire le grec ; qui n'a pas la
« moindre connaissance des auteurs les plus vulgai-
« res, et qui ne cite ni ne produit pas une seule pièce ;
« mais qui examine celles que les catholiques ont
« données au public, et qui en tire des réflexions et
« des conséquences si absurdes, qu'elles suffisent
« pour faire voir qu'il ignore entièrement la matière
« dont il traite ; qui donne les raisonnements les
« plus faux comme des démonstrations ; et qui, au dé-
« faut des raisons qui lui manquent toujours, croit
« accabler ses adversaires par des calomnies et par
« des injures (1). »

L'écrit réfuté par l'abbé Renaudot n'était pas moins méprisable par son origine. Le sieur Aymon, son auteur, réfugié en Hollande depuis son apostasie, était revenu à Paris en 1706 ; et feignant de vouloir rentrer dans le sein de l'Église, il se procura, par des protections respectables, un accès libre à la bibliothèque du Roi. Il en abusa indignement, pour y enlever l'original du fameux synode de Jérusalem, dont on avait fait un grand usage dans la *Perpétuité de la foi*, et qui avait été imprimé séparément en 1672. Il repassa aussitôt en Hollande où il le fit réimprimer, avec quelques autres pièces, sous ce faux titre : *Monuments authentiques*, etc.

L'abbé Renaudot fit voir dans sa réfutation que ce livre était un *tissu de calomnies atroces, de falsifications insignes, de raisonnements absurdes et de bévues grossières*. Le sieur Aymon n'avait fait réimprimer le synode de Jérusalem, qu'en *y retranchant tout ce qui y était contraire à ses idées* (2). Il y donnait les décrets de ce synode, comme *l'ouvrage d'un imposteur, qui, par le scandale que ses nouveautés avaient causé, avait été chassé de son siège patriarcal* ; et il y faisait paraître tant d'*ignorance*, de *mauvaise foi*, et de *témérité*, surtout dans la manière dont il traitait les catholiques, qu'il fut condamné par *plusieurs personnes des plus raisonnables de son parti* (3).

M. de Bose nous apprend (4) que le sieur Aymon demeura muet à la vue de la réponse de l'abbé Renaudot ; et que les états-généraux accordèrent aux instances du roi la restitution du larcin qu'il avait essayé de consacrer en le déposant dans la bibliothèque de Leyde. Le public, ajoute-t-il, *ne sera pas fâché d'apprendre que nous avons eu nous-mêmes le bonheur de retirer depuis peu des mains du sieur Aymon tout ce qui lui restait de cette expédition sacrilège*.

M. l'abbé Renaudot, en publiant, en 1709, sa *Défense de la Perpétuité* contre le sieur Aymon, n'avait point traité la matière avec l'étendue *que plusieurs personnes auraient souhaitée* (1). Il y suppléa par le quatrième volume de *la Perpétuité*, etc., publié en 1711, sur l'invitation de Clément XI, et dédié à ce souverain pontife. Cet ouvrage est non seulement une suite, mais encore une apologie complète des trois volumes précédents. Il y joignit, en 1713, un cinquième volume, où il traite de la conformité de la croyance des Grecs avec celle de l'Église latine, *sur les Sacrements et sur les autres points contestés*. Outre son zèle connu pour l'Église et pour ses dogmes, M. Renaudot avait une raison particulière de prendre la défense du livre de *la Perpétuité*. M. Arnauld avait déclaré, dans la préface du troisième volume, qu'il était redevable à cet abbé de la traduction de la plupart des actes et des extraits des livres des églises orientales, dont il avait fait usage. Cet abbé en fait lui-même l'aveu, ajoutant qu'après l'impression du troisième volume, les auteurs de *la Perpétuité* ayant reçu de nouvelles attestations de la foi des églises grecques, elles lui furent remises pour en faire l'usage que M. Bossuet et d'autres personnes habiles jugeraient à propos pour le bien de l'Église. Le quatrième volume de *la Perpétuité* fut composé, en grande partie, *sur ces pièces originales et sur les mémoires qui les accompagnaient*. M. Renaudot ne les mit néanmoins en œuvre qu'après avoir étudié à fond cette matière, et après avoir réuni, à ce qu'il tenait des auteurs de *la Perpétuité*, des manuscrits anciens qui, pour la plupart, avaient été apportés du Levant, depuis ce temps-là, ou des pièces nouvelles qui n'avaient pas encore paru ; et enfin, après des recherches faites avec soin sur la foi et sur la discipline des églises orientales. Ce travail lui coûta plusieurs années ; et les traverses qu'il essuya à cette occasion ne lui permirent de publier son ouvrage qu'au bout de près de quarante ans. C'est lui-même qui nous l'apprend dans un mémoire écrit peu de jours avant sa mort, lequel se trouve dans le *Supplément au Nécrologe* de Port-Royal, p. 204.

Ce savant, à qui toutes les langues de l'Orient étaient connues, et qui, toute sa vie, avait étudié les livres des Grecs, était plus en état que personne, ou plutôt, il était seul en état d'entreprendre un pareil ouvrage (2). Il le fit avec d'autant plus de consolation

---

(1) L'écrit de l'abbé Renaudot a pour titre : *Défense de la Perpétuité de la foi*, etc., *contre les calomnies et les faussetés du livre intitulé : Monuments authentiques de la religion des Grecs*, etc. C'est un volume in-8°, publié en 1709, à Paris chez Gabriel Martin.
(2) Suite de la Perpétuité, tome 4.
(3) Ibid.
(4) Tome 5 des Mémoires de l'Académie des Inscriptions, pag. 387.

(1) Préface du quatrième volume.
(2) M. Arnauld rendit à M. Renaudot, au mois de mars 1673, un témoignage dont nous avons l'original sous les yeux, et dont nous croyons devoir faire part au public. Il était question de lui procurer l'usage de quelques manuscrits orientaux, déposés à la Bibliothèque du Roi. M. Renaudot en avait besoin pour tra-

et de succès, qu'il n'était question que de perfectionner une œuvre déjà très-heureusement avancée.

Les protestants étaient convenus, dès le commencement, de la force du témoignage des églises orientales sur cette matière : ils ne contestaient que le fait. Ce fait avait été prouvé depuis avec une telle évidence, que *le système de M. Claude, sur cet article, avait été absolument abandonné*, dit M. Renaudot, *presque en toutes ses parties, par plusieurs protestants ; et jusqu'à M. Smith, théologien de l'église anglicane*, ajoute-t-il, *ils avouent, au moins présentement, que l'église grecque croit* (aujourd'hui) *la présence réelle et la transsubstantiation.*

M. Renaudot convient en même temps que c'est sur les attestations des Orientaux, produites dans le troisième volume de *la Perpétuité*, que les protestants ont fait ce dernier aveu. Quoique la matière fût encore *fort obscure, n'ayant jamais été suffisamment éclaircie*, les auteurs de *la Perpétuité*, dit-il, *avaient recueilli ce qu'on savait pour lors de meilleur ; et ils l'avaient fait avec tant d'abondance et une si grande exactitude, qu'on doit reconnaître qu'ils ne se sont trompés en aucune partie de cette laborieuse recherche. Les preuves positives et en assez grand nombre*, ajoute-t-il, *qu'on a découvertes depuis, n'ont servi qu'à montrer que tout ce qui est contenu dans les actes venus du Levant, produits par les auteurs de la Perpétuité, est tellement conforme à la créance de l'église grecque, qu'elle a renouvelé plusieurs fois les témoignages publics qu'elle rendit alors à la vérité ; et qu'elle l'a fait sans que les ambassadeurs de France, ni le clergé, ni la cour de Rome y aient eu la moindre part* (1).

Ce n'est pas seulement contre les protestants que M. Renaudot a défendu *la Perpétuité*; c'est encore contre un auteur catholique, dont les écarts et les effets de la mauvaise humeur contre M. Arnauld se sont manifestés plus d'une fois. Nous parlons de M. Richard Simon, lequel avait avancé, dans sa *Bibliothèque critique*, diverses choses au sujet du livre de la Perpétuité de la foi, que M. Renaudot a jugé à propos de réfuter (2).

Ce critique avait aussi prétendu qu'il avait autrefois *formé le projet utile de faire un recueil de ce que les auteurs grecs et séparés de l'Église romaine* avaient écrit sur l'Eucharistie, avant le temps de Cyrille (Lucar) (3), *qui devait s'intituler* : GRÆCA SCHISMATICA;

vailler à la *Suite de la Perpétuité de la foi*, à laquelle il se préparait déjà ; mais il fallait qu'il eût ces manuscrits chez lui pour les examiner et les étudier à son aise. M. Arnauld et M. Perrault de l'académie française présentèrent à cet effet à M. Colbert des mémoires signés de leur main, d'après lesquels l'ordre fut expédié au bibliothécaire du roi, de donner ces manuscrits à M. Arnauld, *sur son récépissé*, pour qu'il les fît passer à l'abbé Renaudot.

M. Arnauld invoquait dans son mémoire en faveur de M. Renaudot, le témoignage de l'abbé de Bourzeis, mort l'année précédente, bon connaisseur en ce genre. Cet abbé avait à sa mort, entre les mains, une partie de l'ouvrage de M. Renaudot, et il en était tellement satisfait, qu'il s'était engagé à procurer à l'auteur tous les secours dont il aurait besoin pour l'achever, et en particulier les manuscrits de la Bibliothèque du roi, où il avait tout crédit. La mort l'en ayant empêché, M. Arnauld y suppléa par son mémoire. Il y rapporte ce qu'il avait ouï dire de l'abbé Renaudot à l'abbé de Bourzeis, dans des entretiens où la complaisance n'avait aucune part. « L'abbé de Bourzeis, « dit-il, admirait non seulement l'exacte connaissance « que l'abbé Renaudot faisait paraître dans son ou-
« vrage, de toutes les langues orientales, mais aussi
« la pénétration du génie particulier de chacune de
« ces langues. Il ne trouva pas la moindre faute dans
« tous les écrits syriaques, arabes, éthiopiens qui y
« étaient cités, non seulement pour les traductions,
« mais même pour les accents, points, caractères des
« langues originales ; et il était si plein du mérite de celui
« qui en est l'auteur, qu'il n'a pu s'empêcher de faire
« paraître l'estime qu'il avait pour lui, dans la pré-
« face du dernier des livres qu'il a donnés au public,
« qui est celui de ses Sermons, où il en parle en ces
« termes, dans une note imprimée à la marge : *Cette
« liturgie, écrite à la main, m'a été communiquée par
« M. Renaudot, prêtre de l'Oratoire, admirablement
« versé dans l'étude des langues orientales, et dans la
« lecture des différentes liturgies de ces églises-là.*

« On peut ajouter, continue M. Arnauld, ce que
« M. de Bourzeis a connu de la suffisance de M. Re-
« naudot, ce que l'on en connaît par soi-même, ou
« par le témoignage de personnes très-dignes de foi,
« qu'outre les langues hébraïque, chaldaïque, syria-
« que, arabe, éthiopienne, cophte, dont la connais-
« sance paraît dans cet ouvrage, il sait encore le grec
« ancien et le grec vulgaire, le persan et la plupart
« des langues vulgaires de l'Europe, comme le por-
« tugais, l'espagnol, l'italien ; qu'il ne sait pas seule-
« ment ces langues pour les entendre, mais aussi pour
« les écrire, et que des personnes habiles qui ont été
« en Orient, en ayant voulu faire essai, et lui ayant
« écrit pour cela des lettres en arabe, ont été surprises
« de l'élégance avec laquelle il leur répondit dans la
« même langue. C'est lui aussi qui avait traduit en arabe
« et en grec vulgaire tous les mémoires qui avaient
« été envoyés en Orient et sur lesquels on a obtenu
« les attestations qui en sont venues. Il a surtout un
« don tout particulier de former les caractères de
« toutes les langues différentes, d'une manière si
« nette et si belle, qu'on ne distingue pas ce qu'il
« écrit des manuscrits d'Orient les mieux écrits.

« On prie M. Colbert de croire qu'on n'ajoute rien
« à la vérité dans ce témoignage, et que celui que
« l'on pourrait rendre à son honnêteté et à l'éloigne-
« ment qu'il a de la vanité, qui accompagne ordinai-
« rement ces qualités extraordinaires, serait beaucoup
« au-dessus de celui que l'on rend à sa suffisance. »

(1) L'ouvrage de M. Renaudot acheva de terrasser les protestants sur le fait de la croyance des Grecs. L'auteur du *Recueil de divers traités sur l'Eucharistie*, imprimé à Rotterdam, en 1713, en deux volumes in-12, tâche de s'en débarrasser, en le déprimant comme un ouvrage inutile, attendu que cette dispute sur la foi des églises d'Orient, *ne terminerait absolument rien* entre les catholiques et les protestants, *quand bien même*, dit-il (préface, pag. 15) *nous leur ac-corderions à cet égard tout ce qu'ils nous demandent.* Ce serait donc inutilement, ajoute-t-il, qu'on répondrait à *M. l'abbé Renaudot, puisqu'outre l'inutilité de cette dispute, tout ce qu'on pourrait lui opposer n'aboutirait absolument à rien ; et qu'on semblerait..... ne lui répondre que pour qu'il n'eût point le dernier.*

(2) Tome 4 de la *Perpétuité*, livre 7, chapitre 8.

(3) M. Simon publia, en 1686, un ouvrage in-4° de 300 pages, avec privilège, mais sans approbation, intitulé : *Fides Ecclesiæ Orientalis, seu Gabrielis metropolitæ Philadelphiensis Opuscula*, etc., avec des notes. Il avoue que la plus grande partie de ces notes avaient été désapprouvées en Sorbonne, et que M. Ar-

que M. Arnauld avait fort désapprouvé son dessein, et que le livre que M. Renaudot avait donné au public, en 1709, avait été fait premièrement sous la direction de M. Arnauld. M. Renaudot oppose à toutes ces fausses allégations l'histoire véritable des engagements qui avaient déterminé M. Simon à écrire sur cette matière (1), et ne laisse subsister aucun sujet légitime de plainte sur ce sujet.

M. Arnauld avait eu occasion de relever plusieurs méprises de ce téméraire auteur dans sa 74ᵉ difficulté, proposée à M. Steyaert. Il avait eu la hardiesse d'avancer, dans son *Histoire critique de la créance et des coutumes des nations du Levant*, publiée sous le nom de Moni, en 1684, que, quoique M. Arnauld se fût efforcé de prouver fort au long, dans ses livres contre M. Claude, que *la transsubstantiation était reconnue par les Grecs*, cette question *ne laissait pas de souffrir encore de fort grandes difficultés*. M. Arnauld examine avec soin les fondements de ces prétendues difficultés, et fait voir qu'elles ne subsistaient que dans l'imagination de ce critique; qu'il s'était lui-même contredit sur ce point dans ce même ouvrage, et qu'enfin il s'était vu obligé de rétracter expressément ce qu'il avait avancé à ce sujet dans un autre ouvrage imprimé peu de temps après (2). M. Arnauld renvoie, à cette occasion, à ce qu'il avait lui-même établi dans le chap. 8 du second volume de l'*Apologie pour les catholiques*, contre les chicanes de M. Spanheim sur l'authenticité des attestations produites dans le premier et dans le troisième volume de *la Perpétuité de la foi*, et sur la force de l'argument qui en résultait, pour prouver la perpétuité de la foi de l'Église. « Les personnes les plus employées, « ajoute-t-il, à la conversion des huguenots, ont « trouvé cet argument si important pour ce dessein, « qu'ils l'ont tiré de l'*Apologie*, pour en faire un livret « à part, sous ce titre : *La foi de l'Église catholique*, « *touchant l'Eucharistie, prouvée d'une manière invincible par l'argument proposé aux prétendus réformés*, « *dans le livre de la Perpétuité de la Foi*. » Ce livret fut achevé d'imprimer le 17 décembre 1683.

Le même critique avait fait un reproche à l'auteur de *la Perpétuité de la foi*, qui n'était pas mieux fondé. Il prétendait (3) qu'on avait cité, dans le chap. 12 du liv. II du tom. 1ᵉʳ, *un livre particulier d'Euthymius, contre les Latins, comme étant en manuscrit dans la Bibliothèque du Roi à Paris, où néanmoins il ne se trouve point. Je suis sûr*, dit-il, *que MM. de Port-Royal n'ont*

nauld avait été mécontent de ce qu'il y disait de l'ouvrage d'Agapius, moine du mont Athos, dans la première édition de 1671, et que c'est ce qui l'obligea de refondre ses notes et son ouvrage dans la seconde édition de 1686.

(1) Préface du quatrième volume de *la Perpétuité*.
(2) Il dit dans ce dernier ouvrage, *qu'il n'y avait jamais eu de fait prouvé avec tant d'évidence, et par un si grand nombre de témoignages, que celui qui regardait le consentement des églises d'Orient avec l'Église romaine, sur la créance de la transsubstantiation.*
(3) *Bibliothèque critique*, etc., tome 1ᵉʳ, chapitre 10, page 98 de l'édition in-12 de 1708.

point consulté cette Bibliothèque; qu'ils s'en sont rapportés à Léo Allatius, lequel, d'après Jean Aubert, a pris un extrait de la Panoplie d'Euthymius, pour un livre particulier de ce moine contre les Latins. Nous donnons ici en note (1) les éclaircissements que nous nous

(1) Dans deux manuscrits grecs de la Bibliothèque du Roi, l'un coté 1372 (olim 2995), l'autre 2782 (sans ancien numéro), formant deux recueils d'extraits et de pièces entières sur toute sorte de matières, on trouve avec quelques variétés une petite pièce qui paraît faire un ouvrage complet. Dans le premier de ces manuscrits, cette pièce remplit quatre pages entières et deux demi-pages; et dans le second elle remplit cinq pages entières. Les pages sont l'une et dans l'autre de format in-8°, d'environ vingt lignes. M. Bigot, comme on le voit par la Bibliothèque critique de Richard Simon, tome 3, p. 98, a vu cette pièce dans le premier manuscrit, et il en a rapporté le titre assez mal. Voici ce titre tel qu'il est dans ce premier manuscrit :

Εὐθυμίου μοναχοῦ τοῦ Ζυγαβηνοῦ κατὰ τῶν παλαιᾶς (τῆς παλ) Ῥώμης, ἤτοι Ἰταλῶν, κεφάλεα (τῶν Ἰταλῶν, κεφαλαία) ἰσθηλοῦντα ὡς οὐκ ἐκ τοῦ Υἱοῦ ἐκπορεύεται τὸ ἅγιον Πνεῦμα (τὸ Πνεῦμα τὸ ἅγιον). Ce titre est le même dans le second manuscrit, à quelques minuties près, que nous mettons entre parenthèses.

Quoiqu'en dise M. Bigot, M. Arnauld ne s'est point trompé dans la *Perpétuité de la foi*, tome premier, en citant ce petit écrit d'Euthymius comme distinct de sa *Panoplie*. C'est M. Bigot lui-même qui se trompe : 1° en insinuant que toutes les pièces du recueil grec ne sont que des extraits, et 2° en disant que la pièce en question *est un extrait de la Panoplie d'Euthymius, et non pas un livre particulier de ce moine contre les Latins*. Il est vrai que ce n'est pas un livre, car c'est un écrit de cinq pages; mais en même temps il est faux que ce soit un extrait de la *Panoplie*. J'ai parcouru avec soin cette *Panoplie*, au moins sa traduction latine; car le texte grec, dont la Bibliothèque du Roi possède sept exemplaires manuscrits, n'a jamais été imprimé; et dans cette traduction, je n'ai rien trouvé qui ressemble de près ni de loin à la petite pièce grecque. M. Arnauld ne s'est donc pas trompé en la citant comme une chose à part.

Au reste, afin que l'on puisse mieux s'assurer que cette pièce n'est point dans la *Panoplie*, du moins la latine, je vais traduire de mon mieux quelques-uns des douze articles qui la composent, et qui sont tous fort courts, à l'exception du dixième. On verra en même temps que la particule οὐκ, qu'on lit dans le titre, doit y être, comme le dit M. Bigot.

1° Si le Saint-Esprit est simple, et si l'on dit qu'il procède en même temps du Père et du Fils, c'est prendre ceux-ci pour une seule personne, et introduire l'hérésie sabellienne ou sémi-sabellienne, qui confond les personnes.

2° Si le Saint-Esprit procède du Père et du Fils, il est donc double et composé.

3° Si l'on rapporte le Saint-Esprit à deux principes, que devient l'unité de principe tant célébrée?

4° Si le Père produit le Saint-Esprit, et si le Fils le produit aussi, le Père est donc et le générateur immédiat du Saint-Esprit, et le générateur éloigné, à travers l'action génératrice du Fils. Et προβάλλεται μὲν τὸ Πνεῦμα ὁ Πατήρ, προβάλλεται δὲ τοῦτο καὶ ὁ Υἱός, εἴη ἂν ὁ Πατὴρ καὶ προσεχὴς τοῦ Πνεύματος προβογεύς, καὶ πόρρω διὰ τῆς ἐκ τοῦ Υἱοῦ προβολῆν.

5° Si la procession du Saint-Esprit par le Père est complète, celle par le Fils est superflue.

6° Si le Fils a la même propriété d'engendrer le Saint-Esprit qu'a le Père, cette propriété leur est commune; et dans ce cas, comment ce qui est commun sera-t-il propre? Si le Fils a cette propriété et cette action contraire, comment l'action de l'un ne

sommes procurés à ce sujet, de la part d'un de nos amis, employé aux manuscrits de la Bibliothèque du Roi, sur l'exactitude et l'intelligence duquel on peut entièrement compter.

Le synode de Jérusalem, dont nous avons eu occasion de parler, est daté du 20 mars 1672. Il fut présidé par Dosithée, patriarche de cette ville. C'est, au jugement de M. Renaudot, *une des plus considérables pièces que l'église grecque ait produites depuis longtemps, et une des plus précises et des plus amples expositions de la croyance des Grecs sur l'Eucharistie*. Dosithée, selon le même auteur, était un des plus savants théologiens que l'église grecque eût possédé depuis plusieurs siècles. Il intitula son Synode : *Le Bouclier de l'Église orthodoxe*. Dix-huit ans après, Dosithée le fit imprimer à Bucharest, en Walachie, où la religion grecque est dominante; et comme il ajouta à cette édition des pièces considérables, et divers éclaircissements, il en changea le titre, et l'intitula : *Manuel pour servir de réfutation à l'extravagance, par laquelle les calvinistes accusent faussement la sainte Église catholique et apostolique d'Orient, de croire, touchant Dieu et les choses divines, ce qu'eux-mêmes ont de méchantes opinions, se servant, pour prouver ce qu'ils avancent, des* CHAPITRES *appelés de Cyrille Lucar*, etc.

M. Renaudot, qui nous a donné connaissance de cette édition du synode de Jérusalem, nous apprend en même temps, que ce sont ces *Chapitres*, c'est-à-dire, la *Confession de Cyrille Lucar*, patriarche de Constantinople, imprimée à Genève, par les calvinistes, qui donna lieu à ce synode. Cette *Confession* avait été précédemment désavouée par deux synodes de Constantinople, des années 1638 et 1642. Dosithée inséra les décrets de ces deux synodes, dans l'édition de celui de Jérusalem, faite à *Bucharest* en 1690, après les avoir vérifiés sur le *Codex* de la grande église de Constantinople, où il est nécessaire d'enregistrer tous les actes ecclésiastiques, pour les rendre authentiques. Il y inséra pareillement les actes du synode tenu sous Cyrille de *Berroée*, et ceux de *Jassi*, où avait été dressée la célèbre *Confession orthodoxe contre les Calvinistes*.

M. Renaudot s'étend avec complaisance sur l'histoire et l'authenticité du synode de Jérusalem, dans le quatrième tome de la Perpétuité de la foi (liv. VI,

corrompt-elle pas (φθείρει) celle de l'autre? Car les choses contraires se corrompent. Si le Fils a cette action seulement différente, une partie du Saint-Esprit sortira donc faite d'une façon, et l'autre d'une autre, et le tout sera composé de parties dissemblables.

7° Si le Fils et le Saint-Esprit procèdent d'un seul principe, à savoir, le Père, et que de rechef le Fils produise le Saint-Esprit, le Saint-Esprit devra produire aussi le Fils; car le Père, leur principe commun, les a faits égaux en dignité, etc.

Je n'avancerai pas plus loin dans une telle obscurité, et je finirai en répétant que je ne crois point que ces choses-là se trouvent dans la *Panoplie*. Cependant si, pour plus d'assurance, quelqu'un plus au fait que moi veut la parcourir, elle est dans la Bibliothèque du Roi, sous le numéro 417, in-8°.

chap. 5 et suiv.) : *ce seul ouvrage*, ajoute-t-il, *détruisant entièrement tout ce que MM. Claude et Smith, et ceux qui les ont copiés, ont avancé touchant la croyance des Grecs sur l'Eucharistie*.

M. de Nointel avait envoyé en France, au commencement de 1674, une copie de ce synode, signée de ceux qui y avaient assisté. Cette copie, qui équivalait à un original, fut déposée à la Bibliothèque du Roi; et c'est celle que Jean Aymon en enleva, en 1706, et qui depuis y a été restituée.

Comme la copie de ce synode n'arriva à Paris que lorsqu'on achevait d'imprimer le troisième volume de la *Perpétuité*, M. Arnauld ne put en donner que des extraits touchant l'Eucharistie, dans le chap. 15 du huitième livre de ce troisième volume. Mais l'ouvrage entier fut imprimé à Paris, deux ans après (1), en grec et en latin. M. l'abbé Gouget atteste, dans sa Bibliothèque des auteurs du dix-huitième siècle, tom. III, pag. 245, qu'il fut réimprimé en 1678, *après la révision de M. Arnauld*. Nous avons sous les yeux cette seconde édition de 1678, faite à Paris, in-8°, chez la veuve Martin, en grec et en latin. Le traducteur n'y est désigné que par les premières lettres de son nom, *M. F. de l'Ordre de St-Benoît, de la Congrégation de St.-Maur*. Il nous apprend, dans la préface, que la première édition ayant été faite en 1676, en son absence, il s'y était glissé une infinité de fautes, et que des *amis* l'avertirent d'ailleurs, que la traduction n'avait pas été faite avec toute l'attention que l'objet exigeait. C'est ce qui le détermina, dit-il, à donner cette seconde édition. Il revit le texte grec, et le corrigea; et réforma pareillement sa traduction avec toute l'exactitude possible. Il en changea aussi le titre : il l'appelait, dans la première édition : *Synodus Bethlehemitica*, parce qu'il avait commencé à Bethléem. Mais ayant été continué et signé à Jérusalem, il crut devoir plutôt l'intituler, dans la deuxième édition : *Synodus Jerosolymitana*.

Le traducteur, après avoir relevé, dans la préface, l'importance de ce synode, pour réfuter la calomnie des protestants contre l'église grecque, renvoie au surplus à l'ouvrage de *la Perpétuité*, *ubi*, dit-il, *auctor hujus temporis nominatissimus, benè multa miro studio collegit*.

Nous ne saurions mieux faire que de terminer l'espèce d'histoire que nous venons de donner du livre de *la Perpétuité*, par le jugement qu'en a porté le célèbre chancelier d'Aguesseau, dans les instructions qu'il donnait à ses enfants. Il y choisit cet ouvrage, pour preuve et pour exemple de cette *supériorité de génie*, et de cette *exactitude de logique*, qui caractérisent tous les ouvrages de M. Arnauld. *On trouve*, poursuit-il, *dans les écrits d'un génie si fort et si puissant, tout ce qui peut apprendre l'art d'instruire, de prouver et de convaincre. Mais, comme il serait trop long de les lire tous, on peut se réduire au livre de la*

(1) M. Renaudot met l'impression de ce synode en 1676, tome 4, et un peu plus loin, dans le même tome, en 1677.

Perpétuité de la foi, auquel M. Nicole, autre logicien parfait, a eu aussi une grande part. C'est, ajoute-t-il, *une application continuelle des préceptes de la logique, qui enseigne à renverser les arguments les plus captieux, et à démêler les sophismes les plus subtils, en les ramenant toujours aux règles fondamentales du raisonnement* (1).

(1) Œuvres du chancellier d'Aguesseau, tome 1er, quatrième instruction, page 401 et 402.

Préface
DE LA GRANDE PERPÉTUITÉ DE LA FOI.

Le différend qui divise l'Église catholique de la société des prétendus réformés est d'une telle importance, que bien loin d'être surpris qu'il y ait des personnes qui en soient touchées et qui en gémissent, tout notre étonnement doit être qu'il y en ait tant qui y soient si indifférentes et si insensibles. Car, puisque les principes de notre religion ne nous permettent pas d'avoir aucune espérance du salut de ceux qui meurent dans le schisme et dans l'hérésie, après y avoir participé par leur volonté, n'est-il pas visible que si nous vivions de la foi, c'est-à-dire, si nous avions dans le cœur des sentiments conformes à ses lumières, rien ne nous devrait être sensible à l'égal de cette funeste division; qu'il n'y a rien que nous ne dussions faire pour rendre à l'Église quelques-uns de ses membres qui s'en sont si malheureusement séparés; et que les pasteurs surtout devraient être dans un sentiment continuel de crainte et de tremblement, pour le compte effroyable qu'ils auront à rendre à Dieu de tous ceux qui périssent dans l'hérésie, puisqu'il leur en redemandera le sang, s'ils ne font tout ce qu'ils peuvent par leurs prières, par leurs paroles, par leurs travaux, par leur exemple, et par le retranchement des scandales, pour réunir à l'Église ceux qui ne peuvent recouvrer la vie sans cette réunion?

Cependant il faut avouer, à notre confusion, que nous sommes bien éloignés de ces sentiments. Le zèle pour la conversion des calvinistes paraît presque entièrement éteint. On se contente souvent qu'ils ne nuisent pas aux catholiques, et l'on ne se soucie pas qu'ils se nuisent à eux-mêmes; comme si nous ne devions chercher dans leur conversion que notre intérêt et notre repos, et non pas la vie et le salut de nos frères.

Mais, quoique cette indifférence soit très-blâmable en elle-même, il faut avouer néanmoins qu'elle a des racines assez naturelles, et qu'elle est fort conforme à l'esprit humain, qui, étant très-inégal dans ses actions, conserve néanmoins un certain ordre dans cette inégalité même, qui fait que tous les mouvements violents se ralentissent peu à peu, et que la froideur et la négligence succèdent aux passions les plus vives et les plus ardentes.

Dans les premières chaleurs de ces contestations il eût fallu être entièrement insensible, non seulement à la religion, mais aussi à ses propres intérêts, pour n'être point touché du renversement prodigieux que les auteurs de cette nouvelle religion firent dans l'extérieur et dans l'intérieur de l'Église. Cet objet si extraordinaire frappa donc vivement tous les esprits. Les uns furent animés d'un zèle véritable et chrétien; les autres se laissèrent aller à des passions humaines, et mêlèrent des intérêts politiques avec ceux de la religion.

Je n'ai nullement dessein de défendre tout ce que les catholiques peuvent avoir fait de déréglé dans cette querelle. L'Église, qui sait que tant qu'elle sera dans ce monde, elle y sera toujours mêlée de paille et de froment, ne se croit nullement obligée de justifier les actions de sa paille : et je crois que messieurs de la religion prétendue réformée doivent être satisfaits qu'on ne leur impute point les violences, les cruautés, les meurtres, les brûlements d'églises, les brisements d'images, la profanation des autels, les guerres sanglantes, les rébellions funestes, où le zèle mal réglé et d'autres passions encore plus criminelles ont porté ceux qui ont embrassé les premiers leur prétendue réformation.

Il y avait sans doute en ce temps-là des défauts de part et d'autre, mais au moins il n'y avait pas celui de l'indifférence, et les esprits étaient trop violemment remués par les objets présents, pour pouvoir demeurer dans cette disposition. Mais à ce temps de chaleur et de trouble on en a vu succéder un autre, qui, quoique plus favorable en soi, a produit néanmoins un état de négligence et de froideur. On a appris par expérience que la diversité de sentiments sur la religion n'était pas incompatible avec la paix civile et politique. On s'est accoutumé à vivre sous les mêmes lois, sous les mêmes magistrats, sous les mêmes princes; et la fidélité avec laquelle on a gardé les conditions des traités qu'on avait faits avec les prétendus réformés, jointe à quelque impuissance de leur part, a calmé en quelque sorte toutes les passions humaines qui s'étaient glissées dans une querelle si importante.

Il n'y a plus certainement dans le cœur des catholiques de haine et d'aigreur contre les personnes des religionnaires; et je veux croire que ces mêmes passions sont aussi éteintes dans celui des religionnaires de France, quoiqu'elles paraissent encore assez vives et assez agissantes en plusieurs de ceux de leur secte, dans les lieux où une domination absolue leur donne plus de moyen de les exercer.

Je serais bien fâché de troubler cette paix et cette tranquillité extérieure dont ils jouissent ; et bien loin de vouloir diminuer en rien leur repos et leurs avantages temporels, je désirerais de tout mon cœur qu'on les attirât à l'Église par toutes sortes de témoignages de bonté et de charité, et qu'on leur ôtât surtout la crainte de manquer des choses nécessaires après leur conversion, en leur faisant voir que la charité de l'Église s'étend à tout, à l'exemple de celle de Dieu, et qu'outre l'héritage éternel qu'elle procure à ses enfants, elle a soin même de leurs nécessités temporelles.

Mais il y a sujet de gémir que cette paix humaine et extérieure, qu'il est utile de conserver avec eux, ait produit un si extrême ralentissement du zèle qu'on devrait avoir pour leur salut. On s'accoutume à toutes choses, et même à celles qui sont les plus horribles, lorsqu'elles ne sont telles qu'à l'esprit éclairé par la foi, et qu'elles ne frappent plus les sens. Le progrès de cette nouvelle religion est arrêté ; il ne menace plus l'état ; il n'y a guère d'apparence qu'elle puisse nuire davantage à l'Église qu'elle l'a fait. On se contente de cela, et on laisse périr dans le schisme et dans l'hérésie une infinité d'âmes que l'on pourrait peut-être sauver avec un peu de zèle et de charité.

Dieu m'a toujours donné assez de lumière pour déplorer ce malheur ; et quoique d'autres engagements m'aient empêché jusqu'ici de travailler sur les matières de controverse, et de m'appliquer autrement que par mes prières à ramener à l'Église ceux qui s'en sont séparés, je n'ai jamais cessé néanmoins de désirer ardemment que Dieu donnât à son Église des ouvriers qui fussent capables de s'employer utilement à un ouvrage si nécessaire.

C'est pourquoi la Providence divine ayant disposé les choses en sorte que je me suis cru obligé d'y prendre quelque part, j'avoue que si d'un côté j'ai eu de la peine à entrer dans un engagement que je considérais comme étant beaucoup au-dessus de moi, j'ai ressenti de l'autre quelque sorte de consolation d'avoir cette occasion de rendre service à l'Église en cette manière, pour laquelle j'avais plus d'inclination que pour aucune autre.

Il n'est pas nécessaire qu'un théologien catholique se justifie de ce qu'il entreprend de défendre la cause de l'Église par ses écrits. Il est permis à chacun de défendre sa foi quand on l'attaque. Or la foi de chaque particulier est attaquée quand celle de l'Église l'est. Je puis dire néanmoins que je ne me suis point engagé à écrire sur ces matières par ces raisons générales, et que j'ai été bien aise que Dieu m'en imposât une nécessité particulière, comme il semble qu'il ait fait.

Il y a peu de personnes qui ne sachent le sujet de cette contestation. Elle est légère dans son origine ; mais peut-être qu'elle deviendra considérable dans la suite, et que Dieu ne laissera pas d'en tirer sa gloire. On avait fait un écrit pour servir de préface au recueil des passages des Pères dont on a composé l'office du S. Sacrement. Ce n'était pas le lieu d'entreprendre un grand discours, ni de réfuter tout le livre d'Aubertin ; aussi n'y avait-on pas seulement pensé, et l'on s'était contenté de traiter un point particulier, mais décisif, qui est l'impossibilité du changement dans la créance de l'Eucharistie, supposé par Aubertin et par les autres ministres. On ne communiqua cet écrit qu'à deux ou trois personnes, sans aucune affectation, dans des rencontres que Dieu fit naître. Mais étant tombé entre les mains de M. Claude, il y répondit incontinent, et sa réponse, quoique manuscrite, devint aussi publique par la multitude des copies que l'on en fit, qu'elle l'eût pu être par l'impression. On se crut donc obligé de la réfuter par un livre imprimé, qui est maintenant assez connu dans le monde, sous le titre de *La Perpétuité de la foi de l'Église catholique sur l'Eucharistie*. M. Claude de son côté ne manqua pas d'y répliquer aussitôt par un ouvrage qui a eu beaucoup d'éclat, et dont ceux qui l'ont lu ont fait des jugements assez différents.

Je ne me plains nullement de la manière dont il a cru devoir traiter l'auteur de la Perpétuité. Des intérêts particuliers ne méritent pas d'être mêlés dans une cause de cette importance. Et si je suis contraint dans la suite de lui reprocher un assez grand nombre d'injustices et de calomnies, contraires non seulement à la vérité et à la justice, mais aussi à l'honnêteté civile, ce ne sera que pour montrer qu'on ne transporte point la charité hors de l'Église catholique, et que l'autorité d'un homme si visiblement passionné ne doit pas donner des sentiments trop favorables de la cause qu'il soutient.

Au reste, quoique je ne prétende pas m'opposer aux louanges que plusieurs personnes ont données à sa manière d'écrire, qui l'a fait traiter de *bel-esprit* par des gens qui n'ont pas accoutumé d'être si prodigues en louanges envers ceux de sa profession, je dirai néanmoins avec liberté, que la lecture que j'en fis dès aussitôt qu'il parut, ne m'en donna pas une impression si avantageuse. Je n'y trouvai rien du tout de nouveau ni d'extraordinaire pour les choses. Je n'y vis que les passages et les raisons communes d'Aubertin, entassés assez confusément, et avec peu d'ordre et peu de lumière. J'y aperçus à la vérité quelque netteté d'expression, et quelque vivacité d'imagination. Mais ce qui a attiré le plus d'applaudissements à cet ouvrage, est ce qui m'y a le moins plu. Toutes ces figures de rhétorique dont il est plein, m'ayant paru déraisonnables et fondées sur la fausseté, firent dans mon esprit des effets contraires à ceux que l'on recherche par cette éloquence populaire. Je ne me sentais jamais moins ému, que lorsque M. Claude paraît le plus animé ; il m'attristait lorsqu'il prétend faire rire ; quand il veut faire pitié, il m'inspirait des mouvements tout opposés; et je trouvais presque toujours évidemment faux ce qu'il propose avec ces qualifications magnifiques d'*évident, d'incontestable, de plus clair que le soleil*.

Il attribuera sans doute tout cela à ma préoccupation, et j'avoue qu'il est juste qu'on ne m'en croie pas à ma parole, et qu'on attende les preuves que je prétends en donner. Aussi je ne rapporte cela présentement que comme un fait, sans prétendre que mes sentiments doivent être la règle de ceux des autres. Je reconnais même que, nonobstant tout ce que je viens de dire, ce serait être injuste que d'avoir du mépris pour l'esprit de M. Claude. Il y a des terres qui ne laissent pas de montrer leur fertilité par l'abondance des épines qu'elles portent. Ainsi, parmi cette multitude de fausses raisons et de fausses pointes, de fausses figures, de faux mouvements qui remplissent tout son livre, je ne laissais pas d'y entrevoir que, s'il avait été plus heureux dans le choix de la matière, il aurait pu mettre la vérité dans un fort grand jour. Ces esprits remuants et abondants produisent toujours de bonnes ou de mauvaises raisons, et c'est leur cause qui les détermine. Si elle est bonne, ils en produisent de bonnes : si elle est mauvaise, ils en produisent de mauvaises ; mais enfin ils ne demeurent jamais court.

Comme je ne trouvais donc rien de fort considérable dans ce livre pour la matière qu'il traite, il est vrai que je ne me sentis point du tout porté d'abord à en entreprendre la réfutation, quoique diverses personnes m'en eussent sollicité avec assez d'instance et d'empressement. Il me semblait que ce que M. Claude avait ajouté aux autres ministres ne consistant qu'en des déclamations en l'air, il n'y avait nulle raison de le distinguer des autres, et de l'attaquer en particulier; qu'à la vérité il serait fort à souhaiter que quelque personne habile travaillât à réfuter les livres des nouveaux ministres, et entre autres celui d'Aubertin, et ceux de M. Daillé ; mais, comme cet ouvrage ne me regardait pas plus que le commun des théologiens catholiques, et qu'outre les autres qualités, il demande un fort grand loisir et beaucoup de secours que je n'ai pas, je ne croyais pas être en état de l'entreprendre.

Ainsi je fus plus d'un an sans avoir encore aucun dessein formé de répondre à M. Claude ; et quand je l'aurais eu dès-lors, d'autres engagements plus pressés m'en auraient entièrement ôté le moyen. Cependant j'apprenais tous les jours que les calvinistes tiraient beaucoup d'avantage de ce silence, et que certains intérêts secrets faisaient que le livre de M. Claude avait plus de cours qu'il n'aurait eu s'il avait paru dans une autre conjoncture.

Ces raisons commencèrent donc à faire impression sur mon esprit. Et comme elles en firent encore plus sur celui de quelques évêques, et de beaucoup d'autres personnes de grande qualité, je ne crus pas pouvoir résister davantage, ni à ces raisons qui me semblaient fort considérables, ni aux prières de tant de personnes qui me tenaient lieu d'une raison décisive.

Ce fut donc au commencement de l'année 1667 que je me mis tout de bon à travailler à cette réponse; et j'avoue que le premier et presque le seul embarras que j'y eus, fut de me déterminer touchant l'ordre que j'y garderais.

Il y en avait un bien facile, qui était celui de suivre M. Claude pas à pas ; d'insérer tout son traité dans la réponse, et de réfuter tout en particulier. Cet ordre avait sans doute d'extrêmes commodités; et ceux qui savent ce qui soulage les personnes qui écrivent, ne douteront point qu'il ne m'eût été infiniment plus facile de le suivre qu'aucun autre. C'est un chemin tout marqué dans lequel il n'y a presque qu'à courir. On y voit sa matière devant les yeux, et elle fournit d'elle-même sans peine les expressions et les pensées.

Mais, quelque avantageux qu'il soit en certaines rencontres, il avait dans cette occasion particulière de si extrêmes inconvénients, qu'il m'a semblé qu'il était impossible de le suivre. Il faut considérer que cette réponse à M. Claude est le cinquième écrit qui a été fait dans la suite de cette contestation. L'auteur de la Perpétuité a commencé par son premier traité. M. Claude a prétendu le réfuter dans sa première réponse. L'auteur de la Perpétuité a soutenu son écrit en réfutant la réponse de M. Claude. Et M. Claude a voulu soutenir sa réponse par une seconde, qui est l'ouvrage que l'on réfute. Et comme, dans cet ordre, la solidité ou la faiblesse d'une réponse dépend de l'objection à laquelle elle se rapporte, il aurait fallu sur chaque matière faire passer les lecteurs par cette suite ennuyeuse du traité fondamental des réponses et des repliques ; ce qui aurait lassé leur esprit, et fait perdre de vue le point de la question, comme il arrive dans les procès embarrassés de diverses procédures.

Il y a peu de personnes qui soient capables de ces discussions : il y en a moins encore qui s'y plaisent; et il n'y en a presque point à qui elles soient utiles. Car, la plupart du temps, la question se tourne sur la fidélité ou l'infidélité des auteurs, et sur quantité d'autres choses personnelles. Or ce n'est pas à quoi le monde est intéressé. Il s'agit du fond, et non pas des formes ; de la foi de l'Église, et non des qualités personnelles de ceux qui la défendent ou qui la combattent.

Cependant il est presque inévitable que dans cette méthode, les questions accessoires et incidentes n'obscurcissent celles qui sont capitales, et que les particulières n'étouffent les générales.

Outre cet inconvénient qui semble attaché à cet ordre, celui de la longueur à laquelle il oblige est encore très-considérable. Si le livre de M. Claude fait déjà un assez juste volume, la réfutation de ce livre où il serait tout inséré, et où l'on s'arrêterait à tout, en contiendrait par nécessité dix fois autant, et peut-être davantage ; et cette longueur rebutant le monde, mettrait à couvert tout le livre de M. Claude, sous prétexte de le ruiner en tout ; parce qu'on aurait peine à trouver des gens qui voulussent se rendre juges d'un différend, dont on ne pourrait être informé que par la lecture de tant de volumes.

Mais celui de tous les inconvénients qui m'a le plus touché, est le désordre qui est inséparable de cette méthode, où l'on suit les fantaisies d'un auteur, et non l'ordre véritable de la raison. Car ce désordre fait que chaque chose n'est traitée qu'imparfaitement et hors de son lieu ; que la liaison des principes avec les conséquences demeure cachée et obscurcie ; qu'on est obligé à de fréquentes répétitions : et tout cela produit une confusion et un embarras très-avantageux au mensonge, et très-peu favorable à la vérité ; parce que sa principale force consiste dans l'union qu'elle a avec toutes les autres vérités auxquelles elle est jointe.

C'est ce qui m'a enfin absolument déterminé à quitter cet ordre, quoique je n'ignorasse pas que j'ouvrais par-là un grand champ aux déclamations de M. Claude, et qu'il nous ait assez fait connaître son humeur, pour prévoir à peu-près à quels discours elle le pourra porter. Car, comme il n'est jamais si éloquent que quand il devine les intentions cachées, et qu'il parle de ce qu'il ne peut savoir, il ne manquera pas de dire que c'est par faiblesse, par impuissance, par artifice, par supercherie que l'on n'a pas suivi l'ordre de son livre ; qu'on en a pris ce qu'on a voulu, qu'on ne rapporte pas ses preuves dans leur force, qu'il ne se reconnaît plus dans la réponse, et mille autres choses de cette nature qui ne lui manquent jamais.

Mais on n'a pas cru que l'injustice des plaintes de M. Claude dût être la règle que l'on devait suivre, ni qu'il fallût préférer des caprices déraisonnables aux raisons solides que nous avons apportées, qui sont tirées de l'utilité des lecteurs et de la fin de ces disputes, qui est l'éclaircissement de la vérité, auquel la méthode que nous avons préférée est aussi avantageuse que l'autre y était contraire.

Car, pour expliquer en peu de paroles en quoi elle consiste, on la peut réduire à ces deux règles : 1° A ne mêler pas ensemble les choses qui doivent être traitées séparément et qui appartiennent à différentes méthodes ; 2° à proposer tout ce que l'on traite dans un enchaînement qui contribue à éclaircir la vérité que l'on veut prouver.

Pour observer la première de ces règles, quoique M. Claude eût fait un amas confus dans sa première partie de la plupart des passages des Pères des six premiers siècles que les ministres allèguent, on a cru ne les devoir pas traiter dans la défense particulière du livre de la Perpétuité ; et l'on espère que tout le monde demeurera convaincu de la nécessité qu'il y avait d'en user ainsi, après qu'on aura lu ce que l'on a dit, dans le premier livre, de la différence qu'il y a entre la méthode de prescription, qui est celle que l'on a suivie dans le livre de la Perpétuité, et celle de discussion, par laquelle on examine tous les passages et toutes les preuves de chaque point. Et il est même facile de voir tout d'un coup, que l'argument que l'on tire de l'impossibilité du changement de la doctrine de l'Église sur l'Eucharistie, qui fait le principal sujet du traité de la Perpétuité, aurait été étouffé par la multitude des matières que l'examen des six premiers siècles aurait obligé d'embrasser.

Mais parce que M. Claude, dont le principal but dans cet amas de passages a été d'embarrasser cette dispute en multipliant les questions, aurait pu dire que, sans cette discussion des six premiers siècles, la preuve du livre de la Perpétuité demeure imparfaite et ne peut rien conclure ; on lui ôte encore ce prétexte dans ce premier livre, en faisant voir que cette preuve n'a point du tout besoin de ces discussions, que la longueur rend impossibles à la plupart du monde, et qu'elle a assez de clarté et d'évidence pour déterminer par elle-même un esprit judicieux et raisonnable.

Non seulement il était nécessaire, par les raisons que nous venons de dire, et que nous expliquerons plus amplement ailleurs, de ne mêler pas l'examen des sentiments des Pères des six premiers siècles sur l'Eucharistie, avec cette preuve de prescription, qu'on tire de la réfutation de cette innovation prétendue dont les ministres accusent l'Église ; mais il est clair aussi qu'il fallait commencer par ce dernier point.

Car 1° cette question du changement était le premier sujet de la contestation ; 2° c'était celle à laquelle l'auteur de la Perpétuité, que je défends, est particulièrement engagé ; 3° c'est celle contre laquelle M. Claude a fait de plus grands efforts ; 4° c'est le point qui a été le moins traité par ceux qui se sont mêlés dans cette contestation ; le père Nouet l'ayant laissé à l'auteur de la Perpétuité, comme une querelle particulière à laquelle il ne prenait point de part. Enfin c'est le point qui se peut le moins suppléer par la lecture des autres auteurs catholiques, parce qu'ils en ont peu parlé ; au lieu que, pour tous ces passages des six premiers siècles, on les trouve traités amplement dans les autres auteurs ; et particulièrement dans M. le cardinal du Perron, dont les écrits ne sont que trop suffisants pour ruiner toutes les vaines conséquences que M. Claude prétend tirer de tous ces passages. Enfin c'est un point qui prépare tellement à la discussion des six premiers siècles, que ç'aurait été peu connaître la voie naturelle de conduire l'esprit à la vérité, qui consiste à le faire passer des choses incontestables aux choses contestées, des choses évidentes à celles qui sont moins claires, que de suivre un autre ordre et une autre méthode que celle-là.

Ainsi, en commençant par l'examen de la question du changement, qui enferme celui des dix derniers siècles, on observe aussi la seconde règle de l'ordre, qui consiste à proposer ses pensées dans une suite qui contribue à éclaircir la vérité.

On verra de plus qu'on l'a gardée le plus exactement qu'on a pu dans la distribution des diverses parties de ce volume ; et que l'on y justifie par ordre tout ce que l'auteur de la Perpétuité avait supposé.

On montre en quatre livres entiers le consentement de toutes les sociétés orientales dans la doctrine de la présence réelle et de la transsubstantiation : et, comme personne n'avait encore traité exactement cette matière, et qu'elle est d'une extrême importance pour les conséquences qu'on en tire, on a cru qu'on ne trouverait pas mauvais qu'on la traitât si à fond, et qu'on accablât les ministres sur ce sujet par un si grand nombre de preuves, qu'on leur ôtât tout moyen de remettre en doute une chose si constante.

Le sixième livre comprendra la réfutation de toutes les chicanes de M. Claude sur la créance distincte, et l'on y fera voir avec combien de raison l'auteur de la Perpétuité avait supposé qu'il était impossible que les fidèles n'eussent toujours eu une créance distincte de la présence ou de l'absence réelle.

On examine en particulier, dans le septième et huitième livre, tous les auteurs de l'église grecque et latine, qui ont vécu depuis le commencement du septième siècle jusques au temps où les ministres placent leur prétendu changement ; et l'on montre qu'ils ont tous enseigné la présence réelle et la transsubstantiation.

Le neuvième livre contient la preuve de l'impossibilité du changement de créance supposé par les ministres, et l'on y ruine toutes les raisons par lesquelles M. Claude a tâché de le rendre plus plausible.

On recueille, dans le dixième, le fruit de tout ce qu'on a établi dans les livres précédents ; et l'on en tire des conséquences qui décident toute la contestation, et qui ruinent les principales objections que les ministres font, non seulement sur les auteurs des siècles dont on a parlé dans ce livre, mais aussi sur les Pères des six premiers.

Le onzième livre n'est destiné qu'à rendre justice à M. Claude sur diverses plaintes qu'il fait contre l'auteur de la Perpétuité, et sur celles qu'on prévoit qu'il fera de cette réponse. Mais après l'avoir ainsi satisfait, on lui demande aussi justice à son tour de quelques calomnies atroces qu'il avance sans preuves contre l'auteur de la Perpétuité. Et la conclusion que l'on en prétend tirer, est que son procédé a beaucoup de rapport à la cause qu'il soutient, et qu'il n'en doit pas donner une opinion fort avantageuse.

Enfin le douzième n'est qu'un recueil de diverses preuves et d'attestations que l'on n'a pas cru devoir insérer dans le corps du livre, pour ne détourner pas tant l'esprit ; et l'on y a mis à la tête deux dissertations : l'une qui m'a été envoyée par un fort habile religieux qui a travaillé à éclaircir l'histoire de Jean Scot ; l'autre qui fait voir ce que l'on peut dire raisonnablement sur les sentiments du livre attribué à Bertram, et qui montre que les calvinistes n'ont pas droit d'en parler, comme ils font, si affirmativement.

Quoiqu'il n'y ait rien que de raisonnable dans tout ce projet, j'appréhende néanmoins, comme j'ai dit, qu'il ne soit pas fort au goût de M. Claude, parce qu'il met les choses dans un trop grand jour, et qu'il dissipe cet embrouillement sous lequel il a tâché de se cacher. Mais, s'il était un peu équitable, il devrait reconnaître au contraire qu'il lui est plus favorable qu'à personne, parce qu'il oblige de l'épargner en plusieurs choses que l'on n'a pu réduire à l'ordre que l'on suivait. On ne le réfute presque que lorsqu'on l'a trouvé dans son chemin ; et on ne l'a pas pu suivre dans tous ses égarements et dans toutes les fautes qu'il a faites en s'écartant de la question. De sorte que s'il se plaint de ce défaut d'exactitude, il faudra, pour le contenter, faire un recueil de ses fautes écartées, qui ne seront pas en petit nombre.

Voilà à-peu-près ce que l'on a observé dans ce premier volume, qui comprend la question particulière de la Perpétuité, et qui suffit ainsi pour faire prendre parti à tous ceux qui veulent suivre la raison dans un choix si important.

On pourra travailler ensuite au second, si la providence de Dieu en donne les moyens[*] ; et l'on a dessein d'y expliquer en détail les passages des Pères des six premiers siècles, allégués par M. Claude ; d'y mettre les preuves des catholiques dans leur jour, et de réfuter les chicanes dont les ministres se servent pour les obscurcir, et surtout ces fausses ressemblances des expressions qu'Aubertin oppose sans cesse à celles dont les catholiques se servent. Et l'on rapportera sur chaque point tout ce qui reste de considérable du livre de M. Claude, à quoi l'on n'a pas encore répondu. Mais on ne le fera pas avec l'empressement avec lequel on s'est cru obligé de s'appliquer à ce premier volume ; parce qu'on ne voit pas qu'il y ait la même nécessité : n'étant pas juste de croire que les livres de tant de savants hommes qui ont traité ce sujet soient devenus inutiles, parce qu'un ministre calviniste aura répété les objections qu'ils ont ruinées.

On peut dire même sur ces auteurs qui se sont appliqués à l'éclaircissement des passages des Pères des six premiers siècles, qu'en rendant ce travail moins nécessaire, ils le rendent aussi plus difficile, parce qu'ils ont dit tant de choses solides sur ce sujet, qu'ils ont en quelque sorte réduit à l'étroit ceux qui en veulent écrire après eux.

Ce n'est pas que les diverses manières de prendre les mêmes choses, et de les exposer à la lumière de la raison, ne soient en quelque sorte infinies ; et l'on peut au moins ajouter à ce qui a été dit sur cette matière, la réfutation des nouvelles chicaneries par lesquelles les ministres ont prétendu éluder les preuves et les réponses des théologiens catholiques.

C'est ce qu'on a dessein de faire, pourvu qu'on trouve le moyen de s'appliquer à ce travail ; et par-là il y aura lieu de satisfaire M. Claude, qui demande en un endroit que l'on considère les passages qu'il allègue

---

[*] La providence a permis que sept volumes vissent le jour, sans compter les manuscrits.

par rapport à Aubertin. Et en effet, à moins que de les regarder en cette manière, il n'y a point d'homme sage qui dût y avoir égard, puisqu'on a droit de les rejeter en l'état où il les propose, par ce principe général d'équité et de raison, qu'il ne faut ajouter aucune créance à des passages tronqués et détachés de ce qui les précède et de ce qui les suit, et séparés de tous les autres passages du même auteur, qui servent à en reconnaître le vrai sens.

Cela lui peut faire voir en passant, que ce grand amas de difficultés qu'il étale au commencement de son livre, n'est pas de fort grand usage, puisqu'il ne peut tout au plus qu'obliger les personnes judicieuses qui voudraient examiner la matière de l'Eucharistie par cette voie, de consulter d'autres livres dont la lecture rend celle du sien entièrement inutile.

On ne doit donc pas s'attendre de trouver dans ce volume une réfutation exacte et particulière de ces passages. On prétend néanmoins que les personnes intelligentes y pourront trouver des lumières suffisantes pour dissiper les principales objections de M. Claude, et pour reconnaître la fausseté et l'illusion de ses prétendues solutions. Et comme c'est une des principales utilités que l'on peut tirer de cette réponse, et qu'elle dépend de plusieurs points qui sont traités en divers endroits, je crois qu'il est bon d'en faire ici l'abrégé, et d'en découvrir l'usage.

Si l'on voulait penser en général aux moyens de ruiner les fondements de l'opinion des sacramentaires, et de prévenir les objections d'Aubertin, il serait difficile de s'en former une autre idée que celle-ci : qu'il faudrait pour cela prouver les points suivants : 1° Que les paroles par lesquelles Jésus-Christ a institué le Saint-Sacrement ne se peuvent entendre que dans le sens des catholiques ; 2° que les paroles des Pères dans lesquelles ils disent que l'*Eucharistie est le corps de Jésus-Christ*, et que *le pain est changé au corps de Jésus-Christ*, ne se peuvent entendre, et n'ont été entendues par eux que du vrai corps de Jésus-Christ, et non d'un corps *typique* et *symbolique*, comme disent les ministres ; 3° qu'il y a une extrême différence entre les expressions ou de l'Écriture, ou des Pères, dont les catholiques se servent pour établir la présence réelle et la transsubstantiation, et celles qu'Aubertin compare avec ces mêmes expressions, pour faire voir qu'elles se peuvent expliquer en un sens métaphorique ; 4° que ces deux célèbres solutions de *vertu* et de *figure*, par lesquelles ils prétendent expliquer tous les passages des Pères, sont vaines, frivoles et inconnues à tous les chrétiens du monde ; 5° que les expressions des Pères dont les ministres abusent comme étant contraires à la transsubstantiation, bien loin d'y être contraires, en sont des suites toutes naturelles, et qu'en supposant qu'ils ont été persuadés de cette doctrine, ils ont dû se servir de toutes ces expressions ; 6° que ni la différence des pratiques que l'on peut remarquer entre l'ancienne Église et celle d'à-présent, ni le silence des Pères sur certains points dont on parle beaucoup présentement dans les écoles, ni leurs raisonnements philosophiques, ne prouvent en aucune sorte qu'ils aient été dans une autre créance que nous.

Qui prouve tous ces points, décide toute la matière de l'Eucharistie en faveur des catholiques. Or tous ces points sont traités et prouvés en abrégé en divers endroits de cette Réponse.

On fait voir dans le premier chapitre du dixième livre qu'on ne doit pas juger du vrai sens de ces paroles : *Ceci est mon corps ; le pain que je donnerai est ma chair*, et des autres où il est parlé de l'Eucharistie dans l'Ecriture, par des réflexions métaphysiques et par des raisonnements abstraits, dans lesquels les hommes sont sujets à s'éblouir et à se détourner des idées naturelles ; mais par l'impression simple que ces paroles entendues selon le sens commun ont faite dans l'esprit de ceux pour qui elles ont été dites : et l'on montre ensuite que cette impression simple, cette vue de l'esprit formée par la lumière du sens commun, a déterminé tous les peuples du monde à les expliquer littéralement, et à concevoir que Jésus-Christ avait voulu dire que le pain consacré était son vrai corps, et son propre corps. La première de ces maximes ne peut pas être révoquée en doute, puisque c'est le principe de l'intelligence du langage humain ; étant clair que les hommes ne jugent point du sens de leurs paroles par des raisonnements, mais par ces vues simples que j'appelle *sentiment*. Et la seconde est prouvée dans tout le corps du livre par une expérience de mille années, qui fait voir que toutes les sociétés chrétiennes se sont portées d'elles-mêmes sans aucun concert à expliquer ces paroles dans le sens de la présence réelle : ce qui prouve en même temps, et que c'est l'impression naturelle que ces paroles font dans l'esprit, et que les chrétiens des six premiers siècles, qui n'ont pas eu l'esprit fait autrement que les autres hommes, n'ont pas pu en juger d'une autre manière, ni y concevoir un autre sens.

Ce même raisonnement s'étend naturellement aux expressions des Pères, où l'Eucharistie est appelée *le corps de Jésus-Christ*, et où il est dit *que le pain et le vin sont changés au corps et au sang de Jésus-Christ*, qu'ils *sont faits le corps et le sang de Jésus-Christ*, et à toutes les autres semblables. Il en faut juger par la même règle ; c'est-à-dire, par cette impression et ce *sentiment* qu'elles ont formé dans l'esprit de ceux qui les ont entendues : et il faut juger de cette impression par l'expérience même qui en est la règle infaillible. De sorte qu'en prouvant, comme on a fait, que durant mille ans ces paroles des Pères ont été uniformément expliquées par toute la terre au sens de la présence réelle et de la transsubstantiation, on prouve que c'en est l'impression naturelle ; et par conséquent que c'en est le sens naturel, et que les fidèles des premiers siècles ne les ont point entendues d'une autre sorte ; et l'on renverse tout d'un coup tous les sophismes métaphysiques, par lesquels les ministres les veulent détourner à leurs explications de *figure* et de *vertu*.

Cette preuve est fortifiée par l'impossibilité visible qu'il y a, qu'un grand nombre d'expressions très-populaires et très-communes aient changé de sens dans toutes les sociétés chrétiennes, sans qu'aucune de ces sociétés ait conservé le véritable sens d'aucune de ces expressions. D'où il s'ensuit qu'étant certain, comme on le prouve dans tout le corps de cet ouvrage, que depuis l'an 700 toutes ces expressions ordinaires ont signifié par toute la terre, que le pain était véritablement et réellement changé au corps de Jésus-Christ ; qu'après la consécration il était réellement le corps de Jésus-Christ ; et que ces autres idées calvinistes de corps de Jésus-Christ *en vertu*, de corps *en figure*, de *figure pleine*, de *figure efficace*, de *figure inondée*, de *vertu déployée*, y ont été inconnues ou formellement rejetées ; il s'ensuit, dis-je, qu'il est impossible que, dans les six cents premières années de l'Église, ces mêmes paroles aient eu un autre sens, et aient formé d'autres idées.

On fait voir de plus que toutes ces comparaisons que fait Aubertin des expressions dont les catholiques se servent pour établir la présence réelle et la transsubstantiation, avec d'autres expressions métaphoriques, pour montrer qu'on les peut expliquer aussi en un sens métaphorique, sont fausses, trompeuses et illusoires, par la règle la plus sûre et la plus commune pour distinguer les expressions qui ont quelque rapport ensemble, qui est l'impression et le *sentiment* ; et l'on montre, suivant cette règle, que ces expressions, que les ministres représentent comme semblables, ont été distinguées par toutes les nations du monde, et n'ont été confondues par aucune ; ce qui est une preuve indubitable qu'elles sont très-différentes.

Outre ces preuves générales qui déterminent les paroles des Pères au sens de la présence réelle, par l'impression qu'elles ont faite sur tous les Chrétiens depuis le septième siècle, on trouve encore en divers endroits des preuves particulières qui font voir qu'on n'y en peut pas donner un autre.

En voici une entre autres qui me paraît fort considérable, et que l'on peut recueillir de divers chapitres de cet ouvrage. Il est certain que dans ces trois expressions : JE DOUTE *si le pain consacré est le corps de Jésus-Christ* ; LE PAIN *consacré est le corps de Jésus-Christ* ; LE PAIN *consacré est le vrai corps de Jésus-Christ*, les mots de *corps de Jésus-Christ* sont pris de la même sorte ; et qu'il n'y a point d'autre différence entre ces expressions, sinon que dans la première on propose en doute que le *pain consacré soit le corps de Jésus-Christ*, dans la seconde on l'exprime simplement, en disant *qu'il est le corps de Jésus-Christ*, et dans la troisième on l'exprime fortement et affirmativement, en disant que *c'est le vrai corps de Jésus-Christ*, le *propre corps de Jésus-Christ*, pour s'opposer au doute que l'on en pourrait avoir. Et ainsi, qui connaît le sens de l'une, connaît le sens de toutes les trois ; et à plus forte raison, qui connaît certainement le sens de deux, connaît avec certitude le sens de la troisième.

La raison veut de plus que l'on juge du sens de celle qui est moins claire, par celles qui sont plus claires ; de celle qui est moins déterminée, par celles qui sont plus déterminées ; de l'affirmation simple, par l'affirmation redoublée, ou par le doute que l'on a de la vérité de la proposition : parce que ce doute même applique davantage à parler exactement. Ainsi ces deux expressions : *Je doute si le pain consacré est le corps de Jésus-Christ*, ou, *je sais et je crois que le pain consacré est le vrai corps de Jésus-Christ*, sont la règle du sens de cette troisième expression, *le pain consacré est le corps de Jésus-Christ*. Or l'on fait voir expressément en divers lieux de cet ouvrage, et par des preuves très-convaincantes, que le doute qu'on a formé sur l'Eucharistie, et qui s'exprime par ces paroles : *Je doute si le pain consacré est le corps de Jésus-Christ*, regarde la présence réelle, et ne se peut expliquer au sens de *figure* et de *vertu*, sans un entier renversement du sens commun. C'est ce qu'on pourra voir traité assez amplement au chapitre 13 du second livre, sur le sujet de Nicolas de Méthone.

On fait voir secondement, au chapitre 5 et 6 du huitième livre, que ces expressions : *Le pain consacré est le vrai corps de Jésus-Christ*, le *propre corps de Jésus-Christ*, et les autres qui sont équivalentes, ne se peuvent prendre en un autre sens qu'en celui-ci : que *c'est effectivement et réellement le propre corps de Jésus-Christ*.

On fait voir qu'il est impossible que le commun des chrétiens les aient prises au sens de *figure* et de *vertu*, de *figure pleine* et de *figure efficace*, par la considération de deux qualités qui se trouvent toujours dans les peuples, d'être dociles, et de n'être pas subtils ; le défaut de subtilité les rendant incapables de deviner des sens métaphysiques et abstraits, comme celui de *figure pleine* et de *figure efficace ;* et la docilité les rendant capables de croire les mystères les plus incompréhensibles, pourvu qu'on les leur propose clairement, comme le mystère de l'Eucharistie leur a été très-clairement proposé par ces paroles : que *le pain consacré est le vrai et le propre corps de Jésus-Christ*. Et de-là il s'ensuit que toutes ces expressions ordinaires, que *l'Eucharistie est le corps de Jésus-Christ*, ne peuvent avoir d'autre sens que celui de la présence réelle, et que ces passages communs que les ministres rejettent avec mépris, sont convaincants et décisifs, puisqu'il est clair qu'ils ne peuvent avoir été pris en un autre sens que celui auquel les catholiques les prennent.

Cette preuve est d'autant plus considérable, qu'elle se peut appliquer à une infinité de lieux des Pères dont elle fait voir le sens véritable ; de sorte que pour faire un gros livre, selon la méthode d'Aubertin, il n'y aurait qu'à répéter cette preuve sur chaque passage, comme ce ministre répète sans cesse ses solutions, et certaines réflexions communes qu'il fait sur les lieux des Pères qu'il allègue.

L'établissement du véritable sens des expressions de l'Écriture et des Pères détruit absolument les faux sens de *figure* et de *vertu*, auxquels les ministres les veulent détourner ; et il n'y a qu'à appliquer les mêmes principes pour en découvrir la fausseté. Car, s'il est vrai que l'impression que les paroles de l'Écriture et des Pères ont faite dans l'esprit de tous les chrétiens du monde, ne les ait jamais portés durant mille ans à croire que l'Eucharistie fût le corps de Jésus-Christ *en figure* et *en vertu*, il s'ensuit que ces explications sont fausses, et qu'elles sont des inventions de la fantaisie, et non pas des idées qui naissent de l'impression naturelle des paroles. S'il est vrai que le doute qui s'élève sur l'Eucharistie, et qui est marqué par tous les Pères, n'a point du tout pour objet de savoir si l'Eucharistie est le corps de Jésus-Christ *en vertu* ou *en figure*, il s'ensuit que la foi que l'on doit avoir de l'Eucharistie ne consiste point à croire qu'elle est *la vertu* ou *la figure* de Jésus-Christ. Car cette foi consiste, selon les Pères, à croire une chose qui porte par sa difficulté au doute et à l'incrédulité. En un mot le doute et la foi ont le même objet. Et, comme ce n'est ni de la *figure*, ni de la *vertu* dont on doute, ce n'est point aussi la *figure* et la *vertu* que l'on croit. S'il est vrai enfin que ces expressions : L'*Eucharistie est le corps de Jésus-Christ*, et les autres semblables, sont exclusives et de la simple vertu et de la simple figure, il s'ensuit que ces deux clés célèbres de la doctrine calviniste sont de pures imaginations qui ne sont jamais venues dans l'esprit des Pères.

Mais, outre ces raisons générales qui détruisent ces prétendues solutions, on les trouve de plus réfutées en particulier en plusieurs endroits de cette réponse, dans l'examen des auteurs qui ont écrit depuis le septième siècle. Car les arguments dont on se sert pour en faire voir la fausseté, se peuvent appliquer généralement à tous les lieux des Pères des six premiers siècles dont les ministres abusent de la même sorte. Et ainsi, en réfutant ces solutions dans un siècle et dans un auteur particulier, on les réfute pour tous les autres.

On fait voir entre autres en passant dans l'examen de Théophylacte et d'Euthymius, que *la clé de vertu*, c'est-à-dire, cette solution par laquelle les ministres prétendent que, quand les Pères disent *que le pain est changé au corps de Jésus-Christ*, ils ont voulu dire *qu'il était changé en la vertu du corps de Jésus-Christ*, n'est fondée ni sur l'Écriture ni sur les Pères ; que les quatre ou cinq passages, que l'on allègue pour l'autoriser, la détruisent sans ressource, de sorte qu'il se trouve que l'édifice du calvinisme est tout fondé sur une certaine solution, sans laquelle il ne peut subsister ; et que cette solution, d'où dépend toute la solidité de l'opinion sacramentaire, n'est elle-même fondée sur rien, n'ayant pas le moindre appui ni dans l'Écriture, ni dans les Pères ; que c'est un pur ouvrage d'imagination, et d'une imagination contraire au sens commun de tous les hommes, puisqu'elle porte à prendre les passages des Pères dans un sens si extraordinaire, qu'on ne saurait faire voir que personne se soit jamais porté à les prendre en ce sens, sinon par nécessité et par contrainte ; et que l'on fait voir positivement qu'elles ont été prises en un sens contraire par toute la terre durant l'espace de mille années.

Si l'on joint cette raison avec le principe d'équité que l'on établit au dixième livre : que toutes les solutions des calvinistes, dont ils ne font pas voir la vérité par des preuves convaincantes, méritent d'être rejetées comme téméraires, puisqu'elles choquent l'impression commune appuyée au moins du consentement universel de tous les chrétiens durant dix siècles ; et si on les oblige par ce moyen de prouver leurs solutions, et de ne se contenter pas de les alléguer simplement à leur ordinaire : comme ils sont dans l'impuissance de le faire, on découvre par-là clairement leur faiblesse, leur témérité, leur injustice, et l'aveuglement de ceux qui abandonnent la doctrine de l'Église pour suivre les fantaisies téméraires des ministres.

Comme on n'a pas entrepris de répondre en particulier à toutes les objections que les ministres tirent des Pères des six premiers siècles, et que ce doit être une des principales parties du second volume, on ne doit pas s'attendre qu'on les propose ici en détail. Mais on peut dire néanmoins que ceux qui seront bien entrés dans les principes que l'on établit en divers lieux de cette réponse, n'y trouveront plus aucune difficulté considérable. De sorte que, sans les avoir proposées, on les a tellement prévenues, qu'on a ôté en quelque sorte le lieu de les proposer.

On fait voir par la nature du langage humain, que la doctrine de la présence réelle et de la transsubstantiation, principalement dans les temps où elle n'était pas combattue, a dû produire un grand nombre d'expressions dont les ministres abusent ; et que ces expressions, bien loin d'y être contraires, en sont des suites toutes naturelles ; en sorte qu'on doit juger, selon la raison, que ceux qui en auront été persuadés ont dû s'en servir, en suivant la pente de la nature.

On fait voir, par exemple, que c'est une suite inévitable de la doctrine de la présence réelle et de la transsubstantiation, qu'il se soit établi un double langage parmi ceux qui auront cru cette doctrine ; l'un conforme aux sens, l'autre conforme à la vérité ; l'un pour désigner les choses, l'autre pour marquer ce qu'il en faut croire : que, selon le langage des sens, on a dû dire que l'Eucharistie est *du pain et du vin, du blé, du froment et du fruit de la vigne; qu'elle se change en nos corps*, parce que c'est là le rapport que nos sens nous en font ; et que, selon le langage de la vérité, on a dû dire, *que ce n'est point du pain*, quoiqu'elle nous paraisse du pain, que c'est le corps de Jésus-Christ, que le pain est changé au corps de Jésus-Christ.

On fait voir que, quelque persuadés que les fidèles aient toujours été de la présence réelle et de la transsubstantiation, néanmoins le désir naturel qu'ont les hommes d'abréger leurs paroles, les a dû porter à se servir de quantité d'expressions imparfaites et défectueuses, qui, ne marquant l'Eucharistie que par une partie, ne laissaient pas d'en former l'idée entière dans l'esprit des chrétiens, parce qu'ils suppléaient sans peine au défaut de l'expression. Comme, par exemple, le mot de *Saint-Sacrement* ne signifiant par soi-même qu'un *signe saint*, ne laisse pas d'imprimer dans l'esprit des catholiques l'idée entière de Jésus-Christ présent réellement sur les autels. D'où il s'ensuit qu'on doit s'attendre d'en trouver de semblables dans les écrits des anciens Pères ; et que, bien loin de s'étonner quand on y en rencontre, comme sont ceux de *types*, d'*antitypes*, de *symboles*, de *mystère*, de *sacrement*, de *figure*, on devrait s'étonner au contraire si on n'y en rencontrait pas.

On découvre par les différentes faces dont on peut considérer les choses composées de deux parties, que la doctrine de la transsubstantiation, dans laquelle on regarde l'Eucharistie comme composée et du voile extérieur du Sacrement, et du corps de Jésus-Christ caché sous ce voile, a dû produire par nécessité quantité d'expressions différentes, dont les unes marquent le corps de Jésus-Christ directement, et le voile indirectement ; les autres marquent directement le voile, et le corps de Jésus-Christ indirectement ; les autres marquent l'un et l'autre également. Que, quoique ces expressions s'accordent parfaitement dans le fond, parce qu'elles n'ont qu'un même objet, elles paraissent néanmoins contraires en apparence selon les paroles ; et que, de même qu'en considérant l'homme comme une âme qui gouverne un corps, on doit dire que c'est un être immortel ; en le considérant comme un corps gouverné et animé par une âme, on doit dire que c'est un être mortel ; et en le considérant comme une âme et un corps, on doit dire que c'est un être mortel et immortel : de même en considérant l'Eucharistie comme le corps de Jésus-Christ contenu sous le voile du Sacrement, on doit dire que c'est proprement et véritablement le corps de Jésus-Christ. En la considérant comme le voile qui couvre le corps de Jésus-Christ réellement présent, on peut dire qu'elle n'est qu'improprement le corps de Jésus-Christ, qu'elle ne l'est qu'en quelque manière ; mais qu'elle l'enferme, qu'elle le couvre, qu'elle en contient le mystère. Et en la considérant comme composée et du voile et du corps de Jésus-Christ, on doit dire, comme fait S. Irénée, qu'elle est composée de deux choses, l'une terrestre, et l'autre céleste.

Tout cela est accompagné de plusieurs autres réflexions qui préviennent un grand nombre d'objections des ministres, et que je ne marque point ici, pour ne pas répéter inutilement ce qu'on verra dans le livre. Mais, afin que l'on ne prenne pas toutes ces remarques pour de simples pensées et de simples vues d'esprit qui auraient moins de solidité que d'apparence, on les confirme par l'expérience, et on fait voir que les auteurs les plus persuadés de la transsubstantiation se sont servis de ce langage que nous avons fait voir être une suite naturelle de cette doctrine.

Les chapitres 7 et 8 du dixième livre, où l'on distingue les suites nécessaires de la transsubstantiation de celles qui ne le sont pas, et où l'on fait voir que cette doctrine peut subsister, et subsiste en effet sans un grand nombre de pratiques qui y sont jointes saintement dans l'Eglise romaine, et sans une attention expresse aux suites philosophiques de ce mystère, étouffent encore par avance une infinité de petites objections des ministres. De sorte que, si M. Claude voulait de bonne foi faire un état du reste de ses preuves qui ne sont pas détruites par cette réponse, il en trouverait le nombre si petit, qu'il ne s'étonnerait plus qu'on les ait réduites à une douzaine de passages qui méritent d'être traités en particulier. On ne prétend pas néanmoins l'obliger à une action de sincérité si difficile à un esprit prévenu ; et on espère que, si Dieu nous fait la grâce de travailler à l'éclaircissement particulier de ces passages, on lui fera une application si sensible de ces principes, que l'on n'a fait que marquer en passant dans ce premier volume, qu'il aura de la peine à ne la pas voir.

Ce n'est donc pas proprement pour lui que je marque l'usage que l'on en peut faire ; c'est pour les personnes qui cherchent la vérité de bonne foi, et qu'il suffit de mettre dans les voies qui y conduisent. Ce n'est qu'à l'égard de ces personnes que j'ose assurer que cette réponse ne contient pas seulement la justification entière du livre de la Perpétuité, mais que l'on y peut trouver aussi un éclaircissement suffisant sur les principales difficultés que l'on peut alléguer des six premiers siècles. Pour les autres, il me suffit qu'ils demeurent d'accord que l'argument de la Perpétuité y est pleinement justifié, et qu'on y fait voir d'une manière convaincante qu'il n'y eut jamais de fable plus mal inventée que ce prétendu changement universel de la créance de l'Eglise touchant l'Eucharistie, sur lequel le calvinisme est tout établi.

Il ne me reste plus, pour finir cette préface, qu'à prévenir une objection assez naturelle, qui est, qu'ayant marqué entre les avantages de la voie que l'auteur de la Perpétuité a suivie, qu'elle exempte des longues discussions dont la plupart du monde n'est pas capable, il se trouve néanmoins que, pour la soutenir, on a eu besoin d'un assez gros livre ; et qu'ainsi l'on est tombé dans l'inconvénient que l'on prétendait éviter.

Mais je supplie ceux qui seront frappés de cette pensée, de considérer que ce n'est pas précisément par la grosseur des livres qu'on doit juger de la facilité ou de la difficulté d'une méthode. Car quand cette longueur ne vient que de ce qu'on a multiplié les preuves d'une même chose, qui est d'ailleurs certaine et constante, bien loin d'être pénible à l'esprit, elle le soulage. C'est une addition de lumière qui ne fait que mettre dans un plus grand jour ce que l'on voyait déjà. Or ce n'est qu'en cette manière que cette réponse est longue.

Il n'y a rien de plus certain que ce que l'auteur de la Perpétuité avait avancé, que toutes les sociétés chrétiennes se trouvèrent du temps de Bérenger dans la doctrine de la présence réelle et de la transsubstantiation, et qu'elles y ont toujours été depuis. Il a plu à M. Claude de le nier. Mais cette négation déraisonnable d'une vérité constante n'en détruit pas la certitude. Et si, pour le convaincre de témérité, et lui ôter tout moyen d'abuser par sa hardiesse de la crédulité de ceux qui n'examinent point les choses, on a voulu traiter amplement ce point, cela n'empêche pas que l'auteur de la Perpétuité n'ait eu droit de le supposer; et qu'ainsi en quatre lignes on ne puisse comprendre quatre livres entiers de cette réponse. Le sixième se peut réduire aussi à une proposition très-certaine et très-évidente, qui est que les paroles ordinaires qui expriment ce qu'il faut croire de l'Eucharistie, ont toujours été expliquées par les fidèles ou en un sens littéral, ou en un sens métaphorique; et qu'ainsi on a toujours cru dans l'Église distinctement, ou la présence réelle, ou l'absence réelle. Un autre que M. Claude ne nous aurait peut-être pas obligé de traiter ce point, et tout homme de bon sens en doit demeurer d'accord tout d'un coup.

Les preuves positives que l'on a apportées dans le septième et le huitième livre, pour montrer que la créance de la présence réelle et de la transsubstantiation était établie dans l'église grecque et dans l'église latine au septième, huitième, neuvième et dixième siècles, ne sont que des preuves accessoires, et dont on se peut absolument passer. Le dixième livre contient des conséquences utiles, mais qui ne sont destinées qu'à un plus grand éclaircissement de la vérité. Il n'y a donc que le neuvième livre d'essentiel, parce qu'il fait voir l'impossibilité du changement : et encore dans ce livre, il y a des choses qui ne sont nécessaires que pour confondre l'opiniâtreté de M. Claude, et qu'un adversaire plus sincère que lui nous aurait épargné la peine d'écrire. De sorte qu'il est visible que la longueur de cette réponse n'empêche en aucune sorte la facilité de la méthode du traité de la Perpétuité; et qu'elle contribue même à l'augmenter, puisque l'on peut supposer maintenant, comme une chose constante et démontrée, que l'auteur n'y a rien dit qui ne soit exactement véritable.

Au reste, on ne prétend nullement que la voie que l'on a prise doive être préférée aux autres qui s'attachent ou à l'Écriture, ou à l'examen des passages des Pères, ni même qu'elle doive être agréable à tout le monde. On sait que tous les esprits n'ont pas les mêmes vues, et qu'ils ne prennent pas tous les choses du même biais.

Mais c'est cela même qui doit porter les personnes équitables à trouver bon qu'on ait suivi cette voie plutôt qu'une autre, puisqu'il se pourra faire qu'elle soit utile à des personnes à qui les autres n'auraient rien servi. C'est ce que l'expérience donne droit de dire du traité de la Perpétuité. Et l'on a encore plus de sujet de l'espérer de cette réponse-ci, où les choses sont traitées plus exactement, et qui pourra être considérée avec raison comme le livre dont le premier écrit n'est que l'abrégé. Les âmes sont des choses si grandes et si précieuses, qu'un théologien catholique se doit croire trop récompensé de son travail, quelque grand qu'il soit, si Dieu lui fait la grâce en toute sa vie de contribuer à en ramener une seule dans le chemin du salut, qui ne se trouve que dans l'Église. Et ainsi personne ne peut désapprouver justement qu'on tente pour cela diverses voies et diverses manières de proposer la vérité, puisqu'il peut facilement arriver que des esprits qui seront comme fermés d'un côté, ne laisseront pas d'être ouverts de l'autre, et que Dieu se servira de cette différente disposition pour faire entrer dans leurs âmes sa lumière et ses grâces, qui opèrent en eux les fruits du salut par une véritable et solide conversion.

Non seulement on ne prétend point préférer cette méthode à celle des autres, mais on ne prétend pas même qu'elle soit nouvelle. Si le Sage dit qu'il n'y a *rien de nouveau sous le soleil*, et que personne ne peut se vanter que ce qu'il a trouvé n'ait jamais été trouvé par d'autres dans tout le temps qui nous précède ; on peut encore bien moins s'imaginer d'avoir trouvé des raisons et des preuves toutes nouvelles dans une matière qui est depuis plus de deux siècles l'un des principaux objets des écrits et des discours de tous les théologiens du monde.

Tout ce que l'on prétend avoir fait, est d'avoir étendu et mis en son jour un argument très-naturel et assez commun, mais qui étant mêlé avec la foule des autres preuves, et n'étant pas accompagné de tout ce qui est nécessaire pour le mettre à couvert des reparties des hérétiques, perdait beaucoup de sa force, et ne se faisait presque pas remarquer. Or, en le traitant en particulier, et en prévenant les réponses par lesquelles on le pourrait éluder, on y applique l'esprit du monde, et on le rend ainsi plus utile à l'Église. C'est un diamant qu'on a mis en œuvre, quoique l'on avoue l'avoir trouvé ailleurs, parce que c'est la lumière du sens commun qui le découvre d'elle-même à tout le monde.

Tertullien avait déjà pratiqué cette méthode très-expressément, en montrant dans son livre des prescriptions, chapitre 28, *qu'il était impossible que toutes les églises du monde fussent tombées dans la même erreur; et que le hasard n'a point des effets si uniformes et si constants.* Ecquid verisimile est ut tot ac tantæ ecclesiæ in unam fidem erraverint? Nullus inter multos eventus unus est exitus. Variâsse debuerat error doctrinæ ecclesiarum. Et c'est sur l'impossibilité de cet événement qu'il établit ce principe, qui est le fondement même de tout le livre de la Perpétuité : que, quand on trouve une doctrine uniformément reçue dans les diverses églises, c'est une marque qu'elle ne s'est pas introduite par erreur, mais qu'elle y a été reçue par tradition. *Quod apud multos unum invenitur, non est erratum, sed traditum.*

Voilà la méthode et le principe de la Perpétuité bien marqués. Et comme il était facile de l'appliquer aux controverses présentes, il se trouve aussi que ceux qui ont écrit contre les calvinistes n'ont pas manqué de s'en servir.

Balthazar Lidius, dans la préface qu'il a faite sur le second tome du Recueil des Confessions des Vaudois, dit *que ses adversaires*, c'est-à-dire les jésuites, *pressent ordinairement ceux de sa secte par cet argument : que, puisqu'ils prétendaient que la doctrine de l'Église romaine était nouvelle, ils étaient obligés de faire voir dans cette doctrine ce qui se doit toujours rencontrer dans tous les grands changements; premièrement, l'auteur de cette doctrine; 2° le dogme nouveau proposé par cet homme; 3° le temps où il a commencé d'être enseigné ; 4° le lieu où il a été d'abord publié ; 5° qui sont ceux qui s'y sont opposés; que cette doctrine ait eu d'abord peu de sectateurs, et qu'ensuite le nombre s'en soit accru.*

Il est clair que c'est-là proprement l'argument de la Perpétuité appliqué généralement par les jésuites aux controverses avec les religionnaires. Mais le cardinal Bellarmin l'emploie de plus en particulier contre les calvinistes sur la matière de l'Eucharistie, et en fait un de ces arguments généraux qu'il ramasse dans son troisième livre de l'Eucharistie, chapitre 8: *Pour reconnaître*, dit-il, *que notre doctrine n'est point une invention des papistes, comme nos adversaires nous appellent, mais que c'est la foi ancienne, il n'y a qu'à considérer le consentement des Grecs avec l'Église romaine sur ce point. Car il y a déjà long-temps que les Grecs se sont séparés des papes; ce qui les aurait empêchés de recevoir les nouvelles opinions de l'église latine. Et cependant ils n'ont jamais eu sur ce point aucun différend avec les Latins, et ils n'en ont point encore, comme il paraît par la censure que les Orientaux ont faite des dogmes des luthériens. Et ce qui confirme cet argument est la facilité de l'opinion des adversaires et la difficulté de la nôtre. Car l'opinion des protestants étant fort aisée à comprendre et fort conforme à l'esprit humain, elle aurait pu se glisser insensiblement et être reçue par plusieurs, sans faire remarquer sa nouveauté; au lieu que l'opinion des catholiques étant très-difficile, très-contraire aux sens, et entièrement au-dessus de la raison, il n'est pas possible qu'elle se soit introduite insensiblement, et qu'on en ait pu persuader sans bruit une si grande multitude de chrétiens. Puisqu'on voit donc qu'il ne paraît dans notre doctrine aucun signe de nouveauté, et qu'on les découvre tous dans celle des adversaires, quoiqu'elle eût pu facilement s'introduire insensiblement, c'est une preuve manifeste que notre doctrine est ancienne, et par conséquent véritable; et que celle des protestants est nouvelle, et par conséquent fausse et hérétique.*

On peut juger, par la manière dont ce savant cardinal propose cet argument, de l'utilité qu'il y a d'étendre et de mettre dans leur force certaines preuves qui demeurent obscurcies dans les livres, parce que ceux qui s'en servent ne s'y sont appliqués qu'imparfaitement ; car il est clair que c'est l'argument même qui fait le sujet du livre de la Perpétuité. Mais comme Bellarmin n'y avait pas fait une attention particulière, il le propose d'une manière qui frappe moins. Il ne parle que des Grecs, et il pouvait parler de toutes les autres communions qui étaient séparées de l'Église romaine long-temps avant les Grecs. Il ne remarque qu'une seule circonstance qui rend ce changement impossible, et il y en a cent autres. Mais ces défauts sont très-pardonnables à un homme qui a embrassé, comme a fait ce cardinal, non seulement toute la matière de l'Eucharistie, mais aussi tous les points controversés, et qui n'a pas pu, par conséquent, traiter chaque preuve avec la même étendue et la même force qu'elles peuvent avoir dans les écrits de ceux qui s'appliquent en particulier à quelqu'une de ces preuves.

C'est proprement ce que l'on a eu dessein de faire de cet argument de Bellarmin, et que l'on pourra faire encore de quelques autres, tant de lui que des autres écrivains catholiques, en leur laissant de bon cœur la gloire de les avoir trouvés les premiers, en reconnaissant que l'on ne fait que marcher sur leurs pas et suivre leurs pensées, et en tâchant seulement de les rendre plus utiles à l'Église, plus capables de faire impression sur les esprits, et plus incapables d'être éludés par les défaites des hérétiques.

LA PERPÉTUITÉ DE LA FOI
DE L'ÉGLISE CATHOLIQUE
TOUCHANT L'EUCHARISTIE.

LIVRE PREMIER.
CONTENANT LA JUSTIFICATION DE LA MÉTHODE DU LIVRE DE LA PERPÉTUITÉ.

CHAPITRE PREMIER.
Réfutation du reproche que M. Claude fait à l'auteur de la Perpétuité, de n'avoir pas satisfait aux preuves de fait du sieur Aubertin.

Comme il peut y avoir dans les écrits des défauts généraux et des défauts particuliers, et que l'on peut s'y égarer, ou en choisissant d'abord une voie fausse et trompeuse, ou en abusant d'une voie qui est d'elle-même légitime; il n'est pas inutile, dans l'examen qu'on en fait, de considérer d'abord si la méthode en est raisonnable et propre à trouver la vérité, ou s'il n'y a lieu d'en attendre qu'un égarement perpétuel.

Et c'est pourquoi on n'a pas sujet de se plaindre de M. Claude d'avoir voulu commencer par-là cette pompeuse réponse qu'il a faite au livre de la Perpétuité, et d'avoir tiré des défauts qu'il prétend remarquer dans la méthode qu'on y a suivie, les premières accusations qu'il a formées contre cet ouvrage. Il est juste de l'écouter favorablement sur ce point, et de ne s'offenser pas même de la dureté de ses termes, pourvu qu'il en établisse bien la vérité et la justice.

Qu'il dise donc à la bonne heure (p. 50-53), *que son adversaire oublie le commencement et la fin de la dispute; qu'il attaque le livre qu'il combat d'une manière oblique et indirecte; qu'il commence son ouvrage par un tissu d'injustices et d'obliquités; qu'il fait paraître un esprit de surprise et de déguisement, un esprit qui ne regarde que la victoire sans songer à la vérité, et qui n'établit son espérance que sur la simplicité des hommes;* on ne lui répondra rien à tout cela, sinon qu'on est prêt de le satisfaire s'il a raison; mais que n'étant pas juste de l'en croire à sa parole, il doit trouver bon qu'on ne suive pas la chaleur qu'il fait paraître dans ce commencement de son livre, et que l'on examine avec un peu plus de tranquillité et de froideur qu'il n'en témoigne, les raisons de ses reproches.

Voici de quelle manière il les propose (page 50) : *Le premier sujet de cette contestation,* dit-il, *est un livre que feu M. Aubertin nous a laissé sur le S. Sacrement de l'Eucharistie, dans lequel, après avoir traité à fond toutes les questions par l'Écriture-Sainte et par le raisonnement, et avoir emporté une* BELLE VICTOIRE *sur toutes les subtilités de l'école romaine, il examine fort au long tous les passages des SS. Pères, qui ont été jusqu'ici produits sur cette matière de part et d'autre, faisant voir par ce moyen à toute la terre le changement que l'église Romaine a fait, en faisant lui-même une perpétuelle comparaison de la créance ancienne et de la nouvelle : à quoi il ajoute l'histoire de la naissance et des progrès de la transsubstantiation et de la présence réelle. C'est le livre que l'auteur a attaqué dans son premier traité, mais qu'il a attaqué d'une manière si oblique, si indirecte, et si peu conforme à l'estime qu'il a acquise d'ailleurs entre les honnêtes gens, qu'il ne faut pas trouver étrange s'il tâche d'empêcher qu'on ne s'en souvienne. Car au lieu de satisfaire aux preuves de fait dont ce livre est rempli, et qui étant claires, fortes et en grand nombre, rendent sensible le changement que nous prétendons être arrivé; tout son effort ne consiste qu'en quelques raisonnements, ou en quelques conjectures imaginaires, qui aboutissent à persuader aux peuples qu'il n'est pas possible que ce changement se soit fait.*

Il est certain que pourvu que l'on veuille accorder à M. Claude le privilége dont il se met d'abord en possession, d'inventer et de supposer tout ce qui lui plaît, il prend une voie fort sûre pour conclure tout ce qu'il voudra. Je m'étonne seulement que croyant avoir ce droit si commode, il s'amuse encore à faire des livres; car il pourrait terminer absolument tous nos différends avec beaucoup moins de peine. Il n'avait qu'à supposer tout d'un coup qu'il a raison et que les catholiques ont tort, et par-là toutes les questions seraient finies. Il pouvait même se contenter de cette demi-page pour toute réponse, car elle décide tout. Supposé que *le livre d'Aubertin ait remporté une* BELLE VICTOIRE *sur l'école de Rome; qu'il ait fait voir à toute la terre le changement que l'église romaine a fait; que les preuves en soient claires, fortes et en grand nombre; qu'elles rendent le changement sensible;* et qu'on ne lui oppose *que des raisonnements et des conjectures imaginaires* : qu'y a-t-il encore à répliquer, et de quoi M. Claude se met-il en peine? Voilà le calvinisme victorieux, et l'Église catholique renversée.

D'où vient donc qu'il a fait un si gros livre pour fortifier cette demi-page, et à quoi bon tant d'antithèses et tant d'arguments dont il l'a rempli? C'est sans doute qu'il a bien vu que ce qu'il avance si hardiment n'est pas assez clair pour pouvoir servir ainsi de premier principe; qu'il avait besoin de tout son art et de toute sa science pour le soutenir; et que les preuves d'Aubertin ne passaient point pour si convaincantes, ni les raisonnements de l'auteur de la Perpétuité pour si frivoles et si imaginaires qu'il les représente. Mais s'il a bien reconnu que le monde avait des impressions contraires à ces préjugés qu'il tâche de lui inspirer, il est assez étrange qu'il n'ait pas reconnu en même temps que ces sortes de discours fondés sur des suppositions non prouvées, et qui ne s'accordent nullement avec l'impression publique et le jugement commun, ne sont pas tout à fait judicieux, et qu'ils font voir qu'il ne sait pas assez distinguer entre les choses qu'il n'est permis de dire qu'après les avoir prouvées, et celles qu'on peut supposer légitimement sans les prouver.

Et en effet, que dirait-il d'un homme qui ferait des suppositions toutes contraires aux siennes, et qui lui soutiendrait que l'ouvrage d'Aubertin est un ouvrage très-méprisable; que ce ministre était un homme de peu d'esprit, qui n'avait qu'une basse critique sans élévation et sans jugement; qui a lu beaucoup, parce qu'il ne faut pour cela que des yeux et du loisir; mais qui a lu sans discernement et sans lumière; qui ne distingue point entre les bonnes et les mauvaises raisons; qui se récrie à tout moment sur les preuves les plus faibles; qui s'est corrompu le sens commun, par l'accoutumance de répéter toujours les mêmes absurdités, et qui, bien loin *d'avoir remporté une belle victoire sur l'école de Rome,* n'a fait que découvrir la faiblesse des calvinistes?

M. Claude se moquerait sans doute d'un homme qui lui tiendrait ce discours. Cependant, en parlant de la sorte, il pourrait parler très-sincèrement : car je puis l'assurer que je ne lui fais rien dire du livre d'Aubertin, dont je ne sois moi-même persuadé. Mais cet exemple lui doit apprendre qu'il ne suffit pas pour faire des reproches aux auteurs, de proposer simplement ses pensées et ses jugements; et qu'il faut au moins que ces jugements soient ou clairs de soi-même, ou conformes à l'idée et à l'impression communes. Sans cela il est inutile de les proposer : car si l'on était résolu de s'en rapporter à nous, nous n'aurions qu'à déclarer en un mot ce que nous prétendons, sans nous amuser à faire des livres.

Ainsi le bon sens et l'équité obligeant M. Claude de retrancher de son discours toutes les choses non prouvées, parce qu'il n'a pas encore droit d'en tirer avantage, et toutes les faussetés notoires, parce qu'il n'en peut jamais faire d'usage qui ne soit injuste ; il est visible, 1° qu'il a eu tort de dire que *le livre d'Aubertin est le premier sujet de cette contestation*, et que *l'auteur de la Perpétuité l'a attaqué d'une manière indirecte*, comme s'il avait prétendu que son traité fût une réfutation du livre de ce ministre. Car dans une chose comme celle-là, qui dépend de l'intention d'un homme vivant, c'est le convaincre de témérité, que de lui déclarer de sa part qu'il se trompe, et que cet auteur n'a jamais eu la pensée qu'il lui attribue.

Et certainement ce déguisement n'est pas excusable, après le récit sincère que l'auteur de la Perpétuité a fait lui-même de l'occasion et du dessein de son livre. Il a eu soin d'avertir le monde que le premier traité qui a attiré les autres, n'était de lui sans origine que la préface de l'Office du S.-Sacrement. Or on n'entreprend guère de réfuter un livre *in-folio* dans une préface. Il y traite cette question particulière ; si le changement que les calvinistes supposent être arrivé dans la créance de l'Eucharistie est possible ; et il fait voir qu'il ne l'est pas : et parce que Blondel et Aubertin en avaient fait des histoires fabuleuses, il les réfute en passant ; mais il ne s'ensuit nullement de là qu'il ait prétendu faire une réfutation d'Aubertin, ni que le livre de ce ministre soit l'objet de son traité et le sujet de cette contestation. Il combat très-directement le plan fabuleux qu'il a dressé de ce changement imaginaire, parce que son sujet l'y portait ; et il ne combat et n'attaque point du tout le reste de son ouvrage, parce qu'il savait bien que cela ne se pouvait pas faire dans un si petit traité.

Il est clair 2° qu'il ne devait pas se vanter d'abord des victoires d'Aubertin, et de la force et de la clarté de ses preuves : car, outre que ces vanités ne sont pas de bonne grâce, il devait considérer que les autres hommes ne sont pas toujours disposés à s'arrêter à nos jugements, et qu'ils se blessent quelquefois de cette sorte de rhétorique, par laquelle on propose ses fantaisies comme des oracles, sans se mettre en peine de les prouver ; le monde aime assez qu'on lui laisse la liberté de ses pensées, et il souffre avec peine qu'on les lui force par des décisions si précises.

La même raison fait voir aussi que M. Claude s'est un peu trop hâté de décider dès le commencement de son livre, que les preuves du traité de la Perpétuité *sont fondées sur des raisonnements imaginaires* : car il aurait été assez temps de le dire lorsqu'il y aurait bien répondu ; et s'il ne l'eût fait qu'alors, peut-être ne l'aurait-il jamais fait.

Après que M. Claude aura ainsi retranché de son discours toutes les choses incertaines ou non prouvées, il ne restera plus que deux reproches sur lesquels il soit besoin de le satisfaire. Le premier est, que l'auteur de la Perpétuité ait entrepris de réfuter l'histoire qu'Aubertin fait du changement de créance, sans répondre à tout le reste de son livre. Le second, qu'il ait prétendu opposer aux preuves de fait de ce ministre des raisonnements et des conjectures.

Nous parlerons du second reproche dans le chapitre suivant ; mais sur le premier M. Claude nous permettra de lui demander : Quand est-ce que les hommes ont établi cette loi, qu'il ne serait pas permis de traiter une question, sans traiter en même temps de toutes les matières qui ont été traitées par d'autres avec cette question ? Ne devait-il pas considérer que tout le monde n'a pas le temps de faire de gros volumes, et que la brièveté de la vie, et la diversité des occupations qui la remplissent, font que l'on n'a jamais droit de reprocher à un théologien qui s'applique à une matière, qu'il n'écrit pas sur une autre, quelque liaison qu'elles aient entr'elles ? Et qu'ainsi il a toujours été permis de traiter une partie des controverses sans traiter les autres ; d'éclaircir un point d'histoire sans se mettre en peine d'éclaircir un autre point.

Les théologiens catholiques n'ayant tous que la même cause, qui est celle de l'Église, et devant tous être animés par le même esprit, travaillent tous en commun ; et ainsi l'on ne doit point regarder leurs ouvrages séparément. Tous leurs livres ne composent en quelque sorte qu'un grand livre, dont les traités et les ouvrages de chaque particulier ne font qu'une petite partie. Ainsi, comme on n'a jamais demandé à un auteur qu'il traite toutes les matières de controverse dans chaque partie de son livre, on ne doit pas aussi demander à ceux qui essaient de contribuer quelque chose par leur travail à la défense de l'Église, qu'ils embrassent seuls toutes les questions et tous les points contestés : cela dépend de leur loisir et de leurs engagements ; mais il suffit pour les autres, qu'ils gardent les règles de la raison dans le sujet particulier auquel ils s'appliquent.

Il est donc clair qu'il a été permis à l'auteur de la Perpétuité de traiter séparément cette question, si le changement que les ministres assurent être arrivé dans la créance du mystère de l'Eucharistie est possible ou impossible, et que M. Claude n'est pas raisonnable de prétendre qu'il ne l'ait pu faire sans répondre en particulier à tous les passages d'Aubertin. Ces passages se trouvent traités dans les livres d'un grand nombre d'auteurs catholiques, où on les peut voir si l'on veut ; et ceux qui prendront la peine de les examiner avec soin, reconnaîtront aisément que les nouvelles chicaneries d'Aubertin ne sont pas considérables. Mais encore que l'on n'ait pas le loisir ou la volonté d'entreprendre ce travail, il ne s'ensuit nullement que l'on ne puisse traiter aucune question qui regarde cette matière, principalement quand on le fait par des preuves entièrement indépendantes de ces passages.

(Huit.)

Ce qui a ébloui M. Claude, est qu'il n'a pas distingué deux choses fort différentes. Car il n'y a rien de plus permis que de traiter un point sans traiter les autres, quelque liaison qu'il y ait entre ces points. Mais il est vrai que pour former sa créance et prendre parti, il faut quelquefois comparer ensemble les preuves, et ne former sa dernière résolution que sur cette vue générale de toutes les raisons de part et d'autre; quoique cela ne soit pas nécessaire aux catholiques, comme nous le montrerons plus bas.

Tous les points controversés, par exemple, sont tellement joints avec la question de la vraie Église, qu'il y a de l'imprudence à se résoudre sur aucun en particulier, avant que d'avoir examiné à fond le point de l'Église. Car c'est bien conclure aux catholiques, que de dire que, n'y ayant point d'autre Église véritable que la romaine, il faut croire ce qu'elle tient universellement du mystère de l'Eucharistie et de tous les autres ; de sorte qu'il est visible que tous les calvinistes qui n'ont pas examiné avec soin cette question n'ont pu se déterminer que témérairement dans le choix de toutes les autres opinions. Mais on ne doit pas conclure de là que l'on ne puisse traiter la matière de l'Eucharistie sans traiter en même temps celle de l'Église. En effet, presque tous les ministres la traitent séparément; et l'on ne voit pas, par exemple, que M. Claude ni Aubertin aient jamais fait aucun traité de l'Église.

Si M. Claude s'était donc contenté simplement de dire que l'on ne doit pas se laisser emporter si facilement aux raisonnements du livre de la Perpétuité, et que cet auteur prétendant d'un côté que ce changement de créance sur le mystère de l'Eucharistie n'est point arrivé, parce qu'il est impossible, et Aubertin prétendant de l'autre qu'il est possible parce qu'il est arrivé, il faut examiner lequel prouve le mieux ses prétentions, et comparer la force des raisons de l'un et de l'autre; on se satisferait d'une autre manière, et on lui ferait voir ce que la raison oblige de juger dans la comparaison de ces différentes preuves; et c'est ce que nous traiterons dans la suite de ce livre. Mais de nous dire, comme il fait, que l'auteur de la Perpétuité a grand tort d'avoir traité cet argument de l'impossibilité du changement sans répondre à tous les passages d'Aubertin, c'est-à-dire, sans faire un ou deux volumes *in-folio*, puisqu'il n'en faut pas moins pour répondre exactement au livre de ce ministre, c'est proposer une loi nouvelle qui est entièrement déraisonnable.

On ne peut rien exiger légitimement d'une personne qui traite quelque matière que ce soit, sinon qu'il ne suppose rien de faux ou d'obscur, et qu'il n'en tire point de mauvaises conséquences; puisque la vérité et la clarté des principes, et la justesse des conséquences suffisent de soi-même pour nous assurer de la vérité, et forment un corps parfait et entier. Tout cela se rencontre dans le traité de la Perpétuité, sans qu'il soit besoin d'examiner tout le livre d'Aubertin. Les suppositions sur lesquelles il est appuyé sont certaines et claires, comme nous le ferons voir dans cette réponse; les conséquences en sont évidentes. Personne n'a donc droit d'en demander davantage, ni d'exiger qu'il répondît à tous les passages d'Aubertin.

Nous montrerons dans la suite qu'il eût été ridicule de l'entreprendre : que non seulement la raison ne le demandait pas, mais qu'elle s'y opposait manifestement; parce que c'aurait été ruiner tout le dessein et le fruit de cet écrit, en confondant deux méthodes toutes contraires. Mais il suffit de dire maintenant à M. Claude, que n'ayant pas de juridiction sur l'auteur de la Perpétuité pour lui faire rendre compte de ses occupations et de ses emplois, ni assez d'autorité dans le monde pour y établir de nouvelles lois, il n'a aucun droit de prétendre que cet auteur, en traitant une question particulière, fût obligé de traiter à fond toute la matière de l'Eucharistie ; et qu'il n'est pas raisonnable d'avoir fait d'une prétention si injuste le sujet de tant de déclamations.

CHAPITRE II.

Réfutation du second reproche qu'on a opposé des raisonnements imaginaires aux preuves de fait du sieur Aubertin.

Si M. Claude fondait ce reproche sur ce que les raisonnements de l'auteur de la Perpétuité sont imaginaires, et que les preuves d'Aubertin sont fortes et solides comme il le prétend; on lui accorderait qu'en effet il n'est nullement juste d'opposer à des preuves claires et solides, des raisonnements frivoles : mais on le prierait de se souvenir qu'il n'a pas droit de supposer ce qui est en question, et qu'il n'est pas juste qu'il se mette d'abord en possession d'une chose, à la preuve de laquelle on verra qu'il emploie assez inutilement tout le reste de son livre.

Ce n'est donc pas là ce qu'il nous veut faire entendre. Ce n'est qu'une manière de s'exprimer que sa rhétorique lui fournit; et il veut dire simplement par là que les preuves d'Aubertin étant des preuves de fait, et les preuves de la Perpétuité étant des preuves de raisonnement, il n'est pas juste d'opposer les unes aux autres. Ainsi ce reproche est fondé sur ce principe, *qu'il est contre la raison de vouloir détruire par des preuves tirées du raisonnement, ce qu'un autre auteur prétend avoir établi par des passages et par des preuves de fait.* C'est de la nature même de ces preuves que M. Claude tire sa maxime. Il prétend qu'une preuve de raisonnement comme raisonnement est indigne d'être comparée avec des preuves de fait. Voilà la source de ses reproches et de ses déclamations, et l'unique fondement de ses belles antithèses. *Il s'agit de savoir*, dit-il, *si l'auteur a pu renverser les preuves de M. Aubertin, qui montrent un changement réel et effectif, par des impossibilités conjecturales; ou si j'ai eu droit de renverser ses impossibilités conjecturales par les preuves réelles et effectives de M. Aubertin.*

Il s'agit de savoir s'il a pu nier l'existence actuelle d'une chose qu'on lui fait voir, parce qu'elle lui semble impossible ; ou si, au contraire, je dois nier l'impossibilité apparente d'une chose qu'on voit, parce que son existence est actuelle. Il s'agit de savoir si les preuves de M. Aubertin demeurant bonnes et fermes en elles-mêmes, l'auteur a pu en détourner le coup par des raisonnements philosophiques sur l'impossibilité du changement, ou si j'ai eu droit d'opposer nos preuves à ses discours.

Il veut dire que l'un est permis, et que l'autre ne l'est pas ; qu'il est juste de détruire ces impossibilités apparentes par ces preuves qu'il appelle réelles, parce qu'elles sont tirées de passages ; mais qu'il n'est pas juste d'opposer des raisonnements à ces preuves effectives. Et c'est pourquoi, en suivant la chaleur qu'il a conçue par ce mouvement violent, il ajoute un peu après avec le même enthousiasme : *Quand je dirai que le premier Traité de l'auteur tend à éluder les témoignages, en portant la question de fait dans un champ vague de conjectures et de vraisemblances, je ne dirai rien qui ne paraisse dans la chose même. Quand je dirai que ces impossibilités conjecturales ne sont qu'un détour pour faire perdre une importante vérité sur le point qu'elle se présente aux yeux, je ne dirai rien que tout ne le monde puisse voir. Quand je dirai que sa méthode est plus sujette aux égarements que la mienne, je ne dirai rien que l'expérience ne vérifie.*

On voit que toutes ces figures roulent toujours sur un même principe, *qu'il ne faut pas opposer des raisonnements aux preuves de faits ;* et M. Claude, voyant qu'il était si commode à mettre en antithèses, n'a pas pris la peine d'examiner s'il était vrai. Mais pour moi qui le considère de sang-froid, et sans cet éblouissement que cette éloquence de figures cause à ceux qu'elle transporte, non seulement il ne me paraît pas véritable, mais il me paraît même ridicule. Car il me semble que dans ce genre de preuves que M. Claude appelle réelles et effectives, il y en a de bonnes et de mauvaises, de solides et de vaines ; et que tout cela s'appelle néanmoins preuves de fait, parce que ce sont des preuves que l'on tire de passages ; et il me semble de même que dans le genre des preuves de raisonnement, il y en a qui sont solides, concluantes, décisives, convaincantes ; et qu'il y en a aussi qui sont faibles, légères, frivoles, fausses.

Or il est également certain, et qu'il n'est pas permis d'opposer de vains raisonnements à des preuves de fait qui sont fortes et solides, et qu'il est permis d'opposer des raisonnements solides et convaincants à des preuves de fait vaines et frivoles.

Ainsi, comme dans le premier chapitre M. Claude n'a aucun droit de supposer, ni que les preuves d'Aubertin soient fortes et solides, ni que les raisonnements de l'auteur de la Perpétuité soient vains et imaginaires, il ne conclura jamais qu'on n'ait pas eu droit de traiter par raisonnement une question qu'Aubertin a traitée en alléguant des passages.

Mais si les preuves de fait avaient quelque force et quelque apparence, serait-il défendu d'y opposer des preuves de raisonnement, telles qu'elles soient ? C'est sans doute ce que M. Claude s'est imaginé ; et c'est de là qu'il conclut, en supposant que les preuves de fait d'Aubertin sont solides, que l'on a eu tort d'y opposer des preuves de raisonnement. Il me pardonnera néanmoins si je lui soutiens encore qu'il se trompe, et qu'il se laisse éblouir par une vaine apparence. Ces termes de *preuves réelles, preuves positives, preuves effectives,* forment dans son esprit l'idée d'une preuve solide, substantielle, matérielle ; et au contraire les mots de preuves de raisonnement ne lui donnent l'idée que de certaines preuves subtiles et déliées, qui s'évaporent d'elles-mêmes, et qui échappent à l'esprit comme l'air échappe à nos mains. Ainsi, comparant ces deux sortes d'idées, il en conclut sans autre examen que ce dernier genre de preuves est indigne d'être comparé avec le premier.

Mais cette manière de concevoir les choses est si fausse et si imparfaite, qu'on ne saurait mieux faire voir que l'on n'y pénètre pas trop avant, qu'en formant ses opinions sur des idées si trompeuses. Car si l'on considère au contraire les choses exactement, on trouvera que non seulement on détruit souvent de prétendues preuves de fait par des preuves de raisonnement, mais que les preuves de fait se réduisent toutes en quelque sorte à des preuves de raisonnement, et même qu'elles sont toutes fondées sur des raisonnements semblables à celui de l'auteur de la Perpétuité, c'est-à-dire, sur l'impossibilité de certains événements ; et que c'est de ce raisonnement qu'elles empruntent ce qu'elles ont de solidité.

D'où vient, par exemple, que nous déférons absolument, en certaines rencontres, aux témoignages de quelques historiens ? C'est que nous supposons que ce n'est pas un événement possible que dans ces circonstances ils aient été trompés, ou qu'ils aient eu dessein de tromper les autres ; de sorte qu'à mesure que cet événement sera plus possible, la preuve de fait tirée de leur témoignage sera moins forte et moins concluante.

Ainsi, parce qu'il est possible qu'un seul homme se trompe ou veuille tromper dans un fait caché, et qui n'est pas exposé aux yeux des hommes, la preuve de fait fondée sur le témoignage d'un seul homme dans ces circonstances est assez faible.

Et au contraire, parce qu'il est impossible qu'un grand nombre de personnes se trompent dans des choses sensibles, le rapport que plusieurs historiens font de ces sortes de choses est tout-à-fait certain. C'est ainsi que nous sommes assurés qu'il s'est donné des batailles à Cannes, à Pharsale, à Philippes, à Actium ; que César et Pompée ne sont pas des personnages de roman ; et des autres choses semblables. Tout cela n'est fondé que sur l'impossibilité, ou de la tromperie involontaire, ou du dessein de tromper dans ceux qui en ont parlé.

Je suis assuré qu'il y a une ville qui s'appelle Constantinople ; mais pourquoi ? Parce que c'est un événement impossible, que cent mille personnes de divers siècles aient conspiré à inventer une fable de cette sorte, et à supposer faussement une ville, des empereurs qui y aient tenu le siège de leur empire, et une suite d'événements semblables, sans que personne nous ait avertis de cette insigne fourberie. Qu'on suppose cet événement possible, la preuve de fait tombe par terre. Ainsi l'on doute de certaines villes, de certains royaumes, de certaines histoires, lorsque c'est un événement possible que l'historien qui les rapporte ait eu la hardiesse de mentir, ou qu'il ait été grossièrement abusé.

Non seulement toute la certitude des faits historiques est fondée sur des raisonnements tirés de l'impossibilité morale de certains événements : mais on peut dire même que c'est de ces mêmes raisonnements que se tirent les principales des preuves humaines dont Dieu a voulu que les vérités de la foi fussent appuyées, afin que l'Église, qui les propose avec une autorité souveraine et infaillible à ses enfants, en pût convaincre les infidèles.

Nous croyons par la foi que les miracles de Moïse sont véritables, puisque l'Écriture nous en assure, mais nous en avons aussi une assurance humaine, qui sert à la défendre contre les impies et les libertins par un raisonnement indubitable, tiré de l'impossibilité de l'événement qu'il faudrait supposer pour les accuser de fausseté.

Ces miracles sont contenus dans un livre ; et ce livre fait seul la religion d'un grand peuple qui l'a conservé avec un soin prodigieux et un zèle incomparable. Il contient mille reproches contre ce peuple ; il le charge d'imprécations ; il découvre partout ses infidélités et ses crimes ; il lui prescrit des lois très-pénibles, et il ordonne de grandes peines contre ceux qui les violeraient en la moindre chose.

Mais en même temps ce peuple y est pris à témoin des plus grands et des plus visibles miracles que les hommes puissent concevoir ; ces miracles y sont rapportés comme faits en présence de tous les Israélites ; de sorte qu'aucun d'eux ne pouvait ignorer si ce qui était écrit dans ce livre n'était point un conte fait à plaisir. Il n'était pas possible d'ignorer en ce temps-là si ce que Moïse raconte des plaies de l'Égypte, du passage de la mer Rouge, des miracles du désert, était vrai ou faux : et tout cela supposé, je dis que c'est un événement impossible, que six cent mille hommes aient conspiré à établir leur religion sur un livre tel que celui-là, qu'ils auraient su être plein de faussetés ; et qu'ils se soient soumis volontairement à tant d'ordonnances très-dures et très-fâcheuses contenues dans ce livre, dans la connaissance certaine qu'ils auraient eue que ce n'était que l'ouvrage d'un imposteur.

Ils ont donc cru les miracles de Moïse véritables, et ils ne s'y pouvaient pas tromper. Ils le sont donc effectivement. Que si les miracles de Moïse sont véritables, on doit croire qu'il était prophète : et ainsi l'on doit ajouter foi à tout ce qu'il rapporte du passé, et à tout ce qu'il prédit pour l'avenir. Voilà ce qui sert à prouver contre les impies la vérité du Pentateuque,

qui renferme celle de tous les autres livres de l'Ancien-Testament, qui sont tous fondés sur celui-là.

La résurrection de Jésus-Christ est le fondement de la loi nouvelle ; et nous en sommes assurés par le témoignage des apôtres et des disciples qui l'ont vu ressuscité. Mais les apologistes de la religion chrétienne, qui ont voulu la prouver aux infidèles, ont confirmé la sincérité des apôtres et de ces disciples, par un raisonnement tiré de l'impossibilité de cet événement, qu'ils aient été ou trompeurs ou trompés (Euseb., de Demonst. evangel., l. 3, c. 7).

Qu'on suive l'une ou l'autre de ces hypothèses, et l'on verra qu'elles sont également impossibles. Ils ne peuvent avoir été trompés ; parce qu'ils ne l'ont pas vu une seule fois, mais plusieurs ; qu'ils n'étaient pas en petit nombre, mais qu'ils étaient une fois jusqu'à cinq cents personnes ; qu'ils ne l'ont pas vu en un seul lieu, mais en divers lieux ; qu'ils ne l'ont pas vu seulement, mais qu'ils l'ont entendu parler ; qu'ils l'ont touché ; qu'il a fait des miracles en leur présence, et qu'ils ont eu toutes les assurances humaines qu'on peut avoir que c'était lui-même.

Il n'est pas moins impossible qu'ils aient été trompeurs. Il faudrait pour cela qu'ils eussent concerté ensemble de tromper le monde. Or il est également incroyable, ou qu'ils aient fait ce dessein, ou qu'ils aient pu l'exécuter. C'était une multitude de pauvres gens simples et sans lettres, dont toutes les actions et toutes les paroles ont un caractère inimitable de sincérité. Il n'y avait rien à gagner pour eux dans cette entreprise que des travaux, des persécutions et des supplices. La doctrine qu'ils enseignaient ne leur apportait aucun avantage considérable. Ils n'avaient aucun succès humain à espérer de leur entreprise, puisqu'elle était contraire à toutes les règles de la prudence des hommes. Le moyen donc de s'imaginer que cette multitude de gens simples et grossiers aient formé le dessein de tromper toute la terre avec si peu d'apparence de succès ; et qu'ils se soient tous résolus de mourir pour soutenir un mensonge ? Mais le moyen de s'imaginer qu'ayant pris une résolution si désespérée, ils l'aient tous exécutée, sans qu'aucun d'eux se soit démenti, sans que les fatigues, la pauvreté, les misères, les tourments en aient porté aucun à abandonner une si folle entreprise, et à découvrir aux hommes tout ce mystère ? Et enfin le moyen de croire qu'ils aient tous voulu mourir pour soutenir une fausseté connue ?

S'ils étaient prudents, comment ont-ils pu former un dessein si ridicule et si hors d'apparence ? S'ils étaient imprudents, comment ont-ils pu l'exécuter ? Quel motif les aurait pu obliger à donner leur vie pour rendre témoignage à une imposture si horrible et si inutile pour eux ? Il n'est donc pas possible de supposer que les apôtres et les premiers disciples aient été ni trompés ni trompeurs. Or, s'ils n'ont été ni l'un ni l'autre, il s'ensuit que Jésus-Christ est véritablement ressuscité. Si Jésus-Christ est ressuscité, il faut croire ses paroles et sa religion est véritable.

Ainsi cet enchaînement admirable qui peut prouver la foi de tous les mystères à ceux qui ne l'ont pas encore, a pour fondement humain l'impossibilité d'un certain événement ; c'est-à-dire, un raisonnement semblable à celui de la Perpétuité.

J'en pourrais alléguer un grand nombre d'autres exemples ; mais ceux que j'ai rapportés suffisent pour montrer que ces sortes de raisonnements peuvent non seulement être comparés avec les preuves de fait, mais qu'ils en sont le fondement. Et il faut que M. Claude lui-même en revienne là malgré qu'il en ait, et qu'il avoue que les preuves d'Aubertin n'ont de force qu'autant qu'elles en tirent d'un raisonnement semblable à celui du livre qu'il combat. Car sans cela je l'arrêterai tout d'un coup avec toutes ses preuves et tous ses passages, par une hypothèse fantastique, qui est que tous ces passages sont faux, et ont été ajoutés par l'imposture des disciples de Jean Scot, qui, s'étant répandus dans toutes les provinces de l'Europe, ont trouvé moyen d'insérer dans les manuscrits des Pères tous les passages dont les ministres se vantent, et sur lesquels ils s'appuient, comme Anastase Sinaïte rapporte (c. 10 tract. Ἐδηγός) qu'un préfet d'Alexandrie de la secte des sévériens avait dessein de faire en faveur de son hérésie, par le moyen de quatorze copistes qu'il avait gagnés.

Si cet événement était possible ou probable, toutes les preuves de fait d'Aubertin et de M. Claude seraient ruinées. Elles ne lui peuvent donc servir de rien qu'en tant qu'il peut faire voir par raisonnement l'impossibilité de cette hypothèse, et d'un grand nombre d'autres qu'on peut inventer : et ainsi, c'est sur ce raisonnement qu'elles sont fondées.

Il dira sans doute que ces suppositions étant ridicules, elles ne sont pas bien difficiles à détruire. Je l'avoue, et je les propose comme telles. Mais toutes ridicules qu'elles sont, je lui soutiens qu'elles le sont beaucoup moins que celle du changement qu'il prétend être arrivé dans la créance de tous les peuples ; et qu'il est infiniment plus possible qu'un homme corrompu fasse que ses disciples tous les manuscrits de l'Europe sans que l'on s'en aperçoive, puisque c'est une chose qui peut être faite en secret, que non pas qu'il change la foi de toute la terre, et qu'il introduise dans toutes les nations du monde la créance de la présence réelle, sans qu'elle soit regardée en aucun lieu comme nouvelle, et qu'elle y excite aucune révolte et aucun soulèvement ; puisqu'il faut pour cela que tout le monde soit averti de ce dessein, et qu'il est impossible qu'en étant averti il n'y en ait qui s'y opposent.

Que M. Claude reconnaisse donc qu'une preuve n'est point méprisable, parce qu'on l'appelle une preuve de raisonnement ; qu'elle n'est point aussi estimable, parce qu'on l'appelle une preuve de fait : mais que les unes et les autres sont, ou méprisables ou estimables, selon qu'elles sont obscures ou évidentes, fausses ou vraies, vaines ou solides ; et que c'est par la qualité de la preuve, et non par le genre de la preuve qu'il en faut juger.

On ne prétend nullement, comme il le suppose, lui interdire de se servir de ces preuves de fait s'il en a, pourvu qu'il en fasse un usage légitime, et qu'il suive les règles de la raison en s'en servant. Il peut conclure tant qu'il voudra que le changement dont il s'agit est possible, en faisant voir, s'il peut, qu'il est effectivement arrivé. Il peut nier l'impossibilité d'une chose, en prouvant son existence actuelle. Tout cela est permis, et l'on n'est pas si déraisonnable que de lui vouloir ôter ces sortes de preuves. C'est une injustice qu'il fait à l'auteur de la Perpétuité que de lui attribuer cette pensée. Cet auteur lui a reproché d'avoir mal usé de cette voie, et non d'en avoir usé ; et je lui ferai voir qu'il a eu raison de lui faire ce reproche. Mais qu'il ne prétende pas aussi qu'il soit défendu de traiter par raisonnement la question de ce changement, et de faire voir par des preuves claires et sensibles qu'il est entièrement impossible. L'une et l'autre méthode est bonne de soi, pourvu que l'on y suive les règles de la raison. Et ce que l'on reproche à M. Claude est de ne les avoir pas suivies.

CHAPITRE III

Qu'il y a deux sortes de méthodes, l'une de discussion, l'autre de prescription. Règles communes à ces deux méthodes, qui font voir que M. Claude a fort mal suivi la sienne. Que ces deux méthodes ne doivent point être confondues : d'où il s'ensuit que l'auteur de la Perpétuité n'a point dû réfuter Aubertin dans son traité.

Je pourrais me contenter de ces réponses, si je n'avais dessein que de satisfaire précisément aux reproches de M. Claude. Mais comme mon principal but est de mettre encore dans un plus grand jour l'argument du livre que je défends, je crois devoir éclaircir encore davantage ce qui regarde la méthode qu'on y a suivie, en faisant voir que non seulement la raison n'obligeait pas à réfuter dans ce traité tout l'ouvrage d'Aubertin ; mais qu'il eût été contre la raison de l'entreprendre, parce que l'on ne l'eût pu faire sans en ruiner toute l'utilité et tout le fruit.

Chacun sait qu'il y a deux méthodes de traiter les controverses. L'une, dans laquelle on propose en particulier les preuves de tous les points contestés, et on répond à toutes les objections que l'on fait contre la doctrine que l'on veut établir : et c'est pourquoi on la peut appeler *la méthode de discussion*.

L'autre se peut nommer *la méthode de prescription* ; et c'est celle dans laquelle, par l'examen de certains points capitaux, on décide, ou toutes les controverses, ou quelques dogmes fort étendus, et il serait long de discuter en détail. Le livre célèbre de Tertullien, *des Prescriptions contre les hérétiques*, est un excellent modèle de cette méthode. (Vid. *vol.* 2 *Curs. compl. Theol.*)

La méthode de discussion a ses utilités et ses avantages, et l'on peut dire qu'elle est nécessaire à l'Église

entière, parce qu'il est de son honneur qu'elle ait des personnes instruites des preuves de tous les mystères, et qui puissent remédier aux doutes que les objections des hérétiques peuvent jeter dans l'esprit des personnes moins éclairées. Elle est de plus assez propre à convaincre certains esprits opiniâtres et peu sincères, qui sont peu touchés de tout ce qui ne convainc pas leurs yeux, et qui demande quelque bonne foi.

Il faut néanmoins reconnaître que l'usage de cette méthode n'est pas universel, parce qu'il y a beaucoup de personnes qui sont peu capables de ces discussions longues et embarrassées. Les uns manquent des secours nécessaires pour en profiter, qui sont l'intelligence des langues. D'autres n'ont pas le temps de faire cet examen avec un soin et une exactitude raisonnable. D'autres n'ont pas assez d'étendue d'esprit pour faire la comparaison de tant de diverses preuves. Ils oublient les premières avant qu'ils soient venus aux dernières ; de sorte que le jugement qu'ils portent sur tant de vues différentes est souvent fort incertain ; les impressions qu'ils ont des preuves de la vérité n'étant pas toujours les plus présentes ni les plus vives, lorsqu'il s'agit de former leur résolution et leur jugement. Et ainsi il arrive d'ordinaire que l'esprit ne voyant pas assez clair pour choisir par discernement et par lumière, se détermine par passion.

C'est pourquoi, comme il y a un grand nombre de personnes à qui cette voie de discussion n'est pas proportionnée, il est de la Providence divine d'avoir donné aux hommes des voies plus courtes et plus faciles pour discerner la véritable religion et la véritable Église, qui les exemptassent de ces examens laborieux, dont l'ignorance, la faiblesse de l'esprit, et les nécessités de la vie rendent tant de personnes incapables.

Ainsi l'on peut dire que c'est en même temps l'un des avantages et l'une des preuves de l'Église catholique, de ce qu'elle a quantité de ces moyens abrégés de se faire reconnaître, de décider toutes les questions, et de confondre ses adversaires, et principalement les calvinistes.

En établissant son autorité souveraine et infaillible dans les choses de la foi ; en montrant qu'elle est seule dépositaire des vérités de Dieu, qu'elle a seule le droit de les enseigner, enfin qu'elle seule est la véritable Église de Jésus-Christ ; elle se met en droit de faire recevoir généralement tout ce qu'elle enseigne, sans s'arrêter à discuter tous les dogmes en particulier.

Elle désarme de même tout d'un coup les calvinistes, en leur faisant voir que leur société n'a aucune des marques de la vraie Église à laquelle les fidèles doivent être unis ; que leurs ministres sont *nés d'eux-mêmes*, comme parle S. Cyprien ; qu'ils se sont intrus dans le ministère, parce qu'ils y sont entrés sans vocation ; qu'ils en ont ravi l'honneur, contre la défense de l'Apôtre ; qu'ils ne sont point prêtres ni ministres de Jésus-Christ, puisqu'ils ne sont point ordonnés par des évêques ; et que n'ayant point de mission ordinaire, et n'en faisant point paraître d'extraordinaire par des miracles, ils n'ont aucun droit d'enseigner dans l'Église, d'assembler des peuples, et de former des sociétés.

L'Église emploie d'autant plus volontiers cette méthode de prescription, que l'usage qu'elle en fait la distingue extrêmement des calvinistes, qui n'ont aucune voie abrégée pour établir les articles dont ils composent leur religion. Car, comme leur société n'a aucune autorité, et qu'ils font profession de ne reconnaître pour infaillible que la seule parole de Dieu, il faut qu'ils établissent séparément la vérité de tous leurs dogmes. Ils n'ont aucun lien commun pour les joindre ensemble, et pour montrer qu'ayant raison en un point, ils ont aussi raison dans un autre. Ils ont besoin de donner autant de combats qu'ils ont d'articles à prouver, et il faut que chaque calviniste se rende juge en particulier de tous les différends que sa société a, non seulement avec l'Église romaine, mais aussi avec toutes les sectes qui sont dans le monde, ou qui y ont été ; puisqu'il ne peut sans témérité choisir une société nouvelle en rejetant celles qui sont plus anciennes, qu'après avoir reconnu, par un examen raisonnable, que ces autres sociétés sont dans l'erreur.

Les calvinistes n'ont donc point proprement de voie de prescription pour abréger l'examen des matières de la religion, et pour faciliter aux simples la connaissance de la vraie Église ; et le défaut de ce moyen est une marque certaine que leur société ne peut être l'Église de Jésus-Christ. Car la vraie Église doit pouvoir élever dans son sein les ignorants et les simples, aussi bien que les personnes savantes et éclairées. Elle doit pouvoir donner aux petits le moyen de croître sous ses ailes, et de se préserver de l'erreur, lors même qu'ils ne sont pas capables de la discerner : *Ut sub nido Ecclesiæ tuæ tuti plumescerent*, dit S. Augustin. Or il est bien visible que la société des calvinistes en est incapable, puisqu'elle n'a point d'autre voie d'attirer les hommes à soi, que de leur prouver en détail tous les articles qu'elle leur propose.

Ce serait en vain, par exemple, que les ministres, pour persuader à quelqu'un de se joindre à leur secte, entreprendraient de lui montrer que l'Église romaine a tort dans quelqu'un des points qui sont en contestation entre eux et les catholiques. Car quand même ils feraient impression sur son esprit, si cette personne néanmoins suit les règles de la raison, et ne veut point se déterminer par un caprice téméraire, elle leur doit répondre, qu'il ne suffit pas de lui faire voir que l'Église romaine est dans l'erreur sur un point particulier ; mais qu'étant possible qu'elle ait raison dans les autres qu'ils condamnent de même, il faut encore qu'ils lui montrent que sa doctrine est fausse dans tous les autres points contestés. Et après tous ces efforts et toutes ces discussions, ils n'auront rien avancé ; car la raison oblige encore cette personne de répondre, qu'y ayant dans le monde plusieurs autres sociétés chrétiennes plus anciennes que celle des calvinistes, qui ne les reçoivent point à leur communion, il ne peut pas selon la justice les condamner pour se joindre à eux, à moins qu'on ne lui fasse voir qu'elles sont aussi dans l'erreur : que peut-être s'il ne faut pas être catholique romain, il faut être sabellien, arien, nestorien, eutychien, arménien, jacobite : qu'il est nécessaire d'examiner encore toutes les questions sur lesquelles ces sectes se séparent d'eux, avant que de se pouvoir joindre à eux, puisque s'ils avaient tort en quelqu'une ils ne seraient pas l'Église de Jésus-Christ : qu'il n'importe pas même de regarder si ces sectes subsistent encore, puisqu'il est possible, selon eux, que l'Église ne subsiste plus ; et qu'ainsi on ne peut se dispenser de discuter tous les dogmes de toutes les sectes présentes et passées, subsistantes et éteintes, et de chercher dans le catalogue de toutes les hérésies, si l'on ne trouvera point l'Église de Jésus-Christ.

Il est certain qu'en ne choisissant l'Église que par la doctrine, non seulement ce discours n'a rien de déraisonnable ; mais qu'on ne se peut dispenser raisonnablement de le faire et de le suivre. Que s'il n'y a personne qui se rende calviniste par cette voie, et si tous ceux qui embrassent ce parti le font sur un léger examen de quelques dogmes particuliers, c'est qu'il n'y a personne qui se rende calviniste en suivant les règles de la raison.

Ce diacre nommé Quodvultdeus, à la prière duquel S. Augustin a fait le dénombrement des hérésies qui s'étaient élevées depuis les apôtres jusqu'à son temps, qu'il fait monter jusqu'à quatre-vingt-huit, avait demandé à ce saint qu'il lui expliquât en peu de paroles et en abrégé les dogmes de chaque hérésie, et ce que l'Église catholique tient au contraire : *Breviter, perstrictè atque summatim, et opiniones rogo cujuslibet hæresis poni, et quid contra teneat Ecclesia catholica, quantum instructioni satis est subdi.* Cette demande était raisonnable dans la bouche d'un catholique, parce que l'autorité de l'Église qui condamne ces erreurs lui était un suffisant motif pour les condamner ; et qu'un évêque aussi habile et aussi sincère que S. Augustin, était un suffisant témoin de la doctrine de l'Église. Mais un calviniste ne pourrait pas faire la même demande selon ses principes. Il ne saurait reconnaître une hérésie que par l'opposition formelle qu'elle a avec la parole de Dieu ; et cette opposition a toujours besoin d'un grand examen et de moyens particuliers. De sorte que ce n'est rien dire pour eux, que de dire simplement que leur Église condamne quelque doctrine : cela ne conclut rien à leur égard, parce qu'ils croient que leur Église peut faillir. Il en faut toujours venir aux discussions ; et quand ils n'y viennent pas, c'est qu'ils ne suivent pas leurs principes. L'ouvrage de S. Augustin a fait pour satisfaire ce diacre leur est donc absolument inutile, à moins qu'ils ne soient capables de suppléer eux-mêmes toutes les preuves de l'Écriture, nécessaires pour la conviction de ces erreurs : et Dieu sait s'il y en a beaucoup parmi eux qui aient ces connaissances, quoiqu'ils agissent contre leurs principes s'ils sont calvinistes sans les avoir.

Ainsi comme je l'ai déjà dit, c'est une des preuves que l'Église catholique est la véritable Église, de ce qu'elle a des voies courtes et abrégées pour faire connaître les vérités de sa foi. Et c'est une preuve au contraire que la société des calvinistes n'est point l'Église de Jésus-Christ, de ce qu'ils ne peuvent faire recevoir leur doctrine que par des discussions infinies, dont la plupart du monde n'est point capable.

C'est ce qui donne sans doute beaucoup d'avantage à cette méthode que nous avons appelée de *prescription*, et qui fait voir qu'elle est d'un plus grand usage que l'autre, puisqu'elle est également proportionnée aux savants et aux ignorants, et qu'elle donne lieu d'éviter ce qui empêche ordinairement l'effet des disputes, qui est, que l'esprit demeure accablé sous la multitude des questions, et qu'au lieu de régler son jugement par les plus fortes raisons, il se détermine par celles qu'il entend les dernières, et qui lui sont plus présentes.

Mais il est clair en même temps qu'afin que cette méthode conserve cet avantage, et qu'elle produise ce fruit pour lequel on la recherche, il faut qu'elle demeure séparée de la méthode de discussion, parce qu'autrement on retomberait par nécessité dans la longueur et dans l'embarras de ces examens particuliers que l'on prétend éviter. De sorte qu'au lieu qu'il faut que les écrits destinés à discuter les matières en particulier soient les plus exacts qu'il est possible, et que l'on n'y omette aucune des difficultés qui peuvent arrêter tant soit peu l'esprit, il faut au contraire que les écrits qui sont faits selon la méthode de prescription ne contiennent précisément que ce qui est nécessaire pour mettre dans son jour la preuve dont on se sert ; et ce serait un très-grand défaut de vouloir y joindre l'examen des questions particulières, qui confondent l'esprit par leur multitude.

Il est juste de considérer si les preuves dont on se sert dans cette méthode sont bonnes, claires et concluantes, et si elles ne sont point au contraire fausses et trompeuses : mais supposé la vérité et la clarté de ces preuves, il est certain qu'il ne les faut pas mêler avec une multitude d'autres questions et de raisons, et qu'elles doivent être proposées séparément, afin de servir de lumière à ceux qui sont capables d'apercevoir les vérités claires, quand elles sont toutes seules ; mais qui les perdent de vue, sitôt qu'elles sont embarrassées avec un grand nombre de diverses choses qui étouffent et dissipent l'attention de l'esprit.

Voilà les règles par lesquelles on doit juger s'il était de la prudence que l'auteur de la Perpétuité entreprît de répondre dans son traité aux principales difficultés d'Aubertin. Si ce traité eût été fait selon la méthode de discussion, il y était en quelque sorte obligé ; car l'esprit de cette méthode est d'éclaircir toutes les difficultés particulières. Mais si c'est un traité de prescription, non seulement il ne l'a pas dû faire, mais il ne l'aurait pu entreprendre sans en ruiner le fruit, et sans témoigner qu'il n'entendait pas la nature et l'avantage de la méthode qu'il suivait, qui consiste dans l'abrégement, dans la clarté, et dans la proportion avec toutes sortes d'esprits.

Ces règles étant supposées, je pense qu'il n'y a personne qui ne prévienne ce qu'on doit répondre au reproche de M. Claude, et qui ne voie d'abord que le traité de la Perpétuité est un traité de prescription dans la matière de l'Eucharistie ; puisque, sans s'arrêter aux discussions particulières, on prétend y établir tout d'un coup le sentiment de toute la tradition, en faisant voir que toute l'Église s'étant trouvée du temps de Bérenger dans la créance de la présence réelle, et n'étant point venue à cette opinion par changement et par innovation, il faut que toute l'ancienne Église ait été du même sentiment, et qu'ainsi cette doctrine ait toujours été la doctrine perpétuelle et universelle de l'Église.

Il est visible que cette voie conduit tout d'un coup à une conclusion, que l'on ne peut obtenir par la voie de discussion sans beaucoup de longueur et d'embarras ; et qu'ainsi c'est une voie et une méthode de prescription. Et comme le principal avantage de cette méthode consiste dans la facilité, la netteté et l'abrégement, il est clair que ç'aurait été se priver de ces avantages, que de l'avoir embrouillée en rapportant au long les passages dont les catholiques se servent pour établir leur doctrine, et les réponses qu'ils font aux conséquences que les calvinistes tirent de ceux qu'ils produisent. Ces discussions peuvent être utiles ailleurs ; mais elles obscurcissent les écrits dans lesquels on suit la méthode de prescription. Il faut donc par nécessité les séparer ; puisqu'encore qu'elles tendent à la même fin, c'est néanmoins par des voies très différentes.

Si M. Claude eût été plus équitable, il nous aurait épargné la peine de lui éclaircir toutes ces choses ; et s'il avait eu plus d'exactitude et de bonne foi, il nous aurait encore exempté de la peine de faire remarquer au monde, qu'il représente d'une manière peu sincère, ce que l'on a dit contre l'amas des difficultés qu'il insère au milieu de sa réponse. Car il semble, à l'en entendre parler, que l'auteur de la Perpétuité n'ait pas trouvé bon qu'il tâchât de prouver par des passages, que ce changement, que l'on prétend impossible, est réel et effectif : et c'est à quoi cet auteur n'a jamais pensé. Que M. Claude travestisse le livre d'Aubertin en toutes les formes qu'il voudra ; qu'il distribue ses passages en divers ordres et en diverses classes, comme il a fait dans sa première et sa seconde réponse ; on ne lui fera jamais aucun reproche précisément pour ce sujet.

L'auteur de la Perpétuité a trop de plaintes justes à faire contre lui, pour en chercher des prétextes vains et imaginaires comme celui-là. Aussi ne l'a-t-il jamais fait. Il se plaint, non que M. Claude ait recours à cette méthode de discussion, mais de ce qu'il en abuse, et n'en suit pas les lois et les règles : et c'est de quoi il est bien aisé de le convaincre. Car c'est un principe commun à toute sorte de méthodes, parce qu'il est fondé sur la raison et sur l'équité, que l'on est obligé de proposer les choses d'une manière qui soit capable de persuader les personnes sages et judicieuses, et que l'on ne doit faire aucun état d'un discours, dont il n'y a que des ignorants et des personnes imprudentes qui puissent être éblouies. Or il est certain que quand on ne propose ainsi que des passages tronqués et détachés de leur suite, et que l'on dissimule tous ceux que l'on y peut opposer et qui les peuvent éclaircir, l'unique jugement qu'un homme sage en peut porter, est que ce serait être imprudent et téméraire, que de juger d'une question importante sur des passages proposés de cette sorte. Et par conséquent l'auteur de la Perpétuité a eu raison de juger de cet amas comme toutes les personnes sages en doivent juger, et de reprocher à M. Claude qu'il suivait une voie d'illusion ; puisqu'ayant pour but sans doute de persuader ceux qui liront cet amas, il se trouve néanmoins qu'on n'en peut être persuadé sans illusion et sans imprudence.

Pour réduire donc toute cette dispute à des termes raisonnables, et pour faire voir à M. Claude que, grâces à Dieu, on n'est nullement injuste à son égard, on lui déclare premièrement que, pourvu qu'il propose ses passages et ses difficultés dans une juste étendue, et qui soit suffisante afin qu'une personne sage puisse former son jugement sans témérité et sans imprudence, on l'accusera bien de n'entendre pas ces passages, mais on ne se plaindra point qu'il ne satisfait pas aux lois de la méthode qu'il embrasse.

Secondement, on lui soutient que ces passages ne contenant qu'une réponse indirecte à l'argument de la Perpétuité, il est juste d'examiner d'abord tout ce qu'il y répond directement ; c'est-à-dire, tout ce qu'il allègue pour rendre probable ce changement que l'on prétend être impossible, et de réserver tous ces passages pour les examiner en particulier : sauf à lui demander ensuite la comparaison de ses preuves et de ses réponses avec les nôtres. Et c'est pourquoi nous nous trouvons obligés de suivre encore le même ordre dans cette réponse. Et réservant à un second volume l'examen de ses preuves de fait, que nous comparerons avec celles des catholiques, nous nous renfermerons dans celui-ci dans ce qui regarde en particulier l'argument de la Perpétuité, afin qu'il demeure constant d'abord que, bien loin que M. Claude en ait diminué la force par ses réponses, il n'a fait au contraire que montrer parfaitement qu'il n'était pas possible d'y en faire de solides.

CHAPITRE IV.
Réponse abrégée aux plaintes de M. Claude.

Monsieur Claude ayant ramassé toutes ses plaintes à la fin de son premier chapitre, et ayant témoigné qu'il espérait que l'on y satisferait, il est juste de faire en sorte, si l'on peut, qu'il ne soit pas trompé dans son espérance. On l'a fait déjà suffisamment ; mais pour lui faire paraître combien on désire de le contenter, on appliquera à toutes les plaintes qu'il forme, les réponses précises que l'on peut tirer des éclaircissements que nous avons déjà donnés. Il les propose d'une manière rhétoricienne, il interroge son adversaire, et. il le fait répondre comme il lui plaît : de sorte qu'il suffirait presque de lui déclarer qu'on n'a point eu la pensée de lui donner une telle commission, et que l'on répondra bien pour soi-même. Écoutons néanmoins les jeux de sa rhétorique.

M. Claude. *Que veulent dire premièrement ces impossibilités chimériques qu'il a ramassées dans son traité? N'est-ce pas que les preuves de fait sont trop bien établies dans l'écrit de M. Aubertin pour les pouvoir combattre directement ?*

Réponse. Non certainement ; et M. Claude devine tout-à-fait mal. Ces impossibilités, qu'il lui plaît d'appeler chimériques, veulent dire simplement que l'auteur a voulu suivre une voie courte, facile, décisive pour les personnes sincères, en laissant le livre d'Aubertin pour ce qu'il est. Cela n'était pas difficile à deviner.

M. Claude. *De plus, lorsque dans ma réponse je lui ai reproché ce détour comme une finesse suspecte de tromper les hommes, que veut dire le silence dont il a couvert ce reproche, n'en ayant pas dit un seul mot dans toute sa réfutation? N'est-ce pas confesser que cet endroit est un abîme pour lui?*

Réponse. M. Claude n'est pas heureux en conjectures ni en métaphores. Il n'y eut jamais de chemin plus égal et plus facile que celui où son imagination lui figure des abîmes. Ce silence veut dire simplement qu'on a méprisé cette vaine conjecture, qu'on n'y a pas fait attention, et que l'on ne se croit pas toujours obligé de grossir ses réponses de toutes les fantaisies de M. Claude : voilà tout le mystère.

M. Claude. *Pourquoi ayant dessein de donner au public son premier traité avec la réfutation d'une réponse qui était encore manuscrite, ne l'a-t-il pas en même temps publiée aussi bien que ses ouvrages? N'est-ce pas qu'il a voulu cacher aux yeux des hommes le peu de solidité et de sincérité qui se trouve dans sa réfutation?*

Réponse. C'est qu'il n'était d'aucune utilité de faire imprimer deux fois la réponse de M. Claude, une fois à part, et une autre fois dans le corps du livre, où l'on en rapporte tout ce qui mérite quelque peu de réflexion. C'est être un peu trop amoureux de ses ouvrages que de ne pouvoir souffrir que les lecteurs soient privés de la moindre partie de ce qu'on écrit, ne fût-ce que des bagatelles, comme tout ce qu'on a omis dans l'écrit de M. Claude. Et après tout il n'est pas raisonnable de prétendre que l'auteur de la Perpétuité se devait charger de cette commission, et de le quereller de ne s'en être pas acquitté.

M. Claude. *Quand j'ai rappelé les preuves de M. Aubertin, en les produisant en abrégé, pour conclure la possibilité du changement par le changement même, que veut dire cet artifice de n'avoir considéré cet abrégé que comme une pièce détachée de l'ordre de la dispute, et comme un amas de difficultés? N'est-ce pas vouloir ensevelir ses premières illusions sous un autre déguisement, et devenir plus injuste pour ne le paraître pas ?*

Réponse. Cela veut dire qu'on a voulu apprendre à M. Claude à disputer raisonnablement. Cet argument pris du fait est d'une autre méthode, et il se doit traiter à part. Il faut premièrement voir ce que M. Claude répond directement a l'argument de la Perpétuité, par lequel on a montré que ce changement est impossible. Ensuite on examinera ses preuves quand on aura le loisir : mais quand on les examinera, on l'obligera de les rapporter dans leur juste étendue, et l'on n'aura jamais que du mépris pour ces amas confus de passages tronqués et entassés, qui ne méritent pas seulement qu'on y ait le moindre égard. Il n'y a donc en cela ni déguisement ni injustice ; mais il y a une prudence nécessaire, pour retenir dans les bornes de la raison un homme qui fait tout ce qu'il peut pour s'en écarter, et pour se sauver dans une forêt épaisse de questions.

M. Claude. *S'il se fût souvenu du livre de M. Aubertin, le premier objet de sa querelle, il eût pris garde que je n'ai fait mon abrégé que par rapport à l'examen étendu des preuves et des difficultés qui se trouvent dans ce livre, et que j'y ai renvoyé, non comme à un livre inconnu, mais comme au livre qu'il a lui-même attaqué, et qui a fait naître notre différent.*

Réponse. J'ai déjà fait voir que c'est sans aucun fondement que M. Claude attribue à l'auteur de la Perpétuité d'avoir eu dessein d'attaquer le livre d'Aubertin. Cet auteur a traité une question particulière : il a rencontré Aubertin en son chemin ; il l'a réfuté dans le point sur lequel il se trouvait contraire à ce qu'il voulait établir. Cela ne s'appelle point attaquer un livre. Mais ce rapport que M. Claude nous marque de son amas de difficultés aux preuves étendues d'Aubertin nous découvre une assez plaisante prétention. Car c'est dire qu'il voulait qu'au milieu de la réponse que l'on a faite à son écrit, on insérât un volume *in-folio*, qui contînt la réfutation d'Aubertin ; étant très-véritable qu'on ne peut réfuter cet amas fait par rapport à Aubertin, qu'en réfutant presque tout son livre : ces matières étant si enchaînées qu'il est difficile de les séparer, et de les traiter imparfaitement, sans nuire à la vérité. Et c'est ce qui fait voir la nécessité qu'il y a eu de ne pas s'arrêter à cet amas de difficultés, qui n'avait point d'autre but que de nous donner le change, et d'obscurcir une dispute dont la clarté n'était pas agréable à M. Claude.

M. Claude. *De même s'il se fût souvenu que le dessein de son traité est, comme il dit lui-même, de montrer que le changement que nous prétendons être arrivé est chimérique et impossible, il eût reconnu que la meilleure voie pour anéantir ses conjectures était de le renvoyer aux preuves de fait qui rendent ce jugement palpable, et qui sont jusqu'ici sans réponse : car comment* peut-on mieux arrêter un homme qui nie qu'une chose puisse être, qu'en lui faisant voir qu'ell: est en effet ?

Réponse. On a déjà dit à M. Claude, que comme l'on peut fort bien opposer les preuves de raisonnement qui montrent l'impossibilité du changement aux prétendues preuves de fait d'Aubertin, il est de soi permis d'opposer ces preuves de fait à ces raisonnements : ce n'est point ce qu'on blâme dans M. Claude. Quand il n'usera que de son droit, on ne lui fera jamais de reproches. Mais ces preuves de fait ne consistent pas dans un amas de passages tronqués, confusément entassés au milieu d'un traité : elles consistent dans tout le livre d'Aubertin. On lui soutient qu'elles n'ont rien de solide : mais telles qu'elles soient, il est bien clair qu'elles ne se peuvent pas réfuter au milieu d'un petit écrit.

Qu'il nous renvoie donc, à la bonne heure, au livre d'Aubertin, nous nous en défendrons en son lieu, et nous le renvoyons en attendant à tous les livres des catholiques. Mais cependant qu'il n'interrompe pas le cours de notre dispute, et qu'il réponde précisément au livre qu'il combat directement. Il faut traiter chaque chose séparément. Trouverait-il bon, par exemple, qu'au lieu de répliquer au livre d'Aubertin, on se contentât de lui faire cet argument : L'Église catholique est infaillible ; or la doctrine d'Aubertin est contraire à celle de l'Église catholique ; donc elle est mauvaise. Cet argument serait fort bon en soi, et il détruit en effet tout le livre d'Aubertin. Il est permis de s'en servir ; mais on ne le doit pas néanmoins faire passer pour une réponse au livre de ce ministre. Si l'auteur de la Perpétuité avait aussi prétendu intituler son Traité : *Réfutation du livre d'Aubertin*, je n'approuverais pas ce titre, quoique j'approuvasse ses raisonnements. Il y a de la différence entre détruire un écrit par un argument qui prouve le contraire de ce qu'il établit, et répondre précisément à ce livre. Les traités que les catholiques font de l'Église détruisent tous les livres des ministres, mais ils ne les réfutent pas. Or il s'agit ici de répondre au livre de la Perpétuité ; c'est ce que M. Claude a entrepris, et c'est à quoi il doit satisfaire.

M. Claude. *J'espère que l'auteur me satisfera sur ces plaintes ; et sur cette espérance je lui ferai remarquer deux choses : L'une, que quand il nous dit qu'un moyen n'est pas propre à trouver la vérité, lorsqu'il est propre à combattre et à obscurcir toute vérité, il s'est laissé surprendre à une chose qui semble avoir quelque esprit, mais qui au fond n'a point de solidité. Car il n'ignore pas que ces moyens généraux, comme sont les divisions, les méthodes, les abrégés, les sources de raisonnements, sont communs aux deux partis, sans que l'abus en doive faire condamner l'usage, non plus que de l'encre et du papier qui servent également à chercher et à combattre la vérité. Il serait bon de raisonner plus juste dans un commencement de réfutation.*

Réponse. Et moi je prierai de mon côté M. Claude de remarquer par cet exemple combien il est dangereux de ne considérer les choses dont on écrit que d'une vue superficielle, qui, ne donnant pas assez de lumière pour pénétrer jusqu'au fond des choses et pour en connaître le vrai, donne assez de confiance pour se hasarder d'en parler d'un ton de censeur, ce qui engage souvent en des fautes assez ridicules.

On lui a dit qu'un moyen n'est pas propre à éclaircir la vérité, lorsqu'il est propre à combattre et à obscurcir toute vérité. Il réplique sur cela que *cette maxime paraît avoir de l'esprit, mais qu'elle n'a point de solidité.* Mais pour moi j'en juge bien autrement ; car j'y trouve peu d'esprit, parce qu'elle est très-commune, et beaucoup de solidité, parce qu'elle est très-véritable ; n'y ayant rien de si conforme au sens commun que de conclure que ce qui pourrait également établir la fausseté ne peut pas nous donner une assurance de la vérité. Aussi cette maxime n'est que l'axiome des anciens philosophes, que toute marque commune au vrai et au faux ne peut servir à discerner l'un de l'autre. Ce n'est que la règle des jurisconsultes : *Non probat hoc esse, quod ab hoc contigit abesse.* Et enfin il n'y a point d'homme de bon sens qui ne demeure d'accord que c'est bien raisonner que de dire : Toute vérité de foi peut être combattue par un amas de difficultés aussi probables et aussi apparentes que celles que M. Claude propose contre la doctrine de l'Église catholique sur l'Eucharistie ; donc cet amas de difficultés ne prouve pas que cette doctrine soit fausse.

D'où vient donc que M. Claude ne voit pas ce que tous les autres voient? C'est que sa philosophie le trompe, comme il paraîtra par sa réponse. *L'Auteur,* dit-il, *n'ignore pas que ces moyens généraux, comme sont les divisions, les méthodes, les abrégés, les sources des raisonnements sont communs aux deux partis, sans que l'abus en doive faire condamner l'usage.* En effet, il y a toute sorte d'apparence que l'auteur de la Perpétuité n'ignore point du tout une chose si commune : mais il y a certitude que M. Claude ne voit pas le défaut de sa réplique. Car il est bien vrai que les moyens généraux servent à établir et à combattre la vérité, et qu'il y a, par exemple, de bons et de mauvais syllogismes, de bonnes et de mauvaises méthodes ; mais il fallait prendre garde que ces moyens généraux, comme, par exemple, les syllogismes, ne combattent pas ou n'établissent pas la vérité en demeurant généraux et indifférents, mais étant déterminés et appliqués par des circonstances particulières, qui rendent les uns bons et les autres mauvais ; de sorte que s'ils demeuraient généraux et indifférents, ils seraient absolument inutiles pour établir la vérité. Un syllogisme comme syllogisme ne prouve rien, parce qu'il y en a de bons et de mauvais. Une méthode comme méthode ne conclut rien, parce qu'il y en a de bonnes et de mauvaises. Et jamais ni le moyen général de syllogisme, ni le moyen général de méthode ne deviendra utile à l'établissement d'une vérité, qu'en sortant de cette généralité, et étant appliqué à la vérité par des caractères qui soient propres et qui ne conviennent point à la fausseté. C'est un moyen général que l'impression, et qui sert aux bonnes et aux mauvaises choses . mais ne serait-on pas ridicule de prouver qu'une histoire est vraie, parce qu'elle est imprimée ?

M. Claude peut concevoir aisément par-là le défaut de sa philosophie. Car cet amas de difficultés, dont il s'est servi pour combattre le mystère de l'Eucharistie, est tellement un moyen général et commun à la vérité et à la fausseté, qu'il demeure dans cette généralité, et qu'il n'est distingué en aucune sorte des amas de difficultés que l'on peut faire à son exemple pour combattre les autres mystères. Il n'a nul caractère, nulle marque de vérité que les autres n'aient. Et par conséquent je n'ai nulle raison de le prendre pour véritable, et j'ai droit de le rejeter par cette raison que la fausseté et l'erreur me peuvent paraître sous un visage entièrement semblable à celui-là.

Tout ce qu'il conclura de son amas de difficultés est qu'il y a des difficultés sur l'Eucharistie ; et ne conclure que cela, ce n'est rien conclure, puisque cette maxime générale est très-fausse : *Il ne faut croire aucun mystère contre lequel on puisse alléguer des difficultés vraisemblables*. Il fallait donc distinguer cet amas de difficultés des autres amas, que l'on peut faire de même contre les autres mystères ; et c'est à quoi il n'a pas songé dans sa première réponse ; ce qui a donné un juste sujet à l'auteur de la Perpétuité de lui reprocher, *qu'il voulait éclaircir la vérité par un moyen qui était propre à combattre et à obscurcir toute vérité*. M. Claude ne soutient donc pas trop bien le personnage d'un censeur. Voyons néanmoins s'il ne sera point un peu plus heureux dans sa seconde remarque.

M. Claude. *L'autre chose que l'auteur reconnaîtra est, qu'en faisant des plaintes injustes contre mon écrit, il nous a fait justice sans y penser sur son premier traité, et m'a donné occasion de lui dire qu'un homme qui attaque un livre où la matière de l'Eucharistie est traitée à fond, et à qui personne n'a répondu, ne le doit point faire, comme il a fait, par un abrégé confus et captieux, et par un amas de difficultés contre une vérité de fait que M. Aubertin a rendue sensible ; et ainsi la censure retombe sur lui-même ; mais elle y retombe plus forte et plus juste qu'elle n'est partie de sa main.*

Réponse. On a déjà répondu plusieurs fois à ce dessein chimérique de réfuter Aubertin, que M. Claude attribue à l'auteur de la Perpétuité. C'est une vanité assez mal fondée de se glorifier qu'on n'ait point répondu à ce ministre, comme si, dans cette quantité de volumes qu'on a faits sur l'Eucharistie, c'était une marque de vérité d'avoir écrit le dernier. A ce compte celui qui aura plus de loisir ou plus d'opiniâtreté sera toujours le victorieux. Cent raisons peuvent empêcher de répondre à Aubertin : la longueur du travail, le peu d'utilité de l'ouvrage, ce ministre n'ayant presque rien dit que ce qui avait été dit par les autres, et qui a été réfuté par les écrivains catholiques. Il faut bien qu'il y ait quelque borne à faire des livres ; et ce serait une étrange règle que lorsqu'il plairait à un ministre de faire un gros livre, on en pût conclure qu'il a la vérité pour lui, à moins que quelqu'un n'employât plusieurs années de temps à le réfuter.

Enfin il est faux que le livre de la Perpétuité soit un abrégé *confus et captieux, et un amas de difficultés*. On ne donne ce nom qu'aux choses qui sont traitées imparfaitement, et que l'on ne voit pas assez pour en bien juger : mais l'auteur de la Perpétuité a traité tout ce qui regarde son dessein dans une juste étendue. Il n'y suppose rien que de clair. Il y présente une lumière suffisante pour former le jugement de ceux qui le lisent, et pour les obliger, s'ils veulent bien user de leur raison, à tirer la conclusion qui suit naturellement des principes qu'il a établis, qui est que l'Église catholique a toujours cru de l'Eucharistie ce qu'elle en croit maintenant. Ainsi la parodie de M. Claude n'est nullement juste, et le coup de cette censure qui retombe, à ce qu'il dit, sur l'auteur de la Perpétuité, est si léger qu'il ne se sent point du tout.

CHAPITRE V.

Réponse à une objection qu'on peut faire sur ce sujet, où l'on fait voir que, sans réfuter en particulier le livre d'Aubertin, le traité de la Perpétuité ne laisse pas d'être utile, et qu'il doit persuader toutes les personnes sincères et raisonnables.

J'ai tant de désir de satisfaire M. Claude sur les reproches qu'il fait en général contre la méthode du livre de la Perpétuité, que je ne veux pas me contenter de répondre précisément à ceux qu'il propose effectivement ; mais je veux bien aussi prévenir ceux mêmes qu'il ne fait pas, mais qu'il pourrait faire avec quelque sorte d'apparence. Celui que je m'en vas proposer en sa faveur est peut-être le plus raisonnable de tous ceux que l'on peut faire sur ce sujet : de sorte qu'il est assez étrange que M. Claude, qui s'amuse à relever par ses paroles et par ses figures quantité d'objections assez faibles, ait oublié celle-ci qui est peut-être la seule que l'on peut faire raisonnablement.

On pourrait donc dire avec quelque sorte de couleur, que soit que l'auteur de la Perpétuité fût obligé de réfuter Aubertin, soit qu'il n'y fût pas obligé ; soit qu'il dût mêler les preuves de fait avec les preuves de raisonnement, soit qu'il les dût séparer, il est certain néanmoins que quand un point de doctrine est établi d'une part par des preuves considérables, et qu'il est combattu de l'autre par des preuves que l'on prétend être fortes, il faut, pour en juger équitablement, faire la comparaison de ces raisons contraires, en préférant les plus fortes et les plus évidentes à celles qui le sont moins. Que l'auteur de la Perpétuité, dira-t-on, raisonne donc tant qu'il lui plaira, et qu'il conclue que ce changement n'est point arrivé, parce qu'il est impossible : mais c'est assez très-bien raisonner que de dire qu'il est possible, s'il est arrivé. Ainsi quand il ne serait pas blâmable de s'être renfermé dans son argument, et de n'avoir pas répondu aux raisons contraires, puisqu'il n'avait entrepris que cela, il faut qu'il avoue que l'on aurait sujet de blâmer ceux qui se rendraient à ses raisonnements sans examiner les preuves de fait qu'il n'a point traitées, puisqu'ils n'agiraient pas selon la raison. Et ainsi son traité est un traité inutile, qui ne peut conduire des personnes raisonnables jusqu'à se résoudre sur ce différent, et dont l'effet dépend toujours d'un examen dans lequel il n'est point entré, et n'a pas voulu entrer.

Voilà ce que l'on peut dire de plus spécieux. Et en effet, il semble qu'on ne puisse pas douter du principe, puisque c'est par là même que nous avons fait voir que les calvinistes ne peuvent raisonnablement se déterminer sur aucun point contesté, sans avoir discuté à fond le point de l'Église et les autres controverses générales. M. Claude ne peut pas dire que j'affaiblisse l'objection ; mais c'est néanmoins par cette objection même que je prétends lui montrer combien le livre de la Perpétuité peut être utile.

Je demeure donc d'accord que quand un même point de doctrine est établi d'un côté, et combattu de l'autre par des arguments qui paraissent également concluants, il faut ordinairement comparer ensemble ces preuves contraires pour se résoudre d'une manière raisonnable. Mais je nie que les choses soient communément en cet état à l'égard du point dont il s'agit. Car il faut remarquer que la dispute qui est entre M. Claude et nous n'est point une dispute nouvelle ni inconnue ; c'est la plus célèbre contestation qui soit au monde. Et ainsi les esprits de ceux qui lisent le livre de la Perpétuité ont ordinairement leurs sentiments tout formés sur ces preuves de fait rapportées par Aubertin et par les autres ministres ; et ces sentiments ne sont pas uniformes, parce qu'ils naissent souvent de divers principes. Les uns en jugent par eux-mêmes ; les autres par le rapport d'autrui. Les uns sont capables de les examiner ; et les autres en sont incapables, et sont obligés de n'en juger que par certaines circonstances extérieures, qui leur font connaître ce qu'on en doit croire.

Entre ceux qui en jugent par eux-mêmes, les uns estiment le livre d'Aubertin, les autres le méprisent ; les autres sont dans une disposition qui tient le milieu entre l'estime et le mépris. Ceux qui en jugent sur le rapport d'autrui, ou par des circonstances extérieures, n'ont pas des pensées moins différentes que ceux qui suivent leur propre lumière.

Cela supposé, on peut facilement juger de l'effet que doit faire le livre de la Perpétuité sur les esprits par rapport à ces différentes dispositions.

Premièrement, si un calviniste après avoir lu le livre d'Aubertin, et avoir examiné ses preuves, et les avoir comparées avec les preuves des catholiques, était demeuré dans l'incertitude et dans le doute, qu'il ne vît pas clairement la vérité, qu'il fût balancé par tant de diverses raisons, il est indubitable qu'il doit se déterminer par la preuve du livre de la Perpétuité, que son doute doit céder à l'évidence qu'il y trouvera, et que l'impossibilité du changement doit faire pencher la balance du côté des catholiques.

Car qui ne voit que c'est suivre la raison, lorsque l'on est dans cette disposition que nous venons de décrire, que de parler de cette sorte : Si je consulte l'Écriture, elle remplit mon esprit de doutes, et elle ne les résout pas. Si je prétends chercher la lumière dans les ouvrages des anciens Pères, je n'y trouve que des ténèbres épaisses qui me plongent dans de plus grandes obscurités. J'y entends comme des voix différentes qui m'appellent de divers côtés. Les uns me paraissent clairs pour l'opinion de l'Église romaine ; et il me semble que les autres la détruisent : et si je lis les livres des théologiens de divers partis, les uns et les autres ne me satisfont point dans les solutions qu'ils donnent aux passages de leurs adversaires. Ils me paraissent tous forts en attaquant, et tous faibles en se défendant. Mais si je quitte ce détail qui m'embarrasse et me trouble, et que je considère en gros les deux opinions et les personnes qui les suivent, j'y aperçois d'abord une énorme différence. Je vois toute l'Église déclarée pour l'une, et que l'autre n'est suivie que par un petit nombre de gens traités d'hérétiques par tous les autres. Je vois cette doctrine reçue, non seulement dans l'Église latine, mais aussi dans l'Église grecque, qui ne l'a pas prise d'elle, et dans toutes les autres sociétés également ennemies de l'Église grecque et de l'Église latine. Je n'y vois aucune trace de changement. Elles en font toutes profession comme de leur ancienne foi. Elles croient toutes l'avoir reçue de leurs ancêtres. Quand je considère par quelles voies cette opinion se pourrait être glissée, je n'y vois aucune ouverture et aucun jour. Je trouve un amas d'impossibilités dans le changement insensible que les ministres inventent pour se sauver de ce mauvais pas. Que puis-je donc faire de plus raisonnable que de quitter tous mes doutes à la faveur de cette lumière ; de croire ce qui est cru par toute la terre, et ce que toute la terre n'aurait jamais cru, si elle n'avait reçu cette foi par le canal de la tradition de ses pères ?

Ce serait bien en vain que M. Claude s'opposerait à la résolution de cette personne, en lui disant que M. Aubertin prouve clairement que ce changement est arrivé, et par conséquent qu'il est possible. Car il lui fermerait la bouche en un mot, en lui disant qu'il sait toutes les preuves d'Aubertin et de tous les autres ministres, et qu'il n'en est pas satisfait ; que cette clarté prétendue ne paraît qu'à ceux qui se laissent transporter à la rhétorique de M. Claude, et qui entrent dans un certain enthousiasme, qui fait que l'on croit voir ce qu'on ne voit pas, *et solem geminum et duplices se ostendere Thebas* ; mais que ceux qui lisent sans cette émotion les livres des ministres ne l'aperçoivent point du tout ; qu'ils ne voient au contraire que des gens embarrassés, et qui font une violence continuelle au sens commun.

Si tous les religionnaires étaient dans cette disposition, et si c'était-là le jugement qu'ils portassent des écrits des Pères, M. Claude ne pourrait pas désavouer qu'ils devraient céder à la preuve du livre de la Perpétuité. Mais il nous dira peut-être que c'est une hypothèse en l'air, et qu'il n'y a point de religionnaire qui ne soit fermement persuadé que tous les Pères sont clairement favorables à leurs sentiments sur l'Eucharistie, et que les livres des ministres le prouvent invinciblement.

Je n'ai que deux choses à répliquer sur ce point : la première, qu'il est très-faux que les plus savants ministres soient persuadés que les Pères soient manifestement pour eux, et que les solutions qu'ils apportent à leurs passages soient bonnes et solides ; la seconde, que tous les simples calvinistes, qui sont incapables de faire cet examen, sont téméraires de le croire, et ne se le peuvent persuader que par un caprice déraisonnable.

Il ne faut que considérer sur cela de quelle manière l'opinion même des sacramentaires s'est formée : car on trouvera que, bien loin que les Pères aient servi à y engager les premiers réformateurs, ils n'y sont entrés, au contraire, qu'en mettant à part l'autorité des Pères, et en ne s'y arrêtant point du tout.

Louis Lavater, de Zurich, décrit, dans l'histoire abrégée qu'il a faite de la *Controverse de la Cène du Seigneur*, de quelle manière OEcolampade, l'un des principaux chefs de cette secte, abandonna l'opinion de l'Église romaine. Il dit bien que quelques passages de S. Augustin lui en donnèrent la première pensée ; mais cela ne fut nullement suffisant pour le faire changer de sentiment, tant il trouvait de répugnance dans les autres Pères. *Toutes les fois*, dit cet auteur en rapportant ce qu'OEcolampade écrit de lui-même en sa lettre à Bellicanus, *qu'il lisait dans les évangélistes la suite de l'institution de la cène du Seigneur, il lui venait dans l'esprit qu'il y avait dans cette écorce un autre sens intérieur caché ; et il rejetait cette pensée sans beaucoup de peine, en se disant à lui-même comme plusieurs autres : Est-ce que tu veux être plus sage que les autres ? Il faut croire ce que les autres croient. Il s'accusait souvent lui-même, en ne songeant pas à ce que les autres tenaient caché dans leur cœur. Sera-t-il donc dit que tu seras le seul abandonné de Dieu pour résister aux choses* AUXQUELLES ON NE VOIT JUSQU'ICI PRESQUE PERSONNE QUI RÉSISTE (1) !

Voilà les agitations de l'esprit d'OEcolampade bien représentées. Voyons maintenant s'il trouva dans les Pères de quoi éclaircir ses doutes, et se confirmer dans l'opinion des sacramentaires. *Il s'efforçait souvent*, poursuit cet historien sacramentaire (2), *de vaincre cette faiblesse d'esprit par la lecture des anciens Pères ; mais au commencement il ne trouvait rien qui le favorisât. Il rencontrait souvent : Le corps du Seigneur, le sang du Seigneur ; mais on y expliquait rarement en quelle manière c'était le corps et le sang du Seigneur ; et quand on l'expliquait, c'était obscurément. Ainsi tant qu'il s'attacha à l'opinion des autres, il n'eut jamais de bons sentiments. Enfin,* METTANT A PART L'AUTORITÉ DES HOMMES, *la vérité lui parut plus clairement.*

C'est ainsi qu'on devient sacramentaire. On ne l'est point tant qu'on est encore attaché aux Pères : mais quand on y renonce, on commence à découvrir plus clairement cette opinion. Il faut en être persuadé avant que de la trouver dans les Pères. OEcolampade ne l'y put jamais rencontrer, avant qu'il l'eût trouvée dans sa fantaisie : mais après qu'il s'y fut confirmé en laissant les Pères : *Semotâ auctoritate hominum*, il commença à l'y voir plus clairement. Et c'est pourquoi dans les conférences qu'il eut ensuite avec les luthériens, il était des plus ardents à citer les Pères pour son opinion ; quoiqu'il y fût entré, comme il le déclare lui-même, en renonçant aux Pères, et qu'il l'y eût vainement cherchée auparavant.

Les luthériens étaient obligés de demeurer d'accord que les principaux Pères étaient pour la transsubstantiation ; et les centuriateurs de Magdebourg en accusent formellement plusieurs des anciens Pères.

Zwingle n'a pas la hardiesse de dire que S. Augustin fût clairement pour son opinion ; mais il veut qu'*il se soit ménagé par politique, et qu'il n'ait osé dire clairement son sentiment, de peur de choquer trop ouvertement l'opinion de la chair corporelle, qui était*, dit-il, *déjà établie dans la créance commune.* (Comm. de verâ et falsâ Relig., pag. 214, Tigur.)

Il est vrai que dans la suite ils sont devenus plus hardis ; mais c'est une hardiesse d'emportement et non de lumière, et c'est pourquoi les plus habiles d'entre eux n'ont pas laissé de reconnaître qu'il était impossible de prouver leur opinion par les Pères. C'est l'aveu que faisait en termes formels Joseph Scaliger, l'idole des critiques, comme l'on voit dans le livre intitulé *Scaligerana*, nouvellement imprimé sur les mémoires de messieurs de Wassan, qui avaient été élevés chez lui, et qui se rendirent depuis catholiques. J'admire, dit-il, *que l'erreur sur cet article soit si ancienne, et que* TOUS LES PÈRES *aient cru que la Cène soit une consécration et une oblation, au lieu qu'il nous a été dit que nous la prissions, et non pas que nous l'offrissions ; qu'ils aient cru aussi* QUE LE PAIN DEVENAIT LE VRAI CORPS DE JÉSUS-CHRIST ; *mais le pain ne devient point corps que dans la réception actuelle. C'est pourquoi* C'EST EN VAIN QUE NOUS NOUS EFFORÇONS *de prouver par les Pères l'article de la cène : et c'est ce que M. de*

---

(1) Quoties seriem verborum institutionis cœnæ Dominicæ apud evangelistas legebat, aliam in cortice medullam subesse in animum incidebat ; quod tamen levi certamine refutans, cogitabat ut plerique alii : Num tu aliis vis sapientior esse ? Credendum est quod alii credunt. Sæpenumerò seipsum accusabat, quid in eorum pectoribus lateret non cogitans : Tune solus tam abjectus es à facie Domini, ut illic repugnes, ubi ferè nemo ?

(2) Sæpe antiquorum doctorum lectione infirmitatem suam vincere conabatur ; sed principio non occurrebat quo juvaretur. Crebrò erat obvium corpus Domini et sanguis Domini : sed qualiter corpus, qualiter sanguis rariùs explicabatur, et valdè obscurè. Pendens itaque ab aliorum judicio, parùm rectè sentiebat. Tandem SEMOTA HOMINUM AUCTORITATE, veritas ti fulgidior affulsit. *Hospinien dit la même chose*, 2 part., page 36.

Marnix me disait avec raison de M. du Plessis Mornay, qui l'avait entrepris.

Ce passage de Scaliger contient plusieurs aveux importants : 1° Que son opinion était que le pain devenait corps de Jésus-Christ dans la réception, c'est-à-dire que Scaliger était luthérien et non calviniste ; 2° qu'il reconnaissait néanmoins que le sentiment des Pères était absolument conforme aux catholiques, et qu'ils enseignaient que le pain devient corps de Jésus-Christ même avant la réception ; 3° il déclare que c'est en vain que les calvinistes prétendent prouver leur doctrine par les Pères ; 4° il dit que c'était aussi le sentiment de Marnixius, savant protestant, qui se moquait de du Plessis qui l'avait entrepris.

Le savant Casaubon, l'un des plus habiles que les religionnaires aient eu dans leur communion, était de même sentiment que Scaliger ; et le respect qu'il avait pour les Pères lui donnait un extrême éloignement du sieur du Moulin et des ministres de France, qui se jouaient de leur autorité, ou qui la rejetaient ouvertement.

Nous en avons des preuves non suspectes dans un recueil de lettres des remontrants et autres ministres, imprimé à Amsterdam en 1660, sous le titre de : *Præstantium et eruditorum virorum Epistolæ ecclesiasticæ*, etc. On voit entre autres dans la page 524 le récit d'une conférence que Witembogard, grand ami d'Arminius, et l'un des principaux chefs de la secte des remontrants, qui était venu en France avec les ambassadeurs de Hollande, eut avec Casaubon en 1610. Le ministre Pœlembourg, autre remontrant qui le produit, déclare qu'il en a l'original entre les mains, écrit de la propre main de Witembogard. Casaubon lui déclara franchement dans cet entretien qu'il était fortement attaqué par M. du Perron ; que *c'était un foudre*, FULMEN *hominis ;* qu'il avait subsisté néanmoins, grâces à Dieu, mais qu'il lui avait donné *beaucoup de scrupules* qui lui restaient et auxquels il ne savait pas bien répondre. *Je me fâche de rougir*, dit-il, *et l'échappade que je prends est que je n'y puis répondre, mais que j'y penserai.* C'était sa disposition générale. Il témoigne ensuite qu'il y a diverses choses qui lui déplaisent dans l'une et dans l'autre religion ; et il marque premièrement ce qu'il trouve à redire dans la doctrine des catholiques. Mais il est bien remarquable qu'il ne parle point du tout de la doctrine de la présence réelle, quoique ce soit le principal objet de l'aversion des autres ministres. Il se réduit à ce qu'il appelle *la tyrannie du pape, au décret du concile de Trente touchant les livres apocryphes et les images,* sans dire un seul mot de l'Eucharistie. Mais quand il marque ce qu'il trouve à redire dans la doctrine des prétendus réformés, il ne garde pas le même silence, et il déclare nettement qu'il n'approuve point leur doctrine sur ce point. Car, après avoir témoigné *que leur police ecclésiastique ne lui semblait pas s'accorder avec l'antiquité ;* après avoir taxé *leur peu de dévotion en l'acte même de la cène ;* après avoir reconnu *que c'était la coutume de l'antiquité de porter la cène aux malades,* il ajoute sur la doctrine même de l'Eucharistie : *Pour le sacrement même, il est certain que l'antiquité donne à entendre qu'il y a bien quelque autre chose* (que ce que disent les réformés). *Du Plessis* (contient) *beaucoup de faussetés, et du Moulin aussi.* Enfin il conclut tout cela par cet aveu sincère, *qu'il était dans la plus grande peine du monde, et que d'un côté et d'autre il était mal.*

Voilà quelle était dans l'esprit de Casaubon cette évidence prétendue des Pères pour la doctrine des ministres. Il ne doutait pas au contraire que l'antiquité ne leur fût contraire. Et pour montrer que Witembogard ne lui a point imposé dans ce récit, et qu'il a cru effectivement que les nouveaux ministres s'éloignaient de la doctrine des Pères sur ce point, et abusaient de leur nom, on n'a qu'à lire une lettre latine du même Casaubon à Witembogard, qui est insérée dans ce recueil, pag. 529. *Il faut que je vous avoue,* lui dit-il, *que je suis extrêmement troublé de ce qu'on s'éloigne si étrangement de la foi de l'ancienne Église ;* ME, NE QUID DISSIMULEM, HÆC TANTA DIVERSITAS A FIDE VETERIS ECCLESIÆ NON PARUM TURBAT. Car, *pour ne point parler des autres points, Luther s'est éloigné des anciens sur le sujet des sacrements ; Zwingle s'est éloigné de Luther ; Calvin a abandonné l'un et l'autre, et ceux qui ont écrit depuis ont abandonné Calvin. Car c'est une chose très-constante et très-assurée, que la doctrine de Calvin sur l'Eucharistie est très différente de celle qui est contenue dans le livre de du Moulin, et que l'on prêche ordinairement dans nos églises. Et c'est pourquoi ceux qui combattent du Moulin lui opposent aussi bien Calvin que les anciens Pères de l'Église. Si nous continuons d'aller ce train, quelle sera la fin de tout ceci ? Mais comment est-ce que du Moulin, qui rejette comme supposés tous les livres des anciens Pères qui sont contraires à sa doctrine, espère d'en persuader ceux qui sont seulement médiocrement habiles ? S. Cyrille de Jérusalem est pour lui un écrivain supposé. Il parle de même de S. Grégoire de Nysse et de S. Ambroise. Enfin tous les écrits des Pères sont faux. Mais pour moi je suis assuré que c'est lui qui en juge faussement, et que ces écrits qu'il rejette comme supposés sont très-véritables* (1).

Ces sentiments de Casaubon le rendirent odieux à quelques ministres, et il s'en plaint lui-même dans une lettre qu'il écrit à Héinsius, où il déclare que c'est le respect qu'il a pour les Pères qui le faisait haïr par ceux qui faisaient gloire de les mépriser. *Sachez,* lui dit-il, *que je ne suis l'objet des médisances que de ceux qui se moquent des Pères de l'ancienne Église, et qui ont pour eux une haine implacable. Car il y a certaines gens qui s'imaginent qu'il n'y a qu'eux seuls qui possèdent la science, qu'ils sont les seuls qui entendent l'Écriture, qu'ils sont les seuls qui composent l'Église de Dieu et l'héritage du Seigneur. Ces personnes ne sau-*

---

(1) Si sic pergimus, quis tandem erit exitus? Jam quod idem Molinæus omnes veterum libros suæ doctrinæ contrarios respuit ut ὑποβολιμαίους, cui mediocriter docto fidem faciet? Falsus illi Cyrillus Hierosolymitanus, falsus Gregorius Nyssenus, falsus Ambrosius, falsi omnes. Mihi liquet falli ipsum, et illa scripta esse verissima quæ ipse pronuntiat ψευδεπίγραφα.

raient souffrir même le nom des saints Pères dont le Seigneur s'est servi autrefois si heureusement. Du Moulin, ministre de Paris, est de ce nombre (1), et il n'a pas eu de honte d'appeler dans un de ses écrits S. Cyprien anabaptiste, afin de ternir la mémoire de ce martyr de Jésus-Christ par l'infamie de cette nouvelle hérésie. Que vous dirai-je des excès pleins de témérité que les autres commettent sur ce sujet ? Ces personnes ne craignent pas de représenter les Pères comme des demi-païens, des ignorants dans la science de l'Écriture, des fous, des étourdis, des stupides, des impies; sous prétexte de combattre les erreurs de ceux qui sont soumis au pape, ils portent des coups mortels à l'ancienne Église. Pour moi, je vous avoue que cette licence, ou plutôt cette détestable impiété ne me plaît point.

Si les Pères étaient si favorables aux ministres, en vérité ils les ménageraient davantage, et ils ne prendraient pas tant de soin de les décrier avec une malignité qui a scandalisé les plus modérés d'entre eux. C'est une grande marque qu'ils n'espèrent pas y trouver beaucoup d'appui, et qu'il y a plus de grimace et de mine que de sincérité, lorsqu'ils soutiennent en d'autres endroits que les Pères sont de leur parti.

Aussi il est remarquable qu'entre les ennemis de la doctrine de l'Église catholique sur l'Eucharistie, ceux qui font une profession plus ouverte de n'avoir aucun égard aux opinions des hommes quels qu'ils soient, ayant moins d'intérêt de déguiser les sentiments des Pères, parce qu'il leur est plus libre de les rejeter, reconnaissent aussi plus franchement que l'ancienne Église leur est contraire, et favorise les catholiques sur l'Eucharistie.

Les sociniens en peuvent servir de preuve. Ce sont des gens qui ne font nulle difficulté de condamner tous les conciles et tous les Pères; qui n'ont nul égard à la tradition, et qui en font une profession ouverte. Ils sont unis avec les calvinistes dans la condamnation de la doctrine de la présence réelle, et ils la rejettent par les mêmes raisons qu'eux, c'est-à-dire, par des raisons philosophiques, et par de prétendues contrariétés avec l'Écriture. Ils n'ont néanmoins aucun intérêt d'avouer que les Pères soient favorables aux catholiques; et ils auraient plus d'avantage à le nier. Mais aussi, comme l'autorité des Pères ne leur est pas assez considérable pour se donner la gêne à corrompre leurs sens par des solutions manifestement forcées, ils ont trouvé qu'il était et plus court et plus sincère de reconnaître que les Pères n'étaient pas pour eux, et qu'ils avaient enseigné la présence réelle.

C'est l'aveu que fait Smalcius, pasteur des sociniens de Racovie, dans sa réfutation des thèses de Franzius, luthérien, sur le sujet de la cène du Seigneur. Car ce luthérien lui ayant allégué un lieu de S. Chrysostôme, voici ce qu'il y répond : *Il est bon de remarquer*

(1) Celui qui a fait imprimer cette lettre de Casaubon dans ce nouveau recueil, remarque qu'on a retranché ces paroles qui regardent du Moulin dans le recueil des lettres de Casaubon.

que Franzius ne cite pas un seul passage de l'Écriture dans toutes ses thèses (sur l'Eucharistie), *et qu'il rapporte seulement un passage de Chrysostôme ; ce chardon étant digne des lèvres d'un âne tel que lui, afin qu'il parût clairement que ce qu'il dit de la cène du Seigneur n'a rien de commun avec l'Écriture, et que c'est une* PURE INVENTION DE CETTE *Église corrompue dans laquelle Chrysostôme présidait*. C'est-à-dire que, selon ce socinien, l'opinion de la présence réelle est une invention de l'Église du quatrième siècle, dans laquelle les principaux Pères ont vécu, et qu'elle fait partie de cette corruption imaginaire que ces détestables hérétiques osent lui attribuer.

Socin parle encore plus précisément et plus généralement. Il se plaint de ce que l'on s'arrête aux Pères; et il avoue que de les prendre pour juges, c'est faire perdre la cause aux luthériens et aux calvinistes, et à tous ceux qui se sont séparés de l'Église romaine. *Toutes les divisions qui sont dans l'Église*, dit-il (Epist. ad Radecium, p. 113), *n'arrivent que de ce qu'on ne s'attache pas à la seule parole de Dieu ; et qu'outre les saintes Écritures, on a encore beaucoup de respect pour je ne sais quels conciles, pour les Pères, pour l'antiquité ; en sorte qu'on les égale presque aux oracles divins, quoique toutes ces choses et les autres de même genre ne doivent servir aux gens d'esprit et de sens qu'à leur faire connaître quelle était la foi de l'Église en ce temps-là, et à les porter à ne pas s'éloigner sans raison des dogmes qui y ont été reçus. Mais de vouloir, contre les témoignages clairs de l'Écriture, soutenir opiniâtrement des opinions, parce que les Pères les approuvent, c'est vouloir renverser à dessein la vérité divine, et donner une large ouverture au rétablissement du règne de l'Antechrist*; c'est ainsi qu'il appelle la doctrine de l'Église romaine. Voilà ce que Socin appréhende de l'attachement aux Pères et aux conciles; et voici la preuve qu'il en apporte. *Qu'on lise*, dit-il, *les écrits des papistes contre les luthériens et les calvinistes, et l'on reconnaîtra clairement, que si, outre les saintes Écritures, il faut encore s'arrêter à l'autorité des Pères, il faut que tous tant que nous sommes*, c'est-à-dire, luthériens, calvinistes et sociniens, *nous perdions notre procès*. LEGANTUR modò *pontificiorum scripta adversùs lutheranos et calvinianos, et satis intelligetur, si præter sacras Litteras illorum auctoritati sit standum, nobis omnibus causâ cadendum esse.*

Qu'est-ce qui peut avoir obligé Socin à parler de cette sorte, que la vérité qui le convainquait, et le désir de s'exempter par là de la peine d'expliquer toujours les Pères dans un sens contraire à leurs paroles ? Sans doute que nous trouverions bien des aveux semblables dans les livres des ministres de France, s'ils n'étaient retenus par la crainte de se nuire, et par le préjudice qu'ils voient bien qu'ils feraient à leur parti. Et néanmoins comme la contrainte et le déguisement sont toujours incommodes, il s'en trouve qui parlent sur ce point d'une manière fort différente de M. Claude, et qui sont bien éloignés de faire paraître cette confiance qu'il affecte.

Je ne crois pas que messieurs les religionnaires puissent avoir M. Daillé pour suspect. Ils n'en ont guère certainement de plus habiles que lui, ni qui aient même plus travaillé pour eux. Cependant ce ministre est si éloigné de croire que les Pères soient clairement pour ceux de son parti, et qu'il soit facile d'en persuader le monde, qu'il a fait un livre exprès pour montrer qu'on ne les doit pas reconnaître pour juges, ni des autres controverses, ni de celle de l'Eucharistie ; et il entreprend expressément de prouver qu'on ne peut que très-difficilement s'assurer de leur sentiment.

C'est par où il commence de proposer le dessein de son ouvrage. *Les Pères*, dit-il, *ne peuvent être juges des controverses aujourd'hui agitées entre ceux de l'Église romaine et les protestants, parce qu'il est, sinon impossible, du moins très-difficile, de savoir nettement et précisément leur sentiment.*

Il semble, à entendre parler M. Claude, que dans ces *beaux jours de* l'Église, comme il les appelle, c'est-à-dire, dans les huit premiers siècles, toutes les chaires retentissaient de l'explication de l'opinion des sacramentaires, et que les livres des Pères ne parlaient d'autre chose. *C'est ainsi*, dit-il, *que ces bons serviteurs de Dieu prenaient soin d'instruire leurs troupeaux, pour éclaircir et ôter toutes les difficultés qui pouvaient naître de ce qu'on appelait communément le Sacrement, le corps de Jésus-Christ ; et leurs troupeaux aidés, par la lumière de l'Écriture, par le perpétuel témoignage des sens, par la vive force de la raison, et par les claires explications qu'ils recevaient sans cesse de leurs pasteurs, ne pouvaient prendre d'autre impression que celle que la nature même de la chose leur donnait, qui est que le pain et le vin, sanctifiés par la parole de Dieu, nous deviennent non une figure vaine et creuse, mais une figure solide et efficace, et un grand sacrement, qui nous représente et qui nous communique le corps et le sang de Notre-Seigneur Jésus-Christ..... La vérité positive que nous croyons*, dit-il encore, *y était enseignée d'une manière si claire, si forte et si distincte, qu'elle dissipait toutes les difficultés qui pouvaient naître de ces expressions : Le pain est le corps de Jésus-Christ ; les Pères prenant soin de s'expliquer nettement, et de prémunir les esprits des peuples contre l'erreur.*

C'est ainsi que l'on doit parler selon le dessein de M. Claude ; car cela donne dans les yeux des ignorants. Mais comment les ministres parlent-ils quand ils disent ce qu'ils pensent ? On le peut apprendre de M. Daillé (du vrai Emploi des Pères, ch. 2, p. 19) : *Il est difficile*, dit-il, *d'apprendre par iceux, c'est-à-dire, par les livres des Pères des six premiers siècles, quelle a été la créance de leurs auteurs sur les articles dont la chrétienté est aujourd'hui en différend : car les matières dont ils traitent en sont pour la plupart très-éloignées. Ces auteurs, selon de besoin de leur temps, s'occupent ou à justifier le christianisme des crimes dont il était calomnieusement chargé, ou à bafouer l'extravagance et l'impiété du paganisme, ou à convaincre la dureté des Juifs, ou à exhorter les fidèles à la patience et au martyre, ou à exposer quelque passage de l'Ecriture sainte ; choses qui toutes n'ont que bien peu de rapport aux controverses présentes, dont ils ne parlent jamais ; et ne pensant à rien moins qu'à nous, ils jettent quelques mots çà et là, où les uns et les autres pensent parfois apercevoir leur créance clairement exprimée, en vain le plus souvent, et presqu'en la même sorte que celui qui dans le son même des cloches rencontrait, ce lui semblait, les désirs et les affections de son esprit.* Et ensuite, après avoir fait un grand dénombrement des matières traitées par les Pères : *Quel rapport*, dit-il, *de tout cela avec la transsubstantiation, et l'adoration de l'Eucharistie, et la monarchie du Pape ?* De sorte que, si l'on en croit M. Daillé, on voit l'opinion des sacramentaires dans les livres des Pères, *comme l'on entend tout ce que l'on veut dans le son des cloches.*

Il est vrai qu'il prétend que l'on n'y voit pas plus clairement celle des catholiques que la sienne ; mais il n'a pas charge de parler pour eux, et l'on n'a pas sujet de s'en rapporter au jugement qu'il en fait. Il n'est croyable qu'en ce qu'il dit de l'opinion des calvinistes ; et personne ne peut avoir pour suspect son témoignage en ce point, puisqu'il n'y a qu'un reste de sincérité et de bonne foi, qui demeure quelquefois malgré les contestations et les préjugés, qui ait pu tirer cet aveu de lui.

Si l'on en croit de même M. Claude, il n'y a pas un passage des Pères des huit premiers siècles qui puisse donner la moindre idée de la présence réelle et de la transsubstantiation. Tous les fidèles n'avaient aucune peine à entendre toutes leurs expressions. Ils y entraient tout d'un coup, sans même apercevoir le sens métaphorique, c'est-à-dire celui de la présence réelle. Enfin, si Paschase n'avait inventé ce sens, jamais il ne serait venu dans l'esprit de personne. Cela ne coûte rien à écrire, et cette hardiesse plaît à certaines gens. Mais demandons néanmoins à M. Daillé s'il est si assuré de ces solutions de *figure* et *de vertu*, avec lesquelles M. Claude s'en démêle, s'il entre sans peine dans ces passages, si les explications que les ministres y donnent sont si faciles, si naturelles, si conformes au sens commun.

Ce ministre tâche de prouver que les Pères ne sont pas partout clairement pour les catholiques, et qu'il y en a qui semblent inexplicables dans leur sens ; ce qu'on ne doit pas trouver étrange, puisqu'étant protestant il doit parler de cette manière de ce qui regarde les catholiques. Mais écoutons ce qu'il avoue des passages qu'on oppose aux calvinistes ; c'est en quoi il mérite qu'on le croie. *Si vous prenez le revers*, dit-il, *il y a d'autres passages qui semblent ne pouvoir en façon quelconque admettre le sens des protestants ; comme ceux qui disent formellement que le pain change de nature, que par la toute-puissance de Dieu il devient la chair du Verbe, et semblables. Et sur chacune des controverses il se trouve de tels passages de l'une et de l'autre sorte, dont les uns semblent inexplicables au sens de l'Église romaine, et les autres au sens de ses parties. Si le cardinal du Perron et autres esprits* sublimes, soit en l'un soit en l'autre parti, protestent de n'y trouver aucune difficulté, il faut avouer ou qu'ils ne le disent que par bravade, faisant bonne mine à mauvais jeu; ou que le reste du monde a la vue et l'esprit merveilleusement faibles, de ne voir que ténèbres où ces gens ne voient que lumière.

Ce n'est pas faire tort à M. Claude que de le mettre entre ces esprits sublimes qui ne trouvent nulle part aucune difficulté ; car jamais homme n'en trouva moins. Il ne veut pas même qu'on l'aperçoive. Mais comme il n'est guère probable que tout le monde ait l'esprit si faible, que de ne voir que ténèbres où il n'aperçoit que des lumières, je pense que le parti qu'on prendra naturellement sera de le mettre au rang de ces gens, dont, selon M. Daillé, les paroles ne doivent être prises que pour des *bravades de personnes qui font bonne mine à mauvais jeu.*

M. Daillé confirme tout cela par une maxime générale, qu'il établit en ces termes. *Si les Pères*, dit-il, *eussent vécu de notre temps, ou qu'on leur eût remué les différends d'aujourd'hui, je crois fermement qu'ils s'en fussent très-bien expliqués : mais ne les ayant maniés qu'à tâtons en tombant en propos, plutôt par rencontre que par dessein formé, il ne faut pas trouver étrange, s'ils ne s'y font entendre qu'à demi. Car, comme chacun le peut assez remarquer en la vie commune, les propos tenus sans dessein ne sont jamais nets et précis, mais pendants et ambigus, qui peuvent se rapporter à diverses intentions.*

C'est ce qu'il entreprend de prouver par la manière dont les Pères ont parlé, avant l'arianisme, de l'éternité de la nature divine de Jésus-Christ. *S'ils en disent*, dit-il, *quelque mot, c'est à demi-bouche et non jamais par dessein : d'où vient aussi que leurs propos sur ce sujet sont autant obscurs et difficiles à bien résoudre que ceux qu'ils tiennent parfois sur nos controverses.* Ce qu'ayant prouvé par quelques exemples, il ajoute : *Puis donc qu'ils en ont usé ainsi ès autres sujets, quelle merveille qu'en ceux dont nous sommes aujourd'hui en différend ils en aient fait de même; qu'ayant vécu longtemps auparavant que la plupart de ces controverses eussent été remuées, ils en aient parlé obscurément, ambiguement et confusément ? J'estime quant à moi qu'il y aurait plutôt à s'étonner s'ils avaient fait autrement... Comparez, je vous prie, les dires des Pères sur la divinité et éternité du Fils de Dieu avec leur dire sur la nature de l'Eucharistie. Certes vous verrez que les uns ne sont pas plus éloignés de la vérité que l'on tient aujourd'hui sur ce dernier point, que les autres l'étaient de la doctrine déclarée autrefois au concile de Nicée. Nicée définit que le Fils est consubstantiel au Père; le concile d'Antioche l'avait nié. Que les Pères donc ou disent ou nient que l'Eucharistie soit réellement le corps de Christ, ils ne contrediront pas pour cela ton opinion, qui que tu sois, ou romain ou protestant, plus fortement que les Pères d'Antioche avaient en apparence contredit ceux de Nicée. Ajoutez maintenant que comme les Ariens n'avaient aucun droit de tirer à leur opinion, ni d'alléguer comme pièces décisives de leur question, tels propos innocemment jetés par les plus anciens Pères, et sur autres sujets, sans autre dessein de traiter celui-ci : nous n'avons non plus à vrai dire aucune raison, ni toi, ni moi, d'alléguer comme sentences prononcées sur nos causes nées depuis peu, les dires des anciens Pères écrits par eux sur d'autres matières plusieurs siècles auparavant, auxquelles ils ne pensaient aucunement, et sur lesquelles aussi, par conséquent, ils se sont exprimés fort diversement et quelquefois même en apparence contradictoirement... Nous devons faire tous efforts de bien résoudre ce qui, en leurs écrits et de leurs semblables, semble choquer la véritable créance que nous avons sur l'Eucharistie et autres articles, sans nous étonner si parfois nous y rencontrons des passages qui nous paraissent inexplicables ; car il se peut faire qu'ils soient tels en effet, puisqu'à été bien possible que sur la personne et les natures du Fils de Dieu il leur soit échappé de telles expressions.*

Ensuite ayant fait voir que les Pères avaient eu dessein d'être obscurs sur le sujet de l'Eucharistie, pour cacher ce mystère aux catéchumènes, *puis donc,* dit-il, *qu'en cette matière et en d'autres ils ont eu dessein de nous couvrir leurs pensées, il ne faut pas s'étonner si leurs expressions sont souvent obscures, et ce qui suit de l'obscurité, si elles semblent par fois se choquer et se contredire les unes les autres. Plutôt y aurait-il occasion de trouver étrange que tels personnages doctes et habiles, la plupart voulant être obscurs sur ces points, nous en eussent laissé leur opinion clairement exprimée en leurs écrits. Mais il y a plus : car quelquefois même qu'ils n'ont pas dessein d'être obscurs, ils ne laissent pas d'en avoir l'effet.*

Le dessein de M. Daillé dans tous ses discours est de montrer en général qu'il ne faut pas prendre les Pères pour juges des controverses, et en particulier de celles de l'Eucharistie. Les catholiques ne lui accorderont nullement ce point, parce qu'ils prétendent avec raison que les Pères sont clairement pour eux, et qu'encore qu'il y ait des difficultés, elles ne sont pas telles qu'elles puissent étouffer cette clarté : mais ils demeurent bien d'accord que cette voie, qui consiste dans l'examen de toute la tradition, est une voie longue, et qu'elle n'est pas proportionnée à toutes sortes d'esprits, y en ayant beaucoup qui ne peuvent pas rassembler tant de choses pour en former un jugement équitable, et auxquels par conséquent il faut une voie plus courte.

Ce n'est pas ici le lieu de prouver qu'ils ont raison en l'un et en l'autre point. Mais ce qui est certain, c'est que toutes les personnes qui seront du sentiment de M. Daillé, et qui seront persuadées comme lui qu'on ne doit point décider la question de l'Eucharistie par les Pères; qu'ils sont trop obscurs et trop embarrassés pour cela; qu'il est difficile de les accorder ensemble, ne pourront pas refuser de se rendre aux preuves de la Perpétuité, au cas qu'ils les jugent évidentes, et que cette prétendue évidence des preuves de fait d'Aubertin, auxquelles M. Claude prétend les renvoyer, ne les empêchera pas, puisque cette évidence prétendue est détruite dans leur esprit par la certitude et la conviction qu'ils ont de l'inévidence de ces preuves. Ils sont dans l'état que nous avons représenté : au lieu des lumières et des clartés que leur promet M. Claude, ils n'ont trouvé dans l'examen des preuves de fait que des obscurités et des ambiguités. Comment pourraient-ils donc raisonnablement refuser de se rendre au consentement de toutes les nations du monde dans la doctrine de la présence réelle, qui ne peut être en effet que de la Perpétuité de cette doctrine dans l'Église?

Voilà donc déjà un genre de savants protestants auxquels ce livre peut être utile, sans qu'il soit accompagné de l'examen des preuves de fait : et ce genre comprend proprement les plus habiles et les plus sincères, puisqu'il comprend les gens faits comme Scaliger, Casaubon, Marnixius et M. Daillé. Mais il s'ensuit de là qu'il y en a bien d'autres qui doivent juger comme eux, que leurs preuves de fait ne sont pas fort évidentes. Car quel jugement en peuvent faire ceux qui ne les ont point examinés, et qui ne sont point capables de les examiner, s'ils en veulent juger raisonnablement? D'un côté ils entendent les catholiques qui déclarent hautement qu'ils ont toute la tradition pour eux, et qui en montrent l'effet dans la persuasion de tous les peuples de la terre. De l'autre ils entendent une douzaine de déclamateurs calvinistes, qui les assurent que les Pères sont clairement pour les protestants, et qu'il n'y a aucune difficulté dans tous leurs passages, quoique par malheur toute la terre les ait pris à contre sens. Il est impossible, s'ils ont un peu de raison, que cette prétention ne leur semble étrange : et sur cela s'adressant à ceux qui paraissent les plus sincères et les plus habiles parmi eux, ils entendent de leur bouche, ou que les Pères leur sont contraires, ou qu'il ne faut pas penser terminer cette question par les Pères; qu'ils sont remplis d'ambiguités et d'obscurités; que la pensée de ceux qui croient trouver clairement leurs opinions dans leurs livres est *semblable à l'imagination de celui à qui le son des cloches représente toutes sortes de chansons;* que ces *esprits sublimes qui n'y trouvent point de difficulté* sont des gens qui parlent *par bravade, et qui font bonne mine à mauvais jeu;* que peut-être les Pères se contredisent et sont en effet contraires, et autres choses semblables.

Comment se pourrait-il faire après cela que ces personnes se persuadassent que les preuves de fait d'Aubertin sont claires et démonstratives? Qu'ils s'en éclaircissent par eux-mêmes, dira M. Claude. Mais les uns n'ont pas le loisir : ils exercent des fonctions qui les occupent tout entiers. Les autres qui font plus des deux tiers des calvinistes en sont entièrement incapables, comme les ministres mêmes l'avouent. *Dieu,* dit Mestrezat (la Comm. à Jésus-Christ, l. 3, c. 2), *n'aurait pas donné aux hommes pour règle de leur devoir une chose dont la connaissance ne fût bien possible. Or est-il qu'il est impossible qu'un artisan ait la connaissance de tous les Pères?* M. Claude prétend-il que tous les soldats, tous les artisans, toutes les femmes calvinistes soient capables d'examiner le livre d'Aubertin et des autres, qui traitent la question de fait par les Pères? de discuter si le mot οὐσία signifie substance ou l'amas des accidents sensibles, dans le passage de Théodoret? quel est le sens des mots φύσις et de nature? ce que les Pères entendent par les mots de spirituel, d'intelligible, de νοητός, de mystère, de sacrement, de type, d'antitype, d'image? Suppose-t-il que toutes ces personnes puissent présumer raisonnablement d'avoir assez d'étendue d'esprit pour comparer ensemble tant de choses, et pour ne se laisser pas éblouir par la difficulté qui leur aura été proposée la dernière, ou qui leur aura été représentée d'une manière plus vive et plus pathétique? pour prendre le sens d'un passage par la suite du discours, par le sujet dont il traite, par la comparaison des autres expressions du même auteur? Si M. Claude est capable d'une prétention si déraisonnable, il est certain qu'il trouvera peu de personnes qui soient de son sentiment; et ainsi il n'empêchera pas qu'on ait droit de conclure que les preuves de fait dont il se vante sont inévidentes, non seulement aux savants qui ressemblent à M. Daillé, à Scaliger, à Casaubon, à Marnixius, mais aussi à la plus grande partie des calvinistes, qui doivent juger, s'ils ont tant soit peu de sens, qu'ils n'ont aucun sujet de croire que les preuves de fait d'Aubertin et des autres ministres soient telles que M. Claude les représente : et cela supposé, ils ne seront point empêchés par cette clarté prétendue, dont ils ne seraient point persuadés, de se rendre à l'évidence du traité de la Perpétuité, qui est proportionné à toutes sortes de personnes, et qui, étant fondé sur les lumières du sens commun, peut être entendu de tout le monde.

On reconnaît donc que quant à ce qu'on appelle la forme de l'argument, c'est également bien raisonner que de dire comme fait M. Claude : Les preuves de fait d'Aubertin font voir clairement que l'Église romaine a changé de créance sur le mystère de l'Eucharistie; donc ce changement n'est pas impossible. Ou comme fait l'auteur de la Perpétuité : Ce changement est impossible; donc il n'est pas arrivé. La forme de ces raisonnements est, comme j'ai dit, également concluante; mais ce qui les distingue est, que quant à la matière, cette proposition, que les preuves de fait d'Aubertin fassent voir évidemment un changement effectif de créance dans l'Église romaine, est notoirement fausse, et doit être jugée telle par la plupart des calvinistes; au lieu qu'il n'y a rien dans le raisonnement de l'auteur de la Perpétuité qui ne doive passer pour vrai, pour solide, et pour convainquant à l'égard de tout le monde.

Il ne faut donc pas s'imaginer que les affirmations téméraires et emportées, ou comme parle M. Daillé, que *les bravades* de trois ou quatre ministres fassent passer pour évident tout ce qu'il leur plaira de qualifier de ce nom, et que les protestants tant soit peu judicieux soient disposés à croire, sur leur parole, que le livre d'Aubertin ou les autres semblables, rendent palpable ce prétendu changement. Plus ils l'assurent d'une manière fière et hardie, et plus les personnes sages méprisent ces assurances, parce qu'ils voient sans peine que cette fierté ne vient point d'une persuasion forte de la vérité de ce qu'ils avancent; mais de ce que c'est leur coutume de parler ainsi de toutes choses sans discernement : ce qu'ils font assez voir, en proposant avec la même confiance les solutions les plus ridicules, que si elles étaient les plus solides et les plus certaines.

Quel jugement, par exemple, croit-on que fasse l'auteur de la Réponse à l'Office du S.-Sacrement de ce passage de S. Cyrille de Jérusalem qu'il rapporte en ces termes, en les traduisant à sa mode : *Tiens pour certain que le pain qui se voit n'est pas du pain, encore que le goût juge que c'est du pain; mais crois que c'est le corps de Christ; et que le vin qui se voit n'est pas du vin, encore que le goût le veuille; mais que c'est le sang de Christ?* On s'imagine peut-être qu'il en devrait être embarrassé ; et certainement on le pourrait être à moins : mais bien loin de cela, il y trouve la ruine de la transsubstantiation, et c'est la première conclusion qu'il en tire. *Paroles*, dit-il, *qui bien loin de favoriser la transsubstantiation d'une manière invincible, comme en le dit en marge, au contraire la ruinent entièrement, puisqu'elles nous apprennent qu'il y a du pain et du vin dans l'Eucharistie, ce que la transsubstantiation ne souffre pas.* Car si la vue et le goût déposent qu'il y a du pain et du vin, il faut nécessairement qu'il y en ait, le témoignage des sens étant infaillible, lorsque, etc. Qui s'étonnera après cela que ces messieurs se vantent d'avoir des preuves évidentes contre la présence réelle, puisqu'ils en savent bien tirer de ce passage de S. Cyrille de Jérusalem?

M. Claude n'est pas moins habile que l'auteur de cette réponse à se démêler des objections; et de la manière dont il s'y prend, il est clair qu'il trouvera tout ce qu'il voudra dans les Pères, et qu'ils ne diront jamais rien qui lui soit contraire. Nous en verrons dans la suite une infinité d'exemples; mais pour faire connaître par avance son air et son génie, l'on n'a qu'à considérer la manière dont il répond à un passage de S. Jean de Damas qu'on lui avait allégué. Il le réduit d'abord à trois points. *Après tout*, dit-il, *Jean de Damas nous dit trois choses : l'une que le pain et le vin ne sont pas des figures; l'autre, que c'est le corps même de Jésus-Christ; et la troisième, que Jésus-Christ a dit , non : Ceci est la figure de mon corps, mais : Ceci est mon corps.* Il en dit bien d'autres; mais il plaît à M. Claude de les réduire à ces trois ; et ces trois choses néanmoins, qu'il avoue que S. Jean de Damas établit, sont plus que suffisantes pour embarrasser un autre que M. Claude. Mais pour lui il se moque de cette objection : il y répond avec insulte et avec mépris. *Qu'y a-t-il dans ces paroles qui puisse être tourné en un sens de transsubstantiation, à moins que d'être déjà préoccupé ou d'avoir l'esprit déjà embarrassé par les criéries et les contestations de la dispute? Le pain et le vin ne sont pas des figures,* c'est-à-dire, *des représentations nues, ou de simples peintures; c'est le corps même déifié de Jésus-Christ; c'est-à-dire, c'est la communion à ce corps divin, comme S. Paul a pris les paroles de l'institution : Ceci est mon corps, en ce sens. Le pain que nous rompons est la communion au corps de Christ; car le pain et le vin nous communiquent vraiment le corps et sang précieux de notre Rédempteur.* C'est-à-dire, dans le langage des calvinistes, qu'ils nous communiquent moralement une vertu qui vient méritoirement du corps de Jésus-Christ. Et enfin, *Jésus-Christ n'a pas dit : Ceci est la figure, mais : Ceci est mon corps, parce qu'il a voulu donner plus de poids et plus de force à son expression, pour nous faire mieux connaître l'efficace mystique et la vertu ineffable de son Sacrement.* Voilà de quelle manière un homme qui n'aurait jamais ouï parler de cette présence réelle, que l'Église romaine enseigne, prendrait le sens de ces paroles. C'est-à-dire en un mot que selon M. Claude, le mot de *figure* signifie *figure vide d'efficace;* que le mot de *corps* signifie *figure pleine d'efficace;* et qu'ainsi quand S. Jean de Damas remarque pour exclure la figure que Jésus-Christ n'avait pas dit : *Ceci est la figure;* mais qu'il avait dit : *Ceci est mon corps,* il avait voulu seulement remarquer que Jésus-Christ n'avait pas dit *que le pain fût une figure vide d'efficace;* mais qu'il avait dit *que c'était une figure pleine d'efficace.* Que si on demande à M. Claude en quelle langue ces mots opposés l'un à l'autre, figure, corps, image, original, signifient *figure vide de vertu*, et *figure pleine de vertu,* il ne s'en met pas en peine. On a tort, selon lui, si on ne trouve cela clair comme le jour. Il lui suffit qu'ils aient ce sens dans la langue des ministres, qui ont le privilége de faire signifier aux mots tout ce qui leur plaît.

C'est ainsi que ces messieurs ne trouvent point de difficultés dans les Pères, et qu'ils font voir d'une manière palpable ce changement prétendu. C'est d'un amas de solutions semblables qu'est composé le volume d'Aubertin, qui sont enrichies d'exclamations sur lesquelles M. Claude a pris le modèle des siennes. Mais, comme j'ai fait voir, toutes ces assurances téméraires qu'il nous donne de la clarté prétendue de ces preuves de fait lui sont inutiles, et à l'égard des savants, comme M. Daillé, Marnix, Scaliger et Casaubon, Smalchius, Socin, qui sont persuadés du contraire par leur propre expérience; et à l'égard de ceux qui règlent leurs opinions sur le jugement de ces savants, plus sincères que les autres; et à l'égard de tous les simples judicieux qui se doivent croire incapables de cet examen particulier des preuves de fait, et qui doivent juger sur l'apparence extérieure qu'elles ne sont point évidentes, et que l'assurance que leur en donne M. Claude est une pure *bravade,* pour user des termes de M. Daillé. Et ainsi toutes ces personnes n'étant point retenues par cette fausse clarté, par laquelle M. Claude voudrait bien les amuser, se doivent rendre à la véritable clarté des preuves du traité de la Perpétuité, dont il n'y a personne qui soit incapable.

CHAPITRE VI.

Que les calvinistes les plus persuadés de l'évidence des prétendues preuves de fait d'Aubertin et des autres ministres se doivent rendre selon la raison aux preuves de la Perpétuité, sans qu'on soit obligé pour cela de réfuter leurs preuves de fait.

Quand le livre de la Perpétuité ne serait propre qu'aux savants sincères et aux simples judicieux et modestes, l'auteur n'aurait pas sujet de se repentir de son travail, et l'on n'aurait pas droit de lui reprocher que son traité fût inutile, puisqu'étant capable de persuader ces deux sortes de personnes, il est presque utile à tous ceux qu'on doit regarder dans les ouvrages de controverse.

Il y a tant de déréglement d'esprit dans la disposition de ceux qui sont persuadés ou qui témoignent de l'être de la clarté de leurs passages et de leurs solutions, qu'en vérité, comme il y a bien peu d'espérance de les ramener, ce ne serait pas faire grand tort à un ouvrage que de reconnaître simplement qu'il ne leur est pas propre et qu'il n'est pas fait pour eux.

Je veux bien néanmoins examiner encore ce point, et leur montrer que si le traité de la Perpétuité est tel que je soutiens qu'il est, c'est-à-dire, si les preuves en sont claires et convaincantes en elles-mêmes, comme je le ferai voir en tout ce livre, la raison les oblige de s'y rendre, quelques persuasions qu'ils aient de l'évidence de leurs prétendues preuves de fait, sans qu'il soit pour cela nécessaire d'entrer dans la discussion de tous ces passages, sans laquelle M. Claude voudrait faire croire que le livre de la Perpétuité ne peut rien prouver.

Je suppose donc des personnes dans une disposition aussi fière qu'est celle que M. Claude fait paraître, et qu'il tâche d'inspirer aux autres. Je suppose même que ce ne soit point par bravade, comme croit M. Daillé, mais par une persuasion sincère qu'ils témoignent de croire qu'Aubertin a rendu *palpable* ce changement que l'auteur de la Perpétuité représente comme impossible. Je suppose enfin des gens qui fassent sérieusement cet argument : *Ce changement de créance sur l'Eucharistie est effectivement arrivé, comme il paraît par les preuves de fait qu'allègue Aubertin et les autres ministres ; donc il est possible.* Je déclare à ces personnes que je ne crois pas devoir présentement m'arrêter à l'examen de leurs preuves ; on pourra venir en son temps ; mais cependant je leur oppose seulement cet argument : *Les preuves du traité de la Perpétuité montrent clairement aussi que ce prétendu changement est impossible : donc il n'est point arrivé ; et vos preuves de fait ne peuvent être que des illusions de votre esprit ;* et je prétends que leur argument doit céder à celui-ci ; et que, sans entrer dans ces discussions qui ne finissent jamais, ils doivent renoncer à leur schisme et se rendre catholiques.

Mais afin de leur faire voir que cette prétention n'est point si déraisonnable qu'elle leur pourrait paraître d'abord, il faut leur dire de quelle sorte je l'entends. Si leurs preuves de fait leur semblent évidentes, l'effet qu'elles doivent produire dans leur esprit est celui de la persuasion, supposé qu'il n'y ait point d'évidence contraire qui empêche cet effet ; mais s'il y a d'autre côté une évidence égale, à laquelle ils soient également incapables de résister, la disposition d'esprit où ces deux évidences contraires les doivent mettre, n'est pas celle de la persuasion, mais du doute et de l'incertitude ; et s'ils jugent avec certitude que leur opinion est véritable, tant qu'ils sont en cet état, ce ne peut être que par passion et non par raison.

Je sais bien qu'il est impossible qu'il y ait une évidence véritable des deux côtés ; mais il est certain qu'il peut y avoir une évidence apparente, ce qui fait le même effet ; de sorte que s'il est vrai, comme je le prétends, que le livre de la Perpétuité porte l'impossibilité de ce changement à un degré d'évidence qui frappe pour le moins autant l'esprit que toute prétendue évidence contraire ; il est certain aussi que le moindre effet qu'il doit produire sur les calvinistes judicieux et sincères, est de les jeter dans le doute, et d'empêcher ainsi qu'ils ne forment un jugement absolu.

Or, dès lors qu'on les aura conduits jusqu'à un doute dont ils ne puissent trouver d'éclaircissement, ils ne peuvent plus refuser raisonnablement de se séparer de leur secte, et de passer du doute à la certitude que la religion catholique est véritable ; et c'est en quoi consiste la preuve que j'entreprends de proposer en ce lieu.

Pour leur rendre cette vérité sensible, il ne faut que les prier de considérer que les premiers auteurs de leur secte étaient catholiques d'origine. C'est l'Église catholique qui les avait engendrés en Jésus-Christ, qui leur avait appris les vérités de la foi, qui leur avait donné les sacrements ; qui leur avait mis les Écritures entre les mains. C'est cette Église qui était en possession du ministère évangélique, et qui l'avait reçu de main en main depuis les apôtres par la succession de ses pasteurs.

Ils ne peuvent désavouer que cette Église ne soit la plus étendue, que ce ne soit la société radicale et originale dont toutes les autres se sont séparées ; et ils croient eux-mêmes qu'elle a raison dans tous les points pour lesquels elle a retranché de son sein les autres sectes qui ne la reconnaissent plus depuis longtemps.

Il serait aisé de leur montrer, selon les principes de la foi reconnus par les SS. Pères, qu'il n'est permis pour aucun sujet de se séparer de cette société matrice, originale, successive et catholique ; et qu'au lieu de conclure qu'il faut faire schisme avec cette Église, parce qu'elle enseigne telles et telles erreurs, il faut conclure au contraire qu'elle n'enseigne point d'erreurs, parce qu'il est certain qu'il ne faut jamais faire schisme avec l'Église, le crime du schisme étant toujours plus évident que ces prétendues erreurs dont on accuse l'Église. Car ce sont deux maximes également certaines en soi qu'il faut se séparer d'une

Église corrompue dans la foi, et qu'il ne faut jamais se séparer de l'Église catholique ; mais l'application de ces deux maximes n'est pas également sûre et certaine. Et c'est pourquoi tous les hérétiques, par une mauvaise application de la première, et sur une fausse supposition des erreurs qu'ils attribuaient à l'Église, en ont conclu qu'ils s'en devaient séparer : au lieu qu'étant clair au contraire qu'il ne s'en faut jamais séparer, ils devaient conclure que ce qu'ils prenaient pour erreur ne l'était pas.

C'est l'effet ordinaire de la passion et du dérèglement de l'esprit de détruire ainsi des vérités claires par des suppositions incertaines et obscures, au lieu de détruire les suppositions incertaines par les vérités claires et certaines. Mais ce n'est pas ce que j'ai dessein d'établir présentement. Je n'ai besoin que d'un autre principe, qui est tellement fondé sur les plus simples lumières du sens commun, que je ne crois pas que personne en puisse douter. C'est qu'on ne peut nier au moins qu'il n'est jamais permis de se séparer de l'Église universelle et successive, ni de faire une société à part, sans être pleinement convaincu des erreurs de cette Église que l'on quitte, et sans avoir une entière certitude de la pureté de la foi de la société à laquelle on se range.

Car la séparation contient une condamnation de cette Église ; c'est-à-dire, de tous ses pasteurs et de tous les fidèles qu'elle renferme dans son unité, et qui y ont vécu depuis que l'on y tient la doctrine pour laquelle on se sépare d'elle. Quiconque consent au schisme, prononce donc cet effroyable jugement ; et il est bien clair que ce jugement est le plus horrible de tous les crimes, s'il n'est appuyé sur l'évidence de la vérité. Car s'il n'est pas permis de condamner un seul homme sans évidence, combien est-il moins permis de condamner tous les pasteurs de l'Église et tous les fidèles qui la composent ; et non seulement ceux de ce temps-ci, mais ceux de tous les autres siècles qui ont tenu la même doctrine.

Or, quoique cette condamnation et ce jugement épouvantables se voient d'une manière plus expresse dans ceux qui ont été les premiers auteurs du schisme, il faut pourtant qu'ils se rencontrent dans tous les calvinistes généralement ; c'est-à-dire, qu'il faut qu'ils fassent tous un schisme positif avec l'Église romaine. Car quelque tendresse humaine qu'ils puissent avoir pour ceux qui les ont nourris dans leur religion, ils se doivent considérer néanmoins comme catholiques d'origine. Ils doivent penser que c'est par cette société catholique que l'Évangile est venu à eux ; que la plupart de ceux dont ils tirent la naissance temporelle y sont morts ; de sorte que s'il fallait régler les choses selon leurs désirs, et que leurs désirs fussent réglés selon la raison, ils devraient sans doute souhaiter que cette Église fût innocente, et qu'ils n'en fussent pas obligés de s'en séparer.

D'ailleurs cette société a des avantages clairs et manifestes sur la leur. Elle est en possession du ministère et de la vocation ordinaire. S'il y a quelque autorité sur la terre, il est évident que c'est elle qui la possède ; et il est visible au contraire que les ministres calvinistes n'en ont aucune. Il n'y a qu'un peu plus de cent ans qu'ils ont commencé de former un corps à part ; et l'un des plus essentiels principes de leur doctrine est qu'il n'y a point d'infaillibilité dans aucune assemblée ecclésiastique, ni par conséquent aussi dans la leur.

Il n'y a donc point de calviniste qui, toutes choses égales, ne dût souhaiter d'être catholique, et qui ne doive croire que l'Église catholique est sa société naturelle, et qu'il n'en peut demeurer séparé sans raison et sans cause. Car pourquoi ferait-il une plaie certaine à cette Église pour un mal incertain ? Pourquoi condamnerait-il ses Pères, ses pasteurs, ceux qui lui ont communiqué l'Évangile, ceux qui en sont dépositaires, ceux qu'il trouve revêtus de l'autorité de Jésus-Christ, s'il n'est entièrement certain qu'ils aient corrompu la foi par une fausse doctrine ? Qui doute que dans l'incertitude il ne faille avoir plus d'inclination pour la société la plus autorisée, la plus ancienne, la plus universelle, et qui a plus de marques de la véritable Église ? Et il ne lui servirait de rien de dire qu'il se trouve lié à une autre, et qu'il ne la doit pas abandonner sans évidence ; car il a infiniment plus de liens avec l'Église catholique qu'avec toute autre société ; et ces autres liens qu'il a contractés avec une autre société sont des liens injustes, téméraires, sacriléges, s'ils ne sont fondés sur la conviction des erreurs de la société avec laquelle il était originairement uni.

La raison l'oblige donc de se séparer de la société des calvinistes, même sans conviction et sans évidence de leurs erreurs, pourvu seulement qu'il en doute. Et si les calvinistes s'en plaignent, et qu'ils lui en demandent raison, il peut avec justice leur répondre de cette sorte : Rien ne me peut attirer à votre société que l'évidence de la vérité, puisque vous reconnaissez la pureté de la doctrine pour l'unique marque de l'Église ; rien ne me peut porter à condamner la société universelle que l'évidence de ses erreurs. Cependant je ne trouve parmi vous ni l'évidence de la vérité que vous promettez, ni l'évidence des erreurs pour lesquelles vous me voulez porter à condamner cette Église universelle. Si vous vous êtes séparés d'elle sans conviction, vous ne sauriez nier que vous ne soyez sacriléges et criminels ; je le serais donc aussi si je vous imitais sans cette conviction que je n'ai point. Comme vous n'auriez pas dû condamner l'Église catholique, si vous aviez été dans la disposition où je suis, il est clair que vous ne me pouvez pas conseiller de le faire pendant que j'y serai (1). Cette Église a des liens d'autorité, d'antiquité,

(1) Ista ergo tot et tanta christiani nominis charissima vincula rectè hominem tenent credentem in catholicâ Ecclesiâ, etiamsi propter nostræ intelligentiæ tarditatem, vel vitæ meritum, veritas se nondùm apertissimè ostendat. Apud vos autem ubi nihil horum est quod me invitet ac teneat, sola personat veritatis pollicitatio. *Aug., cont. Epist. Fund.*, cap. 4.

Cui nolle primas dare, vel summæ profectò impie-

de sainteté, de miracles, qui me peuvent attacher à elle, lors même que je n'ai pas l'évidence de la vérité de sa doctrine ; mais vous n'en avez aucun pour me retenir, sitôt que celui de cette évidence prétendue vous manque. Enfin vous seriez les plus injustes du monde, si vous osiez nier qu'elle ne mérite au moins la préférence au-dessus de vous ; et par conséquent, qu'ayant l'esprit partagé par des raisons qui me paraissent égales de part et d'autre, et ne pouvant néanmoins demeurer neutre, il ne soit de mon devoir de m'unir avec elle en me séparant de vous.

Les calvinistes diront peut-être que si leur société oblige tous ceux qui en sont de condamner l'Église romaine, de même l'Église romaine oblige tous ceux qui la composent de condamner la société des calvinistes. Or qu'il est de droit naturel et indispensable de ne condamner personne sans évidence ; qu'ils avouent donc qu'un homme dans le doute ne peut pas condamner l'Église romaine ; mais que ce même homme dans le doute ne les peut pas aussi condamner : qu'ainsi comme il ne peut demeurer uni avec eux, il ne peut aussi s'unir avec l'Église romaine, puisqu'elle l'oblige à une action qui est criminelle et injuste dans la disposition où il est.

Mais outre que cette réponse n'empêche pas que ceux qui seraient dans cette disposition ne dussent se séparer de la société des calvinistes, et qu'elle tend seulement à prouver qu'ils ne devraient pas encore s'unir à celle des catholiques, elle se détruit facilement, en distinguant deux sortes de condamnations. Car il y a une condamnation fondée sur sa lumière et sur son évidence personnelle ; et il y en a une autre qui est fondée sur l'évidence et sur la lumière des autres, qui nous est connue et dont on est assuré. Or il y a cette différence entre l'Église romaine et la société des calvinistes, que l'Église romaine, en portant ses enfants à condamner les sociétés qu'elle retranche de son sein, ne prétend pas qu'ils le doivent faire par une évidence personnelle. Il suffit qu'ils le fassent par la créance qu'ils ont en elle. Chaque catholique n'est pas obligé de dire : Je condamne les calvinistes, parce qu'il m'est évident qu'ils sont dans l'erreur. Il suffit qu'il dise qu'il les condamne avec l'Église, et par la confiance qu'il a au jugement de toute l'Église ; de sorte que son jugement n'est pas fondé sur sa propre lumière, qu'il reconnaît trop faible pour cela, mais sur la lumière générale de tout le corps de l'Église.

Il n'en est pas de même des calvinistes. Comme leur société n'a aucune autorité, ainsi que nous l'avons déjà dit, et qu'ils font même profession de renoncer à toute autorité, nul calviniste ne peut dire raisonnablement : Je condamne l'Église romaine sur la foi de mes ministres. Il faut qu'ils aient tous une évidence personnelle, fondée sur leur propre lumière, des erreurs qu'ils lui imputent. Leur jugement ne peut avoir d'autre appui que celui-là. De sorte que

tatis est, vel præcipitis arrogantiæ. Idem, *de Util. cred.*, cap. 17.

quand cet appui leur manque, il n'est plus fondé sur rien ; et par conséquent il est notoirement injuste et criminel.

De cette première différence il en naît une autre, qui est que si les catholiques concevaient des doutes, et s'ils tombaient dans cet état de juger sur quelque point les raisons des calvinistes aussi fortes que les leurs, ils ont des voies générales de sortir de ces doutes sans même les éclaircir. Car ces sortes de doutes n'étant opposés qu'à l'évidence particulière de certains points, ils peuvent être détruits par une évidence générale de toutes les vérités de foi, fondée sur les motifs généraux que l'autorité fournit. Mais les doutes des calvinistes ne se peuvent détruire que par un éclaircissement particulier ; et par conséquent les obligent à une séparation actuelle, lorsqu'ils ne trouvent point d'éclaircissement. Or, sitôt qu'ils se seront séparés de la société des calvinistes, il n'est pas difficile de leur montrer qu'ils doivent s'unir à celle des catholiques, puisque la raison leur faisant voir qu'ils ne peuvent être calvinistes sans évidence, ni neutres sans irréligion, elle les oblige de conclure qu'ils doivent être catholiques par soumission ; n'y ayant que cette Église qui puisse, au défaut de la raison et de l'évidence, les déterminer par autorité à recevoir la foi qu'elle leur propose.

On peut même leur faire trouver dans ce doute une lumière qui les assure de la vérité de la foi de l'Église catholique. Car supposons, par exemple, un calviniste persuadé d'un côté par les raisons et par les passages d'Aubertin, et retenu de l'autre par les preuves du traité de la Perpétuité, et qui tombe par ce moyen dans un état de doute et d'incertitude, il est vrai que cette incertitude toute seule ne lui donne pas lieu de conclure encore directement et positivement que l'Église romaine n'est pas dans l'erreur ; mais elle lui fait nécessairement conclure qu'il n'en est pas assuré ; et qu'ainsi ceux qui n'ont pas plus de lumière que lui n'en ont pas plus d'assurance que lui. Or cette ouverture lui fait voir d'abord que toute cette société de calvinistes, dont la plupart en ont beaucoup moins que lui, n'est composée que de gens téméraires et emportés, qui, sur de fausses lueurs, sur de méchantes raisons, condamnent l'Église romaine, faute de l'avoir écoutée et d'avoir conçu ce qu'elle disait ; que leur confiance ne vient que du défaut de lumière ; qu'ils blasphèment ce qu'ils ignorent, et qu'ils demeurent dans le schisme sans raison et sans sujet.

Cette considération le doit conduire plus avant : car elle lui doit faire juger que son doute n'étant formé que sur la contrariété qu'il trouve entre les passages de quelques Pères, qui l'éblouissent d'une part, et ces autres preuves sensibles de l'impossibilité de ce changement, qui l'embarrassent de l'autre, il s'ensuit que ceux qui sont incapables de l'examen des preuves de fait, et qui sont capables des preuves sensibles de l'impossibilité de ce changement, ont tort de ne s'y pas rendre, et que rien ne les doit empêcher de suivre la lumière qu'on leur présente dans cet écrit; puisque, comme nous avons déjà dit, la raison les porte à croire d'une part, que ces prétendues preuves de fait ne sont ni claires ni évidentes; et qu'on leur présente de l'autre une lumière qu'ils voient, et qui les doit persuader.

Il peut donc conclure de là, que tous les simples calvinistes incapables de l'examen des preuves de fait, et capables de voir ce consentement de toutes les Églises, et l'impossibilité de ce changement prétendu, sont déraisonnables de ne se rendre pas à cette raison; c'est-à-dire, qu'ils ont tort de n'être pas catholiques.

Que si de simples calvinistes ont tort de résister à cette preuve, il ne s'en suit pas seulement qu'elle est convaincante à leur égard; mais il s'ensuit qu'elle l'est à l'égard de tout le monde, par une raison fondée sur la vérité de Dieu même. Car, comme il est incapable de tromper les hommes, et que sa Providence a toujours soin qu'ils soient inexcusables dans leurs péchés, il est visible qu'il ne peut permettre qu'en faisant un usage légitime de leur raison, et n'en abusant point par cupidité et par malice, ils tombent dans des erreurs capitales qui les éloignent de la vraie religion.

Or quelle malice, quelle cupidité, quel abus de la raison y a-t-il à un chrétien simple et ignorant, à qui l'on fait voir que tous les chrétiens du monde croient la présence réelle, à l'exception des seuls calvinistes; qu'ils la croyaient universellement et sans exception avant Bérenger; qu'il est impossible qu'ils ne l'aient pas toujours crue, parce qu'il est impossible qu'ils soient venus à la croire par changement; de préférer cette créance universelle aux faibles raisonnements que son esprit lui pourrait fournir; de croire qu'il sera moins en danger de se tromper en suivant toute l'Église et tous les autres chrétiens qu'en suivant sa propre lumière; de juger qu'il est plus probable qu'il se trompe seul que non pas tous les autres chrétiens se trompent? Le moyen au contraire qu'il ne forme pas tous ces jugements. Et qu'est-ce qui l'en pourrait empêcher, sinon l'orgueil et la témérité? Ainsi, si cette opinion était fausse, il se trouverait que la raison et l'humilité porteraient à l'erreur; et qu'au contraire la témérité et l'orgueil porteraient à la vérité. Et c'est ce que je soutiens ne pouvoir jamais arriver, et être contraire à la bonté et à la vérité de Dieu même.

Il est facile de pousser ce raisonnement plus loin, et de s'en servir comme d'un moyen général pour décider toutes les controverses. Car il n'y en a aucune dont les simples, qui font la plus grande partie des chrétiens, puissent être suffisamment informés, pour en juger par eux-mêmes et par leur propre lumière. On croirait être visiblement injuste et téméraire de juger d'un morceau de terre sans écouter ceux qui y ont intérêt; ne serait-ce donc pas une témérité beaucoup plus inexcusable, de prétendre juger d'un différend où il y va de son salut, sur les raisons d'une des parties, et en se laissant emporter à la première impression? Ainsi, le moins que pourraient faire ceux qui voudraient se rendre juges des différends de religion, serait d'écouter aussi les divers partis, de peser les raisons des uns et des autres, de comparer leurs preuves, et de ne porter jugement que sur cette comparaison : d'autant plus, que l'Église catholique est un de ces partis, et qu'il n'y a point d'injustice plus visible que de la condamner sans l'entendre, et de se séparer de tant de saints qui ont vécu dans sa communion, sans être informé de leurs raisons.

Cependant il n'est pas moins évident que les simples sont incapables de cet examen, et de cette comparaison des preuves et des raisons des divers partis. Et il faut renoncer au sens commun, et se vouloir aveugler soi-même pour n'en pas demeurer d'accord. Que peuvent-ils donc faire de mieux que de se ranger dans ce jugement du côté de l'autorité? Ils ne sauraient se dispenser de juger; ils ne sauraient juger par eux-mêmes. Il faut donc qu'ils jugent par autorité. Or ils ne la découvrent que dans l'Église catholique; étant clair que les hérétiques n'en ont point, et principalement les nouveaux, à qui l'on peut appliquer ce que S. Augustin dit des manichéens : *Vos autem tam pauci, et tam turbulenti, et tam novi, nemini dubium est quin nihil dignum auctoritate præferatis* (1). C'est le plus légitime et le plus prudent usage qu'ils puissent faire de leur raison; tout autre étant visiblement téméraire, imprudent et plein d'illusion. C'est l'unique voie que Dieu leur laisse dans l'état où il a permis que les hommes fussent réduits. S'ils se trompaient en la suivant, ce serait la raison qui les tromperait, puisque c'est la raison même qui les y engage. Or c'est ce que Dieu ne peut pas permettre, et qui est contraire et à sa vérité, et à la volonté qu'il nous a déclarée par l'Écriture, de sauver les simples et de les appeler au salut. Car, étant certain qu'ils ne peuvent aller au ciel que par la voie de la vérité, et étant évident qu'ils ne sauraient suivre sans témérité d'autre voie que celle de l'autorité, il est évident aussi que la voie de la vérité, et la voie de l'autorité, ne sont pas deux voies, mais une même et unique voie, c'est-à-dire, que l'autorité est inséparable de la vérité.

Et par conséquent si les savants sont en doute de la voie qu'ils doivent suivre, ils la peuvent apprendre des plus simples; parce qu'il est encore certain qu'ils ne se sauveront pas par une autre voie qu'eux, et que ce qui est vrai à l'égard des simples, l'est aussi à l'égard des plus savants. C'est ainsi que l'on peut passer du doute à la certitude, et que l'on peut tirer des doutes mêmes des raisons de ne point douter.

Il est vrai que ces raisonnements, étant appliqués au livre de la Perpétuité, supposent que les preuves en sont claires et solides, et c'est pourquoi je ne m'en sers ici que pour détruire ces vaines exceptions de

---

(1) On peut voir sur cela tout le livre de S. Augustin : *De utilitate credendi.*

M. Claude, qui voudrait qu'on les rejetât sans autre examen, sur cette raison générale, que ce sont des preuves de raisonnement. Or c'est ce que l'on renverse absolument, en montrant comme j'ai fait : 1° Que les preuves de raisonnement pareilles à celle du traité de la Perpétuité peuvent être de leur nature aussi fortes pour convaincre un hérétique, que les preuves que l'on appelle de fait, puisque nous ne sommes assurés que ces faits soient vrais que par un raisonnement qui prouve qu'il est impossible qu'ils ne soient pas tels qu'ils sont rapportés ; 2° que supposé que les preuves de la Perpétuité soient telles que l'on prétend, non seulement elles peuvent être comparées aux preuves de fait, mais qu'elles doivent nécessairement emporter l'esprit malgré toutes ces prétendues preuves, soit qu'on les connaisse, soit qu'on les ignore ; et qu'ainsi M. Claude, en laissant tous les vains amusements de ces passages, par lesquels il voudrait nous détourner de notre chemin, et toutes ces déclamations en l'air qu'il fait contre la méthode de la Perpétuité, n'a point d'autre voie raisonnable de s'en défendre, que de montrer, s'il le pouvait, que les raisonnements de ce traité ne sont pas justes. Et c'est en quoi nous ferons voir qu'on ne pouvait guère plus mal réussir qu'il a fait dans sa réponse.

CHAPITRE VII.

Examen d'un raisonnement populaire par lequel M. Claude prétend prouver que l'auteur de la Perpétuité admet un nouveau genre d'infaillibilité.

Il y a de certaines fautes de raisonnement dont les plus grands esprits ne sont pas exempts, parce qu'elles sont si cachées que le moindre défaut d'application est capable de les y faire tomber. Mais il y en a d'autres, au contraire, si visibles, qu'il semble qu'elles ne soient pas tant des marques d'un éblouissement passager, que d'un défaut fixe et permanent de discernement et de justesse d'esprit. Ces fautes sont encore plus grandes s'il paraît que l'on ait eu de la complaisance pour ces faux raisonnements ; si l'on témoigne que l'on en ait été pleinement persuadé, et qu'on les ait crus sérieusement aussi solides qu'ils sont frivoles.

Celui que je suis obligé de reprocher ici à M. Claude est entièrement de ce dernier genre, et il est accompagné de toutes ces fâcheuses circonstances. Il consiste dans une fausse subtilité peu digne d'être proposée par une personne judicieuse ; et il paraît néanmoins que M. Claude en a été si plein qu'il s'y arrête longtemps, et qu'il a voulu lui donner un rang honorable dans sa préface, comme le jugeant propre à donner d'abord une impression favorable de sa cause, et à décrier celle de l'auteur de la Perpétuité ; de sorte qu'il donnerait lieu de ne se pas former une idée fort avantageuse de son jugement, si l'on ne savait qu'il arrive assez souvent que les passions produisent dans les personnes, qui ont d'ailleurs de l'esprit, les mêmes obscurcissements que le défaut de justesse et de lumière produit dans les autres. Je le proposerai dans les termes de M. Claude, tant afin qu'il n'ait pas sujet de se plaindre que je l'affaiblis en le rapportant, qu'afin qu'on voie mieux l'estime qu'il en a faite. *Je ne sais aussi*, dit-il, *quel jugement nous devons faire de cette nouvelle théologie qu'il nous met en avant, et sur laquelle il semble qu'il établit toute la force de ces deux traités : que le principe de l'infaillibilité de l'Église et de la persévérance dans la même doctrine est dans le peuple, et que même il y est par un ordre naturel et nécessaire ; parce que les hommes ne souffrent point qu'on leur ravisse leurs opinions sans combat et sans résistance. Jusqu'à maintenant la question de l'infaillibilité avait roulé sur trois différents sentiments. Les uns l'ont mise dans le Pontife romain ; les autres l'ont établie dans les conciles légitimement assemblés, et quelques autres ne l'ont reconnue que dans les seules Écritures divines. Et tous sont tombés d'accord que la cause en est purement surnaturelle et céleste. Mais voici un quatrième avis dont nous n'avons point encore ouï parler, qui l'établit dans le peuple, parce qu'il est naturellement ennemi des changements, ne les pouvant souffrir sans faire éclat et sans se porter aux extrémités. C'est dans cette pensée que l'auteur de la Réfutation nous avertit qu'il s'est bien donné de garde de proposer cette maxime, qu'il ne peut arriver dans l'Église de changement imperceptible dans cette généralité, et qu'il l'a restreinte et limitée aux mystères capitaux et connus par tous les fidèles d'une foi distincte, et qui obligent ceux qui ont de contraires sentiments à s'entre-regarder les uns les autres comme des impies et des sacrilèges. Et ailleurs : Dans les mystères populaires,* dit-il, *et qui doivent être connus de tous les fidèles d'une foi distincte, la foi du peuple est la véritable foi. Le corps de l'Église ne peut errer ; mais il est très-possible qu'un particulier s'égare. Si mes lumières ne me trompent, je vois fort clairement deux choses : l'une, qu'il peut arriver du changement dans l'Église à l'égard des mystères non populaires, ou qui ne sont pas connus par tous les fidèles, et qu'ainsi à cet égard il n'y a point d'infaillibilité ; l'autre, que dans ces mystères populaires la véritable foi étant celle du peuple, c'est en lui que l'infaillibilité se trouve. D'où il s'ensuit que ce n'est ni le Pape ni le concile, mais le peuple qui est infaillible, et que cette infaillibilité ne s'étend qu'aux mystères que le peuple garde. C'est à messieurs de la communion romaine à savoir s'ils approuveront cette hypothèse : car, pour nous, nous ne reconnaissons rien d'infaillible que Dieu parlant dans les Écritures, et agissant par sa lumière et sa grâce dans l'âme de ses vrais enfants.*

Si j'avais le bonheur de conférer avec M. Claude avant que d'entreprendre de réfuter ce discours, je me croirais obligé de le prier de le considérer un peu davantage, et de me dire sérieusement s'il s'y tient, s'il en est persuadé, et s'il n'en reconnaît point la fausseté de lui-même ; et peut-être que cet avertissement, joint avec un peu de réflexion, suffirait pour lui ouvrir les yeux, et lui faire voir ce qu'il ne voit pas. Mais puisque la manière dont notre dispute se traite ne me permet pas de lui rendre cette sorte de civilité, je suis obligé de lui dire que non seulement ses lumières le trompent, mais qu'elles le trompent d'une manière tout à fait grossière, pour ne rien dire davantage.

L'auteur de la Perpétuité ne prétend nullement désavouer l'infaillibilité de l'Église et des conciles, à l'égard de toutes sortes de mystères populaires et non populaires. Il ne prétend point attribuer au peuple d'autre infaillibilité que celle que tout le monde lui attribue, et que M. Claude lui donne lui-même. Et toutes ces objections ne sont qu'un amas de songes et de chimères, dont il est impossible que M. Claude n'ait un peu de honte, lorsqu'on lui aura expliqué ce qu'il aurait dû entendre de lui-même.

Il y a dans l'Église une infaillibilité de grâce et de privilége, c'est-à-dire, qui dépend d'une faveur toute gratuite de Dieu, qui y conservera la vraie foi jusqu'à la fin des siècles, et cette infaillibilité ne s'étend pas seulement aux mystères capitaux, mais à tous les points qui sont mis par l'Église universelle au nombre des articles de sa foi. Il n'y a point de catholique qui puisse désavouer cette sorte d'infaillibilité, et l'auteur de la Perpétuité est bien éloigné d'en avoir jamais eu la moindre pensée.

Mais cette infaillibilité de l'Église, étant niée par les hérétiques, ne peut pas servir de principe contre eux, à moins qu'on ne l'établisse par des preuves séparées. Car les calvinistes ne se trouveraient pas sans doute suffisamment réfutés sur la matière de l'Eucharistie, si l'on se contentait de faire contre eux ce raisonnement : Toute doctrine condamnée par une Église infaillible est fausse ; or, la créance des calvinistes sur l'Eucharistie est condamnée par l'Église catholique qui est infaillible ; donc elle est fausse. Ce n'est pas que ce raisonnement ne soit bon ; mais la mineure, qui dit *que l'Église catholique est infaillible*, étant contestée, et faisant un des principaux points des controverses, il est clair que pour s'en servir utilement, il faudrait l'avoir établie auparavant ; c'est-à-dire, qu'il faudrait avoir fait un traité entier de l'infaillibilité de l'Église, avant que de l'employer. Ce n'est point une chose claire de soi-même que cette infaillibilité, puisqu'elle dépend uniquement de la volonté de Dieu, qu'il nous a déclarée par l'Écriture. L'Église n'étant pas naturellement infaillible, c'est par les principes de la foi et par une longue suite de raisonnements qu'on doit prouver qu'elle l'est surnaturellement. On voit par là que l'infaillibilité de privilége qui réside dans l'Église universelle, est un principe à prouver, et non pas à supposer ; et ainsi l'on ne doit pas trouver étrange que l'auteur de la Perpétuité, qui n'a point entrepris de faire un traité de l'Église, n'ait pas cru se devoir servir de cette espèce d'infaillibilité : mais de conclure de là qu'il l'a niée et qu'il ne la reconnaît point, c'est peut-être une des plus téméraires et des plus injustes conséquences qui ait jamais été tirée, quoique M. Claude l'ait fait dès la préface même de son livre. Il pouvait conclure de même que l'auteur de la Perpétuité ne reconnaît pas l'Écriture pour infaillible, parce que son argument n'est pas fondé sur l'infaillibilité de l'Écriture. Et enfin il le pourrait rendre hérétique sur autant de points qu'il y en a dont il ne parle pas dans son livre, et dont il n'a pas dû parler.

Je crois que M. Claude s'aperçoit déjà d'une partie de son illusion sur le sujet de cette infaillibilité de privilége, qu'il accuse faussement l'auteur de la Perpétuité d'avoir niée. Et il n'est pas difficile de lui découvrir aussi son égarement sur le sujet de cette infaillibilité populaire, sur laquelle il triomphe avec si peu de raison. Il s'étonne que l'on dise que le peuple est infaillible en quelque rencontre. Mais il est étrange qu'il n'ait pas reconnu la vérité d'une chose qu'on ne peut nier, pourvu qu'on y fasse un peu de réflexion. Car c'est une vérité indubitable, qu'il y a une infinité de choses, où non seulement l'Église tout entière, non seulement tous les peuples de la terre, mais un peuple particulier, une province, une ville, une bourgade, une douzaine de personnes, un seul particulier est infaillible en la manière qu'on l'entend ; c'est-à-dire qu'il ne peut arriver, ni qu'il se trompe, ni qu'il veuille tromper.

Il y a mille nouvelles à l'égard desquelles le gazetier même est infaillible, c'est-à-dire, où son témoignage est certain et indubitable : et M. Claude ne doit point du tout craindre de se tromper quand après qu'il aura vu quelque nouvelle considérable, facile à savoir, d'un pays qui ne soit point fort éloigné, et où plusieurs personnes prennent intérêt, et dans laquelle il serait ridicule et inutile de mentir, il croira avec une entière assurance ce qu'il en lira dans la gazette. Il peut croire, par exemple, avec certitude le voyage du roi dans les Pays-Bas, la prise de Tournai, de Douai, de Courtrai, de Lille. Je lui conseille aussi de ne témoigner jamais aucun doute de la canonisation de S. François de Sales, de la mort du Pape Alexandre VII, de l'élection du Pape Clément IX. Cependant il sait tout cela que sur le rapport d'hommes très-faillibles ; mais ces nouvelles néanmoins ne laissent pas d'être accompagnées de circonstances qui les rendent infaillibles. Il y a de même une infinité de choses que l'on sait infailliblement dans l'histoire, dans la géographie, dans la chronologie. Et je puis dire même que, quoique je n'aie aucun dessein d'attribuer l'infaillibilité à M. Claude, je suis disposé néanmoins à le croire infaillible dans certaines choses ; et que quand je verrai qu'il ne peut avoir intérêt en quelque chose, qu'il est impossible qu'il s'y trompe volontairement, qu'il ne pourrait avoir dessein de tromper le monde, sans avoir celui de passer pour insensé, je croirai son témoignage certain. Tout cela est fondé sur l'impossibilité de l'erreur volontaire et involontaire en certaines circonstances ; et ces circonstances peuvent arriver à l'égard de tous les peuples, d'un seul peuple, et même des particuliers.

Après cela je m'imagine que M. Claude ne s'étonnera plus qu'on lui soutienne que toutes les sociétés chrétiennes sont infaillibles dans les articles populaires, qu'elles tiennent généralement d'une foi distincte, et sur lesquels il ne paraît pas qu'il soit arrivé parmi elles aucun changement sensible ; parce que cette infaillibilité, ou plutôt cette certitude n'est pas fondée sur aucun privilége surnaturel, ni sur aucune préservation spéciale ; mais sur les circonstances, qui font voir que c'est un événement impossible que cette erreur générale et insensible de toutes les sociétés chrétiennes. Elles sont infaillibles dans ces circonstances, comme les historiens, les chronologistes, les géographes le sont en d'autres rencontres, et comme tous les ministres de France le sont dans quelques-uns des événements qu'ils rapportent. C'est tout le mystère de cette infaillibilité, qui ne peut être désavouée, ni tournée en ridicule, que par ceux qui ne comprennent pas ce que l'on veut dire.

Cette explication fait voir que M. Claude témoigne encore peu d'intelligence, lorsqu'il reproche à l'auteur de la Perpétuité d'avoir renfermé ce qu'il avance de l'impossibilité du changement de créance dans les seuls mystères populaires. Car il est clair que cela ne veut pas dire qu'il soit possible que toute l'Église change de créance sur les articles qui ne sont pas populaires ; mais cela veut dire simplement que la raison ne nous fait pas voir si clairement cette impossibilité ; de sorte que cet auteur voulant fonder ses raisonnements sur un principe de raison et d'évidence humaine, et non pas sur un principe de tradition et d'autorité, ou sur des raisonnements plus éloignés et plus abstraits, il a dû se borner par nécessité dans les choses où l'impossibilité du changement paraît évidente par la raison. Il y a des moyens particuliers pour prouver que l'Église ne tombe jamais dans l'erreur sur aucun point qu'elle propose comme de foi à ses enfants. Mais on voit tout d'un coup par le simple sens commun qu'elle ne peut pas tomber toute dans une erreur opposée à quelque créance capitale, et connue distinctement de tous les fidèles, lorsque, ni dans elle ni dans aucune autre des sectes chrétiennes séparées d'elle, on ne remarque aucune trace de changement.

Ainsi l'infaillibilité de privilége est générale à tous les articles de foi : et l'infaillibilité humaine, c'est-à-dire, la certitude qui se prouve par la raison est particulière à certains mystères, et suppose certaines circonstances qui rendent l'erreur impossible. L'infaillibilité de privilége n'appartient qu'à l'Église catholique. Et cette autre espèce d'infaillibilité appartient à tout le monde, dans les circonstances qui font que l'erreur n'est pas possible. Voilà ce que c'est que cette infaillibilité populaire dont M. Claude a cru pouvoir divertir agréablement ses lecteurs dans sa préface même, et qu'il représente comme un nouveau principe inconnu à tous les théologiens, quoiqu'il n'y ait personne qui ne reconnaisse cette sorte d'infaillibilité, fondée sur l'impossibilité de certains événements ; qu'il l'admette lui-même en une infinité de rencontres, et que l'on puisse dire que c'est le fondement de la société humaine, qui est toute établie sur la certitude de certains événements humains, et sur l'impossibilité des autres.

Je puis lui prédire par avance qu'une raillerie qu'il fait, et qu'il étend encore dans sa préface, sur ce que l'auteur de la Perpétuité avait dit, *que pour faire du livre d'Aubertin un excellent livre, il n'y avait qu'à changer les objections en preuves et les preuves en objections*, n'aura pas un meilleur succès que son infaillibilité populaire.

CHAPITRE VIII.

Que toute la prétendue réformation est établie sur diverses suppositions improbables de changements insensibles. Premier exemple dans le changement insensible que les ministres prétendent être arrivé à l'égard du gouvernement de l'Église.

RÉFUTATION DE CET EXEMPLE.

Mais avant que de passer outre, il est bon de découvrir les causes secrètes de la mauvaise humeur que M. Claude témoigne contre la méthode dont on s'est servi dans le traité de la Perpétuité, en réfutant l'opinion des ministres sur l'Eucharistie par l'impossibilité du changement insensible qu'ils prétendent être arrivé dans la créance de ce mystère. C'est que, comme ces changements insensibles sont de grand usage dans leur nouvelle doctrine, il n'a pu souffrir qu'on attaquât un fondement qui est nécessaire aux calvinistes pour l'établissement de la plupart de leurs dogmes.

Car il faut savoir que toute cette grande machine de la prétendue réformation, composée de tant d'opinions différentes, a presque besoin dans toutes de cette supposition, que l'opinion contraire qu'elle entreprend de détruire se soit introduite dans l'Église insensiblement. Il se rencontre toujours que la doctrine de l'Église catholique sur les points contestés se trouve en possession de la créance de tous les fidèles ; que le plus souvent les églises d'Orient en conviennent avec elle ; que l'on n'en voit point d'origine sensible ; qu'elle n'est jamais attaquée que lorsqu'elle est dominante et universellement reconnue ; de sorte que ces messieurs les prétendus réformateurs sont toujours aussi obligés d'avoir recours à leur supposition ordinaire, et de prétendre que cette doctrine s'était glissée dans l'Église insensiblement ; que le diable l'y avait semée pendant le sommeil des pasteurs ; que les Pères n'en ont point aperçu le commencement ; qu'ils ne se sont point opposés à son progrès ; qu'elle s'est emparée peu à peu de tous les esprits, et que les hommes y sont entrés sans faire réflexion qu'ils avaient été auparavant dans un autre sentiment. C'est ce qu'il est bon de faire voir en particulier dans quelques-unes des plus importantes controverses qui soient entre les catholiques et les protestants.

On ne peut guère concevoir de plus étrange renversement de l'ordre, de la discipline et de la foi ancienne, que celui que les calvinistes ont fait, en abolissant l'épiscopat dans la plupart des lieux où ils se sont établis, et en introduisant une nouvelle forme de gouvernement qu'ils appellent presbytérien, dans lequel des églises sont gouvernées par le collége de plusieurs ministres qui ont une égale autorité, et qui ne reconnaissent point de supérieur au-dessus d'eux. Ces prétendus prêtres ne sont même ordonnés par aucun évêque ; mais les uns prétendent tirer leur autorité du consentement d'une troupe de laïques ; et les autres s'imaginent de l'avoir reçue d'autres prétendus prêtres à qui ils succèdent, et qui les ont associés à ce ministère.

On voit assez ce qui les oblige à s'engager dans cette prétention : c'est que, voulant former des sociétés et des églises, et n'y ayant point eu d'évêques en la plupart des lieux qui eussent embrassé leurs opinions, ils ont été contraints de soutenir qu'ils avaient droit d'établir une autre sorte de gouvernement. Mais pour cela il a fallu renverser toutes les maximes reçues dans l'Église touchant le gouvernement ecclésiastique. On y croit que l'ordre des évêques a été institué de Jésus-Christ pour gouverner les églises particulières, qui sont ainsi liées de communion, par le moyen de leur évêque, à tous les autres évêques de l'Église et au Pape, chef de tous les évêques, et centre de la communion ecclésiastique. On y croit que toute société gouvernée par des prêtres indépendants et acéphales est schismatique et contraire à l'institution de Jésus-Christ. On y croit qu'un prêtre n'a point le pouvoir de faire un prêtre, et que, comme dit saint Épiphane, cet ordre ne peut engendrer des pères, mais seulement des enfants (1). Et c'est pourquoi S. Jérôme, sur lequel les calvinistes s'appuient principalement pour égaler les prêtres aux évêques, reconnaît néanmoins expressément, que le droit d'ordonner des prêtres appartient aux seuls évêques. *Quid facit exceptâ ordinatione episcopus, quod presbyter non facit ?* On y croit que cette sorte de gouvernement est établie depuis les apôtres, et qu'elle n'a point d'autre source que l'institution divine. Et certainement, en remontant de ce siècle jusqu'aux premiers temps, on voit que toutes les églises ont toujours été gouvernées par des évêques. Il n'y a qu'à lire pour cela les catalogues que S. Irenée, Tertullien et Eusèbe font des églises apostoliques.

Toutes les autres sociétés séparées de l'Église conviennent avec elle de cette discipline. Elles ont toutes leurs évêques, qui se succèdent les uns aux autres. Nul n'y est reconnu pour prêtre qui n'ait été ordonné par un évêque ; et non seulement elles le croient à présent, mais elles l'ont toujours cru, comme il paraît par la remarque que fait l'auteur de la narration du schisme des Arméniens qui se trouve dans le second tome de l'Auctuarium de la Bibliothèque des Pères ; que les julianistes, qui étaient une secte d'eutychiens, ne se joignirent aux évêques d'Arménie, que parce qu'ils n'avaient plus assez d'évêques parmi eux pour en pouvoir ordonner d'autres. Cette discipline est d'ailleurs si ancienne, que les calvinistes mêmes ne nient pas qu'elle n'ait été universellement observée au troisième, et même dès le second siècle.

Cependant si cette doctrine est véritable, toute la prétendue réformation tombe par terre, sans qu'il soit besoin d'aucune autre raison pour la renverser. Car étant certain que les premiers auteurs de leur secte, comme Zwingle, Calvin, Bèze et les autres ministres de Suisse, de Hollande et de France, n'ont point été évêques, il est certain aussi qu'ils n'ont pu faire des prêtres, et par conséquent, que tous leurs successeurs ne le sont point ; et que l'entreprise qu'ils ont faite de former des corps et des sociétés est un attentat manifestement sacrilége.

Il est vrai que c'est une chose incompréhensible, que la témérité et l'insolence où les hommes sont capables de se porter, quand ils sont possédés de l'esprit d'erreur, et l'aveuglement prodigieux où les peuples peuvent tomber, lorsqu'ils s'abandonnent à l'amour des nouveautés. Car qui n'aurait dû avoir horreur de voir une douzaine de gens qui n'avaient aucune autorité dans l'Église, entreprendre de détruire l'épiscopat, et d'introduire une nouvelle forme de gouvernement, entièrement contraire à celle qu'ils reconnaissent eux-mêmes avoir été autorisée par tous les Pères et par tous les conciles ? Ce seul excès, si visible et si inexcusable, ne devait-il pas faire détester par tous les peuples ces insolents réformateurs ? Cependant on se conduit si peu par raison dans les affaires de religion, qu'ils n'ont pas laissé de trouver des sectateurs, aussi bien dans ce point que dans tous les autres, où il était plus facile de se laisser éblouir ; et il y en a même qui poussent plus loin que les ministres ne voudraient la destruction de l'ordre ancien ; ce qui a fait naître la secte des indépendants d'Angleterre.

Mais parce qu'il n'est pas possible aux hommes de soutenir un reproche continuel de la raison, il a fallu par nécessité que les ministres, qui s'étaient portés à cette étrange entreprise, et qui y voulaient persévérer, tâchassent aussi de la colorer par quelque prétexte de justice. C'est ce qui les a obligés d'avancer, que la prééminence et les prérogatives des évêques au-dessus des prêtres, n'étaient que d'établissement humain ; que les évêques n'étaient point différents des prêtres dans leur origine ; que la forme de gouvernement établie par les apôtres était que chaque église fût gouvernée par un certain nombre de prêtres égaux ; que ce n'est que l'ambition qui a introduit la supériorité et la prééminence d'un seul sur tout le collége sacerdotal ; que c'est cette ambition qui est condamnée par S. Jean, dans Diotrèphe, lequel ils prétendent avoir affecté la supériorité sur S. Jean

---

(1) Hæres. 75 : Ηδε πατέρας μη δυναμένη γενᾶν, δια της του λουτρου παλιγγενεσιας τέκνα γεννᾶ τη εκκλησια, οὐ μὴν πατέρας ἢ διδασκάλους. In Epist. ad Evagr.

même au temps des apôtres, et avoir ainsi donné naissance *au mystère d'iniquité*; que cette ambition s'était accrue dans la suite, et était toujours allée en augmentant; que les Pères avaient suivi cet ordre, l'ayant trouvé établi; mais qu'eux ayant vu qu'il était monté jusqu'à un excès de tyrannie, ils avaient trouvé bon de l'abolir par le pouvoir que l'Église se réserve toujours de retrancher tous les établissements humains, dès lors qu'ils deviennent pernicieux.

Néanmoins, comme les songes de cette nature sont d'ordinaire assez informes dans leur origine, les premiers ministres qui ont produit celui-là étaient assez mal habiles à le défendre. Ils étaient fort embarrassés par les catalogues des évêques qui se trouvent dans Eusèbe, dans Tertullien, dans S. Irénée, par lesquels ces auteurs font remonter la succession épiscopale jusqu'aux apôtres. On les pressait par les lettres de S. Ignace, où *l'épiscopat* singulier est si fortement établi; et on leur demandait des exemples d'églises gouvernées par de simples prêtres, sans la dépendance d'aucun évêque.

Il a donc été nécessaire que les plus savants du parti employassent leurs recherches pour soutenir le nouveau gouvernement des églises réformées, et pour l'ajuster le mieux qu'ils pourraient avec celui de l'ancienne Église. Et c'est à quoi Blondel a particulièrement travaillé dans le livre qu'il a intitulé : *Apologie de l'opinion de S. Jérôme touchant les évêques et les prêtres.* Il trace pour cela un plan du gouvernement ecclésiastique, tel qu'il veut s'imaginer qu'il était dans les premiers siècles, et ensuite il décrit les changements qu'il prétend s'y être faits insensiblement.

Il veut donc que du temps des apôtres il n'y eût aucune différence réelle entre les évêques et les prêtres, que ce ne fût que divers noms d'un même ordre, et qu'ils aient eu tous les mêmes fonctions et la même autorité, sans aucune prééminence réelle (Blond. in Præf. ap. pro sent. Hier., p. 5).

Mais pour prévenir l'objection qu'on lui pouvait faire sur ces catalogues des anciens, qui font remonter les évêques jusqu'au temps des apôtres, il a recours à une chimère, qui est qu'à l'imitation de la Synagogue, où les premiers nés des familles sacerdotales étaient les premiers des prêtres, il s'était introduit une certaine prééminence entre ces prêtres apostoliques, qui était donnée à ceux qui avaient été appelés les premiers au ministère. Il appelle ce droit et cette prééminence le droit de première vocation *jus προτοκλησίας, προτοχειροτονίας*. Il veut que cet ordre se soit établi par l'instinct du peuple, et que les apôtres n'aient fait que le souffrir : *Si non faventibus, saltem non repugnantibus apostolis.* (Ibid., p. 9).

Il fonde sa vision sur un passage d'un auteur du quatrième siècle, qui dit qu'après la mort d'un évêque, le prêtre suivant lui succédait; mais qui ne dit point que ce prêtre suivant ne reçût point une nouvelle ordination; qui ne dit point qu'il demeurât égal aux autres prêtres, et que toute sa prééminence n'allât qu'à certaines préséances, comme veut Blondel. Ce sont ces premiers prêtres qu'il veut que S. Jean ait appelés *anges* dans son Apocalypse; et c'est par le moyen de cette prééminence de première vocation qu'il se sauve des catalogues des évêques qui se trouvent dans les anciens, en prétendant que l'on ait marqué le temps et la succession des églises par ces premiers prêtres, comme on la marquait par le premier des magistrats d'Athènes.

Mais comme il est certain que cette prétendue forme de gouvernement n'est point celle que S. Ignace a représentée dans ses Lettres, et qu'il n'y a rien de plus contraire à ce qu'on y lit que cette égalité prétendue des prêtres et des évêques; puisqu'il marque partout les évêques, les prêtres et les diacres comme trois ordres différents; qu'il déclare que les évêques ont été établis par toute la terre par l'institution de Jésus-Christ; qu'il recommande partout aux prêtres de leur être soumis; qu'il défend de rien faire sans leur ordre : Blondel, pour se délivrer de l'importunité de ces Lettres, a trouvé à propos de soutenir qu'elles étaient l'ouvrage de quelques faussaires du troisième siècle; quoiqu'elles se trouvent citées par S. Irénée, par Origène, par Eusèbe, par S. Athanase, par S. Chrysostôme, par S. Jerôme, par Théodoret (1), et par tous les Pères qui les ont suivis; et que tous les passages qui en sont cités par les anciens se trouvent exactement dans l'édition que Vossius a faite d'une partie de ces lettres sur un manuscrit de la bibliothèque du duc de Florence, et dans une ancienne version latine qu'Ussérius à donnée au public.

Après s'être mis ainsi au large pour le premier siècle, par la dégradation des Lettres de ce S. martyr, il s'est trouvé dans un nouvel embarras par les écrivains du second et du troisième siècles, comme S. Irénée, Tertullien, Origène, S. Cyprien, qui ne connaissent point du tout cet ordre de préséance, d'âge et de vocation, et qui décrivent le gouvernement de l'Église tel que nous le voyons à présent, et qu'il était dans le quatrième et le cinquième siècles. Ce qui oblige Blondel même de reconnaître que *la prééminence des évêques était reconnue par toute l'Église avant la fin du second siècle*. UBIQUE *ferè ante secundi seculi finem admissa episcopalis* ὑπεροχή. (Apol. pro Sent. Hieron., p. 388.) Il a donc fallu songer à abolir cet ordre, que l'on n'avait établi que pour un temps; et comme ces messieurs les critiques ont un droit souverain sur les histoires, Blondel n'a pas manqué d'en marquer le temps précis, qui est, selon lui, l'an de Notre-Seigneur 135, c'est-à-dire, trente-cinq ans après la mort de S. Jean-l'Évangéliste. Saumaise s'est contenté de le marquer plus confusément, en disant que *vers le commencement ou le milieu du second siècle la puissance singulière des évêques au-dessus des prêtres*

---

(1) Iren. Epist. ad Florin., apud Eus. eccl. Hist., l. 5, c. 20; Orig., 6 in Luc.; Eus., Hist. eccl., l. 3, c. 33; Athan., de Syn. Arim. et Sel. Chr. in Ign. En.; Theod. in ἀθρέπτω; Hieron., in Catal.

commença de s'établir; et ailleurs il n'excepte que les temps apostoliques.

Si vous demandez à ces messieurs les ministres des témoins de ce prétendu changement, ils n'en ont point d'autre que leur argument ordinaire, qui est qu'il paraît que dans le premier siècle les évêques étaient les mêmes que les prêtres; qu'on voit une autre discipline dans le second; qu'il faut donc bien qu'il y soit arrivé du changement. Mais aucun d'eux ne fait voir que ce changement ait été remarqué par aucun auteur contemporain. Aucun des écrivains du second et du troisième siècles n'a averti le monde d'un renversement si étrange de l'ordre ancien. Aucun n'a dit que ce fût au second siècle que l'on commença à consacrer les évêques, et à leur confier la charge de gouverner l'Église avec une autorité plus grande que celle des prêtres. Aucun n'a dit que ç'ait été en ce temps qu'on leur réserva l'ordination des ministres de l'Église, ce que Blondel appelle *une nouvelle et mauvaise coutume, introduite par corruption : Novus mos ac degener quem pejor ætas tulit.* Sur tout cela ces messieurs sont obligés de nous payer d'un changement insensible, qu'ils prétendent s'être fait par toute la terre sans la résistance et sans l'opposition de personne. Et c'est ce qui a donné sujet à un savant protestant d'Angleterre, défenseur de l'épiscopat, qui a réfuté l'Apologie de Blondel d'une manière qui fait voir qu'il avait autant d'avantage sur lui en génie et en solidité d'esprit qu'il en a par la cause qu'il soutient, d'employer contre lui le même argument dont on s'est servi dans le traité de la Perpétuité, qui est de montrer que ce changement insensible dans le gouvernement de l'Église, admis par les ministres, est une chose impossible, dont les conséquences vont à détruire toute la religion. *S'il est vrai,* dit-il, *que Jésus-Christ ou les apôtres aient établi une égalité entière entre les prêtres, sans les assujétir à aucun supérieur, et que cette discipline ait été reçue dans toute l'Église, en sorte que la prééminence des évêques n'ait osé se faire paraître pendant l'espace de cent années, il est impossible que cette forme de gouvernement, établie par Jésus-Christ et par les apôtres pour être observée dans tous les temps, eût été changée en une toute contraire, sans que l'on ait tenu sur ce sujet aucun synode, pour unir dans cette conspiration les églises éloignées, ni que les évêques se soient écrit les uns aux autres des lettres canoniques, pour favoriser ce terrible changement, et pour faire que le gouvernement institué par Jésus-Christ dégénérât en un gouvernement d'Antechrist, et la discipline véritable et divine en une discipline corrompue et diabolique. J'ajoute encore que si l'on peut avoir cette opinion de toute la famille de Jésus-Christ, lorsque les fidèles économes qu'il y avait établis ne faisaient que sortir du monde; si l'on peut avoir ce soupçon de ceux qui ont été les dépositaires de l'Ancien et du Nouveau-Testament, à qui, outre les autres traditions, nous devons encore la conservation de l'Écriture, nos communs ennemis auront de quoi triompher des hiérarchiques et de tous les chrétiens tout en-*
semble, et s'applaudir à eux-mêmes d'avoir ruiné également la discipline et la foi. Car que peut-on dire du canon des Écritures, reçu par les protestants et par ceux qui s'appellent évangéliques, de l'observation du jour du dimanche; et que peut-on tirer de l'Écriture ou des témoignages de toute l'antiquité, pour convaincre ceux qui combattent ces points, que l'on ne puisse dire avec beaucoup plus de force contre l'égalité prétendue des prêtres avec les évêques? Et c'est ce que nous avons traité plus amplement ailleurs. Certainement cet auteur a bien raison de représenter ce changement de discipline comme impossible; car il enferme une infinité d'absurdités, auxquelles ceux qui l'ont inventé n'ont pas voulu prendre garde. Le moyen de s'imaginer que les prêtres, ayant pour eux l'autorité des apôtres et de Jésus-Christ, et la coutume de toute l'Église primitive, aient souffert sans résistance l'établissement d'une nouvelle discipline, l'abaissement de leur ordre, l'avilissement de leur dignité, et le renversement des règles de Jésus-Christ? Le moyen de croire que cette lâcheté ait pu être si générale, qu'aucune Église ne soit demeurée dans l'observation de la discipline ancienne et originelle? La raison et la justice ont bien de la peine à faire plier la cupidité et l'intérêt, et à les retenir dans les bornes du devoir. On a mille peines pour obliger les hommes à recevoir les ordonnances les plus justes et les plus nécessaires, lorsqu'elles se trouvent contraires à leurs passions. Mais que, sans autorité, sans loi, sans concile, il se soit glissé dans l'Église une coutume très-injurieuse aux prêtres, et qu'aucun d'eux n'en ait fait aucune plainte, n'en ait témoigné son mécontentement, n'ait représenté que l'on s'éloignait de l'ordre de Jésus-Christ, et qu'il ne soit resté aucune église où ce désordre ne se soit établi, c'est ce que la critique du sieur Blondel, ni des autres ministres, ne persuadera jamais à des esprits raisonnables.

Si les prêtres de ces siècles étaient animés de zèle pour l'observation des règles apostoliques, pourquoi les laissaient-ils abolir sans résistance? S'ils étaient intéressés, d'où vient que leur cupidité était si peu agissante, que de souffrir sans peine qu'on les assujétît à ceux à qui ils étaient égaux, et qu'on les dépouillât d'un grand nombre de leurs fonctions? D'où vient qu'ils n'auraient manqué de zèle pour la conservation de la discipline des apôtres, que dans une chose où ce zèle pouvait être aidé par tant de raisons humaines? Il a fallu donner des combats, pour réduire les églises d'Asie à se conformer aux autres églises dans l'observation de la pâque, parce qu'elles prétendaient que l'apôtre S. Jean avait établi la coutume qu'elles gardaient; l'autorité du pape Victor ne put pas les ramener, et il fallut que le concile de Nicée employât les plus grandes peines de l'Église pour vaincre l'obstination de plusieurs, couverte et fortifiée par le prétexte spécieux de demeurer attachés aux traditions d'un apôtre. Comment s'est-il donc pu faire que la discipline établie, non dans une église, mais dans toutes les églises de la terre ; non par un apôtre, mais par tous les apôtres et tous les disciples de Jésus-Christ, ait été abandonnée, non dans un seul lieu, mais dans toutes les églises du monde, sans qu'il s'en soit trouvé une seule qui ait voulu conserver la discipline apostolique, et quoique la plus grande partie des ecclésiastiques fût personnellement intéressée à la maintenir ?

Si toutes les villes du monde faisaient autant de petites républiques, sans dépendance les unes des autres, sans autre liaison que celle de l'amitié, sans reconnaître aucune autorité supérieure qui leur pût faire des lois communes et générales ; que ces républiques se gouvernassent toutes en la manière de celle de Hollande, ne serait-ce pas un songe ridicule que de prétendre que, dans l'espace de quarante ans, elles pussent toutes changer ce gouvernement populaire, et en embrasser un monarchique, ou un autre semblable à celui des Vénitiens ? Le hasard ne peut produire un effet si réglé, et qui demande le concours de tant de causes. La volonté des hommes est trop bizarre, et leurs esprits sont trop différents pour convenir ainsi dans un même avis ; et enfin la force même ne peut produire un si grand effet, et qui est traversé par tant d'oppositions.

C'est proprement l'état où les ministres nous représentent l'Église après la mort des apôtres. Nulle église, selon eux, n'avait droit de commander à une autre, et chaque église était gouvernée par un petit nombre de prêtres égaux. On leur demande donc comment il s'est pu faire qu'à la fin du second siècle, et dans tout le troisième, il paraisse clairement une autre sorte de gouvernement, et que l'on y voie, dans toutes les églises, un évêque ou un souverain prêtre, sans l'ordre duquel les prêtres inférieurs ne pouvaient faire la moindre fonction, et qui était estimé tenir dans cette église la place de Jésus-Christ, et le représenter par son unité. On leur demande si c'est le hasard ou le consentement libre des prêtres, ou la violence qui ait fait ce changement, on leur montre qu'aucune de ces trois causes n'est assez uniforme pour produire cet effet. Car comment tant de têtes auraient-elles pu se rencontrer par hasard toutes dans un avis que les ministres jugent pernicieux ? comment aurait-on pu les y réduire toutes par raison ? comment se serait-il pu faire qu'on les eût opprimées toutes également et en même temps par violence ? Quelle apparence de supposer qu'en même temps tous les prêtres fussent si patients qu'ils souffrissent qu'on les rabaissât au-dessous de l'ordre où ils avaient été établis par Jésus-Christ, et que tous les évêques fussent si ambitieux que d'usurper des prérogatives qui ne leur appartenaient point ? Mais d'où vient que ces changements si importants n'ont jamais été connus ni remarqués par les auteurs qui les devaient le mieux connaître ?

Hégésippe, selon le rapport d'Eusèbe (lib. 4, cap. 22), écrit dans ses commentaires que Thébutis (1),

(1) On ne fait que rapporter en cet endroit les termes d'Hégésippe ; car il est certain d'ailleurs qu'il y

qui entreprit le premier de corrompre la foi de l'Église, que l'on appelait encore vierge, parce qu'il ne s'y était élevé aucune hérésie, n'y fut poussé que parce qu'on ne l'avait pas voulu faire évêque : ce qui marque que l'épiscopat n'était pas de son temps attaché à l'âge, mais que l'on avait égard au mérite pour y élever les uns et pour rejeter les autres. Or, comme, selon le témoignage de cet ancien historien, ce Thébutis est le premier des hérésiarques, il faut par nécessité placer son hérésie avant l'époque où Blondel met la naissance de l'épiscopat électif ; et par conséquent, ce seul exemple fait voir manifestement que c'est une fable.

Le même auteur, décrivant l'établissement de Siméon, parent de Notre-Seigneur, dans l'épiscopat de Jérusalem, dit qu'il y fut élevé par le consentement de tous, ὃν προσθέντο πάντες : et il est bien clair que l'on ne parle point ainsi d'un rang attaché à l'âge. Cependant cette élection se fit du temps même des apôtres, comme Eusèbe le remarque expressément en ces termes (lib. 4, c. 11) : *Ensuite du martyre de Jacques et de la prise de Jérusalem qui arriva quelque temps après, on dit que les apôtres et les autres disciples du Seigneur qui étaient encore en vie, s'assemblèrent de divers lieux, et qu'ils délibérèrent en commun, avec les parents du Seigneur, dont il y en avait encore plusieurs au monde, qui serait digne de succéder à Jacques, et que d'un commun consentement ils jugèrent Simon, fils de Cléophas, digne de ce trône épiscopal.* Voilà l'élection des évêques bien marquée dès le premier siècle, et attachée au mérite et non à l'âge.

S. Irénée, qui fut martyrisé l'an 197, après avoir gouverné trente ans l'église de Lyon, et qui, ayant vécu après l'époque de ce prétendu changement, entendait sans doute par le mot *évêque* des évêques tels qu'ils étaient de son temps, ne laisse pas de dire en plusieurs lieux que les apôtres ont laissé *les églises aux évêques ; que les novateurs sont tous postérieurs aux évêques, auxquels les apôtres ont commis les églises.* (Cont. Hær., l. 4, c. 64 ; l. 5, c. 26 ; et l. 3, c. 3.) Il ne distingue nulle part deux sortes d'évêques, et il n'avertit en aucun lieu que les évêques, du temps des apôtres, n'étaient pas semblables à ceux de son temps. Il ne parle point de ce collège sacerdotal, composé de prêtres égaux, et il marque les temps par le pontificat d'un seul évêque.

Blondel avoue que Clément Alexandrin et Origène distinguent expressément les évêques des prêtres, selon la coutume de leur siècle ; mais ils ne disent nulle part que cette coutume eût commencé depuis peu.

Tertullien fait voir la prééminence des évêques, et leur élection en considération des mérites et non de l'âge, dans un temps si voisin de celui où Blondel place le changement de la discipline ancienne, qu'on voit bien que ce ministre a étendu autant qu'il a pu cette discipline chimérique, qu'il prétend avoir été dans le premier siècle et dans le commencement du second. *Valentin*, dit Tertullien, *avait espéré l'épisco-*

a eu quelques hérétiques avant Thébutis ; mais cela ne détruit pas la preuve dont on se sert ici.

pat, parce qu'il avait de l'esprit et de l'éloquence ; mais s'étant mis en colère de ce qu'on en avait établi un autre dans cette place, à cause qu'il avait été martyr, il renonça à l'Église qui suit la foi orthodoxe. Ainsi l'on voit que, lorsque Valentin se sépara de l'Église, l'épiscopat était déjà un rang qui attirait les ambitieux. On espérait d'y parvenir par l'éloquence ; l'on y élevait ceux qui étaient les plus considérables par leur vertu : ce qui marque qu'il n'était pas attaché à l'âge. Cependant, selon Blondel même, Valentin publia son hérésie l'an 140, c'est-à-dire, cinq ans après le temps où il place son premier changement. Et comme il y a peu d'apparence qu'il ait commencé, à l'instant même qu'il ne put obtenir l'épiscopat, à publier des hérésies, on peut supposer encore que ce rebut de Valentin était arrivé quelque temps auparavant.

Ce même auteur nous parle des évêques partout dans ses livres, comme distingués des prêtres ; et il est remarquable qu'il leur attribue tellement une pleine autorité dans les choses de l'Église, qu'il ne veut pas que les prêtres fassent les fonctions les plus attachées à leur ordre, sans leur permission. *Celui*, dit-il, *qui a droit de conférer le baptême est le souverain prêtre, qui est l'évêque ; ensuite les prêtres et les diacres, non toutefois sans la permission de l'évêque, pour rendre honneur à l'ordre de l'Église, dont la conservation entretient la paix.* Ce qui fait bien voir que Tertullien n'était pas d'un autre sentiment que le grand S. Ignace, qui enseigne généralement dans sa lettre à ceux de Smyrne *qu'il n'est pas permis de rien faire dans l'Église sans la permission de l'évêque ;* et en particulier *qu'il n'est pas permis de baptiser, ni de célébrer les agapes sans son ordre.*

Il est assez difficile de s'imaginer que Tertullien ait cru que cette prérogative des évêques n'eût été établie que depuis fort peu de temps, puisque cet honneur de l'Église, et cette conservation de la paix, sur laquelle il la fonde, sont des raisons perpétuelles.

Mais personne n'a plus témoigné ignorer ce prétendu changement que S. Cyprien, qui n'en était pas néanmoins si loin qu'il n'en eût pu être informé par ceux qui devaient avoir été témoins du progrès de cette prétendue innovation. Car, n'ayant été fait évêque que l'an 248, il y avait encore de son temps plusieurs chrétiens qui savaient quel était l'état de l'Église dans le second siècle. Cependant ce saint a cru que l'autorité épiscopale avait été établie de Dieu pour le gouvernement de l'Église ; que l'Église était fondée sur les évêques ; qu'il devait y avoir un évêque dans chaque église, et que rien ne s'y devait faire sans son ordre.

Il ne faut que lire pour cela sa lettre 27, où il dit que *Jésus-Christ avait établi l'honneur de l'évêque et l'ordre de son Église ; en disant dans l'Évangile à S. Pierre :* « *Je te dis que tu es Pierre, et sur cette pierre j'édifierai mon Église ;* » *que l'ordination des évêques, qui se succèdent les uns aux autres, et l'ordre qui s'observe dans l'Église tire de là son origine ; que l'Église est établie sur les évêques, et que c'est à eux à* régler tout ce qui s'y fait (1). Il dit dans sa lettre 69 que *les schismes et les hérésies n'arrivent que parce que l'on méprise l'évêque, qui est un et qui préside à l'Église :* « *Qui unus, et Ecclesiæ præest ;* » ce qu'il répète en ces termes dans la lettre 55 à Corneille : *Nec aliunde hæreses obortæ sunt, aut nata sunt schismata, quàm inde quòd sacerdoti Dei non obtemperatur ; nec unus in Ecclesiâ ad tempus sacerdos, ad tempus judex vice Christi cogitatur.*

Qui pourrait croire que ce saint eût parlé de cette sorte d'un établissement humain, et qui n'aurait commencé que depuis cent ans ? Mais c'est le propre des découvertes que font les ministres dans l'antiquité, d'être inconnues à tous les auteurs du temps où il leur plaît de les placer.

Ce n'est pas ici le lieu de traiter plus amplement ce point ; mais ce que j'en ai dit suffit néanmoins pour faire voir que, comme la doctrine des calvinistes sur l'épiscopat, qui sert de fondement à leur prétendue réformation, n'est elle-même fondée que sur un changement insensible qu'ils prétendent être arrivé dans la discipline de l'Église au second siècle, on la réfute fort bien, en faisant voir l'impossibilité de ce changement, par un argument semblable à celui du traité de la Perpétuité.

CHAPITRE IX.
Second exemple d'un changement insensible qu'ils prétendent être arrivé sur le sujet de la prière pour les morts. Impossibilité morale de ce changement.

M. Daillé et les autres ministres nous proposent un autre exemple d'un changement insensible dans la prière pour les morts. Ils avouent qu'elle se trouve dans Tertullien à la fin du second siècle. Et ils y sont bien contraints, puisqu'il la met expressément au livre de la *Couronne du soldat* (cap. 3), entre les traditions non écrites. *Orationes pro defunctis, pro natalitiis annuâ die facimus.* Et il en marque plus distinctement la pratique au livre de la *Monogamie* (cap. 10), où, parlant des devoirs qu'une femme chrétienne doit rendre à son mari mort, il dit qu'elle doit prier pour l'âme de son mari ; qu'elle doit demander pour lui le rafraîchissement et la participation à la première résurrection.

Il paraît que c'est une coutume universelle de l'Église que Tertullien rapporte, car il la met au livre de la *Couronne*, entre les traditions communes ; aussi tous les Pères l'ont regardée de la sorte. Elle se trouve autorisée par toutes les liturgies, et S. Augustin et S. Paulin remarquent expressément qu'elle était pratiquée par toute l'Église. *Vacare non potest*, disait S. Paulin (apud Aug., lib. de Cur. pro mort. agendâ, cap. 1), *quod universa pro defunctis orat Ecclesia.* « *Les*

(1) *Dominus noster..., episcopi honorem et Ecclesiæ suæ rationem disponens, in Evangelio loquitur et dicit Petro : Ego tibi dico, quia tu es Petrus, et super hanc petram ædificabo Ecclesiam meam... Inde per temporum et successionum vices episcoporum ordinatio et Ecclesiæ ratio decurrit, ut Ecclesia super episcopos constituatur, et omnis actus Ecclesiæ per eosdem præpositos gubernetur. Cùm itaque divinâ lege fundatum sit*, etc.

« prières que toute l'Église fait pour les morts ne peu-
« vent être inutiles. » Et S. Augustin (ibid.) : Encore,
dit-il, qu'on ne trouvât rien dans l'Ancien-Testament
touchant la prière pour les morts, on ne devrait pas avoir
peu d'égard à l'autorité de toute l'Église, qui est claire
pour cette coutume. « Sed etsi nusquàm in Scripturis
« veteribus omninò legeretur, non parva tamen est uni-
« versæ Ecclesiæ, quæ in hâc consuetudine claret, au-
« ctoritas. » Et c'est sur ce fondement qu'il met, après
S. Épiphane, entre les hérésies d'Aérius d'avoir rejeté
l'oblation des morts. (Vid. serm. 32 de Verb. Apost.; de
Hæres., ad Quodvult., hær. 53.)

Cependant il a plu aux réformateurs de l'abolir.
Calvin ne fait pas difficulté d'accorder que tous les
Pères se sont trompés *cent trente ans durant sur ce
sujet* (1); et M. Daillé n'en fait pas de façon. *Nous,
dit-il, qui ne croyons pas qu'il soit permis d'admettre
dans la religion d'autres choses que celles qu'il est constant que les apôtres ont établies, nous n'approuvons point
ni cette opinion des anciens Pères, ni cette coutume de
prier pour les morts, qui tire son origine de cette erreur.*
Forbesius, après avoir prouvé fort au long dans ses
Instructions historiques, page 696, que tous les anciens Pères avaient autorisé la prière pour les morts,
conclut qu'il n'est pas sûr de les imiter. *Non est tu-
tum veteres imitari.*

C'est une chose étonnante comment il est possible
que l'esprit humain soit capable de se porter à une témérité si contraire à la raison. Les ministres mettent
d'un côté tous les Pères et toute l'Église, non d'un
siècle mais de tous les siècles, à l'exception du premier, qu'il leur plaît d'en retrancher par une pure
fantaisie. Ils voient la pratique de prier pour les morts
établie comme une tradition apostolique, dans un
auteur qui avait vu ceux qui avaient été instruits par
les disciples des apôtres : et nonobstant tout cela, il
leur plaît de l'abolir, et de condamner tous les Pères,
tous les saints, et généralement toute l'Église. Non
seulement tous les ministres le font en corps, mais il
n'y a point de simple calviniste, pour ignorant qu'il
soit, qui ne doive porter ce jugement : *Je condamne
la coutume de prier pour les morts, pratiquée depuis le
second siècle ; et je juge par ma lumière que tous les
Pères et tous les saints qui l'ont autorisée se sont trompés en ce point, et ont pratiqué une superstition dangereuse et inutile.*

Mais mon dessein n'est pas d'exagérer ici la témérité et la folie de ce jugement. Je demande seulement
comment cette coutume, qui est sans doute assez
considérable, s'est pu introduire en si peu de temps,
en sorte que Tertullien, et après lui toute l'Église, ait
pris pour une tradition apostolique une coutume qu'il
prétend être contraire à la pratique du premier siècle.
Il faut joindre pour cela un grand nombre de difficultés, dont l'amas rend la chose moralement impossible.

(1) In eo dico aliquid humani passos esse ; ideòque
ad imitationem trahendum non esse contendo quod
fecerunt. *Calvin.*, lib. 3, c. 5, n. 10.

Premièrement il est fort difficile qu'une coutume
non autorisée par les apôtres et fondée sur une erreur, comme le prétendent les ministres, soit reçue
partout. Cela n'est point dans l'ordre commun ; car,
en matière d'opinions et de coutumes qui ne sont pas
fondées sur la vérité, rien n'est si bizarre et si peu
uniforme que la fantaisie des hommes. Il est encore
plus difficile qu'une coutume fondée sur une erreur
soit reçue partout, lorsque cette erreur n'est pas reçue partout ; car à quoi bon des gens s'engageraient-
ils volontairement à pratiquer une chose contraire à
leur sentiment ? Or les ministres ne prétendent pas que
l'opinion dont ils disent que cette coutume est venue,
qui est, que toutes les âmes soient gardées en un
certain lieu jusqu'au jour du jugement, fût commune
à tous les chrétiens : elle n'a jamais été que très-
particulière, et par conséquent elle n'a jamais été
capable de servir de fondement à l'établissement
d'une coutume générale. Il n'est guère possible que
dans toute l'Église il n'y eût aucun pasteur assez zélé
contre les nouveautés pour rejeter une coutume nouvelle qu'on eût voulu établir sans autorité et contre
la tradition. L'exemple du pape Étienne, dans la
question du baptême, fait assez voir le contraire,
puisqu'il réfuta tous les raisonnements de S. Cyprien
par cette seule parole : *Nil innovetur nisi quod traditum est*. Cependant il se trouve que ce zèle n'a paru
qu'au quatrième siècle dans Aérius ; et lorsqu'il a
paru, il a été pris par les Pères pour une hérésie. Il
n'est guère possible qu'une coutume nouvelle, fondée
sur une fantaisie particulière, eût été introduite dans
ce qu'il y a de plus sacré et de plus inviolable dans
l'Église, qui est le Canon de la messe, où, comme
dit S. Augustin et comme il paraît par les liturgies,
la recommandation des morts avait lieu : *Ubi in precibus sacerdotum quæ Domino Deo ad ejus altare
funduntur locum suum habet commendatio mortuorum* (1).

Toutes ces choses, qui sont peu possibles, étant
considérées en particulier, forment, étant jointes ensemble, une impossibilité morale qui fait voir la solidité de cette belle règle de S. Augustin : *Quod universa
tenet Ecclesia, nec conciliis institum sed semper reten-
tum est, non nisi auctoritate apostolicâ traditum rectis-
simè creditur.* « Ce que toute l'Église observe, et qui n'a
« point été institué par les conciles, mais a toujours été
« pratiqué, est justement cru nous avoir été laissé par
« la tradition des apôtres. »

Cette maxime, qui a toujours servi de règle à
S. Augustin dans les discours qu'il fait sur les coutumes de l'Église, a un fondement humain et un fondement divin. Le fondement humain est l'impossibilité morale de cet événement, qu'une coutume nouvelle, contraire à l'Écriture, soit reçue partout sans
que personne s'y oppose, et fasse remarquer par son

(1) Aug., de Curâ pro mortuis agendâ, c. 1, et
serm. 32 de Verb. Apost ; Cyrill., Hier., catech. 5
mystag., de Bapt. contra Donat., lib. 4, c. 24. Vid.
lib. 2, c. 7, lib. 4, c. 6, lib. 5, c. 23, epist. 118.

opposition la nouveauté de cette coutume. Et le fondement divin est que la providence divine ne peut pas permettre que les fidèles soient tentés par une si étrange illusion. Car la piété et l'humilité chrétienne les portant à respecter ces coutumes universelles de l'Église, à préférer son autorité à tous leurs raisonnements, à dire avec S. Paulin : *Vacare non potest quod universa facit Ecclesia*, et avec S. Augustin : *Si quid universa per orbem frequentat Ecclesia, anin ita faciendum sit disputare, insolentissimæ est insaniæ*; il est impossible que Dieu permette que la raison et l'humilité les jettent dans l'erreur, et qu'ils se trompent, parce qu'ils ne sont pas assez présomptueux, ni assez déraisonnables pour condamner ce qu'ils savent avoir été pratiqué par tous les saints et par toute l'Église de tous les siècles.

CHAPITRE X.

Troisième exemple d'un changement insensible que les ministres prétendent être arrivé sur le sujet de l'invocation des saints et du culte des reliques. Impossibilité morale de ce changement.

Voici un autre exemple terrible de ces changements insensibles qu'il faut admettre selon la théologie des ministres, et par lequel il faudrait dire selon leurs principes que toute l'Église est devenue insensiblement impie et idolâtre ; qu'elle a violé les préceptes du Décalogue; qu'elle a fait une injure signalée à Jésus-Christ, et que tous les principaux Pères ont été des superstitieux, des idolâtres, des docteurs d'erreur, des gens sans esprit et sans conscience, et même des fourbes et des imposteurs. Car, si l'on en croit les ministres, l'invocation des saints est clairement défendue par ce précepte du Décalogue : *Non habebis deos alienos*; et par ces paroles des Psaumes : *Non erit in te deus recens, neque adorabis deum alienum*.

Elle est défendue par ces paroles de l'Évangile, où Jésus-Christ même confirme ce qui avait été commandé dans le Deuteronome : *Vade, Satana, scriptum est enim : Dominum tuum adorabis, et illi soli servies*. Elle est injurieuse à la qualité que S. Paul donne à Jésus-Christ d'unique Médiateur. *Et la médiation des saints étant renversée*, dit M. Daillé, *par la main de l'Apôtre, leur invocation tombe par terre*. Et c'est pourquoi il n'y a pas lieu de s'étonner qu'en poussant ces principes à leurs conséquences naturelles, plusieurs protestants traitent d'idolâtrie le culte et l'invocation des saints. *On ne fera jamais croire aux personnes pieuses*, dit Lazicius, *qu'il faille invoquer les saints ; car celui qui les invoque croit en eux, puisque S. Paul dit qu'on ne peut invoquer celui en qui on ne croit pas. Or quiconque se confie en un homme et met son secours en la chair est maudit, selon Jérémie. Et si quelqu'un de ceux qui invoquent les saints n'en demeure pas d'accord, il est certain néanmoins qu'il a cette opinion des morts, qu'ils sont dans le ciel, qu'ils entendent les prières qu'on leur fait dans la terre, ce qui n'est propre qu'à Dieu. Or c'est une espèce d'idolâtrie des plus considérables de mettre l'espérance de son salut et de son secours en un*

autre qu'en Dieu. « *Est autem hæc species idololatriæ non postrema, spem salutis auxiliique ponere in alio præter Deum.* » Calvin dit dans son Commentaire sur l'Épître à Timothée, *que les papistes ont autant d'idoles qu'ils prennent de saints pour protecteurs auprès de Dieu*. Chamier dit expressément que de référer une invocation *religieuse* à quelque créature que ce soit, *c'est un blasphème et une idolâtrie* ; et que de les invoquer civilement, *c'est une folie et une stupidité*. Et c'est pourquoi, après avoir fait cette alternative, que les *papistes sont ou fous, s'ils invoquent les saints d'une invocation civile, ou idolâtres, s'ils les invoquent d'une invocation religieuse*, il conclut qu'ils sont idolâtres parce qu'ils les invoquent en cette dernière manière.

Voilà les conséquences naturelles de l'opinion des ministres sur l'invocation et le culte des saints. Que s'ils ne se portent pas toujours si loin, et s'ils épargnent un peu quelquefois ceux qu'ils avouent l'avoir tenue et pratiquée, c'est qu'ils font grâce à qui il leur plaît en ce qui regarde les termes durs et injurieux. Mais comme ces conséquences naissent de leur opinion même, et non de leur caprice, il est fort inutile de ne les tirer pas, lorsque l'on établit des principes dont elles naissent nécessairement.

Si c'est être maudit que d'invoquer les saints et d'espérer obtenir de Dieu quelque grâce par leurs prières, tous ceux qui les ont invoqués sont maudits, soit que les ministres le disent, soit qu'ils ne le disent pas. Tous ceux qui ont enseigné à les invoquer sont des docteurs de malédiction, qui non seulement sont coupables du crime qu'ils ont commis en les invoquant eux-mêmes, mais aussi de tous les crimes de ceux qu'ils ont poussés à les invoquer par leur mauvaise doctrine. La civilité de messieurs les ministres leur est inutile pour les excuser, et l'on a même lieu de dire qu'elle est blâmable dans l'excès où ils la portent. Vit-on jamais, par exemple, une civilité plus extraordinaire que celle que M. Daillé pratique à l'égard de S. Ambroise ? Il se moque de la révélation que ce saint eut du lieu où étaient les corps de S. Gervais et de S. Protais. *Le lieu de leur sépulture était encore inconnu*, dit-il, *comme le témoigne Paulin d'Afrique, lorsque tout d'un coup Ambroise, par une révélation divine, ainsi qu'on nous le veut faire croire* (Deo scilicet cœlitùs revelante), *apprit où était le corps de l'un et de l'autre. Il fit donc tirer de la terre ces deux corps sur l'heure même, et il les fit transporter dans l'église ambrosienne avec grande pompe, à laquelle S. Augustin témoigne qu'il assista, qui fut accompagnée d'un grand nombre de miracles, qui ne manquent jamais à ces chercheurs de reliques et en de telles occasions* (quæ hominibus reliquiariis nunquàm in talibus desunt). *Le même évêque*, ajoute-t-il, *qui était l'homme du monde qui avait le meilleur nez pour sentir et pour découvrir les reliques, quoique enfoncées bien avant dans la terre, découvrit encore, l'an 394, les corps de S. Nazare et de S. Celse, qui avaient souffert sous Néron* (IDEM *præsul quo nemo fuit in odorandis ac cernendis sub terrâ quan-*

tûmvis altâ reliquiis sagacior et acutior). Peut-être qu'on s'étonnera d'abord de voir que M. Daillé traite S. Ambroise de la sorte : mais si l'on considère les choses de plus près, on trouvera que c'est un excès de modération. Car il faut par nécessité que M. Daillé croie que tout ce que S. Ambroise rapporte lui-même de l'instinct qu'il eut du lieu où étaient les corps de ces martyrs, et des miracles qui arrivèrent ensuite, qui sont aussi attestés par S. Augustin (1), est faux et inventé à plaisir ; puisqu'il n'est pas sans doute assez impie pour croire cette révélation et ces miracles véritables, et rejeter en même temps, comme il fait, le culte des reliques comme une superstition : aussi l'air dont il en parle fait assez connaître qu'il n'en croit rien. Cependant, si ces miracles ne sont pas vrais, si cette révélation n'est pas sincère, il faut que ce soit une pure fourberie, et la plus damnable imposture qui ait jamais été. Il n'y a point de milieu en cela. Car quand un homme déclare, comme fait S. Ambroise, qu'il avait eu instinct que les corps des deux saints étaient enterrés en un certain lieu, et qu'on les y trouve effectivement, il faut ou que ce soit une vraie révélation, ou que ce soit une imposture insigne et une fourberie abominable ; il faut que S. Ambroise y eût fait cacher ces corps auparavant, ou du moins qu'il eût été averti qu'ils y étaient ; de sorte que quand M. Daillé se contente de dire que S. Ambroise *avait bon nez*, c'est qu'il lui veut épargner les noms de fourbe, d'imposteur, de séducteur, qu'il lui devait donner suivant ses principes.

Il fait donc bien voir qu'il sait dissimuler et retenir les conséquences de ses principes; mais il fait voir en même temps que ses principes sont bien horribles, puisqu'ils portent à de telles conséquences ; et qu'il faut par nécessité , ou que S. Ambroise soit un des plus insignes imposteurs qui aient jamais été, ou que M. Daillé soit dans l'erreur, et qu'il ait combattu la vérité en attaquant l'honneur que l'Église catholique rend aux reliques.

En vérité ces messieurs les religionnaires sont bien insensibles, s'ils ne tremblent pas un peu en pensant qu'ils ne sauraient espérer de salut, à moins que S. Ambroise et S. Augustin avec lui, ne soient des fourbes et des conteurs de faux miracles. Il me serait aisé de montrer que cette dernière partie de l'alternative est si improbable et si contraire au sens commun , qu'il ne reste du tout que la première ; mais parce que cela se juge assez de soi-même, je me contente de l'avoir marqué en passant, pour leur donner lieu d'y faire réflexion.

Pour revenir donc à l'invocation des saints, et à la vénération des reliques, il est certain que si ces cultes sont tels que messieurs les ministres les représentent, s'ils sont condamnés par l'Écriture de l'Ancien et du Nouveau-Testament, s'ils sont injurieux à Jésus-Christ, ils ont droit d'en tirer les conséquences qu'ils en tirent, et de faire les reproches qu'ils font aux catholiques. On peut seulement leur représenter avec raison que, soit par politique ou autrement, ils tombent souvent dans le défaut d'acception de personnes, en ne traitant pas également dans les paroles ceux qui sont également criminels. Et c'est pourquoi la première justice qu'on leur doit demander sur ce sujet est de reconnaître de bonne foi sur qui tombent ces reproches.

Ils font moins de difficulté de les appliquer à tous les chrétiens du monde depuis S. Grégoire-le-Grand. Car quoique M. Claude ait encore compris le septième et le huitième siècles *dans les beaux jours de l'Église* (1), néanmoins les autres ne sont pas si indulgents. Et Hospinien, ayant principalement en vue ce culte des saints et les oblations pour les morts, dit nettement, *qu'au temps de S. Grégoire il se fit un débordement de toutes sortes de superstitions et d'idolâtrie, qui inonda et submergea presque toute la terre.* « *Ejus œtate superstitionum et idololatriœ genus quasi « mare magnum totum penè christianum orbem inun-« davit , obruit , ac penitùs submersit.* » Mais quand on vient au quatrième et au cinquième siècles, on a toutes les peines du monde à leur faire confesser de bonne foi que tous les Pères de ces siècles ont établi l'invocation et le culte des saints, et qu'il paraît clairement par leurs écrits que c'était l'opinion constante et universelle de toute l'Église, sans qu'il y eût personne qui en doutât, qui ne fût pour cela taxé d'erreur. Cependant il faut qu'ils l'avouent malgré qu'ils en aient , car il n'y a pas moyen de le nier.

Il y a des choses douteuses et difficiles, et où l'on voit des obscurités ; mais la tradition de l'Église à l'égard de l'invocation et du culte des saints et de leurs reliques, n'a aucune difficulté considérable dans le quatrième et cinquième siècles ; et il faut le plus étrange et le plus déraisonnable entêtement qui fut jamais pour la contester. On la voit enseignée manifestement par S. Basile, par S. Grégoire-de-Nazianze, par S. Cyrille-de-Jérusalem, par S. Grégoire-de-Nysse, par S. Ambroise , par S. Chrysostôme, par S. Astérius , évêque d'Amasée , par S. Jérôme, par S. Gaudence, par S. Augustin, par S. Paulin, par Prudence, par Théodoret, par S. Eucher et par plusieurs autres moindres auteurs (2).

On ne la voit pas établie dans une seule province du christianisme, mais en toutes : en Italie, en France,

---

(1) Ambr., ep. 54; Aug., l. 9 Confess., c. 7 ; de Civ. Dei, l. 22, cap. 8 ; de Unit. Eccl., c. 19 ; de Div., serm. 39.

(1) Dans la préface de la seconde partie de son Histoire sacramentaire.
(2) Basil., hom. de 40 Mart. ; Greg. Naz. , Orat. 8 in S. Cypr., 20 in Basil., 21 in Ath. ; Cyrill. Jerosol., cath. mystag. ; S. Greg. Nyss., Orat. in S. Theod. ; Ambr., in Luc., c. 22, epist. 54 ; in lib. de Vid. ; Chrysost., hom. panegyr. de S. Mar. Ægyp. ; Orat. de S. Ignat. ; Aster., Orat. in S. Mart. ; Hier. , epist. 25, ad Paul., in Epitaph. Paulæ ; advers. Vigil. ; Gaudent., Brixi tract. 17; Aug., serm. 1 de S. Steph., 51 de diversis ; de Curâ pro mort. contra Faust. , l. 20, c. 21 ; Paul., in versibus, Passim ; Prudent., Hymn. de An. Laurentio ; Theodor., de curand. Græc. Aff., serm. 8 ; Euseb. Emiss., hom. de S. Steph.

dans la Grèce, dans l'Asie, dans l'Afrique, dans le Pont, dans la Palestine. Vigilance, pour avoir douté du culte des reliques, et avoir dit un mot en passant contre l'invocation des saints, est traité par S. Jérôme de novateur et d'ennemi de l'Église. Nul des Pères n'a témoigné qu'il ait regardé cette pratique comme nouvelle, et comme s'étant introduite dans l'Église depuis peu de temps; et ils font voir, au contraire, qu'ils ont cru qu'elle leur était venue par tradition, et qu'elle avait été observée dans les siècles précédents aussi bien que dans le leur. S. Grégoire-de-Nazianze, qui rapporte que sainte Justine voyant sa pureté attaquée, s'adressa à la sainte Vierge, et la pria de secourir une vierge qui était en danger, témoigne par là qu'il croyait que l'on priait les saints au temps de sainte Justine, c'est-à-dire au troisième siècle. Et M. Daillé, qui prétend faire passer cette histoire pour fabuleuse, et qui veut faire croire que S. Grégoire-de-Nazianze (Orat. 8, quæ est in S. Cypr.) a supposé cette invocation, en accommodant sa narration à l'état de son siècle, ne peut empêcher au moins que l'on n'en conclue que S. Grégoire-de-Nazianze a cru que l'on invoquait les saints au troisième siècle, aussi bien qu'au quatrième où il vivait. S. Astérius, évêque d'Amasée dans le Pont, représentant dans une de ses homélies (Homil. in S. Martyr.) les prières ordinaires qu'une mère affligée de la maladie de son fils peut faire à un martyr, qu'il appelle son *médiateur*, μεσίτην, lui met ces paroles dans la bouche : *Quoique vous ne soyez plus maintenant sur la terre, vous n'ignorez pas néanmoins quels sont les maux et les misères des hommes. Vous avez prié vous-même autrefois les martyrs avant que vous fussiez martyr ; vous avez reçu alors en cherchant ; soyez maintenant libéral étant comblé des richesses que vous avez reçues.* Et il marque bien clairement par ce discours qu'il croyait que les martyrs avaient prié les martyrs ; c'est-à-dire que l'invocation des saints avait toujours été pratiquée. S. Cyrille-de-Jérusalem (cat. myst. 5) et S. Augustin (serm. 17 de Verb. apost.), qui témoignent qu'on faisait mention des martyrs dans le Canon de la messe, non pour prier pour eux, mais pour être aidé par leurs prières et par leur intercession, font voir clairement par là qu'ils croyaient l'invocation des martyrs aussi ancienne que l'ordre de la liturgie, qu'ils regardaient tous comme établi par la tradition.

Je ne crois pas nécessaire de m'étendre davantage sur ce point, parce qu'il me semble que les nouveaux ministres sont un peu revenus de l'opiniâtreté des anciens, et qu'ils ne s'amusent plus à contester une chose si claire. Aussi, au lieu que Chamier, Forbesius et plusieurs autres se sont efforcés de faire passer, par la plus ridicule de toutes les solutions, les invocations expresses qui se trouvent dans S. Grégoire-de-Nazianze, et dans S. Jérôme, pour des figures de rhétorique, M. Daillé, qui a bien vu qu'il était sans apparence de vouloir faire passer pour exagérations et pour figures des discours conformes aux écrits dogmatiques du siècle où ils ont vécu, et autres lieux de ces mêmes auteurs, a mieux aimé abandonner une si mauvaise défaite ; et il en a fait un aveu assez sincère sur le sujet de S. Grégoire-de-Nazianze et du quatrième siècle. *Puisque Grégoire-de-Nazianze*, dit-il, *suivant la coutume de son siècle, nous conte bien qu'une femme juive a adoré les reliques de ses martyrs, je ne vois pas qu'il soit plus difficile de croire que ce soit aussi en suivant la coutume de son siècle qu'il nous conte que Justine a invoqué la Vierge. L'une et l'autre fiction a la même raison et la même cause, savoir la dévotion aux reliques et à l'invocation de Marie. Les Latins prétendent qu'il a pratiqué l'une et l'autre ; et nous ne nions pas qu'il n'ait eu l'une et l'autre maladie à l'imitation de ceux de son siècle*. Et un peu plus haut : *C'était déjà la coutume, du temps de Grégoire, de baiser, de révérer, et, comme il parle, d'adorer les reliques des martyrs.* Ainsi M. Daillé ne nie pas que S. Grégoire-de-Nazianze n'ait cru l'invocation des saints et le culte des reliques. Il ne nie pas que ce ne fût la coutume du quatrième siècle ; il prétend seulement que c'était une maladie, et c'est la question. Mais ce qui est certain, est que cette dévotion ne passait nullement pour maladie au quatrième siècle ni dans tous les siècles suivants, et qu'elle a été regardée par tous les Pères comme sainte, comme autorisée de Dieu par une infinité de miracles, comme étant venue à eux par tradition.

Cependant M. Daillé prétend en même temps que ce que tous ces saints ont pris pour une pratique louable, sainte et agréable à Dieu, était une pratique superstitieuse et impie. Il l'appelle, deux pages auparavant, *une aveugle superstition*, et il fait cet honneur à S. Grégoire-de-Nazianze de dire qu'il ne l'a pas peu fortifiée : *Cæca in divos superstitio, quam hic ipse Gregorius non parùm promovisse et verbis et exemplis videtur*. Il prétend que l'on n'en trouve aucun vestige dans les trois premiers siècles, et que non seulement on n'en voit rien dans les écrits qui nous restent de ce temps-là, mais que tous les écrivains de ces premiers siècles la condamnent formellement, par des principes clairs et indubitables, qui excluent du culte et de l'invocation, les anges, les saints et toutes les créatures.

Voilà donc un terrible changement, selon M. Daillé. Dans les trois premiers siècles on enseigne qu'il ne faut honorer que Dieu seul, et l'on condamne tout autre culte, toute autre prière, toute autre invocation. Et dans le quatrième on honore les reliques des saints, on les invoque, on les prie d'une manière si publique que les païens et les manichéens même en faisaient des reproches aux chrétiens, comme il paraît par Julien-l'Apostat, par le sophiste Eunapius et par Faust.

C'est un changement non seulement de pratique et de cérémonie, mais un changement d'opinion et de dogme, puisqu'il a fallu, afin que ce changement s'introduisît, que l'on commençât d'entendre ces paroles de l'Écriture, par lesquelles il prétend que le culte et l'invocation des créatures sont interdits, d'une autre manière que l'on ne les entendait selon lui aux trois premiers siècles.

C'est un changement universel, puisque, comme dit Asterius, il n'y avait point de lieu au monde où l'on n'honorât les martyrs : *Nec est locus ullus quo non eorum memoria habeatur. Ubique terrarum et maris decantantur martyres*, dit-il encore (homil. in S. Mart.). Et l'on sait assez ce qu'on entendait en ce temps-là par ces paroles. Et enfin c'est ce qui paraît assez par toutes les communions séparées de l'Église dès le cinquième siècle, où l'on voit l'invocation des saints et le culte des reliques établis comme dans l'Église romaine. De sorte qu'il y a un peu de mauvaise foi à M. Daillé, d'avoir mis dans le titre de son livre, *contre la tradition des Latins*; comme si ce qu'il combat était particulier à l'Église latine; au lieu que, pour agir de bonne foi, il était obligé de reconnaître que ce qu'il voulait y établir était *contre la tradition des églises chrétiennes*.

Mais comment s'est fait ce changement, et combien de temps a-t-il fallu pour faire un si prodigieux renversement ? C'est ce que ces messieurs ne prennent jamais la peine de nous expliquer. Ils poussent leurs prétentions aussi loin qu'ils peuvent, sans réflexion ; de sorte qu'il se trouve que les deux opinions contraires se touchent chacune dans leur plus grand éclat. Du temps de Julien-l'Apostat, de S. Basile, de S. Grégoire-de-Nazianze, de S. Ambroise, toute la terre honore les saints et leurs reliques ; on les prie, on se recommande à leur intercession ; et cela sans contradiction, sans reproche, avec l'approbation universelle de tous les plus grands évêques. Mais demandez à M. Daillé ce qu'on tenait à la fin du troisième siècle et au commencement du quatrième, et il vous dira qu'il n'y avait aucun vestige de ces cultes, et qu'on les condamnait tous par des maximes générales. Qu'il nous explique donc aussi comment il est possible que toute la terre croyant au troisième siècle que c'était un crime d'honorer quelque créature que ce fût, et de prier un autre que Dieu, on ait commencé au quatrième à violer ce précepte sans remords, sans scrupule, sans que personne y fît seulement réflexion ? Qu'il nous explique comment il s'est pu faire que les maîtres enseignant que l'invocation et le culte de toutes les créatures était défendu par la loi de Dieu, les disciples aient pu comprendre par ces instructions qu'il était saint et louable d'honorer et d'invoquer les martyrs, et d'adorer leurs reliques qui sont des créatures ? Qu'il nous explique comment ils ont pu croire au quatrième siècle que l'invocation des saints avait toujours été pratiquée, s'il était vrai qu'elle eût commencé ou de leur temps même, ou du temps des personnes avec qui ils vivaient ? Car S. Grégoire-de-Nazanze, par exemple, ayant été fait évêque en 370, et ayant été baptisé environ l'an 356, avait vécu avec une infinité de personnes dont la vie comprenait tout le quatrième siècle, et qui avaient été instruits par ceux du troisième. Comment ce saint n'a-t-il donc point appris de quelqu'un d'eux la nouveauté de cette coutume de prier les saints ? Et comment s'est-il pu imaginer qu'on les avait toujours priés dans les autres siècles ? Qu'il nous explique comment il s'est pu faire que les chrétiens du quatrième siècle, lisant tous les jours l'Écriture et tous les Pères du second et du troisième siècles, et n'ayant point d'autres livres que ceux-là, ils ont pu n'apercevoir pas que ces Pères fussent d'un autre sentiment qu'eux sur l'invocation et le culte des saints ? Qu'il nous explique comment cet étourdissement a pu être si général, qu'il ne se soit trouvé aucun auteur, ni dans le quatrième, ni dans le cinquième, ni dans le sixième siècle, qui l'ait combattu ? Étrange lumière qui ne s'aperçoit point par tous les Pères, ni par les disciples mêmes de ceux que l'on prétend avoir le plus rejeté le culte et l'invocation des créatures !

On nous dit qu'Origène la condamne clairement dans ses ouvrages contre Celse, et dans tous ses autres livres. Mais d'où vient donc que lorsque cette doctrine a été le plus établie dans l'Église, et qu'Origène y a été le plus odieux, personne n'en a fait un crime à Origène ? D'où vient qu'elle n'a été remarquée, ni par les défenseurs d'Origène ni par ses ennemis ?

Il s'agit du sentiment des trois premiers siècles. M. Daillé dit qu'ils n'ont point invoqué les saints. Les Pères du quatrième siècle croient qu'ils les ont invoqués. A qui s'en doit-on rapporter ? L'un nous paie de ses conjectures ; les autres avaient la tradition vivante, et ils vivaient avec un million de personnes qui savaient ce qui s'était pratiqué au troisième siècle. Ils nous apportent des passages d'auteurs de ces trois siècles, où il est dit qu'il ne faut adorer que Dieu ; que la religion chrétienne consiste dans le culte d'un seul Dieu. Cependant tous ces passages, que l'on nous représente comme les plus clairs du monde, n'ont persuadé à personne, dans le quatrième et le cinquième siècles, qu'il ne fallût pas prier les saints, ni honorer leurs reliques. Ils les entendaient tous les jours ; ils les voyaient tous les jours dans les ouvrages de ces Pères des trois premiers siècles, et ils n'en étaient nullement troublés. Il fallait donc qu'ils les prissent en un autre sens que M. Daillé ; et cependant il y a toutes les apparences du monde qu'ils les entendaient mieux que lui, et qu'il s'en faut plutôt rapporter à eux, que non pas à des gens du dix-septième siècle.

Il me serait aisé de montrer que ces sens auxquels les Pères du quatrième siècle prenaient ces termes, sont les plus naturels du monde, et qu'il est très-ordinaire que des mots ayant divers sens se nient et s'affirment sans aucune contradiction ; que l'on dise en un sens qu'il ne faut honorer que Dieu d'un culte religieux, qu'il ne faut adorer que Dieu, qu'il ne faut invoquer que Dieu, qu'il ne faut prier que Dieu, et dans un autre qu'il est permis d'honorer religieusement les saints et leurs reliques ; qu'il est permis de prier les saints, de les invoquer et même de les adorer. Cette diversité de sens subsiste dans les langues sans aucune confusion, et sans produire le moindre embarras; et les Pères les plus éclairés pour l'invocation des saints ont parlé ce double langage sans contradiction, et sans que cela puisse causer la moindre difficulté qu'à ceux qui veulent s'en forger eux-mêmes. Par exemple, S. Augustin enseigne (cont. Faust., lib. 20, c. 5) dans le même livre, *qu'il ne faut honorer que Dieu seul, parce qu'il n'y a que Dieu dont la jouissance soit capable de nous rendre heureux* : « *Solus ille colendus est, quo solo fruens beatus sit cultor ejus;* » et que nous honorons les martyrs par un culte d'amour et de société : *Colimus martyres cultu dilectionis et societatis*. (Ibid., c. 21.)

Mais cela appartiendrait à une autre méthode ; et mon dessein n'est que de faire voir ici que la difficulté du changement qu'il faut que les ministres admettent à l'égard de l'invocation des saints, rend leur doctrine si peu vraisemblable, que cela seul suffit pour la faire rejeter par toutes les personnes judicieuses, et principalement par les simples, qui, n'étant pas capables d'examiner tous les passages grecs de M. Daillé, sont très-capables de juger qu'il n'est pas si bien informé des sentiments des trois premiers siècles que les Pères du quatrième et du cinquième, qui ont cru que l'invocation des saints était non seulement sainte, mais qu'elle avait toujours été crue et pratiquée dans l'Église, quoique cette pratique ait pu être fort différente, et beaucoup plus éclatante en un temps qu'en un autre ; l'Esprit de Jésus-Christ, qui règle les mouvements des membres de son Église, leur inspirant toujours l'approbation des mêmes choses, parce que la vérité est invariable ; mais ne les appliquant pas toujours aux mêmes pratiques, et rendant certaines actions de piété plus fréquentes et plus éclatantes en un temps qu'en un autre, selon les règles secrètes de sa conduite toute divine.

CHAPITRE XI.

Quatrième exemple d'un changement insensible sur la défense de certaines viandes. Impossibilité de ce changement.

On n'a jamais désavoué qu'il ne se puisse introduire dans l'Église des coutumes saintes ou indifférentes. Il est assez naturel qu'une pratique qui porte à la piété s'étende par l'imitation des personnes pieuses ; que les évêques la favorisent au lieu de s'y opposer, et qu'ainsi elle fasse un progrès insensible, personne n'étant obligé d'en empêcher l'établissement. Mais il est extrêmement difficile que ces trois circonstances soient jointes ensemble : qu'une coutume soit mauvaise ; que l'origine en soit entièrement inconnue, et qu'elle soit universellement reçue, sans qu'il se trouve aucune société chrétienne qui ne l'observe : et ainsi l'on ajoute cette dernière circonstance, qu'en supposant qu'elle ait été établie de nouveau, il faille en même temps supposer que la véritable foi et la véritable intelligence de l'Écriture se soit perdue par toute la terre. Ces quatre circonstances jointes ensemble forment une impossibilité morale, qui doit prévaloir sur tous les petits raisonnements et toutes les petites preuves par lesquelles on nous voudrait rendre croyables ces changements insensibles.

C'est néanmoins ce que messieurs les ministres prétendent être arrivé sur le sujet de l'abstinence de certaines viandes, dont l'Église interdit l'usage aux fidèles pendant les jours de jeûne et d'abstinence. Car si l'on veut savoir quel jugement ils font de cette coutume, il ne faut que lire le passage de S. Paul, par lequel ils prétendent tous qu'elle est condamnée. *L'Esprit*, dit ce S. Apôtre (1 ad Tim., cap. 4), *dit expressément que, dans le temps à venir, quelques uns abandonneront la foi, en suivant des esprits d'erreur et des doctrines diaboliques, enseignées par des imposteurs, dont la conscience est gangrénée ; qui interdiront le mariage, et qui obligeront de s'abstenir des viandes que Dieu a créées pour être reçues avec action de grâce par les fidèles et par ceux qui connaissent la vérité ; car tout ce que Dieu a créé est bon.* Sur cela M. Daillé fait cette réflexion : *Voilà*, dit-il, *les éloges que S. Paul donne à nos législateurs de l'abstinence de certaines viandes. Il les appelle ministres et apôtres des démons et des esprits d'erreur. Il dit qu'ils enseignent le mensonge avec hypocrisie, qu'ils ont la conscience gangrénée ; c'est-à-dire, brûlée et rongée par le feu de leur concupiscence. Il appelle leur loi de l'abstinence des doctrines de démon.* Enfin il n'omet rien pour décrier leur conduite, et pour attirer contre elle l'exécration et la haine de tous les fidèles,.. C'est ainsi que S. Paul a frotté assez rudement la gale de ces gens. Tant s'en faut qu'il se faille plaindre de la dureté des termes de M. Daillé, qu'il faut encore le prier d'ajouter, s'il lui plaît, à ces éloges le principal de tous, qu'il a retranché par un ménagement dont les catholiques se passeront bien. Car la première qualité par laquelle S. Paul désigne ces législateurs de l'abstinence, par lui, est qu'ils seront apostats dans la foi, ἀποστήσονται τῆς πίστεως. On demeure donc d'accord avec lui que S. Paul parle en cet endroit de gens qui auront en même temps toutes ces qualités ; qui seront des apostats dans la foi, des ministres et des disciples des démons ; qui enseigneront le mensonge avec hypocrisie, qui auront la conscience gangrénée. Et puisque M. Daillé veut que ces éloges conviennent à tous ceux qui ordonnent de s'abstenir de certaines viandes, il est bon d'apprendre de lui-même quels ils sont et depuis quel temps on trouve de ces gens-là dans l'Église. C'est ce que l'on peut voir par le titre même du treizième chapitre de son second livre, qui porte *que ce ne fut qu'aux sixième et septième siècles que l'usage libre de l'abstinence de certaines viandes aux jours de jeûne fut réduit en forme de loi.*

Il me serait aisé de montrer que cette restriction qu'il fait à la loi de l'abstinence de certaines viandes au sixième et au septième siècles est très-fausse et très-mal fondée ; qu'il paraît clairement par l'histoire de Spiridion rapportée par Sozomène (1), par le con-

(1) Sozom., Hist. eccles. l. 1, c. 11 ; conc. Laod. c. 5 ; Basil., orat. 1 de Jejunio ; August., lib. 50 con-

cile de Laodicée, par S. Basile, par les reproches de Faust aux catholiques, et par les réponses de S. Augustin à ces reproches; par Théophile d'Alexandrie, par S. Chrysostôme, par Socrate et par Nicéphore, que l'abstinence de certaines viandes était déjà commandée au quatrième et au cinquième siècles; que toutes les réponses que M. Daillé fait aux passages de ces auteurs sont pitoyables aussi bien que tout le reste de son livre, qui est si étrangement faible en tout ce qu'il contient, si rempli de sophismes et de fautes, qu'il n'y a pas longtemps qu'une personne, qui n'avait dessein que de le lire et d'y faire quelques remarques, le réfuta tout entier en fort peu de jours. Il n'y aurait qu'à digérer ces remarques, et les mettre en ordre pour les donner au public; et cela pourra venir en son temps.

Mais je me contente maintenant de ce qu'il accorde, qui est que l'on a commandé l'abstinence des viandes dès le sixième et septième siècles; et je le supplie d'ajouter, ce qui est très-véritable, qu'elle était si généralement commandée, qu'il ne se trouve aucune société chrétienne, entre celles mêmes qui sont séparées de l'Église romaine dès le cinquième et le sixième siècles, où l'abstinence des viandes ne soit pratiquée avec plus de rigueur même que l'on ne l'observe dans la communion romaine; les Grecs, les Arméniens, les Jacobites, les Nestoriens, les Cophtes, les Ethiopiens observant le carême et l'abstinence de certaines viandes, avec beaucoup plus de sévérité que l'on ne fait dans l'Église latine. M. Daillé ne saurait montrer un seul peuple chrétien, une seule église où cette abstinence n'ait été reçue, établie, commandée, pratiquée. Il ne saurait montrer d'aucune de ces églises schismatiques, qu'elle ait commencé d'embrasser cette coutume depuis le schisme, ni qu'elle ait été quelque temps sans la pratiquer.

Il faut encore ajouter, s'il lui plait, que comme selon lui c'est être *apostat*, *ministre du diable*, c'est enseigner une *doctrine diabolique*, c'est avoir la *conscience gangrenée*, que de commander l'abstinence de certaines viandes; c'est aussi participer à toutes ces qualités, que d'observer cette abstinence comme un précepte, et comme croyant que ces viandes sont en effet défendues, puisque c'est être dans la même erreur, de croire qu'il est permis à l'Église d'interdire certaines viandes sans violer le commandement de l'Apôtre. C'était être montaniste que de se croire obligé au jeûne de Montan; encratite, que d'observer la continence avec l'opinion des encratites. De sorte que depuis le temps que l'on défend l'usage de certaines viandes aux jours de jeûne, et que l'on observe cette défense comme un précepte, il s'ensuit que tous les peuples, aussi bien que tous les pasteurs, ont été apostats dans la foi et disciples des démons; et S. Paul n'aurait pas dû dire comme il a fait que dans les derniers temps quelques-uns abandonneront la foi; mais il aurait dû dire, qu'ils l'abandonneront tous.

On ne peut pas même prétendre que depuis cette défense cette abstinence ait pu s'observer légitimement par qui que ce soit. Car comme elle était commandée et pratiquée, selon M. Daillé, par un principe diabolique, on était obligé d'y résister, et de témoigner par sa résistance que l'on ne se soumettait point à cette ordonnance diabolique. Et de même qu'on obligeait autrefois les chrétiens, du temps qu'il y avait des hérétiques qui commandaient l'abstinence de certaines viandes comme impures, de témoigner, en goûtant des herbes cuites avec ces viandes, qu'ils détestaient cette erreur; ainsi tous les chrétiens, depuis le sixième siècle, voyant cette apostasie générale, auraient dû s'en éloigner par leurs actions et par leurs paroles; et s'ils s'étaient conformés à cette pratique, ils se seraient rendus coupables d'un très-grand scandale, en autorisant une erreur et une coutume diabolique par leurs actions. Ainsi, messieurs les ministres doivent dire par nécessité que depuis le sixième siècle on n'a plus vu par tout le monde que des apostats et des disciples du diable; et il faudra que pour sauver leur église invisible ils aient recours à quelque petit nombre de gens inconnus, qui mangeaient de la chair en carême par dévotion.

Cet inconvénient me paraît considérable, et il me semble qu'il y a de quoi faire trembler un calviniste, de se voir obligé de faire cette étrange alternative : Si j'entends bien le sens de l'Apôtre, il faut que tous les chrétiens du monde aient été dans l'apostasie depuis dix siècles; afin que je ne sois pas téméraire, impie, hérétique, il faut que toute l'Église visible depuis le sixième siècle n'ait été qu'une compagnie d'apostats et de ministres du diable. Mon salut est incompatible avec le salut de tous ces chrétiens; nous serons nécessairement séparés de lieu; et s'il y a quelqu'un de ceux qui ont ordonné l'abstinence des viandes, ou qui l'ont pratiquée comme étant de précepte, qui soit dans le paradis, je ne puis espérer pour moi que l'enfer; car il est bien certain que je ne serai point avec ceux que je regarde, par maxime de religion, comme des apostats et des ministres du diable.

Certainement on pourrait trembler à moins, et il faut être bien insensible pour ne point faire attention à un si effroyable danger. Et c'est aussi pour en ôter l'image, que messieurs les ministres pratiquent leur civilité ordinaire. Car ils donnent souvent de grands éloges à des gens qu'ils regardent comme des apostats et des ministres du diable, et il semble presque qu'ils en aient le même sentiment que nous. Mais afin qu'ils ne trompent pas ainsi le monde, il faut les prier de n'être pas si civils, et de donner à ceux dont ils parlent les titres qui leur conviennent selon leur doctrine.

Qu'ils ne se contentent donc pas de retrancher le nom de saint à ceux à qui les catholiques le donnent; mais qu'ils les marquent aussi par les épithètes conformes à leurs principes, et au jugement qu'ils sont

---

tra Faust., cap. 5; Theoph., conc. 3 pasch.; Chrysost., hom. 6 ad pop. Ant.; Socrat., Hist. lib. 5, c. 22; Niceph., Hist. lib. 12, c 34.

obligés d'en porter, à moins que de les vouloir démentir. Qu'ils ne citent plus S. Grégoire, qu'en l'appelant *l'apostat* Grégoire; S. Fulgence, qu'en le nommant Fulgence *le ministre du démon*. Que l'on voie dans leurs livres ces étranges titres, Bède *à la conscience gangrénée*, Cassiodore *l'hypocrite*, Eloy *le disciple du diable*, Jean-Climaque *le docteur du mensonge.*

On voit assez la raison pour laquelle ils les ménagent quelquefois, et il n'est pas juste qu'ils s'en fassent honneur. Il y a moins en cela de modération que de politique ; et ce n'est pas tant pour épargner ces saints que pour s'épargner eux-mêmes. Ils ont peur de donner de l'horreur de leurs principes, en donnant lieu d'en envisager les horribles conséquences ; et ils appréhendent, malgré la prétendue clarté de leurs raisonnements sur les passages de l'Écriture, que les peuples qui les suivent n'aiment mieux être avec S. Fulgence, S. Grégoire, S. Eloy, le Vénérable Bède, et tant d'autres saints du sixième et du septième siècles, et de tous les autres suivants, qu'avec ceux qui les traitent d'apostats et de ministres du diable.

Que si l'on considère les circonstances de cette apostasie générale de toute la terre, que les ministres supposent être arrivée au sixième et au septième siècles, elles ne nous en feront pas moins voir l'absurdité et l'impossibilité. Car il n'y a qu'à demander à ces messieurs s'il est clair et évident que ce passage de l'apôtre S. Paul dont il est question, s'entende de ceux qui défendaient l'usage de certaines viandes, pour quelque cause que ce soit ; et non pas, comme les catholiques l'expliquent, de ceux qui défendent les viandes, comme étant impures et mauvaises de leur nature, ainsi que plusieurs hérétiques ont fait, et que le passage même le marque ; S. Paul prenant pour un principe opposé à cette erreur, *que toute créature de Dieu est bonne*. D'où il s'ensuit que ceux qu'il désigne devaient avoir un principe contraire, qui est, *que toute créature de Dieu n'était pas bonne*, et que c'était là la raison de la défense qu'ils en faisaient.

Je leur demande donc encore une fois si le sens de ce passage est clair ou obscur : s'il est clair, comment est-il possible que toute la terre, en le lisant dans S. Paul, ne se soit point aperçue qu'elle suivait une doctrine et une pratique qui y était formellement condamnée, et que tous les pasteurs soient tombés dans une explication fausse, en quittant celle qui était claire et véritable ? N'y avait-il donc personne au sixième siècle qui eût appris de ceux du cinquième comment il fallait entendre ce passage de S. Paul, ou qui eût assez d'esprit pour faire cet argument : S. Paul déclare que tous ceux qui interdisent l'usage de certaines viandes sont des apostats; or tous les pasteurs de l'Église interdisent l'usage de certaines viandes; donc ils sont tous apostats. La conclusion est-elle si cachée et si éloignée pour n'avoir été tirée de personne ? et ces saints inconnus, qui mangeaient de la chair en carême, et que les ministres sont obligés de cacher quelque part, s'ils veulent conserver la succession de leur église invisible, n'avaient-ils pas assez de zèle pour détromper leurs frères de cette illusion, ou assez d'esprit pour leur faire goûter une vérité si claire ? Que s'ils avouent que le sens de ce passage est obscur, et qu'il n'est pas clair que ce soit celui qu'ils y donnent, comment un simple calviniste, ou même le plus suffisant ministre, ose-t-il préférer son sens à celui de toute l'Église, et se mettre en danger, sur un passage obscur, de ne pouvoir être orthodoxe, à moins que de précipiter toute la terre dans l'apostasie ?

Mais comment s'est-il pu faire que cette doctrine diabolique, ayant été semée et introduite dans l'église latine, selon M. Daillé, ait été embrassée par l'église grecque, qui, dès le septième siècle, avait beaucoup de jalousie contre l'église d'Occident, et n'était pas portée à en suivre les pratiques? comment a-t-elle été imitée par les nestoriens et les eutychiens, qui étaient déjà séparés de l'Église, et qui avaient bien plutôt pour but de contredire et l'église latine et l'église grecque, que d'imiter l'une ou l'autre ? Comment tous ces autres passages de l'Écriture, et ces autorités des trois premiers siècles, que M. Daillé prétend être si clairs, n'ont-ils point été capables de faire douter quelqu'un , si la défense de cette abstinence était légitime ?

D'où vient que les Pères du quatrième et du cinquième siècles, qui nous recommandent tant l'observation du carême, et qui nous marquent si souvent que le jeûne était joint avec l'abstinence de la chair et du vin, n'ont jamais appréhendé cet horrible danger que l'on devînt apostat en croyant que l'Église défendît l'usage de ces viandes aux jours de jeûne ? D'où vient qu'ils ne font jamais ce discours aux fidèles de leur temps, qu'ils feront bien de s'abstenir, s'ils veulent, de la chair et du vin en carême ; mais qu'ils doivent bien se donner de garde de croire que l'Église leur commande cette abstinence, parce que ce serait être apostat que d'avoir cette pensée ? Une erreur qui aurait emporté tout d'un coup toute la terre, et où elle serait tombée sans s'en apercevoir, pouvait bien être prévue par les Pères ; et il est bien étrange qu'il se rencontre toujours cette bizarrerie dans les suppositions des ministres, qu'en un certain temps, il ne vient qu'une certaine pensée dans l'esprit des fidèles de toute la terre, sans que l'autre y vienne en aucune sorte, non pas même pour la réfuter ; et dans un autre, il y en vient une toute contraire, sans que l'autre se présente jamais. Dans les cinq premiers siècles on a cru, selon M. Daillé, que ce serait être apostat que de défendre l'usage de certaines viandes ; et depuis le sixième siècle on a cru qu'on pouvait défendre l'usage de ces viandes sans être apostat. Ceux du cinquième siècle n'ont point prévu le prétendu abus du sixième, et ceux qui ont suivi cet abus ne se sont point aperçus qu'il était contraire à la doctrine des cinq siècles précédents.

Que si M. Daillé nous veut dire que dès le cinquième siècle il y avait déjà quantité de ces apostats qui interdisaient l'usage des viandes, il serait encore bien étrange que ces apostats fussent demeurés inconnus aux orthodoxes, et qu'ils eussent été si imprudents que de louer sans distinction ceux qui observaient le carême avec le plus de rigueur ; au lieu qu'entre ces observateurs du carême il y en aurait eu, selon M. Daillé, une grande partie d'apostats, d'hypocrites et de disciples du diable.

Il me serait aisé d'étendre cela beaucoup davantage, et l'on y peut appliquer ce que l'on a dit dans le traité de la Perpétuité, pour détruire ce prétendu mélange de la doctrine de la présence réelle avec celle de l'absence réelle, que les ministres sont contraints d'admettre au dixième siècle dans toute l'Église ; mais il me suffit d'avoir montré en passant l'absurdité de cette hypothèse, sur laquelle néanmoins tout le calvinisme est établi. Car il faut bien remarquer qu'en ces matières chaque controverse particulière est fondamentale et décisive de la générale, parce qu'il s'ensuit que si les calvinistes ont calomnié l'Église en quelque point, et si c'est à tort, par exemple, qu'ils l'accusent d'apostasie sur le sujet de la défense des viandes, leur société n'est qu'une troupe de calomniateurs et de téméraires, et par conséquent ne peut être l'Église de Jésus-Christ.

CHAPITRE XII.
Que l'impossibilité des changements précédents n'est pas néanmoins comparable à celle du changement que les ministres prétendent être arrivé sur le sujet de l'Eucharistie.

Comme la lumière qui frappe les corps à ses degrés, et qu'une clarté qui nous fait voir les objets avec évidence ne laisse pas de pouvoir être infiniment augmentée, en sorte que ce qui est clarté à l'égard d'un objet peut être sombre et obscurité à l'égard d'un autre, de même les lumières spirituelles ne consistent pas dans un point indivisible, et elles sont capables aussi d'un accroissement infini.

Ce n'est donc point faire tort à l'évidence des arguments précédents que de dire que celui dont l'on s'est servi dans le traité de la Perpétuité en a encore beaucoup davantage, et d'en faire remarquer les différences : l'on ne laissera pas d'avoir droit de prétendre qu'ils doivent persuader toutes les personnes équitables, encore qu'ils n'aient pas toute la force qu'a celui que l'on a tiré de l'impossibilité d'un changement universel de créance sur le sujet de l'Eucharistie.

Tous ces arguments ont cela de commun qu'il faut que tous ces changements soient universels, et que les ministres supposent qu'ils soient arrivés, non seulement dans l'église latine, mais dans toutes les autres communions ; car il n'y en a pas une qui n'ait des évêques supérieurs aux prêtres, et à qui l'ordination en est réservée. Il n'y en a point qui ne pratique la prière pour les morts ; il n'y en a point qui n'invoque les saints ; il n'y en a point qui ne commande l'abstinence de certaines viandes, et il n'y en a point enfin qui ne croie la présence réelle, comme je le suppose ici, et comme je le prouverai dans la suite.

Il faudrait donc que si elles avaient eu une autre foi, une autre créance et une autre discipline, elles fussent toutes venues à l'état où elles sont à présent par changement. Or ce changement devrait être insensible, puisqu'on ne saurait faire voir qu'il y ait jamais eu d'opposition bien marquée contre aucun de ces dogmes ou de ces pratiques, dans aucune de ces sociétés, si ce n'est dans des personnes qui y ont été regardées comme étant dans l'erreur pour ce sujet.

Secondement, tous ces changements prétendus ont dû, selon les ministres, être accompagnés de l'obscurcissement et de l'oubli de la doctrine ancienne. Ils doivent dire que pour établir les évêques supérieurs aux prêtres de droit divin, comme fait S. Cyprien, il a fallu oublier que les prêtres et les évêques fussent les mêmes du temps des apôtres, comme Blondel le prétend ; que pour établir la prière pour les morts, et demander à Dieu pour eux le rafraîchissement et le repos, il a fallu oublier qu'ils n'eussent point besoin de rafraîchissement et de repos, et qu'ils en jouissaient déjà pleinement ; que pour invoquer les saints, il a fallu oublier qu'il fût défendu dans l'Écriture-Sainte d'invoquer aucune créature ; que pour commander l'abstinence de certaines viandes, ou pour s'en abstenir comme étant défendues par la loi de l'Église, il a fallu oublier que cette défense de viandes était traitée par saint Paul d'apostasie et de doctrine diabolique ; enfin, que pour croire la présence réelle, il a fallu oublier que le corps de Jésus-Christ ne fût qu'en figure ou en vertu dans l'Eucharistie.

Mais il est nécessaire de reconnaître qu'il y a néanmoins beaucoup de différence entre l'impossibilité de ces changements : car ces doctrines qu'il aurait fallu oublier ou changer ne sont pas également populaires. Il n'a jamais été nécessaire que tous les chrétiens fussent informés précisément de la différence des ministres de l'Église, du sens précis de toutes les paroles de l'Écriture, qui regardent l'invocation de Dieu ou l'abstinence des viandes et l'état des morts. C'est dans ces sortes de matières qu'il est probable de dire que plusieurs n'avaient point d'opinion formée, en sorte qu'ils étaient plus capables de recevoir celle qu'on leur donnait sans s'y opposer. Mais nous ferons voir qu'on ne peut dire la même chose du commun des fidèles à l'égard de l'Eucharistie, puisqu'aucun ne pouvant se dispenser de communier, ne pouvait aussi s'empêcher de former une pensée distincte sur ce qu'on lui donnait comme le corps de Jésus-Christ, en concevant cet objet, ou comme une simple image de Jésus-Christ dans le ciel, ou comme couvrant le corps même de Jésus-Christ. Ainsi la doctrine qu'il faut que les ministres supposent avoir été abolie par ces autres changements, n'était pas une doctrine si populaire ; au lieu que la doctrine de la présence réelle n'aurait pu s'introduire que par l'abolition d'une doctrine connue de tous, et par le changement de toutes les idées ordinaires, que les fidèles se formaient du mystère de l'Eucharistie.

Secondement, dans ces autres prétendus changements, la doctrine que les ministres supposent s'être établie de nouveau, n'a rien d'elle-même de choquant ni de surprenant; au contraire, on trouve dans sa raison de quoi s'y porter. On est naturellement porté à croire que le gouvernement d'un seul est plus propre à éviter les schismes que celui de plusieurs; on sent une inclination à rendre aux morts des offices de piété. On conclut aisément que s'il est permis de prier les vivants, on peut bien aussi prier les morts qui sont vivants devant Dieu, et l'on se porte facilement à commander une chose qui se pratique volontairement par les fidèles. Le passage n'est point dur, ni choquant dans tous ces changements. Mais c'est un étrange renversement d'esprit, d'idées, de pensées, quand, au lieu qu'on ne considérait le pain consacré que comme l'image de Jésus-Christ, on vient à le considérer comme Jésus-Christ même; et la surprise n'aurait pas dû être moindre que si un homme, croyant n'avoir dans sa chambre que le tableau du roi, venait à être averti que le roi même y est effectivement.

Cependant, comme nous avons montré, les quatre changements supposés par les ministres dans l'épiscopat, dans la prière pour les morts, dans l'invocation des saints et dans l'abstinence des viandes, ne laissent pas d'être moralement impossibles, et d'enfermer des difficultés qui les doivent rendre incroyables; et par conséquent, le changement de créance sur l'Eucharistie l'étant infiniment davantage, la preuve que l'on en tire est beaucoup plus claire et plus convaincante, et M. Claude a grand tort de blâmer cette méthode sans sujet, puisqu'elle n'a pas seulement une évidence commune, mais qu'elle en a une toute singulière et toute extraordinaire.

LIVRE SECOND.

DE LA PREMIÈRE SUPPOSITION DU LIVRE DE LA PERPÉTUITÉ, QUI EST LE CONSENTEMENT DES ÉGLISES ORIENTALES AVEC LA ROMAINE, SUR LE SUJET DE L'EUCHARISTIE.

Preuves de ce consentement de l'église grecque dans le onzième et douzième siècles.

CHAPITRE PREMIER.[1]

Que la défense du livre de la Perpétuité consiste uniquement à établir les suppositions qu'on y fait et les conséquences qu'on en tire : Qu'il ne se peut renverser qu'en attaquant ou ces suppositions, ou ces conséquences. Livre de M. Claude, composé de deux livres, dont l'un appartient, et l'autre n'appartient pas au traité de la Perpétuité; qu'on ne réfutera que le premier dans ce volume, en réservant l'autre pour le second.

Nous avons fait voir que la méthode du livre de *la Perpétuité* était une méthode de prescription, qui décide le différend de l'Eucharistie par des considérations générales, sensibles et proportionnées à l'esprit de tout le monde, et que cette sorte de méthode ne devait pas être mêlée avec celle de discussion, qui consiste dans un examen particulier des passages de l'Écriture et des Pères; parce qu'elle a pour but de conduire à la vérité, par une voie plus courte et plus abrégée, ceux mêmes qui ne sont pas capables de ces examens, qui sont toujours plus longs et plus difficiles. Ainsi, quoique nous ayons dessein de suivre M. Claude dans l'une et dans l'autre de ces méthodes, et de lui faire voir qu'elles lui sont également désavantageuses, il nous pardonnera néanmoins, si nous ne le faisons pas avec la confusion qu'il a affectée, et si nous traitons séparément des choses qui sont séparées de leur nature, et dont on ne peut même parler qu'imparfaitement, lorsqu'on les confond comme il a fait.

On a donc dessein de traiter d'abord tout ce qui regarde en particulier l'argument *de la Perpétuité*, qui est la première cause de ce différend. Et pour comprendre ce qui est renfermé dans ce dessein, et à quoi il nous oblige, il faut considérer que l'unique but de ce traité est de montrer que le changement insensible que les ministres prétendent être arrivé dans la créance de l'Eucharistie est absolument impossible; et qu'il n'y a jamais eu de fable plus mal inventée que celle de cette innovation dont ils accusent l'Église, non seulement sans preuves positives, mais sans la moindre apparence.

Or, pour faire voir l'absurdité de ce changement insensible qu'ils reprochent à l'Église, on n'a pas établi cette maxime générale : Que tout changement insensible en matière de religion est impossible; parce que, comme nous avons remarqué, ce traité n'est pas fondé sur l'infaillibilité de l'Église en tant qu'elle se prouve par la tradition et par l'Écriture, mais sur l'infaillibilité que la raison même y découvre dans certaines circonstances. On ne dit donc point aux ministres que l'Église romaine étant infaillible, il est impossible qu'elle change jamais de créance sur aucun point de sa foi, quoique cela soit très-véritable, et se puisse prouver par l'Écriture et par les Pères. Mais on leur dit qu'il y a des rencontres et des mystères sur lesquels il est impossible qu'elle change insensiblement de foi. Et c'est ce que les ministres ne sauraient désavouer, s'ils ont tant soit peu de sincérité. Diront-ils, par exemple, qu'il soit possible que tous les chrétiens, croyant maintenant que Jésus-Christ est le Médiateur promis, puissent cesser universellement de le croire, sans qu'il paraisse aucun vestige de ce changement? Diront-ils que tous les chrétiens reconnaissant maintenant les Évangiles et les Épîtres de S. Paul et des autres apôtres pour des livres inspirés de Dieu puissent, par un changement insensible, les prendre universellement pour des livres profanes et fabuleux? Diront-ils que le baptême, étant pratiqué par toutes les nations comme nécessaire au salut, il puisse s'abolir insensiblement par toute la terre sans que l'on s'en aperçoive? Diront-ils que la mémoire du sacrifice de l'Eucharistie se puisse effacer d'une telle sorte de l'esprit des hommes, que l'on puisse venir à douter si l'on n'a jamais dit la messe dans l'Église.

Ces messieurs sont donc obligés de reconnaître, d'une part, qu'il y a de certains changements insensibles qui sont impossibles. Et comme ils prétendent, de l'autre, qu'il y en a qui sont possibles, il est clair que c'est par les circonstances qui y sont jointes, qu'il est nécessaire de les distinguer, et que, pourvu qu'on leur montre par ces circonstances que ce changement, qu'ils prétendent être arrivé dans la créance de l'Eucharistie, est du premier genre; c'està-dire, qu'il est absolument impossible, la raison les oblige d'en conclure que ce changement n'est donc pas arrivé; et qu'ainsi l'Église a toujours cru de ce mystère ce qu'elle en a décidé au temps de Bérenger, et ce qu'elle en croit présentement.

C'est à quoi se réduit toute la question du livre de *la Perpétuité*. Si cet événement, que les ministres supposent être arrivé, n'est seulement qu'un peu difficile, c'est-à-dire s'il est assez facile que toutes les églises du monde, n'ayant jamais cru auparavant que Jésus-Christ fût réellement présent dans l'Eucharistie, soient venues insensiblement à le croire, le livre de *la Perpétuité* ne contient qu'une preuve médiocre. Si cet événement est très-difficile, il contient une preuve très-forte, qui doit l'emporter sur toutes les raisons qui ne sont pas démonstratives. Et il suffit même, en cet état, pour retenir dans l'Église catholique tous ceux qui n'auraient que de simples doutes de la vérité de ce qu'elle enseigne de ce mystère, et y réduire tous ceux qui ne seraient pas entièrement convaincus que sa doctrine fût fausse; puisque, comme nous l'avons déjà prouvé, en égalité de preuves, il y a démonstration qu'il faut être catholique.

Enfin, si ce changement est du nombre de ceux que l'on doit regarder comme impossibles, la preuve du livre de *la Perpétuité* est absolument décisive et convaincante; et l'on ne peut refuser de s'y rendre sans une opiniâtreté tout à fait déraisonnable; puisque, quand même on aurait dans l'esprit des raisons contraires qui parussent évidentes, l'évidence de cette preuve les devrait au moins balancer, et mettre ainsi l'esprit dans le doute. Or, dans le doute, il est absolument contre la raison d'abandonner la société des catholiques, ou de demeurer dans celle des calvinistes.

La question étant ainsi clairement établie, et consistant uniquement à savoir en quel degré on doit mettre ce grand événement, que les ministres prétendent être arrivé, et que les catholiques nient être jamais arrivé, il est visible qu'elle se doit décider par les circonstances et de la chose, et du temps où ils le placent, et que c'est par ces circonstances qu'il faut juger s'il n'a qu'une difficulté commune, s'il en a une extraordinaire, ou s'il est absolument nécessaire. Et c'est pourquoi l'auteur de *la Perpétuité* ne s'est pas contenté d'alléguer, que, pour établir la prétention des ministres, il faudrait supposer que toute l'Église eût changé insensiblement de créance sur l'Eucharistie, mais il a fondé la force de cette preuve sur diverses circonstances, qu'il a expressément remarquées; et c'est par ces circonstances qu'il a conclu que ce changement était entièrement impossible.

Il n'y a donc proprement que deux choses à examiner, pour juger de la solidité de cette preuve : la première, si elle n'est point appuyée sur de fausses circonstances; la seconde, si, supposé la vérité de ces circonstances, on a eu droit d'en conclure que ce changement est impossible.

Or les circonstances qu'on a remarquées et supposées se réduisent à deux principales, qui suffisent pour le dessein de l'auteur de *la Perpétuité* : la première, que la créance de la présence réelle s'est trouvée établie dans l'Église romaine, et dans toutes les communions qui en sont séparées depuis plusieurs siècles, sans qu'il ait paru, ni dans elle, ni dans aucune de ces sociétés, aucune marque d'innovation en la créance de ce mystère; la seconde, que le commun des prêtres, et même des fidèles, a toujours eu une créance distincte du mystère de l'Eucharistie; c'està-dire, qu'ils ont toujours été dans l'une de ces deux créances : ou que Jésus-Christ était présent *réellement* dans le Sacrement, ou qu'il n'y était présent qu'en *figure*, en *signe*, en *vertu*, et non pas *réellement*.

Il s'ensuit de là que la défense du traité de *la Perpétuité* consiste uniquement dans l'établissement de ces circonstances, et de la conclusion qu'on en tire; et qu'on ne le peut réfuter autrement, qu'en montrant, ou que ces circonstances sont fausses, ou qu'en les supposant véritables, la conclusion en est mal tirée. Il est facile de juger par là, en quoi M. Claude, qui a entrepris de le réfuter, a suivi ou n'a pas suivi le véritable ordre de la nature et de la raison; car tout ce qu'il dit contre ces deux points et contre cette conséquence appartient proprement à la question; et l'on est obligé de l'examiner pour y répondre solidement. Mais tout ce qu'il dit hors de ces bornes, soit pour prouver l'opinion des calvinistes, soit pour combattre celle des catholiques, n'appartient point proprement et directement au traité de *la Perpétuité*, et ne le regarde pas davantage que tous les livres de Bellarmin, du cardinal du Perron, et de tous les autres catholiques.

Ce n'est pas qu'il ne soit permis à M. Claude de

faire un livre en général sur la matière de l'Eucharistie, et de demander ensuite qu'on compare la force des preuves qu'il aura alléguées contre la doctrine de l'Église catholique, avec celles qu'on a employées dans le traité de *la Perpétuité* contre la doctrine des calvinistes. Mais en prenant ce parti, il y a certaines lois de raison qu'il ne peut pas se dispenser d'observer : premièrement, ce livre, tel qu'il soit, ne doit pas proprement s'appeler une réponse au traité de *la Perpétuité*, mais un traité de l'Eucharistie contre tous les catholiques qui en ont écrit, et qui regarde moins l'auteur de *la Perpétuité* que qui que ce soit, parce qu'il laisse son livre dans toute sa force ; secondement, il en doit retrancher tous les avantages injustes et indirects, comme est celui d'entasser des passages abrégés, qui ne feraient aucune impression, s'ils étaient rapportés dans l'étendue nécessaire pour en voir le sens.

Comme il n'a pas observé volontairement ces règles, nous les lui ferons observer malgré qu'il en ait. Et quoiqu'on ait appris par expérience qu'il est fort sujet à faire des plaintes, on ne croit pas néanmoins être obligé d'avoir tant d'égard à cette injuste délicatesse, que, pour le contenter, il faille embrouiller les matières que l'on traite. Son livre est proprement un mélange de deux livres, dont l'un regarde le traité de *la Perpétuité*, l'autre regarde la cause commune de l'Église. Il les a mêlés et confondus à dessein ; et nous les distinguerons par un dessein tout contraire.

Nous représenterons donc premièrement les preuves du livre de *la Perpétuité*, et les réponses précises qu'il y fait ; ce qui sera le sujet de ce volume-ci, qui contiendra ainsi la réponse à son premier livre. Et nous réserverons pour un second volume ce qu'il allègue en général contre la cause de l'Église, et ce que l'Église allègue contre la doctrine des calvinistes ; ce qui sera la réponse à son second livre. Après quoi l'on consent qu'il demande tant qu'il voudra qu'on fasse comparaison de ses preuves avec les nôtres, tant générales que particulières ; et l'on ne craint pas qu'il tire avantage de cette comparaison.

CHAPITRE II.
PREMIÈRE SUPPOSITION.

Que toutes les sociétés chrétiennes se sont trouvées dans la créance de la présence réelle et de la transsubstantiation ; hardiesse de M. Claude à le nier. Qu'il est utile de confondre sur ce point sa témérité ; importance de cette question.

Comme ce serait une longueur infinie dans les disputes, s'il n'était pas permis de supposer ce qui ne peut être raisonnablement contesté, l'auteur de *la Perpétuité* s'était contenté d'avancer, dans son premier écrit, comme une chose constante, que toutes les sociétés chrétiennes, séparées de l'Église depuis plusieurs siècles, étaient d'accord avec l'Église romaine sur la présence réelle de Jésus-Christ dans l'Eucharistie ; et il ne s'était point cru obligé d'apporter des preuves d'une chose dont les calvinistes mêmes, tant soit peu sincères, n'ont jamais douté.

M. Claude néanmoins, n'ayant pas jugé qu'il fût de son intérêt de reconnaître cette vérité de fait, s'est engagé d'abord à la désavouer dans sa première réponse ; et il y a soutenu hardiment que la présence réelle, la transsubstantiation, et l'adoration de l'Eucharistie, n'étaient reconnues par aucune des sociétés d'Orient. On avoue que l'on prit d'abord ce désaveu pour un emportement passager d'un homme qui avait peine à se rendre à une raison qui le pressait. Et comme on croyait alors M. Claude fort éloigné de s'opiniâtrer à combattre, sans raison et sans apparence, des vérités claires et certaines, on se contenta d'établir, dans la réponse qu'on a faite à son premier écrit, ce consentement des églises orientales avec l'Église romaine, d'une manière capable de satisfaire toutes les personnes équitables. Mais on a bien reconnu par expérience qu'il y a peu de mesures à prendre sur la sincérité de M. Claude, et qu'on ne peut presque jamais conclure de l'évidence d'une chose qu'il ne la contestera pas. Il a d'autres règles que celles de la raison : ainsi, non seulement il ne s'est pas rendu aux preuves qu'on lui a rapportées de ce consentement des autres églises, mais il les a rejetées avec mépris, et il a soutenu plus hardiment que jamais que les Grecs, les Arméniens, les Éthiopiens et les autres peuples d'Orient, ne croyaient, non plus que les calvinistes, qu'une présence de *vertu*, et qu'ils rejetaient la présence *réelle par la voie de négation, comme n'en ayant point entendu parler.*

Je suis porté à excuser les erreurs humaines ; je sais combien les esprits des hommes sont sujets aux éblouissements et aux surprises ; et je n'ignore pas qu'il est très-difficile de se délivrer d'une ancienne préoccupation qui, étant entrée dans l'esprit lorsqu'il n'était pas capable de juger des choses, s'est ensuite fortifiée par l'accoutumance et par le temps. Mais l'opiniâtreté que témoigne M. Claude sur ce sujet n'est point du tout de ce genre, et elle a quelque chose de fort extraordinaire. Ce n'est point une matière où il ait lieu de s'éblouir, parce qu'il n'y a pas la moindre ombre de difficulté. Il faut donc ce soit la volonté qui produise toute seule ces ténèbres, et qui empêche l'esprit de voir la vérité quelque évidente qu'elle soit, ou qui fasse parler la langue contre le témoignage de la conscience. Car je ne craindrais pas de dire, et je m'assure qu'il n'y a point d'homme de bon sens qui n'en demeure d'accord, après la lecture de ce traité : qu'il est certain que les églises d'Orient, et principalement l'église grecque, croient la présence réelle, comme il est certain que les Italiens, les Espagnols et les Français la croient ; qu'il n'y a pas de différence entre la certitude de ces vérités de fait, à l'égard de ceux qui sont un peu informés de l'état et de l'histoire de ces églises depuis six cents ans. Et ainsi, oser avancer, comme fait M. Claude, que ni les Grecs, ni les autres églises d'Orient ne croient pas la présence réelle, c'est dire une chose qui est dans le même degré d'absurdité que s'il lui avait pris fantaisie de soutenir que le concile de Trente ne l'a pas crue ; que l'on ne la croyait pas à Rome du temps du pape Urbain VIII ; que S. Thomas n'y a jamais pensé, et que c'est une imagination qui n'est venue que depuis vingt ans dans la tête de quelques personnes.

Mais quoiqu'on ait droit de mépriser les vains efforts de ceux qui combattent les vérités claires et sensibles, j'ai cru néanmoins qu'il était important, pour plusieurs raisons, de traiter ce point avec plus d'étendue, et de mettre encore en un plus grand jour ce consentement des églises orientales avec l'Église romaine sur le fait de la présence réelle et de la Transsubstantiation. J'ai considéré que la principale force du livre de M. Claude, aussi bien que de l'ouvrage d'Aubertin, consiste dans un certain air de fierté et de confiance qu'ils ont affecté partout, avec lequel ils ne craignent pas d'assurer les choses les plus fausses et les plus déraisonnables, et de désavouer les plus indubitables et les plus constantes. Il est bien vrai qu'il n'y a point d'air plus odieux que celui-là, à l'égard des personnes judicieuses et intelligentes : mais il faut avouer en même temps qu'il a quelque chose de trompeur à l'égard des personnes du commun. Il y a une infinité de gens qui ne sauraient s'imaginer qu'un homme qui parle avec cette fermeté avance en même temps des choses sans apparence ; et comme ils entendent peu le fond des choses, ou ils égalent la vérité à la fausseté, en supposant que tout ce qui est contesté est incertain, de quelque manière qu'il le soit, ou ils sont même portés à croire que ceux qui parlent plus fièrement et qui crient plus haut ont plus de raison.

Ce n'est donc pas tout-à-fait sans sujet que M. Claude a tâché de se fortifier par cette sorte de rhétorique. Il a recherché en cela un avantage très-réel ; mais comme il est très-injuste, il est très-juste aussi de le lui ôter, et de faire connaître quel est son esprit, et le peu d'égard qu'il a à la sincérité et à la raison dans les opinions qu'il soutient. Or c'est ce qu'on verra parfaitement dans cette question de la créance des églises orientales. Car il est très-rarement arrivé que des gens de lettres aient eu la hardiesse de contester une vérité de fait, aussi attestée que celle que M. Claude a entrepris de combattre, ni qu'ils l'aient fait par des preuves plus faibles et moins vraisemblables.

Outre cette considération particulière, il m'a semblé que la matière même méritait bien d'être traitée avec quelque soin, et qu'elle était capable d'édifier toutes les personnes qui sentent quelque mouvement de cette charité catholique qui doit animer les véritables enfants de l'Église. Il s'agit de la foi d'un grand nombre de nations chrétiennes, pour lesquelles nous devons avoir des sentiments de compassion et de charité, et dont l'état ne nous peut être indifférent. Nous nous devons réjouir des biens qui leur restent : leurs maux spirituels nous doivent être sensibles. Et étant obligés de souhaiter de les voir réunies à l'Église catholique, nous devons être bien aises qu'elles n'en soient pas fort éloignées, et qu'il n'y ait pas un aussi grand obstacle à leur réunion que celui que l'erreur opposée à la foi de la présence réelle met entre ceux qui la croient et ceux qui ne la croient pas.

Mais ce n'est pas seulement l'intérêt de ces nations qui nous doit faire désirer que l'on repousse cette calomnie : c'est aussi celui de l'Église catholique ; étant très-important de ne pas souffrir que l'on lui ravisse l'une des plus éclatantes preuves qu'elle ait pour établir la foi d'un mystère qui fait le principal objet de sa dévotion sur la terre. Nous en ferons voir les conséquences dans un livre exprès, où l'on montrera que ce consentement de tous les peuples dans la créance de la présence réelle, dissipe les principales difficultés par lesquelles les ministres s'efforcent de la renverser, qu'il en fortifie toutes les preuves et qu'il en établit la vérité d'une manière admirable. Mais il suffit de faire remarquer ici qu'en relevant cette preuve on ne fait que suivre le dessein visible de la Providence dans la conservation de ces sociétés chrétiennes. Car, comme S. Augustin enseigne en plusieurs endroits de ses livres que la fin que Dieu a eue en conservant dans toutes les parties de la terre la nation des Juifs, à qui il a confié le dépôt des livres saints, est d'empêcher qu'on ne puisse accuser son Église d'avoir forgé ou falsifié ces livres, et de rendre ainsi les Juifs témoins perpétuels et irréprochables de la sincérité des chrétiens qui les produisent, il est clair de même que Dieu conserve toutes ces sociétés chrétiennes, quoique divisées de son Église, et qu'il ne permet pas que la tyrannie des infidèles les dissipe entièrement, ni que la connaissance des principaux mystères s'éteigne parmi elles, afin qu'elles rendent perpétuellement témoignage à l'Église catholique, de la vérité et de l'antiquité des dogmes que les nouveaux hérétiques lui contestent.

Ainsi, comme nous disons à ceux qui nous voudraient reprocher d'avoir supposé les livres où se trouvent ces prophéties merveilleuses qui prouvent clairement la venue et la divinité du Messie : regardez-les entre les mains de nos plus irréconciliables ennemis, qui, ne les ayant pas reçus de nous, en reconnaissent tellement la vérité qu'ils sont prêts à la sceller de leur sang ; nous disons de même à ceux qui nous accusent d'avoir innové dans la doctrine et d'avoir inventé de nouveaux articles de foi : regardez ces mêmes points, ces mêmes articles établis et reconnus dans ces anciennes sociétés, que leur division nous rend ennemies, qui sont bien plus portées à nous contredire qu'à nous imiter, et qui néanmoins n'en sont pas moins persuadées que nous le sommes.

Or, entre ces articles qui sont ainsi reconnus par les sociétés chrétiennes de l'Orient, il n'y en a point auquel elles rendent un témoignage plus clair et plus constant qu'aux dogmes de la présence réelle et de la transsubstantiation, comme nous le ferons voir par des preuves convaincantes. On les voit divisées entre elles sur une infinité d'autres points ; elles ont chacune leurs cérémonies et leurs pratiques ; mais pour le mystère de l'Eucharistie, quoiqu'il renferme d'aussi grandes difficultés qu'aucun autre, Dieu n'a pas voulu néanmoins qu'il fût attaqué dans ces églises par aucune hérésie qui ait eu beaucoup de cours, et il a maintenu toutes ces sociétés, quoiqu'elles fussent sans dépendance les unes des autres, sans liaison, sans amitié, sans rapport, et souvent sans commerce entre elles, dans une créance très-uniforme de la vérité de ce Sacrement.

Qui ne reconnaîtrait dans ce consentement unanime de tant de peuples sur le sujet de ce mystère un effet visible de la conduite de Dieu sur son Église, et du soin qu'il a d'y conserver la vraie foi, en procurant aux plus simples des marques extérieures et sensibles qui les aident à la discerner? Car qui pourrait croire que ce fût par un pur effet du hasard que tant de nations, si éloignées les unes des autres, si séparées d'intérêts, si divisées de sentiments, si aigries et si animées les unes contre les autres par diverses passions, se soient néanmoins rencontrées unies dans la créance d'un mystère qui les oblige de renoncer à toutes les lumières de la raison, et qu'elles n'auraient commencé de croire qu'en quittant leur ancienne foi? *Je veux*, dit Tertullien (de Præscript. advers. hæres., cap. 28), *que toutes les églises soient tombées dans l'erreur ; que l'Apôtre même se soit trompé dans le témoignage qu'il a rendu à quelques-unes d'entre elles; que le Saint-Esprit n'ait fait à aucune la grâce de la conduire à la vérité, quoique Jésus-Christ ne l'ait envoyé au monde et ne l'ait demandé à son Père que pour l'enseigner aux hommes. Je veux que, quoiqu'il soit chargé du soin de la maison de Dieu, et qu'il tienne la place de Jésus-Christ, il ait négligé le but de sa mission, et qu'il ait permis que les églises s'engageassent en d'autres sentiments, et en une autre foi que celle qu'il a annoncée par les apôtres. Mais est-il vraisemblable que tant d'églises soient toutes tombées dans la même erreur, et serait-il possible qu'il y eût une si grande uniformité dans une multitude d'événements qui ne dépendraient que du hasard ? Il est donc impossible que toutes les églises aient erré de la même sorte. Et ainsi, quand on voit la même doctrine dans plusieurs églises, c'est une marque que ce n'est pas une erreur qu'elles aient inventée ; mais que c'est la foi qu'elles ont reçue par tradition.* NON EST ERRATUM, SED TRADITUM. C'est le raisonnement de Tertullien, ou plutôt c'est la voix de la raison, qui est encore infiniment plus forte sur le sujet de l'Eucharistie que sur les autres mystères; car cette doctrine étant étrangement opposée à toutes les lumières humaines, ce ne peut être en quelque sorte que le poids de l'autorité qui l'ait pu faire recevoir. Il est presque incroyable que l'esprit d'un seul homme s'y soit porté de soi-même; mais il y a de la folie à croire que toutes les nations du monde y soient tombées d'elles-mêmes, et en même temps, sans qu'on puisse dire que l'erreur des unes se soit communiquée aux autres, ni qu'il y en ait aucune qui se soit exemptée d'une si étrange illusion, qui y ait résisté, et qui en ait averti les autres.

CHAPITRE III.
Description et division générale des églises d'Orient.

Ce serait une chose trop longue et trop éloignée de notre sujet que d'expliquer en détail par quels degrés les églises d'Orient sont tombées dans l'état où elles sont à présent. Il suffit de savoir en général que des cinq patriarches qui ont été reconnus dans l'Église, il n'y en a eu que trois qui aient eu véritablement ce rang, presque dans tous les quatre premiers siècles de l'Église : savoir le Pape, le patriarche d'Alexandrie et celui d'Antioche. L'évêque de Constantinople fut élevé à ce rang et établi le second après le Pape dans le second concile universel en l'an 381. Et quoique les papes aient longtemps refusé de l'approuver en ce point, les archevêques de Constantinople n'ont pas laissé de se mettre en possession de cette dignité, et de s'y maintenir malgré l'opposition du Pape ; et elle leur fut encore confirmée par le concile de Chalcédoine, nonobstant la résistance des légats du Pape, avec l'attribution de la juridiction sur les trois diocèses ou exarchats de Pont, de Thrace et d'Asie, dont ils s'étaient déjà emparés. Ensuite, par le crédit que leur siége leur donnait auprès des empereurs de Constantinople, ces patriarches étendirent étrangement leur autorité, jusque là qu'ils usurpèrent sur le Pape la Sicile, et une partie de l'Italie, et plusieurs autres provinces qui appartenaient à l'église occidentale.

Allatius (de Perpet. consens., l. 1, c. 24) rapporte le dénombrement qu'un auteur grec, nommé Nilus Doxapatrius, a fait des villes et des provinces qui obéissaient à ce patriarche, et qui lui étaient soumises, ou par un droit légitime, ou par une usurpation violente. Il compte jusqu'à soixante-cinq métropolitains, outre trente-quatre archevêques indépendants, et qui n'avaient point d'évêques sous leur juridiction. Le nombre des évêchés monte à plus de six cents. Cependant c'est à peu près l'état où ce patriarche était dans le onzième siècle et du temps de Bérenger, puisqu'il possédait encore la Calabre et la Sicile, comme on l'a déjà remarqué ailleurs.

Depuis ce temps-là les papes, principalement par le secours des Français, comme cet auteur même le témoigne, ont recouvré la juridiction sur la Sicile, sur la Calabre et sur toute l'Italie. Et ensuite les Sarrasins, les Tartares et les Turcs ayant désolé toutes les provinces d'Orient, et ces derniers ayant ruiné entièrement l'empire de Constantinople par la prise de cette ville impériale, quoiqu'ils n'aient pas aboli entièrement la religion chrétienne dans les provinces d'Orient qu'ils ont usurpées, ils les ont néanmoins tellement désertées par le saccagement de la plupart des villes, et par les cruautés horribles qu'ils y ont exercées, qu'il ne reste plus, de ce grand nombre d'évêques, qu'environ cent cinquante, dont il y en a trente-cinq qui sont aussi métropolitains, la plupart sans suffragants, selon le compte qu'en fait un auteur grec, nommé Christophorus Angelus, traduit en latin par Georges Flahvius, luthérien, prédicateur de Dantzic, imprimé à Francfort en 1655.

Mais, quoique l'éclat et la puissance du patriarche de Constantinople soient ainsi infiniment diminués, il ne laisse pas d'avoir encore sous sa juridiction l'Asie-Mineure, les îles de l'Archipel, la Thrace, la Grèce, la Valachie, la Moldavie, la Servie, la Mingrelie, la Circassie, et en quelque sorte la Moscovie, qui lui rend encore quelque respect; quoique depuis le grand-duc Basilide elle ait un patriarche particulier. Et dans toutes ces grandes provinces, il y a une infinité de chrétiens, qui, reconnaissant un même patriarche, font aussi profession de la même foi, conservant les mêmes traditions, et sont engagés dans les mêmes erreurs.

Ce n'est pas ici le lieu de marquer en particulier quelle est la créance des Grecs sur tous les mystères, et en quoi elle est différente de celle de l'église latine. Le sujet particulier de ce livre est de faire voir ce qu'ils croient de l'Eucharistie. Mais pour ce qui est de la police extérieure, il faut reconnaître qu'en plusieurs points ils sont demeurés fort attachés à la discipline ancienne, et qu'ils ont même augmenté la rigueur en quelques-uns; car ils jeûnent tous quatre carêmes, et pendant le premier, qui est de sept semaines, ils ne vivent ordinairement que de viandes sèches; l'huile et le vin n'étant permis que le dimanche et le samedi, qui ne sont pas comptés parmi eux entre les jours de jeûne, quoiqu'ils ne laissent pas de garder en ces jours-là la même abstinence des viandes qui leur sont interdites durant le carême. Ils observent tous l'ancien jeûne, c'est-à-dire qu'ils ne mangent qu'une fois vers le soir. Tous les religieux y vivent d'une manière très-dure et très-pénitente. La plupart vivent du travail de leurs mains; et ceux qui ont voyagé en ce pays-là leur rendent ce témoignage, qu'il n'y a point de désordre et de scandale parmi eux. Il y en a bien jusqu'à quatre à cinq mille sur le mont Athos, qui est comme le noviciat de tout l'Orient, et que l'on appelle pour ce sujet la Montagne-Sainte, Ἅγιον Ὄρος, parce qu'il n'est habité que par des religieux divisés en plusieurs monastères, dont la régularité est si édifiante qu'ils sont même en vénération aux Turcs.

Tous les évêques sont pris du nombre des religieux et sont obligés, après leur ordination, à l'observation du célibat. C'est pourquoi il est bien étrange que Saumaise ait osé écrire, dans une lettre qu'il a faite contre Grotius, que les églises d'Orient ont des évêques mariés : *Ecclesiæ Orientales maritos habent episcopos;* ce qui n'est vrai ni des Grecs, ni des autres sectes. Outre le célibat, les évêques gardent encore l'abstinence des viandes, dont ils ne se dispensent pas même à la mort. La vie des laïques est en plusieurs choses peu différente de celle des religieux : car ils n'observent pas seulement, comme eux, les quatre carêmes avec presque autant de rigueur et d'austérité, et de plus, le jeûne du mercredi et du vendredi de toute l'année, mais ils les imitent encore dans l'assiduité et a longueur de leurs prières. Il y a un fort grand nombre de laïques qui sont exacts à réciter l'horologe, c'est-à-dire le bréviaire des Grecs; ce qui les oblige à une prière plus continuelle que celle de nos religieux, les offices du jour n'étant souvent éloignés les uns des autres que d'une heure et demie; au lieu que, selon le bréviaire latin, on ne prie que de trois heures en trois heures. Les dimanches et les fêtes, les hommes, les femmes et les enfants mêmes se trouvent à l'église dès deux heures après minuit, et ils y chantent des hymnes jusqu'au soleil levé, après quoi ils se retirent dans leurs maisons jusqu'à tierce, c'est-à-dire à neuf heures, qui est l'heure du sacrifice pour lequel ils se rassemblent. Ils disent vêpres l'après-dînée comme les catholiques; mais ils y assistent avec plus d'exactitude.

Je sais bien que messieurs les ministres se moquent de ces pratiques, et que M. Claude ne manquera pas de les traiter de superstitieuses, comme il fait en plusieurs endroits de son livre, les austérités des religieux. Mais ceux qui regardent la religion avec un autre esprit qu'il ne fait, bien loin de les condamner, voient avec une extrême douleur que la discipline se soit beaucoup plus relâchée en ce point dans l'Occident que dans l'Orient. Ils savent que comme l'homme est composé de corps et d'âme, aussi la piété qui lui est propre consiste tout ensemble dans la vertu intérieure et dans les exercices extérieurs; qu'il n'est pas même possible selon la voie ordinaire de l'entretenir et de la conserver, si on néglige ces moyens humains; qu'ainsi, quoique l'instinct de la charité puisse être retenu par des obstacles extérieurs, qui l'empêchent quelquefois de pratiquer ces exercices, elle ne manque jamais néanmoins de s'y porter quand elle est libre, et qu'elle peut suivre ses mouvements naturels; qu'elle aime à s'en faire des règles, à s'y attacher par des lois, des vœux et des liens salutaires, afin d'éviter l'inconstance et la mobilité de l'esprit humain, qui nous porte toujours au déréglement et au désordre. De sorte qu'encore qu'ils soient persuadés que cette discipline extérieure que les Grecs observent, et ces austérités qu'ils pratiquent, ne sont pas animées de l'esprit de charité dont le schisme les rend incapables, ils les regardent néanmoins comme des restes précieux de la piété ancienne de cette Église, et comme des dispositions favorables pour rentrer dans l'union du corps de Jésus-Christ; n'y ayant rien qui empêche plus la réunion des calvinistes que cette liberté de la chair et de la vie sensuelle que le diable a établie parmi eux pour rendre leur schisme plus incurable.

Chytreus, luthérien, rapporte aussi plusieurs choses pour décrier les Grecs, qui pourraient servir à faire leur éloge parmi les catholiques. « Il dit qu'une grande
« partie du peuple et des prêtres met sa piété dans le
« culte de la Vierge et des images, quoiqu'ils ne les aient
« point en bosse, mais seulement en platte peinture;
« qu'ils ont confiance non seulement dans les prières
« et l'intercession des saints, mais aussi dans leurs
« mérites et dans leurs secours; que l'on voit même

« tous les jours parmi eux des exemples de *cette invoca-*
« *tion horrible et pleine d'idolâtrie*, non seulement dans
« leurs églises, mais aussi dans les prières qu'ils font
« à toutes les heures ; qu'ils honorent avec une su-
« perstition étrange les images des saints ; que la
« doctrine de la justification par la seule foi est ob-
« scurcie parmi eux, et qu'ils ne sont pas éloignés des
« opinions de la théologie scholastique, comme il pa-
« raît, en ce qu'ils lisent avec un extrême soin, et *avec*
« *admiration, les livres de S. Thomas, et particulière-*
« *ment sa Somme traduite en grec.* » Je rapporte toutes
ces marques extérieures de zèle qui se voient encore
dans cette église pour montrer que la religion n'y est
nullement indifférente, et que la grande oppression
qu'elle souffre sous la tyrannie des Turcs n'y a pas
éteint l'amour et le zèle pour la foi, puisqu'il paraît
au contraire qu'elle est toujours fort attachée à sa
religion et à son ancienne discipline.

Ce que j'ai dit des Grecs soumis au patriarche de
Constantinople se peut dire de même de ceux qui
sont soumis aux patriarches d'Alexandrie et d'Antioche.
Celui d'Alexandrie réside maintenant au grand Caire,
selon Cotovic et Chytreus ; celui d'Antioche réside à
Damas, et il exerce sa juridiction sur ces grandes provinces qui composaient autrefois ce qu'on appelait
comitatus Orientis, à l'exception des trois Palestines,
qui furent attribuées au patriarche de Jérusalem par
le concile de Chalcédoine. Il est vrai que les schismes
et les hérésies des Nestoriens, des Arméniens et des
Jacobites, ont soustrait à ce patriarche un grand
nombre de provinces, et que dans celles mêmes qui
le reconnaissent il y a quantité d'autres sociétés
chrétiennes qui ont leurs évêques et leurs patriarches
à part. Il y en a qui donnent proprement le nom de
Melchites, c'est-à-dire de Royaux, à ces Grecs du
patriarchat d'Antioche, parce qu'ils suivent la foi
établie par les empereurs de Constantinople, ensuite
des conciles d'Éphèse et de Chalcédoine. Mais d'autres,
comme Cotovic, communiquent aussi le nom de Melchites aux Grecs du patriarchat de Jérusalem. Et il y
en a même qui comprennent aussi sous ce nom ceux
du patriarchat d'Alexandrie, qui sont liés de communion avec l'église grecque. Les Melchites du patriarchat d'Antioche sont les mêmes, selon Brerewod, que
ceux que Jacques de Vitry appelle Syriens, à qui il
attribue les mêmes erreurs qu'aux Grecs. Néanmoins
les dernières relations d'Orient, par le mot de chrétiens Syriens, entendent les Jacobites de Syrie ; et
c'est le nom que les papes mêmes donnent au patriarche ou évêque des Jacobites qui est à Alep, comme
je l'ai vu dans les bulles qui lui sont adressées. D'autres enfin, comme Cotovic, veulent que les Syriens
aient leur patriarche à part, et qu'il demeure dans une
ville appelée Mélique.

Ce ne fut qu'au concile de Chalcédoine que l'évêque
de Jérusalem obtint la juridiction sur les trois Palestines, qu'il avait commencé de s'attribuer après le
concile d'Éphèse. Avant ce temps-là il était soumis à
l'archevêque de Césarée, quoiqu'il eût déjà quelque
prééminence honoraire dès le concile de Nicée, à
cause de l'honneur que l'on portait à la ville sainte.
Après que les Latins eurent été chassés de Jérusalem,
le sultan d'Égypte permit à l'empereur grec d'y établir un patriarche de sa communion, et depuis ce
temps-là il y en a toujours eu un de communion
grecque, qui est un des quatre patriarches par lesquels se gouverne présentement l'église grecque.

Mais outre ces quatre patriarches qui composent proprement l'église grecque, qui sont liés entre eux de communion, et qui suivent la même doctrine et les mêmes
erreurs, il y a encore dans l'Égypte, dans Jérusalem,
dans Constantinople, dans la Syrie, d'autres évêques
qui prennent le titre de patriarches. Le patriarche des
Jacobites et celui des Maronites prennent tous deux
le titre de patriarche d'Antioche. Le patriarche des
Cophtes s'appelle aussi patriarche d'Alexandrie. Outre
le patriarche grec qui est dans Jérusalem, les autres
nations, comme les Arméniens et les Cophtes, y ont
aussi leurs évêques. Il y a dans Constantinople un
patriarche arménien, comme le témoigne Crusius.

C'est par la distinction de ces divers patriarches
de diverses sectes, qui habitent souvent en une même
ville, qu'Allatius répond à ceux qui ont voulu faire
croire que ce Gabriel qui envoya une légation à Clément VIII, au nom des Égyptiens et des Éthiopiens,
pour reconnaître la primauté de l'Église romaine, dont
le cardinal Baronius a inséré la relation à la fin du
sixième tome de ses Annales, était un patriarche imaginaire. Car cet auteur fait voir que quoique Mélétius,
qui était alors le patriarche d'Alexandrie de la communion grecque, ait désavoué cette légation, il ne
s'ensuit pas que Gabriel ne fût un véritable patriarche
des Cophtes, comme il le prouve par les lettres d'un
autre patriarche des Cophtes, nommé Matthieu,
écrites au pape Urbain VIII, dans lesquelles il est
fait mention de ce patriarche Gabriel. C'est pourquoi,
encore qu'il ne soit pas étrange que quelques-uns
aient cru cette légation supposée, comme entre autres
M. de Thou, et le père Thomas-de-Jésus, carme dé-
chaussé, qui n'avaient pas vu cet éclaircissement
d'Allatius, et qui ne connaissaient qu'un seul patriarche
d'Alexandrie, qu'ils confondaient avec le patriarche
des Cophtes, comme font aussi Chytreus, Cotovic,
Brerewod, et plusieurs autres, il est néanmoins assez
surprenant que Hoornbek, ministre d'Utrecht, qui a
vu ce livre d'Allatius, et qui le cite, traite encore de
fable cette légation, sans prendre la peine de faire
mention de ce qu'Allatius allègue pour la soutenir.

Quoi qu'il en soit, il est certain que le patriarche
des Cophtes n'est pas le même que celui d'Alexandrie,
et que c'est de ce patriarche des Cophtes que dépend
celui des Abyssins, qu'ils appellent Abuna, qui a sous
sa juridiction toute l'Éthiopie, dont la plupart des
peuples sont chrétiens. Chytreus dit qu'elle comprend
jusqu'à quarante royaumes ; et l'on peut juger de-là
quelle est la multitude des chrétiens qui composent
cette église.

Outre ces patriarchats, il y a encore dans l'Orient plusieurs autres églises et plusieurs sectes très-nombreuses et qui occupent plusieurs provinces. Les Géorgiens, qui habitent les pays qu'on appelait autrefois Ibérie ou Albanie, suivent la discipline et la foi des Grecs, quoiqu'ils aient un archevêque indépendant, qui a sous soi dix-huit évêques, selon Chytreus. Les chrétiens Maronites occupent particulièrement le Mont-Liban ; mais il s'en trouve aussi, quoiqu'en petit nombre, dans l'île de Chypre, qui se réunirent avec l'Église romaine après le concile de Florence l'an 1445. Il y en a dans Alep, dans Damas, et en divers autres endroits de la Syrie. Ceux du Mont-Liban et de Syrie rentrèrent dans l'union avec l'Église romaine sous Aimeric, troisième patriarche latin d'Antioche, l'an 1182, en abjurant les erreurs des Monothélites, comme le rapportent Jacques de Vitry, et Guillaume de Tyr. Mais étant depuis retombés dans les opinions et dans le schisme des Grecs, ils ne se sont réconciliés avec l'Église romaine que sous Léon X, et depuis plus solennellement sous Grégoire XIII et Clément VIII. Depuis ce temps-là ils sont demeurés fermes dans la communion et dans la doctrine de l'Église catholique. Ils suivent en quelque point la discipline de l'Église latine, comme dans celui de sacrifier avec du pain azyme ; mais ils gardent presque dans tout le reste la discipline de l'église grecque, avec permission du pape ; comme de donner la communion aux petits enfants, de communier sous les deux espèces, de ne jeûner point le samedi. Ce que l'on voit dans la vie de M. de Chasteuil, qui s'était retiré parmi eux, de l'ordre qui s'observe dans l'église des Maronites, et de leur manière de vie, donne une assez grande idée de la piété de ce peuple.

Les Jacobites, ainsi nommés d'un certain Jacques, sectateur d'Eutychès, ont un grand nombre d'églises dans l'Asie, l'Assyrie, le Diarbeck, la Mésopotamie, la Nubie, l'Égypte, l'Éthiopie. Leur patriarche, qui demeurait autrefois dans le monastère de Safran, s'est établi maintenant dans la ville de Caramit. Il prend le titre de patriarche d'Antioche, et a sous soi grand nombre de métropolitains ou archevêques, comme celui de Jérusalem, de Mosul, de Damas, d'Édesse, de Chypre et autres. Il est aussi reconnu par un très-grand nombre de religieux qui ne sont différents des religieux grecs que dans la doctrine.

Nous rapporterons en son lieu diverses choses touchant ceux que l'on appelle Nestoriens et Chaldéens. Il suffit de dire ici que leur nombre est si grand dans l'Orient, que l'on en compte jusqu'à trois cent mille familles ; qu'ils demeurent particulièrement dans la Syrie, l'Assyrie, la Mésopotamie, la Chaldée, la Perse ; qu'il y en a même en divers lieux de la Tartarie et des Indes. Les chrétiens qui se sont trouvés dans les pays des Malabares, qu'on appelle ordinairement les chrétiens de S.-Thomas, étaient dépendants du patriarche des Nestoriens, avant qu'ils se fussent réunis avec l'Église romaine. Ce patriarche s'attribue l'autorité et la succession de l'archevêque de l'ancienne Séleucie, qui souscrivait dans les conciles après les quatre patriarches d'Orient ; la ville de Musal, qui est son siège, étant selon quelques-uns la même que cette ville de Séleucie, qui a succédé à la dignité de l'ancienne Babylone dont il ne reste que les ruines.

Les Arméniens schismatiques, qui suivent l'erreur des eutychiens, ou plutôt des demi-eutychiens, avec quelques autres qui les séparent des Jacobites, outre les deux Arménies qu'ils occupent, sont encore répandus en très-grand nombre par tout l'Orient, dans la Mésopotamie, la Perse, la Caramanie. Ils ont deux patriarches universels, qu'ils appellent catholiques.

Le siège du premier est Arard, ville d'Arménie ; mais il réside ordinairement dans un monastère nommé Erméazim. L'autre demeure à Cis, ville de Caramanie. Otho de Frisingue dit que le patriarche d'Erméazim a sous sa juridiction plus de mille évêques ; il a été suivi en cela par plusieurs auteurs nouveaux qui examinent peu les choses ; mais il est clair que cela n'est point, et n'a jamais pu être, par le compte qu'il est aisé de faire des évêques de l'Arménie, et de toutes les villes épiscopales où il y a des Arméniens. D'autres, au contraire, comme Brerewod, restreignent trop ce nombre. Je pense que l'on peut s'arrêter à ce qui en a été écrit par un évêque d'Arménie, que j'ai fait consulter sur ce point, qui est, que le patriarche d'Arménie résidant à Erméazim, a sous soi environ deux cents évêques ; et celui qui réside à Cis, environ cinquante ; que l'évêque ou patriarche arménien résidant à Constantinople, est sujet au patriarche d'Erméazim, et ceux de Jérusalem et d'Alep au patriarche de Cis.

Les anciens auteurs, comme Jacques de Vitry, et même quelques nouveaux, disent aussi, touchant les Arméniens, qu'ils ne sont austères dans les jeûnes du carême que dans la qualité des viandes, s'abstenant généralement d'huile et de poisson aussi bien que de chair, d'œufs et de laitage ; mais qu'ils rompent le jeûne à l'heure qu'il leur plaît, et qu'ils peuvent même manger plusieurs fois le jour. Néanmoins cet évêque arménien dont j'ai parlé a assuré celui qui l'interrogeait que cela était faux, et que la seule différence des Arméniens et des Grecs à l'égard du jeûne, est que les Arméniens mangent à midi, au lieu que les Grecs ne mangent que le soir. Ainsi il faut que ces auteurs aient pris l'abus de quelques Arméniens pour la pratique générale de la nation.

Ceux que l'on nomme Franc-Arméniens, sont des Arméniens convertis depuis longtemps à la foi de l'Église catholique par le père Barthélemi, natif de Boulogne, de l'ordre de S. Dominique, qui sont demeurés fermes dans l'union avec l'Église romaine, ont toujours un patriarche tiré de cet ordre, qui demeure à Naixeran, et qui suit même dans les cérémonies les coutumes de l'Église romaine.

Toutes ces sectes sont pour la plupart mêlées ensemble, non seulement par le commerce, mais aussi parce qu'elles sont souvent établies dans les mêmes provinces et les mêmes villes; comme l'on voit en France les catholiques et les calvinistes, et tant de différentes sectes en Hollande et en Angleterre. Elles ont presque toutes leur chapelle dans l'église du Saint-Sépulcre à Jérusalem, où les chrétiens de toutes ces sectes viennent tous les ans, en assez grand nombre, à la fête de Pâques de toutes les parties du monde. Et comme les catholiques de l'Europe sont aussi établis en divers endroits de l'Orient, ils se trouvent mêlés avec les schismatiques en plusieurs de ces lieux. Ils sont spectateurs de leurs cérémonies, comme eux le sont des nôtres; et il n'est pas possible que dans ce commerce et ce mélange, les uns ni les autres puissent ignorer longtemps ce que chaque société croit du mystère de l'Eucharistie

L'éloignement et l'aversion que toutes ces sectes ont les unes pour les autres fait assez voir que ce n'est point par imitation qu'elles se trouvent conformes en quelques points. Le patriarche grec de Jérusalem excommunie tous les ans, le jeudi-saint, toutes les autres sectes, en y comprenant l'Église romaine. On voit par la réponse de Jean, évêque de Chypre, insérée au troisième tome du Droit des Grecs de Léonclavius, qu'ils mettent les Arméniens presque au nombre des Ismaélites, c'est-à-dire, des Turcs. Les autres sectes n'ont pas les unes pour les autres des sentiments plus favorables; et ce n'est presque que la puissance des Turcs, qui les opprime toutes, qui les force de vivre entre elles dans une paix temporelle.

Que si l'on veut savoir depuis quel temps chacune de ces sectes s'est séparée de l'Église romaine, il est facile de le marquer, en considérant l'origine de leur division. La question de la procession du Saint-Esprit fut premièrement remuée par Photius au neuvième siècle; mais elle ne produisit une rupture de communion entre les Grecs et les Latins que sous Michel Cérularius, c'est-à-dire, vers l'an 1054; et encore cette rupture ne fut-elle pas entière, et n'empêcha pas qu'il n'y eût assez longtemps quelque espèce de communion et de commerce spirituel entre l'Église de Rome et celle de Constantinople. La division du patriarcat de Constantinople attira celle des trois autres patriarcats, d'Alexandrie, d'Antioche et de Jérusalem, parce qu'ils embrassèrent l'opinion des Grecs contre l'Église latine. Nestorius ayant été condamné au concile d'Ephèse en 431, il faut prendre de ce temps-là l'origine de sa secte. Les Arméniens embrassèrent la doctrine d'Eutychès, condamnée au concile de Calcédoine en 451, par la persuasion d'un certain Echmaus, arménien, autrement appelé Mandacumes, comme le dit Eutymius; ou plutôt, comme dit un auteur anonyme imprimé dans le second tome de l'*Auctuarium* de la Bibliothèque des Pères, par celle d'un certain Aptiso, Syrien Jacobite, qui pervertit les Arméniens dans un synode tenu à Tyben cent trois ans après le concile de Calcédoine. Et c'est de là qu'il faut prendre le commencement de leur hérésie, leur schisme ayant commencé assez longtemps auparavant par la politique des rois de Perse, qui ne trouvaient pas bon que les évêques d'Arménie dépendissent du siége de Césarée en Cappodoce. Jacques Moine surnommé Zanzale, c'est-à-dire, vil, auteur de la secte des Jacobites, florissait l'an 550. Les Cophtes sont les successeurs des patriarches eutychiens, qui s'établirent dans Alexandrie, quelque temps après le concile de Calcédoine tenu l'an 451. Les Moscovites furent convertis par les Grecs à la foi chrétienne sous l'empire de l'ancien Basile, surnommé le Macédonien, qui commença de régner l'an 867.

C'est de la foi de tous ces peuples et de toutes ces sectes, à l'égard de la présence réelle et de la transsubstantiation, dont il s'agit maintenant dans notre dispute; car encore que l'auteur de *la Perpétuité* n'eût parlé dans son premier traité que de la présence réelle, et qu'il se fût contenté de soutenir qu'elle était reçue par toutes ces sociétés schismatiques, néanmoins, comme M. Claude a toujours détourné la question sur la transsubstantiation, dont il ne s'agissait point précisément, on veut bien le suivre en ce point, en lui montrant que toutes les églises d'Orient conviennent avec l'Église romaine, et sur la présence réelle, et sur la transsubstantiation, pourvu qu'il se souvienne néanmoins qu'on n'est obligé pour soutenir le livre de *la Perpétuité*, que de prouver le premier point, qui est que toutes ces sectes schismatiques croient la présence réelle, et que l'on n'y ajoute maintenant la transsubstantiation que comme une preuve surabondante.

CHAPITRE IV.

Consentement des Grecs avec les Latins sur la présence réelle et la transsubstantiation, reconnu, ou dissimulé, ou désavoué par les Protestants, selon les divers degrés de sincérité ou de mauvaise foi où ils ont été.

La première de ces églises, dont il est nécessaire d'examiner les sentiments à l'égard de la présence réelle et de la transsubstantiation, est celle des Grecs, qui est non seulement la plus grande, la plus considérable et la plus savante de toutes, mais qui peut en quelque sorte servir de règle pour les autres. Car étant certain, d'une part, que les Grecs n'ont point eu de différend avec aucune des autres sectes sur ces deux points, si l'on prouve qu'ils ont toujours cru l'un et l'autre, il s'ensuit que les autres sectes les ont aussi crus; n'étant pas possible que les Grecs, parmi lesquels ils vivaient, ne se fussent pas aperçus de leur erreur, et qu'ils ne l'eussent pas mise entre les principaux articles qui les divisaient de toutes ces autres sociétés.

Il y a peu de protestants qui n'aient senti combien la créance de l'église grecque était importante en cette matière, pour prouver l'antiquité de la doctrine catholique. Mais comme il n'est pas néanmoins facile de se résoudre à désavouer tout d'un coup des faits constants, ils en ont parlé en des manières fort différentes; et plusieurs n'ont pu s'empêcher de reconnaître de bonne foi que les Grecs croient la présence réelle et la transsubstantiation aussi bien que les catholiques.

(Onze.)

Crusius, luthérien, est de ce nombre. Il était professeur des langues grecque et latine en l'académie de Tubinge; et son témoignage est d'autant plus considérable en cette matière, qu'il devait être plus instruit que les autres protestants des opinions des Grecs, ayant entretenu un commerce continuel de lettres, tant avec Jérémie, patriarche de Constantinople, qu'avec les principaux officiers de sa maison, et avec Gerlac, aumônier de l'ambassadeur de l'empereur à la Porte du grand-seigneur. Ce fut ce Crusius qui envoya avec Jacques André, ministre de Tubinge, la confession d'Augsbourg au patriarche Jérémie. Ce fut lui qui reçut sa réponse, et la communiqua à ceux de sa secte. Cependant, après toutes ces informations, il demeure d'accord que les Grecs tenaient la transsubstantiation, et il met expressément entre les erreurs sur lesquelles il dit que Gerlac a conféré avec eux, *quòd septem Sacramenta habent, ac transmutari panem in corpus Domini, et vinum in sanguinem putant; quòd hæc in liturgiis Deo Patri offerunt pro peccatis sacerdotum, et ignorantiis populi*.

C'est ainsi que ce luthérien entendait l'opinion des Grecs; et les théologiens de Wittemberg ne la comprirent pas autrement, comme il paraît par les réponses qu'ils font aux articles de la censure que le patriarche Jérémie fit de leur confession de foi, ainsi que nous verrons ailleurs.

Sandius, chevalier anglais, dans le livre qu'il a fait de l'état des religions, reconnaît aussi que les Grecs sont d'accord avec les Latins sur la transsubstantiation, mais en la manière qu'un protestant envenimé le peut reconnaître. *Les Grecs*, dit-il, *semblent être mitoyens entre les romanistes et les protestants en plusieurs points : car en ce qui est de l'essentiel, ils conviennent presque avec Rome en la doctrine de la transsubstantiation, et généralement en celle du sacrifice, et en tout le corps de la messe, et dans les prières aux saints.*

Grotius, qui a été l'objet de la haine de certains protestants, quoiqu'il ne se soit pas actuellement réuni à l'Église catholique, mais qui était certainement un homme savant et sincère, ce qui suffit pour le sujet dont il s'agit, se moque de Rivet, dans la *Discussion de son Apologétique*, de ce qu'il voulait faire passer la confession de Cyrille, contraire à la transsubstantiation, pour l'opinion de l'église grecque. *Il n'y a rien de si facile*, dit-il, *que d'accorder les Grecs et les Latins, comme il paraît par les actes du concile de Florence, par ce que l'on voit en Russie, en Pologne, en Moscovie. Mais quand je parle de l'église grecque, je n'entends pas celle que Cyrille, acheté par argent, a représentée en suivant ses fantaisies; mais je l'entends telle qu'elle est en effet, et qu'elle paraît dans les décrets de Jérémie, et dans les décrets du concile tenu par le patriarche Parthénius. Vous y verrez les mêmes sacrements et les mêmes dogmes. De sorte que ce n'est pas faussement que l'archevêque de Thessalonique écrivit au pape Adrien, après le schisme, que la foi des Romains et des Grecs était la même.* Or il faut remarquer que ces décrets de Parthénius, auxquels Grotius nous renvoie, sont ceux-mêmes qui ont été faits contre les erreurs de Calvin, et qui établissent la transsubstantiation.

Flahvius, luthérien, ministre de Dantzig, se moque de même de l'insolence de Hottinger, qui prétend tirer avantage de cette confession de Cyrille; et il fait voir qu'elle ne contient nullement la foi des églises d'Orient. C'est dans la préface qu'il a faite sur la traduction du livre d'un Grec, nommé Christophorus Angélus, qu'il parle de cette matière.

Forbesius, évêque d'Édimbourg en Écosse, dit que l'opinion de la transsubstantiation a été reçue par la plupart des Grecs et des Latins. Il prouve fort bien l'un, qui est qu'elle a été reçue par les uns et par les autres ; mais il ne prouve nullement sa restriction, et il ne s'en met pas seulement en peine. Aussi n'y a-t-il rien de moins raisonnable que de s'imaginer qu'un point si important soit tenu par les uns et rejeté par les autres. De sorte qu'il est visible qu'il croyait absolument que la transsubstantiation est tenue par les Grecs, et qu'il n'a parlé de la sorte que parce que cette vérité de fait ne lui était pas agréable. Il n'a pas voulu la nier absolument, parce qu'elle était trop claire ; ni l'avouer absolument, parce qu'elle était trop préjudiciable à sa cause.

M. Claude ne veut pas qu'on lui allègue le témoignage de cet auteur, parce, dit-il, qu'il n'était ni bon catholique, ni bon protestant. Mais je ne l'allègue ni comme catholique, ni comme protestant; mais comme un homme savant, très-informé des religions de l'Europe où il avait fort voyagé. Je l'allègue comme S. Augustin allègue Tichonius, pour confirmer un fait important, qui était avoué par ce donatiste plus sincère que les autres.

Forbesius est entre les protestants ce que Tichonius était entre les donatistes. S'il ne témoigne pas tant de chaleur que les autres pour sa religion, c'est qu'il en connaît mieux les défauts. Mais tant s'en faut que cette disposition diminue son autorité dans une matière de fait comme celle-ci, qu'elle l'augmente. Car tout le monde sait qu'il n'y a rien dont ces sortes de médiateurs se piquent davantage que de sincérité ; et que c'est ce qui les porte à reconnaître de bonne foi les choses claires. Que s'il n'est pas assez bon protestant, au jugement de M. Claude, pour vouloir favoriser leur parti en niant une vérité constante, tout le monde avouera aussi, sans doute, qu'il n'avait pas assez d'inclination pour les catholiques, pour vouloir favoriser l'Église romaine par un mensonge contraire à sa conscience.

Dannawerus, professeur de Strasbourg, qui est l'un des derniers qui ait écrit sur les opinions des Grecs, met expressément entre les erreurs qu'il leur impute la transsubstantiation. *Enfin*, dit-il, *leur dernière erreur est la transsubstantiation; ce qui fait qu'ils suspendent à la muraille le pain consacré comme le précieux corps de Jésus-Christ, et ils l'y conservent avec révérence.* C'est dans la page 46 du traité qu'il a fait contre Allatius, sous le titre : *De Ecclesia Græcanicá hodierná*.

Il y a d'autres protestants qui se démêlent d'une autre manière de ce mauvais pas. Ils ne sont pas assez sincères pour avouer expressément que les Grecs croient la transsubstantiation ; ils n'ont pas été assez téméraires pour le désavouer expressément, et dans cet embarras, quoique le sujet et le dessein de leurs ouvrages les obligeât de dire quelque chose de ce point, ils ont mieux aimé prendre le parti de n'en point parler du tout que de favoriser les catholiques par un aveu exprès de cette vérité, ou de trahir leur conscience par un mensonge évident.

David Chytreus, luthérien, dans le discours qu'il a fait de l'état où étaient de son temps les églises de Grèce, d'Asie et d'Afrique, pratique cette méthode, de se délivrer par le silence de cet aveu incommode. Allatius fait voir clairement qu'il impute aux Grecs quantité de choses fausses. Il dit, par exemple, que les Grecs ne disent jamais de messes sans communiants. Et Allatius fait voir qu'il est rare au contraire que l'on communie aux messes qui se disent aux jours ordinaires. Il dit que les Grecs n'ont point d'images taillées, mais seulement en peinture. Et Allatius fait voir qu'il n'y a rien de plus commun dans les églises des Grecs que des figures de bas-relief ; et que, quoique les statues y soient plus rares, il n'est pourtant pas absolument vrai qu'il n'y en ait point. Il chicane sur le mot d'*antitype*, dont S. Basile se sert dans sa Liturgie après les paroles de la consécration ; mais avec tout cela il n'ose tirer la conséquence ni dire nettement que les Grecs ne croient point la transsubstantiation. Brérewod, professeur de Londres, a tenu la même conduite dans un livre exprès qu'il a fait des religions ; car, ayant pour but de marquer en quoi les sectes d'Orient sont différentes de la créance de l'Église latine, il est bien clair qu'il ne peut avoir omis, comme il a fait, de marquer que les Grecs sont contraires aux Latins sur le sujet de la transsubstantiation, que parce qu'il ne l'a pu dire avec vérité ; puisque ce point étant celui qui occupe le plus l'esprit des ministres, et celui dans lequel ils voudraient le plus trouver que les autres sociétés sont différentes de l'Église romaine, c'est celui aussi qu'ils examinent le premier. Ce n'est jamais par hasard qu'ils se taisent sur ce sujet, et leur silence est aussi décisif que leur affirmation.

C'est pourquoi M. Claude fait bien voir qu'il se connaît mal en preuves, lorsqu'il nous dit, avec son dédain ordinaire, que *c'est être bien dénué de preuves, que d'avoir recours au silence d'un homme qui n'a fait que marquer en passant les différences les plus communes des religions ; se contentant de dire ce que les peuples embrassent, ou ce qu'ils rejettent positivement, sans aller jusqu'aux choses qu'ils ne croient point par voie de négation,* COMME N'EN AYANT POINT ENTENDU PARLER. Car je lui soutiens, au contraire, et j'en prends pour juges toutes les personnes judicieuses, qu'il n'y a point de différence à un ministre calviniste, qui écrit expressément des différences des religions orientales d'avec l'Église romaine, qui marque jusqu'aux moins considérables de celles qui favorisent tant soit peu les calvinistes, qui n'omet pas même celles qui sont indifférentes ; qu'il n'y a point, dis-je, de différence, entre ne parler pointde la transsubstantiation, et reconnaître positivement que les Grecs sont d'accord avec les Latins sur la transsubstantiation. Car de nous dire, comme fait M. Claude, que Brérewod s'est contenté *de marquer les différences les plus communes des religions, ce que les peuples embrassent, ou ce qu'ils rejettent positivement* et formellement, *sans aller jusqu'aux choses qu'ils ne croient point* PAR VOIE DE NÉGATION, COMME N'EN AYANT PAS OUÏ PARLER, c'est montrer que, pourvu qu'il parle, il ne se met pas en peine de parler raisonnablement. Car il est difficile d'inventer une absurdité plus étrange que celle de dire que les Grecs, qui depuis six cents ans sont mêlés continuellement avec les Latins, et qui n'habitent presque en aucun lieu où il n'y ait des églises de la communion romaine, qui lisent S. Thomas, comme Chytreus le reconnaît, n'aient pas encore ouï parler de la transsubstantiation, ni de la présence réelle. C'est ce que nous détruirons dans la suite par tant de preuves qu'il est difficile que M. Claude n'ait quelque confusion d'avoir avancé une chose si fausse et si téméraire.

Hornbec, professeur calviniste à Utrecht, qui a fait un livre intitulé : *Summa controversiarum religionis cum infidelibus, hæreticis, schismaticis ;* c'est-à-dire, comme il s'explique ensuite, avec *les païens, Juifs, Mahométants, papistes, anabaptistes, enthusiastes, libertins, sociniens, remontrants, luthériens, brunistes, Grecs,* traite dans la dernière controverse des différends que l'Église romaine a avec les Grecs, et il en fait une assez longue histoire, reprenant la chose depuis le concile de Nicée. Il parle des contestations touchant le jeûne du samedi, les azymes, les viandes suffoquées, la procession du Saint-Esprit, le purgatoire ; mais pour la transsubstantiation, il se trouve court. Il n'allègue aucun auteur qui sépare en ce point les Grecs des Latins ; et c'est pourquoi il se donne bien de garde de s'avancer, comme M. Claude, jusqu'à soutenir qu'ils ne la croient pas. Ainsi on le peut encore alléguer comme un de ces témoins muets, qui déposent clairement par leur silence forcé que les Grecs sont d'accord avec les Latins sur le sujet de l'Eucharistie ; et ce silence n'affaiblissant point la force de leur témoignage montre seulement que cette vérité est pénible aux calvinistes.

Si ces écrivains n'ont pas été aussi sincères qu'il serait à désirer, on peut dire néanmoins qu'ils ont eu quelque sorte de retenue. Ils ont été assez instruits de la vérité, pour reconnaître qu'il était ridicule d'attribuer aux Grecs une opinion différente de celle des Latins sur la présence réelle et la transsubstantiation ; et ils n'ont pas eu assez de hardiesse pour démentir leur conscience. Mais il s'en est trouvé d'autres qui ne sont pas demeurés dans les mêmes bornes ; les uns par une ignorance grossière, les autres par un certain emportement, qui leur a fait croire qu'ils devaient soutenir tout ce qui paraît utile à leur cause.

C'est une ignorance grossière qui a fait avancer à Kemnitius, luthérien, dans son *Examen du concile de Trente*, que les Grecs avaient soutenu au concile de Florence, contre les Latins, que le pain n'était point transsubstantié au corps de Jésus-Christ; car il faut n'avoir jamais vu les actes de ce concile pour être entré dans ce sentiment. Aussi est-il maintenant abandonné de tout le monde, et nous en ferons voir l'extravagance en traitant du concile de Florence.

Néanmoins c'est une chose étonnante de voir que cette honteuse fausseté n'ait pas laissé d'être suivie par plusieurs des plus considérables protestants et sacramentaires, qui ont assez fait voir par là qu'ils se copient souvent les uns les autres sans prendre la peine d'examiner ce qu'ils avancent sur la foi d'autrui.

Henri Boxhornius, qui, de licencié de Louvain, se fit apostat, et qui témoigne assez par son style emporté et furieux le déréglement de son esprit, dans un livre qu'il a fait sous le titre de *Commentaire de l'harmonie évangélique contre la transsubstantiation du pape, et la folle idolâtrie de la messe*, en parle de cette sorte : *Jamais l'église grecque n'a cru la transsubstantiation; et il paraît au contraire par les canons des conciles et par les liturgies dont elle se sert, que son sentiment a toujours été que les dons consacrés demeurent en la substance du pain et du vin.... Et même dans le concile de Florence, entre les articles dont l'église grecque est en différend avec la romaine, on met en quatrième lieu l'article de la transsubstantiation. Et lorsqu'il fut question de faire les lettres de l'union, on excepta expressément et formellement, même avec le consentement du pape, l'article du changement du vin et du pain dans l'Eucharistie. C'est donc faussement que les papistes se glorifient du consentement universel de tous les siècles, et des églises de toutes les nations dans le dogme de la transsubstantiation.* Voilà un fait aussi exprès et aussi particularisé qu'on en puisse désirer. Il dit que l'article de la transsubstantiation a été excepté formellement par les Grecs avec le consentement du pape. Qui pourrait douter après cela du sentiment de l'église grecque? Mais la solution en est facile. C'est que cet homme se trompe visiblement, puisque jamais ni le pape ni les Grecs n'ont songé à faire cette exception; que l'on n'a jamais disputé au concile de Florence sur l'Eucharistie, que touchant les azymes ou les paroles de la consécration, et non de l'effet de ces paroles, comme tout le monde l'avoue, et que les Grecs et les Latins, ceux qui ont accepté l'union et ceux qui l'ont rompue, n'ont jamais eu la moindre dispute sur la présence réelle et sur la transsubstantiation. On trouve aussi la même imposture dans Hospinien, et presqu'autant circonstanciée. Mais cette extravagance ne doit pas surprendre dans un homme qui a la hardiesse de prétendre qu'Adelman, le premier adversaire de Bérenger, avait la même doctrine que lui, et de mettre S. Bernard entre ceux qui ont embrassé clairement son opinion. Enfin Episcopius, l'un des principaux des remontrants, qui sont encore plus ennemis que les calvinistes de la doctrine de l'Église romaine sur l'Eucharistie, emprunte aussi de Kemnitius cette même fausseté : *Kemnitius*, dit-il, *prouve fort bien que la doctrine de la transsubstantiation, telle que vous l'enseignez, n'est pas fort ancienne; et il montre que l'église grecque ne l'avait pas encore reçue au temps du concile de Florence.* Aubertin et M. Claude n'ont pas voulu tout à fait s'engager à défendre un fait si insoutenable, de peur de se charger du reproche d'ignorance qu'il attire. Mais comme ils ne se mettent pas beaucoup en peine de ne choquer que le sens commun, ils ont jugé qu'ils ne devaient pas laisser de dire que les Grecs ne croient point la transsubstantiation. L'utilité de leur cause, qui forme toujours leurs opinions, les a unis dans cette prétention. Ils ont bien vu que ce point était capital et décisif, parce qu'il renversait toute l'innovation prétendue dont ils accusent l'Église latine; et ainsi ils se sont résolus de ne le pas abandonner, quoiqu'il en pût arriver. Mais pour le soutenir ils ont pris deux routes assez différentes, et qui font bien voir qu'ils ne sont pas bien fermes dans leur sentiment.

Aubertin, voyant qu'il y avait certains auteurs parmi les Grecs qui étaient aussi déclarés pour la transsubstantiation que S. Thomas et les scholastiques, a cru que, pour se défaire de leur autorité, il devait avouer que les Latins, dans les guerres de la Terre-Sainte, où ils avaient eu grand commerce avec les Orientaux, avaient aussi semé parmi eux leurs opinions de la présence réelle et de la transsubstantiation; et qu'ainsi il n'était pas étrange que quelques nouveaux auteurs grecs les eussent enseignées, les ayant apprises d'eux. Mais en même temps il arrête le cours de ses opinions comme il veut, sans que l'on en voie les raisons; de sorte que quand il vient à la confession de Jérémie, patriarche de Constantinople, il ne laisse pas de prétendre qu'elle est entièrement conforme aux sentiments des calvinistes. *Après la guerre de la Terre-Sainte,* dit ce ministre, *les Grecs et les Latins ayant plus de commerce ensemble qu'auparavant, cette erreur des Occidentaux* (il parle de la transsubstantiation) *semble s'être communiquée à plusieurs des Orientaux.* Il met expressément dans la suite Nicétas Choniate au nombre des *novateurs*, c'est-à-dire, dans son langage, des défenseurs de la transsubstantiation, et il avoue qu'il a enseigné cette doctrine, en rapportant l'histoire de la question qui s'éleva du temps de l'empereur Alexius Angelus touchant la corruptibilité ou l'incorruptibilité du corps de Jésus-Christ dans l'Eucharistie. Il range aussi cet empereur au même parti. Mais comme ces aveux ne lui étaient pas trop agréables, il en fait le moins et le plus rarement qu'il peut. Il n'a pas jugé qu'il fût de sa prudence de parler de Cabasilas, et il se donne bien de garde de rapporter les passages que le cardinal du Perron en cite. Il évite le concile de Florence comme un écueil dangereux; il chicane sur un passage de Nicolas, évêque de Méthone, sans citer les lieux de son traité où il enseigne clairement la transsubstantiation; il prétend tirer à son avantage Jérémie. Enfin il conclut ce qu'il dit des Grecs, par un passage de Cyrille, avec quelque petite étincelle de bonne foi ; car il ne dit pas que ce patriarche ait exprimé la créance de l'église grecque de son temps ; mais il dit seulement, *qu'il a repris l'ancienne doctrine des Grecs.* « Nostris tempori« bus, dit-il, *novissimus patriarcha Cyrillus Constanti« nopolitanus ad primitivam rediens de Eucharistiâ fi« dem.* » C'est-à-dire, en un mot, que le sentiment des Grecs de ces derniers temps est contraire, par son aveu même, au sentiment de ce Cyrille que les calvinistes avaient perverti.

On voit en tous ces discours un homme qui se ménage en quelque sorte, et sur qui l'évidence fait encore quelque impression. Et quoiqu'il soit d'ailleurs un des hommes du monde qui avance le plus hardiment les faussetés qui ne choquent que la raison et non pas les yeux, il paraît néanmoins qu'il s'est trouvé embarrassé sur le sujet des Grecs, et qu'il a voulu se préparer des moyens de s'échapper. Car si on lui oppose quelque passage dont il ne se puisse défaire, il nous dira que l'auteur avait pris cette opinion des Latins.

Mais cette conduite a paru trop faible et trop lâche à M. Claude : il est tout autrement généreux. Je ne sais si dans son esprit il n'a point accusé Aubertin de trahir les intérêts de leur cause, et de n'être pas assez bon calviniste. Il a donc cru qu'il ne fallait pas être audacieux à demi, et qu'il n'y avait rien qu'on ne pût emporter en faisant bonne mine, et en témoignant de la confiance ; et il est juste de reconnaître, que jamais homme ne porta plus loin cette sorte de générosité. Ainsi, sans se soucier de démentir ni Aubertin ni tant d'autres calvinistes, il soutient nettement que, malgré toutes les croisades et le mélange continuel des Grecs et des Latins dans tout l'Orient, les Grecs et les autres Orientaux *n'ont jamais ouï parler de la transsubstantiation ;* qu'ainsi *ils ne la croient point par voie de négation, comme n'en ayant point ouï parler.*

Il dit expressément contre Aubertin que, dans la dispute dont parle Nicétas Choniate, *ni les uns ni les autres n'avaient la transsubstantiation dans l'esprit ;* c'est-à-dire qu'Aubertin est fort indiscret de l'avoir avoué. Il dit en particulier de Nicétas *qu'il n'agissait point sur le principe de la transsubstantiation,* quoiqu'Aubertin ait été assez simple pour le reconnaître. Il prétend tirer à son parti Cabasilas, dont Aubertin n'avait pas osé parler ; il envisage sans émotion ce qui s'est passé au concile de Florence, et il nie froidement qu'on en puisse rien tirer pour la transsubstantiation. Il veut faire passer la confession de Cyrille pour le consentement et la foi commune de l'église orientale; il n'avoue que d'un évêque inconnu, cité par Forbesius, qu'il pouvait avoir été corrompu par la fréquentation des Latins, parce que cet inconnu ne lui pouvait nuire. Enfin, il suppose comme une chose si constante que les Grecs sont calvinistes sur le sujet de la présence réelle et de la transsubstantiation, qu'il en fait un principe et un axiome qui lui sert à prouver d'autres faits contestés; car c'est par ce principe qu'il rejette le témoignage de M. Oléarius, qui dit dans l'histoire de son voyage que les Moscovites croient la transsubstantiation. *Les Moscovites,* dit M. Claude, *ont la même religion que les Grecs. Or nous avons vu que les Grecs ne connaissent point ce dogme.* Donc les Moscovites ne le croient pas aussi.

Voilà ce que c'est que d'être généreux et bon calviniste à la mode de M. Claude. Il est question seulement de savoir si cette prétendue générosité vient de la juste confiance que donne la vérité clairement connue, ou si ce n'est point un excès de hardiesse, qui mérite qu'on regarde une personne qui ose avancer des faussetés si énormes, comme étant indigne de toute créance. L'on verra la décision dans la suite de ce traité.

CHAPITRE V.

Preuves du consentement de l'église grecque avec l'Église latine, sur le sujet de la présence réelle et de la transsubstantiation, dans le onzième siècle.

PREMIÈRE PREUVE, *tirée de la contestation entre Cérularius et le pape Léon IX.*

Pour montrer le consentement de l'église grecque avec l'Église romaine sur le sujet de l'Eucharistie, on s'est servi, dans la réfutation de la réponse de M. Claude, de la contestation qui s'éleva l'an 1053 entre Michel Cérularius, patriarche de Constantinople, et Léon, archevêque d'Acride, métropole de la Bulgarie, d'une part ; et le pape Léon IX et toute l'Église latine, de l'autre. Car ces ennemis si passionnés de l'Église occidentale, et qui la déchirent si outrageusement sur le sujet des azymes, ne s'étant jamais avisés de lui reprocher qu'elle errât dans la foi du mystère de l'Eucharistie, quoiqu'ils aient écrit contre les Latins, et au même temps et un peu après que le pape Léon eut condamné Bérenger en deux conciles d'Italie, l'un de Rome, l'autre de Verceil, on en a conclu qu'ils étaient d'accord avec l'Église latine dans la doctrine de la présence réelle, qu'elle enseignait si hautement en ce temps-là.

M. Claude, qui prononce toujours des oracles, et qui ne manque jamais de former le jugement de ses lecteurs par une décision précise, se moque de cette preuve. *Je réponds,* dit-il, *qu'il n'y a rien de plus faible que ce raisonnement.* Mais il n'y a pas lieu de s'étonner de l'entendre parler de la sorte ; chacun a son humeur et son génie, et c'est-là celui de M. Claude. Il ne faut donc pas laisser d'examiner sur quels fondements il appuie ses décisions ; et je pense qu'en les examinant, on les trouvera un peu plus faibles que le raisonnement dont il se moque, et peut-être même qu'il pourrait bien arriver que le raisonnement paraîtrait solide, et les réponses ridicules. *Il s'est pu faire,* dit M. Claude, *que Cérularius n'ait rien su de ce qui se passa en France sous Léon IX, dans l'affaire de Bérenger. Il s'est pu faire qu'il n'en ait eu que quelque connaissance confuse et incertaine, qui ne lui a pas permis d'en parler positivement et distinctement ; il s'est pu faire qu'on lui ait déguisé les choses, en imputant à Bérenger ce qu'il ne croyait pas, comme que l'Eucharistie n'est que du simple pain, ou qu'une figure nue* du corps de Jésus-Christ ; et que sur ce faux rapport il ait jugé que la condamnation de Bérenger était juste. Quoi qu'il en soit, n'y ayant rien de plus incertain que les raisons du silence de Cérularius, il n'y a rien aussi de plus mal fondé que les conséquences que l'auteur en veut tirer. Par le moyen de ces trois hypothèses, M. Claude se croit pleinement dégagé de cet argument, et il ne se met pas en peine d'y faire davantage de réflexion. Mais il n'est pas si facile qu'il pense d'éluder une preuve de cette nature. Il ne suffit pas de multiplier les hypothèses ; il faut voir si ces hypothèses sont vraisemblables ; car cent hypothèses extravagantes n'affaibliront pas la force d'un raisonnement solide. Il faut voir de plus si, supposé ces hypothèses, l'argument est suffisamment renversé. M. Claude n'a pas pris la peine de considérer tant de choses ; et c'est pourquoi il est nécessaire de les lui représenter un peu plus au long.

Il faut donc remarquer que ce différend que Cérularius et Léon d'Acride eurent contre le pape Léon, fut poussé à de très-grandes extrémités de part et d'autre ; qu'il eut de très-funestes suites, et que c'est la principale cause de la division des Grecs d'avec les Latins, ces deux églises ne s'étant jamais bien réunies depuis ce temps-là. Il commença par une lettre que Michel Cérularius, patriarche de Constantinople, et Léon, archevêque d'Acride, écrivirent à Jean, évêque de Trani, dans la Pouille, afin qu'il la communiquât au pape et à toute l'Église d'Occident, aux évêques, aux prêtres, aux religieux, aux laïques : *Ad universos principes sacerdotum, et sacerdotes Francorum, et monachos, et populos.* Ils reprenaient dans cette lettre les Latins de plusieurs choses : premièrement, de ce que célébrant l'Eucharistie avec des azymes, ils communiquaient avec les Juifs ; de ce qu'ils mangeaient des viandes suffoquées ; de ce qu'ils ne chantaient point *Alleluia* en carême. Non contents de cela, ils commencèrent à se séparer de la communion de l'Église romaine. Ils firent fermer les églises des Latins, qui étaient à Constantinople ; ils ôtèrent à tous les abbés et religieux latins qui ne voulurent pas renoncer aux cérémonies de l'Église romaine les monastères qu'ils avaient dans cette ville.

Humbert, cardinal de l'Église romaine, ayant traduit en latin la lettre de Cérularius, la communiqua au pape Léon, et ce pape écrivit sur ce sujet une lettre à Cérularius et à Léon d'Acride, où il défend l'Église latine sur le sujet des azymes. Il se plaint de la violence du patriarche Michel, qui avait fait fermer toutes les églises des Latins qui étaient à Constantinople, et il relève la douceur de l'Église romaine, en ce qu'encore qu'il y eût plusieurs églises de Grecs, et dans la ville et hors de la ville de Rome, on n'empêchait point néanmoins les Grecs d'observer les traditions de leurs ancêtres : *Parce que*, dit-il, *l'Église romaine sait bien que la diversité des coutumes, selon les lieux et les temps, ne nuit en aucune sorte au salut des fidèles*, LORSQU'ILS ONT LA MÊME FOI, *qui, opérant par la charité toutes les bonnes œuvres qu'elle peut, les rend tous agréables à Dieu* (1).

Il paraît par là que, quoiqu'il y eût alors un si grand nombre de Grecs dans toute l'Italie, et dans Rome même, le pape Léon IX était néanmoins persuadé, qu'il n'y avait entre l'Église latine et l'église grecque qu'une *diversité de coutumes* sur le sujet de l'Eucharistie, dont il s'agissait dans cette question des azymes, et que ces deux églises n'avaient sur cela *qu'une même foi*. Il était donc aussi persuadé que l'église grecque croyait la présence réelle et la transsubstantiation, aussi bien que la latine.

M. Claude ne manquera pas de nous dire que *peut-être* le pape Léon ignorait le sentiment des Grecs sur ce point. Mais comment l'aurait-il pu ignorer, toute l'Italie étant pleine de Grecs, et toute la Grèce pleine de Latins ? Comment la doctrine de la présence réelle étant si établie dans l'Italie, et la condamnation de Bérenger y ayant fait un si grand éclat, n'eût-on point averti le pape que les Grecs étaient du même sentiment que Bérenger, si on eût eu quelque prétexte de les accuser de cette erreur ? Et enfin, puisqu'entre les hypothèses il faut choisir celles qui sont les plus vraisemblables, et entre les témoins ceux qui sont les mieux informés, que M. Claude juge lui-même si le pape Léon, qui vivait avec les Grecs, qui en était environné, qui avait autant d'inquisiteurs de leur foi qu'il y avait d'ecclésiastiques qui conversaient avec eux, déclarant néanmoins positivement qu'ils avaient de son temps *la même foi* que les Latins sur l'Eucharistie, n'est point infiniment plus croyable que lui M. Claude, qui nous vient dire froidement six cents ans après, sans preuves et sans témoins, qu'il faut croire sur sa parole que la foi des Grecs sur l'Eucharistie était, en ce temps-là même, toute différente de celle des Latins.

Mais il faut que M. Claude se résolve à pousser bien loin les *peut-être* et les hypothèses en l'air : car il en aura merveilleusement besoin dans la suite de cette histoire. Il croit en être quitte sur le sujet de Cérularius pour ces *trois peut-être*, en nous disant que *peut-être* n'avait-il point ouï parler de ce qui s'était fait en France contre Bérenger ; *peut-être* n'en était-il pas assez informé pour en parler, et que *peut-être* on lui avait déguisé l'état de la question. Mais il est bien loin de son compte.

Premièrement, afin qu'il pût se servir de ces hypothèses, il faudrait qu'elles fussent un peu raisonnables. Or elles ne le sont nullement. Il y avait déjà dix-huit ans que l'hérésie de Bérenger faisait un très-grand bruit dans le monde. On ne parlait d'autre chose dans l'Occident, parce que c'était l'unique hérésie de ce temps-là. Deoduin, évêque de Liége, et Adelman, évêque de Bresse, témoignent que le bruit

(1) Scit namque quia nihil obsunt saluti credentium diversæ pro loco et tempore consuetudines, quando una fides per dilectionem operans bona quæ potest uni Deo commendat omnes. Leo IX, epist. 1, tom. 3 Epist. Rom. Pont., c. 5.

en avait rempli toute l'Allemagne. Il n'est donc nullement vraisemblable que les Latins de Constantinople, ou les Grecs d'Italie n'en fussent pas informés, et qu'un patriarche de Constantinople, et tant d'autres personnes engagées dans sa querelle, n'aient point été avertis d'une chose aussi célèbre que celle-là, ni par les Latins ni par les Grecs.

Il est vrai qu'il a plu à M. Claude, afin d'éloigner davantage l'hérésie de Bérenger de la connaissance des Grecs, de supposer que ce qu'on avait fait contre Bérenger s'était passé en France. Mais pour le désabuser de cette imagination, il ne faut que l'avertir que, de deux conciles dans lesquels le pape Léon condamna cet hérésiarque cette année-là même, l'un fut tenu à Rome à la vue des Grecs, et l'autre à Verceil, qui est encore une ville d'Italie.

D'ailleurs, la question étant une fois ouverte, on ne pouvait s'y méprendre. Chacun savait que les catholiques soutenaient que le vrai corps de Jésus-Christ était présent dans l'Eucharistie, et que Bérenger le niait. Et supposer que les Grecs aient pu ignorer ou n'entendre pas une chose si commune et si facile à entendre, c'est pousser un peu trop loin le privilége des hypothèses.

Mais il ne s'agit pas si Cérularius et Léon d'Acride ont pu ignorer la condamnation de Bérenger. Qu'ils l'aient ignorée si l'on veut, quoique cela soit sans apparence, il s'agit s'ils ont pu ignorer l'opinion de toute l'Église latine sur l'Eucharistie, qui était alors, par la propre confession des calvinistes, très-claire, très-distincte, très-précise pour la présence réelle. Il est certain qu'étant violents, animés, aigris comme ils étaient contre les Latins, et leur faisant des reproches injurieux sur des choses de peu d'importance, comme sur l'omission de l'*Alleluia* en carême, ils n'auraient jamais manqué de les accuser d'une erreur capitale comme celle-là, s'ils eussent cru que les Latins eussent eu, sur un point si important, une foi différente de celle des Grecs. Ainsi leur silence est une conviction évidente qu'ils croyaient que les Latins étaient dans la même foi qu'eux sur la substance de ce mystère. Il faut donc, ou qu'ils aient cru eux-mêmes la présence réelle et la transsubtantiation, ou que, par une erreur de fait, ils se soient imaginés que l'Église latine ne la croyait pas, n'étant pas possible de s'imaginer que ce silence puisse venir d'aucune autre cause.

Mais comment pourrait-on supposer cette ignorance et cette stupidité monstrueuse dans ces deux églises? Quoi! les Grecs et les Latins étant mêlés à Rome, à Constantinople et en une infinité d'autres lieux, ne se seraient pas aperçus de ce qu'ils croyaient les uns et les autres sur l'Eucharistie? Les Latins croyant la présence réelle se seraient imaginés que les Grecs la croyaient aussi; et les Grecs ne la croyant pas se seraient imaginés, par une illusion ridicule, que les Latins ne croyaient pas non plus cette présence, et qu'ils ne regardaient l'Eucharistie que comme un pain rempli de la vertu de Jésus-Christ? Personne n'aurait démêlé cette équivoque? Toute la vigilance de Léon IX, et toute la passion de Cérularius et de ceux de son parti, ne leur auraient pas ouvert les yeux pour découvrir cette prodigieuse diversité de créance entre l'Église latine et l'église grecque.

Il serait bien étrange que ces deux églises eussent pu demeurer un moment dans cette incroyable illusion que M. Claude leur attribue. Mais la suite de l'histoire la rendra bien autrement étonnante, et il faudra que M. Claude épuise toutes ses hypothèses et tous ses *peut-être* pour la maintenir.

L'année après, le pape Léon envoya pour légats à Constantinople Humbert, cardinal et évêque de Blanche-Selve, Frédéric, aussi cardinal et archidiacre, et Pierre, archevêque de Melphe. Il les chargea de lettres pour l'empereur et pour le patriarche, dans lesquelles il se plaignait des entreprises que le patriarche avait faites contre l'Église romaine. Les légats étant arrivés à Constantinople, Humbert, qui en était le chef, présenta à l'empereur les lettres du pape, avec une réfutation qu'il avait faite de la lettre de Cérularius à l'évêque de Trani. Cette réfutation était en forme de dialogue, et l'empereur l'ayant fait traduire en grec, la fit publier dans Constantinople, en supprimant seulement les noms du patriarche et de Humbert, et en y substituant ceux de Constantinopolitain et de Romain.

Le cardinal Baronius a fait imprimer cette pièce à la fin du onzième tome de ses Annales; et il ne faut que la lire pour voir que Humbert, qui a été un de ceux qui ont eu le plus de zèle dans ce siècle contre l'hérésie de Bérenger, y déclare assez nettement ses sentiments sur l'Eucharistie, pour les faire connaître aux Grecs, quand même ils n'en auraient eu d'ailleurs aucune lumière. Il dit dans cet écrit *que le pain azyme étant ainsi préparé, il est fait par l'invocation fidèle de la Trinité le corps véritable et individuel de Jésus-Christ* (1). Il dit que les Latins honorant *le corps de la vérité*, c'est-à-dire, le corps de Jésus-Christ, *font des azymes dans les azymes, goûtent par la bouche et par le cœur combien le Seigneur est doux*. Cela est assez clair, et il faut avoir l'esprit peu ouvert pour n'entendre pas ce langage.

M. Claude au moins ne nous dira pas que Humbert n'entendît pas ces paroles au sens de la présence réelle; car il sait trop quel était Humbert. Il sait que ce fut lui qui confondit Bérenger dans le concile tenu à Rome sous le pape Nicolas II, en 1059, et dont Bérenger disait *qu'il était dans l'opinion, ou plutôt dans la folie du peuple, de Paschase, de Lanfranc, qu'après la consécration, la substance du pain et du vin ne demeure pas*. ERAT AUTEM Burgundus (c'est ainsi qu'il nommait Humbert par mépris, quoique Lanfranc nie qu'il fût de Bourgogne) *in sententiâ, imò in vecordiâ vulgi, minimè superesse in altari post consecrationem, substantiam panis et vini*. Mais peut-être que, par le

(1) Taliter præparatus azymus, fideli invocatione totius Trinitatis fit verum et singulare corpus Christi.

droit que M. Claude s'attribue de faire penser les gens à sa mode, il nous dira que les Grecs ne le prirent pas au même sens, et qu'ils s'imaginèrent que Humbert, par ce vrai corps, ce corps individuel, n'entendait que la vertu du corps de Jésus-Christ. Il faut bien qu'il dise cela ; car que dirait-il autre chose dans le dessein qu'il a de ne demeurer d'accord de rien ? Cependant je ne vois pas qu'il soit possible de rien dire de moins raisonnable. Car s'il est permis de supposer en l'air et sans preuves que des écrivains s'exprimant clairement, et croyant se faire bien entendre n'aient pas été néanmoins entendus dans le véritable sens de leurs paroles, mais en un autre tout contraire, qu'est-ce qu'il ne sera point permis de soutenir par cette voie ? On dira, si l'on veut, que tous les peuples ont toujours été ariens, nestoriens, eutychiens, parce qu'encore que les pasteurs condamnent clairement ces hérésies, les peuples néanmoins prenaient leurs paroles en un autre sens. Enfin on dira tout ce qu'on voudra, avec autant de raison que M. Claude en peut avoir de dire que les Grecs n'entendaient pas les paroles de Humbert en leur véritable sens.

Ce qui se passa ensuite dans Constantinople était bien éloigné de donner envie au patriarche d'expliquer favorablement les paroles des légats, et aux légats de dissimuler les erreurs des Grecs. Car ces écrits de Humbert étant divulgués parmi le peuple, avec d'autres encore plus précis qu'il fit contre un religieux du monastère de Stude, nommé Nicétas, dont nous parlerons plus bas, et Cérularius demeurant dans son obstination, et évitant d'entrer en conférence avec eux, les légats entrèrent un jour dans l'église de Sainte-Sophie, lorsque tout était préparé pour dire la messe, et ils mirent sur le grand autel un décret d'excommunication qu'ils avaient prononcé contre le patriarche. Après quoi, ayant mis ordre aux églises des Latins, et ayant anathématisé tous ceux qui communieraient de la main des prêtres qui condamnaient le sacrifice de l'Église latine, ils sortirent de Constantinople avec la permission de l'empereur.

Le patriarche, désirant se venger d'eux, et ayant corrompu leur décret en le traduisant pour le rendre plus odieux, fit tant envers l'empereur, qu'il les obligea de revenir à Constantinople. Son dessein était de les faire assommer par le peuple ; mais l'empereur l'en empêcha, en ne permettant pas qu'il leur parlât autrement qu'en sa présence. Cérularius donc, désespéré de ne pouvoir venir à bout de son dessein, excita une sédition contre l'empereur même, qui fut par là contraint de livrer entre ses mains les truchements des légats, de les faire fouetter, et de faire partir les légats le plus tôt qu'il put. Sur le chemin, ils donnèrent à des courriers que l'empereur avait envoyés après eux un exemplaire véritable de l'excommunication qu'ils avaient prononcée contre Cérularius, dans laquelle on peut remarquer deux choses très-considérables, qui sont encore décisives de notre différend. La première, que ces légats déclarent qu'ils avaient trouvé la ville de Constantinople très-orthodoxe, quant à ce qui regarde les principaux de l'empire et de la ville : *Quantum ad columnas imperii, et ejus honoratos cives atque sapientes, christianissima et orthodoxa est civitas.* Ce qui montre bien qu'ils ne les soupçonnaient en aucune sorte de ne pas croire la présence réelle, et d'être dans l'opinion de Bérenger. La seconde, qu'en marquant en particulier dans ce décret toutes les causes pour lesquelles ils avaient excommunié Cérularius, et lui reprochant un grand nombre d'hérésies, ils ne lui font aucun reproche sur le sujet de l'Eucharistie. Ce qui fait bien voir qu'il ne leur était jamais venu dans l'esprit que Cérularius eût une autre foi qu'eux sur ce mystère. Or, c'est en vérité une chose peu supportable, que ce qui n'était jamais venu dans la pensée de ces légats, présents à Constantinople, et qui avaient intérêt de rendre Cérularius le plus criminel qu'ils pouvaient, vienne sans raison dans celle de M. Claude, et qu'il ose nous soutenir six cents ans après qu'il connaît mieux les sentiments de Cérularius que ces légats, et que ses fantaisies sont plus sûres que leurs yeux et leurs oreilles.

Après le départ des légats, Cérularius, s'abandonnant à son ressentiment, ne travailla qu'à animer le monde contre l'Église romaine, à se faire des partisans, à étendre son schisme le plus qu'il put, et à chercher toujours de nouveaux reproches et de nouveaux sujets de contestation.

Il écrivit une lettre au patriarche d'Antioche, pleine de nouvelles accusations contre l'Église latine, pour le porter à se séparer de la communion du pape. Il descend jusqu'aux plus petites différences de cérémonies entre ces églises, et il en fait des crimes aux Latins. Il leur reproche que leurs prêtres rasaient leur barbe ; que les religieux mangeaient de la graisse et du lard ; qu'un des ministres qui officiait embrassait l'autre dans le sacrifice, en lui donnant la paix ; que les évêques portaient des anneaux ; qu'ils baptisaient par une seule immersion ; qu'ils mettaient du sel dans la bouche des baptisés. Il y ajoute des calomnies, comme de dire qu'ils n'honoraient point S. Basile et S. Chrysostôme. Mais entre ces calomnies, ces reproches et ces accusations, il ne parle en aucune sorte de leur créance sur l'Eucharistie ; ce qui fait voir manifestement qu'il ne les a soupçonnés d'aucune erreur sur ce point ; qu'il a cru qu'ils n'avaient que la même foi que les Grecs ; en quoi, comme je l'ai déjà dit plusieurs fois, il est sans doute plus croyable que M. Claude, qui n'a point d'autre raison de nous assurer le contraire, sinon qu'il est fort incommodé de ce consentement des Grecs avec les Latins.

Pierre, patriarche d'Antioche, répondit à cette lettre de Cérularius ; et comme il n'était pas si déraisonnable que lui, il réfute la plupart des reproches qu'il avait faits aux Latins, et il se réduit presque à la seule addition du mot *Filioque*, qu'il prétend avoir été faite au Symbole par les Latins. D'où il paraît encore qu'il ne croyait pas que l'Église romaine eût une autre foi que celle d'Antioche sur le sujet de l'Eucharistie, n'y ayant point d'apparence qu'il n'eût fait aucune réflexion sur un différend si important. Aussi ce patriarche avait envoyé au pape sa confession de foi aussitôt après sa promotion ; et l'on voit, tant par sa lettre que par celle de Cérularius, que les églises d'Alexandrie, d'Antioche et de Jérusalem étaient liées de communion avec l'Église romaine, au temps même qu'elle condamnait Bérenger ; ce qui doit passer pour une preuve très-convaincante qu'elles avaient toutes la même foi sur l'Eucharistie ; puisque c'est la chose du monde la plus croyable, de supposer que non seulement la condamnation de Bérenger, mais les sentiments de l'Église romaine sur l'Eucharistie, aient été inconnus en ce temps-là à toutes les autres églises du monde, quoiqu'elles fussent encore liées de communion, et qu'en mille rencontres elles eussent commerce ensemble.

Non seulement ce patriarche d'Antioche ne combat point les Latins sur la transsubstantiation et sur la présence réelle, mais il l'enseigne lui-même dans sa lettre à l'évêque de Grade. *Le pain*, dit-il, *fait avec du levain, lequel, par le moyen de la consécration, est changé au corps immaculé de Notre-Seigneur Jésus-Christ, nous a été donné comme un mémorial de son incarnation.*

Voilà quel est ce raisonnement duquel M. Claude prononce avec autorité *qu'il est très-faible*, et dont il a cru se défaire par ses trois *peut-être*. Mais je lui ai bien prédit qu'il avait besoin de beaucoup d'autres *peut-être* pour s'en tirer. Car il faut qu'il ajoute à ses hypothèses que *peut-être* Cérularius n'avait point appris par lui-même que l'Église romaine crût la présence réelle ; que *peut-être* aucun des Grecs qui étaient joints avec lui dans le schisme n'en avait entendu parler ; que *peut-être* les Latins qui étaient à Constantinople n'en avaient rien fait paraître ; que *peut-être* les Grecs qui étaient en Italie n'en avaient rien su ni mandé ; que *peut-être* les Grecs de Constantinople n'entendirent pas le langage du cardinal Humbert ; que *peut-être* Humbert et tous les Latins qui étaient à Constantinople avec lui ne comprirent pas le sentiment des Grecs ; que *peut-être* toutes les quatre églises patriarcales d'Orient étaient dans la même ignorance à l'égard des sentiments de l'Église romaine sur l'Eucharistie ; que *peut-être* l'Église romaine ignorait de même le sentiment de ces églises patriarcales ; que *peut-être* il y avait une équivoque continuelle entre ces églises, dans les discours qu'elles faisaient de l'Eucharistie : en sorte que les uns, parlant dans le sens de la présence réelle, étaient expliqués par les autres dans le sens *de la vertu et de l'absence réelle*, sans que cette équivoque fût découverte, démêlée et expliquée par qui que ce soit.

Si quelqu'un de ces *peut-être* manque à M. Claude, et s'il ne prouve toutes ces hypothèses jointes ensemble, cet argument, qu'il a jugé très-faible, deviendra, malgré qu'il en ait, décisif et concluant. Mais pour moi je n'ai à prouver qu'une hypothèse bien simple, qui est que M. Claude se trompe en soutenant sans raison que les Grecs n'avaient pas dans ce siècle la même foi que les Latins ; et je n'ai besoin pour la prouver que d'une maxime assez sensible, qui est que l'église d'Orient et celle d'Occident, du temps de Bérenger, nous assurant qu'elles étaient d'accord ensemble sur l'Eucharistie, sont infiniment plus croyables que M. Claude, qui nous vient dire sans preuves, six cents ans après, qu'elles avaient des sentiments tout contraires, et qu'elles ne s'entr'entendaient pas.

Cependant M. Claude connaît si peu les règles que la raison même prescrit dans les disputes, que, quoique son opinion n'ait point d'autre fondement que sa fantaisie, il s'imagine néanmoins avoir droit de nous demander des preuves de la nôtre, et de se dispenser d'en apporter de la sienne. *C'est*, dit-il, *à l'auteur à nous produire des preuves d'une chose qu'il assure, et non pas à nous de lui en donner d'une que nous nions ; et il ne peut, sans une extrême injustice, nous en demander d'autres que le défaut des siennes.* Mais comme M. Claude se connaît mal en preuves, il se connaît aussi mal en injustices. Car il est très-évident que la présomption est tout entière pour la cause de l'Église romaine, et qu'il suffit qu'elle montre que toutes les églises patriarcales étaient liées de communion avec elle quand elle a condamné Bérenger, et qu'elles ne s'en sont pas séparées pour ce sujet. Cette présomption est une conviction et une démonstration, comme nous l'avons montré ; mais quand ce ne serait qu'une simple présomption, il est bien clair que c'est à celui qui soutient que ces églises, quoique liées de communion, n'étaient pas d'accord dans la foi de ce mystère, à prouver cette hypothèse si surprenante.

Qui ne rirait donc de voir qu'un homme qui n'a point d'autre fondement de son opinion que cette hypothèse chimérique, prétende avoir droit de s'exempter de la preuve, et qu'il dise hardiment que *c'est une extrême injustice de lui en demander*? S'il prenait fantaisie à quelqu'un de nous dire que, dans tout le nouveau monde, les Espagnols, quoique liés de communion avec l'Église romaine, ne croient point la présence réelle, serait-ce une extrême injustice de lui en demander des preuves ; et en serait-il quitte pour dire que c'est à ceux qui affirment qu'ils la croient de prouver ce qu'ils avancent, et que pour lui il lui suffit de le nier? Certainement il est assez difficile de comprendre quelles sont les règles de la logique et de la morale de M. Claude, dont il tire de si déraisonnables et de si injustes conclusions.

CHAPITRE VI.

SECONDE PREUVE *du consentement de l'église grecque et de l'Église latine sur le mystère de l'Eucharistie, tirée de la dispute du cardinal Humbert avec le religieux Nicétas.*

Le différend entre le cardinal Humbert et Nicétas, surnommé Pectoratus, mérite une réflexion particulière, parce qu'il prouve invinciblement ces quatre points : 1° que l'Église romaine était en ce temps-là dans la créance de la présence réelle et de la transsubstantiation : ce qui n'est pas contesté ; 2° que cette créance a été déclarée aux Grecs d'une telle manière, qu'ils n'ont pu l'ignorer et ne la comprendre pas ; 3° que le cardinal Humbert a cru positivement que les Grecs étaient dans la créance de la présence réelle et de la transsubstantiation ; 4° que les Grecs y étaient en effet, et qu'ils exprimaient très-clairement leur créance sur ce point. Il n'y a qu'à lire pour cela l'écrit de Nicétas et la réponse du cardinal Humbert à cet écrit. L'un et l'autre a été imprimé à la fin du onzième tome des Annales du cardinal Baronius.

Ce Nicétas était religieux d'un monastère de Constantinople appelé Stude, d'un nommé Studius qui l'avait fondé. Il prit d'abord grande part dans la cause de son patriarche contre les Latins ; car il fit un écrit dans lequel il s'efforçait de justifier tous les reproches que Cérularius faisait à l'Église romaine. Il traite des azymes, du jeûne du samedi, de l'usage du mariage pour les prêtres, et surtout des messes que l'on disait en carême à neuf heures dans l'Église latine, prétendant que les Latins rompaient le jeûne par cette pratique. Tout cela est écrit d'une manière fort aigre ; et le cardinal Humbert y répond encore plus aigrement ; de sorte qu'il n'y eut jamais de dispute où la complaisance ait eu moins de part. Nicétas n'a aucun dessein d'épargner les Latins, et Humbert ne ménage point les Grecs. Il faut donc que les points dont ils conviennent de part et d'autre soient bien hors de doute.

Or, pour ce qui regarde le cardinal Humbert, il ne pouvait déclarer plus nettement aux Grecs ses sentiments et sa créance sur l'Eucharistie que par le reproche qu'il fait à Nicétas de ce qu'il croyait qu'on rompait le jeûne ecclésiastique dans l'Église latine, en célébrant la messe à neuf heures du matin ; au lieu qu'on ne la célébrait qu'à trois heures après midi dans l'église grecque, et encore sans consécration, en se servant d'hosties déjà consacrées ; ce qu'ils appelaient la messe des présanctifiés.

Perfide stercoraniste, dit Humbert à Nicétas, *qui croyez que la sainte participation du corps et du sang du Seigneur rompt le jeûne que l'Église nous oblige de garder durant le carême, vous imaginant sans doute que cette viande est sujette à la condition des viandes communes. Il faut donc que vous soyez du sentiment d'Arius, lequel, pour ses autres blasphèmes contre le Fils de Dieu, et pour celui-là en particulier, étant tombé dans une fosse profonde, vida toutes ses entrailles, et mourut misérablement. Pensez-vous bien que le Seigneur y est présent, ce Seigneur qui, donnant à ses disciples le pain qu'il avait béni et rompu, leur dit : « Prenez et « mangez ; ceci est mon corps. » Et pour leur enseigner ce qu'il leur donnait, il leur dit encore ailleurs : « Le « pain que je donnerai est ma chair, pour le salut du « monde ; ma chair est vraiment viande, et mon sang est « vraiment breuvage. » Dites-moi donc, pernicieux ministre du serpent, qui tâchez de corrompre la pure doctrine de l'Église son épouse par vos fausses subtilités, comment pouvez-vous croire qu'en mangeant la vie incorruptible on puisse rompre l'intégrité du jeûne, comme si c'était une viande corruptible ? Je suis saisi d'horreur de ce que je vais dire ; mais votre impudence m'y force. Vous tendez à persuader que le corps de Jésus-Christ, c'est-à-dire, la vie même, se digère comme les autres viandes, et souffre les mêmes accidents. Que deviendra donc ce que dit Jésus-Christ : « Celui qui mange ma « chair et boit mon sang demeure en moi, et moi en « lui ?..... » C'est pourquoi, afin que cette viande spirituelle ne soit pas indignement traitée par les esprits charnels, et que l'on n'y mêle pas, en y participant, les appétits de la chair, nous n'en prenons jamais qu'en une très-petite quantité, pour goûter seulement combien le Seigneur est doux, dont le pain, comme la manne, ne donne point de dégoût. Et néanmoins il ne faut point douter qu'en quelque quantité que les fidèles en prennent, ils ne mangent la vie tout entière, c'est-à-dire Jésus-Christ.*

Voilà le langage d'un homme bien persuadé de la transsubstantiation, et qu'il n'y a point d'autre substance dans le sacrement que celle du corps de Jésus-Christ, puisque autrement il ne pourrait nier qu'il n'y eût quelque chose capable d'être digérée, et de rompre le jeûne ecclésiastique. Et voilà en même temps un homme bien persuadé que les Grecs croyaient la présence réelle, puisque de ce que Nicétas enseignait que l'Eucharistie rompt le jeûne, il en tire contre lui cette horrible conséquence, qu'il soumettait donc le corps de Jésus-Christ à la condition des viandes communes. Or cette conséquence serait non seulement ridicule, mais insensée, s'il avait pensé que Nicétas ne crût pas le corps de Jésus-Christ réellement présent ; car que peut-on concevoir de plus extravagant que de reprocher à une personne qui ne croit pas que Jésus-Christ soit présent dans l'Eucharistie, qu'elle croit que le corps de Jésus-Christ se digère dans l'Eucharistie, et souffre les accidents des autres viandes ? Est-ce là le reproche que cette doctrine attire d'un homme persuadé de la transsubstantiation ? Y a-t-il jamais eu de catholique assez ignorant pour faire ce reproche aux calvinistes ? On leur dit qu'ils bannissent le corps de Jésus-Christ de l'Eucharistie, qu'ils démentent ses paroles ; mais on ne leur dit pas qu'ils lui font cette injure, que de le croire sujet à la digestion et aux autres suites ; car ce reproche ne serait conforme ni à la vérité, ni à leur opinion. Humbert aurait dit les mêmes choses à Nicétas, s'il avait cru qu'il doutât de la vérité de la présence réelle ; et il ne fait toutes ces exclamations que parce qu'il veut le confondre par cette conséquence horrible qu'il tire de son opinion, que l'Eucharistie rompait le jeûne.

Cependant c'est de ce passage même que M. Claude prétend tirer avantage, et par lequel il veut montrer que les Grecs ne croyaient point la présence réelle ni la transsubstantiation, et qu'ils étaient de l'opinion de Bérenger. Or il est bon de l'entendre raisonner sur ce sujet.

Ses preuves se réduisent à deux : il tire l'une de l'alliance du sentiment de divers auteurs qu'il croit s'expliquer les uns les autres ; et il fonde l'autre sur une conjecture qu'il trouve fort raisonnable.

Sa preuve tirée de l'autorité est que, d'une part, Humbert accuse Nicétas d'être stercoraniste, et de soumettre l'Eucharistie à la digestion; qu'Alger attribue la même erreur aux Grecs; mais que, d'autre part, *si l'on demande qui sont ces stercoranistes, au nombre desquels il faut mettre les Grecs, Durand, abbé de Troarn, qui vivait du temps de Humbert, nous dira que c'est Bérenger et ses sectateurs.* Et de là on peut faire cet argument, qui se réduit à ce syllogisme : Les Grecs sont stercoranistes, selon Humbert et Alger; les stercoranistes sont les bérengariens, selon Durand; donc les Grecs sont bérengariens.

Voilà la seule manière dont M. Claude peut raisonner en conférant les passages de ces auteurs. Mais, par malheur pour lui, il est difficile d'entasser plus de défauts dans un raisonnement; car tout y est faux, la majeure, la mineure, la conclusion; et encore de plus d'une sorte de fausseté.

La majeure de l'argument, qui est que les Grecs aient été stercoranistes, ce qu'il prouve par l'autorité de Humbert et d'Alger, est doublement fausse. Car il est bien vrai que Humbert appelle Nicétas stercoraniste, et qu'il lui impute de croire que le corps de Jésus-Christ était digéré; mais il lui impute cette opinion comme une suite de celle qu'il avait avancée, que l'Eucharistie rompait le jeûne, et non pas comme un dogme qu'il eût formellement soutenu. Et en effet, il n'y a rien de cela dans l'écrit de Nicétas; de sorte qu'il faut demeurer d'accord que c'est une pure conséquence.

Or il faut extrêmement distinguer entre les conséquences et les dogmes formellement soutenus; car on ne peut pas conclure que ceux qui soutiennent une opinion en soutiennent toutes les conséquences, si ces conséquences sont mal tirées. Et quand même elles seraient bien tirées, on n'a pas droit de les leur attribuer, s'ils ne les avouent pas, et qu'il ne paraisse point qu'ils les ont vues, et qu'ils les ont approuvées.

Il est certain que c'est la coutume de Humbert, d'attribuer aux Grecs les conséquences qu'il tire de leurs opinions; et il y en a des exemples assez remarquables dans les deux écrits qu'il a faits contre eux. Car c'est ainsi qu'il impute aux Grecs de croire avec les manichéens et les marcionites, que l'ancienne loi avait été donnée par un autre Dieu, et la nouvelle par un autre, parce que Cérularius avait écrit que *Jésus-Christ avait été circoncis, et qu'il avait observé d'abord la pâque légale, de peur qu'on ne le trouvât contraire à la loi;* « UT NON *juxta legem inveni-* « *retur Deo contrarius. In hoc* (dit Humbert) *videmini* « *perversè cum marcionitis et manichæis sentire, alium* « *Deum veterem legem, alium novam dedisse.* »

Il est certain que ce n'est-là qu'une conséquence de Humbert, et non une opinion des Grecs. Il est certain encore que c'était une conséquence non avouée. Et enfin, il est certain que c'était une conséquence très-mal tirée.

Cérularius ayant dit aussi que Jésus-Christ avait maudit les azymes, Humbert lui impute de dire que Jésus-Christ avait maudit la loi : *Imprudenter latratis Filium Dei legem et azyma quæ constituerat maledixisse.* Cependant il n'avait parlé que de l'usage des cérémonies légales, et non pas de la loi même.

Le même Humbert accuse Nicétas d'un blasphème horrible, pour avoir dit que l'Esprit saint et vivifiant demeura dans la chair de Jésus-Christ lorsqu'il fut crucifié; et il en tire cette conséquence, que Jésus-Christ n'est donc point mort, selon Nicétas. Mais en entendant ces paroles, non de l'âme de Jésus-Christ, mais du Saint-Esprit qui n'a jamais quitté son corps, comme il paraît que Nicétas l'entendait, il n'y a point de blasphème dans son expression, et la conséquence de Humbert est très-mal tirée.

Il en est de même du reproche que Humbert fait à Nicétas sur le sujet de l'Eucharistie. Nicétas avait simplement reproché aux Latins qu'ils rompaient le jeûne en carême, en disant la messe *in tempore ministrationis missæ*, parce qu'ils la disaient à neuf heures. Et Humbert en conclut qu'il veut donc que le corps de Jésus-Christ se digère. C'est une conséquence de Humbert; mais ce n'est pas pour cela un dogme de Nicétas ni des Grecs.

Cette conséquence de Humbert fait donc bien voir qu'il était persuadé que les Grecs croyaient la présence réelle; mais elle ne fait pas voir qu'ils fussent effectivement stercoranistes, au sens auquel Humbert prend ce mot. Et le contraire est beaucoup plus vraisemblable pour trois raisons. La première est qu'il ne paraît aucunement qu'ils aient avoué cette conséquence, n'y en ayant pas un seul mot dans l'écrit de Nicétas; la seconde est qu'ils se pouvaient fort bien dispenser de l'avouer : 1° Parce qu'il n'est nullement nécessaire que celui qui dit que l'Eucharistie rompt le jeûne, croie en même temps que le corps de Jésus-Christ se digère; car on peut croire que c'est rompre le jeûne que de soulager la peine du jeûne, et de nourrir le corps de quelque manière que cela se fasse. Or, encore que le corps de Jésus-Christ ne se digère nullement, et ne souffre point tous ces autres accidents, il est certain néanmoins, qu'en prenant l'Eucharistie en une quantité suffisante pour nourrir le corps, on serait effectivement nourri, non du corps de Jésus-Christ, mais d'une autre manière que Dieu connaît, et que la peine du jeûne serait effectivement soulagée. On pourrait donc croire, en ce sens, que l'Eucharistie rompt le jeûne, sans croire que le corps de Jésus-Christ fût digéré. 2° Parce que les Grecs ne disaient peut-être que l'Eucharistie rompait le jeûne, qu'à cause qu'ils croyaient que l'oblation du sacrifice n'appartenait point au jeûne, et qu'il était permis de manger après qu'on avait communié; comme il y a lieu de le croire sur ce que Humbert remarque, que, selon eux, *ab ipsâ sanctâ communione statim ad communes cibos esset fas transire.* C'est la conjecture d'un fort savant homme, qui a pris la peine de relire ce traité. Et la troisième est que cette opinion étant formellement condamnée par S. Jean-de-Damas, qui était comme le S. Thomas des Grecs, et sur lequel ils réglaient plus leur sentiment que sur aucun autre Père, il faudrait avoir de grandes preuves, pour croire qu'elle eût été embrassée par quelque Grec. Et quand cela serait, on n'en pourrait conclure autre chose, sinon que ce serait une erreur particulière à cet auteur, et non le sentiment commun des Grecs. Car il est si certain que S. Jean-de-Damas a toujours été la règle de leur doctrine sur l'Eucharistie, qu'Euthymius, pour représenter la doctrine de l'église grecque sur ce mystère contre l'hérésie des Pauliciens, ne rapporte que le passage célèbre de S. Grégoire-de-Nysse, dans sa Catéchèse, et un lieu de S. Jean-de-Damas, où cette erreur des stercoranistes est formellement rejetée. *Hoc est*, dit-il (de Fid. orthod., l. 4, c. 14), *purum illud et incruentum sacrificium quod ab ortu solis usque ad occasum sibi oblatum iri per Prophetam Dominus ait, corpus nimirum et sanguis Christi, ad animi et corporis nostri firmamentum cedens, quod non consumitur, nec corrumpitur, nec in secessum progreditur. Absit, absit.*

Mais si l'on veut s'en rapporter entièrement au témoignage de Humbert, et croire sur sa parole que Nicétas est en effet stercoraniste, la raison veut au moins que l'on prenne son témoignage tout entier, et qu'on ne le divise pas à sa fantaisie. Or il est clair qu'il n'impute à Nicétas d'être stercoraniste, qu'en lui attribuant en même temps l'opinion de la présence réelle, et en l'accusant même de porter cette opinion jusque dans l'excès, qui est, de vouloir que le corps de Jésus-Christ soit tellement dans l'estomac, qu'il y soit même digéré. Mais il n'y a rien de plus déraisonnable que de n'imputer le stercoranisme à Nicétas que sur le témoignage de Humbert, et de ne le lui pas imputer au même sens que lui, mais dans un sens tout opposé. Le stercoranisme que Humbert reproche à Nicétas est de dire que le corps de Jésus-Christ est digéré ; et celui que M. Claude, qui n'en a de lumière que par Humbert, attribue à Nicétas comme une opinion orthodoxe, est d'avoir cru que le seul pain était digéré, et non le corps de Jésus-Christ.

Je dis que M. Claude n'en a de lumière que par Humbert. Car Alger, qu'il cite ensuite, ne l'a connu de même que par les écrits de ce cardinal, et le passage où il parle des stercoranistes ayant visiblement rapport à cette dispute de Humbert contre Nicétas. Et il est remarquable de plus qu'Alger a cru, comme Humbert, que cette erreur consistait à porter trop loin la doctrine de la présence réelle, et à croire que le corps de Jésus-Christ était réduit à la qualité des viandes communes. *Diximus*, dit-il au livre second, *non minùs corporis quàm ore cordis esse sumendum ; sed ex hâc ipsâ visibili et corporali comestione, quæ Sacramento tenùs fit, nascitur fœdissima hæresis stercoranistarum : dicunt enim tantum Sacramentum, sicut corporali comestioni, ita secessui esse obnoxium.*

Pour répondre donc nettement à cette majeure, qui est que les Grecs étaient stercoranistes, je dis premièrement qu'il est faux que les Grecs fussent stercoranistes, quoique le cardinal Humbert ait tiré cette conséquence d'une parole de Nicétas. Je dis en second lieu que si l'on veut que Nicétas ait été stercoraniste, c'est dans un sens tout opposé à celui de M. Claude. Car il était stercoraniste, selon Humbert, par un excès de la doctrine de la présence réelle ; au lieu que M. Claude veut qu'il l'ait été par l'exclusion de cette doctrine. Voilà comme il s'accorde avec son témoin.

La mineure, qui est que ceux que l'on appelait stercoranistes n'étaient autres que les disciples de Bérenger, qu'il appuie sur le témoignage de Durand, abbé de Troarn, est encore très-éloignée de la vérité : car jamais Durand n'a dit ce que M. Claude lui attribue, et ce qu'il faudrait qu'il eût dit, que tout stercoraniste fût bérengarien, ou que les bérengariens fussent stercoranistes au sens auquel Humbert l'impute à Nicétas. Nulle de ces propositions ne se trouve dans Durand. On n'y trouve pas même expressément que les bérengariens fussent stercoranistes, ni qu'il les ait appelés de ce nom, quoiqu'il y ait lieu de le faire ; parce que c'est une suite de leur opinion, que l'oblation et l'Eucharistie sont sujettes à cet accident : mais on y trouve seulement deux choses, dont on ne peut rien conclure : la première, qu'il reproche, dès le commencement de son traité, aux bérengariens, qui soutenaient que le pain demeurait dans le sacrement, de soutenir par conséquent que l'oblation était corruptible, et qu'elle pouvait être digérée ; mais il ne les accuse point de dire que le corps de Jésus-Christ pouvait être digéré, en quoi consiste ce stercoranisme qu'on reproche aux Grecs. Il les accuse plutôt d'une erreur toute contraire, qui est de dire que le corps de Jésus-Christ n'était point dans l'Eucharistie, bien loin d'y pouvoir être digéré. La seconde, que Durand fait mention, en un endroit, de gens qu'on appelait stercoranistes, par ces paroles : *Nimis absurdum ubi Christus percipitur, de stercore cogitetur ; quod Apostolus ne ipsis quidem quibus hoc placet, unde et stercoritæ jure nuncupantur, concedit.* Et ce lieu prouve seulement que Durand avait ouï parler de gens à qui on donnait ce nom ; ce qui pouvait être venu du passage de Humbert. Mais il ne prouve point, ni que ce fussent les bérengariens qu'on appelât stercoranistes, ni qu'au cas que ce fussent eux, on leur donnât ce nom au même sens que Humbert le donne à Nicétas ; car on peut être stercoraniste en deux manières, avec inclusion ou avec exclusion du corps de Jésus-Christ. Les bérengariens le sont en cette seconde manière, et c'est en la première que Humbert le reproche à Nicétas.

M. Claude en appellera sans doute à la seconde raison ; car il est clair qu'il n'y a pas moyen de subsister dans la première. Elle consiste à dire que cette erreur des stercoranistes est si horrible, qu'il n'est pas croyable qu'il y en ait jamais eu, dans le sens auquel le cardinal Humbert l'impute à Nicétas : qu'il faut donc croire qu'il l'entendait d'une autre manière, et qu'il prétendait seulement que l'Eucharistie fût sujette aux accidents des viandes communes, parce qu'il croyait que la matière du pain y demeurait. Mais je lui puis dire par avance qu'il ne tirera pas plus d'avantage de cette seconde raison que de la première, parce qu'elle est encore aussi fausse, n'étant fondée que sur un principe téméraire et sur une fausse conséquence.

Il n'est pas croyable, dit M. Claude, que des gens aient été assez extravagants pour tomber effectivement dans l'hérésie des stercoranistes au sens de Humbert. C'est le principe : mais ce principe est téméraire, parce qu'il y a de la témérité à prescrire des bornes aux égarements des hommes par des raisonnements en l'air, lorsqu'on en est assuré par des preuves certaines et positives. L'expérience fait voir qu'ils sont capables d'en avoir de si étranges, qu'il est ridicule de prétendre détruire l'autorité d'un témoin, d'ailleurs irréprochable, par la seule absurdité de l'opinion qu'il impute à ceux contre lesquels il dépose. Faudra-t-il, par exemple, rejeter comme fabuleux tout ce que S. Augustin rapporte de l'hérésie des manichéens, parce que les opinions qu'il leur attribue sont si insensées, qu'il est presque incroyable que des hommes les aient tenues ?

Comme l'homme est capable de croire les vérités les plus inconcevables, lorsqu'elles lui sont attestées par l'autorité divine, il est capable de même de se laisser persuader des plus grandes absurdités, lorsqu'il s'imagine, quoique faussement, que la parole de Dieu les confirme. La raison n'empêche ni l'un ni l'autre, parce que lorsqu'on lui oppose le poids de l'autorité divine, elle se perd et elle se noie volontairement dans cet abîme. Il est donc vrai que cette erreur prétendue des stercoranistes a quelque chose de fort choquant ; mais il ne faut pas conclure de là que si on a pu la représenter aux hommes comme appuyée sur l'autorité de Dieu, ils aient été incapables de l'approuver, et de trouver même des spiritualités et des raisons apparentes pour la défendre.

Nulle matière, dira-t-on, nulle figure, nulle forme n'est digne de Dieu, si l'on considère sa majesté. Mais entre les matières, les figures et les formes, ce n'est que notre imagination qui nous fait croire qu'il y en ait de plus nobles, de plus précieuses et de plus dignes de Dieu les unes que les autres. Nous les distinguons par leur rapport à nos sens, et nous estimons davantage celles qui y font des impressions plus agréables. Mais Dieu, qui est exempt de ces impressions, ne préfère point les unes aux autres par cette raison ; il n'y voit qu'un différent arrangement de parties ; le fumier et l'or lui sont une même chose ; et son essence n'est pas plus déshonorée parce qu'elle est dans la boue, que parce qu'elle est dans un diamant. Le corps de Jésus-Christ, impassible et spirituel, participe à cette qualité, et la forme et la figure de boue ne le déshonorent nullement.

Pour les autres choses difficiles à démêler dans cette opinion, s'il est vrai que quelques-uns l'ont tenue, il faut croire qu'ils avaient aussi leurs voies pour s'en tirer, ou qu'ils n'y voulaient pas faire réflexion ; comme il est visible que les manichéens et les eutychiens n'en ont jamais fait sur les conséquences de leur doctrine.

C'est ce que l'on pourrait dire, s'il y avait des preuves assez fortes pour faire croire que quelques Grecs eussent été effectivement dans cette opinion. Mais ce qui doit porter à en juger autrement n'est pas qu'il soit impossible que l'esprit humain se laisse prévenir de cette erreur, comme le croit M. Claude, mais c'est qu'il n'y a pas de preuves suffisantes pour l'attribuer à Nicétas. Le témoignage d'Alger se réduit à celui de Humbert, et celui de Humbert à une conséquence non avouée et mal fondée. Ainsi tout cela est sans fondement.

Pour la conséquence de M. Claude, qui est que n'étant pas vraisemblable que Nicétas ait été stercoraniste au sens de Humbert, il faut que le sujet pour lequel on lui imputait cette erreur ait été qu'il enseignait que le pain demeurait, et qu'ainsi l'Eucharistie se digérait, il est facile de répondre qu'elle est encore très-fausse. Car, comme nous l'avons montré, le seul prétexte que Nicétas avait donné à cette accusation, est qu'il avait dit dans son écrit que l'Eucharistie rompait le jeûne. Or il ne s'ensuit nullement de là qu'il ait cru que le pain demeurât, puisqu'il suffit qu'il ait cru qu'elle rompait le jeûne, par la permission qu'on avait de manger immédiatement après l'heure que les Grecs croyaient y être attachée, ou que c'était rompre le jeûne que de faire que le corps fût nourri : ce qui arrive ensuite de la communion, de quelque manière que cela se fasse.

Son opinion était fondée sur l'effet, et non sur la manière. Il lui suffisait que nos corps reçussent les mêmes impressions et le même soulagement de la perception de l'Eucharistie, que d'une viande commune, pour en conclure qu'elle rompait le jeûne : mais il n'a jamais dit ni déterminé que ce fût par la matière du pain, et il n'a donné sujet à personne de le croire. Le cardinal Humbert a conclu de son opinion qu'il voulait donc que l'on fût nourri du corps de Jésus-Christ, et je crois que cette conséquence n'est pas juste. M. Claude en conclut qu'il voulait donc que le pain demeurât, et je lui réponds que cette conséquence est certainement fausse. S'il y eût eu lieu de la tirer, le cardinal Humbert n'aurait pas manqué de le faire, lui qui était bien informé de l'opinion des bérengariens. Mais il ne le fait pas, parce qu'il était trop informé de l'opinion des Grecs, et que l'écrit même de Nicétas l'eût démenti trop formellement. Car il ne laisse point à deviner son opinion sur ce point : il l'explique très-clairement, et aussi précisément que Humbert même aurait pu faire. *Ceux*, dit-il, *qui marchent dans la lumière, mangent le pain de grâce, qui est le corps de Jésus-Christ, et ils boivent son sang immaculé. Dans le pain*, dit-il encore, *c'est-à-dire, dans le corps de Jésus-Christ, il y a trois choses vivantes, et qui donnent la vie à ceux qui le mangent* dignement : *savoir l'esprit, l'eau et le sang, selon ce qui est dit qu'il y a trois choses qui rendent témoignage, l'esprit, l'eau et le sang, et que ces trois choses sont en une même chose.* Il prouve que l'eau et le sang sont dans le corps de Jésus-Christ, par l'eau et le sang qui en sortirent dans son crucifiement. Et pour l'esprit, voici ce qu'il en dit : *Le saint et vivifiant Esprit est demeuré dans sa chair vivifiée ; et nous mangeons cette chair dans le pain, qui est changé par son Esprit, et fait le corps de Jésus-Christ. Nous vivons en lui comme mangeant sa chair vivante et déifiée* (1).

Nicétas pouvait-il marquer plus précisément sa créance sur l'Eucharistie, et exclure plus positivement les vaines conjectures de M. Claude ? Il faut être bien attaché à ses imaginations, pour prétendre qu'elles doivent prévaloir à des déclarations si formelles, et à l'intelligence d'un homme aussi peu équitable à Nicétas qu'était Humbert, qui, ayant pris ses paroles dans le sens de la transsubstantiation, ne l'a accusé que de porter cette doctrine jusque dans l'excès.

Quoique cette dispute ait été si aigre et si animée de part et d'autre, la conclusion néanmoins en fut heureuse. *Le jour même de S. Jean-Baptiste* (comme porte un petit récit fait dès ce temps-là, et inséré par le cardinal Baronius dans ses Annales l'an 1054), *les légats du pape se transportèrent au monastère de Stude, et, en la présence de l'empereur et des seigneurs de sa cour, à l'instance des légats du pape, Nicétas, surnommé Pectoratus, religieux de ce monastère, anathématisa un écrit publié sous son nom contre le Saint-Siége et contre l'Église latine, intitulé :* Des Azymes, du Sabbat et du Mariage des prêtres. *Il anathématisa aussi tous ceux qui niaient que l'Église romaine fût la première de toutes les églises, et qui auraient la hardiesse de reprendre en quelque chose sa foi, qui est toujours très-orthodoxe. Ensuite l'empereur, à la sollicitation des légats, commanda que son livre fût brûlé, et l'assemblée se sépara. Le lendemain Nicétas étant sorti de la ville, alla trouver les légats dans leur palais, et ayant reçu d'eux l'éclaircissement de ses doutes, il anathématisa encore de lui-même tout ce qu'il avait dit contre le Saint-Siége, et devint leur ami particulier.*

Est-ce que M. Claude nous dira qu'il ne comprit pas encore les sentiments de Humbert sur l'Eucharistie, ou que les ayant compris, il ne les voulut pas déclarer aux Grecs ?

Toute cette histoire fait donc voir les quatre choses que j'ai marquées au commencement : 1° Le sentiment de Humbert, qui est celui de l'Église latine, paraît très-clairement dans ses écrits ; 2° ces sentiments ont été si précisément déclarés aux Grecs, qu'il est impossible qu'ils ne se soient aperçus qu'il tenait la présence réelle, les écrits de Humbert ayant

(1) Sanctus autem Spiritus vivificusque in vivificatâ ejus carne permansit, quam comedentes in pane qui immutatus est per Spiritum, et effectus corpus Christi, vivimus in ipso, tanquàm vivam et deificatam ejus carnem edentes.

été publiés dans Constantinople, traduits en grec par l'ordre de l'empereur ; de sorte que si Cérularius n'eût pas été de la même opinion que lui sur ce point, il n'eût pas manqué de relever ce qu'il avait avancé touchant l'Eucharistie, et de le mettre entre les erreurs des Latins, dont il fit peu de temps après un si long catalogue, dans la lettre qu'il écrivit au patriarche d'Antioche ; 3° il paraît que Humbert ne soupçonne les Grecs que de porter trop loin la doctrine de la transsubstantiation, et encore sur une conséquence qu'il tire d'une parole de Nicétas, mais qu'il ne lui est pas venu à la moindre pensée qu'ils eussent quelque doute sur la présence réelle ; 4° et enfin, il est visible que Nicétas s'est lui-même si bien expliqué sur ce point, qu'on ne peut lui attribuer un autre sentiment avec la moindre apparence : de sorte que M. Claude fera bien de chercher ailleurs que dans cette histoire des preuves de ses hypothèses.

CHAPITRE VII.

TROISIÈME PREUVE *de ce consentement, tirée du témoignage positif de Lanfranc, et du silence de Bérenger et des bérengariens sur ce point.*

Pour comprendre la force de la preuve que l'on peut tirer du témoignage de Lanfranc et du silence des bérengariens, il faut considérer que Lanfranc était italien de nation, où il y avait encore grand nombre de Grecs ; qu'il avait assisté aux conciles tenus par le pape Léon contre Bérenger l'an 1053, et qu'il assista depuis à celui qui fut tenu sous le pape Nicolas II, l'an 1059.

Il paraît par le caractère de ses écrits que c'était un homme sincère, qui n'était pas capable d'avancer des faussetés de fait, pour soutenir une cause dans laquelle il avait d'ailleurs tant d'avantages réels. Il peut s'être trompé dans quelques passages sur la foi des manuscrits ; mais ce serait une injustice de le soupçonner d'avoir altéré la vérité à dessein, dans des choses publiques.

Il fit son livre *du Corps et du Sang du Seigneur* après le concile tenu à Rome sous Grégoire VII, en 1079, lorsqu'il y avait déjà longtemps que l'on agitait la matière de l'Eucharistie, et que l'erreur de Bérenger avait déjà été condamnée en divers conciles. Il y avait déjà plus de quarante-cinq ans que Bérenger l'avait publiée, et qu'il s'était fait des sectateurs en diverses provinces ; et pendant un si grand espace de temps, ils avaient eu le temps de chercher toutes les raisons et toutes les autorités qui étaient capables de mettre leur opinion à couvert.

C'est dans ces circonstances que Lanfranc presse Bérenger, par le consentement de toutes les nations chrétiennes, sur le point de l'Eucharistie, et qu'il lui dit : *Interrogez tous ceux qui ont quelque connaissance de la langue latine et des livres latins. Interrogez les Grecs, les Arméniens, et généralement tous les chrétiens, de quelque nation qu'ils soient, et ils vous répondront tous qu'ils tiennent cette foi dont nous faisons profes-*

D'où il conclut que, *si la doctrine de Bérenger était*

véritable, il faudrait que l'Église universelle fût périe, ou qu'elle n'eût jamais été.

Que peut dire M. Claude à ce témoin qui dépose si clairement que les Grecs étaient dans la même créance que l'Église romaine sur le mystère de l'Eucharistie? Prétendra-t-il qu'il a droit de rejeter son témoignage, parce que c'est un adversaire de Bérenger? Mais à qui persuadera-t-il qu'un homme comme Lanfranc eût voulu avancer, contre sa conscience, un fait si important, sur lequel il aurait été si facile de le couvrir de confusion, au cas qu'il n'eût pas été véritable? Dira-t-il qu'il se trompait dans ce fait? Mais comment eût-il pu se tromper dans une chose dont il avait tant de moyens de s'éclaircir? Et à qui M. Claude fera-t-il croire qu'il ait plus de connaissance de l'opinion des Grecs qui vivaient du temps de Lanfranc que Lanfranc même, qui avait vécu si longtemps en un pays où ils étaient encore répandus durant ce siècle?

Mais, quoique le témoignage de Lanfranc soit décisif, et qu'il soit ridicule de le vouloir affaiblir par une accusation en l'air, de mauvaise foi ou d'ignorance, le silence de Bérenger et des bérengariens sur ce point me semble encore plus considérable; car qui ne sait que le premier soin de ceux qui soutiennent un sentiment opposé à celui de l'Église, et que l'on accuse de nouveauté, est de tâcher de se mettre à couvert de ce reproche, et de faire voir que leur opinion est approuvée par quelque église considérable? Et qu'y eût-il eu de plus favorable pour Bérenger et ses sectateurs, que de dire qu'ils n'avaient point d'autre sentiment que l'Église grecque? Bérenger avait été lui-même à Rome sous Nicolas II, qui le fit retracter l'an 1059, et il y fut depuis deux fois sous Grégoire VII, savoir l'an 1078 et l'an 1079. Il avait eu moyen de s'informer de l'opinion des Grecs; et l'on ne doit point douter que ce n'ait été un de ses principaux soins. Cependant il ne paraît point que ni lui ni aucun de sa secte ait jamais osé alléguer les Grecs comme favorables à ses sentiments. Ils se trouvaient, au contraire, si pressés par cet argument du consentement de toutes les églises, qu'ils étaient réduits à dire que l'Église était périe, et qu'après avoir été fondée par les apôtres, elle était tombée dans l'infidélité, et était alors réduite aux seuls bérengariens. C'est ce que Lanfranc rapporte d'eux en termes formels. *Contre tant de témoignages du S.-Esprit touchant l'Église, vous objectez*, dit-il, *aussi bien que ceux qui, étant trompés par vous, s'efforcent de tromper les autres, qu'après que l'Évangile a été prêché dans toutes les nations, que le monde a cru, que l'Église s'est formée, qu'elle s'est augmentée, qu'elle a fructifié, elle était tombée ensuite dans l'erreur par l'ignorance de ceux qui n'entendent pas les mystères; qu'elle était périe, et n'était demeurée que dans le parti de Bérenger.*

Est-ce là le langage de gens qui eussent cru avoir les deux tiers du monde pour eux? Ils ne le savaient pas, dira M. Claude. Mais d'où M. Claude a-t-il appris, après six cents ans, ce que Bérenger et tous ses sectateurs n'ont pu découvrir de leur temps même? A-t-il vu des livres qu'ils n'eussent point vu? A-t-il des passages qui leur fussent inconnus? A-t-il plus de raison de s'en informer qu'ils n'en avaient?

L'intérêt de sa cause est si agissant en lui, qu'il devrait apprendre par l'expérience de ses propres sentiments quels pouvaient être ceux des sectateurs de Bérenger qui avaient d'autant moins de sujet de s'endormir dans leur défense, qu'ils ne jouissaient pas d'une pleine paix, comme M. Claude; mais qu'ils avaient à se soutenir contre toute l'Église d'Occident. Qu'il regarde ce qu'ont fait ceux qui se sont trouvés dans la même nécessité, et il verra qu'ils n'ont jamais négligé la protection des Grecs quand ils ont pu espérer de l'obtenir.

Camérarius, dans l'Histoire des Bohémiens ou Hussites, témoigne qu'ils envoyèrent exprès en Orient, pour s'informer s'il n'y avait point quelque société chrétienne avec laquelle ils se pussent unir, et qu'ils ne furent détournés de cette union, que parce que, sur le rapport qui leur en fut fait par leurs députés, ils jugèrent qu'elles étaient toutes corrompues dans la discipline et dans la doctrine.

Après que les luthériens eurent commencé de se diviser de l'Église en Allemagne, ils ne manquèrent pas aussi de rechercher cet appui. Mélanchton envoya à Constantinople, au patriarche Joseph, un exemplaire de la Confession d'Augsbourg, qu'il avait traduit en grec. Les théologiens de Tubinge l'envoyèrent encore une seconde fois à Jérémie, et ils en firent distribuer plusieurs exemplaires dans Constantinople. Crusius entretint pour cela un commerce de lettres avec un rhétoricien du patriarche de Constantinople, qu'il a fait ensuite imprimer. Enfin ils n'ont point cessé de solliciter les Grecs, que lorsque, par la réponse de Jérémie, ils virent bien qu'il n'y avait rien à faire pour eux de ce côté-là.

Voilà comment agissent les gens dans leur intérêt. Il ne faut point de maître pour leur apprendre cette conduite; mais il faudrait leur changer l'esprit et le cœur pour leur en faire prendre une autre. Cependant on ne saurait faire voir que les sectateurs de Bérenger se soient jamais servis de l'autorité des Grecs : ils ne l'ont donc pu faire. La conséquence est claire par la loi de l'intérêt. On ne s'aveugle jamais de telle sorte dans les choses si essentielles. Auraient-ils souffert qu'on les traitât, comme fait Durand (1), d'une troupe de gens de néant, *abjecti spurcique homines*; qu'on leur objectât sans cesse le consentement de toute la terre contre leur opinion; qu'on leur dit qu'ils n'avaient pas pour eux une seule bourgade, une seule ville, comme fait Guimond, s'ils avaient pu réfuter en un mot ces reproches si sensibles, en mon-

(1) Durand., part. 2, ibidem : Absit ut tam perversis, et à veritate ipsâ tantùm aversis pari jungamur perfidiâ, atque in sanctâ dominici corporis ac sanguinis communione minùs aliquid fateamur, quàm catholica per orbem universum prædicat Ecclesia. Lanfr., c. 4 : Fastu quo plenus es contra orbem terrarum sen tire cœpisti.

trant qu'ils avaient pour eux les deux tiers du monde, et qu'ils n'enseignaient rien que ce qu'on tenait à Alexandrie, à Jérusalem, à Antioche, à Constantinople, et par toutes les autres provinces chrétiennes? Y aurait-il eu même des personnes assez hardies pour leur faire ces reproches, qui eussent été non seulement faux, mais ridicules? Ainsi il est visible, et que ceux qui les ont faits, et que ceux à qui ils ont été faits, ont été également persuadés que les Grecs croyaient la présence réelle et la transsubstantiation comme l'Église romaine; que ce n'est que sur cette assurance que les théologiens catholiques ont reproché aux bérengariens leur petit nombre, leur abandonnement, leur révolte contre l'Église; que ce n'est que la conviction de cette vérité de fait qui a obligé les bérengariens de se taire sur ces reproches, et qu'ainsi, autant qu'il y a eu de catholiques qui ont combattu les bérengariens, autant il y a eu de bérengariens muets sur cette accusation, autant avons-nous de témoins du parfait consentement de l'Église grecque avec l'Église latine, dans la foi de ce mystère.

CHAPITRE VIII.

Image générale du système que fait M. Claude de l'état du monde dans le onzième siècle et les autres suivants, à l'égard de la présence réelle et de la transsubstantiation. Réfutation de ce système dans les quarante-huit années qui se sont passées depuis la condamnation de l'hérésie de Bérenger jusqu'à la fin du onzième siècle.

M. Claude est sans doute un des plus féconds et des plus hardis hommes du monde en hypothèses et en systèmes. Il ne s'embarrasse de rien, et quelque difficulté qu'il y ait à accorder la créance d'un siècle avec ses opinions, il en vient à bout, par le moyen de certaines suppositions qu'il forme comme il lui plaît. Il divise les siècles en divers ordres et en diverses classes. Je mets, dit-il, cinq ordres de personnes dans ce siècle; j'en mets cinq autres dans celui-là. Il semble qu'il ait été présent, tant il parle avec assurance. Et ce qui est de plus commode pour lui, c'est qu'en se déchargeant de la peine de prouver ses fantaisies, il nous charge de celle de les réfuter.

Mais comme il arrive souvent à ceux qui conçoivent dans leur esprit l'idée de quelque machine fort composée, et qui contient un grand nombre de ressorts et de roues, qu'en voulant la mettre en pratique, ils trouvent que toutes ces roues s'empêchent et s'embarrassent les unes les autres; que les ressorts ne jouent point; que les uns souffrent trop, et se cassent, les autres ont trop de mouvement et de jeu, et qu'ainsi toute la machine va en désordre, il arrive de même que quand on vient à considérer en détail ces systèmes d'opinions fantastiques, on trouve que toutes les pièces qui les composent ne s'accordent point, et que ce n'est qu'un amas confus d'imaginations et de chimères.

Aussi est-ce une des adresses de M. Claude, de ne les exposer pas longtemps aux yeux de ceux qui lisent ses livres. Il les leur fait seulement entrevoir, et ensuite il les dérobe et les soustrait à la vue du monde, en l'entretenant d'autre chose. Il nous dit en passant que les Grecs étaient dans le sentiment de ceux qu'on appelait stercoranistes, et que ces stercoranistes *conservent après la consécration la substance naturelle du pain et du vin*; c'est-à-dire, en un mot, que les Grecs étaient dans l'opinion de Bérenger. Il nous dit en un autre lieu qu'ils n'avaient point ouï parler de la doctrine de *la transsubstantiation, et qu'ils ne la croyaient point par voie de négation.* C'est dire bien des choses en peu de paroles, et montrer un grand bâtiment en un bien petit crayon.

Mais comme il est de son intérêt de ne descendre pas plus avant dans le détail de son système, il est du nôtre, au contraire, ou plutôt de celui de la vérité, de le considérer plus en particulier. Si ce moyen ne lui est pas favorable, c'est le défaut de sa cause et non pas du moyen : car de soi-même il ne peut qu'être avantageux à ceux qui ont raison, comme il est désavantageux à ceux qui ont tort.

Ce que nous avons déjà dit jusqu'ici peut servir à en connaître diverses parties; mais il est utile de les rassembler, afin de voir quel effet elles produisent.

Il faut donc considérer dans le monde trois sociétés principales. La première est composée de l'église grecque, sous laquelle je comprends trois patriarches qui communiquaient avec elle, et à laquelle je rapporte aussi les autres communions schismatiques, parce qu'il est certain qu'elles avaient la même doctrine que les Grecs sur l'Eucharistie; la seconde est l'Église latine, c'est-à-dire, celle qui reconnaissait le pape pour chef, et qui comprenait toutes les églises d'Occident, à l'exception de celle que les Grecs tenaient encore en Calabre et en Sicile, et dont ils furent chassés en ce siècle-là même; la troisième est celle des bérengariens, qui n'est pas tant une société qu'une troupe de gens ramassés et répandus en diverses provinces de l'Occident, qui, étant séparés de l'Église, n'avaient aucun lieu où ils pussent faire sûrement leurs assemblées.

Aubertin nous veut persuader qu'ils étaient en fort grand nombre, sur le témoignage de quelques historiens qui disent que la France et l'Italie en étaient pleines. Mais ces discours généraux n'emportent pas en effet et dans la réalité un nombre fort considérable; et deux ou trois cents partisans de Bérenger, répandus en divers lieux, et faisant beaucoup de bruit par leurs disputes, sont plus que suffisants pour vérifier ces expressions. Ce qui est certain, c'est, comme dit Guimond, *qu'ils n'ont jamais eu une seule ville et une seule bourgade dont ils pussent disposer.* Leurs opinions ont été suivies, mais avec de grandes interruptions, dans les autres siècles; et quoique la succession n'en soit pas trop bien marquée, il ne s'est plus passé néanmoins de siècle, depuis ce temps-là, dans lequel il n'en ait paru des restes.

Ces trois sociétés ont eu de grands différends ensemble. L'Église latine a regardé en quelque sorte la grecque comme séparée de sa communion. L'église grecque a encore traité plus durement l'Église latine. Ce n'a été que disputes, de vive voix et par écrit, entre ces deux églises pendant l'espace de plus de cinq cents ans.

D'autre côté, l'Église romaine a poursuivi les bérengariens et leurs successeurs, par un grand nombre de conciles ; elle les a chassés de son sein ; elle a armé les princes contre eux, et ceux qui la gouvernaient ont employé le fer et le feu pour les exterminer et pour les détruire. Les bérengariens, d'autre part, sous lesquels je comprends tous ceux qui ont suivi la même doctrine, ont tâché de détruire l'Église romaine. Ils en ont attaqué et le chef et les pasteurs, et ils ont fait tout ce qu'ils ont pu pour en renverser la foi et la discipline.

Il n'y a point encore d'imagination en tout cela, non plus que dans les faits suivants : que l'Église romaine n'a eu aucune contestation avec les Grecs sur le sujet de la présence réelle et de la transsubstantiation ; qu'elle ne leur a jamais reproché aucune erreur sur ces deux points ; que les Grecs, de même, n'ont jamais attaqué ni combattu la doctrine de l'Église romaine sur l'Eucharistie, et n'ont point pris ce prétexte pour justifier leur séparation : que les bérengariens, ni toutes les autres sectes qui les ont suivis, ne se sont jamais servis de l'autorité des Grecs et des autres églises d'Orient pour soutenir leurs erreurs.

C'est sur ces faits que M. Claude doit régler son système, et la seule manière qui lui reste pour les accorder avec son opinion, est de dire que les Latins n'ont jamais compris l'opinion des Grecs sur l'Eucharistie ; qu'ils se sont imaginé qu'ils croyaient comme eux la présence réelle et la transsubstantiation, quoiqu'ils ne la crussent pas en effet, et qu'ils fussent de vrais bérengariens ; que les Grecs, de même, n'ont jamais compris ni entendu l'opinion des Latins ; qu'ils se sont imaginé qu'ils n'admettaient qu'une présence de vertu, et qu'ils n'ont jamais pensé qu'ils voulussent faire croire une présence réelle et un changement réel du pain et du vin au corps et au sang de Jésus-Christ ; et enfin, que les bérengariens, ayant les deux tiers du monde pour eux, ont toujours ignoré cet avantage, et que l'Église romaine a ignoré de même que ceux qu'elle poursuivait comme ayant des opinions pernicieuses et condamnées par tous les chrétiens de la terre, n'avaient en effet que des sentiments approuvés par le plus grand nombre des chrétiens.

Ainsi tout le système de M. Claude est fondé sur cette triple ignorance, dont il fait un différent partage à ces sociétés. Il attribue aux Grecs l'ignorance de l'opinion des Latins et des bérengariens ; il attribue aux Latins l'ignorance de l'opinion des Grecs et des avantages des bérengariens ; il attribue aux bérengariens l'ignorance de l'opinion des Grecs, de la faiblesse de l'Église latine, et de leurs propres avantages.

Faites que ces gens s'entreconnaissent, et toute la

P. DE LA F. I.

machine de M. Claude tombe par terre. Elle est donc toute fondée sur cette ignorance. Étrange fondement d'une opinion d'où l'on fera voir que tout le calvinisme dépend !

Cette ignorance ne doit pas durer un jour, un an, un siècle ; mais plus de cinq siècles entiers. Si dans quelque partie de ces siècles on montre qu'il est impossible que ces sociétés ignorassent réciproquement leurs opinions, on oblige M. Claude de renoncer à son système. Cependant nous ne le prouverons pas seulement dans quelqu'un de ces siècles, nous le prouverons en tout, et en plusieurs manières, par des preuves négatives et positives, également décisives et convaincantes. Nous en avons déjà apporté plusieurs pour le onzième siècle ; en voici encore quelques-unes, qui ne sont pas peu considérables.

Que M. Claude nous dise, s'il lui plaît, s'il croit qu'il soit fort vraisemblable que tous les conciles qui furent tenus en ce siècle contre Bérenger, soient demeurés inconnus aux Grecs ; ou, si leur étant connus, il s'imagine qu'ils n'ont pas compris la doctrine qu'on y a établie.

Et afin qu'il ne croie pas qu'ils sont en petit nombre, je lui en ferai ici le dénombrement. Outre les deux conciles tenus sous Léon IX, il s'en tint un à Paris, marqué par Durand, abbé de Troarn, au mois d'octobre 1053. L'an 1055, il s'en tint un à Tours sous le pape Victor II, où Hildebrand, qui fut depuis le pape Grégoire VII, présida. L'an 1059, il s'en tint un à Rome sous Nicolas II, composé de cent treize évêques, où l'on prescrivit à Bérenger la forme de son abjuration, qui est assez remarquable pour n'être pas demeurée inconnue. En 1078, il s'en tint un à Poitiers, auquel présidait Gérard, évêque d'Angoulême, légat du pape. La même année il s'en tint encore un à Rome, où Bérenger fut ouï. L'an 1079, le pape Grégoire VII en tint un à Rome, où Bérenger abjura son hérésie avec plus de sincérité qu'il n'avait fait la première fois. La transsubstantiation était expressément contenue dans l'abjuration qu'on lui prescrivit, dont voici les paroles : *Moi Bérenger, je crois de cœur, et confesse de bouche, que le pain et le vin qui sont mis sur l'autel sont changés substantiellement, par le mystère de l'oraison sacrée, et les paroles de notre Rédempteur, en la vraie, propre et vivifiante chair, et au sang véritable, propre et vivifiant de Jésus-Christ Notre Seigneur ; et qu'après la consécration, c'est le vrai corps de Jésus-Christ, né de la vierge Marie, et le vrai sang qui a coulé de son côté, non seulement en signe et par la vertu du Sacrement, mais par la propriété et la vérité de leur substance* (1). L'an 1095, le

(1) Ego Berengarius corde credo, et ore confiteor, panem et vinum quæ ponuntur in altari, per mysterium sacræ orationis, et verba nostri Redemptoris, substantialiter verti in veram et propriam ac vivificam carnem et sanguinem Jesu Christi Domini nostri, et post consecrationem esse verum Christi corpus quod natum est de Mariâ virgine, et verum sanguinem qui de latere ejus effusus est, non tantùm per signum et virtutem Sacramenti, sed in proprietate naturæ, et veritate substantiæ. Baron., ad an. 1195, n. 5.

(Douze.)

pape Urbain II en tint un à Plaisance, qui est rapporté par Bertholdus, ou Bernoldus, prêtre de Constance sur le Rhin. Ce concile fut si nombreux, étant assemblé des évêques d'Italie, de France, de Bourgogne, d'Allemagne, que l'église ne pouvant contenir tous ceux qui devaient composer cette assemblée, il fallut le tenir hors de la ville dans un champ. Bertholdus dit que, dans ce concile, l'hérésie bérengarienne, qui avait été anathématisée déjà plusieurs fois, fut encore condamnée, et que la doctrine de l'Église catholique y fut établie; qui est, dit-il, que *le pain et le vin étant consacrés à l'autel, sont changés non seulement en figure, mais aussi vraiment et essentiellement au corps et au sang du Seigneur;* « Verè et essentialiter in corpus et sanguinem Christi convertuntur ; » c'est-à-dire, que l'on y confirma ce qui avait été défini sous Grégoire VII. Et il y a apparence même que l'on s'y servit des mêmes paroles, Bertholdus n'ayant rapporté que l'abrégé de celles du concile de Plaisance.

M. Claude nous dira-t-il que tous ces conciles, et principalement ces deux derniers, demeurèrent entièrement cachés aux Grecs? Mais comment le pourrait-il dire, puisque, outre qu'il est ridicule que l'on ignorât à Constantinople des choses si célèbres qui se passaient à Rome, on ne le peut pas même dire à l'égard du concile de Plaisance; car Bertholdus remarque qu'il y avait à ce synode des ambassadeurs de l'empereur Alexis Comnène, qu'il y avait envoyés pour demander du secours au pape et aux évêques contre les Sarrasins et les Turcs. Si donc ces ambassadeurs étaient du sentiment défini par ce concile, c'est une preuve convaincante que les Grecs tenaient en ce siècle la présence réelle et la transsubstantiation. Et s'ils n'en étaient pas, il est impossible qu'ils n'aient été étrangement choqués d'une décision si surprenante. Et il est encore moins possible que dans cet étonnement ils n'en aient averti l'empereur et toute la Grèce.

Cependant les Grecs se sont si peu imaginé qu'il y eût en ce temps-là, entre eux et les Latins, quelque diversité de créance sur l'Eucharistie, que s'étant assemblés à Barri deux années après, pour aviser aux moyens de réunir l'église grecque et la latine, on ne parla en aucune sorte de ce mystère. S. Anselme, archevêque de Cantorbery, qui y était présent, y soutint la cause de l'Église romaine sur la procession du Saint-Esprit. Les Grecs tâchèrent de se défendre de ses arguments, et Guillaume de Malmesbury dit qu'il emporta un avantage signalé sur eux, et que les Grecs furent confondus. Mais ni les Grecs ni les Latins qui étaient présents au concile, ni ceux qui en ont écrit l'histoire, ne se sont doutés qu'il y eût d'autre différend sur les dogmes de la foi entre les deux églises, que celui qu'elles avaient sur la procession du Saint-Esprit. S. Anselme a fait un traité de ce qu'il dit dans ce concile contre les Grecs. Les Grecs ont répondu au traité de S. Anselme; mais ils se renferment tous dans la question de la procession, parce qu'ils n'en connaissaient point d'autre qui divisât ces églises sur la foi.

Le pape Grégoire VII a toujours été dans la même ignorance que S. Anselme; c'est-à-dire, qu'il a cru que cette question de la procession du Saint-Esprit était l'unique sujet de la division de l'église grecque d'avec la romaine; car rendant raison à l'empereur Henri du dessein qu'il avait d'aller en personne en Orient avec une armée nombreuse, il lui marque, entre autres causes, qu'il voulait remédier au schisme des Grecs, qui étaient en différend avec l'Église romaine sur la procession du Saint-Esprit : *Illud etiam me ad hoc opus vel maximè instigat, quòd Constantinopolitana ecclesia de sancto Spiritu à nobis dissidens, concordiam Apostolicæ Sedis expectat.* Il ne la croyait donc pas bérengarienne : cependant il était sans doute mieux informé que M. Claude de ses sentiments.

M. Claude s'imagine peut-être que l'église grecque et l'Église latine étaient alors comme deux mondes séparés, qui n'avaient point de commerce ensemble, et qui étaient tellement divisés que l'on ne savait rien en l'un de ce qui se passait en l'autre. Mais s'il est dans cette pensée, il témoigne qu'il ne sait guère l'état de l'Église de ce temps-là : car il paraît par les historiens qui en ont écrit que les Grecs et les Latins se rencontraient ensemble en une infinité de lieux; que Pise, Venise, Rome et plusieurs autres villes de l'Italie, étaient pleines de Grecs, que le commerce ou d'autres raisons y attiraient; que Constantinople était pleine de Latins et d'églises latines; que les armées de l'empereur grec étaient souvent mêlées de soldats grecs, italiens et français; et qu'en particulier, l'an 1084, l'empereur Alexis Comnène joignit ses forces avec les Vénitiens contre Robert-le-Normand.

Ils se trouvaient aussi toujours ensemble en grand nombre dans Jérusalem, où ils communiaient dans les mêmes églises de la main du patriarche et des prêtres de cette ville-là. Le cardinal Humbert témoigne dans sa réponse à Cérularius que la multitude des pèlerins y était si grande, que l'on y donnait la communion tous les jours, pour satisfaire à leur dévotion. Glaber témoigne la même chose, et dit que ce n'était plus simplement le menu peuple qui entreprenait ces pèlerinages, mais les personnes de la plus grande condition : les rois, les comtes, les prélats, les dames de qualité. Ainsi Jérusalem était alors un lieu où toutes les nations du monde se trouvaient ensemble. Or il est assez difficile de s'imaginer qu'entre ces gens qui communiaient aux mêmes lieux, et de la main des mêmes prêtres, les uns, savoir les Latins, crussent participer à la chair de Jésus-Christ, et les autres, qui étaient Grecs, crussent qu'on leur donnait seulement un morceau de pain; que les Latins crussent recevoir le corps de Jésus Christ; que les prêtres de Jérusalem ne crussent pas le donner, et que ni les uns ni les autres ne s'aperçussent de la diversité de leurs sentiments.

Le commerce spirituel n'étant pas même absolument rompu entre ces églises, et les empereurs de Constantinople communiquaient avec le pape en plusieurs occasions. L'an 1071, Pierre, évêque d'Anagnic, fut envoyé nonce par le pape Alexandre II, vers l'empereur Michel Ducas, et il le guérit d'une maladie dangereuse; et cet empereur, de son côté, envoya des présents au monastère du Mont-Cassin, pour se recommander aux prières des religieux. D'autres empereurs de Constantinople ont fait de même. Un commerce si fréquent et si continuel peut-il subsister avec cette ignorance que M. Claude doit attribuer à chacune de ces sociétés, et qui fait le fondement de son système? En vérité je pense que s'il est tant soit peu sincère, il m'avouera qu'en le composant, et avançant, comme il l'a fait, que les Grecs n'avaient jamais entendu parler de la transsubstantiation, *et qu'ils ne l'ont point crue par voie de négation*, il n'avait pas assez prévu les inconvénients où il s'engageait. Quand il n'y aurait que ceux que je lui ai déjà proposés, ils suffiraient pour l'obliger à se dédire d'une avance si téméraire. Cependant je l'avertis qu'ils ne sont encore rien en comparaison de ceux que j'ai à lui représenter dans la suite.

CHAPITRE IX.

QUATRIÈME PREUVE *du consentement des Grecs avec les Latins dans la foi de la présence réelle et de la transsubstantiation, tirée de Théophylacte, archevêque d'Acride en Bulgarie.*

Il y en a qui aiment les preuves de raisonnement, et d'autres les preuves de fait, qu'ils appellent positives. On peut aisément contenter les uns et les autres sur le sujet des Grecs, et même dans chaque siècle, n'y en ayant point qui ne nous en fournisse de l'un et de l'autre genre, pour faire voir qu'ils ont cru la présence réelle et la transsubstantiation comme l'Église romaine.

On peut même tirer ces deux sortes de preuves d'un auteur célèbre de ce siècle, qui est Théophylacte, archevêque d'Acride en Bulgarie. Je le rapporte au onzième siècle, parce que Baronius a si bien prouvé que cet archevêque, que plusieurs auteurs, et entre autres le cardinal du Perron, ont fait fleurir au neuvième siècle, n'a vécu que dans le onzième, sous les empereurs Michel Ducas, Nicéphore Botoniates, et Alexis Comnène; que personne n'en a douté depuis lui, que ceux qui n'ont pas pris la peine de lire ce qu'il en a dit. Il était natif de Constantinople, et y avait été instruit dans la science ecclésiastique; et il y fit de si grands progrès, qu'il a été sans contredit un des plus habiles de son siècle. Il fut engagé par l'impératrice Marie, femme de Michel Ducas, à accepter l'archevêché d'Acride, métropole de toute la Bulgarie; et l'on voit par ses lettres, dont le cardinal Baronius rapporte quelques fragments, qu'il travailla avec beaucoup de zèle à l'établissement de la discipline et de la foi dans cette province, qui était encore toute barbare.

On ne peut donc alléguer un meilleur témoin, ni de la créance de l'Église latine, qu'il n'a pu ignorer, ni de celle des Grecs, dans la communion desquels il a vécu.

Or, pour ce qui regarde les sentiments qu'il a eus des Latins, il s'en est clairement expliqué dans un traité qu'il a adressé à Nicolas Diacre, intitulé: *Des erreurs des Latins;* car il y réduit tous les différends qui séparaient en ce temps l'Église latine de la grecque, à la seule addition du mot *Filioque*, faite au Symbole par les Latins. C'est ce que témoigne expressément Jean Veccus, patriarche de Constantinople: *Invenio porrò Theophylactum, Bulgariæ archiepiscopum, dicendi arte percelebrem, additionem in Symbolo tantum reprehendentem.* Et par-là il paraît que Théophylacte n'a point cru que les Grecs eussent une autre foi que les Latins sur l'Eucharistie, quoiqu'il en eût apparemment plus de connaissance que tous les ministres ensemble, et qu'il soit même ridicule de faire comparaison de leur autorité avec la sienne.

Mais il n'est pas besoin de raisonnement pour montrer la conformité de la créance de Théophylacte avec celle de l'Église romaine sur le point de l'Eucharistie. Il n'y a qu'à rapporter la manière dont il en a parlé dans ses commentaires sur les évangélistes. *Jésus-Christ*, dit-il dans le chapitre 26 de son commentaire sur S. Matthieu, *par ces paroles:* CECI EST MON CORPS, *a fait voir que le pain qui est consacré sur l'autel, est* LE CORPS MÊME *du Seigneur, et* NON PAS UN ANTITYPE, *ou image de ce corps. Il n'a pas dit: Ceci est l'antitype ou l'image; mais il a dit:* CECI EST MON CORPS; *ce pain étant changé par une opération ineffable, quoiqu'il* NE LAISSE PAS DE NOUS PARAITRE DU PAIN. *Car étant faibles, comme nous sommes, nous aurions sans doute de la peine à manger de la chair crue, et encore de la chair d'un homme. Et c'est pour cela qu'il nous paraît encore du pain,* QUOIQUE, DANS LA VÉRITÉ, CE SOIT DE LA CHAIR. Il répète la même doctrine presque en mêmes termes dans son commentaire sur le chapitre 6 de S. Jean. Voici ses paroles: *Il est clair que Jésus-Christ parle en ce lieu de la communion mystique de son corps.* « *Le pain*, dit-il, *que je vous donnerai est* « *ma chair, que je livrerai pour la vie du monde.* » *Mais prenez garde que ce pain que nous mangeons dans les mystères, n'est pas seulement une image de la chair du Seigneur,* MAIS LA CHAIR MÊME DU SEIGNEUR. *Il n'a pas dit: Le pain que je donnerai est l'image de ma chair; mais:* C'EST MA CHAIR; *car par les paroles secrètes et la bénédiction mystique, le pain est changé en la chair du Seigneur. Et que personne ne soit troublé d'être obligé de croire que le pain est la chair; car le Seigneur étant encore en ce monde, et recevant encore sa nourriture du pain, ce pain qu'il prenait était changé en son corps, et devenait semblable à sa chair, et contribuait à la soutenir, et à l'augmenter d'une manière humaine; de même ce pain est changé maintenant en la chair du Seigneur.* COMMENT DONC, *dira-t-on,* NE NOUS PARAIT-IL PAS CHAIR, MAIS DU PAIN? *C'est afin que nous n'ayons pas horreur de le manger: car nous ne nous pourrions empêcher d'en avoir de l'horreur s'il nous paraissait de la chair. Et ainsi c'est par un effet de la condescendance de Dieu pour notre faiblesse, que cette viande mystique nous paraît semblable à notre aliment* ordinaire. Et enfin dans le chapitre 24 de son commentaire sur S. Marc, il exprime encore aussi fortement la vérité de ce mystère en ces termes : CECI, dit Jésus-Christ (c'est-à-dire, *ce que vous prenez*), EST MON CORPS ; *car ce pain n'est pas une figure du corps du Seigneur, mais il est changé en ce* CORPS MÊME *du Seigneur.* « *Le pain que je donnerai, dit-il, est ma chair.* » *Il n'a pas dit, c'est la figure de ma chair; mais,* C'EST MA CHAIR. *Et en un autre lieu :* « *Si vous ne mangez la chair du Fils de l'homme,* » etc. MAIS COMMENT, DIRA-T-ON, NE PARAIT-IL POINT CHAIR ? *O homme, cela se fait par condescendance à notre infirmité. Car, parce que le pain et le vin sont des aliments auxquels nous sommes accoutumés, et que nous aurions peine à souffrir de voir sans horreur devant nous du sang et de la chair, Dieu, plein de miséricorde, s'accommodant à notre infirmité, conserve l'apparence du pain et du vin; mais il les change en* LA VERTU *de sa chair et de son sang;* ou, ce qui est le véritable sens, *en l'essence et la vérité de sa chair et de son sang;* ou, en sa chair pleine d'efficace et de vertu : εἰς δύναμιν σαρκὸς καὶ αἵματος μετασταιχειοῖ. Et un peu devant : *Ce qui est dans le vase d'or est proprement le corps de Christ ; et ce qui est dans le calice est proprement son sang.*

S'il y eut jamais des passages clairs, précis, incontestables, on peut dire que ce sont ceux-là; et il n'y en a point dont on ait plus de sujet de dire avec S. Augustin : *Valeat aliquid ad seipsam persuadendam ipsa evidentia*; « Que l'évidence ait quelque force pour « se persuader elle-même, » sans qu'elle ait besoin de secours étrangers pour se faire recevoir. Tout ce que l'on peut alléguer pour éclaircir ces paroles est au-dessous de leur clarté. Qui peut douter que Théophylacte ait cru la transsubstantiation, est capable de douter de tout; et il faut dire que les paroles des hommes sont absolument inutiles pour nous assurer de leur sentiment, s'il est permis de former encore des difficultés sur celui de cet auteur. Ainsi c'est un renversement visible de la raison, de la société civile et même de la foi, que de s'être opiniâtrés, comme ont fait les nouveaux ministres, à soutenir que Théophylacte n'a cru ni la transsubstantiation, ni la présence réelle. Et il serait juste de mépriser de si indignes chicaneries, s'il n'était important de faire voir dans cet exemple signalé quel est le caractère de leur esprit, et la hardiesse insupportable avec laquelle ils combattent les vérités les plus sensibles.

Il est vrai que Saumaise, dans le livre qu'il a fait contre Grotius sous le nom de *Simplicius Verinus*, a rendu à l'évidence de ces passages ce que l'on pouvait attendre d'un homme qui était persuadé, d'une part, que cet auteur enseignait la transsubstantiation, et qui ne voulait pas abandonner, de l'autre, les prétentions de son parti. Car sa conviction personnelle lui fait dire que Théophylacte enseignait un changement réel, véritable et substantiel, et non seulement de vertu. *Si le pain,* dit-il, *en perdant sa propre substance était changé en celle du corps de Jésus-Christ, on ne pourrait plus dire qu'il en est la figure*..... *C'est pourquoi ceux qui ont cru que le pain et le vin de l'Eucharistie étaient changés au corps et au sang de Jésus-Christ, par un changement de substance, ont nié que le pain et le vin fussent les images et les antitypes du corps de Jésus-Christ, comme Théophylacte sur S. Marc* (1). Et ensuite, après avoir cité ce passage sur S. Marc, il ajoute : *Tous les Pères, tant grecs que latins, ont dit que l'Eucharistie était un type, un antitype, une image ; et partant ils n'ont pas entendu qu'il se fît dans l'Eucharistie le même changement que Théophylacte y admet.*

Voilà le témoignage que Saumaise a rendu à la vérité. Mais pour satisfaire ceux de son parti, il avance le contraire trois lignes plus bas, en disant que Théophylacte, dans la suite de ce passage, n'admet plus qu'un changement de vertu : *Néanmoins,* dit-il , *Théophylacte reconnaît un peu après le même changement que les anciens Pères grecs, savoir un changement du pain en la vertu du corps de Jésus-Christ.* De sorte que par la prétention la plus inouïe qui fut jamais, il veut que Théophylacte se soit contredit dans le même passage, et qu'il ait enseigné l'opinion des catholiques et l'opinion des calvinistes, à deux lignes près l'une de l'autre.

Aubertin s'est délivré de cette contradiction par une voie qui est à la vérité plus courte, mais qui est aussi moins sincère, car il se contente de dire que les expressions de Théophylacte sont dures et imprudentes ; mais il prétend néanmoins qu'elles ne renferment ni la transsubstantiation ni la présence réelle, et que Théophylacte n'entend point, par le changement dont il parle, un changement réel du pain au corps de Jésus-Christ, mais seulement un changement métaphorique du pain, en la vertu du corps de Jésus-Christ. Pour colorer cette explication, il ne veut pas qu'on prenne le sens de Théophylacte ni du commentaire sur S. Matthieu, ni de celui sur S. Jean. Et quoiqu'il y dise et redise *que le pain est le corps même de Jésus-Christ,* αὐτὸ τὸ σῶμα τοῦ Κυρίου, *qu'il nous paraît pain*, *mais qu'en vérité c'est de la chair*, τῷ ὄντι σάρξ ἐστι, *que c'est la chair même du Seigneur*, αὐτὴ τοῦ Κυρίου σάρξ, *que le pain est changé en la chair même du Seigneur, que ce n'est que par une condescendance de Dieu qu'il ne nous paraît pas chair ;* tout cela ne lui semble pas assez clair pour s'assurer du sens de cet auteur.

Dans le passage même tiré de S. Marc, il ne veut pas qu'on s'arrête à ce qu'il dit, *que le pain est changé au corps même du Seigneur,* εἰς αὐτὸ ἐκεῖνο, *que ce n'est pas la figure de sa chair, mais sa chair ; que c'est à cause de notre infirmité que le pain consacré ne nous paraît pas de la chair*. Toutes ces expressions si formelles, si redoublées, ne sont pas capa-

---

(1) Si panis exutâ propriâ substantiâ indueret substantiam corporis Christi, non ampliùs ejus figura dici posset...,unde et illi qui crediderunt panem et vinum Eucharistiæ in corpus et sanguinem Christi substantiæ demutatione converti, negârunt panem et vinum esse τύπον vel ἀντίτυπον corporis et sanguinis Christi, ut Theophylactus in Marcum.

bles de le faire rendre à la vérité; mais, par un renversement de raison qu'on a peine à concevoir, il veut qu'on ne s'attache qu'aux dernières paroles du passage sur S. Marc : *Speciem quidem panis et vini servat, in virtutem autem carnis et sanguinis transelementat.* Et au lieu d'expliquer cette dernière clause par tout ce qui la précède, il veut que l'on explique par cette clause, non seulement ce lieu entier du commentaire sur S. Marc, mais aussi les deux autres endroits sur S. Matthieu et sur S. Jean; c'est-à-dire que, dans la logique de ce ministre, il faut expliquer non un seul lieu par plusieurs, mais plusieurs lieux par un seul; non les lieux obscurs par les lieux clairs, mais les lieux clairs par un lieu obscur; et qu'une légère difficulté que l'on trouve dans un passage, suffit pour détruire l'évidence des autres parties de ce passage, et de tous les endroits où l'auteur traite de la même matière. C'est la méthode, l'esprit et le procédé ordinaire d'Aubertin. Mais quelque injuste qu'il soit, il est impossible même de l'appliquer aux paroles de Théophylacte, à moins qu'on ne le veuille faire passer pour un homme stupide et insensé.

Les hommes parlent pour se faire entendre, et quiconque parle d'une manière qui ne peut être entendue, et qui n'est pas propre pour imprimer dans les autres l'idée de ses pensées, parle sans raison et sans jugement. Si Théophylacte avait donc cru simplement que le pain reçoit par la consécration la vertu du corps de Jésus-Christ, serait-il possible que pour faire entendre cette pensée, il eût choisi ces expressions : *Que le pain consacré n'est pas la figure, mais le corps même du Seigneur?* Que, pour faire entendre que le pain participe à cette vertu, il eût dit *qu'il paraît pain, mais qu'en vérité c'est de la chair; qu'il est transformé dans la chair même du Seigneur?* Y eut-il jamais de calviniste qui se soit exprimé de la sorte pour faire entendre son opinion?

Le baptême contient la vertu du sang de Jésus-Christ en la même manière que les ministres s'imaginent que cette vertu est contenue dans l'Eucharistie; cependant y a-t-il aucun Père, aucun auteur ecclésiastique, qui ait dit que le baptême n'est pas la figure, mais le sang même de Jésus-Christ; que l'eau y est changée au sang de Jésus-Christ; qu'il nous devrait paraître du sang, mais que, parce que nous aurions horreur de nous laver dans du sang, Dieu, pour s'accommoder à notre infirmité, conserve l'apparence de l'eau, mais la change au sang même de Jésus-Christ? Un homme ne passerait-il pas pour insensé, qui s'exprimait en cette manière, et encore plus s'il répétait ces expressions plusieurs fois dans un même passage, comme fait Théophylacte sur le sujet de l'Eucharistie?

Il n'y a pas seulement de la folie dans le langage qu'Aubertin attribue à Théophylacte; mais il y en a encore plus dans le raisonnement qu'il lui fait faire; et il est bon de le développer un peu, pour faire voir jusqu'à quel point on peut s'éloigner de la raison, par l'envie de soutenir son opinion à quelque prix que ce soit. Théophylacte dit que le pain que nous mangeons dans les mystères, *n'est pas une image de la chair du Seigneur, mais la chair même du Seigneur;* parce que Jésus-Christ n'a pas dit : *Le pain que je donnerai est l'image de ma chair, mais, c'est ma chair.* Ainsi le principe de Théophylacte est *que Jésus-Christ n'a pas dit : Le pain que je donnerai est l'image de ma chair; mais qu'il a dit :* C'est ma chair. Et la conséquence qu'il en tire est *que ce n'est donc pas l'image de sa chair, mais* sa chair même. Que veut dire cette conséquence dans le sens d'Aubertin? Elle veut dire que le pain n'est pas l'image, mais la vertu de la chair de Jésus-Christ; ou, ce qui est la même chose, que ce n'est pas une image vide, mais une image pleine de vertu. Ainsi Théophylacte, selon Aubertin, raisonne en cette manière : Jésus-Christ n'a pas dit que le pain qu'il donnerait fût l'image de sa chair; mais il a dit que c'était *sa chair.* Donc le pain n'est pas l'image, mais il contient la vertu du corps de Jésus-Christ.

Qui ne voit que ce raisonnement conclut tout le contraire? Car si le pain consacré n'est pas l'image du corps de Jésus-Christ, parce qu'il n'a pas dit qu'il fût l'image de son corps, il n'est donc pas aussi la vertu, ni l'image efficace de ce même corps; parce que Jésus-Christ n'a pas dit qu'il fût la vertu, ou qu'il contînt la vertu de son corps.

Théophylacte s'attache à la propriété des paroles; il exclut tout ce qui s'en éloigne. Il dit que l'Eucharistie n'est pas la figure de la chair de Jésus-Christ, parce que Jésus-Christ ne l'a pas dit; mais qu'il a dit que c'était sa chair. On ne peut donc pas dire aussi, selon le même Théophylacte, que ce pain contienne simplement la vertu de la chair de Jésus-Christ; parce qu'il n'a pas dit non plus qu'il donnerait la vertu de sa chair, ou que le pain qu'il donnerait contiendrait la vertu de sa chair. Et il est clair que si les paroles de Jésus-Christ excluent la figure, elles excluent aussi la vertu. Que si elles excluent la figure vide, elles excluent la figure pleine. C'est donc faire raisonner Théophylacte directement contre son intention et contre la raison, que de lui faire conclure de ses paroles mêmes que le pain consacré ne contient que la vertu du corps de Jésus-Christ; au lieu qu'il en faut conclure tout le contraire.

Pour faire encore mieux comprendre à M. Claude combien Théophylacte est éloigné de ses sentiments, je le prie de se souvenir que quand il s'agit d'expliquer ces paroles : *Ceci est mon corps,* les ministres mêmes reconnaissent qu'il faut les entendre, ou dans un sens de réalité, ou dans un sens de figure et de signification; c'est-à-dire, qu'ils avouent qu'elles signifient, ou que le pain consacré est réellement le corps de Jésus-Christ, ou qu'il l'est figurativement et symboliquement. Ils s'arrêtent à ce dernier sens; ils prétendent que le mot *est* doit être pris pour *significat* dans les paroles de l'institution de ce mystère. Ils rassemblent pour cela divers passages de l'Écriture, où ils supposent qu'on doit entendre ce terme dans un sens figuratif. Mais je ne sache point de ministre qui ait encore expliqué ces paroles : *Ceci est mon corps,* par celles-ci : *Ceci contient la vertu de mon corps ;* ni qui ait prétendu que le mot *est* signifie *contient la vertu,* ou *est en vertu.* Il faudrait pour cela qu'ils cherchassent d'autres passages pour autoriser ce nouveau sens. Cependant ils n'en produisent aucun : ils tirent seulement leur vertu par conséquence et par analogie.

Il est clair aussi que ces paroles : *Le pain que je donnerai est ma chair,* ne peuvent avoir selon eux que ce double sens : *Le pain que je donnerai est réellement ma chair,* ou : *Le pain que je donnerai est la figure de ma chair.*

Il faut donc que Théophylacte les ait entendues en l'un ou en l'autre. S'il les a entendues au premier sens, il est catholique ; s'il les a entendues au second sens, il faudrait dire qu'il a été calviniste. Mais il est bien aisé de le purger de ce soupçon. Il ne faut que considérer la conséquence qu'il en tire. Cette conséquence est double.

Il en conclut premièrement que le pain consacré n'est pas la figure du corps de Jésus-Christ. Or il n'y a pas de sens commun dans cette conclusion, en prenant ces paroles : *Le pain que je donnerai est ma chair,* dans ce sens calviniste : *Le pain que je donnerai est la figure de ma chair ;* car on ne saurait tirer une conséquence plus insensée que celle-là : Le pain que je donnerai est la figure de ma chair ; donc il n'est pas la figure de ma chair, puisque c'est conclure directement d'un principe le contraire du principe. Il en conclut secondement *que le pain est sa chair.* Et Aubertin nous voudrait persuader qu'il veut dire par-là que ce pain contient la vertu de sa chair. Mais il n'est pas moins ridicule de faire tirer à Théophylacte cette conclusion des paroles de Jésus-Christ, prises dans le sens des calvinistes. Car ne faudrait-il pas avoir perdu le sens pour raisonner de cette sorte : *Jésus-Christ dit que le pain qu'il donnera est sa chair,* c'est-à-dire *que ce pain est figurativement sa chair, est sa chair en figure. Donc ce pain est aussi sa chair en vertu, et il contient la vertu de sa chair.*

M. Claude trouverait-il bon que l'on tirât des conclusions semblables des lieux de l'Écriture où ils prétendent que le mot *est* doit être pris pour *signifier* et *être en figure ?* Ne se moquerait-il pas d'un homme qui dirait : Il est dit dans l'Écriture, que les sept vaches de Pharaon étaient sept années, c'est-à-dire, qu'elles signifiaient sept années : donc ces sept vaches contenaient la vertu de sept années. Il est dit que la tête d'or de la statue que Nabuchodonosor vit en songe était le roi même Nabuchodonosor, c'est-à-dire qu'elle signifiait ce roi et son empire : donc cette tête contenait la vertu de Nabuchodonosor. Il est dit que la pierre du désert était Christ, c'est-à-dire, qu'elle en était la figure : donc cette pierre contenait la vertu de Jésus-Christ.

Qu'il reconnaisse donc que toutes les fois que ce mot *est* est pris pour *signifier* et *être figure,* jamais on n'en peut conclure raisonnablement que la figure contient la vertu de la chose figurée.

Et ainsi, pour rassembler en peu de paroles tout ce raisonnement, il est visible que si Théophylacte avait pris ces paroles : *Le pain que je donnerai est ma chair,* dans le sens des calvinistes, c'est-à-dire, s'il avait cru qu'elles signifiassent que ce pain est la chair de Jésus-Christ en figure, il n'aurait pu sans folie en conclure, comme il a fait, que ce pain n'est pas l'image du corps de Jésus-Christ, ni que ce pain est le corps de Jésus-Christ en vertu, comme Aubertin suppose qu'il a fait. C'est pourquoi il faut dire, par nécessité, qu'il les a entendues dans le sens des catholiques, et qu'il a cru que le pain consacré était réellement la chair même de Jésus-Christ.

Je vois bien que M. Claude, pour se tirer de cet argument, nous produira une signification nouvelle du mot *est,* et qu'il prétendra que ces paroles : *Le pain que je donnerai est ma chair,* peuvent signifier : Le pain que je donnerai est virtuellement ma chair, est ma chair en vertu. Mais comme il n'a pas assez d'autorité pour attribuer aux mots telle signification qu'il lui plaît, il faut premièrement qu'il nous rapporte des auteurs qui aient marqué cette signification du mot *est ;* 2° il faut qu'il cherche des expressions semblables dans l'Écriture, où ce terme soit employé en ce sens ; 3° il faut qu'il reconnaisse que tous les lieux où les ministres prétendent que le mot *est* est pris pour *signifier,* lui sont inutiles pour cela ; 4° il faut qu'il renonce à tous les passages des Pères où il prétend qu'ils ont dit que le pain était la figure du corps de Jésus-Christ.

Et quand il aura fait toutes ces choses, il n'aura encore rien avancé ; parce que Théophylacte détruit et rejette absolument, dans ce passage même, toutes les significations métaphoriques, et qu'il s'attache absolument à la signification littérale du mot *est.* Car c'est par-là qu'il conclut, comme nous avons remarqué ci-dessus, que Jésus-Christ ayant dit que le pain était sa chair, ce n'est donc pas la figure de sa chair. S'il eût cru que le mot *est* dût être pris en un sens métaphorique, il n'eût pas exclu l'être figuratif, qui est un des sens les plus naturels entre les métaphoriques. Il le rejette néanmoins, parce qu'il s'attache à la lettre et au sens littéral. Il rejette donc aussi, à plus forte raison, cet autre sens du mot *est,* par lequel M. Claude voudrait qu'on le prît pour être *en vertu,* ou être *en figure pleine et efficace,* qui est le plus extraordinaire, le plus éloigné de la lettre, et le moins autorisé de tous les sens.

On n'est en peine, dans cet examen de Théophylacte, qu'à comparer ensemble les absurdités de l'explication que donne Aubertin au passage de cet auteur, tant elles sont toutes étranges. En voici néanmoins une qui me semble surpasser toutes les autres.

Théophylacte témoigne que, de ce que la foi nous enseigne de ce mystère, que le pain est véritablement la chair de Jésus-Christ, et qu'il est changé dans la chair même de Jésus-Christ, il naît naturellement un doute, qu'il exprime par ces paroles : *Quomodò ? inquit ; neque enim caro videtur :* c'est-à-dire : *Comment cela peut-il être ? car ce pain ne me semble point du tout de la chair.* Par où il marque que la suite naturelle de ce changement devrait être que le pain, étant chair, parût chair, et qu'ainsi il est étonnant qu'il ne paraisse point chair, comme il le dit lui-même en termes formels : *Et quomodò, inquit aliquis, non apparet caro, sed panis?* Qu'on prenne maintenant l'esprit d'Aubertin ou de M. Claude pour expliquer Théophylacte dans leur sens et selon leur opinion, et l'on verra où l'extravagance ne peut guère aller plus loin. Car cela voudra dire, selon eux : *S'il est vrai que le pain contienne la vertu du corps de Jésus-Christ, comment donc ne nous paraît-il point chair? d'où vient que nous ne voyons que du pain et non de la chair?* N'est-ce pas se moquer du monde, que de faire raisonner les gens d'une manière si insensée? Et pourquoi ce pain, ne contenant que la vertu du corps de Jésus-Christ, paraîtrait-il de la chair, puisque ce n'en serait pas? S'ensuit-il de ce qu'un pain participe à une qualité spirituelle de la chair de Jésus-Christ, ou moralement ou physiquement, qu'il doive paraître chair? Ne serait-ce pas, au contraire, un prodige épouvantable, si la chair de Jésus-Christ n'étant qu'en vertu dans le pain eucharistique, il paraissait de la chair?

Le grand mal de toutes ces disputes est que l'on ne se consulte point soi-même, et que l'on n'écoute point le témoignage de sa conscience. Si messieurs de la religion prétendue réformée voulaient un peu rentrer en eux-mêmes, et faire réflexion sur leurs propres sentiments, ils ne s'engageraient jamais à soutenir des choses si déraisonnables. Car je les prie de me dire de bonne foi s'il leur est jamais venu dans l'esprit un doute de cette sorte : *Puisque nos ministres nous disent que le pain de l'Eucharistie contient la vertu du corps de Jésus-Christ, d'où vient donc que nous n'y voyons point de chair, et qu'il nous paraît toujours pain?* Qu'ils nous disent s'ils croient que, depuis qu'il y a des calvinistes au monde, il y en ait jamais eu à qui cette pensée soit venue? Qu'ils nous disent s'ils ne se moqueraient pas d'un homme qui la leur proposerait, et qui les combattrait par ce raisonnement : *Si le pain eucharistique contenait la vertu du corps de Jésus-Christ, il paraîtrait de la chair : or il ne paraît pas de la chair; donc,* etc. Qu'ils nous disent si, au cas qu'ils prissent la peine d'y répondre, ils ne diraient pas que, tant s'en faut que le pain doive paraître de la chair, parce qu'il contient la vertu de la chair, il est clair, au contraire, qu'il ne doit point paraître de la chair, parce que ce n'en est pas, et qu'il en contient seulement l'efficace et la vertu.

D'où vient donc que ce doute qui n'est jamais venu dans l'esprit d'aucun calviniste, vient toujours dans celui de Théophylacte; et qu'ayant parlé en trois endroits de l'Eucharistie avec étendue, il le marque en tous les trois? Peut-on désirer une conviction plus évidente que son opinion sur l'Eucharistie, qui produit toujours ce doute, est différente de celle des calvinistes, qui ne le peut jamais produire?

Mais comme ce doute n'est pas particulier à Théophylacte, et qu'il a été marqué par plusieurs autres auteurs, et anciens et nouveaux, ce sera ailleurs le sujet d'un plus long discours. Ce que j'en ai dit ici suffit pour faire voir qu'il n'y a rien de plus ridicule que de vouloir faire croire que, selon Théophylacte, le corps de Jésus-Christ n'est dans l'Eucharistie qu'en figure et en vertu.

C'est en vain qu'ils objectent que Théophylacte s'est expliqué dans son commentaire sur S. Marc, où il dit que Dieu conserve l'apparence ou l'espèce du pain et du vin, et *qu'il les change dans la vertu de son corps et de son sang ;* d'où ils concluent qu'il ne les change pas en son corps et en son sang même. Car il est vrai qu'il s'est expliqué dans ce même lieu, mais que c'est en faisant bien voir que quand il a dit que le pain et le vin sont changés en la vertu du corps et du sang, il ne prétend pas dire qu'ils ne soient pas changés en son propre corps et en son propre sang même ; puisqu'il dit encore en termes formels, dans ce passage, que *le pain n'est pas l'antitype du corps de Jésus-Christ ; mais qu'il est changé en ce corps même,* εἰς αὐτὸ ἐκεῖνο· que Jésus-Christ n'a pas dit que ce fût la figure de sa chair, mais que c'était sa chair, et que ce changement devrait faire que le pain nous parût être de la chair. La fin du passage ne peut donc pas être contraire au commencement, ni détruire ce qui y est établi.

Ainsi la première conséquence que la raison nous oblige de tirer est que, quelque sens qu'aient ces dernières paroles, il est certain qu'elles n'ont point celui des calvinistes ; puisque ce sens est détruit par le commencement du passage et par les autres lieux de cet auteur, et qu'il n'est pas raisonnable de prétendre, comme fait Saumaise, qu'un homme se contredise si grossièrement dans un même lieu.

Ce sens étant exclu, il n'est pas difficile d'en trouver d'autres très-vraisemblables. En voici trois, dont je donne le choix à M. Claude, parce qu'ils sont tous trois simples, probables et naturels.

Le premier est que le mot de δύναμις, *vertu,* signifie en cet endroit la vérité, la réalité, l'essence intérieure et cachée ; parce que l'essence et la réalité des choses se connaît par leur vertu. Il est certain que c'est un des sens du mot δύναμις, principalement lorsqu'il est opposé au mot de μόρφωσις, ou de εἶδος, espèce ou *apparence;* ce qui est la même chose.

C'est pourquoi l'Apôtre, parlant de certaines personnes qui n'avaient que l'apparence de la piété, mais qui n'en avaient pas la vérité, la réalité, et l'essence intérieure, se sert de ce mot δύναμιν pour le marquer : *Habentes speciem quidem pietatis, virtutem autem ejus abnegantes :* ἔχοντες μόρφωσιν εὐσεβείας, τὴν δὲ αὐτῆς δύναμιν ἀρνούμενοι· c'est-à-dire, selon Estius, la vérité : *Virtutem autem seu vim dixit pro veritate; nam veritas rei ex operatione deprehenditur.* Et Tirinus, *virtutem;* c'est-à-dire, *vim et rem ipsam.* Raban l'explique par le mot de *negotium;* c'est-à-dire, la chose même. Et Denys-le-Chartreux, par celui d'existence, *existentiam pietatis.*

Théophylacte lui-même le prend dans le même sens, puisqu'il explique ces mots, *virtutem ejus abne-*

gantes, par ceux-ci, διάδε τῶν ἔργων ἀρνοῦνται ταύτην.

Il n'est donc point étrange que Théophylacte ait dit de même, en opposant δύναμις à εἶδος, que Dieu conserve l'apparence du pain et du vin, mais qu'il les change εἰς δύναμιν, en la vertu; c'est-à-dire, en l'essence intérieure, en la réalité et en la vérité de sa chair.

C'est dans ce même sens que Hesychius, dans son commentaire sur le Lévitique, dit : *Que c'est manger le corps de Jésus-Christ par ignorance, que de n'en connaître pas la vertu et la dignité, et de ne pas savoir que c'est le corps et le sang de Jésus-Christ dans la vérité.* Voilà ce que c'est que cette *vertu* de l'Eucharistie : c'est être le corps de Jésus-Christ *dans la vérité*; et voilà l'explication du mot de vertu selon Hesychius.

Paschase le prend au même sens dans ce passage : *Potior quippe virtus rerum quàm species et fucatus color. Idcircò virtus magis est consideranda quàm color seu sapor exteriùs, quia qui universis virtutem naturæ dedit, hic huic Sacramento divinitùs indulsit, ut sit caro et sanguis ipsius.* Il est évident qu'il prend dans ce passage, *virtus rerum*, pour l'essence intérieure, et qu'il dit que la vertu de l'Eucharistie, c'est d'être le corps et le sang de Jésus-Christ.

Le second sens, qui est encore très-simple, est que c'est une façon de parler ordinaire aux Grecs, de dire ἐνέργεια, ou δύναμις σάρκος, *la force ou la puissance de la chair*, pour signifier la chair pleine d'efficacité. C'est ainsi qu'on voit dans Horace (lib. 2 satyr. 1) :

Ubi se à vulgo et scenâ in secreta remorant
Virtus Scipiadæ, et mitis sapientia Lœli.

Car *virtus Scipiadæ*, signifie en cet endroit-là, le vertueux Scipion ; *et sapientia Lœli* , le sage Lélie.

C'est ainsi que Jésus-Christ a dit à ses apôtres après sa résurrection, qu'ils recevraient *la vertu du S.-Esprit* : car il ne voulait pas dire qu'ils dussent recevoir la vertu du S.-Esprit sans le S.-Esprit; mais il leur promet par-là, de leur donner le S.-Esprit avec l'abondance de ses dons.

C'est ainsi que Paschase dit : *Quod verò colorem et saporem carnis minimè præbet, virtus tamen fidei et intelligentia, quæ nihil de Christo dubitat, totum illud spiritaliter sapit ac degustat. Et ideò nihil dubitandum est ubi* EFFICAX VIRTUS *ejusdem rei sentitur, et plena similitudo exteriùs,* ET VERA VIRTUS AGNI *atque caro ejus immaculata exteriùs vocatur.* Car dans ce passage, VIRTUS AGNI, c'est l'agneau plein de vertu; EFFICAX VIRTUS EJUSDEM REI, c'est la chose remplie d'efficacité. *Virtus fidei*, c'est la foi vive et agissante, etc.

C'est ainsi que S. Bernard, dans son second sermon sur l'Épiphanie dit : *Que les mages reconnurent la vertu de Dieu dans l'infirmité du corps d'un enfant.* DEI virtutem *in teneri corporis infirmitate cognovêre.* Car il ne prétend pas par-là qu'ils ne reconnurent dans cet enfant que la vertu de Dieu, sans y reconnaître la divinité; mais il prend en cet endroit la vertu de Dieu, pour Dieu plein de vertu.

C'est ce qui a fait dire généralement à Scaliger, que *vis* signifie, *res vim habens, vis equi pro equo*. Et à Martinius, que ἲς ποτάμοιο signifie un fleuve impétueux, βίη Ἡρακλέος, le vaillant Hercule.

Enfin, c'est dans le même sens que S. Grégoire de Nysse, par une expression toute semblable à celle de Théophylacte, dit que le pain que Jésus-Christ mangeait était changé εἰς θείαν δύναμιν, *en une vertu divine.* Par où il ne veut pas dire que le pain fût changé en la vertu du corps de Jésus-Christ sans être changé en son corps ; mais il veut dire qu'il était changé en son corps plein de vertu et d'efficace.

Il n'y a qu'à rapporter tout le passage de S. Grégoire de Nysse, pour faire voir qu'il ne laisse pas la moindre difficulté dans celui de Théophylacte : *La même puissance*, dit ce Saint dans sa Catéchèse, *qui faisait que le pain que Jésus-Christ mangeait était changé en une* VERTU DIVINE, *opère la même chose. Car comme la puissance du Verbe, qui, étant homme, se nourrissait de pain, et qui était ainsi pain en puissance, rendait le pain qu'il mangeait, son saint corps; de même ce pain est sanctifié, comme dit l'Apôtre, par la parole de Dieu et l'oraison; non pas en passant dans le corps du Verbe par le boire et le manger ; mais étant changé tout d'un coup au corps du Verbe par la parole.*

Il est clair que dans ce passage, c'est *du pain qui était changé au corps même du Verbe par le boire et le manger*, dont S. Grégoire dit qu'il était changé *en une vertu divine* : et il est clair que dans le même passage il explique ces paroles en disant, *que Jésus-Christ rendait le pain son saint corps*. Et ainsi il n'est point étrange que Théophylacte ait fait la même chose ; et qu'ayant dit souvent *que le pain est changé au corps même de Jésus-Christ*, il ait dit une fois qu'il était changé *en la vertu de ce corps*. Et comme ce serait une très-fausse conséquence que de conclure de ce que S. Grégoire de Nysse dit que le pain que Jésus-Christ mangeait était changé *en une vertu divine*, qu'il n'était donc pas changé réellement en son corps, c'en est aussi une très-fausse que de conclure de ce que Théophylacte dit une fois que *le pain est changé en la vertu de la chair de Jésus-Christ*, qu'il n'est donc pas changé en sa chair même ; étant clair que ces termes de vertu, δύναμις, ni dans S. Grégoire, ni dans Théophylacte, ne sont point exclusifs d'un changement réel et substantiel. Et c'est pourquoi c'est à tort qu'Aubertin fait un crime à S. Thomas, ou à celui dont il a emprunté la traduction d'un passage de S. Cyrille d'Alexandrie, d'avoir rapporté ce passage en ces termes : *Ne horreremus carnem et sanguinem proposita videntes in sacris ecclesiarum mensis, condescendens Deus nostris infirmitatibus influit oblatis vim vitæ et convertit ea in veritatem carnis suæ ;* parce qu'il paraît par Victor d'Antioche, qui rapporte le même passage, qu'il y avait dans S. Cyrille εἰς ἐνέργειαν σώματος, *in efficaciam corporis.* Car il est clair qu'en cet endroit, ἐνέργειαν σώματος, signifie la vérité du corps. Et c'est pourquoi aussi S. Cyrille ajoute immédiatement après ces paroles que la fin de ce changement est que le corps de Jésus-Christ soit en nous comme une semence vivifiante ; *Ut in communione tanquàm semen vivificum in nobis inveniatur corpus Christi.*

La troisième solution est que lorsque deux choses sont jointes ensemble dans la vérité et dans l'esprit de ceux à qui l'on parle, il arrive souvent qu'en les exprimant on n'en marque qu'une sans exclure l'autre; mais plutôt avec dessein de faire entendre celle qu'on n'exprime pas par celle qu'on exprime. Or il est certain que le pain consacré est changé au corps de Jésus-Christ. Il est certain aussi qu'il devient plein de sa vertu et de son efficace. Ces deux vérités sont jointes et sont des suites l'une de l'autre : et c'est pourquoi il arrive quelquefois que les auteurs les expriment conjointement, comme fait Euthymius, qui dit en termes formels (1) que, *comme Jésus-Christ a déifié la chair qu'il a prise par une opération surnaturelle, de même il change le pain et le vin d'une manière ineffable en son propre corps, qui est la source de la vie, et en son précieux sang, et dans la vertu de l'un et de l'autre.* Voilà les deux changements exprimés, *in ipsum corpus et sanguinem, in gratiam ipsorum :* mais comme ces deux changements sont toujours joints en effet, et que les Pères supposaient qu'ils étaient joints dans l'esprit des fidèles, il leur suffisait d'exprimer l'un pour faire entendre l'autre. Ainsi ils nous disent cent fois que le pain est changé au corps de Jésus-Christ, sans exprimer qu'il est rempli de sa vertu, parce que l'un suit l'autre : et Théophylacte, après nous avoir dit plusieurs fois que le pain est changé au corps de Jésus-Christ, nous dit une fois qu'il est changé en sa force, comme une suite du mystère qui le fait concevoir tout entier; parce que la foi des fidèles ne sépare point la vertu du corps de Jésus-Christ de son corps même, ni son corps de sa vertu; et qu'il ne leur est jamais venu dans l'esprit que le corps de Jésus-Christ fût dans le ciel, et que nous n'eussions dans l'Eucharistie que sa force et sa vertu : au lieu qu'ils croyaient que nous n'avions cette force et cette vertu que parce qu'il est réellement et véritablement présent dans nos mystères.

Je ne m'arrête pas à une petite objection qu'Aubertin fait sur le mot εἶδος · *Speciem quidem panis conservat, in virtutem autem carnis transelementat,* en prétendant que le verbe *transelementat*, μεταστοιχειοῖ, gouverne le mot de εἶδος, *speciem,* aussi bien que *conservat,* et qu'ainsi la même chose est conservée et changée : ce qui marque, dit-il, que le changement ne peut être réel. Car il est étrange que ce ministre n'ait pas vu qu'il n'est point nécessaire que le mot εἶδος soit gouverné par *transelementat*; mais que l'on peut fort bien entendre que ces deux génitifs, *panis et vini,* sont sous-entendus, et servent de régime au verbe *transelementat,* étant suppléés à l'accusatif; en sorte que le sens naturel est : *Speciem quidem panis et vini conservat, panem autem et vinum in virtutem carnis suæ transelementat.* Le sens nous conduit tellement à cette explication, qu'il est étrange qu'il en puisse venir une autre en l'esprit.

Il est visible que ces solutions sont toutes naturelles; et le passage étant d'ailleurs si clair pour la transsubstantiation, qu'il est impossible de l'éluder, cette clarté même porte la lumière sur les paroles dont il s'agit, et fait voir la nécessité de les prendre en un des trois sens que j'ai marqués.

Et de là l'on doit tirer cette règle générale, que ces mots de δύναμις σάρκος, *la vertu de la chair,* n'enferment nullement l'exclusion de la chair même, et ne signifient qu'ou la réalité et la vérité de la chair, ou la chair efficace, comme nous avons dit; ou enfin, marquant le mystère par une de ses parties, nous le font comprendre tout entier. Et ainsi ce passage de Théophylacte, au lieu de servir à expliquer en un sens métaphorique les lieux où il est dit clairement que le pain est changé au corps de Jésus-Christ, ne peut être employé raisonnablement que pour expliquer les passages où il est parlé de vertu et d'efficace, et pour montrer qu'ils n'excluent en aucune sorte la présence de la chose même; de sorte qu'au lieu qu'on puisse faire voir par Théophylacte que ceux qui semblent parler de changement de substance ne parlent que de changement de vertu, on peut au contraire faire voir invinciblement par Théophylacte que ceux qui parlent de changement de vertu, n'excluent point, mais renferment le changement de substance.

Je supplie ceux qui liront ceci de se souvenir de cette remarque : et, pour leur en faire connaître l'importance, il est bon de les avertir que tout l'édifice du calvinisme dans la matière de l'Eucharistie est établi sur deux solutions que l'on peut appeler les deux clés de leur doctrine, parce qu'ils s'en servent pour expliquer tous les passages des Pères qu'on leur oppose ; c'est-à-dire, pour les éluder. L'une de ces solutions est que lorsque les Pères disent que l'Eucharistie est le corps de Jésus-Christ, ils entendent qu'elle est la figure du corps de Jésus-Christ : et ainsi on peut l'appeler *la clé de figure.* L'autre solution est que quand ils disent que le pain est changé au corps de Jésus-Christ, ils entendent qu'il est changé en *la vertu* du corps de Jésus-Christ : et ainsi on la peut appeler *la clé de vertu.*

Ces deux clés nous fourniront le sujet d'un assez long discours, et l'on espère les ruiner de telle sorte, qu'elles leur deviendront absolument inutiles. Mais en attendant qu'on le puisse faire dans le second volume, auquel on réserve cet examen, il est bon de remarquer ici deux choses :

La première est que *la clé de vertu,* qui est en quelque sorte la principale, n'est fondée par les ministres mêmes que sur quatre ou cinq passages; et que de ces passages, celui de Théophylacte est le principal, et que c'est celui qui leur donne lieu de conclure plus hardiment que quand les Pères disent que le pain est changé au corps de Jésus-Christ, ils entendent qu'il est changé *en la vertu* du corps de Jésus-Christ.

Ainsi, étant certain au contraire que Théophylacte,

---

(1) *In Matth.* 64 : Quemadmodùm supernaturaliter assumptam carnem deificavit, et hæc ineffabiliter transmutat in ipsum vivificum corpus, et in ipsum pretiosum sanguinem suum, et in gratiam ipsorum.

en disant que le pain est changé *en la vertu du corps de Jésus-Christ*, n'entend point exclure qu'il soit changé en son corps ; mais qu'il enseigne, au contraire, si clairement ce changement de substance, qu'il est impossible d'en douter sans renoncer au sens commun, il s'ensuit que c'est une mauvaise foi insigne aux ministres de l'alléguer pour autoriser *leur clé de vertu*, et que le seul usage légitime que l'on en peut faire est de montrer par cet auteur que ceux qui ont parlé de ce changement de vertu n'excluent point, mais renferment le changement de substance.

La seconde est que Théophylacte, en ruinant *la clé de vertu*, ruine encore *la clé de figure*, en niant formellement que l'Eucharistie soit *l'image du corps de Jésus-Christ*, et en assurant que *c'est sa chair même* : de sorte que ce seul auteur sape entièrement les fondements du calvinisme. Cependant on ne peut dire avec la moindre apparence qu'il ait eu sur le sujet de l'Eucharistie une doctrine différente de celle de son siècle. Il a parlé comme ceux qui l'ont précédé, et tous ceux qui l'ont suivi ont parlé comme il a fait. Il n'y a aucune de ses expressions qui ne se trouve dans les auteurs qui ont écrit avant lui et après lui : personne ne l'a blâmé d'avoir parlé durement et imprudemment, et on l'a pris, au contraire, comme un modèle de la manière dont on devait parler de l'Eucharistie. Et de tout cela M. Claude n'empêchera jamais les personnes raisonnables de conclure que l'église grecque, dont cet auteur a été l'un des plus grands ornements durant sa vie, était parfaitement d'accord dans le onzième siècle avec l'Église romaine sur la présence réelle et la transsubstantiation.

CHAPITRE X.

Cinquième preuve *du consentement de l'église grecque et de la latine, sur la présence réelle et la transsubstantiation, par le mélange de ces deux églises durant les croisades du douzième siècle.*

Plus je considère le système de M. Claude, plus je me confirme dans la pensée qu'il l'a fait sans en considérer les suites, et dans la seule vue de se défaire d'une objection qui le pressait ; car je ne sais si la hardiesse d'un homme peut aller jusqu'au point où la sienne devrait être, pour soutenir jusqu'au bout, que la présence réelle et la transsubstantiation sont des dogmes inconnus à l'église grecque, et qu'elle ne les *a jamais crus par voie de négation, comme n'en ayant jamais entendu parler.*

Il ne faut, pour en convaincre tout le monde, que représenter en abrégé l'état des deux églises dans le douzième siècle ; le mélange que les guerres de la Terre-Sainte en firent dans tout l'Orient, et le commerce continuel qu'elles eurent ensemble, qui fait voir qu'il est impossible qu'elles aient ignoré, en aucun lieu, les sentiments l'une de l'autre sur un mystère aussi commun et aussi important que celui de l'Eucharistie.

Le dessein que Grégoire VII avait eu de passer en Orient avec une puissante armée, ayant été r

par les différends qu'il eut avec l'empereur Henri IV, les Turcs et les Sarrasins profitèrent tellement des troubles de l'Occident, qu'ils s'emparèrent presque de toutes les provinces de l'Asie. Les empereurs de Constantinople, se sentant donc trop faibles pour leur résister, implorèrent le secours des princes chrétiens de l'Europe, et principalement celui du pape, qui donnait en ce temps-là le branle à tous les autres, même dans les affaires temporelles. Alexis Comnène envoya pour ce sujet des ambassadeurs au concile de Plaisance, comme nous avons déjà dit, et le patriarche de Jérusalem ayant, de son côté, député Pierre-l'Ermite vers le pape Urbain II, ce pape fut tellement touché par le récit que Pierre lui fit des maux que les chrétiens souffraient en Jérusalem, et par l'espérance d'un succès favorable qu'il lui donna sur une vision qu'il avait eue, qu'il entreprit tout de bon de porter tous les princes et tous les peuples chrétiens à passer en Orient, pour y délivrer leurs frères de la tyrannie des infidèles.

Ce fut au concile de Clermont, assemblé à cette fin l'année 1095, qu'Urbain fit résoudre cette importante entreprise : et ses exhortations, jointes aux promesses qu'il faisait à ceux qui se croisaient pour ce dessein d'obtenir par ce moyen la rémission de tous leurs péchés, furent si puissantes, qu'on vit en même temps, de toutes les provinces de l'Occident, un nombre infini de soldats, de capitaines, de princes s'enrôler pour cette guerre. Chacun faisait effort pour y contribuer : les enfants quittaient la maison de leurs pères ; les maris se séparaient de leurs femmes ; les gentilshommes et les seigneurs vendaient leurs terres et leurs seigneuries pour soutenir les dépenses qu'ils étaient obligés d'y faire, et c'était un concours si prodigieux d'hommes, qu'il semblait que l'on voulût déserter l'Europe pour passer en Asie. Il se forma diverses armées de gens ramassés de divers pays, qui prirent la route de Constantinople. Les premières furent ruinées par la malice des Hongrois, des Bulgares et des Grecs : mais celle dont Godefroi-de-Bouillon était le principal chef, ayant aussi passé à Constantinople, et de-là en Asie, eut ce grand et admirable succès qui est connu de tout le monde. Elle prit d'abord Nicée, et ensuite Antioche. Elle conquit une partie de l'Asie mineure et de la Syrie, et elle termina ses victoires par la prise glorieuse de Jérusalem, qui arriva en 1099. Jérusalem et la Palestine furent données à Godefroi avec le titre de roi. Antioche avait été déjà donnée à Bohémond ; Edesse à Baudouin, et il se forma ainsi en Orient diverses principautés de Latins, par le partage de ces conquêtes.

Mon dessein n'est pas de considérer ce qui arriva dans cette guerre par rapport aux avantages temporels, mais par rapport à la religion. M. Claude soutient que les Grecs et les autres sociétés d'Orient n'ont jamais ouï parler ni de la transsubstantiation ni de la présence réelle ; parce qu'il voit bien que s'ils en ont ouï parler, il s'ensuit, par nécessité, qu'ils les croyaient , puisqu'il ne paraît point qu'ils les aient jamais combattues, ni qu'ils en aient fait aucun reproche aux catholiques. Ainsi, montrer qu'ils n'ont pu ignorer la créance de l'Église romaine sur ces deux points, c'est détruire de fond en comble le système de M. Claude, comme nous l'avons déjà dit plusieurs fois.

Or rien ne le saurait mieux faire voir que les événements de ce siècle.

Ces armées prodigieuses étaient toutes composées de gens qui croyaient la présence réelle et la transsubstantiation. Il y avait dans ces troupes plusieurs évêques et plusieurs ecclésiastiques fort instruits des sentiments de l'Église latine, dont les uns par dévotion avaient pris part à cette entreprise, et les autres s'étaient attachés à divers princes. Le bruit qu'avait fait dans l'Occident l'hérésie de Bérenger les rendait particulièrement attentifs à ce point.

Il faut donc s'imaginer que c'est un million de *transsubstantiateurs* qui passent d'Europe en Asie, et qui se rendent maîtres d'une grande partie de ces provinces orientales. Sitôt qu'ils avaient pris une ville, on y ordonnait un évêque de communion latine, avec un clergé suffisant pour le service de cette église. Quelquefois les chrétiens d'Orient se rangeaient sous leur obéissance, et quelquefois on leur permettait d'avoir leur évêque en particulier.

Guillaume, archevêque de Tyr, témoigne dans son Histoire qu'après la prise d'Antioche, les princes chrétiens ne voulurent point établir d'autre patriarche que celui qui y était. *Ils remirent*, dit-il, *dans son siège le patriarche Jean, qui, comme un vrai confesseur de Jésus-Christ, après la ruine des nôtres en Orient, avait souffert des maux infinis de la part des infidèles.* Ils communiquèrent donc avec ce patriarche; ils reçurent la communion de sa main, et par conséquent ils ne supposaient pas qu'il fût de l'opinion de Bérenger, et qu'il n'eût pas la même foi qu'eux sur ce mystère de l'unité des chrétiens. Il est vrai que ce patriarche s'en alla deux ans après à Constantinople en quittant Antioche; mais ce fut, comme Guillaume de Tyr le remarque, parce qu'étant Grec il se crut moins propre qu'un autre à gouverner des Latins, et non qu'il crût avoir découvert en eux quelque erreur et quelque hérésie.

Après la prise de Jérusalem et des autres villes de Syrie et de Palestine, on créa de même un patriarche et des évêques latins, sans chasser pour cela les Grecs et les chrétiens syriens, et sans les obliger de communiquer avec les Latins s'ils ne le voulaient.

Balsamon, décrivant l'état des églises d'Orient, dit expressément, qu'excepté à Antioche, les Latins permettaient aux évêques grecs de faire les fonctions pontificales dans les villes où ils avaient établi d'autres évêques. Jacques de Vitry témoigne de même que les chrétiens syriens, qui étaient grecs de religion, avaient leurs évêques particuliers; et l'on doit conclure de même des autres sectes d'Arméniens, de Jacobites et de nestoriens, dont la Syrie et la Palestine étaient remplies de son temps.

Outre les évêques et le clergé séculier, il s'établit aussi dans la Palestine et dans la Syrie un grand nombre de sociétés religieuses de divers ordres. *On voyait*, dit Jacques de Vitry, *l'église orientale refleurir, la religion s'étendre dans l'Orient, et la vigne du Seigneur produire des fruits en abondance; en sorte qu'on pouvait remarquer l'accomplissement de ce qui est écrit dans les Cantiques :* « *L'hiver est passé, la pluie est cessée, les fleurs ont paru dans notre terre, le temps de la vendange est venu.* » *De toutes les parties du monde, de toute tribu, de toute langue qui est sous le ciel, des personnes touchées de Dieu venaient en foule à la Terre-Sainte, y étant comme attirés par l'odeur de ces saints et vénérables lieux. On réparait les anciennes églises, on en bâtissait de nouvelles, on fondait des monastères de religieux en divers lieux par la libéralité des princes. Plusieurs personnes saintes, renonçant au siècle et brûlant de zèle pour la vie religieuse, choisissaient les lieux les plus conformes au mouvement particulier de leur piété. Les uns, poussés par l'exemple du Seigneur, s'arrêtaient dans l'aimable désert où il a passé quarante jours après son baptême en jeûnes et en solitude, et que l'on appelle pour ce sujet* QUARANTAINE *: et, se renfermant en de petites cellules, y menaient une vie érémitique. Les autres, à l'imitation d'Élie, ce saint solitaire et ce grand prophète, choisissaient leur demeure sur le Carmel, principalement au lieu qui règne sur la ville de Porphyre. Les autres demeuraient dans les solitudes du Jourdain, où S. Jean-Baptiste vécut depuis son enfance jusqu'au temps de sa mission.*

On bâtit des monastères de l'ordre de Cîteaux et de Prémontré, en plusieurs lieux propres pour cela. Il y en avait plusieurs de ceux qui étaient sortis de leur pays dans le désir de demeurer dans la Terre-Sainte, qui aimaient mieux vivre dans la foule que de se séparer des saintes villes de Jérusalem, de Bethléem et de Nazareth. Il y avait en tous ces lieux, et en plusieurs autres, des monastères de S.-Benoît d'hommes et de femmes.

Tout cela se passait à la vue des chrétiens orientaux; savoir, des Grecs, des Syriens, des Jacobites, des nestoriens, des Arméniens, qui habitaient en plusieurs lieux de la Palestine et de la Syrie, et qui avaient un commerce continuel avec les Latins. Cependant, dans tout ce commerce, les Latins ne se sont jamais aperçus qu'ils ne crussent pas la présence réelle, et ces sociétés schismatiques n'ont jamais témoigné aucun scandale de la créance des Latins sur le mystère de l'Eucharistie.

Cet illustre cardinal, qui était évêque de Ptolémaïde, et témoin oculaire de ce qu'il a écrit, fait le dénombrement des erreurs de ces différentes sectes; mais il n'en accuse aucune de ne pas croire la présence réelle et la transsubstantiation. On ne trouvera point aussi que Guillaume de Tyr, ni aucun des autres auteurs qui ont décrit les voyages et les guerres de la Terre-Sainte, ait remarqué que l'on eût trouvé dans l'Orient des chrétiens qui fussent de l'opinion de Bérenger. Cependant, s'il y en eût eu, le moyen qu'ils ne l'eus sent pas remarqué? Car il est impossible que, soit par la connaissance de la vérité, soit par crainte ou par intérêt, il n'y eût grand nombre de ces chrétiens orientaux qui se joignaient à l'Église latine en abandonnant leur société. Il y eut même des sectes qui s'y réunirent tout entières, comme celle des Maronites. Et un seul Grec converti, après avoir connu dans l'Église romaine la doctrine de la présence réelle et de la transsubstantiation, eût suffi pour avertir tous les Latins qu'on ne croyait point cela dans l'église grecque : ce qui eût donné lieu d'approfondir la chose, et de s'en assurer par une infinité de moyens qu'on avait en main. Il est impossible de même, qu'entre ces Grecs convertis, il n'y en eût quelqu'un qui retournât à son ancienne erreur; et un seul eût été encore suffisant pour avertir tous les autres Grecs de l'opinion des catholiques latins : ce qui eût donné lieu d'examiner ce point dans les conférences que l'on avait avec eux touchant la religion.

Aussi ce mélange de l'Église latine avec l'église orientale, arrivé par les croisades, a paru si convaincant à Aubertin, pour montrer que l'église grecque n'a pu ignorer la doctrine de la présence réelle et de la transsubstantiation, qu'il prétend, au contraire, que c'est par ce moyen que cette doctrine s'est introduite dans l'Orient, et a été embrassée par quelques Grecs. Mais s'il est plus raisonnable que M. Claude, en avouant que les Grecs n'ont pu ignorer une chose si publique, si éclatante et qui a été exposée à leurs yeux en tant de manières, il l'est moins en quelque sorte, en prétendant qu'elle n'a pas été approuvée et suivie par tous les Grecs. Car il est impossible que cette doctrine soit suivie par les uns, et rejetée par les autres, qu'elle ne produise nécessairement un grand éclat et une division considérable ; et s'il fût arrivé quelque chose de semblable, il est impossible que les Latins n'en eussent été avertis par ceux mêmes à qui ils auraient inspiré leur doctrine, et qu'ainsi ils n'eussent reproché aux autres Grecs l'erreur de Bérenger, puisqu'on suppose que ce serait par leur instruction que quelques-uns en auraient été délivrés.

Mais, afin que l'on ne dise pas que l'on ne prouve ce commerce et ce mélange des Latins avec les Grecs que dans la Syrie et la Palestine, et non pas à Constantinople, qui était la principale et la plus savante église de l'Orient, il est facile de montrer qu'il n'a pas été moins impossible aux Grecs de Constantinople d'ignorer les opinions des Latins, qu'à ceux de Syrie et de Palestine. Il n'y a que cette seule différence, que, durant le douzième siècle, les Latins étaient à Antioche et à Jérusalem, à l'égard des Grecs, dans l'état où les catholiques sont en France à l'égard des calvinistes ; au lieu que, dans Constantinople et dans la Grèce, comme c'étaient les Grecs qui étaient maîtres de l'empire, ils ne tenaient que le même rang que les catholiques tiennent dans les lieux assujétis aux protestants, où l'on permet néanmoins l'exercice libre de la religion catholique.

On peut remarquer premièrement que presque toutes les troupes qui passèrent en Orient prirent leur route par Constantinople, et qu'elles s'y arrêtèrent quelque temps : ce qui donna lieu et aux Grecs de connaître les Latins, et aux Latins de connaître les Grecs.

On peut voir la description de l'arrivée de ces troupes dans l'Alexiade de la princesse Comnène. Elle y décrit d'une manière fort agréable les inquiétudes de son père, les importunités des Français, leurs humeurs, leurs inclinations ; elle marque même en particulier quelques défauts des prêtres latins de ce temps-là. Mais quoiqu'elle ménage avec soin toutes les occasions qu'elle peut trouver de faire voir sa science dans les matières de religion, elle ne fait néanmoins aucun reproche aux Latins touchant leur foi. Il paraît même qu'elle les regarde comme des fidèles. Elle loue Pierre, évêque des Latins, qui, étant interrogé par l'armée des chrétiens assiégée dans Antioche, de ce qu'ils avaient à faire dans l'extrémité où ils étaient réduits, leur conseilla d'apaiser la colère de Dieu dans le sac et dans la cendre, et leur reprocha qu'ils avaient violé la foi qu'ils avaient promise à Dieu, de demeurer chastes pendant ce voyage ; et elle reconnaît que les exhortations de cet évêque ayant été suivies de la pénitence de l'armée, cette pénitence attira une protection miraculeuse de Dieu. Ce qui fait bien voir qu'elle ne regardait pas cette armée comme des troupes d'idolâtres.

Il paraît par l'Histoire de cette princesse, qu'avant même les croisades, les armées de l'empereur son père étaient composées en partie de soldats latins, et principalement de Français : car elle est assez sincère pour attribuer à la valeur des Français la plupart des victoires qu'il obtint contre les Turcs. Elle remarque au livre 6 que ce fut par leur moyen que les troupes de l'empereur défirent les Turcs proche de Nicée ; elle avoue que ce furent encore les Français qui remportèrent une autre victoire sur les Turcs dans la même expédition ; elle remarque, pag. 207, que la défaite de l'armée impériale par les Turcs arriva parce qu'ils s'avisèrent de tuer les chevaux des Français. Et cela fait voir qu'ils devaient être en assez grand nombre dans ces armées, puisqu'ils faisaient la décision des batailles.

Après que l'armée des princes chrétiens eut passé de Constantinople en Asie, il y eut toujours une armée de Grecs jointe à celle des Latins, jusqu'au siège d'Antioche, où le général des Grecs les abandonna lâchement, les croyant perdus et dans l'impuissance de résister aux infidèles.

Mais, depuis ce temps-là même, l'empereur Alexis ne laissa pas d'avoir beaucoup de commerce avec les Latins, et la princesse sa fille, qui a écrit son histoire, rapporte entre autres une chose fort remarquable sur ce sujet. Elle dit que son père étant fort brouillé avec Bohémond, qui tâchait de faire soulever tout l'Occident contre lui, en le décriant partout comme un impie et comme un païen, et un ami des païens, s'avisa d'une adresse pour rendre inutiles les calomnies de Bohémond, qui fut que le sultan de Babylone lui ayant donné trois cents gentilshommes français, qui avaient été pris prisonniers, il les fit tous venir à Constantinople, et les y retint quelque temps pour les rendre témoins de sa religion et de celle de son peuple, et ensuite il les renvoya dans leur pays pour les opposer à Bohémond ; afin, dit-elle, *qu'ils pussent témoigner à tous les peuples de l'Occident que l'empereur Alexis était très-bon chrétien, et très-ami des chrétiens ; et que l'on ajoutât foi à leur témoignage, puisqu'ils ne parleraient que de ce qu'ils auraient vu, et de ce qu'ils auraient reconnu par des preuves très-certaines.*

Je ne pense pas que jamais prince protestant s'avise d'un semblable expédient, de faire venir les catholiques dans sa ville pour les rendre témoins de sa foi ; et il est clair qu'il ne peut être embrassé que par des princes qui ne craignent pas qu'on les trouve différents, en quelque point important, de ceux qu'ils désirent apaiser.

Mais ce commerce des Latins avec les Grecs n'était pas seulement passager par le moyen des troupes latines qui prenaient leur route par Constantinople, ou qui servaient dans les armées de l'empereur ; il était continuel par le moyen d'un grand nombre de Latins qui s'étaient établis à Constantinople et par toute la Grèce, et qui s'étaient unis avec les Grecs par des liens si étroits, qu'il était impossible que ni les uns ni les autres vécussent dans l'ignorance de leur créance sur l'Eucharistie.

M. Claude voudra-t-il nous persuader qu'il soit possible que des hommes et des femmes passent toute leur vie ensemble, sans que l'un ni l'autre s'aperçoive qu'ils sont de différent sentiment sur ce mystère, et que l'un croit y recevoir le corps même de Jésus-Christ, et l'autre s'imagine n'y recevoir que sa figure et sa vertu ? Or il était très-ordinaire en ce temps-là que les Grecs épousassent des femmes latines, et les Latins des femmes grecques.

Nicétas Choniate remarque lui-même, dans la vie de Manuel, petit-fils d'Alexis, qu'il épousa une femme allemande, dont cet historien fait l'éloge comme d'une princesse très-vertueuse, qui ne voulut jamais imiter la mauvaise coutume que les femmes grecques avaient de se farder en ce temps-là.

Il remarque que ce même empereur donna sa fille en mariage au marquis de Montferrat. Il remarque que les Vénitiens s'étaient établis en si grand nombre à Constantinople et dans toute la Grèce, en se liant par les mariages avec les Grecs, qu'ils méprisaient les édits de l'empereur.

Guillaume, archevêque de Tyr, qui fit un voyage à Constantinople sous le règne de cet empereur, dit qu'il fit épouser à son fils Alexis Agnès, fille de Louis, roi de France. Il ajoute que de son temps les principales charges de l'empire étaient entre les mains des Latins, et qu'il se reposait sur eux du soin de ses plus grandes affaires.

Que si l'on veut juger quel pouvait être le nombre des Latins qui demeuraient en ce temps-là à Constantinople, il ne faut que lire ce que le même auteur raconte de la sédition que l'on excita contre eux après la mort de Manuel. Il dit que, sous le règne du jeune Alexis, Andronic, parent de l'empereur, s'étant soulevé contre celui qui gouvernait pour le jeune prince, fit résolution d'exterminer les Latins qui étaient à Constantinople, étant secondé par la jalousie que le peuple avait contre eux ; que tout ce qu'ils purent donc faire les Latins, pour éviter la fureur du peuple, fut de se saisir de plusieurs navires et de quarante galères qui étaient dans le port, sur lesquelles ils chargèrent tout ce qu'ils purent de leurs biens ; mais que tous ceux qui ne purent s'embarquer furent passés au fil de l'épée après une longue résistance, et que leurs maisons furent brûlées avec leurs femmes et leurs enfants.

Cette horrible cruauté fait voir combien il fallait que le nombre des Latins qui demeuraient à Constantinople fût grand, puisque s'en étant sauvé assez pour remplir quarante galères et plusieurs navires, ceux qui restèrent à Constantinople furent encore capables de résister quelque temps à une armée victorieuse, et de faire acheter bien cher la victoire à leurs ennemis.

Toute cette multitude de Latins avait ses églises et ses monastères à Constantinople, qui furent pillés et brûlés dans cette sédition. Il y avait même un cardinal, nommé Jean, qui résidait auprès de l'empereur pour procurer l'union des deux églises, qui y fut tué d'une manière tout à fait barbare. Et comme ce carnage des Latins n'arriva que vers la fin de ce siècle, savoir l'an 1183, lorsque les affaires des rois de Jérusalem étaient en mauvais état, et qu'ils étaient extraordinairement pressés par Saladin, il est clair que dans tous les règnes précédents ils devaient avoir été en grand nombre à Constantinople, n'étant pas possible qu'ils s'y fussent établis tout d'un coup. Mais de quelque manière qu'ils s'y soient arrêtés, il est visible que c'est renoncer à la raison que de vouloir supposer que la doctrine de tous ces Latins, qui occupaient peut-être un quart de la ville de Constantinople, soit demeurée inconnue aux Grecs, ou que celle des Grecs n'ait point été découverte par les Latins.

Ce n'est pas qu'il n'y eût en ce temps-là même quelques différends entre les uns et les autres touchant la religion, qui sont marqués par les écrivains de ce siècle-là, tant grecs que latins ; mais comme ce n'était que sur des points spéculatifs ou moins importants, ils ne produisaient point cette aliénation que la diversité de la créance du mystère de l'Eucharistie eût produite par nécessité.

C'est pourquoi l'on voit que dans ce siècle le schisme n'était pas encore si formé, que tous les Grecs fussent généralement rejetés par tous les Latins, et tous les Latins par les Grecs ; et il paraît entre plusieurs d'entre eux des marques de communion ecclésiastique.

L'empereur Alexis ayant donné aux religieux de

Cluny un monastère qui était proche de Constantinople, et ce monastère ayant été usurpé par d'autres religieux, Pierre de Cluny en écrivit trois ans après à l'empereur Jean Comnène, fils et successeur d'Alexis, et au patriarche de Constantinople, d'une manière qui témoigne qu'il ne les regardait ni comme hérétiques, ni comme schismatiques. Car il offre à l'empereur une association à toutes les bonnes œuvres de son ordre : ce qui suppose la communion ecclésiastique ; et il parle au patriarche en des termes dont on ne pourrait pas se servir envers un évêque qu'on regarderait comme retranché de l'unité de l'Église.

Et cela fait voir que, durant ce temps, il y avait deux sortes de conduites et comme deux esprits différents, et dans les Grecs et dans les Latins. Il y avait des Latins qui, comme Pierre de Cluny, ne faisaient pas de difficulté de communiquer avec les Grecs. Il y en avait aussi d'autres qui ne les traitaient pas si favorablement, comme, par exemple, S. Bernard, qui dit formellement d'eux, en parlant au pape Eugène, que les Grecs étaient et n'étaient pas de l'Église : qu'ils en étaient par la foi ; mais que par le schisme ils n'en étaient pas, et qu'ils s'étaient même écartés du chemin de la vérité : *Ego addo et de pertinaciâ Græcorum, qui nobiscum sunt et non sunt; juncti fide, pace divisi, quanquàm et in fide claudicaverunt à semitis rectis.*

Le pape Adrien IV, dans sa lettre à Basile, archevêque de Thessalonique, parle des Grecs comme étant séparés de l'Église ; et l'on voit que Guillaume, archevêque de Tyr, les regardait de la même sorte.

Cette double conduite des Latins avait rapport à deux sortes de dispositions que l'on remarquait dans les Grecs de ce temps-là. Car quelques-uns étaient emportés, et vraiment schismatiques : comme Théodore Balsamon, qui décide formellement dans ses réponses sur les priviléges des patriarches, que l'on devait traiter les Latins d'hérétiques.

Mais cet emportement de Balsamon a été blâmé par d'autres Grecs, comme entre autres par Démétrius Chomaterus, archevêque de Bulgarie, qui déclare, dans sa réponse à Constantin Cabasilas, archevêque de Dyrrachium, que Balsamon n'était point suivi en ce point par plusieurs ; et il prouve de plus que la communion entre les deux églises n'était pas rompue. *L'Italie*, dit-il, *est pleine d'églises dédiées aux apôtres et aux martyrs, dont l'église de l'apôtre Pierre, le chef des apôtres, est la principale ; et les nôtres, tant ecclésiastiques que laïques, en y entrant, ne croient point faire tort d'y offrir leurs prières à Dieu, et d'y rendre aux saints l'honneur qui leur est dû.*

Basile, archevêque de Thessalonique, fait voir aussi dans sa réponse au pape Adrien, qu'il était de ces Grecs modérés, qui avaient de l'inclination à la paix, et de l'éloignement du schisme. Car il nie expressément qu'ils soient séparés du pape, et qu'ils refusent de le reconnaître pour leur chef ; et il proteste que les Grecs n'ont point d'autre sentiment que l'Église romaine touchant la foi : *Eadem tecum prædicamus et docemus.*

Mais, soit que les Grecs aient été modérés ou emportés envers les Latins, soit que les Latins aient traité les Grecs avec douceur ou avec sévérité, ils ont fait voir également de part et d'autre, par l'une et l'autre conduite, qu'ils étaient d'accord sur le point de l'Eucharistie.

Car il est bien clair que Pierre de Cluny, qui a écrit si fortement contre les pétrobusiens et les bérengariens, n'aurait pas voulu communiquer avec des gens qu'il aurait su être engagés dans cette même hérésie. Et il est clair encore que ceux qui les ont traités plus durement n'auraient pas manqué de leur reprocher l'hérésie de Bérenger, aussi bien que leurs autres erreurs, s'ils les avaient cru qu'ils en eussent été coupables. On peut faire le même raisonnement à l'égard de la modération et de l'emportement des Grecs : car la douceur de Basile et de quelques autres Grecs n'aurait pas été capable de les porter à communiquer avec les Latins, s'ils les avaient jugés idolâtres et adorateurs du pain ; et cet archevêque n'aurait jamais dit que les Grecs enseignent la même chose que le pape, s'il y avait eu en effet, entre la foi des uns et des autres, une si étrange différence. Et l'aigreur de Balsamon ne lui aurait pas permis de dissimuler cette accusation contre les Latins, qui aurait été la plus spécieuse de toutes, et la plus propre à aliéner les esprits des Grecs, et les empêcher de se réconcilier avec les Latins : ce qui était le but de Balsamon.

Ainsi le silence de toutes ces personnes sur le sujet de l'Eucharistie est une preuve évidente qu'ils ont cru être d'accord en ce point ; et s'ils l'ont cru, on ne doit point douter qu'ils ne le fussent effectivement, n'étant pas possible qu'ils aient ignoré les sentiments les uns des autres.

CHAPITRE XI.

SIXIÈME PREUVE *de ce consentement, tirée des auteurs qui ont écrit sur le différend qui était en ce temps-là entre les deux églises; et de divers autres faits.*

Il n'y a point de voie ni plus sûre, ni plus naturelle, pour connaître si l'église grecque était conforme ou contraire à l'Église romaine dans la doctrine de l'Eucharistie, que de consulter les auteurs qui ont écrit expressément des différends qui étaient actuellement entre ces deux églises, et qui ont tâché ou de défendre leur propre sentiment, ou de combattre celui des autres, ou de chercher des voies d'accord pour pacifier ces différends. Car la doctrine de la présence réelle est si importante d'une part, et si populaire de l'autre, qu'il est impossible que lorsque deux églises sont en différend sur ce point, il ne devienne le sujet de la plupart des disputes, des écrits, des conférences, des traités. Cette doctrine est toujours ce qui apporte de plus grands obstacles à la réunion : c'est aussi celle sur laquelle on tâche d'abord de convenir ; et le peuple y prend tout autrement part que dans une question spéculative, telle qu'est celle de la procession du S.-Esprit.

Quand on voit donc, dans la suite de plusieurs siècles, un grand nombre d'écrivains qui, traitant expressément des différends qui étaient entre ces deux grandes églises, ne parlent point de celui-là, c'est une preuve indubitable qu'ils ne l'ont point connu, et que ces églises n'avaient point en effet de différends sur cet article; et ce silence, dans ces circonstances, est une conviction manifeste de leur conformité entière dans cette doctrine.

Or c'est ce qu'on peut voir dans tout le douzième siècle, comme nous le verrons dans tous les autres. Il s'est trouvé de part et d'autre, dans ce siècle, plusieurs auteurs qui ont entrepris la défense de leur église. Les Latins ont écrit contre les Grecs, et les Grecs contre les Latins. Ils ne se sont point épargnés les uns les autres: ils se sont reproché toutes les erreurs dont ils se sont crus réciproquement coupables; mais la doctrine de la transsubstantiation et de la présence réelle n'a jamais fait le sujet de leurs reproches. Les Latins qui tenaient cette doctrine, et qui poursuivaient avec rigueur dans l'Occident les hérétiques qui la niaient, n'ont jamais accusé les Grecs de ne la pas croire. Les Grecs n'ont jamais accusé les Latins de la tenir; et ils ont employé leur esprit et leur plume à traiter des sujets, ou qui n'y ont nul rapport, comme la procession du S.-Esprit; ou qui y ont tant de rapport, comme celui des azymes, qu'il est absolument incroyable que la matière même ne les eût portés à se faire quelque reproche sur le sujet de la présence réelle et de la transsubstantiation, s'ils n'eussent été parfaitement d'accord sur ces points.

Euthymius Zigabenus a fait un livre contre l'Église latine sous ce titre: *Euthymii monachi Zigabeni adversùs Romæ veteris cives, capita duodecim, demonstrantia non ex Filio procedere Spiritum sanctum.* Le titre même fait voir qu'il ne s'y agissait point de la transsubstantiation, ni de la présence réelle.

Chrisolanus, ou Grosolanus, archevêque de Milan, fut envoyé par le pape Paschal II vers l'empereur Alexis Comnène, et fit un discours en sa présence sur les différends des deux églises, qu'il lui laissa ensuite par écrit; mais il réduisit ce qu'il reprochait aux Grecs, à l'article de la procession du S.-Esprit, comme il paraît par son écrit même, que Baronius a inséré dans ses Annales l'an 1116, n. 8.

Cet écrit ayant été publié dans Constantinople, divers auteurs grecs entreprirent d'y répondre, et de combattre les Latins.

Nicolas de Méthone écrivit deux traités sur cette matière contre Chrisolanus, dont Allatius témoigne en avoir vu un.

Il fit aussi un traité contre les azymes, et Allatius en cite des passages qui font voir que, bien loin de reprocher aux Latins la doctrine de la présence réelle, il l'enseigne aussi formellement qu'on la peut enseigner, aussi bien dans un autre traité qui se trouve dans la Bibliothèque des Pères, et qui en a peut-être été tiré, les passages du traité des azymes cité par Allatius se trouvant dans ce traité imprimé de Nicolas de Méthone, qui porte pour titre: *De iis qui dubitant,* etc.

Jean Phurne, religieux et prieur de Montgane, fit un traité contre Chrisolanus, qui porte pour titre: *Ad ea quæ allata sunt à Mediolanensi episcopo, et Spiritum sanctum non procedere à Filio.*

Le sentiment de ces auteurs paraît assez, comme j'ai dit, par la qualité des reproches qu'ils font aux Latins, et par le choix de la matière qu'ils traitent. Mais Phurne, de plus, fait paraître positivement sa créance sur la présence réelle, dans une lettre qu'on lui attribue, et qui a été insérée par Allatius dans son livre. *Jésus-Christ,* dit cet auteur, *ayant donné ce divin mystère à ses disciples sur le soir, et les ayant fait participants de* SA PROPRE CHAIR *et de* SON PROPRE SANG, *après qu'ils eurent mangé, les disciples en faisaient de même les jours où* JÉSUS-CHRIST ÉTAIT SACRIFIÉ, *et ils prenaient l'Eucharistie après avoir mangé auparavant.* Ces expressions, que *Jésus-Christ est sacrifié* dans l'Eucharistie, et *qu'il nous y rend participants de sa propre chair,* ne sont guère propres pour exprimer l'opinion de ceux qui n'y reconnaissent que du pain, rempli moralement d'une vertu spirituelle, et qui traitent le sacrifice du corps de Jésus-Christ d'abomination.

L'écrit de Jean Phurne contre Chrisolanus, archevêque de Milan, fut réfuté depuis par un autre archevêque de Milan nommé Pierre, qui fit un traité sous ce titre: *Disceptatio Petri Latini Mediolanensis episcopi adversùs monachum dominum Joannem Furneum, Montis-gani primarium, de processione Spiritûs sancti,* qui se trouve dans la Bibliothèque du roi. Et Jean Phurne, de son côté, y fit une réponse sous le titre de: *Contradictio specialis in epistolam Mediolanensis.* Allatius a fait imprimer, dans le premier volume de sa *Grèce orthodoxe,* un traité du même Pierre, qui porte un autre titre, et ne parle point de Jean Phurne, mais qui ne traite aussi que de la procession du S.-Esprit.

Baronius fait mention d'un évêque de Nicée, nommé Eustratius, qui écrivit deux traités contre les Latins sur la procession du Saint-Esprit. Allatius en rapporte le commencement, et fait mention de quelques autres traités du même auteur, sur la même matière. La princesse Comnène parle de cet Eustratius comme du plus savant homme de son siècle dans la philosophie; et en effet l'on voit encore de lui des commentaires sur la logique d'Aristote. Que s'il avait été d'un sentiment différent de celui des Latins sur la transsubstantiation, il eût encore plus volontiers employé sur ce sujet le secours de la philosophie d'Aristote, que sur la procession du S.-Esprit.

Outre ces écrivains, Allatius témoigne avoir lu un traité d'un auteur de ce temps-là, nommé Théodorus Prodromus, et il fait mention d'un petit écrit de Nicétas Seidus, sur l'avantage que l'ancienne Rome prétendait tirer de son antiquité à l'égard de la nouvelle; et d'un autre, de Nicétas de Bysance, qui portait pour titre : *Syllogismes contre les Latins*. Mais tous ces traités n'avaient point d'autre matière que les sujets ordinaires de la contestation entre les Grecs et les Latins, savoir la procession du S.-Esprit et les azymes. C'est pourquoi un auteur de ce temps-là, rapportant la commission que l'empereur Alexis Comnène donna à Euthymius et à Jean Phurne d'écrire sur les différends des Grecs contre les Latins, les réduit expressément à ces deux articles.

Le célèbre Alexis Comnène, dit cet auteur, *étant venu à l'empire, et voyant un grand mélange d'hérésies, et les défauts et additions à la foi que les Latins avaient apprises des hérétiques, il s'adressa à Euthymius Zigabenus et à Jean Phurne, personnages de grande sainteté et d'une éminente doctrine, et leur commanda de faire un recueil des SS. Pères contre les hérésies, et d'en composer un livre dogmatique contre les Latins, à cause de l'addition du mot* Filioque, *qu'ils avaient faite au Symbole, et des azymes.*

Voilà les seuls différends auxquels cet auteur réduit les contestations sur lesquelles cet empereur voulait qu'on réfutât les Latins; et il s'ensuit de là que ni cet auteur, ni l'empereur Alexis dont il parle, n'ont point su qu'il y eût aucune dispute entre les Grecs et les Latins sur l'Eucharistie, et qu'ils n'ont accusé l'Église romaine d'innovation que sur la procession du S.-Esprit, et sur les azymes.

Il y eut encore un autre écrivain de l'Église latine, qui donna sujet aux Grecs dans ce même siècle de faire divers traités contre les Latins. Ce fut Hugo, surnommé Æthérianus, Toscan de nation, lequel, après avoir demeuré longtemps à Constantinople auprès de l'empereur Manuel, écrivit par son ordre un traité où il prouvait que le S.-Esprit procédait du Père et du Fils, et le dédia au pape Alexandre III. Ce livre est imprimé dans la Bibliothèque des Pères, et il avait pour but de faciliter l'union qui était fort souhaitée par l'empereur Manuel, et qui n'était empêchée que par la dispute sur la procession du S.-Esprit.

C'est pourquoi cet empereur, dans une lettre qu'il écrivit à Conrad, et qui est rapportée par l'historien Cinnamus, appelle formellement les Latins ὁμοθρήσκους, c'est-à-dire, *ayant la même religion et le même culte*. Et Nicétas Choniate se plaint qu'étant de même religion que les Latins, ils avaient été traités par eux plus rudement dans la prise de Constantinople que les Latins n'avaient été traités par les Sarrasins dans la prise de Jérusalem.

Mais la lettre que Basile, archevêque de Thessalonique, écrivit au pape Adrien IV sur l'union de l'église d'Orient avec celle d'Occident, fait encore voir bien plus clairement combien les Grecs étaient éloignés de soupçonner les Latins d'erreur sur le point de l'Eucharistie. Car cet archevêque ne se contente pas de dire que ces deux églises n'avaient qu'une même foi; mais il prouve leur union par l'unité d'un même sacrifice, et il s'exprime en des termes qui marquent clairement que les Grecs avaient la même foi que l'Église romaine sur la présence réelle et sur le sacrifice de la messe.

On ne prêche, dit-il, *dans les deux églises, que la même doctrine touchant la foi. Le même agneau qui ôte les péchés du monde, le même Jésus-Christ est sacrifié, tant par les évêques de l'Occident, qui reconnaissent votre sublime autorité, que par nous, qui recevons en Orient la splendeur de la dignité pontificale du trône de l'église de Constantinople.*

On trouve encore des expressions plus fortes dans un auteur de ce même temps, nommé Isaac, qui paraît modéré comme Basile envers les Latins, et qui, quoique Arménien de nation, et évêque d'Arménie, peut bien être compté entre les Grecs, puisqu'il avait renoncé aux erreurs de sa nation pour embrasser la communion de l'église grecque.

Il y a deux traités de cet auteur imprimés dans le second volume de l'Auctarium de la Bibliothèque des Pères. Il y fait voir sa créance sur l'Eucharistie en plusieurs endroits. Il dit *que les Juifs immolaient un agneau qui était la figure de Jésus-Christ; mais que pour nous, nous n'immolons pas un agneau qui n'est qu'une figure, mais que* nous immolons Jésus-Christ même dans la vérité. Il dit que *le sacrifice du pain est la chair de Christ*, et *que Jésus-Christ, en instituant ce mystère, prit du pain tel qu'il le trouva, afin de ne nous pas priver de cette grâce salutaire qu'il nous voulait faire pour tous les siècles, de nous donner son saint corps à manger et son sang à boire; afin de nous vivifier, et de nous rendre participants de lui-même.*

Siméon le Jeune, auteur du même temps, et qui parle du S.-Esprit d'une manière qui peut recevoir un sens catholique, et ne déclame en aucun lieu, comme je crois, contre les Latins, ne fait pas voir moins clairement son opinion et celle de l'église grecque sur le sujet de l'Eucharistie. Il dit dans son discours cinquième, en parlant de la communion, *que comme dans un même vase le feu ne peut demeurer avec l'eau, de même le corps très-pur de Jésus-Christ et le péché détestable ne peuvent subsister ensemble dans un même chrétien.* Et dans le livre *de ses sacrées Méditations*, parlant de la dignité du sacerdoce, auquel il avait été élevé : *Misérable et impur que je suis*, dit-il, *comment m'a-t-on établi pour supérieur de mes frères, pour sacrificateur des divins mystères, et pour ministre de la très-sainte Trinité! Car quand on met sur la table sacrée le pain et le vin pour former votre corps et votre sang, ô Verbe, vous y êtes présent, ô mon Dieu, et ces choses deviennent véritablement votre corps et votre sang, par l'avènement du S.-Esprit et par la force du Très-Haut... C'est ce qui produit en moi des sentiments de crainte, au lieu d'en produire de joie; sachant bien que ni moi, ni aucun homme sur la terre, n'est digne d'exercer ce ministère, qui demande une vie angélique, et plus qu'angélique, afin de pouvoir s'acquitter dignement d'une fonction qui nous rend plus familiers avec Dieu que les anges; puisque nous manions avec les mains, et nous prenons par la bouche ce que les anges révèrent profondément, et qu'ils environnent avec tremblement.*

Il est vrai que, dans ce même siècle, d'autres Grecs, qui n'étaient pas si modérés que ceux dont nous venons de parler, écrivaient incessamment contre l'Église latine, et s'acharnaient de plus en plus à la question de la procession du S.-Esprit, et aux autres points de discipline qu'ils reprenaient dans les Latins.

Andronic Camatère, qui était très-bien auprès de l'empereur Manuel, fit un traité sous le nom même de cet empereur, où il recueillit toutes les autorités de l'Écriture, qu'il jugea propres pour montrer que le S.-Esprit ne procédait que du Père.

Nicolas d'Otrante fit trois livres contre l'Église romaine : l'un touchant la procession du S.-Esprit ; l'autre sur les azymes, et l'autre sur le jeûne du samedi.

Tornicius, sous le nom de l'empereur Isaac, écrivit un livre de la procession du S.-Esprit, dont le manuscrit est dans la bibliothèque du roi.

Nicétas, premièrement évêque de Marone, et ensuite archevêque de Thessalonique, composa six livres pour répondre à ceux de Hugo Æterianus sur la procession du S.-Esprit.

Théodore Balsamon, l'un des plus savants hommes de son siècle, employa tout ce qu'il avait d'esprit et de science à déchirer l'Église romaine. Et dans ses notes sur le Nomocanon, dans ses Méditations sur les priviléges des patriarches, et dans ses réponses à Marc, patriarche d'Alexandrie, il passe jusqu'à des excès qui ont été condamnés de ceux mêmes de son parti : mais avec tout cela il ne s'avise jamais de faire aucun reproche aux Latins sur la transsubstantiation et sur la présence réelle, quoiqu'il fût en un temps où il lui était aussi peu possible d'ignorer que tous les Latins étaient dans cette doctrine, que de ne voir pas la lumière en ouvrant les yeux dans le plus grand jour.

Il n'y eut pas jusqu'aux moindres différends de doctrine que les Grecs ne tâchassent de relever, dans la passion qu'ils avaient de contredire les Latins.

George, métropolitain de Corfou, qui avait été envoyé par Manuel au concile qui se tenait à Rome sous le pape Alexandre III en 1179, étant demeuré malade à Brindes, où il eut des conférences avec des religieux Latins, fit ensuite un traité sur ce qu'il avait appris de leur doctrine du purgatoire, dont le manuscrit est dans la bibliothèque Barberine.

Ainsi rien n'échappait à la curiosité et à la passion des Grecs et des Latins ; et cependant ils n'ont jamais découvert qu'il y eût entre eux aucun différend sur la substance du mystère de l'Eucharistie : et c'est pourquoi, quand ils en parlent, ils ne s'arrêtent jamais qu'à la question des azymes, comme il paraît par ce même George de Corfou, qui fit aussi un traité pour montrer par l'Écriture que l'oblation se devait faire avec du pain levé, et que cette coutume avait duré dans l'Église romaine jusqu'au temps de Grégoire-le-Dialogiste ; c'est ainsi que les Grecs nomment tantôt saint Grégoire-le-Grand, auteur des dialogues traduits en grec par le pape Zacharie ; tantôt Grégoire II, que quelques Grecs confondent avec S. Grégoire, comme le cardinal Baronius l'a remarqué sur l'an 726, n° 31.

Et il ne faut pas dire que la raison pour laquelle on ne découvrait pas cette diversité de sentiments entre les deux églises, est qu'elles ne se trouvaient pas ensemble dans des conciles et dans des conférences : car outre le mélange continuel des Grecs et des Latins dans tout l'Orient pendant tout ce siècle-là, outre une infinité de conférences particulières, on tint aussi des conciles et des assemblées publiques pour procurer l'union des deux églises, sans qu'on y ait remué la question de la présence réelle ni de la transsubstantiation.

L'abbé Nectaire, compagnon de George de Corfou, assista au lieu de lui au concile de Latran sous Alexandre III, où il défendit avec opiniâtreté l'opinion des Grecs. Il en remporta de grandes louanges de ceux qui étaient passionnés comme lui ; mais en tout cela il ne s'agissait que des erreurs communes des Grecs, et nullement de la présence réelle.

L'empereur Manuel Comnène, désirant, à quelque prix que ce fût, réunir l'église de Constantinople à celle de Rome, fit tenir à Constantinople un synode, où il se trouva plusieurs cardinaux et évêques de la communion romaine. Michel Auchiale, patriarche de Constantinople, s'opposa à la réconciliation, et fit un écrit en forme de dialogue pour en détourner l'empereur : mais il témoigne dans cet écrit que les Latins, bien loin d'accuser les Grecs d'erreur sur l'Eucharistie, ne demandaient d'eux autre chose, sinon qu'ils fissent mention du nom du pape dans les mystères, et qu'ils reconnussent sa primauté et le droit des appellations.

Et quoique ce concile fût encore sans effet, et ne produisît qu'une plus grande division, on ne s'y arrêta néanmoins qu'aux anciens différends, pour lesquels les Grecs *supposaient que l'Église latine avait déjà été condamnée* par l'église grecque.

Enfin, il ne faut pas dire que durant ce siècle on n'eut aucun soin de la foi et de la religion dans l'église grecque, et que l'on y put semer impunément des erreurs sans que personne se mît en peine de s'y opposer ; car bien loin que les Grecs fussent dans cette disposition d'esprit, ils ne se mêlèrent jamais davantage de la religion, et jamais ils n'eurent plus de soin d'étouffer toutes les nouvelles erreurs.

Les empereurs mêmes, quoique faibles et peu agissants pour les choses temporelles, étaient fort appliqués à ce qui regardait la religion.

Euthymius dit, au commencement de sa Panoplie, que l'empereur Alexis Comnène employait tout le temps qu'il ne donnait pas aux affaires d'état, à la lecture exacte de l'Écriture sainte, et qu'il en conférait continuellement avec des hommes savants dont son palais était toujours rempli ; qu'il était merveilleusement attaché aux opinions les plus approuvées, et que, par l'exercice de ces conférences, il s'était tellement rendu habile, qu'il était capable de réfuter toutes les erreurs.

(Treize.)

C'est aussi une des principales louanges que la princesse Comnène donne à son père en divers endroits ; et ce que nous venons de rapporter d'Euthymius fait voir qu'on ne la doit point soupçonner de flatterie. Elle dit de lui de plus qu'il n'avait rien tant à cœur que d'étendre la religion chrétienne, et que, par l'exercice de la vertu, la méditation continuelle et la recherche de la science ecclésiastique, il avait beaucoup passé les bornes de l'intelligence des laïques, et qu'il égalait le soin et la vigilance des évêques. Et enfin, elle dit en particulier, à l'égard des hérésies, qu'il avait une application extraordinaire à les étouffer, et qu'il n'épargnait ni travail, ni peine, ni dépense, lorsqu'il y avait espérance de ramener à l'Église ceux qui s'en étaient égarés, et que l'Orient et l'Occident étaient témoins en ce point de la grandeur de son zèle. Elle ne le dit pas seulement, elle le prouve par la condamnation de divers hérétiques, que l'empereur Alexis procura durant son règne. Elle rapporte fort au long la condamnation d'un nommé Italus, dont elle décrit le corps, l'esprit, la science, les erreurs, et le retour à l'Église. Elle raconte le soin que ce même empereur prit de convaincre et de faire condamner une erreur fort subtile d'un nommé Nilus, où elle étale sa science sur l'hypostase et l'union des natures en Jésus-Christ. Elle fait au quatorzième livre une longue histoire, de l'adresse avec laquelle Alexis découvrit les erreurs d'un nommé Basile, chef de la secte des bogomiles. Et elle remarque en particulier, que ces hérétiques blasphémaient l'Eucharistie. *Basile*, dit-elle, *méprisait entièrement le corps et le sang du premier prêtre et du premier sacrifice qui s'opère parmi nous*. De sorte que, comme les catholiques peuvent trouver des défenseurs et des témoins de leur doctrine sur l'Eucharistie dans cet évêques qui condamnèrent ces hérétiques, dans cet empereur qui les découvrit, dans cette savante princesse qui en rapporte l'histoire, les calvinistes pourraient peut-être trouver quelques partisans de leurs opinions dans les hérétiques bogomiles.

Sous Jean Comnène, fils et successeur d'Alexis, le patriarche Léon Stypiote condamna, dans un synode, les écrits de Constantin Chrysomale, qui contenaient des erreurs semblables à celles des enthusiastes et des bogomiles, comme le dit Allatius. Le même auteur rapporte que, sous Manuel Comnène, successeur de Jean, le patriarche Michel Oxyta condamna Niphon, religieux convaincu de l'hérésie des bogomiles, et qu'il fut mis en prison après qu'on lui eut coupé la barbe, qui allait jusqu'à ses pieds.

On peut voir dans le même livre d'Allatius d'autres synodes tenus en Grèce, qui contiennent la condamnation de plusieurs autres hérétiques : ce qui fait voir qu'il n'y avait rien alors de plus ordinaire, et que l'on n'y souffrait ni l'introduction des nouvelles erreurs, ni le renouvellement des anciennes.

Et de là il est aisé de conclure que si la doctrine de la présence réelle et de la transsubstantiation n'avait pas été celle de l'église grecque, il est impossible qu'elle n'eût été condamnée sous cet empereur et ces patriarches ; puisqu'il est impossible que les Grecs ne l'aient découverte, et par les voyages qu'ils faisaient en divers lieux de l'Italie et de l'Occident ; et par ce grand nombre de prêtres et de laïques de la communion latine, qui demeuraient avec eux à Constantinople et en divers autres lieux de la Grèce et de l'Orient ; et par les femmes latines avec lesquelles ils s'alliaient très-souvent ; et par les Grecs qui se rangeaient souvent à la communion des Latins dans les lieux où ils étaient les maîtres ; et par les Latins qui embrassaient la communion des Grecs, lorsque les Grecs rentraient dans la possession des églises qui avaient été occupées par les Latins.

Enfin, pour achever de représenter cette conformité de l'église grecque avec l'Église latine sur le sujet de l'Eucharistie, on peut dire que comme elles étaient parfaitement d'accord dans le fond de la doctrine, elles l'étaient aussi dans le jugement qu'elles faisaient de la piété et de la dévotion envers ce mystère, qui est une suite naturelle de la doctrine.

La princesse Anne Comnène, dans le portrait qu'elle fait de la piété de son aïeule, mère de l'empereur Alexis, à qui elle donne de grandes louanges, y remarque expressément qu'elle ne manquait aucun jour d'assister au sacrifice dans l'église de sainte Thècle : ce qui fait voir que l'on disait tous les jours la messe à Constantinople, et que la pratique d'y assister tous les jours, si ordinaire aux catholiques, était commune en ce siècle à ceux qui faisaient profession de piété.

Quelque sujet qu'elle eût de n'aimer pas le vaillant Robert de Normandie, duc de Calabre et père du célèbre Bohémond, elle n'a pu s'empêcher, en décrivant cette grande bataille où il défit l'empereur Alexis, et le pensa prendre prisonnier, de relever la manière chrétienne avec laquelle il se prépara au combat avec toute son armée. *Ils passèrent*, dit-elle, *toute la nuit en prière dans l'église du martyr Théodore, qui était au bord de la mer, et ils y reçurent les mystères immaculés*. Si cette princesse avait été du sentiment des calvinistes, et qu'elle eût regardé Robert et ses soldats comme des superstitieux, et leurs sacrifices comme impies, bien loin de représenter cette manière dont ils se préparèrent à la bataille comme une action de piété qui les disposa à la victoire, n'eût-elle pas au contraire témoigné de l'étonnement, de ce qu'après ces pratiques superstitieuses et sacriléges, Dieu les favorisa d'un succès si avantageux ; et au lieu de dire que les soldats de Robert et son armée reçurent les mystères immaculés, n'aurait-elle pas dit qu'ils pratiquèrent leurs superstitions ?

Si l'on joint ensemble toutes ces preuves, comme la raison le demande, et qu'au lieu de s'amuser à chicaner sur quelques-unes en particulier, on regarde l'effet qu'elles produisent par leur union ; si l'on considère que l'accord des deux églises sur l'Eucharistie paraît partout ; que cette désunion chimérique que M. Claude invente ne paraît nulle part ; que tout s'entretient en supposant qu'elles étaient unies de sentiments sur ce mystère; que rien ne s'entretient en supposant qu'elles étaient divisées; que l'on voit tous les effets de l'union; que l'on ne voit aucun effet de division : je ne pense pas qu'un esprit tant soit peu raisonnable puisse refuser de se rendre à une vérité si claire.

CHAPITRE XII.

Septième preuve de la créance de l'église grecque, tirée d'Euthymius Zigabenus.

Je rapporte au douzième siècle Euthymius Zigabenus, religieux grec, encore qu'il ait passé la plus grande partie de sa vie dans le onzième, parce qu'il a survécu à l'empereur Alexis Comnène, qui ne mourut que l'an 1118. Il fut connu particulièrement de cet empereur, et ce fut par son ordre qu'il dressa sa Panoplie, qui n'est autre chose qu'un recueil des passages des Pères opposés aux principales hérésies, dont il rapporte les dogmes au commencement de chaque titre.

Cet auteur nous fournit de deux sortes de preuves sur notre sujet : les unes négatives, les autres positives. La preuve négative est que, parlant dans sa Panoplie des principales hérésies, il ne fait aucune mention de la doctrine de la transsubstantiation; et cependant s'il l'avait prise pour une erreur, il aurait dû la marquer comme la plus dangereuse de toutes, puisqu'il ne pouvait ignorer qu'elle était suivie de tout l'Occident. L'on ne peut pas dire que cet auteur ait eu dessein d'épargner les Latins, puisqu'on trouve encore dans la bibliothèque du roi le manuscrit de l'un de ses ouvrages, où il les attaque expressément. Le titre en est comme nous avons déjà dit : *Euthymii monachi Zigabeni, adversus Romæ veteris cives, capita duodecim, demonstrantia non ex Filio procedere Spiritum sanctum.* C'est la seule opinion qu'il leur reproche. La preuve positive est tirée d'un passage que M. Claude allègue contre la transsubstantiation. Mais pour le faire servir à ce dessein, il n'en cite qu'une partie, et il retranche tout le reste. *Les Grecs*, dit-il, *disent bien que le pain et le vin sont changés au corps et au sang du Seigneur : mais ils disent aussi des choses qui témoignent que c'est un changement, non de substance, mais d'efficace et de vertu; comme ce que dit Euthymius, qu'il ne faut pas regarder à la nature des choses qui sont proposées, mais à leur vertu.*

C'est tout ce qu'en cite M. Claude. Mais pour détruire les vaines conséquences qu'il en tire, il n'y a qu'à rapporter le passage tout entier, comme il est dans le commentaire d'Euthymius sur S. Matthieu, chapitre 64. *Comme l'ancien Testament*, dit-il, *a eu des hosties et du sang, le nouveau en a aussi, qui sont le corps et le sang du Seigneur. Il n'a pas dit : Ces choses sont les signes de mon corps et de mon sang; mais il a dit : Ces choses sont mon corps et mon sang. Il ne faut donc pas considérer la nature des choses qui sont mises sur l'autel, mais leur vertu. Car de même que le Verbe déifie (s'il est permis d'user de ce mot) la chair à laquelle il s'est uni d'une manière surnaturelle, de même il change, par une opération ineffable, le pain et le vin en son corps même, qui est une source de vie, et en son précieux sang, et en la vertu de l'un et de l'autre. Or il y a quelque rapport du pain au corps, et du vin au sang : car le pain et le corps sont d'une matière terrestre, et le vin et le sang sont d'une matière chaude et subtile comme l'air. Et comme le pain fortifie, de même le corps de Jésus-Christ fortifie aussi, en sanctifiant et l'âme et le corps : et comme le vin donne de la joie, le sang de Jésus-Christ a le même effet, et nous est de plus un puissant secours. Que si tous tant que nous sommes de fidèles, nous participons au même corps et au même sang, la participation de ce mystère nous unit tous ensemble; nous sommes tous en Jésus-Christ, et Jésus-Christ est en tous, selon que Jésus-Christ même le dit : Celui qui mange ma chair et boit mon sang demeure en moi, et moi en lui. Le Verbe s'est uni à la chair par l'incarnation, et cette chair nous est unie lorsque nous participons à ce sacrement.*

1° Euthymius ruine et exclut en même temps, par ce passage, ces deux clés célèbres dont les ministres se servent pour éluder tous les passages des Pères. Il exclut la *clé de figure*, en remarquant que Jésus-Christ n'a pas dit : *Ces choses sont les signes de mon corps et de mon sang*; mais qu'il a dit : *Ces choses sont mon corps et mon sang.* Et il nous donne lieu d'exclure la *clé de vertu* par le même raisonnement; puisque Jésus-Christ n'a pas dit non plus : *Ceci est la vertu de mon corps;* mais qu'il a dit : *Ceci est mon corps.* La propriété des paroles à laquelle Euthymius s'attache bannit également et la figure et la vertu séparée du corps de Jésus-Christ, et elle ne peut exclure l'une qu'en excluant l'autre.

2° Euthymius, en concluant que le pain et le vin ne sont pas les signes du corps et du sang, parce que Jésus-Christ n'a pas dit : *Ceci est la figure de mon corps*, etc., fait voir qu'il n'a pas pris dans les paroles de l'institution le mot *est* dans le sens de *significat*; c'est-à-dire, qu'il ne les a pas prises dans un sens de figure. Donc il les a prises dans un sens de réalité, et il a cru que les choses dont Jésus-Christ a dit : Ceci est mon corps, ceci est mon sang, étaient réellement son corps et son sang.

3° Mais cette solution des ministres, que par le corps de Jésus-Christ il faut entendre la vertu du corps, et non le corps même, est encore plus clairement détruite par ces paroles d'Euthymius, qui assure que *Jésus-Christ change le pain et le vin en son corps même, qui donne la vie; en son précieux sang, et en la force ou la grâce de l'un et de l'autre : et in gratiam ipsorum.* Car afin qu'on ne pût pas séparer cette force et cette grâce du corps même de Jésus-Christ, et qu'on ne pût pas dire, comme fait M. Claude, qu'il entend un changement de vertu, et non de substance, Euthymius a pris soin d'unir expressément la substance et la vertu, en disant que Jésus-Christ change le pain et le vin en son corps et en son sang, *et in gratiam ipsorum ;* c'est-à-dire, et en la vertu de l'un et de l'autre.

Il est étrange que les ministres nous veuillent persuader que des gens, sans avoir perdu l'esprit, pour faire entendre que Jésus-Christ communique au pain la vertu de son corps, aient choisi cette bizarre expression, *Jésus-Christ change le pain en son corps même.* Il est étrange qu'ils prétendent que les Pères aient supposé qu'ils seraient entendus en parlant un langage si contraire au sens commun ; et enfin il est bien étrange qu'ils veuillent que le commun du monde ait été assez subtil pour deviner un sens si étrangement éloigné des paroles, et si peu autorisé par des expressions semblables. Mais au moins devraient-ils mettre quelque borne à cette licence, avec laquelle ils disposent et des paroles des uns, et de l'intelligence des autres : car certainement il vaudrait mieux qu'ils déclarassent une fois pour toutes que les passages signifient tout ce qu'ils veulent qu'ils signifient, et qu'il ne faut juger du sens des auteurs que par leurs caprices, que de donner aux paroles d'Euthymius le sens auquel il les faut prendre pour les rendre conformes à leur sentiment.

Euthymius dit que Jésus-Christ change d'une manière ineffable *le pain en son corps même.* Cela signifie, dit M. Claude, *qu'il le change, non en son corps, mais en la vertu de son corps.* Euthymius dit *qu'il change le vin en son sang même.* Cela signifie, dit M. Claude, *qu'il le change non en son sang, mais en la vertu de son sang.* Euthymius ajoute qu'il les change en la vertu de l'un et de l'autre : *in gratiam ipsorum.* Cette addition a incommodé M. Claude, et il a trouvé bon de n'en point parler. Mais en l'y ajoutant, parce qu'elle y est en effet, l'expression d'Euthymius tout entière, expliquée au sens des calvinistes, sera *que Jésus-Christ change le pain en la vertu du corps, et le vin en la vertu du sang, et en la vertu de l'un et de l'autre.* Qui a jamais ouï parler d'une pareille folie, de joindre ensemble le terme métaphorique et l'explication du terme métaphorique, comme deux choses distinctes et séparées ? Dira-t-on, par exemple, que la pierre était Jésus-Christ et le signe de Jésus-Christ ; que l'arche était l'Église et la figure de l'Église ; que l'agneau pascal était Jésus-Christ et l'image de Jésus-Christ ; que la colère change les hommes en bêtes et en la fureur des bêtes ? Qui ne voit que la nature de notre esprit répugne manifestement à ces expressions ; puisque l'on ne se sert de termes métaphoriques, que parce qu'on veut éviter en cet endroit les termes propres comme trop faibles ? Et ainsi l'esprit, dans cette disposition, n'a garde de joindre à l'heure même, à ce terme métaphorique, le terme simple qu'il a évité, et encore dans un arrangement qui le fait regarder par nécessité comme quelque chose de séparé du terme métaphorique.

Ce passage d'Euthymius pourrait fournir plusieurs autres réflexions ; mais quelles qu'elles soient, elles ? sauraient être si claires que l'idée que le passage donne de lui-même et par la simple lecture : et c'est pourquoi M. Claude s'est bien donné de garde de le rapporter tout entier.

Il suffit donc de demander à MM. les religionnaires, s'il y a de l'apparence qu'un homme, pour instruire un autre de leur opinion, voulût emprunter les paroles d'Euthymius, s'ils voudraient eux-mêmes s'en servir ; si la manière dont ils conçoivent leur sentiment les a jamais portés à de semblables expressions ; s'il leur est jamais arrivé de dire à quelqu'un que Jésus-Christ nous donnait, non la figure de son corps, mais son corps, parce qu'il n'avait pas dit : *Ceci est la figure de mon corps,* mais : *Ceci est mon corps ;* s'il leur est arrivé de dire qu'il change le pain et le vin *en son corps même, en son sang même et en la vertu de l'un et de l'autre ;* s'il leur est arrivé de dire, que comme *le Verbe est uni à la chair, ainsi cette chair nous est unie par la participation de l'Eucharistie ?* C'est par-là qu'ils doivent juger si ce passage est propre à prouver ou à détruire la transsubstantiation.

Mais que veut donc dire Euthymius, lorsqu'il dit : *Oportet autem, non ad naturam eorum quæ proponuntur aspicere, sed ad virtutem eorum ?* C'est une chose admirable que des personnes si fertiles en solutions, et qui se contentent si facilement de celles qu'ils inventent, n'en veuillent pas voir une si aisée ! M. Claude n'avait qu'à consulter Aubertin, et il aurait appris de ce ministre que le mot de nature est souvent pris pour l'amas des accidents qui forment l'apparence extérieure : et cela supposé, il n'y a nulle difficulté dans ce passage ; puisqu'Euthymius ne voudra dire autre chose, sinon qu'il ne faut pas avoir égard à ce que ces choses paraissent, mais à leur vertu ; c'est-à-dire, comme nous l'avons montré dans l'examen du passage de Théophylacte, *à leur vérité intérieure, à ce qu'elles sont dans la vérité.* Il voudra dire ce que Paschase a exprimé quand il a dit *que la vertu des choses était plus considérable que l'apparence* : potior virtus rerum quàm species ; *et que celui qui donne à toutes choses la vertu de leur nature, a donné à ce sacrement d'être le corps et le sang de Jésus-Christ.* De sorte que, selon cet auteur, la vertu du sacrement de l'Eucharistie est d'être le sang de Jésus-Christ.

Euthymius ne veut donc pas que l'on s'arrête à l'apparence, qui ne nous donnerait pas sujet de concevoir une grande idée de ce mystère : il veut qu'on en considère la vertu ; mais une vertu qui vient de son essence et de l'opération ineffable de Jésus-Christ, qui y change le pain en son corps même plein de vertu et d'efficace, comme Euthymius le dit ensuite. Voilà la vertu qu'il veut qu'on y considère ; vertu jointe au corps, et non séparée du corps.

Mais sans avoir même recours à cette solution autorisée par Aubertin, on peut encore prendre ces paroles dans un sens plus simple, qui est de dire que la nature qu'Euthymius ne veut pas qu'on regarde, n'est pas la nature présente de ces dons, mais la nature passée ; c'est-à-dire, qu'il enseigne qu'il ne faut pas considérer ce que ces dons étaient lorsqu'ils ont été présentés, mais ce qu'ils ont été faits : car la nature subsistant encore selon l'apparence, on a raison de nous avertir de ne la regarder plus, parce qu'elle n'est plus en effet, et que, comme dit S. Ambroise, *ce n'est plus ce que la nature a formé, mais ce que la bénédiction a consacré*; et qu'ainsi il ne faut plus avoir égard à leur première nature, qui est changée, mais à la vertu dont ces choses sont remplies, par l'opération qui les a changées au corps et au sang de Jésus-Christ. C'est l'avertissement qu'Euthymius nous donne, premièrement en abrégé, en disant qu'il ne faut pas avoir égard à la nature des dons présentés, mais à leur vertu; et ensuite plus au long, lorsqu'il nous enseigne, que *comme Jésus-Christ a déifié la chair qu'il a unie à sa divinité, de même il change les dons, par une opération ineffable, au corps même et au sang même de Jésus-Christ, et en la vertu de l'un et de l'autre.*

Ce passage d'Euthymius, tiré de son commentaire sur S. Matthieu, est ordinairement allégué par les auteurs qui traitent des controverses : mais il me semble qu'on ne fait pas ordinairement assez de réflexion sur ce l'on voit dans la Panoplie du même auteur, au titre des *Pauliciens*.

C'était une espèce d'hérétiques qui avaient renouvelé une partie des erreurs des manichéens, et qui y en avaient ajouté quelques autres; et surtout ils avaient une hérésie fort bizarre sur le fait de l'Eucharistie; car ils disaient que Jésus-Christ, en instituant ce mystère, n'avait point distribué de pain et de vin à ses disciples, et que ces paroles : *Prenez et mangez*, ne s'entendent que de ces paroles mêmes qu'il proposait à ses disciples comme leur pain et leur nourriture. Et par une suite de ce principe ils disaient que communier n'était autre chose que méditer les paroles de Jésus-Christ, et s'en nourrir.

Cette hérésie détruisait nettement la présence réelle et la transsubstantiation; de sorte que si messieurs les ministres sont tant en peine de trouver des exemples parmi les Grecs de personnes qui aient combattu cette doctrine, on ne désavouera pas qu'ils n'en puissent trouver parmi ces détestables hérétiques.

Euthymius donc, après avoir représenté leur erreur, entreprend ensuite de la réfuter; et il le fait à son ordinaire, en choisissant les passages des Pères qu'il a cru les plus propres pour instruire les fidèles de la vérité de ce mystère et de la foi de l'Église catholique. Ce choix est extrêmement considérable pour découvrir son véritable sentiment : car, ayant à choisir dans toute la tradition, et n'étant lié par aucune loi, le sens commun fait voir qu'il a choisi sans doute les passages les plus précis, les plus clairs, les plus dogmatiques, les plus propres pour donner une connaissance nette du mystère, selon l'idée qu'il en avait et que l'on en avait de son temps; et qu'il est sans apparence que pour représenter la foi de l'Église, il ait fait choix au contraire des passages les plus obscurs, les moins dogmatiques, les plus hyperboliques qui se trouvent dans les auteurs ecclésiastiques.

En effet, qui aurait prié Aubertin ou M. Claude de nous citer les lieux qu'ils croient les plus propres pour nous instruire de leur doctrine, ils ne manqueraient jamais de nous alléguer le passage de Facundus, quelques lieux de S. Augustin, et le célèbre passage de Tertullien. Et, s'ils étaient obligés d'en citer des Grecs, ils nous allégueraient quelque passage obscur de Clément Alexandrin, ou d'Origène, ou le passage des Dialogues de Théodoret : mais ils se donneraient bien garde de nous renvoyer à la Catéchèse de S. Grégoire de Nysse, ou au chapitre 14 du quatrième livre de S. Jean de Damas. Ce seraient les derniers lieux qu'ils allégueraient sur ce sujet-là; et encore ils ne les citeraient jamais qu'en objections, puisque, pour les réduire à leur sens, ils ont besoin de mille machines, et qu'il faut donner une infinité de contorsions à l'esprit, afin de les rendre susceptibles des solutions qu'ils y apportent.

Mais les sentiments d'Euthymius ont si peu de rapport avec ceux de ces messieurs, que les deux passages de toute l'antiquité qui expriment le plus nettement la présence réelle et la transsubstantiation au sens des catholiques, et qui sont les plus hyperboliques, les plus faux et les plus trompeurs au sens des ministres, sont justement ceux qu'Euthymius choisit pour représenter la foi de l'église grecque.

Si l'on veut donc savoir quelle était la doctrine de ce savant religieux sur l'Eucharistie, et quelle était celle de l'église grecque de son temps, il n'y a qu'à voir celle qui est contenue dans ces deux passages pris littéralement et dogmatiquement, car c'est en cette manière qu'il les a produit.

Il croyait avec S. Grégoire de Nysse que *le corps de Jésus-Christ entrait en nous par le moyen du boire et du manger; que nos corps étaient joints avec ce corps immortel; que ce corps étant un était distribué tous les jours à une infinité de personnes; que chacun le recevait tout entier, et qu'il demeurait tout entier en soi.* Il croyait que *le pain sanctifié était changé par la parole de Dieu au corps du Verbe-Dieu, et qu'il devenait tout d'un coup le corps du Verbe, étant changé par cette parole : Ceci est mon corps.* Il croyait que, *par une dispensation de grâce, Jésus-Christ se donne à tous les fidèles par sa chair, afin que l'union avec cette chair immortelle les rende participants de son immortalité.*

Il croyait de même, comme il est dit dans le passage de S. Jean Damascène, que *si l'on demande comment le pain est fait le corps de Jésus-Christ et le vin son sang, il n'y avait rien à répondre, sinon que le Saint-Esprit descendait et opérait des choses qui surpassaient la raison et l'intelligence des hommes; que ce corps joint à la divinité était le corps même qui était né de Marie; que comme le pain et le vin que l'on mange et que l'on boit sont changés au corps et au sang de celui qui les mange et qui les boit, et ne deviennent pas un autre corps que celui qui était auparavant, de même le pain et le vin mêlé d'eau sont changés par l'invocation et l'avénement du Saint-Esprit au corps et au sang de Jésus-Christ, et ne font pas deux corps, mais un même* corps; *que le pain et le vin ne sont pas la figure du corps du Seigneur, mais son corps même uni à la divinité.*

Ce sont-là les expressions qu'Euthymius a jugé les plus propres, les plus précises et les plus littérales, pour marquer la doctrine de l'Église; et il ne faut que le choix même de ces passages pour convaincre toutes les personnes raisonnables que la foi de la présence réelle et de la transsubstantiation n'était pas moins établie dans l'église grecque que dans l'Église latine.

On peut ajouter que ce choix n'est point particulier à Euthymius, et qu'Aubertin même reconnait que les Grecs ont formé leurs sentiments sur S. Jean de Damas et sur S. Grégoire de Nysse. Et en effet, il n'y a qu'à lire les traités des nouveaux Grecs, pour y reconnaître qu'ils se conforment entièrement au sentiment et aux expressions de ces deux Pères. Et c'est ce qui fait voir avec combien de raison on a remarqué dans le traité de *la Perpétuité* que l'opinion des calvinistes est fondée sur certains passages écartés et inconnus au commun du monde, et qui n'ont en rien contribué à former la créance des peuples; et que la foi des catholiques est tirée, au contraire, des passages sur lesquels l'Église a réglé ses sentiments, et qu'elle a regardés comme contenant précisément et littéralement ce qu'il faut croire de l'Eucharistie. D'où il s'ensuit manifestement qu'il ne faut pas expliquer les passages des catholiques par ces passages écartés, par un lieu de Facundus, par une lettre de S. Augustin, par un endroit des Dialogues de Théodoret; mais que s'étant instruit de la foi de l'Église, dans les lieux des Pères qu'elle a toujours regardés comme les plus propres pour la faire connaître, il faut se servir de la lumière que l'on y trouve, pour y réduire les passages plus obscurs; c'est-à-dire, en un mot, que la raison nous oblige à regarder les passages des catholiques comme des preuves et des règles de la foi, et ceux dont les calvinistes abusent, comme des difficultés à éclaircir, et que l'on peut même négliger, puisqu'il n'est pas nécessaire pour croire un mystère que l'on n'y trouve aucune difficulté.

CHAPITRE XIII.

Huitième preuve, *tirée de Nicolas de Méthone.*

Nicolas, évêque de Méthone, ayant vécu sous Manuel, petit-fils d'Alexis, doit être rapporté au douzième siècle. Cet auteur est fort considérable sur cette matière par plusieurs raisons : 1° parce qu'il est grand ennemi des Latins, ayant écrit contre eux plusieurs traités sur tous les sujets de contestation que l'église grecque avait avec la romaine : ce qui ne le rendra pas suspect de complaisance pour les Latins; 2° parce que, durant le temps qu'il a vécu, il y avait un commerce continuel entre les deux églises, qui ne permettait à aucun des Grecs, et encore moins aux évêques, et à ceux d'entre les évêques qui faisaient une particulière profession de doctrine, d'ignorer le sentiment des Latins sur l'Eucharistie; 3° parce que le sujet du traité qu'il a fait sur l'Eucharistie l'obligeait à déclarer plus nettement son sentiment : car il est marqué par le titre même que le dessein de l'auteur est de remédier au doute ou à l'erreur de ceux qui niaient que le pain et le vin, étant consacrés, fussent le corps et le sang de Jésus-Christ : Πρὸς τοὺς διστάζοντας καὶ λέγοντας ὅτι ὁ ἱερουργούμενος ἄρτος καὶ οἶνος οὐκ ἔστι σῶμα καὶ αἷμα τοῦ Κυρίου ἡμῶν Ἰησοῦ Χριστοῦ. Or on ne parle jamais plus précisément d'un mystère que quand on veut étouffer les doutes que quelques personnes en ont.

Il n'est pas fort difficile aux catholiques de rendre raison pourquoi ce doute se pouvait élever dans l'esprit de quelques Grecs : car, outre que les sens y portent assez, l'hérésie de Bérenger s'étant répandue dans l'Occident, et l'Occident étant allé fondre en Orient par les croisades, il n'est nullement étrange que dans cette multitude innombrable de Latins qui passèrent en Orient, et qui s'y établirent, il y en ait eu quelques-uns infectés de cette erreur, qui l'aient communiquée à quelques Grecs.

Mais je trouve les ministres assez embarrassés à nous former le plan de ce doute. Car enfin, de quoi doutaient, selon eux, ces personnes que Nicolas de Méthone veut corriger? Diront-ils qu'ils ne pouvaient croire que le pain fût l'image de Jésus-Christ? Mais comment est-il possible de douter d'une chose si facile? Doute-t-on que le lierre signifie du vin, que l'olivier signifie la paix, que le laurier signifie la victoire, quoique ce ne soit que des hommes qui aient établi ces significations? Quelle difficulté y aurait-il donc à croire que Jésus-Christ eût choisi une matière terrestre pour en faire un signe de son corps, si la foi ne nous obligeait qu'à cela?

Diront-ils que ces gens ne pouvaient croire que Jésus-Christ pût communiquer moralement au pain la vertu de son corps? Mais est-il plus difficile de communiquer au pain la vertu du corps de Jésus-Christ, que de la communiquer à l'eau du baptême, à l'huile de la confirmation? Ces personnes devaient donc, par la même raison, douter de tous les autres sacrements aussi bien que de celui de l'Eucharistie. Cependant il paraît que leur doute était particulier sur le mystère de l'Eucharistie, et non général sur tous les sacrements.

En vérité, c'est faire une étrange violence à notre raison, que de nous vouloir obliger à supposer gratuitement dans ces personnes des doutes si peu raisonnables : mais étendons néanmoins jusque-là notre complaisance pour M. Claude, et, puisqu'il le veut, imaginons-nous qu'il s'est trouvé des gens qui ont douté *s'il était possible que le pain consacré contint la vertu de Jésus-Christ*, ou *qu'il fût la figure de Jésus-Christ*. Mais comme ces doutes sont fort étranges, il est bien juste au moins qu'il nous fasse voir qu'ils les ont exprimés par des paroles propres à les signifier. Les langues ne sont pas si pauvres que l'on n'y puisse trouver des expressions capables de faire entendre ces doutes, quels qu'ils soient. Ils n'avaient qu'à dire : *Je doute si le pain contient la vertu du corps de Jésus-Christ* : *Je doute si c'est la figure du corps de Jésus-Christ* : ou, en joignant l'un et l'autre ensemble : *Je doute si le pain est une figure du corps de Jésus-Christ pleine d'efficace et de vertu* : ou, en empruntant les expressions magnifiques de M. Claude : *Je doute si le pain est inondé de la vertu du corps de Jésus-Christ.*

M. Claude nous fait-il donc voir que ces gens aient exprimé ce doute en quelqu'une de ces manières ? Nullement. Ceux dont parle Nicolas de Méthone ne disaient autre chose, sinon *qu'ils doutaient si le pain consacré était le corps de Jésus-Christ, ou s'il était changé au corps de Jésus-Christ* : et ainsi, afin de les réduire au sens de M. Claude, il faut qu'il nous oblige de supposer que comme ils pensaient d'une manière extravagante, ils s'exprimaient aussi d'une manière extravagante, et qu'ils s'opiniâtraient à ne parler jamais raisonnablement.

Mais ce qui est admirable, c'est que M. Claude, faisant penser et parler les gens d'une manière si contraire au sens commun, fait en même temps que ceux à qui ils parlent n'ont pas la moindre difficulté à entendre ces paroles; qu'ils ne les prennent jamais dans le sens littéral, et qu'ils pénètrent tout d'un coup les intentions cachées sous des termes si éloignés de ce qu'il veut qu'ils signifient.

Il est certain que si présentement un homme allait trouver M. Claude, et qu'il lui dît : Monsieur, je doute si le pain consacré est le corps de Jésus-Christ, ou : Je doute si le pain est changé au corps de Jésus-Christ, M. Claude lui dirait qu'il fait très-bien d'en douter, ou plutôt qu'il doit croire que le pain consacré n'est point du tout le corps de Jésus-Christ, mais qu'il en contient seulement la vertu et l'efficace. Il lèverait donc ce doute, non en le combattant, et en montrant que cette personne n'a pas raison de douter ; mais en le fortifiant, et en montrant que non seulement il a raison de douter, mais qu'il a raison même de ne pas croire absolument que le pain soit changé au corps de Jésus-Christ. Enfin, il prendrait cette personne pour un catholique ébranlé, et non pour un calviniste tenté.

Nicolas, évêque de Méthone, était à peu près dans la même conjoncture que M. Claude. Il était en un temps où les ministres mêmes ne peuvent nier que la doctrine de la présence réelle et de la transsubstantiation ne fût prêchée sur les toits, comme parle l'Écriture, et ne fût tenue par tous les Latins répandus en si grand nombre dans l'Orient. Pourquoi donc n'aurait-il pas entendu ces paroles par lesquelles ce doute serait exprimé, dans le sens ordinaire et qui était le plus commun en ce temps-là même ? Des personnes s'adressent à lui, et lui disent *qu'elles doutent si le pain consacré est le corps de Jésus-Christ.* S'il était bérengarien, il devait fortifier le doute : s'il était dans l'opinion des catholiques, il le devait combattre. Voyons donc de quelle manière il y répondra.

D'où pensez-vous, dit-il, *que tire son origine ce sacrifice mystique et non sanglant, dans lequel nous croyons que le pain et le calice, étant consacrés, sont changés au corps et au sang de Jésus-Christ? N'est-ce pas de notre Dieu et de Notre-Seigneur Jésus-Christ, comme nous l'apprennent les saints Évangiles? Oui sans doute.* C'est fort mal commencer pour un calviniste : car au lieu de dire à ces gens qu'ils ne doivent point croire que le pain soit changé au corps de Jésus-Christ, il leur enseigne au contraire que l'Église le croit.

Ensuite, après avoir expliqué la manière de la consécration, les causes et la fin de ce mystère, il en explique la nature en ces termes : *Ce qui s'opère*, dit-il, *dans ce mystère, est le corps et le sang de Jésus-Christ*, σῶμα καὶ αἷμα Χριστοῦ τὰ τελούμενα.

Cela n'est encore guère satisfaisant pour M. Claude, et la suite le sera encore moins : car il exagère d'une manière terrible l'impiété de ceux qui doutent que le pain soit changé au corps de Jésus-Christ, et il fait bien voir ainsi qu'il n'en doutait pas lui-même.

Qui sera, dit-il, *assez insolent et assez téméraire, pour avancer des nouveautés contre cette sainte tradition, pour accuser le mystère de fausseté, pour détruire ainsi celui qui en est l'auteur et l'instituteur? Si quelqu'un*, dit *l'Apôtre, viole la loi de Moïse, on le fait mourir sans miséricorde sur la déposition de deux ou trois témoins. Or combien celui-là mérite-t-il un plus grand supplice, qui foule aux pieds le Fils de Dieu, qui traite de profane le sang du Testament, et qui fait injure à l'Esprit de grâce! Mais qui est celui qui foule aux pieds le Fils de Dieu, et qui se rend coupable de tous ces crimes, sinon celui qui, par une extrême ingratitude, abolit* (dans ce mystère) *le sang de Jésus-Christ, et ne le veut pas confesser; qui méprise ce qui nous a été enseigné par cette bouche divine qui ne peut mentir? C'est elle qui nous dit : C'est mon corps, c'est mon sang. C'est elle qui dit : Si vous ne mangez la chair du Fils de l'homme, et si vous ne buvez son sang, vous n'aurez point la vie en vous. Pourquoi donc vous laissez-vous aller à ce doute?*

On peut assurer sans témérité que M. Claude ne parlera jamais de cette sorte, à moins qu'il ne devienne catholique, et qu'il ajoutera encore moins les raisons suivantes, pour montrer simplement que Dieu a pu communiquer moralement au pain la vertu de son corps.

Pourquoi, dit Nicolas de Méthone, *attribuez-vous l'impuissance à celui qui est tout-puissant? N'est-ce pas lui qui a fait toutes choses de rien? N'est-ce pas une des trois personnes de la Divinité qui s'est incarnée dans les derniers temps, qui a commandé que le pain fût changé en son corps? Pourquoi cherchez-vous les causes et l'ordre de la nature dans le changement du pain au corps de Jésus-Christ, et du vin mêlé d'eau en son sang; puisque ce corps même est né d'une vierge d'une manière qui surpasse la nature, et qui est au-dessus des pensées, de la raison et de l'intelligence des hommes? Vous ne croirez donc pas aussi, ni sa résurrection d'entre les morts, ni son ascension au ciel, ni les* autres merveilles de *Jésus-Christ*; *puisqu'elles surpassent de même, et la nature, et les pensées, et l'intelligence? La cause de cette incrédulité est que vous ne confessez pas que Jésus-Christ est le Dieu véritable, et qu'il est le Fils de Dieu; mais que vous êtes ou Juif, ou arien dans votre cœur.*

Quelle étrange manière de réfuter des gens qui douteraient si le pain est la figure de Jésus-Christ, ou s'il en contient la vertu! Quelles étranges expressions pour un homme qui n'aurait que cela dans la pensée! Mais qu'elles sont justes, naturelles, simples, propres pour un évêque bien persuadé de la transsubstantiation, qui réfute des personnes qui ne la croient pas, et qui allèguent, pour la combattre, de prétendues impossibilités, comme les ministres font si souvent.

Nicolas de Méthone poursuit encore la même matière, et il rapporte une autre cause de ce doute qu'il combat : *Peut-être*, dit-il, *que vous doutez de ce mystère, et que vous ne le croyez pas, parce que vous ne voyez pas de la chair et du sang.*

Il faut avouer que les gens de ce temps-là raisonnaient d'une étrange manière, si l'on prend M. Claude pour l'interprète de leurs paroles. Car Nicolas de Méthone aura voulu dire, selon lui : *Peut-être ne croyez-vous pas que le pain et le vin contiennent la vertu du corps et du sang de Jésus-Christ, parce que vous ne voyez pas de la chair et du sang.* Comme s'il fallait qu'il parût de la chair et du sang afin qu'on croie que le pain et le vin en contiennent la vertu. Ainsi le raisonnement de ces gens consistera, selon M. Claude, dans ce plaisant argument : Si le pain et le vin contenaient la vertu du corps de Jésus-Christ, il paraîtrait de la chair et du sang dans l'Eucharistie : or il n'y paraît ni chair ni sang; donc ils n'en contiennent pas la vertu.

Je veux néanmoins encore que ce fût la coutume de ce temps-là d'avoir des doutes ridicules, de les exprimer d'une manière ridicule, de les appuyer sur des raisonnements ridicules; mais faut-il encore que M. Claude nous oblige de supposer que des évêques n'y fassent que des réponses impertinentes, et qu'ils ne s'avisent pas d'y en faire les plus simples et les plus naturelles du monde? Peut-être qu'un petit exemple lui fera comprendre cette absurdité d'une manière plus vive et plus sensible.

Il n'y a pas grand lieu de douter que le livre de M. Claude ne contienne moralement la vertu de M. Claude : il s'y est épuisé, et il y a parfaitement représenté tous les caractères de son esprit. Mais supposé qu'il y eût quelqu'un qui en doutât, et qui, ensuite de ce doute, raisonnât de cette impertinente manière : Si le livre de M. Claude contenait moralement la vertu de M. Claude, pourquoi ne verrait-on pas la personne de M. Claude dans toutes les chambres où on lit son livre? Tout le monde sans doute se moquerait d'abord de cette étrange question, et ensuite la déciderait de la même sorte, en disant que la raison pourquoi on ne voit pas M. Claude en toutes les chambres où on lit son livre, c'est qu'il n'y est pas effectivement. La solution est courte, facile, naturelle, décisive : elle ne laisse aucun doute dans l'esprit ; mais on ne s'avisera jamais de répondre à cette extravagante question, que la raison pourquoi on ne le voit pas, c'est que cela étonnerait fort les gens de voir tout d'un coup paraître un spectre et un fantôme devant soi ; et que c'est pour épargner aux hommes cet étonnement que Dieu ne veut pas faire ce miracle de faire paraître M. Claude à tous ceux qui lisent son livre.

M. Claude nous dira sans doute que cet exemple est ridicule : aussi je le propose comme ridicule; mais, tout ridicule qu'il est, il est entièrement semblable au doute que M. Claude suppose dans ces gens contre qui Nicolas de Méthone écrit, au raisonnement qu'il leur fait faire, et à la réponse qu'il attribue à cet évêque. Il est tout aussi raisonnable de dire, comme on fait dans l'exemple que j'ai rapporté : *Si le livre de M. Claude contenait la vertu et le génie de M. Claude, pourquoi donc ne voit-on pas M. Claude dans toutes les chambres où on lit son livre,* que de dire, comme M. Claude suppose que ces gens ont fait : *Si le pain et le vin consacrés contenaient la vertu du corps et du sang de Jésus-Christ, pourquoi donc ne voyons-nous point de la chair et du sang?* L'un et l'autre est également impertinent.

Comme la réponse naturelle de la première question serait de dire que l'on ne voit point M. Claude en tous les lieux où on lit son livre, parce qu'il n'y est pas, la réponse naturelle qu'on devrait faire à ceux qui, supposant que le pain ne contiendrait que la vertu de la chair de Jésus-Christ, demanderaient pourquoi donc ne voit-on pas de la chair, serait de dire qu'on ne la voit pas, parce que ce pain n'est pas effectivement de la chair.

Et comme il serait ridicule, en omettant cette réponse naturelle et simple, de dire que la raison pourquoi on ne voit pas M. Claude lorsqu'on lit son livre, est que Dieu ne veut pas faire ce miracle, de le faire paraître en divers lieux, de peur d'étonner le monde, il est ridicule aussi, supposé que la chair de Jésus-Christ ne fût pas vraiment présente dans l'Eucharistie, de répondre que la raison pour laquelle on ne la voit pas, c'est que Dieu, s'accommodant à notre infirmité, ne nous a pas voulu frapper par l'image d'une chair humaine qui nous causerait de l'horreur. C'est néanmoins en cette manière que M. Claude fait répondre Nicolas de Méthone; et ainsi il ne doit pas trouver mauvais qu'ayant à faire voir combien cette réponse est ridicule, on lui ait proposé un exemple ridicule, qu'il ne peut nier être entièrement semblable à cette réponse.

Je réserve à la seconde partie à pousser plus loin ce raisonnement ; car il faut savoir que Nicolas de Méthone n'est pas le seul qui parle de ce doute sur l'Eucharistie, et qu'il n'est pas aussi le seul qui y réponde en cette manière. Nous l'avons vu déjà dans Théophylacte, et nous le verrons dans plusieurs Pères et dans divers auteurs ecclésiastiques, tant anciens que nouveaux. On verra dans tous ces lieux le même doute, la même expression du doute, les mêmes fondements du doute, les mêmes raisons pour combattre ce doute, les mêmes réponses aux fondements de ce doute; et, pour donner lieu aux personnes sincères de prévenir, par leur lumière, ce qu'on peut leur représenter sur ce sujet, on peut dire généralement, qu'en expliquant ce doute à la manière des catholiques, on trouvera : 1 qu'il est naturel et simple, et que non seulement il n'est pas étonnant qu'il s'élève, mais qu'il serait étonnant qu'il ne s'élevât pas; 2° que toutes les expressions dont les Pères se sont servis pour le faire entendre, sont simples et naturelles; 3° que toutes les raisons sur lesquelles ils ont dit qu'il était fondé, sont simples et naturelles ; 4° que toutes les raisons par lesquelles ils l'ont combattu sont les plus naturelles et les plus fortes qu'il était possible d'alléguer ; 5° que toutes les réponses qu'ils ont faites au fondement du doute sont raisonnables et justes; mais que, pour expliquer ce doute au sens des calvinistes, il faut faire un assemblage de toutes les suppositions suivantes : 1° qu'une grande partie des Pères et des auteurs ecclésiastiques aient formé ou rapporté un doute déraisonnable et ridicule sur l'Eucharistie ; 2° qu'aucun auteur ecclésiastique n'ait remarqué que ce doute était ridicule et extravagant; 3° que tous les auteurs ecclésiastiques se soient accordés à exprimer ce doute d'une manière ridicule; 4° qu'ils se soient accordés à ne l'exprimer jamais d'une manière raisonnable ; 5° qu'ils l'aient tous fondé sur une raison contraire manifestement au sens commun ; 6° qu'aucun n'ait remarqué que cette raison était contraire au sens commun, et qu'ils l'aient tous traitée sérieusement; 7° qu'ils soient tous convenus, pour réfuter ce doute, de se servir de raisons extravagantes; 8° qu'ils aient tous omis les raisons naturelles et simples, qui viennent dans l'esprit de tout le monde; 9° qu'à l'égard du fondement de ce doute, aucun d'eux, pour le renverser, n'ait allégué la plus claire, la plus simple, la plus naturelle de toutes les raisons ; 10° que, d'un commun accord, ils aient eu recours à la plus extraordinaire et à la moins raisonnable de toutes les conjectures ; 11° enfin, qu'ils aient pensé, raisonné, parlé d'une manière dont aucun calviniste n'a jamais ni pensé, ni raisonné, ni parlé.

Sans cet amas d'absurdités jointes ensemble, il est impossible d'expliquer au sens des calvinistes ce doute connu, expliqué, et réfuté par les Pères, ni de désavouer qu'il ne prouve clairement et invinciblement la présence réelle et la transsubstantiation.

Je laisse à M. Claude à méditer sur cela, en attendant qu'on lui puisse développer toutes ces propositions. Mais pour revenir à Nicolas de Méthone, je trouve M. Claude assez mal partagé jusqu'ici dans cet auteur : il espère néanmoins trouver mieux son compte dans la suite. Et pour comprendre de quelle manière il y réussit, il faut savoir les maximes qu'il suit dans l'examen des auteurs. On les peut réduire à deux.

La première est de n'avoir aucun égard à tout ce qui lui est contraire dans un auteur ; de n'y faire aucune attention, et même, la plupart du temps, de ne le rapporter pas. C'est par cette règle que, quoiqu'il cite dans son livre Nicolas de Méthone pour prouver que les Grecs ne croient pas la transsubstantiation, il n'a pas jugé à propos de rapporter aucun des passages que nous avons cités ci-dessus, et que nous citerons plus bas.

La seconde est que s'il se trouve quelque petit mot dans un auteur, qui, étant détaché de la suite, ait, non une difficulté réelle, mais quelque petite ombre de difficulté, qui serait étouffée si l'on considérait toute la suite, il croit avoir droit de détacher ce petit mot, de le regarder séparément, d'en tirer une conclusion nette et précise à son avantage, et de n'attribuer à cet auteur que le sens auquel il lui plaît de prendre cette parole détachée. C'est par cette adresse qu'il met Nicolas de Méthone au nombre de ses partisans avec sa confiance ordinaire, par le moyen d'un petit passage qu'il en rapporte.

Nicolas de Méthone, ce sont les termes de M. Claude, *dit que Jésus-Christ nous communique sa chair et son sang par des choses qui sont familières à la nature, en leur joignant sa divinité, et disant : Ceci est mon corps, ceci est mon sang. Ce qui veut dire*, dit M. Claude, *que le pain et le vin, qui sont ces choses familières à la nature, demeurent au sacrement.*

Voilà proprement le génie de M. Claude. Nicolas de Méthone dit, répète, prouve que Jésus-Christ change le pain en son corps, au commencement, au milieu, à la fin de son traité. Il remue le ciel et la terre pour empêcher qu'on en doute : mais il dit en un endroit qu'il joint sa divinité à des choses familières à la nature : donc, dit M. Claude, *le pain demeure*. Quelle conséquence ! Dieu joint sa divinité au pain et au vin, qui sont des choses familières, il est vrai ; mais il la joint comme cause efficace du changement du pain et du vin au corps et au sang de Jésus-Christ, si souvent répété par Nicolas de Méthone ; mais non comme moyen d'union entre le pain et le vin et le corps de Jésus-Christ. Il la joint, non pour le conserver dans l'être du pain, mais pour le transformer intérieurement en son corps. Il la joint, afin que le pain devienne son corps parfait et entier, σῶμα τέλειον, *ce corps vivant, ce corps dont les os n'ont point été brisés dans la passion, et qui est inséparable de la divinité*, comme il dit lui-même.

Voilà le sens de cette expression, dont M. Claude prétend abuser. Et ce sens paraît assez de lui-même. Car cette divinité, jointe au pain, c'est l'Esprit de Jésus-Christ ; et l'effet que Nicolas de Méthone attribue au S.-Esprit, est de changer le pain au corps de Jésus-Christ. Et c'est pourquoi il rapporte ces paroles de la Liturgie de S. Clément : *Daignez envoyer sur ce sacrifice votre S.-Esprit, qui est témoin des souffrances de Jésus-Christ, afin qu'il fasse ce pain le corps de votre Christ, et ce calice le sang de votre Christ.*

Aussi cette expression est-elle commune à ceux qui sont les plus déclarés pour la transsubstantiation, et il n'en faut point d'autres preuves qu'un traité qui suit celui de Nicolas de Méthone dans la Bibliothèque des Pères, et qui est attribué à Samonas, évêque de Gaze. Cet auteur est si formel pour la transsubstantiation, qu'Aubertin n'y a point trouvé d'autre solution que de soutenir qu'il fallait que ce traité fût l'ouvrage d'un imposteur de ces derniers temps. Nous examinerons en son lieu les raisons de cette censure. Il me suffit qu'elle contienne un aveu, que cet auteur, quel qu'il soit, est un *transsubstantiateur*, et qu'Aubertin veut faire croire qu'il est fait à plaisir pour l'établir. Cependant ce *transsubstantiateur* se sert de la même expression que Nicolas, et de ses mêmes paroles. Il dit que *Dieu, joignant sa divinité*, συζεύξας τὴν θεότητα, *au pain et au vin qui nous sont familiers, par la vertu de sa parole, qui a créé toutes choses de rien, les change en son propre corps et en son propre sang*. Il dit encore que le pain et le vin *assumuntur et apparent*; qui est encore une autre expression dont les ministres ont accoutumé de tirer la même conséquence.

M. Claude conclura-t-il de là que le pain demeure, et que le corps de Jésus-Christ n'y est pas présent? Et nous voudra-t-il persuader, sur cette union de la divinité avec le pain, et cette assomption du pain, que cet auteur ne croyait pas la présence réelle et la transsubstantiation?

Tant s'en faut donc qu'on puisse prouver par ces paroles, *que Dieu conjoint sa divinité au pain*, dont se servent ces auteurs, qu'ils n'ont point cru la transsubstantiation, que les preuves claires et indubitables qu'ils nous donnent de leur créance sur ce point font voir démonstrativement que cette expression n'est point contraire à la transsubstantiation, et qu'elle ne marque autre chose que l'union de la divinité au pain; non pour le laisser pain, mais pour le changer, le transformer et le transsubstantier au corps même de Jésus-Christ; de sorte que tous ceux qui s'en seront servis ne peuvent point, par cette seule raison, être suspects de ne pas croire la transsubstantiation.

Je prie M. Claude de se souvenir de cette remarque, parce qu'elle sera nécessaire pour remédier à l'abus qu'il fait de ces mêmes termes dans quelques autres passages.

Il ne me reste plus, pour conclure l'examen de ce traité de Nicolas de Méthone, que de rapporter les paroles terribles dont cet évêque se sert pour représenter le crime de ceux qui ne croient pas que le pain et le vin soient le corps et le sang de Jésus-Christ. *Si ceux*, dit-il, *qui communient indignement sont si rigoureusement condamnés, combien celui qui pèche contre le sacrifice même, qui outrage et qui nie immédiatement le corps du Seigneur, qui abolit ce qui nous a été laissé par tradition, qui foule aux pieds l'autorité de celui qui en est auteur, est-il coupable d'un plus grand crime, et mérite-t-il un plus grand supplice! Je tremble d'horreur de ce que je dis. Mais que peut-on ajouter à la hardiesse insolente de cette erreur nouvelle, de ce violement des lois de Dieu, et de cette impiété? Seigneur, délivrez par votre miséricorde tous ceux qui ne confessent pas selon la véritable doctrine que le pain et le vin que nous consacrons sont le corps parfait et le sang précieux de Jésus-Christ, de cette illusion frénétique qui les possède.*

Que M. Claude fasse réflexion sur ces paroles; qu'il y entende la voix de l'église grecque, qui s'accorde avec celle de l'Église romaine; qu'il appréhende sérieusement que ce ne soit un arrêt prononcé contre lui-même, et qu'il tâche de s'en garantir d'une autre manière que par ses vaines distinctions, qui ne le mettront pas à couvert de la colère de Dieu, quand même elles lui serviraient à tromper les hommes.

CHAPITRE XIV.

NEUVIÈME PREUVE. *Que Zonare et Nicétas Choniate établissent clairement la transsubstantiation.*

Quoique le dessein de M. Claude soit entièrement contraire au mien, il arrive néanmoins assez souvent que nous nous rencontrons dans les mêmes passages, et que ce qu'il croit propre pour détruire la présence réelle et la transsubstantiation me semble très-propre pour établir l'un et l'autre de ces dogmes.

On en a déjà vu diverses expériences, et on en va voir encore deux exemples assez remarquables en deux auteurs du siècle dont nous parlons, qui sont Zonare et Nicétas Choniate. M. Claude les cite pour montrer que les Grecs n'avaient point dans l'esprit la transsubstantiation, et je n'en vois pas de plus propres pour faire voir le contraire.

C'est le différend dont on supplie les lecteurs d'être les juges. Et premièrement, il est bon de remarquer de quelle manière M. Claude rapporte les passages de ces auteurs; car il en fait des abrégés à sa mode, et sa mode est de n'en représenter que ce qui lui paraît favorable à la cause qu'il défend. *Zonare*, dit-il, *moine grec, parle dans une de ses lettres de cette question, si les mystères sont corruptibles ou incorruptibles; et la résout en embrassant les deux partis. Il dit que le pain est la chair même de Jésus-Christ morte et ensevelie, et que, pour cette raison, il est corruptible, moulu et mis en pièces: mais qu'ensuite ayant été mâché et mangé, et étant descendu dans l'estomac comme dans un sépulcre, il revient à l'incorruption; parce que la chair du Seigneur ne demeura pas longtemps morte et ensevelie, et qu'elle ressuscita bientôt après.*

Mais Nicétas Choniate, qui fait aussi mention de cette dispute, fait assez connaître que le patriarche Camaterus embrassa le sentiment de ceux qui soutenaient que les mystères étaient corruptibles.

Il faut avouer que comme M. Claude sait fort bien exposer en vue tout ce qu'il croit lui être un peu avantageux, il sait aussi fort bien dérober aux yeux des lecteurs tout ce qu'il juge lui pouvoir nuire. C'est pourquoi quand on voit qu'il fait de ces sortes d'abrégés, et qu'il se décharge de la peine de citer les passages tout au long, on a sujet de s'en défier, et on en peut conclure presque assurément, que c'est moins par paresse que par prudence, et qu'il y a sans doute quelque chose dans ces passages qui ne l'accommode pas. On en peut juger par ces deux exemples-ci. Voici le passage attribué à Zonare, tiré d'une lettre que George Douza a apportée de Constantinople, qu'Allatius, qui l'attribue à Glycas, rapporte tout entière.

Nous n'ignorons pas, mon cher frère, que quelques-uns, se laissant aller à leur propre esprit, forment des doutes sur la nature des mystères immaculés; les uns soutenant que l'Eucharistie est incorruptible, puisqu'elle communique la vie éternelle; et les autres disant qu'elle est corruptible, puisqu'on la mange, et qu'on la brise avec les dents. Mais que votre esprit ne se porte pas à s'attacher à l'une de ces opinions, en rejetant l'autre comme impie : car en les examinant, vous trouverez qu'on peut soutenir l'une et l'autre dans un sens catholique. Le pain qu'on offre dans les mystères EST CETTE CHAIR MÊME DE JÉSUS-CHRIST, QUI FUT SACRIFIÉE AU TEMPS DE LA PASSION, *et ensevelie dans le sépulcre. Et c'est ce qui paraît manifestement par ce que le Seigneur dit à ses apôtres, lorsqu'il institua les mystères du nouveau Testament; car en les leur donnant il leur dit : Prenez et mangez, ceci est mon corps, brisé pour vous pour la rémission des péchés. Considérez donc l'état où était alors cette chair. Car si elle n'était pas corruptible, elle n'a donc pas été sujette à la corruption de la mort; car une chair incorruptible est incapable de toute sorte de corruption. C'est en cette manière que le* PAIN QU'ON OFFRE, ÉTANT VRAIMENT LA CHAIR DE JÉSUS-CHRIST, *est sujet à corruption, est brisé, est coupé par les dents; car s'il était incorruptible, il ne pourrait être ni coupé, ni mangé. Mais ne vous scandalisez pas de cette parole, et qu'elle ne vous paraisse pas dure; puisqu'encore qu'on vous parle de corruption dans cette communion si divine et si terrible, néanmoins elle est bientôt suivie d'incorruptibilité. Car comme la chair du Seigneur, après qu'elle eut succombé à la mort, et qu'elle eut été mise dans le sépulcre, n'a point été corrompue, selon ce que le prophète dit : Vous ne permettrez point que votre Saint éprouve la corruption, qu'étant conservée par la divinité, elle est demeurée incorruptible : de même le pain qu'on offre, après qu'il a été brisé par les dents, et qu'il est descendu dans l'estomac comme dans un sépulcre, revient à l'état d'incorruptibilité, étant uni, comme dit S. Jean de Damas, à l'essence de l'âme. Et c'est pourquoi ceux qui sortent de cette vie après avoir participé avec une conscience pure aux SS. mystères de Christ, sont enlevés par les anges à cause de l'Eucharistie qu'ils ont reçue, comme dit S. Chrysostôme.*

Le passage de Nicétas Choniate est encore plus précis. *Étant question*, dit-il, *si le saint corps de Jésus-Christ, qu'on reçoit dans la communion, est incorruptible, comme il était après sa résurrection; ou corruptible, comme il était avant sa passion, les uns disaient qu'il était incorruptible, parce que la participation des divins mystères est une confession et une commémoration que le Seigneur est mort et ressuscité pour nous, comme le grand théologien Cyrille l'enseigne; et qu'ainsi, quelque partie qu'on en reçoive, on reçoit tout entier le corps de Jésus-Christ, que S. Thomas a manié, puisqu'on le mange après sa résurrection, comme S. Jean Chrysostôme le dit dans les paroles suivantes :* « O MERVEILLE! CELUI QUI EST A LA DROITE DU PÈRE SE TROUVE DANS LES MAINS DES PÉCHEURS. » *Et en un autre lieu :* « Jésus-Christ est un fruit qui a comme fleuri dans la loi, qui s'est grossi dans les prophètes, qui s'est mûri sur la croix, et qui est mangé après sa résurrection. » *Et ensuite :* « Ce n'est pas un autre corps que celui qui a été plus fort que la mort, et qui est la source de notre vie : car comme un peu de levain rend toute la masse de la pâte semblable à soi, de même ce corps, que Dieu a rendu immortel, étant dans notre corps, le change et le convertit tout entier en sa nature. » *Quelques-uns alléguaient aussi ces paroles d'Eutychius, ce grand flambeau de l'Église :* « L'homme reçoit le sacré corps du Seigneur tout entier, *et son précieux sang tout entier*, quoiqu'il ne reçoive qu'une partie des mystères; car il est divisé indivisiblement à toutes les personnes. » *Ceux-ci donc alléguant ces passages et plusieurs autres preuves de la doctrine de l'Église, les autres disaient, au contraire, que le mystère qui s'accomplit sur l'autel n'est pas la confession de la résurrection, mais que c'est seulement un sacrifice, et que par conséquent il est corruptible, sans âme, sans mouvement : qu'ainsi celui qui y participe ne reçoit point Jésus-Christ tout entier, mais seulement une partie, ne participant qu'à une partie. Car s'il était incorruptible, disaient-ils, il aurait un esprit, il serait animé, il ne pourrait être ni touché, ni vu, ni coupé et brisé des dents, et il n'en souffrirait aucune douleur.*

C'est de ces passages que M. Claude tire cette étrange conclusion : que les Grecs ne croyaient point la transsubstantiation. *Je n'examine pas*, dit-il, *lequel de ces deux partis était le plus raisonnable. Il me suffit de faire remarquer qu'il n'est pas possible qu'une semblable question naisse dans une église qui croit la transsubstantiation, et que cette dispute suppose nécessairement que ni les uns ni les autres ne la tenaient.*

Voilà une conclusion bien surprenante! Et ce qui en doit donner un fort mauvais préjugé, c'est qu'Aubertin, qui est un des plus hardis hommes du monde à tirer des conséquences à l'avantage de son parti, en a tiré une toute contraire : car il reconnaît formellement que ceux qui disaient que le corps de Jésus-Christ était incorruptible dans les mystères étaient de l'opinion des Latins; c'est-à-dire, qu'ils croyaient la présence réelle et la transsubstantiation. Il avoue que, selon Nicétas, ceux qui disaient qu'il était corruptible la croyaient aussi en leur manière : et il ne trouve point d'autre moyen de se sauver de ce passage qu'en prétendant que Nicétas n'a pas bien représenté l'opinion de ceux qui disaient que le corps de Jésus-Christ était corruptible, et qu'ils n'ont jamais cru ce qu'il leur attribue. *Je réponds*, dit-il, *qu'il est sans apparence que l'état de la question fût tel que Nicétas le propose, et qu'il paraît qu'il l'a inventé faussement. Car à qui pourra-t-on persuader que le patriarche Jean Camatère et les autres qui étaient de son sentiment, et qui n'ignoraient pas ce que l'Apôtre a écrit,* que *Jésus-Christ ne peut plus souffrir, aient pu croire qu'il était corruptible dans l'Eucharistie, qu'il était brisé et coupé par les dents, et qu'il y souffrait de la douleur?*

Après avoir accusé Nicétas d'avoir forgé l'état de la question qu'il représente, Aubertin en forme un autre à sa fantaisie, et il le propose avec sa confiance ordinaire. *Sans doute,* dit-il, *que l'état de la question était : si ce que l'on reçoit dans la communion était le corps même incorruptible de Jésus-Christ assis à la droite de son Père, ou si c'était de vrai pain uni à la divinité, comme Jean de Damas l'a enseigné, et joint par elle au corps de Jésus-Christ. Ceux qui disaient que l'Eucharistie était corruptible, étaient de cette dernière opinion, et ils le prouvaient par des arguments que Nicétas corrompt et change à sa mode.*

Il avoue ensuite que Nicétas et l'empereur étaient de la première opinion, c'est-à-dire, de celle de la présence réelle et de la transsubstantiation ; et il devait avouer de plus que c'était l'opinion commune de l'église grecque, Nicétas faisant voir que l'autre opinion n'avait commencé que sous le patriarche Xiphilin, prédécesseur de Camatère, et qu'elle devait sa naissance à un moine hérésiarque.

Voilà donc M. Claude commis avec Aubertin ; c'est-à-dire, le disciple avec le maître. M. Claude soutient que Nicétas et ceux qui tenaient que l'Eucharistie était incorruptible ne croyaient pas la transsubstantiation : Aubertin avoue qu'ils la croyaient. M. Claude, supposant pour vrai le rapport de Nicétas, juge que les autres qui disaient que l'Eucharistie était corruptible ne croyaient pas non plus la transsubstantiation : Aubertin a trouvé que le récit que fait cet auteur prouve si nettement le contraire, qu'il n'a point su d'autre secret pour s'en défendre que de s'inscrire en faux contre lui.

On ne peut pas raisonner sur un passage d'une manière plus contradictoire. Mais dans cette contrariété, le préjugé est tout entier pour Aubertin : car étant si peu porté à demeurer d'accord de ce qui est avantageux aux catholiques, il faut que ce qu'il n'a pas osé nier soit bien évident. Or il n'a pas eu la hardiesse de désavouer que ce passage de Nicétas, tel qu'il est, ne fît voir invinciblement que les uns et les autres de ceux dont il parle croyaient la transsubstantiation : il l'avoue des uns, il le conteste des autres. Mais ce n'est pas en se fondant sur le passage de Nicétas ; c'est en le combattant par ses conjectures.

Ainsi ce n'est point faire tort à M. Claude que de dire que le jugement d'Aubertin en cette rencontre devait être un arrêt souverain pour lui, et que c'est témoigner une opiniâtreté déraisonnable que de vouloir contester une chose que le plus hardi de tous les ministres n'a pas osé contredire.

Il est donc déjà certain par l'aveu d'Aubertin que l'opinion commune de l'église grecque, et qui était suivie par l'empereur et par Nicétas, était celle de la transsubstantiation. Il est encore certain qu'on s'en rapportant à Nicétas, ceux qui n'étaient pas même de ce sentiment,

et qui voulaient que l'Eucharistie fût corruptible, admettaient la transsubstantiation d'une autre manière, en enseignant que l'on ne recevait qu'une partie de la chair de Jésus-Christ. C'était donc toujours la chair de Jésus-Christ ; et ainsi c'était enseigner une vraie transsubstantiation. Il est vrai qu'Aubertin prétend que Nicétas impute à ces derniers ce qu'ils n'ont point cru, et qu'il en veut faire des calvinistes par ses conjectures. Mais lequel est le plus croyable, ou de Nicétas qui parle d'un différend excité de son temps, et dont il était informé par lui-même, ou d'Aubertin qui en parle cinq cents ans après, et qui n'en a point d'autre lumière que celle qu'il peut tirer de ce passage même de Nicétas? Qui ne voit qu'il est ridicule d'opposer de vaines conjectures au témoignage positif d'un auteur contemporain, qui parle de ce qu'il a vu et entendu, et qui décrit une contestation arrivée de son temps, à laquelle même il a eu part?

On peut voir de plus dans Allatius des vers d'un auteur de ce temps-là, qui décrit cette contestation de la même manière que Nicétas Choniate, et qui ne donne pas plus de lieu de faire des calvinistes de ceux qui soutenaient que le corps de Jésus-Christ était corruptible. Ce passage se trouve dans ses exercitations contre Creigton, page 540.

Il n'est pas vraisemblable, dit Aubertin, *qu'un patriarche ait embrassé un sentiment contraire à l'Écriture.* Est-ce donc la première fois que les hommes se laissent aller à des imaginations contraires et à l'Écriture et au sens commun ? Mais qui lui a dit que le patriarche Camatère fût de l'opinion de ceux qui tenaient que l'Eucharistie était corruptible? C'est une pure vision d'Aubertin, ou une conséquence sans apparence qu'il tire des paroles de Nicétas. Cet auteur n'attribue ce sentiment qu'à un moine qu'il appelle hérésiarque. Il dit qu'on avait commencé à en parler en cachette sous le patriarche Xiphilin, mais il n'accuse précisément le patriarche Camatère que de n'avoir pas excommunié cet hérésiarque, et d'avoir eu recours à des raisonnements de dialectique : ce qui ne marque en aucune sorte qu'il fût en effet de ce sentiment, mais seulement qu'il n'avait pas eu assez de vigueur pour l'étouffer par les voies ecclésiastiques.

Voici les paroles de Nicétas : *En ce temps-là,* dit-il, *on publia parmi les chrétiens un dogme sur les divins mystères, qui les sépara en deux factions opposées. Car après Georges Xiphilin, qui a été patriarche de Constantinople durant sept ans, Jean Camatère étant monté sur le trône de cette église, au lieu qu'il devait arracher jusqu'aux moindres racines de ce dogme, dont on avait commencé de parler obscurément sous Xiphilin, et anathématiser ce faux moine Sicidite, qui en était auteur, comme un hérésiarque, et comme introduisant dans l'Église de nouvelles opinions, afin de réduire les autres au silence par son exemple, il commença de se servir d'arguments et de démonstrations de dialectique, dans des mystères surnaturels, pour convaincre ses adversaires. Il fit aussi des oraisons en forme de caté-*

chisme, où il fait mention de ce dogme, où il raconte de quelle manière on en avait disputé, et déclare son sentiment, sans rapporter ce que disaient ses adversaires; comme s'il eût craint qu'on le contredît, leur attribuant même des opinions qui ne leur étaient jamais venues dans l'esprit. C'est tout ce que Nicétas dit sur ce sujet, dont on ne peut conclure raisonnablement autre chose, sinon que cet auteur blâme Camatère de n'avoir pas eu assez de force à réprimer ces hérétiques, et d'avoir suivi, en les réfutant, une méthode philosophique, en s'éloignant de la manière d'écrire des SS. Pères. Aussi c'est la conclusion qu'en a tiré le calviniste Wolphius, traducteur de Nicétas; car sur ce que cet auteur dit que Camatère s'était servi d'arguments de dialectique, il met à la marge : *Non verbis sed verberibus seditiosi nebulones coercendi*. Et un peu plus haut : *Qui seditiosos in Ecclesiâ ferunt, iis similes sunt qui oleo gangrenas curant*.

Enfin cette erreur, toute déraisonnable qu'elle est, ne l'est nullement en un tel excès, que les hommes ne soient capables d'y trouver de la vraisemblance; et l'impossibilité n'en est point si évidente, qu'elle ne puisse être cachée par le voile d'une obscurité mystérieuse, dont la raison se couvre elle-même dans les choses qu'elle regarde comme de foi. Il y avait bien des raisons qui combattaient cette opinion; mais elle avait aussi certaines facilités qui la pouvaient faire recevoir. Car, par le moyen de cette doctrine, on n'était plus obligé d'admettre de pénétration, parce qu'ils croyaient qu'on ne recevait qu'une partie de la chair de Jésus-Christ, égale à la partie des symboles que l'on recevait. Et ainsi la vue de ces facilités a pu leur ôter celle des inconvénients où ils s'engageaient. Mais nous ne sommes pas obligés, comme j'ai dit, de montrer que leur opinion n'était pas sans apparence. Il suffit de faire voir qu'ils l'ont eue en effet; et c'est ce qui paraît manifestement par le témoignage de Nicétas.

On peut donc conclure de ce passage que la transsubstantiation et la présence réelle étaient crues généralement dans l'église grecque, au douzième siècle et au commencement du treizième, tant par le corps de cette église, qui tenait que la chair de Jésus-Christ était incorruptible dans l'Eucharistie, que par un petit nombre d'hérétiques, qui avaient commencé, sous le patriarchat de Georges Xiphilin, à semer secrètement cette erreur, qu'elle y était corruptible, et qu'on ne l'y recevait que par parties.

Cependant M. Claude en tire une conséquence toute contraire, et réglant ses opinions sur son seul intérêt, il suit et abandonne Aubertin selon qu'il lui est utile. Il embrasse sa vision sur Camatère, et il prétend, comme lui, qu'il était pour ceux qui enseignaient que le corps de Jésus-Christ était corruptible dans l'Eucharistie; en quoi il est démenti par Wolphius, traducteur de Nicétas; mais il abandonne Aubertin sur tout le reste, et il soutient contre lui que ceux qui tenaient que le corps de Jésus-Christ était incorruptible, et ceux qui le tenaient corruptible, n'avaient point la transsubstantiation dans l'esprit.

Il suffirait bien de le réfuter en l'un et en l'autre point par l'autorité de ses confrères, et de lui opposer Wolphius sur Camatère, et Aubertin sur le reste. Afin néanmoins qu'il ne se plaigne pas qu'on le condamne sans l'entendre, je veux bien examiner ses raisons.

Cette dispute, dit-il, *suppose nécessairement que ni les uns ni les autres ne tenaient point la transsubstantiation*. C'est ce qu'il prétend prouver : et voici la preuve qu'il en apporte. *A l'égard*, dit-il, *de ceux qui voulaient que les mystères fussent incorruptibles, pourquoi alléguaient-ils cette raison : que l'Eucharistie est une confession de la résurrection de Jésus-Christ! Vit-on jamais une plus étrange conclusion?*

Il est bien aisé de le satisfaire; car il n'y a qu'à lui dire qu'ils l'alléguaient parce qu'elle était fort bonne, et qu'elle détruisait l'unique fondement de ces hérétiques, qui était que l'Eucharistie ne représentait Jésus-Christ qu'en état de mort : d'où ils concluaient qu'il n'y était qu'en état de mort, en prenant pour principe qu'il y était tel qu'il est représenté. Et c'est ce que les catholiques renversaient par le passage de S. Cyrille, où ce saint dit que l'Eucharistie *est la confession de Jésus-Christ mort et ressuscité pour nous*. D'où ils concluaient fort bien qu'il y était donc dans un état de ressuscité, et par conséquent dans un état incorruptible. On voit bien qu'il est assez aisé de conclure que, selon ces catholiques, Jésus-Christ y était donc réellement présent; mais on ne devine pas bien par quel moyen M. Claude a conclu qu'il n'y était pas.

A cette raison, tirée de ce qu'ils ont dit, M. Claude en ajoute une autre, tirée de ce qu'ils n'ont pas dit. *Que ne disaient-ils*, c'est M. Claude qui parle, *que c'est le corps même qui est assis à la dextre de Dieu, ressuscité, et par conséquent impassible!* Il n'y a rien de plus faible de soi-même que ce genre de raisonnement. Car comment est-ce que M. Claude peut savoir ce qu'ils ont dit ou n'ont pas dit? Est-ce qu'il prétend que tous les raisonnements de ces personnes sont renfermés dans le récit abrégé que cet historien a fait en passant de cette contestation? Mais celui-ci est non seulement faible, mais ridicule; parce que ces Grecs dont il s'agit, ont dit expressément ce que M. Claude leur reproche de n'avoir pas dit : car n'est-ce pas ce qu'ils ont exprimé clairement dans ces paroles, que, *quelque partie qu'on reçoive de l'Eucharistie, on reçoit tout entier Jésus-Christ même que Thomas a touché, parce qu'on le mange après la résurrection?* ce qu'ils confirmaient par divers passages des Pères, et entr'autres par celui-ci de S. Chrysostôme : *O merveille! Celui qui est assis à la droite du Père se trouve entre les mains des pécheurs*.

M. Claude rapporte encore quelques autres petites raisons, dont il dit que ces gens ne se sont pas servis, parce que Nicétas n'en parle point. Comme si cet auteur était obligé de rapporter dans une histoire toutes leurs raisons, au lieu qu'il dit expressément qu'il ne les rapporte pas; et comme si l'on employait toujours toutes les raisons qui se peuvent employer.

Ensuite il passe à ceux qui tenaient que le corps de Jésus-Christ était corruptible. Et après avoir exagéré, comme Aubertin, l'absurdité de cette opinion, il en conclut brusquement qu'ils n'ont pas cru la transsubstantiation. Mais il suffit de lui dire que Nicétas, qui en était plus informé que lui, déclare qu'ils l'ont crue; et qu'il est contre le sens commun d'opposer de vaines conjectures aux témoignages précis et formels des historiens qui ont écrit ce qui s'est passé de leur temps, et principalement d'un homme comme Nicétas Choniate, qui était un ministre d'état, savant dans les affaires de l'Église, qui ne pouvait ignorer l'état véritable d'une question agitée dans Constantinople, où il demeurait, et dans laquelle l'empereur même avait pris parti.

Ainsi, au lieu que M. Claude conclut que cette question ne pouvait s'élever dans une église qui aurait cru la transsubstantiation, il faut dire au contraire qu'elle ne pouvait s'élever que dans une église trèspersuadée de la transsubstantiation : car l'un et l'autre parti la supposait manifestement. Ceux qui disaient que Jésus-Christ y était incorruptible, et qu'on le recevait tout entier, disaient, après S. Chrysostôme, *qu'il était dans le ciel et dans la terre;* et, après Eutychius, *qu'il était distribué tout entier à tous,* c'est-à-dire, qu'ils enseignaient la présence réelle. Et ceux qui disaient que les mystères étaient corruptibles se fondaient aussi sur la même doctrine; puisque c'est en supposant le changement du pain en la chair de Jésus-Christ qu'ils disaient qu'on n'y recevait qu'une partie du corps de Jésus-Christ, qu'il y était mort et inanimé : ce qui serait ridicule, si on entendait tout cela d'un pain qui ne serait que la figure de Jésus-Christ, ou qui ne contiendrait que sa vertu; puisque ce pain n'est point la figure d'une partie de Jésus-Christ, et ne contient point la vertu d'une partie de Jésus-Christ.

Il y a encore dans Nicétas un autre passage assez considérable, pour faire connaître son sentiment et celui de l'église grecque sur l'Eucharistie; et nous n'aurons encore qu'à nous en rapporter au traducteur Wolphius, calviniste, sur la conséquence qu'on en doit tirer.

Cet auteur décrit sur la fin de son Histoire les cruautés et les excès effroyables qu'il dit avoir été commis par l'armée des Latins dans la prise de Constantinople en 1203. Il les accuse entr'autres choses d'avoir répandu le sang de Jésus-Christ, et d'avoir jeté à terre son corps : *On voyait de ses yeux, ce qui est même horrible à entendre, que le divin corps de Jésus-Christ était jeté à terre, et son sang était répandu.* Sur cela le traducteur Wolphius a mis cette note à la marge : *Absit ut Christi corpus in cœlis sedens humi abjiciatur. Et ista fiebant ab iis qui istiusmodi istas opiniones amplectuntur. Ita Deus superstitiosorum operâ utebatur, ut aliorum idolomaniam eradicaret.* C'est-à-dire : *A Dieu ne plaise que le corps de Jésus-Christ, qui est dans le ciel, puisse être jeté à terre! Cependant ces choses se faisaient par des personnes qui étaient de cette opinion : Dieu se servant des actions des Français engagés dans cette superstition, pour corriger l'*IDOLATRIE *des Grecs.*

Il est assez étrange que ceux qui ont eu soin de l'impression de l'Histoire Byzantine, qu'on a faite au Louvre depuis quelques années, y aient laissé en cet endroit, et en plusieurs autres, des notes manifestement hérétiques : mais celle-ci néanmoins est utile pour prouver que ce traducteur calviniste a eu assez de sincérité pour reconnaître que les Grecs sont *idolâtres* sur l'Eucharistie, selon le sentiment des religionnaires; c'est-à-dire, qu'ils sont en ce point du sentiment de l'Église romaine.

Voilà comment parlent les calvinistes mêmes, quand ils n'ont pas un adversaire en tête, et qu'ils expriment leur véritable sentiment.

Pour Zonare, il n'y a qu'à lire les paroles que nous en avons rapportées : *que le pain que l'on offre sur l'autel est cette chair même de Jésus-Christ qui a été sacrifiée et ensevelie,* afin de se moquer des vains raisonnements de M. Claude. Un homme qui a seulement la hardiesse de raisonner contre une telle évidence, ne mérite pas d'être écouté; et on ne le fait qu'afin qu'on connaisse mieux quel est son esprit, en le voyant opposer à des preuves si claires de si faibles raisonnements.

Comment, dit-il, Zonare a-t-il pu embrasser les deux partis, et les joindre ensemble, en disant que les mystères sont au commencement corruptibles, parce qu'ils sont la chair de Jésus-Christ, et qu'ensuite ils deviennent incorruptibles? Je pourrais demander à M. Claude par quel droit il prétend nous rendre garants de l'esprit de Zonare, et de la vraisemblance de ses pensées? Qu'il ait eu raison, ou qu'il n'en ait point eu d'embrasser ces deux opinions, que s'ensuivra-t-il de là? Zonare est-il le premier qui ait eu des pensées peu vraisemblables? Et faut-il, pour un inconvénient si ordinaire, démentir ses yeux et sa raison, et croire qu'un homme ne dit pas ce qu'il dit, et qu'il veut signifier tout le contraire de ce qu'il exprime?

Mais d'où vient que M. Claude, qui a tant d'adresse pour se tirer des lieux qui sont contraires à ses sentiments, ne veut pas faire le moindre effort pour dissiper les vaines difficultés qu'il lui plaît de trouver dans ces passages? Zonare étant plus ancien que Nicétas, et étant mort avant le temps auquel Nicétas marque l'origine de la dispute touchant la corruptibilité et l'incorruptibilité des mystères, il n'est pas nécessaire de lui faire prendre parti dans cette contestation; et l'on peut croire avec raison qu'il a prétendu que les mystères sont corruptibles dans un autre sens que ceux dont Nicétas a parlé. Car il est probable que cet auteur abuse du mot de corruption, et qu'il étend ce terme à tous les changements qui arrivent au corps de Jésus-Christ, non en lui-même, mais à l'égard du voile qui le couvre. Ainsi, être coupé, selon lui, est une corruption : *Si enim incorruptibile esset, non ad-*

mitteret sectionem; c'est-à-dire, s'il était incorruptible en toute manière, tant intérieurement qu'extérieurement. Les changements qui arrivent aux espèces étant donc pris par Zonare pour une espèce de corruption du corps de Jésus-Christ, il dit qu'il est corruptible au commencement. Mais lorsque Jésus-Christ n'existe plus sous les espèces, il dit que le corps de Jésus-Christ retourne à son incorruptibilité; et que, par ces deux états de corruptibilité et d'incorruptibilité, il représente les deux états de sa vie mortelle et ressuscitée. Ce sont les spéculations de ce religieux. Il ne m'importe nullement qu'elles soient solides, ou qu'elles ne le soient pas. Il me suffit que sa foi et celle de l'église grecque qu'il représente *est que le pain qu'on offre est la chair même de Jésus-Christ, qui a été autrefois mise à mort, et ensevelie pour nous. Panis propositionis ipsa est illa caro Christi quæ mactata, tum et sepulcro mandata fuit.* Et c'est tout ce que l'on doit conclure de son témoignage.

S'il a entendu les paroles de sa lettre dans le sens favorable que je viens de marquer, il a cru la transsubstantiation. S'il les a entendues à la lettre, et dans le sens qu'elles offrent à l'esprit, il a encore cru la transsubstantiation, avec le mélange d'une erreur dont les calvinistes ne peuvent tirer aucun avantage. Et ainsi, de quelque manière qu'on le prenne, il détruit les prétentions de M. Claude, et fournit une preuve convaincante du consentement de l'église grecque avec l'Église latine sur le sujet de la présence réelle et de la transsubstantiation.

CHAPITRE XV.

Dixième preuve *de la foi des Grecs sur la présence réelle et la transsubstantiation, tirée d'une confession de foi que l'on faisait faire, au douzième siècle, aux Sarrasins qui se convertissaient à la foi chrétienne.*

Il est difficile de faire la comparaison des preuves que nous avons rapportées, pour montrer le consentement des Grecs avec les Latins sur le mystère de l'Eucharistie: car, étant toutes dans un très-grand degré d'évidence, l'avantage des unes au-dessus des autres ne peut pas être fort sensible. Il semble néanmoins que celle que nous allons employer a je ne sais quoi de particulier, qui laisse encore moins de lieu aux défaites et aux artifices des ministres.

Il est sans doute que le meilleur moyen de faire voir la créance d'un siècle sur quelque article, est de montrer qu'il est contenu dans la profession de foi qu'on faisait en ce siècle-là; comme le meilleur moyen de prouver que l'Église catholique d'à-présent croit quelque point, est de le faire voir dans la profession de foi du concile de Trente, que l'on fait jurer aux hérétiques qui se convertissent.

On ne peut pas conclure à la vérité négativement que tout ce qui n'est pas contenu dans les professions de foi n'a pas été cru dans un siècle, parce qu'on n'y met pas tout, mais seulement les points les plus opposés aux erreurs de ceux qui se convertissent: mais on peut très-bien conclure que tout ce qui se trouve dans la profession de foi d'un siècle a été cru universellement par les fidèles de ce siècle-là.

Ces sortes d'écrits ont encore cela de particulier, qu'on est assuré qu'on a dessein d'y représenter les sentiments généraux, publics et universels de l'Église, et non les sentiments particuliers des auteurs: qu'on y parle précisément, exactement, sans figure, sans métaphore; et que l'éloquence n'y ayant point de lieu, on n'y cherche qu'à faire connaître simplement et exactement la foi.

Il n'y aurait donc point de voie plus courte, plus sûre, plus décisive, pour faire connaître les sentiments de l'église grecque sur l'Eucharistie au douzième siècle, que de produire, si on pouvait, quelque profession de foi où il en fût parlé; et si M. Claude a quelque désir de trouver la vérité, il doit souhaiter qu'il s'en rencontre quelqu'une pour terminer par-là notre différend.

Or, s'il le désire, je l'avertis que son désir est accompli. Il en reste une, et fort authentique, qui ne lui peut être suspecte, puisqu'elle est tirée non de la bibliothèque du Vatican, mais de celle d'un prince calviniste; et que c'est, non un catholique, mais un protestant d'Allemagne qui l'a donnée au public.

Elle porte pour titre particulier: *L'ordre qui s'observe à l'égard des Sarrasins qui se convertissent à la vraie et pure foi des chrétiens.* Silburge, qui la fit imprimer en 1595, avec quelques autres ouvrages, sous le titre général: *Sarracenica, sive Mahumetica,* déclare, page 127, qu'il l'a tirée d'un manuscrit assez ancien de la bibliothèque Palatine; et il remarque judicieusement qu'il faut qu'elle soit plus ancienne que le règne de Manuel Comnène, puisqu'on y voit encore l'anathème contre le Dieu solide de Mahomet: *Præter hæc omnia anathematizo Deum Moamedis, de quo dicit eum esse unum Deum solidum, qui nec genuerit, nec genitus sit, nec quempiam si simile exstitisse.* Or cet anathème fut retranché des catéchismes et des professions de foi sous le règne de Manuel, par un accord fait entre cet empereur et les évêques. D'où il s'ensuit que les nouvelles professions de foi faites depuis cet empereur ne contenant plus cet anathème, celle-ci, qui le contient, doit être plus ancienne.

Elle se trouve aussi imprimée dans la Bibliothèque des Pères, sous le nom de *Nicétas Choniate,* comme tirée du vingtième livre de son traité intitulé: *Le trésor:* ce qui ne me marque nullement qu'elle soit de lui, mais seulement qu'il l'y avait insérée, comme il insère un grand nombre d'autres passages de divers auteurs.

On peut donc l'alléguer au moins pour montrer ce que l'on croyait au douzième siècle sur l'Eucharistie; et M. Claude considérera, s'il lui plaît, si ce serait en cette manière qu'il instruirait un Turc de la créance des calvinistes.

Je suis persuadé, c'est ce que l'on faisait dire au Sarrasin converti, *je crois, je confesse que le pain et le vin mystiquement consacrés parmi les chrétiens, et auxquels ils participent dans la célébration des saints mystè-*

res, sont, selon la vérité, *le corps et le sang de Notre-Seigneur Jésus-Christ ; étant changés par sa vertu divine d'une manière que les yeux ne découvrent point, qui n'est connue que par l'esprit, mais qui surpasse toutes les pensées des hommes, et qui n'est comprise que de Dieu seul. Et ainsi je promets que j'y participerai avec les autres fidèles, comme étant,* dans la vérité, *sa chair et son sang.*

M. Claude nous viendra-t-il dire que l'on voulait faire entendre par-là à ces Sarrasins que ce pain et ce vin n'étaient point véritablement le corps et le sang de Jésus-Christ ; mais que c'était seulement sa figure, remplie de sa vertu ? Osera-t-il dire que ces Sarrasins entendaient ces paroles dans ce sens calviniste, que les chrétiens grecs avaient assez peu de jugement pour s'exprimer de la sorte, et que les Sarrasins avaient assez de subtilité pour deviner ce sens bizarre dans des paroles qui le signifient si peu ? Mais s'il en est réduit là, je lui conseille de se délivrer de tous ces importuns raisonnements, en soutenant tout d'un coup une bonne fois que tous les Grecs étaient insensés en ce temps-là, et que tous ceux à qui l'on parlait ce langage étaient prophètes. Ce sera plus tôt fait, et au moins il ne choquera le sens commun qu'une fois par cette ridicule hypothèse, sans être obligé de se faire à chaque moment de si extrêmes violences, en faisant parler des gens, qu'il nous représente comme raisonnables, d'une manière si insensée.

Je crois pouvoir terminer par cette confession de foi, si authentique et si décisive, les preuves que j'avais à produire de la foi des Grecs sur l'Eucharistie dans les onzième et douzième siècles. M. Claude sera difficile à contenter s'il en demande davantage : mais de quelque humeur qu'il soit, je ne puis douter que toutes les personnes judicieuses ne demeurent persuadées que le consentement des Grecs avec l'Église romaine sur ce mystère y est prouvé d'une manière très-claire ; que toutes choses conspirent à l'établir, et que, pour réduire en abrégé ce que nous avons étendu dans tout ce livre, on peut dire avec vérité que les paroles, les écrits, le silence et les actions des Grecs et des Latins de ces deux siècles ; la modération des uns, l'emportement des autres, leurs divisions, leurs alliances, leur commerce continuel, leur mélange, leurs éditions, leurs guerres, leurs traités, fournissent des preuves convaincantes de l'union de ces deux églises dans la doctrine de la présence réelle et de la transsubstantiation, et que ces preuves étant très-fortes séparément ont une force invincible étant jointes ensemble, et n'étant balancées par aucune difficulté considérable.

LIVRE TROISIÈME.

OU L'ON CONTINUE DE FAIRE VOIR LE CONSENTEMENT DE L'ÉGLISE GRECQUE AVEC L'ÉGLISE ROMAINE DANS LA DOCTRINE DE LA PRÉSENCE RÉELLE ET DE LA TRANSSUBSTANTIATION AUX TREIZIÈME ET QUATORZIÈME SIÈCLES.

CHAPITRE PREMIER.

Onzième preuve, *tirée des divers événements du treizième siècle, et principalement de la prise de Constantinople par les Latins.*

Quand les choses seraient demeurées dans l'état où nous les avons vues au douzième siècle, il était impossible que la doctrine de la présence réelle et de la transsubstantiation demeurât inconnue aux Grecs, comme il faut que M. Claude le prétende pour soutenir qu'*ils ne la croient point par voie de négation, comme n'en ayant jamais ouï parler.* Car nous avons montré que les Grecs y ayant été soumis aux Latins à Antioche, à Tripoli, dans la Palestine, et en plusieurs autres lieux de l'Orient ; et que les Latins ayant toujours été en très-grand nombre à Constantinople jusqu'à l'empire d'Andronic qui les en chassa (après la mort duquel néanmoins ils ne laissèrent pas de s'y rétablir par la nécessité du commerce), cette soumission et ce mélange attiraient par nécessité une infinité de conférences, de communications, de recherches, d'unions et d'alliances entre les Grecs et les Latins, qui rendaient absolument impossible cette ignorance mutuelle qu'il faut que M. Claude suppose dans les uns et dans les autres touchant leurs sentiments sur l'Eucharistie. Mais les événements du treizième siècle sont si considérables sur ce sujet, qu'il semble qu'ils aient été disposés par la Providence pour détruire l'hypothèse de M. Claude.

Car ce qui restait à souhaiter pour en faire voir encore davantage l'absurdité, est que Constantinople fût réduite au même état que les autres villes d'Orient ; que les Latins s'en rendissent les maîtres ; qu'ils y fissent dominer leur religion ; qu'ils y exposassent aux yeux des Grecs les cérémonies qui marquent davantage leur doctrine sur l'Eucharistie ; qu'ils remplissent toute la Grèce de ces mêmes inquisiteurs, qui s'étaient signalés en France et en d'autres lieux de l'Occident par les supplices des Albigeois ; qu'ils exerçassent cette même rigueur sur les Grecs, et qu'avec tout cela ils ne découvrissent en eux aucune erreur sur le mystère de l'Eucharistie ; qu'on proposât la transsubstantiation aux Grecs, non comme une chose dont ils doutassent, mais comme un dogme certain et non contesté ; qu'ils l'approuvassent et la signassent en cette manière, sans résistance et sans contradiction. Et c'est ce que nous verrons être effectivement arrivé durant le treizième siècle.

Innocent III ayant été élevé au pontificat, s'appliqua peu de temps après à porter les princes chrétiens à entreprendre une croisade pour le secours de la Terre-Sainte ; et il fit tant, par le moyen des deux légats, dont il envoya l'un à Venise et l'autre en France, que quantité de princes et de seigneurs prirent la croix et s'engagèrent à cette entreprise. Les principaux étaient Boniface, marquis de Montferrat ; l'évêque de Crémone ; Thibaut, comte de Champagne, qui mourut avant que de partir ; Louis, comte de Bar ; Baudouin, comte de Flandre et de Hainaut ; le comte de S. Paul ; les évêques de Soissons et de Troyes, et quelques abbés de l'ordre de Cîteaux.

Le dessein du pape était que ces princes allassent secourir la Terre-Sainte, et qu'ils abordassent en Égypte, pour ruiner l'empire du sultan, le principal ennemi des chrétiens de la Palestine. Mais eux, mêlant leurs intérêts et leurs passions avec l'intention sainte de secourir les chrétiens d'Orient, résolurent entre eux de naviguer droit à Constantinople pour y rétablir le jeune Alexis, dont le père, nommé Isaac, avait été dépouillé de l'empire, et privé de la vue par Alexis Angélus son frère.

Ils abordèrent donc à Constantinople ; et quoiqu'il y eût dedans plus de soixante mille hommes de guerre pour la défendre, ils ne laissèrent pas de la prendre après huit jours de siége, et d'y rétablir le jeune Alexis.

Ce prince étant ainsi remis dans l'empire, promit de reconnaître le pape, comme ses prédécesseurs avaient fait avant le schisme, et de ramener tous ses sujets à l'obéissance de l'Église romaine.

Mais l'inconstance naturelle aux Grecs, ou les mauvais conseils de son père Isaac, l'ayant porté à manquer de parole aux Latins qui s'étaient logés proche de Constantinople, et même à leur faire la guerre, il en fut puni par le soulèvement d'un de ses parents, qui le mit en prison, le fit étrangler et se saisit de l'empire. Ainsi les princes croisés ayant un juste sujet de guerre contre cet usurpateur, assiégèrent de nouveau Constantinople, et s'en rendirent les maîtres avec une valeur incomparable.

Nicétas Choniate, qui était présent à cette prise, la décrit fort particulièrement, et exagère les cruautés que les Latins y exercèrent. Il dit qu'ils traitèrent beaucoup plus cruellement les Grecs, que les Sarrasins ne firent les chrétiens à la prise de Jérusalem. Et en effet, si ce qu'en rapporte cet historien est véritable, on ne put s'y conduire d'une manière plus violente et plus imprudente tout ensemble : car ils firent tout ce qui était capable d'animer les Grecs contre eux, et de se les rendre irréconciliables. Ils joignirent la moquerie à l'oppression ; et en les dépouillant de leurs biens, ils leur firent toutes les indignités dont ils se purent aviser.

Aussi, depuis ce temps-là, les Grecs n'eurent point de plus ordinaires reproches à faire aux Latins que celui des impiétés et des cruautés qu'ils avaient commises à la prise de Constantinople : leur aversion contre eux en devint beaucoup plus aigre et plus violente, et on en peut juger par les épithètes que

Nicétas donne à toute la nation : *Difficile est Latinum, avaro ingenio, oculo impudenti, ventre insatiabili, animo iracundo, manu perpetuò ensem quærente, lenire obsequiis.*

Je représente toute cette suite pour montrer que la haine des Latins contre les Grecs, et des Grecs contre les Latins étant si ardente, ni les uns ni les autres n'étaient en disposition de dissimuler les reproches qu'ils eussent pu se faire avec quelque sorte d'apparence.

Après cette prise de Constantinople, les Latins se saisirent de toutes les églises ; ils y établirent un patriarche latin ; ils remplirent Constantinople de prêtres latins ; ils créèrent un empereur latin, qui fut Baudouin, comte de Flandre : et étendant ensuite leur conquête dans la Grèce, ils réduisirent sous leur obéissance presque tout ce qui avait appartenu dans l'Europe aux empereurs de Constantinople, l'empereur grec, qui s'était réfugié en Asie, n'y ayant conservé que trois ou quatre villes, qui furent assez longtemps les seules qui demeurèrent sous l'obéissance des Grecs.

Voilà donc toute la Grèce réduite non seulement sous l'autorité temporelle des Latins, mais aussi sous l'autorité spirituelle des papes, et les prêtres latins en une pleine liberté de s'informer de toutes les erreurs des Grecs : et il est impossible que s'il y eût eu quelques traces de l'hérésie de Bérenger en ce pays-là, elle eût pu se cacher aux recherches de tant d'ennemis passionnés, et qui avaient tant d'intérêt de les découvrir.

Car les princes mêmes eussent été bien aises de trouver ce prétexte pour justifier leur entreprise auprès d'Innocent III, qui en était assez mécontent, et qui leur en fit divers reproches. Et le nouvel empereur Baudouin, lequel, dans la lettre qu'il écrivit à ce pape sur la prise de Constantinople, charge les Grecs de tous les reproches dont il se peut aviser, n'eût pas sans doute oublié celui-là, s'il eût eu quelque sorte d'apparence. Il exagère leur perfidie, leur malice, leur haine contre l'Église romaine. Il rapporte les abus qui s'étaient introduits parmi eux ; mais il ne dit pas un seul mot de la présence réelle, ni de la transsubstantiation, quoiqu'il n'y eût rien de plus capable de faire voir au pape que la prise de Constantinople était utile à l'Église, et qu'elle n'était point contraire à l'engagement où ils étaient entrés, de faire servir leurs armes à la défense de la foi.

Le pape Innocent III ayant reçu ces lettres, écrivit à l'empereur Baudouin, et quelque temps après il adressa une lettre aux évêques, abbés et autres ecclésiastiques, qui étaient à Constantinople dans l'armée des princes, pour leur recommander la réunion de l'église grecque. C'était là le lieu et le temps de les avertir que les Grecs n'étaient pas d'accord avec l'Église romaine sur la présence réelle et la transsubstantiation. Il était tout-puissant sur les chefs de cette armée, et par eux sur tous les Grecs : mais il ne leur parle point de cette erreur, parce qu'il ne la connaissait point dans les Grecs ; et il s'arrête seulement à prouver la procession du Saint-Esprit du Père et du Fils, comme le principal point dont il les fallait instruire.

Dans une autre lettre qu'il écrivit en ce même temps à l'archevêque de Reims, son légat en France, et à ses suffragants, il réduit encore les erreurs des Grecs au seul point de la procession du Saint-Esprit : *Parce*, dit il, *que le peuple des Grecs s'est séparé de l'unité et a rompu le lien de la paix, il est aussi devenu malade touchant la foi, en refusant de confesser que le Saint-Esprit, qui est le lien de l'unité et de l'égalité, procède du Fils aussi bien que du Père. Ainsi, n'ayant pas voulu se réduire à l'unité d'une même foi touchant la procession du Saint-Esprit, il est tombé justement dans les ténèbres de la mort; parce que c'est le Saint-Esprit qui nous enseigne toute vérité, comme le Fils nous en assure dans son Évangile. Il a donc été privé de l'intelligence spirituelle, parce qu'il a péché contre l'Esprit. Il n'a pas banni le levain de sa maison, selon l'ordonnance de l'Écriture, pour manger les azymes de la vérité et de la sincérité; mais retenant son vieux levain, il mange autant qu'il est en lui le corps de Jésus-Christ avant le levain.*

Il ne leur reproche pas de croire qu'ils ne mangeaient que la figure du corps de Jésus-Christ, comme il aurait fait s'il les eût soupçonnés de cette erreur; mais il leur reproche de le manger avec le levain, parce qu'ils sacrifiaient avec le pain levé et qu'ils condamnaient les azymes.

Y eut-il donc jamais de prétention plus hors d'apparence que de vouloir que les Grecs aient été d'un sentiment dont le pape Innocent, qui avait autant d'inquisiteurs en Grèce qu'il y avait de prêtres, d'ecclésiastiques et de religieux latins, ne les a pas même soupçonnés ?

M. Claude nous dira peut-être que les Grecs dissimulaient alors leur opinion par la crainte des Latins; qu'ils ne découvraient pas ce qu'ils croyaient de l'Eucharistie, et que leur lâcheté les portait à trahir leur foi, aussi bien qu'elle leur avait fait trahir leur ville et leur empire. Mais outre qu'il n'y a point de lâcheté si générale qu'on la puisse attribuer avec vraisemblance à tout un peuple et à tout un empire, il est clair encore que c'est un prétexte qui ne peut avoir aucun lieu dans le sujet dont il s'agit.

Premièrement, parce qu'il y eut une infinité de Grecs qui se retirèrent de temps en temps de Constantinople et des autres villes de la Grèce, pour se réunir à leurs empereurs, qui recueillirent en Asie les débris de leur naufrage, et se remirent quelque temps après en un état qui les rendit formidables aux Latins. Or, toutes ces personnes, qui, après avoir vécu longtemps parmi les Latins, quittaient leur parti par la haine qu'ils leur portaient, ne pouvant pas manquer à reconnaître qu'ils croyaient la présence réelle et la transsubstantiation, n'auraient pas aussi manqué de les décrier sur ce sujet par tout l'Orient, s'ils n'avaient été dans le même sentiment.

Car il faut remarquer que le parti de l'empereur grec était rempli de gens savants, d'historiens, d'écrivains qui ont déchiré les Latins en tout ce qu'ils ont pu, et qui ne les auraient pas épargnés en un point si plausible et si capable d'irriter contre eux les Grecs d'Asie, qu'ils avaient intérêt de retenir, et de faire soulever les Grecs d'Europe, si l'uniformité de leur sentiment sur l'Eucharistie ne leur eût ôté le moyen de faire ce reproche aux Latins.

2° On ne doit pas aussi douter que parmi les Grecs qui demeurèrent à Constantinople et dans les autres villes de la Grèce, il n'y en eût un très-grand nombre qui embrassaient sincèrement l'union avec le pape, et qui se réconciliaient avec l'Église romaine, non seulement par intérêt et par crainte, mais par un véritable changement d'opinion sur les points qui étaient en différend. Et par conséquent, si la transsubstantiation en eût fait partie, il aurait fallu que ces Grecs convertis eussent aussi changé de sentiment sur cet article. Il leur eût donc été impossible de ne pas voir qu'on croyait, dans la communion à laquelle ils s'étaient joints, ce qu'ils n'avaient pas cru jusqu'alors touchant le mystère de l'Eucharistie : et l'étonnement où cette découverte les aurait mis, n'aurait pas manqué de les porter à avertir leurs pasteurs de l'ignorance et de l'erreur où étaient les autres, et à tâcher de communiquer la vérité qu'ils auraient nouvellement apprise à leurs amis, à leurs femmes, à leurs enfants : ce qui aurait par nécessité fait éclater le différend des Grecs et des Latins sur ce point, s'il y en eût eu quelqu'un.

3° Il n'est nullement véritable que les Grecs, en ce temps-là, fussent ou faciles à changer de sentiment, ou assez lâches pour dissimuler celui qu'ils avaient ; et on peut dire au contraire qu'autant qu'ils témoignèrent de faiblesse à défendre leur empire, autant firent-ils paraître d'opiniâtreté à défendre leur religion.

Car les Latins, quoique tout-puissants et victorieux, ne purent jamais en réduire la plupart à communiquer avec le pape, encore que les légats du pape, selon le style de ce temps-là, usassent de voies si dures et si rigoureuses pour les y contraindre, qu'enfin l'empereur Henri, successeur de Baudouin, fut obligé de les faire cesser malgré le légat Pélage, comme le témoigne Georges Acropolite, par ces paroles : *Sous le règne de Henri*, dit-il, *le pape envoya à Constantinople un légat nommé Pélage, qui avait toutes les prérogatives du pape même, car il portait des souliers rouges, il avait des habits de diverses couleurs, et son cheval avait une housse de la même couleur que celui du pape. Et comme il était d'un naturel farouche, plein de faste et d'insolence, il exerça de grandes cruautés sur ceux de Constantinople, en contraignant tout le monde de se soumettre à l'ancienne Rome. On mettait en prison et les religieux et les prêtres, et l'on ne leur donnait que le choix de ces deux choses : ou de reconnaître le pape pour le chef de tous les évêques, et d'en faire mention dans la messe; ou d'être punis de mort. Tous les habitants de Constantinople, et particulièrement les principaux d'entre eux, voyant ce traitement, en furent ex-*

traordinairement affligés, et étant allés trouver l'empereur Henri, ils lui tinrent ce discours : Sire, nous nous sommes soumis à votre empire, quoique nous soyons d'une autre nation que vous et que nous eussions un autre patriarche; mais nous n'avons prétendu vous assujétir que nos corps, et non pas nos âmes. Nous sommes prêts de prendre les armes pour votre défense, si la nécessité de quelque guerre le demande ; mais nous ne pouvons pas abandonner nos cérémonies et nos coutumes. C'est pourquoi, ou délivrez-nous de ce danger qui nous presse, ou permettez-nous, comme à des personnes libres, de nous retirer avec ceux de notre nation. Après que Henri les eut entendus parler de la sorte, ne voulant pas être privé de tant de bons citoyens, il fit ouvrir les temples malgré le légat, et mettre en liberté les prêtres et les religieux qui étaient détenus dans les prisons.

Des gens prêts de renoncer à leurs maisons et à leur ville, plutôt que d'abandonner leurs cérémonies, n'étaient pas dans la disposition de dissimuler leur foi par une lâcheté criminelle. Ainsi on ne peut désirer une conviction plus évidente de la parfaite union des sentiments qui était en ce temps-là entre les Grecs et les Latins sur le mystère de l'Eucharistie, que de voir que tous ces Grecs, assujétis aux Latins dans toute la Grèce, ne leur ont pas donné le moindre prétexte de les soupçonner de ne croire pas la présence réelle, quoiqu'ils fissent une profession si publique de leur foi.

Cette raison est d'autant plus considérable, que cet assujétissement des Grecs aux Latins n'a pas été de peu de durée : il a duré près de cent soixante ans en Palestine, à Antioche et à Tripoli de Syrie ; et à Constantinople près de soixante; Constantinople ayant été prise par Baudouin et les princes croisés l'an 1204, et reprise sous un autre Baudouin par Michel Paléologue l'an 1261.

Pendant tout ce temps, les plus grandes villes de la Grèce changèrent plusieurs fois de maîtres, selon les différents succès des guerres continuelles qu'il y eut entre les empereurs grecs et les empereurs latins. Les Grecs qui étaient dans les villes reprises par les Grecs furent souvent en liberté de dire tout ce qu'ils voulaient contre les Latins, et de leur reprocher toutes les erreurs dont ils les auraient reconnus coupables : leurs écrivains n'ont pas aussi manqué de le faire. Mais comme les Latins n'ont jamais soupçonné les Grecs d'être d'une autre créance qu'eux touchant ce mystère, jamais aussi ce soupçon n'est tombé dans l'esprit d'aucun des Grecs ; et quelque animosité que la guerre et les mauvais traitements aient produit dans l'esprit des uns et des autres, ils ne se sont jamais portés à se faire aucun reproche sur ce sujet.

Ce ne fut pas seulement en Grèce où les Grecs furent traités durement par les Latins sur le sujet de la religion, ils furent encore traités plus rigoureusement en Chypre. Cette île avait été prise par Richard, roi d'Angleterre, sur l'empereur Isaac, l'an 1191, et ensuite elle fut donnée par ce prince au roi de Jérusalem, afin qu'elle lui servît de retraite après la prise de Jérusalem par Saladin.

Il ne manqua pas de remplir incontinent toute l'île de prêtres et d'évêques latins ; et l'extrême rigueur dont il usa contre les Grecs a donné sujet à divers auteurs Grecs d'en faire de grandes plaintes, et de représenter d'une manière fort odieuse les cruautés qu'ils prétendaient qu'on exerçait sur les prêtres et sur les religieux de leur nation : et même Germain, patriarche de Constantinople, résidant en Asie, s'en plaignit au pape Grégoire IX, en des termes capables de donner beaucoup d'horreur de cette conduite.

Les Grecs n'étaient guère plus favorables aux Latins quand ils étaient les maîtres, comme on le peut juger par le traitement qui fut fait au légat du pape et aux autres Latins qui étaient à Constantinople, sous Andronic : et comme la passion des uns et des autres ne pouvait être plus violente, ni se porter à de plus grands excès que ceux où ils se portèrent en ce temps-là, on ne doit point douter qu'ils n'aient tâché de les justifier, en s'accusant mutuellement de toutes les erreurs qu'ils ont pu se reprocher avec quelque sorte d'apparence. On aime naturellement à rendre ceux que l'on punit si rigoureusement les plus coupables qu'on peut ; et ainsi il est certain, par exemple, que si les papes et les évêques latins de l'île de Chypre avaient eu lieu de faire passer les Grecs pour convaincus de l'hérésie des bérengariens et des Albigeois, ils auraient bien mieux aimé rejeter sur ces erreurs les causes de ce traitement, que non pas sur la contestation de la primauté du pape et de la procession du Saint-Esprit ; et le pape Grégoire IX n'aurait pas été obligé, en répondant à Germain, de passer sous silence, comme il fait, les reproches qu'il lui avait faits de ses cruautés.

Mais il est certain que ni le pape ni les évêques latins n'ont pas cru avoir le moindre sujet de leur faire ce reproche : et c'est pourquoi le même pape Grégoire IX, écrivant à l'archevêque de Nicosie, en Chypre, n'accuse les Grecs sur l'Eucharistie que de ce qu'ils disaient *qu'on ne pouvait célébrer avec du pain sans levain*. Et le pape Innocent IV, écrivant à l'évêque de Tivoli de ce qu'on devait exiger des Grecs, et descendant jusqu'au détail des cérémonies, ne fait non plus aucune mention de la transsubstantiation.

On ne peut aussi raisonnablement douter que s'il y avait eu quelque diversité de sentiments sur le sujet de la présence réelle et de la transsubstantiation, elle n'eût servi d'un grand obstacle à ceux qui passaient d'une communion à l'autre, et qu'elle ne se fût fait paraître dans ceux qui auraient été sur le point de faire ce changement, par les difficultés qu'ils auraient faites sur cet article, et les éclaircissements qu'ils auraient demandés. Cependant on ne voit aucun exemple que, pour réduire les Grecs à l'union, on se soit mis en peine de les instruire sur ces deux points, ni qu'ils aient désiré aucun éclaircissement sur ce sujet. Matthieu Pâris rapporte en l'année 1254 que des seigneurs grecs étant venus à Rome se réunirent avec le pape après qu'ils eurent été instruits : mais cette instruction ne regardait, comme le témoigne le même auteur, que la procession du S.-Esprit, dont ils disputèrent longtemps, et sur laquelle on les satisfit.

On a vu même en ce siècle-là des provinces entières, et des princes considérables, se réunir avec l'Église romaine, sans qu'il ait été besoin de leur donner aucune instruction sur ces articles.

Les Bulgares, qui suivaient la foi et les coutumes des Grecs, se remirent sous l'obéissance du pape, l'an 1204, avec tous les évêques de ce royaume-là.

Théodore Comnène, prince d'Épire, abjura le schisme l'an 1218, sous le pontificat d'Honoré III.

Daniel, duc de Moscovie, désirant d'obtenir du pape le titre de roi, promit de se soumettre avec tout son royaume à l'Église romaine, l'an 1246 ; et il renonça en effet au schisme l'année d'après.

L'an 1250, trois provinces entières de la Grèce reconnurent le pape.

On ne voit point dans toutes ces conversions qu'il ait été besoin d'instruire ces princes et ces peuples sur la présence réelle et la transsubstantiation, ni de leur demander aucune abjuration de leurs erreurs sur l'Eucharistie.

Enfin, pour conclure cette preuve négative par quelques remarques générales, qui font voir combien il est certain que la doctrine de la présence réelle était universellement reçue par toute la terre, sans aucune contradiction, à l'exception de quelques hérétiques albigeois, que quelques auteurs accusent de l'avoir niée, il ne faut que considérer : 1° qu'elle ne fut jamais publiée avec plus d'éclat, puisque ce fut en ce siècle que le pape Innocent III exprima, dans le grand concile de Latran, tenu l'an 1215, le changement du pain au corps de Jésus-Christ, par le terme de *transsubstantiation*, dont on se servait déjà ordinairement dans les écoles ; 2° que l'adoration de l'Eucharistie fut, non pas établie, comme les calvinistes le prétendent faussement, mais particulièrement recommandée par le pape Honoré III, l'an 1219, aux évêques du patriarcat d'Antioche, dans une lettre où il ordonne aux prêtres *d'instruire souvent tous les fidèles que, lorsqu'on élèvera l'hostie salutaire dans la célébration de la messe, ils aient à s'incliner avec révérence, et qu'ils fassent le même lorsqu'on la portera aux malades* (1).

La manière dont parle le pape fait assez voir que ce n'est point une coutume nouvelle qu'il établit, mais une pratique sainte, dont il recommande l'observation : elle suffit pour montrer que l'adoration que les Latins rendaient à l'Eucharistie était la chose du monde la plus publique dans tout l'Orient ; c'est-à-dire, à l'égard des Grecs, des Arméniens, des jaco-

(1) Sacerdos verò quilibet frequenter doceat plebem, ut, cùm in celebrationé missarum elevatur hostia salutaris, quilibet reverenter inclinet, idem faciens cùm ipsam portat presbyter ad infirmum. Honor., epist. 632.

bites, et de toutes les autres sectes qui étaient en ce temps-là en grand nombre dans le patriarcat d'Antioche. Et comme l'on ne doit point douter que l'on ne pratiquât le même dans la Grèce et dans Constantinople, avec une entière liberté, il est aussi impossible qu'aucun Grec ait pu ignorer le culte public et l'adoration que les Latins rendaient à l'Eucharistie, comme il est impossible qu'aucun calviniste l'ignore, en voyant tout le monde se mettre à genoux à Paris devant le S.-Sacrement.

3° Ce fut encore en ce siècle qu'Urbain IV institua la fête du Saint-Sacrement, et que saint Thomas composa les hymnes et proses qui s'y chantent.

4° Il faut de plus considérer que jamais la puissance des papes ne parut plus grande qu'en ce temps-là, et qu'ils n'eurent jamais plus de différends avec les princes temporels ; puisqu'on n'y voit autre chose qu'excommunications de rois et de princes, que royaumes mis en interdit, que princes dépouillés de leurs états.

5° Que cette puissance ne s'exerçait pas seulement sur les princes d'Occident, mais aussi sur les princes d'Orient. Car Pierre, cardinal-légat du pape, mit le royaume d'Arménie, quoique nouvellement réuni avec le Saint-Siège, en interdit, l'an 1205, sous prétexte que le roi avait usurpé les biens des templiers, qu'il prétendait s'être unis avec ses ennemis ; et Innocent III excommunia ce roi même l'an 1211.

Théodore Comnène, qui avait pris le titre d'empereur de Constantinople, après s'être rendu maître du royaume de Thessalonique, fut excommunié par Grégoire IX, l'an 1229.

L'empereur Michel Paléologue, après s'être réuni à l'Église romaine, et avoir contraint par toutes sortes de rigueurs les évêques et les religieux grecs de reconnaître le pape, ne laissa pas d'être excommunié par le pape Martin II, l'an 1281, en faveur de Charles, roi de Sicile, comme le témoigne Raynaldus, qui, s'étant comme obligé de justifier presque toutes les actions des papes, devine qu'il fallait bien qu'il en eût donné sujet, quoiqu'il n'en ait aucune preuve. Mais Allatius en parle un peu plus franchement ; car après avoir rapporté cette excommunication de Michel Paléologue par le pape Martin II, il ajoute qu'*il est étrange que l'on ait pu imputer à cet empereur de favoriser le schisme, lui qui, pour le bien ou de son empire ou de l'Église, avait fait tout ce qu'il avait pu par adresse, et avait pris des peines qui allaient presque au-delà de son pouvoir, pour établir cette union des deux églises ; assemblant pour cela des synodes, invitant les ecclésiastiques par présents, les y contraignant par les supplices.*

6° Il faut considérer qu'il n'y a point de temps où les Latins se soient rendus plus odieux aux Grecs par leur domination, par leurs insultes, par leurs cruautés.

7° On sait qu'il n'y a point de doctrine qui fournisse plus de reproches pour animer les peuples contre ceux que l'on veut décrier, que celle de la transsubstantiation et de la présence réelle ; et qu'il n'y en a point qui soit plus propre à former des partis, et à donner à ceux qui ne la croient pas de l'éloignement de ceux qui la croient.

Cependant, dans la publication si solennelle qui s'est faite de cette doctrine dans l'Orient, on met en fait qu'on ne saurait faire voir qu'aucun prince s'en soit servi pour animer ses sujets contre le pape ; qu'aucun factieux en ait pris un prétexte de révolte, pour faire soulever les peuples contre les Latins ; qu'aucun ennemi de l'Église romaine en ait pris occasion de la décrier ; qu'aucun scrupuleux en ait été scandalisé ; qu'aucun zélé l'ait combattue, ou de vive voix, ou par écrit. Peut-on désirer une preuve plus manifeste que cette doctrine était en ce temps-là généralement reconnue de tout le monde ?

CHAPITRE II.

Douzième preuve *de cette union, par le traité commencé avec les Grecs, où la doctrine de la présence réelle et de la transsubstantiation leur a été expressément déclarée et proposée, sans qu'ils aient fait aucune difficulté sur ce point.*

Si tout cela ne suffit pas encore pour convaincre l'opiniâtreté de M. Claude, il nous obligerait de nous dire quelles sortes de preuves il désirerait encore qu'on lui apportât, afin qu'il se tînt obligé de demeurer d'accord que les Grecs croient la transsubstantiation aussi bien que les Latins : car peut-être dans l'abondance de celles que nous avons trouverait-on moyen de le servir à sa fantaisie.

Veut-il qu'on lui fasse voir la transsubstantiation définie d'une manière authentique, et qui n'a pu demeurer inconnue aux Grecs, sans qu'ils se soient élevés contre cette doctrine ? Il ne faut pour cela que lui alléguer la définition qui en fut faite l'an 1215, au concile de Latran, où assistaient un grand nombre de prélats de la Palestine et de la Grèce, qui en répandirent par conséquent les décrets dans tous ces lieux remplis de Grecs ; et il ne faut que lui remarquer que le patriarche grec d'Alexandrie y assista par son légat, et qu'ainsi n'ayant pu ignorer ce qui y avait été défini, son silence et celui de tous les autres Grecs est une approbation solennelle de cette doctrine.

S'il ne trouve pas encore cela assez pressant, et qu'il désire qu'on lui montre que cette définition touchant la transsubstantiation ait été communiquée aux évêques grecs ; qu'on les ait obligés d'y faire réflexion et de la considérer, et qu'ils n'y aient point fait de difficulté, il y aura encore moyen de le satisfaire. Car il n'y aura pour cela qu'à lui rapporter l'histoire du traité commencé entre le pape Grégoire IX et le patriarche de Constantinople, nommé Germain, qui demeurait à Nicée, et tous les évêques de sa communion, l'an 1233. Ce pape lui écrivit une lettre, que Mathieu Pâris rapporte dans son Histoire, où, en lui parlant de la créance de l'Église romaine sur le sujet des azymes, il lui expose très-nettement la doctrine de la transsubstantiation. *Soit,* dit-il, *que l'on consacre le sacrement avec du pain sans levain, ou avec du pain levé, il est toujours changé au corps du Seigneur par la puissance de Dieu. L'un et l'autre pain n'est que de simple pain devant le sacrifice ; mais* APRÈS QUE LA TRANSSUBSTANTIATION A ÉTÉ FAITE, *ce n'est plus du pain ; et ainsi on ne le peut appeler ni azyme, ni pain levé ; mais on croit que c'est ce pain vivant qui est descendu du ciel, et qui donne la vie au monde.*

Voilà la transsubstantiation bien formellement déclarée aux Grecs dans cette lettre, quoique ce ne soit que par occasion, parce qu'on ne les a jamais soupçonnés de la nier. Et si cette déclaration n'eût pas trouvé ce patriarche, qui conférait toujours des affaires importantes avec un synode d'évêques, dans ce même sentiment, elle n'aurait pas manqué de les faire soulever, et avec eux tous les autres Grecs, contre une doctrine qui ne peut être reçue que par ceux qui la croient et qui en sont persuadés.

Voyons donc si elle fit cet effet dans leurs esprits.

Ce pape avait choisi deux religieux dominicains, et deux de l'ordre de S.-François pour traiter d'accord avec le patriarche. Ils se transportèrent à Nicée, dans ce dessein : ils y furent reçus avec toute sorte d'honneurs, et avec beaucoup de témoignages de joie.

On parla d'abord des différends qui divisaient les deux églises ; et les Grecs répondirent qu'il n'y en avait que deux. *L'un qui regardait la procession du S.-Esprit ; l'autre, le sacrement de l'autel.* Habito concilio, tale dederunt responsum : *Dicimus quòd duæ sunt causæ : una est de processione Spiritûs sancti ; alia de Sacramento altaris.*

Peut-être que M. Claude conçoit quelque espérance de trouver ici son compte, en voyant que les Grecs mettent entre les causes de leur différend avec l'Église romaine, la question du sacrement de l'autel mais qu'il ne se flatte pas de cette pensée : la suite lui fera bien voir qu'elle est vaine, et que cette question consistait uniquement dans l'opinion que quelques Grecs avaient que le pain sans levain n'était pas une matière suffisante pour le sacrement, et qu'ainsi il ne pouvait être consacré. Or cette opinion, bien loin de détruire la transsubstantiation, la suppose au contraire à l'égard du pain levé, et ne la nie à l'égard des azymes, que parce que les Grecs supposaient faussement que le pain sans levain n'était pas du pain, et ne pouvait être ainsi matière du sacrement.

Les légats du pape répondirent aux Grecs que, s'il n'y avait point d'autres causes de contestation que celles qu'ils avaient marquées, il fallait voir si elles étaient suffisantes pour les porter à refuser au pape l'obéissance qu'ils lui devaient. Ainsi, deux jours après, on vint à l'examen de la question de la procession du S.-Esprit, et de l'addition faite au Symbole par les Latins ; et ensuite les légats pressèrent les Grecs de venir à la question des azymes : ce qu'ils refusèrent pour lors, alléguant qu'il fallait assembler un synode pour en traiter.

Il parut par la facilité que les Grecs témoignèrent

depuis à convenir de ce point, qu'ils n'évitaient d'en traiter que parce qu'ils n'avaient pas eux-mêmes de sentiment arrêté sur ce sujet. Cependant le patriarche assembla un synode, et ayant fait appeler les légats, ils s'y rendirent, et pressèrent encore que l'on y parlât des azymes. Les évêques grecs aimaient mieux au contraire que l'on parlât de la procession du S.-Esprit. Mais les légats le prirent autrement, et ils reprochèrent hautement aux Grecs qu'ils évitaient cette question pour ne pas découvrir qu'*ils avaient un mauvais sentiment du sacrement des Latins fait avec du pain sans levain* : Jam perpendimus quòd malè sentitis de Sacramento nostro in azymo. Voilà l'erreur dont ils les soupçonnaient touchant le sacrement de l'autel, qui consiste, non à nier la transsubstantiation, mais à nier que la transsubstantiation se puisse faire avec du pain sans levain. Il les accusent d'avoir de mauvais sentiments, non du sacrement, mais du sacrement des Latins, parce qu'il était fait avec du pain sans levain.

C'est pourquoi, dans une autre conférence qui se tint dans le palais de l'empereur, ils obligèrent ces évêques de leur donner leur sentiment par écrit sur cette question : *An Christi corpus in azymo confici possit?* Si le corps de Jésus-Christ se peut faire avec du pain sans levain? et il est dit dans le récit que les évêques grecs le nièrent, et qu'après cela l'on se sépara.

Dans la séance qui se tint ensuite, chaque parti produisit les preuves de son opinion. On les lut, et on se les communiqua mutuellement. Et ainsi les légats ne purent ignorer le fond de l'opinion des Grecs.

Le lendemain l'empereur proposa une voie d'accord, qui était que les Latins abandonnassent leur addition au symbole, et que les Grecs, de leur côté, abandonneraient le différend sur les azymes. *Nous avons deux questions entre nous*, dit l'empereur Jean, appelé par les Latins Vatachius : *l'une touchant la procession du S.-Esprit; l'autre touchant le corps de Jésus-Christ. Si vous désirez donc sincèrement la paix, il faut que vous vous départiez de l'une des deux. Nous honorerons et nous approuverons votre sacrement, et vous abandonnerez votre symbole, et le réciterez comme nous.*

Mais les légats du pape répondirent que le pape ne relâcherait jamais une seule lettre de la foi. *A quelle condition voulez-vous donc faire la paix?* leur dit l'empereur. *Si vous les voulez savoir*, répondirent les légats, *les voici en peu de mots : Il faut que les Grecs croient, et qu'ils prêchent aux autres touchant le corps de Jésus-Christ, qu'il se peut faire aussi bien avec du pain sans levain qu'avec du pain levé; et touchant le S.-Esprit, qu'il procède aussi bien du Fils que du Père, et qu'ils annoncent au peuple cette doctrine. Mais le pape ne les contraindra pas d'ajouter cette clause expressément dans le symbole, lorsqu'ils le chanteront dans l'église.* Ces paroles mirent en colère l'empereur; et l'on se sépara de part et d'autre avec un mécontentement réciproque.

Je ne vois pas quel doute il peut rester, après cette histoire, sur la foi des Grecs.

Voilà la doctrine de la transsubstantiation qui leur est proposée formellement par un pape, dans un traité important, et où il s'agissait de la paix temporelle et spirituelle de l'église grecque. Ils ont donc connu, envisagé, examiné cette doctrine, quoiqu'elle ne leur eût été proposée que par occasion.

2° Nonobstant cet examen, ils déclarent qu'ils n'ont que deux différends avec l'Église romaine. Ils déclarent donc qu'ils n'ont point celui de la transsubstantiation, et qu'ils approuvent en cette partie la doctrine des Latins; et leur silence en ce point est beaucoup plus fort qu'une approbation formelle; car il marque que c'était une chose indubitable parmi eux, et non pas un sujet de contestation; que le pape ne leur avait point proposé cette doctrine comme doutant de leur foi, mais seulement parce qu'elle était mêlée dans l'expression avec le différend des azymes.

3° Ils font consister l'un de ces différends à savoir si le corps de Jésus-Christ se peut faire avec des azymes. Ils reconnaissent donc comme une chose hors de contestation qu'il se peut faire avec du pain levé; c'est-à-dire qu'ils reconnaissent que le pain levé était *transsubstantié* au corps de Jésus-Christ, selon l'expression du pape.

4° C'est aussi le sens auquel les légats du pape ont pris leurs paroles, après tous les éclaircissements qu'ils en avaient pu prendre des écrits des Grecs qui leur furent communiqués : car ils ne leur ont pas reproché de nier la transsubstantiation, ce qu'ils n'auraient pas manqué de faire s'ils en avaient eu le moindre soupçon; mais ils leur reprochèrent d'avoir de mauvais sentiments sur le sacrement fait avec des azymes : et c'est uniquement ce qu'ils les voulurent obliger de confesser.

5° Leur rupture sur le point du S.-Esprit est une manifeste conviction que l'intérêt temporel ne les dominait pas : et ainsi il est sans apparence qu'ils eussent dissimulé une erreur capitale dans l'Église romaine, s'ils l'en eussent crue coupable.

6° Enfin, on voit manifestement que les Grecs mêmes étaient peu attachés à leur doctrine touchant les azymes, et qu'ils regardaient leur pratique plutôt comme cérémoniale que comme appartenant à la foi; puisque sans doute ce n'était pas sans leur participation que l'empereur Jean offrit que les Grecs abandonneraient ce point, pourvu que le pape abandonnât l'autre. Aussi l'on voit dans les autres traités d'accord que les Grecs firent peu d'instance sur les azymes, et toute la question se réduisait à la procession du S.-Esprit.

Une chose si célèbre que la lettre d'un pape pour l'union des deux Églises, qui fut examinée d'abord par un empereur, un patriarche et un synode, et où tout le monde avait tant d'intérêt, ne manqua pas sans doute de se répandre par tout l'Orient ; et on peut supposer avec raison qu'il n'y eut point d'évêque grec si indifférent pour le bien de l'Église qui ne l'ait vue, et qui n'y ait par conséquent aperçu la doctrine de la transsubstantiation. Mais si ce n'est pas assez de cette déclaration pour empêcher que l'on ne puisse dire que les Grecs ont ignoré cette doctrine, en voici encore une autre aussi authentique.

Il y eut encore quelque commencement de traité d'accord entre le pape Alexandre IV et l'empereur Théodore Lascaris, successeur de Vatachius, autrement Calo-Joannes, ou Joannes Ducas. Ce pape lui envoya l'évêque d'Orviète pour légat, et lui donna une instruction rapportée dans Raynaldus, où l'on voit qu'il lui marque précisément ce qu'il lui peut accorder sur la procession du S.-Esprit, et qu'il ne lui dit pas un seul mot de la transsubstantiation ni de la présence réelle : ce qu'il n'aurait pas manqué de faire s'il avait cru qu'il en eût été question. Mais ce traité n'ayant eu aucun succès, comme le témoigne Georges Logothètes, qui a écrit l'histoire de ce temps-là, le légat s'en revint d'Asie en Italie sans rien faire.

Théodore Lascaris étant mort peu de temps après, savoir l'an 1259, et n'ayant laissé qu'un fils âgé de huit ans, Michel Comnène Paléologue se fit élire premièrement régent de l'empire, et ensuite empereur. Il fut si heureux qu'il recouvra sans peine Constantinople l'an 1261, Alexius César, chef de son armée, l'ayant surprise par la trahison de quelques Grecs. Sitôt qu'il y fut rétabli, prévoyant que les papes ne manqueraient pas d'armer contre lui les princes de l'Occident, et qu'il avait un puissant ennemi en la personne de Charles d'Anjou, roi de Naples et de Sicile, avec qui l'empereur Baudouin, chassé de Constantinople, s'était allié, il se résolut de réunir les Grecs avec l'Église romaine, afin de se délivrer par là de la crainte de ces terribles croisades, qui faisaient trembler alors les empereurs grecs dans Constantinople, les sultans dans Babylone et dans le Grand-Caire, et les Tartares mêmes jusque dans la Perse.

Il est certain qu'il y avait de la politique mêlée dans ce dessein de réunion. Il parut néanmoins par la suite que Paléologue était fort bien instruit du fond des différends, et qu'il était persuadé que la cause des Latins était la meilleure. Il envoya donc pour ambassadeur, au pape Urbain IV, l'évêque de Crotone, Grec de nation, mais élevé dans l'Église romaine ; et lui exposa par cet évêque qu'il était convaincu que les Grecs et les Latins avaient la même doctrine ; que cet évêque le lui avait fait connaître, et qu'ainsi il n'y avait rien de plus aisé que de conclure l'accord. *Omnia*, dit-il, *quæ sunt veræ fidei per ordinem reservavit, quæ rectè percipimus, et corde et animo illustrati invenimus sanctam Dei Ecclesiam non alienatam a nobis in divinis piæ fidei dogmatibus; sed ea ferè nobiscum sentientem et concantantem*. Il dit que cet évêque lui fit connaître que les Pères latins et les Pères grecs s'accordaient ; qu'ainsi il embrassait leur doctrine, et qu'il respectait tous les sacrements de l'Église romaine.

Urbain IV répondit à ces lettres d'une manière obligeante, et lui envoya deux nonces tirés de l'ordre des Frères mineurs. Néanmoins la chose ne réussit pas encore si tôt, l'ardeur de Paléologue s'étant refroidie par l'éloignement du danger : mais ce n'était pas en vain qu'il avait écrit au pape qu'on lui avait fait connaître que les Grecs et les Latins étaient d'accord dans les dogmes ; parce que, comme il le montra fort bien depuis, la plupart des Grecs se réduisaient en ce temps-là à dire que la doctrine des Latins sur la procession du S.-Esprit était bonne, mais qu'ils avaient eu tort de l'ajouter dans le Symbole. Et ainsi ce n'était plus presque, à l'égard de ces personnes, qu'une question de discipline, par-dessus laquelle on pouvait passer pour le bien de la paix.

Les nonces qui étaient à Constantinople, passant les bornes de leur commission, avaient accordé quelques points aux Grecs qui déplurent au pape Clément IV, successeur d'Urbain ; et ils avaient tiré d'eux une confession de foi qui parut défectueuse à Rome : ce qui est fort aisé à comprendre, parce que l'article de la procession du S.-Esprit se peut facilement exprimer d'une manière équivoque, les Grecs étant toujours d'accord que le Fils est le principe de la communication du S.-Esprit aux fidèles. Ainsi ce pape, pour prévenir ces difficultés, se résolut d'envoyer à l'empereur et aux Grecs une profession de foi toute dressée ; et comme il était obligé d'y parler des azymes, il y inséra encore la doctrine de la transsubstantiation, non comme un article contesté puisqu'il n'en était pas question, mais comme une suite de ce qu'il était obligé de dire touchant les azymes. *L'Église romaine*, dit-il dans cette profession de foi, *se sert de pain azyme dans le sacrement de l'Eucharistie; tenant et enseignant, que, dans ce sacrement, le pain est vraiment transsubstantié au corps de Notre-Seigneur Jésus-Christ, et le vin en son sang* (1).

Cette profession de foi fut envoyée en Grèce à Michel Paléologue ; et cet empereur, qui ne désirait rien tant que cette union, qui le mettait à couvert des armes de Charles d'Anjou, ne manqua pas de la communiquer à tous les évêques grecs, puisque c'était la formule qu'ils devaient souscrire. C'était donc là le temps, ou jamais, de se soulever contre la transsubstantiation, qui leur était si expressément déclarée, et dont on leur demandait une signature expresse. Quelque crédit qu'eût l'empereur sur ces évêques, quelque empressement qu'il eût pour la paix, il n'aurait jamais empêché ce soulèvement général, si les Grecs n'eussent été dans ce sentiment, comme il n'empêcha pas que le mécontentement de plusieurs n'éclatât sur la procession du S.-Esprit. Cependant je puis dire par avance qu'on ne trouvera point qu'aucun Grec ait fait la moindre difficulté sur cet article.

(1) Raynald., n. 77. Sacramentum Eucharistiæ ex azymo conficit Romana Ecclesia, tenens et docens quòd in ipso Sacramento panis verè transsubstantiatur in corpus, et vinum in sanguinem Domini nostri Jesu Christi.

Ce ne fut pas pour une seule fois que cette profession de foi, contenant incidemment, mais clairement, la transsubstantiation, fut envoyée aux Grecs; car Michel Paléologue, qui tremblait de peur de l'appareil que S. Louis et Charles d'Anjou dressaient en ce temps-là pour l'Orient, écrivit à S. Louis, un peu après la mort de Clément, qu'il était prêt d'abjurer le schisme, et qu'il avait envoyé pour cela des ambassadeurs à Rome; mais que l'on avait arrêté les uns en chemin, et que l'on n'avait donné aucune satisfaction aux autres. Qu'il le choisissait donc comme arbitre de ce différend, et le conjurait de s'employer à le terminer; et que, s'il le refusait, il en appelait au souverain Juge qui lui en ferait rendre compte. S. Louis répondit à cet empereur qu'il ne pouvait prendre d'autre part dans cette affaire que celle de presser le S.-Siége de la conclure. Et en effet, au lieu que la politique humaine de son frère allait à traverser par toutes sortes de moyens l'union des Grecs, la politique sainte de ce grand roi fut de la favoriser autant qu'il lui fut possible.

Il en écrivit donc aux cardinaux, et les cardinaux, sur ses instances, écrivirent à l'évêque d'Albanie en Grèce, en lui envoyant la même profession de foi dressée par Clément IV, pour la faire souscrire par tous les évêques grecs, comme l'unique voie de faire cet accord si nécessaire à l'Église.

Depuis ce temps-là Grégoire X ayant été élu souverain pontife lorsqu'il était en Orient, et ayant eu ainsi toute sorte de moyens de s'informer par lui-même de la foi des Grecs, l'empereur Paléologue ne manqua pas de lui envoyer des ambassadeurs avec des lettres, pour lui témoigner le désir qu'il avait de l'union. Et le pape de son côté lui en écrivit une, où, reprenant ce qui s'était fait depuis le commencement du traité sous Urbain IV et Clément IV, il déclare à cet empereur que la plus courte et la meilleure voie pour terminer les différends des deux églises était qu'il fît souscrire par le patriarche, les évêques et le clergé des Grecs, la profession de foi dressée par Clément; et pour cela il lui envoya encore une copie de cette profession de foi, qui contient, comme nous avons dit, la transsubstantiation en termes formels.

Je ne pense pas après cela que M. Claude ose nous dire que les Grecs n'ont point connu la transsubstantiation; et s'il est tant soit peu raisonnable, il avouera encore qu'après la proposition si solennelle qui leur fut faite de cette doctrine, s'ils n'en ont fait aucun bruit, s'ils ne se sont point élevés contre, s'ils ne se sont point plaints que l'Église romaine avait introduit une nouvelle doctrine, s'ils n'en ont point fait un des chefs de contestation entre les deux églises, c'est un signe manifeste qu'ils l'approuvaient, et qu'ils étaient dans le même sentiment qu'elle. Il serait fort injuste s'il voulait exiger qu'on lui montrât qu'ils l'ont formellement signée et approuvée; car on n'a point d'ordinaire d'autre assurance que tous ceux qui sont dans une communion croient une doctrine, sinon qu'ils sont unis à une communion où l'on fait profession de la croire. C'est de cette sorte que l'on sait que ceux qui s'assemblent à Charenton sont calvinistes : et ainsi quand on voit les Grecs prêts de s'unir avec l'Église romaine, sans faire aucune difficulté sur la transsubstantiation, quoiqu'ils n'ignorassent pas cette doctrine qui leur avait été si expressément proposée, c'est une conviction évidente qu'ils la tenaient.

Mais comme je sais néanmoins que M. Claude est assez peu raisonnable pour demander encore plus que cela, je veux bien le contenter, et lui faire voir la transsubstantiation approuvée solennellement par l'Église grecque, de la manière que l'on approuve les choses que l'on a toujours crues, et dont on n'a pas le moindre doute. C'est ce qui paraîtra par la suite de ce traité d'accord, dont toutes les circonstances sont remarquables.

CHAPITRE III.

TREIZIÈME PREUVE, *tirée de l'histoire de l'union des Grecs avec les Latins sous Michel Paléologue, où la transsubstantiation fut solennellement approuvée, comme une chose dont on n'avait jamais douté.*

L'histoire de ce traité se doit tirer en partie des lettres des papes, de l'empereur et du patriarche de Constantinople, qui se sont conservées, et en partie de l'historien Pachymère, qui en a fait le récit, mais d'une manière fort imparfaite, en ayant omis les principales circonstances.

Cet historien rapporte que sitôt que le pape Grégoire X eut été élu pape, il exhorta l'empereur Michel Paléologue à la paix; et il est assez sincère pour reconnaître *qu'il recherchait cet accord à cause de la beauté de la paix, et pour unir les églises; n'estimant pas juste que de si grandes nations fussent divisées sur des sujets si peu importants.*

On peut remarquer en passant qu'il est assez probable qu'un historien ait parlé de cette sorte de la question de la procession du Saint-Esprit, qui était réduite en ce temps-là à ce point : *Si les Latins avaient pu ajouter au symbole que le Saint-Esprit procédait du Fils;* ce que l'on ne trouvait pas mauvais qu'ils crussent en particulier : mais qu'il n'est nullement vraisemblable qu'il eût parlé de la sorte, s'il eût cru qu'il s'agissait de la présence réelle; le sens commun ne souffrant pas qu'on traite ce différend de *peu important.*

Pour l'empereur Michel, Pachymère lui attribue un mouvement moins honnête; et il veut qu'il n'ait été poussé à rechercher l'accord avec tant de passion que par crainte et par lâcheté : ce que la suite de la vie de ce prince rend assez vraisemblable, ses cruautés exécrables ne donnant guère lieu de lui attribuer des intentions pieuses.

Pachymère omet que cette légation du pape vers l'empereur avait été précédée par une autre de l'empereur au pape, qui lui avait envoyé Jean, religieux de S.-François, pour lui témoigner le désir qu'il avait de la paix, comme il est expressément marqué dans la lettre du pape Grégoire à l'empereur, dont nous venons de parler. Et c'est dans cette même lettre que le pape demanda à Michel qu'il fit souscrire la profession de foi dressée par Clément IV, laquelle il lui envoya de nouveau.

Il faut encore remarquer, pour démêler ce que Pachymère confond étrangement, que le pape Grégoire X proposa à l'empereur de faire d'abord signer cette profession de foi, et ensuite d'assister lui-même, ou d'envoyer des ambassadeurs à un concile général qu'il avait dessein de convoquer : *Cui unà cum aliis catholicis principibus te decebat, ac nos desideramus ac petimus, interesse in loco in quo ipsam celebrari contingel.... vel personaliter venturus, si facultas affuerit ; vel apocrisiarios magnæ auctoritatis et prudentiæ viros tuo nomine missurus.*

Les légats du pape étaient quatre, tous de l'ordre des Frères mineurs, comme le pape qui les nomme le témoigne dans sa lettre; et aucun d'eux ne s'appelait Jean Parastron, qui est le nom que Pachymère donne à l'un d'eux : de sorte qu'il fallait que ce Parastron fût un religieux de leur compagnie, qui, n'ayant pas la qualité de légat, ait été confondu par Pachymère avec les légats : ce que je remarque afin que l'on ne prétende pas faire passer le récit de Pachymère pour fort exact.

Paléologue ayant reçu ces lettres du pape, s'appliqua sérieusement à procurer l'union. Il y employa l'adresse, la persuasion, la force.

Les Grecs y firent d'abord beaucoup de résistance, et l'on n'y put jamais faire rendre le patriarche Joseph, qui était conduit par des moines opiniâtres. Mais il paraît clairement par l'histoire, que toute cette résistance des Grecs ne regardait que l'article de la procession du S.-Esprit, et que l'on ne fit pas la moindre difficulté sur l'article de la transsubstantiation, qui était inséré dans la profession de foi dont on demandait la souscription.

C'est ce qui est prouvé invinciblement par la résistance et par la conversion de Jean Veccus, qui n'était alors que trésorier de l'église de Constantinople, et qui fut depuis patriarche. Nicéphore Grégoras et Pachymère s'accordent dans les louanges qu'ils donnent à ce grand personnage ; et Nicéphore dit entre autres choses que tous les autres Grecs étant comparés avec lui ne paraissaient que des enfants en esprit, en éloquence et dans la connaissance des dogmes ecclésiastiques.

Comme il était alors persuadé de la justice de la cause des Grecs, les sollicitations de l'empereur ne l'ébranlèrent point ; et il eut la hardiesse de dire en sa présence : *Qu'il y avait des personnes que l'on traitait d'hérétiques, et qui l'étaient en effet ; qu'il y en avait d'autres que l'on traitait d'hérétiques, et qui ne l'étaient pas, et qu'il y en avait aussi qu'on ne traitait pas d'hérétiques, et qui l'étaient véritablement : que les Latins étaient de ce dernier genre.*

La liberté avec laquelle Veccus avait parlé ayant aigri l'empereur contre lui, il lui suscita un accusateur, et sur cela le fit mettre en prison, comme Pachymère le rapporte.

Mais cette prison lui fut salutaire. On lui donna pour le gagner les traités que Nicéphore Blemmydas, l'un des plus grands personnages des Grecs, et qui était mort depuis peu de temps, avait faits en faveur des Latins sur la procession du S.-Esprit. Ces livres commencèrent à l'ébranler. Il demanda ensuite les livres des Pères, pour conférer les passages cités par Blemmydas ; et il se persuada toujours de plus en plus de la vérité de la créance de l'Église romaine.

Ainsi le seul changement d'opinion de Veccus sur la procession du S.-Esprit l'unit aux Latins, et lui fit abandonner le schisme des Grecs : ce qui fait bien voir que sa résistance et celle de tous les autres n'était fondée que sur cet article.

Il est remarquable que Pachymère, quoique fort porté à attribuer des intentions malignes et intéressées aux meilleures actions, ne soupçonne pas seulement Veccus d'avoir changé par crainte ou par intérêt, et qu'il reconnaît qu'il ne fut porté à procurer la paix que par la sincérité de son esprit, et par l'amour qu'il avait pour la vérité, ἁπλοῦς ὤν, dit-il, καὶ φιλαληθής.

Pachymère, racontant le progrès de la conversion de Veccus, fait voir encore clairement que toute la question qui était alors entre les Grecs et les Latins touchant le dogme, consistait uniquement en ce qui regardait la procession du S.-Esprit. *Veccus, dit-il, ayant consulté les livres des Pères, reconnut que l'on en pouvait tirer de grands secours pour avancer l'union ; parce qu'il paraissait qu'on ne pouvait reprocher autre chose aux Latins que d'avoir ajouté témérairement un mot au Symbole ; mais pour la chose en soi, il produisait un passage de S. Cyrille, qui unissait l'opinion des Grecs à celle des Latins... Il en trouva un autre de S. Maxime... Et, par ces passages et autres semblables, Veccus ayant été pleinement persuadé, se tourna tout entier à la paix : ce qui fortifia beaucoup l'empereur, et l'excita à presser plus ardemment les évêques, voyant qu'il le pouvait faire sûrement, selon l'avis des théologiens célèbres qu'il avait avec lui.*

Il n'était donc question du tout, en ce temps-là, à l'égard du dogme, que de la procession du S.-Esprit. Quand on était persuadé de celui-là, on était persuadé de tout : c'était la seule différence d'opinion sur cet article, qui distinguait ceux qui étaient portés à la paix de ceux qui s'en éloignaient. Tous les éclaircissements tendaient uniquement à lever aux évêques la crainte qu'ils avaient de blesser la vérité sur ce point : ceux qui demeurèrent opiniâtres, comme le patriarche Joseph, n'en avaient point d'autre prétexte. La seule raison qu'ils alléguaient pour ne pas faire mention du nom du pape dans la messe, était, comme le dit Pachymère, *que les Latins avaient ajouté au Symbole.* Et ceux qui se rendirent, ne le firent que parce qu'ils changèrent d'opinion, comme Veccus, ou qu'ils crurent qu'on pouvait tolérer les Latins dans leur erreur sur ce point, comme l'évêque d'Ephèse, confesseur de l'empereur, et plusieurs autres.

Ainsi tous les reproches qu'on peut faire contre le consentement que donnèrent dès lors la plupart des évêques de la Grèce à l'union, comme de dire qu'il fut extorqué par la crainte des supplices et par les emprisonnements de plusieurs ecclésiastiques, sont absolument vains à l'égard de l'article de la transsubstantiation ; puisqu'il paraît qu'on n'y a pas fait la moindre difficulté, et que toute la résistance des Grecs n'avait pour objet, à l'égard du dogme, que la question de la procession du S.-Esprit.

Mais pour continuer le fil de cette histoire, la résistance du patriarche et de plusieurs évêques rendant le dessein que l'empereur avait de réunir les Grecs avec les Latins difficile à exécuter, il envoya cependant des légats au pape Grégoire, pour empêcher qu'il ne s'impatientât de ce retardement, et pour lui faire connaître que cette réunion n'était pas aisée, et qu'elle avait besoin de patience et de temps, puisqu'il fallait assembler des évêques éloignés, afin de leur communiquer cette affaire. Ces lettres furent rendues à Grégoire X, l'an 1275, un an après celles qu'il avait écrites à Michel. Le pape, de son côté, récrivit fort civilement à l'empereur, en lui témoignant néanmoins qu'il y en avait plusieurs qui lui voulaient persuader que les Grecs n'agissaient point sincèrement dans la recherche de cette union, et qu'ils n'avaient point d'autre dessein que de tirer l'affaire en longueur.

Pachymère ne fait encore aucune mention de cette ambassade ; mais elle ne laisse pas d'être certaine, comme il est clair par les lettres réciproques de l'empereur et du pape, insérées dans Raynaldus.

Le soupçon qu'on voulait donner à Grégoire du procédé des Grecs était assez bien fondé à l'égard de plusieurs évêques, mais non pas à l'égard de l'empereur ; car on voit par Pachymère qu'il ne travaillait qu'avec trop de violence pour réduire les évêques à sa volonté. Il vint enfin à bout de la plupart. Et pour le patriarche Joseph, qui ne se voulut pas rendre, il convint avec lui qu'il se retirerait en un monastère de Constantinople en sortant du palais patriarchal, et qu'il y demeurerait en attendant l'arrivée des légats qu'il avait envoyés au pape ; à condition que si la paix se concluait avec le pape, on élirait un autre patriarche, et que, si l'on n'en pouvait convenir, il continuerait ses fonctions comme auparavant.

Pachymère a encore confondu étrangement les choses sur le sujet de cette légation, envoyée au pape en suite de la retraite du patriarche : car il veut que les ambassadeurs, après avoir perdu par un naufrage dans le chemin une des deux galères avec lesquelles ils étaient partis, soient arrivés à Rome au commencement du printemps ; qu'ils y aient passé le printemps et l'été, et qu'après y avoir conclu toutes choses avec le pape, ils soient retournés à Constantinople à la fin de l'automne.

Mais il faut que cette relation soit ou fausse ou très-imparfaite : car il est certain, par les actes du concile de Lyon, que le pape Grégoire X n'était point à Rome au printemps de l'an 1274, qui est celui où l'accord des Grecs fut conclu, mais qu'il était en France, présent à ce concile, qui commença le septième jour de mai de cette année-là. Et il est certain encore que cette réunion ne se fit point à Rome, mais à Lyon, où les ambassadeurs de l'empereur se rendirent avec ceux du concile des évêques grecs.

Étant arrivés au concile, ils présentèrent au pape les lettres de l'empereur, contenant en termes formels la profession de foi qui leur avait été envoyée par Clément IV et par Grégoire X, où la transsubstantiation se trouve expressément insérée en ces termes : *Sacramentum Eucharistiæ ex azymo conficit Romana Ecclesia, tenens et docens quòd in ipso Sacramento panis verè transsubstantiatur in corpus, et vinum in sanguinem Domini nostri Jesu Christi.* Ensuite Georges Acropolite jura pour l'empereur cette profession de foi en ces termes : *Ego Georgius Acropolita, magnus logotheta et nuntius domini imperatoris Græcorum, habens ab eodem sufficiens ad infra scripta mandatum, omne schisma prorsus abjuro, et subscriptam fidei veritatem, prout plenè lecta est et fideliter exposita, in nomine dicti domini mei veram, sanctam, catholicam et orthodoxam fidem esse cognosco.*

Le légat du concile des Grecs présenta aussi une lettre au pape de la part du métropolitain d'Ephèse et de trente évêques grecs, dans laquelle il était parlé de l'opiniâtreté du patriarche Joseph, et de sa retraite dans un monastère ; et ensuite il jura en leur nom, dans les mêmes termes que l'ambassadeur de l'empereur avait fait, d'embrasser entièrement la profession de foi dont il est question, où la transsubstantiation était exprimée.

L'union étant aussi conclue, le pape entonna le *Te Deum*, et l'on récita en grec et en latin la profession de foi dont nous avons parlé, en répétant deux fois l'article *de la procession du S.-Esprit*, pour montrer que c'était cet article qui faisait le principal sujet de la contestation.

Voilà donc, comme je m'étais obligé de le faire voir, la doctrine de la transsubstantiation signée, jurée et embrassée par les Grecs, en présence d'un concile œcuménique, et d'autant plus sincèrement approuvée qu'elle ne faisait pas partie du différend, et qu'elle est insérée seulement dans la profession de foi, à cause de la question des azymes.

Après toutes ces cérémonies, qui remplirent de joie tout le concile, le pape écrivit trois lettres : l'une à l'empereur, l'autre à Andronic, fils de l'empereur, et l'autre aux évêques grecs ; et les congratulant tous de leur réunion, il leur recommanda d'achever d'y réduire ceux qui y résistaient encore.

Ce fut après le retour de ces légats que les évêques, pour accomplir ce qu'ils avaient promis au pape, supposant que Joseph, par la parole qu'il avait donnée de se démettre du patriarchat, si l'accord était conclu, y avait par là effectivement renoncé, déclarèrent le siége vacant, et élevèrent à cette éminente dignité Jean Veccus, avec l'agrément de l'empereur et même du patriarche Joseph, lequel ils en consultèrent; et que, pour témoigner l'union, l'on célébra la messe, en y faisant mention du pape Grégoire, comme étant le souverain pontife de l'Église apostolique, et pape œcuménique, ainsi que le témoigne Pachymère.

Ce nouveau patriarche travailla très-fidèlement à réunir les esprits, non par politique, mais par une sincère persuasion : car il était convaincu, comme le remarque Pachymère, que ceux qui avaient été auteurs du schisme avaient été dans l'erreur, et que la vérité était du côté des Latins.

Le même Pachymère rapporte que l'empereur envoya au pape des légats pour l'avertir que la chose était consommée, et pour s'informer secrètement des desseins de Charles, roi de Naples. Il représente la rage de Charles, qui pressait continuellement le pape de lui permettre d'entreprendre la guerre contre les Grecs, et qui mordait, dit-il, le sceptre qu'il tenait dans les mains, selon la mode des princes d'Italie. Et il ajoute que le pape lui répondit qu'il ne pouvait pas commettre des chrétiens avec des chrétiens, de peur d'attirer sur soi la colère de Dieu.

Je ne sais si cet auteur n'anticipe point dans ce récit ce qui n'arriva que depuis, sous Nicolas III, en 1277; les historiens de ce temps-là témoignant que le pape Jean XXI, qui fut élu pape après la mort d'Adrien V, successeur d'Innocent V, qui l'avait été de Grégoire X, envoya encore des légats à Michel Paléologue pour s'informer de lui s'il était prêt d'obéir à l'Église romaine; et que Michel les ayant reçus avec toute sorte d'honneur, s'offrit d'accomplir religieusement tout ce dont ses ambassadeurs étaient demeurés d'accord au concile. Ce qui marque que la chose n'était pas encore parfaitement accomplie.

L'empereur ne se contenta pas de cela, mais il envoya de plus des ambassadeurs au pape pour l'avertir qu'ayant fait assembler un synode d'évêques grecs, on avait de nouveau approuvé tout ce qui s'était fait au concile de Lyon. On peut voir dans Raynaldus, aussi bien que dans Allatius, les lettres de l'empereur Michel, celles d'Andronic, son fils, et celles du patriarche Veccus et de tout le synode des Grecs, dans lesquelles on doit remarquer : 1° que dans les lettres que cet empereur écrit à Jean XXI, il approuve expressément ce que ses ambassadeurs avaient promis pour lui au concile de Lyon, et reçoit avec serment la confession de foi où la transsubstantiation était insérée; 2° que dans la profession de foi que Jean Veccus insère aussi dans ses lettres, tant en son nom qu'au nom des évêques grecs, la transsubstantiation y est aussi formellement exprimée, quoiqu'elle ne le soit qu'à l'occasion des azymes : *Credentes et nos ipsum azymum panem in ipso sacro officio Eucharistiæ verè transsubstantiari in corpus Domini nostri Jesu Christi, et vinum in sanguinem ejus per sanctissimi Spiritus virtutem et operationem.* Ils assurent de même *que le pain levé est transsubstantié au corps de Jésus-Christ;* et ils remarquent expressément que *ces lettres synodales avaient été confirmées par les souscriptions de tous*, et que ces souscriptions passaient parmi eux pour une espèce de serment : QUÆ *apud nos vigorem obtinent juramenti.* 3° Que cette profession de foi des évêques grecs n'était pas conçue en mêmes termes que celle qui leur avait été envoyée par Clément IV et par Grégoire X; mais que cette variété n'a point d'autre effet à l'égard de l'article des azymes et de la transsubstantiation, sinon qu'il y est exprimé en termes plus forts que dans la profession de foi de Clément. On ne l'y avait donc affectée qu'à cause de l'article de la procession du S.-Esprit, dont l'expression, quoique très-orthodoxe en soi, et assez précise pour le sens catholique, laissait néanmoins encore quelque lieu de s'échapper aux Grecs. Et c'est peut-être ce que Pachymère a marqué obscurément, lorsqu'il dit que *les évêques grecs, en accumulant plusieurs termes tirés des Pères latins, comme ceux de* PROFUNDI, PRÆBERI, DARI, MICARE, *et autres semblables, avaient taché d'obscurcir celui de procéder,* ἐκπορεύεσθαι, *dont les Latins ont accoutumé de se servir.*

Soit qu'il entende cela de cet écrit signé par les évêques grecs, et envoyé à Jean XXI, soit qu'il l'entende d'un autre, il est certain qu'il y paraît quelque chose de cet artifice, et que l'article de la procession du S.-Esprit, pour être enveloppé de trop de paroles, y est moins clairement exprimé. Mais c'est ce qui fait voir la différence qu'il y avait entre ce dogme et celui de la transsubstantiation : car à l'égard de ce dernier article ils n'usent d'aucune finesse, et tout leur soin semble avoir été de l'exprimer encore plus clairement que le pape.

La date de ces lettres est de l'an 1277, qui est le second du patriarchat de Veccus : ce qui fait voir qu'elles ont été écrites sous le pontificat de Jean XXI, quoiqu'elles n'aient été rendues qu'à Nicolas III son successeur, Jean XXI ayant été écrasé par la chûte du plancher d'une chambre dès la première année de son pontificat, avec des circonstances bien étranges, que l'on peut voir dans les historiens.

Nicolas III, répondant en 1278 à Veccus et aux autres évêques grecs, se plaignit du changement qu'ils avaient fait dans la profession de foi, et voulut exiger d'eux qu'ils signassent celle qui avait été envoyée par Clément IV, et qu'ils ajoutassent au Symbole le mot de *Filioque.* Mais les évêques grecs ne firent pas semblant de l'entendre; et l'empereur Michel et son fils Andronic se contentèrent de la signer encore une fois en leur nom, et de renvoyer les légats du pape avec cette signature, sans rien répondre sur les nouvelles demandes du pape.

Ces réponses ne furent pas rendues à Nicolas, mais à Martin IV, son successeur, lequel étant lié d'intérêt avec Charles, roi de Naples et de Sicile, excommunia l'empereur Paléologue comme fauteur du schisme des Grecs : ce qui fut cause de la ruine de Charles et d'une infinité de maux qui arrivèrent à l'Église, comme le dit Ptolomée de Lucques.

Pachymère, qui fait mention de cette excommunication, dit qu'elle fit entrer Michel Paléologue en un si grand transport de colère, qu'il empêcha une fois que l'on ne récitât à la messe le nom du pape, et qu'il fut tout prêt de rompre l'union. Il ne le fit pas néanmoins, et elle continua jusqu'à sa mort, quoiqu'elle fût déjà troublée dès son vivant par quantité de moines brouillons, qui firent un grand nombre d'écrits contre le patriarche Veccus, qui les réfuta fortement.

On voit donc dans le récit de cette histoire, la transsubstantiation signée et approuvée plusieurs fois par l'empereur et par les évêques grecs. On la voit approuvée indirectement et par occasion, parce qu'il n'en était pas question précisément : ce qui est une marque évidente qu'il n'y avait aucun différend sur ce sujet entre les Grecs et les Latins. On la voit approuvée, non seulement dans un article de la profession de foi envoyée par le pape, auquel les Grecs n'ont jamais témoigné trouver la moindre difficulté, mais aussi par les propres termes des Grecs, qui l'exprimèrent dans leur profession de foi en des termes encore plus forts que ceux du pape. Enfin, on la voit approuvée sans contradiction, puisqu'on ne saurait faire voir qu'on ait excité le moindre trouble pour ce sujet.

CHAPITRE IV.

QUATORZIÈME PREUVE *de l'union des Grecs avec les Latins dans le dogme de la transsubstantiation, par le renouvellement du schisme sous Andronic, fils de Michel Paléologue.*

La preuve que nous avons tirée de ce traité d'union entre les Grecs et les Latins, dans lequel la transsubstantiation fut si solennellement souscrite par les Grecs, aurait beaucoup moins de force si cette union avait été de plus de durée : car on aurait pu dire en quelque sorte, si les choses fussent demeurées dans cet état, qu'étant certain que l'empereur avait usé de beaucoup de violence pour forcer les religieux et les évêques à cet accord, la signature qu'on tira d'eux était plutôt une marque de leur faiblesse que d'un consentement libre et volontaire.

Afin donc que l'on pût connaître ce qu'il y avait de sincère dans ces actes, et ce qu'il y avait de forcé ; ce qu'ils approuvaient ou désapprouvaient, et en quoi ils croyaient que la vérité y avait été violée, il était en quelque sorte utile que ce traité fût troublé ; que le feu de la division, qui avait été quelque temps couvert, éclatât de nouveau, et même que les schismatiques, devenant les maîtres, eussent une pleine liberté de condamner, dans ceux qui s'étaient joints aux Latins, tout ce qui leur avait déplu.

Cette division commença de paraître, comme nous avons dit, du temps même de Michel Paléologue : car, nonobstant ses menaces et ses cruautés, les Grecs ne laissèrent pas de faire divers libelles contre le patriarche Veccus. Ce patriarche, de son côté, se mit à écrire pour défendre le dogme de la procession du Saint-Esprit du Père et du Fils, en suivant les traces de Blemmidas, comme le remarque Pachymère.

Cet historien, partisan des schismatiques, le blâme de s'être engagé à traiter du dogme, et d'avoir voulu prouver que, dans le langage des Pères, les mots *ex Filio*, et *per Filium*, avaient entièrement le même sens ; et d'avoir ainsi expliqué à l'avantage des Latins les expressions des Pères grecs. Mais en le blâmant de la sorte, il fait voir manifestement que les ennemis de l'union n'attaquaient que l'article de la procession du Saint-Esprit, et que ceux qui la défendaient, comme Veccus, n'étaient obligés à l'égard du dogme de se justifier que sur cet article.

Cependant si la transsubstantiation n'eût pas alors été reçue de tout le monde, combien le prétexte qu'on en aurait pu prendre d'accuser Veccus aurait-il été plus plausible et plus capable de faire soulever les peuples, que celui de la question de la procession du Saint-Esprit, qui est une matière si abstraite, qu'il est étrange comment on a pu porter le peuple à y prendre part.

Cette raison est d'autant plus considérable en cette rencontre, que cette dispute ne devint pas seulement le sujet d'un schisme dans l'église grecque, et d'une infinité de contestations, et de vive voix et par écrit, entre les évêques et les religieux, mais qu'elle servit aussi de prétexte de révolte à des princes grecs, qui se soulevèrent contre l'empereur Paléologue comme contre un hérétique(1). Il y eut même un seigneur de la race du dernier empereur Alexius, qui se fit proclamer empereur à Trébisonde. Toute la cour de l'empereur était pleine de troubles et de divisions, et il ne savait à qui se fier, parce que ses principaux officiers et ses parents mêmes étaient contre l'union, et ne souhaitaient rien tant que de la voir rompue.

Dans cette division d'esprits, dans cette révolte publique, dans cette nécessité de colorer d'un prétexte plausible la résistance que l'on faisait aux ordres d'un empereur, n'est-il pas visible que l'on n'eût jamais omis celui de l'approbation publique qu'il avait faite de la transsubstantiation des Latins, si quelqu'un eût été capable d'en être scandalisé ? Messieurs de la religion prétendue réformée ont trop bien su faire valoir ce prétexte dans de semblables occasions, pour ne pas reconnaître que ceux qui peuvent l'employer ne l'oublient jamais, et qu'ils n'ont garde de recourir à des dogmes spéculatifs, où les peuples ne prennent guère d'intérêt, lorsqu'ils ont moyen de se servir de celui-là.

Mais, après la mort de Michel Paléologue, les choses allèrent à de bien plus grands excès. Car Andronic, son fils, qui avait été reconnu empereur dès le vivant de son père, se voyant par sa mort en liberté de suivre ses sentiments, se déclara contre l'union avec tant d'emportement, qu'il ne voulut pas même qu'on rendît à son père les honneurs funèbres qu'on avait accoutumé de rendre aux autres empereurs,

---

(1) Voir le Mémorial d'Oger, interprète de la langue latine, et secrétaire de l'empereur Paléologue, dans Rainaldus, an 1278, n. 13.

parce qu'il prétendait qu'il avait erré dans la foi.

Veccus s'étant donc retiré dans un monastère, on élut un autre patriarche en sa place, et ensuite on assembla un synode pour lui faire son procès dans les formes canoniques. C'était-là le temps de lui imputer toutes les erreurs dont on le jugeait coupable, et surtout la transsubstantiation qu'il avait approuvée, si on eût pris cette doctrine pour une erreur. Mais quelque envenimée que fût la malice de ses ennemis, qui étaient ses juges, on ne lui en fit pas le moindre reproche, et on ne s'arrêta qu'à l'article de la procession du S.-Esprit, sur lequel on l'accusa d'hérésie.

Enfin, dit l'auteur de la séparation de l'ancienne Rome d'avec la nouvelle, *la lumière de la vérité commença de luire aux églises grecques, le pieux empereur Andronic ayant chassé du troupeau de Jésus-Christ l'ancienne Rome, comme une brebis toute couverte de gale. Cet empereur étant devenu maître de l'empire de son père, et ayant un zèle ardent pour la piété et pour les dogmes orthodoxes, redonna à l'Église sa première beauté et son premier éclat : car il fit assembler un synode avec le patriarche Joseph, qui avait été chassé pour la foi, et les trois autres patriarches, et ils anathématisèrent le pape et toute la secte des Latins, comme on le peut voir par la définition que fit ce synode à la gloire du très-saint Esprit, qui procède du Père, et qui est donné par le Fils à ceux qui le méritent.*

Pachymère rapporte exactement, dans le septième livre, dont Léon Allatius a fait imprimer une partie, la dispute qui fut dans ce synode entre Veccus et les juges qui le condamnèrent; et on voit que tous les reproches qu'on lui fit se réduisent à la question de la procession du S.-Esprit.

Les excès où la passion porta ces évêques schismatiques contre les approbateurs de l'union, et qui sont rapportés par Nicéphore Grégoras, liv. 6, sont tout à fait horribles. Ils firent dépouiller les évêques qui avaient suivi Veccus de leurs habits pontificaux ; ils les firent fouler aux pieds en leur présence, criant trois fois qu'ils étaient indignes de ces habits. On leur fit donner des soufflets, et on les chassa ainsi honteusement de leurs églises. Mais les transports violents de cette passion si animée, ne les portèrent jamais à leur reprocher en aucune sorte la doctrine de la transsubstantiation.

Veccus n'ayant pas voulu consentir à ce qu'on demandait de lui, qui était de signer l'écrit qu'avait fait Georges de Chypre, surnommé Grégoire, élu patriarche après la mort de Joseph, dans lequel on prononçait anathème contre ceux qui enseignaient que le S.-Esprit procédait du Père et du Fils, et qui se joignaient à l'Église romaine, il fut envoyé prisonnier par l'empereur dans le château de S.-Georges, avec deux de ses ecclésiastiques ; savoir Méliteniote, et Georges Métochite.

Ce fut dans cette prison qu'il fit le testament qui est rapporté par Allatius, et qui est imprimé avec les autres ouvrages de Veccus dans le premier tome de la Grèce orthodoxe, dans lequel il marque encore clairement que la cause unique de ses disgrâces, de sa déposition et de sa prison, était qu'il avait soutenu la procession du S.-Esprit du Père et du Fils. Et c'est pourquoi il le finit par ces paroles : *Moi Jean, par la miséricorde de Dieu archevêque de Constantinople, qui souffre l'exil et la prison jusqu'à la mort, pour le dogme très-véritable que le S.-Esprit procède du Père par le Fils, j'ai écrit et signé de ma main ce testament.* Il n'était donc point question de la transsubstantiation.

Les compagnons de sa prison, Georges Métochite et Méliteniote, le furent aussi de son zèle à défendre par leurs écrits, jusqu'à la mort, cette vérité catholique de la procession du Saint-Esprit du Père et du Fils. Mais l'on voit par ces écrits mêmes que toute leur persécution n'avait point d'autre sujet que celui-là, qu'on ne les attaquait que sur ce point, et qu'ils n'étaient point obligés de se justifier sur d'autres.

Allatius fait un grand dénombrement des traités qui furent faits d'une part par Veccus, par Georges Métochite, par Méliteniote et par Simon de Constantinople, de l'ordre des Frères prêcheurs; et de l'autre par Georges de Chypre, Grégorius Palamas, Georges Moschampar, Constantin Acropolite, grand chancelier, Georges Pachymère. Et les titres mêmes de ces écrits font assez voir qu'il ne s'agissait que de la procession du S.-Esprit.

On voit la plus grande partie des écrits des Grecs catholiques recueillis dans les deux volumes qu'Allatius a donnés au public sous le titre de : *Græcia orthodoxa* ; et dans ces écrits des catholiques, on y voit toutes les objections des schismatiques. Cependant je puis assurer que dans tous ces traités recueillis dans ces deux volumes, c'est-à-dire, dans ceux de Veccus, de Georges Métochite, de Méliteniote, il n'y a pas le moindre vestige qu'on leur ait rien reproché sur la transsubstantiation, ni qu'ils aient été obligés de se défendre sur cet article.

Peut-on désirer une conviction plus évidente de l'union des Grecs avec les Latins dans la doctrine de la transsubstantiation, que de voir que la passion la plus aigre ne les a jamais poussés à en faire un reproche à ceux qui l'avaient si solennellement et si publiquement approuvée par des souscriptions formelles ? On ne peut dire qu'ils n'y faisaient pas de réflexion, puisque ces souscriptions les ont obligés d'y faire une attention expresse. D'où vient donc qu'il ne leur est jamais arrivé d'en parler dans tant d'écrits qui se sont faits de part et d'autre ? Ceux qui l'avaient signée ne la croyaient-ils pas ? Veccus, qui meurt pour l'union avec l'Église romaine, n'en était-il pas persuadé ? Pourquoi donc les schismatiques ne lui en ont-ils pas fait un crime ? Et pourquoi n'aurait-il pas lui-même reproché aux schismatiques qu'ils étaient dans l'erreur, non seulement sur la procession du S.-Esprit, mais aussi sur le sacrement de l'Eucharistie ? Est-ce que cette doctrine était obscure et étouffée dans l'Église latine ? Et n'était-ce pas, au contraire, le temps où elle paraissait avec plus d'éclat? car la fête du S.-Sacrement ayant été instituée dès l'année 1260, par Urbain IV, elle se célébrait dans toutes les églises des Latins, et par conséquent à la vue des Grecs; puisque toute la Grèce était pleine d'églises de Latins. On pratiquait de même tous les jours, à leur vue, la cérémonie de se mettre à genoux à l'élévation de l'hostie, et quand on portait l'Eucharistie aux malades, dont les ministres attribuent ridiculement l'institution à Honoré II, parce qu'il en recommande l'observation dans une lettre aux évêques du patriarchat d'Antioche. La vue de ce culte et de cette adoration publique, jointe à l'animosité violente qu'ils avaient contre les Latins, ne les eût-elle pas portés à s'élever contre eux, et à les traiter d'idolâtres, s'ils n'eussent eu la même doctrine qu'eux, et s'ils n'eussent cru que Jésus-Christ étant présent dans l'Eucharistie, il était juste de l'y adorer?

CHAPITRE V.

QUINZIÈME PREUVE, *tirée des divers écrits de S. Thomas contre les Grecs.*

Je n'ai pas voulu interrompre la suite de l'histoire de l'union de l'église grecque avec la latine, tentée inutilement sous divers empereurs, conclue enfin sous Michel Paléologue, et rompue ensuite par son fils Andronic : et ainsi j'ai mieux aimé différer jusqu'ici la preuve qu'on pouvait tirer des écrits de S. Thomas contre les Grecs, pour montrer que si les Grecs n'ont pas eu la moindre pensée que les Latins fussent d'un autre sentiment qu'eux touchant le mystère de l'Eucharistie, les Latins n'ont pas été moins éloignés de soupçonner les Grecs de quelque erreur sur ce sujet.

Ce saint avait reçu un ordre particulier du pape Urbain IV d'écrire contre les Grecs; et ayant été mandé par Grégoire X pour assister au concile de Lyon, avec ordre d'y apporter son livre, afin de convaincre les Grecs qui devaient s'y trouver, il mourut en chemin en venant à ce concile. On sait avec quel zèle il a soutenu la doctrine de l'Église catholique sur l'Eucharistie; et on ne peut pas douter que s'il avait soupçonné les Grecs d'y être contraires, il n'en eût parlé dans un ouvrage fait exprès pour réfuter leurs erreurs, et où il parle expressément de la question des azymes, qui n'était rien en comparaison d'un différend qui aurait regardé la substance même du mystère. Or il n'en dit pas un seul mot, et il ne fait pas le moindre reproche aux Grecs touchant la présence réelle et la transsubstantiation. Il n'a donc pas cru qu'ils eussent sur ce sujet aucun différend avec l'Église romaine. Cependant comment l'aurait-il pu ignorer, s'il y en avait eu, étant considéré comme il était dans son ordre, et son ordre étant alors répandu dans tout l'Orient, et mêlé en une infinité de lieux avec les Grecs?

Cette même vérité se peut encore prouver, en quelque sorte plus évidemment, par un autre de ses opuscules, qui a pour titre : *Declaratio quarumdam dubiorum contra Græcos, Armenos et Saracenos.* C'est une réponse à des objections qui lui avaient été envoyées par le chantre de l'église d'Antioche, comme étant ordinairement proposées, les unes par les Grecs, les autres par les Arméniens, et les autres par les Sarrasins. Il y en a une contre la présence réelle, et il est remarquable qu'elle est proposée par les Sarrasins contre les chrétiens : *Improperant etiam christianis, quòd in altari comedunt Deum suum, et quòd corpus Christi, si esset ita magnum sicut mons, jam deberet esse consumptum.* ILS *reprochent aux chrétiens,* dit saint Thomas sur le rapport de ce chantre, *qu'ils mangent leur Dieu à l'autel, et que quand Jésus-Christ serait aussi grand qu'une montagne, il devrait déjà être consumé.*

La seule proposition de cette objection calvinienne renverse toutes les hypothèses de M. Claude. Car 1° pourquoi sont-ce les Sarrasins qui la font, et non pas les Arméniens et les Grecs, si les Arméniens et les Grecs étaient alors, comme M. Claude nous le veut persuader, dans l'opinion des calvinistes, et s'ils se moquaient aussi bien qu'eux de la manducation du propre corps de Jésus-Christ?

2° Pourquoi cette objection se fait-t-elle par les Sarrasins contre tous les chrétiens, si les seuls Latins étaient dans le sentiment dont ils se moquaient, et que tous les chrétiens d'Orient, qui leur devaient être beaucoup plus connus, ne croyaient rien sur ce mystère qui pût donner lieu à un semblable reproche? Et c'est ce qui fait voir en passant la faiblesse d'une objection de M. Claude, qui dit qu'on lit bien que les Turcs reprochent aux catholiques romains de manger leur Dieu, mais qu'on ne lit point qu'ils aient fait ce reproche aux Grecs : car il paraît que les Sarrasins faisaient ce reproche à tous les chrétiens sans distinction, aussi bien qu'Averroès, mahométant d'Espagne; et M. Claude ne saurait montrer qu'ils l'aient fait aux catholiques en les distinguant des Grecs.

3° Il est clair au moins par-là que les Sarrasins connaissaient l'opinion de la présence réelle, à qui que ce soit qu'ils l'attribuassent. Or, selon M. Claude, cette opinion n'était que dans l'Église romaine. Ils connaissaient donc le sentiment de l'Église romaine touchant l'Eucharistie; c'est-à-dire, que ces infidèles, qui avaient si peu d'intérêt de s'informer des dogmes de notre religion, connaissaient fort distinctement ce qui était inconnu, selon le même M. Claude, à tous les chrétiens d'Orient : aux Grecs, aux Arméniens, aux Cophtes, aux nestoriens; car c'est le fondement de son système, qui n'est bâti que sur cette plaisante imagination, que tous ces peuples *rejetaient négativement* la doctrine de l'Église latine sur l'Eucharistie, *n'en ayant jamais ouï parler.* Si cette bizarre supposition paraît raisonnable à M. Claude, il faut qu'il ait l'esprit autrement fait que les autres hommes.

CHAPITRE VI.

SEIZIÈME PREUVE *de l'union des Grecs avec les Latins, par le traité de Samonas, évêque de Gaze.*

Je finirai l'examen de ce siècle par celui d'un auteur

que l'on y place d'ordinaire, et qu'Aubertin rejette dédaigneusement, sans prendre la peine d'y répondre, en prétendant le faire passer pour un fantôme. C'est Samonas, évêque de Gaze, dont ce ministre parle ainsi : *C'est un auteur chimérique, aussi bien que la dispute qui fait le sujet de son traité ; car il n'y avait point dans ce temps-là d'évêques grecs dans la Palestine, puisqu'elle était sous la puissance des Sarrasins, qui en avaient chassé les Latins, lesquels y avaient établi des évêques de leur langue pendant qu'ils y dominaient. De plus, il ne se trouve aucun auteur, que je sache, qui ait fait mention de ce Samonas : et enfin, la plus grande partie de son traité est tirée mot à mot d'Anastase Sinaïte, et on l'a publié sous le nom de Samonas en y cousant quelques additions. Que Dieu puisse perdre les imposteurs qui tâchent impudemment de tromper le monde par de telles fourberies !*

M. Claude, qui s'en rapporte en matière de critique à Aubertin, et qui se dispense aisément d'examiner tout ce qu'il trouve dans son livre, a cru d'après lui il en pouvait sûrement parler de la même sorte. *M. Aubertin*, dit-il, *a fait voir que Samonas, évêque de Gaze, n'était qu'un fantôme et un nom vide, n'y pouvant avoir, au temps qu'on le fait vivre, d'évêque grec dans la Palestine.*

C'est donc là la raison qui a persuadé M. Claude. Il a eu assez d'esprit pour reconnaître que les deux autres n'étaient pas trop bonnes, ou plutôt qu'elles ne valaient rien du tout : car il n'est nullement étrange qu'un petit traité, sur une matière non contestée parmi les Grecs, n'ait jamais été cité par les écrivains grecs que nous avons depuis ce temps-là ; et il y aurait cinq cents traités des Pères qu'il faudrait rejeter de même, s'il suffisait, pour les traiter d'apocryphes, qu'ils n'eussent point été allégués par d'autres. Il est encore moins étonnant qu'un auteur qui écrit d'une matière, emprunte quelques paroles d'un auteur ancien sans même le citer.

Et, sans aller plus loin, j'en ai présentement un exemple devant les yeux : car en lisant le livre que Sanut, noble vénitien, a fait de la Terre-Sainte, dans le troisième livre, pag. 8, chapitre 1, il m'a semblé que j'avais lu ce que j'y voyais en quelque autre livre. Et en effet, ayant été consulter à l'heure même Jacques de Vitry, j'ai trouvé que Sanut n'avait fait que le transcrire en plusieurs chapitres entiers, où il ne change que quelques petits mots. Selon Aubertin, il en faudrait donc conclure que Sanut est un auteur apocryphe ? et cependant cette conclusion serait ridicule.

Enfin, il n'est point vrai que la plus grande partie de ce traité soit prise d'Anastase Sinaïte : il n'y en a qu'un passage de dix ou douze lignes. Le commencement est tiré de Théodorus Abucara, évêque des Cariens, auteur du neuvième siècle, que Gretzer a fait imprimer avec le traité d'Anastase Sinaïte, intitulé Ὁδηγός. Il y a autres passages dont le sens est tiré de S. Grégoire de Nysse, d'Eutychius et de Théophylacte : ce qui fait voir que cet auteur a eu dessein de ramasser ce qu'il trouvait dans les Pères grecs, pour éclaircir le mystère de l'Eucharistie, comme Paschase a fait parmi les latins, sans citer le plus souvent ceux dont il tire ce qu'il dit.

Il ne reste donc que la dernière conjecture : et c'est aussi celle à laquelle M. Claude s'arrête, et sur laquelle il s'est imaginé qu'il n'y avait rien à répliquer. Il n'y avait point, dit-il après Aubertin, *en ce temps-là d'évêque grec dans la Palestine*, puisqu'elle était possédée par les Sarrasins. Donc il n'y avait point de Samonas évêque de Gaze.

Qui n'admirera comment on s'éblouit par le désir de défendre ses opinions ? Car cette raison, qui a paru convaincante à M. Claude, n'est pas seulement probable, mais elle est évidemment fausse en plusieurs manières.

1° Il est faux que tous les auteurs placent Samonas au treizième siècle, puisque Garetius le place en 1050, c'est-à-dire, vers le temps qu'on commença de condamner Bérenger. Or en ce temps-là il y avait certainement des évêques grecs dans la Palestine.

2° Supposé qu'il le fallût placer au commencement du treizième siècle, comme le dit Aubertin, et que lorsque les Sarrasins se furent rendus maîtres de la Terre-Sainte, ils n'y aient point souffert d'évêques grecs, cela ne concluerait encore rien : car les auteurs que l'on place au commencement d'un siècle ont pu vivre fort longtemps dans le siècle précédent. Cependant Jérusalem ne fut prise par Saladin sur les Latins qu'à la fin du douzième siècle : et partant, il n'est nullement incompatible que Samonas ait été évêque de Gaze avant que la Palestine fût occupée par Saladin, et qu'en ayant été chassé il ait encore vécu et écrit dans le treizième siècle.

Je dis qu'il pouvait avoir été évêque de Gaze durant l'empire des Latins, quoiqu'il fût Grec de nation : car lorsque les Latins possédaient la Palestine, il est certain qu'il y avait souvent dans la même ville un évêque grec et un évêque latin. Jacques de Vitry, évêque d'Acre en Ptolémaïde, et cardinal de l'Église romaine, témoin oculaire de ce qu'il écrit, remarque que les Suriens, habitants de la Palestine, avaient des évêques grecs : *Habent proprios episcopos Græcos.* Et nous avons déjà rapporté le témoignage de Balsamon, qui avoue que de son temps les Latins permettaient aux Grecs de faire les fonctions pontificales dans les villes mêmes où il y avait des évêques latins établis, excepté à Antioche. Voilà la seconde fausseté du raisonnement de M. Claude et d'Aubertin.

3° La troisième fausseté est qu'il suppose que lorsque la Palestine fut tombée sous la puissance des Sarrasins, il n'y eut plus du tout d'évêques grecs dans ce pays-là ; ce qui est encore manifestement faux : car tant s'en faut que Saladin en ait chassé les Grecs, qu'il est remarqué au contraire expressément dans l'histoire, qu'il donna aux Grecs les églises des Latins. C'est ce que l'on peut voir dans la lettre de Conrad, fils du marquis de Montferrat, à l'archevêque de Cantorbie, rapportée par Baronius. Aussi il est étrange que ce ministre n'ait pas remarqué qu'il est fait très-souvent mention dans l'histoire de ce temps-là du patriarche grec de Jérusalem, depuis qu'elle fut possédée par les Sarrasins. En voici quelques exemples :

Pachymère rapporte que Marie, femme de Constantin, roi des Bulgares, et fille d'Eulogie, femme de Michel Paléologue, envoya en Palestine au patriarche d'Ælie, c'est-à-dire, de Jérusalem, pour l'informer de l'accord que Michel Paléologue avait fait avec les Latins, et qu'elle gagna si bien son esprit, qu'il protesta de résister tout seul à l'empereur, quand même tous les autres patriarches d'Orient s'y accorderaient. Il y avait donc sous les Sarrasins des patriarches de Jérusalem.

L'auteur du traité du schisme entre l'Église romaine et celle de Constantinople, témoigne que dans le synode tenu sous le patriarche Joseph contre Veccus, tous les quatre patriarches s'y trouvèrent ; c'est-à-dire ceux de Constantinople, d'Alexandrie, d'Antioche, de Jérusalem. Il paraît donc encore par-là qu'il y avait un patriarche de Jérusalem.

L'ambassadeur de l'empereur Andronic au pape Benoît XII, résidant à Avignon, pour justifier les Grecs de ce qu'ils ne recevaient pas l'accord fait au concile de Lyon, allègue que les ambassadeurs grecs qui y assistèrent n'avaient pas été envoyés par les quatre patriarches, dont celui de Jérusalem était un.

Barlaam, natif de Calabre, qui fut premièrement religieux grec, et depuis évêque en Italie, remarque dans un écrit qu'il envoie à ceux de sa nation pour les ramener du schisme, que les patriarches d'Alexandrie et de Jérusalem recevaient cette dignité du sultan, auquel ils étaient assujétis. Il y en avait donc un à Jérusalem.

Il n'y a donc rien de plus faux que ce qu'avance Aubertin, que lorsque les Sarrasins se furent rendus maîtres de la Palestine, ils en bannirent tous les évêques grecs ; puisque l'on voit que le patriarche de Jérusalem, grec de religion, a toujours été souffert par les Turcs : et on peut dire la même chose de l'évêque de Gaze ; car pourquoi l'auraient-ils chassé plutôt que le patriarche ? Aussi les relations des derniers voyages nous apprennent qu'il y en a encore un présentement à Gaze, quoique la ville soit presque ruinée, et on a droit de croire que cet évêque est successeur de ceux qui y étaient en ce temps-là.

4° Enfin, quand il serait vrai qu'il n'y aurait point eu d'évêque grec dans la Palestine depuis qu'elle fut sous les Sarrasins, le raisonnement d'Aubertin ne conclurait encore rien, puisque l'on voit par l'histoire de ce temps-là qu'il y avait des évêques titulaires qui ne résidaient point dans leurs évêchés, parce qu'ils étaient occupés ou par des infidèles, ou par des personnes d'une autre communion. Théodore Balsamon en peut servir d'exemple ; puisque prenant le titre de patriarche d'Antioche, il n'y a pourtant jamais résidé, Antioche étant alors sous la puissance des Latins, et le patriarche latin ne permettant point aux Grecs de faire les fonctions pontificales dans cette ville patriarchale, quoique cela fût permis dans les autres, comme Balsamon le témoigne.

On ne peut donc rejeter un auteur par des raisons plus fausses qu'Aubertin a rejeté ce Samonas, et la fausseté de ces raisons établit la vérité de cet écrit ; puisqu'un écrit doit passer pour véritable quand on ne prouve pas qu'il est faux. D'ailleurs il est certain que cet écrit ne s'est pas fait soi-même, et qu'il a été composé par un auteur grec. Le style le fait assez voir, et même le génie, la manière de raisonner, les pensées qui sont toutes grecques. Pourquoi donc l'attribuera-t-on à un autre qu'à celui dont il porte le nom ? Mais il importe peu de quel auteur il soit, pour la preuve que nous en tirons : car, qui que ce soit qui l'ait fait, il y a voulu représenter l'opinion commune de l'église grecque.

M. Claude nous permettra donc, nonobstant la critique d'Aubertin, de lui alléguer ce Samonas comme un témoin du sentiment de l'église grecque. Et puisqu'on le place au treizième siècle, et qu'on ne prouve en aucune sorte qu'il n'y ait pas vécu en effet, il est permis et juste de l'alléguer comme un témoin positif de la créance de l'église grecque durant ce siècle. Il n'y a qu'à voir maintenant ce qu'il nous enseigne.

Il emprunte premièrement ces paroles d'Anastase Sinaïte : *A Dieu ne plaise que nous appelions la sainte communion ou l'antitype du corps de Jésus-Christ, ou un simple pain, ou une image, ou une figure, puisque nous prenons effectivement le corps déifié de Jésus-Christ notre Dieu qui est né et engendré de la sainte vierge Marie. Car c'est ce que nous croyons et ce que nous confessons, selon ce que Notre-Seigneur dit à ses disciples dans la cène mystique, en leur donnant le pain vivifiant :* « *Prenez et mangez, c'est mon corps ;* » *et en leur donnant le calice il leur dit :* « *C'est mon sang.* » *Il ne leur dit pas que ce fût l'antitype ou la figure de son corps et de son sang.* Voilà ce qu'il prend d'Anastase Sinaïte ; tout le reste n'en est pas. *Ainsi,* ajoute-t-il, *Jésus-Christ nous témoignant que ce que nous autres fidèles offrons et prenons est véritablement son corps et son sang, quel lieu y a-t-il d'en douter encore, si nous croyons qu'il est Dieu et Fils de Dieu ? Car s'il a créé le monde de rien, s'il est son Verbe véritable, vivant, agissant et tout-puissant ; si le Seigneur fait tout ce qu'il veut, ne peut-il pas changer le pain en son propre corps et le vin mêlé d'eau en son propre sang ?*

Il dit ensuite avec Théophylacte *que Dieu conserve l'apparence du pain et du vin pour nous ôter l'occasion du trouble, et l'horreur que nous aurions s'il nous eût commandé de prendre sa chair et son sang dans leur propre espèce.*

Sur cela le Sarrasin qui se fait instruire propose une objection fort naturelle que S. Grégoire de Nysse s'est aussi proposée. *On pourrait,* dit-il, *douter sur ce que vous dites, comment il se peut faire que Jésus-Christ n'étant qu'un seul Dieu et n'ayant qu'un corps, ce corps puisse être divisé en une infinité de corps et de parties. Ces différentes parties sont-elles donc plusieurs Christ* ou un seul Christ; et se trouve-t-il tout entier et vivant dans chaque partie? C'est un doute que l'on n'a jamais formé, et que l'on ne formera jamais sur l'opinion des calvinistes, et qui suppose très-manifestement la présence réelle. Il faut donc voir comment Samonas y répond. *Nous expliquons*, dit-il, *par des exemples matériels et qui tombent sous les sens, les choses immatérielles et qui sont au-dessus de la nature.* Il rapporte ensuite l'exemple de l'image d'un homme qui se trouve tout entière dans chacune des diverses pièces d'un miroir rompu, et il ajoute : *C'est ainsi qu'il faut entendre que la chair de Jésus-Christ est tout entière et sans division dans chaque partie de l'hostie, en quelque temps, en quelque lieu et en quelque nombre de parties qu'on la veuille diviser.*

Voici encore, dit-il, *un autre exemple : quand un homme prononce quelque parole, cette parole est entendue et par celui qui parle et par ceux qui sont présents ; et quoique plusieurs l'entendent, ils n'en entendent pas pour cela une partie seulement, mais ils l'entendent tout entière. C'est ce qu'il faut croire et dire du corps de Jésus-Christ. Ce saint corps est assis à la droite du Père, et il ne la quitte point. Le pain consacré par le prêtre étant aussi transformé, par la puissance divine et l'avénement du Saint-Esprit, au vrai corps de Jésus-Christ, quoiqu'on le divise ensuite, il demeure néanmoins entier et sans division dans chaque partie, comme le discours de celui qui parle entre tout entier dans les oreilles de tous ceux qui l'écoutent. C'est ainsi que, par des exemples sensibles, on conduit les esprits opiniâtres et trop curieux à l'intelligence des mystères de Dieu. Lors donc que le pain sanctifié, qui est le saint et sacré corps de Jésus-Christ, est divisé en parties, ne vous imaginez pas que ce corps sans tache soit actuellement coupé, et divisé, et séparé, comme des membres que l'on sépare les uns des autres ; car il est immortel, incorruptible, incapable d'être consumé : mais cette division ne tombe que* SUR LES ACCIDENTS SENSIBLES.

Il faut avouer que si c'est sans raison que les ministres tâchent de transformer cet auteur en un fantôme, ils ont quelque raison de souhaiter qu'il en soit un effectivement ; car on ne peut exprimer plus formellement l'opinion des catholiques, ni condamner plus fortement les vaines imaginations des calvinistes. Mais s'ils n'ont pas osé nier que ce Grec ne connût la présence réelle et la transsubstantiation, les personnes judicieuses en concluront aisément que les autres Grecs la connaissaient aussi bien que lui, puisqu'il ne représente à ce Sarrasin que les sentiments communs des autres chrétiens.

CHAPITRE VII.

DIX-SEPTIÈME PREUVE *de l'union des Grecs et des Latins dans le dogme de la présence réelle et de la transsubstantiation au quatorzième siècle, tirée de l'état de ces deux églises en ce siècle-là, et d'un grand nombre d'auteurs qui ont écrit sur les différends qu'elles avaient entre elles.*

Le quatorzième siècle fournit encore les mêmes preuves que les siècles précédents, pour faire voir l'union des Grecs avec les Latins dans la doctrine de la présence réelle et de la transsubstantiation : et l'on peut dire qu'elles se fortifient toujours ; parce que toutes celles des siècles précédents subsistent pour celui-ci, et que l'on y en trouve encore de nouvelles, qui suffisent seules pour en persuader toutes les personnes raisonnables.

On y voit un mélange des Grecs et des Latins en une infinité de lieux, tel qu'il est impossible qu'ils aient ignoré les sentiments les uns des autres ; et l'on ne voit en aucun lieu qu'ils aient eu la moindre contestation sur cet article. On y voit la doctrine de la transsubstantiation proposée authentiquement aux Grecs, sans qu'ils en aient été scandalisés : on la voit solennellement approuvée par plusieurs d'entre eux, sans que personne les en ait blâmés, et les ait accusés d'avoir souscrit à une erreur. Les Grecs y attaquent les Latins par une infinité d'écrits ; mais ils ne s'avisent jamais de les attaquer sur ce sujet. Les Latins y font de curieuses recherches des erreurs des Grecs ; mais ils n'en découvrent aucune sur le mystère de l'Eucharistie. Ils témoignent qu'ils étaient persuadés qu'ils avaient la même foi qu'eux : ils marquent précisément les points du différend qu'ils avaient entre eux ; mais ils ne marquent jamais celui de la transsubstantiation. Enfin l'on y voit que les plus célèbres auteurs Grecs, les plus ennemis des Latins, enseignent eux-mêmes la transsubstantiation et la présence réelle, aussi clairement, et d'une manière aussi forte que l'on eût pu faire dans l'Église latine. Il ne reste qu'à justifier tous ces points par des faits historiques, tirés des auteurs de ce temps-là.

Et premièrement, pour le mélange des Grecs avec les Latins, il n'y a rien de plus certain : car quoique Constantinople eût été reprise, comme nous avons vu, sur les Latins, par Michel Paléologue, il demeura néanmoins aux Latins plusieurs places dans la Grèce, et même des provinces entières comme l'Achaïe. 2° Les Latins étaient encore maîtres des plus grandes îles, comme de Chypre, de Crète, d'Eubée, de Rhode et de plusieurs autres. 3° La nécessité que les empereurs de Constantinople eurent du secours des princes d'Occident, les porta à entretenir un commerce continuel avec plusieurs d'entre eux, et à garder beaucoup de mesures avec les Latins qui restaient à Constantinople et dans la Grèce : de sorte qu'il y en eut toujours un grand nombre qui y demeurèrent en faisant profession de la religion romaine.

Ainsi les Grecs se trouvaient assujétis aux Latins en plusieurs lieux, et les Latins l'étaient aux Grecs en plusieurs autres. La persuasion, la crainte, l'intérêt faisaient changer de communion à plusieurs d'entre eux, et ce changement les obligeait par nécessité de savoir les sentiments de toutes les deux communions. Il n'était pas même besoin de changement pour cela ; car la doctrine de la transsubstantiation était alors en un état, où selon les ministres mêmes, elle ne se pouvait cacher, paraissant avec éclat

(Quinze.)

dans les paroles et dans les cérémonies de l'Église latine.

Et avec tout cela néanmoins il n'est point arrivé durant ce siècle, ni que les Grecs se soient scandalisés de la doctrine des Latins sur la présence réelle et la transsubstantiation, ni que les Latins se soient scandalisés de celle des Grecs sur ces mêmes dogmes. Ils ont cru être d'accord sur ces points, puisqu'ils n'en ont point disputé entre eux. Ils l'étaient donc en effet, la conséquence est nécessaire ; car s'ils ne l'eussent pas été, il est impossible qu'ils ne l'eussent découvert.

La chose est si claire, qu'elle n'a pas besoin de preuves. On peut ajouter néanmoins, pour faire voir combien cette ignorance est impossible, que la Grèce était alors remplie de dominicains et de frères mineurs, c'est-à-dire d'inquisiteurs, qui avaient souvent fait cet office en France et en Allemagne, qui s'étaient signalés par les supplices d'un grand nombre d'hérétiques, qui mettaient une partie de leur adresse à les découvrir, et une partie de leur piété à les punir avec une rigueur extraordinaire.

Ces inquisiteurs étaient les maîtres des Grecs en beaucoup de lieux : ils étaient chargés par le pape de conférer avec eux, et d'examiner leur doctrine. Comment serait-il donc possible qu'une erreur aussi odieuse à l'Église romaine, qu'était alors celle des sacramentaires, leur eût entièrement échappé, et qu'ils n'eussent pas reconnu que les Grecs étaient dans le sentiment de ceux qu'ils regardaient comme les plus dangereux des hérétiques de l'Occident ?

Est-ce que les papes toléraient dans les Grecs ce qu'ils punissaient par le feu partout ailleurs ? Mais c'est bien mal connaître l'esprit des papes de ce temps-là que de leur attribuer cette tolérance ; car jamais ils ne furent plus exacts à ne souffrir rien qui s'éloignât tant soit peu de la doctrine de l'Église romaine.

Les Grecs ont demandé aux Latins en ce siècle, qu'on leur permît de croire ce qu'ils voudraient sur la procession du S.-Esprit ; et c'est un des moyens d'accord que les députés de l'empereur Andronic-le-Jeune proposèrent au pape Benoît XII, selon qu'il est dit dans un mémorial inséré par Raynaldus dans son Histoire, et rapporté par Allatius. Mais les papes n'ont jamais voulu accepter cette condition. Ils étaient donc bien éloignés de permettre aux Grecs de tenir ce qu'ils voudraient sur la doctrine de la présence réelle.

On ne peut pas dire non plus qu'ils ne s'informaient pas des opinions particulières des Grecs. Car, outre que la doctrine contraire à la présence réelle n'est pas un point dont on puisse ne se pas informer, et que, quand on n'aurait aucun dessein de s'en enquérir, elle se ferait assez paraître d'elle-même, il est faux de plus que les Latins ne prissent point d'intérêt dans les opinions particulières des Grecs, et qu'ils n'eussent pas soin de s'en enquérir ; et l'on voit une preuve assez considérable du contraire dans un recueil d'auteurs grecs traduits par Arcudius.

Un de ces écrits contient le récit d'une conférence que Paul, patriarche latin de Constantinople, eut avec Jean Cantacuzène, qui, d'usurpateur de l'empire, ayant été réduit à se faire religieux de S. Basile, devint ensuite fort considérable dans l'église d'Orient. Le sujet de cette conférence était de savoir comment les attributs divins étaient distingués en Dieu. Jean Cantacuzène, que l'on avait accusé d'avoir de mauvais sentiments sur ce point, parut alors orthodoxe à ce patriarche. Mais lui ayant semblé depuis qu'il admettait dans quelques écrits une trop grande distinction, il protesta qu'il enverrait ses écrits au pape pour les faire condamner, tant ils avaient soin en ce temps-là de ne souffrir aucune erreur nouvelle dans les Grecs.

Il explique encore dans le même écrit une autre erreur du même Cantacuzène, touchant la lumière qui parut sur la montagne du Thabor dans la transfiguration ; Cantacuzène suivant en cela les rêveries d'un certain religieux nommé Palamas, qui soutenait que la lumière qui parut alors était la lumière incréée de Dieu même.

Tout cela fait voir manifestement que les Latins s'intéressaient dans toutes les erreurs particulières des Grecs ; et qu'ainsi ils n'auraient pas manqué de les pousser sur la transsubstantiation, aussi bien que sur les autres, s'ils les avaient crus engagés dans une erreur qu'ils punissaient si sévèrement dans l'Occident.

On ne doit pas croire non plus que les Grecs eussent épargné les Latins sur cet article, s'ils n'eussent pas eu la même foi qu'eux. Leur opiniâtreté à soutenir leur opinion sur la procession du S.-Esprit, en un temps où toutes sortes de raisons les obligeaient de s'accorder avec les Latins pour se prévaloir de leurs armes contre les Turcs, fait assez voir qu'ils n'étaient pas capables de dissimuler leur sentiment sur un point aussi important que celui-là. On les voit en ce temps-là divisés entre eux sur des questions spéculatives. Barlaam accusa Palamas et d'autres religieux sur certaines spiritualités : Palamas soutint son opinion ; Acindinus écrivit contre l'un et l'autre : l'empereur y prit parti ; mais on ne les voit jamais brouillés ni entre eux ni avec les Latins sur la transsubstantiation.

M. Claude osera-t-il nous dire qu'ils n'en avaient point ouï parler en ce siècle-là ? Mais comment auraient-ils pu ignorer une doctrine qui leur avait été si solennellement proposée, et qu'ils avaient eux-mêmes signée ? Avaient-ils oublié tout ce qui s'était fait sous Veccus, et personne n'avait-il gardé copie de cette profession de foi contenant la transsubstantiation, qui fut approuvée de son temps ? On voit assez que c'est une extravagance de le dire : mais cette extravagance même serait inutile à M. Claude ; car cette même profession de foi, dressée par Clément IV, contenant en termes formels la transsubstantiation, et signée par Michel Paléologue et par les évêques grecs, fut encore proposée aux Grecs en plusieurs occasions dans le quatorzième siècle.

Le pape Nicolas IV l'avait proposée aux Bulgares,

schismatiques grecs, à la fin du treizième siècle, le roi de Bulgarie ayant témoigné quelque inclination de se réunir à l'Église romaine.

Le roi de Rascie, qui suivait aussi le schisme des Grecs, ayant fait paraître quelque dessein de se convertir, le pape Clément V lui envoya, l'an 1308, la même profession de foi contenant la transsubstantiation.

L'an 1323, Orosius, roi de Servie, engagé avec son royaume dans le schisme des Grecs, écrivit au pape qu'il voulait se réunir avec l'Église romaine et embrasser sa doctrine sur la Trinité. Ce qui fait voir que tout le différend des Grecs avec les Latins ne regardait que la procession du S.-Esprit, qui était cette doctrine de la Trinité que le roi de Servie voulait marquer : et aussitôt Jean XXII, après l'avoir congratulé d'un dessein si louable, lui envoya la même profession de foi, où la transsubstantiation était exprimée à cause de la question des azymes.

Il la donna de même aux légats qu'il envoya l'année d'après en Lithuanie, pour la faire signer au duc de Lithuanie et à ses peuples.

Jean Paléologue ayant renouvelé le projet de l'union de l'église grecque avec la latine en 1366, le pape Urbain V ne manqua pas aussi de lui proposer la même formule de foi, et de lui en demander la signature. Le même pape avertit le roi de Hongrie qu'il avait envoyé cette formule aux Grecs, et le pria d'employer son crédit pour les porter à l'embrasser sincèrement.

L'année d'après il exhorta les trois patriarches de Constantinople, d'Alexandrie et de Jérusalem, d'accompagner l'empereur dans le voyage qu'il devait faire à Rome pour établir l'union. Ce qui marque qu'il prétendait que cette affaire se traitât de concert avec eux ; et qu'ainsi cette profession de foi était aussi bien pour eux que pour l'empereur.

Enfin, s'il est besoin de montrer que cette formule n'a pas seulement été proposée aux Grecs dans ce siècle-là, mais qu'elle y a été encore signée, acceptée, approuvée, il n'y a qu'à rapporter la fin de ce traité, qui fut que l'empereur Jean Paléologue fit lui-même le voyage de Rome l'an 1369, et qu'ayant renoncé au schisme, il y reçut et jura formellement une profession de foi qui contenait en termes formels ces paroles : *Sacramentum Eucharistiæ ex azymo sacrificat Ecclesia Romana prædicta, tenens et docens quòd in ipso Sacramento* PANIS VERÈ TRANSMUTATUR IN CORPUS, ET VINUM IN SANGUINEM *Domini nostri Jesu Christi.* Les autres lisent *transsubstantiatur*, comme le remarque Raynaldus, qui a fait imprimer cet acte en Latin. Mais Allatius, qui en donne l'original même, fait voir que ces paroles, *transmutatur et transsubstantiatur*, sont absolument synonymes, puisqu'elles ont été substituées par les interprètes à ces paroles Grecques : ἐν αὐτῷ τῷ μυστηρίῳ ὁ ἄρτος ἀληθῶς μεταβάλλεται εἰς σῶμα, καὶ ὁ οἶνος εἰς αἷμα τοῦ Κυρίου ἡμῶν Ἰησοῦ Χριστοῦ.

Tous ceux qui se convertissaient d'entre les Grecs étaient de même obligés de signer la profession de foi de Clément IV ; et Urbain V en fit une bulle expresse rapportée par Raynaldus, an. 1370, n. 4 : de sorte qu'elle était à peu près aussi connue des Grecs que la profession du concile de Trente, que l'on fait jurer à ceux qui renoncent à l'hérésie de Calvin, le peut être à messieurs de la religion prétendue réformée.

Ne pouvant donc l'ignorer, ne pouvant manquer d'y faire réflexion, il fallait par nécessité qu'ils eussent un sentiment formel et distinct sur cette doctrine, et les suites nous doivent faire voir quel il était.

S'ils l'avaient désapprouvée, ils en auraient fait un point capital de leur différend avec les Latins, et ils auraient témoigné que leur répugnance à l'union, venait en partie de ce qu'ils ne la pouvaient recevoir. S'ils l'ont approuvée au contraire, ils n'ont point dû la marquer entre les sujets de leurs différends, et ils ont dû témoigner qu'ils étaient prêts à s'unir, pourvu que l'on convînt sur les autres points.

Il ne faut donc, pour s'en assurer, que consulter les traités et les projets d'accord faits en ce temps-là, et les écrits de contestation entre les Grecs et les Latins, pour voir de quelle manière ils parlent des sujets de contestation qui étaient entre les deux églises. En voici quelques exemples.

Dans le mémoire rapporté par Allatius et par Raynaldus, de ce que les légats de l'empereur Andronic-le-Jeune traitèrent avec le pape Benoît XII à Avignon, il est marqué clairement que le sujet de la division était l'article de la procession du S.-Esprit. Ce fut pour cet article que les ambassadeurs proposèrent que l'on tînt un concile œcuménique. Ils ne mettent la difficulté de l'accord qu'en ce point. Ils ne connaissaient donc point de différend sur la transsubstantiation.

Mais on ne peut rien désirer de plus formel et de plus décisif sur ce sujet que le témoignage de Barlaam, qui, ayant été auparavant engagé dans le schisme des Grecs, et l'ayant ensuite abandonné, fut fait par le pape évêque de Gieraci en Italie, et combattit les schismatiques avec autant d'ardeur qu'il les avait défendus auparavant. Voilà le témoin du monde le plus instruit du sujet de cette contestation, puisqu'il avait été dans l'une et dans l'autre communion, et qu'il a écrit pour l'une et pour l'autre. Il faisait profession de la doctrine de la transsubstantiation, étant évêque de la communion romaine, et il était très-informé de l'opinion des Grecs sur ce point, puisqu'il avait vécu si longtemps dans leur communion, et qu'il avait tant écrit pour eux.

Voyons donc en quoi il fera consister le différend qui était entre les Grecs et les Latins.

Les Grecs, dit-il, *font deux reproches aux Latins, pour lesquels ils croient se devoir diviser d'eux. L'un, qui est le principal, de ce qu'ils disent que le S.-Esprit procède du Père et du Fils. L'autre, qu'ils célèbrent l'hostie sacrée avec du pain azyme* (1).

(1) *Cet écrit de Barlaam est imprimé dans Raynaldus sur un manuscrit de la bibliothèque Vaticane, an.* 1341 n. 121. Hæc gens propter duo, ut ita dicatur, Latinos accusans, æstimat oportere ab eis se dividi. Unum, et

Ils ne leur reprochaient donc point la doctrine de la transsubstantiation, et ils ne se divisaient point d'eux pour ce sujet. Cependant ils la connaissaient et ne la pouvaient ignorer. Donc ils la tenaient eux-mêmes : car il n'y a que ceux qui sont persuadés de cette doctrine qui soient capables de la souffrir dans les autres.

Tous les autres auteurs grecs de ce temps-là, soit qu'ils aient écrit pour les Grecs, soit qu'ils aient soutenu la doctrine des Latins, fournissent la même preuve, et la mettent dans une force invincible. Car il n'y a rien de moins vraisemblable que de supposer qu'une multitude d'écrivains, animés les uns contre les autres par toutes les raisons qui aigrissent les esprits, cherchant à se faire tous les reproches qui pouvaient être colorés par quelque apparence, aient tous oublié de se faire réciproquement le plus sensible, le plus plausible et le plus important de tous; tel qu'eût été celui que la transsubstantiation eût fourni aux uns et aux autres, s'ils n'eussent pas été d'accord sur cette doctrine.

Ces écrivains ne sont pas en petit nombre. Il y a plusieurs de leurs ouvrages imprimés, et les autres se trouvent manuscrits dans plusieurs bibliothèques.

Pour aider à M. Claude à s'en informer, j'en ferai ici un petit catalogue. Maximus Planudes, religieux grec, et fort aimé de l'empereur Andronic-le-Vieil, a fait quelques écrits sur la procession du S.-Esprit du Fils, auxquels Bessarion a répondu. L'empereur Manuel, fils de Jean Paléologue, écrivit lui-même un ouvrage contre les Latins, contenant 157 chapitres. Nilus Cabasilas, archevêque de Thessalonique, a fait 49 livres contre les Latins sur la procession du S.-Esprit, qui ont été traduits par Illyricus. Saumaise a fait imprimer deux autres traités du même auteur : l'un de la primauté du pape, si souvent cité et réfuté par Bellarmin ; l'autre des causes de la division. Il y a dans la bibliothèque du roi un traité d'un religieux grec de ce siècle-là, nommé Nilus Damila, touchant la procession du S.-Esprit. Macarius Macre, grand ami de l'historien Phranza, a fait un livre de la procession du S.-Esprit. Démétrius Chrysoloras a composé divers ouvrages dont Allatius rapporte les titres, qui marquent assez qu'il ne s'y agissait que de la procession du S.-Esprit, sur laquelle il soutient l'opinion des Grecs. Joseph Brienne, religieux qui vivait sous Manuel, a fait divers discours sur la procession du S.-Esprit. Macarius métropolitain d'Ancyre; Nicolas Selengia ; Michel Glicas ; Lazarus Nathanaël ; Chumnus ; Joseph , religieux de Philagre ; Macarius et Jean, patriarche de Jérusalem ; Andronic de Sebaste ; Nycète de Bysance ; Maxime ; Matthieu ; Pacôme ; Théophane, religieux prêtres, ont écrit en ce siècle-là, ou au commencement de l'autre, de la procession du S.-Esprit. Glicas ; Jean, patriarche de Jérusalem ; Jean, métropolitain de Claudie ; Jean, métropolitain

principalius, quòd aiunt Spiritum sanctum ex Patre Filioque procedere. Secundum, quòd per azymos panes sacratissimam celebrant hostiam.

de Moscovie, ont parlé des azymes dans leurs écrits, ou en ont fait des traités exprès. L'opinion de l'Église romaine sur la procession du S.-Esprit et sur les azymes, a eu aussi des défenseurs même entre les Grecs : car Manuel Calecas composa quatre livres contre les Grecs, qui ont été traduits par Ambroise camaldule, et imprimés à Ingolstad en 1608. Démétrius Sidonius, bysantin, écrivit pour S. Thomas contre Cabasilas, et traduisit en grec l'ouvrage de S. Anselme de la procession du S.-Esprit. Il a fait aussi un traité : *De Fermento et Azymo.*

On peut voir par ce dénombrement que ce siècle n'a pas manqué d'écrivains ; mais on peut voir en même temps par ces écrivains qu'il n'y avait aucune contestation sur le sujet de la transsubstantiation. Ni les Grecs ni les Latins n'en ont fait le sujet de leurs traités et de leurs disputes. Les Grecs n'attaquent point les Latins sur ce point, et les Latins ne s'en défendent point : et ce silence de part et d'autre n'a pas moins de force que s'ils avaient tous signé la transsubstantiation, et qu'ils l'eussent formellement enseignée dans chaque page de leurs écrits : car ne pouvant être attribué à l'ignorance de cette doctrine, qui était alors dans son plus grand éclat, il ne peut avoir d'autre cause que la créance uniforme que tout le monde en avait.

Les traités que les Grecs ont faits pour condamner les azymes, et ceux que les Latins ont faits pour les défendre, sont particulièrement considérables sur ce sujet, et ils sont tellement décisifs, que je ne vois pas comment des esprits tant soit peu raisonnables peuvent ne se rendre pas d'abord à la clarté de cette preuve.

Car peut-on s'imaginer sans folie que les Grecs, étant persuadés que les Latins étaient engagés dans une erreur insensée, en ce qu'ils croyaient Jésus-Christ présent sur tous les autels du monde, et qu'ils détruisaient le sacrement, en supposant que le pain n'y était plus, et que cette opinion les portait à mille superstitions criminelles, aient pu se contenter de leur dire, comme ils ont fait, qu'ils avaient grand tort de soutenir que l'on pouvait consacrer avec du pain sans levain ? Peut-on s'imaginer que les Latins, punissant par les plus cruels supplices, en France, en Allemagne et en Italie, ceux qui doutaient de la présence réelle et de la transsubstantiation, étant maîtres des Grecs dans une infinité de lieux, et les croyant impies et sacriléges contre le plus auguste de tous leurs mystères, se soient contentés de leur dire qu'ils avaient grand tort de nier qu'on pût consacrer avec du pain non levé ?

Ce qui est encore plus étrange est qu'il ne faudra pas croire seulement qu'un seul auteur ait usé de cette extravagante réserve, mais qu'il la faudra attribuer à une foule d'écrivains de part et d'autre. Ce ne sera pas dans un seul temps que l'on s'en sera servi, ni même dans un siècle ; mais dans plusieurs siècles : car cette raison a lieu pour tout le temps qui s'est passé depuis Bérenger jusqu'au nôtre ; puisque dans tous ces siècles les Grecs et les Latins ont disputé entre eux des azymes, et que dans nul de ces siècles, en disputant des azymes, ils n'ont disputé ni sur la présence réelle, ni sur la transsubstantiation.

Je ne sais si l'absurdité d'une supposition peut aller plus loin. Je le répète donc encore, quoique M. Claude ait coutume de s'ennuyer de ces sortes de répétitions, lorsqu'elles l'incommodent et qu'elles le pressent, il y a de la folie à croire que les Grecs aient pu ignorer l'opinion des Latins sur l'Eucharistie, ou les Latins celle des Grecs : et il y a encore de la folie à croire que ne l'ignorant pas, et étant divisés sur un point si important, ils aient pu dissimuler leur division, et s'amuser pendant plusieurs siècles à ne disputer que des azymes, ou du pain levé.

Mais quelque évidentes que soient les preuves que j'ai apportées, cette matière est si importante pour les conséquences qui en naissent, que je ne laisserai pas de rapporter encore celles que l'on peut tirer de l'histoire et des auteurs de ce siècle, pour ajouter toujours évidence à évidence ; afin que M. Claude ne croie pas une autre fois qu'il puisse impunément se hasarder à nier des choses aussi claires qu'est ce consentement des Grecs et des Latins sur la transsubstantiation et la présence réelle.

J'ajouterai donc encore, avant que de venir aux passages précis des Grecs de ce temps-là, trois preuves convaincantes, tirées des lettres des papes du quatorzième siècle, qui, faisant voir que ces papes n'ont jamais soupçonné les Grecs de ne pas croire la présence réelle et la transsubstantiation, font voir manifestement que les Grecs n'ont jamais donné lieu à ce soupçon.

La première est que Jean XXII, ayant été averti que dans l'île de Chypre, les nestoriens et les jacobites soutenaient publiquement leurs erreurs ; et que quelques Grecs niaient le purgatoire et l'enfer ; qu'ils disaient que les âmes des saints n'étaient point dans le paradis avant le dernier jugement ; que d'autres de ces Grecs ne voulaient point communier, à moins que la communion leur eût été apportée de Constantinople, et que quelques-uns même s'en servaient pour guérir des animaux, écrivit expressément à Raimond, patriarche de Jérusalem, qu'il eût à réformer ces abus, et à extirper ces erreurs, et pria le roi Hugues de l'assister pour cela de l'autorité temporelle. Il paraît par la lettre de ce pape, rapportée par Raynaldus, qu'on l'avertissait exactement des erreurs des Grecs. Or il est contre le sens commun qu'on l'ait averti de leurs autres erreurs particulières, et même des superstitions qui se glissaient parmi quelques-uns d'entre eux, et qu'il n'ait jamais été averti de l'opinion des sacramentaires, que M. Claude nous veut persuader avoir été généralement répandue parmi tous les Grecs, et que Jean XXII eût sans doute considérée comme une détestable hérésie, qui méritait encore plus d'être déracinée, et par ses légats et par les princes séculiers, que toutes les autres.

La seconde est que Clément VI, condamnant dans une lettre écrite à des évêques latins résidant en Grèce, les erreurs des Grecs de Servie, de Dalmatie et de Macédoine, l'an 1351, quoiqu'il marque en particulier leur fausse doctrine sur les azymes, ne fait aucune mention qu'ils errassent sur la présence réelle et la transsubstantiation. Les termes mêmes dont il se sert sur ce sujet sont entièrement décisifs. *Idem*, dit-il, *mendaciter asserunt contra ea quæ præfata Romana tenet et docet Ecclesia, corpus Christi non in azymo, sed in fermentato pane confici debere, et quod in azymo confectum est, esse denegant corpus Christi*. Car il est clair que quand Clément VI parlait en cet endroit du corps de Jésus-Christ, il entendait le vrai corps de Jésus-Christ, et non point un corps symbolique ou typique. Et partant, quand il attribue aux Grecs de croire que le corps de Jésus-Christ se doit faire avec du pain levé : *Corpus Christi in fermentato pane confici debere*, il veut dire qu'ils croyaient que le vrai corps de Jésus-Christ devait être fait avec du pain levé. Il attribue donc manifestement aux Grecs de croire la présence réelle et la transsubstantiation.

Que veulent dire de même ces paroles du pape Clément VI, que *les Grecs niaient que l'Eucharistie consacrée avec du pain sans levain fût le corps de Jésus-Christ*, sinon qu'ils ne niaient pas qu'elle ne fût le corps de Jésus-Christ quand on consacrait avec du pain levé ? C'est sans doute l'idée que ce pape avait de l'opinion des Grecs : et je ne puis m'empêcher d'ajouter toujours la réflexion ordinaire, et qui se présente d'elle-même, qui est qu'il en était sans doute mieux instruit que M. Claude, et qu'il mérite mieux d'en être cru.

La troisième est que cette même erreur des Grecs est exprimée en mêmes termes dans une lettre qu'Innocent VI, successeur de Clément, écrivit aux légats qu'il tenait en Grèce, afin de les instruire de ce qu'ils devaient faire abjurer aux Grecs de Rascie, d'Esclavonie et d'Albanie. Et ainsi on a lieu d'en tirer encore la même conclusion, et de mettre le pape Innocent VI entre ceux qui témoignent que les Grecs croyaient de son temps la présence réelle, et qu'ils ne niaient pas que le pain levé consacré ne fût le vrai corps de Jésus-Christ : car c'est ce que signifie certainement le mot de *corps de Jésus-Christ* dans le langage d'Innocent VI.

CHAPITRE VIII.

DIX-HUITIÈME PREUVE. *Témoignages clairs et décisifs de Nicolas Cabasilas, évêque de Thessalonique, pour la présence réelle et la transsubstantiation.*

Quoique les raisonnements par lesquels nous avons fait voir la conformité de la foi des Grecs avec celle des Latins, dans le quatorzième siècle, ne soient ni moins clairs ni moins certains que les preuves les plus positives et les passages les plus formels, néanmoins parce qu'il y a des personnes qui sont toujours en défiance de tout ce qui s'appelle raisonnement, je veux bien m'accommoder à leur humeur, et leur produire des preuves telles qu'ils en demandent ; car la cause que nous soutenons nous en fournit en abondance de toutes sortes.

Je les supplie seulement, afin d'en mieux pénétrer la force, de considérer que nous sommes dans l'examen des auteurs Grecs du quatorzième siècle, c'est-à-dire d'un temps où les Grecs ont eu sans cesse les oreilles et les yeux frappés de la doctrine de la transsubstantiation, embrassée par tous les Latins qui vivaient parmi eux, qui disputaient avec eux, et qui écrivaient contre eux. On ne peut donc dire qu'ils parlaient sans précaution, l'opinion de la transsubstantiation n'étant pas encore née; car elle régnait alors sans contradiction, avec pompe et avec éclat à la vue des Grecs. Ainsi comme les calvinistes, étant environnés de catholiques, évitent en parlant à leurs peuples les expressions qui les pourraient jeter dans la doctrine des catholiques, et s'expliquent si clairement qu'on n'est jamais en peine de deviner leurs sentiments, il est sans doute aussi que les Grecs, écrivant pour ceux de leur communion, ont dû avoir soin de les détourner des erreurs de ceux qui étaient mêlés avec eux. Ils l'ont fait sur la procession du S.-Esprit et sur les azymes; et ils n'auraient pas manqué de le faire sur la transsubstantiation et sur la présence réelle, s'ils n'eussent pas voulu que les peuples prissent leurs paroles dans le sens de l'Église latine. Car ce serait les accuser d'une stupidité inconcevable, de vouloir qu'ils aient cru d'une part que la doctrine de la transsubstantiation était une erreur détestable; qu'ils aient su de l'autre, que ceux à qui ils parlaient étaient environnés de gens qui la tenaient, et que néanmoins, non seulement ils ne l'aient pas combattue, mais qu'ils l'aient même favorisée par des expressions qui ne peuvent avoir de sens raisonnable qu'en les prenant au sens de cette doctrine.

Cela supposé, nous allons voir de quelle sorte Cabasilas a parlé de l'Eucharistie dans son exposition de la Liturgie. Cet auteur, qu'Allatius place sous l'empereur Cantacuzène, est sans doute un de ceux qui méritent le plus de créance sur cette matière. Il était ennemi des Latins, contre lesquels il a fait deux traités exprès : l'un de la procession du S.-Esprit; et l'autre, qui contient une réfutation de S. Thomas, qu'il a intitulé : Ἔλεγχος κατὰ Λατίνων. Il a inséré même dans son exposition de la Liturgie deux chapitres exprès contre les opinions sur lesquelles les Latins avaient quelque différend avec les Grecs dans la matière de l'Eucharistie. Il y accuse les Latins de nouveauté, et il fait paraître partout beaucoup d'aversion pour eux. Il paraît d'ailleurs que c'est un homme d'esprit, très-instruit des vérités de la foi; et il y a peu de traités de ce genre où l'on découvre plus de lumière sur les mystères, et plus de science ecclésiastique.

Cet auteur étant tel que nous venons de le représenter, écrivant pour ceux de sa nation dans les conjonctures que nous avons remarquées, étant environné de tous côtés de *transsubstantialeurs*, étant aux mains avec eux sur d'autres points, ne pouvant ignorer leur sentiment, ni le sens auquel ils prenaient les paroles des mystères, parle de cette sorte de l'Eucharistie dès le commencement de son ouvrage : *Le propre effet de la célébration des saints mystères, est le changement des dons au corps et au sang de Jésus-Christ*, ἡ τῶν δώρων εἰς τὸ θεῖον σῶμα καὶ αἷμα μεταβολή.

Ensuite, expliquant toutes les parties et toutes les cérémonies du sacrifice, et ayant marqué la coutume que les Grecs ont de couper le pain qu'ils doivent offrir à Dieu, et qu'ils destinent à la consécration, d'un autre plus grand pain, et de le mettre sur un petit autel appelé *prothèse*, il dit au chapitre 6 que ce pain en cet état n'est encore qu'un pain pur et simple, ἄρτος ἐστὶ ψιλὸς, *qui n'a rien autre chose, sinon qu'il est un don offert à Dieu, et qu'il signifie Jésus-Christ dans l'âge où il a commencé de s'offrir à Dieu*. Il s'en faut peu que ce pain, en cet état, ne soit déjà le corps de Jésus-Christ au sens des calvinistes ; et néanmoins Cabasilas considère si peu tous ces rapports de figure, qu'il ne l'appelle, dans cet état, qu'un simple pain; ψιλὸς ἄρτος.

Il répète la même chose au chapitre 11, après avoir expliqué toutes les cérémonies que les Grecs font sur le pain qui doit être la matière du sacrifice. *Toutes ces choses*, dit-il, *qui sont dites et faites sur le pain, pour signifier la mort du Seigneur, ne sont encore que des figures ; car le pain demeure encore pain, et n'a rien reçu que d'être offert à Dieu*.

Il décrit dans le chapitre 24 de quelle sorte le prêtre transporte les dons de l'autel de la prothèse sur le grand autel, en faisant une procession dans l'église pour les montrer au peuple. Il exhorte les fidèles *de se jeter alors aux pieds du prêtre, et de le prier de se souvenir d'eux dans les prières qu'il va faire*, parce, dit-il, *qu'il n'y a point de prière plus efficace, et qui nous puisse donner une plus ferme et plus solide espérance que celle qui se fait par ce terrible sacrifice, qui a effacé gratuitement les péchés et les impiétés du monde*. Cela ne s'accorde guère avec la doctrine des prétendus réformés.

Mais parce que le prêtre portant ainsi dans l'église les dons avant qu'ils fussent consacrés, il y en avait qui se mettaient à genoux, et qui leur parlaient comme au corps et au sang de Jésus-Christ, il avertit qu'il y a de l'abus dans cette coutume, et qu'elle était née des messes qu'on appelait *des présanctifiés*, où l'on se servait d'hosties déjà consacrées.

S'il se trouve, dit-il, *des personnes qui, lorsque le prêtre entre avec les dons, se mettent à genoux et adorent les dons que l'on porte, et leur parlent comme au corps et au sang de Jésus-Christ, ils sont trompés, parce qu'ils ne savent pas la différence des sacrifices ordinaires, et de ceux que l'on nomme des présanctifiés. Car, dans les sacrifices ordinaires, les dons ne sont pas sanctifiés et parfaits dès le commencement ; mais dans les messes des présanctifiés, les dons sont déjà consacrés, et* SONT LE CORPS ET LE SANG DE JÉSUS-CHRIST.

Cabasilas approuve donc que, lorsque les dons sont consacrés, on se jette à genoux, on les adore, on leur parle comme au corps et au sang de Jésus-Christ; et il est difficile d'approuver plus formellement l'adoration, et de condamner plus formellement M. Claude, qui a la hardiesse d'imputer aux Grecs de n'adorer point l'Eucharistie.

Car il faut remarquer qu'en même temps qu'il veut que l'on rende ces honneurs aux dons lorsqu'ils sont consacrés, il n'approuve pas qu'on les rende aux dons non sacrés, quoique avant la consécration il les reconnaisse déjà pour types et pour figures de Jésus-Christ. Il ne parle donc pas d'un honneur relatif qui peut être rendu aux images, et par conséquent aux dons non sacrés, qui tiennent lieu d'images; mais il parle d'un honneur absolu et terminé aux dons mêmes ; et c'est cet honneur qu'il veut que l'on rende aux dons consacrés, et qu'il ne permet pas qu'on leur rende avant la consécration.

Il décrit dans le chapitre 27 la consécration des dons selon la manière des Grecs, qui ajoutent des prières aux paroles de l'Évangile ; et ensuite il en explique l'effet d'une manière dont M. Claude aura de la peine à s'accommoder avec toutes ses distinctions. *Le prêtre*, dit-il, *ayant fait ces prières, le sacrifice est achevé : et partant, les dons sont consacrés; la victime est entière et parfaite, et cette grande hostie, cette grande* VICTIME, QUI A ÉTÉ IMMOLÉE, σφαγὶν, *pour le salut du monde, se voit sur la sainte table :* ἐπὶ τῆς ἁγίας τραπέζης ὁρᾶται κείμενον. *Car le pain n'est plus une figure du corps du Seigneur ; ce n'est plus un don qui porte en soi l'image du véritable don, et qui contienne, comme dans un tableau, une représentation de la passion du Sauveur, mais c'est effectivement ce véritable don : c'est le* CORPS MÊME *du Sauveur, plein de sainteté. Ce corps qui a souffert réellement tant de choses; ces affronts, ces outrages, ces meurtrissures, qui a été crucifié,* τὸ σταυρωθὲν, *qui a été immolé,* τὸ σφαγέν, *qui a rendu par son martyre sous Ponce-Pilate, cet illustre témoignage à la vérité; qui a enduré les soufflets, qui a été déchiré de coups de fouets, qui a été couvert de crachats. De même le vin* EST LE SANG MÊME *qui est sorti du corps immolé sur la croix;* C'EST CE SANG, C'EST CE CORPS FORMÉ PAR LE SAINT-ESPRIT, *né de la Vierge Marie, qui a été enseveli, qui est ressuscité, qui est monté aux cieux, qui est assis à la droite du Père.*

Cette merveille étant d'elle-même incroyable, et produisant un étonnement dans nos esprits qui les porte au doute et à la défiance, à moins qu'ils ne soient affermis par l'autorité divine, il exprime ce doute dans le chapitre suivant, et il l'étouffe par les seuls moyens que la foi nous en fournit. *Mais qui nous assurera*, dit-il, *de toutes ces choses ? C'est qu'il a dit lui-même : Ceci est mon corps, ceci est mon sang, et qu'il a commandé lui-même à ses apôtres, et par eux à toute l'Église, de faire la même chose. Faites ceci*, dit-il, *en mémoire de moi. Or, il ne leur aurait pas commandé de le faire s'il n'eût eu le dessein de leur en donner le pouvoir, et de les rendre capables de produire le même effet. Et en quoi consiste ce pouvoir? Dans le Saint-Esprit, qui remplit les apôtres de la force d'en haut..... C'est le Saint-Esprit qui accomplit ce mystère par la langue des prêtres. Le Seigneur ne nous a pas seulement promis d'envoyer son Saint-Esprit pour demeurer avec nous, il s'est engagé aussi de demeurer lui-même avec nous jusqu'à la consommation des siècles. Le Saint-Esprit y est présent invisiblement, parce qu'il ne s'est point revêtu d'un corps : mais le Seigneur est vu et touché par les saints et terribles mystères, comme ayant pris notre nature, et la devant porter à jamais. Voilà quelle est la puissance du sacerdoce ; et c'est Jésus-Christ qui est le Prêtre et le sacrifice ; car s'étant offert en sacrifice, il ne s'est point dépouillé de son sacerdoce ; mais il exerce pour nous continuellement cette sacrificature ; et c'est par elle qu'il est pour jamais notre Avocat envers Dieu. Ce qui fait dire à David : Vous êtes prêtre pour l'éternité. C'est pourquoi les fidèles ne doivent avoir aucun doute touchant la consécration des dons, non plus que sur les autres mystères, qu'elle ne s'accomplisse selon l'intention et les prières des prêtres.*

Mais jamais l'opinion d'un auteur ne paraît plus clairement, que lorsqu'il ne la propose pas seulement en termes clairs et précis, mais qu'il en fait le principe et le fondement de ses raisonnements et de sa doctrine. Et c'est justement l'usage que Cabasilas fait de la doctrine de la présence réelle et de la transsubstantiation.

Il y a quelque différend entre l'église grecque et l'Église latine sur les paroles par lesquelles la consécration se fait, en ce que l'Église latine attribue cet effet aux seules paroles de Jésus-Christ, et croit qu'étant prononcées, la consécration est achevée : au lieu que les Grecs, demeurant d'accord que c'est par la force de ces paroles que la consécration se fait, prétendent néanmoins que cette force doit être appliquée par les prières que les prêtres y joignent. Et ainsi ils disent que la consécration n'est point achevée qu'après que ces prières sont prononcées.

Il y a des auteurs qui enveniment fort ce différend, du nombre desquels est celui qui a fait imprimer Cabasilas dans la Bibliothèque des Pères, qui fait sur ce sujet une note fort injurieuse aux Grecs. D'autres au contraire tâchent d'accorder les sentiments des deux églises. Sur quoi l'on peut voir ce que dit M. le cardinal du Perron, et le Père Goar dans ses notes sur la Liturgie de S. Chrysostôme. Mais sans entrer dans cette dispute, et examinant seulement le fait, on voit que Cabasilas s'efforce de soutenir, dans les chapitres 29 et 30 de ce traité, l'opinion de son église, et de réfuter celle des Latins. Et touchant ce dernier point, il prétend montrer par la Liturgie latine, qu'il faut que les Latins croient, aussi bien que les Grecs, que la consécration n'est achevée qu'après la prononciation des prières qu'on ajoute à la consécration. Il rapporte pour cela cette oraison que les prêtres latins font après la consécration : *Jube sursum ferri dona hæc in manu angeli ad supercœleste tuum altare.*

Et il dit que cette oraison n'a point de sens, si l'on suppose que la consécration est déjà achevée. *Qu'ils nous expliquent*, dit-il, *ce qu'ils demandent par ces paroles : Que les dons soient portés en haut. Car*, ou *ils demandent une translation locale de la terre au ciel* ou un changement d'une condition basse à une plus relevée. Mais s'ils entendent cela d'un changement de lieu, qu'avons-nous besoin de demander à Dieu qu'il nous ôte les saints dons? au lieu que nous devons désirer, et que nous croyons en effet qu'ils demeurent avec nous et en nous; puisque c'est ainsi que Jésus-Christ demeure avec nous jusqu'à la consommation des siècles. Que s'ils les reconnaissent déjà pour le corps de Jésus-Christ, c'est-à-dire s'ils croient que la consécration est achevée, ne croient-ils pas par conséquent qu'il est parmi nous, et qu'il est au-dessus des cieux assis à la droite de son Père en la manière qui lui est connue, et qu'ainsi il n'est pas nécessaire de demander qu'il y soit? Et comment, ne croyant pas que ce pain soit déjà au-dessus des cieux (puisqu'ils demandent qu'il y soit porté), peuvent-ils croire que c'est le corps de Jésus-Christ, qui est au-dessus des cieux? Mais comment ce corps pourra-t-il être porté dans la main d'un ange à cet autel, puisqu'il est au-dessus de toute principauté, de toute puissance et de toute vertu, et de tous les noms qui sont au monde? Que s'ils souhaitent à ces dons quelque nouvelle dignité, et un changement en quelque état meilleur, je ne vois pas qu'on puisse commettre une plus grande impiété, si, reconnaissant d'une part qu'ils sont le corps même de Jésus-Christ, ils croient de l'autre qu'ils puissent passer à un état plus saint et plus excellent.

Ce raisonnement de Cabasilas suppose clairement la présence réelle et la transsubstantiation : car il est établi sur ces quatre principes qui les enferment : 1° que nous ne devons point souhaiter que le corps de Jésus-Christ nous soit enlevé; 2° que le corps de Jésus-Christ étant dans le ciel et dans la terre, on ne doit point souhaiter qu'il soit porté au ciel, parce qu'il y est déjà; 3° qu'il ne peut être offert par des anges, parce qu'il est au-dessus des anges; 4° qu'on ne peut, sans impiété, souhaiter aux dons une plus grande dignité, puisqu'ils sont le corps de Jésus-Christ.

Et de là il conclut qu'il faut que les Latins croient en prononçant ces paroles que la consécration n'est pas achevée, parce qu'ils ne sont pas assez impies pour choquer ces principes. Ainsi il suppose manifestement que les Grecs et les Latins croient également la présence réelle, et le changement du pain au corps de Jésus-Christ : et c'est de cette créance commune qu'il tire cet argument.

Il est vrai que le raisonnement de Cabasilas ne prouve rien contre les Latins; parce qu'il est fondé sur une fausse division, qui est née de l'ignorance où il était du vrai sens de cette prière que les prêtres font après la consécration, selon l'usage de la Liturgie latine. Car on ne souhaite aux dons par cette prière ni un changement de lieu, ni une nouvelle dignité, comme Cabasilas le suppose; mais on souhaite proprement l'oblation de cette victime, et l'on prie qu'elle soit portée sur l'autel de Dieu, et dans le sanctuaire de Dieu; c'est-à-dire, qu'elle soit présentée à la divine Majesté par l'ange du grand conseil, qui n'est autre que Jésus-Christ même. L'on unit ainsi l'oblation que l'on fait du corps de Jésus-Christ dans la terre avec l'oblation perpétuelle que Jésus-Christ fait de lui-même comme victime devant son Père; et l'on témoigne par-là l'unité du sacrifice que l'on offre sur nos autels avec celui que Jésus-Christ consomme continuellement dans le ciel par une oblation perpétuelle, après l'avoir offert une fois sur la croix. Il s'offre dans ce ciel spirituel, non seulement comme s'étant une fois sacrifié sur la croix, mais comme continuant de se sacrifier sur la terre dans l'Eucharistie. Et c'est ce que l'Église, qui suit par ses prières et par ses souhaits ce que Jésus-Christ accomplit par ses opérations divines, demande à Dieu par cette prière mystique.

Cabasilas suppose et exprime encore si nettement la transsubstantiation en un autre endroit, qu'il établit sur cette doctrine même la nature du sacrifice, laquelle il explique d'une manière qui lui est particulière. C'est au chapitre 32, où il parle ainsi : *Il faut*, dit-il, *conserver inviolablement les vérités divines que nous croyons, et n'en ruiner aucune. Or quelles sont ces vérités dans le sujet dont il s'agit ? C'est premièrement que ce sacrifice n'est point simplement l'image d'un sacrifice, mais un véritable sacrifice : que ce qui est sacrifié n'est point le pain, mais le corps de Jésus-Christ. Et de plus, que le sacrifice de l'Agneau de Dieu est le même que celui qui s'est fait une fois sur la croix. Voyons donc premièrement comment on peut concevoir que le mystère de l'Eucharistie n'est pas une image d'un sacrifice, mais un sacrifice réel. Qu'est-ce que le sacrifice d'une brebis ? C'est le changement d'une brebis non immolée en une brebis immolée. Or, c'est ce qui se rencontre ici : car le pain qui n'est point au commencement sacrifié et immolé, est changé par la consécration en une chose qui a été immolée. Car de pain non immolé* IL EST CHANGÉ AU CORPS MÊME DE JÉSUS-CHRIST, QUI A VÉRITABLEMENT ÉTÉ IMMOLÉ, τὸ σφαγὲν ἀληθῶς. *Ainsi, comme le changement qui arrive à une brebis fait un véritable sacrifice, de même ce changement qui arrive au pain fait un véritable sacrifice : car le pain est changé, non en une figure, mais en une chose réellement sacrifiée : c'est-à-dire au* CORPS MÊME DE JÉSUS-CHRIST *qui a été sacrifié. Que si le pain, demeurant pain, devenait sacrifié, ce serait le pain qui recevrait l'immolation, et cette immolation serait un sacrifice du pain : mais puisque l'un et l'autre change, c'est-à-dire l'état de non immolé et la nature du pain; que ce qui n'était point immolé devient une chose immolée; que ce qui était pain* DEVIENT LE CORPS DE JÉSUS-CHRIST, *cette immolation n'est pas considérée dans le pain, mais dans le corps de Jésus-Christ comme dans son sujet. Ce mystère est appelé, et est en effet un sacrifice, non du pain, mais de l'Agneau de Dieu. Ces choses supposées, il est clair qu'il n'est pas nécessaire d'admettre plusieurs oblations du corps du Seigneur. car ce sacrifice s'opérant, non en immolant l'Agneau à présent, mais en changeant le pain en l'Agneau qui a été immolé, il est clair que le changement se fait dans la messe, mais que l'occision de la victime ne s'y fait pas. Et ainsi il y a bien multitude de choses changées, et ce changement* se réitère plusieurs fois; mais rien n'empêche que la chose à laquelle le changement se termine, ne soit toujours la même, et que comme il n'y a qu'un corps, il n'y ait aussi qu'une seule immolation.

Ce serait sans doute une chose assez divertissante que de voir les gloses que M. Claude ajouterait à ce passage pour le rendre calviniste, et pour faire que nous y lisions que l'Eucharistie n'est un sacrifice qu'en figure, et non en vérité; que le corps de Jésus-Christ n'y est pas réellement; que le pain y demeure; qu'il n'est point effectivement changé au corps même de Jésus-Christ.

Il faudrait transcrire une grande partie de cet excellent traité, si l'on voulait rapporter tous les endroits où il établit la vérité du mystère.

Il dit au chapitre 33, *que le sacrifice étant achevé, le prêtre voit devant lui l'Agneau de Dieu.* Il dit au chapitre 37, *que ce mystère signifie l'Église.* Mais il ajoute au chapitre 38, *qu'elle n'y est pas signifiée comme dans des signes, mais comme les membres sont marqués par le cœur, l'arbre par la racine, et les pampres par la vigne; parce que les mystères sont le corps et le sang de Christ, et que ce corps et ce sang sont la nourriture et le breuvage de l'Église.* Il dit au chapitre 42, *que ce sacré mystère nous sanctifie en deux manières : premièrement par intercession, parce que ces dons, étant offerts, sanctifient par l'oblation même, et ceux qui les offrent, et ceux pour qui on les offre, et leur rendent Dieu favorable; secondement par la participation, parce qu'ils sont pour nous une vraie viande et un vrai breuvage, comme dit le Seigneur; que le premier de ces moyens est commun aux vivants et aux morts.*

Ce n'est pas beaucoup deviner que de dire que cette doctrine n'est guère au goût de M. Claude, puisqu'elle comprend celle du sacrifice de l'Eucharistie propitiatoire pour les vivants et pour les morts.

Il dit au chapitre 47, *que Dieu accepte les dons que nous offrons, en les faisant être le corps et le sang de son Fils unique... Et que la récompense qu'il nous en donne, est le corps et le sang de Jésus-Christ : car recevant de nous du pain et du vin, il nous rend son propre Fils.* Il dit au chapitre 49, *que quoique ce soit Jésus-Christ qui accomplisse le sacrifice, il ne lui faut pas attribuer néanmoins tout ce qui s'y fait, et tout ce que l'on y dit : qu'il y a des choses qui appartiennent au Seigneur, et d'autres qui sont propres au serviteur ; que l'un prie, l'autre accomplit les prières ; que le Seigneur donne, et que le prêtre rend grâces pour ce qu'il reçoit : le prêtre offre, et le Seigneur reçoit les dons. Il est vrai,* dit-il, *néanmoins que le Seigneur offre aussi; mais c'est lui-même qu'il offre à son Père, et il offre les dons* QUAND ILS ONT ÉTÉ FAITS LUI-MÊME, *et quand ils ont été* CHANGÉS ET CONVERTIS EN SON CORPS ET EN SON SANG. *Ainsi, parce qu'il s'offre lui-même, on dit qu'il est lui-même l'offrant, la chose offerte, et celui qui la reçoit. Mais c'est le prêtre qui offre le pain et le vin, lorsqu'ils ne sont encore que dons, et le Seigneur les reçoit. Et comment les reçoit-il ? En les consacrant, et en les* CHANGEANT ET EN SON CORPS ET EN SON SANG

J'ai voulu rapporter un peu au long les sentiments de cet auteur, tant parce qu'on ne peut produire un meilleur témoin que lui du sentiment de l'église grecque sur la présence réelle et la transsubstantiation, qu'afin que l'on pût voir dans un exemple signalé, quel est le génie et l'esprit de M. Claude. On voit en combien de manières cet auteur enseigne la présence réelle et le changement du pain et du vin au corps et au sang de Jésus-Christ, et je ne crois pas que les calvinistes tant soit peu sincères puissent lire ce que nous en avons rapporté, sans être convaincus que c'est une hardiesse insupportable que de le nier, et qu'un homme qui va jusqu'à cet excès de mauvaise foi, ne mérite pas d'être écouté dans un différend de religion.

Cependant non seulement M. Claude le nie, mais il se sert même de Cabasilas pour montrer que les Grecs ne croyaient pas *la présence de substance.* C'est un de ses auteurs contre la présence réelle, et pour le faire servir à cet usage, il se sert de ses deux artifices ordinaires. Le premier est de supprimer entièrement tout ce que l'on voit dans Cabasilas pour la présence réelle et la transsubstantiation. Il semble que ce soit un auteur qui n'en ait jamais rien dit : de tous ces passages que nous venons de rapporter, il n'en paraît aucun dans le livre de M. Claude ; un silence artificieux les couvre tous. De sorte que plusieurs calvinistes, dont le livre de M. Claude fait toute la science sur cette matière, auront cru sans doute, sur la manière dont il parle de Cabasilas, qu'il n'y a rien dans cet auteur qui soit capable de leur faire de la peine, et qu'il ne contient que des choses qui ne mériraient pas qu'on y répondît expressément. Ils peuvent voir maintenant s'ils ont sujet de se fier beaucoup à la sincérité de leur ministre.

Le second artifice est de nous proposer en passant un petit argument, par lequel il prétend mettre Cabasilas de son parti, et de sortir ensuite si vite de ce sujet, qu'il paraît bien qu'il n'a guère envie que l'on l'y arrête. *Cabasilas,* dit M. Claude, page 707, *établit le corps de Jésus-Christ dans l'Eucharistie, en tant que mort et crucifié pour nous : ce qui est incompatible avec cette présence de substance que Rome enseigne.* Il n'en dit pas davantage : il tire son coup et se retire. Mais cependant il laisse cette impression dans l'esprit des ignorants, que Cabasilas est contraire à la présence réelle ; parce qu'ils prennent ce qu'il dit pour une chose d'autant plus constante, que la manière négligée avec laquelle il l'avance leur fait croire qu'elle n'est presque pas contestée.

Il faut donc les avertir, pour les détromper, que comme M. Claude supprime tout ce que Cabasilas dit, il avance aussi ce qu'il ne dit pas, et que c'est une insigne fausseté de soutenir que Cabasilas enseigne que le corps de Jésus-Christ est dans l'Eucharistie immolé et mort. Il dit bien que toutes les cérémonies qu'on pratique sur les dons avant la consécration, figurent la mort ou les souffrances de Jésus-Christ, ou quelqu'un de ses mystères ; mais il ne dit point que Jésus-Christ soit mort et immolé dans l'Eucharistie. Et tant s'en faut qu'il le dise, qu'il dit expressément le contraire.

Car dans le chapitre 32, où il traite cette question : Quelle est la chose sacrifiée dans l'Eucharistie ; si c'est le pain ou le corps de Jésus Christ ; après avoir supposé qu'il y a dans ce mystère un véritable sacrifice, il s'objecte comme une vérité constante, et dont il demeure d'accord, *qu'il n'est pas même possible que le corps de Jésus-Christ soit maintenant immolé ; parce qu'il ne peut plus ni mourir, ni être tué, étant devenu immortel et exempt de corruption ;* et il dit *que Jésus-Christ étant ressuscité, ne meurt plus en la manière qu'il est mort.*

Cabasilas demeure d'accord de toutes ces vérités. Il est vrai qu'il nie la conséquence, et qu'il ne veut pas qu'on en conclue que le corps de Jésus-Christ ne soit pas la chose sacrifiée. Mais c'est par une subtilité ingénieuse, que nous avons déjà rapportée auparavant, et que M. Claude n'a pas entendue, ou qu'il a crue propre à surprendre ses lecteurs.

Cet auteur prétend qu'il suffit, pour un vrai sacrifice, qu'il y ait changement d'une chose non sacrifiée en une chose sacrifiée ; comme l'on dit que le sacrifice d'une brebis est un vrai sacrifice, parce qu'il y a changement de la brebis non sacrifiée en la brebis sacrifiée. Suivant cette définition, il trouve cette condition du sacrifice dans l'Eucharistie par le moyen de la transsubstantiation ; *parce,* dit-il, *que le pain non sacrifié y est changé au corps de Jésus-Christ qui a été sacrifié ;* c'est-à-dire, sur la croix : et ainsi il y a changement d'une chose non sacrifiée, savoir du pain, en une chose sacrifiée, qui est le corps de Jésus-Christ ; mais il ne prétend nullement que cette immolation soit actuelle et présente ; au contraire, il déclare expressément *qu'elle ne se fait pas alors,* οὐ σφαττομένου τηνικαῦτα τοῦ ἀμνοῦ· mais qu'il suffit qu'elle se soit faite autrefois. Car, dit-il, *ce sacrifice se faisant, non par une immolation présente de l'Agneau, mais par le changement du pain en l'Agneau qui a été immolé,* σφαγέντα, *il est clair que le changement est présent, mais que l'immolation ne se fait pas à l'heure même,* πρόδηλον ὡς ἡ μὲν μεταβολὴ γίνεται, ἡ δὲ σφαγὴ οὐ γίνεται τότε. Il ne suppose donc point, comme M. Claude le dit, que l'immolation et l'état de mort soit présent : il suppose au contraire qu'il ne l'est pas, οὐ γίνεται τότε ; mais il prétend qu'il suffit qu'il l'ait été : car la mort et l'immolation passée de Jésus-Christ fait que le corps de Jésus-Christ est une chose *sacrifiée, sacrificata ;* et ainsi que le pain, étant changé en ce corps, est changé en une chose sacrifiée.

Ce qui a trompé M. Claude dans la préoccupation avec laquelle il a lu ce passage, est qu'il n'a pas fait différence entre le participe présent σφαττόμενος et le participe passé σφαγείς, dont le premier signifie, *qui est immolé* présentement ; le second, qui a été immolé autrefois, et qu'ainsi il n'a pas pris garde que si Cabasilas appelle le corps de Jésus-Christ qui est dans l'Eucharistie σφαγέντα, c'est-à-dire, s'il dit qu'il a été immolé, il nie au contraire qu'il soit immolé, σφαττόμενος· c'est-à-dire qu'il nie qu'il soit dans cet état de mort et d'immolation actuelle, qui est néanmoins ce que M. Claude lui fait dire en changeant le passé en présent. Et sur cette surprise il ne craint pas de mettre Cabasilas entre ceux qui ont combattu la présence réelle, et il ne lui plaît pas de faire réflexion sur cette foule de passages par lesquels il l'établit expressément.

Voilà de quelle sorte M. Claude se démêle des difficultés à peu de frais ; et il pratique encore en un autre endroit ce même artifice, sur un lieu de Cabasilas qu'il lui a plu de rapporter. *Cabasilas,* dit-il, page 466, *nous marque toutes les prières qu'on adresse à Dieu. Il dit que les fidèles voulant montrer leur foi dans l'acte de la communion, adorent, bénissent et célèbrent Jésus-Christ comme Dieu, qui est entendu en ces dons.*

Voilà le culte de latrie bien marqué et bien défini, et M. Claude ne peut s'échapper en disant qu'il parle d'un autre culte. Il a donc recours à une autre adresse, pour empêcher qu'on ne voie dans ce lieu l'adoration de l'Eucharistie. *Mais,* dit-il, *que les dons soient eux-mêmes servis comme Dieu, c'est ce que nous ne trouvons pas.* Il n'ajoute rien davantage ; car il aime merveilleusement la brièveté dans les mauvais pas, et on ne lui fait pas plaisir de l'y retenir longtemps. Mais comme nous ne sommes pas obligés de le contenter en tout, il nous permettra de n'aller pas tout-à-fait si vite que lui, et de ne laisser pas passer cette réponse sans quelque réflexion.

Il serait bon que M. Claude se fût mis une fois dans l'esprit ce principe d'équité, qu'il n'est pas nécessaire, afin d'être assuré du sentiment d'un auteur que nous trouvions dans ses écrits toutes les paroles dont nous voudrions qu'il se fût servi, ni qu'il ait suivi nos fantaisies dans ses expressions ; mais qu'il suffit que nous y en trouvions qui soient suffisantes pour bien faire entendre son opinion. Cela lui aurait appris à ne nous pas faire de ces sortes de demandes déraisonnables : *Que nous trouvions dans Cabasilas que les dons sont servis comme Dieu ;* car l'on peut être très-assuré de son opinion, sans que l'on y trouve ces paroles. Il suffit pour cela qu'on lui montre par Cabasilas que *Jésus-Christ est adoré dans les dons comme Dieu :* ce qui se prouve par ce passage ; et que Jésus-Christ est réellement présent dans ces dons : ce qui se prouve par tout le livre de Cabasilas. Car il n'y a rien de plus clair et de plus décisif que cet argument : *Tout homme qui, croyant et enseignant que Jésus-Christ est présent réellement dans l'Eucharistie, enseigne que l'on doit adorer Jésus-Christ dans les dons, enseigne formellement l'adoration de l'Eucharistie,* comme tous les catholiques le croient ; puisqu'ils n'entendent autre chose, sinon qu'on adore Jésus-Christ présent sous les espèces, n'ayant jamais prétendu qu'on dût adorer les espèces mêmes.

Or Cabasilas enseigne dans tout son livre, comme nous l'avons fait voir, que Jésus-Christ est présent dans l'Eu-

charistie; et il enseigne, dans ce passage qu'on doit adorer Jésus-Christ dans les dons.

Donc il enseigne l'adoration de l'Eucharistie, comme font les catholiques.

C'est à cela que M. Claude avait à répondre : ce qui l'obligeait par nécessité d'examiner tous les passages de cet auteur que nous avons rapportés. Mais comme cet examen lui était un peu difficile, et qu'il a eu crainte que ces passages ne fissent plus d'impression sur les lecteurs que ses distinctions métaphysiques, il a mieux aimé s'en tirer par cette expression obscure et enveloppée, que l'on ne trouve pas dans Cabasilas, que *les dons soient eux-mêmes servis comme Dieu* : ce qui laisse cette impression, que l'on ne trouve point la présence réelle dans Cabasilas, quoiqu'il ne l'ait osé dire.

Car c'est une des adresses de M. Claude, de faire entendre ce qu'il ne veut pas s'engager de soutenir.

Je ne puis m'empêcher d'ajouter en cet endroit l'abus que M. Claude fait d'un passage de Durand, abbé de Troarn, parce qu'il dépend du même principe, et qu'il y commet la même faute. On avait prouvé dans la réfutation du premier traité de M. Claude, page 250, l'adoration de l'Eucharistie dans le onzième siècle, par ce passage de Durand : *L'escabeau de la divinité est la sainte humanité du Rédempteur, à qui il faut rendre le culte d'une humble adoration, à cause de son unité inséparable avec la divinité; principalement lorsqu'elle supplée à la communion éternelle que nous aurons avec Dieu : car c'est pour cela que ce sacrement a été institué.* Et l'on avait supposé comme notoire que Durand rapporte cette adoration à Jésus-Christ présent dans le sacrement, parce que c'est ce que Durand prouve dans tout son traité.

Cependant M. Claude, qui croit que c'est répondre à un passage que d'en faire mention, s'est tiré de celui-là en deux lignes, à sa manière ordinaire, qui est de dissimuler les principes qui font la force de l'argument, afin de n'être pas obligé d'en parler. *Durand,* dit-il pag. 458, *ne s'est pas clairement expliqué de l'adoration; puisqu'il rapporte cette adoration à la sainte humanité du Rédempteur : ce qui n'est pas en question.*

Mais Durand ne prouve-t-il pas, par tout son livre, que Jésus-Christ est présent réellement dans l'Eucharistie ? Ne rapporte-t-il pas cette adoration à Jésus-Christ dans l'Eucharistie ? et ne donne-t-il pas lieu ainsi de former cet argument décisif, auquel on prie M. Claude de répondre autrement que par ces fuites artificieuses : Tout auteur qui ayant établi que Jésus-Christ est réellement présent au sacrement, établit ensuite qu'il faut adorer Jésus-Christ dans la communion et au sacrement, enseigne qu'il faut adorer l'Eucharistie comme tous les catholiques l'adorent? Or Durand fait l'un et l'autre; donc.

Voilà à quoi devait répondre un homme qui n'aurait pas eu dessein d'éblouir le monde, et non pas se contenter de dire, comme fait M. Claude, que Durand rapporte cette adoration à l'humanité de Jésus-Christ, en supprimant qu'il la rapporte à l'humanité de Jésus-Christ présente réellement dans ce sacrement : ce qui renferme et décide la question qui est sur ce point entre les calvinistes et l'Église catholique.

Tout ce que j'ai cité jusqu'ici de Cabasilas est si convaincant, que je ne m'arrêterais pas davantage à faire voir ses sentiments sur la présence réelle, n'était qu'il parle de l'Eucharistie dans un autre de ses livres, intitulé : *De la vie en Jésus-Christ,* d'une manière si forte et si élevée, qu'elle mérite bien d'être rapportée pour montrer que cette doctrine a produit dans les Grecs les mêmes sentiments, touchant les effets merveilleux de l'Eucharistie, que dans les Latins.

Ce livre a été donné en latin par le jésuite Pontanus, qui l'a tiré de la bibliothèque du duc de Bavière; et Allatius, qui en cite plusieurs passages en grec dans ses Exercitations contre Creigton, fait voir qu'il y en a des originaux dans les bibliothèques d'Italie. Le dessein de Cabasilas est de prouver que nous sommes établis dans la vie chrétienne par le moyen de trois sacrements, du baptême, de la confirmation et de la communion; et que ce sont ces trois sacrements qui nous rendent parfaits chrétiens. Il explique dans le second et dans le troisième livre les effets du baptême et de la confirmation, et dans le quatrième, il vient à ceux de l'Eucharistie, qu'il décrit comme procédant du corps de Jésus-Christ réellement présent dans les nôtres.

« Puisque Jésus-Christ, dit-il, demeure en nous (par l'Eucharistie) que pouvons-nous souhaiter davantage? Quel bien pourra nous manquer? Et à quoi porterons-nous nos désirs, puisque nous demeurons en Jésus-Christ, qu'il habite en nous et qu'il est lui-même notre demeure? Quel bonheur est comparable au nôtre d'avoir un tel hôte et une telle demeure? Nous n'enfermons pas seulement quelque chose de lui, mais nous l'enfermons lui-même; et nous ne recevons pas seulement quelques rayons de ce soleil, mais nous recevons ce soleil même dans nos âmes, afin que nous demeurions en lui, et qu'il demeure en nous; afin qu'il se revête de nous, et que nous nous revêtions de lui; que nous soyons mêlés avec lui, et que nous soyons un même esprit : parce que notre âme, notre corps et toutes les puissances de l'une et de l'autre, deviennent tout d'un coup spirituelles; son âme étant jointe à notre âme, son corps à notre corps, et son sang à notre sang. O grandeur ineffable de nos mystères! Quelle merveille, que l'esprit de Jésus-Christ se joigne à notre esprit, sa volonté à la nôtre, et que son corps soit mêlé à notre corps! Quel sera donc notre esprit, étant gouverné par cet esprit divin? Quelle sera notre volonté, étant dominée par la sienne? Quelle sera la terre de notre corps, étant embrasée par ce feu divin? »

Il montre ensuite que Jésus-Christ ayant honoré son Père par son humanité et par son corps, a rendu son corps l'unique remède de nos péchés, et que ce corps, qui a été le trésor de la plénitude de la divinité, qui a été immolé sur la croix, et qui a souffert tous les supplices qui l'ont précédée, est ce qui remet les péchés qui se commettent après le baptême. Il dit : *Que sans ce corps, les sueurs et les travaux des pénitents ne servent de rien* : Eodem *modo iis qui post baptismum in gratiam peccaverunt, suppliciumque deprecantur, sanguine novi Testamenti et immaculato corpore opus est; utpote citra hæc illis nihil valentibus;* parce que l'Eucharistie est la perfection et l'accomplissement du sacrement de pénitence, qui nous y conduit et qui nous y dispose.

Il dit que c'est ce sacrement, qui *remet la peine à ceux qui se sont confessés aux prêtres,* et que ceux qui *n'y participent pas ne peuvent jouir de ce bienfait.* Il dit que *dans ce sacrement nous ne recevons pas seulement son corps, mais aussi son âme, son esprit, sa volonté et son humanité tout entière. Si Jésus-Christ était seulement Dieu,* dit-il encore, *il ne pourrait pas s'unir à nous d'une telle sorte : car comment la divinité serait-elle notre viande ? Et s'il était seulement homme, il ne nous aurait pas aidés en cette manière. Mais étant homme et Dieu tout ensemble, il se joint et se mêle avec nous par son humanité, et il élève et transforme en lui notre nature par sa divinité. Ce sont-là ces noces célestes dans lesquelles ce très-chaste époux s'unit à l'Église, qui est vierge et épouse tout ensemble. C'est ici que Jésus-Christ nourrit la troupe de ceux qui lui sont attachés. C'est par ce seul mystère que nous devenons la chair de Jésus-Christ, et les os de ses os... Ce sacrement est la lumière de ceux qui sont déjà purifiés, et il a la force de purifier ceux qui en ont encore besoin.* Et continuant d'expliquer les effets du corps de Jésus-Christ en nous : « Parce, dit-il encore, que la chair n'a rien de commun avec la vie de l'esprit, puisqu'elle la hait, et que, comme dit l'Apôtre, elle produit sans cesse des désirs contre l'esprit, Dieu a trouvé l'invention d'opposer une chair à cette chair, une chair spirituelle à cette chair terrestre, afin d'abolir ainsi la loi de la chair... Et c'est pourquoi nous avons un besoin continuel de cette chair, afin que la loi de l'esprit opère en nous, et que la vie de la chair n'ait plus moyen de nous entraîner. » Et ailleurs : « Le pain sacré, dit-il, introduisant en nous le nouvel homme, chasse et bannit entièrement le vieil : car c'est-là un des effets de la sacrée table, puisque, comme dit S. Jean, ceux qui le reçoivent ne sont point nés du sang. Nous éprouvons la vérité de cette parole toutes les fois que nous le recevons ; puisque c'est en ce mystère qu'il nous est dit : Recevez. Cette parole nous invite à le recevoir dans l'Eucharistie; puisqu'en effet nous y recevons Jésus-Christ dans nos mains, nous le recevons dans notre bouche, nous le mêlons avec notre âme, nous le plongeons dans notre sang. » Enfin, il dit que c'est par le moyen de ce mystère que s'accomplit cette parole de David : Dieu régnera sur les nations. « Cela marque, dit-il, le règne qu'il possède, en ce que les nations participent à son corps, et deviennent un même corps avec lui. Car étant ainsi uni à nos corps et à nos âmes, il devient le maître non seulement de nos corps, mais aussi de nos âmes et de nos volontés ; et il possède un empire parfait sur nous, en nous gouvernant comme l'âme fait le corps, et la tête les membres. C'est pourquoi ceux qui se soumettent à ce sacré joug, sont gouvernés de Dieu comme s'ils n'avaient plus de raison et de volonté. C'est pour cela qu'il est dit : Je suis devenu comme une bête ; et c'est ce qu'il appelle haïr son âme, la perdre et la sauver en la perdant, quand la nouvelle créature devient tellement la maîtresse, et que le nouvel Adam étouffe tellement le vieil, qu'il ne reste plus rien de la première naissance, de la première vie, de la première mortalité et du vieux levain. »

Voilà les sentiments de cet évêque, que M. Claude a eu la hardiesse de citer contre la présence réelle et la transsubstantiation.

CHAPITRE IX.

Dix-neuvième preuve *du consentement des Grecs et des Latins, tirée de Manuel Calecas.*

Je ne crois pas devoir omettre, pour faire connaître l'opinion des Grecs de ce siècle, un passage important, qu'Allatius rapporte en grec, de *Manuel Calecas.* Car encore que cet auteur, ayant été de l'ordre des frères prêcheurs, ait suivi l'opinion des Latins sur tous les points dont ils sont en différend avec les Grecs, et qu'il ait fait quatre livres exprès contre leur erreur sur la procession du S.-Esprit, outre un autre qu'on lui attribue, de la procession du S.-Esprit, du purgatoire et des azymes, imprimé dans l'Addition aux anciennes pièces de Canisius, son témoignage néanmoins n'est pas moins considérable pour prouver que les Grecs tenaient la transsubstantiation. Car il est entièrement indifférent, pour la preuve de cette vérité, ou que cette doctrine ait été enseignée par des Grecs schismatiques, comme Cabasilas, ou par des Grecs catholiques, comme Calecas ; puisqu'en étant aussi persuadé que S. Thomas, dans l'ordre duquel il a vécu, il ne s'est point aperçu qu'il y en avait parmi ceux de sa nation qui ne la croyaient pas. Il n'en a fait aucun reproche aux Grecs qu'il a combattus, et il a cru qu'ils tenaient sur ce point la même doctrine que lui. Voici donc de quelle manière il en parle dans un discours théologique cité par Allatius.

« Il n'est pas possible d'expliquer aux hommes par des paroles comment le pain et le vin sont changés au corps et au sang de Jésus-Christ. Mais puisque le Seigneur de toute créature l'a dit, la chose se fait comme nous la croyons, de même manière que le monde a été tiré du néant par sa parole. Et comme ayant dit une fois au commencement : Que la terre produise les herbes ; la terre, recevant par son commandement la force et la vigueur dont elle a besoin, ne cesse point de pousser jusqu'à présent les plantes, nous croyons de même que le ministère du prêtre opère un effet semblable, et que LE PAIN EST CHANGÉ EN SON CORPS, ET LE VIN EN SON SANG, par la puissance de celui qui a prononcé cette parole. Car, comme dit le divin Chrysostôme, le prêtre n'est que l'image de Jésus-Christ ; mais la force vient des paroles du Seigneur, parce que c'est lui qui a dit : Si vous ne mangez la chair du Fils de l'homme, et si vous ne buvez son sang, vous n'aurez point la vie en vous. »

Et plus bas : « Lors donc que quelqu'un doute de ce changement du pain et du vin au corps et au sang de Christ, nous les rappelons à la puissance de Dieu ; puisque, s'ils confessent que Dieu est tout puissant, ils ne peuvent douter de ce changement. Car si la force de la nature peut bien changer en feu, selon la forme, la matière de l'air ; la puissance de Dieu, auteur de l'être de toutes choses, pourra bien changer non seulement la forme, mais le sujet entier du pain et du vin en son corps et en son sang. Que si quelqu'un, à cause de ce qui paraît à nos sens, n'ajoute pas foi à ce changement, qu'il considère que c'est l'ordinaire de Dieu, de nous proposer les choses divines sous le voile des choses sensibles. Et c'est pourquoi il nous a communiqué son corps et son sang par le pain et le vin, qui est notre viande et notre breuvage ordinaire. Et afin qu'il n'y ait rien qui cause de la surprise à nos sens, nous ne croyons pas néanmoins que cela se passe seulement en imagination. Car, comme nous avons dit, il est au pouvoir de Dieu de changer la substance intérieure, et de conserver néanmoins les accidents qui étaient auparavant. »

M. Claude nous dira sans doute que c'est un *transsubstantiateur* qui parle, et qu'il avait pris cette doctrine des disciples de S. Thomas. Il est vrai, mais c'est un *transsubstantiateur* qui ne s'est jamais douté que les autres Grecs ne le fussent pas : il a cru qu'ils étaient tous d'accord avec lui ; et quoiqu'étant Grec, nourri parmi les Grecs, très-instruit de leur vie et de leur doctrine, il dût certainement être mieux informé que M. Claude de leurs sentiments, il a cru néanmoins que c'était-là l'opinion de l'église grecque. C'est ce qui est cause qu'il n'a point averti l'Église latine, à laquelle il était uni, que les Grecs eussent aucune erreur sur ce point, et qu'il s'est contenté de les combattre sur les autres.

LIVRE QUATRIÈME.

OU L'ON FAIT VOIR LA MÊME UNION DES GRECS ET DES LATINS DANS LA DOCTRINE DE LA PRÉSENCE RÉELLE ET DE LA TRANSSUBSTANTIATION, DEPUIS LE QUINZIÈME SIÈCLE JUSQU'EN CE TEMPS-CI.

CHAPITRE PREMIER.

Vingtième preuve *pour le quinzième siècle, tirée des témoignages de Siméon, archevêque de Thessalonique.*

Je ne puis mieux commencer l'examen du quinzième siècle que par celui des sentiments de Siméon, archevêque de Thessalonique ; parce que cet auteur est sans doute un des plus savants et des plus considérables d'entre les Grecs, principalement dans la matière de la transsubstantiation : car Thessalonique étant alors aux Vénitiens, sur qui elle fut prise l'an 1430, six mois après la mort de Siméon, il était impossible qu'il ignorât la doctrine des Latins auxquels il était assujéti. Ainsi il a dû garder dans ses paroles toutes les précautions que l'on ne manque jamais d'observer, lorsque la présence de ceux que l'on croit être dans l'erreur nous fait craindre de la favoriser et de l'inspirer aux autres.

Si nous avions ses livres entiers des sacrements, sans doute que l'on y verrait à fond tout ce que l'on peut désirer sur cette matière ; mais les divers passages qui en sont rapportés par ceux qui les ont vus, et les autres témoignages de cet auteur, que l'on peut tirer ou de quelques autres ouvrages non imprimés et cités par divers auteurs, ou d'un traité imprimé dans l'Euchologe du P. Goar, ne laissent aucun sujet de douter de son opinion, et donnent lieu de le mettre **entre les plus illustres témoins de la créance des Grecs.**

Voici ce qu'Allatius rapporte, dans ses Exercitations contre Creigton, page 246, du traité de Siméon contre les hérésies : *Après que l'on a mis les restes du pain divin dans le sacré calice, on montre à tous ce calice,* QUI EST JÉSUS-CHRIST, *et qui est véritablement* SON CORPS MÊME ET SON SANG MÊME, *lesquels il a sacrifiés pour le peuple qu'il s'est rendu propre, et qu'il donne à goûter, à voir, à toucher, avec un désir ardent que l'on use de sa libéralité. C'est pourquoi le peuple qui lui est consacré le voit par les yeux de l'âme, l'adore et lui demande ce qui est nécessaire pour son salut.*

Il y a bien des choses dans ce passage peu favorables à M. Claude : que le calice est véritablement le corps *même* et le sang *même* de *Jésus-Christ ;* qu'on l'adore, qu'on s'adresse à lui pour lui demander ce qui est nécessaire pour son âme. Et la suite ne lui sera pas plus avantageuse. Car afin qu'il ne dise pas, comme il a fait sur le sujet de Cabasilas, qu'on ne trouve point que cet auteur ait rapporté expressément l'adoration au sacrement, Siméon lui ôte même cette mauvaise réponse par les paroles suivantes : *Nous devons* ADORER *de cœur le* PAIN VIVANT*, et le* SANG *qui* EST DANS LE CALICE*, en nous prosternant de tout notre cœur jusqu'en terre, et en mettant nos mains en croix, pour témoigner notre servitude et la foi que nous avons en Jésus crucifié. C'est ainsi qu'il s'en faut approcher avec crainte, avec tremblement et avec un cœur humilié.*

Il n'établit pas moins clairement, dans ce même dialogue contre les hérésies, et la présence réelle et l'adoration, en parlant des messes *des présanctifiés*; c'est-à-dire des messes où l'on ne consacre point, et qui se célèbrent avec des hosties déjà consacrées; comme on fait dans l'Église latine le jour du vendredi-saint. *Il faut*, dit-il, *nous abaisser plus profondément lorsque le prêtre entre avec les dons dans ce sacrifice; parce que cette divine oblation est déjà parfaite, et qu'*ELLE EST VÉRITABLEMENT NOTRE SAUVEUR; *car ce qui est contenu dans le bassin*, EST LE TRÈS-SAINT CORPS AVEC LE SANG.

Et il enseigne, encore avec plus d'étendue, la même doctrine dans sa réponse à Gabriel, métropolitain de Pentapolis. *Nous offrons*, dit-il, *ce sacrifice vers l'heure de none, en gardant la règle du jeûne, qui nous oblige de ne manger qu'une fois vers le soir; et nous sommes sanctifiés par les prières, et en voyant* PAR LES YEUX DU CORPS *et par ceux de l'esprit* LE SEIGNEUR ENTRE LES MAINS DES PRÊTRES, *comme une hostie de propitiation, et distribué ensuite à ceux qui sont dignes de le recevoir. Et comme les mystères sont parfaits dès le commencement, et sont* LE CORPS MÊME ET LE SANG MÊME DE CHRIST, *lorsque le prêtre entre* EN PORTANT LE SEIGNEUR SUR SA TÊTE, *nous devons nous abaisser jusqu'à terre avec un ardent amour, lui demander le pardon de nos fautes, et lui recommander tous les fidèles. Car si les dons n'étant pas encore consacrés, méritent déjà quelque sorte de vénération, comme étant déjà les antitypes du corps de Jésus-Christ, et étant offerts à Dieu en cette qualité, il est bien plus juste de les honorer lorsque ayant acquis leur perfection par l'opération divine qui accompagne le ministère des prêtres*, ILS SONT VÉRITABLEMENT LE CORPS ET LE SANG DE JÉSUS-CHRIST.

Rien n'est plus terrible que ce mystère, dit encore le même auteur: *car il nous fait voir que le prêtre est rendu dispensateur des mystères de Dieu, et que l'on lui donne le pouvoir de sacrifier, non un autre, mais Jésus-Christ même, qui est le pain vivant, et qu'on lui confie comme un dépôt, et le sacerdoce de Jésus-Christ, et Jésus-Christ* MÊME.

Si ces passages ne suffisent pas encore à M. Claude, qu'il écoute cet autre du même auteur: *Jésus-Christ seul est le principe de notre vie et de notre salut: c'est lui seul qui a institué nos mystères, et qui les opère. Il est le Sacrificateur, il est sacrifié, et il est le sacrifice. Car il est manifeste qu'il a offert le premier, et qu'il nous enseigne d'offrir le sacrifice de son corps et de son sang*. FAITES CECI, *dit-il*, EN MÉMOIRE DE MOI; *parce qu'il est le Prêtre éternel selon l'ordre de Melchisédech, ne cessant jamais d'offrir son sacrifice avec du pain et du vin. Il est Prêtre éternel, parce qu'il s'est sacrifié une fois volontairement sur la croix, et qu'il se sacrifie encore; qu'il s'est offert et qu'il s'offre, et qu'il est toujours présent à son Père, en état de victime et de sacrifice de propitiation pour nos péchés.*

Mais parce que toutes les fois que M. Claude entend parler de pain et de vin, il laisse toujours entrer dans son esprit les idées grossières du pain matériel et terrestre, qu'il croit demeurer dans le sacrifice, qu'il écoute ce que Siméon entend par ce pain. *Ce pain*, dit-il, *qui s'offre en mémoire de Jésus-Christ*, N'EST QU'UN MÊME CORPS, *quand on en offrirait plusieurs, et que tous ceux qui sont au monde seraient sacrifiés par tous les prêtres de la terre; parce que le grand Pontife se sacrifie par leur ministère, étant lui-même le Sacrificateur et le sacrifice.*

Que M. Claude apprenne en passant par ce discours ce que nous lui prouverons en son lieu par un grand nombre d'autres passages, que ce ne sont point des choses contraires, que le sacrifice soit appelé pain et vin à cause de la matière dont il est formé, et de l'apparence qui subsiste; ou que l'on dise qu'il est offert en mémoire de Jésus-Christ, parce que c'est l'un des usages auxquels il est destiné; et que néanmoins celui qui se sert de ces expressions croie que le pain devient, par la consécration, le corps même de Jésus-Christ, et que c'est Jésus-Christ même qui s'offre à son Père dans ce sacrifice.

Je ne crois pas que M. Claude soit assez injuste pour vouloir rejeter ces passages, parce qu'ils sont tirés d'un traité qui n'est pas encore imprimé: il sait assez que les critiques, comme Allatius, ne se piquent de rien tant que de sincérité dans leurs citations. Et comme ces manuscrits ne seront peut-être pas longtemps sans voir le jour, il est entièrement hors d'apparence qu'un homme d'honneur se voulût exposer à cette confusion, de citer des passages qui ne se trouveraient point dans l'original; outre qu'il ne serait pas fort difficile de le convaincre de mauvaise foi, en faisant présentement vérifier ces passages sur des manuscrits qui se trouvent dans les bibliothèques Vaticane et Barberine: et messieurs les ministres ont assez d'amis qui leur peuvent rendre ce service, s'ils en ont le moindre doute. Et c'est pourquoi je ne ferai pas encore difficulté de rapporter ce qu'Arcudius cite du traité des sacrements de Siméon, que tout le monde peut voir dans la bibliothèque Vaticane, et dont le P. Morin a fait imprimer une partie dans son livre de la Pénitence.

Pour en comprendre la force, il faut savoir que les Grecs pratiquent une coutume dans leur Liturgie, qui a donné lieu à une question assez difficile, et sur laquelle les nouveaux Grecs se trouvent partagés. Cette coutume est que comme pour marquer l'union de Jésus-Christ avec l'Église on mêle de l'eau dans le calice, ainsi, pour conserver la même signification dans le symbole du pain, les Grecs coupent plusieurs particules du pain dont ils prennent les hosties, et en les coupant ils disent que la plus grande de ces particules est pour célébrer la mort du Seigneur; que la seconde est offerte en l'honneur de la Vierge Marie; la troisième en l'honneur de S. Jean-Baptiste; la quatrième en l'honneur des apôtres, et la cinquième en l'honneur du saint dont on célèbre la fête. Et ils en offrent aussi pour les autres saints, pour les vivants et pour les morts.

Les différentes significations qu'ils donnent à ces

parties, en les coupant sur l'autel de la prothèse, et ce différent usage qu'ils en font, n'empêchent nullement dans la vérité qu'elles ne reçoivent toutes une égale consécration sur le grand autel. Car c'est la coutume de toute l'Église de joindre ainsi plusieurs mystères qui ne se détruisent point les uns les autres, et qui fournissent seulement aux fidèles divers sujets de contemplation, pour édifier leur foi et nourrir leur piété. Et c'est pourquoi les auteurs ecclésiastiques, tant anciens que nouveaux, savent bien distinguer ces significations mystérieuses de l'effet réel de la transsubstantiation. Car ils disent bien que le pain signifie non seulement le corps naturel de Jésus-Christ, mais aussi son corps mystique, par la multitude des grains dont il est composé. Ils disent que le vin signifie de même et Jésus-Christ et son corps mystique, par la multitude des grains dont le vin est fait. Ils disent que le vin signifie Jésus-Christ, et l'eau le peuple, et que l'on les mêle ensemble pour marquer l'union intime de Jésus-Christ et de l'Église; et cette expression se trouve dans les auteurs les plus déclarés pour la transsubstantiation. Mais parce qu'encore que Jésus-Christ et l'Église soient également signifiés par la matière du sacrifice, néanmoins, quant à l'effet propre du sacrifice, le pain et le vin mêlé d'eau ne sont point changés au corps de l'Église, ni au sang de l'Église, mais seulement au corps et au sang naturel de Jésus-Christ; il naît de cet effet réel une multitude d'expressions, qui, exprimant la transsubstantiation, ne sont jamais appliquées qu'au seul corps de Jésus-Christ. On dit bien, par exemple, que le pain est changé, converti, transélémenté au corps de Jésus-Christ; mais on ne dit point qu'il soit changé, converti, transélémenté au corps des fidèles. On dit que Jésus-Christ est au ciel et en terre, mais on ne dit point que l'Église soit sur l'autel et hors de l'autel. On dit que Jésus-Christ entre dans nous, qu'il nous guérit par sa chair, qu'il s'unit à nous, qu'il nous imprime une semence d'immortalité; mais on ne dit rien de tout cela de l'Église.

C'est ce que nous montrerons en un autre lieu avec plus d'étendue. Mais ce que nous avons dit suffit pour faire voir que ces différentes significations que les Grecs donnent aux particules, n'empêchent nullement la consécration égale et uniforme de toutes ces particules.

Cependant, comme les noms sont sujets à nous porter dans l'erreur, lorsqu'ils n'expriment qu'imparfaitement la nature de la chose, ce qui fait croire que ce qui n'est pas exprimé n'est ni cru, ni conçu, quelques Grecs ont pris sujet de ce qui est dit dans les Liturgies, que ces particules sont offertes en l'honneur d'un tel saint, ou des vivants ou des morts, d'en conclure qu'elles n'étaient pas proprement consacrées, et qu'il n'y avait que la grande particule offerte en mémoire de Jésus-Christ qui fût changée en son corps.

Et sur ce qu'on leur objectait qu'il s'ensuivrait donc que ceux qui communiaient de ces particules ne recevaient point le corps de Jésus-Christ, ils répondaient que la coutume des Grecs étant de mettre dans le calice, avant la communion des laïques, une partie de l'hostie vraiment consacrée, en la confondant et la mêlant avec ces particules non consacrées, et de donner ensuite dans une cuiller à chaque personne qui communie une partie de ce qui avait été ainsi mêlé, il arrivait de-là que tous recevaient, au moins ordinairement, quelque partie du corps de Jésus-Christ, de la même manière que l'eau chaude que les Grecs mêlent dans le calice après la consécration, n'étant point réellement changée, les fidèles ne laissent pas de recevoir le sang de Jésus-Christ, parce qu'ils prennent toujours avec l'eau quelque partie du vin consacré. Que s'il arrivait qu'il n'y eût point en effet aucune partie du pain consacré dans ce qu'ils recevraient, tout ce qui s'ensuivrait est qu'alors ils communieraient sous une espèce : ce qui n'est pas un grand inconvénient parmi les Grecs, qui le pratiquent en plusieurs rencontres.

Voilà l'opinion de ces derniers Grecs, que Pierre Arcudius pousse avec beaucoup d'aigreur à son ordinaire : et les principaux auteurs qui l'ont défendue sont ce Siméon, archevêque de Thessalonique, dont nous parlons maintenant, et Gabriel, archevêque de Philadelphe, dont nous aurons lieu de parler ensuite.

Mais comme nous demeurons d'accord que c'est une erreur, il faut que M. Claude reconnaisse aussi que cette erreur prouve invinciblement que les Grecs tiennent la transsubstantiation : car il ne faut que considérer de quelle manière ils l'expriment.

C'est avec raison, dit Siméon, *que l'Église offre ces particules, pour montrer que cette hostie vivante sanctifie les vivants et les morts; mais elle ne les rend pas Dieux par nature.* Il veut dire que comme les saints sont unis à Dieu par la grâce, mais ne deviennent pas dieux leur nature, ainsi ces particules sont unies au corps même de Jésus-Christ, mais ne deviennent pas pour cela le corps de Jésus-Christ. Et c'est ce qu'il exprime clairement en ces paroles : *Les saints étant unis à Jésus-Christ sont divinisés par la grâce; mais ne deviennent pas dieux par nature. De même les particules que l'on offre pour eux reçoivent la sainteté par la participation du corps et du sang, et deviennent un avec ce corps et ce sang par le mélange; mais si vous les considérez séparément, elles ne sont pas le corps même et le sang même de Jésus-Christ, mais elles sont jointes seulement au corps et au sang.*

L'archevêque de Philadelphe dit la même chose, en se servant de la même comparaison. *Comme les âmes des saints*, dit-il, *sont exposées à la lumière de la divinité, qui les éclaire, mais ne deviennent dieux que par participation, et non par nature, de même ces particules, quoiqu'*UNIES A LA CHAIR ET AU SANG DE JÉSUS-CHRIST, *ne sont point changées, mais reçoivent la sainteté par participation.*

Il est plus clair que le jour que tout cela n'a point de sens que dans la doctrine de la transsubstantiation, et que comme ces auteurs supposent que ces particules ne sont point transsubstantiées, ils supposent aussi que la grande portion qui est offerte au nom de Jésus-Christ, et de laquelle seule on prend ce que l'on réserve pour les malades, est effectivement transsubstantiée, et devient le corps même de Jésus-Christ.

On aurait tort néanmoins d'attribuer à tous les Grecs cette erreur, que les particules ne sont pas consacrées : car Siméon de Thessalonique, qui l'a le premier avancée contre le sentiment de Cabasilas, comme Arcudius le prouve fort au long, était si peu ferme dans cette opinion, qu'il proteste avant que de la proposer qu'il ne l'avance pas dogmatiquement, δογματικῶς, c'est-à-dire pour en faire un dogme; mais comme une simple pensée. Et en effet, il y a toute sorte d'apparence que les évêques grecs qui étaient au concile de Florence ne répondirent pas aux Latins selon la pensée de Siméon ; car les actes de ce concile portent que l'évêque de Mytilène les satisfit pleinement sur les questions proposées, dont celle-ci était une. Or ils n'auraient nullement été satisfaits de la réponse de Siméon, quoique, tout erronée qu'elle soit, elle contienne une preuve convaincante qu'il croyait la transsubstantiation, et qu'enfin elle se résolve plutôt en une question de fait que de droit. Car si les prêtres grecs n'avaient point réellement l'intention de consacrer ces particules, elles ne seraient point effectivement consacrées, quoique la raison qui les aurait portés à croire qu'ils ne les devaient pas consacrer, soit vaine et frivole.

Mais de peur que M. Claude ne se plaigne que l'on ne lui cite que des passages qu'il ne lui est pas aisé de vérifier, en voici d'autres du même auteur, tirés de l'explication de la messe qui est imprimée dans l'Euchologe du P. Goar.

Il dit dès le commencement de son traité, suivant la pensée de plusieurs Pères, que *Jésus-Christ s'est donné lui-même à nous dans la communion; parce qu'ayant été uni aux prémices de notre nature, qu'il a prises de la bienheureuse Vierge, il était nécessaire que cette union passât effectivement à tous les fidèles.*

Il ajoute *qu'ayant pour but de nous rendre participants de sa divinité, il le fait en cette manière toute divine, et qui surpasse tous les discours des hommes, en se mêlant dans les choses qui nous servent d'aliment et de breuvage, lui qui est partout, et* EN CHANGEANT LE PAIN ET LE CALICE EN SON CORPS ET EN SON SANG *par sa toute-puissance.* Il compare ce mystère peu de temps après à l'incarnation, et dit que *ces deux mystères sont également incompréhensibles aux esprits des hommes.* Il explique ensuite en détail les parties et les significations du temple, des habits des prêtres, et du commencement du sacrifice. Il distingue expressément l'honneur que l'on rend aux symboles non consacrés de celui qu'on leur rend après la consécration, quoiqu'il prétende que dans ce premier état on les doit déjà honorer plus que des images : ce qui fait bien voir qu'il voulait que l'on honorât le S.-Sacrement du culte de latrie. Et quand il est venu à la consécration, il en marque l'effet par ces paroles : *A l'heure même*, dit-il, *le prêtre voit devant lui Jésus-Christ vivant*, LE PAIN ET LE CALICE ÉTANT JÉSUS-CHRIST MÊME ; *puisque c'est lui-même qui a prononcé cette parole, le pain est le corps, et ce qui est dans le calice est le sang.*

Il dit enfin que *le prêtre conçoit une grande confiance en voyant devant lui ce Dieu plein d'amour et de douceur en état de sacrifice.*

CHAPITRE II.

VINGT-UNIÈME PREUVE : *Que tout ce qui s'est passé au concile de Florence montre invinciblement que les Grecs tenaient la transsubstantiation aussi bien que les Latins.*

M. Claude, qui sait parler, quand il veut, le langage de la cour dans des livres de théologie, reproche agréablement, dans la préface de son livre, à l'auteur de la Perpétuité, qu'il décide *cavalièrement* les questions. Je n'examine pas présentement s'il a eu raison dans l'application qu'il fait de cette expression ; je réserve cela pour le discours où j'ai dessein de traiter des différents personnels qu'il peut avoir avec cet auteur. Mais puisqu'il a introduit ce terme dans une dispute sérieuse, il me semble que je puis bien l'emprunter de lui, pour exprimer de quelle sorte il se démêle de quelques difficultés très-considérables, et que l'on peut dire avec beaucoup de raison que jamais homme ne s'en tira plus *cavalièrement* que lui. La manière dédaigneuse avec laquelle il les propose fait toujours la plus grande force de ses réponses. Au lieu de preuves et de raisons, il y oppose ses décisions et ses jugements. Pour affaiblir des objections, il se contente de dire qu'elles sont faibles ; et après y avoir donné quelques légères atteintes, il se dérobe aussitôt, en tâchant de faire croire que c'est par mépris qu'il ne s'y arrête pas davantage.

Je ne puis rapporter un exemple plus remarquable de cette humeur *cavalière* de M. Claude que la manière dont il traite ce qui se passa au concile de Florence, qu'on lui avait objecté dans le livre de la Perpétuité. Il semble, à l'en entendre parler, que ce soit l'objection du monde la plus méprisable, et que la chose ne valait pas la peine qu'il y fît la moindre réflexion.

L'auteur, dit-il, *doit encore moins tirer d'avantage de ce qui se passa au concile de Florence. Sguropulus* (1), *grand ecclésiarque, qui assista l'empereur et le patriarche de Constantinople durant toute cette assemblée, nous apprend que les choses s'y passèrent avec tant de violence de la part du pape Eugène et de sa cour ; avec tant de timidité et tant d'intérêt de la part de l'empereur grec ; avec tant de faiblesse du côté de ses évêques, dont quelques-uns furent gagnés par le pape, et les autres n'eurent aucune communication de l'acte de leur réunion, ne l'ayant vu que quand ils furent contraints de le signer ;*

(1) M. Claude et le traducteur Creigton l'appellent Sguropulus. Allatius écrit simplement Syropulus, en suivant la prononciation.

avec un si léger examen des doctrines et des cultes, et enfin avec un si pitoyable succès et pour les uns et pour les autres, puisque les Grecs étant de retour en leur pays renoncèrent hautement à cet acte d'union; que l'auteur n'a nul sujet de s'en glorifier, ni de nous compter pour quelque chose tout ce qui s'y fit.

Et dans un autre endroit, comme s'il se repentait d'en avoir déjà trop dit, il répète la même réponse d'une manière plus méprisante. *Je ne sais*, dit-il, *pourquoi l'on produit encore une fois, dans cette dispute, le concile de Florence; puisque ce fut un pur ouvrage de la politique, qui ne doit point venir en compte dans les affaires de la religion; et qu'après tout, si, en vertu de cette réunion, les Grecs semblent avoir tacitement souffert la transsubstantiation des Latins, les Latins de même ont souffert le stercoranisme des Grecs : et l'on n'a pas plus de droit de conclure que les Grecs sont transsubstantiateurs, que j'en aurais d'assurer que les Latins sont stercoranistes.*

Mais nonobstant ce dédain de M. Claude, je ne laisserai pas de lui répéter une troisième fois cette objection, et de lui soutenir même, qu'il n'y répond pas d'une manière raisonnable. Il lui semble que, sitôt qu'on peut alléguer en l'air qu'il s'est mêlé de la politique dans un concile, on ne puisse plus rien établir par l'autorité de ce concile. Mais il devait avoir reconnu lui-même la fausseté de ces petites raisons, et ne nous pas obliger de remarquer, ou qu'il s'éblouit lui-même de fort peu de chose, ou qu'il tâche d'éblouir les autres par des arguments qui n'ont aucune solidité.

La politique des hommes a ses bornes : elle n'agit pas en tout; elle ne fait pas tout; il y a de certaines règles pour discerner les matières où elle peut avoir lieu de celles où elle n'en peut avoir. Quelque animosité que les calvinistes aient contre le concile de Trente, diront-ils que ce fut par politique que l'on y approuva le Symbole de Nicée, et qu'on n'en pourrait pas conclure que les évêques de ce concile ne fussent pas ariens ? Ainsi ce reproche général de politique, d'intrigue, de cabale, ne mérite pas d'être écouté par des personnes judicieuses. Il faut venir au particulier, et montrer, si l'on peut, qu'il est à craindre que la politique ne se soit mêlée dans le sujet dont il s'agit. Car les hommes ne se servent d'adresse que dans les choses qu'ils ne peuvent obtenir d'une autre manière ; et jamais ils ne s'avisent d'employer l'artifice et la politique dans les matières où ils ne trouvent point d'obstacle et d'opposition. Ceux aussi qui se laissent gagner par intérêt, ou qui succombent par faiblesse, ne le font presque jamais sans quelque sorte de résistance. Les opinions dont l'esprit est prévenu agissent toujours un peu. On use de quelque ménagement pour n'accorder que le moins qu'on peut : on fait paraître sa peine; on se soulève contre la violence. Et ainsi l'on distingue toujours aisément quand les évêques se portent d'eux-mêmes à approuver quelque chose, et quand ils sont emportés par une passion violente ou d'intérêt ou de crainte. Et enfin,

la faiblesse n'est pas d'ordinaire si universelle, qu'il n'y en ait quelques-uns qui rendent témoignage à la vérité, et qui protestent contre la violence.

Voilà ce qu'on doit considérer quand on se veut servir de ce reproche de politique pour contredire l'approbation qu'un concile donne à une doctrine. Mais M. Claude n'aime pas à s'embarrasser dans ces sortes de discussions : il aime l'abrégement; et au lieu de donner du jour aux difficultés par ses réponses, il aime mieux les obscurcir par la manière confuse dont il les propose. *On ne doit tenir aucun compte*, dit-il, *de ce qui s'est passé au concile de Florence, parce que c'était un pur ouvrage de politique.* Mais en quoi s'y est-on servi de politique ? Paraît-il qu'il s'y en soit mêlé en ce qui regarde la transsubstantiation ? Les Grecs en ont-ils fait des plaintes ? Syropulus, *ce grand ecclésiarque*, cet auteur auquel on nous renvoie pour ruiner l'autorité de ce concile, nous découvre-t-il les artifices que l'on employa pour faire approuver la transsubstantiation aux Grecs ? Les Grecs se sont-ils élevés contre cette doctrine après la rupture de l'union ? L'ont-ils reprochée aux Latins ? Se sont-ils repentis de l'avoir soufferte et approuvée ? Ont-ils traité d'idolâtres ceux qui l'approuvaient, après avoir été tant de fois témoins de l'adoration qu'ils rendaient à l'Eucharistie, et l'avoir eux-mêmes adorée avec eux ? M. Claude ne prend pas la peine d'examiner tout cela. Nous l'allons donc examiner au lieu de lui, afin que l'on juge si cette objection est suffisamment réfutée par cette réponse si courte et si *cavalière*, qu'il y a eu de la politique au concile de Florence, et qu'il *n'en faut point tenir compte*.

L'empereur Jean Paléologue, fils et successeur du jeune Andronic, ayant approuvé la doctrine de l'Église latine sur tous les points contestés, dans le voyage qu'il fit à Rome, comme nous avons vu en examinant le quatorzième siècle; mais n'ayant pu obliger toute son église à suivre son exemple, l'accord qu'il avait eu dessein de faire entre les Grecs et les Latins ne put pas se conclure durant son règne. Il se passa même depuis plus de trente ans, sous le règne de Manuel Paléologue son fils, et pendant le schisme des papes d'Avignon, sans que l'on parlât de la réunion des deux églises. Et cependant les Turcs firent de si grands progrès, qu'ils réduisirent à l'extrémité l'empire de Constantinople.

Martin V ayant donc été reconnu par toute l'Église, ensuite du concile de Constance, reprit le dessein que ses prédécesseurs avaient eu de travailler à la réunion de l'église de Constantinople, et écrivit pour cela à l'empereur Manuel : et ce prince de son côté, pressé du besoin qu'il avait du secours des princes de l'Occident, qu'il espérait obtenir par cette réunion, fit divers pas pour y réussir, qui sont écrits par Syropulus au commencement de son Histoire. Mais la mort du pape Martin, et celle de Manuel étant arrivées pendant que l'on en était encore sur les préparatifs du traité, l'affaire fut remise au concile universel, qui se commença à Bâle l'an 1431. Les Pères de Bâle

(Seize.)

eussent bien voulu relever leur assemblée par la réunion des Grecs; et ils firent pour cela les promesses les plus avantageuses qu'ils purent aux députés de l'empereur Jean Paléologue, fils et successeur de Manuel. Mais Eugène IV, successeur de Martin, désirant transférer le concile de Bâle à Ferrare, et voulant faire servir la réunion des Grecs de prétexte à cette translation, fit si bien auprès de l'empereur grec, qu'il l'engagea à témoigner qu'il ne se pouvait trouver à Bâle ; ce prince ayant mieux aimé traiter l'accord avec le pape et les cardinaux, et les évêques de son parti, comme ayant plus de pouvoir de lui procurer le secours dont il avait besoin, et qu'il espérait obtenir par le moyen de l'union, qu'avec un concile, qui n'a de pouvoir que durant le temps qu'il est assemblé.

Ce n'est pas un grand mystère que de nous dire que, dans ce désir d'union, et dans ce dessein de traiter d'accord sur les différends qui divisaient les Grecs des Latins, il se mêla des vues humaines et des intérêts politiques ; et ces vues même n'étaient point injustes ni illégitimes. Car comme c'était le schisme des Grecs qui éloignait les princes catholiques de faire effort pour les secourir, ils avaient raison de vouloir faire examiner canoniquement s'il n'y avait point de moyen de remédier à ce schisme par le moyen d'un concile. Mais ces intérêts n'étaient pas si vifs ni si agissants, qu'ils ôtassent aux Grecs toute sorte de liberté, et qu'ils les portassent à trahir leur sentiment en toutes choses sans aucune résistance. On voit le contraire presque dans toutes leurs démarches, et dans toutes les conférences qui se tinrent à Ferrare au commencement, et ensuite à Florence.

L'empereur et les évêques grecs ménagèrent tellement les choses, que leurs prétentions et leurs opinions n'en furent blessées que le moins qu'il était possible. De sorte qu'après l'union conclue, l'un des principaux reproches de ceux qui la rompirent, fut que l'on n'avait rien défini, et que l'on s'était accordé en laissant toutes choses au même état qu'elles étaient.

Quelque faibles, et quelque politiques que fussent les Grecs, ils ne laissèrent pas d'obliger le pape à se désister de la prétention qu'il avait que le patriarche de Constantinople lui baiserait les pieds en le saluant : et ce patriarche répondit avec fermeté à ceux qui l'en pressaient, que si le pape ne l'exemptait, et lui et ses évêques, et les ecclésiastiques qui l'accompagnaient, de cette manière extraordinaire de le saluer, il était résolu de ne descendre pas même du navire en terre, et de prendre cet obstacle pour une marque que Dieu n'approuvait pas toute cette affaire. Ce qui porta le pape à abandonner, par une sagesse vraiment apostolique, cette prétention contraire à la réunion des églises.

On voit dans la suite des diverses contestations qu'il y eut entre les uns et les autres, ou sur les préséances, ou sur la manière de discuter les matières, que les Latins n'emportèrent pas tout, que les Grecs résistaient en plusieurs points : et surtout la question de la procession du S.-Esprit, qui faisait le principal sujet du différend, fut examinée dans ce concile avec autant d'exactitude, que question ait jamais été examinée dans un concile. On fit voir aux Grecs que tous les Pères latins disaient unanimement que le S.-Esprit procédait du Père et du Fils ; que plusieurs Pères grecs avaient enseigné la même chose : on en persuada plusieurs des évêques grecs, et l'on réduisit les autres à ne se plus soutenir que par une opiniâtreté déraisonnable et par de vains reproches, ou que les lieux des Pères que l'on leur alléguait étaient corrompus, ou qu'ils ne connaissaient point les Pères latins.

Il est vrai que Syropulus et Marc d'Éphèse prétendent que pour obliger ceux qui n'étaient pas persuadés à se rendre, le pape et l'empereur se servirent de plusieurs adresses, et que l'on retrancha souvent les pensions aux évêques grecs. Mais il est vrai aussi que Joseph, évêque de Méthone, qui a écrit contre Marc d'Éphèse, s'inscrit en faux contre ce reproche, et prétend que jamais on n'a manqué de donner aux Grecs ce qu'on leur avait promis. *Vous ne craignez*, dit-il, *ni Dieu ni les hommes, puisque vous avez la hardiesse d'avancer un si insigne mensonge. Qui de nous a été privé de l'argent qu'il devait recevoir? Qui de nous s'en est plaint, et a eu sujet d'en avoir quelque peine?* Quoi qu'il en soit, le différend qui est entre M. Claude et nous ne dépendant aucunement de ce fait, il n'est nullement besoin d'entrer dans cette discussion. Je veux que les Latins, pour combattre l'opiniâtreté de quelques Grecs, se soient servis de ces sortes de moyens ; et qu'ainsi le consentement que ces Grecs donnèrent à cet article de la procession du S.-Esprit ne fût pas tout à fait une marque de leur persuasion intérieure. Mais si la politique s'est mêlée en ce point, elle s'y est mêlée d'une manière qui n'a rien d'extraordinaire, et elle n'a pas étouffé tous les sentiments de la nature. Ces Grecs ne se sont point rendus sans combat et sans résistance : ils ont témoigné leur peine ; ils ont fait paraître qu'ils étaient d'un sentiment contraire aux Latins : les Latins ont bien vu et ont bien su ce que les Grecs tenaient touchant la procession du S.-Esprit, et les Grecs ne l'ont pas dissimulé.

Marc d'Éphèse déclara dès la troisième session que la cause du schisme était l'addition que les Latins avaient faite au Symbole du mot *Filioque*, pour marquer que le S.-Esprit procède du Fils ; et le cardinal Julien témoigne aux Grecs, à la fin des actes de la douzième session, que si l'on convenait sur la procession du S.-Esprit, il espérait que l'on tomberait facilement d'accord sur le reste. Il y eut depuis plusieurs conférences sur cet article : on se communiqua de part et d'autre plusieurs passages des Pères. Les Grecs s'assemblèrent en particulier, et se divisèrent entr'eux ; les uns embrassant le sentiment des Latins, et témoignant qu'ils étaient convaincus ; les autres demeurant opiniâtres, et faisant paraître une résolution inflexible de défendre leur sentiment. *Quoi! voulez-vous*, dit Dosithée, évêque de Monembase, dans les actes de la vingt-cinquième session, *qu'afin de re-*

tourner en notre pays aux dépens du pape, nous trahissions NOTRE DOGME ? *J'aime mieux mourir que d'embrasser les sentiments des Latins.* Marc d'Éphèse accuse ensuite les Latins d'être hérétiques ; les autres évêques les défendent. On ne convient pas tout d'un coup. Enfin à l'exception de Marc d'Éphèse, qui ne signa point, et peut-être de Syropulus, qui témoigne dans sa signature même qu'il rapporte, qu'il signait contre sa conscience, il n'y a pas de preuves bien convaincantes que les autres n'aient pas été persuadés de ce qu'ils signaient.

Mais qu'on suppose, si l'on veut, qu'un petit nombre de Grecs ait trahi sa conscience par faiblesse, par crainte, par intérêt, pour flatter et l'empereur et le pape : qu'est-ce que cela fait à la question dont il s'agit entre nous et M. Claude? S'ils l'ont trahie, ils l'ont trahie d'une manière humaine, et après avoir rendu à leur opinion les témoignages que les personnes faibles ne manquent guère d'y rendre. Voyons si nous trouverons qu'ils aient fait quelque chose de semblable en ce qui s'est fait sur la transsubstantiation, et s'il y a quelque marque qu'ils ne l'aient approuvée que par politique, et en trahissant leur conscience. Ce qui est certain d'abord est qu'aucun des Latins n'a soupçonné les Grecs de ne la pas tenir, et n'a cru que ce fût un des sujets de la contestation. Qu'on lise tous les actes du concile et toute l'histoire de Syropulus, on ne trouvera point que les Latins en aient jamais eu la moindre pensée. Ils se sont imaginés qu'ils n'avaient à traiter avec les Grecs que de la procession du S.-Esprit, des azymes, du purgatoire et de la primauté du pape, comme Syropulus le fait dire au cardinal Julien ; mais il n'y a aucune marque, ni aucun vestige qu'ils aient soupçonné les Grecs de ne pas croire la présence réelle et la transsubstantiation.

Cependant, s'il y a eu de la politique dans les Latins, elle n'a pas été certainement à dissimuler et à trahir leurs sentiments, et à vouloir ignorer ceux des Grecs. Il paraît par Syropulus même qu'ils avaient une étrange exactitude pour ne laisser aucune ambiguité touchant la foi ; et l'on peut voir par les questions qu'ils firent sur la procession du S.-Esprit, que cet auteur rapporte, qu'elle ne pouvait pas être plus grande. On voit aussi dans les actes du concile, qu'après qu'on fut convenu sur les articles insérés dans la définition, les Latins firent aux Grecs toutes les questions dont ils se purent aviser, sur toutes les choses où ils croyaient qu'il pouvait y avoir à redire dans leur discipline. *Ils nous demandèrent*, dit l'auteur des actes, *pourquoi nous joignons au pain du Seigneur des particules; pourquoi nous baissons la tête lorsque l'on porte les dons du petit autel au grand, avant qu'ils soient consacrés ; pourquoi nous versons de l'eau chaude dans le calice après la consécration ; pourquoi nous disons, lorsque le pain n'est pas encore le corps de Jésus-Christ, cette parole de l'Évangile : Un des soldats ouvrit son côté avec une lance, et il en sortit sur l'heure du sang et de l'eau ; pourquoi nous disons : L'étoile vint et s'arrêta au-dessus du lieu où était l'enfant ; pourquoi*
ce ne sont pas les évêques qui donnent l'onction sacrée, mais les prêtres, quoique ce soit une fonction pontificale ; pourquoi nous oignons les morts avant que de les ensevelir ; pourquoi les prêtres et les évêques ne se confessent pas avant de dire la messe. Pourquoi n'êtes-vous pas contents, nous dit-on encore, des paroles du Seigneur : Prenez et mangez, etc., *mais que vous ajoutez encore cette oraison : Faites ce pain le précieux corps de votre Christ, et ce vin*, etc., *en les changeant par votre S.-Esprit, amen, amen ?*

Enfin, rien n'échappait à la curiosité des Latins ; et les Grecs se trouvaient si importunés de leurs questions, que Syropulus témoigne que l'empereur faisait tout ce qu'il pouvait pour les chasser. « Il venait tous les jours, dit-il, de la cour du pape, des cardinaux trouver l'empereur, pour s'éclaircir sur les doutes qu'ils avaient, et pour lui proposer des questions (1). L'empereur eût bien désiré de les chasser, mais c'était en vain ; car ils en devenaient plus pressants et plus importuns, et l'on passait quelquefois cinq ou six jours à disputer sur chaque article, les Latins pressants, et l'empereur résistant. » Il est donc certain, et par les actes de ce concile, et par l'auteur même de M. Claude, que les Latins employèrent tout le soin qui leur fut possible pour découvrir les sentiments des Grecs, sur tous les points dans lesquels ils crurent qu'ils pouvaient avoir quelque opinion particulière. Et il est certain néanmoins qu'avec cette recherche si exacte ils n'ont jamais découvert que les Grecs ne crussent point la présence réelle et la transsubstantiation.

Mais s'ils n'eussent point tenu ces dogmes, était-il possible qu'un différend si important eût pu demeurer caché aux Latins ; qu'ils n'en eussent rien découvert pendant deux ans que dura ce concile, et qu'ils furent mêlés avec tous ces évêques et ces ecclésiastiques qui étaient venus avec l'empereur, et qui n'avaient

(1) Il y a dans le grec, τῶν Λατίνων ἀγωνιζομένων, καὶ τοῦ βασιλέως ἀνταγωνισομένου. Le traducteur Creigton a traduit exclusivement, *quanquàm nulli in eâ palæstrâ dimicarent præter Latinos et imperatorem.* Ce qui est faux par Syropulus même, qui témoigne plus bas que les évêques conseillers de l'empereur, c'est-à-dire Bessarion, évêque de Nicée, et Isidore, évêque de Kiovie, traitaient avec les Latins. C'est ainsi que ce traducteur envenime tout ; tantôt par malice, et tantôt par ignorance, comme il serait aisé d'en produire plusieurs exemples. En voici entre autres deux assez remarquables. Page 310, il y a dans le grec, συνελεύσεις εἰς τὸν πάπαν ἰδίᾳ ἐγίνοντο καὶ μυστικῶς, c'est-à-dire, il y avait des gens qui allaient trouver le pape en particulier et en secret. Creigton traduit : *Conventus privatum spiritum olebant, vel mysterium iniquitatis.* Et dans la page 300, pour expliquer ces paroles grecques, οὔτε ἐν τῷ ἁγιάσαι εὐλόγησε τά δωράθεῖσα ἢ μέγας πρῶτο συγκελλὸς οὔτε ἐν τῷ ἑνῶσαι, Creigton traduit ridiculement : *Cùm ad elementa pervenisset consecranda, mysteriis non benedixit, quemadmodum nec in aliis Liturgiis quas administravit in honorem celebratæ unionis :* au lieu qu'elles signifient simplement, que cet officier de l'église de Constantinople omit de faire la bénédiction en consacrant et en réunissant les espèces ; c'est-à-dire en mettant une partie du pain dans le calice, ou en mettant de l'eau dans le calice, qui est ce que les **Grecs** appellent ἑνῶσαι ἑνωσις.

point d'autre occupation que de conférer des dogmes de la religion?

M. Claude songe-t-il à ce qu'il dit quand il fait des suppositions si déraisonnables? Pense-t-il bien aux absurdités insupportables auxquelles il s'engage? Est-ce qu'il prétendra que les Grecs avaient fait un complot et une résolution fixe de cacher aux Latins leur sentiment sur ce point avant que de partir de Constantinople, et qu'ils exécutèrent ce dessein avec tant d'adresse, que de tant de Grecs, il n'y en eut aucun qui découvrit ce secret aux Latins? Mais pourquoi donc Syropulus ne nous avertit-il pas de cette conspiration? Pourquoi Marc d'Éphèse ne l'a-t-il pas découverte? Pourquoi auraient-ils persisté, après s'être déclarés contre le concile de Florence, dans ce même dessein de cacher leur doctrine et leur sentiment sur ce point? Pourquoi les Grecs convertis sincèrement, comme Bessarion, archevêque de Nicée, et Isidore, métropolitain de Kiovie, Joseph, évêque de Méthone, Gennadius, qui devaient avoir eu part à cet étrange dessein, n'en ont-ils point informé le public, pour couvrir de confusion les schismatiques?

Dira-t-il que ce fut par hasard que cela demeura inconnu aux Latins? Mais le moyen de s'imaginer que les Latins soient demeurés deux ans avec les Grecs, et qu'ils aient souvent conféré de questions qui portent naturellement à parler de la transsubstantiation, sans s'apercevoir qu'ils ne fussent pas d'accord sur le fond même du mystère? Le moyen de croire que Bessarion et tous les autres Grecs qui s'unirent avec l'Église romaine, et qui firent profession de la transsubstantiation d'une manière solennelle, et dans le concile et après le concile, n'eussent point averti les Latins qu'il y en avait parmi les Grecs qui ne la croyaient point? Le moyen de penser qu'étant animés justement contre Marc d'Éphèse et les autres ennemis de l'union, ils ne leur eussent pas reproché cette hérésie? Il est encore moins probable que les Grecs n'aient point connu l'opinion des Latins sur ce point, ayant été témoins deux fois de la procession du S.-Sacrement; une fois à Ferrare, et l'autre fois à Florence : ayant assisté eux-mêmes à la messe du pape, où ils virent l'adoration solennelle de l'Eucharistie, et où ils l'adorèrent eux-mêmes; ayant vu si souvent porter le S.-Sacrement dans les rues ; ayant conféré tant de fois avec les Latins sur des matières qui engageaient à en parler, comme sur les azymes et sur la forme de la consécration. Il n'y a donc pas de moyen, sans renoncer à la raison, de subsister dans cette hypothèse, que les Latins aient ignoré l'opinion des Grecs, ou que les Grecs aient ignoré celle des Latins. Or s'ils ont connu mutuellement leurs sentiments, il s'ensuit nécessairement qu'ils n'ont eu aucun différend sur la transsubstantiation et sur la présence réelle, et qu'ils ont été entièrement d'accord sur ces deux points. Car rien ne choque plus visiblement le sens commun que de dire que les Latins, qui étaient prêts de rompre sur les moindres clauses ambiguës que les Grecs voulaient insérer dans la procession du S.-Esprit, eussent voulu s'unir avec des gens qu'ils auraient su être bérengariens et ne pas croire un point de foi si établi dans tout l'Occident : et rien n'est plus contraire à ce que Syropulus même nous représente de leur esprit, de leur fermeté qu'il appelle opiniâtreté, de leur attachement à toutes leurs opinions, de leur curiosité insatiable, de leurs contestations perpétuelles.

Il n'est pas moins contre la raison de supposer que les Grecs, croyant que les Latins étaient dans l'erreur sur ces deux articles, eussent voulu signer l'union, et qu'il n'eussent point témoigné dans le concile combien il détestaient ces opinions. La politique ne peut point étouffer les sentiments jusqu'à ce point : elle ne peut pas ainsi imposer silence à tous les mouvements de la conscience, et à toutes les lumières de l'esprit. Il n'y a point de concile qui en puisse mieux servir d'exemple que celui-là ; puisqu'il y fallut donner tant de combats pour faire rendre les Grecs aux conditions si raisonnables et si justes auxquelles l'accord fut conclu sur la procession du S.-Esprit.

Mais ce prétexte même de politique, tout ridicule qu'il est, est absolument détruit par la manière dont les choses se sont passées. Et ce qui doit donner plus de confusion à M. Claude que tout le reste, est que personne ne le détruit davantage que le témoin même qu'il produit. Car si c'est par politique que les Grecs ne se sont point élevés contre la transsubstantiation, par quelle politique Syropulus nous a-t-il voulu cacher ce mystère? Pourquoi, nous découvrant toute les faiblesses de ceux de sa nation, n'a-t-il pas dit un mot de celle qui devait être le principal sujet de son Histoire et de son zèle? Pourquoi n'attaque-t-il point l'union par cet endroit si plausible? Pourquoi ne se sert-il pas de ce prétexte pour justifier sa révolte contre Métrophanes? Pourquoi ne blâme-t-il point les cérémonies des Latins? Pourquoi n'a-t-il point détesté, dans son Histoire, l'adoration de l'hostie et la fête du S.-Sacrement, dont il a été témoin ? Pourquoi n'a-t-il point déploré le sacrilége de ceux de sa nation qui assistèrent à la messe du pape avec la même révérence que les Latins ; c'est-à-dire qui y adorèrent l'Eucharistie, comme il est expressément marqué dans la relation qu'André de Sainte-Croix a faite de ce concile? *Adoraveruntque, missam Romanæ Ecclesiæ more Pontifice celebrante.* Toutes les couleurs, tous les prétextes, tous les subterfuges manquent donc à M. Claude ; politique, ignorance, complot, dessein de se cacher, tout cela est contre le sens commun ; et il faut qu'il avoue malgré lui, qu'à l'égard de la transsubstantiation et de la présence réelle, les Grecs ont agi et sans politique, et sans ignorance. Ils ont connu les sentiments des Latins, comme les Latins ont connu ceux des Grecs. Les Latins n'ont point combattu les sentiments des Grecs : ils les ont donc jugés orthodoxes. Les Grecs n'ont point combattu ceux des Latins : ils en ont donc fait le même jugement; et ne se pouvant tromper dans le fait, ils convenaient dans le droit.

Mais peut-être que M. Claude demandera qu'on lui fasse voir que les Grecs aient approuvé positivement la transsubstantiation, et qu'il traitera tout ce que nous avons dit jusqu'ici de preuve négative. Pour moi, je ne raisonne pas de la sorte. Je ne regarde point si les preuves sont négatives ou affirmatives, mais si elles sont claires, concluantes, convaincantes et sans repartie : et je lui soutiens que celle-là l'est à l'égard de toutes les personnes raisonnables. Il est pourtant aisé de le contenter sur ce point, en lui faisant voir la transsubstantiation positivement approuvée par les Grecs qui ont assisté au concile de Florence.

Je lui permets, s'il veut, d'appeler encore preuve négative l'argument que l'on peut tirer de ce que Marc d'Éphèse, cet opiniâtre défenseur des opinions de l'église grecque, écrivit au pape, comme le témoigne Syropulus ; *qu'il était facile de conclure l'accord des églises à ces deux conditions : Que l'on retrancherait l'addition faite au Symbole, et que l'on défendrait de sacrifier avec du pain sans levain*, pourvu qu'il avoue que cela fait voir manifestement que Marc d'Éphèse ne croyait pas que les Latins fussent dans l'erreur touchant la transsubstantiation et la présence réelle. Mais voici des preuves plus positives. Les Latins et les Grecs étant convenus sur l'article de la procession du S.-Esprit, on traita le neuvième jour de juin des autres différends. Et sur ce que les Latins demandèrent aux Grecs pourquoi après les paroles de la consécration ils ajoutaient encore cette prière : *Faites ce pain le précieux corps de votre Christ, et ce qui est dans le calice son précieux sang, en les changeant par votre S.-Esprit*, les Grecs satisfirent à cette objection en cette sorte : *Fateri nos dicimus, per hæc verba transsubstantiari sacrum panem, et fieri corpus Christi* : c'est-à-dire : *Nous demeurons d'accord que c'est par les paroles évangéliques que le pain sacré est changé et fait le corps de Jésus-Christ.* Je sais bien qu'il y a dans le Grec, τελειοῦσθαι τὸν θεῖον ἄρτον καὶ γίνεσθαι σῶμα Χριστοῦ, c'est-à-dire, mot à mot, *que le pain divin est rendu parfait, est parfaitement consacré, et devient le corps de Jésus-Christ.* Mais je dis, qu'étant certain que les Latins à qui on faisait cette réponse l'ont prise comme un aveu de la transsubstantiation, et ont conçu que le pain devenait réellement le corps de Jésus-Christ, il est sans apparence que les Grecs l'aient entendue en un autre sens, et qu'il est ridicule de prétendre qu'il y eût une équivoque effroyable entre les Latins et les Grecs ; les uns entendant un changement de substance, et les autres un changement de vertu, sans que personne ait aperçu ni démêlé cette équivoque. Si les Grecs n'avaient pas pris ces paroles au sens des Latins, Syropulus devait donc avoir averti ses lecteurs que l'on se moqua des Latins par une équivoque. Marc d'Éphèse devait avoir fait la même remarque. Ils devaient accuser ces entremetteurs, qui furent les archevêques de Nicée et de Kiovie, de Trébisonde et de Mytilène, de prévarication ou de fourberie. Mais ils ne font rien moins que cela. Syropulus se plaint bien dans son Histoire de ce qu'ils semblaient avoir reconnu que la consécration se faisait par les paroles sacramentelles tirées de l'Évangile ; mais il ne se plaint point qu'ils aient reconnu incidemment la transsubstantiation ; et nous verrons que Marc d'Éphèse, bien loin de former cette plainte, reconnaît lui-même cette doctrine.

André de Sainte-Croix rapporte encore cet aveu que Bessarion fit de la transsubstantiation au nom des Grecs, d'une manière plus précise, plus distincte et plus circonstanciée : et comme il y était présent, il ne mérite pas moins de créance que tous les autres historiens de ce concile. Voici les paroles qu'il attribue à Bessarion : *Nous avons appris que ce sont les paroles du Seigneur qui changent et transsubstantient le pain au corps de Jésus-Christ, et le vin en son sang ; et que ces divines paroles ont toute la force de la transsubstantiation* (1). Mais il ne faut point d'autre preuve de l'aveu que les Grecs ont fait dans le concile de Florence de la transsubstantiation, que les paroles mêmes de la définition qui fut signée par tous les évêques, tant latins que grecs, à l'exception de Marc d'Éphèse ; puisqu'il y est dit expressément *que le corps de Jésus-Christ est vraiment fait aussi bien avec du pain sans levain qu'avec du pain levé : In azymo, sive fermentato pane tritico corpus Christi veraciter confici.* Car on ne peut douter que tous les évêques latins n'aient entendu par ces paroles, que le pain levé et le pain azyme étaient tellement transsubstantiés et changés au vrai corps de Jésus-Christ, et que ce ne soit là le sens de ces mots, *in azymo, sive fermentato corpus Christi veraciter confici.* Et l'on ne peut nier par conséquent que les Grecs ne les aient entendus au même sens, à moins que l'on ne veuille prétendre que les mêmes termes ont été entendus en un sens par une partie des évêques, et dans un sens tout contraire par les autres, sans qu'il ait paru aucune marque de cette diversité de sens et d'explication, et sans que personne l'ait remarquée. Et partant voilà la transsubstantiation établie par le consentement et des Grecs et des Latins, dans la définition même du concile de Florence.

CHAPITRE III.

Vingt-deuxième preuve, *tirée de ce qui a suivi le concile de Florence, qui montre encore plus l'union des Grecs avec les Latins dans la doctrine de la présence réelle et de la transsubstantiation.*

Il n'est pas difficile de prévoir les réponses que M. Claude pourra faire sur ce dernier article : le caractère de son esprit et l'usage qu'il a déjà fait de Syropulus, donnent droit de les prévenir, sans qu'il puisse alléguer qu'on les devine témérairement. Il dira donc que ces quatre derniers articles, où les Grecs reconnaissent incidemment la transsubstantiation, furent légèrement examinés ; que Bessarion parla sans aveu et sans l'ordre des autres évêques grecs ;

(1) Nos audivimus verba dominica esse quæ mutant et transsubstantiant panem illum in corpus Christi, et vinum in sanguinem : et quòd divina illa verba Salvatoris omnem virtutem transsubstantiationis habent.

que le décret d'union fut signé par force et sans examen; que la plupart ne savaient pas ce qu'il contenait. Ce sont les discours de Syropulus, c'est-à-dire d'un schismatique emporté, dont il voudra faire des oracles. Mais ce n'est pas ma coutume de m'arrêter à disputer des faits nécessaires : je lui réplique en un mot qu'en donnant à ces oracles tout le poids et toute l'autorité qu'il voudra, ils ne peuvent servir qu'à le condamner, et à faire voir davantage que jamais les Grecs n'eurent le moindre doute sur la transsubstantiation.

M. Claude s'imagine affaiblir ce qui fut fait à Florence à l'égard de cette doctrine, en disant que *l'accord ne dura qu'autant que dura le voyage des Grecs; c'est-à-dire jusqu'à ce qu'ils furent de retour en leur pays*. Mais outre qu'il ne parle pas assez exactement, y ayant eu, depuis le retour des Grecs, trois patriarches de Constantinople qui soutinrent fortement l'union, il fait voir de plus par là que la passion de soutenir son opinion l'empêche d'apercevoir les conséquences justes et naturelles que le bon sens fait tirer des choses. Car tout ce que nous avons rapporté de l'approbation que les Grecs firent de la transsubstantiation, aurait infiniment moins de force, si cet accord avait subsisté. On dirait que l'intérêt et la politique ayant fait consentir les Grecs à recevoir cette doctrine, la crainte ensuite les aurait empêchés de la condamner, et qu'ils s'y seraient insensiblement accoutumés, n'ayant pas osé la rejeter d'abord à cause du mauvais état de leurs affaires. Ainsi, afin que l'on vit mieux leur véritable sentiment sur ce sujet, il était utile que cet accord fût troublé ; que leur passion fût en liberté d'agir et d'éclater ; qu'ils tâchassent de ruiner tout ce qu'ils avaient signé à Florence ; qu'ils attaquassent l'union en toutes les manières possibles ; qu'ils marquassent tout ce qu'ils y trouvaient à redire ; qu'ils chargeassent de reproches et de calomnies, et les Latins avec qui ils avaient traité, et les Grecs qui avaient consenti à l'union ; que leur haine et leur rage se produisît tout entière sans déguisement et sans contrainte. S'ils avaient donc été véritablement blessés de l'approbation donnée à la transsubstantiation dans le concile de Florence ; s'ils avaient été scandalisés de la doctrine des Latins sur ce sujet; si Bessarion avait parlé sans leur aveu et contre leur sentiment sur ce point ; si l'on avait établi et reconnu dans ce concile une doctrine contraire à celle de l'église grecque, c'est ce qui a dû paraître d'abord dans les écrits qu'ont faits contre le concile, et dans les assemblées où ils l'ont rejeté ; c'est par où ils ont dû faire soulever les peuples contre l'union et contre ceux qui l'avaient faite ; c'est sur quoi ils ont dû couvrir Bessarion de confusion ; c'est ce qu'ils ont dû désavouer formellement ; c'est la surprise dont ils ont dû faire de plus grandes plaintes : ce doit être le sujet des déclamations du *grand ecclésiarque* Syropulus, et des invectives de Marc d'Éphèse et de tous les auteurs grecs qui ont écrit contre le concile.

D'où vient donc que M. Claude n'en allègue rien? En vérité ce n'est pas juger témérairement que de conclure que c'est qu'il n'a rien à alléguer. Il n'a pas accoutumé de négliger ainsi ses avantages. Mais sans avoir recours à des préjugés, je lui soutiens positivement qu'il n'y a rien de tout cela ni dans Syropulus, ni dans Marc d'Éphèse, ni dans aucun autre auteur qui ait écrit contre le concile de Florence ; et je ne lui demande pas permission d'en conclure que c'est le plus grand et le plus authentique témoignage qu'on puisse s'imaginer pour cette doctrine; c'est la raison qui tire cette conséquence malgré qu'il en ait. Car est-il possible de prouver d'une manière plus convaincante que cette doctrine était reconnue généralement et sans contradiction par toute l'Église grecque, qu'en faisant voir que les auteurs les plus schismatiques, les plus envenimés contre les Latins et contre les autres Grecs approbateurs de l'union, les mieux informés de l'opinion des Latins, écrivant à dessein contre l'Église latine et contre ceux qui s'étaient unis à elle, étant dans la nécessité de se défendre eux-mêmes du reproche de schisme, et traitant des sujets qui les portaient naturellement à parler de la transsubstantiation et de la présence réelle, après que l'on eut engagé toute l'église grecque à approuver cette doctrine, ne se sont jamais avisés d'en faire aucun reproche ni aux Latins ni aux Grecs.

Les Grecs appelèrent azymites ceux qui avaient consenti à l'union ; mais ils ne les appelaient point *transsubstantiateurs*. Ils leur reprochèrent d'avoir admis que le sacrifice se pût faire avec du pain sans levain ; mais ils ne leur reprochèrent point qu'ils eussent admis que le pain pût être changé réellement au corps de Jésus-Christ. Ils leur reprochèrent d'avoir dit que les paroles évangéliques opéraient seules l'effet de la consécration ; mais ils ne leur reprochèrent point d'avoir admis qu'elles eussent pour effet de convertir le pain au corps même de Jésus-Christ. Bien loin de leur faire ces reproches, ils rendent eux-mêmes témoignage à la présence réelle et à la transsubstantiation, en combattant les auteurs de l'union ; et ceux qui l'ont défendue rendent aussi témoignage à cette même vérité, comme n'étant point contestée ; de sorte qu'elle se trouve établie par le consentement mutuel des schismatiques et des catholiques, des ennemis et des défenseurs du concile de Florence.

Marc d'Éphèse commence ainsi le traité qu'il a fait pour montrer qu'il est nécessaire de joindre les prières du prêtre aux paroles du Seigneur : « Nous qui avons reçu l'explication de la Liturgie mystique des saints apôtres et des docteurs de l'Église, leurs successeurs, nous n'avons trouvé dans aucun d'eux que le don de l'Eucharistie soit consacré, accompli et changé au corps même et au sang du Seigneur par les seules paroles de Jésus-Christ ; mais nous y trouvons que ces paroles, qui se prononcent d'un commun consentement par tout le monde, nous remettent dans la mémoire ce qui s'est fait dans l'institution de ce mystère, et qu'elles communiquent aux dons qui sont sur l'autel, une certaine puissance pour être changés ; mais que c'est l'oraison et la bénédiction du prêtre, qui suit dans l'ordre de la Liturgie, QUI CHANGE EFFECTIVEMENT LES DONS AU CORPS ET AU SANG MÊME DU SEIGNEUR, qui est l'original représenté dans ces dons. » REIPSA *transmutare jam dona in ipsum prototypum illud corpus et sanguinem dominicum.* Tout le reste de son écrit roule sur les mêmes principes, et ne tend qu'à prouver que ce sont les prières du prêtre qui sont opératives; qu'avant ces prières les dons sont encore antitypes, c'est-à-dire figures; mais qu'après ces prières ils ne le sont plus.

C'est Marc d'Éphèse qui parle; c'est-à-dire, le plus opiniâtre ennemi de l'Église latine qui fût alors. C'est ce Marc d'Éphèse qui ne voulut point signer l'acte d'union; qui fit révolter toute la ville de Constantinople contre l'accord; qui déchira les Latins et les Grecs qui s'étaient unis à eux, par toutes les calomnies et les outrages dont il se put aviser; qui les a toujours traités d'hérétiques dans le concile, et après le concile. C'est ce Marc d'Éphèse qui porta le schisme jusque dans le tombeau, et qui défendit expressément que ceux qui avaient signé l'union assistassent à ses funérailles; et c'est lui néanmoins qui rend un témoignage si illustre à la transsubstantiation. Il combat l'Église latine dont il savait les sentiments et dont il entendait le langage sur les paroles de la consécration; mais il approuve formellement sa doctrine sur la transsubstantiation, et il l'exprime en des termes qu'il savait bien devoir être pris en ce sens par les Grecs catholiques contre lesquels il écrit.

Aussi le cardinal Bessarion, qui a répondu à toutes les raisons de ce traité de Marc d'Éphèse, dans un écrit qu'il a fait sur cette matière, ne l'a pas entendu autrement. Il réfute Marc d'Éphèse sur l'opinion par laquelle il attribuait l'effet de la consécration aux prières du prêtre : mais il ne témoigne en aucune sorte que Marc d'Éphèse et les Grecs ne convinssent pas avec l'Église latine dans le dogme de la transsubstantiation. Il exprime lui-même cette doctrine en toutes les manières dont on la peut exprimer; mais toujours comme un dogme non contesté. Il dit que la VÉRITÉ DU CORPS ET DU SANG DE JÉSUS-CHRIST *est contenue sous les espèces du pain et du vin;* LA SUBSTANCE *du pain et du vin* ÉTANT CHANGÉE *en ce corps et en ce sang.* Il dit que *ceux qui communient indignement reçoivent* LE VRAI CORPS *de Jésus-Christ, mais qu'il ne reçoivent pas l'effet du sacrement.* Il dit que *le corps qui est consacré et formé dans ce mystère, est* LE MÊME CORPS *qui a été conçu de la bienheureuse Vierge par l'opération du Saint-Esprit.* Il dit que LA TRANSSUBSTANTIATION DU PAIN ET DU VIN *au corps et au sang de Jésus-Christ, qui se fait en un instant, surpasse tout esprit humain.* Il dit que *la substance du pain et du vin demeure dans sa nature jusqu'à ce que les paroles de la consécration soient prononcées; mais qu'au dernier instant de ces paroles la consécration se fait,* LA TRANSSUBSTANTIATION S'ACHÈVE, *le sacrement est consommé.* Enfin, il faudrait presque transcrire tout ce traité pour rapporter tous les passages où il exprime son sentiment sur la présence réelle et la transsubstantiation.

M. Claude nous dira sans doute que ce serait fort inutilement : qu'il ne doute point du sentiment de Bessarion; qu'il parle en transsubstantiateur; mais qu'il ne faut pas s'en étonner, puisque c'est un cardinal de l'Église romaine qui parle. Il est vrai que c'est un cardinal qui parle; mais c'est aussi un des principaux et des plus savants archevêques de l'église grecque, et des plus instruits de ses sentiments. C'est un archevêque qui a toujours parlé de la même sorte sur ce mystère, et dans le concile, et après le concile. C'est un archevêque qui ne pouvait ignorer le sentiment des Grecs, parmi lesquels il avait été nourri, et qui suppose par tout ce traité qu'il n'a aucun différend avec Marc d'Éphèse sur l'effet de la consécration, mais seulement sur les paroles qui l'opèrent. C'est un Grec réconcilié avec l'Église romaine qui écrit contre son ennemi particulier, avec lequel il avait eu souvent prise dans le concile, et qui l'avait déchiré outrageusement après le concile. Toutes sortes de raisons l'obligeaient donc à découvrir l'erreur de Marc d'Éphèse sur la présence réelle et la transsubstantiation. Il ne le fait point : il ne l'en a donc point cru coupable. Il prend ses paroles dans le même sens qu'il les prenait lui-même, c'est-à-dire, dans le sens de la transsubstantiation. Il les y faut donc prendre. Il suppose que Marc d'Éphèse croyait que les prières du prêtre produisaient l'effet qu'il soutient devoir être uniquement attribué aux paroles du Seigneur. Il ne l'accuse point d'avoir détruit cet effet, mais de l'avoir attribué à ces prières. Il n'y a donc pas lieu de l'en accuser; car il connaissait sans doute mieux les sentiments de Marc d'Éphèse que M. Claude. Et comme il paraît manifestement qu'il n'y a point eu de contestation entre Bessarion et Marc d'Éphèse sur l'effet de la consécration, c'est-à-dire sur la transsubstantiation, il est clair aussi que le témoignage de Bessarion ne doit pas être considéré comme la simple opinion d'un cardinal de l'Église romaine, mais comme la voix de l'église grecque.

L'on peut faire la même réflexion sur ce que l'on lit aussi dans d'autres écrits de Marc d'Éphèse, faits contre le concile de Florence, et dans les réponses de ceux qui l'ont réfuté touchant la transsubstantiation. Marc d'Éphèse, dans une lettre écrite à tous les chrétiens de la terre, *omnibus ubique terrarum degentibus christianis,* accuse les Grecs qui avaient consenti à l'union, d'avoir fait un mélange monstrueux et incompatible de la vérité et de l'erreur, et leur donne pour cela le nom d'*hyppocentaures.* En appliquant cela aux azymes, il dit que les Grecs avaient confessé avec les Latins que les azymes étaient le corps de Jésus-Christ, et que cependant ils n'osaient communier avec les azymes : ce qu'il dit parce que l'église grecque avait conservé sa coutume de sacrifier avec du pain levé. Il reproche donc à ces Grecs, non de dire avec les Latins que le pain consacré est le corps de Jésus-Christ ; mais de dire que le pain sans levain peut être matière du sacrement. Et celui qui lui répond, qui est Grégoire, ne reproche pas à Marc d'Éphèse qu'il ne croit en aucune sorte que le pain soit le corps de Jésus-Christ ; mais il lui prouve que le pain sans levain peut aussi bien être changé au corps de Jésus-Christ que le pain levé. *Il ne faut pas croire*, dit-il, *que quoiqu'on n'ait pas mêlé dans la pâte un petit morceau de levain, tout le reste soit inutile, et surtout que les paroles du Seigneur soient sans effet, lesquelles* CHANGENT LE PAIN ET LE VIN MÊLÉ D'EAU EN SON CORPS ET EN SON SANG. Et sur ce que Marc d'Éphèse avait objecté qu'en approuvant les azymes on avait introduit deux sacrifices dans l'Église, Grégoire répond que ce n'est qu'un même sacrifice, *parce que c'était toujours la même matière, qui est le pain de froment et le vin mêlé d'eau, sur lesquels Jésus-Christ avait prononcé : C'est mon corps, c'est mon sang ; et que cette matière était toujours faite son corps par la vertu de* CELUI QUI LA CHANGE : *Fitque materia hæc corpus ipsius, virtute ejus qui hæc transmutat.*

Jean Plusiadène, auteur grec, qui avait fait un dialogue touchant le concile de Florence, où il introduit un Grec schismatique qui dispute avec un catholique de tous les points contestés, marque si précisément l'opinion des Grecs et des Latins, et leur accord dans la transsubstantiation, qu'il faut renoncer au sens commun pour en douter. Le Grec schismatique propose son doute en ces termes : « Le décret d'union, dit-il, assure qu'il ne faut point douter que le corps de Jésus-Christ ne se fasse, tant avec du pain levé qu'avec du pain azyme, et que l'un et l'autre ne sont que la même chose. Or cette décision trouble mon esprit : car comment peut-on dire que l'un et l'autre sacrifice soient une même chose, puisque l'un se fait avec du pain azyme, et l'autre avec du pain levé ? Il ajoute un peu après que quoique le pain sans levain soit du pain, néanmoins c'est un pain imparfait, et qu'il n'y a que le pain levé qui soit parfaitement pain : qu'ainsi il faut *faire le corps de Jésus-Christ* du pain parfait, et non du pain imparfait. » Le catholique réplique : « Si les accidents du pain étaient changés au corps de Jésus-Christ, votre raisonnement serait juste ; mais n'y ayant que *la substance qui soit changée au corps du Seigneur*, et non les espèces, vous vous trompez vous-même par ces vains raisonnements. Car le Seigneur ne change pas les espèces ou les accidents ; mais *il change*, par la vertu de ses paroles, *la substance même* qui est ce qui nourrit dans le pain, *en son propre corps*, non seulement dans le pain levé, mais aussi dans les azymes. »

M. Claude ne dira pas au moins, que ce Grec catholique n'exprime pas bien la doctrine des catholiques. Voyons donc ce que le schismatique y répondra. « J'avoue, dit-il, et je ne contredis pas que *la substance du pain ne soit changée au corps du Seigneur :* mais la substance du pain levé ayant plus de force que celle du pain azyme, il faut choisir plutôt le pain levé que le pain azyme. » Le catholique répond : « En suivant ce que vous dites, il faudra attribuer de l'impuissance aux paroles du Seigneur, puisqu'elles ne pourront avoir leur effet si le pain n'est levé : et ainsi la qualité de la matière aura plus de force que la parole de Dieu, qui change toutes choses. Or qui aura la hardiesse de dire que la parole du Seigneur, qui affermit le ciel et la terre, fasse voir sa force dans toutes les autres choses, mais qu'elle ne puisse rien sur du pain azyme ? A-t-on jamais ouï parler d'un plus horrible blasphème ?.. Ce sont les paroles du Seigneur *qui changent l'un et l'autre* (c'est-à-dire le pain levé et le pain azyme) *en son corps et en son sang ;* et c'est ce que doivent croire, sans hésiter, tous ceux qui ont quelque soin de leur salut. »

Gennadius Scholarius, dans le livre qu'il a fait pour la défense des cinq articles du concile de Florence, en soutenant ce que le concile avait décidé touchant les azymes, fonde sa doctrine sur celle de la présence réelle et de la transsubstantiation. « Nous, dit-il, qui ne voulons pas diviser Jésus-Christ, qui est un, en appelant l'un Grec et l'autre Latin, nous ne disons point qu'il y ait un double sacrifice, en divisant en deux le corps de Jésus-Christ, et appelant l'un azyme et l'autre pain levé : mais nous confessons et nous enseignons que l'un et l'autre EST LE CORPS DE JÉSUS-CHRIST, croyant que c'est toujours le même, quoiqu'il soit fait en diverses manières. Dans la section quatrième il dit que nos mystères ne sont pas la figure, mais la vérité même. L'apparence extérieure en est différente de ce que l'on y conçoit par cette apparence : car dans le pain visible, LE VRAI CORPS DE JÉSUS-CHRIST EST CONTENU, lequel n'est vu que par les anges qui l'adorent. Dans la section cinquième il dit que ce sont les paroles du Seigneur QUI CHANGENT LE PAIN ET LE VIN MÊLÉ D'EAU EN SON CORPS ET EN SON SANG. Et à la fin de cette section : Si donc cette parole CHANGE les dons proposés AU CORPS ET AU SANG DE CHRIST, et opère les redoutables mystères, il serait bien étrange qu'elle n'eût point d'effet lorsqu'il y manquerait un peu de levain. »

Je ne m'arrête pas ici à réfuter toutes les chicanes de Rivet et de Creigton contre ces auteurs qui ont écrit pour le concile de Florence : on les peut voir dans le livre d'Allatius *de Perp. consens.* et dans ses Exercitations contre Creigton, où il fait voir qu'ils sont aussi mauvais critiques que mauvais théologiens. Il me suffit que ces écrits aient été faits par des Grecs du temps du concile de Florence, et c'est de quoi l'on ne peut raisonnablement douter. Mais on peut faire en passant trois remarques sur ces passages, et sur les autres semblables que l'on peut alléguer des autres Grecs de ce temps-là, catholiques ou schismatiques.

La première est que ces auteurs déclarant très-formellement et très-clairement leur sentiment sur la présence réelle et la transsubstantiation, ne le font néanmoins jamais à dessein, mais seulement par rencontre, et en traitant d'autres questions. Ils ne proposent point la transsubstantiation comme un dogme qu'ils veulent défendre, parce qu'il n'était point attaqué ; mais ils expriment en passant, parce que la matière les conduisait à en parler, et qu'ils ne pouvaient faire connaître leur sentiment sur d'autres points sans découvrir ce qu'ils croyaient de ce mystère. Et cette manière d'établir la transsubstantiation est infiniment plus forte que s'ils en avaient fait des traités entiers; puisqu'elle fait voir que cette doctrine n'avait pas même besoin d'être prouvée, comme étant reconnue généralement de tout le monde. La seconde remarque, qui est une suite de la première, est que nul de ces auteurs qui parlent le plus fortement pour la présence réelle et la transsubstantiation, ne fait paraître qu'il eût aucun soupçon que ces dogmes fussent révoqués en doute par quelques Grecs. Ce qui fait bien voir qu'il n'y avait en effet aucune dispute sur ce point parmi les Grecs; et qu'ainsi chacun de ces auteurs peut passer pour un témoin irréprochable du sentiment de toute l'église grecque. La troisième est que quoique les mots de *changement* et de *conversion*, et les autres dont ils se servent pour exprimer la transsubstantiation, soient d'eux-mêmes déterminés à ne signifier, dans cette application, qu'un changement réel et substantiel, néanmoins toutes les chicanes dont les calvinistes se servent à l'égard des passages des anciens Pères, n'ont aucun lieu à l'égard des auteurs nouveaux. Car comme les Grecs schismatiques savaient de quelle sorte les catholiques prenaient les termes de *changement* et de *conversion*, ils n'auraient pas manqué de les éviter s'ils n'avaient entendu la même chose; et si les Grecs catholiques avaient cru qu'il y eût des Grecs qui n'entendissent par ces termes qu'un changement de vertu, ils y auraient ajouté d'autres mots pour les déterminer. Ainsi, quand on voit dans les uns et dans les autres le même langage, et qu'ils assurent également que le pain et le vin sont changés au corps et au sang de Jésus-Christ; comme il est certain que les catholiques prenaient ces termes dans le sens littéral, il est certain aussi qu'ils étaient pris au même sens par les schismatiques.

Outre cette guerre, qui se fit avec la plume entre les Grecs schismatiques et catholiques, dans laquelle on voit la transsubstantiation unanimement établie de part et d'autre, il s'en fit une autre plus réelle par des proscriptions et des dépositions d'évêques, les plus forts ayant voulu faire recevoir leur sentiment par la force à ceux qui étaient de contraire avis; et cette seconde guerre ne montre pas moins que l'autre la parfaite union de tous les Grecs dans cette doctrine. Métrophane, approbateur du concile de Florence, ayant été élu patriarche au retour de l'empereur, sans s'étonner du soulèvement de divers particuliers, entreprit de faire recevoir le concile de Florence par tout son patriarchat. Il punit les désobéissants; il en chassa quelques-uns de leurs évêchés, et en substitua d'autres en leur place, qu'il choisissait entre ceux qui lui étaient soumis. Ce procédé irrita les autres patriarches et évêques encore plus que l'union : de sorte que Philothée, patriarche d'Alexandrie, Dorothée, patriarche d'Antioche, et Joachim, patriarche de Jérusalem, s'étant assemblés en un synode qu'ils tinrent à Jérusalem, prononcèrent une sentence de déposition et d'excommunication contre Métrophane et contre les évêques qu'il avait créés, lesquels ils appellent par mépris, *metropolitellos episcopillos*, μητροπολίδια ἐπισκοπίδια. Ils menacèrent même l'empereur de l'excommunier, s'il continuait de protéger Métrophane et d'adhérer aux Latins. C'était là le temps, ou jamais, de reprocher à ceux qui avaient consenti à l'union, la transsubstantiation qu'ils avaient approuvée dans le concile de Florence, puisqu'il s'agissait de justifier une entreprise si insolente et si hardie contre un patriarche et un empereur. Cependant ils ne font rien moins que cela. Ils apportent uniquement pour raison de leur sentence l'approbation que le concile de Florence avait faite de l'addition au Symbole, qu'il avait déterminé que le S.-Esprit procédait du Fils, et qu'il avait permis de célébrer le sacrifice avec des azymes : *Concessitque azyma apud nos quoque in sacrificium offerre.*

Je pense que M. Claude reconnaîtra présentement qu'il n'avait pas raison de traiter avec tant de mépris cet argument que l'on a tiré du concile de Florence, pour faire voir que les Grecs tenaient en ce temps-là la présence réelle et la transsubstantiation, et qu'il eût bien fait de s'y arrêter un peu davantage, s'il avait eu quelque chose à nous dire sur ce sujet. Je lui avoue de bon cœur qu'il ne m'est pas possible de le deviner; si ce n'est que ce soit quelque raisonnement semblable à celui qu'il emploie en passant, qui est que, *si, en vertu de la réunion, les Grecs semblent avoir souffert tacitement la transsubstantiation des Latins, les Latins de même ont tacitement souffert le stercoranisme des Grecs : et l'on n'a pas*, dit-il, *plus de droit d'en conclure que les Grecs sont transsubstantiateurs, que j'en aurais d'assurer que les Latins sont stercoranistes :* car pour des raisonnements de cette sorte, il est vrai qu'il n'en peut jamais manquer. Il n'a qu'à écrire au hasard tout ce qui lui viendra dans sa fantaisie sans aucun discernement; et il est difficile qu'il écrive rien de moins raisonnable que ce qu'il dit en ce lieu. Ce stercoranisme des Grecs, qu'il compare si mal à propos avec la transsubstantiation des Latins, est une pure chimère. Il n'a nul fondement solide, principalement à l'égard du commun des Grecs. Humbert en avait accusé, il y a plus de six cents ans, Nicétas par une conséquence mal fondée, qu'il tire d'une opinion qui ne lui en donnait aucun sujet, comme nous l'avons montré : mais il n'en paraît aucun vestige ni aucun signe dans tous les écrits des Grecs; et tant s'en faut qu'il y en paraisse, que le contraire s'y trouve, parce qu'ils ont tous pris pour règle de leur sentiment sur l'Eucharistie S. Jean de Damas, qui condamne formellement cette erreur.

Les Latins n'ont donc eu aucun sujet de soupçonner les Grecs de stercoranisme; et s'ils les en eussent soupçonnés, ils se seraient éclaircis de leur sentiment, et ils les auraient obligés de l'abandonner. Mais il n'est nullement douteux ni incertain si les Latins tenaient la transsubstantiation; et il n'est point douteux non plus que cette opinion ne fût connue aux Grecs. Enfin les Grecs ne l'ont point soufferte tacitement ; mais ils l'ont solennellement approuvée, et ils l'ont enseignée aussi formellement que les Latins. De sorte que le raisonnement de M. Claude est fondé sur cette étrange maxime : Si l'on peut conclure que les Grecs ont approuvé la doctrine de la transsubstantiation, parce qu'il est certain que les Latins la tenaient ; parce que les Grecs ne l'ont pu ignorer ; parce qu'ils l'ont signée dans la définition du concile, parce qu'ils l'ont enseignée eux-mêmes durant et après le concile, on pourra de même conclure que les Latins ont approuvé le stercoranisme des Grecs, quoiqu'il soit très-faux et très-improbable que les Grecs aient tenu cette erreur ; quoique les Latins l'aient absolument ignoré, quoiqu'il n'en ait point été parlé dans ce concile, et qu'il n'y ait eu aucun lieu d'en parler. J'aimerais tout autant dire que s'il est permis de dire vrai, il est permis de dire faux ; que s'il est permis de tirer des conséquences justes, nécessaires, indubitables, il est permis d'en tirer de ridicules et d'impertinentes ; et enfin que s'il est permis de bien raisonner, il est aussi permis de mal raisonner.

CHAPITRE IV.

Vingt-troisième preuve *de l'union des Grecs avec les Latins sur les dogmes de la Transsubstantiation et de la présence réelle au seizième siècle, par la dispute entre les luthériens et Jérémie, patriarche de Constantinople.*

Le seizième siècle ne sera pas moins heureux que les autres à nous fournir des preuves du consentement de l'église grecque avec l'Église latine sur le mystère de l'Eucharistie ; et celles qu'il nous présente ont cet avantage, qu'elles ne font pas seulement voir clairement la foi des Grecs, mais qu'elles nous découvrent encore la mauvaise foi des calvinistes, et l'excès de la hardiesse avec laquelle ils tâchent de tirer à leur parti ceux-mêmes qui les condamnent le plus manifestement.

Cette utilité n'est pas peu considérable : car les personnes simples qui entendent Aubertin et les autres ministres soutenir avec une confiance extraordinaire que tous les anciens Pères déposent clairement en leur faveur, et condamnent la doctrine des catholiques, n'ayant ni le temps ni les moyens de discuter tant de faits, sont quelquefois troublées par l'assurance avec laquelle ils les entendent parler. Et c'est pourquoi Dieu permet qu'ils s'engagent à soutenir avec la même confiance d'autres faits plus aisés à discuter, et où il est plus facile de les convaincre de mauvaise foi, afin de donner lieu à tout le monde de conclure qu'on ne doit avoir aucun égard à tout ce que disent des personnes capables de soutenir des faussetés si évidentes. C'est le fruit que l'on doit tirer de l'examen que nous allons faire de ce qui s'est passé entre les luthériens et les Grecs sur le sujet de la Confession d'Augsbourg ; car les calvinistes n'ont pas craint de publier que la réponse du patriarche Jérémie était conforme à leur sentiment. Aubertin dit bien nettement *qu'il paraît qu'elle est manifestement contraire au sentiment des catholiques* : Manifestissime *apparet quantum is alienus sit ab adversariorum sententiâ.*

Et M. Claude, qui fait gloire de ne céder en hardiesse à personne, conclut de même d'un passage de Jérémie qu'il rapporte (en supprimant à son ordinaire tout ce qui le précède et qui le suit), *qu'il fait voir invinciblement que Jérémie n'entend pas que la substance du pain et du vin cesse d'être, ni que celle du corps propre de Jésus Christ nous soit corporellement communiquée.* Nous allons donc voir ce que ces messieurs appellent, dans leur langage, des conséquences *très-manifestes,* et des preuves *invincibles.* Mais, pour en mieux juger, il est bon de représenter auparavant l'histoire de cette négociation.

Hottinger, ministre de Zurich, en rapporte l'origine en cette manière : *Joseph, patriarche de Constantinople,* dit-il, *ayant envoyé Démétrius, diacre de son église, à Wittemberg, pour s'informer de l'état des églises réformées d'Allemagne, et ce diacre étant retourné à Constantinople l'an 1559, après avoir passé six mois à Wittemberg, Mélancthon lui donna à son départ un exemplaire de la Confession d'Augsbourg, qu'il avait traduit en grec sous le nom de Paul Bolscius* (1) ; et il y ajouta une lettre grecque, qui est aussi rapportée par Hottinger. On voit dans cette lettre que Mélancthon tâche de cacher autant qu'il peut les sentiments des luthériens, afin de flatter les Grecs : car quoique les luthériens rejettent un grand nombre de points établis par les Pères des premiers siècles et par les conciles reçus des Grecs, Mélancthon ne laisse pas d'écrire à ce patriarche, sans s'expliquer davantage : *Votre diacre vous pourra rapporter que nous gardons religieusement les saintes Écritures, tant celles des prophètes que des apôtres, les définitions des conciles touchant les dogmes, et les instructions de vos Pères Irénée, Athanase, Basile, Grégoire, Épiphane, Théodoret.*

Il est impossible que Mélancthon n'ait bien vu que ces paroles écrites à des Grecs, leur imprimeraient cette idée, qu'ils recevaient tout ce qui avait été défini dans les sept premiers conciles : ce qu'il savait néanmoins être très-faux, principalement à l'égard du septième concile. Il est donc visible qu'il n'était pas fâché que les Grecs se trompassent à son avantage, et qu'ils estimassent les luthériens plus religieux envers les Pères et les conciles qu'ils n'étaient en effet, afin que cette tromperie les rendît plus favorables à leur doctrine. Mais les Grecs n'étant pas tombés dans ce piège, et n'ayant pas daigné faire alors réponse à Mélancthon, Crusius, professeur des lettres latines et grecques dans l'Université de Tubinge, et Jacques André, ministre de cette ville-là, renouvelèrent, quatorze ans après, savoir l'année 1574, les mêmes pratiques auprès de Jérémie, par le moyen d'un nommé Étienne Gerlak, luthérien, qui faisait la fonction d'aumônier auprès de l'ambassadeur de l'empereur à Constantinople.

(1) Il faut dire Dolscius, comme on voit dans la vie de Mélancthon, composée par Melchior Adamus.

Ce Crusius écrivit d'abord des lettres de civilité à ce patriarche, en lui envoyant des extraits de sermons du ministre André, qu'il appelle évêque, pour n'effaroucher pas les Grecs, quoiqu'il ne prît pas ce titre en Allemagne. Ensuite cet André et Crusius lui envoyèrent par une lettre commune une copie de la Confession d'Augsbourg traduite en grec. Et parce qu'ils savaient que les Grecs étaient fort attachés aux sept premiers conciles, ils ne manquèrent pas d'insérer dans une de leurs lettres la même clause que Mélancthon avait mise dans la sienne; mais d'une manière encore plus trompeuse. *Nous espérons*, dirent-ils, *que, quoiqu'il y ait quelque différence de cérémonies entre nous à cause de l'éloignement des lieux, vous reconnaîtrez néanmoins que nous n'avons introduit aucune innovation dans les principales choses nécessaires à salut; et que nous embrassons et conservons, autant que nous le pouvons comprendre, la foi qui nous a été enseignée par les apôtres, les prophètes, et par les SS. Pères inspirés du S.-Esprit, et par les sept conciles établis et fondés sur les saintes Écritures.*

C'est en vain que les théologiens de Wittemberg s'efforcent de couvrir ce déguisement honteux, qui leur avait été reproché par Lindanus, évêque de Ruremonde, en disant dans cette insolente préface qu'ils ont mise à la tête de ces actes, qu'ils ne se sont obligés par-là qu'à approuver ces conciles en ce qu'ils avaient de conforme à l'Écriture : car cette réponse fait voir seulement que les protestants sont capables d'approuver les équivoques les plus trompeuses en matière de religion. Et ainsi, au lieu de les excuser, elle ne fait que découvrir le déréglement de leur morale, qui les rend capables de pratiquer et d'approuver des artifices si indignes de la sincérité chrétienne.

Outre ces lettres, que ces deux luthériens de Tubinge écrivirent au patriarche Jérémie, ils lièrent aussi, par le moyen de Gerlak, un commerce de lettres avec deux de ses officiers, dont l'un s'appelait Jean Zygomale, et l'autre Théodose Zygomale. Ces deux Grecs étaient réduits à une extrême pauvreté, et ils espéraient de recevoir quelques secours d'argent des protestants d'Allemagne, comme ils ne le dissimulent pas dans leurs lettres, où ils répètent souvent ce proverbe de Démosthène : *Qu'il faut avoir de l'argent*, δεῖ χρημάτων. Ce fut pour cela qu'ils rendirent quelques offices de civilité à Crusius et à son ministre auprès de leur patriarche, et qu'ils le disposèrent, autant qu'ils purent, à leur être favorable : mais ils ne pouvaient pas changer la foi des Grecs, qui n'avaient aucune envie de l'abandonner. Ainsi, quoique dans les choses de pure civilité ils aient agi avec Gerlak et Crusius d'une manière obligeante, et que le patriarche en ait usé de la même sorte, néanmoins dans sa réponse aux articles de leur confession, il leur dit librement sa pensée sur leur doctrine, et il condamne toutes leurs erreurs.

Pour entendre ce qu'il dit de l'Eucharistie, il faut remarquer que la Confession d'Augsbourg contenant la créance des luthériens, bien loin de combattre la présence réelle, l'établissait au contraire très-expressément, par l'article dixième, qui porte ces termes : *Touchant la cène du Seigneur, ils enseignent que le corps et le sang de Jésus-Christ y sont vraiment présents, et qu'ils sont distribués à ceux qui y participent; et ils improuvent ceux qui enseignent le contraire :* c'est-à-dire en un mot, qu'ils approuvent la présence réelle, et qu'ils condamnent les calvinistes : mais ils ne disaient rien de la transsubstantiation, et ne se déclaraient pas sur ce point; et c'était là le défaut de cet article.

Que devait répondre Jérémie, s'il eût été dans le sentiment que M. Claude lui attribue, et s'il eût cru que le corps de Jésus-Christ n'était point réellement au sacrement, mais seulement en vertu? Que répondrait M. Claude? Que répondraient tous les ministres ses confrères? Qui doute qu'ils ne disent tous d'un commun accord que c'est une grande fausseté d'enseigner que le corps et le sang de Jésus-Christ sont vraiment présents dans la cène; puisqu'il n'y a que sa vertu qui soit présente, et que c'est un crime de condamner les calvinistes qui le nient? Car je ne veux pas supposer que M. Claude se voulût servir d'un artifice aussi indigne que serait celui de feindre de n'entendre pas ce que les luthériens marquaient par ces mots : *que le corps et le sang de Jésus-Christ étaient vraiment présents en la cène*, et de répondre simplement que le corps et le sang sont vraiment présents; savoir, par opération et par efficace. Car ces termes étant déterminés, et par leur nature, et par l'usage public et constant que les luthériens en faisaient, à signifier la présence réelle et substantielle de Jésus-Christ dans le sacrement; ce serait chicaner d'une manière honteuse de les prendre autrement, ou de supposer que les Grecs les aient pris en un autre sens.

Voyons donc de quelle sorte Jérémie a répondu à ces approbateurs de la présence réelle : s'il a condamné cette doctrine, parce que les luthériens en disaient trop en admettant la présence réelle, ou s'il l'a rejetée, parce qu'ils en disaient trop peu, en ne parlant point de la transsubstantiation. Voici sa réponse sur cet article : *Le dixième article*, dit il, *traite de la cène du Seigneur; mais fort brièvement, et, pour dire la vérité, un peu obscurément :* car on nous dit sur ce sujet plusieurs choses de vous que nous désapprouvons.

M. Claude s'imagine peut-être déjà que c'est la présence réelle contenue dans la confession des luthériens que Jérémie va désapprouver; mais qu'il écoute : *L'Église catholique enseigne*, dit-il, *que* CE PAIN EST CHANGÉ (Et en quoi? En vertu, en puissance, en force? Non.) AU CORPS MÊME, ET AU SANG MÊME DU SEIGNEUR *par le S.-Esprit. Mais il faut que ce soit du pain levé, et non pas du pain azyme : car le seigneur, en la nuit en laquelle il fut livré, ayant pris du pain et ayant rendu grâces le rompit, et dit : Prenez et mangez. Il ne leur dit pas : C'est un azyme, c'est la figure de mon corps; mais* C'EST MON CORPS. Cela commence très-mal pour M. Claude, et il doit dire qu'il n'y eut jamais un homme plus mal-habile que Jérémie à expliquer ses pensées, s'il voulait faire entendre par-là aux luthériens, qu'il n'y a que la vertu de Jésus-Christ qui soit présente au sacrement, et que son corps n'y était nullement présent dans la vérité de sa substance. Si M. Claude veut bien se résoudre à ne parler jamais qu'en cette manière, je l'assure que s'il scandalise bien des calvinistes, il ne scandalisera jamais aucun catholique, et qu'il n'obligera aucun d'eux à écrire contre lui.

Mais voici un petit rayon d'espérance qui va luire pour M. Claude, et il ne lui en faut pas davantage pour croire que tout est gagné pour lui, et qu'il est pleinement victorieux. Jérémie ajoute ensuite : *Ce n'est pas que la chair que le Seigneur portait fût donnée alors à manger à ses apôtres, ou son sang à boire, ou que le Seigneur descende du ciel dans les divins mystères : car se serait un blasphème.* C'est sur cela que M. Claude se récrie, et c'est par-là qu'il montre *invinciblement*, car il n'a jamais que des preuves invincibles, *que le corps propre du Seigneur ne nous est point corporellement communiqué.*

Il est vrai que pour se conserver cet avantage imaginaire, il s'est servi d'un artifice peu honnête, qui est de supprimer l'éclaircissement que Jérémie donne immédiatement après à ces paroles : et par ce moyen ceux qui ne lisent que le livre de M. Claude s'imaginent que Jérémie en demeure là, et qu'il dit simplement *que ce n'est pas qu'il ait donné à manger à ses disciples la chair qu'il portait, ou qu'il descende du ciel présentement.* Mais ceux qui ne s'en fient pas à M. Claude, et qui prennent la peine de consulter les auteurs mêmes, voient sans peine le sens de Jérémie dans les paroles qui suivent. *Mais c'est*, dit-il, *qu'alors, savoir dans la cène du Seigneur, et maintenant dans notre sacrifice, par l'invocation et la grâce de l'Esprit tout-puissant qui l'opère, et par les prières sacrées et les paroles du Seigneur,* LE PAIN EST CHANGÉ ET CONVERTI AU CORPS MÊME DU SEIGNEUR, ET LE VIN EN SON SANG MÊME. Voilà de quelle manière Jérémie ne veut pas que Jésus-Christ descende du ciel maintenant, ni qu'il ait donné à manger à ses disciples la chair qu'il portait. Il ne descend point du ciel en quittant le ciel, et privant le ciel de sa présence, en faisant que ce qui est en terre ne soit pas au ciel. Il ne donna point à manger à ses disciples la chair qu'il portait, en cessant de la porter et de paraître devant eux en sa manière ordinaire ; en coupant son corps par morceaux, en n'ayant plus d'autre lieu que l'estomac de ses apôtres. Voilà ce qu'il ne fait pas, et que Jérémie ne veut pas qu'on puisse dire sans blasphème. Mais ce qu'il fait, selon Jérémie, *est qu'il change le* PAIN EN SON CORPS MÊME, c'est-à-dire en son propre corps, et le vin en son propre sang ; et qu'il le communique ainsi à ceux qui le reçoivent, sans perdre pour cela sa présence corporelle et sensible dans le ciel, et sans l'avoir perdue dans la cène. Voilà ce que c'est que cette *conséquence invincible* de M. Claude ; et il est bon par-là de s'accoutumer à son *dictionnaire*, et de comprendre que dans son langage une conséquence invincible n'est qu'un très-faible et très-pitoyable raisonnement, fondé sur la suppression peu sincère de l'éclaircissement qu'un auteur donne lui-même à ses paroles, qui n'étaient pas d'elles-mêmes fort difficiles.

On va voir dans un autre exemple qu'il ne faut guère avoir plus d'égard à ses reproches les plus violents et les plus aigres. En vit-on jamais un proposé d'une manière plus animée, que celui qu'on lit en la page 708 sur le sujet de Forbesius évêque d'Édimbourg ? *Forbesius*, dit-il, *produit ensuite Jérémie, patriarche de Constantinople, mais il le produit en le falsifiant* VILAINEMENT : *car il lui fait dire que le propre et véritable corps est contenu sous les espèces du pain levé. C'est à quoi Jérémie ne pensa jamais. Et sans mentir, l'auteur de la réfutation n'est pas excusable de nous faire combattre contre un homme qui, se disant de notre communion, falsifie ainsi les auteurs pour détruire notre créance.* SI LUI-MÊME DE SON CHEF *eût fait cette altération, je lui pardonnerais au zèle de sa religion, et à la trop grande confiance qu'il a en son cardinal du Perron : mais de nous introduire un témoin qui, sous le nom de protestant, vivant et mourant dans notre communion, nous trompe et nous trahit si cruellement, c'est trop s'éloigner de la bonne foi. Est-ce que la sincérité et la vertu ne nous doivent pas être communes dans ces disputes ? Jérémie dit que le pain qui est consacré par un prêtre n'est pas un type, ni un pain sans levain ; mais un pain levé, et le corps même du Seigneur. Et on lui fait dire par la bouche d'un protestant que le propre et véritable corps de Jésus-Christ est contenu sous les espèces du pain levé. La fraude est double, et dans la matière et dans la forme.*

Mais que M. Claude me permette de lui demander à mon tour si le sens commun n'est donc pas une qualité qui nous doive être commune dans ces disputes, et si la rhétorique est un art qui oblige de renoncer à l'équité et à la raison ? Il suppose qu'il y a une falsification dans la traduction que Forbesius fait du passage de Jérémie. J'examinerai cela ensuite, et lui ferai voir qu'il se trompe : mais en admettant même que le passage soit mal traduit, comment a-t-il pu fonder sur cela le reproche qu'il fait à l'auteur de la Perpétuité, en disant *que s'il avait fait de son chef cette altération, il la pardonnerait au zèle de sa religion, et à la trop grande confiance qu'il a en son cardinal du Perron; mais que c'est trop s'éloigner de la bonne foi que d'introduire un protestant, vivant et mourant dans sa communion, qui le trahit si cruellement?* Quelle étincelle de raison y a-t-il dans cette pensée ? Falsifier un passage de soi-même c'est une faute considérable, et elle est entièrement inexcusable quand elle vient de mauvaise foi. Se fier au cardinal du Perron, qui est un catholique, c'est une négligence ; car chacun doit répondre en quelque sorte des fautes de ceux de sa communion, s'il en prétend tirer avantage. Cependant M. Claude veut bien pardonner ces sortes de fautes : mais de rapporter un passage d'un protestant, qui est obligé de prendre garde à ce qu'il écrit, et n'examiner pas s'il traduit ou ne traduit pas bien les passages qu'il rapporte, où est la mauvaise foi? Où est la faute? Où est le sujet de faire des exclamations? Et néanmoins c'est ce que M. Claude ne peut souffrir, et qui lui paraît entièrement inexcusable.

Je ne sais en vérité en quoi il est moins raisonnable, ou dans son indulgence, ou dans sa sévérité; et je lui déclare que je renonce à l'une, et que j'appelle de l'autre. Il n'arrive jamais aux personnes vraiment sincères de falsifier un passage par mauvaise foi; mais il peut échapper à tout le monde des traductions moins exactes; et quand M. Claude s'en plaindra, on avouera qu'il a eu raison. On est aussi obligé de vérifier les passages allégués par des catholiques: et ainsi leur négligence deviendrait celle de ceux qui n'ont pas soin de les corriger. Mais qu'en alléguant le passage d'un protestant, on aille se donner la peine de vérifier ses traductions, c'est une obligation dont personne jusqu'ici n'a prétendu être chargé. On a droit de se fier à ce que dit un homme qui parle contre soi-même. S'il se trompe, c'est sa faute, et non pas la nôtre; et l'on peut très-légitimement se dispenser, en ces occasions, de la peine de consulter les passages dans les auteurs, principalement quand ils ne sont rapportés qu'en passant, et qu'on ne fait aucune réflexion sur les paroles qu'ils contiennent.

La rhétorique de M. Claude est donc fort injuste, en cette rencontre, et il ne pouvait pas choisir un plus mauvais prétexte d'accuser l'auteur de la Perpétuité d'une mauvaise foi inexcusable. Mais ce qui est pis, est qu'il est encore fort mal fondé dans ces reproches injurieux qu'il fait à l'évêque d'Édimbourg, qu'il accuse *assez bassement* d'avoir falsifié *vilainement* ce passage, et de *trahir cruellement* ceux de sa communion. M. Claude ne sait point du tout proportionner les paroles aux choses: il s'imagine qu'il n'y a qu'à dire des injures au hasard. S'il avait dit que cette traduction est un peu libre, peut-être lui aurait-on dit qu'il aurait raison: mais d'employer ces mots, de *vilaine falsification* et de *cruelle trahison* dans le sujet dont il s'agit, c'est faire paraître un esprit emporté, et qui ne règle pas ses paroles par la raison.

Mais comme la passion est ordinairement imprudente, il se trouve de plus que ces reproches de *vilaine falsification* et de *cruelle trahison* sont très-injustement appliqués à Forbesius, parce que cette traduction n'est pas de lui. Il l'a prise mot pour mot de Socolovius, Polonais catholique, qui avait fait imprimer la réponse de Jérémie sous le titre de *Censura Orientalis*; et c'est là que l'on trouve ces paroles: *Non igitur amplius aut figura aut azymum est ille dominici corporis panis, qui à sacerdote consecratur; sed illud ipsum verum corpus Christi, sub speciebus fermentati panis contentum.* Tout ce que l'on peut donc reprocher à Forbesius, est d'avoir cité Jérémie sur la foi de la traduction de Socolovius, qui n'est pas si littérale en cet endroit; et c'est ce qui ne s'appela jamais en aucune langue, *vilaine falsification*, ni *cruelle trahison*, qu'en celle de la rhétorique de M. Claude.

Enfin, pour le satisfaire plus pleinement, je lui soutiens que cette traduction ne peut point être traitée de falsification, puisqu'elle représente le vrai sens de Jérémie. Il n'y a, pour en être convaincu, qu'à considérer toute la suite de ce passage.

Jérémie, après avoir dit que le pain est changé, εἰς αὐτὸ τὸ σῶμα τοῦ Κυρίου, *au corps même du Seigneur*, et le vin en son sang même, εἰς αὐτὸ τὸ τοῦ Κυρίου αἷμα, ajoute: *Car Jésus-Christ dit dans l'Évangile: Le pain que je donnerai est ma chair, et c'est elle qui sanctifie tous les fidèles; afin que comme en participant à notre masse il est devenu Dieu et homme, et il est entré dans la participation du sang et de la chair des hommes, de même en participant à son corps et à son sang, nous soyons appelés dieux par grâce et par adoption. Le pain du corps du Seigneur, qui est administré par les prêtres, n'est donc point ni un type, ni un azyme;* mais il est ἔνζυμον, καὶ αὐτὸ τὸ σῶμα τοῦ Κυρίου, *fermentatum et ipsum Domini corpus*. Ce que Socolovius traduit par ces paroles: *Illud ipsum verum Christi corpus sub speciebus fermentati panis contentum*; LE VRAI CORPS DE JÉSUS-CHRIST *contenu sous les espèces du pain levé*.

Or pour montrer que c'est là le véritable sens, il ne faut que considérer que ces paroles, ἔνζυμον, καὶ αὐτὸ τὸ σῶμα τοῦ Κυρίου, peuvent avoir deux sens différents. Le premier, que ce pain soit appelé *ἔνζυμον, levé;* parce qu'il demeure effectivement pain levé, et qu'il n'est le corps de Jésus-Christ qu'en figure ou en vertu.

Le second, qu'il soit appelé de ce nom, *pain levé*, parce qu'il a été originairement du pain levé, et qu'il le paraît encore, quoiqu'il soit réellement le corps du Seigneur.

Mais le premier de ces sens avait été déjà plusieurs fois exclu par les paroles de Jérémie, où il avait enseigné clairement, *qu'après la consécration le pain levé* EST CHANGÉ AU CORPS MÊME DU SEIGNEUR; *que ce n'est point une figure, mais le corps du Seigneur; que c'est cette chair dont il est dit: Le pain que je donnerai est ma chair*.

Il est exclu dans la suite en plusieurs manières différentes; et il est exclu par les paroles même du passage qui portent, que *c'est le corps même du Seigneur*, αὐτὸ τὸ Κυρίου σῶμα. D'où il s'ensuit que ce n'est donc point réellement du pain levé, puisque la réalité du corps exclut, même selon les ministres, la réalité du pain. Par conséquent ce mot ἔνζυμον, n'a point été employé par Jérémie pour marquer que le pain demeure dans sa nature, mais pour exprimer simplement que le corps de Jésus-Christ doit-être fait de pain levé, et qu'il conserve l'apparence de pain levé, qui est le sens que Socolovius, et Forbesius après lui, ont exprimé. Il ne faut qu'avoir un peu de bonne foi, et un peu de connaissance de l'esprit des Grecs, pour entrer sans peine dans ce sens qui paraît manifestement dans toute la suite de l'écrit de Jérémie.

Car il faut remarquer que ces Grecs nouveaux ont toujours deux opinions en vue, en parlant de l'Eucharistie, dont ils rejettent l'une justement, et l'autre injustement. La première opinion qu'ils condamnent est celle des calvinistes, qui veulent que le pain ne soit que la figure du corps de Jésus-Christ. La seconde est celle de l'Église latine, qui est que le pain azyme puisse être la matière du sacrement.

Les Grecs enseignent contre les calvinistes que le pain consacré n'est pas un type, mais le corps même du Seigneur ; et ils enseignent contre les Latins que le pain qu'on doit consacrer doit être levé, et que c'est ce pain levé qui est changé au corps du Seigneur, et non le pain azyme. C'est ce que Jérémie avait dit dès le commencement de cet article par ces paroles : *L'église catholique*, c'est-à-dire dans son sens, l'église grecque, *enseigne*, *que la consécration étant faite*, LE PAIN EST CHANGÉ AU CORPS MÊME DE JÉSUS-CHRIST, ET LE VIN EN SON SANG MÊME. Voilà l'erreur des calvinistes condamnée. Et il ajoute, pour condamner aussitôt l'opinion des Latins, qu'il faut que ce soit du pain levé, et non du pain sans levain : *Qui panis fermentatus sit, non infermentatus*.

Et, à la fin de l'article, proposant encore la même doctrine, il dit contre les calvinistes *que le pain du corps du Seigneur n'est pas un type, ou une figure* : il dit contre les Latins que *ce n'est pas un azyme* ; c'est-à-dire qu'il n'est pas fait de pain azyme. Et pour exprimer en peu de paroles l'opinion des Grecs, il dit qu'il est ἔνζυμον, *levé* ; c'est-à-dire qu'il est fait de pain levé, en quoi il condamne les Latins ; et il dit qu'il est le corps même du Seigneur, en quoi il condamne les calvinistes.

Ainsi ces paroles : *Ce n'est pas un azyme*, *c'est un pain levé*, ayant un rapport visible au différend qui est entre l'église grecque et l'Église latine, l'intelligence s'en doit prendre de la connaissance de ce différend. Or, il est certain que les Grecs n'ont jamais disputé avec les Latins si le pain azyme ou le pain levé demeurait après la consécration. Ils sont toujours convenus ensemble que le pain qui servait de matière au sacrement était changé au corps du Seigneur, et ne demeurait plus pain. Mais les uns, qui sont les Grecs, ont soutenu qu'il n'y avait que le pain levé qui pût être changé et transsubstantié ; et les Latins au contraire ont maintenu que le pain azyme pouvait être consacré et transsubstantié aussi bien que le pain levé.

C'est pourquoi quand les Grecs appellent le pain consacré, *pain levé*, ce n'est qu'à cause de sa matière originaire et de son apparence ; mais non à cause de son état subsistant ; puisqu'ils déclarent en tant de manières qu'il est changé et qu'il n'est plus : et il n'en faut point d'autre témoin que Jérémie. Il nous renvoie lui-même à la fin de ce passage aux éclaircissements qu'il en doit donner ensuite. *Je parlerai*, dit-il, *de cette matière plus amplement dans la suite, en répondant à ce que vous dites, que vous êtes d'accord avec les Latins ; et que vous n'êtes différents d'eux qu'en quelques abus que vous condamnez*.

Voyons donc si nous trouverons dans cette suite, à laquelle Jérémie nous renvoie, que le pain demeure, et qu'il n'est le corps de Jésus-Christ qu'en vertu ; et si nous n'y trouverons point au contraire, qu'il ne demeure point, qu'il est transmué, changé, converti au corps même du Seigneur. Il dit dès l'article troisième que la consécration des dons, et le sacrifice qu'on en fait, nous remet dans l'esprit la mort, la résurrection et l'ascension de Jésus-Christ ; *parce qu'ils sont* CHANGÉS AU CORPS DE JÉSUS-CHRIST *qui a reçu toutes ces choses* ; c'est-à-dire, qui est mort, qui est ressuscité, et qui est monté aux cieux.

Il dit dans le même chapitre que le pain *est changé en ce corps même de Jésus-Christ*, εἰς αὐτὸ ἐκεῖνο σῶμα τοῦ Χριστοῦ.

Il dit que pendant que le pain est sur l'autel de la prothèse, c'est encore du simple pain, consacré néanmoins à Dieu ; mais qu'ensuite (savoir par la consécration) il devient *le pain véritable*, et est changé dans la vérité. *Mais pour expliquer comment cela se fait*, on aurait, dit-il, *besoin d'une infinité de bouches, encore n'y suffiraient-elles pas*.

Il dit (et c'est encore un des passages dont M. Claude abuse d'une manière bien étrange) que *l'Église est marquée dans les sacrements, non comme dans des symboles, mais comme les membres sont dans le cœur, et les branches des plantes dans leur racine, et comme les pampres dans la vigne, selon la parole du Seigneur. Car il n'y a pas seulement ici un commerce et un changement de noms, ou un rapport de similitude*, mais *il y a identité de la chose*, ταυτότης, *c'est-à-dire que les choses mêmes s'y trouvent. Et pourquoi ? Parce que les mystères* SONT VRAIMENT LE CORPS ET LE SANG DE JÉSUS-CHRIST, *et ils ne sont pas changés au corps des hommes qui les reçoivent ; mais c'est nous qui sommes changés en eux, le plus fort l'emportant ; comme le fer étant mis dans le feu, devient feu lui-même, et ne fait pas que le feu devienne fer. Et de même que lorsque le fer est rouge nous ne voyons plus du fer, et il ne nous paraît que du feu, les propriétés du fer étant cachées par le feu ; ainsi qui pourrait voir de ses yeux l'Église de Jésus-Christ, en tant qu'elle est unie et qu'elle participe à sa chair, il ne verrait rien en elle que le corps de Jésus-Christ*.

La falsification de M. Claude consiste en ce qu'il rapporte à la seule impression de l'esprit de Jésus-Christ ce que Jérémie dit de l'Église unie au corps de Jésus-Christ, et ce qu'il fonde sur la réception réelle du corps de Jésus-Christ. Jérémie, dit M. Claude, *parlant de l'Église qui a reçu l'impression de l'esprit de Jésus-Christ, ne la compare-t-il pas à un fer ; et ne dit-il pas que si quelqu'un la pouvait voir en cet état, il ne verrait autre chose que le corps même du Seigneur ?* οὐδὲν ἕτερον ἢ αὐτὸ μόνον τὸ κυριακὸν ὄψε δὲ σῶμα. Il est vrai qu'il le dit : mais il ajoute que c'est qu'elle lui est unie, et qu'elle participe à sa chair ; καθ' ὅσον αὐτῷ ἥνωται, καὶ τῶν αὐτοῦ μετέχει σαρκῶν : et c'est ce que M. Claude supprime. Jérémie ne rapporte point cet effet à l'impression seule de l'esprit de Jésus-Christ, mais à l'union réelle avec le corps de Jésus-Christ : et il suppose par tous ce discours que ce corps est réellement dans ce mystère. Car c'est sur ce principe qu'il enseigne que l'Église n'est pas dans l'Eucharistie comme dans un symbole ; mais qu'elle y est comme les membres sont dans le cœur, les branches dans la racine, les pampres dans le tronc de la vigne.

Ce corps de Jésus-Christ est le cœur de l'Église ; c'est sa racine, c'est son tronc. S'il n'était qu'en figure et en symbole dans l'Eucharistie, l'Église ne serait aussi, dans la même Eucharistie, qu'en figure ; mais parce qu'il y est réellement, et que les mystères sont vraiment sa chair, elle y est d'une autre manière qu'en figure. Elle y est comme les membres dans le cœur ; parce que son cœur, qui est le corps de Jésus-Christ, s'y trouve réellement. Elle y est comme les branches dans leur racine, parce que le corps de Jésus-Christ, qui est sa racine, y est présent. Elle y est comme les pampres dans la vigne, parce que ce mystère contient la vraie vigne, qui est le corps de Jésus-Christ ; et qu'ainsi elle le reçoit quand elle s'unit à lui, quand elle participe à sa chair. Ce corps la change en lui, comme le feu fait le fer. C'est un feu dévorant qu'elle reçoit dans ses entrailles, qui consume les effets de sa mortalité, qui lui inspire les semences de la vie immortelle, et qui cache aux yeux des anges tout ce que les hommes ont d'impur, quoique ces effets invisibles ne paraissent pas aux hommes.

C'est le sens développé de ce passage, qui ne peut servir qu'à établir puissamment la présence réelle, bien loin qu'on puisse l'employer à la combattre, comme fait M. Claude dans l'extrait plein de fausseté qu'il en rapporte.

Jérémie ajoute ensuite que *l'oblation se fait à la vérité par nous* (1) ; mais que le sacrifice s'y opère invisiblement, comme aussi *le changement des espèces* ; c'est-à-dire du pain et du vin, *au corps même et au sang du Seigneur ; la grâce de Dieu opérant ces choses invisiblement par les prières opératives et efficaces.*

Et un peu après il explique l'effet de l'Eucharistie comme sacrement, et comme sacrifice. *Ce divin et sacré mystère*, dit-il, *nous sanctifie en deux manières : premièrement par médiation ou intercession,* τῇ μεσιτείᾳ ; *car ces dons étant offerts sanctifient ceux qui les offrent, et ceux pour qui ils sont offerts, et leur rendent Dieu propice,* ἵλεων αὐτοῖς ἐργάζονται τὸν Θεόν. *Secondement par la réception, parce qu'ils sont notre vraie viande, et notre vrai breuvage, comme dit Jésus-Christ.*

Que les théologiens de Wittemberg et de Tubinge ont perdu, de ce qu'il n'y avait personne parmi eux qui eût l'esprit fait comme Aubertin ou comme M. Claude ! Car ils crurent simplement, sur la réponse du patriarche, qu'il enseignait la présence réelle et la

(1) Les théologiens de Wittemberg ajoutent ces deux mots. Il n'y a dans le grec que Γίνεται μὲν προσφορά, mais c'est le sens.

transsubstantiation. Et quoique M. Claude assure qu'il ne faut pas avoir beaucoup de subtilité pour comprendre que Jérémie n'a voulu dire autre chose, par tout cela, sinon que, par l'opération du S.-Esprit, le pain à notre égard a la vertu et l'efficace du corps même de Jésus-Christ, néanmoins il ne se trouva personne parmi eux qui fût subtil jusqu'à ce point. Et c'est pourquoi dans la réfutation qu'ils firent de l'écrit de Jérémie, en distinguant les points de sa réponse sur lesquels ils étaient d'accord avec lui de ceux qui étaient contestés, ils mirent l'article de la présence réelle entre les points sur lesquels ils n'avaient aucune contestation avec ce patriarche. *Communionem seu cœnam Domini coadunare nos Christo, quippe in quâ carnem et sanguinem ejus verè participemus.* Mais ils mirent l'article de la transsubstantiation entre les points dont ils ne pouvaient convenir avec les Grecs, et sur lesquels ils désapprouvaient sa doctrine, et ce qu'il leur avait écrit. *Nous allons maintenant*, disent-ils, *traiter les articles controversés.* Ensuite de quoi ils expriment leur doctrine touchant la transsubstantiation en des termes contradictoires à ceux du patriarche. *Nous croyons*, disent-ils, *que le corps et le sang de Jésus-Christ sont véritablement présents dans la cène ; mais nous ne croyons point que le pain soit changé au corps de Jésus-Christ.* Ainsi, selon ces théologiens de Wittemberg, croire que le pain est changé au corps de Jésus-Christ est la foi des Grecs ; et croire que le pain n'est pas changé au corps de Jésus-Christ est la foi des luthériens ; et croire que le corps de Jésus-Christ est réellement présent, c'est la foi commune des Grecs et des luthériens. Ils expliquent de la même sorte le sens de Jérémie dans la seconde réponse, et ils ne s'en rétractent point dans la troisième.

Cependant ils étaient bien loin de leur compte, si l'on en croit M. Claude ; car ils se trompaient en tout. Ils s'imaginaient que Jérémie croyait la présence réelle : et, selon M. Claude, il ne croyait qu'une présence de vertu. Ils s'imaginaient qu'il admettait la transsubstantiation et le changement du pain : et, selon M. Claude, il n'y avait jamais pensé. Il faut nécessairement, ou que ces théologiens se soient trompés de la sorte, ou que M. Claude se trompe. Mais il faut avouer que l'apparence est tout entière pour les théologiens de Wittemberg ; et non seulement l'apparence, mais la certitude.

Car qui a jamais entendu parler d'une prétention moins raisonnable que celle de M. Claude ? Des théologiens d'une célèbre Université lient un commerce de lettres avec un patriarche : ils confèrent avec lui de vive voix, par un d'entre eux qui n'était pas des moins habiles : ils lui écrivent. Il répond : ils répliquent. Il répond : ils répliquent encore ; et il répond pour la troisième fois : et ces théologiens répliquent encore afin qu'on ne dît pas qu'ils avaient été convaincus. Dans toutes ces trois réponses ils expliquent toujours de la même sorte le sens du patriarche : ils lui attribuent de croire avec eux la présence réelle ; ils le combattent sur la transsubstantiation. Le patriarche, de son côté, répond toujours de la même manière ; et quoiqu'il vit par les réponses des luthériens qu'on lui attribuait de croire et la présence réelle et la transsubstantiation, il ne s'en défend point, il ne le désavoue point, il ne se plaint point qu'on explique mal son sentiment ; mais il confirme ce qu'il avait dit : il enseigne toujours que le pain est changé au corps de Jésus-Christ. Les uns et les autres n'ont pas la moindre pensée qu'ils ne s'entr'entendissent point : et cent ans après, un ministre de France prétendra que les théologiens de Wittemberg et de Tubinge n'entendaient pas le sens de Jérémie ; que Jérémie n'entendait pas le sens des théologiens de Wittemberg ; que Gerlak, présent à Constantinople, n'entendait pas l'opinion des Grecs ; que les Grecs n'entendaient pas Gerlak ; que toute cette dispute ne fut qu'une mésentente et une équivoque perpétuelle de gens qui ne savaient ce qu'ils disaient, et qui ne comprenaient point le sens les uns des autres : et il prétendra avoir droit d'avancer toutes ces choses, non seulement sans preuves, mais contre les preuves claires et convaincantes du contraire. En vérité cette hardiesse n'est pas supportable, et elle passe de beaucoup les fautes ordinaires des écrivains et des gens de lettres. C'est un entêtement et une témérité monstrueuse qui doit causer de l'étonnement à toutes les personnes sages.

Que M. Claude considère, s'il a encore quelque reste de sincérité, ce que devait répondre un patriarche qui aurait été dans les sentiments qu'il attribue à Jérémie. Les luthériens lui disent qu'ils croient que le corps de Jésus-Christ est vraiment présent dans la cène, mais qu'ils ne croient pas que le pain soit changé au corps de Jésus-Christ. Ils lui attribuent le sentiment qu'ils approuvent : ils lui reprochent celui qu'ils désapprouvent ; et c'est la même chose que s'ils lui avaient dit : Nous croyons avec vous que Jésus-Christ est vraiment présent ; mais nous ne croyons pas comme vous que le pain soit changé ; parce que l'Apôtre nous assure que le pain demeure, que Jésus-Christ appelle encore le vin fruit de vigne, etc. Que devait-il répondre, dis-je encore une fois, s'il eût eu les sentiments de M. Claude ? Il devait dire aux luthériens, qu'ils avaient très-mal pris son sens : qu'il ne croyait point du tout comme eux que le corps de Jésus-Christ fût réellement présent ; qu'il n'y avait que sa vertu qui était présente : qu'ils se trompaient encore davantage en s'imaginant qu'il crût que le pain fût réellement changé ; que ce n'était point là sa foi et sa pensée. Il est impossible qu'un homme qui n'eût pas perdu le sens, eût fait une autre réponse. Cependant il en fait une bien différente de celle-là dans son second écrit, et qui fait bien voir qu'il était bien éloigné d'être dans les sentiments de M. Claude. Au lieu de dire qu'il ne croit ni la présence réelle ni la transsubstantiation, comme il y était obligé par le discours des luthériens s'il n'avait cru en effet aucun de ces dogmes, il proteste que son église croit l'un et l'autre, avec des termes encore plus précis et plus opposés aux luthériens qu'il n'avait fait la première fois.

La divine Eucharistie, dit-il, *qui est le corps et le sang de Jésus-Christ, conserve et entretient cette vie de l'âme : car ce pain de vie donne le salut et la vie aux créatures, et nous vivons en Jésus-Christ en le mangeant dignement, selon ce qu'il a dit lui-même : Celui qui mange ma chair et boit mon sang, demeure en moi, et moi en lui.* CAR LE PAIN EST FAIT LE CORPS DE JÉSUS-CHRIST, ET LE VIN MÊLÉ D'EAU LE SANG DE CHRIST, *par l'avénement du S.-Esprit, qui change ces choses d'une manière qui est au-dessus de nos pensées et de notre intelligence. Oui, ce pain proposé sur l'autel, et le vin mêlé d'eau, par l'invocation et l'avénement du S.-Esprit, sont surnaturellement* CHANGÉS AU CORPS DE CHRIST ET EN SON SANG ; *et ce ne sont plus deux corps, mais un seul et même corps. Ce pain et ce vin* NE SONT POINT DES FIGURES *du corps et du sang de Jésus-Christ ;* MAIS LE CORPS MÊME DU SEIGNEUR *rempli de la divinité ; le Seigneur ayant dit lui-même : Ceci est,* NON LA FIGURE *de mon corps,* MAIS MON CORPS : *Ceci est, non la figure de mon sang, mais mon sang. Et un peu plus bas : Si quelques-uns ont appelé le pain et le vin antitypes, comme le divin Basile, ils ne les ont appelés de ce nom* QU'AVANT LA CONSÉCRATION, *et non après la consécration. Nous les appelons néanmoins antitypes des choses futures ; non pas qu'ils ne soient* VÉRITABLEMENT LE CORPS ET LE SANG DE JÉSUS-CHRIST, *mais parce que nous nous en servons maintenant comme d'un moyen pour participer à la divinité : au lieu que nous y participerons quelque jour spirituellement par la seule contemplation.*

Les luthériens ayant reçu cette réponse, ne s'amusèrent pas à dire qu'ils n'entendaient pas ce langage, ou à répliquer que tout cela ne marquait qu'une *inondation de la grâce du S.-Esprit* sur le pain. Ils crurent que ces paroles signifiaient une vraie présence réelle, et une vraie transsubstantiation : et ils répliquent encore dans ce même sentiment au patriarche, en approuvant l'une, et en combattant l'autre.

« Nous sommes d'accord avec vous, disent ces luthériens, en ce que vous croyez que le corps et le sang de Jésus-Christ sont vraiment présents dans l'Eucharistie ; et nous rejetons ceux qui défèrent plus dans ce mystère à leur raison qu'à la parole de Dieu, et qui croient que le corps et le sang du Seigneur sont très-éloignés de la sacrée cène parce qu'ils ne peuvent comprendre comment Jésus-Christ peut être tout ensemble et au ciel et dans la terre. »

Voilà les calvinistes bien condamnés. Mais voici maintenant ce que les luthériens improuvent dans les Grecs : *Mais nous croyons*, disent-ils, *que le corps et le sang du Seigneur sont mangés et bus dans la cène, avec le pain et le vin, et qu'ainsi le pain et le vin ne sont point changés.* Ils confirment et étendent ce point ; ils combattent la transsubstantiation par leurs arguments ordinaires ; ils protestent néanmoins qu'ils ne disent pas cela à dessein de nier la présence véritable du corps et du sang de Jésus-Christ dans la cène, *pour laquelle*, disent-ils, *nous combattons quelques-uns de nos adversaires* (c'est-à-dire les calvinistes).

Il fallait donc au moins, à cette fois, que Jérémie les détrompât de l'impression qu'ils avaient de lui, s'ils n'eussent pas bien compris son sentiment; mais il ne le fit pas, parce qu'il voyait assez qu'ils l'entendaient bien. Il fut lassé de cette contradiction opiniâtre des luthériens : il abrégea beaucoup sa troisième réponse, et ne s'étendit presque que sur la procession du Saint-Esprit. Et quand il vient aux sacrements, il en parle de cette sorte : « Puisque vous ne recevez que quelques-uns des sacrements, et encore avec des erreurs (c'est ainsi qu'il qualifie ce que les luthériens soutenaient de la substance du pain), et que vous rejetez les autres comme des traditions, qui non seulement ne sont pas contenues dans l'Écriture, mais qui y sont contraires, en corrompant les textes de l'ancien et du nouveau Testament pour les réduire à votre sens; puisque vous prétendez que le divin Jean-Chrysostôme, qui approuve le chrême, s'est laissé emporter par le torrent, et qu'en rejetant ainsi les Pères, vous ne laissez pas de vous attribuer le nom de théologiens ; puisque vous croyez que l'invocation des saints est vaine et frivole ; que vous méprisez leurs images, leurs saintes reliques et l'adoration qu'on leur rend, en puisant ces erreurs des sources des Juifs; puisque vous anéantissez la confession des péchés que nous faisons les uns aux autres, et la vie monastique qui imite celle des anges, nous vous déclarons que les paroles de l'Écriture qui contiennent ces vérités n'ont pas été interprétées par des théologiens semblables à vous, et que S. Chrysostôme ni aucun de ces vrais théologiens n'ont été emportés par le torrent. Ce saint et ceux qui lui ressemblent ont été des hommes pleins du Saint-Esprit ; ils ont fait des miracles et des prodiges, et durant leur vie et après leur mort; et ce sont eux qui nous ont expliqué les Écritures, et qui, ayant reçu ces traditions comme nécessaires et pieuses, les ont fait passer jusqu'à nous de main en main, par une tradition non interrompue. L'ancienne Rome en observe et en embrasse plusieurs : comment avez-vous donc pu croire que vous ayez mieux considéré toutes ces choses que l'ancienne et la nouvelle Rome ? Et comment avez-vous osé abandonner les sentiments de ces vrais théologiens pour leur préférer les vôtres ? »

Et c'est pourquoi, afin de se délivrer de leurs importunités, il conclut sa réponse en cette manière : « Nous vous prions de ne nous plus donner de peine et de ne nous écrire plus, ni de ne nous plus envoyer de vos écrits sur ces matières. Vous traitez d'une manière trop inégale ces grandes lumières de l'Église, ces grands théologiens ; vous faites semblant de bouche de les honorer, mais vous les rejetez en effet; et vous nous voulez rendre nos armes inutiles, qui sont leurs divins discours, par lesquels nous pourrions combattre vos sentiments. Ainsi vous nous délivrerez de peine. Allez donc dans votre voie, et ne nous

P. DE LA F. I.

écrivez plus touchant les dogmes, mais seulement par un commerce d'amitié, si vous le voulez. »

Ce fut la dernière réponse du patriarche, dans laquelle on voit qu'il n'accuse point les luthériens de ne pas bien entendre ses sentiments, mais de n'entendre pas la doctrine de l'Église. Il ne leur dit point qu'ils corrompaient le sens de ses écrits, mais il leur dit qu'ils corrompaient le sens de l'Écriture, et il les abandonne comme des gens incurables, qui, ayant renoncé à la tradition, avaient renoncé à la lumière qui les pouvait retirer de leurs erreurs.

Les luthériens ne voulurent pas demeurer sans repartie. Ils réfutèrent encore ce troisième écrit, mais sans expliquer autrement le sens du patriarche. Et Crusius, qui signa toutes ces réponses, demeura si persuadé que les Grecs tenaient la transsubstantiation, qu'il met cette opinion entre leurs erreurs, dans le commentaire qu'il a fait d'une poésie faite par Gerlak, comme nous avons déjà vu.

Les théologiens de Wittemberg, qui ont fait imprimer le recueil de tous ces actes en 1584, ne devinèrent pas aussi d'autre sens dans les paroles de Jérémie ; puisque, rapportant dans leur préface toutes les différences qu'ils ont pu trouver entre la doctrine de ce patriarche et celle de l'Église romaine, ils se donnent bien de garde de parler de la transsubstantiation, et de distinguer en ce point l'Église latine de la grecque. Il a fallu près d'un siècle pour donner la naissance aux imaginations des nouveaux ministres et de M. Claude, qui a enchéri par-dessus Aubertin, en revêtant ses songes d'une multitude de grands mots pour tâcher d'en couvrir l'absurdité sous le faux éclat de ces termes magnifiques qui étourdissent les personnes simples, parce qu'ils impriment dans leur esprit une idée confuse de quelque chose de grand qu'ils n'entendent point. C'est tout ce qu'il a ajouté aux inventions de son maître. Mais je pense qu'après ce que nous venons de dire sur ce sujet, et les preuves du vrai sens de Jérémie que nous avons rapportées, il n'y aura personne qui ne demeure d'accord qu'on ne peut corrompre les sentiments d'un auteur avec plus de hardiesse que ces deux ministres ont fait ceux de Jérémie : de sorte qu'au lieu que M. Claude prétend faire croire que l'on s'est trompé dans l'intelligence des paroles de Jérémie, parce que l'on n'entend pas le langage des Pères qu'il a imités, les personnes sages n'en concluront autre chose, sinon que M. Claude n'entendant pas certainement, ou feignant de ne pas entendre le langage de Jérémie, et lui imposant, comme il fait, des sentiments entièrement contraires à sa pensée et à ses écrits, il y a bien de l'apparence qu'il n'entend pas mieux les sentiments et le langage des anciens Pères, et qu'il n'est pas moins hardi à corrompre leur doctrine ; car qui n'osera point dans des choses tant soit peu obscures un homme qui a la témérité de vouloir obscurcir et démentir l'évidence même ?

(Dix-sept.)

CHAPITRE V.

Vingt-quatrième preuve, *tirée des écrits de quelques évêques grecs de ce dernier siècle, que les calvinistes prétendent avoir été d'accord avec eux, parce qu'ils ont été fort emportés contre le pape.*

Je comprendrai sous le dernier siècle tout ce qui s'est passé de plus célèbre dans l'Orient sur le sujet de l'Eucharistie, depuis le patriarche Jérémie ; parce que souvent les mêmes personnes ayant vécu à la fin de l'autre siècle et au commencement de celui-ci, on les peut rapporter indifféremment à l'un ou à l'autre.

L'hérésie de Calvin s'étant répandue, comme l'on sait, dans l'Occident avec le luthéranisme, et ayant fait de grands progrès dans l'Angleterre et dans la Hollande, qui sont les deux nations du monde les plus célèbres pour le trafic, ce serait un miracle que tant d'Anglais et de Hollandais répandus dans l'Orient par la nécessité du commerce, et ayant par leurs richesses beaucoup de moyens d'attirer à eux les âmes basses et intéressées, n'eussent trouvé personne en tant de lieux où ils sont établis, qui fût susceptible de leurs erreurs. La providence de Dieu, qui cache sa conduite sous des voies plus humaines et plus communes, n'a pas accoutumé de faire de ces sortes de prodiges ; et les erreurs trouvent d'ordinaire des partisans partout, parce qu'il y a partout des hommes qui méritent d'être abandonnés à l'esprit d'erreur.

Et c'est pourquoi l'on voit qu'il n'y a guère de lieu où il n'ait paru quelque semence du calvinisme, quoiqu'il ait été plus promptement aboli en certains lieux que dans les autres. Ainsi, à n'en juger que par la raison, on devrait croire qu'il aurait dû faire beaucoup de progrès dans l'Orient. C'est un pays où l'on est certainement moins instruit des vérités de la foi que dans l'Occident : or l'ignorance est très-favorable aux calvinistes pour faire recevoir leurs opinions. De plus, la haine que l'on y porte au pape leur donne entrée pour s'insinuer dans les esprits, sous prétexte de s'unir avec les Grecs contre l'Église romaine. Et enfin, il n'y a personne qui s'oppose dans l'Orient à l'établissement de leur doctrine ; les Turcs souffrant indifféremment toutes les diverses sectes de chrétiens, et étant en quelque sorte plus favorables aux calvinistes qu'aux autres ; parce qu'ils ont moins à appréhender d'eux que des catholiques, qui leur donnent plus de jalousie à cause de la grandeur des princes qui sont de la communion du pape.

Mais, quelque progrès qu'ils eussent fait, ce serait une conséquence très-fausse que d'en vouloir conclure que l'opinion nouvelle qu'ils y auraient introduite fût la doctrine de l'église grecque. Et ce serait à peu près comme s'il prenait fantaisie à quelqu'un de soutenir que la créance que Calvin a établie dans Genève était celle qu'il y a trouvée, et que Luther n'a rien changé dans la foi des églises d'Allemagne.

Ainsi, quand ils montreraient que des villes et des provinces entières de l'Orient auraient embrassé, dans ces derniers siècles, l'opinion de Calvin, ils n'auraient en rien affaibli ce que nous avons prétendu prouver dans tout ce traité, qui est que la foi de la présence réelle et de la transsubstantiation est celle que l'hérésie de Bérenger a trouvée universellement reçue et établie dans toutes les sociétés chrétiennes, et qui y est demeurée jusqu'à Calvin. Si les calvinistes depuis ont gagné certaines personnes dans quelques-unes de ces sociétés, cela ne fait que découvrir leur innovation, et n'empêche pas qu'il ne soit vrai que la foi qu'ils ont changée, était généralement reçue avant eux par tous les chrétiens : ce qui est la plus grande marque d'une tradition apostolique.

Il est donc vrai qu'il ne serait nullement étrange, que les calvinistes eussent attiré à eux un grand nombre de Grecs, et qu'il est ridicule d'en conclure que le sentiment qu'ils leur auraient fait embrasser soit celui de l'église grecque. Mais on sera bien étonné de voir que cet effet qui paraît si probable, n'étant point du tout, et les calvinistes n'ayant pu, par toutes leurs pratiques, inspirer la doctrine de Calvin qu'à deux ou trois personnes considérables parmi les Grecs, ils aient eu la hardiesse d'en tirer cette conséquence, que l'église grecque était de leur sentiment sur la présence réelle et la transsubstantiation : ce qui ne laisserait pas d'être faux et absurde, quand ils auraient fait embrasser leur parti aux deux tiers de l'Orient.

C'est néanmoins ce qu'on va voir dans l'histoire de quelques patriarches et évêques de l'Orient, que les calvinistes se vantent avoir été favorables à leur sentiment : ce qui n'est vrai que d'un ou de deux.

Hornbec ne craint pas de dire que Mélétius, patriarche d'Alexandrie, était d'accord avec eux. *Ulterius*, dit-il, *post patriarcham Jeremiam cum nostris convenit Meletius Alexandrinus primùm, tum Constantinopolitanus patriarcha*. Et certainement si c'était être d'accord avec les calvinistes que d'être grand ennemi du pape, ils auraient raison de compter ce Mélétius pour un de leurs partisans ; car il est certain qu'il a toujours fait contre le pape et contre l'Église romaine tout ce qu'il a pu. Il a écrit plusieurs lettres aux Grecs de Pologne, aux Moscovites, aux habitants de l'île de Chio contre l'Église romaine. Il a fait plusieurs traités pour soutenir les opinions des Grecs : mais bien loin qu'on puisse conclure de là qu'il n'ait pas cru la présence réelle et la transsubstantiation, on en conclut directement le contraire. Car, étant très-informé des opinions des Latins, étant très-savant, comme dit Hornbec, très-ennemi du pape, ayant fait un très-grand nombre de livres, s'il avait été contraire à la doctrine des catholiques sur l'Eucharistie, il serait moralement impossible qu'il ne l'eût combattue dans quelqu'un de ces traités. Or une preuve certaine qu'il ne l'a point fait est que Hottinger, qui fait depuis la page 62 de son seizième siècle jusqu'à la page 67 un grand extrait de ce que Mélétius a dit de plus fort contre l'Église romaine, ne rapporte aucun lieu contre la présence réelle ni contre la transsubstantiation. Ce qui donne juste sujet de se servir du témoignage de ce Mélétius même, pour prouver le consentement de l'église grecque avec la latine sur le sujet de l'Eucharistie.

On peut encore employer avec raison celui de Margunnius, évêque de Cythère, duquel Hottinger se glorifie, parce qu'il a fait un livre contre les jésuites, et un autre contre les cordeliers, dont il ne cite rien, parce que ce ne sont que faits et qu'accusations particulières, qui ne regardent point le fond de la religion. Mais on voit un autre traité du même auteur, imprimé en grec à Venise, avec Georges Scholarius, sur la procession du Saint-Esprit, dont on peut apprendre ses sentiments sur l'Eucharistie. Il parle dans tout son livre, et principalement dans le premier chapitre, avec tant d'emportement contre les Latins, qu'il ne craint pas de les accuser sur le sujet des azymes, de l'hérésie d'Apollinaire, de Manès, de Marcion et de Valentin, sur ce fondement extravagant, qu'ils niaient tous les mystères que les Grecs disaient être marqués par l'union du levain avec le pain. Cependant cet accusateur si injuste, ne l'a pas été jusqu'au point que de faire un crime aux Latins de croire la présence réelle et la transsubstantiation. Et comme ce n'est pas sans doute par ménagement et par réserve, ce ne peut être que parce qu'il était lui-même dans cette doctrine.

Non seulement il ne la combat point, mais il en fait profession. Car quand il approuve ce qui avait été dit par le catholique qu'il introduit dans son dialogue, *qu'autrefois les deux églises étaient unies en participant à la même renaissance que l'on reçoit dans le saint baptême, et à la sacrée communion du corps pur et vivifiant du Sauveur*, on doit juger qu'il l'approuve au même sens qu'il avait été dit par le catholique. Et comme le catholique entendait une participation réelle du vrai corps de Jésus-Christ, on doit conclure que Margunnius parle aussi d'une participation réelle.

Quand il reproche de même aux Latins, dans le même chapitre, de soutenir que le pain azyme est le corps de Jésus-Christ, il fait assez voir qu'il croyait lui-même que le pain levé était le corps de Jésus-Christ, puisqu'il ne fonde son reproche que sur la qualité du pain azyme, et non sur celle du pain. Un homme qui ne croit point du tout que le pain puisse être changé au corps de Jésus-Christ, ne s'amusera jamais à disputer si le pain azyme, comme azyme, y peut être changé; puisqu'il ne croit pas qu'il puisse devenir le corps de Jésus-Christ, ni comme azyme, ni comme pain levé. Cette grande dispute de la présence réelle et de la transsubstantiation étouffe toujours tous ces petits différends; et quand on voit des gens qui s'y amusent, c'est un signe manifeste qu'ils n'ont point de différend sur la substance du mystère.

C'est pourquoi, quant au fond de la doctrine de l'Eucharistie, il est clair que ceux qui combattent les azymes sont de même sentiment que ceux qui les défendent, et qu'ainsi Margunnius, qui les rejette, n'était pas moins pour la transsubstantiation que le religieux Hilarion, l'un des nouveaux Grecs catholiques, lequel, dans un traité qu'il a fait pour soutenir les azymes contre les Grecs schismatiques, imprimé dans le livre d'Allatius, intitulé : *La Grèce orthodoxe*, leur parle de cette sorte : *Je vous ai écrit ces choses, ô Grecs! que je chéris véritablement, non pour blâmer votre pain,* QUE J'ADORE, *et que je révère de même manière que nos azymes; mais pour vous montrer que votre conduite n'est pas juste ni chrétienne, lorsque vous attaquez et que vous outragez, ou par vos paroles ou par vos actions, les azymes des Latins. Car Jésus-Christ est véritablement contenu dans l'un et dans l'autre : ἐν ἀμφοτέροις γὰρ ὡς εἴρηται Χριστὸς ἀληθινὸς περιέχεται.*

Tous ces passages donnent également lieu de faire cette réflexion décisive que les Grecs schismatiques n'ayant point blâmé les Latins de croire la présence réelle et la transsubstantiation, et les Grecs catholiques n'ayant point accusé les autres Grecs de ne la pas croire, et ce silence ne pouvant venir ni dans les uns ni dans les autres d'une ignorance mutuelle de leurs sentiments, il faut, par nécessité, qu'il naisse d'une conformité de doctrine.

CHAPITRE VI.

VINGT-CINQUIÈME PREUVE, *tirée de l'histoire de Cyrille, qui, ayant été perverti par les calvinistes, trouva moyen de s'élever premièrement sur le siége d'Alexandrie, et puis sur celui de Constantinople, dont il fut dépossédé pour ses erreurs.*

Mais voici un autre personnage, dont les calvinistes prétendent tirer des avantages beaucoup plus grands. C'est un appelé Cyrille, natif de Candie. Il fut d'abord disciple de Mélétius, patriarche d'Alexandrie, qui le fit prêtre, et depuis de ce Margunnius dont nous avons déjà parlé. Hottinger relève son esprit par la multitude des langues qu'il apprit à écrire et à parler : mais c'est plutôt une marque de sa mémoire que de son jugement. Il eut commerce avec Antoine de Dominis, et son inclination le porta toujours à conférer avec tous les calvinistes qu'il put rencontrer.

Il faut avouer sur ce point que les ministres prouvent parfaitement bien qu'il embrassa les sentiments de Calvin, premièrement dans le cœur, et ensuite ouvertement.

Il rapporte lui-même, dit Hottinger dans une lettre qu'il a écrite à de Dominis, *qu'ayant conféré avec Fuxius, docteur de Transylvanie, et orthodoxe* (c'est-à-dire calviniste, dans le langage de ce ministre), *il reconnut la vanité et la faiblesse des subtilités que les superstitieux apportent pour l'invocation des saints; et qu'au lieu qu'il avait été jusqu'alors branlant et incertain, il se rendit entièrement à la force invincible de la vérité. Je connus*, dit-il, *par la grâce de Dieu, ce que c'est que d'avoir pour la règle de son salut la parole de Dieu, au lieu de suivre les songes et les fantaisies des hommes; ce que c'est que d'édifier sur le fondement de Jésus-Christ des choses précieuses, et de n'y édifier que du bois, du foin et de la paille.*

Le voilà donc déjà calviniste, non seulement sur

l'invocation des saints, mais aussi sur les traditions et sur l'autorité de l'Église; car c'est ce qui est enfermé dans ces paroles : *De reconnaître la parole de Dieu comme la règle unique de son salut.* Mais c'est par changement de religion et de créance ; c'est en abandonnant et en condamnant les opinions qu'il avait apprises dans le sein de son église, pour suivre celles qui lui furent inspirées par les disciples de Calvin et par la lecture de leurs livres. Il devint calviniste comme un catholique qui se pervertit le peut devenir; et je ne vois pas que les calvinistes aient grand sujet de se glorifier d'avoir pu gagner en Orient un seul homme.

Hottinger attribue le progrès qu'il fit dans le calvinisme à la lecture des livres de théologie qui lui furent donnés par l'ambassadeur des états-généraux ; et l'on peut juger par la qualité de l'ambassadeur quels livres de théologie ce pouvaient être.

Mais tout calviniste qu'il fût dans son âme, il n'osa pas sitôt faire paraître ses sentiments, et il ne témoigna extérieurement qu'une aversion violente contre le pape : ce qui ne servit pas peu pour le faire entrer dans les bonnes grâces de Mélétius, qui le fit supérieur d'un monastère, et se servit de lui pour empêcher, s'il eût pu, l'union de quelques églises grecques de Pologne avec le pape. Allatius parle encore d'une autre ambassade en Valachie et en Saxe. On lui fait courir de grands dangers dans la négociation de Pologne, de la part des catholiques : mais Hottinger a grand tort de n'en rapporter aucune preuve ; car jamais homme ne mérita moins que lui d'être cru sur sa parole. Allatius dit que, pour souscrire des articles contre les catholiques, il reçut cinq cents écus en Allemagne; qu'il fut depuis envoyé en Candie, afin de ramasser de l'argent pour le patriarche, et qu'ensuite, à son retour, Mélétius ayant été transféré à Constantinople, il se servit de l'argent qu'il avait amassé pour occuper sa place, au préjudice d'un autre qui était élu d'un commun consentement : ce qui n'est pas difficile à ceux qui ont de l'argent, en un pays où ces sièges sont maintenant à vendre au plus offrant.

Quoi qu'il en soit, il ne s'ensuit nullement de son élection au patriarcat, que les Grecs aient ou toléré ou approuvé ses sentiments sur l'Eucharistie, puisqu'il les cachait encore; comme l'on ne doit pas supposer que l'on ait cessé à Alexandrie d'invoquer les saints, parce que Cyrille était déjà persuadé que cette invocation était superstitieuse et contraire à l'Écriture.

Voilà donc déjà Cyrille fort élevé dans l'église grecque, puisque le voilà patriarche du second siège. Mais comme l'ambition n'a point de bornes, ce siège ne lui servit que de degré pour s'élever à celui de Constantinople. Il y alla lui-même pour y faire ses pratiques : mais s'étant trouvé moins appuyé que Timothée, ou moins riche, comme les ministres le publient, ce Timothée lui fut préféré. Et comme Cyrille ne cessait point de cabaler contre lui, et que Timothée, qui en était informé, était en état de s'en ressentir, Cyrille fut obligé de s'en aller au mont Athos, d'où il partit quelque temps après pour se retirer en Pologne.

Je rapporte toute cette histoire principalement sur la foi d'Allatius, qui a eu un soin particulier de s'en informer, et qui, étant Grec de nation, est plus croyable que des ministres hollandais ou suisses, et entre autres que Hottinger, qui est un des plus emportés et des moins sincères des écrivains que j'aie jamais lus. Mais le fond de notre contestation ne dépend nullement de la vérité de ces faits; et on les pourrait supposer tels que les ministres les rapportent, sans que la cause des catholiques en fût blessée, ni que celle des calvinistes en reçût aucun solide avantage.

Allatius raconte donc que le patriarche Timothée mourut quelque temps après, ayant été empoisonné chez l'ambassadeur de Hollande par Josaphat de l'île d'Andros, lorsqu'après le dîner ils s'excitaient l'un l'autre à boire. Le poison parut en ce que sitôt que Timothée fut retourné chez lui, il fut saisi d'une colique violente, d'une pesanteur de tête, d'un éblouissement, d'une palpitation de cœur, et d'un tremblement de membres ; ce qui l'obligea d'envoyer quérir un médecin, nommé Apollonius. Mais ce médecin, qui avait été gagné pour une somme de mille écus, lui donna un nouveau poison dans un remède, qui le fit bientôt mourir. Cette méchanceté ne demeura pas inconnue ; car ce Josaphat, qui fut fait, en récompense, archevêque de Calcédoine par Cyrille, s'étant depuis brouillé avec lui, découvrit tout ce qui s'était passé. Ce qui ayant animé Cyrille contre lui, il fit en sorte qu'on lui envoya des janissaires de sa connaissance pour l'amener à Constantinople, qui l'étranglèrent sur le chemin, et jetèrent son corps dans la mer.

Cela n'arriva que longtemps depuis. Mais aussitôt après la mort de Timothée, Cyrille trouva moyen de se faire élire patriarche de Constantinople ; et pendant quatre mois, pour n'effaroucher pas les Grecs, il fit encore profession de la religion grecque, qui, hors les points de la procession du S.-Esprit et des azymes, est presque la même que la catholique. Mais après ce temps, comme il avait ses engagements avec les Hollandais qui lui prêtaient de l'argent pour tous ses besoins, il ne différa pas davantage à s'acquitter envers eux de ses promesses, en publiant ses erreurs parmi le peuple.

Il ne faut pas s'imaginer néanmoins qu'il l'ait fait avec un si grand éclat. Il gagna par des pratiques secrètes quelques personnes : il publia une confession de foi en son nom, contenant les erreurs des calvinistes ; mais il n'anathématisa point ceux qui tenaient le contraire. Il était permis à chacun de croire ce qu'il voulait. Il ne changea rien dans l'extérieur de l'Église : et ainsi, comme il est certain qu'il était lui-même dans l'erreur, il est certain aussi qu'elle demeura renfermée en lui, et en un petit nombre de gens de sa cabale.

L'état où les Grecs sont réduits sous la tyrannie des Turcs, fait assez juger qu'il ne leur est pas facile de se délivrer d'un mauvais patriarche ; puisque, pourvu qu'il ait de l'argent, il est toujours le plus fort auprès des Turcs, et que, sous prétexte de sédition, il fait étrangler et empaler ceux qu'il lui plaît. C'est pourquoi il est fort naturel que, dans ces occasions, personne ne se hasarde, et qu'en conservant la vraie foi, on se contente d'attendre de Dieu sa délivrance.

On ne devrait donc point s'étonner quand les Grecs auraient supporté Cyrille ; puisque, comme nous avons dit, il ne contraignait positivement personne d'embrasser ses sentiments, et qu'il était calviniste en quelque sorte pour lui, et non pour les autres. Et ainsi les efforts étranges que les Grecs ont faits pour le faire chasser de son siége sont dignes d'admiration, et marquent en eux un extrême zèle pour leur foi.

Ils ne furent pas longtemps à s'élever contre lui dès qu'ils eurent découvert quel il était ; et l'ayant déposé dans un synode, ils obtinrent, en donnant de l'argent au grand-seigneur, qu'il fût envoyé en exil à Rhodes. Les calvinistes attribuent ce soulèvement aux jésuites, et prétendent qu'ils y excitèrent les Grecs ; mais les Grecs n'aiment pas assez les jésuites pour s'unir à eux, à moins que le commun intérêt de la religion ne les y oblige.

Cyrille trouva bientôt moyen de sortir de son exil, en donnant de l'argent au sultan. Et comme les Grecs continuèrent de leur côté de faire tous leurs efforts pour se délivrer de sa domination, l'on vit durant plusieurs années un étrange spectacle dans cette église affligée. Car les Turcs, se riant de ces divisions, étaient toujours prêts de bannir ou de rétablir Cyrille, selon qu'on leur donnait plus d'argent de part ou d'autre. Les Grecs faisaient ce qu'ils pouvaient pour le faire chasser de Constantinople, en donnant de l'argent au grand-seigneur. Cyrille de son côté, pour se maintenir, prenait à usure des Hollandais de grandes sommes qu'il levait ensuite sur ses églises.

Enfin, comme il avait fait périr plusieurs évêques et prêtres, il éprouva le même traitement qu'il avait si souvent procuré aux autres : car, ayant été chassé de son siége pour la dernière fois, et relégué vers le Pont-Euxin, il fut tiré de prison peu de jours après, et étranglé par l'ordre du grand-seigneur. Son corps ayant été jeté sur le rivage, y fut enterré ; mais la fosse n'ayant pas été bien recouverte, il fut déterré déjà tout puant et plein de vers par des personnes qui croyaient trouver quelque chose de précieux dans son tombeau ; et comme ils y furent trompés, ils laissèrent son corps exposé aux bêtes.

Voilà la fin de ce patriarche calviniste, qu'ils n'ont pas manqué de faire passer pour un martyr, quoique la cause de sa mort soit bien éloignée de lui pouvoir faire mériter ce titre, et qu'il n'y ait rien en sa vie qui ressente le martyr. Ils en accusent son successeur, Cyrille de Bérée, et ils prétendent que ce fut par ses faux rapports qu'il engagea le grand-seigneur à cette cruauté. Mais outre qu'ils le disent sans le prouver, il est encore incertain si ces rapports étaient faux : de sorte qu'ils fondent contre lui une accusation certaine sur deux choses inconnues et non prouvées.

Mais pour revenir à Cyrille, c'est bien inutilement que les calvinistes se mettent en peine de prouver qu'il a été de leur sentiment. Personne ne le leur conteste. Il le dit lui-même très-nettement : car que peut-on désirer de plus clair sur ce sujet, que ce qu'il écrivit à un calviniste, et qui est rapporté par la plupart des auteurs nouveaux, comme par Hottinger, Rivet, Hornbec. *J'ai voulu*, dit-il, *écrire ces choses à votre révérence, afin de la supplier qu'elle me serve de témoin, s'il m'arrive de mourir, que je mourrai catholique orthodoxe dans la foi de Notre-Seigneur Jésus-Christ, et dans la doctrine évangélique, qui est conforme à la confession belge, à ma confession et à celle des autres églises évangéliques, qui s'accordent toutes entre elles ; que je déteste les erreurs des papistes, et les superstitions des Grecs ; que j'approuve et que j'embrasse la doctrine de l'illustre docteur Jean Calvin, et de tous ceux qui suivent ses sentiments. C'est ce que je vous prie, M. Leger, d'attester pour moi ; puisque c'est avec une conscience très-sincère que j'embrasse cette doctrine, que j'en fais profession, comme ma confession le fait voir.*

Qui s'étonnera qu'un homme si déclaré, qui condamne également les Latins et les Grecs, ait fait une confession de foi conforme à ses erreurs ? Et qu'en peut-on conclure, sinon, que les calvinistes ont gagné ou persuadé un Grec ; qu'ils l'ont élevé au patriarcat par leur argent, et qu'ils ont tâché de s'en servir pour semer leurs erreurs dans l'Orient ? Mais d'en conclure, comme fait M. Claude, que la confession de foi de ce Cyrille représente les sentiments de l'église grecque avant Cyrille, et du temps même de Cyrille, c'est abuser avec trop de hardiesse de la simplicité de ses lecteurs. J'aimerais autant dire que la confession des ministres de Charenton représente les sentiments de l'église de France ; ou que la confession de l'église anglicane, sous Élisabeth, nous fait voir la foi qui y était sous Marie, à qui elle succéda.

Il rejette, dit M. Claude, *dans cette confession de foi la transsubstantiation.* On pourrait lui répondre, qu'il n'explique point ce que c'est que cette transsubstantiation qu'il rejette sous le mot de μετουσίωσις, qui n'est pas celui dont les Grecs se servent ordinairement pour l'expliquer ; qu'il ne doit point que le pain demeure ; qu'il assure, par une équivoque malicieuse, qu'il *confesse la présence véritable et réelle de Jésus-Christ dans l'Eucharistie*, quoiqu'il la réduise à une présence de foi : ce qui est encore équivoque, étant vrai qu'il n'y a que la foi qui nous assure de la présence de Jésus-Christ, quoique ce ne soit pas la foi qui le rende présent. Il est visible qu'il a obscurci cet article à dessein, et qu'il n'a osé condamner aussi ouvertement qu'il eût désiré la foi de l'église grecque, afin de s'y conserver quelques partisans par l'obscurité affectée de ses paroles. On pourrait lui dire encore que Cyrille a bien reconnu lui-même que cette confession était contraire au sentiment des Grecs, et que c'est ce qui l'a porté à la finir par ces paroles :

Nous prévoyons assez que cette confession abrégée sera comme un signe de contradiction pour ceux à qui il plaît de nous calomnier, et de nous persécuter injustement. Mais nous avons cette confiance en Notre-Seigneur Jésus-Christ, qu'il n'abandonnera pas la cause de ses fidèles, et qu'il ne laissera pas le sceptre des indignes dominer sur l'héritage des justes.

Mais j'aime mieux demander à M. Claude s'il croit en sa conscience que Cyrille suivit les opinions de l'église grecque, lui qui condamne si positivement le culte des images dans l'addition de cette confession de foi et l'intercession des Saints, lorsqu'il enseigne dans l'article VIII : *Qu'il n'y a que Jésus-Christ qui ait soin de l'Église*, pour exclure, comme il s'en est expliqué lui-même, l'intercession des Saints ? Sont-ce là les sentiments d'une église dont Hornbec dit, *qu'elle se prostitue honteusement à la vénération des Saints ? Turpiter se prostituunt in Sanctorum cultu Orientales* ; et dont Chytreus dit qu'il est clair, par les formules qui sont en la bouche de tous les Grecs, avec combien de superstition *ils adorent et révèrent, non seulement les saints qui sont dans le ciel, mais aussi leurs images.* Je lui demande si un homme comme Cyrille, qui n'admet que deux sacrements, représente les sentiments de l'église grecque sous Jérémie, qui fait une profession si ouverte de croire les sept sacrements dans ses réponses aux luthériens ? Je lui demande s'il croit de bonne foi que la doctrine de la justification de l'homme par la foi, qui nous applique la justice de Christ, soit la doctrine de l'église grecque, et s'il peut dire que c'est celle qui est contenue dans les réponses de Jérémie, et que Chytreus luthérien impute aux Grecs ? Je lui demande s'il est persuadé que les Grecs croient que les âmes de ceux qui meurent jouissent toutes de la gloire, ou souffrent les tourments de l'enfer, comme il est dit dans le dernier article de cette confession; et si c'est donc faussement que Hornbec et Chytreus, et tous ceux qui ont traité des opinions des Grecs, leur attribuent d'admettre, outre le paradis et l'enfer, *un certain lieu triste, ténébreux et plein de misère, dans lequel les âmes sont purgées après cette vie ?*

Il n'y aurait rien de si facile que de convaincre M. Claude que cette confession de foi est toute contraire, dans ses principaux articles, au sentiment des Grecs, non seulement par les témoignages des auteurs grecs, mais aussi par l'aveu de tous les calvinistes et luthériens. Mais la facilité même m'empêche de l'entreprendre, parce que je ne saurais croire que M. Claude veuille s'engager à le nier. J'aime mieux le supposer ici, et lui déclarer qu'il n'oserait soutenir que la confession de Cyrille soit conforme au sentiment des Grecs. Et cela supposé, je lui demande, avec quelle conscience, étant persuadé, comme il est impossible qu'il ne le soit, qu'elle est tout opposée à la créance des Grecs, il nous peut produire l'article où il est parlé de l'Eucharistie, pour faire voir la foi de l'église grecque sur ce mystère ? Et si ce n'est pas se moquer de Dieu et des hommes que de nous citer cet auteur avec cette préface : *Mais pourquoi*, dit-il, *cherchons-nous la vraie créance des Grecs ailleurs que dans la confession de Cyrille, leur patriarche, qui porte en termes exprès la rejection de la transsubstantiation ?* Voilà une figure digne de l'éloquence de M. Claude, qui n'a jamais mis entre les règles de sa rhétorique celle de parler raisonnablement. Que ne nous demande-t-il aussi pourquoi l'on cherche la foi de l'église de Constantinople sur la personne de Jésus-Christ ailleurs que dans la confession de Nestorius ? Pourquoi l'on cherche la foi de l'Église romaine ailleurs que dans l'Institution de Calvin ? Un Grec se lie avec les calvinistes ; il *reconnaît Calvin pour son maître ; il renonce*, comme il dit lui-même, *aux superstitions des Grecs;* il condamne dans une confession de foi les articles qui sont constamment reconnus pour être la doctrine des Grecs par les calvinistes mêmes ; il est chassé plusieurs fois de son siége durant sa vie, et condamné et anathématisé après sa mort, comme nous dirons ci-après. M. Claude ne peut ignorer toutes ces choses ; il n'oserait s'engager à soutenir le contraire ; et cependant il nous dit froidement, comme si c'était la chose du monde la plus constante, *pourquoi nous cherchons la créance des Grecs ailleurs que dans la confession de Cyrille leur patriarche.*

Je ne sais pour qui M. Claude prétend écrire ; mais certainement il ménage mal sa réputation à l'égard des personnes sages et judicieuses. Est-ce donc qu'il prétend prouver par cette confession de Cyrille que l'on n'honore point les images dans l'Orient; que cette prière n'y est plus en la bouche de tous les Grecs: *Mère de Dieu, reine de tous, la gloire des orthodoxes, confondez le faste des hérétiques, qui n'adorent et ne révèrent pas, ô Vierge toute pure, votre vénérable image?* Est-ce que leur Horologe, qui est comme le bréviaire des Grecs, et que non seulement les religieux, mais un très-grand nombre de laïques récitent tous les jours, n'était pas tout plein, au temps même de Cyrille, d'oraisons adressées et à la Vierge et aux saints ? Est-ce que leurs Liturgies n'en sont pas toutes remplies ? Est-ce que l'on a cessé d'y prier pour le repos des morts ? Que si la confession de Cyrille n'a rien changé dans la foi des Grecs à l'égard de tous ces points, et si elle ne peut servir de preuves, ni qu'ils ne les aient pas tenus auparavant, ni qu'ils aient cessé de les tenir nonobstant les erreurs de leur patriarche, pourquoi M. Claude nous l'allègue-t-il comme une preuve de leur foi sur la transsubstantiation et la présence réelle, qui n'est pas moins établie dans la créance distincte de tous les Grecs, que ces autres points; qui est encore plus l'objet de leur piété, et qui est confirmée, comme nous verrons, par les livres que les plus simples ont entre les mains ?

CHAPITRE VII.

VINGT-SIXIÈME PREUVE *de l'union de l'église grecque avec la latine sur le mystère de l'Eucharistie, par ce qui est arrivé depuis la mort de Cyrille Lucar.*

Il faut avouer que jamais personne ne fut moins incommodé des passages ni des histoires que M. Claude, et qu'il a un secret admirable pour s'en délivrer : car les passages, dans son livre, ne disent justement que ce qui lui est nécessaire pour son dessein, et les histoires de même ne contiennent précisément que ce qui lui est favorable. Mais aussi il ne faut pas les en détacher, ni prétendre s'instruire par ce qu'il en dit, ni du sentiment des auteurs qu'il cite, ni de la vérité des événements qu'il rapporte ; car les idées qu'il en donne sont si étrangement confuses, que quand on vient à voir les choses en détail, on est épouvanté de la hardiesse avec laquelle il se joue de la crédulité des simples. En voici un exemple considérable, dans la manière dont il raconte l'opposition que l'église grecque a faite à Cyrille durant sa vie et après sa mort.

L'Église romaine, dit-il, *a été fort choquée d'une déclaration si distincte et si claire, et s'est servie de la plume de quelques Grecs, transfuges ou déserteurs, pour invectiver contre ce patriarche. Mais son église l'a toujours reconnu pour vrai et légitime patriarche jusqu'à son martyre, qui arriva l'an 1638, et sa mémoire a été, et est encore en bénédiction parmi ces peuples, comme d'un saint et d'un martyr de Jésus-Christ.*

Qui devinerait jamais par ce récit que Cyrille ait été chassé quatre ou cinq fois de son église durant son patriarcat ; que les Grecs aient fait de continuels efforts pour se délivrer de sa tyrannie ; qu'il ait passé dans l'exil une partie de sa vie ; qu'il n'ait été rétabli qu'avec l'argent que les Hollandais lui prêtaient à usure, et qu'il extorquait ensuite des églises dont il se faisait obéir par le moyen des Turcs ; qu'il ait été solennellement condamné et anathématisé après sa mort en deux synodes par deux patriarches : l'un qui était favorable à l'Église romaine, l'autre qui lui était très-contraire, et qui étaient avec cela très-ennemis l'un de l'autre ? Et néanmoins c'est là l'histoire que M. Claude a enveloppée sous cet embarras de paroles, ou plutôt sous cet amas de faussetés.

Car pourquoi fait-il passer pour transfuges et pour déserteurs ceux qui ont tâché d'établir d'autres patriarches que lui durant sa vie, puisqu'ils en avaient une cause si légitime et si pressante ? Pourquoi nous dit-il que son église l'a toujours reconnu pour vrai patriarche, puisqu'elle a fait tant d'efforts pour le chasser ; qu'elle l'a chassé en effet tant de fois, et qu'il ne s'y est rétabli que par l'autorité souveraine du grand-seigneur ? Pourquoi dissimule-t-il la condamnation solennelle qui fut faite des dogmes et de la personne de Cyrille Lucar par Cyrille de Bérée, son successeur, à la tête d'un concile, et par Parthenius, successeur et ennemi particulier de Cyrille de Bérée, à la tête d'un autre concile ? N'y a-t-il donc qu'à tromper ainsi le monde, en lui disant hardiment qu'un homme anathématisé deux fois par toute l'église grecque, et qui n'a été justifié par aucune assemblée ecclésiastique, est regardé par cette église même comme un martyr ?

Je ne répéterai point ici les autres oppositions qu'on a faites à Cyrille Lucar durant sa vie : nous en avons déjà assez parlé ; mais je remarquerai seulement en passant qu'avant tâché d'attirer à son parti le patriarche d'Alexandrie Gérasinus, et lui ayant adressé pour cela les lettres de l'ambassadeur de Hollande, qui l'invitait de s'unir aux calvinistes, et lui promettait de faire ériger à Amsterdam des séminaires où l'on instruirait les Grecs, ce patriarche refusa ces propositions, et témoigna qu'il ne pouvait s'unir avec eux. Encore, dit-il, *qu'il n'y ait rien de plus souhaitable que l'union et la concorde entre les frères, l'apôtre S. Paul nous avertit néanmoins que non seulement il est périlleux de s'unir avec des gens qui ont une foi différente de la nôtre, mais qu'il n'y a rien que l'on doive plus éviter. C'est pourquoi je ne puis pas dire que vous soyez de notre corps, de notre société, de notre communion ; puisque* VOUS NE PARTICIPEZ PAS AU MÊME CORPS DU SEIGNEUR, *et que vous n'êtes pas marqués de la même image de la foi. Et je ne vous annonce point la paix en Jésus-Christ, et selon Jésus-Christ, si ce n'est celle que Jésus-Christ donne au monde.* Il leur proteste ensuite qu'il reçoit les traditions écrites et non écrites. Il refuse l'offre qu'ils lui avaient faite de l'érection de colléges, si ce n'est qu'ils lui permissent que les enfants y fussent instruits par des Grecs ; parce, dit-il, *que l'ignorance avec la piété, qui est souvent accompagnée du zèle de Dieu, est beaucoup meilleure qu'une science destituée de la vraie foi.* C'est à quoi se réduisent les pratiques de ce Cyrille auprès du patriarche d'Alexandrie.

Il ne paraît pas qu'elles aient été plus efficaces envers les autres. Mais comme tout dépend en Orient de l'autorité du grand-seigneur, et qu'il est toujours prêt de favoriser sans distinction tous ceux qui lui donnent le plus d'argent, Cyrille se maintint par ce moyen durant sa vie contre l'opposition de son église ; et les autres églises n'eurent pas une liberté entière de faire paraître le sentiment qu'elles avaient de sa doctrine. Il demeura, tout calviniste qu'il était, patriarche de Constantinople, comme il y serait demeuré s'il avait été arien. Et quand il plaira aux sociniens de faire patriarche de Constantinople quelque grec qu'ils auraient empoisonné de leur doctrine, pourvu qu'ils soient résolus de faire la dépense nécessaire, ils y pourront réussir comme les Hollandais y ont réussi.

C'est donc proprement la suite qui doit faire voir si c'est par une tolérance forcée, ou par une persuasion véritable que l'église grecque a souffert Cyrille ; et par cette règle il est bien aisé de juger de son sentiment. Car on ne pouvait pas donner des marques plus éclatantes de détestation, d'horreur, d'improbation pour la doctrine de Cyrille, que celles qu'elle en a données.

Après la mort de Cyrille Lucar, Cyrille de Bérée ayant été établi en sa place, il crut que, pour réparer l'honneur de l'église orientale, flétrie en quelque sorte par l'apostasie de Cyrille, et par la confession qu'il avait publiée faussement au nom de l'église grecque, il la devait faire légitimement condamner. Il assembla pour cela un synode où se trouvèrent les patriarches d'Alexandrie et de Jérusalem, avec vingt-trois des plus célèbres évêques de l'Orient, outre tous les officiers de l'église de Constantinople. Dans ce synode on examina la confession de Cyrille, et l'on prononça anathème contre sa personne presque sur tous les chefs. En voici quelques-uns.

« Anathème à Cyrille, qui a dit calomnieusement, dans l'inscription de ses articles, que toute l'église orientale était du sentiment de Calvin. Anathème à Cyrille, qui enseigne et qui croit que la sainte Église de Jésus-Christ peut mentir. » Et un peu après : « Anathème à Cyrille, qui enseigne et qui croit, quoiqu'obscurément et avec un déguisement artificieux, que les saints ne sont pas nos médiateurs et nos intercesseurs auprès de Dieu, en disant que Jésus-Christ est le seul Médiateur, et qu'il est le seul qui a soin de son Église. Anathème à Cyrille, qui enseigne et qui croit que tout homme n'est pas libre, comme il est clair par son quatorzième article. Anathème à Cyrille, qui enseigne et qui croit qu'il n'y a pas sept sacrements dans l'Église..., et qui soutient faussement que Jésus-Christ ne nous en a laissé que deux dans l'Évangile, savoir le Baptême et la Cène. Anathème à Cyrille, qui enseigne et qui croit que le pain que l'on offre, ni le vin non plus, *ne sont point changés*, par la bénédiction du prêtre et l'avénement du S.-Esprit, *au vrai corps et au sang de Jésus-Christ;* puisqu'il est écrit au dix-septième de ses articles hérétiques que ce que nous voyons et que nous prenons n'est point le corps de Jésus-Christ. Anathème à Cyrille, qui transgresse ainsi les oracles certains du S.-Esprit, et qui refuse d'écouter la voix du Dieu-homme, qui a dit à ses disciples : *Si vous ne mangez* LA CHAIR *du Fils de l'homme, et ne buvez son sang, vous n'aurez point la vie en vous*. Anathème à Cyrille, qui enseigne et qui croit, quoiqu'en paroles obscures, que ceux qui sont morts religieusement dans la pénitence, ne reçoivent aucune assistance des aumônes que leurs amis font pour eux, ni des prières de l'Église ; qui prétend que les justes jouissent d'une béatitude parfaite, et que les méchants sont dans une damnation achevée, et qui détruit le jugement et la récompense qui se doit faire au dernier et terrible jour ; ce qui est contraire aux Écritures inspirées de Dieu, et au consentement unanime des théologiens. Anathème au détestable Cyrille ; anathème au nouvel iconomaque ; anathème à Cyrille, qui rejette l'honneur relatif des saintes images, et qui eût bien voulu le détruire, quoiqu'il n'ait pu. Anathème à Cyrille, qui, dans sa quatrième interrogation, appelle vain et frivole ce qui a été ordonné par les saints synodes touchant les images, et qui méprise ainsi le second concile de Nicée, qu'on appelle le septième synode universel. Anathème à ceux qui lisent les articles pleins de mensonges, écrits sous le nom de l'église orientale par Cyrille, comme contenant une bonne doctrine, et qui puisent dans ces articles le venin secret qu'ils contiennent. Car quoiqu'il y paraisse quelque chose de pieux à l'extérieur, néanmoins l'hérésie qui est cachée au-dedans se coule dans les esprits sans même qu'ils s'en aperçoivent. »

Tout ce que M. Claude peut alléguer contre ce synode est que Cyrille de Bérée, sous qui il a été tenu, était ennemi déclaré de Cyrille Lucar, son prédécesseur ; qu'il était uni à l'Église romaine? Mais tous ceux qui y assistèrent et qui le signèrent étaient-ils de même ennemis de Cyrille, et partisans de l'Église latine? Métrophane, patriarche d'Alexandrie, Théophane, patriarche de Jérusalem, vingt-deux autres évêques qui y ont souscrit, tous les officiers de l'église de Constantinople, avaient-ils tous été gagnés par les Latins? Trahit-on ainsi sa foi sans résistance pour un intérêt de néant? Que pouvait faire Cyrille de Bérée à Métrophane et à Théophane, s'ils n'eussent pas voulu signer? Le peuple aurait-il souffert sans soulèvement que l'on eût ainsi condamné sa foi? Car il ne s'agissait plus d'une déclaration en l'air, comme celle de Cyrille Lucar, qui ne changea rien dans l'église de Constantinople : il s'agissait d'un anathème prononcé juridiquement contre la doctrine de Calvin, et contre tous ceux qui la tenaient, qui obligeait par conséquent tous ceux qui y eussent été attachés de se séparer de la communion de Cyrille de Bérée, et de tous ceux qui avaient assisté à ce synode, puisque par-là ces évêques les avaient excommuniés. Cependant où sont ceux dans l'Orient qui se sont séparés de lui pour ce sujet? Où voit-on que le peuple et le clergé de Constantinople, d'Alexandrie et de Jérusalem, se soient révoltés contre leurs patriarches? Quel trouble est-il arrivé dans tous les évêchés de ceux qui ont prononcé cet anathème? M. Claude a moyen de s'en informer. On sait plus en Hollande des affaires d'Orient qu'en lieu du monde ; mais on peut dire par avance que si ces relations sur ce sujet sont sincères, elles seront assez courtes, et qu'elles se réduiront à un ou deux partisans de Cyrille Lucar, qui ont continué d'avoir commerce avec messieurs de Hollande, peut-être dans l'espérance de parvenir, par leur moyen, au même degré d'honneur où ils ont porté Cyrille Lucar.

Le reproche que l'on peut faire contre ce synode, de ce que Cyrille de Bérée, qui y a présidé, était uni à l'Église romaine, est donc vain et inutile ; mais Dieu néanmoins a voulu détruire ce prétexte par une preuve bien manifeste : car Cyrille de Bérée fut chassé quelque temps après de Constantinople par l'évêque d'Andrinople, appelé Parthénius, qui s'établit en sa place, et qui, ayant fait reléguer son prédécesseur à Tunis, et craignant qu'il ne pût un jour revenir, fit en sorte, par le moyen des Turcs, qu'il fût étranglé. Jamais homme n'eut donc moins d'intérêt de maintenir les décrets de Cyrille de Bérée que ce patriarche, son successeur, qui eût eu intérêt, au contraire, de le faire passer pour un hérétique, afin que son expulsion et sa mort ne parussent pas si injustes ni si criminelles. Cependant sitôt que Parthénius fut établi dans le patriarcat, il en commença les fonctions en assemblant un synode composé de vingt-cinq évêques, entre lesquels était le métropolitain de Moscovie. Et là, après qu'on eut examiné de nouveau les articles de Cyrille Lucar, et qu'on eut découvert le venin de l'hérésie de Calvin qui y était caché, ils furent condamnés par le jugement de tous ces évêques.

Nous réprouvons, dit ce concile (1), *entièrement et d'un commun consentement ces articles. Nous les rejetons bien loin de notre église, comme étant pleins d'hérésie, et tout-à-fait éloignés de notre religion orthodoxe. Nous jugeons que celui qui les a écrits n'a point de part à notre foi : et nous déclarons à tout le monde que cet écrivain nous impose faussement, en voulant faire passer sa foi particulière pour celle de l'église grecque d'Orient; au lieu qu'elle est toute calviniste, et non pas grecque. Nous séparons aussi de la congrégation des fidèles tous ceux qui lisent ces articles comme véritables et comme pieux; qui les soutiennent ou qui les défendent, ou par paroles ou par écrit, comme étant fauteurs et participants de ces erreurs, et comme ravageant l'Église de Jésus-Christ. Nous les rejetons au rang des païens et des publicains, et nous déclarons qu'ils n'ont aucune communion avec nous, de quelque condition qu'ils soient. Qu'ils soient liés d'un éternel anathème; qu'ils soient séparés du Père, du Fils et du S. Esprit, un seul Dieu en nature; qu'ils soient maudits, et en ce siècle et en l'autre, et qu'après la mort ils n'obtiennent point de pardon, mais qu'ils soient condamnés pour jamais. Notre église ne s'est jamais laissé emporter à ces opinions; et nous prions Dieu que la grâce du S.-Esprit qui la gouverne, fasse qu'elle ne s'y précipite jamais. Or, en confirmation de ce qui est ici arrêté, nous voulons que le présent décret soit inséré au registre de la grande église, et nous l'avons ici souscrit l'an de salut* 1642, *au mois de mars.*

Vit-on jamais un désaveu plus formel et de l'impiété de Cyrille, et de la hardiesse de M. Claude, qui a bien osé écrire que l'on regarde en Grèce comme un martyr un homme anathématisé si solennellement comme un hérétique par toute l'église grecque?

Je ne rapporterai pas de quelle sorte tous les articles de la confession de Cyrille sont condamnés dans ce synode : mais pour celui de l'Eucharistie, voici de quelle sorte on y représente sa doctrine. *Il ruine tellement*, dit ce synode, *la divine Eucharistie, qu'il ne lui laisse que la figure toute nue; comme si nous étions encore asservis à l'ombre de l'ancienne loi : car il nie que le pain qui est vu et mangé soit, après la consécration,* LE VRAI CORPS DE JÉSUS-CHRIST; *mais il veut qu'il ne le soit que spirituellement, ou plutôt par imagination : ce qui est le comble d'impiété. Car Jésus-Christ n'a point dit : Ceci est la figure de mon corps; mais il a dit :* C'EST MON CORPS ET C'EST MON SANG; *et il a dit cela en parlant de ce que l'on voit et de ce que l'on reçoit, de ce que l'on mange, de ce que l'on rompt, après qu'il a été sanctifié et béni.*

M. Claude ne pouvant désavouer que ces Grecs n'enseignent et la présence réelle et la transsubstantiation, se réduira peut-être à dire qu'ils ont condamné l'opinion des calvinistes sans l'entendre; puis-

(1) Ce synode a été imprimé par Cramoisi, en 1648, et il est rapporté par *Allatius, de Perp. Consens.*, p. 1028.

qu'ils ne veulent pas que le pain soit une figure vide, une simple figure; mais une figure pleine, une figure efficace, une figure revêtue des droits de Jésus-Christ, une figure inondée de la grâce du S.-Esprit. Pourquoi donc, dira-t-il, nous attribuent-ils et à Cyrille, de n'admettre qu'une figure nue?

C'est la réponse qu'il fait d'ordinaire pour se tirer des passages semblables, où les Pères reprochent à ceux qui ne veulent pas demeurer d'accord que l'Eucharistie soit le corps de Jésus-Christ, qu'ils la réduisent donc à n'en être qu'une figure toute nue, semblable à celles de l'ancienne loi. Il s'imagine éluder la force de ces passages en disant qu'il est très-faux que les calvinistes veuillent que l'Eucharistie ne soit qu'une figure de cette sorte. C'est en partie ce qui l'a porté à inventer tous ces grands mots par lesquels il tâche de relever la figure qu'il admet dans l'Eucharistie, et de la séparer des figures nues.

Mais tout cela n'est qu'une pure illusion : car ces évêques grecs, et tous les Pères qui se sont servis du même raisonnement, considèrent être figure et être corps de Jésus-Christ comme deux termes opposés. De sorte qu'ils concluent que ceux qui n'admettent pas que le pain consacré soit le corps de Jésus-Christ, ne le regardent que comme une figure toute nue. Et l'on ne peut jamais éviter de n'y reconnaître que la figure qu'en le reconnaissant pour le corps de Jésus-Christ. Il n'y a point de milieu entre ces opinions selon les Grecs : et c'est ce qui fait voir que cette nudité que ces Grecs considèrent dans cette figure, n'est pas la nudité et le vide des grâces; mais le vide et la nudité du corps même de Jésus-Christ. Tout ce qui n'est pas le corps de Jésus-Christ et ne le contient pas, est vide du corps de Jésus-Christ et n'en peut être qu'une figure toute nue, semblable en cela aux anciennes figures, qui ne contenaient point la chose figurée. Qu'on *inonde* cette figure tant qu'on voudra des grâces du S.-Esprit, qu'on *la revête de tous les droits* du corps de Jésus-Christ, elle ne laissera pas d'être nue et vide du corps de Jésus-Christ : ainsi elle en sera toujours en ce sens une figure simple et nue.

C'est la première raison qui ait fait conclure à ces Grecs que Cyrille, ne reconnaissant point que le pain qu'on prenait fût le corps de Jésus-Christ, ne le considérait que comme une figure toute nue.

La seconde est qu'il arrive souvent que l'on ne regarde point dans les divisions certaines espèces, parce qu'elles sont chimériques et sans fondement, et que l'on ne s'arrête qu'à celles qui peuvent être appuyées de quelque raison; parce que l'on suppose ordinairement que l'on parle à des personnes qui ne s'écartent de la raison que le moins qu'il leur est possible.

Or il est certain, qu'encore que spéculativement et métaphysiquement on puisse considérer ces quatre notions comme capables de former quatre opinions différentes : figure vide et sans efficace; figure pleine de vertu, mais vide du corps de Jésus-Christ; figure remplie du corps de Jésus-Christ; corps de Jésus-

Christ sans figure : c'est-à-dire que l'on peut soutenir que le pain consacré est réellement le corps de Jésus-Christ joint à une figure, comme les catholiques le soutiennent; ou qu'il est le corps de Jésus-Christ sans figure, comme quelques-uns l'ont enseigné au neuvième siècle; ou qu'il est la figure simple et sans efficace du corps de Jésus-Christ, comme on accuse Zwingle de l'avoir enseigné, et comme tous les sociniens et les remontrants le croient; ou qu'il est une figure efficace, comme étant *revêtue de ses droits* et nous communiquant ses grâces, comme parle M. Claude; il est certain, dis-je, qu'encore que l'on puisse considérer ces quatre opinions selon la subtilité métaphysique, néanmoins dans la vérité réelle il n'y en a que deux qui puissent avoir quelque fondement; la première et la troisième : celle des calvinistes étant un pur ouvrage de fantaisie, qui n'a aucun fondement ni réel ni apparent dans l'Écriture, et à laquelle l'esprit ne se porte qu'en lui donnant de violentes contorsions.

La raison est que les paroles des évangélistes qui sont le fondement de la foi de ce mystère ne peuvent avoir que deux sens : l'un réel et véritable, qui est que ce qu'on voit et qu'on reçoit est après la consécration le corps même de Jésus-Christ : l'autre qui est faux, mais qui a quelque petite apparence; savoir que le pain est la figure du corps de Jésus-Christ; que le pain signifie le corps de Jésus-Christ. En un mot, Jésus-Christ, en nous disant : *Ceci est mon corps*, nous apprend ou que c'est réellement son corps, ou que ce l'est significativement. Mais il est ridicule de prétendre qu'il ait voulu nous apprendre par ces paroles que le pain est inondé de la grâce du S.-Esprit, *qu'il est revêtu des droits* du corps de Jésus-Christ, qu'il contient l'efficace du corps de Jésus-Christ. C'est un sens que les ministres mêmes ne donnent pas aux paroles des évangélistes, ni de S. Paul, quand ils les expliquent. C'est un sens qui ne se peut justifier par aucun exemple de l'Écriture : c'est un sens qui n'est jamais venu dans l'esprit de personne, et que l'on ne peut sans impiété attribuer à Jésus-Christ, puisque c'est vouloir qu'il ait parlé un langage si trompeur, que, dans un mystère nécessaire à croire, il ait dû engager tout le monde dans l'erreur.

Non seulement cette inondation, cette efficace du pain n'est point contenue dans les paroles de l'institution de l'Eucharistie, prises au sens des calvinistes; mais on ne la peut tirer raisonnablement d'aucun endroit de l'Écriture, comme nous le montrerons ailleurs. C'est une pure fiction, une invention, un caprice, un dogme d'imagination. Et c'est pourquoi il n'est pas étrange que ceux qui parlent de l'opinion des calvinistes, oublient cette circonstance, et qu'ils ne la considèrent que par ce qu'elle a de plus grossier et de plus apparent, qui est que le pain est la figure de Jésus-Christ, en négligeant ces additions arbitraires et métaphysiques.

Cela leur arrive à eux-mêmes à tout moment. Ils diront cent fois que le pain est le sacrement, le type, la figure du corps de Jésus-Christ, sans s'expliquer davantage. Ils sont ravis quand ils trouvent quelque passage des Pères qui le dise. Ils expliquent simplement ces paroles : *Ceci est mon corps*, en disant *que le sens est : Ceci signifie mon corps*; et ils ne se souviennent de remplir cette figure et ce signe, *de la revêtir des droits de Jésus-Christ, de l'inonder des grâces du S.-Esprit*, que lorsqu'on les presse par quelque passage qui parle d'un véritable changement, et d'une opération surnaturelle du S.-Esprit. Voilà ce qui nous a produit tous ces termes magnifiques. Mais comme c'est la nécessité qui les y oblige, il ne faut pas s'étonner que ceux qui considèrent leurs opinions avec moins de chaleur, et qui n'y regardent que ce qui a quelque suite et quelque apparence, ne fassent pas attention à ces bizarres imaginations, et qu'ils les accusent simplement de croire que le pain, n'étant point selon eux le corps de Jésus-Christ, n'est qu'une simple figure et une simple image ; c'est-à-dire de ne le regarder que comme un pain séparé et vide du corps de Jésus-Christ; soit qu'il soit *inondé* ou non des grâces du S.-Esprit. Et c'est ce qui fait voir que ces notions *de pain inondé et revêtu des droits de Jésus-Christ*, sont si peu naturelles et si éloignées du sens commun, qu'elles ne se présentent pas à ceux mêmes qui devaient assez connaître les sentiments des calvinistes, puisqu'ils avaient eu un patriarche calviniste, qui avait tâché de les inspirer à tous ceux qu'il avait pu. Cependant, selon M. Claude, elles devraient être si naturelles et si simples, que les moins éclairés les pussent voir dans les expressions des Pères, qui nous assurent en tant de manières que le pain est changé et converti au corps de Jésus-Christ par l'opération toute-puissante du S.-Esprit.

CHAPITRE VIII.

VINGT-SEPTIÈME PREUVE, *par le livre d'Agapius, religieux du mont Athos.*

Quoique ces deux conciles si authentiques et si précis, soient plus que suffisants pour justifier que l'église grecque n'a point consenti aux erreurs de Cyrille, je crois néanmoins qu'on sera bien aise de voir quelques preuves de sa foi, du temps même qu'elle était sous la domination de ce patriarche ; et l'on n'en peut pas désirer un témoignage plus considérable que celui que je m'en vais rapporter.

Ceux qui sont informés de l'état de l'église grecque, savent que ce qu'il y a de moins corrompu, c'est l'ordre des religieux de S. Basile, que l'on appelle en Orient Caloyers, du mot grec καλόγηροι. Et comme il n'y en a point qui s'appliquent plus à la religion qu'eux, puisqu'ils quittent toutes choses pour cela, il n'y en a point aussi qui soient plus attachés à ce qu'ils croient appartenir à la foi. Il est vrai que cette attache les porte quelquefois à maintenir les erreurs lorsqu'elles sont établies, et qu'ils les prennent pour des vérités, et que ce sont ceux qui se sont le plus opposés à la réunion des églises sur la procession du S.-Esprit; mais ils ne doivent être nullement suspects d'embrasser tout d'un coup des opinions nouvelles. Et c'est pourquoi, s'ils ne sont pas toujours bons témoins de la vérité, ils sont toujours des témoins incontestables des opinions de l'église grecque, et de celles qui ont cours dans leurs monastères.

Or entre les monastères de Grèce, chacun sait que les plus célèbres sont ceux du mont Athos, que l'on appelle la sainte montagne, parce qu'elle n'est occupée que par des religieux. Il y en a qui disent que leur nombre est encore de quatre mille : les autres y en mettent jusqu'à six mille, distribués en divers monastères ; et la discipline y est si exacte, que c'est un très-grand honneur à un religieux d'avoir fait son noviciat au mont Athos. De sorte que l'on peut dire que c'est comme le noviciat et le séminaire des religieux de tout l'Orient ; parce que ceux qui y ont été élevés se répandent ensuite dans toutes les provinces du patriarchat de Constantinople, et y sont d'ordinaire établis supérieurs.

Ainsi la foi du mont Athos étant celle de tous les religieux d'Orient, et la foi des religieux d'Orient étant celle de tous les évêques, qui sont tous tirés de cet ordre, et de tous les peuples qui suivent leurs évêques, et qui ont tous ces religieux en une particulière vénération, c'est faire voir la foi de toutes les églises grecques, que de produire un témoin de celle des religieux du mont Athos.

C'est pourquoi j'ai été bien aise d'avoir rencontré depuis peu un livre écrit en grec vulgaire par un religieux élevé sur cette montagne, comme il est marqué même dans le titre. Il s'appelle *Agapius*, et le titre qu'il a donné à son ouvrage est : *Le Salut des pécheurs* : Ἁμαρτωλῶν Σωτηρία. Il contient des instructions sur toutes les vertus, et des remèdes contre les vices. Il traite de l'usage des afflictions, et de plusieurs choses très utiles ; et il fait voir qu'il y en a parmi ces religieux que l'on traite d'ignorants et de barbares, qui sont fort éclairés sur la plupart des matières spirituelles. Et comme la sainte communion est un des principaux devoirs de la piété, il en parle avec étendue, et il donne des instructions importantes sur cette matière, qui font voir la conformité de l'église grecque avec la latine, non seulement sur la substance du mystère, mais aussi sur les dispositions nécessaires pour se préparer saintement à le recevoir ; et qui montrent que cette partie de la tradition qui regarde la préparation à ce sacrement, s'est conservée dans l'église grecque, aussi bien que celle qui regarde la foi même du sacrement. Mais parce que ces chapitres sont assez longs, je n'en rapporterai ici que quelques endroits, en réservant le reste pour l'insérer au douzième livre, parmi les autres preuves de la foi des églises orientales.

Que M. Claude se souvienne donc, s'il lui plaît, que c'est un Grec fort attaché aux opinions des Grecs qui soumet son livre, dès l'entrée, à *l'église catholique des Grecs*; qui témoigne en quelques endroits de l'éloignement des Latins ; que c'est un religieux du mont Athos, qui rapporte ce qu'il y a vu et ce qu'il y a appris; et enfin que c'est un religieux qui était apparemment au mont Athos du temps de Cyrille, et qui a certainement vécu de son temps, et a peut-être composé son livre durant qu'il était encore patriarche, puisque Cyrille n'est mort qu'en 1638, et que le livre de ce religieux n'est imprimé à Venise qu'en 1641. De sorte qu'il y a assez d'apparence qu'il est fait durant la vie même de Cyrille.

Il est bon de l'avertir de toutes ces choses, parce qu'il pourrait dans la suite prendre ce que je m'en vas rapporter pour l'écrit de quelque religieux latin, des plus dévots à ce mystère adorable.

EXTRAIT DU LIVRE D'AGAPIUS, *intitulé* : Le salut des pécheurs
De la préparation à la sainte communion.

« Lorsque le divin Moïse, qui avait été honoré de la vue de Dieu même, descendit de la montagne de Sinaï, les Israélites ne purent supporter l'éclat de son visage, qui jetait des rayons comme le soleil ; et il fut obligé de le couvrir, afin que chacun le pût aborder. C'est ce qu'a pratiqué le céleste Moïse, Notre-Seigneur Jésus-Christ. Il nous a retirés comme Moïse de la cruelle servitude de l'Égypte, *et il a couvert ensuite sa substance toute divine et toute brillante de lumière, sous ces accidents et ces apparences du pain et du vin,* afin que nous ne fussions pas épouvantés de l'immense clarté et de la gloire infinie de sa divine grandeur. O don sans bornes et sans mesure! O bienfait ineffable! O inépuisable source d'une joie qui ne se peut exprimer! C'est avec raison, ô Sion spirituelle, notre véritable mère, que vous vous glorifiez d'un si grand et si admirable présent que le ciel vous fait. Quelle sera donc la magnificence de votre appareil; quels seront vos ornements? Il serait juste que vous bâtissiez de superbes temples, de riches tabernacles, des trônes et des colonnes dorées ; que vous préparassiez des tables d'un prix inestimable; que vous couvrissiez vos murailles de broderies d'or; que tout fût éclatant de lumière, et que vous fissiez les plus grands et les plus riches préparatifs qu'il soit possible de s'imaginer, pour honorer ce saint et adorable mystère. Il n'y a point de magnificence dont il ne soit digne. Mais encore que vous fassiez tout ce que vous pourrez, ce ne sera rien au prix de ce qu'il mérite. Quand vous épuiseriez tout ce que l'art des hommes peut inventer, vous n'augmenteriez de rien en la grandeur et le prix infini *de ce pain*. Il tire son prix et sa grandeur de lui-même : il la communique à toutes choses, et n'en reçoit aucune de ce qui est hors de lui. C'est ce pain qui sanctifie et qui honore les prêtres, les tables et les ciboires. Et qui s'en étonnera, puisque ce mystère contient en soi *celui qui a créé tout le monde*, et qui est une mer infinie de perfection? »

Après avoir traité amplement dans la suite des dispositions à la sainte communion, et proposé des exemples d'oraisons que l'on peut faire devant et après, qui sont très-vives et très-animées, et qui marquent partout la foi de la présence réelle et de la transsubstantiation, il rapporte divers exemples des jugements que

Dieu a exercés contre des prêtres qui avaient sacrifié indignement, ou des laïques qui avaient communié en mauvais état. Et il conclut tout ce discours en étouffant les doutes qu'on pourrait avoir sur la vérité de ce mystère.

J'écris ceci, dit-il, *afin de convaincre ces ennemis de la vérité, ces accusateurs pleins de mensonges, et ces calomniateurs envenimés, qui ne craignent pas de décrier ce mystère, en disant : Comment se peut-il faire qu'un Dieu tout entier soit enfermé dans un si petit morceau de pain? Et comment est-il reçu de tous également, soit qu'on en prenne une grande ou une petite partie? Et comment n'est-il point souillé par les pécheurs? Et autres objections semblables.* Voilà les objections ordinaires des calvinistes, et voici les réponses des Grecs :

Nous répondons à cela, dit-il, *nous autres orthodoxes, premièrement en alléguant la force toute-puissante de Dieu, qui ayant créé le ciel et la terre par sa seule parole, et ayant produit tant de créatures visibles et invisibles, les change maintenant et les transforme comme il veut.*

Secondement, nous leur montrons qu'il se fait quelque chose de semblable dans les plus petites choses : car le pain que nous mangeons chaque jour, est changé et devient chair, et le vin devient sang. Et ainsi le simple pain, par la grâce de Jésus-Christ, qui opère ce mystère, DEVIENT LE CORPS DE CHRIST. *La verge de Moïse fut changée en serpent, et de serpent en verge.*

Il explique ainsi, par diverses autres comparaisons naturelles, les merveilles de l'Eucharistie, qui, quoique disproportionnées à la grandeur de ce mystère, comme il le reconnaît lui-même, ne laissent pas de faire voir que jamais les Grecs n'ont songé à un simple changement de vertu ; puisque comme il faudrait avoir perdu le sens pour proposer ces difficultés contre un changement de cette sorte, il faudrait aussi avoir perdu le jugement pour y répondre comme cet auteur a fait.

Je ne veux pas faire ce tort à M. Claude que de supposer qu'il puisse douter que ce religieux n'ait cru la présence réelle et la transsubstantiation, et je me contente seulement de le faire souvenir qu'il ne propose, dans ce livre, que la doctrine commune, dont il a été instruit sur le mont Athos ; c'est-à-dire, celle des religieux grecs, et par conséquent celle de l'église grecque, dont ils font une des plus considérables parties.

CHAPITRE IX.

VINGT-HUITIÈME PREUVE, *tirée de l'écrit d'un seigneur moldave de la communion grecque.*

Nous sommes si peu éloignés de notre temps, puisque le dernier témoin que nous avons cité est peut-être encore vivant, que je ne crois pas que M. Claude demande de nous des auteurs plus récents pour l'assurer de la foi des Grecs. Mais s'il n'est pas nécessaire de lui produire des témoins, il est utile de lui produire des juges, c'est-à-dire, des Grecs qui, étant informés de la contestation qui est entre nous, le condamnent formellement. En voici un dont un homme sage ne peut pas rejeter le jugement, parce qu'il n'a rien qui le puisse rendre suspect.

On verra quel il est, par l'extrait d'une lettre de M. de Pomponne, ambassadeur extraordinaire en Suède, qu'on avait prié de s'informer de la foi des Grecs, dans les occasions qu'il en pourrait trouver. Il ménagea pour cela la visite qu'il reçut d'un seigneur moldave, très-habile, dont il écrivit ce qui suit.

Extrait d'une lettre de M. de Pomponne, ambassadeur extraordinaire de sa majesté très-chrétienne auprès du roi de Suède.

« Le traité que le feu roi de Suède fit avec le Ragotski, prince de Transylvanie, et avec le prince de Moldavie, coûta les états à l'un et à l'autre, par l'opinion que conçut le grand-seigneur qu'il y avait quelque jonction résolue contre lui. Il déposa le prince de Moldavie, qui, ayant perdu ses biens et ses états, eut recours à la Suède, pour qui il avait été chassé, et en obtint quelques terres en Poméranie, où il a toujours demeuré depuis. Ce prince a envoyé ici depuis peu de mois, pour ses intérêts, un gentilhomme, nommé le baron Spatari, qui avait été longtemps secrétaire d'état lorsqu'il régnait, et qui a depuis commandé les troupes sous les deux princes que le Turc a tout de suite donnés à cette province. Il le chargea d'une lettre qu'il me rendit. Je fus surpris de trouver un homme, si voisin de la Tartarie, autant instruit aux langues, et avec une connaissance aussi générale de toutes choses. Il parle bien latin ; mais il prétend que comme sa principale étude a été le grec, il y est beaucoup plus savant. Il sait assez bien l'histoire, et particulièrement celle de l'Église ; et comme il a fort étudié les questions qui sont entre notre religion et la grecque, et même entre les luthériens et les calvinistes, je l'ai cru aussi capable qu'homme du monde de bien savoir l'opinion des Grecs. Il a été longtemps ministre de ses princes à la Porte, et c'est par-là qu'il m'a expliqué, que ce que le résident de Suède mande de Moscou, que les patriarches y doivent venir, ne peut être parce qu'ils ne sortent pas ainsi de leurs siéges ; ce sont seulement leurs légats qu'ils envoient, pour apaiser le trouble que la déposition du patriarche de Moscovie avait causé. J'ai été bien aise de vous envoyer sa réponse, que je l'ai prié d'écrire sur les questions que l'on veut éclaircir. Il y travaille, et j'espère l'avoir avant que de fermer mon paquet. Il convient généralement avec nous sur toutes choses, et n'en diffère que sur la procession du S.-Esprit. Aussi vient-il toutes les fêtes à la messe chez moi ; et à l'exception du *Credo*, où il oublie le *Filioque*, il n'y a pas un meilleur catholique. »

Voilà l'histoire de ce seigneur. Et il est à remarquer que ces questions dont il parle dans cette lettre, sont celles mêmes que l'on verra imprimées à la fin de ce volume, dont on avait envoyé une copie à M. de Pomponne. Elles contiennent clairement l'état des différends qui sont entre nous et les calvinistes, tant sur l'Eucharistie que sur quelques autres points. Ce fut à ces questions que ce seigneur entreprit de répondre, et pour cela il composa un écrit en grec et en latin, sous ce titre : *Enchiridion, sive stella Orientalis ; id est : Sensus Ecclesiæ Orientalis, scilicet Græcæ, de Trans-*

substantiatione corporis Domini, aliisque controversiis, à Nicolao Spatario Moldavo-lacone, barone, et olim generali Walachiæ, conscriptum, Holmiæ anno 1667, mens. febr.

On le peut voir imprimé tout entier en latin à la fin de ce volume, n'ayant pas cru qu'il fût nécessaire de le donner en grec, puisque le latin est aussi bien original que le grec, et qu'il le donna, écrit de sa main, à M. de Pomponne, en l'une et en l'autre langue; mais il me suffit de rapporter ici ce qui regarde l'Eucharistie, dont il parle en ces termes :

« Pour éviter la longueur, mon dessein n'est pas d'exprimer dans ce traité les opinions des novateurs, mais de rapporter clairement et sincèrement la doctrine de l'église orientale. Elle croit donc sur le premier article : 1° que le très-pur corps et très-précieux sang de Notre-Seigneur Jésus-Christ est *véritablement, réellement et substantiellement* contenu sous les espèces du pain et du vin ; le corps dans le pain, et le sang dans le vin, sans séparation. Si l'on demande comment cela se fait, c'est ce que nous ne savons pas, parce que ce mystère surpasse tout ce que nous pouvons nous imaginer. Il s'opère d'une manière incompréhensible et invisible ; mais *il s'opère véritablement*; parce que nous croyons que *le pain et le vin sont véritablement et substantiellement changés et transsubstantiés au corps et au sang*, par les paroles du Seigneur ; en sorte qu'après la consécration, *la substance du pain et du vin ne demeure pas*, mais que le *corps et le sang de Jésus-Christ succèdent en leur place*, par l'opération et la volonté de Dieu. Car encore que ce changement et cette conversion intérieure ne se connaisse pas par les sens extérieurs, elle se fait néanmoins d'une manière admirable ; les signes ou les accidents demeurant. 2° Nous croyons que *le corps et le sang du Seigneur doivent être adorés du culte de latrie* dans la divine Liturgie, tant extérieurement qu'intérieurement. 3° Nous croyons que l'oblation de ce mystère est un très-vrai et très-propre sacrifice du nouveau Testament, par lequel Dieu est rendu favorable aux vivants et aux morts. C'est pourquoi notre église chante : *Voilà le sacrifice mystique achevé*. Et lorsque les Grecs vont communier, chacun récite avec une grande foi et une grande confiance l'oraison de notre saint Père Jean Chrysostôme : *Je crois, Seigneur, et je confesse que vous êtes le Christ, Fils du Dieu vivant qui êtes venu dans ce monde sauver les pécheurs, dont je suis le premier : Je crois aussi que* CE QUE JE VOIS EST VOTRE TRÈS-PUR CORPS, *et que c'est là* VOTRE TRÈS-PRÉCIEUX SANG. Et après la communion l'on dit : *Le corps de Dieu me rendra tout divin, et sera ma nourriture ; il rendra mon esprit tout divin, il nourrira mon âme d'une manière miraculeuse*. Les fidèles de l'église orientale font plusieurs oraisons semblables, comme l'on peut voir dans la Liturgie de S. Chrysostôme : et pour ne m'éloigner pas du dessein que j'ai d'être court, en m'étendant en de longs discours, TOUS LES ENFANTS DE L'ÉGLISE ORIENTALE, NON SEULEMENT LES GRECS, MAIS LES LITHUANIENS, LES MOSCOVITES, LES MOLDAVES, LES VALACHES, LES GÉORGIENS, LES MINGRELIENS, LES CIRCASSES, LES ARABES, *et une infinité d'autres*, quoique les Russiens et les autres peuples n'usent pas de la langue grecque, CROIENT NÉANMOINS, ET CONFESSENT TOUS D'UN COMMUN ACCORD, QUE CE MYSTÈRE EST LE CORPS ET LE SANG DU SEIGNEUR, et ils le reçoivent avec une extrême révérence, comme étant le corps et le sang du Seigneur. L'église orientale a fait plusieurs décrets très-inviolables contre ceux qui sont d'un autre sentiment. Mais parce que mon dessein est plutôt de représenter les articles de notre foi, que de censurer durement l'opinion des adversaires, je les passe sous silence. Il suffit de dire que ceux qui combattent quelques points de ceux que j'ai marqués, et qui doutent de quelque partie de ces articles, sont regardés par l'église orientale comme retranchés de l'Église de Jésus-Christ ; comme enfants de ténèbres, comme de nouveaux hérétiques, qu'elle les condamne et les anathématise. »

Il ajoute vers la fin de son écrit que, selon la coutume de l'église orientale, le premier dimanche de carême, que l'on y appelle le dimanche de l'orthodoxie, le patriarche de Constantinople, après la Liturgie finie dans l'église patriarchale en présence des archevêques et évêques, et des ambassadeurs des rois et des princes chrétiens qui sont à Constantinople, et qui assistent à cette cérémonie, excommunie en particulier toutes les hérésies, et anathématise ceux qui combattent la doctrine ci-dessus établie, et principalement la transsubstantiation ; qu'il les sépare de sa communion, et qu'il y reçoit ceux qui ont les mêmes sentiments que lui.

Il serait inutile de faire des réflexions sur cet écrit, puisqu'il est plus clair que toutes les réflexions que l'on y pourrait faire. Je supplie seulement M. Claude de remarquer qu'il est d'un grec de religion ; qu'il est d'un homme savant et habile ; qu'il est d'une personne qui a demeuré longtemps à Constantinople, premier siège de l'église grecque, qui a communiqué avec la plupart des nations qui composent cette grande église ; que c'est un homme d'honneur et de condition qui parle, et qu'il a dressé cet écrit pour être imprimé sous son nom, et pour servir de témoignage authentique de la foi de son église contre les impostures des calvinistes.

CHAPITRE X.

VINGT-NEUVIÈME PREUVE *de ce même consentement de l'église grecque avec la latine, sur le mystère de l'Eucharistie, par les livres ecclésiastiques des Grecs.*

Puisque nous avons conduit de siècle en siècle cette tradition de l'église grecque sur l'Eucharistie, depuis Bérenger jusqu'à l'année présente, il semble que nous devrions nous arrêter là, n'étant pas possible d'aller plus avant ; néanmoins, parce qu'outre cette tradition particulière on peut examiner une autre tradition commune, qui n'est pas attachée à un seul siècle, afin que M. Claude ne se plaigne pas qu'on la néglige, et qu'on traite les choses imparfaitement, je veux bien encore y ajouter cette preuve.

Cette tradition, que j'appelle commune, se tire des livres ecclésiastiques des Grecs, c'est-à-dire de leurs Liturgies et des autres livres qui sont entre les mains ou des prêtres ou du peuple ; parce que ces livres étant lus avec respect et avec dévotion par tous les Grecs, et leur foi étant formée sur ce qu'ils trouvent dans ces livres, ou ces livres étant formés sur leur foi, on ne peut pas croire qu'il y ait de la différence entre la créance des Grecs, et les opinions qui se trouvent dans ces livres.

Je ne m'arrêterai qu'à trois, qui sont l'Euchologe, l'Horologe et le Triode. Le premier comprend les Liturgies et les prières qui se font dans l'administration des sacrements. Le second est comme leur bréviaire, qui contient ce qui se récite parmi eux chaque jour, outre quelques offices particuliers. Et le troisième contient l'office du carême, depuis le dimanche où ils récitent l'Évangile du publicain, jusqu'à Pâques.

Pour les Liturgies, on lit dans celle de S. Basile cette prière : « Nous vous prions, Saints des saints, par votre bonté, que votre Saint-Esprit descende sur nous et sur ces dons qui sont devant nous ; qu'il les bénisse, qu'il les sanctifie, et qu'il fasse *le pain* LE CORPS MÊME *de notre Dieu et de notre Sauveur Jésus-Christ*, digne de tout respect; αὐτὸ τὸ τίμιον σῶμα τοῦ Κυρίου, καὶ Θεοῦ, καὶ σωτῆρος ἡμῶν Ἰησοῦ Χριστοῦ · *et ce calice*, LE SANG MÊME, *digne de tout respect, de Notre-Seigneur, de notre Dieu et de notre Sauveur Jésus-Christ, αὐτὸ τὸ αἷμα, en les changeant par votre Saint-Esprit.* »

Et dans celle de S. Chrysostôme, on lit ces mêmes paroles : *Faites ce pain le précieux corps de votre Christ, et ce qui est dans ce calice le précieux sang de votre Christ, en les changeant par votre Saint-Esprit.*

Que si l'on joint à cela cette remarque que les Grecs, depuis Anastase Sinaïte, S. Jean Damascène, et le second concile de Nicée, ont toujours enseigné que le pain n'était pas la figure du corps de Jésus-Christ ; qu'ils ont dit que Jésus-Christ n'ayant pas appelé le pain la figure de son corps, il fallait dire et croire que c'était son corps, et non sa figure : qu'ils ont marqué que par ce corps ils entendaient ce corps crucifié, ce corps né de la Vierge, comme dit Cabasilas ; il est visible que toutes ces expressions des Liturgies sont décisives, puisque toutes les fausses idées étant rejetées et condamnées par la doctrine commune des Grecs, ils ne pouvaient pas se former sur ces paroles des Liturgies une autre idée que celle du vrai corps de Jésus-Christ substitué au lieu du pain.

Et c'est pourquoi non seulement ces passages qui marquent un changement réel, une opération réelle, la substitution du corps de Jésus-Christ au lieu du pain, font voir clairement la foi des Grecs ; mais les passages mêmes les plus communs sont décisifs, en supposant ce qui a déjà été prouvé tant de fois, que les Grecs ne détournaient point le mot de *corps de Christ* à la signification de figure et d'image.

Ainsi, quand il est dit dans la Liturgie de S. Basile : *Faites, Seigneur, que nul de nous ne soit participant du* SAINT CORPS ET DU SANG *de Notre-Seigneur Jésus-Christ à son jugement et à sa condamnation* : quand il est dit dans la même Liturgie, aussi bien que dans celle de S. Chrysostôme : *Seigneur Jésus-Christ, regardez-nous de votre sainte demeure, et du trône de la gloire de votre royaume ; et venez pour nous sanctifier, vous qui êtes dans le ciel assis à la droite de votre Père, et qui êtes ici présent invisiblement avec nous ; et daignez par votre main toute-puissante nous rendre participants* DE VOTRE CORPS *sans tache, et* DE VOTRE PRÉCIEUX SANG, *et tout le peuple par notre ministère* : quand les prêtres disent à Dieu : *Accordez-nous, Seigneur, que la participation* DU SAINT CORPS ET DU SANG *de votre Christ, opère en nous une foi qui ne soit point confondue, une charité sans déguisement* : quand ils disent en rompant le pain, selon la Liturgie de S. Chrysostôme : *L'Agneau de Dieu et le Fils du Père est distribué ; mais il n'est pas divisé : on le coupe en diverses parties ; mais ses membres ne sont pas séparés les uns des autres : on le mange toujours ; mais on ne le consume jamais* : quand le diacre, demandant la communion, dit : *Seigneur, donnez-moi* LE SAINT ET PRÉCIEUX CORPS *de Notre-Seigneur Jésus-Christ* : quand le prêtre en le donnant dit : *Je vous donne le* PRÉCIEUX, SAINT ET TRÈS-PUR CORPS *de Notre-Seigneur Jésus Christ* : quand le prêtre, en communiant, dit : « Seigneur, je ne suis pas digne que vous entriez dans la maison de mon âme qui est souillée ; mais comme vous avez bien voulu être mis dans la caverne, dans l'étable des animaux sans raison, et que vous avez reçu dans la maison de Simon-le-Lépreux une femme pécheresse qui me ressemblait, daignez aussi entrer dans l'étable de mon âme privée de raison, et dans le corps tout souillé d'un homme mort et couvert de lèpre, comme je suis. Et comme vous n'avez point eu d'horreur de cette pécheresse lorsqu'elle baisait vos pieds, n'ayez point aussi horreur, Seigneur, d'un pécheur comme moi ; mais faites-moi participant, par votre bonté, de votre TRÈS-SAINT CORPS, ET DE VOTRE TRÈS-SACRÉ SANG ; » enfin quand le diacre, allant communier au calice, dit : *Je m'approche du Roi immortel*, et que le prêtre lui répond : *Diacre, serviteur de Dieu, vous recevez le* SAINT ET PRÉCIEUX CORPS, *et le* SAINT ET PRÉCIEUX SANG *de Notre-Seigneur Jésus-Christ ;* toutes ces expressions, dis-je, ne signifiant point la figure du corps de Jésus-Christ, n'imprimaient point par conséquent d'autre idée que celle du vrai corps de Jésus-Christ.

Il est bon de remarquer sur le sujet d'un des passages que nous venons de citer de ces Liturgies, qui est celui où il est dit : *Daignez, Seigneur, par votre main toute-puissante, nous rendre participants de votre corps sans tache, et de votre précieux sang*, etc., que M. Claude, en y répondant, fait une observation tout-à-fait rare : car comme il ne perd point d'occasion d'accuser son adversaire de faussetés, il tâche de rendre cette traduction suspecte en cette manière : *Je trouve*, dit-il, *dans la Liturgie de S. Chrysostôme, non ces termes que nous dit l'auteur : Daignez par votre* main puissante nous donner votre corps ; mais ceux-ci, selon la version d'Érasme : *Rendez-nous dignes de votre main puissante, afin que nous soyons participants de votre corps.*

Mais, pour répondre bien précisément à cette objection, il suffit de lui dire que s'il trouve ce qu'il dit dans la version d'Érasme, il trouvera ce que dit l'auteur de la Perpétuité dans tous les originaux grecs des Liturgies de S. Basile et de S. Chrysostôme, où il y a en termes formels καὶ καταξίωσον, τῇ κραταιᾷ σου χειρὶ μεταδοῦναι ἡμῖν τοῦ ἀχράντου σώματός σου καὶ τοῦ τιμίου αἵματος.

Les prières de l'Eucholoye parlent le même langage. En voici une que l'on fait sur les nouveaux autels : *Nous vous prions, Seigneur de miséricorde, de remplir cet autel de gloire, de sainteté et de grâces ; afin que les hosties de votre* TRÈS-PUR CORPS *et de votre* PRÉCIEUX SANG, *que l'on offrira dessus, soient changées pour le salut de tout le peuple et pour le nôtre, quelque indignes que nous en soyons.*

L'oraison pour planter une vigne porte ces paroles : *Considérez cette vigne que votre main a plantée, afin qu'elle rende en son temps ses fruits dans leur maturité, et que nous puissions un jour vous les offrir,* POUR ÊTRE CHANGÉS AU SANG DE VOTRE CHRIST.

Le livre appelé Triode, qui est, comme j'ai déjà dit, l'office du carême parmi les Grecs, contient une chose fort considérable sur ce sujet : qui est que le premier dimanche de carême, que les Grecs appellent le dimanche de l'orthodoxie, on lit dans l'église un recueil d'anathèmes et de canons, intitulé : *Synodique.* Il est attribué dans le titre au septième concile, parce qu'il est particulièrement fait contre les iconomaques ; mais il comprend outre cela la condamnation de diverses hérésies anciennes et nouvelles ; et les nouveaux Grecs y ont même inséré leurs opinions particulières. Or, entre les hérésies qui y sont condamnées, celle des calvinistes s'y trouve expressément en ces termes :

« Anathème à ceux qui, ne rejetant pas ce que Notre-Seigneur a dit touchant la célébration des divins mystères qu'il nous a laissés par ces paroles : Faites ceci en mémoire de moi ; mais, expliquant en un mauvais sens cette manière de célébrer sa mémoire, ont la hardiesse de dire que ce sacrifice qui s'offre tous les jours par ceux qui célèbrent les sacrés mystères, selon que Notre-Seigneur, le Maître de toutes choses, l'a enseigné, ne fait que renouveler, COMME UNE IMAGE ET UNE FIGURE, LE SACRIFICE DU PROPRE CORPS ET DU PROPRE SANG DE JÉSUS-CHRIST, offert par notre Sauveur sur la croix pour la rédemption et la réconciliation commune de la nature humaine ; et qui introduisent ainsi un sacrifice différent de celui que Jésus-Christ a célébré, et qui ne se rapporte à ce sacrifice de Jésus-Christ que COMME UNE IMAGE ET UNE FIGURE : anathème à ces personnes, comme anéantissant le mystère du terrible et divin sacrifice, par lequel nous recevons le gage de la vie future ; notre divin Père S. Chrysostôme déclarant en plusieurs de ses explications sur S. Paul, que ce n'est qu'un même et unique sacrifice. »

Il ne faut pas être bien subtil pour reconnaître qu'ils désignent en cet endroit l'erreur des calvinistes, qui veulent que l'Eucharistie ne soit qu'un sacrifice de mémoire, qui soit l'image et la figure de celui de la croix ; mais qui ne contenant pas la même victime, ne soit pas aussi le même sacrifice.

Et il serait inutile de dire que les calvinistes, ne reconnaissant pas que l'Eucharistie soit un sacrifice, ne peuvent pas être condamnés par un canon qui condamne ceux qui, reconnaissant qu'elle est sacrifice, ne voulaient pas qu'elle fût un même sacrifice avec celui de la croix. Car il est clair que le mot de sacrifice est pris ici en une signification plus étendue, selon laquelle les calvinistes ne refusent pas de l'appliquer à l'Eucharistie. Et ainsi, quand les Grecs condamnent dans ce canon ceux qui disent que le sacrifice de la messe n'est que l'image et la figure de celui de la croix, ils condamnent en effet les calvinistes, et ont eu dessein de les condamner ; puisqu'il n'y a qu'eux qui ont voulu changer le vrai sacrifice de la messe en un sacrifice de pure commémoration et de pure ressemblance.

On voit aussi dans l'office du jeudi-saint plusieurs témoignages de la foi des Grecs. Dans les hymnes qui se chantent à l'église il est dit dans un verset, *qu'étant lui-même la Pâque de ceux pour qui il devait mourir, il se sacrifia par avance, en disant : Mangez mon corps, et vous serez fortifiés dans la foi.* Et dans le verset suivant il est dit que Jésus-Christ *s'est sacrifié lui-même en disant : Buvez mon sang, et vous fortifiez dans la foi.* Et dans un autre : *Jésus-Christ, le céleste et divin pain, a fait un festin au monde. Venez donc, amateurs de Jésus-Christ, et, dans des bouches de terre et des cœurs pleins de faiblesse, recevons avec foi celui qui a sacrifié la Pâque, et qui est lui-même sacrifié parmi nous.*

Il faudrait presque transcrire tout *l'office de la communion*, qui fait partie de l'Horologe des Grecs, si l'on voulait rapporter tout ce qu'il contient de clair et de convainçant pour la présence réelle, la transsubstantiation et l'adoration de Jésus-Christ dans l'Eucharistie : car il est tout composé d'oraisons et d'hymnes par lesquelles les fidèles s'adressent à Jésus-Christ, ou pour lui demander qu'il leur fasse la grâce de participer à son corps, ou pour lui rendre grâce de l'avoir reçu.

Il commence par ce verset : *O Seigneur, plein de miséricorde, que* VOTRE SAINT CORPS *me soit un pain de vie éternelle, aussi bien que votre* PRÉCIEUX SANG. Le verset qui suit est : *Ayant profané mon âme par mes péchés, misérable que je suis, je suis indigne de la participation de votre* TRÈS-PUR CORPS ET DE VOTRE DIVIN SANG, *à laquelle vous voulez bien néanmoins me recevoir.* Et un peu après : *Voici la table toute sainte du pain de vie que la miséricorde a fait descendre du ciel, pour donner une nouvelle vie au monde. Permettez-moi, quelque indigne que j'en sois, de goûter ce pain, et de participer à la vie qu'il communique.* Et ensuite : *Verbe de Dieu, qui êtes Dieu vous-même, faites que le charbon ardent de* VOTRE CORPS *éclaire mes ténèbres, et que* VOTRE SANG *nettoie mon âme impure.*

Il y a plusieurs autres versets semblables, les prières des Grecs étant d'ordinaire très-longues ; et ensuite il y a des oraisons plus étendues, où il est parlé en cent manières différentes de la participation réelle du corps de Jésus-Christ. En voici quelques-unes : « Jésus-Christ, mon Dieu, je sais que je suis indigne et que je ne mérite pas que vous entriez dans la maison de mon âme, parce qu'elle est toute déserte et tout en ruine, et que vous n'avez point de lieu dans moi où vous puissiez seulement reposer la tête ; mais comme de la hauteur infinie de votre majesté vous vous êtes rabaissé pour nous, daignez encore vous proportionner à ma bassesse. Comme vous avez souffert d'être enfermé dans l'antre de votre sépulcre et dans l'étable où vous êtes né, ne refusez pas d'entrer en mon corps quoique souillé. Comme vous avez bien voulu entrer dans la maison des pécheurs, et manger avec eux dans la maison de Simon-le-Lépreux, daignez aussi entrer dans la maison de mon âme, à quelque bassesse qu'elle soit réduite, et quoiqu'elle soit couverte de la lèpre du péché. Comme vous n'avez point rejeté cette femme pécheresse qui me ressemblait, lorsqu'elle s'est approchée de vous, ayez aussi compassion d'un pécheur qui s'approche de vous, et qui prétend vous toucher. Comme vous n'avez point eu d'horreur de la bouche souillée et tout impure de cette femme qui donnait des baisers à vos pieds, n'ayez point aussi horreur ni de ma bouche qui est encore plus souillée que la sienne, ni de mes lèvres si profanes, ni de ma langue qui est encore plus impure que le reste. Que le charbon ardent de votre SAINT CORPS et de votre SACRÉ SANG soit la sanctification, la lumière et la force de mon âme ; qu'il diminue le poids de mes péchés ; qu'il me préserve des attaques des démons ; qu'il arrête mes mauvaises habitudes ; qu'il amortisse mes passions ; qu'il me fortifie pour accomplir vos commandements ; qu'il augmente en moi vos divines grâces, et qu'il m'acquière le droit de votre royaume. Car vous savez, Jésus mon Dieu, que ce n'est pas par mépris que je m'approche de vous, mais par la confiance que j'ai en votre bonté ineffable, et dans la crainte que, me privant de participer à vous, je ne devienne la proie du loup invisible qui cherche à me dévorer. Je vous prie donc, Seigneur, qui possédez seul la sainteté, de sanctifier mon âme et mon corps, mon esprit, mon cœur, mes reins, mes entrailles ; de me renouveler tout entier, de graver profondément votre crainte dans ma chair, d'imprimer en moi une sainteté qui ne s'efface jamais. Soyez mon secours et mon support ; faites-moi passer en paix cette vie, et donnez-moi place à votre droite avec les saints, par les prières et l'intercession de votre très-pure mère, des esprits qui vous servent de ministres, des troupes toutes pures de vos anges, et de tous les saints qui vous ont été agréables depuis le commencement du monde. »

Il y en a plusieurs de cette sorte pour réciter devant la communion : il y a des cantiques qui contiennent les mêmes expressions. Communier, c'est toujours prendre Jésus-Christ, toucher Jésus-Christ, recevoir Jésus-Christ dans son corps, sur sa langue, sans qu'il soit jamais parlé *de ce pain inondé et revêtu des droits du corps de Jésus-Christ,* ni des autres imaginations de M. Claude.

Lorsque les fidèles sont près de s'approcher de la sainte table, on leur prescrit dans cet office de faire un acte de foi en cette manière : *Je crois et je confesse que vous êtes* VÉRITABLEMENT *le Christ, le Fils de Dieu vivant, qui êtes venu dans le monde pour sauver les pécheurs, dont je suis le premier. Je crois que* CECI EST VOTRE CORPS MÊME *plein de pureté, que* CECI EST VOTRE PRÉCIEUX SANG. *Je vous demande miséricorde et le pardon des péchés que j'ai commis, volontairement ou involontairement, par paroles, par œuvres, avec connaissance, par ignorance ; et rendez-moi digne de recevoir vos sacrés mystères sans y recevoir ma condamnation ; faites que j'y trouve le pardon de mes péchés, et la vie éternelle.* Lorsque les Grecs se lèvent pour aller communier, on leur prescrit de réciter des vers d'une hymne dont voici le sens : *Je m'en vas approcher de la communion divine. O ! mon créateur, ne me brûlez pas lorsque j'y participerai ; car vous êtes un feu qui brûlez les indignes. Mais pour m'en rendre digne, purifiez-moi de toutes mes souillures.* Et un peu après : *Tremble, mon âme, en voyant le sang de Dieu : car c'est un feu qui consume les indignes.* Après la communion, ils multiplient de même les prières et les actions de grâces, en parlant toujours à Jésus-Christ comme présent dans eux. Voici entre autres le commencement d'une hymne attribuée à Métaphraste : *Seigneur, qui m'avez donné par votre bonté* VOTRE CHAIR *pour nourriture ; qui êtes un feu qui consumez les indignes, ne me brûlez pas, ô mon Créateur. Pénétrez plutôt toutes les parties et toutes les jointures de mon corps, de mes reins, de mon cœur. Réduisez en cendre toutes les épines de mes péchés. Et le reste.*

Enfin je mets en fait qu'il n'y a aucun de ces petits livres des catholiques, qui s'appellent : *Exercices de la communion : Méthode pour la communion,* qui imprime plus fortement l'idée d'une présence réelle, qui porte plus à adorer Jésus-Christ comme présent dans ce mystère, comme reçu sur nos lèvres et dans notre bouche, que ces oraisons que les Grecs mettent en la bouche de ceux qui communient.

Mais peut-être que ce livre de l'Horologe est de peu d'autorité parmi eux. Il ne faut qu'entendre sur cela ce que Chytreus en dit dans son discours de l'état des religions. *La plupart des Grecs,* dit-il, *n'apprennent à lire dans les écoles, qu'à dessein de réciter l'Horologe, qui est ce que les Latins appellent le bréviaire, ou les prières que l'on fait aux diverses heures du jour ; la coutume, non seulement des prêtres et des religieux, mais aussi d'un grand nombre de laïques étant de réciter ces prières tous les jours, comme les nôtres récitent les heures canoniques, et les religieuses le Psautier ; et ils mettent dans la récitation de ces prières une bon-*

partie de la piété. Il dit ensuite qu'ayant eu un de ces Horologes d'un Grec de Chypre, il avait reconnu que *l'invocation et le culte superstitieux des saints, et principalement de la vierge Marie, n'était pas moins établi dans l'église grecque que dans le royaume du pape.*

Ainsi, par l'aveu même de ce luthérien, ce livre de l'Horologe est entre les mains de tous les Grecs; c'est l'A B C de tous les enfants ; c'est le bréviaire des prêtres, des religieux et des laïques. Et ce livre néanmoins établit si clairement la réalité du corps de Jésus-Christ dans l'Eucharistie, que ce serait le plus grand de tous les miracles que ceux qui le lisent tous les jours comme un livre orthodoxe, ne prissent pas ce sentiment.

Et il ne servirait rien de dire qu'étant écrit en ancien grec, il n'est pas entendu par ceux qui ne savent que la langue grecque vulgaire. Car ce que dit Chytreus n'est nullement vrai, que le grec vulgaire est aussi différent du grec ancien, que le latin l'est de l'italien ; et j'en ai fait moi-même l'expérience depuis peu ; puisque n'ayant jamais lu auparavant de grec vulgaire, et ayant été obligé d'en lire dans le livre d'Agapius qui n'est point traduit, je n'y ai pas trouvé de difficulté considérable. Ce qui m'a fait croire qu'il était encore plus aisé à ceux qui savent le grec vulgaire, d'entendre le grec ancien ; puisque ces deux langues sont plus différentes par l'introduction des nouveaux mots et des nouvelles expressions dans le grec vulgaire, que par l'abolition des mots anciens et des expressions anciennes. Et ainsi, étant certain que la plupart de ceux qui lisent l'Horologe l'entendent, et que ceux qui l'entendent en approuvent la doctrine, il est certain aussi que les Grecs tiennent la présence réelle qui y est si formellement enseignée.

Et cela fait voir encore, qu'il n'est pas au pouvoir d'un patriarche de changer la foi des Grecs sur ce point, et que c'est en vain que les calvinistes allèguent leur patriarche Cyrille comme témoin de leur créance. Un patriarche pourrait peut-être quelque chose sur la foi des peuples dans les matières spéculatives éloignées de leur connaissance : mais dans les choses de pratique, qui sont connues distinctement du peuple, et dont la créance est entretenue par des livres qui sont continuellement entre ses mains, les patriarches n'ont nul pouvoir ; et il était aussi peu en la puissance de Cyrille de faire que les Grecs ne crussent pas la présence réelle, que de les empêcher de croire que Jésus-Christ était le Christ. Et ainsi la confession qu'il en a dressée, est aussi peu la confession de l'église grecque, que s'il avait fait une confession de foi toute arienne ou toute socinienne. Il a pu exprimer ses sentiments, et comme il était calviniste, il n'est pas étrange qu'il ait renfermé dans un écrit les erreurs de Calvin : mais il n'a pas pu exprimer ceux du peuple et du reste de l'église, dont il ne disposait pas, et qui ne laissait pas d'adorer toujours Jésus-Christ présent dans l'Eucharistie, suivant les prières de son bréviaire, nonobstant les imaginations et les erreurs de son patriarche. Que s'ils l'ont souffert pendant quelque temps ; si quelques Grecs même lui ont adhéré, c'est une marque de l'oppression de cette église sous la tyrannie des Turcs, et de la lâcheté intéressée de quelques personnes ; mais ce n'est nullement une preuve du sentiment de l'église grecque. Il faudrait montrer pour cela que l'on eût aboli du temps de Cyrille l'Eucologe, l'Horologe et les autres livres ecclésiastiques. Mais pendant que les Grecs les auront entre les mains, on ne peut croire avec la moindre apparence qu'ils aient d'autre créance que celle qui y est si clairement exprimée, ni qu'ils embrassent une doctrine entièrement contraire à celle dont ils font tous les jours profession par la récitation de ces prières.

CHAPITRE XI.

Réflexion sur le jugement que les calvinistes font de Cyrille. Conclusion de ces trois livres.

Mais ceci me donne occasion de faire une autre remarque sur le jugement avantageux que les calvinistes font de leur Cyrille Lucar, qui fera voir que cette secte n'a aucun véritable principe de religion, et que l'esprit qui l'anime est plutôt un esprit de faction et de cabale contre l'Église catholique, qu'un esprit de zèle pour l'établissement d'aucune véritable piété. Car nous venons de voir que les livres ecclésiastiques des Grecs contiennent très-clairement la doctrine de l'Église touchant l'Eucharistie, et qu'on y voit manifestement la vérité de ce que dit Sandi, protestant anglais, dans son Miroir de l'Europe : *Que les Grecs sont d'accord avec les Romains sur la transsubstantiation, sur le sacrifice, et sur tout le corps de la messe.*

Il n'est pas moins clair qu'on y trouve tous les autres points que les calvinistes prétendent *procéder de la boutique de Satan*, et pour lesquels ils déclarent dans leur confession de foi *qu'ils condamnent les assemblées de la papauté;* tels que sont l'invocation des saints, la vénération des reliques, l'honneur des images, la prière pour les morts, les vœux monastiques, les défenses du mariage et de l'usage des viandes, l'observation cérémoniale des jours, la confession auriculaire. Or il est indubitable que Cyrille, qui a été successivement patriarche d'Alexandrie et de Constantinople, n'a pu s'empêcher de faire le service divin dans ces églises, selon ce qui est prescrit par ces livres ; car on sait assez que les Grecs, qui sont très-attachés à leurs cérémonies, ne l'auraient jamais souffert.

Cependant les calvinistes se vantent eux-mêmes qu'il était entré dans leurs sentiments avant que d'être élevé à ces dignités de patriarche de ces deux premiers siéges d'Orient, qu'il ne pouvait exercer, selon leur pensée, sans violer la loi de Dieu en une infinité de rencontres, par un culte superstitieux et idolâtre. Et en même temps ils nous font entendre, par les louanges qu'ils lui donnent, qu'ils le regardent comme un excellent serviteur de Dieu, comme un saint et comme un martyr. Il faut donc qu'ils croient que la

P. DE LA F. I. *(Dix-huit.)*

piété peut subsister avec une aussi damnable hypocrisie qu'est celle d'être dans le cœur d'une religion et d'en professer extérieurement une autre tout opposée ; de condamner d'idolâtrie et de superstition le culte que l'on rend dans une église, et d'être en même temps le principal ministre de ce culte que l'on croit superstitieux et idolâtre ; de regarder la qualité de sacrificateur que les hommes s'attribuent, comme un outrage fait à Jésus-Christ, et ne pas laisser de se faire donner cette qualité en qualité de prêtre et d'évêque, et d'en faire publiquement les fonctions.

Voici encore une autre preuve de la bonne conscience de ce Cyrille, et de quelle sorte il accommodait sa foi à ses intérêts. L'ordre qui s'observe dans la consécration des évêques porte que celui qui doit être consacré fait trois différentes professions de foi. La première est le Symbole de Nicée : la seconde contient une explication plus ample de la Trinité et de l'incarnation : la troisième, outre une répétition de ces deux mystères, contient entre autres choses ces trois articles. Le premier pour les traditions, en ces termes : *Je crois aussi touchant Dieu et les choses divines, les traditions et les expositions de l'unique Église catholique et apostolique.* Le second touchant les saintes images, en ceux-ci : *Je suis aussi adorateur des saintes images de Jésus-Christ, de la très-pure mère de Dieu, et de tous les saints, d'une adoration relative et non de latrie, et je rapporte l'honneur que je leur rends à ce qu'elles représentent, et je rejette, comme étant dans l'erreur, ceux qui sont d'autre sentiment :* par où il marque assez qu'il met les iconomaques au rang des hérétiques auxquels il dit anathème en général, après en avoir marqué quelques-uns en particulier : *Anathème à tous les hérétiques : Anathème à chacun des hérétiques.* Le troisième est un éloge et une invocation à la sainte Vierge, par laquelle celui qui doit être consacré finit sa profession de foi : *Je confesse et je reconnais sincèrement et véritablement pour notre maîtresse, Marie mère de Dieu, comme ayant enfanté en chair Jésus-Christ notre Dieu, l'une des personnes de la Trinité ; et je désire que cette sainte Vierge m'assiste, me secoure et me protége tous les jours de ma vie. Amen.*

Or les calvinistes assurent eux-mêmes, comme nous avons déjà dit, que les conférences que Cyrille avait eues avec un Fuxius, docteur de leur secte dans la Transylvanie, lui avaient inspiré leurs sentiments sur les traditions, sur l'invocation des saints, et par conséquent encore sur les images, longtemps avant qu'il fût élevé sur le siége d'Alexandrie. Et ainsi voilà ce *saint* qui, par une ambition sacriléges, se fait consacrer évêque en renonçant à la foi qu'il avait dans le cœur, et en faisant profession de reconnaître les traditions de l'Église, lorsqu'il les détestait comme des songes et des fantaisies des hommes ; d'être adorateur des saintes images, et d'anathématiser ceux qui refusaient de les révérer, lorsque lui-même condamnait cet honneur d'idolâtrie avec son maître Calvin ; et d'invoquer la sainte Vierge, afin qu'elle le secourût et l'assistât tous les jours de sa vie, lorsqu'il avait reconnu,

comme dit Hottinger, la vanité des subtilités que les superstitieux apportent pour l'invocation des saints.

Cette conduite a si peu déplu aux prétendus réformés, que ce sont eux qui ont le plus contribué à l'élever au patriarcat de Constantinople, afin d'y continuer avec plus d'éclat ses détestables sacriléges ; car on ne peut donner d'autre nom à ce qu'un disciple de Calvin, comme il se nomme lui-même, était obligé de faire dans une charge, dont les fonctions les plus solennelles et les plus sacrées ne pouvaient passer dans son esprit que pour d'horribles impiétés, et des abominations de l'Antéchrist.

Que s'ils disent qu'ils l'ont enfin obligé de faire une déclaration de sa foi, qui est conforme à leur doctrine, on leur peut répondre, que c'est ce qui rend encore ce procédé plus étrange, et qui fait voir davantage que l'hérésie conduit insensiblement à l'irréligion et à l'athéisme. Car s'il y avait eu quelque ombre de piété dans l'union des ambassadeurs de Hollande et d'Angleterre avec ce faux patriarche, ils ne l'auraient pu porter à se déclarer pour leurs dogmes, selon lesquels l'église grecque est toute remplie de superstition et d'idolâtrie, comme ils le disent eux-mêmes, qu'en le portant en même temps à se séparer de cette église corrompue, comme eux-mêmes se sont séparés de la romaine, pour aller chercher, selon leurs sentiments, la vraie église de Christ dans la communion des calvinistes. Mais bien loin d'agir ainsi, la gloire qu'ils s'imaginaient que ce leur serait d'avoir un patriarche de Constantinople de leur sentiment, et la facilité qu'ils croyaient avoir par-là de tromper le monde, en faisant croire que toute l'église grecque était devenue calviniste, leur firent employer toutes sortes de moyens pour le maintenir dans une dignité qui l'exposait à faire continuellement des actions de religion contraires à sa créance, et pour le faire rétablir dans son siége, comme ils l'ont fait plusieurs fois, lorsque sa propre église l'en faisait chasser.

S'ils ne trouvent rien en cela qui blesse leur conscience, ils se condamnent eux-mêmes d'avoir déchiré sans nécessité la robe de Jésus-Christ par un schisme très-pernicieux. Car pourquoi ne pouvaient-ils pas demeurer dans l'Église romaine, s'ils ont cru que leur Cyrille pouvait demeurer dans la grecque, qu'ils ne devaient pas estimer moins corrompue ? Et non seulement y demeurer comme particulier, mais comme le chef de cette église, qu'ils sont obligés de considérer, selon leur pensée, comme un des principaux siéges de l'Antéchrist, tout ce qu'ils appellent les abominations de la Babylone de l'Apocalypse y étant aussi établi que dans Rome même.

C'est pourquoi on ne voit pas ce qui les empêcherait d'être dans la même disposition au regard de l'ancienne Rome, qu'ils ont été au regard de la nouvelle. Sans doute qu'il ne tiendrait pas à eux qu'ils ne poussassent au cardinalat, et de là s'ils pouvaient à la papauté, un homme qu'ils auraient prévenu de leurs sentiments, comme ils en avaient prévenu Cyrille. A ce prix ils souffriraient qu'il dît la messe, qu'il invoquât les saints, qu'il révérât les images, qu'il fît des prêtres avec pouvoir de sacrifier, comme ils n'ont point trouvé mauvais que leur Cyrille fît toutes ces choses à la vue de tout l'Orient.

Si ce sont là leurs *saints* et leurs *martyrs*, ils sont d'une nouvelle espèce que l'antiquité n'a point connue : car tous ceux qui ont un peu de religion seront plus disposés à mettre des gens de cette sorte au rang des libertins et des athées, que non pas en celui des saints. Pour nous, c'est le jugement que la foi catholique nous oblige d'en porter. Nous attendrons que M. Claude nous explique plus particulièrement ce qu'il en pense, et qu'il nous découvre les principes sur lesquels peuvent être appuyés les grands éloges que lui et ses confrères ont donnés jusqu'ici à ce disciple de Calvin, travesti en patriarche, et que l'on peut dire n'avoir fait autre chose que jouer la comédie dans l'église de Constantinople, puisqu'il n'avait aucune créance à tout ce qu'il y faisait : qu'il y offrait le sacrifice non sanglant pour ses péchés et ceux du peuple, selon les paroles des Liturgies, ce qu'il croyait ne se pouvoir faire sans anéantir la vertu du sacrifice de la croix : qu'il y disait la messe des dons présanctifiés, c'est-à-dire consacrés quelques jours auparavant ; ce qu'il devait croire n'être fondé que sur l'opinion d'une transmutation véritable et permanente du pain et du vin au corps et au sang de Jésus-Christ, laquelle lui paraissait une grande erreur : qu'il y communiait les malades du pain consacré dès le jeudi-saint ; ce qu'il croyait comme calviniste être contraire à l'institution de la cène : qu'il y invoquait les saints comme il est marqué dans les Liturgies en beaucoup plus d'endroits que dans la messe des catholiques ; ce qu'il croyait être outrageux à Jésus-Christ notre seul Médiateur envers le Père : qu'il y priait pour les morts ; ce qu'il croyait être superstitieux et inutile, n'étant point en lieu, selon son opinion, où ils puissent avoir besoin de rafraîchissement : qu'il s'inclinait devant les images de Notre-Seigneur et de la Vierge, comme les Liturgies portent expressément que le prêtre et le diacre doivent faire avant que de commencer la messe ; ce qu'il croyait être une véritable idolâtrie : qu'il y publiait l'entrée du carême au septième dimanche avant Pâque, appelé τυρόφαγος ; ce qu'il croyait enfermer une pratique condamnée par S. Paul, qui, selon le sens des calvinistes, a voulu que l'on regardât comme des apostats en la foi ceux qui défendraient l'usage de certaines viandes : qu'il y recevait les vœux des moines, qu'il ne prenait que pour des inventions pernicieuses, *procédées de la boutique de Satan*.

En attendant que M. Claude nous révèle le mystère de cette conduite, qui ne nous paraît qu'un mystère d'iniquité, nous nous contenterons de lui dire qu'il peut tant qu'il lui plaira faire un *saint* de cet apostat sans religion, et que nous ne nous en étonnerons pas davantage, que de voir qu'ils regardent Luther comme un grand serviteur de Dieu, quoiqu'il les ait traités pendant toute sa vie d'hérétiques et *d'archidiables*.

Mais, quoi qu'il fasse, et quelque résolution qu'il prenne de ne se pas rendre aux vérités les plus manifestes, par un malheureux engagement dans une mauvaise cause, on n'a pas grand sujet de s'en mettre en peine ; parce qu'on est bien assuré qu'il ne saurait rien dire qui ait la moindre apparence, contre les preuves que nous avons apportées pour montrer le consentement de l'église grecque avec la latine sur le sujet de l'Eucharistie ; car elles sont si fortes et si invincibles, que la seule chose que j'appréhende est qu'on ne trouve mauvais que je me sois tant arrêté à prouver une chose qui est plus claire que le jour.

Je pense néanmoins que l'on jugera que cela était nécessaire pour surmonter l'opiniâtreté de ceux qui nient les choses les plus constantes, tant qu'il leur reste le moindre prétexte pour les pouvoir embrouiller. L'auteur de la Perpétuité s'était peu arrêté sur ce point, parce qu'il le croyait manifeste, comme il l'est véritablement. Il s'était contenté de reprocher à M. Claude la hardiesse qu'il avait eue de le contester dans sa première réponse ; et il avait cru qu'il suffisait de l'appuyer de quelques preuves en petit nombre, quoique très-fortes et très-convaincantes. Mais comme M. Claude n'en est devenu que plus fier, parce qu'il a cru qu'ayant peu d'ennemis à combattre, il en viendrait aisément à bout, il a été nécessaire de lui en opposer un plus grand nombre, et de lui mettre les choses dans un si grand jour, que toute sa fierté ne puisse pas empêcher que tout le monde ne reconnaisse le tort qu'il a eu de ne pas profiter de la remontrance charitable qu'on lui avait faite à la fin de la réfutation de sa première réponse : *Qu'il n'était pas excusable de s'opiniâtrer à soutenir, comme il avait fait, que les Grecs ne sont pas d'accord avec l'Église romaine sur le sujet de l'Eucharistie, et que cette hardiesse, à nier les choses les plus évidentes, et les vérités de fait les plus constantes, devait faire reconnaître à tout le monde combien il est difficile d'allier la sincérité et la bonne foi avec la passion de soutenir, à quelque prix que ce soit, le parti où l'on se trouve engagé.*

LIVRE CINQUIÈME.

OU L'ON FAIT VOIR LE CONSENTEMENT DES AUTRES EGLISES ORIENTALES AVEC L'ÉGLISE ROMAINE SUR LE SUJET DE L'EUCHARISTIE.

CHAPITRE PREMIER.

De la créance des Moscovites. Preuves négatives qui font voir qu'ils tiennent la présence réelle et la transsubstantiation.

Comme les Moscovites font partie de ceux qui suivent la religion grecque; qu'ils ont été longtemps soumis au patriarche de Constantinople, qui confirmait le métropolitain de Moscou, et qu'à présent même qu'ils s'en sont plus séparés, et que le patriarche de Moscou est nommé par le prince, ils ne laissent pas de conserver encore quelque dépendance de l'église de Constantinople; ce que l'on a prouvé en général, que les Grecs n'ont jamais douté de la présence réelle et de la transsubstantiation, suffit pour faire conclure le même des Moscovites.

Je crois néanmoins en devoir traiter en particulier, tant parce que les faux raisonnements que M. Claude fait sur leur sujet méritent bien qu'on les représente, que parce que l'opinion des Moscovites me parait extrêmement considérable en cette matière.

1° C'est un grand royaume, presque entièrement séparé de tous les autres : c'est une nation qui a toujours eu peu de commerce avec toutes les autres nations du monde. Peu de personnes voyagent en Moscovie, et peu de Moscovites voyagent dans l'Asie et dans l'Europe. Il n'y a jamais eu dans ce pays de mélange de personnes de diverses communions : l'on ne peut dire que les Latins y aient porté leurs opinions par des croisades; et tous les auteurs remarquent que ces peuples ont eu un extrême soin de conserver leurs anciennes coutumes, et les dogmes qu'ils ont une fois reçus. Enfin, c'est le pays du monde le plus propre à conserver la doctrine qu'on y a d'abord établie, et le moins propre à embrasser une opinion nouvelle.

2° L'église de ce royaume est une église purement grecque, qui doit sa conversion à l'église grecque, et qui a tiré d'elle la doctrine dont elle fait profession. On n'y lit guère que les œuvres de quelques Pères grecs, traduits en langue esclavonne : on n'explique au peuple que les ouvrages de ces Pères : on n'y a point d'autres sentiments que ceux qu'ils impriment naturellement dans l'esprit. Et M. Claude ne nous dira pas au moins que le livre de Paschase les ait corrompus, puisqu'on n'y a jamais entendu parler ni de Paschase ni de son livre.

Il semble qu'il y ait lieu de croire que la religion chrétienne y ait été établie dès les premiers siècles, puisque l'on voit dans les souscriptions du concile d'Antioche, tenu sous Jovien, celle d'un nommé Antipatre, évêque des *Rosses*, ou *Rhos*, qui est le nom que les Grecs donnaient à tous ceux que l'on a depuis appelés *Russi*, ou *Rutheni*, dont les Moscovites font partie. Mais on ne peut nier aussi que le christianisme ne se fût en quelque sorte aboli dans ce pays-là, et qu'il n'ait eu besoin d'y être renouvelé et rétabli.

La plupart des auteurs, et entre autres Sigismond, Lazicius, Raynaldus, Hottinger, placent ce renouvellement au dixième siècle : et ce serait encore une gloire pour ce siècle, si la conversion de ce grand royaume lui pouvait être véritablement attribuée. Mais le cardinal Baronius (1) fait voir, par le témoignage de Nicéphore Calixte, de Curopalate et de Zonare, qu'on le doit mettre au neuvième siècle, sous l'empire, non du jeune Basile et de Constantin, comme les nouveaux auteurs l'ont cru, mais sous celui de l'ancien Basile, surnommé le Macédonien, qui commença à régner seul après Michel, l'an 867. Et ainsi, comme il est sans apparence que les Moscovites aient changé de religion sur un point aussi important que celui de l'Eucharistie, les preuves que nous apporterons de leur créance présente, nous feront voir quelle est celle qu'on leur a prêchée, et qu'on a introduite parmi eux en y établissant la religion chrétienne.

Or ce royaume subsistant, et étant encore aussi florissant que jamais, plusieurs historiens depuis les deux derniers siècles en ayant écrit, diverses personnes y ayant voyagé, le grand-duc de Moscovie ayant envoyé plusieurs fois des ambassadeurs aux princes de l'Europe, et les princes de l'Europe ayant envoyé plusieurs fois des ambassadeurs vers ce prince, les relations de ces ambassadeurs étant écrites; il est étrange que M. Claude, en traitant expressément de cette matière, ait mieux aimé deviner l'opinion de ces peuples sur des conjectures en l'air, que de s'informer s'il ne rencontrerait point en tant de livres qui ont parlé de la religion des Moscovites, des preuves réelles de ce qu'il aurait bien voulu trouver.

L'auteur de la Perpétuité, qui citait un témoin oculaire comme M. Oléarius, et qui avait droit de supposer qu'on ne lui contesterait pas une chose qui a passé jusqu'à présent pour très-certaine, avait pu se dispenser de cette recherche. Mais il eût été bon que M. Claude, qui s'engageait à nier positivement une chose attestée par un témoin si irréprochable, et au-

---

(1) Baron., *in Append.*, tom. 7, n. 7. C'est une conjecture de Baronius; mais il est peut-être aussi vraisemblable qu'Antipatre était évêque d'une ville de l'Asie Mineure, appelée *Rhos*, sans qu'il soit besoin d'aller chercher son évêché en Moscovie. Sigism., pag. 5, *et dans la généalogie du grand-duc de Moscovie qui est au devant de ses œuvres, marque la conversion des Russes l'an* 988; Lazic., pag. 83 *l'an* 990; Hotting., c. 10 *l'an* 924; Raynald., 1505, n. 34, *la marque l'an* 961; Baron., ibid., n. 8.

torisée par l'opinion publique, eût tâché de nous alléguer quelque chose de positif et de réel. Car s'il n'a pas pris la peine d'examiner par la lecture des auteurs quelle était l'opinion des Moscovites sur le point dont il s'agit entre nous, il témoigne en cela un peu trop d'empressement de faire bientôt imprimer des réponses, et trop peu de soin d'en faire de raisonnables, et qui puissent servir à l'éclaircissement des choses qu'il traite. Et si au contraire il les a lus, et qu'il ait supprimé toutes les lumières qu'il y a trouvées, il me pardonnera si je lui dis qu'il témoigne peu de sincérité dans cette suppression.

Je n'ai pas cru devoir agir de la sorte. J'ai lu tout ce que j'ai pu trouver sur ce sujet, entre autres huit auteurs recueillis dans un volume imprimé à Spire sous le titre : *De Russorum Religione* l'an 1582.

Il y a un autre recueil imprimé à Francfort l'an 1600, sous le titre : *De Rebus Moscovitis*, qui comprend encore divers traités. Le jésuite Possevin a fait un livre sous le même titre, où il parle assez au long de la religion des Moscovites. Il y a outre cela divers voyages qui en traitent : et l'on en trouve aussi diverses choses dans Baronius, dans Raynaldus, dans Botter, dans Brerewrod, dans Hornbec, et dans les autres auteurs qui parlent des différentes religions des peuples.

La première chose qu'on peut remarquer dans tous ces auteurs que j'ai cités, est qu'il n'y en a aucun qui attribue aux Moscovites de nier la présence réelle et la transsubstantiation, non plus que de nier la Trinité. Cependant les uns étant catholiques auraient dû les condamner sur ce point, s'ils les eussent crus infectés de ces erreurs; et les autres étant ou luthériens ou calvinistes, auraient dû en tirer avantage, s'ils eussent cru qu'ils leur eussent été favorables.

Cette raison, quoique négative, ne laisse pas d'être décisive sur ce sujet : car la question de la présence réelle et de la transsubstantiation étant depuis un siècle la plus célèbre qui soit dans l'Église, les esprits y étant plus appliqués qu'à aucune autre par la contestation, le royaume de Moscovie étant très-considérable; il est impossible que tant d'auteurs, qui ont écrit de la religion de ces peuples, ne nous eussent point marqué cette différence d'avec l'Église romaine, puisque c'est ce qui les aurait frappés davantage.

Et c'est pourquoi l'on voit que, parce que l'on a accusé les Arméniens de nier la présence réelle quoique très-faussement, comme nous le montrerons, aucun des auteurs hérétiques n'omet, en rapportant leurs opinions, de marquer expressément celle-là ; et plusieurs catholiques même, s'étant laissé persuader par Guy le carme, que les Arméniens étaient en effet dans cette erreur, n'ont pas manqué de l'insérer dans le catalogue de leurs hérésies. On aurait fait sans doute le même sur le sujet des Moscovites, si l'on avait cru d'eux la même chose. On ne l'a pas fait: on ne l'a donc pas cru. Et si on ne l'a pas cru, il faut conclure que l'on n'a pas eu sujet de le croire :

car après la contestation qui s'est élevée sur cet article, il n'y a pas moyen que l'on dissimule l'opinion qu'on en a, et qu'on la cache à la juste curiosité des étrangers.

Et que M. Claude ne nous dise pas que le silence de ces auteurs sur ce point donne autant de lieu de conclure que les Moscovites ne croient pas la présence réelle et la transsubstantiation, que de prétendre qu'ils la croient ; et que l'on pourrait dire de même que s'ils la croyaient, les catholiques en auraient tiré avantage, et que les calvinistes ou les luthériens les auraient blâmés d'avoir cette opinion.

Car outre que nous ferons voir à M. Claude qu'ils ne gardent pas tous le silence sur ce point, et qu'il y en a qui déposent bien clairement que les Moscovites tiennent la transsubstantiation, au lieu qu'il n'y en a aucun qui les accuse de ne la pas croire, il est clair de plus que le silence de ceux qui n'en parlent point ne conclut du tout qu'à l'avantage des catholiques.

La raison en est que l'Église catholique étant la société originale, matrice et radicale, dont toutes les autres sont sorties comme des sarments qui ont été retranchés de la vigne, elle conserve non seulement dans l'esprit des catholiques, mais même dans celui des hérétiques, un certain éclat et une certaine autorité, qui fait que dans les comparaisons qu'ils font des religions, c'est toujours avec la religion catholique qu'ils comparent toutes les autres.

Or il est certain que dans cette comparaison, on n'a jamais dessein de marquer toutes les convenances; mais l'on a pour but de marquer les principales différences. Et c'est pourquoi l'on peut bien oublier et supprimer certaines conformités ; mais il est contre la nature et le sens commun que l'on oublie de marquer une différence essentielle, capitale et importante, comme serait celle de ne pas croire la présence réelle et la transsubstantiation. On ne dit pas toujours, en comparant les autres sociétés avec l'Église romaine, qu'elles croient la Trinité, l'incarnation, la mort de Jésus-Christ, et les articles du Symbole comme les catholiques romains; mais on ne manquera jamais de remarquer d'une société qui ne croirait pas quelques-uns de ces articles importants, qu'elle erre dans la foi de cet article.

Ainsi les catholiques et les hérétiques, en parlant d'une société chrétienne, et la comparant avec l'Église romaine, peuvent bien ne point parler de la transsubstantiation ni de la présence réelle, en supposant qu'elle croit ces points comme l'Église romaine; mais il n'est pas moralement possible que, supposant que cette société ne les crût pas, ils oubliassent de marquer cette différence.

Ces preuves négatives sont d'autant plus considérables et plus décisives, qu'il ne s'agit pas en général d'auteurs qui traitent en passant ou confusément de la religion des Moscovites; mais il s'agit d'auteurs qui en parlent distinctement et expressément qui marquent en particulier toutes les erreurs qu'ils tiennent et il s'agit d'auteurs qui n'en parlent pas en l'air; mais dont les uns ont été en Moscovie, les autres ont traité avec des Moscovites, et ne rapportent que ce qu'ils avaient appris en conférant avec eux. Il s'agit enfin d'auteurs qui étaient souvent obligés par leur sujet, et par l'occasion qui les faisait écrire, de marquer cette différence entre la créance des Moscovites et celle de l'Église romaine, si elle leur eût été connue.

Paul Jove, célèbre historien, a fait le récit d'une ambassade envoyée par le grand-duc Basile au pape Clément VII. L'ambassadeur se nommait Démétrius. Et comme durant le séjour qu'il fit à Rome, Paul Jove s'informa de lui le plus exactement qu'il put, non seulement du sujet de sa légation, mais aussi des mœurs des Moscovites et de leur religion, il en a fait une relation, à laquelle Sigismond, baron d'Herberstein, qui avait été deux fois en Moscovie en qualité d'ambassadeur de l'empereur, rend ce témoignage, qu'elle est très-fidèle, et que l'auteur avait été très-bien informé. *De Moscovia*, dit-il, *scripsit nostrâ œtate Paulus Jovius, eleganter sanè, et magnâ cum fide; usus est enim interprete locupletissimo* (1). C'est l'éloge qu'il donne à cet ambassadeur.

Or cet auteur remarque bien que les Moscovites tiennent que le purgatoire, pris pour un lieu particulier où les âmes sont tourmentées par le feu, est fabuleux, quoiqu'ils pratiquent la prière pour les morts : ce qu'il a de la peine à accorder, parce qu'il ne savait pas que les Grecs tiennent le purgatoire d'une autre manière que les théologiens latins. Il leur reproche aussi de ne pas reconnaître l'autorité du pape, de suivre les cérémonies grecques : mais sur tous les autres articles il conclut généralement qu'ils croient les mêmes choses que nous : *In cæteris eadem quæ à nobis de religione sentiuntur, constantissimè credunt.* Je pense que la présence réelle et la transsubstantiation sont des articles assez importants pour être compris sous cette proposition générale.

Des Anglais qui, sous le règne d'Édouard VI, entreprirent de découvrir de nouvelles terres vers le septentrion, étant abordés en Moscovie, et ayant été conduits à Moscou, un auteur anglais dressa une relation de cette navigation, qu'il dédia à Philippe II, roi d'Espagne, qui était alors roi d'Angleterre. Il y fait un chapitre exprès de la religion des Moscovites, qui commence par ces paroles : *Græcæ Ecclesiæ dogma amplectuntur.* Il remarque que les Moscovites consacrent l'Eucharistie avec du pain levé : mais il ne marque nullement qu'ils ne croient pas la transsubstantiation ou la présence réelle.

L'autorité de Sigismond, baron d'Herberstein, est encore plus considérable. Ce seigneur allemand avait été envoyé deux fois ambassadeur en Moscovie par l'empereur, et il s'était appliqué particulièrement à s'instruire de leur police et de leur religion.

Il rapporte, page 21, la forme de leur gouvernement ecclésiastique, et il marque dans la page 29 les cérémonies qu'ils pratiquent en communiant, et principalement celles qui sont éloignées de l'Église romaine. « Ils communient, dit-il, sous les deux espèces, en mêlant le pain, ou le corps, avec le sang. Chacun peut recevoir le corps du Seigneur autant de fois qu'il veut le long de l'année, pourvu qu'il se soit confessé : mais le temps prescrit pour la communion est celui de Pâques. Ils donnent le sacrement aux enfants de sept ans; parce qu'ils disent que c'est alors qu'ils commencent d'être en état de pécher. Si un enfant est si malade, ou si près d'expirer qu'il ne puisse recevoir le pain, on lui verse une goutte du calice. On ne consacre point le pain pour communier qu'à la messe ; mais pour les malades, on en consacre le jeudi-saint pour toute l'année. »

M. Claude croit-il qu'il soit vraisemblable qu'un homme célèbre et habile comme cet ambassadeur, qui marque tant de petites particularités, eût omis de marquer que les Moscovites ne croient point la transsubstantiation ou la présence réelle, s'il eût reconnu en eux cette erreur? Ou s'imagine-t-il que quand il dit que les Moscovites reçoivent quand ils veulent le corps du Seigneur, il n'entend pas que ces peuples croient effectivement recevoir le corps véritable de Jésus-Christ?

Le même Sigismond a inséré dans son traité une lettre qu'un métropolitain de Moscovie, appelé Jean, écrivit au pape sur les différends de religion qui étaient entre l'Église romaine et les Moscovites. C'était-là le lieu où il devait être parlé de la transsubstantiation et de la présence réelle, si le métropolitain ne l'avait pas crue; mais il n'en dit pas un seul mot. Il parle des azymes assez au long : il prétend prouver que Jésus-Christ consacra avec du pain levé; mais il ne reproche rien aux Latins sur l'effet de la consécration.

Alexandre Guaguin, natif de Vérone, et capitaine de gens de pied dans une citadelle proche de la Moscovie, dans la description qu'il a faite de ce royaume, traite assez particulièrement de la religion des Moscovites.

Il décrit la coutume qu'ils ont de porter les dons dans l'église, et de les honorer, à la mode des Grecs, avant même qu'ils soient consacrés. Il remarque les mêmes coutumes dans la célébration et la distribution de l'Eucharistie, qui sont marquées par Sigismond. Il rapporte leurs raisons ordinaires, pour montrer qu'il ne faut pas offrir des azymes, mais du pain levé; et il ajoute que le pain qui sert au sacrifice est préparé dans ce pays-là par des femmes d'un âge fort avancé, qui ne sont plus sujettes aux incommodités de leur sexe : ce qui revient assez à une ancienne coutume de l'ordre de Cîteaux, de faire préparer le pain qu'on doit consacrer par des vierges, pour montrer par cette cérémonie, la pureté qui est nécessaire à ceux qui y participent. On voit par tout son discours qu'il parle du sacrement de l'Eucharistie dans le même sens que les catholiques en parlent, et qu'il

---

(1) Dans la lettre à Ferdinand, roi de Hongrie et de Bohême. *Rer. Moscovit. auct.*, pag. 126.

n'a pas eu le moindre soupçon que les Moscovites fussent dans l'erreur touchant la substance de ce mystère.

Il est fort difficile que si tous ces auteurs eussent soupçonné les Moscovites de ne pas croire la présence réelle, ils ne l'eussent point marqué dans leurs écrits. Mais en voici d'autres où cette supposition paraît absolument impossible.

Antoine Possevin, jésuite, fut employé par le pape Grégoire XIII, et par Étienne, roi de Pologne, en diverses négociations avec Jean-Basile grand-duc de Moscovie. Il amena lui-même de Moscovie à Rome les ambassadeurs que ce prince envoyait au pape : il les ramena de Rome en Pologne. Il eut un soin particulier de s'informer de la religion de ces peuples, afin de rendre compte au pape, comme il fit, de ce qu'il était à propos de faire pour établir la religion catholique en Moscovie. Il eut lui-même des conférences expresses avec le grand-duc Basile touchant la religion ; et il fit même un écrit, à la prière de ce prince, qu'il présenta dans une grande assemblée, le 3 mars 1582, où il entreprend de marquer précisément en quoi consistaient les différences de la religion des Moscovites de celle des catholiques romains. On sait quel rang tient dans l'esprit des catholiques la doctrine de la présence réelle et de la transsubstantiation. S'il eût donc cru que les Moscovites eussent été engagés en quelque erreur sur ce point, eût-il jamais manqué d'en faire la capitale différence de ces deux religions ? Mais il ne s'en avise pas seulement. Il s'arrête aux erreurs des Grecs, qu'il attribue aux Moscovites avec quelques autres opinions particulières sur d'autres points ; et il ne leur fait aucun reproche sur la foi de l'Eucharistie.

C'est pourquoi, en marquant les livres qui sont nécessaires à ceux qui veulent conférer avec les Moscovites, il se réduit ou à ceux qui traitent de leurs opinions, ou à ceux qui réfutent les erreurs des Grecs. Il ne met dans ce catalogue aucun des auteurs qui ont traité de l'Eucharistie ; et s'il y insère Bellarmin et Stapleton, ce n'est qu'à cause des traités qu'ils ont faits de l'Église et du schisme, comme il le marque expressément.

Sacranus, chanoine de Cracovie, avait fait longtemps auparavant un catalogue, le plus ample qu'il avait pu, des erreurs des Moscovites ; et l'on peut dire qu'il y a excédé, en ayant marqué qu'ils n'ont point, ou qui sont plutôt des erreurs et des dérèglements de particuliers que des hérésies soutenues par toute la nation. On peut voir ce catalogue dans le livre intitulé : *De religione Russorum.* Or, bien loin qu'il y reproche aux Moscovites de ne pas croire la présence réelle et la transsubstantiation, il leur reproche, au contraire, plusieurs choses qui supposent qu'ils la croient.

Il dit dans l'erreur VIII, *que, selon les Moscovites, le corps de Jésus-Christ ne se peut consacrer avec des azymes.* Il marque donc par-là clairement que les Moscovites croient que le corps de Jésus-Christ peut être consacré avec du pain levé.

Il dit dans l'erreur XVI que du pain préparé pour le sacrifice, ils en coupent un morceau en forme de triangle, et qu'ils le consacrent pour en faire le corps de Jésus-Christ, *in corpus Christi consecrant.* C'est un catholique qui parle, et qui entend parler du vrai corps de Jésus-Christ, et qui attribue cette même créance aux Moscovites.

Il se sert de la même expression dans l'erreur XVIII : *Consecrant*, dit-il, *panem in corpus Christi.*

Il est vrai que dans l'erreur XX il reproche aux Moscovites de rendre un culte idolâtre au pain et au calice non consacré, et de n'en rendre plus lorsqu'il est consacré. *Et post in altari positum, et consecratum nemo veneratur neque elevatur.* Mais si M. Claude prétendait abuser de ces paroles, il témoignerait peu d'intelligence des coutumes des Grecs. Car pour ce culte idolâtre que cet auteur reproche aux Moscovites, c'est une objection ordinaire que l'on fait aux Grecs, dont Allatius les défend fort bien, en montrant qu'ils ne prétendent nullement adorer les dons avant la consécration, puisqu'aucun d'eux ne les prend pour le corps de Jésus-Christ ; et qu'ainsi cet honneur n'est point du tout une véritable adoration. Et quant à ce que ce chanoine de Cracovie trouve étrange que les Moscovites rendent peu d'honneur extérieur au corps de Jésus-Christ après la consécration, c'est qu'il n'a pas assez pris garde à la cause qui les empêchait de le pouvoir faire, qui est que la consécration se fait en un lieu séparé du peuple, comme le témoigne Oderbonus dans sa lettre à Chytreus. Or bien loin que cette coutume vienne de manque de respect envers Jésus-Christ présent dans ce sacrement, c'est au contraire par un souverain honneur que l'on prive pour quelque temps le peuple de la vue même des mystères.

Il y a divers moyens d'honorer Dieu. On l'honore par ses paroles, et on l'honore par son silence : et c'est en quelque sorte la plus grande des louanges que l'on puisse donner à Dieu, selon ce qui est dit dans le psaume selon l'hébreu : *Tibi silentium, Deus, in Sion.* On peut donc aussi honorer Jésus-Christ présent, ou en l'exposant à la vue du peuple pour l'adorer, ou en le cachant à la vue du peuple pour lui imprimer plus de respect envers sa divine majesté. Quand les Moscovites ne pratiqueraient que la dernière sorte de respect, on ne les pourrait point accuser de n'honorer pas le corps de Jésus-Christ. Mais cela même n'est pas véritable ; et il paraît que ce chanoine de Cracovie n'était pas bien informé en ce point, au moins si l'on en croit Oderbonus luthérien, qui a écrit des lettres à Chytreus, de la religion des Russes, parmi lesquels il vivait, et qui prétend les avoir interrogés avec soin de leur religion. Car voici de quelle manière il décrit ce que les Moscovites pratiquent à la messe après la consécration. *Le prêtre*, dit cet auteur, *précédé de trois ministres qui portent des flambeaux, étant entré dans le sanctuaire, consacre par les paroles que Jésus-Christ a marquées, qu'il prononce en langue vulgaire, et cela se fait sur l'autel de S. Nicolas. Incontinent après on ouvre les portes, et le peuple qui est persuadé que Dieu habite certainement en ce lieu, s'en va au-devant du prêtre avec de grands cris, répétant une infinité de fois ces paroles :* Hospodi Pomilon; *c'est-à-dire, Seigneur, ayez pitié de nous; et ces cris sont beaucoup augmentés par le bruit des cymbales.*

Après cela il se fait un grand silence dans l'église : et le prêtre, marchant lentement, montre à tout le peuple ce qu'il a consacré en secret; tenant en sa main droite un calice de plomb, couvert d'un voile de soie, et dans l'autre une patène de même métal. Tout le peuple alors se met à genoux, et le prêtre leur dit en langue moscovite ces paroles : Voilà le corps et voilà le sang de Notre-Seigneur Jésus-Christ, que les Juifs ont fait mourir, tout innocent qu'il était : *ce qui excite de nouveaux cris et de nouveaux soupirs parmi le peuple, et leur fait frapper leur poitrine. Le prêtre ayant fait cela, revient incontinent dans le sanctuaire, et il remet le sacrement sur l'autel de S. Nicolas, d'où l'on le donne à ceux qui veulent communier : ce qui ne se fait quelquefois que le lendemain.*

Il est visible que si ce luthérien a été bien informé, comme il y a de l'apparence, puisqu'il prétend n'écrire que ce qu'il a vu, ou ce qu'il a appris des prêtres de Russie, ce chanoine de Cracovie ne l'était pas assez en ce point. Mais, quoi qu'il en soit, cette diversité de cérémonies ne donne aucun lieu de conclure que les Moscovites ne soient pas conformes à l'Église romaine dans la créance de ce mystère, puisque les unes et les autres peuvent avoir le même principe, qui est le dessein de témoigner son respect à Jésus-Christ.

Le mémoire des erreurs des Moscovites et Russiens, présenté par Jean Laschi, archevêque de Gnesne, au concile de Latran sous Léon X, en 1514, et rapporté par Raynaldus en cette année-là, est absolument la même chose que l'écrit de Sacranus, chanoine de Cracovie. Il n'y a qu'une petite préface ajoutée, où il fait la distinction de trois sortes de Russiens; dont on appelle les uns blancs, qui sont les Moscovites; les autres rouges, qui sont sujets au roi de Pologne; et les autres Walaches, qui sont les Moldaves : ainsi on ne se doit point étonner d'y voir le passage que nous venons de rapporter de Sacranus. Ce mémoire nous fournit néanmoins une nouvelle preuve, par l'autorité de cet archevêque qui l'a rendu sien ; puisqu'il paraît qu'il n'a point cru, non plus que Sacranus, que les Moscovites fussent dans l'erreur touchant la présence réelle et la transsubstantiation, ne leur en imputant aucune sur ces deux points.

Enfin, tous les nouveaux auteurs calvinistes qui ont fait des recherches sur la religion des peuples, comme Éduin-Sandy, chevalier anglais ; Brerewod, professeur de Londres ; Hornbec, professeur d'Utrecht ; Hottinger, ministre de Zurich, qui ne manquent jamais de marquer ce qu'ils croient désavantageux aux catholiques, n'ont trouvé aucun prétexte ni aucun fondement d'accuser les Moscovites de ne pas croire la présence réelle et la transsubstantiation : et c'est pourquoi ils se sont bien donné de garde de faire des conjectures semblables à celles de M. Claude. Ils ont mieux aimé s'en taire tout-à-fait, en laissant à conclure à ceux qui lisent leurs livres, que comme les Moscovites sont grecs de religion, ils tiennent aussi la présence réelle et la transsubstantiation comme les Grecs.

CHAPITRE II.

Preuves positives de la même créance des Moscovites, tirées de Jean Lefèvre, de Lazicius et de Dannawerus.

Une personne bien raisonnable ne demanderait pas d'autres preuves de la créance des Moscovites sur cet article. Si M. Claude néanmoins en demande d'autres, il y a moyen de le contenter. En voici une qui est sans repartie.

Le grand-duc de Moscovie, Jean-Basile, ayant envoyé des ambassadeurs à l'empereur Charles V en Espagne, ces ambassadeurs passèrent à leur retour par l'Allemagne, et furent magnifiquement reçus à Tubinge par l'archiduc Ferdinand. Ce prince eut la curiosité de s'informer particulièrement de la religion des Moscovites ; et il donna pour cela commission à Jean Lefèvre son confesseur, depuis évêque de Vienne, de conférer avec ces ambassadeurs en présence de plusieurs personnes illustres et habiles. Jean Lefèvre exécuta l'ordre qu'il avait reçu, et fit depuis une relation, la plus exacte qu'il put, de ce qu'il avait appris de ces ambassadeurs touchant la religion des Moscovites, qu'il dédia à Ferdinand : elle est insérée dans un recueil des historiens de Moscovie et dans le livre de la religion des Russes, page 170.

Or, dans cette relation, il est expressément marqué que les Moscovites tiennent la transsubstantiation et la présence réelle par ces paroles décisives : *La consécration*, dit-il, *se fait parmi eux par les paroles que Jésus-Christ a prononcées; et ils leur attribuent une telle force, qu'aussitôt qu'elles ont été prononcées par le prêtre, ils croient que la créature cède au Créateur ;* c'est-à-dire que le pain fait place au corps de Jésus-Christ, et que cet effet est nécessaire.

Lazicius, polonais, bohémien ou picard de religion, qui a fait imprimer l'écrit d'un luthérien au grand-duc de Moscovie, et la réponse du grand-duc, avec une réfutation de cette réponse faite par lui-même, et qui a publié le tout sous le titre de *Theologia Moscovitica*, rapportant le passage de Jean Lefèvre, avoue qu'il a reconnu par-là que les Moscovites enseignent la transsubstantiation ; et il combat cette doctrine en l'attribuant aux Moscovites, par une raison pitoyable. Voici ses paroles.

Ils tirent, dit-il, *avec une cuiller d'argent, du calice que le prêtre tient en ses mains, le pain sacré mêlé dans ce calice, et le font avaler à des enfants de trois ans, en leur disant :* Prenez le corps de Jésus-Christ, et goûtez de cette fontaine immortelle. *Car, comme dit Jean Lefèvre, ils donnent aux paroles de la consécration une telle force, qu'aussitôt qu'elles sont prononcées, la créa-*

ture, selon eux, fait place au Créateur. Mais si cela se fait véritablement, je demande pourquoi le poison ne fit pas place au Créateur, lorsqu'un moine dominicain de Sienne, qui avait été corrompu par argent, en mit secrètement dans le calice, l'an 1313, et fit ainsi mourir Henri VII, empereur, qui prit le sacrement de ce calice-là? Si quelqu'un entreprend de nier ce fait contre la foi des histoires, qu'il en fasse lui-même l'expérience. Cela paraît convaincant à ce Bohémien; et non seulement à lui, mais à plusieurs autres ministres, qui en font une de leurs plus considérables objections contre la transsubstantiation. Et, pour moi, la difficulté que j'y trouve consiste à m'imaginer en quoi ils ont pu y trouver de la difficulté, et ce qui les a pu éblouir dans une si mauvaise raison. Ceux qui disent que le vin fait place au sang de Jésus-Christ, disent-ils qu'une substance qui n'est pas vin fasse place à son sang, et qu'elle soit transsubstantiée? Si elle n'est donc pas changée, elle demeure en sa place; elle occupe son lieu, elle subsiste proche du corps de Jésus-Christ, quoiqu'elle ne soit pas en même lieu. Ainsi, quand on la prend avec le corps de Jésus-Christ, elle fait son effet comme si on la prenait avec une autre chose.

N'est-ce pas une pensée bien basse et bien grossière de croire que le corps de Jésus-Christ soit déshonoré d'être mêlé avec un poison; comme si ce poison était autre chose qu'une matière qui a une certaine figure qui peut nuire au corps humain? Or, de quelque figure que soit une matière, longue, plate, pointue, polie, raboteuse, je ne vois pas qu'elle en soit plus noble ou plus méprisable, sinon à l'égard des hommes qui jugent de tout par rapport à eux. Mais en soi, le corps de Jésus-Christ est aussi peu déshonoré d'être proche d'une matière que les hommes appellent poison, parce que la figure de ses parties blesse leur corps, que s'il était proche de l'eau, proche de l'air, proche de l'or, proche des perles, et des autres matières qu'il a plu à la fantaisie des hommes d'estimer plus nobles.

Mais sans m'arrêter davantage à réfuter avec plus d'étendue l'objection de ce Polonais, il est clair que, selon lui, les Moscovites croient la présence réelle et la transsubstantiation; et il n'est nullement douteux, de plus, qu'il ne mérite mieux d'en être cru que M. Claude, qui, étant Français, n'est pas si proche de la Moscovie qu'en était Lazicius.

Voici encore un témoignage précis et positif d'un auteur plus récent, puisque son livre n'est imprimé qu'en 1666. C'est un professeur luthérien de Strasbourg, nommé Dannawerus, qui a fait divers traités sur la religion des peuples, et qui fait voir qu'il a lu exactement tout ce qu'on trouve de ces matières. Cet auteur ne doit pas être suspect à M. Claude, puisqu'il est ennemi de la transsubstantiation aussi bien que lui; cependant la sincérité l'a obligé d'en parler de cette sorte : *Ils mettent dans le vin contenu dans le calice le pain rompu en morceaux; ils le bénissent, ils croient* QU'IL EST TRANSSUBSTANTIÉ, *et le distribuent avec une cuiller à celui qui communie, en lui disant ces paroles* : C'EST LE VRAI CORPS ET LE VRAI SANG DE JÉSUS-CHRIST, *qui est donné pour vous et pour plusieurs, pour la rémission des péchés; et toutes les fois que vous le prenez, vous le devez prendre en mémoire de Jésus-Christ.*

M. Claude peut apprendre de là, que l'intérêt du parti n'est pas si agissant sur l'esprit de tous les protestants qu'il l'est sur le sien; et qu'il y en a en qui il n'étouffe pas la sincérité; ou plutôt, qu'il y a des personnes qui craignent plus que lui de perdre leur réputation, en avançant des choses notoirement fausses, ou en désavouant celles qui sont claires et constantes.

CHAPITRE III.
Autres preuves, tirées de témoins vivants touchant l'opinion des Moscovites.

Quoique ces témoignages soient précis, néanmoins comme il s'agit d'une nation qui subsiste, et qui peut déclarer ses sentiments, il est juste d'alléguer aussi des témoignages tirés de gens qui aient été depuis peu en Moscovie. C'est pour cela qu'on a produit dans le traité de la Perpétuité, celui de M. Oléarius, bibliothécaire du duc d'Holstein, qui assure expressément, dans son Voyage de Moscovie, que les Moscovites croient la transsubstantiation. Mais parce que M. Claude rejette froidement son autorité, et veut s'imaginer qu'il s'est trompé, j'ai voulu m'assurer moi-même s'il avait mis cela légèrement dans son Histoire, ou s'il avait fait une recherche particulière de ce point. J'ai donc prié une personne de condition qui l'avait vu en Allemagne, de lui en écrire : et voici la réponse qu'il lui a faite, dont je ne mettrai ici que la traduction, en réservant de mettre l'original à la fin de ce volume, avec quelques témoignages de la créance des chrétiens d'Orient.

Extrait d'une lettre de M. Oléarius à M. de P. C.

« Monsieur, ce ne m'est pas un bonheur peu considérable de pouvoir entretenir un commerce de lettres avec une personne de votre naissance et de votre mérite. Ainsi rien ne me fut jamais plus agréable que les lettres si pleines de civilité que j'ai reçues de votre part, et que l'assurance qu'elles me donnent de la continuation de votre affection pour moi. Je vois, monsieur, que le sujet qui vous les a fait écrire est un différend qui s'est élevé entre un théologien de la communion du pape, et un docteur calviniste, sur la présence réelle du corps de Jésus-Christ dans la cène, et sur la transsubstantiation. Le théologien romain a soutenu que les chrétiens d'Orient étaient persuadés, tant de la présence réelle que de la transsubstantiation, et il a employé mon témoignage pour le prouver, parce que j'ai écrit expressément, dans la relation de mon voyage, *que les Moscovites croient la transsubstantiation*; c'est-à-dire, qu'ils croient que le pain est changé au corps de Jésus-Christ, et le vin en son sang. Mais le calviniste attaque ma relation sur ce point, et tâche de la rendre suspecte de fausseté. Je me soucie fort peu, monsieur, de tous les discours de ces gens-là : mais pour ce que j'ai écrit dans mon livre sur ce sujet, je vous assure que ce ne sont point des songes et des conjectures en l'air. J'ai appris tout ce que j'en ai dit de ceux qui en étaient très-bien informés. Premièrement des pasteurs de notre église dans la ville même de Moscou; 2° de quelques interprètes du grand-duc, qui avaient quitté notre religion pour embrasser celle des Moscovites ; 3° de quelques marchands moscovites, qui n'étaient point de la lie du peuple ; 4° des prêtres mêmes et des religieux de ce pays-là. Et certainement je ne vois pas par quelle raison j'aurais voulu attribuer à cette nation d'autres sentiments que ceux qu'elle a véritablement. Que si quelqu'un ne veut pas déférer à ma relation, qu'il lise la lettre que Jean, métropolitain de Russie, a écrite au pape. Il verra qu'il y accuse l'Église romaine de plusieurs erreurs sur le jeûne du samedi, le mariage des prêtres, le baptême, l'usage du pain azyme dans la cène ; *mais qu'il n'y fait aucune mention de la transsubstantiation.* Cependant si les Moscovites n'eussent pas été conformes en ce point avec l'Église romaine, il n'aurait jamais manqué de parler de cet article, comme étant le principal. On peut voir cette lettre dans le livre du baron de Herberstein.

« J'ai appris aussi du patriarche d'Arménie, qui nous visitait à Scamachie, ville de Médie, et dont j'ai fait mention dans mon voyage, page 296 de la première édition, et 430 de la seconde, *que les Arméniens croyaient la transsubstantiation.* Or croyant la transsubstantiation, c'est-à-dire le changement du pain et du vin au corps et au sang de Jésus-Christ, il est indubitable qu'ils tiennent la présence réelle et véritable. Il est vrai que ni les Moscovites, ni les Arméniens ne portent point le Sacrement en procession. »

Ce témoignage de M. Oléarius en comprend plusieurs. Il comprend celui des pasteurs luthériens qui sont à Moscou. Or qui doit-on croire plutôt dans cette matière que des gens qui sont sur les lieux, et qui attestent une chose qui leur est en quelque sorte désavantageuse ?

Il comprend celui de ces interprètes du grand-duc, qui, de luthériens, s'étaient faits moscovites de religion. Et qui peuvent savoir plus assurément si les Moscovites tiennent la transsubstantiation, que ceux que l'on avait obligés de la croire, quoiqu'ils ne la crussent pas auparavant, et qui n'avaient été reçus dans leur église qu'à cette condition ?

Il contient celui des marchands moscovites, qui font voir que cette créance était celle du commun du peuple.

Il contient celui des prêtres et des religieux moscovites, qui ne pouvaient ignorer la créance de ceux de leur nation, sur un point si commun et si important.

Et tout cela est rapporté, non par un catholique, mais par un luthérien, c'est-à-dire par un homme qui ne croit point la transsubstantiation, qui n'a aucune raison de favoriser cette doctrine, qui est uni en ce point avec les calvinistes, et qui n'a pu rendre ce témoignage à la vérité, que parce qu'il est sincère et homme d'honneur.

Je ne sais comment les autres ont l'esprit fait, mais, à mon égard, un témoignage de cette sorte m'est une démonstration, et je croirais mériter de passer à l'égard de tout le monde pour une personne déraisonnable et emportée, si j'avais contesté un fait autorisé par des témoins si irréprochables. Car si la hardiesse de désavouer toutes choses n'a point de bornes, il faut renoncer, non seulement aux disputes de religion, mais même au commerce de la vie.

Voici néanmoins encore une autre preuve de même genre, qui en renferme un si grand nombre, que ceux qui savent ce que c'est que la certitude humaine, n'auront pas de peine à comprendre qu'elle met ce que je prétends prouver à peu près dans le même degré d'évidence, qu'est l'embrasement de Londres ou la mort du pape Alexandre.

J'avoue que dans le dessein que j'ai eu de mettre ce point de la créance des sociétés séparées de l'Église hors de contestation, je fis donner un mémoire à M. de Pompone, ambassadeur extraordinaire de sa majesté très-chrétienne auprès du roi de Suède, pour avoir, s'il était possible, par son moyen, des attestations des Moscovites. Il y avait une autre personne qui lui en avait aussi écrit, et apparemment pour le même dessein. On verra par la lecture de sa lettre, que j'insérerai ici, l'effet de son entremise.

Lettre de M. de Pomponne, ambassadeur extraordinaire de sa majesté très-chrétienne auprès du roi de Suède.

A Stockolm, ce 10 septembre 1667.

« J'ai reçu votre billet du 18 du mois passé, et j'ai été très-aise de devoir à la Moscovie quelque espèce de commerce avec vous. J'en profite avec joie, et je me trouve fort honoré d'entrer pour ma part, mo*. indigne, dans la réfutation du ministre Claude.

« Quoique vous ayez déjà été sans doute satisfait, par ce que j'ai mandé à mon père sur les questions que vous me faites, je vas vous recommencer toute l'histoire de l'écrit que je vous ai envoyé, et y ajouterai quelques preuves qui en assurent davantage la vérité.

« Lorsque je reçus vos mémoires pour m'informer de la créance des Moscovites, j'avais déjà reçu au mois de mars de l'année passée une lettre de M. l'abbé N., dont aussi M. de N. me recommandait le soin, par laquelle il me priait d'avoir, s'il était possible, le sentiment de l'église moscovite sur l'Eucharistie, et m'envoyait les opinions différentes sur ce point, de l'Église catholique, des luthériens et des calvinistes. Je fis traduire ces propositions en latin, et les donnai à M. le comte de la Gardie, grand-chancelier de Suède, et le priai, s'il était possible, d'en avoir la résolution par le résident du roi de Suède auprès du grand-duc de Moscovie. Il me promit de m'en faire avoir réponse, et dès l'heure même, il envoya l'écrit que je lui avais donné au sieur de Lilienthal, résident de Suède à Moscou. Ce ministre s'adressa pour en avoir l'éclaircissement, au métropolitain de Gaza ; et voici les articles de diverses lettres qu'il écrivait à M. le grand-chancelier, pour lui rendre compte de sa diligence en cette affaire. Il m'en envoya les copies en allemand, et j'en garde les originaux.

« Depuis, le même sieur de Lilienthal ayant eu permission de revenir en cette cour, en rapporta l'écrit dont je vous ai envoyé la copie, signé de la propre main de ce métropolitain. M. le grand-chancelier, quelques jours après l'avoir reçu, me dit en riant qu'il ne devait point me le donner, parce que nous y avions trop d'avantage. Il me l'envoya le lendemain par un de ses secrétaires ; et je garde l'original, pour ne le point exposer au péril du voyage.

« J'ai vu depuis le sieur de Lilienthal, et il m'a expliqué plus amplement tout ce qui s'est passé en cette affaire. Vous voyez par ses lettres au grand-chancelier, qu'il s'adressa au métropolitain de Gaza qui est auprès du grand-duc, et que celui-ci voulut, en présence de tout le clergé, recevoir de lui la permission de répondre aux questions qui lui avaient été faites. Il reste à vous dire qui est cet archevêque, et voici ce que le même sieur de Lilienthal m'en a appris.

« Il est Grec de nation, et religieux de l'ordre de S. Basile. Il a étudié à Rome et à Padoue, et étant revenu de là à Constantinople, il y avait été fait archevêque de Gaza en Palestine. Le succès avec lequel il prêchait la religion grecque aux Turcs, et quelques persécutions qu'il craignait que cela lui attirât, l'obligea à s'éloigner de Constantinople, et à passer en Moldavie et Valachie, qui sont de l'église grecque. Sa réputation obligea le czar à l'appeler à Moscou. Il est logé dans son palais, et est en fort grande estime en cette cour. Sans l'ignorance de la langue du pays, il aurait apparemment été élu patriarche en la place de celui qui en a été déposé ; et le sieur de Lilienthal m'a assuré que nul autre n'avait tant de réputation et tant de savoir que lui en Moscovie. Il lui avait témoigné qu'il avait dessein de faire souscrire son écrit dans l'espèce de synode, auquel les légats des patriarches de Jérusalem et de Constantinople avaient été envoyés ; mais la chose lui parut depuis d'un trop long travail, parce qu'ayant écrit pour le sieur de Lilienthal, en latin, il aurait fallu qu'il eût remis le même écrit en grec, et qu'il l'eût fait ensuite traduire en moscovite, afin que les légats et les évêques du pays l'eussent pu entendre. Ainsi il le donna comme il l'avait écrit d'abord. Mais le sieur de Lilienthal, qui a demeuré longtemps à Moscou, m'a dit ne comprendre pas que l'on révoquât en doute l'opinion des Moscovites sur la transsubstantiation, puisque l'on en voit tous les jours des marques publiques dans les rues de Moscou, où le peuple se prosterne contre terre, et adore le S.-Sacrement qu'on porte aux malades : qu'enfin c'est une chose connue à quiconque a connu seulement la Moscovie.

« J'ai voulu vous dire tout ce qui est de cet archevêque ; parce que je ne doute pas que quelques calvinistes qui sont ici n'aient donné avis de cet écrit au ministre Claude ; et qu'en la même manière qu'ils ont dit que cet auteur devait être suspect, parce qu'il avait été nourri à Rome, et qu'il avait été reçu docteur à Padoue, ils ne lui aient mandé qu'il peut rejeter son témoignage, comme d'un homme élevé en notre religion. Ce n'est pas que je croie rien de plus faible que cette défaite, et que rien ne puisse moins avoir l'air de collusion qu'une déclaration que l'on va chercher en Moscovie, et qui passe par le canal d'un premier ministre et d'un résident de Suède luthérien. Mais toutes sortes de défaites sont bonnes à telles gens pour se sauver. La date de l'écrit marque même quelque considération de l'auteur ; puisqu'elle fait voir qu'il est logé dans le palais même du grand-duc, qui s'appelle Jean Alexiovitz ; et c'est ce qui lui a fait nommer le lieu d'où il écrivait, *ex Alexeo Musæo*. Les sentiments du seigneur moldave se rapportent entièrement à ceux-ci : et ce rapport entre deux hommes qui écrivent l'un à Stockholm, l'autre à Moscou, fait voir que l'église grecque est partout d'une même opinion. Le concile qui s'est tenu en Moscovie a confirmé la déposition du patriarche, accusé de vices abominables, et d'avoir jeté son pays dans la guerre contre la Suède et la Pologne. Il a aussi réglé dans la religion l'hérésie qui s'élevait touchant le culte des images ; ceux de la nouvelle secte ne voulant admettre que celles du Crucifix, de la Vierge et de S. Nicolas.

« Voilà jusqu'où s'étend l'éclaircissement que je vous puis donner sur les choses que vous avez voulu savoir ; et ma connaissance ne va pas plus avant sur la religion des Russes. Au moins y en a-t-il suffisamment, ce me semble, pour ôter cette défaite au ministre Claude. Je vous salue très-humblement, et suis à vous de tout mon cœur. »

Le témoignage de M. de Lilienthal, résident de Suède auprès du grand-duc, et luthérien de religion, qui est compris dans cette lettre, et qui ne parle que de ce qu'il a vu ; qui en parle comme d'une chose indubitable, *et qui ne peut être contestée que par ceux qui ne connaissent point la Moscovie*, et qui rend en quelque sorte témoignage contre lui-même, doit convaincre toutes les personnes raisonnables. Mais celui de l'archevêque de Gaza, dont il est parlé dans la même lettre, est encore plus considérable pour toutes les raisons que je dirai ci-après. On verra un extrait plus ample de son écrit, dans le douzième livre ; mais cependant j'en mettrai ici quelques passages.

Il commence son éclaircissement de la créance de l'église grecque moscovitique par ces paroles précises et décisives : *Nous confessons, et nous croyons que le pain et le vin sont très-véritablement changés, et convertis sur l'autel au corps et au sang de Jésus-Christ, par une force secrète qui surpasse toutes les paroles des hommes : ce que les SS. Pères de l'église d'Orient expriment ordinairement par les mots de* μετάποιησις, μεταστοιχείωσις.

Ensuite, après avoir prouvé l'opinion de son église par quelques passages des Pères, il condamne l'erreur des sacramentaires et des luthériens, par le consentement de toutes les nations.

Il paraît, dit-il, *manifestement par-là, que nous n'admettons nullement l'impanation, qui n'a commencé d'être publiée que dans ce siècle de fer. Nous n'admettons point aussi une représentation figurative, symbolique et typique : mais nous faisons profession de croire une réelle transsubstantiation ; et tant Grecs que Latins nous sommes tous unis dans cette même foi. Que personne donc ne fasse difficulté de croire ce que croient et tiennent fermement l'Espagne, la France, la Hongrie, la Pologne, les Moscovites, les Allemands, les Éthiopiens*, etc.

Et plus bas : « On ne trouve donc point du tout dans ce divin banquet de pain ni de vin, qui sont des viandes corporelles et ordinaires : il n'y a que le corps et le sang de Jésus-Christ ; car ils n'y sont pas avec le pain, mais sans le pain seulement. Toute la substance du pain, dit-il encore, est changée au corps du Seigneur, et toute la substance du vin est changée au sang du Seigneur, en sorte qu'il n'y demeure pas même une partie indivisible du pain et du vin. »

Il dit *que c'est-là le sentiment de son église orthodoxe;* c'est-à-dire, de l'église grecque, et que *l'église occidentale l'a suivie.*

Il serait inutile de rapporter un plus grand nombre de passages. On en peut voir dans cet écrit tant que l'on voudra, soit pour l'adoration, soit pour toutes les suites même philosophiques de ce mystère. Mais rien ne serait capable de satisfaire ceux qui ne le seront pas de ceux que je viens de rapporter.

L'archevêque grec qui parle, est un archevêque qui sait parfaitement la créance de Rome, et celle des autres églises. Il a étudié à Rome et à Padoue : ainsi il ne peut ignorer le sentiment de l'Église latine. Il a été élu archevêque dans Constantinople : il sait donc les sentiments de l'église de Constantinople. Il est archevêque d'une ville de la Palestine : il connaît donc parfaitement les opinions des Grecs du patriarcat de Jérusalem. Il écrit de Moscovie, et du palais même du grand-duc, où il est en grande considération ; et ainsi l'on ne peut douter qu'il ne soit très-informé de l'opinion des Moscovites, pour lesquels il répond. On ne le peut donc accuser ni même soupçonner d'ignorance dans les choses de fait dont il parle : et sa sincérité n'est pas moins irréprochable. Il ne sait pas seulement que le témoignage qu'il rend puisse être utile aux catholiques. Il n'est interrogé que par un luthérien : c'est à ce luthérien à qui il répond. S'il avait eu à trahir la vérité par complaisance, il aurait dû dissimuler en sa faveur les sentiments de son église ; car on n'aime pas naturellement à choquer les personnes qu'on estime. Si les Moscovites ne croyaient pas la transsubstantiation, il se mettrait par-là en danger de se perdre ; puisqu'il a dû prévoir que son écrit pourrait être imprimé, et retourner à Moscou. Jamais personne intéressée ne mit entre les mains d'un étranger un écrit capable de le perdre de réputation, et de ruiner sa fortune dans le monde.

C'est donc sans doute un homme de bonne foi.

C'est un homme qu'on ne peut soupçonner d'ignorer le sentiment des Grecs, ni de l'église de Moscovie : et c'est cet homme qui déclare avec toutes ces circonstances, que les Grecs et les Moscovites, et toutes les autres sociétés tiennent la présence réelle et la transsubstantiation.

Et que l'on ne dise pas qu'il a tiré ces sentiments de l'Église latine où il a été instruit : car il ne rend pas seulement témoignage de ses propres sentiments; mais de ceux de toute l'église grecque, et de l'église de Moscovie qu'il ne peut ignorer ; et il le rend sans aucun intérêt que celui de sa conscience. L'instruction qu'il a reçue de l'Église romaine montre seulement qu'il sait fort bien le sentiment des Latins : mais son écrit fait voir que les sentiments des Latins sont les mêmes que ceux des Grecs. Ainsi il faut dire absolument qu'il n'y a rien de certain parmi les hommes, si l'on peut révoquer en doute le témoignage de cet archevêque.

CHAPITRE IV.

Examen des raisons sur lesquelles M. Claude se fonde, pour assurer que les Moscovites ne croient point la présence réelle ni la transsubstantiation.

C'est un précepte de l'ancienne rhétorique et de cette éloquence populaire, qui était propre à paraître dans la tribune aux harangues, ou dans le barreau, d'avoir des lieux communs contraires sur les matières qui se présentaient ordinairement. Ainsi ces anciens orateurs étaient prêts tantôt à défendre l'intention du législateur, contre les paroles de la loi ; tantôt à défendre les termes précis de la loi contre les prétendues intentions du législateur ; tantôt à affaiblir la preuve des tortures, comme étant aussi propre à faire condamner des innocents qu'à découvrir des coupables ; tantôt à la relever, comme l'unique moyen de trouver la vérité dans les choses obscures et embrouillées.

M. Claude, dont l'éloquence aurait sans doute été fort propre dans un état populaire, pour soulever une multitude qui se laisse plutôt transporter par le son des paroles et par le geste de l'orateur, que persuader par ses raisons, pratique quelque chose de cette méthode. Car s'il a intérêt de s'attacher aux faits contre les raisonnements, on le verra relever avec excès les preuves de fait, et rabaisser étrangement celles qui se tirent de la raison. Son plus ordinaire reproche contre l'auteur de la Perpétuité, « c'est d'avoir voulu décider une question de fait par des subtilités et des vraisemblances ; de n'avoir fait consister tout son effort qu'en quelques raisonnements ou en quelques conjectures ; d'avoir porté la question dans un champ vague de conjectures et de vraisemblances ; d'avoir voulu détourner le coup des preuves de fait de M. Aubertin, par des raisonnements philosophiques ; d'embrasser une méthode qui n'est qu'un détour pour faire perdre une importante vérité sur le point qu'elle se présente aux yeux. »

Il semble donc que la maxime de M. Claude soit que les preuves de fait sont préférables aux raisonnements, et qu'il ne faut pas prétendre les détruire par des conjectures. Mais ces messieurs les rhétoriciens n'ont pas des maximes si fixes ni si arrêtées. Ils plaident toutes sortes de causes, et ils ont besoin de toutes sortes de preuves : et cela ne leur arrive pas seulement en divers ouvrages, mais souvent en un même livre; parce que les différents sujets qu'on y traite sont comme autant de causes particulières, qui ont souvent besoin de moyens contraires.

C'est pourquoi M. Claude, qui déclame tant en divers endroits pour les faits contre les raisonnements, ne laisse pas en d'autres de se défendre par des raisonnements contre des faits certains, indubitables et décisifs. En voici un exemple assez remarquable.

M. Oléarius, qui est certainement un homme intelligent et habile, et qui a passé un temps considérable en Moscovie, dans une fonction qui lui donnait moyen de s'informer de toutes choses, atteste que les Moscovites croient la transsubstantiation.

M. Claude demeure d'accord du fait. Qu'est-ce donc qu'il y oppose? Allègue-t-il quelques autres preuves de fait tirées d'auteurs qui déposent qu'ils ne la croient pas? Nullement. Il allègue seulement deux raisonnements, dont il conclut qu'il y a de l'apparence que M. Oléarius s'est trompé.

Ce n'est pas néanmoins que je prétende le blâmer précisément pour avoir opposé des raisonnements à des faits, ou pour s'être attaché à des faits contre des raisonnements. L'un et l'autre est permis dans certaines rencontres, et avec certaines circonstances, pourvu que l'on n'ait pas fait une profession si haute de mépriser les raisonnements, et de ne se régler que par les faits, et que l'on n'ait pas autant déclamé sur ce point qu'a fait M. Claude.

La vérité est qu'il n'y a point de règles générales, mais qu'il y en a de particulières. Il n'est point vrai qu'il faille toujours préférer les raisonnements aux faits, ou les faits aux raisonnements; mais il est vrai qu'il faut préférer les faits certains à des raisonnements incertains, et les raisonnements certains à des faits incertains. Et c'est ce qui fait voir que M. Claude commet presque sur ce sujet toutes les fautes qu'on y peut commettre. Il nous propose de fausses règles générales, en déclamant en l'air pour les faits contre les raisonnements. Il n'observe pas lui-même les règles qu'il établit, s'amusant souvent à raisonner contre des faits; et il pèche contre les règles particulières qui sont très-véritables, ou en prétendant renverser des raisonnements très-solides par des faits incertains ou fabuleux, ou en voulant combattre des faits très-certains par des raisonnements frivoles, et fondés sur des faussetés manifestes.

On va voir un exemple signalé de ce dernier genre. Car je pense qu'après les preuves que j'ai apportées, que les Moscovites tiennent la transsubstantiation, et les témoignages, tant négatifs que positifs, de tant de personnes irréprochables, on peut mettre ce point entre les faits constants et certains. Le seul témoignage de M. Oléarius suffit même pour cela. M. Claude le connaît : il n'a pas dû ignorer les autres : cependant il prétend détruire tout cela par deux raisonnements, qui sont aussi extraordinaires en absurdité que l'on s'en puisse imaginer. Voici le premier.

Les Moscovites ayant la même religion que les Grecs, il faut croire qu'ils ont sur le sujet de l'Eucharistie à peu près les mêmes sentiments qu'eux : or nous avons vu que les Grecs ne connaissent point ce dogme; donc les Moscovites ne le connaissent point aussi.

Je m'imagine que M. Claude voit bien lui-même, après tout ce que nous avons dit de l'opinion des Grecs, de quelle sorte on le pourrait pousser sur cette témérité prodigieuse, qui lui fait établir pour principe une supposition aussi évidemment fausse qu'est celle de soutenir que *les Grecs ne connaissent point la transsubstantiation.* Mais je veux un peu l'épargner ici : il me suffit de lui dire qu'en prenant pour principe que *les Moscovites ont les mêmes sentiments que les Grecs* sur l'Eucharistie, on peut faire deux raisonnements aussi solides et aussi concluants que le sien est faux et ridicule.

Le premier est : Les Moscovites et les Grecs sont de même opinion sur l'Eucharistie; or les Grecs croient la transsubstantiation; donc les Moscovites la croient aussi.

Le second est : Les Moscovites et les Grecs sont de mêmes sentiments sur l'Eucharistie; or les Moscovites tiennent la transsubstantiation; donc les Grecs la tiennent aussi.

Je dis que ces deux raisonnements sont très-bons et très-solides; parce que l'on a très-bien prouvé en particulier ces deux mineures, que les Grecs et les Moscovites tiennent la transsubstantiation; et que celui de M. Claude ne vaut rien, parce que de dire que les Grecs ne la croient pas, c'est la plus insoutenable fausseté qui ait jamais été avancée.

L'autre raisonnement de M. Claude est encore plus défectueux, parce qu'il est fondé sur plusieurs faussetés, et qu'il est contre le bon sens par sa nature même.

Ce même Lazicius polonais, dit-il, *que Forbes met en avant, assure que les Arméniens, bien qu'ils nient la transsubstantiation, néanmoins révèrent le S.-Sacrement plus religieusement que les Russiens. Quelle apparence y a-t-il que ces derniers, plus froids en leur dévotion, portassent leur créance plus loin que les autres, et que les autres eussent plus de respect pour une substance de pain, que ceux-ci n'en auraient pour ce qu'ils estimeraient être la substance même du Fils de Dieu?*

On ne s'imaginerait pas aisément combien il y a de déguisements et de faussetés dans ce raisonnement.

Premièrement, de la manière que M. Claude rapporte le témoignage de Lazicius, il est clair qu'il veut faire croire que, selon cet auteur, les Arméniens ne tiennent ni la présence réelle ni la transsubstantiation. S'il ne supposait cela, rien ne serait moins raisonnable que de dire, comme il fait, qu'il est sans apparence que les Arméniens aient plus de respect pour une substance de pain, que les Moscovites pour ce qu'ils estimeraient la substance du Fils de Dieu : car si les Arméniens avec la substance du pain admettent encore la présence réelle de Jésus-Christ, il n'est nullement sans apparence qu'ils aient plus de respect pour l'Eucharistie que ceux qui n'admettent point cette substance du pain. Le respect envers l'Eucharistie vient uniquement de la présence de Jésus-Christ; et la présence ou l'absence du pain n'y contribue en rien du tout. Ainsi, comme il peut arriver qu'entre ceux qui croient également la transsubstantiation, les uns rendent plus d'honneur à l'Eucharistie que les autres, il serait aussi très-possible que des peuples, sans croire la transsubstantiation, mais croyant la présence réelle rendissent plus d'honneur à l'Eucharistie que d'autres qui seraient persuadés que le pain ne demeure pas.

Ce n'est donc pas ce que M. Claude veut faire entendre. Il veut imprimer dans l'esprit de ses lecteurs que Lazicius soutient que les Arméniens ne regardent l'Eucharistie que comme une substance de pain, sans y reconnaître Jésus-Christ réellement présent. Or c'est ce qui nous donne sujet de lui dire très-justement ce qu'il dit lui-même très-injustement en un endroit à l'auteur de la Perpétuité : *que c'est une insigne mauvaise foi, un manquement inexcusable de sincérité, et une dépravation visible du sens de l'auteur qu'il cite.*

Car il est si faux que Lazicius, dans le passage cité par Forbes, impute aux Arméniens de ne pas croire la présence réelle, qu'il leur attribue formellement de la croire. Voici les paroles de Lazicius auxquelles M. Claude nous renvoie :

Ils nient que dans l'Eucharistie les éléments perdent leur nature. Ils honorent le Sacrement plus religieusement que les Moscovites. Ils sont persuadés que Jésus-Christ y est tel que Marie l'a enfanté. Ils ont tiré cette opinion de S. Chrysostôme, que Jésus-Christ souffre plus dans l'Eucharistie que sur la croix. Et comme je leur demandais une fois comment cela se pouvait faire, puisque les natures du pain et du vin demeuraient sans changement; ils me répondaient que cela se faisait par la puissance divine, à laquelle il fallait ajouter foi.

Il est clair par ce passage que Lazicius attribue aux Arméniens de croire la présence réelle de Jésus-Christ dans le S.-Sacrement ; et par conséquent que M. Claude trompe ses lecteurs en leur voulant persuader le contraire.

Qu'il raisonne maintenant, s'il peut, sur le vrai témoignage de Lazicius, et qu'il en conclue que les Moscovites ne croient pas la présence réelle et la transsubstantiation. Voici le seul argument qu'il peut faire sur ce passage.

Les Arméniens croyant la présence réelle, et ne croyant pas la transsubstantiation, honorent plus l'Eucharistie que les Moscovites ; donc les Moscovites ne croient ni l'un ni l'autre. Je laisse à M. Claude à nous dire par quelle machine il a tiré cette conséquence.

La seconde illusion du raisonnement de M. Claude est que le passage de Lazicius sur lequel il se fonde ne peut rien prouver qu'autant que ce qui est contenu est véritable. Or il est faux en tout ce qu'il contient. Il est faux que les Arméniens ne croient point la transsubstantiation ; et nous le montrerons à M. Claude par des preuves de fait un peu plus fortes que celles du témoignage de ce Bohémien, qui n'a peut-être entretenu que quelques ignorants de Léopolis, ou qui n'a pas compris que par le mot de *nature*, ils n'entendaient que l'amas des accidents extérieurs.

Il n'est point vrai aussi que les Arméniens honorent plus le Sacrement que les Moscovites. On peut voir ce que nous avons rapporté d'Oderbonus touchant leurs cérémonies. Et quant à la préparation à l'Eucharistie, celle que les Moscovites y apportent est très-édifiante, puisqu'ils n'ont point accoutumé de communier qu'après s'y être préparés par un jeûne de trois jours, ainsi que le religieux Agapius le remarque expressément.

Enfin, quand on supposerait que ce que dit Lazicius est véritable, et qu'on le prendrait même dans le sens auquel M. Claude voudrait qu'on le prît, la conséquence de cet argument ne laisserait pas d'être fausse ; parce qu'il peut arriver que des peuples ne croyant pas la transsubstantiation et la présence réelle, rendent plus d'honneur extérieur au Sacrement que ceux qui le croient, comme il arrive dans quelques lieux, que, quoiqu'il y ait une différence infinie entre le S.-Sacrement et des images, néanmoins les peuples, par abus, rendent plus de certains honneurs extérieurs aux images qu'au S.-Sacrement.

Cela peut arriver même sans abus. Car, comme nous avons déjà dit, les actions extérieures ne sont pas tellement des signes de respect, que le contraire de ces actions extérieures ne puisse être encore une marque d'un plus grand respect. On expose souvent dans certaines églises le S.-Sacrement, afin que les peuples lui viennent rendre leurs hommages et leurs respects : et on l'expose très-rarement en d'autres par une autre sorte de respect. Il peut donc très-bien arriver que, par une coutume ecclésiastique louable, on cache en certains lieux le S.-Sacrement à la vue du monde, ou que l'on le reçoive debout, pour rendre témoignage à la résurrection de Jésus-Christ ; quoique ces mêmes peuples se mettent à genoux devant des images, sans qu'on puisse conclure de là qu'ils honorent plus les images que le S.-Sacrement.

Enfin cet argument est ridicule de sa nature. Il s'agit de deux nations subsistantes, et qui peuvent déclarer leurs sentiments. Et M. Claude, au lieu de s'en informer de ceux qui les ont vues, ou de les leur faire demander à elles-mêmes, s'amuse à comparer le respect que les Arméniens rendent à l'Eucharistie avec celui que lui rendent les Moscovites selon un auteur qui a écrit il y a plus de cent ans ; et par-là il prétend détruire le témoignage d'un témoin oculaire. C'est à peu près comme s'il concluait qu'on ne croit pas en France la présence réelle, parce qu'on n'y danse pas comme en Espagne devant le S.-Sacrement, ou qu'on ne l'expose pas si souvent qu'en Flandres.

Ce n'est pas là savoir l'usage des conjectures. Elles sont bonnes à l'égard des choses passées et cachées que l'on ne peut savoir autrement : mais il est ridicule de s'en servir lorsque l'on a des moyens certains de s'assurer des choses. La foi d'un peuple ne conclut point précisément celle d'un autre; et toutes les comparaisons qu'on en peut faire sont inutiles quand l'on peut demander à chacun de ces peuples ce qu'ils croient, ou que l'on peut s'en informer de ceux qui ont été parmi eux.

CHAPITRE V.
Des Melchites, ou Syriens.

Quelques auteurs ne comprennent sous le nom de Melchites que les Syriens ; et d'autres étendent ce nom à tous ceux qui n'étant pas du patriarcat de Constantinople ne laissent pas de convenir dans les dogmes avec cette église, comme une partie des Égyptiens. Mais il est constant, selon les uns et les autres, que tous ceux à qui on donne ce nom de Melchites, pour la raison que nous en avons apportée dans le second livre, ne sont en rien différents des Grecs touchant la foi : et ainsi il ne serait pas nécessaire de prouver en particulier qu'ils croient la transsubstantiation, puisqu'il n'y a qu'à leur appliquer toutes les preuves dont nous nous sommes servis pour justifier la foi des Grecs sur ces articles.

On peut néanmoins remarquer 1° que Jacques de Vitry, qui témoigne qu'il y en avait un très-grand nombre dans la Palestine, et qui marque leurs erreurs, ne leur impute point de ne pas croire la présence réelle ni la transsubstantiation ; 2° qu'aucun des écrivains calvinistes qui ont traité des religions n'a trouvé lieu de leur imputer d'avoir sur ces points d'autres sentiments que les catholiques; 3° que si l'on demande des témoignages positifs de leur foi sur ces articles, on en peut trouver un fort clair dans les notes d'Abraham Échellensis, maronite, sur un catalogue de livres chaldéens faits par Abdjesu, ou Hebedjesu, évêque nestorien, qui se réunit à l'Église romaine. Il prétend que ce passage est tiré d'un livre intitulé Alborhan, c'est-à-dire démonstration, et il l'attribue à Pierre, évêque de Sébaste, frère de S. Basile. Mais, quoi qu'il en soit, il suffit qu'il soit tiré d'un livre reçu parmi les Syriens ou Melchites d'Orient. « Lors, dit-il, que le prêtre se tenant debout devant l'autel fait ses prières, et qu'il prononce les paroles de l'invocation que Jésus-Christ a enseignée à ses apôtres, et qu'il leur a commandé de laisser aux prêtres qui leur succéderaient, le S.-Esprit descend sur cette oblation, et il fait par sa vertu et par sa consécration QUE LE PAIN DEVIENT CHAIR, ET QUE LE VIN MÊLÉ D'EAU DEVIENT SANG ; en sorte qu'il n'y demeure rien de grossier ni de terrestre. »

Il répète encore ensuite cette même doctrine en ces termes : *Toute l'oblation* SE CHANGE EN CHAIR ET EN SANG *sanctifié par le S.-Esprit*. Et pour rendre ce changement vraisemblable, il se sert d'une comparaison assez ordinaire aux anciens auteurs qui ont parlé de l'Eucharistie : « Personne ne nie, dit-il, que le S.-Esprit n'ait toute une autre force pour opérer des effets merveilleux que l'estomac et le foie n'en ont pour opérer dans les corps des créatures. Cependant l'estomac peut digérer la viande et le breuvage, et peut séparer ce qu'ils ont de plus grossier : le foie ensuite peut agir sur cette partie plus pure ; et en ayant encore séparé ce qu'elle a de moins subtil, il peut changer ces parties plus subtiles, et en faire ce sang qui se répand par tout le corps. Pourquoi donc serait-il impossible au S.-Esprit de changer ce pain et ce vin mêlé d'eau ? »

4° On peut encore alléguer pour justifier la foi de ces peuples les Liturgies égyptiennes, dont nous parlerons plus bas sur le sujet des Cophtes, puisqu'elles ont cours parmi les Melchites égyptiens qui ne se servent pas de la langue grecque. Et on peut juger par ce seul passage de la Liturgie d'Alexandrie, rapporté par Échellensis, qui contient tout ce que le peuple dit après la consécration, combien tous ces peuples font une haute et publique profession de croire la présence réelle : *Nous croyons que c'est là le corps qui a été couché dans l'étable. Nous croyons que c'est même corps qui a été attaché à la croix. Nous croyons que c'est ce même corps qui a été enseveli dans le sépulcre. Nous croyons que c'est ce même corps qui est monté aux cieux.* CREDIMUS *hoc esse illud corpus quod in præsepe fuerat olim repositum. Credimus hoc esse idem illud corpus quod cruci fuerat affixum. Credimus hoc esse idem illud corpus quod in sepulcro conditum fuerat. Credimus hoc esse idem illud corpus quod in cœlos ascendit.* Enfin l'on verra dans le douzième livre des attestations authentiques de plusieurs évêques syriens, qui ont été envoyées par M. Baron, consul d'Alep, à M. Piquet, qui l'avait été avant lui.

CHAPITRE VI.
Examen de la créance des Arméniens sur l'Eucharistie, depuis le temps de Bérenger jusqu'au quatorzième siècle.

Je diviserai l'examen que j'ai dessein de faire de la créance des Arméniens sur la présence réelle et la transsubstantiation en trois temps différents. Le premier sera depuis Bérenger jusqu'à Jean XXII ; c'est-à-dire jusqu'en 1318. Le second sera depuis le temps du concile de Florence jusqu'au nôtre : et le troisième sera celui qui est entre deux ; savoir entre 1318 et le concile de Florence tenu en 1439.

Ce qui m'oblige de suivre cet ordre est que le premier et le dernier temps éclaircissent et dissipent entièrement quelque légère difficulté qui se rencontre dans le temps du milieu.

On ne doit pas nier que les Arméniens ayant embrassé l'erreur d'Eutychès, de l'unité d'une nature en Jésus-Christ, n'aient pu avoir sur l'Eucharistie les sentiments qui étaient une suite nécessaire de cette erreur. Et comme cette erreur consiste à dire qu'il n'y avait qu'une nature en Jésus-Christ, qui était la divine, ils ne pouvaient pas admettre dans le sacrement de l'Eucharistie une autre chair que celle qu'ils reconnaissaient en Jésus-Christ même ; c'est-à-dire une chair qui ne composait qu'une nature avec la nature divine. Et c'est pourquoi Euthymius dans sa Panoplie tire expressément cette conséquence de l'opinion des Arméniens.

Ils enseignent, dit-il au titre 20, *que la chair de Jésus-Christ a été changée dans la divinité, et qu'elle n'avait plus que la même essence de la divinité même ; et que comme une goutte de miel ou de vinaigre jetée dans la mer ne se voit plus, ne subsiste plus, de même le corps de Jésus-Christ étant plongé et abîmé dans l'océan de la divinité, ne conserve plus sa nature et sa propriété ; et qu'ainsi il n'y a point deux natures en Jésus-Christ, mais qu'il n'y en a qu'une, qui est toute de la divinité.* Par une suite de cette opinion, ils disent que le *sacrement du pain, qui est la chair de Jésus-Christ, n'est pas le corps de Jésus-Christ, mais le corps de la divinité.* On la voit encore tirée dans l'écrit d'Isaac, catholique d'Arménie, contre les Arméniens schismatiques. *Ils changent,* dit cet auteur, *les traditions de l'Église catholique et des mystères de Christ, selon leur blasphème d'une nature en Jésus-Christ, et ils n'appellent pas la participation des mystères ou le sacrifice du pain, qui est la chair de Jésus-Christ, le corps de Christ-Dieu, comme Jésus-Christ même l'a appelé, mais ils le nomment divinité.*

C'est peut-être là un des fondements qu'ont eu quelques personnes d'imputer aux Arméniens de ne pas croire la présence réelle : mais ce fondement est entièrement vain et frivole, et ne peut servir qu'à démêler cette calomnie. Car encore que tout ce qu'Euthymius et cet Isaac imputent aux Arméniens fût véritable de tous, c'est-à-dire qu'ils eussent été vrais eutychiens, cela n'empêcherait pas qu'ils n'aient admis la transsubstantiation et la présence réelle à leur mode. Et pour entendre cela, il faut savoir que de quelque manière que les eutychiens entendissent leur opinion, et quoiqu'ils soutinssent qu'après l'union de la nature divine avec la nature humaine il ne fallait plus dire qu'il y avait deux natures en Jésus-Christ, mais qu'il y en avait seulement une, *unam naturam post unionem* : et qu'ils enseignassent que la nature humaine avait été engloutie par la divine, ils ne laissaient pas de dire, que la vierge Marie avait enfanté un fils qui avait paru avoir un corps comme les autres ; que les apôtres avaient conversé avec Jésus-Christ, en le voyant comme un homme ; que les Juifs l'avaient pris pour un homme ; qu'ils l'avaient crucifié comme un homme. Et avec tout cela ils soutenaient que cet enfant né de la Vierge, ce Christ avec qui les apôtres avaient conversé, ce Christ pris et crucifié comme un homme par les Juifs, n'avait qu'une nature, qui était la divine.

Il y aura lieu dans l'examen de Théodoret d'expliquer plus distinctement en quoi consistait cet engloutissement de la nature humaine, et nous y ferons voir que s'il y a eu quelque suite dans les pensées des eutychiens, il consistait plutôt dans le changement de l'amas des propriétés naturelles qu'ils appelaient nature, que dans l'anéantissement de la nature même prise pour la substance et pour l'être intérieur. Et cela paraît manifestement par tous les ouvrages de ceux qui ont réfuté les eutychiens, et par les eutychiens mêmes ; car les gayanites, qui étaient des eutychiens les plus éloignés des catholiques, ne laissaient pas d'avouer que l'on recevait dans la sacrée communion *le corps même et le sang même de Jésus-Christ, Fils de Dieu incarné, et né de la sainte vierge Marie mère de Dieu.* Ils reconnaissaient donc un corps en Jésus-Christ, quoiqu'ils niassent que ce corps fût une nature. *Ils nient,* dit Anastase Sinaïte, *que son saint corps soit une nature.*

Il n'est donc pas difficile de comprendre comment ils accordaient ce sentiment avec la transsubstantiation et la présence réelle ; car ils croyaient comme tous les chrétiens que ce même Jésus-Christ, né de la Vierge, vu dans le monde, crucifié, ressuscité, était réellement présent dans l'Eucharistie, et que le pain était réellement changé en ce Jésus-Christ. Mais comme ils ne voulaient pas que le corps de Jésus-Christ fût une nature distincte de la divinité, ils ne voulaient pas aussi que ce pain transsubstantié en Jésus-Christ fût une autre nature que la divinité ; mais ils voulaient que ce fût un corps qui n'eût plus d'autre nature que celle de la divinité ; c'est-à-dire un corps divinisé, un corps mêlé et confondu avec la divinité par la perte de ses propriétés naturelles plutôt que de sa substance.

Les Arméniens qui étaient véritablement eutychiens, et qui confondaient les natures en Jésus-Christ, se démêlaient sans doute en cette manière de cette difficulté. Mais la vérité est qu'Euthymius et cet Isaac imposent aux Arméniens en leur imputant généralement d'avoir cru que la nature humaine avait été absorbée par la divine, et d'avoir été ainsi purement eutychiens.

Car il faut savoir qu'après le concile de Calcédoine, la secte d'Eutychès ne fut pas embrassée généralement par tous les eutychiens dans la plus extravagante de ses opinions, qui était la confusion des deux natures, et qu'il s'en établit une autre moins absurde, qui, reconnaissant en Jésus-Christ un corps et une âme non confondus avec la divinité, ne laissait pas de soutenir qu'il ne fallait pas dire que Jésus-Christ eût deux natures.

Ce sont ceux que Facundus appelle demi-eutychiens, dont l'hérésie consistait principalement dans une opiniâtreté déraisonnable à refuser de se servir des expressions de l'Église. Ces gens condamnaient Eutychès, comme on le voit par la conférence tenue à Constantinople entre les sévériens, qui étaient de ces demi-eutychiens, et les catholiques. Ils ne voulaient point que la nature humaine fût confondue, ni détruite, ni absorbée. Ils admettaient aussi réelle que les catholiques ; mais ils ne voulaient pas que l'on dit qu'il y eût deux natures en Jésus-Christ, parce qu'ils prétendaient que les deux natures étant unies ne faisaient qu'une nature, comme le corps et l'âme ne font qu'une même nature humaine. Il est bien visible qu'il n'y a aucune difficulté à expliquer la transsubstantiation et la présence réelle dans l'opinion de ces derniers, puisque Jésus-Christ, selon eux, ne laisse pas d'avoir un corps en qui le pain se pouvait changer.

Or il est certain que la plupart des Arméniens n'étaient eutychiens qu'en cette manière, c'est-à-dire, qu'ils n'admettaient nullement la confusion des natures; qu'ils condamnaient Eutychès, et que leur erreur consistait seulement en ce qu'ils refusaient de se servir de l'expression des deux natures, et qu'ils voulaient que l'on dît que Jésus-Christ n'en avait qu'une. Brerewod et les autres auteurs nouveaux en demeurent d'accord; et cela paraît manifestement par la confession de foi du patriarche d'Arménie, envoyée à l'empereur Manuel, qui servit de sujet aux conférences que Théorien, député de cet empereur, eut depuis avec ce patriarche. *Nous disons*, dit-il, *qu'il n'y a qu'une nature en Jésus-Christ, non en la confondant comme Eutychès, non en ôtant à Jésus-Christ la nature humaine comme Apollinaire, mais selon Cyrille, patriarche d'Alexandrie, dans les livres qu'il a écrits contre Nestorius, en disant qu'il n'y a qu'une nature du Verbe qui est incarnée.*

Il est donc visible que ni Euthymius ni Isaac n'ont pas dû attribuer généralement aux Arméniens des opinions des parfaits eutychiens, ou du moins que l'on ne doit pas entendre ce qu'ils en disent du corps de la nation, mais seulement de ceux qui avaient porté leurs erreurs plus loin que les autres.

Mais de quelque manière que l'on conçoive l'erreur des Arméniens; soit qu'on les regarde comme des eutychiens parfaits, soit que l'on croie qu'ils n'ont jamais été que demi-eutychiens, il est clair que cela ne fait rien du tout au regard de la présence réelle et de la transsubstantiation, et que tout ce que l'on peut conclure de ces lieux d'Euthymius et d'Isaac est que ces auteurs croyaient très-certainement que le pain était le corps de Jésus-Christ, c'est-à-dire, qu'ils croyaient la transsubstantiation comme nous l'avons déjà montré.

Aussi les autres auteurs grecs qui ont parlé de l'erreur des Arméniens ne se sont point arrêtés à cette conséquence, et ne leur ont reproché sur le sujet de l'Eucharistie que de ce qu'ils ne mêlaient point d'eau dans le calice.

On voit dans la Bibliothèque des Pères un traité de S. Nicon, intitulé : *De pessimâ Armenorum Religione*, où il les accuse de diverses erreurs et de plusieurs abus. Mais sur le sujet de l'Eucharistie, il ne leur reproche autre chose sinon qu'ils ne mêlaient point d'eau dans le calice, et qu'ils usaient de pain azyme : *In pane quoque mystico*, dit-il, *azymis utuntur, et in sanctum calicem aquam non immittunt.*

On ne peut donc rien conclure de l'erreur des Arméniens touchant la nature de Jésus-Christ pour

P. DE LA F. I.

montrer qu'ils ne croient pas la présence réelle et la transsubstantiation; puisqu'encore que les Jacobites, les Cophtes et les Éthiopiens soient dans la même erreur que les Arméniens sur ce point, on ne leur a néanmoins jamais fait aucun reproche sur l'Eucharistie, comme nous le montrerons.

Mais voici des preuves certaines et positives qui font voir qu'ils ont toujours cru effectivement l'un et l'autre point, et qu'il n'y a nul sujet de les accuser d'avoir nié la présence réelle ou la transsubstantiation.

La première est que Lanfranc, écrivant contre Bérenger, dit positivement que les Arméniens avaient la même opinion que l'Église romaine sur l'Eucharistie : et il ne le dit pas comme une chose contestée, mais comme un fait certain qui prouve la vérité de la foi. Il renvoie Bérenger aux Arméniens pour apprendre d'eux ce qu'il faut croire de ce mystère. *Interrogez*, dit-il, *les Grecs, les Arméniens, et généralement tous les chrétiens, de quelque nation qu'ils soient, et ils vous répondront qu'ils tiennent cette foi dont nous faisons profession.*

M. Claude nous dira peut-être que Lanfranc n'est pas croyable dans sa propre cause. Mais je lui réponds qu'il n'est nullement vraisemblable qu'un homme célèbre comme Lanfranc, écrivant contre un hérétique vivant, qui le pouvait démentir et le couvrir de confusion, eût osé avancer un fait de cette sorte, s'il ne l'eût cru très-véritable; et qu'ainsi il a toute l'autorité qu'un témoin sincère peut avoir. Or il ne suffit pas, pour rejeter un témoin de cette sorte, de dire qu'il se peut tromper, mais il faut alléguer des preuves contraires, qui balancent son autorité. Ainsi M. Claude n'en produisant aucune, il n'y a point de personne raisonnable qui ne se doive rendre à l'autorité de Lanfranc.

La seconde preuve est semblable à celle dont nous nous sommes déjà servis à l'égard des Grecs. Rien n'a été plus célèbre dans l'Occident que l'hérésie de Bérenger et des bérengariens. Divers auteurs ont écrit contre cette hérésie, soit en combattant expressément Bérenger, soit en écrivant contre les pétrobusiens, les henriciens et les autres qui ont suivi la même hérésie. On voit les raisons dont ces hérétiques se servaient pour appuyer leurs opinions. On voit les autorités qu'ils ont opposées : mais on ne trouve nulle part qu'ils aient jamais allégué qu'ils étaient en cela du sentiment des Arméniens ou de quelque autre société d'Orient. Cependant il est impossible qu'ils n'aient pas su quelle était leur opinion, puisqu'il y avait bien plus de personnes dans toutes les provinces de l'Europe qui faisaient en ces siècles-là le voyage d'Orient, qu'il n'y en a qui fassent maintenant le voyage d'Italie.

C'eût été même un prétexte favorable aux henriciens et aux albigeois, pour éviter la rigueur des supplices qu'on leur faisait souffrir. Car comme les Arméniens étaient aux douzième et treizième siècles unis avec l'Église romaine, qu'ils étaient amis des

(Dix-neuf.)

princes chrétiens, et qu'on avait plusieurs liaisons avec eux, ils n'eussent eu qu'à se déclarer arméniens de religion pour éviter la rigueur de ces supplices.

Que M. Claude se consulte soi-même, et qu'il considère si, sachant qu'il y aurait dans l'Orient un prince calviniste qui eût un royaume considérable, qui fût non seulement souffert, mais honoré par les papes; qui fût uni avec tous les princes chrétiens; dont la religion passât pour ancienne, et qui prétendît l'avoir reçue de ses ancêtres; il serait possible qu'aucun écrivain calviniste n'en eût parlé, et n'eût obligé les écrivains catholiques de répondre aux avantages qu'il en tirerait : et s'il n'est pas vraisemblable, au contraire, que pour se mettre sous la protection de ce prince, et pour empêcher qu'on ne les pût poursuivre sans rompre avec lui, ils se seraient continuellement défendus par la conformité de leur doctrine avec celle de ce prince et de ce royaume.

La troisième preuve est que l'on ne pouvait pas ignorer à Rome les sentiments des Arméniens, puisqu'il y en avait souvent, et des évêques mêmes, comme il paraît par l'histoire que Baronius rapporte d'un saint homme d'Arménie, nommé Siméon, qui, étant témérairement traité d'hérétique par un clerc de Rome, fut défendu par un évêque d'Arménie qui se trouva en même temps à Rome, qui fit connaître au pape la sincérité de sa foi; et néanmoins Grégoire VII, qui a condamné Bérenger, écrivant l'an 1080 au patriarche d'Arménie qui lui avait député un prêtre nommé Jean, et lui marquant en particulier les erreurs que les Arméniens devaient condamner afin d'être reçus à la communion de l'Église, ne fait aucune mention d'aucune erreur contre la présence réelle et la transsubstantiation. Il est donc clair qu'il ne les a point soupçonnés de ces erreurs; et s'il ne les en a point soupçonnés, qui les en soupçonnera justement?

La quatrième preuve est que sous le pontificat d'Eugène III, l'an 1145, le patriarche et les évêques d'Arménie envoyèrent des ambassadeurs au pape pour lui rendre toutes sortes de soumissions, et pour le faire juge des différends qu'ils avaient avec les Grecs. Le pape les reçut, dit Othon de Frising qui était présent à Rome, avec beaucoup de témoignages de bonté : il voulut qu'ils assistassent à sa messe, et les avertit de bien remarquer toutes les cérémonies. Cet historien rapporte même un miracle d'une lumière extraordinaire que ces Arméniens virent luire sur la tête du pape pendant qu'il disait la messe; ce qui les anima encore davantage à se soumettre à son obéissance.

Si ce pape avait cru que ces Arméniens eussent été dans l'erreur de Bérenger, se serait-il contenté de les instruire sur les cérémonies de l'Église, et sur la manière de célébrer le sacrifice? Othon de Frising nous aurait-il tû une circonstance si importante? Aurait-il traité de cette sorte des bérengariens, des henriciens, des pétrobusiens? Il est donc certain que ni ce pape ni cet historien n'ont considéré les Arméniens comme engagés dans les erreurs de Bérenger, quoique l'un et l'autre dussent être très-bien informés de leurs sentiments, puisqu'ils vivaient dans la chaleur des croisades, et que de tout l'Occident on allait continuellement dans l'Orient, où il ne se pouvait faire que l'on n'eût beaucoup de commerce avec les Arméniens, qui non seulement y possédaient des provinces considérables, et qui étaient fort mêlés dans les guerres que les chrétiens avaient avec les Sarrasins, mais qui étaient outre cela répandus dans la Palestine et dans plusieurs autres lieux de l'Orient, et ainsi demeuraient souvent dans le même lieu avec les chrétiens de l'Occident.

La cinquième preuve est d'un autre genre. On n'aurait pas droit de demander qu'on produisît des passages d'Arméniens pour la présence réelle et le sacrement de l'Eucharistie, puisque l'on n'a point de leurs livres : et néanmoins Dieu a permis que cette sorte de preuve ne nous manquât pas absolument, par la relation que Théorien a faite des conférences qu'il a eues avec le patriarche et quelques évêques d'Arménie, qui s'est conservée jusqu'à présent.

Ce savant homme fut envoyé l'an 1170 par l'empereur Manuel Comnène pour tâcher de réduire ce patriarche à la véritable foi, et empêcher ainsi le progrès que les erreurs des Arméniens faisaient dans l'Asie. Le succès en fut heureux ; et le récit exact qu'il a fait de sa légation peut faire connaître quelles étaient les erreurs que l'on reprochait en ce temps-là aux Arméniens, et qui empêchaient leur union avec les Grecs. Il n'y est point parlé expressément ni de la présence réelle, ni de la transsubstantiation. Théorien ne s'efforce point d'instruire ou de convaincre sur ce point le patriarche et les autres évêques qui conféraient avec lui : et de là on peut déjà conclure que les Grecs, que nous pouvons maintenant supposer avec raison avoir toujours été très-attachés à la doctrine de la présence réelle et de la transsubstantiation, n'ont jamais reconnu dans les Arméniens les erreurs contraires à ces dogmes.

Mais quoique l'on n'ait point traité expressément de l'Eucharistie dans ces conférences, parce qu'il n'en était point question, néanmoins ce patriarche y déclare par occasion son sentiment sur ce mystère en deux endroits importants. Le premier est contenu dans une lettre qu'il avait écrite à l'empereur Manuel, qui fut lue et examinée dans cette conférence. En voici les termes : *Car la matière du sang de Jésus-Christ étant le vin, il est permis de se servir de toute sorte de vin, de quelque couleur qu'il soit, blanc, clairet, ou extrêmement couvert ; parce que la Liturgie le consacre, et fait* QU'IL DEVIENT LE SANG DE JÉSUS-CHRIST.

Le second passage est encore plus particulier. La conférence ayant duré jusqu'au soir, Théorien s'aperçut que les prêtres se mirent à chanter l'office de vêpres sans entrer dans l'église. Cela lui donna sujet de demander au patriarche quelle était la raison de cette coutume? A quoi le patriarche répondit en ces termes : *Les docteurs qui nous ont instruits de l'ordre des cérémonies ecclésiastiques ont ordonné qu'il n'y aurait que le divin sacrifice qui se fît dans l'église, et qu'il n'y aurait même que le seul pontife qui entrât au-dedans, tout le peuple se tenant dehors : qu'ainsi tous les autres offices ecclésiastiques se devaient faire hors de l'église. Et ce n'est pas sans raison qu'ils ont établi cet ordre, parce que ce qui appartient à la loi nouvelle est bien autre que ce qui appartenait à l'ancienne, et l'un surpasse l'autre autant que la vérité surpasse l'ombre :* CAR LE FILS DE DIEU EST SACRIFIÉ *au-dedans de l'église pour le salut de tout le monde ; et ainsi il est bien raisonnable que nous rendions plus de respect à notre temple que les Hébreux n'en rendaient au leur.*

On voit dans le discours de ce patriarche qu'il regardait l'Eucharistie comme la *vérité* opposée aux *figures* de l'ancien Testament ; qu'il la regardait comme un véritable *sacrifice de propitiation pour tout le monde*, comme un sacrifice du Fils de Dieu, et que ces pensées étaient si vivement gravées dans l'esprit des Arméniens, qu'elles avaient produit en eux cet extrême sentiment de révérence de n'oser approcher même du lieu où se faisait le sacrifice, et de n'en permettre l'entrée qu'aux seuls prêtres à qui il appartenait de l'offrir.

Les temps des croisades ne nous fournissent pas aussi une preuve moins forte à l'égard des Arméniens qu'à l'égard des Grecs pour montrer qu'ils ne pouvaient pas avoir une autre doctrine que l'Église romaine sur la présence réelle et la transsubstantiation. Et l'on peut dire même que cette épreuve est d'autant plus forte à l'égard des Arméniens que l'union que les papes eurent avec l'église d'Arménie fut plus étroite, plus longue et plus sincère, quoiqu'il n'y ait pas le moindre vestige qu'on les ait obligés de renoncer à quelque erreur sur l'Eucharistie ; si ce n'est à la coutume qu'ils avaient de ne mettre point d'eau dans le calice.

Nous avons vu déjà que le *catholique* d'Arménie rendit obéissance au pape Eugène III ; mais cette union se confirma et s'établit encore davantage sous Innocent III ; parce que le voisinage des princes de Tripoli et d'Antioche, et la nécessité que les rois d'Arménie eurent du secours des templiers et des princes de l'Occident, les obligea de la rechercher et de la cultiver davantage.

On voit qu'à la fin du douzième siècle Grégoire, patriarche d'Arménie, et Léon, roi de l'Arménie-Mineure, envoyèrent une ambassade à Innocent III pour reconnaître la primauté de l'Église romaine, et le remercier de ce qu'il avait envoyé par l'archevêque de Mayence une couronne à ce roi, tant de sa part qu'au nom de l'empereur des Romains.

L'an 1202, ce même roi envoya une autre ambassade au pape pour le prier que son royaume ne fût sujet immédiatement qu'au S.-Siége, et que nul autre que le pape n'eût le pouvoir de l'excommunier. Les lettres du roi étaient accompagnées d'une lettre du patriarche, qui y reconnaissait encore très-clairement la primauté de l'Église romaine, et promettait obéissance au pape. Le pape y est appelé *le père de la foi de tous les chrétiens : Pater fidei totius christianitiatis.* Or il n'y a guère d'apparence qu'un patriarche qui donnait cette épithète au pape eût une autre foi que lui.

Ce que la raison nous oblige de conclure de cette bonne intelligence et de ce commerce entre le roi d'Arménie et le patriarche des Arméniens d'une part, et le pape Innocent III de l'autre, est qu'il est impossible qu'il y eût en même temps une diversité de créance entre les Arméniens et l'Église romaine sur l'Eucharistie.

Car on ne peut croire avec la moindre apparence ni que cette diversité de créance eût pu demeurer cachée, ni qu'étant découverte elle eût été soufferte par le pape Innocent III, et qu'elle ne l'eût pas empêché de communiquer avec les Arméniens.

L'une et l'autre supposition est manifestement contraire à la raison. Et pour la première, il ne faut que considérer qu'il y avait en ce temps-là quantité d'Arméniens répandus dans la Terre-Sainte, qui était encore possédée en partie par les chrétiens d'Occident, et qui était pleine d'évêques et de religieux latins ; qu'il y avait encore des prêtres et des évêques latins dans les villes d'Antioche et de Tripoli, qui étaient peu éloignées de l'Arménie-Mineure, c'est-à-dire, de la Cilicie ; qu'il paraît qu'il y avait des archevêques latins à Tarse et à Mamistra, villes d'Arménie, puisqu'ils en furent chassés en 1224, et que le pape Honoré III s'employa pour les faire rétablir ; que les chevaliers du temple de Jérusalem avaient de grands biens dans l'Arménie ; qu'il se faisait des alliances entre les princes latins et les princes d'Arménie, Baudouin, comte d'Édesse, frère de Godefroi-de-Bouillon, et depuis second roi de Jérusalem, ayant épousé la fille d'un grand seigneur de ce royaume ; que le pape Innocent III envoya deux cardinaux en Arménie pour terminer les différends que Léon avait avec le prince d'Antioche et les templiers. Or peut-on s'imaginer que, dans ce commerce si fréquent et si continuel, dans cette communication si étroite, les ministres du pape et les autres ecclésiastiques latins aient pu ignorer quel était le sentiment des Arméniens sur la présence réelle et la transsubstantiation ; ou que les Arméniens n'aient pas su non plus quelle était sur ce point la doctrine de l'Église romaine, dont ils recherchaient la communion, et qu'ils reconnaissaient comme la maîtresse de la foi de tous les chrétiens ? Tous les arguments que l'on a déjà faits pour montrer l'impossibilité de cette ignorance mutuelle de sentiments entre les Grecs et les Latins ont la même force en cette rencontre. Et sans les répéter ici je pense qu'on peut supposer sans crainte qu'il n'est pas possible que la doctrine des Arméniens sur l'Eucharistie soit demeurée inconnue à Innocent III et aux autres papes qui l'ont suivi.

Il faudrait donc que les ministres nous dissent que ce pape, connaissant fort bien que le patriarche d'Arménie aussi bien que le roi étaient bérengariens, ne laissait pas de les traiter de catholiques; qu'il se ferma les yeux pour ne pas voir ce qu'il voyait, et qu'il fit semblant de n'en rien savoir.

Mais ceux qui connaîtront un peu l'esprit d'Innocent III ne l'accuseront jamais de cette tolérance. C'était un pape qui n'avait pas de ménagements ni d'égards, et qui se portait très-facilement aux excommunications des princes, sur des sujets même temporels : et c'est ce qu'il fit bien connaître à l'égard du roi même d'Arménie. Car ce prince s'étant brouillé avec les templiers, et leur ayant pris leur bien, parce qu'ils avaient pris le parti du prince d'Antioche contre lui, non seulement le cardinal Pierre, ayant assemblé un concile à Antioche, fulmina un interdit contre toute l'Arménie, nonobstant l'appel que les Arméniens avaient interjeté au pape; mais le pape Innocent lui-même excommunia le roi d'Arménie l'an 1211, et tâcha de porter Jean, roi de Jérusalem, à assister contre lui les templiers, comme on voit par la lettre qu'il en écrivit au patriarche de Jérusalem.

Qu'on juge maintenant s'il y a de l'apparence qu'Innocent III, qui dans ce temps-là même soulevait toute la France contre les Albigeois, et qui les faisait exterminer avec le fer et le feu; qui excommuniait le roi d'Arménie, quoique nouvellement réduit à l'obéissance du S.-Siége, pour l'intérêt des templiers, eût pu demeurer uni de communion, et traiter si favorablement ces mêmes Arméniens, comme il avait fait auparavant, et comme il fit encore depuis, s'il les avait encore regardés comme de détestables hérétiques, ainsi que l'Église romaine regardait alors les bérengariens, comme elle l'a aussi toujours fait depuis.

Ainsi l'union et la désunion d'Innocent III avec les Arméniens prouvent également qu'il ne les a point cru coupables de l'hérésie de Bérenger. Son union fait voir qu'il les a regardés comme catholiques quand il les a reçus à sa communion. Sa désunion prouve que quand il s'est uni avec eux ce n'a point été par politique, puisqu'il était capable de les pousser pour de si petits sujets.

Deux ans après, ce même pape écrivit encore durement contre le roi d'Arménie : mais le patriarche de Jérusalem lui ayant témoigné qu'il se repentait de ce qu'il avait fait, il lui donna commission de l'absoudre.

L'an 1224, il arriva encore une autre brouillerie entre les Arméniens et l'Église latine. Les Arméniens chassèrent de leur pays les archevêques de Tarse et de Mamistra, et tous les autres ecclésiastiques latins. Honoré III s'employa pour les faire rétablir. Il en écrivit au patriarche d'Arménie, qui ne seconda point ses intentions. Une division si grande devait faire éclater les différends de la religion, s'il y en eût eu de cachés : les Latins chassés devaient accuser les Arméniens de toutes les erreurs qu'ils avaient reconnues parmi eux. Cependant la bonne intelligence de ce peuple avec l'Église romaine se rétablit encore, et continua toujours depuis, jusqu'à la destruction du royaume d'Arménie par les Sarrasins.

Il paraît que l'an 1238 les Arméniens étaient encore unis avec l'Église romaine; car le patriarche d'Arménie faisant difficulté de reconnaître la juridiction du patriarche d'Antioche, le pape Grégoire IX lui envoya deux archevêques pour le ramener à son devoir.

L'année d'après il envoya le *pallium* à ce patriarche qui le lui avait demandé; et il confirma en faveur du roi et de la reine toutes les coutumes des Arméniens qui n'étaient point contraires aux canons. Tout cela fait voir que ce pape aussi bien que ses prédécesseurs ne croyaient nullement que ce patriarche, ni ce roi, ni cette nation fussent engagés dans l'hérésie de Bérenger.

Clément IV n'en savait pas plus de nouvelles que les autres; car il s'entretint toujours en bonne intelligence avec ce roi d'Arménie, qui s'appelait Hayton, et qui régna 45 ans. Il le consola dans ses disgrâces; il fit ce qu'il put pour l'assister contre les Sarrasins qui lui firent souffrir de grandes pertes; et généralement on peut dire que jusqu'à Jean XXII, Benoît XII et Clément VI, dont nous parlerons ensuite, on ne trouve rien dans les lettres des papes qui fasse voir qu'ils aient eu le moindre soupçon de la foi des Arméniens sur le sujet de l'Eucharistie.

Non seulement les papes, qui étaient éloignés de l'Arménie, et qui ne savaient les choses que par rapport, n'avaient point en ce temps-là aucun soupçon de la foi des Arméniens sur ce sujet, mais les évêques latins qui avaient des Arméniens sous eux, et les religieux latins qui allaient en Arménie, ne s'en sont jamais aperçus.

Jacques de Vitry, évêque d'Acre ou Ptolémaïde, en peut servir de témoin irréprochable : car quoiqu'il y eût des Arméniens dans Acre même, et dans plusieurs autres lieux de la Palestine, néanmoins dans le catalogue qu'il fait des erreurs, des abus et des mauvaises coutumes des Arméniens, il ne leur impute rien du tout sur le sujet de l'Eucharistie, sinon qu'ils ne mêlaient point d'eau dans le calice; comme on peut voir dans la page 1094 de son Histoire : *Aquam autem cum vino in Sacramento sanguinis Christi non ponunt, in quo ritu perverso non modicum errant.*

Le religieux Brocard, qui a fait une description de la Terre-Sainte d'une manière fort simple, et qui ne rapporte que ce qu'il y a vu, parle des Arméniens d'une façon qui fait bien voir combien il était éloigné de les regarder comme des hérétiques bérengariens.

Dans la Cilicie et l'Arménie-Mineure, dit-il, *qui sont assujetties aux princes des Tartares, presque tous les habitants sont chrétiens : ils fréquentent les églises; ils entendent la messe; ils fléchissent les genoux; ils prient dévotement; ils portent beaucoup d'honneur aux religieux, comme je l'ai éprouvé moi-même dans le peu de séjour que j'y ai fait... Le roi et tous les princes de sa cour prennent plaisir à entendre la parole de Dieu, qui leur est annoncée tous les jours vers l'heure de tierce par des religieux qui tirent ce qu'ils disent de l'Écriture, en* se servant des explications de S. Chrysostôme, de S. Grégoire de Nazianze, de S. Cyrille. Ils sont dévots et modestes à l'église, et l'on n'y voit point de personnes dissolues et déréglées. Lorsque l'évêque dit la messe, il a auprès de lui ses ministres, qui sont le diacre, le sous-diacre et l'acolyte; et il fait avec beaucoup de gravité les cérémonies accoutumées.

Ce que Sanut rapporte dans son Histoire prouve clairement aussi combien il serait ridicule de s'imaginer que l'Arménie fût, en ce temps-là, un royaume de bérengariens: car il remarque que le roi Hayton, petit-fils de cet autre Hayton qui avait régné quarante-cinq ans, prit l'habit de S.-François, et qu'il ne voulut jamais se faire couronner, quoiqu'il ne laissât pas de gouverner le royaume; de sorte qu'on l'appelait communément le frère Jean. Ce fut ce roi Hayton qui gagna avec Casan, roi des Tartares, cette grande bataille contre les Sarrasins qui est décrite par l'historien Hayton au douzième chapitre de son Histoire.

Que M. Claude nous dise ce qu'il voudra, un royaume gouverné par un religieux de S.-François, sans qu'il paraisse qu'on ait excité de trouble pour la religion, ni qu'il ait forcé ses sujets à changer de créance, ni que ses sujets aient eu de la défiance de se voir sous sa puissance, n'a guère l'apparence d'un royaume bérengarien : et il faudrait de grandes preuves pour nous faire croire une chose si peu vraisemblable. De sorte que M. Claude n'en ayant aucune, il doit juger lui-même que sa prétention à l'égard des Arméniens est entièrement déraisonnable.

On peut tirer à peu près la même conséquence de l'historien Hayton, qui écrit par le commandement du pape Clément V l'histoire des Tartares et les moyens de faire la guerre aux Sarrasins. Il était prince du Curchy, province d'Arménie, et du sang des rois; et, après avoir passé sa jeunesse dans la profession des armes, il accomplit enfin le vœu qu'il avait fait de se faire religieux, comme il le dit lui-même en ces termes : *Moi, frère Hayton, j'ai été présent à toutes ces choses. Mon dessein avait été, il y avait déjà longtemps, de prendre l'habit de religieux; mais à cause des dangers et des embarras extrêmes où le royaume d'Arménie était réduit, je n'ai pas cru pouvoir abandonner avec honneur mes parents et mes amis dans de si grands troubles. Dieu m'ayant donc fait la grâce de laisser le royaume d'Arménie en bon état, je me suis résolu incontinent d'accomplir ce que j'avais promis à Dieu. Ainsi, en ayant obtenu licence du roi monseigneur, de mes parents et de mes amis, je suis parti de ce champ même où Dieu avait accordé aux chrétiens une si glorieuse victoire; et étant arrivé en Chypre, j'y ai pris l'habit religieux dans un monastère de l'ordre de Prémontré, afin qu'ayant servi le monde dans ma jeunesse, je passe le reste de ma vie dans le service de Dieu, en renonçant aux pompes du monde.*

Peut-on s'imaginer que ce prince, qui se faisait de l'ordre de Prémontré; que ces seigneurs, ces amis, qui lui en donnaient permission; que le roi Livon, dont il parle dans la suite avec tant d'éloges; enfin que tout ce royaume d'Arménie, dont il décrit l'histoire si simplement, comme d'un royaume catholique, fussent dans ce temps-là même engagés dans l'erreur des bérengariens qui étaient regardés comme hérétiques dans tous les lieux de la communion du pape?

Enfin pour omettre plusieurs preuves semblables que l'on peut tirer de l'histoire de ce temps-là, je me contenterai d'une dernière qui est encore plus décisive.

L'an 1318, Offinius, roi d'Arménie, envoya des ambassadeurs au pape, Jean XXII pour renouveler l'union avec l'Église romaine. Il y avait un évêque entre ces ambassadeurs. Et ce pape, à qui l'on avait donné quelques mauvaises impressions de la créance des Arméniens, voulut s'en éclaircir en interrogeant cet évêque de tous les points de la foi. C'est ce qu'il rapporte lui-même dans la lettre qu'il écrivit à ce roi.

Vos ambassadeurs, dit-il, *étant ici arrivés, il y eut quelques personnes qui nous rapportèrent que les chrétiens arméniens sont différents de l'Église romaine, qui est le chef et la maîtresse de toutes les églises, en quelques dogmes et en quelques cérémonies. Or encore que je ne fusse pas porté à ajouter facilement créance à ce rapport, néanmoins le soin que je dois avoir de votre salut et de celui de vos peuples, et le désir que j'ai que l'intégrité de votre foi et de celle de votre royaume ne reçoive même aucune atteinte de la médisance, et que votre gloire ne soit ternie par aucune calomnie, m'obligea de faire appeler en particulier vos ambassadeurs en notre palais, où je leur proposai par un truchement, non en paroles énigmatiques et obscures, mais en paroles précises, la profession de foi que nous tenons, et qui est insérée ci-dessous, et les cérémonies ecclésiastiques que nous observons. Sur quoi l'évêque Jacques, qui en est un, étant interrogé par nous de ce qu'il en croyait, fit cette profession de foi en termes clairs et sans aucune obscurité ni embarras de paroles; et il protesta que vous teniez de cœur et que vous confessiez de bouche ce que l'Église romaine, qui est la mère de toutes, tient sur ces points.*

Voilà un examen bien juridique; et quand il n'aurait été que général, on aurait droit de conclure que la profession que cet évêque faisait, au nom des Arméniens, comprenait aussi la transsubstantiation et la présence réelle. Mais il n'est pas besoin d'argument et de conséquence : la transsubstantiation était expressément comprise dans ces articles proposés à cet évêque, puisque ce fut cette même profession de foi qui fut si souvent proposée aux Grecs, et qui avait premièrement été dressée par Clément IV, où la transsubstantiation est contenue en ces termes : *Sacramentum Eucharistiæ ex azymo conficit eadem Romana Ecclesia, tenens et docens quòd in ipso Sacramento panis verè transsubstantiatur in corpus Christi, et vinum in sanguinem Domini nostri Jesu Christi.*

Non seulement cet évêque approuva cette profession qui lui fut proposée par le pape en des termes généraux, mais le pape, pour faire mieux connaître la sincérité de la foi des Arméniens, désira qu'il la prononçât distinctement en sa présence et en celle des cardinaux, et qu'il mît entre ses mains sa profession de foi écrite, afin qu'on la conservât à la postérité : *Ut in futurum conservetur rei gestæ memoria.*

Jean XXII fait le récit de tout cela dans sa lettre au roi d'Arménie, auquel il envoya cette même profession de foi : et il répète les mêmes choses dans une autre lettre qu'il adressa sur le même sujet au patriarche et aux évêques d'Arménie, où il les congratule de la pureté de leur foi.

On voit aussi par une lettre du même pape, écrite la même année à d'autres Arméniens qui, demeurant dans la Chersonèse-Taurique, s'étaient soumis à l'évêque de Capha, de la communion romaine, qu'il avait si peu de défiance que les Arméniens ne crussent pas la transsubstantiation, que, quoiqu'il la leur propose expressément en ces termes : *In hoc Sacramento transsubstantiatis pane in Christi corpus, et vino in sanguinem, sub speciebus utriusque continetur verè sacramentaliter totus Christus*, il ne le fait néanmoins qu'incidemment et par manière de principe, pour établir qu'il fallait mettre de l'eau dans le calice avec du vin. Et ce dernier point est celui auquel il s'arrête, et qui fait le capital de sa lettre : au lieu que s'il eût eu la moindre pensée que les Arméniens n'eussent pas cru la transsubstantiation, il se serait sans doute mis en peine de la prouver et de l'éclaircir encore avec bien plus de soin qu'il ne fait le mélange de l'eau dans le calice.

Je ne crois pas qu'on puisse douter après ces preuves, qui ne sont balancées par aucunes preuves contraires, que les Arméniens, depuis Bérenger jusqu'à Jean XXII, c'est-à-dire, depuis l'an 1053 jusqu'à l'an 1348, n'aient cru constamment la présence réelle et la transsubstantiation.

CHAPITRE VII.
Examen de la créance des Arméniens depuis le concile de Florence jusqu'à notre temps.

Quoique les Arméniens, comme nous avons vu, aient été souvent unis avec l'Église romaine, il est certain néanmoins que cette union n'était pas entière, et qu'il restait toujours dans cette nation une inclination au schisme : qu'il y en avait toujours plusieurs qui demeuraient dans leurs anciennes erreurs, qui, devenant souvent les plus forts, précipitaient dans le schisme le corps de la nation. Mais on ne laisse pas de distinguer aisément les opinions qu'ils embrassaient par nécessité lorsqu'ils se voulaient unir avec l'Église romaine, et qu'ils quittaient ensuite lorsqu'ils renouvelaient leur schisme, de celles dans lesquelles ils ont toujours constamment persévéré, et qui n'ont jamais fait partie de leurs différends avec l'Église romaine.

Car les opinions auxquelles ils ont été également attachés et dans le schisme, et dans l'union, doivent être mises au rang de leurs dogmes fixes et perpétuels : ce que l'on ne peut pas dire des opinions que l'on ne remarque en eux que lorsqu'ils ont été unis avec l'Église.

La doctrine de la présence réelle et de la transsubstantiation est absolument du premier genre ; car elle paraît également dans les Arméniens catholiques et schismatiques : de sorte qu'elle n'a jamais apporté aucun obstacle à la réunion.

La première preuve que nous en pouvons rapporter à l'égard de ce dernier temps, que nous examinons maintenant, est ce qui se passa sur leur sujet dans le concile de Florence, l'an 1439.

Le pape Eugène avait eu soin de les y faire appeler. Et en effet le patriarche des Arméniens, nommé Versagabat, y envoya deux évêques pour tenir sa place dans le synode, et accepter l'union. Ils arrivèrent à Florence après la conclusion de l'accord fait avec les Grecs, peu de temps avant le départ de l'empereur de Constantinople et des évêques grecs.

On examina avec eux les points sur lesquels ils étaient en différend avec l'Église romaine ; et ayant été persuadés de la vérité de sa doctrine, ils reçurent solennellement tout ce qu'elle enseignait touchant la foi, qui leur fut amplement déclarée dans l'instruction que le pape Eugène leur donna, laquelle ils reçurent et approuvèrent dans une session publique le 4 décembre de cette année-là.

Or, encore que, dans cette instruction, les points controversés avec les Arméniens ne soient pas expressément distingués, il paraît néanmoins clairement quels sont les articles qui n'étaient pas reçus universellement par eux. Car on leur fait recevoir les conciles qui les ont définis ; on s'y arrête, on les établit, on les prouve, on les explique ; au lieu que l'on passe légèrement sur les articles non controversés.

Ainsi on leur fait expressément recevoir le Symbole du concile de Constantinople avec l'addition du mot *Filioque*.

On leur fait recevoir la définition du concile de Calcédoine sur les deux natures.

La définition du sixième concile sur les deux volontés de Jésus-Christ. Et parce qu'ils avaient aussi quelques erreurs sur le baptême, que quelques Arméniens réitéraient ; sur le sacrement de Confirmation, qu'ils faisaient administrer par des prêtres ; sur la matière de l'Eucharistie, en ne mêlant point d'eau dans le calice ; le pape leur donna des instructions abrégées sur tous les sacrements, où l'on voit dans ce qui est dit de l'Eucharistie qu'il s'étend beaucoup pour montrer qu'il faut mêler de l'eau dans le calice : qu'il explique les raisons mystérieuses de ce mélange ; qu'il oblige les Arméniens de l'observer par un décret exprès. *Nous ordonnons*, dit-il, *que les Arméniens se conformeront avec tous les autres chrétiens, et que leurs prêtres mêleront dans le vin un peu d'eau dans l'oblation du calice.*

Mais pour les dogmes de la transsubstantiation et de la présence réelle, qu'il aurait sans doute établis et expliqués avec encore plus de soin s'il avait cru que les Arméniens en eussent douté, il se contente de les marquer en passant, et plutôt pour satisfaire à l'ordre qu'il s'était proposé de donner une instruction abrégée sur tous les sacrements, que dans la vue qu'il fût nécessaire d'instruire les Arméniens sur ces points.

La forme de ce sacrement, dit-il, *consiste dans les paroles du Sauveur par lesquelles il a accompli ce sacrement. Le prêtre, parlant en la personne de Jésus-Christ, l'opère : car, par la vertu de ces paroles, la substance du pain est changée au corps de Jésus-Christ, et la substance du vin en son sang : de sorte que Jésus-Christ tout entier est contenu sous l'espèce du pain et sous l'espèce du vin, et qu'il est tout entier sous chaque partie, soit de l'hostie consacrée, soit du vin consacré.*

Ce n'est pas de cette manière que l'on propose des points capitaux qui sont contestés. On ne les met point à la queue d'un autre article ; on ne les passe pas si légèrement ; on s'y arrête, on les établit, on les fortifie.

Les Arméniens reçurent ce décret de même manière qu'il leur avait été proposé. Ils firent en plein synode le dénombrement des articles qu'ils recevaient : et comme il n'était point question de la transsubstantiation, ils ne l'exprimèrent que généralement, en disant qu'ils recevaient la formule sur les sept sacrements, qui contenait leur matière, leur forme, leur ministre. Mais parce que le mélange de l'eau avec le vin faisait un des points du différend, ils l'exprimèrent aussi particulièrement, en disant qu'il était porté par l'instruction qu'ils recevaient que, dans le sacrifice de l'autel, il fallait mettre un peu d'eau avec le vin dans le calice que l'on offrait : *In sacrificio altaris dùm sacrificium offertur, vino paululùm aquæ admiscere debet.*

On ne sait pas bien combien cette union des Arméniens avec l'Église romaine continua, ni si elle fut même reçue par les évêques de l'Arménie : mais ce qui est certain, c'est que la transsubstantiation et la présence réelle qu'ils y approuvèrent n'ont donné aucun sujet à leur désunion, puisque les Arméniens schismatiques ont toujours persévéré constamment dans la profession de cette doctrine.

On n'en peut pas désirer un témoignage moins suspect que celui que Crusius nous fournit dans une lettre de Gerlac, qu'il rapporte dans sa Germano-Græcia, page 227.

Ce Gerlac était, comme nous l'avons déjà dit ailleurs, un luthérien, aumônier de l'ambassadeur de l'empereur à Constantinople, fort curieux de s'informer de l'état des religions d'Orient, qui écrivait ensuite tout ce qu'il en apprenait à Crusius, professeur en l'Académie de Tubinge des langues grecque et latine. Il décrit donc dans cette lettre une conférence qu'il eut avec le patriarche des Arméniens en ces termes :

Le dernier jour de mai, auquel on célébrait la fête de l'Ascension, j'assistai dans l'église de S.-Georges à Constantinople, que l'on appelait autrefois le monastère de Studes, à la messe des Arméniens. Ils prononcent tout d'un ton fort haut, mais en une langue qui n'est pas également intelligible à tous les Arméniens. Ils ont de même toute la Bible traduite en une langue qui n'est entendue que par les doctes. Néanmoins l'oraison Dominicale, le Symbole, le Décalogue, les paroles du baptême et de la cène sont entendus de tout le monde. Ils ont un extrême respect pour le livre de l'Évangile, aussi bien que les Grecs; et ils ne manquent jamais de le baiser, soit en le recevant, soit en le quittant. Ils l'élèvent dans la messe peu à peu, et avec beaucoup de respect au son des cloches, comme ils font ensuite le calice et le pain consacré. Pendant l'élévation le peuple frappe sa poitrine, fait le signe de la croix et baise trois fois la terre, qui est une action d'humilité dont le patriarche même ne s'exempte pas ; et ils font la même chose trois ou quatre fois durant la messe. Après l'élévation ils se donnent l'un à l'autre le baiser ; et pour nous ils nous baisèrent les mains. Ils chantèrent divers cantiques en l'honneur de l'Ascension.

Il dit que le patriarche le mena après la messe dans sa maison, et que, les ayant civilement traités, il prit la liberté de l'interroger sur les principaux articles de notre religion. Et sur l'article de la cène voici de quelle sorte il exprime le sentiment des Arméniens : *In cœnâ Domini verum et substantiale corpus et sanguinem Domini adesse dicunt ; sed videntur transsubstantiationem probare.* C'est-à-dire : *Ils disent que le vrai corps du Seigneur est présent dans la cène en sa propre substance; mais, ce qui m'en déplaît* (car c'est le sens de ce *sed*), *il paraît qu'ils admettent la transsubstantiation.*

M. Oléarius, aussi luthérien de religion, déclare de même positivement, dans la lettre que j'ai déjà rapportée, que les Arméniens croient la transsubstantiation, et qu'il l'a appris de leur patriarche même à Scamachie, ville de Médie : *Quòd Armeni etiam credunt transsubstantiationem cognovi ex patriarchâ qui nos invisebat Scamachiæ in Mediâ ; et quia hæ nationes credunt transsubstantiationem, hoc est, transmutationem panis et vini, dubium non est quin veram præsentiam credant.*

Qu'on lise toutes les relations de ceux qui s'emploient dans l'Orient à la conversion des schismatiques, et l'on verra que lorsqu'ils confèrent avec les Arméniens, jamais l'Eucharistie n'est le sujet de leur dispute, ni le prétexte que les Arméniens allèguent de leur division ; et que l'on n'est point obligé de les porter à condamner Bérenger et Calvin, mais Dioscore, Barsumas, Jacques et les autres eutychiens.

Aussi ils sont si éloignés d'être en différend avec les catholiques sur la créance de la présence de Jésus-Christ dans l'Eucharistie, que, quoiqu'ils soient mêlés avec eux dans la Terre-Sainte, non seulement dans une même ville, mais aussi dans une même église, celle du S.-Sépulcre étant commune à toutes les sociétés chrétiennes de l'Orient, bien loin d'être scandalisés des respects que les catholiques rendent au S.-Sacrement, ou de considérer ce culte comme une idolâtrie, ils rendent eux-mêmes le même culte, non seulement au S.-Sacrement qui est consacré par leurs prêtres, mais même à celui qui est consacré par les catholiques romains ; ceux qui ont écrit des relations de la Terre-Sainte remarquent expressément que les religieux Arméniens qui sont au S.-Sépulcre ne manquent jamais tous les jours, à l'heure de complie et à minuit, de venir offrir de l'encens au S.-Sacrement dans la chapelle des catholiques.

Il ne servirait de rien de dire que ces respects ne marquent pas précisément l'adoration ni la présence de Jésus-Christ dans le S.-Sacrement, puisqu'on encense bien le livre de l'Évangile et les prêtres : car encore que cela soit vrai en général, il est certain néanmoins que des personnes qui ne croiraient pas que Jésus-Christ fût présent dans le S.-Sacrement, sachant que les catholiques l'y adorent, ne pourraient regarder qu'avec horreur le pain consacré par les catholiques.

Enfin, pour ôter toute sorte de doute sur ce sujet, j'ai eu soin de faire consulter des évêques d'Arménie. Il y en a maintenant un à Rome, nommé monseigneur Hacciadour, qui a embrassé l'union avec l'Église romaine. On l'a prié de déclarer, non son propre sentiment, mais celui de sa nation et de tous les Arméniens, tant catholiques que schismatiques ; et voici l'attestation qu'il en a envoyée scellée de son sceau.

« Nous avons appris que quelques-uns disent que tous les chrétiens d'Orient, excepté les catholiques romains, ne croient pas que le S.-Sacrement de l'Eucharistie soit le vrai corps de Jésus-Christ, et nous nous étonnons de la folie et de la hardiesse de ces gens qui osent ainsi dire ce qu'ils ignorent. Car tous les chrétiens d'Orient croient d'une foi ferme et inébranlable que dans le sacrifice de la messe *le pain est vraiment changé au corps de Notre-Seigneur Jésus-Christ, et le vin en son sang.* Ils n'ont jamais eu aucun doute sur ce point : ils ne sont jamais tombés dans cette infidélité, où nous avons ouï dire que sont engagées des personnes qui ne sont chrétiennes que de nom. Et c'est pourquoi nous certifions que nous Arméniens avons reçu de nos anciens patriarches, depuis le temps du concile de Nicée jusqu'à présent, cet article de foi ; et nous avons dans notre Liturgie, outre les paroles de la consécration, celles-ci : *Père tout-puissant, envoyez votre S.-Esprit, et par la coopération du même S.-Esprit* CHANGEZ CE PAIN AU CORPS, ET CE VIN AU SANG DE JÉSUS-CHRIST *Notre-Seigneur, notre Dieu, et notre Sauveur.* Voilà ce que nous croyons. Nous n'avons point d'autre doctrine que celle de l'Église romaine sur ce sujet, et nous n'en sommes différents qu'en quelques cérémonies. »

HACCIADOUR, patriarche des Arméniens.
Basile, docteur arménien.
J'ai écrit ceci de ma propre main.

Il y a un autre évêque d'Arménie en Hollande, qui y fait imprimer des livres à l'usage de l'église arménienne pour son patriarche, qui est encore schismatique. Des personnes illustres, qui savaient que l'on avait dessein de travailler sur cette matière, lui demandèrent de même une attestation de la foi des Arméniens, tant catholiques que schismatiques, sur le mystère de l'Eucharistie ; et il la donna en ces termes, tant en arménien qu'en latin :

« Les chrétiens arméniens, tant ceux qui sont joints de communion avec l'Église latine que ceux qui en sont séparés, croient *que le corps et le sang de Jésus-Christ sont véritablement reçus* par ceux qui communient sous les espèces du pain et du vin, et *que la substance du pain et du vin est changée par la consécration du prêtre au corps et au sang de Jésus-Christ;* en sorte qu'après la consécration ce n'est plus du pain et du vin, mais le corps et le sang de Jésus-Christ sous les espèces ou les signes du pain et du vin. Je certifie que c'est-là la créance générale de tous les Arméniens. C'est ce que j'atteste. »

Moi Uscanus, évêque arménien, le 14 oct. 1666, à Amsterdam.

Je certifie le même, moi Carabied-Vantabied, prêtre.
Je certifie le même, moi Jean Léon, diacre.

Il paraît par la signature d'un extrait des Liturgies que cet évêque a donné, qu'il est évêque de Saint-Serge dans la grande Arménie, qui s'appelle vulgairement Usci. Il est né, comme il le dit lui-même, à Ispahan, capitale de Perse, quoique sa famille soit d'une autre ville nommée Érevan. Il s'appelle Uscanus Vardapet, et il est nonce du patriarche d'Égniacim dans l'Europe. Il fait présentement imprimer dans Amsterdam les livres ecclésiastiques pour l'usage des églises de son pays. Il n'est pas difficile à M. Claude de s'en informer.

Cette attestation m'ayant été envoyée, je crus devoir encore consulter le même évêque sur d'autres points : et, pour prévenir toute sorte de chicane, j'exprimai la foi des catholiques sur le mystère de l'Eucharistie et la condamnation de l'hérésie des calvinistes de la manière la plus précise qu'il me fut possible, comme on le verra par les questions proposées, en le priant de mettre sur chaque question le sentiment de l'église d'Arménie.

Il satisfit à toutes ces questions, ainsi que l'on verra à la fin de ce volume. Et pour celles qui regardent l'Eucharistie, voici de quelle sorte il y répondit.

La première question était conçue en ces termes :

« L'on demande si ce n'est pas là la foi, le sentiment, la doctrine dont les chrétiens arméniens font profession :

« Que le corps et le sang de Jésus-Christ sont, après la consécration, véritablement, réellement et substantiellement présents, d'une manière invisible et incompréhensible, mais qui est néanmoins et véritable et réelle, sous les espèces du pain et du vin.

« *Réponse.* C'est leur foi ; c'est leur sentiment ; c'est la doctrine dont ils font profession.

« II. QUESTION. On demande s'ils ne croient pas que, par les paroles de la consécration, le pain et le vin sont véritablement et substantiellement convertis, changés, transsubstantiés au corps et au sang de Jésus-Christ ; en sorte qu'après la consécration les substances du pain et du vin ne demeurent plus dans le sacrement ; mais que le corps et le sang de Jésus-Christ sont substitués en leur place par la vertu et l'opération divine, quoique les sens extérieurs n'aperçoivent rien de ce changement intérieur.

« *Réponse.* C'est leur foi ; c'est leur sentiment ; c'est la doctrine dont ils font profession.

« III. Question. On demande s'ils ne croient pas que le corps de Jésus-Christ doit être adoré dans l'Eucharistie du culte de latrie, tant intérieur qu'extérieur.

« *Réponse.* C'est leur foi ; c'est leur sentiment ; c'est la doctrine dont ils font profession.

« IV. Question. On demande s'ils ne croient pas que l'oblation de l'Eucharistie est le vrai et proprement dit sacrifice de la loi nouvelle, et qu'il est propitiatoire pour les vivants et pour les morts.

« *Réponse.* C'est leur foi ; c'est leur sentiment ; c'est la doctrine dont ils font profession.

« V. Question. On demande s'ils ne condamnent pas comme une hérésie l'opinion de ceux qui enseignent que le corps de Jésus-Christ n'est pas véritablement, réellement et substantiellement présent dans l'Eucharistie ; mais qu'il n'y est présent qu'en signe et en symbole, ou par la foi, ou par une certaine communication d'une vertu qui découle moralement du corps de Jésus-Christ, et qui donne certaines grâces à ceux qui reçoivent l'Eucharistie.

« *Réponse.* Ils la condamnent.

« VI. Question. On demande s'ils ne condamnent pas comme une hérésie l'opinion de ceux qui enseignent que le pain n'est point réellement changé, mais qu'il demeure dans l'Eucharistie avec le corps de Jésus-Christ.

« *Réponse.* Ils la condamnent.

« VII. Question. On demand s'ils ne condamnent pas comme une hérésie l'opinion de ceux qui enseignent qu'on ne doit pas adorer le corps de Jésus-Christ dans l'Eucharistie.

« *Réponse.* Ils la condamnent.

« VIII. Question. On demande s'ils ne condamnent pas comme une hérésie l'opinion de ceux qui enseignent qu'il n'y a point dans l'Église de sacrifice véritable et proprement dit.

« *Réponse.* Ils la condamnent. »

Le même évêque arménien en étant prié par les mêmes personnes, leur donna de plus un extrait de la Liturgie arménienne, qu'on verra à la fin de ce volume. Il suffit de rapporter ici que l'on y lit en termes exprès cette prière :

Nous vous adorons, nous vous prions, nous vous demandons, ô Dieu plein de bonté, d'envoyer sur nous et sur les dons proposés l'Esprit saint, éternel comme vous, et de même essence que vous, par lequel CE PAIN SACRÉ A ÉTÉ FAIT LE CORPS DE NOTRE-SEIGNEUR, ET CE CALICE SACRÉ A ÉTÉ FAIT VÉRITABLEMENT LE SANG *de Notre-Seigneur Jésus-Christ. Amen.*

Il remarque seulement qu'il y a diverses manières de lire cet article dans leur Liturgie, les uns disant : *Quo panis iste benedictus corpus verè factum est Domini nostri Jesu Christi, et calix iste benedictus factus fuit sanguis verè Domini nostri Jesu Christi*, qui est ce que j'ai traduit.

Les autres lisant : *Quo panis et vinum benedicta facta verè corpus et sanguis Domini nostri Jesu Christi. Amen.*

Et les autres : *Quo panem istum benedicens, corpus facies Domini nostri ; et calicem istum benedicens, verè facies sanguinem Domini nostri Jesu Christi.*

Cette diversité d'expressions, dans lesquelles on voit que l'effet de la consécration est tantôt marqué comme fait après les paroles de la consécration, et tantôt comme n'étant pas encore fait, vient apparemment de la diversité d'opinions qu'il y a sur ce point entre les Grecs et les Latins ; les uns paraissant conformes à l'opinion de l'Église latine qui attribue la consécration aux seules paroles de Jésus-Christ ; et l'autre à celle des Grecs qui l'attribuent conjointement et aux paroles et aux prières que l'on fait après : et elles donnent peut-être lieu de joindre ensemble ces deux opinions, comme n'étant pas contraires lorsqu'elles sont bien entendues. Car il est vrai d'une part que ce sont les seules paroles de Jésus-Christ qui produisent l'effet de la consécration par manière de cause opérante, comme l'Église latine le croit ; et il est vrai de l'autre que Jésus-Christ accorde cet effet aux prières de l'Église, et qu'ainsi elles y coopèrent comme une cause impétrante. Ces prières sont formellement exprimées par les Grecs, par les Latins, et par toutes les autres églises, avec cette seule différence que les unes, comme les Latins, les placent plus naturellement avant la consécration. Mais quoique dans la Liturgie grecque et dans quelques autres elles soient après la consécration, cela néanmoins n'en change pas le sens, comme le P. Goar, savant dominicain, l'a judicieusement remarqué. Car il faut supposer que ces vœux et ces désirs intérieurs de l'Église, auxquels Jésus-Christ accorde l'effet de la consécration, précèdent réellement l'accomplissement du mystère, quoique la nécessité de la parole humaine, qui est successive et qui ne peut exprimer en un instant ce qui est conçu en un instant, oblige de séparer l'expression de ces prières des paroles mêmes de Jésus-Christ. Et cela fait voir que soit que l'on dise *factum est*, soit que l'on dise *facies*, soit que les prières précèdent la consécration, soit qu'elles la suivent, tout cela revient toujours au même sens, l'Église n'ayant dessein que d'y exprimer les prières intérieures de tout le corps de l'Église, auxquelles, selon S. Augustin, Jésus-Christ accorde tous les effets des sacrements, et par conséquent celui de la consécration.

CHAPITRE VIII.

Réponse aux objections de M. Claude à l'égard de ce dernier temps.

Il est difficile qu'il se trouve des personnes assez déraisonnables pour mettre en comparaison avec ces preuves convaincantes celles que M. Claude allègue au contraire, qui se réduisent à deux à l'égard de ce dernier temps que nous examinons maintenant.

La première preuve est que Lazicius, polonais, assure que les Arméniens ne croient point la transsubstantiation. M. Claude, de plus, voudrait bien faire croire, qu'ils rejettent aussi la présence réelle, et qu'ils n'admettent le changement du pain qu'en la vertu du corps de Jésus-Christ; mais nous avons déjà vu que c'était une fausseté à l'égard de la présence réelle, puisque Lazicius, dans le passage même cité par Forbèse, attribue aux Arméniens de croire que Jésus-Christ est présent dans l'Eucharistie.

A l'égard de la transsubstantiation, il est vrai que Lazicius impute dans ce passage, non à tous les Arméniens, mais à ceux avec qui il a conféré en Pologne, de ne la pas reconnaître. Et quand le commerce des Bohémiens et des autres hérétiques de Pologne leur aurait communiqué cette erreur, cela ne servirait de rien à M. Claude. Mais il y a même de l'apparence qu'il se trompe et qu'il abuse de l'équivoque du mot de nature : et après tout, son autorité n'est nullement comparable avec celle des témoins que j'ai cités.

La seconde preuve de M. Claude est que dans une Liturgie des Arméniens de Léopolis, ville de Russie, rapportée par Cassander, ils font à Dieu cette prière : *Tu, Domine, qui tibi offerimus hanc oblationem, suscipe in conspectu tuo collatam, et coæqua illam corpori et sanguini Domini nostri Jesu Christi;* c'est-à-dire : *Nous vous offrons, Seigneur, cette oblation : recevez-la, et la mettez en votre présence, et rendez-la égale au corps et au sang de Jésus-Christ.* Cela veut dire, dit M. Claude, *donnez-lui la vertu du corps et du sang de Jésus-Christ.* Mais c'est une glose de M. Claude, et non des Arméniens, ou plutôt c'est une très-fausse conséquence ; car cette égalité à laquelle le prêtre souhaite dans cette Liturgie que l'oblation soit élevée, s'opère par la transsubstantiation même. Elle devient égale au corps de Jésus-Christ, parce qu'elle devient intérieurement le corps de Jésus-Christ même. Et que l'on ne dise pas qu'une même chose ne peut être égale avec soi-même ; car cela n'est vrai que d'une chose considérée en un même état. Mais si on la regarde sous deux différentes idées, on la peut fort bien comparer avec elle-même, et dire qu'elle est égale à elle-même dans un autre état.

Ceux qui forment ces difficultés ne considèrent pas assez la nature de leur esprit et la manière dont il conçoit les choses. Car quelque persuasion que l'on ait de la transsubstantiation, on ne laisse pas de regarder encore l'oblation sous la figure et sous l'idée de pain et de vin. Et le corps de Jésus-Christ se représentant à nous sous une autre idée, la foi qui nous enseigne qu'il est contenu sous les apparences ne détruisant pas la diversité de nos idées, ne nous empêche pas aussi d'en faire comparaison, et de dire que l'une est au lieu de l'autre : que cette oblation est égale au corps de Jésus-Christ, parce qu'elle le contient véritablement, ce qui est le fondement de l'égalité ; quoiqu'elle en soit différente extérieurement, ce qui est le fondement de la comparaison. Ce n'est point là un langage forcé : il vient de la nature et de la connaissance toute simple du mystère ; et c'est ce qui fait qu'il se rencontre dans des personnes qui en l'ont point certainement pris l'un de l'autre.

Ce religieux grec, nommé Agapius, qui se déclare si clairement pour la transsubstantiation, ne laisse pas de comparer l'Eucharistie avec Jésus-Christ comme une chose différente ; et cela dans les lieux où il dit que c'est Jésus-Christ même.

Il dit que *Jésus-Christ nous a préparé ce mystère au lieu de lui :* ἠτοίμασεν ἀντ'αὐτοῦ τοῦτο τὸ μυστήριον.

Ce n'est donc pas Jésus-Christ même, disait M. Claude, selon sa manière ordinaire de raisonner. Mais Agapius fait bien voir qu'elle est fausse, en ajoutant comme il fait : Εἰς τὸ ὅποιον περιλαμβάνεται αὐτὸς ὁ σωτὴρ καὶ δεσπότης ἡμῶν, c'est-à-dire, *dans lequel notre Sauveur et notre maître même est contenu.*

Elie de Crète, commentateur de S. Grégoire de Nazianze, enseigne la transsubstantiation aussi formellement que personne. Il dit *que le pain et le vin qui sont mis sur la table sont changés véritablement, par une force ineffable, au corps et au sang de Jésus-Christ,* ἀληθῶς εἰς σῶμα καὶ αἷμα Χριστοῦ μεταποιῆται. Il dit *que ces dons sont véritablement le corps et le sang de Jésus-Christ.* Mais c'est de là même qu'il conclut qu'on les peut appeler *isotypes*, c'est-à-dire, *des figures égales à la vérité.* Ce sont des figures, parce qu'ils représentent extérieurement le corps de Jésus-Christ ; et ce sont des figures égales à la vérité, parce qu'ils le contiennent intérieurement.

C'est donc pour cette raison que les Arméniens, offrant à Dieu les dons avant la consécration, lorsqu'ils ne sont encore que du pain et du vin, le prient qu'il les rende égaux à son corps et à son sang par ce changement invisible qui fait que Jésus-Christ est réellement présent. Car la figure extérieure qui frappe nos sens n'est plus alors un simple antitype et une simple image, mais c'est un isotype et une figure qui égale la vérité, parce qu'elle la contient au-dedans, comme le Fils est une image égale à son Père par la participation de la même nature divine.

Aussi ces mêmes Arméniens reconnaissent tellement que le pain et le vin consacrés sont véritablement le corps et le sang de Jésus-Christ, qu'ils en font une protestation expresse dans ce fragment de leur Liturgie rapporté par Cassander : car il y est dit qu'après la consécration le prêtre appelle le pain consacré LE VRAI CORPS de *Notre-Seigneur Jésus-Christ,* VERUM CORPUS *Salvatoris Domini nostri*; et qu'il dit trois fois sur le calice : C'EST LE VRAI SANG *de Notre-Seigneur Jésus-Christ. Et hoc ter dicit super calicem :* SANGUIS VERUS EST *Domini nostri Jesu Christi.*

On y présente à Dieu cette oblation pour obtenir la grâce aux vivants et la paix aux morts. *Per hanc oblationem da charitatem et firmitatem, et desiderabilem pacem in totum mundum, in Ecclesias sanctas, in episcopos sanctos. Per hanc etiam oblationem da æternam pacem omnibus qui nos præcesserunt in fide Jesu Christi sanctis patribus et prophetis.*

On l'y appelle l'oblation immortelle, et on en glorifie Dieu : *Gloriam damus tibi, Domine, propter sanctam et immortalem oblationem istam :* ce qui fait bien voir qu'ils la regardent comme le corps de Jésus-

Christ même, par lequel seul on peut obtenir ces grâces qu'ils attachent à cette oblation.

Après des preuves si convaincantes il n'y a point de personnes judicieuses qui ne reconnaissent qu'on ne doit ajouter aucune foi à ce que dit un Anglais nommé Thomas Herbert, dans la relation de son Voyage, *que les Arméniens nient la présence réelle du corps de Jésus-Christ, et ne reconnaissent que les deux sacrements du Baptême et de la Cène.* Ayant lu ces paroles dans la traduction qui a été faite de ce Voyage par une personne de mérite de la religion prétendue réformée, on voulut s'assurer si cela était dans l'anglais ; et les personnes à qui on s'adressa ayant envoyé la traduction qu'ils avaient faite de cet endroit sur l'original d'Herbert, comme il n'y avait rien de semblable dans leur traduction, on eut sujet de croire que cela avait été ajouté par le traducteur ; et c'est de cette sorte qu'on en a parlé dans la première édition de ce livre. Mais M. de Wicquefort, qui est celui qui a traduit ce livre d'Herbert, et qui est présentement à la Haye en qualité d'envoyé extraordinaire de Pologne, ayant fait plainte à M. de Pomponne, ambassadeur du roi en Hollande, de l'injure qu'on avait faite à sa réputation en l'accusant d'avoir manqué de sincérité, au lieu qu'il avait traduit mot à mot ce qui se trouvait dans Thomas Herbert, M. de Pomponne découvrit, dans le discours qu'ils eurent ensemble sur ce sujet, d'où était venue cette méprise. Car ayant demandé à M. de Wicquefort s'il n'y avait point eu deux impressions du livre d'Herbert, il lui dit que oui : que la première avait été faite en 1634 ou 1635, dans laquelle cet auteur s'était seulement renfermé dans son voyage ; mais que, dans la seconde, qui était de 1638, il y avait ajouté beaucoup de choses de la religion et de l'histoire, comme tout ce qu'il dit en cet endroit des Arméniens et de toute la guerre de l'Ost-Inde. Sur quoi M. de Pomponne lui fit avouer qu'il n'en fallait pas davantage pour éclaircir cette difficulté : que les Anglais qu'on avait consultés n'avaient vu que la première édition d'Herbert, et qu'ainsi il ne fallait pas s'étonner qu'ils eussent assuré que ce qui se trouvait en cet endroit, touchant la créance des Arméniens, dans la traduction française, n'était point dans l'original anglais ; mais que lui, M. de Wicquefort, ayant traduit la seconde, y avait mis mot à mot ce qu'il y avait trouvé.

Au reste, on ne se met guère en peine de l'avantage que les calvinistes voudraient prendre de ce témoignage d'Herbert, qui, pour grossir son livre dans la seconde édition, a ajouté ce qu'il lui a plu de la religion des peuples par où il a passé, sans oser dire de qui il avait appris sur les lieux ce qu'il en rapporte, et qui n'en parle apparemment que sur les livres de ceux de sa secte qui en ont traité, comme Brerewod. Les preuves si authentiques qu'on a rapportées de la foi des Arméniens mettent ce point hors de toute contestation ; et, sans parler des autres, il n'y a aucune comparaison entre un calviniste qui parle en sa propre cause et selon ses intérêts, sans témoins et sans preuves, et un luthérien comme Oléarius, qui parle contre lui-même et ses propres intérêts, et qui cite les personnes dont il a appris ce qu'il rapporte.

On peut donc conclure sans témérité que, dans l'examen de ce dernier temps, on ne trouve aucune difficulté raisonnable qui oblige à douter si les Arméniens croient la présence réelle et la transsubstantiation, et que l'on y trouve des preuves invincibles pour montrer qu'ils en sont persuadés, et que c'est là la doctrine de leur église.

CHAPITRE IX.

Examen du temps du milieu, où l'on fait voir que si l'on y a accusé les Arméniens de ne pas croire la présence réelle, c'est injustement et contre la vérité.

Le double examen que nous avons fait de la créance des Arméniens depuis le temps de Bérenger jusqu'à Jean XXII et à l'année 1318, et depuis l'année 1439, c'est-à-dire, depuis la réunion des Arméniens au concile de Florence, jusqu'à notre temps, emporte aussi le temps du milieu ; n'étant guère possible que les Arméniens ayant cru la présence réelle et la transsubstantiation dans tout le temps qui précède Jean XXII et dans tout le temps qui suit le concile de Florence, aient embrassé un autre sentiment dans l'entre-deux, c'est-à-dire, dans l'espace d'un peu plus de cent ans, principalement si l'on y ajoute que l'on ne voit durant ce temps-là aucune marque que ces peuples aient été ni pervertis ni convertis, comme il faudrait nécessairement le supposer, afin que de catholiques ils fussent devenus bérengariens après Jean XXII, et que de bérengariens ils se trouvassent orthodoxes sur l'Eucharistie au concile de Florence.

Je ne veux pas dissimuler néanmoins que divers auteurs, tant catholiques qu'hérétiques, ont accusé les Arméniens de ne pas croire la présence réelle. Guy-le-Carme leur impute expressément cette erreur. Prathéolus dit la même chose, parce qu'il copie Guy-le-Carme. Ainsi les calvinistes qui ont écrit des diverses religions, trouvant cette accusation contre les Arméniens formée par des auteurs catholiques, n'ont pas manqué de la supposer comme un principe incontestable. C'est ce que l'on peut voir dans Brerewod, dans Hornbec, et dans quelques autres.

On peut remarquer en passant le peu de sincérité de ces auteurs dans cette accusation ; car s'ils ont cru pouvoir rapporter ce que Guy-le-Carme dit des Arméniens, pourquoi ne rapportent-ils pas aussi ce que Gerlac en dit dans Crusius, qui est un auteur qu'ils citent si souvent et qu'ils connaissent si bien ? Pourquoi passent-ils sous le silence tant d'autres preuves de la foi des Arméniens que nous avons rapportées ? Pourquoi n'ont-ils pas pris la peine de s'en informer de tant d'Arméniens vivants avec qui les Anglais et les Hollandais ont tant de commerce ? Et pourquoi ne veulent-ils point reconnaître d'autre témoin de ce fait qu'un religieux très-peu exact en tout ce qu'il a écrit ?

Mais sans m'arrêter à cette injustice, j'ai voulu examiner avec le plus de soin qu'il m'a été possible ce qui avait pu donner lieu à Guy-le-Carme d'imputer cette erreur aux Arméniens, et j'en ai trouvé enfin l'origine, qui fait voir que, quoique ce ne soit pas une calomnie malignement inventée par ce religieux, qui n'en est pas le premier auteur, il y a néanmoins de l'imprudence à lui de n'en avoir pas reconnu la fausseté.

Voici donc l'unique fondement de ces bruits, qui se sont multipliés, non par la multitude des témoins, mais par celle des écrivains qui se sont copiés les uns les autres.

Le pape Benoît XII, ayant été averti plusieurs fois qu'il se glissait un très-grand nombre d'erreurs dans l'Arménie, en fit faire une information exacte, en écoutant les dépositions tant de divers Arméniens qui se trouvèrent à Rome, que des Latins qui avaient été en Arménie ; et il fit faire même des extraits des livres qui étaient entre les mains des Arméniens.

Ces dépositions et ces témoignages chargèrent les Arméniens, ou quelques-uns d'entre eux, d'une infinité d'erreurs, dont le pape fit dresser un long catalogue dans une bulle qui contient cette information.

Dans cet amas monstrueux d'erreurs, qui monte jusqu'à cent dix-sept, il y en a quantité d'insensées, de sociniennes, d'extravagantes. Le péché originel, l'immortalité de l'âme, la vision de Dieu, l'enfer, et presque tous les points de la religion y sont détruits. Il y a même des erreurs toutes contraires : de sorte qu'il est visible que ce n'est point la religion d'un peuple ou d'une nation, mais tout au plus celle de divers particuliers qu'on a ramassée, comme si l'on faisait un recueil de toutes les opinions qui courent dans l'Angleterre, et qu'on appelât cela la créance des Anglais. Aussi le pape Benoît ne fait pas cette injustice aux Arméniens que de leur imputer ces erreurs à tous. Il déclare expressément dans cette bulle qu'il a trouvé seulement par les dépositions que les Arméniens ou quelques-uns d'entr'eux les tenaient, *dictos Armenos vel aliquos ex eis* : de sorte qu'il suffit qu'une erreur ait été avancée par quelques Arméniens ou qu'elle fût contenue dans quelque livre arménien pour avoir place dans ce catalogue.

Or il est vrai qu'entre ces erreurs imputées aux Arméniens, la LXVII° est que *les Arméniens ne disent pas qu'après les paroles de la consécration il se fasse une transsubstantiation du pain et du vin au vrai corps et au vrai sang qui est né de la Vierge Marie, qui a souffert la mort, et qui est ressuscité ; mais qu'ils tiennent que ce sacrement n'est que l'exemplaire, la ressemblance et la figure du vrai corps et du sang du Seigneur. Et ceci en particulier* (ce sont les termes de cette information) *a été dit par quelques Arméniens, que le vrai corps de Jésus-Christ n'y était pas, mais seulement un exemplaire et une figure. Ils disent aussi que quand Jésus-Christ institua ce sacrement il ne transsubstantia pas le pain et le vin en son corps et en son sang, mais qu'il institua seulement une figure de son corps et de son sang. Et c'est pourquoi ils n'appellent point le sacrement de l'autel le corps et le sang de Christ, mais hostie sacrifiée, ou communion.*

Il ne faut point chercher ailleurs l'origine de cette accusation qu'on a faite contre les Arméniens de ne pas croire la présence réelle et la transsubstantiation. La voilà ce semble toute trouvée : et il y a toute sorte d'apparence que c'est du catalogue de ces erreurs recueillies par Benoît XII que l'on a pris sujet de leur imputer cette erreur.

Mais peut-être que si cette origine a été connue des ministres, ils ont néanmoins trouvé plus d'avantage de s'arrêter au témoignage de Guy-le-Carme qu'à remonter jusqu'à cette source, parce que si l'on y trouve cette accusation expressément proposée, on l'y trouve aussi expressément démentie et ruinée, comme on le pourra facilement juger par les remarques suivantes.

Premièrement, il faut remarquer que cette information contenant indifféremment des erreurs qui sont imputées indistinctement aux Arméniens ou à quelques-uns d'entr'eux, cette erreur particulière contre la présence réelle et la transsubstantiation est attribuée en particulier à quelques docteurs d'Arménie : *Et hoc specialiter quidam doctores Armenorum dixerunt.*

2° On doit remarquer que cette accusation même n'était pas uniforme ; puisque, dans ce même article, on accuse un autre docteur d'Arménie, nommé Nanes, d'avoir dit, que quand le prêtre prononce ces paroles : *Hoc est corpus meum*, le corps de Jésus-Christ y est en état de mort ; et que quand le prêtre ajoute : *Per quem*, le corps de Jésus-Christ s'y trouve vivant.

Il est vrai que l'information ajoute que ce docteur n'exprime pas s'il parle du véritable corps de Jésus-Christ ou de la figure. Mais la différence de ces deux états, de vie et de mort, ne pouvant se trouver dans une figure qui ne change point, marque assez qu'il parlait du véritable corps de Jésus-Christ.

Dans l'erreur LXX, on impute aux mêmes Arméniens de croire que quand quelqu'un reçoit l'Eucharistie, *le corps de Jésus-Christ entre en son corps, et est converti en son corps comme les autres aliments ;* ce qui est une hérésie opposée à celle de Bérenger.

La troisième remarque est que ces personnes à qui l'on attribue cette erreur, d'avoir cru que l'Eucharistie ne fût que la figure du corps de Jésus-Christ, n'avaient pas coutume d'appeler l'Eucharistie le corps de Jésus-Christ, comme il est dit expressément dans cet article. Et de là il s'ensuit qu'on ne les peut prendre pour le commun des Arméniens, puisqu'il est très-certain qu'ils ont toujours appelé l'Eucharistie le *corps de Jésus-Christ*, comme il paraît par toutes leurs Liturgies, et par les passages du catholique d'Arménie qui conféra avec Théorien, que nous avons rapportés ci-dessus.

La quatrième est que cette opinion que l'on impute

aux Arméniens était formellement détruite par leur Liturgie, qui portait expressément, comme il est dit dans l'article 67, que le pain consacré était fait le vrai corps de Jésus-Christ : *Per quem panis benedictus efficitur verum corpus Christi.* Ce qui obligeait ceux qui étaient dans cette erreur d'expliquer ces paroles de la Liturgie en ce sens extravagant, que le pain était fait la vraie image et le vrai exemplaire du corps de Jésus-Christ. Or cette explication est si bizarre et si ridicule qu'elle ne pouvait pas être fort commune, étant impossible qu'elle tombât jamais dans l'esprit du peuple.

5° Par une suite de cette erreur, il est dit dans l'article 70 que, selon les Arméniens, l'Eucharistie n'opère point la rémission des péchés, et ne confère point la grâce. Or cela est expressément contraire aux paroles de cette Liturgie des Arméniens de Léopolis que nous avons déjà rapportées, et à ce passage du catholique d'Arménie que nous avons aussi cité, dans lequel il est dit que l'on sacrifie dans l'Église *le Fils de Dieu pour le salut de tout le monde :* car si l'Eucharistie est propitiatoire comme sacrifice selon les Arméniens, à plus forte raison elle opère la rémission des péchés, et confère la grâce comme sacrement.

Mais il n'est pas nécessaire de justifier le commun des Arméniens de ces erreurs contre l'Eucharistie par des raisonnements ; ils s'en sont bien justifiés eux-mêmes par des actions, des décrets et des déclarations formelles. Car le pape Benoît XII ayant écrit sur le sujet de ces erreurs et au roi et au patriarche d'Arménie, le roi d'Arménie fut tellement touché que son royaume fût soupçonné de ces damnables erreurs, qu'il fit dresser par un religieux nommé Daniel un mémoire dans lequel il les désavoue, et se plaint qu'on eût imputé ces erreurs à sa nation. De plus, le patriarche et les évêques s'étant assemblés condamnèrent toutes ces erreurs, ainsi que le pape Clément VI le témoigne lui-même dans deux de ses lettres rapportées par Raynaldus.

Cette condamnation solennelle ne fut pas néanmoins encore suffisante pour apaiser entièrement l'esprit de Clément VI, et il ne laissa pas de soupçonner encore les Arméniens de quelques erreurs, selon les rapports qui lui en étaient faits par ses nonces : de sorte qu'il en fallut venir à un plus grand éclaircissement. Et c'est ce qui est amplement décrit par Raynaldus, au commencement de l'année 1351. On y voit une réponse et une déclaration du patriarche de l'Arménie-Mineure et de ses évêques, sur les erreurs dont on les soupçonnait, qui est telle, qu'il n'y a point de catholique à qui on en demandât davantage, et qui n'est pas moins précise sur la plupart des articles que la profession de foi du concile de Trente.

Mais en laissant les autres articles, voici de quelle sorte le patriarche d'Arménie déclare sa foi sur le sujet de l'Eucharistie. Au 42° article, dit le pape, *vous déclarez que vous croyez et tenez que le corps de Jésus-Christ, né de la Vierge, mort dans la croix, et qui est maintenant vivant dans le ciel, après les paroles de la consécration du pain, qui sont, ceci est mon corps, est dans le sacrement de l'autel sous les espèces et les apparences du pain.* Je ne vois pas qu'après une telle déclaration il y eût aucun lieu de douter de la foi de ce patriarche, et je pense que M. Claude en sera lui-même persuadé.

Il est donc visible qu'on a aucun lieu d'attribuer aux Arméniens de ce temps-là d'autre foi sur l'Eucharistie que celle dont leur patriarche et leurs évêques ont fait une solennelle profession dans cette déclaration envoyée au pape, savoir, *que le vrai corps de Jésus-Christ, né de Marie, est contenu après les paroles de la consécration sous les apparences du pain ;* et qu'il n'y a nul sujet d'imputer au corps de la nation de n'avoir pas cru la présence réelle ou la transsubstantiation.

Il ne paraît aucune marque de ces erreurs avant le quatorzième siècle. Il n'en paraît plus aucun vestige depuis le quinzième. Et dans le quatorzième, auquel elles ont été imputées aux Arméniens, elles furent condamnées et désavouées par leur roi, par leur patriarche et par leurs évêques.

Et qu'on ne dise pas que ce fut seulement par politique : la suite a bien fait voir le contraire. Car le royaume d'Arménie ayant été ruiné quelque temps après, les Arméniens furent réduits sous la puissance des Sarrasins, et mis en état de ne pouvoir plus être assistés des princes de l'Occident. C'était donc alors qu'ils devaient faire paraître ce sentiment, si ce n'eût été que des vues humaines qui les eussent obligés de le dissimuler alors. Cependant ils n'en ont rien fait paraître depuis la ruine du royaume d'Arménie : et c'est depuis ce temps-là qu'ils ont donné des preuves plus claires qu'ils étaient d'accord avec l'Église romaine sur le sujet de l'Eucharistie. Ainsi il n'y a aucun lieu de douter que cette erreur qu'on leur reproche ne fût tout au plus l'erreur de quelques particuliers qui s'étaient laissé infecter des opinions des hérétiques d'Occident. C'est tout ce qu'on pourrait conclure de cette information de Benoît XII, quand on voudrait supposer que les témoins qu'il avait fait entendre étaient fort intelligents ou fort dignes de créance.

Mais encore qu'il n'y eût aucun lieu de s'étonner que de tant d'hérétiques bérengariens, pétrobusiens, vaudois, albigeois et autres que l'on chassait de l'Europe, quelques-uns se fussent établis dans l'Arménie et y eussent infecté un petit nombre d'Arméniens de leurs erreurs, ou que les hérésies des paulianistes et des bogomiles s'y fussent un peu répandues, et que ce fût ce qui a donné lieu à ces reproches ; néanmoins, s'il est permis de mêler des conjectures dans un fait qui n'a jamais été éclairci, il me semble que tout ce qui est porté par l'article 67, qui contient ce reproche, ne donne pas lieu de conclure absolument qu'il y ait jamais eu personne dans l'Arménie qui ait véritablement nié la présence réelle et la transsubstantiation en la manière que les calvinistes la nient ; et qu'il y a beaucoup sujet de soupçonner que tout ce bruit n'a point d'autre fondement que le peu d'intelligence de ces témoins, qui ont confondu les suites de l'opinion eutychienne, qu'ils n'entendaient pas, avec l'hérésie bérengarienne, parce qu'elles convenaient en quelques termes.

Car il faut remarquer qu'il paraît par cette information qu'il y avait quelques Arméniens qui étaient purement eutychiens, et qui voulaient, comme ils le disaient eux-mêmes, que la nature humaine en Jésus-Christ eût été convertie en la nature divine.

Or, suivant ce sentiment, ils disaient que, *quoique Jésus-Christ après l'union fît quand il voulait des actions de la chair et de l'âme, il n'avait point eu néanmoins ni de chair ni d'âme après l'union.*

Et parce que Jésus-Christ avait toujours paru avec un corps, ils disaient que *la volonté divine étant toute-puissante, faisait paraître aux hommes un corps humain, quoiqu'il n'en eût point en effet.*

Ces principes supposés, il n'est pas difficile de comprendre comment ils ont pu dire une partie de ce qu'on leur impute, sans nier pour cela directement la transsubstantiation. Car ils ont pu dire que le pain et le vin n'étaient pas changés au vrai corps de Jésus-Christ ; puisque, selon eux, on ne devait pas dire que Jésus-Christ eût un vrai corps ni une vraie âme, et qu'ils croyaient que tout cela avait été absorbé dans l'union des deux natures.

Ils ont pu dire que ce que l'on recevait était la figure et la ressemblance du corps de Jésus-Christ ; puisqu'ils soutenaient bien que ce que l'on avait vu en Jésus-Christ durant sa vie n'était que la ressemblance et l'apparence d'un corps.

Mais cela n'empêchait pas qu'ils ne crussent que le pain était changé en Jésus-Christ, tel qu'il était selon eux, et qu'ils ne dissent que comme n'ayant que la nature divine depuis l'incarnation il avait bien voulu paraître homme et se faire voir sous la figure d'un homme, de même n'ayant encore que cette même nature il voulait bien se faire voir en pain et se revêtir de l'apparence de pain. De sorte qu'en effet ce n'était rien moins que l'hérésie de Bérenger que ce qui était caché sous ces termes dans le sentiment de ces Arméniens, quoique leur erreur touchant la nature humaine de Jésus-Christ fît aussi que ce n'était pas tout-à-fait l'opinion de l'Église catholique.

Mais comme ce pur eutychianisme a été peu commun, même parmi les Arméniens, et que la plupart ont admis un vrai corps et une vraie âme en Jésus-Christ, quoiqu'ils ne voulussent pas admettre l'expression des deux natures, il est clair que cette opinion ne les a pas empêchés d'admettre et de reconnaître dans le mystère de l'Eucharistie une transsubstantiation et une présence réelle, et un vrai sacrifice. Et ce sont aussi des opinions qui sont universellement tenues par tous les Arméniens d'aujourd'hui, tant schismatiques que catholiques.

CHAPITRE X.

Que tous les nestoriens croient la présence réelle et la transsubstantiation.

Quoique nous ayons peu de livres des nestoriens pour faire voir leur créance sur ces articles, néanmoins les preuves de leur consentement avec l'Église romaine ne sont pas moins claires que si l'on pouvait alléguer les passages les plus formels pour justifier leur foi. Il suffit de considérer que, quoique tous les auteurs anciens, comme Jacques de Vitry, Brocard, Sanut, et tous les nouveaux, comme Osorius, Prathéolus, Possevin, Botter, Gabriel Sionita, aient tous regardé les dogmes des nestoriens par rapport à l'Église romaine, et aient prétendu dresser des catalogues de tous les points en quoi ils étaient en différend avec elle, aucun d'eux néanmoins n'a remarqué qu'ils eussent quelques sentiments particuliers sur le mystère de l'Eucharistie.

Cependant, s'ils en eussent eu, est-il possible qu'on ne les eût point remarqués, puisqu'il y avait des nestoriens à Acre, dont Jacques de Vitry était évêque ; et dans la Palestine, où il exerçait la fonction de légat ?

Mais pour assurer tout le monde de ce que j'avance, qu'il n'y a aucune preuve que les nestoriens fussent en différend avec l'Église romaine sur ces articles, il suffit de remarquer que les auteurs calvinistes qui ont traité des diverses religions, comme Brerewod, Hornbec, Hottinger, qui sont ravis quand ils peuvent trouver quelque petit prétexte de séparer ces sectes de l'Église romaine dans la créance de quelque article, et principalement de ceux de la présence réelle et de la transsubstantiation, n'ont rien trouvé du tout dans toutes les histoires, et dans toutes les relations de ces pays-là, qui leur donnât lieu de faire naître le moindre soupçon que les nestoriens ne fussent pas d'accord avec l'Église romaine sur le mystère de l'Eucharistie.

On a vu de quelle manière ils ont tous relevé une parole de Guy-le-Carme touchant les Arméniens. Aucun d'eux ne l'oublie. Qui doute qu'ils n'en eussent fait de même, s'ils avaient trouvé quelque auteur qui eût imputé ces erreurs aux nestoriens ?

Que peut-on répondre à cette preuve ? Que c'est un oubli de ces auteurs ? Mais on n'oublie jamais les choses de cette importance, et qui font le premier objet de notre application. Diverses personnes écrivant séparément ne conviennent point ainsi par hasard à oublier la chose qu'ils auraient dû le moins oublier. Et après tout, on défie M. Claude de suppléer à cet oubli, et de trouver dans aucun historien le moindre fondement d'attribuer aux Chaldéens ou nestoriens l'opinion de Bérenger.

Dira-t-il que l'on n'a pas su quelle était l'opinion des nestoriens sur ces points ? Mais comment est-il possible qu'on l'eût pu ignorer, puisqu'il y en avait en grand nombre dans l'île de Chypre, si longtemps possédée par les chrétiens ; et dans la Syrie, dont les catholiques romains ont tenu une partie près de deux cents ans ?

Ce qui rend encore la supposition de cette ignorance plus ridicule et plus impossible, est, que l'on voit par l'histoire de l'Église, que, depuis Innocent IV, les papes n'ont point cessé d'envoyer à toutes les sectes d'Orient des missionnaires et des légats tirés de l'ordre de S.-Dominique et de S.-François, et qu'ils y ont toujours compris formellement les nestoriens. Dès l'année 1244, il y avait plusieurs religieux de S.-François répandus dans l'Orient dans les terres des Arméniens, Grecs, Géorgiens, jacobites, nestoriens, qui s'efforçaient avec de très-grands travaux, d'étendre les limites de l'Église, comme le témoigne Raynaldus. L'an 1253, Innocent IV envoya des missionnaires en toutes les parties du monde, et entre autres aux nestoriens. Boniface VIII fit la même chose l'an 1299. Jean XXII envoya aussi des dominicains à toutes les sectes d'Orient l'an 1318 ; et l'an 1328, ce même pape obligea l'ordre des dominicains de lui fournir cinquante missionnaires, outre un grand nombre de religieux de S.-François, qu'il envoya en Perse, en Turquie, aux Indes, qui étaient les principaux lieux où les nestoriens étaient établis. On peut considérer avec raison, comme nous avons déjà dit, tous ces missionnaires comme autant d'inquisiteurs, puisque c'étaient eux qui exerçaient cette fonction dans l'Europe. Et il est sans doute que comme dans l'Occident, leur premier soin était de reconnaître ce que les hérétiques tenaient de l'Eucharistie, ils n'oubliaient pas de s'en informer dans l'Orient. Ils rendaient compte et au pape et à leurs généraux du progrès qu'ils faisaient dans leurs missions ; cependant avec toutes ces informations, ils n'ont jamais rien découvert qui leur ait donné lieu d'avoir pour suspecte la foi des nestoriens sur l'Eucharistie ; et ils ont toujours fait consister uniquement leur erreur, en ce qu'ils admettaient deux personnes en Jésus-Christ. Une preuve évidente de cela est que lorsque les nestoriens se sont réunis à l'Église catholique, on n'a jamais exigé d'eux aucune déclaration particulière sur l'Eucharistie, et l'on s'est contenté de leur faire abjurer l'erreur de Nestorius : et c'est ce qui paraît par l'exemple de toutes les réunions. L'an 1247 l'évêque de Nisibe, archevêque des nestoriens, désirant se réunir avec le pape, lui envoya sa confession de foi, qui est rapportée par Raynaldus ; mais il n'y a pas un seul mot de l'Eucharistie, parce qu'il n'y avait aucun différend sur ce sujet. Peu de temps après le concile de Florence, lorsque le pape Eugène tenait encore quelques sessions à Rome comme en continuant ce concile, plusieurs nestoriens de l'île de Chypre se réconcilièrent à l'Église romaine ; et leur métropolitain, nommé Timothée, s'étant transporté lui-même à Rome, fit une confession de foi opposée à son erreur. On ne dira pas au moins que l'on ne savait pas dans l'île de Chypre, qui était presque toute catholique, et qui était encore possédée par un prince catholique, quel était le sentiment des nestoriens sur ce mystère, ni que les nestoriens ne sussent pas aussi celui des catholiques. On n'aurait donc jamais manqué d'exiger d'eux quelque rétractation de leurs erreurs sur ce point, si on les eût soupçonnés d'en avoir quelqu'une. Cependant il n'y a rien d'approchant de cela dans cette confession de foi, et elle ne contient rien à l'égard de l'Eucharistie, sinon qu'il promet de n'y mêler plus d'huile avec le pain consacré.

Sous le pape Jules III, il y eut aussi des nestoriens qui se réunirent à l'Église romaine, en se retirant de l'obéissance du patriarche schismatique. Et le pape leur ayant donné pour patriarche un religieux de S. Pacôme, nommé Simon Sulacha, lequel ils avaient élu, il fit une confession de foi à Rome, qui fut traduite en latin par Masius, dans laquelle il marque clairement, quoique en peu de mots, et en passant seulement, la foi des Orientaux sur l'Eucharistie. *Nous croyons*, dit-il, *au saint baptême, et au sacrifice qui est le corps et le sang de Jésus-Christ ; au sacerdoce ; à l'huile sanctifiante ; au mariage :* « *Credimus in sanctum baptisma, et in sacrificium quod est corpus et sanguis Christi ; et in sacerdotium, et in matrimonium, et in oleum sanctificans.* »

Il établit son siège à Caramit, ville de Mésopotamie, et prit le titre de patriarche des Assyriens, et fit plusieurs évêques, qui le reconnurent pour patriarche. Les Turcs l'ayant fait mourir à la sollicitation des schismatiques, Abdjésu ou Hebedjésu, religieux du même ordre, fut mis en sa place ; et ce fut lui qui assista au concile de Trente. Cet Abdjésu avait été autrefois des plus emportés nestoriens, et avait fait plusieurs livres pendant qu'il était lui-même dans l'erreur, dont il fait le dénombrement à la fin du catalogue des livres chaldéens qu'il a fait, et qui a été traduit par Echellensis. Il paraît par ce catalogue que le livre intitulé *Margaritarum* a été composé par lui lorsqu'il était encore nestorien. Cependant c'est de ce livre que Echellensis cite ces paroles, qui font voir sa doctrine sur l'Eucharistie : *Par ces commandements du Seigneur, le pain est changé en son corps, et le vin en son précieux sang.*

Ce patriarche convertit durant son pontificat plusieurs nestoriens à la vraie foi, et se soutint assez bien contre les schismatiques ; mais ses successeurs ne purent pas se maintenir contre leur puissance ; de sorte qu'ils furent obligés de quitter Caramit pour se retirer sur les confins de Perse, où ils sont encore.

Par ce moyen le patriarche schismatique de Babylone se remit en possession de toutes les provinces qui le reconnaissaient auparavant. Mais s'il était en différend avec le patriarche catholique sur la juridiction et sur d'autres points, il est certain néanmoins qu'il n'avait aucune contestation avec lui, ni avec l'Église romaine sur le sujet de la présence réelle ni de la transsubstantiation. Et c'est ce qui a paru d'une manière bien éclatante, par ce qui est arrivé sous Marc Élie, patriarche de Babylone, qui a donné sujet à Pierre Strozza, secrétaire du pape Paul V, de faire son livre : *De dogmatibus Chaldæorum*, dont voici l'origine, le sujet et l'abrégé :

Ce pape ayant témoigné beaucoup de bonté à deux Chaldéens qui étaient à Rome, et ayant pris occasion d'envoyer par eux quelques présents au patriarche Élie, ils les lui portèrent de sa part, et lui donnèrent de plus la profession de foi que l'on propose aux Orientaux qui viennent à Rome. Ce patriarche en fut touché, et résolut d'envoyer des légats au pape pour lui rendre obéissance. Mais cette première légation n'ayant pas réussi par la faute de ses légats, il en envoya une autre plus solennelle, après avoir communiqué ce dessein aux évêques de sa juridiction, et leur avoir donné le temps d'examiner un an durant la profession de foi qu'il avait reçue du pape.

Celui qui fut choisi pour cette légation fut un nommé Adam, archidiacre de la chambre patriarcale, et supérieur des religieux de la Chaldée. Il fut chargé de rendre obéissance au pape, et de lui présenter une profession de foi, dans laquelle ils prétendaient avoir accordé les opinions des Chaldéens avec la foi catholique, avec ordre d'y corriger ce que le pape y trouverait à redire.

Ce religieux, étant arrivé à Rome, s'acquitta de sa commission avec le plus de soin qu'il put. Il présenta au pape les lettres du patriarche, dans lesquelles il lui donnait ces titres avantageux : *Pater benedicte, caput Patrum, sol christianitatis, nomen in quo situm est ædificium Ecclesiæ, Dominus Pater patriarcharum omnium* ; c'est-à-dire, *bienheureux père, chef des évêques, soleil de la chrétienté, nom sur lequel l'édifice de l'Église est établi, père de tous les patriarches.*

A ces lettres était jointe la profession de foi des Chaldéens qui avait été dressée par le patriarche Élie.

Il est remarquable que n'ayant dessein de comprendre dans cette profession de foi que les points sur lesquels on les pouvait soupçonner de n'être pas d'accord avec l'Église romaine, il n'y est pas dit un seul mot de l'Eucharistie. D'où il s'ensuit que n'ignorant pas la doctrine de l'Église romaine sur ce point, et l'Église romaine ne pouvant aussi ignorer la leur, ce silence ne peut avoir d'autre cause que l'uniformité de leurs sentiments.

L'archidiacre Adam avait de plus accompagné ces lettres d'un écrit, où il prétendait allier la foi des Orientaux avec celle de l'Église romaine, et faire voir que ce n'était qu'une dispute de mots. Cet écrit ne contenait pas seulement son sentiment, mais celui de tous les Chaldéens : car il est remarqué dans la lettre du patriarche que cet écrit lui ayant été communiqué par le P. Adam, il l'envoya ensuite à tous les évêques de sa communion, et que ce père fut un an entier à aller ainsi de ville en ville pour le faire approuver par tous les évêques.

Il n'est pas nécessaire d'examiner ici si la manière d'accorder les opinions des Chaldéens avec celle de l'Église romaine, qui est contenue dans cet écrit, était bonne et légitime, et s'il avait raison de prétendre que toute la dispute ne consistait qu'en des questions de mots. Il est certain que quoiqu'on ne doive pas confondre les disputes de mots avec les disputes de choses et de dogmes, il est juste néanmoins que tous les fidèles expriment leur foi par les mêmes termes, la diversité du langage produisant d'ordinaire une diversité de créance ; et qu'ainsi il était bon de réduire ces Chaldéens aux expressions de l'Église romaine autorisées par les conciles.

Mais ce qui paraît par cet écrit est qu'encore que l'auteur eût dessein d'y expliquer toutes les diversités qui étaient entre l'Église romaine et celle des nestoriens à l'égard des dogmes, comme il le témoigne dans la page 16, néanmoins il ne dit pas un seul mot de l'Eucharistie.

Pierre Strozza, secrétaire du pape, fut chargé de répondre à cet écrit ; et il le fit d'une manière qui approche plus de la dureté que de la condescendance. Il n'explique rien favorablement ; quoiqu'il témoigne de l'affection et de l'estime pour le légat du patriarche, il le pousse néanmoins sur des choses, où d'autres que lui auraient cru qu'on aurait pu lui faire paraître plus de douceur et d'accommodement, sans blesser en aucune sorte la foi. Cependant, comme ce religieux Adam était une personne fort docile, il ne laissa pas de faire impression sur son esprit, et il le réduisit à embrasser entièrement non seulement tous les dogmes, mais aussi toutes les expressions de l'Église romaine.

Il est impossible d'être à Rome un temps considérable sans s'apercevoir qu'on y croit la présence réelle, et que l'on y adore l'Eucharistie. Ce légat était à Rome, et il y fut assez longtemps ; car son séjour y fut de plus de trois ans ; et ainsi on peut supposer qu'il y apprit ce qu'on y croyait touchant ce mystère. Il connut donc si le sentiment de cette Église sur ce point s'accordait avec la sienne ; et s'il ne croyait pas lui-même la transsubstantiation auparavant, il aurait dû ou improuver la doctrine de l'Église romaine, ou l'approuver comme bonne, en condamnant celle qu'il avait tenue auparavant. Il aurait demandé instruction sur ce point. On se serait aperçu de la diversité de sa créance ; et comme il aurait été lui-même désabusé, il aurait formé le dessein de désabuser ceux de son pays, et de leur porter cette grande nouvelle, que Jésus-Christ était présent dans leurs églises, et qu'il entrait réellement dans la bouche de tous ceux qui communiaient.

Il est impossible que tout cela ne fût arrivé, supposé qu'il ne fût pas venu à Rome persuadé de la présence réelle et de la transsubstantiation : et c'est une preuve certaine qu'il y était venu dans cette créance que rien de tout cela n'est arrivé. Tout l'écrit de Strozza, qui comprend toutes les instructions qui lui furent données, est renfermé dans les questions spéculatives de l'incarnation, de la personne de Jésus-Christ, de ses deux natures, de sa double volonté, de la procession du S.-Esprit du Père et du Fils. Tous les livres qu'on lui donne à emporter pour éclaircir de leurs doutes ceux de sa nation, ne regardent que ces dogmes; et il n'y a nul vestige d'aucun doute sur l'Eucharistie, ni proposé par ce religieux, ni résolu par Strozza.

Ce légat qui édifia, comme il est remarqué dans le bref du pape, toute la cour de Rome, par sa régularité, sa docilité et sa sincérité, ayant été pleinement persuadé, et ayant signé tout ce qui lui fut proposé de la part du pape, suivant l'ordre qu'il en avait de son patriarche, le pape écrivit par lui un bref, où, rejetant les moyens d'accord proposés par le patriarche, il l'oblige à condamner toutes les expressions qui pourraient couvrir l'erreur. Il lui envoie divers extraits des conciles contre Nestorius et Théodore de Mopsueste, sur les deux opérations de Jésus-Christ, et sur la procession du S.-Esprit; mais il ne lui donne aucune instruction sur ce point, quoique l'on eût eu le temps, durant trois ans, de découvrir les sentiments du légat Adam, et qu'il soit impossible même qu'on ne les ait pas découverts; puisqu'étant réconcilié à l'Église romaine, il ne manqua pas sans doute de dire la messe, ou de communier de la main des prêtres catholiques de Rome.

Enfin pour achever cette preuve négative, mais démonstrative, le légat Adam ne se contenta pas de faire l'abjuration de toutes les erreurs de ceux de sa nation; mais voulant témoigner, de plus, le profit qu'il avait fait par les conférences de ceux qu'il avait entretenus à Rome, il fit des traités adressés à ceux de son pays, pour leur communiquer les lumières qu'il y avait reçues, et les désabuser de leurs erreurs. Et comme il était à Rome, qu'il était lié de communion avec le pape, et qu'il était sans doute très-persuadé de la transsubstantiation, s'il avait cru que ses frères ne tinssent pas la même opinion que lui sur ce point, il n'aurait pas manqué d'employer quelque partie de ces traités pour les détromper, et leur donner une instruction si nécessaire. Et ainsi, comme il ne le fait point, c'est une preuve convaincante qu'il n'a pas cru qu'ils eussent besoin d'être détrompés; c'est-à-dire, qu'il n'a pas cru qu'ils doutassent en aucune sorte de la doctrine dont l'Église romaine fait profession sur ce mystère.

Toutes les personnes raisonnables demeureront sans doute d'accord que moins il est parlé de l'Eucharistie dans l'histoire de cette réunion des nestoriens, plus il est clair qu'il n'en était point question, et qu'ils étaient d'accord en ce point avec l'Église romaine. Néanmoins comme les preuves positives, quoiqu'elles ne soient pas pluscum vaincantes, ont toutefois quelque chose qui satisfait davantage, je crois qu'on sera bien aise que ce religieux nous ait donné lieu de pouvoir alléguer quelques passages de ses écrits, qui fassent voir sa créance sur l'Eucharistie.

Or en voici un aussi clair qu'on en puisse désirer. Il est contenu dans un écrit de ce P. Adam, intitulé : *Discours contre les hérésies contraires à la vérité de l'Église catholique de Rome.* Nestorius, dit-il, enseigne touchant les sacrements vivifiants, que nous sommes nourris du corps et du sang d'un pur homme, qui n'est point Dieu. Mais à Dieu ne plaise que nous ayons ce sentiment! car nous mangeons le vrai corps de Dieu, mais de Dieu incarné; nous buvons véritablement le sang d'un homme, mais d'un homme-Dieu; nous sommes nourris véritablement du corps et du sang d'un homme; mais de cet homme qui fut vivant par son âme, et vivifiant par l'esprit; de cet homme que Daniel a appelé la vie de Dieu. Et un peu plus bas : *Il est écrit de la Sagesse, qu'elle a édifié une maison, c'est-à-dire, l'Église; qu'elle y a mis sept colonnes, c'est-à-dire, les sept sacrements du Seigneur, qui sont reçus par l'Église romaine, vrai fondement de la foi et la mère des églises; qu'elle a immolé son sacrifice, et qu'elle a préparé son vin, c'est-à-dire, le corps et le sang du Seigneur. Il est donc certain que nous sommes nourris du corps et du sang de la Sagesse du Père.* Ce passage écrit à Rome par un homme persuadé de la transsubstantiation, et écrit pour convaincre les nestoriens d'Orient, non de l'Eucharistie, mais de l'unité de la personne de Jésus-Christ, a toutes les qualités nécessaires pour faire voir clairement la créance des Orientaux. Il est conçu en termes clairs; il y est parlé de *manger le vrai corps de Jésus-Christ*. On ne peut soupçonner que l'auteur l'entendit en un autre sens que les catholiques, puisque celui qui l'a écrit était lui-même catholique. Il n'est point proposé aux Chaldéens à dessein de les instruire directement de l'Eucharistie; ce qui fait voir qu'il n'a point cru qu'ils eussent besoin d'instructions sur ce mystère; et il suppose clairement que les nestoriens entendaient que dans l'Eucharistie on recevait le corps d'un homme, au même sens qu'il soutient que l'on reçoit un simple homme-Dieu. Et partant, comme en disant que nous recevons le corps d'un homme-Dieu, il parle d'une réception substantielle, réelle et conforme à la doctrine de la transsubstantiation, quand il attribue aussi aux nestoriens de croire que l'on n'est nourri dans l'Eucharistie que de la chair d'un simple homme, il suppose qu'ils entendaient cela d'une réception réelle, substantielle, et telle que l'Église romaine l'entend.

Je ne veux pas faire ce tort à M. Claude, que de douter qu'il n'avoue que le témoignage de ce légat des nestoriens d'Orient, qui fait voir si clairement que son église croyait la présence réelle, est préférable à toutes ses conjectures, ou plutôt à ses fantaisies et à ses souhaits; puisqu'à l'égard des nestoriens, il n'a pas même la moindre conjecture, pour les séparer de l'opinion des catholiques sur les dogmes qui font le sujet de notre contestation.

Je n'ajouterai qu'un mot des chrétiens indiens, qu'on appelle les chrétiens de S. Thomas, qui se sont trouvés en assez grand nombre proche des villes de Coulan, de Cranganor, de Maliapour, et principalement d'Angamale, à cinq lieues de Cochin.

Ils étaient nestoriens de secte, et ils rendaient obéissance au patriarche de Musal, sous le titre de patriarche de Babylone; Musal, qui est l'ancienne Séleucie, ou qui y a succédé, ayant été peuplée par les

Babyloniens, et ayant pris le nom de Babylone. Et comme c'était ce patriarche des nestoriens qui leur donnait des évêques, on ne doit pas douter qu'ils n'y eussent établi et leur foi et leurs erreurs; et par conséquent qu'ils ne crussent de l'Eucharistie ce que les nestoriens en croient, à l'exception de quelques abus qui pouvaient s'y être glissés.

On peut remarquer en particulier que la forme de la consécration qu'on a trouvée établie parmi eux était : Hoc est in veritate corpus meum; hic est in veritate calix sanguinis mei, *qui pro vobis et pro multis effundetur, in debitorum propitiationem, et in peccatorum remissionem; et hoc erit vobis pignus in secula seculorum*; c'est-à-dire : *Ceci est dans la vérité mon corps; ceci est dans la vérité mon sang*, etc.

Il est bien clair que l'addition de ces mots faite aux paroles évangéliques n'a pour but que de fortifier les peuples et les prêtres dans la foi de ce mystère, et d'empêcher qu'on n'en détourne le sens à des significations étrangères; de sorte qu'elle est une preuve évidente de la foi, et de ceux qui l'ont faite et de ceux qui l'ont pratiquée ; c'est-à-dire, de tous ces chrétiens de Saint-Thomas.

Il n'y a pas grand lieu de s'arrêter à ce qui est rapporté par ceux qui ont écrit les actions d'Alexis Ménèzes, archevêque de Goa, et qui ont fait imprimer à part la messe de ces chrétiens indiens, réformée par cet archevêque, que cette forme de consécration, qu'il trouva établie, et qu'il changea par son autorité, avait été introduite par un évêque nestorien, venu de Babylone, pour corriger l'abus et l'ignorance des chrétiens indiens, qui étaient tombés dans l'ignorance des vraies paroles de la consécration, et qui y avaient même ajouté des erreurs. Car quoique cela ne fût nullement étrange, et qu'on s'en puisse servir pour montrer la créance des nestoriens, qui corrigèrent selon cette tradition les erreurs contraires à l'Eucharistie, qui s'étaient introduites par ignorance, il y a si peu de certitude à toutes ces traditions populaires, qui ne sont confirmées par aucune histoire écrite, et celle-là ressemble si bien à une conjecture que l'on a faite sur cette addition aux paroles de la consécration, que je ne vois pas que l'on y doive avoir aucun égard. Mais pour la Liturgie de ces Indiens, qui est imprimée dans la Bibliothèque des Pères, et à part dans un livre à Bruxelles, l'an 1609, intitulé : *La Messe des anciens chrétiens*, tout y est plein de marques de leur créance, qui étaient encore plus fortes avant qu'on eût retranché des paroles de la consécration ces mots, *in veritate*, qui y étaient. L'adoration, et le sacrifice pour les vivants et pour les morts y sont marqués en plusieurs endroits.

Lorsque le prêtre rompt l'hostie en deux, il dit : *Accedimus, Domine, in fide veritatis nominis tui ad hæc sancta mysteria; ac pietate tuâ frangimus, et misericordiâ tuâ signamus corpus et sanguinem Salvatoris nostri Jesu Christi, in nomine Patris, et Filii, et Spiritûs sancti*. Lorsqu'il prend le calice, il dit : *Seigneur, je ne suis pas digne, et je ne mérite pas de recevoir votre corps et votre sang, qui réconcilie le monde, ni de le toucher; mais que votre parole sanctifie mon âme, et qu'elle guérisse mon corps, au nom du Père, et du Fils, et du S.-Esprit*. En prenant le sang, il dit : *Que le sang de Notre-Seigneur Jésus-Christ, qui réconcilie le monde, nourrisse mon corps et mon âme dans ce siècle et dans l'autre*. Et en se tournant vers le peuple, il dit : *Mes frères, recevez le corps du Fils même de Dieu, l'Église vous le dit ; et buvez son calice :* «*Fratres mei, suscipite corpus ipsius Filii Dei, dicit Ecclesia; et bibite ipsius calicem.* »

Et tout cela étant déterminé par la forme même de la consécration, qui excluait toutes les explications métaphoriques, ne permettait pas à ces Indiens de douter de la vérité de ce sacrement, quoique leur ignorance fût extrême sur plusieurs autres points.

CHAPITRE XI.
Que les Jacobites croient la présence réelle et la transsubstantiation.

Il n'y a qu'à appliquer aux Jacobites les preuves dont nous venons de nous servir à l'égard des nestoriens, pour en conclure de même qu'ils ont toujours été d'accord avec l'Église romaine sur ces deux points. Nul des anciens auteurs qui ont parlé de leurs erreurs, comme Jacques-de-Vitry, Matthieu Paris, Sanut, ne leur en impute aucune sur le sujet de l'Eucharistie. Nul des nouveaux auteurs qui ont parlé des religions, ou dans des histoires, ou dans des relations de voyages, n'attribue aux Jacobites de ne pas croire la présence réelle et la transsubstantiation. Nul des auteurs catholiques qui ont écrit des hérésies, ne met cette erreur entre celles qu'ils imputent aux Jacobites. Nul des auteurs calvinistes qui ont traité ce même sujet, et qui font profession de marquer en quoi les autres sectes diffèrent de l'Église romaine, n'a osé avancer que les Jacobites fussent d'un autre sentiment que cette Église sur ce mystère, et n'a même allégué aucune conjecture pour en faire seulement naître le soupçon.

Que M. Claude ne s'imagine pas qu'on avance en l'air ces négatives si précises ; on ne dit rien qu'on n'ait très-bien examiné sur tous les auteurs qu'on a pu trouver. Qu'il en fasse l'essai, et je n'appréhende pas qu'avec toutes les recherches qu'il en pourra faire, il ait lieu de me démentir.

On ne peut supposer sans extravagance, que les Jacobites aient ignoré les sentiments de l'Église romaine, ni que l'on ait ignoré dans l'Église romaine les sentiments des Jacobites. La Palestine, si longtemps possédée par les chrétiens, et où il y avait tant d'évêques catholiques, était remplie de Jacobites. Jacques-de-Vitry même témoigne dans son Histoire, en rapportant leurs erreurs, qu'il avait eu soin de s'en instruire lui-même en conférant avec quelques-uns d'entre eux, et que les ayant interrogés sur l'erreur d'une nature, qui leur était imputée par les Grecs et par les Syriens, ils l'avaient désavouée. Il paraît aussi, par le même Jacques-de-Vitry, qu'ils honoraient le S.-Sacrement quand les prêtres catholiques le portaient aux malades ; car il ne reproche qu'aux seuls Syriens, Grecs de religion, de refuser de rendre cet honneur à l'Eucharistie consacrée par les prêtres catholiques, par une erreur particulière qu'ils avaient avec plusieurs autres Grecs, que le S.-Sacrement ne se pouvait consacrer avec du pain sans levain. Et de cette remarque il s'ensuit que les autres sectes dont il parle ensuite ne commettaient pas la même irrévérence envers notre sacrement, et qu'ils ne croyaient pas, comme ces Syriens, qu'il ne fût le corps de Jésus-Christ quand il était consacré avec du pain sans levain.

Il y avait aussi des Jacobites à Antioche, à Tripoli et en plusieurs autres lieux de la Syrie, qui ont été possédés par les Latins durant un long temps. Il y en a toujours eu en Chypre, pendant qu'elle a été soumise à des rois catholiques, et ensuite aux Vénitiens. Les papes ont envoyé aux Jacobites, aussi bien qu'aux nestoriens et aux autres sectes, un grand nombre de missionnaires pour traiter avec eux de la religion, et pour les porter à se réunir avec l'Église romaine. Car dans toutes ces missions, envoyées par les papes aux nations et aux sectes orientales que nous avons marquées ci-dessus, les Jacobites sont toujours expressément nommés. Ces missions et ce mélange de catholiques avec eux, en ont converti sans doute un grand nombre, qui ne pouvaient manquer d'apprendre parmi les catholiques quelle était leur foi sur l'Eucharistie, et qui n'auraient pas manqué d'avertir les ministres de l'Église catholique, qu'ils n'avaient pas toujours été de ce sentiment s'ils n'en eussent pas été en effet. La transsubstantiation même leur a été souvent déclarée ; les missionnaires qu'on leur envoyait portant d'ordinaire en ce temps-là la Confession de foi de Clément IV, qui la contenait ; et le pape Nicolas IV l'envoya en particulier au patriarche des Jacobites, l'an 1299, par un frère mineur, en l'exhortant de se réunir à l'Église romaine.

Il était donc impossible que la foi de l'Église romaine ne leur fût connue, et que les papes ne fussent aussi avertis par tant d'inquisiteurs de leurs erreurs sur l'Eucharistie, s'ils en eussent eu quelques-unes. Cependant on voit que dans toutes les réunions qui se sont faites des Jacobites avec le pape, il n'a rien exigé d'eux sur ce point, et ils ne se sont point aussi avisés d'en rien insérer dans leur confession de foi.

Raynaldus en rapporte trois en l'année 1247, qui ne contiennent rien du tout sur l'Eucharistie. Cependant on les recevait sur ces confessions, et elles étaient procurées par ces missionnaires, qui, étant avec eux, et ne pouvant ignorer leurs sentiments, ne croyaient pas néanmoins qu'ils eussent besoin d'abjurer leur doctrine touchant l'Eucharistie ; ce qui marque qu'ils la croyaient orthodoxe. Jean XXII écrivit l'an 1326 au patriarche de Jérusalem, qu'il eût à réprimer les Jacobites de Chypre. Il marque expressément les erreurs qu'il leur impute ; mais il ne fait aucune mention de la transsubstantiation. On trouve encore dans la Bibliothèque des Pères une confession de foi d'un Jacobite, nommé Mosès Mardénus, qu'il fit à Rome sous Jules III, l'an 1552, dans laquelle il n'y a pas un seul mot de l'Eucharistie. Les missionnaires catholiques d'Orient confèrent tous les jours avec des Jacobites, sans que jamais l'Eucharistie soit le sujet de la dispute, ni serve d'obstacle à la réunion. Les dernières relations manuscrites des carmes déchaussés de la mission d'Alep (1), font voir ce qui s'est passé dans cette ville à l'établissement d'un archevêque des Syriens jacobites de la communion du pape, nommé André, et la réunion de deux autres patriarches des Arméniens et des Grecs avec l'Église romaine. On y décrit plusieurs conférences entre les catholiques et les schismatiques ; mais elles ont toutes pour sujet la question des deux natures, et le concile de Calcédoine ; et quand on les a convaincus sur ce point, ils s'unisssent à l'Église, sans qu'il soit jamais besoin de leur donner aucune instruction sur la réalité du corps de Jésus-Christ en l'Eucharistie, comme on en donne aux mahométans qui se font chrétiens.

Il y a dans Paris cent personnes qui ont été à Alep, où il y a quantité de ces Syriens jacobites. Il y a des carmes déchaussés qui y ont correspondance. J'ai eu soin de m'en informer, le plus exactement que j'ai pu, de diverses personnes qui y ont été, et je n'en ai point trouvé qui ne m'ait assuré positivement, que tous ces Syriens jacobites tiennent la même doctrine que nous sur l'Eucharistie. Que M. Claude prenne la peine de faire la même enquête. Elle lui sera facile par le moyen des Hollandais qui font un très-grand trafic en cette ville-là ; et l'on est certain que s'il y agit sincèrement, les Hollandais mêmes l'assureront de la vérité de ce que je dis.

La lettre de M. Piquet, qui a été consul à Alep, et que j'insérerai ci-après, outre le témoignage qu'elle rend de toutes les sectes d'Orient, est encore particulièrement considérable sur le sujet des Jacobites, parce que ce sont ceux avec qui il a eu plus de démêlés pour les empêcher de troubler le patriarche catholique, dont il a heureusement procuré l'établissement, avec un zèle qui mérite que tous ceux qui aiment l'Église lui en aient obligation.

Enfin, pour conclure toutes ces preuves par un témoignage positif, aussi formel qu'on en puisse désirer, on peut voir dans les notes d'Échellensis, page 52, sur le Catalogue de Hebedjésu, ce passage de Denys Barsaliby, évêque d'Amed, tiré du chapitre premier de ses Commentaires sur la Liturgie de S. Jacques : *Nous disons que ce pain céleste est dans la vérité et en effet le corps du Fils de Dieu ; que c'est le même corps que celui de sa personne, qu'il a pris de Marie, et qui a été offert en sacrifice pour nous :* « Dicimus panem hunc cœlestem in veritate et effectu esse corpus Filii Dei, et illud idem esse corpus personæ ipsius quod assumpsit

---

(1) On les voyait au dernier siècle dans la maison des carmes déchaussés du faubourg S.-Germain.
(*Note des Éditeurs.*)

ex Mariâ, et factum est sacrificium in cruce pro nobis. »
Et dans le chapitre 13, qui a pour titre : *Pourquoi les sacrements sont appelés corps et sang : Les sacrements,* dit-il, *sont appelés corps et sang, parce qu'ils ne sont pas ce que l'on voit, puisque l'on ne voit que pain et vin; mais qu'ils sont reconnus et sont le corps et le sang de Dieu :* « *Sacramenta autem vocantur corpus et sanguis, quoniam non illud quod videtur sunt; secundum speciem autem panis et vinum sunt, sed agnoscuntur atque sunt corpus sanguis Dei.* »

CHAPITRE XII.
Que les Maronites ont toujours cru la transsubstantiation.

Je ne crois pas être obligé de prouver que les Maronites, qui sont des chrétiens d'Orient qui habitent vers le Mont-Liban et en divers autres lieux de la Syrie, tiennent présentement la transsubstantiation et la présence réelle. La profession qu'ils font d'être soumis au pape, et d'être liés de communion avec l'Église romaine, en est une preuve convaincante; et il serait aussi ridicule de le contester que si l'on voulait mettre en doute si les Espagnols ou les Polonais sont persuadés de cette doctrine.

Ils ont parmi eux des couvents de religieux latins; ils ont un séminaire à Rome, dressé par Grégoire XIII, où plusieurs de leurs ecclésiastiques sont instruits; ils disent la messe dans les églises des catholiques de l'Europe; et les prêtres de l'Europe la disent dans les leurs; ils communient à la messe des catholiques latins, et il y a des catholiques latins qui se joignent à l'église des Maronites.

Nous en avons eu depuis peu un illustre exemple dans la personne d'un homme de condition, nommé M. du Chastueil, qui, étant attiré de Dieu à une vie solitaire, choisit le Mont-Liban pour le lieu de sa retraite, et s'unit à l'église des Maronites, ayant eu même longtemps le P. Élie, maronite, pasteur d'une petite ville de ce pays-là, et depuis patriarche des Maronites, pour son directeur. Le récit que l'on a fait de la vie de cet excellent solitaire, fait voir que non seulement la foi de ce peuple est très-pur sur le sujet de l'Eucharistie, mais que leur piété envers ce mystère est édifiante, et qu'elle a du rapport aux mouvements particuliers de dévotion que ce serviteur de Dieu avait pour cet adorable mystère.

Aussi Brerewod, Hornbec et les autres calvinistes, ne font aucune distinction entre la foi des Maronites et celle des catholiques romains.

Mais il est remarquable, de plus, qu'aucun d'eux n'a accusé les Maronites d'avoir été autrefois d'une opinion différente de celle de l'Église romaine sur le sujet de l'Eucharistie; et ils y ont été bien contraints, parce que tous les historiens anciens ne leur donnent aucun lieu de charger ce peuple de ce soupçon. Guillaume, archevêque de Tyr, rapportant leur réunion avec l'Église romaine sous Beaudouin IV, roi de Jérusalem, et Aymeric, patriarche latin d'Antioche, dit qu'il y avait alors environ cinq cents ans qu'ils s'étaient séparés de l'Église. Mais il fait consister leur erreur capitale dans l'opinion d'une seule volonté en Jésus-Christ, condamnée par le sixième concile, et ne fait aucune mention de l'Eucharistie. Jacques-de-Vitry, évêque de Ptolémaïde, parle des Maronites au chap. 77 de son premier livre, où il ne les réfute de même que sur le sujet de l'erreur des monothélites. Il remarque même que leur patriarche assista au concile de Latran sous Innocent III, où la transsubstantiation fut définie. Il faut toujours se souvenir que ces deux évêques demeuraient actuellement dans la Palestine, et qu'ils avaient un commerce fréquent avec les Maronites; ce qui suffit pour conclure qu'ils n'ont pu ignorer si les Maronites erraient sur la présence réelle. D'où il s'ensuit que n'en ayant point parlé, ils ne les ont pas cru coupables de cette erreur. Et c'est pourquoi, quoique cette union des Maronites avec l'Église romaine se soit, non rompue, mais refroidie depuis la ruine des affaires des Latins en Orient, et qu'il ait fallu la renouveler depuis, on ne voit point néanmoins que l'on se soit mis en peine d'instruire les Maronites sur l'Eucharistie.

L'an 1445, sous le pontificat d'Eugène IV, André, archevêque de Coloz, en Hongrie, fut envoyé par l'ordre de ce pape en l'île de Chypre, et y réduisit à l'obéissance de l'Église romaine Timothée, métropolitain des Chaldéens ou nestoriens, et Élie, métropolitain des Maronites. Timothée alla en personne à Rome pour faire cette réunion d'une manière plus solennelle; et Élie se contenta d'y envoyer un de ses prêtres nommé Isaac. La profession de foi de Timothée est insérée dans la bulle même d'Eugène, rapportée par Raynaldus; et il y est aussi marqué qu'Isaac, député du métropolitain des Maronites, en fit une toute semblable : *Similem per omnia professionem emisit*, hormis qu'on lui faisait condamner expressément Macaire, patriarche d'Antioche, l'un des principaux partisans de la secte des monothélites. Il n'y était rien dit de l'Eucharistie, sinon qu'il ne fallait pas mêler de l'huile dans le pain qui servait de matière au sacrifice, comme nous avons déjà remarqué sur le sujet des nestoriens. Et cela fait voir manifestement qu'on ne les soupçonnait d'aucune erreur sur ce mystère. Cependant ces Maronites étaient dans une île pleine de catholiques, soumise à un prince catholique, où leur sentiment sur ce point ne pouvait être caché. L'an 1469, Paul II ayant été prié par le patriarche des Maronites de l'instruire touchant la foi, lui envoya une instruction exacte, mais qui ne regardait néanmoins que la Trinité et l'Incarnation, sans dire un seul mot de l'Eucharistie. On la peut voir dans Raynaldus. L'an 1514 le patriarche des Maronites, à qui Léon X avait envoyé quelques religieux de S.-François, adressa à ce même pape sa profession de foi. Il fait bien voir qu'il n'y était pas question de l'Eucharistie, puisqu'il n'y en parle point du tout, quoiqu'il parle non seulement sur la Trinité et sur la personne de Jésus-Christ, mais aussi sur diverses autres cérémonies, ayant été porté par les missionnaires du pape qui voulaient par là l'engager à corriger certains abus qui s'étaient glissés parmi les Maronites, principalement sur la manière de faire le saint chrême. Il est vrai que le pape leur envoya quelques instructions sur la forme de la consécration, dans laquelle ils gardaient peut-être encore quelque chose de la coutume des Grecs, mais cela ne regarde pas la substance du mystère. Le patriarche des Maronites ayant reçu cette instruction, en remercia le pape par des légats qu'il envoya au concile de Latran l'an 1516. Ses lettres sont rapportées dans Raynaldus, où il promet d'observer ponctuellement les ordres du pape; mais aucun de ces ordres ne regardait la doctrine de l'Eucharistie.

On voit encore des marques d'union entre Clément VII et le patriarche des Maronites, l'an 1526 et l'an 1531; mais on n'y voit aucune marque de différend sur l'Eucharistie. Le P. Thomas de Jésus rapporte deux choses considérables, et qui font bien voir l'intégrité de la foi des Maronites sur le sujet de l'Eucharistie. La première est un mémoire de questions proposées au pape par le patriarche des Maronites, avec les réponses précises que le pape y fit pour être publiées par ce patriarche dans un synode l'an 1578. Il y a un article exprès sur l'Eucharistie, qui contient divers points sur lesquels le pape répond; mais il n'y en a aucun qui regarde la foi du mystère. L'autre est un extrait fait par les légats du pape, des mauvaises propositions qu'ils avaient trouvées dans les livres des Maronites, parmi lesquelles ils comprennent même les cérémonies différentes de celles de l'Église romaine qu'ils pratiquent, comme de communier sous les deux espèces, de donner la communion aux enfants; cependant dans ce catalogue de propositions suspectes, ils n'y en a aucune qui regarde la foi de l'Eucharistie. Enfin, sous Clément VIII, il se fit encore une réunion plus solennelle des Maronites avec l'Église romaine, et des enquêtes plus exactes de leur foi. Il y eut des gens envoyés exprès par le pape au Mont-Liban pour y réformer les abus; mais entre ces abus aucun historien n'a parlé de l'opinion contraire à la présence réelle, parce qu'il n'y avait personne qui la tint parmi ce peuple.

Ainsi il n'y a aucune apparence de les soupçonner d'avoir jamais eu une autre doctrine que celle dont ils font présentement profession, qui est, que l'Eucharistie est le vrai corps de Jésus-Christ.

Abraham Échellensis, maronite, fournit même des preuves positives de la foi de sa nation sur ces articles, non seulement pour le temps présent où elle n'est pas douteuse, mais aussi pour les siècles précédents. Car que peut-on désirer de plus formel que ce passage, qu'il rapporte dans les notes sur le catalogue des livres chaldéens d'Abedjésu, et qu'il attribue à Jean Maron, qui vivait, comme il dit, entre le VIe et VIIe siècle : *Il faut examiner*, dit cet auteur au chapitre 12 de son Commentaire sur la Liturgie de S. Jacques, *si le pain que Jésus-Christ prit entre ses mains, qu'il bénit, qu'il consacra et qu'il appela son corps, est ce corps qui est né de la Vierge. A quoi nous répondons que* C'EST LE CORPS ET LE SANG TIRÉ DE LA VIERGE. *Mais peut-être que quelqu'un me dira: Comment cela se peut-il faire? Je réponds que cela est très-possible: car cette même main qui a pris au commencement la poudre de la terre, et qui en la changeant en a formé le corps d'Adam*, CHANGE AUSSI LE PAIN, ET EN FAIT LE CORPS DU VERBE *pris de la Vierge, et* EN CHANGEANT CE VIN, EN FAIT LE SANG TIRÉ DE LA VIERGE. *Concevez que c'est ce qui arrive à ce pain et à ce vin que le prêtre offre. Le même S.-Esprit qui est descendu dans le ventre de la Vierge, et qui a fait la chair qui est née d'elle, le corps et le sang du Verbe de Dieu, descend aussi sur l'autel, et fait* LE PAIN ET LE VIN *qui y sont mis,* LE CORPS ET LE SANG *du Verbe de Dieu, qu'il a tirés de la Vierge; et cela par la main du prêtre, qui exerce le ministère sacerdotal, et offre le sacrifice. Concevez aussi et considérez le miracle qui s'est fait dans le cénacle, le soir que Jésus-Christ institua ce sacrement. Il mangea de son corps, et en fit manger à ses apôtres; il bénit son sang, et le donna à boire. Miracle qui surpasse l'entendement, et que personne ne peut comprendre.*

Le même auteur rapporte un autre passage qui n'est pas moins clair, tiré des Constitutions syriaques de l'église des Maronites, mises en arabe par David, archevêque maronite, l'an 1053. En voici les paroles, tirées du chapitre 10, qui traite du jeûne : *Alors Jésus commença à faire mention du nouveau testament, et prit de ce pain azyme qui était sur la table ; et l'ayant élevé avec ses mains, il le bénit, et le rendit d'une condition plus excellente, et leur dit :* « *C'est mon corps qui est offert pour vous ; prenez-le, et en mangez pour la rémission des péchés.* » *Ils prirent donc, et mangèrent la chair sans hésiter. Ensuite il mêla dans un calice le vin et l'eau, et leur dit :* « *C'est mon sang qui sera versé pour vous ; prenez-le, et en buvez pour la rémission des péchés ;* » *et ils burent le sang sans hésiter. Ensuite il leur déclara que l'agneau que Dieu avait commandé à Moïse d'offrir était la figure de ce pain, qui avait été sa chair, et était son corps ; et que le sang qui en sortait lorsqu'on l'immolait était la figure de ce calice qui était maintenant du sang, et qui était véritablement son sang qui devait être versé pour eux. Et au chapitre 7, il dit que Jésus-Christ nous a donné ce corps, afin que nous soyons sanctifiés en son nom pour la rémission des péchés ; et il ne leur dit pas que ce fût la figure ou le type de son corps ; mais il leur dit que c'était son corps.*

M. Claude nous dira peut-être que ces passages sont pris de livres qui lui sont inconnus; mais s'agissant du sentiment des Maronites, d'où veut-il que l'on en tire des preuves, que des livres arabes et syriaques ? Il lui est d'ailleurs très-aisé de recouvrer le livre d'Échellensis dont je les ai pris; et s'il a tant soit peu d'équité, il ne soupçonnera jamais ni cet auteur de les avoir inventés, ni ces auteurs dont il allègue les passages d'avoir enseigné une autre doctrine que celle de l'Église de leur siècle ; la doctrine de la présence réelle étant telle, qu'il est incroyable qu'un homme se porte à la proposer, à moins qu'il ne la voie établie par le consentement de l'église dans laquelle il vit.

CHAPITRE XIII.

Que les Cophtes et les Éthiopiens croient la présence réelle et la transsubstantiation.

Les Cophtes et les Éthiopiens étant Jacobites, ce que nous avons déjà prouvé des Jacobites s'étend naturellement à eux; néanmoins comme il y a des preuves particulières pour ces nations, j'ai cru en devoir traiter en particulier.

Et premièrement, il est certain que les Cophtes et les Éthiopiens n'ont que la même créance sur les articles de foi, quoique les Éthiopiens aient quelques cérémonies particulières. C'est ce que déclare expressément Técla Maria, prêtre abyssin, envoyé à Rome par les Portugais demeurant en Éthiopie, car étant interrogé par les cardinaux si les Éthiopiens avaient la même foi que les Cophtes, il répondit *qu'il n'y avait aucune différence de foi entre eux, puisqu'ils obéissaient au même patriarche.* Et en effet, le patriarche d'Éthiopie, nommé Abuna, est toujours élu par les religieux d'Éthiopie qui demeurent à Jérusalem, et doit être même d'Alexandrie; et son élection est confirmée par le patriarche d'Alexandrie résidant au Caire, à qui les religieux éthiopiens de Jérusalem envoient leurs suffrages. Et ainsi il n'est pas possible que le chef de l'église d'Éthiopie, étant pris de celle d'Alexandrie, et obéissant au patriarche d'Alexandrie, il y ait diversité de créance entre ces nations; de sorte que les preuves que nous avons de la foi des Cophtes s'étendent aux Éthiopiens, comme celles que nous avons de la foi des Éthiopiens s'étendent aux Cophtes.

Et premièrement, pour les preuves négatives, elles sont aussi décisives que celles que nous avons apportées à l'égard de toutes les autres sociétés d'Orient. Il est impossible que l'on ignore leur foi sur l'Eucharistie, parce que les religieux catholiques sont mêlés avec eux dans l'église du S.-Sépulcre à Jérusalem; qu'il y a des religieux latins dans le Grand-Caire; qu'à une lieue du Grand-Caire il y a dans une chapelle deux autels, dont l'un appartient aux Cophtes et l'autre aux cordeliers, qui y célèbrent souvent la messe ensemble; que l'on a envoyé diverses missions en Éthiopie; qu'on a diverses relations de la foi de ces peuples, dressées par des personnes qui vivaient parmi eux, et parmi les Éthiopiens mêmes, et cependant on met en fait que ni les Cophtes, ni les Éthiopiens n'ont jamais été accusés par aucun historien, ni par aucune relation, de ne pas croire la présence réelle.

Qu'on voie de même tous les catalogues dressés par les calvinistes, des opinions dans lesquelles ces peuples s'éloignent de la créance de Rome; quelque passion qu'ils aient de les multiplier autant qu'ils peuvent, on n'en trouvera aucun qui les en distingue sur le sujet de l'Eucharistie. On peut voir ce qu'en disent Hornbec, Brérewod et Hottinger. Le prêtre éthiopien Técla, interrogé par les cardinaux en quoi les Éthiopiens étaient différents de la foi de l'Église catholique, ne fait aucune mention de la présence réelle ni de la transsubstantiation, quoiqu'il paraisse qu'il était catholique, et qu'il ne pût ignorer la doctrine de ceux de son pays. L'an 1441, les Jacobites d'Égypte et d'Éthiopie, l'empereur d'Éthiopie et les Éthiopiens de Jérusalem, envoyèrent rendre obéissance à Eugène IV. L'année d'après ce pape, ayant transféré le concile de Florence à Rome, reçut à sa communion Jean, patriarche des Jacobites; et après avoir fait examiner André, député de ce patriarche, il lui donna une confession de foi opposée aux erreurs des Jacobites et des Éthiopiens. Or il est à remarquer que, dans cette confession de foi, il n'y a aucun article exprès sur la présence réelle, quoiqu'elle y soit exprimée indirectement, pour condamner une superstition de ces peuples, qui croyaient qu'il fallait que le pain dont on se servait pour consacrer, fût nécessairement cuit du jour même, ce que ce pape rejette en ces termes : *Panis verò triticeus in quo sacramentum conficitur, an eo die aut antea coctus sit, nihil omninò refert; dummodò enim panis substantia maneat, nullatenus dubitandum est quin post præfata verba consecrationis, à sacerdote cum intentione conficiendi prolata,* mox in verum Christi corpus transsubstantietur.

Ce n'est point ainsi que l'on instruit des peuples qui auraient douté de la transsubstantiation même; on ne la suppose point, on l'établit, on la prouve; on ne l'insère point dans un autre article, on en fait un dogme capital.

Ce décret et cette confession d'Eugène, contenant la transsubstantiation, comme nous l'avons vu, mais la contenant indirectement, furent solennellement approuvés par André, tant en son nom qu'en celui de tous les Jacobites d'Égypte. Ils furent même portés en Éthiopie, et l'empereur David en fait mention dans ses lettres à Clément VII, rapportées par Damien Goez.

On voit encore dans Raynaldus une autre légation des Éthiopiens à Sixte IV, l'an 1482; une autre à Emmanuel, roi de Portugal, en 1514 sur le sujet de laquelle Orozius, qui la rapporte, prend occasion de dire tout ce qu'il savait de la religion des Abyssins. L'an 1533, François Alvarez, aumônier du roi Jean de Portugal, qui avait été envoyé en Éthiopie par le roi Emmanuel, revint à Rome comme ambassadeur de l'empereur d'Éthiopie, et rendit obéissance au pape au nom de cet empereur, en lui présentant des lettres, dans lesquelles ce prince embrassait absolument la foi de l'Église romaine. Il ne pouvait ignorer quelle était sa doctrine sur l'Eucharistie, ayant eu si longtemps Alvarez dans sa cour; et néanmoins il n'est remarqué par aucun historien, ni par Alvarez même, qu'on ait été obligé de l'instruire de la présence réelle et de la transsubstantiation, qui sont des opinions si surprenantes pour ceux qui n'en auraient jamais ouï parler, qu'il est difficile qu'on les reçoive tout d'un coup, et que l'on n'y fasse quelque résistance.

Ce silence entier de tant d'historiens et de relations,

sur un point aussi important qu'est la doctrine de la présence réelle, et encore en tant de rencontres différentes qui obligeaient d'en parler, accompagné de plus d'une impossibilité entière que les Éthiopiens aient ignoré la foi des prêtres latins qu'on leur envoyait, et les prêtres latins celle des Éthiopiens, est une preuve convaincante de leur union avec l'Église romaine dans cet article. Mais si on désire néanmoins des preuves positives, en voici qui ne reçoivent point de repartie.

Damien Goez, qui, étant encore tout jeune, avait été présent à une conférence, dans laquelle le roi Emmanuel voulut s'informer d'un ambassadeur d'Éthiopie nommé Matthieu, quelle était la foi de ces peuples, en présence de plusieurs personnes savantes, rapporte, dans une lettre qu'il écrivit depuis à l'archevêque d'Upsal en Suède, les articles de cette conférence, qui furent écrits alors par le secrétaire du roi, nommé Antoine Carneir. Or, entre ces articles, celui de l'Eucharistie est conçu en ces termes : Que *les Éthiopiens tenaient la très-sainte Eucharistie pour le plus grand des sacrements, et qu'ils faisaient profession de croire d'une foi sincère que c'était* LE VRAI CORPS ET LE VRAI SANG *de Jésus-Christ*. « INDUBITATUM CHRISTI CUM CORPUS TUM SANGUINEM *esse sincerâ fide profitentur*. » La traduction que le même Damien Goez a faite en latin de la profession de foi qu'il engagea Zagazabo, évêque d'Éthiopie, de faire en sa considération, fait encore voir très-clairement la foi des Éthiopiens sur ce mystère. Il faut remarquer que Zagazabo, était, selon le témoignage de Goez, un homme savant dans sa religion, et habile dans les langues syriaque et arabique ; qu'il était ambassadeur de l'empereur d'Éthiopie auprès du roi Jean III ; qu'il avait un ordre exprès de conférer de la foi avec tous ceux qui voudraient être instruits de la créance des Éthiopiens, et qu'il en avait effectivement conféré avec plusieurs docteurs portugais : *Crebras disputationes ac contentiones cum doctoribus quibusdam habuimus*. Ainsi il est sans aucune apparence qu'il ne sût pas quelle était la créance des catholiques sur l'Eucharistie, ni qu'il prît les termes dans un autre sens que celui où on les prend dans l'Église romaine, à qui il voulait faire connaître les sentiments de son église, et, par conséquent, quand il dit que *les enfants des femmes chrétiennes sont consacrés par la communion du corps et du sang de Jésus-Christ* ; quand il dit que *c'est la coutume des femmes d'Éthiopie, lorsqu'elles sont grosses, de se confesser, et de recevoir le corps du Seigneur quand elles sont proches de leur terme* ; quand il dit que *les malades ne reçoivent point le corps du Seigneur sinon après qu'ils sont revenus à convalescence, et que la raison en est que tous les fidèles d'Éthiopie, tant laïques qu'ecclésiastiques, communient au moins deux fois la semaine* ; ce qui fait qu'ils ne jugent pas nécessaire de communier durant la maladie, l'ayant fait déjà par avance avant de tomber malades ; il est clair qu'il parle du vrai corps de Jésus-Christ, et non pas d'une figure, et qu'il ne prend pas les mots de *corps de Jésus-Christ* dans la nouvelle signification que les calvinistes y veulent donner.

Toutes les petites différences qu'il remarque si exactement entre ce qui se pratiquait en son pays, et ce qu'il voyait observer en Portugal, font voir aussi qu'il ne connaissait point cette différence essentielle de créance, que M. Claude voudrait bien supposer entre l'Église romaine et celle d'Éthiopie, laquelle néanmoins il n'aurait pu ignorer si elle eût été. Il remarque qu'on ne disait qu'une messe chaque jour dans leurs églises, et qu'ils tenaient cette messe pour un sacrifice, *quam sacrificii loco habemus*. Assurément que M. Claude est moins flatté de cette différence qu'il n'est choqué de cet aveu si exprès, qu'ils tiennent la messe pour un sacrifice. Il remarque que tous les prêtres, diacres, sous-diacres et tous ceux qui venaient à l'église, y recevaient *le corps du Seigneur*. M. Claude aura de la peine à faire croire qu'il n'ait entendu par là que la figure du corps du Seigneur, et qu'il voulût tromper celui à qui il parlait, dans cet écrit, par une équivoque si peu sincère. Il remarque que durant la messe on ne montrait pas l'Eucharistie : *In quo ministerio sacramentum Eucharistiæ non ostenditur*; mais il ne remarque point que l'on ne crût pas que ce fût le corps de Jésus-Christ, que l'on ne l'adorât point; et c'était néanmoins la première remarque qu'il eût faite, s'il eût eu sujet de la faire. Il remarque même qu'il était défendu en son pays à tous ceux qui avaient communié, de quelque condition qu'ils fussent, de cracher depuis le matin jusqu'au soir ; ce qui ne convient point du tout à la créance calviniste ; et cependant ce respect est si inviolable parmi eux, que Zagazabo ajoute que quiconque y manquerait serait très-sévèrement puni.

Après cela on n'aura pas de peine à déférer au témoignage de trois Abyssins, rapporté par Bartolde Nihusius, dans son Programme, imprimé à Mayence, l'an 1655, page 43, et qui est conçu en ces termes. *Nous Éthiopiens, nous témoignons dans la vérité que notre nation honore les images des saints, et qu'elle croit que* LE CORPS ET LE SANG *de Jésus-Christ, Notre-Sauveur,* SONT PRÉSENTS *dans l'Eucharistie :* « *Nos Æthiopes in veritate attestamur gentem nostram venerari imagines sanctorum, et credere* CORPUS ET SANGUINEM *Jesu Christi* PRÆSENTIALITER ADESSE *in sanctâ Eucharistiâ*. » Ce témoignage est signé de trois Éthiopiens, et fut donné à Rome l'an 1651.

Je ne veux pas croire que M. Claude continue de contester sur ce point, et je sais bien au moins qu'un homme raisonnable ne l'entreprendra jamais ; de sorte que ce n'est plus pour le convaincre, mais pour faire admirer à tout le monde combien la foi de la présence réelle est vivement imprimée dans l'esprit des Cophtes et des Éthiopiens, que je rapporterai l'extrait de leurs Liturgies, qui sont aussi précises sur le point de la présence réelle que s'ils avaient eu en vue de condamner par avance l'erreur des sacramentaires. Il ne faut pas s'étonner que l'on en voie de diverses sortes ; car outre que les Cophtes, les Éthiopiens, les Jacobites d'Égypte et d'Éthiopie sont de grands peuples qui, quoique unis dans les dogmes, ont néanmoins leurs églises à part, et peuvent ainsi avoir différentes Liturgies, il est aussi très-possible que, dans une même église, il y en ait de diverses pour les jours différents, comme on voit que, dans l'église grecque, il y en a de deux sortes, celle de S. Basile et celle de S. Chrysostôme, dont on se sert en différents jours.

On trouve donc sur le sujet de ces Liturgies, premièrement une Liturgie de Sévère, patriarche d'Alexandrie, eutychien, imprimée en syriaque, en chaldéen et en latin, à Anvers, l'an 1572, et depuis réimprimée en latin seulement, dans le sixième tome de la Bibliothèque des Pères. Secondement, une autre Liturgie plus longue, intitulée : *Canon generalis Æthiopum*, parce qu'elle est plus longue que toutes les autres. Elle est citée par Aubertin même. Mais M. Claude, qui sentait qu'elle ne lui était pas favorable, a trouvé plus à propos de la traiter de pièce supposée sur des raisons frivoles, qui sont : 1° qu'il est dit dans cette Liturgie que l'on élève le corps de Jésus-Christ, au lieu qu'Alvarez et Zagazabo témoignent que l'on ne l'élève point ; 2° que l'on ne l'y montre point, *non ostenditur* ; comme s'il n'était pas très-possible que, dans un si grand empire, composé de quarante royaumes, il y eût quelque diversité de cérémonies en quelques endroits, et qu'Alvarez et Zagazabo eussent parlé de la coutume de certains Éthiopiens, et non pas de la coutume générale de tous les peuples d'Éthiopie ; et comme s'il n'y avait pas aussi une manière d'élever le corps de Jésus-Christ si peu remarquable, qu'elle donne sujet, à ceux qui en font comparaison avec la manière dont on l'élève en l'Église romaine, de dire qu'on ne l'élève pas en Éthiopie, c'est-à-dire, que l'on ne l'y élève pas jusqu'à le faire voir, comme on fait parmi les Latins, quoiqu'il y ait pourtant quelque espèce d'élévation, qui est celle qui est marquée par la Liturgie.

C'est ainsi que quoiqu'il y ait certainement parmi les Grecs une espèce d'élévation, qui est marquée par S. Maxime dans son Commentaire sur S. Denys, par Germain, patriarche de Constantinople, et par les Liturgies mêmes, néanmoins le P. Goar remarque que l'on n'élève pas l'hostie assez haut parmi les Grecs pour la faire voir au peuple.

Mais la vérité de cette Liturgie paraît assez par la conformité qu'elle a avec les autres Liturgies de ces mêmes peuples dont nous parlons, surtout en ce qui regarde l'Eucharistie, où elle ne contient rien qui ne se trouve expressément dans les autres. Et d'ailleurs, c'est un si étrange dessein que celui de faire une Liturgie à plaisir, et ce serait un si extrême hasard, qu'un faussaire, qui l'eût voulu inventer, se fût trouvé conforme aux Liturgies certaines, et qui sont encore en langage cophte et éthiopien, comme celle que cite Kirkérus, ou celles que nous citerons ensuite, que c'est n'avoir aucun égard à la vraisemblance, que de vouloir rendre cette Liturgie suspecte de supposition. Les expressions mêmes extraordinaires qui s'y trouvent font voir que ce n'est pas un ouvrage de Latins ; car qui serait le catholique romain qui s'avisât de dire de Jésus-Christ qu'il est le Fils du Père et du S.-Esprit : *Tu es Filius Patris et Spiritûs sancti*, pour dire qu'il est Fils du Père, et qu'il a été conçu par le S.-Esprit. Cela ne sent point du tout la supposition. Mais l'on verra que M. Claude ne s'est porté à cette accusation téméraire que par intérêt, et par l'impuissance où il était de se défaire d'une autre sorte de cette Liturgie.

On voit aussi plusieurs passages de la Liturgie des Cophtes, et de celle des Éthiopiens, dans le livre d'Anastase Kirkérus, intitulé : *Prodromus Cophticus*. Outre cela, il y a trois Liturgies dans la Bibliothèque des Pères, sous le nom de S. Basile, de S. Grégoire et de S. Cyrille, qui sont traduites de l'égyptien. L'original en avait été envoyé à Velsérus à Augsbourg par Joseph Scaliger. Velsérus l'ayant envoyé à Rome, on les y fit traduire par un Maronite, avec l'aide d'autres exemplaires égyptiens que l'on y trouva. Et toutes ces Liturgies s'accordent parfaitement sur le sujet de l'Eucharistie. Dans la Liturgie de Sévère, lorsque l'on divise l'hostie, il est marqué que quelques-uns disent : *Vous êtes cet agneau de Dieu qui portez les péchés du monde* ; et ensuite on dit : *Nous croyons et nous confessons que c'est là le corps de ce sang, et que c'est là le sang de ce corps* : « *Ita credimus et ita affirmamus hoc esse corpus hujus sanguinis, et hunc esse sanguinem hujus corporis.* » Il y est dit qu'il est raisonnable de faire commémoration de ces morts qui ont mangé le corps, et bu le sang de Jésus-Christ. On y prie Dieu en ces termes : *Que votre sang soit la garde de mon âme qui est votre image*. Toute la Liturgie intitulée : *Canon generalis Æthiopum*, est pleine de prières qui marquent la présence réelle ; mais je m'arrêterai seulement à celles qui sont conformes aux autres Liturgies cophtes et éthiopiennes. On y adresse à Jésus-Christ cette prière conforme à toutes les Liturgies : *Seigneur Jésus, amateur des hommes, nous implorons humblement votre bonté, afin que vous tourniez votre visage sur ce pain et sur ce calice qui sont sur cet autel : bénissez-les, sanctifiez-les, purifiez-les ;* ET CHANGEZ CE PAIN EN VOTRE CHAIR SANS TACHE ; ET CE VIN EN VOTRE SANG PRÉCIEUX. Après que le prêtre a prononcé les paroles de la consécration, le peuple dit : *Amen, amen, amen ; credimus, et confidimus, et laudamus te, Deus noster* : HOC VERE CORPUS TUUM EST ; « *ceci est véritablement votre corps.* » Et après la consécration du calice il dit : *Amen, amen, amen ; credimus et confitemur, et laudamus te* : HIC VERE SANGUIS TUUS EST ; « *c'est véritablement votre sang.* » Le prêtre dit ensuite : *C'est le corps saint, digne d'honneur, et plein de vie de notre Seigneur et Sauveur Jésus-Christ, qui a été donné pour la rémission des péchés, et pour faire obtenir la vie éternelle à ceux qui le prennent véritablement, Amen*. Il dit ensuite le même du sang. Et puis parlant conjointement de l'un et de l'autre, il dit : *Ceci est vraiment le corps, ceci est vraiment le sang d'Emmanuel notre Dieu. Je le crois, je le crois, je le crois, dès maintenant et pour jamais, Amen.*

C'est le corps, c'est le sang de notre Seigneur et Sauveur Jésus-Christ, qu'il a pris dans les entrailles de la bienheureuse et immaculée Vierge Marie, et qu'il a unis avec sa divinité.

On voit par ces paroles que ce n'est pas sans sujet que M. Claude aurait bien voulu faire croire que cette Liturgie est supposée, et que s'il n'a pas raison de le soutenir comme il fait, parce qu'il ne faut pas régler ses sentiments par ses intérêts, au moins a-t-il quelque raison de le souhaiter; car je ne crois pas qu'il trouve bien des gens qui se puissent seulement imaginer que des prêtres et des laïques, qui parlent de cette sorte dans leur Liturgie, c'est-à-dire, dans l'action la plus solennelle et la plus sacrée, puissent croire, après tant de protestations, que l'Eucharistie n'est pas véritablement le corps de Jésus-Christ, mais seulement sa figure, vide ou pleine. Mais on va voir par les passages suivants que ses souhaits lui sont inutiles, et qu'il ne lui sert de rien d'alléguer qu'on ne connaît point le traducteur de celle-là, puisqu'on trouve les mêmes choses dans les Liturgies dont on sait les traducteurs, et dont on cite même les originaux en langues cophtique et éthiopienne.

Anastase Kirker rapporte en éthiopien les paroles de la Liturgie éthiopienne, que le peuple dit après la consécration du pain et du vin, qui sont à peu près les mêmes que celles que nous avons déjà citées : *Amen, amen, amen; credimus, et confidimus, et laudamus te; hoc est, in veritate credimus, caro tua.* Et de même, après la consécration du calice, le peuple dit : *Amen, amen, amen; credimus, et confidimus, et laudamus te, ô Domine Deus noster; hoc est, in veritate credimus, sanguis tuus.* Comme il ne rapporte ce passage que par rencontre, il y a de l'apparence que s'il avait continué de citer le reste de ce qui est dans la Liturgie, on y aurait vu tout ce que nous avons cité de la grande Liturgie intitulée : *Canon generalis.* Ce qu'il cite de la Liturgie des Cophtes n'est pas moins exprès; car les prêtres, après la consécration, y prononcent ces paroles : *Je crois, je crois, je crois, et je confesse de toute mon âme que cette chose même que je tiens en mes mains est le corps de votre Fils unique notre Seigneur et notre Sauveur Jésus-Christ.* Dans la messe égyptienne dite de S. Basile, le prêtre confesse sa foi sur ce mystère par ces paroles : *C'est le corps sacré et le sang précieux de Jésus-Christ, Fils de Dieu.* Le peuple répond : *Amen : C'est le corps sacré et éternel, et le sang véritable de Jésus-Christ, Fils de Dieu, Amen. C'est véritablement le corps d'Emmanuel notre Dieu, Amen. Je crois, je crois, je crois, et je confesserai jusqu'au dernier soupir de ma vie que c'est là le corps vivifiant que votre Fils unique notre Seigneur, notre Dieu et notre Sauveur Jésus-Christ a pris de la très-sainte, très-pure Marie, mère de Dieu, notre maîtresse commune, et qu'il a joint à sa divinité.* Dans la messe égyptienne dite de S. Grégoire, le prêtre dit : *Seigneur, par votre parole vous changez les choses qui sont devant nous en vous-mêmes,* « *verbo tuo in teipsum commutas quæ sunt proposita;* » *vous habitez parmi nous,* « *tu habitas inter nos.* » Et ensuite il dit : *Envoyez sur nous la grâce de votre S.-Esprit, qui purifie* ET CHANGE CES OBLATIONS, QUI SONT DEVANT NOUS, AU CORPS ET AU SANG QUI NOUS A DÉLIVRÉS. QUE CE PAIN SOIT FAIT VOTRE SACRÉ CORPS, *ô notre Seigneur, notre Dieu, et notre Sauveur Jésus-Christ! qu'il soit donné pour la rémission et la vie éternelle à ceux qui le reçoivent.* On y adresse à Jésus-Christ cette prière : *Béni soyez-vous, ô Jésus-Christ, notre Dieu tout-puissant, Sauveur de votre Église, Verbe spirituel, qui vous êtes fait homme, qui avez conversé avec les hommes, et qui, par votre incarnation incompréhensible, nous avez préparé* CE PAIN CÉLESTE QUI EST VOTRE CORPS TRÈS-SAINT, *mystère vraiment sacré; qui nous avez préparé* CE CALICE TIRÉ DE LA VRAIE VIGNE, C'EST-A-DIRE, DE VOTRE DIVIN CÔTÉ. On y voit aussi à peu près les mêmes paroles que j'ai déjà rapportées de la Liturgie égyptienne dite de S. Basile. Le prêtre dit : *Corpus sacrosanctum et sanguis pretiosus Filii Dei.* Le peuple répond : *Amen : Sacrosanctum et pretiosum corpus, et sanguis verus Jesu Christi; corpus et sanguis Emmanuelis Dei nostri hoc est in veritate, Amen. Credo, credo, credo, et confiteor usque ad extremum spiritum : Hoc est corpus vivificum quod accepisti, Christe Deus noster, à dominâ nostrâ Deiparâ, sanctâ semperque virgine Mariâ, et copulâsti cum divinitate tuâ, sine commixtione et confusione, et sine mutatione. Tu confessus es confessionem bonam sub Pontio Pilato, et tradidisti illud pro nobis omnibus sponte in ligno sanctæ crucis, unus pro nobis omnibus. Verè credo humanitatem tuam ne ad momentum quidem temporis relictam à divinitate tuâ; tradidisse autem corpus idem tuum pro nostrâ salute in remissionem peccatorum, et in vitam æternam sumentibus ipsum cum fide. Credo, credo, credo hoc reverâ ita esse.* Il n'y a qu'à conférer cet endroit avec celui que j'ai rapporté de la Litugie appelée : *Canon generalis*, et avec celui de la Liturgie égyptienne dite de S. Basile, pour reconnaître que c'est absolument la même chose dans le sens, et que ces passages ne sont différents qu'en quelques termes; car il faut remarquer que tout ce qui est dans ce passage depuis ces paroles : *Et copulâsti cum divinitate tuâ*, est aussi dans ces autres Liturgies : ce qui fait voir que comme dans les différentes messes que l'on célèbre dans l'Église latine il y a certaines oraisons communes, qui ont à peu près le même sens, de même ces différentes Liturgies égyptiennes et éthiopiennes conviennent dans ces mêmes confessions de foi qu'elles joignent toujours à la célébration des mystères.

Dans la dernière Liturgie, attribuée à S. Cyrille, le prêtre y prie Dieu comme dans les autres, qu'il fasse du pain le saint corps de son Christ ; et il lui adresse ces paroles : *Daignez, Seigneur, nous accorder ce charbon véritable qui vivifie nos entendements, nos corps et nos âmes, qui est le corps sacré, et le sang précieux de votre Christ; que nous ne le recevions point à notre condamnation et à notre ruine.* Et comme il est marqué à la fin que l'on devait prendre le reste de la messe de S. Basile, *reliqua ex missâ S. Basilii*, il est clair que l'on y répétait aussi ces actes de foi, et ces confessions de la vérité du mystère, qui se trouvent dans la Liturgie égyptienne de S. Basile, et dans toutes les autres Liturgies cophtiques et éthiopiennes.

Je crois que toutes les personnes équitables qui liront ceci seront touchées d'admiration de voir que toutes ces Liturgies orientales sont beaucoup plus expresses pour la présence réelle que celles mêmes de l'Église latine; et qu'ils reconnaîtront que c'est par un effet visible de la providence de Dieu, qui, voyant que ces nations étaient comme privées des autres secours que l'on tire de la lecture des livres des Pères pour conserver la vraie foi de ce sacrement, a voulu qu'elle fût si expressément marquée et exprimée par leurs Liturgies, qui sont des livres perpétuels et communs, et qu'il fût impossible de l'altérer parmi elles, afin qu'elles servissent ainsi de témoins perpétuels contre l'innovation criminelle que les sacramentaires ont voulu faire dans la créance de ce mystère.

CHAPITRE XIV.

Conclusion de ces preuves : Que toutes les sociétés d'Orient sont unies avec l'Église romaine dans la foi de la présence réelle et de la transsubstantiation, par le témoignage de M. Piquet.

Je ne puis mieux conclure ce grand nombre de preuves que nous avons rapportées pour faire voir le consentement de toutes les églises d'Orient avec l'Église romaine dans la doctrine de la présence réelle et de la transsubstantiation, que par un témoignage qui les embrasse toutes, parce que la personne qui le rend dépose également touchant la foi de toutes ces sociétés schismatiques.

Je ne crois pas que M. Claude ose le rejeter sur cette récusation générale qu'il est catholique. Il lui doit suffire que c'est un témoin d'honneur; que c'est un témoin oculaire; que c'est un homme qui a demeuré en Orient plusieurs années, et dans une fonction qui lui donnait moyen de s'instruire de la religion de ces sectes autant qu'il voulait, par ce qu'elles étaient souvent obligées de s'adresser à lui pour divers intérêts temporels, et d'avoir recours à la protection que les consuls français ne refusent point aux chrétiens d'Orient, de quelque secte qu'ils soient, lorsque la religion catholique n'y est pas intéressée. Enfin c'est une personne qui sait bien qu'il nuirait plutôt à la religion qu'il ne la servirait, s'il pouvait être démenti, et qui n'est pas si peu habile qu'il voulût bien se déshonorer par un mensonge que l'on pourrait faire retomber sur lui.

Il s'appelle M. Piquet, qui a été consul à Alep pendant plusieurs années. Je n'avais pas l'honneur de le connaître, ni d'avoir aucun commerce avec lui. J'avais seulement lu quelques relations manuscrites, dressées par les carmes déchaussés qui demeurent à Alep, dans lesquelles on voit les soins qu'il a pris pour l'établissement d'un évêque catholique dans cette ville pour les Syriens ou Jacobites de ce pays-là, et la générosité avec laquelle il a soutenu celui qui avait été établi, contre les entreprises des hérétiques, et la corruption des officiers turcs. Mais comme je ne savais ce qu'il était devenu après qu'il eut quitté cet emploi, je n'avais aucune pensée de m'informer de lui de l'état de ces sectes d'Orient. On lui a donc cette obligation, de s'être porté de lui-même à rendre ce témoignage par le seul désir de servir l'Église catholique, ayant écrit de son propre mouvement la lettre suivante, qu'il adressa au libraire qu'il jugea devoir être chargé de l'impression de ce livre.

LETTRE DE M. PIQUET, CI-DEVANT CONSUL A ALEP POUR LES FRANÇAIS.

« A Lyon, le 26 août 1667.

« Monsieur,

« Ayant appris que vous travaillez à l'impression
« d'un grand ouvrage pour la défense du très-saint
« Sacrement, contre les erreurs et faussetés alléguées
« par M. Claude le ministre, dans son livre contre *la*
« *Perpétuité de la foi*, j'ai cru vous devoir donner
« avis qu'une des plus grandes qu'il ait avancées a été
« de dire que les chrétiens orientaux ne croient point
« la réalité; puisqu'il est certain que toutes les nations
« chrétiennes du Levant qui sont dans l'hérésie,
« bandées par conséquent contre l'Église romaine,
« croient comme article de foi la présence réelle de
« Jésus-Christ, et la transsubstantiation du pain et du
« vin au corps et au sang de Notre-Seigneur, au même
« temps que les paroles sont prononcées par le prêtre.
« J'ai demeuré huit ou neuf ans parmi eux dans le
« Levant; j'ai eu des conférences de toutes les sortes
« avec eux; j'ai été souvent dans leurs églises, et j'y
« ai vu honorer et adorer le très-saint Sacrement, sous
« les espèces du pain et du vin, avec les génuflexions,
« inclinations et respects que l'on pourrait rendre à
« Dieu même, s'il se présentait en quelqu'autre forme
« visible. S'il fallait des attestations de cela, je me
« fais fort d'en faire venir de tous les patriarches,
« grecs, arméniens, syriens, jacobites ou dioscorites,
« nestoriens, et même des cophtes ou éthiopiens, qui
« sont tous de la même créance (1). En sorte que sur
« ce qu'ils ont ouï dire que beaucoup de Français
« calvinistes ne sont pas de ce sentiment, ils n'ont
« rien de plus atroce à reprocher aux Français, quand
« ils les veulent injurier, que de leur dire qu'ils ne
« croient pas cette réalité. Je puis encore certifier
« qu'il y en a aujourd'hui parmi eux *qui reçoivent la*
« *sainte communion sur la main*, suivant l'ancienne
« coutume de l'Église. J'ai cru que ce témoignage de
« vérité pourrait être utile à quelque chose, et qu'il
« ne serait pas désagréable ni à vous, ni à ces mes-
« sieurs, qui mettent au jour un ouvrage si important
« à l'Église, auquel tous les enfants de cette sainte
« Mère doivent contribuer et aider à son triomphe.

« Je suis de tout mon cœur, monsieur,

» Votre très-humble et obéissant serviteur,
« PIQUET, *prieur de Grimaud*. »

(1) Il a en partie accompli cette promesse par des attestations des évêques d'Orient, qu'il a procurées par le moyen de M. Baron, consul à Alep. On les verra au livre XII.

Voilà ce qu'on a cru devoir représenter à M. Claude, pour justifier le consentement des sociétés orientales avec l'Église romaine sur le sujet de la présence réelle. Je sais que la multitude des preuves qu'on a apportées pourra paraître excessive à plusieurs personnes ; mais on verra par les conséquences qu'on en tirera dans le X° livre, et en divers lieux du second volume, que ce fait est si important, si décisif, si propre à dissiper la plupart des illusions des ministres, qu'on me pardonnera sans doute si je m'y suis tant arrêté.

LIVRE SIXIÈME.

DE LA SECONDE SUPPOSITION DU LIVRE DE LA PERPÉTUITÉ : QU'ON A TOUJOURS EU DANS L'ÉGLISE UNE CRÉANCE DISTINCTE DE LA PRÉSENCE OU DE L'ABSENCE RÉELLE.

CHAPITRE PREMIER.

En quel sens on a entendu cette proposition.

On ne doit pas toujours conclure qu'une vérité ne soit pas claire ou certaine d'elle-même, de ce qu'on fait de longs traités pour la défendre ; cette longueur vient souvent de l'abondance des preuves, et non de la difficulté de la matière ; et quelquefois aussi elle est causée par l'opiniâtreté déraisonnable de ceux qui la combattent, que l'on est obligé de suivre dans leurs égarements, mais qui n'obscurcissent pas néanmoins l'évidence de la vérité qu'ils attaquent.

Si nous avons traité avec étendue la première supposition touchant la foi de toutes les sociétés d'Orient, ce n'est qu'en la première manière : car chacun a pu voir que les difficultés de M. Claude ne nous ont pas beaucoup arrêtés. Nous l'avons rencontré assez rarement dans notre chemin, et encore rendait-il si peu de combat, qu'on ne lui doit rien imputer de la longueur de ces livres. On a donc eu dessein d'y traiter à fond une matière importante, et non de le réfuter simplement, ce qui se pouvait faire en beaucoup moins de paroles.

Mais il sera un peu plus coupable dans la seconde supposition, parce que ce seront ses fausses subtilités qui nous obligeront de nous y arrêter plus que nous ne voudrions. Elle consiste, comme nous avons déjà marqué, en ce que l'auteur de *la Perpétuité* a avancé dans son premier traité que *le mystère de l'Eucharistie n'est pas du nombre de ceux qui ne sont connus distinctement que de peu de personnes plus instruites dans la science de l'Église, et que, pour ne parler que de la présence réelle, comme tous les fidèles participaient à l'Eucharistie, ils devaient, par conséquent, savoir si ce qu'ils prenaient était le corps de Jésus-Christ, ou ne l'était pas.*

On avait cru que cette supposition était assez claire pour n'avoir pas besoin de preuve ; et, en effet, elle l'est, et jamais une personne vraiment sincère n'en disputera, au moins à l'égard des fidèles qui ne sont pas entièrement dans l'état que S. Paul appelle animal, et qui ont une connaissance médiocre des mystères. Cependant c'est contre cette supposition que M. Claude fait ses plus grands efforts. Il appelle au secours tout ce qu'il sait de philosophie et de chicane ; il a recours aux ténèbres de la plus fine méthaphysique pour l'obscurcir, et enfin jamais homme ne témoigna plus d'envie de se défaire d'un argument qu'il en fait paraître à l'égard de celui-là ; de sorte que dans le dessein que l'on a de lui répondre, il faut par nécessité s'arrêter encore assez longtemps à ce point, pour démêler ce qu'il embarrasse.

Néanmoins, comme dans les défauts mêmes il y a toujours quelque chose de louable, je ne veux pas priver ici M. Claude des justes louanges qu'il mérite, en la manière que le Père de famille loue dans l'Écriture son intendant d'avoir agi finement dans sa malice ; car il est louable d'avoir reconnu l'importance de cette supposition, et d'avoir bien vu que si tous les fidèles qui ont précédé Bérenger ont toujours eu une créance distincte que l'Eucharistie fût réellement le corps de Jésus-Christ, ou qu'elle n'en fût que le mémorial et le gage, le changement insensible dans la doctrine de l'Eucharistie, sur lequel l'opinion des ministres est établie, est entièrement détruit, puisque si les fidèles ont toujours cru la présence réelle, il est clair par là qu'ils n'ont point changé de sentiment ; et s'ils avaient toujours cru distinctement l'absence réelle, il serait impossible qu'ils eussent souffert sans opposition l'établissement de l'opinion contraire. M. Claude a donc eu raison de juger que la chose valait bien qu'il employât toute l'adresse de son esprit pour se démêler de cette difficulté.

Il est louable encore pour la subtilité, non solide, mais éblouissante qu'il y fait paraître ; car il faut reconnaître que c'est avec assez d'adresse qu'il fait perdre de vue le point de la question, qu'il mène les gens en des pays inconnus, et qu'il les engage en un nouveau monde d'hypothèses fantastiques, après lesquelles il les oblige de courir. Et par ces moyens ingénieux il amuse les esprits, et les détourne de la vue de ce principe incommode, qui persuade de soi-même ceux qui le considèrent attentivement.

Enfin, pour achever son panégyrique, rien n'est plus admirable que la confiance qu'il y témoigne. Il regarde les gens de haut en bas, et avec un tel mépris, qu'il semble qu'il ait peine à se rabaisser jusqu'à leur répondre. Si on l'en veut croire sur sa parole, toutes les raisons qu'on a alléguées pour soutenir ce qu'on avait avancé sur ce sujet ne sont que de faibles subtilités, *où il y a autant de fautes que de paroles ; ce ne sont que des sophismes indignes d'entrer en des* disputes sérieuses. Il ne répond pas *aux raisonnements de son adversaire, il les abat;* et pour ne lui laisser rien du tout, *il le surprend,* si on l'en croit, *dans une dépravation visible de son sens et de ses paroles,* dans *une insigne mauvaise foi,* et dans *un manquement inexcusable de sincérité.* Enfin dans ce long discours, de près de quatre-vingts pages qu'il emploie sur ce sujet, il paraît tellement content de lui-même, que ceux qui ne jugent pas des choses par le fond, mais par la hardiesse de ceux qui en parlent, lui seront sans doute très-favorables ; et ceux-mêmes qui connaîtront bien la faiblesse de sa cause, ne laisseront pas de juger qu'il faut quelque force d'esprit pour pouvoir soutenir avec un visage si assuré de si mauvaises raisons.

C'est tout ce que l'on peut dire à son avantage. Mais pour empêcher l'abus qu'il fait de tous ces artifices au préjudice de la vérité, il suffit de prier ceux qui liront ceci d'avoir dans l'esprit un principe, que tout ce qu'on a vu de M. Claude leur doit rendre très-croyable, et qui le deviendra toujours de plus en plus, à mesure que nous avancerons dans l'examen de son livre. C'est que jamais il ne fait plus de bruit que lorsqu'il a le plus visiblement tort ; qu'il n'accuse jamais les gens avec plus de fierté *d'une insigne mauvaise foi* que quand il blesse la sincérité d'une manière plus inexcusable ; qu'il ne leur reproche jamais plus hardiment de corrompre ses paroles que lorsqu'il corrompt les leurs avec plus d'infidélité ; enfin qu'il n'est jamais plus faible que lorsqu'il affecte plus de paraître fort.

C'est une règle qui ne les trompera guère ; et en attendant qu'on leur en produise de nouvelles preuves, qu'ils s'en servent seulement pour ne se laisser pas étourdir par les déclamations impétueuses de M. Claude ; ce qui est toujours raisonnable.

Cependant comme cette matière est importante, et qu'il est bon de dissiper ces nuages dont il a tâché de couvrir une vérité très-claire d'elle-même, il faut tâcher d'abord d'établir si précisément l'état de la question, qu'il ne soit pas facile à M. Claude de le déguiser par un embarras de paroles, et que chacun puisse discerner sans peine de quel côté est la vérité.

PREMIÈRE OBSERVATION.

Premièrement, il faut remarquer qu'il est clair, par les paroles mêmes que j'ai rapportées, qu'y ayant deux questions principales sur le sujet de l'Eucharistie, l'une de la présence réelle, dans laquelle les luthériens conviennent avec l'Église catholique, et condamnent les calvinistes d'hérésie ; l'autre touchant la transsubstantiation et le changement du pain, dans laquelle les luthériens et les calvinistes sont unis contre l'Église, l'auteur de *la Perpétuité,* qui s'était obligé par son dessein même de ne proposer que des choses qui fussent évidentes selon la raison, s'est entièrement renfermé sur le sujet de la créance distincte dans la première de ces questions, et qu'il n'a point prétendu y comprendre la seconde, et c'est pourquoi il a dit expressément qu'*il ne parlait que de la présence réelle.*

Car encore que toutes les vérités de la foi soient également certaines, et qu'elles soient même unies et inséparables en elles-mêmes, elles ne sont pas néanmoins toutes établies sur les mêmes preuves, et il se peut fort bien faire qu'un argument, qui sera convaincant pour la preuve de l'une, n'aura pas la même force pour l'établissement de l'autre.

Ainsi tous les passages de l'Écriture qui prouvent que le Verbe était avant Marie, avant Abraham, avant le monde, sont absolument décisifs contre les sociniens, qui soutiennent que Jésus-Christ est un pur homme, et qui nient ce que l'on appelle προΰπαρξιν Λόγου, *l'existence du Verbe,* avant la naissance temporelle de Jésus-Christ ; mais ils ne concluent pas de même contre les ariens, qui admettaient que le Verbe avait été avant le monde, quoiqu'ils niassent qu'il fût éternel.

Il se pourrait donc faire aussi que la créance des fidèles eût toujours été claire et distincte sur le sujet de la présence réelle, et que néanmoins la raison seule qui suffit pour nous assurer qu'ils ont toujours été dans cette disposition, ne fît pas voir avec la même évidence qu'ils aient tous connu expressément et universellement si le pain demeurait ou ne demeurait pas dans le sacrement. Et en effet il y a cette différence entre l'un et l'autre de ces articles de foi, que l'un en est le premier objet, et qu'il est directement exprimé par les paroles de Jésus-Christ ; l'autre n'en est que le second, que l'Église a reçu par une tradition constante, et qu'elle tire des paroles de Jésus-Christ par une conséquence nécessaire. L'un est le premier objet de la dévotion des fidèles, auquel toute leur attention se rapporte, et auquel ils sont obligés nécessairement de faire réflexion ; l'autre est une circonstance du mystère, qui en est inséparable en effet, mais qui en peut être séparée par la pensée ; de sorte qu'il se peut fort bien faire que des personnes soient longtemps occupées de la présence réelle, sans faire réflexion si le pain demeure ou ne demeure pas après la consécration.

Ce n'est pas qu'il ne soit même fort difficile que les plus simples fidèles aient pu demeurer toute leur vie sans se résoudre sur ce point, ni s'enquérir si ce qu'on leur donnait était ou n'était pas réellement du pain, Il est certain que les instructions des Pères leur devaient donner l'idée que ce n'était pas du pain. Mais, quoi qu'il en soit, il est toujours permis à un auteur qui veut se renfermer dans des choses incontestables, d'éviter toutes les suppositions tant soit peu douteuses, afin qu'on ne l'arrête pas inutilement sur ce qui peut être contesté, et qu'on n'obscurcisse pas, par la longueur et par l'embarras de la dispute, l'évidence des raisons qu'il emploie pour en décider les principaux points.

Ainsi, encore que l'auteur de *la Perpétuité* pût appliquer à la transsubstantiation une grande partie de ce qu'il a dit de la présence réelle, néanmoins, parce que cette preuve n'aurait pas été tout-à-fait si forte et si évidente sur ce sujet, il a voulu se réduire au seul article de la présence réelle, et il s'est contenté de soutenir que les fidèles avaient toujours eu une créance distincte de ce point, *si ce qu'ils recevaient dans la communion était ou n'était pas réellement le corps même de Jésus-Christ*. On demeurera donc aussi dans les mêmes bornes en cette réponse ; et l'on se contentera de soutenir qu'à l'égard de la présence ou de l'absence réelle, le commun des fidèles en a toujours eu une connaissance distincte.

SECONDE OBSERVATION.

Il faut remarquer en second lieu que, dans la doctrine même de la présence réelle, on peut distinguer entre l'essence du mystère et les conséquences qui s'en tirent, et qu'encore que ces conséquences soient nécessaires, il n'est pas nécessaire néanmoins que tous ceux qui considèrent le mystère y fassent réflexion.

L'essence du mystère consiste à croire que ce qu'on reçoit dans la communion est réellement et substantiellement le corps même de Jésus-Christ ; elle consiste à laisser au mot *est* sa signification naturelle, qui est de marquer que l'attribut convient réellement au sujet auquel on l'applique ; elle consiste à croire que Jésus-Christ est réellement présent sur l'autel, sous les apparences du pain et du vin, et qu'il entre réellement dans la bouche de tous ceux qui participent à l'Eucharistie.

Mais il s'ensuit de là que Jésus-Christ est réduit sous un point ou sous une espèce beaucoup moindre que son corps ; qu'il est en plusieurs lieux tout à la fois ; que ses parties se pénètrent. Il est vrai que ces conséquences nous paraissent inévitables : mais il n'est pas vrai que tous ceux qui considèrent l'essence même de ce mystère y fassent toujours réflexion, et il est vrai, au contraire, que la plupart de ceux qui adorent Jésus-Christ présent dans l'Eucharistie, ne font d'ordinaire aucune attention à toutes ces conséquences.

La raison en est que pour concevoir un mystère il n'est pas nécessaire de l'imaginer, c'est-à-dire de le comprendre par l'imagination, l'esprit ayant des manières de recevoir sans imagination, non seulement les esprits, mais même les corps ; et surtout il n'y a point d'idée plus spirituelle que celle qui répond au mot *est* ; car c'est une idée qui fait seulement comprendre à l'esprit la vérité de la chose, sans lui en représenter aucune manière. Ainsi, en disant et en concevant que l'Eucharistie est le corps de Jésus-Christ, il n'est point nécessaire de concevoir Jésus-Christ réduit en un point, ou étant actuellement en plusieurs lieux. Il suffit que l'esprit connaisse qu'il est vrai que l'Eucharistie est le corps de Jésus-Christ, qu'il demeure convaincu de cette vérité, et qu'il la voie comme dans une certaine obscurité qui lui en cache la manière, et qui ne lui représente que la vérité même du mystère.

Cette puissance que l'esprit a de concevoir la vérité de l'union de deux termes, et de se former l'idée qui répond naturellement à ce mot *est*, entre des choses mêmes qu'il ne peut comprendre, est si certaine, qu'elle s'étend, quoique par erreur, jusqu'aux choses qui sont réellement impossibles ; car il arrive souvent que l'esprit se cache la raison qui les lui ferait regarder comme impossibles, et qu'ainsi il ne laisse pas d'unir des termes réellement incompatibles, en concevant, non la manière de leur union, mais la vérité présumée de cette union ; c'est-à-dire en concevant qu'il est vrai, selon qu'il le pense, qu'ils sont unis.

Ce que l'on dit donc que les choses impossibles sont aussi inconcevables, ne se doit entendre que d'une connaissance claire et évidente ; mais il est très-possible de se former des idées confuses de choses impossibles, et de les affirmer l'une de l'autre.

TROISIÈME OBSERVATION.

Et c'est ce qui fait voir en passant la faiblesse d'une raison dont M. Claude se sert continuellement, qui est que l'incompatibilité des termes, dans les propositions qui affirment que le pain est le corps de Jésus-Christ, n'a jamais permis aux fidèles de se former l'idée de la présence réelle, et les a toujours obligés d'avoir recours à un sens métaphorique ; car il n'y a point d'incompatibilité apparente qui puisse empêcher l'esprit de concevoir l'union de deux termes, de cette manière intellectuelle dont je parle, quand cette union est proposée comme une vérité révélée de Dieu, et avec cette autorité souveraine qui emporte nos esprits ; il n'y a rien alors qui ne devienne croyable, et à quoi l'esprit ne puisse consentir. Si l'incompatibilité apparente empêchait l'esprit de concevoir l'union des termes, personne ne croirait le mystère de la Trinité, ni celui de l'Incarnation ; et cependant la foi de l'un et de l'autre article est répandue par toute la terre. On croit que trois personnes ne sont qu'un Dieu ; on croit que deux natures distinctes ne font qu'une personne, quoique s'arrêtant à la lumière naturelle de la raison, on ne comprenne ni l'un ni l'autre comme vrai ni comme possible.

Mais il n'en faut point d'autre exemple que le mystère même de l'Eucharistie ; car quoique les calvinistes prétendent qu'il est tout rempli d'impossibilités, de contradictions et d'incompatibilités réelles, néanmoins, malgré ces prétendues impossibilités, contradictions, incompatibilités, la présence réelle ne laisse pas d'être crue par toute la terre, quoique entre ceux qui la croient personne ne puisse concevoir, par l'imagination, l'état où Jésus-Christ est dans ce mystère.

Cela fait voir qu'il y a une certaine idée de présence réelle et de l'*est* réel, qui ne dépend point de notre imagination, et qui se conçoit dans les choses qu'on ne peut imaginer, qui est tout ce que je veux conclure par cette remarque.

QUATRIÈME OBSERVATION.

Et par là il est aisé de comprendre ce que c'est que croire la présence réelle, avoir une foi distincte de la présence réelle ; car ce n'est pas s'imaginer l'état de Jésus-Christ dans l'Eucharistie, puisqu'il surpasse l'imagination ; ce n'est pas le concevoir en plusieurs lieux ; ce n'est pas faire réflexion que les parties de son corps se pénètrent les unes les autres. C'est concevoir ce que l'on conçoit d'ordinaire par le mot *est*, dans toutes les propositions où on l'emploie, c'est-à-dire, que c'est avoir la même idée de ce terme dans cette proposition : *Ceci est mon corps*, que lorsque l'on dit que Dieu *est* présent, que Dieu *est* partout, que notre âme *est* dans notre corps, que Dieu *est* en trois personnes, que Dieu *est* homme, que l'homme *est* Dieu; c'est être frappé de la vérité de la proposition, parce que c'est Dieu qui nous le dit. Et pour la difficulté qu'il y a de la comprendre, l'esprit sait fort bien se la cacher et ne la pas regarder, en se soumettant à l'autorité divine.

CINQUIÈME OBSERVATION.

Il est encore plus clair que la créance distincte de l'absence réelle n'enferme aucunement le désaveu formel des conséquences de la présence réelle, et de la manière de présence réelle, que les catholiques ont été obligés d'expliquer distinctement, à cause des objections des hérétiques. Car croire l'absence réelle de Jésus-Christ de l'Eucharistie, c'est croire qu'il n'y est point du tout, et qu'il n'est que dans le ciel; comme croire l'absence réelle du roi à l'égard de Paris, c'est croire qu'il n'est point du tout à Paris, et qu'il est présentement aux Pays-Bas; comme croire l'absence réelle du roi Henri IV à l'égard de sa statue, c'est croire que cette statue n'est que du bronze qui le représente, et que son corps n'est qu'à S.-Denis.

Il n'est donc pas nécessaire pour croire la présence réelle, de nier formellement la présence visible et la présence invisible, la présence corporelle et la présence incorporelle. Il n'est pas même nécessaire de savoir qu'on puisse seulement inventer une présence spirituelle et invisible; il suffit de nier absolument toute présence. Qui nie le genre absolument, et sans aucune exception, exprimée ou sous-entendue, nie toutes les espèces; mais il ne fait pas attention distincte à toutes les espèces. Qui dit que le roi n'est pas à Paris, nie qu'il y soit visiblement et invisiblement; mais il ne fait pas attention pour cela s'il y peut être invisiblement ou non.

C'est ce qui fait voir que, quand l'auteur de *la Perpétuité* a dit que si les fidèles n'avaient pas cru la présence réelle, il faudrait par nécessité qu'ils eussent cru l'absence réelle, il ne s'est point engagé par là à soutenir que ces fidèles auraient rejeté distinctement et expressément la présence spirituelle et invisible de Jésus-Christ à l'égard de l'Eucharistie. Mais il a dit seulement qu'ils auraient cru que l'Eucharistie n'était le corps de Jésus-Christ qu'en signe et en figure; qu'ils auraient cru que Jésus-Christ n'est présent que dans le ciel, et qu'il n'est nullement présent dans la terre; qu'ils auraient été, à l'égard de l'Eucharistie et du corps de Jésus-Christ, au même état que tous ceux qui sont à Paris sont à l'égard de la statue et du corps de Henri IV; au même état que les catholiques sont à l'égard des images et des corps des saints; au même état où ils sont à l'égard de toutes les figures de la croix et de la vraie croix; c'est-à-dire qu'ils auraient su que l'Eucharistie n'est pas le vrai corps de Jésus-Christ, comme tous les Parisiens savent que cette statue n'est pas le vrai corps de ce roi; comme tous les catholiques savent que les images ne sont pas les corps mêmes des saints qu'elles représentent; comme ils savent de même que les croix d'argent ou de pierre ne sont pas la croix même sur laquelle Jésus Christ a été crucifié. Il s'est si clairement expliqué sur ce sujet, qu'il n'a donné aucun lieu de prendre en un autre sens les paroles dont il s'est servi. Il a dit positivement, page 244, que cette idée distincte de l'absence réelle, qu'il prétend que les fidèles auraient eue, s'ils n'auraient pas eu celle de la présence réelle, était semblable à *celle qu'ils ont présentement, que toutes les croix d'argent ou de pierre ne sont pas la vraie croix.* Il a dit, page 167, qu'*il s'agissait seulement de savoir si les fidèles ont pu demeurer mille ans, en voyant tous les jours ce qu'on appelait le corps de Jésus-Christ, en assistant tous les jours au sacrifice qu'on nommait le sacrifice du corps et du sang de Jésus-Christ, sans former une pensée distincte et déterminée, si ce qu'ils voyaient* ÉTAIT OU N'ÉTAIT PAS *le vrai corps de Jésus-Christ.*

CHAPITRE II.

Quel degré de connaissance distincte est nécessaire pour la preuve de la perpétuité.

Il est si important de bien établir ce que l'on entend par cette connaissance distincte et déterminée de l'absence réelle que l'on a soutenu se devoir trouver par nécessité dans ceux qui n'auraient pas cru la présence réelle, qu'il est encore nécessaire d'ajouter quelques considérations sur le degré de cette connaissance distincte, parce que c'est de l'abus que M. Claude fait de ces termes, qu'il tire la plupart de ses sophismes.

Croire l'absence réelle, comme nous avons déjà dit, c'est croire que l'Eucharistie n'est pas le corps de Jésus-Christ, ou que le corps de Jésus-Christ n'est point réellement présent dans l'Eucharistie. Or l'on peut croire ou savoir distinctement qu'une chose n'est pas une autre, ou qu'elle n'est pas dans une autre, en trois manières différentes : la première, par une réflexion expresse et formelle, mais générale, lorsque l'on nie généralement qu'une chose soit une autre, ou que l'on affirme qu'elle en est absente, mais sans spécifier aucune manière particulière : ainsi, comme nous avons déjà dit, en niant que le roi soit à Paris, on dit qu'il n'y est en aucune manière réelle, quoique l'on n'en spécifie aucune. La seconde, par une réflexion distincte sur toutes les manières différentes d'être quelque chose, ou d'être réellement présent en un lieu : c'est comme si l'on disait que le roi n'est à Paris ni visiblement ni invisiblement; et c'est en cette manière que les sacramentaires nient la présence du corps de Jésus-Christ dans l'Eucharistie. Et la troisième, sans aucune réflexion, et par une simple vue de la nature des choses, qui enferme tellement l'exclusion de tout ce qui n'appartient point à leur être, que l'esprit sait aussi bien ce qu'elles ne sont pas, que s'il en avait fait cent jugements positifs.

Peut-être, par exemple, que personne ne s'est avisé de former ce jugement exprès, que la ville de Paris n'est pas celle de Rome ; que la France n'est pas la Chine, que le soleil n'est pas la lune, qu'un cheval n'est pas un éléphant, qu'un portrait du roi n'est pas le roi même ; et néanmoins on peut dire véritablement que tout le monde sait distinctement que Paris n'est pas Rome, que la France n'est pas la Chine, que le soleil n'est pas la lune, qu'un cheval n'est pas un éléphant, que le portrait du roi n'est pas le roi même. La raison en est que nous n'avons point d'autres preuves qui nous convainquent de la distinction des choses, que lorsque nous les concevons par des idées entièrement séparées, et qui sont ainsi exclusives les unes des autres : de sorte que, lorsque l'idée de l'une n'enferme aucunement l'idée de l'autre dans notre esprit, nous savons que l'une n'est pas l'autre, soit que nous fassions cette réflexion expresse, soit que nous ne la fassions pas.

Cela supposé, on doit remarquer, 1° que l'auteur de *la Perpétuité* n'a jamais prétendu prouver que si les fidèles n'avaient pas cru la présence réelle, ils auraient cru l'absence réelle en la seconde manière, c'est-à-dire, qu'ils auraient exclu positivement, et par une réflexion formelle, toutes les diverses manières de présence ; 2° que la plupart de ses arguments concluent que si les fidèles n'avaient point cru la présence réelle, ils l'auraient rejetée en la première manière, et par une réflexion générale, qui nie la chose sans songer aux différentes espèces ; 3° qu'encore qu'on puisse tirer cette conséquence de plusieurs de ses arguments, il suffit néanmoins, pour son dessein, qu'il fasse voir que ces fidèles auraient rejeté la présence réelle en la troisième manière, c'est-à-dire sans réflexion, et par la connaissance distincte de certaines vérités qui l'enferment selon la manière ordinaire de concevoir les choses.

Car le but général de son traité est de montrer que la foi de la présence réelle n'aurait pu s'introduire insensiblement, et qu'elle aurait fait, par nécessité, un éclat prodigieux, s'il était vrai que l'ancienne Église eût été dans une créance contraire. Et pour rendre cette preuve concluante, il n'y a qu'à faire voir que les fidèles auraient été dans la disposition de s'élever contre ceux qui auraient enseigné cette doctrine, et de n'en souffrir pas l'établissement, au cas qu'ils ne l'eussent pas toujours crue. Or il suffit pour cela qu'ils eussent cru que l'Eucharistie n'était pas le corps de Jésus-Christ, comme nous croyons que Paris n'est pas Rome, que la statue du roi n'est pas le roi même, sans qu'il soit nécessaire qu'ils eussent formé ce jugement positif par une réflexion expresse.

Qui doute, comme l'on a dit dans le traité de *la Perpétuité*, qu'un homme qui enseignerait que toutes les croix d'argent sont transsubstantiées au bois de la vraie croix, ne fût regardé de tout le monde comme un extravagant, et que la connaissance que l'on a que les croix d'argent sont de métal, et non pas de bois, ne suffise pour cela, sans qu'il soit besoin qu'on eût fait auparavant des réflexions expresses, sur la différence qu'il y a entre des croix d'argent et la vraie croix.

Il suffit, pour soulever les hommes contre une opinion, 1° que la matière soit très-importante ; 2° que les notions qu'ils ont soient capables de la leur faire juger tout d'un coup fausse et extravagante. Or, supposé que les fidèles n'eussent eu que ces notions simples que le sacrement de l'Eucharistie est du pain et du vin, qui nous représentent le corps de Jésus Christ, supposé qu'ils n'y eussent conçu nullement le corps de Jésus-Christ, qu'ils n'eussent regardé ce corps présent que dans le ciel, et que toutes les expressions ordinaires n'eussent formé dans leur esprit que l'idée d'une présence figurative, il est certain qu'ils auraient tout d'un coup jugé que la créance de la présence réelle était fausse et impertinente, comme nous jugerions tout d'un coup qu'un homme qui dirait que Paris est Rome, qu'une image du pape est le pape même, que les sept épis du songe de Pharaon étaient réellement sept années, que l'agneau pascal était un véritable passage, que les victimes pour les péchés étaient des péchés, serait entièrement insensé. Il n'est pas besoin qu'on y ait fait des réflexions précédentes ; la simple connaissance des objets suffit pour cela.

Et de là il est aisé de conclure que cette connaissance distincte de la présence ou de l'absence réelle, qu'il est nécessaire d'établir pour montrer que le changement que les ministres ont inventé est absolument impossible, n'enferme que ces vérités incontestables, que les fidèles, en entendant les expressions ordinaires dont on s'est servi pour leur expliquer le mystère, les ont prises ou dans le sens littéral, qui est celui de la présence réelle, ou dans le sens métaphorique, c'est-à-dire qu'ils y auraient conçu seulement que le pain et le vin étaient les signes sacrés du corps de Jésus-Christ, qui nous communiquaient les grâces qu'il nous avait obtenues par ses souffrances. Si l'on prouve de plus, comme l'on fait, qu'ils ont dû faire une réflexion expresse à la présence réelle ou à l'absence réelle, au moins en général, c'est un surcroît de preuves qui confirme le sentiment de l'auteur de *la Perpétuité*, mais qui n'y est pas absolument nécessaire.

Et c'est pourquoi M. Claude témoigne aussi peu d'intelligence que de justice, lorsqu'il accuse sur ce sujet l'auteur de *la Perpétuité*, *de se jouer de la simplicité de ses lecteurs, par des surprises et des subtilités, qui ne sont pas dignes de l'importance du sujet dont il s'agit* ; et l'on peut voir en cet endroit un assez bel exemple de cette règle que j'ai proposée, que lorsqu'il fait à son adversaire de ces reproches injurieux, c'est une marque qu'il va s'engager dans le défaut même dont il l'accuse. Il n'y a qu'à examiner ce qu'il dit sur ce sujet pour en être convaincu. *Cette surprise*, dit-il, s'établit sur le peu de distinction qu'on fait d'ordinaire de deux expressions fort semblables quant aux termes, mais fort différentes quant au sens : *comme de* NE PAS CROIRE QU'UNE CHOSE SOIT, *et de* CROIRE QU'UNE CHOSE N'EST PAS; *de ne croire pas qu'une chose soit telle, et de croire qu'elle n'est pas telle. Mais*, dit-il, *il faut distinguer et faire voir la différence de ces deux expressions : car ne connaître et ne croire pas qu'une chose soit, marque une simple négation; connaître et croire qu'une chose n'est pas marque un acte positif de connaissance et de foi, qui nie formellement l'existence de cette chose. Par exemple, un homme qui n'a jamais ouï parler d'Asie et de Constantinople ne connaît ni ne croit que Constantinople soit en Asie; mais un homme qui sait ce que c'est que l'Asie et que Constantinople, connaît et croit que Constantinople n'est pas en Asie. Un homme qui n'a jamais ouï parler de la guerre de César et de Pompée, ne connaît ni ne croit que César et Pompée fussent amis ou ennemis; mais un homme qui sait l'histoire de l'un et de l'autre, connaît et croit que César et Pompée étaient ennemis. Je dis donc que ne croire pas la présence réelle, et croire que la présence réelle n'est pas, sont deux choses qu'on ne prend d'abord que pour une; mais elles diffèrent infiniment; car cette première expression emporte seulement qu'on ne met pas cette présence pour un article de foi, parce qu'on n'y songe pas; mais cette seconde emporte quelque chose de plus, qui est qu'on la met entre les articles qu'on rejette.*

Toutes les distinctions ont quelque chose d'éblouissant et de trompeur, parce que l'esprit se plaisant à cette apparence de subtilité s'y amuse, et ne fait souvent pas d'effort pour en reconnaître le défaut. Je veux donc croire que c'est le manque d'attention qui a empêché M. Claude de reconnaître l'illusion de la sienne. Cette illusion consiste en ce qu'il n'a pas poussé les différences qu'il met entre ces expressions aussi loin qu'il était nécessaire pour les appliquer justement au sujet dont il s'agit. Car il est bien vrai qu'il y a quelquefois de la différence entre ne savoir pas qu'une chose soit, et savoir qu'elle n'est pas, et M. Claude a raison de le remarquer; mais il est vrai aussi que souvent il n'y en a pas quant à l'effet de persuader l'esprit *qu'une chose n'est pas*; et c'est ce que M. Claude ne devait pas ignorer.

Pour démêler donc ce qu'il embarrasse, il faut savoir qu'il y a des négations de connaissance, qui sont simples et absolues, dont on ne peut rien conclure, parce qu'on ne sait rien du tout de la chose dont on parle. Si je ne savais, pour me servir de l'exemple de M. Claude, si César et Pompée se sont jamais fait la guerre, ni même s'ils ont jamais été, il est bien certain que je ne conclurais jamais rien de positif de cette ignorance, pour nier ou pour assurer que César et Pompée aient été ou amis ou ennemis. Mais il y a des négations de connaissance qui font tout le même effet que des affirmations positives que la chose n'est pas, parce que l'on connaît de certaines choses qui enferment l'exclusion des autres. Et c'est ce que M. Claude devrait avoir compris par un autre exemple, dont il se sert encore, qui est tout-à-fait propre pour établir tout le contraire de ce qu'il prétend. Car il est bien vrai, comme il dit, *que ceux qui n'ont jamais ouï parler d'Asie et de Constantinople, ne savent ni ne connaissent si Constantinople est ou n'est pas en Asie*, et que leur disposition est fort différente de celle d'un homme qui sait positivement que Constantinople n'est pas en Asie; et c'est ce qui peut servir d'exemple de ces négations de connaissance qui sont simples. Mais supposons un homme qui connaisse l'Asie sans y connaître Constantinople, et qui connaisse aussi l'Europe et Constantinople dans l'Europe, quoiqu'il n'ait point fait formellement ce jugement positif, que Constantinople n'est pas en Asie, il ne le sait pas toutefois moins certainement que ceux qui l'auraient fait une infinité de fois, et il ne serait pas moins disposé de s'opposer à ceux qui voudraient placer Constantinople en Asie, que s'il avait fait mille fois cette réflexion. La raison en est que de ces deux connaissances de *Constantinople en Europe*, et de *l'Asie sans Constantinople* sont, dans le sens, exclusives de celle qui mettrait Constantinople en Asie. Voilà ce que c'est que le second genre de négation de connaissance, que M. Claude a trouvé bon de nous supprimer pour faire valoir sa distinction.

Cependant le sujet dont il s'agit est entièrement de cette seconde espèce, et nullement de la première : car il est bien vrai que si un homme n'avait du tout aucune notion ni de l'Eucharistie, ni du corps de Jésus-Christ, ce ne serait pas la même chose de ne pas croire la présence réelle, et de rejeter la présence réelle. Mais si un homme était accoutumé à regarder l'Eucharistie sans jamais songer que Jésus-Christ y soit présent, en n'y considérant autre chose que l'image de Jésus-Christ, et s'il avait toujours considéré Jésus-Christ comme n'étant que dans le ciel, quoiqu'il n'eût jamais fait positivement ce jugement, que Jésus-Christ n'est pas dans l'Eucharistie, il ne laisserait pas d'en être aussi persuadé que s'il l'avait fait mille fois, et d'être aussi disposé à rejeter la présence réelle que s'il avait déjà combattu cette doctrine.

M. Claude nous débite en un autre endroit une maxime philosophique, qui a sa source dans la même erreur : *Pour faire*, dit-il, *dans cette matière une opposition immédiate, il la faut faire contradictoire, et non pas contraire, c'est-à-dire, qu'il faut mettre l'affirmation et la simple négation, comme on parle, d'une même chose, et non l'affirmation et la rejection positive. Il faut dire que les chrétiens ont eu une créance distincte de la présence réelle, ou qu'ils ne l'ont pas eue; qu'ils ont eu une créance distincte de l'absence réelle, ou qu'ils ne l'ont pas eue. Mais de nous dire qu'ils ont eu une créance distincte de la présence réelle ou de l'absence réelle, c'est visiblement nous tromper, parce qu'il y a entre ces deux états non seulement un milieu, mais plusieurs.* Mais il fait bien voir, par la mauvaise application qu'il fait de cette philosophie de collège, ou qu'il a dessein de nous tromper, ou qu'il se trompe lui-même; et que toutes ces petites règles ne servent qu'à abuser ceux qui n'excellent pas en cette partie de l'esprit qui juge des règles et qui les applique. On accorde à M. Claude que, logiquement parlant, il faut opposer, *croire la présence réelle*, et *ne pas croire la présence réelle*; et non pas, *croire l'absence réelle*; mais je lui soutiens que, raisonnablement parlant, on peut fort bien opposer, *croire la présence réelle*, et *croire l'absence réelle*, c'est-à-dire que *ne pas croire la présence réelle*, et *croire l'absence réelle*, peuvent et doivent passer pour la même chose dans la matière dont il s'agit, parce que ces deux dispositions d'esprit ont tous les mêmes effets.

C'est la même chose dans le langage des hommes de ne pas croire la présence du vrai corps de Henri IV dans sa statue, et de croire l'absence du corps de Henri IV de sa statue, parce que ces deux dispositions d'esprit, quoique différentes, en ce que l'une est sans réflexion et l'autre avec réflexion, ont également ces quatre effets : 1° De faire que celui qui est en l'une ou en l'autre, soit toujours prêt de répondre à quiconque lui demanderait si le corps de Henri IV est en sa statue, qu'il n'y est point du tout; 2° de faire qu'il soit surpris, si on lui annonçait cette nouvelle, que le corps de Henri IV est dans sa statue, et de la regarder comme une nouveauté étonnante et ridicule; 3° d'être disposé à la combattre et à la rejeter; 4° de ne pouvoir être persuadé que ce soit le corps de Henri IV, par toutes les expressions communes qui appellent cette statue du nom de ce roi, puisqu'il serait accoutumé à y donner un autre sens.

Il en est de même dans le fait dont il s'agit. Il y a une différence logicienne entre *ne pas croire la présence réelle*, et *croire l'absence réelle*; mais il n'y en a point d'humaine et de raisonnable, parce que ces deux dispositions, ayant les mêmes effets, sont prises pour les mêmes dans le langage des hommes. Un homme qui n'aurait jamais conçu Jésus-Christ que dans le ciel, qui n'aurait jamais regardé l'Eucharistie que comme une image de Jésus-Christ, un mémorial et un gage, et qui aurait pris en ce sens toutes les expressions de l'Église; qui n'aurait jamais conçu Jésus-Christ réellement présent dans ce mystère, serait dans ces quatre dispositions que nous avons marquées. Il répondrait tout d'un coup à ceux qui lui demanderaient si Jésus-Christ est réellement présent dans le mystère de l'Eucharistie, *qu'il n'y est pas*; il trouverait la nouvelle qu'on lui annoncerait, qu'il y est effectivement présent, étrange, extraordinaire, surprenante; il serait disposé à combattre cette doctrine; il n'en pourrait être persuadé, par toutes les expressions ordinaires, que *c'est le corps de Jésus-Christ, que le pain est changé au corps de Jésus-Christ*, puisqu'il serait accoutumé à les prendre en un autre sens, et à n'entendre autre chose par tous ces termes, sinon, que le pain est le gage et le signe de Jésus-Christ. Il n'en ferait pas davantage, quand il aurait fait cent réflexions positives que Jésus-Christ n'est pas réellement dans l'Eucharistie, et qu'il en est réellement absent; de sorte que ne pas croire la présence

P. DE LA F. I.

réelle, et croire l'absence réelle, sont des dispositions qui se confondent dans les effets; et quand M. Claude a prétendu les distinguer métaphysiquement, on peut dire de lui qu'il a plus parlé en logicien qu'en homme vraiment raisonnable : *Plus logicè quàm humanè locutus est.*

Ainsi le seul établissement de cette question en est la preuve : car s'il était vrai, comme M. Claude le prétend, que les fidèles des huit premiers siècles n'eussent jamais songé que Jésus-Christ fût réellement présent dans l'Eucharistie, et qu'ils ne l'eussent cru présent que dans le ciel, il s'ensuit au moins qu'ils auraient tous connu aussi distinctement l'absence réelle, que tous les Parisiens connaissent que le corps du roi Henri IV est absent de sa statue, et que tous les fidèles connaissent que le corps du pape est absent des images du pape; et qu'ainsi, soit qu'ils eussent fait cette réflexion formelle et expresse, soit qu'ils ne l'eussent pas faite, ils auraient tous été disposés à s'élever contre ceux qui leur auraient annoncé cette doctrine, comme contre des insensés et des hérétiques; ce qui suffit à l'auteur de *la Perpétuité*.

On peut encore remarquer sur ce sujet, que, quoique l'on ait embrassé dans cette supposition le commun des fidèles de l'Église, et que l'on ait soutenu avec raison que, participant tous à l'Eucharistie, ils devaient tous avoir une connaissance distincte si ce qu'on leur donnait était ou n'était pas le corps même de Jésus-Christ, cette supposition néanmoins n'est pas absolument nécessaire pour la preuve à laquelle elle est employée : car pourvu que l'on accorde que tous les prêtres, dont toutes les principales fonctions ont pour objet l'Eucharistie; que les religieux, dont la principale dévotion consiste à se disposer à recevoir souvent cette viande divine; que les principaux d'entre les laïques, qui forment les opinions de la multitude, avaient une créance distincte sur cet article, et qu'ils croyaient ou la présence réelle, ou l'absence réelle, l'argument demeure dans toute sa force, puisqu'il est impossible que tant de milliers de prêtres, de religieux, de laïques, étant les maîtres de la créance des peuples, eussent souffert sans opposition l'établissement d'une doctrine entièrement contraire à leurs sens, aux lumières de leur esprit, et aux instructions qu'on leur aurait données. Ce n'est donc que pour fortifier la preuve que l'on l'a proposée d'une manière si générale; et à moins que M. Claude ne la ruine aussi bien dans les prêtres, dans les religieux, dans les principaux d'entre les laïques, que dans les plus ignorants et les plus simples d'entre le peuple, le changement qu'il prétend être arrivé demeurera également impossible.

Enfin, il faut remarquer qu'encore que, pour rendre la preuve de la perpétuité plus incontestable, on ait joint ensemble ces deux suppositions : l'une, que toutes les nations de la terre se sont trouvées dans la foi de la présence réelle et de la transsubstantiation au temps de Bérenger, sans aucun changement apparent; l'autre, que le commun des fidèles a toujours eu une connaissance distincte de la présence ou de l'absence

(Vingt-une.)

réelle, en la manière que nous le venons d'expliquer, néanmoins l'union de ces deux suppositions n'est pas si nécessaire, que l'une ne prouve rien sans l'autre. L'on peut dire, au contraire, qu'elles suffisent même séparément : car s'il est vrai, comme nous l'avons déjà fait voir, que toutes les sociétés chrétiennes ont toujours certainement été depuis six cents ans dans la créance de la présence réelle, sans qu'il ait paru en elles aucun changement de doctrine sur l'Eucharistie, il est si difficile que toutes les nations aient embrassé insensiblement et universellement une opinion de cette sorte, que cela doit passer pour impossible. Et s'il est vrai que tous les fidèles de la seule société catholique ont toujours eu une créance distincte de la présence ou de l'absence réelle, il s'ensuit encore très-visiblement que l'opinion de la présence réelle n'a pu s'introduire dans cette société par un changement insensible. Mais en joignant ensemble ces deux suppositions, qui prouvent chacune séparément, on met la chose dans un degré d'évidence qui ne peut être contestée que par des personnes déraisonnables, et c'est proprement là le but de l'auteur de la *Perpétuité*.

CHAPITRE III.

Ce que l'on attribue à M. Claude sur le sujet de la créance confuse. Injustice des reproches de mauvaise foi qu'il fait sur ce sujet à l'auteur de la Perpétuité.

Après avoir vu ce que l'auteur de *la Perpétuité* a soutenu, et en quoi il a renfermé ses prétentions, il est bon de voir ce qu'il a imputé à M. Claude, pour satisfaire aux plaintes qu'il a faites, *qu'on a corrompu son sens et ses paroles*, et qu'on lui a fait dire ce qu'il n'a pas dit, et ce qui est entièrement contraire à ses sentiments. Voici donc ce qu'on lui a attribué. *Il s'agit de savoir*, dit l'auteur de *la Perpétuité*, part. 2, ch. 2, *si les fidèles ont pu demeurer mille ans dans l'Église, en voyant tous les jours ce que l'on appelait le corps de Jésus-Christ ; en assistant tous les jours au sacrifice que l'on nommait le sacrifice du corps et du sang de Jésus-Christ ; en recevant souvent en leur bouche ce qu'on leur disait être le corps de Jésus-Christ*, CORPUS CHRISTI ; *s'ils ont pu*, dis-je, *demeurer en cet état, sans former une pensée distincte et déterminée, si ce qu'ils voyaient était ou n'était pas le vrai corps de Jésus-Christ. L'auteur de la* Réponse *le prétend, parce que cette prétention lui est utile pour son dessein ; et il l'avance sans preuves, parce qu'il lui était impossible d'en trouver*. C'est en quoi consiste cette créance confuse, opposée à la créance distincte que l'on attribue à M. Claude, et il est vrai qu'on lui a imputé de l'avoir admise durant mille ans. Cependant il prétend que c'est une imposture et une infidélité ; qu'il n'a jamais admis cette créance confuse qu'au temps de Paschase et de Bérenger, c'est-à-dire, depuis le huitième siècle ; et il fait sur cela des reproches à l'auteur de *la Perpétuité*, qu'il est bon de rapporter en ses propres termes, afin qu'on s'accoutume à ne prendre pas les injures de M. Claude pour un préjugé qu'il ait raison.

Après avoir cité dans son livre les paroles que j'ai déjà rapportées, il ajoute, p. 231 : *J'avoue que si c'est-là le véritable état de la question, je n'ai rien à dire sur la forme de la dispute, et que je me dois seulement défendre sur la matière. Mais si je fais voir que cet état de question est un fantôme de l'invention de l'auteur ; si je le surprends dans une dépravation visible de mon sens et de mes paroles ; si je fais voir que c'est une insigne mauvaise foi, et un manquement inexcusable de sincérité, que ferons-nous de tout ce qu'il a bâti sur un si méchant fondement ? Ne m'avouera-t-on pas que cela est mal bâti, mal avancé, mal disputé ?* Il est raisonnable d'accorder à M. Claude tout ce qu'il demande, et je lui promets de ma part que, pourvu qu'il établisse bien ses principes, on ne se plaindra point de ses conséquences et de ses injures. Mais il est juste aussi qu'il nous accorde de la sienne que s'il ne prouve nullement ce qu'il avance, si au lieu de surprendre son adversaire dans une insigne mauvaise foi, on le surprend lui-même dans une infidélité peu excusable ; si c'est lui-même qui déguise le sens de ses paroles, et qui retranche celles qui le découvrent clairement, il est juste, dis-je, qu'il m'accorde que ses reproches sont injustes, incivils, calomnieux.

Il est donc seulement question de savoir qui a raison ou qui a tort dans les suppositions que l'on fait de part et d'autre, puisque nous sommes d'accord des conséquences. M. Claude justifie les siennes en cette manière, p. 222 : *J'avais dit dans ma cinquième observation que la vérité et l'erreur ayant également deux degrés, l'un de connaissance confuse, et l'autre de connaissance distincte, on ne peut qu'à peine remarquer de la différence entre elles, pendant qu'elles sont dans ce premier degré de connaissance confuse ; d'où il s'ensuit que le passage de l'un à l'autre est facile, et qu'une erreur nouvelle se peut aisément insinuer sous le titre d'éclaircissement donné à la vérité ancienne. Et pour appliquer cette observation à la matière de l'Eucharistie, j'avais dit qu'avant que la transsubstantiation s'établît, chacun croyait que Jésus-Christ est présent au sacrement ; que son corps et son sang y sont vraiment reçus par les fidèles, et que le sacrement est le signe et le mémorial de la mort de Jésus-Christ ; mais qu'il y en avait peu qui connussent au juste la différence des deux opinions qui séparent aujourd'hui les réformés des romains, et qu'il y en avait même qui ne savaient la vérité qu'en gros ; et qu'ainsi quand l'erreur est venue, et qu'elle a déclaré qu'il faut croire Jésus-Christ présent substantiellement et localement, que son corps et son sang y sont reçus de la bouche de notre corps, et que le signe de son corps est le corps même, ç'a été sans doute une nouveauté dont on n'avait pas ouï parler ; mais qu'il n'est pas étrange que beaucoup de monde y ait été trompé, et qu'ils aient pris cela, non pour une nouveauté, mais pour un éclaircissement de la foi commune. Et sur cela il fait cette petite réflexion : Jusque-là je reconnais mes paroles fidèlement rapportées par l'auteur de la*

Réfutation. Mais je ne vois pas que j'aie dit que l'Église ait pu demeurer mille ans sans savoir distinctement ce que c'est que le sacrement, s'il est ou n'est pas réellement le vrai corps de Jésus-Christ. Il suffit qu'elle soit tombée dans cette connaissance confuse de la vérité avant que la transsubstantiation s'établît.

Il n'est nullement étonnant que M. Claude ne voie point cette conséquence dans les paroles de son livre, qu'il rapporte comme citées dans le livre de la *Perpétuité*; mais la raison en est assez étonnante : c'est qu'il ne rapporte pas les paroles de son traité en la manière qu'elles y sont et qu'elles sont citées dans la réfutation que l'on en a faite; mais qu'il en retranche celles où il aurait pu voir cette conséquence, pour avoir droit de dire qu'il ne la voit pas, c'est-à-dire, en un mot, que l'auteur de *la Perpétuité* ayant cité un passage de douze lignes du livre de M. Claude, et lui ayant attribué une conséquence qu'il tire très-justement des quatre lignes du milieu, M. Claude, pour le convaincre de fausseté, ne rapporte que le commencement et la fin de ce passage, et s'écrie sur cela qu'on lui fait dire ce qu'il ne dit pas dans ces lignes qu'il rapporte, mais qu'il dit dans ces lignes du milieu qu'il lui plaît de supprimer.

Voici le passage tout entier, tel qu'il est rapporté dans la *Réfutation*, page 162 : *Cette considération est que l'erreur et la vérité ont également deux degrés : l'un, de connaissance confuse, l'autre de connaissance distincte, et qu'à peine peut-on remarquer quelque différence entre elles pendant qu'elles sont dans ce premier degré de connaissance confuse, à moins qu'on ne revienne à l'autre, qu'on appelle de connaissance distincte. Les idées en sont si semblables qu'on ne les peut discerner que bien difficilement.* On, dit-il, AVANT QU'UNE ERREUR AIT FAIT DU BRUIT, ET SE SOIT FAIT REMARQUER PAR LE COMBAT, LA PLUS GRANDE PARTIE DE L'ÉGLISE, LE PEUPLE ET UNE BONNE PARTIE DES PASTEURS SE CONTENTENT DE TENIR LA VÉRITÉ DANS CE DEGRÉ INDISTINCT DONT JE VIENS DE PARLER, *et ainsi il est aisé à une erreur nouvelle de s'insinuer et de s'établir dans les esprits, sous le titre d'éclaircissement donné à la vérité ancienne.*

Il est visible par cette confrontation, que M. Claude en rapportant ce passage cité dans la *Réfutation*, en a retranché ces lignes : *Or avant qu'une erreur ait fait du bruit, et se soit fait remarquer du combat, la plus grande partie de l'Église, le peuple, et une bonne partie des pasteurs, se contente de tenir la vérité dans ce degré indistinct dont je viens de parler.* Ces lignes se trouvent dans son traité, page 13 : elles sont rapportées dans la *Réfutation* de ce traité par l'auteur de *la Perpétuité*, et elles sont retranchées par M. Claude, dans l'endroit même où il fait profession de rapporter ce que l'auteur de *la Perpétuité* cite de son livre. Il est bien aisé de faire voir maintenant à M. Claude ce qu'il n'a pas voulu voir, ni dans sa première *Réponse*, ni dans la *Réfutation* que l'on en a faite. Il décrit fort bien cette créance confuse dont il s'agit : *C'est un degré indistinct*, dit-il, *dans lequel à peine peut-on remarquer quelque différence entre les opinions contraires, pendant qu'elles sont en cet état. C'est un degré*, dit-il encore, *dans lequel les idées sont si semblables, qu'on ne les peut discerner que très-difficilement.* Et, par conséquent, ceux qui étaient dans ce degré de connaissance confuse ne savaient pas distinctement si ce qu'ils recevaient était ou n'était pas le corps même de Jésus-Christ : car s'ils l'eussent su, leur idée n'aurait été nullement semblable à celle de ceux qui auraient été dans un autre sentiment.

Mais il ne marque pas moins clairement l'étendue qu'il donne à cette créance confuse et indistincte, dans les paroles qu'il a retranchées, et que je m'en vas rapporter comme elles sont dans son premier traité, parce qu'on y voit encore plus clairement son sens. *Je ne doute pas aussi*, dit-il, *qu'on ne m'avoue de bonne foi qu'avant qu'il y ait eu de la contestation sur une matière, c'est-à-dire qu'avant qu'une erreur ait fait du bruit, et se soit rendue remarquable par le combat, la plus grande partie de l'Église, le peuple, et une bonne partie des pasteurs se contentent de tenir la vérité dans ce degré indistinct que je viens de dire. Chacun sait en sa conscience que ce que je dis est vrai, et disputer sur cela, ce serait assurément chicaner.* Voilà le temps bien déterminé; il comprend tout celui qui est *avant la contestation, avant qu'une erreur ait fait du bruit.* Il n'y a qu'à compter combien a duré ce temps; car la raison est générale, et la maxime que M. Claude propose s'étend à tout le temps qui précède la contestation. Aussi ne la fonde-t-il pas sur des faits particuliers, et sur quelques circonstances propres à certains temps; il l'établit sur la nature même et sur l'évidence de cette maxime. Il s'en rapporte à la conscience de chacun, supposant qu'on la voit par la seule lumière de la raison. *Je ne doute point*, dit-il, *qu'on ne m'avoue de bonne foi, etc. Chacun sait en sa conscience que ce que je dis est vrai, et disputer là-dessus, ce serait assurément chicaner.* Ce serait faire tort à M. Claude de douter que lorsqu'il a parlé de la sorte, et qu'il s'en est rapporté *à la bonne foi* de ses lecteurs, il n'ait prétendu proposer une maxime générale, qui s'étend à tous les temps, et non une maxime particulière, dont la vérité ne dépendît que de certains faits, que chacun ne connaît pas par la bonne foi et la conscience; car il n'y a en cette manière que son discours peut avoir un sens raisonnable. Et, par conséquent, il est clair que le temps qui précède la contestation que Bérenger excita sur l'Eucharistie étant de plus de mille ans, cette créance confuse, admise par M. Claude, est aussi de plus de mille ans, ce que j'avais à justifier.

Ainsi quand M. Claude ajoute ces paroles : *Pour appliquer ceci à la matière que nous traitons, je dis qu'avant que la transsubstantiation vînt au monde, chacun croyait que Jésus-Christ est présent au sacrement, et que son corps et son sang y sont vraiment reçus par le fidèle communiant;* c'est une application qu'il fait de la maxime générale qu'il a avancée, et qui marque même qu'il l'a prise généralement : car s'il n'avait voulu dire universellement que dans tout le temps qui précède les contestations, la vérité n'était connue qu'en un degré indistinct, il n'aurait eu aucun sujet de conclure de là qu'au temps de Bérenger elle n'était connue que de cette manière confuse, puisqu'il n'apporte en cet endroit aucune preuve pour montrer que cette maxime fût plus véritable en ce temps-là qu'en un autre.

Il est donc certain que ce n'est point injustement qu'on impute à M. Claude d'avoir soutenu que pendant mille ans la plupart des fidèles n'ont eu qu'une connaissance confuse du mystère de l'Eucharistie, puisque cette conséquence se tire si naturellement et si nécessairement de ses paroles, qu'il n'a point trouvé d'autre moyen de s'en défendre, que de dissimuler qu'on les eût rapportées, et de les retrancher lui-même de son passage.

Et il ne lui sert de rien de dire que dans d'autres passages de son écrit il applique cette créance confuse au temps de Lanfranc et de Bérenger : car qui doute que celui qui soutient généralement qu'*avant les contestations et le bruit que les erreurs excitent, la plupart des fidèles se contentent de tenir la vérité dans un degré confus*, n'ait droit d'en conclure, qu'un peu avant Bérenger on n'avait dans l'Église qu'une connaissance confuse de l'Eucharistie? La conclusion est certaine ; il n'y a qu'à dire que ce temps marqué précède l'erreur, et, par conséquent, qu'il est compris dans le temps de la connaissance confuse. Mais il ne s'ensuit nullement de là que la maxime qui détermine le temps de la connaissance confuse ne soit pas générale, et ne s'étende pas à tout le temps qui précède la contestation et la naissance de l'erreur.

Enfin c'est inutilement qu'il allègue qu'il a marqué dans son premier écrit que ce fut au dixième siècle que se perdit la connaissance distincte de la vraie doctrine sur le sujet du sacrement. Cela ne conclut rien, tant parce qu'il n'est pas fort extraordinaire à M. Claude de se contredire, que parce que cette perte de la connaissance distincte de l'Eucharistie n'est nullement contraire à la créance confuse que l'on soutient qu'il a admise dans les dix premiers siècles : car comme cette créance confuse n'était, selon lui, que dans la plupart des pasteurs et dans la plus grande partie des laïques, il restait encore un petit nombre et de pasteurs et de laïques éclairés, dont il peut entendre sans contradiction ce qu'il dit, que la connaissance distincte du mystère de l'Eucharistie se perdit dans le dixième siècle, c'est-à-dire que, selon lui, il n'y resta plus personne qui connût distinctement la véritable doctrine de l'Église, au lieu qu'il y en avait quelques-uns qui la connaissaient dans les autres siècles.

Voilà comment il peut accorder ses paroles, pour éviter qu'on ne lui reproche qu'il s'est contredit. Mais il n'empêchera pas par là qu'il ne soit très-véritable qu'il a admis la créance confuse et indistincte du mystère de l'Eucharistie, pendant tout le temps qui précède l'hérésie de Bérenger, c'est-à-dire, pendant plus de mille années. Après cela je ne pense pas qu'il ait grand sujet de se plaindre de ce que l'on a dit dans la *Réfutation*, en rapportant son sentiment, que, selon lui, l'Église est demeurée dans cette ignorance jusqu'au temps de Bérenger, puisqu'il n'y a rien en cela que de véritable. Que si ces mots ne se trouvent pas expressément dans son écrit, quoique le sens s'y trouve, c'est qu'ils n'étaient destinés que pour représenter son sens, et non ses paroles ; et que ce n'est que par une faute d'imprimeur qu'elles sont en italique, comme il est arrivé encore en quelques autres endroits. Et ainsi, en les remettant en caractère romain, il n'aura plus sujet de se plaindre de l'imprimeur même ; mais il faudra qu'il fasse bien d'autres changements dans sa *Réponse*, pour en ôter tout ce qui blesse la vérité, la sincérité et la bonne foi.

CHAPITRE IV.

Étrange procédé de M. Claude dans la manière avec laquelle il prétend réfuter ce que l'on a dit, que les fidèles ont toujours eu une créance distincte de la présence ou de l'absence réelle. — Deux défauts notables dans lesquels il est tombé.

C'est une étrange disposition d'esprit que celle dans laquelle on entre, quand on entreprend de réfuter un écrit à quelque prix que ce soit ; et certainement il n'y en a guère qui dérègle plus le jugement, et qui fasse même perdre davantage la mémoire. On est tout occupé de ce qu'on a dessein de combattre ; on met tout en œuvre pour le détruire ; on ne fait plus de discernement des raisons. Ainsi, en voulant tout contredire, et ne demeurer d'accord de rien, on se trouve enfin aussi peu d'accord avec soi-même qu'avec les autres.

C'est ce qu'on va voir dans les premières démarches de M. Claude sur le sujet de cette créance confuse, que l'auteur de *la Perpétuité* lui reproche d'avoir admise durant plus de mille ans. Son esprit de réfutation le porte à l'accuser sur cela d'une insigne mauvaise foi, et d'un manquement inexcusable de sincérité ; à l'appeler *maître en déguisement*, et à employer fort mal-à-propos la facilité qu'il a de faire des amplifications et des antithèses.

Je viens de faire voir qu'il n'y a rien de plus injuste que ces accusations. Mais s'il n'est pas vrai, comme il le prétend, qu'il ait admis cette créance confuse pendant dix siècles, et s'il l'a renfermée, comme il dit, dans le neuvième et le dixième, il s'ensuit donc qu'il reconnaît que pendant huit siècles les fidèles avaient une connaissance distincte du mystère de l'Eucharistie ; et ainsi l'auteur de *la Perpétuité*, prétendant qu'ils l'ont toujours eue, ne serait en différend avec lui qu'à l'égard de deux siècles seulement, savoir du neuvième et du dixième, et n'aurait à combattre cette connaissance confuse que dans ces deux siècles, ce qui ne serait pas bien difficile.

M. Claude se ravise donc, et il trouve qu'il lui est plus avantageux de ne rien accorder du tout à l'auteur de *la Perpétuité*, et de soutenir que même pendant ces huit premiers siècles les fidèles n'avaient pas de connaissance distincte de la présence ou de l'absence réelle. Il divise pour cela les fidèles de ces siècles en diverses classes et en divers ordres, et il prétend que dans tous ces différents ordres *il n'y en avait aucun qui eût une connaissance formelle de la réalité romaine, pour la rejeter ou pour l'admettre;* et c'est pourquoi il ne s'élève pas moins contre l'auteur de *la Perpétuité*, qui avait prétendu que dans tous les dix premiers siècles les fidèles avaient cette connaissance distincte, que s'il se fût renfermé dans le neuvième et le dixième siècle.

Ce n'est pas qu'il n'y ait de l'équivoque en tout cela : mais il n'a pas plu à M. Claude de le développer, afin d'avoir lieu de se trouver toujours opposé au sentiment de l'auteur de *la Perpétuité*, et de se faire valoir en le réfutant partout. Cependant il devait considérer que ce qu'il a voulu embrouiller pourrait être démêlé, et qu'ainsi il ne tirerait peut-être pas tout le fruit qu'il espère de ce petit artifice.

Quand un homme ne dit que des choses très-claires et très-conformes au sens commun, ceux qui entreprennent de le réfuter tombent d'ordinaire dans ces deux inconvénients : 1° De mal expliquer son sentiment, afin d'avoir lieu de le combattre ; 2° de lui accorder en effet tout ce qu'il désire, lors même qu'ils font semblant de le contredire.

Ce que l'auteur de *la Perpétuité* avait soutenu, touchant la connaissance distincte du mystère de l'Eucharistie, était dans ce degré de clarté, et ainsi on ne doit pas s'étonner que M. Claude soit tombé dans tous ces deux défauts, comme il est bien facile de l'en convaincre.

L'auteur de *la Perpétuité* soutient que les fidèles ont toujours eu dans tous les siècles une créance distincte de la présence ou de l'absence réelle, et qu'ils ont su si ce qu'ils recevaient en la communion était ou n'était pas le vrai corps de Jésus-Christ. Or, comme on l'a déjà montré, par cette connaissance distincte de la présence réelle, il n'entend pas une connaissance distincte de la transsubstantiation; c'est une question à part, pour laquelle il a ses preuves particulières; mais il lui est permis de se renfermer ici dans ce qu'il y a de plus clair, et qui peut être mieux prouvé par la raison qu'il emploie.

Quand il dit aussi que s'ils n'avaient pas eu une créance distincte de la présence réelle, ils en auraient eu une de l'absence réelle, il ne dit pas qu'ils auraient rejeté formellement et spécifiquement toutes les diverses manières de présence réelle qu'on peut inventer; mais il dit qu'ils auraient cru l'absence réelle de Jésus-Christ en la manière que tous les Parisiens connaissent distinctement et absolument que le roi n'est pas à Paris quand il est en Flandre ; quoiqu'ils ne s'avisent pas de dire qu'il n'y est ni par transsubstantiation, ni par consubstantiation, ni par polytopie, ni par présence invisible. Ils disent tout cela en un mot, en disant qu'il n'y est pas. Ainsi, comme on l'a déjà remarqué, afin que les fidèles eussent une créance distincte de l'absence réelle, il est seulement besoin qu'ils eussent cru que l'Eucharistie n'était pas le corps même de Jésus-Christ ; qu'il n'y était pas réellement présent, et qu'il n'était véritablement que dans le ciel.

Que fait donc M. Claude pour combattre cette doctrine si claire? Il a recours à l'un des artifices dont nous avons parlé. Il la déguise et il l'altère à sa mode : il suppose qu'on a dit ce que l'on n'a pas dit, et il s'amuse à prouver que peut-être les fidèles qui n'auraient pas cru la présence réelle, n'auraient pas pour cela rejeté formellement la transsubstantiation, la consubstantiation, la polytopie ; d'où il conclut qu'ils n'avaient point d'idée distincte de la présence réelle ni de l'absence réelle. *Il ne s'ensuit pas*, dit-il, p. 280, *qu'ils aient formellement rejeté les moyens qu'on a trouvés depuis pour ôter cette incompatibilité, ou que deux substances soient l'une dans l'autre, selon l'opinion des consubstantiateurs, ou que celle du pain cède à celle du corps, selon la créance de Rome. Ils n'ont point pensé à ces prétendus moyens, et ne les ont ni positivement admis, ni positivement rejetés. N'y a-t-il pas*, dit-il encore, *de l'absurdité à vouloir que ces prétendus moyens, dont les peuples n'avaient jamais ouï parler, tombassent formellement dans leur esprit, pour les rejeter, ou pour les admettre ?*

Mais quand on se donne la liberté de faire raisonner ses adversaires à sa fantaisie, il n'est pas difficile de leur attribuer des absurdités. On soutient à M. Claude que si les fidèles des premiers siècles n'avaient point eu une créance distincte de la présence réelle, ils en auraient eu une de l'absence réelle; c'est-à-dire, qu'ils auraient été persuadés que l'Eucharistie n'est point le corps de Jésus-Christ; qu'ils auraient été prêts à répondre de cette sorte à toute personne qui leur aurait demandé si c'est le corps de Jésus-Christ ; qu'ils auraient été dans la disposition de s'élever avec force contre tous ceux qui auraient avancé cette nouvelle doctrine. Pour cela il n'aurait point été nécessaire qu'ils eussent envisagé distinctement aucune des manières de présence réelle ; il aurait suffi qu'ils les eussent toutes rejetées généralement. Et M. Claude prétend renverser tout cela en disant qu'ils n'ont point songé à ces manières particulières, comme si l'on ne pouvait pas les rejeter toutes sans y songer expressément.

Peut-on concevoir un procédé plus contraire à la bonne foi et à la sincérité, que de détourner ainsi la question à ce que l'on n'a point dit, lorsque l'on est dans l'impuissance de répondre à ce que l'on a dit effectivement?

Cela suffit pour convaincre M. Claude du premier des deux défauts que l'on a marqués, qui est d'imposer à son adversaire des sentiments qu'il n'a point, et de lui faire dire ce qu'il ne dit pas. Et il n'est pas moins facile de lui faire voir qu'il est aussi tombé dans le second, savoir de lui accorder en effet tout ce qu'il demande, lorsqu'il le combat avec le plus de chaleur.

C'est ce qui est presque inévitable à ceux qui entreprennent, comme M. Claude, de contredire des choses claires. D'autre part, il est pénible à ces personnes de résister toujours à la vérité qui les presse ;

de l'autre ils se sont engagés à la désavouer et à la combattre : ainsi, pour accorder ces deux inclinations, ils ont coutume de se servir de cet artifice, d'accorder tout ce qu'on leur demande sous d'autres termes pour satisfaire à la vérité, et de rejeter les mêmes choses sous les termes dans lesquels elles sont proposées par leur adversaire, pour satisfaire à leur passion et à leur engagement. C'est proprement là le procédé de M. Claude.

Il faut se souvenir pour cela de ce que nous avons déjà remarqué, qu'il y a trois manières de rejeter la présence réelle, ou de croire l'absence réelle. La première, de croire simplement Jésus-Christ présent dans le ciel, de regarder l'Eucharistie comme son image, de ne le point concevoir présent dans la terre. C'est une des manières de concevoir l'absence réelle de Jésus-Christ de l'Eucharistie, comme c'est concevoir l'absence du roi de Paris, de le concevoir en Flandre, et de ne le point concevoir à Paris. La seconde, de rejeter généralement et positivement la présence de Jésus-Christ, sans descendre néanmoins à toutes les différentes manières de présence corporelle, spirituelle, visible, invisible. La troisième, de rejeter positivement et distinctement toutes ces différentes manières de présence.

Sur le sujet de ces trois manières, l'auteur de la Perpétuité soutient que si les fidèles n'avaient pas cru la présence réelle, ils n'auraient pu s'empêcher de la rejeter, ou de la première ou de la seconde manière ; mais il ne dit pas un seul mot de la troisième. Que fait sur cela M. Claude ? Il accorde entièrement la première de ces manières ; il ne dit rien de la seconde, et il combat la troisième, que personne ne veut établir. C'est ce que l'on va voir par ce passage de son livre, p. 291 : *Quand l'auteur nous dit que ceux qui prenaient les instructions des Pères en un sens métaphorique avaient une idée et une créance distincte de l'absence réelle, s'il entend qu'ils croyaient Jésus-Christ présent corporellement au ciel, sans songer à ce qu'on a dit depuis qu'il est en même temps au ciel et en la terre, là à la manière d'un corps, ici à la manière d'un esprit, j'avoue que les fidèles avaient en ce sens-là une idée très-distincte de l'absence réelle, c'est-à-dire qu'ils ne concevaient point du tout qu'il fût substantiellement présent au sacrement, appliquant toute leur pensée à la présence de sa grâce et de son mérite, s'attachant à méditer son amour infini, etc., sans porter leur esprit jusqu'à cette présence de substance, que Rome a depuis trouvée. Mais si, par avoir une créance et une idée distincte de l'absence réelle, l'auteur entend qu'ils connaissaient et rejetaient distinctement ce moyen de faire exister le corps de Jésus-Christ à l'autel, en multipliant sa présence en plusieurs lieux, je dis qu'ils ne l'avaient point du tout.*

Il est clair par ce passage, 1° que M. Claude ne nie positivement que ce que l'on n'a jamais dit, qui est que si les fidèles n'avaient pas cru distinctement la présence réelle, ils l'auraient rejetée expressément avec toutes ses conséquences, et en spécifiant toutes les diverses manières de présence : cependant il veut paraître contraire en ce point à l'auteur de la *Perpétuité* ; 2° qu'il ne parle point du tout dans ce passage de la seconde manière, très-naturelle et très-simple, de rejeter la présence réelle, qui est de nier généralement que Jésus-Christ soit présent au sacrement, et c'est une de celles que l'auteur de *la Perpétuité* prouve avoir dû se rencontrer dans les fidèles des premiers siècles, s'ils n'eussent pas cru la présence réelle ; 3° qu'il accorde expressément la première, en soutenant que les fidèles de ce temps-là *croyaient Jésus-Christ corporellement au ciel ; qu'ils ne songeaient point du tout qu'il fût dans la terre, et qu'ils appliquaient toute leur pensée à la présence de sa grâce :* or, être dans cette disposition, c'est rejeter en un sens la présence réelle, ainsi que nous l'avons déjà montré plusieurs fois.

Voilà donc une assez plaisante manière de réfuter les gens : de contredire ce qu'ils ne disent point, de ne dire rien sur ce qu'ils disent, et de leur accorder ce qu'ils demandent et ce qui suffit pour leur dessein. Car, comme on l'a déjà fait voir, l'unique but de tout le traité de *la Perpétuité* est de montrer que si les peuples n'avaient pas toujours cru la présence réelle, ils n'en auraient jamais souffert l'établissement ; et pour cela il suffit qu'ils aient toujours été dans la disposition de se soulever contre ceux qui l'auraient enseignée, au cas qu'ils ne l'eussent pas toujours crue. Or la manière d'idée distincte d'absence réelle que M. Claude admet est plus que suffisante pour cela : car qui pourrait s'imaginer que les fidèles, accoutumés à ne regarder jamais Jésus-Christ que dans le ciel, à ne le considérer jamais sur la terre, à ne voir dans le sacrement de l'Eucharistie que la qualité de signe sacré, opérant moralement dans nos âmes, eussent pu souffrir sans bruit et sans éclat cette nouvelle si surprenante que ce qu'ils croyaient n'être que l'image de Jésus-Christ était Jésus-Christ même, et le contenait réellement ; que ce qu'ils ne prenaient que pour du pain était le corps même de leur Sauveur ? Peut-on s'imaginer, comme nous avons déjà dit, qu'on persuadât sans bruit à tous les peuples de France que les statues de leurs rois, qu'ils ne considéraient que comme des statues, enferment réellement leur corps ; que les signes qui marquent le vin sont réellement du vin ; que toutes les enseignes des marchands contiennent réellement les marchandises qu'elles désignent ?

Il n'est point nécessaire, comme nous l'avons déjà dit, pour être disposé à rejeter ces opinions fantastiques, d'avoir fait auparavant ces réflexions positives : que la statue d'un roi n'est pas réellement son corps ; que l'enseigne d'un marchand n'est pas sa marchandise, que du lierre n'est pas du vin. Il suffit que l'idée que nous avons de l'une de ces choses soit telle qu'on y voie l'exclusion de l'autre sitôt qu'on y fait réflexion. C'est en cette manière que nous concevons la distinction de toutes les choses du monde ; car nous les discernons rarement par des réflexions expresses.

Mais on ne laisse pas de dire avec vérité que nous avons une idée nette de leur distinction, parce que, sitôt que nous y faisons attention, nous voyons clairement que l'idée de l'une n'enferme point celle de l'autre, et que nous sommes disposés à résister à ceux qui les voudraient confondre.

Ainsi tout homme qui n'aurait jamais regardé l'Eucharistie que comme image et comme signe de Jésus-Christ, et qui n'aurait jamais considéré Jésus-Christ présent que dans le ciel, répondrait tout d'un coup à celui qui lui demanderait si Jésus-Christ est réellement présent dans l'Eucharistie, qu'il n'y est nullement en cette manière, et ne manquerait jamais de traiter d'abord cette opinion d'impertinente et de ridicule.

Quel moyen aurait-on de faire passer insensiblement à la créance de la présence réelle un homme instruit jusqu'au point où M. Claude suppose que les fidèles un peu éclairés étaient instruits dans les huit premiers siècles de l'Église? Lui dirait-on avec les Pères que l'Eucharistie est le corps de Jésus Christ? Mais il serait accoutumé, selon M. Claude, de n'entendre autre chose par ces expressions, sinon que l'Eucharistie est le signe du corps de Jésus-Christ. Lui dirait-on avec les mêmes Pères *que le pain et le vin sont changés, transélémentés, convertis au corps et au sang de Jésus-Christ?* Mais il serait accoutumé encore, selon M. Claude, d'entendre simplement par ces paroles *qu'ils sont changés et convertis en la vertu du corps de Jésus-Christ.* Avec ces deux célèbres clés de *vertu* et de *figure*, il s'imaginerait ouvrir sans peine tous les passages des Pères. Il faudrait donc lui montrer avec grand soin, pour le réduire à l'opinion des catholiques, qu'il les entend mal; qu'ils parlent d'une présence réelle, et non d'une présence de signification et de vertu. Que l'on juge si cela se peut faire sans bruit, sans émotion, sans dispute, et sans qu'il en paraisse dans l'Église aucune trace sensible!

Nous montrerons dans la suite que les preuves de l'auteur de *la Perpétuité* contre la créance confuse s'étendent encore plus loin, et qu'elles font voir que non seulement les fidèles ont dû avoir en cette matière une connaissance distincte de la présence ou de l'absence réelle, mais même qu'ils n'ont pu s'empêcher d'y faire réflexion. Mais quand elles ne concluraient que ce que M. Claude nous accorde pour les premiers siècles, elles ne laisseraient pas d'être suffisantes pour montrer que la présence réelle n'aurait pu s'établir insensiblement dans tous les siècles. Aussi M. Claude semble demeurer en quelque sorte d'accord de cette conséquence, en disant que l'erreur n'osa se montrer dans tous les huit premiers siècles. De sorte que, pour vu qu'on lui montre que le neuvième et le dixième siècle n'ont pu être dans une autre disposition, il s'ensuit que, selon lui-même, elle n'a pu se montrer ; or cela sera bien facile : cependant il suffit de remarquer ici que, quoique dans le dessein de contredire l'auteur de *la Perpétuité*, il ait prétendu qu'il avait eu tort d'avancer que si l'on n'avait point eu dans les premiers siècles la créance de la présence réelle, on aurait eu celle de l'absence réelle, il accorde néanmoins à cet auteur, à l'égard des huit premiers siècles, tout ce qui est nécessaire pour montrer l'impossibilité du changement insensible, ce qui est son unique but.

CHAPITRE V.
Système de l'opinion de M. Claude sur la créance distincte et confuse.

Les bâtiments qui ont été faits à diverses fois, par diverses vues et pour diverses fins, sont d'ordinaire peu réguliers et peu proportionnés, et il en est de même des opinions. Car lorsqu'elles n'ont pas été formées tout d'un coup sur la vue simple de la vérité, mais que l'on a été forcé de les établir par différents intérêts, non seulement elles ont peu de proportion et de régularité, mais les parties s'entretiennent si peu, et sont si mal jointes entre elles, que souvent les unes ne peuvent subsister que par la ruine des autres.

C'est pourquoi afin d'éclaircir mieux toute cette matière, il est bon de faire remarquer la naissance et le progrès de l'opinion de la créance confuse et distincte dont M. Claude est l'inventeur, et de représenter en abrégé tout son système, en faisant voir en détail les diverses parties qui le composent, puisque le représenter en cette manière, c'est en quelque sorte le ruiner.

Quand le ministre Aubertin nous a voulu faire l'histoire de ce changement prodigieux de la créance de toute la terre sur le sujet de l'Eucharistie, il s'y est pris plus grossièrement : il ne s'est point amusé à ce degré de créance confuse ; mais il nous a dit simplement que, dans les ténèbres du dixième siècle, l'opinion de la présence réelle se répandit dans toute l'Église, en sorte que ceux du onzième, quoique devenus plus habiles, l'ayant sucée avec le lait, la firent passer hardiment pour véritable. *Hinc contigit ut in sequenti, quamvis litteratiores facti, hâc tamen opinione unâ cum lacte imbuti, illam tanquàm veram confidenter obtruserint.*

Mais les difficultés de ce changement prétendu ayant été représentées dans le traité de *la Perpétuité*, M. Claude s'est avisé, dans sa première *Réponse*, p. 13, d'avancer cette maxime générale : Qu'*avant qu'il y ait eu de la contestation sur une matière, et avant qu'une erreur ait fait du bruit, et se soit rendue remarquable par le combat, la plus grande partie de l'Église, le peuple et une bonne partie des pasteurs, se contentent de tenir la vérité dans un degré indistinct,* c'est-à-dire, comme il l'explique un peu auparavant, *dans un degré de connaissance confuse, dans lequel les idées de la vérité et de l'erreur sont si semblables, qu'on ne les peut discerner que très-difficilement.* Voilà le premier établissement de la créance confuse, dans lequel il est clair, comme on vient de faire voir, que M. Claude l'étend à tout le temps qui précède l'hérésie de Bérenger, c'est-à-dire, à tous les dix premiers siècles, et à la moitié du onzième. Mais dans la seconde *Ré-*

ponse, il s'est repenti de s'être tant avancé, et il a mieux aimé diviser ses siècles en deux parties, dont l'une comprend les huit premiers, et l'autre le neuvième, le dixième et une partie du onzième. Il appelle (p. 295) les huit premiers siècles *les beaux jours de l'Église, les jours de bénédiction et de paix*; et il prétend que la doctrine positive qu'il soutient *y était enseignée d'une manière si claire, si forte et si distincte, qu'elle dissipait toutes les difficultés qui pouvaient naître de ces expressions : Le pain est le corps de Jésus-Christ; il est changé au corps de Jésus-Christ, et d'autres semblables; les Pères*, dit-il, *prenant soin de s'expliquer nettement, et de prévenir l'esprit des peuples contre l'erreur, et en effet, l'erreur n'osa paraître dans tous ces siècles.* Il appelle aussi l'état de ces peuples l'état de connaissance distincte, dont il veut qu'on ait passé à la connaissance confuse; et néanmoins il ne veut pas que dans cet état les fidèles eussent une connaissance distincte de la présence ou de l'absence réelle, quoique nous ayons montré qu'il l'admet en effet malgré qu'il en ait.

Pour accorder cette contradiction apparente, on peut dire que, selon M. Claude, la connaissance de ces peuples était distincte positivement à l'égard de ce point : Que l'Eucharistie est le signe et le mémorial de Jésus-Christ, que Jésus-Christ est dans le ciel; mais qu'elle n'était pas distincte négativement à l'égard de ces propositions exclusives : Jésus-Christ n'est pas réellement dans l'Eucharistie, il n'est pas réellement dans la terre; de sorte que, comme il prétend qu'on a perdu dans le neuvième et le dixième siècle la connaissance distincte qu'il admet auparavant, il faut qu'il suppose que l'on n'ait pas cru dans le dixième siècle que l'Eucharistie fût le gage et le mémorial de Jésus-Christ, et qu'on ait cessé de dire qu'il fût dans le ciel. Ce qui est assez ridicule.

C'est ce qu'il a dit en général touchant l'état des peuples dans les huit premiers siècles : mais pour le particulariser davantage, il décrit en détail les différents ordres de personnes dont il prétend que l'Église était alors composée. *Je mets*, dit-il, *dans l'Église, cinq sortes de personnes, qui n'avaient aucune connaissance distincte de la présence réelle, ni pour la rejeter, ni pour l'admettre. Premièrement, ceux qui concevaient ces deux termes*, le sacrement *et* le corps de Jésus-Christ; le Sacrement *sous l'idée que les sens leur en fournissaient; car soit qu'on l'appelât pain, soit qu'on l'appelât corps, l'idée qu'ils s'en formaient était telle que les yeux la représentaient. Ils concevaient ensuite le corps de Jésus-Christ de la manière que l'Évangile nous en parle, un corps, une chair semblable à celle que nous avons, née d'une Vierge, unie au Verbe éternel, vivant en terre, mourant en croix, ressuscitée et élevée dans la gloire; en un mot, sous l'idée que la religion nous en donne. L'idée du sacrement leur servait pour passer à l'autre ; mais ils s'arrêtaient là, et ne faisaient point de plus particulière réflexion sur ceci, comment le sacrement était le corps de Jésus-Christ. Leur dévotion était contente de l'usage qu'ils avaient fait du sacrement, à quoi ils étaient aidés par cette formule de communion :* CORPUS CHRISTI; *ils n'allaient pas jusqu'à cette question-là. Secondement, ceux qui allaient jusqu'à la question : Comment ce pain visible, ce sujet qu'on nomme sacrement, est le corps de Christ ? Mais trouvant de l'incompatibilité dans les termes, leur esprit s'arrêtait à la seule difficulté, sans entreprendre de la résoudre. Troisièmement, ceux qui allant jusqu'à la question, allaient aussi jusqu'à la résolution; mais leur esprit s'arrêtait à des termes généraux, comme que Jésus-Christ nous est présent au sacrement, que nous y recevons son corps et son sang, sans en chercher un plus grand éclaircissement. Quatrièmement, ceux qui après avoir été choqués par l'incompatibilité des termes, trouvaient enfin le vrai dénoûment, je veux dire, que le pain est le sacrement, le mémorial et le gage du corps saint de notre Rédempteur. Cinquièmement, ceux qui, à l'ouïe de ces propositions : Le pain est changé au corps de Christ; le pain est le corps de Christ, allaient d'abord à leur vrai et naturel sens, sans embarras ni difficulté, et sans songer même à l'incompatibilité des termes; entendant fort bien que le pain, demeurant pain, est consacré pour nous être un sacrement qui nous représente et qui nous communique le corps du Seigneur.*

Voilà ce que M. Claude appelle les beaux jours de l'Église, et le temps de la connaissance distincte. Et cependant, de ces cinq ordres, il y en a trois qui ne savaient ce que c'était que l'Eucharistie, et qui n'entendaient pas le sens des expressions qui en renferment la doctrine. Le quatrième le cherchait et le trouvait, dit-il, *heureusement après l'avoir beaucoup cherché;* et le cinquième le trouvait sans le chercher.

Après ces huit siècles, M. Claude place le temps de l'ignorance et de la créance confuse. *Nous déterminons*, dit-il, pag. 260, *le temps de l'ignorance des peuples, à peu près depuis Paschase jusqu'à Bérenger; c'est-à-dire depuis le commencement du neuvième siècle jusqu'au milieu du onzième;* et c'est-là le temps qu'il appelle de connaissance confuse. Mais comme il est extrêmement empêché à représenter l'état de ces siècles, il se sert quelquefois d'un artifice tout-à-fait plaisant, qui est de décrire l'état où il prétend que l'Église était dans le onzième siècle après Bérenger, lorsqu'il s'agit de développer l'état où elle était dans le neuvième et le dixième, et dans les premières trente années du onzième.

Il avait déjà commencé d'user de cette supercherie dans la première *Réponse*, page 19, et l'auteur de la *Réfutation* la lui avait pardonnée; mais il est bon de la faire remarquer ici, parce qu'il continue encore dans sa seconde *Réponse* d'user du même déguisement. Il rapporte, dans cette page 19 de sa première *Réponse*, la prétention de l'auteur de *la Perpétuité* en ces termes : *L'auteur*, dit-il, *se moque de nous, quand il dit qu'en supposant le changement que nous prétendons être arrivé, il faut nécessairement qu'il y ait eu un temps où la créance de la présence réelle était tellement mêlée avec celle de l'absence réelle, qu'il y avait la moitié des évêques, des prêtres et du peuple qui tenait l'une, et l'autre* qui tenait l'autre; sur quoi il exagère son étonnement, que cette division si générale, si grande et si importante, ait demeuré si longtemps inconnue, ou qu'étant connue elle n'ait point produit une actuelle séparation. Il est visible que ce temps de mélange, dont parle l'auteur de la *Perpétuité*, précède nécessairement Bérenger, puisqu'il établit pour principe que peu avant Bérenger toute l'Église était dans la créance de la présence réelle, et que tout son raisonnement se réduit à ce point, que les ministres prétendant que toute l'Église était calviniste à la fin du huitième siècle, et s'étant trouvée toute dans la créance des catholiques au commencement du onzième, il faudrait nécessairement, selon cette supposition, que, dans l'entre-deux, il y ait eu un temps où les deux créances étaient mêlées.

M. Claude entreprend donc de réfuter ce raisonnement, et il le fait en cette manière : *Ce raisonnement*, dit-il, *qui occupe six grandes pages dans l'écrit qu'on m'a fait voir, et dont pourtant je rassemble toute la force en quatre mots, a deux insignes défauts : l'un, qu'il suppose faux, et l'autre, qu'il conclut mal.* Il n'y a rien de plus net, et quand il s'agit de condamner son adversaire, M. Claude ne laisse jamais d'équivoque : il déclare donc que ce mélange des deux créances avant Bérenger, qu'on avait tiré comme une conséquence nécessaire de l'opinion des ministres, est faux. Mais quand il s'agit d'établir cette accusation de faux, les preuves de M. Claude ne se trouvent pas tout-à-fait si nettes.

Je dis, continue M. Claude, pag. 20, *qu'il suppose faux*, c'est-à-dire que ce mélange de créance avant Bérenger est fabuleux. Mais comment le prouve-t-il ? *Car*, dit-il, *dans le plus grand progrès de l'erreur, dans le onzième siècle, si vous voulez, je ne doute point qu'il n'y ait eu de quatre ou cinq sortes de personnes dans le corps de l'Église visible : les uns profanes et mondains, qui ne prenant pas grand intérêt à la religion, se tenaient fort à l'écart de ces disputes, sans prendre parti ; les autres ignorants, qui se contentaient de savoir en général que l'Eucharistie est le mémorial de la passion de leur bon Sauveur, et qu'ils y recevaient son corps et son sang ; et ceux-là tenaient la véritable foi dans le degré de connaissance confuse que j'ai dit en ma cinquième observation ; les troisièmes tenaient la véritable foi dans un degré de connaissance distincte, croyant que le pain et le vin sont les signes du corps et du sang du Fils de Dieu ; que ce corps et ce sang y sont présents non localement et substantiellement, mais mystiquement à nos âmes, et qu'ils y sont reçus de nous, non par la bouche du corps, mais par l'opération de la foi ; et de ceux-là les uns avaient assez de courage et assez de force pour soutenir la vérité publiquement ; les autres se contentaient de la croire et de la maintenir en particulier. Les quatrièmes étaient ceux qui avaient embrassé l'erreur de la créance substantielle.* Y eut-il jamais une plus visible illusion que celle-là ? L'auteur de *la Perpétuité* soutient qu'avant Bérenger les ministres doivent admettre un mélange prodigieux, mais inconnu, de ces deux créances dans toutes les sociétés et dans toutes les compagnies particulières, et il prouve que ce mélange est impossible ; et M. Claude répond qu'après Bérenger *il y a eu en effet de la division dans l'Église sur le sujet de l'Eucharistie, et que ce mélange en ce temps-là n'est pas impossible* : car, pour montrer qu'il place ces différents ordres de personnes après que Bérenger eut commencé à publier son erreur, c'est que, dans cette page 20, il marque expressément le onzième, et que dans la page 248 de la seconde *Réponse*, en nous renvoyant à ce lieu même, il marque qu'il entend parler du temps après que *la contestation fut formée, et que la question fut ouverte.*

C'est pourquoi dans sa seconde *Réponse*, il passe de même de l'état prétendu de l'Église des huit premiers siècles à l'explication de l'état de l'Église après Bérenger. *Pour établir ma prétention*, dit-il, pag. 249, *je dis que le corps de l'Église est insensiblement tombé de la connaissance distincte de la vérité dans une connaissance confuse, et qu'elle a pu facilement passer de la connaissance confuse à l'erreur.* Or elle y était déjà toute passée avant Bérenger, comme Aubertin même le reconnaît. Comment M. Claude nous expliquera-t-il donc ce passage de la créance confuse à l'erreur qui s'est fait avant Bérenger ? *Pour établir*, dit-il, *la facilité de ce passage, je dis que quand la transsubstantiation a fait ses plus grands progrès, il y a eu dans l'Église cinq sortes de personnes.* Et ensuite il répète en abrégé ce que nous avons rapporté de ces cinq ordres, en citant la page 20 de sa *Réponse*, où tout ce qui y est dit ne s'entend que du temps après la publication de l'hérésie de Bérenger. De sorte que son discours se réduit toujours à ceci : Pour expliquer de quelle sorte l'Église a embrassé l'opinion de la présence réelle avant Bérenger, et comment les deux créances de la présence et de l'absence réelle ont pu être mêlées en ce temps-là, je dis qu'après Bérenger, il y a bien eu des disputes sur ce point, et qu'il y a eu alors un mélange de ces deux créances. Mais pour l'état de l'Église durant le neuvième et le dixième siècle, c'est un mystère inexplicable pour M. Claude. Quand on lui parle de ce temps-là, ou il nous répond de celui qui a suivi Bérenger, sans faire semblant de nous entendre, ou il nous dit des choses qui sont encore pires que cette supercherie, comme nous verrons en son lieu.

Pour faire donc un système entier de l'opinion de M. Claude, il le faut diviser en trois parties et en trois temps : le premier comprend les huit premiers siècles, et les cinq ordres qui le composent ; le second contient deux siècles et demi, que l'on ne peut mieux nommer que le temps inexplicable aux ministres ; et le troisième contient le temps qui a suivi Bérenger. Et c'est là où il faut placer *ces doctes éclairés et généreux, ces doctes lâches, ces doctes abusés, ces indéterminés,* etc. ; car il serait contre le sens commun de les rapporter au neuvième et au dixième siècle.

CHAPITRE VI.

Examen particulier du système de M. Claude touchant les huit premiers siècles. Considération générale sur ces divers ordres dont il le compose. Réfutation du premier ordre que l'on peut appeler des IGNORANTS CONTEMPLATIFS.

On peut faire cette réflexion générale sur ce système que M. Claude propose d'une manière si pleine de confiance, que c'est un édifice qui n'est point bâti sur la réalité des choses, mais sur le vide de ses imaginations. C'est une histoire qui n'est dans aucune histoire que nous ayons ; ce sont des nouvelles dont il est le seul témoin, et dont il n'a pas plus de preuve que de celles qu'il nous pourrait dire des royaumes de la lune. *Je mets*, dit-il, *cinq ordres dans les huit premiers siècles ;* mais il serait bon qu'il y eût quelque autre que lui qui les mît, et qu'il ne fût pas le seul qui eût fait ces merveilleuses découvertes ; car quand il s'agit de fantaisies de cette sorte qui sont composées de tant de diverses parties, ce serait un miracle si elles s'accordaient avec la vérité des événements de l'histoire, et même avec la raison. Mais ce miracle n'est nullement arrivé à M. Claude ; et entre ces sortes d'imaginations il est difficile d'en trouver une dont toutes les parties aient moins de rapport ensemble, et s'entretiennent plus mal, comme nous l'allons faire voir par l'examen particulier de ces divers ordres.

Le premier est composé, selon lui, d'un nombre infini de personnes qui en recevant l'Eucharistie, et *entendant dire que c'était le corps de Jésus-Christ, ne songeaient en aucune sorte quel était le sens de ces paroles, et ne s'en formaient aucune idée ni distincte, ni confuse ; mais passaient tout d'un coup à la méditation de Jésus-Christ.* Et c'est pourquoi on le peut appeler L'ORDRE DES IGNORANTS CONTEMPLATIFS. Cet ordre est établi sur une philosophie nouvelle et subtile qu'il est bon de représenter dans les termes de M. Claude, afin qu'il ne se plaigne pas qu'on ne l'a pas fait voir dans tout le jour qu'il a tâché d'y donner. *Je ne doute point*, dit-il, *qu'il n'y en eût un nombre infini qui ne descendaient pas même jusqu'à cette question, comment le sacrement est le corps de Jésus-Christ. Ils passaient de l'idée du sacrement à celle du corps de leur Sauveur, lequel, occupant toutes leurs pensées, et remplissant leur âme, terminait aussi leur dévotion, sans qu'ils passassent plus avant. Chacun sait que la première impression que font sur notre esprit les choses et les paroles qui sont destinées à quelque usage, est celle de leur usage ; ainsi nous concevons tous les matins la lumière, non sous l'idée d'un corps, ou d'un accident, ou d'une motion d'air, ou de ce qu'il vous plaira, nous n'y songeons pas seulement, mais sous l'idée d'une chose qui nous sert et qui nous conduit au travail. Ainsi concevons-nous l'air, le feu, l'eau, les aliments, les vêtements, la monnaie et presque toutes les choses du monde, sous l'idée de leur usage, sans songer que fort peu à ce qu'elles sont en soi. Il en est de même des paroles ; car quand elles sont destinées à nous faire faire quelque action, on ne s'applique pas d'abord à rechercher leur exacte significa-tion, ni à examiner le sens propre et précis qu'elles peuvent avoir d'elles-mêmes ; le premier effet qu'elles opèrent, c'est de nous faire faire ce à quoi elles sont employées. On les conçoit sous cette première notion, que l'on peut appeler une notion de pratique ou d'action ; et l'on s'arrête là sans faire de plus particulières réflexions sur la liaison des termes. Il n'est pas nécessaire d'en produire des exemples, puisque la vie humaine en est remplie ; et je n'ai qu'à dire : Ces paroles,* CORPUS CHRISTI, *que l'on disait aux communiants en leur donnant le sacrement, étaient destinées à élever leurs pensées de l'idée du sacrement à celle du corps de Jésus-Christ, le premier et l'unique effet qu'elles produisaient dans l'âme de plusieurs fidèles était de les conduire à la méditation de ce corps divin, à laquelle ils se donnaient tout entiers, et n'allaient pas plus avant.*

Il est difficile qu'un discours puisse avoir plus de défauts qu'on en peut remarquer dans celui-ci, quoiqu'il soit le fondement du premier ordre de ce système : 1° Il est inutile pour le but auquel il est destiné ; 2° il est établi sur un fondement entièrement faux ; 3° il ne conclut rien, ce fondement faux étant même supposé.

I. Je dis qu'il est inutile pour le but auquel M. Claude le destine, qui est de soutenir que tous ces gens dont il compose cet ordre, n'allaient pas même jusqu'à former la question : *Comment l'Eucharistie était le corps de Jésus-Christ.* Car il ne s'agit pas de deviner ce que faisaient ces personnes dans la réception de l'Eucharistie, et si elles étaient ravies tout d'un coup à la méditation du corps de Jésus-Christ dans le ciel, ou dans quelque autre mystère, sans jamais songer en cette action de quelle sorte il était en l'Eucharistie. Quand même on accorderait à M. Claude cette ridicule hypothèse, il faut qu'il en fasse beaucoup d'autres pour en tirer la conclusion qu'il en tire : car 1° il faut qu'il suppose que les pasteurs qui les avaient instruits lorsqu'ils avaient reçu la première fois l'Eucharistie, ne leur avaient appris qu'à faire l'oraison mentale sur le corps de Jésus-Christ, sans leur dire un seul mot de l'essence du mystère et du sens des paroles qui l'expriment, et sans remédier aux doutes qui pouvaient s'élever dans leurs esprits. Cependant par malheur pour M. Claude, il se trouve que tous les modèles de ces instructions qui nous restent dans les livres de S. Cyrille de Jérusalem, de S. Ambroise, de S. Gaudence et de S. Eucher, sont très-propres à leur imprimer l'idée très-distincte de la foi du mystère selon la doctrine des catholiques, et le sont beaucoup moins pour les porter à ces méditations si élevées. 2° Il faut supposer que ces gens étaient si méditatifs, que lorsque dans les sermons que l'on faisait à l'église, dans les entretiens qu'ils avaient les uns avec les autres, dans les livres qu'ils lisaient, ils rencontraient que l'Eucharistie était le corps de Jésus-Christ, ils se donnaient bien de garde d'admettre dans leur esprit aucune idée de ces paroles, mais qu'ils étaient incontinent ravis en des méditations abstraites. 3° Il faut supposer que cela durait toute leur vie, et qu'ayant tous les jours les oreilles battues de ces paroles, ils ne laissaient jamais passer jusqu'à leur esprit aucune impression du sens qu'elles contenaient. 4° Il faut supposer qu'ils étaient également en garde contre tous les autres termes qui expriment l'essence du mystère, et, par exemple, contre ces expressions si fréquentes : *Que le pain est changé au corps de Jésus-Christ; que du pain est fait le corps de Jésus-Christ ; que nous sommes nourris du corps de Jésus-Christ ; que le corps de Jésus-Christ entre en nous; qu'il est notre force et notre vie*, et qu'ils avaient soin de ne se former point d'autre idée sur toutes ces expressions, sinon qu'il fallait méditer sur le corps de Jésus-Christ.

Mais, dit M. Claude, *je suppose que les instructions des Pères ne venaient pas jusqu'à eux*. Et pourquoi le suppose-t-il? Est-ce qu'on les avertissait de ne venir pas à l'église lorsqu'on y parlait de l'Eucharistie, ou que les prédicateurs avaient soin de ne se servir point en leur présence des expressions des Pères? Est-ce qu'on n'en parlait point devant eux, qu'ils n'étaient pas témoins de la manière dont on représentait le crime de ceux qui communiaient indignement, et qu'on ne les avertissait pas eux-mêmes de ne profaner pas le corps du Seigneur par des communions sacrilèges, en ne le discernant pas des viandes communes?

Cependant M. Claude qui croit qu'il suffit de mettre une extravagance en figure pour la rendre concluante et décisive, nous propose celle-ci d'une manière insultante : *Quelle apparence*, dit-il, p. 425, *que le peuple allât jusqu'à faire des réflexions sur ce mystère, pour s'informer si c'était réellement Jésus-Christ ou non ?* J'aimerais autant dire : Quelle apparence y a-t-il que le peuple ne fût pas sourd? Quelle apparence y a-t-il qu'il ne se bouchât pas toujours les oreilles? Quelle apparence y a-t-il qu'il entendît la langue de son pays? Quelle apparence y a-t-il qu'il eût le sens commun? On lui disait en mille manières que ce qu'on lui donnait était le corps de Jésus-Christ; que le pain était changé au corps de Jésus-Christ; qu'il le fallait croire, puisque Dieu l'avait dit, que ce qu'il voyait après la consécration n'était plus du pain, mais le corps de Jésus-Christ ; et M. Claude nous demande froidement, s'il y a de *l'apparence que ce peuple allât jusqu'à faire des réflexions sur ce mystère, pour s'informer si c'était réellement Jésus-Christ ou non ?* Mais il n'était pas besoin qu'il y fît des réflexions; il était seulement besoin qu'il prêtât l'oreille, qu'il entendît sa langue, et qu'il ne fût pas stupide et sans intelligence. On lui disait qu'il fallait croire que ce pain consacré était le corps de Jésus-Christ; on le lui répétait une infinité de fois. Il le croyait donc, il ne le croyait pas; et, malgré M. Claude, comme il ne connaissait point *la clé de vertu* et *la clé de figure*, il ne pouvait avoir d'autre idée que celle de la présence réelle.

Mais il n'y a rien de plus admirable que l'alliance que fait M. Claude, dans cet ordre imaginaire, de deux qualités les plus inalliables du monde. Chacun sait que la haute contemplation suppose d'ordinaire une plus haute connaissance des mystères qu'il ne s'en trouve dans le commun des fidèles : cependant les personnes qui composent cet ordre étaient d'une part si stupides, qu'ils ne comprenaient rien dans les expressions les plus ordinaires parmi les chrétiens, quoiqu'ils en fussent frappés en mille manières ; et ils étaient d'autre côté si spirituels, qu'à la vue du sacrement, ou lorsqu'on le nommait seulement devant eux, ils avaient tout d'un coup toutes leurs pensées occupées du corps de leur Sauveur qui remplissait tellement toute leur âme, qu'il ne leur permettait pas de faire réflexion sur les paroles dont on se servait, ou dans la célébration des mystères, ou dans les instructions populaires. De sorte qu'au lieu que Tertullien attribue l'ignorance à l'attache aux voluptés du monde : *Tanta est voluptatum vis, ut ignorantiam protelet in occasionem* (de Spect., ch. 1), il faudra dire, au contraire, que c'était l'amour de Dieu et l'attache à Jésus-Christ qui faisait demeurer tout cet ordre dans une ignorance du mystère le plus commun du christianisme, et dont la connaissance se renouvelle plus souvent par la pratique.

Il est donc visible que la supposition de M. Claude que *ces fidèles passaient tout d'un coup en recevant l'Eucharistie à la méditation abstraite du corps de Jésus-Christ*, est non seulement ridicule en soi, mais qu'elle ne lui servirait de rien, s'il n'y en joint plusieurs autres très-absurdes.

II. Mais de plus, il est très-faux que l'usage de cette expression, *corpus Christi*, que l'on disait à ceux qui communiaient, fût, selon l'intention de l'Église, de les faire méditer le corps de Jésus-Christ *in abstracto*. Il est certain au contraire que cette formule, *corpus Christi*, était destinée à les instruire de la vérité du mystère, et à en exiger d'eux la confession ; de sorte que c'était une formule d'instruction et de profession de foi, et non de pratique et d'action.

C'est ce qu'il suffirait de prouver par le mot *amen*, que l'on faisait dire à ceux à qui l'on donnait le corps de Jésus-Christ : car cette formule dont l'usage est si ancien dans la réception de l'Eucharistie, que Tertullien en fait mention expressément dans le livre des *Spectacles*, a toujours été regardée comme une espèce de témoignage que l'on rendait de la vérité de la chose à laquelle on l'appliquait : *Ut fides certa esset futurorum*, dit S. Hilaire (c. 26 in Matth.), AMEN *dicendo, professionem veritatis adjecit*. « Lorsque le peuple, dit « Cabasilas, *se sert de ce mot* AMEN, *il se rend propres « toutes les paroles du prêtre*. » Et en particulier à l'égard de l'Eucharistie, cet AMEN marquait une confirmation de la vérité contenue dans ces paroles : *Corpus Christi*. C'est pourquoi Tertullien reproche aux chrétiens qui assistaient aux spectacles, qu'ils rendaient témoignage aux gladiateurs de la même bouche dont ils avaient prononcé *amen*, *sur le Saint*, (de Spect., c. 25) c'est-à-dire sur le corps de Jésus-Christ ; marquant ainsi que cet AMEN était un témoignage que les fidèles rendaient à Jésus-Christ, et une espèce de profession de foi. S. Ambroise, au livre qu'il a fait pour l'instruction des nouveaux baptisés, explique clairement la fin et l'usage de cet *amen*. *Avant la consécration*, dit-il (cap. 9), *on donne un autre nom* à la matière du sacrement. *Après la consécration on l'appelle du sang, et vous répondez* AMEN, *c'est-à dire, cela est vrai. Que votre esprit soit intérieurement persuadé de ce que votre bouche prononce, et que votre cœur croie ce que vos paroles expriment*. Et dans le livre des *Sacrements* (l. 4, c. 5) : *Le prêtre*, dit-il encore, *vous dit :* LE CORPS DE JÉSUS-CHRIST, *et vous répondez* AMEN, *cela est vrai. Que votre cœur tienne ce que votre langue confesse.*

Il paraît par ces mêmes passages que la vérité contenue dans ces paroles : *Corpus Christi*, et attestée par l'AMEN, était que ce que l'on recevait à la communion était le corps de Jésus-Christ ; et qu'ainsi ces paroles : *Corpus Christi*, étaient équivalentes à cette proposition entière : *Hoc est corpus Christi* ; « *c'est le corps de Christ*, » l'action extérieure du prêtre qui tenait les espèces, suppléant au pronom et au verbe sousentendu. C'est pourquoi S. Ambroise prétend au même livre 4 des *Sacrements*, ch. 3, que l'*amen* doit désavouer le doute que l'apparence extérieure pouvait faire naître dans l'esprit. *Le Seigneur Jésus*, dit-il, *nous témoigne que nous recevons son corps et son sang. Devons-nous donc en douter ?* Et c'est ensuite de ces paroles qu'il fait cette réflexion sur l'*amen*, que nous avons rapportée comme étant un aveu de la vérité contre laquelle le doute s'élève. L'auteur des commentaires sur S. Paul, que l'on attribue à Pélage (inter oper. Hieron.), réduit aussi expressément ces paroles : *Corpus Christi*, à cette proposition : *Corpus est et sanguis Christi*. « *C'est pour cela*, dit-il, *que lorsque nous recevons l'Eucharistie, on nous avertit que c'est le corps et le sang de Jésus-Christ, afin que nous ne soyons pas ingrats à ses bienfaits.* »

Que si S. Augustin, dans le sermon qu'il a fait aux nouveaux baptisés, qui est rapporté par S. Fulgence, veut que par cet *amen* on reconnaisse que l'Eucharistie est aussi le mystère des fidèles, c'est-à-dire qu'elle figure les fidèles, ce qui lui donne lieu de leur dire *qu'ils doivent être le corps de Christ, afin que leur* AMEN *soit véritable*, cela n'affaiblit nullement cette vérité, que l'*amen* est une reconnaissance que l'Eucharistie est le corps de Jésus-Christ, et que ces paroles : *Corpus Christi*, signifient qu'elle le contient véritablement. Car S. Augustin reconnaît par là que l'*amen* signifie que ce qu'on reçoit est le corps de Jésus-Christ ; mais parce que le corps de Jésus-Christ se prend en deux manières, et pour le corps naturel, et pour le corps mystique, et que l'Eucharistie est en quelque sorte l'un et l'autre, quoique très-diversement, S. Augustin, qui a pour but d'instruire dans ce sermon ces nouveaux baptisés aussi bien de ce qui pouvait édifier leur piété, que de ce qui pouvait éclairer leur foi, veut que l'*amen* soit aussi une reconnaissance de cette autre vérité, que l'Eucharistie est le corps mystique de Jésus-Christ, parce qu'elle en contient le chef, et qu'elle représente par la partie extérieure l'union que les membres ont avec ce chef et entre eux.

Que si les ministres prétendent avoir droit de conclure de là que l'Eucharistie ne contient pas autrement le corps naturel de Jésus-Christ qu'elle contient les fidèles et le peuple, ils en tireront une très-fausse conséquence, comme on le fera voir ailleurs, où on leur montrera que bien loin qu'on doive conclure des passages de S. Cyprien et de S. Augustin, où il est dit *que le pain et le vin sont le corps des fidèles*, qu'ils ne sont aussi le corps de Jésus-Christ qu'en figure, puisqu'ils ne sont le corps des fidèles qu'en figure, qu'étant joints avec les autres expressions de ces Pères, ils prouvent directement le contraire. Car comme les expressions métaphoriques sont d'ordinaire sans suite, et que l'on ne conclut pas de l'usage d'une métaphore à celui d'une autre, les Pères qui disent que l'Eucharistie est le corps des fidèles, ne disent jamais qu'elle *est changée au corps des fidèles ; qu'elle est faite le corps des fidèles ; que le corps des fidèles entre dans nous ;* ce qui prouve qu'ils ne le disent que par métaphore. Mais parce que cette expression, *que le pain est le corps de Jésus-Christ*, est simple et non pas métaphorique, elle est accompagnée de toutes les suites, et elle s'étend à toutes les expressions synonymes, ou qui en sont des conséquences.

Ce sera le sujet d'un plus long discours ; mais il suffit pour le présent de montrer à M. Claude que cette formule : *Corpus Christi*, était une formule de profession de foi ; qu'elle signifiait que ce qu'on donnait aux communiants était le corps de Jésus-Christ, et que l'*amen* en était l'aveu que l'on exigeait des fidèles avant de leur donner la communion : ce qui donne lieu de supposer qu'ils satisfaisaient à l'intention de l'Église, et qu'ils confessaient intérieurement ce qu'elle leur faisait confesser extérieurement.

Je sais bien qu'Aubertin, qui était toujours incommodé de ces expressions où il est dit que *l'Eucharistie est le corps de Jésus-Christ*, tâche de détourner ces paroles à un autre sens, en abusant pour cela d'un passage de S. Léon ; ce qui donne la confiance à M. Claude, qui se croit en assurance quand il parle avec Aubertin, de dire que ces paroles signifient que Jésus-Christ a un vrai corps. Mais je sais bien aussi que l'abus qu'Aubertin fait du passage de S. Léon est si visible, que comme il est honteux à ce ministre d'en avoir corrompu le sens d'une manière si absurde, il ne peut être honorable à M. Claude de l'imiter en ce point.

Voici le passage de S. Léon, tiré du sixième sermon du jeûne du septième mois : *Puisque le Seigneur*, dit ce saint, *nous dit :* « *Si vous ne mangez la chair du* « *Fils de l'homme, et ne buvez son sang, vous n'aurez* « *point la vie en vous*, » *vous devez participer de telle sorte à la sainte table, que vous ne doutiez nullement de la vérité du corps et du sang de Jésus-Christ :* « *Ut nihil prorsus de veritate corporis Christi et sanguinis dubi-*

telis. » A quoi il ajoute : *Hoc enim ore sumitur, quod fide creditur, et frustra ab illis* AMEN *respondetur, à quibus contra id quod accipitur disputatur.*

Je pense qu'il n'y a personne qui ne traduisît d'abord ce passage en ces termes, ou autres semblables : *Car on reçoit par la bouche ce que l'on croit par la foi; et c'est en vain que ceux-là répondent* AMEN *au prêtre, qui disputent contre la vérité de ce qu'ils reçoivent.* Et en le traduisant ainsi, on n'en conclura jamais que l'*amen* signifiât seulement que Jésus-Christ a une vraie chair. Car il est bien vrai que S. Léon réfute en ce lieu les eutychiens, qui niaient que Jésus-Christ eût une vraie chair; mais il les réfute par la vérité du corps de Jésus-Christ dans l'Eucharistie, et par l'aveu que les fidèles en faisaient par l'*amen*; ce qui lui donne lieu de leur reprocher que c'est en vain qu'ils protestaient par leur *amen*, qu'ils recevaient le corps de Jésus-Christ, puisqu'ils combattaient par leur hérésie la vérité de ce corps.

Aubertin n'a pu dissimuler entièrement que c'est-là le vrai sens de ce passage; c'est pourquoi il applique à tout hasard sa solution ordinaire de corps symbolique, en disant que ces paroles : *Hoc ore sumitur, quod fide creditur*, pouvaient être entendues par les fidèles avec cette glose : *Que les symboles du corps et du sang de Christ, qui sont pris par la bouche, sont crus par la foi être les symboles du corps de Jésus-Christ.* Mais parce que cette glose est un peu étrange, il a recours à une autre solution, qui est encore beaucoup plus étrange : car il prétend que le mot *sumere* se prend en latin non seulement pour *prendre*, mais aussi pour *confesser*; et suivant ce sens, il dit que ces paroles : *Hoc enim ore sumitur, quod fide creditur*, signifient, que ceux qui communient reconnaissent de bouche la chair de Jésus-Christ, et qu'ils la croient par la foi.

Pour ajuster le reste à cette explication, il traduit encore les paroles suivantes : *Et frustra ab illis* AMEN *respondetur à quibus contra id quod accipitur disputatur*, en cette manière : *Et c'est en vain que ceux-là répondent* AMEN, *qui disputent contre la chair de Jésus-Christ, laquelle ils approuvent de parole;* QUOD ACCIPITUR, parce, dit-il, *que le mot accipere*, se prend quelquefois pour *accepter, approuver, embrasser.*

Je ne m'arrêterai pas ici à réfuter ces extravagantes explications ; les personnes qui n'ont pas le sens commun entièrement corrompu n'ont pas besoin qu'on leur montre que *sumere ore*, ne signifie pas confesser de bouche, mais *prendre par la bouche*; et que c'est ridiculement expliquer ces mots, *à quibus contra id quod accipitur disputatur*, que de les traduire par *ceux-ci, qui disputent contre ce qu'ils approuvent.* Il faut être ministre de Charenton, et s'être échauffé l'imagination pendant trente années, pour être capable de concevoir des pensées si déraisonnables.

On aura lieu de traiter ailleurs avec plus d'étendue ce passage de S. Léon, et de faire voir combien les exemples que ce ministre oppose pour autoriser ces explications, sont absurdes ; mais il me suffit de remarquer ici qu'il prend inutilement toute cette peine, et que ces absurdités où il s'engage sont toutes gratuites, parce qu'il ne conclura jamais, comme il fait de son explication même, que l'*amen*, que les fidèles prononçaient, marquât directement la vérité de la chair de Jésus-Christ en soi, et non pas la vérité de cette chair, en tant qu'elle était conçue dans l'Eucharistie. Car on peut marquer une chose en deux manières : l'une directe et l'autre indirecte, et par une conséquence nécessaire. Il est bien vrai que celui qui confesse qu'il reçoit le corps de Jésus-Christ dans l'Eucharistie, confesse que Jésus-Christ a un corps, mais il le confesse indirectement, et non pas directement. Ainsi l'*amen* que les fidèles prononçaient en recevant l'Eucharistie, marquant directement que ce qu'on leur donnait était *le corps de Jésus-Christ*, condamnait indirectement les eutychiens, qui disaient que Jésus-Christ n'avait plus de corps, et qu'il avait été absorbé par la divinité. S. Léon a donc raison de se servir de cet *amen* des fidèles pour convaincre les eutychiens de la vérité de la chair de Jésus-Christ en soi; mais il s'en sert sans en changer le sens ordinaire, et sans prétendre qu'il signifiât directement cette vérité, puisqu'il lui suffisait qu'il la signifiât indirectement et par conséquence. Il n'y a donc dans les Pères qu'une seule explication littérale de ces paroles : *Corpus Christi*, et de cet *amen*; et ils les ont toutes prises pour une instruction publique que les prêtres donnaient aux fidèles, que l'Eucharistie était le corps de Jésus-Christ, et pour une reconnaissance publique que les fidèles en faisaient par leur *amen*.

Ainsi ces notions d'usage, et ce transport de l'âme qui était tout d'un coup ravie par ces paroles : *Corpus Christi*, à la méditation du corps de Jésus-Christ *in abstracto*, sont des visions de M. Claude entièrement contraires aux sentiments des Pères et à l'intention de l'Église ; et il n'y a guère d'apparence que les fidèles s'en éloignassent, pour s'enfoncer tout d'un coup en ces sortes de méditations.

III. Mais si sa théologie est fort mauvaise en ce point, sa philosophie ne l'est pas moins. Car encore qu'il fût vrai que ces paroles : *Corpus Christi*, ne fussent pas destinées par l'Église à instruire les fidèles, mais seulement à exciter en eux certains mouvements intérieurs, et à les porter à méditer le corps de Jésus-Christ, cette intention de l'Église ne les aurait pas néanmoins empêchés d'entendre le sens de ces paroles, et il serait toujours ridicule de supposer que ces ignorants entraient si promptement dans la pratique de ces mouvements intérieurs, qu'ils n'entendaient point du tout les termes dont l'Église se servait pour les y exciter.

Il est si faux que la destination de certains mots à un certain usage empêche qu'on n'en entende le sens, que lors même que l'on n'a aucun égard au sens des paroles, et qu'on les considère comme des sons, et, comme l'on dit, matériellement, elles ne laissent pas d'imprimer dans l'esprit l'idée de leur signification ordinaire, malgré qu'on en ait. C'est ce que l'on voit dans les mots du guet qui se donnent dans les armées ; car quoiqu'ils ne servent que de marque et de signe pour distinguer les amis des ennemis, sans rien signifier autre chose dans cet usage, il est néanmoins bien difficile de les dépouiller tellement de leur première signification, qu'elle ne se présente à l'esprit. Et l'empereur Caligula fut tué par le capitaine de ses gardes, pour lui avoir souvent donné des mots du guet qui lui étaient injurieux.

Toutes les subtilités de M. Claude ne porteront donc jamais des personnes raisonnables à s'imaginer que l'expression étant : *Ceci est le corps de Jésus-Christ*, l'impression de ces paroles fût : Pensez à Jésus-Christ qui est dans le ciel ; et les exemples qu'il en apporte sont très-peu propres à le persuader. *Nous concevons*, dit-il, *tous les jours la lumière sous l'idée, non d'un corps, ou d'un accident, on d'une motion de l'air ; mais comme une chose qui nous conduit au travail*. Je laisse à part la bizarrerie de cette idée, qu'il nous apporte néanmoins comme l'idée commune de la lumière ; mais, quoi qu'il en soit, je m'assure que qui dirait tous les jours à M. Claude en le réveillant, que la lumière est une substance, à quelque usage qu'il destinât ces mots, cela ne l'empêcherait jamais de concevoir par ces paroles que la lumière est une substance. Ainsi, à quelque usage qu'on destinât ces paroles : *Corpus Christi*, il est moralement impossible qu'il y ait eu jamais aucun de ces ignorants extatiques, qui n'y conçussent aucun sens durant toute leur vie, et qui ne s'en formassent point d'autre idée, sinon qu'il fallait méditer le corps de Jésus-Christ.

CHAPITRE VII.

Examen du second ordre du système de M. Claude, que l'on peut appeler des IGNORANTS PARESSEUX.

Les faiseurs de romans, qui placent de grands événements, des guerres sanglantes, de grands princes, et de grandes monarchies dans des temps connus, ne furent jamais si embarrassés, et ne choquèrent jamais si visiblement la vraisemblance et la vérité de l'histoire, que M. Claude fait en plaçant son église fabuleuse, composée de cinq ordres, dans l'Église des huit premiers siècles.

On a vu combien le premier ordre, qu'il fait consister en une multitude de contemplatifs stupides, enfermait de suppositions insensées ; mais le second ne le cède pas au premier en absurdités. M. Claude le compose de *ceux qui allaient*, dit-il, *jusqu'à la question ; mais trouvant de l'incompatibilité dans les termes de pain et de corps, leur esprit s'arrêtait à la seule difficulté, sans entreprendre de la résoudre*.

Les ordres de M. Claude ont cela de rare, qu'ils sont tous composés d'hommes extraordinaires, et qui ne sont connus que de lui. Il est bien certain au moins que les Pères n'ont point connu de ces sortes de gens : car s'ils se fussent seulement doutés qu'il y eût eu dans l'Église un grand nombre de personnes qui ne savaient point du tout ce que c'était que l'Eucharistie, et qui entendant dire qu'elle était le corps de Jésus-Christ, rejetaient l'unique pensée qui leur en venait dans l'esprit, sans en former aucune autre, ils auraient tâché de les instruire ; ils nous auraient marqué leur doute ; ils y auraient remédié ; ils leur auraient fait des reproches de leur négligence, et ils les auraient fortement repris de ce qu'ils ne se mettaient pas en peine de s'instruire d'un mystère dont le bon ou le mauvais usage était une des causes les plus ordinaires de la vie ou de la mort des chrétiens ; d'un mystère qu'ils appelaient *le bien, la vie, la perfection*, parce que c'était le principal objet de la piété chrétienne sur la terre.

Comment ces gens-là discernaient-ils donc le corps du Sauveur, eux qui ne se souciaient pas seulement de le connaître et de savoir pourquoi l'Eucharistie en portait le nom ? Quelle dévotion pouvaient-ils avoir pour ce mystère, puisque la dévotion suppose l'instruction ? Voilà donc des gens dans un très-mauvais état. Cette paresse leur était très-dangereuse ; ils étaient de ceux qui mangeaient le corps du Seigneur par ignorance, parce qu'ils n'en connaissaient ni la vertu ni la dignité : *Per ignorantiam percipit qui virtutem ejus et dignitatem ignorat*, comme dit Hésychius (lib. 6, in Levitic.). Ils s'en approchaient donc témérairement, comme dit le même auteur, et ils commettaient un très-grand péché : *Ad quem qui temerè accedunt, non simpliciter peccant, sed iniquitatem delicti sui portare dicuntur*. Et comme cette mauvaise disposition durait toute leur vie, c'était une espèce d'impénitence et de péché contre le S.-Esprit. Elle devait aussi être fort commune, puisque, selon M. Claude, elle faisait une classe entière de l'Église de ces siècles. D'où vient donc que les Pères ne nous parlent point de ces *ignorants paresseux* ? D'où vient qu'ils ne les chargent point à tout moment de reproches ? D'où vient qu'ils supposent que jusqu'aux enfants tous les fidèles étaient instruits de la vérité du corps et du sang de Jésus-Christ, comme S. Léon le témoigne en parlant aux eutychiens ? *En quelles profondes ténèbres d'ignorance*, dit-il, *en quel engourdissement de paresse faut-il que ces gens aient été ensevelis, pour n'avoir pas entendu dire, ou n'avoir pas appris par la lecture, ce qui est tellement dans la bouche de tous les fidèles de l'Église, que les enfants mêmes, dans la célébration de ce sacrement, rendent témoignage à la vérité du corps et du sang de Jésus-Christ !* Germain, patriarche de Constantinople, déclare de même, dans sa Théorie des mystères, *que les peuples les plus éloignés, comme les Indiens, croyaient que l'Eucharistie était le corps de Jésus-Christ*, c'est-à-dire, qu'ils le croyaient comme il le croyait lui-même : *Qui in Indià perficiunt magnum hoc mysterium, credunt illud corpus Christi et Dei esse nostri*. Or nous prouverons qu'il croyait la présence réelle et la transsubstantiation.

Il est donc bien étrange que M. Claude sache touchant ces siècles ce qui a été inconnu à tous ceux qui y ont vécu ; car d'où a-t-il appris ces nouvelles étonnantes qu'il nous en conte ? C'est, dira-t-il, de la raison et du sens commun. Pourquoi donc cette même raison et ce même sens commun ne faisaient-ils pas comprendre aux Pères qu'il pouvait y avoir un grand nombre de personnes dans une si extrême paresse, qu'ils ne savaient autre chose du sacrement, sinon qu'il était impossible que le pain fût le corps de Jésus-Christ, sans se mettre en peine d'en rien savoir davantage?

Mais comment le sens commun de M. Claude lui a-t-il fait croire une chose si contraire au sens commun de tous les autres? Cette paresse dont il fait le caractère de son second ordre, était une paresse qui durait toute la vie, et non pas seulement quelque petit espace de temps. C'était une paresse qui regardait la chose du monde la plus importante, et dont on faisait plus appréhender aux chrétiens le mauvais usage. C'était une paresse qui avait de très-grandes suites pour le règlement de la vie et de la piété intérieure, puisqu'une connaissance si imparfaite de ce sacrement pouvait être la source de beaucoup de sacriléges. C'était une paresse dont on pouvait se délivrer par le moindre petit effort, par la moindre question faite à un prêtre ou à un laïque un peu éclairé. Enfin, c'était une paresse dont il était impossible qu'on ne fût délivré, et par les instructions que les pasteurs donnaient à ceux qui étaient admis à la communion, et par celles qu'ils donnaient tous les jours au peuple sur ce mystère. Qu'on joigne ensemble toutes ces conditions, et qu'on juge après cela s'il y a rien de plus chimérique que cet ordre prétendu de paresseux.

Non seulement il faut que ces gens eussent le cœur autrement fait que les autres, pour demeurer toute leur vie dans cet état, mais il fallait aussi qu'ils eussent un autre esprit et une autre lumière que les autres, pour y pouvoir seulement entrer un moment. Car il faut remarquer que M. Claude attribue deux qualités à cet ordre de paresseux : la première, de n'avoir aucune idée de la présence réelle, pour la rejeter ou pour l'admettre; la seconde, d'être choqué de l'incompatibilité des termes, *pain* et *corps*, qu'il suppose être affirmés l'un de l'autre dans cette proposition : *Ceci est mon corps*, sans néanmoins y concevoir aucun sens.

Or, pour comprendre la bizarrerie de la première supposition, il n'y a qu'à considérer que ces paroles : *Ceci est mon corps*, ou celles-ci dont on se servait en communiant : *Corpus Christi*, et les autres semblables, qui étaient dans la bouche de tous les fidèles, peuvent former trois idées différentes, outre les explications figuratives. L'une est celle qui est marquée par M. Claude, que le pain demeurant pain, était le corps de Jésus-Christ, demeurant dans son idée ordinaire de corps de Jésus-Christ tel que nous le concevons. La seconde, que le pain, demeurant pain, contenait et enfermait en soi le corps de Jésus-Christ, et était ainsi le corps de Jésus-Christ, comme le vase du vin est du vin. La troisième, que ce sujet qu'on appelait pain n'était plus du pain, mais le corps même de Jésus-Christ.

Nous avons fait voir que la dernière se trouve suivie uniformément depuis six cents ans par tous les chrétiens de toutes les sociétés, à l'exception des sacramentaires, et c'est une grande preuve qu'elle l'a toujours été. La seconde a été embrassée au dernier siècle par les luthériens d'Allemagne, et elle avait été déjà suivie par quelques-uns du parti de Bérenger : et la première n'a jamais été suivie de personne, et ne vient présentement dans l'esprit de qui que ce soit.

Cependant M. Claude veut que cette idée d'incompatibilité, qui n'a jamais été suivie de personne, ait été la seule qui ait frappé ces fidèles des huit premiers siècles, et que les autres idées, suivies et embrassées en ce siècle par cent millions d'hommes, ne se soient pas seulement présentées à leur esprit ; et il prétend que nous devons plus déférer à ses conjectures, ou plutôt à des affirmations téméraires, destituées de toutes preuves et de toute vraisemblance, qu'à l'expérience positive de cent millions d'hommes qu'on lui allègue.

Il faut avouer que jamais homme ne s'attribua un empire si absolu sur l'esprit des hommes, que fait M. Claude ; il en dispose comme un maître souverain; il sait tout ce qui s'y passe, et, ce qui est merveilleux, c'est qu'il ne décide jamais plus hardiment de leurs pensées que quand il s'agit de ceux qu'il n'a point vus, et qu'il ne peut connaître en aucune sorte.

Toute la terre, avant Bérenger, a conçu la présence réelle et la transsubstantiation, sans contestation, sans disputes, sur les paroles ordinaires dont on se servait dans la célébration des mystères et dans les instructions communes. On la pouvait donc bien concevoir et la croire durant les huit premiers siècles sur ces mêmes paroles. L'argument est assez vraisemblable, et il y a bien des choses que l'on se persuade à moins. Il plaît néanmoins à M. Claude que cela ne soit point ; et il répond dédaigneusement (p. 305) qu'il n'y avait que *l'ombre et l'oisiveté du couvent de Corbie* qui fût capable de produire la pensée de la présence réelle, qu'il appelle *un détour d'imagination*. Et pourquoi donc, depuis ce temps-là, cette même présence réelle a-t-elle été conçue et crue par toute la terre, et dans une infinité de lieux qui n'ont jamais su que Paschase eût écrit, ni même qu'il eût été ? N'en demandez pas la raison à M. Claude ; il veut que cela soit, et que l'on l'en croie.

Ces suppositions téméraires sont accompagnées, dans le livre de M. Claude, d'une philosophie qui lui est particulière, et qui le porte jusqu'à un raffinement où il est difficile de le suivre et de l'entendre, et où peut-être il ne s'entend pas bien lui-même. Le commun du monde s'imagine que lorsque deux idées incompatibles sont affirmées l'une de l'autre, on connaît trois choses : premièrement ces deux idées affirmées, c'est-à-dire, l'idée de chacun des termes ; secondement l'affirmation qui en est faite ; troisièmement la fausseté et l'impossibilité de cette affirmation. Par là il est clair que quand on connaît l'incompatibilité de deux termes affirmés, on connaît un sens incompatible, et on le rejette en même temps ; car on connaît que ces deux termes incompatibles sont affirmés, et l'on désavoue ce jugement comme faux. Que si cette proposition est d'une personne à qui on ne puisse attribuer une fausseté, on a une quatrième connaissance, qui est que ce jugement et ce sens faux que l'on connaît n'est pas celui que l'auteur de la proposition a eu dans l'esprit, et que cette proposition signifie.

Pour appliquer cela maintenant au sujet dont il s'agit, si les fidèles des premiers siècles avaient été frappés de l'incompatibilité de ces deux idées, *pain et corps de Christ*, affirmées l'une de l'autre dans les propositions où il est dit que *l'Eucharistie est le corps de Jésus-Christ*, ils auraient eu premièrement les deux idées des deux termes, savoir, celle du pain et celle du corps de Jésus-Christ ; secondement, ils auraient eu l'idée de l'affirmation de ces deux termes, exprimée par le mot *est ;* troisièmement, ils auraient connu la fausseté de cette affirmation, par la raison de l'incompatibilité de ces deux termes ; et en quatrième lieu, ils auraient conclu de là que ce n'est pas le sens de l'Écriture ni de l'Église dans cette proposition. Et c'est ce que M. Claude reconnaît lui-même sans qu'il y pense, lorsqu'il dit (p. 287) *qu'il est vrai de dire que les peuples ont rejeté d'eux-mêmes cette unité de ces deux substances, pain et corps, comme inconcevable ;* car s'ils ont rejeté cette unité, ils ont donc conçu qu'elle était exprimée par ces paroles : L'Eucharistie est le corps de Jésus-Christ, puisqu'on ne rejette que ce que l'on conçoit.

Voilà comment on démêlerait ordinairement les choses. Mais il n'a pas plu à M. Claude de suivre une route si commune : il a jugé plus à propos de soutenir nettement que ceux qui rejetaient l'unité du pain et du corps, exprimée, selon lui, littéralement par ces paroles : *Ceci est mon corps*, n'y concevaient aucun sens, et que toutes ces propositions semblables : *Le roi est la tête d'or*, *les épis sont sept années ;* et celle de S. Paul : *La pierre était Christ*, ne forment aucun sens, ni vrai ni faux, dans l'esprit de ceux qui les entendent en les prenant à la lettre. J'avoue franchement que cette philosophie me passe, et qu'elle me paraît enfermer une fausseté manifeste, qui n'est fondée que sur une petite équivoque. Car toute la subtilité de M. Claude, ou plutôt son illusion, vient de ce qu'il ne distingue pas entre un sens conçu et exprimé, et un sens cru et approuvé. Il est très-vrai que ceux qui trouvent qu'une proposition enferme une incompatibilité selon la lettre, et qui n'y voient point d'autre sens, n'y approuvent aucun sens ; mais il n'est pas vrai qu'ils n'y conçoivent aucun sens ; car ils y conçoivent un sens incompatible, c'est-à-dire, qu'ils y conçoivent que des termes incompatibles y sont affirmés ; et c'est pour cela qu'ils les désapprouvent, et qu'ils concluent de l'incompatibilité de ce sens, que ce n'est pas le sens de la proposition de l'Écriture et de l'Église. Si cette proposition était de quelque homme à qui il leur fût permis d'attribuer une erreur et une extravagance, ils en conclueraient, au contraire, non que ce sens littéral ne fût pas le sens de cette proposition, mais que celui qui l'aurait avancée aurait avancé une folie. Ainsi ceux qui n'approuvent pas ce que soutient un philosophe de notre temps, que si Dieu avait voulu, deux et deux ne feraient pas quatre, et qu'il y aurait des montagnes sans vallées, ne disent pas qu'ils n'entendent aucun sens dans ces propositions ; mais ils disent qu'ils y entendent un sens extravagant et impossible.

En un mot, juger que deux idées sont incompatibles, c'est juger que non seulement l'une n'est pas l'autre, mais que l'une ne peut être l'autre. Ainsi juger que les idées de *pain* et de *corps* de Jésus-Christ sont incompatibles, c'est juger que non seulement le pain n'est pas le corps, mais qu'il ne le peut être. Et par-là il est visible que ceux qui eussent été choqués de cette incompatibilité, auraient rejeté en un sens la présence réelle ; car ils auraient connu que le pain n'était pas le corps de Jésus-Christ ; et comme ils n'auraient pas connu dans la philosophie de M. Claude, d'autre moyen de faire que l'Eucharistie fût le corps de Jésus-Christ, ils auraient fait une séparation entière du pain et du corps, et ils auraient nié absolument la présence et l'existence de Jésus-Christ dans le pain, ce qui est rejeter la présence réelle.

Un homme qui connaît la manière dont Jésus-Christ peut être dans l'Eucharistie par transsubstantiation, en niant que le pain puisse être le corps de Jésus-Christ, ne nie pas les autres manières dont il peut être dans le sacrement. Mais celui qui n'en connaît aucune les nie toutes, en niant une espèce particulière, parce que son esprit se porte à séparer absolument Jésus-Christ de l'Eucharistie.

Tout ce grand discours que M. Claude fait depuis la page 282 jusqu'à la page 290, que les propositions composées de termes incompatibles n'ont aucun sens, ni vrai ni faux, et que ceux qui jugent ces termes incompatibles n'y conçoivent aucun sens, n'a donc véritablement aucun sens raisonnable ; et de plus il est rempli de suppositions téméraires et absurdes. Pourquoi suppose-t-il que tous ceux qui étaient frappés par cette incompatibilité apparente, formaient un désaveu de l'unité de ces termes *pain* et *corps*, à cause de cette incompatibilité, comme si cette incompatibilité obligeait nécessairement à former ce désaveu ? Ce que nous avons montré être faux, principalement à l'égard des personnes dont il parle. Car il faut remarquer qu'il s'agit ici de gens qui ne savaient point, selon M. Claude, le détail de l'opinion des sacramentaires, c'est-à-dire, qu'ils n'étaient point instruits de ces deux grandes clés, qu'ils appliquent à la plupart des lieux des Pères : l'une, que l'Eucharistie est le corps de Jésus-Christ en figure ; l'autre, qu'elle est le corps de Jésus-Christ en vertu. On disait à ces personnes, non de la part des hommes, que l'on peut soupçonner d'erreur et d'extravagance, mais de la part de Dieu même et de son Église, que l'Eucharistie était le corps de Jésus-Christ. Les sens figuratifs ne se présentaient point à leur esprit. Que pouvaient-ils donc faire que de céder à une si grande autorité, et de reconnaître que ce qu'on leur enseignait était vrai, malgré la répugnance de leur raison ? Et ce serait en vain que M. Claude répondrait que l'incompatibilité des termes les empêchait de former ce jugement ; c'est mal connaître la nature de l'esprit humain, et la manière dont il agit. Cela serait bon si les fidèles avaient pour principe de ne rien croire d'inconcevable ; mais ils en ont un tout contraire. La foi des autres mystères les accoutume à croire des choses où leur raison ne trouve que des incompatibilités, et une raison supérieure leur persuade qu'il n'y a rien de plus raisonnable que de croire plus Dieu que leur raison. Il est donc certain que si les fidèles n'avaient point trouvé d'autre dénoûment de ces paroles : *Le pain est le corps de Jésus-Christ*, ils auraient cru l'unité de ces termes, quelque incompatibles qu'ils paraissent. Ils se seraient formé un certain nuage qui leur en aurait caché l'incompatibilité, plutôt que de ne se pas soumettre à cette autorité souveraine qui leur proposait cette vérité ; et en s'aveuglant de cette sorte, comme c'est l'ordinaire de l'esprit humain lorsqu'il conçoit des choses incompatibles, de les réduire de soi-même à quelque chose de compatible, en conservant deux idées de pain et de vin, et les croyant unies, ils seraient tombés naturellement dans l'opinion des luthériens, et ainsi ils auraient toujours cru en cette manière la présence réelle du corps de Jésus-Christ en l'Eucharistie. Mais ils n'ont pas été obligés de se faire violence, et la raison même les a conduits à croire, non que le pain demeurant pain est le corps de Jésus-Christ, mais que ce qu'on leur donnait n'était plus du pain, mais le corps de Jésus-Christ.

Car c'est chicaner d'une manière déraisonnable que de ne pas reconnaître de bonne foi que quand on affirme deux termes incompatibles l'un de l'autre, sans prendre le mot *est* pour signifier ou pour figurer, il n'y a proprement que l'attribut d'affirmé, et que le sujet est plutôt nié qu'affirmé par ces propositions, n'étant marqué par le mot ordinaire que pour le désigner, non pour faire connaître sa nature et son existence. Toute l'attention de l'esprit se porte alors vers l'attribut, parce que c'est proprement ce qu'on veut lui faire connaître, et il conçoit ensuite le sujet en la manière qu'il est nécessaire, afin que l'attribut soit véritable.

Ainsi, lorsque Raphaël conduisait le jeune Tobie, si quelqu'un, qui eût connu qui il était, eût dit : *Cet homme que vous voyez est un ange*, Tobie ne se serait pas imaginé qu'il aurait voulu dire par-là qu'il était homme et ange tout ensemble ; mais il aurait conçu sans peine qu'il aurait voulu dire seulement que paraissant homme il était réellement un ange, et que le mot d'homme n'aurait été dans ce discours qu'un terme de désignation, et le mot d'ange un terme d'affirmation. Ainsi quand nous disons *que la félicité des méchants est une misère*, ce que S. Augustin a exprimé par ces termes : *Nihil est infelicius felicitate peccantium*, nous ne prétendons pas qu'étant félicité elle soit misère, mais nous prétendons qu'elle n'est du tout que misère, et que c'est par erreur qu'on l'appelle félicité. Ainsi quand un philosophe dit que les douleurs du corps ne sont pas dans le corps, mais dans l'âme, il ne veut pas dire qu'étant dans le corps elles ne sont pas dans le corps ; mais il veut dire que paraissant être dans le corps, elles n'y sont pas, mais dans l'âme seulement.

Il n'y a point d'esprits si bornés qui n'entrent tout d'un coup dans ces expressions ; et, par conséquent, quand on a dit aux fidèles que *le pain de l'Eucharistie était le corps de Jésus-Christ*, l'idée qu'ils devaient prendre naturellement de ces paroles, en les expliquant en la manière ordinaire, était que paraissant pain il ne l'était pas ; mais que c'était le corps même de Jésus-Christ ; et par-là il est visible que c'est renoncer à toutes les lumières de la raison, que de prétendre, comme fait M. Claude, que ce sens si ordinaire, si simple, si autorisé par l'usage, n'est jamais venu dans la pensée de personne durant huit cents ans, et que les fidèles n'ont vu dans ces propositions que la seule unité de ces deux termes subsistants, qu'ils ont rejetés comme incompatibles ; au lieu que ce sens est beaucoup plus extraordinaire et moins naturel que celui de la transsubstantiation.

Et c'est aussi ce que les principaux ministres et les principaux docteurs des sacramentaires, n'ont pas fait difficulté de reconnaître, quand ils n'ont pas été aveuglés, comme M. Claude, par la passion de contredire les catholiques, et qu'ils ont suivi simplement ce que la raison leur faisait connaître. C'est cette vue simple de la raison qui a fait dire à Calvin (1) que le sens simple des paroles ne peut subsister si le pain n'est changé au corps. Et ainsi il appelle le sens de la transsubstantiation le sens simple des paroles : *Non consisteret verborum simplicitas, nisi panis confletur in corpus Christi*. Bèze, écrivant contre Westphalus, dit (page 215) *qu'on ne peut s'attacher à la lettre dans ces paroles : Ceci est mon corps, que l'on n'établisse la transsubstantiation* ; et dans la page 216 : *Je l'ai souvent dit, et je le répète encore, qu'on ne peut conserver le sens littéral des paroles : Ceci est mon corps, qu'en établissant la transsubstantiation des papistes*. Hospinien, dans la préface de la seconde partie de l'Histoire sacramentaire, après avoir rapporté les différentes opinions qu'il dit s'être élevées après celle de Bérenger, savoir celle des consubstantiateurs et celle de l'impanation du Verbe, qu'il attribue à Rupert, les comparant avec la doctrine de la transsubstantiation, en porte ce jugement : *Hæ tamen sententiæ omnes longiùs quàm transsubstantiatorum à Christi verbis recedunt, si littera spectetur, vel sensus*. C'était aussi l'argument que Zwingle faisait ordinairement contre Luther, pour réfuter ce qu'il disait, *qu'il ne fallait point admettre de trope dans ces paroles : Ceci est mon corps. Il s'ensuit*, dit Zwingle, *nécessairement, que le pain est le corps même de Jésus-Christ ; et qu'ainsi le pape a raison d'enseigner que le pain est changé au corps de Jésus-Christ.* (Vid. Hosp., part. 1, pag. 49.)

On voit le même aveu dans un livre imprimé en Hollande, dans l'année 1666, sous ce titre : *Philoso-*

---

(1) Defens. 2 piæ et orth. de Sacram. fidei, t. 7, p. 7, col. 1, edit. Gen., 1617.

phia Scripturæ interpres. Dans le chapitre 5, l'auteur dit qu'il faut distinguer deux sortes de sens dans les propositions de l'Écriture : l'un, qu'il appelle *sensus simpliciter dictus*, qui est celui qui se prend de la signification naturelle des termes; et l'autre, *sensus verus*, qui est celui que le S.-Esprit a voulu marquer. Et il prétend que pour n'avoir pas bien distingué cela, on est tombé en beaucoup d'erreurs, parce qu'on a pris pour clairs des passages qui étaient fort obscurs au regard du vrai sens, et qui n'étaient clairs qu'au regard du sens simplement dit. Ainsi, dit-il, *pour éclaircir cela par des exemples, les papistes crient bien haut, en soutenant dans tous leurs livres que les paroles de Jésus-Christ dans l'institution de la cène :* PRENEZ, MANGEZ, CECI EST MON CORPS, *sont claires et manifestes,* COMME ELLES LE SONT EN EFFET, *et en tirent sans peine le sens qu'ils y donnent, comme tout le monde le peut faire aussi bien qu'eux. Mais ce sens n'est que le sens simplement dit, et non pas le véritable sens, comme les réformés le prétendent et le montrent fort bien. De sorte que ce passage est clair au regard du sens simplement dit, et non du vrai sens, au regard duquel il est obscur* (1).

M. Claude dira peut-être que cet écrivain est un homme hardi, qui n'a pas voulu se nommer, parce qu'il avance beaucoup d'erreurs dans ce livre. Mais cela ne sert de rien : car quelques autres erreurs qu'il ait avancées, il est certain, d'une part, qu'il est grand ennemi des catholiques; et de l'autre, qu'il est de l'opinion des calvinistes touchant l'Eucharistie, comme ce passage même le fait voir. Or cela étant, il est clair qu'il n'y a eu que la vérité qui l'ait pu forcer d'avouer que le sens des catholiques que M. Claude nous veut faire croire n'avoir jamais pu venir pendant huit cents ans dans l'esprit de personne, est le sens clair et naturel des paroles de Jésus-Christ, quoiqu'il prétende en même temps, comme calviniste, que ce n'est pas le vrai sens.

Voilà comment doivent parler tous ceux qui conservent quelque sincérité, quoique engagés dans l'hérésie des sacramentaires. Et ainsi ce que la raison nous oblige de conclure à l'égard de ceux qui, n'étant point instruits des distinctions des sacramentaires, auraient entendu ces expressions, que *l'Eucharistie est le corps de Jésus-Christ;* que *le pain est changé au corps de Jésus-Christ,* est, 1° que le sens qu'ils y auraient ordinairement connu n'est pas l'unité de ces deux termes subsistants, mais la vraie doctrine de la transsubstantiation, qui consiste à croire que ce que nous recevons à la communion n'est pas du pain, mais le corps de Jésus-Christ; 2° qu'ils auraient non seulement conçu cette idée, mais qu'ils l'auraient suivie

(1) Sic pontificii, ut exemplis rem illustremus, verba Christi quibus S. cœnam instituit, clara et perspicua esse clamitant et scriptitant, ut etiam sunt, ac inde sensum conficiunt nullo negotio, quemadmodùm id cuilibet licet. At hic sensus est tantùm simpliciter dictus, non autem verus, quemadmodùm id contendunt atque ostendunt reformati; adeòque hic locus quidem est perspicuus in sensu simpliciter sic dicto, non vero, à quo est obscurus. Pag. 9.

et embrassée, l'autorité de Dieu et de l'Église, et l'habitude qu'ils auraient eue de soumettre leur raison aux mystères, ayant plus de force sur l'esprit des fidèles, que ces répugnances de la raison et des sens; 3° que ceux mêmes qui auraient conçu l'unité des deux termes subsistants, *pain et corps,* n'auraient point rejeté cette unité, mais seraient tombés naturellement dans la créance des luthériens, c'est-à-dire de la consubstantiation, et qu'ainsi ils auraient cru la présence réelle; 4° que ceux qui, par attache à leur propre sens, auraient rejeté cette unité de deux idées comme incompatibles, auraient eu l'idée distincte et expresse de l'absence réelle, parce qu'ils auraient entièrement et absolument séparé le pain du corps; 5° que toute la philosophie de M. Claude, qui soutient qu'en concevant l'incompatibilité de deux idées affirmées l'une de l'autre dans une proposition, on ne conçoit aucun sens ni vrai ni faux, et que l'on ne rejette pas pour cela la présence réelle, est une fausse subtilité, qui ne mérite que le nom d'une chicanerie scolastique; 6° que dans tout ce second ordre, M. Claude ne trouve point sa créance confuse; mais que l'on y trouve une créance distincte, ou de la présence ou de l'absence réelle.

CHAPITRE VIII.

Examen du troisième ordre du système de M. Claude, qui aurait été de CATHOLIQUES, *comme on le fait voir.*

Le troisième ordre de M. Claude est encore moins incommode que les autres; car il se trouvera, en l'examinant, qu'il n'est composé que de gens qui croyaient proprement la présence réelle, et qui en avaient une foi distincte; et, pour en être persuadé, il n'y a qu'à considérer les qualités qu'il donne à ceux de cet ordre. *Ces gens,* dit-il (p. 281), *allant jusqu'à la question, allaient aussi jusqu'à la résolution; mais leur esprit s'arrêtait à des termes généraux; comme, que Jésus-Christ nous est présent au sacrement; que nous y recevons son corps et son sang, sans y chercher un plus grand éclaircissement.*

De tous les ordres de M. Claude il n'y a que celui-là qui soit réel et qui ne soit pas fondé sur des imaginations creuses et sans fondement; car il est certain qu'il pouvait y avoir en effet des fidèles dans l'ancienne Église, qui ne pénétraient pas plus avant dans ce mystère, que de croire simplement que Jésus-Christ y était présent, et que ce que nous recevons était son corps et son sang. Ils avaient le témoignage des sens, qui leur disaient que les symboles étaient du pain et du vin : *Quod videtis panis est, quod etiam oculi vestri renuntiant,* dit S. Augustin à des fidèles de cette sorte. Ils avaient l'instruction de la foi, qui leur enseignait que ce pain était le corps de Jésus-Christ : *Quod autem fides vestra postulat instruenda, panis est corpus Christi.* (Serm. ad infantes.) Et cette double lumière des sens qui faisaient connaître la matière du sacrement, et de la foi qui en faisait connaître la réalité et la nature, en corrigeant ce qu'une fausse raison ajoute au témoignage des sens, qui est que le pain subsiste, suffit à la foi et à la piété chrétienne, selon ce père : *Quod fidei fortassè sufficiat*; les autres instructions, qui regardent l'intelligence mystique de ce sacrement, comme celle que le même Père donne ensuite du rapport des symboles au corps mystique de Jésus-Christ, n'y étant pas absolument nécessaires. M. Claude n'a donc pas tort de mettre dans les huit premiers siècles ces sortes de chrétiens; mais il a tort de ne pas reconnaître que ces chrétiens étaient vraiment catholiques, et qu'ils croyaient la présence réelle et la transsubstantiation comme nous la croyons, quoiqu'ils ne fissent pas attention à toutes les suites, comme la plupart des catholiques n'y en font pas.

Ce qui le trompe en cela est, que s'étant accoutumé par la lecture des livres des ministres à corrompre le sens des expressions les plus ordinaires, et à y en donner d'autres à sa fantaisie, il s'imagine que les anciens chrétiens en faisaient de même. Recevoir le corps de Jésus-Christ, ne signifie rien dans la bouche d'un ministre, parce qu'il y substitue incontinent les notions de réception par le symbole, ou de réception par *vertu*. Mais M. Claude devait considérer qu'il s'agit ici de gens qui étaient dans un autre état que lui. Ils n'étaient nullement instruits des manières dont il élude les passages des Pères ; ils ne connaissaient ni *la clé de figure*, ni *la clé de vertu*, selon l'hypothèse même. Ainsi, la présence de vertu ni la présence de figure ne leur venait point dans l'esprit. Quelle autre présence auraient-ils donc pu concevoir, que la présence réelle, que la réception réelle? Et pourquoi auraient-ils donné à ces mots un autre sens que celui qu'ils ont naturellement.

Pour éclaircir encore plus cette vérité, il faut savoir que l'on se peut former trois sortes d'idées générales de présence. L'une, quand on conçoit distinctement et la présence réelle et la présence métaphorique, mais que ne pouvant prendre parti, on se résout par une généralité confuse, en disant que Jésus-Christ y est présent en quelque manière; et cette sorte d'idée n'est pas une vraie idée générale, car il n'y a point d'idée commune et univoque qui convienne à l'une et à l'autre présence, mais c'est une idée alternative, c'est-à-dire que l'esprit dit qu'il y est présent, ou par vérité, ou par métaphore. C'est ainsi que quelques Anglais eussent bien voulu accorder les différends sur l'Eucharistie, en quoi ils n'ont été suivis de personne. D'autres se forment une idée générale de présence d'une autre manière, qui est d'exclure toutes les espèces particulières de présence et d'en inventer une autre qu'on ne conçoit point, et qu'ils ne conçoivent pas eux-mêmes. Ils disent que Jésus-Christ n'est pas présent corporellement dans l'Eucharistie; qu'il n'y est pas aussi présent seulement en vertu et en figure, mais qu'il y est présent d'une manière inconcevable.

Pour juger sainement de la prétention de ces personnes, il faut dire qu'elles croient en effet la présence réelle, puisque cette présence inconcevable n'est pas distinguée de la présence réelle telle que l'Église l'admet ; mais en l'admettant sous certains termes, ils la nient sous d'autres, ou plutôt ils en nient les suites et les conséquences qui en sont inséparables, et c'est pourquoi on la peut appeler une présence contradictoire.

Ce ne pouvait être ni en l'une ni en l'autre de ces deux manières que les fidèles de ce troisième ordre de M. Claude se formaient une idée générale de présence et de réception, puisque, par la supposition même, ils ne connaissaient point les suites philosophiques de la présence réelle, et qu'ils n'y avaient jamais fait attention. Ils concevaient donc Jésus-Christ présent, comme l'on conçoit Dieu présent, comme l'on conçoit un esprit présent, comme l'on conçoit toutes les choses présentes, quand on ne se sert pas de l'imagination, mais de l'entendement. Ils avaient l'idée intellectuelle de présence, et cette sorte d'idée générale est la vraie idée de présence réelle et substantielle. C'est elle qui se présente à tous ceux qui n'ont pas l'esprit corrompu par les fausses subtilités des ministres ; c'est elle qui est désignée par les mots, et dont ils forment naturellement l'idée dans l'esprit.

Il n'est donc pas besoin de réfuter ce troisième ordre de M. Claude autrement qu'en disant que c'était un ordre de catholiques, qui est très-impropre pour montrer qu'on ne connaissait point dans l'ancienne Église la présence réelle, puisqu'il n'était composé que de gens qui la connaissaient, qui la croyaient et qui la confessaient.

CHAPITRE IX.

Examen du quatrième ordre du système de M. Claude, qui aurait été de gens devenus CALVINISTES *après une longue recherche.*

Le quatrième ordre ne sera pas plus favorable aux prétentions de M. Claude, quoiqu'il lui fasse embrasser nettement le calvinisme, en disant (pag. 281) *que ces gens, après avoir été choqués par l'incompatibilité des termes de pain et de corps de Christ, trouvaient enfin le vrai dénoûment de la question, je veux dire, que le pain est le sacrement, le mémorial et le gage du sacré corps de notre Rédempteur.* Ils le trouvaient, puisqu'il plaît à M. Claude de le supposer, mais c'était *après l'avoir longtemps cherché*, comme il le dit aussi expressément (p. 282). Mais pendant qu'ils le cherchaient, et qu'ils ne l'avaient pas encore trouvé, M. Claude osera-t-il nous dire qu'ils n'étaient frappés d'aucune idée de la présence réelle, par tous les passages et toutes les instructions des Pères? Ils n'avaient encore trouvé ni *la clé de figure*, ni *la clé de vertu*, selon la supposition ; comment entendaient-ils donc les paroles des Pères, qui les assuraient que *l'Agneau de Dieu est présent sur la table eucharistique; que le pain apparent n'est point du pain, mais le corps de Jésus-Christ; que nous buvons le sang immortel de Jésus-Christ; que le sang de Jésus-Christ est joint au nôtre, qu'il entre dans nous; que ce corps unique, qui est distribué à tant de milliers de fidèles, est tout entier en chacun d'eux; que c'est le corps* et le sang de Jésus-Christ dans la vérité ; qu'il n'en faut pas douter, puisqu'il l'a dit lui-même ; que quoique ce que nous voyons n'ait rien de semblable à un corps humain, néanmoins personne ne refuse de croire ce que Jésus-Christ a dit, que le pain est changé au corps même de Jésus-Christ ; que le pain est fait le corps de Jésus-Christ par l'opération ineffable du S.-Esprit ; qu'il ne faut pas chercher l'ordre de la nature dans le corps de Jésus-Christ?

M. Claude ne se sauve de ces passages qu'en y appliquant les clés *de figure et de vertu*, et encore en se donnant mille gênes et en se servant de mille machines. Or ces gens ne les avaient point ; ils concevaient donc l'idée littérale de ces paroles ; ils concevaient que Jésus-Christ entrait en nous ; que ce n'était pas du pain, mais le corps de Jésus-Christ ; qu'il n'en fallait point douter ; qu'il fallait démentir les sens : et ainsi pendant tout le temps de cette recherche, ils avaient toujours, malgré M. Claude, la présence réelle devant les yeux.

Et cela fait voir en passant qu'il n'y a rien de moins raisonnable que les solutions qu'il apporte à quelques passages des Pères, qu'on avait allégués dans la seconde partie de la *Réfutation*. Car comme ce n'était pas là le lieu de les traiter avec étendue, on y déclare que l'on ne les produisait pas pour montrer qu'il ne se pouvaient entendre dans le sens métaphorique, mais pour faire voir qu'ils mettaient tellement le sens littéral de la présence réelle devant les yeux, qu'il était impossible de n'y faire pas quelque attention, ou pour le rejeter ou pour l'admettre.

M. Claude, en y répondant, se contente de supposer que les fidèles qui les lisaient allaient tout d'un coup au sens métaphorique, et n'y voyaient pas seulement le sens naturel. Nous ferons voir dans l'examen du cinquième ordre l'absurdité de cette supposition ; mais il suffit de remarquer ici qu'elle est contraire manifestement aux autres suppositions de M. Claude ; car de ces cinq ordres, dont il compose l'Église des huit premiers siècles, il y en a trois qui, bien loin d'aller tout d'un coup à ce sens métaphorique, n'y parvenaient jamais, parce qu'ils ne connaissaient ni *la clé de figure*, ni *la clé de vertu*, qui sont la source de ces métaphores ; et le quatrième ne trouvait ce secret *qu'après l'avoir longtemps cherché*. Ainsi, avant de l'avoir trouvé, il ne pouvait pas apercevoir d'autres sens dans ces paroles des Pères, que le sens de la présence réelle, dont par conséquent il était obligé de juger, ou pour le rejeter ou pour l'admettre ; car il n'en aurait pas cherché d'autres si celui-là l'eût contenté. Mais comme il fallait par nécessité que ces gens aperçussent le sens de la présence réelle pendant le temps de cette laborieuse recherche, il fallait encore par nécessité que lorsqu'ils venaient à connaître les sens métaphoriques, et les deux *clés de vertu et de figure*, il fallait, dis-je, qu'ils eussent une idée distincte de l'absence réelle, non seulement parce que connaître le sacrement comme simple image du corps de Jésus-Christ, ou comme en

ayant la vertu, et n'y voir point le corps même de Jésus-Christ, c'est connaître l'absence réelle, comme nous l'avons montré ; mais aussi parce qu'ils ne pouvaient embrasser ce sens, qu'en rejetant toutes les autres idées qui leur avaient mis la présence réelle devant les yeux une infinité de fois.

CHAPITRE X.

Que le doute que M. Claude attribue à trois de ses ordres, savoir au second, au troisième et au quatrième, a été absolument inconnu aux Pères.

Nous avons l'obligation à M. Claude de nous avoir appris cette maxime si raisonnable, que *c'est un grand défaut de voir ce qui n'est pas, et de ne pas voir ce qui est*. Et pour en faire un usage légitime nous en allons faire l'application sur lui-même, dans une matière fort importante, en lui montrant qu'il la fait encore mieux connaître par son exemple qu'il ne l'enseigne par ses paroles, et qu'il est proprement du nombre de ceux *qui voient ce qui n'est pas, et qui ne voient pas ce qui est*.

Il voit un doute d'une terrible conséquence dans les fidèles des huit premiers siècles, et non seulement dans un petit nombre, mais dans la plus grande partie d'entre eux ; dans trois ordres entiers des cinq qui composent son système. Ils étaient, dit-il, frappés par l'incompatibilité de ces termes, *pain et corps*; ils ne comprenaient pas d'abord comment cela s'entendait; mais les uns ne se mettaient pas en peine de le chercher, les autres le cherchaient, et se contentaient d'une lumière confuse et générale ; les autres, après avoir longtemps cherché, en trouvaient le vrai dénoûment. Mais avant de l'avoir trouvé, ils ne le savaient donc pas ; ainsi ils étaient longtemps dans l'état d'ignorance et de doute à l'égard de ce mystère.

Or, comme il y a de diverses sortes de doutes, il est bon de bien pénétrer la nature de celui que M. Claude attribue à ce nombre innombrable de fidèles. Il y a des doutes dans lesquels on entend la chose et on la conçoit ; mais on ne sait si elle est, ou si elle n'est pas ; si elle est possible, ou si elle est impossible. Quand je doute, par exemple, si les bêtes pensent, si le sang a une circulation dans le corps, si deux lignes peuvent être incommensurables, j'entends ce que c'est que penser, ce que c'est que la circulation du sang, ce que c'est que l'incommensurabilité de deux lignes. Mais il y a des doutes où l'on ignore ce qui fait le doute, comme quand on doute des causes du flux et du reflux de la mer, et que l'on demande de quelle sorte cela se fait ; ou quand on doute du sens d'un passage de l'Écriture, lorsque le sens qui paraît est faux, et que l'on n'en voit point d'autre.

Je ne m'arrête pas à discuter si cette disposition d'esprit doit être appelée doute ou simple ignorance ; il me suffit qu'elle soit différente de la première. Car dans la première sorte de disposition, où l'on doute si la chose est ou n'est pas, en l'entendant et en la concevant, on n'a point besoin qu'on nous l'explique, il suffit qu'on nous en donne des preuves. Mais la seconde disposition qui enferme une ignorance de la manière, demande par nécessité une explication de ce qu'on ignore. Je ne sais comment un passage s'entend, on ne m'ôtera jamais cette ignorance qu'en me l'expliquant. Des termes affirmés l'un de l'autre me semblent inalliables, on ne m'ôtera jamais ce doute qu'en m'expliquant distinctement l'alliance de ces termes.

Il est important de bien remarquer ces deux sortes de dispositions si différentes; et il est clair que la manière dont un doute est résolu par ceux à qui on le propose, ou qui entreprennent de le prévenir, nous donne lieu de reconnaître de quelle nature il est. Car s'ils se contentent d'apporter des preuves sans aucune explication, il est visible qu'ils supposent que l'on entend la chose dont il s'agit, et qu'il n'est nécessaire que de la leur prouver; mais s'ils se mettent en peine de l'expliquer, on aura droit de conclure qu'ils ont eu dessein d'éclairer ceux à qui ils parlent sur la manière de la chose, et qu'ils ont supposé qu'ils la pouvaient ignorer.

Le doute ou l'ignorance que M. Claude attribue à trois des ordres qui composent son système, est entièrement de ce second genre, c'est-à-dire que c'est un de ces doutes qui ont besoin d'éclaircissement et d'explication de la manière de la chose. Les fidèles qu'il nous décrit étaient tous choqués de l'incompatibilité de ces termes *pain* et *corps*, contenus dans les expressions de l'Église; ils ne savaient comment cela s'entendait, et comment il pourrait être vrai que le pain fût le corps de Jésus-Christ, ou fût changé au corps de Jésus-Christ. Les uns demeuraient selon lui dans ce doute, ou dans cette ignorance toute leur vie; les autres en cherchaient l'éclaircissement. Mais de quelque manière qu'ils agissent, il est certain qu'on ne pouvait remédier à leur ignorance qu'en leur enseignant la manière dont le pain pouvait être le corps de Jésus-Christ, et que c'était l'unique voie pour les en tirer.

Et en effet, qu'on envoie des gens dans cette disposition à tous les ministres de Genève, de Suisse, de Hollande, d'Allemagne, d'Angleterre, des Indes; qu'ils leur exposent leur doute dans les termes les plus propres à le faire entendre, et qu'ils leur déclarent qu'ils sont choqués de l'incompatibilité de ces termes si ordinaires dans le langage de l'Église, que *l'Eucharistie est le corps de Jésus-Christ; que du pain est fait le corps de Jésus-Christ; que le pain est changé au corps de Jésus-Christ*, parce qu'ils voient bien que le pain, demeurant pain, ne peut être le corps de Jésus-Christ. Il est certain que tous les ministres du monde répondraient d'une même manière à ce doute, et que jamais instructions ne furent si uniformes que celles qu'ils donneraient sur ce point. Ils diraient tous que le pain est et est fait le corps de Jésus-Christ, parce qu'il en est fait l'image, la figure, et qu'il en contient la vertu.

Voilà donc le doute que M. Claude reconnaît, et voilà la manière de le résoudre. Il est fondé sur l'ignorance du sens des paroles; et il se résout par l'explication de ces paroles, et par les deux clés *de figure et de vertu*, en faisant voir que l'on ne prétend pas que l'Eucharistie soit le corps de Jésus-Christ autrement qu'en figure ou en vertu.

Voyons donc maintenant si les Pères auront connu cette sorte de doute, et s'ils auront pris les voies naturelles pour y remédier; car on voit dans leurs ouvrages qu'il leur est assez ordinaire de supposer qu'il s'en peut élever sur le sujet de l'Eucharistie, de tâcher de les prévenir, et de fortifier les fidèles dans la foi de ce mystère. S. Hilaire le fait au livre 8 de la Trinité, S. Cyrille de Jérusalem dans sa 4° catéchèse; S. Grégoire de Nysse propose et résout un doute sur l'Eucharistie dans son Oraison catéchistique; S. Ambroise en marque expressément un dans le chapitre 9 du livre qu'il a fait pour les nouveaux baptisés, et il les fortifie contre le même doute au livre 4 des Sacrements, chapitre 5; S. Gaudence le prévient et le détruit dans le traité 19 sur l'Exode, et S. Chrysostome dans l'homélie 83 sur S. Matthieu; Hésychius dans son livre 6 sur le Lévitique, et S. Eucher dans son homélie 5 de la Pâque, et dans les homélies sur les Évangiles, sans parler des autres.

Ces lieux sont sans doute très-considérables pour nous instruire du sentiment des Pères et des fidèles touchant ce mystère : car, comme nous avons déjà dit ailleurs, on ne parle jamais plus précisément et plus clairement que lorsque l'on veut porter la lumière dans l'esprit de ceux qui sont dans l'ignorance et dans les ténèbres. Mais on reconnaît 1° dans tous ces lieux que le doute que les Pères ont supposé se pouvoir élever dans l'esprit des fidèles, et auquel ils ont tâché de remédier, n'est pas celui que M. Claude attribue aux trois ordres de son système, et qu'il y est entièrement opposé; car le doute de ces gens qui composent les ordres de M. Claude, naissant, selon lui, de l'incompatibilité des termes *pain* et *corps*, ne se pouvait ôter qu'en montrant aux fidèles que le pain n'était le corps de Jésus-Christ qu'en figure et en vertu. Et au contraire le doute contre lequel les Pères ont prétendu fortifier les fidèles est détruit par les mêmes Pères, en confirmant et répétant plusieurs fois que l'Eucharistie est le corps de Jésus-Christ, qu'elle le contient, sans qu'ils y ajoutent aucune explication ni de figure ni de vertu. De sorte que ce qu'ils disent pour ôter le doute qu'ils supposent ou qu'ils veulent prévenir dans les fidèles, est justement ce qui serait capable de faire naître celui qui est marqué par M. Claude.

Car qu'y a-t-il, par exemple, de plus capable de choquer ceux qui seraient déjà frappés de l'incompatibilité des termes *pain* et *corps*, que ce que dit S. Cyrille de Jérusalem. *Puisque Jésus-Christ*, dit ce saint (catech. 4), *assure du pain que c'est son corps, qui osera désormais en douter? Puisqu'il nous dit du calice que c'est son sang, qui pourra en douter, en disant que ce n'est pas du sang?* Et ce qu'il ajoute plus bas : *Croyez très-certainement que ce pain qui paraît n'est pas du pain, quoique le goût rapporte que c'est du pain, mais le corps de Jésus-Christ, et que ce vin qui paraît n'est pas du vin, quoiqu'il semble tel au goût, mais le sang de Jésus-Christ?*

Ne serait-ce pas déshonorer les Pères que de leur attribuer une aussi grande folie que celle d'avoir prétendu éclaircir le doute que ces expressions pouvaient faire naître dans l'esprit, en répétant ces expressions mêmes qui étaient capables de le causer, et en y ajoutant encore des paroles plus fortes et plus expresses? L'on peut voir la même chose dans tous les autres passages que nous avons cités.

2° Le doute de M. Claude ne se peut détruire, comme j'ai dit, que par l'explication de la double *clé de vertu et de figure*, c'est-à-dire, en faisant voir que le pain n'est le corps de Jésus-Christ qu'en figure et en vertu. Et cependant, dans aucun des lieux où les Pères fortifient les fidèles contre ce doute qu'ils ont connu, ils n'ont parlé ni de vertu ni de figure; mais ils se servent au contraire de toutes les expressions qui en peuvent éloigner l'idée, et qui doivent faire croire que l'Eucharistie est véritablement le corps même de Jésus-Christ.

3° Le doute de M. Claude ne demande pas des preuves, mais des éclaircissements; c'est-à-dire, qu'il ne s'agit point de prouver que l'Eucharistie est le corps de Jésus-Christ, mais d'expliquer en quel sens cela était véritable. Or, dans tous les lieux des Pères où ils parlent de doute, ils ne se mettent en peine que de prouver que l'Eucharistie est le corps de Jésus-Christ, sans donner aucun éclaircissement.

4° Le doute de M. Claude ne peut être détruit par ces paroles : *Hoc est corpus meum*, ou par celles-ci : *Panis quem ego dabo caro mea est*, puisqu'il ne naît que de l'incompatibilité de ces paroles; et cependant tous les Pères supposent que le doute dont ils parlent doit être étouffé par la seule force de ces paroles de l'Écriture.

5° Enfin le doute connu par les Pères est détruit, selon les mêmes Pères, par les divers exemples de la puissance de Dieu, par la création du monde, par les miracles des prophètes, par celui de l'Incarnation. Mais qu'y aurait-il de moins raisonnable que de se servir de tous ces exemples pour détruire le doute que M. Claude met dans la tête de ces trois ordres, et quelle lumière donnerait-on à un homme qui trouve ces termes, *pain* et *corps*, *vin* et *sang*, incompatibles, et qui ne sait comment il faut entendre ces expressions de l'Église où l'Eucharistie est si souvent appelée le corps et le sang de Jésus-Christ, en lui disant que Dieu est très-puissant, et qu'il a créé le monde, et que ce qui nous paraît impossible est possible à Dieu?

Il s'ensuit de là, clairement et démonstrativement, que les Pères n'ont point connu le doute sur lequel M. Claude établit trois ordres entiers de chrétiens durant huit siècles, et que M. Claude ne connaît point le doute que les Pères ont connu. Cependant cela n'est pas d'une petite conséquence; car il est bien étrange qu'il prétende, par ses conjectures, être plus capable de connaître la disposition des esprits des chrétiens des premiers siècles, que tous les Pères qui ont vécu avec eux; qu'il en sache des nouvelles qu'ils n'ont point sues; qu'il les accuse ainsi ou de stupidité ou de négligence; qu'il leur attribue des discours contraires au sens commun, puisqu'il n'y aurait rien sans doute qui le fût davantage, que si, les fidèles étant choqués de l'incompatibilité de quelques termes qu'il serait facile d'accorder par une petite distinction, au lieu de leur donner une lumière si facile, on augmentait leur doute, en répétant simplement devant eux les expressions mêmes qui le causeraient, et en leur alléguant des preuves dont ils n'auraient eu aucun besoin, et qui ne leur auraient apporté aucun éclaircissement.

Vous ne devez point douter, disent les Pères aux fidèles, de la vérité de la chair et du sang de Jésus-Christ; vous ne devez point douter que le pain ne soit le corps de Jésus-Christ; que du pain on ne fasse le corps de Jésus-Christ. Et pourquoi? Parce que Jésus-Christ a dit du pain que *c'était son corps*; parce que Dieu est tout-puissant; parce qu'il a fait cent autres merveilles. Mais que voulez-vous dire, auraient pu répliquer ces fidèles, s'ils avaient été tels que M. Claude les représente? Nous savons que Dieu est tout-puissant; nous savons qu'il a dit : *Ceci est mon corps*; nous ne doutons ni de sa puissance, ni de la vérité de ses paroles; mais comme ces termes, que *l'Eucharistie est le corps de Jésus-Christ*, nous paraissent incompatibles, et qu'ils le sont en effet, nous demandons comment cela se doit entendre? Vos réponses ne touchent pas seulement notre difficulté et notre doute; et vous ne témoignez pas même de l'entendre. Nous vous demandons en quel sens Jésus-Christ a dit que le pain était son corps? Et vous nous répondez qu'il l'a dit. Nous vous demandons de quelle manière Jésus-Christ fait que le pain soit son corps? Et vous nous répondez qu'il le peut faire; mais nous sommes assurés qu'il ne le fait pas d'une certaine manière, et que le pain n'est pas le corps même de Jésus-Christ. Nous vous demandons donc en quel autre sens ces paroles de Jésus-Christ se doivent entendre?

Il est sans doute que cette réponse de ces fidèles serait infiniment plus raisonnable que le discours de ces Pères; et c'est ce qui fait voir également, et que les Pères n'ont point connu ce doute de M. Claude, parce qu'ils n'auraient jamais parlé de la sorte, et que ce doute n'a jamais été, puisqu'il serait impossible qu'il leur eût été inconnu.

Je pense après cela que l'on m'avouera qu'il n'y a rien qui approche plus du songe et de la chimère, que trois ordres de fidèles qui durent huit siècles, et qui ont pour caractère un doute et une ignorance qui a été inconnue à tous les Pères.

Il est aisé de conclure de tout ce discours que M. Claude ne peut pas tirer grand avantage du quatrième ordre de son système. Il a pour caractère un doute inconnu aux Pères, et qui ne pouvait être que fortifié par tous les lieux des Pères où ils combattent les doutes qu'ils ont connus, comme nous l'avons montré.

Ces gens demeuraient longtemps dans ce doute. Or, pendant qu'ils y demeuraient, ils ne pouvaient expliquer le langage de l'Église, et les expressions ordinaires des fidèles, que dans le sens de la présence réelle, puisqu'ils ne connaissaient point encore les deux clés *de figure et de vertu*, que les ministres ont inventées pour éloigner cette idée.

M. Claude suppose aussi témérairement qu'ils trouvaient la solution de leur doute, en apprenant que l'Eucharistie est la figure de Jésus-Christ, et qu'elle en contient la vertu. Car de qui auraient-ils appris cette solution; puisque, comme nous l'avons fait voir, les Pères n'ont combattu les doutes sur l'Eucharistie que par les paroles mêmes de Jésus-Christ, et par les effets de sa toute-puissance, sans jamais parler de cette vertu?

Et comme cet ordre de M. Claude s'étend au septième et au huitième siècles comment les fidèles y auraient-ils pu trouver ce prétendu dénoûment, puisque l'on y faisait profession, et en Orient et en Occident, comme nous le montrerons, de croire au contraire que l'Eucharistie n'est pas la figure, mais le corps même de Jésus-Christ, et qu'ainsi la clé de figure si nécessaire aux ministres y était formellement rejetée, et la clé de vertu aussi par une conséquence nécessaire?

Enfin, quand on lui accorderait comme véritable tout ce qu'il suppose sans fondement et contre la raison, il prend si mal ses mesures, qu'il n'aurait encore rien de ce qu'il désire, et qu'il accorderait au contraire à son adversaire tout ce qu'il prétend. Car, supposé que ces gens se persuadassent enfin, après beaucoup de recherches, que l'Eucharistie est le signe de Jésus-Christ, et qu'elle en contient la vertu, sans concevoir rien autre chose, ils concevraient par cela même l'absence réelle; ce qui suffit à l'auteur de *la Perpétuité*, qui ne prétend rien autre chose, sinon que les fidèles ont toujours été dans l'une ou dans l'autre de ces deux créances, de la présence ou de l'absence réelle; mais ce qui ne suffit nullement à M. Claude, qui s'est engagé mal à propos à le contredire en tout, et à lui contester les choses du monde les plus claires, sans autre dessein que de chicaner et d'embrouiller cette dispute par la multitude des petits différends qu'il fait naître, afin de faire perdre de vue le différend général, qui est le seul qui importe à l'Église et à ceux qui en sont séparés.

CHAPITRE XI.
Examen du cinquième ordre du système de M. Claude, qu'on peut appeler des CALVINISTES SANS RÉFLEXION.

L'examen de ce cinquième ordre nous donnera lieu de répondre aux principales subtilités par lesquelles M. Claude a tâché d'éluder les raisons qu'on avait alléguées dans la *Réfutation*, pour montrer que le commun des fidèles a toujours eu une créance distincte de la présence ou de l'absence réelle. C'est sur ces subtilités qu'il a bâti son cinquième ordre, et elles consistent à dire qu'il y avait des gens dans ce siècle qui, étant frappés de toutes les expressions les plus fortes en apparence pour la transsubstantiation et la présence réelle, allaient tout d'un coup à leur vrai sens, c'est-à-dire au sens de figure et de vertu, sans y en apercevoir aucun autre, et sans songer à l'incompatibilité des termes; sans avoir aucune idée de la présence réelle ni de l'existence de Jésus-Christ au sacrement. C'est sur ce fondement qu'il soutient (p. 279) *que quand ces expressions et mille semblables auraient été tous les jours dans la bouche des Pères, elles n'eussent jamais formé dans l'esprit des peuples l'idée d'une transsubstantiation ou d'une présence réelle;* et dans la page 262 il dit *que si on ôte de l'esprit des hommes les préjugés, ils ne trouvent rien dans les passages des Pères qui les fasse songer à une présence réelle.*

Mais parce que cette prétention eût pu paraître fort étrange, il l'appuie de certains principes de philosophie qui lui sont assez particuliers. Il prétend que dans les expressions des Pères les plus formelles pour la réalité, le sens littéral étant incompatible, et n'étant pas un sens, le sens métaphorique est le naturel et l'unique que l'esprit conçoit; que ce sens métaphorique était le premier qui se présentait, et qu'au contraire l'idée de présence réelle ne se présentait jamais. Et afin que l'on n'en doute point, il s'allègue lui-même pour témoin d'une manière assez plaisante. *Je ne sais,* dit-il, *si j'ai l'oreille dure, mais je n'entends rien de ce tintamarre et de ce grand bruit, que la présence réelle fait à la porte. Assurément c'est une vision; car quand je mets la tête à la fenêtre je ne vois rien.*

C'est par une suite de cette prétention, qu'il rejette bien loin ce que l'auteur de la *Perpétuité* avait avancé, *que sitôt que le son des mots frappe l'oreille, l'idée qui est ordinairement jointe au mot se présente incontinent à l'esprit; et que cette idée ne manque jamais d'y être reçue, à moins que les opinions dont l'esprit est prévenu, ou les autres circonstances qui accompagnent cette idée, n'obligent de la bannir, pour y en substituer une autre.* Car il prétend, au contraire, que quand tous les mots des Pères par lesquels les catholiques établissent la présence réelle frappaient les oreilles des chrétiens de ce temps-là, ils ne voyaient que la simple et unique idée métaphorique, et ne voyaient point du tout le sens littéral.

En un mot, ses prétentions se réduisent à soutenir que les fidèles de ce cinquième ordre ne concevaient rien autre chose dans toutes les expressions de l'Église et des Pères, sinon que le Sacrement est la figure de Jésus-Christ, et qu'il en contient la vertu; qu'ils n'avaient point d'autre idée que celle-là; et que c'était la seule et unique impression qu'ils recevaient de toutes les paroles des Pères.

Or il faut bien remarquer qu'il ne s'agit pas ici si les fidèles, entendant les expressions des Pères, comprenaient que le sens métaphorique était le véritable; mais qu'il s'agit de savoir s'ils ne comprenaient du tout que ce sens métaphorique, et s'ils ne s'apercevaient point que les paroles d'elles-mêmes faisaient un autre sens, et donnaient une autre idée. Il ne s'agit pas aussi d'une seule expression, à laquelle ils auraient pu être tellement accoutumés, qu'elle serait devenue simple à leur égard; mais il s'agit de toutes les différentes expressions, dans lesquelles les SS. Pères ont renfermé ce mystère. Enfin il ne s'agit pas de quelque moment et de quelque heure de la vie de ces gens-là, mais de toute leur vie, M. Claude soutenant généralement que l'idée de la présence réelle ne leur est jamais venue dans l'esprit, et qu'elle n'y peut jamais tomber, à moins qu'elle n'y vienne d'ailleurs.

Tout cela supposé, pour témoigner à notre tour quelque sorte de confiance, mais avec plus de raison que M. Claude, il nous permettra de lui soutenir qu'il n'y a point d'apparence qu'il comprenne lui-même, ou qu'il croie ce qu'il avance; et qu'assurément, lorsqu'il y aura fait réflexion, il reconnaîtra qu'il n'y a pas assez pensé.

On lui pourrait alléguer, pour l'en convaincre par une expérience sensible, ce nombre infini de chrétiens qui se trouvèrent au commencement du onzième siècle dans la créance de la présence réelle, et qui n'y étaient entrés que par les mêmes expressions des Pères et de l'Église, qui avaient toujours retenti aux oreilles des fidèles des huit premiers siècles. D'où il s'ensuit sans doute plus que probablement, que ces expressions qui ont persuadé toute la terre de la présence réelle, en pouvaient bien donner l'idée à ceux qui les avaient précédés. Il est vrai, comme on l'a déjà vu par expérience, que ce qui passera toujours pour une démonstration à l'égard de ceux qui s'y connaissent, ne fait pas la moindre impression sur l'esprit de M. Claude; il s'en moque, et croit s'en être défait en disant hardiment qu'assurément il n'y avait *que l'ombre et l'oisiveté du couvent de Corbie qui aient été capables de produire un si grand détour d'imagination.* Et, poussant la chose plus avant, et autant qu'il en a besoin, il veut que ce détour d'imagination ait, en l'espace de deux cents ans, occupé toute la terre, et persuadé tous les esprits, sans qu'ils s'en soient aperçus, et sans qu'ils en aient été choqués.

Mais si cette raison n'est pas bonne pour lui, elle ne laisse pas d'être bonne pour les autres, et je pense qu'il y aura peu de personnes judicieuses qui ne le condamnent en ce point, d'une opiniâtreté très-déraisonnable.

Néanmoins, comme je tâche aussi de le guérir, si je puis, il faut faire effort pour trouver quelque principe qui lui soit plus sensible, et l'on n'en peut supposer qu'il puisse moins refuser avec honneur que celui-là : que M. Claude a l'esprit fait comme les autres ; qu'il n'a pas une manière de concevoir les choses qui lui soit particulière ; qu'il entend ce que les autres ministres entendent sans difficulté, sans peine, sans effort; et enfin qu'il entend ce qu'il croit lui-même, et ce qu'il témoigne d'entendre en d'autres endroits.

Ce principe si équitable nous conduira bien loin, et il suffit pour décider notre différend : car il n'y a qu'à joindre ce que M. Claude trouvera dans son esprit, comme je crois, et qui est certainement dans celui des autres, que la différence des expressions simples et des expressions métaphoriques consiste en ce que les expressions simples n'ont qu'une idée, et que les métaphoriques en ont deux, et en présentent deux à l'esprit : car elles présentent à l'esprit la chose qu'on veut lui faire entendre, et elles lui font voir en même temps l'image par laquelle on la lui représente.

L'une de ces idées est naturelle à l'égard de la chose, et étrangère à l'égard du mot; et l'autre idée est naturelle à l'égard du mot, et étrangère à l'égard de la chose. Je ne conçois pas à la vérité par cette expression : *Vicit leo de tribu Juda,* que Jésus-Christ soit un lion; mais je conçois qu'il est comparé à un lion à cause de sa force. Ainsi le mot de *lion* forme en même temps dans mon esprit l'idée de la force de Jésus-Christ, qui est l'idée naturelle de la chose conçue comme véritable, et que l'Écriture a voulu signifier; et l'idée de lion, qui est l'idée naturelle du mot, mais qui n'est que l'image de la vérité que l'Écriture me veut faire concevoir.

Si je ne concevais, dans cette expression qu'un lion, sans passer jusqu'à comprendre que l'Écriture a voulu marquer la force de Jésus-Christ, je n'entrerais point dans le sens de l'Écriture; et si je concevais la seule force de Jésus-Christ, sans la concevoir sous l'image de celle d'un lion, je n'entrerais pas dans le langage de l'Écriture; je n'en entendrais pas la force, et il ne contiendrait plus à mon égard qu'une expression toute simple, qui n'aurait pas la grâce et la beauté de l'expression métaphorique.

C'est pourquoi Cicéron dit en quelque endroit que les métaphores enferment une comparaison secrète, et que le plaisir qu'elles donnent à l'esprit consiste dans cette double idée qu'elles lui représentent en même temps : l'une, de la chose conçue comme vraie; l'autre, de l'image de cette chose, l'esprit se plaisant dans cette comparaison de la vérité et de l'image, et aimant à passer de l'une à l'autre.

Or il ne faut pas s'imaginer que ce passage se fasse par des réflexions expresses, sensibles et distinctes; tout cela se passe dans l'esprit par une simple vue, qui lui fait considérer certaines idées comme véritables, et regarder les autres comme des images des vraies idées, parce qu'il sait qu'elles seraient fausses en elles-mêmes. Et c'est sans doute ce qui a trompé M. Claude, et qui lui a fait rebuter dédaigneusement une maxime très-véritable, que l'auteur de *la Perpétuité* lui avait proposée, qui est, *que l'idée qui est ordinairement jointe au son,* c'est-à-dire l'idée naturelle du mot, *ne manque jamais de se présenter, et d'être reçue dans l'esprit, à moins que les opinions dont il est prévenu, et les diverses circonstances n'obligent de la bannir, pour y en substituer une autre.* Car il s'est imaginé que ce bannissement d'idées avait besoin de beaucoup de mystère, et qu'il fallait pour cela des réflexions formelles; et c'est pourquoi il dit *qu'il peut bien arriver que cette idée commune se présente à l'esprit d'un homme* et fasse quelque effort pour être reçue ; mais cela passe aussi d'abord pour une impertinence et une simplicité digne de risée. De sorte qu'il suppose qu'on ne peut avoir cette double idée sans *simplicité* et sans *impertinence*.

Mais si pour épargner M. Claude on n'accuse pas ce discours *d'impertinence*, au moins nous permettra-t-il de l'accuser de *simplicité* : car bannir une idée, n'est pas la chasser de l'esprit, c'est ne pas la regarder comme véritable ; et cela arrive dans toutes celles que l'on regarde comme images des idées conçues comme vraies, c'est-à-dire dans toutes les expressions métaphoriques ; car l'esprit sent toujours en quelque sorte l'idée naturelle du mot ; il sent que l'idée métaphorique n'est pas vraie, mais qu'elle conduit à la vraie, et sentir cela, c'est la bannir ; et il conçoit par le moyen de cette image la chose qu'elle représente, qui est ce que l'on appelle substituer la vraie idée.

Il est vrai que l'habitude de se servir de quelque terme en un usage métaphorique, obscurcit quelquefois de telle sorte cette double idée, que l'esprit ne sent plus que l'impression de la chose signifiée et conçue comme véritable ; mais alors ce n'est plus un terme métaphorique, puisqu'il n'en a plus ni la force ni la beauté ; c'est un terme équivoque, qui a diverses significations, et qui signifie une chose dans certaines circonstances, et une autre dans une autre ; de sorte que ces métaphores obscurcies et abolies par l'usage, étant réellement des termes propres et simples, ne sont nullement contre la règle que l'auteur de *la Perpétuité* a proposée, parce qu'il n'y a parlé que des termes vraiment métaphoriques, et non pas des termes équivoques, tels que sont ceux où la double idée ne se sent point.

Mais il est fort rare que la métaphore soit si fréquente et si ordinaire qu'elle aille jusqu'à ne se faire plus sentir, et à tenir entièrement lieu d'une expression propre, surtout si c'est une métaphore qui ne consiste pas en une parole, mais dans une suite d'expressions, et dans des allégories assez longues et assez continuées ; car il est alors absolument ridicule de prétendre que la métaphore ne se sente point du tout.

Y a-t-il, par exemple, des gens assez subtils pour ne se former aucune autre idée sur l'histoire du Lazare et du mauvais riche, sinon que les pauvres qui sont à Dieu seront récompensés, et les riches voluptueux et impitoyables punis ; et pour ne se pas représenter un pauvre, nommé Lazare, à la porte d'un riche qui faisait tous les jours bonne chère, qui vivait dans le luxe, et qui n'avait point de compassion des pauvres, et le reste de l'histoire que quelques-uns ont fait passer pour une parabole ? Y a-t-il des gens qui ne conçoivent point dans les autres paraboles de l'Évangile les images sous lesquelles Jésus-Christ nous a voulu représenter les vérités ?

Il en est de même des allégories. Ce sont de courtes paraboles, mais qui mettent l'image tellement devant les yeux, qu'il est impossible de concevoir la vérité qu'elles représentent sans avoir cette image par laquelle elle est représentée ; et il en est ainsi de toutes les vraies métaphores, qui ne sont que des comparaisons et des paraboles raccourcies dans un seul mot.

C'est vouloir renverser la nature de l'esprit de l'homme que de ne pas demeurer d'accord de ces vérités, que chacun sent en soi pourvu qu'il y veuille faire attention ; et il est bien aisé de conclure de là que, quand on prendrait toutes les paroles des Pères qui expriment la présence réelle pour métaphoriques ; quand on leur donnerait tous les sens que les ministres y donnent ; quand on supposerait que les fidèles du cinquième ordre naissaient tous aussi métaphysiques qu'était Aubertin après s'être corrompu le jugement par des chicaneries de trente ans ; quand on accorderait qu'ils en avaient tous une connaissance infuse, et qu'ils les avaient aussi présentes que les premiers principes, ils ne se seraient pu empêcher de voir la présence réelle dans les expressions des Pères, ou comme la vraie idée qu'ils auraient voulu marquer, ou comme l'image de cette idée ; mais une image si vive et si sensible, et marquée par un si grand nombre d'expressions, qu'il est impossible que l'esprit n'en eût été vivement touché.

Que M. Claude ne prétende donc point nous payer *de la dureté de ses oreilles*. S'il veut bien que je suppose qu'il a l'esprit fait comme les autres, qu'il me permette de supposer qu'il conçoit ce que les autres conçoivent ; qu'il voit dans les passages des Pères ce que les autres ministres y voient. Or il y en a bien qui ont prétendu que le véritable sens des passages des Pères était le sens métaphorique qu'il leur plaisait d'y donner ; mais il ne s'en trouvera point qui se soit avancé jusqu'à dire qu'il ne concevait point dans ces passages produits par les catholiques le sens littéral ; qu'il n'y voyait du tout que le sens métaphorique ; que ce sens métaphorique était le simple et le naturel ; que c'était le premier sens qui s'offrait ; que les autres sens étaient des sens écartés.

Ce sont des propositions téméraires que la chaleur a fait avancer à M. Claude, mais que l'on ne peut croire qu'il ait dans l'esprit, sans en faire encore un jugement beaucoup moins avantageux. Nous lui avons déjà fait voir que bien loin que ses confrères ne voient point le sens des catholiques dans les passages des Pères, les plus savants d'entre eux se sont crus obligés de reconnaître qu'il y en a où ils ne voient que le sens des catholiques ; que c'est ce qui a fait dire à M. Daillé *que comme il y a des passages* (à ce qu'il prétend) *qui, étant pris au sens des catholiques, sont plus obscurs que les énigmes du Sphinx, si vous prenez le revers, il y en a d'autres qui semblent ne pouvoir en façon quelconque admettre le sens des protestants ; comme ceux qui disent formellement que le pain change de nature ; que, par la toute-puissance de Dieu, il devient la chair du Verbe, et autres semblables* ; et qui lui a fait ajouter en un autre endroit : *Nous devons faire tous efforts de bien entendre ce qui, en leurs écrits, semble* choquer la véritable créance que nous avons sur l'Eucharistie et autres articles, sans nous étonner si parfois nous y rencontrons des passages qui nous paraissent inexplicables; car il se peut faire qu'ils soient tels en effet.

C'est pourquoi il n'y aurait qu'à lui proposer de nouveau tous les passages que l'on a cités dans la *Perpétuité* pour la présence réelle, et le prier de ne nous pas donner le change comme il a fait. On l'avait averti qu'on ne lui demandait pas quel était le véritable sens de ces passages; et, nonobstant cet avertissement, il nous répond toujours que le sens qu'il y faut donner est celui qui est conforme à son opinion. Mais il ne s'agit pas de cela présentement. On lui fera voir, dans l'examen particulier de ces passages, que toutes ces explications sont fausses. Il s'agit seulement ici de savoir si ces passages ne présentent pas à l'esprit l'idée de Jésus-Christ présent réellement sur l'autel entre les mains des prêtres, et reçu par les fidèles? Que ce sens soit le véritable, ou que ce soit seulement une image dont les Pères se servent pour faire concevoir ce qu'ils veulent nous apprendre de ce mystère, c'est une autre question. Ce qui est certain et incontestable, c'est qu'on ne saurait les lire sans concevoir une présence réelle; et quand M. Claude le nie, il nie une chose que personne n'a jamais niée, et que lui-même ne niera jamais quand il voudra s'écouter soi-même, et qu'il exprimera ses sentiments avec quelque sorte de sincérité.

Qu'il nous dise ce qu'il voudra, mais il ne persuadera jamais à personne qu'il ne soit frappé de l'idée d'une présence réelle, quand il lit ces paroles de S. Hilaire (de Trinit., lib. 8): *Je demande à ceux qui ne mettent qu'une union de volonté entre le Père et le Fils, si Jésus-Christ est aujourd'hui en nous par la vérité de la nature, ou seulement par une union de volonté? Car si le Verbe a véritablement été fait chair, et si en recevant de l'autel le pain du Seigneur nous recevons véritablement le Verbe fait chair, comment pouvons-nous croire que Jésus-Christ ne demeure pas en nous naturellement, après qu'en se faisant homme il s'est revêtu de la nature de notre chair, pour ne s'en plus séparer jamais, et a mêlé la nature de sa chair avec la nature éternelle dans le sacrement auquel il devait nous communiquer sa chair? Car c'est ainsi que tous ensemble nous ne sommes qu'un, parce que le Père est en Jésus-Christ, et que Jésus-Christ est en nous. Quiconque donc ne voudra pas reconnaître que le Père est en Jésus-Christ par nature, il faut qu'il reconnaisse premièrement, ou que lui-même n'est pas en Jésus-Christ par nature, ou que Jésus-Christ n'est pas en lui, puisque ce qui fait que nous ne sommes qu'un dans le Père et dans Jésus-Christ, est que le Père est en Jésus-Christ, et que Jésus-Christ est en nous. Si donc Jésus-Christ s'est véritablement revêtu de la chair de notre corps, et si cet homme (qui est homme parce qu'il est né de Marie) est véritablement le Christ, et si sous le mystère (c'est-à-dire sous le voile du sacrement) nous recevons véritablement la chair de son corps, ce qui fait que nous ne sommes tous qu'un en lui, parce que le Père est en lui, et lui en nous, comment peut-on soutenir une simple unité de volonté entre les personnes divines, puisque l'existence réelle et naturelle que le Fils a avec nous par le sacrement est le sacrement d'une parfaite unité avec son Père?*

Ce Père continue d'inculquer cette union naturelle, et la vérité de la chair de Jésus-Christ dans l'Eucharistie en tant de manières, et par tant d'expressions, qu'il faut un aveuglement et une opiniâtreté extraordinaires pour ne l'y pas reconnaître. Mais au moins ce qu'on ne peut pas désavouer, c'est qu'il est impossible que l'idée ne s'en présente à l'esprit : aussi tous les ministres, en répondant à ce passage de S. Hilaire, font d'ordinaire de longues préfaces pour y préparer les lecteurs. Aubertin avoue expressément que l'explication qu'y donnent les catholiques est spécieuse ; c'est-à-dire qu'elle frappe l'esprit par l'apparence. Celui qui a répondu à l'Office du S.-Sacrement dispose les lecteurs à la réponse qu'il y prétend faire ensuite, par un grand discours qu'il fait de l'obscurité de S. Hilaire. Il tâche de diminuer son autorité, en l'accusant d'une erreur qui lui a été imputée par Claude Mamert, et dont il a été justifié par d'autres. Il dit qu'on n'aurait pas tant de sujet de se plaindre quand il le rejetterait entièrement. Et enfin, quoiqu'il soit d'ailleurs plein de fierté et de confiance, selon la coutume des ministres, il n'ose néanmoins se promettre que le lecteur y verra son sens, qu'après qu'il y aura donné les éclaircissements nécessaires.

Quoi que M. Claude nous veuille dire *de la dureté de ses oreilles*, il ne nous persuadera pas non plus qu'il ne se forme aucune idée de la chair de Jésus-Christ reçue réellement par les fidèles, lorsqu'il lit ces paroles dans S. Grégoire de Nysse : *L'homme étant composé de deux substances, d'âme et de corps, il est nécessaire que ceux qui sont sauvés soient joints à l'auteur de la vie par l'un et par l'autre. L'âme donc étant jointe et unie avec lui par la foi, elle a par cette union ce qui est nécessaire pour le salut; car l'union avec la vie la rend participante de la vie. Mais le corps vient par un autre moyen à être uni à celui qui lui donne le salut. car comme ceux à qui on fait prendre du poison en empêchent l'effet en prenant un contre-poison, il faut de même que le médicament qui doit opérer le salut soit reçu dans les entrailles de l'homme, comme le poison y a été reçu, afin que sa force et sa vertu salutaires se répandent par tout le corps. Ainsi, ayant pris par la bouche ce qui fait mourir notre nature, il faut que nous prenions de la même sorte ce qui la préserve et qui lui redonne la force de ne plus mourir, afin que ce médicament salutaire étant en nous, répare par l'impression d'une qualité contraire le dommage que le poison a fait à notre corps. Or qu'est-ce que ce médicament salutaire? Ce n'est rien autre chose que ce corps que Jésus-Christ a fait voir être plus fort que la mort, et qui est la source de notre vie. Car comme un peu de levain communique sa force à toute la pâte, de même ce corps qui a souffert la mort étant dans le nôtre, le change entièrement en soi. Et comme un poison mortel étant reçu dans un corps sain,* toute la masse du corps en est altérée et corrompue, ainsi ce corps immortel, étant dans ceux qui le reçoivent, les change tout entiers en sa nature. Et ensuite : *Il faut considérer comment il se peut faire que ce corps unique, qui est distribué à tant de milliers de fidèles dans toute la terre, soit tout entier dans chacun d'eux par la partie de l'Eucharistie qu'ils en reçoivent, et qu'il demeure néanmoins entier en lui-même.* C'est la question que ce Père propose, qu'il résout ensuite par les paroles déjà rapportées dans la *Perpétuité* : *La même vertu qui faisait que dans le corps de Jésus-Christ le pain qu'il mangeait était changé en la nature de son corps divin, fait aussi la même chose dans l'Eucharistie. Car comme la puissance du Verbe changeait cette substance dans son saint corps, qui se nourrissait et s'entretenait de pain, et qui est ainsi pain en quelque manière, de même ici le pain est sanctifié, comme dit l'Apôtre, par la parole de Dieu et l'oraison, ne devenant pas le corps du Verbe par le moyen du manger et du boire, mais étant changé tout d'un coup au corps du Verbe par le Verbe, selon ce qui a été dit par le Verbe même :* CECI EST MON CORPS. A quoi il ajoute que *c'est par cette raison que, par une dispensation de grâce, il entre par sa chair dans ceux qui croient, et qui ont coutume de soutenir leur corps par du pain et du vin se mêlant dans les corps des fidèles, afin que l'homme devienne participant de l'incorruptibilité par l'union avec ce qui est immortel.*

Je n'ai pas besoin de produire ici un plus grand nombre de passages, puisqu'il n'est pas question de les examiner à fond, et que ceux que j'ai cités, tant dans ce livre que dans la *Réfutation* de la première *Réponse*, ne sont que trop suffisants pour faire voir qu'il n'est pas possible qu'on ne soit frappé de l'idée de la présence réelle par ces expressions ; et qu'ainsi ce dernier ordre de M. Claude, composé de gens qui n'apercevaient dans tous les passages des Pères aucun autre sens, sinon que le sacrement était le corps de Jésus-Christ en figure et en vertu, et qui n'y voyaient point le sens littéral, ni pour le rejeter, ni pour l'admettre, est non seulement un ordre chimérique, contraire à la raison et au bon sens, mais que M. Claude ne pouvait mieux faire voir le peu d'égard qu'il a à la sincérité et à la bonne foi, qu'en avançant une chose qu'il est impossible qu'il se mette lui-même dans l'esprit, pourvu qu'il y fasse réflexion.

CHAPITRE XII.

Conclusions véritables que l'on doit tirer du système de M. Claude, et de la réfutation que l'on en a faite.

Mais si ce système fabuleux des huit premiers siècles est inutile à M. Claude pour l'établissement de ses prétentions, il ne sera pas inutile pour l'éclaircissement de la vérité qu'il a combattue, comme il est facile de le montrer, en faisant une petite revue sur les conséquences nécessaires qui se tirent de ce prétendu système, et de la réfutation que l'on en a faite.

La première conséquence qu'on en doit tirer est qu'on a eu grande raison de supposer dans le livre de la *Perpétuité* que les fidèles ont toujours eu une créance distincte de la présence ou de l'absence réelles, puisque M. Claude, en se donnant la liberté de former une hypothèse à sa fantaisie pour détruire celle-là, n'en a pu produire qu'une qui est toute pleine d'absurdités et de contradictions. Car des cinq ordres qu'il propose comme n'ayant aucune connaissance de la présence ou de l'absence réelles, il y en a trois, savoir le premier, le second et le dernier, qui sont impossibles. Le troisième est un ordre de gens qui croyaient la présence réelle, et le quatrième de personnes qui croyaient l'absence réelle, selon M. Claude, et qui avaient conçu la présence réelle avant d'y arriver.

La seconde conséquence est que toutes les raisons dont on s'est servi dans la réfutation pour détruire cette créance confuse subsistent, et ne sont pas seulement ébranlées par les réponses de M. Claude, quoiqu'il se vante de les avoir *abattues.*

La première de ces raisons est que les paroles par lesquelles on exprimait le mystère de l'Eucharistie devant les fidèles, les appliquant à considérer le corps de Jésus-Christ sur l'autel, ils n'ont pu s'empêcher ou de les désavouer en concevant ainsi l'absence réelle, ou de les suivre en admettant l'idée de la présence réelle. Et cette raison subsiste tout entière, puisque nous avons fait voir que ces notions d'usage, par lesquelles il a prétendu s'échapper, sont des chimères contraires au sens commun, à l'intention de l'Église, et au témoignage exprès des Pères, qui déclarent que l'on ne disait ces paroles : *Corpus Christi,* qu'afin que les fidèles conçussent et confessassent la vérité du corps de Jésus-Christ qu'on leur présentait. Et il ne sert de rien à M. Claude de dire qu'on peut concevoir un corps sans l'appliquer à un lieu ; il ne s'agit pas de cela, mais il s'agit de savoir si on peut entendre le sens d'une proposition qui applique un corps à un lieu sans l'y appliquer, ou sans s'apercevoir qu'il faut prendre la proposition en un autre sens. Et c'est ce que M. Claude ne détruit point et qu'il ne peut détruire, parce qu'on ne détruit point les choses claires et évidentes.

La seconde raison, qui est que les mots dans lesquels on a renfermé ce mystère ayant mis une infinité de fois la présence réelle devant les yeux des fidèles, il leur a été impossible de ne la pas apercevoir, et de n'en porter aucun jugement, est tellement confirmée dans le chapitre précédent, que j'ai peine à croire que M. Claude nous veuille encore alléguer *la dureté de ses oreilles*, pour s'empêcher d'en reconnaître la vérité.

Toutes les chicaneries par lesquelles M. Claude a voulu obscurcir la troisième, viennent de ce qu'il n'a pas compris la vraie nature des termes métaphoriques, et ce qui les distingue des termes simples ou équivoques ; car s'il l'avait bien entendue, il n'aurait jamais contesté ce qu'on a dit dans la *Perpétuité*, que *l'idée ordinairement jointe aux mots se présente à l'es-*

vrit quand on les entend, et qu'elle est toujours reçue, à moins que les connaissances dont l'esprit est prévenu ne l'obligent d'en substituer une autre. Car cela veut dire, en un mot, que tout terme est reçu dans l'esprit ou comme simple ou comme métaphorique ; comme simple, lorsque l'unique idée qu'il présente est reçue comme véritable ; comme métaphorique, lorsqu'il en fait concevoir deux, l'une comme réelle et véritable, à laquelle l'esprit s'arrête ; l'autre comme une simple image, que l'esprit se représente comme fausse en elle-même, et par laquelle il passe pour aller à la véritable idée. D'où il s'ensuit, que si les termes dont on s'est servi pour exprimer le mystère de l'Eucharistie ont été reçus dans leur signification simple, on a toujours cru la présence réelle, puisqu'ils la signifient dans leur sens littéral, et que si on a rejeté cette idée, en prenant ces termes pour métaphoriques, on a cru l'absence réelle.

La quatrième raison, qui est que les fidèles n'ont pu avoir d'autre créance que celle de la présence réelle, est clairement confirmée par le système de M. Claude ; car il paraît, par les fondements mêmes de ce système, que les célèbres clés *de vertu* et *de figure*, par lesquelles il explique toutes les expressions des Pères, étaient inconnues à la plus grande partie des fidèles. Et de là il s'ensuit : 1° que ces fidèles ne pouvaient entendre ces expressions que dans le sens de la présence réelle ; 2° que les Pères ne les pouvaient entendre dans un autre sens ; puisqu'on ne peut supposer sans leur faire injure, qu'ils aient parlé un langage qui ait dû être pris à contre-sens par plus de la moitié des fidèles.

La troisième conséquence qui se tire de la réfutation de son système, est que toutes les réponses qu'il a faites aux passages qu'on lui avait allégués pour la présence réelle sont toutes contraires au sens commun et à ses propres principes.

Elles sont contraires au sens commun, parce qu'il n'y eut jamais de prétention plus déraisonnable que d'avancer, comme il fait, que les fidèles ne concevaient autre chose par toutes ces expressions, sinon que Jésus-Christ était dans l'Eucharistie en signe, en figure, en vertu, sans apercevoir même en aucune sorte l'idée que le sens littéral de ces passages leur pouvait donner. Elles sont contraires à ses principes, puisqu'il suppose que les solutions *de figure* et *de vertu* étaient presque inconnues à quatre de ces cinq ordres ; et ainsi, ne les sachant pas, ils n'avaient garde de les appliquer à ces passages.

La quatrième conséquence est que toutes les défaites de M. Claude ne sont que de vaines subtilités d'une nouvelle philosophie, qu'il invente lui-même, aussi bien que des hypothèses imaginaires, à mesure qu'il en a besoin.

Car c'est une vaine philosophie que celle de ces *notions d'usage*, qui empêchaient, selon lui, un nombre infini de fidèles d'entendre le sens littéral des paroles dont leurs oreilles étaient continuellement frappées, et que l'Église voulait qu'ils conçussent. C'est une nouvelle philosophie que le passage qu'il fait faire à l'esprit, du terme métaphorique à la chose signifiée, sans apercevoir en aucune sorte le sens littéral de ces termes. C'est une nouvelle philosophie que ce qu'il soutient touchant les propositions composées de termes incompatibles, *qu'elles n'ont aucun sens ni vrai ni faux*, et que ceux qui connaissent cette incompatibilité n'y conçoivent aucun sens. C'est une nouvelle philosophie que de dire, comme il fait, que dans ces expressions, *que le pain est le corps de Jésus-Christ ; que l'Eucharistie contient le corps de Jésus-Christ ; que le pain et le vin sont changés au corps et au sang de Jésus-Christ,* le sens métaphorique est le sens naturel. Car quoique l'on puisse dire en s'expliquant qu'il y a un sens naturel par rapport aux choses, et un sens naturel par rapport aux paroles, et que le sens naturel par rapport aux choses est celui que l'esprit approuve comme véritable, et que le sens naturel par rapport aux paroles est celui que l'esprit conçoit comme signifié littéralement par les paroles, néanmoins quand on parle absolument du sens naturel, on entend le sens naturel par rapport aux mots. Ainsi M. Claude, en demeurant même dans son erreur, que les passages des Pères se doivent expliquer dans le sens métaphorique, n'a pu dire raisonnablement que le sens métaphorique fût le naturel, puisque cela veut dire que le sens métaphorique est le sens littéral des paroles, c'est-à-dire qu'il n'est pas métaphorique.

Enfin la dernière conclusion est que ce prétendu système, qui est le plus grand effort de l'esprit de M. Claude, et le principal fondement de sa *Réponse*, étant un amas monstrueux d'hypothèses et de principes faux et ridicules, l'unique système qui peut subsister, et dont les parties s'entretiennent, est que l'on a toujours eu une créance distincte de la présence ou de l'absence réelles ; ce qui rendant le changement impossible, fait voir la perpétuité de la créance de l'Église romaine sur l'Eucharistie.

LIVRE SEPTIEME.

CONTENANT L'EXAMEN DE L'ÉGLISE GRECQUE DEPUIS LE VIIe SIÈCLE JUSQU'AU XIe.

CHAPITRE PREMIER.

Ce que signifient, dans le dictionnaire de M. Claude, les beaux jours de l'Église, les jours de bénédiction et de paix.

Je crois qu'on peut dire sans témérité qu'à moins que d'être étrangement déraisonnable, il n'est pas possible qu'après la lecture des livres précédents, on ne demeure d'accord que les deux suppositions que l'auteur de *la Perpétuité* avait faites dans son traité sont non seulement exactement véritables, mais qu'elles le sont même plus généralement qu'il n'est nécessaire pour les conséquences qu'il en tire.

On aurait donc droit de passer tout d'un coup à ces conséquences, dont la principale est l'impossibilité du changement que les ministres prétendent être arrivé dans la créance de l'Eucharistie. Néanmoins comme l'auteur de *la Perpétuité* ne s'est pas contenté de prouver cette impossibilité par le renversement que ce changement aurait dû causer dans toute l'Église, mais qu'il y a joint aussi un examen particulier de l'état du septième, du huitième, du neuvième et du dixième siècle, dans lesquels les ministres en placent le commencement, le progrès et l'accomplissement, ce qui donne lieu à M. Claude de faire de grands discours, pour tâcher d'affaiblir aussi bien ces preuves particulières que les générales, on a cru que le dessein que l'on avait de réfuter son livre dans tout ce qui regardait le traité de *la Perpétuité*, obligeait aussi à l'examen particulier de ces siècles, qui n'étant ni long ni embarrassé, ne donnera pas peu de jour à la matière principale qui est l'objet de cette réponse.

On y verra que M. Claude y a parfaitement suivi son génie, et qu'il n'a voulu démentir en rien l'idée qu'il nous oblige d'en former. Ce génie est, comme on l'a déjà pu reconnaître par diverses expériences, de ne regarder jamais comment les choses sont en effet, mais seulement comment il désirerait qu'elles fussent ; de n'avoir aucun égard ni à la vérité, ni même à la vraisemblance, mais seulement à l'utilité de sa cause ; de disposer des histoires et des événements réels avec bien plus de liberté qu'on ne dispose des aventures chimériques des romans ; de bâtir sur le vide de son imagination comme sur le fondement le plus réel et le plus solide ; de ne pas se mettre en peine de faire parler et penser toute la terre d'une manière insensée, pourvu qu'elle parle et qu'elle pense conformément à ses désirs et à ses prétentions ; de préférer les plus petites raisons aux preuves les plus fortes et les plus claires ; et de proposer tout cela d'une manière fière, hardie, méprisante, insultante, en se donnant à lui-même les applaudissements qu'il voudrait bien recevoir des autres, et en traitant ses adversaires comme il voudrait bien qu'on les traitât.

Il suit cet esprit et ce génie si exactement, que quand on sait ce qu'il prétend, on devine aisément quelle sera l'histoire du siècle qu'il traite ; car il est sûr qu'elle sera conforme à son intérêt. Il faut que l'opinion de la présence réelle naisse et s'augmente au neuvième siècle, et qu'elle se répande partout au dixième : ce seront donc des siècles *d'épaisses ténèbres et d'une profonde ignorance*, où les pasteurs n'auront aucun soin d'instruire les peuples des mystères. Il faut qu'elle ne naisse pas dans les huit premiers siècles : ce seront donc des siècles de lumière, où les pasteurs auront un soin merveilleux d'enseigner aux fidèles que *l'Eucharistie n'est que la figure efficace du corps de Jésus-Christ.*

Mais comme l'antithèse ne serait pas assez éclatante s'il se trouvait que les pasteurs du neuvième et du dixième siècle n'eussent laissé perdre la connaissance distincte que du seul mystère de l'Eucharistie, et que ceux des huit premiers siècles n'eussent été éclairés que sur ce seul point, il est bon que les uns soient chargés de toutes sortes de superstitions et d'erreurs, et qu'on ne regarde au contraire les autres que comme de bons serviteurs de Dieu, et des pasteurs pleins de science et de zèle.

Cette image est sans doute plus noble et plus vive : des lumières brillantes d'un côté, des ténèbres profondes de l'autre ; des pasteurs vigilants et éclairés dans ce temps-là, des pasteurs aveugles et négligents dans celui-ci ; qu'y a-t-il de plus propre à empêcher qu'une erreur ne s'élève dans un temps, et pour la faire naître en un autre ? Cela sera donc ainsi, selon l'esprit de M. Claude.

Mais il vaut mieux l'écouter lui-même : car si l'on peut bien prévenir à peu près ce qu'il doit dire, il n'y a pas moyen d'atteindre à l'élévation de ses expressions figurées. *Il est juste,* dit-il (pag. 294), *de faire connaître à l'auteur le vrai état des peuples durant les sept et huit premiers siècles de l'Église. Il est certain que la vérité que nous croyons y était enseignée d'une manière si forte, si claire et si distincte, qu'elle dissipait toutes les difficultés qui pouvaient naître de ces expressions :* « Le pain est le corps de Christ ; il est changé au corps de Christ, » *et autres semblables, les Pères prenant soin de s'expliquer nettement, et de prévenir l'esprit des peuples contre l'erreur ; et en effet l'erreur n'osa paraître pendant tous ces siècles-là, que nous pouvons appeler les beaux jours, les jours de bénédiction et de paix.* C'est ainsi, dit-il encore (pag. 293), pour achever le portrait de ces beaux jours, *que ces bons serviteurs de Dieu prenaient soin d'instruire leurs troupeaux, pour éclaircir et ôter toutes les difficultés qui* pouvaient naître de ce qu'on appelait communément le sacrement, le corps de Christ ; et leurs troupeaux, aidés par la lumière de l'Écriture, par le perpétuel témoignage des sens, par la vive force de la raison, et par ces claires explications qu'ils recevaient sans cesse de leurs pasteurs, ne pouvaient prendre d'autre impression que celle que la nature même de la chose leur donnait, qui est que le pain et le vin, sanctifiés par la parole de Dieu, nous deviennent non une figure vaine et creuse, mais une figure solide et efficace, et un grand sacrement, qui nous représente et qui nous communique le corps et le sang de Notre-Seigneur Jésus-Christ. Et enfin il déclare expressément (pag. 456), *que l'Église des huit premiers siècles était une Église bien instruite et pieuse.*

C'est le tableau que fait M. Claude de ces premiers siècles, tels qu'ils doivent être selon son dessein. Et voici celui des autres, qui doivent être obscurs et ténébreux, et que son éloquence ne sait pas moins noircir pour les rendre plus affreux et épouvantables, qu'elle a su relever l'éclat des autres pour nous les faire estimer. *Mais les siècles suivants,* dit-il (pag. 299), *ayant vu malheureusement relâcher dans les pasteurs le soin d'instruire les peuples, et dans les peuples celui de s'avancer dans la connaissance des mystères de la religion, il ne faut pas s'étonner si la zizanie a été semée dans le champ de l'Église ; si elle y a crû et y a pris racine, et si, s'en étant rendu maîtresse, elle s'est maintenue dans sa possession. La première lumière qu'on a fait éclipser devant les yeux des peuples, a été l'Écriture-Sainte ; la seconde a été les claires et bonnes explications des SS. Pères sur le sujet du sacrement ; la troisième a été la connaissance des autres mystères du christianisme, qui pouvaient fortifier l'esprit et encourager le zèle pour la piété ; la quatrième a été la raison naturelle même, qu'on a laissé abâtardir et tomber dans un état de langueur. Il n'est presque rien resté entier que les sens, à qui on a déclaré une guerre ouverte.*

Je réserve le reste de la description à une autre fois ; en voilà bien assez pour le présent, et je m'assure qu'on avouera d'abord qu'on ne peut guère pousser la rhétorique plus loin, que d'ôter à ces deux siècles, tout d'un coup, les sens, la raison, l'instruction, la science et l'Écriture.

Mais après avoir ainsi deviné ce que M. Claude devait dire selon ses prétentions ; après avoir vu qu'il dit précisément ce qu'il fallait dire, il n'est pas inutile d'examiner s'il dit vrai ; car c'est d'ordinaire ce qui lui manque.

Ce serait sortir des bornes que nous nous sommes prescrites, que d'étendre cet examen à tous ces huit siècles de lumière, qu'il compare avec ces siècles ténébreux. Mais il y en a deux qui sont enfermés dans notre dessein, savoir le septième et le huitième, et ces deux siècles faisant partie de *ces beaux jours, de ces jours de bénédiction et de paix,* doivent avoir des caractères lumineux qui les distinguent de ces autres siècles noirs et horribles. M. Claude ne nous y promet que des clartés et des bénédictions, et il ne nous y fait attendre qu'une paix profonde, c'est-à-dire, selon le langage calviniste, que nous y devons voir les opinions protestantes dans tout leur éclat, et qu'elles y doivent régner dans une paix heureuse et tranquille. Nous y devons trouver *ces bons serviteurs de Dieu,* qui préservaient les peuples d'erreur, et qui empêchaient que la connaissance des mystères ne se perdît.

Mais comme ceux qui suivent impétueusement toutes les saillies de leur imagination sont un peu sujets à altérer les choses ; il est bon d'entendre aussi parler d'autres ministres, pour voir s'ils s'accorderont avec M. Claude. Hospinien fait à dessein la description du commencement du septième siècle dans la préface de la seconde partie de son Histoire sacramentaire : et voici de quelle sorte il en parle. *Au temps de Grégoire-le-Grand,* c'est-à-dire, à la fin du sixième et au commencement du septième siècle, *le monde chrétien fut inondé, accablé, et entièrement submergé par un déluge de superstitions et d'idolâtries, non seulement sans que personne y fît résistance, mais chacun s'employant de toutes ses forces à l'établir, et particulièrement les pontifes romains.* Scharpius, traitant des marques de l'Église, dit (n. 3, col. 358) que l'Église romaine antichrétienne qui est à présent a commencé à Grégoire Ier, environ l'an 600. M. Daillé n'est pas plus favorable aux beaux jours de M. Claude ; car il représente comme les autres ministres le septième et le huitième siècles comme des siècles plein d'ignorance et remplis de toutes sortes d'erreurs. *Il y avait alors,* dit-il dans son livre des Satisfact., p. 626, *une étrange barbarie dans tout l'Occident, qui y avait été apportée par les nations qui s'en étaient emparées ; et ce débordement des nations barbares ayant éteint ainsi la lumière de la science et la connaissance de la vraie théologie et de l'antiquité, ces esprits rudes et peu cultivés tombèrent facilement dans diverses erreurs.*

Ils ne se contentent pas de ces reproches généraux ; ils les appliquent en décrivant en particulier ces bons serviteurs de Dieu et ces pasteurs vigilants et éclairés. Luther (in c. 5 Epist. ad Gal.) dit que S. Grégoire est auteur des messes particulières, *qui est,* dit-il, *la plus grande abomination qu'il y ait eu dans l'Église du nouveau Testament ;* « quâ nulla unquàm fuit major abominatio in Ecclesiâ novi Testamenti. Bullenger (lib. 1 de Orig. err. miss.), en parlant du même S. Grégoire, dit que *c'est ce Grégoire à qui l'on doit attribuer non seulement une infinité de superstitions, mais aussi cette monstrueuse messe.* Osiander (cent. 5.) dit que *Grégoire s'est trompé honteusement et en pape, en plusieurs articles ; qu'il donne trop au libre arbitre et aux bonnes œuvres ; qu'il a établi fortement le célibat des prêtres ; qu'il a approuvé l'invocation des saints et leur culte, et qu'il a pallié et étendu le culte plein d'idolâtrie qu'on rend aux images.* Bède, qui est un de ceux qu'Aubertin loue davantage comme un fidèle disciple de S. Augustin, et qui est sans doute un de *ces bons serviteurs de Dieu* de M. Claude, puisqu'il l'appelle *le flambeau qui éclairait l'Occident,* n'est pas mieux traité par les autres ministres. Wittacher (ad Dem. 2 Sard.) le place entre les témoins qui sont aux gages de l'Antechrist ; *inter obœratos Antichristi testes*. L'Obéchius (disp. 26) l'appelle le petit père de l'Antechrist : *Paterculus Antichristi* ; et Osiander (cent. 8, l. 2, c. 2) dit nettement qu'il est enveloppé dans toutes les erreurs qui les séparent du pape : *Omnibus pontificiis erroribus, in quibus hodiè à papâ dissentimus, involutus est*. Foulques (in Retent. cont. Brist.) rejette absolument son autorité ; parce, dit-il, qu'il a vécu sous la tyrannie de l'Antechrist : *Bedæ auctoritatem, qui sub tyrannide Antichristi vixit, non curo*.

Il serait aisé de recueillir les éloges qu'ils donnent aux autres auteurs de ces siècles ; mais ceux-ci suffisent pour faire juger quels ils peuvent être, puisque d'ailleurs S. Grégoire et Bède sont peut-être les deux auteurs qu'ils épargnent davantage, et pour qui ils sont plus contraints de témoigner en d'autres endroits cette sorte de civilité qui n'empêche pas qu'intérieurement ils ne les prennent pour des antechrists.

Il est clair que jamais rien ne s'accorda moins que ces descriptions avec celle de M. Claude, et qu'il n'est pas possible de placer cet établissement du règne de l'Antechrist, et cette inondation d'*idolâtrie*, de *superstitions*, d'*abominations*, dans *ces beaux jours*, dans ces jours *de bénédiction et de paix* ; ni de prendre des *antechrists* et des *témoins de l'Antechrist* pour de *bons serviteurs* de Dieu.

Il faut donc qu'il y ait de part ou d'autre du déguisement et du mensonge, et qu'il y en ait quelques-uns qui se moquent de nous, et qui tâchent de surprendre les simples par des discours contraires à leurs propres sentiments. Que si l'on examine qui sont ces personnes, on trouvera que c'est M. Claude ; que les autres parlent selon leurs opinions, quoique leurs opinions soient fausses ; mais que M. Claude parle contre sa conscience et ses propres sentiments, en nous représentant comme de *beaux jours*, des *jours de bénédiction*, un temps qu'il doit appeler, selon ses principes, un temps de ténèbres, de trouble et de malédiction : car je lui demande s'il ne croit pas avec M. Daillé que c'est être *apostat en la foi*, *disciple du diable*, et avoir la *conscience gangrenée*, que d'interdire aux fidèles l'usage de certaines viandes ; et s'il ne croit pas avec le même M. Daillé, que cette défense des viandes était en usage au septième et au huitième siècle, puisqu'elle y fut même autorisée par un canon célèbre de l'église grecque, assemblée à Constantinople l'an 692. Je lui demande s'il ne condamne pas d'idolâtrie, avec Chamier, le culte et l'invocation religieuse des saints, et s'il n'est pas vrai néanmoins, selon les ministres mêmes, que ce culte et cette invocation étaient généralement reçus au septième et au huitième siècle dans l'Orient et dans l'Occident. Je lui demande si la doctrine du purgatoire, que les ministres condamnent comme fausse, pernicieuse et contraire à l'Écriture, n'était pas établie au septième et au huitième siècle, et si on n'y offrait pas le sacrifice pour les morts dans toute l'Église. Je lui demande si l'autorité des évêques n'y était pas dans ce point, que les ministres représentent comme une tyrannie insupportable, contraire à l'ordre de Jésus-Christ. Je lui demande si la piété de ce temps-là n'était pas de celles qu'ils décrient partout comme fausses, superstitieuses et condamnées par Jésus-Christ, lorsqu'ils reprochent aux pharisiens de suivre les traditions humaines, et les préceptes des hommes. Je lui demande si les cérémonies ecclésiastiques (1) n'étaient pas dans tout ce lustre que les réligionnaires ont aboli comme contraire à l'esprit de l'Évangile. Je lui demande si l'on souffrait dans l'Occident des prêtres dans l'usage du mariage, et si on ne leur imposait pas la loi du célibat, et même aux diacres et aux sous-diacres ; et si dans tout l'Orient cette même loi du célibat n'était pas inviolablement observée au regard des moines, des religieuses et des évêques, ce qui doit encore passer dans l'esprit de M. Claude pour une apostasie dans la foi. Je lui demande si l'on n'y conférait pas le sacrement de confirmation avec le saint chrême et les cérémonies que l'on y pratique à présent, dont Bèze parle en ces termes, qui sont tout-à-fait dignes du dérèglement de son esprit (2) ? *Parce*, dit-il, *que l'imposition des mains leur a semblé une chose trop maigre, ils y ont ajouté leur saint chrême et toutes les cérémonies que bon leur a semblé, qui ne sont autre chose que tours de bateleurs, et contes de vieilles rassotées*. Je lui demande si la puissance du pape au-dessus des évêques n'était pas reconnue au septième et au huitième siècle. Et cependant c'est cette puissance que l'on veut faire passer pour le principal caractère de l'Antechrist, et qui donne lieu à Rivet de dire que tous les orthodoxes, c'est-à-dire, selon lui, tous les calvinistes, demeurent d'accord qu'après le sixième siècle l'Antechrist leva publiquement l'étendart.

Ainsi ces *bons serviteurs de Dieu* de M. Claude étaient, selon lui-même, de bons *apostats*, de bons *idolâtres*, de bons *disciples du diable*, de bons *superstitieux*, de bons *tyrans*, de bons *antechrists*. Ces *beaux jours*, ces *jours de bénédiction*, étaient, selon lui, des jours d'idolâtrie, de superstition, de traditions humaines et de fausse piété. Cette paix était un règne tranquille de tout ce que les ministres condamnent comme des hérésies et des abominations.

Qui pourra jamais se fier à un homme qui parle d'une manière si contraire à ses pensées, et qui se moque de ses lecteurs par des déguisements si grossiers ? Si l'inondation de toute sorte d'idolâtrie, si l'établissement du règne de l'Antechrist, est ce que M. Claude appelle *les beaux jours* de l'Église, qui nous assurera que, par cette obscurité affreuse, dans laquelle il nous figure les siècles suivants, il n'entend point les plus vives lumières de la vérité, et que lorsqu'il feint le plus de mépriser nos raisons, c'est lorsqu'elles lui paraissent les plus fortes et les plus convaincantes ?

Il dira peut-être qu'il n'étend ces éclatantes lu-

---

(1) Aubert., l. 3, dans l'Examen de Germain, patriarche de Constantinople.
(2) Dans un livre intitulé : *Confession de foi chrétienne*. Ce sont les propres paroles de la traduction française.

mières du septième et du huitième siècle qu'au seul article de l'Eucharistie, et qu'il prétend seulement que les pasteurs de ce temps-là étaient *de bons serviteurs* à l'égard de ce mystère, et non à l'égard des autres. Mais s'il nous fait cette réponse, on le priera de considérer qu'il n'a pas droit d'introduire dans le monde un langage si étrange et si trompeur, et que par cette règle, il appellera quand il voudra les sociniens et les trembleurs de bons serviteurs de Dieu, parce qu'ils ont la même opinion que lui sur la présence réelle et la transsubstantiation.

Tout ce qu'on doit conclure de là est, comme j'ai dit, que M. Claude n'a nul égard à la vérité, ni même à la vraisemblance dans les choses qu'il avance, et qu'il n'a pour but que de tromper ceux qui le croient sur sa parole. Nous verrons dans la suite que ses jours obscurs et ténébreux sont aussi chimériques que ses beaux jours.

Cependant, pour ne pas le presser davantage sur ce transport de sa rhétorique, on veut bien même se resserrer dans la seule matière de l'Eucharistie, en examinant si l'on trouve dans les auteurs du septième et du huitième siècle ces lumières si vives et si favorables aux calvinistes, qui dissipent toutes les ombres des difficultés; ou si l'on doit prendre encore ce discours pour un effet de cet emportement ordinaire à M. Claude, qui l'empêche de prendre garde à ce qu'il dit.

CHAPITRE II.
Examen du sentiment de l'église grecque sur l'Eucharistie pendant le septième siècle.

ANASTASE SINAÏTE, *et quelques conciles de Constantinople.*

Les preuves réelles que nous avons apportées de la foi des chrétiens de toute la terre, depuis le onzième siècle, sur la présence réelle et la transsubstantiation, étant aussi claires et aussi convaincantes qu'on l'a pu voir, il est juste et naturel d'en conclure que ceux qui les ont instruits ont eu la même foi qu'eux, et qu'on a cru dans les siècles précédents ce qui s'est trouvé établi dans toutes les sociétés chrétiennes dans le siècle de Bérenger.

Il ne suffit pas pour désunir les maîtres d'avec les disciples d'apporter seulement des preuves douteuses et ambiguës; car il est clair que toutes les expressions équivoques doivent se déterminer par ce consentement constant et prouvé, et qu'on a droit de supposer qu'ils les ont entendues dans le sens que l'on voit avoir subsisté dans la créance de tous les peuples.

Il n'y aurait donc que des preuves démonstratives qu'on pût justement opposer pour montrer qu'on a eu dans le septième et dans le huitième siècle une autre créance sur l'Eucharistie que celle qui se trouve universellement établie dans le onzième siècle en tous les endroits du monde et dans toutes les communions chrétiennes. Aussi M. Claude, qui sait assez ce qu'on doit promettre, quoiqu'il ne s'acquitte pas trop bien de ce qu'il promet, ne nous en fait attendre que de ce genre, puisqu'il nous assure que la doctrine qu'ils soutiennent y était enseignée d'une manière *si forte, si claire et si distincte, qu'elle dissipait toutes les difficultés qui pouvaient naître de ces expressions :* « *Le pain est le corps de Christ.* »

Et comme cette vérité, selon lui, est que le pain est, non la figure vide, mais la figure pleine et efficace du corps de Jésus-Christ qui demeure dans le ciel, on a droit de s'attendre qu'il nous fera voir cette prétendue vérité en la manière qu'il le promet; autrement on ne peut prendre tous ses discours que pour des preuves de sa mauvaise foi et de sa témérité.

Ainsi l'examen de ces siècles se doit réduire à ce point : Si la doctrine calvinienne de *la figure pleine* est exprimée par les auteurs du septième et du huitième siècle, de cette manière *claire, forte* et *distincte*, qui est seule capable de nous faire douter si l'on croyait dans ces siècles la même chose que dans le onzième. C'est aux calvinistes à prouver ce qu'ils avancent. Les catholiques ne sont point obligés de montrer positivement l'accord de ces siècles avec celui de Bérenger, parce que la présomption que l'on avait, dans les siècles qui ont précédé le onzième, la même foi que celle qui s'y est trouvée, est d'une telle force, qu'il y a peu de preuves qui soient capables de l'égaler.

Que dira-t-on donc s'il se trouve que les auteurs de ces siècles, au lieu de déposer clairement et distinctement pour M. Claude, déposent si clairement et si distinctement contre lui, que toutes les distinctions des ministres leur sont inutiles pour se mettre à couvert d'une lumière si vive? Et c'est néanmoins ce qu'on verra clairement par l'examen de ce qu'ils ont dit de l'Eucharistie.

Nous commencerons par ceux de l'église grecque. Celui qui se présente le premier, et qui fait l'ouverture de ce siècle, a donné lieu à beaucoup de questions de critique, pour marquer précisément le temps auquel il a vécu, et la qualité qu'il a eue dans l'Église. Il s'appelle Anastase Sinaïte, auteur d'un traité intitulé Ὁδηγός, c'est-à-dire, *le Guide de la vraie foi;* et, selon plusieurs, d'une Oraison sur la communion, imprimée dans l'Auctarium de la Bibliothèque des Pères, (I part., col. 882). Blondel le place vers l'an 635, sur des raisons qui paraissent vraisemblables, et ne lui donne que la qualité de simple religieux du mont de Sina. Mais sa qualité et son époque sont assez indifférentes pour le sujet sur lequel nous l'alléguons, puisque nous le considérons seulement comme témoin de la doctrine de l'église orientale, dans une matière dont le monde devait être instruit, et dont il est certain qu'il était très-bien informé, puisqu'il paraît qu'il avait été en divers patriarchats, et qu'il avait été souvent aux mains avec les hérétiques de diverses sectes de ce temps-là.

On ne cite ordinairement qu'un passage de cet auteur, quoiqu'il ait parlé de l'Eucharistie en quatre lieux différents de son traité intitulé : *Guide de la foi*, et qu'il y en ait encore d'autres dans son Oraison sur la messe. Voici le passage célèbre qui se trouve dans le chapitre 23 du traité du *Guide*. Ce chapitre contient une dispute avec certains hérétiques eutychiens, nommés gaïanites, dont l'erreur particulière qui les distinguait des autres était qu'ils soutenaient que le corps de Jésus-Christ avait été incorruptible dès le moment de l'union. Anastase, pour les convaincre d'erreur en ce point, les presse de cette sorte : *Puisque vous dites que le corps de Jésus-Christ a été incorruptible dès le moment de l'union, aussi bien que la divinité, dites-moi, s'il vous plait, si la communion du sacré corps et du sang de Christ, que vous offrez, et à laquelle vous participez, n'est pas véritablement le vrai corps et le sang de Jésus-Christ, Fils de Dieu ; ou si c'est de simple pain, tel que l'on en vend dans le marché ; ou une figure du corps de Christ, tel qu'était le sacrifice du bouc qui était offert pour les Juifs.*

A cela le gaïanite répond : *A Dieu ne plaise que nous disions que la sacrée communion est la figure du corps de Christ, ou de simple pain ; mais nous recevons véritablement le corps même et le sang même de Jésus-Christ, Fils de Dieu, qui s'est incarné, et qui est né de la sainte Mère de Dieu, Marie toujours vierge.*

L'Orthodoxe réplique : *C'est ce que nous croyons, et que nous confessons aussi, selon la parole que Jésus-Christ dit à ses apôtres dans la cène mystique, lorsqu'il leur donna le pain vivifiant.* « Prenez, dit-il, et mangez ; ceci est mon corps. » *Et en leur donnant le calice il leur dit :* « Ceci est mon sang. » *Il ne leur dit pas : Ceci est la figure et l'antitype de mon corps et de mon sang. Et de même en plusieurs autres lieux :* « Celui, dit-il, qui mange ma chair et boit mon sang, a la vie éternelle. » *Puisque Jésus-Christ déclare donc que c'est son corps et son sang qui est reçu par nous autres fidèles, apportez-moi quelque chose de la communion de votre église, que vous croyez la plus orthodoxe de toutes, et nous mettrons dans un vase, avec toute sorte de révérence, ce saint Corps et ce sacré sang de Jésus-Christ ; et si dans l'espace de quelques jours il ne reçoit aucun changement ni altération, il paraîtra que c'est avec raison que vous dites que le corps de Christ a été incorruptible dès le moment de son incarnation ; mais s'il est corrompu et altéré, il faudra par nécessité que vous disiez l'une de ces choses : ou que ce que vous prenez n'est pas le vrai corps de Jésus-Christ, mais une simple figure ; ou qu'à cause de votre mauvaise doctrine, le S.-Esprit n'est point descendu sur les dons ; ou que le corps de Jésus-Christ, avant la résurrection, était sujet à la corruption, puisqu'il a été immolé, mis à mort, blessé, divisé et mangé ; au lieu qu'une nature immortelle ne peut ni être divisée, ni recevoir des plaies dans ses mains et dans son côté, ni être mise à mort, ni être mangée ; on ne peut la tenir entre les mains, ni la toucher, comme il paraît par les natures incorruptibles de l'âme et de l'ange.*

C'est ce que nous dit ce premier témoin de la foi de l'église grecque dans le septième siècle ; et je pense qu'il n'y aura guère de personnes qui ne demeurent d'accord qu'il répond assez mal à la promesse que M. Claude nous fait, de nous y montrer la doctrine calvinienne exprimée d'une *manière si claire, si distincte, si forte, qu'elle dissipe toutes sortes de difficultés.* Car il n'est guère possible, au contraire, d'expliquer plus confusément, plus obscurément et plus faiblement cette doctrine, que *l'Eucharistie n'est pas véritablement le corps de Jésus-Christ, mais seulement la figure moralement remplie de sa vertu,* qu'en disant, comme fait cet auteur, que *c'est véritablement le vrai corps de Jésus-Christ, et non en figure.*

Non seulement il exprime fort obscurément la doctrine des calvinistes, mais il exprime très-clairement celle des catholiques : car il faut renoncer au sens commun pour s'imaginer qu'un homme qui dit que ce que l'on reçoit dans la communion est *véritablement le vrai corps de Jésus-Christ, et non la figure de ce corps,* ne veuille dire autre chose par-là, sinon que ce pain est rempli de la vertu du corps de Jésus-Christ, et que ce n'est pas une simple figure. Il ne sert plus de rien, ni de parler, ni d'écrire, pour faire connaître ses sentiments, si l'on peut soutenir qu'un homme qui parle de cette sorte ne croit pas la présence réelle.

Pour comprendre l'absurdité de cette prétention, il faut considérer qu'il n'y a rien de plus éloigné de cet esprit qui porte aux figures et aux expressions extraordinaires, que ce discours d'Anastase. C'est un discours tout simple, tout dogmatique, sans chaleur, sans éloquence, sans ornement, sans élévation. Cependant Anastase n'y dit pas seulement une fois que l'Eucharistie est le corps même de Jésus-Christ, et non la figure ; il le répète quatre fois ; il le dit en interrogeant, en répondant ; il le dit en sa propre personne, et il le fait dire à son adversaire.

Et c'est ce qui fait voir qu'il s'exprime en cet endroit de la manière dont on s'exprimait ordinairement dans l'église grecque, et dans les patriarchats d'Alexandrie et d'Antioche ; et qu'ainsi le langage commun, tant des catholiques que des eutychiens de ce temps-là, était que l'Eucharistie était véritablement le vrai corps et le vrai sang de Jésus-Christ, et non la figure de ce corps.

Or, si c'était en cette manière que l'on parlait en ce siècle-là, peut-on douter que l'on y crût la présence réelle ? car le moyen que les simples aient pu entendre autre chose par ces paroles, sinon que c'était véritablement le corps de Jésus-Christ ? Le moyen que les savants fussent assez insensés pour y enfermer un autre sens, et assez imprudents pour ne pas voir que s'ils y eussent entendu autre chose que ce que ces paroles expriment, il fallait par nécessité qu'ils trompassent tous ceux qui n'auraient pas été avertis de ce sens si extraordinaire et si inouï ?

Y a-t-il dans la raison de l'homme la moindre lueur qui puisse porter une personne qui croirait que l'Eucharistie n'est qu'une figure efficace du corps de Jésus-Christ, et ce qui n'est pas véritablement le vrai corps de Jésus-Christ, à exprimer cette pensée par ces termes : *L'Eucharistie n'est pas la figure, mais c'est véritablement le vrai corps de Jésus-Christ ?* Y a-t-il un seul calviniste qui ne sente, malgré qu'il en ait, que ce dis-

(Vingt-trois.)

cours renverse toutes ses idées ? La folie humaine ne va pas même jusqu'à ce point : les fous pensent d'une manière insensée, mais ils disent ce qu'ils pensent d'une manière ordinaire. Le déréglement n'est que dans leur esprit, et non pas dans leurs paroles ; et c'est la dernière chose qui se renverse dans l'homme, que cette union et ce rapport des paroles avec les pensées.

C'est donc un excès de folie dont les hommes ne sont pas capables, que celui que les ministres attribuent non seulement à Anastase, mais aussi à toute l'église grecque de son temps, dont il est clair qu'il n'a fait en cet endroit qu'emprunter les expressions et les termes.

Mais cela paraîtra encore plus clairement par la faiblesse de tout ce que les ministres allèguent pour obscurcir ce passage, et pour montrer qu'il n'y enseigne pas la présence réelle. Aubertin (l. 3, p. 905) objecte premièrement que les anciens ayant souvent appelé l'Eucharistie du mot d'antitype, ou image, cet auteur niant qu'elle soit antitype ou image, ne peut être qu'un novateur. *Nonne ergo dicendum est, eum qui aliter sentiendum esse docet, novatorem esse?* Mais on a déjà fait voir dans le traité de *la Perpétuité*, que les mots d'image et d'antitype ont un double sens : l'un populaire, exclusif de la réalité de l'original, selon lequel on conclut que si c'est l'image, ce n'est donc pas l'original ; si c'est l'image de Christ, ce n'est donc pas son vrai corps ; l'autre naturel, qui est compatible avec la vérité de l'original, et qui marque seulement que l'original n'est pas présent d'une manière sensible.

Lorsqu'une chose est vérité intérieurement et figure extérieurement, comme les catholiques l'enseignent de l'Eucharistie, on peut dire qu'elle est et qu'elle n'est pas image, sans aucune contradiction : car elle n'est pas image dans le sens exclusif, et elle est image dans le sens naturel. Mais il est clair que quand on oppose image à original, et que l'on demande si c'est l'image de Jésus-Christ, ou le corps de Jésus-Christ, on prend ce mot d'image dans le sens exclusif, et ainsi Anastase Sinaïte, ayant employé le mot d'image dans cette opposition, l'a pris dans le sens exclusif, et il a dû dire, comme il a fait, que l'Eucharistie n'est pas une simple image, mais que c'est le corps même de Jésus-Christ. Les catholiques avouent sans peine que l'Eucharistie est figure et vérité tout ensemble ; mais néanmoins si on leur demandait si le pain consacré est la figure du corps de Jésus-Christ ou son véritable corps, parce qu'il paraîtrait que l'on prendrait alors le mot de figure avec opposition à ce véritable corps, il n'y en a aucun qui ne répondît, comme Anastase, que c'est le véritable corps, et non la figure.

Aubertin ne prouve donc pas même que cet auteur soit contraire en rien au langage des anciens Pères, à moins qu'il ne prouve que les anciens Pères ont appelé l'Eucharistie image du corps de Jésus-Christ en un sens exclusif, et c'est ce qu'il ne prouve point du tout.

Mais quand il serait vrai qu'il y aurait quelque contrariété de termes entre cet auteur et les anciens, on n'en pourrait conclure autre chose, sinon qu'il n'était pas ordinaire du temps d'Anastase qu'on appliquât à l'Eucharistie le mot d'image et d'antitype ; que ces termes étaient comme abolis dans l'usage commun de l'Église ; et la conséquence qu'on devrait tirer de là est qu'il est possible que l'on ait conçu l'Eucharistie en ce temps-là en la manière que les calvinistes la conçoivent : car il faut remarquer que quand un terme a un double sens, l'un compatible, et l'autre incompatible avec une certaine doctrine, il peut arriver qu'il s'abolisse dans un de ces sens, s'il ne marque pas ce qu'il y a de principal et de plus essentiel dans cette doctrine ; s'il n'est pas propre et unique, et qu'il se puisse facilement suppléer par d'autres. Ainsi, suivant l'hypothèse des catholiques, le mot d'image étant contraire à la présence réelle dans le sens exclusif, et compatible avec cette présence dans un autre sens, il est très-possible et très-naturel que ce terme se soit aboli peu à peu à l'égard de ce mystère, dans le sens qui est compatible avec la présence réelle ; que l'on n'ait plus appelé l'Eucharistie ni signe ni image, et que l'on ait choisi, pour exprimer ce que l'on marquait par ces mots, d'autres termes qui n'étaient point sujets aux mauvais sens que ceux-là pouvaient avoir. Il est donc très-possible que les anciens Pères, qui ont appelé l'Eucharistie image, et les auteurs du septième siècle et des autres suivants, qui ne lui ont point voulu donner ce nom, soient de même sentiment.

Mais quand un terme exprime naturellement et simplement la vérité d'un mystère ; quand il est tellement propre, qu'il doit être substitué par l'esprit à toutes les expressions métaphoriques ; quand il n'y en a point d'autres dans la langue pour exprimer cette idée, il n'est pas possible que l'usage s'en abolisse jamais, à moins que l'opinion qu'il exprime ne s'abolisse, ni qu'il vienne un temps, où sans avoir changé de sentiment, l'on en puisse être choqué, et où l'on le rejette comme faux, pour substituer en sa place une expression métaphorique. Ainsi, parce que le mot de *Dieu* convient proprement et essentiellement à Jésus-Christ, et qu'on ne peut entendre ce qu'il est véritablement sans se servir de ce terme, il est impossible qu'il vienne un temps où l'on dise dans l'Église que Jésus-Christ n'est pas Dieu, à moins que la doctrine de sa divinité ne s'abolisse : ce qui ne saurait jamais arriver. Or, si l'ancienne Église avait été dans la créance des calvinistes, les termes d'*image*, de *figure* et d'*antitypes* auraient proprement été de ce nombre, c'est-à-dire, que ç'auraient été les termes les plus propres, les plus simples et les plus naturels qui fussent dans la langue pour exprimer ce qu'on aurait cru de l'Eucharistie ; ç'auraient été les termes que l'esprit aurait substitués à tous les termes métaphoriques, et il aurait fallu que tous ceux qui auraient eu une connaissance distincte et claire de la nature de l'Eucharistie, y eussent toujours employé, au moins dans leur esprit, le mot d'image, de figure, d'antitype, de représentation; et, par conséquent, il aurait été impossible que ces termes se fussent abolis dans l'usage ordinaire sans l'extinction de cette doctrine.

C'est pourquoi, de ce qu'on voit par Anastase Sinaïte, et par plusieurs auteurs que nous citerons dans la suite, que les mots d'image et de figure ne s'appliquaient plus ordinairement à l'Eucharistie dans le septième, le huitième et le neuvième siècle, on en conclut nécessairement qu'on n'y était pas calviniste, ces termes étant trop nécessaires, trop essentiels, trop propres à ces idées calviniennes, pour pouvoir jamais ou s'abolir, ou devenir moins ordinaires, tant que ces idées eussent subsisté.

Il est donc visible qu'à moins de supposer que cet auteur était plus insensé que ceux qui ont entièrement perdu la raison, on ne peut nier qu'il n'ait cru que l'Eucharistie était réellement et véritablement le vrai corps de Jésus-Christ, et que l'on ne peut nier non plus que ce n'ait été la doctrine de son temps.

On peut voir, dans les autres raisonnements qu'Aubertin fait sur cet auteur, ce déréglement d'esprit qui fait le caractère des hérétiques, qui les engage dans les erreurs, et qui leur fournit des armes pour les défendre.

Il y a dans toutes sortes de livres, et souvent même dans les mêmes passages, des choses claires et des choses obscures; et la justesse de la raison va s'attacher à ce qui est clair, et à ne pas l'abandonner sous prétexte que l'on trouve dans le même auteur ou dans le même passage quelque chose d'obscur et d'embarrassé; au lieu que c'est agir d'une manière déraisonnable de se servir des obscurités pour détruire les clartés. C'est néanmoins ce qu'Aubertin tâche de faire partout, et particulièrement sur le sujet d'Anastase. On doit reconnaître qu'il y a quelque obscurité dans le raisonnement qu'il fait à la fin de ce passage que nous avons rapporté, en ce qu'il prouve, par la corruption que l'on voit dans l'Eucharistie, que le corps de Jésus-Christ était corruptible avant sa passion; mais cette obscurité n'empêche pas que l'on entende très-clairement ce qu'il dit auparavant, que le pain de l'Eucharistie n'est pas la figure, mais le corps même de Jésus-Christ; et la clarté de ces paroles ne peut être étouffée par l'obscurité des autres. Cependant Aubertin s'attache à la fin de ce passage : il y fait faire à Anastase Sinaïte un raisonnement qu'il avoue lui-même être extravagant, et par là il prétend détruire le commencement du passage, dont les paroles sont claires et intelligibles. Puisqu'il est impossible, dit-il, qu'Anastase ait cru que le corps de Jésus-Christ fût réellement corrompu dans l'Eucharistie, il faut qu'il ait fait ce raisonnement : Ce qui arrive à la figure du corps de Jésus-Christ est arrivé à son corps avant sa passion; il arrive au pain de se corrompre; donc le corps de Jésus-Christ était corruptible avant sa passion. Or cet argument, dit-il, ne conclut rien qu'au cas que l'Eucharistie soit figure; (cependant cet auteur nie qu'elle soit figure;) donc il se contredit. « Sic ædificat, et diruit. » Il est bien clair qu'Aubertin témoigne par là qu'il n'entend pas le sens d'Anastase, puisqu'il avoue que le sens qu'il lui donne se contredit, et néanmoins, par le moyen de ce sens qu'il n'entend point, il nous veut empêcher d'entendre ce que nous entendons fort bien, qui est que l'Eucharistie, selon Anastase, est véritablement le vrai corps de Jésus-Christ, et par conséquent n'est pas un autre corps que celui même que Jésus-Christ a dans le ciel.

Mais laissant à part ces rêveries déraisonnables d'Aubertin, si l'on demande quel peut avoir été le sentiment d'Anastase dans ces dernières paroles, voici ce qui me semble ce qu'on en peut dire de plus vraisemblable. Il est certain qu'Anastase Sinaïte a cru la présence du corps de Jésus-Christ dans l'Eucharistie, d'une manière réelle et véritable, et entièrement opposée à la présence virtuelle des calvinistes; et il n'est pas même entièrement improbable qu'il l'ait crue purement en la manière des catholiques, et qu'il se soit seulement exprimé un peu durement sur la fin de son passage, en se servant d'un raisonnement assez faible, comme il lui arrive assez souvent dans tout le reste de son livre. Pour entendre comment cela se peut accorder, il faut savoir que ce ne sont point deux principes incompatibles, ni deux expressions contraires dans le langage de ce temps-là, de dire que l'Eucharistie n'est pas la figure du corps de Jésus-Christ, et qu'elle est néanmoins une représentation des mystères de sa vie, les mêmes auteurs qui enseignent l'un nous enseignant aussi l'autre. L'on peut voir ces deux vérités jointes dans ce passage d'un auteur grec du neuvième siècle, appelé Théodorus Graptus, qui souffrit pour la cause des images : *Nous n'appelons point*, dit-il (1), *les sacrés mystères de Jésus-Christ, images et figures de son corps, quoiqu'ils soient faits sous des symboles et des figures*, ϰαὶ συμβολιϰῶς ἐπιτελεῖται, *mais nous disons que c'est son corps même divinisé* : Αὐτὸ τὸ σῶμα Χριστοῦ τεθεώμενον. On trouve les mêmes paroles dans l'Antirrhétique de Nicéphore, patriarche de Constantinople, cité par Allatius (de Perpet. consens., p. 122.); quoique Nicéphore condamne le mot d'image. Et même le second concile de Nicée, en rejetant cette expression, ne laisse pas de dire que *ce sacrifice s'opère en mémoire de Jésus-Christ et de ses mystères*.

On peut donc croire qu'Anastase, qui soutient comme ces auteurs que l'Eucharistie n'est pas l'image de Jésus-Christ, mais que c'est son corps même, croyait aussi comme eux qu'elle était couverte de symboles, et qu'elle représentait les mystères de la vie de Jésus-Christ. Et ainsi il se peut faire qu'ayant parlé au commencement de son passage selon la première de ces vérités, qui est que l'Eucharistie est le

(1) Ex lib. de inculp. Christ. fide apud Combef., in Manipulo rer. Const.

corps même de Jésus-Christ, il parle dans la suite selon la seconde, qui n'y est pas contraire, et qu'il conclue que le corps de Jésus-Christ était corruptible avant sa passion, puisqu'il souffre encore dans l'Eucharistie une corruption apparente, par la corruption sensible des espèces, qui sont le symbole de l'état où il était avant sa mort. Ce raisonnement est assez faible et assez durement exprimé; mais comme j'ai déjà dit, ce n'est pas une chose fort extraordinaire à cet auteur de raisonner faiblement, et ce serait une assez mauvaise conséquence que de conclure qu'un raisonnement n'est pas de lui parce qu'il est faible. Il suffit qu'il ne soit pas dans le dernier degré d'extravagance, comme est celui qu'Aubertin lui attribue.

Je ne sais néanmoins s'il est besoin d'avoir recours à cette solution, et s'il n'est point plus simple, plus naturel et plus probable, d'expliquer à la lettre ces paroles d'Anastase, en lui attribuant, comme a fait M. de Marca dans sa lettre au P. dom Luc, une erreur humaine sur une circonstance du mystère de l'Eucharistie, qui n'est point si surprenante qu'elle ne soit venue dans l'esprit de plusieurs autres qui l'avaient peut-être empruntée de lui.

Car il est certain qu'avant que ces mystères aient été parfaitement éclaircis par l'opposition de l'erreur, encore qu'il soit très-faux que l'on n'en ait eu qu'une connaissance confuse et indistincte quant à la substance, il a pu arriver néanmoins que cette substance du mystère étant connue distinctement par tout le monde, des particuliers n'en aient pas connu distinctement toutes les circonstances, mais s'en soient formé quelquefois des idées fausses et philosophiques, qui se détruisaient d'elles-mêmes, et ne subsistaient point, l'Église portant peu à peu sa doctrine à ses conséquences naturelles : de sorte que l'on peut dire à l'égard de ces opinions surajoutées par quelques particuliers à la substance de la foi, ce que Cicéron dit des opinions subtiles et peu solides de quelques philosophes : *Opinionum commenta delet dies, naturæ judicia confirmat*.

C'est ainsi que, quoique l'on ait toujours cru dans l'Église que les âmes des morts étaient aidées par les prières et par les bonnes œuvres des vivants, et que ces prières et ces bonnes œuvres servaient à leur obtenir le repos et le rafraîchissement en l'autre vie, cette opinion constante et universelle de l'Église s'est trouvée jointe néanmoins, dans quelques anciens auteurs, avec certaines opinions philosophiques qui leur étaient particulières, n'étant pas de tradition, et qui se sont évanouies dans l'Église en même temps que la véritable tradition s'y est conservée et éclaircie; et c'est ce qui donne lieu aux hérétiques de méconnaître ces véritables traditions, en les voyant mêlées dans ces auteurs avec ces opinions philosophiques qui se sont détruites, parce qu'ils n'ont pas assez d'humilité pour les discerner par la lumière de l'Église.

On peut donc supposer de même qu'à l'égard de l'Eucharistie, encore que les fidèles aient ordinairement connu la substance du mystère, et qu'ils aient cru y recevoir véritablement et réellement le vrai corps de Jésus-Christ, qu'ils n'aient jamais songé ni à *la clé de figure*, ni à *la clé de vertu* des calvinistes, qui sont des inventions et des idées philosophiques incapables d'entrer dans la religion d'un peuple autrement que par une instruction aussi assidue que celle que les ministres donnent à ceux de leur secte, on peut supposer, dis-je, que quelques personnes, et principalement les philosophes, ne demeurant pas dans cette idée simple de la présence réelle, mais tâchant de s'en former des idées plus distinctes et plus particulières, ils s'en formaient quelquefois de fausses, quoique ces erreurs ne blessassent point la pureté de leur foi, parce qu'ils ne les soutenaient pas contre le jugement de l'Église, et que c'étaient plutôt de simples vues que des opinions arrêtées.

Il semble qu'il soit arrivé à Anastase Sinaïte quelque chose de semblable, et qu'ayant cru fermement la présence réelle avec toute l'Église, comme il le marque clairement par les paroles que nous avons rapportées, qu'il met aussi dans la bouche des hérétiques gaïanites, pour montrer que c'était l'opinion commune de ce temps-là, il a poussé trop loin cette doctrine, et qu'il s'est imaginé que, quoique le corps de Jésus-Christ fût corruptible après sa résurrection, il avait voulu néanmoins être dans un état corruptible dans l'Eucharistie; qu'ainsi il y était réellement coupé, brisé, corrompu, c'est-à-dire, qu'il a cru que ce qui arrivait aux espèces arrivait en quelque sorte au corps même de Jésus-Christ, comme nous verrons que d'autres l'ont cru aussi bien que lui.

On ne doit point s'étonner qu'il soit tombé dans cette pensée; car, comme la distinction du voile extérieur et du corps de Jésus-Christ caché intérieurement sous ce voile est assez éloignée des pensées des hommes, il est certain que cette pensée, que l'Eucharistie est le corps de Jésus-Christ, porte assez naturellement à prendre ce que nous voyons pour le corps même de Jésus-Christ, c'est-à-dire, à croire que cette blancheur et les autres accidents sensibles sont les accidents du corps de Jésus-Christ, et qu'ainsi quand le pain est rompu c'est le corps de Jésus-Christ qui est rompu. Nous avons vu que ç'a été la pensée de ce moine Sicidite, qui enseigna sous l'empereur Alexis-le-Jeune que le corps de Jésus-Christ était corruptible, et qui eut en ce temps-là quelques sectateurs; et ainsi il ne serait nullement étrange qu'une semblable pensée fût venue dans l'esprit d'Anastase Sinaïte.

Et il ne faut pas dire que cette opinion engage en une infinité de difficultés; car les hommes ne s'embarrassent guère de cela dans ces sortes de matières. L'eutychianisme, par exemple, n'était-il pas composé d'une infinité de contradictions? Il n'y a qu'à voir pour cela les Dialogues de Théodoret. L'Éraniste y soutient que le Verbe est immuable, et il prétend néanmoins en même temps qu'il était devenu chair. Il rejette l'explication catholique de ces paroles : *Verbum caro factum est*; et il dit que les entendre en ce sens que le Verbe a pris une chair et s'est uni à une chair, c'est corrompre l'Écriture; qu'il faut croire qu'il est devenu chair. Et quand Théodoret (dial. 1) répond que le Verbe aurait donc été changé, il réplique qu'il ne dit pas qu'il soit devenu chair par changement, mais en la manière que Dieu l'entend, et qu'il ne faut pas prétendre d'entendre ce qui est caché, τὰ κεκρυμμένα οὐ δεῖ ζητεῖν.

Comment Tertullien accordait-il l'erreur de la corporéité de Dieu, dont il est très-difficile qu'on le justifie, avec la doctrine de la Trinité? Voulait-il que les trois personnes ne fussent qu'un même corps? Comment l'accordait-il avec l'immensité de Dieu, qu'il enseigne formellement? Ce corps était-il partout, et tout entier en chaque lieu, ou prétendait-il que Dieu fût divisible?

Il y a mille choses de cette nature dans les auteurs, et l'absurdité d'une opinion n'est jamais une raison suffisante de croire qu'ils ne l'ont pas enseignée, lorsqu'ils l'expriment très-clairement.

Or il semble que ces pensées, que le corps de Jésus-Christ est dans l'Eucharistie revêtu réellement des accidents du pain ; qu'il est l'objet de nos sens, et qu'il souffre dans son corps tous les changements qui arrivent à cet objet visible qui nous est présent, sont clairement exprimées par Anastase. Car pour montrer aux gaïanites que le corps de Jésus-Christ était corruptible avant sa résurrection, il se sert de cette preuve, que l'Eucharistie est le corps de Jésus-Christ : or l'Eucharistie se corrompt; donc le corps de Jésus-Christ était corruptible. Et il presse le gaïanite en lui disant que s'il n'avoue pas cette conséquence, il faudra donc qu'il prétende que l'Eucharistie n'est que la figure du corps de Jésus-Christ; et qu'ainsi elle peut se corrompre, sans que le corps de Jésus-Christ soit corrompu.

Les autres lieux où il parle de l'Eucharistie prouvent très-clairement qu'il a cru la présence réelle, et semblent prouver en même temps qu'il l'a conçue en cette manière :

Timothée est donc impie, dit-il (cap. 13), *de dire que la nature de Jésus-Christ, après l'Incarnation, est la seule divinité ; car si Jésus-Christ est la seule divinité, comme la divinité est invisible et incapable d'être maniée et d'être sacrifiée ; qu'elle ne peut être divisée, qu'elle ne peut être mangée, il est clair que Timothée nie comme les Juifs le sacrifice et la communion des sacrés mystères, et qu'il ne croit pas et ne confesse pas que ce qu'il donne au peuple, en lui disant :* LE CORPS ET LE SANG DE JÉSUS-CHRIST, NOTRE DIEU ET NOTRE SAUVEUR, *est dans la vérité le corps et le sang visible, créé et terrestre de Jésus-Christ; car, puisqu'il dit que la divinité est la seule nature de Jésus-Christ, et qu'il répugne entièrement à la nature divine d'être tenue, brisée, divisée, froissée, répandue, vidée, changée, coupée par les dents, il faut que Timothée tombe par nécessité dans l'un de ces deux abîmes, ou de dire que la divinité est sujette au changement et à l'altération, ou nier le corps et le sang de Jésus-Christ, lequel il offre et mange lui-même dans le sacrifice mystique, et qu'il donne au peuple, en lui disant : Le corps de Jésus-Christ, notre Dieu et notre Sauveur. Car il devrait plutôt lui dire, selon son opinion : La seule divinité de Notre-Seigneur Jésus-Christ.*

Il est bien clair qu'Anastase ne peut entendre que l'Eucharistie soit seulement la figure, ou vide ou pleine, de Jésus-Christ, puisqu'il dit *qu'elle est dans la vérité* le corps de Jésus-Christ; puisqu'il montre que ce n'est pas la divinité, parce *qu'elle est divisée, mangée*, etc. ; ce qui serait ridicule s'il ne parlait que d'une figure vide ou pleine, puisqu'encore que la divinité soit invisible, impalpable, indivisible, il ne s'ensuit pas que les figures de la divinité, vides ou pleines, soient invisibles et indivisibles. Les langues de feu qui parurent à la Pentecôte étaient les figures du S.-Esprit; on ne laissa pas néanmoins de les voir, et elles se divisèrent sur les apôtres et sur les disciples : de sorte qu'au lieu qu'il est de l'essence de la divinité d'être invisible, il est de l'essence, au contraire, de la figure de la divinité d'être visible, parce qu'elle la doit représenter visiblement.

Mais il semble en même temps, comme j'ai dit, que cet auteur ait cru que toutes ces actions, de voir, de diviser, de couper, se terminent au corps de Jésus-Christ, et qu'il recevait toutes ces altérations, puisque sans cela on ne voit pas bien que son argument subsiste, le corps de Jésus-Christ étant réellement aussi incapable de ces accidents dans l'Eucharistie, que la divinité même.

Il semble qu'il raisonne sur le même principe et qu'il suit les mêmes idées dans le chap. 14 : *Nous ne connaissons pas seulement*, dit-il, *par la foi la nature du corps de Jésus-Christ, mais par la même expérience qui nous fait connaître les choses que nous voyons et que nous touchons, puisque nous y participons, et que nous le mangeons tous les jours dans sa nature et dans la vérité*. Et dans le même chapitre il dit *qu'il est bien étrange que les eutychiens veuillent refuser le nom de nature à un corps visible comme celui de Jésus-Christ, qui s'est accru, qui a été lié de bandes, qui a été circoncis, qui a été touché, lié, soufflé, massacré, percé, porté, enseveli, sacrifié, divisé, mangé, brisé, distribué;* où l'on voit qu'il attribue au corps de Jésus-Christ tous ces accidents, et qu'il s'en sert pour prouver la vérité de sa nature.

Cette explication de l'opinion d'Anastase Sinaïte fait disparaître tout d'un coup toutes les objections d'Aubertin. Les raisonnements de cet auteur ne sont plus impertinents; ils sont, au contraire, assez justes, quoiqu'ils soient fondés sur une fausse idée de la manière de la présence réelle : car il est clair qu'il a pu prouver par l'altération de l'Eucharistie la corruptibilité du corps de Jésus-Christ avant sa passion ; qu'il peut prouver la vérité de son corps contre les eutychiens, et qu'il est inutile d'examiner s'il a cru que les accidents fussent inséparables de la substance, puisque, selon l'idée qu'il avait de ce mystère, il n'avait pas besoin de les séparer.

Mais cette erreur particulière ne diminue en rien le témoignage qu'il rend de la créance de son siècle, puisque cette erreur même ne pouvait naître que dans un siècle où l'on fût très-persuadé de la présence réelle. Il fallait pour cela que l'on n'y connût point du tout les deux clés de *vertu* et de *figure;* car avec ces deux clés on ne s'imaginera jamais que le corps de Jésus-Christ soit capable d'altération dans l'Eucharistie ; il fallait que tout le monde demeurât constamment d'accord que ce qu'on recevait était le vrai corps de Jésus-Christ, et non une figure ; il fallait que ce principe fût commun aux catholiques et aux hérétiques, puisqu'Anastase ne s'imagine seulement pas que ces derniers pussent répondre que la communion n'était le corps de Jésus-Christ qu'en figure ou en vertu ; qu'il regarde cette réponse comme la plus grande absurdité où il fût capable de les engager, et qu'il considère comme deux abîmes, également horribles et également rejetés par les hérétiques mêmes, de dire que la divinité fût visible et corporelle, ou que la communion ne fût pas le vrai corps de Jésus-Christ, mais seulement sa figure.

Mais si l'on peut conclure de cette opinion d'Anastase que l'Église de son siècle était dans la créance de la présence réelle, on n'en peut pas néanmoins conclure qu'elle la crût en la manière d'Anastase. Les auteurs sont capables, outre les opinions communes, d'avoir des opinions particulières, et il y a des marques pour les distinguer.

Quelle apparence que dans un siècle où tout le monde eût cru que l'Eucharistie était la figure du corps de Jésus-Christ, et non son véritable corps, un homme savant comme Anastase se soit imaginé, au contraire, non seulement qu'elle n'est pas la figure, et qu'elle est le corps même de Jésus-Christ, mais qu'il ait cru que tout le monde était de ce sentiment ; que cette créance était commune aux hérétiques et aux catholiques ; qu'il en ait fait un fondement et un principe incontestable ? Cette folie est trop extraordinaire pour en pouvoir soupçonner un homme sage. Donc quand il dit que l'Eucharistie est le vrai corps de Jésus-Christ, il ne propose que l'opinion commune de son siècle.

Mais il est très-possible que dans un siècle où tout le monde croyait que l'Eucharistie est le corps de Jésus-Christ réellement et véritablement, sans qu'on eût encore éclairci toutes les circonstances de ce mystère, un auteur en poussant plus loin ses idées s'en soit formé de fausses, et soit tombé dans une erreur qui lui fût particulière. Il n'y a rien en cela d'extraordinaire, et l'on en voit des exemples sur tous les autres mystères, dans lesquels il se trouve que divers auteurs ont souvent joint leurs pensées particulières avec la foi commune et universelle. Ainsi c'est par les circonstances qu'il y faut juger si cette opinion de la corruptibilité du corps de Jésus-Christ dans l'Eucharistie était commune à tout ce siècle, ou particulière à Anastase ; et par cette règle il est bien aisé de conclure qu'elle était de ce dernier genre ; car il n'en paraît aucune trace dans les autres auteurs, et lorsqu'elle fut proposée au douzième siècle, elle fut regardée comme une erreur dans l'église grecque : de sorte que l'on a toute sorte de raison de la prendre pour une opinion particulière d'Anastase, et non pour l'opinion commune du septième siècle.

Cet éclaircissement de l'opinion d'Anastase donne une force invincible à divers passages qui se trouvent, tant dans l'oraison de la sacrée Synaxe que Blondel lui attribue, que dans d'autres écrits de ce siècle, parce qu'il ruine par avance toutes les réponses que les ministres y peuvent faire. Car il est clair par là que lorsqu'Anastase dit que *Judas participa indignement et frauduleusement au corps du Seigneur* (Auct. Bibl. Patr., p. 888), il veut dire qu'il participa réellement au véritable corps du Seigneur, mais en étant indigne, et mangeant ainsi son jugement. Il est clair que lorsqu'il dit (p. 896) que *les anges sont présents, qu'ils y exercent leur ministère, et qu'ils couvrent la table mystique*, que *l'Agneau de Dieu est sacrifié*, il ne faut point s'imaginer dans toutes ces expressions une présence figurative qui est rejetée par Anastase comme un *abîme d'erreur*. Il est clair que quand il conseille à ceux qui communient de s'adresser *à ce charbon purifiant*, c'est-à-dire, *à la sacrée communion*, et de lui dire : *Seigneur, je sais que je suis coupable d'une infinité de péchés, mais j'ai observé votre commandement en pardonnant à mes frères, afin que vous me pardonniez*, il suppose que l'Eucharistie est une chose vivante et animée, et que c'est Jésus-Christ même : car puisqu'on ne peut dire, selon sa doctrine, que ce soit Jésus-Christ en figure, il faut que ce soit réellement Jésus-Christ. Il est clair de plus qu'il suppose que c'était la coutume en ce temps-là de s'adresser à la sainte hostie, et de lui demander le pardon de ses péchés, c'est-à-dire que c'était la coutume de la reconnaître et de l'adorer comme Jésus-Christ.

Et ce langage étant une fois établi, tous les passages les plus communs deviennent décisifs. Par exemple, quand le synode qui fut tenu à Constantinople l'année 628, ordonne que les moines ou les laïques qui ne se soumettraient pas à *l'Ectesis* d'Héraclius, *seraient séparés de la communion du corps et du sang vivifiant de notre grand Dieu et Sauveur Jésus-Christ*, il est clair qu'il parle du vrai corps de Jésus-Christ, et non de sa figure. Quand S. Théodore Sicéote, pour porter des soldats à délivrer un seigneur prisonnier qu'il venait de communier, leur disait qu'*il n'y avait pas d'apparence qu'une personne fût chargée de chaînes en recevant Jésus-Christ, lequel a souffert pour nous, afin de nous délivrer des chaînes de l'enfer*, il est clair qu'il ne parle point du corps de Jésus-Christ reçu en figure. Quand le concile tenu dans le palais de l'empereur l'an 680, dit (can. 3), que *les prêtres sont ministres du sacrifice spirituel du grand Dieu, qui est tout ensemble sacrificateur et victime*; quand ce même concile défend aux prêtres qui se seront engagés par ignorance dans un mariage illicite, *de distribuer le corps du Seigneur;* quand il appelle partout l'Eucharistie *sacrifice non sanglant* (can. 26); quand il dit que ceux qui communient *mangent et boivent Jésus-Christ*, et qu'il ordonne à ceux *qui veulent participer au corps immaculé, de s'offrir pour recevoir la communion, en mettant leurs mains en croix* (can. 101), toutes ces expressions, dans un temps où *la clé de figure* était rejetée, ne pouvaient signifier que le vrai corps de Jésus-Christ, sacrifié sur les autels, et reçu par ceux qui communiaient.

Voilà tout ce qu'on trouve de l'Eucharistie dans ce siècle parmi les Grecs, d'où l'on peut juger si M. Claude a raison de le comprendre dans ces beaux jours, *où la doctrine calvinienne était enseignée d'une manière si claire, si forte et si distincte, qu'elle dissipait toutes les difficultés de ces expressions :* LE PAIN *est le corps de Jésus-Christ ;* et si nous n'avons pas bien plus de sujet que lui de dire que l'on enseignait dans ce siècle la présence réelle d'une manière si claire, si forte et si distincte, qu'elle fait disparaître toutes les fausses subtilités par lesquelles les ministres s'efforcent de l'obscurcir.

CHAPITRE III.

Examen des sentiments de l'église grecque au huitième siècle, qui fait encore partie des beaux jours de l'Église, selon M. Claude.

GERMAIN, *patriarche de Constantinople.*

Si le septième siècle n'a été, comme nous avons vu, qu'un siècle de ténèbres pour les calvinistes, quoique M. Claude l'ait compris dans *ses beaux jours,* on peut dire par avance qu'il ne trouvera guère plus de lumière dans le huitième, qui en fait aussi partie, et que tout ce qu'on en peut alléguer ne favorise que les catholiques. Aussi, quoique M. Claude dise en général que l'on y doit trouver la doctrine calvinienne exprimée d'une manière claire et distincte, il se trouve néanmoins que quand on vient à examiner en détail les auteurs de ce siècle, et lui et ses confrères ne se sont occupés qu'à se défendre de leur témoignage, et à affaiblir leur autorité par tous les reproches dont ils se peuvent aviser.

Le premier auteur qu'Aubertin en produit (l. 3) est Germain, patriarche de Constantinople, et, parce qu'il n'y trouve pas son compte, il déclare d'abord que c'est un grand défenseur des images, c'est-à-dire, dans son langage, un grand idolâtre. Il l'accuse d'avoir suivi les nouveautés d'Anastase, qu'il avait appelé un novateur. Il dit qu'il philosophe d'une étrange manière sur le sacrement : *Mirum in modum philosophatur ;* qu'il propose ses sentiments d'une manière embrouillée : *Sententiam perturbatè proponit ;* et, après l'avoir ainsi décrié, il se défend comme il peut de ses passages.

Avant de faire voir le peu de solidité des solutions de ce ministre, il est bon de remarquer qu'il n'est pas absolument certain que le traité de *la Théorie des mystères* soit de ce Germain, patriarche de Constantinople, qui vivait au huitième siècle, et qu'il est peut-être aussi probable qu'il est d'un autre Germain, bien moins ancien, comme le croit Allatius. En effet, cette distinction qu'il fait de diverses particules, dont il enseigne qu'il n'y avait que la grande qui fût sacrifiée, et qui communiquât la sainteté aux autres particules qui représentent selon lui les membres de Jésus-Christ, ressent assez la doctrine des nouveaux Grecs. Et je ne sais si l'on pourrait bien prouver qu'au temps de ce Germain, défenseur des images, c'est-à-dire, du temps des iconoclastes, l'église grecque appelât déjà le pain dont on coupait les hosties, *le type du corps de la Vierge,* et qu'on le distribuât avec respect ; et le contraire semble paraître par les objections que les iconoclastes faisaient contre la doctrine de l'Église ; car ils prétendaient qu'on ne devait point souffrir d'autre image que l'Eucharistie même, qui était une image instituée de Dieu, et qui était faite le corps même de Jésus-Christ ; ce qui les eût obligés d'exclure aussi cette image ou ce type du corps de la Vierge pratiqué dans les mystères. Cependant on ne voit point que les iconoclastes aient rien changé dans les cérémonies de la messe, ni que les catholiques leur aient fait aucun reproche sur ce sujet.

S. Étienne-le-Jeune demande bien aux iconoclastes s'ils prétendent bannir aussi les antitypes du corps de Jésus-Christ, en bannissant toutes les images. Mais il ne leur demande point s'ils prétendent bannir les antitypes du corps de la Vierge, et il ne se sert point de cette sorte d'image reçue dans la Liturgie pour en autoriser l'usage.

Que si cet écrit est de ces siècles postérieurs, dans lesquels nous avons prouvé que la transsubstantiation et la présence réelle étaient établies dans l'église grecque avec autant d'éclat que dans l'Église latine, on en doit conclure, non seulement que cet auteur l'a tenue, et expliquer en ce sens toutes ses paroles ; mais on doit de plus apprendre de lui les expressions qui sont compatibles avec cette doctrine, et qui peuvent être employées par ceux qui croient la transsubstantiation.

Mais on n'a pas besoin de la circonstance du temps auquel il a écrit pour découvrir ses sentiments sur l'Eucharistie, et je ne m'étonne pas qu'Aubertin l'accuse de les proposer d'une manière fort embrouillée : car il faut avouer qu'il n'y a rien de plus embrouillé et de plus obscur que cet auteur, en l'expliquant au sens des calvinistes, parce qu'il n'y a rien de plus clair et de plus net en prenant ses paroles dans le sens des catholiques.

C'est s'expliquer sans doute fort obscurément en calviniste que de dire, comme il fait, que *ceux qui, dans les Indes, célèbrent ce grand mystère, croient que c'est le corps de Jésus-Christ notre Dieu, qui a été crucifié, qui est mort, et qui est ressuscité pour nous ;* mais c'est parler fort nettement en catholique, puisque c'est exclure l'imagination d'Aubertin, qui prétend que, selon Germain, l'Eucharistie n'est pas le corps de Jésus Christ qui a été crucifié, mais un autre nouveau corps, qui est fait par l'habitation du S.-Esprit dans le pain. C'est parler d'une manière fort embrouillée pour les calvinistes que de dire comme il fait, que *le prêtre demande à*

Dieu que le mystère de son Fils s'accomplisse, et que le pain et le vin soient faits et changés au corps et au sang de Jésus-Christ; afin que cette parole s'accomplisse : « *Je t'ai engendré aujourd'hui.* » *C'est pourquoi,* ajoute-t-il, *le S.-Esprit étant présent invisiblement par le bon plaisir du Père et la volonté du Fils, fait voir la force de Dieu, et par la main du prêtre il consacre et il change les dons qui sont sur l'autel au corps et au sang de Jésus-Christ Notre-Seigneur.* Et plus bas : *On fait,* dit-il, *la bénédiction sur les dons divins, afin que la présence glorieuse du S.-Esprit les change, et fasse du pain* LE CORPS MÊME *de Notre-Seigneur Jésus-Christ, et de ce qui est dans le calice,* LE SANG MÊME *du grand Dieu notre Sauveur, qui a été répandu pour la vie et le salut du monde.*

Ce discours est sans doute très-énigmatique, pour signifier que le pain n'est pas changé au corps même de Jésus-Christ, mais qu'il est seulement rempli de sa vertu ; ou que le vin ait fait un nouveau sang de Jésus-Christ par l'habitation du S.-Esprit, et non pas le sang qui a été répandu pour le salut du monde. Mais il est difficile d'expliquer plus naturellement ce que les catholiques enseignent, que le pain est changé au corps même de Jésus-Christ, et le vin en son sang qui a été répandu pour le salut du monde ; et quand ils veulent exprimer leur sentiment par les termes les plus propres à le faire entendre, ils tombent d'eux-mêmes dans ces paroles de Germain.

Il faudrait transcrire beaucoup d'autres lieux de cet auteur, si l'on voulait rapporter tous ceux où il exprime très-nettement l'opinion des catholiques ; et l'on peut remarquer entre autres que le chapitre 28 de Cabasilas, si précis pour la présence réelle, et que nous avons traduit en traitant de ses sentiments dans le second livre, se trouve mot pour mot dans ce traité de la *Théorie des mystères.*

Bien loin que les objections d'Aubertin affaiblissent ces preuves, il y en a qui servent, au contraire, à les confirmer et à les éclaircir davantage. Il dit que Germain se sert du mot de *sanctification,* et qu'il dit que le pain divin est fait participant de la sanctification. *Or, qui a jamais ouï dire,* dit-il, *que la sanctification d'une chose soit un changement substantiel?* On répond que c'est une ignorance du langage des Grecs, que de ne savoir pas qu'ils expriment ce que nous appelons *consacrer et consécration,* par les mots ἁγιάζειν, ἁγιασμός, et qu'ainsi, dire que le pain participe à la sanctification, signifie seulement que le pain est consacré ; et que de plus il est indubitable que ce terme appliqué à l'Eucharistie, signifie le changement que le S.-Esprit y produit, qui est un changement substantiel. Et cela paraît manifestement par les livres de tous les nouveaux Grecs ; comme de Cabasilas (1), de Marc d'Éphèse, et de tous les autres, qui sont les plus déclarés pour la transsubstantiation : car ils se servent tous de ce terme de *sanctification,* ἁγιασμός, pour marquer la consécration de l'Eucharistie, et ils entendent tous néanmoins, par ce terme, dans cette application, un changement substantiel.

Messieurs les ministres devraient avoir compris une fois pour toutes qu'il y a de certains mots qui n'ayant de soi qu'une signification générale, se déterminent dans l'usage, par la doctrine de l'Église, à signifier différents effets de grâce, et que les mots de *sanctificare, consecrare,* sont de ce genre. Ils ne marquent dans leur généralité qu'une destination à un usage saint et sacré ; mais selon les différentes applications qu'on en fait, ils signifient les divers effets que le S.-Esprit produit sur les choses consacrées : si on les applique à l'eau du baptême, ils signifient la vertu divine que le S.-Esprit donne à cette eau de nettoyer les âmes de leurs péchés ; si on les applique à l'Eucharistie, ils signifient ce que le S.-Esprit fait dans l'Eucharistie ; et comme il y change le pain au corps de Jésus-Christ, ils signifient ce changement, parce que l'esprit des fidèles les explique selon la doctrine de l'Église, et qu'il réduit les idées générales en idées particulières.

Il objecte en second lieu que Germain dit que *la partie de la bénédiction et de l'oblation est divisée comme du pain, et qu'on la distribue comme une source de bénédiction ineffable à ceux qui y participent avec foi,* et il en conclut que le pain demeure après la consécration. Mais outre que tous les arguments fondés sur le mot de *pain* sont frivoles, puisque l'Eucharistie conservant l'apparence de pain, n'en peut perdre le nom, comme nous le ferons voir ailleurs, cette objection de plus est une pure ignorance d'Aubertin, qui n'a pas pris garde que cet endroit ne s'entendait pas de l'Eucharistie, mais de ce que les Grecs appellent l'image du corps de la Vierge Marie : *Typus corporis B. Virginis,* c'est-à-dire du pain dont on coupe les hosties, et que l'on distribue aux Grecs après la messe, comme l'on fait dans l'Église latine le pain béni. C'est ce que Germain marque expressément dans le lieu d'où ces paroles sont prises, que voici tout entier : ὁ δὲ τοῦ παρθενικοῦ σώματος τύπος ὁ μέρισμος τῆς εὐλογίας κλᾶται μὲν ὡς ἄρτος, διανέμεται δὲ ὡς ἀρρήτου εὐλογίας μετάληψις.

Cela fait voir que ces ministres ne sont pas toujours si exacts qu'ils se vantent dans leurs citations, puisqu'Aubertin prend en cet endroit du pain béni pour le corps de Jésus-Christ, et qu'il supprime ces termes ὁ παρθενικοῦ σώματος τύπος, qui déterminent le sens des paroles qu'il rapporte.

J'aurais cru que c'est une surprise, si l'on ne voyait la même faute dans Blondel, qui se sert du même lieu pour montrer que Germain appelle le pain consacré type après la consécration : car après avoir rapporté ce passage, il en conclut formellement (Éclairciss., c. 15) page. 392, que Germain appelle le pain consacré type du corps virginal, quoique, par une contradiction visible, il ait reconnu, dans la page 390, que cette partie qui s'appelait le type du corps de la Vierge n'était pas celle qui était consacrée.

Aubertin est encore moins excusable de conclure

(1) Vide Cabas., cap. 27, 28, 30, 31, 34 ; Marc. Ephes., tract. quòd *non solùm à voce dominicorum verborum sanctificantur divina mysteria.*

que le pain demeure de ce que cet auteur dit en un autre lieu que *Jésus-Christ est vu dans le pain*, puisqu'il est clair qu'il appelle *pain* ce que nous voyons, selon le langage des sens, et que, quand il explique ce que c'est que ce pain selon la vérité et selon la foi, il dit que *c'est le corps de Jésus-Christ ; qu'il est fait le corps de Jésus-Christ ; qu'il est changé au corps de Jésus-Christ ; que du pain est fait le corps de Jésus-Christ*.

Je ne sais quel nom donner à la troisième objection d'Aubertin, tant elle est déraisonnable. Germain dit qu'*après l'élévation on divise aussitôt le divin corps, et que, quoiqu'il soit divisé, il demeure néanmoins indivisible, étant reconnu et trouvé tout entier en chaque partie*, κἄν μερίζηται ἀμέριστος διαμένει καὶ ἄτμητος. L'on voit assez que ce passage est très-favorable aux catholiques pour établir leur doctrine. Cependant Aubertin en tire un argument pour la détruire, et il se fonde sur cette remarque, que le mot de corps, σῶμα, étant neutre en grec, ce qui est dit ensuite, *licèt dividatur, individuus manet*, ne se peut rapporter au mot de σῶμα ; qu'il faut donc sous-entendre un autre nom, et que ce nom qu'il faut suppléer est le mot ἄρτος ; d'où il s'ensuit, dit-il, que c'est le pain qui est divisé comme matière, et qui n'est pas divisé comme Sacrement, au lieu que le corps de Jésus-Christ ne peut en aucune sorte être divisé.

Il y a un si grand renversement du sens commun dans cette objection et dans ces conséquences, qu'il est difficile de comprendre comment des gens qui veulent passer pour habiles osent se hasarder à avancer des choses si peu raisonnables.

Premièrement il est clair que le mot qu'il faut suppléer à ces paroles, *licèt dividatur, individuus tamen manet*, n'est pas ἄρτος, mais Χριστός, puisqu'il parle du corps de Jésus-Christ, et que cette propriété, d'être divisé sans division, n'a jamais été appliqué qu'au corps de Jésus-Christ. 2° Il n'y a rien de plus ordinaire dans les auteurs que de substituer le genre de la chose dont on parle au lieu du genre du mot précédent. Par exemple, Horace, en parlant de Cléopâtre, et l'ayant appelée monstre, *daret ut catenis fatale monstrum*, reprend incontinent le genre de la personne, *quæ generosius perire quærens*. Et c'est ainsi que Germain, après avoir dit qu'on divise le divin corps : *Partitio fit divini corporis*, reprend le genre de la personne, *sed licèt dividatur, individuus tamen manet*. Il est impossible qu'Aubertin n'ait vu une solution si facile, et ne peut être que par mauvaise foi qu'il l'a dissimulée. 3° Si Aubertin voulait substituer et sous-entendre le mot ἄρτος, il fallait le sous-entendre comme il est exprimé deux fois un peu plus haut avec l'épithète de divin, *divinus panis*, θεῖος ἄρτος, et alors ce pain divin n'aurait signifié autre chose que Jésus-Christ. 4° Il est clair par la suite que c'est Jésus-Christ qui est sous-entendu ; car après ces paroles, *licèt dividatur, individuus manet*, il est dit dans la période suivante : *Tametsi enim corruptionem subiit morte, at caro ejus in inferis non sensit corruptionem* ; or, dans cette période, ces verbes : *Corruptionem subiit, non*

sensit corruptionem, se rapportent au nominatif précédent : cependant ils ne se peuvent rapporter qu'au corps de Jésus-Christ, et non pas au pain ; donc les paroles précédentes, *licèt dividatur, individuus tamen manet*, se rapportent aussi au corps de Jésus-Christ. 5° Et c'est pourquoi un évêque grec (1), nommé Théodore, dans un traité qu'il a fait de l'explication de la messe, où il emprunte ces mêmes paroles de Germain, les applique précisément à Jésus-Christ : Καὶ εὐθὺς ὁ μερισμὸς τοῦ θείου τελεῖται σώματος, ἀλλὰ κἄν μερίζηται ἀμέριστος διαμένει καὶ ἄτμητος, ὑφ᾽ ἑνὶ ἑκάστῳ τῶν τεμνομένων ὁ αὐτὸς ὅλος θεάνθρωπος μερίζομενός τε καὶ εὑρισκόμενος, c'est-à-dire : *On divise incontinent le corps divin, et sous chaque partie on y trouve Jésus-Christ tout entier, Dieu et homme*. 6° On ne peut s'imaginer rien de plus déraisonnable que la raison qu'Aubertin allègue pour montrer qu'on ne peut appliquer au corps de Jésus-Christ ces paroles, *licèt dividatur, individuus tamen manet*, qui est, dit-il, que *le corps de Jésus-Christ ne peut pas être divisé* ; comme si ces termes, étant contradictoires, se pouvaient entendre selon le même sens, et comme s'il n'était pas nécessaire que l'un s'entendant d'une indivision réelle, l'autre ne s'entendît que d'une division apparente ! Or il est ridicule qu'on ne puisse pas dire que le corps de Jésus-Christ est indivisible en soi, et divisé en apparence, puisqu'en divisant le voile il paraît qu'on divise le corps de Jésus-Christ, qu'on le met en effet en différents lieux, et qu'on le distribue à diverses personnes, qui est la manière la plus simple de vérifier ces paroles, *demeure indivisible étant divisé*. 7° C'est absolument se moquer du monde que d'appliquer au pain considéré comme un pur signe ces paroles, qu'*il demeure sans division étant divisé*, et qu'*il est tout entier en chaque partie* ; car cela voudra dire que le pain est tout entier en chaque partie du pain. Et prétendre adoucir cette extravagante pensée par cette réflexion d'une basse scolastique, que le pain n'est pas divisé comme sacrement, *in ratione sacramenti*, mais comme matière, c'est témoigner que pourvu qu'on parle, on ne se soucie pas de parler raisonnablement. 8° Enfin c'est une mauvaise foi inexcusable de dissimuler que cette expression, que *le corps de Jésus-Christ est divisé indivisiblement* dans l'Eucharistie, et qu'on le reçoit tout entier sous chaque partie de l'hostie, n'est point particulière à Germain ; mais qu'elle se trouve dans plusieurs autres auteurs ecclésiastiques anciens et nouveaux. Elle se trouve dans S. Grégoire de Nysse. *Il faut considérer*, dit-il (orat. cat., c. 37), *comment il se peut faire que cet unique corps, étant divisé dans toute la terre à tant de milliers d'hommes, se trouve tout entier dans chacun par chaque partie* (de la communion) *et demeure tout entier en lui-même*. Elle se trouve dans Eutychius, patriarche de Constantinople, cité par Nicétas Choniate (in Alex. Angelo, l. 3, c. 3). *Quoiqu'on me reçoive*, dit-il, *qu'une partie de l'hostie, on reçoit le sacré corps du Seigneur tout entier ; car il est divisé indivisiblement dans tous*. Elle se trouve dans les homélies attribuées

(1) Apud Allat., Exerc. cont. Creigt., p. 416.

à Eusèbe Émissène. *Ce corps*, dit-il (homil. 5, de Pasch.), *que le prêtre distribue est aussi grand dans la plus petite partie de l'hostie que dans l'hostie tout entière; « Tantùm est in exiguo quantùm esse constat in toto. »* Elle se trouve dans Samonas, évêque de Gaze. *Le pain consacré*, dit-il (disputat. cum Acm. Sarac.), *et changé au corps de Jésus-Christ par la puissance divine et par l'avénement du S.-Esprit, quoique divisé, demeure entier en chaque partie;* ὁλόκληρον καὶ σῶον ἐν ἐκάστῳ κλάσματι σώζεται.

Il serait ennuyeux de rapporter en détail toutes les autres chicaneries d'Aubertin. Elles sont du même genre que celles que nous avons réfutées, et il semble que cet auteur se soit voulu mettre à couvert des réponses qu'on lui pourrait faire, en grossissant son ouvrage de tant de petites objections, qu'on ne peut même les rapporter sans se rendre extraordinairement ennuyeux : c'est pourquoi j'achèverai ces réflexions sur ce traité de Germain par deux considérations générales qui renversent plusieurs de ces petites raisons.

Jésus-Christ étant réellement dans l'Eucharistie, y étant réellement offert à Dieu en qualité de victime, et ayant eu pour but, dans l'institution de ce mystère, de nous faire ressouvenir de sa mort et du sacrifice sanglant qu'il a offert sur la croix, ces grandes vérités qui surpassent toutes les pensées et toutes les expressions des hommes, produisent par nécessité plusieurs expressions métaphoriques, qui sont toutes fondées sur la vérité réelle de la présence de Jésus-Christ sur nos autels, et sur celle de son sacrifice non sanglant, qui renouvelle la mémoire de sa passion, et qui la représente par la manière dont il s'opère.

Il faudrait que les hommes eussent changé de nature et d'esprit, pour ne s'être jamais servis que d'expressions littérales et simples, pour faire comprendre de si grands objets, puisque c'est la grandeur des objets qui excite l'esprit, et qui le porte à chercher des expressions qui les puisse représenter en quelque manière.

Mais comme ce sont ces vérités mêmes qui produisent ces métaphores, il est entièrement contre la raison de se servir de ces métaphores pour détruire ces vérités. On dit, par exemple, que Jésus-Christ est immolé sur nos autels, parce qu'il y est, et qu'il y est offert en sacrifice commémoratif de celui de la croix. C'est cette vérité simple qui produit cette expression qui est métaphorique, en prenant le mot d'*immolé* pour actuellement privé de vie. Ainsi c'est un argument ridicule, que de conclure, comme fait Aubertin : Il n'y est pas réellement immolé; donc il n'y est pas réellement. La vérité réelle et simple produit l'expression métaphorique comme une suite nécessaire; mais elle s'en distingue facilement par le bon sens, et par mille circonstances qui se sentent, et qui ne font nulle peine aux personnes qui ont tant soit peu de bonne foi.

Cette même vérité, de la présence réelle de Jésus-Christ dans le sacrifice de la messe, est encore ce qui a fait que l'Église, pour entrer dans l'esprit et dans la fin de ce mystère, l'a accompagné d'un grand nombre de saintes cérémonies, qui représentent toutes Jésus-Christ et diverses circonstances de sa vie et de sa mort, et qu'elle a eu soin de graver dans les habits, dans les paroles et dans les actions des prêtres, des figures et des images de divers mystères, et même de celui de l'Eucharistie, de sorte que ceux qui, comme Germain, entreprennent d'expliquer les significations mystérieuses de ces cérémonies, sont obligés, par une suite de leur dessein, de mettre devant les yeux des fidèles plusieurs choses qui ne sont vraies qu'en figure, et qui ne se passent pas en vérité.

C'est en cette manière que Germain dit que l'entrée du prêtre à l'autel, accompagné de diacres, et l'hymne chérubique qui se chantait au même temps, marquent la venue de Jésus-Christ à son sacrifice, accompagné des anges et des saints, et porté par des mains matérielles : car il est bien vrai que ce n'est encore qu'une figure, puisque la consécration n'est pas encore faite; mais c'est une figure fondée sur la vérité, l'Église n'ayant proposé cet objet mystérieux aux yeux et aux esprits des fidèles, que pour leur représenter par avance ce qui s'opère réellement dans la suite de la Liturgie. Or, comme dans les discours ordinaires des hommes, quoique l'on n'avertisse pas que l'on se sert tantôt d'expressions simples, et tantôt d'expressions métaphoriques, néanmoins le sens commun les distingue sans peine, et cela ne produit aucune confusion dans l'esprit; de même, quoiqu'il y ait par nécessité, dans les Liturgies et dans les traités que l'on en fait, un mélange de cérémonies et d'expressions figuratives, qui représentent des choses absentes, et de cérémonies et d'expressions simples, qui représentent des vérités présentes, cela se distingue sans peine par les circonstances, et l'on n'a pas droit d'en conclure, ni que tout s'y passe sans figure, parce qu'il y a quelque chose qui s'y passe en vérité, ni que rien ne s'y passe en vérité, parce qu'il y a plusieurs choses qui ne sont que des figures.

Les plus grands transsubstantiateurs du monde, expliquant les cérémonies de la messe, parlent tous comme Germain : ils mêlent les figures et les vérités, les mystères réellement opérés et les mystères seulement représentés; et ils ne craignent point pour cela qu'on leur objecte qu'ils ne croient pas que le corps de Jésus-Christ soit autrement qu'en figure dans l'Eucharistie.

En voilà assez pour faire voir que cet auteur ne peut guère contribuer à l'éclat de *ces beaux jours* de l'Église de M. Claude, et pour montrer l'absurdité de la réponse qu'il fait à ce qu'on avait allégué de cet auteur, que *le Saint-Esprit change et fait les dons proposés le corps et le sang de Jésus-Christ;* sur quoi il se contente de dire, page 277, que *c'est un changement mystique, qui n'a rien de commun avec le préjugé de l'auteur :* car il est bien permis à un catholique, qui trouve en termes formels que le pain est changé au corps de Jésus-Christ, de ne se point mettre en peine de prouver que c'est du corps de Jésus-Christ qu'on entend parler; mais il est contre toute sorte de raison que ceux qui détournent ces paroles à un sens métaphorique se dispensent de l'autoriser, et cependant il se trouve que les catholiques prouvent fort bien que le sens naturel auquel ils expliquent le passage de Germain est le véritable, et que M. Claude ne se met pas seulement en peine d'appuyer son sens métaphorique de la moindre petite raison; mais qu'il nous le propose comme un premier principe, qu'on serait obligé de recevoir sur sa seule autorité.

CHAPITRE IV.
Suite de l'examen du huitième siècle.

SAINT JEAN DE DAMAS.

Les écrivains grecs de ces *jours de paix et de bénédiction* de M. Claude, ont cela de propre qu'ils attirent d'ordinaire des injures des ministres lorsqu'ils commencent l'examen de leurs passages, tant ils espèrent peu de les trouver favorables à leurs prétentions. C'est ainsi que nous avons vu qu'Aubertin traite Anastase Sinaïte et Germain; et c'est de cette sorte que M. Claude traite S. Jean de Damas. *Je me plains*, dit-il, *de l'auteur, de nous alléguer le témoignage d'un homme que nous récusons avec beaucoup de raison sur cette matière, puisque ç'a été un des premiers qui s'est écarté du chemin battu, et des expressions ordinaires de l'Église, pour se jeter dans des conceptions imaginaires et singulières.* Cependant il est compris dans *ces beaux jours pendant lesquels l'erreur n'osa se montrer*; il faisait partie de cette Église *pieuse et bien instruite*; c'est un de *ces bons serviteurs de Dieu, qui éclaircissaient et qui ôtaient toutes les difficultés qui pouvaient naître de ce qu'on appelait communément le sacrement, le corps de Jésus-Christ.* Aubertin en parle de la même sorte, et le traite partout de novateur. Rivet le met au nombre des consubstantiateurs. Les centuriateurs de Magdebourg, qui sont toujours plus simples et plus sincères dans le bien et dans le mal, demeurent d'accord qu'il dit plusieurs choses pour la transsubstantiation: *De transsubstantiatione habet multa Damascenus* (Centur. 8, c. 4).

Et certainement ils ont bien raison de le dire, puisqu'on ne la peut guère enseigner plus clairement qu'il le fait. Il prépare premièrement l'esprit à croire le changement du pain au corps de Jésus-Christ, par les exemples les plus éclatants de l'efficace de la parole de Dieu. *Si la parole de Dieu*, dit-il, *est vivante et efficace; si le Seigneur, comme dit l'Écriture, fait tout ce qu'il veut; s'il a dit: Que la lumière soit faite, et qu'elle ait été faite; que le firmament soit fait, et qu'il ait été fait; si les cieux ont été affermis par sa parole, et toute leur vertu par le souffle de sa bouche; si le ciel et la terre, l'eau, le feu, l'air, et tout ce que le monde a de beau, a été fait et achevé par la parole de Dieu, aussi bien que l'homme, cette créature si admirable; si le Verbe de Dieu s'est fait homme parce qu'il l'a voulu, et s'il s'est formé un corps du sang pur et immaculé de sa Mère toujours vierge, douterons-nous qu'il ne puisse changer le pain en son corps, et le vin en son sang? Il a dit autrefois: Que la terre produise de l'herbe verte, et étant arrosée des pluies du ciel elle en produit encore tous les jours, par la vertu et la fécondité que lui imprima ce commandement de Dieu. Ce même Dieu a dit:* CECI EST MON CORPS, CECI EST MON SANG; FAITES CECI EN MÉMOIRE DE MOI; *et pour obéir à ce commandement, cet effet s'accomplit jusqu'à ce qu'il vienne, car c'est ce qu'il a dit lui-même, la vertu du Saint-Esprit, qui par la consécration couvre de son ombre vivifiante cette nouvelle moisson, étant comme une douce rosée qui la rend féconde et la fait fructifier. Comme donc autrefois Dieu fit toutes choses par l'opération du Saint-Esprit, de même à présent c'est aussi par la vertu de ce même esprit qu'il fait (dans ce mystère) des choses qui sont au-dessus de la nature, et qui ne peuvent être comprises que par la foi.*

Il n'est point question ici ni de figure ni de vertu; et la suite le fait encore mieux voir. *Si vous demandez*, dit-il, *comment le pain est fait le corps de Jésus-Christ, et le vin et l'eau le sang de Jésus-Christ, je vous réponds que le S.-Esprit survient, et qu'il fait des choses qui surpassent la pensée. Mais quel est cet effet qui surpasse la pensée? C'est celui même qui est compris dans la question, que le pain est fait le corps de Jésus-Christ.* Il ne répond point au doute en expliquant la manière de la chose, mais en confirmant la vérité de la chose. Et pour nous montrer quel est l'effet de ces paroles divines, et de quelle sorte nous devons regarder l'Eucharistie, *il nous dit que c'est le corps vraiment uni à la divinité, le corps pris de la Vierge; non que ce corps qui est monté aux cieux en descende, mais parce que le pain et le vin sont changés au corps et au sang de Dieu.* Voilà l'effet. Mais pour empêcher le soulèvement des pensées humaines, que cette merveille fait révolter, il ajoute encore: *Si vous demandez comment cela se fait, qu'il vous suffise d'entendre que cela se fait par le S.-Esprit, comme par le même S.-Esprit le Seigneur s'est fait de la sainte Vierge, sa Mère, une chair pour lui-même. Car nous ne pouvons connaître autre chose en ces mystères, sinon que le Verbe de Dieu véritable est tout-puissant, mais que la manière de l'effet est incompréhensible.* Et comme s'il avait eu dessein de réfuter expressément toutes les défaites des ministres, dont les uns détournent ces paroles à un changement de vertu, et les autres à une union chimérique du S.-Esprit au pain demeurant pain, il exclut l'une et l'autre imagination par les paroles suivantes, qui font voir qu'il parle d'un changement réel, dont l'effet est que le pain devient le corps naturel de Jésus-Christ et le corps pris de la Vierge. *On peut dire néanmoins avec raison, qu'ainsi que le pain qui sert de nourriture à l'homme, et le vin mêlé d'eau qui lui sert de breuvage, sont changés en la substance de son corps, en sorte qu'ils deviennent un autre corps que celui qu'ils étaient auparavant, de même le pain et le vin mêlé d'eau sont changés au corps et au sang de Jésus-Christ d'une manière admirable, par l'invocation et par la venue du S.-Esprit;*

et ce ne sont pas deux corps différents, mais un seul.

Aubertin a donc recours à ses chicaneries ordinaires pour éluder la clarté de ces paroles. Il montre fort au long que Jean de Damas établit dans ses livres des maximes de philosophie qui choquent, dit-il, la transsubstantiation; mais à quoi peut servir tout cela, qu'à faire voir que les Pères ont parlé en deux manières dans leurs écrits : en philosophes et en théologiens; que comme théologiens ils n'ont point eu égard aux maximes de la philosophie humaine, parce qu'ils ont considéré les mystères dans un ordre élevé au-dessus de la nature; et que comme philosophes ils n'ont point eu d'égard aux mystères, parce qu'ils savaient que ces discours philosophiques étaient naturellement bornés dans l'ordre de la nature. Ils ont regardé la philosophie et les mystères comme deux sphères toutes séparées qui n'avaient rien de commun l'une avec l'autre; et ainsi ils n'ont pas cru être obligés d'user de ménagement dans leurs discours, de peur que ce qu'ils disaient en parlant en philosophes, ne préjudiciât aux mystères.

C'est le sujet d'un plus long discours que nous aurons lieu de faire ailleurs. Il suffit de faire remarquer ici que, comme S. Jean de Damas ne semble pas avoir égard à la transsubstantiation dans ses maximes philosophiques, il ne considère point aussi les maximes philosophiques lorsqu'il établit comme il fait la transsubstantiation. Il ne regarde pas en détail en quoi elle choque ou ne choque pas la raison humaine; il voit en général qu'elle est au-dessus de la raison; mais s'arrêtant là, il noie et abime sa raison dans la foi. *Je vous réponds*, dit-il, *que le S.-Esprit descend et qu'il opère des choses qui surpassent la raison et la pensée. La vertu du S.-Esprit*, dit-il encore, *fait des choses qui sont au-dessus de la nature, et qui ne peuvent être comprises que par la foi.*

Ces maximes philosophiques sont des pensées humaines; mais ce mystère est au-dessus des pensées humaines, et par conséquent des maximes philosophiques, selon S. Jean de Damas. Les maximes philosophiques nous rendent les choses compréhensibles; et ce mystère est incompréhensible, selon ce saint : *Modus autem intelligi non potest;* et nous n'en savons autre chose, sinon que la parole de Dieu qui nous en assure est véritable et toute-puissante. Ces maximes philosophiques ne regardent que l'ordre de la nature; *mais ce que le S.-Esprit fait dans ce mystère est au-dessus de la nature :* de sorte que tant s'en faut que cette contrariété apparente de la transsubstantiation avec la philosophie humaine prouve que S. Jean de Damas ne l'a pas crue, que l'on prouverait fort bien, au contraire, qu'il ne l'aurait pas tenue, si elle ne la choquait point, parce qu'ayant marqué précisément que son opinion sur l'Eucharistie était incompréhensible, et au-dessus de la raison humaine, toute opinion qui n'a rien de contraire en apparence à la raison humaine, comme celle des sacramentaires, ne peut être celle de ce saint.

A ces objections philosophiques Aubertin en ajoute quelques autres, qu'il tire des paroles de cet auteur. *Les exemples*, dit-il, *par lesquels il éclaircit le changement dont il parle, font voir qu'il ne parle pas d'un changement de substance;* et ensuite il rapporte ce passage de S. Jean de Damas : *Parce que les hommes ont coutume de se laver avec de l'eau, et d'oindre leurs corps avec de l'huile, Dieu a joint dans le baptême la grâce du S.-Esprit avec l'eau et avec l'huile, et il en a fait le bain de la renaissance spirituelle. De même aussi, parce que les hommes ont coutume de manger du pain et de boire du vin et de l'eau, il y a joint sa divinité, et en a fait son corps et son sang.* La coutume d'Aubertin est de joindre, dans ses objections, les faux raisonnements avec la suppression infidèle de ce qui les éclaircit. Son infidélité paraît ici en ce qu'il retranche ces paroles qui précèdent immédiatement celles qu'il cite. *Dieu a choisi le pain et le vin, parce qu'il savait que les hommes ont de l'horreur des choses auxquelles ils ne sont pas accoutumés; ainsi usant de sa condescendance ordinaire, il opère par des choses auxquelles notre nature est accoutumée, des choses qui surpassent la nature.* Et la raison de ce retranchement est qu'il a voulu couvrir le défaut de son raisonnement, dont ces paroles retranchées découvrent la fausseté : car elles font voir que S. Jean de Damas ne compare en cet endroit le baptême à l'Eucharistie que comme pouvant également servir d'exemple de la condescendance avec laquelle Dieu cache sous des choses ordinaires à la nature ses opérations surnaturelles. Il ne considère pas si ce que Dieu fait dans le baptême est égal ou semblable, plus grand ou plus petit que ce qu'il fait dans l'Eucharistie; mais il considère que l'opération de Dieu y est également cachée sous des choses communes.

Il semble, selon la philosophie d'Aubertin, qu'on ne puisse comparer deux choses ensemble, si on ne les compare en tout. Cependant il n'y a presque rien que l'on compare de cette sorte, et toutes les choses du monde étant semblables et dissemblables, les comparaisons que l'on en fait sont nécessairement bornées et restreintes par le sujet particulier dans lequel on les compare. Aussi dans ce même lieu où S. Jean de Damas compare l'Eucharistie au baptême, comme étant également des preuves de la condescendance de Dieu, il les distingue dans les différents effets que le S.-Esprit y produit. Dans le baptême, selon ce saint, le S.-Esprit opère seulement que les eaux deviennent le bain de la renaissance spirituelle; mais dans l'Eucharistie, il fait, dit-il, que *le pain devient le corps de Jésus-Christ.* C'est la différence de l'un et de l'autre.

Le second passage qu'Aubertin objecte est celui-ci : *Isaïe vit un charbon; or le charbon n'est pas un bois simple, mais c'est du bois uni au feu; ainsi le pain de la communion n'est pas un pain simple, mais un pain uni à la divinité; et le corps uni à la divinité n'est pas une nature, mais ce sont deux natures : l'une du corps, l'autre de la divinité.* Cette objection qui est aussi commune à M. Claude (pag. 781), qui cite ce même passage de S. Jean de Damas, n'est encore fondée que sur le retranchement des paroles qui précèdent, qui font voir manifestement que ce *pain uni à la divinité*, dont il est parlé dans ce passage, est le corps même de Jésus-Christ, qui est appelé *pain* à cause de l'apparence dont il est revêtu, et que le sens de S. Jean de Damas est que le corps de Jésus-Christ que nous recevons n'est pas un corps simple, une simple nature humaine, mais que c'est un corps uni à la divinité. Cela paraît manifestement par toute la suite : *Le pain et le vin*, dit-il, *ne sont pas la figure du corps de Jésus-Christ, mais ils sont le corps même de Jésus-Christ uni à la divinité, puisque le Seigneur nous assure que c'est son corps, et non la figure de son corps, et qu'il nous dit que c'est son sang, et non la figure de son sang. Il avait dit auparavant aux Juifs :* « *Si vous ne mangez la chair du Fils de l'homme, et ne buvez son sang, vous n'aurez point la vie en vous. Ma chair est une vraie viande, et mon sang un vrai breuvage.* » *Et ailleurs :* « *Celui qui me mange vivra.* » *Approchons-nous-en donc avec tremblement, avec une conscience pure, avec une foi ferme et assurée; et Dieu nous traitera selon la constance et la fermeté de notre foi. Honorons-le avec une entière pureté de corps et d'esprit, puisqu'il est lui-même composé d'une double nature :* DUPLEX EST ENIM. Il est clair que jusqu'ici ses paroles se rapportent à Jésus-Christ et à la vraie chair de Jésus-Christ, et que c'est de Jésus-Christ dont il est dit qu'*il est double*, c'est-à-dire, composé d'une double nature. Or les paroles citées par Aubertin ne sont que la répétition de celles-là, comme on le voit par la suite que voici : *Approchons-nous-en*, ajoute S. Jean de Damas, *avec un ardent désir, et mettant nos mains l'une sur l'autre en forme de croix, recevons le corps du Crucifié; puis touchant nos yeux, nos lèvres, notre visage de ce divin charbon, prenons-le afin qu'il consume nos péchés, qu'il illumine nos cœurs, et qu'étant tout enflammés par la participation de ce feu divin, nous devenions tout divins.* C'est encore de ce même corps de Jésus-Christ crucifié que tout cela s'entend. A quoi S. Jean de Damas ajoute les paroles qui forment l'objection : *Isaïe vit un charbon; or le charbon n'est pas du bois seulement, il est uni au feu; ainsi le pain de la communion n'est pas un pain simple* (c'est-à-dire qui n'est qu'une nature), *il est joint à la divinité; or ce corps joint à la divinité n'est pas une seule nature, mais ce sont deux natures : l'une du corps, l'autre de la divinité qui y est jointe.* Toute cette suite éclaircit entièrement le peu de difficulté qu'on pourrait trouver dans ce passage; car il paraît manifestement que le but de S. Jean de Damas est de nous exhorter à une double pureté de l'âme et du corps, pour honorer la double nature de Jésus-Christ, et de montrer ensuite que nous recevons dans la communion cette double nature. Ainsi ces paroles : *Non est panis simplex, sed unitus divinitati; corpus autem unitum divinitati non est una natura, sed duæ : una quidem corporis, altera conjunctæ divinitatis*, sont l'explication de ce qu'il avait dit auparavant, que Jésus-Christ était double. Et ce qu'il

nous y enseigne est que cette double nature de Jésus-Christ a été signifiée par le charbon que vit Isaïe, et que nous recevons ce charbon divin.

C'est pourquoi ce lieu, pris dans toute sa suite, bien loin de détruire la présence réelle, l'établit invinciblement. Car il est clair que ces paroles, *honorons-le avec une pureté entière de corps et d'esprit, parce qu'il est double*, s'entendent de Jésus-Christ, c'est-à-dire, du corps de Jésus-Christ joint à la divinité. Il est clair que c'est de ce même Jésus-Christ dont il est dit : *Approchons-nous donc avec un désir ardent, et mettant nos mains en croix prenons le corps du Crucifié.* Il est clair que c'est ce corps du Crucifié composé de deux natures, qui est appelé *ce divin charbon* dans les paroles suivantes : *Et approchant de nos yeux, de nos lèvres, de notre visage ce divin charbon.* Il est clair que c'est ce *divin charbon*, qui est appelé *le pain de la communion* dans le passage qu'on objecte, et par conséquent ce pain de la communion est le corps de Jésus-Christ, c'est le corps du Crucifié, c'est Jésus-Christ composé de deux natures. Et quand S. Jean de Damas ajoute qu'il n'est pas un pain simple, il veut dire que ce n'est pas le corps seul de Jésus-Christ que nous recevons, mais que nous recevons la nature humaine jointe à la divine; ce qu'il renferme dans ces paroles qui font la conclusion de son discours, et que M. Claude supprime : *Or ce corps uni à la divinité n'est pas une seule nature, mais ce sont deux natures : l'une de ce corps, l'autre de la divinité qui lui est unie.* Car ce corps est le corps du Crucifié dont il a parlé auparavant; et tout cela n'est que l'explication de ce qu'il avait dit en un mot, que Jésus-Christ est double, c'est-à-dire, composé de deux natures, et que l'Eucharistie n'est pas la figure, mais le corps même de Jésus-Christ uni à la divinité.

C'est ce que S. Jean de Damas explique encore dans un autre lieu, d'une manière qui ne laisse pas le moindre doute du sens de ce passage, ni de l'opinion de ce saint : *Les anges*, dit-il (orat. 3 de Imag.), *ne sont point rendus participants de la nature divine, mais seulement de son opération et de ses grâces; mais les hommes en sont rendus participants, lorsqu'ils reçoivent le saint corps de Jésus-Christ et qu'ils boivent son précieux sang : car ce corps est uni hypostatiquement à la divinité. Et il y a deux natures dans le corps de Jésus-Christ que nous recevons, qui sont unies hypostatiquement et inséparablement. Et nous sommes rendus participants de ces deux natures, du corps corporellement, et de la divinité spirituellement; ou plutôt de l'une et de l'autre et selon l'âme et selon le corps; non que nous y soyons unis hypostatiquement, car nous subsistons premièrement en nous-mêmes, et puis nous sommes unis, mais par le mélange du corps de Jésus-Christ qui se fait en nous.* Voilà de quelle manière le pain de la communion n'est pas simple : c'est qu'il contient les *deux natures de Jésus-Christ* que nous recevons, et selon l'âme et selon le corps. Après cela on pourrait espérer que les ministres cesseraient d'alléguer ces passages de S. Jean de Damas, si ce n'était leur coutume de répéter toujours les mêmes arguments, sans faire mention des réponses qu'on y a faites, et de se vanter ensuite que leurs livres demeurent sans repartie.

La dernière objection est encore commune à Aubertin et à M. Claude (1). Elle est prise de ce que S. Jean de Damas écrit que le corps et le sang de Jésus-Christ εἰς σύστασιν τῆς ἡμετέρας ψυχῆς τε καὶ σώματος χωρεῖ, *passe en la consistance de notre âme et de notre corps;* et de là M. Claude conclut brusquement à son ordinaire que cela ruine l'erreur de Rome. C'est un trait du génie de M. Claude, et un exemple de sa manière de raisonner : toutes ces propositions réitérées qui se trouvent dans S. Jean de Damas, et qui établissent si clairement la présence réelle de la transsubstantiation, ne lui font rien; elles ne méritent pas seulement qu'il y fasse la moindre attention; mais un petit mot en passant, qui lui semble tant soit peu obscur, lui suffit pour conclure tout d'un coup que S. Jean de Damas *condamne l'erreur de Rome.* Mais encore, que dit ce mot si décisif et si convaincant, que le corps de Jésus-Christ *in consistentiam animæ et corporis vadit,* passe *en la consistance de l'âme et du corps,* et que conclut-il de là? Prétend-il que S. Jean de Damas ait cru que le pain eucharistique passait en notre âme pour en faire partie? Je ne crois pas qu'il en vienne jusque-là. Comment conclura-t-il donc qu'il entre dans notre corps pour faire partie de sa substance? Et comment ne conclut-il point, au contraire, que, comme ces paroles, *in consistentiam animæ vadit,* ne signifient autre chose à l'égard de l'âme, sinon que le corps de Jésus-Christ s'unit à l'âme pour la conserver, pour la fortifier, pour y opérer des grâces, de même cette expression, *in consistentiam corporis vadit,* ne signifie autre chose, sinon que le corps de Jésus-Christ s'unit à notre corps pour le conserver, et lui imprimer, selon les Pères, les semences de l'immortalité glorieuse? Cependant, parce qu'on avait négligé dans la première *Réfutation* cette objection frivole, M. Claude en prend sujet d'insulter, selon sa coutume, l'auteur de *la Perpétuité.* Il dit qu'on *lui fait de mauvaises excuses sur le sujet de S. Jean de Damas,* au lieu qu'on lui avait seulement épargné les justes reproches qu'on avait sujet de lui faire de la fierté qu'il témoigne dans une si extrême faiblesse.

Cela suffit pour faire voir que S. Jean de Damas mérite aussi bien les injures des ministres, qui l'appellent novateur, transsubstantiateur, consubstantiateur, qu'il mérite peu, selon l'esprit de M. Claude, d'être compris dans *ces beaux jours de l'Église,* où nous devions voir la doctrine calvinienne proposée avec une force invincible, si M. Claude eût été aussi précis dans les effets qu'il est magnifique dans les promesses.

Je pourrais joindre à S. Jean de Damas un auteur un peu plus récent que lui, puisqu'il a assisté au second concile de Nycée. C'est Élie, évêque de Crète, commentateur de S. Grégoire de Nazianze. Mais comme j'ai déjà allégué en un autre endroit ce qu'il a dit de

(1) M. Claude dans le premier traité, pag. 28

l'Eucharistie, il suffit de dire ici que cet auteur (comment. in orat. 1 Greg. Nazianz.) assure que *les dons sont véritablement le corps et le sang de Jésus-Christ;* qu'ils *sont véritablement changés au corps et au sang de Jésus-Christ;* que ce sont *des types qui égalent l'original;* et qu'il explique parfaitement ainsi le sens de cette expression dont il se sert, que *Dieu fait passer le pain et le vin* εἰς ἐνεργείαν σαρκός, c'est-à-dire, comme nous avons montré ailleurs, en sa chair opérante et vivifiante; en un mot qu'il ne favorise en rien l'opinion des sacramentaires, et qu'il la détruit en tout.

CHAPITRE V.

Réfutation de la distinction imaginaire des figures creuses, et des figures pleines, dont M. Claude se sert pour éluder le concile de Nicée, et les auteurs des septième, huitième et neuvième siècles.

Les auteurs font d'ordinaire le tableau de leur esprit en faisant celui des choses dont ils écrivent, parce qu'ils nous les représentent telles qu'ils les pensent, et que les pensées prennent la forme des esprits qui les produisent, et contractent même une impression secrète de toutes leurs passions et de tous leurs mouvements intérieurs. Mais il n'est pas toujours facile de se former sur leurs écrits une idée nette et uniforme de ce tableau, parce qu'ils en répandent souvent les divers traits en tant de lieux différents, qu'il est difficile de les rassembler pour les considérer tout d'une vue.

Il semble que M. Claude nous ait voulu délivrer de cette peine, et qu'après avoir gravé les caractères de son esprit en plusieurs endroits de son livre, il ait pris soin lui-même de les réunir dans un seul chapitre, et de s'y faire voir en raccourci, afin que nous ne pussions pas le méconnaître, ni nous en former une fausse idée. Ce chapitre est celui où il traite des deux conciles qui se tinrent en Orient au huitième siècle sur le sujet des images : l'un à Constantinople, l'autre à Nicée. Son dessein est d'y montrer que le second concile de Nicée n'établit en aucune sorte la présence réelle ni la transsubstantiation, et que le concile de Constantinople les détruit entièrement. Et parce que l'auteur de *la Perpétuité* s'était assez étendu sur ce point, et qu'il avait fait voir qu'il n'y aurait pas de sens commun dans le discours et dans le raisonnement des Pères de Nicée, en les expliquant au sens des calvinistes, il prétend montrer que tout ce qu'il dit sur ce sujet n'est qu'*une ergoterie de collège, qui n'a ni fond, ni force, ni vérité.*

L'entreprise était digne de M. Claude; et pour moi j'avoue que j'eus d'abord quelque curiosité de voir comment il s'en acquitterait : je lus ce chapitre avec empressement, et après l'avoir lu, je ne pus m'empêcher d'être touché du déréglement de l'esprit humain. Je vis, ce me semble, plus clairement que je n'avais encore fait, que la passion de soutenir ses opinions n'a point de bornes, et qu'elle est incapable d'être arrêtée par la raison; que c'était en vain qu'on s'efforçait de porter les choses jusqu'au plus haut degré de clarté; qu'un homme audacieux et adroit était capable d'obscurcir tout, de soutenir tout, et de confondre tellement toutes les choses, que les personnes du commun eussent de la peine à distinguer la vérité de l'erreur. J'y reconnus d'une manière sensible qu'il est souvent inutile de prétendre convaincre par des arguments ceux qui ne se rendent pas à cette simple lumière de la vérité qui s'aperçoit tout d'un coup, et qui pénètre le cœur et l'esprit des personnes vraiment sincères, sans tant de réflexions et sans cette suite de principes et de conséquences méthodiques, parce que ceux qui sont capables de résister à cette impression que la vérité fait dans l'esprit, se mettent d'ordinaire au-dessus de toute sorte de raisonnements.

La raison en est que tous les raisonnements du monde ont besoin de bonne foi, nulle clarté n'étant si pure et si vive qu'elle ne puisse être désavouée, obscurcie et combattue par la mauvaise foi; de sorte que quelque enchaînement que l'on fasse de conséquences, il en faut toujours revenir à certaines vérités qui se sentent, et qui ne se prouvent pas. Et ainsi quand la passion nous a fait étouffer ce sentiment simple, et cet aveu sincère que la lumière de la vérité tire de l'esprit, on se joue ensuite facilement de tous les raisonnements. C'est ce qui fait, ce me semble, que plus les choses sont déraisonnables, plus elles sont souvent difficiles à réfuter; et c'est en particulier la cause qui fait qu'il est difficile de répondre à Aubertin : car cette difficulté vient uniquement de ce que cet auteur se met infiniment au-dessus du bon sens, qu'il n'y a aucun égard, qu'il étouffe tous les sentiments que la bonne foi produit, et qu'en désavouant les choses les plus claires, et ne voulant pas voir les plus visibles, il prétend obliger son adversaire de les prouver.

Or il est certain qu'il est très-mal aisé de convaincre des personnes qui en sont venues jusqu'à ce point : car les hommes sont ainsi faits, qu'ils croient douteux tout ce qui est contesté; « ils se persuadent que l'on n'a rien prouvé, à moins que l'on ne dise quelque chose de plus clair que ce qu'on a mis en question : de sorte que ce ministre contestant avec une hardiesse incroyable une infinité de choses claires, il embarrasse par nécessité ceux qui veulent lui répondre, parce qu'il y a peu de choses plus évidentes que celles qu'il nie. Son adresse est, comme j'ai dit, de faire le sujet de la dispute de toutes les notions communes et de toutes les lumières du sens commun, de peur qu'elles ne servent de preuves contre lui; et ainsi, pour le réfuter, il faut presque trouver un autre sens commun et une autre raison; c'est-à-dire, de nouveaux principes que ses disciples ne soient pas encore accoutumés à rejeter, pour tenter si quelque reste de bonne foi ne les portera point à en demeurer d'accord.

C'est l'essai que je suis obligé de faire pour réfuter ce merveilleux chapitre de M. Claude, qui contient la quintessence des subtilités d'Aubertin, revêtue de toute la pompe du style de M. Claude; car il est vrai qu'il y avance des absurdités inouïes avec une confiance si étrange, qu'il rejette les choses les plus claires avec tant de hardiesse, qu'il embarrasse le tout de tant de détours éblouissants, que je n'ai guère vu de plus bel exemple de ce que peut faire une imagination échauffée et un esprit remuant, pour soutenir la plus mauvaise cause qui fut jamais.

Il est bon pour cela de représenter d'abord ce que M. Claude entreprend de réfuter.

Le second concile de Nicée, pour détruire davantage ce qui avait été fait dans le concile des iconoclastes tenu à Constantinople, en fit lire la réfutation dans la sixième action, par un diacre nommé Épiphane ; et comme les iconoclastes avaient appelé l'Eucharistie du nom d'image, voici ce qui est dit sur ce sujet dans cet écrit autorisé par le concile : *Nul des apôtres ou des plus illustres Pères qui ont été les trompettes du S.-Esprit, n'a appelé du nom d'image du corps de Christ, ce sacrifice non sanglant, qui s'opère en mémoire de Jésus-Christ notre Dieu, et de tous ses mystères : car le Seigneur ne leur a pas enseigné de parler ainsi, ni de faire profession de cette foi ; mais il leur dit dans l'Évangile :* « *Si vous ne mangez la chair du Fils de l'homme, et ne buvez son sang, vous n'entrerez point au royaume des cieux. Celui qui mange ma chair et boit mon sang, demeure en moi, et moi en lui. Et ayant pris le pain, et l'ayant béni, il le rompit, et dit : Prenez, mangez, c'est mon corps. De même ayant pris le calice, et l'ayant béni, il leur dit : Buvez-en tous ; c'est mon sang du nouveau Testament, qui est versé pour plusieurs en la rémission de leurs péchés.* » *Il ne leur dit pas : Prenez, mangez, c'est mon image..... Il est donc clair, que ni le Seigneur, ni les apôtres, ni les Pères n'ont appelé image le sacrifice non sanglant qui est offert par le prêtre ; mais qu'ils l'ont appelé* LE CORPS MÊME, *et* LE SANG MÊME.... *On appelle les dons types, avant qu'il soient consacrés ; mais après la consécration, ils sont appelés, ils sont, et ils sont* CRUS PROPREMENT *corps et sang. Mais ces iconoclastes voulant nous ôter la vue des vénérables images, en ont introduit une autre, qui n'est pas une image,* MAIS CORPS ET SANG. *Ensuite, abandonnant le mensonge, ils reviennent un peu à la vérité, en disant que cette image est faite le divin corps,* MAIS SI C'EST L'IMAGE DE CE CORPS, *il est impossible qu'elle soit elle-même ce même corps.*

On trouve dans ces paroles toutes ces propositions : Que l'Eucharistie n'a point été appelée du nom d'*image* ou de *figure* par les apôtres et par les Pères, après la consécration ; qu'ils l'ont appelée *le corps même, le sang même* ; que les dons *sont proprement corps et sang* ; qu'ils ne sont *pas images, mais corps et sang* ; qu'il est *impossible* qu'ils soient tout ensemble *et l'image et le corps de Jésus-Christ*, et qu'ainsi étant le corps, ils ne sont pas l'image.

Il faut remarquer, comme on l'a fait dans le livre de *la Perpétuité*, que cette doctrine n'est pas particulière à ce concile; qu'Anastase Sinaïte s'est servi du même raisonnement, pour montrer que l'Eucharistie n'est pas image. *Jésus-Christ dit à ses disciples*, dit cet auteur (tract. Ὁδηγός, cap. 23) : *C'est mon sang, et il ne leur dit pas : C'est la figure de mon corps et de mon sang, et il confesse que c'est véritablement son corps et son sang*. Que S. Jean de Damas l'avait aussi employé : A Dieu ne plaise, dit-il (de Fide orth. l. 4, cap. 14), *que nous disions que le pain et le vin consacrés soient la figure, puisqu'il est certain que* C'EST SON PROPRE CORPS *devenu céleste et divin : car le Seigneur n'a pas dit : Ceci est la figure de mon corps, mais mon corps ; et il n'a pas dit : Ceci est la figure de mon sang, mais mon sang*.

On a encore remarqué que Nicéphore, patriarche de Constantinople successeur de Tarase, sous qui le second concile de Nicée s'était tenu, avait conclu de même (de Cher., c. 6), que l'Eucharistie n'était pas l'image de Jésus-Christ, parce qu'elle en était le corps. *Constantin-l'Iconomaque*, dit-il, *appelle image de Jésus-Christ ce que Jésus-Christ nous a donné à manger ; or comment peut-il accorder que ce soit tout ensemble et l'image de Jésus-Christ, et le corps de Jésus-Christ ? Car ce qui est image d'une chose ne peut pas être son corps, et au contraire ce qui est le corps ne peut pas être son image ; car toute image est autre que la chose dont elle est image. Il est vrai que l'Écriture appelle le Fils l'image du Père ; mais s'il n'est pas distingué de lui par sa nature, il est au moins distingué par son hypostase et par sa personne. Si donc le saint corps que nous recevons dans la communion est l'image de Jésus-Christ, on dit par là qu'il est distingué du corps de Jésus-Christ. Que si l'on dit que ce n'est pas une autre chose que Jésus-Christ, mais que c'est une partie de son corps, nous couperons donc ce corps en deux, et il faudra dire que Jésus-Christ a une infinité de corps*. Ce même auteur propose le même raisonnement dans son Antirretique, comme on peut voir dans ce passage (apud Allat., de Perpet. consens. p. 1212) : *Qui n'admirera*, dit-il, *la sottise et l'inconstance de cet iconoclaste. Il avouait tout à l'heure qu'on recevait proprement et véritablement le corps de Jésus-Christ, et maintenant il appelle ce que nous recevons, image. Or peut-on s'imaginer une plus grande stupidité, et une impertinence plus ridicule, que de dire de la même chose qu'elle est proprement et véritablement le corps, et qu'elle en est l'image ? Pour nous, nous n'appelons point ces dons images ou figures de ce corps, quoiqu'ils soient faits sous des symboles et des signes ; mais le corps même de Jésus-Christ devenu divin. Car c'est lui-même qui nous dit : Si vous ne mangez la chair du Fils de l'homme, et ne buvez son sang, vous n'aurez point la vie en vous. C'est ce qu'il donna à ses disciples en leur disant :* « *Prenez et mangez mon corps*, » *et non l'image de mon corps. Car comme il s'est formé lui-même une chair prise de la sainte Vierge, et s'il est permis d'expliquer ces choses par une comparaison humaine, comme le pain et le vin et l'eau sont naturellement changés au corps et au sang de ceux qui mangent et boivent, et ne deviennent pas un autre corps que celui qui était déjà ; de même ces dons, par la prière de celui qui célèbre le sacrifice, et par l'avénement du S.-Esprit, sont changés surnaturellement au corps et au sang de Jésus-Christ. Car c'est ce que contient la demande des prêtres, et nous n'entendons point que ce soient deux corps ; mais nous croyons que ce n'est* QU'UN MÊME ET UNIQUE CORPS. *Que s'ils sont appelés quelque part antitypes, ce n'est pas après la consécration, mais devant la consécration qu'ils sont ainsi nommés*.

Théodorus Graptus, qui était du même temps que Nicéphore, et qui fut martyr de la même cause, emprunte de Nicéphore ces mêmes raisons et ces mêmes paroles, comme on peut voir dans un fragment de cet auteur, inséré dans le Recueil que le P. Combefis a donné au public de diverses pièces d'auteurs grecs, sous le titre de : *Manipulus originum Constantinopolitanarum.*

Voilà proprement de ces choses où les raisonnements sont inutiles, et où l'impression de la vérité est si vive et si lumineuse, que ceux qui sont capables d'y résister se mettent sans peine au-dessus de tous les raisonnements du monde, parce que n'y pouvant résister sans avoir étouffé en eux toute sorte de bonne foi et de sincérité, ce défaut les met à l'épreuve de toutes sortes de raisons. On y avait joint néanmoins quelques raisonnements assez clairs, quoiqu'ils ne le soient peut-être pas davantage que la chose même à laquelle ils servent de preuve. On avait dit que le langage des hommes souffre bien que l'on nie l'expression figurée, pour y substituer l'expression simple ; mais que c'est une extravagance sans exemple de nier l'expression simple, pour substituer l'expression figurée ; que l'on peut bien dire : *La pierre du désert signifiait Jésus-Christ, mais elle n'était pas Jésus-Christ*, mais que l'on ne peut dire sans folie : *La pierre était Jésus-Christ, mais elle ne signifiait pas Jésus-Christ* ; qu'ainsi, si les Pères de Nicée avaient été dans le sentiment des calvinistes, ils auraient pu dire raisonnablement : *L'Eucharistie est la figure de Jésus-Christ, mais elle n'est pas Jésus-Christ* ; mais qu'ils n'auraient pu dire sans un renversement du sens commun : *L'Eucharistie n'est pas la figure du corps de Jésus-Christ, mais elle est le corps même de Jésus-Christ*. On a fait voir que le raisonnement de ces Pères et de ces auteurs serait plein de folie dans le sens des calvinistes, puisqu'il serait réduit à cet argument : L'image n'est pas réellement la chose dont elle est image ; or l'Eucharistie est en vertu le corps de Jésus-Christ ; donc elle n'en est pas l'image. On a demandé à M. Claude en quelle langue ces paroles : *Ce n'est pas une image*, signifient, *ce n'est pas une image vide* ; et en quelle langue ces paroles : *Le pain et le vin sont appelés, sont, et sont crus le corps et le sang de Jésus-Christ*, signifient qu'*ils sont une image pleine de la vertu du corps de Jésus-Christ*. Cependant M. Claude n'est pas le moins du monde ébranlé, ni par ces raisons, ni par ces passages. Jamais il ne nous regarda plus dédaigneusement. *Ce ne sont*, dit-il, *que des ergoteries de collége, sans fond, sans force, sans solidité*. Il faut pourtant reconnaître qu'il joint quelque adresse à cette fierté

Et cette adresse consiste à supposer hardiment des choses très-déraisonnables, mais à n'y arrêter pas longtemps l'esprit de ses lecteurs; et ensuite à se tenir assez ferme dans ces suppositions, et à les appliquer assez justement : de sorte que les personnes peu intelligentes voyant que, par le moyen de ses distinctions, il se démêle de tout ce qu'on lui oppose, sont portés à croire que son opinion n'est pas improbable. En un mot, il pourrait acquérir quelque estime parmi ceux qui mettent leur gloire à bien défendre une thèse, et à ne demeurer jamais court; de sorte qu'encore qu'il parle avec beaucoup de mépris des ergoteries de l'école, je pense que ceux qui liront bien ce chapitre demeureront d'accord que c'est en quoi il réussirait le mieux.

Mais pour rendre tous ses artifices inutiles, nous commencerons par la réfutation du fondement de toutes ses distinctions et de toutes ses réponses. Ce fondement est que lorsque les adversaires des iconoclastes se sont servis de ce principe : *L'image n'est pas la chose dont elle est l'image*, ils l'ont entendu en ce sens : *L'image n'est pas virtuellement la chose dont elle est l'image*; que lorsqu'ils y ont joint cette mineure : *L'Eucharistie est le corps même de Jésus-Christ*, ils ont voulu dire que *l'Eucharistie est virtuellement le corps de Jésus-Christ*, ou qu'*elle est un mystère qui nous communique sa vertu et son efficace*; et que quand ils en ont conclu : *Donc l'Eucharistie n'est pas la figure du corps de Jésus-Christ*, ils ont entendu qu'elle *n'était pas une figure vide et sans efficace*.

Voilà sur quoi roule tout l'édifice de ce chapitre, et même du calvinisme. Cependant il n'est pas difficile de montrer que depuis qu'on se mêle d'écrire, on n'a guère avancé de chose plus fausse ni plus déraisonnable. Il est très-faux que ces auteurs, qui ont écrit contre les iconoclastes, aient cru qu'il fût contraire à la notion d'image de contenir la vertu de l'original, ni qu'ils aient établi ce principe : *L'image n'est pas la chose dont elle est l'image*, en ce sens-ci : *L'image n'est pas virtuellement la chose dont elle est l'image*. La preuve en est claire et démonstrative, puisque M. Claude nous oblige de prouver des choses qui ne seront jamais contestées par un homme raisonnable, c'est qu'au même lieu où ils établissent ce principe : *L'image n'est pas la chose dont elle est l'image*, ils apportent des exemples d'images qui contiennent réellement la vertu de l'original, et même son essence. C'est ce que M. Claude a pu voir dans un passage de Nicéphore, patriarche de Constantinople, cité par Aubertin même, qui réfute les iconoclastes par le même argument que le second concile de Nicée. *Ce qui est image d'une chose*, dit ce patriarche, *ne peut pas être son corps : car toute image est autre que la chose dont elle est image. Il est vrai que l'Écriture appelle le Fils image du Père; mais aussi il est distingué de lui d'hypostase et de personne.*

Il est donc clair, selon Nicéphore, que ce n'est point une chose contraire à ce principe qu'il établit que *l'image est autre que l'original*, que l'image en contienne

P. DE LA F. I.

la vertu, puisque, selon lui et selon l'Écriture, le Fils de Dieu est l'image de son Père, et qu'il soutient que la distinction de sa personne suffit pour lui conserver le titre d'image. Il n'entend donc pas son principe, que *l'image n'est pas la chose dont elle est l'image*, dans ce sens chimérique de M. Claude, qu'*elle n'est pas virtuellement la chose dont elle est l'image* : car il s'ensuivrait nécessairement de là que le Fils de Dieu ne serait point du tout image, puisqu'il contient non seulement la vertu, mais l'essence même de son Père, et qu'il est appelé par l'Écriture *la vertu de Dieu*. Ainsi tant s'en faut que Nicéphore ait cru que l'image ne pût enfermer la vertu de la chose dont elle est l'image, qu'il a cru, au contraire, que ce principe était faux et hérétique, puisqu'il ôterait à Jésus-Christ la qualité d'image, qui lui est donnée par l'Écriture, et qui est le caractère de sa personne. Et, par conséquent, quand il a dit que l'image n'était pas la chose dont elle est l'image, il n'a pas prétendu dire qu'elle n'en contenait pas la vertu, mais seulement qu'elle n'était pas cette chose, et qu'elle en était distinguée au moins en hypostase, comme il parle. Il n'est pas moins clair que le même Nicéphore n'a pu entendre par le mot de corps *un mystère contenant seulement l'efficace du corps de Jésus-Christ* : car Nicéphore suppose que l'Eucharistie n'est point distinguée réellement du corps de Jésus-Christ, et il prouve par là qu'elle n'en est pas la figure : *Si igitur sanctum corpus quod in communione sacrâ sumitur imago Christi est, aliud dicitur esse præter corpus Christi*; c'est-à-dire, si l'Eucharistie était l'image, elle serait réellement distinguée du corps de Jésus-Christ; or elle n'en est pas réellement distinguée; donc elle n'est pas image. Et de là, par une conséquence nécessaire, on peut tirer cet autre argument, appuyé sur le même principe : Si l'Eucharistie était seulement un mystère rempli de l'efficace du corps de Jésus-Christ, elle serait réellement distinguée du corps de Jésus-Christ; or elle n'en est pas réellement distinguée; donc elle n'est pas simplement un mystère qui contienne l'efficace de Jésus-Christ.

Et que M. Claude ne nous dise pas que ce corps de Jésus-Christ, dont, selon Nicéphore, l'Eucharistie n'est pas réellement distinguée, n'est pas le corps naturel de Jésus-Christ, mais son corps symbolique, c'est-à-dire, le pain rempli de sa vertu; car il est évident que quand Nicéphore suppose que l'Eucharistie n'est pas une autre chose que le corps de Jésus-Christ, il entend le corps naturel, et non un corps symbolique contenant sa vertu. Cela est clair de soi-même; mais pour en être convaincu par une démonstration méthodique, il ne faut que considérer que Nicéphore dit ces deux choses, que *toute figure est distinguée de son original*, et que *si l'Eucharistie était figure, elle serait distinguée de son original*; or cet original, dont elle serait distinguée comme figure, est sans doute le corps naturel : car c'est du corps naturel qu'on supposerait qu'elle serait figure; et cette distinction dépendant de l'opposition entre la

(Vingt-quatre.)

figure et l'original, ce serait donc aussi du corps naturel qu'elle serait distinguée comme figure.

Il n'est donc encore jusqu'ici question que du corps naturel : cependant, selon le même Nicéphore, l'Eucharistie n'est point distinguée du corps de Jésus-Christ, dont elle serait distinguée si elle en était la figure ; donc elle n'est point distinguée du corps naturel, c'est-à-dire, qu'elle est réellement et véritablement le corps naturel de Jésus-Christ.

M. Claude nous reprochera sans doute encore que nous lui faisons des arguments en forme ; car son injustice est telle, que quand on lui propose des choses de sens commun, et qui ont besoin de bonne foi, il s'en moque ; et si on le presse dans les formes, il se plaint que ce ne sont que des *ergoteries de collège*. Mais je m'assure que les personnes intelligentes qui prendront la peine d'examiner ce que je dis, prendront plutôt ce raisonnement pour une démonstration que pour une *ergoterie d'école*.

Pour ceux qui aiment les choses plus sensibles et moins philosophiques, il est aussi facile de les satisfaire ; car il n'y a qu'à demander à M. Claude comment il a pu croire que les évêques de Nicée, et Nicéphore, patriarche de Constantinople, aient établi cet impertinent principe : *La figure n'est pas virtuellement la chose dont elle est figure ?* Ne savaient-ils pas que l'eau du baptême et le chrême sont la figure du S.-Esprit selon les Pères, ce qui fait dire à Aubertin même : *Docent veteres aquam et oleum post consecrationem repræsentare Spiritum sanctum* (1) ? Et ignoraient-ils qu'ils en contiennent et en communiquent la vertu ? Ne se servaient-ils pas eux-mêmes des miracles opérés par les images pour en établir le culte ? Et ne pouvaient-ils pas reconnaître par là que Dieu communique à tout ce qu'il veut son efficace et sa vertu ? M. Claude, qui place au huitième siècle l'auteur de la Théorie des choses ecclésiastiques, n'y a-t-il pas lu que le pain non consacré, qu'ils appelaient le type du corps de la Vierge Marie, communiquait à ceux qui y participaient une bénédiction ineffable ?

La figure par elle-même se rapporte à l'original, et non pas à la vertu. C'est à l'original qu'elle est opposée ; c'est de l'original qu'elle est distinguée. Souvent elle est privée de vertu et d'efficace, mais c'est par accident, parce qu'elle est séparée de l'original en qui la vertu réside. Elle ne porte point nos esprits à penser à l'efficace ; et comme il est aussi indifférent à une figure d'être efficace ou non efficace, que d'être d'or ou d'argent, de bois ou de pierre, il est aussi ridicule de dire qu'une figure cesse d'être figure, parce qu'elle devient efficace, que de dire qu'une statue cesse d'être statue lorsqu'on l'adore. Ce n'est pas seulement là l'usage populaire, c'est l'usage universel, c'est l'unique usage ; principalement quand ce mot est employé dans cette maxime : *La figure n'est pas*

(1) M. Claude demande dans son livre que l'on lui produise des passages où il soit dit que l'eau du baptême et le chrême soient la figure du S.-Esprit. Le voilà satisfait.

l'original. Car il est clair que l'on ne considère alors dans une figure que sa qualité de figure, et que c'est de l'opposition relative qu'elle a avec l'original que l'on conclut qu'elle en est distinguée. Aussi, que l'on demande à tous ceux qui sont au monde ce que signifie cette maxime : *L'image n'est pas la chose dont elle est l'image*, on ne trouvera personne qui l'explique en un autre sens que celui-ci : *L'image n'est pas réellement son original ; l'image est distinguée de son original.* Et cette expression ne donnera à qui que ce soit aucune idée de cette autre proposition : *L'image n'a pas la vertu de l'original.* Ce sont deux notions, deux idées et deux propositions toutes différentes. La première est fondée sur l'opposition relative de figure à original. La seconde n'est fondée que sur une conséquence fausse, que qui n'a pas l'essence d'une chose n'en peut avoir la vertu.

Il est donc incroyable que les auteurs du huitième et neuvième siècles, empruntant cette maxime du sens commun, du langage commun, de la raison apparente de l'opposition de la figure à l'original, l'aient entendue en un autre sens que dans le sens ordinaire, qui est que la figure est réellement distinguée de l'original. Par conséquent, quand ils ont ajouté que si l'Eucharistie était figure elle ne serait pas le corps de Jésus-Christ, ils ont voulu dire qu'elle serait réellement distinguée de son original. Et ainsi quand ils ont supposé qu'elle était le corps de Jésus-Christ, et qu'elle n'en était pas distinguée, ils ont supposé qu'elle n'était pas distinguée de l'original représenté par la figure, c'est-à-dire du corps naturel de Jésus-Christ.

Mais s'il est sans apparence que jamais aucune personne raisonnable ait pu se mettre dans l'esprit ce principe extravagant : *L'image n'est pas virtuellement la chose dont elle est image*, il est encore bien plus ridicule de supposer que l'ayant dans l'esprit, on l'ait exprimé comme on a fait par ces paroles, qui donnent toute une autre idée : *L'image n'est pas la chose dont elle est image* ; et encore plus qu'on ait conspiré à ne l'exprimer jamais autrement. Car les Pères de Nicée et Nicéphore, qui le rebat plusieurs fois, ne l'expriment jamais en d'autres termes. N'y avait-il donc point de paroles dans la langue grecque pour exprimer ce principe bizarre : *La figure n'est pas virtuellement son original ?* Ces auteurs ont-ils dû supposer que l'on entrait sans peine dans cette expression si étrange, et que l'on changerait tout d'un coup toutes ces idées ordinaires, pour deviner un sens si extraordinaire et si inouï ? Toute la suite de leurs expressions est extravagante comme celle du principe. Ils pensent, selon M. Claude, que l'Eucharistie *n'est pas une figure sans efficace* ; et ils disent qu'*elle n'est pas une figure*, aussi raisonnablement à-peu-près comme si pour dire que la statue de Henri IV n'est pas d'or, on disait que ce n'est pas une statue. Ils pensent, selon M. Claude, que *l'Eucharistie est un mystère qui contient l'efficace et la vertu de la chair de Jésus-Christ*, et ils disent que *c'est le corps de Jésus-Christ ;* qu'*elle est le corps MÊME de Jésus-Christ ;* qu'*elle est PROPREMENT ET VÉRITABLE-*

ment le corps de Jésus-Christ; qu'*elle n'est pas figure, mais* CORPS ET SANG. Non seulement ils parlent une fois de cette sorte, mais ils s'accordent à en parler jamais autrement. Jamais ils ne se servent d'expressions intelligibles selon le sens des calvinistes. Jamais ils ne nous disent que l'Eucharistie est une figure efficace, un mystère qui contient l'efficace de la chair de Jésus-Christ. Ces termes, qui contiennent la foi de M. Claude, ne se trouvent nulle part dans les auteurs de ces siècles.

Ainsi l'on trouve toujours dans ces merveilleuses solutions de M. Claude ces trois qualités assez extraordinaires : 1° Qu'afin qu'elles soient vraies, il faut que tous les gens de ces siècles aient pensé d'une manière insensée; 2° qu'il faut qu'ils aient parlé d'une manière insensée; 3° qu'il faut qu'ils aient conspiré à ne parler jamais raisonnablement. Cependant nous sommes encore *dans ces beaux jours de l'Église*, où la vérité calvinienne devait paraître avec tant de force, d'évidence et de clarté, qu'elle dissipait sans peine toutes sortes de difficultés.

Ce langage est si étrangement éloigné de la nature et de l'usage, que, pour le rendre intelligible, il eût fallu faire crier ce prétendu sens à son de trompe dans tout l'Orient, et avertir tout le monde que l'on entendait les mots en des sens si extraordinaires, qu'ils n'étaient jamais venus dans l'esprit de personne; autrement, tous ces auteurs auraient dû passer pour des trompeurs et des fourbes. Néanmoins ils s'imaginent si peu qu'on aurait de la peine à les entendre, que tout ce qu'ils disent ne peut servir qu'à nous confirmer dans l'idée naturelle de ces termes, et à nous obliger de croire que quand ils soutiennent que l'Eucharistie n'est pas figure, mais le corps de Jésus-Christ, ils veulent dire qu'elle n'est pas l'image du corps naturel, mais qu'elle est réellement et véritablement ce même corps naturel.

Ils nous disent qu'elle n'est pas figure, parce que Jésus-Christ ne l'a pas appelée figure, mais corps. Ils nous disent donc aussi qu'elle n'est pas une figure *pleine*, une figure *efficace*, un mystère *efficace*, un mystère *inondé*, parce que Jésus-Christ ne l'a appelée d'aucun de ces noms. Les termes précis de l'Écriture auxquels ils s'attachent, excluent toutes sortes de figures, *creuses, pleines, inutiles, efficaces, inondées, non inondées*. Ils bannissent toutes ces idées étrangères, et ne laissent que celle du corps naturel de Jésus-Christ. Ils nous disent que l'Eucharistie n'étant pas la figure, *est proprement le corps de Jésus-Christ*; et, pour nous le faire croire, ils ajoutent que *comme le pain et le vin sont changés naturellement au corps de celui qui les mange, et ne deviennent pas un autre corps que celui qui l'était déjà, de même les dons sont changés surnaturellement au corps et au sang de Jésus-Christ. Et nous n'entendons pas*, disent-ils, *que ce soient deux corps; mais nous croyons que ce n'est qu'un même et unique corps*. Il n'y a là ni trace ni vestige de figure efficace, rien ne nous conduit à cette idée; tout contribue à nous faire prendre le changement qui arrive à l'Eucharistie pour un changement réel, qui fait que le pain et le vin sont changés au corps de Jésus-Christ, et deviennent un même et unique corps avec le corps naturel.

J'ajouterai même que cette expression : *l'Eucharistie n'est pas la figure, mais elle est le corps de Jésus-Christ*, séparée de tout ce qui la fortifie dans ces auteurs, ne peut avoir d'autre sens, sinon que l'Eucharistie n'est pas la figure du corps naturel, mais est réellement et effectivement ce corps naturel, et qu'elle ne peut du tout signifier qu'elle est un corps symbolique plein d'efficace. La raison en est qu'afin qu'elle signifiât que l'Eucharistie est un corps symbolique plein d'efficace, ou que l'Eucharistie est virtuellement le corps de Jésus-Christ, il faudrait qu'elle fût très-figurée et très-métaphorique; or elle ne peut du tout être métaphorique, car la métaphore ne pourrait consister que dans le mot *est*, qui sert de liaison et d'union, ou dans l'attribut du corps de Jésus-Christ; cependant on ne la peut mettre ni dans l'un ni dans l'autre. On ne la peut mettre dans le mot *est*, c'est-à-dire, que l'on ne peut pas dire qu'il signifie *est virtuellement*, au lieu de signifier *est réellement*, comme il le signifie d'ordinaire : car toutes les fois que dans une même période le mot *est* est affirmé et nié tout ensemble, il est toujours affirmé au même sens qu'il est nié. Par exemple, on dira bien d'une médaille : Ce n'est pas de l'or, c'est du cuivre doré; ou : Ce n'est pas Antonin, c'est Marc-Aurèle, parce qu'en l'une et l'autre de ces deux propositions l'*est* est pris de la même sorte dans tous les deux membres : en l'une, pour l'être réel; en l'autre, pour l'être significatif. Mais ce ne serait pas parler raisonnablement que de dire : Cette médaille n'est pas de l'or, mais c'est Antonin; ou : Ce n'est pas Antonin, mais c'est de l'or, parce que ce changement de l'*est*, qui est tantôt réel et tantôt se prend pour signifier, fait une fausse opposition entre les deux membres.

Ainsi, quand je dis que l'Eucharistie n'est pas la figure, mais qu'elle est le corps de Jésus-Christ, comme c'est l'*est* réel qui est nié dans le premier membre, il faut que ce soit l'*est* réel qui soit affirmé dans le second, et que la proposition veuille dire que l'Eucharistie n'est pas effectivement la figure, mais qu'elle est effectivement le corps de Jésus-Christ.

Il pourrait néanmoins y avoir encore de la figure dans l'attribut, lors même qu'il n'y en peut avoir dans la liaison. Par exemple, on peut fort bien dire que Socrate, tout sage qu'il était, n'était pas timide, mais qu'il était un lion dans les combats; mais c'est ce que l'on ne peut dire de la proposition dont il s'agit. Car le mot de *corps de Jésus-Christ* étant opposé à *figure*, ne peut être pris que pour le corps naturel de Jésus-Christ, parce qu'il n'y a que le corps naturel qui soit figuré, qui soit l'original de la figure, l'opposé de figure. Quand on dit que l'Eucharistie n'est pas la figure, mais le corps même de Jésus-Christ, on entend donc qu'elle est l'original de la figure, l'opposé de la figure, et par conséquent on entend qu'elle est le corps naturel de Jésus-Christ.

Voilà encore une ergoterie de collége pour M. Claude, qui en juge par ses intérêts; mais ce sera peut-être pour d'autres un raisonnement très-solide, et qui fait voir que cette expression, que *l'Eucharistie n'est pas la figure, mais le corps de Jésus-Christ,* qui est commune aux principaux auteurs grecs du septième, du huitième et du neuvième siècles, comme à ceux de tous les suivants, ne peut signifier autre chose, sinon que l'Eucharistie n'est pas la figure, mais qu'elle est réellement le corps naturel de Jésus-Christ, parce que le verbe *est* est déterminé à ne signifier que l'*est* réel, par la négation précédente; et que le mot *corps,* est déterminé à ne pouvoir signifier que le corps naturel, par le mot de *figure* auquel il est opposé.

Cela suffit pour réfuter ces solutions de M. Claude, et ces nouvelles notions de mots qu'il invente. Nous allons voir maintenant ce qu'il allègue pour les éclaircir et les appuyer, afin qu'il ne se plaigne pas qu'on ne l'écoute pas assez.

CHAPITRE VI.

Examen des exemples et des autorités dont M. Claude se sert pour éclaircir et pour appuyer ces significations extraordinaires, des mots de FIGURE *et de* CORPS; *et de la maxime, que l'image n'est pas la chose dont elle est image.*

M. CLAUDE. (p. 592.) « Mais enfin, direz-vous, s'ils ont été d'accord dans le fond avec les iconoclastes, pour ne croire ni la transsubstantiation, ni la présence réelle, pourquoi ont-ils censuré le terme d'image? Pourquoi l'ont-ils censuré par ce raisonnement: *Si imago corporis est, non potest esse hoc divinum corpus.* « Si c'est l'image du corps, ce ne peut pas être ce divin corps? » Et quelle est l'apparence qui les a séduits? Il ne faut pas rêver longtemps pour le trouver. Le pain de l'Eucharistie a deux qualités: l'une, qu'il nous représente le corps de Jésus-Christ par la vertu qu'il a de nous nourrir, et par toutes les autres ressemblances que l'on y peut découvrir; l'autre, qu'il en contient l'efficace et la vertu, la communiquant à nos âmes par le ministère de la foi et de la dévotion. Selon la première de ces qualités, il est ordinairement appelé image, type, figure, représentation, mémorial, expression et autres termes de même force. Selon la seconde, il est plus particulièrement appelé corps de Christ, corps mystique, corps sacramental, corps par grâce. Ces bons Pères se sont imaginés que de l'appeler image après la bénédiction, c'était anéantir l'effet de la consécration, et en parler trop bassement, à peu près comme cet Israélite dont il est parlé dans l'histoire de David (1 Sam. 20), qui pour détourner le peuple de l'obéissance qu'il devait à son roi, l'appelait David, et le fils d'Isaï, voulant par cette expression méprisante lui ravir le titre glorieux de roi d'Israël où Dieu l'avait élevé, et qui par là était sans doute digne de reprébension et de punition. Ou comme un historien outragerait la majesté impériale, si parlant d'un duc de Saxe et d'un archiduc d'Autriche élevés à l'empire, il les appelait encore simplement le duc de Saxe et l'archiduc d'Autriche. Car, en effet, la forme du langage humain veut que quand une personne ou une chose change de condition, les noms et les titres moins nobles soient en quelque sorte absorbés par les plus nobles, encore que la chose au fond ne laisse pas de rester. C'est en cela que consiste la force de cette censure, que les évêques de Nicée font par la bouche du diacre Épiphane aux Pères de Constantinople. Ils croient que c'est choquer l'honneur dû à l'Eucharistie après la consécration, que de l'appeler encore image, puisque ce nom appartenait déjà aux dons avant qu'ils fussent sanctifiés. C'est ce qui les oblige de raisonner de cette sorte : Si c'est l'image du corps, ce ne peut pas être ce divin corps ; comme s'ils disaient : Si vous appelez encore les dons après la consécration, image, la consécration ne leur a donc rien apporté de nouveau, ils sont encore dans leur état naturel, et par conséquent ils ne sont pas le corps de Jésus-Christ, comme nous le croyons, et comme vous-mêmes le confessez. »

RÉPONSE. — S'il ne faut pas rêver longtemps pour trouver ces solutions, il ne faut pas rêver longtemps pour reconnaître que ce ne sont que de pures rêveries, et que quand M. Claude s'en entretient, il faut que ce soit son imagination seule qui agisse, sans que sa raison y ait de part. Car la raison nous découvre tout d'un coup qu'il y a des états incompatibles, comme ceux de marié, de non marié; de laïque, d'ecclésiastique; d'esclave, de libre; de sujet, de roi; et qu'il y en a aussi de compatibles, comme ceux d'archiduc d'Autriche et d'empereur, de comte de Provence et de roi de France; de roi d'Espagne et de duc de Milan, de fils selon la nature et de fils par adoption. Or, dans les états incompatibles, on peut fort bien, à la vérité, raisonner de l'affirmation de l'un à la négation de l'autre : Il est marié, il n'est donc pas à marier; il est laïque, il n'est donc pas ecclésiastique. Mais dans les états compatibles, ces sortes de conséquences sont ridicules : Il est archiduc d'Autriche, donc il n'est pas empereur ; il est comte de Provence, donc il n'est pas roi de France.

Il est bien vrai que lorsque d'une moindre qualité on passe à une plus grande, quoique compatible, l'on nomme d'ordinaire les personnes par la grande; mais ce n'est pas en niant la moindre, ni ce n'est par une espèce de figure. On appelle l'empereur, empereur, et on ne le nomme pas archiduc d'Autriche; mais on ne nie pas qu'il soit archiduc d'Autriche; et on se moquerait d'une personne qui conclurait : Il est empereur, il n'est donc plus archiduc d'Autriche.

Quant à ces sortes de discours par lesquels on pourrait dire d'un archiduc élu : Ce n'est plus un archiduc d'Autriche, mais c'est un empereur ; ou du fils d'un bourgeois adopté par un roi : Ce n'est plus le fils d'un bourgeois, mais le fils d'un roi, car c'est encore un des exemples de M. Claude; on ne le fait jamais que par une espèce de figure, qui veut dire que cet archiduc ne serait plus simplement archiduc, mais qu'il serait de plus empereur; et que ce fils de bourgeois ne serait plus seulement fils de bourgeois, mais qu'il serait de plus fils de roi. Mais cela n'empêcherait pas qu'il ne fût très-permis de dire que cet archiduc élu empereur, serait en même temps archiduc et empereur; et que ce fils d'un bourgeois adopté par un roi serait en même temps fils d'un bourgeois et fils de roi, et qu'il ne fût ridicule de contredire sérieusement ces propositions. C'est pourquoi l'empereur s'offenserait peut-être bien d'une personne qui l'appellerait seulement archiduc sans le nommer empereur; mais il ne s'offenserait jamais d'une personne qui lui donnerait l'une et l'autre qualité. Il ne prendrait jamais pour principe : Il est impossible d'être tout ensemble empereur et archiduc; il ne dirait point que ce fût une folie de croire ces deux états compatibles. De même, si la vanité d'un fils de bourgeois adopté par un roi allait jusqu'à lui faire désirer qu'on oubliât sa première condition, elle ne pourrait sans folie aller jusqu'à ce point que de lui faire faire un axiome philosophique de cette extravagance : Un fils de bourgeois ne peut pas être fils adopté d'un roi. Et ce serait un excès qui passe l'imagination, s'il s'élevait contre des personnes qui lui auraient donné l'une et l'autre qualité, comme contre des fous et des insensés qui allieraient des choses incompatibles.

Il n'y a qu'à faire l'application de ces exemples au sujet dont il s'agit, pour reconnaitre que M. Claude n'en pouvait guère choisir de plus propres pour découvrir son illusion : car l'état d'image, dans lequel les Grecs ont considéré les dons avant la consécration, n'a de soi aucune incompatibilité, ni réelle ni apparente, avec une consécration qui remplirait le pain et le vin de la vertu du corps de Jésus-Christ; comme l'eau du baptême n'est pas moins figure du S.-Esprit lorsqu'elle est remplie de sa vertu, que lorsqu'elle ne l'était pas. Quand le pain deviendrait donc, comme M. Claude se l'imagine, de simple figure, rempli de la vertu du corps de Jésus-Christ, il aurait bien une nouvelle dignité, mais il ne perdrait pas l'ancienne; ce serait, selon la belle comparaison de M. Claude, un duc de Saxe élu empereur. Mais comme on ne dit pas sérieusement qu'un empereur ne soit plus duc de Saxe, parce qu'il est empereur, et qu'on ne pourrait, sans se faire déclarer insensé, faire un crime à un homme d'avoir donné en même temps à ce duc de Saxe élu empereur, les qualités d'empereur et de duc de Saxe, ni le réfuter par ce principe ridicule : Un duc de Saxe ne peut pas être empereur; de même les Pères du second concile de Nicée et le patriarche Nicéphore auraient été les plus impertinents de tous les hommes, si les iconoclastes ayant dit également, et que l'Eucharistie est figure, et qu'elle est le mystère du corps de Jésus-Christ, ils avaient voulu les réfuter par cet argument : *Ce qui est figure du corps de Jésus-Christ ne peut pas être le mystère qui contient son efficace et sa vertu; or l'Eucharistie est un mystère qui contient son efficace et sa vertu; donc elle n'est pas sa figure.*

Que dirait M. Claude lui-même d'une personne qui, parlant contre une autre qui aurait dit ces deux choses d'un fils de bourgeois adopté par un roi, *qu'il est proprement et véritablement fils adopté du roi, et qu'il est néanmoins fils d'un bourgeois*, le réfuterait en cette manière : *Qui n'admirera la sottise et l'inconstance de cet homme, qui avoue d'un côté que cet enfant est proprement et véritablement fils adopté du roi, et qui ne laisse pas de dire qu'il est fils d'un bourgeois? Car peut-on avancer une plus grande folie, et une sottise plus ridicule, que de dire que le même enfant est fils adopté du roi, et qu'il est néanmoins fils d'un bourgeois?* Ce discours semble-t-il fort raisonnable à M. Claude? N'est-il pas au contraire dans le comble de la folie? Pourquoi n'avoue-t-il donc pas qu'il n'y en a pas moins dans les paroles suivantes de Nicéphore (in Antir. 2, apud Allat., p. 1222), si on les prenait en son sens? *Qui n'admirera la sottise et l'inconstance de cet homme? Il avouait tout à l'heure qu'on recevait proprement et véritablement le corps même de Jésus-Christ; et maintenant il appelle image ce que nous recevons. Or peut-on s'imaginer une plus grande stupidité et une impertinence plus ridicule, que de dire de la même chose qu'elle est proprement et véritablement le corps de Jésus-Christ, et qu'elle en est néanmoins l'image?* Non seulement il y aurait autant de folie dans ce discours que dans l'autre, mais il y en aurait infiniment davantage; car, outre l'extravagance du raisonnement, qui serait égale, il y aurait de plus une extravagance dans les expressions de ce dernier discours, dont les hommes ne sont pas capables. Celui qui avancerait sérieusement cette maxime ridicule, que le fils d'un bourgeois ne peut pas être le fils adoptif d'un roi, penserait extravagamment, mais il s'exprimerait raisonnablement. Mais celui qui pensant qu'il est impossible qu'une chose soit la figure de Jésus-Christ, et qu'elle soit en même temps un mystère qui contienne sa vertu, exprimerait cette pensée en ces termes : Il est impossible que la même chose soit la figure de Jésus-Christ, et qu'elle soit proprement et véritablement le corps de Jésus-Christ, serait également insensé, et dans les pensées et dans les expressions.

C'est à quoi se terminent ces beaux exemples que M. Claude nous propose avec tant de pompe et tant d'appareil, et je lui puis dire de plus que de prétendre d'expliquer l'argument des Pères de Nicée et de Nicéphore par ce double état de figure et de mystère efficace de Jésus-Christ, l'un moins noble, l'autre plus noble, c'est encore un songe très-mal concerté : car il est clair que ces évêques du second concile de Nicée et Nicéphore ne fondent point leur raisonnement sur la diversité de ces états, et sur l'excellence de l'un au-dessus de l'autre : ce sont des visions de M. Claude. Mais ils le fondent uniquement sur l'opposition qu'il y a entre la figure et l'original; et ils étendent si loin la maxime dont ils se servent, qu'ils veulent même qu'elle ait lieu dans la Trinité, et que l'attribut personnel d'image, qui convient au Fils, suppose la distinction entre le Père et le Fils, comme Nicéphore le marque expressément, quoiqu'il n'y ait aucune inégalité entre les personnes divines. Or cette maxime générale, que la figure est distinguée de l'original ou de la chose dont elle est figure, ne sépare par elle-même de la figure que l'original ; et elle ne donne droit que de conclure que ce qui est l'original n'est pas la figure. Et de là il s'ensuit que les Pères du second concile de Nicée, concluant sur cette maxime que l'Eucharistie n'est pas figure, ne l'ont pu faire qu'en supposant que l'Eucharistie est l'original. Qu'elle contienne ou ne contienne pas la vertu de Jésus-Christ; qu'elle soit plus noble ou moins noble; qu'elle soit dans un autre état qu'elle n'était auparavant ou qu'elle n'y soit pas, tout cela ne fait rien : il n'y a que l'unité avec l'original qui puisse faire conclure qu'elle n'est pas la figure, par cette maxime générale, que la figure n'est pas l'original.

M. Claude n'est donc pas heureux en exemples. Il faut voir maintenant s'il sera plus heureux en preuves. Voici celles que je trouve sur ce sujet dans son livre.

M. Claude (pag. 596). — « Qu'ils aient pris le mot d'image en ce sens, on ne le saurait contester après ce qu'ils nous ont dit eux-mêmes : *Quant à l'image, nous n'en savons autre chose, sinon que c'est une image qui montre une copie, ou une ressemblance de son original ; d'où vient qu'elle en prend aussi le nom, et qu'elle n'a rien que cela de commun avec lui. Ils ne pensaient donc pas qu'elle en eût la vertu et l'efficace, étant évident que cette vertu est autre chose que le nom de l'original.* »

Réponse. — M. Claude ne conclut bien que lorsqu'il ne conclut rien à son avantage. Il est certain que l'auteur de cette réfutation ne prétend pas que l'image, comme image, contienne la vertu de l'original : car c'est l'image, comme image, qu'il définit en ce lieu, sans avoir aucune vue de l'usage que les iconoclastes en faisaient sur le sujet de l'Eucharistie. Mais il ne prétend pas aussi qu'elle l'exclue, et il ne dit nullement qu'il soit contraire à la nature d'une image que l'original lui communique sa vertu, ni qu'elle cessât d'être image sitôt qu'elle participerait à cette vertu. Il est donc vrai, comme dit cet auteur, que l'image, comme image, n'a que le nom commun avec son original, et que l'on n'a pas droit de conclure : C'est l'image d'une telle chose; donc elle en a la vertu. Mais il est faux, et contre le sens commun, de dire que d'avoir la vertu de quelque chose, empêche qu'on n'en soit l'image ; et il n'y eut jamais de personne assez insensée pour conclure de cette sorte : *L'eau du baptême a la vertu du Saint-Esprit; donc elle n'en est pas l'image.* Ce sont deux propositions très-différentes que de dire : L'image n'enferme pas la vertu de l'original, ou de dire : L'image exclut la vertu de l'original. L'une est vraie et solide ; l'autre fausse et ridicule. Les évêques de Nicée enseignent la première : personne n'a songé à la seconde.

M. Claude (pag. 596). — « Ces mêmes Pères disent ailleurs : *Un homme bien sensé ne recherchera jamais dans une image les propriétés de l'original ;* or la vertu d'opérer est une propriété de l'original. »

Réponse. — Un homme bien sensé ne prétend pas à la vérité qu'une image, comme image, doive avoir les propriétés de l'original, et que l'on puisse conclure : C'est une image; donc elle a les propriétés de l'original ; cela n'est nullement enfermé dans la nature d'image, et c'est ce que disent les Pères de Nicée dans cette réfutation. Mais il n'est nullement contraire à la nature d'image, de participer à quelques-unes des qualités de l'original. Les images n'en sont pas moins images, lorsque Dieu opère par elles des miracles. L'eau et le chrême ne sont pas moins figures du S.-Esprit, lorsque Dieu leur communique la vertu du S.-Esprit. Et c'est aussi ce que ces Pères ne nient point, et qui ne peut être nié par des personnes raisonnables.

M. Claude (ibid.). — « Si l'auteur veut qu'ils aient pris le mot d'image en un sens qui exclut la vérité de la substance, pourquoi ne voudrais-je pas qu'ils l'aient pris en un sens qui exclut la vérité de l'efficace ? »

Réponse. — C'est que ces choses ne dépendent point de la volonté de qui que ce soit, mais de la vérité et de la raison. Il semble à M. Claude que l'on dispose des faits passés comme des aventures des romans, où le caprice et la fantaisie de chacun a autant de droit que celle d'un autre. L'auteur de *la Perpétuité* dit que les adversaires des iconoclastes ont pris le mot d'image en un sens exclusif de la substance, non parce qu'il le veut, mais parce qu'il est vrai, puisqu'ils se fondent uniquement sur cette maxime : L'image n'est pas l'original, et qu'ils prétendent qu'il faut qu'il y ait une distinction réelle entre la figure et l'original. Mais M. Claude ne doit pas vouloir qu'ils aient pris le mot d'image en un sens exclusif de la vertu, parce qu'il doit accommoder sa volonté aux choses, et qu'elle n'en est pas la règle ; or, comme il n'y a nulle opposition entre figure et vertu ; que vertu et figure sont des termes non opposés, mais simplement différents ; qu'il est ridicule de dire qu'il soit contraire à la nature de la figure de participer à la vertu de l'original, il agit contre la justice et la raison, en attribuant sans fondement une pensée si peu raisonnable à tant de grands personnages, puisqu'elle est même contraire, comme je l'ai fait voir, à leurs paroles formelles, et qu'ils avouent que le Fils de Dieu est l'image de son Père, quoiqu'il en contienne la vertu qui n'est point distinguée de son essence.

M. Claude (p. 597). — « L'auteur nous demande en quelle langue nous avons trouvé que ces mots : *Ce n'est pas une image*, signifient, *ce n'est pas une image vide* ? Je réponds que nous l'avons trouvé dans la langue de Bessarion, grec de nation, évêque de Nicée, et enfin cardinal de l'Église romaine. Car, expliquant ces paroles de Jean Damascène : *Le pain et le vin ne sont pas la figure du corps et du sang de Christ, ainsi* n'advienne, mais le corps même déifié du Seigneur, il dit ces paroles : *Par la figure dont il parle en ce lieu, il entend une ombre, qui n'est en tout qu'une figure, signifiant simplement un autre sujet, sans avoir pour tout aucune puissance d'agir, comme les sacrifices du vieux Testament, qui étaient les figures des sacrements du nouveau.* »

Réponse. — Il ne faut presque rien pour éblouir M. Claude, et pour lui faire tirer de fausses conclusions : il est certain qu'ainsi que la figure, comme figure, n'exclut point positivement l'efficace, aussi elle ne l'enferme point, et que l'efficace et la vertu ne lui conviennent point comme figure. Si elle en a, il faut qu'elle l'ait par quelque autre qualité; de sorte que lorsqu'elle n'a point d'autre qualité que celle de figure, il faut que ce soit par nécessité une figure sans efficace. C'est par un argument fondé sur ce principe qu'on a droit de conclure que ceux qui expliquent ces paroles : *Ceci est mon corps*, par celles-ci : *Ceci est la figure de mon corps*, ne peuvent admettre dans l'Eucharistie qu'une figure nue, sans efficace, et que s'ils lui donnent une vertu et une efficace, c'est par fantaisie et par caprice ; et c'est pourquoi les sociniens se moquent de toutes ces additions calvinistes et sans autorité de l'Écriture. L'Écriture ne dit autre chose, selon eux, sinon que le pain est la figure du corps de Jésus-Christ, comme la pierre l'était. Ainsi comme on n'aurait pas droit de conclure : *La pierre était la figure de Jésus-Christ ; donc elle avait la vertu de Jésus-Christ; les sept vaches signifiaient sept années, donc elles avaient la vertu des sept années*; ils n'ont aucun droit aussi, en vertu des paroles de l'Évangile expliquées selon leur sens, d'attribuer aucune vertu et aucune efficace à l'Eucharistie.

Je conclurai donc légitimement contre eux, que suivant leur principe de n'admettre rien sans l'autorité de l'Écriture, ils ne doivent reconnaître dans l'Eucharistie qu'une figure nue, sans efficace, sans action et pareille aux sacrements de l'ancien Testament. Mais je le conclurai, non en prétendant qu'il répugne à la nature d'une figure d'être efficace, mais en supposant que celle qu'ils admettent n'étant pas efficace par sa nature, n'a rien qui lui communique cette efficace, et qui la fasse sortir de la nature de simple figure. Il est donc vrai en ce sens qu'en disant que l'Eucharistie est figure du corps de Jésus-Christ, et ne disant point qu'elle est le corps même de Jésus-Christ, on entend qu'elle est une figure sans efficace et pareille à celle de l'ancienne loi ; mais c'est par une suite de l'opinion, et non par une suite de la signification du mot de figure. C'est pourquoi le cardinal Bessarion a raison de dire en ce sens que S. Jean de Damas, en niant que l'Eucharistie soit une figure, entend une figure nue et sans efficace : car ce n'est pas qu'il prétende qu'une figure efficace ne fût pas une figure ; mais c'est qu'il suppose que dire que l'Eucharistie est figure de Jésus-Christ et non son corps, ce serait dire qu'elle est une simple figure, sans vertu et sans efficace, parce que la qualité de figure n'enferme point de vertu, et qu'elle n'en aurait point d'autre qui lui donnât cette vertu.

Ainsi, selon Bessarion, il est vrai que S. Jean de Damas, en niant que l'Eucharistie soit la figure de Jésus-Christ, entend par le mot de figure une ombre et une figure sans efficace, parce qu'en effet si l'Eucharistie était simple figure, elle serait une figure sans efficace, et il n'y aurait aucun passage de l'Écriture qui pût prouver cette efficace, comme nous le montrerons ailleurs. Cette proposition est donc vraie en un sens : Si l'Eucharistie n'était qu'une figure, elle serait une figure vide ; mais celle-ci n'est vraie en aucun sens : Si l'Eucharistie était une figure efficace, elle ne serait pas figure.

M. Claude (pag. 596). — « Il n'y a point aussi de raison qui nous empêche de croire qu'ils ont pris le terme de corps pour un mystère qui nous communique la vertu et l'efficace du corps de Jésus-Christ. Et il y en a qui nous obligent de le croire, puisque, comme je l'ai déjà dit, ils le prennent au sens que leurs adversaires l'avaient pris, pour le corps de Jésus-Christ par sanctification de grâce, distingué de son corps naturel, et qui est encore la substance du pain. »

Réponse. — Nous ferons voir à M. Claude qu'il se trompe dans cette supposition, que les iconoclastes, par le corps de Jésus-Christ, aient entendu une figure pleine, un mystère efficace, etc. Il suffit de lui dire ici que les adversaires des iconoclastes n'ont pas cru qu'ils l'aient pris en ce sens, et de lui en alléguer pour témoin Nicéphore, qui dit expressément que les iconoclastes reconnaissaient que l'Eucharistie était proprement et véritablement le corps de Jésus-Christ, κυρίως καὶ ἀληθῶς.

M. Claude (pag. 597). — « Il nous demande en quelle langue nous avons trouvé que ces mots : *Le pain est appelé, est en effet, et est cru le corps de Jésus-Christ*, signifient que l'on pense à Jésus-Christ en prenant le pain, et que Jésus-Christ agit sur ceux qui le prennent. Je réponds qu'il ne saurait lui-même trouver en aucune langue que ces mots : *Le pain est appelé proprement, est, et est cru le corps de Jésus-Christ*, veulent dire que le pain est réellement transsubstantié au corps de Jésus-Christ. On ne s'exprime de cette manière que depuis qu'on s'est engagé à soutenir une doctrine inconnue à toute la terre, et qui, n'ayant point d'exemple, oblige ceux qui la défendent à donner aux paroles un sens aussi sans exemple. Cependant messieurs les catholiques romains trouvent leur explication fort raisonnable, et leurs distinctions fort justes. Ils se les redisent perpétuellement à eux-mêmes, et à force de les rebattre ils deviennent incapables d'en reconnaître la fausseté. »

Réponse. — M. Claude est de ces gens qui croient que pour faire des parodies il n'y a qu'à répéter sans raison ce qu'on a dit contre eux avec beaucoup de raison, et en changeant de personnes, faire seulement les mêmes reproches, sans regarder s'ils ont quelque vraisemblance étant changés de la sorte : car quelle étincelle de bon sens y a-t-il dans la question qu'il fait, et dans le discours qu'il y joint, qui est une imitation peu judicieuse d'un discours très-judicieux de l'auteur de *la Perpétuité*.

Il demande en quelle langue ces paroles : *Le pain est le corps de Jésus-Christ,* signifient qu'il est transsubstantié au corps de Jésus-Christ ? On ne fait ces questions que lorsque la réponse est difficile ; et cependant, il n'y en eut jamais de si facile que celle qu'on a raison de lui faire : car je lui réponds que c'est en la langue des Latins, des Grecs, des Arméniens, des Syriens, des Chaldeéns, des Cophtes, des Éthiopiens, des Indiens, qui ont tous pris cette expression dans le sens de la transsubstantiation. Je lui réponds que c'est dans la langue de Zwingle, de Calvin de Bèze, d'Hospinien, des anciens et des nouveaux calvinistes, qui avouent que c'est le sens simple, propre et littéral des paroles de l'Écriture, n'y ayant qu'un petit nombre de nouveaux ministres, sans sincérité et sans bonne foi, ou qui se sont corrompu la raison par leurs basses chicaneries, qui ne veulent pas voir ce sens, et qui parlent comme M. Claude. Mais venons à ses réponses réelles.

M. CLAUDE (p. 598). — « Mais, outre cela, dit-il, je réponds que Paschase même, qui vivait environ trente ans après le concile de Nicée, nous témoigne que ceux qui n'approuvaient pas ses nouveautés prenaient ces mots : *Le corps de Christ,* en ce même sens que l'auteur trouve si nouveau, pour un mystère qui a la vertu et l'efficace du corps de Christ. »

RÉPONSE. — Il est vrai que Paschase remarque qu'un petit nombre de gens qui n'osaient se nommer, et qui s'éloignaient de la doctrine de l'Église (ce qui les a fait traiter, par Paschase et par Hincmar, de novateurs) disaient que l'Eucharistie n'était le corps de Jésus-Christ qu'en figure et en vertu ; mais ces gens ne disaient pas, comme les adversaires des iconoclastes, que l'Eucharistie fût proprement et vraiment le corps de Jésus-Christ ; au contraire, ils disaient : *Non in re esse veritatem carnis Christi vel sanguinis, sed in sacramento virtutem quamdam carnis.* Ils ne disaient pas que l'Eucharistie ne fût pas la figure et l'image du corps de Jésus-Christ, mais qu'elle était le corps même, αὐτὸ τὸ σῶμα. Ils ne se servaient point de ce principe : La figure n'est pas l'original, pour montrer que l'Eucharistie était l'original, non pas la figure. Ils ne faisaient point ce ridicule argument que M. Claude fait faire aux évêques du second concile de Nicée : L'Eucharistie a la vertu du corps de Jésus-Christ ; donc elle n'en est pas figure.

Si leur erreur les portait à entendre par les mots de *corps de Jésus-Christ,* la figure et la vertu de Jésus-Christ, le sens commun les portait à s'expliquer en des termes propres pour se faire entendre. S'ils corrompaient les expressions de l'Église par des sens extraordinaires, ils exprimaient ce sens par des termes ordinaires, et ce n'était que par contrainte qu'ils se servaient de ceux de l'Église.

Cet exemple prouve donc bien que l'erreur des hommes, pour éviter les difficultés de l'Eucharistie, peut aller jusqu'à corrompre le sens de ces paroles : *Le corps de Jésus-Christ,* en les expliquant de la vertu de Jésus-Christ ; mais il ne prouve point qu'elle puisse aller jusqu'à n'employer que ces termes pour se faire entendre ; jusqu'à supposer que le commun des hommes les entendra sans explication ; jusqu'à dire que l'Eucharistie est proprement et véritablement le corps de Jésus-Christ, en n'entendant autre chose, sinon qu'elle en contient la vertu ; jusqu'à l'appeler le corps même de Jésus-Christ, par opposition à figure ; jusqu'à prouver qu'elle n'est pas figure, parce qu'elle n'est pas distinguée de l'original. Les simples erreurs humaines ne vont point jusqu'à cet excès de folie, et c'est néanmoins ce que M. Claude attribue au second concile de Nicée et aux auteurs de ce temps-là.

M. CLAUDE (p. 598). — « Facundus avait dit longtemps auparavant que *le pain est appelé le corps de Jésus-Christ, parce qu'il en contient le mystère ;* et Cyrille d'Alexandrie avait dit, avant Facundus, que *Dieu verse dans les choses offertes une force de vie, et les change en l'efficace de sa chair.* »

RÉPONSE. — Il faut que le passage de Facundus se trouve partout à quelque prix que ce soit, fût-ce sans occasion et sans raison. Ce n'est pas de quoi messieurs les ministres se mettent en peine ; il leur suffit qu'ils le citent, et certainement on ne le pouvait guère alléguer plus mal-à-propos que M. Claude le fait ici. Il s'agit de savoir si les mots de *corps de Jésus-Christ* peuvent être pris pour l'efficace et la vertu de ce corps, et c'est de quoi Facundus ne parle point. A quoi sert donc cette citation de M. Claude ? A citer le passage de Facundus : c'est son unique fin. Il l'a voulu placer là : ne lui en demandez pas d'autre raison. Facundus considérant l'Eucharistie par sa partie extérieure, dit qu'on l'appelle le corps de Jésus-Christ, parce qu'elle en contient le mystère. Ce mystère, si vous voulez, est le corps de Jésus-Christ intérieurement présent. C'est, si vous voulez, la figure du corps de Jésus-Christ, exprimé par la partie sensible de l'Eucharistie, et qui fait que cette partie sensible peut être appelée corps de Jésus-Christ comme son mystère. Cela ne conclut pas que le corps de Jésus-Christ ne soit pas réellement présent. Il faut voir quelle était la doctrine de ce temps-là, et examiner s'il n'est pas vrai que l'on y croyait que la figure, le sacrement, le mystère extérieur contenait réellement le corps de Jésus-Christ intérieurement présent. C'est par cet examen qu'il faut expliquer la pensée de Facundus ; mais il est clair qu'il ne parle ni de près ni de loin d'efficace ni de vertu, et c'est de quoi il s'agit présentement.

Le passage de S. Cyrille a déjà été expliqué auparavant, dans l'examen de Théophylacte, où l'on a fait voir que ces paroles, que *Dieu change les dons en l'efficace de sa chair,* signifient qu'il les change *en sa chair pleine d'efficace,* comme quand S. Grégoire de Nysse dit que *Jésus-Christ changeait le pain qu'il mangeait en la vertu de son corps,* cela voulait dire qu'il le changeait *en son corps plein de vertu.* Il ne faut que lire le passage de S. Cyrille tout entier pour en être convaincu. Et c'est un procédé peu sincère de

M. Claude, de rapporter ainsi des passages tronqués, qui ne peuvent servir qu'à le confondre quand on les rapporte tout entiers.

Voilà cependant les preuves que M. Claude a cru suffisantes pour nous persuader ce paradoxe, que les Pères du second concile de Nicée, et les auteurs de ces siècles, en disant *que l'Eucharistie n'est pas la figure, mais que c'est le corps même de Jésus-Christ,* n'ont voulu dire autre chose, sinon que ce n'était pas une figure vide, mais un mystère efficace. C'est par ces seules conjectures qu'il nous a voulu rendre probable cette bizarre imagination, que ces évêques, en disant que *l'image n'est pas la chose dont elle est image,* ont voulu dire qu'*elle n'est pas la vertu de l'original.* Et pour moi, je ne sais de quoi l'on doit s'étonner le plus, ou qu'il ait entrepris de combattre des choses si évidentes, ou qu'il ose y employer des preuves si faibles.

D'où vient donc, me dira-t-on, qu'il y a quelque chose d'éblouissant dans ce chapitre? C'est que la plupart des hommes considèrent fort peu si quelqu'un suppose des choses vraies ou fausses, apparentes ou sans apparence dans le fond; ils n'en regardent que l'application. Or il est certain que M. Claude, après avoir supposé ces principes et ces notions insensées *de figure et de corps,* les applique ensuite assez justement, et que jamais philosophe de collège ne marqua plus nettement sa distinction que lui.

« Il ne faut, dit-il, que produire nos raisonnements en des termes clairs et développés, selon le sens que nous leur donnons. Ils forment celui-ci : Nulle image n'est la chose dont elle est image, ni en substance, ni en vertu; or l'Eucharistie est le corps de Jésus-Christ en vertu; donc elle n'en est pas l'image. » Voilà qui est parfaitement net, et l'argument est en une forme très-concluante; or le commun des hommes se contente de cela; mais les personnes sages qui voient que tout ce raisonnement n'est établi que sur ces fausses notions *d'image et de corps,* dont nous avons fait voir l'absurdité, ont pitié de M. Claude, qui se travaille inutilement pour soutenir des choses insoutenables.

CHAPITRE VII

Examen du sentiment des évêques iconoclastes assemblés à Constantinople l'an 754, sur le sujet de l'Eucharistie.

Le soin que M. Claude a pris de décrier autant qu'il a pu les évêques du second concile de Nicée, fait assez voir qu'il n'a pas cru qu'ils lui fussent trop favorables : aussi est-ce par contrainte qu'il s'arrête à eux, il se défend de leur témoignage, il ne le recherche pas. Il lui suffit de l'éluder comme il peut, et nous avons vu de quelle sorte il le fait.

Il ne veut considérer que les évêques de Constantinople, et ce sont ces évêques anathématisés par toute l'Église qu'il nous donne pour témoins irréprochables de sa doctrine sur l'Eucharistie. Il n'aurait pas sans doute tant de complaisance pour nous, que je

veux bien en avoir pour lui sur ce sujet; mais comme je ne suis pas d'humeur à contester sans nécessité, je lui accorderai volontiers que ces évêques assemblés à Constantinople étaient orthodoxes sur la matière de l'Eucharistie, et qu'ils n'étaient pas dans le fond d'un autre sentiment que ceux de Nicée. Ce principe qui nous est commun, produit d'abord deux arguments opposés. Car comme je crois avoir droit de raisonner en cette manière : *Les évêques assemblés au second concile de Nicée croyaient la présence réelle et la transsubstantiation : or les évêques du concile de Constantinople avaient la même foi qu'eux; donc ils croyaient la présence réelle et la transsubstantiation;* M. Claude prétend aussi de son côté avoir droit de former un raisonnement contraire; et prenant pour principe que les évêques du second concile de Nicée étaient dans la même foi que ceux du concile de Constantinople, il y joint une mineure toute différente, qui est que le concile de Constantinople ne croyait point la présence réelle; d'où il conclut que le second concile de Nicée ne la croyait donc pas aussi. Ces raisonnements sont semblables selon l'apparence, et s'il n'y avait rien qui les distinguât, l'auteur de *la Perpétuité* ne pourrait prétendre aucun avantage sur M. Claude, comme M. Claude n'en pourrait prétendre de son côté sur l'auteur de *la Perpétuité.* Mais il y a une différence bien essentielle qui les distingue; c'est que dire, comme fait M. Claude, que les évêques du concile de Constantinople n'ont pas cru la présence réelle, c'est un discours en l'air, qui n'est appuyé que sur de petites conjectures; et que dire, comme fait l'auteur de *la Perpétuité,* que les évêques du second concile de Nicée ont cru la présence réelle, c'est avancer une vérité de fait, dont on ne peut douter raisonnablement.

Le concile de Constantinople déclare que *Dieu a voulu que le pain de l'Eucharistie étant la véritable image de sa chair naturelle, fût fait le corps de Dieu,* ou *le corps divin.* Toute la question entre nous et M. Claude consiste à savoir en quel sens il faut entendre que l'Eucharistie soit faite ce corps. Nous nous en rapportons l'un et l'autre aux Pères du second concile de Nicée; nous supposons l'un et l'autre qu'ils ont bien entendu le sens du concile de Constantinople, et ces Pères nous déclarent qu'ils sont orthodoxes en ce point, c'est-à-dire, qu'ils ont pris cette proposition au même sens qu'ils la prenaient eux-mêmes; or, qu'est-ce que les Pères du second concile de Nicée entendaient, quand ils disaient que l'Eucharistie était le corps de Jésus-Christ? Ils entendaient qu'elle était *le corps même de Jésus-Christ,* αὐτὸ τὸ σῶμα, qu'elle était proprement le corps de Jésus-Christ; qu'elle était l'original opposé à la figure, qu'elle n'était point distinguée de cet original : ils entendaient que c'était *de la chair.* Ils ont donc cru que les évêques du concile de Constantinople étaient dans ce même sentiment; et, par conséquent, en les reconnaissant pour juges, voilà M. Claude condamné.

Qu'il ne nous dise pas qu'il expliquera de même toutes ces expressions du concile de Nicée et des autres adversaires des iconoclastes par le concile de Constantinople : car on explique les expressions indéterminées par les expressions déterminées, les expressions obscures par celles qui sont claires, les expressions ambiguës par celles qui sont certaines, et non pas les expressions déterminées par les indéterminées, les claires par les obscures, les certaines par les ambiguës. Or l'on ne peut nier sans renoncer à la raison, comme nous l'avons montré, que les expressions des adversaires des iconoclastes ne soient claires, certaines, déterminées pour la présence réelle ; et c'est au contraire beaucoup accorder à M. Claude, que de reconnaître qu'il y a quelque obscurité dans celles des iconoclastes. Ainsi c'est le sens connu et certain de ceux qui ont combattu les iconoclastes, qui doit expliquer ce qu'il peut y avoir d'ambigu et d'obscur dans leurs paroles.

Mais la vérité est que les iconoclastes n'ont point besoin d'autres interprètes que d'eux-mêmes pour éclaircir ce qu'il y a d'obscur dans les termes de leur concile. Car Nicéphore (in Antir. 2, apud Allat., p. 1222) remarque qu'ils avouent que l'Eucharistie est *véritablement* et *proprement* le corps de Jésus-Christ, κυρίως καὶ ἀληθῶς, comme nous l'avons montré ci-dessus ; et il est remarquable que ces paroles ne se trouvant pas dans le concile de Constantinople, il faut qu'elles soient tirées de quelque autre écrit des iconoclastes, dans lequel ils avaient peut-être voulu répondre à l'objection qu'on leur faisait sur leur sentiment de l'Eucharistie. Et en tout cas il est clair que ces mots déterminent clairement la manière dont ils voulaient que le pain de l'Eucharistie fût le corps de Jésus-Christ ; et qu'ainsi, quand ils disent dans leur concile que *le pain était fait le corps de Dieu*, c'est-à-dire, le corps de Jésus-Christ, il faut entendre, selon qu'ils le disent eux-mêmes, qu'il était fait *proprement et véritablement* le corps de Jésus-Christ : κυρίως καὶ ἀληθῶς.

Quelles preuves ne faudrait-il point pour attribuer un autre sens et une autre pensée à des évêques qui s'expliquent de la sorte, et pour détruire la conjecture que l'on tire de ce que les évêques du second concile de Nicée, qui croyaient très-certainement la présence réelle, comme nous l'avons montré, ont pris les iconoclastes pour orthodoxes dans cette expression ? Il ne faudrait sans doute rien moins que des démonstrations ; et cependant on verra que M. Claude ne produit pas seulement des preuves qui aient un peu de vraisemblance, quoiqu'il les propose avec une hardiesse qui étonne ceux qui ne le connaissent pas. Nous les allons examiner en détail.

M. Claude (p. 570). — « *Les Pères de Constantinople disent* que Jésus-Christ a pris la matière seule ou la substance humaine sans substance personnelle. De même il nous a commandé d'offrir une image, une matière choisie, c'est-à-dire la substance du pain n'ayant pas la forme ou la figure humaine, de peur que l'idolâtrie ne s'introduisît. *Quelle apparence y a-t-il de pouvoir accommoder ces paroles au sens de transsubstantiation ? Ils ne disent pas seulement que l'Eucharistie est image*, ce qui pourrait être tourné au sens de Paschase, qui a dit que ce mystère est vérité et ne laisse pas d'être figure : *mais ils disent que cette image est la substance du pain. C'est*, dit l'auteur, *parce que les dons* , lors même qu'ils sont consacrés , *retiennent avec raison le nom de la chose dont ils conservent la figure et la ressemblance. Quelle fuite pitoyable ! Quand ils retiendraient le nom de pain , ils ne retiendraient pas la substance, selon vous ; et si cette expression est bonne, pourquoi ne vous en servez-vous pas comme les Pères de Constantinople ont fait ? Pourquoi avez-vous tant d'aversion pour ceux qui disent que c'est la substance du pain ? Quelle étrange explication est-ce, la substance du pain, c'est-à-dire, non la substance du pain , mais une autre substance qui retient la figure et la ressemblance du pain ! Et que deviendra le langage humain, s'il est permis de forcer les termes par ces violentes expositions ?* »

Réponse. — Un des grands défauts de la rhétorique de M. Claude est que jamais homme ne plaça plus mal les exclamations. Il les sème sans discernement, et il s'écrie quand il aurait à peine droit de proposer humblement ses doutes, et qu'il aurait besoin d'une extrême modestie pour empêcher qu'on ne fût choqué de le voir embarrassé de si peu de chose. On ne pensa jamais moins à *fuir* que lorsqu'il s'écrie que l'on *fuit* d'une manière *pitoyable;* jamais on ne parla plus naturellement que lorsqu'il reproche que l'on renverse le langage humain. C'est que M. Claude ne consulte point le sens commun sur ce qu'il doit dire, et que les chicanes de l'école calviniste dont il est plein, l'empêchent de faire réflexion sur la manière dont les autres hommes parlent. S'il avait assez considéré les règles qu'ils suivent dans leurs paroles, et qui sont fondées sur leur nature même, il aurait facilement reconnu que lorsque le jugement de la raison ou de la foi est contraire aux idées qui naissent des sens et de la concupiscence, il se forme par nécessité deux sortes de langage qui subsistent ensemble : l'un conforme aux idées des sens et de la concupiscence ; l'autre conforme à la raison ou à la foi. Il est certain que la foi change le jugement et les idées qui naissent des sens et de la concupiscence, à l'égard d'une infinité de choses. Elle nous fait voir que la plupart de celles que nous appelons des biens sont de véritables maux, et que la plupart de nos maux sont de véritables biens. Elle nous apprend que ceux qu'on appelle heureux sont malheureux, que les riches sont pauvres , que les pauvres sont riches, que les sages et les prudents du monde sont fous et imprudents, que des savants sont des ignorants, et elle corrige et détruit ainsi la plupart de nos idées. La philosophie humaine renverse aussi souvent les idées communes, et nous en donne d'autres toutes différentes. Qu'y a-t-il de plus éloigné des pensées ordinaires des hommes, que les opinions de ces philosophes qui soutiennent que la matière n'a point d'existence, et que dans la destruction de tout corps naturel, tout ce qu'il a d'être s'anéantit, et même les accidents; de sorte qu'un corps mort n'a rien de réel qui lui soit commun avec un corps vivant, et que les accidents mêmes ne sont plus les mêmes qu'ils étaient auparavant.

Il y a maintenant des philosophes célèbres qui nous veulent persuader que les animaux n'ont point d'âme ni de vie, que ce sont de pures machines; que les couleurs que notre imagination place dans les corps ne sont que des impressions de nos sens; que toutes les autres qualités sensibles ne sont point non plus dans les objets; que nous nous trompons quand nous croyons que le feu est chaud, que les arbres sont verts; que tout ce qu'il y a de vrai en cela est que le feu produit en nous le sentiment de chaleur, et que les arbres impriment dans nos yeux le sentiment de verdeur. On sait aussi qu'un grand nombre d'habiles astronomes croient avec Copernic que le soleil et les étoiles sont immobiles, et que c'est la terre qui, par ses divers mouvements, fait le jour et la nuit, et la diversité des saisons; qu'ainsi quand on croit que le soleil se lève vers l'Orient, et se couche vers l'Occident, c'est la terre qui en tournant sur son centre d'Occident en Orient, lui présente successivement les diverses parties de son globe; et que quand on s'imagine que le soleil est dans le signe du Bélier, et passe de là dans celui du Taureau, c'est la terre qui est dans le signe de la Balance, et qui passe de là dans celui du Scorpion. Enfin il est indubitable qu'il n'y a point d'étoile du firmament qui ne soit beaucoup plus grande que la lune, et qui n'ait en soi beaucoup plus de lumière, puisqu'elles en ont toutes par elles-mêmes, au lieu que la lune est un corps sombre comme la terre, qui n'éclaire que par le soleil.

Qui voudrait en parlant suivre ces jugements de la foi, ou ces principes philosophiques, il faudrait changer entièrement le langage des hommes. Il faudrait dire, par exemple, qu'il est arrivé un grand malheur à une personne, parce qu'elle a hérité de dix mille livres de rente; qu'une autre a laissé par testament de grands maux à ses enfants, parce qu'elle leur aurait laissé de grands biens. Il ne faudrait appeler sages et prudents que les gens de bien. Aristote et tous les savants du paganisme n'auraient place que parmi les aveugles et les simples, et l'on ne nommerait savants et habiles que ceux qui connaissent Dieu et eux-mêmes; car c'est ainsi que l'Écriture parle quelquefois, et que l'on devrait parler selon le langage de la vérité. Au lieu d'appeler les choses froides ou chaudes, nous les appellerions plus qu'échauffantes et refroidissantes; on bannirait le nom des couleurs, parce que notre imagination est accoutumée à les placer dans les objets mêmes; il ne serait plus permis de parler de la lumière, parce que ce mot nous trompe, et nous la fait regarder comme hors de nous, et il faudrait se réduire à n'exprimer toutes ces choses que par les mots d'impression de nos nerfs. Il ne faudra plus dire que les animaux sont vivants, mais les appeler seulement des machines et des automates. Un philosophe thomiste ne pourrait pas même dire que les corps de nos rois sont enterrés à S.-Denis, parce que, selon ses principes, un corps mort est un nouvel être qui n'a rien de réel de ce qui a été dans le corps vivant. Les astronomes coperniciens ne pourraient plus aussi parler du lever et du coucher du soleil; il ne leur serait plus permis de regarder les signes de l'Écrevisse, du Lion et de la Vierge, comme étant ceux qui nous font l'été; mais il faudrait qu'ils dissent qu'à notre égard les signes d'été sont le Capricorne, le Verseau et les Poissons. On ne pourrait point appeler le soleil et la lune les deux grands luminaires du ciel; et ç'aurait été une impertinence à un poète latin d'avoir dit:

> *Micat inter omnes*
> *Julium sidus, velut inter ignes*
> *Luna minores.*

Peut-être que si M. Claude en était cru, il ferait une loi pour autoriser ce nouveau langage; mais ce qui est très-certain, c'est que cette loi n'est point encore faite, et que les hommes sont dans un usage tout contraire. Ils ne sont pas assez sages pour parler toujours selon la foi, ni assez peu sages pour parler toujours en philosophes; et malgré la philosophie, quand tous les hommes seraient ou cartésiens, ou thomistes, ou coperniciens, on dira toujours que les animaux vivent, que les arbres sont verts, que l'on voit la lumière, que le feu est chaud, que les pierres sont pesantes, que nos rois sont enterrés à St.-Denis, que le soleil se lève et se couche, et que la lune luit parmi les étoiles comme un grand astre parmi de moindres.

Que M. Claude apprenne donc, par ces exemples, que les jugements que nous portons de la vérité des choses, quoique contraires aux idées des sens et de la concupiscence, ne changent pas les noms ni le langage ordinaire, et que le moyen que les hommes ont trouvé pour accorder le langage avec les opinions de l'esprit n'est pas de renverser celui dont ils se servaient, mais de l'unir avec leurs opinions, en marquant et désignant les choses par des termes conformes aux idées des sens, et en y joignant ensuite les idées de la foi ou de la raison pour les corriger.

Un philosophe cartésien dira que son cheval est mort quand il sera mort. Il dira, aussi bien que les autres hommes, que les animaux vivent: mais quand on lui demandera s'ils sont vivants en effet, il dira que non, et que ce ne sont que des machines qui se remuent par ressorts. On dit de même que les riches ont une abondance de biens; mais l'on pense par la foi que ces biens sont de grands maux, parce que ce sont de grands empêchements pour le salut, et l'on instruit de cette vérité ceux que l'on veut désabuser de la fausse idée qu'ils ont des biens de la terre.

On appelle donc les choses par les mêmes mots que le commun des hommes, afin de les désigner; et on y joint les opinions de l'esprit et les idées de vérité, quand on veut instruire les hommes de ce qu'elles sont. Ainsi toutes les fois, comme j'ai dit, qu'il y a de la contrariété entre la raison et les sens, entre la foi et la concupiscence, il faut qu'il y ait par nécessité un double langage parmi les hommes : l'un selon les sens ou la concupiscence ; l'autre, selon la raison ou la foi. Il faut que ces deux langages subsistent ensemble, et que l'on se serve de l'un pour marquer les choses, et de l'autre pour exprimer ce qu'elles sont véritablement. Ce double langage a des racines naturelles dans l'esprit des hommes, parce que l'esprit n'est jamais si parfaitement pénétré des idées de vérité, qu'il oublie celles qu'il a formées par les sens ou par la concupiscence. Ainsi tout ce qu'il peut faire est de les corriger, et non pas de les anéantir et de les détruire. C'est pourquoi le S.-Esprit même a bien voulu s'assujétir à cet usage : ce qui lui a fait dire que Dieu a fait deux grands luminaires et les étoiles, en nommant ainsi la lune un grand luminaire en comparaison des étoiles, parce qu'elle nous paraît aux yeux beaucoup plus grande que les étoiles. Et par la même raison, parce que la concupiscence a donné le nom de biens aux richesses et aux plaisirs des sens, et le nom de maux à la pauvreté et aux incommodités corporelles, il ne fait point de difficulté de s'accommoder à ce langage, pour désigner l'une et l'autre de ces choses, comme lorsqu'Abraham dit au mauvais riche : *Fili, recordare quia recepisti bona in vitâ tuâ, et Lazarus similiter mala*, se réservant de montrer en d'autres endroits que ces biens et ces maux ne sont point tels dans la vérité, puisqu'on n'est point heureux pour avoir les uns, ni malheureux pour souffrir les autres.

Il est donc clair, suivant ces principes du langage humain, qu'y ayant dans la doctrine des catholiques sur l'Eucharistie de la contrariété entre les idées que les sens en forment et le jugement que l'esprit en porte selon la foi, il doit y avoir par nécessité un double langage parmi eux. Et ceux qui n'auraient jamais lu aucuns écrits des Pères, et qui supposeraient, ce qui est en effet, qu'ils ont tous été parfaitement catholiques, devraient conclure par la seule connaissance de l'esprit humain, et de la manière dont les hommes expriment leurs pensées, qu'il se doit trouver par nécessité deux sortes d'expressions dans leurs écrits : les unes tirées du langage des sens, et les autres tirées du langage de la foi. Ils devraient conclure que lorsqu'il n'aura été question que de désigner l'Eucharistie et d'en marquer la matière, ils l'ont dû appeler pain, substance du pain et du vin, matière du pain et du vin : mais que lorsqu'ils auront eu dessein d'instruire ceux à qui ils parlaient de ce que l'Eucharistie est véritablement selon la foi, ils ont dû l'appeler le corps de Jésus-Christ, et marquer qu'elle le contient véritablement. Et de là l'on doit juger qu'il ne serait pas moins impertinent de prétendre que tous ceux qui auront appelé l'Eucharistie pain, n'ont pas cru la transsubstantiation, que de ramasser tous les endroits de Keppler ou de Galilée, où ils parlent du lever ou du coucher du soleil, et tous ceux de M. Descartes, où il parle de la pesanteur des pierres, de la blancheur de la neige et de la noirceur du charbon, pour en conclure qu'on impose aux premiers quand on dit qu'ils ont été coperniciens, et qu'on impose au dernier quand on prétend qu'il n'a pas cru que la pesanteur et les couleurs soient des qualités réelles dans les corps que l'on appelle ou pesants ou colorés.

Voilà le plan qu'un homme judicieux et intelligent fera sans doute de ce qui se doit trouver dans les Pères, en supposant qu'ils ont cru la présence réelle, comme S. Thomas et le concile de Trente ; et ce plan ne le trompera nullement, car il trouvera ces doubles expressions et ce double langage dans les plus grands transsubstantiateurs des derniers siècles, aussi bien que dans les anciens Pères, parce qu'il naît dans les uns et dans les autres de la même source, qui est la nature de l'esprit de l'homme. Il trouvera dans Paschase, par exemple, que le mystère de l'Eucharistie *est célébré dans le pain ; mysterium hoc in pane celebratur ;* il trouvera qu'il est célébré dans la même substance : *In eâdem substantiâ jure celebratur ;* il trouvera *que le corps de Jésus-Christ est dans le pain ; sicut caro vel corpus in pane.* Il ne s'étonnera donc pas que ces évêques grecs, assemblés à Constantinople, n'ayant aucun dessein de nous instruire de la nature de l'Eucharistie, mais seulement de désigner la matière que Jésus-Christ a choisie pour en faire l'image de son corps, l'appellent substance de pain ; et il s'étonnera seulement de l'usage que M. Claude fait des exclamations, en s'écriant, sur le sens que l'on donne à cette expression : *Quelle fuite pitoyable !*

Mais, dit M. Claude, *quand les dons retiendraient le nom de pain, ils n'en retiennent plus la substance.*

Il est visible que M. Claude se moque de nous de nous faire de telles objections. Eh quoi, les termes de *substance de pain* ne sont-ce pas des mots aussi bien que celui de *pain ?* On lui accorde donc que l'Eucharistie ne retient ni l'être du pain ni la substance du pain ; mais elle retient et le nom de *pain* et le nom de *substance du pain.* Ces évêques ont pu l'appeler ainsi lorsqu'il ne s'agissait que de la désigner ; mais quand il s'agira d'exprimer ce qu'ils en croient selon la foi et selon le jugement de la vérité, ils doivent parler autrement. Il faut qu'ils disent que le pain est *fait le corps de Jésus-Christ,* et que ce que nous recevons *est proprement et véritablement le corps de Jésus-Christ.* Et ils l'ont dit en effet, comme nous l'avons marqué ci-dessus.

Ces évêques n'ont donc fait que suivre ce double langage, qui est une suite naturelle de l'opinion de la présence réelle et de la transsubstantiation. Ce qui fait voir qu'il serait bon que M. Claude pesât un peu davantage les choses, lorsqu'il veut faire des exclamations.

Je l'avertirai encore en passant qu'il falsifie les paroles des iconoclastes, en leur faisant dire que *cette image est la substance du pain ;* ils ne parlent point du tout ainsi : ils disent *que Jésus-Christ nous a commandé d'offrir une image, une matière choisie, c'est-à-dire la substance du pain ;* et dans cet arrangement, il est clair que les mots de *substance de pain* ne sont que des termes de désignation, et non pas d'instruction. Je veux dire qu'ils désignent seulement par là en quelle matière Dieu a mis cette image, et qu'ils ne prétendent point nous expliquer ce qu'elle est. Mais en disant, comme M. Claude leur fait dire, que *cette image est la substance du pain*, il semblerait qu'ils nous auraient voulu instruire de la nature et de l'essence de cette image, et c'est à quoi ils n'ont pas pensé.

M. Claude (p. 577). — « De plus, il faut remarquer qu'ils font une perpétuelle opposition du vrai et propre corps de Jésus-Christ au pain qui est son image, et qu'ils passent jusqu'à montrer les rapports qu'il y a de l'un à l'autre. L'un, disent-ils, *est la matière de la substance humaine, sans subsistance personnelle; l'autre est une matière choisie, savoir la substance du pain, sans avoir les traits de la figure humaine. L'un est son corps par nature, l'autre son corps par institution. L'un est saint, comme étant divinisé, l'autre est rendu divin par quelque sanctification de grâce. L'un est sa chair qu'il a unie à soi, et qu'il a sanctifiée d'une sanctification qui lui est propre selon la nature, l'autre est sanctifié par la grâce du S.-Esprit, lorsque d'un état commun il passe à la sainteté.* Et que veulent dire tous ces rapports établis de cette manière, sinon que le pain de l'Eucharistie et le propre corps du Seigneur sont deux sujets réellement différents ? Que signifie cette docte et élégante distinction des deux corps, l'un τὸ κατὰ φύσιν, et l'autre, τὸ θέσει, c'est-à-dire, l'un par nature, l'autre par institution, sinon que l'un est son vrai et propre corps, et l'autre le sacrement de son corps, qui n'en a pas la nature, mais qui en tient la place; ou, comme parle Facundus, qui ne l'est pas proprement, mais en contient le mystère. »

Réponse. — Avant d'examiner ces rapports et les conséquences que M. Claude en veut tirer, il est juste de le prier d'en retrancher ceux qui ne subsistent que sur la falsification des paroles des iconoclastes. Il y a, par exemple, dans le grec, εἰκών αὐτοῦ ἁγίως διὰ τίνος ἁγιασμοῦ χάριτι θεουμένη, c'est-à-dire, *que l'Eucharistie qui est l'image de Jésus-Christ est sainte, étant divinisée par une faveur toute gratuite, par le moyen d'une certaine consécration.* Car le mot χάριτι, joint à celui de θεουμένη, marque seulement que ce haut état où la consécration élève le pain ne lui appartient point naturellement, mais que c'est un pur effet de la bonté de Dieu. Et il ne marque en aucune sorte la qualité de cet état, ni si la dignité où l'Eucharistie est élevée est d'être simplement une source de grâce, un mystère plein d'efficace et de vertu, comme disent les calvinistes, ou si cette dignité consiste en ce qu'elle est réellement le corps de Jésus-Christ selon la doctrine des catholiques. C'est donc une falsification à M. Claude d'avoir traduit ces paroles en cette manière : *que l'Eucharistie est rendue divine par quelque sanctification de grâce*, pour donner l'idée que cette sanctification consiste à être remplie de grâce et de vertu, ce qui n'est point du tout dans le texte.

En second lieu, on ne sait ce que veulent dire ces paroles dans la traduction de M. Claude, que *l'Eucharistie passe d'un état commun à un état de sainteté*; et cela donne toujours l'idée de cette sainteté accidentelle qu'il accorde à l'Eucharistie. Mais les paroles grecques détruisent cette pensée : car elles portent expressément *qu'il a plu à Dieu que l'Eucharistie, comme image non trompeuse de sa chair naturelle, fût faite le corps de Jésus-Christ, étant consacrée par l'avénement du S.-Esprit et par le ministère du prêtre, qui offre les dons, lorsqu'ils sont transférés de l'état commun en l'état de consécration*, εἰς τὸ ἅγιον. Or l'effet de cette consécration est, selon ces évêques, de devenir le corps de Jésus-Christ.

Ces faux avantages étant retranchés, il est assez difficile de comprendre ce que M. Claude peut conclure de tout le reste; car qui doute que l'on ne puisse remarquer entre le corps naturel et l'Eucharistie, contenant ce même corps, tous ces rapports marqués par les iconoclastes ? Que le corps naturel de Jésus-Christ ne représente point une personne humaine subsistante séparément de la personne divine ? Que l'Eucharistie ne représente point une figure humaine ? Que le corps naturel de Jésus-Christ est sanctifié et divinisé, et que l'Eucharistie est aussi divinisée ? Que le corps naturel est tel par la nature, κατὰ φύσιν, que l'Eucharistie n'est son corps que par institution, et par un nouvel établissement et une nouvelle action, θέσει.

Mais conclure, comme fait M. Claude, que l'un est son vrai et propre corps, et l'autre seulement le sacrement de son corps qui n'en a pas la nature, mais qui en tient la place, c'est substituer ses propres pensées à celles de ces évêques, ou plutôt c'est contredire formellement les paroles de ces évêques : car il se trouve que non seulement les iconoclastes disaient que l'Eucharistie étoit faite, θεῖον σῶμα, le corps de Dieu; mais ils disaient aussi *que ce qu'on recevait dans la communion était proprement et véritablement le corps de Jésus-Christ*, comme nous l'avons dit plusieurs fois. Ainsi ils tiraient une conséquence directement opposée à celle que M. Claude leur attribue sur ces vaines conjectures.

M. Claude (p. 578). — « Mais il faut considérer que par tous ces rapports qu'ils établissent entre le corps naturel du Seigneur et le pain du sacrement, ils veulent que le pain soit une image et une figure bien expresse du mystère de l'incarnation, selon la doctrine commune des Pères, mais comment serait-ce une image vraie et non trompeuse, ἀψευδὴς εἰκών, du mystère de l'Incarnation, si la substance du pain était détruite et changée par la sanctification? C'en serait, au contraire, une image bien trompeuse, puisque la chair de Jésus-Christ n'est point abolie par son élévation à l'union hypostatique. »

Réponse. — Il ne faut pas s'étonner si ceux qui raisonnent sans principes, comme M. Claude, ne tirent que de mauvaises conséquences : car ce n'est pas de ses fantaisies, mais de la connaissance de l'hérésie des iconoclastes, qu'on doit apprendre la véritable raison pour laquelle ils appellent l'Eucharistie une image non trompeuse. Toutes les images de Jésus-Christ, selon ces hérétiques, étaient trompeuses, parce, disaient-ils, ou qu'elles représentaient l'humanité séparée de la divinité, et subsistante par elle-même, ou qu'elles figuraient la divinité confuse et mêlée avec l'humanité, et qu'ainsi elles portaient à l'erreur de Nestorius, ou à celle d'Eutychès (1).

Afin donc que l'Eucharistie fût une image non trompeuse, selon les iconoclastes, il fallait qu'elle n'eût point ces inconvénients des autres images. Et il est clair que si elle n'eût été selon eux qu'un pain rempli de vertu comme les calvinistes se l'imaginent, ils auraient eu de la peine à l'en exempter, puisqu'on pourrait dire qu'elle représente aussi bien un corps subsistant à part, que toute autre peinture de Jésus-Christ. Mais ils prétendaient l'éviter entièrement en disant que l'Eucharistie était le corps même de Jésus-Christ uni à la divinité. Par ce moyen, selon eux, cette image n'était point fausse, puisqu'elle enfermait et le corps de Jésus-Christ, et sa divinité, et la plénitude du S.-Esprit, qui réside dans l'humanité de Jésus-Christ. C'est ce qu'ils signifiaient par ces paroles, que, *comme Jésus-Christ avait déifié la chair qu'il a prise dès le moment de l'Incarnation, par une sanctification qui lui convient selon la nature, de même il avait voulu que le pain de l'Eucharistie, comme étant l'image non trompeuse de sa chair naturelle, étant consacrée par l'avénement du S.-Esprit, fût faite le corps de Dieu.* C'est en cela qu'elle n'est pas selon eux une image trompeuse. Ainsi tant s'en faut qu'il soit nécessaire que Jésus-Christ ne soit pas réellement présent, afin que l'Eucharistie ne soit pas une fausse image ; qu'il est nécessaire, au contraire, selon les iconoclastes, qu'elle contienne Jésus-Christ tout entier ; et c'est par la vérité du corps de Jésus-Christ rempli de la divinité, et résidant dans l'Eucharistie qu'ils l'exemptaient de l'illusion qu'ils disaient être enfermée dans les autres images.

Quant à cette réflexion de M. Claude, que si le pain ne subsistait plus, cela voudrait dire que la nature humaine de Jésus-Christ ne subsiste plus, ce qui rendrait cette image trompeuse, c'est une spéculation métaphysique qu'il lui plait de faire, et à laquelle les iconoclastes n'ont point pensé. Il n'y a rien de si aisé que de faire de ces rapports arbitraires, et d'en conclure ce que l'on veut. Je dirai de même, contre M. Claude, que si le pain, figure de Jésus-Christ, était seulement rempli de vertu et d'efficace, cela voudrait dire que l'humanité de Jésus-Christ n'est remplie que de la vertu de la divinité, et qu'elle ne lui est pas hypostatiquement unie, et qu'ainsi son opinion porte à l'erreur de Nestorius.

La subsistance ou la destruction du pain ne fait rien du tout pour rendre le signe vrai ou faux, parce que cette subsistance ne fait point partie du signe

(1) Συναχθήσεται δὲ τοῖς οὕτος Χριστοῦ εἰκόνα γράφειν οἰομένοις ἤ τὸ θεῖον περιγράπτον καὶ τῇ σαρκὶ συγχυθέν, ἤ τὸ σῶμα τοῦ Χριστοῦ ἄθεοτον καὶ διχούμενον. *Conc. Nic. II.*

comme signe, étant invisible et inconnue aux hommes. Pourvu que les hommes soient toujours frappés des apparences du pain et du vin, le signe demeure tout entier. Que les couleurs de l'arc-en-ciel soient vraies ou fausses, cela fait-il que le signe qu'il contient de la réconciliation de Dieu avec les hommes en soit plus ou moins véritable? Et ne serait-ce pas un argument ridicule, que de prétendre réfuter les philosophes qui nient la réalité des couleurs dans les objets, par cet argument, qu'il s'ensuivrait donc que Dieu aurait donné aux hommes un signe qui serait faux? Pour signifier ce que Dieu veut faire entendre aux hommes par l'arc-en-ciel, il suffit que nous voyions un arc dans le ciel. De même, afin que l'Eucharistie conserve sa qualité de signe et d'image, il suffit que nous y voyions toujours, selon les apparences extérieures, du pain et du vin, qui nous figurent toujours également tous les mystères que Dieu a voulu représenter par le choix qu'il a fait de cette matière.

M. Claude (p. 578). — « Enfin il faut remarquer ces paroles : Jésus-Christ a commandé d'offrir une image, une matière choisie, c'est-à-dire la substance du pain, qui ne représente aucune forme d'homme, de peur que l'idolâtrie ne s'introduisît. Accordez, je vous prie, ces termes avec la créance de la présence réelle, qui, selon l'aveu de l'auteur, est inséparable de l'adoration. Supposons ce que l'auteur veut, que ces Pères aient cru que l'Eucharistie est réellement le corps de Jésus-Christ, et qu'ensuite ils l'aient adorée : n'est-ce pas la dernière de toutes les extravagances que de dire que Jésus-Christ n'a pas voulu donner à l'Eucharistie la figure humaine, de peur que l'idolâtrie ne s'introduisît. Est-ce donc que l'Eucharistie en est moins adorable pour n'avoir pas la forme de l'homme? Est-ce que si Jésus-Christ y paraissait en sa véritable forme, ce serait une idolâtrie que de l'adorer, au lieu qu'y paraissant sous la figure du pain, le culte souverain qu'on lui rend est légitime? Et qu'est-ce que fait la figure d'homme ou de pain pour faire d'une bonne adoration une idolâtrie, ou d'une idolâtrie une bonne adoration? A ce compte les apôtres auront idolâtré ; les anges et les saints du Paradis, et tous les fidèles du monde seront des idolâtres, puisqu'ils ont adoré et qu'ils adorent encore ou qu'ils adoreront un jour Jésus-Christ, non sous la figure du pain, mais sous la naturelle figure d'homme. Assurément si l'on suppose que ces prélats aient été catholiques romains de la manière qu'on l'est aujourd'hui, il faut conclure qu'ils avaient perdu le sens. »

Réponse. — Que M. Claude ne se mette pas en peine : il y a bien moyen d'éviter une conclusion si dure, par une petite supposition qui n'est pas fort difficile à prouver, qui est que l'éloquence de M. Claude lui a fait produire et grossir monstrueusement une chimère. Ce passage des iconoclastes, que *Jésus-Christ n'avait pas voulu que l'image qu'il avait établie dans l'Eucharistie eût la figure humaine, de peur que l'idolâtrie ne s'introduisît,* peut avoir trois sens : le premier que Dieu n'avait pas voulu que l'Eucharistie eût la figure humaine, de peur qu'on n'adorât l'Eucharistie ; le second, qu'il n'avait pas voulu que l'Eucharistie eût la figure humaine, de peur qu'on ne commît une idolâtrie en l'adorant sous cette figure humaine, quoique ce ne fût pas une idolâtrie que de l'adorer sous la figure du pain ; la troisième, qu'il n'avait pas voulu que l'Eucharistie eût la figure humaine, de peur que la juste adoration qu'on lui rendrait sous cette figure humaine ne portât à adorer des images de bois ou de pierre qui, n'étant pas Jésus-Christ même, comme l'Eucharistie, ne pourraient être adorées sans idolâtrie.

Le premier de ces sens est celui que les Calvinistes donnent aux paroles des iconoclastes ; le second est un sens ridicule et chimérique, que personne n'y a jamais donné ; le troisième est le sens que les catholiques y donnent.

Sur cela M. Claude, pour établir son premier sens qu'il ne prouve point, déclame à perte de vue contre le second, qui n'est pas un sens, mais une imagination grotesque qu'il a formée. Il se débat, il entasse figure sur figure, il interroge, il répond, il semble qu'il ait en tête tous les catholiques, et cependant il n'a point d'autres adversaires que ceux qu'il s'est lui-même formés. Il suffit donc, pour apaiser ses violentes agitations, de le prier de mieux ménager à l'avenir sa rhétorique, et de ne pas prodiguer si inutilement ses antithèses.

On le peut assurer que personne n'a dit et n'a pensé que Jésus-Christ n'ait pas voulu paraître sous une forme humaine, de peur qu'on ne commît une idolâtrie en l'adorant sous cette forme, comme s'il n'était pas adorable sous quelque forme qu'il lui plaise de paraître ; mais on lui dit que, selon les iconoclastes, il n'a pas voulu paraître dans l'Eucharistie sous la figure humaine, de peur qu'on ne s'accoutumât par là à adorer les autres images qui ne seraient pas lui-même. C'est cette idolâtrie qu'il a voulu empêcher selon les iconoclastes, et leur pensée en cela n'est point déraisonnable, s'ils ne l'avaient étendue trop loin, et s'ils n'avaient voulu bannir par là tout le culte que l'on rend aux images de Jésus-Christ. Car on doit supposer, selon les iconoclastes, que quand Jésus-Christ aurait paru dans l'Eucharistie sous une forme humaine, ce n'aurait pas été néanmoins sous sa forme naturelle, vivante et animée ; autrement ce n'aurait pas été une image, mais Jésus-Christ même sans aucun voile. Ce n'est pas ce qu'enferme l'hypothèse dont ils parlent, que l'Eucharistie eût la forme humaine ; mais ce qu'ils voulaient dire était que Jésus-Christ n'avait pas voulu que l'Eucharistie fût semblable aux autres images de son corps, et qu'il y fût caché intérieurement, comme il se cache sous la figure du pain, de peur qu'étant juste d'adorer cette image qui serait Jésus-Christ même, on n'étendît ce culte aux autres images non consacrées qui n'enfermeraient pas Jésus-Christ, et qu'ainsi on ne tombât dans l'idolâtrie.

Voilà le sens auquel les catholiques prennent les paroles des iconoclastes, et il n'est pas difficile de faire voir à M. Claude que c'est le véritable sens, en lui montrant que celui qu'il y donne ne peut subsister. Pour le prouver tout d'un coup, il suffit de remarquer que les iconoclastes ne distinguaient point deux sortes d'adoration : l'une relative, l'autre absolue ; et que sans distinction ils traitaient d'idolâtrie tout le culte que les catholiques rendaient aux images, ou des saints ou de Jésus-Christ. Or, il est certain néanmoins qu'ils rendaient un culte et une adoration aux antitypes, c'est-à-dire à l'Eucharistie. Et cela se prouve manifestement par ces paroles de S. Étienne-le-Jeune à Constantin Copronyme : *Ne prétendez-vous point aussi bannir de l'Église les antitypes du corps et du sang de Jésus-Christ, parce qu'ils en contiennent l'image véritable, et que nous les adorons, nous les baisons, et nous sommes sanctifiés en les recevant ?* Car il ne paraît pas seulement par ce passage que les catholiques adoraient les antitypes ; mais il paraît que les iconoclastes les adoraient aussi, puisqu'Étienne prouve le culte des images par un principe commun, et qu'on ne voit aucun vestige que les iconoclastes aient rien innové dans la Liturgie, et qu'ils aient rendu à l'Eucharistie moins de respect que les catholiques.

Je n'examine point ici si le mot grec προκυνεῖν marque une véritable adoration, telle qu'on la rend à Dieu ; il suffit que l'on prouve au moins par ce passage que les iconoclastes adoraient l'Eucharistie comme on adore les images. Or, selon eux, tout culte rendu aux images était une véritable adoration, et n'était dû qu'à Dieu seul, et par conséquent ils rendaient à l'Eucharistie un culte qu'ils estimaient n'être dû qu'à Dieu seul.

Au reste, il ne faut pas s'étonner que cet auteur appelle les dons *antitypes;* car, outre que l'on peut dire qu'il les appelle ainsi, parce qu'on leur donnait ce nom avant la consécration, quoiqu'il les considère en ce lieu-là comme consacrés, en la même manière que les catholiques appellent le Saint-Sacrement pain, même après la consécration, non qu'ils croient qu'il soit encore du pain, mais parce qu'il l'a été, il n'y a de plus nul inconvénient à dire que ce savant et saint religieux, trouvant ce terme appliqué à l'Eucharistie par le concile des iconoclastes, et reconnaissant qu'ils pouvaient autoriser cette manière de parler par l'exemple de quelques anciens Pères, ne crut pas les devoir reprendre de ce terme, quoique un peu usité de son temps, mais jugea plutôt qu'il s'en devait servir contre eux, afin de montrer qu'on ne pouvait pas bannir de l'Église toutes les images, puisqu'il y en avait une qui était instituée par Jésus-Christ même, et qui couvrait son corps immortel et glorieux.

Il est vrai que les iconoclastes pouvaient se défendre de cet argument ; mais on ne saurait prendre un plus mauvais principe pour l'explication des anciens auteurs, que celui de prétendre réduire tous leurs raisonnements à la dernière justesse. Il suffit que l'on fasse voir clairement par ce passage que l'on rendait une adoration extérieure à l'Eucharistie, et que les iconoclastes et les catholiques convenaient dans cette cérémonie : de sorte que paraissant d'ailleurs qu'ils croyaient tous que l'Eucharistie était proprement et véritablement le corps de Jésus-Christ, il s'ensuit qu'ils l'adoraient proprement et véritablement. Et, par conséquent, on ne peut entendre ces paroles des iconoclastes, que *Dieu n'avait pas voulu que l'Eucharistie eût une forme humaine, de peur que l'idolâtrie ne s'introduisît*, en ce sens *qu'il n'avait pas voulu qu'elle eût une forme humaine, de peur qu'on ne l'adorât*, puisqu'ils ne défendaient pas d'adorer l'Eucharistie ; qu'ils n'ont jamais blâmé les catholiques qui l'adoraient, et que n'étant point différents d'eux en ce point, on doit croire qu'ils l'adoraient aussi eux-mêmes.

Ces paroles ne souffrent donc point d'autre sens que celui que les catholiques y donnent, qui est que les iconoclastes ont signifié par là que Jésus-Christ n'a pas voulu couvrir son corps du voile d'une statue ordinaire, de peur d'autoriser l'adoration des autres statues qui ne contiendraient pas son corps. Et M. Claude n'est point du tout raisonnable, quand il demande si *d'avoir Jésus-Christ en sa véritable figure est une chose qui induise à servir les peintures et les statues*; et quand il nous avertit *qu'il n'y a rien qui retire plus les hommes d'une image que la vue de son original*; car il devrait voir de lui-même l'absurdité de sa demande et de son avertissement.

Un original retire des images, parce qu'il en est fort différent ; il parle, et elles ne parlent point ; il agit, et elles n'agissent point ; il paraît vivant, et elles paraissent sans vie. Mais ces figures consacrées, qui contiendraient intérieurement Jésus-Christ, ne seraient point sensiblement différentes des autres statues ; elles ne parleraient point, elles n'agiraient point. Ainsi rien ne pourrait davantage autoriser le culte des images, que le culte nécessaire que l'on rendrait à ces images consacrées, qui contiendraient réellement le corps de Jésus-Christ.

Voilà toutes les conséquences que M. Claude tire des paroles des iconoclastes épuisées. Il y joint encore deux autres arguments, qu'il tire des paroles de l'auteur de *la Perpétuité*, et qui lui paraissent fort convaincants.

Premier argument de M. Claude (p. 587).

« L'auteur me permettra de lui dire qu'il a tissu lui-même les filets où il est pris. Car si le sens populaire de ces mots, *images*, *types*, *antitypes*, *signes*, *figure*, est exclusif de la vérité, il s'ensuit nécessairement que quand les peuples ont entendu ces expressions ordinaires dans la bouche des Pères, ou qu'ils les ont lues dans leurs écrits, ils n'ont pu s'empêcher de les recevoir dans ce sens populaire, et de former là-dessus leur créance, que l'Eucharistie n'est donc pas proprement le corps de Jésus. Par exemple, quand ils ont entendu dire à Cyrille de Jérusalem : *On ne vous recommande pas de goûter le pain et le vin, mais l'antitype du corps et du sang de Christ* ; et à Grégoire de Nazianze, parlant de Gorgonie, sa sœur : *Elle mêla ses pleurs avec les antitypes du corps et du sang précieux de Jésus-Christ* ; et au même Grégoire : *Je mets devant vos yeux cette table où nous communions ensemble, et les types de mon salut, ce saint sacrement qui nous élève* ; et à S. Augustin : *Jésus-Christ admet Judas au banquet, auquel il recommande à ses disciples la figure de son corps et de son sang* ; on ne peut pas douter qu'ils n'aient pris ces paroles dans cette signification commune, qui est, nous dit l'auteur, exclusive de la réalité. C'est ainsi qu'en deux mots il a ruiné tout ce qu'il avait élevé dans sa seconde partie avec des soins extrêmes : toutes ces premières idées, ces longues règles contre les métaphores, ces significations naturelles et littérales, qui imprimaient, disait-il, la présence réelle, tout cela est emporté par l'aveu qu'il nous fait que le sens populaire de ces mots, *images*, *types* et *antitypes*, est exclusif de la vérité. »

RÉPONSE. — La manière libre et franche dont M. Claude a bien voulu que cette dispute se traitât, et qu'il a le premier pratiquée à l'égard de l'auteur de *la Perpétuité*, m'exemptant de la contrainte des civilités étudiées, me donne la liberté de l'avertir que, soit par passion, par précipitation ou autrement, il témoigne par toutes ses objections qu'il n'entend les choses qu'à demi ; qu'il n'en voit que la surface, et qu'il se laisse emporter par les moindres apparences. La difficulté qu'il forme ici en est une preuve : car il ne l'aurait jamais proposée, s'il avait considéré comment les hommes parlent, et ce qui règle le sens de leurs expressions. Il aurait vu, par exemple, que les catholiques prennent souvent le mot de *figure* en un sens exclusif, et qu'aucun d'eux ne voudrait dire *qu'il a reçu la figure de Jésus-Christ*. Il n'y a point de catholique qui ne fût choqué de cette expression, et par conséquent, le mot de *figure* a encore parmi eux un sens populaire exclusif de la vérité. Cependant il n'y a point de catholique qui se blessât si l'on disait, comme on le dit souvent, que l'Eucharistie est tout ensemble vérité et figure, image et réalité. Donc les mots de *figure* et d'*image* ont parmi les catholiques un sens qui n'est pas exclusif de la vérité ; et ces deux sens subsistant ensemble sans confusion, c'est une marque certaine qu'ils ne sont pas incompatibles, et que ces termes se peuvent appliquer à l'Eucharistie par des personnes qui croient la réalité.

Mais, pour réduire les choses aux principes du langage humain, qui règle les expressions particulières, afin d'éclaircir par là cette apparence de difficulté qui se trouve dans les mots de *figures*, d'*antitypes*, dont les anciens se sont servis sur le sujet de l'Eucharistie, une personne de bon sens ne peut pas désavouer que les hommes ne soient naturellement portés à abréger leurs expressions, et à employer le moins de paroles qu'ils peuvent pour signifier ce qu'ils pensent : de sorte que lorsqu'une chose est composée de diverses parties on ne la nomme souvent que par une de ses parties, quoique l'esprit l'entende tout entière par cette expression imparfaite, l'abrégement n'étant que dans le langage, et non pas dans les idées, et l'esprit suppléant par sa promptitude à l'imperfection des paroles.

Ainsi les catholiques croyant que Jésus-Christ est présent dans l'Eucharistie sous les apparences du pain, c'est une suite nécessaire de cette créance, qu'il se soit introduit parmi eux diverses expressions abrégées, qui, ne marquant l'Eucharistie que par une de ses parties, la fassent concevoir tout entière, l'esprit suppléant de soi-même ce qui manque à l'expression. Si l'on demande, par exemple, aux catholiques, ce que veut dire le terme de *sacrement*, ils vous diront qu'il signifie un signe sacré ; mais si on leur demande ce qu'ils entendent quand on nomme devant eux *le S.-Sacrement*, ils répondront qu'ils entendent le corps même de Jésus-Christ, couvert d'un voile extérieur. Ce n'est pas que le mot de *S.-Sacrement* ne signifie toujours *signe sacré*, mais c'est que l'intelligence commune supplée à l'imperfection des paroles, et que l'on conçoit tout ce que l'on a voulu marquer par cette expression abrégée. Si on leur demande aussi ce que signifient les mots *d'espèces* et *d'apparences*, ils vous diront qu'ils signifient une simple représentation ; mais si vous leur demandez ce qu'ils entendent quand ils appliquent ces mots à l'Eucharistie, ils vous diront qu'ils entendent le voile qui couvre Jésus-Christ réellement présent. Or il arrive de là un effet assez remarquable, c'est que les hommes ne s'accoutument à suppléer dans leur esprit l'idée totale et entière que quand on se sert de l'expression ordinaire, et ils ne la suppléent pas lorsque l'on se sert d'une expression extraordinaire, quoique synonyme. Ainsi nul catholique n'est choqué lorsqu'on dit qu'il a reçu le S.-Sacrement ; et tout catholique serait choqué si quelqu'un disait qu'il a reçu le signe sacré de Jésus-Christ, ou la sainte figure de Jésus-Christ, quoique ces termes signifient de soi la même chose : l'unique raison de ces différentes impressions étant que dans l'expression ordinaire, l'esprit ajoute ce qui doit être sous-entendu, et conçoit non seulement le signe, mais la vérité cachée ; mais dans l'expression extraordinaire, il n'entend que le sens précis des paroles, et suppose que celui qui s'en sert n'y entend rien davantage.

Par là il est visible que sans aucun changement de sentiment, de créance et d'opinion, il peut arriver qu'on ne sera point choqué d'une expression en un temps, et qu'on en sera choqué dans un autre, parce que dans le temps où l'on n'en sera point choqué, ces termes, étant ordinaires, signifiaient plus qu'ils n'exprimaient, et faisaient concevoir l'idée totale de la chose qu'ils ne marquaient qu'imparfaitement ; mais dans un autre temps, ces mêmes termes, étant devenus extraordinaires, et ne fournissant plus à l'esprit que l'idée précise de ce qu'ils signifient, deviennent choquants, parce qu'ils donnent lieu de supposer que celui qui s'en sert ne conçoit rien que ce qu'il exprime précisément. Ainsi le terme de *S.-Sacrement*, qui ne blesse présentement personne, pourrait devenir suspect et choquant s'il était devenu extraordinaire, et qu'il n'ex-

citât plus d'autre idée dans l'esprit que celle de son sens originaire et grammatical, c'est-à-dire de *signe sacré*.

Voici donc un enchaînement de propositions, qui non seulement s'accorde parfaitement avec la supposition qu'on ait toujours cru la présence réelle et la transsubstantiation, mais qui en est une suite nécessaire. 1° Il est clair que, supposé qu'on ait cru dans l'ancienne Église ce qu'on croit présentement de ce mystère, il a dû par nécessité s'introduire dans l'usage diverses expressions imparfaites, comme il s'en est introduit parmi les catholiques d'à présent, parce que les hommes d'autrefois n'ont pas moins aimé la brièveté qu'on l'aime présentement. 2° Que ces expressions imparfaites excitaient néanmoins l'idée totale du mystère, et ne causaient aucune peine à ceux qui les entendaient, parce qu'ils suppléaient aisément, par la connaissance qu'ils avaient de la foi de l'Église, ce qui manquait à l'expression. 3° Qu'on a droit de supposer que les mots *d'antitypes*, de *types*, de *figures*, de *symboles*, de *sacrement*, étaient de ce genre, parce que marquant ce qu'il y a d'extérieur et de sensible dans l'Eucharistie, ils étaient propres à la désigner. 4° Que ces termes ne donnaient nullement aux peuples une fausse idée, parce qu'ils étaient accoutumés à suppléer l'idée entière du mystère désigné imparfaitement par ces mots. 5° Que ces termes n'ont point dû paraître choquants lorsqu'ils étaient ordinaires, comme par cette raison le mot de *S.-Sacrement* ne l'est point présentement parmi les catholiques. 6° Que cela n'empêchait pas qu'il n'y eût même en ce temps-là un autre usage populaire de ces mêmes termes, lorsqu'ils n'étaient point appliqués à l'Eucharistie ; comme il y a encore parmi les catholiques un usage exclusif du mot de figure, quand on s'en sert imprudemment. 7° Qu'ainsi il y avait deux usages populaires des mots de *figure*, d'*antitype*, de *signe* : l'un général et commun à toutes sortes de sujets, selon lequel on conclut, c'est la figure, donc ce n'est pas l'original ; l'autre particulier à l'égard de l'Eucharistie, et populaire dans cette application, lequel, n'exprimant ce mystère que par sa partie extérieure, ne laissait pas de le faire concevoir tout entier, comme le mot de *sacrement* ou d'*espèce* le fait présentement concevoir aux catholiques. 8° Que ces mêmes termes étant devenus moins ordinaires, ont dû paraître choquants, parce que l'esprit n'y ajoutant plus rien, ils n'excitent plus que l'idée de ce qu'ils signifient précisément ; et ainsi on ne doit point s'étonner que les Pères du concile de Nicée aient été scandalisés du terme d'*image*, dont les iconoclastes se servaient, parce qu'il paraît, par les auteurs du septième siècle, qu'il n'était plus guère en usage à l'égard de l'Eucharistie.

Et par là il est facile de reconnaître que toutes les objections de M. Claude tombent d'elles-mêmes par terre : car 1°, quoique les anciens Pères se soient servis du mot de *figure* et d'*antitypes* en les appliquant à l'Eucharistie, il ne s'ensuit pas que le peuple les ait dû entendre en ce sens populaire, général, qui est

P DE LA F. I.

(*Vingt-cinq.*)

exclusif de la réalité, puisqu'il y avait un autre sens particulier, et non exclusif, qui était aussi en usage de leur temps, et qu'ils étaient accoutumés de suppléer l'imperfection de ces expressions, comme nous suppléons celle du mot de S.-*Sacrement*. 2° Il est clair qu'en traduisant ces mots des anciens Pères par ceux qui leur répondent grammaticalement, comme ceux de *figure* et d'*image*, on commet une espèce d'infidélité, parce qu'on exprime un terme suppléé par l'usage ordinaire, et qui signifiait le mystère entier, par un terme qui n'en exprime plus qu'une partie, et qui n'est point suppléée. Ainsi c'est mal traduire à M. Claude, que d'exprimer en ces termes ce passage de S. Augustin : *Jésus-Christ donna à ses disciples la figure de son corps*, parce que le mot de *figure* était suppléé du temps de S. Augustin, et marquait l'Eucharistie tout entière; au lieu que nous ne sommes pas aujourd'hui accoutumés de remplir dans notre idée l'imperfection du mot de *figure*, et qu'à moins qu'on ne le joigne expressément à la vérité, nous le prenons pour une figure exclusive de la vérité. Enfin il est visible que cela ne donne pas la moindre atteinte à tout ce que l'auteur de *la Perpétuité* a dit touchant les idées naturelles et les idées simples, et les termes métaphoriques : car encore que par l'instinct des langues il s'y introduise par nécessité quantité d'expressions imparfaites, qui sont suppléées par l'esprit, il ne s'y introduit point d'expressions parfaites, précises et naturelles, qu'on soit obligé de retrancher, pour entrer dans le véritable sens. Jamais les mots de *corps de Christ*, de *propre corps de Christ*, de *vrai corps de Jésus-Christ*, ne signifieront la vertu de Jésus-Christ, et n'ont pu s'introduire dans aucune langue pour n'exprimer que cette idée. Et ainsi tout ce que l'auteur de *la Perpétuité* a dit subsiste dans son entier, et il n'y a que les raisonnements de M. Claude qui s'évanouissent et se dissipent quand on les examine avec quelque attention, tant ils ont peu de solidité.

Second argument de M. Claude (ibid.)

Ou ces bons Pères de Nicée ont cru que ceux de Constantinople avaient pris le terme d'image dans le sens naturel et originaire, qui n'exclut pas la présence réelle, ou ils ont cru qu'ils l'avaient pris dans le sens populaire, qui l'exclut. Si c'est le premier, ce sont des calomniateurs et des sophistes, qui censurent une expression bonne, sachant bien que leurs adversaires l'avaient prise en un bon sens. Si c'est le dernier, pourquoi les déchargent-ils ensuite du blâme d'hérésie, avouant, comme dit l'auteur, qu'ils ont reconnu que le pain était le corps même de Jésus-Christ? Car dire qu'ils les ont accusés d'être tombés en contradiction, l'auteur ne veut pas qu'on impute aux hommes des erreurs folles et extravagantes, et je ne crois pas qu'il s'en puisse imaginer une plus folle au monde que celle de croire que le pain est réellement Jésus-Christ, et qu'il ne l'est pas.

RÉPONSE. — M. Claude me pardonnera, s'il lui plaît, si je lui dis que c'en est encore une plus grande, lorsque des personnes en accusent formellement d'autres de contradiction, et que sur cette accusation ils les traitent de fous et de stupides, de ne vouloir pas croire un fait si constant. Or il est clair, d'une part, que les adversaires des iconoclastes les ont traités de la sorte, comme il paraît et par le concile de Nicée, où l'on représente comme deux propositions contradictoires ce que ces évêques avaient dit que l'*Eucharistie était image*, et qu'elle *était le corps de Jésus-Christ*; et par ce passage de Nicéphore, que j'ai souvent cité : *Qui ne sera surpris d'étonnement, en voyant la sottise et l'inconstance de cet iconoclaste? Il avouait tout à l'heure que* L'ON RECEVAIT PROPREMENT ET VÉRITABLEMENT LE CORPS DE CHRIST; *et maintenant il l'appelle une image. Or peut-on concevoir une plus grande et plus ridicule folie, que de dire que la même chose est véritablement et proprement le corps de Jésus-Christ, et que c'en est néanmoins l'image?* Il les accusait donc clairement de contradiction; et cependant M. Claude ne le veut pas croire. *Mais on ne doit pas*, dit-il, *attribuer aux gens des folies et des extravagances, selon l'auteur de la Perpétuité*. M. Claude me pardonnera encore, si je lui dis que l'auteur de *la Perpétuité* ne dit point cela. Il y a mille folies et mille extravagances dont les hommes sont capables, et qu'on leur doit attribuer, quand on en a des preuves. Il resserre cette maxime dans certains degrés d'extravagance, qui ne sont pas humains; et encore ne s'entend-elle qu'avec cette exception, pourvu qu'il ne soit pas clair qu'ils y soient tombés : car il ne faut point alléguer de preuves contre l'évidence de certains faits particuliers.

Il paraît incroyable, par exemple, que M. Daillé ne sache pas que l'on ne jeûne pas l'avent parmi les catholiques, puisqu'il peut voir tous les ans toutes les boucheries ouvertes dans Paris et dans toute la France durant ce temps, et que les religionnaires n'ont aucune des peines qu'ils sont obligés de prendre pour avoir de la viande dans le temps où l'Église la défend. Cependant on serait ridicule de vouloir prouver par là qu'il n'attribue pas formellement aux catholiques de croire qu'on est obligé de jeûner l'avent aussi religieusement que le carême; car il le dit très-formellement en ces termes, dans son traité du jeûne (lib. 4, c. 6) : *Quanquàm apud nos sanè, id est, in Galliâ, non minùs accuratè ac religiosè hoc jejunium (adventûs) quàm quodvis aliud, et præcipi, et observari ab adversariis videam*.

M. Claude n'est pas plus raisonnable de s'amuser à contester que les adversaires des iconoclastes ne leur ont pas reproché qu'ils se contredisaient sur le sujet de l'Eucharistie. Au reste il se forme des monstres pour les combattre, faute de prendre les choses selon l'équité et dans le bon sens. Il n'y a point de reproche plus ordinaire que celui de se contredire : mais ce reproche ne suppose pas qu'on accuse celui à qui on le fait d'avoir eu en même temps deux pensées directement contradictoires. On entend seulement qu'il a dit des choses qui sont en effet contraires, quoique les disant il n'en ait peut-être pas vu la contrariété, ou qu'en détournant les mots de leur signification naturelle, il ait peut-être allié dans sa pensée ce qui se contredit dans l'expression. Ainsi les Pères de Nicée ont reproché, d'une part, aux iconoclastes, d'avoir détruit la vérité du mystère de l'Eucharistie, parce que leur expression la détruisait, selon la pensée des évêques de ce concile ; et ils ont reconnu, de l'autre, que par d'autres expressions ils étaient revenus à la vérité. Ils leur reprochent donc seulement une contradiction de paroles, et c'est le reproche du monde le plus ordinaire, et qui donne le moins sujet d'accuser de folie ceux qui le font et ceux à qui on le fait. De sorte que M. Claude ne pouvait pas plus mal appliquer ce principe, qu'il emprunte de l'auteur de *la Perpétuité*, *qu'il ne faut pas soupçonner les hommes d'erreurs extravagantes.*

CHAPITRE VIII.
Injustice de M. Claude dans ses invectives contre le second concile de Nicée.

M. Claude ayant rejeté d'abord tous les reproches qu'on pouvait faire contre le concile des Iconoclastes, par cette raison générale, que ne s'agissant point de l'Eucharistie dans le sujet particulier de leur hérésie, il n'est pas croyable qu'ils en aient parlé autrement que selon le sentiment commun de l'Église de leur temps, il nous a donné sujet d'appliquer cette règle à ce qu'il dit contre le second concile de Nicée. Ainsi je n'ai pas voulu mêler les accusations particulières qu'il forme contre le concile de Nicée, avec l'examen des sentiments de ces deux conciles sur l'Eucharistie. Mais après m'être acquitté de ce que j'avais entrepris, il est juste de l'avertir qu'il était difficile de parler de ces conciles d'une manière moins équitable et moins judicieuse qu'il a fait, ni qui découvrit davantage que l'esprit qui l'anime est extrêmement éloigné de la sagesse chrétienne. Dieu a même permis qu'en voulant faire l'habile, et en reprochant d'une manière outrageuse à un grand nombre de saints évêques de s'être trompés en quelques faits de nulle importance, il se trompe lui-même fort grossièrement en des faits qui font voir qu'il a étudié fort légèrement toute cette histoire.

Car quelle pensée peut-on avoir d'un homme qui écrit (p. 606) qu'*après qu'Épiphane eut censuré dans le concile de Nicée les mots de figure et d'image*, *Etienne Stylite*, *qui fut enfin martyr des images*, *ne laissait pas de dire*, *parlant à l'empereur* : Bannirez-vous *ainsi de l'église les figures du corps et du sang de Christ,* et qui fait ainsi mourir ce religieux après le second concile de Nicée, ce qui est une des plus étranges chronologies dont on ait jamais ouï parler ! Car la vie de S. Étienne-le-Jeune est tellement liée avec celle de Constantin Copronyme, qui a vécu avec ce concile, qu'il est impossible d'avoir lu quelque chose de celle de cet empereur, et ne pas savoir qu'il fut le persécuteur d'Étienne ; que c'était ce religieux qu'il avait coutume d'appeler *le chef des gens qu'il ne faut pas nommer*, c'est le nom qu'il donnait aux moines, *immemorandorum antistes*; qu'il le fit comparaître en l'année 754 devant quelques évêques iconoclastes, dont l'un appelé Constantin lui donna des coups de pieds dans le visage ; que ce fut à cause de lui qu'il fit fouetter cruellement en sa présence une sainte religieuse nommée Anne, fille spirituelle de S. Étienne-le-Jeune, parce qu'elle ne voulait pas l'accuser d'un crime détestable dont il était très innocent ; qu'il l'envoya en exil en divers lieux, et lui fit souffrir mille maux ; que l'ayant rappelé à Constantinople l'an 765, où il fit divers miracles, il l'y fit mettre en prison ; qu'il y vécut jusqu'en l'année 767 ; et qu'enfin des satellites de cet empereur l'ayant fait sortir de prison, l'assommèrent pour satisfaire la brutalité de leur maître.

Cependant il a plu à M. Claude, afin de nous prouver qu'il ne s'était pas arrêté à la décision du concile de Nicée, de le faire mourir après ce concile, qui fut tenu l'an 787. Et parce qu'il n'y eut point de martyrs sous Irène, ni sous Nicéphore pour la cause des images, il faut que M. Claude transporte le martyre d'Étienne jusqu'à Léon d'Arménie, c'est-à-dire au delà de l'année 814.

On doit croire que cette faute, quoique signalée, est une pure surprise ; et comme tout le monde est capable de ces éblouissements, j'aurais volontiers épargné à M. Claude cette petite confusion, si la dureté avec laquelle il insulte au second concile de Nicée, pour des fautes beaucoup plus légères, ne méritait qu'on la fit remarquer.

En voici une autre qui n'est pas une surprise, puisqu'elle est fondée sur l'ignorance de la signification d'un terme latin. M. Claude dit de Tarase, patriarche de Constantinople, qu'*il ne fut établi dans ce siège qu'après être convenu de la convocation du septième concile avec Irène ;* par où il veut faire entendre qu'on avait exigé cette condition de lui pour l'élever à cette suprême dignité de l'Orient. Ce qui est si faux, que Théophane, historien de ce temps-là, remarque, au contraire, qu'il ne voulut accepter le siège de Constantinople qu'après avoir tiré parole formelle de l'impératrice Irène qu'on assemblerait un concile général : *Je consentirai à leur désir*, dit-il, *pourvu qu'ils fassent assembler un concile ; mais s'ils ne le font pas, il m'est impossible de faire ce qu'on désire de moi.* D'où vient donc que M. Claude avance hardiment tout le contraire ? La dernière impression de son livre, où il rapporte les passages à la marge, nous découvre la cause de cette erreur, c'est qu'il a cru que dans un passage du père Pétau qu'il rapporte le mot de *stipulari* signifiait *promettre, s'obliger*, au lieu qu'il signifie *faire promettre, exiger*. Les paroles du père Pétau sont : *Cùm priùs de œcumenicâ synodo stipulatus esset*, et le sens en est que *Tarase avait tiré promesse qu'on assemblerait un concile œcuménique* ; au lieu que M. Claude veut faire croire que c'était de Tarase qu'on avait tiré cette promesse avant que de l'élever au patriarcat.

M. Claude insinue aussi que ce ne fut que par la crainte des menaces que le pape Adrien lui fit de s'opposer à son élection, qu'il rétablit le culte des images ; cependant il s'était déjà déclaré hautement pour les images, avant d'avoir reçu les lettres d'Adrien, comme ce pape lui-même le témoigne dans sa lettre à Constantin et à Irène.

Il est juste de plus d'avertir M. Claude qu'en reprochant comme il fait au concile de Nicée de s'être servi de quelques pièces peu assurées, il en devait parler plus exactement qu'il ne fait, en disant que l'on y cita les actes du pape Sylvestre *dans l'action seconde*, puisqu'on ne les y cita point du tout, et qu'on se contenta d'y rapporter une lettre du pape Adrien, où il est fait mention de ces actes.

On aurait droit encore de reprocher à M. Claude l'infidélité qu'il commet dans ce passage grec du concile de Nicée, μετὰ δὲ τὸν ἁγιασμὸν, σῶμα κυρίως καὶ αἷμα Χριστοῦ λέγονται, καὶ εἶσι, καὶ πιστεύονται· car se sentant incommodé de ce mot κυρίως, *proprement*, qui se rapporte aux trois verbes λέγονται, εἶσι, πιστεύονται, et qui signifient qu'après la consécration les dons sont appelés proprement, sont proprement, et sont crus proprement le corps et le sang de Jésus-Christ, il le transporte ridiculement hors de sa place par cette traduction : *Mais après la sanctification proprement, ils sont appelés, ils sont et sont crus le corps et le sang de Jésus-Christ.*

Mais tout cela me paraît peu considérable en comparaison de l'injuste animosité qu'il témoigne contre le second concile de Nicée, qu'il accuse de fourberie et d'une imposture détestable sur le sujet du monde le plus frivole. Le voici. Tarase ayant envoyé des députés aux trois autres patriarches d'Orient, et ces députés étant venus en Palestine, les religieux de cette province leur remontrèrent qu'ils ne pouvaient aller trouver ces patriarches, sans se mettre en danger de troubler le repos des églises d'Orient, en donnant du soupçon à Aaron, prince des Sarrasins, grand ennemi des chrétiens ; qu'ils avaient des marques certaines de la foi de ces patriarches, par les lettres qu'ils s'étaient écrites, lorsque Théodore, patriarche de Jérusalem, leur envoya des lettres synodiques à son élection au patriarcat ; que tout ce qu'ils pouvaient faire était de députer deux d'entre eux au concile, dont l'un avait été principal officier du patriarche d'Alexandrie, et l'autre de celui d'Antioche ; et que ces deux religieux, étant porteurs des lettres synodiques des trois patriarches, pourraient rendre témoignage de leur foi. Ils écrivirent de leur part une grande lettre d'excuse au patriarche Tarase, où ils font le récit de ce que je viens de rapporter. Ces députés étant présents au concile assemblé à Nicée, on y trouva bon que, comme ils étaient témoins de la foi des trois patriarches, ils en tinssent aussi la place ; mais ce fut sans tromper personne, sans vouloir faire croire qu'ils eussent été véritablement envoyés par ces patriarches. On lut même publiquement dans le concile les lettres des religieux de Palestine, qui déclaraient sincèrement comme la chose s'était passée. Ce fut une pure grâce du concile envers eux, que de leur donner la place des patriarches, et cette grâce néanmoins avait un fondement légitime, puisque personne ne pouvait mieux la tenir que ceux qui étaient témoins irréprochables de leurs sentiments, et qui étaient porteurs de leurs lettres synodiques.

Voilà la vérité de cette histoire ; et voici de quelle sorte M. Claude la rapporte. *Les députés de Tarase*, dit-il, *étant arrivés dans la Palestine, y apprirent que Théodore, patriarche de Jérusalem, était mort, et qu'il n'y avait aucune sûreté pour eux à aller trouver ceux d'Antioche et d'Alexandrie, à cause de la jalousie qu'Aaron, roi sarrasin, qui dominait presque dans tout l'Orient, prendrait de leur voyage ; ce qui fit qu'ils se résolurent de s'en retourner. Mais, pour ne faire pas un voyage inutile, ils assemblèrent cinq ou six ermites de la Palestine, gens idiots et sans expérience, et les obligèrent de députer deux d'entre eux, Jean et Thomas, pour assister à ce vénérable concile. Voilà les patriarches de l'auteur. Il s'est laissé fourber à ces prétendus Pères qui nous donnent partout ces deux misérables moines, venus sans ordre et sans participation d'aucun des patriarches, pour de véritables députés. Fut-il jamais une plus détestable imposture que celle de ces gens-là ?*

Que M. Claude sait mal les règles de la sincérité et de la modestie chrétienne, et qu'il fait bien voir que l'esprit d'hérésie est un esprit violent, injuste et emporté, qui ne peut même se retenir dans les bornes de l'honnêteté civile et de la sagesse humaine ! Ce récit qu'il fait contient presque autant de faussetés que de paroles : il dit que ces députés ayant appris qu'il n'y avait point de sûreté d'aller trouver les patriarches d'Antioche et d'Alexandrie, résolurent de s'en retourner ; mais que, pour ne faire pas un voyage inutile ils assemblèrent cinq ou six ermites idiots. Il y a dans ce peu de lignes trois ou quatre faussetés considérables : Il est faux que ç'ait été la crainte de leur propre péril qui porta ces députés à s'en retourner : car, au contraire, ils protestèrent qu'ils étaient prêts à exposer leur vie pour s'acquitter de leur commission, et ils n'en furent empêchés que parce qu'on leur remontra qu'ils mettraient toute l'Église en danger, comme il est expressément porté dans la lettre des religieux de Palestine, qui fut lue au second concile de Nicée. Il est faux qu'étant résolus de s'en retourner, ils assemblèrent ces religieux, puisque ce furent, au contraire, ces religieux assemblés qui leur persuadèrent de s'en retourner, comme il est dit dans la même lettre. Il est faux qu'ils aient fait assembler ces religieux, après avoir appris le danger qu'il y aurait à aller à Antioche et Alexandrie, puisque ce fut de ces religieux mêmes qu'ils l'apprirent. Il est faux que ces religieux ne fussent que cinq ou six ermites : c'est une exagération ridicule de M. Claude. Il y avait alors un très-grand nombre de religieux dans la Palestine, et l'on ne voit pas pourquoi ils ne se seraient assemblés qu'au nombre de cinq ou six pour une si grande affaire. Les épithètes *d'idiots et de gens sans expérience*, qu'il plaît à M. Claude de leur donner, n'ont de fondement que dans sa témérité et son injustice, puisqu'il n'en sait autre chose, sinon qu'ils furent assez modestes pour refuser longtemps cette commission, et qu'ils ne l'acceptèrent que par force. Ce qu'il dit que ces députés obligèrent ces religieux d'envoyer deux d'entre eux, est encore une fausseté, puisque ce furent les religieux qui s'avisèrent de cet expédient, pour suppléer, autant qu'il était possible, à l'absence des patriarches. La suppression qu'il fait de cette circonstance, que ces deux religieux étaient porteurs de lettres synodales de trois patriarches qui autorisaient les images, est une infidélité signalée. Le titre de *misérables moines*, qu'il donne à ces religieux, marque une malignité peu honnête. Mais traiter de fourberie et d'imposture détestable la faveur que le concile de Nicée leur fit de leur donner la place des patriarches, des sentiments desquels ils étaient témoins, sans avoir dessein de faire croire qu'ils eussent été députés par eux, c'est un emportement si injuste et si déraisonnable, que les religionnaires en devraient rougir pour M. Claude, s'il n'en rougit pas lui-même.

Ces fautes sont bien autrement considérables que des fautes de critique, ou que l'ignorance de l'usage de quelques termes, que les ministres reprochent avec tant d'aigreur au concile de Nicée; et l'on peut dire que la vaine complaisance qu'ils témoignent pour ces basses connaissances, est un bien plus grand défaut que celui qu'ils reprennent avec tant de dureté. Les évêques ne sont pas des critiques : ce sont les juges et les défenseurs de la véritable foi, et ils peuvent fort bien la défendre, sans s'être beaucoup appliqués à ces recherches curieuses. La science des dogmes de l'Église paraît avec éclat dans le second concile de Nicée. Ils y distinguent admirablement l'adoration relative, σχετικὴν, que l'on peut rendre aux images, du culte souverain que l'on doit à Dieu. Ils appuient leur doctrine sur quantité de preuves solides. S'ils ne se sont pas avisés d'en retrancher quelques-unes moins exactes, cela ne nuit en rien à la solidité des autres, qui sont plus que suffisantes pour établir la tradition qu'ils ont confirmée par leur décret.

Nous aurons peut-être quelque jour occasion de traiter cette matière avec plus d'étendue, et ce sera alors que l'on pourra faire un juste parallèle, non seulement entre la conduite des deux conciles de Constantinople et de Nicée, mais aussi entre celle des iconoclastes et des défenseurs des images ; n'y ayant rien qui puisse plus servir à distinguer la vérité de l'erreur, que la fureur brutale de ceux qui ont combattu les images, et le zèle plein de sagesse de ceux qui les ont défendues. Mais, comme il ne s'agit point ici de les distinguer, puisqu'ils sont unis dans la créance que l'Eucharistie était *proprement et véritablement* le corps même de Jésus-Christ, il suffit d'avoir fait remarquer en passant l'injustice et l'emportement de M. Claude, dans la manière dont il parle des uns et des autres.

CHAPITRE IX.

Que les auteurs grecs du neuvième et du dixième siècles n'ont point parlé de l'Eucharistie d'une autre manière que ceux du septième et du huitième ; et qu'ainsi on ne voit dans cette église aucune distinction entre les beaux jours et les mauvais jours de M. Claude.

Si ces deux siècles de l'église grecque, qui sont compris dans les beaux jours de M. Claude, lui ont été si peu favorables, et s'il n'y a trouvé que des ténèbres pour les calvinistes, il a peu de sujet d'espérer que le neuvième et le dixième lui fournissent des lumières, puisqu'il les représente lui-même comme enveloppés d'une noire obscurité.

Je lui dirai néanmoins, pour le consoler, qu'il n'a pas plus de sujet d'appréhender ces deux siècles qu'il a décriés, que ceux qu'il a relevés par tant d'éloges, et qu'il n'y entendra que le même langage des siècles précédents : mais comme ce langage le condamne dans le septième et le huitième, il le condamne aussi dans le neuvième et le dixième siècles.

Il y a une parfaite conformité, dans les auteurs de ces siècles, à déposer que l'Eucharistie n'est pas la figure, mais le corps même de Jésus-Christ. Anastase Sinaïte le dit dans le septième siècle. S. Jean de Damas et le second concile de Nicée le disent dans le huitième. Nicéphore et Théodorus Graptus ont dit la même chose dans le neuvième, en combattant les iconoclastes, comme nous avons déjà vu ; et ainsi ils peuvent rendre témoignage des sentiments de ce siècle-là. Voici néanmoins encore deux auteurs considérables de ce même siècle, qu'il est bon de ne pas omettre. Le premier est Théodore Abucara, évêque des Cariens, que l'on place au même temps que Photius, et dont Aubertin cite lui-même quelques passages sur des maximes philosophiques ; mais il ne nous a pas voulu dire qu'il parle de l'Eucharistie en des termes qui ne lui plaisaient pas, et qui n'accommoderont pas M. Claude.

Comme cet évêque vivait sous la domination des Sarrasins, et que la plupart de ses opuscules ne contiennent qu'un récit d'entretiens qu'il a eus avec eux sur divers points de la religion chrétienne, il décrit dans l'opuscule XXII, ce qui lui fut dit sur l'Eucharistie par un Sarrasin, et ce qu'il lui répondit : *Dans une autre assemblée*, dit-il, *un Sarrasin m'interrogea en cette manière : Dites-moi un peu pourquoi vous autres prêtres vous jouez-vous ainsi des chrétiens, et que, faisant deux pains de la même farine, vous en laissez un pour l'usage commun, et que vous coupez l'autre en petites parties, et les distribuez au peuple, en l'appelant le corps de Christ, et leur disant que ce pain leur donnera la rémission de leurs péchés ? Est-ce que vous vous trompez vous-mêmes, ou que vous vous jouez seulement de la crédulité des simples ? Nous ne nous trompons point*, répondit Théodore, *et nous ne trompons point aussi les autres. Je désire*, répartit le Sarrasin, *que vous m'expliquiez cela, non par vos Écritures, mais par les principes communs.* Sur cela Théodore l'engagea premièrement à reconnaître que l'aliment et le breuvage ordinaires sont changés par la nature au corps et au sang de celui qui les prend ; et ensuite appliquant cet exemple à l'Eucharistie : *Concevez*, dit-il, *que notre mystère se fait en la même sorte. Le prêtre met sur la sainte table le pain et le vin, et il fait des prières pour invoquer le S.-Esprit ; et le S.-Esprit descend sur les dons, et par le feu de la divinité, il convertit le pain et le vin au corps et au sang de Jésus-Christ ; de même que l'estomac de chacun change la nourriture en son propre corps.*

Je sais que cette comparaison est imparfaite, et qu'elle n'explique qu'une partie du mystère, qui est la vérité du changement ; mais elle suffisait pour repousser la curiosité des Sarrasins, et elle marque clairement que jamais ni cet auteur, ni tous ceux qui se sont servis de la même comparaison, n'ont conçu qu'il ne se fît dans l'Eucharistie qu'un changement de signification ou de vertu.

Ce même passage de Théodore Abucara est inséré dans le traité de Samonas, évêque de Gaze, et en fait le commencement, et l'on ne s'en doit pas étonner, puisqu'il était fort ordinaire aux Grecs de prendre ainsi de longs passages des auteurs précédents sans même les alléguer.

J'ai remarqué ci-devant que Cabasilas avait fait un chapitre entier de son traité sur la Liturgie, d'un grand passage de Germain, qu'il ne cite point ; et c'est en cette sorte que Samonas ayant dessein d'éclaircir les objections ordinaires que les Sarrasins faisaient contre l'Eucharistie, et trouvant ce petit entretien de Théodore Abucara, qui contenait une partie de ce qu'il voulait dire, a mieux aimé le dire dans les termes de cet auteur que dans les siens.

Theodorus Graptus en a peut-être usé de la même sorte à l'égard de Nicéphore ; ce qui a fait, comme nous avons aussi remarqué, que les mêmes paroles sur l'Eucharistie se trouvent dans deux écrits, dont l'un est certainement de Nicéphore, et l'autre est attribué à Theodorus Graptus.

Le second auteur est un nommé Petrus Siculus, que l'on place au neuvième siècle, vers l'an 870. Il a écrit contre une secte de manichéens qui s'était renouvelée en ce temps-là, et qui est la même que celle des pauliciens, marqués par Euthymius dans sa Panoplie. On voit dans le second tome des auteurs du neuvième siècle de la Bibliothèque des Pères, un petit traité de cet auteur, traduit par un jésuite nommé Radanus ; et Allatius en cite un autre en grec, où il semble qu'il ait eu dessein de réfuter plus amplement les erreurs qu'il avait marquées dans le traité imprimé dans la Bibliothèque des Pères.

Dans le premier de ces traités, cet auteur exprime comme Euthymius l'erreur de ces manichéens ou pauliciens, qui convient dans le fond avec celle des sacramentaires : car voici le troisième des six paradoxes qu'il leur attribue : *Ils nient*, dit-il, *la terrible et divine transmutation du corps et du sang de Notre-Seigneur, qui se fait dans les mystères*, et c'est en quoi ils conviennent avec les sacramentaires ; mais ils y ajoutaient de plus une erreur particulière, qui est que Jésus-Christ n'avait point donné de pain et de vin à ses disciples dans la cène ; mais qu'il leur avait seulement donné des paroles pour leur tenir lieu de symboles et de figures du pain et du vin. Il rapporte dans la suite l'interrogation juridique d'un des chefs de cette secte, nommé Genesius, par le patriarche de Constantinople, du temps de Léon Isaurique, où l'on voit que ce patriarche lui demanda *pourquoi il ne participait pas au corps et au sang pleins de pureté de Notre-Seigneur Jésus-Christ, mais qu'il les méprisait ?* « *Quid causæ esset cur immaculatum corpus et sanguinem Domini non participaret, sed vilipenderet ?* » Et que cet hérétique lui répondit par une équivoque trompeuse : *Anathème*, lui dit-il, *à quiconque fait ce que vous dites, et qui méprise le corps et le sang de Notre-Seigneur Jésus-Christ* ; par où, dit Pierre de Sicile, il entendait les paroles de Jésus-Christ (qu'il appelait le corps et le sang de Jésus-Christ) ; *de ipsis enim verbis loquebatur.*

Ces passages suffisent pour montrer qu'on regardait au neuvième siècle comme un paradoxe et une hérésie de nier la conversion divine et terrible qui se fait dans l'Eucharistie, et que ce sentiment n'était embrassé que par de détestables hérétiques. Mais le passage qu'Allatius rapporte du même auteur est encore beaucoup plus précis, et il est d'autant plus considérable, qu'il fait voir parfaitement l'alliance de ce langage des sens dont nous avons parlé, avec la foi de la présence réelle et de la transsubstantiation. Pierre de Sicile y réfute les trois paradoxes de l'hérésie des pauliciens qui regardent l'Eucharistie, et il montre que Jésus-Christ n'avait pas seulement prononcé des paroles dans la cène, comme ils le prétendaient, *mais qu'il avait effectivement donné du pain et du vin ;* « *In sacrâ verô cœnâ verè panem et vinum tradidit, dixitque : Accipite et manducate.*

Je ne doute point que M. Claude ne soit flatté de ces paroles, que *Jésus-Christ donna véritablement du pain et du vin à ses apôtres dans la cène*, et qu'il n'en conclue, avec sa précipitation ordinaire, que c'était donc de vrai pain en substance, et non un pain transsubstantié. Mais il pourra apprendre de cet exemple que ces sortes de conclusions ne sont pas judicieuses : car il est clair par la suite que Pierre de Sicile ne veut dire autre chose, sinon que Jésus-Christ n'avait pas donné à ses disciples de pures paroles, comme ces hérétiques le prétendaient, mais qu'il leur avait véritablement et effectivement donné le pain et le vin qu'il avait consacrés, et qu'il avait changés et transsubstantiés en les consacrant. *Dans la sacrée cène*, dit-il, *Jésus-Christ donna véritablement à ses saints apôtres du pain et du vin, et leur dit :* « *Prenez et mangez, et buvez-en tous : c'est mon sang, le sang du nouveau Testament, qui est versé pour vous et pour plusieurs, pour la rémission des péchés : faites ceci en mémoire de moi.* » *Or le précepte s'observe maintenant comme il s'observera à l'avenir, étant accompli par les sacrifices des ministres de l'autel. Le pain est présenté visiblement sur l'autel, et le S.-Esprit descend invisiblement, qui sanctifie les oblations, et qui les fait, non les* ANTITY-PES, *mais le* CORPS MÊME ET LE SANG MÊME *de Notre-Seigneur et de notre Dieu.* Ainsi ce pain que Jésus-Christ donna véritablement à ses disciples était un pain véritablement changé, non en la figure, mais au corps même de Jésus-Christ.

Quant au dixième siècle, nous n'avons à examiner que deux passages, dont M. Claude accuse le premier de falsification, et élude le second par une raillerie qui lui a paru fort ingénieuse. L'auteur de *la Perpétuité de la foi* voulant prouver l'adoration du S.-Sacrement, se sert de l'autorité d'un extrait grec de la vie du B. Luc anachorète, qui contient ces termes : *Puis étendant un petit linge vous y mettrez les particules sacrées; et faisant brûler de l'encens, vous chanterez des psaumes qui conviennent à ce mystère, et qui le figurent; ou bien le cantique appelé* TRISAGION *avec le symbole de la foi; puis l'adorant en fléchissant trois fois les genoux, et joignant les mains, vous prendrez avec la bouche le sacré corps de Jésus-Christ notre Dieu.* Et parce que dans l'original grec le mot *adorant* n'y est pas mais seulement *fléchissant* trois fois les genoux, M. Claude soutient que l'auteur de *la Perpétuité* a ajouté de lui-même cette parole. Il pouvait faire ce reproche encore à Bollandus sur le mois de mars, et au P. Combefis, qui a traduit le premier les paroles grecques, qui ne signifient littéralement que fléchissant les genoux, par celles-ci, *trinâque genuflexione adorans*. Cette réflexion de M. Claude a paru considérable à quelques personnes. Il répond de plus que ces trois génuflexions se rapportent à celui à qui on chantait le *Trisagion*, et non pas au corps de Jésus-Christ. Et moi je trouve que c'est une pure chicanerie, et qu'il y a de la bassesse à M. Claude d'avoir insulté l'auteur de la *Perpétuité* pour avoir suivi deux habiles traducteurs, et n'avoir pas consulté le grec en un lieu de nulle importance. L'adoration véritable, comme l'avait remarqué cet auteur, est un abaissement de l'âme, qui s'humilie et s'anéantit en la présence de Dieu. Cette adoration est une action de religion. Elle peut être ou intérieure, c'est-à-dire spirituelle, ou extérieure et corporelle. L'extérieure ou corporelle est une cérémonie religieuse, qui est un effet et un signe de l'intérieure; car les anges respectent Dieu, et révèrent son excellence par une adoration spirituelle; mais les hommes y joignent souvent l'adoration corporelle. L'Écriture fait voir que les hommes ont adoré Dieu en plusieurs manières extérieures. Les plus ordinaires ont été la prostration et la génuflexion. Mais il faut remarquer que comme se jeter par terre n'est pas toujours une adoration, la génuflexion ne l'est pas aussi toujours, parce qu'elle n'est pas toujours un signe ou un effet d'une âme qui s'abaisse en s'humiliant, et en s'anéantissant en la présence de Dieu; et que l'on ne se sert pas toujours de cette action corporelle, comme d'une cérémonie religieuse. Les soldats de Gédéon se mirent à genoux pour boire de l'eau, et personne n'a encore dit que ces soldats adorassent Dieu ou cet élément, parce que cette génuflexion n'é-

tait pas une cérémonie religieuse, ni un signe de révérence : *Omnis autem multitudo flexo poplite biberat* (Judic. 7, 6). Mais personne ne niera que Salomon en priant Dieu les genoux en terre, ne l'ait adoré : *Utrumque enim genu in terram fixerat* (3 Reg. 8., 54); qu'Esdras, en se mettant à genoux pour prier Dieu, ne l'ait aussi adoré : *Curvavi genua mea*(1 Esdr. 9, 5); et que lorsque Dieu dit que tous les hommes fléchiront le genou devant lui (Isai. 45, 23), il ne veuille signifier qu'ils l'adoreront : *Mihi flectetur omne genu*(Rom. 14, 1); parce que ces génuflexions jointes à l'oraison sont des cérémonies religieuses, et des signes ou des effets d'une révérence intérieure pour sa divine majesté.

L'adoration, disent les théologiens (2-2, q. 48, art. 2, ad 1), consiste principalement dans un respect intérieur envers Dieu, et en second lieu, en de certains signes corporels d'humilité, comme lorsque nous fléchissons le genou pour confesser notre faiblesse à l'égard de Dieu, ou que nous nous prosternons pour reconnaître notre néant. D'où je conclus que fléchir le genou c'est adorer Dieu, lorsqu'on le fléchit par une révérence religieuse, et qu'on s'en sert comme d'une cérémonie ecclésiastique, et que les passages allégués ne disent pas moins que les suivants, où il est dit qu'en fléchissant le genou on adorait Dieu. Les lévites fléchissant le genou adorèrent Dieu, *incurvato genu adoraverunt* (2 Par. 29, 30). Daniel fléchissait le genou trois fois le jour, et adorait Dieu, *flectebat genua, et adorabat* (Dan. 6, 10). Que si fléchir le genou devant Dieu est l'adorer, ce n'est donc pas ajouter à la lettre, quoiqu'elle ne dise que fléchir le genou, lorsqu'on dit en l'expliquant qu'adorant on fléchit le genou, si lorsqu'on fléchit le genou on observe une cérémonie ecclésiastique et religieuse, parce que c'est une véritable adoration, et qui doit être nécessairement expliquée par le mot d'adoration, afin de la distinguer de la génuflexion profane, comme était celle des soldats de Gédéon.

Le premier interprète du texte grec qui est le R. P. Combefis, n'a fait dans son explication que ce que les évangélistes avaient premièrement fait : car parlant de la prière que le lépreux fit à Notre-Seigneur, S. Luc (c. 15, v. 12) dit *qu'il se jeta la face contre terre;* « *procidens in faciem suam, rogavit eum.* » S. Marc (c. 1, v. 40), dit qu'*il se mit à genoux ;* « *et venit ad eum leprosus deprecans eum, et genu flexo dixit ei.* » Mais S. Matthieu (c. 8, v. 2), dit qu'*il l'adora;* « *et ecce leprosus veniens adorabat eum.* » Et cette adoration consistait seulement en cette prostration et génuflexion, qui étaient les effets de cette humble révérence qu'avait le lépreux pour Jésus-Christ. Ce qui fait que S. Matthieu n'a rien dit de plus que les autres. Et les mêmes évangélistes parlant des soldats qui se moquèrent de Jésus-Christ, S. Matthieu (c. 27, v. 29) dit *que se mettant à genoux devant lui, ils se moquaient de lui;* « *et genuflexo ante eum, illudebant ei.* » S. Marc (c. 15, v. 19) interprète cette génuflexion par le mot *d'adoration;* « *et ponentes genua adorabant eum;* » c'est-à-dire qu'ils l'adoraient par dérision, en se mettant à genoux devant lui.

On a de coutume le vendredi-saint, parmi les catholiques, d'adorer la croix, en faisant avant de la baiser trois génuflexions; et pour cette raison on appelle cette cérémonie l'adoration de la croix ; car jusqu'ici on n'a jamais fait de distinction entre l'adoration et la génuflexion cérémoniale ou religieuse ; et M. Claude est le seul qui a nié qu'on dût appeler cette génuflexion, adoration. Il faut donc conclure que le P. Combefis, Bollandus et l'auteur de *la Perpétuité de la foi* n'ont rien altéré ou ajouté au sens de la lettre, mais qu'ils l'ont traduite fidèlement selon le sens, et qu'ils ont dit seulement plus clairement ce que les trois génuflexions religieuses signifiaient.

Tout ce que peut dire M. Claude est, qu'encore que la génuflexion soit une cérémonie religieuse qui marque une révérence intérieure, et qu'étant rapportée à Dieu elle signifie ainsi une véritable adoration, néanmoins elle peut signifier aussi une autre sorte de respect, comme quand on fléchit les genoux devant l'Évangile et les images. Mais s'il n'a que cette chicane à opposer, il est facile de lui répartir qu'elle ne lui est nullement ôtée par le mot *adorer*, qui est quelquefois appliqué à des objets qui ne sont pas du culte de latrie; de sorte que ce n'est pas précisément sur ce mot qu'est fondé l'argument que l'on tire de ce passage du bienheureux Luc, qui ne serait en rien moins fort, quand au lieu de traduire en suivant le latin de Bollandus et de Combefis : *Puis l'adorant en fléchissant trois fois les genoux*, on aurait traduit simplement selon le grec : *Puis fléchissant trois fois les genoux*. La force de cet argument consiste en ce qu'il paraît qu'ils pratiquaient, en recevant l'Eucharistie, une cérémonie religieuse qui est la marque d'une adoration véritable, quand on la rapporte à un objet adorable. Or il est visible que dans ce passage, ces génuflexions se rapportent au corps de Jésus-Christ; de sorte qu'il faudrait que M. Claude eût prouvé que ces termes de corps de Jésus-Christ ne signifient pas le vrai corps de Jésus-Christ, avant qu'il eût droit d'accuser cette traduction de faux. Mais comme c'est une prétention insoutenable, et qu'elle est particulièrement détruite par tous les Grecs de ce siècle, qui supposent que les mots de corps de Jésus-Christ signifient le vrai corps de Jésus-Christ, on a eu droit de prétendre que ceux de *fléchissant les genoux* signifient une véritable adoration.

La répartie que fait M. Claude, en disant que ces génuflexions se rapportaient à celui à qui on chantait le *Trisagion*, et non pas au corps de Jésus-Christ, est encore ridicule, parce que chanter des psaumes ou le *Trisagion*, réciter le Symbole, joindre les mains, sont diverses parties de l'entière cérémonie ordonnée par l'évêque, qui se rapportent toutes au S.-Sacrement, et servent de préparation à sa réception, et non pas les unes aux autres. De plus, M. Claude n'a pas pris garde qu'il n'était pas nécessaire de chanter toujours le *Trisagion;* car lorsqu'on chantait les psaumes, on ne le chantait point. L'évêque ne dit pas : Vous chanterez des psaumes et le *Trisagion*; mais vous chanterez des psaumes ou le *Trisagion* ; et néanmoins il est certain qu'on ne laissait pas de faire ces trois génuflexions, et pour lors elles ne pouvaient avoir aucun rapport au *Trisagion*.

Il est donc certain que c'est une pure chicane que cette accusation de fausseté, que ces génuflexions étaient une adoration religieuse, et qu'elles se rapportaient à l'Eucharistie; et comme dans ce passage même l'Eucharistie est reconnue pour le précieux corps de Jésus-Christ, et que les solutions de figure vide et de figure pleine étaient inconnues en ce temps-là, il s'ensuit que c'était une véritable adoration de latrie.

M. Claude n'est guère plus heureux dans ses railleries que dans ses accusations sérieuses. L'auteur de *la Perpétuité* s'était servi de l'exemple d'une sainte qui ayant vécu trente-cinq ans dans un désert de l'île de Paros, pria un chasseur qui la rencontra de lui apporter l'année suivante l'Eucharistie ; ce que le chasseur ayant fait, la sainte se jeta en terre, et reçut le don divin avec gémissement, et en arrosant la terre de ses larmes, elle dit : *Seigneur, vous laissez maintenant aller en paix votre servante, puisque mes yeux ont vu le Sauveur que vous nous avez donné*. Sur cela M. Claude dit que ce sujet est plus désert pour l'auteur que le désert de l'île de Paros, puisqu'on est obligé de ramasser ces sortes de preuves. Mais je pense lui avoir montré que ce sujet n'est point si désert qu'il s'imaginait, et qu'il aura tort, s'il se plaint encore de la stérilité de nos preuves. Nous lui parlerons de l'adoration une autre fois : mais cependant, quelque mépris qu'il fasse de cet exemple, je ne laisserai pas de lui dire que l'application que fit cette sainte à l'Eucharistie d'un verset qui a été employé par Siméon pour remercier Dieu de lui avoir fait voir Jésus-Christ, et qui porte naturellement à ce sens, est un effet de la créance de la présence réelle, qui fait regarder l'Eucharistie comme Jésus-Christ. Jamais une dévotion calviniste n'excitera d'elle-même ce mouvement, et si quelques calvinistes la pratiquent, c'est que la vérité de l'ancienne foi, qu'ils ont abolie dans leur esprit, est encore demeurée gravée dans quelques-unes de leurs actions et de leurs paroles.

CHAPITRE X.

Conclusions que l'on doit tirer de l'examen de ces quatre siècles.

Je pense que M. Claude n'a pas sujet de se plaindre que je ne me sois pas suffisamment acquitté de la promesse que j'avais faite au commencement de ce livre, de montrer quel est le caractère de son esprit est de former ses opinions et ses hypothèses indépendamment des faits historiques, et ensuite d'y ajuster les histoires comme il peut; d'où il arrive que comme les faits ne sont pas si flexibles que son imagination, la vérité des choses dément et détruit d'ordinaire ses hypothèses fantastiques.

C'est la première réflexion qu'on peut faire sur l'examen que nous avons fait de la doctrine de l'église grecque pendant quatre siècles. Nous y devions voir, selon M. Claude, de beaux jours et des jours obscurs; de bons serviteurs de Dieu, qui expliquassent clairement l'opinion des calvinistes, et des serviteurs négligents, qui laissassent obscurcir cette doctrine. Les premiers doivent être dans le septième et le huitième siècles; les seconds dans le neuvième et dans le dixième. Mais nous n'avons pu découvrir de trace de cette différence, qui devait être si sensible. Nous avons ouï le même langage dans tous ces quatre siècles. Le septième et le huitième sont pour le moins aussi contraires aux calvinistes que le neuvième et le dixième; et nous y avons entendu retentir en tous ces paroles si dures aux sacramentaires, que *l'Eucharistie n'est pas l'image, mais le corps même de Jésus-Christ;* qu'elle est proprement et véritablement le corps même de Jésus-Christ. Cette distinction de beaux jours et de mauvais jours est donc une pure chimère; c'est un pur ouvrage de l'imagination de M. Claude, qui n'a pas le moindre fondement dans l'histoire de ces siècles.

La seconde réflexion est, qu'il n'est pas seulement clair que l'on aurait tort de diviser ces quatre siècles en deux parties, en beaux jours et en jours obscurs; mais qu'il est visible aussi qu'on n'a pas le moindre fondement de prétendre que la foi de l'église grecque dans ces quatre siècles soit différente de celle qu'elle a tenue dans le onzième. Et c'est ce que les ministres mêmes reconnaissent, en avouant que S. Jean de Damas (Éclairc. sur l'Euchar, ch. 16) a été la règle des sentiments et du langage de tous les Grecs qui l'ont suivi. *Le concile II de Nicée,* dit Blondel, *l'ayant honoré de grandes louanges, et suivi en ce qu'il avait de plus faible et de moins louable, a imposé une tacite loi aux Grecs postérieurs, qui ont jusqu'à nos jours révéré ses décrets, de parler à sa mode, et de renoncer, en imitant ses fautes, au style de la vénérable antiquité. De là vient que le prétendu Samonas, évêque de Gaze, Théophylacte, archevêque d'Acride en Bulgarie, Euthymius Zigabenus, Nicolas Cabasilas, Nicolas, évêque de Méthone, Nicétas Sternon, ou Pectoratus, Jean Zonare, du commencement mestre-de-camp des gardes, et premier secrétaire de l'empereur d'Orient, puis moine; Théodore Balzamon, patriarche d'Antioche, Marc, archevêque d'Éphèse, et, pour toucher à notre temps, Jérémie, patriarche de Constantinople, et les Grecs de Venise, usent de façons de parler incommodes, et qui ne peuvent exprimer ni le sentiment de Rome moderne, ni celui des Pères des premiers siècles.*

On n'a pas sujet de se mettre en peine de ce qu'il dit que les expressions de ces auteurs ne représentent pas le sentiment de Rome moderne. On sait que c'est Blondel qui parle; et je pense que quand on aura lu ce que nous avons dit des sentiments de ces Grecs, il n'y a personne qui puisse douter que ce qu'il avance ne soit très-faux. Mais ce qui est considérable, est qu'il avoue : 1° Que les expressions de ces Grecs, depuis S. Jean de Damas jusqu'à notre temps, sont incommodes aux sacramentaires; 2° qu'elles ne représentent point le sentiment qu'il croit faussement être celui des Pères des premiers siècles, c'est-à-dire, l'opinion des calvinistes; 3° que tous ces Grecs ont parlé le même langage depuis S. Jean de Damas; et que le second concile de Nicée, qui l'a approuvé, leur en a imposé une loi secrète. Et comme Aubertin joint Anastase Sinaïte et Germain, patriarche de Constantinople, à S. Jean de Damas, et les traite également de novateurs, il s'ensuit que depuis le commencement du septième siècle jusqu'à notre temps, il n'y a aucun sujet de diviser l'église grecque en deux créances touchant l'Eucharistie, et que ne voyant dans cette église qu'un même langage, il est ridicule de lui attribuer deux sortes de foi.

La troisième réflexion est qu'ayant prouvé séparément que l'église grecque tenait la présence réelle dans le onzième siècle, et dans tous les autres qui l'ont suivi jusqu'à notre temps, et qu'elle l'a aussi tenue depuis le septième siècle jusqu'au onzième, j'ai droit d'en tirer deux arguments qui se confirment également l'un par l'autre. Le premier est qu'étant visible que dans le septième, le huitième, le neuvième et le dixième siècles, l'église grecque était toute dans la foi de la présence réelle et de la transsubstantiation, il s'ensuit qu'elle y a été aussi dans le onzième, le douzième et dans tous les siècles suivants, puisqu'il ne paraît pas la moindre marque de changement, et que l'on voit dans tous les auteurs de ces siècles un parfait accord de sentiments et d'expressions. Le second est qu'étant indubitable, comme nous l'avons montré, que depuis le onzième siècle l'église grecque a tenu la doctrine de la présence réelle et de la transsubstantiation avec autant d'éclat que l'Église latine, on doit conclure nécessairement qu'elle a été dans la même créance aux quatre siècles précédents, puisque, par l'aveu même des ministres, les auteurs de ces siècles ont parlé le même langage, et ont eu les mêmes sentiments que ceux des derniers.

Je laisse à juger lequel de ces deux arguments est le plus clair et le plus convaincant; mais je sais bien qu'étant joints ensemble, ils mettent ce consentement de l'église grecque, depuis le septième siècle jusqu'à notre temps, dans un degré d'évidence qui ne peut être contesté que par des gens qui renoncent absolument à la raison, et qui sont résolus de n'écouter rien que leur préoccupation, leur passion et leur intérêt, n'y ayant aucune apparence d'attribuer à aucun de ces siècles une autre créance que celle de la présence réelle et de la transsubstantiation, puisqu'il paraît, et par les preuves particulières que l'on tire des auteurs qui y ont vécu, et par la conséquence nécessaire de la foi des autres siècles qui les suivent ou qui les précèdent, que cette doctrine a été crue universellement, et sans contradiction dans toute l'église grecque.

La quatrième réflexion est que ce consentement et cet accord parfait de cette grande église dans tous le siècles, sur le sujet de l'Eucharistie, est une conviction manifeste de la témérité de Blondel et d'Aubertin, qui attribuent à S. Jean de Damas une opinion particulière et ridicule, qui est que le Verbe s'unissait dans l'Eucharistie hypostatiquement au pain demeurant dans l'être du pain. On l'a déjà réfutée dans le premier traité, et M. Claude s'est contenté de répondre à ce qu'on en a dit, qu'*il ne se mettait pas en peine de cette question*. Mais, pour la détruire encore sans ressource, il suffit ici de demander aux ministres qui seraient de ce sentiment, s'ils prétendent attribuer cette opinion extravagante à S. Jean de Damas seul, où s'ils en veulent faire la créance de toute l'église grecque? S'ils l'imputent à toute cette église, il n'y a qu'à les renvoyer à cette foule de preuves, par lesquelles nous avons fait voir que la présence réelle et la transsubstantiation y ont été crues aussi bien que dans l'Église latine, avant Bérenger et depuis; et il n'y a qu'à les faire ressouvenir de tous les passages par lesquels nous avons prouvé que, selon les auteurs du huitième et du neuvième siècles, et de tous les suivants, l'Eucharistie *était l'original même*, c'est-à-dire, *le corps naturel* de Jésus-Christ opposé à la figure; QU'ELLE *n'en était point distinguée*; QUE C'ÉTAIT *proprement et véritablement le corps même de Jésus-Christ, le corps crucifié, le corps ressuscité et le corps né de la Vierge*. Que s'ils prétendent que cette doctrine n'ait été tenue que par S. Jean de Damas seul, c'est à eux à nous dire quelle apparence il y a que toute l'église grecque l'ayant pris, selon eux-mêmes, pour la règle de sa doctrine et de son langage sur l'Eucharistie, se soit si étrangement écartée de ses sentiments, et qu'elle soit entrée sans y penser, en le suivant et en parlant comme lui, en une opinion toute contraire à la sienne.

Il est vrai qu'il y a quelque honte à réfuter sérieusement cette opinion, quand on considère le fondement sur lequel les ministres l'établissent: car tout ce qu'ils trouvent dans S. Jean de Damas pour l'appuyer, est que ce saint écrit, que, *comme Dieu joint à l'eau et à l'huile la grâce du S.-Esprit pour en faire le bain de la renaissance, de même parce que les hommes ont coutume de manger du pain, et de boire de l'eau et du vin, il leur a conjoint sa divinité, et les a faits son corps et son sang*. Et cela suffit à Blondel pour conclure que *ces paroles posent l'union du pain, demeurant pain en sa substance, avec la déité du Verbe, à raison de laquelle il devient proprement pain divin, et est fait corps de Christ par assomption, et par inhabitation de l'esprit de Jésus-Christ*.

Voilà comme ces messieurs concluent, en suivant aveuglément leurs passions et leurs préjugés, sans jamais écouter la raison et le bon sens: car s'ils y avaient eu le moindre égard, ils se seraient servis de ce passage pour rejeter cette extravagante imagination; ils auraient vu que comme il est ridicule de croire que S. Jean de Damas ait voulu que le S.-Esprit s'unît hypostatiquement à l'eau du Baptême et au chrême de la Confirmation, il est ridicule aussi de lui attribuer d'avoir cru que le Verbe s'unissait hypostatiquement au pain; ils auraient vu que comme la simple union du S.-Esprit avec l'eau du Baptême et avec le chrême ne fait point que ces substances deviennent le corps du S.-Esprit, de même la simple union de la divinité de Jésus-Christ avec le pain et le vin ne ferait point que ce pain et ce vin fussent son corps et son sang, s'il ne les changeait réellement en ce corps et en ce sang; ils auraient vu que comme, selon S. Jean de Damas, Dieu joint sa divinité à l'eau du Baptême et au chrême, comme cause opérante de la renaissance spirituelle, de même il joint sa divinité au pain et au vin, comme une cause opérante, et que l'effet qu'il lui attribue est de changer ce pain au corps et au sang de Jésus-Christ; *il leur joint*, dit-il, *sa divinité, et les fait son corps et son sang*; ils auraient vu que cette fantaisie est détruite clairement par les paroles expresses de S. Jean de Damas, qui déclare au même lieu que *l'Eucharistie est le corps né de la Vierge; que le pain et le vin sont transmués au corps et au sang de Dieu*, c'est-à-dire, en ce corps et en ce sang nés de la Vierge, et qui explique ce changement par la comparaison du changement naturel du pain en notre corps, qui exclut aussi bien cette extravagante pensée de l'impanation du Verbe, que la vertu et la figure des calvinistes; enfin, ils auraient cherché l'explication de ces paroles dans les disciples de S. Jean de Damas, et ils y auraient trouvé que les auteurs les plus déclarés pour la transsubstantiation n'ont point fait difficulté de se servir de cette expression, *que Dieu unit sa divinité au pain*, comme nous l'avons fait voir en traitant des sentiments de Nicolas de Méthone et de Samonas, évêque de Gaze.

LIVRE HUITIEME,

CONTENANT L'EXAMEN DES SENTIMENTS DE L'ÉGLISE LATINE SUR LE MYSTÈRE DE L'EUCHARISTIE, DEPUIS L'AN 700 JUSQU'EN L'AN 870.

CHAPITRE PREMIER.

Que la question qui reste touchant la créance de l'Église latine depuis le septième siècle jusqu'au onzième, est déjà décidée par ce que l'on a établi jusqu'ici.

L'ordre que nous nous sommes prescrit demande que nous fassions le même examen de la doctrine de l'Église latine depuis le septième siècle jusqu'au onzième, que nous avons déjà fait de celle de l'église grecque; afin de voir si nous n'y apercevrons point ce merveilleux changement dont les ministres nous apprennent les nouvelles. Mais si l'on veut se servir, comme la raison l'ordonne, des lumières que l'on doit tirer de ce que nous avons établi jusqu'ici, on verra que la seule proposition de la question est ce qui la doit décider : car il s'agit en un mot de savoir si, étant certain que l'église grecque a cru la présence réelle et la transsubstantiation depuis le septième siècle jusqu'au onzième, et depuis le onzième jusqu'à notre temps, comme nous l'avons montré dans les livres précédents ; et étant certain encore que l'Église latine s'est trouvée dans cette créance dans le onzième siècle, et que Bérenger qui la voulut combattre fut regardé comme un novateur et un hérétique par toute l'Église de ce siècle-là, ainsi que tout le monde en demeure d'accord, il est question, dis-je, de savoir s'il est possible qu'il y ait eu une autre créance dans l'Église latine au septième, au huitième et au neuvième siècles et dans une partie du dixième, et si l'on peut croire raisonnablement que tout l'Orient croyant que Jésus-Christ était réellement et véritablement présent sur les autels, et que l'Eucharistie était le corps même de Jésus-Christ, l'Occident ait cru durant ces mêmes siècles que Jésus-Christ n'y était présent qu'en figure et en vertu, et qu'il ait ensuite changé insensiblement de sentiment, pour se retrouver au onzième siècle dans la doctrine de la transsubstantiation.

Quelque hardis que soient les ministres à soutenir leurs plus déraisonnables fantaisies, ils ne l'ont pas encore été jusqu'à ce point de séparer les sentiments de ces deux églises durant ces quatre siècles. Ils ont, au contraire, pris pour principe qu'elles avaient alors la même doctrine sur l'Eucharistie, et comme ils ont attribué à l'Église latine la créance des protestants, ils ont conclu le même de la grecque. Ils n'ont donc, en demeurant dans le même principe fondé sur la raison et sur le bon sens, qu'à changer seulement de conclusions ; et puisqu'on leur a fait voir clairement par des preuves positives que l'église grecque a cru la présence réelle et la transsubstantiation durant le septième, le huitième, le neuvième et le dixième siècles, ils ne peuvent attribuer une autre créance à l'Église latine avec la moindre apparence. Ces églises étaient trop liées ensemble, elles avaient entre elles trop de commerce, les papes prenaient trop de soin d'y entretenir l'uniformité d'une même foi, pour s'imaginer qu'elles aient pu être divisées de sentiments sur un dogme aussi essentiel et aussi commun qu'est celui de l'Eucharistie ; et il est également ridicule de supposer, ou que les papes n'aient point été avertis de cette diversité de créance, ou qu'ils l'aient tolérée après en avoir été avertis.

Tous les arguments par lesquels nous avons montré depuis le onzième siècle, qu'il est impossible que ces deux églises aient vécu dans une ignorance mutuelle de leurs sentiments sur l'Eucharistie, se peuvent employer à l'égard de ces quatre siècles, avec d'autant plus de force que ces deux églises n'y paraissent pas désunies l'une de l'autre, comme elles l'ont été depuis, mais qu'elles y ont été fort longtemps unies, et unies avec dépendance l'une de l'autre, l'église grecque n'ayant point fait difficulté durant ces siècles de reconnaître la prééminence de celle de Rome.

Toutes les preuves aussi dont nous nous sommes servis pour faire voir que si cette diversité de sentiments sur l'Eucharistie eût été connue par ces deux églises, ni les Grecs ni les Latins ne l'auraient jamais soufferte sans se la reprocher les uns aux autres, et sans s'entr'accuser d'erreur dans la foi, ont aussi lieu à l'égard des quatre siècles dont il s'agit ; car il est absolument sans apparence que les papes qui ont poussé les Grecs avec tant de vigueur et de zèle sur l'hérésie des monothélites, favorisée par les empereurs de Constantinople, et autorisée par des conciles de presque tous les évêques grecs, les eussent épargnés sur le sujet de l'Eucharistie ; ou que les Grecs, qui se portaient quelquefois à condamner très-injustement l'Église romaine sur des points de discipline, comme le célibat des prêtres et le jeûne du samedi, eussent souffert dans les Latins une doctrine différente de la leur sur un point capital de la religion chrétienne.

On voit, par les passages que nous avons rapportés de Pierre de Sicile, qu'ils ont regardé comme une erreur de manichéens, de nier la conversion du pain au corps de Jésus-Christ. Pourquoi donc n'auraient-ils pas regardé tous les Occidentaux comme coupables de cette hérésie, s'ils eussent nié aussi bien que les manichéens cette conversion du pain et du vin au corps et au sang de Jésus-Christ ? Comment les défenseurs des images, qui publiaient si hautement que l'Eucharistie était le corps même de Jésus-Christ, qu'elle n'était pas la figure de Jésus-Christ, mais l'original même, et qu'elle n'était point distinguée réellement de ce corps, auraient-ils pu faire tant d'état de l'union qu'ils avaient avec l'ancienne Rome ? Comment les légats du pape Adrien, qui assistaient au second concile de Nicée, auraient-ils souffert que l'on y eût publié une doctrine si contraire à celle des églises d'Occident ? Comment le pape Adrien, à qui les actes du second concile de Nicée furent portés, n'eût-il point eu de soin d'en avertir le patriarche Tarase et l'impératrice Irène, et de leur déclarer qu'on avait eu tort d'enseigner dans ce concile que le pain et le vin étaient après la consécration le corps même de Jésus-Christ ? Enfin, comment s'est-il pu faire qu'il n'y ait eu durant ces quatre siècles dont il s'agit aucune dispute ni aucun démêlé entre les Grecs et les Latins sur le sujet de ce mystère ?

Énée, évêque de Paris, et Ratramne, religieux de Corbie, ont réfuté au neuvième siècle les reproches que les Grecs faisaient à l'Église latine ; mais il n'y en a aucun qui regarde sa doctrine sur l'Eucharistie.

Il n'est pas nécessaire d'étendre ici ce point davantage, puisque la manière dont nous avons prouvé le consentement de ces deux églises sur l'Eucharistie, depuis le onzième siècle jusqu'à notre temps, donne lieu de former une infinité d'arguments semblables, pour montrer qu'elles étaient aussi d'accord sur ce mystère durant les quatre siècles que nous examinons présentement. Et, par conséquent, ayant établi que l'église grecque a cru la présence réelle dans ces quatre siècles, cette preuve s'étend nécessairement à l'Église latine.

On a donc eu raison de dire que le seul établissement de la question suffit pour la décider, et que la lumière que l'on tire de nos preuves précédentes, réjaillit tellement sur l'Église latine de ces quatre siècles, qu'il n'y a pas moyen de la séparer, dans la créance du mystère de l'Eucharistie, ni de l'église grecque qui était au même temps, ni de tout le corps de l'une et l'autre église, qui se trouva certainement uni dans la foi de la présence réelle au temps de Bérenger.

Je ne prétends pas néanmoins me servir ici de cet avantage que la raison me donne, ni me contenter de prouver la créance de l'Église latine de ces siècles par la conséquence que l'on tire de celle de l'église grecque, à laquelle on ne peut douter raisonnablement qu'elle n'ait été conforme. Je veux entreprendre de montrer positivement par les auteurs de ces siècles, que le corps de l'Église latine n'a point eu d'autre foi sur ce mystère que celle de la présence réelle et de la transsubstantiation. Et pour en juger équitablement, je proposerai d'abord quelques principes tirés de la nature du langage humain, et de la manière dont les hommes parlent, lorsqu'ils parlent naturellement et sans contrainte, par lesquels on peut s'assurer de la foi d'un siècle sur ce mystère.

CHAPITRE II.

De quelle sorte, en supposant qu'on ait cru constamment et universellement la présence réelle et la transsubstantiation, durant le septième, le huitième et le neuvième siècles, on y a dû parler de l'Eucharistie, en suivant simplement la nature, la raison et la manière ordinaire dont les hommes expriment leurs pensées.

Pour bien juger des expressions auxquelles la nature devait porter les personnes qui auraient été dans la disposition d'esprit que nous attribuons à ces quatre siècles, il faut premièrement se représenter l'état où nous supposons que l'Église romaine était alors à l'égard de l'Eucharistie. Il faut donc s'imaginer des chrétiens persuadés que par les paroles de la consécration le pain et le vin étaient effectivement changés au corps et au sang de Jésus-Christ. Cette doctrine était connue distinctement du commun des fidèles, quoiqu'ils ne l'accompagnassent pas de réflexions philosophiques sur la manière dont ce mystère s'accomplit, se contentant de savoir que Jésus-Christ y était véritablement présent, par le changement du pain et du vin en son corps et en son sang. Mais encore qu'elle fût crue généralement de tous, c'était néanmoins en la manière que le sont les articles qui ne sont pas contestés. Les pasteurs n'avaient point en vue des hérétiques qui la combattissent ; ils n'étaient point obligés de fortifier leurs peuples contre l'erreur opposée ; de sorte qu'il ne leur restait point d'autres doutes à dissiper que ceux qui naissent du mystère même.

Il est fort important, pour suivre la raison dans cet examen, de se mettre bien dans l'esprit le véritable état de ces siècles, et de suivre exactement les conséquences qui en naissent : car ce qui trouble en cela nos idées, c'est que, comme nous sommes nés dans un siècle où ce mystère fait depuis longtemps le sujet de la contestation qui divise les chrétiens, on ne se transporte pas facilement par son imagination dans cette disposition simple et tranquille où devait être une église dans laquelle la foi de la présence réelle n'avait jamais été formellement attaquée. Ce qui fait que nous ne saurions nous empêcher d'y chercher les expressions, les pensées, les spéculations qui naissent, non de la nature même du mystère, mais de la nécessité et de l'engagement des disputes. Et c'est pourquoi, pour concevoir comment les chrétiens qui croyaient ce que nous croyons de l'Eucharistie, mais sans aucune vue des contestations et des disputes qui se sont élevées depuis, en ont dû parler, il est bon de faire réflexion sur la manière dont on a parlé des autres mystères, avant qu'ils eussent été attaqués par les hérésies, et sur celle dont les nations qui croient la réalité et la transsubstantiation comme nous, mais qui n'ont jamais ouï parler des hérétiques qui combattent ces articles, en parlent dans leurs écrits et dans leurs discours.

Si l'on entre bien dans cette disposition d'esprit, la raison et l'expérience ne manqueront pas de nous faire juger d'abord qu'il serait fort injuste de prétendre qu'une église qui serait dans l'état où nous avons représenté l'Église romaine durant ces quatre siècles, n'ait dû se servir sur le sujet de l'Eucharistie d'aucune de ces expressions qui naissent des sens, lesquels nous portent à appeler l'Eucharistie *pain et vin*, *substance de pain* et *substance de vin* : car puisqu'il paraît, comme nous l'avons fait voir, que toutes les fois qu'il y a contrariété entre la raison et les sens, il se forme par nécessité deux sortes de langages, qui dans l'usage subsistent ensemble, l'un conforme aux sens, et l'autre conforme à la vérité et à la raison ; puisque les contestations mêmes n'ont pas détruit parmi les catholiques de ces derniers siècles ces deux sortes d'expressions, et qu'on les voit de même en usage parmi toutes les autres nations qui croient la présence réelle et la transsubstantiation, on ne doit pas s'attendre qu'une église qui n'avait point en vue l'abus que les ennemis de ce mystère pourraient faire de ces termes, ait fait cette violence à la nature, que de les bannir entièrement de ses discours. Il suffit bien qu'elle les ait corrigés par des expressions conformes à la vérité et à la foi ; qu'elle ne les ait employés que pour désigner la matière de l'Eucharistie, et pour expliquer les figures mystérieuses que Dieu a voulu nous marquer par le choix qu'il en a fait. Il suffit qu'elle n'ait point enseigné dogmatiquement que c'était du pain et du vin ; que ces substances n'étaient point changées, et qu'elle nous ait dit au contraire qu'*elles étaient changées ;* qu'*elles étaient faites le corps de Jésus-Christ ;* qu'*elles étaient converties au corps de Jésus-Christ*, et que l'Eucharistie, en conservant l'apparence de pain et de vin, *était dans la vérité le corps même de Jésus-Christ.*

Il est donc clair qu'il serait contre la nature que l'on ne vit dans les écrits de ces siècles aucunes traces de ce langage des sens, et qu'un trop grand soin de l'éviter ne conviendrait nullement à l'état de ces temps-là. Car comme les personnes intelligentes tirent souvent des conjectures très-solides pour montrer qu'un écrit n'est pas de la première antiquité, de ce que l'on y voit la doctrine de la Trinité et de l'Incarnation proposée avec des précautions qui marquent qu'on a eu en vue les erreurs contraires à la vérité de ces dogmes, de même l'application à éviter tous ces termes auxquels la nature nous porte, quoique les sacramentaires en aient depuis abusé, et un soin particulier de prouver et d'établir la présence réelle, serait fort éloignée d'un temps où l'on suppose que cette doctrine était reçue sans aucune contradiction.

Tout ce que l'on doit attendre de personnes qui auraient été dans cette disposition d'esprit, est que lorsqu'il s'est agi de parler de ce mystère selon la foi et la vérité, ils s'en soient expliqués dans les termes qui la marquent simplement et naturellement, et qui en impriment l'idée dans tous ceux qui les entendent à la lettre.

Mais comme l'état où les chrétiens étaient durant ces siècles ne les devait nullement porter à se mettre en peine de prouver et d'établir la réalité, aussi la créance ferme qu'ils en avaient, et l'ignorance entière où ils étaient des raffinements des calvinistes, les doit avoir empêchés de proposer jamais aucune des opinions des sacramentaires. C'est pourquoi on ne doit trouver dans aucun de ceux qui auront suivi la doctrine commune de ce temps-là, que le corps de Jésus-Christ ne soit pas véritablement dans l'Eucharistie, que le pain et le vin ne soient point changés au corps de Jésus-Christ. Ils ne doivent point avoir dit que l'effet de la consécration ne soit pas de changer effectivement le pain au corps même de Jésus-Christ, mais seulement de le remplir d'une certaine vertu et d'une certaine efficace. Ils ne doivent point s'être mis en peine d'empêcher que les fidèles ne suivissent l'impression simple des paroles des Liturgies, où il est dit que l'on reçoit le corps de Jésus-Christ, et que le pain est changé au corps de Jésus-Christ. Ils ne doivent point avoir prévu que l'on dût faire aucun abus des paroles de l'institution du sacrement, en les prenant à la lettre ; et l'on ne doit voir en eux aucune crainte de porter les chrétiens à l'idolâtrie, en leur parlant continuellement de l'Eucharistie comme du corps de Jésus-Christ.

Comme ils n'avaient pas d'adversaires en tête, il n'est pas raisonnable de prétendre qu'ils en aient dû combattre. Comme tous les fidèles croyaient la présence réelle, et que cette créance était continuellement renouvelée par les paroles dont on se servait dans la célébration des mystères, et par les actions de piété qu'ils pratiquaient à l'égard de l'Eucharistie, ils n'ont point eu de nécessité de les instruire souvent d'une vérité qu'ils ne pouvaient ignorer ; et ils ont eu toute liberté dans les discours qu'ils en faisaient, et dans les explications de l'Écriture, de s'arrêter aux vérités morales et aux significations mystérieuses des symboles, qui sont moins connus du peuple et du commun des chrétiens, et qui leur sont néanmoins très-nécessaires pour leur apprendre la fin de l'Eucharistie, et les dispositions dans lesquels ils doivent être pour la recevoir.

Mais comme la contrariété qu'a ce mystère avec les sens et avec la raison humaine est capable de soi d'exciter quelques doutes dans l'esprit, et que l'on peut craindre avec sujet qu'il n'y ait des hommes qui aient quelque peine à le croire, on peut s'attendre raisonnablement qu'il y aura quelques auteurs de ces siècles qui n'auront pas entièrement dissimulé ces doutes, qui les auront marqués, et qui auront tâché d'y remédier d'une manière prudente et raisonnable. Cette manière n'est pas de les étendre, de les étaler, de les proposer dans toute leur force, ce que l'Église n'a jamais fait que par contrainte, et lorsqu'elle s'y est vu obligée par l'importunité des hérétiques ; mais d'en marquer simplement quelques-uns des plus grossiers, et de les étouffer par des réponses qui soient capables de satisfaire les esprits humbles et accoutumés à la docilité où la foi doit mettre tous les chrétiens. C'est la conduite à laquelle l'instinct de la nature et la lumière de la raison a porté tous les chrétiens d'Orient, et principalement les Grecs. La foi de la présence réelle y est aussi établie que dans l'Église latine ; et cependant on n'y parle presque point des difficultés naturelles de ce mystère ; et si l'on y en parle, c'est en peu de paroles, et en passant seulement ; et l'on se contente d'arrêter ces doutes philosophiques par la soumission que l'on doit à la parole de Dieu.

On peut faire encore une remarque sur le sujet de ces doutes : c'est que la manière ordinaire où la nature nous porte pour les désavouer et les étouffer dans notre esprit, est d'exprimer plus fortement et plus précisément ce que nous croyons de ce mystère. Ainsi en parlant simplement de l'Eucharistie, sans avoir en vue aucun de ces doutes, on se contentera de dire que c'est le corps de Jésus-Christ ; que l'on y reçoit le corps de Jésus-Christ ; que le pain et le vin sont changés au corps et au sang de Jésus-Christ. Mais quand on a quelques vues des doutes opposés à cette créance, on dira, selon l'instinct de la nature, que l'Eucharistie est véritablement et proprement le corps de Jésus-Christ ; que c'est le corps même qui est né de la Vierge ; que c'est dans la vérité le corps de Jésus-Christ ; qu'encore que l'on sacrifie en plusieurs lieux, c'est toujours le même corps de Jésus-Christ, et qu'on le reçoit tout entier, quelque petite partie que l'on en reçoive. Ce n'est pas que les expressions simples, *que l'Eucharistie est le corps de Jésus-Christ*, ne signifient la même chose que cette autre où l'on dit que *l'Eucharistie est proprement et véritablement le corps de Jésus-Christ* ; mais c'est que dans les unes l'esprit ne fait pas d'attention au doute qui pourrait s'élever, et se contente ainsi de s'exprimer sans contention et sans effort, et dans les autres, il se raidit contre ce doute, et l'étouffe par une affirmation plus forte de la vérité.

Et de là il est aisé de juger que, comme les auteurs de ces temps dont nous parlons ne devaient pas avoir souvent en vue d'étouffer ces doutes, puisque la présence réelle n'était point du tout attaquée, aussi les expressions opposées à ce doute doivent être plus rares dans leurs écrits, et qu'ils ont dû ordinairement se contenter de s'exprimer de la manière qui suffit pour faire entendre la vérité de ce mystère à des personnes qui n'en doutaient point. Mais on doit juger en même temps que les expressions fortes par lesquelles ils auraient étouffé les doutes, sont des explications de ces expressions simples dont ils se servaient ordinairement, puisqu'elles étaient destinées pour faire entendre, et pour imprimer davantage dans l'esprit le sens véritable des expressions ordinaires; et c'est ce qui donne lieu de conclure que, pourvu qu'ils aient dit quelquefois que l'Eucharistie est véritablement et proprement le corps de Jésus-Christ né de la Vierge, c'est la même chose que s'ils l'avaient toujours dit, parce que l'on doit entendre la même chose par les expressions simples, que *l'Eucharistie est le corps de Jésus-Christ*, que par cette expression, *l'Eucharistie est véritablement et proprement le corps même de Jésus-Christ*, qui n'y ajoute rien qu'une attention plus expresse à la vérité simple et littérale de l'expression commune, que l'on désire imprimer davantage en la fortifiant de la sorte.

En suivant ainsi la nature, il est aisé de prévoir les autres expressions où la créance de la présence réelle, telle qu'elle était dans ces siècles, a dû porter les auteurs qui y ont écrit. Car on a sujet de croire que comme ils étaient hommes, et qu'ils avaient des inclinations humaines, ils avaient aussi celle d'abréger leurs paroles, et de laisser quelque chose à suppléer à l'esprit de ceux à qui ils parlaient. D'où il s'ensuit qu'on y doit voir en usage certaines expressions abrégées qui, ne marquant l'Eucharistie que par une de ses parties, la faisaient néanmoins comprendre tout entière, parce que les fidèles, étant instruits d'ailleurs des vérités de la foi, allaient plus loin que l'expression, et suppléaient par leur intelligence à ce qui pouvait y manquer.

Il est donc probable qu'ils auront appelé l'Eucharistie, *sacrement du corps de Christ, mystère du corps de Christ, figure du corps de Christ*; comme on l'appelle présentement dans l'Église romaine, *sacrement de l'Eucharistie, sacrement de l'autel, communion, espèce*. Et tant s'en faut qu'on doive s'étonner si ces expressions s'y trouvent en usage, que l'on devrait plutôt s'étonner s'il n'y en avait point de semblables, étant impossible que les hommes ne cherchent naturellement à se décharger de la peine d'expliquer en détail ce qu'ils supposent être connu de tous, et qu'ils peuvent faire entendre par un seul mot. Et comme nous avons remarqué que, bien que les catholiques soient accoutumés à entendre par certains termes qui ne marquent qu'une partie de l'Eucharistie, le mystère tout entier, et de suppléer par leur intelligence au défaut de plusieurs expressions imparfaites, ils ne laissent pas d'être choqués de quelques autres expressions extraordinaires, auxquelles ils ne sont pas accoutumés à joindre l'idée totale du mystère, et qu'ainsi, encore qu'ils ne soient nullement blessés, quand on appelle l'Eucharistie *le sacrement de l'autel*, ils auraient néanmoins peine à souffrir qu'on l'appelât *signe sacré de l'autel*, parce que n'étant pas accoutumés à suppléer cette expression, elle leur donnerait lieu de croire que ceux qui s'en serviraient ne reconnaîtraient dans l'Eucharistie qu'un signe sacré; on doit juger de même qu'il a pu arriver dans les siècles dont nous parlons que l'on s'y soit servi de quelques expressions imparfaites, qui ne marquant qu'une partie de l'Eucharistie, étaient suppléées par l'intelligence commune, et que néanmoins on ait rejeté d'autres expressions semblables, parce qu'étant extraordinaires, elles donnaient lieu de soupçonner que ceux qui les employaient ne croyaient de l'Eucharistie que ce qui était exprimé par le terme même.

Que si l'on veut déterminer plus particulièrement les expressions qui ont pu être en usage parmi des personnes qui croyaient la présence réelle, en la manière que nous supposons qu'on la croyait dans ces siècles-là, il n'y a qu'à considérer celles qui naissent de la nature même de l'Eucharistie. Ce mystère est composé de deux parties : l'une visible et l'autre invisible ; l'une sensible et l'autre intelligible, c'est-à-dire, qu'il est composé d'un voile extérieur, qui est le sacrement, et du corps de Jésus-Christ couvert de ce voile. Ce voile n'est pas réellement le corps de Jésus-Christ, mais il le cache à nos sens, et le corps de Jésus-Christ n'a pas réellement en soi ce que nous apercevons au-dehors dans le voile qui le couvre. Il est inutile de rechercher quelle est la nature de ce voile : il suffit de savoir que c'est du pain et du vin selon l'apparence, et que ce n'est plus du pain et du vin dans la vérité. Les yeux nous enseignent l'un, la foi nous enseigne l'autre. Mais comme ce voile conserve l'apparence et la figure du pain, il en conserve aussi toutes les significations mystérieuses, qui ne dépendent pas de la conservation de sa substance, mais de la continuation des mêmes impressions qui excitent en nous les mêmes pensées, et nous donnent aussi l'idée des mêmes vérités. Or il est clair que lorsque les choses sont ainsi composées de deux parties, on les peut regarder de trois manières différentes, qui sont la source de toutes les expressions par lesquelles on les peut représenter. Par exemple, l'homme étant composé de corps et d'âme, peut être considéré ou comme une âme qui gouverne et qui anime un corps, ou comme un corps animé par une âme, ou comme une âme et un corps : dans la première manière, l'attention directe de l'esprit se porte sur l'âme, et ne considère le corps qu'obliquement et indirectement, en tant qu'il est uni à cette âme ; dans la seconde, l'attention directe se porte au corps, et indirectement à l'âme, et dans la troisième, l'attention directe se porte également et à l'âme et au corps. Or quoique ces trois manières de concevoir l'homme aient toutes pour objet une âme et un corps, et qu'ainsi l'on puisse dire qu'elles ont le même objet, néanmoins ces différentes faces, par lesquelles on les regarde, diversifient tellement les expressions, qu'elles paraissent quelquefois contradictoires les unes aux autres : en regardant l'homme comme une âme qui anime un corps, il faut dire que c'est un être immortel et spirituel ; en le considérant comme un corps animé par une âme, il faut dire que c'est un être mortel et corporel, et en le considérant comme un corps et une âme, il faut dire qu'il est mortel et immortel ; mortel dans son corps, et immortel dans son âme.

Il n'y a qu'à appliquer ces notions, qui sont simples et naturelles, au mystère de l'Eucharistie, pour trouver les expressions qui en naissent : il est composé, comme nous avons dit, du voile du sacrement et de Jésus-Christ caché sous ce voile, et par conséquent on le peut considérer de ces trois manières, qui sont trois faces différentes : la première est de regarder le sacrement directement, et le corps de Jésus-Christ indirectement ; la seconde, de regarder directement le corps de Jésus-Christ, et le sacrement indirectement ; la troisième est de considérer également et le sacrement et le corps de Jésus-Christ ; et de ces trois manières il en naît par nécessité plusieurs expressions différentes : selon la première manière, on peut appeler sacrement du corps de Jésus-Christ, mystère du corps de Christ, figure du corps de Christ ; et l'on peut dire, par exemple, que le pain est changé au sacrement, au mystère du corps de Jésus-Christ ; et ces expressions, à l'égard de ceux qui croient la présence réelle, représentent simplement à leur esprit un sacrement qui contient le corps même de Jésus-Christ. Selon la seconde, on peut dire que le corps de Jésus-Christ est contenu dans le mystère, dans le sacrement, dans la figure du pain et du vin ; et selon la troisième, on peut dire que l'Eucharistie est tout ensemble et vérité et figure ; que nous y voyons extérieurement une chose, et que l'on y en conçoit intérieurement une autre ; que ce que nous y voyons n'est pas ce que la foi nous y découvre ; que ce que nous y croyons n'est pas ce que les yeux y aperçoivent ; que c'est extérieurement et selon l'apparence du pain et du vin, mais que c'est le corps de Jésus-Christ dans la vérité.

Il est encore naturel que l'esprit des hommes s'applique à l'une des parties sans nier l'autre, et que l'on dise, par exemple, que l'on reçoit le corps de Jésus-Christ, sans nier pour cela le sacrement qui le couvre ; ou que l'on dise, au contraire, que l'on divise, que l'on prend le sacrement ou le pain, sans prétendre nier que le corps de Jésus-Christ y soit réellement contenu.

Enfin comme ce mystère renferme un grand nombre de rapports, d'usages, d'utilités, de fins, qui sont gravés et représentés dans les symboles, et que les hommes ont l'esprit fait de telle sorte qu'ils séparent facilement par la pensée les choses qui sont inséparables en effet, il doit avoir été fort ordinaire que les auteurs de ces siècles dont nous parlons, sans s'arrêter à expliquer l'essence même du mystère, comme connue à tout le monde, se soient appliqués dans leurs instructions à faire entendre aux fidèles ces significations mystérieuses, comme leur étant moins connues, et étant plus propres à les édifier que les discours qui ne leur auraient rien appris de nouveau. Et l'on peut juger par avance qu'il n'y aurait point de raisonnement plus faux que celui par lequel on conclurait que ceux qui s'arrêtent aux explications mystérieuses des symboles ne croient donc pas la réalité, parce qu'ils n'en parlent pas en ces endroits, puisqu'il suffit qu'ils en parlent en d'autres, ou que des auteurs de ces mêmes siècles déclarent nettement leur sentiment sur ce point.

En un mot, comme il est sans apparence que les auteurs de ces siècles eussent des sentiments différents sur ce mystère, et que les uns crussent Jésus-Christ présent dans l'Eucharistie, et les autres ne l'y crussent présent qu'en vertu et en figure, il est juste de les considérer tous comme un même auteur, à moins qu'ils n'aient été notés comme ayant quelques sentiments différents de ceux de l'Église, et d'allier ainsi leurs paroles et les divers lieux de leurs ouvrages, afin d'en tirer leur véritable sentiment.

Je ne pense pas que si M. Claude est tant soit peu raisonnable, il ne reconnaisse sincèrement qu'il n'y a rien que de juste dans l'idée que nous venons de former du langage qui doit avoir été en usage sur le sujet de l'Eucharistie dans les siècles dont il s'agit, au cas que l'on y ait cru la présence réelle et la transsubstantiation. Il ne reste donc plus qu'à examiner si c'est en effet la manière dont on y a exprimé ce que l'on croyait de l'Eucharistie, et si l'on n'y trouve rien qui y soit contraire.

CHAPITRE III.

Que les expressions de la Liturgie latine font voir clairement que l'on croyait la présence réelle et la transsubstantiation dans l'Église latine, durant les siècles dont il s'agit.

Il n'y a rien qui nous donne lieu de juger avec plus de certitude du sentiment d'une église sur l'Eucharistie, que les paroles mêmes dont elle s'est servie dans la célébration de ce mystère, et qui composent sa Liturgie. Tous les autres écrits sont en quelque sorte des écrits particuliers qui ne sont lus que par assez peu de personnes, parce que le nombre de ceux qui s'appliquent à la lecture des livres n'est jamais fort grand. Mais le livre de la Liturgie est le livre général de tous les ecclésiastiques, de tous les religieux, et de tous ceux qui le lisaient avec approbation, et en se tenant obligés de croire ce qui y est dit sur les mystères. Or Dieu a permis que les Liturgies dont on usait en Occident durant le septième, le huitième, le neuvième et le dixième siècles, n'aient pas été entièrement abolies. L'Ordre romain contient une grande partie de la Liturgie romaine, que les églises de France embrassèrent sous Pépin, père de Charlemagne, comme le témoigne Charles-le-Chauve, dans une lettre qu'il a écrite à l'église de Ravenne. Et la Liturgie qu'Illyricus, protestant d'Allemagne, a donnée au public, et que l'on nomme pour cela *la Messe d'Illyricus*, contient l'ancienne manière de célébrer la messe, qui était en usage dans l'église de France avant qu'on y eût embrassé l'Ordre romain, n'y ayant point d'apparence qu'on l'ait augmentée depuis qu'elle n'était plus en usage. Et c'est pourquoi, encore que le P. Menard, savant bénédictin, ait fait imprimer une autre Liturgie de ces temps-là, qui est beaucoup plus courte, on ne doit pas conclure, comme il fait, qu'on ait ajouté depuis tout ce qui ne se trouve point dans celle qu'il a fait imprimer, étant très-possible que, comme l'on se sert en Orient de deux sortes de Liturgies, savoir de celle de S. Basile, qui est plus longue, et de celle de S. Chrysostôme, qui est plus courte, il y eût aussi en France deux sortes de messes, l'une plus longue pour les jours les plus solennels, qui serait celle d'Illyricus, l'autre plus courte pour les jours où l'on voulait abréger l'office, qui serait celle du P. Menard ; car pour l'argument qu'il apporte, ce n'était point la coutume de ces temps-là de marquer par N. les noms propres qu'on laissait à suppléer, ce que l'on voit néanmoins dans celle d'Illyricus ; il est clair que comme ces marques sont arbitraires, cela peut venir du copiste, qui ayant transcrit cette messe en un temps où cette note était en usage, a marqué les noms selon la coutume de son temps. Le P. Lecointe, prêtre de l'Oratoire, a fait imprimer depuis peu l'une et l'autre Liturgie dans son second volume de l'Histoire ecclésiastique de France, et il réfute l'opinion du P. Menard à peu près par les mêmes raisons que nous avons apportées.

L'antiquité de ces Liturgies ne pouvant donc être raisonnablement contestée, et celle du P. Menard contenant les mêmes choses que celle d'Illyricus sur la matière dont il s'agit ici, nous n'avons qu'à considérer maintenant à qui elles sont favorables. Et premièrement, on peut remarquer que si nous y cherchons les termes qui expriment naturellement l'opinion des calvinistes, comme de dire que *l'effet de la consécration est de rendre le pain la figure efficace du corps de Jésus-Christ, et non le corps de Jesus-Christ même; que l'Eucharistie est un pain rempli et inondé de la vertu de Jésus-Christ; que Jésus-Christ y est en vertu et en figure ; que la vertu vivifiante du Verbe incarné y déploie sa force et son efficace*, nous ne les y trouverons point du tout. Et ainsi il était difficile que les fidèles s'instruisissent dans ces Liturgies de l'opinion des sacramentaires. Mais pour celle des catholiques, il n'y a qu'à suivre simplement les expressions de ces Liturgies pour en recevoir l'impression : car elle y est marquée en tant d'endroits, qu'il est impossible qu'elle n'entrât dans l'esprit de tous ceux qui s'en servaient. On prie Dieu dans l'Ordre romain, comme l'on fait encore à présent dans le canon de la messe : *Que l'oblation nous soit faite le corps et le sang de son très-cher Fils Notre-Seigneur Jésus-Christ ;* « *ut nobis corpus et sanguis fiat dilectissimi Filii tui.* » On y adresse à Dieu cette prière, qui est aussi dans le canon : *Nous vous supplions, ô Dieu très-puissant, de commander que ces choses soient portées à votre autel sublime en présence de votre divine majesté, par les mains de votre ange, afin que tous tant que nous sommes, qui participant à cet autel, aurons pris le corps et le sang très-saint et très-sacré de votre Fils, soyons remplis de toute bénédiction et de toute grâce céleste*. Dans la consécration du voile de l'autel, qu'on appelait *ciboire, Consecratio ciborii, idem umbraculi altaris*, il est dit que *le Fils unique de Dieu, qui est le sacrifice propitiatoire pour tous nos péchés, est continuellement sacrifié sur l'autel par les mains des fidèles* : « *In quo ipse unigenitus Filius tuus Dominus noster Jesus Christus, qui est propitiatio pro peccatis nostris, fidelium manibus jugiter inmolatur.* » Dans la consécration des ornements de l'église et de l'autel, on prie Dieu de les bénir, *afin qu'ils soient dignes de servir au mystère où le corps et le sang de Jésus-Christ sont formés ;* « *hisque in confectione corporis et sanguinis Jesu Christi Filii tui Domini nostri dignis tibi pareatur famulatibus.* » Dans la bénédiction du corporal, on prie Dieu qu'il le bénisse, *afin de couvrir le corps et le sang de son Fils Notre-Seigneur Jésus-Christ ;* « *ad tegendum et involvendum corpus et sanguinem Domini nostri Jesu Christi ;* et dans une autre : *Ut placabiliter possit in eo imponi corpus et sanguis ejusdem Domini nostri Jesu Christi, qui est vita omnium fideliter sumentium*. Ainsi, selon cette oraison, le corps et le sang de Jésus-Christ est mis sur le corporal, et ce corps et ce sang est Jésus-Christ même, et quand on les reçoit, on reçoit Jésus-Christ. Dans la consécration du ciboire, on dit de ce vase : *qu'il porte le corps de Jésus-Christ ;* « *corporis Filii tui gerulum ;* » on l'appelle *le nouveau sépulcre du corps de Jésus-Christ ;* « *novum sepulcrum.* » On voit les mêmes expressions dans la consécration de la patène. Enfin tout y retentit de ces paroles, CORPS DE JÉSUS-CHRIST, SANG DE JÉSUS-CHRIST. Les ornements de l'église sont sanctifiés par rapport à ce corps et à ce sang; on croit que tout ce qui les touche est saint et sacré, on les regarde comme une source de sanctification, qui se répand sur tout ce qui les approche. Mais l'on n'entend parler nulle part *de la figure pleine, de la vertu déployée, du mystère rempli de l'efficace du corps de Jésus-Christ, et du pain inondé des Calvinistes.*

Dans la Messe d'Illyricus, le prêtre prie Dieu, comme dans l'Ordre romain, de consacrer l'oblation, *afin qu'elle devienne pour nous le sang de son Fils unique Notre-Seigneur Jésus-Christ;* « *ut nobis unigeniti Filii tui Domini nostri Jesu Christi sanguis fiat.* » Il dit la même chose en mettant le calice sur l'autel : *Oblatum tibi, Domine, calicem sanctifica, ut nobis unigeniti Domini nostri Jesu Christi sanguis fiat.* L'Eucharistie consacrée y est toujours appelée du nom de *corps de Jésus-Christ.* Quand le prêtre communie, il dit : *Que le corps de Jésus-Christ me soit un remède perpétuel pour la vie éternelle ;* « *corpus Domini nostri Jesu Chriti sit mihi remedium sempiternum in vitam æternam.* » Lorsque l'on communiait à la messe commune, les prêtres et les diacres, en leur donnant l'une et l'autre espèce mêlées ensemble, on leur disait : *Que ce sacré corps et ce sacré sang de Notre-Seigneur Jésus-Christ, mêlés ensemble, vous servent pour la vie éternelle.* Quand on communiait les sous-diacres, on leur disait : *Que la participation du corps et du sang de Notre-Seigneur Jésus-Christ sanctifie votre corps et votre âme pour la vie éternelle.* Après que le prêtre avait communié, il adressait cette prière à Jésus-Christ : *Seigneur Jésus-Christ, Fils du Dieu vivant, qui, selon la volonté de votre Père, et par la coopération du S.-Esprit, avez délivré le monde par votre mort, délivrez-moi par votre sacré corps et votre sacré sang que je viens de recevoir,* PER HOC SACRUM CORPUS ET SANGUINEM TUUM (1), *de tous mes péchés, et de tous mes maux ; faites que j'obéisse à tous vos commandements, et ne me séparez jamais de vous.* Et dans la dernière oraison, qui est comme une action de grâces pour tous ceux qui ont communié, on disait à Jésus-Christ ces paroles : *Seigneur Jésus-Christ, accordez-nous qu'ayant mangé* VOTRE PROPRE CORPS, *et bu* VOTRE PROPRE SANG, *qui a été livré pour nous, quelque indignes que nous en fussions, cette communion soit pour nous une source de salut et un remède éternel pour le rachat de tous nos crimes.* « *Præsta, Domine, Jesu Christe, Fili Dei vivi, ut qui corpus et sanguinem* PROPRIUM, *pro nobis indignis datum, edimus et bibimus, fiat nobis ad salutem, et ad redemptionis remedium sempiternum omnium criminum nostrorum.* » L'Eucharistie n'est pas seulement appelée une infinité de fois le corps de Jésus-Christ, ce qui suffit pour imprimer l'idée d'une présence réelle ; mais elle est appelée, comme l'on a vu, *le corps propre de Jésus-Christ,* CORPUS PROPRIUM. Il est dit que *c'est le corps livré pour nous,* PRO NOBIS DATUM. On prie Jésus-Christ *de nous délivrer par ce corps ;* on lui attribue la rémission des péchés, et enfin on l'offre à Dieu pour les vivants et pour les morts, et comme étant capable de purifier les uns et les autres : ce qui est expressément marqué en plusieurs endroits de ces liturgies.

La Messe imprimée par les soins du P. Menard n'est pas moins expresse pour la présence réelle : plusieurs des oraisons que j'ai rapportées sont communes à l'une et à l'autre Liturgie, et il y en a de particulières dans celle du P. Menard, qui ne sont pas dans celle d'Illyricus, comme celle-ci, que le prêtre dit à Dieu : *Seigneur, Père saint, tout-puissant et éternel, faites-moi la grâce de recevoir de telle sorte le corps et le sang de votre Fils Notre-Seigneur Jésus-Christ, que je mérite en y participant de recevoir la rémission de mes péchés.*

Que messieurs les religionnaires disent ce qu'il leur plaira, assurément que s'ils avaient à faire une Liturgie, ils ne s'y exprimeraient point du tout en ces termes, n'y en ayant guère de moins propres pour faire entendre leur opinion. Ils font ce qu'ils peuvent pour les réduire à leurs sentiments, parce qu'ils les trouvent établis par d'autres qui ne les ont pas consultés. Mais s'ils ont tant soit peu de sincérité, ils ne désavoueront pas que la nature n'y porte point du tout ceux qui conçoivent l'Eucharistie de la manière qu'ils la conçoivent. Cependant les auteurs de ces Liturgies n'ont eu d'autre vue que d'exprimer naturellement ce qu'ils pensaient de ce mystère, et de représenter par leurs paroles les idées simples et naturelles qu'ils en avaient. Rien ne les gênait et ne les astreignait à l'usage de certains termes, et c'est en suivant ces idées simples et naturelles qu'ils appellent cent fois l'Eucharistie *le corps de Jésus-Christ, le corps propre de Jésus-Christ, le corps livré pour nous.*

Au moins s'il leur plaisait de parler quelquefois un langage si extraordinaire, ils devaient nous découvrir leur sens en d'autres lieux, et nous parler *du pain inondé, de la figure efficace, de la vertu déployée, et du corps en vertu.* Ils en avaient une entière liberté, mais ils ne le font jamais, ni la nature, ni la raison ne les a portés à l'usage de ces expressions calvinistes. C'est sans doute qu'ils n'avaient pas dans l'esprit les idées dont elles naissent.

La bizarrerie que les ministres sont obligés d'attribuer aux auteurs de ces Liturgies et à ceux qui les ont autorisées, c'est-à-dire, à toute l'Église, paraîtra bien dans un autre jour, lorsque l'on fera voir à M. Claude, par la conférence de toutes les Liturgies chrétiennes, qu'il faut, pour maintenir son opinion, qu'il prétende que toutes les églises du monde se soient accordées à choisir toutes les expressions qui pouvaient tromper les fidèles, et à éviter toutes celles qui les pouvaient instruire de la vérité. C'est la règle qu'il faudrait qu'elles eussent suivie, si elles avaient été de l'opinion des ministres. Mais en n'appliquant maintenant cette réflexion qu'aux auteurs de la Liturgie latine, il est clair qu'ils se seraient rendus coupables d'une imprudence très-criminelle, si ne croyant pas la présence réelle de Jésus-Christ dans l'Eucharistie, ils n'eussent pas laissé de s'exprimer dans les termes qu'ils ont fait.

Je sais bien que M. Claude nous dira qu'il est clair comme le jour que, par les mots de *corps de Jésus-Christ, de corps propre de Jésus-Christ, de corps livré pour nous,* ils entendaient un corps symbolique, qui représentait Jésus-Christ, et qui était rempli de son efficace et de sa vertu ; que tous les prêtres qui lisaient ces Liturgies ne pouvaient pas se former une autre idée sur ces paroles ; qu'ils n'avaient pas la moindre difficulté à les entendre ; que tous les fidèles entraient sans peine dans ces sens métaphoriques ; que l'idée de la présence réelle était toute la dernière qui pût tomber

---

(1) Ces paroles sont aussi dans la Messe du P. Menard.

P. DE LA F. I.

(Vingt-six.)

dans l'esprit. Cela ne coûte rien à écrire : mais je sais bien aussi qu'il ne suffit pas de faire en l'air des discours téméraires et déraisonnables, pour étouffer toutes les lumières du sens commun.

Afin qu'il fût tant soit peu probable que les peuples, par tous ces termes, aient entendu quelque autre chose que le corps même de Jésus-Christ, il faudrait que les pasteurs eussent eu un soin continuel de les avertir de ne s'y pas tromper, et de prendre bien garde que, par les mots de *corps de Jésus-Christ*, de *corps propre de Jésus-Christ*, ils n'entendaient que son image ; il faudrait que ce sens eût été expliqué expressément dans toutes les Liturgies, et qu'il y eût eu un officier exprès pour le faire entendre au peuple : car autrement il est impossible qu'on ne l'eût jeté dans l'opinion de la présence réelle. Et comme cet effet était nécessaire et inévitable, ce devrait avoir été un des soins et l'un des emplois les plus ordinaires des Pères, que de l'empêcher, s'ils n'eussent pas été eux-mêmes dans ce sentiment. Cependant M. Claude ni aucun ministre ne sauraient faire voir qu'ils aient jamais témoigné d'appréhender cet inconvénient ; qu'ils aient craint que l'on n'entendît trop à la lettre les paroles ordinaires des Liturgies, où l'Eucharistie est appelée continuellement le corps de Jésus-Christ ; ils ne sauraient montrer qu'ils aient repris personne de les entendre littéralement et simplement. C'est pourquoi, comme S. Augustin dit que l'Oraison dominicale peut suffire seule pour confirmer toutes les vérités de la grâce que les pélagiens combattaient, on peut dire de même que les prières de ces Liturgies suffisent seules pour établir la doctrine de l'Église sur l'Eucharistie, durant les siècles dont il s'agit, puisque c'est la même chose d'en alléguer les paroles que si l'on citait en particulier le témoignage de tous les prêtres et de tous les fidèles qui y ont vécu, n'étant pas possible de supposer avec la moindre apparence qu'ils eussent dans l'esprit d'autres sentiments que ceux dont ils faisaient une profession publique dans les prières qu'ils adressaient à Dieu même dans la célébration des mystères.

Je ne pense pas que M. Claude, pour montrer que ces paroles des Liturgies, qui portent à la présence réelle, et qui en impriment naturellement l'idée, étaient expliquées dans ces Liturgies mêmes au sens des calvinistes, nous veuille alléguer qu'il y est souvent dit, pour exprimer le mélange des espèces, que le corps de Jésus-Christ est mêlé avec le sang, et que cela ne peut convenir à son corps naturel : car quoiqu'Aubertin fasse souvent des objections de cette nature, elles sont néanmoins si ridicules, qu'on ne les doit attribuer qu'à ceux qui les font expressément, étant visible que, croyant que le corps de Jésus-Christ est contenu sous l'espèce du pain, et le sang sous celle du vin, on ne pouvait, sans forcer la nature et sans prendre des tours incommodes, éviter de dire, lorsqu'on mêle les deux espèces, que l'on mêle le corps et le sang. Aussi il n'y a point de catholiques qui s'expriment d'une autre sorte, quoiqu'ils croient tous que le corps et le sang de Jésus-Christ sont contenus sous chaque espèce.

On peut dire la même chose du mot de *sacrement du corps de Jésus-Christ*, *mystère du corps de Jésus-Christ*, que l'on voit souvent dans ces Liturgies ; ce sont les expressions communes de tous les catholiques. Ce sont des expressions auxquelles la nature même les porte, et qui doivent se rencontrer dans tous ceux qui sont le plus persuadés de la transsubstantiation. Enfin, ce sont des expressions générales qui doivent être déterminées par les lieux particuliers qui désignent ce qu'ils entendaient en ce temps-là par ces mots de sacrement et de mystère du corps de Jésus-Christ. Or ces lieux particuliers font voir qu'ils entendaient la même chose que nous ; qu'ils entendaient *le propre corps de Jésus-Christ*, *le corps livré pour nous, le corps par lequel nous avons été rachetés* ; qu'ils entendaient qu'en prenant ce sacrement, on *prenait Jésus-Christ* ; qu'ils entendaient un mystère *qui était reçu, et par la bouche et par l'esprit* : *Faites, Seigneur*, disaient-ils, *que nous recevions dans notre esprit ce que nous avons pris par notre bouche* ; « *quod ore sumpsimus, mente capiamus,* » ce qui ne peut convenir, selon l'opinion des calvinistes, ni au corps même de Jésus-Christ, qui n'entre point dans la bouche, ni au symbole, qui n'entre point dans l'esprit ; mais qui convient, selon celle des catholiques, au corps véritable de Jésus-Christ, qui est reçu dans le corps et dans les âmes des fidèles.

CHAPITRE IV.

Que les auteurs de ces siècles ayant parlé de l'Eucharistie comme des personnes très-persuadées de la présence réelle et de la transsubstantiation, en ont dû parler avant la naissance des contestations.

La preuve qui se tire des Liturgies est si décisive, qu'elle ne serait nullement détruite, quand il se trouverait dans les auteurs ecclésiastiques des siècles dont il s'agit, quelques passages qui pourraient donner quelque idée différente de celle qu'elles impriment dans l'esprit : car comme nous avons déjà remarqué, les Liturgies étant les livres communs, et étant lus d'une infinité de personnes qui ne lisaient point les autres, elles nous représentent mieux qu'aucun autre livre la créance commune de ce temps-là. Mais parce que nous soutenons d'ailleurs que la présence réelle était crue universellement par l'Église de ces siècles-là, et que les auteurs ecclésiastiques en font une partie considérable, il est bon d'examiner aussi ce qu'on trouve dans leurs écrits sur le sujet de l'Eucharistie, en suivant les règles que nous avons établies sur le langage qui doit avoir été en usage parmi des personnes qui auraient cru la présence réelle de la transsubstantiation, sans aucune vue des contestations qui se sont élevées depuis.

On a fait voir qu'il faudrait faire une continuelle violence à la nature des hommes, pour les obliger à bannir entièrement le langage des sens, et les empêcher d'appeler l'Eucharistie pain et vin, substance de pain substance de vin, quand il s'agit d'en désigner la matière, et d'en expliquer les rapports mystérieux. C'est le langage commun de tous les Latins et de tous les Grecs les plus déclarés pour la transsubstantiation. Et c'est pourquoi on ne doit pas prétendre que les auteurs de ce siècle aient dû faire scrupule de s'en servir. Paschase n'en a fait aucune difficulté, puisqu'il dit lui-même plusieurs fois que *ce mystère se célèbre dans le pain*; « *mysterium hoc in pane celebratur*; » qu'il se sert au même chapitre du mot de *substance*, « *in eâdem substantiâ jure celebratur hoc mysterium salutis.* » Il explique en plusieurs endroits les significations du pain, du vin et de l'eau. Il dit que *Melchisédech avait offert du pain et du vin; et que Jésus-Christ a offert* LES MÊMES CHOSES. « *Melchisedech priùs in figurâ obtulerat panem et vinum; ideò necesse fuit ut verus rex pacis et pontifex noster secundùm ordinem illius* EADEM OFFERRET. » (De Corp. et Sang. Dom., c. 10.) Hincmar, rejeté par les ministres comme un novateur, parce qu'il condamne formellement leur opinion de nouvauté, se sert du même langage des sens, en disant (opusc. 2, ad Car. Calv., c. 10) que Jésus-Christ nous a donné le nouveau Testament *dans le pain et dans le vin mêlé d'eau*; « *de pane et vino aquâ mixto*; » qu'il a transféré le mystère de sa passion *en la créature du pain et du vin* : « IN *creaturam panis et vini*; » et que l'oblation de ce *pain* et de ce *calice*, est la commémoration de la mort de Jésus-Christ. L'auteur des Offices divins attribués à Alcuin, que les ministres recusent, et que Blondel rejette en un temps où la transsubstantiation était crue de tout le monde, ne laisse pas de parler ainsi : *Illius ergo* PANIS ET CALICIS *oblatio, mortis Christi est commemoratio*. S. Isidore dit que *le pain est appelé le corps de Christ, parce qu'il fortifie le corps, comme le corps de Jésus-Christ fortifie l'âme*. Valfridus Strabo, qui assure que le pain est véritablement le corps de Jésus-Christ, dit que *Jésus-Christ donna à ses disciples le sacrement de son corps et de son sang dans la substance du pain et du vin*, c'est-à-dire, qu'entre tous les êtres il choisit ces matières pour en faire le sacrement de son corps et de son sang. C'est la pente que la nature nous donne à ce langage des sens, qui fait dire à Amalarius, qui est d'ailleurs plus exprès que qui que ce soit pour la présence réelle, comme nous le montrerons, que *le prêtre immole le pain et le vin et l'eau; que le pain et le vin sont les signes sacrés, ou les sacrements du corps et du sang de Jésus-Christ*; qu'ils *sont semblables au corps de Jésus-Christ, parce que les sacrements doivent avoir un rapport avec les choses dont ils sont sacrements*; car il ne s'agissait pas en cet endroit d'expliquer la nature de l'Eucharistie, mais les rapports mystérieux que Dieu a voulu graver dans les symboles qu'il a choisis dans ce mystère.

On trouve donc à la vérité ce langage des sens dans les auteurs de ces quatre siècles, comme on le trouve dans tous les auteurs des siècles suivants; ils n'ont pu s'exempter de s'en servir, quelque opinion qu'ils eussent. Mais pour juger de celle qu'ils ont eue en effet, il faut considérer ce qu'ils nous disent de l'Eucharistie, quand ils nous expliquent ce qu'ils croient de sa nature et de son essence; quand ils ne la désignent pas, mais qu'ils enseignent ce qu'elle est; quand ils ne nous marquent pas seulement la matière que Dieu a choisie, mais qu'ils nous disent ce que Dieu fait de cette matière; quand ils n'en parlent pas selon les impressions des sens, mais selon les sentiments de la foi.

S. Isidore appelle l'Eucharistie *le sacrement du corps de Christ* (l. 115 de eccles. Offic.); mais si l'on désire savoir de quelle manière elle en est le sacrement, il nous l'apprendra en nous disant *que le pain que nous rompons est le corps de celui qui dit* : « *Je suis le pain vivant.* » Et pour montrer que ce n'est point un corps en figure, mais en vérité, il enseigne formellement que ce corps de Jésus-Christ, que nous recevons dans l'Eucharistie, et dont nous sommes privés quand on nous en sépare, est la chair de Jésus-Christ, dont il est dit : *Si vous ne mangez la chair du Fils de l'homme, et ne buvez son sang, vous n'aurez point la vie en vous*, et que c'est le *corps, la vérité, l'original* représenté par les ombres et les figures de l'ancien Testament. *Il faut craindre*, dit-il, *que pendant que quelqu'un est séparé du corps de Jésus-Christ* (c'est-à-dire de l'Eucharistie) *il ne demeure privé du salut, puisqu'il dit lui-même* : « *Si vous ne mangez la chair du Fils de l'homme, et ne buvez son sang, vous n'aurez point la vie en vous.* » Et un peu après : *Quelle différence y a-t-il entre l'ombre et le corps, entre l'image et la vérité, entre les figures des choses futures et ce qui était représenté par ces figures?* Il ne dit pas, selon la nouvelle théologie des ministres, que ce corps de Jésus-Christ dont il parle, c'est-à-dire l'Eucharistie, ne fût différente des pains de proposition qu'en ce qu'elle était une figure plus expresse et plus claire; mais il dit qu'elle était la chose figurée, qu'elle était la vérité opposée à l'ombre et aux figures, ce qui ne peut convenir qu'au corps même de Jésus-Christ.

Bède (homil. hiem. de Sanct., in Epiph.) dit que *les créatures du pain et du vin sont changées par une vertu ineffable au sacrement de sa chair et de son sang*. C'est une des expressions qui naît de la nature de l'Eucharistie. Mais que signifie-t-elle dans cet auteur? C'est ce qu'il marque par les paroles suivantes : *Et ainsi*, dit-il, *le sang de Jésus-Christ n'est plus versé par les mains des infidèles pour leur ruine; mais il est pris par la bouche des fidèles pour leur salut*; « *sicque sanguis illius non infidelium manibus ad perniciem ipsorum funditur, sed fidelium ore suam sumitur ad salutem.* »

Voilà ce qu'on appelle exprimer simplement et naturellement la doctrine de la présence réelle; c'est dire, comme fait Bède, *que les fidèles reçoivent dans leur bouche le sang qui a été versé par les mains des infidèles*; et c'est ce qu'il appelle recevoir le sacrement du corps de Christ. C'est en nous expliquant la foi commune de l'Église sur ce mystère, qu'Amalarius appelle l'Eucharistie *le sacrifice universel*, « UNIVERSALE *sacrificium*; » et qu'il dit que ce sacrifice est *l'immolation* de *Jésus-Christ*; qu'il dit que le sacrifice de l'autel est le même que celui de la croix : *Quoniam una hostia Christus oblatus est pro justis et injustis, idem sacrificium permanet in altari.* Qu'il dit que *l'Église croit que ce sacrifice doit être mangé par les hommes, parce qu'elle croit que c'est le corps et le sang du Seigneur, et qu'en le mangeant les âmes des fidèles sont remplies de la bénédiction divine.* « *Sentit Ecclesia sacrificium præsens mandendum esse ab humano ore ; credit namque corpus et sanguinem Domini esse, et hoc morsu benedictione cœlesti impleri animas sumentium.* » Qu'il dit que *dans la consécration, la nature simple du pain et du vin est changée en la nature raisonnable du corps et du sang de Jésus-Christ.* Qu'il dit en parlant de l'Eucharistie (Spicil. tom. 7), que *Jésus-Christ, en donnant le pain aux apôtres, leur dit que c'était son corps ; que son corps a été dans la terre quand il a voulu, et qu'il y est quand il veut ; qu'il a bien voulu se montrer à S. Paul dans le temple de Jérusalem qui était sur la terre.* Qu'il se met en peine d'expliquer comment le corps de Jésus-Christ, que nous recevons, cesse d'être en nous, et qu'il propose ses différentes pensées. *Ita verò sumptum corpus Domini bonâ intentione, non est mihi disputandum utrùm invisibiliter assumatur in cœlum, an reservetur in corpore nostro usque in diem sepulturæ, an exhaletur in auras, aut exeat de corpore cum sanguine, aut per poros emittatur.* De sorte que l'on peut dire que non seulement cet auteur enseigne la présence réelle, mais qu'il l'enseigne même d'une manière trop grossière, et qu'il n'y a point d'écrivain ecclésiastique que l'on doive moins soupçonner de l'avoir niée.

Il est vrai que M. Claude est excusable de n'avoir pas fait réflexion sur ces deux derniers passages, puisqu'ils ne sont imprimés que dans le septième tome de *Spicilegium*, qui n'a paru que depuis son livre. La pratique marquée dans cette lettre même d'Amalarius, de ne point cracher de longtemps après avoir reçu l'Eucharistie, était fondée sur la créance de la présence réelle, comme il paraît par toute la lettre, et particulièrement par ce passage, où il s'excuse de n'être pas exact à observer cette pratique commune : *Je dis cela, afin que si par ignorance, et sans mon consentement, il sort de ma bouche quelque partie du corps du Seigneur, vous ne croyiez pas pour cela que je sois sans religion, et que je méprise le corps de mon Seigneur, ou que ce corps soit porté en quelque lieu où il ne veuille pas être. C'est par ce corps que notre âme vit, comme le Seigneur le dit lui-même :* « *Si vous ne mangez la chair du Fils de l'homme, et si vous ne buvez son sang, vous n'aurez pas la vie en vous.* » *Si donc ce corps est notre vie, il ne perdra pas, étant séparé de nous, en quelque lieu qu'il soit, la vie qu'il nous communique, et que nous recevons de lui.*

Je ne sais si M. Claude même osera prétendre après cela qu'Amalarius n'enseigne pas la présence réelle.

Angelomus, religieux bénédictin, dans un commentaire qu'il a fait sur les *Rois*, après avoir dit que Jésus-Christ, à l'exemple de David, nourrit les fidèles par l'aliment des sacrés mystères, expliquant ensuite quel est cet aliment des mystères, dit que c'est la chair de Jésus-Christ, et Jésus-Christ même, figuré par ce pain et cette chair que David donna à son peuple : *Partitus singulis collirydam panis, illius utique qui de cœlo descendit et dat vitam mundo ; assaturam bubulæ carnis unam, illius scilicet vituli saginati qui pro reverentia ad patrem filio juniore mactatus, et igne passionis assatus est ; et similam frixam oleo, carnem videlicet à peccati labe mundissimam.* Ainsi l'aliment des sacrés mystères est, selon ce religieux, le pain vivant qui est descendu du ciel ; c'est Jésus-Christ immolé pour nos péchés ; c'est sa chair très-pure de tout péché. Il s'ensuit de la créance que nous avons de l'Eucharistie que ce mystère contient le même corps et le même sang qui ont été consacrés par Jésus-Christ même.

Et c'est aussi ce que Flore nous enseigne : *Le calice*, dit-il, *qu'un prêtre catholique sacrifie n'est pas un autre, mais c'est le même que celui que Jésus-Christ a donné à ses disciples ; et ce que l'on croit du sang, il le faut croire du corps.* Il dit, en expliquant la raison pour laquelle on appelle le calice *præclarum*, *excellent*, que *c'est avec raison qu'on l'appelle excellent, puisqu'on y offre le sang immaculé.* Ce n'est point, selon Flore, dans l'usage, c'est dans l'offrande même que ce qui est dans le calice est *le sang immaculé* ; et c'est en cette qualité qu'il est offert à Dieu. Il exprime aussi le même sentiment de la foi, lorsqu'il dit que *l'oblation étant prise des fruits de la terre, est faite pour les fidèles le corps et le sang du Fils unique de Dieu, comme il dit lui-même :* « *Ma chair est vraiment viande, et mon sang est vraiment breuvage* ; » lorsqu'il appelle l'Eucharistie *oblatio Dominici corporis* ; lorsqu'il dit que *cette hostie donne la vie éternelle à ceux qui la reçoivent.... parce que le Seigneur a dit que* « *celui qui mange ce pain vivra éternellement ;* » *Hæc namque hostia.... sumentibus vita æterna est..... dicente Domino :* « *Qui manducat hunc panem vivet in æternum.* »

C'est en suivant ces mêmes sentiments de la foi que les auteurs de ce siècle nous disent que *l'Eucharistie est un vrai sacrifice* ; « *verum sacrificium*, » que *Jésus-Christ y est offert à Dieu pour nos péchés*, et qu'ils marquent expressément qu'elle est offerte pour les morts aussi bien que pour les vivants. *Nous croyons*, dit S. Isidore, *que la coutume d'offrir le sacrifice pour le repos des fidèles morts, et de prier pour eux, étant observée par toute la terre, a été instituée par les apôtres. C'est ce que l'Église catholique observe partout ; et si elle ne croyait que les péchés peuvent être remis aux fidèles après leur mort, elle ne ferait point d'aumônes pour leurs âmes, ni n'offrirait point le sacrifice à Dieu : car lorsque le Seigneur dit, que* « *si quelqu'un pèche contre le S.-Esprit, son péché ne lui sera pardonné ni en ce monde ni en l'autre,* » *il fait voir qu'il y en a qui sont pardonnés en l'autre monde, et qui sont purgés par le feu du purgatoire.* Et Flore, dans son explication de la messe : *L'Église*, dit-il, *qui est une mère pleine de tendresse, prie aussi pour les fidèles* qui sont morts, et les recommande à Dieu par l'intercession de l'oblation sacrée. (Il est difficile de comprendre que cette oblation qui intercède ne soit que du pain.) A quoi il ajoute la doctrine du purgatoire, jointe à celle du sacrifice et de la présence réelle. *Quelques-uns*, dit-il, *qui sont prédestinés à cause de leurs bonnes œuvres à l'héritage des élus, mais qui doivent être punis à cause de quelques péchés qu'ils emportent en sortant du corps, sont reçus dans les flammes du purgatoire, et ils y sont purifiés jusqu'au jour du jugement; ou bien ils en sont délivrés plus-tôt par les prières de leurs amis, par les aumônes, par les jeûnes et par l'oblation de l'hostie salutaire.*

Tout cela ressent merveilleusement le langage des catholiques, qui croyant que l'Eucharistie contient réellement le corps de Jésus-Christ, expriment naturellement leur pensée, mais sans ces efforts et ces affirmations redoublées, auxquelles le désir de combattre les hérésies qui ont attaqué ce mystère, porte d'ordinaire les auteurs qui ont écrit depuis la naissance de ces hérésies.

S'il s'agit aussi d'exprimer le changement qui se fait dans l'Eucharistie du pain au corps de Jésus-Christ, ils le marquent dans les termes précis et naturels qui naissent de la créance de la transsubstantiation. Paschase vous dira (chap. 8.) que *la substance du pain et du vin est efficacement et intérieurement changée au corps et au sang de Jésus-Christ; en sorte qu'après la consécration on croit véritablement que c'est la vraie chair de Jésus-Christ.* Amalarius vous dira qu'au moment de la consécration la nature simple du pain est changée en la nature raisonnable du corps et du sang de Jésus-Christ. Remi d'Auxerre vous dira que *le pain et le vin passent au corps de Christ.* L'Auteur du traité *des divins Offices*, attribué à Alcuin, vous dira, comme Amalarius, que *le prêtre prie que le pain et le vin, qui sont des créatures privées de raison, deviennent un être raisonnable, en passant au corps de Jésus-Christ; « rationabilis fiat, transeundo in corpus Filii ejus. »* S. Fulbert vous dira que *le pain est changé au corps du Seigneur, et qu'il s'en fait comme une transfusion dans ce corps :* TRANSFUNDITUR. Bède vous dira par une autre des expressions eucharistiques qui a le même sens (homil. hiem. de SS., in Epiph.), que *la créature du pain et du vin est transférée par la sanctification ineffable du S.-Esprit, au sacrement du corps et du sang de Jésus-Christ.* Et il en conclut, comme nous avons vu, que *le sang de Jésus-Christ n'est donc plus versé par les mains des infidèles pour leur ruine, mais qu'il est pris par la bouche des fidèles pour leur salut.* Flore empruntant de Bède la même expression, vous dira (in Expos. miss.) que *les créatures du pain et du vin sont transférées au sacrement du corps et du sang de Jésus-Christ;* et il en conclut de même que *Christ est mangé, et qu'étant mangé par parties,* c'est-à-dire, sous les diverses parties de l'hostie, *il demeure entier dans le ciel et dans votre cœur; « sed manet integer totus in cœlo, totus in corde tuo; »* parce que dans le langage de ces auteurs, aussi bien que dans celui de tous les catholiques d'à présent, ces expressions, *le sacrement du corps de Jésus-Christ*, etc., signifiaient la même chose que *le corps de Jésus-Christ couvert du voile du sacrement*, et ce n'était qu'un différent regard de la même chose, comme nous avons remarqué.

Mais parce que le changement qui se fait dans l'Eucharistie n'est pas sensible, Paschase avertit (de Corp. et Sang., cap. 2) qu'il se fait *intelligiblement*, c'est-à-dire spirituellement, et non corporellement : *Sensibilis res intelligibiliter virtute Dei per verbum Christi in carnem ipsius ac sanguinem divinitùs transfertur.* Il dit que les hommes reçoivent *spirituellement la chair de Jésus-Christ*, et que *dans ce sacrement ils ne reçoivent rien que de spirituel et de divin*, c'est-à-dire, *qu'ils n'y reçoivent pas sensiblement la chair de Jésus-Christ* : Totum spirituale et divinum in eo quod percipit homo. Il dit (cap. 6) que la vraie chair de Jésus-Christ est dans ce sacrement *mysticè*, et (cap. 1 et 6) que *nous recevons la vraie chair de Jésus-Christ en mystère : « veram carnem Christi in mysterio sumimus. »* Et dans la lettre à Frudegard, où, selon M. Claude, il établit plus fortement que partout ailleurs la présence réelle : *Hæc quippe mystica sunt, in quibus veritas carnis et sanguinis non alterius quàm Christi, in mysterio tamen et figurá,* c'est-à-dire, que cette chair n'y est pas d'une manière sensible, visible, découverte, mais d'une manière cachée aux sens, invisible et insensible.

Drutmar, parlant le même langage, qui est tout simple et tout naturel, dit que *Dieu transfère spirituellement le pain en son corps, et le vin en son sang ; « transferens spiritualiter panem in corpus et vinum in sanguinem,* c'est-à-dire, qu'il l'y transfère, mais invisiblement.

C'est ainsi que la nature apprend à parler de l'Eucharistie à ceux qui n'ont en vue que d'exprimer simplement la doctrine de la présence réelle : mais parce qu'il s'excite un doute naturel contre la vérité de ce mystère, quoiqu'il ne soit combattu de personne, et que la contrariété qu'il y a entre l'apparence extérieure et ce que la foi nous en enseigne, en rend la créance difficile, et porterait à chercher des explications et des manières par lesquelles le pain serait appelé le corps de Jésus-Christ sans l'être véritablement et réellement, la vue de ce doute a dû obliger les auteurs ecclésiastiques à le prévenir, et à étouffer toutes ces pensées humaines, et c'est à quoi sont naturellement destinées toutes les expressions où l'on affirme que l'Eucharistie est le propre corps de Jésus-Christ ; que l'Eucharistie est véritablement la chair de Jésus-Christ, quoiqu'elle paraisse pain, et que le pain conserve sa forme et sa figure. Et c'est ce que l'on trouve aussi dans les auteurs de ces siècles-là. Valfridus Strabo dit que *les mystères de notre rédemption sont* VÉRITABLEMENT *le corps et le sang du Seigneur.* Paschase, à qui Dieu a inspiré de prévenir particulièrement ce doute naturel, qui devait ensuite tant produire d'hérésies, dit une infinité de fois (c. 1 et 4) que *l'Eucharistie est la vraie chair de Jésus-Christ*; « *vera est Christi caro*, dit-il, *verè creditur esse caro pro mundi vitâ; in veritate corpus et sanguis fit consecratione mysterii.* »

Mais Remi d'Auxerre prévient une autre sorte de doute, et qui ne viendra jamais certainement dans l'esprit d'un calviniste : car il est fondé sur ce qu'étant certain que l'Eucharistie est réellement le corps de Jésus-Christ, il semble étrange qu'on l'appelle mystère ; et c'est ce qu'il propose et explique ainsi dans l'exposition de la messe : *Puis*, dit-il, *qu'on appelle mystère ce qui signifie une autre chose, pourquoi appelle-t-on l'Eucharistie un mystère, vu que c'est dans la vérité le corps de Jésus-Christ?* Voilà le doute fondé sur la réalité. Et voici la solution qui la suppose encore : *On l'appelle mystère parce qu'après la consécration elle paraît une chose, et elle en est une autre ; elle paraît du pain et du vin ; mais* dans la vérité *c'est le corps de Jésus-Christ.* Ensuite il étouffe le doute naturel fondé sur la diversité apparente du pain et de la chair par la solution ordinaire des Pères. *Dieu,* dit-il, *condescendant à notre infirmité, voyant que nous ne sommes pas accoutumés à manger de la chair crue, fait que l'oblation du pain et du vin conserve sa première forme et sa première figure, et qu'elle soit* dans la vérité le corps de Jésus-Christ; « *cùm mysterium sit quod aliud significat, si in veritate corpus Christi, quare appellatur mysterium? Proptereà utique, quia post consecrationem aliud est, aliud videtur ; videtur siquidem panis et vinum; sed* in veritate *corpus Christi est. Consulens ergo omnipotens Deus infirmitati nostræ, qui usum non habemus comedere carnem crudam, et sanguinem bibere, facit ut pristinâ remaneant formâ et figurâ illa duo munera, et sint* in veritate corpus Christi et sanguis. Il répète la même chose en plusieurs manières dans le commentaire sur le dixième et sur le onzième chapitres de la première Épître aux Corinthiens. Et l'auteur des homélies, que l'on attribue à S. Éloi, en empruntant ces mêmes paroles, dit formellement dans la seizième, que *comme la chair que Jésus-Christ a prise dans les entrailles de la Vierge est son vrai corps, de même le pain que Jésus-Christ donne à ses disciples, et que les prêtres consacrent tous les jours, est le* vrai *corps de Jésus-Christ. Et ce corps qu'il a pris, et celui qui est consacré, ne sont pas deux corps, mais un seul et même corps : en sorte que lorsque l'un est rompu et mangé, Jésus-Christ est immolé et mangé, et demeure néanmoins vivant.* Ces mêmes paroles se trouvent aussi dans le traité des divins Offices attribué à Alcuin, aussi bien que le passage déjà cité de l'explication de la Messe de Remi d'Auxerre, tant on les jugeait propres en ces temps-là pour exprimer ce que l'on croyait de l'Eucharistie.

Ce que l'on doit conclure de ces expressions, comme nous l'avons remarqué, est que quand les mêmes auteurs, ou ceux des mêmes siècles, disent simplement que l'Eucharistie est le corps de Jésus-Christ, ils entendent toujours qu'elle l'est dans la vérité; que c'est le vrai corps de Jésus-Christ quoiqu'ils ne le disent pas toujours, parce que ces expressions plus fortes ne sont destinées que pour étouffer le doute, que l'on n'a pas toujours en vue, et pour marquer que l'on prend selon le sens simple et ordinaire ce qui est contenu dans les expressions communes.

Non seulement ils préviennent ces doutes par des affirmations plus claires de la vérité du mystère, mais ils les étouffent encore par les miracles qu'ils assurent que Dieu a faits pour le confirmer. Paschase en rapporte plusieurs dans son livre, et je ne vois pas quel sujet les ministres ont de vouloir qu'on les y ait ajoutés, puisqu'ils avouent qu'ils sont rapportés aussi au dixième siècle dans des sermons anglais dont nous parlerons ailleurs, et qu'ils n'ont rien que de conforme à la doctrine de Paschase et à son esprit, qui était en effet simple et éloigné de la présomption qui fait rejeter insolemment les miracles sans examen, comme font d'ordinaire les ministres. On lisait aussi en Angleterre, au neuvième siècle, dans la Vie de S. Grégoire, un miracle par lequel on rapporte que ce saint confirma dans la foi une femme qui doutait de la vérité du mystère, en lui montrant l'hostie changée en chair. Nous aurons peut-être lieu de parler à fond ailleurs de ces sortes de miracles ; mais je ne m'en sers ici que pour montrer qu'on étouffait au neuvième siècle les doutes qui pouvaient s'élever sur ce mystère, par l'autorité de Dieu même et par les miracles de sa puissance ; et qu'ainsi on ne peut douter ni de la foi de ceux qui alléguaient ces miracles, ni de celle des peuples parmi lesquels on les alléguait.

Ces mêmes auteurs préviennent encore un autre doute, qui naît fort naturellement de ce que l'on voit consacrer le corps de Jésus-Christ en tant de lieux et en divers temps. *Quoique ce corps,* dit Remi d'Auxerre, et après l'auteur du traité des divins Offices attribué à Alcuin, *soit consacré en plusieurs lieux et en divers temps, ce ne sont pas néanmoins divers corps de Christ ni plusieurs calices, mais c'est le même corps et le même sang que celui qu'il a pris dans les entrailles de la Vierge;* « *licèt multis locis et innumerabilibus diebus illud corpus consecretur, non sunt tamen multa corpora Christi, neque multi calices, sed unum corpus Christi, et unus sanguis, cum eo quod sumptum in utero Virginis.* » Ils préviennent aussi le doute où l'on pourrait tomber en voyant que l'on prend une si petite partie du pain consacré. *Il faut savoir*, dit Remi d'Auxerre et cet autre auteur dont nous avons parlé, *que, soit qu'on en prenne beaucoup soit qu'on en prenne peu, tous néanmoins, et en général et en particulier, reçoivent également le corps de Jésus-Christ tout entier ;* « *omnes Christi corpus integerrimè sumunt, et generaliter et specialiter omnes et unusquisque.* »

Voilà les effets naturels de l'opinion de la présence réelle que nous avions prévus : ils préviennent ces doutes parce qu'ils s'élèvent d'eux-mêmes : ils en parlent peu, et ils se contentent de proposer ce qu'il en faut croire, selon que l'Église l'a toujours pratiqué avant la naissance des hérésies, et ils s'attachent aux plus grossiers, sans vouloir pénétrer les autres par une curiosité indiscrète.

Nous n'avons qu'à suivre les autres expressions naturelles qui naissent de cette créance pour reconnaître que, non seulement on les trouve dans les auteurs de ce siècle, mais que l'on n'en trouve point d'autres.

L'inclination qu'ont les hommes à abréger leurs expressions sans abréger pour cela leurs idées, y a produit son effet. Ils appelaient tous, comme les catholiques font à présent, l'Eucharistie *le sacrement du corps de Christ;* ce qui de soi ne signifie que le signe sacré du corps de Jésus-Christ; et ils suppléaient comme nous l'idée entière, en concevant par ces mots Jésus-Christ couvert du voile du sacrement, ou le sacrement contenant le corps même de Jésus-Christ; et c'est pourquoi ce terme se trouve dans Paschase, dans Remi d'Auxerre, dans Flore, et dans ceux qui affirment le plus positivement que l'Eucharistie est dans la vérité le corps de Jésus-Christ. Quoique le mot de *figure* ne fût pas si commun, néanmoins les savants qui l'avaient lu dans S. Augustin, ne devaient pas faire difficulté de s'en servir, au moins en rapportant les passages de S. Augustin. Et c'est ce que Bède fait dans son commentaire sur le troisième psaume, parce que S. Augustin s'en était servi dans le sermon qu'il a fait sur le même psaume. Charlemagne même, qui avait un amour particulier pour S. Augustin, s'en sert dans une lettre à Alcuin, où il dit que *Jésus-Christ donna à ses disciples le pain et le calice en figure de son corps et de son sang;* et ce terme qu'ils voyaient autorisé par un Père aussi célèbre que S. Augustin, étant suppléé par la foi commune du siècle, qui joignait à l'idée de la figure et du sacrement celle du vrai corps de Jésus-Christ enfermé sous cette figure, ne faisait aucune peine à ces personnes savantes, comme celui de sacrement du corps de Jésus-Christ n'en fait présentement à personne. Mais comme nous avons remarqué que ceux qui ne sont pas choqués d'un terme autorisé par l'usage ou des savants ou du peuple, parce qu'ils sont accoutumés à suppléer le défaut de l'expression, peuvent être choqués de quelque terme extraordinaire, quoique synonyme, parce qu'ils le prennent dans le sens précis qu'il renferme et n'y joignent aucune autre idée, on en voit un exemple très-considérable dans le huitième siècle, qui prouve invinciblement la créance de Charlemagne et des évêques de ce temps-là.

Nous avons vu que les iconoclastes, pour bannir par l'institution même de Jésus-Christ toutes les autres images, avaient donné dans leur concile le nom d'image à l'Eucharistie, et que ce terme avait scandalisé les évêques du second concile de Nicée, qui le prirent dans le sens ordinaire du mot d'image, selon lequel on conclut : c'est l'image ce n'est donc pas l'original. Les actes du second concile de Nicée ayant donc été apportés en France, et les paroles du concile des iconoclastes, qui y sont rapportées et réfutées, ayant été confondues par erreur avec celles des évêques de Nicée, les évêques de France, qui étaient choqués de la décision de ce concile touchant les images, qu'ils prenaient à contre-sens, furent aussi choqués de voir qu'on attribuait dans ces actes le nom d'image à l'Eucharistie. Et la raison pour laquelle ils en furent choqués, est, selon qu'ils le marquent eux-mêmes, qu'ils regardaient l'Eucharistie comme la vérité même, et comme le corps même de Jésus-Christ. Et c'est pourquoi la réfutation de ce concile, qui fut faite sous le nom de Charlemagne, et qui représente certainement en un point si commun les sentiments de ce siècle, s'attache expressément à ce mot d'*image*, et en fait un crime au second concile de Nicée. « S'il a entendu dit-il, par cette image dont il parle, le mystère du corps et du sang du Seigneur, qui est reçu chaque jour par les fidèles dans le sacrement, ce qu'il semble marquer assez clairement parmi l'embarras de ces absurdités, en disant que Jésus-Christ qui devait accomplir le sacrifice, et qui s'était chargé entièrement de notre nature, l'avait donnée à ses disciples au temps de sa passion, toute volontaire et toute libre, comme un signe et comme un mémorial très-manifeste, il est tombé en cela dans une très-grande erreur : *car Jésus-Christ n'a point offert pour nous à son Père une image ou quelque préfiguration, mais il s'est offert lui-même en sacrifice.* Et comme, sous l'ombre de la loi, l'oblation future qu'il devait faire de lui-même avait été représentée par l'immolation de l'agneau, et par quelques autres figures, il a voulu accomplir dans la vérité ce qui avait été prédit de lui par les oracles des prophètes, en s'offrant à Dieu son Père comme une victime salutaire. Ainsi les ombres de la loi étant prêtes à finir, il ne nous a point laissé quelque signe imaginaire de soi-même; mais il nous a donné le sacrement de son corps et de son sang : car le mystère du corps et du sang du Seigneur est appelé maintenant, *non image, mais vérité; non ombre, mais corps; non figure des choses futures, mais la chose représentée par ces figures.* Maintenant, selon les Cantiques, le jour est levé, et les ombres sont bannies. Maintenant Jésus-Christ est venu comme la fin de la loi pour justifier tous ceux qui croient en lui. Maintenant celui qui était assis dans la région de l'ombre de la mort, est éclairé d'une éclatante lumière. Ce qui couvrait le visage de Moïse a été ôté; le voile du temple s'est rompu, et nous a fait voir ce qu'il y avait de plus secret et de plus caché. Maintenant le vrai Melchisédech, le Roi juste et le Roi de paix, nous a donné non des préfigurations, mais le sacrement de son corps et de son sang; et il ne nous a pas dit : C'est l'image de mon corps, mais : « C'est mon corps *qui sera livré pour vous; c'est mon sang qui sera versé pour plusieurs en la rémission des péchés.* »

Blondel et Aubertin ont essayé d'éluder ce passage par leurs chicaneries ordinaires; et M. Claude les renferme toutes en peu de paroles. *Ils s'expliquent,* dit-il, *fort clairement, disant que ce n'est pas une ombre ou un type des choses futures, mais le sacrement du corps et du sang de Jésus-Christ.* Voilà ce que signifient les mots de *fort clairement* dans le langage de M. Claude. Mais nous avons bien plus de raison de lui dire que cette solution prétendue est fort clairement détruite par le passage même auquel il l'applique, puisqu'il fait voir manifestement que par *sacrement du corps de Jésus-Christ*, l'auteur de ce livre entend le corps même de Jésus-Christ. Car n'est-ce pas le corps de Jésus-Christ qui est représenté par les figures de l'ancien Testament? Or ce sacrement est, selon l'auteur de cette réfutation, ce qui était représenté par ces anciennes figures. N'est-ce pas le corps de Jésus-Christ qui est la vérité opposée aux images? Or, selon cet auteur, ce sacrement n'est pas l'image, mais la vérité par opposition à l'image. Il se passe *en vérité*, et non *en figure*, comme il dit un peu après les paroles que j'ai rapportées. Enfin il est le corps de Jésus-Christ, et non l'image, parce que Jésus-Christ n'a pas dit : *C'est l'image de mon corps*, mais *C'est mon corps*. Il est Jésus-Christ, puisque c'est de l'Eucharistie que s'entendent ces paroles, que *Jésus-Christ n'a point offert pour nous une image, mais qu'il s'est offert lui-même*.

L'auteur de ce traité exclut à la vérité de l'Eucharistie les ombres et les préfigurations de la loi ; mais il les exclut, non parce qu'elles sont des images des choses futures, mais parce qu'elles sont de simples images, c'est-à-dire, parce qu'elles ne sont pas la vérité et le corps. Ainsi tout ce qui n'est pas le corps de Jésus-Christ, tout ce qui n'est pas la vérité figurée, est exclu par le même raisonnement ; et il n'y eut jamais d'imagination plus absurde que de prétendre que cet auteur n'ait condamné le mot d'*image*, que parce qu'il s'est imaginé qu'il signifiait l'image d'une chose future car qui a jamais ouï dire que le mot d'*image* signifie de soi la représentation d'une chose future? Et à qui cette pensée peut-elle venir dans l'esprit? Cet auteur ne combat-il pas cent fois dans le même livre les images en un autre sens, et comme signifiant des représentations de choses existantes? A-t-il pu croire que les évêques de Nicée l'eussent pris en ce sens ? Et n'y aurait-il pas eu de la folie à lui de censurer ces évêques de Nicée pour avoir appelé l'Eucharistie image, s'il fût convenu d'une part qu'ils auraient pu l'appeler ainsi, en prenant le mot d'*image* pour la représentation d'une chose existante, et qu'il eût supposé, de l'autre, que ce mot avait été pris par eux pour la représentation d'une chose future?

Mais ils les réfute, disent les ministres, en disant que *le jour est venu*, que *la loi est accomplie*, que *nous ne sommes plus dans le temps des ombres*. Il est vrai qu'il les réfute de la sorte, et avec raison ; mais ce n'est pas qu'il ait prétendu ni que le mot d'*image* signifiât la figure d'une chose future, ni que ces évêques l'eussent pris en ce sens ; c'est qu'il prétend qu'en disant que l'Eucharistie est image dans un sens exclusif de la vérité du corps, on la réduit par là à l'état de l'ancienne loi, non en la rendant image d'une chose future, mais en la séparant de la vérité de l'original. Ce n'est pas la qualité de future ou d'existante qu'il considère, c'est celle d'image *sans vérité* ; et c'est pourquoi l'auteur de ce traité dit que la loi est passée et accomplie, pour montrer que nous ne sommes plus au temps des figures, et que nous sommes en celui des réalités, et que nous devons posséder véritablement et réellement dans notre sacrement celui qui n'était que représenté dans les sacrements de l'ancienne loi. N'est-ce pas fermer volontairement les yeux à la lumière, que de ne vouloir pas voir un sens si facile, et d'en aller imaginer un autre plein de folie, qui est que Charlemagne a pris le mot d'*image* pour la représentation d'une chose future?

Il n'est pas difficile aussi de montrer dans ces siècles l'usage des expressions qui naissent, comme nous avons marqué, des trois différents regards selon lesquels on peut considérer l'Eucharistie. C'est en considérant directement le corps de Jésus-Christ, et le voile indirectement, que les auteurs de ce siècle disent souvent, après S. Augustin, que Dieu nous a donné son corps et son sang dans des choses qui sont faites de plusieurs parties réduites en un. C'est, au contraire, l'attention directe au sacrement et au voile extérieur, qui a fait que Drutmar explique ces paroles : *Hoc est corpus meum*, par ces mots, *id est, est in Sacramento :* car en portant directement son esprit au sacrement et à ce qui frappe nos sens, on ne peut pas dire, selon la rigueur, que ce soit le corps même de Jésus-Christ. C'est un pain apparent ; c'est le signe, la similitude, le sacrement de ce corps, qui n'est le corps de Jésus qu'en sacrement, comme dit Drutmar. Ce n'est pas de quoi il est question ; mais il s'agit de savoir de quelle sorte on croyait dans ce siècle-là que le corps de Jésus-Christ était joint à ce sacrement et à ce voile ; c'est par là qu'il faut suppléer l'expression de Drutmar : car ce serait le comble de l'injustice que de vouloir juger de son sentiment par un mot qu'il a dit en passant, et par une expression abrégée, n'y ayant point de catholique que l'on ne fît calviniste par ce moyen, puisqu'il n'y en a point qui n'emploie des expressions qui ont besoin d'être suppléées par la foi commune de son siècle. M. Claude est bien obligé lui-même de le faire, puisqu'il ne veut pas que le pain soit la simple figure du corps de Jésus-Christ, mais qu'il veut que ce soit *une figure efficace, remplie de vertu, un pain inondé de la force de Jésus-Christ*. Il supplée donc lui-même les paroles de Drutmar à sa mode, pour les rendre conformes à son sens, et nous les suppléons à la nôtre, pour les réduire au sens commun de l'Église. Il y a cette différence entre lui et nous, que nous les expliquons par la foi commune de l'Église de ce temps-là, déclarée et exprimée fortement par les autres auteurs, et par Drutmar même, qui dit que *Jésus-Christ transfère spirituellement le pain en son corps ;* au lieu que M. Claude ne prend ses explications que de son caprice et de sa préoccupation.

Qu'on dise que le pain est le corps de Jésus-Christ en sacrement, avec Drutmar; qu'on dise, avec les autres auteurs du même siècle, qu'il est le corps de Jésus-Christ dans la vérité, et avec Drutmar même, qu'il *est transféré spirituellement et invisiblement au corps de Jésus-Christ;* et l'on aura la foi entière de ceux de son siècle : car il est le corps de Jésus-Christ dans la vérité, par le changement invisible et spirituel de sa substance au corps de Jésus-Christ, et il l'est en sacrement par l'apparence sensible qui en reste, d'autant qu'il excite par cette apparence toutes ces pensées, qui nous font comprendre l'union des membres de Jésus-Christ entre eux et avec leur chef, et la nourriture spirituelle que le corps de Jésus-Christ donne à nos âmes.

Mais pourquoi, disent les ministres, Drutmar n'expliquait-il en cet endroit que ce rapport extérieur de la matière du sacrement avec le corps de Jésus-Christ? Parce qu'il ne songeait pas qu'il y aurait des gens assez téméraires pour renverser la foi générale de l'Église sur ce mystère; et ainsi, supposant les choses communes et connues, il s'arrête à expliquer celles que le commun des hommes sait moins. Il avait dessein d'expliquer dans la suite les rapports du pain et du vin au corps de Jésus-Christ; et pour préparer à cette explication, il suppose comme un fondement général que le pain est le corps de Jésus-Christ en sacrement; et ensuite il vient tout d'un coup au détail de ces rapports mystérieux. Il est clair qu'il eût été hors de propos de parler en cet endroit de l'essence intérieure de l'Eucharistie, et qu'il ne l'eût pu faire sans interrompre son discours. Ceux pour qui il écrivait n'avaient pas besoin d'une instruction si commune, mais ils étaient bien aises d'apprendre ce qui était marqué par les symboles, et c'est à quoi il s'arrête.

Enfin l'on voit dans les auteurs de ce siècle un double regard direct, et sur le signe et sur Jésus-Christ caché sous ce signe, qui est la troisième manière de considérer l'Eucharistie. Et c'est ce qui paraît dans les passages où ils nous disent que l'Eucharistie est un mystère où l'on voit une chose et l'on en conçoit une autre; que *l'on y voit du pain et du vin;* mais que *dans la vérité, c'est le corps de Jésus-Christ;* « post consecrationem aliud est, aliud videtur; videtur siquidem panis et vinum, sed in veritate corpus Christi est. » C'est ainsi, comme nous l'avons montré, que la foi des catholiques a dû être exprimée par les gens persuadés de la présence réelle dans les circonstances de ces temps où ils ont vécu; mais pour la créance des calvinistes, jamais gens ne l'exprimèrent plus mal que ces auteurs dont nous avons parlé jusqu'ici : ils ne nous parlent nulle part de *figure efficace,* ni de *figure pleine,* ni de *corps en vertu.* Ils nous disent bien à la vérité que le pain figure le corps de Jésus-Christ, mais ce n'est rien dire pour les ministres; les catholiques en doivent dire autant, cela fait une partie de leur doctrine. Il faudrait que les ministres trouvassent quelque part qu'il n'est que *la figure pleine* ou *vide,* et c'est ce que ces auteurs ne disent point; au contraire, ils nous assurent que c'est le corps de Jésus-Christ *dans la vérité.*

Cependant la créance des catholiques n'a pas besoin d'être particulièrement expliquée, étant contenue dans les termes simples de l'Écriture et des Liturgies, connus et entendus de tout le monde. Mais pour celle des calvinistes, il est besoin pour l'entendre d'une instruction expresse et formelle : on ne la devine point, et l'on ne comprend nullement sans maître que le corps de Jésus-Christ, le vrai corps de Jésus-Christ signifie la vertu du corps de Jésus-Christ. Ce sont proprement ces sortes de pensées *abstraites* qu'il faut recevoir d'autrui, et que l'on ne trouve point de soi-même; de sorte que de ce que ces auteurs ne prennent aucun soin d'en instruire les fidèles, c'est une marque visible qu'ils n'en étaient point instruits.

CHAPITRE V.

Réflexions particulières sur ces expressions qui se trouvent dans les auteurs de ces siècles : que l'Eucharistie est le vrai, le propre corps de Jésus-Christ, sa vraie chair; *qu'*elle est véritablement son corps; *que* c'est le corps de Jésus-Christ dans la vérité; *que* c'est son corps même.

Ces manières de parler, dont nous avons rapporté quelques exemples tirés des auteurs du neuvième siècle, que les ministres ne récusent point, méritent qu'on les considère en particulier, parce qu'il me semble qu'elles décident entièrement le différend qui est entre l'Église catholique et les sacramentaires. Et pour concevoir quel poids elles doivent avoir dans cette dispute, il faut remarquer qu'elles ne sont point particulières à ces auteurs, mais qu'elles sont communes à toutes les nations, et à tous les siècles.

C'était, comme nous avons vu, le langage de l'église grecque au septième siècle, où Anastase Sinaïte témoigne que *Jésus-Christ confesse que le pain et le vin sont* VÉRITABLEMENT *son corps et son sang.* Ce l'était au huitième, où S. Jean de Damas déclare qu'il *est certain que le pain et le vin consacrés sont* LE PROPRE CORPS *de Jésus-Christ devenu céleste et divin.* C'était celui de toute l'église grecque durant ce siècle, puisqu'elle dit, dans la réfutation de l'écrit des iconoclastes, que *les dons après la consécration sont appelés, sont et sont crus* PROPREMENT *corps et sang.* C'était celui des iconoclastes mêmes, qui reconnaissaient, comme le témoigne Nicéphore, *qu'on recevait* PROPREMENT ET VÉRITABLEMENT *le corps de Jésus-Christ dans l'Eucharistie,* κυρίως καὶ ἀληθῶς. C'était celui que l'église grecque prescrivait aux Sarrasins convertis à qui on ordonnait de se servir de cette formule, comme nous avons déjà vu : *Je suis persuadé, je crois, je confesse, que le pain et le vin mystiquement consacrés sont,* SELON LA VÉRITÉ, *le corps et le sang de Notre-Seigneur, étant changés par sa vertu divine d'une manière que les yeux ne découvrent point, mais qui surpasse toutes les pensées des hommes.* C'est celui que l'on met en la bouche de tous les Grecs quand ils approchent des saints mystères, comme il paraît par cet acte de foi qui est dans leur Horologe : *Je crois que ceci est votre corps* MÊME, *plein de pureté, que ceci est votre sang* MÊME. C'est le langage des Moscovites, puisque, comme le rapporte Dannawerus, les prêtres disent à ceux qui communient : *C'est le vrai corps et le vrai sang de Jésus-Christ qui est donné pour vous.* (Voyez ci-dessus, l. 5, ch. 2). C'est le langage des Cophtes, puisque leur Liturgie fait dire aux prêtres ces paroles après la consécration : *Je crois, je crois, je crois, et je confesse de tout mon cœur, que* CETTE CHOSE-LÀ MÊME *que je tiens dans ma main, est ce corps vivant de votre Fils unique Notre-Seigneur et notre Sauveur Jésus-Christ.* C'est le langage des Éthiopiens, qui disent dans leur Liturgie, après la consécration : *Amen, amen, credimus et confidimus, et laudamus te, ô Domine Deus noster. Hoc est, in veritate credimus, caro tua :* « *Ceci est, comme nous le croyons dans la vérité, votre chair.* »

C'est le langage des mêmes Cophtes, et des mêmes Éthiopiens dans trois autres Liturgies imprimées dans le sixième tome de la Bibliothèque des Pères, et dont les deux premières ont été traduites de l'égyptien sur un exemplaire envoyé par Joseph Scaliger à Velserus, et sur d'autres exemplaires trouvés à Rome, comme nous l'avons déjà dit. Dans la première de ces Liturgies attribuées à S. Basile, le peuple dit : *C'est le corps sacré et éternel, et le sang* VÉRITABLE *de Jésus-Christ, Fils de Dieu, Amen. Ceci est* VÉRITABLEMENT *le corps d'Emmanuel, notre Dieu. Amen. Je le crois, je le crois, je le crois, et je le confesserai jusqu'au dernier soupir de ma vie, que c'est là le corps vivifiant que votre Fils unique, Notre-Seigneur, notre Dieu et notre Sauveur, Jésus-Christ, a pris dans les entrailles de la bienheureuse Vierge.... Je crois que cela est ainsi dans la vérité.* Les mêmes paroles se trouvent à peu près dans la Liturgie suivante, qui est attribuée à S. Grégoire. Le peuple y dit : *C'est le saint et précieux corps, et le sang d'Emmanuel, notre Dieu. Ce l'est dans la vérité. Amen. Je le crois, je le crois, je le crois, et je le confesserai jusqu'au dernier soupir de ma vie, que c'est là le corps vivifiant, que vous, Seigneur Jésus-Christ, notre Dieu, avez pris de la bienheureuse Marie toujours vierge, Mère de Dieu, et que vous avez uni avec votre divinité, sans mélange, sans confusion, sans changement.*

Et ces deux Liturgies, si conformes à ce qu'en cite Kirkerus, prouvent la vérité de cette autre Liturgie des Éthiopiens, intitulée : *Canon generalis Æthiopum,* reconnue par Aubertin et par Brerewod, et contestée inutilement par M. Claude. On y lit ces paroles-ci, qui sont entièrement semblables à celles que nous avons rapportées : *C'est là* VÉRITABLEMENT *le corps, c'est le sang d'Emmanuel, notre Dieu. Amen. Je le crois, je le crois, je le crois, et présentement et pour toujours. Amen. C'est le corps, c'est le sang de Notre-Seigneur et notre Sauveur Jésus-Christ, ce corps et ce sang qu'il a pris de la bienheureuse Vierge.*

C'est le langage des Arméniens, qui répètent plusieurs fois dans leur Liturgie, comme nous avons déjà dit, *que le pain et le vin sont* VRAIMENT *faits le corps et le sang de Jésus-Christ.* C'est en particulier le langage des Arméniens de Léopolis, de la Liturgie desquels M. Claude a voulu abuser, puisque, comme nous avons dit, il est porté formellement dans cette Liturgie que le prêtre, après la consécration, appelle le pain consacré le vrai corps de notre Sauveur Jésus-Christ : *Verum corpus Salvatoris Domini nostri,* et qu'il dit trois fois sur le calice : *C'est le vrai sang de Notre-Seigneur Jésus-Christ ;* « *Et hoc ter dicit super calicem, sanguis verus est Domini Nostri Jesu Christi.* » C'est le langage des nestoriens, comme l'on voit dans l'écrit du P. Adam, archidiacre du patriarche des nestoriens, rapporté par Strozza : *Nous mangeons*, dit-il, *le vrai corps de Dieu; mais de Dieu incarné. Nous buvons le vrai sang d'un homme, mais d'un Dieu homme.* C'est le langage des chrétiens indiens, puisque, pour marquer plus distinctement leur foi sur ce mystère, ils avaient même ajouté aux paroles de la consécration le mot, *dans la vérité. Hoc est, in veritate, corpus meum : Hic est, in veritate, sanguis meus.* Ce qu'Alexis de Menesez, archevêque de Goa, se crut obligé de retrancher, afin que la forme de la consécration fût uniforme partout. Le diacre chante encore dans leur messe ces paroles : *Fratres mei, suscipite corpus ipsius Filii Dei, dicit Ecclesia.* Enfin c'est l'expression de l'église de France avant Pepin et Charlemagne, puisqu'elle rendait grâces à Jésus-Christ dans sa Liturgie, de *lui avoir donné son* PROPRE CORPS.

Non seulement c'est le langage de toutes les nations, mais c'est aussi celui de tous les siècles de l'Église. S. Irénée s'en sert en disant que *Jésus-Christ nous a assuré que le pain, qui est une créature, est son* PROPRE CORPS (1). S. Hilaire s'en sert en disant *qu'il n'y a nul lieu de douter de* LA VÉRITÉ *du corps et du sang de Jésus-Christ que nous recevons, puisque la déclaration expresse du Seigneur et notre foi nous font connaître que c'est vraiment de la chair et vraiment du sang.* Le poète Juvenius dit que c'est le PROPRE CORPS *de Jésus-Christ :*

Discipulos docuit PROPRIUM *se tradere corpus.*

S. Gaudence dit que *le Créateur des natures fait du pain son* PROPRE CORPS, *parce qu'il le peut et qu'il l'a promis.* S. Éphrem, diacre d'Édesse, dit *qu'il faut être assuré par une foi pleine et entière que, participant au corps et au sang du Seigneur, l'on mange l'*AGNEAU MÊME *tout entier;* « *Fide plenissimâ certus quòd Agnum ipsum integrè comedas.* » S. Isidore de Damiette dit *que le S.-Esprit fait le pain dans l'Eucharistie le* PROPRE CORPS *dont Jésus-Christ s'est revêtu dans son incarnation.* S. Léon dit qu'*il faut s'approcher de telle sorte de la table divine, que l'on ne doute en aucune sorte* DE LA VÉRITÉ *du corps et du sang de Jésus-Christ ;* « *Sic sacræ mensæ communicare debetis, ut nihil prorsùs de* VERITATE *corporis Christi et sanguinis ambigatis.* » Gélase de Cizique dit que *nous recevons* VÉRITABLEMENT *le précieux corps et le précieux sang de Jésus-Christ.* Eusèbe d'Émèse, ou l'auteur des homélies qui portent son nom, appelle aussi l'Eucharistie LE VRAI *corps de Jésus-Christ ;* « *Ad percipiendum sacrificium* VERI *corporis ipsa te roboret, et potentia consecrantis invitet.* » Hésichius dit que *l'Eucharistie est le corps de Jésus-Christ* DANS LA VÉRITÉ : « *Corpus et sanguis est* SECUNDUM VERITATEM. »

Dans l'Histoire du martyre de S. André, il est rap-

---

(1) Τὸν ἀπὸ κτίσεως ἄρτον ἴδιον σῶμα διαβεβαιώσατο. S. Irénée liv. 5, ch. 2.

porté que S. André disait qu'*il immolait tous les jours à Dieu l'Agneau immaculé, qui étant véritablement sacrifié, et sa chair étant* VÉRITABLEMENT *mangée par le peuple, demeure néanmoins tout entier;* « *Qui cùm* VERÈ *sacrificatus, et* VERÈ *à populo carnes ejus manducatæ, integer perseverat et vivus.* » Aubertin prétend que cet écrit est un fragment de la vie de S. André forgée par les anciens hérétiques ; mais, selon cette pensée, ce passage prouverait toujours que les hérétiques anciens convenaient avec les catholiques dans cette expression, que l'on mangeait véritablement dans l'Eucharistie la chair de Jésus-Christ. Mais il ne saurait de plus nier que ce passage ne soit cité au neuvième siècle par un auteur qui a écrit contre Élipandus, et par conséquent qu'il ne prouve la foi et le langage du neuvième siècle.

C'est enfin en suivant le même langage que S. Chrysostôme dit que *Jésus-Christ but dans la cène son* PROPRE *sang*, τὸ ἑαυτοῦ αἷμα, qu'*il nous nourrit de son propre sang*, τῷ ἰδίῳ αἵματι, que *se mêlant en nous par l'Eucharistie il nous fait son corps, non par foi, mais réellement et en effet*, αὐτῷ τῷ πράγματι, *que par le moyen de ce mystère nous sommes mêlés réellement avec Jésus-Christ ; que l'on voit dans l'Eucharistie ce corps même que les mages ont adoré; que nous recevons ce même Fils unique de Dieu ; que l'on y touche son corps même.*

Toutes ces expressions ont le même sens les unes que les autres ; elles s'expliquent mutuellement. Et quand on dit que ce pain consacré est *le corps même de Jésus-Christ*, on dit que *c'est le propre corps de Jésus-Christ*, et qu'*il est* VÉRITABLEMENT *le corps de Jésus-Christ.*

Or, cela supposé, je dis que ces seules expressions donnent lieu de décider formellement le différend qui est entre nous et les calvinistes : ils ne sauraient désavouer que tous les chrétiens de tous les siècles et de toutes les nations n'aient appelé l'Eucharistie *le vrai corps de Jésus-Christ, le propre corps de Jésus-Christ, le corps même de Jésus-Christ;* qu'ils n'aient dit que *l'Eucharistie était véritablement, proprement, effectivement le corps de Jésus-Christ*, et qu'ils n'aient renfermé dans ces paroles la créance qu'ils avaient de ce mystère ; et cela sans commentaire, sans explication, sans témoigner qu'elles fussent obscures et difficiles à entendre. Ainsi c'est par le vrai sens de ces paroles qu'on doit reconnaître qui sont ceux qui soutiennent ou qui combattent la foi générale de toutes les églises du monde.

Les catholiques disent que quand on a dit dans l'Église que *l'Eucharistie était le vrai corps de Jésus-Christ*, on a entendu qu'elle était le vrai corps de Jésus-Christ, et non un corps en figure ; que quand on a dit que *c'était son propre corps*, on a entendu que c'était son propre corps, et non un corps étranger et séparé de lui ; que quand on a dit que *c'était son corps même*, on a entendu que c'était son corps même, et que ce n'en était pas un autre ; que quand on a dit que *c'était véritablement et proprement son corps*, on a entendu que c'était son corps véritablement et proprement ; et non pas faussement, improprement, en vertu, en simple figure, en simple représentation. Ils ne trouvent point de paroles plus propres et plus précises que ces paroles mêmes pour exprimer leur sentiment : car quand ils diraient qu'elle est réellement et substantiellement le corps de Jésus-Christ, ils ne diraient rien davantage.

Les calvinistes, au contraire, prétendent que quand on a dit dans l'Église que *l'Eucharistie était le corps propre, le vrai corps, le corps même de Jésus-Christ*, qu'*elle était proprement et véritablement son corps*, on a entendu que *la vertu vivifiante du Verbe incarné se déployait dans le pain, et lui communiquait l'efficace du corps de Jésus-Christ; que c'était le corps de Jésus-Christ en efficace, en vertu, en puissance : que ce pain était inondé de la vertu de Jésus-Christ ; que c'était une figure pleine, remplie, et non vide et creuse ; et que c'est dans ce sens que tous les peuples de la terre ont pris ces expressions.*

Voilà la question. C'est là-dessus que les calvinistes hasardent leur salut. Si *le vrai corps de Jésus-Christ* ne signifiait pas dans l'esprit des plus simples *un pain inondé de l'efficace du corps de Jésus-Christ*, il n'y a point de salut pour eux.

Qui ne serait saisi d'horreur de cette pensée, en voyant d'un côté la folie sensible et évidente de ces explications calvinistes, et de l'autre l'aveuglement prodigieux qui fait que tant de personnes se laissent étourdir par les vaines déclamations de ceux qui les proposent? Et c'est ce qui fait voir plus clairement qu'aucune autre chose le mal des disputes de religion : car les plus grandes absurdités se pouvant dire du même air que les vérités les plus certaines, et n'y ayant rien que le mensonge imite plus facilement que la juste confiance qui n'appartient qu'à la vérité, il y a cependant une infinité de personnes qui ne jugent des disputes que par cet air et par cette confiance. Et ainsi, quand ils entendent dire à M. Claude, avec un ton ferme et assuré, que ceux qui ont dit que l'Eucharistie était *véritablement* le corps de Jésus-Christ, n'ont pas opposé ce terme à *figurément*, mais à *vainement, inefficacement*, c'est-à-dire qu'ils ont voulu seulement marquer que l'Eucharistie est en vertu et en efficace le corps de Jésus-Christ, ils se paient de cette distinction; ils s'éblouissent de ces mots, et ils croient bonnement, sur la parole de M. Claude et des autres ministres, que les Éthiopiens, les Cophtes, les Grecs, les Arméniens, les auteurs ecclésiastiques de tous les siècles, en faisant profession de croire que *l'Eucharistie est le propre corps, le vrai corps, le corps même de Jésus-Christ*, n'ont voulu dire autre chose, sinon que l'Eucharistie n'est pas *privée d'efficace* ; et ils prennent le hasard d'être damnés si cela n'est vrai : car il n'y a point de crédulité pareille à celle de ces gens qui protestent hautement de ne vouloir point croire les hommes. Car quand on approfondit un peu les choses, on trouve que toutes ces protestations magnifiques, de ne croire que la parole de Dieu, se réduisent à rendre à des ministres téméraires et emportés la déférence qu'ils refusent à l'Église tout entière.

Mais en vérité cette négligence n'est pas supportable dans une affaire où il s'agit de leur salut. Qu'ils pratiquent donc au moins en cette occasion, à l'égard des paroles de leurs ministres, cette circonspection et ce discernement dont ils croient avoir droit d'user envers les conciles mêmes; qu'ils ne les suivent pas aveuglément; qu'ils fassent un peu de réflexion sur ces distinctions dont on les paie, et ils reconnaîtront sans peine que ce qu'on leur propose comme une décision claire et certaine, est une extravagance qui passe tout ce que l'on en peut dire. Et c'est à quoi ils pourront être aidés par les considérations suivantes.

Ces expressions, que *l'Eucharistie est le vrai corps de Jésus-Christ, et qu'elle est véritablement le corps de Jésus-Christ*, ayant été employées, comme nous l'avons fait voir, par les auteurs de divers siècles sans aucun concert, et se trouvant en usage dans toutes les nations et dans les discours les plus populaires, il paraît que c'est une expression toute naturelle, à laquelle on est porté par le désir de se faire entendre, et par le rapport qu'elle a avec son objet; les expressions éloignées étant des saillies d'imagination, ne sont jamais communes; à peine sont-elles autorisées par deux ou trois auteurs. Et il est entièrement contre le bon sens de croire que le hasard ait pu unir ainsi tous les peuples de la terre dans une métaphore bizarre, qui aurait peu ou point de rapport avec la chose qu'on veut exprimer. Or il est visible qu'il n'y a point d'expression plus éloignée de la nature et de nos idées ordinaires, que de dire que *l'Eucharistie est le vrai corps de Jésus-Christ*, pour signifier simplement qu'elle en a la vertu et l'efficace; et par conséquent il est sans apparence que toutes les nations soient tombées d'elles-mêmes dans une expression si étrange, ni qu'elles aient enfermé ce sens sous des termes dont elles se sont ordinairement servies.

Ces expressions ne sont pas seulement communes à toutes les nations, mais on doit de plus remarquer qu'elles ne se trouvent expliquées expressément en aucun endroit. On n'a point supposé qu'elles fussent obscures : on s'en sert, au contraire, pour faire entendre nettement la foi que les fidèles avaient du mystère de l'Eucharistie ; on les mettait dans la bouche de tout le peuple et des enfants mêmes ; on supposait donc qu'elles étaient intelligibles par elles-mêmes ; qu'elles n'étaient point trompeuses ; que l'on entrait sans peine dans le sens qu'elles enfermaient. Or je demande si l'on aurait pu supposer sans folie, que tous ceux à qui l'on faisait dire, ou à qui l'on disait que *l'Eucharistie était le vrai corps de Jésus-Christ*, comprendraient d'eux-mêmes que cela voulait dire *qu'elle en contenait la vertu et l'efficace*.

En vérité je ne m'étonne pas si Luther, pour faire comprendre combien ces explications des sacramentaires étaient ridicules, les comparait à des gens qui voulant soutenir que Dieu n'a pas créé le ciel et la terre, et se sentant pressés par ce passage : *In principio Deus creavit cœlum et terram*, s'en tireraient en supposant que le mot *Deus* signifie *cuculus*; que celui de *creavit* signifie *devoravit*, et que celui de *cœlum et terram* signifie *currucam cum carnibus et plumis*, et qui expliqueraient ainsi ce passage : *Le coucou a dévoré l'alouette avec sa chair et ses plumes* (1). Cet exemple qui ressent le génie de ce personnage, a quelque chose d'extravagant ; mais certainement il ne l'est guère plus que les explications que les sacramentaires donnent aux passages des Pères ; et il vaudrait presque autant dire, selon l'exemple de Luther, que ces mots : *In principio Deus creavit cœlum et terram*, signifient *que le coucou a dévoré l'alouette*, que de dire avec M. Claude que ces termes qui sont en usage dans toutes les nations du monde : *C'est le vrai corps de Jésus-Christ, c'est le corps même de Jésus-Christ, c'est proprement le corps de Jésus-Christ, c'est véritablement le corps de Jésus-Christ*, ne signifient autre chose sinon que *la vertu vivifiante du corps du Verbe incarné se déploie dans le pain, ou que le pain est la figure pleine, la figure efficace, la figure inondée du corps de Jésus-Christ*.

Il y a une infinité de choses qui contiennent la vertu d'autres choses. L'eau du baptême contient la vertu du sang de Jésus-Christ ; le saint chrême contient la vertu du S.-Esprit ; les prêtres possèdent la puissance de Jésus-Christ ; les reliques des saints contiennent, quand Dieu le veut, la vertu des saints, c'est-à-dire, que Dieu opère par les reliques ce qu'il opérait par les saints ; les linges que l'on ôtait à S. Paul contenaient la vertu de S. Paul, comme S. Paul avait lui-même la vertu de Dieu pour opérer des prodiges ; les rois et les juges ont entre les mains l'autorité de Dieu. Mais toutes ces idées, qui sont dans l'esprit de tout le monde, ont-elles jamais porté personne à dire que l'eau du baptême est proprement le sang de Jésus-Christ ; que le saint chrême est véritablement le S.-Esprit ; que les prêtres sont véritablement Jésus-Christ ; que les reliques d'un saint sont véritablement et proprement le saint ; que les linges de S. Paul étaient véritablement S. Paul ; que S. Paul était véritablement Dieu ; que les rois et les juges sont proprement et véritablement des dieux?

Il y a même quelques-unes de ces expressions autorisées par quelques exemples, quand on n'y ajoute pas le mot de *véritablement* et de *proprement*, de *vrai* et de *propre*. On dira par métaphore que le prêtre est Jésus-Christ ; que les rois sont des dieux : *Ego dixi : Dii estis*; mais on ne le dira jamais en y ajoutant les mots de *vrai* ou de *véritablement*, et en les faisant entrer dans une profession de foi. Et il est inouï, par exemple, que l'on ait dit : Je crois que le prêtre est véritable-

(1) Luther., tom. 1, in Defens., verb. *Cœná*, Wittemb. ann. 1558, pag. 384 : *Idem fit ac si paulò ante negàssem quòd Deus cœlum et terram creavit, et mihi quispiam se opponens illud Moysi proferret* : In principio Deus creavit cœlum et terram ; *ego verò hunc adversarium refutaturus verba Moysi sic exponerem* : Deus, id est, cuculus, creavit cœlum et terram, id est, currucam totam et integram cum carnibus et plumis. Curruca est une autre sorte d'oiseau ; mais on a mieux aimé en mettre un plus connu, puisque ce mot ne sert que d'exemple.

ment Jésus-Christ ; je crois que les rois sont véritablement et proprement des dieux.

Il est donc visible que si tous les siècles n'avaient cru autre chose de l'Eucharistie, sinon qu'elle est la figure *vide* ou *pleine* de Jésus-Christ, ils ne se seraient jamais portés à dire que c'est *son vrai corps, son propre corps, son corps même;* et qu'ils n'auraient jamais introduit toutes ces expressions. On ne se hasarderait jamais à avancer de telles absurdités si l'on consultait plutôt la lumière de la raison que ses préjugés, pour régler le sens des paroles que l'on trouve établies dans l'usage des hommes : car un peu de réflexion sur la nature de ces expressions : *C'est le vrai corps de Jésus-Christ, le propre corps de Jésus-Christ,* et les autres semblables, aurait découvert sans peine qu'il n'est pas possible que les hommes les aient employées pour signifier que l'Eucharistie ne contient pas la vérité du corps de Jésus-Christ.

Pour en reconnaître le sens véritable, il ne faut que considérer qu'on ne dit point en voyant le soleil, que c'est le vrai soleil ; en voyant le roi, que c'est le propre roi de France ; en voyant du pain, que c'est de vrai pain, et de propre pain ; en voyant de la chair, que c'est proprement de la chair ; et la raison en est que ces choses sont certaines. Or, on n'ajoute guère cette épithète de *vrai*, de *propre*, que pour détruire ou pour prévenir quelque espèce de doute ou de contestation. Ainsi l'on dira d'une pièce d'or douteuse, que c'est de vrai or ; d'un héritier à qui on conteste sa qualité, que c'est le vrai héritier ; d'un empereur à qui l'on dispute ce titre, qu'il est le vrai empereur ; d'un pape qui a un anti-pape pour concurrent, qu'il est le vrai pape.

Il est vrai que lorsque de deux choses l'une tient lieu de la vérité figurée, et que l'autre ne tient lieu que de la figure, on se sert encore du mot de *vrai*, ou de *propre*, quand même le terme auquel on le joint serait métaphorique ; ainsi l'on dira que les chrétiens sont les vrais Israélites ; que Jésus-Christ est le véritable Melchisédech ; que l'Église est la vraie épouse de Jésus-Christ ; que Jésus-Christ est le vrai soleil, la vraie lumière, la vraie vigne ; parce que les Israélites charnels tenaient lieu de figure à l'égard des chrétiens ; que Melchisédech était la figure de Jésus-Christ ; que le soleil visible n'est que l'image du soleil invisible, qui est Jésus-Christ ; que les vignes terrestres nous représentent la vigne céleste ; que les mariages humains sont la figure de l'union de Jésus-Christ avec l'Église. Et la raison de ces expressions est encore la même que dans les autres : car il est clair que la chose figurée possède plus véritablement la qualité marquée par la figure qui ne l'a qu'en représentation. Quand on dit que les chrétiens sont les vrais Israélites, on entend les véritables enfants de Dieu ; et il est vrai qu'ils sont les véritables enfants, et que les Juifs n'en étaient que les figures. Quand on dit que Jésus-Christ est le vrai Melchisédech, on entend par le mot de Melchisédech, le roi de justice ; et il est vrai qu'il est le véritable roi de justice,

et que l'autre Melchisédech n'était destiné qu'à être son image et sa figure, et ne possédait cette qualité qu'en figure. Et ainsi de toutes les autres comparaisons

On trouvera de même dans les Pères, comme Aubertin a pris fort inutilement soin de le remarquer, que Jésus-Christ est vraiment la porte et la maison de refuge ; qu'il est vraiment la pierre et le feu ; qu'il est vraiment pain ; qu'il est vraiment pasteur ; qu'il est vraiment autel ; que son incarnation est vraiment une flamme ; que celui qui imite les œuvres d'Abraham, est vraiment fils d'Abraham ; que la connaissance de Dieu est vraiment une fontaine ; que celui qui médite la loi de Dieu est vraiment un bois planté sur le courant des eaux ; que Jésus-Christ est proprement et véritablement la lumière ; qu'il est Noé selon la vérité. Mais toutes ces expressions rentrent toujours dans le même sens, et sont fondées sur la même raison : on y affirme toujours la figure de l'original, et l'on dit que l'original est véritablement la figure, parce qu'il possède véritablement la qualité représentée par la figure. La pierre, le feu, la porte sont des figures de Jésus-Christ. La pierre représente sa force, sa solidité, sa qualité d'être le fondement et le soutien de l'Église, et parce qu'il possède véritablement ces qualités figurées par la pierre, on dira qu'il est véritablement pierre. Le feu représente son activité, et la force qu'il a d'allumer l'amour dans ceux qu'il aime, ou de détruire ses ennemis ; et ainsi l'on dira qu'il est véritablement feu. L'on n'a qu'à parcourir les autres exemples, et l'on verra que c'est toujours la figure qui est affirmée de la chose figurée, et que le mot *verè*, qui y est ajouté, signifie que cette chose figurée possède réellement la qualité que la figure ne possède qu'en représentation ; et c'est pourquoi ces expressions ne se peuvent pas changer.

On dit que Jésus-Christ est vraiment pierre, qu'il est vraiment porte, vraiment lumière, vraiment Noé ; mais on ne dit pas que les pierres, les portes, la lumière, Noé, soient véritablement Jésus-Christ. On dit que les apôtres sont les vrais Israélites ; mais on ne dit pas que les Israélites soient vraiment apôtres. On dit qu'un homme de bien est vraiment un bois planté sur le bord des eaux ; mais on ne dit pas qu'un bois planté sur le bord des eaux soit vraiment un homme de bien. On pourra donc dire, selon ce sens, que Jésus-Christ est vraiment pain, vraiment vin, parce qu'il possède par excellence les qualités figurées par le pain et par le vin ; mais on ne saurait dire, dans ce sens-là, que le pain et le vin de l'Eucharistie soient vraiment le corps et le sang de Jésus-Christ, parce que le pain et le vin ne tiennent point lieu de chose figurée, ni le corps de Jésus-Christ de figure.

Et c'est ce qui fait voir que toutes ces expressions ramassées par Aubertin, n'ont aucun rapport avec cette expression de toutes les nations et de tous les Pères, que l'Eucharistie est le vrai corps de Jésus-Christ, est véritablement et proprement son corps : car, comme j'ai remarqué, le vrai corps de Jésus-

Christ ne tient point lieu de figure, ni le pain de vérité figurée ; et l'on ne veut pas dire, comme dans les autres que j'ai rapportées, que l'Eucharistie possède véritablement la qualité représentée par le corps de Jésus-Christ. C'est ce que nous montrerons peut-être ailleurs avec plus d'étendue ; mais il suffit d'avoir ici remarqué cette différence essentielle de ces expressions qu'Aubertin compare, pour montrer qu'on ne les peut pas réduire à un même sens.

Il faut donc revenir au premier sens, et reconnaître que l'on se sert de cette expression pour désavouer un doute ; c'est pour fortifier la foi contre la difficulté du mystère. On dit que c'est le vrai corps de Jésus-Christ, pour montrer que l'on ne doute point d'une chose qui est de soi difficile à croire, et dont les sens nous porteront à douter, et ce doute doit avoir deux qualités : car 1°, comme cette expression a été généralement reçue par tous les peuples, il faut que ce soit un doute général, et qui naisse naturellement dans l'esprit de tous les hommes ; 2°, comme on ne s'est jamais servi de cette expression que sur le sujet de l'Eucharistie, il faut que ce soit un doute particulier à l'Eucharistie, et qui ne puisse pas s'élever sur tous les autres sacrements.

Il ne faut donc que chercher quel est ce doute commun à toutes les nations qui s'élève particulièrement sur ce mystère, pour juger du sens de ces expressions : or je demande si les calvinistes peuvent dire, sans parler contre leur conscience, que ce doute commun à tous les peuples, que l'Eucharistie excite, soit de savoir si le pain contient la vertu du corps de Jésus-Christ ; si c'est une tentation fort ordinaire que celle d'en douter ; si l'on a grand sujet de prévenir et de désavouer ce doute par des actes formels de foi. Ce doute, quel qu'il soit, est-il particulier à l'Eucharistie ? Ne peut-il pas s'élever avec autant de raison sur le baptême ? Et la raison nous fait-elle juger qu'il soit plus difficile de croire que Jésus-Christ communique sa vertu au pain, que de croire qu'il la communique à l'eau ? Pourquoi donc n'aurait-on eu soin de le prévenir et de le désavouer que sur le sujet de l'Eucharistie ? Pourquoi ce doute imaginaire, que l'on suppose avoir travaillé toute la terre, ne travaille-t-il plus maintenant personne ? Et pourquoi ni les catholiques, ni les sacramentaires n'ont-ils aucune peine à croire que Dieu agisse par les créatures, et s'en serve comme d'un instrument moral pour nous communiquer ses grâces ? Que s'il y avait quelqu'un maintenant qui fût tenté de ce doute, et qui eût besoin de se fortifier contre, le sens commun ne fait-il pas voir qu'il l'exprimerait par des termes propres à le faire entendre, et qu'il le désavouerait par les expressions qui y sont directement contraires ? Il dirait, pour l'exprimer, qu'il *doute si Dieu agit sur nos âmes par le pain de l'Eucharistie, et s'il le remplit de son efficace.* Il dirait, pour le désavouer, qu'*il ne doute point que l'Eucharistie ne soit remplie de la vertu du corps de Jésus-Christ.* Mais il ne s'aviserait jamais ni d'exprimer ce doute en ces termes : *Je doute si l'Eucharistie est le corps de Jésus-Christ ;* ni de le rejeter en ceux-ci : *Je crois que l'Eucharistie est le vrai et le propre corps de Jésus-Christ.* Est-ce donc que les gens des siècles passés avaient l'esprit fait autrement que le nôtre ? Et faut-il que nos préoccupations nous fassent renverser ainsi toute la nature des hommes ?

Mais ce n'est pas simplement par la nature de l'esprit humain, qu'on voit que le doute qui s'excite sur le sujet de l'Eucharistie, n'est point celui que les calvinistes nous proposent : c'est par la manière même dont en parlent ceux qui l'ont désavoué par ces paroles, que *l'Eucharistie était le vrai corps de Jésus-Christ.* Car ce doute, dont ils parlent et qu'ils combattent, est un doute qui naît de l'apparence extérieure du sacrement. *Il semble*, dit Rémi d'Auxerre, *que ce soit du pain et du vin ; mais dans la vérité c'est le corps de Jésus-Christ.* Or quelle contrariété y a-t-il entre l'apparence du pain, ou la nature même de pain, et la vertu de Jésus-Christ ? Peut-on dire raisonnablement : *Il semble que ce soit du pain ; mais dans la vérité ce pain contient la vertu du corps de Jésus-Christ ?* Ne faut-il pas, au contraire, que ce soit du pain, et que l'on voie du pain, afin qu'il contienne cette vertu ?

Ceux qui proposent ce doute, le combattent par la vérité immobile de ces paroles : *Ceci est mon corps ;* or on ne peut montrer avec la moindre apparence de raison que l'Eucharistie contient la vertu de Jésus-Christ par ces paroles : *Ceci est mon corps*, lorsqu'on ne les entend pas dans leur propre sens, et que l'on les entend comme font les calvinistes, dans un sens de signification et de figure. S'ensuit-il, par exemple, que les sept épis que Pharaon vit en songe continssent la vertu des sept années, parce qu'il est dit que les sept épis étaient sept années ? Ce doute naît, selon les Pères, de ce que l'on ne voit pas Jésus-Christ. Mais serait-ce avoir le sens commun que de douter que le pain contienne la vertu de Jésus-Christ, parce qu'on n'y voit pas Jésus-Christ, puisqu'au contraire, s'il ne contenait que la vertu de Jésus-Christ, on n'aurait jamais la moindre pensée qu'on l'y dût voir ? Il est donc clair que le doute ne regarde en aucune sorte cette vertu chimérique ; mais que ceux qui doutent si l'Eucharistie est le corps de Jésus-Christ, doutent si elle, l'est réellement et véritablement ; et, par conséquent, le désaveu de ce doute, contenu dans ces paroles : *C'est le vrai corps de Jésus-Christ ;* ou, ce qui est la même chose : *C'est le corps propre, le corps même de Jésus-Christ,* ne signifie autre chose, sinon que ce l'est réellement et véritablement.

En voilà assez pour montrer qu'on ne peut guère s'imaginer de pensée plus déraisonnable que celle de prétendre que ces paroles : *C'est le vrai corps, le corps même de Jésus-Christ,* signifient que le pain consacré contient la vertu vivifiante du Verbe incarné, et qu'il faut, et que les ministres le soutiennent par un pur entêtement, et que les simples calvinistes ne le croient que parce qu'ils embrassent sans réflexion tout ce que leur disent leurs ministres.

Cependant, comme je l'ai déjà dit, la décision de notre différend dépend de là, parce que ces paroles contenant le témoignage universel que tous les chrétiens ont toujours rendu à l'Eucharistie, si les calvinistes ne l'entendent pas au même sens qu'eux, il s'ensuit qu'ils ont altéré la foi qu'avait l'Église, dans les siècles mêmes qu'ils appellent ses *beaux jours*, et dans lesquels ils avouent que *de bons serviteurs de Dieu* avaient eu soin de conserver la véritable créance touchant l'Eucharistie.

CHAPITRE VI.

Qu'il est inconcevable que les peuples aient pris ces termes dans le sens des calvinistes. — Excès de la rhétorique de M. Claude.

Avant de sortir de cette matière, je ne me puis empêcher de représenter ici un transport de l'éloquence de M. Claude, qui mérite bien qu'on le considère ; car il est rare et singulier en son genre, et il fait voir parfaitement ce que c'est que de suivre impétueusement la chaleur de son imagination, et d'écrire sans discernement tout ce qu'elle présente à l'esprit.

M. Claude ne se contente pas de soutenir que les peuples, en se servant continuellement des paroles qui expriment formellement la présence réelle, comme de dire que *l'Eucharistie est le vrai corps et le propre corps de Jésus-Christ*, n'ont point eu l'idée de cette présence ; il veut même qu'il soit sans aucune apparence qu'ils en aient jamais eu la moindre pensée, et il prétend que cela est si clair, qu'il le met en exclamation et en figure, comme si l'on avait tort de n'en pas demeurer d'accord tout d'un coup sans lui donner la peine de le prouver. *Quelle apparence y a-t-il* (ce sont ses termes, pag. 302) *que les peuples se soient d'eux-mêmes imaginé la transsubstantiation et la présence réelle, c'est-à-dire une opinion éloignée de la vue ordinaire des hommes ; une opinion que toutes les lumières de la nature et de la religion combattent, et qui même aujourd'hui qu'elle est formée et proposée en termes clairs et distincts, ne se peut concevoir qu'avec peine ! Quelle apparence y a-t-il qu'avant que Paschase en eût fait cette première explication, les hommes aient abandonné leurs sens, leur raison, les enseignements de l'Écriture, les autres instructions du christianisme, la nature du sujet dont il s'agit, les exemples fréquents des locutions sacramentales, les familiers et faciles éclaircissements que les saints Pères donnaient ; en un mot, tout ce qui s'employait à la conduite de l'esprit humain, qui les poussait à donner un sens métaphorique à ces expressions dont nous parlons, pour aller inventer cette présence invisible du corps de Jésus-Christ en terre, à la façon d'un esprit ?*

Si l'on veut savoir le sens de cette figure débarrassée de tous les grands mots dont elle est offusquée, le voici en peu de paroles : c'est que M. Claude demande quelle apparence il y a que quand on disait aux peuples, ou que les peuples disaient que l'Eucharistie était le vrai corps, le propre corps, et le corps même de Jésus-Christ, ils conçussent que c'était le vrai et le propre corps de Jésus-Christ. Et ainsi la réponse est bien aisée ; car il n'y a qu'à lui dire qu'il y a toute sorte d'apparence qu'ils concevaient ce qu'ils disaient, puisqu'ils ne le disaient que parce qu'ils le concevaient.

Il n'assure pas moins fièrement que les peuples voyaient sans peine et tout naturellement le sens des calvinistes dans toutes ces expressions. *C'est une chose incompréhensible*, dit-il, *que les peuples sachant d'un côté que le sacrement est du pain et du vin par le rapport fidèle de leurs sens, par le jugement de la droite raison, et par les expressions formelles de Jésus-Christ et de S. Paul ; sachant de l'autre que le corps de Jésus-Christ est un vrai corps humain, de même forme et de même matière que les nôtres, et qu'il est au ciel en gloire et en félicité, et n'ayant au reste jamais ouï parler distinctement et positivement de cette présence substantielle de Jésus-Christ, du corps et du sang de Jésus-Christ dans l'Eucharistie ; mais, au contraire, oyant dire tous les jours que le pain et le vin sont les sacrements, les mémoriaux, les figures et les gages du corps et du sang de Jésus-Christ ; il est incompréhensible, dis-je, qu'ils aient d'eux-mêmes renoncé à toutes ces* BONNES LUMIÈRES *qui les induisaient à donner aux paroles des Pères un sens naturel, clair et facile, pour en imaginer un écarté, pour lequel toutes les abstractions de la métaphysique se trouvent courtes, et qui est singulier, sans exemples, sans proportion, sans appui, ni dans la nature ni dans la religion.*

Tout cet embarras de paroles veut dire en un mot qu'il est incompréhensible que toutes les nations du monde, en disant que *l'Eucharistie était le vrai corps et le propre corps de Jésus-Christ*, n'aient pas conçu que c'était une *figure pleine*, une *figure efficace*, une *vertu déployée*, un pain inondé de la puissance du corps de Jésus-Christ. C'est-là ce qu'on appelle *un sens naturel, clair et facile*, dans le langage de M. Claude ; au lieu que d'entendre par les mots de *vrai corps de Jésus-Christ*, le vrai corps de Jésus-Christ, et par les mots de *propre corps de Jésus-Christ*, le propre corps de Jésus-Christ, c'est les entendre en *un sens écarté, métaphysique, inouï*, selon M. Claude ; tant il fait un étrange usage des termes, quand il se laisse aller à ses fougues et à ses saillies !

Mais puisqu'il lui plaît de nous interroger ainsi avec ces figures insultantes, il nous permettra de lui dire froidement et sans chaleur que ce qu'il nous représente comme étant sans apparence, a toutes les apparences du monde ; que ce qu'il croit incompréhensible est si aisé à comprendre, qu'on le conçoit sans peine, non seulement comme possible, mais aussi comme certain et indubitable ; et qu'au contraire ce qu'il croit facile et aisé à concevoir, est impossible et inconcevable, et doit être rejeté comme ridicule par tous ceux qui suivront la raison et le sens commun.

Tout ce qui a donné sujet à cet étrange emportement de M. Claude, est qu'il ne distingue point deux choses, qui sont extrêmement différentes : car il y a des incompréhensibilités d'opinion, et des incompréhensibilités d'expression. J'appelle incompréhensibilité d'opinion, quand l'opinion en soi est incompréhensible, quoiqu'elle soit exprimée en termes clairs. J'appelle incompréhensibilité d'expression, lorsqu'il n'y a aucun rapport, ou qu'il n'y a qu'un rapport étrangement éloigné entre l'expression et la chose signifiée, quoique cette chose signifiée soit d'elle-même aisée à comprendre. Ainsi la Trinité est un mystère incompréhensible d'une incompréhensibilité d'opinion, parce qu'il surpasse toutes nos pensées, qu'il paraît contraire aux lumières ordinaires de notre raison, et qu'il n'a nul appui dans la nature et dans l'esprit des hommes, comme parle M. Claude. Ainsi l'incarnation, le péché original, sont incompréhensibles par la difficulté de l'opinion; et cette sorte d'incompréhensibilité convient à la plupart des mystères; mais cela n'empêche pas que ces mêmes mystères ne puissent être exprimés très-nettement, et que les paroles qui les renferment dans l'Écriture et dans les conciles ne soient claires et intelligibles. Au contraire, l'opinion de Pélage et de Julien sur le péché original était fort aisée à comprendre, et n'était nullement inconcevable en cette manière. Mais les expressions de S. Paul, de l'Écriture et de l'ancienne Église, devenaient incompréhensibles dans le sens qu'ils leur donnaient; et c'est ce qui arrive dans la plupart des hérésies : elles sont très-concevables dans les opinions, parce qu'elles détruisent les mystères, et très-incompréhensibles dans les expressions, parce qu'il faut qu'elles détournent les paroles de l'Écriture et de la tradition à des sens auxquels ces paroles n'ont aucun rapport.

Or il faut remarquer que ce ne sont point du tout les incompréhensibilités des opinions en elles-mêmes qui embarrassent les peuples : la docilité que la foi produit, l'habitude de se soumettre à l'autorité de l'Église, la reconnaissance des ténèbres et de la faiblesse de l'esprit humain, l'idée que la foi donne de la puissance et de la grandeur de Dieu, adoucit tellement les difficultés des mystères, et étouffe de telle sorte le soulèvement de la raison, que ceux qui paraissent les plus inconcevables ne leur donnent pas plus de peine à croire que ceux qui paraissent plus proportionnés à leur lumière.

Qu'on demande à tous les catholiques s'ils ont bien de la peine à croire la Trinité, l'incarnation, l'éternité des peines d'enfer, le péché originel; et la plupart répondront qu'il ne leur est jamais venu aucune pensée de doute contre ces mystères, et qu'ils n'ont pas moins de facilité à les croire que les vérités les plus simples.

Non seulement l'incompréhensibilité des mystères en soi n'empêche pas qu'ils ne soient crus facilement du peuple, mais ils sont en quelque sorte plus facilement crus par le peuple que par de certains esprits remuants et indociles, qui donnent beaucoup de liberté à leurs pensées, et qui soumettent tout à leur examen. Ces mystères surpassent tellement notre intelligence, qu'ils égalent tous les esprits. Les plus subtils n'y voient pas plus clair que les plus simples et les plus pesants; les savants y pénètrent aussi peu que les ignorants. Il n'y a qu'une foi humble et docile qui y puisse atteindre; et cette docilité est une qualité qui doit être commune à tous les fidèles, et qui se trouve même plus ordinairement dans le peuple. De sorte que l'on peut dire que plus les mystères sont incompréhensibles à tous les esprits des hommes, et plus ils sont proportionnés à toutes sortes d'esprits.

Il n'en est pas de même des expressions incompréhensibles ou difficiles par le défaut de rapport des termes à la chose signifiée : car il est visible que la difficulté les rend entièrement disproportionnées aux esprits communs et aux simples fidèles. Il n'y a que les esprits subtils, abstraits et métaphysiques, qui s'imaginent y voir ces sens éloignés; tous les autres ne voient que le sens naturel des paroles, et tel qu'il soit, s'il est proposé sous l'autorité de Dieu, ils le croient simplement; de sorte que s'il était faux, ils seraient induits à erreur.

M. Claude n'a qu'à appliquer cette distinction à la matière de l'Eucharistie, pour reconnaître son égarement, et combien ses figures sont peu raisonnables. Il est vrai que le mystère de l'Eucharistie est incompréhensible; mais c'est d'une *incompréhensibilité d'opinion*, qui lui est commune avec les autres mystères; et il ne s'ensuit nullement de là que les peuples doivent avoir eu de la peine à le concevoir de cette manière simple dont on conçoit les choses inconcevables, et par laquelle on comprend qu'elles sont, quoique l'on ne comprenne pas comment elles sont, cette incompréhensibilité ne le rendant nullement disproportionné à l'esprit des chrétiens, puisque l'on doit supposer dans tous de la soumission et de la docilité, et qu'il ne faut que cela pour le croire. Aussi ne fait-il pas plus de peine aux catholiques que les autres vérités de foi. Leur soumission les embrasse toutes sans distinction; et ils ne s'amusent pas à considérer si elles sont en elles-mêmes plus faciles ou plus difficiles à concevoir les unes que les autres : il leur suffit qu'elles soient également attestées par l'autorité de Dieu que l'Église leur annonce.

Mais ce mystère n'est incompréhensible en cette manière, il ne l'est nullement en celle que nous avons appelée *incompréhensibilité d'expression*, c'est-à-dire que les expressions qui le renferment ne sont nullement difficiles. Elles sont, au contraire, très-naturelles et très-simples : car il est mal aisé d'exprimer plus simplement et plus naturellement que *l'Eucharistie est le vrai corps, le propre corps de Jésus-Christ*, qu'en disant qu'*elle est le vrai corps, le propre corps de Jésus-Christ*, qu'*elle est réellement et véritablement le corps de Jésus-Christ*. Ces expressions sont tout-à-fait intelligibles; et il n'est pas possible qu'elles répondent plus précisément à ce que l'on veut signifier.

Ainsi par cette clarté elles sont très-proportionnées à l'esprit du commun du monde; car les peuples ont d'ordinaire deux qualités : ils sont dociles et flexibles, pour embrasser sans peine les vérités qui leur sont proposées de la part de Dieu ; ils sont grossiers et incapables d'inventer des sens éloignés des paroles, et toutes les choses qui ont besoin de finesse, de philosophie, de subtilité, ne sont point à leur portée. Ils sont donc proprement dans la disposition où il faut être pour croire la présence réelle. Ils ne raffinent pas sur les divers sens des paroles ; et ainsi lorsqu'on leur a dit que *l'Eucharistie était le vrai corps de Jésus-Christ*, ils ont sans doute conçu qu'elle était le vrai corps de Jésus-Christ. Ils sont dociles et soumis, pour assujétir leur esprit à l'autorité de Dieu et de son Église, quelque incompréhensible que soit en soi-même ce qu'on leur propose ; et ainsi les difficultés du mystère de l'Eucharistie ne les auront pas rebutés. Ils auront donc cru simplement que *l'Eucharistie est le vrai corps de Jésus-Christ ;* et c'est ce qu'on appelle croire la présence réelle : de sorte qu'en considérant la disposition de l'esprit des peuples, et la manière dont la doctrine de l'Eucharistie leur a été proposée, non seulement il y a de l'apparence qu'ils ont pris ces expressions dans le sens de la présence réelle, mais il y a certitude qu'ils les ont prises en cette manière ; et il faudrait renverser toute la nature des hommes, pour s'imaginer qu'ils les aient pu entendre d'une autre sorte.

La raison nous oblige de conclure tout le contraire de l'opinion des calvinistes, parce qu'elle a des qualités toutes contraires : Elle n'est nullement incompréhensible en elle-même, quoique les ministres tâchent quelquefois de la rendre difficile, par des expressions mystérieuses qui ne signifient rien. C'est un pain qui figure Jésus-Christ ; et quand on le prend, Jésus Christ agit selon eux, sur les âmes des fidèles qui songent à sa passion, et il leur communique les grâces qu'il a méritées par son corps. Voilà tout le mystère ; et c'est ce qu'on nous débite sous les mots *de pain inondé, de figure efficace, de figure pleine, de mystère rempli de la force de Jésus-Christ, de la vertu vivifiante du Verbe incarné déployée dans le pain.*

Mais en récompense, rien n'est plus incompréhensible que les expressions dans lesquelles ils prétendent qu'il est renfermé. Il faut concevoir que quand on dit que *l'Eucharistie est le corps de Jésus-Christ*, cela veut dire qu'*elle est le signe du corps ;* que quand on dit qu'*elle est le vrai corps, le propre corps,* cela veut dire qu'*elle est un mystère rempli de l'efficace du corps de Jésus-Christ ;* que quand on dit que *c'est le corps de Jésus-Christ dans la vérité,* cela veut dire que *la vertu vivifiante du Verbe incarné déploie son efficace dans le pain.* Il faut concevoir que quand on dit que *le pain est changé et converti au corps de Jésus-Christ*, cela veut dire qu'*il est rempli de l'efficace morale du corps de Jésus-Christ ;* que quand on dit que *quoiqu'il nous paraisse du pain, c'est en vérité de la chair,* cela veut dire que *quoiqu'il nous paraisse du pain simple, c'est néanmoins du pain qui a la vertu de la chair.* Il faut concevoir que quand on dit que *ce n'est pas la figure et l'image de Jésus-Christ, mais son corps même et son propre sang,* cela veut dire que *ce n'est pas une figure vide, mais une figure pleine de ce corps et de ce sang.*

Toutes ces solutions sont certainement très-fines, très-subtiles, très-métaphysiques, pour ne rien dire davantage ; et c'est ce qui fait voir qu'il est impossible que les peuples les aient trouvées d'eux-mêmes, et qu'ils aient pris ces expressions dans des sens si écartés. Il n'y a que des imaginations échauffées par la dispute qui les aient pu produire ; et j'aimerais autant dire que les plus simples du peuple sont capables d'entendre et d'inventer tout d'un coup tous les excentriques et tous les épicycles du système de Ptolémée, et toutes les démonstrations d'Archimède, que de dire qu'ils sont capables d'entrer d'eux-mêmes dans ces sens si éloignés, si abstraits et si raffinés.

Il faut que M. Claude trouve bon que je lui dise que pour inventer ces explications, il faut avoir deux qualités qui ne sont nullement populaires. Il faut avoir l'esprit extrêmement remuant, et propre à tourner les choses en mille sens ; car jamais un esprit un peu simple et grossier n'inventera rien de pareil. Pour moi je lui puis dire avec vérité que je trouverais plus facilement l'art de faire la machine du monde la plus composée, que d'inventer que *le vrai corps de Jésus-Christ* signifie *une figure pleine de l'efficace du corps de Jésus-Christ.* Cela me passe infiniment. Il est vrai que je ne me plains pas en ce point de ce défaut de subtilité, et que je puis dire avec un ancien : *Ut me tardiorem esse non molesté feram.* Il faut en second lieu avoir l'esprit extrêmement faux, ou naturellement, ou par passion : car un peu de justesse d'esprit doit faire concevoir d'abord qu'il y a si peu de rapport de ces expressions avec la chose que l'on veut marquer, qu'il est impossible que les hommes se soient exprimés de la sorte, pour faire entendre que *l'Eucharistie contient la vertu du corps de Jésus-Christ.*

Or ni l'une ni l'autre de ces qualités ne convient aux personnes qui font la plus grande partie des peuples. Ils n'ont l'esprit ni assez remuant, ni assez faux. Ils suivent la nature en ce qu'ils conçoivent, et ne s'en écartent pas beaucoup ; ils ne sont pas capables des faussetés trop philosophiques, comme celle qui est renfermée dans le sens que les calvinistes donnent à ces expressions.

Et tout cela nous donne une raison légitime de conclure qu'il est impossible que les peuples aient entendu les expressions dans lesquelles on leur a proposé la doctrine de l'Eucharistie, et dans lesquelles ils l'ont eux-mêmes renfermée, au sens que les calvinistes y donnent. Et nous aurions tout sujet de rendre à M. Claude ses figures et ses exclamations, et de lui demander trois ou quatre fois : *Quelle apparence y a-t-il que les peuples aient entendu ces expressions en un autre sens que dans le sens catholique ? Quelle apparence y a-t-il qu'ils les aient prises en un sens aussi abstrait et aussi métaphysique, que celui des calvinistes,* s'il n'avait en quelque sorte rendu toutes ces figures importunes et odieuses par le mauvais usage qu'il en a fait ?

(Vingt-sept.)

Il me suffit de lui dire, pour terminer ce point, que s'il ne veut pas céder au raisonnement dont je me suis servi contre lui, il devrait au moins céder à la preuve du monde la plus convaincante et la plus sensible, qui est celle de l'expérience. Il dit qu'il est incompréhensible que ces expressions aient été prises au sens des catholiques ; je dis qu'il est incompréhensible qu'elles aient été prises au sens des calvinistes. M. Claude ne nous veut pas croire : il serait injuste qu'il voulût exiger que nous le crussions. Prenons donc pour juge commun l'expérience ; et jugeons de l'effet que ces paroles doivent produire par celui qu'elles ont produit. Toute la terre, en les entendant, est entrée dans l'opinion des catholiques ; nulle société n'est entrée d'elle-même dans le sens des calvinistes. Voilà notre différend jugé d'une manière à laquelle il n'y a que des esprits déraisonnables qui soient capables de résister. Ce qui a été conçu par toute la terre est assurément très-compréhensible ; et il n'y a point de plus grande marque qu'une expression est inconcevable, dans un certain sens, au commun du monde, que de voir que ce sens n'a été conçu que de très-peu de personnes, qui l'ont découvert par des spéculations philosophiques.

CHAPITRE VII.

Éclaircissement de deux difficultés particulières sur le sujet de Flore et de Remi d'Auxerre.

La plus grande partie des difficultés que M. Claude propose sur les auteurs de ces quatre siècles s'étant dissipées d'elles-mêmes, puisqu'on a vu clairement que les passages qu'il en rapporte ne contiennent que le langage dont les personnes les plus persuadées de la présence réelle et de la transsubstantiation ont dû se servir, il en reste peu qui méritent d'être traitées en particulier. Nous mettrons de ce nombre les réflexions qu'il fait sur ce que dit Flore, que *l'oblation, étant prise des simples fruits de la terre, est faite* AUX FIDÈLES, *ou* POUR LES FIDÈLES *le corps et le sang de Christ ; « benedictionis ineffabili potentiâ efficitur fidelibus corpus et sanguis Christi. »*

Il chicane premièrement sur la traduction de ce passage : il ne se contente pas de l'alternative qu'on lui avait accordée, en mettant *aux fidèles, ou pour les fidèles* ; il veut que l'on mette absolument *aux fidèles*, et qu'on rejette *pour les fidèles*. C'est ce que je lui accorderais assez volontiers, s'il le demandait de meilleure grâce : car pour moi, l'une et l'autre traduction m'est assez indifférente. Mais puisqu'il prétend l'emporter de force, il m'oblige de lui dire qu'il est injuste ; car cette traduction, *aux fidèles*, n'a point d'autorité ; et celle-ci, *pour les fidèles*, est autorisée par les auteurs de ce siècle-là. Remi d'Auxerre explique expressément ces paroles du canon : *Ut nobis corpus et sanguis fiat dilectissimi Filii tui,* d'où Flore emprunte les siennes, par celles-ci : *Id est ad nostram salutem fiat corpus ejus et sanguis,* où il est clair qu'il rend le mot *nobis,* qui signifie le même dans le sens que *fidelibus* dont s'est servi Flore, non par celui d'*à nous,* mais par celui de *pour nous,* AD *nostram salutem.* Voilà pour le premier point.

Mais ce mot, *fidelibus,* ne fournit pas seulement à M. Claude des remarques de critique, il en tire des conséquences bien effectives : car il nous voudrait porter à en conclure que l'Eucharistie n'est le corps de Jésus-Christ qu'*aux fidèles,* par opposition *aux méchants,* qui n'ont point de foi ; par conséquent qu'elle ne l'est aux bons qu'en vertu de leur foi et par leur foi. C'est ainsi qu'un petit mot lui donne occasion de rendre Flore entièrement calviniste, et de le faire combattre la foi de son siècle. Mais pour l'obliger à modérer un peu cette facilité trop grande qu'il a de tirer des conséquences à son avantage, il suffit de le prier de considérer que par un argument tout semblable, il prouverait que Paschase n'a pas cru la présence réelle : car cet auteur dit aussi bien que Flore que *Jésus-Christ nous accorde, par sa grâce, que l'Eucharistie soit à nous son corps et son sang :* « *Ecce quid Christus indulsit, ut nobis sit corpus et sanguis Christi.* » Que M. Claude ne conclut-il donc de même que ce *nobis* est mis par opposition aux méchants, qui n'ont point la foi, et partant que Paschase reconnaît que l'Eucharistie n'est le corps de Jésus-Christ que par là foi ?

S'il lui plaisait même de pousser plus avant ses conséquences, il prouverait que tous les prêtres catholiques ne croient point non plus la transsubstantiation, puisqu'ils font cette même prière à Dieu dans le canon de la messe : *Quam oblationem tu, Deus, in omnibus, quæsumus, ascriptam, ratam, rationabilem acceptabilemque facere digneris,* UT NOBIS *corpus et sanguis fiat dilectissimi Filii tui Domini nostri Jesu Christi.*

Cela suffit, ce me semble, pour faire reconnaître à M. Claude que ses conséquences vont un peu trop loin ; et qu'ainsi le mot *nobis,* ou celui de *fidelibus* qui y répond, ne lui donne pas lieu de les tirer, ni à l'égard de Flore, ni à l'égard de Paschase, ni à l'égard de qui que ce soit.

Il est bon aussi qu'il ne prenne pas pour fondement de ses raisonnements que du temps de Flore la distinction des catéchumènes et de fidèles n'était pas fort en usage ; car il suffit qu'on l'y ait fort connue, quoiqu'y ayant alors peu de catéchumènes, on ne pût pas pratiquer toutes les cérémonies que l'on observait à leur égard dans l'ancienne Église. Et c'est ce que l'on peut prouver par divers passages des auteurs de ce temps-là ; comme par celui de Raban, contemporain de Flore, qui en parle même comme étant encore en usage. *Missa est,* dit-il, *tempore sacrificii, quando catechumeni foras mittuntur, clamante levitâ : Si quis catechumenus remansit exeat foras ; et inde missa, quia sacramentis altaris interesse non possunt, qui nondùm regenerati sunt.* Et en effet, on la voit marquée dans l'Ordre romain, qui était un livre très-commun en ce siècle-là : *Ipsis expletis, annuntiat diaconus : Catechumeni recedant ; si quis est catechumenus recedat ; omnes catechumeni exeant foras.*

Je ne ferai pas néanmoins de procès à M. Claude sur

ce qu'il dit que le mot *fidèles* n'est pas opposé en cet endroit de Flore aux catéchumènes seulement, mais aussi à tous les méchants ; car il est vrai que comme, selon l'esprit de l'Église, tous les fidèles devraient être justes, on entend aussi quelquefois les justes par le mot *fidèles*; et il y a de l'apparence que Flore le prend ainsi, parce qu'il n'y a que les justes qui aient un droit véritable de participer à l'Eucharistie, et pour qui l'Église demande à Dieu qu'il change le pain et le vin en son corps et en son sang. Si les méchants y participent, c'est un effet de la tolérance de Dieu, et non de l'intention de l'Église. Ce n'est en quelque sorte que par accident, et parce que Jésus-Christ, qui réside dans l'Eucharistie pour se communiquer aux justes, ne veut pas interrompre cet ordre qu'il a établi ; mais cela n'empêche pas que l'Eucharistie ne soit précisément destinée, selon l'intention de Dieu, pour être la nourriture des seuls justes. *Ceux-là seuls*, dit Paschase, *ont droit de se nourrir de la chair de Jésus-Christ, qui sont dans son corps ; en sorte qu'il n'y a que le seul corps de Jésus-Christ qui doive se nourrir de son corps durant le voyage de cette vie.*

Quand l'Église demande à Dieu qu'il change le pain au corps de son Fils, elle lui demande sa nourriture et son pain ; mais comme elle sait que ce pain est le pain des enfants et des membres de Jésus-Christ, elle borne ses prières, dans cette occasion particulière, à ces enfants et à ces membres de Jésus-Christ. Elle ne songe point alors aux méchants ; elle les oublie, et elle les avertit par cet oubli même d'avoir soin de rentrer dans le corps des vrais enfants de Dieu, afin qu'étant des membres vivants, ils puissent demander avec elle leur pain céleste au Père céleste, qui ne le destine qu'à ses enfants.

C'est le sens de cette prière mystérieuse dont M. Claude tire de si étranges conséquences, parce qu'il n'entend ni l'esprit ni le langage de l'Église, et qu'il examine les expressions sacrées dont elle se sert dans la célébration de ses mystères tout divins, par les basses et malicieuses subtilités d'une vaine scolastique.

Le second auteur qui mérite une réflexion particulière est Remi d'Auxerre, à qui l'on attribue, non seulement l'explication de la messe qui porte son nom, mais aussi le commentaire sur les Épîtres de S. Paul, que d'autres donnent à Haimon, évêque de Halberstat. On ne peut guère parler plus clairement de la présence réelle que ne fait cet auteur, et l'on peut dire qu'il passe en quelque sorte les bornes du langage que l'on doit attendre d'une personne qui écrit avant la naissance des hérésies, et avant les conciles qui les ont condamnées, et que peut-être les commencements des troubles excités par Jean Scot sur cette matière ont contribué à le faire parler si précisément. Car que peut-on dire de plus exprès que ce passage, que nous en avons déjà rapporté? *Puisqu'un mystère*, dit-il, *est ce qui signifie une autre chose, s'il est vrai que c'est le corps de Jésus-Christ dans la vérité, pourquoi l'appelle-t-on mystère? C'est qu'après la consécration il paraît une chose, et il en est une autre. Il paraît du pain et du vin, mais c'est dans la vérité le corps et le sang de Jésus-Christ : car Dieu s'accommodant à notre infirmité, voyant que nous n'avons pas coutume de manger de la chair crue, et de boire du sang, a voulu que ces dons demeurassent dans leur première forme et dans leur première figure, quoiqu'ils soient dans la vérité le corps et le sang de Jésus-Christ.* Ce passage est cité dans le livre de *la Perpétuité*, et M. Claude n'a pas jugé à propos d'en parler.

Qu'y a-t-il de plus clair que ce que l'on dit dans le même traité, que *comme la divinité est une, quoiqu'elle remplisse tout le monde, de même, quoique ce corps soit consacré en plusieurs lieux, et en une infinité de jours différents, ce ne sont pas néanmoins plusieurs corps de Jésus-Christ, mais le même corps et le même sang que celui qu'il a pris dans le ventre de la Vierge, et qu'il a donné à ses apôtres. Et c'est pourquoi il faut remarquer que soit qu'on en prenne plus, soit qu'on en prenne moins, tous reçoivent également le corps de Jésus-Christ tout entier.*

Il répète les mêmes choses presqu'en mêmes termes dans le commentaire du chapitre 10 de la première Épître aux Corinthiens, qui est le lieu que M. Claude en cite, parce qu'il enferme quelque difficulté que nous éclaircirons ensuite, et il parle encore plus expressément sur le chapitre 11 de la même Épître : car il y enseigne que *le pain que le prêtre consacre tous les jours par la force de la divinité qui le remplit, est le vrai corps de Jésus-Christ* ; que *le corps qu'il a pris et ce pain ne sont pas deux corps : en sorte que lorsque ce pain est rompu et mangé, Jésus-Christ est immolé et mangé, et demeure néanmoins vivant. Comme le corps qu'il a quitté à la croix*, dit-il encore, *a été immolé pour notre rédemption, de même ce pain est offert tous les jours à Dieu pour notre salut et pour notre rédemption : car notre Seigneur et notre Dieu, ayant égard à notre infirmité, et voyant que nous sommes sujets à pécher, nous a laissé ce sacrement; afin que, comme il est incapable de mourir, et que néanmoins nous péchons tous les jours, nous ayons* UN VRAI SACRIFICE, *par lequel nos offenses puissent être expiées. Et parce que tous ces pains ne font qu'un corps de Jésus-Christ, il a dit : C'est mon corps, et nous a recommandé de consacrer ce corps en mémoire de lui.*

M. Claude a évité à dessein de nous dire son sentiment sur cet endroit et sur tous les autres où il est dit si clairement que l'Eucharistie est offerte à Dieu *en vrai sacrifice* pour la rédemption de nos péchés. Ce qui ne prouve pas seulement la vérité du sacrifice, mais aussi celle de la présence réelle de Jésus-Christ dans ce sacrifice, n'y ayant que Jésus-Christ même qui puisse être offert en sacrifice de propitiation pour nous.

Ensuite Remi, après avoir marqué si clairement que ce sacrement était Jésus-Christ même, ajoute que *Dieu nous l'a laissé pour nous imprimer le souvenir de lui et de sa passion, et qu'il fait comme un homme qui étant près de mourir laisse un présent de grand prix à son ami, pour l'obliger à se souvenir de lui. Et c'est ce* qui fait bien voir qu'une semblable pensée, qui se trouve dans Drutmar et dans quelques autres Pères, est une fort mauvaise preuve pour montrer qu'ils n'aient pas cru que l'Eucharistie fût réellement le vrai corps de Jésus-Christ, puisqu'il paraît par cet auteur que ce ne sont point deux choses contraires, que l'Eucharistie soit en même temps le gage de l'amour de Jésus-Christ qui nous porte à nous souvenir de lui, et qu'elle soit très-réellement son corps, les auteurs ecclésiastiques ayant allié ces deux vérités, comme elles sont en effet très-faciles à allier.

Il paraît étrange que l'on mette en doute le sentiment d'un auteur qui parle de cette sorte. Car enfin il faudrait, ce semble, que la licence de contredire toutes choses eût quelques bornes; mais l'air dont M. Claude s'y prend est encore plus étonnant. Il querelle d'abord l'auteur de *la Perpétuité* d'avoir cru que Remi lui soit favorable. *Quand à Remi d'Auxerre,* dit-il (p. 551), *il est certain qu'il n'a point enseigné la transsubstantiation ni la présence réelle;* ET IL EST BIEN ÉTRANGE *que l'auteur s'opiniâtre contre les preuves manifestes que M. Aubertin en a données.* C'est ainsi que dans les disputes on abuse des mots, et qu'on les applique à ce que l'on veut. Tous ces passages de cet auteur que j'ai cités ne sont qu'obscurité pour M. Claude, mais pour les raisons d'Aubertin, elles sont très-manifestes.

Nous lui répliquons que ces raisons d'Aubertin sont vaines et frivoles, et que nos passages subsistent dans toute leur force. Nous voilà donc égaux dans les paroles; il n'y a que la bonne foi et la sincérité qui nous distinguent: mais elles nous distinguent étrangement, et il ne faut avoir guère de lumière pour se laisser éblouir par la hardiesse d'Aubertin et de M. Claude. Toutes les raisons de ces ministres se réduisent aux conséquences qu'ils tirent de ce que Remi écrit, *que la plénitude de la divinité, qui a été dans le corps de Jésus-Christ, remplit aussi ce pain, et que la même divinité du Verbe qui remplit le ciel et la terre et tout ce qui y est contenu, remplit le corps de Jésus-Christ, qui est consacré par le ministère de plusieurs prêtres dans toute la terre, et fait que c'est un seul corps de Christ; et que comme ce pain et ce vin passent au corps de Christ, de même tous ceux qui dans l'Église le mangent dignement sont un seul corps de Christ; et que la chair qu'il a prise, ce pain et l'Église, ne font pas trois corps, mais un seul corps.*

Ce passage donne lieu à ces ministres de faire deux réflexions: la première, que Remi veut que le pain et le corps naturel de Jésus-Christ soient un seul corps, parce que la divinité remplit l'un et l'autre, les unit et les conjoint; la seconde, qu'il veut aussi que l'Église soit ce corps, sans que néanmoins ce soient trois corps; et sur cela M. Claude triomphe à son ordinaire. *Si cette pensée,* dit-il, *induit la transsubstantiation du pain au corps de Jésus-Christ, elle l'induit aussi de l'Église en même corps; mais s'il ne faut pas imputer cette dernière à Remi, je ne vois pas pourquoi on lui doit imputer l'autre; elles sont toutes deux également en cause, et ne peuvent par conséquent que subsister ou périr ensemble.*

Je commencerai par la dernière réflexion, dans laquelle il paraît que M. Claude a eu quelque complaisance, puisqu'il s'en joue, et qu'il la tourne encore en diverses autres manières. Et il trouvera bon que je lui réponde que si elle a je ne sais quelle lueur pour les personnes qui s'éblouissent de peu de chose, elle est peu digne d'un esprit solide. Il est vrai que le pain de l'Eucharistie n'est qu'un corps avec le corps naturel de Jésus-Christ; il est vrai que tous les fidèles ensemble ne font qu'un corps avec ce corps; il est vrai que Remi enseigne ces deux unités. Donc il veut que les fidèles soient le corps de Jésus-Christ en la même manière que le pain; et si le pain l'est par transsubstantiation, les fidèles le seront aussi par transsubstantiation. C'est une conséquence contraire à la raison et au bon sens. Il n'y a rien de si ordinaire dans les auteurs que de joindre ainsi des vérités inégales. L'union individuelle et naturelle des personnes divines est proposée dans l'Écriture et dans les Pères, comme le modèle de l'union des chrétiens. Ces deux unions sont jointes ensemble en une même période dans l'Évangile: *Ut sint unum sicut et nos.* La vie que le Père éternel communique à son Fils, en lui communiquant son essence même, est comparée à la vie que le Fils de Dieu communique à ceux en qui il demeure, et qui mangent son corps: *Sicut misit me vivens Pater, et ego vivo propter Patrem, et qui manducat me, et ipse vivet propter me.* Que M. Claude conclue de là que s'il n'y a qu'une union de volonté entre les fidèles, il n'y a qu'une union de volonté entre les personnes divines; et que si Dieu ne nous rend participants de sa vie que par la grâce, mais ne nous rend pas substantiellement des dieux, il ne donne aussi à son Fils qu'une vie de grâce, et ne lui communique pas sa nature.

On rendrait sans peine tous les pères hérétiques si l'on suivait la méthode de M. Claude, et si l'on concluait, comme lui, que toutes les fois que deux choses sont comparées ensemble, elles sont semblables *en tout,* et ne peuvent que subsister ou périr ensemble; et c'est pourquoi les personnes sages et judicieuses n'ont aucun égard à ces sortes de preuves, et ils les appellent des pensées de déclamateur. Ils savent que les hommes aiment toujours à unir dans leurs discours les choses semblables, et qu'ils ne s'arrêtent pas à en marquer les différences, lorsque ces différences sont assez connues. L'unité du pain avec le corps naturel de Jésus-Christ, qui fait que c'est un même corps, a du rapport avec l'union qu'a l'Église avec ce même corps, ou plutôt elle en est la source: car non seulement l'esprit de Jésus-Christ, mais le corps même de Jésus-Christ est le lien de l'Église, parce que cet unique corps, étant reçu par les fidèles, les unit entre eux et avec soi, et en forme un même corps, quoiqu'en une manière fort différente de celle qui fait que le pain devient le corps de Jésus-Christ. Ainsi, comme l'une de ces deux unités est la source de l'autre, on ne doit pas s'étonner que Remi les joigne ensemble, et qu'il passe de l'une à l'autre, comme de la cause à l'effet. *L'union de l'Église*, dit-il, *est si grande en Jésus-Christ, qu'il n'y a partout qu'un même pain du corps de Jésus-Christ, et un même calice de son sang.* « *Tanta est Ecclesiæ unitas, ut unus ubique sit panis corporis Christi, et unus calix sanguinis ejus.* » Et ailleurs, expliquant ce passage : *Unus panis, unum corpus multi sumus, omnes qui de uno pane participamus;* c'est-à-dire, dit-il, *que participant tous au même corps de Christ, nous sommes ainsi rendus un même corps.*

Mais comment distinguerons-nous ces deux unités, puisqu'il les exprime dans les mêmes termes? On les distingue comme on distingue toutes les choses inégales qui sont jointes ensemble, à cause du rapport qu'elles ont entre elles. Comme elles sont semblables, elles conviennent en certaines expressions ; comme elles ne sont pas entièrement semblables, elles ne conviennent pas en toutes. Le rapport de ces deux unités des pains consacrés avec le corps de Jésus-Christ, et de l'Église avec le même corps, pourra donc faire dire que *comme tous les pains que l'on consacre sont un même corps de Jésus-Christ, de même ceux qui mangent dignement ce corps dans l'Église sont un seul corps de Christ ; que ce pain, le corps naturel, et l'Église ne font pas trois corps, mais un seul corps.* Mais la différence de ces unités fera que toutes les expressions ne seront pas communes. Aussi cet auteur ne dit pas de l'Église qu'elle passe au corps de Jésus-Christ : *transit in corpus Christi ;* il ne dit pas que *bien que ceux qui ont communié paraissent hommes, néanmoins dans la vérité ils sont le corps de Jésus-Christ.* Il ne dira pas qu'ils paraissent hommes, *parce que nous aurions horreur de voir de la chair crue et du sang*, et que c'est pour cela qu'ils conservent leur figure. Enfin il y a cent expressions particulières à l'Eucharistie, qui ne seront jamais employées pour marquer l'union des fidèles avec le corps de Jésus-Christ, et qui font voir que ces deux unités sont très-différentes l'une de l'autre : que l'une est une unité naturelle, qui fait que le pain n'est plus pain, mais le corps de Jésus-Christ ; que l'autre est une union réelle, par la réception du même corps et par l'habitation du même Esprit ; mais qui conserve la distinction de la nature des choses unies, et qui ne fait pas que les fidèles n'aient qu'une nature avec le corps de Jésus-Christ, quoiqu'ils ne fassent qu'un même corps avec lui, selon le langage de l'Écriture et des Pères.

La première des réflexions de M. Claude n'a pas plus de solidité que celle que nous venons de réfuter : il prétend que parce que Remi dit que *la divinité remplit le pain, et le joint au corps de Jésus-Christ*, il veut dire que le corps de Jésus-Christ, demeurant dans le ciel, et le pain dans la terre, sont unis ensemble par cela seul que la divinité remplit l'un et l'autre, et qu'elle se sert du pain comme d'un instrument, pour communiquer les grâces que le corps de Jésus-Christ nous a méritées. Mais on lui a déjà dit que cette pensée n'est pas raisonnable : car si l'habitation de la divinité dans le corps de Jésus-Christ demeurant au ciel, et dans le pain demeurant en terre et conservant sa nature, et l'application de ce pain à servir d'instrument pour communiquer les grâces méritées par le corps de Jésus-Christ, rendait le pain corps de Jésus-Christ, la même habitation de la divinité dans l'eau du baptême, et l'usage que Dieu en fait pour communiquer ses grâces, la rendrait aussi le corps de Jésus-Christ, et donnerait lieu de dire que quoiqu'il y ait différentes eaux dont on baptise, néanmoins ces eaux ne font qu'un même corps de Jésus-Christ ; qu'elles sont changées au corps de Jésus-Christ ; qu'elles passent au corps de Jésus-Christ ; que quoiqu'elles paraissent de l'eau, néanmoins dans la vérité c'est le corps de Jésus-Christ. Toutes ces expressions seraient aussi raisonnables à l'égard de l'eau du baptême qu'à l'égard du pain et du vin ; et néanmoins M. Claude avouera lui-même qu'à l'égard du baptême elles sont si absurdes, qu'il n'est jamais venu dans l'esprit de personne de s'en servir. Ce sens chimérique donnerait lieu de dire aussi que Jésus-Christ n'avait qu'un bras, qu'un pied ; qu'il n'avait aucune distinction de membres, parce que la même vertu de la divinité résidait dans tous ses membres. Il donnerait lieu de dire que l'âme de Jésus-Christ est son corps, que le corps est l'âme, parce que l'âme et le corps sont remplis de la même vertu de la divinité.

Et que M. Claude ne nous réplique point que l'un n'était pas le sacrement de l'autre ; car il ne s'agit pas ici de sacrement ni d'unité de signe, pour laquelle il ne faut aucune vertu ni aucune habitation de la divinité. Il s'agit de l'unité que peut produire cette union du pain au corps de Jésus-Christ exprimé par Remi. M. Claude dit que c'est une simple union de vertu, en ce que la divinité remplit l'un et l'autre de sa vertu. Et on lui réplique avec raison qu'il y a de l'extravagance à supposer que l'union d'une même vertu en deux choses distinctes puisse faire dire que l'une est le corps de l'autre, qu'elle passe au corps de l'autre, que ce n'est qu'un même corps.

Mais, dit M. Claude, *tous ces raisonnements sont hors d'œuvre. Il ne s'agit pas entre nous si la pensée de Remi est soutenable ou non, si elle a des difficultés ou si elle n'en a pas ; il s'agit seulement s'il l'a eue ou s'il ne l'a pas eue.* J'avoue que c'est de quoi il s'agit : mais ces difficultés faisant voir clairement qu'il n'est point croyable qu'il ait eue, il faudrait, pour la lui attribuer, qu'on ne pût donner aucun autre sens à ses paroles : or tant s'en faut qu'on ne leur puisse donner que le sens de M. Claude, qu'il est clair qu'elles ne peuvent du tout souffrir le sens qu'il y donne. *C'est*, dit Remi, *un seul corps et un seul sang : car la divinité le remplit et le conjoint, et fait que comme elle est une, de même il est conjoint au corps de Christ, et est un seul corps de Christ en vérité. Que sert*, dit M. Claude, *de raisonner contre l'évidence de ses yeux ?* Mais que sert à M. Claude de parler contre l'évidence du sens commun ? Remi dit que *la divinité joint le pain au corps de Jésus-Christ :* est-ce les joindre que de laisser l'un dans le ciel et l'autre dans la terre? Remi dit qu'il *fait que c'est un seul corps en vérité*: est-ce produire cet effet que de laisser le pain dans l'être du pain, en sorte qu'il soit vrai de dire qu'il n'est pas le corps de Jésus-Christ dans la vérité, et qu'il soit faux et ridicule de dire qu'il soit le corps de Jésus-Christ dans la vérité? Remi parle donc d'une véritable union qui produise une véritable unité, qui fasse que le pain soit indistant du corps de Jésus-Christ; ce qui est exprimé par le mot de *conjonction*, et qui fasse qu'il soit dans la vérité le corps de Jésus-Christ; ce qui fait dire à Remi que *le pain et le corps de Jésus-Christ ne sont qu'un seul corps*. C'est le vrai et littéral sens des paroles de Remi : c'est ce que les yeux et la raison y voient; au lieu qu'ils y voient le contraire de l'union chimérique de M. Claude, qui laisse le corps de Jésus-Christ dans le ciel et le pain dans la terre, et qui ne fait point que le pain soit le corps de Jésus-Christ.

Pourquoi donc, dira M. Claude, Remi parle-t-il de cette union pour expliquer la transsubstantiation, puisque cette doctrine suppose que le pain ne subsiste plus? C'est ce qu'il aurait fallu chercher humblement, et sans cette précipitation qui fait tirer des conséquences téméraires de ce que l'on n'entend pas. Si M. Claude eût considéré cette difficulté avec cet esprit, il en eût sans peine trouvé l'éclaircissement. Dans le mystère de l'Eucharistie l'effet est certain, qui est que ce qui nous parait pain est le corps de Jésus-Christ, et que ce corps immortel et glorieux est après la consécration couvert de ce voile sensible qui le cache à nos yeux. Mais la manière dont se fait ce changement merveilleux est au-dessus de notre esprit, selon les Pères. *Modus autem intelligi non potest*, dit S. Jean de Damas. Cependant c'est la coutume de l'esprit humain, dans les choses mêmes qu'il avoue et qu'il reconnaît être inconcevables, de s'en former certaines idées imparfaites qui l'aident à les concevoir en quelque sorte, et d'exprimer ensuite ces idées comme en bégayant, et par des termes qui répondent peu dans la vérité à la grandeur de la chose qu'on veut exprimer, mais qui répondent à cette idée imparfaite qu'on s'en est formée. C'est ce qui fait que, pour concevoir la manière du changement qui se fait dans l'Eucharistie, les uns ont apporté pour exemple la conversion naturelle du pain que Jésus-Christ changeait en son corps lorsqu'il en mangeait; et que S. Jean Chrysostôme apporte celui d'une cire qui est jetée dans le feu; et qu'il veut que nous concevions que le pain est consumé par la présence du corps de Jésus-Christ, comme cette cire est consumée par le feu. Or, dans toutes ces idées, il y a toujours une certaine union et une conjonction que l'esprit ne saurait empêcher de concevoir avant que l'effet soit produit : car le pain n'est changé au corps de celui qui le mange qu'y étant uni, et la cire n'est consumée par le feu qu'y étant jointe.

C'est en suivant ces idées humaines et naturelles que Remi nous dit que la divinité qui est dans le corps de Jésus-Christ et dans le pain les joint ensemble; mais non par une simple habitation, car elle joindrait ainsi toutes les créatures où elle réside, mais par une véritable opération qui les rend indistants et immédiatement unis. Et cette union ne se termine pas à une simple conjonction, mais elle fait que le pain passe au corps de Jésus-Christ; qu'il devient le corps de Jésus-Christ, comme cette cire devient feu, selon la comparaison de S. Chrysostôme, et comme le pain mangé par Jésus-Christ devenait le corps de Jésus-Christ, selon la comparaison des autres Pères.

Cette union n'est donc que la voie à la transsubstantiation, selon notre manière de concevoir, parce que nous ne saurions nous empêcher d'en mêler l'idée, quand nous en voulons former quelque image imparfaite et défectueuse. Mais cette union se termine dans notre pensée à faire qu'il n'y ait plus qu'un seul corps de Jésus-Christ : c'est ainsi que les hommes pensent; et Remi, en parlant comme il a parlé, n'a fait que représenter les idées communes.

C'est donc en vain que M. Claude nous demande en quelle langue *joindre le pain au corps de Jésus-Christ* signifie *transsubstantier* : car il est vrai que *joindre le pain au corps de Jésus-Christ* ne signifie *transsubstantier* en aucune langue ; mais *joindre le pain au corps de Jésus-Christ, et faire qu'il soit le corps de Jésus-Christ, et que le pain passe au corps de Jésus-Christ*, signifie *transsubstantier* dans toutes les langues du monde, et dans celle de Remi. L'union des deux termes précède la transsubstantiation d'une priorité de nature, selon notre manière imparfaite de concevoir; et la transsubstantiation est ce qui suit de cette manière d'union, qui change et convertit le pain au corps de Jésus-Christ. Et c'est pourquoi, quoi qu'en dise M. Claude, la jonction du pain avec le corps de Jésus-Christ ne suppose point la subsistance de l'un et de l'autre, ni selon Remi, ni selon la raison, puisque c'est une union de passage, une union de conversion qui ne laisse subsister que l'un des termes, et qui fait qu'encore qu'il paraisse du pain, c'est néanmoins le vrai corps de Jésus-Christ.

Aussi, parce que cette idée est fort naturelle, et que l'esprit s'y porte de soi-même, on voit la transsubstantiation expliquée par les termes d'*union* et de *transfusion* par divers auteurs. Nous avons déjà dit que l'auteur des homélies qu'on attribue à S. Éloi, et celui du livre des divins Offices, imprimé sous le nom d'Alcuin, les avaient empruntés de Remi, pour exprimer ce que l'Église croyait de l'Eucharistie; et on les voit aussi employés par S. Fulbert, au commencement du onzième siècle. *Il ne faut pas*, dit-il (epist. 1), *que l'esprit des fidèles tombe dans le scandale du doute, lorsqu'il entend dire d'une part que Jésus-Christ, après avoir une fois éprouvé la mort ne doit plus mourir, et qu'il est assis à la droite de son Père, et que de l'autre il entend nommer vrai corps de Jésus-Christ le pain consacré. Et pourquoi?* dit ce saint. *Parce que ce ne sont pas deux corps.* « *Et illud de Virgine assumptum, et istud de materiali et virginali creaturâ consecratum, unus idemque artifex Spiritus invisibili operatione in substantiam veræ carnis transfundit, carnis videlicet non cujus-*

libet, sed verè Christi. » Voilà l'effet qu'il applique par ce mot de *transfusion*, dont il se sert encore en un autre lieu, aussi bien que de celui de *changement* et de *conversion*; mais il ne laisse pas d'exprimer aussi cette union, que l'esprit humain conçoit dans ce passage même du pain au corps. Ce qui lui fait dire que *parce que Jésus-Christ devait bientôt élever dans le ciel son corps, qu'il offrait une fois pour nous, comme le prix de notre rédemption, en l'éloignant ainsi de nos yeux, afin que nous ne fussions pas privés de la protection présente de ce corps qu'il nous ôtait, il nous a laissé le gage salutaire de son corps et de son sang, non comme le symbole d'un mystère vide, mais comme le vrai corps de Jésus-Christ, par l'union que le S.-Esprit en fait avec son corps*; « *non inanis mysterii symbolum, sed compaginante Spiritu sancto corpus Christi verum.* » Car il faut entendre, selon les autres expressions de S. Fulbert, une union de *transfusion*, une union de *changement*, une union de *conversion*, qui fasse que ce qui parait pain soit le corps de Jésus-Christ.

Ce passage de S. Fulbert, où il appelle en même temps l'Eucharistie *le gage du corps de Jésus-Christ et le vrai corps de Jésus-Christ*, me donne lieu d'y joindre un passage d'Amalarius, dont M. Claude abuse, parce que cet auteur dit que *le prêtre s'incline et recommande à Dieu ce qui est immolé en la place de Jésus-Christ* : « *Hoc quod vice Christi immolatum est, Deo Patri commendat*, » en la même manière que le religieux grec Agapius, dont l'extrait que nous avons inséré dans le livre 4, et que nous produirons plus amplement dans le douzième, fait voir qu'il est aussi précis pour la transsubstantiation qu'aucun catholique de ces derniers temps, ne laisse pas de dire, par la même expression d'Amalarius, que *Jésus-Christ a laissé l'Eucharistie au lieu de lui-même* : ἀντ' αὐτοῦ; parce qu'il y est sous une autre forme.

Amalarius est d'ailleurs si formel pour la présence réelle, comme on l'a vu dans les passages que nous en avons rapportés, où il reconnaît que Jésus-Christ est présent en la terre, et qu'il est reçu dans nos corps, et où il se met en peine d'expliquer de quelle sorte il cesse d'y être, qu'il faudrait renoncer au sens commun pour avoir aucun doute de sa créance sur ce mystère.

Tout ce que l'on doit conclure du passage cité par M. Claude, est que ce n'est point une expression contraire à la foi de la présence réelle, de dire que *l'Eucharistie est immolée au lieu de Jésus-Christ*, comme fait Amalarius, puisqu'elle compâtit et qu'elle subsiste avec cette foi dans l'esprit de ceux qui en sont les plus persuadés. Et cette conséquence, que le bon sens oblige de tirer, nous fait entrer sans peine dans les raisons de cette expression, qui est la diversité de l'état où Jésus-Christ est dans l'Eucharistie, de celui où il a été dans sa passion, et de celui où il est maintenant dans le ciel. Car cette diversité le distinguant à nos sens, elle fait qu'on le distingue aussi dans les expressions qui représentent cette impression des sens, quoique ensuite on corrige ces expressions en reconnaissant que ce que les sens nous représentent comme différent de Jésus-Christ est réellement le corps même de Jésus-Christ.

Cela fait voir qu'il ne faut pas décider si vite qu'une expression soit contraire à la présence réelle, et que celle dont il s'agit ne nous doit apprendre qu'à être plus retenus que ne sont les ministres, qui, voyant dans quelques anciens auteurs que Jésus-Christ nous a laissé l'Eucharistie comme un gage pour nous souvenir de lui, en concluent aussitôt qu'ils ne croyaient donc pas que ce fût Jésus-Christ même; au lieu qu'il paraît, par le témoignage des auteurs qui ont certainement cru la transsubstantiation, que cette conséquence est très-téméraire. On prie M. Claude de se souvenir de cette remarque.

CHAPITRE VIII.

Bizarrerie des ministres sur le sujet de Paschase, qu'il n'a point été contredit par écrit de personne durant sa vie. Adversaires chimériques qui lui sont supposés par les ministres.

Après la discussion des auteurs que les ministres ne rejettent pas, nous pouvons maintenant venir à l'examen de ceux qui sont récusés de part ou d'autre; ce qui nous conduit à cette époque célèbre, qui fait le commencement du roman d'Aubertin et de M. Claude, et où ils placent l'origine de la présence réelle.

Ceux qui auront lu ce que nous avons écrit jusqu'ici, trouveront sans doute que c'est une chose assez divertissante, de voir naître dans la fantaisie de ces ministres une opinion qu'ils ont déjà vu régner sans contradiction dans l'Orient et dans l'Occident.

Mais si le projet est romanesque, l'exécution l'est encore davantage. C'est une chimère appuyée sur une infinité de chimères; c'est une multitude de songes entassés les uns sur les autres, que la raison fait disparaître, comme le réveil dissipe les vaines imaginations qui nous trompent durant le sommeil. On le doit déjà juger par avance; mais on ne laissera pas d'être surpris, quand on aura vu la suite de ces visions, parce que l'absurdité en surpasse de beaucoup tout ce qu'on peut s'en imaginer.

Celui sur qui ils ont jeté les yeux pour le faire auteur d'une doctrine aussi ancienne que l'Église, est, comme l'on sait, PASCHASE RATBERT, premièrement simple religieux, et ensuite abbé du monastère de Corbie. Mais ce que l'on ne sait pas, c'est que comme cette nouvelle hypothèse est un pur ouvrage de fantaisie, et que les fantaisies des hommes sont fort différentes, celle des autres ministres qui ont écrit avant Aubertin ne s'était point encore tournée de ce côté-là, et n'avait pas conçu qu'ils eussent intérêt de faire paraître plus de mauvaise humeur contre Paschase que contre les autres auteurs de ce siècle. Ainsi ce même Paschase, qu'ils chargent maintenant de malédictions, était au commencement, par un autre tour d'imagination, un de leurs meilleurs amis. Henri Boxornius, furieux et emporté calviniste, soutient qu'il a parfaitement bien expliqué la doctrine de l'Eucharistie, et le rend calviniste par le privilége commun à tous les ministres de faire calvinistes qui il leur plait. Hospinien le traite aussi très-favorablement, et il le prend pour un des témoins de la vraie doctrine de l'Église durant le neuvième siècle. Blondel n'a pas de mauvaise volonté particulière contre lui : il l'accuse seulement d'avoir suivi les innovations qu'il attribue à Anastase Sinaïte et aux Grecs, qu'il prétend avoir été embrassées par Charlemagne et par le concile de Francfort ; mais il ne pense pas à le faire auteur d'aucun changement considérable dans le monde. Il suppose, au contraire, que la question, *si le pain consacré était le corps de Jésus-Christ né de la Vierge*, était formée avant lui, et qu'ainsi il n'était point auteur de cette expression. Il est vrai qu'il ne lui faut pas faire honneur d'avoir traité Paschase un peu plus favorablement qu'Aubertin ; car il ne le fait que par un excès encore plus incroyable de témérité et de hardiesse. Sa prétention est que non seulement Paschase, mais aussi Lanfranc, Guimond, Alger, les conciles qui ont condamné Bérenger, n'ont point enseigné la présence réelle, ni la transsubstantiation, mais une opinion toute différente, qui est l'*assomption du pain par le Verbe*. C'est ce qu'il soutient formellement en ces termes : *Jusqu'alors*, c'est-à-dire, jusqu'aux Vaudois, qui s'élevèrent, dans le douzième siècle, *personne dont il reste mémoire ne s'était avisé de passer plus avant que de présupposer une espèce d'identité entre le sacrement et le corps naturel de Christ, fondée sur l'inhabitation de la déité en iceux*. Or cette identité est ce qu'il appelle l'*assomption du pain*, et c'est ce que M. Claude attribue à S. Jean de Damas, comme une opinion très-différente de celle de la présence réelle.

Quelque délicat que soit M. Claude sur ce qui regarde Blondel, je ne crois pas qu'il puisse trouver mauvais si je lui dis que cette prétention de ce ministre suffit seule pour vérifier ce que l'on a dit de lui, *qu'il avait plus de mémoire que de jugement*, étant difficile de trouver aucun exemple d'un homme de lettres qui ait avancé une fausseté si notoire, si évidente et si considérable. Pour moi je n'en sais point d'autre que celui que M. Claude nous a fait voir en sa personne, en s'opiniâtrant à soutenir que les sociétés d'Orient ne croyaient pas la présence réelle et la transsubstantiation. Ces deux excès sont à peu près de même nature. Et peut-être que comme M. Claude a honte de celui de Blondel, Blondel aussi aurait quelque honte, s'il vivait, de celui de M. Claude.

Ce qui est admirable, c'est que ces messieurs ne reconnaissent presque jamais la vérité qu'autant qu'ils en ont besoin pour soutenir leurs erreurs ; c'est l'intérêt qui les y engage, et non la sincérité et la bonne foi. Blondel voit bien qu'il est ridicule de faire bouleverser toute la terre à un pauvre religieux de Corbie, dont le livre n'est peut-être jamais sorti de France durant son siècle, et qui n'a jamais songé qu'à demeurer dans les exercices de la vie religieuse ; mais il le voit parce qu'il a dessein de nier que Paschase ait connu la présence réelle et la transsubstantiation, et qu'il veut pousser ses prétentions calvinistes jusqu'au-delà de Grégoire VII, et de tous les condamnateurs de Bérenger.

Aubertin et M. Claude voient bien que Paschase a enseigné très-formellement la présence réelle ; mais ce n'est pas tant la vérité qui tire d'eux cet aveu, que leur intérêt. S'ils avaient voulu, Paschase aurait nié clairement, *invinciblement, incontestablement, certainement* la présence réelle ; car ces qualifications ne leur coûtent rien ; et M. Claude aurait décidé, comme de Remi d'Auxerre, *qu'il est certain que Paschase n'enseigne point la transsubstantiation*. Et si on ne l'en avait pas voulu croire il aurait eu recours à son ordinaire aux exclamations, et il aurait dit : *Le moyen de croire que la présence réelle soit tombée dans l'esprit de Paschase !* Pourquoi donc n'en ont-ils pas voulu faire un calviniste, comme il ne leur était pas difficile, par des conjectures semblables à celles qu'ils jugent suffisantes pour mettre les autres de leur parti? C'est qu'ils ont trouvé qu'il leur était plus utile qu'il n'en fût pas.

Ils ont reconnu que tous les autres ministres ne remédiaient point à un très-grand inconvénient, qui est qu'on voyait toujours dans les plans qu'ils faisaient de la doctrine de l'Église, celle de la présence réelle reçue universellement, sans que l'on sût qui lui avait donné la naissance. Aubertin a donc jugé qu'il était plus à propos d'en charger quelqu'un, et il a choisi pour cela Paschase Ratbert ; en quoi il a été suivi de M. Claude, qui fait gloire de ne dire que ce qu'il a appris dans son livre, hors quelques nouvelles hypothèses dont il a eu besoin pour soutenir sa mauvaise cause. C'est donc à lui qu'ils ont cru devoir attribuer ce grand dessein d'introduire dans le monde la créance de la présence réelle et de la transsubstantiation, et de changer la foi de toute la terre ; et comme ils étaient les maîtres de cette hypothèse fantastique, ils n'ont pas manqué de lui donner, aussi bien qu'à ses disciples, des qualités conformes à un tel projet.

Pour Paschase, ils nous le décrivent non seulement comme un homme obscur, mais comme un homme plein d'adresse et d'artifice. C'était, selon M. Claude, un *franc innovateur, qui troubla la paix de l'Église par des opinions auparavant inouïes*, et qui, voyant bien que l'Église de son temps n'était pas pour la présence réelle, *par une politique que la vraie piété condamne, ne voulut pas en sortir, parce qu'il n'était pas le plus fort, espérant de travailler si bien à l'avenir qu'enfin il se rendrait le maître*. Et pour ses disciples, c'étaient des gens qui employaient mille artifices pour faire réussir insensiblement leur dessein ; qui se servirent de la fraude et de la violence pour empêcher qu'il ne se fît avec éclat ; qui ont pris des soins infinis pour dérober à la postérité la connaissance de la manière dont il s'est fait ; c'étaient des gens qui firent triompher le mauvais parti par les intrigues de cour, par les liaisons des grands, par les intérêts des évêques. Enfin, quand on aura rassemblé toutes les qualités de ces paschasistes, selon les diverses descriptions que M. Claude en a faites, on trouvera que c'était la plus étrange et la plus admirable société qui fût dans le monde. Ils sont connus et inconnus ; ils disputent et ils ne disputent point ; ils changent la face de toute la terre, et l'on ne les voit paraître nulle part ; ils font des violences et les étouffent si bien que personne n'en a jamais rien appris. Il semble même qu'ils aient fait des guerres et des croisades dans toute la terre, dont il n'y a que M. Claude qui sache quelques nouvelles, et dont il nous donnera l'histoire quand il lui plaira. C'est ce que nous verrons plus en détail en son lieu, quand nous examinerons leurs exploits.

Mais pour revenir à Paschase même, si l'on veut suivre les ouvertures que M. Claude nous donne, il faut dire que c'est l'homme le plus extraordinaire qui fut jamais, et qu'il n'aura jamais de pareil : car le sens commun va en conclure que ce qui vient dans la pensée d'un homme peut venir dans celle d'un autre, en la présence des mêmes objets. Cependant M. Claude nous veut faire croire sérieusement qu'il était impossible qu'un autre que Paschase fût frappé de l'idée de la présence réelle. *C'est une erreur*, dit-il (p. 484), *que de croire que les expressions des Pères soient capables d'elles-mêmes de faire naître cette opinion. Il faut que l'idée en vienne d'ailleurs.* Et afin qu'on ne croie pas que ce soit une pensée fausse, qui lui soit seulement échappée, il en fait un principe de sa doctrine, et il le répète plusieurs fois. *Je le redis donc encore une fois*, dit-il (p. 279), *puisque l'auteur veut que ceci décide notre différend. Quand ces expressions et mille semblables* (c'est-à-dire : *C'est* le vrai corps de Jésus-Christ ; *ce* n'est pas du pain, quoique les sens le rapportent, mais c'est le corps de Jésus-Christ ; *c'est* le propre corps de Jésus-Christ) *auraient été tous les jours dans la bouche des Pères, elles n'eussent jamais formé dans l'esprit des peuples l'idée d'une transsubstantion ou d'une présence réelle, telle que l'Église romaine l'enseigne ;* A MOINS QUE D'EN AVOIR ÉTÉ PRÉOCCUPÉS D'AILLEURS. *Quelle apparence*, dit-il encore (p. 502), *qu'avant que Paschase en eût fait cette première explication, les hommes aient abandonné leurs sens et leur raison pour concevoir la présence réelle ?* Et après avoir ainsi proposé cette pensée en figure, il la propose ensuite dogmatiquement. Assurément, dit-il, *il n'y a que l'ombre et l'oisiveté du couvent de Corbie qui ait été capable de produire un si grand détour d'imagination.*

Qu'on juge sur cela quel devait être ce Paschase selon M. Claude, puisque d'une part il a été capable d'inventer une opinion qui ne pouvait venir dans l'esprit de qui que ce soit excepté lui, et qu'après l'avoir trouvée, il a été capable de la persuader à toute la terre, avec des circonstances qui sont encore plus prodigieuses. Assurément cela n'est pas humain.

Voilà ce qui regarde les qualités personnelles de Paschase ; et pour la suite et le succès de son entreprise, voici l'histoire que M. Claude nous en fait. Il dit (p. 227) que Paschase ayant publié, en 818, ce dogme de la *présence réelle*, *qu'il avait tiré de sa pure fantaisie*, *que le genre humain n'avait point encore vu, et dont on n'avait jamais ouï parler, les plus doctes de ce temps-là s'en moquèrent, et la traitèrent comme une de ses rêveries*. Et en un autre endroit (p. 626) : *Tout ce qu'il y avait de plus docte et de plus autorisé s'y opposa. Car Raban, Bertram, Jean Erigène, Héribald écrivirent directement contre lui ; et les autres, comme Valfridus, Flore, Amalarius, Drutmar, Remi d'Auxerre ne voulurent point être de son sentiment.* Il ajoute, dans l'examen particulier de ces auteurs, Loup, de Ferrière. Il hésite sur Frudegard ; mais il y joint Prudence sans hésiter, en se repentant d'avoir suspendu son jugement sur cet auteur dans sa première réponse, parce, dit-il, qu'*il a découvert deux choses qui mettent cette vérité dans une évidence qui ne lui permet pas d'en douter*. C'est le tableau que nous fait M. Claude de ce qui arriva du temps de Paschase. Encore lui doit-on savoir quelque gré de ce qu'il ne lui a pas fait donner publiquement la discipline régulière, par le commandement des abbés de son ordre ; de ce qu'il ne l'a pas fait emprisonner ; de ce qu'il ne l'a pas fait condamner juridiquement par quelque concile : car il avait autant de droit de le faire que de supposer ces autres petits faits. Et si nous avions voulu nous en plaindre, il nous aurait dit, comme il fait en un endroit, que nous avons tort de lui en demander des preuves ; que nous lui avons enlevé ses titres ; que ce sont les disciples de Paschase qui ont empêché par leur violence que cela ne vint jusqu'à nous, et il eût appelé au besoin cette demande LA PLUS CRIANTE de toutes les injustices.

Mais si en quittant la fable et les visions, on désire savoir ce qu'il y a de réel en tout cela, et à quoi se réduit cette prétendue opposition faite à Paschase, voici tout ce qui en est. Il est vrai que Paschase fit son livre du Corps et du Sang du Seigneur l'an 818, c'est-à-dire, assez près du temps où Charlemagne et les évêques assemblés à Francfort avaient déclaré si publiquement que *l'Eucharistie n'était pas l'image du corps de Jésus-Christ, mais que c'était son corps; que c'était la vérité signifiée par les anciennes figures*. Ce livre n'était destiné que pour l'instruction des jeunes gens, ainsi qu'il le remarque lui-même : *Quod cuilibet puero dedicavi.* Néanmoins, comme il y avait ramassé plusieurs des vérités qui sont répandues dans les Pères, et qu'il y avait expliqué non seulement la nature de ce sacrement, mais aussi les mystères qu'il enferme, et les dispositions avec lesquelles il en faut approcher, il fut très-bien reçu par les personnes de piété. Mais comme c'est la coutume des hommes de se rendre sans peine aux mystères les plus incompréhensibles, lorsqu'ils ne s'appliquent point à en considérer les difficultés ; et qu'au contraire, quand ils s'y appliquent, ils en sont quelquefois effrayés, et cherchent ensuite à en diminuer le poids par des voies humaines et des explications philosophiques, il arriva que le livre de Paschase produisit cet effet dans quelque petit nombre de personnes, et que leur ayant fait envisager plus expressément les difficultés de l'Eucharistie, ils cherchèrent à les adoucir par certaines solutions approchantes de celles des calvinistes.

On a vu arriver la même chose toutes les fois qu'on a ainsi appliqué les hommes à considérer les mystères, cette application, si utile aux âmes humbles, étant d'ordinaire préjudiciable aux esprits présomptueux. Néanmoins, pour cette fois, on peut dire que l'esprit et le naturel des hommes se fit peu paraître. Personne ne se déclara publiquement contre le livre de Paschase pendant tout le temps qu'il vécut ; personne n'écrivit contre lui ; nul évêque, nul abbé de son ordre ne lui en fit des reproches. Il y eut seulement quelques personnes qui témoignèrent en secret d'être effrayées de ces vérités, et qui dirent, non dans des écrits, mais dans des discours particuliers, qu'il avait passé trop avant ; et encore ne fut-ce que près de trente ans après la publication de ce livre.

M. Claude s'étonne peut-être de m'entendre avancer ce que je dis si affirmativement ; car il a toujours conçu que ces prétendus adversaires de Paschase, Héribald, Bertram, Jean Scot, Raban l'ont contredit durant sa vie aussitôt que son ouvrage parut ; et c'est l'idée qu'il en donne toujours dans son livre. Mais il trouvera bon que je l'avertisse que cette pensée est fausse : nous verrons ensuite ce qui arriva après la mort de Paschase. Mais je lui soutiens ici que pendant sa vie il n'a été contredit expressément de personne, et que cette opposition qu'on lui fit se réduit à quelques doutes et quelques discours particuliers de gens qu'il ne connaissait pas, et qui lui furent rapportés quatre ou cinq ans avant sa mort.

Cela paraît manifestement, tant par la discussion de ces prétendus adversaires de Paschase, que par les paroles de Paschase même : car premièrement, M. Claude avoue qu'Amalarius, Flore, Walfridus, Drutmar, Remi d'Auxerre n'ont point écrit contre Paschase, et il prétend seulement qu'ils sont demeurés attachés aux expressions anciennes. Or nous lui avons fait voir que ces expressions anciennes étaient les expressions de la présence réelle et de la transsubstantiation, et qu'ainsi on n'en pouvait conclure autre chose sinon qu'ils étaient de l'opinion de Paschase. Nul auteur ne dit que Héribald ait écrit expressément contre Paschase, ni qu'il ait même entrepris de prouver que l'Eucharistie ne fût pas le corps de Jésus-Christ né de la Vierge. L'auteur anonyme le fait auteur d'une autre erreur dont nous parlerons plus bas.

Pour Raban, on ne sait qu'il ait écrit contre Paschase que par cet auteur anonyme que le P. Celot a fait imprimer. Et cet auteur nous apprend en même temps deux choses ; l'une, qu'il était déjà archevêque de Mayence quand il écrivit contre Paschase, ainsi que Blondel même le remarque ; l'autre que l'écrit fait contre Paschase s'adressait à l'abbé Égilon : d'où Blondel conclut avec raison que ce ne peut être Égilon abbé de Fulde, qui mourut l'an 822, mais qu'il fallait que ce fût un autre Égilon, abbé de Prom, au diocèse de Trèves, successeur de Marquart, l'an 853.

Or Paschase étant mort l'an 852, il s'ensuit que cet écrit de Raban, qui a été fait après l'an 853, a été fait quelques années après la mort de Paschase, et entre l'année 853, où Égilon fut fait abbé de Prom, et l'année 856, en laquelle Raban mourut.

Il ne reste donc plus que celui que cet anonyme appelle tantôt Ratram, tantôt Intram, que M. Claude veut être le même que Ratramne, religieux de Corbie, auteur de deux livres de la Prédestination, et qui fut choisi en 867 pour répondre aux objections des Grecs. Mais il est assez étrange qu'il n'ait pas vu combien il y a peu d'apparence que Ratramne ait écrit contre son abbé pendant qu'il lui était soumis, et que Paschase qui croyait qu'on ne pouvait attaquer sa doctrine sans un crime détestable ne se soit point plaint de cet attentat.

Il n'est pas besoin d'employer ici les conjectures. Paschase témoigne clairement que sa doctrine n'avait été attaquée que par des discours secrets, et non par des livres. *J'ai ouï dire*, dit-il dans son commentaire sur S. Matthieu écrit vers la fin de sa vie, *que quelques-uns me reprenaient comme si dans le livre que j'ai écrit des Sacrements de Jésus-Christ j'eusse voulu donner aux paroles plus qu'elles ne portent, et établir quelque autre chose que ce que la vérité nous promet*. Qui a jamais ouï dire qu'un auteur qui aurait été attaqué par des livres exprès, et même par un religieux de son monastère, dit simplement qu'il avait ouï DIRE que quelques-uns trouvaient à redire à ses écrits ? Et un peu plus bas il décide encore la chose plus nettement ; *Quoique quelques-uns*, dit-il, *se trompent par ignorance, néanmoins* IL NE S'EST ENCORE TROUVÉ PERSONNE *qui ait osé contredire ouvertement ce que toute la terre croit et confesse de ce mystère*. Il ne croyait donc pas que cette erreur eût été proposée par aucun écrit public. Et s'il ne le croyait pas, il est clair que cela n'était pas ; puisque personne n'est mieux informé de ceux qui ont attaqué une doctrine que ceux mêmes qui y sont intéressés en particulier, et qui auraient été pris à partie par ceux qui l'auraient combattue.

Et cela fait voir en passant, non seulement la faiblesse, mais la fausseté des preuves que M. Claude apporte pour montrer que Loup, abbé de Ferrière, était adversaire de Paschase, qui sont qu'il a écrit à Raban et à Bertram, *qui étaient*, dit-il, *adversaires déclarés de Paschase.*

Ce genre de preuves est ridicule de soi-même, à moins qu'il ne soit accompagné d'autres circonstances: car quand il serait vrai que ces deux auteurs eussent eu quelque erreur sur l'Eucharistie, s'ensuit-il qu'on la doive attribuer à tous ceux qui leur ont écrit ? Il faudrait donc dire par cette règle que tous les anciens Pères qui ont loué Origène ont été sectateurs de ses erreurs, que tous ceux qui ont eu commerce avec Théodore de Mopsueste ont été engagés dans ses hérésies, que S. Augustin était complice des erreurs de Rufin parce qu'il a parlé de cet auteur avec estime ; et ainsi des autres. Mais, de plus, les deux remarques de M. Claude sont fondées sur un faux fondement, qui est que Loup ait écrit à Raban et à Ratram quoiqu'ils se fussent déclarés contre Paschase. Car la lettre de Loup à Raban ayant été écrite aussitôt qu'il eut été élu abbé de Ferrière, comme il est marqué dans la lettre même, elle a été écrite par conséquent l'an 844 ; c'est-à-dire au moins dix ans avant que Raban ait écrit à Égilon, abbé de Prom. Et celle à Rotran, religieux du diocèse d'Amiens, que M. Claude prend sans raison pour Ratram religieux de Corbie, a été écrite l'année de l'élection d'Hilméradus à l'évêché d'Amiens; c'est-à-dire l'an 849; et par conséquent avant qu'aucun eût encore osé attaquer ouvertement Paschase.

Si l'on peut donc tirer quelques conjectures des lettres qu'un homme écrit à ses amis pour juger de ses opinions, quoiqu'il n'en parle point, on ne peut conclure autre chose de celle de Loup sinon qu'il était du sentiment de Paschase, puisqu'il est certain qu'il lui a écrit avec de grands témoignages de confiance longtemps après qu'il eut publié son traité *du Corps du Seigneur* ; au lieu qu'il ne paraît point qu'il ait eu aucune liaison avec ceux que l'on fait adversaires de Paschase, après qu'ils se furent déclarés. Cependant, avec tout cela, M. Claude ne laisse pas de grossir les troupes de Loup, abbé de Ferrière.

Ainsi il est non seulement probable, mais certain, que Paschase durant tout le temps qu'il a vécu depuis son livre, c'est-à-dire durant l'espace de trente-trois ans, n'a été contredit ouvertement de personne : que toute cette opposition dont M. Claude fait tant de bruit se réduit à quelques discours particuliers ; et que ces discours ne lui avaient pas été faits à lui-même, mais qu'il les avait appris par oui-dire ; que ces discours étaient proposés par forme de doute, et qu'ainsi ceux qui les faisaient n'osaient s'élever ouvertement contre la créance de l'Église ; et qu'ils n'avaient encore soutenu par aucun écrit public que le corps de Jésus-Christ ne fût pas effectivement dans l'Eucharistie, mais seulement *la vertu de sa chair*. Nous verrons dans le chapitre suivant les conséquences de ces vérités de fait.

CHAPITRE IX.
Que Paschase n'a proposé dans son livre que la doctrine commune de l'Église de son temps.

Ce point n'a plus besoin de preuves particulières après ce que nous avons établi jusqu'ici. Toute l'église grecque qui rend un témoignage si exprès à la doctrine de la présence réelle au septième, au huitième, et au neuvième siècle, doit faire rougir ceux qui, par un caprice téméraire ont la hardiesse de soutenir que Paschase en a été l'inventeur.

Tous les principaux auteurs de l'Église latine du même temps, qui l'enseignent très-clairement en la manière qu'ils l'ont dû enseigner selon l'état de leur siècle, renversent cette fable ridicule par laquelle on veut rendre un simple religieux auteur d'une opinion qui se trouve avoir été embrassée constamment par toute l'Église de son siècle, et avant et après lui.

Mais je veux bien mettre à part présentement toutes ces preuves positives pour considérer en soi l'hypothèse de M. Claude, et pour faire voir qu'il n'a pas sans doute assez considéré les absurdités qu'elle renferme. Pour les comprendre il n'y a qu'à se représenter l'état où M. Claude se figure qu'était l'Église de ce temps-là. On pourrait l'obliger avec raison à reconnaître qu'il était impossible que les fidèles ayant été si souvent frappés de ces mots de *vrai corps de Jésus-Christ*, de *propre corps de Jésus-Christ*, et ayant si souvent témoigné leur foi par de semblables paroles, n'eussent ou approuvé ou désavoué formellement le sens de la présence réelle qu'elles renferment. Mais on veut bien présentement se contenter de ce que M. Claude reconnaît formellement. Il suffit que selon lui aucun des prêtres et des laïques n'eût songé que Jésus-Christ fût réellement présent dans l'Eucharistie: qu'ils prissent tous l'Eucharistie pour du pain et du vin en substance : qu'ils sussent que ce pain et ce vin étaient les signes et les sacrements du corps de Jésus-Christ, par lesquels on obtenait ses grâces, et qu'il fallait songer à la passion de Jésus-Christ en les recevant. M. Claude enseigne tout cela ; et c'est là cette doctrine de l'Eucharistie qu'il dit avoir toujours été populaire. Qu'il appelle, s'il veut, cette sorte de connaissance confuse ou distincte ; qu'il dise que c'est ne concevoir pas la présence réelle, mais que ce n'est pas concevoir l'absence réelle, je ne m'en mets pas en peine ; je m'attache aux choses et non pas aux mots.

Ainsi selon lui les hommes étaient à l'égard de l'Eucharistie et du corps de Jésus-Christ à peu près comme les Parisiens sont à l'égard de la statue du roi Henri IV. Il y en a peu qui aient fait expressément cette réflexion que ce n'est pas réellement son corps ; mais il n'y en a point qui ne soit prêt de répondre que ce ne l'est pas, et qui ne se moquât d'un homme qui serait assez fou pour le croire ou pour le dire.

C'est dans une semblable conjoncture que M. Claude fait venir à Paschase la pensée *que l'Eucharistie était réellement le vrai corps de Jésus-Christ*, et qu'il lui fait former le dessein d'en instruire toute la terre. Et il faut remarquer qu'il veut bien qu'il se soit trompé dans le dogme, ayant pris pour vérité une erreur, mais qu'il ne prétend pas qu'il se soit trompé dans le fait, ni qu'il ait cru que les autres fussent de son sentiment. Il prétend au contraire qu'il a su que son opinion était opposée à celle de l'Église, et qu'il n'est demeuré dans sa communion extérieure que *par une politique charnelle*, dans la crainte de *se trouver trop faible* s'il s'en retirait. Qu'on s'imagine donc un religieux soumis à la discipline régulière, et si jeune qu'il s'appelle lui-même un *enfant*, qui se persuade d'avoir découvert ce secret merveilleux que Jésus-Christ est réellement présent dans la terre en une infinité de lieux ; que tous les chrétiens le reçoivent réellement toutes les fois qu'ils participent à l'Eucharistie ; mais que par un aveuglement déplorable, ils ignorent leur bonheur, ils méconnaissent ce Sauveur qu'ils ont souvent entre les mains et qu'ils reçoivent dans eux-mêmes, et prennent son véritable corps pour une image et pour une simple figure; qu'il est le seul qui connaisse la vérité de ce mystère, et qu'il est destiné pour le faire connaître au monde.

Cette pensée est déjà bien étrange, et bien contraire à l'idée qu'on se forme nécessairement de Paschase sur ses écrits; n'y ayant rien de plus éloigné de la simplicité et de l'humilité qui y paraît que cette insolence prodigieuse que M. Claude lui attribue; de sorte qu'on peut dire qu'il ne pouvait plus mal représenter le caractère de son esprit. Mais voyons la suite de ce roman.

M. Claude veut donc que ce jeune religieux après s'être fortement persuadé de cette opinion nouvelle, ait formé le dessein d'en instruire tous les peuples, et de leur apprendre que ce qu'ils n'avaient pris jusqu'alors que pour l'image de Jésus-Christ était son corps véritable. C'est sans doute la plus grande entreprise qu'aucun homme ait jamais faite, et elle est tout autrement grande que celle des apôtres lorsqu'ils résolurent de prêcher l'Évangile de Jésus-Christ dans toute la terre. Car enfin ils étaient douze, ils faisaient des miracles, ils avaient d'autres preuves que des paroles, ils formaient des disciples et les établissaient docteurs de la vérité qu'ils prêchaient. Paschase n'avait rien de tout cela. Ce nouveau réformateur de l'Église qui la croyait toute corrompue dans sa foi, qui voulait la corriger et lui apprendre la plus grande de toutes les merveilles, ne voulut pas même y avoir le rang de prêtre; il demeura toujours en un monastère dans les exercices de la vie religieuse, et il borna là toutes ses pensées. Tout ce qu'il fit pour changer, comme le prétend M. Claude, la foi de toute la terre, fut de composer un petit traité. Mais jamais rien ne ressentit moins le réformateur et l'innovateur que ce traité; et il n'y a qu'à le lire pour reconnaître qu'il est impossible qu'il l'ait fait dans la pensée que la doctrine qu'il y enseigne fût nouvelle. Il est vrai qu'il y établit le dogme de la présence réelle, mais il l'établit comme n'étant pas contesté, et comme étant certain et indubitable. Il ne suppose point qu'il y ait personne qui le contredise, et qui ne le croie pas. Il savait quantité de passages des Pères qui pouvaient être utiles à faire entrer sa doctrine dans l'esprit des peuples, mais il ne se met pas en peine de les citer. S'il en cite quelques-uns, souvent il n'en nomme pas les auteurs : il emprunte leurs paroles, et ne se sert pas de leur nom, comme n'ayant pas besoin d'autorité pour persuader ce qu'il enseigne.

M. Claude trouve-t-il que cela s'accorde fort bien avec le dessein d'un homme qui veut changer la foi de toute la terre, et qui croit que tous les autres fidèles ne regardent l'Eucharistie que comme une image du corps de Jésus-Christ? Sont-ce là les mouvements qui naissent de cette idée? Sont-ce là les pensées qu'elle excite et les voies qu'elle fait prendre?

Paschase propose d'abord sa doctrine sans préface, sans tour, sans façon, sans avoir supposé d'autre principe sinon que Dieu fait tout ce qu'il veut : *Omnia quæcumque voluit Dominus fecit*. Et il conclut de là que puisqu'il a voulu que ces choses soient sa chair et son sang, quoique sous la figure du pain, il faut croire qu'elles ne sont rien autre chose que la chair et le sang de Jésus-Christ après la consécration. *Omnia quæcumque voluit Dominus, fecit in cælo et in terrâ. Et quia voluit, licèt in figurâ panis et vini, hæc sic esse, omninò nihil aliud quàm caro Christi et sanguis post consecrationem credenda sunt.*

Il ne parle point de cet horrible aveuglement où il devait croire que le monde était plongé; il ne se met point en peine d'établir ce qu'il avance par des preuves capables de dissiper ces ténèbres. Il explique seulement dans ses trois premiers chapitres la doctrine de l'Église, et dès le quatrième il passe aux circonstances du mystère. Il fait voir qu'il est vérité et figure tout ensemble : figure par sa partie extérieure; vérité par la chair de Jésus-Christ qu'il contient au-dedans. Il distingue les types et les sacrements de l'ancienne loi de la vérité de ce sacrement de la loi nouvelle; et il continue dans toute la suite du livre d'expliquer divers mystères que le sacrement renferme, en supposant toujours la présence réelle; mas sans en être occupé, et sans faire paraître qu'il y eût personne qui la révoquât en doute.

M. Claude nous fera passer sans doute ce procédé pour une adresse : mais qu'il fasse réflexion sur l'état où il nous a représenté ce siècle, et il verra que cette adresse aurait été folle et insensée.

Est-ce donc que Paschase a pu croire que des gens qui n'auraient regardé l'Eucharistie que comme l'image efficace de Jésus-Christ, commenceraient à croire sur l'autorité d'un jeune religieux que ce fût son vrai corps, quoiqu'il ne leur apportât point d'autres preuves que quelques passages de l'Écriture qu'ils auraient été accoutumés de prendre en un autre sens? Que ne se mettait-il au moins en peine de détruire cette fausse intelligence, puisque c'était l'unique moyen de les attirer à son sentiment? Cependant il n'y songe pas, parce qu'il ne proposait que des vérités certaines et reconnues qu'il suffisait de mettre devant les yeux des fidèles afin de les leur faire embrasser.

Le dessein que M. Claude attribue à Paschase est donc plein de folie. La manière dont il suppose qu'il l'exécuta ne l'est pas moins; mais le succès qu'il a eu selon lui enferme encore des absurdités bien plus visibles; car il est certain, comme nous l'avons prouvé, que le livre de Paschase ne fut combattu de personne par écrit durant trente-trois ans qu'il vécut après l'avoir fait, et qu'il ne fut même désapprouvé d'aucun de ceux qui avaient commerce avec lui.

Ces seules circonstances font voir qu'on ne peut rien s'imaginer de plus extravagant que cette hypothèse de M. Claude.

Je ne parle point maintenant du bruit que devait causer dans l'Église la publication de cette doctrine si elle eût été nouvelle. Je ne veux considérer présentement que le seul couvent de Corbie; c'est le premier lieu où ce livre fut répandu : on ne pouvait pas manquer de l'y entendre, puisqu'on y avait Paschase même pour interprète. Tous ceux qui y étaient n'avaient jamais ouï parler de la présence réelle selon M. Claude. Ils devaient donc en avoir tout l'éloignement que la nature, les sens, la raison, l'accoutumance à d'autres idées, la honte de reconnaître qu'on a été trompé, en produisent nécessairement. Cependant il faut que M. Claude nous dise que sitôt que cette doctrine leur fut proposée ils l'embrassèrent tous sans exception et sans résistance ; car s'il y en eût eu quelqu'un qui l'eût rejetée, il eût donc contredit Paschase, il l'eût averti que c'était une folie, il lui eût fait connaître qu'elle était contraire au sentiment de l'Église.

Jamais orateur ne persuada généralement tous ses auditeurs dans les causes les plus favorables, jamais prédicateur ne convertit tout le monde par les vérités les plus sensibles, les miracles mêmes ne touchent qu'un certain nombre de personnes : et M. Claude nous voudra persuader qu'un jeune religieux ayant enseigné dans un livre une doctrine inouïe, contraire aux sens et à la raison, et l'ayant enseignée presque sans preuves ; vivant dans une grande communauté, ayant commerce avec un grand nombre de religieux, d'abbés et d'évêques, n'ait été averti de personne qu'il avançait une erreur contraire à la doctrine de l'Église, et que non seulement on ne l'en ait pas puni, mais que dans l'espace de trente ans personne ne lui ait témoigné d'être étonné de sa doctrine : en sorte qu'il n'ait appris que par le rapport d'autrui, et trente ans après la composition de son premier livre, qu'il y avait quelques personnes qui y trouvaient à redire. Si M. Claude trouve cela fort facile à comprendre, il faut avouer qu'il a l'esprit autrement fait que le reste des hommes.

Est-il fort probable que s'il prenait fantaisie à quelqu'un de publier dans l'Église que toutes les images de papier qui représentent le roi ou le pape, sont réellement le roi ou le pape, celui qui aurait proposé cette extravagante opinion pût vivre trente ans dans une société religieuse, y être élu à la supériorité, assister à des conciles, avoir des liaisons avec tous les grands hommes de son siècle, sans trouver un seul ami qui l'avertît qu'il serait fou ? Est-il fort probable qu'il fût obligé d'apprendre par le rapport d'autrui qu'il y eût quelques personnes qui ne goûtassent pas sa doctrine? C'est néanmoins ce que M. Claude nous veut persuader être arrivé à Paschase. Non seulement il ne fut repris par aucun de ses supérieurs, de ses amis, de ses frères durant sa vie, mais il a toujours cru que toute l'Église était de son sentiment ; car dans les écrits qu'il a faits sur la fin de sa vie il presse ses adversaires inconnus dont on l'avait averti par l'autorité de toute l'Église, et il dit nettement qu'on ne peut combattre la doctrine de la présence réelle sans s'opposer à l'Église universelle : *Videat qui contra hoc venire voluerit magis quàm credere, quid agat contra ipsum Dominum. et contra omnem Ecclesiam.* (Epist. ad Frudeg.) Il dit que personne n'avait encore osé contredire ouvertement cette doctrine qu'il enseignait, ni s'opposer à ce que toute la terre confesse être vrai : *Ideò quamvis quidam de ignorantià errent, nemo tamen est adhuc in aperto qui hoc ita esse contradicat quod* TOTUS ORBIS *credit et confitetur.* Enfin il accuse d'un grand crime ceux qui se servant des prières communes de l'Église, les expliquaient en un sens de figure et de vertu contre le consentement de toute la terre : *Nefandum ergo scelus est orare cum omnibus et non credere quod ipsa verius testatur, et* UBIQUE OMNES UNIVERSALITER *verum esse fatentur.*

L'auteur de *la Perpétuité* avait déjà proposé ces passages et ce raisonnement à M. Claude ; et comme il s'en sentait pressé, il a tâché d'y répondre : *Ce n'est* dit-il, *qu'une conséquence que Paschase tire d'une prière que l'Église faisait dans le canon :* UT fiat corpus et sanguis dilectissimi Filii tui Domini nostri Jesu Christi. *A quoi le peuple répondait :* Amen. *D'où il conclut que c'était un grand crime que d'assister à cette prière et de s'opposer néanmoins à l'opinion qu'il voulait établir de la présence réelle. Or il y a,* dit-il, *bien de la différence entre assurer positivement que toute l'Église croit de foi distincte et non contestée une doctrine, et le vouloir induire par les conséquences tirées de quelques expressions que vous croyez être favorables à cette doctrine, mais qui ne le sont pas tellement qu'elles ne soient aussi à l'usage de ceux qui croient une doctrine contraire. C'est ce dernier que Paschase a fait ; et il ne le faut pas trouver étrange, puisque les hommes sont d'ordinaire adorateurs de leurs pensées. L'auteur veut qu'il ait fait le premier ; ce que je lui nie formellement.* Voilà une distinction tout-à-fait digne de l'esprit de M. Claude, qui sait admirablement faire semblant de répondre lorsqu'il ne répond rien, et séparer par des termes qui n'ont point de sens ce que la raison ne peut séparer. Que ce soit une conséquence ou que ce n'en soit pas une, il est certain que Paschase a cru que ces paroles du canon, *ut fiat corpus dilectissimi Filii tui,* étaient entendues par toute l'Église dans le sens de la présence réelle ; car il reprend ces personnes à qui il parle, non de ne réciter pas ces paroles, mais de les entendre dans un sens contraire à celui de toute l'Église : *Et non credere cum omnibus;* d'avoir une foi différente de celle de tous les autres. L'auteur de *la Perpétuité* n'en demande pas davantage. *Ce n'est,* dit M. Claude, *qu'une conséquence.* Je le veux. Qu'est-ce que M. Claude en peut conclure ? Est-ce que les auteurs ne sont pas persuadés des conséquences qu'ils tirent, et qu'ils ne les avancent pas comme vraies aussi positivement que leurs principes ? Mais il est faux de plus que ce ne soit qu'une conséquence ; car cette proposition, que *toute l'Église croyait la présence réelle,* était renfermée et dans le principe et dans la conclusion de l'argument de Paschase.

Il conclut que ceux qui nient la présence réelle commettent un crime détestable en s'opposant à la foi de toute l'Église. La voilà renfermée dans la conclusion. Et le principe de cette conclusion est, non que l'Église récite simplement ces paroles, *ut fiat corpus dilectissimi Filii tui*, mais qu'elle les entend dans le sens de la présence réelle. S'il avait su que l'Église les prit en un autre sens, il aurait été insensé de reprocher comme il fait à ces personnes d'être contraires au sens de toute l'Église. Il suppose donc comme un principe *que toute l'Église les prenait au sens de la présence réelle*; et par conséquent il suppose qu'elle était tout entière dans cette doctrine.

Aussi il ne le dit pas simplement comme une simple conclusion qu'il tire de quelques preuves, il le dit comme une vérité d'expérience; et il assure que l'opinion de la présence réelle n'avait jamais été combattue et niée dans l'Église que par des hérétiques. *Usque ad præsens nemo deerrâsse legitur, nisi qu' de Christo erraverunt.* Et plus bas : *Quamvis ex hoc quidam de ignorantiâ errent, nemo tamen est adhuc in aperto qui hoc ita esse contradicat quod* TOTUS ORBIS *credit et confitetur.* Ainsi il affirme ce consentement de l'Église dans cette doctrine en toutes les manières qu'on le peut affirmer. Il le prend pour principe il le renferme dans ses conséquences, il le confirme par l'expérience.

M. Claude a encore une autre défaite pour affaiblir ces témoignages de Paschase, qui est qu'il veut les faire passer pour une adresse et un artifice. *Tous les innovateurs*, dit-il, *qui viennent par voie d'explication de la foi commune ne manquent jamais de protester que leur doctrine est la vraie doctrine catholique, et d'abuser des expressions des Pères pour les mettre de leur côté. Et il ne faut pas que l'auteur nous dise que les pélagiens reconnaissaient la doctrine du péché originel, ni que Julien reprochait à S. Augustin qu'il se servait du témoignage des artisans, car il est vrai que dès que la dispute fut ouverte ces gens se plaignaient que l'autorité de S. Augustin et la diligence de ses disciples avait fait recevoir le dogme qu'il combattaient presque dans toute l'Église latine, qui, selon eux, était préoccupée de cette nouveauté. Mais il n'est pas vrai qu'ils reconnussent qu'avant que la dispute fût commencée toute l'Église fût dans ce sentiment-là. Qui s'étonnera donc que Paschase ait supposé de même que son dogme était l'ancienne et perpétuelle foi de l'Église, sous prétexte de quelques expressions communes et de quelques passages des Pères qu'il détournait de leur légitime sens?* Il faut que M. Claude souffre, s'il lui plaît, qu'on lui remarque dans ce discours plusieurs défauts peu dignes d'un homme sincère; car il est vrai que cette manière de répondre n'est pas supportable.

L'auteur de *la Perpétuité*, pour réfuter ce que M. Claude avait dit dans son premier écrit : *Que Paschase en assurant que toute l'Église était de son sentiment n'avait fait que suivre le procédé des hérétiques*, avait répliqué *qu'il n'est point vrai que ce soit la coutume des hérétiques de débiter leurs erreurs comme la foi universelle de tous les fidèles de leur temps.* Et il lui avait allégué l'exemple des pélagiens qui reconnaissaient que le dogme du péché originel était reçu dans tout l'Occident, et celui de Zwingle qui n'osait proposer sa doctrine, la voyant contraire à celle de l'Église, comme nous avons vu. A cela M. Claude répond par cette distinction : *Qu'il est vrai que les pélagiens se plaignaient que l'autorité de S. Augustin avait fait recevoir cette opinion presque dans toute l'Église latine, mais qu'il n'est pas vrai qu'ils avouassent qu'avant que la dispute fût commencée, toute l'Église fût dans ce sentiment.* Or cette distinction conçue en ces termes : *Il est vrai : Il n'est pas vrai*, donne cette idée que l'auteur de *la Perpétuité* avance ce que M. Claude soutient n'être pas vrai, et que sa preuve est fondée sur ce qu'on lui nie. C'est le sens de cet *Il est vrai : Il n'est point vrai.* M. Claude veut faire semblant qu'il accorde l'un comme ne lui pouvant nuire, et qu'il nie l'autre comme étant ce qui est soutenu par l'auteur de *la Perpétuité*, et qui fait la question.

Cependant cette idée est très-fausse; car 1° L'auteur de *la Perpétuité* ne parle point du tout de ce que les pélagiens ont dit ou n'ont pas dit touchant le temps qui précède leur hérésie : il lui suffit qu'ils n'aient osé nier que l'Église de leur temps ne fût contraire à leur sentiment. Son raisonnement est uniquement fondé sur ce qu'ils ont avoué de l'état présent de l'Église de leur temps; et c'est par-là qu'il prouve que l'impudence des hommes ne peut aller jusqu'à ce point que d'assurer que l'Église tienne présentement une doctrine, lorsqu'il est clair qu'elle tient une doctrine toute contraire. 2° M. Claude fait dire aux pélagiens tout ce qu'il lui plaît, tant il est accoutumé à ne rapporter jamais rien exactement. Ils ne parlaient point, comme il dit, ni de S. Augustin, ni de son crédit, ni de la diligence de ses disciples : ce sont des visions de M. Claude. Mais de quelle manière que ce soit, étant certain que les pélagiens se plaignaient *qu'une folle et honteuse erreur*, (par où ils entendaient la doctrine du péché originel) *dominait dans l'Église; (quoniam, rebus in pejorem partem properantibus, in Ecclesiâ quoque Dei adepta est stultitia et turpitudo dominatum* » (Jul. apud August., in oper. Perf., l. 1, n. 12), comment M. Claude empêchera-t-il qu'on ne voie par cet exemple qu'il n'est point vrai que ce soit la coutume des hérétiques d'assurer que toute l'Église est de leur sentiment? 3° Il ne sert de rien à M. Claude de distinguer le temps qui a précédé la dispute de S. Augustin contre les pélagiens touchant le péché originel de celui qui l'a suivie, si, étant contraint d'avouer qu'en ce dernier temps ils n'osaient pas se vanter que toute l'Église fût dans leur opinion, il ne montre du moins qu'ils s'en vantaient dans le premier, comme il dit que c'est la coutume des hérétiques. C'est donc ce qu'il devait justifier. Mais il a bien fait de ne le pas entreprendre, parce qu'il n'y aurait pas réussi; car S. Augustin (l. 2 Retract., et epist. 23, c. 89) témoigne qu'il n'a écrit contre les pélagiens sur le péché originel qu'après la condamnation de Célestius dans un concile de Carthage qui fut tenu sur la fin de l'an 411. C'était donc alors que Célestius étant accusé de nier le péché originel devait dire, selon la coutume des hérétiques, à ce que prétend M. Claude, que la créance de ce péché était inconnue à toute l'Église. Mais il n'eut pas cette impudence, parce qu'elle n'est pas humaine, comme Paschase ne l'aurait pas eue s'il avait été effectivement un *innovateur*.

Il se contenta de s'échapper le mieux qu'il pouvait, en disant *qu'il était en doute touchant ce péché*, *parce qu'il en avait ouï parler diversement à des prêtres catholiques, les uns le niant et les autres le soutenant*. Mais étant interpellé de les nommer, il fut réduit à ne pouvoir nommer que Ruffin : et quoiqu'on le pressât d'en nommer d'autres, s'il en connaissait, il ne l'osa faire, quelque intérêt qu'il y eût, parce qu'il s'agissait d'éviter d'être condamné, comme il le fut en effet.

Voilà qui est dans la vraisemblance. L'auteur d'une nouvelle opinion peut prétendre que d'autres ont eu ou ont encore la même pensée, et il en peut nommer quelques-uns ou en mentant, ou parce qu'effectivement il y en a quelques autres à qui la même nouveauté est venue dans l'esprit. Mais de vouloir que la coutume de ces introducteurs de nouveaux dogmes soit d'assurer, comme fait Paschase, que toute la terre est dans leur sentiment, c'est un paradoxe qui est digne de M. Claude.

4° Néanmoins il a bien vu qu'il aurait de la peine à le faire recevoir, et c'est pourquoi, voulant changer adroitement la question, il suppose faussement que le raisonnement de l'auteur de *la Perpétuité* est fondé sur ce que Paschase disait que son opinion était conforme aux Pères. Or c'est à quoi il n'a jamais pensé. Il sait qu'il est assez ordinaire aux hérétiques de se fortifier contre le jugement de l'Église présente par l'autorité des Pères, qu'ils s'attribuent hardiment, parce que ces Pères ne parlent plus pour les démentir, qu'ils haïssent les témoins vivants, qui ne souffrent pas qu'on leur impose, et qu'ils aiment à se prévaloir des morts, qui ne peuvent plus s'opposer à l'abus que l'on fait de leurs paroles.

L'auteur de *la Perpétuité* ne dit donc point ce que M. Claude lui impute; mais ce qu'il dit est que ce n'est point l'ordinaire des hérétiques de prétendre que leur doctrine soit conforme aux sentiments présents de l'Église de leur temps. Et il soutient que c'est une extravagance toute pure que de supposer, comme fait M. Claude, ou que Paschase ait pu demeurer toute sa vie si grossièrement abusé que de s'imaginer que toute l'Église croyait avec lui ce qu'il croyait seul contre le jugement de toute l'Église, ou qu'il ait eu assez de hardiesse pour l'écrire et le répéter dans ses livres contre sa conscience et contre le sens commun.

La première de ces suppositions renferme un excès de folie où les illusions ordinaires des hommes ne peuvent pas arriver; et la seconde contient un excès d'impudence où les plus effrontés et les plus abandonnés ne se portent jamais : et la raison en est que les hommes règlent toujours leurs paroles par quelque espèce d'utilité et d'avantage qu'ils espèrent en tirer. Or il ne leur est jamais utile de passer pour impudents ou pour insensés. Ainsi, comme on ne peut attribuer à Paschase avec la moindre apparence ni cet excès de folie ni cet excès d'impudence, on a droit de conclure que quand il assure positivement, comme il fait, que toute l'Église était dans la doctrine de la présence réelle et que personne n'avait jamais osé contredire formellement cette doctrine, il disait ce qu'il pensait, et que ce qu'il pensait dans une chose de cette nature ne pouvait pas être faux.

Ces paroles de Paschase : *Je m'étonne de ce que veulent dire maintenant quelques-uns ; que ce n'est pas effectivement la vérité de la chair de Jésus-Christ, mais la vertu de la chair, et non la chair même, qui est contenue dans ce sacrement;* « Miror quid voluit quidam nunc dicere, non in re esse veritatem carnis Christi vel sanguinis, sed in Sacramento virtutem quamdam carnis, et non carnem, » nous fournissent encore une preuve de même nature ; car elles font voir que cette solution de vertu était nouvelle, et que Paschase ne l'avait apprise que depuis peu. Or c'est ce qui ne se peut accorder avec l'innovation prétendue que lui attribue M. Claude. Car s'il avait été le premier auteur de la doctrine de la présence réelle, il n'aurait pas ignoré qu'il aurait été autrefois lui-même dans ce sentiment *que l'Eucharistie ne contenait le corps de Jésus-Christ qu'en vertu et en figure, et qu'elle ne le contenait pas en verité*. Il n'aurait pu ignorer que tous les autres qui n'avaient pas découvert comme lui ce nouveau secret n'en avaient point d'autre pensée, et il n'aurait jamais eu l'impudence de dire en parlant de l'opinion qu'il aurait trouvée dans l'Église, et qu'il aurait su être répandue partout, *qu'il s'étonne de ce que quelques-uns veulent dire maintenant*. Cela fait voir manifestement que ce langage était nouveau ; et il ne le pouvait être que l'opinion des sacramentaires ne le fût aussi, puisque, dépendant absolument de ce langage, elle ne peut être dans tous les lieux où ce langage n'est point, parce qu'il est clair que quand on ne détourne point les termes ordinaires parmi les chrétiens, qui appellent l'Eucharistie *corps de Jésus-Christ, vrai corps de Jésus-Christ, propre corps de Jésus-Christ*, au sens chimérique de *vertu* et de *figure*, on ne les peut entendre que dans le sens propre et naturel, c'est-à-dire dans celui de la présence réelle.

Enfin Frudegard même, à qui Paschase a écrit sur la fin de sa vie pour lever quelques doutes qu'il avait sur ce mystère, peut servir encore à convaincre la fausseté de la fable de M. Claude qui prétend que personne ne pouvait avoir l'idée de la présence réelle s'il ne la prenait dans le livre de Paschase. *Dicis*, lui dit Paschase, *te me antea credidisse, et in libro quem de Sacramentis eam ita legisse ; sed profiteris postea te in libro tertio de Doctrinâ christianâ B. Augustini legisse quòd tropicè est locutio*. L'ordre qu'il marque dans ces paroles fait voir que la doctrine de la présence réelle est la foi dans laquelle il avait été élevé : *Dicis te sic antea credidisse ;* que la lecture du livre de Paschase l'y avait confirmé : *Et in libro quem de Sacramentis edidi ita legisse* ; mais qu'un passage de S. Augustin l'en faisait douter : *Sed postea te in libro tertio de doctrinâ Christianâ B. Augustini legisse quòd tropica sit locutio :* au lieu que selon M. Claude il aurait dû dire qu'il avait cru au commencement que toutes ces expressions où il est dit que *l'Eucharistie est le corps de Jésus-Christ* étaient métaphoriques, que le livre de Paschase l'avait fait changer de sentiment, et que ce livre de S. Augustin l'obligeait à reprendre sa première opinion.

Je ne pense pas qu'ayant considéré sérieusement toutes ces preuves on puisse seulement s'imaginer que Paschase, en déclarant que *l'Eucharistie est la vraie chair de Jésus-Christ prise de la Vierge,* ait proposé une doctrine nouvelle, et je ne puis croire qu'entre les calvinistes mêmes, d'autres que M. Claude se veuillent opiniâtrer à soutenir une fausseté si évidente et si capable de faire connaître à tout le monde l'excès de la hardiesse de quelques-uns de leurs ministres.

CHAPITRE X.

Réponse aux raisons par lesquelles M. Claude prétend prouver que Paschase était inventeur de la doctrine de la présence réelle.

C'est une chose étonnante que l'impression que la passion fait dans l'esprit de ceux qui s'y abandonnent. Elle y change les lumières en ténèbres, les ténèbres en lumières, et, en rendant les hommes capables de rejeter avec mépris les vérités les plus claires, elle les rend en même temps capables d'approuver comme des preuves *incontestables* les plus faibles et les plus petites conjectures qu'on puisse s'imaginer.

M. Claude est un des hommes du monde qui peut le mieux servir d'exemple de cette bizarrerie de l'esprit humain ; car il n'y a rien de plus étrange que l'usage qu'il fait des mots de *clair,* de *plus clair que le jour,* d'*incontestable,* d'*évident,* de *solide ;* et au contraire de ceux d'*inconcevable,* de *sans apparence,* de *faible et de pitoyable.* J'avoue que ce m'a été un divertissement en lisant son livre d'examiner l'application qu'il en fait. Je trouvais presque toujours qu'il était difficile de s'en servir plus mal à propos. C'est une réflexion qui mériterait un chapitre exprès, mais cependant nous en allons voir quelques exemples dans l'examen que nous ferons des preuves qu'il apporte pour montrer que Paschase est *un franc innovateur* (p. 633.) Si vous lui en demandez son sentiment, il vous dira qu'elles établissent *incontestablement* ce qu'il prétend : que les passages qu'il rapporte ne persuadent pas, mais (p. 628) qu'*ils contraignent* de tirer la conclusion qu'il en tire ; et qu'après cela *on ne peut plus révoquer en doute* que Paschase n'ait été l'inventeur de la présence réelle. Voyons donc ce que c'est selon M. Claude qu'une preuve *incontestable*, *indubitable*, *contraignante.* Voici la première.

Première preuve de M. Claude.

« Paschase se glorifie dans sa lettre à Frudegard
« d'avoir réussi dans son dessein d'exciter le monde
« à la connaissance de ce mystère : *Bien que je n'aie*
« *rien écrit,* dit-il, *qui soit digne de mes lecteurs, dans*
« *un livre que j'ai dédié à un jeune homme, j'apprends*
« *néanmoins que j'ai ému plusieurs personnes à l'intelli-*
« *gence de ce mystère.* Ce qui fait bien voir qu'avant
« son livre, l'Église n'était pas préoccupée de sa doc-
« trine. »

Réponse. Il y a bien des choses dans ce passage qui donnent lieu de tirer une conclusion tout opposée à celle de M. Claude ; et il n'y en a aucune qui lui donne le moindre lieu de tirer celle qu'il tire. Ce passage dit qu'il a dédié ce livre non *à un jeune homme,* comme traduit M. Claude, mais *aux jeunes gens* ; « *Quem cuilibet puero dedicavi* ; » et cela fait voir qu'il ne l'avait pas fait pour les personnes savantes qu'il supposait instruites de ces vérités. Il est donc sans apparence qu'il y ait voulu instruire toute la terre d'une vérité qu'il eût cru également ignorée des savants et des ignorants.

Il dit dans ce même passage qu'*il n'avait rien écrit qui fût digne de ses lecteurs.* Or jamais un homme qui découvre un mystère de cette importance ne se servira de ces paroles d'humilité qui supposent que l'on n'a dit que des choses communes et connues.

Mais, dit M. Claude, Paschase se vante d'avoir porté plusieurs personnes à pénétrer plus avant dans ce mystère, *ad intelligentiam hujus mysterii* ; car c'est le *sens de ce terme.* Donc *l'Église n'était pas préoccupée de sa doctrine.* C'est une conséquence que les personnes judicieuses auront peine à lui pardonner, tant elle est éloignée de la raison. M. Claude devait-il ignorer qu'outre cette connaissance commune à tous les chrétiens qui leur fait croire les mystères sans beaucoup de réflexion, il y en a une autre plus lumineuse, et qui est souvent marquée dans S. Augustin par le mot d'*intelligence* (serm. 51 de Verb. Dom.), qui ne précède pas, mais qui suit la foi comme en étant le fruit et la récompense : *Sic accipite, sic credite,* dit ce Père, *ut mereamini intelligere ; fides enim debet praecedere intellectum, ut sit intellectus fidei praemium.*

Comme donc tous les chrétiens croient les mystères, ils croyaient tous aussi l'Eucharistie du temps de Paschase en la manière que nous la croyons ; mais ils n'en avaient pas tous l'intelligence, c'est-à-dire qu'ils n'avaient pas tous considéré ce sacrement adorable avec l'application qu'il mérite ; qu'ils ne savaient pas tous les mystères renfermés dans les symboles, les rapports de l'Eucharistie avec les sacrements de l'ancienne loi, les fins que Dieu a eues en l'instituant, ceux qui ont droit d'y participer, les dispositions avec lesquelles on en doit approcher, la grandeur du crime de ceux qui profanent le corps du Seigneur, et les autres choses qui sont expliquées dans le livre de Paschase. Tout cela est compris sous le mot *d'intelligence* ; et il l'y comprend lui-même en expliquant dans la suite ce qu'il entend par ce terme, et en faisant l'abrégé de tout son livre, sans marquer en particulier la présence réelle.

Ce n'est pas que ce mot d'*intelligence* ne puisse aussi regarder la présence réelle, non comme une vérité nouvelle, mais comme une vérité qui se peut concevoir plus fortement, et d'une manière qui pénètre plus vivement l'esprit et le cœur, car il y a plusieurs degrés pour croître dans la connaissance d'un mystère que l'on croit déjà par la foi : mais il regarde encore plus les autres vérités contenues dans le livre de Paschase, et ce sont ces autres vérités qui ont rendu ce livre plus recommandable dans l'Église.

Nous en avons une preuve très-remarquable dans les Conférences de S. Odon, second abbé de Cluny, qui écrivait au dixième siècle. Il cite dans le second livre ce qu'il a cru être de plus beau et de plus nécessaire dans le livre de Paschase. Il fait un éloge de cet auteur comme étant capable d'instruire sur ce mystère les *demi-savants* d'un grand nombre de vérités qu'ils ne savent point : cependant il ne cite aucun de ces passages où Paschase prouve la présence réelle, et où il assure le plus fortement *que l'Eucharistie contient la vraie chair de Jésus-Christ né de la Vierge.* Ce qui fait bien voir que ce n'est point à cause de cette seule vérité que ce livre était estimé, et que comme on la supposait connue de tout le monde et non contestée, on s'y appliquait peu en particulier.

Ce passage n'est donc propre qu'à prouver tout le contraire de ce que prétend M. Claude.

Seconde preuve de M. Claude.

« Après avoir donné son exposition sur l'institu-
« tion du S. Sacrement, il ajoute : *J'ai discouru de ces
« choses plus au long, parce que j'ai appris que quel-
« ques-uns me reprenaient, comme si dans le livre que
« j'ai publié des Sacrements de Christ j'eusse voulu don-
« ner plus à ses paroles qu'elles ne portent, ou établir
« quelque autre chose que ce que la vérité nous promet.*
« Ce qui marque encore que son innovation étonna le
« monde dès qu'elle parut. »

Réponse. 1° La chronologie de M. Claude n'est pas moins nouvelle que sa logique ; car son raisonnement suppose que ce livre *du Corps et du Sang du Seigneur* ait été fait presque au même temps que ce commentaire sur S. Matthieu où Paschase se plaint de ceux qui le reprenaient. Cependant il y a environ trente ans entre la publication de ces deux livres, comme il est aisé de le prouver. Car le livre *des Sacrements*, c'est-à-dire celui *du Corps et du Sang du Seigneur*, a été fait en 818, selon M. Claude et selon Blondel. Or les huit derniers livres du commentaire sur S. Matthieu, où se trouvent les paroles qu'il rapporte, ont été faits lorsque Paschase était déjà abbé de Corbie, comme il le témoigne dans la préface du cinquième livre : et il ne fut fait abbé qu'après Isaac en 846 ; et il ne les fit qu'assez longtemps depuis, comme il le dit dans cette préface ; par conséquent il y a près de trente ans d'intervalle entre ces deux livres, et peut-être davantage. De sorte que, comme dans le commentaire sur S. Matthieu il parle de gens qui repre-

naient son livre des Sacrements dans le temps même qu'il écrivait ce commentaire : *Miror quid volunt quidam nunc dicere*, et qu'il ne paraît pas qu'on l'ait repris auparavant, puisqu'il ne s'est point mis en peine de le défendre, on peut conclure que ce livre que M. Claude dit avoir choqué le monde dès qu'il fut fait, fut près de trente ans public sans avoir été blâmé de personne.

2° Qui a donné droit à M. Claude de donner le nom de *monde* à ces inconnus dont Paschase avait seulement ouï parler, mais qui ne l'avaient jamais contredit en face et qui n'avaient jamais écrit contre lui ? Ce terme ne peut être employé raisonnablement que pour marquer la plus grande partie des chrétiens, ou au moins de ceux qui avaient lu le livre de Paschase. Or il est très-faux dans ce sens que *le monde ait été étonné* du livre de Paschase, puisqu'aucun de ses amis, aucun de sa communauté, aucun de ceux avec qui il se trouvait dans les assemblées ecclésiastiques et dans les conciles, ne l'en a formellement repris. *Le monde* de M. Claude *se réduit donc en petit nombre*, selon ses termes. C'est un monde inconnu au grand monde, au monde des évêques, des abbés et des religieux qui gouvernaient l'Église de ce temps-là ; c'est un monde opposé à ce que croyait toute la terre du temps de Paschase ; c'est un monde qui consiste dans quelque petit nombre de raisonneurs inquiets et téméraires qui blâmaient en secret ce qu'ils n'osaient contredire publiquement : voilà ce que c'est que le monde de M. Claude.

3° M. Claude ne veut pas seulement conclure que la doctrine de Paschase a étonné quelques personnes, mais il veut conclure de cet étonnement qu'il était un franc *innovateur*, et qu'il a proposé une doctrine inconnue à toute l'Église. Or il en devait conclure tout le contraire. L'étonnement de quelques personnes est très-peu de chose pour une doctrine aussi surprenante qu'est celle de la présence réelle à ceux qui n'en ont point ouï parler. Une personne qui viendrait dire présentement que la figure du roi Henri est son véritable corps n'étonnerait pas quelques personnes seulement, il étonnerait toute la terre, et il serait regardé comme un insensé par tout le monde. Ainsi c'est une preuve que cette doctrine n'était pas nouvelle, de ce qu'elle n'a été reprise que de peu de personnes.

4° M. Claude nous dira peut-être que le soulèvement de ce petit nombre de personnes prouve au moins que cette doctrine n'était pas universellement reçue dans l'Église. Mais par ce raisonnement il conclurait aussi que la divinité et l'éternité du Fils de Dieu n'était pas crue de toute l'Église avant les ariens, puisque cette doctrine scandalisa Arius, et que son scandale se répandit en peu de temps dans toute la terre. Il conclurait que l'on n'a pas toujours cru que la Vierge fût mère de Dieu, puisque Nestorius et Anastase son prêtre s'élevèrent contre ce terme, et contre la doctrine de l'unité de personne en Jésus-Christ dont il est une suite nécessaire. La fausseté de ces

(Vingt-huit.)

conséquences lui devait faire connaître la fausseté de son principe.

Il est visible au contraire que le bon sens et l'expérience obligent d'en établir un tout opposé, qui est que toutes les fois qu'on propose un mystère difficile, quoique cru d'ailleurs universellement par les fidèles d'une manière qui fait que l'on s'y applique davantage, les esprits qui ne sont pas assez humbles sont capables de s'en effrayer, et de chercher dans leur raison des voies pour éviter les difficultés qu'ils ne peuvent supporter : et ils s'en prennent alors souvent à celui qui le leur a fait envisager, en cherchant à le distinguer des autres fidèles.

Quelquefois même ces mauvaises opinions sont déjà toutes formées ; car il ne se trouve que trop souvent des personnes dans la communion même de l'Église qui, donnant trop de liberté à leurs pensées et à leurs réflexions, se forment des idées des mystères assez différentes de celles que les autres fidèles en ont, en détournant à leur sens la plupart des expressions communes. Et il arrive de là que si quelque autre personne, en suivant les idées ordinaires, se sert de quelque terme qu'ils ne puissent pas de même réduire à leur sens particulier, ils accusent cette personne de témérité.

C'est proprement ce qu'on a sujet de croire être arrivé du temps de Paschase. Car comme le sacrement de l'Eucharistie est de soi-même très-capable d'exciter des doutes dans les esprits présomptueux, il pouvait y avoir de son temps quelque petit nombre de personnes qui s'étant appliquées à raisonner avec trop peu de soumission sur ce sacrement, s'en étaient formé de fausses idées : et ces personnes étant tombées sur le livre de Paschase, qui avait été reçu dans l'Église depuis environ trente ans avec une approbation générale, ne laissèrent pas de s'en blesser, parce qu'ils n'eurent pas tant de facilité à en détourner les expressions à leur sens particulier : ce qui fit qu'ils l'accusèrent de témérité.

C'est peut-être ce que Paschase a voulu marquer dans un lieu où il dit à Frudegard qu'il peut voir par les passages des Pères qu'il lui cite qu'il n'a point avancé ces choses témérairement dans le livre qu'il avait fait étant encore fort jeune : *Non me temeritatis afflatu talia olim puerum vidisse ;* et ce n'est peut-être aussi qu'une simple expression de Paschase, qui n'a rapport à aucune accusation, et qui marque simplement que sa doctrine était celle de tous les Pères. C'est deviner en l'air que de le vouloir déterminer comme fait M. Claude. Mais quoi qu'il en soit, les accusations vagues et secrètes de ce petit nombre de personnes, semblables à celles que ceux qui ont douté des principaux mystères ont toujours faites contre ceux qui les avaient éclaircis et défendus, ne donnent aucun lieu de conclure que la doctrine de Paschase ne fût pas celle de toute l'Église, et n'affaiblissent en rien le témoignage qu'il en rend en disant *que toute la terre en faisait profession ;* ces expressions ayant une exception naturelle qui fait qu'elles ne comprennent pas certaines gens qui raisonnent librement sur les mystères et qui se séparent de l'opinion commune.

Troisième preuve de M. Claude.

« Quand il propose son opinion, il la propose sous « la forme d'un paradoxe qui doit ravir d'admiration. »

Réponse. Ce reproche est fondé sur ce que Paschase se sert de ces termes au premier chapitre de son livre : *Quia voluit, licèt in figurâ panis et vini, hæc sic esse, omninò nihil aliud quàm caro Christi et sanguis post consecrationem credenda sunt. Unde ipsa Veritas ad discipulos : Hæc, inquit, caro mea est pro mundi vitâ... Et, ut mirabiliùs loquar, non alia planè, quàm quæ nata est de Marià Virgine, et passa est in cruce.* Ces mots de *ut mirabiliùs loquar* donnent sujet à M. Claude de dire hardiment que Paschase propose son opinion comme un paradoxe. Mais où M. Claude a-t-il trouvé que ces termes *ut mirabiliùs loquar* signifient proposer un paradoxe ou reconnaître qu'une opinion est un paradoxe ? Toutes les merveilles sont-elles des paradoxes ? S. Jean Chrysostôme proposait-il un paradoxe quand il s'écriait sur le sujet de l'Eucharistie : *O merveille, celui qui est à la droite de Dieu est entre les mains des prêtres !* Merveille est ce qui surpasse nos esprits ; paradoxe est ce qui choque nos sentiments. Or ce qui surpasse nos esprits ne choque pas pour cela nos sentiments. Qui a donné droit à M. Claude de confondre des choses si différentes ? Paschase, se servant d'une expression qui met plus vivement devant les yeux de l'esprit la merveille de l'Eucharistie, se sert de cette expression : *Et ut mirabiliùs loquar,* qui signifie : *Pour vous mieux exprimer cette merveille ;* et M. Claude en conclut qu'il propose un paradoxe. C'est une de ses preuves incontestables.

Quatrième preuve de M. Claude.

« Il soumet sa doctrine au jugement de Frudegard, « et le prie de voir ce qu'il y a à reprendre en lui. »

Réponse. M. Claude est peut-être le seul homme au monde qui s'avisât de vouloir tirer avantage de cette parole d'humilité, dont se sert Paschase à la fin de sa lettre à Frudegard. La connaissance de la faiblesse de l'esprit humain porte toujours les personnes vraiment humbles à soumettre ce qu'ils écrivent à la censure de leurs amis ; et ils ne prétendent pas témoigner par là aucun doute de leur foi, mais reconnaître seulement qu'ils peuvent mêler des défauts humains parmi les vérités de Dieu. Aussi le même Paschase, qui rend cette déférence à Frudegard, ne laisse pas, dans la suite, de condamner très-fortement la témérité de ceux qui osaient choquer la créance que toute l'Église avait de la présence réelle de Jésus-Christ ; et il ne ménage Frudegard sur ce sujet qu'autant qu'il est nécessaire pour n'irriter pas un esprit qu'il voulait gagner.

Cinquième preuve de M. Claude.

« Il ne se vante jamais que sa créance soit formel« lement celle de toute l'Église. »

Réponse. Comme nous avons prouvé ci-dessus que Paschase a fait ce que M. Claude lui impute de n'avoir pas fait, et qu'il l'a fait en plusieurs manières, il suffit de lui répondre que c'est une étrange mauvaise foi de mettre en preuve et en argument une fausseté si insigne.

Sixième preuve de M. Claude.

« Il conserve autant qu'il peut les expressions sacra« mentales, et s'efforce de les accommoder à son sens. « Il passe jusqu'à se servir de termes qui semblent « conserver la substance. Tout cela induit visiblement « que ç'a été un franc innovateur. »

Réponse. La seule conclusion que la raison tire de là est que ces expressions sacramentales s'allient parfaitement avec la foi de la présence réelle; aussi les trouve-t-on également et dans ceux qui ont précédé Paschase, et dans ceux qui l'ont suivi. C'est une étrange manière de prouver que Paschase est novateur que d'alléguer qu'il a parlé comme toute l'Église a toujours parlé et avant et après lui.

Septième preuve de M. Claude.

« Bellarmin et Sirmond, jésuites, ont eux-mêmes « reconnu cette vérité, autant que la peuvent recon« naître des gens infiniment attachés aux intérêts de « l'Église romaine, comme je l'ai remarqué dans ma « réponse. L'un dit que ç'a été le premier auteur qui « a écrit sérieusement et amplement de la vérité du « corps et du sang du Seigneur en l'Eucharistie; l'au« tre assure que c'est le premier qui a expliqué le vé« ritable sentiment de l'Église catholique, et qu'il a ou« vert le chemin aux autres ; c'est-à-dire qu'à leur « compte les Augustin et les Chrysostôme, les Hilaire « et les Cyrille n'en avaient parlé qu'en bégayant et « comme en passant. Et n'est-ce pas confesser assez « clairement qu'ils n'en avaient eu ni la pensée ni la « créance, n'étant pas possible de s'imaginer, sans leur « faire outrage, qu'ils l'aient eue et qu'ils ne s'en soient « pas expliqués ? »

Réponse. Je puis protester à M. Claude que c'est avec peine que je suis obligé de lui reprocher souvent qu'il n'y a ni équité ni bon sens dans ce qu'il écrit; mais aussi il est vrai qu'il fait injure à tous ceux qui lisent son livre, en les croyant capables d'être touchés par des arguments si peu dignes d'une personne judicieuse.

Ce que disent ces deux jésuites est vrai. Paschase a été le premier qui a ramassé dans un seul livre ce qui se trouve répandu dans divers écrits des Pères, comme S. Athanase est le premier qui a fait des traités exprès de la Trinité, comme S. Cyrille est le premier qui a écrit avec étendue de l'incarnation et de l'unité de personne en Jésus-Christ, comme S. Augustin est le premier qui a traité amplement et sérieusement du péché originel, comme tous ceux qui ont fait des recueils des Pères sur quelque matière non controversée ont été les premiers qui les ont faits. C'est ce que dit Bellarmin. Et comme Paschase avait fort bien réussi dans ce travail, et qu'il avait en effet très-bien recueilli les véritables sentiments des Pères, il a été suivi par tous ceux qui sont venus depuis lui ; comme on a suivi S. Athanase sur la Trinité, S. Cyrille sur l'incarnation, S. Augustin sur le péché originel et sur la grâce, comme le Maître des Sentences et S. Thomas ont été suivis dans la théologie scholastique. C'est ce que dit le P. Sirmond. *C'est-à-dire*, dit M. Claude, *qu'à leur compte les Augustin et les Chrysostôme, les Hilaire et les Cyrille n'en ont parlé qu'en bégayant et comme en passant. Et n'est-ce pas confesser assez clairement qu'ils n'en avaient eu ni la pensée ni la créance, n'étant pas possible de s'imaginer, sans leur faire outrage, qu'ils l'aient eue et qu'ils ne s'en soient pas expliqués?* C'est ce qui s'appelle un argument et une glose de déclamateur, dont M. Claude devrait avoir quelque honte de se servir dans une dispute si sérieuse. Car ne sait-il pas lui-même que c'est une chose assez rare aux Pères de faire des traités exprès sur d'autres points que ceux qui étaient contestés de leur temps, et que pour les points non contestés on est obligé de recueillir leurs sentiments des divers ouvrages où ils en parlent, quand on veut avoir en un corps tout ce que l'on en doit croire, et qu'il ne s'ensuit nullement de là qu'ils en aient parlé en bégayant, puisqu'il suffit qu'ils aient parlé précisément et clairement de chaque point dans les occasions qui s'en sont présentées, quoiqu'ils n'aient pas réuni en un corps toutes ces différentes vérités qu'ils ont enseignées ?

Si M. Claude a cru que cette conséquence fût raisonnable, c'est une extrême fausseté d'esprit. Si la croyant fausse il n'a pas laissé de la proposer, c'est une très-mauvaise foi. Pour moi, je n'en oserais juger ; je lui en laisse le choix : mais certainement il ne saurait s'exempter de l'un ou de l'autre de ces reproches. Et ce qui pourrait faire croire que la mauvaise foi a beaucoup de part à lui faire ainsi tirer de fausses conséquences, c'est qu'elle lui fait aussi faire de fausses traductions ; car le P. Sirmond ne dit pas absolument, comme M. Claude lui fait dire, que *Paschase ait été le premier qui a expliqué le véritable sentiment de l'Église, et qu'il a ouvert le chemin aux autres*, mais il dit que *Paschase a été le premier qui a expliqué de telle sorte le véritable sentiment de l'Église, qu'il a ouvert le chemin aux autres :* Genuinum Ecclesiæ sensum ita primus explicuit, ut viam, etc. Or ces deux traductions font un sens très-différent : car il est clair que la seconde n'attribue à Paschase que d'avoir expliqué le premier le vrai sentiment de l'Église *d'une certaine manière*, c'est-à-dire avec méthode, avec étendue, avec l'union de toutes les vérités qui regardent ce mystère ; au lieu que l'autre dit absolument qu'*il a été le premier qui a expliqué le véritable sentiment de l'Église*, ce qui néanmoins étant pris selon le bon sens, ne peut fournir aucun sujet de tirer les conséquences qu'il a plu à M. Claude de tirer.

Je pense avoir suffisamment prouvé que tous les arguments tirés du livre de Paschase ou de l'aveu des catholiques, par lesquels M. Claude prétend prouver que Paschase a été *un franc innovateur*, ne sont que de purs sophismes et des conjectures indignes d'être proposées sérieusement. Cependant c'est ce qu'il veut faire passer pour des *preuves incontestables* et qui *contraignent* la raison de se rendre. Il ne reste plus que celles qu'il tire de quelques auteurs qui ont écrit depuis Paschase : et nous allons voir qu'elles ne sont pas plus solides que les autres.

CHAPITRE XI

De la dispute sur l'Eucharistie qui arriva après la mort de Paschase; de ceux qui y ont eu part; de l'opinion d'Amalarius et d'Héribald.

Ce qui embrouille la vérité dans la discussion des questions qui dépendent des faits historiques, est que la plupart de ceux qui les traitent mêlent tellement leurs conjectures et leurs raisonnements avec les faits attestés, qu'ils ne font qu'un corps des uns et des autres. Ils suppléent les histoires à leur fantaisie, et nous veulent ensuite faire passer ces histoires mi-parties et mêlées de faits certains et de conjectures incertaines pour des preuves réelles et positives que l'antiquité leur fournit.

C'est pourquoi le premier soin que l'on doit avoir est de séparer d'abord ce que les auteurs anciens rapportent précisément sur les faits dont il est question, des conjectures et des conséquences que l'on en tire.

Pour pratiquer donc cette méthode sur le point dont il s'agit, on peut dire qu'il est certain qu'il y a eu quelque dispute sur l'Eucharistie du temps de Charles-le-Chauve qui a donné occasion au livre de Bertram ; car je suppose comme constant que l'inscription de ce livre qui porte : *Ad Carolum Magnum*, est fausse ou qu'elle s'entend de Charles-le-Chauve, tous ceux qui en ont parlé marquant expressément qu'il était dédié à Charles-le-Chauve.

Mais on y fait prendre part à diverses autres personnes, comme à Amalarius, à Héribald évêque d'Auxerre, à Raban archevêque de Mayence, et à Jean Scot. Il s'agit de savoir ce qu'il y a de vrai dans cette prétention.

Les preuves réelles que l'on a touchant Amalarius et Héribald sont (Éclairciss., c. 18), 1° que Flore, dans un livre manuscrit cité par Blondel, dit que le concile de Cressy a condamné une expression d'Amalarius sur l'Eucharistie, qui est que le corps de Jésus-Christ avait trois formes ; 2° que Guillaume de Malmesbury, dans son épitomé manuscrit, lui attribue d'avoir cru que le corps de Jésus-Christ reçu dans l'Eucharistie pouvait être digéré.

L'auteur anonyme du P. Celot impute le même à Héribald et à Raban : mais il est remarquable que cet auteur imputant aussi à Raban et à Ratram ou Intram , c'est-à-dire à Bertram , d'avoir combattu Paschase sur la question : *Si l'Eucharistie est le corps de Jésus-Christ pris de la Vierge*, ne l'impute point à Héribald. Voilà les faits certains qui regardent ces auteurs. Et c'est de ces faits qu'il faut tirer les conjectures touchant l'opinion qu'on leur doit attribuer.

M. Claude en a conclu qu'ils ont tous été adversaires de Paschase sur la présence réelle. Et parce que l'auteur de *la Perpétuité* avait dit dans son premier traité que l'opinion de M. le président Mauguin qui attribue à Amalarius et à Héribald l'hérésie des stercoranistes, opposée à celle des sacramentaires, est infiniment plus probable, il entreprend de lui faire voir qu'il se trompe, et se sert pour cela de deux arguments tout-à-fait rares.

Le premier est que l'auteur anonyme marque que Raban et Ratram ont contredit Paschase sur cette question : *Si l'Eucharistie était le corps de Jésus-Christ fils de la Vierge*. Mais quel droit a-t il de conclure le même d'Héribald et d'Amalarius, puisque ni cet auteur ni aucun autre ne leur ont point attribué d'avoir contredit Paschase sur ce point ?

Le second est que Paschase lui-même parlant de ceux qui étaient choqués de son livre, leur attribue de ne croire pas que l'Eucharistie fût la vraie chair de Jésus-Christ.

Mais qui a dit à M. Claude que ces gens dont parle Paschase fussent Amalarius et Héribald ? Qui lui a dit qu'on ne peut être adversaire de Paschase qu'en une manière ? Qui lui a dit enfin qu'Amalarius et Héribald aient été en aucune sorte adversaires de Paschase ?

L'auteur de *la Perpétuité* l'a accordé, parce qu'il a cru que Guillaume de Malmesbury le disait ; mais cela ne paraît pas véritable. Ainsi il n'y a nulle preuve tirée de l'antiquité sur laquelle on puisse raisonnablement imputer à ces deux auteurs d'avoir été favorables aux sacramentaires. Et tous les raisonnements de M. Claude sont de purs paralogismes qui concluent l'opinion d'un auteur de celle d'un autre sans avoir montré qu'il y ait eu aucune union et aucune liaison entre ces auteurs.

Mais si l'on demande maintenant sur quelles preuves on peut appuyer l'opinion de M. Mauguin qui veut qu'Amalarius ait été stercoraniste, on peut dire à M. Claude qu'elles sont aussi solides que les siennes sont vaines et frivoles. Car la lettre d'Amalarius imprimée dans le septième volume du *Spicilegium*, donne lieu de démêler l'opinion de cet auteur. Il paraît par cette lettre que jamais personne n'enseigna plus formellement la présence réelle qu'Amalarius, puisqu'il déclare formellement que *le corps de Jésus-Christ est dans la terre quand il veut*, et qu'il se met en peine d'expliquer comment il sort de nos corps après y avoir été reçu par l'Eucharistie. Mais il paraît en même temps qu'il concevait ce mystère d'une manière un peu grossière, et qu'il doutait si le corps de Jésus-Christ étant une fois reçu ne faisait point partie de nos corps jusqu'à la mort, ou s'il sortait par les pores.

Cela fait voir que c'est avec beaucoup d'apparence qu'on a attribué à cet auteur d'avoir cru que le corps de Jésus-Christ était digéré, et qu'il était sujet aux accidents des viandes communes, c'est-à-dire qu'il faisait partie de nos corps. Et comme il avait peut-être poussé plus avant cette pensée, on a sujet de croire que c'est cette erreur que le concile de Cressy avait condamnée dans l'expression de *corpus triforme et tripartitum*. Car cette expression qui est d'elle-même innocente, puisqu'il est vrai qu'outre le corps naturel de Jésus-Christ, on peut encore considérer l'Église militante qui est son corps d'une autre manière, et l'Église des morts qui comprend ceux qui sont dans le ciel et ceux qui sont dans le purgatoire, lesquels font aussi partie du corps de Jésus-Christ; cette expression, dis-je, était mauvaise dans le sens d'Amalarius, qui semble avoir cru que le corps de Jésus-Christ était réellement dans les sépulcres, faisant partie du corps des élus morts, et réellement dans les fidèles vivants; et qu'ainsi il était *sous trois formes*. Le passage de la lettre d'Amalarius, joint à la condamnation de son expression *corpus triforme et tripartitum* par le concile de Cressy et par Paschase (Spicil. t. 7, p. 172), rend tellement probable cette pensée, que je ne crois pas qu'on en puisse avoir raisonnablement une autre. *Ita verò sumptum corpus Domini*, dit-il dans cette lettre, *bonâ intentione, non est mihi disputandum utrùm invisibiliter assumatur in cœlum, an reservetur in corpore nostro usque ad diem sepulturæ, aut exhaletur in auras, aut exeat de corpore nostro cum sanguine, aut per poros emittatur, dicente Domino : Omne quod intrat in os, in ventrem vadit, et in secessum emittitur.* Voilà l'erreur des stercoranistes assez clairement exprimée. Et l'on doit juger par les suites et par ce que Flore et l'Église de Lyon disent de lui, qu'il avait proposé assertivement ce qu'il ne propose en cet endroit que douteusement; et qu'il avait dit que le corps de Jésus-Christ demeurait dans les corps des chrétiens jusqu'au jour de leur sépulture inclusivement; c'est-à-dire qu'il y demeurait toujours.

C'est ce qui fait voir que c'est une contradiction imaginaire que celle que M. Claude reproche à l'auteur de *la Perpétuité* touchant Amalarius, sur ce qu'il dit d'une part, et qu'il n'y aurait pas lieu de croire cet auteur capable d'aucune erreur sur l'Eucharistie, s'il n'en avait rien écrit que ce qui se trouve dans le livre des divins Offices; et qu'il témoigne de l'autre se rendre à l'autorité de Flore qui accuse Amalarius d'erreur sur l'Eucharistie. Sur quoi M. Claude, supposant que Flore n'a repris dans Amalarius que l'expression de *corpus triforme*, dit que l'auteur de *la Perpétuité* se contredit, parce que cette expression *corpus triforme* est contenue dans le livre des divins Offices d'Amalarius.

Je dis que cette contradiction est imaginaire, 1° parce que M. Claude n'a nulle preuve que Flore et le concile de Cressy n'aient repris dans Amalarius que cette seule expression; 2° parce que l'on peut fort bien croire que Flore a eu raison de condamner cette expression à cause de l'abus et du mauvais sens qu'Amalarius y enfermait, et l'approuver en même temps parce qu'elle est bonne en elle-même.

Et en effet il est impossible que M. Claude ne fasse lui-même ce qu'il reproche à l'auteur de *la Perpétuité*; car il est certain qu'il approuve que l'on appelle l'église des vivants le corps de Jésus-Christ; qu'il approuve que l'on appelle l'église des morts le corps de Jésus-Christ; qu'il approuve que l'on appelle corps de Jésus-Christ son corps naturel. Voilà donc le mot de *corps de Jésus-Christ* appliqué à trois choses différentes, qui ont des formes différentes; et ainsi voilà *corpus triforme et tripartitum*. Cependant il croit apparemment que le concile de Cressy a eu quelque raison de condamner cette expression, et qu'il l'a prise en quelque mauvais sens. Il croit donc comme l'auteur de *la Perpétuité*, que cette expression est bonne en elle-même comme elle est dans le livre des divins Offices, et qu'étant prise par Amalarius en un mauvais sens, elle a été condamnée dans ce mauvais sens par le concile de Cressy.

L'opinion d'Amalarius règle celle d'Héribald; car puisque l'épitomé de Guillaume de Malmesbury les joint ensemble, et qu'il n'y a nulle raison de les séparer, on doit conclure probablement qu'ils ont été de même sentiment. Ainsi comme Amalarius est très-déclaré pour la présence réelle, on doit croire le même d'Héribald.

CHAPITRE XII.
Des autres prétendus adversaires de Paschase, savoir Raban, Bertram, Jean Scot, Prudence. Quel sentiment la raison nous oblige d'en avoir.

Il ne reste plus à examiner que Raban, Bertram, Jean Scot et Prudence, que M. Claude fait aussi adversaires de Paschase. Voici ce qu'il y a de vrai de chacun de ces auteurs; Raban est accusé de l'erreur des stercoranistes par l'auteur anonyme et par Guillaume de Malmesbury, et de plus d'avoir contredit Paschase dans une lettre écrite à l'abbé Égilon sur la question : *Si l'Eucharistie est le corps de Jésus-Christ né de la Vierge.* C'est ce que porte le témoignage de cet anonyme. Pour l'erreur des stercoranistes, elle ne regarde point Paschase, et il suffit de dire ici que l'on s'y peut facilement tromper, et que parce qu'un auteur aura dit que le sacrement de l'Eucharistie nourrit, n'ayant égard qu'à l'effet, on peut lui imputer d'avoir cru qu'elle nourrit par le mélange du corps de Jésus-Christ avec le nôtre. Le seul témoignage d'un auteur aussi peu judicieux que cet anonyme ne suffit pas pour l'imputer à Raban, n'y ayant d'ailleurs rien dans ses œuvres qui ne puisse recevoir un bon sens.

Pour la seconde question, sur laquelle Raban est accusé par l'anonyme d'avoir contredit Paschase, on peut faire deux ou trois remarques. La première est que l'on n'a nul sujet de croire que Raban ait attaqué Paschase autrement que Bertram. Or Bertram ne nomme nulle part Paschase; et non seulement il ne l'attaque point ouvertement, mais il évite même de lui paraître contraire, comme nous le montrerons. Ainsi l'on ne peut conclure du témoignage de cet auteur que Raban était adversaire du livre de Paschase, comme M. Claude voudrait bien le faire croire.

La seconde, que cet auteur anonyme est le seul qui parle de cette lettre de Raban à Égilon; qu'elle n'a jamais été citée ni par Bérenger, ni par aucun autre auteur; et qu'elle a été inconnue à tous les écrivains du onzième siècle et de tous les siècles suivants; ce qui doit faire juger que c'était une lettre particulière qui n'avait jamais été fort publique, et qui était tombée par quelque rencontre entre les mains de cet auteur.

La troisième, que cet anonyme est un des plus petits esprits et des moins judicieux qui se soient jamais mêlés d'écrire, de sorte qu'il n'y a guère de personne plus capable que lui de se tromper dans l'intelligence du sens des auteurs ; et il n'y a que ceux qui ne l'ont point lu qui puissent douter de ce que j'en dis.

Tout ce que l'on peut donc conclure de son témoignage est que Raban a dit dans cette lettre particulière à Égilon quelque chose de semblable à ce que l'on cite de son Pénitentiel, qui est qu'il y en avait qui enseignaient que le sacrement de l'Eucharistie était le corps né de la Vierge, et que ce sentiment n'était pas bon. C'est ce que cet auteur anonyme a cru contraire à Paschase. Mais l'on n'en peut conclure ni qu'il ait attaqué Paschase ouvertement, ni qu'il ait été chef de parti, ni que l'on ait su même dans son siècle qu'il fût de ce sentiment, car on écrit plusieurs choses à ses amis qui ne deviennent pas pour cela publiques.

Quand on supposerait que l'auteur anonyme a bien entendu le sens de Raban et qu'il aurait en effet contredit Paschase, ce serait le plus petit avantage du monde pour M. Claude. Car si la divinité de Jésus-Christ a été attaquée ouvertement par tant de grands esprits et par tant d'évêques célèbres, si tous les autres articles de la foi ont excité des doutes dans des hommes qui avaient beaucoup de science et de lumière, qui s'étonnera qu'un esprit comme Raban qui était assez humain, comme il paraît par une de ses lettres que l'église de Lyon a réfutée, soit tombé dans quelque erreur sur le sujet de l'Eucharistie ? M. Claude croit-il que les éloges qu'il lui donne après Trithème (p. 510), *d'avoir été très-subtil philosophe, rhétoricien, astronome et poète*, le rendent incapable de se tromper ? Et il ne sert de rien de dire que personne ne lui a reproché cette erreur, car il ne paraît pas qu'aucun autre auteur que l'anonyme ait vu cette lettre à Égilon : de sorte que le seul qui en a eu connaissance l'a condamnée.

Mais de plus, combien y a-t-il d'erreurs dans les auteurs ecclésiastiques qui n'ont jamais été relevées de personne ni reprochées à ceux qui les ont enseignées ! Il y en a des exemples étonnants (in Biblioth., cod. 177) ; et en voici un entre autres qui est singulier en ce genre.

Photius témoigne que Théodore de Mopsueste avait fait un livre contre la doctrine du péché originel. L'Orient et l'Occident ont été aussi animés contre cet auteur qu'on l'ait jamais été contre qui que ce soit. On l'a condamné même après sa mort dans le cinquième concile. Il n'y eut donc jamais personne moins favorable que lui : cependant on ne trouve point que cette erreur capitale remarquée par Photius ait été relevée par aucun auteur du sixième siècle dans le temps même que l'on poussait Théodore avec plus de sévérité.

Il y a encore en diverses bibliothèques un livre de ce temps-là attribué à Jean Scot, qui porte pour titre : *Dialogue des natures*, qui est plein d'une infinité d'erreurs grossières ; et néanmoins il ne paraît pas qu'elles aient été condamnées par aucun jugement ecclésiastique de ce siècle-là.

On ne peut donc rien conclure de ce que personne n'a repris Raban d'une erreur contenue dans une lettre qu'il a écrite à la fin de sa vie, et qui n'a peut-être jamais été vue que par un très-petit nombre de personnes.

C'est ce qu'on pourrait dire à M. Claude s'il était certain que Raban eût été en effet contraire à Paschase. Mais je lui soutiens de plus que cela n'est pas certain, et je l'assure que ce n'est point l'intérêt de la cause que je défends qui me fait entrer dans cette pensée, mais que c'est la seule vue de la vérité.

Voici les raisons qui me persuadent que non seulement l'opinion de M. Claude touchant Raban est incertaine, mais qu'il y a même toute sorte d'apparence qu'elle est fausse. Cette proposition *que le sacrement de l'Eucharistie n'est pas le corps même né de la Vierge*, peut avoir deux sens : l'un, que la partie extérieure du sacrement, c'est-à-dire le voile sensible, n'est pas réellement le corps de Jésus-Christ ; que le corps de Jésus-Christ n'est pas réellement blanc, rond, et n'a pas en soi tous les accidents sensibles qui nous paraissent : l'autre, que le corps de Jésus-Christ n'est pas réellement contenu dans le sacrement. Dans le premier sens, elle est enseignée formellement par Paschase, par Thomas Valdensis, par la glose du décret et par tous les catholiques, bien loin d'être contraire à leur doctrine. Dans le second, elle est directement contraire à la créance de l'Église. Il s'agit de savoir en quel sens elle a été enseignée par Raban. Nous n'avons plus sa lettre pour nous en éclaircir : le passage que l'on cite du Pénitentiel ne dit que la chose même, et ne détermine pas le sens.

Si nous n'avions donc point d'autre lumière que celle-là, je dirais à M. Claude qu'une des plus grandes qualités d'un critique judicieux est de n'étendre pas ses conjectures plus loin que les apparences que les faits fournissent, et de reconnaître pour incertain ce qui l'est effectivement : *Nescire quædam, magna pars sapientiæ*.

Mais voici ce qui peut donner quelque sorte d'éclaircissement au doute où l'on peut être sur l'opinion de Raban. Raban ne dit pas absolument *que le sacrement de l'Eucharistie n'est point le corps de Jésus-Christ né de la Vierge*, mais il dit *que quelques-uns ont soutenu mal à propos depuis peu que le sacrement de l'Eucharistie était le corps de Jésus-Christ né de la Vierge* : Quidam nuper de ipso Sacramento corporis et sanguinis Domini non rectè sentientes, dixerunt hoc ipsum corpus et sanguinem Domini esse quod de Mariâ Virgine natum est. C'est donc l'opinion de ces personnes qui disaient du temps de Raban *que le sacrement de l'Eucharistie était le corps de Jésus-Christ né de la Vierge*, qui doit régler le sens de cette expression de Raban. Or je pense que M. Claude ne se plaindra pas que je prenne pour principe que Raban a fait allusion à ceux qui dans cette dispute excitée sous Charles-le-Chauve disaient que *le sacrement de l'Eucharistie était le corps de Jésus-Christ né de la Vierge;* et qu'il a attaqué par-là les mêmes personnes que Bertram a attaquées dans son livre, le mot de *nuper* marquant expressément qu'il parle d'une dispute présente et nouvelle.

Il ne s'agit donc que de voir qui sont ceux contre qui Bertram a disputé, et en quel sens ils ont dit que *le sacrement de l'Eucharistie était le corps de Jésus-Christ né de la Vierge.* Et certainement si l'on en croit l'auteur anonyme, on conclura que c'est Paschase : ce qui serait favorable à M. Claude. Mais je prétends lui faire voir qu'il est très-clair que cet auteur anonyme, qui n'est pas certainement contemporain, puisqu'il ne sait pas qui était Ratram, et qui parle de toutes choses avec très-peu de jugement, s'est trompé sur ce sujet en s'imaginant que Bertram a combattu directement la doctrine de Paschase, et que c'est lui qu'il a eu en vue lorsqu'il prétend prouver que *le sacrement de l'Eucharistie n'est pas le corps même de Jésus-Christ.*

C'est une partie de ce que j'ai à dire à M. Claude sur le livre de Bertram. Et afin qu'il comprenne mieux ma pensée, je le prie de remarquer qu'on peut faire sur le sujet de ce livre deux questions toutes séparées. L'une est de savoir si les adversaires qu'il combat directement, je veux dire ces personnes qui disaient que *le sacrement de l'Eucharistie était le corps même de Jésus-Christ né de la Vierge,* sont Paschase et ses disciples; ou si ce n'est point, au contraire, des gens qui soutenaient que le Sacrement, c'est-à-dire le voile extérieur, était le corps même de Jésus-Christ ? La seconde, si en combattant ces personnes il n'a point ruiné la réalité et combattu secrètement l'opinion de Paschase et de l'Église, quoiqu'elle ne fût pas le sujet de la dispute ?

Je crois sur la première question qu'il est certain que ces adversaires que Bertram attaque directement ne sont point Paschase et ses disciples, et que la présence réelle n'était point le sujet de cette dispute, mais qu'il a pour but principal de combattre des personnes qui soutenaient que le corps de Jésus-Christ était ce que nous voyons, ce que nous sentons, et qu'il n'y avait point de différence entre ce qui paraissait extérieurement et ce qui était intérieurement. Je crois sur la seconde qu'il est assez incertain si Bertram en combattant ces adversaires qu'il avait raison de combattre, n'est point allé trop avant, et si au lieu de soutenir simplement comme Paschase que *le corps de Jésus-Christ était caché réellement sous le voile du sacrement,* il n'a point prétendu insinuer finement que ce corps de Jésus-Christ était la puissance du Verbe, qui suppléait les effets du corps de Jésus-Christ ; et qu'ainsi quoiqu'il y ait lieu de rejeter cet auteur comme se servant d'expressions dangereuses, c'est néanmoins une témérité à M. Claude de dire avec la hardiesse qu'il fait que cet auteur est *clairement favorable* aux calvinistes.

Je réserve à traiter le second point ensuite d'une dissertation qu'un savant théologien de l'ordre des chanoines réguliers de S. Augustin a eu la bonté de me faire mettre entre les mains, et qui démêle si bien plusieurs questions de critique que j'avais dessein de traiter, que j'ai trouvé qu'il valait mieux la faire imprimer tout entière à la fin de ce volume. Mais pour la première qui appartient proprement au sujet que nous traitons ici, elle se peut décider par des preuves très-claires. Car premièrement il est certain qu'il y a eu effectivement des gens en ce temps-là qui disaient grossièrement que *le corps de Jésus-Christ était tel que le sacrement paraissait,* c'est-à-dire que le corps de Jésus-Christ avait en soi réellement la forme de pain ; car cette opinion était une suite nécessaire de celle d'Amalarius telle que nous l'avons expliquée. Et c'est de là qu'il concluait que le corps de Jésus-Christ sortait par les pores, et qu'il lui appliquait ces paroles : *Omne quod in os intrat, in ventrem vadit, et in secessum emittitur.* Il est encore certain par l'accusation que Flore forme contre lui, d'avoir corrompu la France par ses opinions fantastiques, qu'Amalarius a eu des disciples. Amalarius était proprement de ce temps-là ; car il fut employé par Hincmar à écrire contre Gotescalc.

Voilà donc des gens qui ont dit du temps de Charles-le-Chauve et qui ont dû dire selon leurs principes, que *le corps de Jésus-Christ avait en soi tous les accidents extérieurs qui paraissent à nos sens, et qu'il n'y avait point de différence entre le corps de Jésus-Christ né de la Vierge et le sacrement.* Voilà des gens contre qui on a pu soutenir d'une manière orthodoxe *que le sacrement de l'Eucharistie n'était pas le corps de Jésus-Christ né de la Vierge.* Or il paraît manifestement par le livre de Bertram qu'il n'attaque directement que ces personnes. Il propose dans sa préface l'opinion de ceux qu'il combat en ces termes : *Quidam fidelium corporis sanguinisque mysterium quod in Ecclesiâ quotidiè celebratur dicunt quòd nullâ sub figurâ, nullâ sub obvelatione fiat, sed ipsius veritatis nudâ manifestatione peragatur.* C'est-à-dire, qu'il y a des fidèles qui soutiennent que le mystère du corps de Jésus-Christ qui se célèbre dans l'Église ne se fait sous aucune figure ni sous aucun voile, mais que la vérité y paraît toute nue et toute manifeste. Et afin qu'on ne dise pas qu'il met la question à savoir si l'on doit croire que Jésus-Christ y est figurément, ou s'il n'y est pas réellement, il s'explique encore plus clairement dès le commencement du livre. *Votre Majesté demande,* dit-il, *si le corps et le sang de Jésus-Christ qui est reçu dans l'Église par la bouche des fidèles se fait en mystère ou en vérité (c'est-à-dire, s'il contient quelque chose de caché qui n'est aperçu que par les yeux de la foi), ou si, sans le voile d'aucun mystère, la vue du corps voit extérieurement ce que la vue de l'esprit regarde intérieurement, en sorte que tout ce qui se fait en ce mystère soit découvert à la vue des sens : et en second lieu, si c'est le même corps qui est né de la Vierge Marie, qui a souffert et qui est mort.*

Il est donc visible que ces gens qui disaient que

c'était le même corps, disaient aussi qu'il n'y avait *point de différence entre ce que les sens apercevaient et ce que la foi découvrait dans ce mystère;* qu'ils disaient *que tout s'y passait sans figure et sans voile;* qu'ils disaient *que tout ce qui s'y faisait était découvert aux sens;* et qu'ainsi ils voulaient que l'objet sensible fût réellement le corps de Jésus-Christ. Or il faut n'avoir jamais lu le livre de Paschase pour croire ou que ce soit là son opinion, ou que son sentiment puisse être représenté par ces termes. Il dit qu'*on ne doit point nier que ce sacrement ne soit figure : Quia mysterium est Sacramentum, nec figuram illud negare possumus.* Il distingue ce qui se sent extérieurement de ce qui est caché intérieurement : et il enseigne que l'un est figure de l'autre : *Est autem figura vel character hoc quod exteriùs sentitur.* Et il ne met la vérité qu'au-dedans sans l'exposer aux sens : *Sed totum veritas et nulla adumbratio quod interiùs percipitur.* Il appelle le sacrement visible la figure et le caractère de la chair et du sang : *Reliquit nobis hoc Sacramentum visibile, figuram et characterem carnis suæ.*

Au lieu que ceux que Bertram attaque disaient qu'*il n'y avait rien de caché, et que tout était visible dans ce sacrement,* Paschase fait une proposition contradictoire à celle-là en assurant (chap. 8) que *tout n'est pas visible dans ce sacrement, et qu'il y a quelque chose de caché : Hoc quippe est quod Sacramentum vel mysterium vocatur. Si enim totum visibile fieret, nullum in eo mysterium vel secretum esset, nulla fides, nulla vis spiritualis, nulla alia res, quàm quæ oculis et gustui subjacent.* Ces gens dont parle Bertram ne voulaient pas que l'on vît autre chose par la foi que ce que l'on voyait extérieurement : et Paschase fait encore une proposition contradictoire à celle-là : *Apprenez,* dit-il, *ô homme, à goûter une autre chose que ce qui se sent par la bouche de la chair; à voir autre chose que ce que les yeux charnels vous découvrent;* « *disce ô homo, aliud gustare quàm quod ore carnis sentitur, aliud videre quàm quod oculis istis carneis ministratur.* »

Et que M. Claude ne nous dise pas que Bertram représente l'opinion de Paschase dans les termes auxquels il la devait exprimer, et non pas en ceux auxquels il l'exprime par finesse; car outre que cela est visiblement faux, il n'y eut jamais d'homme assez mal habile pour se servir en exprimant l'opinion de son adversaire, des termes mêmes que cet adversaire condamne et rejette formellement, sans avertir qu'il ne s'exprime pas en ces termes, mais qu'il se sert d'autres paroles pour couvrir son opinion. Il serait aussi inutile de répondre avec Aubertin que par ces figures dont parle Bertram lorsqu'en représentant l'opinion de ceux qu'il combat il leur attribue de dire que *le corps de Jésus-Christ se fait sans figures,* il entend des figures de paroles. Car il est clair qu'il prend le mot de *figure* généralement pour tout voile qui couvre la vérité, et qu'il impute à ces personnes de n'en reconnaître aucun dans l'Eucharistie, ni de paroles ni de choses, mais de n'admettre aucune différence entre la vue de l'esprit et la vue des sens.

Cela paraît encore par la manière dont Bertram propose l'opinion qu'il veut établir, car tant s'en faut qu'elle soit directement opposée à celle de Paschase, qu'elle est conçue dans les mêmes termes auxquels Paschase exprime la sienne; de sorte qu'il ne peut y avoir de différence de sentiment entre ces deux auteurs qu'en ce que Bertram n'a peut-être pas pris les termes dans le même sens que Paschase. *Extérieurement,* dit-il, *on voit la forme du pain qui était auparavant, on aperçoit la même couleur, on sent la même saveur; mais intérieurement on nous montre une autre chose beaucoup plus précieuse et plus excellente, c'est-à-dire qu'on montre le corps de Jésus-Christ, qui est vu, pris, mangé par la vue de l'esprit fidèle, et non par les sens de la chair. Le vin aussi qui par la consécration sacerdotale est fait le sang de Jésus-Christ, montre une autre chose au-dehors et en contient une autre au-dedans; car que voit-on au-dehors que la substance du vin? Mais si vous le considérez intérieurement, ce n'est plus la liqueur du vin, mais la liqueur du sang de Jésus-Christ qui est goûtée par l'esprit de ceux qui croient.* Je n'examine pas si Bertram n'entend point ces paroles en un autre sens que Paschase, mais je dis que Paschase s'exprime en ces mêmes termes; et que tous ceux qui veulent contredire un auteur directement, s'opposent non seulement à son sens, mais aussi à ses paroles, et qu'ils n'empruntent jamais les paroles de ceux qu'ils combattent pour exprimer leur propre opinion.

C'est encore pour exprimer l'opinion contraire à celle de ceux qu'il combat que Bertram dit que *le pain qu'on offre étant pris des fruits de la terre est changé par la consécration au corps de Jésus-Christ, comme le vin qui vient de la vigne est fait par la consécration du divin mystère le sang de Jésus-Christ; non visiblement, mais comme dit ce saint docteur, par l'opération invisible du Saint-Esprit. Et c'est pourquoi on appelle ces choses le corps et le sang de Jésus-Christ, parce qu'on ne les considère point par ce qu'elles paraissent au-dehors, mais par ce qu'elles ont été faites intérieurement.* C'est ainsi que Paschase exprime ses sentiments. *La chose sensible,* dit-il, *est changée intelligiblement par la puissance de Dieu et par la parole de Jésus-Christ en sa chair et en son sang.* Paschase et Bertram veulent qu'il y ait différence entre ce que l'on voit et ce que l'on croit, et ces adversaires de Bertram ruinaient cette différence. Paschase et Bertram veulent que ce qu'on voit au-dehors soit la figure du corps de Jésus-Christ, et ces adversaires de Bertram voulaient qu'il n'y eût point de figure, et que l'on vît le corps de Jésus-Christ même. Paschase et Bertram veulent que le changement soit intelligible et spirituel, et ceux que Bertram combat voulaient qu'il fût visible, c'est-à-dire que l'on vît réellement la chose mise en la place du pain.

Enfin, la conclusion de cette première question est encore exprimée par Bertram en des termes par lesquels Paschase exprimerait son sentiment. *Ex his omnibus,* dit-il, *quæ sunt hactenus dicta, monstratum est quòd corpus et sanguis Christi quæ fidelium ore in Ecclesiâ percipiuntur figuræ sunt secundùm speciem visi-*

bilem. Atverò secundùm invisibilem substantiam, id est, divini potentiam Verbi, corpus et sanguis Christi verè existunt. C'est selon les termes que dit Paschase : *Est autem figura vel character hoc quod exteriùs sentitur ; sed totum veritas et nulla adumbratio quod interiùs percipitur.*

La seconde question que traite Bertram est dépendante de la première, car ce qu'il veut prouver directement est que *le sacrement visible n'est pas le corps de Jésus-Christ né de la Vierge.* Ce qui est conforme à la doctrine de Paschase qui appelle le sacrement visible, *similitudinem carnis ejus*, mais qui veut que cette chair née de la Vierge soit réellement cachée et contenue au-dedans. Il réfute encore directement des gens qui disaient qu'il fallait juger de ce sacrement par les sens, et qu'il n'y avait rien de caché : *Dicunt qui nihil hic volunt secundùm interiùs latentem virtutem accipere, sed totum quod apparet visibiliter æstimare.* Or il n'y a rien de plus contraire à la doctrine de Paschase que cette expression et ce sentiment. Il réfute des gens qui disaient que ce qu'on voyait était le corps de Jésus-Christ *in specie*, c'est-à-dire, *visiblement*. Or Paschase le niait expressément.

Tous ces arguments vont à distinguer ce qui se voit de la chair naturelle de Jésus-Christ, et la conclusion qu'il en tire est entièrement conforme à l'expression de Paschase : « *Exteriùs igitur quod apparet non est ipsa res, sed imago rei. Mente verò quod sentitur et intelligitur veritas rei* :« Ce *qui se voit extérieurement n'est pas la chose même, c'est l'image de la chose. Mais c'est la vérité de la chose qui se sent et qui se conçoit intérieurement.* » Par où il marque que ceux qu'il combat enseignaient que ce qui paraît au-dehors était la chose même : ce qui est directement contraire à Paschase qui n'appelle ce que l'on voit que *figure, caractère, similitude, sacrement.*

Tout cela prouve démonstrativement que Bertram ne combat point directement Paschase, que ce n'est point lui qu'il réfute, que le livre de Paschase n'était point le sujet de la dispute, comme s'est imaginé M. Claude, que la question qui lui avait été proposée par Charles-le-Chauve n'était point celle de la présence réelle, que cette division dont il parle n'était point entre des gens dont les uns soutiennent la présence réelle et les autres la niassent ; mais qu'elle était entre des personnes qui, suivant les principes d'Amalarius, soutenaient qu'il n'y avait point de voile ni de figure dans le sacrement de l'Eucharistie, qu'il n'y avait point de différence entre ce qu'on voyait et ce qu'on croyait, que le corps de Jésus-Christ y était visible, et d'autres personnes qui s'opposaient à ces expressions excessives.

Et c'est pourquoi l'on doit croire que Raban n'a désapprouvé que cette seule opinion combattue directement par Bertram. Et par conséquent comme on ne sait autre chose de Raban sinon qu'il n'a pas approuvé l'opinion de ces gens-là, et qu'il avait droit de ne l'approuver pas en effet, on ne peut l'accuser que très-téméraitement d'avoir nié la présence réelle. Combattre une erreur condamnée par Paschase même, n'est pas contredire Paschase. Or c'est tout ce que l'on sait que Raban a fait. Tout le reste ne peut être fondé que sur des conjectures en l'air qui ne sont pas recevables.

Comme l'auteur de la dissertation qui sera insérée au douzième livre, prouve par de très-fortes conjectures que le livre de Jean Scot est le même que celui que nous avons encore sous le nom de Bertram, je n'ai pas besoin de parler ici de cet auteur en particulier, puisque l'on discutera dans cet écrit toutes les questions de critique qui le regardent.

Il suffit de dire ici à l'égard du livre qui paraît sous le nom de Bertram, qu'encore qu'il soit certain qu'il n'attaque point directement Paschase, comme nous l'avons montré, il n'est pas certain néanmoins qu'il ne l'attaque point secrètement, et qu'il ne soit point en effet contraire à la véritable doctrine de Paschase. Car comme il est arrivé souvent dans l'Église que ceux qui ont combattu certaines erreurs se sont précipités dans les erreurs opposées, de même Bertram ou Jean Scot a donné sujet de croire qu'au lieu de soutenir comme Paschase *que le sacrement de l'Eucharistie était figure et vérité tout ensemble*, et qu'étant figure par ce qui paraît aux sens il contient réellement au-dedans le corps même de Jésus-Christ, il a altéré le sens de ces paroles, et a réduit la présence réelle qu'il admet à une présence de la divinité du Verbe qui suppléait l'effet de sa chair. Il est vrai que ce soupçon n'est point sans apparence, c'est pourquoi l'on ne doit pas s'étonner qu'en ce temps-là il y eût des personnes à qui l'on attribuait cette *nouveauté contraire à la foi de l'Église catholique.* Et c'est aussi ce que Hincmar remarque et condamne expressément dans le trente-unième chapitre de son livre de la Prédestination : *Sunt et alia quæ vocum novitatibus delectantes, unde sibi inanes comparent rumusculos, contra fidei catholicæ veritatem dicunt , videlicet quòd trina sit deitas ; quòd Sacramentum altaris non verum corpus et verus sanguis sint Domini, sed tantùm memoria veri sanguinis ejus ; quòd angeli naturâ sint corporales,* etc.

C'est de ce passage que M. Claude (pag. 567) a pris sujet d'attribuer à Prudence, évêque de Troyes, aussi bien qu'à Jean Scot, d'avoir cru que l'Eucharistie n'était pas le vrai corps de Jésus-Christ. Et ce qui est étrange, c'est qu'ayant dit dans son premier traité qu'il suspendait son jugement sur Prudence, il témoigne dans sa dernière réponse qu'il se repent de cette retenue. « J'avais, dit-il, dans ma réponse, sus-
« pendu mon jugement là-dessus, jusqu'à ce qu'il me
« parût clairement qu'il fût parlé de lui dans le passage
« de Hincmar. Or maintenant deux choses me parais-
« sent que mettent cette vérité dans une évidence qui
« ne permet pas d'en douter. L'une, que c'est vérita-
« blement Prudence qui a écrit contre Jean Scot sur
« le sujet de la Prédestination ; l'autre, que Hincmar
« parlant de cette dispute (de la Prédestination) dé-
« clare que *plusieurs estimaient que Prudence et Jean
« Scot en étaient les auteurs, bien qu'il ne veuille,* dit-il,

« ni le croire ni l'assurer, ne se voulant pas, quant à
« lui, mêler dans ces contestations. Puis tout d'une
« suite, il ajoute : *Il y a d'autres choses qu'ils disent
« contre la vérité de la foi catholique, voulant plaire par
« la nouveauté des expressions, et s'acquérir par là quel-
« que vaine réputation ; savoir que la déité est trine, que
« les sacrements de l'autel ne sont pas le vrai corps et le
« vrai sang du Seigneur, mais seulement la mémoire de
« son vrai corps et de son vrai sang.* QUI NE VOIT (dit
« sur cela M. Claude) qu'il parle des deux tenants de
« cette dispute, Prudence et Jean Scot, quoiqu'il fasse
« semblant de ne pas croire que ce fût eux ? »

Voilà ce que M. Claude appelle des raisons qui
mettent la chose dans une évidence qui ne permet pas
d'en douter. Mais je pense que l'on avouera que cette
évidence se réduit à faire conclure très-nettement à
tous ceux qui liront ceci que M. Claude a un talent
tout particulier de tirer de fausses conséquences.

Je ne dirai pas ici qu'il est fort difficile de juger par
ce passage si Hincmar a eu quelque vue d'appliquer
à Prudence et à Jean Scot ce qu'il dit de ces *erreurs
nouvelles* ; car il est fort naturel qu'après le discours
particulier du différend de la Prédestination il ait dit
en général *qu'il y en a qui publient encore d'autres
erreurs contre la foi catholique; que la déité est trine,
que les sacrements de l'autel,* etc. Et en effet, ce premier exemple ayant un rapport visible à la querelle
que Hincmar a eue avec Ratram, religieux de Corbie,
sur cette expression de *trina deitas*, fait voir manifestement qu'il avait d'autres personnes en vue que Prudence et Jean Scot dans ce dernier passage où il rapporte ces *erreurs nouvelles*, et qu'il faut d'autres
preuves que celle-là pour les y comprendre.

Mais je veux bien accorder à M. Claude que ce
dernier passage : *Sunt et alia quæ vocum novitatibus
delectantes*, etc., a rapport au lieu précédent où il
avait nommé Prudence et Jean Scot. Mais ne suffit-il
pas qu'il attribue les erreurs qu'il marque à l'un ou à
l'autre ; et est-il nécessaire qu'il les attribue à tous les
deux ? M. Claude ne sait-il pas que Hincmar parle de
Prudence et de Jean Scot comme de deux adversaires, de sorte que l'opinion de l'un ne peut être un
préjugé pour celle de l'autre, et qu'elle donne plutôt lieu
d'en former un tout contraire? Or il est certain que
Hincmar a eu lieu d'attribuer cette erreur sur l'Eucharistie à Jean Scot, et l'on ne peut douter qu'il ne
l'ait voulu marquer en considérant l'histoire de ce
temps-là. Et par conséquent on doit conclure qu'il
n'a pas voulu marquer Prudence, parce que Prudence
est représenté en ce lieu même comme adversaire de
Jean Scot.

Il est donc clair que quand on dirait que Hincmar
attribue les opinions dont il parle à ceux qu'il avait
marqués, on ne devrait pas conclure de là qu'il les
attribuât toutes à tous deux. Il n'y a nulle apparence
qu'il ait attribué l'expression de *trina deitas* à Jean
Scot, qui était opposé à Ratram et à Gotescalc défenseurs de cette expression ; et il n'y a nulle apparence
qu'il ait attribué à Prudence l'erreur contraire à la
présence réelle, laquelle était certainement imputée
à Jean Scot. De sorte que si M. Claude avait à se repentir d'avoir suspendu son jugement sur ce point, ce
n'aurait pas dû être en assurant qu'il y a lieu de
croire que Prudence et Scot étaient également soupçonnés par Hincmar d'avoir cru que *l'Eucharistie
n'est pas le vrai corps de Jésus-Christ*, mais en assurant au contraire que puisque ce soupçon de Hincmar
tombe naturellement sur Jean Scot, il n'y a point de
vraisemblance de le faire retomber sur Prudence adversaire de Jean Scot.

Au reste, il ne faut pas que M. Claude prétende affaiblir le témoignage que Hincmar rend contre les sacramentaires en condamnant cette opinion *que l'Eucharistie n'est pas le vrai corps de Jésus-Christ*, comme
une nouveauté contraire à la foi catholique, parce que
le même Hincmar condamne dans le même passage
cette expression de *trina deitas*, qui est néanmoins
très-orthodoxe. La raison distingue extrêmement ces
deux condamnations, et fait voir manifestement que
l'injustice de la censure que fait Hincmar de l'expression de *trina deitas* ne doit point affaiblir l'autorité de
la condamnation expresse qu'il fait de l'opinion des
sacramentaires, parce qu'elle fait voir qu'il est très-
possible qu'il se soit trompé dans l'une, et qu'il est
impossible qu'il se soit trompé en l'autre. Car il
faut remarquer que l'erreur que Hincmar a cru être
renfermée dans cette expression de *trina deitas* est
une véritable erreur, puisqu'il ne la condamne qu'en
supposant qu'elle donne droit de conclure qu'il y a
trois divinités et trois Dieux. Ainsi, encore qu'il ait eu
tort de donner ce sens à cette expression, il avait
pourtant raison de condamner l'erreur qu'il croyait y
être renfermée : il ne se trompait que dans l'intelligence de ces paroles *trina deitas*, mais il ne se trompait point dans la foi de l'Église : et il ne s'en suit
point de cette censure téméraire qu'il ait ignoré la
créance de son siècle sur la Trinité. L'erreur dans laquelle il est tombé sur ce sujet est donc une erreur
fort humaine et qui n'a rien de surprenant ; et elle fait
voir seulement que les mots de *trina deitas* n'étaient
pas ordinaires du temps de Hincmar. Il est vrai qu'il
se trompe en supposant qu'ils ne fussent pas autorisés par l'antiquité et par la raison, mais il n'est pas
étrange qu'il n'ait pas su toutes les expressions autorisées par l'antiquité, lorsqu'elles étaient devenues
rares dans l'usage ; et qu'il n'ait pas été fort juste dans
le raisonnement.

Il n'en est pas de même de l'autre opinion sur l'Eucharistie qu'il condamne dans ce passage. Il ne s'agit
point de l'expression ; il s'agit de la foi même. S'il s'y
était trompé, il se serait trompé dans la foi, et dans la
foi d'un mystère populaire. Quelque reproche qu'on
puisse faire contre Hincmar, on ne peut lui attribuer
avec la moindre vraisemblance d'avoir ignoré le sentiment de l'Église de son temps sur l'Eucharistie.
C'est choquer visiblement le bon sens que de porter
les reproches qu'on peut faire contre lui jusqu'à cet
excès. L'ignorance et la passion des hommes ont des

bornes, et elles ne peuvent aller jusqu'à traiter la foi commune de l'Église du temps où l'on vit de nouveauté dangereuse et de doctrine contraire à la foi catholique.

Il peut s'être trompé sur des questions difficiles, sur des expressions dont le sens n'est pas clair par soi-même et qui n'étaient pas dans un usage commun, comme celle de *trina deitas;* mais la raison ne permet pas qu'on suppose qu'il ait ignoré quel était le sentiment commun de l'Église de son siècle sur un point aussi commun que celui de l'Eucharistie. Et par conséquent on a droit de conclure de ce passage de Hincmar que l'opinion des sacramentaires n'était point celle du neuvième siècle, et qu'au contraire celle que Paschase a soutenue, qui est que *l'Eucharistie est la vraie chair et le vrai sang de Jésus-Christ,* était la doctrine commune de ce temps-là.

CHAPITRE XIII.

Abrégé de ce qui a été prouvé dans ce livre, et les conclusions qu'on en doit tirer.

Pour réduire donc à des propositions précises tout ce que nous avons prouvé dans ce livre, il paraît, 1° qu'étant incroyable que l'Église latine ait eu durant les siècles dont il s'agit un autre sentiment que l'église grecque du même temps, les preuves par lesquelles nous avons fait voir que l'église grecque était durant ces siècles dans la créance de la présence réelle et de la transsubstantiation, donnent droit de conclure le même de l'Église latine. 2° Il paraît que tant s'en faut que les auteurs de l'Église latine démentent cette preuve, qu'ils enseignent eux-mêmes très-clairement la doctrine de la présence réelle en la manière qu'elle a dû être enseignée par des personnes qui ont vécu avant les grandes contestations qui se sont depuis excitées sur ce mystère. 3° Il est clair qu'il n'y a point d'apparence d'accuser Paschase d'avoir proposé une doctrine nouvelle dans son livre du Corps et du Sang de Jésus-Christ, puisqu'il n'y enseigne que ce qui est enseigné par tous les autres. 4° Il ne paraît point que le livre de Paschase ait choqué personne durant l'espace de près de trente ans; et il paraît au contraire que Paschase n'a jamais été repris publiquement de personne pour la doctrine qu'il avait enseignée dans son livre de l'Eucharistie. 5° Il est vrai que sur la fin de la vie de Paschase il y eut quelques personnes qui semblent avoir eu touchant l'Eucharistie des opinions approchantes de celles des sacramentaires, mais il est faux que ces personnes aient publié par écrit leurs opinions; il est faux qu'elles aient repris publiquement Paschase; il est faux qu'elles aient fait un parti considérable, et tout ce que l'on en sait est que Paschase en ayant ouï parler à quelques-uns de ses amis, les accuse de commettre un crime détestable en s'opposant au sentiment de toute l'Église sur ce mystère. 6° Il est clair que tous les adversaires que l'on oppose à Paschase sont de pures chimères : que Flore, Walfridus, Drutmar, Loup, abbé de Ferrière, Prudence, n'ont jamais pensé seulement à le contredire, et n'ont rien dit qui les puisse faire soupçonner de lui avoir été contraires; 7° qu'Amalarius et Héribald ne peuvent être soupçonnés que d'avoir porté trop loin l'opinion de la présence réelle; 8° que Raban n'a écrit sur ce sujet qu'après la mort de Paschase, et qu'il n'a combattu que des personnes qui étaient condamnées par Paschase même; 9° que Bertram ou Jean Scot ne l'a osé attaquer directement; 10° que la question proposée à Jean Scot par Charles-le-Chauve ne regardait point la présence réelle, mais une autre question toute différente.

Qu'ainsi le livre de Paschase est demeuré inviolable, et durant sa vie et après sa mort, et que toute cette prétendue opposition dont M. Claude fait tant de bruit se réduit à de purs discours de personnes inconnues : qu'après sa mort ce livre n'a jamais été le sujet de la dispute; que ceux mêmes qui avaient peut-être dessein d'en ruiner la doctrine, comme Bertram ou Jean Scot, ne le faisaient point en l'attaquant ouvertement, mais tout au plus en corrompant le sens de ses expressions, et qu'ils furent même traités de novateurs pour ce sujet.

Et ainsi il n'y eut jamais personne qui ressentît moins le novateur que Paschase, et qui eût plus toutes les marques d'un écrivain orthodoxe qui propose d'une manière claire et forte les sentiments communs de l'Église de son temps.

Mais si cela est, comme on n'en peut raisonnablement douter, que deviennent toutes les déclamations de M. Claude, et toutes ses suppositions romanesques : que *Paschase a été innovateur; qu'il a troublé la paix de l'Église par des opinions auparavant inouïes* (p. 522); qu'il a proposé *des fantaisies dont il avait été le premier auteur* (p. 526); que Raban, Héribald, Érigène, Bertram, ont été *ses adversaires déclarés* (p. 539); que *Bertram composa son livre sur les contestations que le livre de Paschase avait émues* (p. 612); que *Raban a écrit ouvertement contre Paschase; qu'on disputait publiquement contre lui et contre ses sectateurs* (p. 616); que *Bertram a été consulté* sur la présence réelle par Charles-le-Chauve (p. 619); qu'*il a été consulté par son prince pour l'instruire de la foi catholique contre les corruptions de Paschase* (p. 629); que *tout ce qu'il y a de plus considérable, de plus docte, de plus autorisé dans le neuvième siècle, s'est opposé à Paschase* (p. 633); que *ceux qui écrivirent au neuvième siècle contre la présence réelle furent chéris, honorés et estimés de toute l'Église;* que *la conversion substantielle passa au neuvième siècle pour une nouveauté opposée à la foi des SS. Pères* (p. 633 et 634).

Car il est visible maintenant que tout cela n'est qu'un amas de visions, non seulement téméraires et sans fondement, mais manifestement fausses, contraires aux faits historiques et démenties par tous les témoins qui nous restent de ce temps-là. De sorte qu'au lieu de trouver des traces de ce prodigieux changement dans l'histoire et dans les auteurs du neuvième siècle, nous n'y avons trouvé que des marques et des preuves visibles de la possession paisible et tranquille de la doctrine de la présence réelle dans toute l'Église latine, telle que nous avions bien prévu qu'elle y devait être.

C'est ce qui nous exempte de répondre à l'avantage que M. Claude prétend tirer de ce que ceux qui, selon lui, combattirent la présence réelle en ce temps-là, ne furent point traités d'hérétiques. Car comme ces adversaires de la présence réelle sont chimériques, et qu'il est vrai au contraire que cette doctrine ne fut directement combattue de personne, il n'est nullement étrange qu'on ne se soit pas mis en peine de la défendre, ni de punir ceux qui l'attaquaient.

Il n'y a que le seul Jean Scot ou Bertram que l'on peut accuser d'y avoir donné quelque atteinte dans son livre. Mais ce n'est pas en la combattant directement, comme nous l'avons montré, c'est tout au plus en abusant de quelques expressions catholiques; et encore la chose n'est pas fort claire, comme nous le montrerons. Il n'évita pas néanmoins d'être traité de novateur sur ce sujet, comme il paraît par Hincmar, mais s'étant retiré en Angleterre parce que ses opinions fantastiques l'avaient rendu odieux en France, il n'est pas étrange qu'on ne l'ait point condamné en ce temps-là, ni en France où il n'était plus et où il n'avait point de sectateurs, ni en Angleterre où l'on ne le connaissait pas et où l'on n'était pas informé de ses erreurs. Et d'ailleurs la multitude des autres hérésies de ce personnage, dont il sera parlé ailleurs, et qui n'ont pas été non plus juridiquement condamnées par aucun concile, ôte tout droit de demander comment on a souffert son opinion sur l'Eucharistie, et fait voir parfaitement que souvent les hérésies ne sont condamnées par l'Église que lorsqu'elle reconnaît qu'elles se répandent.

Et ce fut ce qui obligea l'église de France de condamner dans le onzième siècle le livre de Jean Scot au concile de Paris.

C'est pourquoi M. Claude ne peut tirer aucun avantage de cette tolérance de l'Église du neuvième siècle envers Jean Scot pour montrer qu'on a pu traiter de même Paschase, quoiqu'il eût été l'inventeur de la doctrine de la présence réelle. Car M. Claude ne suppose pas et ne peut pas supposer que Paschase n'ait point eu de sectateurs, et qu'il ait quitté la France après avoir fait son livre. Au contraire, il faut qu'il avoue qu'il y est toujours demeuré avec honneur, sans contradiction ni opposition : au lieu que Jean Scot fut obligé de s'enfuir, en laissant sa mémoire odieuse à toute la France ; ce qui l'exempta apparemment de la censure qu'il méritait justement pour avoir parlé d'une manière si embrouillée et si trompeuse de ce mystère.

LIVRE NEUVIÈME.

CONTENANT L'EXAMEN DU TEMPS OU LES MINISTRES PLACENT LEUR PRÉTENDU CHANGEMENT; SAVOIR DEPUIS 890 JUSQU'AU COMMENCEMENT DU ONZIÈME SIÈCLE.

CHAPITRE PREMIER.

Des bornes et de la durée du temps de ce prétendu changement.

Nous voici enfin arrivés au temps que nous avons appelé avec raison *le temps inexplicable* pour les ministres; parce qu'encore qu'ils nous disent en l'air que ce fut durant les ténèbres du dixième siècle que se fit ce changement prodigieux de la doctrine de l'Église sur l'Eucharistie, néanmoins quand ils entreprennent d'expliquer en détail de qu'elle sorte il s'est fait, ils disent des choses tellement confuses, qu'il paraît bien qu'ils veulent faire concevoir aux autres ce qu'ils ne conçoivent pas eux-mêmes. On le pourrait encore appeler le temps fabuleux, parce que comme il y a un certain temps dans la chronologie où le défaut des histoires a donné lieu aux poètes de placer leurs fables, de même le peu d'historiens qui nous restent du dixième siècle a fait croire à Aubertin et à M. Claude qu'ils y pourraient plus facilement placer la fable de leur changement insensible, et les circonstances fabuleuses dont il l'accompagnent. Nous aurions toutes sortes de raisons de rejeter sans examen tout ce qu'ils peuvent dire sur ce sujet, puisque les fondements en sont déjà détruits par avance.

Cette version suppose que la présence réelle n'était crue que dans l'Église latine, et nous avons fait voir qu'elle a été reconnue formellement et clairement par toute l'église grecque et par tout l'Orient, et devant et après Bérenger. Elle suppose que Paschase était l'inventeur de cette doctrine, et nous avons montré qu'il n'a proposé dans son livre que la doctrine commune de l'Église de son temps. Elle suppose que la doctrine de Paschase a été combattue dès qu'elle commença de paraître, et nous avons prouvé que tous ces adversaires que les ministres lui opposent ne subsistent que dans leur imagination.

C'est donc une grâce que nous faisons à M. Claude de vouloir bien considérer son roman, puisque nous aurions tout sujet de le mépriser. Mais aussi il ne faut pas qu'il abuse de notre indulgence, ni qu'il prétende qu'on remet par-là en doute tout ce qu'on a déjà prouvé. C'est pourquoi je l'avertis qu'il n'est pas question si ce changement qu'il suppose être arrivé est vrai ou faux, car il est manifeste qu'il est faux : c'est une chose déjà prouvée. Il est question seulement si c'est une fausseté du genre de celles qui ne choquent que la vérité et non la raison, si c'est une fantaisie bien inventée, si les parties s'en entretiennent bien, s'il n'y a rien qui se démente dans cet ouvrage d'imagination, et si au cas que l'on accordât à M. Claude la probabilité des principes sur lesquels il établit ce changement insensible qu'il suppose être arrivé au dixième siècle, il n'y a rien en soi de déraisonnable et qui choque le bon sens.

C'est proprement ce que j'ai dessein d'examiner dans ce livre-ci. Mais pour mieux découvrir les illusions de M. Claude, il est nécessaire d'abord de fixer les bornes du temps dans lequel il faudrait que ce changement fût arrivé, parce que M. Claude, afin de se mettre plus au large et de donner un peu plus de temps aux prétendus prédicateurs de la présence réelle pour établir leur opinion, l'a étendu beaucoup plus qu'il ne fallait.

Il commence ce temps au livre de Paschase, qui fut fait en 818, et il le finit tantôt au premier concile tenu contre Bérenger en 1053, et tantôt à la fin du onzième siècle. Et ainsi, selon le premier compte, l'espace d'entre deux serait de 235 ans, et selon le second de 282. Mais c'est la première illusion de l'hypothèse de M. Claude que cette mauvaise supputation ; et il n'y a rien de si aisé que de lui montrer qu'elle a besoin d'être réformée, et qu'il faut abréger ce temps de plus de la moitié, parce qu'il le faut commencer plus tard, et qu'il le faut finir plus tôt. Car encore que le livre de Paschase ait été publié en 818, il est clair néanmoins que c'est une subtilité métaphysique que de commencer dès ce temps-là ce changement prétendu. Tant que l'Église n'a point embrassé l'opinion de Paschase et qu'il n'a point eu un nombre considérable de sectateurs, on ne peut dire raisonnablement que le changement ait été commencé. Il faut qu'il se passe quelque temps avant qu'un livre soit un peu connu ; et il serait ridicule de supposer que sitôt que ce traité eut paru tous les copistes du monde n'aient été occupés qu'à le transcrire. Peut-être fut-il fort longtemps sans sortir même du monastère de Corbie où il avait été fait : et il n'y a guère d'apparence que dans un siècle où l'impression n'était pas trouvée, et où il y avait peu de commerce entre toutes les parties du christianisme, ce livre soit sorti de France de fort longtemps, ni que l'on en ait ouï parler en Italie, en Angleterre, en Allemagne, et dans les autres provinces chrétiennes.

Le silence de tous les auteurs de ce temps-là sur ce livre fait bien voir qu'il n'était pas fort célèbre, car je ne crois pas qu'excepté Frudegard on puisse montrer qu'il ait été cité au neuvième siècle par qui que ce soit ; ce qui ne prouve pas qu'il ait été extrêmement connu.

On ne voit point d'ailleurs que Paschase se soit remué en aucune sorte pour établir sa doctrine, de sorte qu'on a tout sujet de croire qu'à la fin de sa vie elle était à peu près au même état où elle était quand il la publia. Et ainsi si ce livre avait trouvé l'Église dans une doctrine opposée à celle de la présence réelle, il faudrait dire qu'elle n'y était guère moins contraire quand Paschase mourut, et qu'il ne s'y était fait encore aucun changement considérable.

M. Claude n'aura pas peine sans doute à m'accorder ce retardement, puisque c'est de lui-même que j'emprunte ces suppositions. C'est lui qui nous dit (p. 629) que *tout ce qu'il y avait de plus docte et de plus autorisé dans l'Église s'opposa à Paschase ; que Raban, Bertram, Jean Érigène, Héribald, écrivirent directement contre lui ; que Flore, Walfridus, Amalarius, Drutmar, Remi d'Auxerre, Prudence, Loup, abbé de Ferrière, ne voulurent pas être de son sentiment.* Or tous ces gens-là étaient vers le milieu et vers la fin du neuvième siècle ; et Raban, Bertram, Jean Érigène, Héribald, ne peuvent avoir écrit que depuis la mort de Paschase. C'est lui qui nous dit qu'on se souleva contre Paschase. Or ce soulèvement ayant rapport ou à ce que Paschase remarque dans son commentaire sur S. Matthieu, ou à ce qui donna occasion au livre de Bertram, ne peut être placé qu'entre l'année 848 et l'année 870, qui fut celle de la retraite de Jean Scot de France en Angleterre. Si la France même qui était le lieu où Paschase avait publié son livre, lui était si peu favorable, selon M. Claude, que doit-on juger de l'Italie, de l'Allemagne, de l'Angleterre, de l'Orient, où apparemment on ne l'avait jamais vu ?

Ainsi je crois pouvoir supposer avec raison que si le calvinisme eût été la créance commune de l'Église lorsque Paschase publia son livre l'an 818, ce l'aurait été encore lorsqu'il mourut, et pendant la vie de *ces célèbres adversaires qui se moquèrent*, selon M. Claude, *des rêveries de Paschase* (p. 227). Et comme tous ces gens qui l'avaient réfuté ne moururent pas en un jour, et qu'ils furent, selon M. Claude (p. 633), *chéris, estimés, honorés de toute l'Église, et tenus pour saints après leur mort*, il faut encore selon lui donner quelque étendue à leur victoire : et il se passa sans doute encore du temps avant que l'opinion de Paschase pût faire de grands progrès. Tout cela nous conduira bien jusqu'en l'an 880 : et quand je prendrais tout le neuvième siècle, il me semble que M. Claude n'aurait pas sujet de m'en dédire. Aussi bien ni Aubertin ni lui n'accordent-ils à Paschase qu'un petit nombre de sectateurs durant ce siècle dans la France même ; et ils supposent que le corps de l'Église demeura attaché à l'ancienne doctrine. Et M. Claude en particulier déclare en termes formels (p. 83), qu'il prétend prouver que sa doctrine *est la foi commune de toute la terre, depuis les apôtres jusques à la fin du neuvième siècle*.

C'est donc proprement à la fin du neuvième siècle que M. Claude doit placer, selon son hypothèse, le commencement moral de l'opinion de la présence réelle, c'est-à-dire, le temps où elle commença à avoir quelque nombre de partisans, qui n'égalaient pas néanmoins, selon lui, le nombre infini de ceux qui ignoraient, ou qui combattaient cette doctrine. Tout ce qui a précédé ne devrait être compté que pour fort peu de chose ; et à peine suffirait-il pour faire connaître ce livre qui devait produire ces grands renversements, et pour lui donner quelques sectateurs.

Il ne reste plus qu'à fixer le temps de l'extinction

ou de l'oubli entier du calvinisme dans toute l'Église. M. Claude le recule jusqu'au milieu, ou jusqu'à la fin du onzième siècle. Mais je le prie de corriger encore cette mauvaise supputation, parce qu'il est très-clair, que dès le commencement du onzième siècle, l'opinion des calvinistes était tellement ignorée, qu'il n'y avait personne dans l'Église qui se souvînt qu'il y eût eu autrefois d'autre doctrine que celle de la présence réelle, et que ceux qui ne la suivaient pas étaient traités d'hérétiques.

C'est ce qu'il est important de faire voir, pour détruire une fausse supposition que fait M. Claude, qu'au commencement du onzième siècle et même au temps de Bérenger, il y avait plusieurs personnes qui tenaient la doctrine des calvinistes, et qui l'avaient apprise de *leurs bons pasteurs*; et qu'ainsi elle n'était pas encore abolie.

L'auteur de *la Perpétuité* a déjà réfuté cette imagination, et il n'y a qu'à représenter ses preuves à M. Claude pour l'obliger d'en demeurer d'accord, ou pour persuader au moins toutes les personnes judicieuses de son peu de sincérité. Il ne lui a pas plu de faire attention sur ce qu'on lui a dit dans cet écrit, que dès l'an 1017, c'est-à-dire, dès le commencement du onzième siècle, l'opinion des sacramentaires passait déjà pour *une erreur exécrable*. Cependant cela est convaincant, et la preuve en est authentique ; car elle est tirée de l'histoire d'un concile tenu à Orléans, imprimée dans le second tome du *Spicilegium*, p. 674; il est rapporté que dans une assemblée de prélats qui se tint en cette ville en présence du roi Robert, on y convainquit certains hérétiques d'avoir enseigné *que l'on n'était point purifié de ses péchés dans le baptême; que Jésus-Christ n'est point né de la Vierge; qu'il n'avait point souffert pour les hommes, et* QUE LE PAIN ET LE VIN NE POUVAIENT ÊTRE CHANGÉS AU CORPS ET AU SANG DU SEIGNEUR : *Neque panem et vinum quod super altare manibus sacerdotum Sancti Spiritûs operatione effici videtur sacramentum, converti posse in corpore et sanguine Christi.* Et cette opinion, aussi bien que les autres, y est appelée *exécrable* : CUMQUE *hæc et hæc alia execranda perdiți et miseri evomerent*, dit l'historien de ce concile. M. Claude ne peut pas douter de la vérité de ces actes, puisqu'il peut voir ce même fait rapporté par Glaber dans le troisième livre de son histoire (cap. 8), excepté qu'il ne marque pas en particulier les opinions de ces hérétiques.

2° S. Fulbert (epist 1), qui écrivait au commencement du onzième siècle, regardait aussi l'erreur contraire à la vérité de ce mystère, comme incompatible avec l'unité de l'Église, aussi bien que les erreurs contre la Trinité. Car après avoir représenté combien il était nécessaire de connaître la Trinité, la vertu du baptême et les sacrements du Seigneur, il ajoute : *Plusieurs personnes regardant ces trois mystères avec des yeux charnels, et ne s'arrêtant qu'à des pensées toutes charnelles, sans pénétrer les mystères de la foi, sont tombées dans le précipice d'une pernicieuse hérésie. Ils ne connaissent ni la vérité des choses, ni la vertu des sacrements; et c'est pourquoi s'étant séparés de l'unité de l'Église, et ne voulant pas être les disciples de la vérité, ils deviennent les maîtres de l'erreur.* « Et ideò ab Ecclesiæ unitate divisi, dùm fieri nolunt discipuli veritatis, magistri fiunt erroris. »

Et ensuite marquant ce qu'il faut croire de l'Eucharistie, pour opposer la foi de l'Église aux erreurs de ces personnes, il établit la transsubstantiation et le changement du pain au corps de Jésus-Christ en plusieurs passages, et entre autres dans celui-ci : *Si vous croyez,* dit-il, *que Dieu peut toutes choses, vous ne refuserez point de croire ce mystère; et sans vous arrêter à vouloir discerner curieusement ces choses par des raisonnements humains, vous confesserez que s'il a bien pu tirer du néant ses créatures, il les peut bien changer en une nature plus excellente, et les convertir en la substance de son corps* : « *Si ergo Deum omnia posse credis, et hoc consequitur, ut credas, nec humanis disputationibus discernere curiosus insistes, si creaturas quas de nihilo potuit creare, has ipsas multò magis valeat in excellentioris naturæ dignitatem convertere, in sui corporis substantiam transfundere.* »

3° L'auteur de la *Perpétuité* remarque et prouve fort bien que tous ceux qui ont écrit contre Bérenger, lui ont expressément reproché que son opinion était opposée au sentiment général de tous les chrétiens. Adelman, qui avait étudié avec lui sous S. Fulbert, lui écrivit, dès l'an 1035, *qu'il y en avait qui noircissaient sa réputation d'une tache honteuse en publiant partout, et remplissant les oreilles non seulement des Italiens, mais aussi des Allemands, de ce bruit si étrange, qu'il s'était séparé de l'unité de la sainte Église, et qu'il avait sur le sujet du corps et du sang du Seigneur, qui s'immole tous les jours par toute la terre, des sentiments contraires à la foi catholique; croyant que ce n'était pas le vrai corps de Jésus-Christ, ni son vrai sang, mais une similitude et une figure.* Or s'il y eût eu en Italie, en Allemagne et en France plusieurs personnes de l'opinion de Bérenger, qui l'eussent apprise de *leurs bons pasteurs,* comme dit M. Claude, et qui y eussent été élevées, Adelman et tous les Allemands auraient-ils pu témoigner cet étonnement qu'ils firent paraître? Est-on surpris que M. Claude soit calviniste, quoique les calvinistes ne fassent pas la dixième partie des chrétiens d'Europe?

Hugues évêque de Langres, lui reproche *qu'il scandalisait toute l'Église* : « UNIVERSALEM *Ecclesiam scandalisas.* » Déoduin évêque de Liége, écrivant au roi Henri I, dit sur le sujet de Bérenger, *qu'il renouvelait d'anciennes hérésies, et que son erreur était si notoire qu'il n'était pas besoin d'assembler de concile pour le condamner.* Sa lettre est rapportée par le cardinal Baronius en l'année 1035 de son histoire (1). Lanfranc

(1) Cette lettre est attribuée par Baronius à Durand ; mais il se trompe : car Durand mourut en 1025, selon Sigebert et Lambert-le-Petit ; et Henri, roi de France, auquel cette lettre est écrite, ne fut couronné qu'en 1028, et ne commença à régner seul qu'en 1032; de plus il est parlé dans cette lettre de Bruno,

(de Corpor. et Sang. Dom.) lui soutient en plusieurs endroits que la foi de la présence réelle est celle de tous les chrétiens du monde. *Interrogez*, lui-dit-il, *tous ceux qui ont quelque connaissance de la langue latine et des livres latins; interrogez les Grecs, les Arméniens, et généralement tous les chrétiens de quelque nation qu'ils soient, et ils vous répondront qu'ils tiennent cette foi dont nous faisons profession.* C'est ce qui lui donne lieu de tirer contre Bérenger cette conclusion : *Que si la foi de l'Église universelle était fausse, il faudrait que l'Église fût périe, ou qu'elle n'eût jamais été.*

L'évidence de cette vérité de fait était telle, que les Bérengariens mêmes ne l'osaient pas nier ; et plutôt que de désavouer une chose aussi palpable qu'était alors le consentement de toute l'Église contre eux, ils admettaient la conséquence, qui était que toute l'Église était périe. *Contre tant de témoignages du S. Esprit touchant l'Église, vous objectez*, dit Lanfranc (cap. 23), *et ceux qui étant trompés par vous, s'efforcent de tromper les autres, l'objectent avec vous : qu'après que l'Église s'est formée, qu'elle s'est accrue, qu'elle a fructifié, elle était tombée ensuite dans l'erreur, par l'ignorance de ceux qui n'entendent pas les mystères ; qu'elle était périe, et n'était demeurée que dans ceux qui vous suivent.*

Guimond dit aussi (lib. 3) comme une chose certaine, qu'avant Bérenger personne ne s'était avisé de ces folies : « Notissimum *est hoc tempore priusquàm Berengarius insanisset, hujusmodi vesanias nunquàm fuisse.* »

L'impudence humaine peut-elle aller jusques à cet excès, que de reprocher à un homme qu'il est contraire à toute l'Église, et de lui soutenir qu'avant lui personne ne s'était avisé de son opinion, s'il y avait toujours eu dans l'Église, au vu et au su de tout le monde, un nombre considérable de personnes qui eussent été de ce sentiment? Et le bruit même qui rendait Bérenger auteur de cette opinion, ne marque-t-il pas qu'elle était inconnue avant lui ?

On ne dit point que M. Claude soit l'inventeur de l'opinion des sacramentaires, parce qu'il est certain que quoiqu'il n'y ait pas fort long temps qu'elle ait été renouvelée par Zwingle, elle a été embrassée depuis lui par plusieurs personnes.

Il y a, dans les disputes les plus animées, de certaines lois de sincérité, qui demeurent inviolables de part et d'autre, et que les hommes ne manquent jamais de garder, parce qu'il ne leur est jamais utile de les violer. Et c'est ce qui donne lieu de conclure avec assurance qu'il est impossible que ces discours d'Adelman, de Déoduin, de Lanfranc, de Hugues, évêque de Langres, et de Guimond fussent faux ; parce que s'il y eût eu toujours dans l'Église des personnes du sentiment de Bérenger, ils eussent décrié par un mensonge si impudent la cause qu'ils voulaient soutenir ; et bien loin de nuire par-là à Bérenger

évêque d'Angers, qui n'en a été fait évêque qu'en 1047. Cette remarque est de M. de Sainte-Beuve.

et aux bérengariens, ils leur eussent donné sujet de les couvrir de confusion, et de tirer un extrême avantage de la conviction de leur imposture.

Le témoignage des hommes doit passer pour indubitable, comme nous l'avons dit dans le premier livre, lorsque, d'une part, il ne peut arriver qu'ils soient trompés, et que de l'autre ils ne peuvent avoir le dessein de tromper sans folie et sans un renversement d'esprit. Or il est certain que celui que les auteurs que nous avons cités rendent à la doctrine de l'Église est accompagné de toutes ces circonstances.

Adelman avait été élevé en France auprès de S. Fulbert, et avait fort voyagé en Allemagne, comme il le témoigne lui-même dans sa lettre à Bérenger. Lanfranc, originaire d'Italie, qui avait été religieux de l'abbaye du Bec, puis abbé de Caen, et enfin archevêque de Cantorbéry, pouvait rendre témoignage des sentiments d'une bonne partie de l'Europe. Guimond, qui était de Normandie, et qui de religieux bénédictin devint archevêque d'Averse en Italie, ne pouvait aussi ignorer les sentiments de ces deux provinces. Déoduin sert de témoin pour l'Allemagne ; Hugues, pour la France.

C'eût été, comme nous avons dit, trahir la cause de l'Église, que de donner lieu à Bérenger de les convaincre d'une fausseté visible. Ils n'étaient donc en ce point ni trompeurs ni trompés : et c'est dans ces circonstances qu'ils nous déclarent que la doctrine de Bérenger était contraire à celle de toute l'Église. Ce témoignage n'est démenti de personne. Donc avec toutes ces circonstances il est certain et indubitable.

Ces preuves ne concluent pas seulement qu'en 1035, qui est le temps de la lettre d'Adelman, ou du temps que Lefranc écrivit contre Bérenger, toute l'Église était contraire au sentiment de Bérenger ; mais elles concluent que c'était lui qui avait publié cette doctrine dans le onzième siècle, et qu'elle n'y avait point été enseignée avant lui, si ce n'est par les hérétiques condamnés dans le concile d'Orléans. Car ces auteurs, dont la vie courait avec le siècle, ne pouvaient ignorer quelle était la doctrine qu'ils avaient apprise dans leur jeunesse, et que l'on enseignait alors dans l'Église. Cependant ils n'accusent point Bérenger d'avoir renouvelé une erreur qui eût été en vogue au commencement du siècle, et qui se fût éteinte depuis, mais ils l'accusent de publier une erreur toute nouvelle. Aussi ne voit-on point que les bérengariens aient cité aucun auteur, ni du dixième siècle ni du onzième, comme favorable à leur sentiment. Ils l'allaient chercher dans quelques passages de S. Augustin, entendus à leur mode, et dans le livre de Jean Scot; mais ils ne disaient point qu'ils l'eussent appris de *leurs bons pasteurs* (p. 643), ou que ce fût la doctrine de tel ou tel évêque. Jamais ils ne s'avisèrent aussi de dire qu'il était vrai qu'ils étaient alors en petit nombre, mais qu'au commencement du siècle ils avaient eu beaucoup plus de partisans. Ces nouvelles leur étaient inconnues, parce que M. Claude n'était pas encore né pour les inventer.

Ces preuves, qui doivent convaincre tous les esprits raisonnables, sont infiniment fortifiées par la faiblesse de celles que M. Claude allègue au contraire : car elles se réduisent au témoignage de quelques historiens, dont les uns disent, comme Sigebert, que *plusieurs écrivirent pour et contre Bérenger;* et les autres, comme Guillaume de Malmesbury (in Wil. 1, l. 3), et Matthieu Paris, *que la France était pleine de gens qui soutenaient sa doctrine.* D'où M. Claude conclut que ces gens rendaient témoignage à la vérité, se souvenant d'y avoir été *instruits par leurs bons pasteurs* (p. 643).

Il veut faire croire par-là que ce n'était pas de Bérenger qu'ils avaient appris cette doctrine, mais de leurs pasteurs mêmes; mais c'est en abusant honteusement des passages de ces historiens. Car ils marquent bien que Bérenger, après avoir publié son hérésie, trouva un assez grand nombre de partisans, mais ils marquent en même temps que c'était lui qui leur avait inspiré ces nouvelles opinions, et qui en était auteur. *En ce temps,* dit Guillaume de Malmesbury, *fut Bérenger de Tours, hérésiarque, qui niait que le pain et le vin que l'on met sur l'autel fussent, après la consécration du prêtre, le vrai et substantiel corps de Notre-Seigneur, comme la sainte Église l'enseigne. Et déjà toute la France était pleine de sa doctrine, qui y était semée par de pauvres écoliers, à qui il donnait leur subsistance, lorsque le pape Léon ayant assemblé un concile à Verceil contre lui, dissipa les ténèbres de cette erreur par la lumière de l'Évangile.*

Il ne dit donc pas, comme M. Claude le voudrait bien faire croire, que ces gens avaient appris cette doctrine de leurs pasteurs; mais il dit qu'ils l'avaient apprise des disciples de Bérenger; et il marque qu'elle était contraire au sentiment de l'Église. Matthieu Paris se sert des mêmes termes de Guillaume de Malmesbury; et Matthieu de Westminster, historien du quatorzième siècle, qui dit même plus que les deux autres, en ajoutant du sien que l'hérésie de Bérenger s'était répandue aussi en Angleterre et en Italie (ce qui n'est confirmé par aucun ancien historien), marque néanmoins expressément que l'opinion de Bérenger était *nouvelle et inouïe* : « Nova, dit-il, *inaudita et falsa asserens* (p. 649). » Et néanmoins M. Claude, par une infidélité inexcusable, conclut de là que cela veut dire *que bien du monde se trouvait encore exempt de l'innovation de Paschase,* c'est-à-dire, qu'ils avaient toujours été dans la doctrine de Bérenger, et que ce ne fut pas lui qui les y fit entrer et qui corrompit leur foi; au lieu que ces historiens disent formellement le contraire : *Gallos, Italos, et Anglos suis penè corruperat pravitatibus.*

Sigebert de même, qui dit qu'il y eut plusieurs personnes qui écrivirent pour et contre lui, le fait néanmoins auteur de tous ces troubles. *La France,* dit-il sur l'année 1052, *fut troublée par Bérenger de Tours, qui disait que l'Eucharistie que nous recevons à l'autel n'était pas le vrai corps et le vrai sang de Jésus-Christ, mais une figure.* Il le fait donc auteur de cette opinion et de ce trouble.

Bertholdus, prêtre de Constance, dans l'addition à la Chronique d'Hermannus Contractus, un vieil historien de France, dont on voit un fragment au quatrième tome des Annales de France recueillies par M. du Chesne, et Brompton, historien d'Angleterre, en parlent de la même sorte ; et l'on met en fait qu'il n'y a pas un seul auteur ancien qui témoigne en aucune sorte que Bérenger ait trouvé dans l'Église des personnes qui fussent de son sentiment, ni que son opinion ait été soutenue par quelqu'un qui l'eût apprise d'autre que de lui. Ils témoignent tous, au contraire, qu'il en était l'inventeur, et qu'il était l'unique cause de ces troubles.

Que si M. Claude prétend avoir droit de tirer cette conclusion de cela seul, que quelques-uns de ces auteurs rapportent, que Bérenger trouva grand nombre de partisans, il fera voir qu'il a des manières de raisonner qui lui sont bien particulières : car je pense qu'avant lui personne ne s'était avisé de conclure de ce que tous les anciens hérétiques, et principalement les ariens, ont trouvé de leur temps grand nombre de sectateurs, même parmi les évêques, que ces sectateurs avaient donc appris ces opinions de *leurs bons pasteurs.* Par ce moyen M. Claude supposera, quand il voudra, que Socin n'a enseigné que ce qu'il avait trouvé dans l'église des calvinistes, puisqu'il a plus trouvé de partisans en Transylvanie et en Pologne, et qu'il en a plus en Hollande et en Angleterre et généralement dans tous les lieux où il y a des calvinistes, que Bérenger n'en eut jamais de son temps.

Mais qu'il ne fasse pas tant valoir ces expressions des historiens qui donnent à Bérenger grand nombre de disciples : on sait ce qu'elles signifient dans le langage des hommes. Deux ou trois cents personnes sont plus que suffisantes pour les rendre humainement véritables. Aussi Guimond, archevêque d'Averse, auteur contemporain, et ainsi infiniment plus croyable que Guillaume de Malmesbury, qui n'écrivait que vers l'an 1242, que Matthieu Paris, qui mourut plus de cent ans après, et encore plus que Matthieu de Westminster, qui n'a écrit que dans le quatorzième siècle, témoigne expressément que Bérenger n'eut jamais une seule bourgade pour lui, et qu'il n'était suivi que par des ignorants, des scélérats et des hommes de néant.

Il doit donc passer pour constant, par le témoignage de tous les historiens et de tous les auteurs contemporains, que toute l'Église avant Bérenger était dans la créance de la présence réelle; que la doctrine contraire y était regardée comme hérétique, et ne se souffrait point dans la communion des catholiques ; et enfin qu'il est le premier, après ces hérétiques d'Orléans, qui l'ait soutenue dans le onzième siècle.

Je sais bien que M. Claude, après Aubertin, et même quelques auteurs catholiques l'attribuent aussi à Lutheric, archevêque de Sens ; et cet exemple ne pourrait encore servir qu'à faire voir que cette doctrine était traitée d'hérétique au commencement de ce siè cle, puisqu'il fut menacé de déposition par le roi Robert pour la chose que l'on reprenait en lui. Mais si l'on considère exactement le passage d'Helgad, historien de la vie de ce roi, qui est le seul qui rapporte ce qui a servi de fondement à cette accusation, on trouvera qu'elle est sans apparence et sans fondement, n'y ayant rien dans ce passage qui y donne lieu. Voici les paroles d'Helgad (in Epitom. Vitæ Rob. regis): *Præsuli cuidam* (il y a dans quelques exemplaires, *Leotherico Senonensi archiepiscopo*) *de Domino non benè sentienti, et quærenti pro quibusdam causis probationem in corpore Domini nostri Jesu Christi, indignè tulit rex amator bonitatis, et scripsit ei in his verbis : Cùm sit tibi nomen scientiæ, et non luceat in te lumen sapientiæ, miror quâ ratione quæsieris, pro tuis iniquissimis imperiis et pro infestato odio quod erga servos Dei habes, examinationem in corpore et sanguine Domini. Et cùm hoc sit quod à dante sacerdote dicitur: Corpus Domini nostri Jesu Christi sit tibi salus animæ et corporis; cur tu temerario ore et polluto dicas : Si dignus es, accipe; cùm sit nullus qui habeatur dignus? cur divinitati attribuis ærumnas corporis, et infirmum doloris humani divinæ connectis naturæ? Juro Domini fidem, princeps Dei, privaberis, inquit, honore pontificii, nisi ab his resipueris; et damnaberis cum eis qui dixerunt Domino : Recede à nobis, et non communicabis his quibus dicitur : Appropinquate Deo, et appropinquabit vobis. His verbis præsul non benè doctus, à rege pio et bono sapienter instructus, quievit et siluit à dogmate perverso, quod erat contrarium omni bono, et jam crescebat in seculo.*

La réflexion que fait M. Claude sur ce passage d'Helgad mérite bien qu'on la considère; car elle découvre parfaitement quel est son esprit et celui des calvinistes. *Au commencement du onzième siècle*, dit-il (p. 684), *non seulement Dieu conserva une bonne partie de l'Église exempte de ces nouveautés, mais il suscita beaucoup de personnes qui les rejetèrent formellement. Ce qui paraît clairement par le rapport que fait Helgad, que le dogme de Lutheric, archevêque de Sens, qui vivait en ce temps-là, et qui enseignait la même chose que Bérenger soutint depuis touchant l'Eucharistie:* CRESCEBAT IN SECULO; *c'est-à-dire, qu'il se fortifiait et se rendait puissant dans l'Église, les fidèles se réveillant enfin, et se réunissant pour s'opposer à l'erreur qui n'avait déjà que trop avancé.*

Que de témérités et de faussetés dans ce discours! Quand il serait vrai que Lutheric, archevêque de Sens, aurait eu quelques mauvais sentiments contre la vérité de ce mystère, et qu'il aurait commencé de répandre cette doctrine parmi quelques personnes, est-ce une chose excusable, que de conclure de là qu'*une bonne partie de l'Église était exempte* de l'opinion de Paschase? Un seul homme qui sème une erreur, qu'un saint roi juge mériter la déposition, et que l'historien qui en parle appelle *une méchante doctrine, contraire à tout bien*, peut-il être pris raisonnablement pour une bonne partie de l'Église? Y a-t-il au monde d'autre que M. Claude qui pût conclure autre chose de là, sinon que si cette opinion de Lutheric était celle des sacramentaires, elle était regardée comme hérétique dès le commencement du onzième siècle? Et c'est pourquoi l'auteur de *la Perpétuité*, voyant qu'Aubertin supposait ce fait, en a tiré cette conséquence sans s'amuser à l'examiner.

Mais s'il est excusable d'avoir voulu prendre avantage de la confession de son adversaire, M. Claude ne l'est pas d'assurer témérairement, comme il fait, que Lutheric enseignait la même chose que Bérenger. Car n'y ayant rien dans les paroles d'Helgad qui porte à cette pensée, il faudrait qu'il nous eût bien prouvé auparavant qu'il est prophète, avant que de nous obliger à déférer à des conjectures si hors d'apparence.

Il faut donc que M. Claude reconnaisse, malgré qu'il en ait, qu'au commencement du onzième siècle il n'y avait point de sacramentaires connus dans l'Église. Que si cette opinion y avait été, il fallait qu'elle se fût éteinte, abolie et oubliée. Et ainsi il est obligé de soutenir que depuis la fin du neuvième siècle jusqu'au commencement du onzième, la doctrine de la présence réelle s'était tellement emparée de toute la terre, qu'on ne se souvenait plus qu'il y eût eu une autre doctrine. Il faut qu'il prétende que ce prodigieux renversement s'est fait en l'espace de cent ans ou de six vingts ans, et qu'il se résolve à dire que ce temps suffît pour faire que toute l'Église, ne croyant auparavant Jésus-Christ présent que dans le ciel, et ne regardant l'Eucharistie que comme le signe et le sacrement de son corps, soit venue à le croire réellement et substantiellement présent, et à oublier qu'elle eût eu une autre créance.

Et par là il reconnaîtra facilement que l'arithmétique de l'auteur de *la Perpétuité* n'est nullement *courte*, comme il le prétend; mais que la sienne est très-fausse. Car il est très-possible, comme dit l'auteur de *la Perpétuité*, que ceux qui avaient été instruits par des personnes qui auraient vécu dans le neuvième siècle, c'est-à-dire, dans le temps du calvinisme victorieux, selon M. Claude, aient instruit ceux qui ont vu Bérenger, ou les personnes qui vivaient de son temps. Et non seulement cela est possible, mais cela est arrivé apparemment à l'égard d'une infinité de personnes. S. Odon, par exemple, était disciple de Remy d'Auxerre, c'est-à-dire, d'un de ceux que M. Claude rend adversaires de Paschase. Il est mort abbé de Cluny l'an 942. Entre lui et S. Odilon qui fut fait abbé l'an 993, et qui était religieux de ce monastère quatre ou cinq ans auparavant, il n'y a que quarante-six ans. Or combien y avait-il de religieux, lorsqu'il entra dans cette congrégation, qui avaient quarante-six ans de profession, c'est-à-dire, qui avaient soixante-six ans, puisque l'on y entrait d'ordinaire à vingt, et même plus tôt? Ces personnes avaient donc vu Odon, disciple des adversaires de Paschase, selon M. Claude, et avaient vu Odilon contemporain de Bérenger, et qui a vécu tant de temps avec lui.

Que si l'on veut simplement considérer le commencement du onzième siècle, où, comme nous avons dit, le calvinisme était absolument ignoré, non seulement une seule génération suffit pour le joindre avec le neuvième siècle, mais l'on peut dire qu'il y touche immédiatement sans aucun milieu. Car toutes les personnes qui avaient 60, 65, 70, 75, 80 ans l'an 1000, avaient pu voir grand nombre de personnes élevées dans le neuvième siècle ; et, comme tous les évêques sont d'ordinaire assez âgés, on peut dire que tous les évêques de l'Église qui étaient en l'an 1000, avaient été instruits ou immédiatement par des personnes du neuvième siècle, ou, au moins, par des personnes qui avaient été disciples de ceux du neuvième siècle.

Que M. Claude prenne donc ses mesures sur cela : qu'il dispose ses machines pour faire en sorte que ce calvinisme qu'il nous représente triomphant à la fin du neuvième siècle, soit oublié absolument et parfaitement par toute la terre au commencement du onzième siècle. Qu'il retienne toutes les langues de ceux qui font la liaison du commencement et de la fin de ce siècle, et qu'il les empêche d'avertir tous ceux qui sont arrivés au commencement du onzième, de ce changement prodigieux, qu'il prétend être arrivé dans le dixième ; qu'il instruise les paschasistes à semer si adroitement leur opinion dans toutes les parties de la terre, qu'enseignant au monde la doctrine la plus étrange qui fut jamais, le changement qu'ils faisaient dans la créance de l'Église ne fût point du tout *perceptible à ceux qui le souffraient* (p. 249). Nous allons voir de quelle sorte il s'y prend. Mais qu'il se souvienne de ne nous établir plus de ces bornes fausses et arbitraires, puisque celles que nous lui avons marquées, étant tirées de la vérité de l'histoire et de preuves positives et réelles, ne peuvent être ébranlées par de vaines suppositions comme les siennes.

Il retranchera donc, s'il lui plaît, d'abord tous ces discours pleins de témérité et de mauvaise foi dont son livre est rempli : Qu'au commencement du onzième siècle (p. 685), *une bonne partie de l'Église était exempte de la doctrine de Paschase; que les fidèles se réveillèrent et se réunirent pour s'opposer à cette erreur; que les peuples reçurent la doctrine de Bérenger* COMME LEUR ANCIENNE FOI (ibid.) ; *que c'est ce que ses ennemis mêmes témoignent ; qu'il ne doute point qu'il n'y en eût encore assez qui rendaient témoignage à la vérité, se souvenant d'avoir été instruits par* LEURS BONS PASTEURS (p. 643), *que l'Eucharistie est le corps du Seigneur en figure et en vertu, et non réellement; que ce changement ne fut achevé qu'à la fin du onzième siècle par les papes.* Et il fera mieux de dire avec Aubertin, (l. 9, p. 643), *que ceux du onzième siècle avaient été nourris dès le berceau dans la foi de la présence réelle :* «Hac opinione unâ cum lacte imbuti;» c'est-à-dire, que l'on ne connaissait point alors d'autre doctrine dans l'Église, et que l'on ne se souvenait point qu'il y en eût eu une autre.

CHAPITRE II.

Des moyens et des machines que M. Claude emploie pour faire réussir son changement insensible.

On a reproché avec raison à M. Claude que lorsqu'il est question d'expliquer comment la doctrine de la présence réelle, qu'il fait naître au neuvième siècle, et à qui il ne donne en ce temps-là que fort peu de partisans, avait pu se trouver au commencement du onzième établie dans la créance de tous les peuples, et qu'il s'agit de faire voir comment elle a pu être mêlée dans l'Église au dixième siècle avec la doctrine contraire, selon la supposition des ministres ; au lieu de répondre précisément à cette question, il donne le change, et passe, sans en avertir les lecteurs, à la description de l'état de l'Église après la publication de l'erreur de Bérenger. Cet artifice est sans doute peu sincère ; et néanmoins on peut dire qu'il aurait été à souhaiter pour son honneur qu'il fût toujours demeuré dans ces bornes, et qu'il n'eût donné lieu que de lui reprocher d'avoir vu la difficulté et de l'avoir évitée. S'il n'y avait pas eu de la bonne foi dans ce procédé, il y aurait eu au moins quelque retenue. Mais il s'éloigne bien autrement de la sincérité et de la raison, quand il entreprend d'expliquer en détail comment ce changement est arrivé, quoiqu'il y emploie toute l'adresse de son esprit, toute l'activité de son imagination, et toutes les saillies de sa rhétorique ; de sorte qu'il fait voir en même temps à ses lecteurs le plus grand effort de son esprit, et le plus grand témoignage de la faiblesse de sa cause.

Il est vrai que, pour la cacher un peu, il a soin de ne nous représenter pas en un seul lieu toutes les machines qu'il emploie pour produire ce changement : il les sépare et les dispose en divers lieux, afin qu'elles fassent plus d'effet. Il nous dit tantôt une chose et tantôt une autre ; et c'est pourquoi il faut d'abord prendre la peine de les rassembler toutes, et d'en faire un seul tableau, afin que le monde puisse jouir tout d'une vue de ces rares inventions.

Pour donner quelque ordre à ces divers moyens, et à ces différentes machines de l'invention de M. Claude, on les peut distinguer en cinq classes. Il y en a qu'on peut appeler *des moyens*, ou *des machines de retranchement* ; et ce sont celles qui servent à diminuer l'ouvrage qu'il entreprend, c'est-à-dire, à faire que le changement soit moindre. Il y en a qui servent à préparer les esprits, et à les mettre dans une disposition propre à changer insensiblement de créance ; et l'on peut les appeler *les machines*, ou *les moyens de préparation*. Il y en a qui ne servent qu'à adoucir ce qu'il y a d'étrange dans cette entreprise, et ce sont les moyens qu'il a trouvés pour montrer que ce n'est pas grand'chose que de faire embrasser à toute l'Église l'opinion de la présence réelle, et que cet établissement n'a dû causer aucune surprise ni aucun étonnement dans le monde. Et ainsi on les peut nommer *les moyens d'adoucissement*. Il y en a qu'on peut nommer *des machines d'exécution*, et ce sont les moyens réels et effectifs, par lesquels il prétend qu'on a introduit la présence réelle dans l'esprit des peuples. Et enfin, il y en a qui servent à effacer les traces de ce prétendu changement après qu'il est fait, et c'est pourquoi on les peut appeler *des machines d'oubli*.

Nous allons voir dans les propres termes de M. Claude la description particulière de ces différents moyens. Il est certain que ç'aurait été un fort grand embarras pour lui d'aller planter la créance de la présence réelle parmi les Grecs, les Arméniens, les Nestoriens, les Jacobites, les Cophtes. Quel moyen de trouver assez de prédicateurs paschasistes pour les envoyer en Grèce, dans l'Asie mineure, dans la Syrie, dans l'Assyrie, dans la Mésopotamie, dans les Indes, dans la Moscovie, dans la Géorgie, dans la Tartarie, dans la Moldavie, dans l'Éthiopie, dans l'Égypte? Quelle peine n'aurait-il point fallu se donner pour leur faire apprendre tant de langues différentes; pour leur faire traduire le livre de Paschase; pour gagner les esprits, et pour convertir effectivement tant de patriarches, d'évêques, de religieux, de peuples, et leur faire embrasser une doctrine inconnue; et cela sans qu'ils s'en aperçussent, et qu'ils reconnussent qu'ils changeaient de sentiment?

M. Claude a donc cru que cela fatiguait un peu trop l'imagination, et il a trouvé à propos de se délivrer de cet embarras. C'est à quoi il emploie une *machine de retranchement*, qui est courte, mais décisive et nette au possible. *Il ne s'agit pas*, dit-il (p. 642), *de toute la terre : il s'agit de l'Occident; c'est-à-dire, de la communion du pape.*

Voilà bien du travail abrégé : car c'est dire en un mot qu'il ne veut pas se mettre en peine de nous expliquer comment la créance de la présence réelle s'est établie dans tout l'Orient, et dans toutes les autres sociétés chrétiennes. Il a même jugé qu'il serait trop incommode de faire prêcher la doctrine de la présence réelle à tous les fidèles en particulier avant Bérenger; et ainsi il a trouvé qu'il était meilleur de se réduire à faire seulement changer de foi à un parti considérable dans l'Église romaine, en laissant tous les autres dans l'ignorance de cette doctrine. C'est à quoi est destiné cet autre moyen de retranchement contenu dans ces paroles (p. 642) : *Il ne s'agit pas dans l'Occident de tous ceux qui faisaient profession d'être chrétiens; il ne s'agit que d'un parti qui se fortifie, et qui tâche de se rendre maître des chaires, pour être ensuite maître de toute l'Église.*

Ce sont là les deux principaux moyens de retranchement et d'abrégement. Voici ceux qui servent à préparer les esprits : premièrement, il ne veut pas que l'on suppose que les chrétiens à qui on devait communiquer la doctrine de la présence réelle, fussent dans la créance distincte de l'absence réelle; et pour éloigner davantage cette pensée, il la rejette avec chagrin et avec mépris. *C'est une chimère*, dit-il (ibid.), *que l'auteur nous impute seulement parce qu'il lui plaît, et que nous avons déjà si souvent réfutée que c'est assez pour en être rebuté.* Mais en quelle disposition seront-ils donc, puisqu'ils ne croient ni la présence réelle, ni l'absence réelle? Ils seront dans une certaine disposition mystérieuse qui s'appelle, dans le langage de M. Claude, vérité confuse, ou ignorance. *On a passé*, dit-il (p. 236), *de la vérité distincte à la vérité confuse, et de la vérité confuse à l'erreur.* Ainsi cette vérité confuse, cette connaissance confuse, cette ignorance, est la grande *machine de préparation*, nécessaire pour introduire sans bruit la présence réelle.

Pour s'en servir avec plus d'avantage, M. Claude a cru qu'il la fallait préparer elle-même, et nous décrire comment, au neuvième siècle et au dixième, on était tombé dans cette connaissance confuse. C'est ce qu'il fait dans ces paroles par lesquelles il décrit l'état de l'Église du temps de Paschase et de Lanfranc, c'est-à-dire durant le neuvième, le dixième et le onzième siècles. Lors, dit-il (p. 237), *que le soin d'enseigner les mystères s'est visiblement relâché, lorsque la plupart des pasteurs ont endormi les peuples, et se sont endormis eux-mêmes dans le sein de la superstition et de l'ignorance, il a pu se faire que beaucoup de gens tombassent dans une connaissance confuse du mystère de l'Eucharistie.*

Mais pour donner une idée plus vive de l'ignorance profonde où il prétend que l'Église était alors plongée, il nous en fait une image bien plus affreuse dans un autre lieu, où il lui ôte cinq lumières différentes : *La première lumière*, dit-il (p. 299), *qu'on a fait éclipser devant les yeux des peuples, a été l'Écriture-Sainte. La seconde a été les claires et bonnes explications des SS. Pères sur le sujet du Sacrement. La troisième a été la connaissance des autres mystères du christianisme, qui pouvaient fortifier l'esprit et encourager le zèle pour la vérité. La quatrième a été la raison naturelle qu'on a laissé abâtardir et tomber dans un état de langueur. Il n'est presque rien resté d'entier que les sens, à qui l'on déclara une guerre ouverte. Je ne doute pas qu'ils ne se soient défendus; mais quel moyen de se tenir fermes étant seuls dénués de tout appui?* On ne peut pas sans doute s'imaginer un plus grand aveuglement.

Cela ne suffisait pas encore. Parce que le passage de cette ignorance à la foi de la présence réelle ne laissait pas d'être dur, il le fallait adoucir; et c'est l'usage que M. Claude prétend faire d'une maxime qu'il établit partout : *Que ce changement ne s'est point fait par voie de contradiction, mais par voie d'addition et d'explication de la foi ancienne. Il est certain*, dit-il (p. 643), *que les paschasistes n'arrachaient point aux hommes leurs opinions. C'est un faux principe sur lequel l'auteur établit tous ses raisonnements; et je les ai détruits en détruisant ce fondement imaginaire... Paschase et ses sectateurs ont procédé par voie d'addition, ou par voie d'explication, ou par voie de confirmation de la foi publique : ce qui lui a donné plus de facilité pour tromper un peuple ignorant.* L'effet de cette machine ou de ce moyen d'adoucissement est tel, qu'il est capable d'empêcher, selon M. Claude, qu'un homme qui propose la présence réelle à des gens qui n'en ont jamais ouï parler, ne soit pris pour innovateur, et qu'il fait que ce changement n'est pas *connaissable à ceux mêmes qui le souffrent* (p. 249).

Il ne s'agit donc plus que d'exécuter ce grand dessein, de faire recevoir la doctrine de la présence réelle par la plus grande partie de l'Église. Et

M. Claude n'a pas manqué aussi de nous décrire les moyens par lesquels il prétend qu'on en est venu à bout. Premièrement, il nous en propose d'incertains, et dont il est bien aise de nous présenter seulement l'idée, pour nous donner lieu de conclure qu'on peut s'en être servi, et pour ne s'engager pas à les soutenir. *Si nous avions vu*, dit-il (p. 225), *passer sous nos yeux les temps où se fit ce changement, nous pourrions sans doute en parler avec un peu plus de distinction et de clarté. Nous eussions remarqué les artifices dont se servaient les disciples de Paschase pour conduire les choses au point où elles parurent, lorsque les contestations de Lanfranc et de Bérenger firent éclat. Comme les astronomes font leurs observations sur les accidents et les révolutions des cieux, nous eussions fait de même les nôtres sur ce phénomène humain : nous eussions pris garde de plus près à l'ignorance des prélats, à la simplicité des peuples, aux intrigues des cours, aux liaisons des grands, aux intérêts des évêques, et à tant d'autres machines mondaines qui s'ajustent ordinairement ensemble pour faire triompher le mauvais parti.* Néanmoins il trouve plus à propos ensuite d'employer positivement et certainement une partie de ces moyens et de ces machines. *Les sens*, dit-il (p. 300), *furent attaqués par la fausse philosophie, par les bruits de la dispute, par les intrigues des moines, par l'autorité de la cour romaine, qui n'a jamais été ni plus fière ni plus puissante qu'en ce temps-là. Ils furent trahis par le penchant qu'a l'homme naturellement pour l'erreur et la superstition, et battus par ces expressions difficiles des Pères, qu'on tournait et qu'on maniait en tant de façons, qu'on leur faisait signifier ce qu'elles ne signifiaient point.*

Mais comme il était difficile d'appliquer tout cela au dixième siècle, il change d'avis ailleurs, et il aime mieux en bannir expressément les disputes, en s'en démêlant par une antithèse. *Je conclus*, dit-il (p. 651), *avec l'auteur, que n'y ayant point eu d'écrits au dixième siècle, il n'y a point eu de dispute. La conséquence est, à mon avis, raisonnable. Mais je ne conclus pas avec lui que n'y ayant point eu de dispute, la doctrine de l'Église n'a point été attaquée. La conséquence n'en est pas bonne. Elle a été attaquée sans avoir été défendue. La zizanie, déjà semée dans le champ du Seigneur avec le bon froment, a pris racine et s'est avancée pendant que les hommes dormaient. Je conclus bien que s'il y eût eu des disputes, l'ignorance n'eût pas subsisté ; mais je conclus aussi que l'ignorance a subsisté, parce qu'il n'y a point eu de dispute.*

Après tout cela, M. Claude est encore obligé d'employer ses dernières machines, qui sont les moyens dont il se sert pour effacer de l'esprit des hommes la mémoire de ce terrible changement. Ce sont les plus étranges de tous, et ils sont si peu arrêtées qu'il est même difficile de deviner ce qu'il veut dire. Il parle de fourbes, d'artifices, d'inquisition, de croisades, par lesquels il prétend que l'on lui a enlevé ses titres ; mais on ne sait s'il veut que tout cela se soit passé au dixième ou dans le onzième siècle, ou s'il veut faire croire que par les croisades du treizième siècle on a aboli la mémoire du changement qui s'était fait au dixième. C'est pourquoi comme il était encore plus embarrassé en ce point qu'en tous les autres, il a cru s'y devoir fortifier par les plus grands efforts de son éloquence, que nous verrons en son lieu.

Enfin, pour empêcher que l'on ne trouve encore des difficultés après l'application de tous ces divers moyens, il y emploie sa grande machine, qui est de mettre la chose en exclamations, et de dire des injures à ceux qui n'entreraient pas tout d'un coup dans cette vision, comme s'ils avaient tous les torts du monde. *Quand on est*, dit-il, *préoccupé de passion, on change également l'extravagance en raison, et la raison en extravagance. Qu'y a-t-il de plus raisonnable que de dire que l'opinion de Paschase, rehaussée des couleurs de l'antiquité, bien qu'elle fût en effet nouvelle, soutenue par un peu de philosophie, relevée par ces grands mots que les ignorants admirent, et proposée en des siècles semblables au neuvième et au dixième, ait trouvé au commencement quelques sectateurs ; que ceux-là en aient fait d'autres, jusqu'à ce qu'enfin elle se soit rendue la plus forte, et se soit établie à l'aide de la violence et de l'autorité ?*

Mais comme nous sommes, Dieu merci, accoutumés à ne nous étonner pas pour les injures ni pour les exclamations de M. Claude, nous ne laisserons pas de lui soutenir que ce qu'il nous débite là comme la chose du monde la plus raisonnable, en cachant toutes les difficultés et toutes les absurdités qu'elle renferme, est une extravagance fort extraordinaire, et qui doit tenir un des premiers rangs entre les exemples des égarements où la passion et la préoccupation sont capables d'engager ceux qui s'y laissent emporter aveuglément.

CHAPITRE III.

Examen des machines de retranchement, ou des moyens par lesquels M. Claude s'exempte de faire prêcher la doctrine de la présence réelle à la plus grande partie des chrétiens.

Que M. Claude serait heureux si les effets suivaient ses paroles, comme ses paroles suivent ses souhaits, et s'il suffisait qu'il eût assuré les choses, afin qu'elles fussent vraies, comme il lui suffit qu'il les souhaite, afin de les assurer ! Ce serait alors qu'on verrait réussir sans peine ce merveilleux changement qu'il entreprend de faire au dixième siècle. Mais le mal est que ces choses, qui sont hors de lui, et ces événements passés, ont une certaine nature inflexible et invariable, qui ne s'ajuste point du tout avec ses désirs ; et ainsi il se trouve toujours qu'il en conte de son côté comme il lui plaît, et que les choses demeurent de l'autre toutes contraires à ce qu'il en dit.

Il ne s'agit pas, dit-il (p. 641), *de toute la terre : il s'agit de l'Occident et des provinces soumises à l'obéissance du pape.* C'est-à-dire, je ne veux pas qu'il s'en agisse : je ne veux pas me mettre en peine d'expliquer comment la doctrine de la présence réelle et de la transsubstantiation s'est introduite dans l'Orient, dans les patriarcats de Constantinople, d'Alexandrie, de Jérusalem et d'Antioche, dans les églises des Arméniens, des Nestoriens, des Jacobites; je ne veux point du tout me travailler à deviner comment elle a pénétré dans l'Éthiopie, dans la Moscovie et dans la Mésopotamie, dans la Géorgie, dans la Mingrelie, dans la Moldavie, dans la Tartarie et dans les Indes. Il vaut mieux dire qu'elle n'y est pas : ce sera plus tôt fait, et par ce moyen je me délivrerai d'un grand embarras.

Mais M. Claude nous permettra, s'il lui plaît, de l'avertir qu'il est homme et non pas Dieu; et qu'ainsi ni ses paroles ni ses volontés ne sont point opératives. Il voudrait bien que la doctrine de la présence réelle ne fût pas dans toutes ces grandes provinces. Mais elle y est, et elle y sera malgré qu'il en ait. La chose ne dépend point du tout de lui; et nous l'avons fait voir par des preuves auxquelles on croit qu'il ne résistera pas lui-même.

Ainsi, nonobstant tous ses souhaits, il est question de savoir comment la créance de la présence réelle se serait introduite dans tous ces lieux, si elle n'y avait pas toujours été. Il est certain qu'elle y est établie, qu'elle y règne, et qu'elle y domine absolument. On n'y en connaît point d'autre; on ne se souvient point qu'il y ait jamais eu d'autre doctrine. Toutes ces nations croient la tenir par la succession perpétuelle de leurs pères. Il est clair qu'elles ont toujours été dans cette doctrine depuis que l'on parle de bérengariens, et qu'en ce point elles ont toujours été unies avec l'Église romaine. Il faut donc que M. Claude nous dise qui les a fait entrer dans cette créance. Mais comment le ferait-il, puisqu'il ne se veut exempter d'entrer dans cette question que parce qu'il voit que non seulement les preuves solides, mais que les inventions et les fictions mêmes lui manquent? Toutes ses machines lui deviennent inutiles. Il nous parle de Paschase, de disputes, d'intrigues de moines, de violences de la cour de Rome; et pour rendre ridicule tout cet amas de songes et de visions, il ne faut que l'obliger de jeter les yeux sur les deux tiers du monde, qui ne connaissent ni Paschase ni son livre, et qui bien loin de reconnaître le pape, n'ont point de plus grande passion que de le contredire en tout ce qu'ils peuvent.

Que M. Claude nous dise donc qui les a persuadés d'une créance qu'il prétend être directement contraire à l'Écriture, aux Pères, à la raison et aux sens? Quels prédicateurs ont produit ce grand effet? D'où vient qu'aucune de ces nations n'a résisté à l'innovation? D'où vient qu'elles ont toutes oublié qu'elles aient changé de sentiment, et qu'elles prennent leur doctrine présente pour celle que les Apôtres ont établie dans l'Église, et qui est venue jusqu'à eux par la succession de leurs évêques?

M. Claude se fatigue l'imagination à inventer une fable impertinente d'un jeune religieux qui, sans sortir de son couvent, et sans que l'on entende parler de lui, change la foi de tout l'Occident. Il se donne la gêne pour accompagner cette fable de mille suppositions fantastiques; il épuise toutes ses figures et tous ses grands mots, pour éblouir un peu les yeux des simples, et pour leur cacher l'absurdité de ce roman.

Mais il ne prend pas garde que tous ses efforts sont vains; qu'il lui reste encore plus de deux tiers de son ouvrage, sans quoi toutes les peines qu'il prend lui sont inutiles; qu'il faut qu'il trouve encore d'autres Paschases qui portent cette foi dans toutes les sociétés séparées de l'Église Romaine, et dans les provinces les plus reculées; qu'il faut que tous ces Paschases aient le même succès; que personne ne les contredise et ne s'oppose à leurs entreprises; que personne ne s'aperçoive qu'ils renversent la foi ancienne, et qu'il faut enfin qu'ils aient tous accompli en même temps leur ouvrage, lorsque Bérenger viendra à paraître, afin qu'il pût dire avec raison, que *l'Église était périe, et qu'elle n'était demeurée que dans ceux qui le suivaient* (Lanfr., c. 23).

Je vois bien que M. Claude, tout hardi qu'il est, succombe sous la grandeur de cette entreprise. Il en est épouvanté, il y renonce, il demande grâce, il voudrait bien que cela ne fît pas partie de la question. *Il ne s'agit pas*, dit-il, *de toute la terre*. Mais il n'y a pas moyen de le contenter : il s'en agit malgré qu'il en ait, puisque cette créance est établie par toute la terre. Cela ne dépend ni de lui ni de moi : c'est une partie nécessaire de cette grande question, et qui entraîne tout le reste. Ainsi puisque, par un aveu forcé de son impuissance, il reconnaît qu'il ne peut pas dire qu'il se soit fait un changement universel de créance dans tout l'Orient, il faut qu'il abandonne tout le reste, et qu'il reconnaisse que tous ses moyens sont ruinés, toutes ses machines brisées, tous ses projets renversés, et toutes ses hypothèses détruites. S'il nous dit que c'est Paschase qui a inventé cette doctrine, et qu'elle ne pouvait tomber dans l'esprit d'autre que de lui, nous lui montrons ce nombre infini de chrétiens qui ne connaissent ni Paschase ni son livre, et qui font néanmoins de tout temps profession de cette doctrine; et le voilà convaincu de témérité et d'imposture. S'il nous dit que les papes ont contribué, par leur autorité et leurs violences, à la faire recevoir, nous lui faisons voir ces grandes nations où ils n'exercent aucune juridiction, où ils ne sont point reconnus, et parmi lesquelles leurs décisions n'ont aucun crédit ni aucune autorité, et qui néanmoins sont aussi attachées à la foi de la présence réelle que les peuples les plus soumis au S. Siége; et le voilà encore convaincu de tromper le monde par des fables sans apparence et sans fondement. S'il nous parle de cabales, d'intrigues imaginaires, de disputes de philosophie, par lesquelles il prétend qu'on ait établi cette doctrine, nous lui montrons une infinité de peuples qui ne connaissent point la philosophie de l'école, qui n'ont jamais disputé de ces matières, et où l'imagination même de M. Claude n'a pu faire agir les intrigues de la cour de Rome, et qui croient néanmoins la présence réelle comme nous ; et ainsi voilà encore tous les contes de M. Claude détruits et anéantis.

C'est une chose étrange que toutes les hypothèses fantastiques sur lesquelles le système de M. Claude est appuyé, y étant toutes essentielles, en sorte que la ruine d'une seule suffit pour le renverser tout entier ; elles sont toutes néanmoins si visiblement fausses, qu'il n'y en a pas une qui puisse subsister en particulier.

On vient de le voir ruiné sans ressource par l'exemple de tous ces peuples d'Orient qui se sont trouvés dans la foi de la présence réelle, sans l'avoir tirée ni de Paschase, ni de l'Occident ; qu'on s'imagine néanmoins qu'il subsiste, et on le va voir de nouveau détruit par la ruine d'une autre supposition.

M. Claude ne veut pas qu'aux temps de Bérenger tous les chrétiens d'Occident eussent une créance distincte de la présence réelle : *Il ne s'agit pas dans l'Occident*, dit-il (p. 641), *de tous ceux qui faisaient profession d'être chrétiens. Il ne s'agit que d'un parti qui se fortifie, et qui tâche de se rendre le maître des chaires, pour être ensuite maître de toute l'Église.* On voit bien ce qu'il veut, et l'intérêt qu'il a dans cette prétention. Il reconnaît que c'est un trop grand ouvrage de faire recevoir cette doctrine à tous les particuliers de l'Église d'Occident ; la mauvaise humeur d'un seul aurait pu troubler toute l'entreprise et renverser tous les desseins de M. Claude. Il désire donc qu'on ne l'oblige pas à montrer comment la foi de la présence réelle a pu être embrassée par tous les chrétiens sans distinction. Son intérêt y est tout visible ; mais ses désirs et ses intérêts ne sont pas des preuves ni des raisons. Y a-t-il quelqu'un qui témoigne que le commun du peuple du onzième siècle n'était pas persuadé de la présence réelle, et qu'il n'avait qu'une connaissance confuse de ce mystère ? Non. Bérenger même avoue le contraire, en appelant cette doctrine l'opinion du peuple : *Sententia vulgi* (ap. Lanfr. de Corp. et Sang.), et en soutenant que l'Église était périe. Est-ce que les auteurs qui déclarent que cette créance était celle de toute l'Église, et que tous les chrétiens de la terre en faisaient une profession publique, apportent quelque restriction à ce témoignage ? Non. Il est général et sans exception : et c'est de tous les chrétiens du monde qu'ils disent *qu'ils se glorifient de recevoir dans ce sacrement la vraie chair et le vrai sang de Jésus-Christ, né de la Vierge* (Lanfranc, c. 22). S'est-on inscrit en faux contre ce témoignage qu'ils rendent de la créance de leur siècle ? Non. Il n'y a que M. Claude qui le fasse six cents ans après, sans aucune preuve. La raison fait-elle voir que dans ce point la foi des pasteurs ne fût pas celle du peuple ? Non. Elle prouve tout le contraire, étant incroyable que des pasteurs persuadés de la présence réelle n'aient pas eu soin d'en instruire ceux qu'ils disposaient à la communion, à qui ils devaient juger cette créance absolument nécessaire pour leur faire éviter les communions indignes.

Est-ce une raison tant soit peu probable, pour montrer que le peuple n'était pas persuadé de la présence réelle, de ce que quelques historiens, qui témoignent que Bérenger troubla l'Église par une hérésie nouvelle, témoignent en même temps qu'il corrompit plusieurs personnes par ses nouveautés ? Nullement. Elle ne mérite point d'autre nom que celui d'une absurdité signalée, qui irait à prouver qu'il n'y eût jamais d'hérésie nouvelle, parce qu'il n'y en a point eu qui n'ait trouvé des sectateurs, et souvent même parmi les évêques.

Sur quoi donc est fondé ce retranchement, que M. Claude fait d'une partie des chrétiens, pour s'exempter de montrer comment la foi de la présence réelle avait été universellement reçue ? Sur son intérêt et sur son désir. Mais parce qu'ils ne sont pas les règles des choses, ils n'empêcheront pas que la raison et les témoignages précis des auteurs contemporains ne montrent que la foi de la présence réelle était généralement embrassée par tous les fidèles de l'Église, lorsque Bérenger la troubla par son erreur. Ainsi voilà encore cette machine renversée, et M. Claude obligé de faire recevoir insensiblement la doctrine de la présence réelle, non seulement par un parti considérable, mais généralement par tous les chrétiens. Il a reconnu lui-même que cet ouvrage surpassait son imagination, en ne s'y voulant pas engager ; et par conséquent, voilà encore tous ses projets ruinés, et son système en désordre ; tant il est difficile d'ajuster des imaginations vides et creuses avec les vérités réelles qui se trouvent marquées par les événements et les faits constants, qui sont indépendants de nos fantaisies.

CHAPITRE IV.

Examen des machines de préparation, ou des moyens par lesquels M. Claude a cru devoir disposer les peuples au changement insensible sur la doctrine de la présence réelle.

Cette préparation se réduit, selon M. Claude, comme nous l'avons marqué, à faire perdre au peuple la connaissance distincte du mystère de l'Eucharistie, et à le faire entrer dans un état qu'il appelle de *connaissance confuse*. Mais pour le disposer même à cet effet, il l'y prépare, comme nous avons dit, par une ignorance générale de tous les mystères, et par une privation universelle de toutes sortes de lumières. *En ce siècle ténébreux*, dit-il (p. 16), *se perdit la distincte connaissance de la vraie doctrine, non seulement sur le sujet du sacrement, mais presque sur toutes les autres matières de la religion chrétienne.* Et expliquant ailleurs plus distinctement ce qu'il entend par là, il nous décrit ce siècle privé de cinq lumières, qui comprennent toutes celles qu'on se peut imaginer. *La première lumière*, dit-il (p. 299), *qu'on a fait éclipser devant les yeux du peuple, a été l'Écriture-Sainte. La seconde a été les claires et bonnes explications des SS. Pères sur le sujet du sacrement. La troisième a été la connaissance des autres mystères du christianisme, qui pouvaient fortifier l'esprit et encourager le zèle pour la vé-*

rité. La quatrième a été la raison naturelle, qu'on a laissé abâtardir et tomber dans une espèce de langueur. Il n'est presque rien resté d'entier que les sens, à qui l'on déclare une guerre ouverte.

Avant que de répondre à cette description de M. Claude, je le supplie de se détacher un peu de cette dispute, et de me répondre lui-même en général, quel jugement on doit porter d'un théologien qui dans une matière importante avance des choses, non seulement sans fondement, sans preuves, sans raison, mais qu'il sait être faussées et inventées à plaisir. Je ne saurais croire qu'il ne condamne lui-même le procédé de ce théologien, comme étant entièrement indigne d'un homme d'honneur et de conscience. Et c'est ce qui fait que je suis fâché d'être obligé de lui dire qu'il est cet homme et ce théologien dont nous parlons : *tu es homo ille.*

C'est lui-même qui avance des choses qu'il sait être fausses et qu'il n'a jamais pensées, à moins que l'emportement ne lui fasse penser le contraire de ce qu'il sait. L'accusation est un peu forte; mais la conviction en est facile et évidente. Il dit que la connaissance distincte de presque tous les autres mystères que celui de l'Eucharistie se perdit au dixième siècle. Or il sait le contraire de cela, et il en est persuadé, puisque pour les mystères communs et crus de part et d'autre, et contenus dans les anciens symboles, on ne peut pas dire qu'on les ait ignorés au dixième siècle; et que pour tous les points contestés entre les calvinistes et l'Église romaine, excepté celui de l'Eucharistie, tous les ministres ses confrères reconnaissent eux-mêmes que longtemps avant le neuvième et le dixième siècle toute l'Église en croyait ce qu'en croit présentement l'Église romaine. Qu'il nous dise donc quelles sont ces vérités de foi dont la connaissance distincte se perdit au dixième siècle; qu'il nous dise quels sont ces mystères qui pouvaient fortifier l'esprit des fidèles contre la présence réelle, et qu'il prétend qu'on a cessé de connaître dans ce siècle, ou qu'il se reconnaisse convaincu d'une mauvaise foi inexcusable.

Tout le reste n'est qu'un amas de témérités sans preuves, sans raison, sans apparence. Pourquoi dit-il qu'on a ôté aux fidèles la lumière de l'Écriture? A-t-on cessé de la lire dans les églises et dans les cloîtres? A-t-on cessé de l'expliquer au peuple et de l'enseigner dans les écoles? Les écrits des auteurs de ce siècle qui nous restent, comme ceux de S. Odon et de Raterius, évêque de Vérone, ne font-ils pas voir que l'on étudiait et l'Écriture et les Pères?

Pourquoi dit-il qu'on a caché aux peuples *les claires et bonnes explications des Pères*? N'y a-t-on pas appelé l'Eucharistie *sacrement du corps de Jésus-Christ, mystère du corps de Jésus-Christ, pain et vin*? Et cependant c'est en cela que consistent, selon lui, *ces claires et bonnes explications des SS. Pères*?

Cette langueur de la raison naturelle, qu'on *a laissé abâtardir*, est une idée de déclamateur, qui n'a de fondement que dans la hardiesse de celui qui la propose; et elle est clairement détruite par les écrits des auteurs de ce siècle, comme de Luitprand, de Ditmar, de Witichind, de Frodoard, de Raterius, d'Odon, d'Odilon, et de plusieurs autres qui témoignent par leurs écrits beaucoup de bon sens et de piété, et qui sont infiniment plus croyables dans les témoignages qu'ils rendent à un très-grand nombre d'évêques et d'abbés, d'avoir été illustres en science et en piété, que M. Claude, qui les déchire sans raison. Cette guerre déclarée aux sens est encore une fausseté. Il n'y a qu'un mot en passant dans Paschase, contre ceux qui voulaient que tout corps fût palpable; et l'on ne peut pas dire qu'en cela il soit mauvais philosophe. Toutes les autres difficultés de l'Eucharistie, que l'on tire de la philosophie et des sens, n'y sont pas seulement marquées. Il n'y a pas un seul mot dans tous les autres auteurs; et M. Claude nous viendra dire, comme si l'on n'avait fait autre chose que de disputer contre les sens, *qu'on leur a déclaré une guerre ouverte.* Quand on l'aurait fait, on n'aurait qu'imité en cela les SS. Pères, qui nous ont assuré *qu'il ne s'en fallait pas rapporter aux sens sur le sujet de l'Eucharistie*; mais il est faux de plus qu'on l'ait fait. De sorte qu'il semble que M. Claude prenne plaisir à faire que ce qu'il avance soit faux et déraisonnable en toutes les manières qu'il le peut être.

Tout cet appareil de faussetés aboutit à persuader que l'on est tombé au dixième siècle dans une connaissance confuse de l'Eucharistie. Et l'on peut juger quelle peut être la solidité d'une conclusion qui est fondée sur tant de mensonges, et qui est d'elle-même contraire au sens commun. Car les seules paroles des Liturgies, qui sont l'abrégé de celles des Pères, étaient suffisantes pour instruire tous les ecclésiastiques de ce mystère. La nécessité de participer souvent à la communion, et la crainte que l'on donnait d'y participer indignement, faisaient qu'il était comme impossible que tout le monde ne fût instruit de ce qu'il en fallait croire; et l'on peut dire avec vérité que l'Eucharistie est le dernier des mystères dont la connaissance se peut perdre, parce qu'il n'y en a point auquel on soit plus souvent obligé de s'appliquer, et par des motifs plus pressants.

Mais si l'on veut considérer de plus près et les paroles de M. Claude et l'état où il nous dépeint ce siècle, on trouvera que cette *connaissance confuse* n'est qu'un mot en l'air; et qu'au cas qu'il signifie quelque chose, il n'est pas possible que les chrétiens y aient été dans ce siècle-là.

Premièrement il y a toute sorte d'apparence que M. Claude, en nous parlant si souvent de *connaissance confuse*, ne conçoit que le son de ce terme, et qu'il nous veut éblouir par un mot qui ne signifie rien dans son esprit : car en recherchant dans son livre en quel sens il le prenait, j'ai trouvé que *connaissance confuse* et *connaissance distincte* ne sont que la même chose dans son langage; c'est-à-dire, que la connaissance qu'il appelle confuse est tout aussi nette que celle qu'il appelle distincte.

Pour développer ce mystère, il faut savoir que, selon M. Claude, la connaissance distincte de l'Eucharistie ne consiste pas à savoir distinctement que l'Eucharistie n'est pas réellement le vrai corps de Jésus-Christ : car il ne veut pas que l'on ait fait cette réflexion expresse dans le temps même où il admet sa connaissance distincte. En quoi consiste-t-elle donc ? On trouvera qu'elle ne consiste en autre chose qu'à savoir 1° que l'Eucharistie est du pain et du vin ; 2° que ce pain et ce vin sont des sacrements du corps et du sang de Jésus-Christ ; 3° qu'il les faut recevoir en mémoire de la passion de Jésus-Christ ; 4° qu'en les recevant on reçoit les grâces et les consolations de Jésus-Christ ; 5° que ce pain et ce vin, qui sont les sacrements du corps de Jésus-Christ, sont appelés son corps et son sang, quoiqu'ils n'en soient que les signes ; 6° que Jésus-Christ est réellement au ciel.

Quand M. Claude nous veut donner l'idée de sa connaissance distincte du mystère de l'Eucharistie, il ne la compose que de ses connaissances particulières. Et c'est pourquoi, dans la page 295, où il nous la décrit, il n'y en comprend point d'autres. *Il est certain*, dit-il, *que la vérité positive que nous croyons était enseignée dans les huit premiers siècles, d'une manière si claire, si forte et si distincte, qu'elle dissipait toutes les difficultés qui pouvaient naître de ces expressions :* LE PAIN EST LE CORPS DE CHRIST ; IL EST CHANGÉ AU CORPS DE CHRIST. Et pour prouver que l'on enseignait la créance calviniste de cette manière claire, forte et distincte, il ajoute : *On enseignait que le sacrement était du pain et du vin ; que ce pain et ce vin étaient les signes et les figures du corps de Jésus-Christ ; qu'ils ne perdaient point leur naturelle substance ; mais qu'ils étaient appelés le corps et le sang de Christ, parce qu'ils en étaient les sacrements.* Cela supposé, il est bien visible que si les fidèles n'avaient pas cru toujours la présence réelle, il est impossible au moins qu'ils aient jamais été privés de ces autres connaissances qui composent la créance distincte de M. Claude.

La chose est toute évidente par le sens commun. Car le moyen qu'ils aient pu ignorer des choses dont ils ont eu continuellement les oreilles frappées ? Mais parce que ce n'est pas la coutume de M. Claude d'écouter beaucoup la raison, il vaut mieux le convaincre par son propre témoignage. Il décrit, dans la page 495, quelles sont les vérités du mystère de l'Eucharistie qui ont toujours été populaires, c'est-à-dire, quelles sont celles qui ont toujours été connues du peuple. Et il est remarquable qu'il s'agit en ce lieu-là du temps où il place et son changement insensible et sa connaissance confuse de l'Eucharistie. Or entre ces vérités populaires il marque expressément toutes celles qui forment sa connaissance distincte. *Le mystère de l'Eucharistie*, dit-il, *a toujours été populaire en la forme extérieure de sa célébration, et dans les actes généraux que les chrétiens y doivent faire. Prendre du pain, boire d'un calice en mémoire de la mort et de la résurrection de Jésus-Christ Notre-Seigneur ; recevoir ces choses avec un respect religieux, comme un grand sacrement que le Seigneur a institué ; élever sa foi au corps et au sang du Sauveur pour y trouver la consolation de l'âme : cela est sans doute populaire. Il est populaire d'écouter le témoignage des sens, qui rapportent que c'est du pain, et d'entendre dire pourtant que c'est le corps de Christ, le sacrement du corps de Christ, son gage, son mémorial...... Il est populaire de savoir que Jésus-Christ est au ciel, et que de là il viendra pour juger les vivants et les morts.* Voilà ce que c'est, selon M. Claude, que la connaissance populaire du mystère de l'Eucharistie, c'est-à-dire, celle qui a dû être nécessairement dans le peuple du dixième siècle, dont il est question en cet endroit. Cette connaissance populaire est donc ce qu'il appelle aussi connaissance confuse ; cependant elle comprend tout ce qui est enfermé dans la connaissance distincte ; et ces chrétiens confus du dixième siècle en savaient tout autant que les chrétiens distincts des autres siècles de M. Claude.

Ainsi toute cette distinction de deux connaissances, l'une distincte et l'autre confuse, l'une pour les huit premiers siècles, l'autre pour le neuvième et le dixième, est une pure illusion. C'est une distinction de mots dont M. Claude n'a aucune idée distincte, et qu'il confond lui-même quand il vient à les appliquer ; et elle n'est inventée que pour faire un certain jeu de paroles qui semblent signifier quelque chose, et qui ne signifient rien. Il nous dit *qu'on a passé de la vérité distincte à la vérité confuse, et de la vérité confuse à l'erreur.* Les mots de vérité distincte, de vérité confuse, sont effectivement différents ; mais ce que M. Claude entend par ces mots, en les appliquant à l'Eucharistie, ne l'est point du tout ; et tout cela n'a pour but que de tromper ceux qui se repaissent de mots, et qui ne vont pas jusqu'au fond des choses.

Tout ce que nous avons dit dans le sixième livre contre cette connaissance confuse, nous donne encore lieu de supposer que c'est une pure chimère, et qu'il faut par nécessité que les fidèles aient eu une connaissance distincte du mystère de l'Eucharistie, c'est-à-dire, qu'ils aient cru distinctement, ou que ce qu'on leur donnait était le corps de Jésus-Christ, ou que ce ne l'était pas, mais seulement son image et son symbole. Mais on peut dire qu'il n'y a point de siècles où il soit moins raisonnable de placer une connaissance confuse de ce mystère que dans le neuvième et le dixième, en s'arrêtant à l'hypothèse de M. Claude.

Il veut que l'opinion de la présence réelle ait été proposée par Paschase dès le commencement du neuvième siècle ; qu'il ait trouvé quelque petit nombre de sectateurs, et qu'il ait été contredit par tous les grands hommes de son siècle. Mais il s'ensuit de là tout le contraire de ce qu'il prétend ; car le moindre effet que pouvait produire cette contestation, était d'appliquer les hommes à considérer ce différend. Or dans une chose où il s'agissait du salut de chacun, il est impossible que tous ceux qui en entendaient parler n'aient formé une pensée distincte, pour rejeter ou pour admettre cette présence réelle dont M. Claude veut qu'il fût alors question. Et comme il est sans apparence qu'une opinion nouvelle, contraire à la raison et aux sens, soit reçue d'abord par tous ceux qui en entendent parler, et qu'il est certain au contraire que l'on en parle en mille lieux où l'on ne la propose pas même d'une manière capable de persuader, il s'ensuit que l'opinion de Paschase, avant que d'être embrassée par beaucoup de monde, aurait dû être auparavant fort connue ; et qu'elle aurait été d'abord formellement rejetée par la plus grande partie de l'Église.

Si M. Claude consultait un peu la nature et le bon sens dans la composition de ses hypothèses, il aurait reconnu que les nouvelles d'une opinion que l'on propose dans l'Église, précèdent toujours l'approbation de cette opinion, et qu'ainsi avant que Paschase eût trouvé dix sectateurs, il aurait fallu qu'il y eût eu cent mille personnes qui en eussent ouï parler sans s'être laissé persuader.

Et de là il s'ensuit qu'il n'aurait pu accroître son parti qu'en convertissant les gens qui l'auraient auparavant condamné, et qui seraient ainsi passés, non d'une connaissance confuse à une connaissance distincte, mais de l'improbation formelle de l'opinion de Paschase à l'approbation de cette même doctrine.

C'est donc encore une nouvelle chimère que de dire qu'on ait pu produire ce grand changement en faisant passer insensiblement le monde de la connaissance confuse à l'erreur, puisqu'il est clair qu'il aurait dû nécessairement être précédé d'une connaissance très-distincte des deux opinions, et d'une improbation positive de l'opinion de Paschase.

Je ne sache qu'un moyen par lequel M. Claude puisse éviter cet inconvénient, qui est de supposer que Paschase était prophète, et qu'il communiquait le don de prophétie et celui d'une circonspection miraculeuse à tous ceux qu'il gagnait à son parti. Avec ces deux qualités surnaturelles, il se pourra faire qu'il ne communiquât jamais sa doctrine qu'à ceux qu'il prévoyait, par esprit de prophétie, la devoir certainement approuver; que ces personnes auront observé la même réserve, en ne parlant de cette même opinion qu'à ceux qui la devaient embrasser et cacher. Mais à moins que de cela, et s'il a agi avec une prudence purement humaine, il est impossible que pour un sectateur il n'ait fait mille adversaires, et que ces adversaires n'aient appliqué tout le monde à rejeter positivement sa doctrine comme une folie.

Et en effet, M. Claude ne se souvient pas que c'est ce qu'il suppose lui-même, et que c'est l'effet qu'il attribue au livre de Bertram et de Jean Scot, qu'il veut avoir été victorieux dans leur siècle des nouveautés de Paschase. C'est donc à lui à nous expliquer par quel moyen cette connaissance confuse a pu subsister parmi tant de lumières capables de la détruire.

S'il est embarrassé à placer sa connaissance confuse au neuvième siècle, il le doit être encore davantage à la placer au dixième, qu'il prétend avoir été mi-parti de paschasistes et de bertramistes : car ces paschasistes auraient tous eu une connaissance fort distincte de la présence réelle ; et ces bertramistes en auraient eu une très-distincte de l'absence réelle. Et il eût été impossible, dans le grand nombre de prédicateurs qu'aurait eus l'une et l'autre doctrine, qu'il y eût quelqu'un dans l'Église qui n'en eût pas ouï parler.

Il n'y a guère de personnes dans ce continent-ci qui n'aient ouï parler qu'on a découvert depuis deux cents ans un nouveau monde au-delà de l'Océan ; et l'on ne doit point douter que cette découverte n'ait été connue, lorsqu'elle arriva, par toutes les personnes qui n'étaient pas entièrement stupides. Cependant quelle proportion y a-t-il de cette nouvelle avec la découverte de la doctrine de la présence réelle, si elle eût été auparavant inconnue? Et combien la nouvelle d'un Dieu présent sur tous les autels du monde est-elle plus grande, plus surprenante, plus capable d'appliquer les hommes par la vue de leur intérêt, que celle de la découverte d'un nouveau monde ! Il est donc contre la raison de croire que cette doctrine ait pu être défendue par quelque nombre de personnes, et qu'elle n'ait pas été incontinent connue de tous les chrétiens.

Ainsi tous les moyens et toutes les machines de M. Claude se trouvent toujours contraires à la raison, parce qu'il ne la consulte jamais pour les inventer ; et c'est une chose surprenante comment il a pu dire, même par hasard, tant de choses sans apparence ; de sorte qu'il semble qu'il ait eu dessein d'éviter la vraisemblance dans ses hypothèses avec autant de soin que les autres la recherchent.

CHAPITRE

Des machines d'adoucissement, ou des moyens inventés par M. Claude pour empêcher qu'on ne fût choqué de la doctrine de la présence réelle.

M. Claude n'a pas cru ce fût assez d'avoir préparé les esprits à recevoir la présence réelle par les moyens que nous avons vus ; il a jugé encore très-prudemment qu'il fallait empêcher qu'on ne se soulevât contre cette doctrine, lorsqu'il la ferait prêcher dans le monde, afin de lui donner moyen de s'établir insensiblement, et de parvenir à ce degré d'autorité où elle se trouva dans le onzième siècle. Il était donc nécessaire de lui ôter ce qu'elle a d'étrange et de surprenant à l'égard de ceux qui n'en ont point encore entendu parler ; et c'est ce qu'il a prétendu faire par les moyens d'adoucissement qu'il répète souvent dans son livre, et qu'il explique en peu de paroles dans le passage suivant. *C'est un songe*, dit-il (pag. 426), *que de s'imaginer que la créance distincte tint les hommes dans une perpétuelle vigilance contre l'erreur. Car il est certain que l'erreur ne s'insinua point par voie d'opposition ou de contradiction formelle à la vérité, mais par voie d'addition, d'explication, de confirmation, et tâcha de s'allier avec la foi ancienne pour ne l'effaroucher pas d'abord.* Et c'est par ce moyen qu'il veut que ce changement prodigieux, qu'il prétend être arrivé dans la doctrine de l'Eucharistie, n'ait pas été *connaissable* à ceux mêmes qui le souffraient (pag. 449).

Les inventions de M. Claude ont d'ordinaire des défauts assez considérables : c'est qu'elles sont fausses, impossibles, inutiles; et tous ces défauts se rencontrent dans celle-ci. Il est faux que Paschase n'ait point enseigné sa doctrine en condamnant formellement ceux qui auraient été dans un sentiment différent du s'en. M. Claude sait bien le contraire, et qu'il les déclare *coupables d'un crime détestable* : Nefarium *scelus est orare cum omnibus, et non credere cum omnibus*; qu'il les accuse d'être *des gens sans foi* : Ecce *quomodò disputant contra fidem sine fide* (epist. ad Frud.).

Il sait bien que Hincmar (Prædest. c. 31) condamne de même l'opinion de ceux qui disaient que l'Eucharistie n'était que l'image et la mémoire du corps de Jésus-Christ, comme une *nouveauté contraire à la foi catholique*.

On ne doit donc point douter que si les disciples de Paschase avaient su qu'il y eût eu de leur temps des gens qui ne crussent pas la présence réelle, ils n'eussent parlé le même langage que leur maître, et qu'ils n'eussent condamné comme lui l'opinion contraire, d'erreur, de crime et de nouveauté. Et par conséquent c'est une vision très-mal fondée d'avancer, comme fait M. Claude, que cette doctrine n'ait point été proposée par voie d'opposition ; puisque sitôt que ceux qui l'ont enseignée se sont imaginé qu'il y avait quelques personnes qui en doutaient, ils ont formellement condamné leur doute.

2° M. Claude ne prend pas garde que sa prétention est non seulement fausse et contraire à ses propres suppositions, mais qu'elle est aussi impossible. Car il n'est pas possible qu'une doctrine nouvelle soit approuvée d'abord de tous ceux à qui on la propose. Il y en a par nécessité qui la rejettent, et qui en avertissent les autres. Il veut lui-même que celle de Paschase ait été rejetée par les plus grands hommes de son siècle. Il n'avait donc point d'autre voie pour l'établir dans l'esprit de ceux qui la rejetaient formellement que de les contredire et de les combattre, en leur montrant qu'ils se trompaient, et que leur opinion était fausse ; et ainsi il aurait fallu se servir par nécessité à l'égard de la plupart, de la voie d'opposition.

3° Enfin, ce moyen est inutile pour la fin à laquelle M. Claude le destine, qui est d'empêcher qu'on ne se soulevât contre cette doctrine, et de faire ainsi que le changement fût imperceptible à ceux qui le souffraient. Car de quelque nom qu'il appelle la manière dont il prétend que l'on s'est servi pour proposer la doctrine de la présence réelle, soit qu'il la nomme voie d'explication, ou voie de confirmation, ou voie d'addition, il est impossible qu'elle ne produisît toujours un grand éclat, et que ce ne fût le changement du monde le plus sensible. Et pour en être convaincu, il n'y a qu'à le considérer dans la personne de ceux qui eussent embrassé cette opinion, et dans celle de ceux qui l'auraient rejetée et combattue.

Que M. Claude considère, s'il lui plaît, quelle pouvait être la surprise des uns et des autres, et quel devait être, par exemple, l'étonnement d'un religieux, d'un prêtre, d'un évêque, à qui l'on venait dire que toutes les fois qu'il avait dit la messe, il avait eu le corps de Jésus-Christ entre les mains ; qu'il l'avait reçu dans son estomac toutes les fois qu'il avait communié ; dans quelle confusion il devait entrer de l'avoir traité avec tant d'indifférence, de l'avoir méconnu, et de ne lui avoir rendu aucun des respects qui lui sont dus. Est-il possible que cette connaissance n'eût pas produit tous ces mouvements, et qu'ensuite elle ne leur eût pas fait conclure par leur propre expérience que comme ils avaient ignoré ce secret toute leur vie, il était de même ignoré de plusieurs autres, et que ceux qui ne l'avaient pas appris comme eux étaient dans l'aveuglement où ils avaient été eux-mêmes.

Les autres devaient être surpris et étonnés d'une manière toute contraire. Ils devaient se moquer de l'absurdité de cette nouvelle doctrine; ils devaient être étonnés de la hardiesse que les paschasistes avaient de la proposer comme la foi de l'Église ; ils devaient être puissamment choqués de ce qu'on les accusait d'ignorance, d'infidélité et de crime, pour ne pas croire ce que personne n'avait jamais cru. Ainsi cette doctrine ne pouvait manquer d'être extrèmement perceptible, de quelque manière qu'on la proposât.

Que M. Claude appelle donc, s'il veut, cette manière de proposer la présence réelle, *addition*, *confirmation*, *explication*, je ne m'en mets pas en peine ; mais qu'il ne prétende pas que ces mots soient des mots de magie, qui changent et renversent l'esprit et le cœur des hommes, et qui les empêchent d'agir comme ils agissent à l'égard de tous les autres objets. Ces mots auraient-ils empêché qu'ils ne se fussent aperçus qu'ils n'avaient jamais eu une telle idée ? Auraient-ils empêché qu'ils ne vissent que les autres ne l'avaient pas ? Auraient-ils empêché qu'ils ne tirassent les conséquences naturelles de toutes ces connaissances ? Ils n'auraient donc empêché ni la révolte, ni le soulèvement, ni l'éclat. Et M. Claude n'est pas raisonnable, lorsque laissant subsister tout ce qui produit l'étonnement, la surprise et les contestations aigres et animées, il s'imagine qu'ils les calmera en changeant les mots, et en nous débitant, comme un secret qui doit remédier à toutes sortes d'inconvénients, que la présence réelle ne s'est point introduite par *voie d'opposition et de contradiction formelle, mais par voie d'addition, d'explication et de confirmation*.

Qu'il nous dise donc aussi, en suivant ce rare raisonnement, que l'on n'a point dû être surpris de la nouvelle de la découverte d'un nouveau monde, parce que ce n'était qu'une addition à la géographie ; que la pensée de la circulation du sang n'a point dû surprendre les médecins, parce que ce n'était qu'une addition à l'anatomie; que toutes les visions des millénaires et des apocalyptiques n'ont rien d'étonnant, et ne doivent être aperçues de personne, parce qu'on ne les propose que par une voie d'explication de l'Apocalypse; que Montan a dû faire recevoir sa doctrine insensiblement, parce qu'elle consistait dans l'addition de nouvelles prophéties.

Que si M. Claude voit clairement qu'il n'y aurait rien de moins raisonnable que de raisonner de cette sorte, qu'il reconnaisse aussi de bonne foi que tous ces moyens, par lesquels il a prétendu faire croire que la doctrine de la présence réelle a pu s'établir sans soulèvement et sans éclat, sont des illusions manifestes.

CHAPITRE VI.

Examen des machines ou moyens d'exécution, où l'on fait voir l'impossibilité du changement insensible.

L'inutilité des moyens précédents, employés par M. Claude, ne nous donne pas lieu d'attendre grand'chose de ceux dont il prétend que l'on s'est servi pour exécuter ce changement insensible. Ainsi l'on a déjà pu voir, dans la description que l'on en a faite sur ses propres paroles, qu'il ne sait à quoi s'en tenir, et qu'il se sert de moyens contradictoires. Tantôt il fait établir la présence réelle *par les bruits de la dispute* (p. 300); et tantôt il reconnaît qu'il n'y a point eu de dispute dans le dixième siècle, où il prétend que ce changement s'est fait (p. 651). Ainsi, il y aurait lieu de lui demander d'abord qu'il optât, et qu'en choisissant un de ces moyens chimériques, il reconnût qu'il a avancé l'autre faussement et témérairement.

Il faut avouer néanmoins que si la contradiction est évidente, elle est en quelque sorte nécessaire. Il y a été contraint par la suite de ses faux principes. Le moyen qu'on ait proposé la doctrine de la présence réelle à tant de personnes qui n'en avaient pas ouï parler, ou qui en avaient de l'éloignement, et qu'on les en ait persuadées tout d'un coup; qu'elles n'aient fait aucune résistance; qu'elles aient renoncé à toutes leurs lumières; et que cela soit arrivé généralement dans toutes les familles, dans tous les monastères, dans toutes les églises, et dans tous les lieux de l'Occident?

Jamais il n'y eut rien de plus visiblement impossible. C'est pour cette raison que M. Claude a cru qu'il était à propos de faire introduire la présence réelle *par le bruit des disputes* (p. 300).

Mais le moyen aussi que tant de disputes n'eussent produit aucun écrit; que les paschasistes n'en eussent fait aucun pour éclaircir les doutes qu'on leur proposait; que les bertramistes, en rejetant la doctrine de la présence réelle, n'eussent jamais écrit les raisons de leur résistance; qu'étant traités par les paschasistes de criminels et d'hérétiques, ils n'eussent point essayé de se justifier de ces crimes qu'on leur imposait, et de les rejeter sur leurs adversaires? Cela est encore moins possible. Et c'est pourquoi M. Claude a trouvé à propos (p. 651) de reconnaître que puisqu'il n'y a point eu d'écrits sur cette matière, il n'y a donc point eu de dispute.

Qui n'admirera, dans cette rencontre, les effets étranges de la passion sur les esprits mêmes qui paraissent avoir quelque sorte de lumière? Quoiqu'ils ne puissent s'empêcher de voir la vérité, qu'ils l'aient reconnue et avouée lorsqu'ils ne prévoyaient pas qu'elle pût servir à les convaincre, ils font semblant de la méconnaître sitôt qu'ils s'aperçoivent qu'elle est contraire à leurs desseins et à leurs prétentions. M. Claude avait bien vu qu'il était impossible que la créance de la présence réelle s'introduisît dans l'Église, au cas qu'elle n'y eût pas toujours été, sans une infinité de contestations et de disputes; et c'est pourquoi il a d'abord embrassé ce moyen comme absolument nécessaire à son dessein : *Les sens*, dit-il, *furent attaqués par les bruits de la dispute* (p. 300). Mais quand il a vu que ces disputes attiraient nécessairement des écrits de part et d'autre, et qu'il n'en pouvait produire aucun, il s'est repenti de l'avance qu'il avait faite, et il s'en est retiré en se contredisant par une belle antithèse, ainsi que nous avons vu. *Je conclus bien*, dit-il (p. 658), *que n'y ayant point eu d'écrits, il n'y a point eu de disputes; la conséquence est, à mon avis, raisonnable. Mais je ne conclus pas que n'y ayant point eu de disputes, la doctrine de l'Église n'ait point été attaquée; la conséquence n'est pas bonne. Elle a été attaquée sans avoir été défendue..... Je conclus bien que s'il y eût eu des disputes, l'ignorance n'eût pas subsisté; mais je conclus aussi que l'ignorance a subsisté, parce qu'il n'y a point eu de disputes.*

Si nous demandions à M. Claude des preuves que l'on ait attaqué l'absence réelle, qu'il appelle la doctrine de l'Église, *par la fausse philosophie, par les intrigues des moines, par l'autorité de la cour Romaine, qui n'a jamais été ni plus fière ni plus puissante*, il y serait aussi empêché qu'à nous produire des écrits et des disputes : car il y a aussi peu d'apparence à l'un qu'à l'autre. Jamais il n'y eut rien de plus éloigné de la philosophie vraie ou fausse, que tout ce qui nous reste d'écrits du dixième siècle; et s'il y avait quelque ignorance plus grande dans ce siècle que dans les autres, elle ne regardait que la philosophie d'Aristote et les lettres humaines, parce que les ecclésiastiques ne s'y appliquaient qu'à la lecture des Pères et de l'Écriture-Sainte.

Cette autorité de la cour romaine, qui n'a jamais été, dit M. Claude, *ni plus fière ni plus puissante*, et par laquelle il veut que la véritable doctrine ait été attaquée, est encore une vision, et une vision non seulement téméraire et sans fondement, mais notoirement fausse et contraire à la vérité de l'histoire; car non seulement la cour de Rome n'était ni *fière ni puissante* au dixième siècle, mais elle y était extrêmement rabaissée, puisque les empereurs y entreprenaient de faire déposer les papes, et d'en faire élire d'autres, et que l'on peut dire que dans tout ce siècle l'Église romaine fut sous la dépendance de la puissance temporelle. Ainsi jamais elle ne fut moins en état de faire recevoir une nouvelle doctrine à toute l'Église, comme elle n'a jamais été plus éloignée de l'entreprendre.

Ces intrigues de moines sont de pures fables, sans apparence et sans fondement. Les religieux de ce temps-là étaient ou déréglés, et ne songeaient guère à changer la créance de l'Église; ou réformés, comme ceux de la congrégation de Cluny, les Camaldules établis par S. Romuald en Italie, les religieux d'Allemagne réformés par les évêques. Il se fit aussi diverses autres réformes dans la France et dans l'Allemagne, dont il est parlé dans le livre de *la Perpétuité*; mais toutes les réformes allaient à retirer les religieux des intrigues du siècle, et non à les y mêler. On a encore la vie de S. Odon, écrite par un auteur contemporain; on a celle de S. Mayeul, écrite par S. Odilon; on a celle de S. Odilon et de S. Romuald, écrite par Pierre de Damien. Comme toutes ces personnes étaient persuadées de la présence réelle; que S. Odon parle avantageusement de Paschase dans ses conférences; que S. Odilon a vu Bérenger; que Pierre de Damien a survécu à la condamnation de son hérésie, et la condamne partout dans ses livres; ils n'auraient pas fait difficulté d'avouer que ceux dont ils écrivaient la vie auraient travaillé à établir la foi de la présence réelle. Ils auraient cru que les intrigues auraient été glorieuses pour un tel sujet; et en leur ôtant le nom d'intrigues, ils les auraient fait passer pour des marques de leur zèle pour la vérité.

Cependant on ne voit point qu'il soit remarqué d'aucun de ces saints religieux, qu'il ait contribué en aucune sorte à déraciner l'opinion contraire à la présence réelle, ni à étendre cette doctrine.

Je ne sais si M. Claude a pris la peine de faire réflexion sur cette remarque, et s'il voit les conséquences qui en naissent. Ainsi pour l'aider à les tirer, je le supplie de considérer que s'il était vrai que la doctrine de la présence réelle eût été établie au dixième siècle, et qu'elle se fût répandue dans toutes les provinces du christianisme, il serait absolument nécessaire que tous ceux qui ont eu réputation de science et de piété dans ce siècle-là, eussent eu part à cet établissement, et qu'ils y eussent travaillé. Et comme on ne saurait guère s'imaginer de plus grand ouvrage que de persuader cette créance à tous les ecclésiastiques et à tous les peuples; de vaincre toutes les oppositions de leur raison et de leurs sens, fortifiées par la multitude et par l'accoutumance à d'autres pensées plus faciles et plus humaines, ç'aurait dû être sans doute la principale occupation de ces paschasistes; et ces paschasistes qui auraient changé ainsi la foi de toute l'Église ne pouvaient être autres que ceux qui étaient regardés comme les chefs de la religion dans ce siècle, et qui entraînaient par leur autorité les ecclésiastiques et les peuples.

Or nous avons les vies de la plupart de ces personnes écrites par des auteurs contemporains, ou au moins du siècle suivant; car outre celles que j'ai déjà marquées (vid. Bibl. Clunia.), nous avons celle de S. Gérard, comte d'Aurillac, écrite par S. Odon en quatre livres (Surius, die 3 sept.); celle de S. Remacle, écrite par S. Notger, évêque de Liége (idem, die 4 februar.); celle de S. Rembert, écrite par un auteur de son temps (idem, die 29 nov.); comme aussi celle de S. Radbodus, créé évêque d'Utrecht l'an 901 (idem, die 25 aug.). Un évêque du dixième siècle écrit la vie de sainte Cunégonde. La Vie de S. Adalbert, archevêque de Prague, dont l'abrégé est dans le livre de *la Perpétuité*, a été écrite par un auteur contemporain, comme il paraît par cette vie même qui se trouve dans Surius le 23 d'avril.

Celle de S. Ételuvod, ami de S. Dunstan, qui mourut l'an 984, a été écrite par un de ses disciples (Sur., die 1 aug.). Maurus, évêque de Cinq-Églises en Hongrie, a écrit celles de deux ermites de son temps (Sur., 1 maii). On a fait imprimer à Augsbourg en 1595 une vie fort ample de S. Udalric, écrite par une personne de son siècle. Celle de S. Dunstan a été écrite par Osbernus, chantre de l'église de Cantorbie, qui vivait du temps de Lanfranc. Tangmar, prêtre et bibliothécaire de l'église de Hildesheim, a écrit la vie de Bernard, évêque de cette ville, qui était son disciple. Elle se trouve dans Brouverius parmi les *Astres de l'Allemagne*. La vie de S. Godard, son successeur, a été écrite par Arnoldus, religieux et abbé de l'ordre de S. Benoît, qui vivait sous Othon III et les empereurs suivants. Elle est dans Surius au tome 7. Celle de S. Poppon, abbé de Staulo dans les Ardennes, a été écrite fort au long par Éverhemus, Flamand, abbé de Haumont au diocèse de Cambrai. Celle de S. Gui, abbé de Pomposia, a été écrite par un auteur contemporain, aussi bien que celle de S. Thibaut, prêtre et ermite, qui se trouve dans Surius le 30 juin. Pierre de Damien, outre celles de S. Odilon et de S. Romuald, en a fait plusieurs autres, comme celle de S. Maure, évêque de Césène, suffragant de Ravenne; celle de S. Rodulphe, évêque de Gobbio.

Si la religion a été changée dans le dixième siècle, il faut que ces saints aient travaillé à ce changement. Cependant on ne voit dans aucune de ces vies qu'aucun d'eux se soit employé à instruire les peuples de la présence réelle, et à combattre l'opinion contraire. Il ne paraît point ni que ces saints ni que ces historiens aient été occupés de cette pensée. Il n'est pas même parlé de l'Eucharistie, sinon dans le récit de leur mort, à laquelle l'on voit souvent qu'ils se préparaient par l'extrême-onction et le viatique. Il est dit, par exemple, dans celle de S. Remacle, qu'il mourut *cùm se sacrosancti corporis et sanguinis Domini viatico confirmâsset*. Il est dit dans la vie de S. Rembert *qu'il reçut l'extrême-onction et le viatique sept jours avant sa mort, et qu'il communia ensuite tous les jours*. Dans la vie de Ste. Cunégonde il est dit qu'elle demanda peu de temps avant sa mort L'EXTRÊME-ONCTION ET LE VIATIQUE. Pierre de Damien (Vitâ Odil., n. 30) fait la même remarque de S. Odilon.

Mais il n'est dit ni de ces saints ni d'aucun autre

qu'il ait prêché la présence réelle, qu'il ait eu du zèle pour l'établissement de cette doctrine, qu'il ait converti plusieurs personnes à cette créance; et ce qui devrait avoir été leur plus grande occupation et le principal objet de leur zèle et de leur dévotion, selon les visions de M. Claude, n'a été remarqué par les historiens que de S. Odon, archevêque de Cantorbie, oncle de S. Osuald; mais d'une manière bien éloignée de pouvoir donner la pensée que la créance de la présence réelle ne fût pas celle de son siècle. L'histoire de S. Odon, que Guillaume de Malmesbury tire d'Osberne, porte seulement que plusieurs personnes doutant de la vérité de l'Eucharistie, il les confirma dans la foi par un miracle, en montrant l'hostie changée en chair: *Plurimos de veritate Dominici corporis dubitantes*, dit Guillaume de Malmesbury (G. Malm. in Odone), *ita roboravit, ut panem altaris versum in carnem, et vinum calicis in sanguinem propalàm ostenderet, et denuò in pristinam speciem retorta, usui humano conducibilia faceret*. Le fait est reconnu par les protestants mêmes, quoique Baleus aussi bien qu'Aubertin l'attribuent au diable, *mendacibus Satanæ miraculis*.

Cela prouve bien à la vérité qu'il y avait du temps d'Odon quelques personnes qui doutaient de la présence réelle; ce qui n'est pas bien étrange, puisqu'outre que le mystère même est très-capable d'exciter ces sortes de doutes, c'était de plus en Angleterre que s'était retiré Jean Scot, où il avait pu faire quelques secrets disciples de sa doctrine. Mais on voit par-là manifestement que ce doute était condamné par Odon, chef de l'église d'Angleterre, qui, ayant été regardé comme un saint par ceux de son siècle, et n'ayant été accusé d'erreur par aucun, est un témoin irréprochable de la foi de l'église d'Angleterre durant le dixième siècle.

Le même Osberne, dans la vie de S. Dunstan, chapitre 44, parle encore de l'Eucharistie, mais par occasion seulement, et pour montrer combien ce saint était rempli de l'esprit de Dieu. *Étant retourné*, dit-il, *à l'autel, il changea le pain et le vin au corps et au sang de Jésus-Christ par la sacrée bénédiction: et quand il eut donné la bénédiction au peuple, il quitta encore une fois l'autel pour prêcher: et étant tout enivré de l'Esprit de Dieu, il parla de telle sorte de la vérité du corps de Jésus-Christ, de la résurrection future, de la vie éternelle, qu'on aurait cru entendre parler un homme déjà bienheureux*. Voilà le rang que l'on donnait au dixième siècle à l'article de la présence réelle: on la croyait comme la résurrection et la vie éternelle.

On doit conclure de plus de l'exemple de S. Odon, que si tous les autres auteurs des vies de ces saints eussent eu quelque chose de semblable à rapporter de ceux dont ils écrivaient la vie, et s'ils eussent eu sujet de remarquer les conversions qu'ils avaient faites, ils n'auraient jamais manqué de le faire; et qu'ainsi leur silence est une preuve évidente que tous ces saints n'ont jamais eu en vue d'inspirer la doctrine de la présence réelle; qu'ils n'y ont jamais pensé; et que comme elle ne peut avoir été établie par d'autres que par eux, il s'ensuit qu'elle n'a été établie par personne dans ce siècle, parce qu'elle n'avait pas besoin de l'être.

On peut faire la même remarque en particulier sur l'historien Ditmar, évêque de Mersebourg, qui a pour le moins autant eu dessein d'écrire l'histoire ecclésiastique de son temps, que celle de l'état temporel d'Allemagne. Sa grande naissance ne lui permettait pas d'ignorer ce qui s'était passé dans son siècle. Il était ami de tous les grands évêques de son temps, et il fait l'éloge de plusieurs dans son histoire, comme de Sigismond, évêque de Halberstat (l. 1, p. 13); de Brunon, évêque de Verdun (l. 2, p. 23); de Géron, archevêque de Cologne (l. 3, p. 28); de S. Udalric, qu'il appelle la perle des évêques, *gemma sacerdotum* (ibid., p. 29); de S. Adalbert, archevêque de Magdebourg (ibid., p. 50); de Tagmon, archevêque de la même ville (l. 5, p. 58, et l. 6, p. 75); de Gotescalc, évêque de Frisingem (l. 6, p. 10, 63); de Lieuvison, archevêque de Brémen (ibid., p. 80); de S. Brunon, martyr, avec qui il avait étudié (ibid., p. 82); de Eid, évêque de Misnie (l. 7, p. 91); de Bernard, évêque de Verdun (ibid.). Il parle de quantité d'autres évêques de son temps. Il fait lui-même sa vie dans son histoire, mais il ne marque ni de soi ni d'aucun autre qu'il ait travaillé à établir la créance de la présence réelle.

M. Claude nous dira-t-il que tous ces évêques n'eurent point de part à cet ouvrage, ou que la chose ne valait pas la peine d'être remarquée? et prétendra-t-il que de retirer toute l'Allemagne d'une opinion que les paschasistes devaient regarder comme un crime détestable, de persuader à tous les peuples une doctrine si opposée à la raison et qu'ils jugeaient si nécessaire pour le salut, était une chose trop peu considérable pour avoir part dans l'éloge de ces évêques?

On voit le même silence dans tous les autres historiens du neuvième et du dixième siècle, quelque appliqués qu'ils soient à nous faire remarquer les affaires de l'Église. Il n'est fait aucune mention de ces conversions qui devaient être si fréquentes dans toutes les provinces de l'Europe, ni dans les Annales de l'abbaye de Fulde, qui contiennent la relation des principales choses qui se sont passées depuis 833 jusqu'en 896; ni dans la Chronique de Frodoard, qui contient l'histoire de son temps depuis 919 jusqu'en 966; ni dans l'Histoire de Reims du même auteur, où il y a tant de miracles et de choses particulières; ni dans la Chronique d'Odorannus, qui s'étend depuis l'an 675 jusqu'à l'an 1032; ni dans les Annales de Metz, qui commencent l'an 687 et finissent à l'an 903; ni dans celles d'Épidanus, religieux de S. Gal, qui commencent en 709 et finissent en 1044; ni dans la Chronique de Hildesheim, qui commence en 714 jusqu'en 1138; ni dans Glaber Rodulphus, religieux de Cluny, qui a fait l'histoire depuis le commencement du dixième siècle jusqu'en 1046; ni dans la Chronique d'Hermanus Contractus, comte de Voringen et religieux de Reichenon, qui va jusqu'en l'an 1054; ni dans celle de Marianus Scotus, qui s'étend jusqu'à l'an 1083.

Tous ces historiens ne disent pas un seul mot de cet établissement de la présence réelle, de ces disputes, de ces conversions, ni du zèle des évêques de ce temps-là pour instruire tous les peuples dans cette doctrine.

L'expérience des choses humaines nous doit faire juger de même que s'il était arrivé dans ce siècle quelque grand changement de la foi des peuples, il serait impossible que les princes qui y ont vécu n'y eussent pris part et n'y eussent contribué. C'est pourquoi M. Claude, qui est assez habile à prévoir ce qui devrait être, ne manque pas de nous marquer (p. 225) entre les moyens qui ont pu avancer l'établissement de la présence réelle *les intrigues des cours, les liaisons des grands, les intérêts des évêques, et les autres machines mondaines*; et il dit que *s'il eût été de ce temps-là il les eût remarquées*.

Et certainement des intrigues qui eussent eu un si grand effet auraient dû être extrêmement remarquables. Cependant nous ne voyons point qu'il en soit fait mention dans aucun des auteurs contemporains qui ont écrit la vie des princes et des princesses de ce siècle, comme Windichindus, Ditmar, Glaber Rodulphus, Helgad, Odilon, et plusieurs autres. On y voit quantité de preuves du zèle de ces princes pour la religion; et il est difficile d'en trouver qui en aient eu plus de soin, et qui aient plus favorisé l'Église, et qui aient eu plus d'estime et d'affection pour les saints évêques et pour les saints religieux de leur siècle : et s'il était vrai que la doctrine de la présence réelle se fût introduite de leur temps, il faudrait que c'eût été par leur autorité et par leur faveur. D'où vient que ce zèle et toutes les actions qui en devaient naître n'auraient été remarquées par aucun auteur, et qu'en nous parlant des vertus de ces rois, de ces princes et de ces princesses, ils ne font nulle mention de leur dévotion particulière à la présence réelle, ni du soin qu'ils aient pris pour en établir de plus en plus la créance parmi les fidèles?

M. Claude nous réplique (pag. 646) qu'on a tort de lui demander des témoins de ce changement, parce qu'on ne sait de quelle qualité les choisir : *Que s'ils sont de ceux qui ont embrassé la nouvelle doctrine* (c'est ainsi qu'il appelle celle de la présence réelle), *ils sont préoccupés de cette pensée, que c'est l'ancienne foi de l'Église, contraire à l'erreur de Jean Érigène : et s'ils sont du nombre de ceux qui ont gardé l'ancienne foi, on dira de même qu'ils sont préoccupés des opinions de Jean Érigène*. Mais qu'il ne prétende pas nous payer de cette mauvaise excuse : nous ne sommes point si difficiles qu'il le prétend. Il dit qu'il n'en peut produire qui ne soient ou paschasistes ou bertramistes; et je lui réponds que je reçois et les uns et les autres, pourvu qu'ils disent ce qu'ils devraient avoir dit si l'Église avait été au dixième siècle dans cet état monstrueux où il nous la représente.

Qu'il produise des paschasistes qui déplorent l'aveuglement des hommes dont la plupart ignoraient cette importante vérité de la présence réelle; qui parlent du progrès de leur doctrine, des oppositions qu'elle recevait, et qui se glorifient eux-mêmes ou qui en louent d'autres d'avoir converti plusieurs personnes à la véritable foi.

Qu'il produise des bertramistes qui se plaignent de l'abandonnement de la vérité, qui découvrent les illusions des paschasistes, qui fassent valoir le livre de Bertram, qui accusent Paschase et ses disciples d'être auteurs de la doctrine de la présence réelle.

Qu'il produise quelqu'un de ces nouveaux convertis qui nous déclare qu'ayant été jusqu'en un âge fort avancé sans savoir que Jésus-Christ fût présent sur les autels, enfin Dieu avait permis qu'il apprît cette vérité si nécessaire.

Toute sorte de témoins seraient bons à M. Claude; et il faut supposer que si les choses avaient été dans l'état où il se les veut figurer; mais il n'en a point du tout, parce qu'elles n'y ont pas été. Il ne voit dans tous les auteurs de ce temps-là que l'image d'une paix profonde sur la doctrine de ce mystère; il n'y trouve aucune application particulière à l'Eucharistie. S'ils en parlent, c'est que leur sujet les y porte, et jamais autrement; et ils n'en disent jamais ce que des personnes qui auraient été dans l'état où il les représente auraient dû dire par nécessité.

Quand les écrivains sont occupés de quelque pensée, ils trouvent toujours moyen de la faire entrer dans leurs écrits. S. Augustin réfute les pélagiens partout, et il en est de même des autres Pères qui ont dans l'esprit de combattre quelque hérésie : ils prennent occasion d'en parler sur toutes sortes de choses : c'est le naturel des hommes; et il faudrait leur changer l'esprit pour les faire agir d'une autre manière. Ce naturel paraîtrait donc dans les auteurs du dixième siècle, s'il était vrai, comme M. Claude le veut faire croire, qu'ils eussent eu en vue de répandre la doctrine de la présence réelle et de l'inspirer à tous les peuples : le nombre n'en est pas si petit qu'on voudrait faire croire. Mais non seulement il n'y paraît rien de cet esprit, mais il y en paraît un tout contraire; car il est visible qu'ils n'ont eu aucune attention particulière à l'Eucharistie.

S. Odilon, par exemple, a écrit la vie de l'impératrice Adélaide d'une manière fort édifiante. Cette illustre princesse, premièrement femme de Lothaire, fils de Hugues, roi d'Italie, mariée en secondes noces à l'empereur Othon Ier, qui fut mère d'Othon II et aïeule d'Othon III, remplit presque tout le dixième siècle, n'étant morte que l'an 1000. Elle a été pendant sa vie la mère des religieux aussi bien que des pauvres : elle a eu une dévotion particulière pour l'ordre de Cluny, pour S. Mayeul et pour S. Odilon même. Il ne s'est rien fait sans doute de son temps à l'égard de la religion où elle n'ait pris beaucoup de part. Si les religieux faisaient des intrigues, ce devait être auprès d'elle, puisqu'elle avait toute sorte de créance en eux. S. Odilon aurait donc dû nous dire quelques particularités de ce qu'elle aurait fait pour l'établissement de la doctrine de la présence réelle, et des soins qu'elle aurait pris pour éloigner des emplois ceux qui n'étaient pas de ce sentiment. Mais on ne voit rien de tout cela. Il fait un grand dénombrement de ses vertus et de ses actions, mais ses actions de zèle pour la présence réelle n'y ont point de place. Il remarque seulement qu'étant près de mourir, *après avoir reçu l'extrême-onction, elle reçut aussi le sacrement du corps du Seigneur en* L'ADORANT; *ayant toujours cru et toujours espéré en ce Seigneur :* TUM *sacri olei unctione peruncta, Sacramentum Dominici corporis humiliter et devotissimè* ADORANDO *percepit, in quem semper credidit et speravit.* S. Odilon fait assez voir par ces paroles la foi de cette princesse; et sans doute que M. Claude ne s'accommode point du tout de cette adoration du sacrement, qu'il veut ne s'être introduite qu'après Bérenger. Mais il ne fait néanmoins cette remarque qu'en passant, sans dessein, sans affectation, sans aucune vue. S'il n'avait été question de décrire sa mort, il n'en aurait point parlé. Ce n'est point certainement là l'esprit et le génie d'un homme qui est occupé du soin de répandre dans le monde une nouvelle doctrine.

S. Odon, plus ancien que S. Odilon, parle de la même sorte de l'Eucharistie. Il en traite fort au long au second livre de ses Conférences (l. 2, c. 29, 30, 31, 52) : il y fait assez voir quelle était sa créance sur ce mystère. Il dit que *ce sacrement est le plus grand des biens que Dieu ait accordés aux hommes; que c'est le plus grand effet de sa divine charité; que tout le salut du monde consiste dans ce mystère :* « *Hoc enim beneficium majus est inter omnia bona quæ hominibus concessa sunt, et hoc est quod Deus majori charitate mortalibus indulsit, quia in hoc mysterio salus mundi tota consistit.* » Il dit que l'abus que l'on en fait est le plus grand outrage que l'on puisse faire à Dieu : *Et certè dùm indignè tractatur, per hoc maximè divina quotidiè majestas injuriatur.* Il cite divers endroits de Paschase touchant la disposition nécessaire pour en approcher, et le crime de ceux qui en abusent; il fait l'éloge de ce livre, et il fait bien voir qu'il était de ses disciples, si c'est être de ses disciples que d'approuver sa doctrine. *Paschase*, dit-il (chap. 22), *a écrit ces choses et beaucoup d'autres pour nous apprendre la révérence que l'on doit à ce mystère, et nous en faire connaître la majesté : et si ceux qui font les savants prennent la peine de lire son livre, ils y apprendront de si grandes choses, qu'ils reconnaîtront bien qu'ils avaient en encore peu de connaissance de ce mystère.* Mais il est remarquable qu'il était si peu appliqué à prouver la présence réelle, et que c'était si peu ce qu'il considérait dans le livre de Paschase, que rapportant un fort grand nombre de passages de cet auteur, il n'en rapporte aucun de ceux où la doctrine de la présence réelle est clairement exprimée. Il se plaint de la négligence et de l'indévotion des fidèles, mais il ne se plaint point de leur infidélité ni de leurs erreurs contre ce mystère : il ne dit point que le monde soit partagé de sentiment sur ce point, et qu'il y eût une infinité de personnes qui n'avaient pas la vraie foi.

Ce silence prodigieux de tant de personnes sur une chose aussi importante qu'est un changement universel de créance, qui n'aurait pu réussir sans la participation de tous ceux dont ils parlent, tiendra sans doute lieu d'une démonstration très-évidente à l'égard de toutes les personnes judicieuses; les négatives de cette nature ne se pouvant prouver d'une manière plus convaincante; car on ne doit pas prétendre que ces auteurs aient dû prophétiser qu'il y aurait des gens assez hardis pour avancer que toute l'Église ait changé de foi durant ce siècle, ni qu'ils aient été obligés de démentir par avance une imagination si ridicule. Mais afin néanmoins de donner lieu aux plus stupides d'en reconnaître l'absurdité, nous la considérerons encore plus en détail dans le chapitre suivant.

CHAPITRE VII.

Que le mélange des deux doctrines que M. Claude est obligé d'admettre au dixième siècle est la chose du monde la plus contraire au sens commun.

L'auteur de *la Perpétuité* ayant représenté l'absurdité de ce prétendu mélange dans son premier traité (de la Perpét.), M. Claude en y répondant s'est avisé de nous décrire, comme nous avons déjà remarqué, l'état où il prétend que l'Église a été après Bérenger, lorsqu'il s'agit d'expliquer celui où il doit supposer qu'elle était au dixième siècle. Mais parce que ces sortes d'artifices ne sont bons que jusqu'à ce qu'ils soient découverts, il nous permettra de lui dire qu'il n'a rien avancé par ce détour; que la difficulté demeure tout entière; et que bien loin de l'avoir éclaircie, il ne fait que témoigner par cette fuite qu'il lui était impossible de s'en démêler. Ainsi sans avoir égard à cette réponse si peu sincère, je ne laisserai pas de lui mettre encore une fois devant les yeux cette conséquence de son hypothèse qu'il évite d'envisager.

Puisque, comme nous l'avons prouvé, toute l'Église se trouva au commencement du onzième siècle dans la doctrine de la présence réelle, et que M. Claude prétend qu'à la fin du neuvième cette doctrine avait encore peu de partisans, il faut donc que ce soit au dixième siècle qu'elle ait fait tous ces progrès, et qu'elle se soit glissée dans toutes les nations, dans toutes les églises, dans toutes les sociétés, dans tous les monastères, dans toutes les maisons particulières. Il faut qu'elle y ait été d'abord plus faible que l'opinion contraire; qu'elle soit venue à l'égaler en nombre de partisans, et qu'elle l'ait enfin surpassée, et même abolie. Ainsi pour ne la considérer que dans le milieu où il faut qu'elle ait passé, il est nécessaire qu'il y ait eu un temps dans le dixième siècle où l'Église était composée de trois sortes de personnes : de paschasistes qui tâchaient d'attirer les autres à leur sentiment; de bertramistes, c'est-à-dire de gens qui demeuraient opiniâtrément attachés à l'opinion de l'absence réelle ; et de gens qui passaient d'une opinion à l'autre, que nous appellerons les nouveaux convertis. M. Claude voudrait peut-être bien que nous y conçussions encore ces ignorants qui n'avaient qu'une connaissance confuse des mystères ; et des profanes qui ne se mettaient pas en peine de ces disputes, et demeuraient indéterminés : mais, comme nous avons déjà dit, l'ignorance de ce mystère ne peut subsister avec un million de prédicateurs de la présence réelle, et un million de gens qui la rejetaient, qu'il faut nécessairement admettre en ce temps-là, selon M. Claude. De sorte qu'il n'y a point de siècles où l'on se puisse moins figurer cette ignorance que dans celui-là, puisque l'Eucharistie aurait dû être le sujet le plus ordinaire des discours de tout le monde.

Il est impossible aussi qu'il y ait eu des gens assez profanes pour ne prendre aucune part à une matière si importante à leur salut ; car cette disposition ne pouvant se concevoir sans une extrême irréligion, on en devrait conclure, non que ces gens seraient demeurés indéterminés, et se seraient tenus à l'écart de ces disputes, mais qu'ils auraient condamné positivement l'opinion de la présence réelle, puisqu'ils n'auraient eu aucune raison de se tenir dans cette neutralité, et qu'il leur aurait été bien plus facile de rejeter cette opinion, en s'attachant à leur raison et à leur sens.

Il n'y aurait donc eu proprement dans l'Église que les trois sortes de personnes que j'ai marquées ; et quand il y en aurait eu d'autres parmi les laïques, on ne s'en peut pas au moins figurer d'autres parmi les religieux, les ecclésiastiques et les évêques. Cela supposé, il suffit de dire en un mot à M. Claude, avec l'auteur de *la Perpétuité*, que pour agir comme il doit supposer qu'ils ont fait, il faudrait qu'ils n'eussent pas été des hommes, mais quelque autre espèce d'animaux et de créatures que nous ne connaissons point. Car c'est une chose étrange que tous ces gens dont M. Claude s'est obligé de composer son église du dixième siècle sont tellement extraordinaires, qu'il ne paraît en eux aucun des mouvements que la foi, la raison ou les passions inspirent aux autres hommes.

Ces paschasistes auraient dû croire qu'une grande partie de l'Église était plongée dans un aveuglement déplorable et une ignorance criminelle ; et M. Claude ne peut pas leur attribuer une autre disposition, puisque c'est ainsi que Paschase parle de tous ceux qui doutaient de la présence réelle. Cependant ils n'y font paraître aucune étincelle du zèle que cette opinion devait produire. Ils n'y parlent presque jamais de la chose dont ils devaient sans cesse parler ; ils n'écrivent point de ce qui leur aurait dû faire composer une infinité d'écrits ; ils publiaient partout, selon M. Claude, l'opinion de Paschase et de la présence réelle, mais ils ne parlent néanmoins nulle part dans leurs écrits, ni de Paschase ni de la présence réelle.

Ils paraissent morts, sans action, sans vigueur, sans zèle à cet égard ; et néanmoins avec cette inaction, cette langueur, cette négligence, ils persuadent toute la terre d'une opinion contraire à toutes les lumières de la raison et des sens. Ils ne font point de miracles comme les apôtres pour persuader cette doctrine ; ils ne répandent point leur sang comme les martyrs ; ils n'emploient point l'éloquence et la science comme les philosophes et les sages de ce monde ; ils ne se servent point des armes et de la force comme Mahomet ; et cependant ils font, dans la fausse hypothèse de M. Claude, plus que Mahomet, plus que les philosophes, plus que les martyrs et plus que les apôtres mêmes. Ils étendent leurs victoires par toute la terre, sans effort, sans soin, sans application, et sans y penser. Ils sont d'une part si orgueilleux, qu'ils osent préférer leur pensée à la foi de toute l'Église ; et de l'autre si modestes, qu'ils ne parlent jamais de leurs progrès ni des conversions qu'ils faisaient. Et enfin, ayant exécuté les plus grandes choses qui aient jamais été faites par les hommes, ils font si bien qu'ils étouffent la mémoire et d'eux-mêmes et de toutes leurs actions, et qu'ils ensevelissent dans un entier oubli le plus grand ouvrage qui fut jamais.

Ce qui est encore plus merveilleux, est que tous ces gens se rencontrent partout, et dans tous les lieux de l'Église, de même humeur et avec les mêmes inclinations. Ils y ont partout le même éloignement de combattre par écrit l'opinion qu'ils voulaient détruire ; la même prudence à ne parler jamais dans les écrits qu'ils nous ont laissés ni de la présence réelle, ni de Paschase, ni de l'aveuglement du monde, ni des erreurs contre ce mystère ; le même dessein de cacher à la postérité la mémoire de ce grand renversement.

Enfin, il faut que M. Claude suppose qu'ils avaient partout le même succès, et que tout le monde se trouva également disposé à recevoir leur doctrine ; qu'il ne se rencontra nulle part ni aucun évêque assez éclairé et assez généreux pour condamner ces nouveaux docteurs, ni aucun écrivain assez habile pour les réfuter, ni aucun ecclésiastique assez zélé pour les déférer devant les tribunaux, ni aucun historien assez exact pour nous décrire le changement qu'ils auraient causé dans l'Église. Il faut qu'il suppose qu'ils eurent tous la même adresse pour empêcher qu'on ne se soulevât contre eux, et pour se maintenir en paix avec ceux qu'ils traitaient de scélérats et d'infidèles. Un seul qui se serait un peu démenti de cette conduite aurait troublé tout le système de M. Claude, de sorte que pour empêcher ce désordre il faut qu'il fasse plier toute l'Église sous ces paschasistes, et qu'il prétende qu'il n'y ait eu aucune église ni aucun monastère qui se soit fortement opposé à eux.

Voilà sans doute des gens bien étranges et bien différents de tous ceux que nous voyons ou que nous connaissons par les histoires ; mais les érigénistes ou bertramistes de M. Claude ne le sont pas moins. Ils sont attaqués, selon lui, par les plus faibles et les plus méprisables adversaires du monde ; et ils ne prennent pas la peine de se défendre. Ils ont pour eux les sens, la raison, l'Écriture, les Pères, la coutume, la multitude ; et ils ne se servent d'aucun de ces avantages. On ne leur oppose que trois ou quatre chapitres du livre d'un religieux sans autorité, et cinq ou six passages des Pères ; et les uns se rendent sans résistance, et les autres résistent sans vigueur, et sans réfuter comme ils auraient dû une opinion si peu appuyée. Ils souffrent qu'on les traite de criminels et d'infidèles sur une matière dans laquelle ils auraient eu pour eux une grande partie de l'Église. Ils demeurent insensibles à ces reproches qu'il leur aurait été si facile de repousser ; ils n'appréhendent point les conséquences toutes naturelles d'une doctrine qui s'élevait en condamnant tous ceux qui ne la suivaient pas. Ni l'amour de la religion, ni la vue de leurs intérêts, ni la crainte d'être accablés par des adversaires si audacieux, ni la vanité qui porte à soutenir ses sentiments et à ne reconnaître pas qu'on ait été dans l'erreur, ne sont capables de les animer à la défense de la doctrine de l'Église. Il y en avait parmi eux d'évêques, selon M. Claude ; et ils ne se servaient point de leur autorité pour réprimer une nouveauté si dangereuse. Il y en avait d'abbés ; et ils souffraient qu'il se glissât dans leurs monastères une opinion qui obligeait leurs religieux à les regarder comme coupables d'une infidélité criminelle.

Tous ces bertramistes se rencontrent encore par toute la terre de la même humeur. Ils sont partout également patients, également froids, également sans vigueur, sans zèle, sans prudence, sans prévoyance, sans lumière, sans intérêt, sans crainte, sans cupidité, sans charité.

S'ils se convertissaient, il faut que M. Claude suppose que c'était sans témoigner aucun des mouvements qui devaient naître d'un aussi grand changement que celui de commencer à croire que Jésus-Christ est présent dans la terre sur tous les autels du monde ; car il ne saurait montrer qu'aucun d'eux ait fait paraître de l'étonnement et de la surprise d'avoir appris ce secret, du regret de l'avoir ignoré si longtemps, du scrupule de l'irrévérence avec laquelle il aurait traité Jésus-Christ durant le temps de son ignorance, du zèle contre ceux qui ne les auraient pas instruits d'une vérité si importante, de la compassion pour ceux qui ne l'auraient pas connue.

S'ils ne se convertissaient pas, il faut encore qu'il suppose que c'était sans faire paraître aucune des suites naturelles de cette disposition ; sans témoigner aucune indignation contre ceux qui corrompaient la foi de l'Église, aucun mépris de leurs raisons, aucune aigreur contre des gens qui les condamnaient si durement, et sans exciter aucun trouble contre des personnes qui choquaient ouvertement par leur doctrine leurs sens, leur raison, leur cupidité, leur foi et leur conscience.

Il est sans doute fort difficile de composer toute l'Église de gens qui soient tous de cette humeur, mais il n'est rien d'impossible à la rhétorique de M. Claude, et il prétend en venir à bout, et faire vivre en paix tous ces paschasistes et ces érigénistes imaginaires par le moyen d'une antithèse bien nombrée.

L'ignorance, dit-il (p. 661), *et la négligence les mettaient d'accord : et ce sont deux mauvaises gardes de la vérité. L'une est toujours endormie, et l'autre est toujours aveugle et muette. L'une ne s'éveille point au bruit que font les étrangers, l'autre, tout éveillée qu'elle est, n'a ni yeux pour voir, ni bouche pour crier. Que l'auteur reconnaisse donc que le dixième siècle, ayant été un siècle de ténèbres et d'assoupissement, on y a pu avancer un changement de foi, parce que ce sommeil et ces ténèbres favorisaient cette entreprise, sans que l'entreprise troublât ce sommeil ni dissipât ces ténèbres ; parce que pour réveiller les hommes de ce sommeil, il faut que la main de Dieu même les pousse et les agite ; au lieu que pour les faire changer d'état pendant qu'ils dorment, il faut seulement que la main d'un homme les lie.*

Je ne veux pas croire que ce soit à dessein et de mauvaise foi que M. Claude est tombé dans toutes les fautes dont ce discours est rempli, et je pense lui faire faveur en disant que l'éclat de ses figures l'a ébloui, et qu'il lui est arrivé, comme il arrive à plusieurs autres, de prendre la justesse du son pour la justesse du sens ; de changer les métaphores en raisons, et de suppléer par de fausses suppositions ce qui est nécessaire pour rendre l'antithèse plus complète. Quoi qu'il en soit, si la cause est incertaine, l'effet est certain et indubitable ; tout ce discours n'étant fondé que sur de fausses suppositions et de faux raisonnements.

De deux qualités qu'il attribue à ce siècle, savoir l'ignorance et la négligence, il y en a une, savoir la négligence, qui est fausse incontestablement.

Il n'y a point de siècle que l'on puisse avec moins de raison accuser de négligence que le dixième. C'est un siècle de zèle et de ferveur, de conversions, de réformation, selon l'auteur de la Perpétuité, dans les princes, dans les princesses, dans les évêques, dans les religieux, dans les peuples : et c'est dans les mêmes personnes un siècle de superstition et de fausse dévotion, selon M. Claude. Je ne dispute pas maintenant qui a raison ou qui a tort : mais je dis que le zèle et la superstition, la charité ardente et la dévotion aveugle, excluent également la négligence. Ce n'est pas par la négligence que l'on porte l'Évangile aux peuples barbares, qu'on abandonne sa vie pour le salut des âmes, qu'on convertit presque la moitié de l'Europe, qu'on chasse les ecclésiastiques scandaleux, qu'on réforme les monastères, qu'on pratique des pénitences et des austérités extrêmes. Que M. Claude traite tout cela de superstition tant qu'il voudra, mais rien n'est plus éloigné de la négligence que cette sorte de disposition. Ainsi le voilà déjà obligé de retrancher la moitié de son antithèse.

L'autre ne subsistera guère plus longtemps. Cette ignorance prétendue est une pure fable. M. Claude la fonde sur des discours généraux d'auteurs des seizième et dix-septième siècles, et elle est démentie par les auteurs du siècle dont il s'agit. Qu'il prenne seulement la peine de consulter ceux que j'ai cités dans le chapitre précédent, et il verra que c'est sans aucun fondement que l'on exagère tant cette ignorance. C'étaient des gens faits comme les autres ; les évêques, les ecclésiastiques et les religieux y étaient à peu près aussi instruits et aussi habiles que ceux des autres siècles. Il y a un peu moins d'écrivains, ce qui n'est qu'un effet du hasard ou de la paix de l'Église ; mais ceux qui nous en restent suffisent pour faire voir, et par eux et par ceux dont ils parlent, que cette ignorance monstrueuse dont on accuse ce siècle est une chimère. Peut-être y savait-on un peu moins les lettres humaines ; mais ce n'est pas là la science de l'Église ; et l'on doit plutôt conclure de là probablement que moins on y étudiait les auteurs profanes, plus on y lisait les Pères et les auteurs ecclésiastiques.

En second lieu, M. Claude ne sait point du tout tenir les choses dans leurs justes bornes, ni expliquer les discours des hommes dans le sens auquel l'équité et la droite raison oblige de les prendre. Tous ceux qui parlent en général d'un siècle et d'une nation, étant frappés de ce qui y paraît davantage, se servent d'ordinaire de termes fort généraux et qui semblent envelopper tous les particuliers. C'est ainsi que l'on dit que les Italiens sont artificieux et infidèles, que les Espagnols sont superbes, et que les Français sont impétueux et imprudents. On dit de même qu'un certain siècle était fort éclairé, qu'un autre était plein d'ignorance et de barbarie ; mais jamais personne n'a prétendu qu'il fallût prendre à la lettre ces reproches généraux. Et ainsi comme nonobstant ces jugements il ne laisse pas d'y avoir plusieurs Italiens sincères, plusieurs Espagnols très-humbles, et plusieurs Français sages et modérés, la raison doit faire juger de même que dans ces siècles que l'on accuse le plus d'ignorance, il ne laissait pas d'y avoir quantité de gens, dans toutes les provinces chrétiennes, qui étaient au moins médiocrement habiles ; et ce petit nombre de gens n'aurait été que trop suffisant pour résister à l'introduction d'une nouvelle doctrine, et pour avertir le monde du renversement que l'on aurait voulu faire de l'ancienne foi.

3° Cette ignorance même n'aurait pu aucunement subsister durant ce siècle, selon l'hypothèse de M. Claude, parce que toutes choses auraient contribué à la détruire. Le moyen que la foi de l'Église soit attaquée par un million de prédicateurs de l'erreur, qu'il y ait de l'autre côté un million de gens attachés à la vérité, et que ce combat contre tant de gens ne produise pas l'éclaircissement de la doctrine qui fait le sujet de la contestation ? Il le produisit bien, selon M. Claude, du temps de Paschase ; pourquoi ne l'aurait-il pas produit au dixième siècle où il devait être plus grand et plus universel ? Comment ces bertramistes auraient-ils pu s'empêcher d'examiner si les passages des paschasistes étaient véritables, et d'en chercher de contraires ? Comment auraient-ils pu étouffer toutes les raisons que l'esprit humain produit avec tant de facilité contre l'opinion de la présence réelle, si elle eût été nouvelle ? L'opposition de l'erreur n'applique-t-elle pas nécessairement l'esprit, et l'application ne détruit-elle pas l'ignorance ? Enfin cette ignorance même sur le point de l'Eucharistie est impossible et inconcevable parmi les chrétiens en la manière que M. Claude la représente, c'est-à-dire en ignorant également l'opinion des catholiques et des calvinistes. On peut bien ignorer l'opinion calviniste quand on est bien persuadé de celle des catholiques, mais il est impossible qu'un chrétien n'étant point instruit de la présence réelle pût ignorer en même temps la doctrine calviniste.

Car il faudrait par nécessité qu'il eût pris les paroles par lesquelles on exprime dans l'Église le mystère de l'Eucharistie, ou dans le sens littéral, ou dans le sens métaphorique. S'il les eût prises dans le sens littéral, il n'aurait pas ignoré la doctrine catholique ; s'il les avait prises dans un sens métaphorique, il n'aurait pas ignoré celle des calvinistes, et il aurait su ces deux grandes solutions de *figure et de vertu* nécessaires pour la défendre.

Il n'y a pas plus de raison à ce qu'il ajoute, que pour réveiller les hommes de ce sommeil il faut que la main de Dieu les pousse et les agite : c'est encore une pensée que la nécessité de l'antithèse a produite, et qui est fausse en toute manière.

Car ce sommeil du dixième siècle est faux et chimérique ; et quand il serait vrai, il est faux encore qu'il fût besoin d'une impulsion particulière de Dieu pour le dissiper, et pour rejeter la doctrine de la présence réelle si elle eût été nouvelle. M. Claude n'a que des connaissances imparfaites des plus communes vérités : la lumière et la grâce de Dieu sont nécessaires pour rejeter des erreurs par un motif de charité, mais la raison suffit pour les rejeter humainement. Prétend-il que ce soit par une impulsion particulière de Dieu que les Juifs, les Turcs, les sociniens, ne croient point la transsubstantiation ? Pourquoi donc aurait-il fallu une impulsion de Dieu particulière pour la rejeter au dixième siècle ?

Enfin on ne voit pas bien ce qu'il veut dire par ces paroles qui finissent sa figure : *que pour faire changer d'état aux hommes pendant qu'ils dorment, il faut seulement que la main d'un homme les lie*. Car il me semble, pour me servir de sa comparaison, qu'il est assez difficile de lier un homme endormi et de le faire changer d'état sans l'éveiller ; qu'il est encore plus difficile d'en lier plusieurs, et qu'il est moralement impossible d'en lier une grande multitude sans en éveiller aucun. Et ainsi en l'appliquant au sujet dont il s'agit, on peut dire qu'il est assez mal aisé de proposer à un homme, quelque ignorant qu'il soit, la doctrine de la présence réelle sans éveiller sa curiosité : il est fort difficile de la proposer à plusieurs qui n'en auraient jamais ouï parler sans exciter leur esprit à examiner une opinion si surprenante : et il est impossible de la proposer à une infinité de religieux, de prêtres, d'évêques à qui il est honteux d'ignorer les mystères de la religion, et qui n'auraient eu néanmoins aucune connaissance de cette doctrine, sans irriter leur cupidité ou leur zèle, et sans éveiller en eux tous les mouvements qui portent à combattre les opinions nouvelles.

Ainsi pour se former quelque idée de la prétention de M. Claude en suivant ses métaphores, il est visible que l'imagination qu'il a que les disciples de Paschase ont pu faire recevoir leur opinion par toute l'Église à la faveur d'un prétendu assoupissement du dixième siècle, est à peu près semblable à la rêverie d'un homme qui dirait sérieusement que pour conquérir l'empire des Turcs, il n'y a qu'à les aller tous enchaîner pendant qu'ils dorment, et à surprendre toutes leurs villes et toutes leurs armées pendant qu'ils sont ensevelis dans le sommeil. Car comme l'impertinence de cette pensée consiste en ce qu'il est moralement impossible de surprendre une infinité de personnes endormies, parce qu'il suffit qu'il y en ait quelques-unes d'éveillées pour éveiller toutes les autres, ainsi l'extravagance de l'hypothèse des ministres consiste en ce qu'il n'est pas humainement possible de persuader à toute l'Église une erreur surprenante et contraire à la raison et à la foi, dont on n'aurait jamais ouï parler, sans qu'il y en ait quelqu'un qui se réveille et qui excite les autres à défendre la foi et à rejeter cette nouveauté. Cependant c'est sur ce songe ridicule que l'on bâtit une religion et une secte, et que l'on fonde l'espérance de son salut : tant il est vrai que comme il ne faut souvent rien aux hommes pour leur causer de la crainte, il ne faut rien aussi pour les rassurer, et pour leur donner une confiance téméraire et insensée parmi les plus grands dangers.

CHAPITRE VIII.

Des machines d'oubli, ou des moyens par lesquels M. Claude prétend que les paschasistes, en établissant la doctrine de la présence réelle, détruisirent les marques du changement qu'ils avaient fait.

M. Claude a bien reconnu qu'il ne lui suffisait pas de trouver des moyens pour faire réussir son changement insensible, mais qu'il en fallait trouver aussi pour en effacer les traces et pour dissiper le juste étonnement où l'on est de ce que l'on n'en voit aucune marque dans les histoires et dans les écrits de ce temps-là qui sont venus jusqu'à nous. Il a donc eu recours pour cela au magasin inépuisable de ses figures, et il en a tiré un discours sur lequel nous avons sans doute des pensées fort différentes. Car la chaleur qu'il y témoigne, et le soin qu'il a pris de l'embellir autant qu'il a pu, font assez voir qu'il le regarde comme le chef-d'œuvre de son éloquence, n'y ayant rien en effet de plus animé et de plus éclatant dans tout son livre. Et moi je le regarde au contraire comme un modèle achevé d'un discours déraisonnable et contraire à toutes les règles du bon sens. C'est le différend que je supplie les personnes judicieuses de se rendre juges par la lecture de ce chapitre. Voici cette éloquente déclamation dont il s'agit, par laquelle M. Claude prétend nous ôter le droit de lui demander raison de cet oubli de la créance calviniste que l'on remarque dès le commencement du onzième siècle. *Si nous avions,* dit-il (pag. 308,) *cette dispute avec les Grecs ou les Égyptiens, nous ne trouverions peut-être pas mauvais qu'ils nous demandassent comment ce changement s'est fait, et nous voudrions bien sans répugnance et sans déplaisir nous appliquer à les satisfaire sur cette question. Ce seraient des étrangers qui n'ayant point de part au malheur qui nous est arrivé, ne mériteraient pas tout-à-fait qu'on blâmât leur curiosité. Mais peut-on souffrir sans quelque espèce de chagrin et de douleur que ces mêmes transsubstantiateurs, ce même parti qui a fait le changement, qui a employé mille artifices pour le faire réussir insensiblement, qui s'est servi de la fraude et de la violence pour empêcher qu'il ne se fît avec éclat, qui a pris des soins infinis pour dérober à la postérité la connaissance de la manière dont il s'est fait, nous vienne aujourd'hui demander raison de cette innovation? Demandez-la, s'il vous plaît, à ceux des vôtres qui en ont été les premiers auteurs; demandez-la à ceux qui ont travaillé de tout leur pouvoir à fermer la bouche aux gens de bien; demandez-en des nouvelles à la cour de Rome, à ses inquisiteurs et à ses croisés; demandez-en à ceux qui ont tant pris de soin pour nous déguiser les choses : mais quant à nous, laissez-nous au moins en repos. Après nous avoir enlevé* NOS TITRES, *ne nous venez pas dire : Où sont-ils? Après avoir fait taire tout le monde par la crainte des derniers supplices, ne nous venez pas dire : Pourquoi n'ont-ils pas parlé? Insultez à notre misère tant qu'il vous plaira, mais ne changez pas en argument contre l'innocence de notre cause le mal que vous-mêmes nous avez fait. Contentez-vous de l'avoir fait; glorifiez-vous-en si vous voulez, mais n'en tirez pas des preuves contre la vérité de notre religion. Car on ne saurait porter la cruauté plus loin que de nous imputer à crime l'injustice qu'on nous a faite.*

Si M. Claude m'avait fait ce discours de vive voix, je croirais que dans l'excès de la chaleur qu'il témoigne il vaudrait mieux attendre à lui repartir qu'il eût un peu calmé les fougues de cette impétueuse rhétorique. Mais parce qu'il y a beaucoup d'apparence que le temps aura déjà ralenti ce mouvement déréglé, je pense qu'on lui peut maintenant faire considérer avec froideur combien il est dangereux pour le jugement de se laisser emporter à ces saillies si violentes de son imagination.

S'il avait, dit-il, cette dispute avec les Égyptiens et les Grecs, il ne trouverait pas mauvais qu'ils lui demandassent comment ce changement est arrivé, et il se croirait obligé de les satisfaire. Eh bien! puisqu'il le trouve bon, qu'il se mette donc en devoir de les satisfaire effectivement; car il ne lui est pas permis de supposer qu'il n'ait point de dispute avec eux. Il en a non seulement avec les Égyptiens et les Grecs, mais aussi avec les Moscovites, les Éthiopiens, les nestoriens, les jacobites, les Arméniens, les Indiens. Toutes ces sociétés et toutes ces nations qui n'ont que la même foi que nous sur l'Eucharistie, lui font les mêmes questions que nous, et elles lui demandent le même éclaircissement. Qu'il leur explique donc s'il peut, non seulement comment l'opinion de la présence réelle s'est établie dans l'Occident, mais comment elle s'est rendue maîtresse de la créance de tous les peuples de l'Orient ; comment ils ont abandonné leur ancienne foi sans le savoir pour en embrasser une nouvelle ? Qu'il leur fasse voir comment la doctrine calviniste, qu'il prétend être l'ancienne, a pu s'abolir insensiblement par toute la terre. Qu'il leur enseigne qui sont ceux qui ont introduit celle de la présence réelle ; comment ils ont pu empêcher le soulèvement des peuples contre une nouveauté si surprenante, et qu'il leur démêle en particulier, à l'égard de chacune de ces sociétés, toutes les difficultés que nous lui avons proposées sur l'église d'Occident.

Mais comment le ferait-il, puisqu'à cet égard toutes ses machines et toutes ses inventions lui manquent ; qu'il n'a ni Paschase, ni papes, ni moines, ni conciles, ni croisades, ni inquisiteurs, à employer à cet établissement ; et qu'il n'a pu se tirer de cet embarras qu'en désavouant par une insigne témérité une des plus claires et des plus attestées vérités de fait qui fut jamais, qui est le consentement des communions orientales avec l'Église romaine sur le point de la présence réelle et de la transsubstantiation.

Qu'il ne fasse donc point le brave puisqu'il en a si peu le sujet ; qu'il ne promette point ce qu'il ne saurait tenir ; et qu'au lieu de dire qu'il satisferait les Grecs et les Égyptiens s'il disputait avec eux, il reconnaisse qu'il dispute effectivement avec eux, et qu'il est incapable de les satisfaire. Mais qu'il ne prétende pas nous ôter le droit de lui faire ces mêmes demandes, et de l'obliger à nous apporter des preuves de ce prétendu changement. Nous l'avons tout entier, et notre curiosité est tout aussi juste que celle *de ces étrangers*. Nous sommes étonnés comme eux de ne pas savoir une chose que l'on nous dit s'être faite parmi nous, et que nous ne pourrions ignorer si elle était effectivement arrivée. Cependant au lieu de nous répondre, il nous charge d'injures et de reproches. Il dit que nous sommes *ces transsubstantiateurs et ce parti qui a fait le changement, qui a employé mille artifices pour le faire réussir insensiblement, qui s'est servi de la fraude et de la violence pour empêcher qu'il ne se fît avec éclat, qu'il a pris des soins infinis pour dérober à la postérité la connaissance de la manière dont il s'est fait, et qu'ainsi il ne peut souffrir que nous lui venions demander raison de cette innovation.*

Mais il est clair que sa rhétorique le transporte et qu'il ne songe pas à ce qu'il dit. Nous croyons la transsubstantiation, il est vrai ; nous succédons par une suite non interrompue à l'Église qui était au dixième siècle, mais nous ne sommes pas néanmoins les mêmes personnes, comme il semble que M. Claude le suppose. Qu'il soit arrivé dans ce siècle un changement de doctrine ou qu'il n'en soit point arrivé, il est certain que nous n'y avons point de part, que nous l'ignorons, et que nous en sommes aussi innocents que les Arméniens et les Grecs. La colère de M. Claude est donc tout-à-fait injuste et mal fondée, et le prétexte qu'il prend pour ne me pas répondre n'est nullement raisonnable. Je n'ai jamais employé contre les calvinistes ni inquisiteurs ni croisés ; je ne me suis point servi de fourbe ni d'artifices pour empêcher que ce changement ne se fît avec éclat.

*Non ego cum Danais Trojanam excindere gentem,
Aulide juravi.*

Il n'y a point de catholique qui ne lui en puisse dire autant. Nous savons qu'ils sont des innovateurs, qu'ils ont changé la religion qu'ils ont trouvée dans l'Église ; mais nous ne savons point qu'il se soit fait une autre innovation au dixième siècle, comme ils le prétendent. Ils le disent, mais nous ne sommes pas obligés de les en croire, et nous serions imprudents si nous le faisions.

Nous avons donc droit d'en demander des preuves à M. Claude, et il est injuste de vouloir s'exempter d'en apporter. Il nous parle *d'artifices, de fourbes, de violences*, qu'on a employées pour dérober à la postérité la connaissance de ce changement ; il nous renvoie à la cour de Rome, aux inquisiteurs et aux croisés ; mais il est difficile de comprendre de quelle sorte il veut que nous fassions cette information. Ces inquisiteurs et ces croisés, ces artificieux, ces fourbes, ces violents ne sont plus certainement au monde, les historiens ne nous en parlent point du tout : il n'y a que M. Claude qui nous en dise des nouvelles. Nous ne pouvons donc nous adresser qu'à lui-même ; et ainsi il ne se peut plaindre que nous lui demandions d'où il a su que des inquisiteurs avaient travaillé au dixième siècle à établir la doctrine de la présence réelle, et qu'il s'y était fait des croisades contre ceux qui ne la voulaient pas embrasser. Il serait bon qu'il produisît les livres et les histoires où il a lu ces choses si surprenantes ; car on a cru jusqu'ici que l'on n'a point fait de croisades contre les hérétiques avant le treizième siècle, et ainsi plus de deux cents ans après le temps où il place ce prétendu changement.

Que si c'est par esprit de prophétie qu'il nous annonce ces nouvelles étonnantes, on a le droit encore de l'obliger d'établir sa qualité de prophète avant qu'il nous oblige à le croire ; et tout prophète qu'il fût, il ne laisserait pas d'être imprudent de nous renvoyer pour nous informer de ce changement à des croisés qui ne sont plus, et que nous ne pouvons par conséquent consulter.

Nous avons donc toute sorte de raison de traiter de fables, d'impostures, de contes, de rêveries, ces *fraudes*, ces *violences*, ces *fourberies*, ces *inquisitions*, ces *croisades*, par le moyen desquelles il nous dit qu'on a dérobé à la postérité la connaissance de ce changement. S'il prétend que tout cela s'est fait au dixième siècle, ce sont des faussetés démenties par tous les historiens de ce temps-là ; et s'il entend par ces croisades celles qui se firent du temps d'Innocent III, et qu'il prétende que ces croisés du treizième siècle ont aboli tous les livres qui parlaient du changement qui s'était fait deux siècles auparavant, qu'ils eurent soin d'ôter des traités de tous les auteurs catholiques ou hérétiques ce qui en pouvait donner quelque connaissance, ce serait encore une autre sorte de rêverie aussi ridicule que la première. Ainsi en quelque sens que l'on tourne ce discours, il est impossible d'y apercevoir du sens commun.

Que M. Claude ne prétende donc pas nous faire pitié en nous disant qu'après lui avoir enlevé ses titres nous avons tort de lui demander où ils sont, car ce qui est certain, c'est que ce n'est pas nous qui sommes coupables de ce prétendu enlèvement. L'Église catholique s'est trouvée dans le dernier siècle en possession de la doctrine et de l'autorité de Jésus-Christ. C'est M. Claude et ceux de son parti qui la viennent troubler dans cette possession; ils ont la hardiesse de dire qu'ils sont les vrais successeurs et les vrais héritiers de la doctrine apostolique; ils prétendent qu'elle a été altérée au dixième siècle par une innovation générale, et qu'ils l'ont rétablie dans sa pureté. N'est-il donc pas bien juste de lui demander qu'il apporte des preuves de cette innovation prétendue; et n'est-il pas ridicule de s'écrier sur cela qu'on lui fait injustice, *qu'on lui a enlevé ses titres*, et que l'on ne peut pas porter la cruauté plus loin que de ne l'en pas croire à sa parole?

Ce sont les absurdités où il s'est engagé en se laissant aller à son enthousiasme et à l'impétuosité de son esprit; et je veux croire qu'en le considérant avec froideur il en aura quelque honte, et que s'il lui arrive jamais d'écrire de ces matières, il évitera ces emportements, et qu'il ménagera mieux sa réputation à l'égard des personnes sages et judicieuses, qui sont extrêmement choquées quand on tâche de leur inspirer sans sujet des mouvements violents et déraisonnables.

CHAPITRE XI.
Réponse aux reproches particuliers que M. Claude fait contre le dixième siècle.

C'est une chose assez ordinaire que de se laisser aller, sans y penser, à de faux raisonnements; mais c'est un défaut beaucoup plus considérable que d'y tomber volontairement et après en avoir été averti, parce que la précipitation n'y pouvant plus avoir de part, il faut qu'ils viennent alors plus de la corruption du cœur que d'un simple obscurcissement de l'esprit.

C'est néanmoins ce que je suis contraint de faire remarquer dans M. Claude sur le sujet des reproches qu'il continue de faire au dixième siècle. Car l'auteur de la Perpétuité les avait tellement prévenus, et il lui avait si bien fait voir par avance combien ils étaient vains et inutiles, qu'il est tout-à-fait étrange qu'au lieu de profiter de ses avertissements, il n'ait pas laissé de s'engager grossièrement dans toutes les fautes qu'on lui avait marquées. Il lui avait dit que comme il avait ramassé ce que l'on trouve dans les historiens à l'avantage du dixième siècle, il serait de même aisé à M. Claude de ramasser aussi ce que l'on a dit au désavantage de ce même siècle, étant certain que l'on trouve du bien et du mal dans tous les temps de l'Église; mais que ce ramas ne conclûrait rien du tout contre celui qu'il aurait fait, parce qu'il faudrait qu'il prouvât un assoupissement universel, ce qu'il ne ferait jamais par ce dénombrement de désordres particuliers; au lieu qu'il lui suffisait pour montrer que ce changement prétendu n'avait pu arriver au dixième siècle de faire voir qu'il y avait en ce temps-là dans toutes les provinces chrétiennes plusieurs saints prélats et plusieurs personnes zélées qui veillaient à la conservation de la foi.

Il n'y a rien de plus raisonnable que ce discours, et il est parfaitement conforme à l'expérience, à la raison et à la foi. Car l'état de l'Église dans ce monde étant de renfermer dans une même société extérieure des membres vivants et des membres morts, de la paille et du froment, c'est une suite nécessaire de cet état que l'on puisse reprocher quantité de désordres à tous les siècles, et que chaque temps de l'Église se puisse considérer comme par deux faces différentes, selon que l'on jette les yeux sur les bons qui l'honorent ou sur les méchants qui la déshonorent.

C'est ce qui a produit dans tous les Pères et dans tous les auteurs ecclésiastiques un double langage. Car tantôt ils parlent des fidèles comme étant tous saints et tous justes; parce qu'ils n'ont en vue que les vrais chrétiens qui mènent une vie conforme à la sainteté de leur profession; et tantôt ils sont tellement touchés des maux et des scandales de l'Église, qu'il semble, à les entendre parler, qu'elle ne soit remplie que de méchants.

On voit des exemples de ces deux sortes d'expressions dans S. Paul même; car, (ad Cor. 1, c. 1, v. 5 et 7,) il donne le nom de *saints* à tous les chrétiens de Corinthe. Il dit qu'*ils ont reçu de Dieu toutes sortes de richesses, et qu'il ne leur manque aucun don divin*. Et néanmoins il dit d'eux dans la suite de sa lettre, sans distinction, qu'ils sont *charnels* (c. 3, v. 2); qu'ils sont *vains et glorieux* (c. 5, v. 6); qu'ils *font tort aux autres*, *qu'ils prennent leur bien* (c. 6, v. 7). Il leur reproche en commun les irrévérences qu'ils commettaient en recevant l'Eucharistie.

Dans ce temps même où la grâce de Dieu se répandait avec tant d'abondance dans l'Église, et où ceux qui annonçaient l'Évangile étaient si remplis de l'esprit apostolique, il ne laisse pas d'écrire aux Philippiens que *tous cherchent leurs intérêts, et non ceux de Jésus-Christ* (ad Philipp. c. 2, v. 21).

Si l'on voulait de même juger de l'état de l'Église de chacun des autres siècles par les lieux des Pères où ils reprennent les désordres de leur temps, on dirait qu'ils étaient aussi grands que ceux du nôtre. S. Grégoire de Nazianze. S. Basile, S. Jérôme, nous donnent d'étranges idées des évêques et des ecclésiastiques de leur siècle. S. Chrysostôme et Salvien font des peintures terribles des désordres de leur temps. On dirait que presque tous les évêques du temps de S. Grégoire-le-Grand étaient simoniaques, si on prenait à la rigueur certaines expressions de ses lettres. Enfin chaque siècle sera le pire si on en juge par ces expressions que la vue et le sentiment des déréglements de leur temps a tirées de la plume des SS. Pères.

S. Augustin vivait sans doute dans un temps où les chrétiens étaient infiniment plus réglés qu'ils ne le sont à présent ; et cependant il ne laisse pas de dire que le nombre des méchants surpassait tellement celui des bons, qu'à peine voyait-on le bon grain parmi la multitude de la paille qui le couvrait. *En quelque lieu que vous jetiez les yeux,* dit ce saint, (in psal. 93) *si vous êtes un peu avancé dans la piété, et que vous cherchiez des personnes dont l'exemple vous puisse porter à la vertu, à peine en trouverez-vous : vous vous trouverez environné d'un grand nombre de méchants, parce que pour un peu de bon grain il y a beaucoup de paille* (in psal. 25). *Quelquefois les justes sont si éloignés les uns des autres que chacun de ceux qui ont fait du progrès dans la vertu s'imagine presque qu'il est tout seul.*

S. Grégoire-le-Grand (Mor. l. 26, c. 28) reconnaît que ce n'était point juger témérairement de son temps que de dire qu'une grande partie des pasteurs étaient méchants ; et il ne met l'orgueil et la témérité qu'à étendre ce jugement à tous.

Il ne suffit donc pas pour prouver qu'un siècle a été plus déréglé et plus malheureux qu'un autre, de faire des recueils des désordres qu'on aurait reprochés à ceux qui y ont vécu, ou de ces expressions générales par lesquelles on blâme tout le siècle sans distinction, puisqu'on en peut faire de même de tous les autres ; mais il en faut considérer le bien et le mal, et montrer que les déréglements en ont été beaucoup plus grands, plus énormes, plus monstrueux que ceux des autres.

Il ne se faut pas contenter de montrer qu'il y a eu des désordres, mais il faut faire voir que ces désordres y ont été dominants, qu'ils ont été favorisés par les évêques, par les rois ; qu'on n'a pris aucun soin d'y remédier, qu'on n'a eu aucun zèle pour les réprimer. Il faut montrer que la piété y ait été opprimée et traitée de ridicule, que les saints y ont été méprisés, déshonorés, persécutés ; car c'est l'idée que les saints mêmes nous donnent de ces mauvais temps où ils nous disent que la foi sera honteuse et la vérité criminelle : *In opprobrium fides, et veritas erit crimen.*

M. Claude entreprend-il de prouver quelqu'une de ces choses ? Nullement. Il n'y pense pas seulement. Il se contente de faire voir par quelques passages qu'il y a eu durant ce siècle d'assez grands désordres dans quelques églises. Qui en doute ? L'auteur de la Perpétuité ne l'avait-il pas reconnu ; et chacun des Pères ne le reconnaît-il pas de son siècle ? Mais étaient-ils plus grands que ceux du septième, du huitième, du neuvième, du onzième et du douzième siècle ? C'est ce que M. Claude devait faire voir s'il voulait noircir particulièrement ce siècle. Et quand il l'aurait noirci jusqu'à ce point, il n'aurait encore rien fait s'il ne montrait que ces désordres étaient universels, et que la stupidité y était telle que l'on ignorait même ce qu'il fallait croire de l'Eucharistie ; et que les hommes de plus y étaient si légers qu'ils recevaient sans examen tout ce qu'on leur en disait, quelque contraire qu'il fût à leur raison.

Comment n'a-t-il donc pas voulu voir que toutes ces invectives ne prouvent rien, et qu'il y en a même qui prouvent tout le contraire de ce qu'il prétend ? Car ce n'est pas une chose extraordinaire qu'il y ait eu dans un siècle des ecclésiastiques déréglés, comme ceux que le roi Edgard et cet autre auteur anglais qu'il cite ont décrits dans les passages qu'il en rapporte, mais c'est un exemple très-extraordinaire que celui de la sévérité avec laquelle on les chassa dans ce siècle des églises qu'ils occupaient si indignement pour les donner à des religieux réglés.

Les lettres de S. Grégoire et plusieurs décrets des conciles contre les simoniaques font assez voir combien ce crime a toujours été ordinaire parmi les ecclésiastiques ; mais il est rare que les rois y aient remédié avec autant de zèle que fit l'empereur Henri III.

Tous ces reproches sont donc vains, et ne détruisent en aucune sorte les solides louanges que l'auteur de la Perpétuité a données au dixième siècle. Il a fait voir jamais l'église d'Allemagne n'eut des princes plus religieux ; qu'elle n'eut jamais de princesses plus illustres en piété ; que jamais elle n'eut un si grand nombre de saints évêques ; que jamais la vertu ne fut plus honorée et plus appuyée par la puissance temporelle. Et il en conclut que l'on doit juger par-là de l'état des peuples et des monastères ; n'étant pas possible que tant de saints évêques n'eussent un soin particulier de les instruire dans la véritable foi, et de remédier autant qu'ils pouvaient aux abus et aux désordres. Aussi s'en acquittaient-ils avec tant de soin qu'ils excitèrent même des plaintes contre leur sévérité, comme l'on voit par ce que dit Witichindus, religieux de Corbie en Saxe, qui rend en même temps un témoignage illustre par ses plaintes mêmes à l'heureux état de ce siècle et au zèle de ces saints évêques. *Les guerres,* dit-il (lib. 2), *tant intestines qu'étrangères étant cessées, et les lois divines et humaines étant en vigueur et en autorité, on excita contre les religieux une grande persécution ; quelques prélats étant dans ce sentiment qu'il valait mieux qu'il n'y eût dans les monastères qu'un petit nombre de religieux, mais illustres en piété, que non pas qu'il y eût un grand nombre de négligents ; ayant oublié, comme je crois, la défense que le père de famille fait à ses serviteurs d'arracher la zizanie, et le commandement qu'il leur fait de la laisser croître.* Ainsi, selon cet auteur, le dixième siècle était un temps où les lois divines et humaines étaient en vigueur et en autorité dans l'Allemagne, *auctorali vigore pollebant.* Et l'on ne peut refuser la même louange ni à l'église d'Angleterre de ce temps-là, comme l'auteur de la Perpétuité le fait voir, ni même à celle de France, au moins sous le règne du roi Robert.

Ce qui relève encore encore infiniment la gloire d'un siècle est quand Dieu y ouvre des asiles contre la corruption du monde, et qu'il fait fleurir la pénitence et l'exercice de toutes les vertus chrétiennes dans les villes de refuge où l'esprit de Dieu assemble les chrétiens pour les défendre par un saint repos des attaques des démons, selon qu'il a dit par son prophète : *Convenite, et ingrediamur civitatem munitam, et sileamus ibi.* L'auteur de la Perpétuité a fait voir que Dieu a accordé cette grâce au dixième siècle autant qu'à aucun autre, et que dans toutes les parties de l'Église, en Allemagne, en France, en Italie, en Angleterre, il a fait réformer les anciens ordres, et en a même établi de nouveaux, comme celui des Camaldules.

M. Claude pour détruire ces louanges solides et véritables se contente de témoigner une malignité peu honnête contre les religieux, et d'accuser de superstition tous ces exercices de vertu. *Toute la sainteté,* dit-il, *dont on nous fait du bruit ne consiste presque qu'en l'observation de quelques règles monacales, et des abstinences affectées qui sont plutôt des marques d'un esprit de servitude que de l'esprit d'adoption.* Et ensuite il prétend même tirer de là un argument pour montrer que la créance de la présence réelle a pu facilement s'établir dans ce siècle-là. *Plus il nous parle,* dit-il, *de ces mortifications superstitieuses, plus il nous confirme dans la pensée qu'il n'y eut jamais de siècle plus propre pour avancer l'erreur de Paschase. Dès que l'homme s'éloigne des règles que Dieu lui a laissées dans sa parole, et qu'il se forme de soi-même de nouvelles lois et de nouvelles voies de piété, il n'est presque pas possible qu'il ne s'écarte bientôt des règles de la vraie foi. Il y a une liaison naturelle entre les sentiments de l'esprit et les mouvements du cœur. L'ignorance produit la superstition, et la superstition fait naître l'erreur ; l'entendement et la volonté sont deux puissances qui se corrompent mutuellement.*

Ce n'est pas ici le lieu de faire voir à M. Claude qu'il connaît aussi peu les règles de la piété solide que la vérité de nos mystères, et que la doctrine des ministres est aussi corrompue dans la morale que dans la foi : il suffit de lui dire qu'il n'est pas étrange que ceux qui ont détruit absolument la pénitence, et par leur pratique et par leurs maximes, traitent de superstitions les saints exercices de pénitence que l'esprit de Dieu inspire à ceux qu'il anime ? Que ce langage est digne des prédicateurs de ce nouvel évangile, qui n'a attiré les hommes à soi qu'en leur disant : Ne faites plus pénitence, parce que le royaume des cieux est près d'arriver ; au lieu que celui de S. Jean et de Jésus-Christ commence par une instruction toute contraire! Qu'il est digne de ces nouveaux réformateurs qui ont prétendu corriger les dérèglements du monde, non en combattant la concupiscence, mais en la satisfaisant, et en bannissant de la religion toutes les pratiques qui l'incommodent !

Ces exercices sont bons pour des personnes qui croient, comme font les catholiques, que nul péché ne peut demeurer impuni ; qu'il faut ou que la justice de Dieu le punisse, ou que nous le punissions nous-mêmes, comme dit S. Augustin ; qui croient que Jésus-Christ a souffert, non pour les exempter de souffrir, mais pour sanctifier leurs souffrances, et pour leur donner la valeur et le prix qu'elles ne pourraient avoir si elles n'étaient jointes aux siennes. Ils sont bons pour des âmes pénétrées du sentiment de leurs misères et de leur faiblesse qui craignent leur propre corruption et les attaques du monde et du diable, et qui se munissent, à l'exemple de tous les saints, contre ces trois ennemis par ces saintes pratiques qui éloignent et diminuent les tentations et fortifient l'esprit contre la chair : mais on ne doit pas s'étonner qu'ils paraissent vains et superstitieux à des calvinistes, c'est-à-dire à des gens assurés de leur salut, qui croient que les plus grands dérèglements ne leur font point perdre la qualité d'enfants de Dieu, et que quoiqu'ils fussent plongés dans les plus honteux désordres, ils ne laisseraient pas d'être aussi justes que la sainte Vierge, leur prétendue justice imputative ne recevant point de plus et de moins.

Si ceux qui sont persuadés de ces principes ne tombent pas dans tous les excès où leur doctrine est capable de les engager, c'est que leur cœur n'est pas si corrompu que leur esprit ; mais il n'y a guère d'apparence qu'ils aillent jamais bien avant dans l'imitation de la vie pénitente de Jésus-Christ. Tout ce que l'on peut attendre d'eux est qu'ils pratiquent une vertu stoïcienne, et qu'ils disent comme Sénèque que *leur but est de vivre conformément à la nature ; mais qu'il est contre la nature de tourmenter son corps, de haïr la propreté qui ne coûte guère, et de ne se contenter pas de se nourrir de viandes communes et viles, mais d'en rechercher même de dégoûtantes : qu'à la vérité c'est un vice d'en désirer de délicates, mais que c'est une folie de se priver de celles qui sont ordinaires et que l'on peut avoir sans grande dépense : qu'enfin la philosophie veut réduire l'homme à la frugalité, mais qu'elle ne prétend point l'obliger à la souffrance et à la peine.*

« Nempe propositum nostrum est secundùm naturam vivere. Hoc contra naturam est torquere corpus suum, et faciles odisse munditias, et squalorem appetere, et cibis non tantùm vilibus uti, sed tetris et horridis. Quemadmodùm delicatas res desiderare luxuriæ est, ita usitatas et non magno parabiles fugere dementiæ est. Frugalitatem exigit philosophia, non pœnam.» Mais on ne doit pas prétendre qu'ils passent plus avant, qu'ils pratiquent des œuvres de pénitence, puisqu'ils les croient inutiles et pour satisfaire aux péchés passés, et pour assurer leur salut dont ils se tiennent déjà assurés sans pénitence et sans bonnes œuvres.

Il serait aisé de leur montrer par les principes du christianisme aussi bien que par la tradition que la religion chrétienne va plus avant que ce stoïcisme des calvinistes, et qu'elle exige souvent, non seulement la frugalité, mais aussi la peine et la punition du pécheur ; et que c'est sur ce principe inébranlable que sont fondées ces saintes austérités. Mais parce que ce discours nous éloignerait trop de notre sujet, je veux bien souffrir que M. Claude parle ici le langage des ministres en traitant toutes ces austérités de superstitions. Et ce n'est pas ce que je lui reproche présentement ; je distingue les fautes de sa doctrine de celles de sa raison, et celles de sa secte de celles de sa personne.

Mais c'est une faute de ce dernier genre que celle qu'il commet en prétendant que ces austérités ont contribué à faire recevoir la doctrine de la présence réelle au dixième siècle.

Car il ne peut ignorer que ces pratiques de pénitence, ces austérités qui lui sont si odieuses et qui lui font tant de peur, et ces règles qu'il appelle humaines n'eussent été établies il y avait déjà plusieurs siècles, et qu'elles n'y eussent été observées avec encore plus d'exactitude et de rigueur qu'au dixième siècle. Il ne peut ignorer que dans toutes les réformes qui se sont faites de l'ordre de S. Benoît on n'a prétendu que renouveler l'esprit de l'ordre, et que S. Benoît même n'a voulu que suivre de loin les austérités merveilleuses des solitaires d'Orient. Comment a-t-il donc pu prétendre que des austérités communes à tant d'autres siècles de l'Église aient rendu le dixième plus disposé que les autres à embrasser l'opinion de Paschase ?

Il tombe dans la même injustice sur le sujet du célibat des prêtres qu'il accuse S. Dunstan d'avoir soutenu dans l'Angleterre par l'expulsion des chanoines incontinents et vicieux ; car il sait que ce célibat a toujours été inviolablement gardé dans l'Église d'Occident, que tous les prêtres qui ne l'ont pas voulu observer y ont toujours été déposés, et que cette discipline est si ancienne que l'on n'en voit aucune origine. Car quoique Sirice en ait fait une loi expresse, aussi bien que l'Église d'Afrique qui en fit aussi une dans le même temps, il est visible néanmoins que ce n'était que pour autoriser la discipline ancienne, et non pour en introduire une nouvelle. Et en effet quoique les donatistes se fussent séparés de l'Église au commencement du quatrième siècle, et que depuis ce temps-là ils se soient bien donné de garde d'imiter aucune des pratiques nouvelles de l'Église, dont ils s'étaient désunis, jusque-là qu'ils reprochaient à l'Église le nom et la profession des moines, parce qu'il n'y en avait point encore en Afrique au commencement de leur schisme, il est certain néanmoins que le célibat s'observait parmi les donatistes. Et c'est pourquoi lorsqu'ils se convertissaient l'Église d'Afrique leur conservait leur rang et leur fonction, ce qu'elle n'aurait jamais fait s'ils eussent été mariés.

M. Claude n'est-il donc pas tout-à-fait injuste de faire un crime à S. Dunstan d'avoir fait observer dans l'Angleterre une discipline pratiquée dans l'Église latine depuis les apôtres, et qu'ils avouent eux-mêmes être autorisée par tous les Pères latins ? Et n'est-ce pas se moquer du monde que de vouloir tirer de là une conjecture pour montrer que l'on était fort susceptible au dixième siècle de la présence réelle ?

Il est vrai qu'il traite un peu plus honnêtement S. Dunstan que quelques autres ministres ; car au lieu que Balæus l'appelle *execrabile monstrum* pour avoir ôté les concubines aux ecclésiastiques ; et que les centuriateurs, par un trait de leur brutalité ordinaire, l'appellent *scortationis monasticæ insignem patronum*, M. Claude se contente de donner à ce célèbre archevêque de la première église d'Angleterre, révéré par tous les évêques de son siècle comme un homme extraordinaire, le nom du *moine Dunstan* ; mais en récompense il le traite sur d'autres points avec une injustice qui fait bien voir que l'hérésie et l'équité ne s'accordent pas ensemble.

On avait rapporté dans le livre de la Perpétuité la généreuse liberté de S. Dunstan qui reprit fortement le roi Edgard pour avoir violé une fille retirée dans un monastère, et l'humble pénitence de ce roi après qu'il eût été repris de ce crime. M. Claude désirant de rabaisser et cet archevêque et ce roi, prétend les faire passer tous deux pour des hypocrites. Il condamne ce roi d'hypocrisie, *parce que*, dit-il, *de trois actions de cette nature remarquées par les historiens il ne fit pénitence que d'une*. Et S. Dunstan, parce qu'étant, dit-il (p. 664), *si complaisant et si indulgent à ce roi en toutes ses autres impuretés, il lui fut sévère parce qu'il avait violé le respect d'un monastère ; ce qui découvre*, dit-il, *l'hypocrisie de l'un et de l'autre qui voulurent faire de cette pénitence un sacrifice à l'honneur des couvents. Car ils furent plus touchés du respect d'un voile que de celui du sang juste cruellement et tyranniquement répandu ; et ils eurent plus d'égard à l'ombre même d'une consécration humaine qu'au baptême de Jésus-Christ qui consacre le corps d'une chrétienne pour en faire le temple du Saint-Esprit.*

En vérité j'ai honte pour M. Claude de voir que la passion lui fait oublier de telle sorte toutes les règles de la modestie et de l'équité. Est-ce donc qu'il croit que les jugements injustes, téméraires et déraisonnables, ne soient point criminels, et que les calvinistes soient exceptés de cet arrêt de S. Paul qui déclare que *les médisants ne posséderont point le royaume de Dieu*.

Les déréglements d'Edgard n'ayant duré qu'un ou deux ans de sa première jeunesse, savoir depuis l'an 962 jusqu'en l'an 963, et sa pénitence ayant duré sept ans et même davantage, ses bonnes œuvres ayant continué toute sa vie, comment M. Claude sait-il qu'il ne fit pénitence que d'un de ses crimes ? Une personne qui se convertit sérieusement à Dieu, comme fit ce roi, partage-t-elle ses crimes, et en excepte-t-elle quelques-uns dont elle ne veuille pas faire pénitence ? Cette pensée peut-elle même venir à un homme qui n'ait pas perdu l'esprit ? Ainsi encore que les historiens rapportent particulièrement sa pénitence à un certain crime, parce qu'il en fut l'occasion, il est ridicule néanmoins de supposer qu'elle n'eût pas pour objet tous les crimes de sa vie ; qu'il ait voulu excepter gratuitement d'une pénitence capable de lui faire obtenir le pardon de toutes sortes de fautes, des péchés passés dans lesquels il ne continuait plus.

L'accusation que M. Claude forme contre S. Dunstan, et sur laquelle il le condamne d'hypocrisie, n'est pas plus juste. *Il était*, dit-il, *complaisant au roi dans toutes ses autres impuretés*. Mais comment sait-il qu'il fut complaisant? Ne peut-on s'abstenir de reprendre les rois de leurs fautes que par mollesse et par indulgence? N'y a-t-il pas souvent des raisons de prudence qui obligent de les tolérer? Ce qui fait dire à S. Augustin (de Civit. Dei, l. 1, c. 9) que quand on *s'abstient de reprendre ceux qui font mal, ou parce qu'on attend un temps plus favorable, ou à cause que l'on craint de les rendre pires, et qu'ils n'empêchent que l'on ne profite aux autres, et qu'ils ne les détournent de la foi en les opprimant, il ne semble pas que ce soit un prétexte de lâcheté, mais il semble au contraire que c'est une conduite de charité* : « Non *videtur esse cupiditatis occasio, sed consilium charitatis.* »

Qui a donc dit à M. Claude que ce n'eût pas été par ce motif que S. Dunstan eût toléré le roi Edgard s'il ne l'eût point effectivement repris? Mais de plus, comment M. Claude sait-il que S. Dunstan n'ait point repris Edgard de ses autres fautes? Est-ce que tous les avis que les évêques donnent aux rois doivent être écrits par les historiens? Et n'évite-t-on pas au contraire, autant que l'on peut, de faire éclat et d'avoir des témoins de ces sortes d'actions? Et enfin, comment se hasarde-t-il d'avancer une chose qui est, de plus, certainement fausse? Car la Chronique de S. Jean Brompton remarque expressément que S. Dunstan reprit le roi Edgard pour son second mariage avec Elfrite, qui est l'une des fautes que l'on reproche à Edgard : *Beatus Dunstanus*, dit cet historien, *regem frequenter monuit quòd ipsam dimitteret, ac se ab ejus consortio penitùs abstineret*. Que s'il le reprit de ce déréglement en ne craignant point de s'exposer à la haine de cette princesse, on peut croire qu'il le reprenait encore plus librement des fautes que ce roi avait moins d'intérêt de défendre.

Que deviendraient les calvinistes si on les jugeait par cette règle, et si on les obligeait de montrer dans les histoires, tous les avertissements qu'ils ont donnés aux princes déréglés qu'ils ont parmi eux? Grotius parlant du prince Maurice dit qu'il était à la vérité un grand guerrier, mais que ce n'était pas contre sa chair : *Magnus bellator, sed non contra carnem suam*. C'est un langage qu'on entend assez. Que messieurs les ministres fassent donc voir les réprimandes qu'ils lui ont faites et les avertissements qu'ils lui ont donnés. Ils y seraient sans doute assez empêchés, car tout ce que l'on en trouve est qu'ils firent ce qu'ils purent pour l'assurer de son salut au temps de sa mort, et que Rivet se piquant du reproche que Grotius leur faisait de cette fausse assurance qu'ils avaient tâché de donner à ce prince déréglé, lui répond bassement, non que ces reproches étaient faux, mais qu'un des parents de Grotius avait été surpris en adultère, comme s'il s'agissait de cela, et que l'adultère du parent de Grotius pût servir d'excuse aux ministres qui auraient manqué à un devoir si important envers le prince Maurice.

Mais, dit M. Claude, *ils furent plus touchés du respect d'un voile que de celui du sang juste cruellement et ty-* *ranniquement répandu; et ils eurent plus d'égard à l'ombre même d'une consécration humaine qu'au baptême du Seigneur qui consacre le corps d'une chrétienne pour en faire le temple du S.-Esprit.* Faut-il donc que M. Claude nous oblige sans cesse de lui reprocher des témérités et de faux raisonnements? Sait-il jusqu'à quel point ce roi pénitent était touché de ses crimes, pour faire une comparaison si hardie? Sait-il quel jugement il en portait, aussi bien que S. Dunstan? Quand il aurait été plus touché de son crime avec Elfrite, s'ensuit-il qu'il fût un hypocrite pour cela? N'arrive-t-il pas souvent que nous sommes être hypocrites ou est plus sensiblement touché de quelques fautes qui sont accompagnées de certaines circonstances qui frappent les sens, quoique ce ne soient pas toujours les plus grandes? Ne dépend-il pas de Dieu de nous donner quel sentiment il lui plaît, et de départir, comme dit S. Grégoire, les eaux de la pénitence avec la mesure qu'il veut? *Et aquas appendit in mensurâ*.

Y-a-t-il aussi de la justesse d'esprit à dire, comme fait M. Claude, que ce roi et cet archevêque préférèrent l'ombre d'une consécration au baptême, parce-qu'ils punirent plus sévèrement cette faute envers une fille enfermée dans un monastère que les autres actions de cette nature? Cette fille n'était-elle pas baptisée? N'avait-il pas violé par l'outrage qu'il lui avait fait le caractère et la consécration du Baptême aussi bien que dans les autres? Ainsi cette circonstance qu'elle était voilée était un surcroît qui rend le crime plus grand, et qui n'empêche pas que tout ce qu'il y a de malice dans ces sortes de fautes ne se rencontrât dans cette action. Et ce surcroît est sans doute bien considérable, puisqu'il faut qu'un prince soit extraordinairement possédé par sa passion pour arracher, comme il fit, une fille du pied des autels, et pour passer par dessus l'horreur que les lois divines et humaines, la religion et la coutume, impriment de cette action.

Mais il n'y a rien de plus plaisant que de voir M. Claude faire le sévère contre S. Dunstan et le roi Edgard, et trouver la pénitence imposée à ce roi trop légère et trop douce. *Je ne dirai pas*, dit-il (p. 664), *que cette sévérité de Dunstan ne s'étendit pas fort loin, puisqu'il ne lui ordonna que de s'abstenir sept ans de l'usage du diadème, que les rois ne portent presque jamais qu'au jour de leur sacre; de jeûner quelquefois, et de réciter à certains jours quelques psaumes; ce qui est sortir de ses crimes à bon marché*.

Si M. Claude était un de ces Pères de l'Église qui ont été les plus zélés pour la pénitence et pour l'observation rigoureuse des canons, encore y aurait-il lieu de lui représenter que les rois méritent qu'on ait quelques égards particuliers pour eux; que leur pénitence est si rare et si édifiante tout ensemble qu'ils réparent pour leur exemple ce qui manque à leur austérité; que S. Ambroise même, dont le zèle et la vigueur ont été admirés par toute l'Église, en prescrivit une beaucoup moindre à l'empereur Théodose, ne lui ayant ordonné qu'une pénitence de huit mois, pour un crime beaucoup plus grand que ceux du roi Edgard; et qu'ainsi il y a plutôt lieu de s'étonner de la sévérité de S. Dunstan que de la reprendre.

Mais il n'y a rien de plus surprenant que de voir que c'est un ministre calviniste qui tient ce discours, c'est-à-dire, un homme qui fait profession de croire que toutes ces satisfactions qu'on impose dans l'Église romaine sont inutiles et injurieuses à Jésus-Christ; qu'on n'est obligé d'en faire aucune après les plus grands excès; que les plus grands crimes ne font pas perdre à ceux de sa secte la qualité d'enfants de Dieu, parce qu'elle est inamissible; qu'ils ne leur ôtent pas la certitude absolue de leur salut, et enfin, qu'ils vont droit au ciel en mourant; ceux qui ont eu une fois la foi, quelque abomination qu'ils aient commise dans la suite de leur vie, ne manquant jamais de dire à Dieu avant que de mourir : *Je voudrais bien n'avoir point fait toutes ces choses. Je crois que la justice de Christ m'est imputée, et que cela est vrai parce que je le crois;* et en étant quittes pour cela : « Nollem factum, et credo justitiam Christi mihi imputari, idque verum esse quia id credo. » Avec cette préparation, dit Grotius (in fine voti pro pace, p. 112) en se moquant justement, *un calviniste qui aura vécu comme il aura voulu, c'est-à-dire, qui aura passé sa vie dans toutes sortes de désordres, ne laisse pas de s'en aller droit au ciel, et douter de cela c'est une infidélité infernale* : « Cum hoc viatico statim ille in cœlum evolat, deque eo dubitare stygiæ est incredulitatis. »

C'est un homme plein de ces principes, qui s'est obligé de les soutenir, qui ne peut souffrir qu'on lui parle d'austérités, qui les traite de superstitions dangereuses, qui veut que ce soit ouvrir la porte à toutes sortes d'erreurs; c'est cet homme, dis-je, qui trouve que c'est bien peu de chose d'imposer à un roi une pénitence de sept années, de l'obliger pendant ce temps à se priver des ornements de sa royauté pour s'en reconnaître intérieurement indigne, de jeûner deux jours la semaine à la manière de ce temps-là où l'on jeûnait encore jusqu'au soir, de faire des lois justes pour le bon gouvernement de ses peuples, de distribuer aux pauvres ses trésors avec abondance, de bâtir un monastère de vierges, de remédier aux désordres ecclésiastiques; car tout cela y était compris, comme le témoigne Capgravius et après lui Spelmannus.

M. Claude a-t-il assez songé aux justes réflexions qu'il attirait par une censure si peu raisonnable, et combien il donnait lieu de se souvenir des pharisiens *qui imposaient de lourds fardeaux sur les épaules des autres, et ne voulaient pas les remuer du bout du doigt?*

Si tous les autres raisonnements de ce chapitre que j'examine n'ont pas un air si ridicule que celui-là, parce que la matière ne le souffre pas, ils ne sont pas moins déraisonnables dans le fond. L'auteur de la Perpétuité dit que le dixième siècle a été décrié par divers motifs, et par les catholiques et par les ministres, les uns bons, les autres mauvais. Il n'a donc pas assuré que les ministres fussent auteurs de ce décri. Il avoue au contraire que plusieurs auteurs très-catholiques ont dit que c'était un siècle très-malheureux, *plein d'ignorance et de désordre :* il dit que les uns sont entrés dans cette opinion par la vue des désordres particuliers de l'Église romaine durant ce temps-là, et que les autres n'ont fait que suivre le sentiment de ceux qui en avaient ainsi parlé. L'on reconnaît sans peine que l'auteur de l'Apologie des SS. Pères est de ce nombre. Il n'était point question dans le lieu où il a été parlé du dixième siècle d'examiner ce point de fait, cela ne faisait rien à son sujet; et chacun sait que dans ces sortes de choses il serait injuste de vouloir obliger les auteurs d'examiner à la rigueur tous les faits incidents qu'ils rapportent, et de ne leur permettre jamais de s'en rapporter à l'opinion commune. Mais ce qui est certain est que comme les opinions des hommes ne changent point les faits, et que tous ces auteurs, tant catholiques que calvinistes, n'avaient aucune lumière sur le dixième siècle que nous n'ayons maintenant, et qu'ils en avaient même moins parce qu'on a découvert dans les bibliothèques des livres d'auteurs du dixième siècle qui ne leur ont pas été connus, ce n'est point par leur simple sentiment qu'un homme habile et judicieux doit juger de la vérité de l'état du dixième siècle, mais par les preuves réelles qui nous en restent. Ainsi il n'y a rien de plus inutile que ce long dénombrement d'auteurs nouveaux qui ont décrié le dixième siècle qui remplit plusieurs pages de ce chapitre de M. Claude.

S'il nous veut obliger à suivre leur sentiment, il fait voir qu'il ne sait pas la règle qu'on doit tenir dans l'examen de ces sortes de matières. S'il en conclut simplement que d'autres que des ministres ont décrié le dixième siècle, il prend une peine fort inutile, puisque c'est ce que l'auteur de la Perpétuité avait non seulement accordé, mais établi. Et enfin s'il en veut conclure que les ministres n'ont point abusé de ce décri, qu'ils ne l'ont point porté trop loin, qu'ils n'ont point pris trop à la lettre des propositions qui se doivent toujours resserrer dans de justes bornes, et qu'ils n'en ont pas tiré une fausse conséquence, qui est que la foi avait pu changer au dixième siècle sur le sujet de l'Eucharistie, il conclut encore fort mal; puisque quand même on n'aurait point justifié le dixième siècle de tous ces reproches qui lui sont faits par des auteurs catholiques, il est certain néanmoins que les ministres en abusent, et que jamais le bon sens ne permettra de supposer ni que l'ignorance fût générale dans toutes les églises du monde, ni que cette ignorance ait pu étouffer la foi du plus commun de tous les mystères, et auquel les chrétiens, et surtout les ecclésiastiques, étaient le plus obligés de s'appliquer par la nécessité de leurs fonctions. C'est ce que nous avons montré ailleurs : et il n'est pas nécessaire, quoique M. Claude fasse partout les mêmes fautes, de répéter toujours les mêmes réponses.

Il faut par nécessité passer légèrement sur quantité de faux raisonnements, de fautes dans l'histoire et de calomnies qu'il entasse confusément. Comme quand il prouve (p. 673) que le concile de Trozly n'était pas rempli de la science et de l'esprit ecclésiastique, parce qu'il s'est trompé dans le discernement des lettres des papes ; comme si ces lettres ayant été citées sept ou huit cents ans durant par tous les plus savants hommes de l'Église, on pouvait accuser d'ignorance tous ceux qui les ont citées; et comme si l'esprit et la science ecclésiastiques consistaient dans ces recherches de critique qui ne sont souvent que le partage des petits esprits, comme l'écorce de l'écriture est la part des Juifs, selon S. Bernard : *Et hæc est pars Judæorum.*

Comme quand il dit (p. 644) sur le sujet du roi Edgard, qui vivait au dixième siècle, que les rois d'Angleterre ne portent presque jamais leur diadème qu'au jour de leur sacre, réglant ainsi la coutume des rois de ce temps-là par celle des rois d'aujourd'hui ; au lieu que les historiens témoignent qu'ils le portaient au moins trois fois l'année ; savoir le jour de Noël, le jour de Pâques, et le jour de la Pentecôte (Ann. eccl. Angl., anno 973).

Comme quand il veut faire passer l'accident prodigieux rapporté par les historiens de ce temps-là, que les défenseurs des prêtres concubinaires furent écrasés dans le concile de Calne, et que S. Dunstan demeura avec ceux de son parti sur une poutre, *par un miracle non du ciel mais de la terre*, et qu'il accuse sur cela S. Dunstan (p. 666) d'avoir eu *plus d'art et d'hypocrisie* que les autres, et d'avoir su *faire descendre des miracles à point nommé*; comme si le sens commun ne répugnait point à un soupçon si injuste, et si c'était une chose croyable qu'un archevêque ait eu dessein de faire tomber un plancher où il était lui-même, sans crainte d'être enveloppé sous ses ruines.

Comme quand il dit (ibid.) qu'en Angleterre dans la contestation entre S. Dunstan, le roi Edgard et les religieux réglés d'une part, et les prêtres déréglés de l'autre, *la dispute n'était pas sur l'Évangile; qu'ils étaient d'accord les uns et les autres de le laisser en repos, sans l'entendre, sans le prêcher et sans le lire.* Et cependant il dit lui-même de ces ecclésiastiques, en rapportant un passage du roi Edgard, *qu'ils passaient leur vie dans les débauches, dans les ivrogneries, dans la luxure, dans l'impudicité ; que ce n'était que jeux, que danses, que chansons, que hurlements jusqu'à minuit.* Et il veut que l'on croie tout cela, puisque c'est par là qu'il prétend montrer que l'église d'Angleterre était fort déréglée au dixième siècle. Ce serait donc à lui de nous dire comment il prétend allier ces choses. Les vices horribles dont il accuse les ecclésiastiques ne regardent-ils pas l'Évangile? Les voulait-on laisser en repos dans ces déréglements, puisqu'on les punissait et qu'on les chassait pour cela? Peut-il nier que cette sévérité ne fût juste et nécessaire sans détruire ce qu'il suppose? S'ils n'étaient pas tels qu'il les représente, pourquoi s'en sert-il pour montrer que le dixième siècle était déréglé? S'ils étaient tels, pourquoi se plaint-il qu'on les ait chassés ?

Mais laissant à part cette contradiction visible, comment justifiera-t-il qu'on ne lût point l'Évangile dans l'Angleterre au dixième siècle, et que les religieux qui furent substitués en la place de ces ecclésiastiques déréglés étaient d'accord de les laisser en repos? Que s'il ne le peut justifier, comment ose-t-il avancer ces sortes de discours dont la témérité, l'injustice et l'emportement sont si visibles? Croit-il donc que les mensonges et les calomnies soient des embellissements de rhétorique, ou que ce ne soit point une calomnie d'accuser en l'air, sans preuves, sans fondement, sans apparence, un grand nombre de religieux et de saints évêques qu'il ne connaît par aucune autre marque sinon qu'on les mit en la place de ces ecclésiastiques déréglés, *de n'avoir ni prêché, ni entendu, ni lu l'Évangile.*

Tout le reste est plein de semblables faussetés, tantôt plus hardies, et tantôt plus cachées.

Il dit en un endroit (p. 680) que le pape Alexandre VII a fait depuis peu de l'opinion de S. Bernard touchant la conception une hérésie qu'il a condamnée. Cependant le contraire paraît par la bulle même qui porte expressément que cette opinion n'est point de foi ; tant M. Claude a peu de soin de sauver même les apparences.

Il est un peu plus excusable en ce qu'il dit du concile de Rome où il prétend que l'on fit ces décisions qui s'appellent *dictatus papæ*, parce que le cardinal Baronius le dit aussi bien que lui. Mais il est vrai néanmoins qu'il n'y a nulle apparence que ces articles aient été dressés dans un concile, et qu'il est beaucoup plus vraisemblable qu'ils ont été recueillis des lettres de Grégoire VII par ses ennemis qui les ont aigries et envenimées autant qu'ils ont pu.

Mais quoi qu'il en soit de tous ces faits, et soit qu'on les suppose vrais ou faux, ils sont également inutiles à M. Claude, car il ne conclura jamais de tout cela que la créance de la présence réelle ait pu s'introduire au dixième siècle. C'est pourquoi je laisse encore d'autres faits qui nous arrêteraient trop longtemps pour ne m'attacher plus qu'à trois conséquences de l'auteur de la Perpétuité, qu'il attaque et qu'il traite avec un mépris affecté dont il couvre ordinairement sa faiblesse.

L'auteur de *la Perpétuité* conclut d'un passage d'Adelman, depuis évêque de Bresse, qui écrivit à Bérenger l'an 1035 *que le bruit s'était répandu dans l'Allemagne qu'il s'était séparé de l'unité de l'Église, et qu'il avait des sentiments du corps et du sang du Seigneur contraires à la foi catholique ;* il conclut, dis-je, que les Allemands étaient donc tous en ce temps-là dans les sentiments de la présence réelle. Et il conclut de ce sentiment des Allemands qu'ils y avaient donc été instruits par les saints évêques du dixième siècle. Ces deux conclusions paraissent assez justes; néanmoins il plaît à M. Claude de s'en moquer. *N'est-ce pas là*, dit-il (p. 678), *une preuve admirable? C'était au pis-*

aller les disciples de *Paschase* qui faisaient courir ce bruit, et Adelman le débite comme bon lui semble. Et pour former le jugement public par une décision nette et précise : *Il faut*, dit-il, *être bien dénué de preuves pour en produire de si pitoyables.* Mais il aurait mieux fait de marquer un peu plus distinctement ce qu'il trouve de si pitoyable dans cette preuve. Car s'il y avait eu effectivement en Allemagne des gens qui enseignassent que le corps de Jésus-Christ ne fût présent dans l'Eucharistie qu'en figure ou en vertu, qui s'y opposassent aux paschasistes, pourquoi la nouvelle de l'hérésie de Bérenger y aurait-elle surpris le monde? Une erreur que l'on débite en France surprend-elle des étrangers lorsqu'elle s'enseigne effectivement parmi eux, et qu'elle s'y est toujours enseignée? Est-on étonné en Hollande que M. Claude écrive en France pour le calvinisme? Attribue-t-on cette erreur à un auteur étranger lorsqu'elle a des défenseurs dans le pays même? Et Adelman qui apprit les nouvelles de l'hérésie de Bérenger parmi les Allemands, n'y aurait-il pas plutôt appris des nouvelles de ceux qui l'auraient de tout temps soutenue en Allemagne.

Ce passage fait donc voir clairement qu'Adelman présent en Allemagne, vivant avec les Allemands, n'a point cru qu'il y eût parmi eux aucuns sectateurs de l'hérésie de Bérenger ; et s'il ne l'a point cru, comment le pourrait-on croire ? Et qui ne s'arrêterait plutôt au témoignage d'Adelman, auteur contemporain, qui ne parle que de ce qu'il voyait, qu'à celui de M. Claude qui lui donne six cents ans après un démenti téméraire et fondé sur sa seule fantaisie? Qui ne sait que le témoignage positif d'un auteur présent sur une chose publique, laquelle il n'eût pu avancer sans une effronterie qui fût retombée sur lui, et qui n'est contredit par aucune preuve contraire, doit passer pour certain ; et que c'est ignorer toutes les règles du bon sens que de penser les détruire en y opposant seulement un reproche en l'air, que peut-être il parlait selon son préjugé?

Que s'il est vrai que du temps d'Adelman tous les Allemands fussent dans la doctrine de la présence réelle, est-ce encore une conséquence pitoyable que d'en conclure qu'ils avaient donc été instruits dans cette créance par tous les grands évêques du dixième siècle ? Car auraient-ils embrassé d'eux-mêmes universellement cette doctrine pendant l'espace de trente-cinq ans, lorsqu'un grand nombre de ces évêques vivait encore? Et serait il possible qu'on eût gardé parmi eux un secret si inviolable, qu'aucun d'eux n'eût averti les bérengariens qu'à la vérité toute l'Allemagne leur était présentement contraire, mais qu'il était vrai que leurs pères avaient été dans la même créance qu'eux? Il ne fallait pour cela qu'un seul Allemand perverti, pour donner sujet aux bérengariens de se glorifier du consentement du dixième siècle par l'avis qu'il leur en avait donné. Or il est certain qu'il y en a eu, et il est certain encore que jamais les bérengariens n'ont osé avancer cette rêverie que

M. Claude ose publier si hardiment six cents ans après.

C'est par la même témérité qu'il prétend éluder l'argument que l'auteur de *la Perpétuité* a tiré de tant de nations nouvellement converties par les Allemands, qui se sont toutes trouvées au temps de Bérenger dans la foi de la présence réelle. Car M. Claude s'imagine toujours qu'il n'y a qu'à faire des hypothèses en l'air, sans regarder jamais si elles s'accordent avec le sens commun. *L'auteur*, dit-il (p. 675), *se souviendra de ce qu'il nous disait dans la première partie de sa réfutation, que les propagateurs de la religion chrétienne l'ont fait recevoir tout entière avec tous les dogmes qui la composent, non par voie de discussion, mais par voie d'autorité, sans s'arrêter à l'explication particulière de chacun de ces articles. J'applique cela fort bien aux conversions du dixième siècle, c'est-à-dire, qu'on établit la religion chrétienne en général au milieu des barbares. On se contenta de leur enseigner les doctrines fondamentales, l'unité de Dieu, la Trinité des personnes, etc.; on établit parmi eux la forme du culte extérieur, mais il n'y a point d'apparence qu'on les allât entretenir des questions de la présence ou de l'absence réelle.*

Il est vrai qu'elles demeurèrent attachées à l'Église de Rome quand celle-ci condamna Bérenger, mais il ne s'ensuit pas qu'elles eussent reçu dès le commencement la présence réelle, et qu'elles s'en trouvassent en possession. Il suffit qu'elles eussent reçu le christianisme en général avec la soumission au siège romain pour ne s'élever pas contre une détermination que les papes firent de leur propre autorité.

Tout ce discours est fondé sur ces deux hypothèses, 1° *que l'on n'enseigna à ces nations converties que la doctrine chrétienne en général, sans leur parler de la présence ni de l'absence réelle.* 2° Que le pape ayant décidé la présence réelle, elles l'embrassèrent sans contradiction, quoiqu'elles ne la crussent pas auparavant. Les preuves de ces deux hypothèses sont que *l'auteur de la Perpétuité dit la même chose de ceux qui ont établi la religion chrétienne ;* 3° *qu'il n'y a point d'apparence qu'on ait entretenu ces nations de la présence ou de l'absence réelle..* C'est l'analyse du discours de M. Claude, et cette analyse fait voir qu'on n'en peut guère faire de moins raisonnable.

Il est faux premièrement que jamais l'auteur de la Perpétuité ait prétendu enseigner qu'on ait pu établir le christianisme en aucun lieu sans y instruire distinctement les chrétiens du mystère de l'Eucharistie. M. Claude sait bien en sa conscience qu'il prend un fondement tout contraire, et qu'il suppose que tous les fidèles en ont toujours eu une connaissance distincte. Il abuse donc de mauvaise foi des paroles qu'il en cite, qui parlent non de l'établissement entier de la religion chrétienne lorsqu'il s'agit d'instruire les fidèles de tout ce qu'ils doivent croire, mais des premières instructions que l'on donne à ceux qui ne l'ont pas encore reçue, qui sont les seules qui aient été connues aux païens. Il est vrai à l'égard de celle-ci que l'on ne s'arrête pas à prouver et à expliquer en particulier tous les dogmes, mais il est ridicule de penser qu'après que l'on avait porté les hommes à embrasser cette religion, et qu'on les avait fait résoudre à recevoir le baptême, on ne leur expliquât pas ensuite ce qu'ils devaient croire de l'Eucharistie. Si M. Claude n'a pas vu que c'était en cette manière qu'il fallait prendre les paroles de l'auteur de la Perpétuité, on se peut plaindre avec raison de son peu d'intelligence; et s'il l'a vu, on a encore plus de sujet de se plaindre de son peu de sincérité.

C'est ce qui sert de réponse à ce qu'il avance ensuite qu'il n'y a point d'apparence qu'on les allât entretenir des questions de la présence ou absence réelle, car il est clair au contraire qu'il est sans apparence qu'ayant dû préparer tous les fidèles à recevoir l'Eucharistie, ayant dû leur faire concevoir la grandeur du crime de ceux qui communient indignement, comme étant coupables du corps et du sang du Seigneur, ayant dû apprendre à tous les ecclésiastiques la manière de célébrer les mystères et de les distribuer aux peuples, ils ne leur aient pas dit ce que c'était que ce mystère, et pourquoi ils appelaient si souvent le pain et le vin le corps et le sang de Jésus-Christ, et qu'ils ne leur fissent pas entendre le sens de ces expressions ordinaires, *que l'Eucharistie est le vrai et le propre corps de Jésus-Christ; que le pain est changé au corps de Jésus-Christ.* Cette négligence n'est pas humaine, et il est impossible de la concevoir ni dans ceux qui ont travaillé à la conversion de ces peuples, ni dans les ministres qu'ils ont choisis d'entre ces peuples. Et il est encore moins possible que s'ils n'eussent jamais appris de ces premiers prédicateurs autre chose de ce mystère, sinon que le pain et le vin étaient les signes sacrés du corps de Jésus-Christ, une décision du pape les eût fait changer universellement de sentiment sans contradiction, sans soulèvement, sans bruit, sans contestation; que tant d'évêques, d'ecclésiastiques, de laïques, nourris dans une doctrine différente, eussent renoncé si facilement à toutes leurs lumières et à toutes leurs préoccupations. M. Claude ne connaît point du tout les hommes, s'il croit cela possible; et il est bien étrange qu'il ose avancer une chose si hors d'apparence.

Car voici trois vérités de fait qui ne peuvent être contestées. La première, que dans toutes ces provinces converties durant ce siècle, c'est-à-dire dans la Hongrie, la Pologne, la Transylvanie, la Prusse, le Danemark, la Norwège, la Suède, la Basse-Allemagne, il n'y eut aucun trouble sur le sujet de la présence réelle au temps de Bérenger, et qu'elles demeurèrent toutes constamment unies avec l'Église romaine; la seconde, que nul bérengarien n'a osé avancer que ces églises fussent de son opinion; la troisième, que tous les auteurs catholiques de ces temps-là ont écrit sans exception que toutes les églises chrétiennes étaient dans la doctrine de la présence réelle, et qu'ils n'ont point été démentis sur ce point par qui que ce soit.

Comment M. Claude prétend-il donc pouvoir renverser tous ces faits liés ensemble et qui se confirment mutuellement par un songe aussi peu vraisemblable qu'est celui de dire, sans preuve, que toutes ces nations ne connaissaient la doctrine de l'Eucharistie qu'en général, et qu'elles embrassèrent celle de la présence réelle quand le pape l'eut décidée.

M. Claude ne songe point du tout, quand il fait une hypothèse, aux suites qu'elle a ni aux inconvénients où il s'engage; il lui suffit qu'il puisse échapper pour un moment. Il n'a pas pensé que les apôtres de ces nations étaient Allemands, et que par conséquent les preuves qui font voir que l'on croyait en Allemagne la présence réelle au dixième siècle font voir que c'était la créance de ces prédicateurs apostoliques. Il n'a pas pensé qu'il dit que le siège de Rome a reçu la doctrine de la présence réelle au dixième siècle, et que cependant plusieurs de ceux qui ont travaillé à la conversion de ces peuples, comme S. Adelbert et S. Boniface, y avaient été envoyés par le pape. Ou comme ils avaient été longtemps à Rome, ils ne pouvaient avoir d'autre doctrine que celle qu'on y tenait. Il n'a pas pensé qu'il nous représente le dixième siècle comme étant celui du progrès de l'opinion de Paschase, et qu'ainsi il est impossible que dans un temps où elle devait, selon lui, être l'objet de tant de discours et du zèle de tant de personnes, ces apôtres des nations septentrionales si zélés pour la religion n'y aient pris part, et par conséquent qu'ils n'aient enseigné distinctement une opinion dont ils étaient occupés et qu'ils croyaient importante. Il n'a pas pensé aux absurdités insupportables qu'il y a à supposer qu'ils aient établi un sacrifice, des ministres, une Liturgie semblable à celle de l'Église romaine; qu'ils aient appliqué des personnes à des fonctions qu'ils leur ont représentées comme très-grandes; qu'ils les aient obligées à se servir de certaines paroles, et qu'ils ne leur aient jamais dit le sens de ces paroles, la fin de ces fonctions, ni ce que voulait dire tout cet appareil qui devait faire leur principale occupation. Tout cela n'est rien à M. Claude, pourvu qu'il se flatte d'avoir répondu, et que l'on ne dise pas qu'il est demeuré d'accord de bonne foi de quelque chose.

J'ai peine à m'arrêter à ce qu'il dit sur la congrégation de Cluny, parce que ce n'est qu'une répétition des mêmes absurdités, qui sont d'autant plus inutiles à M. Claude que nous avons prouvé en particulier la créance de S. Odilon et de S. Odon sur la présence réelle, et qu'ainsi il n'y a plus lieu de disputer qu'ils n'aient été de notre sentiment. S. Odon est disciple de Paschase, il en fait une profession publique; mais il n'a jamais pensé qu'il y eût ni dans sa congrégation ni dans l'Église aucune personne qui ne le fût pas, et qui doutât du mystère de l'Eucharistie. S. Odilon est un adorateur de l'Eucharistie, comme il paraît par ce que nous en avons rapporté. L'un a vécu au neuvième et au dixième siècles, l'autre dans le dixième et dans le onzième; et tous les deux se touchent par le moyen de gens de leur congrégation même qui ont apparemment vu l'un et l'autre.

Il n'appartient qu'à M. Claude de séparer par une hypothèse fantastique des personnes qui ont toujours vécu ensemble sans aucune marque de diversité de sentiment, qui s'entreregardaient non seulement comme des frères, mais comme des saints ; et il est le seul qui ne voie pas que, quoique les successeurs dans une même place ne suivent pas toujours les sentiments de leurs prédécesseurs, et que les disciples ne gardent pas toujours la tradition de leurs maîtres, ce que l'auteur de la Perpétuité n'a jamais dit, il est ridicule néanmoins de séparer les sentiments des maîtres et des disciples, lorsqu'il n'y a aucune trace ni aucun vestige de cette diversité de sentiments, et que la chose est de telle importance, qu'il ne serait pas possible que cette diversité n'eût éclaté. Un sentiment philosophique du disciple ne conclut pas, à la vérité, que son maître ait été de même opinion, mais lorsqu'il s'agit d'un dogme important dans une matière commune et populaire, et qu'il ne paraît point que les disciples se soient élevés contre les maîtres, et qu'il y ait eu différence d'opinion entre eux, on a droit de conclure le sentiment des maîtres de celui des disciples. La raison le permet dans ces circonstances, et la foi l'autorise, puisque c'est le fondement de la tradition, par laquelle les Pères ont réfuté toutes les hérésies.

C'est en vain enfin que M. Claude s'attache, à la fin de son chapitre, à ce qu'on a dit qu'un seul homme eût été capable de découvrir l'innovation insensible s'il s'en était fait au dixième siècle, et même de l'empêcher ; et qu'il nous réplique (p. 681) que c'est le *prendre pour un homme de l'autre monde de lui vouloir persuader qu'en un siècle troublé de guerres, confus et corrompu, ignorant et superstitieux, un seul homme eût été capable d'arrêter les progrès de l'opinion de Paschase, supposé qu'elle fût nouvelle*. Car c'est lui-même qui nous prend pour des gens de l'autre monde en croyant qu'on se laissera tromper par un si petit artifice. On lui a dit deux choses : l'une, qu'un seul homme eût été capable de découvrir cette innovation ; l'autre, qu'il eût été capable de l'empêcher. Il n'a rien répondu sur la première, car il est certain qu'un seul homme suffit pour découvrir une innovation. D'où vient donc qu'il ne s'est pas trouvé un seul homme dans toute la terre qui nous l'ait découverte ? Cette question embarrasse M. Claude ; tous ses exemples lui ont manqué, et ainsi il a trouvé à propos de s'en démêler par le silence.

Mais je lui soutiens de plus que ce seul homme eût été capable d'empêcher ce prétendu progrès. Car pourquoi ne l'aurait-il pas empêché ? Il avait tout pour lui, selon M. Claude, la raison, l'autorité, la multitude. Il n'avait contre lui aucun décret ni aucun concile, selon lui-même. Par quoi donc aurait-il été surmonté ? Ces paschasistes étaient-ils si redoutables ? Ces gens déréglés dont M. Claude veut que le dixième siècle ait été rempli, étaient-ils si disposés à écouter une doctrine si contraire à leur raison ? Ces ignorants n'ignoraient-ils pas encore davantage les fondements de l'opinion de Paschase que ceux de l'opinion des calvinistes, qui ne se peuvent ignorer ? En quoi donc aurait-il pu être plus faible que les défenseurs de l'opinion contraire ? Mais il n'est pas question s'il eût ou s'il n'eût pas empêché le progrès de ces paschasistes ; qu'il eût succombé, si M. Claude le veut, mais au moins aurions-nous été avertis de sa résistance, au moins en aurait-il excité quelques autres ; et ainsi nous verrions quelques traces de ce changement, au lieu que nous n'en voyons aucune.

C'est tout ce que je répondrai présentement à ce long chapitre ; et c'est beaucoup plus qu'il n'en faut pour renverser cet amas de faits inutiles et de fausses conséquences dont il est tout composé. Et pour les reproches de politique qu'il fait à l'auteur de la Perpétuité à la fin de son chapitre, il y aura lieu d'en traiter plus amplement dans le onzième livre, et de faire voir à M. Claude que son procédé ne blesse pas seulement la charité, mais aussi la justice, qui se devrait pratiquer à l'égard des païens et des Turcs, et l'honnêteté qui s'observe dans le monde entre toutes les personnes d'honneur.

CHAPITRE X.

Des prétendus changements insensibles que M. Claude compare avec celui qu'il veut faire croire être arrivé sur le sujet de l'Eucharistie.

Je n'ai plus pour achever la réfutation de cette innovation fabuleuse de la créance de l'Église sur l'Eucharistie qu'à dire quelque chose des exemples dont M. Claude s'est servi pour essayer de la rendre vraisemblable. C'est un artifice ordinaire des hérétiques de tâcher d'autoriser leurs plus déraisonnables prétentions par des exemples qui paraissent avoir quelque chose de semblable ; et cet artifice est fondé sur la faiblesse de l'esprit des hommes, qui sont plus frappés des rapports apparents que des différences réelles, parce que pour juger que les choses sont semblables il ne faut que les concevoir confusément ; au lieu que pour les distinguer il faut en avoir une idée plus nette, plus claire et plus distincte ; ce qui n'est pas commun à tant de personnes.

C'est proprement de cette faiblesse naturelle des hommes que M. Claude a voulu abuser, en prétendant faire voir la possibilité de son changement insensible dans la doctrine de l'Eucharistie par l'exemple de quelques autres changements qui sont arrivés dans la discipline de l'Église. Il est vrai que ces exemples ont cela de commun avec ce sont des changements, et qu'il lui plaît de les appeler insensibles, quoiqu'il y en ait qui aient été très-sensibles et très-marqués, et que l'on en ait des histoires très-exactes, mais pour le reste il est difficile de rien inventer qui ait moins de rapport avec la chose dont il s'agit, et qui soit plus propre à faire conclure aux personnes judicieuses tout le contraire de ce qu'il prétend.

L'auteur de *la Perpétuité* avait déjà dit sur le sujet de ces exemples beaucoup plus qu'il n'en fallait pour en faire voir les différences sensibles et palpables ;

cependant il n'a pas plu à M. Claude de s'en contenter, et il déclare au contraire (p. 635) qu'on *l'a si mal satisfait sur ces exemples qu'il trouve bon de prier l'auteur de* la Perpétuité *de les retoucher.* Mais comme il y a des gens qui ne se satisfont pas de la raison parce qu'elle les incommode et qu'elle les blesse, il est bon aussi de le prier d'examiner sérieusement de son côté si la cause du peu de satisfaction qu'il dit en avoir reçu n'est point dans lui-même, dans sa mauvaise disposition, dans sa préoccupation, et dans la passion qui le possède, qui l'empêche de rien approuver de contraire à ses prétentions.

Pour lui aider à faire cet examen, je veux bien retoucher ces exemples et les lui remettre un peu plus vivement devant les yeux, afin de lui faire voir avec combien peu de raison il a comparé des choses si différentes.

Je ne m'arrêterai pas à la manière dont il rapporte ces exemples, ni à remarquer en détail toutes les injustices qu'il y commet; son procédé ordinaire est de prendre pour principes les choses les plus douteuses et les plus contestées, et d'ajuster les faits à ses désirs en changeant les prétentions de ceux de sa secte en décisions et en axiomes : mais il vaut mieux prendre maintenant ces exemples tels qu'il le propose, que de s'arrêter à ces discussions qui détourneraient trop l'esprit.

Pour montrer qu'une chose est semblable à d'autres, il faut premièrement bien connaître celle dont on cherche des exemples et à laquelle on compare les autres. Il faut en avoir remarqué les principales circonstances, afin de faire voir ces mêmes circonstances dans les exemples que l'on en apporte; car sans cela c'est comparer les noms et non pas les choses. Voyons si M. Claude aura bien observé cette règle.

1° Il est certain qu'une des plus remarquables circonstances de ce changement de créance sur le sujet de l'Eucharistie, est qu'il faudrait supposer qu'il serait arrivé en même temps en toutes les parties du monde et dans toutes les sociétés chrétiennes, en Orient, en Occident, parmi les Latins, les Grecs, les Moscovites, les Arméniens, les Nestoriens, les Indiens, les Cophtes, les Éthiopiens. Cette universalité du changement contribue infiniment à en faire voir l'impossibilité, parce qu'il est contre la nature que l'esprit de tous les chrétiens du monde se soit trouvé disposé en même temps à embrasser une erreur contraire à leurs préjugés, à leurs sens et à leur raison; que toutes les passions qui portent une société divisée d'une autre à rejeter les opinions de celle dont elle est séparée, se soient étouffées en faveur de l'opinion du monde la plus capable d'attirer la contradiction, cette même désunion subsistant à l'égard de toutes les autres opinions contestées.

Cette seule circonstance fait voir clairement l'impossibilité de ce prétendu changement; et c'est pourquoi nous avons cru être obligés de montrer avec tant d'étendue que toutes les sociétés séparées de l'Église romaine étaient unies avec elle dans le point de la présence réelle et de la transsubstantiation; et je pense que personne ne se plaindra qu'on ne l'ait pas assez prouvé.

Il fallait donc que M. Claude nous produisît des exemples de quelque erreur qui se soit emparée universellement dans un certain siècle des esprits de tous les chrétiens, non seulement dans l'Église romaine, mais aussi dans toutes les sociétés séparées. Or non seulement il ne le fait pas, mais il n'y a pas seulement songé; et il nous produit au contraire des exemples de changements particuliers, de pratiques et de cérémonies qui s'observent encore présentement dans la plus grande partie du monde, et qui ne se sont abolies qu'en certaines églises, et non pas en toutes.

Il nous dit que la coutume de communier sous les deux espèces s'est changée dans l'Église latine. Il est vrai, mais elle s'observe encore par les Maronites, qui sont de la communion latine; par les Grecs, par les Melchites ou Syriens, par les Moscovites, par les Georgiens, par les Nestoriens, par les Jacobites, par les Arméniens, par les Cophtes, par les Abyssins. C'est donc un fort mauvais exemple d'un changement universel.

Il nous rapporte l'exemple de la coutume de communier les petits enfants, qui s'est changée dans l'Église latine, et même dans la grecque; mais elle s'observe encore par les Cophtes, par les Abyssins, par les Arméniens, par les Maronites.

Il rapporte l'exemple du pain levé qu'il dit que l'on a changé dans l'Occident en pain sans levain pour en faire la matière du sacrement de l'Eucharistie. C'est une opinion particulière fondée sur quelques arguments négatifs du P. Sirmond, dont le principal est que Photius n'a point reproché l'usage des azymes aux Latins : ce qui n'est pas trop solide, puisqu'il est très-possible ou que Photius n'y ait pas fait attention, ou qu'il n'ait pas jugé ce reproche raisonnable, et qui est peut-être faux dans le fait, puisque l'abrégé de l'Histoire du concile de Florence, qui est à la tête de ce concile, cite certains traités manuscrits de Photius où ce reproche des azymes est contenu. Mais quand ce changement serait vrai, c'est un changement peu considérable et qui a pu naître de la seule commodité, qui l'emporte toujours dans les choses indifférentes. Quoi qu'il en soit, ce n'est point un changement universel; car les Grecs, les Moscovites, les nestoriens, les Maronites se servent encore de pain levé. Ainsi la marque d'universalité manque encore à cet exemple.

Il rapporte celui des hosties, qui étaient autrefois, dit-il, plus épaisses qu'elles ne sont à présent, quoiqu'elles aient toujours été fort petites, comme il paraît par le canon 6 du seizième concile de Tolède, qui dit que l'on ne doit pas offrir *grande aliquid, sed modicum tantum oblatam secundùm quod ecclesiastica consuetudo retentat.* Mais elles sont encore beaucoup plus épaisses dans les communions séparées de l'Église romaine.

Il rapporte la coutume de jeûner jusqu'au soir qui s'est changée dans l'Église latine en celle de rompre le jeûne à midi. On en voit la cause : c'est le relâchement des mœurs des chrétiens; il ne la faut point chercher ailleurs. Il n'est pas besoin que la raison soit corrompue pour cela, il suffit que la volonté le soit, et que l'Église ensuite tolère cette faiblesse de ses enfants. Mais l'ancien jeûne s'observe néanmoins encore dans tout l'Orient et dans toutes les autres communions schismatiques avec autant de rigueur que jamais, l'austérité plus grande n'étant pas une marque certaine ni de la vraie foi ni de la vraie vertu.

Il nous rapporte la coutume de faire prendre aux nouveaux baptisés du lait et du miel, qui s'est, dit-il, changée. C'est un exemple fort bien choisi pour le comparer avec l'établissement de la doctrine de la présence réelle, et qui fait voir quel est le discernement et la justesse de l'esprit de M. Claude; mais pour ce qui regarde l'universalité, il devrait avoir fait voir auparavant que cette coutume ait été générale dans toutes les églises, ce qui n'est nullement vraisemblable.

L'exemple que M. Claude allègue de la coutume de donner part au peuple dans l'élection des évêques a mille défauts. Jamais changement ne fut moins insensible. On en sait tous les degrés, et ces degrés sont marqués par des canons de conciles, des lettres de papes ou des concordats. Le petit peuple fut exclus de l'élection des évêques dans la plupart des églises d'Orient dès le quatrième siècle. On l'attribua absolument aux métropolitains dans le septième et le huitième concile général. Le peuple, ou plutôt les personnes qualifiées, ont retenu plus longtemps en Occident quelque part aux élections, comme il paraît par diverses lettres de Grégoire VII. Ainsi c'est un changement qui a été fait en l'espace de sept ou huit siècles au vu et au su de tout le monde. Mais outre les autres défauts il a encore le défaut d'universalité, non dans la coutume changée, mais dans la coutume établie. Car en ôtant au peuple la part qu'il prenait aux élections, on n'a pas établi partout une même forme d'élection; au contraire il n'y a rien de plus différent que l'usage et les coutumes des diverses églises sur ce point. On les choisit d'une manière en France, d'une autre aux Pays-Bas, d'une autre en Allemagne, d'une autre en Italie, d'une autre en Grèce, d'une autre en Éthiopie, dont le patriarche est toujours élu par les religieux éthiopiens résidant en Jérusalem. Cependant c'est de quoi il s'agit, car il n'est pas question d'une coutume universellement abolie, mais d'une doctrine nouvelle universellement établie, ce qui est extrêmement différent. Une incommodité générale peut bien abolir universellement une coutume; mais quand il s'agit de remédier à un abus, chacun se partage et suit ses vues différentes dans le choix des remèdes : et c'est ce qui fait voir particulièrement l'impossibilité du changement sur le sujet de l'Eucharistie; car il faudrait dire que ce serait un établissement universel d'une doctrine extraordinaire, ce qui ne peut subsister avec la diversité infinie d'esprits, de vues, d'inclinations, qui se rencontrent en tant de différentes sociétés qui, étant divisées sur les moindres choses, n'auraient eu garde de s'unir dans une doctrine si choquante qu'il est étrange qu'elle eût trouvé seulement quelque petit nombre de sectateurs, à moins qu'elle n'eût toujours été autorisée par un consentement universel.

Ce même défaut se rencontre dans l'exemple précédent de la coutume de donner du lait et du miel aux nouveaux baptisés, qui a été abolie. Ce n'est pas un établissement, c'est une cessation; et cette cessation n'a rien produit d'uniforme, les différentes sociétés pratiquant différentes cérémonies dans le baptême, en conservant le même esprit, qui est d'exprimer par des signes extérieurs les effets intérieurs de ce sacrement. Il n'y a proprement que les calvinistes qui aient changé sur ce point la doctrine de l'Église, en abolissant par un attentat sacrilège toutes les cérémonies du baptême autorisées par toute l'antiquité, et en faisant de ce retranchement une partie de leur prétendue réformation.

Il n'y a rien de moins universel que le changement que M. Claude prétend être arrivé sur le sujet des images : il ne peut attribuer lui-même l'opinion *qu'il ne fallait pas les honorer d'un culte religieux*, qu'aux seuls évêques assemblés à Francfort; et il ne s'ensuit pas là qu'elle fût de tous les évêques de France, et encore moins de tous les ecclésiastiques et de tout le peuple. Mais il est certain que ce n'a jamais été celle des papes, et qu'elle était expressément condamnée en ce même temps par les évêques d'Orient : de sorte que l'opinion de ces évêques de Francfort étant si particulière, il ne faut pas demander, comme fait M. Claude, comment le sentiment contraire a pu prévaloir, mais comment ces évêques ont pu entrer dans ce sentiment. Car pour la cause du changement de ce qu'ils avaient voulu établir, elle est toute visible : c'est que tout le corps de l'Église a entraîné la partie, et que la raison l'a emporté sur une opinion déraisonnable et qui se contredisait.

Ces évêques admettaient le culte de la croix. Or les croix que nous avons dans les églises ne sont que des images de la vraie croix.

Ils admettaient l'usage historique des images, c'est-à-dire l'emploi que l'on en fait pour conserver la mémoire des personnes et des actions; et ils condamnaient les iconoclastes qui les brisaient et les ôtaient des églises. Or le moyen de séparer l'usage historique des images du culte relatif des mêmes images sans faire violence à la nature? Car le même mouvement de l'âme qui fait que nous sommes bien aises d'avoir des signes qui nous fassent ressouvenir de ce que nous aimons et que nous respectons, nous porte aussi à aimer et à honorer intérieurement ces signes qui ne se présentent jamais à nous sans l'idée d'une chose que nous honorons; et cette révérence intérieure étant légitime, rien ne peut empêcher de la témoigner par des actions extérieures qui, ayant pour principe un respect que la religion cause et qui ne naît pas d'une opinion purement humaine, s'appellent religieuses.

Aussi l'on voit que les saints, comme entre autres S. Grégoire (l. 9 Ind., n. 2; epist, 109; l. 7 Ind., n. 2; epist. 5; idem, l. 7 Ind., n. 2, epist. 5), qui semble, en condamnant l'action d'un évêque de Marseille, qui brisait les images pour empêcher que le peuple ne tombât dans l'idolâtrie, ne parler que de l'usage historique, n'entendaient pas néanmoins un usage historique séparé des mouvements naturels qu'il produit, qui sont un culte et une révérence religieuse : et c'est pourquoi il approuve qu'on se prosterne devant les images, et que si on les transporte d'un lieu en un autre, on le fasse avec révérence et avec respect.

Il n'est donc nullement étrange que l'opinion particulière de ces évêques, contraire à la nature, à la raison et au consentement général de tout le reste de l'Église, se soit abolie, et que les papes qui eurent cette sage condescendance pour eux que de ne les pousser pas sur ce point, et d'attendre que le temps dissipât cette illusion, aient eu le succès qu'ils espéraient d'une conduite si charitable. Tant s'en faut qu'il soit étonnant que cela soit arrivé, qu'il faudrait s'étonner si cela n'était point arrivé. Et c'est en vérité se moquer du monde que de vouloir se servir de ce changement si peu surprenant pour rendre croyable celui que les ministres prétendent être arrivé sur le sujet de l'Eucharistie.

Quand il n'y aurait point d'autre différence que celle-là, entre ces exemples du changement que M. Claude rapporte et celui dont il s'agit, c'en serait bien assez pour faire voir qu'il est contre le sens commun de les alléguer : mais en voici d'autres qui ne sont pas moins sensibles.

Rien n'est sans doute plus étonnant que cet oubli universel que l'on trouve dans le onzième siècle, qu'il y eût jamais eu d'autre doctrine parmi les chrétiens que celle de la présence réelle ; et c'est en cela que consiste une des plus grandes impossibilités de ce changement supposé par les ministres. Car il faut pour cela étouffer, comme nous l'avons montré, toutes les passions naturelles qui devaient porter et les paschasistes et les prétendus bertramistes à faire un éclat sensible qui eût empêché cet oubli.

M. Claude nous devait donc montrer cette terrible circonstance dans les exemples qu'il rapporte. Mais le moyen qu'il le fît, puisqu'il n'y en a aucun dans lequel le contraire ne paraisse ? A-t-on oublié dans l'Église romaine que l'on y ait autrefois communié sous les deux espèces, que les hosties étaient autrefois plus épaisses, que l'on y jeûnait autrefois jusqu'au soir, que l'on donnait aux nouveaux baptisés du lait et du miel, que les évêques assemblés à Francfort avaient eu une opinion particulière touchant les images, que le peuple ait eu part aux élections? Les catholiques ne sont-ils pas aussi informés de ces choses

P. DE LA F. I.

que les ministres? Les conciles mêmes qui ont établi une autre discipline ne sont-ils pas demeurés d'accord que l'on en observait autrefois une autre pour de bonnes raisons? Le concile de Trente ne marque-t-il pas expressément que l'on communiait autrefois sous les deux espèces, et que l'on donnait la communion aux enfants? Et n'approuve-t-il pas cette pratique à l'égard de l'Église ancienne, en condamnant la témérité des hérétiques qui la veulent faire passer absolument pour une erreur contraire à l'institution de Jésus-Christ?

Voilà donc déjà deux différences bien expresses, et qui distinguent étrangement ces changements que M. Claude nous propose comme étant aussi difficiles que celui de l'Eucharistie. La troisième ne l'est pas moins, et elle en comprend plusieurs. C'est qu'il y a une différence extrême entre les changements de pratique et de discipline, et les changements d'opinion et de dogme, parce que la discipline est d'elle-même sujette au changement, et que l'utilité en dépend des circonstances qui sont changeantes : mais les dogmes sont immuables par leur nature, ce qui est vrai en un temps l'étant toujours. Chacun est prévenu que la discipline peut changer, et chacun est prévenu que les dogmes ne peuvent changer. On n'a pas lieu de condamner une discipline pour être nouvelle : et c'est une marque certaine de fausseté dans une doctrine que d'être nouvelle. Ainsi pour introduire une nouvelle discipline, il n'est pas besoin de tromper le monde ni de faire croire qu'elle est ancienne ; mais, pour introduire un nouveau dogme, il faut nécessairement en déguiser la nouveauté, ce qui est souvent impossible. Enfin la créance d'un dogme emporte nécessairement la condamnation de l'opinion contraire, au lieu que l'on peut embrasser une discipline différente d'une autre sans condamner pour cela celle que l'on quitte.

Ces différences que la raison nous fait découvrir entre les dogmes et les points de discipline nous font voir tout d'un coup que tous les changements allégués par M. Claude sont très-possibles, et que celui qu'il prétend être arrivé sur le sujet de l'Eucharistie est très-impossible.

On a pu changer la coutume de communier sous les deux espèces en celle de communier sous une espèce, le pain levé en pain sans levain, les hosties épaisses en hosties minces, la coutume de donner du lait et du miel en une autre cérémonie, la forme ancienne des élections en une nouvelle forme, la rigueur du jeûne ancien en un jeûne plus modéré : on a pu ôter aux enfants la communion, qui ne leur a jamais été nécessaire. Ce ne sont que points de discipline qui sont soumis au pouvoir de l'Église. Il n'a point été besoin pour les changer de tromper personne, ni de déguiser le changement ; il n'a point fallu dissimuler que la pratique qu'on autorisait était nouvelle ; il n'a point fallu condamner l'ancienne ; enfin on a pu embrasser ces nouvelles pratiques en conservant toute l'estime et toute la vénération qu'on avait pour l'antiquité ; mais

(Trente-une)

Il n'en est pas de même de la doctrine de la présence réelle. On ne l'aurait pu faire recevoir qu'en dissimulant qu'elle fût nouvelle : et c'est ce qui était impossible, puisque les évêques et les ecclésiastiques qui en auraient entendu parler auraient bien su qu'ils ne l'avaient point trouvée dans l'Église : de sorte qu'il eût fallu condamner au moins toute l'Église du temps où l'on commença de la publier ; il eût fallu que chacun se fût condamné soi-même d'une honteuse ignorance; et c'est ce qui fait voir l'impossibilité évidente de ce changement.

Et que M. Claude ne nous dise pas, sur un passage de Gélase, que l'on croyait dans l'ancienne Église qu'il n'était pas permis de communier sous une espèce, et que c'était une chose défendue de droit divin, car c'est se moquer du monde que de prétendre établir un dogme universel et reçu dans toute l'Église sur un seul passage d'un pape rapporté par Gratien, qui reçoit beaucoup d'explications très-raisonnables, et d'opposer ce seul passage à la pratique constante de toutes les églises du monde qui ont communié les fidèles sous une espèce en plusieurs occasions ; car ces occasions font voir clairement que l'Église ancienne n'a point regardé la communion sous les deux espèces comme un précepte indispensable, et qu'ainsi ce qu'elle a fait pour de certaines raisons se peut faire encore pour d'autres raisons que l'Église juge justes, comme la forme de baptiser par effusion, que l'Église ne pratiquait autrefois que dans la nécessité et dans des rencontres fort rares, est devenue la pratique universelle de l'Église latine, et même des calvinistes, dont la fantaisie ne s'est pas tournée à contredire l'Église romaine en ce point-là.

M. Claude est encore plus inexcusable en ce qu'il avance sur le sujet de la communion des enfants, car il ne se contente pas de dire que l'ancienne Église a pratiqué cette coutume, ce qui serait véritable ; mais il soutient même qu'elle en a fait un dogme, et qu'elle a cru l'Eucharistie nécessaire au salut de ses enfants. Et néanmoins, en suivant les opinions de ceux de sa secte, il rejette également et cette pratique et cette doctrine, comme étant contraires à l'institution de Jésus-Christ ; de sorte qu'il paraît qu'il n'en veut faire une doctrine universelle de l'Église que pour avoir le plaisir de fouler aux pieds son autorité avec plus d'éclat, et de rejeter un dogme de tradition. Il ne l'attribue pas à toute l'Église pour la suivre, mais pour la mépriser plus hautement, et pour s'autoriser par là dans le mépris qu'il fait d'un grand nombre d'autres traditions indubitables.

Je sais bien qu'il y a sur ce sujet quelques passages de S. Augustin et d'Innocent I qui sont difficiles ; mais M. Claude sait bien aussi que S. Fulgence et Bède ont expliqué ces passages. Il sait bien que M. le cardinal du Perron et plusieurs autres auteurs catholiques y ont répondu ; et ainsi il n'a pas droit de prendre pour fondement une chose si contestée : outre qu'il devait juger lui-même que ces passages, tels qu'ils soient, ne sont nullement suffisants pour attribuer cette doctrine à toute l'Église, n'y ayant aucun exemple ni aucun passage dans tous les Pères où ils aient témoigné douter du salut d'un enfant baptisé parce qu'il n'aurait pas communié, quoiqu'ils aient pu prévoir ce cas, et qu'il pût arriver plusieurs rencontres qui obligeassent de séparer la communion du baptême. Ce serait un moyen sûr de renverser toute la doctrine de l'Église de de faire des dogmes et des opinions générales sur deux ou trois passages difficiles qui se rencontrent dans quelques Pères.

Une quatrième circonstance qui distingue encore étrangement ce changement prétendu dans la doctrine de l'Eucharistie de tous ces autres changements, est la nature même de cette doctrine ; car il est clair que si elle eût été nouvelle, elle aurait dû surprendre extraordinairement tous ceux qui n'en avaient point oui parler ; c'est-à-dire, toute l'Église.

En quelque disposition qu'on suppose les fidèles, il est certain, selon M. Claude même, que si Paschase en eût été l'inventeur, les peuples n'auraient jamais conçu Jésus-Christ autre part que dans le ciel ; et que tous les principes communs, qui font regarder comme impossible qu'un corps soit en même temps dans le ciel et dans la terre, auraient subsisté dans leur esprit ; et il est certain, selon la raison, qu'il est impossible de proposer la doctrine de la présence réelle à des personnes ainsi disposées sans les surprendre, sans les choquer et sans irriter toutes les passions qui s'opposent naturellement à ceux qui veulent nous montrer que nous avons été dans l'ignorance et dans l'erreur. Toutes ces choses contribuent étrangement à rendre impossible ce prétendu changement insensible de l'Eucharistie, parce qu'elles portent à l'éclat, au soulèvement, à la résistance, aux disputes, aux contestations, qui empêchent le changement ou qui le rendent sensible. Or nulle de ces choses ne paraît dans les exemples de M. Claude.

Car est-ce une chose fort surprenante, qu'une église croyant que Jésus-Christ était tout entier sous chaque espèce, et les recevant séparément en plusieurs occasions, ait enfin, pour divers inconvénients, changé la pratique extraordinaire de ne le recevoir que sous une espèce, en pratique commune et ordinaire ? Est-ce une chose fort surprenante, qu'on ait pris prétexte des cabales et des troubles qui arrivaient dans les élections où le peuple avait part, pour lui ôter la part qu'il y avait ; et même que l'Église ait été obligée de consentir à la pratique qui s'est introduite en quelques lieux, en abolissant les élections canoniques ? Est-ce une chose fort surprenante, et qui choque les sens, de diminuer la grosseur des hosties, ou l'austérité des jeûnes ? Y a-t-il en cela rien d'extraordinaire, et qui choque nos passions ? Peut-on donc témoigner moins de justesse d'esprit, que de comparer des choses si disproportionnées, et qui sont si différentes, que par les mêmes raisons que l'on conclut qu'il est impossible que la doctrine de la présence réelle se soit établie par un changement insensible, on conclut qu'il en peut arriver dans ces autres, que M. Claude prend pour exemple? Mais, comme j'ai dit, quand on n'a dessein que de tromper le monde, on se contente que les choses puissent recevoir les mêmes noms, et que tout cela s'appelle changement, pour conclure, par le plus faux de tous les raisonnements, que si les uns sont possibles, l'autre l'est aussi ; le commun du monde n'allant pas d'ordinaire jusqu'à ces différences, à moins qu'on ne les lui marque comme j'ai fait.

Je pourrais marquer encore d'autres différences; mais celles-ci ne sont que trop suffisantes; et si M. Claude n'en est pas satisfait, peut-être que les autres ne seront pas de son humeur.

CHAPITRE XI.
Conclusion, où l'on fait voir en quel degré de certitude est l'impossibilité de ce changement.

Je ne puis mieux finir, ce me semble, cet examen de l'impossibilité de ce changement chimérique, ni représenter plus vivement l'aveuglement de ceux qui établissent leur religion et l'espérance de leur salut sur cette fable, qu'en faisant voir jusqu'à quel point on a sujet d'être assuré qu'il est faux, suivant les règles par lesquelles les hommes jugent de la certitude.

Les philosophes n'en reconnaissent point de plus grande que celle des démonstrations, et principalement de celles des mathématiques, parce que les principes de cette science ont une netteté et une clarté particulières.

Il faut néanmoins reconnaître qu'il y a quantité de choses dont on n'est pas moins convaincu que de celles-là, quoique l'on n'en ait pas de démonstration, et que souvent la multitude des hasards qu'il faudrait assembler pour faire une chose fausse est telle, que l'on juge cet assemblage impossible. Il n'y a point de personne qui se crût en aucun danger, si elle était obligée à perdre la vie au cas que certaines nouvelles publiques et constantes se trouvassent fausses; comme, par exemple, la mort du Pape Alexandre VII, l'embrasement de Londres, et le tremblement de terre qui a renversé une partie de la ville de Raguse; ou bien, au cas qu'un aveugle, assemblant au hasard des lettres d'imprimerie, rencontrât l'Énéide de Virgile. La certitude que nous avons que cela n'arrivera pas, et que ces nouvelles sont véritables, suffit pour nous ôter toute crainte raisonnable, et pour faire que l'on hasarde sur cela sa vie sans témérité, pour le moindre intérêt. Et en effet, on la met tous les jours, en sortant dans les rues, infiniment plus en danger qu'elle ne serait par la fausseté possible de ces nouvelles, ou de ces événements.

On peut dire même qu'il y a quelque chose qui pénètre plus l'esprit, et qui est en quelque sorte plus intérieur dans la certitude que nous avons de certains faits que dans les démonstrations mêmes ; et je ne sais s'il y a des mathématiciens assez fermes dans leurs principes pour n'aimer pas mieux exposer leur vie sur la certitude de l'embrasement de Londres, que sur celle de leurs plus claires démonstrations. Car dans ces choses spirituelles et abstraites, quelque certaines qu'elles soient, il peut venir néanmoins de certains faux jours, et des obscurcissements passagers, qui arrêtent un peu l'esprit, et qui sont capables de causer au moins quelque crainte de se tromper ; mais l'on ne craint point du tout que la nouvelle de l'embrasement de Londres, ou de la mort du pape défunt, soit fausse. On en est assuré; et cette assurance pénètre tellement l'esprit, qu'elle ne lui laisse aucun moyen d'en douter.

Or, comme entre ces faits et ces événements certains il y en a qui dépendent de la volonté des hommes, et d'autres qui dépendent purement d'un assemblage de plusieurs hasards, si l'on compare maintenant la certitude des uns et des autres, on trouvera que, quoique pour rendre faux ces faits dépendants des hommes il faille un moindre nombre de causes, nous en sommes néanmoins plus assurés que des événements qui ne dépendent que du hasard.

On a sujet, par exemple, d'être assuré qu'un imprimeur aveugle, qui se met à arranger autant de caractères qu'il en faudrait pour composer l'Énéide de Virgile, ne rencontrera pas cet ouvrage tout entier; mais la certitude que nous avons que cet assemblage n'arrivera point n'est pas néanmoins si grande que celle que nous avons que Londres fut à demi-brûlée il y a deux ans. Car enfin un habile mathématicien peut assigner combien il y a d'arrangements de ces lettres qui sont possibles ; et entre ces arrangements possibles, celui qui fait l'Énéide de Virgile en est un, et n'est pas moins possible que les autres ; chacun en particulier étant aussi impossible que celui-là. Cependant en arrangeant au hasard ces caractères, on tombera par nécessité dans quelqu'un de ces arrangements, dont chacun déterminément est regardé comme impossible ; et ce peut être celui qui fait l'Énéide de Virgile aussi bien qu'un autre.

Je puis donc craindre, avec quelque petite apparence, que cet imprimeur aveugle ne rencontre tout d'un coup l'Énéide de Virgile. Je vois et je sens la raison de cette crainte ; mais je n'en vois aucune de craindre que l'embrasement de Londres soit faux, ni de penser que le pape défunt ne soit pas mort. L'esprit ne balance point là-dessus, et il est en un entier repos.

Cela vient sans doute de ce que la certitude de cet événement ne dépend pas purement d'un assemblage de hasards, mais que la volonté des hommes y a part: car il est certain que de tous ceux qui ont dit que la ville de Londres avait été brûlée il n'y en a aucun qui ne l'ait voulu dire ; et comme il est impossible, si elle n'avait point été effectivement brûlée, qu'entre tous ceux qui l'ont dit il n'y en eût une terrible quantité qui sussent que cette nouvelle serait fausse, il faudrait avoir perdu le sens pour s'imaginer qu'ils ont tous eu des raisons pour aimer mieux dire ce mensonge que la vérité; parce que tous les hommes qui mentent, ne mentent que par quelque intérêt et par quelque vue humaine. Or il est impossible qu'il ne fût venu dans l'esprit de quelqu'un qu'il était beau de dire cette vérité, et de désabuser le monde de cette erreur ; et que même il n'y en eût eu qui auraient trouvé leur compte à le faire.

Il est donc visible que la certitude que nous avons de l'impossibilité de certains événements humains, dépendant de l'esprit et de la volonté des hommes, qui ne seraient possibles qu'en faisant agir les hommes contre leur nature, est en quelque sorte la plus grande certitude humaine qu'on puisse avoir après celle des sens ; et je ne sais même si ce que nous avons éprouvé par les sens, ne subsistant plus que dans la mémoire, nous en sommes plus assurés que de ce que nous savons en cette manière. On est, par exemple, tout aussi certain qu'il y a une ville de Rome, quoique l'on n'y ait jamais été, qu'on l'est qu'il y a une ville de Rouen, après qu'on l'a vue et qu'on y a logé.

Or la certitude de la fausseté de l'innovation prétendue que les ministres supposent être arrivée au dixième siècle est proprement de ce dernier genre. C'est une certitude qu'on a qu'un fait humain, dépendant de la volonté des hommes, est faux. Et si l'on en considère bien toutes les circonstances, on trouvera qu'elle n'est pas moindre que celle de l'embrasement de Londres. Pour en être persuadé, il n'y a qu'à comparer les fondements de l'une et de l'autre.

Toute la certitude que l'on a en France de l'embrasement de Londres est fondée sur peut-être dix mille lettres qui sont venues de Londres et qui s'accordent toutes dans le récit de cet événement ; sur peut-être quatre ou cinq mille Français, qui ont été depuis ce temps-là en Angleterre, et qui, l'ayant vu de leurs yeux, l'ont rapporté à leur retour ; sur le rapport d'autant d'Anglais qui l'ont dit en venant en France ; sur ce qu'ayant un très-grand nombre de personnes en Angleterre et en Hollande, qui savent ce qu'on en croit en France, et qui ne pourraient ignorer que ce bruit serait faux s'il l'était effectivement, il n'y en a aucune qui ait pris la peine de détromper les Français. Mais quoi qu'il en soit, il est certain que le nombre de ces témoins qui savent la chose par eux-mêmes, et qui savent en même temps ce qu'on en croit en France, n'est pas infini. Qu'il monte, si l'on veut, à cent mille personnes, il s'ensuit toujours de là que s'il était possible que cent mille personnes, dont la plupart ne se connaissent pas, s'unissent dans le dessein de publier et de soutenir un mensonge tel que celui-là, sans qu'aucun se démentît, il serait possible que l'embrasement de Londres fût faux. Mais parce que nous savons certainement, par la connaissance que nous avons de l'esprit des hommes, qu'ils ne sont pas capables d'un si étrange dessein, nous regardons avec raison cet événement comme impossible, et nous en avons une certitude pleine et entière.

Que l'on prenne maintenant la peine de comparer l'événement de l'innovation que ces messieurs prétendent être arrivée, et qu'on en examine toutes les circonstances, en y joignant les faits certains et qu'ils ne peuvent démentir, et l'on trouvera que la certitude que l'on a que c'est une fable et une fausseté n'est pas moindre que celle que l'on a que ces cent mille personnes ne se sont point unies pour faire croire aux Français un faux embrasement de Londres ; parce que pour faire réussir cette innovation, il faudrait faire agir les hommes d'une manière encore plus contraire à la nature, et unir plus de personnes dans des desseins extravagants.

1° Il faut supposer que la doctrine de la présence réelle étant inconnue à tous les chrétiens du monde, ait été proposée par un jeune religieux, dans quatre ou cinq chapitres d'un livre, comme l'unique doctrine de toute l'Église. Cela est fort difficile. 2° Il faut supposer qu'après cette entreprise insensée personne n'ait eu la charité, trente ans durant, de l'avertir qu'il était fou. Cela est encore très-peu probable. 3° Il faut supposer que cette nouvelle doctrine, si contraire à la raison, aux sens et au consentement public, n'ait jamais été condamnée par aucun jugement ecclésiastique, et qu'elle n'ait même été déférée à aucun tribunal. 4° Il faut supposer que tous les fidèles ayant passé de l'état de ne pas croire la présence réelle, à l'état de la croire, aucun n'ait parlé de son changement, n'ait déploré le temps de son ignorance, et n'ait témoigné de la joie d'avoir appris un secret si important. 5° Il faut supposer que de dix millions de personnes qui auraient dû s'employer à persuader aux autres la présence réelle, nulle ne s'est mise en peine de faire aucun livre pour l'établir. 6° Il faut supposer que dix millions de prédicateurs de la présence réelle auraient tous résolu, d'un commun accord, de ne rien écrire, ni de leurs progrès, ni de la résistance qu'on leur faisait ; de ne se plaindre point de la dureté des peuples, et de ne se réjouir point des bénédictions que Dieu répandait sur leurs travaux. 7° Il faut supposer que de cent millions d'hommes à qui on aurait dû proposer cette doctrine durant le dixième siècle, nul ne se serait mis en peine de la combattre par écrit. 8° Il faut supposer que l'esprit de cent millions d'hommes se serait trouvé tourné à embrasser, durant un siècle, une opinion contraire à leur raison, à leurs sens, à leur coutume, à leurs préjugés, à la foi dans laquelle ils avaient été nourris. 9° Il faut supposer qu'un très-grand nombre d'expressions très-communes, très-populaires, et qui étaient dans la bouche de tous les chrétiens du monde, auraient changé de sens par toute la terre, sans que personne s'en soit aperçu, et qu'on aurait commencé d'y substituer une idée toute nouvelle, en entendant le vrai corps de Jésus-Christ sous les mêmes termes par lesquels on ne comprenait autrefois que sa figure. 10° Il faut supposer que toutes les passions qui portent à contredire ceux qui nous veulent montrer que nous avons été dans l'ignorance et dans l'erreur pendant une partie de notre vie se seraient éteintes, et n'auraient point fait leur effet ordinaire dans ce siècle. 11° Il faut supposer que les haines et les animosités qui divisent les sociétés d'Orient de l'Église romaine n'auraient empêché aucune d'entre elles de recevoir l'opinion de la présence réelle, qui aurait été inventée dans l'Église latine au neuvième siècle. 12° Il faut supposer que ces sociétés ne se seraient montrées dociles qu'en un seul point; que leurs passions n'auraient cessé d'agir que dans un seul point, et qu'ayant toutes pris de l'Église romaine la foi de la transsubstantiation, elles n'auraient voulu la suivre dans aucun des autres, pour lesquels elles se sont divisées d'elle. 13° Il faut supposer qu'il y aurait eu au dixième siècle un nombre infini de missionnaires inconnus, qui, ayant beaucoup plus fait que les apôtres, auraient néanmoins caché leur nom à la postérité. 14° Il faut supposer que tous ces missionnaires inconnus auraient eu partout le même succès, et qu'ils n'auraient jamais manqué de convertir tous ceux à qui ils auraient annoncé cette doctrine. 15° Il faut supposer qu'après cette instruction générale de toutes les sociétés chrétiennes, elles convinrent toutes dans le dessein de cacher à la postérité qu'elles n'eussent commencé qu'au dixième siècle à croire la présence réelle. 16° Il faut supposer que tous ceux qui ont écrit les vies des empereurs, des princesses, des saints du dixième siècle, se sont rencontrés, ou sont convenus, dans le dessein de cacher la part que ces princes, ces princesses et ces saints auraient dû avoir dans l'établissement de cette doctrine. 17° Il faut supposer que tous les auteurs qui ont parlé de l'Eucharistie se sont unis, ou par hasard, ou de concert, dans la résolution de cacher à la postérité que l'Église fût divisée de leur temps sur ce mystère. 18° Il faut supposer une patience admirable dans toutes les sociétés et les églises du monde à se tolérer les unes les autres, pendant que chacun, selon les principes de son opinion, devait regarder les autres, ou comme des infidèles et des méchants, ou comme des fous, des téméraires et des novateurs.

Toutes ces suppositions jointes ensemble produisent un amas si monstrueux de difficultés, et font voir qu'on ne peut faire réussir le changement insensible de M. Claude, qu'en faisant agir les hommes d'une manière si contraire à tout ce que nous connaissons de leur esprit, qu'il est beaucoup plus possible que tous ceux qui ont publié en France, ou de vive voix ou par écrit, l'embrasement de Londres, se soient unis dans le dessein de mentir, que non pas que tous les peuples aient agi de la manière dont il serait nécessaire qu'ils eussent agi, afin qu'il se fût fait au dixième siècle un changement universel de créance sur l'Eucharistie.

Il s'ensuit donc de là qu'il est certain que ce changement n'est point arrivé, comme il est certain que l'embrasement de Londres est véritable, et que le pape Alexandre VII est mort. Ce que j'avais dessein de prouver, pour faire voir à ceux qui ne s'engagent dans l'opinion calviniste que pour suivre la raison, que tous leurs raisonnements n'aboutissent qu'à leur faire choisir le plus faux et le plus téméraire de tous les partis, qui est de prendre le hasard d'être damnés si ce changement n'est pas véritable; puisque la folie et la témérité n'en est pas moins grande que celle d'un homme qui exposerait sa vie pour soutenir que l'embrasement de Londres est faux, et que le pape Alexandre n'est pas mort.

LIVRE DIXIEME.

CONTENANT LES CONSÉQUENCES QUI SUIVENT NÉCESSAIREMENT DU CONSENTEMENT DE TOUTES LES SOCIÉTÉS CHRÉTIENNES DANS LE DOGME LE LA PRÉSENCE RÉELLE, DE LA TRANSSUBSTANTIATION, ET DES AUTRES POINTS QUE L'ON A PROUVÉS.

CHAPITRE PREMIER.

PREMIÈRE CONSÉQUENCE : *Que le consentement de toutes les églises chrétiennes dans la foi de la présence réelle, explique et détermine le sens des paroles de l'institution du S. Sacrement.*

Je crois pouvoir dire, après ce que l'on a vu dans les livres précédents, que j'ai satisfait à tout ce que M. Claude peut justement demander d'une personne qui a entrepris de défendre le livre de *la Perpétuité*; étant visible que ce dessein n'oblige qu'à montrer que l'auteur de ce traité a eu raison de prétendre que le changement que les ministres supposent être arrivé dans la doctrine de l'Eucharistie durant les neuvième et dixième siècles, est faux, chimérique et impossible; et que les preuves dont il s'est servi pour le montrer, sont solides et convaincantes. Or c'est à quoi l'on a satisfait pleinement, en prouvant, comme j'ai fait, la vérité de toutes les suppositions de cet auteur, et la solidité de la conséquence qu'il en tire, qui est l'impossibilité de ce prétendu changement. Mais comme je n'ai pas seulement en vue le livre de M. Claude, et que ma principale intention a été de mettre encore en un plus grand jour la preuve du livre de *la Perpétuité*, je crois devoir représenter en un livre particulier les conséquences qui en naissent, et les éclaircissements qu'on en peut tirer, pour renverser les raisonnements des calvinistes, et pour fortifier les preuves des catholiques.

La première de ces conséquences est d'autant plus considérable, qu'elle ruine d'abord le principal fondement des calvinistes, et qu'elle retranche une infinité de contestations et de chicaneries importunes, qui, accablant l'esprit, font perdre de vue la vérité.

Ceux qui ont quelque connaissance de la manière dont les sacramentaires attaquent la doctrine de l'Église sur ce mystère, savent qu'ils font d'ordinaire leurs plus grands efforts pour tourner à leur sens les paroles par lesquelles Jésus-Christ l'a institué, et que c'est à quoi ils tâchent de réduire la question. Ils font de longs traités composés d'une infinité d'arguments métaphysiques, pour trouver leurs sentiments dans ces paroles : *Ceci est mon corps*; ils emploient de grands discours pour expliquer séparément chaque terme ; le mot de *ceci*, le mot *est*, le mot de *corps*; et tout cela aboutit à persuader qu'il ne faut pas prendre simplement ces termes, mais qu'il faut les entendre dans un sens figuré et métaphorique, en supposant que Jésus-Christ nous a voulu seulement enseigner par là qu'il rendait le pain la figure de son corps.

Comme il n'y a rien de plus vague et de moins certain que tous ces raisonnements, qui n'ont que des principes obscurs et abstraits, ils ne se sont accordés entre eux que dans le dessein de combattre la doctrine de l'Église ; et quand il a été question d'expliquer le sens de ces paroles, ils sont tombés dans la confusion d'une infinité de différentes explications. Les uns ont mis la figure dans le mot *est*, les autres dans l'attribut de *corps*. Les uns y ont mis une sorte de figure, les autres une autre; et par le différent assemblage des explications qu'ils ont données à chacun des termes, ils ont produit une extrême variété de sens différents. C'est ce qui est inévitable toutes les fois que l'on veut régler par des raisonnements et par des réflexions philosophiques les choses dont on doit juger par l'impression simple, et par le bon sens. On s'éblouit et l'on se perd dans ces pensées métaphysiques; on cesse d'entendre ce que l'on entendait auparavant; et ce qui ne donne aucune peine à ceux qui ne philosophent point, et qui suivent simplement la nature et le sens commun dans l'intelligence des termes, devient obscur et inexplicable, quand on en fait l'objet de ces sortes de spéculations. Quand Jésus-Christ, par exemple, dit au Lazare mort : *Lazare, sortez dehors*, personne n'a de peine à entendre que l'effet de ces paroles devait être de faire sortir Lazare du tombeau ; et il nous semble, en les lisant simplement, que nous le voyons qui se lève, et qui obéit à la voix de Jésus-Christ. Mais si en quittant cette impression simple et claire, nous nous amusons à philosopher sur ces termes, il ne nous sera pas difficile de nous embarrasser nous-mêmes. Car qui sera ce Lazare à qui Jésus-Christ parle? Sera-ce l'âme? mais elle n'est pas Lazare. Sera-ce le corps? mais il mérite encore moins ce nom. Sera-ce le corps et l'âme joints ensemble ? mais quand Jésus-Christ prononça cette parole, ils n'étaient pas encore réunis. Ainsi ce Lazare était un néant. Or un néant est incapable de sortir du tombeau. Jésus-Christ parlait-il donc à un néant ? Ou faut-il supposer qu'il était déjà ressuscité lorsque Jésus-Christ prononça ces mots ? Était-ce un Lazare actuel, ou un Lazare possible ? Ces mots avaient-ils un sens parfait avant l'accomplissement de la proposition, ou n'avaient-ils qu'un sens suspendu?

C'est ainsi que les hommes s'embrouillent par leurs vains raisonnements. Mais qu'on fasse taire ces raisonnements, et qu'on se réduise à l'impression simple que les paroles forment dans l'esprit, et l'on verra tout le monde réuni dans la même idée, et dans la même explication.

C'est sans doute la règle la plus sûre pour juger du sens de ces paroles de Jésus-Christ, *ceci est mon corps*, que l'on a rendues le sujet de tant de contestations. Tant qu'on en fera la matière de disputes subtiles, de raisonnements abstraits, on ne verra jamais la fin des contestations, on entassera question sur question, difficulté sur difficulté, et après tout cela on ne sera jamais assuré d'en avoir rencontré le vrai sens. Car enfin, il est certain que Jésus-Christ n'a point parlé pour n'être entendu que par des philosophes et des métaphysiciens ; ce sont au contraire les derniers de ceux à qui il a voulu faire entendre ces divines vérités, parce que ce sont ceux dont les voies sont plus opposées aux voies de la foi. Il a prétendu que sa religion serait suivie par une infinité de gens simples, de femmes, d'enfants, de personnes qui raisonnent peu, et qui n'approfondissent pas les choses. Qui peut donc douter qu'il ne faille juger du sens de ces paroles fondamentales, destinées à les instruire de la foi de ce mystère, et qui ne sont point expliquées par d'autres plus claires et plus précises, par cette impression générale et commune que toutes ces personnes reçoivent sans tant de réflexions ; et qu'ainsi ces impressions communes ne soient la règle du sens de ces paroles, *ceci est mon corps*; puisque autrement il s'ensuivrait que Jésus-Christ aurait porté à l'erreur tous ceux qui, suivant la nature et le sens commun, seraient entrés de bonne foi dans cette pensée, que les paroles impriment naturellement ?

Il ne s'agit donc que de trouver l'impression simple et naturelle que l'Église a reçue par ces paroles-là. Or quel moyen plus propre pourrait-on choisir pour reconnaître ce sens, que l'on prend dans ces paroles sans philosophie et sans métaphysique, en suivant simplement la nature et le sens commun, que de consulter le sens où elles ont été prises effectivement, durant mille années, par tous les chrétiens du monde qui n'ont point pris de part à nos disputes ? Et c'est ce que l'on voit par le consentement de toutes les sociétés chrétiennes dans la foi de la présence réelle, que nous avons prouvée avec tant d'étendue dans ce volume ; car il est clair qu'elles ne sont entrées dans cette créance, qu'en prenant les paroles de l'institution du S. Sacrement dans le sens littéral, et en entendant qu'après la consécration le pain devenait le vrai corps de Jésus-Christ. Ils ne se sont point amusés à philosopher sur le sens du mot *ceci*, sur le sens du mot *est*, sur le sens du mot *corps* : ils n'ont point étudié les tropes et les figures ; mais sans tant de détours et tant de réflexions, ils ont tous compris que c'était le corps même de Jésus-Christ; c'est ce que ces paroles ont formé dans leur esprit; c'est ce qu'ils ont exprimé par leurs professions de foi.

M. Claude et plusieurs autres ministres nous voudraient bien persuader, s'ils pouvaient, qu'il n'y a rien de si naturel que le sens de *figure* qu'ils donnent à ces paroles de Jésus-Christ; car quand il ne s'agit que d'assurer hardiment les choses, et de faire paraître de la confiance, ces messieurs ne se trouvent jamais embarrassés. Je veux bien néanmoins souffrir en ce point leur peu de sincérité. J'abandonne tous mes avantages pour les traiter favorablement; j'écoute ce qu'ils disent, et je n'en veux pas même juger par mon impression, qui condamne leur sens, et qui le trouve sans apparence; je leur permets de dire qu'elle vient de l'accoutumance, ou de plusieurs réflexions fausses. Mais qu'ils se fassent aussi la même justice; qu'ils entrent dans une juste défiance de tous leurs raisonnements, et qu'ils souffrent qu'on remette la décision de cette dispute à l'expérience même. Je consulte donc, non mon impression, ni la leur, mais celle de ceux qui n'ont point de part à nos disputes; et je trouve que ce sens de figure qu'ils appellent naturel et facile, n'est jamais venu dans l'esprit, mille ans durant, d'aucun de ceux qui ont suivi le sens de ces paroles. Je conclus donc qu'ils se trompent, et que leur philosophie est vaine. Un si horrible mécompte dans leurs mesures, les devrait instruire qu'il faut bien que tous leurs arguments soient faux, et que leurs voies soient trompeuses; et je ne vois rien de plus déraisonnable, que de vouloir continuer à suivre des guides qui les éloignent si étrangement de la nature et de la vraie règle des expressions. Car puisque le véritable sens des paroles de Jésus-Christ est sans doute celui qu'il a eu intention de signifier par ces paroles, et que le sens auquel ces paroles devaient être prises, n'était pas inconnu à Jésus-Christ, y a-t-il à douter qu'il n'ait eu plutôt intention d'exprimer le sens auquel elles ont été prises effectivement par tous les chrétiens du monde, que celui auquel elles ont été entendues dans les derniers temps par un petit nombre de philosophes bérengariens et calvinistes?

Il faut considérer sur ce sujet qu'il y a une extrême différence entre les paroles de Jésus-Christ et celles des hommes. Lorsque les hommes parlent aux hommes, ils n'ont point d'ordinaire d'autre vue que de se faire entendre à ceux qui les écoutent dans le temps présent, dont le nombre est toujours assez borné; et comme ils ne pénètrent pas dans leur esprit, ils ne peuvent juger précisément de l'impression que leurs paroles y font, que par le sens même des paroles. Mais Jésus-Christ étant Dieu et homme, et ayant eu dessein d'instruire tous les chrétiens qui devaient naître dans la suite de tous les temps, par les paroles sacrées qu'il a prononcées durant sa vie mortelle, il parlait à tous les chrétiens en parlant à ceux qui l'écoutaient; il les avait tous présents dans l'esprit; il savait l'impression que ces paroles y feraient, et le sens qu'ils y donneraient; il savait qu'en prononçant ces paroles, *ceci est mon corps*, il imprimerait dans tous les chrétiens du monde cette idée et ce sens, que le pain consacré était véritablement son corps; que ce serait ce sens qui serait suivi par tous ces petits qu'il est venu appeler à son royaume; par tous les imitateurs de sa vie pauvre, pénitente et retirée; et enfin, par tout le corps de son Église; et qu'il n'y aurait qu'un petit nombre de gens qui s'efforceraient de prouver à la fin du monde, par des subtilités de philosophie, que toute la terre était dans l'erreur; que tous les chrétiens, hormis eux, n'entendaient pas les paroles de Jésus-Christ; qu'il n'avait pas voulu dire que le pain consacré fut son corps, mais seulement qu'il en était la figure. Peut-on donc s'imaginer, sans faire un outrage horrible à la charité du Fils de Dieu, et à sa justice même, qu'ayant, comme j'ai dit, toutes ces personnes présentes dans l'esprit, et prévoyant l'effet que ses paroles feraient en eux, il ait voulu jeter dans l'erreur tous les chrétiens de tous les siècles et de tous les lieux du monde, et n'être entendu que par ce petit nombre de philosophes qui s'élèveraient aux derniers temps?

Que si l'on considère de plus que ces philosophes, qui prétendent seuls entendre le sens des paroles de Jésus-Christ, sont convaincus d'erreurs sensibles et palpables sur un grand nombre d'autres points; que ce sont les destructeurs de son Église, les ennemis déclarés de cette police divine qu'il y avait établie, et par laquelle l'Église avait été gouvernée jusques à eux; que ce sont des gens qui ont tâché de ruiner, et l'extérieur de l'Église par l'anéantissement de l'ordre hiérarchique et l'abolissement des cérémonies, et l'intérieur par la destruction de la pénitence, de la pratique des conseils du Fils de Dieu, et par l'introduction d'une morale détestable, qui fait une partie essentielle de leur religion, on ne pourra regarder sans horreur cette pensée, que Jésus-Christ ait parlé pour n'être entendu que par ses ennemis, et pour tromper tous ceux qui suivraient simplement ses paroles, et qui soumettraient leur lumière et leur raison à son autorité souveraine.

Enfin, puisque Dieu a choisi la voie de la foi pour instruire le monde de ses mystères, et que dans cette voie la vérité se communique par les paroles, et non par l'examen des mystères en eux-mêmes, il faut au moins que dans les lieux essentiels qui contiennent cette foi, et qui ne sont point déterminés par d'autres plus clairs, il ait parlé un langage intelligible à ceux qui les prendraient au sens qu'ils impriment naturellement dans l'esprit; et par conséquent le consentement de toutes les nations nous marquant ce sens naturel et cette impression simple et commune, il nous marque le vrai sens des paroles de Jésus-Christ.

Je sais bien que M. Claude nous répliquera que les fidèles des six premiers siècles ont pris les paroles de Jésus-Christ dans le sens des calvinistes, parce que c'est sa coutume de se mettre ainsi en possession de toutes les choses contestées; mais je sais bien que toutes les personnes judicieuses ne se paieront pas de cette défaite, et qu'elles reconnaîtront sans peine qu'il n'y a rien de plus déraisonnable que de vouloir détruire ce qui est indubitable par ce qui est contesté.

J'appelle encore le sentiment des six premiers siècles contesté, parce que je ne l'ai pas encore prouvé; et j'espère qu'il viendra un temps où j'aurai sujet de le supposer comme certain et incontestable. Mais nous avons droit maintenant, après les preuves que nous avons apportées, de supposer comme une chose constante, que depuis le septième siècle tous les chrétiens de la terre ont toujours été dans la doctrine de la présence réelle et de la transsubstantiation. Or ce consentement de tous les peuples depuis mille ans suffit pour montrer quelle est l'impression simple, et par conséquent quel est le véritable sens des paroles de Jésus-Christ. Et, bien loin qu'on le puisse détruire en y opposant les six premiers siècles, il fait voir invinciblement que les six premiers siècles n'y peuvent être contraires, et il en détermine le langage au sens de la présence réelle, comme nous l'allons montrer dans le chapitre suivant.

CHAPITRE II.

SECONDE CONSÉQUENCE : *Que le consentement prouvé de toutes les églises dans la doctrine de la présence réelle, pendant les onze derniers siècles, détermine le sens des paroles des Pères des six premiers.*

Le langage des anciens Pères et des chrétiens des six premiers siècles n'a point de lui-même besoin d'être expliqué ni déterminé; le sens en paraît assez manifeste à toutes les personnes sincères qui suivent, pour en juger, les véritables règles de la raison. Mais parce que, l'examen de ces questions consistant dans la discussion de divers passages, il est facile de le rendre si long et si pénible par la multitude des difficultés que l'on remue, que le commun du monde en est accablé; il faut beaucoup estimer ces voies abrégées qui nous assurent du véritable sens des Pères, en nous délivrant de la longueur des examens particuliers.

C'est un des avantages du livre de *la Perpétuité*, comme l'on a marqué dans le premier livre, que de décider tout d'un coup le sens de la tradition, en faisant voir que la doctrine de la présence réelle n'ayant point été établie par innovation, il faut que ce soit la doctrine originelle de l'Église. Mais la discussion particulière que nous avons faite des auteurs ecclésiastiques, depuis la fin du sixième siècle jusqu'à notre temps, nous donne encore lieu de nous servir de cette voie de prescription d'une autre manière aussi naturelle et aussi convaincante, qui est de conclure le sens des expressions des anciens Pères par celui où ces expressions ont été employées depuis le septième siècle. Car il est clair qu'il est contre la nature, contre la raison et contre le sens commun, que les mêmes expressions aient été employées, six cents ans durant, dans un certain sens par toutes les sociétés chrétiennes, et que dans tous les autres siècles qui ont suivi depuis elles aient été employées dans un autre sens, sans que personne se soit aperçu de cette équivoque.

Il est contre la nature que tous les maîtres étant d'une opinion, tous les disciples soient entrés dans une autre, en ne croyant néanmoins que suivre les sentiments de leurs maîtres. Il n'est pas besoin d'exagérer davantage les absurdités de cette hypothèse; M. Claude les reconnaît lui-même; et c'est pourquoi il n'a pas voulu faire naître la présence réelle par ces équivoques que personne n'aurait démêlées, ni supposer que les peuples soient tombés d'eux-mêmes dans la doctrine de la présence réelle. Il veut qu'elle leur soit venue d'ailleurs, et qu'elle leur ait été enseignée expressément par les disciples de Paschase.

Mais si le sens commun ne permet pas de supposer que les termes dont on s'est servi pour expliquer le mystère de l'Eucharistie aient été pris en un sens durant les six premiers siècles, et en un autre sens depuis, il s'ensuit qu'on a droit d'établir un autre principe tout contraire, qui est qu'ordinairement les mêmes expressions ont le même sens dans les écrits de divers siècles, et que les maîtres les entendent comme il est certain que les disciples les ont entendues. Il ne faut plus qu'appliquer ce principe à l'examen des expressions des anciens Pères, pour décider en peu de temps bien des questions. Car chacun sait qu'on trouve partout dans les Pères que l'Eucharistie est le corps de Jésus-Christ; que le pain est fait le corps de Jésus-Christ; qu'il est changé au corps de Jésus-Christ; que nous recevons le corps de Jésus-Christ; que ceux qui le reçoivent indignement sont coupables du corps et du sang de Jésus-Christ; que le corps de Jésus-Christ entre dans nous; qu'il se mêle avec notre chair. Il est facile de fournir cinq cents passages de cette sorte; et ils sont si ordinaires dans les Pères, que les catholiques négligent presque de se servir de ceux qui ne contiennent rien que ces expressions si communes.

Les calvinistes se moquent de tous ces passages ordinaires, et croient s'en démêler sans peine par le moyen de leurs deux clés de *vertu* et de *figure*. Ils entendent les uns, non du vrai corps de Jésus-Christ, mais, comme ils parlent, d'un corps *typique*, d'un corps *symbolique*, d'un corps *figuratif*; et ils entendent les autres, non de la réalité du corps de Jésus-Christ, mais de la vertu morale de ce corps. La question est donc si c'est en ce sens que les anciens Pères les ont entendus; car, s'ils les avaient entendus au sens de la présence réelle, les calvinistes auraient certainement tort; et ces passages, qu'ils traitent avec mépris, deviendraient décisifs et convaincants. Il n'y a qu'à trouver le moyen de s'en assurer, et en voici un bien facile : c'est que les mêmes termes se trouvent dans les livres des disciples de ces Pères, qui ont vécu depuis le septième siècle. On s'en est servi dans tous les endroits du monde et dans toutes les sociétés chrétiennes. Or, dans tous ces auteurs postérieurs et dans toutes ces sociétés, le corps de Jésus-Christ signifie toujours le vrai corps de Jésus-Christ, et non sa figure ni sa vertu; puisque, comme nous avons fait voir, elles n'avaient point d'autre doctrine que celle de la présence réelle. On a toujours entendu que le pain était changé réellement et non figurativement au corps de Jésus-Christ. Il est donc sans apparence qu'on ait pris ces mêmes termes en un autre sens que celui-là dans les premiers siècles.

Quand les chrétiens de ces siècles postérieurs n'auraient pas été les disciples de ceux qui les ont précédés, la manière dont ils ont entendu ces paroles ne laisserait pas d'être décisive, pour montrer qu'il les faut entendre en cette même manière. Car elle marquerait toujours l'impression naturelle que ces paroles font dans l'esprit, qui est la vraie règle du sens des expressions ; et elle donnerait lieu de conclure que comme les chrétiens des six premiers siècles n'avaient pas l'esprit autrement fait qu'on l'a eu depuis, ils ne se formaient pas aussi d'autres idées en entendant ces paroles, et qu'ils ne pouvaient pas prendre dans le sens de figure et de vertu ce que l'on a pris depuis dans le sens de réalité et de substance. Mais il y a plus ici : ce ne sont pas seulement des hommes que l'on compare avec d'autres hommes, ce sont des disciples que l'on compare avec des maîtres. Il s'agit du sens et de l'opinion de ces maîtres, c'est-à-dire, des chrétiens des six premiers siècles ; et cette question se réduit à savoir qui sont ceux qui en sont les mieux informés, ou tous les chrétiens du monde depuis le septième siècle, qui, ayant reçu des siècles précédents la doctrine qu'ils ont tenue et la manière de l'exprimer, ont entendu par les mots de *corps de Jésus-Christ* le vrai corps de Jésus-Christ et non un symbole ; par celui de *changement*, un véritable changement, un changement de substance, un changement qui rendît le corps de Jésus-Christ présent, et non un changement métaphorique, un changement de vertu ; ou les ministres calvinistes qui, entendant par ces mêmes mots un simple symbole et un simple changement de vertu, doivent prétendre qu'ils entendent mieux le sens de ces Pères que ceux qui ont été instruits par eux, et qui leur ont immédiatement succédé.

Qui peut hésiter à prendre parti sur cette question, et qui ne voit qu'étant impossible qu'au septième siècle on ait ignoré le sens des expressions des chrétiens du sixième, et que cette ignorance ait été générale par toute la terre, il y a certitude que les ministres se trompent, et que ce sont eux qui ne les entendent pas ? Y a-t-il apparence, par exemple, que tous les Grecs qui faisaient leur lecture et leur étude ordinaire des livres de S. Chrysostôme, qui l'ont pris pour la règle de l'interprétation de l'Écriture, qui n'ont presque fait que le copier, soient tombés dans un si étrange aveuglement, qu'ils aient ignoré son sens dans une infinité de lieux où il parle de l'Eucharistie, et qu'ils aient substitué à la plupart de ses termes de nouvelles explications ? Y a-t-il de l'apparence que cela soit arrivé à l'égard de tous les autres Pères grecs, latins, syriaques ; et non seulement de tous les auteurs ecclésiastiques, mais aussi de tous les évêques, de tous les docteurs qui enseignaient de vive voix, dont il faudrait que les paroles eussent été prises à contre-sens, s'ils eussent entendu par le corps de Jésus-Christ un

corps symbolique, une image, une figure ; et par ce changement dont ils parlent, un changement de vertu, puisqu'il est certain que ces paroles ont été prises depuis le septième siècle pour le vrai corps de Jésus-Christ et pour un vrai changement ?

Ce qui rend cette supposition plus ridicule et plus impossible est, 1° qu'il ne s'agit pas d'un seul mot, qui peut plus facilement s'abolir en un certain sens, lorsqu'il y en a d'autres qui tiennent sa place ; mais il s'agit d'un très-grand nombre d'expressions remarquées par les ministres mêmes ; comme : *Que le pain est fait le corps de Jésus-Christ ; que le pain et le vin sont faits le corps et le sang de Jésus-Christ ; que le pain et le vin sont changés, convertis, transélémentés au corps, au sang et en la substance du corps de Jésus-Christ ; qu'ils deviennent le corps de Jésus-Christ ; qu'ils passent au corps de Jésus-Christ ; qu'ils sont le corps et le sang de Jésus-Christ après la consécration ; que l'on est fait participant du corps et du sang de Jésus-Christ ; que nous touchons et nous mangeons Jésus-Christ même ; que le corps de Jésus-Christ entre dans la bouche des fidèles ; que son corps et son sang habitent sur nos autels ; que c'est le propre corps de Jésus-Christ ; que nous prenons véritablement son précieux corps ; que c'est véritablement le corps et le sang de Jésus-Christ* (1). 2° Il s'agit de plus d'expressions dont le sens se serait entièrement changé, n'y ayant point eu de paroles qu'on ait substituées, pour signifier ce que les ministres prétendent qu'on a entendu par ces termes. 3° Il ne s'agit pas d'expressions rares, peu communes, peu populaires ; mais il s'agit au contraire d'expressions très-fréquentes dans les auteurs, très-communes dans les discours, très-populaires dans l'usage, puisqu'elles enferment la manière dont l'on parlait au peuple de l'Eucharistie, et dont le peuple en parlait ; et qu'elles sont pour la plupart autorisées par les Liturgies, qui sont les livres les plus communs et les plus connus de tous. Il ne s'agit pas d'une expression locale et particulière à certains auteurs, à certaines nations, à certaines églises, à certains temps, il s'agit d'expressions communes à tous les auteurs, à toutes les nations, à toutes les églises et à tous les siècles.

Et cela supposé, je dis qu'on ne saurait s'imaginer de plus grande extravagance que de prétendre qu'on se soit accordé dans toutes les nations du monde, à faire entrer dans toutes ces expressions un nouveau sens, et à abolir l'ancien, sans que cet ancien et véritable sens ait subsisté dans aucune de ces expres-

---

(1) Tertull., l. 4 contra Marc., c. 40 ; Eusebius Cæsar., in Parall. Damasc., l. 3, c. 45 ; Cyrill. Hieros., 1 Cath. myst.; Greg. Nyss., de Bapt. Christ.; Aug., serm. 87, de Divers., cit. à Bedā in 10 Epist. ad Corinth. ; Gaud., tract. 2 in Exod.; Greg. Nyss., orth. Catech. ; Amb., de iis qui myst., c. 4 ; Cyrill. Hieros., Catech. 4 myst. ; Euseb. Emis., serm. 5 de Pasc. ; Justin. Mart., Apol. 2 ; Iren., l. 4, c. 34, lib. Tatian., in lib. Diatess. ; Cyrill., Cath. 3 myst. ; Theoph. Antioch. ; Chrysost., homil. 83 in Matth.; August. ad Januar.; Optat. Isidor., epist. 109 ; Gelas. Cyz., in Diatr. concil. Nic.; Hesych., l. 1.

sions et dans aucun lieu, dans aucun auteur, dans aucune société de celles qui sont dans le monde. Or il est certain que tous ces termes dont nous parlons se prennent présentement, et se sont pris il y a plus de mille ans, dans le sens de la présence réelle et de la transsubstantiation. Et par conséquent c'est là le véritable sens de toutes ces expressions; et il est impossible que les auteurs et tous les chrétiens des six premiers siècles y en aient entendu un autre.

A quoi sert donc à Aubertin et à Blondel de faire de longs amas de passages pour montrer que les mots de *changer* et de *convertir* se peuvent entendre d'un changement accidentel, et que l'on dit que les hommes sont changés en bêtes par la colère, ou seront changés en anges par la mort; et qu'ainsi l'on pourrait dire que le pain est changé au corps de Jésus-Christ, quoique ce ne fût pas un changement de substance?

Je n'examine pas ici la différence de ces expressions; j'espère de faire voir ailleurs qu'il est sans apparence de les vouloir faire passer pour semblables. Mais il suffit de dire, en un mot, pour renverser toute cette fausse critique, qu'il ne s'agit pas, par exemple, si les mots de changer, de convertir et de transélémenter, se peuvent entendre d'un simple changement accidentel; mais s'ils ont été effectivement entendus par les Pères dans ce sens, ou bien dans celui d'un changement de substance, lorsqu'ils les ont appliqués à l'Eucharistie. Or cette question est décidée par ce consentement universel de toutes les églises du monde, qui ont toutes entendu effectivement par ces paroles un changement réel et substantiel, et non un simple changement de vertu et de figure. Car comme on ne peut pas s'imaginer qu'il ait pu arriver que les disciples des chrétiens des six premiers siècles aient tous pris à contre-sens ce qu'ils auraient lu de l'Eucharistie dans leurs livres, et ce qu'ils en auraient entendu d'eux de vive voix, il s'ensuit, par nécessité, que l'intelligence certaine de ces termes parmi les chrétiens qui ont vécu depuis le septième siècle, est une preuve évidente du sens qu'elles avaient dans les premiers.

Quand les paroles des anciens Pères seraient ambiguës, qui doute que la raison ne voulût que l'on s'en rapportât au témoignage de ceux qui ont été instruits immédiatement par eux? Car qui ne sait qu'il y a une infinité de choses qui paraissent maintenant obscures et ambiguës dans les écrits des auteurs, et qui ne l'étaient nullement au temps que ces écrits ont été faits; parce que cette obscurité ne vient que de ce qu'on ignore plusieurs choses qui étaient communes parmi eux, et de ce que nous n'entendons précisément que ce qui est porté par les termes; au lieu qu'ils étaient accoutumés à suppléer en plusieurs rencontres au défaut de l'expression? Il est donc certain que ceux qui ont eu tous ces secours, sont tout autrement croyables sur le sujet du sens qu'il faut donner aux expressions des Pères, que des gens qui philosophent mille ans après sur ces expressions, et qui manquent de tous ces secours, qui les rendaient alors claires et intelligibles.

Et ainsi l'on ne peut nier que la raison n'oblige d'expliquer les expressions des auteurs du sixième siècle par celles des auteurs du septième; celles des auteurs du cinquième, par celles des auteurs du sixième; et celles de ceux qui ont écrit dans le quatrième par celles des auteurs du cinquième, et ainsi en remontant. De sorte qu'ayant un point fixe, c'est-à-dire, ayant montré que la présence réelle a été constamment crue et reçue de tous les chrétiens depuis le septième siècle, et que toutes ces expressions ordinaires sur le sujet de l'Eucharistie ont été entendues selon cette doctrine, il est indubitable que cette même preuve s'étend naturellement à tous les siècles précédents, et qu'elle oblige de conclure qu'on a entendu les mêmes expressions dans le même sens.

Si cette preuve est décisive à l'égard des savants mêmes, et si elle fait voir qu'ils ne peuvent, sans blesser la raison, préférer les raisonnements qu'ils font sur les expressions des auteurs des six premiers siècles, à l'autorité de toutes les églises du septième, et des autres siècles suivants, qui les ont toutes entendues au sens des catholiques, combien le doit-elle être encore davantage à l'égard de tous ceux qui sont incapables d'examiner en détail tous ces passages et toutes ces expressions, et de les juger par leur propre lumière; puisque toute la question se réduit à leur égard à ce point, qui sont ceux qui méritent mieux d'être crus dans l'intelligence du langage des premiers siècles, ou les chrétiens de toute la terre, qui, succédant à ceux qui y ont vécu, et ayant été instruits par eux, ont pris ces expressions dans le sens de la présence réelle; ou des ministres téméraires, qui viennent soutenir, mille ans après, que tous ceux qui les ont prises en ce sens, ont été plongés dans une pernicieuse erreur, et n'ont pas compris le sens des auteurs des six premiers siècles?

CHAPITRE III.

Troisième conséquence : *Que tous les exemples d'expressions rapportées par Aubertin, pour montrer qu'on peut prendre en un sens métaphorique les passages par lesquels les catholiques établissent la présence réelle et la transsubstantiation, ne sont nullement semblables.*

Tous ceux qui ont lu le livre d'Aubertin, savent qu'un des principaux artifices dont il se sert pour éluder les passages par lesquels les catholiques prouvent la présence réelle et la transsubstantiation, est d'en proposer d'autres qui paraissent semblables, et qui néanmoins se prennent, soit dans l'Écriture, soit dans les Pères, en un sens métaphorique; et il faut reconnaître que si en ce point il ne témoigne pas beaucoup d'exactitude de jugement, il témoigne au moins beaucoup de lecture; et que ce ramas d'expressions, semblables en apparence à celles qu'il veut expliquer, ne s'est pu faire qu'avec un fort grand travail.

C'est ainsi que dans le chapitre II du premier livre

il ramasse beaucoup de passages de l'Écriture, où il prétend que le mot *est* est pris pour signifier. C'est ainsi que dans l'examen de S. Cyrille de Jérusalem, il prétend prouver que les mots de *mutari in corpus Christi*, n'emportent point un changement substantiel, par plusieurs exemples où ces mots ne marquent qu'un changement métaphorique. C'est ainsi que, dans la page 461, il tâche de montrer que le mot de κυρίως, proprement, est compatible avec un sens de figure et de métaphore. C'est ainsi que, dans la page 481, il rapporte divers exemples, pour faire voir que cette expression de S. Grégoire de Nysse, *corpus Christi dicitur et est*, ne conclut pas que le pain consacré soit le corps de Jésus-Christ autrement qu'en figure. Il explique de la même sorte les mots de transmutation, μεταποίησις, de transélémentation μεταστοιχείωσις, et il prétend faire voir qu'ils sont employés souvent en des usages métaphoriques (p. 487, 488, 489). Enfin on peut dire véritablement qu'en ôtant à Aubertin cette comparaison de passages, on lui ôte tout ce qu'il a de spécieux, et qui peut éblouir les personnes simples.

Il est donc d'une extrême importance de faire voir l'abus qu'il fait de ces comparaisons. Et pour cela il y a deux voies : l'une plus longue, l'autre plus courte. La première est de marquer précisément par raisonnement la différence de ces expressions qu'il compare, et de faire voir qu'elles ne sont pas semblables ; que l'on a dû prendre les unes pour métaphoriques, et les autres pour simples et littérales. C'est ainsi que nous avons montré que cette expression de tous les Pères et de toutes les nations, *que l'Eucharistie est véritablement et proprement le corps de Jésus-Christ*, n'est nullement semblable à celles auxquelles elle est comparée par Aubertin ; comme de dire que Jésus-Christ est le vrai Melchisédech, que les chrétiens sont les vrais Israélites. Et c'est en cette manière que nous espérons prouver, dans le second volume, que toutes ces comparaisons d'expressions qu'Aubertin fait, sont toutes fausses, et qu'elles découvrent qu'il n'avait aucune justesse d'esprit.

Cette voie est sans doute fort bonne pour ceux qui ont le loisir de s'appliquer à cet examen, et qui ont l'esprit propre à ces considérations un peu abstraites. Mais il faut avouer qu'elle est longue, puisqu'il s'agit d'expliquer un assez grand nombre d'expressions et de passages ; et l'on doit reconnaître de plus que ce n'est pas la voie commune dont les hommes se servent dans le discernement des expressions. Ils distinguent fort bien celles qui sont différentes ; ils ne les confondent point, ils ne manquent point de donner un sens aux unes, et un autre sens aux autres, sans qu'il ne leur arrive, que fort rarement, de faire des réflexions expresses sur les différences qu'elles ont entre elles. Il y en a même beaucoup qui ne sont pas capables de les faire, et qui ne s'y trompent néanmoins jamais. Comment donc les distinguent-ils ? C'est par une vue simple de l'esprit, par une impression qui se fait sentir, et que j'appelle pour cela *sentiment*. Ils sentent que ces expressions ont des sens différents, quoique peut-être ils seraient bien empêchés à en marquer la différence. C'est ainsi que les hommes jugent presque de la diversité de toutes les choses du monde. On reconnaît tout d'un coup qu'un homme qui ressemble à un autre, n'est pas néanmoins le même, sans s'amuser à considérer en détail ce qu'il y a dans le visage de l'un, qui n'est pas dans celui de l'autre. L'impression marque tout cela dans l'esprit, sans qu'elle lui en fasse connaître distinctement les différences particulières.

Cette voie de distinguer les choses par *sentiment*, est non seulement la plus universelle, mais elle est aussi la plus sûre, la plus fine et la plus subtile ; car il y a une infinité de choses, comme j'ai dit, dont on sent la différence sans la pouvoir exprimer. Les personnes qui ne sont pas accoutumées à voir des jumeaux fort semblables, s'y trompent souvent ; mais ceux qui vivent avec eux ne s'y trompent point, et ne prennent jamais l'un pour l'autre ; et néanmoins ils auraient souvent de la peine à dire ce qui les distingue. C'est un certain air qui naît de quantité de petites différences, et qui imprime dans l'esprit l'idée d'une distinction fort sensible, quoiqu'il soit fort difficile de la marquer par les paroles. La raison en est que ce sentiment qui distingue les choses, naît d'une vue confuse d'un très-grand nombre de parties et de circonstances, que l'esprit voit tout d'un coup, et qui font par-là une impression fort différente de toute autre impression ; au lieu que le raisonnement ne s'applique qu'à peu de principes, qui peuvent n'être pas ceux qui sont la cause de la distinction des choses. Il est donc visible que la voie commune que les hommes ont pour distinguer les choses et les expressions, est la diversité des impressions qu'elles font sur leur esprit ; de sorte que qui est assuré que des paroles forment différentes impressions sur l'esprit, sait en même temps qu'elles sont différentes, soit que l'on puisse, soit qu'on ne puisse pas marquer ce qui les distingue ; il suffit qu'on le sente. Les hommes n'en demandent pas davantage ; ils n'ont pas besoin de tout cet embarras de raisonnement. Le reste n'est que pour la curiosité, et non pour l'utilité.

Pour renverser donc toutes ces comparaisons d'expressions qu'Aubertin a faites avec tant de peine et de travail, il suffit de répondre que le sentiment et l'impression, qui est la règle la plus commune et la plus sûre de la distinction des expressions, distingue et sépare toutes celles qu'il rapporte comme semblables, puisque les hommes, en suivant leur impression et leur sentiment, ont toujours pris les unes en un sens, et les autres dans un autre.

Il dit que ces paroles de Jésus-Christ, *ceci est mon corps*, par lesquelles il a institué l'Eucharistie, sont semblables à ces autres paroles de l'Écriture, *les sept vaches sont sept années, la pierre était Christ, le roi est la tête d'or*. Mais on lui répond qu'il se trompe, et on le fait voir en même temps par une preuve décisive et certaine, qui est que jamais personne n'a cru que les sept vaches fussent réellement sept années, ni que la pierre fût réellement Jésus-Christ, ni que le roi Nabuchodonosor eût réellement une tête d'or; mais que toutes les nations du monde ont cru sur ces paroles de Jésus-Christ, *ceci est mon corps*, que le pain consacré était réellement et véritablement le corps de Jésus-Christ, comme nous l'avons montré. Et par conséquent ces expressions sont très-différentes.

Il dit que cette expression de S. Grégoire de Nysse, que le pain *est transmué* au corps de Jésus-Christ, est semblable à celle de S. Jérôme, *que tout ce que nous pensons, que nous disons, et que nous faisons, est changé par le feu du S.-Esprit en une substance spirituelle;* ou à ce que dit S. Cyrille, *que nous sommes changés au Fils de Dieu.* Mais je lui réponds que, sans examiner la différence de ces expressions, il est visible qu'elles sont certainement très-différentes, puisque les unes n'ont jamais donné l'idée à qui que ce soit, ni que les pensées, les actions, et les paroles fussent réellement changées en une substance spirituelle, ni que nous soyons réellement changés au Fils de Dieu; et que les autres ont persuadé à toutes les nations du monde que le pain était réellement changé au corps même de Jésus-Christ.

Voilà la règle la plus sûre de la différence des expressions, et il n'y a qu'à l'appliquer à toutes les fausses comparaisons d'Aubertin. Car il se trouve toujours que le sentiment universel et commun de toutes les nations a tellement distingué les expressions qu'il représente comme semblables, qu'il ne les a jamais confondues, et qu'il a toujours pris les unes dans un sens, et les autres dans un autre. Et que M. Claude ne nous dise pas que je suppose la question, en mettant en fait, d'une part, que les chrétiens n'ont jamais pris ces expressions métaphoriques, alléguées par Aubertin, autrement que comme métaphoriques; et de l'autre, qu'ils ont toujours pris les expressions qui regardent l'Eucharistie dans le sens de la présence réelle. Car, de ces deux choses, la première est accordée par M. Claude, et l'autre est prouvée par tout ce livre, au moins à l'égard des dix derniers siècles; et l'impression générale que ces paroles ont faite pendant dix siècles, prouve, comme nous l'avons dit, celle qu'elles ont faite dans les six premiers. L'impression de ces expressions a donc toujours été différente : et par conséquent elles sont différentes en elles-mêmes.

Cela fait voir que toute la subtilité des ministres ne va qu'à obscurcir le sens commun, et que leur manière de raisonner se termine à l'aveuglement aussi bien qu'à l'hérésie. Leur but est d'empêcher les hommes de sentir ce qu'ils sentent, et de distinguer ce qu'ils distinguent. Qu'on laisse agir les hommes selon le sens commun, ils n'auront nulle difficulté à entendre que quand S. Chrysologue dit *que l'or convertit les hommes en bêtes*, il ne veut pas dire qu'il les change réellement en bêtes; et le même sens commun leur a fait juger au contraire que quand on prie Dieu dans les Liturgies d'envoyer le Saint-Esprit pour changer le pain et le vin en son corps et en son sang, on entend le prier de les changer réellement et effectivement. Ils n'ont jamais eu la moindre difficulté sur le sens de ces expressions; ils les ont parfaitement distinguées; ils ont toujours pris l'une dans le sens de figure, et l'autre dans un sens de réalité. Qu'est-ce donc que prétend Aubertin? Il prétend, par la ressemblance extérieure et grossière des termes à laquelle il applique l'esprit, étouffer ce sentiment net et vif par lequel nous distinguons si clairement ces expressions sans aucune confusion; c'est-à-dire, qu'il tâche d'éteindre dans les hommes la lumière du sens commun, et de les rendre grossiers et stupides, en leur remplissant l'esprit de ces vaines subtilités.

Cela suffit à tout homme raisonnable pour rejeter tout ce vain appareil de comparaisons, dans lesquelles on représente comme semblables des expressions que les hommes n'ont jamais confondues. Mais parce que les ministres ne sont jamais contents si on n'entre dans leurs voies, et qu'on ne les convainque par raisonnement, on tâchera de les satisfaire en ce point dans le second volume, et de leur montrer qu'ils n'ont pas le raisonnement plus juste que cette vue simple que nous avons appelée sentiment. Cependant il est bon de remarquer que la différence de ces expressions étant si visible et si nette par la règle du sentiment qui les distingue, il ne faut plus mettre en question si elles sont différentes, puisque cela doit passer pour constant; mais qu'il faut examiner seulement ce qui en fait la différence, en la supposant comme certaine; et ainsi c'est encore une des conséquences de ce que nous avons établi, *que toutes ces comparaisons d'expressions qu'on trouve dans Aubertin sont autant d'illusions et de sophismes*, puisqu'il prétend unir ce que la nature et le sens commun séparent et ont toujours séparé.

CHAPITRE IV.

QUATRIÈME CONSÉQUENCE : *Que la plupart des expressions dont les ministres abusent contre la présence réelle et la transsubstantiation, s'allient naturellement avec cette doctrine.*

Je ne ferai que marquer cette quatrième conséquence, parce qu'il faudrait faire un long traité pour la mettre dans son jour, et qu'il y aura lieu de le faire ailleurs : c'est que comme par la conséquence précédente, tous les termes qui ont été pris constamment depuis le septième siècle dans le sens de la présence réelle, se doivent expliquer au même sens lorsqu'on les rencontre dans les auteurs qui précèdent cette époque; de même tous les termes qui s'allient avec la créance de la présence réelle dans les siècles où on l'a certainement crue, ne peuvent servir d'argument et de preuve qu'on ne la crût pas dans les six premiers. L'équité de cette conséquence est toute visible. Car pourquoi ces termes, subsistant dans les auteurs qui ont vécu depuis le septième siècle avec la persuasion de la présence réelle, auraient-ils été incompatibles avec cette doctrine dans les six siècles précédents? Pourquoi la nature, qui a porté les auteurs postérieurs à s'en servir sans préjudice de leur sentiment, n'aurait-elle pas pu produire le même effet dans les premiers siècles ? Et enfin quelle difficulté y a-t-il à entendre ces termes dans les Pères des premiers siècles, en un sens qui ne blesse point la doctrine catholique, si ce sens se trouve autorisé par le consentement et par l'usage des dix siècles suivants ? Y a-t-il au contraire une manière plus naturelle de résoudre les difficultés ? Cependant, par cette règle, une grande partie des objections des ministres tombe par terre. Ils nous opposent, par exemple, que l'on donne souvent dans les Pères, à l'Eucharistie, le nom de pain et de vin, de fruit de la vigne, etc. Mais on leur répond que ce même langage se trouve dans tous les Grecs et les Latins des derniers siècles, comme on le peut voir en divers endroits de cet ouvrage, et surtout dans le huitième livre ; et sans aller chercher bien loin des exemples, en voici un formel de l'archevêque de Gaza, qui déclare, d'une part, très-nettement dans son écrit, qu'il ne reste pas dans l'Eucharistie la moindre partie de la matière du pain, et qui ne laisse pas de dire, de l'autre, que le corps de Jésus-Christ est dans le pain et le vin, comme dans un sacrement : *In pane et vino tanquàm in sacramento.* Pierre de Sicile dit, comme nous avons vu, que Jésus-Christ *donna de vrai pain à ses disciples;* et cependant il n'y a rien de plus formel que cet auteur pour la transsubstantiation, comme nous l'avons montré.

Les ministres abusent ordinairement des passages des Pères, où il est dit que l'Eucharistie n'est pas un pain commun, un simple pain, comme parlent S. Justin, S. Irénée et S. Cyrille de Jérusalem. Mais l'archevêque de Gaza dit, aussi bien que ces Pères, que *l'Eucharistie n'est pas* UN PAIN COMMUN, *comme celui que l'on mange; ni un vin commun, comme celui que l'on boit* d'ordinaire ; *que c'est vraiment un pain qui sanctifie ceux qui le reçoivent :* ‹ NON EST panis iste communis qui gustatur, non est vinum usuale quod hauritur. › Les ministres (Aubertin p. 521) prétendent tirer avantage de ce que S. Chrysostôme (homil. 24 in Epist. ad Cor.) exhorte ceux qui communient de s'envoler dans le ciel, parce que les aigles s'assemblent auprès du corps. Mais l'archevêque de Gaza n'exhorte pas seulement à s'élever au ciel, il dit même que nous y sommes actuellement élevés : *Aio per cibum divinum, per Deum corporatum, quo conjuncti propemodum fermentamur, atque unimur cum Christo; imò ad cœlum usque communicantes evehimur.* Ils font grand bruit de certains passages de quelques Pères qui disent que le Seigneur appelle le pain son corps ; qu'il appelle le pain son propre corps, et sa chair froment; qu'il honore le pain du nom de son corps (Cypr. ep. ad Theod., dialog. 1, auth. ep. 4, ad Cæs. monach.). Mais Jérémie, patriarche de Constantinople, dont je ne crois pas qu'il prenne envie aux ministres de rendre encore la foi suspecte sur le point de la transsubstantiation, dit, aussi bien que ces Pères, *qu'après que Jésus-Christ eut célébré la cène, selon la loi de Moïse, il donna à ses disciples un nouveau sacrifice ; rompit premièrement le pain,* le distribua, et le nomma son corps ; οἰκεῖον σῶμα αὐτὸν καλέσας.

Photius (ap. Allat., Exer. adv. Creigt., p. 443), dans une lettre au pape Nicolas, joint cette expression avec celle qui marque naturellement la transsubstantiation : *O merveille,* dit-il, *le pain commun est changé au corps de Jésus-Christ, et le vin commun est appelé sang !* ὦ τοῦ θαύματος, ὁ κοινὸς ἄρτος εἰς σῶμα Κριστοῦ μεταβάλλεται, καὶ ὁ κοινὸς οἶνος αἷμα χρηματίζει.

Ils ramassent avec grand soin les passages des Pères où les symboles sont appelés du nom de figure, à cause des rapports qu'ils ont avec le corps de Jésus-Christ ; et ils s'imaginent en pouvoir conclure que le corps de Jésus-Christ n'y est donc pas enfermé (Blondel, Éclaire., pag. 88 et suiv.). Mais outre que l'on trouve ce même langage dans le septième et le huitième siècles, c'est-à-dire, dans un temps où l'on ne peut avec la moindre apparence douter que la présence réelle ne fût reconnue de tous les chrétiens, on le trouve de même dans le onzième siècle, et lorsque l'on condamnait ceux qui niaient la présence réelle, sans que ceux qui étaient les plus ennemis de l'erreur de Bérenger en aient été ni blessés ni scandalisés, ni qu'ils aient même relevé ces termes. Car chacun sait que le cardinal Humbert est la personne du monde la moins suspecte d'avoir été favorable à Bérenger ; cependant ce cardinal, disputant contre Nicétas Pectorat, ne le reprit en aucune sorte d'avoir appelé deux fois les symboles du nom de figure, comme l'on voit dans deux passages : *Divinam autem naturam, quisquis rationis est compos, dicet aliquando azymum et mortuum quod in sacrificio vos Deo offertis, quod in figurâ vivæ carnis Domini comeditis.* Et plus bas : *Percunctamur igitur vos, hæc tria, aquam, farinam, et ignem, ad quid accipitis, et cujus effigiem hæc esse æstimatis?* Ainsi, selon cet auteur, les pains azymes, et les parties qui les composent, sont des figures et des images ; et néanmoins selon le même auteur, c'est le corps de Jésus-Christ. *Gratiæ panem comedunt, qui est corpus Christi;* et nous mangeons la chair de Jésus-Christ dans le pain changé : *Quam* (carnem Christi) *comedentes in pane, qui immutatus est per Spiritum et effectus corpus Christi, vivimus in ipso, tanquàm vivam et deificatam carnem edentes.*

Ils abusent souvent de quelques lieux des Pères, qui disent que Jésus-Christ nous a commandé de faire le pain de l'Eucharistie en mémoire de sa mort (Just. cont. Triph.); et Aubertin ne perd aucune occasion d'objecter ces sortes de passages. Mais s'ils veulent consulter les livres de ceux qu'ils appellent ou doivent appeler transsubstantiateurs, ils ne trouveront rien de plus ordinaire que ces sortes de réflexions ; et il les trouveront même jointes quelquefois avec un aveu exprès de la transsubstantiation. *Comme nous avons accoutumé,* dit Jérémie (in prim. resp. p. 100), *de graver dans des colonnes et dans les trophées les victoires des grands capitaines, par lesquels nous avons été conservés, de même nous exprimons la mort de Jésus-Christ par ces dons divins.* Et Germain, patriarche de Constantinople, appelle la principale hostie, celle qui figure et qui montre la divine passion ; ἐν ᾧ δείκνυται καὶ τυποῦται τὸ θεῖον καὶ ζωηφόρον πάθος. Pierre, patriarche d'Antioche, qui était du temps de Bérenger, dans une lettre qu'il écrivit à l'évêque de Grade, dit que *le pain fait avec du levain, étant sanctifié par la consécration, et changé au corps immaculé de Notre-Seigneur Jésus-Christ, nous a été donné en mémoire de son incarnation.* Jean, patriarche de Jérusalem, dans un traité des Azymes, cité par Allatius (Exerc. adv. Creigt., p. 490), dit que *le pain et le vin sont changés au corps et au sang de Christ, et sont établis pour nous faire ressouvenir de la terrible et véritable victime qui abolit les iniquités du monde.* Nicolas de Méthone (tract. de Azym., ap. Allat. 6, p. 432) unit aussi ces deux vérités, par l'une desquelles les ministres prétendent détruire l'autre : *Il était nécessaire*, dit-il, *qu'étant hommes comme nous sommes, et soumis à la loi du temps, père de l'oubli, on nous fit ressouvenir de ce bienfait, afin de nous empêcher de l'oublier, comme nous faisons quand nous n'avons encore aucune part à la grâce. Et c'est pourquoi Dieu a choisi les symboles mystiques du pain et du vin, qui sont changés par une consécration spirituelle au corps et au sang de Jésus-Christ, et par lesquels la mort du Seigneur et sa résurrection vivifiante sont toujours annoncées.* Et c'est encore selon le même langage, que, dans la Liturgie de S. Basile, l'Eucharistie est appelée *type de la résurrection.*

Ils s'imaginent trouver leur sens dans les passages où le corps de Jésus-Christ, que nous recevons dans l'Eucharistie, est appelé *spirituel, mystique, intelligible*; ou bien où il est dit *que nous le recevons spirituellement et mystiquement, en mystère et sacrement.* Cependant tout Paschase est plein de ces expressions, comme nous l'avons fait voir. Les Grecs d'à-présent, dans le triode du jeudi-saint, chantent encore qu'ils reçoivent son sang mystiquement : Αὐτοῦ τὸ σῶμα εὐσεβῶς, καὶ αὐτοῦ τὸ αἷμα μυστικῶς μεταλαμβάνομεν. Et Gennade, qui a écrit pour le concile de Florence, en comparant l'Eucharistie avec la cène légale, dit *que ce qui était sur la table légale était charnel, et que ce qui est sur la nôtre est spirituel* : « *Quia carnea illa illius mensæ erant, hæc spiritualia.* » Un auteur du septième siècle, dans la Vie d'Austregisile, parle de la même sorte : *Mysticum prece conficit Christi corpus.*

Ils croient tirer grand avantage de ce que quelques Pères, comme S. Gaudence, le Commentaire attribué à S. Jérôme, Primase, évêque d'Adrumet, comparent l'Eucharistie à un gage que Jésus-Christ nous a laissé pour nous tenir lieu de sa présence. Mais ils trouveront partout la même pensée, comme dans Remi d'Auxerre, et dans Agapius, religieux du mont Athos (in c. 11, epist. 1 ad Corinth.), qui, étant l'un et l'autre si grands défenseurs de la transsubstantiation, ne laissent pas de dire, comme nous avons vu, que l'Eucharistie nous tient lieu de Jésus-Christ, et qu'elle nous a été laissée au lieu de lui : ἀντ' αὐτοῦ.

Tous les mots dont les ministres font aussi tant de mystères, comme ceux de sacrement, de type, de mystère du corps de Jésus-Christ, de corps de Jésus-Christ en sacrement et en mystère, de sanctification du pain, se trouvent partout dans les auteurs postérieurs, et le véritable sens de ces mots se trouve en même temps marqué. Ce qui fait voir que ce ne sont que des expressions imparfaites, qui sont suppléées par l'intelligence commune, comme celle de *Sacrement de l'autel* l'est parmi les catholiques ; puisque ne désignant l'Eucharistie que par une condition si générale, elle ne laisse pas de nous fournir l'idée entière de tout ce qui est contenu dans ce sacrement.

En voilà assez pour servir d'échantillon de ce que l'on peut dire sur ce sujet ; il me suffit d'avoir établi ici la règle générale, qui est, que toutes les expressions qui se trouvent avoir été employées naturellement par des personnes très-persuadées de la transsubstantiation, ne doivent point être estimées contraires à cette doctrine, et que l'on doit mettre de ce nombre toutes celles qui se trouvent en usage dans les auteurs qui ont écrit pendant les temps où nous avons montré que la transsubstantiation était universellement crue et reconnue.

Cette règle est d'autant plus importante, que, faute d'avoir assez considéré ces expressions compatibles ou incompatibles avec la doctrine de la présence réelle et de la transsubstantiation, les hérétiques se fortifient dans leur égarement, et les catholiques mêmes tombent dans le trouble. Et la raison en est que les uns et les autres jugent des expressions par rapport au langage qui s'est introduit depuis que l'on a eu en vue de combattre expressément l'hérésie sacramentaire. Or il est certain que cette vue fait que l'on s'éloigne en quelque sorte du langage naturel, en portant à éviter avec soin quantité d'expressions innocentes, auxquelles on se serait porté de soi-même, et à s'exprimer d'une manière plus forte et plus précise que l'on ne ferait, si l'on n'avait point dessein de prévenir les illusions des ministres et l'abus qu'ils font des termes.

Il arrive de là que les calvinistes, d'une part, trouvant quelque différence entre le langage des scholastiques et celui des anciens Pères, s'imaginent que cette différence d'expressions renferme une différence de sentiments et de doctrine, et prétendent tirer avantage de tout ce qui leur paraît dans les anciens auteurs être éloigné du langage scholastique ; et que, de l'autre, les catholiques moins instruits sont quelquefois troublés, en voyant dans les Pères des expressions dont ils auraient peine à se servir, parce qu'elles ne sont plus si ordinaires, et qu'elles ont été comme bannies, non par la nature, mais par la vue de l'abus que les calvinistes en ont fait. Le remède donc à cet inconvénient, est de se défaire de cette vue de l'hérésie sacramentaire, qui, faisant impression sur l'esprit, change en quelque sorte les expressions, et d'entrer dans cette disposition tranquille dans laquelle ont dû être ceux qui étant très-persuadés de cette doctrine, n'en ont parlé que pour se faire entendre à des personnes qui en étaient aussi persuadées qu'ils l'étaient eux-mêmes. Or, pour se former une idée de cette diposition, et de ce langage naturel sur le sujet de l'Eucharistie, il n'y a rien de meilleur que de consulter les écrits de ceux qui, vivant dans un siècle où la transsubstantiation était certainement crue et non combattue, n'en ont pu parler qu'en cette manière toute naturelle. Nous avons déjà droit de mettre de ce nombre tous les auteurs Grecs qui ont vécu depuis le commencement du septième siècle jusqu'à notre temps, et toutes les autres sociétés chrétiennes ; puisque, comme nous l'avons prouvé, la présence réelle et la transsubstantiation y ont toujours été crues sans contestation. Nous pouvons aussi mettre au même rang tous les auteurs latins qui ont écrit depuis ce même temps jusqu'à Bérenger, puisque nous avons fait voir cette doctrine aussi bien établie dans l'Église latine que dans la grecque. Ceux mêmes qui ont écrit depuis Bérenger ne sont pas inutiles, pour faire connaître que certaines expressions sont très-compatibles avec la doctrine de la présence réelle : car si l'on fait voir qu'ils s'en sont servis, c'est une preuve évidente qu'elles sont si naturelles, que la vue même de l'erreur contraire n'a pas été capable de les exclure entièrement du langage de l'Église. Ainsi l'on peut dire que sur ce sujet la règle négative est très-véritable ; savoir que toutes les expressions de ceux qui ont cru certainement la transsubstantiation, se peuvent allier avec cette doctrine, et ne prouvent point que celui qui s'en sert ne l'ait pas tenue. Mais la règle contraire serait fausse, qui est que toutes les expressions qui sont évitées par ceux qui tiennent cette doctrine y soient effectivement contraires ; puisque, comme nous avons dit, ce n'est pas tant la nature qui porte à éviter ces expressions, que l'impression que l'on a de l'abus que les sacramentaires en peuvent faire.

Ce que j'ai dit ici de cette règle, qui distingue les expressions compatibles et incompatibles avec la doctrine de la présence réelle, suffit pour toutes les personnes de bonne foi, qu'il n'est besoin que de mettre dans le droit chemin, et qui prévoient aisément la conséquence que l'on peut tirer d'une maxime aussi féconde que celle-ci ; mais pour les autres qui ne voient que ce qu'on leur montre expressément, peut-être qu'on aura lieu de les satisfaire davantage en un autre endroit.

CHAPITRE V.

Cinquième conséquence : *Que les catholiques ont droit de supposer, sans autres preuves, que les passages des Pères s'entendent dans le sens auquel ils les prennent; et que toutes les réponses des calvinistes dans lesquelles ils n'établissent pas le leur par des démonstrations évidentes, sont ridicules et déraisonnables.*

La cinquième conséquence est encore d'une fort grande étendue, parce qu'elle fait voir qu'une grande partie du livre d'Aubertin et de celui de M. Claude est contraire au bon sens, et doit être rejetée par les personnes intelligentes sur un principe d'équité qui condamne d'injustice le procédé de presque tous les ministres.

C'est comme dans les différends que les hommes ont entre eux pour les choses temporelles. Les causes de ceux qui contestent n'étant pas toujours égales, les circonstances extérieures qui se voient tout d'un coup font que la possession des biens contestés appartient souvent à l'une des parties avant la décision du fond, et qu'elles ne sont pas toujours également obligées de prouver leur droit ; mais qu'il arrive quelquefois que le droit de l'une est jugé certain, à moins que l'autre n'établisse le sien par des raisons convaincantes ; de même dans les contestations qui ne regardent que la vérité, il y a souvent une inégalité si visible entre les prétentions de ceux qui sont en différend, et les uns ont quelquefois un avantage si clair au-dessus des autres, par des raisons extérieures qui se voient avant que l'on ait examiné le fond, que la raison ne saurait s'empêcher de former d'abord ce jugement, que la cause des uns doit passer pour juste, à moins que les autres n'établissent la leur par des raisons démonstratives ; c'est-à-dire, en un mot, qu'il y a des causes qui n'ont point besoin de preuves, et qui sont revêtues de tant de marques de vérité, qui se font voir d'elles-mêmes ou avec peu d'application, qu'on a droit de les supposer pour vraies ; et qu'il y en a d'autres, au contraire, dont l'apparence est si peu favorable, et qui sont combattues par des préjugés si forts et si violents, qu'il est ridicule de les proposer sans preuves, et encore plus de vouloir charger les autres de l'obligation d'en apporter de contraires.

C'est pourquoi, dans toutes sortes de disputes, il faut d'abord tâcher de reconnaître ceux à qui appartient le droit de supposition ; c'est-à-dire, le droit de faire passer leur opinion pour vraie et pour certaine, à moins que l'on n'en fasse voir la fausseté par des preuves convaincantes ; et ceux au contraire qui blessent la raison en proposant les leurs sans les établir et sans les prouver, et qui se mettent ainsi en possession d'une chose non seulement contestée, mais qui a toutes les apparences contre soi. Car Dieu, qui est la raison souveraine, veut sans doute que nous jugions raisonnablement ; or juger raisonnablement, c'est suivre la certitude et l'évidence quand elle nous paraît, et s'attacher à la plus grande vraisemblance au défaut de la certitude. Il veut donc que nous rejetions d'abord toutes les opinions qui ont des apparences contraires ; et si ceux qui les proposent les laissent en cet état, il n'est pas seulement probable mais certain qu'ils sont injustes et déraisonnables.

Il n'y a qu'à appliquer ces principes à la voie par laquelle M. Claude et Aubertin éludent tous les passages que les catholiques leur objectent. Chacun sait que la dispute se réduit toujours à l'explication de certains termes que les catholiques prennent en un sens, et que les ministres tâchent de détourner en un autre. Les catholiques s'arrêtent à la signification littérale de ces expressions. Ils prennent le corps de Jésus-Christ pour le corps de Jésus-Christ, et le changement du pain au corps de Jésus-Christ pour le changement du pain au corps de Jésus-Christ. Les ministres y appliquent l'une de leurs deux solutions générales, et de ces deux clés célèbres de *vertu* et de *figure* qu'ils emploient à tant d'usages. Or, dans cette contestation, il est visible que ce que nous avons appelé le droit de supposition appartient aux catholiques. Que les ministres prétendent, tant qu'ils voudront, que les preuves dont nous nous sommes servis pour montrer que tous ces termes ordinaires, que *l'Eucharistie est le corps de Jésus-Christ*; que *le pain est fait le corps de Jésus-Christ*; qu'*il est changé au corps de Jésus-Christ*, ne se doivent et ne se peuvent entendre qu'au sens des catholiques, ne sont pas entièrement convaincantes, et qu'il ne s'ensuit pas, de ce qu'ils ont été pris en ce sens mille ans durant par toutes les sociétés chrétiennes, qu'ils n'aient point formé une autre idée dans les chrétiens des six premiers siècles ; je prétends que cette raison est décisive, et que tout homme judicieux s'y doit rendre ; mais ils ne sauraient nier que ce ne soit au moins un préjugé si terrible en faveur des explications que les catholiques donnent à ces termes, qu'à moins qu'elles ne soient détruites par des démonstrations évidentes, elles doivent passer pour certaines et pour constantes.

Il s'ensuit donc de là que quand les catholiques se servent de ces passages où ces expressions se rencontrent, ils n'ont point besoin de preuves pour en établir le sens ; il est tout établi par ce préjugé, et par les termes mêmes. Quiconque apporte pour soi des expressions qui signifient littéralement et simplement ce qu'il veut prouver, et qui ont été prises dans le sens où il les emploie mille ans durant par tous les chrétiens du monde, n'a point besoin de preuves particulières pour en faire voir le sens. Ces deux qualités mettent ce sens en un tel point d'évidence, qu'il n'y a que des démonstrations qui les puissent contrepeser, et qui puissent empêcher que la raison ne s'y rende. Et il s'ensuit encore que quand les calvinistes répondent à ces expressions, il ne leur suffit pas de dire en l'air qu'elles se peuvent prendre en un autre sens, et d'y appliquer les deux clés de *figure* et de *vertu*; mais il faut qu'ils fassent voir, par des preuves particulières, que c'est là le véritable sens de l'auteur qui s'est servi de ces expressions, qu'il les a prises effectivement et réellement dans le sens de *figure* et de *vertu*; et qu'ils le fassent voir par des démonstrations et des preuves convaincantes, qui peuvent seules balancer un peu le poids de ce préjugé que la cause des catholiques a pour soi.

Sur ce fondement on peut établir cette règle indubitable, que toutes les réponses des calvinistes, dans lesquelles ils se contentent de dire que ces passages des Pères s'entendent ou *d'un corps symbolique, ou d'un corps typique, ou d'une vertu déployée sur le pain*, sans accompagner ces explications de preuves particulières et de démonstrations, qui fassent voir que les Pères dont il s'agit ont effectivement entendu par ces paroles, *un corps symbolique, un corps typique, une vertu déployée*, sont contraires à la raison et au bon sens ; parce que c'est la raison même qui leur impose cette obligation de prouver leur prétention, et qui les condamne s'ils y manquent.

Il n'y a que ceux qui ont lu le livre d'Aubertin qui puissent bien juger de quelle étendue est cette règle ; mais ceux qui l'ont lu ne pourront douter qu'elle ne détruise tout d'un coup la plus grande partie de ce livre. Car cet ouvrage étant composé, dans sa plus grande partie, de réponses aux passages dont les catholiques se servent pour établir leur opinion, il se trouve que toutes ces réponses se réduisent, ou à appliquer sans preuve et sans fondement ces deux solutions de *vertu* et *de figure*, en s'imaginant ridiculement qu'il a détruit un passage qui dit formellement que le pain est changé au corps de Jésus-Christ, lorsqu'il a répondu en l'air que cela veut dire qu'il est changé en la vertu du corps de Jésus-Christ, ou à montrer que l'expression dont il s'agit pourrait, dans un autre usage et une autre application, être prise dans un sens métaphorique ; mais il ne se met presque jamais en peine de prouver par le Père même, qu'il ait effectivement entendu les paroles dont il est question, dans le sens auquel il lui plaît de les expliquer. En un mot, il croit qu'il lui suffit de prouver que l'expression en soi se peut entendre métaphoriquement ; au lieu qu'il devrait prouver qu'elle a été prise actuellement dans ce sens métaphorique, puisque les catholiques faisant voir qu'ils ont pour eux et le sens littéral, et le consentement de tous les chrétiens durant mille ans à prendre ces expressions dans le sens littéral, il est ridicule d'opposer simplement à ce principe la possibilité métaphysique d'une autre explication.

Il y aura peut-être lieu d'appliquer en particulier cette règle à Aubertin, et de faire voir qu'elle condamne son procédé presque dans tout son ouvrage. On ne prétend pas en devoir être cru sur une simple affirmation ; et ce n'est qu'un avis que l'on donne aux personnes sincères, qui s'en convaincront par elles-mêmes si elles prennent la peine de l'examiner. Mais il est bon d'en faire voir l'usage dans l'examen de quelqu'une des réponses que M. Claude fait aux passages des Pères que l'auteur de *la Perpétuité* avait allégués.

On lui avait objecté que S. Ignace dit en parlant de certains hérétiques, *qu'ils ne recevaient pas l'Eucharistie et les oblations, parce qu'ils ne confessaient pas que l'Eucharistie fût la chair de Notre-Seigneur, qui a souffert pour nos péchés*. D'où il s'ensuit que selon S. Ignace, les orthodoxes confessaient que l'Eucharistie était la chair de Jésus-Christ. M. Claude fait sur cela une réponse abrégée, dont l'embrouillement doit être suspect dans une personne qui sait fort bien se faire entendre quand elle veut. Il dit (p. 262) que des personnes qui n'auront pas dans l'esprit la transsubstantiation, *ne seront pas surprises de ce passage, parce que Jésus-Christ ayant dit du pain : Ceci est mon corps qui est livré pour vous, a signifié par ces paroles, qu'il adoptait le pain pour être son corps, comme n'ayant point de vrai corps ; ce qui était la folle imagination de ces hérétiques anciens ; mais que le pain était la figure de ce vrai corps, qui est mort et ressuscité pour nous.*

Sans doute que M. Claude se serait expliqué d'une autre manière s'il avait voulu être entendu de tout le monde; et il y aura bien des gens qui ne comprendront rien à cette réponse, sinon que M. Claude a répondu au passage de S. Ignace; ce qui leur suffit. Je vois bien néanmoins qu'il a voulu que les personnes plus accoutumées à ces questions vissent deux choses dans sa réponse : la première, que S. Ignace parle de certains hérétiques qui disaient *que Jésus-Christ avait adopté le pain pour être son corps, parce qu'il n'avait point de corps*; la seconde, que M. Claude attribue à ces hérétiques d'avoir nié que le pain fût la figure du corps de Jésus-Christ, et qu'il prétend que c'est ce que S. Ignace reprend en eux par ces paroles : *Ils ne confessaient pas que l'Eucharistie fût la chair de Jésus-Christ*, qui signifient, selon lui, *qu'ils ne confessaient pas que l'Eucharistie fût la figure du corps de Jésus-Christ*. Je pourrais dire à M. Claude, sur le premier point, qu'il est manifeste qu'il se trompe, et que S. Ignace n'a jamais eu en vue des hérétiques qui soutinssent que Jésus-Christ avait adopté le pain pour être son corps : car ces hérétiques, qui enseignaient cette adoption ridicule du pain, recevaient l'Eucharistie; et cette adoption même du pain leur donnait lieu de l'admettre, comme M. Claude en demeure lui-même d'accord. Or S. Ignace (p. 487) parle, au contraire, d'hérétiques qui ne recevaient pas l'Eucharistie. Mais M. Claude n'y prend pas garde de si près ; il lui suffit que ce qu'il répond ait l'air d'une érudition mystérieuse, et qu'il ait occasion de citer le quarantième chapitre du quatrième livre contre Marcion, quoique dans ce chapitre il n'y ait pas un seul mot de ces hérétiques dont il parle. Ce n'est pas néanmoins à quoi je m'arrête ici ; on pourra discuter ailleurs ces passages plus exactement. Ce que je veux dire présentement, est que la question qui naît de ce passage consiste dans le sens de ces paroles de S. Ignace : *Ils ne confessaient pas que l'Eucharistie fût la chair de Jésus-Christ.* Les catholiques les prennent simplement, et disent que S. Ignace a voulu dire par là que ces hérétiques ne confessaient pas que l'Eucharistie fût la vraie chair de Jésus-Christ ; et M. Claude prétend, au contraire, qu'elles veulent dire que ces hérétiques ne confessaient pas que l'Eucharistie fût la figure du corps de Jésus-Christ. Je vois qu'il le prétend; mais le prouve-t-il? Non. Il n'y pense pas seulement ; il ne croit pas y être obligé ; il se met en possession de ce prétendu sens ; il renvoie la preuve aux catholiques. Il semble, à l'entendre, que cette expression : *Ils ne confessaient pas que l'Eucharistie fût la chair de Jésus-Christ*, soit au moins une expression équivoque, et qu'ayant deux sens, il ait autant de droit de l'expliquer en celui qui lui est favorable, que les catholiques en ont de la prendre en celui qui est conforme à leur doctrine. Mais c'est en quoi il est visiblement injuste, et il pèche contre cette règle d'équité que nous avons établie, car cette expression *confesser que l'Eucharistie est la chair de Jésus-Christ*, n'est point une expression équivoque ni ambiguë : c'est une expression univoque,

P. DE LA F. I.

et déterminée au sens des catholiques par elle-même, et par le consentement uniforme de tous les chrétiens du monde pendant dix siècles, comme nous l'avons fait voir. Les personnes les plus persuadées de la transsubstantiation ne se servent point d'autres termes pour exprimer leur créance, et elles emploient indifféremment ces paroles : *Je confesse que ceci est la chair de Jésus-Christ ; je confesse que ceci est la vraie chair de Jésus-Christ*, comme n'ayant qu'un même sens, ainsi que l'on peut voir par les professions de foi sur l'Eucharistie que nous avons rapportées.

Il est donc indubitable que les catholiques ont droit de supposer que S. Ignace les a prises au même sens qu'eux, et qu'il n'y a rien de plus déraisonnable que le procédé de M. Claude, qui prétend, sans preuve, sans raison, sans apparence, que ce qui n'a jamais été pris en un autre sens que celui de la vraie chair de Jésus-Christ, ait signifié, dans la bouche de S. Ignace, la seule figure de cette chair.

Il faudrait, afin que les choses fussent égales, qu'il nous montrât quelque grande société qui, n'ayant cru autre chose dans l'Eucharistie, durant l'espace de mille ans, sinon que c'était la figure de Jésus-Christ, se soit servie ordinairement pour exprimer cette pensée de ces paroles : *Je confesse que l'Eucharistie est la chair de Jésus-Christ*, comme nous lui montrons que les églises latine, grecque, éthiopique, égyptienne, arménienne, syrienne, ont employé ces paroles pour marquer la créance qu'elles ont que c'est la vraie et propre chair de Jésus-Christ ; et alors on lui pourrait avouer que cette expression étant commune à ceux qui croient et qui ne croient pas la présence réelle, et étant également employée par ces deux sociétés, elle ne donnerait droit à aucun de tirer avantage de l'opinion de S. Ignace. Mais étant clair, au contraire, que ces paroles portent d'elles-mêmes au sens des catholiques, et étant constant qu'elles ont été prises en ce sens par toutes les églises du monde durant mille années, et qu'on ne saurait faire voir qu'elles aient jamais été prises autrement, on ne saurait s'éloigner davantage de la raison, que de supposer, sans aucune preuve, que S. Ignace les ait prises dans le sens chimérique des calvinistes.

Cependant c'est là ce qu'on appelle répondre, et M. Claude croit avoir fait des merveilles quand il a appliqué une solution de cette sorte aux passages qu'on lui oppose. On lui allègue que S. Justin dit (1), que

(1) Il y a dans le grec : Τὴν δὲ εὐχῆς λόγου τοῦ παρ' αὐτοῦ εὐχαριστεῖσαν τροφήν ἐξ ἧς αἷμα καὶ σάρκες κατὰ μεταβολὴν τρέφονται ἡμῶν, ἐκείνου τοῦ σαρκοποιηθέντος Ἰησοῦ καὶ σάρκα καὶ αἷμα ἐδιδάχθημεν εἶναι. Or il est clair à tous ceux qui entendent cette langue, que cette construction est ambiguë. Car on peut arranger les paroles en cette manière : *Didicimus cibum ex quo sanguis et carnes nostræ per mutationem aluntur, per preces Verbi, quod ab ipso est, Eucharistiam factum, carnem et sanguinem esse*, etc. Ou bien en celle-ci : *Didicimus per preces Verbi cibum Eucharistiam factum, ex quo sanguis et carnes nostræ per mutationem aluntur*, etc. De ces deux constructions l'auteur de la *Perpétuité* a choisi la première, qui est tout aussi conforme au texte, et qui est sans doute plus nette que l'autre. M. Claude

(*Trente-deux.*)

de la même manière que Jésus-Christ notre Sauveur, qui a été fait chair par la parole de Dieu, s'est revêtu de chair et de sang pour notre salut ; ainsi nous avons appris que cette viande et ce breuvage, qui, par le changement qu'ils reçoivent en notre corps, nourrissent notre chair et notre sang, sont la chair et le sang de ce même Jésus incarné, Et M. Claude croit en être quitte en nous disant que cet aliment est fait le corps de Jésus-Christ par une union sacramentale au corps de Jésus-Christ. Mais il faudrait auparavant qu'il eût prouvé que de dire que le pain consacré est la chair de Jésus-Christ, signifie que le pain consacré est uni sacramentalement et figurativement à Jésus-Christ, et que S. Justin les entendait en ce sens. On sait bien que toute la terre a pris ces paroles dans le sens de la présence réelle ; mais le sens de M. Claude est sans preuve et sans autorité : il est contraire à la lettre et à l'expérience ; et par conséquent il ne mérite pas seulement d'être écouté.

On lui allègue que Gélase de Cyzique dit, en parlant de l'Eucharistie qu'*il faut concevoir que l'Agneau de Dieu est gisant sur la table, et que nous prenons véritablement son précieux corps et son sang.* Et M. Claude répond froidement que cela veut dire *que Jésus-Christ paraît à la foi sous les symboles, c'est-à-dire,* qu'il y est en figure, *et que nous recevons véritablement son*

qui croit avoir droit d'obliger tous les traducteurs d'exprimer les passages de la manière la plus avantageuse aux calvinistes, accuse sur cela l'auteur d'avoir corrompu ce passage, pour éviter de dire avec S. Justin que l'Eucharistie nourrit nos corps, et souffre changement ; ce qui est, dit-il, un coup mortel à la transsubstantiation. Mais il est doublement injuste dans cette censure : 1° parce que sa construction étant ambiguë, l'auteur de la *Perpétuité* a eu raison de le traduire comme il a fait, selon cette règle d'équité et de justice, que toute expression ambiguë doit être prise au sens qui est le plus commun, le plus autorisé et le plus conforme à l'opinion qui a les avantages extérieurs d'autorité, d'antiquité, d'universalité ; 2° parce que la conséquence qu'il tire de l'autre traduction est vaine et frivole. On a déjà répété souvent à M. Claude que toutes les fois qu'on ne traite pas les choses à fond, et qu'on ne les marque qu'en passant, on se sert d'ordinaire du langage des sens. Or selon le langage des sens l'Eucharistie nourrit, puisqu'en prenant l'Eucharistie nous ressentons l'effet de la nourriture ; et elle nourrit par changement, puisqu'il arrive aux espèces les mêmes changements sensibles qu'aux autres viandes communes. Il n'était point question de discuter exactement en ce lieu si ce changement était non seulement apparent, ou s'il y avait quelque substance réellement changée ; ni si c'était l'Eucharistie qui nourrit par sa propre substance ou par une autre matière. Ce ne sont pas là des questions qu'on examine par parenthèse. Ainsi S. Justin, qui, selon ce sens, aurait eu dessein d'exprimer en passant que l'Eucharistie produit dans nos corps les effets ordinaires des viandes communes, et que Dieu ne veut pas qu'il y ait dans ce mystère aucun miracle sensible, aurait parlé d'une manière philosophique et nullement naturelle, s'il s'était servi d'un autre langage que de celui des sens, qui porte à dire qu'elle nourrit nos corps par changement. Car c'est ce que l'on sent et que l'on éprouve par les sens, quoique la foi ensuite corrige ces idées par la vérité qu'elle nous découvre.

corps et son sang immédiatement par *l'acte de l'âme, et* médiatement par *l'acte du corps, en tant que nous recevons les symboles.* Il suppose ainsi que recevoir véritablement le corps et le sang de Jésus-Christ signifie s'unir à Jésus-Christ par la foi, et prendre les symboles de son corps et de son sang. Mais la signification contraire étant établie par le consentement de tous les fidèles, il fallait des preuves, et non des affirmations téméraires et sans fondement, pour rendre probable ce sens bizarre et extravagant.

On lui rapporte ce que dit S. Cyrille de Jérusalem (Catech. 4. Myst.) : Jésus-Christ *ayant dit du pain,* CECI EST MON CORPS, *qui en osera douter désormais? Et lui-même ayant dit,* CECI EST MON SANG, *qui oserait en entrer en doute, en disant que ce n'est pas son sang? Il a autrefois changé l'eau en vin en Cana de Galilée par sa seule volonté, pourquoi ne mérite-t-il pas d'être cru quand il change le vin en son sang?* Et sur cela M. Claude, sans s'émouvoir, ni faire paraître le moindre étonnement, répond (p. 266) que *le sens de ce docteur est d'établir la vérité du sacrement* (c'est-à-dire, dans le langage de M. Claude, *de la figure pleine d'efficace*) *contre l'incrédulité des profanes,* qui nient que ce soit autre chose que de simples aliments ; *que l'on doit entendre qu'il ne faut pas douter de la vérité des paroles de Jésus-Christ. Car encore que ce soit du pain comme celui que nous mangeons à nos repas ordinaires, si est-ce que dans cette action mystique il le faut considérer comme le corps de Jésus-Christ, parce qu'il en est le sacrement ; le Seigneur ayant dit : Ceci est mon corps ; et que l'on comprend facilement que c'est par un raisonnement tiré du plus au moins, que Cyrille dit que puisque Jésus-Christ a changé l'eau en vin, il peut aussi changer ce vin-ci en un sacrement de son sang.* Il serait trop long de représenter ici tout ce qu'il y a de ridicule dans cette explication ; mais je ne m'arrête maintenant qu'aux significations téméraires qu'il attribue sans raison aux paroles de S. Cyrille. La manière dont S. Cyrille exprime ce doute qu'il combat, est celle-ci : *Qui osera douter que le pain soit le corps de Jésus-Christ ?* Et le sens de ces paroles, selon M. Claude, est : Qui osera douter que le pain ne soit la figure efficace du corps de Jésus-Christ ? S. Cyrille étouffe ce doute par ces paroles de Jésus-Christ : *Ceci est mon corps ;* et pour les rendre propres à cet effet, il faut que M. Claude les prenne en ce sens : *Ceci est la figure pleine et efficace de mon corps.*

S. Cyrille fait dire à ces gens dont il reprend l'infidélité, que le vin n'est pas le sang de Jésus-Christ. Et selon la glose de M. Claude, ils voulaient dire par-là que *le vin n'était pas rempli de la vertu du sang de Jésus-Christ.* Ce saint ajoute que *Jésus-Christ ayant changé l'eau en vin aux noces de Cana, il mérite d'être cru quand il change le vin en son sang.* Et M. Claude glose ainsi ces paroles : *Jésus-Christ a changé réellement l'eau en vin ; il mérite donc d'être cru en changeant maintenant le vin en la vertu de son sang.* Il faudra qu'il continue de gloser en cette manière tout le reste de la Catéchèse, et qu'il digère cette étrange et inconcevable absurdité, que S. Cyrille ait voulu parler ce langage à de nouveaux baptisés, c'est-à-dire, à des gens qui n'avaient aucun usage du langage ecclésiastique, et qui n'en pouvaient juger que par le sens même des paroles. Il faudra qu'il suppose que S. Cyrille, en disant que *nous devons recevoir l'Eucharistie avec une entière certitude, comme le corps et le sang de Jésus-Christ*, a voulu dire que *nous devons avoir une entière certitude, que ce pain et ce vin sont la figure inondée du corps et du sang de Jésus-Christ;* que lorsqu'il a dit que *Jésus-Christ, sous l'image du pain, nous donne son corps*, il a voulu dire que *sous le pain réel et ordinaire il nous donne la vertu de son corps;* que lorsqu'il a dit que *par ce moyen nous devenons Porte-Christ dans nos corps lorsque nous recevons dans notre bouche et dans notre estomac son corps et son sang*, il a voulu dire que *nous devenons porte-figure efficace du corps de Jésus-Christ, en recevant dans nos corps et dans nos estomacs la figure efficace du corps de Jésus-Christ;* que lorsqu'il a dit qu'il ne faut plus considérer les symboles *comme un pain commun et un vin commun, puisqu'ils sont le corps et le sang de Jésus-Christ*, il a voulu dire que *quoique ce soit du pain et du vin tels que ceux que nous mangeons et que nous buvons dans nos repas ordinaires, néanmoins il faut croire que dans cette action mystique le Verbe incarné y déploie sa vertu vivifiante;* que lorsqu'il a dit qu'*encore que les sens rapportent que ce n'est que du pain et du vin, la foi doit confirmer dans cette vérité*, que c'est le corps de Jésus-Christ, il a voulu dire qu'*encore que les sens rapportent que c'est du pain et du vin sans vertu spirituelle, néanmoins la foi doit confirmer dans cette vérité, qu'ils sont remplis d'une efficace spirituelle;* que lorsqu'il dit : *Gardez-vous bien d'en juger par votre goût, mais que la foi vous fasse croire avec une entière certitude que vous avez été rendus dignes de participer au corps et au sang de Jésus-Christ;* cela veut dire : *Gardez-vous bien de douter de cette vertu spirituelle, parce que votre goût ne la sent pas; mais que votre foi vous assure que vous avez été rendus participants de la vertu spirituelle, moralement communiquée au pain par le corps et le sang de Jésus-Christ.*

Que M. Claude ne dise pas que je le fais parler à ma fantaisie; on le défie de gloser plus raisonnablement ces paroles, pourvu qu'il se serve de termes simples, et non d'expressions mystérieuses, qui ne signifient rien dans son sentiment; comme quand il dit qu'il *faut considérer le pain dans cette action mystique comme le corps de Jésus-Christ;* ce qui n'est vrai ni du sentiment de l'âme, qui le doit infiniment distinguer du corps de Jésus-Christ, ni du culte extérieur, puisque les calvinistes ne veulent pas que l'on adore extérieurement l'Eucharistie. On lui prouvera ailleurs que toutes ces gloses et ces explications sont contraires à la nature et à la raison; mais il suffit ici de les rejeter toutes par cette raison générale, qui s'étend à toutes ces solutions, que ce sont des explications extraordinaires de ces termes, contraires à l'usage constant de tous les chrétiens durant plus de mille années; et qu'ainsi il est ridicule à lui de les proposer sans preuves, et sans faire voir en particulier de toutes, que S. Cyrille les a prises dans ce sens et non dans un autre.

Il n'y a qu'à appliquer la même remarque aux passages de S. Grégoire de Nysse, de S. Ambroise, de S. Gaudence, d'Optat, de S. Chrysostôme, de S. Isidore, de S. Augustin, de S. Cyrille d'Alexandrie, de Théodore, évêque d'Ancyre, d'Hésychius, de S. Eucher, de S. Césaire, de S. Grégoire, et généralement à tous ceux qu'il explique dans son livre. Car il suit toujours la même méthode, qui est de s'en démêler en les prenant en ces sens extraordinaires et inouïs, sans se mettre jamais en peine de prouver que les auteurs leur aient effectivement donné ce sens, ou n'en alléguant que des preuves si étranges, qu'on ne saurait assez s'étonner qu'un homme de sens ait osé s'en servir sérieusement. Il suffit donc pour les détruire toutes, et pour faire voir qu'elles sont déraisonnables, de faire remarquer que toutes les expressions dont il s'agit dans ces passages, ont été constamment entendues au sens de la présence réelle par toutes les sociétés chrétiennes; que c'est l'impression qu'elles ont faites dans l'esprit de tous les peuples, sans qu'il paraisse qu'elles aient jamais donné aucune autre idée; qu'ainsi en prétendant, comme il fait, que les auteurs des six premiers siècles les ont prises en d'autres sens, c'est à lui à le prouver par des démonstrations, les preuves petites et faibles n'étant pas supportables quand il s'agit de rendre probable un aussi grand paradoxe que celui-là; et par conséquent, que ne l'ayant pas fait, et n'y ayant pas même pensé, toutes ces solutions et toutes ces explications prétendues ne doivent passer que pour des discours en l'air, qui ne méritent pas seulement d'être écoutés par des personnes judicieuses.

CHAPITRE VI.

Suite de la CINQUIÈME CONSÉQUENCE, *où l'on fait voir que l'un des plus grands défauts du livre de M. Claude et l'un des principaux caractères de son génie, est de ne considérer jamais que c'est à lui à prouver ce qu'il avance.*

Il est d'autant plus nécessaire de bien faire entendre à M. Claude cette règle, qui apprend à distinguer ceux qui ont droit de supposer leur opinion pour véritable sans se mettre en peine de la prouver, de ceux qui n'ont nullement ce droit, et qui sont obligés de prouver tout ce qu'ils avancent, qu'il paraît que son naturel le porte à s'en dispenser, et à oublier continuellement dans l'état de la cause qu'il défend. Comme il est plein naturellement de confiance, il se met d'abord de plein droit en possession des choses non seulement contestées, mais dont la possession appartient aux autres selon toutes les apparences extérieures; et il fait des axiomes et des fondements de sa doctrine de ce qui avait jusque ici servi de preuves contre lui, sans se mettre en peine de changer l'impression publique qui lui est contraire. Il ne sera pas inutile d'en rapporter encore quelques exemples, afin de lui donner lieu d'éviter à l'avenir un défaut qui rebute si fort les personnages sages.

Chacun sait que la première idée des paroles des évangélistes touchant l'institution de l'Eucharistie est très-favorable aux catholiques. Aussi l'évidence en a toujours paru si grande à Luther, que, quelque passion qu'il eût de nuire au pape, et quoiqu'il sût, comme il le dit lui-même, que *le meilleur moyen de le faire, était d'attaquer la doctrine de la présence réelle,* il ne put jamais résister à la clarté de ces paroles. C'est lui-même qui a bien voulu avertir le monde de cette disposition si édifiante pour un prophète : *Je ne veux ni ne puis désavouer, dit-il, que si Carlostad, ou quelqu'autre que ce soit, m'eût pu persuader, il y a plus de cinq ans, qu'il n'y a rien dans le sacrement que le pain et le vin, je m'en serais cru extrêmement obligé. Car il est vrai que m'étant appliqué à l'examen de cette matière, avec chagrin et avec extrême contention d'esprit, j'ai fait toutes sortes d'efforts pour me délivrer de cette doctrine, sachant assez qu'il n'y avait point de meilleur moyen que celui-là pour nuire à la papauté. Mais il faut reconnaître que je suis pris : il ne me reste aucun moyen de m'en échapper. Le texte de l'Évangile est trop clair et trop évident pour être ébranlé, et il est encore bien moins capable d'être renversé par des paroles et des gloses que des têtes mal faites pourraient inventer* (1).

Zwingle même (Hosp. Hist. sacr. 2, p. 26), après avoir déjà formé son hérésie sur la raison, ne trouva pas tout d'un coup la solution de ces paroles de Jésus-Christ. Il était sacramentaire sans le savoir ; et il eut besoin d'en être instruit par la révélation que lui en fit un esprit, dont il écrit lui-même qu'*il ne sait s'il était blanc ou noir :* ce qui a merveilleusement l'air d'une révélation diabolique, quelques passages de Cicéron et de Catulle que l'on allègue pour justifier cette expression. Et certainement il faut être bien préoccupé pour ne connaître pas que ces paroles, *ceci est mon corps,* signifient bien plus naturellement que l'Eucharistie est effectivement le corps de Jésus-Christ, que non pas qu'elle n'en est que la figure. Et c'est ce que le consentement de toutes les nations qui les ont prises dans ce sens fait voir d'une manière convaincante.

Si l'on joint à cela tout ce qui est dit dans le sixième chapitre de S. Jean, de manger la chair et boire le sang de Jésus-Christ ; tout ce qu'on lit de l'Eucharistie dans le onzième chapitre aux Corinthiens, où ceux qui la reçoivent indignement sont déclarés *coupables du corps et du sang du Sauveur,* on avouera sans doute que l'extérieur et l'apparence de l'Écriture n'est nullement favorable aux calvinistes. Je ne parle pas ici du fond, parce que je n'en ai pas de besoin.

Il est donc certain que s'il faut faire des suppositions sans preuves, le droit en appartient aux catholiques, parce qu'ils ont pour eux et l'apparence extérieure, et l'impression générale. C'est à eux à dire que leur doctrine est clairement dans l'Écriture ; dans le sixième chapitre de S. Jean, dans les trois évangélistes, qui rapportent l'institution de ce mystère, dans S. Paul. Et pour les calvinistes, l'équité, la justice, le bon sens les obligent de prendre au moins d'abord un air extrêmement rabaissé sur ce point. Il faut qu'ils commencent par lever ces terribles préjugés qu'ils ont contre eux, et il faut qu'ils donnent de grands combats pour faire écouter seulement leur nouvelle explication de *figure pleine,* et de *vertu déployée :* à moins que cela ils ne sauraient éviter qu'on ne les condamne justement de témérité.

Cependant M. Claude est si éloigné de s'assujétir à ces règles de bienséance et de justice, que, comme s'il avait droit de faire passer tout ce qu'il dit pour des oracles, il suppose, comme un principe ferme et incontestable de doctrine, qu'*il n'y a rien dans l'Écriture qui favorise la transsubstantiation,* et que ce dogme est absolument destitué des témoignages des livres saints. Je dis qu'il le suppose comme un principe, parce qu'il n'en allègue jamais de preuves. C'est en cette manière qu'il en parle dans ce dénombrement des preuves contre la transsubstantiation et la présence réelle ; et l'on ne peut rien ajouter à la confiance qu'il y témoigne. *A ces deux puissances ennemies de la transsubstantiation et de la présence réelle se joint,* dit-il, (p. 79), *le silence de la première et de la plus inviolable de toutes les autorités, qui est la parole de Dieu, contenue dans l'Écriture. Car qui croira que des miracles se fassent tous les jours en tous lieux par le ministère des hommes, et par un établissement perpétuel dans l'Église chrétienne, sans que ni les évangélistes ni les apôtres aient eu charge de nous en avertir, ou sans qu'ils se soient souvenus de nous en rien laisser dans leurs écrits ? Qui croira que ces doctrines tiennent le rang que Rome leur a donné dans la religion, comme fondamentales et nécessaires au salut des hommes, sans que la révélation céleste les ait favorisées du moindre de ses rayons ? qui croira que si elles sont de Dieu, Dieu les ait laissées en proie aux contradictions de la raison et du sens, qu'il a lui-même armés contre elles, sans les munir de sa protection ? Qui croira que la sagesse divine ait voulu ravir à ses bienheureux apôtres la gloire de nous révéler ces mystères inouïs, pour la communiquer à deux moines, dans l'obscurité de ces derniers temps, dans la neuvième et dans le onzième siècle ? Dites-en ce qu'il vous plaira, je ne saurais croire que ce*

---

(1) Lutherus, epist. ad Argentinenses : Hoc diffiteri nec possum nec volo, quòd si Carlostadius, aut alius quispiam ante quinquennium mihi persuadere potuisset in Sacramento præter panem et vinum esse nihil, ille magno me beneficio sibi devinctum reddidisset. Gravibus enim curis anxius, et in hâc discutiendâ materiâ multùm desudans, omnibus nervis extensis me extricare et expedire conatus sum, cùm ipse perspiciebam, hâc re papatui inprimis me valdè incommodare posse. Verùm ego me captum video, nulla evadendi via relicta est : textus enim Evangelii nimiùm apertus est et patens, qui facilè convelli non potest, multò minus verbis aut glossis à capite vertiginoso confectis subverti.

silence ne vous donne de l'inquiétude.

Je trouve dans ce discours quantité de preuves de l'emportement de M. Claude, et beaucoup d'imprudence de s'exposer à certaines reparties, très-justes mais très-incommodes, qu'on lui peut faire, qui sont : qu'il est encore bien plus hors d'apparence que Dieu ait donné la commission de réformer l'Église, et de corriger dans sa doctrine une infinité d'erreurs dans lesquelles il aurait permis, selon les ministres mêmes, que la plupart des Pères et des saints eussent été engagés, comme sont, selon eux, l'approbation du célibat des prêtres, des vœux monastiques, de l'invocation des saints, du culte des reliques, à un moine apostat et déréglé comme Luther, à des gens perdus de débauches, comme Zwingle, Bèze, et un très-grand nombre des principaux auteurs de cette réforme, qui, selon tous les canons de l'Église, devaient être dégradés et mis en pénitence pour toute leur vie, bien loin de se mêler de réformer la religion. Certainement il n'y eut jamais de gens qui eussent moins l'air de réformateurs et de prophètes.

J'y trouve une très-fausse rhétorique et des amplifications très-importunes, mais je ne trouve aucune preuve de ce silence touchant la présence réelle, quoique cette prétention soit contre le préjugé universel, qui n'est pas certainement assez détruit par l'autorité de M. Claude.

Il fait mine ensuite de vouloir montrer plus en détail ce silence, en marquant les occasions où Jésus-Christ aurait dû parler de la présence réelle, et où il prétend qu'il n'en parle point. Pour le sixième chapitre de S. Jean, il n'a pas jugé que cela valût la peine de dire seulement qu'il n'y était pas parlé de l'Eucharistie, et que tous les Pères qui l'ont pris en ce sens l'ont mal entendu. Une petite supposition le délivre de tout cela ; et encore c'est une supposition qu'il ne daigne pas exprimer : il nous la laisse à sous-entendre. Il vient donc aux paroles de l'institution, et il s'en démêle d'un air qui mérite bien qu'on le considère.

La première occasion, dit-il (p. 80), *de parler de la transsubstantiation est l'histoire de l'institution du S.-Sacrement. Car s'il faut croire les merveilles dont on nous parle, ne dérivent-elles pas de cette première source ? Et comment ne s'y en ferait-il aucune mention ? Cependant il est vrai qu'il ne s'y en fait point. Lisez et relisez les trois évangélistes, vous n'y trouverez ni le changement de substance du pain et du vin, ni la substance de leurs accidents sans sujet, ni la position du corps de Jésus-Christ en plusieurs lieux, ni son existence en la manière d'un esprit, ni rien de ce qu'on nous ordonne de croire. Cela est étonnant.*

Il me semble que j'entends un homme qui, pour prouver qu'il n'est point parlé de la Trinité dans ce passage de S. Jean (5, v. 7), où il est dit que *trois rendent témoignage dans le ciel, le Père, le Verbe et le S.-Esprit*, et que *ces trois ne font qu'un*, raisonnerait de cette sorte : Il est clair qu'il n'est point parlé de la Trinité dans ce passage, parce qu'il n'y est pas dit que le Père communique au Fils sa nature, sans lui communiquer sa relation de paternité ; et que le Fils étant réellement un avec la nature du Père, ne laisse pas d'être réellement distingué de la paternité, quoique cette paternité soit aussi la même chose que la nature. Mais comme l'on répondrait à ce raisonneur impertinent que S. Jean, en marquant la distinction des personnes et leur unité, comprend toutes ces merveilles sans les particulariser ; et que c'est à lui à prouver que S. Jean n'a pas marqué cette distinction et cette unité, on répond aussi à M. Claude que Jésus-Christ a renfermé toutes ces merveilles dans ces paroles : *Ceci est mon corps, ceci est mon sang*, qui se trouvent dans les trois évangélistes ; que tous les chrétiens du monde les y voient, à l'exception des sacramentaires ; que c'est à lui à prouver qu'elles n'y sont pas ; et qu'il n'a pas droit de le supposer sans preuves.

Il en fait de même sur ce qu'on lit dans S. Paul touchant l'Eucharistie. C'est encore un principe constant pour lui qu'il n'y a rien dans le onzième chapitre de la première aux Corinthiens qui s'entende de la transsubstantiation ; et il en parle toujours avec la même hauteur et la même confiance, sans se croire jamais obligé d'apporter aucune preuve de ce qu'il avance.

Il faut avouer que ce procédé est étrangement déraisonnable ; et ce qui le doit rendre plus odieux est qu'il est fondé sur le plus ridicule de tous les principes, qui est que l'autorité de M. Claude est plus considérable que le consentement général de tous les chrétiens du monde. Car quand on propose ainsi sans preuves des opinions contraires au préjugé qui se tire du consentement universel de tous les autres chrétiens dans un certain sens, on laisse subsister ce préjugé dans toute sa force, puisqu'on ne le combat point, et on y oppose seulement l'autorité de celui qui parle : de sorte qu'il se trouve dans le fond que toute cette éloquente déclamation sur le silence de l'Écriture touchant la transsubstantiation se réduit à ce plaisant raisonnement, en suppléant ce que M. Claude supprime : Tous les chrétiens du monde sont persuadés que la transsubstantiation est contenue dans les paroles des évangélistes et de S. Paul : moi Claude je déclare qu'elle n'y est point du tout contenue, et je le confirme par toute mon autorité ; donc on doit croire que tout le reste du monde se trompe et que j'ai raison. Voilà le vrai sens de toutes ces déclamations sans preuves. C'est à M. Claude à juger maintenant si ses arguments sont recevables, et s'il peut justement prétendre que nous ayons tort de nous en moquer.

Il est donc clair que ce droit de supposition que se donne M. Claude est injuste et ridicule tout ensemble, mais il est vrai d'autre part qu'il a de merveilleuses commodités, car on fait tout ce que l'on veut en supposant ainsi tout ce qu'il nous plaît. Il n'y a point d'embarras dont on ne se démêle sans peine par ce moyen ; et quelque grandes que soient les difficultés , trois ou quatre petites suppositions sans preuves en viennent à bout.

On avait, par exemple, comparé les difficultés de la Trinité avec celles de la transsubstantiation, et l'on en avait conclu que comme les difficultés de la Trinité ne nous devaient pas empêcher de croire ce mystère, parce qu'il était accompagné de très-grandes preuves, de même, nonobstant les difficultés de la transsubstantiation, on ne devait pas laisser de la croire, supposé qu'elle fût appuyée sur des preuves plus fortes que toutes ces difficultés. Cette proposition était sans doute fort raisonnable, tant parce que les catholiques ont droit de supposer leurs opinions que parce que l'on n'en tirait dans ce lieu qu'une conclusion conditionnelle, et que cette conséquence se réduisait à ce point, qu'il fallait croire la transsubstantiation nonobstant les difficultés, supposé qu'elle eût des preuves suffisantes. Ainsi la conclusion dépendait toujours de l'examen de ces preuves; et il n'y a point de calviniste tant soit peu raisonnable qui ne dût demeurer d'accord tout d'un coup d'une proposition si équitable. Mais si l'on eût avoué tout cela de bonne foi, il y aurait eu bien des lieux communs et bien de pompeuses périodes qui n'auraient pas trouvé leur place, et l'on n'aurait point eu sujet de parler des ténèbres de Dieu et des ténèbres des hommes, *ni de ce trop grand éclat de la lumière et de la majesté des mystères qui engloutit la pensée, et en éblouissant la raison la contraint d'adorer ce qu'elle ne peut comprendre;* et de quantité d'autres choses qui ont beaucoup de son et peu de sens. Or il en fallait parler, cela était essentiel, non à la réponse, car elle n'y sert du tout de rien, mais à la réputation de l'auteur. Il a donc fallu entreprendre de réfuter ce discours, qu'*il faut croire la transsubstantiation nonobstant les difficultés, pourvu qu'elle soit appuyée sur de bonnes preuves, en la même manière que l'on croit la Trinité nonobstant les difficultés qui semblent combattre ce mystère;* et l'on en est venu à bout par quelques suppositions sur lesquelles on a fondé une déclamation de dix-huit pages.

Premièrement, M. Claude suppose contre les sociniens que la Trinité a de grandes preuves, dont il allègue quelques-unes : ce qui serait très-raisonnable dans la bouche d'un catholique, parce qu'il accompagne ces preuves de l'intelligence publique de toute l'Église et de toute la tradition; mais ces mêmes preuves sont infiniment affaiblies dans la bouche d'un calviniste, sans autorité, sans possession, et qui renonce à la tradition et à l'autorité de l'Église.

Après avoir rapporté quelques preuves sur la Trinité, il supprime toutes les raisons des sociniens, tous les passages qu'ils allèguent au contraire; et par le moyen de cette double suppression il conclut sans peine que ces preuves sont convaincantes et démonstratives.

Il facilite encore cette conclusion par une autre supposition, qui est que tout ce que l'on trouve dans la raison sur le sujet de la Trinité est qu'elle n'enseigne pas ce mystère, en supprimant ainsi cette foule infinie de difficultés que la raison fournit contre cet article à ceux qui prennent cette dangereuse voie de juger des mystères de la foi.

Ainsi, par le moyen de ces trois petites suppositions, exprimées ou sous-entendues, 1° que les passages qu'il propose sur la Trinité sont sans repartie; 2° que les sociniens n'en objectent point de contraires; 3° que la raison demeure neutre, se contentant de n'enseigner pas la Trinité, et *approuvant, au contraire, certaines vérités qui ont une liaison nécessaire avec celle-là*, il détruit les sociniens sans ressource, mais d'une manière plus capable de les faire rire que de les convertir. Et pour en faire de même des catholiques, il emploie le même moyen de ses suppositions non prouvées par lequel il ne manque jamais de faire tout ce qu'il veut.

A l'égard de la transsubstantiation, dit-il (p. 65), *et de la présence réelle, il en est bien autrement, car quand elles se présentent à nous sous le titre de mystères difficiles, si nous consultons l'Écriture sainte, nous ne les y trouvons enseignées ni en termes exprès ni par une conséquence légitime, mais au contraire l'Écriture dit beaucoup de choses qui les détruisent. Si nous consultons les plus sacrés articles de la religion, nous ne voyons pas qu'ils aient aucune liaison ni aucune consanguinité, s'il m'est permis de parler ainsi, avec elles; il y en a même quelques-uns qui se déclarent contre elles ouvertement comme contre des doctrines étrangères et supposées. Si nous consultons la raison, de quelque côté que nous la prenions, il n'est pas possible de l'adoucir en leur faveur. Si nous nous tournons du côté des sens, ils déposent si fortement et si unanimement contre elles qu'il n'y a rien de plus précis.*

Après ces différences si bien marquées, et appuyées sur l'autorité de M. Claude, il ne conclut pas moins décisivement qu'il a raison que si ces discours pleins d'une témérité prodigieuse étaient une écriture canonique. *Voilà déjà*, dit-il, *quatre différences essentielles pour ne confondre pas la transsubstantiation et la présence réelle avec les mystères difficiles du christianisme.*

Tout le reste du chapitre continue de ce même air, et son éloquence le guinde si haut qu'il est toujours infiniment au-dessus de la raison.

Il entreprend dans la page 66 de marquer les causes de la difficulté des mystères, pour conclure que ce n'est aucune des causes ordinaires qui rend la transsubstantiation difficile à croire. Or il n'y a personne à qui la seule proposition *des causes de la difficulté des mystères*, ne fasse d'abord venir en l'esprit les deux raisons ordinaires qui les rendent difficiles : l'une, qu'il y a certains passages de l'Écriture qui y paraissent contraires, comme, par exemple, celui-ci : *Mon Père est plus grand que moi*, paraît contraire à l'égalité du Père et du Fils : l'autre, que notre raison y trouve des contradictions apparentes, *comme de dire que la même nature individuelle est en trois personnes distinctes, n'étant point réellement distinguée* de ces personnes. Que M. Claude demande à qui que ce soit quelles sont les causes de la difficulté des mystères, je le puis assurer qu'il n'en trouvera point qui lui réponde autrement. Cependant, en faisant le dénombrement des causes, il ne lui a pas plu de parler de celles qui sont les seules qui viennent dans l'esprit, et il n'y parle que de celles qui n'y viennent point. *Les difficultés de nos mystères consistent*, dit-il (p. 66), *ou en ce que les choses spirituelles se trouvent cachées sous le voile des choses sensibles, comme sont les types et les sacrements, et les expressions empruntées des choses temporelles ; ou en ce que les doctrines célestes nous sont quelquefois exprimées en des termes obscurs, dont l'intelligence dépend de l'étude et de la méditation ; ou en ce que la gloire des œuvres divines est couverte des infirmités et des bassesses de la nature ; ou en ce que le silence de Dieu nous ôte en partie la connaissance de ses vérités ; ou enfin ces difficultés viennent d'un trop grand éclat de lumière, qui, se découvrant dans les mystères à mesure qu'on les médite, engloutit la pensée, et en éblouissant la raison la contraint d'adorer ce qu'elle ne peut bien comprendre.*

Voilà, dit-il, *ce me semble, de quelles manières nos mystères sont difficiles*. Après ce dénombrement chimérique il ne manque pas de trouver qu'il y a grande différence entre la transsubstantiation et la Trinité, *parce*, dit-il, *que les difficultés de la transsubstantiation et de la présence réelle ne consistent en rien de tout cela. Ce qui nous en éloigne, c'est qu'elles sont enveloppées d'impossibilités et de contradictions* ; comme si l'esprit humain n'en trouvait pas de même dans la Trinité, dans l'incarnation et dans le péché originel, en s'abandonnant à ses vains raisonnements. L'on n'a qu'à parcourir tout le reste du chapitre pour reconnaître qu'il est tout fondé sur ces suppositions fantastiques sans preuves, et dont la plupart sont contraires au sens commun. C'est-là la principale adresse de M. Claude. Il est vrai que cette adresse n'est pas difficile, ni de grand usage : car quand il plaira à un socinien, il fera un chapitre tout aussi éblouissant que celui de M. Claude, en étalant toutes les difficultés de la Trinité, en rapportant tous les passages dont ils se servent pour la combattre, et supprimant toutes les réponses que l'on fait à leurs arguments, et toutes les preuves que l'on allègue contre eux : et si l'on s'en plaint, il se servira de l'exemple du procédé de M. Claude pour autoriser le sien ; et tout ce que pourrait dire une personne équitable que l'on aurait prise pour juge de cette contestation entre M. Claude et ce socinien, est que le procédé de l'un et de l'autre est également déraisonnable.

Ainsi, pour retrancher ces vains amusements et cette licence effrénée de suppositions par lesquelles il est aisé à chacun de rendre sa cause victorieuse, il faut par nécessité en revenir aux règles de la raison et du bon sens, qui nous apprennent l'usage légitime des suppositions.

C'est par ces règles qu'il est permis aux catholiques de supposer leur opinion pour véritable, parce qu'ils ont pour eux le consentement général de l'Église, et même de toutes les sociétés qui en sont séparées, à prendre l'Écriture dans le sens qu'ils lui donnent : mais les calvinistes n'ont nullement ce droit ; au contraire on a droit de les condamner d'abord en tout ce qu'ils allèguent sans preuves.

Non-seulement ils ne l'ont pas à l'égard des catholiques, mais ils ne l'ont pas même à l'égard des sociniens, parce qu'ils renoncent à la tradition et à l'autorité de l'Église, et qu'ils se réduisent à la seule Écriture expliquée par leur raisonnement ou par leur esprit particulier. Des gens qui se réduisent à ces termes n'ont pas droit de dire la moindre chose contestée sans en alléguer des preuves, parce qu'ils ne peuvent légitimement préférer leur autorité à celle de personne.

C'est ce qui fait voir qu'encore que la Trinité et tous nos autres mystères aient une infinité de preuves très-claires et très-convaincantes, et dans l'Écriture et dans la tradition, néanmoins ces preuves sont fort mal dans la bouche des calvinistes, qui les affaiblissent tellement par leurs faux principes qu'ils les rendent incapables de persuader les sociniens et tous les autres qui sont dans l'erreur. Aussi voit-on que ces détestables hérétiques n'ont fait que pousser plus avant les principes que les calvinistes leur ont fournis, en ne souffrant pas qu'on les retînt dans ces bornes arbitraires et fantastiques dans lesquelles il avait plu aux premiers réformateurs de se renfermer : de sorte qu'on peut appeler avec raison cette hérésie une extension du calvinisme.

CHAPITRE VII.

SIXIÈME CONSÉQUENCE : *Que ce consentement de toutes les sociétés chrétiennes dans la doctrine de la présence réelle et de la transsubstantiation apprend à distinguer les suites nécessaires de ces dogmes de celles qui ne le sont pas ; et fait voir ainsi la fausseté de plusieurs raisonnements des ministres.*

C'est avec grande raison que M. Claude dit en un endroit (p. 58) *que les moyens généraux, comme les divisions, les méthodes, les abrégés, les sources de raisonnement, sont communs aux deux partis, sans que l'abus en doive faire condamner l'usage.* Et en effet la plupart des faux raisonnements sont tirés des mêmes lieux d'où l'on tire les preuves les plus concluantes : mais l'on peut dire néanmoins qu'il n'y a point de sources de raisons générales qui fournissent plus de bonnes et de mauvaises raisons que celle qui consiste dans la considération des suites.

On établit les choses par leurs suites nécessaires, qui nous sont d'ordinaire plus connues que les choses mêmes ; et on les détruit par le défaut de ces suites nécessaires. Mais on abuse de cette manière de raisonner ou en ne voulant pas reconnaître pour suite nécessaire ce qui l'est effectivement, ou en prenant pour suite nécessaire ce qui ne l'est pas.

Cette illusion a particulièrement lieu dans ce qui dépend de la volonté et de l'esprit des hommes. Et la raison en est que ces deux puissances sont des causes d'une nature toute particulière, et qui ont en même temps des effets très-certains et très-réglés, et des effets très-incertains et très-déréglés.

La plus grande certitude que l'on puisse avoir parmi les hommes, et à laquelle même Dieu a voulu attacher les preuves humaines de sa religion, est fondée sur les effets réglés et certains de la volonté des hommes. Il n'y a rien, par exemple, de plus certain que cela, qu'il y a une ville de Constantinople ; et ceux mêmes qui ne l'ont pas vue n'en peuvent douter : cependant cette certitude dépend de ce que nous savons qu'il est impossible qu'autant d'hommes conspirent volontairement à soutenir et à cacher un mensonge, qu'il en faudrait pour faire que ce fait pût être faux. Nous savons donc certainement que les hommes n'agissent pas de la sorte.

Mais comme il y a des effets et des suites certaines, il y en a aussi une infinité qui ne le sont pas ; car l'esprit humain est une étrange machine. Il est difficile d'en comprendre tous les ressorts, et de prévoir tous les effets qui en naissent. Et ainsi l'on se trompe souvent en le voulant faire agir à sa fantaisie, et en concluant témérairement qu'on n'a point eu une opinion en un certain temps, parce qu'elle n'y a point produit le même effet qu'elle a produit en un autre.

Ce qui nous trompe en cela est que nous confondons les suites de nécessité avec les suites de convenance : et cependant ce sont deux choses fort différentes. Car les suites de nécessité sont invariables, et les suites qui ne sont que de convenance sont souvent telles que le contraire peut sembler n'avoir pas moins de convenance par une autre réflexion de l'esprit. C'est, par exemple, une chose fort convenable à ce que nous croyons de l'Eucharistie de ne la renfermer que dans des vases d'or et d'argent, mais S. Exupère jugeait aussi avec raison que c'était une chose fort convenable de renfermer l'Eucharistie dans un panier d'osier, pour distribuer aux pauvres l'or et l'argent des vases sacrés ; sachant bien que dans le fond toute matière est également indigne de Dieu, et que le choix de l'une plutôt que de l'autre se fait plutôt par rapport aux impressions que les hommes en ont que non pas au jugement de Dieu : et qu'ainsi ces raisons peuvent céder à la nécessité des membres de Jésus-Christ.

C'est une chose fort convenable que d'exposer quelquefois le corps de Jésus-Christ, afin que les chrétiens soient excités à lui venir rendre leurs hommages ; et c'est une chose fort convenable aussi de ne l'exposer point, afin d'entretenir les hommes dans un plus grand respect envers les mystères, et pour leur apprendre que la principale fin de ce sacrement est de nourrir spirituellement les âmes de ceux qui le reçoivent dignement. C'est une chose fort convenable que de ne permettre pas aux laïques de toucher le corps de Jésus-Christ, pour leur en donner plus de respect : c'était aussi une chose fort convenable autrefois que de leur permettre de le toucher et de l'emporter, puisque c'est un présent que Dieu leur a fait, et que la main d'un homme qui est l'image de Dieu est infiniment plus noble que les vases les plus précieux, comme le dit un concile : aussi cette coutume se pratique-t-elle encore en quelques-unes des sociétés d'Orient. C'est une chose fort convenable que de communier à genoux, pour témoigner l'état d'abaissement où l'on doit être devant la majesté de Jésus-Christ : et c'est une chose fort convenable de communier debout, pour représenter par cette posture du corps la résurrection de Jésus-Christ, qui ne veut donner son corps ressuscité qu'à des âmes ressuscitées. C'est une chose fort convenable de communier sous une espèce, pour éviter les inconvénients qui arrivent de l'usage du calice ; et c'était aussi une chose fort convenable de communier sous les deux espèces lorsque l'Église était dans cette pratique, pour imprimer plus fortement la mort de Jésus-Christ dans l'esprit de ceux qui communient par l'image de la séparation du corps et du sang. On peut exclure les pénitents de la vue des mystères, pour les faire entrer plus vivement dans le sentiment de leur indignité ; et on les y peut admettre afin de les exciter davantage à l'amour de ce Seigneur qui les traite avec tant d'indulgence et tant de bonté. Il est naturel qu'on se soulève contre la doctrine de la transsubstantiation, quand on se laisse emporter aux difficultés que la raison humaine y fait trouver : il est assez naturel aussi qu'on ne se soulève pas contre cette doctrine, lorsque l'accoutumance de la foi a plié les esprits à la docilité envers ce mystère. Il est naturel qu'elle soit définie par les conciles quand on l'attaque ; et il est naturel aussi qu'on ne la définisse pas quand on ne l'attaque point. On en peut exiger la confession en un certain temps dans les professions de foi ; et on peut ne l'exiger pas en un autre, parce qu'on peut supposer qu'on n'en doute pas.

Toutes ces sortes de convenances ne sont donc point si fixes ni si arrêtées qu'en les regardant par une autre face on ne puisse trouver de la convenance à pratiquer le contraire : et c'est pourquoi elles sont par leur nature même sujettes aux changements qui peuvent naître de ces différentes vues.

Ainsi toute la justesse de l'esprit dans les preuves que l'on tire de ces suites est de bien distinguer celles qui sont certaines, uniformes et constantes, de celles qui ne le sont pas. Et le défaut de justesse consiste, au contraire, à les confondre ou en désavouant les effets les plus certains, parce qu'il y en a qui ne le sont pas, ou en voulant faire passer pour des effets et des suites nécessaires ce qui n'est qu'une suite de convenance, et qui est sujet par conséquent aux différentes vues des esprits et aux différentes utilités qui naissent de diverses circonstances.

Le principal but de ce traité est de convaincre M. Claude du premier de ces défauts de justesse, en lui faisant voir l'impossibilité de ce changement prétendu sur lequel le calvinisme est établi, par les suites certaines et indubitables que ce changement devait avoir et qu'il n'a point eues en effet, et je pense m'en être assez exactement acquitté. Je suis maintenant obligé de le convaincre de l'autre, en réfutant quantité de mauvais raisonnements qu'il fonde sur ces suites de simple convenance qu'il veut faire passer pour des suites nécessaires et invariables.

Ce défaut ne lui est pas moins ordinaire que l'autre; et quoiqu'il paraisse contraire, il vient néanmoins de la même source, qui est une activité d'imagination qui n'est pas réglée par un jugement aussi exact qu'il serait à désirer. Car cette activité fait qu'il se présente à son esprit plusieurs images, et qu'ainsi il ne manque jamais de raisons et de lieux communs pour et contre sur quelque matière que ce soit : et ce défaut d'exactitude fait qu'il ne remarque pas les différences réelles de ces images, et que c'est sa volonté et son intérêt plutôt que sa raison qui les emploie.

S'il est question de faire voir la possibilité de ce prétendu changement, son imagination lui fournit incontinent des exemples d'autres changements très-différents en soi, mais semblables dans le nom; des déclamations en l'air contre les preuves, des raisonnements, des lieux communs sur les événements imprévus et dont les causes nous sont cachées. *Est-il facile*, dit-il (p. 224), *d'éclaircir comment se forment les orages et les tempêtes dans un air parfaitement tranquille? Comment d'un tas de matières mortes et inanimées s'engendrent des créatures vivantes? Comment on passe de la santé à la maladie, et de la maladie à la mort? Comment se forment les séditions et les tumultes dans un état qui auparavant était en paix? Comment se changent les coutumes publiques, les langues, les arts, les sciences et les disciplines mêmes?* La conclusion qu'il prétend tirer de là est qu'il est possible que tous les chrétiens aient changé insensiblement de créance au dixième siècle; et cette conclusion est fondée sur ces principes ridicules, mais populaires. Il y a quelque chose d'incertain ; donc tout est incertain : il y a des choses inconnues; donc tout est inconnu : il y a des événements certains dont on ne connaît pas les causes; donc je dois reconnaître comme possibles toutes sortes d'événements. Mais quand son intérêt est changé, et qu'il a besoin de faire croire qu'il est impossible qu'il soit arrivé quelque changement dans la discipline sans que la foi ait été changée, toutes sortes de raisons lui deviennent bonnes, toute suite lui paraît nécessaire, et tout changement de pratique emporte, selon lui, un changement de créance ; et il ne débite pas avec moins d'assurance ces conséquences frivoles que les principes les plus clairs et les plus indubitables.

Supposé, dit-il, (p. 485) *que toute l'Église ancienne eût cru ce que l'Église romaine croit aujourd'hui, ce serait la chose du monde la plus étrange que cette créance n'eût point produit les mêmes effets qu'elle a produits depuis Paschase et depuis Lanfranc. Dès que Paschase l'eut produite, tous les grands hommes de son siècle la combattirent* (on a vu la fausseté de ces deux faits, et que Paschase ait inventé cette doctrine, et que Paschase ait été combattu); *Bérenger en fit de même dans le onzième, et depuis elle n'a jamais été en repos, quelques puissances qui l'aient soutenue. Ne serait-ce pas un miracle qu'elle eût été paisible durant un si long temps où il y a eu des hérésies presque sur tous les articles de notre Symbole?*

Cette raison lui paraît si solide qu'il la répète souvent ; et il la met à son ordinaire en exclamation pour la faire au moins valoir par le ton de voix dont on la prononcera. *Quelle apparence*, dit-il (p. 488), *que durant huit cents ans personne ne se soit soulevé contre une créance qui est combattue par toutes les lumières de la nature et de la grâce ; qui n'a rien qui la protège que l'autorité de Rome, qui ne s'était pas encore déclarée en sa faveur.*

Les miracles de l'Eucharistie, dont on rapporte un plus grand nombre depuis le neuvième siècle, lui fournissent le sujet d'une exclamation de même nature. *Ces prétendus miracles*, dit-il, (p. 491), *sont une marque sensible de l'innovation de Paschase. Car si la transsubstantiation et la présence réelle eussent été la foi perpétuelle de l'Église, produisant en tout temps leur effet naturel qui est de soulever contre elles l'esprit humain à cause de leurs difficultés, pourquoi ne commencerions-nous à voir des miracles de cette nature que dans le neuvième siècle ?*

Les moindres changements de pratique lui donnent lieu de tirer de semblables conclusions. *Il est certain*, dit-il p. 50, (car il ne doute jamais de rien), *que la communion sous une espèce est évidemment un fruit et une suite assez nécessaire de la transsubstantiation. Car il a fallu en venir là pour éviter les inconvénients où le sang propre et adorable de Jésus-Christ se trouve exposé si on donne le calice au peuple. Ce qui est une marque que ces inconvénients n'avaient point de lieu dans l'ancienne Église, puisqu'ils ne produisaient pas le même effet qu'ils ont produit depuis : de sorte que le changement de pratique témoigne le changement de créance dans le fond même.*

C'est sur des raisonnements de cette sorte qu'il se fonde particulièrement, pour soutenir que les Grecs sont *fort conformes à la créance des calvinistes, et qu'ils n'enseignent point la transsubstantiation comme l'Église romaine. Quelle plus grande marque voulez-vous*, dit-il, *de la différence qui est entre ces deux Églises que celle-là ? En l'une vous voyez la transsubstantiation définie par les conciles, enseignée par les catéchismes, portée par des professions publiques : en l'autre vous n'y voyez rien de pareil.*

Ce raisonnement est très-faux dans le fait à l'égard de l'église grecque, puisque nous avons montré que la transsubstantiation y a été définie par des conciles; qu'elle est contenue expressément dans la profession de foi que l'on faisait signer aux Sarrasins, et dans divers autres actes signés et approuvés par les Grecs, et dans tous les livres ecclésiastiques qui leur tiennent lieu de catéchisme ; comme l'Horologe, le Synodique. Mais s'il était bon, M. Claude le pourrait appliquer aux autres communions, où l'on ne voit point de conciles qui aient défini la transsubstantiation, et qui ne la comprennent pas ordinairement dans leur profession de foi. Il le pourrait même appliquer à l'ancienne

Église jusqu'au temps de Bérenger. Enfin, c'est par ces différences de pratique que M. Claude prétend montrer que l'on n'adore point l'Eucharistie dans l'église grecque, et que l'on n'y croit point la présence réelle ni la transsubstantiation.

Cela paraîtra, dit-il (p. 697), *si vous voulez, plus évidemment si nous rappelons ici toutes les preuves que nous avons produites ci-dessus pour faire voir que les Grecs n'adorent point le sacrement de cette adoration souveraine que l'Église romaine lui rend; n'étant pas possible qu'ils soient persuadés que cette même substance qu'ils voient et qu'ils reçoivent est le corps propre de leur Sauveur, et qu'il n'y en a point d'autre; et qu'en même temps ils ne lui rendent pas l'hommage que toutes les créatures lui doivent. Or il est certain qu'ils n'ont parmi eux aucuns de ces usages que l'Église romaine pratique pour témoigner ce culte qui n'est dû qu'à Dieu. Ils reçoivent le sacrement tout debout, ils ne se prosternent point devant lui quand ils le portent aux malades, ils ne l'exposent point publiquement ni dans leurs joies ni dans leurs afflictions, ils ne lui ont point dédié de fêtes particulières, ils ne le portent point pompeusement en procession, ils n'ont point dressé d'office exprès pour célébrer ses louanges : en un mot ils ne font rien de ce que Rome fait en signe de son adoration.*

Cela paraît si clair à M. Claude, qu'appliquant ce raisonnement à l'ancienne Église, il témoigne de l'indignation de ce qu'on n'en est pas persuadé tout d'un coup : « *Dubitatur etiam placita nec subitò probas?* » *Mais pourquoi,* dit-il, *faut-il contester sur une chose plus claire que le soleil? Si l'ancienne Église eût adoré l'Eucharistie comme son Dieu, n'eût-elle pas fait, au moins à peu près, les mêmes choses que l'Église latine a faites depuis l'établissement de la transsubstantiation et de la présence réelle, et qu'elle fait encore pour témoigner ce souverain hommage qu'on lui rend?*

Il est bon en passant de remarquer ce que c'est qu'une chose plus claire que le soleil, selon M. Claude. Que si l'on voulait prendre la peine de recueillir de son livre les exemples qu'il nous y donne des choses claires, obscures, concevables, inconcevables, certaines, incertaines, ce ne serait pas une chose peu divertissante, et peut-être persuaderait-elle le monde qu'il n'y a guère eu d'écrivain qui ait jamais pris les choses plus à contre-sens que lui.

Mais pour réduire en peu de paroles ce qui est contenu dans toutes ces exclamations et dans ces figures si bien poussées, le voici en abrégé : c'est que M. Claude prétend que le soulèvement des peuples contre la transsubstantiation, les miracles de l'Eucharistie, la communion sous une espèce, les conciles et les professions de foi qui contiennent la transsubstantiation, la réception de l'Eucharistie à genoux, la fête du S.-Sacrement, la procession du S. Sacrement, l'exposition dans le temps de joie ou de tristesse, sont des suites inséparables et nécessaires de la doctrine de la présence réelle et de la transsubstantiation. Et il conclut de là que ces suites **ne se** trouvant pas dans l'ancienne Église, c'est une preuve plus claire que le soleil que l'on n'y a cru ni l'un ni l'autre de ces dogmes.

On lui répond que toutes ces suites ne sont que d'une simple convenance très-capable de variété, et sujette aux vicissitudes des choses humaines; et que bien loin de s'étonner qu'il soit arrivé quelque changement dans ces sortes de choses, il serait au contraire contre nature qu'il n'y en fût point arrivé, n'y ayant rien de moins naturel et de moins proportionné à l'esprit humain qu'une telle uniformité; puisque les circonstances changeant obligent de diversifier les pratiques extérieures.

Toute la question se réduit donc à savoir si ces suites dont M. Claude fait le dénombrement sont effectivement inséparables de la transsubstantiation et de la présence réelle. Si la supposition était vraie, l'argument de M. Claude serait concluant; mais s'il n'y a nulle liaison nécessaire entre cette doctrine et ces suites, comme nous venons de le prouver par avance, cette créance peut fort bien subsister sans aucune de ces pratiques ni de ces suites. Et tous ces raisonnements que M. Claude étale si pompeusement doivent passer pour vains, inutiles, faux. C'est ce dernier point que j'ai dessein de lui prouver : et parce que les personnes préoccupées ne se rendent pas d'ordinaire aux simples raisonnements, je me servirai de preuves plus sensibles, pour lui faire voir qu'il prend pour des suites inséparables de la doctrine de la transsubstantiation des choses qui ne le sont nullement; et c'est ce que le consentement des sociétés orientales dans la foi de la présence réelle me donne moyen de faire d'une manière sans repartie.

On peut donc dire à M. Claude que c'est en vain qu'il se débat et qu'il s'échauffe si fort sur ces suites de la transsubstantiation. Les raisons sont inutiles dans les choses que l'on peut faire voir en quelque sorte par les sens, et nous le pouvons en cette rencontre. M. Claude prétend que toutes ces suites sont inséparables de la transsubstantiation; il ne faut donc que lui faire voir cette doctrine actuellement séparée de toutes ces suites, pour lui montrer qu'il s'abuse.

Une seule église nous suffirait pour cela : que sera-ce donc si nous lui en produisons plusieurs, et si nous lui montrons la doctrine de la présence réelle établie dans plus de la moitié des chrétiens sans aucune de ces suites? Or c'est ce qui non seulement est facile, mais c'est ce qui est déjà fait, puisque l'on a prouvé d'une part que toutes ces églises croient la présence réelle, et qu'il accorde de l'autre que l'on n'y observe pas ces cérémonies et ces pratiques, et que l'on n'y voit point toutes ces autres suites dont il fait le dénombrement comme en étant inséparables. On communie dans toutes ces églises sous les deux espèces. La fête du S.-Sacrement, l'exposition, la procession, ne sont établies dans aucune. Leur profession de foi ordinaire ne la contient pas : elle n'y aurait peut-être jamais été définie par aucun concile si l'apostasie de Cyrille Lucar n'en eût donné l'occasion ; et cependant on y croit la présence réelle et la transsubstantiation aussi universellement et aussi fermement que dans la communion du pape, et l'on y déteste comme hérétiques ceux qui ne la croient pas, comme parmi les catholiques romains.

Il est vrai que M. Claude avance dans cette comparaison qu'il fait des pratiques de l'Église romaine avec celles de l'église grecque ou de l'Église des huit premiers siècles plusieurs faits faux, comme de dire que les Grecs n'adorent point l'Eucharistie en se mettant à genoux, que l'on ne se prosterne point en terre quand on la porte aux malades, ce que nous ferons voir être faux en parlant de l'adoration, au moins à l'égard de plusieurs d'entre les sociétés d'Orient. Mais quand on n'y pratiquerait aucune de ces cérémonies extérieures, la foi de la présence réelle n'y serait pas moins établie. Et en effet il est remarqué des Maronites qu'ils ne se mettent jamais à genoux dans l'église, et qu'ils s'y tiennent toujours appuyés ou courbés sur un bâton fait en forme de potence, sans qu'ils en soient pour cela moins catholiques.

On a remarqué même (Hornbec., Sum. cont. p. 934) que les Grecs de Pologne, s'étant réunis avec l'Église romaine, exceptèrent formellement toutes les cérémonies que l'on pratique à l'égard du S. Sacrement, sans qu'ils aient donné pour cela le moindre soupçon de n'être pas catholiques sur ce point.

Une surprise si visible et découverte par une expérience si claire devrait rendre M. Claude plus retenu à l'avenir dans ses conjectures, et moins emporté dans ses figures et ses exclamations. Il est bon d'argumenter par les suites, mais il faut que ce soit des suites nécessaires et inséparables, et non pas des suites si certainement séparables qu'il ne faut qu'ouvrir les yeux pour les voir séparées dans une grande partie de la terre. Il faut distinguer les occasions où les conjectures peuvent avoir lieu de celles où les choses se doivent décider par l'évidence ; et l'on doit sentir qu'il est ridicule de faire mille efforts pour prouver qu'une doctrine doit nécessairement avoir certains effets et certaines suites, lorsqu'on nous montre sensiblement cette doctrine sans ces effets et ces suites dans la moitié des chrétiens et dans tous les siècles de l'Église.

Je puis dire néanmoins pour excuser M. Claude que cette manière de mal raisonner par de fausses suites ne lui est nullement particulière, et qu'il semble qu'elle ait quelque rapport avec l'esprit des nouveaux ministres ; car jamais gens ne la pratiquèrent tant. Celui qui l'a portée à un plus haut point est M. Daillé, dont les livres sont presque tous fondés sur ces sortes de sophismes ; et par conséquent il est facile de les renverser par cette distinction des suites nécessaires et non nécessaires des dogmes dont il s'agit.

Mais pour me renfermer maintenant dans la seule matière de l'Eucharistie, il est clair que ce consentement de tous les Orientaux dans la doctrine de la présence réelle et de la transsubstantiation, qui subsiste sans ces pratiques et sans ces suites, fait voir qu'elles ne sont point nécessaires, qu'elles ne naissent point précisément de cette doctrine en soi, mais des circonstances et des différentes vues qu'on peut avoir sur un même mystère. Et par conséquent comme ces circonstances et ces vues peuvent changer, il n'y a nul sujet d'être surpris de voir ces pratiques établies en un temps, et de ne les voir pas en un autre, comme il n'y en a point d'être étonné de les voir maintenant dans un lieu, et de ne les voir pas dans un autre lieu, quoiqu'il n'y ait que la même foi dans ces divers lieux.

CHAPITRE VIII.

Septième conséquence : *Que la doctrine de la présence réelle et de la transsubstantiation ne porte point d'elle-même à parler des suites philosophiques, ni à expliquer les difficultés des mystères ; et qu'ainsi l'on ne se doit point étonner que les Pères n'en aient point parlé.*

Comme les vérités sont fécondes, les erreurs et les faux préjugés le sont aussi ; et comme il y a une multiplication de lumière qui fait qu'une vérité en découvre une autre, il y a une extension de ténèbres qui empêche de voir ce que l'on a devant les yeux, et de tirer les conclusions les plus naturelles et les plus aisées des choses que l'on ne peut ignorer. En voici un exemple remarquable dans une fausse conséquence de M. Claude, qui nous donne lieu d'en tirer une très-solide et très-véritable. *Nous ne trouvons point*, dit-il (p. 695), *que les Grecs aient recherché ce que devient la substance du pain au moment de la conversion, ni qu'ils aient pris soin d'éclaircir ce que c'est que la transsubstantiation, si c'est une simple relation ou une action ; si c'est une action, si c'en est une conservative ou productive, ou de quelque autre espèce : ce qui a fait depuis quelques siècles toute l'étude de l'école romaine. Nous ne trouvons point qu'ils se soient fort empressés à nous expliquer la manière de l'existence du corps de Jésus-Christ au sacrement, ni à traiter tant d'autres questions qui naissent d'elles-mêmes du dogme de la transsubstantiation.* Cette remarque est très-véritable, et M. Claude y pouvait ajouter qu'on ne trouve pas non plus que les Cophtes, les Éthiopiens, les Arméniens, les jacobites, les nestoriens, se fatiguent de ces sortes de difficultés, et qu'ils en fassent le sujet de leurs entretiens.

Il y pouvait ajouter qu'ils gardent à peu près la même réserve sur tous les autres mystères. Il est certain, par exemple, que toutes ces sociétés reconnaissent le péché originel. Jérémie fait une profession expresse de le croire dans sa réponse aux luthériens; les Arméniens l'avouent dans leur déclaration sur les articles que le pape Clément VI leur envoya ; il est contenu dans l'exposition de la foi des Éthiopiens faite par Zagazabo. Cependant on ne saurait faire voir dans les livres des théologiens grecs, ni dans tous les mémoires que nous avons de la foi des autres nations, qu'ils se soient mis en peine d'expliquer les difficultés de cette doctrine fondamentale, ni qu'ils en paraissent le moins du monde étonnés. On voit le même silence dans leurs livres sur toutes les questions et toutes les difficultés que les sociniens proposent contre la Trinité, contre la personne du S.-Esprit, contre la satisfaction de Jésus-Christ ; quoique ces difficultés soient aussi naturelles et aussi sensibles que celles qu'on allègue contre le dogme de la présence réelle.

Que s'ensuit-il donc de là? Qu'ils ne croient pas tous ces mystères? Ce serait la conséquence qu'on en devrait tirer pour raisonner comme M. Claude, qui conclut du silence des Grecs sur les difficultés de la transsubstantiation que c'est une preuve évidente qu'ils ne la croient pas. Mais ce n'est pas celle qu'il en faut tirer selon la raison; au contraire elle rejette cette conséquence comme une extravagance et une folie. Car c'est la raison même qui nous dicte qu'il ne faut pas désavouer des vérités certaines, indubitables, constantes, sous prétexte qu'elles paraissent contraires entre elles sur de faibles conjectures, mais qu'il faut que la certitude de ces vérités nous fasse conclure la fausseté de ces raisonnements et de ces prétendues contrariétés. Or, c'est une vérité aussi certaine qu'aucune autre vérité de fait du même genre le peut être que les Grecs et toutes les autres sociétés d'Orient croient la présence réelle et la transsubstantiation, et il n'y a rien dont on ne puisse douter si on peut révoquer en doute le consentement de toutes ces églises avec l'Église romaine dans cette doctrine.

C'est une autre vérité de fait que les Grecs parlent peu des suites philosophiques. Samonas parle par occasion d'un corps en deux lieux, et des accidents sans sujet; l'archevêque de Gaza en parle; mais l'un et l'autre le font par contrainte, et par l'importunité de ceux qui les y forçaient. Un auteur récent (Metrophanes, patriarcha Alexandrinus, in Confessione fidei) dont l'on verra l'extrait au douzième livre, dit que *la connaissance de la manière de ce changement est réservée aux élus dans ici.* « *Modus autem istius mutationis incognitus est nobis et ineffabilis. Harum enim rerum declaratio electis reservata est usque in regno cœlorum.* »

Cabasilas ayant comme jeté les yeux sur la manière dont le corps de Jésus-Christ, qu'il établit partout très-réellement et très-substantiellement présent dans l'Eucharistie, peut être dans le ciel et dans la terre, abaisse incontinent la vue de l'esprit pour se tenir dans la sainte obscurité de la foi, qui nous défend de sonder ce que Dieu nous a caché, et qui se contente des lumières qu'il nous donne. Il dit que *le corps de Jésus-Christ est parmi nous ce qu'il est au-dessus des cieux* : mais il ajoute incontinent que *c'est en la manière qui lui est connue.*

Les autres auteurs établissent tous le dogme avec la même clarté; mais ils gardent un silence religieux sur ces difficultés.

Ces deux vérités de fait étant également certaines ne peuvent être contraires, et elles nous font voir d'abord la fausseté de la conséquence de M. Claude, qui s'imagine que la doctrine de la présence réelle oblige nécessairement à parler de ces suites philosophiques : mais en même temps elles montrent invinciblement la vérité d'une conséquence toute contraire, qui est que la doctrine de la transsubstantiation peut fort bien s'accorder avec un silence entier sur toutes ces difficultés que la raison humaine trouve dans le mystère de l'Eucharistie, et qu'il est très-possible que cette doctrine soit crue universellement, distinctement, sans opposition et sans contradiction, par de grandes sociétés pendant l'espace de plusieurs siècles; que l'on écrive et que l'on parle très-souvent de l'Eucharistie et de la vérité du mystère, que l'on établisse la transsubstantiation très-clairement, très-précisément, sans faire des réflexions expresses sur toutes ces difficultés naturelles qui semblent naître de cette doctrine. L'exemple des Grecs et des autres sociétés d'Orient justifie tout cela, et la preuve si pleine que nous avons faite de la sincérité de leur foi enferme encore ce point, puisqu'on a pu voir que depuis le septième siècle où cette preuve commence jusqu'à notre temps, il n'y a que deux ou trois auteurs qui parlent de ces difficultés philosophiques bien expressément.

Non seulement cette expérience sensible prouve l'alliance possible de ce silence avec cette doctrine, mais elle prouve de plus que cette alliance est fort naturelle, et que c'est mal connaître l'esprit des hommes que de s'imaginer que la doctrine de la présence réelle et de la transsubstantiation porte d'elle-même à s'embarrasser de toutes ces difficultés que la philosophie humaine découvre dans ce mystère. C'est une illusion qui vient de ce que l'on prend pour une disposition naturelle et pour un effet commun une disposition d'esprit extraordinaire, et qui vient d'une passion qui change les idées ordinaires et la pente naturelle de l'esprit.

Les ministres calvinistes qui ont pris pour principal objet de leur aversion, et pour le plus grand prétexte de leur schisme, la doctrine de l'Église catholique sur l'Eucharistie; qui ont pour but de la faire paraître insupportable à ceux qu'ils veulent retenir dans leur parti ou qu'ils tâchent d'y attirer, se sont fortement appliqués aux difficultés philosophiques de ce sacrement. Ils remplissent leurs livres de raisonnements pour les augmenter; ils en font l'un des sujets les plus ordinaires de leurs discours; et comme ils en ont la tête pleine, ils tâchent aussi d'en remplir celle des autres.

Ce dessein leur réussit en quelque sorte; car ils appliquent aisément à ces difficultés ceux de leur parti, parce qu'elles sont plus sensibles que leurs raisonnements sur l'Écriture, qui sont au contraire très-métaphysiques et très-abstraits; et ils obligent par nécessité les catholiques de s'y appliquer, en conférant avec eux ou en se préparant à y conférer.

C'est sur cela que ces messieurs se forment l'idée de l'esprit humain, et jugeant de la disposition commune des hommes par la leur propre et par celle des gens qu'ils connaissent, ils concluent que comme ces difficultés de la transsubstantiation se présentent toujours à leurs yeux, qu'ils en parlent sans cesse entre eux, et qu'ils forcent les catholiques d'en parler, il en doit être de même de tous ceux qui croient cette doctrine.

Mais pour les détromper de ces fausses conjectures, il ne faut que les avertir qu'ils se règlent sur de fort mauvais modèles, et que des gens que leur passion et leur préoccupation ont fait sortir de leur état naturel ne sont pas propres pour faire connaître la pente et l'inclination naturelle des esprits.

Il est vrai que les calvinistes ne pensent jamais à l'Eucharistie qu'ils ne soient comme accablés de ces difficultés qui se présentent en foule à leurs yeux, mais c'est l'effet de leur application ordinaire et violente à ces difficultés, et non pas des difficultés en elles-mêmes. Qu'ils consultent le commun des catholiques, ils leur diront qu'à peine y pensent-ils, et qu'ils n'en sentent nullement le poids, non plus que celui de la doctrine de la Trinité. La docilité qui vient de la foi ne permet pas seulement à l'esprit de les envisager; ou si elle le permet, elle empêche qu'on ne soit étonné de ne comprendre pas les effets de la toute-puissance de Dieu, et de voir que les merveilles de ses mystères surpassent notre intelligence. Elle les fait regarder comme un abîme qu'on est incapable de sonder; elle abaisse les yeux de l'esprit sous la grandeur infinie de Dieu; elle étouffe et elle noie toutes les vues et toutes les pensés humaines dans la certitude absolue de la parole de Dieu et dans l'autorité infaillible de son Église.

Ainsi toutes ces difficultés ne leur font nulle peine; ils y pensent peu et en parlent encore moins; et ils n'en parleraient point du tout s'ils ne vivaient avec des gens qui les obligent par leurs discours à y faire quelque réflexion. Mais s'il n'y avait point de calvinistes au monde, toutes ces difficultés ne se présenteraient pas plus souvent à leur esprit que celles de la Trinité et de l'incarnation, qui sont ignorées de presque tous les chrétiens, quoique les soniciens en soient accablés, comme les calvinistes le sont de celles de l'Eucharistie parce que leur imagination en ayant été souvent vivement frappée, leur renouvelle souvent ces pensées.

C'est donc un effet tout naturel de la foi tranquille de la transsubstantiation que ce silence que l'on aperçoit dans ces nations orientales sur les difficultés de tous les mystères, et entre autres sur celles de l'Eucharistie. Il serait étonnant qu'elles en fissent l'objet de leurs réflexions; et l'on peut dire qu'il y aurait en cela quelque chose de contraire à la disposition d'esprit où l'on peut juger qu'elles doivent être par les circonstances où elles sont; c'est-à-dire en considérant cette paix et cette tranquillité dans laquelle Dieu a permis que cette doctrine ait été dans tout l'Orient, au même temps qu'elle a été attaquée dans l'Occident avec tant de violence.

Or ce que l'expérience nous fait voir de nos yeux dans ces églises orientales nous donne lieu de juger de ce qui a dû arriver dans l'Église des six premiers siècles, en supposant, comme nous avons droit de le faire, que la doctrine de la présence réelle et de la transsubstantiation y ait été universellement établie en la même manière qu'elle l'est dans tout l'Orient, c'est-à-dire, sans combat et sans contestation. Et comme nous voyons que la créance de ces dogmes y est jointe avec un entier silence sur ces difficultés philosophiques, on doit juger qu'il en a dû être de même de l'ancienne Église, et que les Pères qui ont été extrêmement retenus à ne parler de ces choses que par nécessité, n'ont point dû en entretenir les peuples ni en parler dans leurs écrits. S'ils l'avaient fait, ils se seraient en quelque sorte éloignés et de la nature qui n'y porte point, et de l'esprit de la foi qui en éloigne.

Cette réflexion, fondée non sur des raisonnements en l'air, mais sur des preuves sensibles tirées de l'expérience, fait voir clairement qu'on n'a guère sujet d'être touché des déclamations que M. Claude tire sur ce sujet, non de la nature ou de l'expérience, mais de sa seule imagination et de la fausse manière dont il s'est accoutumé de concevoir l'esprit des hommes. *Si les Pères*, dit-il (p. 27), *eussent cru les merveilles de la transsubstantiation, eussent-ils manqué à nous en exalter les merveilles, et à nous dire qu'un corps qui a toutes ses parties et ses naturelles dimensions est réduit à un seul point où il existe avec toutes ses longueurs sans occuper aucun espace? Eussent-ils manqué de nous parler des accidents de l'Eucharistie qui ne sont soutenus d'aucun sujet?... S'ils eussent cru la transsubstantiation, n'eussent-ils point fait d'effort d'éclaircir les difficultés qui en naissent, au moins celles qui sautent aux yeux, et qui ne sont pas en petit nombre; comme de savoir de quoi sont nourris nos corps quand ils reçoivent le sacrement; car ils ne le peuvent être ni de la substance du pain, ni de celle de Jésus-Christ, ni des accidents : de quoi se forment les vers qui s'engendrent de la corruption des hosties, d'où vient le vinaigre et l'esprit de vin qui se fait du calice consacré.*

Que M. Claude, au lieu des Pères substitue les Grecs, les Arméniens, les Cophtes de ce temps-ci, depuis le temps qui est enfermé dans la preuve que j'ai faite de leur foi, et il reconnaîtra l'absurdité de son objection. Car il suffit de lui apprendre en un mot qu'il a tort de juger de leur esprit et de leur disposition par la sienne; et que malgré ses exclamations il est très-vrai que tous ces chrétiens croient la transsubstantiation comme nous, et ne parlent point néanmoins de toutes ces difficultés dont M. Claude a la tête pleine, et dont il remplit tous ses traités.

Non seulement ils n'en parlent point, mais ils savent qu'ils n'en doivent point parler ni s'en occuper, et qu'ils doivent regarder toutes ces questions comme des pièges que les esprits superbes ont accoutumé de tendre aux vrais fidèles pour les détourner de la simplicité de la foi. Ils pratiquent ce que dit S. Fulbert, que *l'esprit humain ne pouvant pénétrer par ses raisonnements les causes de ce que Dieu fait, doit fer-*

mer avec révérence les yeux de l'esprit, pour ne pas faire servir de matière à des discours pleins d'erreurs ce qu'il ne saurait comprendre. Et ils considèrent toutes ces questions avec le même esprit qu'un pieux évêque d'Angleterre, qui a parfaitement représenté la disposition où doivent être les chrétiens, et où tous les Pères ont été à l'égard de toutes ces difficultés des mystères, et principalement de celles de l'Eucharistie. Ce sont des questions, dit cet évêque (1), *qui sont souvent proposées par ceux qui veulent paraître savants, et qui aiment mieux s'occuper l'esprit de disputes philosophiques que de se rendre humblement aux institutions ecclésiastiques et à l'autorité sacrée. Ce sont ces gens qui dressent des piéges de cette sorte à ceux qui craignent Dieu, et qui croient par la foi que ce qu'ils reçoivent à l'autel est le corps et le sang de Jésus-Christ, quoiqu'ils ne le conçoivent pas par la raison. Ce sont-là*, dit-il encore, *les objections que font ceux qui sont possédés de l'amour de la gloire humaine et de l'applaudissement des peuples; qui se plaisent à dresser aux personnes moins instruites les piéges de leurs questions épineuses. Ce sont des gens à qui l'autorité immobile de l'Écriture ne suffit pas, et qui aiment mieux suivre le raisonnement de la sagesse séculière, convaincu de folie par la sagesse de Dieu, que la vérité de la foi qui pénètre les choses inscrutables, et qui, s'élevant au-dessus de l'impuissance de la raison, monte jusqu'à la volonté de Dieu. Mais le juste qui vit de la foi, et qui n'a que des sentiments humbles de soi-même, ne s'attachant pas à son propre sens, et embrassant avec respect tout ce que Dieu lui commande, croit généralement tout ce que le S.-Esprit lui commande de croire; et sans s'informer comment telle ou telle chose peut être, il acquiesce humblement à tout ce qu'il lit et entend des ordres de Dieu comme étant doux et humble de cœur.*

Voilà la disposition commune des chrétiens du douzième siècle, où cet évêque a vécu, après que l'hérésie de Bérenger eut commencé de remuer ces questions. C'est à plus forte raison celle des Grecs, parmi lesquels elles n'ont point été agitées : et c'est encore plus celle des anciens Pères et des anciens chrétiens et qui ne pouvaient avoir aucune nouvelle d'une hérésie qui n'était pas encore née, et qui avaient même plus d'éloignement de toutes les curiosités humaines que l'on peut mêler avec la foi simple des mystères de Jésus-Christ, que l'on en a eu depuis.

CHAPITRE IX.

HUITIÈME CONSÉQUENCE *de ce consentement de toutes les églises chrétiennes dans la doctrine de la présence réelle : Adoration de Jésus-Christ dans l'Eucharistie, et nullité des arguments des ministres contre cet article.*

Pour traiter ce point de l'adoration de l'Eucharistie par des preuves positives, il n'y a qu'à recueillir ce que l'on a déjà pu voir en divers passages que nous avons allégués pour prouver le consentement de toutes les sociétés chrétiennes dans la doctrine de la présence réelle et dans la transsubstantiation.

Nous avons fait voir par S. Odilon et par Durand, abbé de Troarn, le mot même d'*adoration* employé à l'égard de l'Eucharistie longtemps avant l'époque chimérique de M. Claude, qui prétend (p. 454) qu'elle ne s'est introduite que du temps d'Alger, et que Lanfranc même ni Grégoire VII ne l'ont point connue. Il a pu voir que S. Odilon (*de Corp. et Sang. Domini*) dit en parlant de l'impératrice Adélaïde qu'*après avoir reçu l'extrême-onction, elle reçut aussi le sacrement du corps du Seigneur en l'adorant, ayant toujours espéré en ce Seigneur :* Que Durand, abbé de Troarn, dit : qu'*il faut rendre à la sainte humanité du Rédempteur le culte d'une humble adoration, à cause de son unité inséparable de la divinité, principalement lorsqu'elle supplée à la communion éternelle que nous aurons avec Dieu; car c'est pour cela que ce sacrement a été institué.* Et l'on a fait voir en passant combien est peu raisonnable la réponse de M. Claude, qui veut que Durand rapporte cette adoration à l'humanité de Jésus-Christ ; comme si un homme qui croit Jésus-Christ présent dans l'Eucharistie, qui marque dans ce passage même qu'on l'adore en communiant, pouvait entendre autre chose sinon qu'on l'adore comme présent dans l'Eucharistie. On a vu que Cabasilas, archevêque de Thessalonique, dit (c. 37) que *les fidèles voulant montrer leur foi dans l'acte de la communion, adorent, bénissent et célèbrent Jésus-Christ comme Dieu, qui est connu dans les dons ;* et qu'en blâmant la coutume de ceux qui se mettent à genoux et adorent avant la consécration les dons que l'on porte, et leur parlent comme au corps et au sang de Jésus-Christ, il approuve qu'on rende les mêmes honneurs à l'Eucharistie après la consécration. On a vu que Siméon, archevêque de Thessalonique, enseigne expressément l'adoration et intérieure et extérieure de Jésus-Christ dans l'Eucharistie : *Nous devons*, dit-il, *adorer de cœur le pain vivant et le sang qui est dans le calice, en nous prosternant de tout notre cœur jusqu'en terre, et en mettant nos mains en croix pour témoigner notre servitude et la foi que nous avons en Jésus crucifié.* (Allatius, exercit. contra Creigt., p. 426.) En parlant en un autre endroit des mystères présanctifiés, il dit que parce qu'ils sont parfaits dès le commencement, et sont le corps et le sang même de Jésus-Christ, lorsque le prêtre entre

---

(1) Ernulphus Roffens. episc., Spicil. tom. 1, p. 449. Has nodosas disputationes illi objicere solent quos amor humanæ laudis, quos favor fatigat popularis ; qui gaudent imperitis scrupulosarum parare laqueos quæstionum, quibus sacrarum non sufficit robur et auctoritas Scripturarum, quibus cordi est potiùs sequi rationem sapientiæ secularis, quæ stulta facta est à sapientiâ Dei, quàm fidei veritatem, quæ inscrutabilia penetrat, et rationis impotentiam pertransiens, ascendit usque ad ipsum nutum Dei. At justus ex fide vivens, humiliter sapiens non sensum suum præferendo, sed domini sui mandata reverenter amplectendo, omnia credit quæ Spiritus sanctus credenda esse præcipit, non quærens quomodò hoc vel illud esse possit, sed ad omnia divinitùs imperata quæ legit vel audit, utpote mitis et humilis corde, humillimè acquiescit.

en portant le Seigneur *sur sa tête, nous devons nous abaisser jusqu'en terre avec un ardent amour, et lui demander le pardon de nos fautes,* etc. (Allat., de Perpet. consens., p. 1579, pag. 436 et 460.) M. Claude se souviendra, s'il lui plaît, qu'il nie partout ces prosternements, et qu'il demande qu'on les lui montre. Le voilà donc satisfait.

L'auteur de *la Perpétuité* avait cité dans son livre un passage de Gabriel, archevêque de Philadelphie, qui a paru si clair à M. Claude qu'il n'a pu y répondre d'une autre manière qu'en avouant d'une part que ce passage tel qu'il est contenait formellement l'adoration et la transsubstantiation, et en tâchant de l'autre de rendre suspects et la personne et le passage de cet archevêque, parce que le cardinal du Perron qui le cite n'en rapporte pas les paroles grecques. Mais à qui pourrait-on faire croire ou que cet archevêque, qui vivait parmi les Grecs et qui tirait d'eux tout ce qui lui était nécessaire pour sa subsistance, eût osé avancer dans son église une doctrine inconnue à tous les Grecs, et qu'ils auraient dû condamner d'idolâtrie s'ils n'eussent pas été de même sentiment, ou que le cardinal du Perron ait osé faire un passage tout exprès, et l'attribuer à un auteur qui n'y aurait jamais pensé, quoiqu'il pût se tenir assuré que cette fourberie ne pourrait manquer d'être découverte. Il faut ne connaître pas les hommes pour pouvoir donner entrée dans son esprit à une pensée si déraisonnable. Et c'est pourquoi je suis bien fâché de ne pouvoir accorder à M. Claude la permission qu'il demande (p. 463) de suspendre son jugement sur ce passage. Cette sorte de permission ne dépend nullement de nous ; c'est la raison même qui la lui refuse, parce qu'elle ne demande pas seulement qu'on désavoue les choses certaines, mais qu'elle demande aussi qu'on ne feigne pas de douter des choses dont on ne saurait douter raisonnablement. Or je ne veux pas faire ce tort à M. Claude que de supposer qu'il puisse douter sérieusement si le cardinal du Perron n'a point fait le passage qu'il rapporte de cet archevêque grec.

Il est donc visible qu'il ne dit qu'il suspend son jugement que pour arrêter s'il pouvait celui des autres, quoiqu'il ne puisse croire lui-même qu'il y ait aucun lieu de le suspendre. Car pourquoi le cardinal du Perron aurait-il supposé ce passage de Gabriel, puisqu'Arcudius, le grand auteur de M. Claude, en rapporte d'aussi formels que celui-là, dans les propres termes de cet auteur.

Entre autres choses, au rapport d'Arcudius (l. 3, c. 20), il dit qu'*avant la consécration on n'adore pas encore les dons du culte de latrie, parce qu'ils ne sont pas encore le corps parfait et le sang parfait de Jésus-Christ ;* et il marque ainsi clairement qu'on les adorait du culte de latrie après la consécration : Οὐ μὴν δὲ λατρεύομεν τὰ ἅγια δῶρα ὡς εἴρηται, ἐπείπερ οὐκ ἔτι τέλειον σῶμα καὶ αἷμα Χριστοῦ ἐστι. J'avoue que comme je n'ai pas eu le moindre sujet de douter du sentiment de cet auteur sur les seuls passages qu'en rapporte Arcudius, je ne me suis pas mis en peine davantage de

faire chercher son livre : mais si M. Claude continue encore dans sa suspension, je lui promets de faire mon possible pour le satisfaire.

S'il n'était pas permis à M. Claude de suspendre son jugement sur le sujet de Gabriel, évêque de Philadelphie, il lui était encore bien moins permis d'essayer, comme il fait, de détruire son témoignage par celui d'Arcudius, la mauvaise foi qu'il témoigne dans l'opposition qu'il fait de ces deux auteurs étant tout-à-fait inexcusable. *Il est certain,* dit-il (p. 465), *que l'exemple et le témoignage de Gabriel ne concluent rien touchant le corps de l'église grecque :* car Arcudius, qui a écrit contre lui, et qui nous le dépeint comme un homme *impertinent, assure positivement que les Grecs ne rendent que peu ou point d'honneur au sacrement après la sanctification.* Et il nous cite lui-même en un autre endroit (p. 698) un passage entier d'Arcudius *pour montrer que les Grecs ne font rien de ce que Rome fait en signe de son adoration.* C'est, dit-il, *la grande plainte que fait contre eux Arcudius, prêtre latinisé de l'île de Corfou, demandant tout en colère à Gabriel de Philadelphie pourquoi la consécration des dons étant faite, le prêtre n'incline point la tête, ni n'adore, ni ne se prosterne, ni ne donne aucun témoignage d'honneur ; pourquoi il n'allume pas les chandelles, ni ne chante des cantiques et des hymnes au sacrement, ne lui rendant ni révérence, ni inclination de tête, ni génuflexion, ne lui témoignant ni son humilité, ni sa repentance.*

Qui ne dirait, à n'entendre que ce que M. Claude rapporte d'Arcudius, que selon cet auteur les Grecs n'adorent point le sacrement, et que c'est en cela qu'il est contraire à Gabriel de Philadelphie ? Peut-on rien désirer de plus formel que ces paroles, *que le prêtre n'incline point la tête, ni n'adore, ni ne se prosterne ?* Mais on sera bien surpris quand on saura que cette apparence trompeuse ne vient que de ce que M. Claude supprime ce qui aurait fait connaître le véritable sens des paroles qu'il cite d'Arcudius, et qu'il tâche de surprendre ainsi ceux qui ne sont pas instruits des cérémonies des Grecs, et de leur faire croire qu'Arcudius témoigne qu'ils n'adorent point l'Eucharistie.

Il faut donc savoir que jamais Arcudius n'a pensé à accuser les Grecs de n'adorer pas absolument le S.-Sacrement, de ne se mettre pas à genoux devant lui, de ne lui rendre pas le culte de latrie. Il témoigne formellement le contraire (cap. 21, p. 199), comme il est clair par ces paroles, qui sont un peu après celles que M. Claude a rapportées : *Lorsque l'on élève la sacrée hostie, quoique les Grecs ne la voient pas, néanmoins sitôt que le prêtre a prononcé ces paroles :* « Sancta sanctis : » *Les choses saintes sont pour les saints, ils se jettent à terre, et l'adorent du culte de latrie.*

Il n'y a donc nulle question entre Gabriel et Arcudius touchant l'adoration en soi, l'un et l'autre avouant que les Grecs adorent l'hostie du culte de latrie. En quoi donc consiste leur différend ? Il consiste, non dans l'adoration en soi, mais dans le temps de l'adoration. Et pour entendre cela, il faut distinguer deux sortes d'adorations : l'une volontaire, qui dépend purement de la dévotion de chacun ; l'autre qui est réglée par un rite et par une cérémonie expresse.

Quant à l'adoration volontaire, elle est uniforme parmi les Grecs et parmi les Latins ; et comme elle consiste principalement à reconnaître l'Eucharistie comme le corps de Jésus-Christ avec une soumission intérieure, cette adoration commence et parmi les Grecs et parmi les Latins sitôt que le corps de Jésus-Christ est présent sur les autels, puisqu'ils sont parfaitement unis dans cette créance. Mais pour l'adoration de rite et de cérémonie, les Latins la pratiquent plus tôt et les Grecs plus tard ; car les Latins la font incontinent après la consécration, et les Grecs la diffèrent jusqu'à l'élévation de l'hostie, qui se fait plus tard parmi eux, et seulement un peu avant qu'on mette une partie de l'hostie dans le calice, et que le prêtre se dispose à communier.

Arcudius ayant donc remarqué cette différence entre les Grecs et les Latins, suivant en cela son naturel, qui est un peu aigre, comme Allatius même l'a remarqué, condamne durement cette coutume des Grecs de n'adorer pas l'Eucharistie aussitôt après la consécration, et de différer cette adoration cérémoniale jusqu'à ce que le prêtre se dispose à communier. Mais tant s'en faut qu'on puisse conclure de ces reproches qu'il fait à Gabriel de Philadelphie que les Grecs n'adorent point l'Eucharistie, qu'on prouve formellement le contraire. Et ainsi M. Claude ne peut s'excuser d'avoir voulu tromper le monde par un déguisement tout à fait étrange.

Que si l'on demande maintenant si ces reproches qu'Arcudius fait aux Grecs sont justes et raisonnables, on peut répondre pour les Grecs qu'ils sont téméraires et mal fondés, et que cet auteur fait bien voir par là que c'est avec raison que le P. Goar et Allatius lui reprochent d'être un écrivain aigre et peu équitable, et de condamner injustement les Grecs en plusieurs points.

Il n'est pas besoin d'en aller chercher ailleurs des exemples, et ces deux coutumes dont il s'agit nous en fournissent un fort considérable. Il est certain que c'est une cérémonie très sainte et qui a beaucoup de convenance que celle de l'Église latine, qui adore Jésus-Christ par une adoration cérémoniale aussitôt que son corps est sur nos autels ; mais il ne s'ensuit pas, comme Arcudius l'a cru, que les Grecs soient blâmables de différer cette adoration jusqu'au temps où le prêtre se dispose à communier ; et ce retardement a aussi des raisons très-saintes et très-importantes.

Car dans la consécration, et quelque temps après, le prêtre est tout occupé de ce qui est propre au sacrifice ; et le peuple qui coopère avec lui à cette action sacrée, et qui s'unit à lui, doit entrer dans le même esprit. Or l'action du sacrifice ne regarde pas Jésus-Christ seul, et ne se termine pas à sa personne ni à son corps : elle se rapporte directement à la sainte Trinité, et même plus particulièrement au Père,

qui en est la source. Il n'est donc pas étrange que dans le temps où se fait le sacrifice le prêtre ne s'applique pas directement au corps de Jésus-Christ, mais qu'il s'adresse toujours à toute la Trinité, en lui offrant le corps de Jésus-Christ et recommandant à Dieu par cette victime salutaire les nécessités de toute l'Église, et particulièrement celles de ceux pour qui il célèbre la messe : c'est en cela proprement qu'il fait la fonction de prêtre, et qu'il est revêtu de la personne de Jésus-Christ. Mais après que l'oblation du sacrifice est consommée, et qu'il se dispose à y participer comme sacrement, il commence à s'appliquer directement au corps de Jésus-Christ qu'il doit recevoir ; et il est juste alors qu'il commence à l'adorer, suivant ce que dit S. Augustin, que *nul ne mange cette chair qu'il ne l'ait adorée*. Et c'est ce qu'il est obligé de faire par l'ordre de la Liturgie grecque ; car l'adoration cérémoniale est marquée aussitôt après la première oraison, qui s'adresse directement à Jésus-Christ. Et ce qui est considérable, c'est que le prêtre, qui avait été occupé jusqu'alors de l'adoration de la Trinité, commence ensuite à s'appliquer premièrement à la personne de Jésus-Christ, en le considérant dans le ciel à la droite de son Père ; en lui disant : *Seigneur Jésus-Christ notre Dieu, regardez-nous du trône de la gloire de votre royaume, et venez pour nous sanctifier.* Par où il fait voir que son esprit est encore dans le ciel : et ensuite, descendant du ciel en terre, il s'applique à Jésus-Christ présent sur l'autel, par ces paroles : *Vous qui êtes assis dans le ciel avec votre Père, et qui êtes ici invisiblement avec nous, daignez par votre main puissante nous faire participants de votre corps très-pur, et de votre précieux sang, et par nous tout le peuple.*

Et sitôt qu'il s'est ainsi appliqué à considérer Jésus-Christ présent sur l'autel, il commence à l'adorer : *Alors*, dit la Liturgie, *le prêtre adore, et le diacre aussi ; et un peu après le peuple et tous les autres adorent avec révérence.*

Il n'y a donc rien que de très-saint et de très-religieux dans cet ordre de cérémonies ; et c'est très-injustement qu'Arcudius le blâme et le condamne ; mais c'est le comble de la mauvaise foi d'en avoir pris prétexte, comme fait M. Claude, d'accuser absolument les Grecs de n'adorer pas l'Eucharistie.

On a marqué encore, dans l'examen de divers autres auteurs, d'autres preuves authentiques de l'adoration. Le baron de Spatari reconnaît en termes formels que l'on adore l'Eucharistie du culte de latrie : *Nous croyons*, dit-il, *que le corps et le sang du Seigneur doivent être adorés du culte de latrie dans la divine Liturgie, tant extérieurement qu'intérieurement.* Oderbonus, luthérien, témoigne, comme nous avons vu, que dans la Liturgie des Russes, le prêtre ayant quitté l'autel pour venir montrer au peuple l'Eucharistie, *le peuple se met à genoux*, et le prêtre dit en langue moscovite : *Voilà le corps et voilà le sang de Notre-Seigneur Jésus-Christ que les Juifs ont fait mourir, tout innocent qu'il était.*

M. Claude déclare (p. 460) qu'il sera content pourvu qu'on lui fasse voir, dans l'usage public, qu'on se prosterne devant le sacrement quand on le porte dans les rues. Or, non seulement cet auteur, mais aussi le sieur Lilienthal, résident de Suède à Moscou, et luthérien, témoigne, comme il paraît par la lettre de M. de Pompone, que lorsque l'on porte à Moscou le S.-Sacrement dans les rues, le peuple se prosterne contre terre, et adore le S.-Sacrement. Le voilà donc engagé de parole à désavouer ce qu'il a avancé témérairement, que les Grecs n'adorent point le S.-Sacrement, et qu'on ne trouve point que les peuples se prosternent à sa rencontre.

Ligaridius, archevêque de Gaza, expliquant l'opinion de tous les Grecs, et particulièrement des Moscovites, dit, en écrivant dans Moscou même, qu'on *doit adorer Jésus-Christ d'adoration de latrie dans le pain eucharistique :* « *Nunc jam ito tu, et, si potes, abnega non esse Christum adorandum adoratione latriæ in pane isto eucharistico, et in vino consecrato, cui attribuuntur omnes et singuli honores Deo soli convenientes.* »
M. Piquet, qui a été si longtemps consul à Alep, déclare qu'il a vu adorer aux sectes du Levant le très-Saint-Sacrement dans leurs églises, avec les génuflexions, inclinations et respects que l'on pourrait rendre à Dieu même. Uscanus, évêque de S.-Serge en la Grande-Arménie, répond précisément pour tous les Arméniens qu'ils adorent l'Eucharistie de l'adoration de latrie. Quest. : *An non Armeni credunt Christi corpus in Eucharistiâ adorandum esse latriæ cultu tam externo quàm interno?* — Rép. : *Credunt, sentiunt, profitentur.* Toutes les Liturgies des Éthiopiens et des Cophtes sont pleines d'actes d'adoration; car toutes ces professions si solennelles que l'on y fait de la foi de la présence réelle sont autant d'actes d'adoration de latrie, puisqu'ils y reconnaissent Jésus-Christ comme leur Dieu; qu'ils le prient, qu'ils s'humilient devant lui, et en même temps qu'ils avouent qu'il est présent sur l'autel.

Cela fait voir qu'il n'y a point d'hyperbole à l'auteur de *la Perpétuité* d'avoir dit à M. Claude que *ce n'était pas une chose supportable d'avancer ainsi des faussetés dont on peut être convaincu par vingt millions de témoins* : tous les Grecs, tous les Moscovites, tous les Arméniens, tous les Éthiopiens, tous les jacobites, font bien plus de vingt millions de personnes. Quand il aurait dit cent millions d'hommes, M. Claude n'aurait pas eu sujet de le démentir. Or les témoignages de toutes ces personnes sont compris dans ceux que j'ai rapportés. On sait que ces sortes d'informations ne se font pas par tourbes, et qu'il suffit d'alléguer des témoins non suspects qui parlent pour tous les autres. Ainsi, la comparaison de l'hyperbole de Pompée, qui faisait sortir des légions de son pied, avec cette parole de l'auteur de *la Perpétuité* n'est nullement juste, puisqu'il se trouve qu'au lieu que Pompée faisait son pouvoir beaucoup plus grand qu'il n'était en effet, l'auteur de *la Perpétuité* diminue au contraire extrêmement le nombre de ses témoins.

P. DE LA F. I.

J'ai voulu fermer la bouche à M. Claude par ces preuves grossières en lui faisant voir positivement l'adoration, et l'adoration de latrie, enseignée et pratiquée par les Grecs et par les autres sectes orientales. Mais s'il y a de l'utilité dans cette preuve, il n'y a point de nécessité; parce que l'adoration est réellement enfermée dans la créance de la présence réelle, et qu'elle en est entièrement inséparable : de sorte qu'ayant prouvé le consentement de toutes les sociétés d'Orient dans la doctrine de la présence réelle, nous avons prouvé leur consentement dans l'adoration. C'est la huitième conséquence qui naît naturellement et nécessairement de l'union de toutes les églises dans ce dogme; et je ne me croirais pas obligé de le prouver, si M. Claude ne s'était avisé sur ce sujet d'une chicane qui n'est fondée que sur une équivoque qu'il n'a pas voulu démêler, ou par mauvaise foi, ou par défaut d'intelligence. *J'avoue,* dit-il (pag. 455), *que la foi de la présence réelle selon que Rome la pose est naturellement liée avec l'adoration du sacrement, et j'en tombe d'accord avec l'auteur. Mais combien de choses y a-t-il qui sont inséparables de leur nature, et dont l'une est une suite naturelle de l'autre, qui pourtant sont séparées en effet dans l'esprit et dans la pratique des hommes, soit par le défaut d'application aux conséquences naturelles, soit par quelque préoccupation d'erreur... Lorsqu'on voit qu'aucune de ces choses ne peut avoir lieu, il est certain qu'on peut raisonner par la liaison naturelle : mais cette manière de raisonner n'est pas juste lorsque la suite naturelle est empêchée par un principe plus fort. Il est d'une suite naturelle qu'un sujet serve son prince, qu'il l'honore et qu'il lui obéisse; cependant combien s'est-il trouvé d'occasions où les princes ont été obligés de déguiser leur qualité, et où les peuples ont bien fait de ne leur rendre pas les marques extérieures de leur respect..... Pour appliquer cette distinction au sujet de notre dispute, je dis que, quand il s'agit de l'état de l'Église durant huit cents ans, le raisonnement est juste. On n'adorait pas l'Eucharistie; donc on ne croyait pas la transsubstantiation romaine, parce qu'aucune des choses qui peuvent empêcher l'effet de cette suite naturelle ne peut avoir lieu dans une église bien instruite, pieuse, et qui n'était troublée d'aucune contestation sur le point de l'Eucharistie. Ce raisonnement est juste. On n'a point rendu aux sacrements tous ces honneurs divins que Rome leur rend aujourd'hui; on n'a donc pas adoré le sacrement. Mais quand il s'agira de l'état de l'Église au temps de Paschase, le raisonnement ne sera pas bon. Si on a, dit-on, cru la présence réelle, donc on a publiquement adoré le sacrement : parce qu'encore qu'il y ait une liaison naturelle entre ces deux choses, l'effet en a été pourtant empêché par plusieurs principes. Paschase s'est contenté de jeter les premières semences de son opinion, et a laissé au temps à les mûrir. Il n'a pas voulu d'abord effaroucher le monde, comme il eût fait s'il eût proposé sa créance dans toute l'étendue de ses conséquences. Si je voulais éprouver le jugement de quelqu'un, je lui donnerais volontiers cet endroit de M. Claude à examiner pour voir s'il en

(Trente-trois.)

découvrirait le défaut, parce qu'il y a quelque apparence de subtilité. C'est une distinction suivie et nettement appliquée ; et cependant c'est un amas de tous les faux raisonnements qu'on peut faire sur cette matière. Pour en être convaincu, il ne faut que distinguer les diverses espèces d'adoration : ce qui donnera moyen de reconnaître la liaison qu'elles ont avec la doctrine de la présence réelle.

On peut donc premièrement diviser l'adoration en intérieure et en extérieure. L'adoration intérieure est une soumission et un abaissement intérieur à la Divinité : et ainsi c'est d'une part un acte de foi et de charité, et de l'autre un acte d'humilité ; et en joignant ces trois actes, on forme un acte d'adoration intérieure. L'adoration extérieure est une protestation que l'on fait au-dehors de cette disposition intérieure par quelque signe extérieur. Cette adoration extérieure peut être encore de diverses sortes, car il y en a une qui, comme nous avons dit, est volontaire, et qui est laissée à la dévotion de chacun, et une autre qui est réglée et attachée à un certain temps et à certaines cérémonies.

Enfin il faut remarquer, comme nous avons déjà fait ailleurs, qu'il n'y a aucun signe extérieur qui soit attaché par sa nature à l'adoration souveraine, et qui ne puisse être rapporté à une autre ; et que de même l'adoration souveraine n'est point attachée à une certaine posture et à un certain signe extérieur, mais se peut extrêmement diversifier selon les signes que nous appliquons à cet usage. Les premiers chrétiens adoraient Dieu les bras étendus ; et l'on voit encore les capucins pratiquer cette cérémonie. D'autres l'adorent en joignant les mains. Quelquefois c'est un signe d'adoration de se tenir debout ; et l'Église ancienne se servait de ce signe durant tout le temps de Pâques, comme le témoigne Tertullien. Le prêtre s'en sert à l'autel, où il représente Jésus-Christ ressuscité : en d'autres occasions on marque son adoration par la prostration de son corps. Les Maronites adorent toujours debout par une simple inclination de leur corps. Enfin ces actions extérieures étant indifférentes d'elles-mêmes à signifier tout ce que l'on veut, il dépend de la volonté et de la coutume de les destiner à signifier certains mouvements intérieurs.

Cet éclaircissement fait voir tout d'un coup que la doctrine de la présence réelle est inséparable de l'adoration intérieure. Car cette sorte d'adoration ne consistant qu'en une reconnaissance de la divinité de Jésus-Christ présent, avec un abaissement de l'âme sous sa souveraine majesté, il n'y a qu'un excès d'impiété qui puisse désunir ces deux mouvements dans ceux qui croient qu'il est présent sur nos autels. Et c'est pourquoi l'auteur de *la Perpétuité* a raison de dire qu'*afin d'empêcher que cette créance ne produisit cet effet, il faudrait que ceux qui y auraient été se fussent fait une violence continuelle pour retenir les mouvements de crainte et de respect que cette créance devait produire, et qu'ils se fussent forcés à regarder fièrement le Saint-Sacrement,* en se donnant bien de garde de *l'adorer par quelque action d'humilité, soit extérieure, soit intérieure :* et M. Claude n'en a pas de répondre, comme il fait, qu'il n'est ni le garant ni le défenseur de la sagesse et de la bonne conscience de ces gens-là. Car s'il n'est pas garant de la sagesse et de la bonne conscience des autres, il est garant et défenseur de la sienne. Or ce n'est pas une action de sagesse ni de bonne conscience que de ne demeurer pas d'accord des choses certaines comme est la liaison nécessaire de l'adoration intérieure avec la créance de la présence réelle.

Non seulement la doctrine de la présence réelle est attachée par nécessité à l'adoration intérieure, mais elle l'est aussi nécessairement à quelque action de respect extérieur : car quoique l'on puisse les séparer par des suppositions métaphysiques ou par des erreurs extravagantes, comme celles de quelques hérétiques des derniers temps, néanmoins il est impossible de les séparer par des suppositions réelles de gens qui aient eu du sens commun. Quiconque croit Jésus-Christ présent dans l'Eucharistie lui parle comme à Dieu, implore sa miséricorde, lui demande ses grâces, s'excite à l'aimer par des paroles de confiance, reconnaît son indignité ; et toutes ces actions étant extérieures, sont des actions extérieures d'adoration. Ainsi, pour produire des preuves de l'adoration extérieure de l'Eucharistie, il n'y a qu'à alléguer toutes les oraisons des Liturgies qui s'adressent à Jésus-Christ après la consécration ; car il est impossible que les hommes aient été jamais assez bizarres pour ne rapporter pas ces oraisons à Jésus-Christ, supposé qu'ils l'aient cru réellement et véritablement présent. Ce détour d'imagination est trop contre la nature pour s'imaginer qu'il puisse avoir été commun et ordinaire parmi les hommes.

C'est donc une adoration extérieure de Jésus-Christ que celle que l'auteur de *la Perpétuité* a produite dans cette oraison de la Liturgie grecque de S. Jean Chrysostôme : *Seigneur Jésus, qui êtes ici présent d'une manière invisible, daignez par votre main puissante nous donner votre corps pur et sans tache ;* puisqu'on a prouvé déjà que ceux qui récitaient cette prière croyaient Jésus-Christ réellement présent sur nos autels.

C'est une adoration extérieure que la prière de *l'Agnus Dei*, qui fut prescrite au huitième siècle à toute l'Église latine par le pape Sergius III (Baron. an. 722), puisque nous avons prouvé qu'on croyait Jésus-Christ présent sur l'autel au huitième siècle.

C'est une adoration extérieure que celle que l'on rendait à l'Eucharistie au septième siècle, selon le témoignage de S. Étienne-le-Jeune, qui disait à l'empereur Copronyme que *les chrétiens adoraient et baisaient les antitypes du corps et du sang de Jésus-Christ :* « Quæ et adoramus, et osculamur, et eorum perceptione sanctitatem consequimur. » Car les défenseurs des images étant aussi les défenseurs de la présence réelle, comme nous l'avons montré, on ne les peut pas soupçonner d'une aussi grande bizarrerie que serait celle d'avoir rapporté l'honneur et l'adoration qu'ils rendaient à l'Eucharistie aux symboles seuls, sans les rapporter à Jésus-Christ qu'ils croyaient présent sous ces symboles.

Il est donc évident qu'en prenant l'adoration en cette manière, ce ne sont point deux questions que de savoir si l'on a cru la présence réelle, et si l'on a adoré Jésus-Christ dans l'Eucharistie; et que l'une est tellement renfermée dans l'autre qu'il est impossible de s'imaginer l'un sans l'autre. Il n'y a point de politique qui puisse rompre cette union. Paschase, Lanfranc, Grégoire VII ont honoré l'Eucharistie; ils lui ont rendu certains respects extérieurs : M. Claude ne le peut nier, puisqu'il avoue qu'on a toujours dans l'Église rendu quelque respect aux symboles. Or ces personnes croyaient Jésus-Christ présent; donc ils rapportaient ces respects à Jésus-Christ présent ; et par conséquent ils l'adoraient, puisque tout respect accompagné de la foi que celui que l'on honore est Dieu, est un acte d'adoration.

Les ministres calvinistes avouent qu'on a toujours adoré Jésus-Christ dans la réception du sacrement ; mais parce qu'ils ne croient pas Jésus-Christ présent, ils se sauvent par une règle fondée sur cette fausse hypothèse que *lorsque les Pères parlent de l'adoration de Jésus-Christ au sujet de l'Eucharistie, ils ne parlent pas d'une adoration qui se rapporte à la chair de Jésus-Christ dans le sacrement, mais ils parlent de l'adoration de la chair de Jésus-Christ qui se fait pendant qu'on administre le sacrement,* « *Cùm loquuntur,* dit Scharpius (de Sacram. Cœnæ, contr. 2, q. 2, reg. 10), *de adoratione carnis Christi, non de eâ quæ fit in sacramento, sed de eâ quæ fit in sacramenti administratione intelliguntur.* » C'est la règle que propose ce ministre, en supposant que Jésus-Christ n'est pas réellement présent. Si l'on fait donc une hypothèse contraire, il est clair qu'il faut faire une règle toute contraire, et qu'il est impossible qu'on ait toujours adoré Jésus-Christ dans la réception du sacrement, qu'on l'ait cru présent dans le sacrement, et qu'on ne l'ait pas adoré comme présent.

Ce que l'auteur de *la Perpétuité* avait avancé, que l'adoration de l'Eucharistie est une suite de la présence réelle, est donc pleinement justifié : mais il faut borner sa proposition, comme il a fait, à l'adoration intérieure, et à quelques actions extérieures d'adoration, telles qu'elles soient.

Que si l'on demande maintenant si la créance de la présence réelle est nécessairement attachée aux espèces particulières d'adoration, comme aux adorations de cérémonie et de rite, aux fêtes, aux processions, aux médailles, aux génuflexions, il est visible que la raison nous oblige de juger tout autrement : et il ne faut que du sens commun pour conclure qu'il n'y a nulle liaison naturelle entre ces choses : que l'institution en est sainte et louable, mais qu'elle n'est nullement nécessaire à l'adoration, et que ce n'est point la simple créance de la présence réelle qui a produit ces pratiques, mais l'opposition que l'Église a voulu faire à l'erreur qui combattait ces vérités. Aussi voit-on actuellement l'adoration séparée de la plupart de ces signes particuliers d'adoration dans toutes les sociétés d'Orient : ce qui montre évidemment qu'elles sont très-séparables.

Cependant M. Claude, par un renversement incroyable de la raison et du sens commun, pour faire sur un même sujet toutes les fautes que l'on y peut faire, au même temps qu'il ne veut pas reconnaître que la doctrine de la présence réelle ne se puisse séparer de l'adoration intérieure et de quelque sorte d'adoration extérieure ; et qu'il prétend que depuis Paschase jusqu'à Alger, c'est-à-dire, durant près de trois cents ans, on a cru la présence réelle sans adorer Jésus-Christ présent dans l'Eucharistie, ne laisse pas de tirer en même temps des conclusions extravagantes de ces manières particulières d'adoration qui ne sont point des suites nécessaires de la doctrine de la présence réelle ni de l'adoration, pour montrer par le défaut de ces pratiques dans certains peuples qu'ils n'adorent point Jésus-Christ dans l'Eucharistie. C'est en cette manière qu'il conclut que l'adoration de l'Eucharistie n'a point de lieu parmi les Éthiopiens. *Pour faire voir,* dit-il, *au fond combien les Abyssins sont éloignés de l'adoration que l'auteur leur attribue, je n'ai qu'à dire qu'ils ne connaissent, non plus que les Grecs, ni la fête du Saint-Sacrement, ni l'exposition, ni les médailles, ni tous les autres usages que les Latins ont multipliés jusqu'à l'infini : qu'ils ne gardent aucune particule du sacrement dans les églises,* etc. En vérité j'ai pitié et honte tout ensemble de voir M. Claude raisonner d'une manière si peu solide. Faut-il donc être obligé de lui répéter mille fois que tous les arguments que l'on tire des suites séparables et non nécessaires des choses pour les nier ou pour les établir sont de purs sophismes ? Or il est certain que toutes ces pratiques ne sont point des suites nécessaires de la doctrine de la présence réelle ni de l'adoration; que l'adoration peut subsister sans ces pratiques, et qu'elle y subsiste effectivement dans tout l'Orient. Et c'est pourquoi aussi Zagazabo, qui rapporte les différences de l'église d'Éthiopie d'avec l'Église latine dans la célébration de la messe, ne marque en aucune sorte que son église fût différente de la latine, en ce que l'une adorait l'Eucharistie, et l'autre ne l'adorait pas.

Ce que j'ai dit de cet argument que M. Claude fait sur le sujet des Éthiopiens se peut dire de cent arguments semblables qu'il fait sur les Grecs, dont nous avons déjà rapporté une partie. Il ne faut pour s'en moquer que se souvenir que l'adoration souveraine que les Grecs rendent à l'Eucharistie est établie sur des preuves démonstratives. Et par conséquent quand M. Claude prouve ensuite que les Grecs ne pratiquent pas quelque cérémonie, la seule conclusion qu'on en peut tirer selon la raison est que cette cérémonie n'est pas nécessaire à l'adoration, et que l'adoration peut subsister sans cette pratique.

Il est donc visible que le consentement prouvé des sociétés orientales avec l'Église latine dans la doctrine de la présence réelle prouve également ces deux choses, qui en sont des conséquences nécessaires : 1° que toutes les sociétés chrétiennes adorent Jésus-Christ présent sur les autels d'une adoration tant intérieure qu'extérieure; 2° que l'adoration de rite et de cérémonie n'est pas attachée inséparablement à l'adoration véritable : en sorte que c'est faussement raisonner que de conclure qu'on n'adore pas Jésus-Christ quand on n'observe pas ces pratiques déterminées.

La première de ces conclusions détruit l'opinion de M. Claude sur l'adoration, et la témérité sans exemple avec laquelle il a osé soutenir que *l'adoration du Saint-Sacrement est inconnue à toute la terre, à la réserve de l'Église romaine ; et que ni les Arméniens, ni les Russiens, ni les jacobites, ni les Éthiopiens, ni en général aucuns chrétiens, hormis ceux qui se soumettent au pape, ne croient rien de cet article.*

Et la seconde détruit tous ces petits arguments indignes d'être proposés par une personne judicieuse, qu'il tire de la différence de quelques cérémonies qui ne sont point essentielles ni nécessairement attachées à l'adoration, pour conclure, contre l'évidence de la raison et des sens, que ces sociétés orientales n'adorent pas l'Eucharistie, parce qu'elles n'observent pas ces cérémonies.

CHAPITRE X.

Neuvième conséquence : *Perpétuité de la doctrine de la présence réelle et de la transsubstantiation depuis les apôtres jusqu'à nous ; et impossibilité du changement supposé par les ministres dans la doctrine de l'Église en aucun temps.*

Toutes les conséquences particulières que nous avons tirées jusqu'ici de la réfutation de ce changement que les ministres prétendent être arrivé au dixième siècle dans la doctrine de l'Eucharistie, et des preuves par lesquelles nous avons fait voir que les dogmes de la présence réelle et de la transsubstantiation ont été reconnus universellement dans l'église d'Orient et d'Occident depuis le septième siècle, se terminent toutes si naturellement à cette conclusion générale que c'est là la doctrine perpétuelle de l'Église, et qu'il ne s'y est fait ni ne s'y est pu faire aucune innovation depuis les apôtres jusqu'à nous, qu'il n'est presque pas besoin de faire voir la liaison de cette conséquence avec les principes que nous avons établis. En effet les ministres ne placent leur prétendu changement au neuvième et au dixième siècles que parce qu'ils ne le peuvent placer ailleurs. Le choix qu'ils font de ces siècles est forcé et non volontaire ; et quand on leur ôte ce temps-là, on leur ôte tous les autres. Toutes les raisons par lesquelles nous avons détruit cette fable impertinente, sont des raisons générales qui s'appliquent à tous les siècles. Ce silence de tous les auteurs et de tous les historiens sur le plus grand événement qui fut jamais ne serait pas moins étonnant en tout autre siècle qu'au dixième. Cet oubli général qu'il faut supposer dans toute la terre de la doctrine ancienne ; ce mélange monstrueux de chrétiens dont les uns croyant la présence réelle et les autres ne la croyant pas seraient demeurés néanmoins, unis, dans toute l'Église ; cette extinction de toutes les passions, que cette opinion devait produire dans ceux qui l'auraient publiée, dans ceux qui l'auraient embrassée, dans ceux qui l'auraient rejetée, dans les inférieurs, dans les supérieurs; enfin dans toutes les autres circonstances qui sont attachées à ce changement, en quelque temps qu'on le place, le rendent impossible dans tous les temps.

Si le dixième siècle, qui a certainement eu moins de savants hommes ne le peut souffrir, et s'il nous donne assez de lumière pour faire voir l'absurdité de cette fable, combien les autres, qui en ont eu un plus grand nombre, nous en donneront-ils encore davantage ?

On a pu voir que les suites qui s'opposent à ce changement ne sont point des suites arbitraires, éloignées, attachées à diverses circonstances, et par conséquent variables et incertaines ; mais que ce sont des suites certaines, constantes, uniformes qui dépendent de passions universelles, qui en naissent naturellement et certainement, et qu'on ne saurait désavouer sans s'imaginer que tous les hommes aient conspiré à se faire violence, et à agir dans cette affaire d'une manière toute contraire à celle dont ils agissent dans toutes les autres.

Ainsi, pour montrer que ce changement est impossible en quelque siècle de l'Église qu'on entreprenne de le placer, il n'y a qu'à montrer qu'il y a eu des hommes dans tous les siècles qui étaient de même nature que ceux du nôtre, sujets aux mêmes passions, et capables des mêmes mouvements. C'est la seule supposition dont cette démonstration a besoin : et ce seul principe attire tout le reste.

Il s'ensuit donc que les preuves que nous avons employées s'étendent à tous les temps, et sont concluantes pour tous les temps.

Qui prouve dans les mathématiques les propriétés d'un triangle, les prouve de tous les triangles actuels et possibles, parce que les raisons par lesquelles il les prouve s'appliquent généralement à tous les triangles. Il en est de même de celles par lesquelles nous avons détruit l'innovation prétendue du dixième siècle. Que l'on substitue quelque siècle que l'on voudra, elles n'en seront pas moins fortes ; et ce siècle, outre les preuves générales qui subsistent dans toute leur évidence, nous en fournira encore de particulières qui n'en auront peut-être pas moins.

Je n'ai pas besoin de m'étendre davantage sur ce point, parce que je m'assure que M. Claude ne le contestera pas ; il est trop attaché à l'idole de son Paschase, et il a trop de complaisance dans cette fiction par laquelle il fait naître la présence réelle à l'ombre du couvent de Corbie, pour s'en détacher si facilement. Mais j'ai eu besoin de le remarquer, de peur qu'il ne prenne fantaisie à quelque autre ministre, qui ne serait pas de son humeur, de se réfugier dans quelque autre siècle en se voyant chassé du neuvième et du dixième.

Il est donc bon de les avertir par avance que cette pensée ne serait pas plus raisonnable que celle de M. Claude, et qu'ils n'y trouveront pas plus de sûreté. La chaîne de la doctrine de l'Église est indissoluble. Si le changement ne s'est pas fait dans le dixième, il ne s'est pu faire dans le neuvième ni dans les quatre siècles précédents. Il ne s'est donc pu faire dans le sixième, dans le cinquième, dans le quatrième, dans le troisième, dans le second, dans le premier : il ne s'est donc jamais fait. La doctrine de la présence réelle et de la transsubstantiation est donc la doctrine des apôtres : c'est la doctrine de Jésus-Christ ; c'est la doctrine perpétuelle et universelle ; c'est une doctrine qui n'a point d'autre auteur que Jésus-Christ même ; qui a toutes les marques et tous les caractères de ces dogmes divins qui obligent la raison de se soumettre, et dont l'autorité supérieure à notre esprit doit étouffer toutes ses vues, toutes ses lumières et tous ses raisonnements.

Que ceux qui ont le bonheur d'être nourris dans cette doctrine reconnaissent la grâce que Dieu leur a faite de n'avoir pas permis qu'ils tombassent dans ce malheur de rejeter ce gage incomparable de la bonté de Jésus-Christ envers eux, de déclarer la guerre à ce sacrement de paix, et de méconnaître Jésus-Christ lorsqu'il ne se rend présent parmi eux qu'afin de les combler des témoignages de son amour. Qu'ils lui rendent de très-humbles actions de grâces d'avoir appaisé en eux la révolte de la raison humaine par la sainte habitude de la foi, et de ne les avoir point exposés aux irrésolutions et aux incertitudes de leur propre esprit, et d'avoir empêché que leur lumière ne fût obscurcie par mille secrets intérêts que l'engagement produit. Que cette juste reconnaissance qu'ils doivent à Dieu les porte en même temps à avoir une extrême compassion pour ceux à qui il n'a pas fait la même grâce, et qui ne laissent pas d'être coupables dans leur erreur, puisqu'elle ne laisse pas d'être volontaire, et d'avoir sa source dans la corruption de leur cœur. Qu'ils leur souhaitent avec ardeur le bonheur dont ils jouissent, qu'ils le leur attirent par leurs prières, et qu'ils le leur procurent par leurs soins, et surtout par l'exemple de leur bonne vie, qui est la charité générale que tous les catholiques doivent à ceux qui sont séparés du corps de l'Église, aussi bien qu'à ceux qui y sont unis.

Mais que ceux qui par un juste jugement de Dieu trouvent leur esprit prévenu et leur cœur animé contre cette doctrine, rentrent sérieusement en eux-mêmes, et qu'ils regardent à quoi ils s'engagent. Qu'ils considèrent cette suite horrible du parti qu'ils prennent de ne pouvoir espérer de salut pour eux qu'en précipitant dans l'enfer toute l'Église depuis les apôtres par l'idolâtrie criminelle dont elle se serait rendue coupable. Que cette image effroyable les ramène à eux, et leur donne de la défiance de leurs vains raisonnements. Qu'ils considèrent que ce n'est que par un pur caprice qu'ils font tant valoir les difficultés de la présence réelle et de la transsubstantiation, en même temps qu'ils ne sont nullement choqués des difficultés des autres mystères, qui ne sont pas moindres. Et ainsi comme ils voient bien eux-mêmes que la résolution de ne rien croire au-dessus de la raison les conduirait nécessairement au comble de l'impiété, de l'irréligion et de l'athéisme, et que la raison même les oblige de désavouer la raison en quelques points ; que cette même raison leur fasse voir aussi qu'ils ne doivent point mettre des bornes de caprice et de pure fantaisie à ce désaveu et à ce renoncement, mais qu'ils doivent généralement recevoir toutes les vérités divines qui sont venues depuis Jésus-Christ jusqu'à nous par le canal de la tradition sacrée, et qui leur sont proposées par l'Église universelle.

LIVRE ONZIEME.

DES DIFFÉRENDS PERSONNELS ENTRE M. CLAUDE ET L'AUTEUR DE *LA PERPÉTUITÉ*.

CHAPITRE PREMIER.

Injustice de la plainte que M. Claude fait sur ce qu'on a dit des auteurs de la prétendue réformation. Et premièrement des henriciens combattus par S. Bernard.

Saint Augustin témoigne avec raison dans ses livres (lib. 3 cont. Pet., c. 1) qu'il n'approuve pas que dans les disputes de la religion on détourne l'esprit des lecteurs du fond de la matière dont il s'agit, pour l'appliquer à des reproches ou à des justifications qui ne regardent que les personnes ; et il accuse ceux qui le font de vouloir tirer avantage de la légèreté ou de la vanité de certaines gens qui se plaisent à entendre ces vaines contestations entre les personnes de lettres, et qui se laissent charmer par ceux qui disent des injures agréablement, sans considérer les preuves par lesquelles on en fait voir la fausseté : « *Qui libenter audiunt lites nugantium disertorum, cùm attendant quàm eloquenter convicieris, simul non intuentur quàm veraciter convincaris.* » C'est pourquoi ce même saint pour ôter à un autre de ses adversaires ce moyen d'embarrasser la dispute par des accusations personnelles, lui répond en un mot *qu'il doit quitter tous ces vains discours ; qu'il s'agit entre eux de la cause de l'Église, et non d'un différend particulier, et que l'Église ayant appris de son Rédempteur même à ne mettre point son espérance dans les hommes, ne peut recevoir aucun préjudice par les défauts de ceux qui la défendent.* « *Desine talibus : Ecclesia inter nos agitur causa, non mea ; Ecclesia, inquam, quæ in nullo homine spem ponere à suo didicit Redemptore.* » (contra Crescent., l. 4, c. 80.)

C'est pour suivre l'esprit de ce saint docteur que je n'ai point voulu interrompre l'examen de tout ce qui regardait l'argument de *la Perpétuité* par les réponses que j'aurais pu faire aux plaintes, aux reproches et aux déclamations de M. Claude, à moins que ces réponses ne fissent partie de l'examen de ses preuves, et ne contribuassent à l'éclaircissement du point dont il s'agissait. Et je puis de même, à son exemple, protester à M. Claude que quand l'auteur de *la Perpétuité* serait tombé dans quelque excès qui mériterait d'être justement repris, ou que j'y serais tombé moi-même en le défendant, on n'en devrait rien conclure contre la justice de la cause de l'Église. Ce seraient des fautes et des vices personnels que l'Église n'approuverait point, que les sages catholiques blâmeraient, et que je suis prêt de condamner moi-même lorsqu'on me les aura fait connaître.

Mais après avoir terminé par un éclaircissement entier le différend de religion qui était entre M. Claude et nous sur le sujet du livre de *la Perpétuité*, ce n'est plus pécher contre la règle de S. Augustin que d'examiner aussi les différends particuliers que nous pouvons avoir ensemble ; et c'est seulement pratiquer un devoir de charité et de justice. Car comme il serait juste de satisfaire M. Claude sur les plaintes si aigres qu'il fait de quelques paroles de ce livre, s'il avait raison de les faire, c'est lui faire charité que de remédier à son mécontentement en lui faisant voir qu'il n'a pas eu sujet de s'en offenser.

Je ne suis nullement de ceux qui croient que tout est permis quand on attaque un ennemi de l'Église. Je sais que la vérité et la justice ont des lois inviolables que la différence de religion ne détruit point : et tant s'en faut que je m'en croie dispensé parce que je défends contre M. Claude la cause commune des catholiques, que je m'y crois plus obligé que les autres ; parce que rien ne me semble plus contraire au vrai intérêt de l'Église que de faire paraître un esprit aigre et emporté contre ceux qu'elle désire rappeler à elle par toutes sortes de témoignages de charité et de justice. Je puis dire, ce me semble, avec vérité, que non seulement j'ai été toujours très-persuadé de ces devoirs, mais que je les ai eus en vue autant que j'ai pu en écrivant. Je ne prétends point néanmoins que ces bonnes intentions soient des excuses suffisantes si j'y avais effectivement manqué, mais aussi il ne serait pas juste de me condamner ou l'auteur de *la Perpétuité* sur les seules plaintes de M. Claude. Car comme il y a des reproches injustes et excessifs, il y a aussi une injuste délicatesse : et c'est pourquoi il faut juger et des reproches et des plaintes par les principes et les règles de la vérité, et non par les fantaisies et les passions des hommes. Je crois M. Claude assez équitable pour demeurer d'accord de celles que j'établirai, puisque ce sont celles que la raison dicte à tous ceux qui la veulent écouter. Je reconnais donc, en premier lieu, qu'il n'est jamais permis, en aucun cas, de faire un reproche faux à qui que ce soit, et que quiconque s'y serait porté, même par surprise, serait obligé de le désavouer, et de rendre cet honneur à la vérité qu'il aurait blessée. Je reconnais que non seulement il n'est pas permis d'imputer à ceux qu'on réfute des choses fausses, mais qu'il n'est pas même permis de leur en imputer d'incertaines, et dont on n'est pas assuré ; qu'il n'est pas permis d'aller fouiller dans leurs intentions cachées, et de se rendre juge de ce que Dieu a réservé à son jugement. Ces sortes de reproches étant téméraires, sont par conséquent injustes, et indignes d'une personne qui défend la cause de Dieu qui est la justice même.

Il ne suffit pas même que les reproches soient véritables et justes en soi, il faut aussi qu'ils soient nécessaires, et qu'ils contribuent à l'éclaircissement et à la preuve de la vérité qui est contestée ; car la charité qui tend toujours à épargner l'honneur du prochain, ne permet pas de le blesser par des reproches inutiles. Quand elle le fait, elle le fait avec douleur et contre son inclination naturelle ; et ainsi il faut qu'il y ait quelque chose qui l'y contraigne.

Cette règle exclut ordinairement les reproches personnels, dont on ne peut tirer aucune conséquence pour la doctrine. Je sais bien qu'elle a ses exceptions, et que les Pères n'ont pas fait difficulté en quelques occasions de marquer les vices de ceux contre qui ils écrivaient ; mais ces occasions sont rares, et je veux bien que ces exceptions n'aient point de lieu dans notre dispute. Aussi je ne crois pas que M. Claude se puisse plaindre que j'aie eu recours à ces sortes de reproches, non plus que l'auteur de *la Perpétuité*. M. Claude n'est pour moi que l'auteur de la *Réponse à la Perpétuité* : je ne le veux connaître qu'à ce chef-d'œuvre, qui ne lui est nullement honteux parmi ceux de son parti ; et j'aurais même volontiers supprimé son nom, n'était que d'une part cette retenue eût été fort inutile, n'y ayant personne qui ne le sache ; et que de l'autre elle eût été incommode par les longues circonlocutions dont on eût été obligé de se servir.

Je n'ai donc qu'à le satisfaire sur les autres points : et il me semble que dans ce dessein il est bon de commencer par le reproche dont il a paru le plus vivement piqué, et qui l'a porté à en faire des plaintes plus aigres. En voici le sujet :

L'auteur de *la Perpétuité*, rapportant en abrégé les preuves dont un homme sage qui veut juger sainement des diverses religions doit faire comparaison, dit que d'une part entre les défenseurs de l'Église romaine on trouve tous ceux qui ont été éminents en piété dans le monde, et dont la sainteté a été confirmée par des miracles ; et que *l'on ne voit entre ceux qui la combattent que des hommes remplis d'erreurs et combattus par des saints, que des troupes de vagabonds et de schismatiques, que des gens sans mission et sans aveu, que des furieux et des fanatiques, que des moines apostats, des corrupteurs de religieuses, des docteurs de chair et de sang, des prédicateurs armés, qui ont bien plus excité les peuples aux séditions et aux révoltes qu'à l'obéissance, aux souffrances et au martyre.*

Ce discours a si vivement touché M. Claude, que si

l'on peut fonder quelque jugement de ses mouvements véritables sur ce qu'il en fait paraître en son livre, on peut dire qu'il l'a mis en quelque sorte hors de lui-même, en le portant à faire des plaintes où il est fort difficile de reconnaître quelque étincelle de raison.

Qu'avons-nous fait, dit-il (p. 151), *à l'auteur qui l'oblige d'insulter si cruellement sur notre misère? Avons-nous armé toute la terre pour sa ruine? L'avons-nous poursuivi jusque dans les monts inaccessibles et dans les cavernes? Avons-nous employé contre lui le fer et le feu pour lui donner un ressentiment si injuste et si contraire même à sa profession et à son humeur? Qu'il nous laisse manger pauvrement notre pain trempé dans l'eau de nos sueurs et dans celle de nos larmes, sans le venir encore arroser de son vinaigre, et qu'il se souvienne que les apôtres se sont glorifiés de leur bassesse et de leurs défauts pour attribuer toute la gloire de leur ministère à Dieu, et que les anciens chrétiens n'ont pas perdu le courage quand on leur a dit : Vous suivez des hommes misérables, qui ont établi des lois dures et barbares.* (Jul., apud Cyr. Alex.)

C'est ainsi que M. Claude se démêle de ce mauvais pas en changeant à son ordinaire les figures en raisons ; comme si la vérité ne devait point être considérée dans ces disputes. Il ne dit point que ce qu'allègue l'auteur de *la Perpétuité* soit faux : mais, laissant à part la vérité ou la fausseté de ces reproches, il se plaint qu'on le traite cruellement, et il tâche de soulever contre lui tous ceux qui s'émeuvent par le ton de celui qui parle, plutôt que par le sens des paroles. Mais si ces reproches sont véritables, s'ils sont justes, s'ils sont nécessaires, s'ils ne sont point du tout offensants pour les ministres d'aujourd'hui, quelle plainte M. Claude ne nous donne-t-il point sujet de faire à notre tour contre une rhétorique si injuste, si trompeuse, si maligne, si emportée, si séditieuse ?

Or qu'y a-t-il dans ce discours de l'auteur de *la Perpétuité* qui ne soit exactement véritable ? Ce sera peut-être le sujet d'un plus grand discours ; et les déclamations de M. Claude ni l'injuste délicatesse des ministres ne nous empêcheront pas de faire paraître dans un plus grand jour la vie et l'esprit des premiers réformateurs et de tous ces gens qui composent leur tradition. Mais il suffit de dire ici qu'il faut être de mauvaise foi pour ne demeurer pas d'accord de tout ce qui est contenu dans cette image raccourcie que l'auteur de *la Perpétuité* en a faite.

Car n'est-il pas vrai que les sectateurs de Henri ont été combattus par S. Bernard? N'est-il pas vrai qu'il décrit lui-même dans sa lettre deux cent quarante-unième les vices abominables de ce précurseur des sacramentaires ; son apostasie, sa vie vagabonde, ses désordres, ses infamies? N'est-il pas vrai qu'il cite pour témoins de ce qu'il dit des villes entières ? Ne fait-il pas un dénombrement de ses erreurs? Quel sujet M. Claude a-t-il donc de se plaindre que l'on rapporte des faits si attestés, si constants et si nécessaires, pour faire voir que les premiers auteurs de l'opinion des sacramentaires ont été des instruments du diable, et non pas des organes du S.-Esprit ? Ce reproche n'a-t-il pas toutes les qualités de ceux qui sont justes et légitimes ; la vérité, la justice, la nécessité ? Et peut-on se plaindre de ce que la vérité et la justice autorisent, que par un esprit injuste et déraisonnable ?

Mais cette histoire des henriciens n'est pas seulement considérable par ce que S. Bernard rapporte des déréglements de Henri, qui fait connaître l'esprit dont il était animé ; mais encore plus par les miracles que Dieu opéra par ce saint pour confondre ces hérétiques, qui sont des preuves éclatantes et divines de la vérité de la foi de l'Église catholique. Et c'est pourquoi il ne sera pas inutile de faire voir ici avec combien de faiblesse et de mauvaise foi Aubertin tâche de les éluder et d'affaiblir l'autorité de S. Bernard.

Il faut remarquer 1° sur le sujet de ces miracles qu'ils sont rapportés par un auteur contemporain, qui est Geoffroi, son disciple et l'un des auteurs de sa Vie ; 2° qu'ils sont même attestés par S. Bernard : *La vérité,* dit-il (ep. 241) dans sa lettre à ceux de Toulouse, *ayant été manifestée par nous, non seulement par des paroles, mais aussi par des miracles, on a découvert les loups qui étaient venus à vous avec des peaux de brebis;* 3° que ces miracles furent faits par S. Bernard avec une protestation expresse que c'était pour confondre les hérétiques henriciens, et pour prouver la foi qu'il annonçait : car l'auteur de sa Vie rapporte qu'*étant en un lieu nommé Sarlat, après le sermon fini, on offrit des pains au serviteur de Dieu pour les bénir comme il avait accoutumé de faire partout; et qu'élevant sa main et leur donnant sa bénédiction en faisant le signe de la croix au nom de Dieu, il dit : Vous reconnaîtrez que nous prêchons la vérité, et que les hérétiques vous trompent par une fausse doctrine, si vos malades recouvrent la santé en mangeant de ce pain que j'ai béni ; que cette proposition ayant donné de la crainte à Godefroi, évêque de Chartres, qui était présent et proche du saint abbé, il dit qu'ils seraient guéris s'ils le prenaient avec une ferme foi; mais que le bienheureux Père répondit avec une parfaite confiance en Dieu : Je ne dis pas cela, mais je dis que tous ceux qui en mangeront seront guéris, afin qu'ils connaissent par ce miracle que nous sommes véritables, et que nous annonçons la parole de Dieu selon sa divine vérité.* (Vita S. Bern., l. 3, c. 6.)

Il n'y eut jamais de protestation plus expresse que des miracles sont faits pour confirmer une vérité : et cependant Dieu seconda tellement les promesses de S. Bernard qu'*il y eut,* dit l'auteur de sa Vie, *tant de malades guéris, que le bruit de cet événement merveilleux courut par toute la province ; en sorte que le serviteur de Dieu repassant par les lieux voisins fut obligé d'éviter le concours insupportable du peuple, en prenant un autre chemin.*

Le même auteur rapporte encore (ibidem) que dans ce célèbre miracle que S. Bernard fit à Toulouse en guérissant un paralytique mourant et près de rendre l'esprit, qui se leva sur le champ et courut après lui, en sorte que ceux qui le virent crurent que c'était un fantôme, ce saint fit secrètement cette prière à Dieu, comme il le confessa depuis : *Qu'attendez-vous, mon Seigneur et mon Dieu? Ce peuple cherche des miracles, et nous leur profiterons peu par nos paroles, si vous ne les confirmez par des effets miraculeux de votre puissance.*

Voilà ce que le ministre Aubertin entreprend de détruire : et voici les raisons qu'il emploie pour cela.

Il allègue premièrement que Pierre de Cluny écrivant contre les pétrobusiens, prédécesseurs des henriciens, dit qu'il diffère à répondre à certaines erreurs qu'on leur imputait jusqu'à ce qu'il en fût plus informé. Et il conclut de là qu'il ne faut pas croire que S. Bernard fût mieux informé des crimes de Henri, successeur de Pierre de Bruis ; et par conséquent qu'il en parle témérairement. Je pense qu'il serait difficile de produire un exemple d'un plus étrange raisonnement. Car on peut conclure assez justement de la retenue de Pierre de Cluny que les saints ne sont pas précipités dans leurs jugements ; et qu'ainsi on a grand sujet de les croire quand ils assurent positivement les choses. Mais il n'y avait qu'Aubertin qui fût capable de tirer cette étrange conclusion que si Pierre de Cluny n'a pas été en un certain temps assuré de certaines erreurs de Pierre de Bruis, et s'il a désiré de s'en instruire d'avantage, S. Bernard n'a pu être assez informé des erreurs et des crimes de Henri son successeur, pour en parler comme il a fait.

Il allègue en second lieu qu'Othon de Frisingue dit de S., Bernard sur le sujet du différend qu'il eut avec Gilbert de la Porée, évêque de Poitiers, que sa douceur naturelle le rendait crédule ; et il prétend par là faire rejeter comme faux tout ce qu'il dit contre Henri.

Mais 1° si la douceur rend crédule, c'est à l'égard du bien, et non pas du mal. Au contraire, elle empêche de le croire, selon S. Paul, qui assure que la charité ne pense point de mal : « *Non cogitat malum.* » Ç'aurait été sans doute une étrange sorte de douceur que celle de S. Bernard, si elle l'avait porté à croire d'une part témérairement des crimes abominables de Henri, et à se persuader de l'autre faussement qu'il avait fait des miracles pour le confondre. De sorte qu'au lieu que la douceur évangélique porte à croire du bien du prochain et du mal de soi, il se trouverait que celle de S. Bernard l'aurait porté à croire du bien de soi-même et du mal des autres. 2° Il n'y a rien de plus déraisonnable que de prétendre d'avoir droit d'appliquer sans fondement ce reproche général de crédulité, qu'un historien a fait à S. Bernard sur un sujet tout différent, à tous les faits attestés par S. Bernard, pour les rendre ainsi tous suspects de fausseté. Car il est clair qu'Aubertin n'a aucune raison particulière pour prétendre que ce que S. Bernard dit de Henri soit plutôt faux que tous les autres faits qui se trouvent dans ses œuvres. Que si on ne le peut pas appliquer à tous, on ne le peut pas non plus appliquer à celui-là. 3° Ces faits étaient attestés par des villes entières, comme Lausanne, le Mans, Bordeaux. Et ainsi S. Bernard ne disait rien de Henri qui ne fût de notoriété publique, et où il pût être surpris. (Bern., ep. 241.) 4° Il apprit ensuite par lui-même les erreurs de ces hérétiques, en allant sur les lieux où ils les avaient semées ; et bien loin de se rétracter de ce témoignage qu'il avait rendu d'eux, il les poursuivit encore avec plus de force.

Enfin c'est une ignorance ou une mauvaise foi inexcusable à Aubertin d'avoir pris pour fondement cette parole qu'Othon de Frisingue dit de lui sur le sujet de Gilbert de la Porée, évêque de Poitiers, puisqu'il est certain que cet historien avait tort dans ce reproche de crédulité qu'il fait à ce saint ; que le zèle de S. Bernard contre Gilbert était très-juste et très-éclairé ; que Gilbert même se rétracta, et qu'Othon de Frisingue se repentit à la mort d'avoir favorisé dans son Histoire cet évêque contre S. Bernard, comme le cardinal Baronius le rapporte sur le témoignage des auteurs de ce temps-là. (Vie de S. Bern. en français, l. 3, c. 6.)

Mais tout cela néanmoins n'approche pas de l'absurdité de la dernière raison qu'Aubertin allègue en particulier pour détruire la preuve que l'on tire des miracles que S. Bernard fit contre les henriciens. On a vu combien ils étaient considérables en toute manière, par le nombre et par les circonstances. Cependant ce ministre, pour les réfuter tous, se contente de s'écrier : *Quelle apparence y a-t-il que ces miracles soient arrivés, si l'on fait réflexion sur ce que Papirius Masso rapporte dans son Histoire, que ni le supplice de Pierre de Bruis, ni les sermons de S. Bernard, ne purent empêcher le progrès de cette secte, et qu'elle ne fût embrassée par les villes de Toulouse, de Carcassonne, de Béziers, de Castres, et quelques autres.* Ainsi, selon Aubertin, l'incrédulité des peuples est une preuve convaincante de la fausseté des miracles : et si les libertins, les impies et les athées, sont aussi déraisonnables que lui, ils rejetteront tout d'un coup tous les miracles de Moïse, des prophètes, de Jésus-Christ et des apôtres, par des exclamations formées sur le modèle des siennes.

Quelle apparence, diront-ils, que Moïse eût fait les miracles rapportés dans l'Exode, *si l'on fait réflexion* que Pharaon et les Égyptiens persévérèrent dans leur endurcissement ? Quelle apparence qu'un prophète, envoyé vers Jéroboam, ait fait les miracles que l'Écriture raconte, qu'un autel se soit fendu, que la main de ce roi se soit séchée, et qu'aussitôt après elle ait été guérie à la prière de ce saint homme, *si l'on fait réflexion* que ni ce roi ni les dix tribus qui lui étaient soumises ne quittèrent point leur schisme ni l'adoration des deux veaux ? Quelle apparence que Jésus-Christ ait fait tous ceux que l'Évangile rapporte, *si l'on fait réflexion* que les Juifs ne l'ont pas reconnu pour le Messie, et qu'ils n'ont pas laissé de le crucifier nonobstant tous ces miracles ? Quelle apparence que les apôtres aient fait tout ce qu'on lit dans les

Actes, *si l'on fait réflexion* que tant de Juifs et de païens ne reçurent pas la doctrine qu'ils leur annonçaient, et qu'ils n'ont pas laissé de leur faire souffrir la mort.

Comment est-il possible que ce ministre n'ait pas vu l'ouverture qu'il donnait d'attaquer tous les miracles par le même raisonnement qu'il fait contre ceux de S. Bernard ; et comment les plus communes lumières de la religion ne lui en ont-elles pas fait connaître la fausseté ? Car qui ne sait que les miracles ne sont que des grâces extérieures, et que quelques grâces intérieures qui les accompagnent, néanmoins la conversion effective ne s'opère que par une grâce particulière que Dieu donne à qui il lui plait ? Qu'ainsi, selon le cours ordinaire de la Providence, l'effet commun des miracles est de toucher les uns et d'endurcir les autres ; que c'est ce qui est arrivé à ceux de Moïse, des prophètes, de Jésus Christ et des apôtres : qu'on ne doit donc pas s'étonner qu'il en soit arrivé de même à ceux de S. Bernard ; et qu'ayant eu l'effet que Dieu voulut en tirer, en préservant plusieurs âmes de l'erreur, ils n'aient pas empêché que depuis son départ elle ne se soit glissée dans plusieurs esprits, Dieu punissant ainsi l'infidélité de ceux qui ne se convertirent pas sérieusement à lui, et qui firent un mauvais usage de ses grâces.

Il y a donc quelque chose d'étonnant dans cet égarement d'esprit d'Aubertin, d'avoir cru pouvoir rejeter des preuves si illustres de la vérité de la foi catholique par un raisonnement qui condamnerait Jésus-Christ et tous les saints. Mais l'insensibilité des calvinistes l'est encore infiniment davantage ; car sans doute ils ne sont pas assez aveugles pour ne pas voir que ces réponses d'Aubertin sont ridicules : mais ils en demeurent là, et ils ne sont nullement effrayés des conséquences qui se tirent naturellement de cette histoire. Car si les henriciens sont hérétiques, ils ne peuvent nier qu'ils ne le soient eux-mêmes, puisqu'ils font gloire de les compter entre leurs prédécesseurs, et qu'il est certain qu'ils ont été condamnés pour plusieurs opinions qui sont communes aux calvinistes, et entre autres pour avoir nié la présence réelle comme ils la nient. Or il est certain que les henriciens sont hérétiques, non seulement si S. Bernard est un saint, mais s'il n'est pas un fourbe, un imposteur, un faux prophète ; s'il a eu seulement la sincérité d'un honnête païen. Car ayant écrit, comme il a fait, que Dieu avait confirmé par des miracles ses prédications contre les henriciens, et ces miracles ayant été faits par lui avec une déclaration expresse que c'était pour montrer que les henriciens étaient de dangereux hérétiques : si ces miracles sont faux, S. Bernard est un fourbe et un imposteur ; et s'ils sont vrais, les henriciens sont hérétiques. Ainsi, afin qu'ils ne le soient pas, et que les calvinistes ne le soient pas avec eux, il faut qu'ils disent que ces miracles sont faux, et que S. Bernard était un imposteur ; leur salut dépend de la vérité de ce fait. Or quelle plus horrible extrémité peut-on concevoir que d'en être réduit à ne pouvoir se garantir d'hérésie, et par conséquent de l'enfer, à moins que S. Bernard ne soit coupable de fourberie et d'imposture, et d'attacher son salut à une chose si hors d'apparence qu'ils ne l'ont même jamais osé dire ? Car ce saint a un si grand éclat de sainteté, que les plus emportés des ministres ont été contraints de lui donner des éloges. Luther le préférait à tous les Pères de l'Église. Bucer l'appelle *un homme de Dieu*. (In Colloq. convivial., cap. de Patrib.; de Conc., c. de Just.; Calv., l. 4 Inst., c. 10, § 17.) Calvin dit que *c'est un pieux et saint écrivain*. Cependant si *ce pieux et saint écrivain*, si *cet homme de Dieu* n'est pas un fourbe, un Antechrist et un faux prophète, les henriciens et les calvinistes sont hérétiques, et il n'y a point de salut pour eux.

C'est encore un exemple de cette modération intéressée si ordinaire aux calvinistes, qui leur fait arrêter quand ils veulent les conséquences naturelles de leur doctrine, pour faire grâce à qui il leur plait, ou plutôt à qui ils ont intérêt de la faire. Car étant certain que S. Bernard a cru les henriciens hérétiques, étant certain qu'il les a poursuivis avec toute l'ardeur de son zèle, étant certain qu'il a décrié Henri comme un infâme, un vagabond, un loup, un hérétique ; étant certain qu'il s'est vanté d'avoir fait des miracles pour les convaincre ; étant certain qu'il a dit qu'il les faisait à cette intention, d'où vient cette retenue que les calvinistes témoignent en son endroit ? S'il a calomnié des innocents, que ne l'appellent-ils calomniateur ; et s'il a fait de faux miracles pour confirmer l'erreur, que ne l'appellent-ils imposteur et faux prophète ? Et qu'y a-t-il de moins raisonnable que ce milieu qu'ils choisissent, de reconnaître d'une part S. Bernard pour saint, et de vouloir faire passer de l'autre les henriciens pour innocents et pour orthodoxes ? N'est-il donc pas visible que ce n'est point par raison qu'ils se sont portés à ce tempérament si déraisonnable, mais par une pure nécessité ? La vertu de S. Bernard est si reconnue qu'ils n'ont pas osé l'attaquer directement ; mais leur préoccupation est si aveugle et si opiniâtre, qu'ils ne veulent point du tout y renoncer : et c'est ce qui les a obligés à allier dans leurs discours des choses inalliables, et à aimer mieux se contredire d'une manière grossière, que de rendre gloire à la vérité.

CHAPITRE II.

Suite de la justification des autres reproches qu'on a faits aux auteurs de la prétendue réformation ; qu'ils sont non seulement véritables, mais nécessaires et décisifs.

Il suffira de parcourir légèrement les autres reproches que l'auteur de *la Perpétuité* fait aux calvinistes, pour faire voir qu'ils ne contiennent rien que de juste et de véritable. Car n'est-ce pas traiter bien favorablement les Albigeois et les Vaudois que de ne les avoir point accusés de tous les crimes et de toutes les erreurs que des auteurs contemporains leur reprochent, dont ils sont fort mal justifiés par Aubertin, et de s'être contenté de les appeler simplement des troupes de vagabonds et de schismatiques ; puisqu'il n'y a rien de plus certain que leur révolte contre l'Église, qui suffit seule pour les condamner.

Quelle mission avait Pierre Leclerc, laïque et cardeur de laine, qui fut établi premier ministre à Meaux par une troupe de laïques? Quelle mission ont tous les ministres de France qui sont ordonnés par des gens qui ne sont point prêtres, et qui, quand ils le seraient, n'auraient pas le pouvoir de les ordonner, encore moins de leur donner la juridiction et le pouvoir de prêcher? Qu'y a-t-il donc de faux dans le reproche que leur fait l'auteur de la *Perpétuité* d'être des gens *sans mission et sans aveu*? Les anabaptistes, qui ont inondé l'Allemagne, et dont il y a jusqu'à trente sept sortes en Hollande ; les trembleurs et les quakers d'Angleterre, ne sont-ce pas de *furieux et de fanatiques ennemis de la présence réelle*? Une grande partie des premiers ministres ne sont-ils pas sortis des monastères ; et l'une des premières actions de leur réforme, n'a-ce pas été d'ordinaire de contracter des mariages scandaleux, condamnés par tous les Pères comme de détestables sacriléges? (Florim. de Raymond, l. 7, c. 16 ; et l. 3, c. 6.) Et faut-il que M. Claude nous oblige de lui citer les exemples particuliers de Luther (t. 5, serm. de Matr., fol. 119 et 123), de Bucer, d'Œcolampade, de Pierre Martyr, de Bernardin Okin, et de tant d'autres, et de le renvoyer à un auteur dont il loue la modération, pour y apprendre les effets de la réformation luthérienne et calviniste ?

Y a-t-il rien de plus infâme que ce que Luther et Zwingle (in Paræn. ad Helv., t. 1, f. 113) ont écrit d'eux-mêmes, ou qui est rapporté par leurs disciples ; rien de plus horrible que les vers de Bèze, imprimés depuis qu'il eut quitté l'Église ; rien de plus sensuel que toute cette doctrine, qui fait un point capital de la prétendue réformation, d'abolir la pénitence et toute sorte d'austérités?

Faut-il que M. Claude nous oblige de lui représenter la part que les ministres ont prise dans toutes les guerres que le prétexte de la religion a excitées dans l'Europe, pour lui justifier ce que l'auteur de la *Perpétuité* a dit d'eux, en les appelant des *prédicateurs armés, qui ont bien plus excité les peuples aux séditions et aux révoltes qu'à l'obéissance, aux souffrances et au martyre*? Certainement s'il a quelque sentiment d'équité, il se doit tenir obligé de ce que je ne veux pas lui faire en ce lieu un tableau de ce que les auteurs de sa prétendue réforme ont fait en ce genre dans toute l'Europe, et que j'aime mieux me priver des avantages que cette ouverture me donne, que de troubler en quelque sorte la paix dont je souhaite qu'on laisse toujours jouir ceux de sa religion, par la triste image des désordres effroyables qu'ils ont causés. Mais qu'il n'abuse pas au moins de cette indulgence, et qu'il reconnaisse qu'il n'y a rien que de très-vrai dans ces reproches dont il se plaint.

Ils ne sont pas seulement véritables, ils sont encore justes et nécessaires, qui est tout ce que l'on peut demander pour les rendre légitimes. Ils sont tirés de faits publics et certains, où il n'y a point à deviner, et où la témérité ne peut avoir lieu ; et ils ont une telle force pour la décision de nos différends, qu'on ne peut ni les dissimuler sans prévarication, ni s'en offenser sans injustice. Car Dieu qui préserve toujours son Église des erreurs par certains moyens proportionnés à cet effet, et qui, dans cette Église, veille particulièrement au salut des simples et des petits, a soin d'ordinaire de leur procurer certaines marques extérieures qui les détournent des hérésies, et les retiennent dans la véritable foi par une impression vive et sensible, sans qu'ils aient besoin, pour en être persuadés, d'une longue suite de raisonnements. Or entre ces preuves d'impression et de sentiment, qui persuadent l'esprit et qui le pénètrent par une évidence qui s'aperçoit tout d'un coup, je n'en vois point de plus claire que celle que l'on peut tirer de la vie des premiers réformateurs, et de l'esprit qui paraît dans toute cette prétendue réformation. Car pourvu que l'on ait un peu de lumière, il est impossible que jetant seulement les yeux sur le procédé de ces personnes, sur leur vie, sur l'emportement et la vanité de leurs écrits, on ne sente tout d'un coup qu'il n'y a rien de Dieu dans tout cela ; que l'on ne conçoive de l'horreur pour eux, et que l'on ne conclue en même temps que, n'étant ni prophètes ni saints, mais étant au contraire visiblement injustes, violents, passionnés, téméraires, déréglés, il est impossible qu'ils soient, comme ils le prétendent, des ministres que Dieu ait employés au plus grand et au plus merveilleux ouvrage qui fut jamais.

Il n'est pas besoin de paroles pour faire entrer les personnes raisonnables dans cette conséquence ; elle se sent tout d'un coup par ceux qui ne sont point préoccupés, d'une manière plus vive que tous les arguments du monde. Il faut seulement leur expliquer quel est cet ouvrage auquel les ministres prétendent être appelés : et c'est ce que l'on peut apprendre en abrégé de M. Daillé dans son traité des Pères, où il fait le plan de la prétendue réformation. *Tous les réformés tiennent* (dit Daillé, de l'Usage des Pères, p. 439) *que cette pure et simple et saine doctrine, prêchée par les apôtres anciennement, et par eux-mêmes consignée ès livres du nouveau Testament, s'est altérée peu à peu ; le temps qui change toutes choses y mêlant toujours quelque impureté : tantôt une opinion juive ou païenne, tantôt une observation curieuse, quelquefois un service superstitieux ; l'un bâtissant du chaume sur le fondement, l'autre du foin, un tiers du bois, tant que peu à peu ce corps s'est trouvé tout autre qu'il n'était jadis. Au lieu d'un palais d'or et d'argent, un édifice mêlé de plâtre, et de pierre, et de bois, et de boue, et d'autres chétives étoffes. Comme nous voyons, disent-ils, que plus les ruisseaux s'éloignent de leur source, plus ils accueillent d'ordure, et plus leur eau reçoit de qualités étrangères ; comme un homme, plus il avance en âge, et plus il perd de cette naïve simplicité qui reluisait en son enfance ; son corps et son âme se changent ; l'étude, et l'artifice, et le fard y cachent tout peu à peu, et la* déguisent; de sorte qu'à la fin il n'est plus lui-même. C'est ce qu'ils disent être arrivé au christianisme, et ils y rapportent ce qu'écrit S. Paul en cet illustre passage de la seconde Épître aux Thessaloniciens, *d'une révolte signalée dont les commencements se brassaient dès lors sourdement, pour n'éclater que longtemps après... Selon cette hypothèse* COMMUNE, CE ME SEMBLE, A TOUS LES PROTESTANTS, *il faut de nécessité que la doctrine de l'Église ait, dès le second siècle, reçu quelque altération par le mélange de quelque matière étrangère en sa créance et en sa police; qu'au troisième siècle, quelque autre impureté s'y soit pareillement attachée, et ainsi aux quatrième et cinquième, et ès suivants, la religion déchéant de sa pureté et simplicité originelle, et accueillant toujours quelque nouvelle ordure, jusqu'à ce que finalement elle soit parvenue au dernier degré de corruption,* auquel ils disent l'avoir trouvée, *et par l'adresse des Écritures l'avoir remise au même point où elle était au commencement.* C'est-à-dire, en un mot, qu'ils prétendent être destinés de Dieu à corriger une infinité d'erreurs qui se sont, selon eux, glissées dans l'Église depuis Jésus-Christ, et dans la plupart desquelles ils prétendent que les Pères mêmes ont été plongés.

Quelles qualités ne devaient donc point avoir des personnages qui se déclarent eux-mêmes envoyés de Dieu pour réformer tous les siècles de l'Église, pour découvrir aux hommes ce que Dieu avait caché aux plus fidèles et aux plus saints de ses serviteurs? Quel éclat de sainteté ne devait point paraître dans ces réformateurs de tous les Pères et de tous les saints, pour balancer l'impression que l'autorité de ceux dont ils voulaient corriger les abus fait justement dans l'esprit des peuples; pour rendre croyable ce qu'ils annonçaient et qui était combattu, comme ils l'avouent, par de si grands et de si justes préjugés; pour dissiper l'étonnement qu'une mission si extraordinaire devait causer; et enfin pour répondre à la grandeur de cette entreprise?

Quand donc, ensuite de cette idée que la raison et l'analogie de la foi nous oblige de former, on vient à considérer ces prétendus réformateurs, et que l'on n'apperçoit parmi eux que des ecclésiastiques incontinents, ou des moines déréglés, à qui la débauche a fait quitter leur couvent, et dont la première démarche dans la prétendue réformation a été de se souiller par des mariages scandaleux, et souvent avec des religieuses; que non seulement on n'y voit ni sainteté ni miracles, mais que l'on voit des déréglements horribles dans plusieurs des principaux, et qu'on ne découvre au plus dans les autres qu'un réglement philosophique, sans onction, sans spiritualité, sans dévotion; que les uns sont emportés, furieux, insolents, comme Luther, au jugement même de Calvin et des ministres calvinistes, qui disent que ses écrits *sont pleins de diables;* les autres vains, orgueilleux, téméraires, insolents, sans équité, sans modération, comme Calvin, dans qui on aperçoit partout un esprit profane et séculier, une ostentation d'une vaine suffisance, un style fier, et qui n'a rien du tout qui ressente la simplicité évangélique : il faudrait être absolument sans lumière, pour pouvoir croire que des gens de cette sorte soient des apôtres choisis de Dieu pour la réformation de l'Église dans tous les siècles.

Qu'il me serait aisé après cela de tourner en ridicule les plaintes de M. Claude, qui se glorifie par une nouvelle espèce d'humilité dans les désordres de ces prétendus réformateurs, comme *les apôtres se sont glorifiés dans leur bassesse.* Mais j'aime mieux lui dire sérieusement qu'il ne prend pas garde qu'il y a de l'impiété dans cette comparaison, et qu'il abuse de ce terme de *bassesse* d'une manière très-injurieuse aux apôtres.

Il devait savoir que, comme il y a diverses sortes de grandeurs, il y a aussi diverses sortes de bassesses que l'on ne doit pas confondre; et qu'il n'y a rien de plus éloigné de la bassesse des apôtres que celle qu'on reproche aux auteurs de sa secte.

Il y a une grandeur humaine qui consiste dans la possession des choses que le monde estime; et une bassesse humaine qui naît de la privation de ces biens, qui sont l'objet de l'orgueil et de la concupiscence des hommes. C'est cette sorte de bassesse qu'on peut remarquer dans les apôtres et dans les premiers chrétiens. Ils n'avaient ni richesses, ni forces pour se rendre redoutables, ni qualités extérieures pour attirer l'estime et l'admiration des hommes, ni complaisance pour les flatter dans leurs passions. Ils étaient donc petits et méprisables selon le monde. Mais qu'ils étaient grands et éminents en même temps selon une autre sorte de grandeur, qui est la grandeur divine, qui consiste dans la possession des biens divins et dans les marques de la puissance de Dieu! Quel éclat de vertu et de sainteté rejaillissait de toutes leurs actions! Qu'ils avaient d'onction dans leurs paroles! Qu'ils étaient puissants en œuvres et en miracles; et qu'il y avait une proportion admirable entre les grâces dont Dieu les comblait et la vocation à laquelle ils étaient destinés, qui était la conversion du monde! Leur bassesse extérieure faisait même une partie de cette divine proportion; car il était digne de Dieu de confondre l'orgueil et la puissance des hommes par des gens qui n'eussent rien que de méprisable selon le monde; et de leur apprendre à mépriser les richesses et les honneurs de ce monde par des personnes qui en fussent entièrement dépourvues.

En un mot, les apôtres et les premiers chrétiens étaient pauvres des biens du monde, mais riches selon la foi; ils étaient petits selon les hommes, mais grands selon Dieu : et c'est là la bassesse dont il est permis de se glorifier, parce qu'elle enferme la véritable grandeur; mais ce n'est pas celle qu'on reproche aux auteurs de la prétendue réformation.

Ils ont été au contraire assez bien pourvus des talents et des grandeurs extérieures : ils n'ont été destitués ni de forces ni de richesses : on ne les a pas plutôt connus dans l'Europe, qu'on les a vus aussitôt les armes à la main se rendre formidables à tous les princes. Bien loin donc qu'on leur insulte sur ce point, on reconnaît très-volontiers qu'on n'a pas droit de le faire; qu'ils ont été éloquents dans leurs écrits, savants dans les sciences humaines, et particulièrement dans les langues; habiles dans les arts, adroits et prudents dans la politique, grands capitaines et vaillants soldats dans la guerre, redoutables par leur nombre et par leurs richesses. Mais les grandeurs qu'on n'aperçoit point du tout en eux sont les spirituelles et les divines ; c'est-à-dire qu'on n'y a jamais vu ni miracles, ni sainteté, ni aucune marque de l'esprit de Dieu ; et qu'on y voit au contraire partout le caractère de son ennemi. C'est en quoi consiste la bassesse dont on les accuse : et comme elle a une contrariété visible avec le ministère qu'ils se sont attribués de réformateurs des SS. Pères et de toute l'Église, elle suffit pour prouver que toute leur réformation prétendue est une pure illusion.

Mais au lieu de ces vaines et fausses consolations que l'orgueil et le dépit fournissent à M. Claude, je lui en veux donner de solides et de véritables : c'est que tous ces reproches de l'auteur de la Perpétuité ne regardent directement ni lui, ni aucun des calvinistes qui sont à présent. Il n'a pour eux que des sentiments de compassion : il sait faire une extrême différence entre les auteurs de leur secte et ceux qui ont le malheur d'y être nés. Il ne prétend point du tout qu'ils soient présentement ni vagabonds, ni apostats, ni déréglés, ni engagés dans les désordres qui ont noirci la vie de leurs fondateurs : il dépend donc entièrement d'eux de ne prendre aucune part à ces reproches, en n'embrassant pas le parti de ceux à qui on a sujet de les faire, et en n'attachant pas leur honneur à celui de ces gens, qu'ils n'ont aucun sujet de regarder que comme ceux qui les ont malheureusement séduits.

Que ne considèrent-ils plutôt qu'ils sont originairement catholiques; que c'est dans cette Église que la plupart de leurs ancêtres ont vécu ; que c'est elle qui a engendré en Jésus-Christ ceux mêmes qui se sont révoltés contre elle dans le parti desquels ils se trouvent ; qu'ils lui doivent les Écritures qu'elle leur a conservées, et toutes les vérités de la foi dont ils conviennent avec elle, qu'elle leur a annoncées. Qu'ainsi les liens qui les attachent à cette Église sont tout autrement forts, anciens et légitimes, que ceux qui les unissent à leur nouvelle société ; et qu'ils ont bien plus d'intérêt à l'honneur de l'Église catholique, qui est leur véritable mère, qu'à celui de ces faux docteurs qui les en ont séparés. Pourquoi prennent-ils donc pour eux les justes accusations que l'on forme contre les auteurs du schisme? Que ne se rendent-ils plutôt leurs juges? Que n'examinent-ils leur esprit, puisque leurs principes mêmes le leur permettent ; Ils n'ont aucun droit de juger de l'Église, et cependant ils ne laissent pas de la juger. Pourquoi se soumettent-ils donc aveuglément à ceux qui les reconnaissent pour leurs juges?

S'ils jugent de la religion par la foi, ils doivent se séparer des auteurs des nouveautés, et écouter uniquement la voix de l'Église ; s'ils en jugent par intérêt, leur intérêt est de trouver que c'est l'Église catholique qui est innocente, et que ce sont les auteurs de cette division qui sont coupables ; et s'ils suivent la raison, ils doivent au moins considérer tranquillement toutes choses, et entre autres ces reproches, puisqu'ils doivent servir à former leur jugement sur le fond ; et au lieu de faire des plaintes inutiles et des déclamations violentes contre ceux qui les leur mettent devant les yeux, ils doivent examiner sans passion s'ils sont vrais, et si la conclusion que l'on en tire est juste et raisonnable. Quand M. Claude prendra cette voie, et qu'il entrera dans cet esprit d'équité et de justice, au lieu de se plaindre de l'auteur de la Perpétuité de s'être servi d'un argument juste, nécessaire et innocent, et qui ne doit nullement blesser les calvinistes d'aujourd'hui, quelque délicats qu'ils soient, il lui fera quelque sorte de satisfaction d'avoir voulu soulever le monde contre lui par des plaintes si aigres et si violentes.

Au reste, quoiqu'il n'y ait pas grand sujet d'ajouter foi à ce qu'il dit dans sa préface, que cet endroit du livre de la Perpétuité n'a pas été bien reçu dans l'une et dans l'autre Église, je ne le démentirai pas néanmoins absolument sur ce point, puisqu'il se peut fort bien faire qu'il y ait des personnes déraisonnables dans l'une et dans l'autre société ; mais je lui protesterai en même temps que l'injuste délicatesse de ces personnes ne sera jamais la règle qu'on se proposera en écrivant. On n'a aucun dessein d'aigrir ces différends de religion par des outrages personnels et par des termes injurieux ; mais on ne doit pas aussi prétendre que, pour éviter des plaintes injustes, on trahisse les intérêts de l'Église, et que l'on dissimule ce qui sert à faire paraître plus clairement la justice de sa cause. Or on est persuadé que ces reproches contre les auteurs du schisme, qui ont si fort choqué M. Claude, sont de cette nature : et ainsi on a sujet de croire que non seulement les bons catholiques, mais les calvinistes judicieux n'en seront nullement blessés, et qu'ils ne croiront point qu'on leur ait fait injure en leur représentant les désordres des auteurs de leur prétendue réformation, puisqu'on ne les leur impute pas, et qu'il est en eux de n'y prendre point de part en renonçant à ces mauvais maîtres.

Si l'on voulait être aussi délicat que M. Claude, que ne pourrait-on pas dire de la hardiesse avec laquelle il charge injustement d'injures atroces les papes qui ont condamné Bérenger? Cependant on ne se plaint que de la fausseté de ces reproches, et non des reproches en soi. Qu'il ne nous fasse donc pas ainsi de nouvelles lois, et qu'il ne prétende pas nous interdire ce qui a toujours été permis à tous ceux qui ont écrit de ces matières : car, comme on a dessein de le traiter favorablement, et avec toute la civilité que ces disputes permettent, on n'est aussi nullement résolu d'affaiblir en rien la cause que l'on défend, ni de s'assujétir à des gênes inutiles.

J'ai cru cet avertissement nécessaire, non seulement

pour répondre à cette plainte si emportée de M. Claude, mais aussi pour prévenir celles qu'il pourrait faire sur quelques termes dont on se sert dans cette réponse, comme ceux de *calvinistes*, d'*extravagance*, d'*imposture*, de *mauvaise foi*, de *fausseté*, d'*absurdité*, et de quelques autres de cette nature. Je sais que quant au terme de calviniste il y en a parmi eux qui s'offensent quand on les appelle de ce nom ; et j'ai admiré en cela leur peu d'équité, puisqu'ils appellent eux-mêmes les luthériens du nom de luthériens. Qu'ils donnent des noms de secte à tous ceux qui se séparent de leur société, comme aux brounistes, aux arminiens, aux sociniens, aux anabaptistes, et qu'ils traitent bien plus injurieusement les catholiques en leur donnant le nom de papistes, et en les confondant souvent sous ce nom avec les plus détestables hérétiques, comme on peut voir par ce titre du livre d'un calviniste hollandais : *Abrégé des controverses avec les païens, Juifs, Mahométans, papistes, anabaptistes, enthousiastes, libertins, sociniens, remontrants, luthériens.* On n'a donc pas cru devoir se priver de cette liberté, qui appartient de droit à l'Église, puisqu'il est juste qu'elle appelle ceux qui se séparent d'elle du nom de l'auteur de leur schisme ; le nom de catholiques, qu'ils possédaient étant unis avec elle, ne leur pouvant plus être donné après leur séparation. C'est à ces messieurs à souffrir cette loi, puisqu'elle est très-légitime, et à prendre, s'ils veulent, ce terme comme un mot de simple désignation, qui exempte d'un long circuit de paroles, ou de la répétition trop fréquente du mot de prétendus réformés.

Pour les autres termes que j'ai marqués, j'avoue qu'ils sont durs si on les applique mal ; mais pourvu qu'on en évite l'abus, c'est encore une délicatesse blâmable de les vouloir bannir des disputes, et d'obliger ceux qui écrivent à avoir recours, pour se faire entendre, à des tours et des circonlocutions qui font une impression plus faible et plus languissante sur l'esprit. Il n'y a point dans ces disputes d'autre punition pour ceux qui ont tort que de leur faire voir qu'ils sont contraires à la raison ; et c'est être trop sensible que de se plaindre qu'on le leur fasse voir par les termes qui expriment le plus précisément qu'il se peut cette contrariété. Quand on choque clairement la raison, en combattant les notions communes à tous les hommes, cela s'appelle extravagance ; si l'on s'en éloigne par de fausses conclusions, ce sont de faux raisonnements ; si c'est en niant des faits certains, ou bien en supposant des faits faux, ce sont des faussetés et des impostures. Il ne faut pas confondre ces termes, ni prendre l'un pour l'autre, en accusant d'extravagance ce qui ne serait qu'un simple défaut de raisonnement ; mais il n'est pas juste aussi de vouloir empêcher qu'on ne donne les véritables noms aux choses, et qu'on ne les fasse connaître telles qu'elles sont. C'est ce que l'on a tâché d'observer exactement ; et pourvu que M. Claude demeure dans les mêmes bornes, on ne se plaindra jamais de son procédé.

CHAPITRE III.

Injustice des plaintes de M. Claude sur le sujet des mauvais raisonnements qu'on lui a reprochés.

Ce qui a le plus choqué M. Claude, après ce que l'auteur de *la Perpétuité* dit contre les auteurs de la prétendue réformation, est le reproche qu'il lui fait au commencement de sa troisième partie, d'être tombé dans quelque mauvais raisonnement. Et comme l'aigreur avec laquelle il tâche de repousser ce reproche peut faire juger qu'il ne recevra pas fort patiemment quantité de remarques semblables qu'on a été obligé de lui faire dans la suite de cette réponse, je pense qu'il ne sera pas mauvais, pour le rendre plus traitable, de lui faire voir qu'il vaut mieux, même pour l'honneur humain, n'être pas si délicat ni si sensible, parce que souvent, en pensant se justifier d'une faute, on ne fait qu'en commettre de nouvelles, et s'attirer ainsi de nouveaux reproches.

Le préambule par lequel M. Claude prépare ses lecteurs à cette justification découvre d'abord que la raison n'était pas la maîtresse dans son esprit ; car elle l'aurait sans doute empêché d'écrire des discours aussi peu raisonnables que ceux par lesquels il commence le premier chapitre de sa troisième partie. *Je veux croire*, dit-il, *que ce que l'auteur de la Perpétuité dit de nous, a été plutôt pour ne manquer pas aux règles de sa rhétorique, que pour expliquer ses véritables sentiments. La charité ne me permet pas d'en avoir d'autre pensée ; car il y a trop de venin et trop peu d'équité dans cette entrée, pour l'attribuer ni à la nature, ni à la préoccupation : c'est l'art qui en est le père. Pour nous, qui n'y entendons pas de finesse, nous parlons toujours du fond de l'âme ; et quand nous disons quelque chose, on ne se peut tromper en disant que nous sommes ainsi persuadés. Mais il n'en est pas de même de ceux qui passent leur vie à se composer, qui sont toujours dans les préceptes, et qui tiennent leurs vices et leurs vertus sous les préceptes de leur intérêt. Lorsqu'ils louent ou qu'ils blâment, il ne faut pas demander quel sujet ils en ont ; il faut seulement regarder quel fruit ils espèrent en tirer.* Pour moi, je ne m'arrêterai pas à philosopher si c'est par nature, par préoccupation ou par rhétorique, que M. Claude s'est porté à ce discours injurieux. Je tiens tous ces principes très-mauvais, et celui de médire par rhétorique plus qu'aucun autre, puisqu'il ne témoigne pas seulement une corruption de cœur, mais aussi une très-grande fausseté d'esprit, et qu'il est le plus contraire de tous à la sincérité d'un homme d'honneur. Je me contenterai donc de lui dire que tout ce qu'il dit en cet endroit est entièrement contre le bon sens. Car n'étant pas juste que nous prétendions être crus sur notre parole dans ce que nous disons ou des autres ou de nous-mêmes, tous les discours que nous en faisons sont ridicules, à moins qu'ils ne soient accompagnés de preuves qui en fassent voir la vérité, ou qu'ils ne rencontrent l'impression publique, qui peut suppléer quelquefois au défaut des preuves. Or ni l'un ni l'autre ne se rencontre dans ce préambule de

M. Claude. C'est un discours en l'air, sans preuve et sans fondement, et qui, bien loin de rencontrer l'impression publique, la choque directement. Ce n'est point du tout ce qu'on reproche à celui contre qui il croit écrire, que de ne dire pas ce qu'il pense, et de régler ses paroles par une vaine rhétorique, plutôt que par ses véritables sentiments : et M. Claude n'est pas d'ailleurs assez connu dans le monde, ni la réputation de sa sincérité assez établie, pour prétendre, comme il fait, que le monde n'en désirera pas d'autres preuves que le témoignage qu'il en rend.

Ce que M. Claude ajoute ensuite de cette *dictature perpétuelle dans la république des lettres*, dont il dit que *l'on a revêtu imaginairement celui qu'il croit auteur du traité de* la Perpétuité, montre qu'il a trop de sensibilité pour des injures imaginaires, et qu'il en a trop peu pour les lois véritables de la conscience et de l'honneur. Il ne sait qui est l'auteur de *la Perpétuité*; peut-être qu'il se trompe dans l'idée qu'il en a, et ainsi il est téméraire d'en parler : mais il ne le serait pas moins quand ce serait celui qu'il a pris soin de désigner dans tout son livre. Jamais il n'y eut d'homme plus éloigné de prétendre à une dictature perpétuelle dans la république des lettres, ni de déguiser ses véritables sentiments. Si M. Claude forme ces jugements de lui-même, il témoigne peu de discernement du caractère des esprits. Et s'il croit qu'il lui est permis de prendre avantage des médisances des autres, et de les publier dans un livre, il fait voir qu'il a bien peu d'équité, et qu'il n'a guère dans le cœur cette maxime qui a été gravée dans celui même des païens, de ne traiter pas les autres comme il ne voudrait pas être traité.

Voyons néanmoins si ces emportements ont au moins quelque prétexte apparent, quoiqu'il n'y ait point de prétexte qui doive dispenser des règles de l'honnêteté et de la justice, qui ne permettent jamais d'employer des reproches personnels, fondés sur des bruits téméraires et calomnieux. Toute cette mauvaise humeur ne vient que de ce qu'on lui a reproché qu'il raisonnait mal : et voici le premier exemple que l'auteur de *la Perpétuité* en apporte. Pour prouver que Bertram n'était pas clairement calviniste, il avait allégué que Trithème, qui était certainement catholique, avait loué cet auteur : ce qu'il n'aurait jamais fait s'il était clairement contraire à la doctrine de l'Église. M. Claude s'était démêlé de cet argument par une pointe, s'étant contenté d'y répondre en ces termes dans son premier écrit : *L'abbé Trithème lui donne des louanges, je n'en doute pas; mais c'est qu'il est en effet louable, et cela ne fait qu'accroître son autorité*. C'est cette pointe où l'auteur de *la Perpétuité* trouve un défaut de raisonnement; et il soutient que M. Claude aurait de la peine à y donner un sens raisonnable. Car, dit-il, *un discours de l'Eucharistie n'est louable en effet, selon M. Claude, que lorsqu'il combat clairement la présence réelle. Ainsi, quand il dit que Trithème a loué Bertram parce qu'il était louable, cela veut dire dans son sens que Trithème a loué Bertram parce qu'il combattait clairement la présence réelle. Or Trithème était catholique, et M. Claude ne la désavoue pas. Il veut donc que Trithème catholique, et croyant la présence réelle, ait loué Bertram parce qu'il combattait la présence réelle. C'est le sens de cette pointe développée.*

Voilà la cause du ressentiment de M. Claude : c'est ce qui a pénétré jusqu'au vif sa délicatesse ; c'est ce qui lui fait dire en particulier sur ce sujet, qu'il faudrait que *la plume d'un censeur leur donnât quelque chose de plus juste et de mieux réglé :* c'est sur cela qu'il accuse l'auteur de *la Perpétuité* d'une *opiniâtreté sans exemple;* enfin c'est une pointe qu'il prétend justifier ; mais la manière dont il le fait est tout à fait rare. Car si l'on veut savoir à quoi toutes ces injures se terminent, on peut dire qu'elles se terminent à ces deux choses : 1° à avouer malgré lui que s'il avait dit ce qu'il a dit effectivement, il aurait mal raisonné, 2° à substituer une réponse à l'argument de l'auteur de *la Perpétuité*, toute différente de celle qu'il y avait faite, mais qui ne vaut encore rien.

Pour faire voir tout cela fort clairement, il n'y a qu'à faire remarquer, 1° que l'argument du premier traité de *la Perpétuité*, comme M. Claude même le représente, était que Trithème, qui était catholique, ayant loué Bertram comme un écrivain orthodoxe, il s'ensuit qu'il a pris son livre dans un sens catholique ; et par conséquent qu'il ne favorise pas clairement les calvinistes ; 2° que M. Claude, dans sa première réponse, n'avait répliqué autre chose à cet argument, sinon que *Trithème avait loué Bertram, parce qu'il était en effet louable;* 3° que c'est cette réponse que l'auteur de *la Perpétuité* accuse de défaut de jugement ; 4° que c'est cette réponse que M. Claude veut justifier.

Or quel est le sens de ces paroles, que *Trithème avait loué Bertram, parce qu'il est en effet louable?* Signifient-elles qu'il l'avait loué sur sa propre connaissance, ou sur les opinions des autres ? Il est clair qu'elles n'ont que le premier sens, et qu'elles n'ont point le second.

Louer quelqu'un sur le témoignage d'autrui n'est pas le louer parce qu'il est en effet louable, puisqu'il y a bien des gens que l'on ne juge pas en effet louables quoiqu'ils soient loués par les autres. Louer un homme parce qu'il est louable en effet, c'est se fonder sur la vérité et sur la réalité des choses, et non sur des bruits et des opinions populaires. Voilà le véritable sens des paroles de M. Claude : c'est celui auquel l'auteur de *la Perpétuité* les a prises ; c'est celui auquel elles seront prises par toutes les personnes de bon sens : et dans ce sens on ne peut nier qu'elles n'enferment une extrême absurdité, puisqu'il s'ensuit de là que, selon M. Claude, Trithème catholique a loué sur sa propre connaissance un écrit clairement calviniste, ce qui est ridicule.

Que fait donc M. Claude pour se démêler de ce faux raisonnement qu'on lui a reproché? Il substitue finement une réponse toute différente, et qui contient un aveu que la première ne valait rien. *Trithème,* dit-il, *a loué Bertram et son ouvrage, non qu'il se soit fort appliqué à examiner si sa doctrine était conforme à celle qui régnait au quinzième siècle; mais parce qu'il a reconnu que sa réputation était grande au neuvième où il vivait; que son livre y avait été loué et reçu, et que sa mémoire avait été respectée dans les siècles suivants.* Il est clair que cette seconde réponse est toute différente de l'autre. Dans la première, M. Claude disait que Trithème avait loué Bertram, parce qu'il était en effet louable; et dans la seconde il dit qu'il lui avait donné des louanges, parce qu'il avait été loué par d'autres. Dans la première il fonde ces louanges sur la vérité; dans la seconde il les fonde sur l'opinion d'autrui. Et il est clair, de plus, que cette seconde réponse enferme l'aveu que la première ne valait rien; car M. Claude n'y a eu recours que parce qu'il a bien vu qu'il était ridicule de dire que Trithème eût loué Bertram sur sa propre connaissance.

Mais puisque M. Claude change ainsi de réponse, on peut aussi changer de censure. L'auteur de *la Perpétuité* a condamné avec raison la première comme ridicule; et je lui soutiens que la seconde mérite d'être rejetée comme téméraire. Car il n'est pas permis de supposer en l'air qu'un auteur comme Trithème, qui fait un catalogue des écrivains ecclésiastiques, et qui donne des louanges particulières à un auteur, le fasse simplement sur le rapport d'autrui, et sur le témoignage que les autres en ont rendu en son siècle. La présomption est au contraire qu'il l'a lu, et qu'il en parle sur sa propre connaissance : et c'est à ceux qui disent le contraire à prouver ce qu'ils avancent. Mais comment M. Claude prouverait-il ce qu'il maintient pour se sauver, que *Trithème a loué Bertram, parce qu'il avait reconnu que sa réputation avait été grande au neuvième siècle où il vivait, et que son livre y avait été loué,* puisqu'il serait bien empêché de marquer où Trithème aurait pu voir ces louanges que l'on a données à Bertram durant le neuvième siècle? Il est vrai qu'on y a loué Ratramne, mais Trithème n'a point supposé que Bertram et Ratramne fussent la même personne. Or on ne voit pas que Bertram ait été loué sous ce nom par qui que ce soit. Il y a donc de la témérité à M. Claude de nous parler de ces louanges comme de la chose du monde la plus commune, et qui devait être fort connue à Trithème : au lieu qu'il lui était impossible de les avoir apprises, parce qu'elles ne sont nulle part. De sorte qu'il ne pouvait parler de Bertram que sur sa propre connaissance ou sur le témoignage de ceux de son temps, mais non sur les louanges du neuvième siècle qui ne sont que dans les idées de M. Claude.

CHAPITRE IV.
Injuste sensibilité de M. Claude sur une faute imputée à Blondel.

Monsieur Claude n'est pas seulement sensible à ce qui le regarde en particulier, il épouse encore avec plus de chaleur les intérêts des autres ministres ses confrères, comme on le peut voir (p. 514, 515) par la manière dont il repousse le reproche que l'auteur de *la Perpétuité* avait fait à Blondel d'être tombé dans une contradiction visible.

Il y a pourtant lieu de l'avertir que son zèle est excessif, puisqu'il obscurcit sa raison, et que l'empêchant de voir des fautes réelles où il y en a effectivement, il lui figure des injures imaginaires où il n'y en a point : car il accuse sur cela l'auteur de LA PERPÉTUITÉ *d'imaginations bourrues, d'une critique out à fait injuste et indigne d'un homme de lettres, d'une injustice honteuse, et de s'ériger mal à propos en juge des vivants et des morts.*

Ce n'est pas une faute bien considérable que de tomber par surprise en quelque contradiction touchant des faits qui ne sont pas décisifs; cela peut arriver aux plus habiles et aux plus exacts théologiens; car les choses pouvant en elles-mêmes exciter différentes vues et différentes pensées, selon les diverses faces par lesquelles on les regarde, et la mémoire n'étant pas toujours assez fidèle pour nous fournir toutes les vues et toutes les pensées qui nous ont passé par l'esprit, il peut arriver qu'en des choses moins considérables, on écrive une chose en un temps, et qu'après l'avoir oubliée, ou en n'y faisant pas de réflexion, on écrive le contraire en un autre temps, parce qu'on l'aura regardée par une autre face.

Ce sont des défauts humains dans lesquels il faut éviter de tomber autant que l'on peut, et qu'il faut reconnaître humblement quand on y est tombé. Mais d'ailleurs la réputation d'un homme de lettres ne dépend point du tout de là; et Blondel ne laissera pas d'être un fort savant homme quand il sera contredit en quelques faits. Aussi l'auteur de *la Perpétuité* n'a jamais prétendu étendre plus loin le reproche qu'il lui fait sur ce point qu'au reproche même; il n'en tire aucune conséquence. Ainsi il n'y a nul sujet de s'en offenser. Mais comme il ne faut rien imputer à qui que ce soit qui ne soit très-véritable, il justifie parfaitement ce qu'il reproche à Blondel; car il fait voir que quoique Blondel n'ait eu aucune lumière du sentiment des évêques assemblés à Cressi sur l'Eucharistie, sinon qu'ils ont condamné Amalarius, néanmoins il suppose d'une part qu'Amalarius était calviniste; et de l'autre que le synode de Cressi, dont il ne sait rien, sinon qu'il avait condamné Amalarius, l'était aussi : ce qui se contredit manifestement.

Or, pour expliquer de quelle sorte Blondel était tombé dans cette contradiction, il propose une conjecture assez vraisemblable, qui est qu'il a suivi en cela deux hypothèses contraires, sans s'apercevoir qu'elles étaient contraires : l'une d'Aubertin qui rend Amalarius calviniste, l'autre d'Ussérius qui fait le synode de Cressi calviniste, mais en supposant qu'Amalarius était catholique. Voilà ce que M. Claude n'a pu souffrir, et qu'il prétend repousser comme un outrage que l'on a fait à la réputation de Blondel. Et pour l'en défendre il dit d'abord que Blondel n'a jamais songé à Ussérius, et que la part que l'auteur de *la Perpétuité* lui fait prendre dans cette aventure est un *épisode de roman* (p. 514). Mais si c'est un épisode de roman, c'est d'un roman tout à fait possible; car il est très-vraisemblable que Blondel, qui était homme de grande lecture, écrivant sur une matière, n'a pas ignoré l'opinion d'un homme aussi célèbre dans son parti que le savant Ussérius.

D'ailleurs c'est un roman qui ne tend qu'à excuser Blondel, et non pas à le charger. Car supposons, puisque M. Claude le veut, qu'il n'ait pas songé à Ussérius, que s'ensuit-il de là? Que Blondel en est moins blâmable, ou qu'il s'en est moins contredit? Nullement. Il s'ensuit tout le contraire, tant M. Claude peu de discernement de ce qui est avantageux à celui qu'il veut défendre. Quand l'auteur de *la Perpétuité* attribue à Blondel d'avoir suivi l'opinion d'Ussérius sur le synode de Cressi, ce n'est pas un reproche qu'il lui fait, c'est une excuse qu'il lui fournit. Il est certain qu'il s'est contredit. Or il vaut toujours mieux que ç'ait été avec quelque apparence de raison, comme est celle de suivre l'opinion d'un auteur célèbre, que sans aucune apparence. La contradiction consiste à avoir fait le synode qui a condamné Amalarius, et Amalarius condamné par ce synode, de même sentiment sur le point qui a donné lieu à la condamnation. L'auteur de *la Perpétuité*, pour l'excuser un peu, dit qu'il a allié les opinions de deux différents auteurs, sans faire réflexion qu'elles étaient fondées sur des hypothèses contraires. Si M. Claude ne veut pas qu'on lui fournisse cette excuse, à la bonne heure ; car tout ce qui s'ensuivra de là est que la faute de Blondel en sera un peu plus grande.

Mais, dit M. Claude (p. 514), *quelle contradiction y a-t-il en tout cela? Est-ce que le synode de Cressi ne peut avoir censuré l'expression d'Amalarius*, corpus triforme, *sans adopter toutes les fantaisies de Paschase touchant la présence réelle? Est-ce qu'il ne peut avoir condamné une des pensées d'Amalarius, sans condamner en même temps toute sa doctrine sur le sacrement? Est-ce que ceux qui n'approuvent pas qu'on dise* corpus triforme *doivent nécessairement croire la transsubstantiation?* CE SONT DES IMAGINATIONS BOURRUES. Puisque la liberté que M. Claude prend de se servir de ces termes nous donne celle de lui parler un peu plus franchement, je lui dirai nettement que de ce qu'il ne trouve pas par ses interrogations cette contradiction que l'on reproche à Blondel, c'est qu'il n'en fait que d'impertinentes, et qu'il évite de faire celle qui la lui découvrirait tout d'un coup. On peut condamner un auteur en un point, et être d'accord avec lui en un autre point. On peut entendre le *corps triforme* d'Amalarius en divers sens; cela est indubitable : mais quand on n'a point d'autre fondement pour prouver que le concile de Cressi est calviniste, sinon qu'il a condamné Amalarius, supposer avec cela qu'Amalarius est calviniste, c'est se contredire, et c'est ce que fait Blondel.

Que M. Claude forme sur cela une interrogation figurée, et qu'il demande: Est-ce une contradiction que de dire que le concile de Cressi est calviniste, lorsqu'on n'en a point d'autre preuve sinon qu'il a condamné un auteur que l'on prétend être calviniste? Et il se répondra sans doute à lui-même que c'en est une. Il est vrai qu'il ne faut pas imputer tout à fait à M. Claude de n'avoir pas vu cette réplique; car il a tâché de la prévenir, mais à sa manière, qui est de rendre toujours pire le mal qu'il prétend guérir. *Qui sait*, dit-il, *si M. Blondel n'a pas eu des lumières particulières là-dessus que nous n'avons pas?* Mais en vérité il se moque de nous, de vouloir excuser un auteur qui se contredit selon tout ce que l'on sait, par des raisons cachées que l'on ne sait point. Si Blondel avait su quelque chose de particulier sur ce point, il l'aurait écrit, et il n'aurait pas été assez arrogant pour prétendre qu'on l'en dût croire sur sa parole. De sorte que c'est M. Claude qui lui fait tort de lui attribuer une présomption si déraisonnable.

Il n'y a donc pas eu de prudence à M. Claude de faire un si grand éclat et des plaintes si aigres et si animées sur un sujet si léger de soi-même, et où il avait visiblement tort. Cette délicatesse témoigne un défaut d'esprit beaucoup plus grand que celui qu'il a tâché de couvrir. Blondel n'a eu aucun caractère qui le rende inviolable, et qui empêche qu'on ne dise ce que l'on pense de lui. L'auteur de *la Perpétuité* en l'accusant d'avoir eu peu de netteté, et de n'avoir pas excellé en jugement, n'a fait que représenter l'impression publique qui le justifie assez contre les vaines plaintes de M. Claude. Mais peut-être qu'on aura lieu quelque jour de lui en alléguer plus de preuves qu'il n'en désirerait : et l'on ne craint pas de lui dire surtout qu'il ne faut pas être une *intelligence fort éclairée* pour reconnaître que le livre qu'il a fait contre les évêques est plein de faux raisonnements, et même de faux faits, et qu'une lumière fort médiocre suffit pour les découvrir.

CHAPITRE V.

Réponse à un autre reproche : que l'auteur de LA PERPÉTUITÉ *a attribué à Blondel ce qu'il n'a point dit.*

M. Claude fait encore un autre reproche à l'auteur de *la Perpétuité* sur le sujet de Blondel, tant il est sensible à ce qui le touche. *Je voudrais bien savoir*, dit-il (p. 516), *si les règles de la sincérité permettaient à l'auteur d'imputer à M. Blondel, dès l'entrée de son premier traité, d'avoir écrit qu'il se peut faire que l'Église ait toujours cru la présence réelle, et que néanmoins cette créance soit fausse : et si après avoir été doucement averti dans ma réponse de la corruption qu'il faisait du sens et des* PAROLES *de M. Blondel, ces mêmes règles de la sincérité lui permettaient de faire imprimer ces calomnies, sans dire un seul mot de l'éclaircissement qu'on lui avait donné là-dessus.* Voilà une accusation très-bien marquée et très-bien circonstanciée. M. Claude dit que l'auteur de *la Perpétuité* a imputé à Blondel *d'avoir écrit ce qu'il n'a point écrit*, et qu'il corrompt non seulement son sens, mais ses *paroles*. Il faut qu'il y ait de la fausseté de part ou d'autre. Mais que l'on prenne le livre de *la Perpétuité*, et l'on verra qu'elle est de la part de M. Claude. Car il est faux que l'auteur de *la Perpétuité* ait imputé à Blondel d'avoir écrit *qu'il se pouvait faire que l'Église ait toujours cru la présence réelle, et que néanmoins cette créance fût fausse.* On ne trouvera point ces paroles rapportées dans le traité de *la Perpétuité* en italique, comme étant de Blondel. C'est une manière dont on y exprime sa pensée, mais on ne prétend point que Blondel l'ait exprimée de cette sorte. Et par conséquent, le reproche que lui fait M. Claude d'avoir corrompu les paroles de Blondel est déjà une insigne calomnie. Mais celui qu'il lui fait d'avoir corrompu son sens, en est encore une plus insigne, parce que non seulement c'est le sens de ce ministre, mais que c'est aussi le sens de tous les ministres, et de M. Claude même, à moins qu'il ne renonce à ses principes.

Je dis que c'est le sens de Blondel, *qu'il est possible qu'une doctrine ait été suivie dès le commencement de l'Église, et que néanmoins cette doctrine soit fausse;* car cette proposition n'est-elle pas nettement comprise dans ces paroles de son avant-propos : *qu'il ne peut comprendre pourquoi des esprits qui veulent passer pour raisonnables permettent qu'on les arrête à des questions de fait qui ne leur importent pas?* Si la créance de l'ancienne Église ne pouvait être fausse, selon lui, pourrait-il dire que cette question de fait ne nous importe pas? Est-ce qu'il ne nous importe pas de connaître une vérité infaillible? Pourrait-il trouver mauvais qu'on s'arrêtât à cette question de fait, si ce fait était une règle certaine de la vérité? Quand il dit donc ensuite que, *posé qu'une opinion soit fausse, quand elle aurait été suivie dès le commencement, et sans interruption, et par la plupart, elle n'en serait pas plus recevable,* ce n'est point une hypothèse impossible, c'est une hypothèse très-possible, puisque c'est par la possibilité de cette hypothèse qu'il prétend qu'il est inutile d'examiner le sentiment de l'ancienne Église. Et comme il dit cela particulièrement à l'égard de l'Eucharistie, on a eu raison d'appliquer cette hypothèse possible à la doctrine de l'Eucharistie.

Je dis, de plus, que non seulement c'est le sens de ce ministre, mais que c'est aussi celui de tous les ministres; car n'est-ce pas un de leurs principes que l'Église est faillible; et ce principe ne s'étend-il pas, selon eux, à tous les temps? S'ils soutiennent qu'elle est tombée dans l'erreur au dixième siècle, au neuvième, au septième, au sixième, au cinquième, au quatrième, ils doivent soutenir qu'elle y pouvait tomber dès le second et dès le premier, puisque leur principe de la faillibilité de l'Église n'est restreint à aucun temps.

Mais ce qui rend M. Claude plus inexcusable est que non seulement il est obligé, selon ses principes, d'admettre cette hypothèse comme possible, mais qu'il ne saurait même désavouer que ces ministres ne l'admettent comme réelle et effective en plusieurs points. Il n'a qu'à se souvenir pour cela de ce que nous lui avons cité de M. Daillé (de *l'Usage des Pères,* p. 439) : *que tous les réformés tiennent que cette pure*

P. DE LA F. I.

et saine doctrine prêchée par les apôtres anciennement, et par eux consignée ès livres du nouveau Testament, s'est altérée peu à peu; le temps, qui change toutes choses, y mêlant toujours quelque impureté; tantôt une opinion juive ou païenne. Et ensuite il dit que les réformés placent le commencement de cette corruption de la foi au temps même de S. Paul, en y rapportant ce que cet apôtre dit du mystère d'iniquité qui s'opérait en secret. C'est donc une chicanerie pleine de mauvaise foi que de dire, comme fait M. Claude, que Blondel propose en ce lieu une hypothèse impossible.

Ainsi c'est une injustice extrême à M. Claude d'avoir pris sujet d'insulter à l'auteur de *la Perpétuité*, de ce qu'il ne s'est pas mis en peine de répondre à une accusation si vaine et si fausse tout ensemble; au lieu de lui avoir de l'obligation de ce qu'il lui avait épargné la juste confusion qu'il méritait pour un reproche si téméraire et si mal fondé. Et c'est ce qui me donne lieu d'avertir le monde, pour prévenir les vains avantages que M. Claude tire de ce que l'on ne répond pas à toutes les faussetés qu'il avance, qu'il n'y aurait point de plus faux raisonnement que celui par lequel on conclurait que c'est par faiblesse qu'on laisse quelquefois certaines objections sans y répondre précisément et en particulier; car la vérité est que M. Claude fait tant de fautes qu'il faut par nécessité lui en pardonner plusieurs, autrement on accablerait le monde par la multitude de ces remarques, qui ne concluraient autre chose sinon que M. Claude raisonne mal. C'est une vérité trop peu importante et trop aisée à prouver, pour prendre la peine de l'établir par une si grande foule d'arguments. Je crains même que les personnes judicieuses n'estiment que je m'y suis trop arrêté. Je puis protester néanmoins que j'omets tous les jours un assez grand nombre de ces remarques, qui ne vont qu'à faire connaître les fautes de M. Claude, et que j'en retranche même plusieurs après les avoir écrites, afin de n'arrêter pas l'esprit des lecteurs par tant de petites choses, qui nuisent plus qu'elles ne servent; parce qu'elles détournent l'esprit de celles auxquelles il se doit principalement appliquer.

CHAPITRE VI.

Des reproches que fait M. Claude sur le sujet de Bertram.

C'est une chose bien favorable de ce que M. Claude n'a jamais raison; car si la confiance que la raison donne était ajoutée à sa fierté naturelle, il n'y aurait pas moyen de vivre avec lui. A peine peut-on supporter la manière dont il triomphe quand il ne dit que des choses si fausses et si hors d'apparence, qu'il est impossible qu'il n'en ait quelque défiance. Que serait-ce donc si sa hardiesse n'était point un peu arrêtée par ce contre-poids? Tout son traité peut servir de preuve de ce caractère de son esprit; car il le fait paraître partout. Mais en voici une bien considérable dans les reproches qu'il fait à l'auteur de *la Perpétuité* sur le sujet de Bertram. *C'est*, dit-il (p. 511), *ce zèle immodéré qui a porté l'auteur à traiter Bertram avec*

(Trente-quatre.)

mépris. Il dit que c'est un nommé Ratramne ou Bertram, un homme obscur et embarrassé, qui ajoute ses raisonnements aux expressions ordinaires de l'Eglise, et les explique à sa fantaisie; qu'en qualité de théologien, il a pu raisonner comme il a voulu sur cette foi, et que l'on conçoit très-facilement qu'un théologien se soit évaporé en des raisonnements frivoles. Il cite ces paroles en italique, comme étant de l'auteur de la Perpétuité; et il y ajoute ensuite ses réflexions. Voilà de quelle manière, dit-il, ces messieurs traitent les auteurs quand ils ne leur sont pas favorables. Mais si dans quelque autre occasion l'autorité de ce même Bertram ou Ratramne, de cet homme embarrassé, de ce raisonneur frivole et évaporé, pouvait favoriser leur intérêt, vous les verriez incontinent changer de langage : ce serait le plus grand homme de son siècle, docte, plein d'esprit, et de la dernière réputation. Tant ce que j'ai dit est vrai, qu'ils louent et qu'ils blâment par règle de rhétorique, et non pas selon la vérité et la sincérité; car ils ne sont pas assez grossiers pour cela; mais selon la diversité de leurs intérêts et de leurs desseins. Et afin qu'ils ne se plaignent pas que je leur impose, voici ce que j'ai trouvé dans l'Apologie pour les SS. Pères défenseurs de la grâce de Jésus-Christ, au livre 5, troisième point, chapitre 8, où, après avoir mis en titre Ratramne, religieux de Corbie, ils ajoutent que sa réputation était telle en France pour la science et pour l'esprit, que le pape Nicolas ayant envoyé aux évêques de ce royaume les objections des Grecs schismatiques contre l'Eglise romaine, ils choisirent tous, et Hincmar même, ce savant bénédictin, pour écrire cette Apologie si célèbre et si importante.

Après avoir ainsi comparé ces passages de la Perpétuité avec celui de l'Apologie des SS. Pères, comme si sa victoire était toute claire, il ne songe plus qu'à insulter à son adversaire. Jugez, dit-il, après cela, si l'auteur a raison de nous imputer un esprit de dispute, qui consiste à soutenir toujours son opinion, à quelque prix que ce soit ; à ne se rendre jamais à la vérité, lors même qu'on la voit; à employer toute sorte de preuves sans discernement; à ne consulter jamais le bon sens, et enfin à avancer témérairement des choses très-fausses, et à désavouer hardiment les plus certaines. Quis tulerit Græcos de seditione querentes? Où est-ce, je vous prie, que paraît ce mauvais caractère, si ce n'est en ceux qui contestent des vérités de fait entièrement évidentes; qui tâchent de les éluder par des raisonnements frivoles, qui donnent un sens imaginaire aux réponses solides qu'on leur fait; qui élèvent ou qui abaissent l'autorité d'un même Père, selon qu'il flatte ou qu'il combat leurs sentiments; et qui, se voyant pressés de tous côtés, ne manquent jamais d'avoir une illusion toute prête pour échapper? Or ce sont les justes reproches que l'on peut faire à l'auteur dans cette question de l'autorité de Bertram : car, bien qu'on lui ait fait voir que sa doctrine ne diffère en rien de la nôtre, il ne laisse pas de soutenir encore le contraire, taisant les preuves qu'on lui a mises en avant. Il ramène pour cet effet encore une fois ses louanges de Trithème : il tourne ma réponse au sens qu'il lui plaît pour la rendre ridicule ; il méprise ce même Bertram que lui-même, ou pour le moins ses confrères, pour leur cause commune, ont si hautement loué. Et pour ôter aux hommes la connaissance de son désordre, il s'enveloppe sous le voile d'une accusation.

J'ai voulu rapporter toute cette fougue de M. Claude, afin que ceux qui n'auront pas lu son livre apprennent à connaître son génie, qui est fort reconnaissable en cet endroit. Car on y peut remarquer non seulement cette hauteur et ces insultes qui lui sont si ordinaires ; mais aussi les adresses par lesquelles il se soutient, qui consistent en trois priviléges assez nouveaux qu'il s'attribue, mais qui sont tout-à-fait commodes pour venir à bout de ce qu'on prétend, et pour donner aux choses l'air et la face que l'on désire.

Le premier de ces priviléges est de falsifier les paroles de celui que l'on combat : et M. Claude s'en aide assez bien en cet endroit; car il attribue à l'auteur de la Perpétuité d'avoir appelé Bertram un raisonneur frivole et évaporé, et d'avoir dit absolument de lui que l'on conçoit facilement qu'un théologien se soit évaporé en des raisonnements frivoles. Or il n'y a qu'à lire le chapitre de la Perpétuité où il nous renvoie, pour reconnaître que cela est faux. L'auteur ne veut pas s'engager en cet endroit à traiter à fond de l'opinion de Bertram, de peur d'amuser trop les esprits à une question qu'il fait voir être inutile. Il montre que quand on accorderait qu'il aurait effectivement été dans l'erreur, cela ne nuirait en rien à l'Église, et qu'il ne laisserait pas de lui avoir rendu témoignage par les expressions dont il se sert. Il fait voir qu'on ne devrait pas s'étonner quand un particulier aurait erré, *quand un théologien se serait évaporé en des raisonnements frivoles;* mais il ne dit nullement que Bertram ait effectivement erré, ni qu'il se soit évaporé en de vains raisonnements : il réserve la question tout entière, et n'en porte aucun jugement. C'est donc une fausseté manifeste à M. Claude d'avoir appliqué absolument à Bertram ce que l'auteur de la Perpétuité ne lui applique point, et qu'il ne lui pouvait appliquer suivant l'esprit de ce chapitre, qui est de laisser la question indécise. Et cependant c'est sur cette falsification qu'est fondé ce mépris prétendu de Bertram, dont M. Claude fait tant de bruit.

Ce qu'il attribue aussi à l'auteur de la Perpétuité, d'avoir appelé Bertram *un homme obscur et embarrassé*, ne se trouve point en cette manière dans son livre. Il y a seulement que *le plus grand avantage que les calvinistes puissent prétendre touchant cet auteur, est qu'on le tire à part comme un écrivain embarrassé qui ne peut être utile ni aux uns ni aux autres* ; ce qui n'a point cet air méprisant, renfermé dans les termes d'*homme obscur et embarrassé*, et qui n'est pas même affirmatif. Car qui dit que le plus que les calvinistes puissent prétendre est que Bertram est embarrassé, ne dit pas que cette prétention soit juste; il suffit qu'elle ait quelque sorte d'apparence. Or il faut être bien aveugle pour ne pas voir cette apparence d'embarras dans le livre de Bertram, et bien délicat pour prendre ce terme pour une parole de mépris.

Le second privilége est d'expliquer les intentions des autres à sa fantaisie, et de se dresser à soi-même des trophées sur des conjectures imaginaires.

L'auteur de *la Perpétuité* n'a pas voulu discuter à fond dans son traité l'opinion de Bertram, et il fait voir que cette discussion n'est point nécessaire pour la décision de nos différends. C'est un champ ouvert à M. Claude pour l'accuser, comme nous avons vu, *de contester des vérités de fait entièrement évidentes; de les éluder par des raisonnements frivoles ; d'avoir toujours une illusion toute prête pour échapper ; de taire les preuves que l'on a mises en avant, d'ôter aux hommes la connaissance de son désordre, en s'enveloppant sous le voile d'une accusation.* Tout cela lui est fondé sur ce qu'il lui plaît de deviner que c'est par faiblesse et par impuissance que l'on n'a pas répondu aux passages qu'il avait allégués de Bertram, comme si l'on était obligé d'allonger inutilement des réponses pour s'accommoder à tous ses caprices. Il trouvera néanmoins à la fin de ce volume de quoi se détromper de cette imagination, quoique l'on ne s'oblige pas pour cela de le suivre dans tous ses égarements.

Mais le privilége le plus commode de tous, et dont M. Claude se sert plus souvent que d'aucun autre, est celui de mal raisonner; car il lui donne moyen de conclure tout ce qu'il veut de toutes sortes de principes. Il veut prouver que ceux qu'il attaque louent et blâment par règle de rhétorique, et non pas selon la vérité et la sincérité. C'est la thèse qu'il avance, et qui n'est pas de petite conséquence; car il s'ensuivrait de là que ses adversaires seraient des gens sans honneur et sans conscience. Quels seront donc les principes dont il tirera cette importante et injurieuse conclusion? Les voici : c'est que, d'une part, l'auteur de *la Perpétuité* a dit, selon lui, que *Bertram est un homme obscur et embarrassé*, et qu'*il s'est évaporé en des raisonnements frivoles* : ce qui est faux, comme nous l'avons vu; mais je veux bien le supposer véritable : et que, de l'autre, l'auteur de l'Apologie des SS. Pères donne de grandes louanges à Ratramne, religieux de Corbie. Et par-là M. Claude croit avoir très-suffisamment prouvé que ces personnes qu'il attaque louent et blâment par rhétorique et non par vérité. Et c'est pourquoi, comme nous avons vu, il ne se met pas en peine de montrer la liaison de ces principes avec cette conséquence : il la suppose claire, et ses adversaires abattus; et il croit n'avoir rien à faire que de jouir à son aise du fruit de sa victoire, en leur insultant d'une manière terrible.

Je crois néanmoins qu'il aurait plus prudemment fait de ne pas supposer que tout le monde fût assez subtil pour entrer tout d'un coup dans cet étrange raisonnement; ou plutôt de ne pas croire que tout le monde fût si grossier que de se laisser tromper par ce sophisme, et de ne pas reconnaître combien il enferme de fausses suppositions.

Premièrement, ce rare raisonnement suppose que l'auteur de l'Apologie des SS. Pères, et l'auteur de *la Perpétuité* ne sont qu'une même personne; car si ce sont différents auteurs, quel sujet y aura-t-il de s'étonner qu'ils aient de différents sentiments sur un autre auteur? M. Claude fait-il beaucoup de façons de ne pas être du sentiment du professeur de Leyde sur le sujet du même Bertram? Il suppose donc que ces ouvrages sont du même auteur, mais il le suppose témérairement et sans raison; car il n'en a aucune assurance. C'est sa passion qui supplée au défaut des preuves qu'il devrait avoir, et qui lui ôte le doute où l'on doit toujours être touchant les choses incertaines et cachées.

Mais quand ce serait la même personne, où M. Claude a-t-il trouvé qu'il est impossible que le même homme loue et blâme différents ouvrages d'un auteur, sans donner lieu de l'accuser de ne louer et ne blâmer que par rhétorique et par intérêt? Est-ce qu'il est impossible qu'un même auteur soit louable dans un ouvrage, et blâmable dans un autre? Cela n'arrive-t-il pas au contraire très-souvent? Tous les Pères n'ont-ils pas loué et blâmé Origène? Et n'a-t-on pas dit de lui qu'il n'y avait rien de mieux que ce qui était bon dans Origène, et rien de pire que ce qui y était mauvais? *Ubi benè, nemo meliùs ; ubi malè, nemo pejùs.* S. Augustin n'a-t-il pas loué et blâmé Pélage? Cassien n'est-il pas blâmable et louable selon différents ouvrages et différentes parties du même ouvrage? On en pourrait citer une infinité d'autres ; car il y a peu d'auteurs que l'on puisse louer sans aucune exception; et S. Augustin n'a point cru se faire tort en disant de son livre du Mensonge qu'il était obscur et embarrassé, et qu'il le fatiguait. Et de conclure de là qu'il faisait le même jugement de tous ses ouvrages, ou qu'il louait et blâmait par rhétorique, ce serait raisonner comme M. Claude, c'est-à-dire, d'une manière très-peu sensée.

Enfin qui a dit à M. Claude que l'auteur de *la Perpétuité* ait supposé que le livre qu'on lit sous le nom de Bertram était de Ratramne, religieux de Corbie, auteur des livres de la Prédestination et de la Réfutation des erreurs des Grecs? Ne témoigne-t-il pas au contraire avoir assez d'inclination pour l'opinion de M. de Marca, qui veut que ce livre de Bertram et celui de Jean Scot soient le même livre? Il paraît au moins par son livre qu'il n'avait aucun sentiment fixe que ce fût Ratramne qui en fût auteur. Et cela étant, pourquoi aurait-il été empêché par la considération de Ratramne, auteur du livre de la Prédestination, de juger sincèrement de celui de Bertram, en considérant simplement ce que ce livre contient?

M. Claude était donc peut-être le seul au monde qui, sur trois suppositions, ou fausses, ou incertaines et imaginaires, pût conclure affirmativement et décisivement que l'auteur de LA PERPÉTUITÉ *blâmait et louait par rhétorique.* Il est vrai qu'il ne faut pas s'attendre qu'un homme qui se contente de ces preuves, et qui se permet ces raisonnements, en manque jamais ; mais on peut douter s'il trouvera toujours des personnes assez simples pour s'y laisser abuser.

CHAPITRE VII.

Où l'on fait voir que M. Claude est aussi peu juste dans ses railleries que dans ses plaintes.

Comme l'auteur de *la Perpétuité* n'a point donné à M. Claude de juste sujet de plainte, il ne lui en a point aussi donné de faire des railleries de ses paroles ; et son air assurément est assez peu propre à être tourné en ridicule. Cependant M. Claude, qui savait que ce genre d'écrire n'a pas peu de force pour s'insinuer dans les esprits, a voulu aussi nous montrer ce qu'il y savait faire, et il a tâché en plusieurs endroits de divertir le monde aux dépens de l'auteur de *la Perpétuité*. Ce qu'il a cru le plus propre pour ce dessein, est une parole qu'il dit en passant, que *pour trouver dans le livre d'Aubertin un excellent livre, il ne fallait que changer les objections en preuves et les preuves en objections*. Ce mot ayant fait produire à M. Claude une grande quantité de pensées qu'il a cru fort agréables, il les a répandues en divers endroits, comme nous verrons tout à l'heure, afin de ne consumer pas tout d'un coup tant de belles choses. Certainement s'il n'avait point fait de fautes plus considérables que celles qu'il a commises en ce point, on ne s'arrêterait pas à les relever ; mais puisque nous sommes en train de vider les différends personnels de ces deux auteurs, je pense qu'il ne sera pas inutile d'examiner aussi celui-là, puisqu'on sait que ces railleries n'ont pas peu servi au succès du livre de M. Claude. Quand une personne en traite une autre de ridicule, il est certain qu'il y a quelqu'un de ridicule, mais ce n'est pas toujours celui qui est attaqué ; c'est aussi souvent celui qui l'attaque mal à propos. Il faut donc voir si c'est l'auteur de *la Perpétuité*, ou si ce n'est point au contraire M. Claude ; et l'on en jugera facilement par la remarque suivante.

Les meilleures choses étant répétées, perdent beaucoup de leur grâce, parce qu'il paraît que celui qui les rebat en est trop occupé ; ce qui est toujours incommode. Néanmoins la nécessité peut excuser la répétition des raisons et des preuves, et obliger à passer par-dessus la délicatesse de ceux qui s'en rebutent. Mais comme il n'y a nulle nécessité de répéter des railleries, on a sujet d'en être choqué ; parce que c'est un signe que ceux qui le font ont trop de complaisance pour des bagatelles, qui ne sont supportables que quand elles échappent sans réflexion.

Ce défaut est encore plus grand quand on étend ces railleries, qu'on les met en vue, et que l'on s'y arrête longtemps. Que s'il se trouve avec cela que ces railleries soient fausses et contre le bon sens, elles sont tout à fait ridicules, et elles marquent un défaut d'esprit fort considérable.

M. Claude m'excusera si je lui dis qu'on peut remarquer tous ces différents degrés dans les railleries qu'il fait sur cette parole de l'auteur de *la Perpétuité*, dont j'ai parlé. Car ses railleries sont fausses, étant fondées sur un faux sens qu'il lui plaît de donner à ces paroles : et cependant elles sont répétées et étendues dans son livre, d'une manière qui témoigne qu'il a cru que c'étaient des pensées rares et ingénieuses. Il a choisi d'abord à ces railleries la place la plus honorable qu'il a pu, en les mettant dans sa préface même, comme les jugeant propres à donner d'abord une impression favorable de sa cause. *Je n'ai pas cru*, dit-il, *que je me dusse servir de ce nouveau et plaisant moyen, que l'auteur a inventé pour réfuter le livre de M. Aubertin, en mettant*, dit-il, *en preuve ce qu'il met en objection, et en objection ce qu'il met en preuve. En effet, c'est vouloir faire comme Alexandre, qui coupa le nœud qu'il ne put dénouer : c'est au moins traiter les matières fort cavalièrement. Je me suis souvent étonné de voir que, dans la communion romaine, les hommes deviennent grands disputeurs du soir au lendemain, et à fort grand marché ; mais je ne m'en étonne plus tant, puisque l'occupation des gens d'esprit d'aujourd'hui ne consiste presque plus qu'à abréger le travail. Ce ne sont que méthodes nouvelles, que manières faciles, et en vingt-quatre heures on fait d'un écolier un puissant controversiste. Vingt-quatre heures ! C'est trop, il ne faut que deux moments pour apprendre à dire : Je change les preuves en objections, et les objections en preuves. Les pauvres ministres ont beau se tuer ; ils suent, ils se consument trente ans durant pour composer de gros volumes, pleins de savoir et de force, et ils ne prennent pas garde que sept ou huit mots abattent tout leur ouvrage. Que l'année soixante-quatre est heureuse d'avoir produit une si favorable invention que tous les siècles passés avaient ignorée ; et que nous sommes redevables à l'auteur d'avoir voulu nous divulguer son secret ! Car nous disputerons maintenant à peu de frais. Les uns changeront les preuves en objections, et les objections en preuves ; et les autres remettront les preuves en preuves, et les objections en objections. Car puisque l'art est devenu commun, il ne nous sera pas moins facile de rétablir le livre de M. Aubertin, qu'il l'est à l'auteur de la Réfutation de le renverser.*

Vit-on jamais un homme plus plein et plus satisfait d'une raillerie ? Il ne saurait la quitter : il la tourne en diverses manières, tant elle lui paraît agréable. Il n'a pu même en demeurer là. Comme il en était possédé, il la répète dans son livre tout de nouveau, avec la même effusion. *N'est-ce pas*, dit-il (p. 144) après avoir rapporté les mêmes paroles, *une agréable méthode pour terminer tout d'un coup bien des différends, et pour réfuter à bon marché un livre tel que celui de M. Aubertin ? L'invention en est bonne, pleine d'esprit, et propre pour faire gagner les mauvaises causes. Il ne faut que prendre pour preuve ce qui est en objection, et pour objection ce qui est en preuve. Elle serait fort à l'usage de ceux qui ont mal administré l'argent public, qui rendraient admirablement bien leurs comptes si l'on voulait changer les articles de la dépense en recette, et ceux de la recette en dépense.*

Il pousse encore la chose bien plus loin dans cet endroit, comme ceux qui en ont le loisir peuvent voir ; mais je craindrais de lasser le monde si j'en rapportais davantage.

Enfin cette raillerie lui paraît tellement belle, et il en est si pénétré, qu'il n'a pu s'empêcher de la rebattre encore en un autre lieu, où il dit que l'auteur de LA PERPÉTUITÉ, *pour les contenter en galant homme, leur dit seulement que pour faire du livre d'Aubertin un excellent livre, il ne faut que changer les objections en preuves, et les preuves en objections.*

En vérité M. Claude me paraît en tous ces lieux satisfait de si bonne foi de sa raillerie, que je serais assez porté à le laisser jouir en repos de ce petit contentement, si la charité ne me persuadait qu'il vaut mieux le détromper une bonne fois que de permettre qu'il demeure si grossièrement abusé, que de se plaire au point qu'il fait dans des pensées qui ne sont nullement judicieuses.

Pour l'en convaincre lui-même, il n'y a qu'à lui faire remarquer ce qu'il n'a pas compris, ou qu'il a voulu dissimuler : que tous les livres sont pleins de deux sortes de preuves ; les unes pleines et entières, où l'on ne suppose rien, et qui sont pour tout le monde ; où les principes sont établis, et les conclusions tirées : les autres imparfaites en elles-mêmes, et dépendantes de suppositions qu'on laisse à suppléer à la bonne foi de ceux qui les lisent.

Il n'y a proprement que les premières qui méritent le nom de preuves et de démonstrations ; les autres sont d'un autre genre. Ce sont plutôt des méthodes, des remarques, des observations que l'on expose aux lecteurs, dont l'usage dépend de leur sincérité et de leur discernement, que des arguments qui servent à la preuve par eux-mêmes. Les premières sont semblables à des guides qui nous prennent par la main, qui nous conduisent dans tout le chemin, et qui nous font arrriver au lieu destiné ; et les secondes sont comme de simples avis, qui nous enseignent le chemin en nous laissant le soin d'y marcher nous-mêmes. Si nous les trouvons véritables, nous les approuvons ; si nous les trouvons fausses, nous les condamnons.

Les premières prouvent à l'égard de tout le monde, parce qu'elles ne supposent rien ; et les secondes ne prouvent rien qu'à l'égard de ceux qui, suivant de bonne foi l'avis qu'on leur donne, trouvent par expérience qu'on leur avait dit vrai.

Les discours et les livres sont remplis de ces sortes de preuves. Car quand on dit d'un livre que, pour en reconnaître la faiblesse, il n'y a qu'à le lire ; quand on a dit du livre de du Plessis-Mornay touchant la messe, qu'il n'y a qu'à en confronter les passages pour y reconnaître un prodigieux nombre de faussetés ; quand on dit que pour reconnaître l'esprit de la prétendue réforme, il ne faut considérer que la vie des premiers réformateurs ; quand on dit que pour réfuter une erreur, il suffit de la découvrir ; enfin quand on dit *que pour trouver dans le livre d'Aubertin un excellent livre, il ne faut que changer les objections en preuves, et les preuves en objections*, on ne prouve rien proprement ; mais on marque une voie et une méthode dont l'application dépend de la bonne foi de ceux qui la

suivent, et qui est favorable à ceux qui ont raison, et contraire à ceux qui ont tort.

M. Claude n'a pas assez d'autorité dans le monde pour interdire l'usage de ces sortes de discours : tous les livres en sont pleins, et il est étrange qu'ils lui aient paru si nouveaux, que d'en marquer, comme il a fait, l'époque et la naissance. Mais ce qui fait qu'il en juge si mal, est qu'il ne les a pas entendus, et que, par une erreur assez grossière, il s'en est formé une idée extravagante et contraire au sens commun, qui a donné sujet à toutes ses railleries ; ayant cru que l'on proposait cette règle de changer les objections en preuves, comme une méthode générale de réfuter toutes sortes de livres.

Pour reconnaître donc son illusion, il n'a qu'à considérer que celui qui dirait, par exemple, que pour trouver cinq cents faussetés dans le livre de du Plessis, il n'y a qu'en conférer les passages avec les originaux, ne prétendrait nullement par-là que cette conférence de passages fût une méthode générale de trouver cinq cents faussetés en toutes sortes de livres : mais il prétendrait seulement ouvrir un moyen particulier de reconnaître les faussetés de du Plessis, dont chacun se rendrait juge. Que, si un auteur ayant proposé cet expédient, il s'en élevait un autre qui, pour tourner cette proposition en ridicule, dit que c'était une méthode bien aisée pour réfuter sans peine les plus gros livres, que de renvoyer à la confrontation, et qui s'écriât sur cela : *Que l'année soixante-quatre est heureuse d'avoir produit cette rare invention !* qui répétât et tournât cette fausse raillerie en diverses manières, et qui attribuât à celui qui aurait proposé cet expédient d'avoir voulu donner une méthode générale pour réfuter toutes sortes de livres, on se rirait sans doute de l'impertinence de ce second auteur, et on s'étonnerait de son peu d'intelligence qui lui aurait fait donner un sens ridicule à une proposition raisonnable, et entasser sur un si mauvais fondement une suite importune de fausses pensées.

Or c'est justement ce que M. Claude pratique à l'égard de l'auteur de *la Perpétuité*. Car quand cet auteur propose de changer les objections d'Aubertin en preuves, et les preuves en objections, il ne le propose pas comme une méthode générale de réfuter toutes sortes d'auteurs. C'est une voie particulière pour Aubertin, et qui est fondée sur la persuasion où toutes les personnes sages entreront en lisant son livre, qu'il y a beaucoup plus d'évidence et de lumière dans ce que ce ministre allègue contre son opinion, que dans ce qu'il rapporte pour l'établir. Et cela supposé, il dit qu'ils n'ont plus qu'à changer les objections en preuves, et les preuves en objections ; parce que, comme il l'avait prouvé auparavant, la raison oblige à prendre pour preuve ce qui a plus de lumière, et pour objection ce qui, en ayant moins, est contraire à ces vérités établies sur des preuves évidentes.

Il est donc clair que ce n'est point une méthode ni une adresse nouvelle ; c'est une supposition raisonnable, dans laquelle on se remet premièrement à ceux qui liront le livre d'Aubertin, de l'examen des objections ou des preuves de ce ministre; et ensuite, en supposant raisonnablement qu'ils trouveront qu'il y a beaucoup plus d'évidence et de force dans les objections que dans les preuves, on les exhorte à suivre la raison, et à changer en ce cas, comme elle l'ordonne, les objections en preuves, et les preuves en objections.

En un mot, tout cet endroit du livre de *la Perpétuité* peut être renfermé dans ce raisonnement : Toutes les fois que dans un livre il y a plus de clarté dans les objections que dans les preuves, il faut changer les objections en preuves, et les preuves en objections; or, dans le livre d'Aubertin, il y a plus de clarté dans les objections que dans les preuves; donc dans le livre d'Aubertin il faut changer les objections en preuves, et les preuves en objections.

Je sais bien qu'il est permis à M. Claude de nier la mineure de cet argument; mais il est aussi permis à l'auteur de *la Perpétuité* de la proposer, d'avertir les lecteurs de l'examiner, de les prier de comparer la clarté des objections avec celle des preuves. Si sa supposition est fausse, les lecteurs le condamneront; si elle est vraie, ils lui sauront gré de leur avoir montré ce chemin. S'il avait eu le temps, il les aurait menés par la main, en faisant lui-même cette comparaison; mais ne l'ayant pas, il s'en remet à eux, et il leur donne cependant un avis très-utile, pour se bien conduire dans cet examen, et qui suffit seul pour les empêcher de s'égarer, qui est de ne s'arrêter pas à une seule preuve et à une seule difficulté; mais de juger des unes et des autres par comparaison, en préférant les plus claires à celles qui le sont moins.

Cet avertissement est d'une extrême conséquence pour se bien conduire dans cet examen : car si l'on n'y prend garde, la plupart des calvinistes qui forment leur jugement sur le choix d'une opinion, ne le font que sur une ou deux objections dont ils se remplissent la tête. Il y en a qui ne savent que le passage de Facundus, d'autres qu'un lieu de S. Augustin, et sur cela on les voit condamner toute l'Église avec une confiance prodigieuse. Ainsi c'est pour les détourner de ce procédé téméraire que l'auteur de *la Perpétuité* les exhorte d'abord à reconnaître ce qui doit passer pour lumière et ce qui doit passer pour difficulté; et qu'en supposant ensuite qu'ils demeureront convaincus par l'examen d'Aubertin, que les objections qu'il propose doivent passer pour preuves de vérité, et les preuves de son opinion pour de simples difficultés, il les exhorte de les mettre dans leur esprit dans le rang qui leur convient, et il leur apprend ainsi à se servir utilement du livre de ce ministre.

Il est donc clair que sa pensée est très-juste et très-raisonnable; qu'il n'a point proposé pour méthode générale de réfuter les livres, *de changer les objections en preuves*; et que toutes les railleries de M. Claude sont fondées sur son peu d'intelligence ou sur sa mauvaise foi.

CHAPITRE VIII.

D'une plainte que M. Claude pourra faire, qui est que l'on tourne souvent sa rhétorique en ridicule.

Après avoir satisfait aux principales plaintes que M. Claude fait contre l'auteur de *la Perpétuité*, je crois en devoir prévenir une autre, que la connaissance que l'on peut avoir de son humeur par son livre donne sujet de prévoir : car s'il a été si sensible à quelques petits reproches que l'auteur de *la Perpétuité* lui avait faits, on a sujet de craindre qu'il ne trouve pas fort bon qu'on ait fait voir en plusieurs endroits les défauts de sa rhétorique ; ce qu'on ne peut guère faire sans la rendre ridicule.

Je suis d'autant plus obligé de lui rendre raison de ce procédé, qu'il est contraire à ma première inclination et à mon premier dessein. Les matières qui font le sujet de notre contestation sont si grandes et si sérieuses, l'état de ceux qui sont engagés dans l'hérésie est si misérable, et le danger où ils sont de périr éternellement est si terrible, que la foi qui nous découvre ces grands objets semble ne nous permettre pas de nous occuper des moindres, et principalement de ceux qui ne paraissent pas si sérieux.

D'ailleurs comme nous devons avoir pour but de gagner ceux mêmes avec qui nous disputons, et que la charité nous oblige de prendre les voies les plus naturelles pour y réussir, elle nous doit éloigner de tout ce qui peut aigrir le cœur, et rendre l'esprit moins disposé à recevoir la vérité. Je puis assurer M. Claude que j'ai toujours été dans cette disposition, et que j'aurais extrêmement désiré que cette dispute se passât entre nous d'une manière, non seulement civile, mais pleine de respect et de déférence, et qu'il ne m'eût pas obligé de faire remarquer en lui d'autre défaut que celui de ses preuves et de ses raisons.

C'est aussi par un effet de cette inclination qu'il ne trouvera rien de personnel dans cette réponse : si on lui fait quelque reproche, il faut qu'il naisse des choses mêmes ; on ne le connaît que par son livre, comme je l'ai déjà dit ; on ne s'amuse pas à fouiller dans son cœur, ni à deviner les motifs secrets qu'il peut avoir eus dans tout ce qu'il dit, quoiqu'il ait donné lieu autant qu'aucun autre à ces sortes de divinations et de conjectures.

Il est vrai qu'on n'a pu étendre cette retenue jusqu'au point où l'on aurait désiré, et que l'on s'est cru obligé en quelques endroits de faire diverses peintures du caractère de son esprit, et surtout de faire remarquer les défauts de cette pompeuse rhétorique qu'il a affectée dans tout son livre ; mais je crois que, pourvu qu'on veuille considérer les raisons qui ont obligé à cette conduite, il faut avoir bien peu d'équité pour ne la pas approuver, et pour la croire contraire à cette disposition de charité qu'on doit avoir dans le cœur, et qu'on doit témoigner par ses paroles à ceux que l'on désire de rappeler à l'unité de l'Église.

Le principal but des réponses que l'on fait aux écrits de ceux qui attaquent la doctrine de l'Église, est de détruire la mauvaise impression qu'ils font sur les esprits de ceux qui les lisent ; or, si cette impression ne naît que des preuves et des raisons qu'ils allèguent, il suffit de détruire les preuves pour anéantir cette impression ; mais il y a de certains livres qui ne nuisent pas par les preuves et par les raisons, et celui de M. Claude est de ce nombre. Il y a cent livres de ministres dont on n'a pas seulement parlé, qui contiennent en effet plus de choses difficiles que les siens.

Il y a surtout infiniment plus de science, et même plus de véritable éloquence dans ceux de M. Daillé, qui n'ont pas eu à beaucoup près tant d'éclat ni tant de cours. A peine en a-t-on pu débiter une impression, au lieu qu'il s'en est déjà fait plusieurs de celui de M. Claude. Il est donc facile de voir qu'il y a quelque autre cause de ce grand bruit qu'il a fait ; et outre quelques circonstances extérieures, on ne le peut attribuer qu'à une certaine manière d'écrire qui s'est trouvée proportionnée à quantité d'esprits peu judicieux et peu exacts. En effet, il est certain que le style de M. Claude a quelque chose de vif, d'éblouissant, de populaire ; qu'il forme des images et des mouvements confus, et qu'il est propre à remuer tous ceux qui se laissent émouvoir sans savoir pourquoi ; qu'il est soutenu de plus par un air de hardiesse et de fierté qui trompe les ignorants ; et il est vrai qu'en lisant son livre, je disais souvent que cet homme était né pour vivre dans une république comme la romaine, et qu'il aurait fait admirablement le métier de ces harangueurs qui soulevaient le peuple contre le sénat.

Puis donc que la rhétorique est ce qui a relevé le livre de M. Claude, et qui en a fait toute la force, il est clair que le même devoir qui m'oblige à défendre la vérité, m'obligeait aussi à détruire cette rhétorique qui s'élevait, comme dit S. Paul, contre la science de Dieu ; et qu'il était juste d'avoir en cela moins d'égard à sa délicatesse, qui en pourra être blessée, qu'à l'utilité de ceux qui ont pu être touchés par ce faux éclat, qui obscurcit et qui cache la vérité, au lieu de la découvrir et de l'éclaircir.

Et que M. Claude ne prétende pas sur cela nous commettre avec les Pères qui ont loué l'éloquence, et qui ont écrit qu'on s'en pouvait servir utilement pour la défense et pour l'établissement de la vérité : on peut fort bien aimer l'éloquence, sans aimer la sienne ; et je lui puis dire très-sincèrement que c'est l'idée même que j'ai de la véritable éloquence qui me donne de l'éloignement de celle qui paraît dans son ouvrage. Je n'en connais point d'autre qui mérite quelque estime, et qui soit digne, je ne dis pas d'un théologien et d'un chrétien, mais même d'un honnête homme, que celle qui est sage, modeste, judicieuse, sincère, véritable ; qui sert à démêler les choses, et non pas à les confondre ; qui met la vérité dans son jour, et la propose d'une manière propre à la faire entrer dans l'esprit et dans le cœur ; qui inspire des mouvements justes, raisonnables, proportionnés aux choses qu'on traite ; qui n'a point d'éclat qui ne serve à relever la vérité, point de force que celle qu'elle en emprunte.

Mais pour cette autre éloquence turbulente et emportée, qui paie le monde d'exclamations au lieu de raisons ; qui emploie les antithèses au lieu de preuves ; qui tend à exciter sans sujet des mouvements injustes et violents ; qui étourdit les gens par le son et par le nombre, de peur qu'ils n'aperçoivent la fausseté de ce qu'on veut leur faire approuver ; qui brouille et confond toutes choses ; qui tâche de couvrir sa faiblesse par les ténèbres qu'elle répand ; qui n'a ni retenue ni modestie ; qui consiste presque toute à dire d'un ton ferme et assuré les choses les plus fausses : M. Claude me permettra de lui dire que non seulement je ne vois pas que ce soit une qualité fort estimable, mais que je suis persuadé que c'est un très-grand défaut d'esprit, qui, n'ayant qu'un effet passager, en a de fort mauvais dans la suite, parce qu'on ne s'y laisse pas d'ordinaire tromper deux fois, et qu'après en avoir été désabusé, on en conçoit de la défiance pour toujours.

Je n'ai pas besoin de prouver ici que la sienne est de ce mauvais genre, puisque je l'ai déjà suffisamment prouvé dans cette réponse. Il me suffit de lui avoir fait connaître la raison qui m'a obligé d'en user ainsi, qui paraîtra sans doute légitime aux personnes équitables, et à M. Claude même, s'il la considère sans passion.

CHAPITRE IX.
PLAINTES CONTRE M. CLAUDE.
Calomnie atroce contre l'auteur de la Perpétuité.

Après avoir satisfait à M. Claude sur ses plaintes et sur ses railleries, il ne trouvera pas mauvais que nous lui demandions justice à notre tour des excès auxquels il s'est emporté contre les règles les plus communes de l'honnêteté et de la justice, que des païens mêmes auraient fait conscience de violer.

Nous serions bien aises de savoir de lui s'il a quelques principes de morale qui lui permettent d'en user ainsi. Nous savons déjà que les maximes de leur nouvelle théologie promettent l'impunité à tous les crimes, pourvu que ce soient de fidèles calvinistes qui les commettent ; et nous ne lui demandons pas s'il craint d'être damné en calomniant ses adversaires. On sait que les résolutions de ses docteurs le délivrent de cette crainte, contre l'oracle de S. Paul, qui déclare que les médisants ne posséderont point le royaume de Dieu ; mais ce que nous désirons savoir est si depuis peu ils se sont avisés d'ôter aux crimes le nom de crimes, et de les dépouiller même de l'infamie humaine qui les accompagne ; si le nom de calomniateur n'est plus honteux ni odieux parmi les calvinistes, et s'ils ont sanctifié ce nom, qui est si horrible parmi les hommes, qu'ils n'en ont point trouvé de plus noir pour témoigner la détestation qu'ils ont des plus criminelles de toutes les créatures, qui sont les démons.

Après cette première question, je lui en proposerai une seconde, en lui demandant si ce n'est pas une calomnie détestable de vouloir faire croire sans preuve, sans raison, sans apparence, que des théologiens catholiques qui défendent un mystère dans des livres publics, n'en sont pas persuadés dans leur cœur ; ce qui enfermerait une hypocrisie exécrable, et une impiété qui n'est pas moindre que l'athéisme.

Je ne puis croire qu'il réponde autrement à ces questions que ce que l'on y répond d'ordinaire, et qu'il ne condamne celui qui aurait usé de ce procédé, comme un homme qui se serait rendu coupable d'un crime énorme, qui l'oblige selon les lois divines et humaines à une satisfaction publique. Il faudrait que la morale calviniste fût bien déréglée et bien corrompue pour l'en exempter.

Mais après cet arrêt que je prononce pour lui, et dont il n'oserait me dédire, je n'ai plus, pour lui montrer qu'il est prononcé contre lui-même, qu'à lui demander le sens de ces paroles qui se lisent dans son livre, page 300 : *Dieu fera voir un jour qui sont ceux qui font tort à son Église ; la lumière de son jugement manifestera toutes choses, et j'espère même qu'avant cela les hommes se désabuseront ; et alors il ne sera plus nécessaire d'écrire par politique en faveur de la transsubstantiation. Il ne faudra plus se servir de ce moyen pour se remettre en grâce avec Rome, et regagner le cœur des peuples : car les choses ayant changé de face, cette prudence de la chair et du sang n'aura plus de lieu.* On entend ce langage, et M. Claude n'est ni assez simple, ni assez imprudent pour ne l'avoir pas entendu, et pour n'avoir pas vu le sens qu'on y donnerait. Il a donc voulu faire comprendre que l'auteur de *la Perpétuité* n'écrivait pas de la transsubstantiation par persuasion, mais *par politique* et par une *prudence de la chair*. Car quand un théologien catholique défend l'Église à laquelle il est uni, s'il croit ce qu'il dit, il ne faut point aller chercher d'autres raisons de sa conduite ; la cause commune de l'Église, dans la vérité de laquelle il met l'espérance de son salut, mérite assez d'être défendue. Ainsi imputer à l'auteur de *la Perpétuité* de n'écrire que *par politique* et par une *prudence de la chair*, c'est lui imputer de ne pas croire ce qu'il écrit, et en donner cette idée. Et donner cette idée, c'est une détestable calomnie, c'est un crime abominable, c'est le procédé le plus lâche et le plus injuste dont un homme puisse être capable.

Que M. Claude ne s'étonne point de ces reproches : ce n'est point ici un jeu ni un sujet de raillerie ; il n'est point question, pour finir une période, de faire une telle injure à des gens d'honneur. S'il a parlé de cette sorte sans y penser, je lui soutiens qu'il est le plus imprudent homme du monde ; et s'il en a parlé à dessein, et pour former l'impression que ces paroles donnent naturellement, je lui déclare qu'il est un des plus hardis calomniateurs qui furent jamais, et je m'assure qu'il n'y a point d'honnête homme dans sa communion, qui ne m'en avoue, et qui ne condamne en ce point son procédé.

Et qu'il ne prétende pas se couvrir par l'équivoque de ses termes. Le sens de ceux-là est assez visible : c'est une stupidité de ne le pas voir ; et celui qui le voyant ne l'empêche pas, veut bien qu'on l'entende, et se rendre ainsi coupable de la calomnie qu'il contient.

Quand même il n'aurait pas eu dessein d'imprimer dans l'esprit de ceux qui liront son livre cette abominable pensée, il a voulu dire au moins que ce n'était pas par l'amour de la vérité, mais par un intérêt humain qu'on a réfuté son écrit, et cela ne laisserait pas d'être un jugement très-injuste, très-téméraire et très-criminel : car quelle preuve a-t-il de cette politique et de cette prudence de la chair ? Doit-on s'étonner qu'un théologien catholique réfute le livre d'un ministre ? L'auteur de *la Perpétuité* n'y avait-il pas un engagement particulier ? Aurait-il pu s'en dispenser dans les règles ordinaires ? Et enfin faut-il s'amuser à deviner les raisons qui portent un catholique à défendre sa foi ? Est-ce ainsi que l'on a traité M. Claude ? Lui-a-t-on reproché qu'il n'avait entrepris d'écrire que pour se signaler, que pour s'avancer dans son parti, que pour se faire des amis de tous les ennemis de ceux qu'il attaque ? A-t-on dit la moindre chose qui tendît à faire avoir des soupçons de lui ?

Ce n'est pas que l'on prétende qu'il s'en doive tenir obligé : car quelque excès qu'il commette, on ne se dispensera jamais en son endroit des règles de la justice ; on ne devinera jamais ses intentions cachées, on ne l'accusera jamais de politique sans en apporter des preuves ; on ne parlera jamais de *causes mystérieuses*, ni d'autres choses semblables, qui portent avec elles la condamnation de celui qui les avance, puisqu'elles font voir sa témérité et son injustice. On a, Dieu merci, un éloignement entier de ces voies injustes et honteuses, et l'on ne croit pas qu'il y ait rien qui déshonore davantage la cause que l'on défend qu'un reproche téméraire et calomnieux.

S'il m'était échappé par surprise quelque parole qui ne fût pas exactement véritable, je tiendrais à faveur d'en être averti, de quelque manière que M. Claude le fît ; mais qu'il y prenne garde à deux fois : car comme je lui promets le désaveu de tout ce qui ne serait pas entièrement juste, je lui promets aussi de prouver et de justifier encore davantage toutes les paroles dont il se plaindra injustement.

Il n'est pas besoin de se justifier d'une autre sorte de ces malins et téméraires soupçons. J'ajouterai seulement que Dieu a permis, pour faire voir combien ils sont mal fondés, que d'autres calvinistes étant possédés de la même malignité aient pris un tour tout contraire : car au lieu d'accuser l'auteur de *la Perpétuité* d'avoir écrit *par politique pour se remettre en grâce avec Rome*, ils ont voulu le rendre odieux, en disant que l'image qu'il fait du dixième siècle était une satire contre Rome. Cette accusation est encore aussi fausse et aussi injuste que la première : comme si les prérogatives de l'Église romaine, fondées sur l'Écriture et dans la tradition, dépendaient des vices personnels de ceux qui l'ont gouvernée ; et comme si c'était la décrier que de ne dire que ce qui en est rapporté par le cardinal Baronius, et par les plus grands **défenseurs** du S.-Siége.

Mais la diversité de ces injustes reproches fait voir néanmoins combien ils sont téméraires ; et il n'y a pour les détruire qu'à les opposer les uns aux autres. Si M. Claude accuse l'auteur de *la Perpétuité* d'avoir voulu flatter le Pape, il le faut renvoyer à ceux d'entre ses confrères qui l'ont accusé de l'avoir voulu noircir. Et si d'autres le blâment d'un décri imaginaire de l'Église romaine, il suffit, pour les convaincre d'imposture, de leur faire voir que M. Claude l'accuse d'un défaut tout opposé. Ainsi l'on peut dire qu'en cette rencontre l'iniquité ment contre elle-même : ces deux accusations si contraires ne pouvant servir qu'à montrer que cet auteur a défendu l'Église sans autre intérêt que celui de la vérité. Ce n'est pas que ce soit une mauvaise vue que celle de contenter le chef de l'Église, dont l'honneur doit être infiniment précieux à tous ceux qui font gloire de lui être unis ; mais ce ne sera jamais par autre intérêt que celui de la religion même qu'on lui rendra toujours toute sorte de devoirs ; et ainsi ces reproches de politique seront toujours téméraires et injustes.

Cependant ce n'est pas en ce lieu seulement que M. Claude a tâché d'inspirer ces détestables pensées, qu'on avait de l'inclination pour leurs opinions. Il ne craint pas de le dire encore plus ouvertement en un autre endroit. C'est dans la page 228, où il parle ainsi : *Ces messieurs*, dit-il, *nous exhortent de nous rejoindre à eux, alléguant que si nous étions ensemble, il y aurait bien des choses à faire, et bien des choses à espérer. Ce n'est pas le lieu d'examiner si ces raisonnements ont de la force ou de la justice, ou s'ils n'en ont pas. Il me suffit de dire qu'il faut nécessairement, ou qu'ils ne concluent rien, ou qu'ils concluent sur ce fondement qu'il y a moyen de faire à notre commune satisfaction un changement insensible.* Il est clair encore que dans ce discours il prétend que ceux dont il parle les exhortent de se rejoindre à eux sans changer de sentiment ; ce qui enfermerait une approbation ou une tolérance de leur hérésie. Et ainsi ce discours contient encore une noire et détestable imposture, et est doublement faux et calomnieux : premièrement, parce que celui qu'il croit auteur du livre de *la Perpétuité*, ni aucun de ceux qui ont vécu avec lui, n'ont jamais parlé ni conféré avec aucun ministre, ni même avec aucun calviniste capable d'un tel entretien : ce qui est assez rare, et qui est néanmoins très-véritable. De sorte qu'il est impossible qu'ils aient tenu ce discours, et il n'y a point de personnes au monde à qui on le pût imputer avec moins de vraisemblance. Secondement, parce qu'il est très-éloigné de leur pensée, que les calvinistes puissent être reçus dans l'Église sans abjurer leurs erreurs. Il est bien vrai que ces personnes que désigne M. Claude croient que le schisme des calvinistes est criminel et insoutenable par soi-même, n'y pouvant avoir de justes raisons de sortir de l'unité de l'Église ; mais ils concluent de là, non qu'ils pouvaient demeurer dans l'Église en conservant leurs opinions ; mais qu'ils devaient abandonner ces opinions pour demeurer dans l'Église, comme l'on a dit dans le premier livre. Et ainsi M. Claude ne saurait se justifier d'avoir encore avancé une imposture inexcusable, dans ce fait faux et calomnieux qu'il allègue. Et, outre l'imposture, la témérité et l'imprudence en sont toutes claires ; car ce n'est point en cette manière qu'on doit avancer des choses de cette importance. Il faut nommer les personnes et les témoins, ou souffrir d'être traité de calomniateur et de faux accusateur, si on ne le fait.

Je suis fâché que M. Claude m'ait obligé par son procédé à lui parler avec cette dureté ; elle est contraire à mon inclination, mais il sait bien lui-même qu'il n'est pas permis d'être indifférent à ces sortes de reproches. C'est lui faire charité que de l'avertir de ses excès, et de lui en procurer une salutaire confusion. Et l'usage que je souhaiterais le plus qu'il en fît est que, comme il doit être convaincu que c'est une maligne passion qui l'a porté à des médisances si criminelles, il entrât dans une juste crainte que le même nuage qui lui a caché un violement si manifeste des lois de Dieu, ne lui ait aussi obscurci l'esprit pour l'empêcher de se rendre à la vérité qu'on lui a mise devant les yeux ; et qu'ainsi il se crût obligé de demander également à Dieu qu'il purifie son cœur de tout ce qui le corrompt et qui l'envenime, et qu'il éclaire son esprit pour le rendre susceptible de la vérité.

CHAPITRE X.

Autre calomnie insigne de M. Claude, qui impute à l'auteur de la Perpétuité *du chagrin contre les mystères, et de favoriser les impies et les libertins ; que la vue des difficultés des mystères n'est proprement dangereuse qu'aux calvinistes. En quel sens on dit que les difficultés font une partie des preuves des mystères.*

L'auteur de *la Perpétuité* s'étant servi des difficultés des principaux mystères, qui ne nous empêchent pas de les croire, pour montrer que les difficultés de la transsubstantiation ne nous doivent pas empêcher de même de nous rendre aux preuves claires qui l'établissent, M. Claude ne s'est pas contenté de lui reprocher *qu'il s'est engagé par-là dans un parti qui favorise les impies et les hérétiques, et qui tend à jeter des scrupules dans les âmes, qui d'ailleurs n'ont que trop de penchant à douter de la vérité des doctrines évangéliques.* Il pousse même plus avant ces accusations et ces soupçons, et il veut le rendre suspect de ne pas croire lui-même les mystères dont il représente les difficultés ; ce qu'il fait, à son ordinaire, par certaines expressions mystérieuses, qui font néanmoins fort bien entendre ce qu'il veut dire. Car quel autre sens peut-on donner à ce qu'il dit, page 76, que *l'auteur de* la Perpétuité *a du chagrin contre nos mystères ?* Cette expression ne donne-t-elle pas l'idée d'un homme qui a de l'éloignement de la foi des mystères, et qui est bien aise d'en affaiblir les preuves ? Il lui fait dire, page 75, *que Jésus-Christ n'a pas fait connaître sa divinité en termes* clairs, *et que l'on ne puisse éluder.* Dans la page 207 il répète cette accusation de chagrin, en accusant l'auteur de *la Perpétuité* de ne se contenter d'aucune preuve des mystères. *Je suis fâché,* dit-il, *que notre dispute ait mis l'auteur dans cette humeur chagrine, où tout l'incommode et tout lui déplaît. Les païens ne se sont pas bien défendus selon son sentiment; les hérétiques aussi n'y ont rien entendu; les prophètes nous ont parlé trop obscurément; Jésus-Christ même et ses évangélistes pourraient s'énoncer d'une autre manière; les Pères n'ont su ni se bien taire, ni bien parler; tout est soumis à sa colère et à sa censure; amis ou ennemis, il n'importe:*

Tros Rutulusve fuat, nullo discrimine habetur.

Je n'examine pas si c'est raillerie, rhétorique, imprudence, malignité, qui a porté M. Claude à parler de cette sorte : je ne pénètre point ses intentions. Mais de quelque cause que cela vienne, je me plains pour l'auteur de *la Perpétuité* de la témérité et de l'injustice de ses paroles. Il a dû voir le sens où elles portaient, et il ne peut sans crime l'avoir vu, et n'avoir pas empêché cette impression; et par conséquent il s'est rendu coupable d'une insigne calomnie, qui l'oblige, selon les lois de Dieu et des hommes, à un désaveu solennel.

Que s'il est inexcusable d'avoir voulu donner ce soupçon de l'auteur de *la Perpétuité,* il l'est encore plus de l'avoir appuyé sur des preuves aussi fausses ou aussi frivoles que celles dont il se sert pour le faire entrer dans l'esprit de ses lecteurs : car il y en a qui ne sont que de pures falsifications des paroles de cet auteur, et d'autres qui sont des conjectures vaines, fausses, téméraires et indignes d'un homme judicieux.

C'est une pure falsification que ce que M. Claude impute à l'auteur de *la Perpétuité,* d'avoir dit que Jésus-Christ *n'a pas fait connaître sa divinité en des termes clairs, et que l'on ne puisse éluder;* car il y a dans le lieu où il nous renvoie, qu'*il n'a pas fait connaître sa divinité en des termes si clairs et si précis qu'il fût impossible de les éluder;* ce qui est étrangement différent : car la première proposition, qui est de M. Claude, et qu'il impute faussement à l'auteur de *la Perpétuité,* nie absolument la clarté des preuves de la divinité de Jésus-Christ; et ainsi elle est très-fausse, parce qu'en effet ces preuves sont claires en elles-mêmes, et à l'égard de ceux qui n'ont pas l'esprit corrompu par l'hérésie. Mais la seconde, qui est de l'auteur de *la Perpétuité,* dit seulement que Jésus-Christ n'a pas fait connaître sa divinité en des termes si clairs et si précis qu'il fût impossible de les éluder, ce qui ne contient qu'une vérité de fait, dont il est impossible de douter : car, puisque ces termes ont été en effet éludés par les ariens et les photiniens, et qu'ils sont encore présentement éludés par les sociniens, ils ne sont donc point si clairs et si précis qu'il soit impossible de les éluder. On ne dit pas qu'ils les éludent avec raison, et le terme même d'éluder marque que c'est contre la raison; mais on dit qu'ils les éludent, ce qui est un fait que l'expérience prouve tous les jours.

Cette expression de l'auteur de *la Perpétuité* n'ôte donc point aux preuves de la divinité de Jésus-Christ la clarté et l'évidence, comme celle que M. Claude lui attribue faussement; mais elle dit seulement qu'elles n'ont pas un certain degré de clarté qui ferait qu'il serait impossible de les éluder.

La cause de l'erreur de M. Claude est qu'il n'a pas compris qu'il peut y avoir divers degrés d'évidence et de clarté dans des paroles, et que qui nie l'un ne nie pas pour cela les autres. Il y a une évidence qui ne souffre pas qu'il s'élève le moindre doute, et qui n'est jamais désavouée sans folie; mais il y en a une autre, qui, quoiqu'elle se fasse voir à ceux qui sont bien disposés, peut être néanmoins obscurcie à l'égard des autres par les diverses passions dont leurs esprits sont préoccupés. L'évidence de la divinité de Jésus-Christ dans les écrits des Pères du quatrième et du cinquième siècle est du premier genre : et c'est pourquoi il n'y eut et n'y aura jamais d'hérétique assez fou pour dire, par exemple, que S. Athanase et S. Augustin n'ont pas cru la divinité de Jésus-Christ. Mais les hérésies qui se sont élevées sur cet article font voir qu'il n'a pas la même évidence dans l'Écriture, quoiqu'il en ait une autre, par laquelle toutes les personnes non préoccupées l'y peuvent voir clairement.

C'est encore par une falsification semblable que M. Claude fait dire à l'auteur de *la Perpétuité,* touchant les écrits des Pères, que *ce ne sont que comparaisons disproportionnées, que locutions étranges et dures, qu'expressions dont l'apparence porte à l'erreur, que semences qui font naître les hérésies, que piéges tendus à l'orgueil des hommes, que nuages et ténèbres qui couvrent les mystères de la tradition; enfin que les Pères n'ont su ni se taire ni bien parler.* Car, qu'il y ait dans les Pères quelques comparaisons disproportionnées, comme celle que l'auteur de *la Perpétuité* rapporte sur la Trinité; quelques expressions étranges, comme celle que M. Daillé cite de Tertullien (*du vrai Usage des Pères,* p. 129); qu'il y ait des semences qui ont fait naître des hérésies, comme quand les eutychiens ont trouvé un prétexte de leur erreur dans cette parole de S. Cyrille : *Una natura Verbi incarnata;* qu'il y ait par conséquent des piéges tendus à l'orgueil des hommes, et des nuages qui couvrent la tradition, ce sont des vérités de fait qui ne peuvent être contestées par aucune personne de bonne foi, et qui sont généralement reconnues par les catholiques et les protestants. Et ainsi il n'est nullement étrange que l'auteur de *la Perpétuité* s'en soit servi pour empêcher que l'on ne s'étonnât qu'il se trouvât aussi sur l'Eucharistie quelques passages difficiles dans les Pères. Mais c'est une fausseté et une imposture à M. Claude d'avoir changé ces propositions constantes et indubitables en une proposition fausse et téméraire, en lui imputant d'avoir dit qu'*il n'y a dans les Pères que comparaisons disproportionnées, que locutions étranges et dures, qu'expressions dont l'apparence porte à l'erreur, que semences d'hérésie,* et choses semblables; ce que l'auteur de *la Perpétuité* n'a jamais dit ni pensé.

Cette imposture est d'autant moins excusable, que ce sont proprement les ministres qui avancent cette proposition dans la manière dont M. Claude l'impute à l'auteur de *la Perpétuité*.

Ce sont eux qui font des livres exprès pour montrer qu'on ne doit point avoir égard aux Pères dans la décision des controverses, *parce*, disent-ils (1), *que les écrits qui portent les noms des Pères ne sont pas véritablement d'eux; que les vrais écrits des Pères ont été en plusieurs lieux altérés par le temps, l'ignorance, la fraude; parce qu'ils sont difficiles à entendre, parce qu'ils disent souvent des choses qu'ils n'ont pas crues, parce qu'ils se sont abusés en divers points, et à part, et plusieurs ensemble; parce qu'ils se sont fortement contredits les uns les autres.* Ce sont eux qui font des satyres injurieuses contre les Pères, en ramassant jusqu'aux plus petites fautes de leurs écrits, pour les priver entièrement d'autorité. Et enfin ce sont eux qui appliquent en particulier le décri général des Pères à la matière de l'Eucharistie, et qui font tous leurs efforts pour empêcher formellement qu'on ne s'en rapporte à eux sur ce sujet. *Les choses dont parlent les Pères*, dit M. Daillé (ibid., p. 20), *n'ont que bien peu de rapport aux controverses présentes, dont ils ne parlent jamais, si ce n'est incidemment; et ne pensant à rien moins qu'à nous, ils jettent quelques mots çà et là, où les uns et les autres croient parfois apercevoir leur créance, en vain le plus souvent, et presqu'en la même sorte que celui qui, dans le son même des cloches, rencontrait, ce lui semblait, les désirs et les affections de son esprit.*

Et après avoir fait un grand dénombrement des matières traitées par les Pères, il conclut ainsi : *Quel rapport a tout cela avec la transsubstantiation?* pour montrer que c'est de la transsubstantiation dont il dit que l'un et l'autre parti s'imagine voir sa doctrine dans les Pères, comme l'on entend ce qu'on a dans l'esprit dans le son des cloches.

N'est-ce donc pas une falsification bien honteuse à M. Claude d'imputer à l'auteur de *la Perpétuité* ce qu'il ne dit point, et ce qui n'est dit que par les ministres?

Cependant voilà sur quoi il fonde ses déclamations : il corrompt les paroles et le sens de ceux contre qui il écrit; il entasse fausseté sur fausseté, et ensuite il s'abandonne à son enthousiasme, sans que la raison ni la bonne foi l'empêchent jamais de dire tout ce qui frappe sa fantaisie. Il y en a d'étranges exemples dans les pages 145, 165, 166, 167, sur ce sujet même. Et si l'on veut apprendre ce que c'est qu'une rhétorique fausse, emportée, déraisonnable, on n'a qu'à consulter ces endroits, que je ne rapporte point ici, parce qu'il y aura quelque autre lieu plus propre pour en donner de la confusion à M. Claude.

Si les autres preuves dont il se sert pour montrer ce prétendu chagrin de l'auteur de *la Perpétuité* contre les mystères, ne sont pas fondées sur des faussetés aussi hardies, elles sont tirées de conjectures aussi téméraires. Il trouve mauvais que cet auteur ait dit que *Jésus-Christ ne s'est fait voir après sa résurrection qu'à un petit nombre de témoins*. Et il l'accuse sur ce sujet de contredire formellement S. Paul, qui assure que Jésus-Christ a été vu de cinq cents frères à une fois. Mais il ne devait pas supprimer que l'auteur de *la Perpétuité* ne dit que Jésus-Christ ne s'était fait voir qu'à un petit nombre de témoins, qu'en citant immédiatement après les paroles de S. Pierre : *Non omni populo, sed testibus præordinatis à Deo*, pour montrer qu'il n'appelait ce nombre petit qu'en le comparant à tout le peuple. Or M. Claude, qui fait souvent un mauvais usage de la philosophie de l'école, ne devait pas avoir oublié cette remarque, que l'on y apprend aux enfants, que les termes *petit* et *grand* sont termes relatifs, et qu'un même nombre peut être grand à l'égard d'un plus petit, et petit à l'égard d'un plus grand. Ainsi le nombre de ces cinq cents frères qui virent Jésus-Christ à une seule fois était grand en comparaison du petit nombre de ceux qui furent témoins de l'adoration que les mages lui rendirent dans Bethléem, et de ceux qui virent sa transfiguration sur le Thabor; mais il était petit en comparaison de ce nombre effroyable des Juifs de Jérusalem, à qui il ne voulut pas se manifester.

M. Claude trouve aussi à redire qu'il ait dit que *les preuves de l'immortalité de l'âme et de la béatitude éternelle sont cachées, et, pour le dire ainsi, ensevelies dans l'ancien Testament*. Et pour réfuter cela, il apporte trois ou quatre passages où il prétend que l'immortalité de l'âme et la résurrection sont contenues. Je n'examine pas ici la force de ces passages que plusieurs de ceux qui sont attachés à la lettre hébraïque détournent à un autre sens; mais je dis qu'il faut que M. Claude soit bien aveugle pour ne reconnaître pas que ces quatre passages, qu'il allègue pour prouver deux vérités qui devaient être l'objet continuel de tous les justes de l'ancien Testament, suffisent seuls pour montrer à tout le monde qu'elles y sont fort cachées et fort ensevelies.

Car si Dieu n'avait eu dessein de les y cacher, elles y paraîtraient partout. Au lieu de menacer les Israélites de la faim, de l'épée, des bêtes farouches, de la servitude, de la mort et des autres peines dont les livres de Moïse et des prophètes sont tous remplis, on les menacerait de l'enfer, des démons, de l'éternité, de la gêne du feu, de ce ver qui ne mourra jamais. Au lieu de leur promettre une félicité temporelle, une terre découlante de lait et de miel, une paix humaine, des victoires sur leurs ennemis visibles, la délivrance du joug des Babyloniens, on y parlerait sans cesse de la félicité du ciel, de la victoire sur les ennemis invisibles, de l'affranchissement des passions; et l'on ne serait pas réduit, comme l'a été M. Claude, à chercher ces vérités importantes et capitales, d'où dépend toute la conduite de la vie, dans trois ou quatre lieux assez écartés, et que les interprètes mêmes n'expliquent pas de la même sorte.

---

(1) M. Daillé, dans la préface de son livre *de l'Usage des Pères*.

C'est un orgueil et une présomption insupportables que de n'adorer pas avec humilité la profondeur des jugements par lesquels Dieu a couvert ces mystères si longtemps au commun des hommes, en ne leur en donnant que de sombres connaissances par ses Écritures, quoique la tradition en fût plus expresse et plus claire. C'est une ingratitude de ne reconnaître pas la grâce particulière qu'il a faite aux chrétiens, en leur parlant avec tant d'évidence du royaume des cieux et de la félicité éternelle ; et c'est une injustice criminelle d'avoir voulu faire un crime à l'auteur de *la Perpétuité*, pour avoir dit une chose dont il est impossible de douter, pourvu que l'on y fasse réflexion.

C'est avec la même témérité que M. Claude accuse l'auteur de *la Perpétuité* d'indiscrétion, pour avoir témoigné de l'étonnement de la conduite de Dieu sur les Juifs, et de la manière dont il avait voulu que la naissance et la vie de son Fils leur fût prédite par les prophètes. Chacun sait que les Juifs ne sont retenus dans leur infidélité que par l'attente qu'ils ont d'un Messie glorieux, triomphant et victorieux, qui les fasse régner temporellement dans Jérusalem ; et qu'ils tirent cette idée des lieux de l'Écriture qui parlent du second avénement de Jésus-Christ, ou qui figurent les victoires qu'il doit remporter sur les démons, et la délivrance des péchés qu'il doit procurer à ceux qui le suivront, sous l'image des victoires remportées sur les ennemis des Israélites. On sait aussi que, pour ne reconnaître pas en Jésus-Christ les marques du Messie qui sont exprimées dans les prophètes, ils appliquent à d'autres qu'à lui les paroles de ces prophètes, qui marquent les circonstances de sa vie, et qu'ils ne le font pas toujours sans quelque sorte de couleur.

Voilà donc un effet terrible de ces obscurités que Dieu a laissées dans l'ancien Testament, puisqu'elles causent l'aveuglement de ce nombre innombrable de Juifs répandus par tout le monde, sans compter les païens que ces mêmes difficultés arrêtent. Il est certain que Dieu a vu ce voile qui couvre les yeux des Juifs, en lisant Moïse et les prophètes, et que pouvant le leur ôter s'il eût voulu, en faisant parler les prophètes d'une autre manière, il ne l'a pas fait par un jugement secret. Cependant M. Claude ne veut pas que nous nous en étonnions, ni que l'auteur de *la Perpétuité* allègue ces exemples pour montrer que Dieu a eu dans l'Écriture un double dessein, de se cacher aux uns et de se manifester aux autres. Il appelle des difficultés qui ont causé la perte de cinq cents millions d'hommes, *des difficultés frivoles ;* c'est, selon lui, une indiscrétion que de les avoir rapportées. C'est la première preuve qu'il allègue pour montrer que l'auteur de *la Perpétuité* favorise les impies et les hérétiques.

L'injustice de ces jugements est certainement extrême, et tout ce que l'on peut dire pour excuser un peu M. Claude est qu'ils ne naissent pas tant du déréglement particulier de son esprit que de la disposition commune où le calvinisme met ceux qui en sont persuadés.

Il est assez naturel de juger des autres par soi-même, et c'est ce qui a peut-être fait que M. Claude, réglant la disposition des catholiques par la sienne, s'est imaginé qu'ils regardaient les difficultés des mystères des mêmes yeux avec lesquels l'esprit de sa secte le porte à les regarder.

Or c'est en quoi il s'abuse infiniment, en ne considérant pas que les principes des catholiques étant tout différents de ceux des calvinistes, produisent aussi en eux une disposition toute différente. Leur foi est appuyée sur le fondement immobile de l'autorité de l'Église universelle, qui leur annonce les vérités de la foi, qui leur présente l'Écriture, qui leur en explique les sens, et qui détermine ce qu'il pourrait y avoir d'obscur dans la tradition même ; et leur esprit, étant convaincu de la nécessité de cette autorité souveraine qui arrête tous leurs doutes, embrasse sans distinction tout ce qu'elle leur ordonne de recevoir.

Ils trouvent cet assujétissement non seulement très-nécessaire, mais très-raisonnable et très-proportionné à la faiblesse des hommes et à la sagesse de Dieu. Ils reconnaissent sans peine que la liberté que se donnent les hérétiques d'examiner les mystères par la raison, est la chose du monde la plus téméraire, la plus présomptueuse et la plus déraisonnable. Ils aiment donc ces sacrés liens qui les tiennent attachés à la vérité par cette autorité de l'Église. Ils croient que leur bonheur consiste dans cette sainte captivité ; et, comme ils mettent l'autorité de Dieu manifestée par l'Église infiniment au-dessus de leur raison, tout ce qui paraît contraire à la raison est incapable de les ébranler quand cette autorité les soutient.

Dans cet état ils envisagent sûrement les difficultés des mystères, et non seulement ils n'en tirent pas de sujets de doute et de défiance, mais ils en tirent de nouveaux motifs de reconnaître et d'admirer la grandeur de Dieu, la faiblesse de l'esprit humain, et la nécessité de n'abandonner pas la foi en proie aux vains raisonnements des hommes. Les difficultés d'un mystère diminuent à leurs yeux celles d'un autre. Ils ne trouvent rien difficile à croire, parce que tout leur paraît au-dessus de l'esprit humain. Ils sont d'une part assez éclairés pour ne faire pas de vaines distinctions entre les mystères, et pour ne supposer pas par fantaisie que les uns sont faciles et les autres difficiles à concevoir ; et ils sont assez raisonnables de l'autre, pour reconnaître que, ne pouvant sans impiété refuser de croire tout ce qui paraît choquer la raison, il n'y a nulle apparence d'exclure plutôt un mystère que l'autre, entre ceux qui sont également proposés par l'autorité de l'Église, et qui sont également éloignés des vues basses et bornées de l'esprit humain.

Quand Dieu aura fait la grâce à M. Claude d'être dans cette heureuse disposition, il connaîtra bien alors qu'on peut parler des difficultés des mystères sans chagrin, sans indiscrétion, sans favoriser les impies et les hérétiques. Mais ce qui l'a porté à ces injustes soupçons, c'est qu'il n'y est pas, et qu'il n'y peut être en demeurant dans les principes de sa secte : car comme il renonce à l'autorité de l'Église, il n'a aucun lien commun pour embrasser tous les mystères; il n'a aucun ferme appui pour se soutenir contre les difficultés qu'ils enferment lorsqu'elles le frappent vivement; il n'a aucun contrepoids assez fort pour résister à l'impression qu'elles font sur son esprit, ni pour empêcher qu'elles ne l'entraînent dans le dernier excès de l'impiété.

Je sais bien qu'il alléguera qu'il est suffisamment retenu par l'autorité de l'Écriture; mais qu'il est aisé à l'esprit humain de se rendre maître d'une règle morte, sans même la contredire ouvertement! qu'il est aisé de l'ajuster à son sens, et de se persuader qu'elle ne la combat point, quand on fait profession, comme font les calvinistes, de renoncer à l'autorité de la tradition qui détermine ce sens!

Aussi c'est en suivant ces principes calvinistes que les sociniens ont rejeté absolument tous les articles qui choquent la raison humaine, sans néanmoins renoncer à l'Écriture, et en la tournant seulement à leur sens. Ils n'ont fait que marcher plus avant dans la voie que les calvinistes leur avaient tracée, et pousser plus loin les conséquences des maximes qui leur sont communes. Ils n'ont pu souffrir ces bornes de caprice que les calvinistes voulaient mettre à l'empire absolu de la raison sur la foi après en avoir reconnu la juridiction; et ils ont conclu que si les calvinistes se permettaient bien de rejeter un dogme reçu par l'Église romaine, parce que leur raison en était choquée, ils pouvaient bien aussi rejeter des dogmes reçus par les calvinistes, qui ne leur paraissent pas moins contraires à la raison.

Il est vrai que les calvinistes ne vont pas si loin qu'eux; mais il est vrai en même temps que ce n'est que la fantaisie qui les arrête : ils s'appliquent aux preuves de certains mystères, et ils n'en considèrent les difficultés que de loin; et ainsi ils les reçoivent. Ils considèrent les difficultés des autres mystères de près, et les preuves de loin; et ainsi ils les rejettent. C'est le procédé que nous avons vu tenir à M. Claude à l'égard de la Trinité et de la transsubstantiation; mais comme il n'est établi que sur un caprice sans raison, il est sujet à l'inconstance des caprices et des fantaisies humaines. Si l'imagination de M. Claude prenait un autre tour, je ne sais où elle le porterait, et j'avoue qu'il me fait une extrême peur quand il parle de la Trinité, et qu'il fait fort bien de se fermer les yeux pour n'en envisager pas les difficultés d'une manière si vive, puisqu'il n'a aucun ferme lien qui le puisse retenir, et qui l'attache à la vérité, et qu'il fait tout dépendre de la mobilité de son propre esprit.

Aussi on ne lui a voulu montrer que de loin ces difficultés, et d'une manière qui, étant capable seulement de lui faire voir le danger où il était, lui pût donner de la défiance d'une si mauvaise voie. Mais si ces difficultés l'étonnent justement quand il les regarde, parce qu'étant sous la conduite de sa raison il n'a rien de fixe ni d'arrêté, qu'il ne juge pas de même des catholiques, et qu'il sache que ceux qui sont établis sur la colonne de la vérité, qui est l'Église, ont tout une autre fermeté dans leur créance qu'il ne peut avoir par les maximes de sa secte.

C'est proprement à l'égard de ceux qui sont dans cette disposition vraiment catholique que l'auteur de *la Perpétuité* a dit que *les difficultés des mystères, au lieu d'être des marques de fausseté qui nous obligent de les rejeter, sont au contraire une partie des marques qui nous doivent porter à les reconnaître*. Et comme M. Claude fait quantité de railleries sur ce sujet, je pense qu'il ne sera pas inutile de lui en demander raison en passant, afin de le porter, si je puis, à choisir une manière d'écrire plus judicieuse. *Il y a*, dit-il, *du danger à tomber dans les piéges des hommes, sous prétexte de tomber dans ce que l'auteur appelle des piéges de Dieu. Car les absurdités voudront passer pour de simples difficultés; et dès qu'on entreprendra d'examiner les visions mêmes des fanatiques, elles feront ferme sur le respect qu'on doit aux mystères difficiles. Sans mentir, si nous avions admis ces principes, qu'il faut prendre les difficultés pour une marque de vérité, comme l'auteur se le persuade, nous serions tous les jours en état d'ouïr de belles extravagances. Les fous, désirant d'être crus aussi bien que les sages, se piqueraient à l'envi d'entasser difficultés sur difficultés, et dans ce bizarre combat notre foi serait le prix du plus ridicule. Je ne veux pas faire ce tort à l'auteur que de lui attribuer une maxime qui a des conséquences si étranges, j'aime mieux prendre ce qu'il en a dit pour une exagération éloquente que pour une déclaration précise de son sentiment : car il sait bien qu'encore que les doctrines célestes aient leurs difficultés, ce n'est pourtant pas de là que l'on tire des marques de leur vérité. Rien ne paraît par ce qui le cache; et lui-même vient de nous dire que ce qui obscurcit la vérité n'est pas propre pour la faire reconnaître.*

Je puis déclarer à M. Claude, de la part de l'auteur de *la Perpétuité*, qu'il renonce absolument à sa retenue, qu'il lui permet de le pousser autant que la vérité le pourra permettre; mais qu'il le supplie seulement de ne se faire pas honneur de ne lui pas reprocher une sottise qu'il n'a pas dite, et qu'il lui attribue sans raison et sans apparence.

Le bon sens lui devait avoir appris qu'il n'y a point de genre de raillerie plus contraire à la bonne foi et à l'honnêteté que celui qui consiste à attribuer à son adversaire une pensée impertinente qu'il n'a point eue, et à s'escrimer ensuite en l'air contre ce fantôme qu'on s'est formé. Cependant c'est l'unique fondement de celles de M. Claude.

Il est faux que l'auteur de *la Perpétuité* ait jamais avancé généralement cette maxime qu'il faut prendre les difficultés pour une marque de vérité, ni qu'il ait donné aucun lieu aux conséquences ridicules et ridiculement exprimées qu'il plaît à M. Claude d'en tirer; il est faux qu'il ait dit que les seules difficultés fussent des marques de vérité; il est faux qu'il ait dit que les difficultés jointes à des preuves faibles et incertaines fussent des marques de vérité. Il veut, au contraire, qu'on compare les difficultés avec les preuves, afin de discerner par cette comparaison ce qui doit passer pour difficulté, et ce qui doit passer pour raison et pour lumière. Il veut donc qu'on règle sa foi sur la lumière des mystères, et il prétend seulement qu'on ne doit pas être empêché par les difficultés de se rendre aux lumières qui les prouvent et qui les découvrent. Mais après qu'on a fait cette comparaison, et qu'on a reconnu ce qui doit passer pour difficulté et ce qui doit passer pour lumière, alors les difficultés changent de nature ; elles servent à fortifier la foi, et elles sont, comme dit l'auteur de *la Perpétuité*, *une partie des marques* qui doivent porter à la reconnaître.

C'est ce que M. Claude n'a pas entendu, et qu'il a condamné sans l'entendre, en changeant une pensée très-solide en une extravagance très-ridicule. Qu'il remarque donc, s'il lui plaît, que l'auteur de *la Perpétuité* ne dit pas absolument que les difficultés sont des marques suffisantes ; mais qu'il dit qu'elles sont *une partie des marques*, parce qu'il en faut encore d'autres. Il faut des preuves jointes aux difficultés, et des preuves plus fortes que les difficultés, comme il l'explique par l'exemple de cette nuée claire et ténébreuse tout ensemble qui séparait le camp des Israélites de celui des Égyptiens. Car comme il ne fallait pas qu'elle fût toute lumineuse pour être l'image de la foi, il fallait encore moins qu'elle fût toute ténébreuse, puisque la lumière n'est pas moins essentielle à la foi que l'obscurité.

Ce n'est donc que dans l'union avec les preuves et les lumières, que l'auteur de *la Perpétuité* prétend que les difficultés servent de preuves et en font partie. Mais parce qu'en quelque manière que ce soit, M. Claude ne peut comprendre que cela puisse être, il faut tâcher de percer le nuage qui l'empêche d'entendre une chose assez facile. *Rien*, dit-il, *ne paraît par ce qui le cache*. Et moi je lui dis qu'une chose paraît par ce qui la cache, lorsque nous savons d'ailleurs qu'elle doit être cachée. Si l'on sait qu'une chose que nous cherchons ne se trouve que dans les entrailles de la terre, on sait que tout ce qui se trouve sur la surface n'est pas ce que nous cherchons. Si l'on sait que la doctrine de la prédestination, enseignée par S. Paul, est un abîme impénétrable, toute opinion sans difficulté n'est pas cette doctrine enseignée par S. Paul. Si l'on sait que, selon les Pères, il est incompréhensible que le pain puisse être changé au corps de Jésus-Christ, on sait que l'opinion des calvinistes, qui n'a rien d'étrange ni d'incompréhensible, n'est pas celle des SS. Pères.

Ce qui cache la providence de Dieu aux yeux des personnes faibles et ignorantes, c'est la félicité temporelle des méchants, et la misère temporelle des gens de bien. C'est ce qui faisait dire à David en la personne de ces faibles, que *ses pieds avaient chancelé, et qu'il avait presque été renversé en voyant la paix des pécheurs*. C'est ce que toute la philosophie humaine n'a pu comprendre, et ce qui a porté même quelques-uns des païens à nier la Providence. Ainsi ce traitement égal, que les bons et les méchants reçoivent dans cette vie, est proprement le voile de la conduite de Dieu, qui la dérobe aux yeux des hommes charnels. Et cependant, par une lumière plus élevée, ce même voile nous la découvre, en nous faisant voir qu'il est de l'ordre de Dieu que les choses humaines soient couvertes par cette obscurité salutaire ; que si les méchants étaient toujours punis, et les bons toujours récompensés dans ce monde, la voie de la foi, par laquelle Dieu veut sauver les hommes, serait détruite ; qu'on servirait Dieu par un intérêt mercenaire ; qu'on n'aurait pas lieu de croire ce qu'on ne voit pas ; et que les méchants ne seraient pas autant aveuglés qu'ils le doivent être pour leurs mauvaises actions, si le châtiment en était inséparable dans ce monde.

On comprend donc par cette lumière supérieure, que le véritable ordre de la Providence, conforme aux desseins de Dieu, demande que les méchants et les bons soient tantôt heureux et tantôt malheureux en ce monde, sans que la prospérité ou l'adversité soit attachée à la bonne ou à la mauvaise vie. Ainsi ce voile qui a couvert la Providence aux païens, et qui la cache toujours un peu même aux chrétiens moins éclairés, sert à ceux qui sont plus instruits à la leur faire admirer davantage, et fait à leur égard une partie des marques qui les portent à la reconnaître.

Il n'est donc pas maintenant difficile d'entendre comment les difficultés des mystères peuvent faire une partie des preuves qui nous doivent porter à les reconnaître, comme dit l'auteur de *la Perpétuité*. Il est vrai qu'elles ne les découvrent pas directement à la première vue de l'esprit ; mais quand on vient, par une réflexion qui naît d'une lumière plus haute, à considérer ce dessein général de Dieu, qui paraît dans toute l'Écriture et dans toute sa conduite, de se cacher aux uns par justice, et de se découvrir aux autres par miséricorde, on comprend facilement que les mystères doivent avoir des ténèbres pour aveugler les méchants, comme ils doivent avoir des lumières pour être connus des bons ; et cette alliance de lumières et de ténèbres, nous les faisant paraître plus conformes au dessein et à la grandeur infinie de Dieu, affermit et fortifie notre foi, au lieu de l'ébranler et de la confondre.

Je pense que M. Claude s'aperçoit bien que tous ses petits arguments s'évanouissent d'eux-mêmes par la seule application d'une vérité si solide, et qu'il ne faut pas craindre que *les visions des fanatiques* FASSENT FERME *sur le respect qu'on doit aux mystères difficiles*, puisque leurs folies, étant sans preuves et sans lumières, ne sont pas des mystères qui méritent du respect ; qu'il ne faut pas craindre non plus que nous soyons en état *d'ouïr de belles extravagances*, puisque si l'on nous en dit, nous aurons tout droit de les rejeter sur le défaut de raison qui les accompagne. Il ne reste donc qu'à l'avertir de ne se hasarder pas une autre fois à condamner avec tant de précipitation ce qu'il n'entend pas, et de perdre plutôt quelques-uns de ces beaux mots, *de ces visions qui font ferme*, et de *ce bizarre combat où la foi est le prix du plus ridicule*, de *ces belles extravagances*, que d'obliger les gens à des éclaircissements qui ne lui sont pas avantageux.

CHAPITRE XI.

Réflexion sur la nouvelle Préface de M. Claude dans sa Réponse au P. Nouet.

Il me serait aisé d'ajouter un très-grand nombre d'autres plaintes à celles que je viens de faire contre M. Claude; mais j'ai si peu d'inclination à ces discours qui ne regardent que les personnes, et qui donnent lieu de croire que l'on mêle des intérêts particuliers dans une cause commune, que je lui puis protester avec sincérité que ce n'est qu'à regret que je m'y suis arrêté dans tout ce livre, et pour lui faire voir seulement que celles qu'il avait faites contre l'auteur de la *Perpétuité* étaient doublement injustes, et parce qu'elles étaient mal fondées en elles-mêmes, et parce qu'il s'était ôté le droit de les faire, ayant donné sujet lui-même d'en faire contre lui de plus importantes et de plus justes. Je souhaite de tout mon cœur qu'il ne m'oblige plus à de pareils examens, et que si cette contestation a de plus longues suites entre nous, elle se puisse traiter d'une manière plus digne d'un sujet aussi grand qu'est celui qui a fait notre différend, et plus conforme à la disposition où je suis de lui donner en toutes sortes d'occasions des preuves de la charité que Dieu m'oblige d'avoir pour lui.

Je sais bien que ces plaintes et ces avertissements n'y sont pas contraires, et que l'on peut reprendre avec charité et sans passion ceux qui blessent la vérité et la justice à l'égard de nous, comme nous reprenons ceux qui les blessent à l'égard des autres. Mais il est vrai néanmoins qu'il si la charité peut faire ces actions lorsque la nécessité l'y oblige, elle n'aime pas à être obligée de les faire ; elle hait les nécessités qui l'y engagent, et son désir serait de n'avoir sujet de témoigner aux hommes que des mouvements d'affection et de tendresse.

M. Claude me fait tort, s'il ne croit pas que je sois dans cette disposition à son égard. Je suis prêt de lui en donner des preuves en toutes rencontres. Mais afin que l'on puisse agir envers lui non seulement d'une manière juste et équitable, à quoi l'on ne manquera jamais, mais même obligeante et respectueuse, comme il semble l'exiger, il devrait considérer que ce serait à lui à y contribuer de sa part, en prenant une autre manière d'écrire, et en évitant un grand nombre de défauts qui attirent ces réparties qu'il trouve dures. J'ai tâché de lui en découvrir quelques-uns dans la suite de cet ouvrage ; mais je pense qu'il ne sera pas inutile de lui rendre encore ce dernier service, que de les lui marquer plus expressément, en faisant quelques réflexions sur la *Préface* de son livre contre le P. Nouet.

Le dessein de cette *Préface* est de décrier par avance la *Réponse* qu'il savait que l'on avait faite à son livre, et les personnes qu'il en croit auteurs. Et pour l'exécuter il prétend d'abord mettre une extrême différence entre le P. Nouet et l'auteur de cette *Réponse*, en ce que le livre du P. Nouet est approuvé par l'Église romaine, et qu'au contraire cette *Réponse* est un livre désapprouvé par cette même Église, parce qu'on en a, comme il le suppose, refusé le privilége. C'est le fondement qu'il prend pour exercer sa rhétorique en deux ou trois pages, dans lesquelles il témoigne être merveilleusement content de lui-même, comme on le pourra juger par ses paroles que je m'en vais rapporter. Cette Réplique, dit-il, *sur laquelle on avait établi de si hautes espérances, et qui semblait devoir être l'amour et les délices du monde catholique, et la frayeur des protestants, n'a pas été assez heureuse pour obtenir la liberté de voir le jour ; et quelques instances qu'on ait faites pour cela, il n'a pas été possible jusqu'à présent d'en venir à bout. Je ne sais ce qui peut avoir porté ces messieurs à vouloir poursuivre avec un si grand attachement des permissions authentiques pour l'impression de cet ouvrage, puisqu'ils s'en passent bien pour celle de tant d'autres qu'ils mettent tous les jours en lumière, sans en demander ni d'approbation, ni de privilége. Mais quoi qu'il en soit, j'apprends, par le mauvais succès qu'ils ont eu en cela, que l'Église romaine n'a point voulu se servir de leur théologie, ni les reconnaître pour les défenseurs de sa cause, et que ces nouvelles et admirables méthodes de prescription et de discussion, que ceux qui ont lu leur manuscrit disent qu'ils y ont vues ; ces voies infaillibles de gagner les savants, les ignorants et les demi-savants, n'ont pas eu l'avantage de plaire à cette même Église, qui devait profiter de tant de conquêtes. C'est sans mentir une chose bien affligeante pour des personnes de ce mérite que leurs bonnes intentions aient été si mal récompensées, et que, pour quelques légers soupçons qu'on a qu'ils s'entendent avec nous, non seulement on leur ait refusé l'honneur auquel ils avaient prétendu, de commander en chef dans cette guerre spirituelle ; mais qu'on n'ait pas même voulu les y recevoir, ni en qualité de volontaires, ni en qualité de troupes auxiliaires, quelques protestations qu'ils aient faites d'agir fidèlement, et de n'avoir aucun commerce avec les ennemis de la créance romaine. Pour moi je prends part comme je dois à ce traitement rigoureux, quand ce ne serait qu'à cause qu'il renverse mon premier projet, et qu'il rompt toutes mes mesures. Mais quelque part que j'y prenne, je suis obligé de considérer désormais le P. Nouet comme le véritable défenseur de l'Église romaine, je veux dire comme celui qu'elle a autorisé pour le soutien de sa cause sur le sujet de l'Eucharistie, et entre les mains de qui elle a confié un de ses plus notables intérêts, sans vouloir permettre aux écrivains de Port-Royal de rentrer en lice pour sa querelle. Après cela on voit bien qu'il ne m'était pas possible de joindre le P. Nouet avec eux, et qu'ayant dessein de lui répondre, il le fallait faire séparément, et ne pas confondre ce qu'on a voulu si soigneusement distinguer. En effet, il ne faut avoir qu'une lumière fort médiocre pour com-*

prendre que, par le refus qu'on a fait d'approuver la *Réplique de l'auteur de la Perpétuité, on a mis une barrière entre lui et les autres, et qu'on a voulu déclarer hautement que de disputer contre lui ce n'est tout au plus que disputer contre un simple particulier, et contre un particulier désavoué, dont les sentiments ne tirent pas à conséquence pour les catholiques romains ; au lieu que de disputer contre le P. Nouet, c'est au moins disputer contre un homme avoué de son Église, qui soutient un des plus importants articles de sa créance. Si cela ne fût pas arrivé, je me fusse bien donné de garde de faire de moi-même cette différence ; mais comme je n'ai pas droit de la faire, je n'ai pas droit aussi de l'empêcher, et l'on me traiterait de ridicule, si j'entreprenais de vouloir ôter à l'Église romaine la liberté de se faire servir à son gré, et d'éloigner de son service ceux qui ne lui plaisent pas.*

Je ne sais quel mouvement cet endroit de M. Claude aura produit dans l'esprit des autres ; mais pour moi j'avoue que je ne l'ai pu lire sans être touché de sentiments de compassion, en voyant combien il est éloigné de cet amour sincère de la vérité, et de cet esprit d'équité, qui sont les plus grandes marques d'un regard favorable de Dieu sur ceux qui sont encore dans l'erreur, sans lesquelles toutes les autres qualités ne servent qu'à augmenter les ténèbres et l'aveuglement. Car il est vrai qu'il y fait paraître, en un très-haut degré, une disposition toute contraire, qui est un très-grand mépris de la vérité, et un esprit excessivement déraisonnable.

Pour en convaincre tout le monde, il n'y a qu'à représenter ce qui a donné lieu à tout ce discours. Le voici en peu de mots :

Quelque temps après que cette *Réponse* fut achevée, on résolut de prendre la voie commune pour la faire paraître en public, qui est de la mettre entre les mains d'un docteur qui est chargé en particulier de lire les livres de théologie. On lui en donna en effet deux livres, et l'on n'eut pas de peine à convenir avec lui, par le moyen d'un entremetteur, sur quelques remarques qu'il y avait faites. Mais comme le long temps qu'il avait employé à les lire, et quelques bruits vrais ou faux qui s'étaient répandus dans le monde de sa disposition, donnèrent lieu d'appréhender que l'on ne pût obtenir de lui son billet, sur lequel on donne ordinairement les privilèges, on résolut de prendre une autre voie, qui fut de le faire lire et approuver par un assez grand nombre d'évêques et de docteurs.

L'on n'a jamais douté qu'avec ce grand nombre d'approbateurs on n'obtînt facilement de la justice du roi la permission de faire paraître ce livre avec toutes les marques de l'autorité civile ; et l'événement a fait assez voir qu'on ne s'y était pas trompé. Mais pour les marques de l'autorité ecclésiastique, on peut dire que l'on en a toujours eu autant que l'on en a désiré, ceux à qui on s'est adressé n'ayant pas fait la moindre difficulté d'honorer cet ouvrage de leur approbation. De sorte que comme il n'y a que ces témoignages qui puissent donner lieu de juger qu'un livre est plus autorisé que l'autre, la seule différence qu'on peut mettre raisonnablement entre le livre du P. Nouet et celui-ci, est, qu'encore que ce père en eût peut-être bien trouvé, s'il eût pris la peine d'en chercher, néanmoins il ne paraît pas par des preuves extérieures que son livre soit autorisé et avoué par l'Église ; au lieu qu'on ne peut pas douter que celui-ci ne le soit d'une manière fort authentique.

Il était donc difficile de deviner quel avantage M. Claude pourrait tirer de cette histoire, puisque toute l'opposition que l'on a faite à cet ouvrage se réduit à quelques difficultés formées par un docteur particulier, qui ne s'en est pas même expliqué bien nettement ; et que le même bruit qui les avait publiées, avait aussi publié que les autres n'y en faisaient point, et que plusieurs évêques et docteurs étaient prêts de l'honorer de toutes les marques de leur approbation et de leur estime. Cependant il en a conclu nettement et précisément que ce livre était *désavoué* par l'Église catholique ; qu'on n'y recevait pas même ceux qui en sont auteurs *en qualité de volontaires et de troupes auxiliaires*, et qu'il était obligé de considérer le P. Nouet *comme le véritable défenseur de l'Église romaine.*

Voilà le génie et la manière de raisonner de M. Claude. Un seul docteur qui forme des difficultés sur un livre est pour lui toute l'Église romaine ; et un grand nombre d'évêques et de docteurs, que tout le monde savait avoir approuvé ce livre lorsque cette *Préface* a paru, ne sont comptés pour rien. C'est ainsi qu'il parle sur toutes sortes de sujets. Il ne prend jamais la peine de considérer s'il y a de la raison et du sens commun à ce qu'il dit, pourvu qu'il trouve quelque agrément dans l'expression ; et la moindre lueur lui suffit pour triompher et pour insulter à son adversaire, comme s'il l'avait convaincu par les preuves les plus évidentes.

En quelque temps que M. Claude eût tiré ces étranges conséquences, elles ne pouvaient passer que pour ridicules, puisqu'il est toujours sans apparence de faire passer un particulier pour l'Église romaine. Mais la circonstance du temps auquel il a publié cette *Préface* en fait voir encore davantage l'absurdité : car elle a justement paru dans un temps, où non seulement tout le monde savait que ce livre avait été lu et approuvé par plusieurs évêques et docteurs ; mais où personne ne doutait plus que l'on n'en obtînt facilement le privilège, et où il était même presque à demi imprimé par l'ordre d'un illustre archevêque, qui avait dessein de le donner à son diocèse, et qui a trouvé plus à propos depuis que l'on l'offrît à toute l'Église. Si M. Claude a ignoré cette dernière circonstance, il n'a pu ignorer les autres ; et c'est néanmoins cette conjoncture qu'il a choisie pour insulter à l'auteur de cette *Réponse*, et pour le traiter d'auteur désavoué par l'Église, sans appréhender de donner lieu, par un si étrange contre-temps, de juger qu'il a été tellement attaché à quelques petites railleries qu'il a trouvées fort agréables, et dont tout le monde ne juge pas de même, que quoiqu'il vît qu'elles étaient absolument sans fondement, il ne s'est pu résoudre à les supprimer.

Cet endroit de M. Claude pourrait encore donner lieu de remarquer que, quelque naturel qu'il ait pour l'éloquence, il n'en a pas néanmoins une bonne idée.

Tout l'ornement de ce lieu ne consiste que dans quelques ironies ; or cette figure est d'elle-même si commune, qu'une personne des plus intelligentes dans cet art qui ait peut-être jamais été, ne la pouvait souffrir dans aucun écrit. Elle disait que c'était une figure basse et maligne, qui donnait une méchante idée de celui qui s'en servait, et qui au lieu de se faire aimer, à quoi doit tendre la véritable éloquence, portait au contraire à le haïr, et à s'en défier comme d'un homme moqueur et qui cache son venin.

Mais pour n'astreindre pas M. Claude à des règles si sévères, il est certain au moins que les ironies ne sont pas supportables lorsqu'elles n'ont point de fondement, et que l'on tourne en raillerie des choses qui ne sont point ridicules.

Si l'on avait publié, par exemple, que l'on établissait *de hautes espérances sur la Réponse* au livre de M. Claude ; si on l'avait traitée d'*incomparable ;* si on avait qualifié soi-même ce que l'on a dit de la méthode de prescription et de discussion, du titre de *nouvelles et admirables méthodes*, peut-être que M. Claude serait excusable de tourner ces choses en railleries, après avoir montré qu'on les aurait relevées avec excès ; mais il ne l'est nullement de vouloir donner, sans sujet et sans raison, un air ridicule à des choses qu'il témoigne n'avoir point encore vues, et où l'on ne se sert d'aucun de ces termes.

Qu'est-ce qu'il y a de même de ridicule dans la petite traverse qu'on a suscitée à cet ouvrage, et qui lui puisse donner lieu de s'en moquer ? S'il approuve cette traverse, il témoigne qu'il est bien peu équitable ; et s'il prend sujet d'une chose qu'il n'approuve pas, de se moquer de ceux qui l'ont soufferte, il fait encore paraître plus de malignité et plus d'injustice. De sorte que de quelque manière qu'on prenne cet endroit, il est d'un très-mauvais caractère, et très-contraire à l'honnêteté.

Les autres railleries que M. Claude fait dans sa *Préface* des auteurs de la *Réponse* à son livre, ne sont pas mieux fondées. Jamais personne ne trouva mauvais que l'on mît un ouvrage que l'on désire faire imprimer entre les mains de ceux qui le doivent approuver, ni qu'on l'ait fait voir à ses amis ; et personne n'exigea jamais aussi qu'on le montrât à ses adversaires, pour leur donner lieu de le décrier avant même qu'il fût publié. M. Claude en use ainsi dans ses ouvrages. Il les communique à qui il lui plaît ; et l'on n'a jamais eu la pensée de trouver à redire de ce que nous ne les voyions qu'avec le commun du monde. Cependant il ne veut point qu'il soit permis à ceux qui ont répondu à son livre d'en user de même ; et cela lui suffit pour en faire le sujet d'une ironie.

P. DE LA F. I.

Quand il s'agit, dit-il, *des écrits de Port-Royal, j'apprends qu'il faut distinguer deux temps : celui du mystère et celui de la manifestation. Le temps du mystère est destiné pour préparer les esprits, pour gagner les suffrages, pour en donner au peuple une grande idée par anticipation, et en un mot pour mettre les choses en état de faire beaucoup de bruit dans le monde quand le temps de la manifestation sera venu. Pendant tout ce temps de mystère, il n'y a que les initiés qui soient admis à la lecture de ces incomparables ouvrages ; les infidèles et les catéchumènes en sont exclus, et l'on prend tous les soins imaginables de les empêcher d'y pénétrer. Ainsi je n'ai garde de prétendre à un privilège dont je ne suis pas digne. Il faut laisser couler ce premier temps, et attendre l'autre tranquillement.*

C'est ainsi que le désir d'écrire d'une manière enjouée fait oublier à M. Claude de quelle manière les hommes vivent, et lui fait prendre pour un mystère la conduite du monde la plus commune et la plus légitime. Il ne suppose pas la matière de ses railleries et de ses plaintes, il la fait lui-même ; et quand la nature et la coutume y répugnent, il change par son imagination la nature et la coutume. Ce ne fut jamais un mystère de ne communiquer pas par avance un ouvrage que l'on veut faire imprimer, à une partie qui désire le décrier. Mais M. Claude avait besoin, pour faire une pointe, que c'en fût un, afin de *distinguer deux temps dans la conduite de ces messieurs : l'un de mystère, l'autre de manifestation ;* c'en sera donc un malgré la raison et le sens commun. Et comme ce défaut vient d'un vice général, qui est qu'il n'a nul égard à la vérité dans tout ce qu'il dit, il ne devient pas plus raisonnable en changeant de style, et en quittant l'ironie pour former expressément des plaintes contre les écrivains de Port-Royal, comme on le peut juger par celles-ci.

Je ne sais, dit-il, *si je puis me promettre de ne trouver rien que de civil dans leur* Réponse, *ou si je n'y verrai point ce caractère d'aigreur et de passion envenimée qui a jusqu'ici paru dans tous les écrits de ces messieurs à notre égard. N'est-ce pas une chose étonnante que des gens qui d'ailleurs sont si éclairés et si prudents, pèchent à tous moments contre la vérité, contre la justice et même contre l'honnêteté publique, par la seule crainte d'être soupçonnés de favoriser le calvinisme ? Si ce soupçon est mal fondé, à quoi bon cette aversion affectée, qui paraît à tout propos, sans sujet et sans occasion ? Car, après tout, le monde sait que nous nous tenons, autant qu'il nous est possible, à l'écart, sans entrer dans leurs démêlés ; et cependant ils seraient bien marris d'avoir fait une Préface sur leur traduction du nouveau Testament, ou de s'être défendus contre les sermons au P. Maimbourg, ou d'avoir écrit contre l'ordonnance de M. l'archevêque de Paris, ou d'avoir répondu à M. l'archevêque d'Ambrun ; en un mot, d'avoir mis au jour presque aucun de leurs ouvrages, jusqu'aux Logiques et aux Grammaires, sans y faire voir au public quelque trait d'animosité contre nous. Il semble que nous ne soyons faits que pour leur servir de fantôme, afin de*

(Trente-cinq.)

faire illusion au peuple. En vérité cette conduite est sujette à de méchantes explications : car quand une femme affecte de médire d'un homme en toute rencontre, et de le faire toujours entrer par force dans ses discours, sans suite, sans liaison, sans nécessité, on a assez de penchant à juger qu'il y a du mystère dans ce procédé, surtout si le monde en a parlé, comme il a parlé de nous et de ces messieurs.

Et pour montrer qu'il n'imite pas ce caractère qu'il attribue aux écrivains de Port-Royal, *il proteste qu'il ne se servira pas du même style pour les repousser, parce que la charité chrétienne le lui défend ;* et il se rend témoignage à lui-même *qu'il en a usé envers eux fort discrètement, et qu'il ne s'en repent pas, puisqu'un des caractères évangéliques est la douceur et la modération.* Et ensuite, pour pratiquer cette modération envers eux, il leur souhaite que *pour attirer sur eux la bénédiction de Dieu, ils voulussent se défaire de cette politique mondaine, qui a toujours été fatale à la religion. Je voudrais,* dit-il encore, *qu'ils traitassent leurs adversaires avec moins d'aigreur, et que se contentant de combattre de bonne guerre les raisons, ils épargnassent les personnes.* En un mot, *je voudrais qu'ils ne se proposassent que la gloire de Dieu et l'éclaircissement de la vérité.*

Il y a tant d'excès dans ce discours, que je ne puis les représenter autrement qu'en disant qu'il semble que les principes de la morale de M. Claude soient : qu'il suffit pour être doux et charitable de se rendre témoignage à soi-même que l'on l'est, et qu'après cela il est permis d'outrager ceux contre qui on écrit par les plus noires calomnies ; qu'il suffit pour convaincre ses adversaires d'aigreur et de violence, de politique mondaine, de blesser la vérité, la justice et la bienséance, de les en accuser sans preuve ; et enfin, qu'il est permis de tirer avantage des plus atroces médisances que l'on ait faites contre des personnes innocentes, quoique l'on en connaisse la fausseté ; qu'on peut exciter à dessein des soupçons injurieux, et tâcher de faire croire aux autres ce qu'on ne croit pas soi-même.

Car quel autre fondement M. Claude pourrait-il alléguer de tout ce qu'il avance en cet endroit? Quelles preuves a-t-il *de cette politique mondaine, de cette aigreur, de cette violence, de cette injustice, de ce défaut de bienséance* dont il accuse les autres? Si ces reproches sont véritables, j'avoue que ce sont des plaintes justes et légitimes ; mais s'ils sont sans raison et sans fondement, ce sont autant d'outrages et de calomnies, principalement quand on s'en sert, comme fait M. Claude, pour inspirer au monde la plus noire et la plus détestable de toutes les impostures. Ce sont donc les preuves qui en feront le discernement, et sur lesquelles on doit juger si c'est M. Claude qui a sujet de se plaindre de nous, ou si c'est nous qui avons raison de nous plaindre de M. Claude.

Or, ces preuves se réduisent à ce discours : *On parle,* dit-il, *à tous propos, contre les calvinistes, dans des préfaces du nouveau Testament, dans la Réfutation du P. Maimbourg ; et l'on ne met au jour presque aucun ouvrage, jusqu'aux Logiques et aux Grammaires sans y faire voir quelque trait d'animosité contre eux.* Mais en parle-t-on en tous ces lieux faussement et injustement? C'est ce que M. Claude n'examine pas, et ce qu'il ne peut dire avec aucune apparence de raison : car on le défie de faire voir qu'on ait parlé en aucun endroit des calvinistes d'une manière contraire à la vérité et à la justice. Il faut donc qu'il prétende que c'est un crime que d'en parler souvent, quoique l'on en parle véritablement et justement, et que ce procédé ne peut venir que d'animosité et de politique. Et c'est ce qui fait voir qu'il ne connaît guère ni les règles de l'équité, ni les sentiments que la religion inspire à ceux qui y sont fortement attachés.

S'il y faisait réflexion, il aurait facilement reconnu lui-même qu'on ne peut jamais justement accuser un homme d'aigreur ou de politique, lorsqu'il ne fait que suivre exactement les principes de sa religion, et les mouvements qu'ils doivent produire en lui. On peut bien l'accuser d'avoir de faux principes et une fausse religion ; mais on ne peut dire avec la moindre apparence que ce soit ou la passion ou l'intérêt qui le domine et qui soit la règle de sa conduite.

Or la disposition où tous les vrais catholiques doivent être à l'égard des calvinistes, est de les considérer comme une secte séparée de l'Église, dans laquelle il est impossible de faire son salut ; qui enseigne un grand nombre d'hérésies très-justement condamnées, et qui renverse les fondements de la foi, de la morale et de la discipline de l'Église.

Ces opinions et ces sentiments, dont leur esprit doit être fortement persuadé, doivent produire par nécessité divers mouvements dans leur cœur à l'égard et des calvinistes et des catholiques. Ils doivent regarder les calvinistes avec une compassion pleine de tendresse ; et si leurs erreurs et leurs emportements contre l'Église de Jésus-Christ leur causent quelque indignation et quelque zèle, leur misère spirituelle doit les adoucir et leur donner un désir ardent de les secourir et de les préserver du danger effroyable dans lequel la foi catholique nous fait voir qu'ils sont engagés.

Mais la même disposition d'esprit produit par nécessité d'autres mouvements à l'égard des catholiques : si elle les fait estimer heureux de ce qu'ils sont dans la véritable foi et la véritable Église, elle fait craindre pour eux qu'ils ne viennent à perdre le bonheur qu'ils possèdent, par le commerce qu'ils ont quelquefois avec les calvinistes ; elle fait souhaiter que leur foi soit inébranlable, et elle porte à embrasser tous les moyens capables de la fortifier et de l'affermir

Il ne faut donc pas demander à ceux qui sont dans cette disposition pourquoi ils parlent des calvinistes et de leurs erreurs, soit par occasion, ou par dessein ; il serait bien plus juste de leur demander pourquoi ils en parlent si rarement. Ils parlent aux calvinistes de leurs erreurs, pour tâcher de les en retirer ; ils en parlent aux catholiques, pour les en préserver, pour leur faire connaître le bonheur qu'ils possèdent, et l'obligation qu'ils ont à Dieu; et ils se servent pour cela de toutes les occasions qui se présentent. Il n'y a que ceux qui sont peu sensibles à la religion, et qui préfèrent une vaine complaisance à l'intérêt du salut des âmes, qui puissent trouver à redire à une conduite si charitable. Aussi c'est celle que l'on peut remarquer dans tous les SS. Pères, et principalement dans S. Augustin : car il n'a pas seulement combattu les adversaires de l'Église dans des traités exprès, et en parlant à eux-mêmes; mais il ménage toutes les occasions qu'il peut, dans les sermons qu'il fait à son peuple, pour le fortifier contre leurs erreurs, et pour lui découvrir leurs égarements.

Il arrive seulement de la différence des mouvements que cette disposition d'esprit leur inspire, qu'ils parlent un peu différemment des mêmes choses, selon les personnes à qui ils adressent leurs discours ou leurs écrits. Car en parlant aux calvinistes, le désir qu'ils ont de les gagner les oblige d'épargner davantage leur délicatesse, d'éviter ce qui les peut blesser; et ce ne doit être jamais que par nécessité et par contrainte qu'ils se servent de termes un peu forts : mais ils ont beaucoup plus de liberté en parlant aux catholiques, parce qu'ils conviennent de principes et d'idées, et qu'ils peuvent et doivent proportionner leurs expressions aux impressions qu'ils connaissent dans ceux à qui ils parlent.

Ces règles étant fondées sur les plus simples lumières de la raison, ne peuvent être désapprouvées par les calvinistes tant soit peu raisonnables. Et par conséquent ils ne peuvent s'offenser légitimement de tout ce qui y est conforme, et qui n'en est qu'une suite. Ils ne se plaindront donc jamais de ce qu'on a parlé d'eux en divers écrits, puisque c'est un effet naturel de la charité qu'on leur doit aussi bien qu'aux catholiques; ni de ce qu'on en a parlé plus librement dans des écrits adressés aux catholiques, puisque la vue de leur disposition donnait cette liberté; ils ne se plaindront pas qu'on ait dit que leurs ministres combattent le saint sacrement de l'Eucharistie, car ils verront bien qu'on ne pouvait pas user d'un autre langage; ils ne se plaindront pas qu'on détourne les catholiques de la lecture des livres de leurs ministres, parce qu'ils savent que les catholiques, étant attachés à leur doctrine par la créance qu'ils ont au témoignage de l'Église, doivent juger qu'ils n'ont pas besoin de ces examens que la faiblesse de plusieurs esprits leur peut rendre dangereux; et ils n'en concluront pas que les calvinistes doivent donc aussi se dispenser de lire ceux des catholiques, parce que la raison leur fait voir que ces examens sont nécessaires à ceux qui se rendent juges de la doctrine de l'Église, et qui établissent leur foi sur leur propre lumière, et sur la recherche qu'ils prétendent avoir faite de la vérité; et que par conséquent on a droit de leur demander qu'ils lisent toutes les pièces du procès dont ils s'établissent juges, et qu'ils ne forment pas leur décision sur le rapport d'une des parties.

Que M. Claude applique ces règles à ces reproches et aux exemples odieux qu'il a choisis, par un dessein dont la malignité est assez visible, et il reconnaîtra lui-même que toutes ses plaintes sont injustes, et qu'au lieu de convaincre son adversaire par-là, comme il le prétend, d'avoir blessé la vérité, la justice et la bienséance, elles le convainquent lui-même de s'être rendu coupable d'un très-grand nombre de calomnies, et d'avoir fait paraître un esprit envenimé de la manière du monde la plus contraire à la bienséance. Car que ne pourrait-on point dire de cette étrange comparaison qu'il fait de ses adversaires avec des femmes déréglées, qui affectent de médire de ceux qu'elles aiment pour couvrir leur passion? Comment M. Claude n'a-t-il point été frappé du défaut de bienséance qu'il y avait à mêler ces idées infâmes, dont l'Apôtre défend de parler, dans un livre qui a pour sujet les plus hautes matières de la théologie? Comment n'a-t-il point vu que cette comparaison, toute honteuse qu'elle est, était entièrement contraire au bon sens, puisque d'une part ce serait un jugement fort téméraire et fort criminel d'accuser une femme d'avoir de l'inclination pour un homme sans en avoir d'autre fondement, sinon qu'elle en parle mal en toute rencontre, et que de l'autre, quand ce soupçon même serait légitime, la comparaison ne laisserait pas d'être ridicule? Car ce qui fait qu'une femme peut médire d'un homme, et avoir en même temps de l'inclination pour lui, est que ces médisances ne sont pas contraires à la fin qu'elle se propose. Mais il en est tout au contraire de ceux qui approuveraient les sentiments d'une secte; car cette inclination les portant naturellement à désirer qu'elle fût approuvée par les autres, il n'y aurait rien de plus contraire à cette disposition, que de la décrier par ses paroles et par ses écrits.

Mais on n'a pas besoin, Dieu merci, de raisons pour se défendre de ce soupçon injurieux; et je n'écris ceci que pour demander justice à messieurs de la religion prétendue réformée de la malignité de leur écrivain. Ils ne doivent pas souffrir, s'ils ont quelque sentiment d'équité, qu'on viole si ouvertement les plus communes règles de la justice et de l'honnêteté civile. Il ne lui a point été permis de dire qu'il y a du mystère et de la politique dans notre conduite, ni d'avancer que le monde a parlé d'eux et de nous. Deux ou trois écrivains emportés, et qui ont été couverts de confusion, ne sont point *le monde*, et ne donnent droit à personne de renouveler une calomnie détestable, et d'être bien aise de l'imprimer dans l'esprit du monde. Ces finesses d'une malicieuse rhétorique, qui couvrent le venin d'une médisance criminelle sous des termes ambigus, ne trompent personne et n'empêchent pas qu'on ne voie et qu'on ne sente l'outrage que M. Claude nous a voulu faire. Mais la confusion en retombera sur lui; il n'y aura point de personne équitable qui ne désapprouve son procédé, et qui n'admire surtout son aveuglement d'avoir choisi justement le lieu où il fait paraître le plus d'aigreur et le plus d'aversion, pour faire aux autres des leçons de charité, et pour faire l'éloge de sa modération et de sa douceur.

Ce n'est pas le moyen que cette dispute se passe avec cette civilité qu'il prescrit aux autres, que de la pratiquer si mal lui-même ; et c'est en partie pour le détourner d'une conduite qui engage à ces éclaircissements fâcheux, que je me suis cru obligé de réfuter cette *Préface*. Quand il agira d'une autre manière, il nous trouvera toujours disposés, non seulement à le suivre, mais à le surpasser en retenue et en respect. Mais il ne faut pas qu'il prétende nous payer de certaines louanges fades, dont on n'a aucun besoin, en même temps qu'il nous déchire par les médisances les plus atroces, et qu'il tâche de nous piquer par les plus sensibles et les plus injustes railleries. Ce petit artifice est indigne de la sincérité des gens d'honneur, et de l'importance de la cause qui fait notre différend. On le conjure donc de ne continuer plus de s'en servir ; et pour l'y engager plus efficacement, on a tâché de lui faire voir par expérience qu'il n'est pas de grand usage, et que pour un effet passager qu'il a d'abord contre ceux à l'égard de qui l'on s'en sert, il en a un bien plus grand et bien plus durable contre ceux qui l'emploient, lorsqu'ils ont été réfutés.

CHAPITRE DERNIER.
CONCLUSION.

Outre cet avis, qui ne regarde que la manière d'écrire, j'en pourrais donner beaucoup d'autres à M. Claude, tant sur l'ordre des matières que sur le fond. Mais je me contenterai présentement d'un seul, qui est qu'il ne doit pas prétendre embarrasser de nouveau ce que nous avons voulu démêler, en confondant l'examen des six premiers siècles avec la discussion de ceux qui sont traités dans ce livre, et en se plaignant de ce que l'on s'est dispensé de répondre expressément aux objections qu'il tire des auteurs de ce temps-là, et à quelques autres difficultés générales que l'on peut rapporter à quel temps l'on veut.

Il le ferait inutilement, puisque l'on démêlerait sans peine ce qu'il aurait embrouillé ; et il le ferait sans raison, puisqu'il est clair que pour reconnaître la solidité d'une preuve, il faut l'examiner séparément et à fond, avant que de passer à une autre ; au lieu qu'en traitant les choses imparfaitement, on ne fait que confondre tout sans rien avancer.

On a prétendu que la preuve tirée de *la Perpétuité* de la foi de l'Église catholique sur l'Eucharistie, et fondée sur l'impossibilité du changement insensible dans la créance de ce mystère, était décisive et concluante. C'est le sujet du premier traité et de cette contestation particulière. M. Claude avait mêlé diverses choses dans ses deux *Réponses*, qui ne regardaient pas directement ce point. On les a séparées dans cette *Réplique*, et l'on a eu droit et obligation de le faire. Ce serait donc en vain qu'il se plaindrait qu'on ait omis de répondre à diverses choses, à moins qu'il ne prouve en même temps que ces omissions rendent la preuve qu'on a entreprise imparfaite et défectueuse.

Sans cela toutes ses plaintes sont vaines et frivoles ; puisque bien loin que ce soit un défaut de séparer de la dispute la discussion des points qui ne sont point nécessaires à la preuve, c'est une des premières règles que le bon sens prescrit, pour n'accabler pas l'esprit des lecteurs par la multitude des matières inutiles.

Il s'agit donc uniquement de savoir si l'on a exécuté ce que l'on avait entrepris, qui est de défendre la méthode et l'argument du traité de *la Perpétuité*; c'est-à-dire, si l'on a montré que les suppositions en étaient très-véritables, et les conséquences très-justes. Nous verrons ensuite si M. Claude aura dans les autres matières, et principalement dans l'examen des Pères des six premiers siècles, les avantages qu'il se promet. Mais il est juste qu'avant que d'y entrer, il se déclare nettement sur ce premier point, et qu'il abandonne ou soutienne ce qu'il a avancé touchant les communions orientales, et sur ce changement universel de créance dans la matière de l'Eucharistie, que je prétends être imaginaire et impossible, et qu'il soutient réel et possible. S'il prenait le premier parti, en rendant gloire à la vérité, il ferait une action de sincérité qui lui serait glorieuse et devant Dieu et devant les hommes, et il aurait même plus de droit de demander aux théologiens catholiques l'examen des autres points. S'il prend le dernier, nous examinerons de bonne foi les preuves qu'il alléguera pour détruire les nôtres ; et j'avoue que je serais fort trompé s'il peut produire quelque chose qui ait seulement quelque apparence, et qui mérite d'être réfuté.

Mais si sans faire ni l'un ni l'autre, et sans répondre précisément à ce livre-ci, il se jetait à l'écart, et nous venait proposer froidement les arguments ordinaires des ministres, qui sont hors le cercle où notre dispute nous renferme, il suffirait presque de lui dire par avance qu'il témoignerait en cela beaucoup de faiblesse et peu de sincérité, puisqu'il paraîtrait clairement que n'étant pas capable de résister à la vérité qui le presserait, il ne serait néanmoins ni assez humble ni assez sincère pour l'embrasser.

Nous avons donc droit d'attendre en repos cette *Réponse*, à laquelle je pourrais déjà donner un air ridicule, en la représentant par les termes dont quelques-uns de son parti en ont parlé, et en faisant une peinture de M. Claude, la foudre à la main, *qui doit mettre en poudre en six lignes tous ses adversaires ;* mais je n'aime pas à tirer avantage des sottises de quelques particuliers, auxquelles il n'a peut-être point de part.

Cependant je crois me pouvoir promettre que ceux qui auront lu cet ouvrage avec quelque soin seront pleinement persuadés que l'on a entièrement satisfait à tout ce qui regarde le différend particulier qui est le sujet de cette contestation.

J'avoue qu'il reste encore à examiner en détail les Pères des premiers siècles, et tout ce que M. Claude avance dans son livre, qui est lié avec cet examen, comme ce qu'il dit sur les métaphores ; mais cette discussion est toute d'un autre genre que celle qui est contenue dans ce volume-ci, et elle est entièrement séparée de notre première dispute, puisqu'elle appartient à une autre méthode, comme nous l'avons montré. Ainsi comme elle ne regarde pas plus le traité de *la Perpétuité* que les autres ouvrages des catholiques sur l'Eucharistie, l'engagement que nous avons à réfuter ce que M. Claude a dit sur ce sujet, nous est commun à tous les autres théologiens. Aussi nous voyons que plusieurs personnes se sont hâtées déjà de prendre part à cette dispute, et qu'en laissant à l'auteur de *la Perpétuité* à démêler ce qui le regarde en particulier, ils ont cru se pouvoir charger de la défense de la cause commune de l'Église.

Tant s'en faut que je leur veuille disputer ce droit, que je les exhorte de tout mon cœur de continuer. Leur victoire sera la nôtre ; et ne considérant dans tout ceci que l'avantage de l'Église, il ne nous importe de quels instruments il plaira à Dieu de se servir. Et ainsi on ne nous verra jamais rabaisser le prix des ouvrages de ceux qui se signaleront dans cette guerre spirituelle, ni tâcher par des voies obliques de diminuer la réputation du fruit qu'ils auront produit.

Le P. Nouet et ceux de sa compagnie sont d'autant plus obligés à poursuivre l'entreprise qu'ils ont faite de soutenir la cause commune de l'Église, qu'ils ont en quelque sorte changé la face de cette dispute, puisqu'au lieu d'un assez petit nombre de matières qui restaient à examiner dans le premier livre de M. Claude, et qui, étant imparfaitement traitées, n'obligeaient pas à de si longues discussions, on sera contraint maintenant d'avoir peu d'égard à ce qu'il a dit dans ce premier livre, et de s'attacher particulièrement au second, dans lequel il répond à ce Père ; parce qu'il y traite les mêmes choses avec plus d'étendue et d'exactitude qu'il n'avait fait dans sa Réponse à *la Perpétuité*.

C'est donc maintenant de ces Pères qu'on a sujet d'attendre la réfutation de ce livre, puisqu'ils y sont engagés en particulier ; et, pour ne leur envier pas cette gloire, on leur laissera tout le temps nécessaire pour le détruire. Ce n'est pas qu'on ne croie aussi avoir droit d'y contribuer ce que l'on pourra, et l'on est encore dans la résolution de le faire, autant qu'il plaira à Dieu de nous en donner les moyens : mais c'est que les vues que l'on a pour cette Réponse, si Dieu permet que l'on y travaille, donneront lieu à tous ceux qui se voudront hâter de la prévenir.

Car comme on ne la croit pas d'une nécessité si absolue ni si pressante, et que les autres ouvrages que les catholiques ont déjà faits sur cette matière, et même la simple lecture des passages des Pères suffit pour faire connaître aux esprits équitables l'avantage de la cause de l'Église, on est persuadé que pour travailler de nouveau avec fruit sur ce sujet, il y faut employer beaucoup de temps et beaucoup de méditations, afin de ne copier pas inutilement ce que l'on pourrait lire dans M. le cardinal du Perron.

C'est la disposition avec laquelle on a dessein de s'appliquer à ce travail, si Dieu en donne le temps et la force. Mais cependant on croit avoir renfermé dans ce livre-ci des éclaircissements suffisants, pour satisfaire les esprits sincères et équitables, et pour les mettre en état d'attendre sans impatience un autre volume.

Je ne veux pas désespérer que M. Claude ne soit de ce nombre, et je me crois obligé de demander à Dieu pour lui cette grâce, sans y prendre d'autre part que celle que la charité oblige de prendre dans le salut de nos frères, et sans prétendre en tirer aucun avantage sur lui. Mais je l'espère encore plus de ceux qui sont unis avec lui, et qui n'ayant point de part aux passions particulières qui ont pu se glisser dans cette contestation, sont plus en état d'en juger équitablement. C'est pourquoi je ne puis m'empêcher en finissant cet ouvrage de leur proposer encore une considération, qui me semble propre pour les faire mieux entrer dans l'esprit de la méthode que nous y avons suivie, et pour leur en faire mieux connaître l'utilité.

On a suffisamment prouvé dans le premier livre qu'il n'y aurait que l'évidence et la certitude que l'on prétendrait avoir des dogmes contestés qui pût servir d'un prétexte, je ne dis pas juste, car il n'y en peut avoir, mais vraisemblable pour condamner la doctrine de l'Église catholique, et pour se joindre à une autre société ; c'est-à-dire qu'il faudrait au moins croire que l'on connaît évidemment les erreurs de l'église que l'on abandonnerait, et à la pureté de la foi de la société à laquelle on s'unirait. Et l'on ne peut avec la moindre apparence présumer d'avoir cette certitude qu'après un examen particulier de tous les points qui sont en question avec les sociétés que l'on abandonne, et une recherche exacte de la vérité des dogmes de la société que l'on embrasse.

Cependant si l'on veut agir sincèrement, on doit reconnaître que cet examen, qui est la seule voie de parvenir à cette certitude, est incapable d'en produire une qui soit effective et véritable. Je ne m'arrête pas présentement aux difficultés infinies qu'il enferme, et à l'impuissance où tous les simples sont de le faire, mais je dis seulement que, quelque exact qu'on le suppose, il ne peut pas toujours consister dans une application actuelle aux preuves des opinions qu'on examine ; mais qu'il faut nécessairement que quand la matière a divers points, toute l'assurance qu'il produit se réduise à un souvenir qui nous reste, que quand on a examiné telle et telle opinion, on l'a jugée certaine et indubitable. Or, quoique les hommes qui abusent des mots comme il leur plaît attribuent souvent la certitude à toutes ces deux sortes de connaissances, il y a néanmoins une extrême différence entre l'une et l'autre : car la certitude qui naît de l'application présente aux preuves est vive et pénétrante ; elle s'empare de l'esprit ; elle étouffe les doutes ; et si, par quelques réflexions spéculatives sur la capacité générale qu'on a de se tromper, ils ne laissent pas de s'élever, elle ne permet pas qu'ils entrent bien avant dans l'esprit, et qu'ils diminuent son assurance.

Mais quand cette prétendue certitude n'est fondée que sur un souvenir confus, qu'après avoir examiné certaines opinions on les a trouvées véritables, cette évidence est merveilleusement sombre; elle n'a plus la même force pour étouffer les doutes; elle permet qu'ils s'emparent de l'esprit, et elle n'empêche pas qu'il ne s'ébranle, en se voyant mêlé et confondu avec une infinité d'esprits qui se trompent, et qui s'imaginent avoir autrefois conçu clairement ce qu'ils n'ont jamais conçu.

Cette évidence est donc toujours faible et obscure, et c'est à tort qu'elle porte le nom d'évidence. Ainsi elle peut facilement être surmontée par une évidence plus forte, à moins qu'elle ne soit soutenue par une opiniâtreté qui vienne du cœur. Cependant il faut que ces messieurs avouent que l'évidence prétendue qu'ils s'attribuent des dogmes de leur société, et des erreurs de l'Église catholique et des autres sociétés qu'ils condamnent, ne peut être que de ce dernier genre. Il est impossible qu'ils aient présentes les raisons qui les ont persuadés de tous les articles de leur créance, et les réponses à toutes les difficultés que l'on y oppose. Ce n'est tout au plus dans les plus habiles d'entre eux qu'une certitude de mémoire qui leur fait croire qu'ils ne se sont point trompés dans l'examen qu'ils ont fait de ces articles, et qui les laisse dans cette juste crainte qu'ils ne soient du nombre de tant de personnes trompées, qui sont persuadées comme eux qu'elles ont trouvé la vérité par leurs examens, et qui cependant n'ont trouvé que des erreurs et des hérésies.

Cette considération fait voir combien l'assurance que les calvinistes peuvent avoir de leur foi est différente de celle que les catholiques en ont par leur seule lumière, qui les fait soumettre à l'autorité infaillible de l'Église : car cet article réunissant tous les autres, la même évidence qui leur découvre la vérité de ce point leur découvre en même temps celle de tous les autres ; parce que la liaison qu'ils ont avec cet article est évidente. Il est clair que l'Église enseigne tous les articles de la foi que l'on propose aux catholiques ; et l'autorité de cette Église est évidente. Les preuves qui nous en persuadent sont en quelque sorte toujours présentes à l'esprit, parce que les marques qui font distinguer l'Église catholique des autres sociétés sont vives et sensibles, et que l'impuissance où l'on est de trouver la vérité sans cette autorité, se fait continuellement sentir.

On peut donc dire que les catholiques peuvent toujours avoir à l'égard de leur foi cette certitude vive et véritable que l'application actuelle aux raisons qui nous persuadent est seule capable de produire; et qu'au contraire les prétendus réformés ne la peuvent jamais avoir, parce que ce jugement dernier, par lequel ils préféreraient une société à une autre, dépendra toujours d'une discussion dont ils n'auraient qu'une mémoire assez confuse, et qu'ils se souviendraient plutôt d'avoir eu cette certitude qu'ils ne l'auraient effectivement.

Or ce que l'on peut dire à l'avantage de cette certitude que les catholiques ont de la vérité de tous leurs dogmes par la créance qu'ils ont à l'Église, sur celle que les calvinistes peuvent avoir par leur examen, se peut dire à proportion de celle que l'on peut tirer de cet ouvrage, pour s'assurer de la vérité de la doctrine catholique, en la comparant avec la fausse évidence que quelques calvinistes feignent d'avoir, que les Pères des six premiers siècles sont pour eux.

Nous avons fait voir dans le premier livre combien les protestants plus modérés, et anciens et modernes, sont éloignés de parler ce langage. Mais quelque hardiesse que l'on suppose dans les plus opiniâtres, ils ne peuvent au moins nier que ce jugement, par lequel ils s'assurent que les Pères sont pour eux, ne soit pour l'ordinaire fondé sur une mémoire assez confuse. L'esprit humain est trop étroit et trop borné pour pouvoir comprendre tant de choses à la fois. L'examen d'un passage fait souvent oublier l'autre, et l'on ne se souvient presque d'autre chose, sinon qu'on l'a examiné autrefois. De plus, comme il y en a de favorables et de contraires en apparence aux deux partis, il y a toujours lieu de douter si ce jugement dernier que l'on forme, par lequel on se détermine à juger en faveur de l'un, n'est point plutôt l'effet d'une application plus grande aux raisons de celui que l'on préfère, que de l'avantage réel de ces raisons et de ces preuves au-dessus de celles que l'on rejette.

Mais il n'en est pas de même de l'évidence que peut produire ce traité de *la Perpétuité*. C'est une évidence toujours présente, et qui se sent par une application actuelle. L'esprit est assez étendu pour la sentir tout entière, et pour se représenter toutes les sociétés chrétiennes unies depuis mille ans dans la confession de la présence réelle et de la transsubstantiation, sans qu'il y ait aucune apparence de changement. La mémoire y entre peu, et elle ne fournit que des faits certains, qui ne peuvent être raisonnablement contestés. L'esprit se porte d'abord aux conséquences, et une seule vue d'esprit les découvre toutes.

C'est pourquoi, au lieu que ces prétendues assurances que l'on tire des passages diminuent à proportion que la mémoire en diminue, et ne peuvent guère subsister que dans ceux qui sont dans un exercice actuel de ces disputes, celle que l'on peut tirer de ce traité n'est point sujette à la diminution de l'oubli. On en retiendra toujours assez pour laisser la preuve dans sa force, et pour persuader pleinement l'esprit ; parce que le principe étant une fois ouvert, toutes les conséquences se découvrent naturellement.

C'est pour cette raison qu'on peut dire qu'il est avantageux aux catholiques aussi bien qu'aux prétendus réformés, et que s'il peut tirer les uns de l'erreur, il est très-propre à affermir les autres dans la véritable foi. Car encore que l'autorité de l'Église qui assure ses enfants de la vérité de ce qu'elle enseigne de ce mystère, leur doive suffire, néanmoins Dieu veut bien qu'ils fortifient cette assurance par certaines preuves, qui arrêtent l'impression des doutes que la raison humaine ou quelques passages écartés des Pères seraient capables d'exciter. Or quel moyen plus propre pour les étouffer que de considérer tout d'une vue tous les chrétiens du monde sans concert, sans union, confessant et adorant le corps de Jésus-Christ dans l'Eucharistie, sans qu'il paraisse aucune ouverture par où cette opinion puisse être entrée. Qui ne succomberait sous le poids de cette autorité; et qui pourrait avoir une présomption assez déraisonnable, pour croire que tous les chrétiens aient été dans l'erreur sur ce point, et que l'on entend mieux les paroles des Pères que ceux mêmes qui en ont été les disciples?

Comment après cela pourrait-on s'arrêter à de vains raisonnements par lesquels on prétend donner d'autres sens aux paroles de Jésus-Christ et des SS. Pères, lorsqu'on les voit démentis par toute la terre? Quelle difficulté peut-on trouver à se soumettre à cette foi, nonobstant les impossibilités apparentes que la raison y aperçoit, lorsque l'on voit que ces impossibilités n'ont point empêché tous les chrétiens du monde de s'y soumettre?

Voilà la manière dont les simples fidèles se doivent servir de ce qu'ils liront dans ce livre, pour s'attacher plus fermement à l'autorité de l'Église, et pour rejeter tout ce qui les en pourrait détourner. Et c'est aussi une des principales fins que je me suis proposées en travaillant à cet ouvrage; et ainsi je ne le puis mieux finir qu'en empruntant et en imitant les paroles d'un grand saint, pour m'adresser à l'Église même à qui je l'ai consacré, et à ceux de ses enfants qui, étant faibles et peu éclairés dans la connaissance de ce mystère, peuvent avoir besoin de ce soutien que j'ai tâché de leur procurer : *Qu'il me soit donc permis* (S. August., cont. Faust., l. 15, c. 3), *ô Église catholique, véritable épouse du Christ véritable, de vous parler selon la petitesse de mes lumières, moi qui suis un des moindres de vos serviteurs, et l'un des plus petits de vos enfants! Que les vaines promesses que vous font ceux qui se sont séparés de vous, de prouver avec évidence la vérité de leurs dogmes, soit par les Pères, soit par l'Écriture, ne vous trompent point. Vous seule la possédez, et dans les instructions communes et faciles que vous donnez aux petits, comme un lait dont leur faiblesse a besoin, et dans les instructions plus hautes dont vous nourrissez les forts comme d'une viande solide. Toutes ces sectes n'ont que le nom et la promesse de la vérité; mais elles ne peuvent avoir la vérité même.*

Il est vrai que vous n'avez rien à craindre pour ceux de vos enfants qui sont plus forts et mieux instruits dans la science de Dieu : mais souffrez que je m'adresse aux plus petits d'entre eux, qui sont mes frères et mes maîtres, dont vous soutenez la faiblesse par votre charité, et que vous nourrissez encore de votre lait, vous qui êtes vierge sans être stérile, et mère sans corruption. Ce sont ces faibles que je conjure de n'écouter point les vains discours qu'une curiosité profane fait sur le plus auguste de nos mystères ; mais d'anathématiser sur l'heure tout ce qu'on leur dira de contraire à ce qu'ils ont appris dans votre sein. Qu'ils se gardent bien de quitter le corps véritable de leur Seigneur, qui réside dans l'Eucharistie conformément à la vérité de ses paroles, et qui renferme tous les trésors de la sagesse et de la science de Dieu, et l'abondance de cette douceur ineffable qu'il a réservée pour ceux qui le craignent. Qu'ils n'attendent pas la vérité de ceux qui font Jésus-Christ même trompeur, en nous voulant persuader qu'il ne nous a donné qu'une vaine image, lorsque ses paroles ont fait croire à toute la terre qu'il leur donnait la vérité de son corps. Que si néanmoins ces voix malignes et trompeuses faisaient quelque impression sur leur esprit, qu'ils se jettent incontinent, comme dans un refuge assuré, dans cette foule innombrable de chrétiens de toute la terre et de tous les siècles qui ont adoré Jésus-Christ dans l'Eucharistie; et ils verront tout d'un coup disparaître ces doutes et ces nuages, n'étant pas possible qu'ils puissent préférer leur propre lumière à ce consentement de tous les chrétiens du monde dans la doctrine de l'Église catholique, que l'on a tâché de leur remettre devant les yeux dans tout cet ouvrage.

LIVRE DOUZIEME,

CONTENANT DEUX DISSERTATIONS SUR LE SUJET DE JEAN SCOT ET DE BERTRAM, AVEC DIVERS ACTES QUI FONT VOIR LA CRÉANCE DES ÉGLISES ORIENTALES.

Avertissement.

Le désir de ne détourner pas l'esprit des lecteurs, ou par des discussions non nécessaires, ou par des actes et des pièces trop longues, m'ayant porté à réserver toutes les choses de ce genre au douzième livre, qui en sera le recueil, je ferai seulement ici un dénombrement de ce qu'il contient.

Le premier écrit est une dissertation sur le sujet de Jean Scot, dont le principal but est de montrer qu'il est auteur du livre du Corps et du Sang du Seigneur, qui est imprimé sous le nom de Bertram. Cette pensée était venue premièrement à M. de Marca; mais l'auteur de cette dissertation l'établit beaucoup plus fortement qu'il n'avait fait, et la rend tellement vraisemblable qu'elle approche presque de la certitude. Il traite aussi divers autres points, dans lesquels il détruit plusieurs faux faits que M. Claude avait allégués touchant ce Jean Scot. On ne sait rien de l'auteur de cette dissertation, sinon qu'il est religieux de Sainte-Geneviève; sa modestie l'ayant porté à cacher le reste.

La seconde dissertation contient un examen particulier du livre de Bertram, et l'on y a eu pour but de prouver que ce n'était pas sans raison que l'auteur de *la Perpétuité* avait avancé, touchant cet auteur, *qu'on peut soutenir pour le moins avec autant d'apparence, que Bertram était dans la créance commune de l'Église catholique, que les ministres soutiennent qu'il y était contraire*. Mais comme j'ai toujours fait profession d'une exacte sincérité, et que j'estime que ce serait la blesser d'assurer positivement des choses qui me paraîtraient tant soit peu douteuses, je n'ai rien voulu décider absolument touchant les sentiments de cet auteur; et je me suis contenté de réfuter les décisions téméraires de M. Claude. Le reste n'est plus qu'un ramas de diverses pièces qui sont disposées en cet ordre.

La première est un extrait assez long d'un livre d'un religieux du Mont-Athos, nommé Agapius, dont il est parlé dans le quatrième livre. Ce livre est intitulé le *Salut des pécheurs*, ἁμαρτολῶν Σωτήρια. Il est écrit en grec vulgaire, et n'est point traduit, comme je crois, quoiqu'il méritât de l'être. La seconde est l'écrit d'un seigneur moldave, appelé le baron de Spadari. Je l'ai en grec et en latin, parce qu'il a voulu le faire en ces deux langues; mais comme le latin n'est pas moins original que le grec, on s'est contenté de le faire imprimer en latin. La troisième est une profession de foi des Grecs du patriarchat d'Antioche, qui a été envoyée à M. Piquet, ci-devant consul à Alep, par M. Baron, qui exerce cette charge pour les Français et les Hollandais, et qui y protège avec beaucoup de zèle la religion catholique.

On verra par un acte de M. Jannon, prêtre et grand-obédiencier de l'église S.-Just à Lyon, inséré à la fin de ce livre, que l'original de cette profession de foi est présentement au monastère de S.-Germain-des-Prés, où elle a été mise en dépôt.

La quatrième est une lettre latine de M. Oléarius, bibliothécaire du duc de Holstein, pour soutenir ce qu'il avait dit de la créance des Moscovites touchant la transsubstantiation, dans son voyage de Moscovie et de Perse. La cinquième contient les questions proposées touchant l'Eucharistie par le sieur de Lilienthal, résident de la couronne de Suède auprès du grand-duc de Moscovie, au métropolitain de Gaza, logé à Moscou dans le palais même du grand-duc, avec quelques lettres du dit sieur Lilienthal au grand-chancelier de Suède, écrites pendant que l'archevêque de Gaza travaillait à sa réponse. La sixième est la réponse de cet archevêque de Gaza, dont il est parlé dans le cinquième livre. La septième est un petit extrait du livre d'un Grec moderne, qui était à la fin de l'écrit de l'archevêque de Gaza, mais d'une autre main, et apparemment de celle de quelque Suédois. La huitième est un extrait d'un synode tenu en l'île de Chypre, en cette année 1668, dont l'original grec en a été envoyé, par l'ordre de M. Piquet, au révérend père-général de la congrégation de S.-Maur, pour être mis en dépôt dans la bibliothèque de S.-Germain-des-Prés. La neuvième est un récit de ce que les Moscovites qui ont passé depuis peu à Paris à la suite de l'ambassadeur, ont dit en présence de M. l'archevêque de Sens et de plusieurs personnes. La dixième est la traduction d'une attestation des mêmes Moscovites, faite par leur interprète, religieux de S.-Dominique, et dont l'original, écrit en esclavon, a été mis entre les mains des religieux de S.-Germain-des-Prés par M. l'archevêque de Sens. La onzième est une attestation d'un évêque arménien, résident à Rome, touchant la créance des Arméniens sur l'Eucharistie. La douzième est une attestation d'un autre évêque arménien, qui est présentement à Amsterdam.

La treizième est une réponse plus ample du même évêque arménien, sur plusieurs articles qui lui avaient été proposés. La quatorzième est un extrait de la Liturgie arménienne donné par le même évêque. La quinzième est une réponse du même évêque arménien à quelques questions, qui lui furent proposées touchant l'état et la discipline de l'église d'Arménie. La seizième est un récit des cérémonies que les Arméniens observent à la messe, dressé par une personne de condition, qui y assista à Amsterdam. La dix-septième est une attestation du patriarche d'Arménie, résident à Alep, et de plusieurs autres évêques et ecclésiastiques arméniens, touchant leur créance sur l'Eucharistie et quelques autres articles. Elle a été envoyée par M. Piquet, et l'original en est entre les mains des religieux bénédictins de S.-Germain-des-Prés. La dix-huitième est une attestation des Syriens ou Jacobites de la même ville d'Alep, qui a été aussi procurée par les soins du même M. Piquet, et qui a été mise ensuite dans la bibliothèque du même monastère de S.-Germain-des-Prés. La dix-neuvième est une lettre de M. Piquet, sur la qualité des témoins qui ont signé les mêmes attestations précédentes. La vingtième est l'acte de M. Jannon, par lequel il déclare qu'il a mis les originaux de ces attestations entre les mains des religieux ci-dessus nommés.

Première Dissertation

SUR LE SUJET DE JEAN SCOT.

ARTICLE PREMIER.

Que Jean Scot-Érigène est auteur du Dialogue des natures.

L'on conserve dans la bibliothèque de S.-Germain-des-Prés deux anciens manuscrits, qui contiennent cinq livres en forme de dialogue, intitulés περὶ Φύσεων, c'est-à-dire, *des Natures*. L'auteur, dès le commencement, les divise en quatre espèces : en celle qui crée, et n'est-point créée ; en celle qui crée, et est créée ; en celle qui ne crée pas, et est créée ; en celle qui ne crée pas, ni n'est pas créée.

Dans les trois premiers livres il traite des trois premières espèces de nature. Dans le quatrième et le cinquième il explique le retour des natures créées dans la nature incréée. Voici le sommaire de sa doctrine. Il dit (p. 136, 154, 352, 392, etc.) que Dieu a créé de toute éternité dans son Fils les causes primordiales de toutes choses, la bonté par soi, l'essence par soi, la vie par soi, la grandeur par soi, la paix par soi, et le reste des autres idées platoniques. Il enseigne (p. 76, 107, 108, 280, etc.) que le monde a été créé après le péché de l'homme, et que si l'homme et l'ange n'eussent point péché, Dieu n'eût point créé de monde sensible et corporel. Il enseigne (p. 76, 100, 343, 358, 369, 435) que l'humanité de Notre-Seigneur s'est entièrement changée en sa divinité après sa résurrection.

Il dit (p. 377, 382, 388) que la malice et les peines des démons, et généralement de tous les damnés doivent finir un jour. Il assure (p. 373) qu'au temps de la résurrection générale toutes les choses sensibles et corporelles passeront dans la nature humaine ; que (p. 342, 401, 430, 431, etc.) le corps de l'homme se convertira en son âme ; que (p. 401, etc., 342, 66, 91, 335, 351) l'âme se changera dans les causes primordiales, et celles-ci en Dieu, en sorte que comme avant le monde il n'y avait que Dieu et les causes de toutes choses dans Dieu, de même après la fin du monde il n'y aura plus que Dieu et les causes de toutes choses dans Dieu. C'est ainsi qu'il explique (p. 355) ce passage de Salomon : OMNE QUOD FUIT, IPSUM QUOD ERIT. *Ac si apertè dicat*, dit-il, *Solus Deus, omniumque in eo causæ, ante mundum fuit ; et ipse postmodùm, et in eo cunctorum causæ, solus erit.*

Il est marqué au commencement du premier livre de ce dialogue que l'auteur est *Jean Scot-Érigène*. Mais cette inscription est d'un caractère différent du reste des deux manuscrits. Il est évident qu'elle n'est pas fort ancienne. Aussi Honoré d'Autun (*lib. de Luminaribus Ecclesiæ*) nous assure-t-il que le livre περὶ Φύσεων est d'un certain Jean Scot surnommé Chrysostôme, qui a vécu du temps de Paschasin, ou de Julien Pomère, et par conséquent, près de 300 ans devant Érigène ; puisque Paschasin vivait sur la fin de l'empire de Théodose-le-Jeune, et Julien Pomère, sous celui de Zénon.

Je sais bien que Guillaume de Malmesbury auteur contemporain à Honoré d'Autun, Siméon Dunelme, Roger de Houveden, et Matthieu de Westminster, font mention d'un livre intitulé, περὶ φύσεως Μερισμοῦ, ou simplement περὶ Φύσεων, qu'ils attribuent à Jean Érigène. Mais le témoignage de ces auteurs est plutôt capable d'augmenter nos doutes que de les dissiper, puisqu'il semble qu'ils aient confondu en un deux ouvrages différents, celui dont nous parlons, et le livre de la Prédestination composé par Érigène contre Gotescalc.

Composuit, dit Siméon Dunelme *(ad ann. 883)*, *librum, quem* περὶ φύσεως Μερισμοῦ, *id est, de naturæ Divisione, titulavit, propter perplexitatem quarundam quæstionum solvendam benè utilem, si tamen ei ignoscatur in quibusdam, in quibus à Latinorum tramite deviavit, dùm in Græcos acriter oculos intendit : quare et hæreticus putatus est, scripsitque contra eum Florus quidam. Sunt enim reverà in libro* περὶ Φύσεων *plurima quæ, nisi diligenter discutiantur, à fide catholicâ abhorrentia videantur.*

Le titre dont ils font mention appartient au dialogue περὶ Φύσεων, qui commence par une division de la nature en quatre espèces. C'est aussi de ce dialogue qu'on doit entendre ce qu'ils disent, que Jean Scot, s'attachant par trop aux Grecs, s'est éloigné de la doctrine des Latins. Mais ce qu'ils ajoutent, que cet ouvrage peut servir à résoudre des questions épineuses, et qu'un certain Flore a écrit pour le réfuter, convient mieux au livre de la Prédestination, dont le premier chapitre porte pour titre : *Quadrivio regularum totius philosophiæ omnem quæstionem solvi*, et contre lequel Flore, sous-diacre de l'église de Lyon, a écrit.

De plus on lit dans Trithème (*lib. de Script. eccles.*) que l'auteur du livre de *la Division de la nature*, n'est pas Jean Scot-Érigène, mais un autre Jean Scot, disciple de Bède, et compagnon d'Alcuin, qui vivait sur la fin du huitième siècle, et dont Charlemagne faisait beaucoup d'estime. Balée (*Script. Britan. centur.* 14, c. 32) aussi attribue le *Dialogue de la nature* à Jean Scot, disciple de Bède, et premier fondateur de l'université de Pavie, qu'il assure être mort environ l'an 792.

Dans une si grande confusion il aurait été absolument impossible de discerner le véritable auteur de cet ouvrage, s'il ne nous fournissait de lui-même de quoi se faire clairement reconnaître. 1° Dans le second livre il traite bien au long de la dispute qui est entre les Grecs et les Latins touchant la procession du S.-Esprit; et, quoiqu'il prétende qu'il faut dire que le S.-Esprit procède du Père par le Fils, et non point du Père et du Fils, il ne laisse pas de remarquer, p. 133, que l'on a ajouté au Symbole latin : *Qui ex Patre Filioque procedit.* Ce qui montre manifestement qu'il a écrit depuis le huitième siècle. 2° Il se sert très-souvent des œuvres de S. Denis, qui n'ont été apportées en France que du temps de Louis-le-Débonnaire. Il cite aussi en quantité de rencontres S. Maxime auteur du septième siècle. Ce qui montre que ce ne peut être un ouvrage de Jean Scot, qui ait vécu dans le cinquième siècle. 3° Il se sert d'une version de S. Denis, qui a tant de rapport avec celle qu'Érigène présenta à Charles-le-Chauve, environ l'an 850, que l'on ne peut pas douter qu'elle ne parte du même Érigène. Les ouvrages aussi de S. Maxime qu'il cite ordinairement, sont ceux qu'il a composés sur certains endroits difficiles de S. Grégoire de Nysse. L'on conserve encore aujourd'hui en l'abbaye de Cluny ces Scholies de S. Maxime, tournées de grec en latin par Jean Scot-Érigène, et adressées à Charles-le-Chauve. 4° Il y a tant de conformité entre ce Dialogue et le livre de la Prédestination, composé par Érigène contre Gotescalc, qu'il est plus clair que le jour que ce sont deux ouvrages d'un même auteur. On lit dans tous les deux *(Dialog. περὶ Φύσεων, p. 349, lib. de Prædest., c.* 19) que Dieu a attaché les démons à des corps d'air après leurs péchés; que *(Dialog. p. 323, 324, lib. de Prædest.,c.*19) les damnés jouiront de tous les biens naturels; que *(Dialog. p. 394, lib. de Præd., c.* 16) la nature de l'homme n'est point sujette au péché; que *(iisdem locis)* les mouvements déraisonnables de nos volontés peuvent bien être punis, mais que pour notre nature elle n'est pas capable d'aucune peine; que *(Dial. p.* 381, *lib. de Prædest., c.* 5) Dieu n'a point de connaissance du mal, etc. L'on y trouve la même affectation de quantité de mots grecs, qui font paraître que l'auteur était intelligent dans cette langue *(Dialog. p.* 5 et 58, etc., *lib. de Prædest., c.* 16, 18, etc.); la même façon de citer les livres de S. Augustin sur la Génèse, sous le nom de l'Exameron de S. Augustin (*Dialog.* p. 31, *lib. de Prædest., c.* 11); les mêmes passages de S. Augustin, pour montrer que la définition ne doit pas plus contenir que la chose définie *(Dialog. p.* 409, *lib. de Præd., c.* 19); le même exemple de la pierre nommée Asbestum, pour expliquer le feu d'enfer, etc. (*Dialog.* p. 466). 5° Ce Dialogue est dédié à Wlfade, que l'auteur appelle son coopérateur dans l'étude de la sagesse, *in studiis sapientiæ cooperatori.* Ce qui fait voir que c'est Jean Érigène, 1° parce que dans une de ses lettres à Charles-le-Chauve, il se nomme le dernier de ceux qui étudient à la sagesse : *Joannes extremus sophiæ studentium ;* 2° parce que l'on trouve du temps d'Érigène un Wlfade, loué pour son savoir, à qui Charles-le-Chauve donna le soin de l'éducation de son fils Carloman, et qui de chanoine et économe de l'église de Reims, fut fait archevêque de Bourges l'an 866. *Quia fratrem Wlfadum moribus et scientiâ penes nos vigere comperimus. (Carol. Calvus in litt. ad Nicol. papam.)*

Il m'aurait été facile d'apporter encore quantité d'autres preuves pour faire voir que Jean Scot-Érigène est le véritable auteur de ce Dialogue : mais il m'a semblé que celles-ci suffiraient, vu principalement que je dois prouver dans la suite de ces mémoires que cet autre Jean Scot dont il est parlé dans Trithème, dans Balée et les autres modernes, et que l'on feint avoir été disciple de Bède, compagnon d'Alcuin, très-chéri de Charlemagne, et fondateur des universités de Paris et de Pavie, n'est autre que Jean Scot-Érigène.

Quant à Honoré d'Autun, il est visible qu'il s'est laissé surprendre aux faux mémoires qui lui ont été fournis par quelques imposteurs qui, voulant mettre à couvert l'honneur d'Érigène, ont tâché de faire passer le Dialogue des natures, rempli de plusieurs hérésies, pour l'ouvrage d'un autre Jean Scot, qui avait vécu longtemps avant le neuvième siècle : et je doute bien fort que ce ne soient les mêmes qui ont les premiers inventé que Jean Scot avait composé un livre de la Division de la nature, ou περὶ φύσεων Μερισμοῦ, dans l'espérance que s'il se trouvait quelque ancien auteur qui attribuât à Érigène un ouvrage intitulé περὶ Φύσεων, on ne pourrait pas conclure qu'il voulût parler du Dialogue des natures, qui est véritablement hérétique.

On peut conclure de ce premier article, 1° que Jean Scot était un homme fort propre à avancer des hérésies contraires à la doctrine de l'Église de son temps; 2° qu'il n'est point étonnant que des hérésies n'ayant point été enseignées que par un particulier, et n'ayant point eu de suite, le livre où il les a enseignées n'ait point été publiquement condamné.

L'exemple de ce Dialogue des natures fait voir invinciblement l'un et l'autre de ces deux points.

Article II.

Que Ratramne, moine de Corbie, n'est pas l'auteur du livre du Corps et du Sang du Seigneur, publié sous le nom de Bertram.

Le livre du Corps et du Sang du Seigneur, attribué à Bertram, commença à paraître en Allemagne l'an 1532. Plusieurs crurent que c'était un ouvrage d'Œcolampade que ceux de son parti avaient publié après sa mort arrivée l'année précédente, sous le nom d'un auteur catholique dont il est parlé dans Sigebert et dans Trithème avec beaucoup de louanges. Mais les anciens manuscrits qui s'en sont trouvés dans les bibliothèques ont fait reconnaître que ce n'était pas une pièce supposée.

Quatre-vingts ans s'étaient écoulés depuis cette première édition, lorsque Ussérius, protestant anglais, s'alla mettre dans l'esprit que Bertram était le même que ce savant religieux de Corbie, Ratramne, qui s'acquit tant de réputation dans son siècle, que les évêques de France le jugèrent capable de répondre aux objections des Grecs schismatiques contre l'Église romaine, que le pape Nicolas leur avait envoyées l'an 867. C'est ce qu'il enseigne (*de Eccles. Christ. Success. et Stat.*, c. 2, *p.* 39).

Il est vrai que Ussérius ne proposa d'abord cette imagination que comme une simple conjecture, plutôt pour éprouver comment elle serait reçue, qu'avec intention de la défendre contre ceux qui prétendraient soutenir le contraire. Mais s'étant aperçu que pendant l'espace de vingt ans personne n'avait pris le parti de Ratramne, il crut qu'il la pourrait faire passer pour une vérité assurée (*in Hist. Gotesc. p.* 176) en se servant indifféremment des noms de Bertram et de Ratramne, avec la même hardiesse que s'il était incontestable que ce ne fût qu'un même auteur.

En effet plusieurs personnes savantes se sont depuis insensiblement laissées aller dans cette opinion, sans se mettre en peine d'examiner les preuves sur lesquelles elle était fondée. Il me semble que toutes celles que l'on a apportées jusqu'à présent se peuvent réduire à ces quatre conjectures :

I. Le religieux de Corbie est nommé *Ratramne* dans le livre de la Prédestination d'Hincmar, et dans la lettre 79 de Loup abbé de Ferrières : or il se collige du traité du défenseur anonyme de Paschase que *Ratramne* est le même que *Bertram* ; donc Bertram, auteur du livre du Corps et du Sang du Seigneur, n'est autre que ce savant bénédictin de Corbie, *Ratramne.*

On peut répondre trois choses à cette première conjecture : 1° que personne n'a jamais donné au moine de Corbie autre nom que celui de *Ratramne;* que c'est ainsi qu'on trouve son nom écrit dans tous les ouvrages qui nous sont restés de lui ; dans le livre de la Naissance de Christ, dans ceux de la Prédestination, dans sa Réponse aux objections des Grecs, comme aussi dans Hincmar (*l. de non trinâ Deitate,* p. 413, 438, 450, etc.), dans Gotescalc. (*epist. ad Ratramnum*), dans Flodoard (*l.* 3, *c.* 15); que les ministres, comme Albert (*de Euchar. p.* 929), supposent faussement que Hincmar l'ait appelé *Ratramne* dans le chapitre 4 de son livre de *la Prédestination* ; 2° que quoique la lettre 79 de Loup de Ferrières s'adresse, comme il est assez vraisemblable, à un religieux du diocèse d'Amiens, on ne saurait néanmoins prouver que ce soit à un religieux de l'abbaye de Corbie : de plus, que le religieux à qui elle est adressée n'avait pour nom ni celui de Ratramne comme le supposent faussement Ussérius et Aubertin, ni celui de Bertram, comme le suppose l'auteur de la Réponse, pour pouvoir en tirer une conjecture des sentiments de l'abbé de Ferrières sur le sujet de l'Eucharistie ; mais qu'il se nommait *Rotranne, Rotranno monacho* : c'est ainsi qu'on lit dans la première édition des lettres de Loup, de l'an 1588, et dans la dernière de M. Baluze (p. 3, c. 2, p. 538) ; 3° que l'anonyme dans le commencement de son traité, selon deux manuscrits de S. Victor, donne pour

adversaires à Paschase *Rabanus* et *Intramus*, et dans la page suivante, *Babanus* et *Ratrannus.* En sorte qu'il y a autant sujet de croire, selon l'anonyme, que ce second adversaire de Paschase avait nom *Intramus*, que *Ratrannus.* Je sais bien que celui qui a donné au public ce traité de l'anonyme, a fait imprimer dans l'un et l'autre de ces deux endroits, *Ratramnus,* mais il est certain qu'il ne l'a fait pour nulle autre raison que parce qu'il a cru que tout le monde était d'accord que l'adversaire de Paschase, dont prétend parler l'anonyme, n'était autre que ce célèbre religieux de Corbie, à qui tous les anciens donnent le nom de Ratramne.

II. La seconde raison d'Ussérius (*de Eccles. Cor. Succ. et Statu*, *c.* 2) est que Sigebert, dans son livre des Écrivains ecclésiastiques, témoigne que Bertram est auteur de deux livres, dont l'un porte pour titre : *Du Corps et du Sang du Seigneur,* l'autre : *De la Prédestination;* et que ce dernier est adressé à *Charles* : « *Bertramus scripsit librum de Corpore et Sanguine Domini ; et ad Carolum , librum de Prædestinatione.* Or il se trouve deux manuscrits de Sigebert, l'un dans l'abbaye de Gemblou, l'autre dans le prieuré de Vauvert, qui représentent le nom de *Ratramus,* au lieu de *Bertramus.* Donc puisque Flodoard (l. 3, c. 16) nous apprend que Hincmar a écrit de la *Prédestination* à *Charles* , contre Ratramne, moine de Corbie, il faut avouer que *Ratramne* est le même que *Bertram.*

L'on peut répondre deux choses à cette seconde conjecture : 1° que l'ouvrage de la Prédestination de *Bertram* , dont parle Sigebert, est différent de celui de *Ratramne* , contre lequel Hincmar a écrit; car Trithème (*lib. de Script. Eccles.*) assure en termes exprès que l'ouvrage de Bertram ne contenait qu'un livre , *de Prædestinatione librum unum* ; au contraire Hincmar nous enseigne (*l. de Prædest. c.*, 5) que celui de Ratramne en contenait deux, *libellos duos* ; de plus , ces deux livres de Ratramne, que M. le président Mauguin a mis en lumière, sont dédiés à Charles-le-Chauve , au lieu que celui de Bertram ne l'était point, comme je le prouverai évidemment dans un autre endroit, et même par le témoignage de Sigebert et de Trithème, quoiqu'ils paraissent assurer le contraire; 2° que toutes les éditions de Sigebert représentent constamment le nom de Bertram ; et ainsi qu'on peut croire qu'une faute s'est glissée dans les deux manuscrits de Gemblou et de Vauvert, où on lit le nom de Ratram. Mais, quoi qu'il en soit, l'on apprendra dans la suite de ces mémoires pourquoi l'anonyme, Sigebert et Trithème, sont si peu constants dans le nom qu'ils donnent à l'auteur du livre du Corps et du Sang du Seigneur. L'anonyme l'appelle tantôt *Intram*, tantôt *Ratranne* ; Sigebert, *Bertram* ou *Ratram* ; Trithème (*lib. de Script. eccles.*), *Bertram.,* (*lib.* 2 *Vir. illustr. ord. S. Bened.*, *c.* 48) *Pertranne* , (et in *Chronic. Hirsang.* , *ad ann.* 877) *Bertramme.* Ne serait-ce pas une chose assez surprenante, que parmi une si grande diversité, on ne trouvât pas une seule fois le nom du religieux de Corbie Ratramne, si c'était de lui que l'anonyme, Sigebert et Trithème avaient prétendu parler?

III. L'on conserve, dit Ussérius (*in Hist. Gotescalc.*), dans les bibliothèques de Salisbery, et du collége de S.-Benoît de Cambrigde, deux exemplaires d'un livre de Ratramne intitulé *de la Naissance de Christ*, dans lequel il défend la même doctrine que Bertram a enseignée dans son livre du Corps et du Sang du Seigneur. Ce qui confirme que Ratramne, moine de Corbie, et l'auteur du livre de la Naissance de Christ, sont le même que Bertram.

Cette troisième conjecture ne peut servir à présent qu'à découvrir la mauvaise foi d'Ussérius, ou de ceux par qui il s'est laissé tromper. Car tant s'en faut qu'on lise la doctrine de Bertram dans le livre de la Naissance de Christ, qu'il ne s'y rencontre pas un seul mot du mystère de l'Eucharistie. Et il ne sera pas hors de propos de remarquer que le P. dom Luc d'Achéry, à qui le public est obligé de ce traité de la Naissance de Christ, qu'il a fait imprimer (*tome 2 Spicil.*) ne l'a recouvert, comme je l'ai appris de lui-même, que par le moyen du ministre Aubertin, qui se flattant sans doute de ce qu'il avait lu Ussérius, et espérant trouver dans cet ouvrage de Ratramne de quoi grossir son volume de l'Eucharistie, en avait fait venir une copie d'Angleterre.

Après une fausseté si visible d'Ussérius, l'auteur de la *Réponse* ne doit pas trouver étrange que l'on tienne pour suspect ce qu'il nous raconte sur la bonne foi de ce même protestant, dans le chapitre 2 de sa troisième partie, pag. 546 : *Ussérius*, dit-il, *nous rapporte avoir vu un effet de cette hardiesse de ceux de la communion romaine à dépraver les manuscrits assez surprenante, en l'oraison* AD SACERDOTES, *de Vufflin, évêque de Schirburne en Angleterre, écrite en latin et en vieux anglais saxon.* Il y avait ces termes : *Non fit tamen hoc sacrificium corpus ejus, in quo passus est pro nobis; nec sanguis ejus, quem pro nobis effudit; sed spiritualiter corpus ejus efficitur et sanguis, sicut manna quod de cœlo pluit; et aqua quæ de petrâ fluxit.* Ces paroles, dit Ussérius, ont été tirées d'un manuscrit qui a été mis à la bibliothèque de Cambridge par la main de quelque perfide. Ce que j'ai vu moi-même.

Outre le peu de créance que mérite le témoignage d'Ussérius, il n'est pas peu surprenant qu'il ait la hardiesse de rapporter les propres paroles qu'il assure avoir été rayées par la main perfide de quelque papiste, *perfidâ papistæ alicujus manu erasa*, sans nous dire comment ni d'où il les a pu recouvrer, en sorte qu'il faut qu'on l'en croie à la simple parole. Aubertin n'a pas jugé à propos de le faire, après y avoir été une fois trompé. Aussi ne met-il point Vufflin au rang de ceux qu'il prétend avoir été contraires au dogme de la présence réelle dans le dixième siècle. Et M. Claude aurait mieux fait de l'imiter que de se servir, comme il fait, page 639, de ce passage pour faire voir la créance calviniste au dixième siècle.

IV. La quatrième raison est de M. Claude après le P. Cellot (*in Append. ad Hist. Got.*, pag. 569). Il y a tant de rapport, dit-il, entre le livre du Corps et du Sang du Seigneur, et les ouvrages du moine de Corbie, qu'il ne faut que les comparer ensemble pour reconnaître qu'ils sont tous deux enfants d'un même père. *Eginus igitur, ut potuimus*, dit Ratramne dans la conclusion de son ouvrage de la Prédestination, *quemadmodùm prædestinatio*, etc. *Hic ita obsecramus magnitudinis vestræ pietatem, ut hæc scripta, si sapientiæ vestræ non displicuerint, penes vos habeantur. Quòd si displicuerit libellus iste, per vos obsecramus ut corrigatur, et nobis quæ correcta fuerint non abscondantur.* Et dans celle de la *Réponse* aux objections des Grecs : *Eginus velut potuimus, respondentes ad ea quæ nobis scripta misistis; quæ si placuerint, Deo gratias agimus; sin verò displicuerint, vestræ correctionis censuram præstolamur.* Bertram finit tout de la même façon son traité du Corps et du Sang du Seigneur : *Imperio vestræ magnitudinis*, dit-il, *parere cupientes, præsumpsi parvis rebus de non minimis disputare. Quæ si probaveritis catholicè dicta, vestræ meritis fidei deputate; sin autem minùs placuerint, id nostræ deputetur insipientiæ, quæ, quod optavit, minùs efficaciter valuit explicare.*

Cette dernière conjecture a pu avoir quelque force lorsque le point de la question était de savoir si le livre du Corps et du Sang du Seigneur avait été composé par Ratramne ou par Œcolampade. Mais à présent que l'on doute si c'est l'ouvrage de Ratramne ou d'un autre auteur du même siècle, il faut avouer qu'elle est devenue entièrement inutile, puisque la plupart des auteurs du neuvième siècle finissent ou commencent leurs livres par de semblables reconnaissances de leur incapacité et de leur peu de suffisance. En voici un ou deux exemples tirés de Jean Scot, avec lesquels la conclusion du livre de Bertram a bien plus de ressemblance qu'avec les deux passages de Ratramne qu'on nous oppose.

Si quis invenerit, dit cet auteur sur la fin de son dialogue des Natures, *adhuc incognitum aut superfluum nos scripsisse, nostræ intemperantiæ incuriæque imputet.... Sin autem in eo utile, et ad ædificationem catholicæ fidei pertinens arriserit, soli Deo, qui solus absondita tenebrarum referat, deputet.* Et dans la préface de son livre de la Prédestination : *In hoc itaque opusculo nostro, quod vobis jubentibus scribere curavimus, quæ vera esse perspexeritis tenete, et Ecclesiæ catholicæ tribuite; quæ falsa respuite, et nobis, qui homines sumus, ignoscite.*

La faiblesse de ces preuves d'Ussérius et du sieur Claude suffit seule pour montrer qu'on ne peut que témérairement attribuer à Ratramne, religieux de Corbie, le livre qui paraît sous le nom de Bertram. On y peut encore ajouter qu'il n'y a point d'apparence qu'Hincmar, lequel d'une part était animé contre Ratramne, et qui écrivit contre lui un grand ouvrage sur la Prédestination, et sur cette expression, *trina Deitas*; et qui, de l'autre, condamnait comme une erreur et une nouveauté contraire à la foi, l'opinion de ceux qui disaient que l'Eucharistie n'était pas le vrai corps du Seigneur, mais seulement sa figure et son mémorial ; qu'il est, dis-je, sans apparence qu'il n'eût point fait de reproche sur ce sujet à Ratramne, s'il l'eût cru auteur de ce livre qui paraît sous le nom de Bertram, puisque ce livre donnait assez de sujet à un ennemi passionné, comme était Hincmar, de lui attribuer cette hérésie.

Certes ce seul silence d'Hincmar découvre si évidemment l'injustice que l'on a faite à Ratramne, de lui attribuer le livre de Bertram, que quand nous n'aurions point d'autres preuves pour le justifier, celle-ci ne serait que trop suffisante, pour lever tous les soupçons que l'on a eus depuis quelques années de l'intégrité de sa foi. Mais ce que nous allons dire pour montrer que Bertram est le même que Jean Scot-Érigène, pourra encore servir à sa justification.

Article III.

Que Jean Scot est auteur du livre du Corps et du Sang du Seigneur, attribué à Bertram.

M. de Marca est le premier qui se soit aperçu que le livre du Corps et du Sang du Seigneur, publié sous le nom de Bertram, n'est point différent de celui que Jean Scot a composé sur le même sujet, et que Bérenger fut condamné de jeter au feu, dans une assemblée de près de six vingts évêques, il y a plus de six cents ans. C'est dans la lettre au P. dom Luc d'Achéry qu'il propose cette conjecture.

Comme cette observation n'était pas fort avantageuse au dessein de l'auteur de la *Réponse*, aussi ne l'a-t-il pas moins traitée que d'une pure chimère et d'un songe très-mal conçu. Mais la preuve qu'il apporte pour nous faire entrer dans son sentiment répond si peu à une censure si rigoureuse, qu'on n'a pas sujet de craindre qu'elle ait aucun effet sur l'esprit de ceux qui y feront la moindre réflexion.

Tout ce que ce ministre allègue pour appuyer sa censure est qu'il y a quelques endroits qui paraissent conformes à des passages des ouvrages de Ratramne; encore cet argument n'est-il pas de lui, mais du P. Cellot, dont il n'a fait que transcrire les propres termes. Mais puisque j'ai fait voir dans Érigène des exemples tout pareils à ceux que le P. Cellot a tirés des ouvrages de Ratramne, pour montrer la conformité de son style avec celui de l'auteur du livre du Corps et du Sang du Seigneur, il est évident que cette prétendue conformité de style est inutile en toute sorte de manières, pour détruire l'opinion de M. de Marca.

Mais pour établir ce que je prétends sur des preuves aussi solides que les conjectures de M. Claude sont vaines, mon dessein est de rechercher ici, 1° si le livre de Bertram est conforme à ce que les anciens nous ont laissé par écrit de celui de Jean Scot ; 2° si le propre caractère de l'esprit de Jean Scot s'y rencontre ; 3° si Bertram est un nom supposé, et quels sont les imposteurs qui l'ont premièrement inventé.

§ 1. *Que le livre de Bertram est parfaitement conforme à ce qui se lit dans les anciens de celui de Jean Scot-Érigène.*

La plus juste de toutes les preuves dont on se puisse servir pour reconnaître quel jugement on doit porter de l'opinion de M. de Marca, est de confronter le livre de Bertram avec ce que les auteurs qui ont lu celui de Jean Scot, nous témoignent y avoir rencontré. Car s'il n'y est pas parfaitement conforme, ce sera une preuve convaincante que ce sont différents ouvrages. Que si le contraire paraît, ce sera un grand préjugé pour nous obliger à reconnaître que M. de Marca a eu grande raison d'avancer que le livre qui porte aujourd'hui le nom de Bertram a passé dans les siècles passés pour un ouvrage de Jean Scot.

Nous avons quatre auteurs qui ont parlé du livre de Jean Scot : Ascelin, Durand, abbé de Troarn, Lanfranc, archevêque de Cantorbéry, et Bérenger.

Ascelin est celui qui en parle le plus particulièrement ; aussi nous en apprend-il quantité de choses assez considérables : 1° que l'ouvrage de Jean Scot ne contenait qu'un seul livre, et assez petit ; 2° que l'on ne pouvait pas y apercevoir tout d'un coup quelle avait été sa pensée sur le mystère de l'Eucharistie, parce qu'à la façon de ceux qui veulent empoisonner, il présentait quelque chose de doux en apparence, pour porter après plus sûrement le coup mortel ; 3° que nonobstant ces dissimulations il y avait reconnu que tout le dessein de Jean Scot ne visait qu'à persuader à ses lecteurs que ce qui se consacre sur nos autels n'est pas vraiment le corps et le sang du Seigneur ; 4° que pour en venir à bout il se servait de passages tirés des saints Pères, et qu'à la fin de chaque passage il ajoutait quelque glose pour en détourner le sens à son but ; 5° qu'entre autres il rapportait tout au long une oraison de S. Grégoire qui commence par ces mots : *Perficiant in nobis* ; 6° qu'en la glosant, selon sa coutume, il en tirait cette conséquence : ces choses se passent en apparence, et non point en vérité. *Joannem Scotum*, dit-il (Epist. ad Berengar., in notis ad Vit. Lanfranc, p. 25), *nec inconsiderate, nec impie, nec indigne sacerdotio meo hæreticum habeo, quem toto nisu totaque intentione ad hoc solùm tendere video, ut mihi persuadeat, hoc videlicet quod in altari consecratur, neque verè corpus, neque verè Christi sanguinem esse. Hoc autem astruere nititur ex sanctorum Patrum opusculis, quæ pravè exponit ; quorum illam S. Gregorii orationem hìc annotari sufficiat :* « *Perficiant in nobis tua, Domine, sacramenta quod continent, ut quæ nunc specie gerimus, rerum veritate capiamus.* » *Quam exponendo prædictus Joannes, inter cætera fidei nostræ contraria :* « *Specie, inquit, geruntur ista, non veritate.* » *Quod non catholicè dictum, si benè vigilantiam tuam novi, non ignoras ; præsertim cùm in sæpè dicto colloquio non negaveris, quando eamdem orationem cum expositione suâ ex Joannis libro recitavi. Verùm tunc quod et nunc objecisti nobis, te* LIBELLUM *illius nondùm ad finem usque perlegisse. Unde satis mirari nequeo, te, tantæ scilicet prudentiæ virum, tantoperè laudare quod ignoras. Neque enim, si noveris, te laudavisse crediderim. Novit namque prudentia tua, sic cavenda esse verba hæreticorum, seu pocula veneficorum, QUÆ PRIUS DULCITER MULCENT, ut postmodùm LETHALITER NECENT.*

L'ouvrage de Bertram est entièrement conforme à ce discours d'Ascelin, en sorte qu'il semble qu'on ne puisse révoquer en doute que ce ne soit de lui qu'il parle. 1° Il ne contient qu'un petit livre ; 2° personne ne peut nier qu'il ne soit difficile d'y reconnaître quels ont été les véritables sentiments de Bertram sur le sujet de la présence réelle, parce qu'en plusieurs endroits il se sert d'expressions très-conformes à la créance de l'Église. Aussi voyons-nous que quelques théologiens très-célèbres ont entrepris sa défense en expliquant les propositions de son livre qui choquent la foi de l'Église par celles qui lui sont conformes.

3° Il est tel néanmoins qu'il a donné sujet de croire à d'autres, qui ont envisagé tout le corps de cet ouvrage, que sous la fausse apparence de certaines expressions, tantôt ambiguës et tantôt catholiques, il tâche de toutes ses forces de renverser le dogme de la présence réelle : car il semble que quand il répète si souvent que nous avons sur nos autels le corps de Jésus-Christ en figure, en gage, en apparence, en image, et non point en vérité, non seulement il prétend nier que nous l'ayons développé de tout nuage, de tout voile et de toute figure, comme il est à présent dans le ciel, et comme on l'a vu autrefois sur la terre, ce qui est très-certain, et conforme à quelques expressions de S. Ambroise et d'autres Pères de l'Église ; mais que de plus il veut faire croire que c'est une figure dénuée de toute vérité, et qui ne le contient pas plus véritablement, qu'il était autrefois contenu dans la manne.

Mais quoi qu'il en soit, tout au moins on ne peut pas nier qu'Ascelin n'ait eu en vue ces façons de parler de Bertram, lorsqu'il a dit que tout le dessein de Jean Scot tendait à persuader que ce qui se consacre sur nos autels n'est pas vraiment le corps du Seigneur, puisqu'il met au rang des propositions le plus visiblement hérétiques qui se trouvaient dans son livre, l'explication qu'il y donnait à l'oraison de S. Grégoire, en ces termes : *Specie geruntur ista, non veritate* ; et qu'il proteste que Bérenger lui-même était tombé d'accord que cette expression n'était point à recevoir : *Verùm de hoc testis sum verus, quòd supradictam Joannis expositionem in oratione Gregorianâ, ipsâ veritate constrictus, nobiscum improbâsti.*

4° La seconde partie du livre de Bertram est toute tissue de passages des saints Pères, qu'il s'efforce de tirer à sa pensée contre toute sorte d'apparence. *Jam nunc,* dit-il, *secundæ quæstionis propositum est inspiciendum, et videndum utrùm ipsum corpus quod de Mariâ sumptum est et passum, sit quod ore fidelium per Sacramentorum mysterium in ecclesiâ quotidiè sumitur. Percunctemur quid ex hoc S. Ambrosius sentiat. Ait namque in primo Sacramentorum libro* : « *Reverà mira-*

« *bile est quòd manna Deus pluëret patribus, et quotidiano*
« *cœli pascebantur alimento. Unde dictum est :* Panem an-
« gelorum manducavit homo. *Sed tamen panem illum*
« *qui manducaverunt omnes in deserto, mortui sunt. Ista*
« *autem esca quam accipis, iste panis vivus qui descen-*
« *dit de cœlo, vitæ æternæ substantiam subministrat ; et*
« *quicumque hunc manducaverit, non morietur in æter-*
« *num ; et corpus Christi est.* » *Vide secundùm quod doctor iste corpus Christi dicat esse escam quam fideles accipiunt in ecclesiâ. Ait namque :* « *Iste panis vivus*
« *qui de cœlo descendit, vitæ æternæ substantiam submi-*
« *nistrat.* » *Num secundùm hoc quod videtur, quod corporaliter sumitur, quod dente premitur, quod fauce glutitur, quod receptaculo ventris suscipitur, æternæ vitæ substantiam subministrat ? Isto namque modo camem pascit morituram, nec aliquam subministrat incorruptionem. Neque dici verè potest, ut quicumque hunc manducaverit, non morietur in æternum ; quoniam quod corruptioni subjacet, æternitatem præstare non valet. Est ergo in illo pane vita, quæ non oculis apparet corporeis, sed fidei contuetur aspectu. Qui etiam panis vivus qu descendit de cœlo, existit ; et de quo verè dicitur :* « *Qui-*
« *cumque hunc manducaverit, non morietur in æternum ;* »
et sic est corpus Domini. Item in consequentibus cùm de omnipotente virtute Christi loqueretur, sic ait : « *Ser-*
« *mo ergo Christi qui potuit ex nihilo facere quod non*
« *erat, non potest ea quæ sunt in id mutare quod non*
« *erant ? Non enim majus est res novas dare, quàm mu-*
« *tare naturas.* » *Dicit S. Ambrosius in illo mysterio corporis et sanguinis Christi commutationem esse factam, et mirabiliter, quia divinè, et ineffabiliter, quia incomprehensibile. Dicant qui nihil hìc volunt secundùm interiùs latentem virtutem accipere ; sed totum quod apparet visibiliter æstimare, secundùm quid sit hæc commutatio facta ? Nam secundùm creaturarum substantiam, quod fuerunt ante consecrationem, hoc et postea consistunt. Panis et vinum priùs extitère, in quâ etiam specie jam consecrata permanere videntur. Est ergo interius commutatum Spiritûs sancti potenti virtute, quod fides aspicit, animam pascit, æternæ vitæ substantiam subministrat. Item in consequentibus :* « *Quid hìc quæris na-*
« *turæ ordinem in Christi corpore, cùm præter naturam*
« *sit ipse Dominus Deus natus ex Virgine ?* » *Hic etiam surgit auditor et dicit corpus esse Christi quod cernitur, et sanguinem qui bibitur ; nec quærendum quomodò factum sit, sed tenendum quòd sic factum sit. Benè quidem sentire videris, sed si vim verborum diligenter inspexeris, corpus Christi quidem sanguinemque fideliter credis ; sed si perspiceres, non crederes, quia quod credo nondùm vides. Nam si videres, diceres :* Video ; *non diceres:* Credo corpus sanguinemque esse Christi. *Nunc autem quia fides totum quidquid illud totum est aspicit, et oculus carnis nihil apprehendit, intellige quòd non in specie, sed in virtute corpus et sanguis Christi existant quæ cernuntur. Unde dicit ordinem naturæ non hìc intuendum ; sed Christi potentiam venerandam, quæ quidquid vult, in quodcumque vult, et creat quod non erat, et creatum permutat in id quod antea non fuerat. Subjungit idem auctor :* « *Vera*
« *utique caro Christi quæ crucifixa est, quæ sepulta est.*

« Verè ergo carnis illius sacramentum est. Ipse clamat
« Dominus Jesus : Hoc est corpus meum. » Quàm diligenter, quàm prudenter facta distinctio ! De carne Christi quæ crucifixa est, quæ sepulta est, idem, secundùm quam Christus et crucifixus est, et sepultus, ait : « Vera « utique caro Christi. » At de illâ quæ sumitur in Sacramento dicit : « Verè ergo carnis illius sacramentum est, » distinguens sacramentum carnis à veritate carnis ; quatenùs in veritate carnis quam sumpserat de Virgine, diceret eum et crucifixum, et sepultum ; quod verò nunc agitur in Ecclesiâ mysterium veræ illius carnis in quâ crucifixus est, diceret esse sacramentum ; patenter fideles instituens, quòd illa caro secundùm quam et crucifixus est Christus et sepultus, non sit mysterium, sed veritas naturæ. Hæc verò caro quæ nunc similitudinem illius in mysterio continet, non sit specie caro, sed sacramento, siquidem in specie panis, in sacramento verum Christi corpus, sicut ipse clamat Dominus Jesus :
« Hoc est corpus meum. »

5° Après s'être joué de la même manière de quelques autres passages du même S. Ambroise, de S. Jérôme et de S. Augustin, qui sont les trois auteurs dont Jean Scot se servait principalement, ainsi que l'insinue Bérenger : Si hæreticum habes Joannem, cujus sententias probamus, habendus tibi est hæreticus Ambrosius, Hieronymus, Augustinus, ut de cæteris taceam, il apporte l'oraison, perficiant nobis, tirée du Missel grégorien. 6° Il en tire la même conclusion rapportée par Ascelin. Item, dit-il, alibi : « Perficiant « in nobis quæsumus, Domine, tua sacramenta quod con« tinent, ut quæ nunc specie gerimus, rerum veritate « capiamus. » Dicit quòd in specie gerantur ista, non in veritate. Bérenger (Epist. ad Richard., Spicileg. tom. 2, p. 510) nous apprend deux autres particularités du livre de Jean Scot : la première, qu'il a été composé à la prière d'un roi de France ; la seconde, que ce roi de France n'est autre que Charlemagne. Noverit regia majestas quæ scribit Joannes Scotus, monitum illum scripsisse, precarioque Caroli Magni... Unde ferat oportet defuncto patrocinium contra calumnias nunc viventium, nisi se mavult exhibere indignum successore, et sede illius MAGNIFICI antecessoris sui.

Ces deux particularités se rencontrent dans le livre du Corps et du Sang du Seigneur. L'auteur le dédie à Charlemagne, et il assure que c'est par son commandement et à sa sollicitation qu'il s'est appliqué à écrire de l'Eucharistie. Il se sert aussi dès le commencement des termes de magnificence et de magnifique, d'où peut-être Bérenger a emprunté ce même titre de magnifique, qu'il donne à Charlemagne au commencement de sa Préface. Bertrami presbyteri de Corpore et Sanguine Domini, ad Carolum Magnum imperatorem. Jubes, gloriose princeps, ut quid de sanguinis et corporis Christi mysterio sentiam, vestræ MAGNIFICENTIÆ significem ; imperium quàm MAGNIFICO vestro principatui dignum, tam nostræ parvitatis viribus constat difficillimum. Et au commencement du livre : Bertrami presbyteri de Corpore et Sanguine Domini ad Carolum Magnum imperatorem.

Je sais bien que l'on enseigne communement qu'il ne faut pas entendre ces deux inscriptions de la Préface et du livre de Bertram, de Charlemagne, mais de son petit-fils Charles-le-Chauve. C'est néanmoins une chose assurée que ce titre de Magne a toujours été propre à Charles I*r* ; et je doute qu'on trouve que personne l'ait jamais donné à aucun des autres Charles ses successeurs. Et il ne sert rien de dire avec M. de Marca (Epist. ad D. Luc d'Achery, t. 2 Spicil.) que Bertram l'a donné à Charles-le-Chauve par flatterie ; ni avec Ussérius (de Eccles. Christ. Success., cap. 2) que Sigebert et Trithème l'ont aussi donné au même Charles-le-Chauve, en parlant des œuvres d'Hincmar. Car soit que l'on prétende que Bertram est le même que Ratramne, moine de Corbie, soit qu'il ne soit point différent de Jean Scot, il nous reste des écrits de tous les deux adressés à Charles-le-Chauve, où ils ne le qualifient point du surnom de Magne. Pourquoi donc l'auraient-ils fait dans celui-ci de l'Eucharistie, vu principalement que ces autres écrits se trouvent avoir été composés depuis celui-ci ? Y a-t-il de l'apparence qu'ils lui eussent refusé un titre si glorieux dans leurs derniers ouvrages, s'ils le lui avaient donné dans les premiers ? Il est faux aussi que Sigebert en croyant parler de Charles-le-Chauve l'ait appelé Charlemagne ; et l'on ne niera jamais qu'il n'ait cru que ce titre fût propre à Charles I*r*, si l'on prend la peine de comparer le chapitre 85 de son livre des Écrivains ecclésiastiques avec le chapitre 107. Pour Trithème, la chose est encore plus claire ; et si Ussérius eût seulement fait réflexion aux empereurs sous lesquels Trithème assure qu'Hincmar a fleuri, il ne l'aurait pas apporté pour témoin de ce qu'il prétend prouver.

Ce n'est pas que je veuille soutenir que Bertram ait effectivement dédié son traité de l'Eucharistie à Charlemagne, puisqu'il ne peut avoir été fait que longtemps après la mort de ce roi ; mais je tire de ce titre une conjecture très-importante pour notre sujet : car Bérenger déclarant que le livre de Jean Scot avait été fait par l'ordre de Charlemagne, et ne l'ayant pu apprendre que du livre même, il y a toute sorte d'apparence que l'inscription du livre de Jean Scot, que Bérenger a vu, était ainsi : Ad Carolum Magnum, quoiqu'il soit certain que Jean Scot n'a écrit que sous Charles-le-Chauve. Cela supposé, je dis que de quelque manière qu'on prenne ce titre, il fournit une preuve très-considérable pour montrer que le livre de Bertram, et celui de Jean Scot, ne sont que le même ouvrage : car si l'on suppose que ce titre est faux, il est bien étrange que le hasard eût produit la rencontre d'une même fausseté dans deux livres différents, qui auraient eu d'ailleurs tant de ressemblance ; et si en prétendant que le titre est véritable, on veut que Jean Scot ait marqué Charles-le-Chauve par le nom de Charlemagne, comme il est certain que ce titre est extraordinaire, et qu'il n'a point été donné communément à ce prince, il serait bien étrange encore que la fantaisie de deux hommes différents, que l'on a peine à distinguer d'ailleurs, se soit trouvée tournée à donner ce titre extraordinaire à Charles-le-Chauve.

Durand, abbé de Troarn (*lib. de Corp. et Sang. Dom.*, *parte* 9), parlant du concile tenu à Paris contre Bérenger, nous apprend qu'on y condamna le livre de Jean Scot : *Damnatis Berengarii complicibus, cum codice Joannis Scoti, ex quo ea quæ damnabantur sumpta videbantur, concilio soluto discessum est*. Il semble que par cette façon de parler il veuille insinuer que, quoique l'on eût condamné au concile de Paris le livre de Jean Scot, ce n'était pas néanmoins une chose si évidente qu'il contînt les erreurs de Bérenger. Ce qui s'accorde très-bien avec ce que nous avons déjà remarqué du livre de Bertram, que le dogme de la présence réelle n'y est pas si clairement rejeté qu'on n'y trouve plusieurs expressions qui semblent entièrement l'établir.

Lanfranc (*lib. de Corp. et Sang. Dom. c.* 4) reproche à Bérenger qu'aussitôt que l'on eut reconnu au concile assemblé à Rome, qu'en louant hautement le livre de Jean Scot, et en blâmant ceux de Paschase, il s'était éloigné de la foi de l'Église, on l'avait retranché de la communion des fidèles. Et Ascelin (*in not. ad Vit. Lanfr.*, p. 22; 24) écrit aussi au même Bérenger que c'était avec très-juste raison qu'il tenait Jean Scot pour hérétique, et qu'il croirait toujours avec Paschase et les autres catholiques, que sous l'espèce du pain on recevait le vrai corps de Jésus-Christ. Bérenger (*ep. ad Richard., Spicil. t.* 2) se plaint de son côté de Lanfranc et d'Ascelin, de ce qu'ils soutenaient Paschase et condamnaient Jean Scot. Dans un autre endroit il dit que l'on a à très-injustement condamné Jean Scot au concile de Verceil, et que ce n'est pas avec moins d'injustice que l'on y a approuvé Paschase. Tout ceci fait voir que du temps de Lanfranc et de Bérenger l'on ne reconnaissait point d'autre livre qui parût contraire à la doctrine de Paschase, que celui de Jean Scot.

§ 2. *Que le propre caractère du génie de Bertram est le même que celui de Jean Scot.*

Les jugements contraires qu'on ont portés les personnes savantes, tant des nôtres, que du parti des hérétiques, de la pensée de Bertram sur le sujet de l'Eucharistie, sont des témoignages assez évidents du propre caractère de son esprit : c'est-à-dire, d'un esprit naturellement confus et embarrassé, ou bien d'un esprit dissimulé, qui craint de découvrir nettement ses pensées sur le sujet dont il traite, et qui affecte à dessein de se contredire, pour pouvoir adroitement insinuer son sentiment dans l'esprit de ceux qui le trouveront probable, et pour avoir d'un autre côté de quoi se défendre contre ceux qui prétendraient qu'il s'écarte de la doctrine communément reçue dans l'Église.

Ce même esprit paraît avec tant d'éclat dans le Dialogue des natures de Jean Érigène, et dans son livre de la Prédestination, qu'il semble capable de lever tous les sujets qu'on pourrait encore avoir de douter s'il est auteur du livre du Corps et du Sang du Seigneur, qui porte le nom de Bertram.

Dès le commencement de son Dialogue (p. 1) il remarque qu'entre les quatre espèces de natures dont il prétend traiter, il y en a une qui doit être mise au rang des choses impossibles, dont la propre différence est de ne pouvoir être. *Sed quarta quæ nec creat, nec creatur, inter impossibilia ponitur, cujus differentia, non posse esse.* Cependant il enseigne dans quantité d'autres endroits que Dieu est cette quatrième espèce de nature. *De reditu*, dit-il (p. 329), *in eam naturam quæ nec creat, nec creatur, quæ profectò Deus est, latiùs intra libri hujus terminos tractare proposuimus.*

Dans le livre 4 (p. 295), après avoir apporté un passage de S. Ambroise contre les fantaisies du *bienheureux* Origène, car c'est ainsi qu'il le nomme (p. 378), il ajoute qu'il n'assure ni ne nie qu'il y ait deux paradis, l'un corporel, l'autre spirituel : *Neque duos paradisos esse, unum quidem corporalem, alium verò spiritualem negamus, nec affirmamus. Sanctorum autem Patrum solummodò sententias interim inter nos conferimus. Qui autem magis sequendi sint, non est nostrum judicare. Unusquisque sensu suo abundet ; et quos sequatur eligat, litigationibus relictis.* Néanmoins dix ou douze pages ensuite, il condamne de simplicité S. Épiphane, qui admet un paradis terrestre. Il dit que la véritable raison se moque de cette opinion, et que l'Écriture sainte ne reconnaît qu'un paradis tout-à-fait spirituel : *Epiphanius nimiùm simpliciter terrenum quemdam locum paradisum æstimat, terrenaque ligna, fontes sensibiles, quod vera deridet ratio. Unum namque paradisum divina narrat historia, et unum hominem in ipso creatum*, etc.

Dans le livre 2 (p. 107), il enseigne que l'homme après le péché se forma lui-même un corps mortel, du conseil et par la permission de Dieu : *Divinâ providentiâ admonitus, justo Conditoris judicio permittente. Non enim ipse Deus creavit, sed tantum permisit et admonuit.* Cependant dans le livre 4 (p. 287), il assure que Dieu prévoyant que l'homme devait pécher, lui donna lui-même un corps mortel avant qu'il eût péché : *Priusquàm homo peccaret, Deus peccati consequentia in homine et cum homine simul concreavit... Hæc autem sunt peccati consequentia propter peccatum, priusquàm fieret peccatum in homine et cum homine, veluti extra hominem ; et superaddita, animale quidem corpus, atque terrenum et corruptibile, sexus uterque, et masculus, et femina*, etc.

Après qu'il a averti dans le livre 5 (p. 342) que quand il enseigne qu'à la fin du monde les effets retourneront dans leurs causes, il ne prétend pas dire pour cela que leurs substances doivent périr : *Non per hoc conamur astruere substantias rerum perituram..... Quomodò enim potest perire, quod in melius probatur redire ?* il ne laisse pas de dire dix ou douze pages ensuite que quand Notre-Seigneur, en parlant de ce retour à Dieu, dit que le ciel et la terre passeront, il a voulu faire entendre qu'ils périront : *Propheta apertè dixit, peribunt, ut intelligas quid sit, trans-*

ibunt. Si autem excellentissima pars mundi peritura sit, numquid putandum inferiores remansuras esse? Et si quod continet et ambit perierit, numquid quod continetur et ambitur, salvabitur?

Il remarque dans ce même livre (p. 344) qu'il ne faut pas concevoir que ce retour se fasse par voie de transmutation : *Non ita debemus intelligere, veluti substantiarum confusionem et transmutationem velit suadere; sed adunationem quamdam ineffabilem atque intelligibilem nostrarum substantiarum evidentissimè docuisse.* Cependant il enseigne en plusieurs autres endroits que cette union des choses inférieures aux supérieures, se fait par le changement des unes dans les autres, du corps en l'âme, de l'âme dans les premières causes. *Et notandum*, dit-il, *quòd semper inferiora in superiora transmutantur.*

Après avoir rapporté dans ce même livre quelques passages de S. Augustin et de Boëce, qui enseignent qu'une chose corporelle ne peut point être changée dans une chose spirituelle, il dit (p. 343) qu'il ne le nie pas, et qu'il reçoit de très-bon cœur cette doctrine : *In his prædictorum auctorum verbis nihil aliud datur intelligi, quàm nullam corpoream naturam in incorpoream posse mutari : quorum sententiam non solùm non reprehendimus, verùm etiam libenter accipimus.* Cependant en plusieurs autres endroits, comme p. 401, 430, 431, il assure positivement que le corps de l'homme se doit à la fin du monde changer en son âme.

Après avoir enseigné en quantité de rencontres que l'humanité de Notre-Seigneur s'est changée en sa divinité, et s'être étonné qu'il y ait du monde qui fasse difficulté d'admettre ce changement : *De transfusione,* dit-il (p. 343), *corporum in animas, et animarum in causas, et causarum in Deum quidam cautè dubitant, in tantùm ut etiam humanitatem Christi in divinitatem conversam fuisse dicere non audeant*, il ne laisse pas sur la fin de son ouvrage (p. 461) d'assurer hardiment que la divinité et l'humanité se rencontrent dans la personne de Jésus-Christ; *salvà utriusque naturæ ipsius ratione.*

Enfin l'on peut assurer que quoique ce Dialogue soit ennuyeux pour plusieurs raisons, néanmoins il n'y a rien en quoi Érigène se rende si insupportable que dans une infinité de contradictions semblables à celles que je viens de représenter. C'est aussi ce que Flore et S. Prudence semblent n'avoir pu supporter dans le livre de la Prédestination de ce même auteur.

Puis donc, dit Flore (*advers. Scot., c. 9*), *qu'il est contraire à soi-même, qu'il détruit dans la suite de son discours ce qu'il avait établi auparavant, qu'est-il nécessaire que nous fassions voir combien il est vain dans sa dispute, puisqu'il le fait si bien lui-même?* « *Quapropter si ipse in disputatione suâ tam contrarius sibi est, ut quod priùs affirmat postea destruat, quid necesse est ut nos ejus vanitatem evacuemus, qui tam aptè seipsum evacuat?* »

Qui pourrait, dit Prudence (*de Prædest. c. 9*), n'être pas surpris de ta folie? « *Quis porrò non stupeat fatuitatem tuam?* » *Tu nous disais peu auparavant que la prédestination et la prescience de Dieu sont sa substance; et tu nous assures à présent, à la façon des Latins, que ce n'est pas proprement qu'elles se disent de Dieu.* Ailleurs il l'avertit qu'il s'expose à la risée de ses auditeurs, en se combattant lui-même d'une manière si étrange dans ses propres sentiments : *Primùm*, dit-il (c. 14), *notandum video, quantâ teipsum repugnantiâ dictorum ludibrium audientibus exponas.* Tu ne fais, dit-il, que te tourner et changer de sentiments, en sorte que tu tâches maintenant de détruire ce que tu avais établi auparavant : *Ut veritatem prædestinationis aboleas, aliò verteris, et nunc hoc, nunc illo modo sentiendi divaricas, ita ut quæ priùs astruxeras, postea negare contendas.* Et dans un autre endroit, savoir c. 19 : *Voici qu'avec les contrariétés accoutumées tu condamnes à une misère éternelle ceux à qui tu avais peu auparavant promis un état accompagné de plaisirs, de beauté, de gloire et d'éclat* : « *Ecce consuetissimâ tibi contrarietate miseriam æternam indicis, quibus paulò ante gaudium, pulchritudinem, gloriam, fulgoremque contuleras.* »

Mais il ne faut pas croire que ces contradictions de Jean Scot partent d'un esprit confus et embrouillé. Quand il veut il explique très-nettement ses pensées, et se soutient tant que bon lui semble, sans se contredire. Ce ne sont que des stratagèmes d'un philosophe plus païen que chrétien, qui voudrait donner cours à ses fantaisies, et les faire recevoir de ceux à qui elles agréeront, sans se mettre en danger d'attirer sur soi la juste censure des personnes savantes, qu'il prévoit ne les devoir pas approuver. *Mirandum est nimis*, dit Flore, *quomodò dicat, omnium impiorum et angelorum, et hominum corpora æterni ignis supplicium perpessura, quod superiùs tam apertè et tam multipliciter negavit : quod utique in hoc loco aut fictè et dolosè confessus est : et abominabilis est Deo, qui de fide ejus in corde tenet mendacium, et in ore vult quasi proferre veritatem : aut si verè ipsâ rei veritate, et timore offensionis Ecclesiæ superatus ne omninò infidelis judicaretur, hoc confessus est, vacua est, omninò et cassa talis confessio, quam superiùs tanta et tam multiplex præcessit negatio. Nobis autem non licet in rebus ad fidem Dei pertinentibus aliud modò, aliud postea dicere. Sed quod semel ex ipso ore Domini et apostolorum ejus accepit Ecclesia credendum et confitendum, ita inviolabili et immutabili veritate retinere, ut fiat verissimè in nobis, quod Dominus præcepit, dicens : Sit autem sermo vester, EST, EST ; NON, NON : videlicet ut immobili veritate et veritas nostra confessione confirmetur, et falsitas nostra confessione respuatur.* (Flore c. 19, p. 752.) Et au chapitre 19 : *Ecce quid audet sentire, quid audet dicere, quid audet etiam scribere homo qui vult videri christianus, et nihil aliud laborat, nisi ut christianæ veritati adversetur, et hæreticorum dogmata, quibus ipse infeliciter conjunctus est, sinceritati Ecclesiæ intromittat. Qui hactenus præscientiam et prædestinationem unum astruxeras, nunc differre, quamvis subdolè, confiteris.*

Je ne crois pas qu'il soit possible d'avoir travaillé

sincèrement et sans passion à rechercher la véritable pensée de l'auteur du livre du Corps et du Sang du Seigneur, sans avoir entièrement ressenti les mêmes mouvements d'indignation que nous exprime dans ces paroles ce savant diacre de l'Église de Lyon et ce saint évêque, puisque si cet auteur semble en vingt endroits s'écarter de la doctrine de la présence réelle, il fait semblant en tout autant d'endroits de l'approuver, et de la vouloir établir contre ceux à qui il viendrait en pensée d'en avoir le moindre doute; en sorte que l'on ne sait à quoi se fixer ni s'arrêter. On demeure toujours en suspens, s'il a effectivement cru que nous ayons dans nos mystères le véritable corps de Jésus-Christ, ou s'il a seulement affecté de se servir de temps en temps d'expressions qui établissent clairement cette présence, quoique dans le cœur il eût un sentiment tout contraire.

Outre ce principal caractère de Jean Scot, qui règne également dans ses traités de la Prédestination et des Natures, et dans celui du Corps et du Sang du Seigneur attribué à Bertram, l'on remarque encore quantité de choses dans ce dernier qui font voir que c'est un ouvrage de Jean Scot. Mais surtout ces arguments mis en forme, cette foule de syllogismes et d'enthymèmes entassés les uns sur les autres, ces maximes et ces principes tirés de la philosophie d'Aristote : *Omnis permutatio, aut ex eo quod non est, in id quod est efficitur ; aut ex eo quod est in id quod non est ; aut ex eo quod est in id quod est. In isto autem sacramento,* etc. Item : *Quæ à se differunt, idem non sunt corpus Christi,* etc. Item : *Quæ idem sunt, unâ definitione comprehenduntur. De vero corpore Christi dicitur quòd sit verus Deus,* etc.

Je ne trouve point d'autres auteurs dans le neuvième siècle qui aient traité de la sorte les mystères de notre religion. C'est un second caractère de l'esprit de Jean Scot, dont il est parlé dans S. Prudence : *Transis,* lui dit-il (chap. 11), *ad conglutinatas tibi consuetissimasque ratiocinatiunculas, quibus veritatis munimenta confringere machinaris (in præf.,* et c. 9 et 19). Flore aussi remarque que c'est de cette façon de dispute dont Jean Scot se vantait partout : *De præscientiâ et prædestinatione divinâ, humanis et, ut ipse gloriatur, philosophicis argumentationibus disputat. Et quia iste in philosophicis regulis et syllogisticis argumentationibus gloriatur. Si autem aliqua regula sophisticæ disputationis, quam ipse solam sequitur, talis est,* etc.

§ 3. *Qu'il n'y a point eu d'auteur du nom de Bertram, et qu'il y a apparence que Bérenger ou ses disciples sont les premiers qui ont publié sous ce faux nom le livre du Corps et du Sang du Seigneur, composé par Jean Scot.*

Les marques les plus certaines que l'on puisse avoir qu'un auteur est supposé, sont : 1° que ceux qui en parlent ne lui attribuent que des ouvrages que l'on sait assurément avoir été composés par un autre auteur, et qu'ils ne font point mention de cet autre auteur, ou qu'en le faisant, ils passent sous silence dans le dénombrement de ses ouvrages ceux qu'ils donnent à l'auteur que l'on croit être supposé ; 2° quand il paraît qu'ils n'ont eu aucune connaissance particulière de cet auteur, et qu'ils ne conviennent pas ensemble de son véritable nom ; 3° quand à moins de le reconnaître pour supposé, l'on se voit réduit à admettre des conséquences si étranges, et qui approchent si près de l'impossible, que l'on n'en saurait produire d'exemples pareils dans toute l'antiquité. C'est en suivant ces trois marques que je prétends démontrer la première des deux propositions que j'ai avancées.

1° Sigebert, Trithème et l'anonyme, qui sont les seuls auteurs où il est parlé de Bertram, ne lui attribuent point d'autres ouvrages que ceux du Corps et du Sang du Seigneur et de la Prédestination, dont ces deux premiers auteurs ne font point de mention en parlant d'Erigène, quoiqu'il soit très-certain qu'il a écrit deux livres sur ces mêmes sujets.

Il est vrai que le livre de la Prédestination de Jean Scot est dédié à Hincmar, archevêque de Reims, et à Pardule, évêque de Laon, et que Sigebert au contraire remarque expressément que celui de Bertram était adressé à Charles-le-Chauve : *Bertramus,* dit-il, *scripsit librum de Corpore et Sanguine Domini, et ad Carolum librum de Prædestinatione.* Mais je soutiens qu'il s'est glissé une faute dans le texte de Sigebert, et qu'il faut ôter la particule *et,* ou bien la transposer et la mettre après ces paroles, *ad Carolum,* en cette manière : *Bertramus scripsit librum de Corpore et Sanguine Domini ad Carolum, et librum de Prædestinatione.*

En effet, puisque Sigebert met le nom de Charles au milieu des deux ouvrages qu'il attribue à Bertram, il est évident qu'il nous a voulu faire entendre qu'il n'y avait que l'un de ces deux ouvrages qui fût dédié à Charles-le-Chauve. Puis donc qu'il paraît par la préface du livre du Corps et du Sang du Seigneur, qu'il a été composé par le commandement de Charles-le-Chauve, et qu'il lui a été dédié, il s'ensuit nécessairement que ce n'est pas au livre de la prédestination que se doivent rapporter ces paroles *ad Carolum,* mais au livre du Corps et du Sang du Seigneur ; et par conséquent que la particule *et* est superflue, ou qu'on la doit changer de place. Aussi voyons-nous que Trithème l'a entièrement omise dans le livre second des Hommes illustres de l'ordre de S. Benoît : *Ex opusculis Bertrami,* dit-il, *tantùm reperi de Corpore et Sanguine Domini librum unum ad Carolum, de Prædestinatione librum unum.*

2° Ces mêmes auteurs font clairement connaître qu'ils avaient très-peu de connaissance de Bertram, et même qu'ils étaient peu assurés de son nom.

Sigebert qui le joint immédiatement à Jean Érigène, et qui dans quelques exemplaires manuscrits l'appelle Ratram, ne nous apprend point s'il a été prêtre ou moine, abbé ou évêque ; ce qu'il a coutume de faire en parlant des autres auteurs ecclésiastiques qui ont porté quelqu'une de ces qualités.

L'abbé Trithème donne bien à Bertram la qualité de prêtre et de moine ; et s'étendant bien au long sur ses louanges, il assure qu'il a été très-savant dans les lettres divines et humaines, qu'il était doué d'un esprit subtil, qu'il s'est acquis du renom par son éloquence, et que sa sainteté a égalé sa doctrine. Mais avec tout cela, quoiqu'il en ait parlé en trois différents ouvrages sous les noms de Bertram, de Bertramne, et de Bertranne, il ne nous a pu dire dans quel diocèse, ni dans quel monastère il s'est rendu si recommandable. Et je ne dois pas passer sous silence que d'environ cent cinquante écrivains de l'ordre de S. Bénoît, dont Trithème fait les éloges dans son second livre des Hommes illustres du même ordre, il ne s'en trouvera peut-être pas un de ceux qui ont assurément été bénédictins, dont il ne marque en particulier les monastères, les villes ou les diocèses dans lesquels ils ont vécu. On ne lui fera donc point d'injustice si l'on assure qu'il a parlé avec autant de légèreté de la profession, de la doctrine, de l'éloquence et de la sainteté de Bertram, comme il a fait de la beauté de ses ouvrages, et de l'utilité qu'on en peut tirer. Il est probable qu'il n'avait lu ni le livre du Corps et du Sang du Seigneur de Bertram, ni son livre de la Prédestination, puisqu'il n'en rapporte point les premiers mots, ce qu'il fait de tous les ouvrages des anciens qui ont passé par ses mains. Et cependant il a avancé avec une confiance qui ne lui est que trop ordinaire, que ce sont deux très-beaux ouvrages, et très-dignes de lecture : *Præclara opuscula, non parvipendendæ lectionis.*

Enfin le défenseur anonyme de Paschase nous désigne par quelque qualité particulière les autres auteurs dont il fait mention. Il n'y a que Ratranne dont il parle comme d'une personne qui lui est tout-à-fait inconnue. Il fait remarquer que Raban a été évêque de Mayence, et Éribalde, d'Auxerre; que Paschase et Égilon ont été abbés. Quand il vient à Ratranne : *Et Ratrannus*, dit-il, *libro composito ad Carolum regem.* L'auteur de la Réponse (p. 613) a cru qu'il lui serait avantageux de traduire ce passage de cette sorte : *Et Ratranne dans un livre composé pour Charles-le-Chauve.* Ainsi il fait dire à l'anonyme que pour Ratranne, il ne lui était pas entièrement inconnu; mais que pour son livre, il en avait ou peu de connaissance, ou peu d'estime; au lieu qu'il prétend dire qu'il ne savait autre chose de l'auteur du livre écrit au roi Charles contre l'abbé Paschase, si ce n'est qu'il avait pour nom Ratranne, ou Intram, comme portent deux manuscrits de l'abbaye de S. Victor.

3° Pour soutenir à présent que Bertram n'est point un nom controuvé, et que l'ouvrage qu'on lui attribue est différent de celui de Jean Scot, il faudrait prétendre que vers le milieu du neuvième siècle, il y aurait eu deux auteurs, l'un nommé Jean Scot, connu de tout le monde pour l'auteur de la première traduction latine de S. Denis, l'autre appelé Bertram, ou Ratranne, ou Intram, ou Ratram, ou Bertranne ou Bertramme; qu'ils avaient tous deux été secrets adversaires de Paschase, en écrivant d'une manière qui paraît contraire à sa doctrine ; qu'ils auraient composé chacun deux ouvrages,

l'un du Corps et du Sang du Seigneur, l'autre de la Prédestination; que leurs ouvrages du Corps et du Sang du Seigneur auraient été tous deux composés à la prière et par le commandement de Charles-le-Chauve; qu'ils auraient eu tous deux la fantaisie d'appeler Charles-le-Chauve Charlemagne, ou que l'on aurait falsifié en la même manière le titre de l'un et de l'autre ouvrage : que l'un et l'autre de ces deux ouvrages n'auraient contenu qu'un livre d'une grandeur fort médiocre; que ni l'un ni l'autre de leurs livres de la Prédestination n'aurait été dédié à Charles-le-Chauve, quoique la plupart des auteurs de ce temps-là lui aient dédié les livres qu'ils composèrent sur ce sujet, comme Ratramne, moine de Corbie, Loup, abbé de Ferrières, et Hincmar, archevêque de Reims : qu'ils se seraient tous deux servis de passages de S. Ambroise, de S. Jérôme et de S. Augustin, en ajoutant à la fin de chaque passage des explications peu sincères, pour en détourner le sens à leurs desseins; qu'ils auraient tous deux rapporté dans son entier une oraison prise du Missel grégorien, qu'ils y auraient joint une même glose, et en mêmes termes ; qu'ils auraient tous deux été adonnés à la philosophie d'Aristote, et se seraient tous deux accoutumés à éclaircir les mystères de notre religion par arguments mis en forme, par enthymèmes, par maximes et principes tirés de la philosophie; que ni l'un ni l'autre n'aurait osé découvrir nettement sa pensée touchant le dogme de la présence réelle; que l'ouvrage de l'un aurait disparu en même temps que celui de l'autre a commencé à paraître, sans que personne les ait jamais vus tous deux ensemble; enfin que de l'un de ces auteurs il n'en soit rien resté de certain à la postérité ; en sorte que l'on ne saurait dire s'il a été moine ou abbé, prêtre ou évêque ; ni même quel a été précisément son nom, quoique son livre soit demeuré, et que l'on connaisse fort bien le nom et les qualités de l'autre, quoique son livre fût péri.

L'absurdité de cette prétention est trop visible pour croire qu'elle puisse venir dans l'esprit, non pas même de ceux qui ont le plus d'intérêt à soutenir que Bertram et Jean Scot sont deux auteurs différents. Et certes s'il se trouvait du monde qui aimât mieux se réduire à ces extrémités que d'avouer ingénûment que Bertram est un nom supposé, il faudrait qu'il se résolût en même temps de rendre à la plupart des Pères de l'Église quantité d'ouvrages que tous les savants conviennent être d'autres auteurs, puisque les conjectures sur lesquelles on s'est appuyé pour les leur ôter ont bien moins d'apparence de vérité que celles que je viens de rapporter.

Supposant donc qu'il n'y eut jamais d'auteur du nom de Bertram, il reste à rechercher qui sont ceux qui ont publié les premiers, sous ce faux nom, le livre du Corps et du Sang du Seigneur, composé par Jean Scot-Érigène.

M. de Marca a cru qu'il n'en fallait point d'autre que le même Érigène. Il semble que ce soit l'anonyme qui l'ait engagé dans cette opinion. En effet, si on tombait d'accord que cet anonyme eût vécu dans le neuvième siècle, comme on le croit communément, il serait difficile de croire qu'un autre qu'Érigène fût auteur de cette imposture. Mais il y a beaucoup de raisons qui montrent qu'il est fort probable que l'anonyme n'est pas si ancien qu'on le fait être.

Après avoir exposé, dans le premier chapitre de son traité l'état de la question dont il s'agissait entre Paschase, Raban et Ratranne, il ajoute incontinent : *Verùm ad eos venerimus, qui moderno tempore his contentionibus non timuerunt inservire.* Ce qui prouve évidemment que ce n'est pas un auteur du neuvième siècle, et qu'il ne peut avoir écrit tout au plus tôt que sur la fin du onzième ; puisque depuis le temps de Paschase jusqu'à celui de Bérenger, l'on ne trouve point qu'il y ait eu aucune dispute dans l'Église sur le sujet de l'Eucharistie.

Mais, sans nous arrêter à quelques autres preuves de cette nature, il suffit de dire que l'anonyme se sert en quantité d'endroits des pensées d'Alger, et quelquefois de ses propres termes, comme quand il dit dans sa préface, en parlant de l'opinion des stercoranistes : *Super quibus periculosum esset aliquid respondere, sed magis dignum esset aures obturare, nisi periculosius foret eos talia proposuisse.* Voici les paroles d'Alger (*lib.* 2, *cap.* 1) qu'il a voulu imiter : *His obscuris hæreticis periculosum esset super hoc aliquid respondere; magisque dignum aures nostras obturare, nisi periculosius esset eos in scandalum Ecclesiæ talia proponere.*

Et l'on ne peut pas répondre que c'est peut-être Alger qui a emprunté de l'anonyme ce qui se trouve de commun dans leurs écrits; car l'anonyme reconnaît franchement que dans tout son ouvrage il n'y a rien du sien, et qu'il a pris dans d'autres auteurs tout ce qu'il avance : *Et quia totum quod diximus, non ex nostro sumpsimus, de isto etiam quod* QUIDAM SAPIENS *definierit, dicamus. Scimus, inquit,* HOC SACRAMENTUM MYSTERIO ET REVERENTIA OMNIMODIS A COMMUNIBUS CIBIS SECERNENDUM.

Enfin ce *sage* qu'il ne nomme point n'est autre qu'Alger, dont il rapporte les propres paroles, en y ajoutant quelques unes des siennes, et en changeant quelques autres selon sa manière accoutumée. *Scimus enim,* dit Alger (*lib.* 2, *cap.* 1), *hoc Sacramentum omnimodâ reverentiâ esse à communibus escis secernendum,* etc. D'où il s'ensuit clairement que cet anonyme a vécu plus de deux cent cinquante ans après Paschase; puisqu'Alger n'a composé son traité de l'Eucharistie qu'au commencement du douzième siècle ou sur la fin du précédent, lorsqu'il était encore chanoine de l'église de Liége.

Il y a donc bien plus d'apparence que le livre de Jean Scot n'a commencé à paraître sous le nom de Bertram que longtemps depuis le neuvième siècle; car puisque l'on ne trouve point que personne ait parlé de Bertram avant Sigebert, qui composait son livre des Écrivains ecclésiastiques, environ l'an 1110, et que Bérenger et Lanfranc sont les derniers auteurs où il soit fait mention d'un livre composé sur le sujet de l'Eucharistie, par Jean Scot, il est très-vraisemblable que l'on n'a changé le nom de Jean Scot en celui de Bertram que vers la fin du onzième siècle.

Mais ce qui confirme merveilleusement cette conjecture, c'est que nous trouvons dans ce temps des personnes qui avaient grand intérêt à commettre cette fourberie. J'ai déjà remarqué que l'ouvrage de Jean Scot fut condamné aux conciles de Paris, de Verceil et de Rome; et que dans ce dernier, tenu sous le pape Nicolas, l'an 1059, l'on obligea Bérenger de le jeter lui-même au feu. Les Pères de ce concile ordonnèrent sans doute qu'on en exterminerait toutes les copies partout où elles se trouveraient. C'est ainsi que la plupart des livres des hérétiques se sont entièrement perdus. Qui peut donc douter que ce ne soit Bérenger ou de ses disciples qui, dans la crainte qu'il ne restât plus d'exemplaires du livre de Jean Scot, ou pour avoir la facilité de le conserver chez eux en assurance, et de le communiquer à ceux de leur parti en toute liberté, en changèrent le titre et le firent passer sous le nom de Bertram ou de Bertramne, ou de Ratram, ou de Intram, ou de Bertranne, ou peut-être sous plusieurs de ces différents noms, mais en différentes copies?

Que si néanmoins on ne voulait pas recevoir cette conjecture, et que l'on crût plus probable que l'anonyme a vécu sur la fin du neuvième siècle, je ne vois pas qu'il faille se mettre beaucoup en peine de deviner par quel accident un même livre a pu paraître sous deux noms différents, sous celui de Jean Scot, et sous celui de Bertram. Il y a plusieurs exemples de cet accident, sans que l'auteur même ait dessein de se cacher. J'ai présentement devant les yeux l'ouvrage de Paschase, du Corps du Seigneur, imprimé sous le nom de Raban. Je ne vois donc pas qu'il soit plus difficile que le livre de Jean Scot ait été attribué à Bertram, que celui de Paschase à Raban. S'il fallait multiplier les ouvrages à proportion des noms des auteurs à qui on les donne, nous aurions bien plus de livres des anciens que nous n'avons pas. De sorte que la preuve que l'on tire de la diversité des noms des auteurs, n'étant nullement sûre pour faire conclure que les ouvrages sont différents, celle que l'on tire en cette rencontre des deux noms de Bertram et de Jean Scot doit céder à la multitude des preuves et des vraisemblances contraires que nous avons rapportées, qui nous assurent que ce n'est qu'un même livre qu'on a attribué à deux auteurs.

Article IV.

Que Jean Scot n'a point été disciple de Bède, ni compagnon d'Alcuin, ni fondateur de l'université de Paris.

Il se trouve des auteurs, comme Possevin, Wion et autres, qui soutiennent que Jean Scot-Érigène a été disciple de Bède, compagnon d'Alcuin, et l'un des premiers fondateurs de l'Université de Paris. D'autres, comme Trithème, Balée et Cellot, estiment qu'il faut reconnaître deux Jean Scot ; l'un surnommé Érigène, auteur de la première traduction latine de S. Denis, qui a vécu sous Charles-le-Chauve; l'autre disciple de Bède, qui du temps de Charlemagne fonda l'université de Paris avec Alcuin, comme on l'apprend d'un ancien auteur anonyme chez Vincent de Beauvais (*Spécul. Hist.*, lib. 23, chap. 173).

Ces deux opinions sont également éloignées de la vérité. Pour le faire voir, il faut prouver deux choses : 1° qu'Érigène n'a point été disciple de Bède ; 2° que l'université de Paris n'a point eu de fondateur, ni Alcuin de compagnon, ni Bède de disciple, du nom de Jean Scot.

La première de ces deux propositions ne souffre aucune difficulté, puisque Bède est mort l'an 735, et qu'Érigène était encore en vie vers l'an 870. Car de vouloir soutenir que celui-ci a vécu plus de 150 ans, et qu'il était âgé de près de 160 ans, lorsque le pape Nicolas manda à Charles-le-Chauve de le lui envoyer à Rome, pour examiner si les bruits qui couraient de lui étaient véritables, ce serait une prétention ridicule.

La preuve de la seconde proposition n'est guère moins évidente, puisque l'auteur anonyme cité par Jean de Beauvais, qui est le seul appui de ceux qui reconnaissent un Jean Scot disciple de Bède, et fondateur de l'université de Paris avec Alcuin, donne aussi ces deux qualités à Raban, archevêque de Mayence, décédé l'an 856, et à Claude, évêque de Turin, qui était encore en vie l'an 839, comme on peut voir dans l'Italie sacrée de Vghellius (*t.* 2, *in episc. Taurin.*). Ce qui montre évidemment que ce Jean Scot dont il parle n'est autre que ce Jean Érigène que nous avons vu n'avoir pu être disciple de Bède. *Alcuinus*, dit cet anonyme, *studium de Româ Parisiis transtulit, quod illùc à Græcià translatum fuerat à Romanis; fueruntque Parisiis fundatores illius studii quatuor monachi Bedæ discipuli, scilicet Rabanus et Alcuinus, Claudius et Joannes Scotus.*

Certes il y a sujet d'être surpris que sur une fable pleine de faussetés si visibles l'on prétende établir la nécessité de reconnaître deux Jean Scot ; l'un disciple de Bède, l'autre surnommé Érigène, que l'on sait avoir vécu longtemps depuis. Car si ce seul témoignage d'un auteur inconnu était suffisant pour nous obliger à admettre deux Jean Scot, pourquoi ne nous obligera-t-il point à admettre aussi deux Raban, et deux Claude : les uns contemporains de Jean Scot-Érigène, les autres disciples de Bède, et compagnons d'Alcuin et de cet autre Jean Scot, et enfin fondateurs de l'université de Paris ?

Cependant personne ne s'est encore avisé de dire qu'il y ait eu deux Raban. Tous sont d'accord qu'il n'y en a eu qu'un, et l'on se moque de ceux qui le font ou disciple de Bède, ou compagnon d'Alcuin en la fondation de l'université de Paris. Je ne vois donc pas pourquoi il ne sera pas permis de raisonner de la même façon de Jean Scot. Car d'alléguer que Sigebert parle d'un Jean Scot différent d'Érigène, c'est

une chose inutile ; puisque Sigebert bien loin de faire cet autre Jean Scot compagnon d'Alcuin, ou disciple de Bède, le fait au contraire plus ancien que S. Adelme, décédé l'an 709, plus de 25 ans avant Bède, et près de cent ans avant Alcuin.

Je sais bien que Jean Balée, et quelques autres qui l'ont suivi, distinguent deux Claude, l'un Espagnol, disciple de Félix d'Urgel, et évêque de Turin, qui a vécu sous Louis-le-Débonnaire, et contre lequel Jonas, évêque d'Orléans, a composé trois livres du culte des images ; l'autre Irlandais, disciple de Bède, et auteur de quantité d'ouvrages sur la sainte Écriture, entre autres de trois livres sur S. Matthieu, et d'un commentaire sur l'Épître aux Galates. Il ajoute que celui-ci s'appelait Claude-Clément, et que c'est ce Clément dont parle Notkerus Balbulus, lorsqu'il décrit les premiers commencements de l'université de Paris : *Contigit*, dit-il (*Hist. Fran. t.* 2), *duos Scotos de Hiberniâ cum mercatoribus Britannis ad littus Galliæ devenire, viros et in secularibus et in sacris Scripturis incomparabiliter eruditos. Quo percepto, ingenti gaudio repletus Carolus Magnus, primùm quidem apud se utrumque parvo tempore tenuit : postea verò cùm ad expeditiones bellicas urgeretur, unum eorum nomine* CLEMENTEM *in Galliâ residere præcepit, cui et pueros nobilissimos, mediocres, et infimos satis multos commendavit, et eis prout necessarium habuerunt, victualia ministrari præcepit, habitaculis opportunis ad habitandum deputatis : alterum verò in Italiam direxit, cui et monasterium S. Augustini juxta Ticinensem urbem delegavit, ut qui illùc ad eum voluissent ad discendum congregari, potuissent.* Ussérius lit : *Alterum verò nomine Albinum, in Italiam direxit.* (*In Præfat. syllog. Epist. Hibernicarum.*) Aventin donne aussi le nom d'Albin à ce compagnon de Clément. (*Annal. Bajorum lib.* 4, q. 220.) Ce qui montre que ceux-là s'abusent qui croient que le compagnon de Clément n'était autre que Jean Scot, à qui pour cette raison ils donnent la qualité de premier fondateur de l'université de Pavie.

Cette opinion de deux Claude est aussi mal fondée que celle de deux Jean Scot. Car on ne trouvera point que personne, avant Balée, ait parlé d'un auteur nommé *Claude-Clément*. Clément aussi, dont fait mention Notker, était Irlandais ; au lieu que *Claude*, dont il est parlé dans l'anonyme, ne l'était point, puisqu'il remarque expressément que de ces quatre disciples de Bède et fondateurs de l'université de Paris, il n'y avait que Jean qui fût d'Irlande. De plus, Notker ne fait point Clément disciple de Bède, quoiqu'il remarque en ce même endroit qu'Alcuin, qui vint en France quelque temps après Clément, avait été disciple de Bède. Enfin l'on reconnaît très-évidemment, par la comparaison de la préface des livres de Jonas, évêque d'Orléans, avec celle des commentaires de Claude sur S. Matthieu et sur l'Épître aux Galates, que l'auteur de ces commentaires est assurément l'évêque de Turin.

Il faut donc avouer que comme l'on n'admet qu'un Raban, aussi n'y a-t-il point de raisons qui puissent obliger à reconnaître plus d'un Claude et plus d'un Jean Scot ; et que pas un de ces trois n'a été ni disciple de Bède, ni compagnon d'Alcuin, ni fondateur de l'université de Paris.

ARTICLE V.
Que Jean Scot-Érigène n'a point été abbé d'Æthelinge en Angleterre.

L'auteur de la Réponse au traité de *la Perpétuité* (p. 560), dans le dessein qu'il a pris de nous persuader que Jean Scot a été dans son siècle et dans les suivants en une très-grande réputation de savoir et de sainteté, le comble hardiment de toutes les louanges que les historiens d'Angleterre ont données à Jean-le-Saxon, compagnon de S. Grimbald, précepteur du roi Alfrède, et abbé d'un célèbre monastère de fondation royale, nommé Æthelinge. Il est néanmoins évident que Jean Érigène et Jean abbé d'Æthelinge sont deux personnes différentes.

1° Florent de Vorcester (*ad ann.* 887), Guillaume de Malmesbury (*de Gest. reg. Ang.*, l. 2, c. 4), Siméon de Dunelme (*ad ann.* 888), Roger de Hoeden (*ad ann.* 887), et Matthieu de Westminster (*ad ann.* 888), sont tous d'accord que Jean, abbé d'Æthelinge, était d'Angleterre, de la contrée des Saxons occidentaux. Assère aussi le remarque expressément dans la Vie du roi Alfrède, qu'il a composée du vivant de l'abbé d'Æthelinge. *Ideò*, dit-il (*de Rebus gestis Alfred.*), *diversi generis monachos in eodem monasterio congregare studuit; primitiis Joannem presbyterum et monachum, scilicet Ealsaxonum genere, abbatem constituit.* Tous les anciens, au contraire, nous assurent de Jean Scot qu'il était Irlandais. *Auctor*, dit Hincmar, *jactitatur à multis Joannes Scotigena* (l. 1 de *Prædest.*, c. 31). Et le bibliothécaire Anastase : *Joannem imò Scotigenam* (*epist. ad Carol. Regem*). Et le pape Nicolas, dans une lettre à Charles-le-Chauve : *Quidam vir Joannes, natione Scotus* (*ad ann.* 883). Et Matthieu de Westminster (*ad ann.* 883) : *Venit in Angliam Joannes natione Scotus.* Enfin ceux qui lui ont donné le surnom ou d'Érigène, comme Sigebert, ou d'Éringène, comme porte un manuscrit de près de 800 ans, qui contient les ouvrages de S. Denis, tournés en latin par Jean Scot, témoignent clairement qu'il était d'Irlande, puisque l'Irlande, dans la langue de ceux du pays, s'appelle *Eri*, ou *Erin*. Ce n'est pas ici le lieu de montrer que l'Irlande s'appelle chez tous les anciens *Scotia*, et les Irlandais *Scoti* ; puisqu'il nous est indifférent que l'on fasse Jean Érigène Écossais ou Irlandais.

2° Les historiens qui parlent de la venue de Jean Scot en Angleterre marquent que ce qui l'obligea de quitter la France, fut la honte qu'il avait d'y passer pour un hérétique : *Quare et hæreticus putatus est*, dit Siméon de Dunelme (*ad ann.* 882), *cujus opinionis particeps fuisse dignoscitur Nicolaus papa, qui ait in epistola ad Carolum : Relatum est apostolatui nostro*, etc. *Propter hanc ergo infamiam tœduit eum Franciæ, venitque ad Alfredum regem.* Et Matthieu de Westminster (*ad ann.* 883) : *Propter hanc ergo infamiam Joannes, Franciam relinquens, regem Alfredum petivit*. Roger de Hoeden écrit la même chose. Ceux au contraire qui parlent de l'arrivée de Jean, compagnon de S. Grimbald, précepteur d'Alfrède, et depuis abbé d'Æthelinge, assurent qu'il fut invité de venir en Angleterre par une ambassade que le roi Alfrède envoya en France tout exprès à ce dessein. Voici comme en parle Matthieu de Westminster (*ad ann.* 872) : *Legatos ad Gallias direxit rex Alfredus. Et inde S. Grimbaldum sacerdotem et monachum, necnon Joannem presbyterum et monachum, bonis moribus adornatum, ex ultimis etiam Wallanorum finibus, de monasterio S. David Asserum ad suum ascivit consortium.* Florent de Vorcester témoigne le même (*ad ann.* 872) : *Legatos etiam ultra mare ad Galliam direxit. Inde S. Grimbaldum sacerdotem et monachum, Joannem quoque æquè presbyterum et monachum, acerrimi ingenii virum ; Asserum etiam è monasterio S. David advocavit.* Et Assère lui-même (*anno* 884) : *Legatos ad Gallias magistros inquirere direxit ; indeque advocavit Grimbaldum sacerdotem et monachum, Joannem quoque æquè presbyterum et monachum, acerrimi ingenii virum, et in omnibus disciplinis litteratoriæ artis eruditissimum, et in multis aliis artibus artificiosum ; quorum doctrinâ regis ingenium multum dilatatum, et eos magnâ potestate ditavit et honoravit. His temporibus ego quoque ab rege advocatus de occiduis et ultimis Britanniæ partibus ad Saxoniam adveni.*

3° Le pape Nicolas mande à Charles-le-Chauve qu'il le prie de lui envoyer au plus tôt Jean Scot, ou tout au moins de ne pas permettre qu'il demeure plus longtemps dans l'université de Paris, de peur qu'il ne la corrompe par ses erreurs : *Hinc est quod dilectioni vestræ vehementer rogantes mandamus, quatemus apostolatui nostro prædictum Joannem repræsentari faciatis, aut certè Parisiis in studio, cujus jam olim capital fuisse perhibetur, morari non sinatis ; ne cum tritico sacri eloquii grana lolii et zizaniæ miscere dignoscatur, et panem quærentibus, venenum porrigat.* Ce fut sans doute incontinent après ces lettres, que Jean Scot se retira en Angleterre. Puis donc que le pape Nicolas a gouverné l'Église depuis l'an 858 jusqu'à 868, il faut mettre l'arrivée de Jean Scot en Angleterre environ l'an 864, c'est-à-dire vingt ans avant qu'Alfrède fît venir auprès de soi Grimbald et Jean ; car Assère nous assure que ce ne fut que l'an 884.

4° L'auteur de la Réponse, dans la réponse au premier traité (p. 45), écrit que Jean Scot est mort l'an 884, ou même l'année précédente. Comment donc est-il possible que ce soit ce Jean qu'*Alfrède roi d'Angleterre fît appeler pour la réputation de son savoir, et à qui tous les historiens rendent témoignage d'avoir été personnage de grand esprit et de grande éloquence, docteur consommé en toute littérature, prêtre et moine très-saint, abbé d'un monastère de fondation royale* ; puisque celui-ci ne fut fait abbé que l'an 888 ou 887, comme tous les historiens en conviennent, et qu'il ne commença à régenter à Oxford que l'an 886, comme on l'apprend des Annales du monastère de

Winchester, dont Grimbald fut fait abbé en même temps que Jean, son collègue, de celui d'Æthelinge? *Igitur anno Dominicæ Incarnationis 886, anno secundo adventûs S. Grimbaldi in Angliam, incœpta est universitas Oxoniæ, primitùs in eâ regentibus S. Grimbaldo..., Joanne monacho, et collegâ S. Grimbaldi, viro acutissimi ingenii.*

Enfin tous les historiens d'Angleterre qui ont parlé de Jean Scot, le distinguent de Jean-le-Saxon, abbé d'Æthelinge, compagnon de Grimbald, et précepteur d'Alfrède. Il n'y a que l'abbé de Cronlande qui les ait confondus ensemble : *Viros litteratissimos*, dit-il, *de terris exteris ad se accersens Alfredus, aliquandiù in palatio secum pro sacris litteris addicendis retentos, diversis demùm prælatiis et dignitatibus promovit. Hinc S. Grimbaldum evocatum è Franciâ, suo novo monasterio, quod Vintoniæ construxerat, præfecit in abbatem. Similiter de veteri Saxoniâ Joannem cognomento Scotum acerrimi ingenii philosophum ad se alliciens, Adelingiæ monasterii sui constituit prælatum. Ambo isti doctores, sacerdotes gradu, professione monachi sanctissimi erant.*

Il semble qu'Indulphe se soit laissé surprendre à quelque imposteur affectionné à Jean Scot; car ce qu'il remarque du pays d'où il se rendit auprès d'Alfrède, a sans doute été concerté à dessein pour faire croire que si l'abbé d'Æthelinge se trouve dans quelques auteurs surnommé *le Saxon*, ce n'est pas qu'il le fût effectivement, mais parce qu'il avait longtemps demeuré dans le pays d'Essex, et qu'Alfrède l'en avait appelé lorsqu'il le voulut avoir pour précepteur.

Article VI.
Que l'histoire du martyre de Jean Scot est peu assurée.

Quoique l'on allègue pour témoins du martyre de Jean Scot, Guillaume de Malmesbury, Siméon de Dunelme, Roger de Hoeden, Matthieu de Westminster, Hélinaud, moine de Froidmond, Vincent de Beauvais et S. Antonin, on peut néanmoins assurer que tous ces auteurs, et quantité d'autres modernes qui les ont suivis, ne rendent pas ce martyre plus assuré que le seul témoignage de Guillaume de Malmesbury, puisque c'est de lui que tous les autres ont pris ce qu'ils en rapportent, et qu'ils n'ont fait que copier ses propres termes.

Il est vrai qu'on lit aussi l'histoire du martyre de Jean Scot dans le continuateur anonyme de Bède, qui, selon Vossius, a écrit plus de cinq cents ans avant le bibliothécaire de Malmesbury. Mais il est clair que les trois livres de la continuation de Bède, imprimés pour la première fois à Heidelberg l'an 1587, ne sont que des extraits tirés mot pour mot de l'Histoire des gestes des rois d'Angleterre, composée par le même Guillaume de Malmesbury.

Aussi les deux raisons qui ont mû Vossius à croire que l'auteur de cette continuation était mort environ l'an 1087, sont-elles fondées sur de fausses suppositions; car Henri I, roi d'Angleterre, ne prit pas la possession de ce royaume après le décès de son père, Guillaume-le-Conquérant, mais après celui de son frère Guillaume II, arrivé l'an 1100. Guimond aussi n'est pas mort vers l'an 1080, comme on le croit communément, mais il est parvenu jusqu'au douzième siècle, puisque nous apprenons d'un auteur de son temps, savoir Odéricus Vitalis (l. 5, *ad ann.* 1070), qu'il ne fut cardinal de l'Église romaine, archevêque de celle d'Averse, que sous le pontificat d'Urbain II, c'est-à-dire environ l'an 1094, et qu'il vécut longtemps depuis : *Præfatus archiepiscopus ecclesiam sibi commissam diù rexit.*

Guillaume de Malmesbury a traité en deux différentes rencontres de Jean Scot, dans son Histoire des rois d'Angleterre, et depuis dans le livre cinquième des Pontifes. Ce dernier ouvrage n'a pas encore été donné au public. Il paraît, par ce qui s'en trouve dans Nicolas Harsphelde (*Hist. Eccles. Ang.*, sect. 9, c. 12), que Siméon de Dunelme en a tiré ce qu'il raconte, tant des raisons qui obligèrent Jean Scot à se retirer de France en Angleterre, comme de quelques autres circonstances de sa vie et de son martyre. Voici ce qui fait à notre sujet :

Hoc tempore, dit Guillaume de Malmesbury (*de Gest. reg. Ang.*, l. 2, c. 4), *creditur fuisse Joannes Scotus, vir perspicacis ingenii, et multæ facundiæ, qui dudùm concrepantibus undique bellorum fragoribus, in Franciam ad Carolum Calvum transierat... Succedentibus annis munificentiâ Alfredi allectus venit in Angliam, et apud monasterium nostrum à pueris quos docebat, graphariis, ut fertur, perforatus, etiam martyr æstimatus est; quod sub ambiguo ad injuriam sanctæ animæ non dixerim, cùm celebrem ejus memoriam sepulcrum in sinistro latere altaris, et epitaphi prodant versus, scabri quidem, et moderni temporis limâ carentes, sed ab antiquo non ita deformes.*

Clauditur hoc tumulo sanctus sophista Joannes,
Qui ditatus erat jam vivens dogmate miro.
Martyrio tandem Christi conscendere regnum,
Quo meruit, sancti regnant per sæcula cuncti.

Et voici ce que dit Siméon de Dunelme (*in Recap. ad an.* 883) : *Hujus regis Alfredi tempore venit in Angliam Joannes Scotus, vir perspicacis ingenii et multæ facundiæ, qui dudùm relictâ patriâ Franciam ad Carolum Calvum transierat... Quare et hæreticus putatus est... Hujus opinionis particeps fuisse cognoscitur Nicolaus papa, qui ait in epistolâ ad Carolum :* « *Relatum est apostolatui nostro,* » *etc. Propter hanc ergo infamiam tæduit eum Franciæ, venitque ad regem Alfredum, cujus munificentiâ illectus, et magisterio ejus, ut ex scriptis regis intelligitur, Melduni resedit, ubi post aliquot annos à pueris quos docebat, graphariis foratus, animam exuit, tormento gravi et acerbo, ut dùm iniquitas valida, et manus infirma sæpè frustraretur, et sæpè impeteret, amaram mortem obiret. Jacuit aliquandiù inhonorâ sepulturâ in B. Laurentii ecclesiâ, quæ fuerat nefandæ necis conscia. Sed ubi divinus favor multis noctibus super eum lucem indulsit igneam, admoniti monachi in majorem transtulerunt ecclesiam, et ad sinistram altaris posuerunt.* Harsphelde a lu dans Guillaume de Malmesbury : *Propter hanc ergo infamiam* tæduit eum Franciæ, venitque ad regem Alfredum cujus munificentiâ et magisterio usus, ut ex scriptis regis intellexi, sublimis Melduni resedit.

Il faut distinguer dans cette histoire ce que Guillaume de Malmesbury a tiré des anciens monuments de son église, et ce qu'il y a ajouté du sien. S'il est raisonnable que l'on reçoive le premier sans beaucoup de discussions, aussi ne doit-on point trouver étrange que l'on tienne le reste pour suspect, puisqu'il y a sujet de craindre que Guillaume de Malmesbury ne soit tombé dans une erreur semblable à celle de l'abbé Ingulphe; et que, craignant de confondre Jean Scot avec Jean-le-Saxon, il ne l'ait confondu sans raison avec Jean-le-Martyr.

On ne peut pas douter qu'il ne faille mettre dans le premier rang les vers qu'il témoigne être gravés sur un des monuments de la grande église de Malmesbury, d'où l'on apprend que *Jean de Malmesbury* était un homme docte, qui a souffert le martyre, et qu'il a eu le surnom de *Sophiste*, ou plutôt de *Sage*. Car c'est ainsi que l'appelle Gotzelin dans son Catalogue des saints enterrés en Angleterre, qu'il composa sur le commencement du douzième siècle, peu auparavant que Guillaume de Malmesbury mît au jour son Histoire : *S. Adelmus*, dit-il, *et Joannes sapiens in loco qui dicitur Adesmisbirig.* (*Apud Usserium de Eccles. Christ. success. et Statu*, c. 2, p. 42.)

Pour ce qui est du genre de mort qu'on lui fit souffrir, Guillaume de Malmesbury en parle en des termes qui font assez voir qu'il n'en était pas fort assuré. Et sans doute que les ministres ne feraient pas beaucoup d'état d'une preuve pareille à cette lumière qu'il dit avoir paru sur le tombeau de Jean-le-Sophiste.

Mais sans nous arrêter à ces circonstances, qui dans le fond sont de peu de conséquence, puisque le monument dressé à Jean-le-Sage dans la grande église de Malmesbury, l'épitaphe qu'on lui a gravée, et le témoignage de Gotzelin, sont des preuves aussi authentiques de sa sainteté qu'on en puisse raisonnablement souhaiter, il reste à examiner si ce saint martyr a été précepteur du roi Alfrède, ou s'il n'est point différent de Jean Scot-Érigène; car ce sont ces deux choses que Guillaume de Malmesbury semble avoir empruntées d'ailleurs, en quoi consiste le point de la difficulté.

D'abord je remarque que Guillaume de Malmesbury est le premier de tous les historiens qui ait donné au roi Alfrède deux précepteurs du nom de Jean; l'un surnommé le Saxon, abbé d'Æthelinge; l'autre surnommé Scot, et depuis martyr.

Assère, qui connaissait très-particulièrement les maîtres d'Alfrède, puisqu'il en a été du nombre, en fait un dénombrement assez exact dans la Vie de ce pieux prince. Il parle (*in Reb. gest. Ælfredi regis* p. 14) de Verfrithe évêque de Worcester, et de Pleimunde archevêque de Cantorbéry, d'Ælthelstan et de Wernufle, de Grimbald et de Jean son collègue, et enfin de lui-même. Pourquoi donc passer sous silence Jean Scot? Pourquoi ne rien dire de sa mort si tragique, lui qui nous décrit si au long et si en détail (p. 18) l'attentat de quelques moines du monastère d'Æthelinge contre la vie de leur abbé Jean-le-Saxon?

Hirsphelde dans son Histoire (*secul.* 9, *c.* 12) d'Angleterre écrit qu'Assère a reconnu deux Jean : le Saxon et Érigène. Mais puisqu'il prouve évidemment dans cette même Histoire que les Chroniques ou Annales attribuées à Assère, dans lesquelles il est fait mention d'Érigène, ne sont pas de lui, mais d'un auteur qui a vécu depuis Marianus Scotus, décédé l'an 1086, il est évident que l'on ne peut se servir de ce témoignage pour établir deux précepteurs d'Alfrède du nom de Jean.

Aussi du temps d'Ingulphe, qui écrivait sur la fin du onzième siècle, c'était encore une chose si certaine qu'Alfrède n'avait point eu d'autre maître du nom de Jean que le compagnon de saint Grimbald, abbé d'Æthelinge, que ceux qui voulurent faire passer Jean Scot pour un des précepteurs de ce religieux prince, se virent contraints de le confondre, contre toute sorte d'apparence, avec Jean-le-Saxon.

Florent de Vorcester, auteur un peu plus ancien que Guillaume de Malmesbury, passe aussi sous silence Jean Scot en parlant des précepteurs d'Alfrède (*in Chronic., ad ann.* 872), et n'en reconnaît point d'autre du nom de Jean que le compagnon de S. Grimbald.

L'auteur des Chroniques publiées sous le nom de Brompton, abbé de Jerevaux (*ad ann.* 22 *Alfredi*) met au rang des maîtres d'Alfrède, Jean, moine de S. David, que Jean Balée prétend n'être point différent de Jean Scot-Érigène, et martyr de Malmesbury : mais il se trompe. Car on ne trouvera point que personne ait jamais écrit que Jean Scot ait été religieux dans le monastère de S.-David, ni que Jean de S.-David ait eu pour surnom celui de Scot ou Érigène. De plus, Jean de S. David était Anglais, ce qu'on ne peut pas dire de Jean Scot. Enfin il est évident que le texte de Brompton est corrompu; et qu'au lieu de lire : *Ipse rex eleemosynæ dator... S. Grimbaldum monachum, litteraturâ et cantu peritum, de partibus Galliæ, et Joannem monachum de monasterio S. David Meneniæ in ultimis finibus Walliæ posito ad se vocavit, ut litteraturam ab eis addiceret;* il faut remettre : *S. Grimbaldum monachum litteraturâ et cantu peritum, de partibus Galliæ, et Joannem monachum (quoque acerrimi ingenii virum; Asserum etiam monachum) de monasterio S. David Meneniæ, in ultimis finibus Walliæ posito, ad se vocavit.*

En effet, tous ceux qui ont écrit des précepteurs d'Alfrède joignent à S. Grimbald Jean son collègue, et Assère, moine de S.-David : *F. Gallus*, dit Florent, *S. Grimbaldum sacerdotem et monachum, virum venerabilem, cantorem optimum; Joannem quoque æquè presbyterum et monachum, acerrimi ingenii virum; Asserum etiam et occiduis et ultimis Britanniæ finibus è monasterio S. David advocavit.* Assère, Ingulphe, Guillaume de Malmesbury et Matthieu de Westminster écrivent de la même façon des précepteurs d'Alfrède, sans faire mention d'un moine de S.-David différent d'Assère.

Le bibliothécaire Anastase, excusant Jean Scot d'avoir tourné S. Denis mot pour mot, en parle comme d'un homme qui n'était plus en vie : *Quod eum*, dit-il, *non egisse ob aliam causam existimo, nisi quia cùm esset humilis spiritu, non præsumpsit verbi proprietatem deserere, ne aliquo modo à sensùs veritate decideret. Unde factum est ut tantum virum (Dionysium) intra cujusdam labyrinthi difficilia irretiret, et in antris profundioribus invisibiliorem quodammodò collocaret ; et quem interpretaturum susceperat, adhuc redderet interpretandum.* Il est marqué dans le manuscrit des jésuites de Bourges, à la fin de cette épître d'Anastase à Charles-le-Chauve, qu'elle a été écrite le 10 des calendes d'avril, indict. 8, c'est-à-dire, l'an 875, six ans après le huitième concile général, dont elle fait mention. Ce qui montre évidemment que Jean Scot n'a point été précepteur d'Alfrède, qui n'a commencé à s'adonner aux lettres que l'an 884. Aussi n'est-il pas vraisemblable qu'un prince si religieux se soit voulu servir d'un homme fait comme Érigène, décrié partout comme un hérétique, chassé de l'université de Paris, à la prière et à la poursuite du pape Nicolas, et rempli de quantité d'hérésies contraires aux premiers fondements du christianisme.

A cette première remarque j'en ajouterai une seconde qui affaiblit merveilleusement le témoignage du bibliothécaire de Malmesbury. C'est que la sainteté et le martyre de Jean Scot étaient universellement ignorés dans toute l'Église, environ soixante et dix ans avant que Guillaume de Malmesbury composât son Histoire des rois d'Angleterre. Nous avons plusieurs lettres de Bérenger écrites en faveur de Jean Scot contre ceux qui le traitaient d'hérétique. Entre autres il y en a une où il représente à un de ses amis les raisons dont il se pourra servir pour attirer le roi Henri à prendre sous sa protection Jean Scot. Il est certain que c'était le lieu de presser vivement cette prétendue sainteté, et ce prétendu martyre dont parle Guillaume de Malmesbury. Cependant Bérenger se contente d'appeler Jean Scot un homme docte, *erudito illi viro Joanni*, et d'implorer le secours de la majesté royale *pour un mort* contre les calomnies des vivants : *Unde ferat oportet defuncto patrocinium, contra calumnias nunc viventium.* Sans doute qu'il n'en eût pas parlé avec un tel excès de froideur s'il eût été tenu de son temps pour un saint, ou pour un martyr, ou même s'il eût passé pour tel dans sa pensée ou dans son esprit.

Ascelin aussi n'eût pas prononcé si résolument que Jean Scot était un hérétique, et qu'il le tiendrait pour tel. Il eût sans doute mis de la différence entre son livre de l'Eucharistie et sa personne. En condamnant l'un, comme contenant une doctrine contraire à celle de l'Église catholique, il n'eût pas perdu toute sorte de respect pour l'autre : ou tout au moins trouverait-on quelque endroit dans ses lettres contre ces titres de saint et de martyr, qu'il aurait prétendu lui être accordés à tort et sans raison.

Enfin il est difficile de concevoir que le martyre de Jean Scot ne soit point venu à la connaissance de Bérenger ni de ses disciples, pendant l'espace de plus de trente ans que durèrent les contestations de l'Eucharistie dans le onzième siècle. On ne peut pas nier qu'après que Bérenger eut été condamné à allumer lui-même le feu dans lequel il devait, de sa propre main, jeter le livre de Jean Scot, en la présence du pape Nicolas et de près de 120 évêques, le bruit de cette action assez surprenante ne se répandit incontinent partout ; et il est certain qu'il donna occasion aux bérengariens de rechercher avec plus d'ardeur et de curiosité que jamais, toutes les particularités de la vie et de la mort d'Érigène, si elles ne leur étaient pas encore entièrement connues. Mais surtout il faut que cette recherche se soit faite particulièrement en France et en Angleterre, où l'opinion de Bérenger fit dès son commencement beaucoup de progrès, si l'on en croit Matthieu de Westminster. Cependant c'est une chose constante que du temps d'Ingulphe, célèbre abbé de Cronlande (c'est-à-dire vers l'an 1090) Jean Scot n'était pas encore reconnu en Angleterre pour martyr. Car autrement Ingulphe ne l'aurait pas confondu, comme il a fait, avec Jean-le-Saxon compagnon de S. Grimbald, et abbé d'Æthelinge.

Je remarque pour troisième considération que les deux endroits où Guillaume de Malmesbury parle du martyre de Jean ne sont remplis que de doutes, de craintes et de soupçons : *Hoc tempore*, dit-il, *creditur fuisse Joannes Scotus. Propter hanc infamiam (credo) tœduit eum Franciæ. Ælfredi munificentiâ et magisterio usus*, UT EX SCRIPTIS REGIS INTELLEXI, *sublimis Melduni resedit, à pueris quos docebat, graphariis* UT FERTUR, *perforatus, etiam martyr* ÆSTIMATUS EST. *Quod* SUB AMBIGUO, *ad injuriam sanctæ animæ non dixerim.* Ces façons de parler, peu communes à Guillaume de Malmesbury, seraient toutes seules capables de faire douter de la vérité de cette histoire.

De plus, l'on y aperçoit de la contradiction. Car si Jean Scot s'est retiré de France en Angleterre quelque temps après les lettres de Nicolas à Charles-le-Chauve, comme Guillaume de Malmesbury l'insinue, il est impossible qu'il soit venu aussitôt à la cour du roi Alfrède, puisqu'il n'a pris possession du royaume d'Angleterre que depuis la mort du pape Nicolas, et que les dix premières années de son règne ont été continuellement troublées de guerres et d'irruptions de barbares.

Aussi Matthieu de Westminster retarde-t-il la fuite de Jean Scot en Angleterre jusqu'en l'an 883. Mais parce que les lettres du pape Nicolas, rapportées par Guillaume de Malmesbury, ne s'accordent pas bien à cette chronologie, il a changé le nom de Nicolas en celui de pontife romain : *Hujus opinionis particeps fuisse dignoscitur Pontifex romanus, qui in epistolâ ad Carolum regem, dixit* : *Relatum*, etc. Ce qui a fait croire à quelques-uns, comme à M. Duval, que ces lettres étaient du pape Marin, qui a tenu le S.-Siége l'an 883, et duquel Matthieu de Westminster parle par deux fois en ce même endroit. Mais ce qui se lit dans ces lettres, de la version latine de S. Denis, montre évidemment qu'elles sont du pape Nicolas, et non point de Marin.

Que si l'on ajoute à ces trois considérations les faux bruits, mais tous avantageux à Jean Scot, que l'on fit courir depuis que son livre de l'Eucharistie eut été condamné dans les conciles de Paris, de Verceil et de Rome, il ne sera pas difficile de croire que les auteurs de ces faux bruits sont les mêmes qui se sont efforcés de le faire passer pour S. Jean surnommé le Sage, et martyr de Malmesbury.

Nous avons vu comme on l'a fait passer pour un disciple de Bède, et l'un des premiers fondateurs de l'université de Paris; comme on a fait accroire que c'était le même que ce saint et très-docte personnage Jean-le-Saxon, compagnon de S. Grimbald, précepteur du roi Alfrède, et abbé d'Æthelinge; comme on a tâché de lui soustraire le Dialogue des natures rempli de quantité d'hérésies très-grossières, et condamnées par les SS. Pères de l'Église, et par les conciles œcuméniques; comme, au contraire, on a supposé à son ouvrage du Corps et du Sang du Seigneur le nom de Bertram, pour en pouvoir conserver des copies en toute sûreté ; il est donc croyable que ce sont ces imposteurs qui ont surpris Guillaume de Malmesbury par le moyen de quelque écrit supposé sous le nom du roi Alfrède, où il était parlé de Jean Scot comme de l'un de ses précepteurs, et à qui il avait donné permission de se retirer en l'abbaye de Malmesbury : *Regis munificentiâ et magisterio usus*, dit-il, UT EX SCRIPTIS EJUSDEM REGIS INTELLEXI, *sublimi Melduni resedit*. C'est, ce me semble, ce que l'on peut apporter de plus vraisemblable en cette rencontre.

ARTICLE VII.

Que Jean Scot-Érigène n'a point été mis au rang des martyrs par l'autorité sacrée des pontifes, et que son nom ne se trouve point dans aucune édition du Martyrologe romain.

L'auteur de la Réponse dit (p. 561) que tout ce qui se trouve dans les historiens d'Angleterre à la louange de Jean Scot, *n'est pas considérable au prix de ce que nous apprenons par des témoignages fort assurés, qu'il a été mis après sa mort au catalogue des saints.*

Thomas Fuller, dit-il (dans son *Histoire ecclésiastique d'Angleterre*), *nous dit qu'il fut tenu pour martyr de Jésus-Christ, et que sa commémoration anniversaire se trouve marquée au 4 des ides de novembre, dans le Martyrologe imprimé à Anvers l'an* 1586, *par le commandement de Grégoire XIII. Il ajoute que ç'a été Baronius qui l'a ôté du Martyrologe, en haine de ce qu'il avait écrit contre la présence réelle, alléguant sur ce sujet Henri Fitz-Simon (in 2 edit. Catalog. SS. Hibern.) qui soutient l'action de Baronius, et dit qu'on préparait de son temps une apologie pour justifier ce procédé. Usserius témoigne aussi que dans le Catalogue des saints enterrés en Angleterre, dressé sur les vieux monuments anglais, par un moine de Cantorbéry du temps d'Anselme, c'est-à-dire, au commencement du douzième siècle, il y a ces mots :* « *S. Adelmus, et Joannes Sapiens, in loco qui dicitur Adesmisbirig, notantur requiescere.* » *Le Martyrologe de l'église gallicane, qui nous a été donné par M. l'évêque de Toul, en parle d'une manière à n'en pouvoir plus douter. Car dans le supplément au 4 des ides de novembre, il a marqué la commémoration qui se fait de S. Jean, surnommé Scot, martyr, tué à Malmesbury par quelques jeunes enfants dépravés ; et dans l'appendix il y a ces mots :* S. JEAN, ÉCOSSAIS *de nation, martyr par la grâce de Dieu, interprète de la Hiérarchie de S. Denis, laquelle il traduisit de grec en latin, et la dédia à Charles-le-Chauve. Molanus, sur le rapport de Deidonat, dans son Histoire écossaise, assure que ce Jean fut mis au rang des martyrs de Christ par la sacrée autorité des pontifes.*

Il y a aussi peu de vérité dans tout ce discours que dans tout le reste de ce chapitre.

1° Il est faux que l'on ait imprimé un Martyrologe à Anvers par le commandement de Grégoire XIII l'an 1586. Aussi Sixte-Quint avait-il succédé à Grégoire dès le mois de mai de l'année 1586.

2° On ne trouvera point dans aucun Martyrologe romain imprimé à Anvers, ou ailleurs, la commémoration de Jean Scot marquée au 4 des ides de novembre. Il y en a qui allèguent les éditions des années 1573, 1580, 1583 : mais l'on verra incontinent ce qui a donné lieu à ces fausses persuasions.

3° Il est faux en conséquence que Baronius ait ôté du Martyrologe le nom de Jean Scot, en haine de ce qu'il avait écrit contre l'Eucharistie.

4° Il est faux aussi que Henri Fitz-Simon ait écrit qu'on préparait de son temps une apologie pour justifier le procédé de Baronius ; il dit, au contraire, que l'apologie qu'on préparait était pour défendre Jean Scot : *Addit Henricus Fitz-Simon, in catalogo SS. Hiberniæ, se scire pro J. Scoto paratam esse apologiam, plurimorum ac maximorum pontificum, cardinalium, doctorum calculis comprobatam* (Usserius, *in Histor. Gotesc.*, p. 125.)

5° Il est fort incertain si Jean-le-Sage, enterré à Malmesbury, est le même que Jean Scot, à qui l'on ne trouve point que personne ait jamais donné ce surnom de Sage.

6° Ce que rapportent M. du Saussay et Molanus, que Jean Scot-Érigène a été mis au rang des martyrs par la sacrée autorité des évêques, n'étant appuyé que sur le témoignage d'Hector Boëce-Deidonat, ne doit être d'aucune considération ; puisque l'on sait avec quel excès de liberté cet auteur a coutume de retrancher, d'ajouter, de changer et de corrompre à sa fantaisie tout ce qui se trouve dans les écrits des anciens, dont il s'est servi pour composer son Histoire d'Écosse. Il ne faut que comparer la façon avec laquelle il décrit l'histoire d'Érigène avec ce que l'on en lit dans Guillaume de Malmesbury et dans les autres historiens d'Angleterre, et l'on reconnaîtra facilement quelle estime on doit faire de son témoignage.

Cependant Molanus, sur ce rapport de Boëce, a mis Jean Scot au nombre des saints dans l'appendix au Martyrologe d'Usuard, qu'il fit imprimer à Anvers l'an 1583. Ce qui peu de temps après donna occasion à Arnaud Wion (*Lign. vit.*, *l.* 3, *ad* 10 *novemb.*) d'écrire que le nom de Jean Scot se trouvait inséré au Martyrologe romain imprimé à Anvers l'an 1583. D'autres ont écrit depuis la même chose, avec cette différence, qu'ils assignent les années 1573 et 1580. Mais puisqu'ils témoignent n'avoir point vu ces éditions, et qu'ils allèguent pour garant de leur dire Arnaud Wion, il est clair que c'est en vain que l'on rechercherait un Martyrologe romain où se trouvât le nom de Jean Scot-Érigène.

Et de tout cela on doit conclure que la sainteté et le martyre de Scot sont aussi incertains que sa foi : et si l'on en trouvait des preuves plus authentiques, ces preuves obligeraient à conclure, non que Scot aurait été saint et sacramentaire tout ensemble, mais que ce qui se lit de dur dans ses écrits sur le mystère de l'Eucharistie serait plutôt un défaut d'expression et de netteté d'esprit que de dogme et d'opinion. Mais ce qui est certain au moins, est que tous ceux qui ont parlé de lui avec honneur ne l'ont fait qu'en le croyant très-orthodoxe sur ce mystère, et que l'on ne trouve personne jusqu'à Bérenger qui ait joint ensemble ces deux choses, d'avoir de l'estime pour Jean Scot, et de le croire contraire à la doctrine de la présence réelle et de la transsubstantiation.

Dissertation

TOUCHANT LE VÉRITABLE SENTIMENT DU LIVRE DE BERTRAM SUR L'EUCHARISTIE.

CHAPITRE PREMIER.
Qu'on a eu raison de ne pas s'engager dans le livre de la Perpétuité, *à discuter à fond l'opinion de Bertram; et que cela ne fait rien à la question.*

Si le monde était d'assez bonne volonté pour accorder à M. Claude les conditions avec lesquelles il prétend traiter les disputes de religion, il est certain qu'il serait assez au large, et qu'il y aurait peu de choses qui le pussent embarrasser; car il a eu un soin merveilleux de prendre ses avantages, sans avoir égard ni à la justice ni à la raison.

J'ai quelque envie de représenter un jour en abrégé tous ces avantages injustes qu'il usurpe de plein droit, afin de faire voir le peu d'équité de son esprit. Mais je ne parlerai maintenant que d'un, qui est fort considérable. C'est que comme le temps et le travail des hommes sont assez bornés; que l'application à un ouvrage ôte le moyen de s'appliquer à un autre; que l'ordre même, qui est ce qui donne du jour aux livres, oblige de se renfermer dans ce qui est précisément nécessaire à la matière que l'on traite, afin d'éviter la longueur et l'obscurité, et de ne détourner pas l'esprit des lecteurs par des questions incidentes qui leur font perdre de vue le point principal où l'on a dessein de les conduire, il arrive par toutes ces raisons que l'on ne peut pas traiter toutes choses dans un même livre, que l'on se dispense absolument d'écrire sur certains points, et que l'on remet les autres à un autre lieu. Et comme c'est la raison même qui prescrit cette conduite, elle ne permet pas aussi aux personnes judicieuses et équitables d'en prendre avantage, ni de supposer que c'est par impuissance et par faiblesse qu'on s'abstient de traiter les choses qui n'entrent pas dans l'ordre auquel on s'est attaché.

Mais M. Claude, qui n'y regarde pas de si près, et dont le but est de profiter de tout et de déclamer sur tout, est bien éloigné d'entrer dans ces pensées d'équité. Tous les points non traités ou différés sont des principes pour lui et des vérités accordées. Et comme il s'attribue le don de pénétrer dans les intentions de ses adversaires, s'ils ne parlent point de quelque chose, c'est toujours par impuissance ou par artifice, c'est qu'*ils fuient cet examen comme un écueil* (p. 609).

C'est par ce droit de prendre pour lui tout ce qu'on n'examine pas, qu'il a si souvent insulté à l'auteur de *la Perpétuité* de ce qu'il ne répondait pas *un par un*, comme il parle, aux passages d'Aubertin, et qu'il trouve fort mauvais *qu'il ait dit que les livres des anciens sont rarement favorables aux calvinistes, même en apparence.*

Mais il n'y a point de lieux où il fait paraître cet esprit d'une manière plus fière qu'en ce qu'il a dit de Bertram, dont l'auteur de *la Perpétuité* n'avait pas voulu discuter à fond les sentiments dans son traité.

Les raisons que cet auteur avait apportées pour montrer que cet examen ne lui était pas nécessaire, étaient capables de satisfaire les moins raisonnables. Car ayant fait voir que Paschase n'avait proposé que la doctrine commune de son siècle, et que tous les auteurs contemporains établissaient clairement la présence réelle et la transsubstantiation, il en avait conclu avec raison que le sentiment de Bertram ne pouvait plus être considérable, quand même on prouverait qu'il aurait effectivement erré; parce *qu'il est très-possible qu'un théologien s'éloigne des sentiments communs de l'Église de son temps; et qu'il s'évapore en de vains raisonnements*; ce qu'il ne dit pas en avouant que Bertram soit tombé en effet dans l'égarement et dans l'erreur, comme M. Claude le lui impute; mais seulement pour montrer que quand il y serait tombé, on n'aurait pas lieu d'en conclure que la transsubstantiation ne fût pas la doctrine de l'Église de son temps.

M. Claude reconnaît lui-même qu'au douzième siècle on croyait universellement la présence réelle et la transsubstantiation dans l'Église latine. Cependant il prétend que Rupert a enseigné le contraire dans son livre des divins Offices. (J'ai appris qu'un savant religieux avait entrepris de lui faire voir qu'il se trompe, en justifiant Rupert.) Mais il est certain néanmoins qu'il y a dans cet auteur certaines expressions qui ont donné lieu de lui attribuer d'avoir nié, non la présence réelle, mais la transsubstantiation, et qui ont besoin d'être éclaircies par la comparaison de tous les autres passages où il parle de l'Eucharistie.

Ce serait donc aussi mal raisonner que de conclure que l'on ne croyait pas la présence réelle au neuvième siècle, de ce que Bertram l'aurait niée, ou, ce qui est véritable, de ce qu'il en a parlé obscurément dans un livre, que si on concluait que l'on ne croyait pas la transsubstantiation au douzième siècle, parce qu'un théologien comme Rupert en aurait parlé d'une manière obscure et embarrassée.

Ceux qui sont un peu versés dans la lecture des anciens savent que l'on trouve dans leurs livres certaines expressions difficiles, et quelquefois des erreurs manifestes et contraires à la doctrine de leur siècle, qui ne leur ont néanmoins jamais été reprochées. J'en ai déjà rapporté un exemple tiré de la Bibliothèque de Photius, qui est tout-à-fait étrange. Car s'il y eut jamais un auteur odieux, et que l'on n'ait eu aucun dessein d'épargner, c'est sans doute Théodore de Mopsueste. Tout l'Orient s'est élevé contre lui avec une ardeur prodigieuse. Il fut même anathématisé après sa mort, quoiqu'il ne l'eût point été pendant sa vie, ce qui a eu peu d'exemples et devant et après lui. On pourrait donc croire qu'il est sans apparence que l'on ait laissé passer des erreurs capitales de cet auteur sans les lui reprocher. Cependant il paraît par Photius (*Cod.* 177) qu'il avait fait un livre exprès contre la doctrine du péché originel, où il établissait purement et simplement le pélagianisme, sans que l'on voie que jamais cette erreur lui ait été reprochée par aucun de ses adversaires.

M. Claude conclura-t-il de là que l'on ne croyait pas le péché originel du temps de Théodore de Mopsueste?

Il y a sur le même sujet du péché originel un passage surprenant dans les ouvrages de Théodoret; et néanmoins on ne trouve point qu'on lui en ait fait un crime, quelque animé que l'on ait été contre lui, et de son temps, et depuis sa mort.

On trouve dans S. Hilaire un passage très-difficile sur les souffrances de Jésus-Christ, qui a été remarqué dans les siècles postérieurs, et qui sert maintenant de prétexte aux hérétiques pour affaiblir son autorité. Cependant il a été si peu remarqué au quatrième et au cinquième siècle, que S. Jérôme dit expressément des livres de S. Hilaire : *Hilarii libros inoffenso decurrat pede.*

Où voit-on que les ariens aient fait aucun usage de cette étrange expression qui se trouve dans le livre de Tertullien contre Hermogène (c. 3) : *Non tamen ideò Pater et judex semper, quia Deus semper. Nam nec Pater potuit esse ante Filium, nec judex ante delictum. Fuit autem tempus cùm et delictum et Filius non fuit, quod judicem, et qui Patrem Deum faceret.*

Quels triomphes ne ferait point M. Claude s'il avait trouvé un passage qui parût aussi formel pour le calvinisme que celui-là le paraît pour l'arianisme! Un arien qui raisonnerait comme lui ne conclurait-il pas aussitôt que la doctrine de l'éternité du Fils de Dieu n'était pas reçue du temps de Tertullien? Néanmoins il le conclurait très-mal, et à l'égard du siècle de Tertullien, où l'on n'en a pas douté, et à l'égard de Tertullien même, qui reconnaît la divinité du Verbe et l'unité de sa substance avec son Père, ce qui est inséparable de l'éternité, dans le livre contre Praxéas, quoique ce livre même soit plein d'expressions dures et incommodes, souvent de preuves fausses.

D'où vient que les pélagiens n'ont point aussi relevé ce que dit le même auteur en parlant des enfants (*de Bap.*, c. 18) : *Cur festinat innocens ætas ad remissionem peccatorum?* Étrange demande pour un homme qui aurait cru le péché originel! Cependant il le croyait, comme il paraît par le troisième chapitre du livre du Témoignage de l'âme, où il le reconnaît en termes formels par ces paroles : *Per quem homo à primordio circumventus, ut præceptum Dei excederet, et propterea in mortem datus, exinde totum genus de suo semine infectum, suæ etiam damnationis traducem fecit.*

Et c'est dans le même sens qu'il dit (*de Hab. mulier.*, c. 1) *qu'il faut que les femmes chrétiennes renoncent à la pompe des habits, afin que, représentant en leur personne Ève pénitente et pleurant sa faute, elles expient plus pleinement par un habit de pénitence ce qu'elles tirent d'Ève, savoir l'ignominie du premier péché, et le titre odieux d'avoir été cause de la perte du genre humain.* Qui ne s'étonnerait que les pélagiens ne se soient point servis du premier de ces passages, et que S. Augustin ne se soit pas servi des autres?

Le onzième livre de Facundus, évêque d'Hermiane, n'est qu'un recueil de passages difficiles des Pères sur l'incarnation, et sur l'unité de la personne de Jésus-Christ.

On en pourrait rapporter un grand nombre d'autres exemples. Mais ceux-là suffisent pour faire voir que quand on connaît l'opinion d'un siècle, on doit avoir peu d'égard ou au sentiment d'un auteur particulier qui s'en sera écarté, ou à des passages difficiles qui se rencontreront en quelque traité, ou au silence que l'on remarque dans les auteurs contemporains à l'égard de ces passages et de ces livres.

Tout cela conclut, non que Bertram ait en effet erré sur l'Eucharistie, mais que quand il aurait erré, ce serait une conséquence téméraire que de prétendre juger par son sentiment particulier de la foi de l'Église de son siècle, pourvu que l'on ait bien prouvé d'ailleurs que les fidèles de ce temps-là étaient dans la créance de la présence réelle.

CHAPITRE II.

Qu'il est très-possible que le livre de Bertram n'ait point été publié durant le neuvième siècle.

Ce que nous venons de dire prouve manifestement

qu'encore que le livre de Bertram eût été publié au neuvième siècle, néanmoins cet auteur n'ayant point eu de sectateurs, et n'ayant point fait de parti, il ne serait pas impossible que l'on n'en eût pas fait de bruit, et qu'il n'y eût pas été condamné, quoique peut-être ses amis n'eussent pas manqué de lui en faire des reproches qui ne seraient pas venus jusqu'à nous. Et quand nous avons dit qu'il n'en peut être arrivé de même des livres de Paschase, c'est à cause des circonstances particulières qui ne se rencontrent point dans le livre de Bertram; c'est parce que c'est un livre que M. Claude prétend avoir changé la créance de toute la terre; c'est parce que Paschase a témoigné au commencement de sa jeunesse, et à la fin de sa vie, qu'il n'avait enseigné que la doctrine commune de l'Église de son temps, et que personne n'avait jamais osé contredire ouvertement sa doctrine; ce qui eût été impossible si elle eût été nouvelle. C'est ce qui distingue étrangement le livre de Paschase de celui de Bertram; et qui fait qu'étant très-possible que le dernier ait été étouffé sans bruit, il est moralement impossible que le premier n'eût fait un très-grand éclat.

Mais outre cette hypothèse, on en peut encore faire une autre, qui est que le livre de Bertram n'ait été vu au neuvième siècle que d'un petit nombre de personnes; qu'il ne s'en soit fait que deux ou trois copies; ce qui ôterait tout sujet de s'étonner qu'on l'eût laissé passer si facilement. L'auteur de la *Perpétuité* propose cette conjecture, et il l'appuie du sentiment d'un professeur de Leyde, qui a fait imprimer un livre de Bertram avec des notes, où il l'approuve expressément. Mais M. Claude, qui ne souffre pas si patiemment qu'on lui dérobe ainsi ses avantages prétendus, s'élève contre l'un et contre l'autre avec distinction. Car comme il est excessif et violent dans ses mouvements, il se jette toujours dans les extrémités, et souvent dans des extrémités tout opposées. Tout est possible, tout est impossible quand il lui plaît, selon les diverses agitations de sa fantaisie. Il est possible que le livre de Paschase ait changé sans bruit la foi de tous les chrétiens; et il n'est pas possible que le livre de Bertram soit demeuré inconnu, qu'il n'eût pas été contredit s'il eût été connu au neuvième siècle. Il y a plaisir à le voir exagérer ces impossibilités chimériques; et c'est pourquoi j'aime mieux rapporter ses propres paroles, et y répondre en détail.

M. Claude. *Si le livre de Bertram n'avait point été publié au neuvième siècle, comment serait-il à la connaissance de Trithème au quinzième siècle? D'où nous viendraient les exemplaires qui s'en sont trouvés dans les bibliothèques?*

Réponse. M. Claude est admirable de nous faire de telles questions, et de ne prévoir pas de lui-même les réponses qu'on y peut faire. Une ou deux copies du livre de Bertram qui se sont peut-être faites de son temps, ne suffisent-elles pas pour en faire cinq ou six autres qui se sont trouvées dans les bibliothèques de l'Europe.º

M. Claude. *Est-ce qu'il a été publié dans les siècles suivants, dans l'obscurité du dixième, ou pendant les contestations de Lanfranc, pour favoriser le parti de Bérenger? Mais l'auteur ne veut pas que Bérenger s'en soit servi.*

Réponse. L'auteur de *la Perpétuité* qui ne dispose pas des faits comme M. Claude, ne veut rien proprement; il rapporte seulement ce qui est, que Bérenger ne s'est point servi du livre de Bertram sous le nom de Bertram; mais il ne dit pas qu'il ne s'en soit pas servi sous le nom de Jean Scot, et il a témoigné être assez porté à croire que le livre de Jean Scot était le même que celui qui porte présentement le nom de Bertram, quoiqu'il ne s'attache pas absolument à cette opinion comme si elle était tout-à-fait certaine.

M. Claude. *L'aurait-il été depuis les conciles qui condamnèrent Bérenger? Mais par quelle espèce de fidéicommis aurait-il passé du neuvième siècle jusqu'au douzième, pour être publié précisément dans le temps où la transsubstantiation avait gagné le dessus? Quelle apparence y a-t-il qu'on l'eût tenu caché dans les temps où on le pouvait produire sans crainte, pour le donner au monde dans un temps où l'on brûlait ces sortes de livres?*

Réponse. Les questions de M. Claude ont cela de commode, que quelque supposition que l'on fasse, elles sont toujours faciles à résoudre. On peut supposer que le livre de Bertram ait été connu avant ces conciles, puisqu'on peut dire avec toute sorte d'apparence que c'est le même que celui de Jean Scot, condamné au concile de Verceil. On peut aussi supposer, si l'on veut, qu'ayant été peu connu dans le neuvième siècle, il soit depuis demeuré inconnu jusqu'au douzième, et il n'y a que des gens qui raisonnent comme M. Claude qui puissent trouver en cela de l'inconvénient. Car combien y a-t-il de livres qui après être demeurés longtemps cachés par une pure négligence, ou par un hasard, lors même que l'on en aurait pu faire un plus grand usage, se découvrent dans un autre temps où ils ont bien moins d'effet? Il y a cent exemples de cette sorte. Mais ce qui fait que M. Claude trouve cela fort étrange, est que par une imagination assez plaisante il regarde les gens des divers siècles comme les mêmes personnes. C'est de là que vient l'étonnement qu'il témoigne, qu'un livre paraisse en un temps où il est moins utile, et qu'il ne paraisse pas en un autre où il aurait été davantage; comme si c'étaient les mêmes gens qui l'eussent supprimé en un temps, et qui l'eussent produit en un autre. Mais s'il lui eût plu de considérer que ceux du douzième siècle n'étaient pas ceux du dixième, ni du onzième, il aurait trouvé fort possible qu'un livre fût demeuré caché dans quelque bibliothèque durant un siècle, parce que les gens de ce temps-là ne se seraient pas avisés de s'y appliquer, et que dans un autre siècle des personnes plus curieuses en auraient fait faire des copies.

M. Claude. *Quelle raison pouvait empêcher qu'on ne publiât ce livre au neuvième siècle?*

RÉPONSE. La stérilité de l'esprit de M. Claude est tout-à-fait surprenante en cette rencontre, quoiqu'il soit d'ordinaire fort abondant. Car comme il ne s'agissait que de deviner des raisons possibles de la suppression de ce livre, et qu'il avait tout le champ de la vraisemblance, il en devait trouver cent pour une. Bertram eut peut-être craint de le publier lui-même; peut-être que ses amis l'en dissuadèrent; peut-être qu'après l'avoir donné à quelques-uns, personne ne prit la peine de copier un livre qui devait paraître au moins obscur à ceux qui étaient nourris dans la doctrine de l'Église; peut-être qu'il l'envoya à l'empereur, et que l'empereur ne le lut pas : peut-être qu'il le lut, et qu'il jugea que cet écrit ne devait pas être publié. Enfin il y a cent raisons qui ont pu empêcher le cours de ce livre; et si l'on ne peut pas les proposer comme certainement vraies, on ne peut pas aussi les rejeter sans témérité comme certainement fausses.

M. Claude. *Bertram composa son livre par le commandement de l'empereur, sur les contestations que l'opinion de Paschase avait émues. Jean Érigène avait fait le sien par le même ordre. Pourquoi aurait-on publié ce dernier si on voulait tenir l'autre caché? Quelle étrange bizarrerie de s'aller imaginer que de deux livres, dont l'un peut être excusé et tourné en un bon sens, comme l'auteur offre de le faire, l'autre est tout-à-fait inexcusable, puisqu'il fut brûlé deux cents ans après au concile de Verceil, l'on ait laissé paraître le dernier, et gardé l'autre par raison d'état?*

RÉPONSE. En ôtant à M. Claude les suppositions fausses ou téméraires, sa figure sera assez mal fondée. Qu'il retranche, par exemple, de son discours que *le livre de Bertram ait été fait sur les contestations excitées par le livre de Paschase;* car je lui ai montré que cette supposition était fausse; qu'il retranche que le livre de Jean Scot et celui de Bertram soient deux livres; car l'auteur de la dissertation qui précède celle-ci prouve au moins que cette supposition est incertaine; qu'il retranche que le livre de Jean Scot ait été publié au neuvième siècle; car il n'en sait rien, et il n'y a été cité de personne sous le nom de Jean Scot; qu'il retranche que le livre de Jean Scot fût tout à fait inexcusable, c'est-à-dire, comme l'entend M. Claude, que le mauvais sens y fût si clair que tout le monde l'y aperçut tout d'un coup; car ce n'est pas l'idée que nous en donne Ascelin, qui le compare à ces breuvages empoisonnés qui ne laissent pas de paraître doux, *quæ prius dulciter mulcent;* le livre de Bertram paraît de même inexcusable à plusieurs, et il ne serait nullement surprenant qu'il eût paru inexcusable aux Pères du concile de Verceil. Ainsi toutes ces différences que M. Claude prétend mettre entre le livre de Bertram et celui de Scot, et tous les raisonnements qu'il fonde sur ces fausses suppositions, sont de pures chimères; et tout ce qu'il représente comme impossible est non seulement possible, mais facile et ordinaire.

M. Claude. *On ne craignit point de .... scandaliser par le livre de Jean Scot. Et en effet personne ne s'en* ému, et il n'empêcha point que son auteur ne fût mis au nombre des saints après sa mort; *et on veut qu'on ait fort appréhendé ce scandale pour celui de Bertram. Raban, archevêque de Mayence, écrivit ouvertement contre Paschase; on disputait publiquement contre lui et contre ses sectateurs; ceux qui le défendaient parlaient fort doucement, et disaient qu'il fallait excuser sa simplicité; et après cela on aura gardé le secret pour le livre de Bertram! Y a-t-il rien de plus mal imaginé que cette conjecture politique?*

RÉPONSE. Que M. Claude dirait peu de chose, s'il ne disait que ce qu'il sait sur ce sujet! Mais son abondance vient du privilège qu'il se donne de dire ce qu'il ne sait point. Il ne sait point si l'on ne craignit pas de scandaliser le monde par le livre de Jean Scot, puisqu'il ne sait point s'il fut publié au neuvième siècle; il ne sait point si personne ne s'en émut, car toutes les émotions ne viennent pas toujours jusqu'à nous; il ne sait point s'il a été mis effectivement au nombre des saints : l'auteur de la dissertation précédente fait voir que cette sainteté prétendue est assez mal fondée; il ne sait point, au cas que cela fût vrai, si ceux qui l'y auraient mis étaient informés de ses sentiments sur l'Eucharistie, étant très-possible qu'ils n'en sussent rien, comme il est certain qu'ils ne savaient rien de ses autres rêveries; il ne sait point si Raban a écrit ouvertement contre Paschase; et on lui a fait voir qu'il y a toute sorte d'apparence qu'il n'a jamais songé à lui; il ne sait point si l'on disputait publiquement contre Paschase et ses sectateurs, car on ne sait point ce qui est faux; il ne sait point que l'auteur anonyme, qui excuse la simplicité de Paschase, entendît cela de sa doctrine, et non de ses expressions et de sa manière d'écrire, puisque cet auteur ayant la même foi que Paschase, n'a pas pu prendre la doctrine qu'il croyait être celle de l'Église pour une simplicité qui ait besoin d'excuse. Certainement des réponses si téméraires sont encore plus mal inventées que les conjectures dont M. Claude se moque.

Tout ce discours ne tend qu'à faire voir à M. Claude qu'il aurait dû se contenter de ce que l'auteur de *la Perpétuité* lui avait dit sur le sujet de Bertram : 1° qu'il est probable que ce livre a été supprimé au siècle où il a été fait; 2° qu'il est certain que l'on n'en peut pas conclure que la doctrine de la présence réelle ne fût pas celle du neuvième siècle; 3° que Bertram rend témoignage à cette doctrine par les expressions dont il se sert, et qu'il tire du langage commun de l'Église; parce qu'elles ne pouvaient être prises dans un autre sens que celui de la présence réelle par ceux qui s'en servaient.

Comme nous avons encore établi plus fortement ce même point en montrant que l'Église du temps de Paschase était dans cette créance; que Paschase n'a proposé que la doctrine commune; et que ces expressions ordinaires, que *le pain et le vin sont changés au corps et au sang de Jésus-Christ,* qu'ils sont *véritablement le corps et le sang de Jésus-Christ,* qui se trouvent dans Bertram, ne sont jamais prises, et n'ont pu se prendre que dans le sens de la transsubstantiation ; nous aurions encore plus de droit que l'auteur de la *Perpétuité* de considérer simplement Bertram comme témoin de la doctrine de l'Église, par ces expressions communes qu'il emprunte, et de nous mettre peu en peine de son sentiment particulier, dont on ne pourrait conclure autre chose sinon que ce théologien a erré ou n'a pas erré. Néanmoins comme M. Claude insulte sur ce sujet à l'auteur de la *Perpétuité* d'une manière tout-à-fait étrange, je veux bien entreprendre de dégager la parole qu'il a donnée de faire voir quand on voudra que l'on peut soutenir pour le moins avec autant d'apparence que Bertram était dans la créance commune de l'Église catholique, que les ministres soutiennent qu'il y était contraire, pourvu que M. Claude se souvienne que c'est sans obligation, sans nécessité, et sans prétendre m'engager par-là à le suivre dans toutes ses autres fantaisies, et sans reconnaître son principe, que tout ce qu'on ne traite pas est clairement pour lui.

CHAPITRE III.
Qu'il est certain que M. Claude n'entend point le livre de Bertram.

M. Claude se tient si assuré que Bertram est manifestement pour les calvinistes, que la promesse que l'auteur de la *Perpétuité* fait de montrer que cela n'est ni clair ni certain, lui cause une de ces convulsions de rhétorique qui lui sont assez ordinaires, et qui l'empêchent de faire réflexion à ce qu'il dit : L'*Auteur*, dit-il (p. 625), *nous assure qu'il nous fera voir quand nous voudrons que Bertram a cru la transsubstantiation et la présence réelle.* C'est déjà une fausseté ; car l'auteur de la *Perpétuité* n'a jamais fait cette promesse. Il s'est contenté de dire qu'il montrerait quand on voudrait qu'il n'est point clair qu'il l'ait niée. Il sait distinguer entre les choses certaines et incertaines ; il les place chacune en leur rang ; il fait scrupule d'assurer témérairement les choses dont il n'est pas entièrement assuré. Mais M. Claude n'est pas si exact dans ses paroles ; et il était difficile qu'il le fût dans l'humeur où il était, dont on jugera parce qu'il ajoute. *En vérité*, dit-il, *c'est un défaut assez étrange que de prendre trop de confiance en son esprit. Car dès qu'on en a, il n'y a rien dont on ne se croie capable. On tourne tout, on élude tout, on espère de donner des couleurs à tout. Il n'y a rien de si clair qu'on ne l'enveloppe de mille difficultés, ni rien de si certain qu'on ne réduise en problème. Faut-il prouver que le soleil n'éclaire pas en plein midi, ou que le ciel et la terre ne sont qu'une même chose ; ces génies si élevés ne trouvent pas cela difficile. Ils savent le secret de faire nager les oiseaux et de faire voler les poissons ; ils aplanissent les montagnes, et ils comblent les vallées ; rien n'échappe à la force de leur imagination. Ils ont plus de formes pour changer les choses, que le Protée des poëtes n'en avait pour se changer soi-même, et plus de couleurs qu'on n'en a donné aux caméléons.*

Je suis tout-à-fait fâché pour M. Claude de ce qu'il s'imagine que ce soit éloquent que de parler de la sorte. Mais comme c'est une maladie qui lui est tellement passée en nature, qu'il y a peu d'apparence qu'il m'en croie, je suis réduit à prier ses amis de l'avertir charitablement que ce genre d'écrire n'est pas supportable, et qu'il n'y a point de faute d'exactitude contre l'histoire, contre la chronologie, contre la langue, qui approche du défaut d'esprit qui paraît dans ces exagérations emportées.

Ils en useront comme ils le voudront, c'est leur intérêt et non pas le mien. Mais pour revenir à M. Claude, il n'y a qu'à lui dire tout simplement, que pour satisfaire à la promesse de l'auteur de la *Perpétuité*, il n'est point du tout besoin, ni de combler les vallées, ni d'aplanir les montagnes, ni de faire nager les oiseaux et voler les poissons, ni de confondre le ciel et la terre, ni d'obscurcir le soleil, puisqu'il ne faut que montrer que M. Claude n'entend point du tout le livre de Bertram, qu'il ne comprend pas seulement l'état de la question qui y est traitée, et qu'on n'en pouvait pas parler avec moins de lumière qu'il ne fait. Et c'est une chose bien facile.

Je puis dire même que je l'ai déjà prouvé par avance dans le huitième livre ; car on y a fait voir par des preuves convaincantes que Bertram n'a jamais attaqué directement Paschase, comme M. Claude le prétend ; que ce n'est point lui qu'il réfute ; que la question qui lui avait été proposée par Charles-le-Chauve, n'était point celle de la présence réelle ; que cette division des fidèles dont il parle, n'était point entre des gens dont les uns la soutiennent, les autres la niassent ; et enfin, que Bertram n'entreprend que de justifier deux points très-véritables en soi : l'un, *qu'il y a une figure dans l'Eucharistie ; que le corps de Jésus-Christ n'y est point découvert* ; c'est-à-dire, qu'il n'a point en soi la forme et les accidents du pain et du vin ; qu'il n'est point blanc, rond, rompu, brisé, divisé, comme le prétendaient ceux contre qui il écrit ; et qu'ainsi il y a quelque chose dans ce mystère outre ce que nous voyons, qui n'est aperçu que par les yeux de la foi ; et le second, qui est une suite du premier, que *cet objet sensible qui frappe nos sens, est distingué du corps naturel de Jésus-Christ né de la Vierge*, que l'on conçoit au-dedans ; c'est-à-dire, que le sacrement n'est pas la chose du sacrement, et que le voile n'est pas la chose voilée et couverte de ce voile. C'est ce qui paraît par la proposition même qu'il en fait. *Quod in Ecclesiâ ore fidelium sumitur, corpus et sanguis Christi quæritvestræ magnitudinis excellentia in mysterio fiat, an in veritate; id est, utrùm aliquid secreti contineat quod oculis fidei solummodò pateat; an sine cujusquam velatione mysterii hoc aspectus intueatur corporis exteriùs, quod mentis visus inspiciat interiùs?*

On y a fait voir que ces deux points étaient effectivement niés par des catholiques de ce temps-là, et qu'il y en avait qui portaient la doctrine de la transsubstantiation jusqu'à dire qu'il n'y a point du tout de voile et de figure dans l'Eucharistie ; que l'objet de la foi n'était point distingué de l'objet des sens ; et qu'il n'y avait aucune différence entre l'extérieur et l'intérieur du sacrement, mais que l'on voyait et que l'on touchait proprement le corps même de Jésus-Christ. Et l'on peut recueillir de divers lieux de cet ouvrage que cette opinion, quoique difficile, tombe néanmoins assez naturellement dans l'esprit, puisqu'il semble que c'est celle d'Anastase Sinaïte, et de ces autres Grecs qui ont dit depuis que le corps de Jésus-Christ était corruptible dans l'Eucharistie; de sorte qu'il n'y a pas lieu de s'étonner qu'il se soit trouvé des gens au neuvième siècle, qui aient conçu l'Eucharistie en la manière qu'elle a été conçue par plusieurs Grecs.

On y a fait voir enfin que Paschase condamne aussi bien que Bertram ces deux opinions; qu'il soutient que ce que nous voyons immédiatement est une figure et une représentation du corps de Jésus-Christ, et que ce n'est pas le corps de Jésus-Christ même. *Est autem figura vel character hoc quod exteriùs sentitur ; sed totum veritas et nulla adumbratio hoc quod interiùs percipitur. (De Corp. et Sang. Dom., c. 4.)*

Il s'ensuit de là que dans les passages où Bertram ne fait autre chose que condamner ces opinions, il est absolument conforme à Paschase, et il ne dit rien de contraire à la transsubstantiation et à la présence réelle.

Cependant il se trouve que tous les passages que M. Claude produit pour montrer que Bertram combat la transsubstantiation, ne contiennent autre chose que l'improbation de ces deux opinions, comme il est facile de le faire voir par les passages mêmes.

Le premier passage de Bertram qu'il produit est celui-ci : *Je demande à ceux qui ne veulent point reconnaître ici de figure, et qui veulent que tout s'y passe simplement et en vérité; je leur demande, dis-je, à quel égard a été fait le changement, afin que ce ne soit plus du pain et du vin, comme c'était auparavant, mais le corps et le sang de Jésus-Christ? Car selon l'espèce de la créature, et la forme des choses visibles, si le pain et le vin n'ont rien changé en soi, et ils n'ont souffert aucun changement, ils ne sont donc pas autre chose que ce qu'ils étaient auparavant.*

Mais ce passage prouve tout le contraire de ce que prétend M. Claude; car 1° ces gens à qui Bertram fait cette question, et dont il dit qu'ils ne voulaient point reconnaître de figure dans l'Eucharistie, ne sont point Paschase et ses disciples, qui disaient formellement le contraire. C'étaient des gens qui disaient que le corps de Jésus-Christ avait en soi la forme de pain et du vin; et qu'ainsi il n'y avait point de différence entre ce qui était vu et ce qui était conçu par la foi. Or prouver que cette opinion n'est pas véritable, comme fait Bertram, aussi bien que Paschase, ce n'est pas combattre la présence réelle.

Dire, comme Bertram fait en ce lieu, qu'il ne s'est point fait de changement extérieur, c'est-à-dire que l'objet des sens n'est point changé, n'est pas nier qu'il ne s'en fasse point d'intérieur et de caché à l'égard de la substance. Et en effet, les termes dont il se sert restreignent nettement le changement qu'il nie à l'apparence extérieure : *Selon*, dit-il, *l'espèce de la créature, et la forme des choses visibles, le pain et le vin n'ont rien de changé* : « *Secundùm speciem namque creaturæ, formamque rerum visibilium, utrumque, hoc est, panis et vinum, nihil habent in se permutatum.* » Ce qu'il avait exprimé un peu devant en ces termes : *Nihil enim hìc tactu, vel colore, vel sapore permutatum esse deprehenditur.* Mais s'ensuit-il de là qu'il n'admette point de changement intérieur? Nullement. Et il est certain, au contraire, qu'il en admet un, au moins en paroles, pour se conformer au langage de l'Église.

Car il admet une différence entre l'intérieur et l'extérieur de l'Eucharistie : *Exteriùs quidem panis quod ante fuerat forma prætenditur, color ostenditur, sapor accipitur. Ast interiùs longè aliud multòque pretiosius, multòque excellentius intimatur, quia cœleste, quia divinum, id est, Christi corpus ostenditur, quod non sensibus carnis, sed animi fidelis contuitu vel aspicitur, vel accipitur, vel comeditur.*

Le passage que M. Claude propose ensuite n'est pas plus propre pour établir ce qu'il prétend.

Hìc jam, dit Bertram, *suboritur quæstio, quam plurimi proponentes, loquuntur non in figurâ, sed in veritate illa fieri.* Car il est clair par Bertram que ces gens dont il parle entendaient ces paroles en ce sens, qu'il n'y avait aucune figure ni aucun voile dans l'Eucharistie, et que l'objet des sens et celui de la foi n'étaient point distingués; c'est-à-dire que le corps de Jésus-Christ était vu par les yeux aussi bien que par la foi. *Hoc*, disaient-ils, *aspectus intuetur exteriùs, quod mentis visus inspiciat interiùs.* C'est ce qu'ils appelaient être fait en vérité; et c'est pourquoi ils définissaient la vérité en cette manière : *Veritas est rei manifestæ demonstratio, nullis umbrarum imaginibus obvelatæ.* Et toute figure, ou de paroles, ou de choses, était contraire, selon eux, à cette vérité.

C'est pour réfuter cette pensée que Bertram dit : *Si secundùm quosdam nihil hìc figuratè accipitur, sed totum in veritate conspicias, nihil hìc fides operatur, quia nihil hìc spirituale geritur, sed totum in veritate conspicitur.*

C'est de cette opinion qu'il conclut que l'*Eucharistie ne serait pas un mystère si elle était sans aucune figure, puisqu'elle n'aurait rien de caché, rien d'éloigné des sens corporels, rien de couvert d'un voile*; ce qui serait dans le dernier degré d'impertinence, si l'on supposait que Bertram eût écrit ces paroles contre l'opinion de Paschase, qui enseigne expressément que Jésus-Christ est caché dans ce mystère, qu'il est éloigné des sens, et qu'il est couvert d'un voile.

Après ce passage, M. Claude propose celui-ci, qui est une réflexion que Bertram fait sur un passage de S. Augustin : *Cernimus quod S. Augustinus dicit, aliud sacramenta, et aliud res quarum sunt sacramenta; corpus quidem in quo passus est Christus, et sanguis ejus qui de latere fluxit, res sunt, harum verò rerum mysteria dicit esse sacramenta corporis et sanguinis quæ celebrantur ab memoriam dominicæ passionis.*

Qu'est-ce qu'il y a de difficile en cela, selon l'hypothèse de l'opinion que Bertram combat? Ces gens qu'il réfute enseignaient qu'il n'y avait point de différence entre le sacrement, c'est-à-dire le voile, et le corps de Jésus-Christ. Et Bertram prouve par S. Augustin que le sacrement est distingué du corps de Jésus-Christ et n'est appelé le corps de Jésus-Christ qu'en figure. C'est ce que dit Bertram dans ce passage, et ce n'est point de quoi il s'agit. Il s'agit si ce voile et ce sacrement, qui est le corps de Jésus-Christ en figure et en signe, ne contient point intérieurement le corps même de Jésus-Christ; si la foi ne l'y découvre point par une vue non imaginaire, mais véritable, et qui connaît ce qui est. C'est ce que ce passage ne dit pas; et c'est ce que Bertram dit en d'autres lieux par des expressions très-fortes, et qui signifient naturellement la foi catholique, quoiqu'il en corrompe peut-être le sens par des explications forcées.

Bertram a donc raison d'enseigner en ce passage que les sacrements pris pour les seuls signes, pour les seuls voiles (car c'est ainsi qu'il a dû prendre nécessairement les termes dans cette dispute) sont appelés *le corps et le sang de Jésus-Christ à cause de la ressemblance qu'ils ont avec les choses qu'ils signifient, comme la pâque et la résurrection de Jésus-Christ sont appelées du nom des jours où ces mystères se sont accomplis, encore que Jésus-Christ n'ait souffert et ne soit ressuscité qu'une seule fois en soi-même.*

Il a raison de dire avec S. Augustin que *de même nous disons que le Seigneur est immolé, lorsqu'on célèbre le sacrement de la Passion, bien qu'il n'ait été immolé qu'une fois pour le salut du monde*; puisqu'en prenant le terme d'immolation pour l'action du sacrifice qui prive de vie la victime, l'immolation mystique et non sanglante de Jésus-Christ dans le sacrement n'est que la figure de la mort actuelle par laquelle Jésus-Christ a consommé son sacrifice. C'est un langage propre et nécessaire dans la question qu'il traitait, où il s'agissait de distinguer le sacrement pris pour le signe extérieur du corps de Jésus-Christ même, contre ceux qui les confondaient; étant bien certain que dans ce sens il n'est le corps de Jésus-Christ qu'en figure et improprement.

Les auteurs le plus certainement catholiques ne parlent pas autrement, et la glose du décret dit expressément (*de Consec.*, dist. 2, *hoc est*) que *le sacrement*, c'est-à-dire le signe et le voile, *n'est le corps de Jésus-Christ qu'improprement*. Et Thomas Valdensis enseigne dans un article exprès (*de Sacram. Euch.*, quæst. 52, p. 87, *fol. verso*) que ce que l'on voit de blanc et de rond n'est pas le corps de Jésus-Christ; de sorte que l'on ne doit pas s'étonner de ce langage dans Facundus, ni dans S. Augustin, et encore bien moins dans Bertram, qui y était obligé par la question même qu'il traitait.

Le quatrième passage n'est pas plus fort en soi, mais il est fortifié par un assez grand nombre de falsifications. M. Claude supprime d'abord ces paroles qui en sont la clé, et qui en déterminent le sens : *Dicant qui nihil hìc volunt secundùm interiùs latentem veritatem accipere, sed totum quod apparet visibiliter æstimare*, qui font voir que Bertram réfute d'autres gens que Paschase, à qui l'on ne peut imposer sans folie qu'il ne reconnaissait rien dans le sacrement que ce que les yeux y voyaient. Il supprime ces autres paroles : « *Secundùm quid commutatio facta?* » *Selon quoi le changement est-il fait?* qui marquent qu'il était constant entre les deux partis qu'il y avait un changement dans l'Eucharistie; mais que les uns le voulaient extérieur et visible, ce qu'ils appelaient corporel, et que Bertram ne le voulait qu'invisible, ce qu'il appelle spirituel.

Après ces suppressions, M. Claude propose ce que dit Bertram en ces termes : *Ces créatures, à l'égard de leur substance, sont après la consécration ce qu'elles étaient auparavant. Elles étaient du pain et du vin, et l'on voit qu'elles demeurent en cette même espèce. Le changement qui arrive donc ici est interne par la puissance du S.-Esprit. Ce que la foi regarde nourrit l'âme, et lui communique une substance de vie éternelle.*

On peut premièrement avertir en passant M. Claude que les dernières paroles sont mal traduites. Car il y a dans le latin : *Est ergo interiùs commutatum, quod fides aspicit, animam pascit, æternæ vitæ substantiam subministrat*; ce qui se doit traduire ainsi : *Il y a donc quelque chose de changé intérieurement, que la foi regarde, qui nourrit l'âme, et qui lui communique un soutien et une force qui la conserve dans l'éternité.*

On le peut avertir en second lieu que les premières ne le sont guère mieux. Car il n'y a pas, comme M. Claude le suppose : *Secundùm creaturarum substantiam, quod fuerunt ante consecrationem, hoc et postea sunt;* il y a *consistunt*; ce qui signifie une consistance extérieure à l'égard des sens, et ne marque autre chose sinon que nos sens aperçoivent toujours le même objet, qu'ils n'y voient rien de changé. Et que M. Claude ne fasse pas de force sur le mot substance, *secundùm creaturarum substantiam*, comme si ces paroles marquaient précisément que la substance intérieure de pain demeure; car ces paroles sont expliquées dans ce passage même par celles-ci : *Panis et vinum priùs extitere; in quâ etiam specie jam consecrata permanere videntur in specie panis, et consistere in substantiâ panis*, sont la même chose dans le langage de Bertram, et ne signifient autre chose sinon qu'il ne se fait aucun changement visible et corporel de l'objet sensible. S'il admet ou n'admet pas en effet la transsubstantiation, c'est une autre question; mais ce n'est pas par ces paroles qu'il le faut prouver. La fin du passage fait voir évidemment que par le mot *substantia* il n'entend pas toujours la matière, ni le sujet des accidents. Car cette expression *æternæ vitæ substantiam subministrat* ne signifie nullement que l'Eucharistie fournit la matière de la vie éternelle. Le mot de *substantia* se prend donc à peu près dans la première partie du passage comme dans la dernière, avec cette seule différence, que dans la dernière il est appliqué à une chose spirituelle, et ainsi il signifie ce qui entretient l'âme, ce qui la soutient, ce qui la maintient dans son

(Trente-sept.)

état; et dans la première partie étant appliqué à une chose extérieure et sensible, il signifie l'état sensible de cette chose corporelle, comme permanent et subsistant. Et par-là il est visible qu'on ne peut rien conclure de ce passage, et que M. Claude n'est pas heureux dans le choix qu'il en a fait.

Enfin le dernier passage prouve aussi peu que les autres, puisqu'il ne marque autre chose que la différence entre le sacrement, l'antitype ou le voile, et le corps naturel de Jésus-Christ; et qu'il ne faut que se souvenir que le but de Bertram est de réfuter des gens qui disaient qu'il n'y avait rien de caché, rien de figuratif dans l'Eucharistie : *Nihil abditum, nihil opertum, qui totum quod apparet visibiliter æstimabant.* C'est donc pour réfuter ces gens que Bertram dit que *le pain qui est appelé le corps de Jésus-Christ et le calice qui est appelé son sang sont des figures, parce que c'est un mystère, et qu'il y a grande différence entre le corps qui est par mystère, et le corps qui a souffert, qui a été enseveli, qui est ressuscité. Celui-ci est le propre corps du Sauveur, auquel il n'y a ni figure, ni signification, mais l'évidence de la chose même. Les fidèles désirent de jouir de sa vue, parce qu'il est notre chef, et qu'en sa vue consiste le rassasiement de nos cœurs. Car le Père et lui ne sont qu'un : ce qu'il faut entendre non à l'égard du corps que le Sauveur a pris, mais à l'égard de la plénitude de la divinité qui habite en Jésus-Christ homme. Mais le corps mystique est une figure non seulement du corps propre de Jésus-Christ, mais aussi du peuple fidèle. Car il porte la figure de l'un et de l'autre corps de Jésus-Christ; c'est-à-dire de Jésus-Christ qui est mort et ressuscité, et du peuple qui a pris en Jésus-Christ une nouvelle naissance par le baptême, et qui a été vivifié d'entre les morts,* etc. A quoi il faut ajouter que ce pain et ce calice qui sont appelés le corps et le sang de Jésus-Christ sont un mémorial de la passion ou de la mort du Seigneur, comme il s'est expliqué lui-même dans l'Évangile, disant : *Faites ceci en mémoire de moi.*

Il faudrait copier tout le livre, dit M. Claude, *si l'on voulait produire tout ce qu'il y a de formel contre la transsubstantiation.* Mais en vérité si ce livre ne contenait autre chose que cela, il en pourrait copier tant qu'il voudrait, sans donner des preuves que de son peu de discernement; puisqu'il ne faut qu'entendre quelles sont les questions qui sont traitées dans ce livre pour n'y trouver aucune difficulté. Et c'est pourquoi je pense avoir satisfait déjà à une partie de la promesse de l'auteur de *la Perpétuité,* en faisant voir que les avantages que M. Claude a prétendu tirer de ce livre sont si mal fondés, que les passages qu'il en produit ne prouvent rien moins que ce qu'il prétend.

CHAPITRE IV.
En quoi consiste la véritable difficulté du livre de Bertram.

Si j'étais de l'humeur de M. Claude, après avoir montré combien il a peu de raison de triompher sur le sujet de Bertram, j'en demeurerais là, et je prétendrais avoir droit de mettre cet auteur au rang des écrivains orthodoxes, puisque M. Claude a si mal réussi à l'en séparer. Mais pour moi je crois que la sincérité demande qu'on ne tire pas avantage de la faiblesse de son adversaire. Il faut juger des livres par les livres mêmes, et non par les sentiments que les autres en peuvent avoir. Or en considérant ainsi celui de Bertram, je me sens obligé de reconnaître qu'il est difficile de juger quelle a été en effet son opinion sur l'Eucharistie. De sorte que je ne trouve nullement étrange que les personnes de lettres aient été partagées sur son sujet, et que les uns l'aient pris pour catholique, les autres pour sacramentaire.

Ce ne sont pas les passages de M. Claude qui sont le fondement de ce doute. Il n'a pas seulement vu la difficulté, il s'est imaginé sans raison que Bertram combattait directement Paschase et la présence réelle; ce qui est très-faux. Mais voici ce qui fait le plus grand embarras et la plus grande obscurité de ce livre.

Il est certain que Bertram considère deux choses dans l'Eucharistie, l'une extérieure, l'autre intérieure; il est certain qu'il admet un changement; il est certain qu'il dit que cette chose intérieure est le corps de Jésus-Christ : *Ille panis qui per sacerdotis ministerium Christi corpus efficitur, aliud exteriùs humanis sensibus ostendit, et aliud interiùs fidelium mentibus clamat. Exteriùs quidem panis quod ante fuerat forma prætenditur, color ostenditur, sapor accipitur. Ast interiùs longè aliud, multò pretiosius, multòque excellentius intimatur ; quia cœleste, quia divinum; id est, Christi corpus ostenditur, quod non sensibus carnis, sed animi fidelis intuitu, vel aspicitur, vel accipitur, vel comeditur.*

Il dit la même chose du symbole du vin : *Quid enim aliud in superficie quàm substantia vini conspicitur? Gusta, vinum sapit ; odora, vinum redolet ; inspice, vini color intuetur : at interiùs si conspiceas, jam non liquor vini, sed liquor sanguinis Christi credentium mentibus, et sapit dùm gustatur, et agnoscitur dùm conspicitur, et probatur dùm odoratur,* etc.

Il comprend l'un et l'autre généralement par ces paroles : *Exteriùs igitur quod apparet non est ipsa res, sed imago rei ; mente verò quod sentitur et intelligitur, veritas rei.*

Il est certain que jusque-là ces expressions sont très-favorables aux catholiques : car encore que les calvinistes les aient corrompues et les aient détournées à des sens faux, il est visible que dire que l'on voit le corps de Jésus-Christ par les yeux de la foi dans l'Eucharistie, c'est dire qu'il y est réellement et véritablement. Car la foi ne voit que ce qui est : la foi est une lumière toute véritable; elle n'est point trompeuse, elle ne sent, elle ne voit, elle ne prend, elle ne goûte que ce qui est. *Voyez un peu,* dit S. Bernard (Serm. 3, *de Epiph.*), *que la foi est clairvoyante, et qu'elle a des yeux perçants!* Elle connaît le Fils de Dieu lorsqu'il est encore à la mamelle; elle le connaît sur la croix; elle le connaît mourant. Mais en tout cela elle ne connaît néanmoins que des réalités. Jésus-Christ enfant, Jésus-Christ attaché à la croix, Jésus-Christ mourant, n'était pas Dieu en figure, mais en vérité. Quand on dit donc que la foi goûte, sent, voit, connaît intérieurement le corps de Jésus-Christ dans l'Eucharistie, on dit qu'il y est véritablement et réellement, puisqu'il y est l'objet de la plus certaine et de la plus véritable de toutes nos connaissances.

Et en effet, Bertram se sert dans ce même lieu de la connaissance de la foi pour marquer une connaissance véritable qui a pour objet la réalité. Il dit qu'il y a deux choses dans le baptême : l'une qui est l'objet des sens, l'autre qui est l'objet de la foi. Il suppose que l'une et l'autre est réellement dans le baptême : *Cognoscitur ergo in isto fonte et inesse quod corporis sensus attingat, et idcircò mutabile atque corruptibile; et rursùs inesse quod fides sola conspiciat, et ideò nec corrumpi posse, nec vitæ discrimen accipere. Si requiras quod superficie tenus lavat, clementum est; si verò perpendas quod interiùs purgat, virtus vitalis est, virtus sanctificationis, virtus immortalitatis.*

Si donc, selon Bertram, le corps de Jésus-Christ est dans l'Eucharistie, comme la vertu de guérir les âmes est dans le baptême, il y est réellement puisque la vertu de guérir l'âme est, selon Bertram, réellement dans l'eau du Baptême. C'est pourquoi le même Bertram semble ne reprendre dans la foi de ceux qu'il combat que ce seul point, qu'*ils voulaient que le corps et le sang de Jésus-Christ fussent visibles.* Car après avoir proposé leur opinion en ces termes : *Hic etiam surgit auditor, et dicit corpus esse Christi quod cernitur, et sanguinem qui bibitur, nec quærendum quomodò factum sit,* il approuve ce sentiment en disant : *Benè quidem sentire videris;* mais avec exception de la visibilité du corps de Jésus-Christ. *Sed si vim verborum diligenter inspexeris, corpus Christi quidem, sanguinemque fideliter credis. Sed si perspiceres, non crederes, quia quod credis nondùm vides; nam si videres, diceres : Video, non diceres : Credo corpus sanguinemque esse Christi. Nunc autem quia fides totum quidquid illud est aspicit, et oculus carnis nihil apprehendit, intellige quòd non in specie, sed in virtute corpus et sanguis Christi existunt quæ cernuntur.*

Ce lieu, ce semble, explique ce que c'est, selon Bertram, qu'être le corps de Jésus-Christ *en vertu*. C'est ne l'être pas aux yeux du corps; c'est ne l'être pas *in specie*; c'est l'être comme objet de la foi, qui est d'elle-même toujours véritable; c'est l'être d'une manière réelle, mais invisible, comme les vertus et les facultés qui sont dans les choses sans y être vues; c'est l'être non visiblement, comme il dit lui-même, mais par l'efficace invisible du S.-Esprit : *Non quidem visibiliter, sed operante invisibiliter Spiritu sancto.* Et par-là on pourrait expliquer quantité d'expressions ambiguës, qui sont d'elles-mêmes capables d'un bon sens, comme quand il dit que le changement ne se fait pas corporellement, mais spirituellement; qu'il ne faut rien considérer *corporellement* dans ce breuvage, mais qu'il faut tout regarder *spirituellement :* « *Nihil in potu isto corporaliter sentiendum, sed totum spiritualiter attendendum.* »

On peut encore ajouter que ce sens ne serait pas suffisamment détruit parce qu'on peut alléguer que Bertram dit que la manne du désert était convertie au corps de Jésus-Christ : *Ipse namque qui nunc in Ecclesiâ omnipotenti virtute panem et vinum in sui corporis carnem, et proprii cruoris undam spiritualiter convertit, ipse tunc quoque manna de cœlo datum, et aquam de petrâ profusam proprium sanguinem invisibiliter operatus est.* Car ces paroles marquent si clairement un changement véritable, qu'à moins que Bertram n'en ait abusé d'une manière bien étrange, on doit conclure qu'il a cru, non seulement que le pain et le vin étaient réellement changés au corps et au sang de Jésus-Christ, mais aussi qu'il s'est imaginé que la manne et l'eau du désert étaient aussi réellement changées au corps et au sang de Jésus-Christ.

Et qu'on ne dise pas que ce sentiment est trop incompréhensible pour l'attribuer à Bertram, et qu'il est inconcevable qu'il ait cru que la manne fût changée au corps de Jésus-Christ avant qu'il fût incarné; car il se fait lui-même cette objection, et il avoue que son sentiment est en effet incompréhensible. *Mirum, dit-il, certè quoniam incomprehensibile et inæstimabile. Nondùm hominem assumpserat, nondùm pro salute mundi mortem gustaverat, nondùm sanguine suo nos redemerat; et jam nostri patres in deserto per escam spiritualem potumque invisibilem ejus corpus manducabant et ejus sanguinem bibebant.* Ainsi, selon ces paroles, tout sentiment compréhensible n'est pas celui de Bertram; et cette opinion que la manne du désert était changée au corps de Jésus-Christ, lui peut être imputée avec d'autant plus d'apparence, qu'elle est incompréhensible. En attribuant donc cette pensée à Bertram, on ne lui attribuera qu'une pensée qu'il exprime en termes formels, et sur le sujet de laquelle il forme et résout à sa mode l'objection toute naturelle que l'esprit forme sur l'heure.

Mais, nonobstant ces preuves, qui portent à juger que Bertram a cru que le corps et le sang de Jésus-Christ étaient présents invisiblement, mais réellement, dans l'Eucharistie, il faut reconnaître néanmoins qu'il y a de certains lieux dans cet auteur où il semble dire que le corps de Jésus-Christ que la foi découvre dans l'Eucharistie n'est que l'esprit de Jésus-Christ et la puissance du Verbe : *Hinc in consequentibus,* dit-il, *quia spiritus Christus, ut legimus, spiritus ante faciem nostram Christus Dominus, patenter ostendit secundùm quod habeatur corpus Christi, videlicet secundùm id quod sit in eo spiritus Christi, id est, divini potentia Verbi, quâ non solùm animam pascit, sed etiam purgat.*

A quoi l'on pourrait aussi rapporter quantité d'autres lieux qui se trouvent dans cet auteur, qui semblent marquer que par la chair spirituelle il n'entend que la puissance du Verbe jointe au pain : *Non enim anima quæ corde hominis præsenti loco significatur, vel escâ corporeâ, vel potu corporeo pascitur, sed Verbo Dei nutritur.* Et de même en un autre lieu : *Est ergo in illo pane vita quæ non oculis apparet corporeis, sed fidei contuetur aspectu. Verbum autem Dei, qui est panis invisibilis invisibiliter in illo existens Sacramento, invisibiliter participatione sui mentem vivificando pascit.*

Si l'on s'en tient à ce sens, il faudra changer celui de toutes les expressions précédentes ; comme on sera au contraire, obligé en demeurant dans le premier sens, de dire que par cette puissance du Verbe, et cet esprit de Jésus-Christ qu'il dit être dans le pain, il n'entend pas simplement le Verbe et le S.-Esprit, mais le Verbe joint au corps de Jésus-Christ et opérant par ce corps, et le S.-Esprit produisant invisiblement le corps de Jésus-Christ; et que quand il dit que c'est le Verbe qui nourrit les âmes dans l'Eucharistie, il n'entend pas le Verbe seul, mais le Verbe se servant de l'instrument de la chair de Jésus-Christ. Ce que l'on pourrait appuyer par ces paroles du même auteur : *Secundùm invisibilem substantiam, id est, divini potentiam Verbi, corpus et sanguis verè Christi existunt*; où il représente la puissance du Verbe comme la cause de ce que le corps de Jésus-Christ est véritablement dans l'Eucharistie. Et ainsi il ne serait pas difficile de trouver des sens à toutes ces expressions les plus dures. Il s'agit seulement de juger lesquels seront les plus probables, ou de ces sens catholiques, ou de ces sens calvinistes. C'est ce que je ne déciderai point, parce que je croirais autant blesser la sincérité en assurant comme certaines des choses obscures, que si je proposais comme vraies des choses que je crusse certainement fausses.

Mais ce que je sais bien est que, de quelque manière qu'on explique cet auteur, le sens qu'on donnera à ces expressions sera toujours un peu forcé et contraire à la nature. J'avoue que c'est s'exprimer assez durement et peu naturellement que de se servir de ces mots d'esprit de Jésus-Christ, de puissance du Verbe, pour marquer le Verbe uni au corps de Jésus-Christ, ou le corps même de Jésus-Christ dans un état spirituel et opérant par le Verbe ; mais il n'est guère naturel aussi de dire que Bertram par ces paroles : *Sicut ergo paulò antequàm pateretur panis substantiam et vini creaturam convertere potuit in proprium corpus quod passurum erat, et in suum sanguinem qui post fundendus extabat*, n'ait voulu signifier autre chose sinon qu'il les changea en un pain et en un vin remplis du Verbe, ou de l'esprit de Jésus-Christ. Car du pain et du vin remplis du Verbe ne sont pas le propre corps et le propre sang de Jésus-Christ, et ce sens ne peut venir dans l'esprit que par de longs raffinements ; bien loin de pouvoir être celui de toute l'Église, qui n'a jamais entendu par le propre corps et le propre sang de Jésus-Christ que ce qu'entendent les catholiques, comme nous l'avons fait voir.

C'est parler étrangement contre la nature que de dire, comme fait Bertram : *Non enim putamus ullum fidelium dubitare panem illum fuisse Christi corpus effectum*, s'il avait voulu dire simplement que Jésus-Christ y avait imprimé la vertu du Verbe.

Ç'aurait été tromper le monde que d'avouer, comme il fait, toutes ces propositions, que l'Eucharistie est *verum corpus Christi* ; qu'elle est *verè corpus Christi* ; qu'elle est *in veritate corpus Christi* ; et substituer à toutes ces expressions cette idée métaphysique qu'elle est le corps de Jésus-Christ, parce qu'elle contient son esprit, parce que Jésus-Christ est esprit ; ce qui donnerait au plus lieu de dire qu'elle est l'esprit de Jésus-Christ, mais non pas qu'elle est son corps.

Il est donc vrai qu'en quelque sens qu'on prenne Bertram, c'est un auteur embarrassé. S'il est catholique, c'est un catholique qui s'est mal expliqué ; s'il est calviniste, c'est un homme qui déguise ses sentiments par des expressions fausses, trompeuses, et qui ne signifient rien moins que ce qu'il dit. Mais de savoir à quel parti il le faut ranger, c'est un procès qui sera encore apparemment longtemps à décider, avant que tout le monde en convienne. Pour moi, qui aime mieux les doutes de retenue que des décisions téméraires, je ne m'oppose proprement ni à ceux qui le font catholique, en le prenant en un bon sens, ni à ceux qui le font calviniste, en l'expliquant en un autre sens. Mais je m'oppose à la fierté avec laquelle M. Claude parle d'une question de critique, qui est certainement obscure, et aux avantages imaginaires qu'il prétend tirer de la supposition que Bertram fût dans le sentiment des calvinistes.

C'est ce que j'ai fait voir être contre le bon sens et la raison. L'auteur de *la Perpétuité* ne s'était pas engagé à davantage ; ainsi voilà sa parole pleinement dégagée sur ce sujet.

CHAPITRE V.
De deux auteurs anglais qui ont imité les expressions de Bertram.

Bertram étant tel que nous l'avons représenté, c'est une suite toute naturelle, et que l'on doit prévoir de soi-même, qu'il aura été condamné par les uns, et expliqué par les autres en un bon sens. Quand un homme n'est pas visiblement séparé de la communion de l'Église, ou que ses ouvrages n'ont pas été condamnés en particulier sur un point, ou que l'on en ignore la condamnation, on n'y regarde pas de si près, et l'on ne se porte pas facilement à le soupçonner d'erreur. Cela arrive non seulement quand il y a de l'obscurité et de l'embarras, comme dans le livre de Bertram ; mais lors même qu'il ne paraît pas qu'il y en ait, et qu'il semble que le mauvais sens est tout évident ; tant l'opinion que l'on a qu'un auteur est orthodoxe sur un point est capable d'imposer.

Photius, par exemple, pouvait-il raisonnablement douter que Théodore de Mopsueste n'eût voulu combattre la doctrine du péché originel dans un livre dont il rapporte l'extrait en ces termes : *J'ai lu*, dit-il (cod. 127), *le livre de Théodore d'Antioche (qui est l'évêque de Mopsueste, comme il paraît par ses lettres), dont le titre est : Contre ceux qui disent que l'homme pèche par nature et non par volonté. Or les dogmes de cette secte sont que les hommes pèchent par* NATURE *et non par* VOLONTÉ *; ce qu'ils entendent, non de la nature dans laquelle Adam avait été créé au commencement, car ils disent qu'elle était bonne, comme étant l'ouvrage de Dieu plein de bonté, mais de celle qu'il a eue après son péché, l'ayant par sa prévarication rendue mauvaise* ae bonne, et mortelle d'immortelle qu'elle était auparavant.... Le second dogme qu'ils tirent de ce premier, est que *es enfants, quoique nouvellement nés, ne sont pas exempts de péché, parce que la nature ayant été corrompue par le péché d'Adam, cette nature corrompue passe, comme ils disent, à tous ses enfants.*

Il dit que ces hérétiques se servaient, pour établir leur opinion, de ce passage : *Seigneur, j'ai été conçu dans l'iniquité*, et des autres semblables, et qu'ils employaient, pour l'autoriser, le *baptême et la communion du sacré sang que l'on donne pour la rémission des péchés, comme ayant le même effet dans les enfants.*

Qui ne voit que ce second point est proprement la doctrine catholique du péché originel, que Théodore attribue à des hérétiques, et que le premier n'est que la même doctrine catholique mal exprimée et déguisée par des termes odieux?

Cependant cela semble si orthodoxe au bon Photius, qu'il ajoute que Théodore fait très-bien de détester ces doctrines : Καὶ Θεοδῶρος ἐν μὲν γε ποιεῖ ἀποπεμπόμενος αὐτά ; et qu'il avait de fort bonnes raisons pour réfuter ces opinions pleines de blasphèmes.

Faut-il donc conclure de là que Photius ne croyait pas le péché originel ? Nullement. Car le contraire paraît clairement par l'extrait qu'il fait du concile de Carthage, où il met en termes formels (cod. 5, 3), entre les dogmes pélagiens condamnés par ce concile, que *les enfants n'aient point besoin de baptême, comme ne tirant point d'Adam de péché originel.*

D'où vient donc que Photius étant dans ces sentiments a pu prendre le livre de ce Théodore pour orthodoxe ? C'est que son préjugé lui a imposé. Il n'a pas songé qu'il pouvait avoir eu une doctrine différente de celle de l'Église, et il a mieux aimé supposer qu'il combattait des ennemis chimériques, que de l'entendre littéralement. Or ce qui est arrivé à Photius est arrivé apparemment à une infinité d'autres, qui, étant prévenus de la doctrine catholique, et lisant ensuite ce livre de Théodore, n'ont pas osé lui en imputer une autre, et ont mieux aimé se former des nuages pour l'excuser.

Qui s'étonnera donc qu'il en soit arrivé de même à Bertram, dont l'erreur, s'il en a eu quelqu'une, est infiniment moins visible, et peut être plus facilement excusée par des explications favorables ? Qui ne s'étonnerait au contraire si cela n'était pas arrivé, et si quelqu'un n'avait emprunté ses expressions sur l'Eucharistie, quoiqu'en les prenant dans le sens de l'Église ?

Ainsi messieurs les ministres, et surtout M. Claude, témoignent peu d'équité et de bonne foi en prétendant tirer de grands avantages de ce que l'on trouve ces termes obscurs de Bertam employés par un ou deux auteurs anglais, par un Elfric, par l'auteur de certains sermons anglais, et par un Vuffllin, que l'on fait évêque de Sarisbery. Je laisse Vuffllin, tant parce qu'il ne contient que ce qui est dans les deux autres, que parce que l'auteur de la dissertation précédente s'inscrit en faux contre ce passage, qui n'est point aussi cité par Aubertin, quoiqu'il n'ait pas accoutumé de négliger ce qui lui peut être tant soit peu utile.

On peut remarquer sur le sujet des autres, 1° que de ce que d'une part il est constant que Jean Scot se retira en Angleterre, et que de l'autre il se trouve qu'il n'y a que des Anglais qui aient emprunté les paroles de Bertram, on peut tirer une conjecture assez vraisemblable que Bertram et Jean Scot ne sont que la même personne, et surtout que ce n'est point Ratram, religieux de Corbie, qui est auteur de ce livre, puisqu'il serait assez étrange qu'étant Français, et étant mort en France, son livre n'eût été cité que par des Anglais.

2° Quand il serait vrai que Jean Scot, retiré en Angleterre, y aurait fait un ou deux disciples, et que ces disciples auraient copié son livre, en le prenant même dans un mauvais sens, que s'ensuivrait-il de là ? Serait-ce une chose fort étonnante qu'un homme dans l'erreur eût eu quelques sectateurs ; et ne serait-il pas ridicule d'opposer ces deux ou trois personnes à tout le reste de l'Église ?

3° Ces passages tirés d'Elfric et de ces sermons, étant bien entendus, ne peuvent servir qu'à prouver que les paroles les plus dures de Bertram peuvent être prises en un bon sens.

Car qu'y a-t-il de plus clair que ces paroles qui s'y trouvent ? *Natura panis est corruptibilis, et per divini Verbi virtutem verè Christi corpus et sanguis est, non tamen corporaliter, sed spiritualiter.*

Qu'y a-t-il de plus clair que ce qu'on y lit ? *Quare ergo vocatur sacra illa Eucharistia corpus Christi et sanguis, si non sit id verè quod vocatur? Panis quidem et vinum per missam sacerdotum consecrantur; rem aliam humanis sensibus foris ostendunt, rem aliam fidelium animis intùs declarant, foris videntur panis et vinum cùm in specie, tùm in sapore* (remarquez que *in specie* signifie *selon l'apparence*, et a rapport au sens de la vue, comme saveur au sens du goût), *sunt tamen verè post consecrationem corpus Christi et sanguis ejus per spirituale Sacramentum.*

Car ces paroles, par lesquelles M. Claude croirait se pouvoir échapper, n'excluent nullement la réalité, comme il paraît par ce qui est dit plus bas touchant le baptême : *Nos modò in hâc unâ creaturâ duas res conspicimus, quâ illa juxta naturam rerum est aqua corruptibilis, et juxta mysterium spirituale virtutem habet salutiferam.* Or, selon cet auteur, le baptême a réellement cette vertu, quoiqu'il l'ait *juxta spirituale mysterium.* Et par conséquent l'Eucharistie aussi est véritablement et réellement le corps de Jésus-Christ, quoiqu'elle le soit *per spirituale Sacramentum.* Que veulent donc dire ces paroles ? Elles veulent dire que l'Eucharistie n'est pas le corps de Jésus-Christ par sa partie extérieure, mais par ce que le sacrement a d'invisible et de caché. Et c'est ce que cet auteur appelle plus bas VÉRITÉ SPIRITUELLE, en ces termes : *Illa Eucharistia temporaria est, non æterna, corruptibilis, eritque minutatim divisibilis, inter dentes manditur, et in secessum mittitur ; verum tamen erit juxta veritatem spiritualem tota in omni parte.* Et ensuite : *Multi corpus illud sacrum recipiunt, eritque tamen juxta spirituale Sacramentum in omni parte totum ; licèt aliquot homines minùs participent, haud erit tamen plus virtutis in majori parte quàm in minori, quoniam in omnibus erit hominibus juxta invisibilem virtutem integra.*

Ainsi, selon l'auteur de ces sermons, *juxta Sacramentum spirituale, juxta veritatem spiritualem, juxta invisibilem virtutem*, sont termes synonymes. Il ne s'agit plus que de savoir ce que c'est que cette vertu spirituelle. Or, c'est ce qui est marqué en termes formels par ces paroles : *Sacramentum hoc est arrha et typus, Christi corpus veritas est*. C'est donc le corps de Jésus-Christ qui est cette vertu invisible, cette vérité spirituelle du sacrement.

Et ce qui prouve manifestement que l'auteur de ces sermons a pris ces paroles en ce sens, sont les miracles qu'il rapporte, après avoir proposé ce qu'il veut prouver par ces miracles, en cette manière : *Est quidem, sicut diximus, Christi corpus, ejusque sanguis non corporaliter, sed spiritualiter. Ne disputetis qui hoc fieri possit, sed quòd ita fiat, vestrâ id fide teneatis*. C'est donc une chose difficile à croire, selon cet auteur, que l'Eucharistie soit le corps de Jésus-Christ *spiritualiter*. C'est une chose qui paraît impossible à la raison : *ne disputetis qui fieri possit*. Or, jamais personne ne s'est avisé de trouver impossible que le pain fût la figure de Jésus-Christ, et que Dieu s'en servît moralement pour nous communiquer ses grâces. Ce n'est donc pas ce que cet auteur entend par être le corps de Jésus-Christ spirituellement.

Ensuite de cela, l'auteur rapporte deux miracles : l'un tiré de la vie des Pères, l'autre de celle de S. Grégoire, qui est aussi marqué par Jean Diacre, auteur de sa Vie. Ce miracle est qu'une femme que S. Grégoire était prêt de communier, ayant fait paraître qu'elle doutait que le pain consacré fût le corps de Jésus-Christ, S. Grégoire obtint de Dieu que l'Eucharistie lui parût changée en chair ; ce qui la guérit de son incrédulité.

Il est certain que ce que cette femme ne pouvait croire, était que le pain qu'elle avait elle-même pétri fût changé réellement au corps de Jésus-Christ. Et par conséquent l'effet du miracle sur son esprit, étant de lui persuader le contraire de son doute, était de lui faire croire que le pain était invisiblement et réellement changé au corps de Jésus-Christ.

Je n'examine pas ici si ces miracles sont vrais ou faux ; s'ils ont été inventés par Paschase, comme M. Claude le dit avec sa témérité ordinaire, ou si Dieu les a faits pour confirmer l'opinion de l'Église soutenue par Paschase. L'unique conséquence que j'en tire est que ceux qui rapportent ces miracles n'avaient pas le doute qu'ils croyaient que Dieu avait confondu par un miracle; qu'ils n'étaient pas semblables à cette femme, dont Jean Diacre rapporte qu'elle se moquait de ce qu'on disait que le pain qu'elle avait elle-même fait était le corps de Jésus-Christ, et qu'ils croyaient ce que ce miracle, qu'ils supposent vrai, était capable de persuader à ceux devant qui il aurait été fait.

Or, y a-t-il quelqu'un assez endurci pour ne se sentir pas porté à croire la présence réelle si Dieu avait voulu confondre son infidélité par un prodige semblable? C'est donc là ce que ce miracle persuade; c'est ce qu'a dû croire Jean Diacre qui le rapporte ; c'est ce qu'a cru l'auteur de ces sermons, qui le rapporte aussi bien que lui.

Cette conséquence est si claire, que M. Claude, quelque hardi qu'il soit, ne l'a pas osé désavouer entièrement. Car voici de quelle manière il en parle. *On trouve*, dit-il, *ce ramas de nouveaux miracles de l'invention de Paschase et de ses sectateurs dans ces sermons catholiques traduits par Elfric. Ce qui marque manifestement l'une de ces deux choses : ou que ces bonnes gens ne prenaient point ces miracles pour des preuves de la transsubstantiation, mais seulement pour des confirmations de la présence mystique et efficace de Jésus-Christ au sacrement, qui se donnait à connaître par ces visions ; ou qu'ils ne savaient guère bien ce qu'ils croyaient de ce mystère, prenant ainsi de toutes mains ce qu'on en disait, l'ancienne doctrine soutenue par Bertram, et les miracles que semaient les innovateurs.*

M. Claude n'est donc pas assuré que ces gens ne crussent pas la transsubstantiation, et qu'ainsi ils n'expliquassent en un autre sens que lui les paroles de Bertram. Or quand on voit que M. Claude doute de quelque chose qui lui serait avantageuse, on en doit conclure qu'il faut qu'elle approche extrêmement de l'évidence. C'est pourquoi l'opinion de l'auteur de ces sermons étant établie par ces preuves indubitables, il est facile d'adoucir la dureté de celles qu'ils empruntent de Bertram. Il dit, par exemple (In notis ad Eccles. Hist. Bed., l. 5, c. 22) : *Multum distat inter corpus illud, in quo Christus passus est, et corpus illud quod in Eucharistiam consecratur. Corpus quidem illud in quo Christus passus est, de carne. Mariæ nascebatur, cum sanguine ossibusque, cum pelle nervisque, in membris humanis spiritu rationale animatum : corpus autem suum spirituale, quod vocamus Eucharistiam de granis multis absque sanguine et osse, absque membro et animâ colligitur. Nihil autem inest præterea intelligendum corporaliter, verùm omne est spiritualiter intelligendum.* Mais cela se peut réduire à un bon sens. Car, quoique peut-être cet auteur ne se fût pas porté à se servir de ces expressions s'il ne les eût trouvées dans Bertram, il paraît néanmoins qu'il ne distingue l'Eucharistie du corps de Jésus-Christ que par sa partie extérieure, qui en est en effet distinguée; et qu'outre cette partie extérieure il admet une partie intérieure, qu'il dit être *veritas spiritualis*, et qu'il déclare être le corps de Jésus-Christ, *Christi corpus est veritas*.

C'est dans ce sens qu'il dit qu'outre l'objet sensible il ne faut rien concevoir corporellement dans l'Eucharistie, mais tout spirituellement : *Nihil autem inest præterea intelligendum corporaliter, verùm omne est spiritualiter intelligendum.* Or quelle est cette autre chose qu'il faut concevoir être spirituellement dans l'Eucharistie? C'est, selon cet auteur, la vérité du corps de Jésus-Christ, comme il le déclare expressément en ces termes : *Natura panis est corruptibilis, et vinum corruptibile, sed per divini Verbi virtutem,* VERE *Christi corpus et sanguis ejus.*

Il est clair, de plus, que cet auteur n'oppose pas le mot de spirituel au terme de réel, mais au terme de visible. Et c'est pourquoi il se sert indifféremment de ces mots de *vertu spirituelle,* et de *vertu invisible*; de sorte que quand il dit que l'Eucharistie est véritablement le corps de Jésus-Christ, non corporellement, mais spirituellement, cela veut dire qu'elle l'est véritablement, non visiblement, mais invisiblement.

Que si cet auteur et le prétendu Elfric disent aussi bien de la manne que du pain et du vin de l'Eucharistie, qu'elle était changée au corps et au sang de Jésus-Christ : *Non passus erat adhuc, veruntamen panem illum in corpus ejus proprium, et vinum illum in sanguinem suum per invisibilem virtutem mutavit, prout ante fecit in deserto, antequàm in hominem nasceretur, quando escam cœlestem in carnem suam, et aquam illam de petrâ fluentem, in corpus ejus proprium mutaverat;* il n'y a pas lieu de s'en étonner. Ils ont emprunté de Bertram ce langage extraordinaire et inouï. Et peut-être que comme Photius n'a jamais bien compris le sens des paroles de Théodore de Mopsueste que nous avons rapportées, quelque habile qu'il fût ; de même ces copistes de Bertram n'ont peut-être jamais bien compris le sens de ses paroles qu'ils ont trouvées. Il y a des gens qui ne citent rien plus volontiers des auteurs que ce qu'ils n'entendent pas; et après tout elles ne sont pas plus difficiles en eux que dans Bertram. Et l'on peut dire en un mot à l'égard de tous les trois, ou qu'ils ont eu ce sentiment incompréhensible, comme leurs paroles le portent, ou qu'ils ont parlé très-peu exactement, et d'une manière fort contraire à la nature.

En ce cas rien n'empêche de croire que ce n'est qu'une expression négligée et imparfaite, dans laquelle ils ont renfermé deux choses fort inégales, en marquant ce qu'elles ont de commun, sans marquer la différence. La manne était la même viande que l'Eucharistie, comme dit Paschase, et elle ne l'était pas ; elle l'était en figure, elle ne l'était pas en réalité. Ainsi la manne et l'Eucharistie sont corps de Jésus-Christ spirituellement, mais en deux manières fort différentes. La manne l'est spirituellement en figure, l'Eucharistie l'est spirituellement en vérité, en réalité. Ces auteurs, qui se sont copiés, ont exprimé le rapport, ils ont tû les différences, n'étant occupés qu'à distinguer la partie extérieure de l'Eucharistie du corps naturel de Jésus-Christ. J'avoue que ces expressions sont dangereuses et trompeuses, mais il n'y aurait point de vérité qu'on ne détruisît, si l'on voulait former ses sentiments sur ces expressions imparfaites que l'on rencontre quelquefois dans les Pères sur tous les mystères. Et c'est pourquoi comme l'auteur de *la Perpétuité* a eu raison d'établir ce principe, que le langage commun de tous les Pères et de toutes les nations ne peut pas être contraire à la nature et

à la raison, et d'en faire le fondement de la certitude que l'on peut avoir du sentiment des anciens Pères; il a eu raison aussi d'en établir un autre qui n'est pas moins nécessaire ni moins solide, qu'il échappe quelquefois aux auteurs des expressions peu exactes, et même des raisonnements peu justes, sur lesquels il ne faut régler ni ses paroles ni sa créance.

On peut faire encore une réflexion très-importante pour empêcher qu'on ne soit surpris et choqué de la manière dont ces Anglais parlent du pain et du vin qui servent de matière à l'Eucharistie, même après la consécration ; et cette remarque se peut appliquer à quelques lieux semblables qui se trouvent dans les Pères. C'est que les mêmes objets et les mêmes choses se peuvent souvent considérer de différents biais, et par de différentes idées qui produisent des impressions fort différentes sur l'esprit.

Car il y a des idées philosophiques, exactes, métaphysiques, distinctes; et il y a des idées populaires, grossières, confuses. Concevoir la transsubstantiation philosophiquement et par des idées philosophiques, c'est concevoir la cessation de la substance du pain, la substitution du corps de Jésus-Christ, la permanence des accidents, des apparences sensibles ; c'est philosopher sur la nature des accidents. Mais la concevoir populairement et par une idée commune et confuse, c'est concevoir ce que l'esprit conçoit quand on dit que le pain demeure *extérieurement,* et qu'il est changé *intérieurement;* que le pain est changé au corps de Jésus-Christ par un changement invisible et spirituel.

Il est certain que quoique ces deux manières de concevoir ce mystère conviennent dans le fond, elles font néanmoins des effets très-différents sur l'esprit. Les idées philosophiques l'appliquent aux difficultés, les lui mettent devant les yeux, et l'obligent à un certain langage. On ne voit plus de pain et de vin quand on ne parle que d'accidents ; et ainsi on n'est point porté à s'exprimer par les termes qui désignent le pain comme subsistant.

Mais quand on dit que dans l'Eucharistie le pain est *changé intérieurement* et *demeure extérieurement,* quoique l'on dise la même chose, néanmoins ces mêmes difficultés ne se présentent point du tout à l'esprit, on ne songe point aux accidents, on conçoit du pain et du vin qui subsistent, et on désavoue ensuite ce que cette idée a de faux, en disant qu'ils sont changés intérieurement. Comme quand on dit que le roi Louis XIII est mort, le mot de *roi* présente à l'esprit un roi vivant ; mais on désavoue ensuite par le mot de *mort* la vie qu'il avait dans notre idée.

Or il est certain que non seulement Bertram et ces auteurs qui le suivent, mais même les anciens Pères, ont conçu l'Eucharistie par cette idée populaire, qui n'oblige point du tout à penser à des accidents sans sujet. Et il est certain que c'est l'idée par laquelle le peuple se la représente, et généralement tous ceux qui ne sont pas nourris dans la scolastique. Il est donc certain aussi que comme les manières de concevoir les choses sont la source des expressions, on a dû parler de l'Eucharistie selon sa partie extérieure comme étant du pain et du vin, et qu'on a dû en dire, comme fait l'auteur de ces sermons, qu'elle est composée de plusieurs grains, qu'elle est corruptible, divisible. Tout cela convient à cette idée : mais on désavoue tout ce que ces expressions pourraient avoir de mauvais, en disant qu'elle est le corps de Jésus-Christ véritablement, et que le pain est véritablement changé au corps et au sang de Jésus-Christ.

EXTRAIT DU LIVRE D'AGAPIUS,

INTITULÉ : *LE SALUT DES PÉCHEURS.*

De la preparation à la sainte communion.

Lorsque le divin Moïse, qui avait été honoré de la vue de Dieu même, descendit de la montagne de Sinaï, les Israélites ne purent supporter l'éclat de son visage, qui jetait des rayons comme le soleil ; et il fut obligé de le couvrir afin que chacun le pût aborder. C'est ce qu'a pratiqué le céleste Moïse Notre-Seigneur Jésus-Christ. Il nous a retirés comme Moïse de la cruelle servitude de l'Égypte, *et il a couvert ensuite sa substance toute divine et toute brillante de lumière, sous ces accidents et ces apparences du pain et du vin,* afin que nous ne fussions pas épouvantés de l'immense clarté et de la gloire infinie de sa divine grandeur. O don sans bornes et sans mesure ! ô bienfait ineffable ! ô inépuisable source d'une joie qui ne se peut exprimer ! c'est avec raison ô Sion spirituelle, notre véritable mère, que vous vous glorifiez d'un si grand et si admirable présent que le ciel vous fait. Quelle sera donc la magnificence de votre appareil ! quels seront vos ornements ! Il serait juste que vous bâtissiez de superbes temples, de riches tabernacles, des trônes et des colonnes dorées ; que vous préparassiez des tables d'un prix inestimable ; que vous couvrissiez vos murailles de broderies d'or ; que tout fût éclatant de lumières, et que vous fissiez les plus grands et les plus riches préparatifs qu'il soit possible de s'imaginer pour honorer ce saint et adorable mystère. Il n'y a point de magnificence dont il ne soit digne. Mais encore vous fassiez tout ce que vous pourrez, ce ne sera rien au prix de ce qu'il mérite. Quand vous épuiseriez tout ce que l'art des hommes peut inventer, vous n'augmenteriez de rien la grandeur et le prix infini *de ce pain.* Il tire son prix et sa grandeur de lui-même. Il la communique à toutes choses, et n'en reçoit aucune de ce qui est hors de lui. C'est ce pain qui sanctifie et qui honore les prêtres, les tables et les ciboires. Et qui s'en étonnera, puisque ce mystère contient en soi *celui qui a créé tout le monde,* et qui est une mer infinie de perfections ? Ce qui fait dire à David : *Le Seigneur est grand ; il mérite des louanges infinies, et sa grandeur n'a point de bornes.*

Puis donc que la grandeur de Dieu est sans mesure, il n'est pas possible que nous augmentions la perfection de ce pain divin. Tout esprit est accablé, tout œil est ébloui de sa majesté ; et ce Dieu plein de bonté qui nous l'a donné, nous a fait en cela un présent si grand et si admirable, qu'étant impossible que nous lui en rendions jamais de dignes actions de grâces, il est nécessaire que nous en demeurions ingrats. Il serait juste que j'expliquasse ici les effets et les opérations de ce sacré et admirable mystère ; mais ce serait un discours infini et une mer inépuisable, que la petitesse de ce livre ne peut renfermer. Je me contenterai donc de décrire la préparation qu'il y faut apporter, et ce que doit faire celui qui désire de participer à ce pain céleste. Et c'est ce qui est le plus nécessaire, parce qu'il a cela de propre, que la sainteté qu'il communique et les grâces que l'on y reçoit sont proportionnées à la préparation que l'on y apporte. Les causes, selon les philosophes, opèrent selon les dispositions qu'elles rencontrent dans les sujets. Le feu agit autrement sur le bois sec que sur le bois vert. Ainsi Jésus-Christ, qui est dans ce mystère, communique et produit ses grâces dans ceux qui le reçoivent, selon leur disposition et leur préparation. Et comme il donne de grands secours à ceux qui le reçoivent dignement, ainsi il donne la mort à ceux qui y participent avec indignité. Car, comme dit S. Jean Damascène, tout ce que le pain terrestre fait sur le corps des hommes, ce pain céleste le fait sur les âmes ; mais avec une efficace beaucoup plus grande. Comme la nourriture corporelle affermit, fortifie, et fait croître les corps qui n'ont point de maladie, mais leur nuit infiniment lorsqu'ils sont malades et pleins de mauvaises humeurs, ce qui fait que les médecins ordonnent aux malades de ne manger point pendant qu'ils sont en cet état ; de même cette nourriture divine produit des effets tout semblables dans les âmes. Car dans les personnes vertueuses et religieuses qui s'y sont préparées comme il faut par la pénitence et la confession, elle produit une vie véritable et éternelle ; mais dans les pécheurs et les impies, qui n'ont pas la conscience pure, qui n'ont pas fait pénitence et ne sont pas confessés comme il faut, et qui n'ont pas satisfait à tous leurs autres devoirs, elle leur apporte des dommages infinis, elle cause la mort à leurs âmes; elle leur attire les châtiments de Dieu, comme elle a fait au traître Judas et à plusieurs autres. C'est un feu qui consume les indignes ; et ceux-là sont du nombre des indignes, qui ne se sont pas purifiés par la sainte confession, ou qui n'ont pas accompli fidèlement ce qui leur a été imposé par le père spirituel.

Mais pour les personnes que l'on doit estimer dignes, ce sont celles qui s'y disposent en la manière que nous allons marquer.

Et premièrement vous devez savoir que pour obtenir cette disposition, les soins et les efforts des hommes et des anges ne suffisent pas, si la grâce de Dieu tout-puissant ne vous assiste. Et c'est pourquoi vous le devez invoquer avec un ardent désir, et une profonde humilité, afin qu'il soit votre conducteur et votre secours, qu'il purifie la maison où il doit venir faire sa demeure. Nous voyons que lorsqu'un roi sort de la ville royale pour quelque sujet pressant, et que dans le voyage on doit rencontrer quelque village, il ne souffre pas que ce soient les gens de ce village qui lui préparent le lieu où il doit loger, ou parce qu'il ne les en juge pas dignes, ou parce qu'ils n'ont pas tout ce qui lui est nécessaire ; mais il y envoie ses serviteurs avec tout l'équipage qui est nécessaire à sa personne royale. C'est ce qu'il faut que nous demandions par nos prières à notre commun maître, en le conjurant que puisque par l'excès de sa miséricorde il veut bien entrer dans une maison aussi souillée que la nôtre, il y envoie premièrement les armées et les puissances célestes, afin qu'elles préparent la maison où le Roi céleste doit entrer.

Secondement, il faut que nous ayons la conscience pure de tout péché mortel, selon ce que dit le prophète : *Je laverai mes mains entre les innocents* ; ce qui nous avertit de nous purifier de nos péchés avant que de nous approcher de l'autel. C'est pour ce sujet que l'Apôtre nous fait de si terribles menaces. *Celui*, dit-il, *qui mange ce pain et qui boit ce calice indignement sera coupable*, et le reste de ce qui est écrit dans le onzième chapitre de la première Épître aux Corinthiens. Et par ces paroles il nous apprend que ceux qui communient en état de péché sont semblables aux Juifs qui ont crucifié Jésus-Christ, puisque les uns et les autres pèchent contre le même corps du Sauveur. Quand deux choses contraires se rencontrent, qu'en peut-il arriver sinon que la partie la plus faible est brisée et écrasée ? Mais quand elles sont semblables, elles s'unissent et deviennent une même chose. Un fer se joint à un autre fer ; mais il n'est pas possible de joindre le feu avec l'eau, sans faire périr l'un ou l'autre. Lors donc que par le moyen de ce pain l'homme est joint à Dieu, il n'est pas possible que dans cette union s'il y a quelque partie corrompue, elle ne périsse. Car comment ce Dieu plein de bonté *pourrait-il demeurer uni* avec un homme plein de malice ; ce Dieu qui est la pureté même, avec une âme toute corrompue et toute souillée ; ce Dieu humble, avec une âme superbe ; ce Dieu plein de douceur, avec une âme pleine de fiel et d'amertume ; ce Dieu de miséricorde, avec une âme inhumaine et impitoyable ; ce Dieu exempt de tout péché, avec une âme remplie de péchés et digne de toute sorte de châtiments ? Il faut donc qu'il y ait au moins quelque petite ressemblance entre Dieu et celui qui y participe, afin qu'ils puissent se joindre ensemble. Tous les péchés y servent d'empêchement, et sont contraires à ce sacré mystère : mais il y en a deux qui y sont particulièrement opposés, et qu'il faut ainsi que chacun ait soin particulièrement d'éviter : qui sont la haine et l'impureté.

Quant au premier, ce pain est le mystère de l'union et de la charité ; et c'est par son moyen que les fidèles sont rendus participants d'une même nourriture et d'un même esprit, et qu'ils sont faits un par la charité. Et si cela est, quelle plus grande injustice peut-on commettre que d'aller avec un cœur plein de division et de haine prendre le mystère de l'unité ? Qui que vous soyez qui voulez approcher de cette table, gardez-vous bien de le faire avant que d'avoir accompli ce que le Seigneur a ordonné, en disant : *Lorsque vous offrez votre présent à l'autel, si vous vous souvenez que vous avez donné quelque sujet de scandale à votre frère, laissez-là votre présent et allez premièrement vous réconcilier avec votre frère, et ensuite vous offrirez votre présent, après que vous aurez ainsi satisfait à ceux que vous aurez offensés*; et lorsque vous vous serez préparé de cette sorte, allez vous asseoir à cette table céleste. Si vous vous en approchez dans une autre disposition, le maître du festin vous dira : *Mon ami, comment êtes-vous entré ici sans avoir la robe nuptiale*, c'est-à-dire la charité qui couvre la multitude des péchés? Et ne l'ayant pas, que pourrez-vous répondre pour vous excuser ? Voulez-vous entendre quel sera l'arrêt que le Seigneur prononcera contre vous? *Qu'on lui lie*, dira-t-il, *les pieds et les mains, et qu'on le jette dans les ténèbres extérieures.*

Le second péché opposé particulièrement à ce mystère est celui des pensées déshonnêtes, et l'impureté du corps, parce que *ce sacré pain contient en soi cette chair* toute pure et virginale qui a été engendrée par Marie toujours vierge et toujours pure. Ainsi il faut que celui qui désire communier soit pur de corps et d'esprit. Que s'il arrive que durant son sommeil il ait eu quelque image et quelque ressentiment des plaisirs du corps, la loi l'oblige de se priver ce jour-là de la sacrée communion, et même du pain bénit et de tout ce qui est consacré particulièrement à Dieu. Car si dans la vieille loi une seule illusion obligeait un homme de sortir tout un jour du camp et de l'assemblée du peuple, combien plus est-on obligé de s'abstenir de la participation de Dieu même ! Et non seulement il faut s'en abstenir pour les péchés mortels, mais aussi pour de moindres fautes, parce qu'elles refroidissent toujours la chaleur de la piété, qui est la meilleure préparation pour ce mystère. Il est donc utile qu'il s'en abstienne autant qu'il pourra, même pour ces sortes de fautes, afin de faire croître son désir et sa piété. Mais qu'il se donne bien de garde de manger ce pain céleste sans se confesser s'il se sent coupable d'un péché mortel. S'il est si misérable que de le faire, qu'il sache qu'il jette un feu et des charbons ardents dans son âme, et qu'il se condamne lui-même avec le traître Judas aux supplices éternels.

C'est ce que doivent craindre ceux qui communient sans se confesser par la crainte de déplaire aux hommes, et pour se conserver la réputation de vertueux; ce qui est particulièrement ordinaire aux femmes qui, ne craignant pas de s'abandonner, ne laissent pas, toutes souillées qu'elles sont, de s'approcher de la sainte communion, afin de ne pas donner de soupçon à leurs maris. Misérables femmes que vous êtes! votre premier crime n'était rien en comparaison de celui-ci. Vous n'aviez violé qu'un commandement du Seigneur; mais ici vous méprisez et vous crucifiez avec les Juifs le Dieu de toutes les créatures; et c'est là le plus grand de tous les péchés. Il vaut donc bien mieux vous en abstenir avec crainte, jusqu'à ce que vous y puissiez participer avec le conseil de votre père spirituel, que non pas que vous receviez de Dieu un jugement de condamnation au lieu de bénédictions et de grâces. Que si vous ne trouvez point de prétexte pour cacher la chose à votre mari, il vaut mieux qu'il vous tue, s'il est assez cruel et assez impitoyable pour le faire, que non pas que vous communiiez indignement. Si vous recevez ici une mort temporelle, vous serez délivrée dans l'autre vie des tourments qui ne finiront jamais.

Mais que dirai-je de ces prêtres exécrables qui ont l'impudence de toucher avec leurs mains souillées ce très-pur et très-sublime Roi de gloire, que les anges n'oseraient regarder en face, et devant qui ils se tiennent les yeux baissés pleins de respect et de tremblement? Quel excès d'effronterie! Comment ne craignez-vous point, misérables que vous êtes, que la foudre ne tombe du ciel pour vous consumer? Comment avez-vous la hardiesse, étant indignes comme vous êtes, d'offrir encore cette terrible victime? Vous continuez de sacrifier de peur que le monde ne vous méprise, si vous quittez votre ministère. Mais ne vaudrait-il pas mieux que le monde vous méprisât durant un peu de temps, que d'être éternellement dans la compagnie des démons?

Y a-t-il un plus grand péché que celui de mépriser volontairement et de propos délibéré la souveraine majesté de Dieu? Quelques meurtres, quelques adultères, quelques autres crimes que vous ayez commis, vous pouvez en obtenir le pardon par la pénitence, parce qu'ils naissent de la corruption de la chair et de la tentation du démon. Mais pour offrir le sacrifice en cet état, qui est-ce qui vous y force, qui est-ce qui vous y contraint? Peut-être parce que vous êtes pauvres, et que vous n'avez pas ce qui vous est nécessaire? Que ne prenez-vous un autre métier pour l'acquérir, et que ne demandez-vous plutôt l'aumône?

Il y a une infinité de prêtres dans le monde qui quittent les fonctions du sacerdoce; et cependant personne ne les méprise, au contraire on les regarde avec beaucoup plus de respect que les prêtres qui sacrifient sans piété. Quand un prêtre à qui il est arrivé quelque malheur, et qui est tombé dans quelque péché, s'abstient du sacerdoce, il n'est point privé de sa dignité ni de la grâce divine; il conserve le sacerdoce; il lui est permis de se revêtir d'une étole, il fait presque toutes les fonctions de prêtre, il communie quand il veut, mais il s'abstient seulement de sacrifier. Et ce ne sont pas seulement ceux qui ont péché qui s'en retirent, mais aussi plusieurs personnes très-vertueuses, qui craignant le feu dévorant de la divinité, n'osent par respect offrir le sacrifice. Que si ces personnes, quoique dignes, n'ont pas la hardiesse d'offrir ce redoutable sacrifice, comment osez-vous le faire étant impur comme vous êtes, et comment prenez-vous la liberté de vous présenter devant cette souveraine majesté? Croyez-moi, il est arrivé à plusieurs qui avaient sacrifié en cet état, de mourir sur-le-champ, et peut-être que le même supplice vous attend, si vous avez l'impudence de continuer dans vos fonctions.

Qui que vous soyez qui lisez ces choses, craignez que le même châtiment ne tombe sur vous: et quand vous demeureriez ici sans punition, vous en recevrez un plus grand châtiment en l'autre vie, si vous ne vous convertissez, et si vous ne pleurez votre péché.

EXTRAIT DU CHAPITRE SUIVANT.

La seconde chose qui est nécessaire à celui qui désire communier dignement est une dévotion vive et agissante. Et si vous me demandez ce que c'est que cette dévotion, je ne puis mieux vous le faire entendre qu'en vous disant que c'est une eau de senteurs composée de diverses fleurs qui rendent une odeur incomparable. Car la dévotion est une vertu composée de plusieurs saints mouvements et de désirs spirituels, qui doivent orner une âme qui veut s'approcher de la sainte table. O Dieu tout-puissant! quelle doit être sa componction, quelle doit être sa crainte et son tremblement, quelle doit être l'abondance de ses larmes, quel doit être son respect et son humilité, quelle doit être sa pureté extérieure et intérieure, lorsqu'elle veut offrir ce terrible et divin mystère, *où l'on mange dans la vérité votre chair divine, où l'on boit votre sacré sang, où le ciel est joint à la terre, où les choses divines se mêlent avec les humaines, où les anges assistent avec respect, et où votre grâce a fait que vous êtes et le sacrifice, et le prêtre qui l'offre d'une manière ineffable et incompréhensible!* Qui pourra exprimer la grandeur de ce pain et en parler dignement, si votre miséricorde ne le fortifie? Vous trouverez donc, mes frères, que cette dévotion consiste à nous en approcher premièrement avec beaucoup d'humilité et de piété; secondement avec une grande charité, une foi vive; en troisième lieu avec un désir et une soif très-ardente de ce pain. Ces trois choses vous sont nécessaires. Mais afin que vous excitiez en vous la crainte et la révérence, élevez les yeux de votre âme; et considérez quel est ce Seigneur, et quelle est l'immensité de sa grandeur, puisque *dans la vérité sa substance se trouve sous ces apparences du pain et du vin*, et que la majesté de celui qui a créé tout le monde y est proprement et véritablement; lui devant qui tremblent les cieux et toutes les créatures; lui de qui le soleil et tous les astres empruntent toute leur lumière et tout leur éclat; lui devant qui les anges sont dans un perpétuel tremblement, en le louant et le glorifiant sans cesse. Qui pourrait donc comprendre quelle devrait être notre frayeur, lorsque nous allons communier? C'est ce qui fait dire à S. Paul : *Que l'homme s'éprouve soi-même, et qu'il mange ainsi de ce pain et boive ce calice ; parce que quiconque le mange et le boit indignement, mange sa propre condamnation, parce qu'il n'honore pas comme il doit le corps du Seigneur*. Si les Israélites ont eu tant de respect pour l'arche du testament, où il n'y avait que l'ombre et l'image de la vérité, quel doit être le vôtre, ô chrétiens, lorsque vous recevez votre Dieu même dans votre cœur? Si vous examinez quel est votre être et votre nature, et quelle est la multitude infinie de vos péchés, ne direz-vous pas en vous-même : Comment oserai-je, indigne ver de terre que je suis, recevoir un si grand Seigneur ; sans être tout pénétré de crainte et de tremblement, moi qui ai commis contre lui tant de péchés, tant d'impiétés? Comment le Très-Haut pourra-t-il entrer dans un cœur comme le mien, ce cœur qui a été si souvent la honteuse retraite des dragons, la caverne des serpents et des basilics? Humiliez autant qu'il vous sera possible votre cœur avec ces pensées. Approchez-vous de la sainte table, comme l'enfant prodigue fit de la maison de son père, si plein de compassion et de tendresse. Criez-lui avec larmes : j'ai péché contre le ciel et contre vous, et je ne suis pas digne d'être appelé votre fils, traitez-moi comme l'un de vos mercenaires. Pleurez avec le publicain, et dites avec lui : *Seigneur, ayez pitié de moi, qui suis pécheur*. Allez à cette table avec la confusion et l'humilité qu'aurait une femme envers son mari, lorsque lui ayant manqué de fidélité, il lui ferait la grâce de la recevoir encore dans sa maison ; à peine oserait-elle le regarder en pensant d'une part à l'outrage qu'elle lui a fait, et de l'autre à l'extrême bonté avec laquelle il voudrait bien la recevoir après ses offenses.

La miséricorde que Jésus-Christ nous témoigne dans ce mystère est encore bien plus grande, puisqu'il reçoit dans sa maison et à sa table une âme qui l'a abandonné par ses péchés, une âme adultère qui a accompli les désirs du diable. Cependant lorsqu'elle retourne à Dieu, il ne la confond point, il ne lui reproche point ses dérèglements, il la reçoit entre ses bras.

Pour exciter en vous la charité et l'amour de Jésus-Christ considérez et repassez dans votre esprit la miséricorde infinie que le Seigneur a pour les pécheurs; que c'est elle qui l'a fait descendre du ciel en terre, et qui l'a revêtu de notre chair; que c'est pour nous qu'il est mort sur la croix; et que non seulement il a fait pour nous toutes ces choses, mais qu'afin que nous ne fussions pas privés de sa présence, et qu'il pût demeurer avec nous après sa mort même, il nous a laissé ce divin mystère en sa place, dans lequel notre Sauveur et notre Maître est renfermé. Il nous l'a laissé afin que tous ceux qui ont besoin de guérison y trouvent à toute heure une abondante provision de remèdes, et qu'ils y puissent accourir pour se guérir. Car comme c'est la charité qui l'a fait descendre en terre, et qui l'a fait livrer entre les mains des pécheurs, c'est la même charité qui le fait venir dans le monde par le moyen de ce mystère, qui le met entre nos mains pour être le soutien et l'affermissement des justes, et le salut et la réconciliation des pécheurs. Ce pain est la nourriture des saints, la médecine des malades, la vie des vivants, la résurrection des morts. C'est ce pain qui apaise la révolte de la chair et qui fortifie notre âme par la piété, qui nous purifie de nos péchés, qui augmente les vertus, qui vivifie l'homme intérieur, qui lui donne la patience, qui l'enflamme, qui le nourrit, qui le renouvelle, qui le conserve, qui le fortifie, qui le rend doux et patient dans les travaux, qui lui donne la lumière et la prudence dans les choses spirituelles... Pourquoi donc, ô homme, vous priverez-vous par votre négligence d'un si grand bien? Courez avec humilité et avec piété à cette table sacrée. Si vous êtes infirme, vous y trouverez la guérison que vous désirez; si vous êtes pauvre, vous y trouverez des richesses spirituelles; si vous êtes affamé, vous y trouverez de quoi vous rassasier de toute sorte de biens; si vous êtes nu, vous y trouverez un vêtement; si vous êtes accablé de travail, vous y trouverez votre repos; en un mot de quel bien que vous ayez besoin, vous le trouverez dans cette manne céleste, qui est d'une douceur incomparable.

La troisième chose qui est nécessaire, est le désir et la soif de ce pain; et vous l'augmenterez en vous si vous considérez les merveilleuses opérations qu'il fait sur les âmes qui le reçoivent comme il faut. Et, pour vous les faire mieux comprendre, sachez que, comme au lieu du premier Adam, qui est la cause de tous nos maux et de toutes nos misères, Dieu nous a envoyé un second Adam, qui est Notre-Seigneur Jésus-Christ, pour être la cause de tous nos biens ; de même au lieu du fruit de cet arbre qui nous a rendus prévaricateurs, qui est la cause de tous nos malheurs, il nous a donné ce divin pain qui est la source de toute sorte de biens. Ainsi, comme c'est par l'obéissance du second Adam que nous sommes guéris de toutes les plaies que nous avons reçues de la désobéissance du premier, de même tous les péchés et tous les maux qui sont nés d'avoir mangé du fruit défendu sont guéris par le moyen de ce pain très-saint, qui est comme une thériaque spirituelle, qui nous est préparée par l'industrie pleine de sagesse de ce médecin céleste, pour guérir la nature humaine blessée par le venin de l'ancien serpent. Qui veut donc savoir quels sont les biens que nous apporte ce pain divin, qu'il fasse le dénombrement des maux qui nous sont arrivés pour avoir mangé du fruit défendu; car comme Dieu a dit de ce fruit : *En quelque jour que vous veniez à en manger, vous mourrez;* de même il dit au contraire de ce pain : *Celui qui mangera de ce pain vivra éternellement;* et plus bas : *Si vous ne mangez la chair du Fils de l'homme, et ne buvez son sang, vous n'aurez point la vie en vous.* Voyez-vous comme il oppose justement cette nourriture céleste comme un remède préparé aux plaies que nous a faites cette première nourriture? C'est un des moyens par lesquels on peut connaître les effets de ce pain. En voici un autre.

C'est qu'il faut considérer ce que ce vénérable mystère contient en soi, et que *c'est la chair même de Jésus-Christ qui, étant unie à la divinité, participe à toutes les grâces et à toute la puissance du Verbe.* C'est par-là que vous pouvez connaître les biens que vous fait Notre-Seigneur quand vous communiez dignement. Il vient dans vous pour vous honorer de sa présence, pour vous oindre par sa grâce, pour vous guérir, pour vous laver de son précieux sang, pour vous ressusciter par sa mort, pour vous éclairer, pour vous blesser le cœur du divin amour, pour vous faire goûter avec joie sa douceur incomparable, pour vous rendre participant de son esprit, de toute vertu, de toute bonté. Ce pain affermit le cœur des hommes, il relève ceux qui sont abattus, il fortifie les faibles, il console les affligés, il éclaire ceux qui ont peu de sagesse, il guérit les malades, il donne la promptitude et l'activité aux paresseux, il efface les péchés passés, il donne la force de les éviter à l'avenir, il dissipe les tentations et augmente la foi, il fortifie l'espérance, il enflamme la charité, il purifie la conscience, il rend ceux qui le reçoivent participants des mérites de Jésus-Christ, enfin il nous donne le gage de la vie éternelle.

Pour joindre à ces dispositions intérieures les œuvres extérieures de pénitence, cet auteur prescrit ensuite une préparation qui marque bien la profonde vénération que les religieux grecs ont pour ce mystère.

Le jour de devant celui où vous devez communier, abstenez-vous, dit-il, de boire et de manger le soir, et passez toute la nuit en prières avec larmes et componction de cœur. Que si vous ne pouvez pas jeûner, et que vous ayez peine à veiller toute la nuit, mangez seulement un peu de pain et buvez un peu d'eau après le soleil couché, et passez au moins une partie de la nuit en prières, en pensant à la grandeur et à la dignité de ce roi que vous devez recevoir dans votre maison. Car il n'est pas juste que vous vous rassasiiez le soir avec abondance et que vous dormiez toute la nuit comme une bête, et qu'ensuite vous veniez à communier le matin. C'est la coutume des religieux de la sainte montagne, qui ne sont point dans les ordres, de jeûner deux jours auparavant celui qu'ils doivent communier, en s'abstenant d'huile et de vin et de tout le reste, et en ne mangeant qu'une fois le jour quelques viandes sèches, avec du pain et de l'eau et des herbes crues. Ils communient le samedi, après avoir passé toute la nuit en prières. Ne devez-vous pas, vous autres qui vivez dans le monde, vous préparer de la même sorte, puisque les religieux communient dix fois tous les ans, et que vous autres ne communiez que deux fois? N'est-il donc pas juste que vous vous y prépariez par une semblable abstinence? C'est aussi la coutume des Moscovites, que lorsque les gens du monde désirent communier, ils passent auparavant trois jours de la semaine, savoir le 2, le 4 et le 6, sans manger quoi que ce soit. Le jour de devant et le jour même de la communion, n'admettez point d'autres pensées dans votre esprit que celle de la méditation de la passion de Jésus-Christ, des insultes qu'on lui a faites, des soufflets et des coups de fouet qu'il a reçus, de la mort honteuse qu'il a soufferte pour nous; le mystère de l'Eucharistie étant particulièrement destiné à nous faire ressouvenir de la passion du Sauveur. Il est donc juste que notre esprit en soit entièrement occupé, afin qu'en souffrant ici avec lui nous soyons aussi glorifiés avec lui.

EXTRAITS DE QUELQUES AUTRES PASSAGES DU MÊME AUTEUR.

Les cinq chapitres qui suivent dans cet auteur ne sont pas moins forts pour montrer et la sincérité de la foi des Grecs touchant le mystère de l'Eucharistie, et le profond respect avec lequel ils s'en approchent, qui est une suite de leur foi. Je n'en rapporterai que quelques endroits, pour éviter une longueur excessive.

Le premier contient une oraison avant la communion, où il parle à Jésus-Christ comme étant prêt de le recevoir. Il lui dit qu'il est proprement, κύρως, contenu dans ce mystère. Il lui représente son indignité. Il se confond dans la vue de ses misères; et par l'admiration de la bonté de Jésus-Christ, il lui demande comment il daigne entrer dans une bouche toute souillée. Πῶς ναμεράσεις ἀμόλυν τε ὑπὸ τὰ ῥερυπω-μένα μου χείλη; Le chapitre suivant n'est qu'une oraison après la communion, et une action de grâces à Jésus-Christ de ce qu'il avait daigné entrer en lui, qui est aussi ardente, aussi vive, aussi animée qu'il y en ait dans aucun des écrivains de l'Église latine. Il la faudrait traduire tout entière, si l'on en voulait rapporter tout ce qui regarde la réalité, parce qu'elle est toute fondée sur la vérité du mystère. Il adresse entre autres ces paroles à Jésus-Christ : *Si la mère de votre précurseur qui vous a baptisé, en voyant votre sainte mère entrer dans sa maison, fut ravie d'admiration de voir que sa maîtresse avait bien voulu la visiter, et s'écria dans un transport de joie : D'où me vient ce bonheur que la mère de mon Seigneur me vienne voir? Combien est-il plus juste, indigne ver que je suis, que j'entre en* admiration de votre grâce, et que je vous dise avec elle : D'où me vient ce bonheur, et comment se peut il faire que je reçoive un si grand bienfait, que je sois visité non pas de la mère de mon Seigneur, mais par le Roi même des anges? Le troisième chapitre comprend divers exemples de la justice de Dieu contre des prêtres qui avaient osé sacrifier en mauvais état. Il rapporte dans le quatrième divers autres exemples des jugements de Dieu sur ceux qui communient indignement. Dans le cinquième, il décrit l'histoire d'une fille qui fut communiée par un ange ; et il le conclut par ces paroles qui marquent qu'une des fins qu'il a eues en rapportant toutes ces histoires est d'étouffer les doutes des incrédules. *J'écris ceci*, dit-il, *afin de convaincre ces ennemis de la vérité, ces accusateurs pleins de mensonges, et ces calomniateurs envenimés, qui ne craignent pas de décrier ce mystère, en disant : Comment se peut-il faire qu'un Dieu tout entier soit enfermé dans un si petit morceau de pain? et comment est-il reçu de tous également, soit qu'on en prenne une grande ou une petite partie? et comment n'est-il point souillé par les pécheurs? et autres objections semblables.* Voilà les objections ordinaires des calvinistes ; et voici les réponses des Grecs : *Nous répondons à cela*, dit-il, *nous autres orthodoxes, premièrement en alléguant la force toute-puissante de Dieu, qui ayant créé le ciel et la terre par sa seule parole, et ayant produit tant de créatures visibles et invisibles, les change maintenant et les transforme comme il veut.*

Secondement nous leur montrons qu'il se fait quelque chose de semblable dans les plus petites choses. Car le pain que nous mangeons chaque jour est changé et devient chair, et le vin devient sang. Et ainsi le simple pain, par la grâce de Jésus-Christ, qui opère ce mystère, DEVIENT LE CORPS DE CHRIST. *La verge de Moïse fut changée en serpent, et de serpent en verge.*

Écrit

D'UN SEIGNEUR MOLDAVE

SUR LA CRÉANCE DES GRECS.

ENCHIRIDION,

SIVE STELLA ORIENTALIS OCCIDENTALI SPLENDENS ; ID EST : SENSUS ECCLESIÆ ORIENTALIS, SCILICET GRÆCÆ, DE TRANSSUBSTANTIATIONE CORPORIS DOMINI, ALIISQUE CONTROVERSIIS, A NICOLAO SPADARIO MOLDAVO-LACONE, BARONE AC OLIM GENERALI VALACHIÆ, CONSCRIPTUM HOLMIÆ ANNO 1667 MENSE FEBR.

Lectoribus salutem in Christo, ac felicitatem quam homo in hoc mortali corpore potest assequi.

Mirum nemini videatur si hactenùs syngraphæ Græcæ non extiterint, quæ puram antiquæ matris, ac Christianorum obstetricis Orientalis Ecclesiæ, religionem de divino cultu Europæis regionibus explicarent : pauci enim Græcorum in has partes transeunt ; iique penè rudes ac illiterati, ob tyrannidem sub quâ gemunt. Non erant tot olim de divino cultu quæstiones, nec altercationes tam crebræ, quàm hoc seculo, quo plurimi sapientiâ illustres, nescii in quem potissimùm usum vires sapientiæ sint conferendæ, de religione altercari nunquàm quiescunt. Quilibet opinione suâ suum dogma partesque suas vult stabilitas; sed veritate nihil esse fortius, uti sapienti Esdræ, ita et mihi videtur, præstatque omnibus amicissima veritas.

Respiciunt novatores veluti scopum Ecclesiam Orientalem, per ipsam stabilientes, quæ procul ab ipsâ, sua epicheremata; eamque ambabus complexi manibus, non secùs opponunt Ecclesiæ Occidentali, quàm exercitus fossam ac vallum hosti. Sed quid? An his Ecclesia Orientalis suffragatur? Absit. Procul deviant à metâ, qui ejusmodi dogmata fabricantur. Hinc complures litterati oppidò desiderabant virum Græcum qui hanc discordiam faceret concordem, declaratâ Orientalium religione, eâque à tam enormibus audacissimorum hominum calumniis vindicatâ. Sed spes spem minimè egressa auxit desiderium. Vix enim nunc vir in paucis sapientissimus, natione Gallus, nomine Pomponne, christianissimi regis summâ cum potestate orator, quem singulæ virtutum dotes ita ornârunt, ut solus omnes jure suo possidere agnoscatur; solus, inquam, vir iste sapientiâ singularis non aberravit à scopo, dùm otiosum me inter privatos parietes ab aquilonari frigore conclusum invitavit, me non solùm religione, sed etiam natione ac idiomate Græcum, ut paucis exprimerem quid Ecclesia Orientalis sentiat de corpore Domini ; quid de perfectâ transsubstantiatione; quid de reliquis. De quibus obiter, et non absque emolumento. Decrevi (licèt multùm à rectè vivere et à benè intelligere distem, et puer extremis vix digitis sapientiam contrectârim) et ego breviter religionem Græcam explicare iis qui veluti plagæ Ægyptiacæ furtim Ecclesiam sunt ingressi, compulsus sapientissimi viri jam dicti desiderio, ut opus hoc viribus majus aggrediar. Vos verò, sapientes veritatis amatores, benevolè excipiatis viri militaris orationem ; quia et hoc ad gloriam Dei, secundùm Apostolum, fecimus. Faxit optimus ille Deus, ut plenum regni cœlestis desiderium assequamur : quod facile fiet, si in unitatem fidei conspiremus. Valete in multos annos et corpore et animo salvi et incolumes.

Hæreticum hominem post unam et secundam correptionem devita, sciens quia subversus est qui ejusmodi est, et delinquit, cùm sit proprio judicio condemnatus. (Epist. ad Tit. 3, 10 et 11.)

ENCHIRIDION.

Posteaquàm Salvator noster ex amore nostri in hanc terram descendit , sublata est ista Deorum pluralitas, fuitque totus propè orbis verâ et absolutâ divini Numinis notitiâ eruditus. Mox vivis adhuc apostolis non paucæ gliscebant hæreses, quò fidei veritas certiori probaretur testimonio ; et sic , secundùm Apostolum , *oportebat esse hæreses.* Longum verò hìc foret complecti singula quæ ab apostolis sunt gesta , totque multiformes hæreses, ac mille Stygii hostis contra fidei integritatem machinas. Sed his omnibus Christi Ecclesia suaviùs quàm rosa inter spinas refloruit , suoque fragore totum orbem complevit. Has hæreses si scire desideras, habes Epiphanium, ex quo omnes labore levi intra paucum tempus addisces , quas veluti colubros calcârunt Patres illius ævi sapientissimi, dùm, justo armati zelo, variis seculis per coactos sapientissimè cœtus et synodos, putridam et inanem eorum doctrinam ita confixerunt , ut vix reliquiæ (tanquàm rudera Trojanæ olim ruinæ, Deo ita moderante, ut malitia suo tumultuetur opprobrio) harum hæreseon supersint, quas omnes communis mater Ecclesia Orientalis et Occidentalis sociis viribus impugnârunt, atque uno sensu ac pari concordiâ callidos hos lupos à doctrinâ suâ alienos procul ab ovili suo abegerunt, quò sorores hæ mutuo Christi amore conjunctæ faciliùs cognoscerentur.

Quando verò ille qui omnia facit et mutat Deus (quo consilio, quis novit ?) et ista mutare voluit ; tum enim, tum synodum illam Florentinam octavam (heu malum !) episcopi Orientalis et Occidentalis Ecclesiæ celebrârunt, fuitque illis consensus dissensus, et concordiæ successit discordia, famosissimum illud schisma in ambas irrepsit Ecclesias. Sed de his alii, nos à scopo non recedamus. Felicior deinceps apparuit Ecclesia Græca post factum utrinque schisma. Nam nec unica ex nobis prodiit hæresis, Deo ita prohibente ; aut si prodiit, ita statim tanquàm umbra evanuit. Paucis quidem abhinc annis Cyrillus natione Cretensis, dùm in Britann à litteris suam navat operam, non extremis labris virus illius loci delibavit, reversusque ad suos, ob communem sapientiæ famam, in clerum adoptatur : non diù post et metropolita salutatur ; et, ut verbo dicam, ad ipsum inclytæ Constantinopoleos thronum patriarchicum effertur, et ad gubernacula totius Ecclesiæ Orientalis admovetur ; quibus non diù præfuit. Mox teneris discipulorum auribus virus instillare Britannicum, famâ urbem complere, nec parvos metus in Ecclesiâ ciere. Sed non multò post sapiens vir juxta ac pius Gabriel Blasius meus olim professor in urbe imperatoriâ, ex cathedrâ illum de opinionibus ab Ecclesiâ Christi alienis redarguit, quòd nova dogmata de transsubstantiatione corporis Domini, aliaque quamplurima virulenta extraneorum hæresi plena moliretur. Quid multa ? Cyrillus non à throno solùm in quem conscenderat remotus, sed et privatus vitâ ac veluti hæreticus ab Ecclesiâ est proscriptus. Hi mores sunt Ecclesiæ nostræ Orientalis.

Videamus nunc Occidentalem Ecclesiam, et quo post schisma modo perstiterit. Sanè hinc veluti ex equo Trojano, juxta commune diverbium, diversis temporibus multæ extiterunt hæreses, quas hic repetere mei non est instituti. Hæ cùm ab Occidentali Ecclesiâ resilirent, tanquàm hinnuli vix nati matrem suam pedibus calcârunt, atque ob sublimem et grandem (ita sibi imaginabantur) rerum omnium scientiam, alia planè à Christi Ecclesiâ statuta decreverunt, quæ tanquàm nefanda et nefas calamus erubescit. Quid deinde ? An sopita subitò hæresis ? Haudquaquàm ; verùm eas concepit flammas quæ complures regum aulas et provincias devastârunt, et ex scintillâ parvâ ingens extitit incendium : scilicet constat in lubrico humanum genus, maximè ubi genialis vitæ permittitur facultas. *Sensus enim et cogitatio humani cordis ab adolescentiâ in malum prona sunt,* teste Scripturâ.

Multæ per diversa tempora (Europâ penè totâ haud modicè concussâ) coguntur synodi topicæ : sed facta est plaga novissima pejor prioribus. Nam ab hæresi unâ , veluti multicipite hydrâ, mox plures prodierunt. Versuti enim et sapientes cùm sint in Europâ homines, in profundissimum corruerunt barathrum. Hæresis enim, secundùm Philosophum, es imaginatio hominum versutorum, qui inter sese concordes ab aliis rectè sentientibus discordant. Sed de his plura forté quàm ratio postulabat. Redeo ad telam Enchiridii mei pertexendam. Novi hi disputatores, omni alio exclusi refugio, ad Orientalem ita statim Ecclesiam sese recipiunt , et effrontes statuunt quòd nostra Ecclesia suis dogmatis patrocinetur : sed azylum sit ipsis præcipitium. Patriarcha Constantinopolitanus sæpiùs ab his consultus, nunquàm non gravi censurâ illorum dogmata notavit. Hîc verò procul à Græcis dissiti, non verentur disseminare quòd Ecclesia Græca secum sapiat ac sentiat : sed reperiunt Herculem μελάμπυγον ut habet parœmia. Quomodo enim communis mater Orientalis Ecclesia, quæ primùm etiam Christianis nomen dedit (nam Antiochiæ primùm Christiani sunt appellati) ejusmodi dogmata extranea amplecteretur ? Apage, atque celeri pede omnis Græcus ab his se illusionibus quantociùs proripiat. Sed ne in abaco figulinam, quod dicitur, addiscere videamur, monet tempus ut rem ipsam propiùs accedamus, eaque refutemus quæ nobis insciis ad se stabiliendos comminiscuntur. Nos pro viribus nudam sectabimur veritatem, Deo teste. Nihil enim mendacio turpius, **maximè in iis in** quibus corpus et anima periclitantur.

Et primùm quidem ordine, atque dictu non solùm grave, sed etiam auditu nefas asserere quòd Domini nostri Jesu Christi corpus et sanguinem in divinis mysteriis non percipiant Christiani Græci substantialiter. Apage blasphemiam. Sed ne longior videar, statui non tam novatorum dogmata repetere in hoc Enchiridio, quàm demonstrare verè et evidenter quid sentiat de his Orientalis Ecclesia, quæ de primo puncto sic statuit.

1° Quòd purissimum corpus, et pretiosissimus sanguis Domini post consecrationem sub speciebus panis et vini verè, realiter, et substantialiter, in pane corpus, et in vino sanguis sit præsens inseparabiliter; quomodò autem, nescimus, quia super quomodò est mysterium; modo tamen quodam incomprehensibili et invisibili, sed verè; 2° quia credimus panem et vinum per verba Domini substantialiter et verè mutari ac transsubstantiari in corpus et sanguinem, ita ut post consecrationem non maneat substantia panis et vini, sed loco ipsorum corpus et sanguis Christi per divinam operationem et voluntatem succedat; licèt enim mutatio illa et conversio intrinseca non cognoscatur sensu externo, miro tamen modo fit, signis seu accidentibus permanentibus; 3° credimus Christi corpus et sanguinem in divinâ Liturgiâ omnimodò latreuticè adorandum cultu tam interno quàm externo, utpote corpus Domini creditum, quod sui participatione sanctificet communicantes; 4° credimus oblationem mysterii esse verissimum ac proprium sacrificium novi Testamenti, quo propitietur Deus et vivis et mortuis. Et nostra Ecclesia canit: *Ecce sacrificium mysterium perfectum.* Et dùm ad communionem pergunt Græci, quilibet orationem S. P. N. Joannis Chrysostomi recitat cum magnâ fide et fiduciâ: *Credo Domine, et fateor quòd tu es Christus Filius Dei vivi, qui venisti in mundum peccatores salvare, quorum ego primus sum. Credo etiam quòd hoc ipsum est purissimum corpus tuum, et hic ipse est pretiosus sanguis tuus. Rogo enim*, etc. Et rursùm peractâ communione dicit: *Dei corpus et me deificat et alit; divinam facit mentem, ac animam alit prodigiosè.* Plura ejusmodi orant fideles Orientalis Ecclesiæ, uti reperies in Liturgiâ S. Chrysostomi. Et ne in verborum ambagibus mei obliviscar instituti, omnes Orientalis Ecclesiæ filii, non solùm Græci, verùm etiam *Russi, Moscovitæ, Moldavi, Vallachi, Georgiani, Mingreli, Circassæ, Arabes et sexcenti alii* (licèt Russi aliæque gentes Græco non utantur idiomate), *uno ore omnes firmiter credunt mysterium hoc esse corpus et sanguinem Domini, atque illud, utpote corpus et sanguinem Domini,* summâ recipiunt reverentiâ. Multa adversùs eos qui aliter sentiunt, eaque firmissima decreta sanxit Orientalis Ecclesia. Verùm quoniam constitui fidei nostræ articulos exhibere potiùs, quàm acriori calamo perstringere æmulos, hinc alto nos coercemus silentio. Illos verò qui superioribus derogant, dubitantque de omnibus usque ad ultimum apicem, Orientalis Ecclesia tanquàm alienos ab Ecclesiâ Christi, ac filios tenebrarum, novosque hæreticos habet, damnat, et anathematizat. Nam si mysterium sit et nominetur, quid sophisticè illud scrutari, atque inutilibus quæstionibus implicare attinet? Satis de hoc Apostolus.

Contendunt etiam novatores episcopis manus ab apostolis non impositas; posseque absque episcopis Ecclesiam administrari, minimè veriti divinum Paulum, totque apostolorum impositiones manuum. Plena est Scriptura, totusque orbis christianus episcoporum nomine, qui nec in futurum, Deo ita providente, deficient.

Sed et mysterium sacerdotale negant, cùm dicunt populum, absque manuum impositione episcopi, initiare posse aliquem sacerdotio. Sed quorsùm tum episcopi? Item novatorum figmenta. Non fuit hoc, nec est, nec erit. Ab episcopis enim sacerdotes initiati sunt per manuum impositionem, ut S. Chrysostomus fusiùs in lib. de Sacerdotio. Et ab apostolis per manuum impositionem consecrati sunt primi episcopi, et ab his successores usque ad hæc nostra tempora. Plura de his Canones apostolorum, qui fortè nonnullis viluerunt. Quò verò pleniùs cognoscas Ecclesiæ Orientalis septem Sacramenta, ecce et ista tibi exhibeo. Sunt autem ista: Baptismus, Eucharistia, Sacerdotium sive Ordo, Pœnitentia, Matrimonium, extrema Unctio, Confirmatio. Quæ omnia, præter Ordinem et Confirmationem, à sacerdote conferuntur. Hinc omnes qui hæc septem Sacramenta non agnoscunt, Ecclesia Orientalis tanquàm hæreticos censet et anathematizat.

Sed dices fortè propter jugum grave abiisse procul ab antiquâ Ecclesiam Orientis modernam. Sed id est impossibile. Nam si non deviârunt ex barbaris Russi, Scythæ, etc., qui alio utuntur idiomate, multò magis florent apud Græcos antiquæ apostolorum Constitutiones usque ad fines orbis creditæ et propagatæ.

Sed quid hæc mirer, cùm sapientes hujus seculi etiam jejunium horreant, per quod omnia nobis bona acquiruntur? Dicunt enim extraneum esse Ecclesiæ Christi præceptum jejunii in illis quibus vires ad jejunandum suppetunt. Nos verò dicimus extraneum esse Ecclesiæ Christi non jejunare, sed quotidiè helluari agereque Sardanapalum. Apostoli sanè erant expectantes in oratione et jejunio, omnesque viri sancti. Plena est jejunio Scriptura, neque tempus mihi in hoc commendando sufficiet. Quot damna nos per gulam accepimus, tot ac plura bona per jejunium sumus consecuti. Ecclesia Orientalis jejunat omni die mercurii et veneris per totum annum: mercurii quidem, quòd venditus Dominus noster Jesus; veneris autem, quia crucifixus. Et rursùm per totam quadragesimam ante Pascha. Dicunt enim apostolorum Canones iis anathema, qui non jejunant mercurii, veneris, et quadragesimâ. Et magnus Athanasius inquit: *Qui non jejunat mercurii et veneris, Christum cum Judæis crucifigit.* Habet etiam Orientalis Ecclesia alia tria jejunia, ante natalem Christi per quadraginta dies, jejunium apostolorum Petri et Pauli, atque sanctissimæ Matris Christi, quam Græci Christiani tanquàm proteetricem implorant in omnibus necessitatibus. Multùm enim prodest oratio Matris ad propitiandum Dominum.

Præterea habet ritus multos sacros, quos per traditionem filius à patre accepit, juxta illud : *Interroga patrem tuum et annuntiabit tibi, et seniores tuos et dicent tibi*. Unde Basilius statuit quòd mos antiquus vim habet legis et fidei. Hinc multa sunt in Ecclesiam nostram per traditionem antiquorum introducta, quæ sanctè conservantur, uti signare se cruce Domini, templa et altaria ædificare versùs Orientem, etc. Omnes qui jejunium aversantur, quod Ecclesia Orientalis colit, et qui statuunt ex Apostoli decreto non jejunandum, omninò Ecclesia Orientalis anathematizat.

Celeberrimum est et illud in duabus orationibus Chrysostomi ad fidelem et infidelem patrem. Nam tunc clamabant quod et tunc crepant, nihil esse monachorum ordinem, atque contrarium Apostoli dicto et matrimonio. Sed procul absunt à veritate ejusmodi somniatores. Monachalem enim vitam angelicæ parem primus Joannes Prodromus in eremo tenuissimè vivens consecravit, quem æmulati viri sanctissimi, magnus Antonius dæmoniorum triumphator, divinus Basilius, cujus libri ascetici testantur quanto vitam monasticam studio coluerit. Sabbas eremi magister ultra sex millia monachorum in Palæstinâ haud procul à Solymâ congregavit; et nunc in sancto monte Athon ad undecim religiosorum millia soli se Deo manciparunt. Hæccine credis figmenta? Sed de his satis, quæ Chrysostomus fusiùs persequitur. Illos verò qui hæc negant Ecclesia damnat et excommunicat.

Deinde Ecclesia Orientalis sanctissimam Dei Matrem invocat, sacras Christi imagines adorat ejusque crucem latreuticè et relativè, sanctæ Matris ac semper virginis hyperdulicè; sanctorum angelorum et reliquorum sanctorum cultu duliæ. Invocamus etiam sanctos, et ex his præcipuè sanctissimam Dei genitricem Virginem Mariam. Per ipsam enim nobis est salus, nec modicam ipsa habet apud Filium, ut sancti volunt, auctoritatem. Honoramus etiam sanctos, et invocamus in variis periculis, eorumque memoriam ac festos dies quotannis celebramus, propositis ipsorum imaginibus, quarum honor ad prototypum refertur. Sed quid dicam de imaginibus, quando synodus contra iconomachos congregata, illos ab Ecclesiâ tanquàm extraneos ejecit? Ignorant Historiam ecclesiasticam ac innumera miracula, qui sanctos nolunt invocare.

Denique et pro mortuis Ecclesia Orientalis semper orat Deo supplex in divinis mysteriis, maximè verò diebus sabbatinis per totum annum. Accendit candelas et oleum ad sepulcra Christianorum, pro quibus etiam eleemosynas ac liturgias offert, recolitque post tertium, nonum et quadragesimum diem, ac tandem post semestre et annum eorum memoriam. Dicit enim magnus Athanasius in interrogationibus ad Antiochum, quòd eleemosynæ, etc., non parùm mortuis afferant emolumenti, ut si sunt justi, magis resplendeant; si sint peccatores, requiem consequantur. De his sapientissimi viri in Ecclesiâ Orientali locupletiùs.

Mos quoque est Orientalis Ecclesiæ, ut primâ dominicâ quadragesimæ quæ orthodoxiæ dicitur, sanctissimus patriarcha Constantinopolitanus, finitâ liturgiâ in patriarchico templo, præsentibus archiepiscopis, episcopis et legatis regum ac principum christianorum qui degunt Constantinopoli, ac intersunt solemni isti cœtui, omnes hæreses speciatim excommunicet et anathematizet, eosque qui supradictæ doctrinæ, MAXIMÈ VERÒ TRANSSUBSTANTIATIONI ADVERSANTUR, à communione suâ separet et excludat : è contra hos qui idem secum sapiunt, veluti suos complectatur.

Hæc sunt quæ Ecclesia Orientalis sentit; et cum bono Deo sentiet absque ullâ vicissitudine. Fortè dices calamum in Occidentalem Ecclesiam defendendam callidè expeditiorem. Sed nullus his conjecturis locus esse potest. Nam articulos jam dictos ita tenet Ecclesia Orientalis, ut nemini de his dubium esse queat. Habemus alias cum Occidentali Ecclesiâ simultates, putà de processione Spiritûs sancti, aliisque quæ non sunt hujus loci. In dictis verò sic veritati studuimus, ut Græcorum nullus, nisi stolidissimus quisque, nos inscitiæ aut erroris insimulare valeat. Neque novatores adeò mordicùs suis affixi opinionibus aliter deprehendent. Nihil quidem omnibus absolutum numeris. Quod tu enim laudas, ille spernit. Hinc qui fidem huic Enchiridio tribuit minorem, ipsam Orientalis Ecclesiæ matrem Constantinopolim consulat, suaque dubia eidem proponat fusiùs, ac fusiorem expectet suarum opinionum confutationem. Nos qui pluribus apodicticis syllogismis has veritates stabilire potuissemus, abundè satis pro tenuitate nostrâ eas elucidavimus; maximè iis qui ab utrâque Orientali et Occidentali Ecclesiâ aberrârunt. Unde cognoscant quid Ecclesia sentiat, et quàm procul absint ab eâ qui movent quæstiones de iis de quibus disputare est nefas. Fides nostra jam pridem fuit à patribus exculta, qui non solùm sapientiores sunt iis qui stultè sapiunt, ac inani sapientiâ sese efferunt, dùm rudes sunt; verùm multis etiam parasangis superiores virtutis splendore ac miraculis universum orbem compleverunt. Decorum est fidem servare integram, quæ à Domino nostro Jesu Christo cœpit, et ab apostolis per successores ad patres ac nos inter tot persecutiones semper florentior crevit, creditque et non examinat majorum decreta, juxta illud Proverbiorum 22 : *Ne transgrediaris terminos antiquos, quos posuerunt patres tui*. Et miror homines qui resurrectionem mortuorum, aliaque quàm plurima quæ sensum omnem superant credunt, et tot tricas de transsubstantiatione ejusque modo faciunt. Hoc frigidum *quomodò* si in omnibus Incarnationis dominicæ mysteriis requiras, nihil erit in fide nostrâ ab altercationibus inviolatum. Quapropter mittant sophisticas ac tot tricis implicatas quæstiones, veniantque ad Christi

Ecclesiam et communionem corporis ac sanguinis Domini, ac credant illud Christi corpus cui communicant, *ut fiat ovile unum et unus Pastor*, cui gloria et potestas cum Patre et sancto Spiritu. Amen.

PROFESSION DE FOI DES GRECS
DU PATRIARCAT D'ANTIOCHE SUR L'EUCHARISTIE,
ET DE QUELQUES AUTRES ARTICLES.

In nomine Patris, et Filii, et Spiritûs sancti.

Initium discursûs.

Accesserunt ad nos quidam nobiles Franci Gallici sacerdotes, et à nobis quæsierunt nostram circa sanctissimum Eucharistiæ Sacramentum professionem. Respondimus quòd Deus dixit in principio : *Faciamus hominem ad imaginem et similitudinem nostram.* Creavit autem hominem vivum spiritu ipsius in æternum, et post ipsius resurrectionem vivum ipsius corpore et spiritu permanentem, sicut Deus permanet, et hoc propter illud verbum, *similitudinem nostram.* Dixit iterùm in Testamento novo discipulis suis verificando et confirmando sermonem de pane et vino : *Accipite et manducate, hoc est corpus meum*; et : *Accipite et bibite, hic est sanguis meus*; hoc autem verbum, *hoc est*, significat verè quòd ipse est, quod non dicit illud aliud verbum supra, *ad similitudinem nostram*, et propter eâ debemus profiteri sanctissimum Eucharistiæ Sacramentum, illudque esse verè corpus et sanguinem Christi substantialiter, et hoc per virtutem divinæ consecrationis. Ista autem consecratio divina convertit substantiam panis in substantiam corporis, substantiamque vini in sanguinis substantiam. Hoc autem non concipitur sensu gustûs, sed tantùm sensu intellectûs, quia substantiæ sensibiles sensibus apprehenduntur, intellectuales verò intellectibus. Hæc autem consecratio superat sensus nostros, etiam et intellectus ; nec decens est inquirere quomodò hoc, sicuti non est congruum inquisitare quomodò Christus convertit aquam in vinum in Cana Galileæ. Et ideò debemus adorare Christum in sanctissimo Eucharistiæ Sacramento et in ipsummet Sacramentum, quia ipsum ipse est Christus perfectissimus, et sic eâ venit intentione ut se offerret Deo victimam et sacrificium verum in remissionem peccatorum hominum tam vivorum quàm mortuorum.

Et iterùm interrogaverunt nos quid et quomodò sentiremus de sanctis.

Respondimus quòd Deus non insectatur aut prohibet eos qui ad regem terrestrem accedunt quamdam apud eum gratiam impetraturi pro eo qui ad eos tanquàm mediatores confugerit; sic etiam sancti ad Deum accedunt, utpote qui sanguinem suum effuderunt cum vitâ pro ejus amore et obedientiâ. Ideòque necesse est ut eis sit apud eum liber aditus ; nos autem semper ad eos recurrimus, eosdemque veneramur, ut sint inter nos et Deum mediatores.

Rursùm interrogaverunt nos quænam sint sacerdotum nostrorum status et conditiones.

Respondimus quòd sacerdotium est ex traditione apostolorum Christi usque ad eorum hodiè successores ; et quicumque non fuerit consecratus ab episcopo, et impositionem manuum ab eo non acceperit, nusquàm talis est sacerdos.

Rursùm dixerunt quid de potestate Ecclesiæ senserimus.

Respondimus quòd quidquid solverit solutum est, et quidquid ligaverit ligatum est; ideòque imposuit nobis jejunia cum carnium abstinentiâ certis diebus, et hoc libenter accipimus ; talisque est verè professio nostra, et quicumque supradictam nostram professionem impugnaverit adeò catholicam, diximus eum et ab omnibus dicendum hæreticum excommunicatum. Talisque est nostrorum omnium Græcorum orthodoxorum fides, et ita edocti fuimus à patribus nostris, et ab eis accepimus et accipiemus et nunc et in sempiternum, et nemo est apud nos, aut fuit in annalibus nostris, qui supradictis unquàm contradixerit. Hæc est fides rata et professio fidelis.

Pauper curatus Neophytus, magnus vicarius patriarchæ Macarii Antiocheni. — Pauper curatus Simon. Pauper curatus Lazarus. — Pauper curatus Jacobus. — Pauper curatus Joannes. — Pauper curatus Romanus, residens in Sancto Michaele.

Nous François Baron, conseiller du roi, et consul pour Sa Majesté Très-Chrétienne, et pour les sérénissimes états de Nederlande en Syrie, Chypre et Caramanie, certifions et attestons à tous qu'il appartiendra, que le curé Néophyte, grand-vicaire de M. Macaire, patriarche d'Antioche, le curé Simon, le curé Lazare, le curé Jacob, le curé Jean, et le curé Romain, résidant à S.-Michel, tous Grecs, ont signé de leurs propres mains ci-dessus, ayant même le curé Néophyte et le curé Romain mis et apposé leurs sceaux. En foi de quoi nous avons signé ces présentes, et à icelles fait mettre et apposer le scel royal accoutumé, à Alep le quatrième juin, mil six cent soixante-huit.

Signé Baron, consul.

P. de la F. I.

(Trente-huit.)

COPIE D'UNE LETTRE DE M. OLÉARIUS
A M. DE PONTCHATEAU,
DU 24 JANVIER 1667.

Illustrissimo domino Sebastiano Josepho DU CAMBOUT DE PONTCHATEAU, *Adam* OLEARIUS
S. P. D.

Non infimam felicitatis meæ partem existimo esse cum tanti generis et nominis viro habere litterarum commercium ; quare quod sitienti potus, illud mihi tuæ, illustrissime domine, litteræ fuerunt ; præsertim cùm singulari gratiâ plenæ de tui in me affectûs benevoli constantiâ reddiderint me certiorem. Video scribendi ansam dedisse quamdam controversiam ortam inter Calvinistam et pontificium de reali præsentiâ corporis et sanguinis Christi in S. cœnâ, et pontificium statuisse realitatem et transsubstantiationem etiam credi à Christianis Orientalibus ; idque inter alia meo quoque testimonio affirmâsse, quòd expressè scripserim Ruthenos credere transsubstantiationem in sacrâ cœnâ ; quòd scilicet panis transmutetur in corpus, et vinum in sanguinem. Quòd autem hanc meam relationem allatrare ausus fuit quidam Calvinista, et historiæ meæ fidem hâc in parte suspectam reddere, vel planè rejicere allaboravit, suscipio æquâ ac statua ænea inanes canum latratus. Quæ hâc de re scripsi, non fuerunt mea somnia, sed accepi 1° ex ore eorum qui hujus rei benè conscii erant, nempe à pastoribus nostræ Ecclesiæ in ipsâ Moscuâ ; 2° à quibusdam Zaaris interpretibus, qui à nostrâ religione decesserant in Ruthenicam ; 3° ab ipsis Ruthenicis mercatoribus, qui non erant ex fœce plebis ; imò ab ipsis sacerdotibus et monachis : nec ulla fuit causa quâ commotus debuissem illi nationi aliquid in puncto religionis affingere. Mihi neque seritur, neque metitur quid isti credant. Ita hæc non tradidi per oscitantiam, cujus me sciolus ille arguere vult. Iste dùm studia humanitatis tractavit, procul dubio oscedine laboravit, qui nescit quid per oscitantiam fieri consuevit. Solet quidem à quibusdam, de quorum grege ille forsan, per oscitantiam aliquid negligi et omitti, non autem curiosè inquiri, apponi et statui, prout à me factum est. Si quis insuper meæ relationi non vult credere, ducat in considerationem epistolam quam Joannes metropolita Russiæ scripsit ad Papam, in quâ Ecclesiam Romanam multorum errorum insimulat, nempe de jejunio sabbati, de conjugio sacerdotum, de Baptismo, de azymo in cœnâ, nec mentionem facit transsubstantiationis. Si hunc articulum cum Romanis non habuissent communem, tanquàm primarium, silentio nonprætériisset. Extat epistola illa apud Herbersteinium baronem, de rebus Moscovitis, pag. 22 et seqq.

Quòd Armeni etiam credant transsubstantiationem, cognovi ex patriarchâ qui ad nos invisebat Scamachiæ in Mediâ, cujus injeci mentionem in Itinerario meo primæ editionis, pag. 296, in 2, pag. 430. Et quia hæ nationes credunt transsubstantiationem, hoc est transmutationem panis et vini in corpus et sanguinem, dubium non est quin veram præsentiam credant. Sed nec Rutheni, nec Armeni circumgestant Sacramentum in processionibus, quas αὐτόπτης pluribus in locis descripsi.

Desideras etiam scire, illustrissime domine, quæ sit nostra fides de Eucharistiâ. Scias nos Lutheranos credere veram et realem præsentiam corporis et sanguinis Christi. Hinc dicit pastor exhibendo panem benedictum : *Nimm hin, dis ist der wahre leib Christi für deine sünde in den todt gegeben ; der stærke und erhalte dich zum ewigen leben ;* et porrigendo calicem : *Das blut Christi am stamm des creutzes für deine sünde vergossen,* etc. Et ego dùm fruor hâc sacrâ σύναξι, dico apud me : O Jesu Christe, te adoro et veneror, tibi ago gratias quòd me dignaris participem fieri corporis et sanguinis tui ; juxta tuam institutionem fiat in animæ meæ salutem ; et *statuere* (1) Christum Deum et hominem ubique et semper esse adorandum. Et quia credimus Christum Deum, et hominem in actione cœnæ peculiari modo præsentem esse, ac verè et substantialiter exhibere vescentibus corpus et sanguinem suum mediantibus symbolis terrenis (sub pane scilicet et vino) benedictis, veneramur et adoramus illum in hâc actione. Quando autem benedictus panis et benedictum vinum non ore accipitur, sive non comeditur et bibitur, sed tantùm capsulis includitur, vel circumgestatur, non est Sacramentum, quia quædam partes essentiales Sacramentum illud constituentes desunt, nempe accipere, comedere et bibere. Hinc extra usum à Christo institutum non est Sacramentum. Illud nos docet definitio cœnæ ex ipsis institutionis Christi verbis desumpta : sacra cœna est actio ab ipso Christo instituta, in quâ mediante benedicto pane corpus, et benedicto vino sanguis Christi accipitur. Sed interim non credimus transsubstantiationem, quam nec Christus indigitare voluit, qui dixit : *Accipite, hoc* (sc. quod vobis do) *est corpus meum ;* aliàs dixisset : Hic, scilicet panis, est corpus meum. Hinc Eucharistia constat duabus rebus, terrenâ et cœlesti ; et ipse Bellarminus (lib. 4, de Eucharistiâ c. 29, § *Sed hæc,* etc.) vocat rem terrenam, symbola terrena. Sed hæc res sive symbola tanquàm organa rerum cœlestium reverenter sunt tractanda, interim tamen illa nos non adoramus ; æquè ac Christum olim

---

(1) Ce *statuere* se rapporte à *nos Lutheranos statuere*,

vestitus quidem adorabatur, sed non ipsius vestis, nec præsepe in quo Christus jacebat, à tribus Magis. Hinc distinguimus inter objectum adorationis, et objecti adjunctum externum. Jam videt illustrissimus vir quæ ratio sit cur Eucharistia à nobis, neque in processionibus circumgestatur, neque adoratur, quia scilicet 1° non credimus transsubstantiationem, nec 2° quòd extra usum à Christo institutum sit Sacramentum. Cur autem non sub unâ sed sub utrâque specie communicamus, ratio est quia Christus sub utrâque specie instituit; apostoli et primitiva Ecclesia ita usurpavit. Nec nos movet quòd præter Christi institutionem ratio physica suppeditare posset sanguinem semper uniri corpori, quod Christus etiam scivisset si ita voluisset instituere. Dixit : *Bibite sanguinem*, non : Edite. Deinde datur triplex unio, naturalis, personalis et sacramentalis. Quòd corpus Christi non est sine sanguine, pertinet ad unionem naturalem; quòd ut Deus et homo ubique præsens est, pertinet ad unionem personalem; quòd Christi corpus mediante benedicto pane in Sacramento manducatur, et sanguis ejus benedicto vino bibitur, id pertinet ad unionem sacramentalem. Quisquis hæc confundit periculosè docet. Canon in sacris communis est. Contra expressum Dei verbum et mandatum nullæ rationes humanæ audiri debent. Propterea nobis non conveniens videtur decretum in Constantiensi concilio sess. 13 factum ; licèt Christus cœnam vesperi et sub utrâque specie instituerit, et primitiva Ecclesia ita usurpaverit, hoc non obstante statuimus, etc. Sed nobis sufficit et incumbit Christi mandato parere, et vestigia apostolorum et primitivæ Ecclesiæ sequi, crederemque quòd Christus dixit : *Hoc est corpus meum, comedite;* et : *Hic est sanguis meus, bibite*. Nec moramur Calvinistas qui veram corporis et sanguinis præsentiam in S. cœnâ negant. Hæc, inquam, credit Ecclesia Lutherana unanimi consensu firmâque fide, contra omnes obstreperæ rationis insultus,

quâ ratione Christo Sacramenti hujus auctori honor sapientiæ, veritatis et omnipotentiæ tribuitur.

Hæc sunt, illustrissime vir, quæ ad tuas humanitate plenas debui æquitate et necessitate jussus respondere. Cæterùm tota nostra religio Lutherana non est nova, ut adversarii nostri dicunt, sed antiquissima, quam Christus et apostoli docuerunt, inque primitivâ Ecclesiâ crediderunt ; imò omnia et singula quæ in conciliis generalibus per quatuor secula habitis communi consensu statuerunt et rejecerunt, nos quoque statuimus et rejicimus ; et alia post hæc addita statuta et traditiones, ad salutem non necessaria dicimus, quia fides illa catholica ad salutem erat sufficiens. Hinc et nos qui eamdem habemus fidem, speramus æquè salvos fieri, ac illi in primitivâ Ecclesiâ.

Ignosce mihi, vir illustrissime, si plura quàm à me fuerunt postulata refero; ex bono animo fit. Commendo tuo favori et benevolentiæ Me

Tuum servum,

Adam OLEARIUM, *ducis Holsatiæ bibliothecarium*.

Dabam Gottorpii 24 *januarii* 1667.

De peur que les paroles allemandes insérées dans cette lettre ne soient pas entendues de tous ceux qui la pourront lire, je pense qu'il est à propos que je les récrive ici un peu au large pour y pouvoir ajouter une glose interlinéaire mot pour mot.

Accipe, hoc est verum corpus Christi pro tuis
Nimm hin, dis ist der wahre leib Christi für deine
peccatis in mortem traditum, quod fortificet et
sünde in den todt gegeben, der stærke und
conservet te in æternam vitam.
erhalte dich zum ewigen leben.

Das blut Christi am stamm des creutzes für deine
Sanguis Christi ad lignum crucis pro tuis
sünde vergossen, etc.
peccatis effusum.

LETTRE DE M. DE LILIENTHAL,

RÉSIDENT DE SUÈDE A MOSCOU, ÉCRITE AU MÉTROPOLITAIN DE GAZE.

Illustrissime ac Reverendissime Metropolita, vir summe et maximè venerande.

Illustrissima et reverendissima vestra dignitas paucula hæc suæ censuræ et judicio supponenti ignoscat. Obnixè rogo et peto, ut suam et Ecclesiæ Græcæ separatæ desuper mentem et sententiam mihi revelare, eamque tùm suâ, cùm etiam aliorum Ecclesiæ Ruthenicæ præsulum subscriptione verificare dignetur.

Quæritur igitur quid Ecclesia Ruthenica, seu Græca, non antiqua, sed moderna, separata, sentiat de mysterio SS. Eucharistiæ : utrùm hæc contineat realiter post verba consecrationis corpus et sanguinem Jesu Christi, per mutationem substantiæ panis ac vini in substantiam corporis et sanguinis Dominici, an verò virtualiter tantùm, symbolicè ac repræsentativè.

Item, num post transsubstantiationem debeatur ei cultus Dei supremus, qui λατρεία dicitur.

Estque quæstionis cardo, non de SS. Eucharistiæ materiâ, neque de formâ, sed de substantiali panis ac vini in corpus et sanguinem Dominicum transmutatione, et divino cultu in altari, et manibus sacerdotum eidem deferendo.

Asserunt Ecclesiæ vulgò reformatæ, quòd sumendo signum ac symbolum in SS. Eucharistiâ, sumatur corpus et sanguis Salvatoris realiter per fidem, minimè verò per os corporeum, et adorari quidem debeat ut existens in cœlo, non tamen ut in terrâ.

Volunt Lutherani quòd Christi corpus et sanguis sit verè præsens sub pane et vino, unà cum panis ac vini substantiâ, ita tamen ut hìc adorari non possit, minùs debeat, cùm illius præsentia cibi instar ac alimenti soli deserviat esui et usui, non autem adorationi.

Sentiunt denique Ecclesiæ Romanæ theologi quòd

substantia panis et vini transformetur per Dei omnipotentiam in substantiam corporis et sanguinis dominici, adorandusque sit Deus, non solùm ut existens in cœlo, sed etiam ut existens in SS. Eucharistiâ : ita quidem ut recipiendo sacram Eucharistiam sumatur ore ipsa substantia corporis et sanguinis dominici.

Est itaque quæstionis scopus, quam nempe in hâc opinionum varietate Ecclesia Ruthenica seu Græca teneat sententiam; partesne Ecclesiæ Romanæ, an Lutheranæ, num Calvinianæ tueatur.

Hæc ne illustrissima et reverendissima vestra dignitas cum indignatione accipiat, dubitanti in illis eruditissimâ suâ informatione obviam ire ne gravetur instanter et officiosè rogo. Vale et salve.

Illustrissimæ et reverendissimæ vestræ dignitati addictissimo

Joanni DE LILIENTHAL,
sacræ regiæ majestatis Sueciæ ad latus magni Ruthenorum ducis constituto residenti.

In aulâ Suedicâ Moscoviæ die 22 septemb. anno 1666.

LETTRE DU SIEUR DE LILIENTHAL
AU GRAND CHANCELIER DE SUÈDE,

Argumentum litterarum à generoso LILIENTHAL, residente regis Suæciæ in Moscoviâ ad cancellarium regni datarum.

Moscoviæ, 21 septemb. 1666.

Non dubito quin vestra excellentia ex postremis meis gratiosè cognoverit, suas 30 maii ad me datas de mysterio SS. Eucharistiæ ejusque articulis, rectè traditas, meumque gratiosissimæ suæ voluntati deserviendi studium per quàm officiosum. Unde nec potui, nec debui, quin paucis nunc vestræ excellentiæ significarem, quòd veredario vix expedito, ita statim quæstiones de SS. Eucharistiæ usu motas, metropolitæ Gazæ, viro multùm litterato proposuerim, solidumque ad singulas responsum scripto consignandum enixè rogârim. Cui meo desiderio facturum se satis in examinandis ac dissolvendis propositæ materiæ quæstionibus summâ humanitate promisit. Ita spero propediem me fore voti compotem. Nolui tamen hactenùs esse importunior, cùm hìc expectentur patriarchæ Constantinopolitanus et Alexandrinus jam nobis vicini, quorum auctoritate et subscriptione responsum cupio magis roboratum.

Moscoviæ, 7 novembris 1666.

Novi quòd excellentia vestra magno responsi ad nuperas propositiones teneatur desiderio; quod ut tantisper leniam, significo quòd Paysius summoperè in illis desudet. Jam quinque folia illis sunt conscripta. Spero opus expectatione nostrâ dignum brevi proditurum.

ÉCRIT DU MÉTROPOLITAIN DE GAZE,
SUR LA CRÉANCE DES GRECS ET DES MOSCOVITES.

Humillimus metropolita Gazæ Paysius Ligaridius illustrissimo atque generosissimo domino residenti Joanni de Lilienthal salutem plurimam dicit.

Isocratis Atticæ Acipulæ melleum extat pronuntiatum : Ἐὰν ᾖς φιλομαθής, ἔσῃ καὶ πολυμαθής : *Si eris discendi studiosus, multa quoque perdisces.* Enim verò intueor tuam generosissimam dominationem non modò esse admodùm eruditam, verùm etiam addiscendi cupidissimam. Quamobrem tibi quærenti legitimè atque poscenti medullitùs quid Græca Ruthenica nostra Ecclesia sentiat de sacratissimâ Eucharistiâ, avidè respondeo, juxta meum tamen minimum posse, et sine ullis verborum ambagibus et periodorum seu syrtium anfractibus satisfacere conabor. Etenim in amicis, inquit D. Hieronymus, non res requiritur, sed voluntas, quam promptam voluntatem Deus ipse quoque præmiat et acceptat, uti liquet in Abraham, qui filium suum unigenitum Isaac, licèt non jugulâsset, intimi tamen animi destinatio parendi studiosissima reputata fuit pro eâdem facti operatione. Atque hinc dictum ipsi, Gen. 22 : *Quia fecisti hanc rem, et non pepercisti filio tuo unigenito propter me, benedicam tibi, et multiplicabo semen tuum.* Æquo itaque benevolo animo suscipe, mi studiosissime atque illustrissime residens gratiosissime Joannes, quid dicturus sim, non tam ex mente meâ quàm ex SS. Patrum sententiâ, quos semper colui atque veneror uti magistros ac saluberrimos præceptores.

Fatemur itaque atque credimus in altari panem et vinum per arcanam quamdam atque omni sermone præstantiorem facultatem in corpus Christi et sanguinem verissimè commutari, μεταβάλλεται, converti μεταῤῥυθμίζεται, transferri μετακοιεῖσται. Quemadmodùm sancti Patres Orientalis Ecclesiæ loqui assolent, quippe qui per istiusmodi mutationem intelligunt realem transmutationem panis et vini in corpus et sanguinem Dominicum. Ita sentit aurea mens D. Chrysostomi, sermone de Proditione Judæ. *Hoc est corpus meum, dicit sacerdos; hoc sanè dictum proposita munera convertit atque transmutat,* μεταῤῥυθμίζει. Proclus etiam sanctissimus patriarcha vestigia sui sequitur magistri. Asserit enim in oratione de Tractatione Missæ, quòd *sancti apostoli ejusmodi precibus Spiritûs sancti adventum præstolabantur, ut divinâ ejus præsentiâ propositum in sacrificium panem et vinum aquâ permixtum, ipsum illud corpus ipsumque sanguinem Salvatoris nostri Jesu Christi* ἀναφήνῃ, *palam faceret, consecratumque demon-*

straret, ἀναδείξῃ. Eadem fermè recitat, et magnus Basilius in suâ Missâ, dùm ita precatur : *Panem quidem hunc fac pretiosum corpus et vinum pretiosum sanguinem Domini et Dei Salvatoris nostri Jesu Christi, qui pro mundi vitâ effusus est.* Alia plura et similia loca brevitatis ergo silentio prætereo. Vox etenim μετουσιώσις, *transsubstantiatio*, tametsi nova quodammodò videatur, et à pluribus non libenter ut recens suscipiatur, licet nihilominùs tamen aliquando juxtà philosophorum principem dilucidandæ rei causâ nova condere nonnunquàm vocabula, ὀνοματοτευχεῖν, iisdemque liberè uti. Sic trecenti et decem octo Patres in Nicæno concilio vocem ὁμοούσιον introduxére adversùs Arium ejusque asseclas abnegantes Filium Deo Patri consubstantialem existere, oppositumque mordicùs tenentes esse tantùm ὁμοιούσιον.

Hinc manifestè constat nullatenùs nos admittere impanationem auditam et prædicatam in hoc ferreo nostro seculo tantummodò, neque similiter amplectimur figuram symbolicam et typicam repræsentationem, sed realem transsubstantiationem unanimiter tam Græci quàm Latini fatemur. *Nemo igitur gravetur tenere ac credere quod credunt firmiter, tenentque communiter Hispania, Gallia, Pannonia, Sarmathæ, Sauromathæ, Germani, Æthiopes; quia universalis iste consensus multùm prævalet maximèque præponderat, cæteris paribus.* Vox enim populi vox Dei : Φωνὴ λαοῦ φωνὴ Θεοῦ, ut fertur adagio.

Itaque Græca Ecclesia non dissentit à Latinâ quoad transsubstantiationem ; discordat non parùm quoad materiam, utrùm videlicet in azymo vel in fermentato pane conficiendum sit hoc augustissimum Sacramentum. Quamobrem Latinos Græci nuncupant azymitas ex eo quòd pane azymo utantur in consecratione, cùm contra ipsi soleant in pane fermentato celebrare, innixi præter varia alia argumenta in voce hâc ἄρτος, quæ ab ἄρεται hoc est ab inflando seu tollendo dicitur derivari. Sunt tamen nonnulli, qui utrosque reconciliare præsumunt, aientes differre tantùm panem azymum à fermentato accidentaliter.

Sed liceat mihi exclamare unà cum divo Paulo : Quòusque infantes erimus, ô christicolæ, nunquàm verò maturi homines ac perfecti et in mensurâ ætatis plenitudinis Christi! *ô insensati Galatæ! quis vos fascinavit non obedire ac credere veritati?* Omnis enim hujus Sacramenti gloria est ab intùs. Itaque non est panis iste communis qui gustatur, qui comeditur ; non est vinum usuale quod hauritur, quod ebibitur ; sed verò panis qui sanctificat, qui benedicit dignè illum manducantes. Christus ipsissimus inquit : Hoc est corpus meum ; Hic est sanguis meus. Et quis inficias, quisque id temerè abnegabit? *Animadverte hic*, inquit Joannes Damascenus, *panis et vinum corporis et sanguinis Christi minimè figura sunt ; absit, cùm Salvator ipsemet per demonstrationis modum dixerit :* Accipite, comedite, accipite et bibite. Cui astipulatur etiam Theophylactus Bulgariensis archiepiscopus exponens hunc eumdem locum evangelistæ Matthæi : *Panis quidem nobis apparet extrinsecè; caro verò est vera*, σάρξ δὲ τῷ ὄντι ἐστὶ ; *nec autem*, subdit Elias Cretensis, *quin hoc verum sit ullo pacto ambige, cùm ille apertè asserat* : Hoc est corpus meum, *et :* Hic est sanguis meus; *quin potiùs Salvatoris sermonem fide accipe. Nam cùm verus sit, minimè mentitur ;* « non enim est Deus ut homo ut mutetur, neque ut filius hominis ut mentiatur, » inquit sacra pagina.

Hisce accedit Justinus martyr et philosophus testis luculentissimus, qui contestatus est in secundo suo Apologetico, nullatenùs esse communem panem neque communem potum, cibum eucharisticum, sed verè carnem et sanguinem Christi Jesu incarnati, qui pro nobis veram carnem et verum sanguinem ex purissimis sanguinibus matris virginis Mariæ assumpsit, dùm *Verbum caro factum est.* Non hîc ego ipse indago utrùm sit à SS. Patribus antitypon nuncupatum ante consecrationem, vel post ipsam immediatè pronuntiatam ; de hoc enim alibi satis superque disputavimus : attamen reor antitypon nuncupari panem et vinum ante, non post consecrationem absolutè. Procul itaque abest ab hoc divinissimo convivio panis et vinum, cibi usuales atque corporei, eò quòd nihil aliud inest ibi nisi corpus Christi et sanguis Christi realiter. Non enim est cum pane, sed absque pane omnimodè, nec est cum vino, sed sine vino peractâ jam consecratione ; phantastica quippe foret ista impanatio nulloque innixa firmissimo fundamento, verùmtamen eâdem ratione quâ gratis ponitur, eodem quoque λόγῳ tollitur et excluditur prorsùs istiusmodi artolatria.

Heus! tu quicumque sis, non est decantata quædam metamorphosis, neque transmutatio illa fabulosa ; sed est verissima transsubstantiatio, μεταποίησις, cùm tota substantia panis mutetur in corpus dominicum, totaque substantia vini transmutetur in Christi sanguinem, ita ut neque atomon quidem *ullum sive panis sive vini remaneat ibi ampliùs essentialiter.* Etenim quando aqua conversa fuit in vinum, non fuit transsubstantiata tota illa aqua in totum vinum, sed sub aquæ materiâ forma fuerat introducta vinique proprietas. Similiter quando panes illi fuerunt multiplicati ad satietatem usque quinque millium, nec materia fuit mutata, nec forma, nec proprietas, sed quantitas sola quæ crevit in Christi manibus benedicentis. Etenim et virga Moysis quando conversa est in serpentem, et serpens in virgam, anceps totus quam mutationem illa subierit, an nimirùm mutata fuerit ejus essentia, vel tantummodò substantialis quædam proprietas, aut saltem accidentalis : ast in Sacramento eucharistico orthodoxa nostra Ecclesia tenet (quam secuta quoque est Ecclesia Occidentalis) totum panem in altari totumque vinum *commutari essentialiter, materialiter, necnon et formaliter in Christi corpus et ejus sanguinem ; neque manet ampliùs panis materia, de quâ factum est corpus dominicum.* Apage, neque vinum de quo creetur et formetur sanguis, sed tota illa materia panis et vini quæ fuerat antea fermè annihilatur, transit et mutatur in substantiam carnis et sanguinis Christi Domini realiter.

Fatemur autem remanere tantùm species externas

quæ videntur simul et gustantur, ob quas species panis eulogicus à nonnullis quoque nominatur.

Atque de hâc hostiâ locutum reor regem Davidem, qui juxta versionem Chaldaicam psallebat : *Et erit placentula tritici in capite montium.* Est enim panis triticeus in Christi corpus conversus; elevatur super capita sacerdotum qui reverà sunt montes excelsi. Verùmtamen longè expressiùs vaticinatus est Mallachias propheta de istiusmodi oblatione mundâ et purâ, cap. 1, inquiens : *Et non suscipiam sacrificia de manu vestrâ. Jam enim offertur in omni loco in nomine meo munda oblatio*, κατάρα θυσία. Quænam autem est hæc oblatio munda et pura, nisi oblatio illa quæ offertur in missâ, quæ quippe sacrosancta Liturgia solemniter à solis ortu ad occasum usque in Christi passionis memoriam quotidiè celebratur ? Is enim præcepit ut quotiescumque id fecerimus, in ejus memoriam faciamus.

Et nihilominùs reperiuntur nonnulli qui eam temerario nisu annullare non cessant parvi floccique facientes sacrosanctam Christi memoriam in sacrosanctâ missâ contentam, de quâ tamen Psalmista loquitur aiens : *Memoriam fecit mirabilium suorum misericors et miserator Dominus; escam dedit timentibus se.* Sed anticipant hæc Antichristi tempora recentes novantes Antichristi prodromi, eò quòd, auctore S. Hyppolito, Antichristo regnante cessabit omne sacrificium incruentum; ea propter verè dicitur multos esse modò Antichristos, nempe quia directè sese opponunt Christi verbo infallibili ac mandato de celebratione missæ.

Christus autem est unicus cibus animæ nostræ spiritualis, ideò intrat intùs in animam spiritualem. Intrat igitur in nos, non ejus sola gratia, quemadmodùm in cæteris Sacramentis, sed intrat in nos ipsemet substantialiter ut nos sustentet, unicèque vivificet. At, inquies, quonam pacto id fieri potest? Aio per cibum divinum, per Deum corporatum, quo conjuncti propemodùm fermentamur, atque unimur cum Christo; imò et ad cœlum usque communicantes evehimur. Non pubescunt pueri nisi per cibum et potum, unde dictum est : *Butyrum et mel comedet.* Christus enim puerascens verè comedit et bibit, non habens corpus phantasticum, ut Manichæus delirabat. Et quoniam ipse assolet retribuere pro uno centuplum, pro minimo pane ac lacte materno quo nutritus est, largitus est nobis totum corpus totumque suum sanguinem in benevolentiæ mutuæ remunerationem, in vicem beneficii suscepti, quòd Deum Virgo paverit atque lactaverit in antro Bethleemico, quod exprimit parvum illud altare quod πρόθεσις à nobis nuncupari solet. Nobis ergo puerascentibus Christus mensam hanc præparans disposuit, ut de eâ comedentes atque bibentes crescamus spiritualiter, in augmentum scilicet virtutum et gratiarum gradatim juxta illud Davidicum : *Ascensiones disposuit in corde suo, in lacrymarum valle.*

Promittens Christus Dominus suis discipulis, Matthæi 28 : *Ecce ego* (spondet) *vobiscum sum usque ad consummationem seculi*, eamque suam promissionem voluit omnibus modis adimplere; primò quidem per realem essentiam; secundò per gratiam specialem; tertiò per corporalem præsentiam in hoc divinissimo Sacramento. Et profectò Christus Dominus secundùm divinitatem est in omnibus essentialiter, inest tamen in justis peculiariter habitans in eis per gratiam; est pariter in humanitate assumptâ per unionem hypostaticam in quantum Deus.

Adhuc existit ratione humanitatis tripliciter, in cœlo tanquàm in loco suo, in Verbo tanquàm in personâ, in pane et vino tanquàm in Sacramento. Est secundùm divinitatem totus et totaliter, essentialiter tamen in omnibus rebus creatis; est totus secundùm humanitatem et totaliter, sed sacramentaliter in omnibus hostiis, et in omnibus calicibus altarium mundi. Nunc jam ito tu, et si poteris abnega non esse Christum adorandum adoratione latriæ in pane isto eucharistico, et in vino consecrato, cui attribuuntur omnes ac singuli honores Deo soli convenientes. Itaque adoratur Deus tanquàm in carne manifestatus, adeòque non absque carne, sed cum carne adoratur : quod quidem in synodo Ephesinâ fuit etiam sancitum, ut nempe adoratione unâ cum deitate caro Christi adoretur, unâ scilicet numero adoratione, suam tamen relationem habente.

Venit in mentem meam historia quædam urbana et lepida, et nostro proposito valdè idonea. Persæ regis sui sellam tam eximio cultu venerabantur, ut in eâ quempiam alium sedere capitale prorsùs facinus fuerit. Illinc illud Alexandri Magni Macedonis regium dictum, quod tanquàm apophthegma refert Curtius, lib. 8, c. 9 :
« Sedebat Alexander, et admoto igne refovebat artus,
« cùm forte Gregorius miles frigore propemodùm
« enecatus, et qui vix arma et seipsum sustentabat,
« pervenit tandem ad castra. Eo viso rex è sellâ suâ
« quam primùm assurexit torpentemque militem,
« atque vix suæ mentis compotem exutis armis, in
« suâ sede jussit consedere. Ille diù nec ubi requiesce-
« ret nec à quo fuerit exceptus ignoravit. Tandem re-
« cepto calore vitali, ut regiam sellam regemque
« aspexit è vestigio, territus exilivit, quem intuens
« monarcha : *Et quid intelligis, ô miles*, inquit, *quantò
« meliori sorte quàm Persæ sub me rege vivitis vos; illis
« namque in regis sellâ considisse fuerat fatale, tibi sa-
« luti modò est.* » Verùmtamen quantò nos meliori conditione sumus quàm miles hìc Persa ! Quantò sub rege vivimus benigniori ! Non sellam tantùm regiam occupamus, sed ipsius regis Christi gremio amantissimè fovemur et alimur. Intùs in altari thronus Salomonis est, ad quem si trepidi, jejuniis exhausti, venerabundi accedimus, nobis saluti est; at si temerè, thronus leunculos suos habet, ac veluti Persis exitialis erit omninò. *Judicium namque sibi manducat*, id est damnationem perpetuò infernalem, seu meliùs ad judicium mortis æternæ sese obligat hic talis, ac si Christum eumdem occideret. Porrò punietur is, quemadmodùm exponit Philo Carpatius, ad gehennam properans miserrimè, qui ad tale atque ad tantum

cœleste convivium, angelorum choris optabile, immundo corde atque sordidato animo audacter accedere, atque insolentissimè devorare præsumit, haud dijudicans diligenter tanti mysterii ἀξίαν et excellentiam.

Atque hinc confirmatur catholica sententia, quæ tenet ac edocet graviter peccare illum qui nimirùm communicat cum conscientiâ peccati mortalis, eò quòd hic cibus est vivorum, non mortuorum, juxta illud : *Ego sum panis vivus, qui de cœlo descendi ;* necnon quia hoc Sacramentum haud fuit institutum in remissionem peccatorum, sed in spiritualem alimoniam ; quinimò qui conscientiâ peccati mortalis accedit falsam illicò reddit Sacramenti hujus significationem. Denotat namque sumentem atque communicantem esse de corpore Christi mystico, id est de societate sanctorum fide ac charitate adhærente Christo. Quare catechumeni, energumeni, publici notorique peccatores ab hâc sacrâ communione tanquàm indigni olim arcebantur et pellebantur, teste D. Chrysostomo, ac Justino martyre, necnon S. Ambrosio, qui dimissis catechumenis missam facere cœpit ; atque nunc in Græcis Liturgiis clamat diaconus : Τὰ ἅγια τοῖς ἁγίοις ; id est : SANCTA SANCTIS ; utpote nefas istiusmodi porcis margaritas projicere, sanctumque dare canibus ad hanc sacrosanctam comestionem. Etenim si illi qui abutuntur Baptismo peccant gravissimè, juxta illud Apostoli : *Rursus crucifigentes ;* quidni Christum crucifigere dicantur ii qui non solùm Baptismum in quo Christi gratia reperitur, sed etiam Eucharistiam, in quâ Christi præsentia continetur, indignissimè tractant ? Abi nunc et iterum abnega non esse verum corpus et verum sanguinem dominicum, sed typum et symbolum ; quandoquidem fit ille reus, et *judicium sibi manducat* qui sacrosanctam particulam, τὴν μερίδα τῶν ἁμαρμάτων, quam insigni nomine S. Chrysostomus margaritam nuncupavit, indignè suscipit, inhonestèque manducat. Porrò magis peccant, exclamat D. Augustinus, qui tradunt Christum peccatoribus membris, quàm qui tradiderunt eum crucifixoribus Judæis. *Super tribus sceleribus Damasci,* ait Amos propheta, c. 1, *et super quarto non convertam eum ;* ubi per tria intelligit divinissimus vates peccatum scilicet cordis, operis et omissionis, quæ remittuntur facili negotio, in quorum figuram Christus quoque suscitavit tres mortuos ; sed quartum scelus diabolicum est, peccatum scilicet indignè communicantis. Christum enim ille conculcat, qui illum indignè participat atque sumit.

Hoc autem venerabile altaris Sacramentum nominatur Eucharistia ; est enim simul et sacrificium institutum ad exhibendas Deo gratias per illud. Quapropter cum summâ gratiarum actione frequentandum, et cum summâ religione sumendum ut tremendum mysterium et horribile sacrificium. *Probet,* inquit Doctor gentium, 1 Cor. 11, *seipsum homo, et sic de illo pane edat.* Pondera primum illud, *probet seipsum homo,* et confestim totis artubus contremisces. Alludit namque, uti reor, ad illa verba Salomonis in Proverbiis, cap. 23 : *Quando sederis ut comedas cum principe, statue cultrum in gutture tuo.* Quid est hoc, nisi ut tyrannus Syracusarum Dionysius è filo ensem pendere suæ mensæ solitus fuerat, adeò ut discumbentes sibi magis tremerent quàm ederent ?

Sed animadvertendum hic est, quòd primum est tantùm Sacramentum, species visibilis panis ; secundum, Sacramentum et res, caro Christi propria ; tertium, res et non Sacramentum caro Christi mystica Ecclesia ; et hoc est illud quod voluit dicere Christus, Joan. 6 : *Caro non prodest quidquam, spiritus est qui vivificat.* Debemus enim ita comedere ut uniamur spiritualiter per gratiam et meritum cum carne mysticâ Christi Domini ; hâc enim de causâ seipsum nobis conjunxit, atque corpus suum in nos permiscuit, ut unum quid effecti, et tanquàm corpus cum capite copulati, in communionem cum eo tum passionum, tum deitatis, veniamus, ut asserit Elias Cretensis.

Sed, heu ! peccatores sæpe sumunt Sacramentum, non acquirunt tamen illam unionem spiritualem ac mysticam cum sanctâ Dei Ecclesiâ ; sed potiùs remanent ab eâ penitùs separati. Contra verò complures participant de divinis gratiis absque ullâ communione sacramentali ; atque ita intelligendum illud tritum effatum : *Aliqui sumunt Sacramentum et non effectum Sacramenti ;* hoc enim verificatur in iis qui accedunt indignè ad sacram communionem cum plenâ notitiâ mortiferi alicujus peccati : *Aliqui Sacramentum sumunt et effectum Sacramenti ;* hoc est, qui rectè contriti, et rectè confessi communicant ! O verè beati qui extant de hoc numero ! Miseri autem illi verissimè sunt qui accedunt ad altare, non habentes vestem illam nuptialem, nimirùm puram et candidam conscientiam. *Foris canes, venefici, homicidæ, idolis servientes, et omnis qui amat et facit mendacium,* Apocal. 22. Tandem aliquando sunt nonnulli qui nec sumunt Sacramentum nec effectum Sacramenti, videlicet ii qui propter suam malam conscientiam, improbamque vitam, ad sacram synaxim accedere contremiscunt ; de quibus ita loquitur S. Cyrillus patriarcha, in Joan. 1, 4 : *Ubi verò probavi meipsum, indignum esse me video. Quandonam ergo dignus eris, ô quisquis es qui hæc dicis, quandonam teipsum Christo sistes ? Nam si te peccata usque deterreant, tubi autem sis cessaturus nunquàm, « quis enim delicta intelligit »,* canit S. Psalmista, psal. 18, *vacuus omninò compatère sanctificationis illius, quæ in æternum nos servat. Quare piè apud te statuas rectè honestèque degere, atque Eulogiæ sacræ particeps fias, credens eam non mortis solùm, verùm etiam morborum nostrorum depellendorum vi pollere.* Huc usque S. Alexandrinus, beatissimus papa et patriarcha.

Et profectò sancta nostra mater Ecclesia studiosè interpretans præceptum illud Decalogi : *Sabbata sanctifices,* in quo præcipitur cultus divinus, haud invenit aliud quid majus aut melius, quàm expressè jubere omnibus cujuscumque statûs Christianis ut audiant sacrum, necnon in die saltem Paschatis sacram sumere communionem, hoc est fieri participes de glorioso corpore ac sanguine dominico. Valeat hæresis, sacram tollens Liturgiam de medio, omnesque adversarii qui nunc operantur iniquitatis mysterium. Quid enim aliud sunt sacrosanctæ Litturgiæ, quàm quædam memoriæ publicæ, atque solemnes exequiæ, quas mater nostra sancta Orientalis Ecclesia solet ritè peragere, utpote non immemor infiniti beneficii et amoris quem Christus Dominus exhibuit, suum elargiens corpus sub feriæ quintæ vespere in Sacramento quod idem obtulit in die magnæ Parasceves in sacrificio : atque hanc ob causam modò nuncupatur Sacramentum à sanctis Patribus, modò sacrificium ; Sacramentum quidem in consecratione, sacrificium verò in oblatione, ita tamen ut simul sit Sacramentum fidei et dilectionis ; sed magis, ut veriùs asseram, appellandum est sacrificium quàm Sacramentum, eò quòd Sacramentum est ordinatum ad sacrificium, ideò et primò consecratur, postea sacrificatur, nempe ad similitudinem Christi Domini, qui pridiè sese dedit pro nobis in cibum, postridiè autem in sacrificium, atque hinc intelligimus quare missa nuncupetur latria, divinus cultus atque officium ; sic enim appellat S. Epiphanius λατρείαν τῆς οἰκονομίας, hoc est divinum et incruentum sacrificium, in expositione suæ fidei. Per œconomiam autem intelligit incarnationis passionisque divinæ mysterium, cui repræsentando institutum est illud à Deo sacrificium ; unde in Arianorum hæresi, sacer hic antistes vocat simpliciter hoc mysterium œconomiam.

Tametsi ergo missæ sacrificium Deo soli offeratur, sicut et ipsi templa et altaria eriguntur, nihilominùs tamen sicut in memoriam sanctorum templa et altaria erigimus, ita quoque sacrificia in eorum memoriam rectè offerimus, ut de eorum victoriis immensas Deo gratias agamus eorumque patrocinia imploremus. Profectò æquum et justum est ut sacrificia offeramus ad agendum Deo gratias pro victoriâ et triumphis sanctorum, et per hoc etiam sanctos ipsos in sacrificio cum honore et exultatione nominemus. Insuper dignum quoque est ut in sacrificiis illorum patrocinia imploremus, ut quando nos ipsi meritis nostris parùm fidimus, memoriâ et legatione illorum protecti per eos ad Deum accedere tremendo sacroque hoc munere defungi audeamus. Facessant ergo qui sic reputant, quòd cùm in honorem et memoriam sanctorum nonnullas interdùm missas Ecclesia celebrare consueverit, æqualiter illis sacrificium offerri doceat ac Deo qui eos coronavit. Etenim nec sacerdos dicere solet unquàm : Offero tibi sacrificium, Petre vel Paule, sed Deo unico ac soli de illorum victoriis gratias agens, eorum patrocinia piè ac devotè implorat, *ut ipsi pro nobis intercedere dignentur in cœlis, quorum memoriam facimus celeberrimam in terris.*

Verùm revertatur oratio unde fuerit digressa, non incompositè tamen, neque inutiliter ad sacrificium scilicet missæ ; quippe quæ est commemoratio illius cruenti sacrificii, quod semel à Christo Redemptore pro nobis in cruce peractum est ; iterùmque nobis applicatur per missæ sacrificium lytrum ac pretium redemptionis in cruce peractæ. Et quanquàm per Sacramenta nobis applicetur redemptio crucis, quoad justificationem, non tamen applicatur nobis quoad proportionem. Nam sola missa est tanquàm sacrificium propitiatorium instituta ad peccatorum veniam impetrandam, tum vivis tum defunctis, et ad iram divinam placandam necnon ad avertenda flagella divina nobis impendentia, quâ ratione dicitur et est sacrificium ἱλαστικόν, id est propitiatorium. Et si enim sacrificium missæ non sit instrumentum immediatum producens gratiam, sicut Sacramenta sunt, est tamen unicum instrumentum movens Deum ut jam placatus peccatori donum pœnitentiæ concedat, cujus interventu justificetur. Quare immeritò recentiores nonnulli accusant nos orthodoxos quasi dicentes per missam deleri lethalia peccata eorum pro quibus sacrificatur, sine ullo ipsorum dolore ac pœnitentiâ, cùm nos apertè fateamur missæ sacrificium esse tantùm propitiatorium, non autem expiatorium immediatè ac proximè, expiarique peccata mediante Sacramento pœnitentiæ. Quamvis enim in hoc sacrificio unico Christi caro et sanguis contineantur, quæ vim omnem habent ad expianda peccata, prodesse tamen non solent si non applicentur : non aliter atque ignis quantùmvis magnus neminem calefacit nisi illum qui se illi approximat ; et medicina quantùmvis sana neminem sanat nisi eum qui eam sumit. Sed ad institutum nostrum redeamus, seu sacratissimam Eucharistiam.

Liquet ex oraculis propheticis Deum esse pollicitum se tandem cessaturum ab omnibus Sacramentis veteris legis, aliaque de novo ex instituto propositurum. *Ecce ego facio nova*, secundùm sacram Apocalypsim 22. Cùm ergo venit in mundum novus homo Jesus Christus, Deus qui stat constanter in verbo suo, in suisque promissis firmissimus, suas exequi voluit pollicitationes, Sacramentaque novæ legis cœpit instituere per suum unigenitum Filium Jesum Christum. Etenim non est hominis instituere Sacramenta, sed solius tantùm hominis Dei τοῦ Θεανθρώπου Χριστοῦ. Nempe quia Deus est qui vivificat per gratiam, et, ut psallit Psalmista : *Gratiam et gloriam dabit Dominus*, psal. 83. Ideòque S. Paulus loquens de hâc institutione ad Corinthios scribens aiebat : *Dominus Jesus*. Non dixit simpliciter : *Jesus*, sed : *Dominus Jesus*, exprimens in voce *Dominus* naturam divinam, in voce *Jesus* humanam.

Vultis ut per quamdam curiosam paraphrasim exponam hujusce Apostoli prægnantia verba ; vultis ? Sanè lubens ipsemet aggredior id genus explicationis : *Ego enim accepi à Domino quod et tradidi vobis. Ego Paulus apostolus segregatus in Evangelium Dei*, vas electionis, doctor gentium, αὐλὸς αὐλὸς τοῦ Πνεύματος, *immaterialis tuba S. Spiritûs*, *accepi à Domino*, non ab homine, neque per hominem. Sed quomodò, ais, verificatur id, cùm reverà ipsemet Paulus non affuerit præsens in illâ primâ institutione hujus mysterii ? Respondet Œcumenius satis acutè, quòd idem sonat hic *accepi*, atque *edoctus sum*, ἐδιδάχτην ; insuper quia Dominus eamdem mensam parat nunc nobis quam et antea paravit suis apostolis in cœnâ illâ mysticâ, Judam quoque ipsum non abjiciens, sed communicans. *Quòd Dominus Jesus in nocte quâ tradebatur accepit panem.* Si Dominus, ergo est potens; si Jesus, ergo est Salvator. Propter primum dignus est ut diligatur. Noctu instituit Dominus hoc Sacramentum; sed quare noctu? Quia non aspicitur illud evidenter quod creditur: attamen nox ista est valdè observabilis Domino, Exodi 12, hancque observare debent filii Israel cunctis diebus vitæ suæ. Nox quasi reputabatur Isaac tangenti filium suum Jacob ipsum Esaü opinanti, quia nempe non videbat præ oculorum caligine. Noctu ab Egypto exierunt, quando et agnum manducaverunt, portasque suas sanguine tinxerunt, ut exterminatorii angeli ensem fugerent. Nonne oportebat et tunc agnum immaculatum Christum consecrari noctu, et comedi à sacrosanctis apostolis, oraque sua tanquàm ostia ejus sanguine tingi, non tantùm interiùs, sed exteriùs etiam? *Corde namque creditur ad justitiam, ore autem confessio fit ad salutem.* Rom. 10, 10. Is itaque qui nec fallit nec decipit, neque falli neque decipi potest, *accepit panem*, triticeum scilicet, non hordeaceum. Etenim Sacramenta non propter aliam rationem instituta fuerant tum in lege naturæ, tum in lege à Moyse scriptâ, tum etiam in lege novæ gratiæ, quàm ob vitam hominis spiritualem. Quoniam verò vita corporalis extat vitæ spiritualis simulacrum, et universaliter dicendo res visibiles sunt quasi umbræ atque imagines rerum invisibilium, mirandum non est si Sacramenta singula proportionem quamdam obtineant cum rebus iis quæ sunt necessariæ atque utiles ad humani corporis vitam. Idcircò tu vides Baptismum habere proportionem ortui natalitio, nostræ vitæprimo principio. *Amen, dico tibi, nisi quis renatus fuerit ex aquâ et Spiritu sancto non potest introire in regnum Dei* (Joan. 3). Item confirmatio correspondet spirituali augmento: Pœnitentia, et Unctio extrema medicinæ assimilatur. Sanè Matrimonium atque sacer Ordo propagationi filiorum comparatur, quippe quæ propagatio perpetuat et perennat humanam vitam in specie. Consequens igitur etiam fuit, ut aliquid foret in formâ cibi et potûs, eò quòd nequit quispiam vitam vivere communem absque ullâ comestione atque ordinariâ potione. Prædiximus autem debere omne symbolum habere nobiscum aliquam analogiam seu proportionem; nullum autem nutrimentum æquiparatur animis nostris quàm Christus Dominus.

Verùmtamen quia hæc excellunt rationis lumen, hominisque captum transcendunt ac superant, panem nimirùm in corpus Christi converti, et vinum in Christi sanguinem commutari, nemoque id posse fieri sibi persuaderet, non tantùm simplex homo, sed neque immaterialis angelus, idcircò necessum fuit suprema Christi majestas, atque auctoritas, qui totum hoc confirmaret atque contestaretur ore proprio. *Accepit itaque panem, et, gratias agens, fregit, atque dixit: Accipite et manducate,* HOC EST CORPUS MEUM, *quod pro vobis tradetur* (Græcè in præsenti dicitur, non in futuro). Christus noster pincerna est, qui ait: *Bibite ex hoc omnes,* HIC EST CALIX SANGUINIS MEI. Etenim si typus foret ac figura, non differret hoc Sacramentum novæ legis à Sacramentis veteris legis, quæ tantùm erant umbra et figura ἐδιδάχτην. Nemo itaque dicat cum antiquis illis Judæis: *Durus est hic sermo, et quis potest eum audire?* Nullus hìc illudat huic reali transsubstantiationi, unà cum Judâ proditore simulque irrisore hujus magni mysterii; quippe qui clanculùm accepit panem eucharisticum, eumque latenter abscondit ad ostendendum nimirùm illum Judæis sacrilegis tanquàm opus inusitatum, quinimò uti rem quamdam absonam nimis atque insolitam legi veteri, quemadmodùm hoc in loco ingeniosè admodùm apprimè annotavit noster Theophylactus, qui præterea hoc quoque animadvertit, propterea non dixisse Christum Dominum: Accipite et comedite omnes, sicut et protulit in poculo: *Bibite ex hoc omnes,* nempe quia ex sacro illo poculo Iscariotes coactus est bibere unà cum cæteris apostolis ibi discumbentibus; ast sacram particulam seu margaritam assumere noluit, sed eam furtivè occultare præsumpsit, incredulitatis causâ et irrisionis prætextu, quemadmodùm recté refert Nicolaus Anthidorum episcopus, sanctissimi Germani patriarchæ Constantinopoleos circa hoc cogitatum secutus planè sententiam.

Mementote, quæso, hìc Davidis, qui judicatus est tanquàm amens ante regem Achis. Et quidnam putatis significari Achis nomine, nisi *quomodò est hoc?* Philosophus et hæreticus qui vult scire semper rem per causam existimat ista esse puerilia ac futilia, quærens, susquedeque investigans: Quomodò fiet istud? Non intelligens, inquit Damasci alumnus S. Joannes, quòd Spiritus sanctus superveniens supra dona proposita ea transmutat, atque sanctificat. Audite antiquissimum illum S. Irenæum beati Polycarpi discipulum, qui quondam extitit auditor beati Joannis evangelistæ. *Eum,* inquit, *qui ex creaturâ panis est accepit, et gratias egit, dicens:* HOC EST CORPUS MEUM; *et calicem similiter, qui est ex eâ creaturâ quæ est secundùm nos, suum sanguinem est confessus, et novi Testamenti novam docuit oblationem.*

Enimverò Pythagoreorum summa thesis fuerat: *Ipse dixit*: Αὐτὸς ἔφα, Christus fassus est, quis ampliùs dubitabit? *Ipse dixit, et facta sunt; ipse mandavit, et creata sunt*; ps. 148. Non oportet hìc multùm disputare, sed credere tantùm fas est. Sincerè jubemur credere, altè discutere prohibemur. Adsit fides, et cessabit omnis quæstio. Etenim apud Deum non est impossibile omne verbum; qui mutavit mulierem Loth in sal, qui virgam Moysis in serpentem, qui Ægypti flumina in sanguinem, qui aquam nuptiarum in vinum præstantissimum; ille quoque transmutat panem et vinum in suum corpus et sanguinem dominicum. Dicam summatim: *Accedit verbum ad elementum, et fit illicò Sacramentum*. Pondera, quæso, illud pronomen *hoc*, quod de se et per se significat aliquid: non per tropum dicitur: *Hoc est*, non per symbolum enuntiatur, οὐ συμβολικῶς οὔτε τροπικῶς, sed veraciter, sed substantialiter importatur, ἀληθῶς. Accipienda quidem sunt verba ut plurimùm sicut sonant; ubi præsertim nullum sequitur absurdum, interpretandæ sunt voces fideliter uti sonant simpliciter. Jesus Christus inquiens : *Hoc est corpus meum*, non asseveravit : Hoc est figura corporis mei vel symbolum, quemadmodùm intelligitur de petrâ scaturiente aquas in deserto, de quâ dicebat Paulus apostolus, 1 Cor. 10 : *Petra autem erat Christus*. Hunc enim loquendi modum apertè Christus damnavit, atque labefactavit, dùm affirmavit, Joan. 6, aiens : *Caro mea verè est cibus, et sanguis meus verè est potus*. Significatur sanè in petrâ Christus, sed tamen non continetur in petrâ; at in pane sacrificato, et significatur simul et continetur, ut præmonstravimus, idque confirmatur magis ac magis auctoritate D. Cyrilli Alexandrini, l. 4, in Joan., sic explanantis ea verba : *Qui manducat meam carnem, in me manet, et ego in illo. Quemadmodùm*, inquit, *si quis ceram ceræ conjunxerit, utique alteram in alterâ esse videbit; eodem quoque modo, opinor, qui Salvatoris carnem suscipit et bibit ejus pretiosum sanguinem, unum quoddam cum eo reperitur, quod mixtus quodammodò et immixtus ei per illam participationem, ita ut in Christo quidem ipse reperiatur, et vicissim Christus in ipso. Quemadmodùm ergo S. Paulus ait*, 1 Cor. 5 : « *Modicum fermentum totam massam fermentat*, » *sic sacra minima Eulogia totum corpus nostrum immiscet, propriâque replet efficaciâ : et ita Christus in nobis existit, et nos vicissim in ipso, non aliter atque fermentum est in totâ massâ, et massa in toto fermento*.

Jure itaque merito nuncupatur hoc Sacramentum epulum splendidæ charitatis, amoris et unionis, imò et tessera. Quemadmodùm enim ex multis granis frumenti constat panis triticeus, necnon ex multis uvis usuale vinum eximitur; ita et multi ex uno eodemque sacratissimo pane ac vino fimus participes ad spirituale consortium, ad intimam refectionem, ad plenitudinem gratiarum ; contestante D. Paulo, 1 Cor. 10 : *Unum corpus multi sumus, omnes scilicet qui de uno pane ac de uno calice participamus*. Et profectò si hæc unitas intrinseca deerit, vanum erit quodlibet signum istiusmodi unitatis extrinsecæ, non aliter atque inanis foret circumcisio carnalis Judæo, quando simul non adesset et spiritalis illa circumcisio cordis. *Simile est regnum cœlorum fermento, quod acceptum mulier abscondit in farinæ satis tribus donec fermentatum est totum*. Et quanquàm Theophylactus intelligit hìc per mulierem, rationalem animam tres habentem potentias, irascibilem, concupiscibilem et intellectualem; nihilominùs tamen pro Ecclesiâ sumenda potiùs est universali tres habente gradus in suo cœtu, incipientes, proficientes et consummatos. Venite igitur, amici, et inebriamini, ô charissimi, de hoc vero nectare, atque ambrosiâ immortali. Auditus hìc non fallitur, non aberrat. *Vox enim Jacob est*, scilicet sacerdotis ministri, qui nomine Christi clamat : *Hoc est corpus meum; hic est sanguis meus*. Est verè animarum mensa, non corporum, sacrum hoc altare in quo manet Deus absconditus ne conspiciatur ab impuris ac impiis oculis. Quis unquàm, amabo, cognovit tale genus amicitiæ ut nempe ipsissimas suas carnes ad epulationem ac incorporationem simul daret atque distribueret ?

Eâ igitur nocte quâ tradebatur accepit panem, et gratias agens fregit, ac dixit : Accipite et manducate, HOC EST CORPUS MEUM. Nolite hìc ponere scrupulum, quasi discordet ac dissonet D. Apostolus à sacratissimis evangelistis cùm priùs asseveraverit quòd fregit, quàm quòd benedixerit, id est, consecraverit. Usus namque fuit sanctissimus Doctor gentium anticipationis figurâ ὑπερβάλλειν, præponens scilicet illud fregit, quod omninò erat postponendum ; quæ figura passim habet locum in sacris paginis. Nisi tu quoque velis dicere non intercessisse aliquam consecutionem, sed potiùs quamdam puram concomitantiam inter benedixit et fregit ; hoc enim pacto concordantur ambæ cytharæ Apostolicæ, et evitatur error quorumdam ineptè dicentium, Christum Dominum non consecrâsse cum his verbis : *Hoc est corpus meum ; hic est sanguis meus*, sed cum aliis quibusdam. Sed quare fregit ? Ad hoc ut ostenderet suam voluntariam passionem ; ad hoc ut de uno pane daret omnibus apostolis sacram particulam ; fregit quidem, sed species tantùm panis seu accidentia fregit, nullam in fractione patiens læsionem, juxta illud : *Os non comminuetis ex eo*, Exodi 12. Ideòque non frangentes sacram istam particulam consecratam dicimus : *Dividitur, non scinditur Agnus Dei qui tollit peccata mundi*; signamusque cum particulâ illâ nosmetipsos in fronte aientes : *Credo, Domine, atque confiteor, quia tu es Christus Filius Dei vivi* : et accepto calice pronuntiamus : *Pretiosus sanguis Domini nostri Jesu Christi nobis traditur in remissionem peccatorum et in vitam æternam*. Quid planius ? Quid significantius dici potest pro realitate atque veritate hujus Sacramenti, quàm firmissimè credere ac fateri panem consecratum esse corpus Christi, et calicem consecratum verum sanguinem Christi ? Facessat ergo hæresis, et conticescat impietas. Adde quòd non pauci (ex antiquâ reor consuetudine ac traditione) tacito modo proferunt jaculatoriam illam oratiunculam : *Credo, Domine, atque fateor te Filium esse Dei vivi, qui in mundum venisti, ut salvos faceres peccatores, quorum ego primus sum*. Tandem clarâ voce subjicitur *amen* ab universo astante populo, perinde ac si diceret : Verum est quod enuntiâsti, ô Mysta. Ast quod os externè loquitur, mens interna fateri quoque debet, et quod sermo sonat exteriùs, affectus etiam internè sentiat, quemadmodùm concludit affabrè Mediolanensis archiepiscopus.

Enim verò derogat de omnipotentiâ Dei qui hæreticorum more dubitat de transsubstantiatione. Nam id quod potest fieri absolutè pendet ab omnipotentiâ Dei ; quodque futurum est in effectu pendet à voluntate divinâ ; quod autem credere debeam, id omninò pendet ab Ecclesiâ catholicâ nostrâ matre ac magistrâ, quæ nullatenùs errare potest, utpote fundata in auctoritate sacræ Scripturæ, quæ minimè nos decipere seu deludere vult.

Ideò autem hæc conversio sacramentalis dicitur transsubstantiatio, videlicet totalis conversio seu totius substantiæ, quia nihil remanet de materiâ panis ac vini ; alioquin si maneret aliqua materia, deberet dici potiùs transformatio. Recole jam memoriâ quòd de terrâ finxit Adamum ; quòd de costâ ipsius fabricavit Evam, et alia id genus miracula perpetravit. Et quare nequit convertere proposita quoque munera in altari, cùm de ipso verificetur Rom. 4 : *Quæcumque promisit Deus potens est et facere?* Credendum ergo est unâ cum Abrahamo in spe contra spem, id est, in spe omnipotentiæ contra spem naturæ, quòd absolutis consecrationis verbis transit panis et vinum in substantiam carnis et sanguinis Christi ; manentibus accidentibus, quibus tamen caro ipsa non afficitur. Quæris à me modum quomodò id fiat? More socratico autumo, prorsùs nescio ; tantùm hoc scio quòd Christus qui est summa et prima veritas dixit : *Hoc est corpus meum*, et illicò factum est. Dixit : *Hic est sanguis meus*, et statim transsubstantiatus fuit. *Credo, Domine*, aiebat ille cœcus in piscinâ sanatus, Joan. 9. Et certè *accedentem ad eum oportet credere*, Hebr. 11, inquit Apostolus. *Qui timetis Deum, credite illi*, ait sapientissimus Ecclesiastes. Qui autem non credit, ait S. Paulus, *superbus est, et nihil sciens*, 1 Timoth. 6.

Benè igitur S. Cyrillus patriarcha Hierosolymitanus, in Catechismo admonet nos edocens : *Quamvis sensus tibi suggerat, panem scilicet esse simplicem, tamen fides te confirmet, ne ex gustu rem judices.*

Addunt autem cur Christus corpus et sanguinem suum sub speciebus panis et vini manducandum exhibuerit, et non in propriâ , et in naturali suâ specie ; ut videlicet, inquiunt, in credentibus fides exerceatur et sine horrore manducetur.

Sed benè est, ais ; adhuc ego inquiro quare tam absconsus tenuiumque accidentium velo intectus remanere apud nos voluerit, ubi tam magna Dei majestas solis fidei oculis cernitur ? Respondeo propter duas rationes ; prima est indignitas pravorum hominum ; secunda fides bonorum, nempe ut qui sumunt indignè, minus ex illo sumerent exitium ; et qui dignè communicant, cum fœnore gratiæ amplioris hoc facerent, idcircò tectum se atque invisum utrisque permittit. Quod si conspicuum sese sumendum præberet, contra accideret. Graviori namque supplicio se obnoxios mali redderent, bonorumque meritum minus foret, non aliter atque qui regi palàm omnibus exposito in sede regiâ et majestate suâ injuriam atque contumeliam afferret, in gravem mulctam illicò incurreret : minus autem supplicium promeretur is qui latitantem regem in aulâ sperneret, vidensque illum offenderet. Ilis addo aliam quoque rationem, quòd Christus Dominus in sacramentalibus speciebus non quæsivit dignitatem, sed aptitudinem. Decuisset forté magis augustissimum hoc Sacramentum sub eximiis, præstantissimis, incomparabilibusque speciebus relinqui ; sed illo tum pauperes et hominum plurimi frui non possent. Ut ergo universi eo gaudeant, ut vitæ panis et divinus hic missus, universorum esui et usui sit expositus, sub rerum nec magnarum nec pretiosarum, sed rerum passim obviarum, et quæ parvo pretio ha-

beri possunt, speciebus instituitur ; majorem enim rationem utilitatis nostræ, quàm existimationis suæ habet Deus. Etenim hæc inest Deo firmissima consuetudo, ut ille profectûs nostri opera magis ad charitatis suæ quàm magnitudinis et majestatis libram expendat.

Fatemur itaque nos minimè percipere modum hujus transmutationis ; verùmtamen totum illud procedit ex imbecillitate nostræ naturæ, quippe quæ ad spiritalem rerum intelligentiam parùm videtur esse idonea.

Maxima caligo hic circumstat oculos nostros : subinde usurpandum est modestè verbum illud *nescio*, quando scilicet causa rei de quâ agitur penitùs ignoratur, quæ inscitia jure merito à nonnullis erudita ignorantia nuncupatur. Non malè igitur fecimus qui omisimus tales subtilitates et quæstiones sublimiores, quibus veluti spinis sæpenumerò recta suffocantur ingenia.

Ex supradictis facilè colligitur quid tandem sentiendum sit de sacrâ Eucharistiâ in arthophorio conservata, atque in specie columbæ constructo atque insignito : cyborium quoque nominatur sacra ista pixis, seu cibi spiritualis apotheca , in modum turris argenteæ super altari asservatæ, cui lampas propterea prælucet perpetua, Verbum Dei vivum in Sacramento scriptumque in Evangelio, cibum verum et mysticum animarum, illustratura.

Porrò moris antiquissimi extitit in Ecclesiâ servare corpus Christi propter infirmos ; imò consuetudo vigebat terrâ marique sacrosanctam Eucharistiam sudario involutam, ut scribit S. Ambrosius in oratione de fratris sui Satyri obitu, quippe qui ait Christianos cùm maritimum iter instituerent , navesque ingrederentur, sacrosanctam Eucharistiam secum deportâsse. Etenim viris dabatur Eucharistia in manus , mulieribus autem in nitidis linteaminibus , quæ dominicalia ideo vocabantur, quod magis magisque liquet ex præsanctificatorum Liturgiâ.

Illud etiam non tacebo , quod præscribitur in communione infirmorum ; scilicet quòd sacerdos sacratissimum altaris Sacramentum deferre debeat in habitu decenti, superposito mundo velamine, honorificèque ante pectus eum omni reverentiâ ac timore , lumine perpetuo præcedente , cùm sit candor lucis æternæ. Sed ad quid, quæso, faces adhibentur, ad quid lumen præfertur, cùm ipse sit origo et principium omnium luminum? Nimirùm ob id ipsum , quòd talis candor, cùm sit lucis æternæ, vult ut nos coram se luceamus, simusque conspicuæ luces aliæ. Ponam in causa auctoritatem S. Cyrilli in epistolâ ad Colossyrium, agentis adversùs Antropomorphytas , inter cætera ad hæc scribentis : *Porrò alios esse etiam audio qui mysticam benedictionem nihil ad sanctificationem juvare dicant, si quid ex eâ fiat reliqui in alium diem. Insaniunt verò qui hæc asserunt ; neque enim alteratur Christus*, οὐ γὰρ ἀλλοιοῦται Χριστός, *neque sanctum ejus corpus immutatur, sed benedictionis vis ac facultas, et vivificans gratia perpetua in ipso existit.* Vide quid scribat et

Joannes Zonoras in 22. epist., quæ habetur in notis adversùs Antropomorphytas.

Instant nonnulli sacram Eucharistiam post consecrationem quoque appellari panem, ut *panis quem frangimus*, necnon *de pane illo edat*, etc. Responderi solet communiter, dici panem propter varias rationes. Primò ratione termini *à quo*, quia ex panis substantiâ facta est substantia corporis Christi; sicut Eva dicitur ex Adâ, necnon homo dicitur terra et pulvis, scilicet quia ex terrâ factus est, quemadmodùm et Eva ex Adæ costâ; secundò quia post consecrationem adhuc manent accidentia panis ut σφραγὶς, signaculum, figura artificialis, sapor et odor; tertiò dicitur panis per analogiam, quia sicut panis usualis alit corpus, ita Eucharistia nutrit animam atque reficit; quartò quia Hebræa phrasis, imò et usitatus jam dicendi modus est, ut omnis refectio atque etiam convivium nomine panis appelletur, ideòque etiam, hoc sacrum convivium panis dicitur; quintò quia Eucharistia quando dicitur panis, non dicitur simpliciter panis, sed cum addito, videlicet quòd sit *vivus*, Joan. 6.

Solemus nos omnes dùm communicare volumus proferre verba centurionis: *Domine, non sum dignus ut intres sub tectum meum*. Hæc forsitan ille dixerat, quòd fuerint in domo ejus idola, timebatque ne Deum offenderet; credebat enim Deum esse Christum et omnia scire. O quàm bona et commoda huic tempori est hæc doctrina! Quid enim est Christi ad nos ingressus, nisi ut videtur Adamantio, apud nos Christum velle hospitari? Quotidiè cùm in Sacramento suscipimus (verba illius profero in medium) quando sanctum cibum illudque incorruptum accipis epulum, quando vitæ pane ac poculo frueris, manducas et bibis corpus et sanguinem Domini, tunc Dominus sub tectum tuum ingreditur. Enimverò et Ecclesia mater nostra hujus centurionis verba commemorat, quibus sponsum suum compellat, cùm in Sacramento suscipit. Sed videat quisquis, hunc intra hospitium animæ recepturus cùm sit, ne centurionis sit consimilis in habendis idolis intùs. Ut enim debitè suscipiatur, necesse est ante cor expurgare omnibus idolis, omnibusque terrenis affectibus, emundare à cunctis passionibus carnis et sanguinis nostrum animum, ut carnem et sanguinem Domini accipiat ritè. Multâ igitur præparatione opus est Christiano istis sacris communicaturo, multâ puritate, maximisque cultûs interioris ornamentis; ut enim præfatum est ex divo Dionysio: Eucharistia est Sacramentum divinissima et augustissima mysteria continens, videlicet ipsum auctorem vitæ atque gratiarum, et verè absconditum Deum habet, latentem sub terrenis speciebus, qui seipsum manducantibus tribuit in pignus salutis æternæ, necnon in tutelam præsentis vitæ futuræque resurrectionis.

Etenim hoc divinissimum Eucharistiæ Sacramentum cùm varias significationes habeat, quæ uno quidem nomine nequeunt exprimi, propterea variis nominibus appellatur. Etenim nominatur sacrificium respectu præteriti, nempe in quantum est commemorativum passionis Dominicæ: simulque hostia nuncupatur, in quantum continet Christum Dominum, quia seipsum Deo Patri obtulit in arâ crucis: synaxis quoque dicitur respectu rei præsentis, unionis videlicet, quæ duplex est; prima in Christo, cui per usum hujus Sacramenti unimur; secunda cum cæteris fidelibus, ita ut ex his tanquàm membris unum corpus mysticum Ecclesiæ consurgat. Hujus Christus est caput, χρυσῆ κεφαλὴ. Ideòque Sacramentum hoc in iis rebus institutum est quæ unionem quamdam significant, et ad unum rediguntur. Ut enim panis ex multis granis conficitur, et vinum ex multis uvis confluit, ita hoc Sacramentum animarum fidelium in Christo unionem et dilectionem denotat. Vocatur quoque viaticum respectu futuri, quia est repræsentativum fruitionis Dei, quæ tandem erit in patriâ: vel, ut placet nonnullis, ideò sic dicitur, quia est spirituale alimentum viatorum, ζωῆς ἐρόδιον, quibus grandis restat via, et in cujus fortitudine ambulant usque ad montem Horeb; vel quia hoc Sacramentum continet in se passionem Christi, quæ est via certissima perveniendi ad vitam æternam. Nominatur insuper græcè μετάληψις, assumptio. Sicut enim in unione, quâ natura humana unitur Verbo, eadem illa natura humana ad esse personale divinum assumitur, communicaturque illi vita divina; ita ex hâc unione sacramentali per quam Christus Dominus, qui est in hoc Sacramento, unitur nobis, assumitur anima ad esse spirituale ipsius Verbi, et communicatur illi vita divina; atque ut per mysterium incarnationis Deus factus est homo, ita per manducationem hujus Sacramenti efficitur homo participativè Deus.

Restaret, illustrissime mi domine, aliquid dicere de corpore diversis in altaribus post consecrationem existente; sed hæc planè sunt nimis subtilia et arcana. Fateor tamen naturaliter id esse impossibile, nempe ut duo corpora maneant simul in eodem loco, verùm id fieri posse per absolutam Dei potentiam constanter tueor, scilicet quòd potest Deus idem corpus in diversis locis constituere, sicque divinâ virtute factum ut duo corpora, scilicet corpus infantis Jesu, et porta virginei claustri simul essent in eodem loco, remanerentque duo et distincta quoad materiam, indistincta verò quoad situm sive spatium. Neque hoc solum in partu Virginis contigit, sed etiam in Christi resurrectione, cùm is prodiit mirabiliter ex clauso obsignatoque monumento, ac postea cùm clausis januis ad discipulos est ingressus, ac demùm cùm in ascensu suo cœlos penetravit, ut Apostolus, Heb. 4, enarrat: *Habemus ergo Pontificem qui penetravit cœlos Jesum Filium Dei*. Qui ergo dubitant de hoc, mihi videntur valdè de omnipotentiâ Dei ambigere; ast stultum, blasphemum et impium est illum impotentem judicare qui cuncta verbo creavit; infirmum existimare qui omnia fecit ex nihilo. Sed quomodò, inquiunt, duo corpora possunt consistere, cùm de ratione corporis quanti sit extensio et repletio loci? Quomodò se invicem penetrare queunt? Sed cogitent priùs isti argutuli quomodò Deus clauso latere Adæ dormientis Evam sine dolore sine corruptione eduxerit. Si enim potentiâ suâ feminam perfectæ jam ætatis eduxit, poterit similiter cum infantibus membris clausum Virginis uterum penetrare, quemadmodùm cœlos corpora solida quasi ære fusa penetravit. Verùm hæc dicta sunt per παρίκβασιν.

Solet etiam inquiri si sub quâlibet parte divisæ speciei consecratæ maneat totus Christus, et communiter affirmatur, idque probatur ex illo Joan. 6 : *Qui manducat me, vivet propter me*. Sed particula *me* significat totum Christum ; ergo totus Christus est in hoc Sacramento. Et per consequens hæc divisio non obstat quin sanguis Christi et totus Christus actu sit indivisis partibus. Itaque in ordine quoad species, Christi præsentia ita se habet, ut totus integer Christus sub singulis specierum partibus divisus sit sub iisdem totus conjunctis, non aliter atque in partibus fracti speculi conspicitur veraciter totus homo. Idcircò in hoc Sacramento Christus interno et externo cultu latriæ adorandus est, absoluto quidem et perfecto, ac si propriâ in specie videretur. Sed de adoratione jam diximus superiùs.

Ponam in calce istius tractatûs quæstiunculam satis notam, an scilicet omninò requiratur ad missæ sacrificium utriusque specici panis et vini consecratio ; an sufficiat una tantummodò, præsertim ubi vinum non nascitur. Respondeo affirmativè requiri omninò. Nam ex Scripturis apertè constat panis et calicis hæc simultanea consecratio, necnon ex antiquâ Patrum traditione id satis apparet, ex quibus fontibus divina omnia jura tanquàm rivuli ducuntur, ac manant ad nos. Sanè Christus Dominus, qui consecravit panem, vinum pariter aquâ immixtum consecravit, teste magno Basilio. Tandem subjunxit Christus Dominus, ut Lucas attestatur, cap. 22 : *Hoc facite in meam commemorationem*. Etsi enim omnis Christi operatio non sit æquè imitatio, cùm idem plura fecerit in cœnâ mysticâ, quæ tamen fieri nobis haud jussit, attamen missæ sacrificium sine vini consecratione peragi nullatenùs potest ; nempe quia tale mysterium foret dimidiatum et per consequens non integrum et completum, atque sic sacrilegium committeretur enorme ; cùm ex facto Christi canonumque ordinatione utriusque speciei consecratio requiratur speciatim, tanquàm res necessaria. Etenim si adversùs Armenos urgere solemus acriter strenuèque insistentes, dùm illi obstinatè nolunt paucam aquam intùs in calicem infundere, cùm tamen aqua reverà exierit unà cum Christi sanguine ; si hos, inquam, peccare fatemur gravissimè, quia scienter perfrigunt toties dictum et repetitum præceptum Ecclesiæ, quomodò excusandi erunt qui prætendunt immutare et frangere despoticam ipsam Christi constitutionem de vino consecrando ? Hinc jam video me sensim delapsum in aliam quæstionem gravissimam, scilicet utrùm laicis quoque concedendus sit calix. Etenim nos Græci et Rutheni affirmamus, propter scilicet factum ipsiusmet Christi, qui universaliter dixit : *Bibite ex hoc omnes*, tam sacerdotes quàm laici. Etsi enim corpus Christi demortuum non sit, et absque sanguine vivum corpus veraciter non vocetur, tamen id est per concomitantiam. Igitur pro fatuo meo sensu, quemadmodùm et didici à matre meâ Orientali Ecclesiâ, id ab apostolorum successoribus ἀλληλοδιαδόχως simul panem et vinum in altari ponere, simulque de altari sacra sumere unita mysteria, cæterisque aliis ritè præparatis eadem exhibere. Dicere namque quòd id permissum fuerit è gentibus conversis Christianis, ut de calice quoque communicent, nempe quia erant hi assueti bibere de libaminibus idolorum, hoc est planè miscere sacra profanis, cùm totum id expressè habeatur ex Christi Domini mandato : *Nisi biberitis, nisi manducaveritis*. Ergo in re sumendus est sanguis, ut tandem fiamus participes de integro alimento spirituali. Illuc faciunt et verba illa sacerdotis : *Hæc commixtio corporis et sanguinis dominici*, quorum sensus talis est : Sicut corpus Christi tangi dicitur et manducari, quæ tamen de speciebus panis debent intelligi, sic et mysticè permixtio fit, cùm signa et species panis et vini commiscentur, nobisque sacrum quoddam significatur ad revocandam in memoriam Christi passionem ac mortem, per quam effusus est sanguis ipsius Domini Salvatoris. Ideò hæc commixtio debet semper fieri corporis et sanguinis dominici ritè accedentibus ad sacram sinaxim ; quemadmodùm nos exhibere assolemus nunc cum illo sacro cochleari, τῇ ἁγίᾳ λαβίδι, à D. Chrysostomo religiosè primùm instituto atque invento, post illam actionem miraculosè peractam, hæreticæ Macedoniæ mulieri σύμβακαν, quæ loco sacræ communionis panem datum sibi ab hæreticis Macedonianis devorare ausa fuit, conversus tamen est miraculosè in lapidem, teste Nicephoro Calisto, cui fidem nos omnes ultrò perhibemus.

Ast, inquies, Cyrillus patriarcha Constantinopolitanus, cognomento Lucaris, in suâ professione nuper editâ, fatetur non sensibiliter, οὐκ αἰσθητῶς, dentibus consumi communionem, sed tantùm mentaliter, τῇ τῆς ψυχῆς αἰσθήσει. Ad quid paras dentes et ventrem ? Crede, et manducàsti. Profectò plerique sunt qui abnegant hujusmodi professionem fidei extitisse Cyrilli patriarchæ, fatenturque meram imposturam fuisse. Sed dato et non concesso quòd ejus fuerit talis fidei professio ; certè una hirundo non facit ver, et unus tanquàm nullus. Etenim Lucaris iste videtur secutus esse proditorem illum Judam. Judas namque primus fuit qui non credidit huic admirabili transsubstantiationi ; ideòque cucurrit ad Judæos cum pane illo consecrato, quod vel indicat illud troparion : Οὐ μὴ γὰρ τοῖς ἐχθροῖς σου τὸ μυστήριον εἴπω : *Non enim inimicis tuis mysterium exponam*.

Hanc igitur conversionem nostra mater Ecclesia transsubstantiationem appellat, nempe quia in hâc mirabili conversione hoc est peculiare, quòd sit conversio totius substantiæ in aliam, solùm manentibus accidentibus, idque nomen transsubstantiationis colligitur ex Evangelio : *Hoc est corpus meum, hic est sanguis meus* ; quemadmodùm ea vox ὁμοούσιος colligitur ex illis verbis : *Ego et Pater unum sumus*. Neque enim sequitur frivola, seu potiùs sophistica quorumdam instantia, quasi ex D. Paulo petita ad Hebræos 5, unum tantùm esse sacerdotem in novà lege, scilicet Christum, et similiter unicum sacrificium, quod est in cruce peractum et consummatum, quodque peccata omnium sustulit; idque ampliùs reiterari minimè potest, quia scilicet unica est Christi Redemptoris oblatio, qui peccata omnium abolevit et extinxit. Apostolus namque loquitur de sacrificio cruento in novà lege, quod Christus semel immolavit in cruce, nec ampliùs repetitur, cùm per se abundè sufficiat ad expianda et tollenda peccata mundi : ait namque ad Hebræos 10 : *Ubi est peccatorum remissio, jam non est oblatio pro peccato;* sed per sacrificium crucis obtenta est remissio peccatorum ; ergo jam nulla debet esse oblatio pro peccatis. Respondeo sensum esse verborum Apostoli talem, scilicet postquàm universalis remissio peccatorum facta quoad sufficientiam, postquàm datum est sufficiens pretium redemptionis, jam non esse oblationem sic propitiatoriam, per quam tale pretium fieri possit ; sed quia tamen actualiter non sunt universis remissa peccata, sed unicuique tunc remittuntur, cùm per fidem et Sacramenta et per hoc sacrificium Christo incorporatur, si quidem per illud virtus sacrificii crucis nobis applicatur. Sacerdotes igitur, qui quotidiè Deo immolant, nequaquàm illud cruentum repetunt, absit, sed tantùm commemorationem faciunt illius cruentæ oblationis : nec tamen est simplex quædam commemoratio (sic enim non foret sacrificium), sed est simul etiam oblatio, ideòque verè in missà Christi corpus consecratur, Deoque offertur quotidiè, ut nempe inde fructum salutarem capiamus accedentes ad Sacramenta.

Redeo iterùm ad id quod difficile videtur creditu, nempe replicari sacrum corpus in variis hostiis, et sanguinem Christi Domini in diversis reperiri calicibus. Sed, rogo, consideret unusquisque quòd una simplicissima vox præconis seu concionatoris simul et semel dividitur prosiliens in aures audientium. Porrò sonitus seu tinnatus numerosior resultat per repercussionem, ut apertè fit in echo, sic in Bizantinis et Zizesenis turribus necnon in nemore Dodoneo, et Olympico porticu quam propterea heptaphonon appellabant antiqui, ære percusso ac reflexo multiplicabatur in concameratis præsertim locis ac convallibus.

Verùmtamen *qui habet aures audiendi audiat*, Lucæ 8; auribus scilicet internis, ut credat; et ut aperuit Dominus cor Lydiæ purpurariæ, Actorum 16, aperiat etiam corda nostra, ut intendamus his quæ dicuntur à SS. Patribus, omnibus næniis derelictis. Utinam *aperiat cor nostrum in lege suâ*, ut dicitur 2 Machab. 1; *auferatque cor illud lapideum, et detur cor carneum*, Ezechielis 11; *fiatque cor tanquàm cera liquescens*, psal. 12. Hoc enim modo non perit homo, sed vivet in æternum, per Deum trinum et unum, qui *operatur in nobis velle* (illæso tamen libero arbitrio nostro) *et perficere*, secundùm illud D. Pauli ad Philip. 2 ; quique *operatur ut credamus*, 1 ad Thess. 2. Nemo namque, aiebat Christus, Joan. 6, *potest venire ad me*, hoc est credere, *nisi Pater meus traxerit eum;* ut sit videlicet Dei filius per fidem in Christo Jesu, qui sapientiam præstat parvulis. Amen, fiat.

Et certè in controversiis, illud semper scivi esse supponendum tanquàm firmissimum fundamentum, testimonium divinum ex sacrà Scripturà desumptum, necnon et consensum Patrum communem. Circa enim hos duos polos Ecclesiæ catholicæ axis regirat et usque ad consummationem seculi circumvolvetur feliciter. Trita est nonnullorum excusatio asserentium libros hujus temporis esse corruptos et depravatos, eosdemque injuriâ immutatos vel mutilatos fuisse. Adversùs hosce valebit idem prorsùs argumentum quod contra Mahumetanos solet fieri. Vel antequàm prodiret in lucem hic pseudopropheta, sacræ paginæ fuerant corruptæ, in quibus erat nomen illius insignitum ; vel postquàm editus fuit in lucem, in odium ejus omnia sunt erasa et cassata ex nobis Christicolis. Sanè ante illius ortum ea mutilare opus prorsùs foret inane atque impudentissimum, divinationique quàm proximum de rebus futuris statutum, ac non fallax judicium. Si pòst ejus ortum, producant in medium ipsi antiqua sua volumina, quibus continebantur præfata oracula de futuro Mahumete ; atque sic cessabit omnis lis atque controversia. Hoc dico atque millies repetam : Afferantur textus, videantur expositores antiqui, ac tandem prævalebit multorum calculus, atque præponderabit eorum sententiam. Dicere autem nunc : Ego sum alter Cephas, neque minor sum D. Chrysostomo in illuminatione, nihil planè concludetur, cùm discordemus in primis principiis, ac per consequens remanebit graculus tanquàm graculus invariabilis atque gracilis. Recognoscantur ergo, quæso, in fonte auctoritates SS. Patrum, quas ego in medium protuli, atque secundùm eorum mentem ac sententiam fiat calculus ; sic enim spero fore ut multa candida colligam suffragia, nigra vel nulla vel pauca constringam.

Dixi et feci, non ut volui, mi domine illustrissime, sed quod potui, neque ut publicus doctor, sed tanquàm privata persona exposui. Ea propter me totum submitto censuræ rectæque correctioni matris meæ Orientalis Ecclesiæ, me totum sisto, ita opto, ita prædico, atque postulo, et præ cautelà semper talia meis scriptis propediem interponam. Non enim meis confido viribus, quas perspicuè video esse admodùm tenues. Homo sum, hominis est labi, errare, falli ; et dùm aliena errata præsumo corrigere, mea minimè intueor gravissima. Insuper, tu illustrissime domine Joannes, qui hanc præstitisti occasionem præsentis materiæ, bono æquoque animo velis suscipere meas hasce lucubrationes, quas non ad ostentationem ingenii, sed ad ædificationem animi tui elaboravi, verbis nempe simplicissimis et semibarbaris vocibus. Erràsti, ô vir eruditione ornatissime, hoc onus meis humeris imponens : debuisses equidem aliis præsulibus magni judicii et facultatis deferre. Quid enim potest præstare unus tantùm Lygaridius nomine ac re ὀλιγοστός minimus. Ast recusare tua justa postulata nequivi, neque illa valdè differre in longiusculum exoptavi. Quis enim scit quid tandem dies crastinus erit pariturus? Idcircò immaturum longè opusculum edidi, non expectans diù peroptatam debitamque sibi maturitatem : qualecumque tamen illud sit, tuum planè munusculum esse intelligitur. Vale, iterùmque vale corpore et animo.

Tuæ illustrissimæ dominationi devotissimus ac humillimus cliens

PAYSIUS LIGARIDIUS Crus, metropolita Gazæ Hierosolymitanus *manu propriâ subscripsi.*

Datum in Alexiano musæo anno salutis 1666, octavo novembris.

EXTRAIT D'UN LIVRE DE MÉTROPHANE, PATRIARCHE D'ALEXANDRIE.

De præsentiâ Christi in Eucharistiâ sensus Orientalis Ecclesiæ.

Est quippe panis benedictus reverà corpus Christi; et quod in calice est, indubitatè Christi sanguis. Modus autem istius mutationis incognitus nobis est ac ineffabilis. Harum namque rerum declaratio electis reservata est usque in regnum cœlorum. Et paulò post : Cùm itaque reverà hoc Sacramentum sit corpus Christi et sanguis Christi, convenienter apud Ignatium appellatur pharmacum immortalitatis, etc. Et infra : Cæterùm de mysterio consecrato aliquid recondimus ægrotantibus, ut nemo eorum sine extremo et necessario viatico discedat; secundùm dogma sancti et œcumenici primi concilii credentes, reconditum mysterium semper manere sanctum mysterium, nec unquàm abjicere illam quam semel accepit sanctificationem.

Verba hæc sunt c. 9 Confessionis catholicæ et apostolicæ in Oriente Ecclesiæ per Metrophanem Critopulum Hieromonachum, et postea patriarcham Alexandrinum, Græcè conscriptæ, ac per Joannem Honeium Lutheranum academiæ Juliæ professorem in Latinum idioma translatæ Helmestadii typis Henningii Muleri acad. typ. an. 1561.

Consecrant Moscovitæ panem triticeum in Christi corpus, hunc asservant, circumferunt et adorant cultu latriæ. Consecrant verò ipso Parasceves die hunc panem, qui vel ægris, vel ituris in bellum datur. Ita M. Ludert Kramein Rigæ minister August. Confess. de Superstitionibus Moscovitarum.

EXTRAIT D'UN SYNODE TENU EN L'ILE DE CHYPRE, L'AN 1668

Nos Hilarion Cicada Dei et sanctæ sedis œcumenicæ Cyprinæ isepiscopus, ejusdemque sedis magnus theologus atque Orientalis Ecclesiæ generalis doctor, etc.

Universis præsentes nostras inspecturis atque lecturis fidem facimus, quòd infra scripta capitula sunt ad verbum transcripta ex synodo Leucosiæ celebratâ in celeberrimâ Cypri insulæ metropoli 6 idus aprilis currentis anni, præsidente reverendissimo archiepiscopo totius Cypri D. D. Nicephoro, considentibus RR. metropolitâ Paphi domino Macario, et Cirenes domino Nicephoro, item episcopo Nemesi domino Gerasimo, nobis quoque et vicariis Famagusteno, Arsinoensi, Curiensi, Solensensi, pluribusque abbatibus, et presbyteris titulatis, cujus acta apud nos stant et asservantur, cujusque tantùm capitula seu summarias assertiones post prolixam eorum doctrinam transcripsimus nos-ipsi, efflagitantibus ac enixè rogantibus reverendissimo P. Francisco à Brisaco capucino sanctæ missionis capucinorum Larnecæ et sociis, ut infra.

Ex primi capituli doctrinâ de sanctissimâ Eucharistiâ.

Si quis igitur dixerit panem et vinum à vero sacerdote consecrata, postquàm sanctificata fuerint certis quibusdam à Christo Domino constitutis verbis, non esse idem ipsum corpus eumdemque ipsum sanguinem re et substantiâ Jesu Christi Dei et hominis Salvatoris nostri, sed aut figuram et symbolum, aut servare cum ipso Sacramento substantiam panis et vini, et non illa prorsùs destrui post consecrationem remanentibus solùm præter naturam reliquis accidentibus cum suâ quantitate, ita ut fiat vera quædam, realis, et rigorosa transsubstantiatio, hoc est transmutatio totius præcedentis substantiæ panis et vini in totam substantiam corporis et sanguinis Domini ; aut non esse sacrificium propriè rationale, atque incruentum, propitiatorium per seipsum pro peccatis vivorum in Sacramento Pœnitentiæ, atque mortuorum ; aut ea Sacramenta non debere latriæ ratione adorari, quemadmodùm et ille idem qui à dextris æterni Patris considet Deus et homo pariter Dominus Jesus Christus, is hæreticus judicetur, et hæreticorum censuris subjaceat.

Ex capitulo de episcopatu.

Quapropter quicumque dixerit episcopatum non à Christo Domino institutum fuisse, aut non ab his qui acceperunt nobis collatum et in posteros æqualiter conferendum, vel non tradi certo quodam consecrationis ordine, aut non esse ecclesiastico sacro regimini necessarium, aut sacerdotium absque episcopi ordinatione posse perfici solo suffragio aut electione populi vel cleri, hi hæreseos rei judicentur ; quippe qui antiquam apostolorum traditionem dissolvunt, et ecclesiasticum ordinem evertunt.

Ex tertio capitulo de sacro Chrismate.

Adeòque si quis sacratissimum Chrisma non unum propriè fateatur ex septem Sacramentis per traditionem apostolorum ab ipsomet omnium Rege Christo institutis, novamque gratiam ac sanctificationem propriam ex hoc iis qui inunguntur præstari per Spiritum sanctum veluti characterem regalis spiritualis dignitatis consignantem in hæreditatem regni cœlestis, itemque robur ac fortitudinem adversùs visibiles invisibilesque hostes, et odorem suavitatis ad Deum in bonis operibus, is integritatem ecclesiasticæ tollit pulchritudinis, quam ædificans suam domum Sapientia per septem columnas prænotavit, et lex antiqua per lucernas septem candelabri in templo, aliisque typis præfiguravit.

Ex quarto capitulo de jejunio.

Quamobrem et nos cum sanctâ Gangrensi synodo pronuntiamus : Si quis ob reputatum virtutis exercitium die dominico jejunaverit, vel præter corporalem necessitatem tradita ab Ecclesiâ jejunia in commune servanda violaverit, anathema sit.

Ex quinto capitulo de monastico statu.

Si quis angelicum monachorum institutum, eorumque professiones pacta et promissa inventa Satanæ per blasphemiam dicat, seu virginitatem ac cœlibatum, seu paupertatem nulliusque rei possidendæ voluntatem, seu humilitatem quæ reverà exaltat, ac obedientiam, seu quæ circa vestitum et cibum est duram disciplinam, vigilias, item humi cubationes, et quæ similia, ipse sese voluptuosæ ac deliciosæ vitæ variisque passionibus contabescentis charactere cauteriatum exhibet, ipseque in seipsum pari vel potiori ratione convertet anathema quod sancta synodus Gangrensis adversùs virgines et abstinentes, qui conjugatas ac ciborum utentes libertate præ superbiâ et cauteriatâ plane conscientiâ contemnebant, fulminavit.

Ex sexto capitulo de veneratione sanctorum ac intercessione eorum.

Quare eos qui duliæ in sanctos venerationem rejiciunt, et eorum pro his à quibus orantur intercessiones insectantur, itemque honorem sanctarum imaginum, vasarum et reliquiarum, non minùs nos rejicimus et execramur quàm antiquos illos agiomatos, ipsosque sanctæ septimæ synodi execrationibus obnoxios, paternarumque traditionum inimicos denuntiamus, et ab orthodoxorum cœtu alienos declaramus.

Ex septimo capitulo de suffragiis erga mortuos.

Ex quibus confidenter decernimus, quòd qui misericordiæ opera et oblationes et similia, quæ pro defunctis in fide et pœnitentiâ fiunt, tollunt, negantque juvari his animas, quæ in privatione atque dilatione beatitudinis versantur in doloribus, ad refrigerium et diminutionem dilationis, hi sanè orthodoxorum partis alieni, apostolicarumque ac paternarum traditionum prævaricatores judicentur.

Epilogus.

Hæc est orthodoxa Ecclesiæ Orientalis fides. Hanc tuentur quatuor sanctissimorum patriarcharum Orientalium venerabilium fratrum nostrorum et comministrorum sedes, Constantinopolitana videlicet, Alexandrina, Antiochena, et Hierosolymitana. Hanc cæteræ quæque nationes nobis ritu et communione conjunctæ profitentur, inprimis amplissimum Moscorum imperium, Rhossorum longè latèque sparsi populi, itemque Bulgariæ, Serviæ, Superioris et Inferioris Mysiæ, tum Epirotæ, Arabes, Ægyptii, et, ne cæteras Asiæ et Europæ gentes enumeremus, quicumque septimam œcumenicam synodum acceptant et venerantur. Hanc etiam incorruptam et inviolatam hucusque servavit Dei beneficio hæc sancta nostra Cypriorum Ecclesia. Hæc nobis et universis fiat confessio in salutem in Jesu Christo Salvatore nostro, cui laus et potestas et adoratio sit in secula seculorum. Amen.

Datum Leucosiæ tertio junii anno salutis 1668.

Il y a plusieurs signatures dans l'original, quoique ce ne soit qu'un extrait de ce concile de Chypre. M. Claude qui demandait un concile de Grecs pour se rendre, doit être présentement satisfait.

Récit de ce que les Moscovites qui ont passé depuis peu à Paris, à la suite de l'ambassadeur, ont dit en présence de monseigneur l'archevêque de Sens et de plusieurs autres personnes.

L'arrivée des Moscovites à Paris ayant donné à monseigneur l'archevêque de Sens la curiosité de savoir les sentiments de ceux de leur communion sur l'Eucharistie à l'occasion de la contestation qui est entre l'auteur de *la Perpétuité* et le ministre Claude, dont il avait une connaissance particulière par la lecture exacte qu'il avait faite de leurs livres, il envoya sur la fin du mois d'août prier l'interprète de l'ambassadeur de le venir voir. Mais n'ayant pu, cette première fois, être exactement informé par lui de tout ce qu'il désirait savoir, il l'alla chercher dans l'hôtel de l'ambassadeur. M. l'ambassadeur ayant su qu'il demandait à voir son interprète le fit prier d'entrer dans sa chambre. Il le reçut avec tout l'honneur qu'il lui put rendre : il le salua à la moscovite, c'est-à-dire, en lui présentant la main et l'embrassant, après quoi il le fit asseoir. Ensuite M. l'archevêque de Sens lui parla du désir qu'il avait de voir leurs cérémonies ecclésiastiques, et de conférer avec quelqu'un des siens de la créance de leur église sur quelques points principaux. L'ambassadeur lui répondit que pour les cérémonies ecclésiastiques, il ne pouvait les lui faire voir, parce qu'on ne disait point la messe parmi eux hors des églises consacrées, et qu'ils ne l'avaient pas entendue depuis leur départ de Moscovie, se contentant de réciter tous ensemble tous les jours l'Horloge, c'est-à-dire, les heures canoniales, comme toutes sortes de personnes ont accoutumé de le faire en son pays ; mais qu'il lui enverrait un de ses prêtres pour l'informer de tout ce qu'il voulait savoir de leur créance. M. l'archevêque de Sens prit de là occasion de le prier de trouver bon que ce prêtre vint dîner chez lui. Il le lui accorda, et le vint conduire jusqu'au lieu où il avait conduit un officier de la couronne qui l'avait été voir de la part du roi, et là il lui fit beaucoup d'excuses de ce qu'il ne l'y était pas venu recevoir, ne sachant pas d'abord qui il était.

Le jour que M. l'archevêque de Sens prit pour donner à dîner à ce prêtre moscovite fut le neuvième de septembre, qui était un dimanche. Il me fit l'honneur de m'envoyer quérir ; et plusieurs autres ecclésiastiques s'y rencontrèrent, comme M. Chéron, qui était grand-vicaire de feu M. l'archevêque de Bourges, M. l'abbé de S.-Nicolas, M. Boileau, docteur de la maison de Sorbonne, M. Daignan, etc.

Le prêtre moscovite vint accompagné du secrétaire de l'ambassadeur et de deux valets de chambre. Le prêtre était un homme fort grave et sérieux, et dans lequel il paraissait beaucoup de sagesse et de bonne foi. Il était chanoine dans la grande église de Moscou. Le secrétaire était un homme de qualité qui paraissait avoir infiniment d'esprit, beaucoup de feu et de vivacité ; de sorte qu'il se faisait presque entendre par ses gestes et par ses signes. Il paraissait aussi fort instruit dans sa religion, et plein de grands sentiments pour Dieu et pour les vérités chrétiennes. Ils avaient avec eux l'interprète de l'ambassadeur, dont il avait bien voulu se priver ce jour-là pour obliger M. l'archevêque de Sens.

Ce prélat alla au-devant d'eux jusqu'à son antichambre, et les reçut à la moscovite, c'est-à-dire, ainsi que je l'ai déjà remarqué, en leur présentant la main et en les embrassant. Le prêtre et le secrétaire reçurent ses civilités avec un très-profond respect ; et le prêtre particulièrement, dans tout le temps qu'il fut avec M. l'archevêque, fit bien voir que les prêtres moscovites ont une très-grande vénération pour leurs prélats. Car M. l'archevêque ne put jamais le forcer à prendre le pas devant lui, et il lui fallut faire des instances incroyables, et lui faire même dire par l'interprète qu'il voulait absolument qu'il se couvrît, pour lui faire mettre son bonnet ; encore le plus souvent l'ôtait-il pour répondre aux demandes que le prélat lui faisait par le moyen de l'interprète, faisant toujours signe qu'il devait ces soumissions et ces déférences à son caractère.

Comme ils étaient arrivés fort tard, on ne s'arrêta pas beaucoup à les questionner ; mais après que M. l'archevêque eut reçu les compliments qu'ils lui firent de la part de M. l'ambassadeur, il les conduisit au lieu où il fallait dîner.

Jamais il ne fut possible à M. l'archevêque de faire mettre le prêtre à sa droite, quoique ce fût une table ronde, parce qu'il se figurait qu'il aurait été au-dessus de lui, et il fut contraint de le faire mettre à sa gauche, sur ce que l'interprète lui dit, qu'il croirait avoir fait un grand péché s'il s'était mis à l'autre place. Il ne voulut point aussi toucher à quoi que ce fût que le prélat n'y eût touché le premier, ni boire qu'après lui et debout, lui faisant avant que de se rasseoir une profonde inclination. Et sur ce que M. l'archevêque lui fit dire par l'interprète qu'il mangeait bien peu, qu'il le priait de prendre quelque chose où l'on n'avait pas encore touché : il fit signe qu'il n'avait garde de le faire avant lui, et dit assez agréablement, pour s'en excuser, ces paroles de Notre-Seigneur dans l'Évangile : *Le Fils ne fait rien qu'il n'ait vu faire à son Père.*

Le secrétaire de l'ambassade, qui était au-dessous du prêtre, rendait au prélat les mêmes civilités, et tous deux nous édifièrent extrêmement par leur modestie et par leur sobriété ; car ils mangèrent et burent très-peu, quoique le prélat, pour les mieux régaler, eût fait servir les viandes qu'ils aimaient le mieux, et les eût fait préparer à leur mode et à leur goût. Ce qui nous ayant portés à témoigner à M. l'archevêque l'estime que nous faisions de leur modestie et de leur honnêteté, il le leur fit dire par l'interprète ; à quoi ils répondirent d'une manière très-chrétienne, disant qu'ils étaient indignes de ces louanges, et qu'ils n'étaient que des pécheurs. Une des personnes mêmes de la compagnie trouvant que le secrétaire avait je ne sais quel air de ces S.-Jean que l'on met à côté de la croix, et tout le monde ayant témoigné approuver ce qu'il disait, l'interprète lui dit à qui on le comparait, ce qu'il reçut avec une très-profonde humilité, soupirant, frappant sa poitrine, et élevant ses yeux au ciel, en disant qu'il était infiniment éloigné de la vertu de ce grand saint, et qu'il n'était qu'un pécheur.

Après le dîner on se retira dans la chambre de M. l'archevêque, où l'on commença à former avec eux une assez longue conversation sur les différents usages et les différentes cérémonies de leur église ; touchant la communion de leur patriarche avec les autres patriarches grecs, le jeûne, le célibat, la prière, la liturgie, etc. Mais enfin M. l'archevêque en voulant venir au principal point sur lequel il avait dessein d'être éclairci, pria l'interprète de leur dire mot pour mot ce qu'il allait leur demander, et de lui redire aussi mot pour mot leur réponse sans y rien ajouter.

Après avoir pris cette sage précaution, il les pria de lui dire ce qu'ils croyaient touchant le sacrement de l'Eucharistie. Le prêtre moscovite répondit sans hésiter le moins du monde (ce qui nous surprit un peu, car il avait jusqu'alors toujours été sur ses gardes, comme s'il eût eu peur de s'engager trop avant dans quelque point de controverse et de n'en pas sortir à son honneur) que c'était le véritable corps et le véritable sang de Jésus-Christ, et qu'après que le prêtre avait prononcé ces paroles de Notre-Seigneur : *Ceci est mon corps*, le pain était changé au corps de Jésus-Christ, et après qu'il avait prononcé sur le calice ces autres paroles : *Ceci est mon sang*, le vin était changé en son sang. Quand l'interprète eut dit ceci, M. l'archevêque lui dit : Je vous prie, dites-moi mot pour mot les mêmes paroles qu'il a dites. L'interprète dit au prêtre moscovite ce que prélat exigeait de lui, ce qui l'obligea de répéter ce qu'il venait de dire, et

(Trente-neuf.)

l'interprète répéta les mêmes paroles pour la seconde fois. Et comme il y ajouta que le pain et le vin étaient transsubstantiés au corps et au sang de Jésus-Christ, on lui demanda si le prêtre moscovite s'était servi d'un mot qui dans sa langue eût la force de celui de transsubstantié dans la nôtre. Il répliqua que oui, et répéta le mot moscovite qui signifie cela, en regardant le prêtre et le secrétaire, qui tous deux firent signe que ce mot était propre dans leur langue, et signifiait un changement de substance.

On leur demanda ensuite ce qu'ils pensaient de certaines gens qui étaient parmi nous (on ne voulut pas exprès les appeler hérétiques afin de ne prévenir point leur esprit, et de leur donner toute liberté d'exprimer leurs sentiments, en ne marquant point le jugement que nous en portions) qui niaient que le corps et le sang de Jésus-Christ fussent réellement dans l'Eucharistie, et qui prétendaient qu'ils n'y étaient qu'en figure. Alors le prêtre, témoignant beaucoup de zèle et d'indignation sur son visage, dit sans s'arrêter: Ce sont des hérétiques, des excommuniés et des démons.

On ajouta : Mais n'y a-t-il jamais eu personne parmi vous qui ait enseigné la même chose, et qui ait dit que le corps de Jésus-Christ n'était point dans l'Eucharistie après la consécration? Le prêtre et le secrétaire s'écrièrent que non, qu'on ne les souffrirait point; mais que s'il y avait quelqu'un assez téméraire et assez impie pour avancer une semblable proposition, qu'on le ferait mourir, qu'on le brûlerait, et qu'on l'écraserait; ce qu'ils accompagnèrent de gestes si significatifs, qu'ils nous firent comprendre à tous ce qu'ils disaient avant que l'interprète nous l'eût expliqué. A quoi le prêtre, pour faire voir que ces erreurs n'avaient jamais paru parmi eux, ajouta que depuis les apôtres jusqu'à présent ils avaient toujours gardé le dépôt de la foi sans altération, et toujours cru que Jésus-Christ était réellement dans l'Eucharistie; que C'ÉTAIT LA FOI APOSTOLIQUE.

On leur demanda s'ils rendaient quelque culte particulier à Jésus-Christ dans l'Eucharistie, et comment ils en usaient lorsqu'on disait la messe. Ils dirent que lorsque l'on montrait l'hostie consacrée, tout le monde se mettait à genoux et se prosternait pour l'adorer. Et le secrétaire de l'ambassade, pour nous faire mieux comprendre ce qu'il disait, se leva pour nous faire voir de quelle manière ils se prosternaient pour adorer Jésus-Christ, qui est en faisant le signe de la croix, se mettant à genoux, et touchant la terre de leur front tout le corps courbé contre terre.

Et parce que M. l'archevêque leur témoigna une grande joie de ce qu'ils étaient, en ce qui regarde le sacrement de l'Eucharistie, si conformes aux Latins, et de ce qu'ils croyaient comme nous la réalité et la transsubstantiation; le secrétaire de l'ambassade, pour augmenter sa joie et nous confirmer dans les sentiments que nous avions de la pureté de leur foi, nous rapporta une histoire, et nous dit qu'un homme de leur pays, qui était à genoux à la table de la communion et près de recevoir le corps de Jésus-Christ, ayant commencé à douter en lui-même qu'il pût être sous les espèces d'un si petit morceau de pain, et que l'on reçût dans ce sacrement la chair véritable du Sauveur, avait vu en même temps l'hostie se changer en une chair d'homme véritable; mais que cela lui ayant fait horreur il était rentré en lui-même, de sorte qu'après avoir demandé pardon à Dieu avec beaucoup de douleur de son incrédulité, il l'avait prié que cette chair reprît les espèces du pain, sous lesquelles auparavant elle était voilée, afin qu'il y pût participer, et que cela étant arrivé de la sorte, il avait ensuite communié en rendant gloire à Dieu de cette merveille.

En se séparant ils promirent à M. l'archevêque de lui envoyer une attestation authentique de leur foi sur ce mystère; ce qu'ils exécutèrent après être partis de Paris, comme on le verra par l'attestation suivante.

Nous, archevêque de Sens, avons lu cette relation, dans laquelle nous n'avons rien trouvé que de très-exact et de très-véritable; en foi de quoi nous avons signé. A Paris, ce 2 octobre 1668.

L. H. DE GONDRIN, archevêque de Sens.

La présente relation ne contient rien que de très-exact et de très-véritable, en foi de quoi nous avons signé, ce 2 octobre 1668.

BOILEAU, docteur en théologie de la maison de Sorbonne.

S-NICOLAS D'AIGNAN, archidiacre d'Étampes en l'église de Sens.

ATTESTATION *d'un prêtre et chanoine de Moscou, et de trois autres moscovites de la suite de l'ambassadeur, touchant la foi de leur nation sur l'Eucharistie et quelques autres articles.*

In nomine Dei nostri, in Trinitate admirabilis Patris et Filii et Spiritûs sancti. Nos infra scripti in hâc litterâ testamur et credimus quòd ex quo tantùm presbyter pronuntiaverit Dei verba super pane et vino, est essentiale corpus, et essentialis sanguis Jesu Christi Dei nostri, et non jam panis neque vinum. Signum panis et vini vides; sed cognoscere oportet corpus et sanguinem Christi nostri, quia per hæc Dei verba panis et vinum mutantur in verum corpus et sanguinem Christi Filii Dei. Et omnes debent cultum divinum Christo Deo nostro in his præsanctis mysteriis. In Liturgiâ sacrâ oramus pro vivis et mortuis, ut illis Deus misericors non habeat pro offensâ eorum peccata, et illa non puniat. Oramus sanctissimam Dei Genitricem, et omnes sanctos, et illis cultum magnum reddimus, ut illi dignentur orare pro nobis ad Deum nostrum in Trinitate admirabilem. Et quis potest ipse se presbyterum facere? Soli episcopi, soli patriarchæ consecrant et benedicunt Dei presbyteros. Ita est quòd sola Ecclesia Dei indicit jejunia quoties vult et quoties oportet; et quòd in his audiendum est Ecclesiæ mandatum. Et illos omnes qui hæc puncta non credunt, pro excommunicatis et impiis hæreticis, et Domini Dei nostri inimicis habemus. Ita credimus, et pro hâc veritate colla nostra dare volumus. Et utinam hunc terra vivum sepeliat, qui hæc puncta non recipit.

Je soussigné F. Vincent Urbanousky, religieux profès de l'ordre de S. Dominique, du couvent de S.-Jacinthe de Varsovie, originaire de Moscovie, bachelier en théologie de l'université de Cracovie, certifie à tous qu'il appartiendra que la version ci-dessus, que j'ai confrontée exactement avec l'original écrit en langue moscovite, lui est entièrement conforme et rendue mot pour mot. En foi de quoi j'ai signé à Paris au grand couvent des Jacobins, l'an de grâce 1668, le 29 octobre.

F. Vincent Urbanousky.

Je certifie encore que le susdit original est signé de quatre personnes, dont la première est Juan Irvanouvitz, qui veut dire Joannes Joannides, prêtre de la capitale de Moscovie: les trois autres sont des personnes laïques de la suite de l'ambassade. Fait le jour et an que dessus.

F. Vincent Urbanousky.

ATTESTATION *d'un patriarche arménien, qui est présentement à Rome, touchant la créance des Arméniens sur l'Eucharistie.*

Audivimus aliquos dixisse quòd Orientales omnes exceptis Romanis non credant sanctissimum sacramentum Eucharistiæ esse verum corpus Christi, et miramur multùm stultitiam eorum et audaciam, qui ea quæ ignorant proferunt. Nam Orientales omnes istius temporis in sacrificio missæ credunt fide indubitabili et inhæsitabili panem verè transmutari in corpus, et vinum in sanguinem Domini nostri Jesu Christi; imò nunquàm de hâc re dubitaverunt, nec unquàm habuerunt infidelitatem hanc quam audivimus nunc à quibusdam nomine tantùm Christianis. Unde certum facimus vos quòd nos Armeni habeamus ab antiquis patriarchis nostris, à tempore concilii Nicæni usque nunc, illum articulum fidei, habemusque in Liturgiâ nostrâ præter verba consecrationis, hæc: *Pater omnipotens, emitte Spiritum tuum sanctum, et cooperante eodem transmuta panem hunc in corpus, et vinum hoc in sanguinem Domini nostri Jesu Christi et Dei Salvatoris.* Ecce quæ credimus et quæ tenemus, sunt eadem cum Ecclesiâ Romanâ, præter cæremonias quasdam quibus differimus. Valete.

Haviadour, patriarcha Armenorum.

Basilius, doctor Armenus, manu propriâ scripsi.

ATTESTATION *d'un évêque arménien qui est à Amsterdam, touchant la créance des Arméniens sur l'Eucharistie.*

Credunt Armeni Christiani, tam illi qui Ecclesiæ Latinæ communicant, quàm qui ab ejus communione alieni sunt, corpus et sanguinem Christi reverà sumi à communicantibus sub speciebus panis et vini, ipsiusque panis et vini substantiam per consecrationem sacerdotis verti in corpus et sanguinem Christi; ita ut post consecrationem non sit ampliùs panis et vinum, sed verum corpus et sanguis Christi sub speciebus aut signis panis et vini. Ita universim credere Armenos Christianos.

Ego Uscanus episcopus Armenus testimonium perhibeo, die 14 octobris 1666, Amstelodami.

Ego sic testor, Carabied Vantabied
Ego Joannes Leonis testor.

Les qualités de cet évêque sont: *Uscanus episcopus S. Sergii in Magnâ Armeniâ.* C'est dans l'extrait de leur Liturgie qu'il m'a donné à Amsterdam le 1er août 1667. Usci est le nom, en langue vulgaire, de cette ville où est le tombeau de ce S. Serge, qui était soldat et martyr, originaire de Césarée en Cappadoce.

Dans un autre papier il a écrit ce qui suit: *Uscanus Vardapet, qui et gratiâ Christi episcopus, et nuntius S. Egmiacin in parte Europæ, natione Armenus, natus et nutritus in Aspaham civitate, sed tamen loco sum Erevanensis.*

RÉPONSE *du même évêque arménien sur diverses questions touchant la créance des Arméniens.*

Quæritur 1° an non Armeni Christiani verè credant, sentiant, profiteantur Jesu Christi corpus et sanguinem post consecrationem sub speciebus panis et vini verè realiter ac substantialiter adesse; modo quodam invisibili et incomprehensibili, sed reali tamen et vero. Resp.: — *Credunt, sentiunt et profitentur.*

2° Panem et vinum per verba consecrationis verè ac substantialiter converti, mutari, transsubstantiari in corpus et sanguinem Christi; ita ut post consecrationem non ampliùs in Sacramento panis et vini substantiæ remaneant, sed in eorum locum corpus et sanguis Christi divinâ virtute et operatione subrogentur; tametsi nihil mutationis illius internæ sensus externi deprehendant. *Credunt,* etc.

3° Christi corpus in Eucharistiâ adorandum esse latriæ cultu tum interno tum externo. *Credunt,* etc.

4° Eucharistiæ oblationem esse verum et propriè dictum sacrificium novæ legis pro vivis et mortuis propitiatorium. *Credunt,* etc.

An non damnent tanquàm hæresim eorum sententiam qui negant Christi corpus in Eucharistiâ verè, realiter ac substantialiter adesse, sed præsens tantùm esse volunt, vel per signum ac symbolum, vel per apprehensionem fidei, vel per communicationem quamdam virtutis ex corpore Christi moraliter defluentis, gratiasque nonnullas iis qui Eucharistiam sumunt infundentis. *Damnant.*

Qui panem negant substantialiter converti, sed eum volunt simul cum corpore Christi in Eucharistiâ remanere. *Damnant.*

Qui negant in Eucharistiâ Christi corpus adorandum esse. *Damnant.*

Qui negant in Ecclesiâ esse ullum verum ac propriè dictum sacrificium. *Damnant.*

Quæritur item an non damnent eorum sententiam qui episcopale regimen negant ab apostolis et Christo institutum, Ecclesiamque sine episcopis constare posse affirmant. *Damnant.*

Qui negant ad ordinationem presbyterorum necessariò requiri episcopi ministerium, presbyterumque aliquem solo laicorum vel clericorum consensu fieri et ordinari posse contendunt. *Damnant.*

Qui negant per chrismatis unctionem et manûs impositionem conferri baptizatis Spiritum sanctum, tanquàm per propriè dictum Sacramentum. *Damnant,* quamvis apud ipsos administratio istius Sacramenti sit infrequens, quod factum per varios motus et tempestates quibus Ecclesia fuit jactata.

Qui negant fidelibus interdici posse abstinentiæ causâ carnium et ovorum esum, et jejunii, dùm vires suppetant, præceptum imponi, eosque qui hujusmodi præcepta Christianis imponant notatos et prædictos ab Apostolo volunt. *Damnant.*

Qui religiosorum vota inventum esse Satanæ dicunt, generatimque vota quibus matrimonio renuntiatur, irrita et ab Apostolo jam ante damnata contendunt. *Damnant.*

Qui asserunt nefas esse angelos vel martyres, aliosque sanctos religioso cultu prosequi, licèt à cultu latriæ soli Deo debito longissimè distanti. *Damnant.*

Qui negant fidelibus vitâ functis oblationes et opera misericordiæ prodesse ad obtinendam citiùs requiem et purgatoriarum pœnarum remissionem. *Damnant.*

Ita sanctè testamur. Uscanus episcopus Erevanensis Armenus, Amstelodami, die 21 februarii, anno 1667.

Ita quoque attestor, ego Carabied Vantabied, Adrianensis.

Copie *d'un extrait de la Liturgie arménienne, qui a été donné à Amsterdam à une personne de condition le premier jour d'août 1667, par l'évêque Uscanus, écrit de sa propre main en arménien et en latin, et traduit par lui-même de l'arménien.*

Accipiens panem in sanctam, divinam, immortalem, immaculatam et creatricem manum suam, benedixit, gratias egit, confregit et dedit suis electis, sanctis et discumbentibus discipulis dicens : *Accipite et comedite,* hoc est enim corpus meum, *quod propter vos et multos præstatur in propitiationem et remissionem peccatorum.*

Similiter et calicem accipiens, benedixit, gratias egit, et potavit, dedit suis electis, sanctis et discumbentibus discipulis dicens : *Bibite ex hoc omnes,* hic est enim sanguis meus *novi testamenti, qui pro vobis et multis effunditur in propitiationem et remissionem peccatorum.*

Adoramus et rogamus, et postulamus ex te, benefactor Deus, mitte in nos et ante posita munera ista cosempiternum tuum, et coessentialem sanctum Spiritum, quo panis iste benedictus corpus verè factum est Domini nostri Jesu Christi, Amen. Et calix iste benedictus fuit sanguis verè Domini nostri Jesu Christi. Amen.

Quo panis et vinum benedicta facta fuerunt verè corpus et sanguis Domini nostri Jesu Christi. Amen.

Secundùm alios.

Quo panem istum benedicens, corpus verè facies Domini nostri; et calicem istum benedicens, verè facies sanguinem Domini nostri Jesu.

Quo panem istum et vinum istud benedicens, corpus et sanguinem verè facies Domini nostri Jesu Christi. Amen.

Hoc est ex libro Liturgiæ extractum.

Nos infra scriptus episcopus S. Sergii in Magnâ Armeniâ, testamur hæc omnia quæ in hoc folio scripta sunt nostrâ manu circa realem præsentiam corporis Christi Domini in Eucharistiâ, et transsubstantiationem panis et vini in corpus et sanguinem ejus, extracta esse ex nostris Liturgiis. In quorum fidem hìc subscripsimus, Amstelodami, die primâ augusti anno 1667. Uscanus episcopus.

Réponse *de l'évêque arménien qui est à Amsterdam, sur quelques questions touchant l'état et la discipline de l'église d'Arménie.*

Reverendissimus episcopus Armenus ad hæc quæsita dixit geminum Armenis esse patriarcham in Oriente. Primus moratur in Arard urbe Armeniæ, vocatur Jacobus : habet sub se 200 circiter episcopos; habitat ordinariè in monasterio Ermiasin, pronuntiatio est hirvasin. Secundus patriarcha moratur in Cis oppido Caramaniæ seu Ciliciæ in Asià, habet sub se episcopos circiter 50.

Apud Armenos sunt jejunia districtissima, non tantùm si spectes ciborum qualitatem, si quidem abstinent à carnibus, piscibus, ovis, lacticiniis et etiam oleo; insuper si spectes tempus quia non possunt secundùm canonem comedere ante meridiem, sed tantùm post ; et semel comedunt, nisi infirmi et qui laborant, sicut fit apud nos.

Non sunt in Oriente alii patriarchæ Armeni præter

duos supradictos. Constantinopoli tamen est episcopus Armenus subditus patriarchæ commoranti in Ermiasin. Hierosolymis item et Aleppi sunt etiam episcopi Armeni, sed subditi patriarchæ commoranti in Cis.

Fatetur tamen episcopus illustrissimus esse in oppido Naixeram patriarcham Armenum, qui est semper ex ordine S. Dominici, Romanæ Ecclesiæ subjectum, etiam quantùm ad ritus ecclesiasticos.

In Oriente sunt etiam Christiani Syrii seu Surii : sed putat illustrissimus dominus esse Jacobitas, qui in dogmatibus non conveniunt cum Græcis, habentque proprios ritus, episcopos et patriarcham ; vocatque illos idem dominus Dioscoritanos.

Dicit etiam dominus episcopus esse in Oriente vel Syriâ Nestorianos satis notos, et à Jacobitis Christianis distinctos.

Dicit etiam idem dominus Aleppi non esse patriarchas propriè, sed tantùm episcopos vel archiepiscopos, sive pro Armenis, sive pro Suriis, sive pro Græcis, sive pro aliis.

Episcopus Hacciadour fuit aliquando Aleppi, sed nunc Romæ commoratur et subditus est Romano Pontifici.

Ego infra scriptus testor illustrissimum episcopum Armenum Amstelodami nunc commorantem mihi ad quæsita supradicta respondisse sicut jacet; in quorum fidem subscripsi manu propriâ et nomine.

Fr. Nicolaus à S. Catharinâ, carmelita excalceatus, missionarius pro Catholicis nationis Gallicæ et Gallobelgicæ Amstelodami.

RÉCIT *des cérémonies que les Arméniens pratiquent.*

J'entendis la messe de ce bon évêque (M. Uscanus dont est l'extrait de la Liturgie arménienne qui vient d'être rapporté) le dimanche 31 juillet 1667. J'en ai marqué toutes les cérémonies dans mon journal, mais elles ne sont pas essentielles ; j'ajouterai seulement ici sept ou huit choses :

1° Qu'ils consacrent avec du pain sans levain; car, lui ayant demandé s'ils ne servaient de pain avec du levain, il me répondit ces propres paroles : *Nos non ponimus fermentum.* Ce pain est plus épais que les nôtres : j'en ai un.

2° Ils ne mettent point d'eau avec le vin dans le calice, ne considérant pas l'eau comme nécessaire pour l'essence du sacrement : mais ils n'en blâment pas l'usage. Et cet évêque m'a dit qu'il en mettait lorsqu'il disait la messe dans les églises latines.

3° Ils adorent prosternés en terre après la consécration, et ils sont avertis qu'on la va faire par un coup qu'un des enfants qui assistent à la messe frappe sur un timbre pour la consécration du pain, et il en frappe un autre pour la consécration du vin. On adore prosterné et en silence.

4° Le peuple communie à genoux, et reçoit des mains du prêtre le corps de Jésus-Christ sous les espèces du pain trempé dans le sang ; mais ils ne le boivent point, et ils sucent seulement le doigt du prêtre qui a trempé dans le calice en rompant ce pain ; car l'évêque en communia deux de deux portions du même pain qu'il avait consacré.

5° Ils baisent avec grand respect le livre des Évangiles, qui est toujours sur l'autel pendant la messe, et le diacre l'encense dès le commencement, pendant que l'évêque le tient entre ses mains élevé, tourné du côté du peuple. Ce n'est pas néanmoins celui dans lequel il chante l'Évangile.

6° Ils se donnent tous le baiser de paix, et ils me le donnèrent aussi.

7° L'évêque fit plusieurs signes de croix, même après la consécration, sur l'hostie et le calice. L'autel était comme les nôtres. On l'encense, et ensuite le peuple deux ou trois fois. L'évêque donne beaucoup de bénédictions. Le peuple est presque toujours debout ; mais il s'incline profondément à ces bénédictions.

L'hostie est plus grande qu'une pièce d'un écu environ de deux lignes; d'un côté il y a un crucifix, au côté droit duquel est une lance, et au côté gauche est un calice avec l'hostie dessus, et de l'autre côté est une grande croix et quatre petites dans les espaces.

L'évêque prit le pain qu'il consacra dans un bassin d'argent, où il y en avait plusieurs autres qui furent distribués par un prêtre assistant à tous ceux qui avaient entendu la messe, l'évêque donnant à baiser une croix qui est sur le livre des Évangiles.

Ce prêtre est celui qui a signé les attestations avec l'évêque. Il avait une chappe et un froc noir, et l'évêque, après avoir quitté ses ornements, en prit une violette.

ATTESTATION *du patriarche, de plusieurs évêques et prêtres arméniens résidant à Alep, touchant la créance des Arméniens sur l'Eucharistie.*

Servus Jesu Christi David Armeniorum patriarcha, unà cum infra scriptis antistitibus et presbyteris, testamur adversùs errores quorumdam hæreticorum, hanc esse fidem et sententiam omnium Ecclesiarum communionis nostræ circa corpus Christi in sacrâ Eucharistiâ : 1° Fide profitemur, ac firmiter credimus, quemadmodùm hucusque semper credidimus unà cum aliis catholicis, Christi corpus et sanguinem verè contineri sub specie panis consecrati; siquidem ait Dominus se dedisse apostolis corpus suum, quod pro nobis erat traditurus in arâ crucis : unde damnamus tanquàm hæreticos quicumque asseruerint quòd data fuerit nobis solummodò panis et vinum tanquàm figura corporis et sanguinis Christi. Deinde credimus naturam panis et vini mutari propriè et substantialiter in corpus et sanguinem Salvatoris nostri vi divinorum verborum quæ profert sacerdos supra oblata; adeò ut nihil prorsùs remaneat ex pane et vino, nisi figura tantùm et alia accidentia. Deinde adoramus Christum in sacrâ Eucharistiâ residentem, cultu latriæ; et offerimus pro remissione peccatorum, tam vivorum quàm etiam defunctorum, in sacrosancto missæ sacrificio ipsummet corpus crucifixum, et sanguinem effusum supra montem Calvariæ. 2° Non solùm licitum est nobis sanctorum patrocinium implorare, eorumque imagines venerari, verùm etiam valdè est utile animabus nostris. 3° Necessarium est presbyterum ab episcopo consecrari impositione manuum, alioquin vanam credimus ejus ordinationem. 4° Potestatem habet Ecclesia præcipiendi fidelibus ut abstineant ad tempus à quibusdam escis, et jejunent secundùm traditionem majorum. Si quis supra scriptis temerè ausus fuerit contradicere, anathema sit.

Datum Alippi 1 martis, anno Armeniorum 1117, et Latinorum 1668.

Ego frater JUSTINIANUS capucinus, missionarius apostolicus in Oriente, licèt immeritus, traduxi de verbo ad verbum hoc præclarum fidei testimonium ex Armenio idiomate in Latinum.

AZARIA episcopus. — Dom. Ecclesiæ servus Dei decanus 40 martyrum. — Dom. ABRAHAM sacerdos. — JOANNES episcopus. — Dom. ADEODATUS sacerdos. — Dom. THEODORUS sacerdos. — Dom. CACHADOUR sacerdos. — GREGORIUS episcopus. — Dom. BAPTISTA decanus ecclesiæ B. Virginis. — Dom. SERGIUS sacerdos.

Nous François Baron, conseiller du roi, consul pour sa majesté très-chrétienne, et pour les sérénissimes états de Nederlande en Syrie, Chypre et Caramanie, affirmons et attestons que les sceaux et les seings ont été mis par les nommés en notre présence, à Alep, ce 2 mars 1668. Signé BARON, consul, et scellé.

ATTESTATION DU PATRIARCHE DES SYRIENS
touchant la foi de leurs églises sur l'Eucharistie et autres articles.

Testimonium seu professio quorumdam articulorum apud nationem Surianam in Oriente.

In nomine Patris, et Filii, et Spiritûs sancti.

1° Christi corpus et sanguinem verè et realiter in Eucharistiâ contineri firmiter credimus, non figuram tantùm ejus atque virtutem, ut quidam novi hæretici commenti sunt; 2° item panem et vinam in verum Christi corpus et sanguinem realiter et substantialiter vi divinæ consecrationis mutari atque converti, seu transsubstantiari, quod idem est; 3° Christum in Eucharistiâ verè residentem latriæ cultu adorari debere, et ita ab omnibus Ecclesiæ nostræ fidelibus adorari; 4° in sacrâ Liturgiâ verè ac propriè dictum sacrificium pro vivis et mortuis propitiatorium Deo offerri; 5° sanctos rectè à fidelibus coli et invocari; 6° presbyterum non esse, qui ab episcopo impositionem manuum non acceperit; 7° licere Ecclesiæ carnium escis certis diebus prohibere, et fidelibus statuta per annum jejunia indicere; 8° contra sentientes pro hæreticis et profanis haberi, seu excommunicari.

Hæc est, ac semper fuit, ecclesiarum nostrarum fides. Hanc acceptam à majoribus servamus et servabimus; nec ulla apud nos mentio ullorum ac memoria fuit aliquando, qui aliter docuerint. Ita nos testamur die 29 februarii 1668.

Patriarcha nationis Surianæ ANDREAS.—Archiepiscopus nationis Surianæ BEHENAM.—Curatus ABDELLA et CHOULAC, nationis Surianæ. — Curatus MATOUC, nationis Surianæ. — Curatus ABDALLE et MOUIL, nationis Surianæ. — Religiosus et sacerdos JERONAY, nationis Surianæ. — Sacerdos NAME, nationis Surianæ. — Sacerdos BENJAMIN HANNA, nationis Surianæ. — Curatus CHAIDA, nationis Surianæ. — Sacerdos ABDALLA et CHAU, nationis Surianæ. — Sacerdos ABRAHIM, nationis Surianæ. — Sacerdos ABRAHIM et SGAIR, nationis Surianæ.

Nous François Baron, conseiller du roi, consul pour sa majesté très-chrétienne, et pour les sérénissimes états de Nederlande en Syrie, Chypre et Caramanie, affirmons et attestons que les sceaux et les seings ont été mis par les nommés en notre présence, à Alep, ce premier de mars 1668. Signé BARON, consul, et scellé.

LETTRE de M. PIQUET, *touchant la qualité des témoins qui ont signé les précédentes attestations.*

Monsieur,

J'ai bien de la joie de voir que les attestations que j'ai fait venir vous ont satisfait aussi bien que ces messieurs pour qui elles sont destinées. Je tâcherai d'avoir les autres. L'on m'en a donné espérance; et j'en écrirai de nouveau. Ma crainte est qu'il y ait plus de retardement que je ne voudrais pour leur satisfaction, et pour le gain de la cause qu'ils défendent avec tant de zèle et de force. L'on ne peut pas dire que les patriarches et évêques qui ont signé ces attestations avec les prêtres soient tous séparés de l'Église romaine. Quelques-uns se sont réunis depuis peu, et d'autres demeurent dans leurs erreurs jusqu'à ce qu'il plaise à Dieu de les en tirer par sa grâce. Mais je puis bien assurer d'une vérité, que, dans les choses qu'ils ont signées, ils conviennent tous, en sorte qu'encore aujourd'hui il n'y en a point qui ne soient prêts à signer et à soutenir cette créance, pour ennemis et séparés qu'ils soient de l'Église romaine. Au reste, si quelqu'un voulait soutenir que tous ceux qui ont signé ces attestations sont de notre communion, il faudrait en même temps accorder que tous les chrétiens, ou pour le moins les évêques et les prêtres d'Alep sont catholiques romains, ce que je voudrais bien au hasard de perdre toute créance sur ce point-là auprès de messieurs de la religion prétendue réformée. Mais quoique depuis longtemps les missionnaires travaillent en ce pays-là à y établir la foi dans la pureté, ils n'ont encore gagné qu'un fort petit nombre de chrétiens parmi les Grecs et les Arméniens. Pour ce qui est des Syriens, à la vérité le patriarche est catholique et environ la moitié de ceux de sa nation, qu'on appelle autrement jacobites. J'aurais une attestation du patriarche des Grecs d'Antioche, qui se tient tantôt à Alep et tantôt à Damas; mais il est présentement en Moscovie, aussi bien que le patriarche d'Alexandrie ou du Grand-Caire : c'est le malheur qu'il y a en cette affaire. Pour ce qui regarde, etc.

A Lyon, ce 17 août 1668.

ACTE DE M. JANON, OBÉDIENCIER DE S.-JUST,
touchant les attestations précédentes.

In nomine sanctæ et individuæ Trinitatis. Amen.

Nos infra scripti Hugo Jannon regi christianissimo à sanctioribus consiliis, presbyter licèt indignus, et magnus ecclesiæ collegiatæ S. Justi apud Lugdunum obedientiarius, ibidemque Lugdunensis cleri orator, notum facimus præsentibus et futuris, quòd disceptationum quæ hocce tempore doctores catholicos cum heterodoxis circa perpetuam de sacrosanctâ Euchari-

stiâ, deque admirabili panis atque vini in Christi Domini corpus et sanguinem transsubstantiatione traditionem exercent, pondus contuentes, interque alia rationum momenta, quibus ea res confici splendidè posset, palmarium illud fore arbitrati, si longinquarum quoque gentium in eamdem cum Ecclesiâ catholicâ fidem demonstraretur consensus, amicissimum nobis civem Lugdunensem clarissimum dominum

Piquet, regis christianissimi consiliarium, et antehàc in Orientis partibus apud Alepum pro natione Francicâ consulem convenimus (virum utique de christianâ fide per immensa propagandis apud infideles barbaros fovendisque missionibus apostolicis suppeditata sollicitè auxilia, perque sacerdotium quod jam religiosissimè administrat optimè, si quis alius, meritum) enixèque rogavimus, ut pro eâ zeli quâ in Ecclesiam catholicam fervere noscitur magnitudine, apud Orientales populos ubi etiamnum haud mediocris est ejus nominis gratia, sedulò ageret quatenùs ipsi certissimum ad nos suæ circa prædictam traditionem fidei symbolum transmitterent. Quod quidem ille officium et tanto animo amplexus est, et tantâ diligentiâ est prosecutus, ut post non multos inde menses, et hoc ipso reparatæ per Christum salutis humanæ anno 1668, optatissimas nobis exultantibus litteras tradiderit; unas quidem ab Armenorum, ab Syrorum patriarchâ, alteras suo cujusque gentis idiomate atque charactere exaratas; tertias ab Antiocheni Græcorum patriarchæ absentis vicario generali Arabico stylo Græcis modernis vulgato scriptas. Omnes autem ipsorum patriarcharum et vicarii generalis, ac etiam archiepiscoporum, episcoporum et sacerdotum complurium sigillis et subscriptionibus per locorum magistratus recognitis munitas, ac latinè interpretatas, quibus illi omnes idem se cum Ecclesiâ catholicâ, quoad articulum nunc per acatholicos impugnatum, credere confitentur. Thesaurum itaque veritati asserendæ amplissimum nacti, et opportunam cui committeremus sedem ac fidem exquirentes, insignem S. Germani à Pratis bibliothecam selegimus, tum quia et cæteras Parisienses antiquitate vincit, et veterum monimentorum multitudine cedit paucis; tum quia nec apud ullos alios quàm apud Benedictinos, qui pro divinâ Eucharistiæ fide primi quondam strenuè decertantes erumpentem hæresim Berengarianam feliciter jugulârunt, aptiùs aut securiùs deponi posse videretur pignus tantum; postremò permovit nos congregationis S. Mauri, quâ idem monasterium S. Germani floret, sanctissima priscisque Ecclesiæ moribus proxima disciplina, eruditio, et pietas singularis. Ea propter hâc die 29 mensis septembris anni currentis 1668, S. Michaelis archangeli, Ecclesiæ christianæ tutelaris, et omnium angelorum festivis honoribus sacrâ, accersitis nobiscum notariis apostolicis accessimus ad reverendissimum patrem domnum Bernardum Audebertum congregationis ejusdem superiorem generalem, in ipso S. Germani à Patris monasterio commorantem, et pretiosum ejus fidei depositum commisimus, rogantes, et per eam quâ Ecclesiæ sanctæ obstrictus est fidem adjurantes, ut tanquàm singulare Ecclesiæ catholicæ peculium et invicta fidei defensoribus nunc in agone gloriosè pugnantibus arma in eâdem bibliothecâ velut in locuplete armamentario à modò ac deinceps in perpetuum asservanda curaret, decerneretque. Qui statim accitis in testimonium reverendis PP. regiminis ejusdem congregationis assistentibus, monasterii priore ac bibliothecario, summâ voluntate multisque gratiis actis oblatum suscepit munus, et votis nostris adimplendis spontaneam fidem persanctè addixit, quo facto præsentem actum voluminis, quod prædictorum et aliorum id genus quæ aliundè colligenda speramus testimoniorum custodiæ compingendum curavimus, tertio folio insertum, et chirographo sigilloque manuali nostris succinctum. Voluimus insuper et rogavimus publicâ prædictorum notariorum apostolicorum recognitione ac manu firmari, et supranominatorum patrum subscriptionibus muniri anno et die prædicitis.

JANNON obedientiarius S. Justi Lugdunensis.
F. Bernardus AUDEBERT.
F. Benedictus BRACHET.   F. Claudius MARTIN.
F. Antoine ESPINASSE.   F. Lucas d'ACHERY.

Et nos Joannes Roger et Gasparus Hubert publici auctoritate apostolicâ curiæque archiepiscopalis Parisiensis notarii jurati Parisiis commorantes subsignati, quia dictarum litterarum traditioni et receptioni interfuimus, ideò præsens instrumentum confecimus, ipsasque litteras, ne varientur, chirographis nostris consuetis obsignavimus. Actum in bibliothecâ S. Germani à Pratis anno et die supradictis.

HUBERT et ROGER.

TABLE DES MATIÈRES

CONTENUES DANS CE PREMIER VOLUME.

VIE DE NICOLE.	9-10
VIE D'ARNAULD.	Ibid.
VIE DE RENAUDOT.	13-14
Avis au lecteur.	15-16
TRAITÉ SUR L'EUCHARISTIE, où l'on fait voir la perpétuité de la foi de l'Église catholique touchant ce mystère, en montrant qu'il ne s'y est fait aucune innovation depuis les apôtres.	Ibid.
Section première. Que cette innovation est absolument impossible.	Ibid.
Sect. II. Réfutation de l'histoire fabuleuse de cette prétendue innovation.	28
RÉFUTATION de la *Réponse* d'un ministre au précédent traité.	45-46
PREMIÈRE PARTIE, contenant une réponse générale aux difficultés contre l'Eucharistie, ramassées par ce ministre au milieu de son écrit.	Ibid.
SECONDE PARTIE.	65-66
CHAPITRE PREMIER. Considération fondamentale de l'auteur de la *Réponse*, que l'on n'a point eu dans l'antiquité une idée distincte de la présence ni de l'absence réelles.	Ibid.
CHAP. II. Réfutation de cette considération, où l'on fait voir qu'il est impossible de supposer que les fidèles des premiers siècles n'aient eu qu'une créance confuse du mystère de l'Eucharistie.	68
CHAP. III. Qu'il est impossible que les fidèles aient entendu en un sens métaphorique ces expressions des Pères, qui marquent une présence réelle.	76
CHAP. IV. Examen des autres conjectures de l'auteur de la *Réponse*.	90
CHAP. V. Examen de ce que dit l'auteur de la *Réponse* sur le sujet de l'adoration.	93
CHAP. VI. Examen de la quatrième considération.	100
CHAP. VII. Que l'auteur de la *Réponse* ne propose aucun exemple de changement insensible qui ait quelque rapport avec celui qu'il prétend être arrivé sur le sujet de l'Eucharistie.	101
TROISIÈME PARTIE.	105-106
CHAPITRE PREMIER. Divers exemples des mauvais raisonnements de l'auteur de la *Réponse* en cette troisième partie.	Ibid.
CHAP. II. Suite des exemples des mauvais raisonnements de l'auteur de la *Réponse*.	110
CHAP. III. Examen de ce que dit l'auteur de la *Réponse* sur le sujet de Jean Scot.	117

Chap. IV. Examen de ce que l'auteur dit touchant le conciliabule des iconoclastes et le second concile de Nicée. 120
Chap. V. Où l'on fait voir que l'auteur de la *Réponse* ne peut tirer aucun avantage du livre de Bertram. 128
Chap. VI. Où l'on montre que les reproches que les ministres font contre le Xe siècle sont injustes, par l'examen de l'état de l'Église en Allemagne et dans le Nord durant ce siècle. 133
Chap. VII. Considérations sur l'état de l'église d'Angleterre, de France, d'Espagne et d'Italie durant le Xe siècle, qui font voir que les reproches qu'on fait contre ce siècle sont mal fondés à l'égard de ces églises. 147
Chap. VIII. Que toutes les sectes séparées de l'Église romaine sont d'accord avec elle sur le sujet de la transsubstantiation, et principalement les Grecs. 164
PRÉFACE HISTORIQUE ET CRITIQUE sur les deux ouvrages de *la Perpétuité de la foi de l'Église catholique touchant l'Eucharistie.* 167-168
§ 1. De la (petite) *Perpétuité de la foi de l'Église catholique touchant l'Eucharistie*, etc. Ibid.
§ 2. De la (grande) *Perpétuité de la foi catholique touchant l'Eucharistie*, défendue contre le livre du sieur Claude, ministre de Charenton. 181
§ 3. De l'écrit intitulé : *Réponse générale au livre de M. Claude.* 196
§ 4. Des diverses éditions des ouvrages de M. Arnauld sur l'Eucharistie. 198
§ 5. Des principaux écrits publiés pour et contre le livre de *la Perpétuité de la foi.* Ibid.
Préface de la grande *Perpétuité de la foi.* 209-210
LA PERPÉTUITÉ DE LA FOI DE L'ÉGLISE CATHOLIQUE TOUCHANT L'EUCHARISTIE. 229-230
LIVRE PREMIER, CONTENANT LA JUSTIFICATION DE LA MÉTHODE DU LIVRE DE *la Perpétuité.* Ibid.
CHAPITRE PREMIER. Réfutation du reproche que M. Claude fait à l'auteur de *la Perpétuité*, de n'avoir pas satisfait aux preuves de fait du sieur Aubertin. Ibid.
Chap. II. Réfutation du second reproche, qu'on a opposé des raisonnements imaginaires aux preuves de fait du sieur Aubertin. 236
Chap. III. Qu'il y a deux sortes de méthodes, l'une de discussion, l'autre de prescription. Règles communes à ces deux méthodes qui font voir que M. Claude a fort mal suivi la sienne. Que ces deux méthodes ne doivent point être confondues; d'où il s'ensuit que l'auteur de *la Perpétuité* n'a point dû réfuter Aubertin dans son traité. 242
Chap. IV. Réponse abrégée aux plaintes de M. Claude. 248
Chap. V. Réponse à une objection qu'on peut faire sur ce sujet, où l'on fait voir que sans réfuter en particulier le livre d'Aubertin, le traité de *la Perpétuité* ne laisse pas d'être utile, et qu'il doit persuader toutes les personnes sincères et raisonnables. 254
Chap. VI. Que les calvinistes les plus persuadés de l'évidence des prétendues preuves de fait d'Aubertin et les autres ministres se doivent rendre selon la raison aux preuves de *la Perpétuité*, sans qu'on soit obligé pour cela de réfuter leurs preuves de fait. 271
Chap. VII. Examen d'un raisonnement populaire par lequel M. Claude prétend prouver que l'auteur de *la Perpétuité* admet un nouveau genre d'infaillibilité. 279
Chap. VIII. Que toute la prétendue réformation est établie sur diverses suppositions improbables de changements insensibles. Premier exemple dans le changement insensible qu'ils prétendent être arrivé à l'égard du gouvernement de l'Église. Réfutation de cet exemple. 284
Chap. IX. Second exemple d'un changement insensible qu'ils prétendent être arrivé sur le sujet de la prière pour les morts. Impossibilité morale de ce changement. 294
Chap. X. Troisième exemple d'un changement insensible que les ministres prétendent être arrivé sur le sujet de l'invocation des saints et du culte des reliques. Impossibilité morale de ce changement. 297
Chap. XI. Quatrième exemple d'un changement insensible sur la défense de certaines viandes. Impossibilité de ce changement. 305
Chap. XII. Que l'impossibilité des changements précédents n'est pas néanmoins comparable à celle du changement que les ministres prétendent être arrivé sur le sujet de l'Eucharistie. 311
LIVRE SECOND. DE LA PREMIÈRE SUPPOSITION DU LIVRE DE *la Perpétuité*, QUI EST LE CONSENTEMENT DES ÉGLISES ORIENTALES AVEC LA ROMAINE SUR LE SUJET DE L'EUCHARISTIE. — Preuve de ce consentement de l'église grecque dans les onzième et douzième siècles. 313-314
CHAPITRE PREMIER. Que la défense du livre de *la Perpétuité* consiste uniquement à établir les suppositions qu'on y fait, et les conséquences qu'on en tire; qu'il ne se peut renverser qu'en attaquant ou ces suppositions ou ces conséquences. Livre de M. Claude composé de deux livres, dont l'un appartient, et l'autre n'appartient pas au traité de *la Perpétuité*; qu'on ne réfutera que le premier dans ce volume, en réservant l'autre pour le second. Ibid.
Chap. II. Première supposition. Que toutes les sociétés chrétiennes se sont trouvées dans la créance de la présence réelle et de la transsubstantiation. Hardiesse de M. Claude à le nier. Qu'il est utile de confondre sur ce point sa témérité. Importance de cette question. 317
Chap. III. Description et division générale des églises d'Orient. 322
Chap. IV. Consentement des Grecs avec les Latins sur la présence réelle et la transsubstantiation, reconnu, ou dissimulé, ou désavoué par les protestants, selon les divers degrés de sincérité ou de mauvaise foi où ils ont été. 330
Chap. V. Preuves du consentement de l'église grecque avec la latine, sur le sujet la présence réelle et de la transsubstantiation dans le onzième siècle. Première preuve tirée de la contestation entre Cérularius et le pape Léon IX. 338
Chap. VI. Seconde preuve du consentement de l'église grecque et de l'Église latine sur le mystère de l'Eucharistie, tirée de la dispute du cardinal Humbert avec le religieux Nicétas. 346
Chap. VII. Troisième preuve de ce consentement, tirée du témoignage positif de Lanfranc, et du silence de Bérenger et des bérengariens sur ce point. 356
Chap. VIII. Image générale du système que fait M. Claude de l'état du monde dans le onzième siècle et les autres suivants à l'égard de la présence réelle et de la transsubstantiation. Réfutation de ce système dans les quarante-huit années qui se sont passées depuis la condamnation de l'hérésie de Bérenger jusqu'à la fin du onzième siècle. 359
Chap. IX. Quatrième preuve du consentement

des Grecs avec les Latins dans la foi de la présence réelle et de la transsubstantiation, tirée de Théophylacte, archevêque d'Acride en Bulgarie. 365
CHAP. X. Cinquième preuve du consentement de l'église grecque et de la latine sur la présence réelle et la transsubstantiation, par le mélange de ces deux églises durant les croisades du douzième siècle. 379
CHAP. XI. Sixième preuve de ce consentement, tirée des auteurs qui ont écrit sur le différend qui était en ce temps-là entre les deux églises, et de divers autres faits. 388
CHAP. XII. Septième preuve de la créance de l'église grecque, tirée d'Euthymius Zigabenus. 397
CHAP. XIII. Huitième preuve tirée de Nicolas de Méthone. 403
CHAP. XIV. Neuvième preuve : que Zonare et Nicétas Choniate établissent clairement la transsubstantiation. 412
CHAP. XV. Dixième preuve de la foi des Grecs sur la présence réelle et la transsubstantiation, tirée d'une confession de foi que l'on faisait faire au douzième siècle aux Sarrasins qui se convertissaient à la foi chrétienne. 421
LIVRE TROISIÈME, OU L'ON CONTINUE DE FAIRE VOIR LE CONSENTEMENT DE L'ÉGLISE GRECQUE AVEC L'ÉGLISE ROMAINE DANS LA DOCTRINE DE LA PRÉSENCE RÉELLE ET DE LA TRANSSUBSTANTIATION AUX TREIZIÈME ET QUATORZIÈME SIÈCLES. 423-424
CHAPITRE PREMIER. Onzième preuve tirée de divers événements du treizième siècle, et principalement de la prise de Constantinople par les Latins. Ibid.
CHAP. II. Douzième preuve de cette union, par le traité commencé avec les Grecs, où la doctrine de la transsubstantiation leur a été expressément déclarée et proposée, sans qu'ils aient fait aucune difficulté sur ce point. 433
CHAP. III. Treizième preuve de l'union des Grecs avec les Latins sous Michel Paléologue, où la transsubstantiation fut solennellement approuvée, comme une chose dont on n'avait jamais douté. 440
CHAP. IV. Quatorzième preuve tirée de l'union des Grecs avec les Latins dans le dogme de la transsubstantiation, par le renouvellement du schisme sous Andronic, fils de Michel Paléologue. 447
CHAP. V. Quinzième preuve tirée de divers écrits de S. Thomas contre les Grecs. 451
CHAP. VI. Seizième preuve de l'union des Grecs avec les Latins par le traité de Samonas, évêque de Gaze. 452
CHAP. VII. Dix-septième preuve de l'union des Grecs avec les Latins dans le dogme de la présence réelle et de la transsubstantiation au quatorzième siècle, tirée de l'état de ces deux églises en ce siècle-là, et d'un grand nombre d'auteurs qui ont écrit sur les différends qu'elles avaient entre elles. 457
CHAP. VIII. Dix-huitième preuve, témoignages clairs et décisifs de Nicolas Cabasilas, évêque de Thessalonique, pour la présence réelle et la transsubstantiation. 466
CHAP. IX. Dix-neuvième preuve du consentement des Grecs et des Latins, tirée de Manuel Calécas. 480
LIVRE QUATRIÈME, OU L'ON FAIT VOIR LA MÊME UNION DES GRECS ET DES LATINS DANS LA DOCTRINE DE LA PRÉSENCE RÉELLE ET DE LA TRANSSUBSTANTIATION, DEPUIS LE QUINZIÈME SIÈCLE JUSQU'EN CE TEMPS-CI. 481-482
CHAPITRE PREMIER. Vingtième preuve pour le quinzième siècle, tirée des témoignages de Siméon, archevêque de Thessalonique. 481-482
CHAP. II. Vingt-unième preuve. Que ce qui s'est passé au concile de Florence, montre invinciblement que les Grecs tenaient la transsubstantiation aussi bien que les Latins. 488
CHAP. III. Vingt-deuxième preuve, tirée de ce qui a suivi le concile de Florence, qui montre encore plus l'union des Grecs avec les Latins dans la doctrine de la présence réelle et de la transsubstantiation. 498
CHAP. IV. Vingt-troisième preuve de l'union des Grecs avec les Latins sur les dogmes de la transsubstantiation et de la présence réelle au seizième siècle, par la dispute entre les luthériens et Jérémie, patriarche de Constantinople. 507
CHAP. V. Vingt-quatrième preuve tirée des écrits de quelques évêques grecs de ce dernier siècle, que les calvinistes prétendent avoir été d'accord avec eux, parce qu'ils ont été fort emportés contre le pape. 523
CHAP. VI. Vingt-cinquième preuve, tirée de l'histoire de Cyrille, qui, ayant été perverti par les calvinistes, trouva moyen de s'élever premièrement sur le siége d'Alexandrie, et puis sur celui de Constantinople, dont il fut dépossédé pour ses erreurs. 526
CHAP. VII. Vingt-sixième preuve de l'union de l'église grecque avec la latine sur le mystère de l'Eucharistie par ce qui est arrivé depuis la mort de Cyrille Lucar. 532
CHAP. VIII. Vingt-septième preuve par le livre d'Agapius, religieux du Mont-Athos. 540
Extrait du livre d'Agapius, intitulé, le Salut des pécheurs. — De la préparation à la sainte communion. 542
CHAP. IX. Vingt-huitième preuve tirée de l'écrit d'un seigneur moldave de la communion grecque. 543
Extrait d'une lettre de M. de Pompone, ambassadeur extraordinaire de sa majesté très-chrétienne auprès du roi de Suède. 544
CHAP. X. Vingt-neuvième preuve de ce même consentement de l'église grecque avec l'Église latine sur le mystère de l'Eucharistie, par les livres ecclésiastiques des Grecs. 546
CHAP. XI. Réflexion sur le jugement que les calvinistes font de Cyrille. Conclusion de ces trois livres. 554
LIVRE CINQUIÈME, OU L'ON FAIT VOIR LE CONSENTEMENT DES AUTRES ÉGLISES ORIENTALES AVEC L'ÉGLISE ROMAINE SUR LE SUJET DE L'EUCHARISTIE. 559-560
CHAPITRE PREMIER. De la créance des Moscovites; preuves négatives, qui font voir qu'ils tiennent la présence réelle et la transsubstantiation. Ibid.
CHAP. II. Preuves positives de la même créance des Moscovites, tirées de Jean Lefèvre, de Lazicius, et de Dannawerus. 568
CHAP. III. Autres preuves tirées de témoins vivants touchant l'opinion des Moscovites. 570
Extrait d'une lettre de M. Oléarius à M. de P. C. Ibid.
Lettre de M. de Pompone, ambassadeur extraordinaire de sa majesté très-chrétienne auprès du roi de Suède, en 1667. 572
CHAP. IV. Examen des raisons sur lesquelles M. Claude se fonde, pour assurer que les Moscovites ne croient point la présence réelle ni la transsubstantiation. 576
CHAP. V. Des melchites, ou Syriens. 581
CHAP. VI. Examen de la créance des Arméniens sur l'Eucharistie, depuis le temps de Bérenger jusqu'au quatorzième siècle. 582
CHAP. VII. Examen de la créance des Arméniens depuis le concile de Florence jusqu'à

notre temps. 595
CHAP. VIII. Réponse aux objections de M. Claude à l'égard de ce dernier temps. 602
CHAP. IX. Examen du temps du milieu, où l'on fait voir que si l'on y a accusé les Arméniens de ne croire pas la présence réelle, c'est injustement et contre la vérité. 606
CHAP. X. Que tous les nestoriens croient la présence réelle et la transsubstantiation. 612
CHAP. XI. Que les jacobites croient la présence réelle et la transsubstantiation. 620
CHAP. XII. Que les maronites ont toujours cru la transsubstantiation. 623
CHAP. XIII. Que les Cophtes et les Éthiopiens croient la présence réelle et la transsubstantiation. 627
CHAP. XIV. Conclusion de ces preuves. Que toutes les sociétés d'Orient sont unies avec l'Église romaine dans la foi de la présence réelle et de la transsubstantiation, par le témoignage de M. Piquet. 635
LIVRE SIXIÈME. DE LA SECONDE SUPPOSITION DU LIVRE DE *la Perpétuité* : QU'ON A TOUJOURS EU DANS L'ÉGLISE UNE CRÉANCE DISTINCTE DE LA PRÉSENCE OU DE L'ABSENCE RÉELLE. 637-638
CHAPITRE PREMIER. En quel sens on a entendu cette proposition. *Ibid.*
Première observation 639
Seconde observation. 641
Troisième observation. 642
Quatrième observation. *Ibid.*
Cinquième observation. 643
CHAP. II. Quel degré de connaissance distincte est nécessaire pour la preuve de la perpétuité. 644
CHAP. III. Ce que l'on attribue à M. Claude sur le sujet de la créance confuse. Injustice des reproches de mauvaise foi qu'il fait sur ce sujet à l'auteur de *la Perpétuité*. 651
CHAP. IV. Étrange procédé de M. Claude dans la manière avec laquelle il prétend réfuter ce que l'on a dit, que les fidèles ont toujours eu une créance distincte de la présence ou de l'absence réelle. Deux défauts notables dans lesquels il s'est engagé. 656
CHAP. V. Système de l'opinion de M. Claude sur la créance distincte et confuse. 662
CHAP. VI. Examen particulier du système de M. Claude touchant les huit premiers siècles. Considération générale sur ces divers ordres dont il le compose. Réfutation du premier ordre, que l'on peut appeler des *ignorants contemplatifs*. 667
CHAP. VII. Examen du second ordre du système de M. Claude, que l'on peut appeler des *ignorants paresseux*. 675
CHAP. VIII. Examen du troisième ordre du système de M. Claude, qui aurait été de *catholiques*, comme on le fait voir. 684
CHAP. IX. Examen du quatrième ordre du système de M. Claude, qui aurait été de gens devenus *calvinistes* après une longue recherche. 686
CHAP. X. Que le doute que M. Claude attribue à trois de ses ordres, savoir au second, au troisième et au quatrième, a été absolument inconnu aux Pères. 688
CHAP. XI. Examen du cinquième ordre du système de M. Claude, qu'on peut appeler de *calvinistes sans réflexion*. 693
CHAP. XII. Conclusions véritables que l'on doit tirer du système de M. Claude, et de la réfutation que l'on en a faite. 701
LIVRE SEPTIÈME, CONTENANT L'EXAMEN DE L'ÉGLISE GRECQUE, DEPUIS LE SEPTIÈME SIÈCLE JUSQU'AU ONZIÈME. 705-706
CHAPITRE PREMIER. Ce que signifient, dans le dictionnaire de M. Claude, les beaux jours de l'Église, les jours de bénédiction et de paix. 705-706
CHAP. II. Examen du sentiment de l'église grecque sur l'Eucharistie pendant le septième siècle. Anastase Sinaïte, et quelques conciles de Constantinople. 711
CHAP. III. Examen des sentiments de l'église grecque au huitième siècle, qui fait encore partie des beaux jours de l'Église selon M. Claude. Germain, patriarche de Constantinople. 725
CHAP. IV. Suite de l'examen du huitième siècle. S. Jean de Damas. 733
CHAP. V. Réfutation de la distinction imaginaire des figures creuses et des figures pleines, dont M. Claude se sert pour éluder le concile de Nicée, et les auteurs des septième huitième et neuvième siècles. 740
CHAP. VI. Examen des exemples et des autorités dont M. Claude se sert pour éclaircir et pour appuyer ces significations extraordinaires des mots de figure et de corps; et de la maxime que l'image n'est pas la chose dont elle est image. 751
CHAP. VII. Examen du sentiment des évêques iconoclastes assemblés à Constantinople l'an 754 sur le sujet de l'Eucharistie. 761
CHAP. VIII. Injustice de M. Claude dans ses invectives contre le second concile de Nicée. 781
CHAP. IX. Que les auteurs grecs du neuvième et dixième siècles n'ont point parlé de l'Eucharistie d'une autre manière que ceux des septième et huitième, et qu'ainsi on ne voit dans cette église aucune distinction entre les beaux jours et les mauvais jours de M. Claude. 786
CHAP. X. Conclusions que l'on doit tirer de l'examen de ces quatre siècles. 792
LIVRE HUITIÈME, CONTENANT L'EXAMEN DES SENTIMENTS DE L'ÉGLISE LATINE SUR LE MYSTÈRE DE L'EUCHARISTIE, DEPUIS L'AN 700 JUSQU'EN L'AN 870. 795-796
CHAPITRE PREMIER. Que la question qui reste touchant la créance de l'Église latine depuis le septième siècle jusqu'au onzième, est déjà décidée par ce que l'on a établi jusqu'ici. *Ibid.*
CHAP. II. De quelle sorte, en supposant qu'on ait cru constamment et universellement la présence réelle et la transsubstantiation durant le septième, le huitième et le neuvième siècles, on y a dû parler du mystère de l'Eucharistie, en suivant simplement la nature, la raison et la manière ordinaire dont les hommes expriment leurs pensées. 799
CHAP. III. Que les expressions de la Liturgie latine font voir clairement que l'on croyait la présence réelle et la transsubstantiation dans l'Église latine durant les siècles dont il s'agit. 806
CHAP. IV. Que les auteurs de ces siècles ont parlé de l'Eucharistie comme des personnes très-persuadées de la présence réelle et de la transsubstantiation en ont dû parler avant la naissance des contestations. 812
CHAP. V. Réflexions particulières sur ces expressions qui se trouvent dans les auteurs de ces siècles : que *l'Eucharistie est le vrai, le propre corps de Jésus-Christ, sa vraie chair*; qu'*elle est véritablement son corps*; que *c'est le corps de Jésus-Christ dans la vérité*; que *c'est son corps même*. 826
CHAP. VI. Qu'il est inconcevable que les peuples aient pris ces termes dans le sens des calvinistes. Excès de la rhétorique de M. Claude. 837
CHAP. VII. Eclaircissement de deux difficultés particulières sur le sujet de Flore et de Remi

d'Auxerre. 843
Chap. VIII. Bizarrerie des ministres sur le sujet de Paschase : qu'il n'a point été contredit par écrit de personne durant sa vie. Adversaires chimériques qui lui sont supposés par les ministres. 854
Chap. IX. Que Paschase n'a proposé dans son livre que la doctrine commune de l'Église de son temps. 861
Chap. X. Réponse aux raisons par lesquelles M. Claude prétend prouver que Paschase était inventeur de la doctrine de la présence réelle. 871
Chap. XI. De la dispute sur l'Eucharistie qui arriva après la mort de Paschase. De ceux qui y ont eu part. De l'opinion d'Amalarius et d'Héribald. 879
Chap. XII. Des autres prétendus adversaires de Paschase, savoir Raban, Bertram, Jean Scot, Prudence. Quel sentiment la raison nous oblige d'en avoir. 882
Chap. XIII. Abrégé de ce qui a été prouvé dans ce livre, et les conclusions qu'on en doit tirer. 893
Livre neuvième, contenant l'examen du temps où les ministres placent leur prétendu changement, savoir depuis 890 jusqu'au commencement du onzième siècle. 895-896.
Chapitre premier. Des bornes et de la durée du temps de ce prétendu changement. Ibid.
Chap. II. Des moyens et des machines que M. Claude emploie pour faire réussir son changement insensible. 907
Chap. III. Examen des machines de retranchement, ou des moyens par lesquels M. Claude s'exempte de faire prêcher la doctrine de la présence réelle à la plus grande partie des chrétiens. 912
Chap. IV. Examen des machines de préparation, ou des moyens par lesquels M. Claude a cru devoir disposer les peuples au changement insensible sur la doctrine de la présence réelle. 916
Chap. V. Des machines d'adoucissement, ou des moyens inventés par M. Claude, pour empêcher qu'on ne fût choqué de la doctrine de la présence réelle. 922
Chap. VI. Examen des machines ou moyens d'exécution, où l'on fait voir l'impossibilité du changement insensible. 925
Chap. VII. Que le mélange des deux doctrines que M. Claude est obligé d'admettre au dixième siècle est la chose du monde la plus contraire au sens commun. 934
Chap. VIII. Des machines d'oubli, ou des moyens par lesquels M. Claude prétend que les paschasistes, en établissant la doctrine de la présence réelle, détruisirent les marques du changement qu'ils avaient fait. 941
Chap. IX. Réponse aux reproches particuliers que M. Claude fait contre le dixième siècle. 945
Chap. X. Des prétendus changements insensibles que M. Claude compare avec celui qu'il veut faire croire être arrivé sur le sujet de l'Eucharistie. 964
Chap. XI. Conclusion, où l'on fait voir en quel degré de certitude est l'impossibilité de ce changement. 973
Livre dixième, contenant les conséquences qui suivent nécessairement du consentement de toutes les sociétés chrétiennes dans le dogme de la présence réelle et de la transsubstantiation, et des autres points que l'on a prouvés. 977-978
Chapitre premier. Première conséquence : Que le consentement de toutes les églises chrétiennes dans la foi de la présence réelle explique et détermine le sens des paroles de l'institution du S. Sacrement. 977-978
Chap. II. Seconde conséquence : Que le consentement prouvé de toutes les églises dans la doctrine de la présence réelle pendant les onze derniers siècles détermine le sens des paroles des Pères de six premiers. 983
Chap. III. Troisième conséquence : Que tous les exemples d'expressions rapportés par Aubertin pour montrer qu'on peut prendre en un sens métaphorique les passages par lesquels les catholiques établissent la présence réelle et la transsubstantiation, ne sont nullement semblables. 988
Chap. IV. Quatrième conséquence : Que la plupart des expressions dont les ministres abusent contre la présence réelle et la transsubstantiation, s'allient naturellement avec cette doctrine. 992
Chap. V. Cinquième conséquence : Que les catholiques ont droit de supposer, sans autres preuves, que les passages des Pères s'entendent dans le sens auquel ils les prennent ; et que toutes les réponses des calvinistes, dans lesquelles ils n'établissent pas le leur par des démonstrations évidentes, sont ridicules et déraisonnables. 997
Chap. VI. Suite de la cinquième conséquence, où l'on fait voir que l'un des plus grands défauts du livre de M. Claude, et l'un des principaux caractères de son génie, est de ne considérer jamais que c'est à lui à prouver ce qu'il avance. 1006
Chap. VII. Sixième conséquence : Que ce consentement de toutes les sociétés chrétiennes dans la doctrine de la présence réelle et de la transsubstantiation apprend à distinguer les suites nécessaires de ces dogmes de celles qui ne le sont pas ; et fait voir aussi la fausseté de plusieurs raisonnements des ministres. 1014
Chap. VIII. Septième conséquence : Que la doctrine de la présence réelle et de la transsubstantiation n'emporte point d'elle-même à parler des suites philosophiques, ni à expliquer les difficultés des mystères ; et qu'ainsi l'on ne doit point s'étonner que les Pères n'en aient point parlé. 1022
Chap. IX. Huitième conséquence de ce consentement de toutes les églises chrétiennes dans la doctrine de la présence réelle : Adoration de Jésus-Christ dans l'Eucharistie, et nullité des arguments des ministres dans cet article. 1028
Chap. X. Neuvième conséquence : Perpétuité de la doctrine de la présence réelle et de la transsubstantiation, depuis les apôtres jusqu'à nous ; et impossibilité du changement supposé par les ministres dans la doctrine de l'Église en aucun temps. 1039
Livre onzième. Des différends personnels entre M. Claude et l'auteur de la Perpétuité. 1042-1042
Chapitre premier. Injustice de la plainte que M. Claude fait sur ce qu'on a dit des auteurs de la prétendue réformation. Et premièrement des henriciens combattus par S. Bernard. Ibid.
Chap. II. Suite de la justification des autres reproches qu'on a faits aux auteurs de la prétendue réformation : Qu'ils sont non seulement véritables, mais nécessaires et décisifs. 1050
Chap. III. Injustice des plaintes de M. Claude sur le sujet des mauvais raisonnements qu'on lui a reprochés. 1058
Chap. IV. Injuste sensibilité de M. Claude sur une faute imputée à Blondel. 1061
Chap. V. Réponse à un autre reproche : que

TABLE DES MATIÈRES.

l'auteur de *la Perpétuité* a attribué à Blondel ce qu'il n'a point dit. 1064
CHAP. VI. Des reproches que fait M. Claude sur le sujet de Bertram. 1066
CHAP. VII. Où l'on fait voir que M. Claude est aussi peu juste dans ses railleries que dans ses plaintes. 1071
CHAP. VIII. D'une plainte que M. Claude pourra faire, qui est que l'on tourne souvent sa rhétorique en ridicule. 1076
CHAP. IX. Plaintes contre M. Claude. Calomnie atroce contre l'auteur de *la Perpétuité*. 1078
CHAP. X. Autre calomnie insigne de M. Claude, qui impute à l'auteur de *la Perpétuité* du chagrin contre les mystères, et de favoriser les impies et les libertins; que la vue des difficultés des mystères n'est proprement dangereuse qu'aux calvinistes. En quel sens on dit que les difficultés font une partie des preuves des mystères. 1082
CHAP. XI. Réflexions sur la nouvelle Préface de M. Claude dans sa Réponse au P. Nouet. 1093
CHAP. DERNIER. Conclusion. 1103
LIVRE DOUZIÈME, CONTENANT DEUX DISSERTATIONS SUR LE SUJET DE JEAN SCOT ET DE BERTRAM, AVEC DIVERS ACTES QUI FONT VOIR LA CRÉANCE DES ÉGLISES ORIENTALES. 1109-1110
AVERTISSEMENT. *Ibid.*
PREMIÈRE DISSERTATION SUR JEAN SCOT. 1113-1114
ARTICLE PREMIER. Que Jean Scot-Érigène est auteur du Dialogue *des Natures*. *Ibid.*
ART. II. Que Ratramne, moine de Corbie, n'est pas l'auteur du livre du Corps et du Sang du Seigneur, publié sous le nom de Bertram. 1116
ART. III. Que Jean Scot est auteur du livre du Corps et du Sang du Seigneur, attribué à Bertram. 1121
§ 1. Que le livre de Bertram est parfaitement conforme à ce qui se lit dans les anciens de celui de Jean Scot-Érigène. 1122
§ 2. Que le propre caractère du génie de Bertram est le même que celui de Jean Scot. 1127
§ 3. Qu'il n'y a point eu d'auteur du nom de Bertram, et qu'il y a apparence que Bérenger ou ses disciples sont les premiers qui ont publié sous ce faux nom le livre du Corps et du Sang du Seigneur composé par Jean Scot. 1131
ART. IV. Que Jean Scot n'a point été disciple de Bède, ni compagnon d'Alcuin, ni fondateur de l'université de Paris. 1136
ART. V. Que Jean Scot Érigène n'a point été abbé d'Ethelinge en Angleterre. 1139
ART. VI. Que l'histoire du martyre de Jean Scot est peu assurée. 1141
ART. VII. Que Jean Scot-Érigène n'a point été mis au rang des martyrs par l'autorité sacrée des pontifes, et que son nom ne se trouve point dans aucune édition du Martyrologe romain. 1147
SECONDE DISSERTATION TOUCHANT LE SENTIMENT DU LIVRE DE BERTRAM SUR L'EUCHARISTIE. 1149-1150
CHAPITRE PREMIER Qu'on a eu raison de ne pas s'engager dans le livre de *la Perpétuité* à discuter à fond l'opinion de Bertram, et que cela ne fait rien à la question. *Ibid.*
CHAP. II. Qu'il est très-possible que le livre de Bertram n'ait point été publié durant le neuvième siècle. 1152
CHAP. III. Qu'il est certain que M. Claude n'entend point le livre de Bertram. 1157
CHAP. IV. En quoi consiste la véritable difficulté du livre de Bertram. 1163
CHAP. V. De deux auteurs anglais qui ont imité les expressions de Bertram. 1168
EXTRAIT du livre d'Agapius, intitulé : Le *Salut des pécheurs*. 1175-1176
ÉCRIT d'un seigneur moldave sur la créance des Grecs. 1185-1186
PROFESSION de foi des Grecs du patriarcat d'Antioche sur l'Eucharistie, et de quelques autres articles. 1193-1194
COPIE d'une lettre de M. Oléarius à monsieur de Pontchâteau, du 14 janvier 1667. 1195-1196
LETTRE de M. de Lilienthal, résident de Suède à Moscou, écrite au métropolitain de Gaze. 1197-1198
LETTRE du sieur de Lilienthal au grand chancelier de Suède. 1199-1200
ÉCRIT du métropolitain de Gaze sur la créance des Grecs et des Moscovites. *Ibid.*
EXTRAIT d'un livre de Métrophane, patriarche d'Alexandrie. 1221-1222
EXTRAIT d'un synode tenu en l'île de Chypre en 1668. *Ibid.*
RÉCIT de ce que les Moscovites, qui ont passé depuis peu à Paris à la suite de l'ambassadeur, ont dit en présence de monseigneur l'archevêque de Sens et de plusieurs autres personnes. 1223-1224
ATTESTATION d'un prêtre et chanoine de Moscou et de trois autres Moscovites de la suite de l'ambassadeur touchant la foi de leur nation sur l'Eucharistie et quelques autres articles. 1227-1228
ATTESTATION d'un patriarche arménien, qui est présentement à Rome, touchant la créance des Arméniens sur l'Eucharistie. 1229-1230
ATTESTATION d'un évêque arménien, qui est à Amsterdam, touchant la créance des Arméniens sur l'Eucharistie. *Ibid.*
RÉPONSE du même évêque arménien sur diverses questions touchant la créance des Arméniens. *Ibid.*
COPIE d'un extrait de la liturgie arménienne qui a été donné à Amsterdam à une personne de condition, le premier jour d'août 1667, par l'évêque Uscanus, écrit de sa propre main en arménien et en latin, et traduit par lui-même de l'arménien. 1231-1232
RÉPONSE de l'évêque arménien qui est à Amsterdam sur quelques questions touchant l'état et la discipline de l'église arménienne. *Ibid.*
RÉCIT des cérémonies que les Arméniens pratiquent à la messe. 1233-1234
ATTESTATION du patriarche et de plusieurs évêques et prêtres arméniens résidant à Alep, de la créance des Arméniens sur l'Eucharistie. *Ibid.*
ATTESTATION du patriarche des Syriens touchant la foi de leurs églises sur l'Eucharistie et autres articles. 1235-1236
LETTRE de M. Piquet touchant la qualité des témoins qui ont signé les précédentes attestations. *Ibid.*
ACTE de M. Jannon, obédiencier de Saint-Just, touchant les attestations précédentes. *Ibid*

FIN DU PREMIER VOLUME.

www.ingramcontent.com/pod-product-compliance
Lightning Source LLC
Chambersburg PA
CBHW051330230426
43668CB00010B/1209